CAMILLE FLAMMARION

DICTIONNAIRE

ENCYCLOPÉDIQUE

UNIVERSEL

CONTENANT TOUS LES MOTS DE LA LANGUE FRANÇAISE, ET RÉSUMANT L'ENSEMBLE
DES CONNAISSANCES HUMAINES A LA FIN DU XIXᵉ SIÈCLE

Illustré de 20.000 figures.

C

PARIS

ERNEST FLAMMARION, ÉDITEUR

26, RUE RACINE, PRÈS L'ODÉON

me Série   Couverture de Couverture   Prix : 50 centimes

CAMILLE FLAMMARION

DICTIONNAIRE ENCYCLOPÉDIQUE UNIVERSEL

ILLUSTRÉ DE
20000 FIGURES

SCIENCES
ARTS
LETTRES
INDUSTRIE
HISTOIRE
GRAMMAIRE
GÉOGRAPHIE
DÉCOUVERTES

PARIS
E. FLAMMARION
LIBRAIRE-ÉDITEUR
26, RUE RACINE, PRÈS L'ODÉON

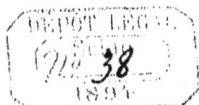

DICTIONNAIRE ENCYCLOPÉDIQUE.

TOME DEUXIÈME

IMPRIMERIE E. FLAMMARION, 26, RUE RACINE, PARIS.

CAMILLE FLAMMARION

DICTIONNAIRE

ENCYCLOPÉDIQUE

UNIVERSEL

CONTENANT TOUS LES MOTS DE LA LANGUE FRANÇAISE, ET RÉSUMANT L'ENSEMBLE
DES CONNAISSANCES HUMAINES A LA FIN DU XIXe SIÈCLE

Illustré de 20.000 figures.

C

PARIS

ERNEST FLAMMARION, ÉDITEUR

26, RUE RACINE, PRÈS L'ODÉON

TABLEAU DES ABRÉVIATIONS

a. . . . . actif.
abrév. . . . . abréviation.
absol. . . . . absolument.
adj. . . . . adjectif.
adject. ou adjectiv. adjectivement.
Admin. . . . . Administration.
adv. . . . . adverbe ou adverbial.
adv. ou adverbial. . adverbialement.
Agric. . . . . Agriculture.
Alg. . . . . Algèbre.
all. . . . . allemand.
anal. . . . . analogie.
Anat. . . . . Anatomie.
anc. . . . . ancien ou ancienne.
angl. . . . . anglais.
Antiq. . . . . Antiquité ou Antiquités.
Anthrop. . . . . . . Anthropologie.
ar. . . . . arabe.
Archéol. . . . . . . Archéologie.
Arch. ou Archit. . . Architecture.
Arith. . . . . Arithmétique.
arr. . . . . arrondissement.
art. . . . . article.
Artill. . . . . . . Artillerie.
Astrol. . . . . . . Astrologie.
Astron. . . . . . . Astronomie.
augm. . . . . augmentatif.
B.-Arts. . . . . . . Beaux-Arts.
bas-lat. . . . . . . bas-latin.
Banq. . . . . Banque.
bass. . . . . bassement.
Biol. . . . . Biologie.
Blas. . . . . Blason.
Bibliog. . . . . . . Bibliographie.
Bot. ou Botan. . . . Botanique.
c. . . . . canton.
c.-à.-d. . . . . . . c'est-à-dire.
celt. . . . . celtique.
Bouch. . . . . Boucherie.
Céram. . . . . Céramique.
Charp. . . . . Charpentier.
Ch. . . . . Chasse.
Chim. . . . . Chimie.
Chir. ou Chirur. . . Chirurgie.
Chron. . . . . Chronologie.
civ. . . . . civil.
coll. ou collect. . collectif ou collectivement.
Comm. ou comm. . . . Commerce ou commercial.
conj. . . . . conjonction.
conj. ou conjug. . . conjugaison.
Cout. . . . . Coutume.
corrupt. . . . . . . corruption.
démonstr. . . . . . démonstratif.
dép. . . . . département.
didact. . . . . . . didactique.
dimin. . . . . diminutif.
Diplom. . . . . . . Diplomatique.
Dr. . . . . Droit.
Dr. can. . . . . . . Droit canon.
Dr. crim. . . . . . Droit criminel.
ecclés. ou ecclésiast. ecclésiastique.
Econ. pol. . . . . . Economie politique.
ellipt. ou elliptiq. elliptiquement.
Entom. . . . . Entomologie.
Equit. . . . . Équitation.
Erpét. . . . . Erpétologie.
Escr. . . . . Escrime.
esp. . . . . espagnol.
étym. . . . . étymologie.
ex. . . . . exemple.
exag. ou exagér. . . exagération.

ext. ou extens. . . extension.
Fauc. . . . . Fauconnerie.
f. ou fém. . . . . . féminin.
fam. ou famil. . . . familier ou familièrement.
Féod. ou Féod. . . . Féodal ou féodalité.
fig. ou figur. . . . figurément.
Fin. . . . . Finances.
Fortif. . . . . . . Fortification.
fréq. . . . . fréquentatif.
g. . . . . genre.
Géogr. . . . . Géographie.
Géod . . . . Géodésie.
Géol. . . . . Géologie.
Géom. . . . . Géométrie.
gr. . . . . grec.
Gram. . . . . Grammaire.
Grav. . . . . Gravure.
hébr. . . . . hébreu.
Hist. . . . . Histoire.
Hist. nat. . . . . . Histoire naturelle.
Horlog. . . . . . . Horlogerie.
Hortic. . . . . . . Horticulture.
Hydraul. . . . . . . Hydraulique.
hyperb . . . . hyperboliquement.
Icht. . . . . Ichtyologie.
Impr. ou imprim. . . Imprimerie.
impers. . . . . . . impersonnel.
Ind. . . . . Industrie.
infin. . . . . infinitif.
interj. . . . . . . interjection.
interrog. . . . . . interrogation.
inus. . . . . inusité.
invar. . . . . invariable.
iron. ou ironiq. . . ironiquement.
irrég. . . . . irrégulier.
ital. . . . . italien.
Jardin. . . . . . . Jardinage.
Jurisp. . . . . . . Jurisprudence.
lat. . . . . latin.
Législ. . . . . . . Législation.
Ling . . . . Linguistique.
Litt. . . . . Littérature.
Lit. ou Litur. . . . Liturgie.
loc. ou locut. . . . locution ou locutions.
Log. ou Logiq. . . . Logique.
m. ou masc. . . . . masculin.
m. . . . . mort.
Mamm. ou Mammal. . . Mammalogie.
Man. . . . . Manège.
Manuf. . . . . Manufacture.
Mar. . . . . Marine.
Math. ou Mathém. . . Mathématique.
Méc. ou Mécan. . . . Mécanique.
Méd. ou Médec. . . . Médecine.
Métall. . . . . . . Métallurgie.
Météor. . . . . . . Météorologie.
Mét. . . . . Métier.
Métrol. . . . . . . Métrologie.
mil. ou milit. . . . militaire.
Min. ou Minér. . . . Minéralogie.
m. s. . . . . même sens.
Mus. . . . . Musique.
Myth ou Mythol. . . Mythologie.
n. . . . . nom.
n. . . . . neutre.
Numism. . . . . . . Numismatique.
Obs. gram. . . . . . Observation grammaticale.
Obst. . . . . Obstétrique.
opp. ou opposit. . . opposition.
Opt. . . . . Optique.
Ornith. . . . . . . Ornithologie.
Pal. . . . . Palais.

Paléog. . . . . . . Paléographie.
Paléont. . . . . . . Paléontologie.
part. . . . . participe.
Path. . . . . Pathologie.
Pêc. . . . . Pêche.
Peint. . . . . Peinture.
péj. ou péjor. . . . péjoratif.
pers. . . . . personnel.
Perspect. . . . . . Perspective.
Pharm. . . . . Pharmacologie.
Philol. . . . . . . Philologie.
Philos. . . . . . . Philosophie.
Phys. . . . . Physique.
Physiol. . . . . . . Physiologie.
pl. ou plur. . . . . pluriel.
poét. . . . . poétique ou poétiquement.
pop. ou popul. . . . populaire ou populairement.
poss. . . . . possessif.
Prat. . . . . Pratique.
préf. . . . . préfixe.
prép. . . . . préposition.
prim. . . . . primitivement.
priv. . . . . privatif.
Pr. . . . . Prononcez.
Procéd. . . . . . . Procédure.
pron. . . . . pronom ou pronominal.
prop. . . . . proprement.
Pros. . . . . Prosodie.
prov. ou proverb. . proverbial ou proverbialement.
prov. . . . . provençal.
prov. . . . . province.
R. . . . . Racine ou radical.
rad. . . . . radical.
Rel. ou relig. . . . Religion.
Relat. . . . . Relation.
Rhét. . . . . Rhétorique.
rur. . . . . rural.
s. ou subst. . . . . substantif.
sanscr. . . . . . . sanscrit.
scand. . . . . scandinave.
Sculpt. . . . . . . Sculpture.
sign. ou signifie. . signifie ou signification.
sing. . . . . singulier.
subst. ou substant. substantivement.
suff. . . . . suffixe.
syn. ou Syn. . . . . synonyme ou Synonymie.
T. . . . . terme de.
Techn. ou Technol. . Technologie.
Télég. . . . . Télégraphie.
Térat. . . . . Tératologie.
Théol. . . . . Théologie.
Thérap. . . . . . . Thérapeutique.
Thermod. . . . . . . Thermodynamique.
Toxic. . . . . Toxicologie.
triv. . . . . trivial ou trivialement.
Typ. ou Typogr. . . Typographie.
unipers. . . . . . . unipersonnel.
us. . . . . usité.
v. . . . . verbe.
v. . . . . ville.
vég. . . . . végétal.
Vén. . . . . Vénerie.
Versif. . . . . . . Versification.
Vét. . . . . Vétérinaire.
Vitic. . . . . Viticulture.
V. ou Voy. . . . . . Voyez.
vulg. . . . . vulgaire ou vulgairement.
vx . . . . vieux.
Zool. . . . . Zoologie, ou zoologique.

NOTA. — Indépendamment des abréviations ci-dessus qui sont en usage dans tous les Dictionnaires, nous avons adopté le système de ne pas répéter, dans les exemples, le mot qui fait le sujet de l'article. Nous nous contentons de le rappeler, en écrivant simplement soit la syllabe initiale, soit la première ou les deux premières lettres du mot. On comprend aisément que nous ayons cherché tous les moyens qui, sans nuire à la clarté, nous permettaient de condenser le plus de choses possible dans l'espace limité du cadre que nous nous sommes imposé.

C

C. s. m. La troisième lettre de l'alphabet et la deuxième des consonnes. On la nomme *Cé*, suivant l'appellation ancienne et usuelle, et *Ce*, suivant la méthode moderne. *Un C majuscule. Un petit c.*

Obs. gram. — Les grammairiens s'accordent généralement à n'attribuer à la consonne C deux sons, l'un *propre*, KE, et l'autre *accidentel*, SE. On lui donne le premier devant les voyelles A, O, U : *cave, corne, cuve*, et devant les consonnes : *claquant, acteur*, et le second devant les voyelles E, I : *ceinture, cidre*. La *cédille* placée au-dessous du *c* lui donne le son S : *façade, reçu*. — C initial ou dans le corps d'un mot conserve le son qui lui est propre devant A, O, U, L, X, R, T. — Il ne se prononce pas au milieu des mots, quand il est suivi d'un Q : *acquérir*, pr. *aquérir; accréditer*, pr. *acréditer*. Lorsque le C est redoublé, on n'en fait sentir qu'un seul, excepté lorsqu'ils se trouvent devant E ou I. Dans ce cas, le premier prend le son propre, et le second le son accidentel. Ainsi, *accepter, accident,* se prononcent *aksepter, aksident*. — Le plus ordinairement C se prononce à la fin des mots : *lac, bec, aspic, bloc, bouc, aqueduc, zinc, fisc,* etc. Cependant il est un assez grand nombre de mots où le C final ne se prononce point; tels sont : *estomac, échecs* (jeu), *eric, accroc, caoutchouc, franc, porc,* etc. Dans tous ces mots, la prononciation ne change pas au pluriel. Ainsi, *des blocs, des crics,* se prononce *des blok, des cri.* Lorsque le C final est muet, on ne le fait pas sonner sur la voyelle initiale du mot suivant, si ce n'est dans quelques occasions assez rares, qui seront indiquées dans le Dictionnaire *Passer du blanc au noir,* par ex., se prononce *passer du blan-kau-noir.* Dans la poésie, les meilleures autorités permettent souvent, soit pour la rime, soit pour éviter l'hiatus, de faire sentir le C final muet. Le sévère Boileau, par ex., a fait rimer *estomac* avec *Sidrac;* et Th. Corneille a écrit *le tabac est divin,* qu'il faut nécessairement prononcer *le taba-kè-divin,* pour éviter l'hiatus. En prose même, le C final cesse d'être muet dans certains mots composés, tels que *croc-en-jambe* et *porc-épic.* Au reste, nous aurons soin d'indiquer ces irrégularités au fur et à mesure que nous les rencontrerons. — Le C se prononce quelquefois G, par ex., dans le mot *second* et ses dérivés. Autrefois cette prononciation du C était beaucoup plus fréquente qu'aujourd'hui. Au commencement du XIXᵉ siècle, on disait encore *segret, disgret;* plus anciennement, le nom propre *Claude* se prononçait *Glaude,* usage, qui s'est conservé dans le nom d'un fruit; la *prune de reine-claude,* que le peuple prononce très correctement *glaude.* — Il est remarquable que le C arabe a aussi deux sons : on dit *Koléa* et *el-Goléa,* et l'orthographe est la même.

La lettre C, la troisième de notre alphabet et de la plupart des alphabets européens, est prise de l'alphabet des Romains, qui l'avaient eux-mêmes empruntée aux Grecs par dérivation du K (cappa) ou du Γ (gamma). — Comme abréviation, la lettre C est employée dans les inscriptions antiques et dans les anciens manuscrits, pour *Caius, Cæsar, consul, civitas, colonia,* etc.

Deux CC signifient *consules* ou *cæsares.* Dans les jugements, le C, initiale du verbe *condemno* (je condamne), était le symbole de la condamnation, comme l'A, initiale d'*absolvo* (j'absous), était celui de l'acquittement. En français, le C est fort usité comme abréviation. Nous citerons entre autres les mots *Christ, chrétien, catholique,* dans ces formules : av. J.-C., pour *avant Jésus-Christ;* S. M. T. C., pour *Sa Majesté Très Chrétienne,* et S. M. C. pour *Sa Majesté Catholique.* — Il s'emploie très fréquemment comme abréviation de *centime, centimètre, centilitre, centigrade,* etc.

ÇA. pron. Se dit par contract. pour cela. *Donnez-moi ça. Il n'y a pas de mal à ça.*

ÇÀ. adv. de lieu. (lat. *ecce hac,* voilà par ici). Ne s'emploie que dans ces phrases fam. : *Viens çà, venez çà.* || *Çà et là,* De côté et d'autre. *Courir, errer çà et là. Ses livres étaient jetés çà et là.* — Fam. *Qui çà, qui là,* Les uns d'un côté, les autres de l'autre. *Ils étaient dispersés qui çà, qui là.* || *De çà.* Voy. Deçà. || T. Pal. *En çà,* Jusqu'à présent. *Depuis deux ans en çà,* Depuis deux ans jusqu'à présent. Vx.

ÇÀ. interj. Se dit pour exciter et encourager à faire quelque chose. *Çà, partons. Çà, oh çà, parlez donc.*

CAABA. s. f. T. Hist. relig. Les peuples musulmans donnent le nom de *Cuaba* ou *Ka'aba* à une pierre sacrée qui est conservée dans une petite chapelle bâtie au milieu de la cour de la grande mosquée de la Mecque. Par ext., le nom de *Ka'aba* a été appliqué plus tard à la chapelle et quelquefois à la mosquée elle-même. Les traditions arabes prétendent que cette chapelle occupe l'emplacement même du premier temple érigé au vrai Dieu sur la terre, par Abraham, au lieu même que l'ange Gabriel lui avait indiqué, et la fameuse pierre noire si vénérée des vrais sectateurs de l'islam fut présentée par le même ange au patriarche, lorsque celui-ci commença l'œuvre de la construction de la Ka'aba. Tel est le fondement de la vénération de tous les peuples musulmans pour le temple de la Mecque. Le petit temple est une construction massive qui a 5ᵐ85 de long, 4ᵐ50 de large et 11 à 12 mètres de haut. Elle est bâtie de pierre grise de la Mecque, taillée en blocs de différentes dimensions et joints grossièrement avec de mauvais mortier. Son toit est plat, et l'unique porte qui y donne accès est située du côté du nord, à environ 2ᵐ55 au-dessus du sol : on y arrive par un escalier de bois. A l'angle nord-est de la Ka'aba, près de la porte, est enchâssée la célèbre *pierre noire,* qui forme ainsi une portion de l'angle du bâtiment. Elle est de forme ovale, mais irrégulière; elle a 18 centim. de diamètre, et présente une surface onduleuse et usée par les baisers et les attouchements de plusieurs millions de pèlerins; sa couleur est brun rougeâtre; enfin, selon Burckhardt, elle ressemble à une fragment de lave. — La Ka'aba est couverte d'une tenture de soie noire qui enveloppe ses côtés et laisse le toit à découvert. Ce voile, nommé *Kesoua,* est renouvelé tous les ans au temps du pèlerinage. On l'apporte du Caire, où il est fabriqué aux dépens du Grand Seigneur. La partie du Kesoua qui couvre la porte est richement brodée en argent. A la face septentrionale de la Ka'aba, tout près de la porte et contre le mur, on voit une fosse revêtue en marbre et assez grande pour que trois personnes puissent s'y asseoir. Cette fosse, appelée *El Madjen*, passe pour être celle où Abraham et son fils Ismaël gâchèrent la chaux et le sable dont ils se servirent pour bâtir la Ka'aba. Vis-à-vis des quatre côtés du temple, s'élèvent quatre petits édifices appelés *Makams*, où résident les imans des quatre rites musulmans orthodoxes, les *Hanéfi*, les *Chaféi*, les *Hanbali* et les *Matéki*. Les sectateurs des quatre rites s'asseyent près de leurs Makams respectifs pour réciter leurs prières. Le bâtiment qui renferme le puits *Zemzem* est tout près du Makam hanbali. Il est de forme carrée et de construction massive; il a une porte au nord qui s'ouvre dans une chambre ornée de marbres de diverses couleurs, où se trouve le puits. L'eau de celui-ci est pesante et par sa couleur ressemble quelquefois à du lait; mais elle est parfaitement douce et diffère beaucoup de l'eau saumâtre des puits dispersés dans la ville. Les Musulmans la regardent comme un remède infaillible pour toutes les maladies. Tout le monde sait que Mahomet a imposé à tous ses sectateurs l'obligation de faire, au moins une fois dans leur vie, le pèlerinage de la Mecque pour visiter la sainte Ka'aba. C'est sans doute pour leur rappeler cette obligation, qu'il a prescrit en outre à tous les Musulmans, lorsqu'ils accomplissent quelque acte de dévotion, d'avoir le visage tourné du côté de la Mecque. Ainsi la Ka'aba est, comme le disent les peuples mahométans, la *kibla* (la direction) des vrais croyants.

CAB. s. m. (angl. *cab*, abrégé de *cabriolet*). Sorte de cabriolet couvert fort usité en Angleterre. Le c. s'ouvre par devant, a les roues plus grandes, et la caisse plus basse que le cabriolet ordinaire. Le cocher, placé sur un siège élevé derrière la capote, conduit à grandes guides par-dessus la tête des voyageurs. Le cocher reçoit les ordres par un petit volet qui s'ouvre au-dessus de la tête du voyageur.

CAB. s. m. Mesure d'un litre environ, chez les Juifs.

CABACET. s. m. Voy. CABASSET.

CABALE. s. f. (hébreu *kabala*, tradition, de *kabal*, recevoir). Système d'interprétation allégorique de la Bible, que les Juifs prétendent avoir reçu par tradition. || Certaine science ou art chimérique d'avoir commerce avec des êtres imaginaires, tels que les gnomes, les sylphes, etc. || Fig., Intrigue d'un parti, d'une faction, d'une troupe d'individus réunis pour travailler, par des menées secrètes, dans un but commun. Se prend en mauvaise part. *Former des cabales. C. dangereuse. Découvrir, dissiper, ruiner une c.* || Se dit de la troupe même de ceux qui ont formé une c. *La c. remplissait le parterre. A bas la c.!*

Syn. — *Intrigue.* — Ces deux mots se prennent toujours en mauvaise part ; mais il y a entre eux cette différence que l'*intrigue* peut être le fait d'une seule personne, tandis que la c. est une *intrigue* à laquelle concourent plusieurs individus. L'*intrigue* a recours à des procédés artificieux ; la c. a quelquefois recours à la violence. Celle-ci est souvent bruyante, celle-là est toujours cachée.

Hist. relig. — Le mot c., que beaucoup d'auteurs écrivent aujourd'hui *Kabbale*, vient de l'hébreu *Kabbala*, qui signifie *tradition*. Il sert à désigner une prétendue tradition, dont la connaissance, à en croire ses sectateurs, serait indispensable pour comprendre le vrai sens des livres de l'Ancien Testament. Les rabbins qui sont partisans de cette doctrine, disent que la c. fut révélée directement à Adam, puis à Abraham, et enfin à Moïse; que, depuis lors, elle s'est toujours transmise par la voie orale, et que la mémoire des prêtres et des anciens a suffi pour la conserver dans toute sa pureté. De même que la Massore donne l'explication littérale du langage de l'Écriture sainte, de même, disent-ils, la c. enseigne les vérités cachées dont l'Écriture n'est que le symbole. Chaque sentence, chaque mot, chaque lettre du volume sacré contient, suivant l'interprétation des cabalistes, un sens figuré aussi bien qu'un sens direct. Assez souvent même ce sens figuré est multiple; car on peut interpréter un mot : 1° d'après la valeur numérale ou arithmétique des lettres qui le composent; 2° d'après la signification du même lettre considérée isolément, le mot constituant ainsi à lui seul une sentence entière; 3° au moyen de certaines transpositions de lettres. La première espèce de c. est appelée *Gématria* (corruption du grec γεωμετρία);

la seconde est nommée *Notarikon* (du latin *nota*, signe); et la troisième porte le nom de *Thémurah* (qui signifie, en hébreu, *changement ou permutation*) : le dernier procédé paraît être le plus ancien des trois. Ce système d'interprétation arbitraire paraît être né à Alexandrie, et avoir été imaginé par des philosophes juifs qui auraient voulu accommoder les spéculations de la philosophie grecque et orientale avec le texte même des Livres sacrés. La philosophie cabalistique ne semble pas autre chose qu'un panthéisme confus, dans lequel l'existence de la matière est nulle, où tout ce qui existe est esprit, où tout ce qui est esprit est Dieu. L'existence des êtres individuels est expliquée par la singulière théorie des émanations que l'on retrouve dans plusieurs religions de l'Orient, et dans toutes les hérésies enfantées par les Gnostiques durant les premiers siècles de l'Église. Voy. *la Kabbale*, par FRANCK.

CABALER. v. n. (R. *cabale*). Faire une cabale, faire partie d'une cabale. || Se prend en mauvaise part. *On cabale contre cette pièce.*

CABALETTE. s. f. (ital. *cabaletta*). T. Mus. Phrase courte et d'un mouvement animé, qui se répète plusieurs fois, et qui sert à terminer les airs, les duos et autres morceaux d'opéra. « *La c.*, dit Fétis, est un moyen dont les compositeurs de l'école actuelle abusent pour indiquer la fin d'un morceau et provoquer les applaudissements.* »

CABALEUR. s. m. (R. *cabale*). Celui qui cabale. *Les cabaleurs ont été mis hors de la salle.*

CABALISER. v. n. Se servir de l'art prétendu de la cabale.

CABALISME. s. m. Sentiment de celui qui suit la cabale des Juifs.

CABALISTE. s. m. Qui est savant dans la cabale.

CABALISTIQUE. adj. 2 g. Qui appartient à la cabale des Juifs. *Science c. Livres, subtilités cabalistiques.* || Qui a rapport à la prétendue science de la cabale. *Art c. Chimères cabalistiques.* || Qui a un certain air de mystérieuse obscurité. *Ce livre est écrit dans un style c.*

CABALLIN. adj. [Pr. *cabalin*] (lat. *caballinus*, qui a rapport au cheval, *caballus*). T. Pharm. *Aloès c.*, Variété très impur d'aloès.

CABAN. s. m. (esp. *gaban*; ital. *gabanno*, sans doute d'un radical *cab*, sign. abri, qu'on retrouve dans *cabane*). Sorte de manteau d'étoffe épaisse et à capuchon. Le c. est la capote du marin, auquel nous avons emprunté ce vêtement.

CABANAGE. s. m. (R. *cabane*). Action de cabaner, endroit où l'on dresse les cabanes.

CABANE. s. f. (cell. *caban*, hutte, cabane). Petite maison, grossièrement construite, et souvent couverte de chaume. || Réduit ou petite construction habituellement formée de planches, qui est destinée à différents usages. *Une c. de berger. Une c. à lapins.* || Se dit aussi des chambres établies à bord des bâtiments pour les officiers, les passagers, et, par ext., des couchettes des matelots.

Syn. — *Chaumière, Maisonnette, Hutte, Baraque.* — Les mots cabane et chaumière servent à désigner une habitation fixe, une construction permanente; une hutte, au contraire, indique une demeure temporaire. La c. est construite en bois : elle est le type des plus magnifiques édifices (voy. ARCHITECTURE); cependant elle indique la pauvreté. La chaumière tire son nom du chaume qui en forme la toiture; c'est une habitation rurale, la demeure de l'homme qui cultive la terre. Elle est le plus souvent bâtie de pierre. La hutte est un abri fait de branchages, d'écorces, etc.; c'est l'abri que se construit le sauvage, abri qu'il abandonne bientôt, lorsqu'il est obligé de se transporter dans un autre canton à la poursuite du gibier dont il se nourrit. La baraque est un refuge dans la campagne en cas de mauvais temps, pour prendre les repas, etc.

CABANEL (ALEXANDRE), peintre français (1823-1889).

CABANER. v. n. (R. *cabane*). Dresser des cabanes. || T. Mar. Chavirer, être renversé. || T. Magnanerie. Mettre sur le bord des claies à vers à soie des branches, quand le ver cherche à filer son cocon.

CABANIS, médecin et philosophe français, ami de Mirabeau, auteur des *Rapports du physique et du moral de l'homme* (1757-1808).

CABANON. s. m. (Dimin. de *cabane*). Petite cabane. || T. Prison. Cachot étroit et obscur.

CABARER. v. a. T. Brasserie. Jeter l'eau d'un récipient dans un autre.

CABARET. s. m. (bas-lat. *caparitum*, de *caupo*, cabaretier?). Lieu où l'on vend du vin en détail, soit pour l'emporter, soit pour le boire sur place. *Il y a des cabarets où les ouvriers prennent leurs repas.* || Se dit aussi des restaurants de premier ordre *Dîner au c.* || Espèce de petite table, ou plateau qui a les bords relevés, et sur lequel on met des tasses pour prendre du thé, du café, etc. — Se dit aussi des objets, tels que tasses, sucrier, pot au lait, etc., que l'on met sur le plateau. *Un c. de porcelaine de Chine.* || T. Ornith. Nom vulgaire d'une espèce de linotte. Voy. ce mot. || T. Bot. Nom vulgaire de l'*Asaret d'Europe* (*Asarum europæum*) de la famille des *Aristolochiacées*. Voy. ce mot.

Syn. — *Guinguette, Taverne.* — Ce sont tous lieux ouverts au public, où l'on trouve à boire, et ordinairement aussi à manger. Un c. est un lieu où l'on vend du vin en détail, soit pour l'emporter, soit pour le boire sur place. La *taverne* est une sorte de restaurant à la mode anglaise; le mot *taverne* est quelquefois pris en mauvaise part. La *guinguette* est aussi un c.; toutefois ce mot s'applique particulièrement à ces cabarets hors barrière où les gens du peuple se réunissent le dimanche. On y boit, on y mange, mais surtout on y danse : c'est là ce qui fait la différence de la *guinguette* et du *cabaret*.

CABARETIER, IÈRE. s. Celui, celle qui tient cabaret. *La cabaretière du coin.*

CABARRUS, financier espagnol (1752-1810).

CABAS. s. m. (celt. *cab*, ce qui contient, qui abrite). Sorte de panier d'emballage, fait de jonc ou de sparterie, qui sert, dans le Midi, à emballer des fruits secs. || Espèce de panier, le plus souvent de paille ou de sparterie, et muni de deux anses, dont les femmes se servent pour mettre leurs emplettes. || Se dit, en plaisantant, d'une vieille voiture à l'ancienne mode. *Il est venu dans un méchant cabas.*

CABASSET ou **CABACET**. s. m. (Dimin. de *cabas*). Sorte de casque sans visière, à bords larges. Voy. CASQUE.

CABEL, célèbre peintre de l'école hollandaise (1631-1698).

CABERNET, s. m. T. Vitic. Plan de vigne appelé aussi CARMENET et CARBENET.

CABÈS. Voy. GABÈS.

CABESTAN. s. m. (esp. *cabrestante*, de *cabra*, chèvre, et *estanti*, dressée debout. — *Chèvre* désigne une machine). T. Mécan. et Mar. Le c. n'est autre chose qu'un *treuil* vertical. Il se compose essentiellement d'un arbre vertical cylindrique ou légèrement conique, ou même rétréci dans sa partie moyenne, dont les extrémités, appelées *tourillons*, sont maintenues dans des trous ou *collets* pratiqués dans un bâti de charpente. Le tourillon supérieur se prolonge au-dessus du *coussinet* dans lequel il tourne, et présente, en général, une *tête* cubique percée de part en part de trous appelés *amelottes*, dans lesquels on introduit les *barres* ou leviers horizontaux, au moyen desquels on fait tourner l'arbre. Cette machine, ainsi que le treuil, est capable de vaincre une résistance considérable à l'aide d'une puissance fort médiocre. La Fig. 1 représente le c. ordinaire, appelé *Vindas* par les marins. — Le c. est souvent employé à terre; mais il est surtout usité à bord des navires où il sert principalement à lever les ancres, ainsi qu'à hisser les mâts de hune et les grandes voiles. Comme le cylindre du c. est en général assez court, et que le câble est ordinairement très long, il serait impossible d'enrouler celui-ci tout entier sur le cylindre. Pour éviter cet inconvénient, on fait faire au câble trois ou quatre fois le tour du cylindre, puis on remet l'extrémité libre entre les mains d'un homme qui la tire avec assez de force pour l'empêcher de glisser, de telle sorte que le câble se déroule d'un côté à mesure qu'il s'enroule de l'autre. Mais la partie du câble qui s'enroule, s'élève ou s'abaisse progressivement; on est donc obligé d'arrêter la machine de temps en temps pour replacer la corde vers l'autre extrémité. Cette opération, que les ouvriers appellent *Choquer*, cause une perte de temps considé-

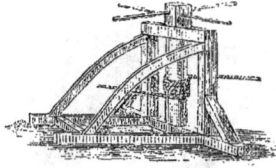

Fig. 1.

rable. — L'introduction des *câbles-chaînes* dans la marine a obligé de faire subir au c. des modifications profondes. Le cylindre est remplacé par une pièce en forme d'hyperboloïde appelée *cloche ;* les mortaises destinées à recevoir les barres sont creusées dans un plateau circulaire. L'axe de l'appareil

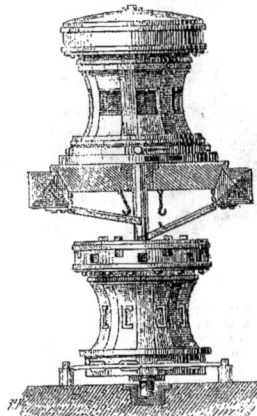

Fig. 2.

se nomme *mèche*. Souvent une seule mèche sert pour deux cabestans placés l'un au-dessus de l'autre (Fig. 2). La forme creuse de la cloche a pour effet de ramener le câble dans la partie centrale par sa propre tension, ce qui évite le *choquage*.

CABET (ÉTIENNE), fondateur de la secte communiste des Icariens, auteur du *Voyage en Icarie* (1788-1856).

CABET (PAUL), sculpteur français (1815-1876).

CABIAI. s. m. [Pr. *cabiè*] (mot indien). T. Mamm. Le c. est le type d'une petite famille de *Mammifères* qui appartient à l'ordre des *Rongeurs*, et qui a reçu le nom de *Caviens*. Les animaux qui le composent présentent les caractères suivants : clavicules imparfaites; doigts armés d'ongles larges, et au nombre de 4 au membre antérieur, de 3 au membre postérieur; mâchoires ayant chacune 2 incisives, et de chaque côté, 4 mâchelières sans racines, plus longues en arrière qu'en avant, et composées de lames soudées par de la substance corticale. — Les caviens renferment les genres *Cabiai, Cobaye* et *Moko*.

Le *Cabiai* (*Cavia Capybara* ou *Hydrochærus*) est très répandu à la Guyane ainsi que dans les pays baignés par l'Orénoque et les affluents du fleuve des Amazones. Il habite toujours au bord des eaux. Cet animal atteint près de 1 mètre de longueur; il est donc le plus grand de lot s les rongeurs connus. Son poil est dur, lisse et peu épais et d'un brun noirâtre, moins

Fig. 1.

foncé sous le ventre. Ses doigts sont réunis par des membranes (Fig. 1). Le cabiai vit en société. Quand il est poursuivi, il se réfugie dans l'eau, sous laquelle il peut rester assez longtemps. Sa chair est très estimée.— Les Cobayes (*Cavia* ou *Ænæma*) sont de petits animaux originaires de l'Amérique du Sud, mais

Fig. 2.

aujourd'hui fort communs chez nous, où ils sont vulgairement connus sous le nom de *Cochons d'Inde* (Fig. 2). Ils ont la tête assez élevée et un peu comprimée, le museau velu, le corps ramassé, les jambes courtes. Le cobaye diffère du c. par l'absence de membrane entre les doigts. Cette espèce se multiplie avec une rapidité merveilleuse. A six semaines, les jeunes sont déjà en état de se reproduire; la femelle fait quatre ou cinq portées par an, et met bas chaque fois de cinq à dix petits. Buffon dit qu'un seul couple, en un an, pourrait produire un millier d'individus Le pelage du cobaye est blanc avec de grandes plaques noires et jaunes. Cette coloration variée paraît être le résultat de la domesticité. M. A. Milne-Edwards a pu, au Muséum, obtenir par la sélection de nombreuses races très curieuses de cet animal; le souffre-douleur des physiologistes. La chair de cet animal est mangeable, mais peu estimée. Sa sensibilité au froid ne permet pas de l'élever dans des parcs, où il pourrait acquérir le fumet qui lui manque. On connaît 5 espèces de ce genre. L'espèce appelée *Apéréa* est généralement regardée comme celle d'où proviendrait le cochon d'Inde domestique. — Le *Moko* ou *Kérodon* diffère très peu du précédent. Cet animal habite l'Amérique centrale. Sa longueur moyenne est de 25 centimètres. Il a le poil gris tacheté de noir et de fauve en dessus, et blanc à la partie interne des membres.

CABILLAUD. s. m. [Pr. *cabi-llo*, ll mouillées] (holl. *kabeljaauw*, m. s.; du basque *bacailaba*, morue?). T. Icht. Nom vulgaire de la morue qu'on pêche sur les côtes de l'Océan et qu'on mange fraîche. Voy. GADOÏDES.

CABILLET. s. m. [Pr. *cabi-llè*, ll mouillées] (Dim. de *caville* ou *cheville*). Instrument dont le pannier se sert pour empêcher les raquettes de se déformer.

CABILLOT. s. m. [Pr. *cabi-llo*, ll mouillées] (Dim. de *caville* ou *cheville*). T. Mar. Cheville de bois passée dans un bouton pour tenir la hune sur ses barres.

CABINE. s. f. (Autre forme de *cabane*). T. Mar. Se dit des petites chambres ou cabanes placées à l'arrière de certains bâtiments de commerce. || Nom que l'on donne dans les établissements de bains de mer ou on rivière aux petits cabinets où l'on se déshabille. || *C. téléphonique*, Petit cabinet contenant des appareils téléphoniques, et où l'on s'enferme pour causer par le téléphone à l'abri des bruits extérieurs.

CABINET. s. m. (Dim. de *cabine*). Petite pièce d'un appartement, plus retirée que les autres, et destinée à différents usages. *C. de toilette, de bain. C. noir. C. d'aisances.* || Absol., se dit d'un lieu de retraite pour travailler ou converser en particulier, pour s'occuper d'affaires. *Il s'est retiré, enfermé dans son c. Le c. d'un ministre. La vie de c. est nuisible à sa santé. Il a entrée dans le c. du roi, ou simplement, dans le c. — Homme de c.,* Homme que sa profession oblige à travailler dans le c. — *C. d'affaires.* Voy. AFFAIRE. *C. de lecture.* Voy. LECTURE. || Fig et par ext., La clientèle, l'ensemble des affaires dont on est chargé. *Cet avocat a un très bon c.* || Fig., se dit encore d'un gouvernement, du conseil ou se traitent les affaires générales de l'État, et en particulier celles qui concernent ses relations avec l'extérieur. *Le c. de Paris, de Vienne,* etc. *Entrer au c. Il règne un parfait accord entre ces deux cabinets. — C. d'un ministre,* Bureau spécial d'un ministère comprenant plusieurs employés dont un a le titre de *chef de c,* et où l'on traite certaines affaires particulières ne rentrant pas dans les attributions bien définies des autres bureaux. — *C. noir,* Le bureau établi autrefois à Paris dans l'hôtel des postes, et où des agents spéciaux décachetaient et lisaient les lettres suspectes. Le c. noir a été fondé sous le règne de Louis XIV et supprimé en 1789. Malgré les dénégations du gouvernement et de l'administration, il a fonctionné de nouveau pendant le premier et le second empire. || Lieu où l'on expose des objets d'étude ou de curiosité, tels que livres, tableaux, médailles, productions naturelles, etc. *C. de tableaux, d'armes, d'antiques, de médailles. C. d'histoire naturelle, d'anatomie.* — Par ext., se dit de tous les objets d'étude ou de curiosité qui sont contenus dans un c. *Il a fait, il a formé un riche c. — C. de physique,* Endroit dans lequel sont réunis les divers instruments nécessaires pour les expériences de physique; collection de ces instruments. || Espèce de buffet à plusieurs tiroirs, qui servait autrefois d'ornement dans les appartements. *C. d'écaille de tortue. — C. d'ébène. — C. d'orgue,* Espèce d'armoire dans laquelle il y a un orgue. || Endroit couvert dans un jardin, et formé de treillage, de verdure, etc. *C. de chèvrefeuille. C. de verdure.* || *C. d'eau,* Conduit fermé par lequel passe l'eau avant d'arriver sur certaines roues hydrauliques.

CABION. s. m. Condiment servant à assaisonner les ragoûts, et qu'on fait avec le suc épaissi du *manioc*.

CABIRES, divinités mystérieuses de la haute antiquité adorées en Égypte, en Phénicie, en Chaldée, en Asie Mineure et en Grèce.

CÂBLAGE. s. m. (R. *câble*). Opération par laquelle on réunit à six brins les fils.

CÂBLE. s. m. (lat. *captum*, m. s., qui est peut-être une forme altérée du grec κάμιλος, *câble*). T. Mar. Gros cordage dont on se sert pour élever des fardeaux, pour attacher les ancres des bâtiments, etc. *Le c. d'une ancre. Le c. s'est rompu. Le maître c.,* Celui de la première aire que laisse tomber un navire en mouillant. — On donne aussi le nom de *câbles* à des faisceaux de fils de fer ou à des chaînes dont on se sert comme de cordages ordinaires. *Des câbles de fer. Des câbles-chaînes.* || *Filer du c., filer le c.,* Lâcher peu à peu le c., dérouler une longueur plus ou moins considérable du c. qui tient l'ancre, lorsque le bâtiment est au mouillage. || T. Télég. Gros cordon formé de fils conducteurs, et destiné à être enterré ou plongé dans l'eau. || T. Archit. Moulure ronde représentant une grosse corde. — Fig. et fam., *Filer du c.,* Gagner du temps quand on est pressé par quelqu'un de faire quelque chose; différer de se décider, de prendre un parti.

Techn.—Dans les premières années du XIXe siècle, on ne connaissait encore que les câbles de chanvre; mais, depuis lors, on leur a substitué, dans beaucoup de cas, des câbles composés de fils de fer ou d'acier unis ensemble, ou d'anneaux de fer formant une chaîne véritable. Nous parlerons des câbles de chanvre au mot CORDAGE; il ne sera donc question dans cet article que des *câbles de fil de fer* et des *câbles-chaînes.*

1. Les *câbles métalliques* ont d'abord été formés d'un faisceau de fils de fer plus ou moins nombreux, maintenus de distance en distance par des liens également formés de fils de fer. On les recouvrait d'une couche de peinture, etc., pour empêcher l'oxydation du métal. Plus tard on employa des fils de fer *galvanisés*, c.-à-d recouverts d'une couche de zinc par les procédés de la galvanoplastie. Ces câbles en fer présentaient l'inconvénient d'offrir beaucoup de raideur et de se briser quand ils étaient pliés par un pli brusque. Depuis les progrès considérables qu'a faits l'industrie de l'acier, on préfère les câbles en fil d'acier qui offrent beaucoup plus de résistance et auxquels on est arrivé à donner une grande souplesse en employant à leur confection des fils suffisamment fins. On en fabrique de toutes dimensions. Ils sont généralement composés de six torons de six fils; les fils de chaque toron sont assemblés autour d'un septième fil qui forme *âme;* puis les torons sont réunis autour d'une âme centrale en chanvre. Les câbles en fil d'acier sont employés pour les monte-charges, remorques sur plan incliné, etc., pour les chemins aériens, et les guidages de puits de mine, les galets des bennes roulant sur les câbles comme sur des rails, pour les haubans, gréements de navires, pour les paratonnerres, et pour les transmissions de mouvement, surtout à grande distance; on les nomme alors *câbles télédynamiques*. Voy. TRANSMISSION. Enfin, dans les grosses pièces d'horlogerie, telles que celles qui servent à faire mouvoir les grands instruments astronomiques, le poids moteur est généralement suspendu par un petit c. d'acier qui s'enroule sur le cylindre. Les câbles métalliques sont devenus d'un usage très fréquent dans la marine. Depuis 1869, ils sont exclusivement employés pour les gréements dormants dans la marine de l'État. Leurs avantages consistent en ce que : 1° ils ne sont pas détériorés par la fumée des bateaux à vapeur; 2° ils n'absorbent pas d'eau comme les câbles de chanvre, et, par conséquent, ne se raccourcissent pas comme ceux-ci à l'humidité; 3° ils sont beaucoup plus résistants que les câbles de chanvre, d'où résulte, pour un même usage, une diminution considérable dans les dimensions, le poids et le prix de revient : on fabrique aujourd'hui des câbles d'acier qui supportent des poids de 60 à 200 kilogrammes par millimètre carré de section, tandis que les meilleurs câbles de chanvre n'en supportent pas 6; pour un même usage le c. métallique coûte de deux à six fois moins cher que l'autre. Ajoutons que les câbles métalliques ont une durée presque indéfinie, tandis que les meilleurs cordages ne durent jamais plus de cinq à six ans, ce qui augmente encore l'économie résultant de l'emploi des premiers.

On fabrique, pour les plans inclinés des mines qui travaillent à l'humidité, des câbles mixtes formés d'un c. métallique entouré d'une enveloppe en fil de chanvre destinée à les protéger contre l'oxydation, et pour l'extraction des bennes dans les puits, des *câbles plats* formés de câbles ronds cousus en aussière. Dans un puits de 500 mètres, le poids du c. entre pour la plus grande part dans la charge à élever. Il y avait donc intérêt à le diminuer le plus possible; les câbles plats en acier constituent sous ce rapport un progrès important.

Câbles-chaînes. — L'idée d'employer des *câbles-chaînes*, dans la marine, pour tenir les bâtiments au mouillage, est due à l'Anglais Slater, qui prit pour cela un brevet en 1808. Lorsqu'un navire est à l'ancre, s'il survient un fort coup de vent ou de lame, le c. a à supporter un choc violent, dont le contre-coup se transmet à l'ancre. Si le c. est de chanvre, comme sa densité est peu différente de celle de l'eau, il se trouve tendu presque en ligne droite, et en conséquence n'offre presque aucune élasticité : alors le choc qu'éprouve le vaisseau peut faire déraper l'ancre ou briser sa patte. Le c.-chaîne, au contraire, en vertu de sa grande densité, décrit dans l'eau une ligne courbe dont la flèche est considérable : lors donc qu'il éprouve une forte tension, la courbe diminue en formant une liaison élastique entre l'ancre et le navire, et en amortissant ainsi le contre-coup que reçoit l'ancre. Le second avantage des câbles-chaînes, c'est qu'ils ne sont pas exposés à se couper, comme les câbles de chanvre, sur les angles des rochers. On cite, comme un des exemples les plus remarquables du bon service de ces câbles, le bâtiment anglais le *Henri*, qui, forcé de mouiller par une affreuse tempête dans la baie de Biscaye, tint trois jours durant, grâce à un c.-chaîne, dans une situation où tout c. de chanvre eût été mille fois coupé par les saillies des rochers.

Fig. 1.

— Les chaînons dont se compose un c.-chaîne ont la forme que présente la Fig. 1. Ils se composent de deux parties distinctes : la *maille*, ou anneau allongé, et l'*étai*, pièce transversale

ajoutée comme contre-fort à égale distance entre les deux bouts de la maille dont elle augmente considérablement la solidité. Ces deux parties sont forgées et ajustées avec beaucoup de précision au moyen de puissantes machines. Les câbles-chaînes peuvent, selon les besoins du service, s'allonger ou se raccourcir à volonté. A cet effet, on les divise en tronçons de 5 mètres au moyen de forts boulons, qui permettent en un instant de diminuer ou d'augmenter leur longueur.

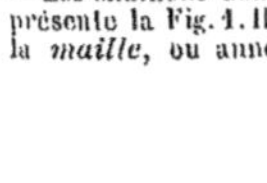

Câbles télégraphiques. — On donne ce nom aux conducteurs électriques revêtus d'une enveloppe isolante et protectrice permettant de les placer sous terre ou de les déposer au fond de l'eau; ils se divisent donc en *Câbles souterrains* et *Câbles sous-marins*. Les premiers sont généralement formés de sept torons composés chacun de six fils de cuivre enroulés autour d'un septième. Le diamètre de ces fils varie de $0^{mm}5$ à $0^{mm}7$; chaque toron est recouvert de gutta-percha et d'une composition semi-fluide de gutta-percha, de résine et de goudron de Stockholm, connue sous le nom de composition Chatterton. Les torons assemblés sont recouverts de deux enveloppes de ruban de coton, entre lesquelles est une troisième enveloppe de filins de phormium, le tout injecté au sulfate de cuivre et fortement goudronné.

L'idée d'établir une communication télégraphique entre deux pays séparés par la mer, au moyen d'un conducteur devait se présenter naturellement dès l'invention du télégraphe. En 1841, Wheatstone indiquait le principe de la construction de ces conducteurs sous-marins tels qu'ils ont été établis depuis : cinq fils de cuivre enveloppés d'une couche isolante, tordus ensemble de manière à former l'âme du câble, reliés entre eux par la matière employée, le tout recouvert d'une nouvelle enveloppe et protégé par une torsade de dix fils de fer. C'est Walker Breit qui parvint à appliquer ces principes, et à construire en 1852 le premier câble sous-marin qui fonctionna entre Calais et Douvres. Le succès de Breit était dû à l'emploi de la gutta-percha comme matière isolante. Deux autres lignes sous-marines furent posées avec non moins de succès en 1853 entre l'Angleterre et la Hollande, et les Anglais commencèrent à songer à relier télégraphiquement l'Angleterre et l'Amérique. Le premier c. transatlantique fut posé en 1858 avec un plein succès; malheureusement il ne fonctionna que vingt et un jours, au bout desquels les communications cessèrent subitement : il est probable que ce c. s'était rompu dans l'Océan. Avant de renouveler les essais, on établit plusieurs câbles dans la Méditerranée. Enfin, en 1864, une compagnie se forma en Angleterre au capital de 27 millions de francs. On construisit un c. plus solide que celui de 1858, dont le poids total était de 24,000 tonnes. On aménagea spécialement pour la pose le plus grand vaisseau du monde, le *Great Eastern*. Le c. était enroulé dans trois grandes cuves en tôle logées dans la cale; des appareils spéciaux avaient été installés pour le dérouler et le défiler à la mer. L'opération devait d'abord paraître facile; mais le 2 août 1865, le c. se rompit subitement à 10 mètres du navire; on en avait déjà déroulé 11,000 milles. Par deux fois on put repêcher le bout immergé à l'aide de grappins, mais les amarres se rompirent et le *Great Eastern* dut rentrer à Londres. Cet échec ne découragea pas la compagnie, qui construisit un nouveau c. en moins d'une année, et le 10 août 1866, l'île de Terre-Neuve fut enfin reliée à Valentia, en Irlande, communication qui ne fut plus interrompue depuis.

Le c. posé en 1866 (Fig. 2. Coupe et aspect d'un morceau) se compose d'une âme de six fils de cuivre enroulés autour d'un septième et formant un toron de $3^{mm}6$ de diamètre; celle-ci est recouverte de quatre couches de gutta-percha alternant avec autant de couches de composition Chatterton, puis d'un matelas de jute injecté et enfin d'une cuirasse de douze fils de fer galvanisés de $2^{mm}4$ de diamètre, recouverts eux-mêmes préalablement de chanvre injecté et goudronné. L'ensemble présente un diamètre de 27 millimètres, et pèse, par kilomètre, 970 kilogrammes dans l'air et 380 dans l'eau de mer. Il peut supporter, sans se rompre, une charge de 7,860 kilogrammes représentant 20,000 mètres de c. suspendu verticalement dans l'eau, tandis que les plus grandes profondeurs ne dépassent pas 4,300 mètres. Les difficultés de l'opération de la pose d'un c. sous-marin consistent dans le réglage de la tension : il faut établir une concordance entre la marche du navire et celle des

Fig. 2.

appareils dévidoirs, afin que d'une part la tension ne s'augmente pas au delà d'une certaine limite, ce qui arriverait si le dévidage marchait trop lentement, et que, d'autre part, on n'immerge pas une plus grande longueur qu'il n'est nécessaire, ce qui serait la conséquence d'un dévidage trop rapide. Dans le voisinage des côtes, dès que le fond n'atteint pas 100 mètres de profondeur, le c. est soumis à l'agitation de la mer qui ne se manifeste pas dans les grandes profondeurs et risquerait d'être usé ou brisé sur les roches ; c'est pourquoi les extrémités des câbles sous-marins sont formées de câbles spéciaux, dits câbles d'atterrissement, qui diffèrent des autres par un second matelas de jute et une seconde cuirasse de fils de fer ; dans les lignes transatlantiques, la longueur de chaque c. d'atterrissement est de 60 kilomètres environ. Il existe aujourd'hui plusieurs types de c. sous-marins, qui ne diffèrent du c. de 1866 que par le nombre de fils de cuivre, et qu'on peut considérer comme la réunion de plusieurs câbles analogues à celui-là, mais plus petits, enfermés dans la même enveloppe de jute et dans la même armature (Fig. 3.). On en fabrique en France à l'usine de la Seyne, à Toulon.

Un c. sous-marin constitue un condensateur électrique dont les armatures sont : d'une part, le conducteur intérieur ; de l'autre, l'eau de la mer. Cette condensation a pour effet de retarder le passage du courant qui ne peut se manifester à l'extrémité que quand tout le condensateur est chargé ; de là,

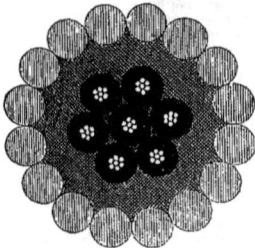

Fig. 3.

dans la transmission des dépêches, un léger retard et des difficultés spéciales. Il faut deux à trois dixièmes de seconde pour que le courant se manifeste à travers l'Atlantique. De plus, le fil ne se décharge pas immédiatement après la cessation du courant, ce qui oblige à laisser un certain intervalle de temps entre les signaux et retarde encore la transmission. La vitesse de celle-ci dépend de la forme et des dimensions du c. et de l'intensité du courant. On a reconnu que pour avoir le maximum de vitesse de transmission, il faut donner à l'enveloppe isolante une épaisseur égale au diamètre du conducteur central. Dans le c. français immergé en 1869, entre Brest et Saint-Pierre de Terre-Neuve, cette épaisseur est de 3mm6. L'armature est composée de dix fils d'acier galvanisé de deuxième épaisseur. Quant au courant, il doit être, dans tous les cas, très faible, ce qui exclut les appareils ordinaires de télégraphie et nécessite l'emploi d'appareils spéciaux dont il sera parlé au mot TÉLÉGRAPHIE. Disons seulement qu'on arrive à transmettre trente mots à la minute. Aujourd'hui, toutes les mers du globe sont sillonnées de câbles télégraphiques ; on peut évaluer leur longueur totale à plus de 100,000 milles marins.

Les câbles sous-marins sont sujets à de nombreuses causes de destruction ; ils peuvent être brisés par des bouleversements géologiques du fond ou des bancs de glace ; certains icebergs plongent dans l'eau jusqu'à une profondeur de 500 à 600 mètres ; si, dans leurs déplacements, ils viennent à toucher le fond, ils détruisent tout sur leur passage. Les sont quelquefois perforés par de petits annélides ou crustacés qui se logent dans la gutta-percha et établissent la communication de l'âme conductrice avec l'eau de mer. Les ancres et les engins de pêche occasionnent aussi parfois des accidents. Heureusement, le c. s'enfonce peu à peu dans le sol ou se revêt de coquillages qui lui font une enveloppe protectrice, de sorte qu'un ancien c. est moins exposé aux accidents qu'un c. récemment posé. Pour les réparations, la première chose à

faire est de déterminer le lieu de l'accident, on y arrive aujourd'hui par des mesures électriques précises qui font connaître la longueur restée intacte.

CÂBLÉ. s. m.-(R. *câble*). T. Passementier. Sorte de gros cordon dont on se sert pour suspendre des tableaux, relever des tentures, faire des cordons de sonnette, etc.

CÂBLÉ, ÉE. adj. (R. *câble*). T. Archit. Genre de sculpture ou de moulure qui figure la forme d'un câble.

CÂBLEAU ou **CÂBLOT.** s. m. (R. *câble*). T. Mar. Sorte de petit câble qui sert d'amarre aux embarcations. || Se dit des fils réunis à six brins.

CÂBLE-CHAÎNE, s. m. Voy. CABLE.

CÂBLER. v. a. (R. *câble*). Assembler plusieurs cordes et les tordre ensemble pour n'en faire qu'une seule.

CÂBLIÈRE ou **CÂBLURE.** s. f. (R. *câble*). T. Mar. Pierre percée tenant lieu de grappin.

CABOCHE. s. f. (lat. *caput*, tête). Synonyme populaire de tête. — *Il a une bonne* c., Il a beaucoup de bon sens, de jugement. Fam. || T. Techn., Sorte de clou à grosse tête. || Têtes des feuilles de tabac réunies en bouquets ou manoques.

CABOCHE (SIMON), boucher de Paris, chef de la faction des *Cabochiens*, dont les excès ensanglantèrent Paris sous Charles VI.

CABOCHON. s. m. (Augm. de *caboche*). T. Joaillier. Pierre précieuse qu'on s'est contenté de polir sans la tailler. — S'emploie adjet. *Un rubis* c. || T. Zool. Genre de mollusques gastéropodes. Voy. CAPULIDES.

CABOMBE. s. m. T. Bot. Genre de plantes (*Cabomba*) de la famille des *Nymphéacées*. Voy. ce mot.

CABORGNE. s. m. Nom vulgaire du chabot.

CABOSSE. s. f. Nom de la baie qui renferme les graines du cacao.

CABOT (JEAN) navigateur vénitien au service de l'Angleterre. = CABOT (Sébastien), fils du précédent, né à Bristol. — Les deux Cabot, aux XVe et XVIe siècles, découvrirent une grande partie du continent américain.

CABOTAGE. s. m. (esp. *cabo*, cap). T. Mar. Le mot *Cabotage* signifie littéralement la navigation qui se fait de cap en cap, sans perdre la côte de vue : toutefois, ce terme se prend aujourd'hui dans un sens beaucoup moins limité. — En France, l'administration distingue la navigation maritime en *navigation de long cours* ou *hauturière*, et en *cabotage* ou *navigation côtière*. D'après la loi du 14 juin 1854, qui a remplacé l'art. 377 du C. du Com., « sont réputés *voyages au long cours* ceux qui se font au delà de certaines limites ci-après déterminées : au sud, le 30e degré de latitude sud ; au nord, le 72e degré de lat. nord ; à l'ouest, le 15e degré de longit. du méridien de Paris ; à l'est, le 44e de longit. du même méridien ». Les voyages compris dans l'intérieur de ces limites ne constituent que des voyages de c.

Ce dernier, lui-même, se distingue en *grand* c. et en *petit* c. Sont compris dans le grand c. : 1° les voyages des ports français de l'Océan en Angleterre, Écosse, Irlande, Hollande, à Hambourg et autres îles et terres en deçà du Sund, en Espagne, Portugal et autres terres et îles en deçà du détroit de Gibraltar (Ord. 18 oct. 1740) ; 2° les voyages des ports français de la Méditerranée sur les côtes de cette mer, au delà de Naples à l'est, de Malaga à l'ouest, et autres côtes et îles de la même mer, autres que la Corse, la Sardaigne et les îles Baléares (Ord. 15 fév. 1815) : ainsi, le voyage de France en Algérie appartient au grand c. ; 3° les voyages de la Méditerranée à la mer Noire (Déc. minist. 29 nov. 1827) ; 4° ceux des ports français de la Méditerranée à l'Océan, et réciproquement. — La même distinction entre le grand et le petit c. a lieu aussi pour les navires expédiés des ports des différentes colonies françaises. Le c. dans les colonies a été réglé par la loi du 31 août 1828.

Les officiers qui commandent les bâtiments qui se livrent

soit aux voyages de long cours, soit au c., sont astreints à subir certains examens et à faire preuve de certaines connaissances spéciales. On est, bien entendu, plus exigeant pour ceux qui se livrent à la grande navigation que pour ceux qui s'adonnent exclusivement au grand et au petit c. Les premiers ont le titre de *Capitaines*, les autres n'ont que celui de *Maîtres* au grand ou au petit c.; ces derniers sont aussi appelés *Patrons*. La distinction entre les deux espèces de navigation est encore d'une grande importance au point de vue des assurances; le délai pour réclamer le montant de l'assurance étant d'une année après les dernières nouvelles pour le c. et de deux ans pour les voyages au long cours.

CABOTER. v. n. (esp. *cabo*, cap). T. Mar. Naviguer de cap en cap, de port en port le long des côtes.

CABOTEUR. s. m. (R. *caboter*). Marin qui fait le cabotage. || Se dit aussi dans le sens de *Cabotier*.

CABOTIER. s. m. (R. *caboter*). Bâtiment qui fait le cabotage.

CABOTIN. s. m. (R. *cabotage*, ou peut-être vx franç. *cabaust*, auberge, parce que les représentations se donnaient en province dans des auberges). T. de mépris, qui se dit d'un comédien ambulant, et par ext., d'un acteur sans talent. || On dit aussi *Cabotiner* ou *Faire du cabotinage*, en parlant de mauvais acteurs qui vont de province en province, de ville en ville.

CABOTINAGE. s. m. État de cabotin, de comédien ambulant, d'acteur sans talent.

CABOUL, cap. du royaume d'Afghanistan, sur le *Caboul*, affluent de l'Indus. || On écrit aussi *Kaboul*.

CABOULOT (celt. *cab*, ce qui reçoit, qui contient, qui abrite. En Franche-Comté, ce mot désigne une loge dans une étable). Espèce de café borgne.

CABOURG, bourg et commune de France (Calvados), arr. de Caen, 1,100 hab. Bains de mer.

CABRAL, navigateur portugais, découvrit le Brésil (1500).

CABRE. s. f. (lat. *capra*, chèvre). Ancien nom de la chèvre encore usité dans quelques pays. Voy. CHÈVRE.

CABRER (SE). v. pron. (lat. *capra*, chèvre). Se dit au propre du cheval et signifie, Se dresser sur les pieds de derrière. *Ce cheval a l'habitude de se c.* En faisant ellipse du pron., on dit : *Vous allez faire c. votre cheval* || Fig., S'emporter, se révolter contre une proposition, un conseil, une remontrance, etc. *On ne saurait lui dire un mot qu'il ne se cabre.* — Dans ce sens, on l'emploie parfois comme actif. *Vous allez le c.* = CABRÉ, ÉE. part.

CABRÉRA, île d'Espagne faisant partie du groupe des Baléares.

CABRÉRITE. s. f. T. Min. Arséniate hydraté de nickel et de magnésie, trouvé dans l'île de Cabréra (Espagne), et ensuite au Laurium (Grèce).

CABRI. s. m. (lat. *capra*, chèvre). Chevreau, petit de la chèvre. || T. Mélier. Dans les fabriques de soieries, pièces de bois sur lesquelles on met l'ensouple pour plier les chaînes.

CABRIL. s. m. (R. *capra*, chèvre). T. Bot. Genre d'arbrisseaux de la famille des *Verbénacées* commun aux Antilles et à la Guyane où il est connu sous le nom de *Bois de fer* ou *Bois c.*

CABRILLON. s. m. [P. les *ll* mouillées] (lat. *capra*, chèvre). Petit fromage de chèvre du Lyonnais et de l'Auvergne.

CABRIOLE. s. f. (lat. *capra*, chèvre). Saut d'une personne ou d'un animal qui s'élève avec agilité. *Faire une c., la c. des cabrioles.* || T. Man. Saut que l'on fait faire à un cheval qui lève les quatre pieds en l'air à la même hauteur, et dans cette position détache une ruade. *La c. se range parmi les airs nobles. Faire aller un cheval à cabrioles.*

CABRIOLER. v. n. Faire la cabriole ou des cabrioles. *Les jeunes chevreaux cabriolaient autour de leur mère.*

CABRIOLET. s. m. (R. *cabrioler*, à cause du mouvement sautillant de ces voitures). Sorte de voiture légère qui s'ouvre en devant et qui est ordinairement suspendue sur deux roues. || Espèce de petit fauteuil. || Chariot employé dans les fonderies pour transporter les bouches à feu d'un lieu à un autre. || Corde à nœuds terminée par deux morceaux de bois que les agents de police emploient pour lier les mains des détenus.

CABRIOLEUR. s. m. Faiseur de cabrioles.

CABRION. s. m. (autre forme de *chevron*). T. Mar. Pièce en bois pour affermir les affûts lorsque la mer est grosse. || Madrier pour l'arrimage des caisses à eau.

CABRON. s. m. (lat. *capra*, chèvre). Peau de chevreau. || Outil pour brunir.

CABROUET. s. m. Charrette pour transporter les cannes à sucres dans les colonies.

CABUS. adj m. (lat. *caput*, tête). T. Hortic. Se dit d'une variété de *Chou*. Voy. ce mot.

CACA. m. s. (lat. *cacare*, aller à la selle, du gr. κακός, κακά, mauvais). Excrément, ordure. Se dit en parlant aux petits enfants. *Ne touche pas à cela, c'est du c.*

CACADE. s. f. (lat. *cacare*). Évacuation alvine. Ne s'emploie qu'au fig., pour désigner une démarche, une entreprise qui n'a point eu de succès et n'a servi qu'à montrer l'ineptie, la lâcheté ou l'imprudence de celui qui l'a faite. *Il a fait une honteuse c.* Bas.

CACAHUET ou **CACAHOUET.** s. m. T. Bot. Nom vulgaire de l'Arachide ou pistache de terre de la famille des *Légumineuses*. Voy. ce mot.

CACALIE. s. f. (gr. κακαλία, m. s.) T. Bot. Genre de plantes de la famille des *Composées*.

CACAO. s. m. (mot indien). Semences du Cacaoyer. Voy. le mot suiv.

CACAOYER ou **CACAOTIER.** s. m. (R. *cacao*). T. Bot. Le Cacaoyer (*Theobroma*) constitue le genre le plus important de la tribu des *Sterculiées*, famille des *Malvacées*. Il comprend une dizaine d'espèces ou de variétés, toutes propres à l'Amérique équatoriale. Les Cacaoyers (Fig. 1) sont des

Fig. 1. 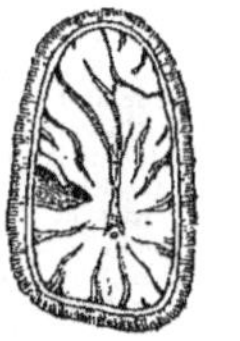   Fig. 2.

arbres ou des arbrisseaux qui ont à peu près le port de nos Cerisiers. Leurs feuilles sont ordinairement grandes, très entières ou quelquefois dentées, munies de petites stipules caduques. Les fleurs, rougeâtres ou jaunâtres, tantôt solitaires, tantôt fasciculées, sont placées soit à l'aisselle des feuilles, soit sur le tronc ou les grosses branches. Le fruit, appelé *Cabosse* (Fig. 2, coupe), est une baie de forme ovoïde, longue de 12 à 20 centimètres, jaune ou rouge selon l'espèce, et à un péricarpe ligneux qui présente des côtes rugueuses séparées par des sillons. Il contient un certain nombre de graines ou amas des oblongues, grosses comme une petite fève et nichées dans une pulpe aigrelette. Ce sont ces graines qu'on désigne sous le nom de *Cacao*. Les Cacaoyers sont chargés en toute saison de fleurs et de fruits à divers degrés de maturité.

Parmi les diverses espèces de Cacaoyers distinguées par les auteurs, nous ne citerons que les principales : 1° le *C. commun* (*Th. Cacao*) est un arbre de 10 à 12 mètres, dont le fruit, glabre, lisse et à 10 pans, offre à peu près la forme d'un petit concombre : c'est l'espèce la plus généralement cultivée dans les Antilles et quelques parties du continent américain; 2° le *C. de la Guyane* (*Th. guianensis*), simple arbrisseau de 5 mètres de haut, produit un fruit ovoïde, à 5 angles, et couvert d'un duvet roux. Cette espèce croît dans les forêts marécageuses de la Guyane; 3° le *C. bicolore* (*Th. bicolor*) n'a pas plus de 3 à 4 mètres de hauteur. Son fruit, long de 46 centim., est ovoïde, globuleux, soyeux et rugueux. Cette espèce forme de vastes forêts dans le Brésil et la Colombie; 4° le *C. à feuilles ovales* (*Th. ovalifolia*) qui croît au Mexique, produit, à ce qu'on croit, le fameux cacao de Soconuzco.

Longtemps avant la découverte du nouveau continent les indigènes cultivaient diverses espèces de Cacaoyers. Les Caraïbes donnaient à l'arbre lui-même le nom de *Cacao*, et les Mexicains celui de *Cacahuaquatl*. Ces derniers en préparaient un breuvage appelé *Chocolatl*, d'où est dérivé notre mot *Chocolat*. Sa culture constitue aujourd'hui une des plus importantes industries agricoles de l'Amérique équatoriale et de quelques contrées où elle a été introduite. Le Cacaoyer se multiplie de semis. Il faut que les jeunes plants soient abrités contre les vents, ainsi que contre les trop grandes ardeurs du soleil : aussi plante-t-on des bananiers dans les intervalles. Les jeunes arbres commencent à fleurir à 3 ans; mais ils ne donnent de récoltes importantes qu'à 5, et ils sont en bon rapport jusqu'à 25 ou 30. — On distingue dans le commerce plusieurs sortes de cacaos, en général dénommés selon leur provenance, et que l'on répartit en deux groupes : *Cacaos terrés*, dont la pulpe est détruite par fermentation dans des fosses recouvertes de sable fin, et *Cacaos non terrés*, dont la pulpe est détruite par fermentation dans des auges en bois. Les principaux sont : le *Caraque*, le *Guayaquil*, le *Maracaïbo*, le *Cayenne*, le *Maragnan* ou *Maragnon* et le *Cacao des îles*, retiré des Antilles et de Bourbon. Les Cacaos provenant des plantations coloniales ne diffèrent entre eux que par le plus ou moins de soin apporté dans la récolte et dans les préparations que cette amande doit subir avant d'être livrée au commerce. Dans les provinces du Vénézuéla, Cumana et Caracas, qui fournissent le cacao dit *Caraque*, les fruits sont récoltés *toute l'année*, à mesure qu'ils arrivent à parfaite maturité. On sépare les graines, on les entasse pour les faire fermenter pendant 4 ou 5 jours. Lorsque la fermentation est arrivée au point nécessaire pour que l'amande ait acquis son plus haut degré de finesse, on fait rapidement sécher les graines au soleil. Partout ailleurs, on récolte le fruit du Cacaoyer seulement deux fois, rarement quatre fois par an. On cueille alors tout ce qui est mûr ou à peu près mûr; la fermentation, ainsi que la dessiccation, est conduite avec assez de négligence. C'est uniquement aux soins qu'on lui donne que le cacao Caraque doit sa supériorité. D'un autre côté, l'infériorité notable du cacao Maragnan tient à ce que les négociants de Bahia et du littoral du Brésil ont adopté la détestable coutume de payer le cacao aux naturels du pays, qui leur en amènent sur leurs pirogues des quantités considérables. Ces sauvages ont grand soin d'humecter le cacao pour le rendre plus lourd; il n'arrive aux lieux de vente que pénétré d'un goût de moisissure dont nulle préparation ultérieure ne peut le débarrasser. Le cacao de Soconuzco, qui passe pour le meilleur cacao connu, se consomme tout entier au Mexique.

Le Cacao offre une composition très complexe, mais quatre principes sont surtout à noter : 1° la *théobromine*, alcaloïde faible, légèrement excitant, 2 à 3 p. 100; 2° le *Beurre de cacao*, matière grasse, solide à la température ordinaire, 48 à 50 p. 100; la *fécule*, 10 à 14 p. 100; 4° le *rouge de cacao*, 3 à 4 p. 100.

Tout le monde sait que le chocolat, dont l'usage alimentaire est universel en Europe, se prépare avec l'amande du c., torréfiée, dépouillée de son épiderme, broyée le plus finement possible, incorporée avec une certaine quantité de sucre, broyée de nouveau et jetée dans les moules. Voy. CHOCOLAT. —

Lorsqu'on fait bouillir dans l'eau du cacao torréfié et broyé, on obtient une huile grasse, qui prend, par le refroidissement, une consistance analogue à celle du suif; cette huile, connue sous le nom de *Beurre de cacao*, est employée en médecine pour l'usage externe, en raison de la propriété qu'elle possède de ne pas rancir comme la plupart des autres corps gras. — Les téguments crustacés du cacao ont une saveur acerbe et une légère odeur qui, selon quelques auteurs, leur donnent des propriétés toniques. Plusieurs personnes, après les avoir fait torréfier, en préparent une infusion qu'elles mélangent ensuite avec du lait en guise de café. — La pulpe du fruit est agréable au goût, et, en Amérique, on en retire, par la distillation, une liqueur spiritueuse.

CACAOYÈRE. s. f. (R. *cacao*). Lieu planté de cacaoyers.

CACARDER. v. n. Se dit du cri de l'oie.

CACATOÈS ou **KAKATOÈS** ou **CACATOIS.** s. m. (sansc. *Kar*, faire du bruit ; *âti*, oiseau?). T. Ornith. — Les *Cacatoès* sont des oiseaux grimpeurs qui appartiennent à la famille des *Perroquets* ou *Psittacus*. Ils sont rangés parmi les *Perroquets proprement dits*, où ils constituent une section particulière. Comme les *Perroquets* propres, ils ont la queue courte et égale; mais ils se distinguent par leur bec robuste et très recourbé, par leurs tarses très courts et par leur tête ornée d'une huppe. L'absence ou la modification de quelques-uns de ces caractères ont fait partager la section des cac. en 4 groupes. — Le premier comprend les *Cac. vrais*. Ces oiseaux, qui sont indigènes des îles de la Malaisie et de l'Australie,

sont remarquables par leur plumage blanc, parfois teinté de rouge ou d'orangé, et par leur huppe très mobile qui se compose de plumes longues et étroites rangées sur deux lignes (Fig. *Cac. à huppe jaune*, des Moluques). La couleur de la huppe sert en général à distinguer les espèces. Ces oiseaux sont fort dociles, et s'attachent aisément. On en apporte assez fréquemment en Europe. — Le deuxième groupe correspond aux *Calyptorhynques* et renferme des cac. à huppe moins mobile, formée de plumes larges et de médiocre longueur, à plumage en général sombre, mais marqué de couleurs plus éclatantes. Ces oiseaux vivent par troupes dans les montagnes boisées de la Nouvelle-Hollande, où ils se nourrissent de fruits et de racines. Le troisième groupe est celui des *Microglosses* appelés *Perroquets à trompe* par Cuvier. Ils ont une huppe formée de plumes longues et étroites, mais les joues sont nues, comme chez les aras; en outre, leur bec supérieur énorme, l'inférieur très court, ne pouvant se fermer entièrement, et leur langue cylindrique, terminée par un petit gland corné fendu au bout, et susceptible de se prolonger beaucoup hors de la bouche, les distinguent de tous les autres perroquets. Un quatrième groupe comprend les cac. dépourvus de huppe formant une seule espèce, le *Nestor*, de la Nouvelle-Zélande, à les joues emplumées et la mandibule supérieure deux fois plus longue que l'inférieure.

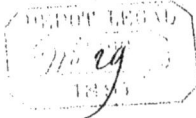

CACATOIRE. adj. 2 g. (lat. *cacare*, aller à la selle).T. Anc. Méd. Fièvre cacatoire, accompagnée d'abondantes déjections.

CACATOIS. s. m. Oiseau. Voy. CACATOÈS.

CACATOIS ou **CATACOIS**. s. m. (R. *cacatoès*). T. Mar. Voile très légère que l'on grée sur les autres voiles quand le temps est calme. Voy. MÂT.

CACCIATORE (Nicolas), astronome sicilien (1780-1841). — GAËTANO, son fils et son successeur à l'observatoire de Palerme (1814-1889).

CACEMPHATE. s. m. T. Anc. Gram. (gr. κακέμφατον, m. s., de κακός, mauvais, et ἔμφατον, dit). Mot mal sonnant.

CACÉRÈS, ch.-l. de la p. de Cacérès dans l'Estramadure (Espagne); 15,000 hab. || La p. de Cacérès compte environ 324,000 h.

CACHALOT. s. m. (Étym. douteuse. On a indiqué le catalan *quichal*, dent, et le sanscrit, *cak*, rejeter, *hola*, eau.) T. Mamm. — Les deux genres *Cachalot* et *Physéter* constituent, dans l'ordre des mammifères *Cétacés*, un groupe ou une famille particulière qui a reçu le nom de *Physétéridés*. Cette famille a pour caractères : Tête extrêmement grande atteignant le tiers de la longueur du corps; mâchoire inférieure garnie de dents; mâchoire supérieure dépourvue de fanons.

Le g. *Cachalot* paraît ne se composer que d'une seule espèce, le *Cac. macrocéphale* (*Physeter macrocephalus*, L.) [Fig. ci-contre]. Ce cétacé est le plus grand des animaux après la baleine. On en a rencontré, dit-on, qui avaient jusqu'à 27 mètres de longueur; ce qu'il y a de certain, c'est qu'on en a pris qui étaient longs de 23 mètres, et avaient plus de 16 mètres de circonférence. La tête ressemble à un énorme cylindre légèrement comprimé et brusquement tronqué en avant. Les dents, nulles ou rudimentaires à la mâchoire supérieure, sont bien développées à l'inférieure : celles-ci, quand la mâchoire de l'animal est fermée, se logent dans des cavités correspondantes de la mâchoire supérieure. La partie supérieure de son énorme tête ne consiste presque qu'en grandes cavités recouvertes et séparées par des cartilages et remplies d'une huile qui se fige en se refroidissant et qui constitue alors le *Blanc de baleine* ou *Spermaceti*. Voy. BLANC. Des canaux remplis de cette substance communiquent avec les cavités de la tête. Ces cavités sont très différentes du véritable crâne, lequel est assez petit et placé sous leur partie postérieure. La charpente osseuse du c. n'est pas symétrique; elle est beaucoup plus développée à droite qu'à gauche. L'évent est unique, au lieu d'être double comme dans la plupart des autres cétacés; il se dirige vers le côté gauche, et se termine de ce côté sur le devant du museau. L'étendue des nageoires pectorales semble peu proportionnée à la masse énorme de l'animal. La peau, douce au toucher comme de la soie, est noirâtre ou d'un blanc ardoisé sur les parties supérieures du corps; le ventre est toujours blanchâtre.

Les mœurs et les habitudes des cachalots sont peu connues. Les cachalots se rencontrent à peu près dans toutes les mers, mais principalement dans les mers australes. Ils font de grands ravages dans les bancs de poissons; ils attaquent aussi fréquemment les phoques, et même, dit-on, les jeunes baleines. Le c. est chassé, comme la baleine, pour son huile; il en donne, il est vrai, une bien moindre quantité, mais en revanche, il fournit de la céline et de l'ambre gris très bien étudié par M. le professeur Georges Pouchet. Voy. AMBRE et BALEINE.

Le g. *Physétère* paraît différer du précédent par la présence d'une vraie nageoire dorsale. D'après leurs dents arquées ou droites, aiguës ou obtuses, on les distingue en deux espèces, *Microps* et *Tursio* ou *Mular*; mais cette subdivision n'a rien de bien certain. Les physétères se rencontrent dans la mer Glaciale et quelquefois dans la Méditerranée.

CACHALOTIER. adj. m. Qui a rapport à la pêche du cachalot.

CACHATIN. s. m. Sorte de gomme laque qui nous vient d'Orient.

CACHE. s. f. (R. *cacher*). Lieu où l'on place les personnes ou les choses qu'on ne veut pas qui soient vues ou trouvées. *Une bonne c. Trouver, découvrir la c.* Fam. — On emploie plus souvent son diminutif *cachette*. || T. Métrol. Petite monnaie de Pondichéry, de la Chine et du Japon.

CACHE-CACHE. s. m. Jeu d'enfants, qui consiste à se cacher et à trouver ceux qui se cachent.

CACHE-COU. s. m. Fichu, mouchoir de col. = Plur., Des cache-cou ou des cache-cous.

CACHECTIQUE. adj. 2 g. (R. *cachexie*). T. Méd. Qui est atteint de cachexie; qui appartient à la cachexie. *Il est c. Un sang c. État c. Affections cachectiques.*

CACHE-ENTRÉE. s. m. T. Serrur. Pièce de fer mouvante qui cache l'entrée d'une serrure. = Plur. *Des cache-entrée ou des cache-entrées.*

CAC

CACHE-LUMIÈRE. s. m. Petite chappe qui sert à couvrir la lumière d'un canon. = Plur. *Des cache-lumière* ou *des cache-lumières.*

CACHE-MARÉE. s. m. T. Mar. Chasse-marée. = Plur. *Des cache-marée* ou *des cache-marées.*

CACHEMIRE. s. m. Etoffe de laine très fine, à l'imitation du cachemire de l'Inde. Voy. CHALE. || Sorte de race de chèvre. Voy. CHÈVRE. || Nom donné aux châles qui viennent de Cachemire.

CACHEMIRE ou **KACHEMIR,** État du nord de l'Hindoustan, allié de l'Angleterre, célèbre par sa fabrication de châles; 4,500,000 hab. Cap. CACHEMIRE, 80,000 hab.

CACHEMIRETTE. s. f. (Dimin. de *cachemire*). Etoffe d'origine anglaise, laine et coton.

CACHE-MISÈRE. s. m. Pardessus, manteau, que l'on met par-dessus les vêtements pour en cacher l'usure. = Plur. *Des cache-misère.*

CACHE-MUSEAU. s. m. Sorte de petit chou, pâtisserie. = Plur. *Des cache-museau.*

CACHE-NEZ. s. m Grosse cravate cachant le bas de la figure et le cou. || Partie de la bride. = Plur. *Des cache-nez.*

CACHE-PEIGNE. s. m. Boucle de cheveux, ruban, fleurs, objet quelconque de coiffure servant à cacher le peigne. = Plur. *Des cache-peigne.*

CACHE-PLATINE. s. m. T. Armur. Pièce en cuir servant à mettre la platine des fusils à l'abri de l'humidité et de la poussière. = Plur. *Des cache-platine.*

CACHE-POT. s. m. Papier plissé et orné, grillage, dont on se sert pour cacher un pot de fleurs. = Plur. *Des cache-pot.*

CACHE-POUSSIÈRE. s. m. Pardessus d'étoffe légère pour garantir les habits. = Plur. *Des cache-poussière.*

CACHER. v. a. (lat. *saccus*, sac, bourse, poche). Mettre une personne ou une chose dans un lieu où l'on ne puisse la découvrir, la trouver. *C. quelqu'un. C. un trésor, C. quelque chose dans une armoire.* || Couvrir une chose, empêcher qu'on ne la voie. *C. son visage dans ses mains. C. un tableau. Cachez votre jeu, on peut le voir.* — Fig. et fam., *C. son jeu,* Feindre de ne pas savoir bien jouer, dissimuler son habileté au jeu; ou ne pas laisser apercevoir ses desseins, ses vues, ses intentions, les moyens qu'on met en œuvre pour réussir. On dit dans le même sens : *C. sa marche.* || Fig., Empêcher qu'on ne voie une chose. *Ces dehors séduisants cachent une âme basse et cupide. C. son ressentiment sous un air d'indifférence.* || Taire, celer, dissimuler. *C. son nom, son âge, sa pensée. Je ne vous cacherai pas mes craintes. C. sa vie,* Chercher l'obscurité, fuir le monde. = SE CACHER. v. pron. S'emploie dans les mêmes acceptions, *Se c. derrière un arbre. Son orgueil se cache sous les apparences de la modestie.* || *Se c. à quelqu'un,* Ne pas se laisser voir à quelqu'un, *Se c. à tous ses amis.* — *Se c. au monde,* Mener une vie retirée. — *On ne peut se c. à soi-même,* On ne peut se dissimuler ses propres sentiments, les dispositions de son âme. || *Se c. de quelqu'un,* Lui c. ce qu'on fait, ses desseins, sa conduite. — *Se c. de quelque chose,* N'en pas convenir, faire en sorte que personne ne le sache. *Il se cache de ses liaisons. Il se cache bien de ce qui vient de lui arriver.* = CACHÉ, ÉE. part. *Un objet c. Ressorts cachés. N'avoir rien de c. pour ses amis,* Ne leur rien taire, ne leur rien celer de ce qu'on pense, de ce qu'on projette. — *Un esprit c.,* Un esprit dissimulé. — *Une vie cachée,* Une vie fort retirée. — Fig., *C'est un trésor c.,* se dit du quelqu'un qui a de bonnes qualités et qui ne les produit pas.

Syn. — Dissimuler, Déguiser — On *cache* par un profond secret ce qu'on ne veut pas manifester; on *dissimule* par une conduite réservée ce qu'on ne veut pas faire apercevoir, on *déguise* par des apparences contraires ce qu'on veut dérober à la pénétration d'autrui. Il y a du soin et de l'attention à *cacher,* de l'art et de l'habileté à *dissimuler,* du travail et de la ruse à *déguiser.* — Voy. CELER.

CACHÈRE. s. f. Place où le verrier dépose les bouteilles en les dégageant de la canne.

CACHERIE. s. f. Soin de cacher.

CACHERON. s. m. Ficelle grossière.

CACHET. s. m. (R. *cacher*). Petit sceau de métal ou de pierre dure qu'on applique sur de la cire ou sur toute autre matière molle, soit pour fermer une lettre, un billet, un paquet, etc., etc., soit pour y produire une empreinte qui serve de marque distinctive. *Un c. bien gravé. Un c. d'armes. Le c. d'un fabricant.* || La cire ou la matière qui porte l'empreinte faite avec un cachet. Se dit aussi pour désigner l'empreinte elle-même. *Ce c. a été rompu, brisé. Je reconnais son c.* — *C. volant,* Cachet qu'on met sur le pli supérieur d'une lettre, et qui, ne tenant pas au pli inférieur, ne sert pas à la fermer. *Une lettre sous c volant.* || Se dit de petites cartes sur lesquelles on met son cachet ou son nom, et qui servent à marquer, à compter le nombre de fois qu'on a fait une chose. *J'apprends à danser, je suis à mon dixième c.,* A ma dixième leçon. *Ce restaurateur donne vingt cachets pour trente francs,* Vingt dîners. — Fam., *Il court le c.,* se dit d'un professeur qui donne des leçons en ville. || Fig., Le caractère particulier qui distingue les ouvrages d'un auteur, d'un artiste, etc. *Cet écrivain a son c. Son style a un c. particulier. Les œuvres de cet auteur ont le c. d'originalité.*

Archéol. — Le *Cachet* ne sert guère chez nous, et chez les peuples les plus avancés en civilisation, qu'à fermer une lettre ou une dépêche. Chez les anciens et chez nos aïeux du moyen âge, il servait encore à d'autres usages. Il s'appliquait, par ex., sur les actes, où il tenait lieu de signature. On l'employait aussi à sceller les coffres, les portes, etc., pour empêcher qu'on ne les ouvrît, ou du moins pour qu'on ne pût les ouvrir à l'insu du propriétaire. Il en est encore de même chez les peuples orientaux de nos jours. Dans l'antiquité, ainsi que dans l'Orient actuel, le c. est le plus ordinairement adapté à un anneau; au moyen âge nos chevaliers faisaient graver leur cachet au pommeau de leur épée; aujourd'hui on le fixe, en général, au bout d'un manche d'ivoire, d'ébène, etc.

Chez les anciens, le c. avait une importance très grande. Les Égyptiens connaissaient l'usage des cachets. On a retrouvé dans les ruines de Babylone et de Ninive de nombreux cachets formés d'un cylindre en pierre dure plus ou moins précieuse sur le tour duquel étaient gravées diverses figures. Ce cylindre était monté sur un axe fixé à un manche; on le roulait sur les tablettes d'argile qui servaient à l'écriture, pour y marquer l'empreinte qui tenait lieu de signature. Dans la Grèce, tout homme libre portait un anneau pourvu d'un c., et Diogène Laërce parle d'une loi de Solon qui défendait aux graveurs de garder l'empreinte des cachets (σφραγίς) qu'ils avaient vendus. A Rome, l'usage de porter des anneaux munis d'un c. remonte également à une très haute antiquité. Dans le principe, ces anneaux étaient de fer. Lorsqu'un sénateur était envoyé en ambassade chez quelque peuple étranger, il recevait de l'État un anneau d'or, qui était ainsi une sorte de sceau public. Par la suite des temps, tous les sénateurs, les principaux magistrats et enfin les chevaliers s'attribuèrent l'anneau d'or. Sous l'empire, l'anneau de l'empereur était en quelque sorte le sceau de l'État. Plusieurs fois un empereur mourant désigna son héritier en lui remettant son anneau. — Les signes ou symboles gravés sur les anneaux pour servir de c. variaient au gré du goût et du caprice de chacun. C'étaient des portraits d'ancêtres ou d'amis, des sujets relatifs aux divinités ou à leur culte, des emblèmes de tout genre. L'anneau de Sylla était orné d'une pierre précieuse sur laquelle il avait fait graver la prise du roi Jugurtha; César, qui se vantait de descendre de Vénus, portait sur son c. l'image de cette déesse. — La pierre la plus généralement employée pour les cachets était l'onyx. Les artistes anciens savaient, en effet, tirer un merveilleux parti de la variété de ses contours. L'anneau même dans lequel la pierre était enchâssée, était souvent une œuvre d'art fort remarquable.

Dans nos pays, le c. n'a plus ni signification ni utilité. Le plus souvent on y fait graver des armoiries ou des emblèmes. Fort souvent les premières sont fausses, et les seconds ridiculement prétentieux; c'est une petite satisfaction de vanité qui ne nuit à personne.

Hist. — *Lettres de cachet* — On a d'abord appelé *Lettres de cachet* toutes les lettres revêtues du cachet particulier du roi : on leur donnait aussi le nom de *Lettres closes* ou *closes* (*clausæ,* fermées), pour les distinguer des *Lettres patentes*

(*patentes*, ouvertes), qui étaient délivrées ouvertes et scellées par le chancelier du grand sceau de l'État. Les premières lettres de c. eurent pour objet de soustraire au cours de la justice ordinaire des coupables de haut rang, afin d'éviter le déshonneur qui en serait rejailli sur leurs familles; mais ils n'en étaient pas moins punis par la détention dans une prison d'État. Malheureusement, on abusa bientôt des lettres de c. comme de tout ce qui est arbitraire, et l'on s'en servit pour incarcérer sans jugement des personnes qui n'avaient commis aucun délit, soit pour satisfaire des vengeances personnelles, soit dans des intentions moins avouables encore; l'abus alla croissant de règne en règne; ce fut surtout au XVIIIe siècle qu'il fut poussé à un point effrayant. A cette époque, le roi et les officiers de la Couronne ne craignaient pas de se faire des revenus en tenant un véritable commerce de lettres de cachet. Ces lettres étaient le plus ordinairement délivrées en blanc, sauf le nom de la personne à incarcérer : on put en faire un véritable trafic. La formule de ces lettres était ainsi conçue : « Monsieur...., je vous fais cette lettre pour vous dire de recevoir dans mon château de.... le sieur...., et de l'y retenir jusqu'à nouvel ordre de ma part. Sur ce, je prie Dieu qu'il vous ait, Monsieur...., en sa sainte garde. A...., le...., le Roi. » Les lettres de c. ont constamment révolté la conscience publique. Leur abolition, plusieurs fois demandée et toujours refusée, n'eut lieu qu'en 1789 : c'est par la loi du 15 janvier 1790 que leurs dernières victimes furent rendues à la liberté.

CACHE-TAMPON. s. m. Jeu d'enfants où l'un d'eux cache un tampon, que les autres doivent chercher et trouver pour avoir gagné.

CACHETER. v. a. (R. *cachet*). Appliquer un cachet sur quelque chose; fermer avec un cachet, ou avec un pain à cacheter. *C. une boîte, une bouteille, une lettre. Pain à c.* = CACHETÉ, ÉE. part. *Lettre cachetée. Adjudication sur soumissions cachetées.* = Conj. Voy. CAQUETER.

CACHETTE. s. f. (Dimin. de *cache*). Petite cache. *Il avait mis son or dans une c.* Fam. = EN CACHETTE. loc. adv. En secret, à la dérobée. *Faire quelque chose en c.*

CACHEUR. s. m. Celui qui cache. || Morceau de bois servant au raffineur de sucre pour sonder les formes. || Ouvrier fendeur ou scieur de cornes.

CACHEXIE. s. f. (gr. κακός, mauvais; ἕξις, état). T. Méd. La c. est un état symptomatique général, c.-à-d. le dépérissement qui survient, soit par l'effet du développement des affections diathésiques (scrofule, syphilis, tubercule, cancer, rachitisme, scorbut, etc.), soit à la suite de toute longue maladie, même locale. C'est au reste dans ce dernier sens que le mot c. est le plus souvent usité, le premier étant particulièrement représenté par le mot *Diathèse*. Il y a donc une distinction essentielle à établir entre la diathèse et la c. La diathèse est une modification particulière de l'économie spontanée ou consécutive, qui se manifeste sur différentes parties du corps par des lésions ayant toutes le même caractère, et décelant une cause identique; la cachexie est un résultat, un état de dépérissement produit sous l'influence d'une diathèse ou d'une maladie chronique. La première est toujours indépendante de la seconde; celle-ci est le plus souvent le résultat de la diathèse. La c. se caractérise par l'altération du sang qui devient constamment plus séreux, par la dépravation des fonctions d'assimilation et de sécrétion, et par un dépérissement progressif qui s'accroît incessamment jusqu'au moment où la mort survient. En outre, lorsque l'état cachectique est la conséquence d'une diathèse, il emprunte à celle-ci des caractères spécifiques qui permettent en général d'en reconnaître la nature à la première vue. = CANCER, SCORBUT, SCROFULE, etc.

Méd. vét. — CACHEXIE AQUEUSE DU MOUTON ET DU BŒUF. (*Distomatose, pourriture, bouteille*). Cette maladie très fréquente chez le mouton, moins chez le bœuf ou le porc, plus rare encore chez l'homme, la chèvre, le cheval, l'âne, le chat, le lièvre, le cerf, sévit dans les pays humides et marécageux, et se rencontrait souvent autrefois dans la Sologne alors que ces deux régions n'étaient pas asséchées. Son nom de cachexie aqueuse lui vient de la cause prétendue du mal; c'était l'eau en excès, absorbée par tous les appareils de l'animal, qui, disait-on, donnait la maladie. La seule et vraie cause est un parasite, la douve, le distome qui, grâce à la boisson ingérée, pénètre dans le foie et les canaux biliaires, où il produit des désordres. Il existe deux

espèces de douves, la grande (*Distoma hepaticum*), longue de 1e 1/2 à 4e, et la petite douve (*Distoma lanceolatum*), longue de 1/2 à 1e; les deux espèces peuvent se rencontrer simultanément chez le même individu. C'est pendant l'été et l'automne que les moutons menés dans les pâturages s'infectent en broutant l'herbe, à laquelle se fixent les larves du distome, ou en avalant l'eau qui les contient en suspension, ou en mangeant les hôtes intermédiaires de ces parasites (mollusques, les limnées principalement; vers, etc.). L'invasion est très rapide et souvent il suffit de 1/4 à 1/2 heure. L'envahissement du foie par les embryons peut se faire par le canal cholédoque ou par le système porte. Le foie s'hypertrophie, les canaux biliaires se dilatent considérablement, remplis qu'ils sont par les douves; celles-ci s'y accouplent et y pondent leurs œufs qui sont entraînés par la bile, puis par les excréments au dehors, où ils trouvent des conditions capables de les faire évoluer dans leur cycle de métamorphose. Les symptômes sont ceux d'une anémie profonde, survenant en moyenne au bout de un à deux mois après l'infection; amaigrissement rapide, muqueuses pâles, décolorées, comme lavées; sang décoloré; tous les organes ont une tendance à s'œdématier, et l'œdème de la gorge chez le mouton qui baisse la tête pour prendre sa nourriture, formant une sorte de bouteille, a fait désigner ainsi cette maladie par les bergers. Les moutons sont si faibles qu'ils s'attardent derrière le troupeau. Il y a bientôt de l'ascite, du catarrhe bronchiques et quelquefois de l'ictère. Les animaux présentent un état misérable des plus prononcés. Ils finissent par périr s'ils ont été gravement atteints. La guérison apparente n'est pas rare quand l'infection est bénigne et que le traitement a été bien institué dès le début. Chez le bœuf la mort est relativement plus fréquente que chez le mouton, mais les symptômes graves sont rares. Le moyen scientifique de découvrir la cause de la maladie est d'examiner les excréments, où on trouve des œufs ovalaires et munis d'un opercule. Le traitement de cette maladie grave est surtout prophylactique. Il faut éviter tout pâturage suspect de distomes et principalement après la Saint-Jean, époque des brouillards et de l'humidité, et aussi de la dernière métamorphose des douves aptes alors à infecter le mouton; abreuver si possible les animaux à la bergerie, et les nourrir très bien. On ne peut songer à guérir les moutons atteints qu'au début de la maladie, par une nourriture réconfortante, la soustraction aux milieux infectants, l'administration de sel gemme, des bourgeons de pin maritime, de feuilles de chêne, d'orme, séchées et mélangées aux aliments. L'abatage est indiqué quand l'animal est trop gravement infecté et avant la cachexie. La chair des animaux distomatosés et surtout le foie doivent être très bien cuits, car la maladie est transmissible à l'homme.

CACHI. s. m. Pierre blanche semblable à l'albâtre que l'on trouve au Pérou.

CACHIBOU. s. m. T. Bot. Arbre de la Guyane qui fournit une gomme jaune. || Gomme fournie par le même arbre. Voy. ANACARDIACÉES.

CACHIMAN. s. m. T. Bot. Espèce d'Anone (*Anona reticulata*). Voy. ANONACÉES.

CACHIRI. s. m. Liqueur spiritueuse que l'on extrait de la racine du Manioc. Voy. EUPHORBIACÉES.

CACHOLONG. s. m. T. Minér. Calcédoine d'un blanc de lait.

CACHOT. s. m. (R. *cacher*). Cellule de prison, étroite, basse et obscure, où l'on enferme les prisonniers par punition, ou pour mieux s'en assurer.

CACHOTTE. s. f. Pipe dont le fourneau n'a pas de talon.

CACHOTTERIE. s. f. (R. *cacher*). Manière mystérieuse d'agir ou de parler, qu'on emploie pour cacher des choses peu importantes. *A quoi bon ces cachotteries?*

CACHOTTIER, IÈRE. s. m. et f. (R. *cacher*). Celui ou celle qui fait des cachotteries.

CACHOU. s. m. (indien, *catechu*). T. Hist. nat. Le *Cachou* est un extrait astringent, brun, solide, infusible, soluble dans l'eau bouillante, l'alcool, le vinaigre; il a une saveur très acerbe, suivie quelquefois d'un arrière-goût sucré; son poids spécifique varie de 1,28 à 1,39. On le regardait jadis comme une matière terreuse et on l'appelait *Terre du Japon*, parce qu'on en apportait beaucoup de ce pays. On sait aujourd'hui que le c. est fourni par plusieurs végétaux qui appartiennent à des familles différentes, telles que les *Légumineuses*, les *Rubiacées* et les *Palmiers*. La plus grande partie du c. du commerce s'obtient en faisant bouillir le cœur du bois de l'*Acacia Catechu* et en évaporant. Une autre sorte de c., désignée sous le nom de *Gambir*, est préparée par les Malais avec les feuilles de l'*Uncaria gambir*. Enfin, les fruits du palmier appelé *Areca catechu* donnent encore une sorte de c. moins estimée que les précédentes. Dans le commerce on ne trouve plus guère aujourd'hui que le *C. du Pégu* fourni par l'*Acacia Catechu*.

Les principales substances contenues dans les c. sont l'acide catéchutanique et la catéchine. L'*Acide catéchutanique*, qu'on obtient en épuisant à froid le c. par l'éther, précipite l'albumine et la gélatine, et possède toutes les propriétés des tanins; avec les sels de fer il donne un précipité vert. — La *Catéchine* s'extrait en traitant par l'eau bouillante le c. préalablement lavé à l'eau froide. Elle cristallise en aiguilles soyeuses, presque insolubles dans l'eau froide, très solubles dans l'eau bouillante. Elle fond à 217°; à une température plus élevée, elle se décompose en donnant de la *Pyrocatéchine*. Fondue avec la potasse, la catéchine donne de la phloroglucine, de l'acide protocatéchique et de l'acide formique. Elle se convertit par l'oxydation en une matière brune et insoluble. C'est cette dernière propriété qu'on utilise dans la teinture : on imprègne le tissu d'une solution de c., et l'on produit l'oxydation de la catéchine, soit au moyen du bichromate de potasse, soit par une solution alcaline et l'exposition à l'air. On obtient ainsi des nuances brunes très solides.

Le c. est aussi utilisé en médecine; c'est un des meilleurs toniques et astringents que l'on connaisse; on l'emploie surtout pour stimuler et tonifier l'estomac et les intestins; par exemple, dans la diarrhée; on s'en sert aussi comme dentifrice.

Le *C. Larul*, inventé en 1873, est un produit artificiel qui résulte de l'action du sulfure de sodium, à une température élevée, sur diverses matières organiques, telles que le son, la sciure de bois, etc. Il donne en teinture les mêmes nuances que le c. naturel.

CACHOUTANIQUE. adj. 2 g. T. Chim. Nom donné quelquefois à l'acide *catéchutanique*. Voy. CACHOU.

CACHRYDE. s. f. [Pr. *kakride*] (gr. κάχρυς. m. s.). T. Bot. Genre de plantes de la famille des *Ombellifères*. Voy. ce mot.

CACHUCHA. s. f. [Pr. *ca-tchu-tcha*]. Danse espagnole qui s'exécute sur un air vif et gracieux, et qui s'accompagne de gestes passionnés.

CACHUNDÉ. s. m. [Pr. *ca-chon-dé*]. Médicament composé qui jouit d'une grande réputation dans la Chine et dans l'Inde. Le c. se compose principalement de substances aromatiques et stimulantes.

CACIQUE. s. m. (mot caraïbe signifiant *chef*). Nom qu'on donnait aux princes dans le Mexique et dans quelques autres régions de l'Amérique.

CACOCHOLIE. s. f. [Pr. *caco-coli*] (gr. κακὸς, mauvais; χολή, bile). T. Méd. Mauvaise nature de la bile.

CACOCHYLIE. s. f. [Pr. *caco-chili*] (gr. κακὸς, mauvais; χυλε). T. Méd. Chylification dépravée.

CACOCHYME. adj. 2 g. [Pr. *caco-chime*] (gr. κακόχυμος, m. s. de κακὸς, mauvais; χυμὸς, humeur). Qui est atteint de cacochymie, qui appartient à la cacochymie. *Vieillard c. État c.* || Fig., se dit d'un esprit bizarre, d'une humeur inégale. *Un esprit c.* || Subst. *C'est un c.*

CACOCHYMIE. s. f. [Pr. *caco-chimi*] (gr. κακοχυμία, m. s., de κακὸς, mauvais; χυμὸς, humeur). T. Méd. anc. — Le terme de *Cacochymie* est aujourd'hui tout à fait banni du langage médical, comme absolument dénué de sens. C'est un vieux débris du système humoral qui est resté dans la langue du vulgaire, auprès duquel ce système a toujours été en grande faveur.

CACODYLE. s. m. (gr. κακός, mauvais; ὕλη, matière). T. Chim. On appelle ainsi le radical monoatomique As(CH³)² des composés cacodyliques; ces composés, remarquables par leur stabilité, peuvent être envisagés comme les dérivés d'une arsine non isolée : la diméthylarsine As(CH³)²H. — Le c. existe aussi à l'état libre, mais avec une formule double [As(CH³)²]²; c'est alors un liquide incolore, d'une odeur insupportable, très réfringent, très inflammable; il se solidifie à —6° et bout vers 170°. Exposé à un faible courant d'air, il forme un brouillard épais, et se change en *Oxyde de c.*, puis en *Acide cacodylique*. Le chlore, le brome et le soufre se combinent directement avec lui, en formant des *Chlorure, Bromure* et *Sulfure de c.* — L'*Oxyde de c.* [As(CH³)²]²O est un corps liquide, très vénéneux et d'une odeur très désagréable. Sa densité est 1,46. Il est insoluble dans l'eau et très soluble dans l'alcool et l'éther. Au contact de l'air, il s'échauffe, prend feu et produit des vapeurs épaisses d'acide arsénieux. Il se solidifie à —23° et bout à 150°. Il s'unit aux acides minéraux et forme des combinaisons avec plusieurs métalloïdes et métaux. — La *Liqueur fumante de Cadet* est un mélange de c. et de son oxyde : on la prépare en distillant de l'acide arsénieux anhydre avec de l'acétate de potasse bien sec. Par rectification, on en retire l'oxyde de c. Distillée à plusieurs reprises sur de la grenaille de zinc, elle fournit le c. pur; traitée par l'eau en présence de très d'oxyde de mercure, elle se transforme en acide cacodylique AsO(CH³)²OH. — Aucun des composés du c. n'a d'application, soit en médecine, soit dans les arts. Au point de vue théorique, il présente un certain intérêt : de même que le cyanogène, il est transporté dans les combinaisons à la façon d'un corps simple; mais, tandis que le cyanogène se comporte comme un métalloïde, le c. joue le rôle d'un métal.

CACOÊTHE. adj. T. Anc. méd. (gr. κακοήθης, de κακὸς, mauvais; ἦθος, nature). De mauvaise nature. *Ulcère c.*

CACOGENÈSE. s. f. T. Path. (gr. κακὸς, mauvais; γένεσις, naissance). Formation monstrueuse de naissance.

CACOGRAPHIE. s. f. (gr. κακὸς, mauvais; γραφή, écriture). On a donné le titre de c. à des recueils de mots et de phrases où étaient violées à dessein les règles de l'orthographe et de la grammaire. Ces recueils étaient mis entre les mains des élèves, qui devaient corriger eux-mêmes toutes les fautes qu'ils y rencontraient. Le maître vérifiait ensuite le travail de ses élèves et donnait un véritable corrigé de la c. Cette méthode d'enseignement est aujourd'hui complètement abandonnée, et avec raison, dans l'enseignement public : elle ne peut être utilement employée qu'avec un élève dont l'intelligence vive est naturellement portée à l'analyse. Dans la grande majorité des cas, elle a l'inconvénient d'habituer l'œil à des formes vicieuses qui portent la confusion dans la mémoire.

CACOLET. s. m. Panier à dossier, garni de coussins, que l'on place sur le dos d'un mulet, d'un âne, etc., dont on se sert dans les Pyrénées, en Algérie et dans quelques pays de montagne. *On met les blessés dans les cacolets.*

CACOLOGIE. s. f. (gr. κακὸς, mauvais; λόγος, parole). T. Gram. Locution vicieuse.

CACOMITE. s. f. Plante mexicaine dont l'oignon donne une farine nourrissante.

CACOMUTHIE. s. f. [Pr. *cacomu-ti*] (gr. κακὸς, mauvais; μῦθος, parole). T. Méd. Vice de la parole.

CACOPHILE. s. (κακὸς, mauvais; φιλέω, j'aime). Celui ou celle qui aime les mauvaises choses.

CACOPHONIE. s. f. (gr. κακὸς, mauvais; φωνή, son). T. Mus. Se dit de l'effet désagréable produit par des voix ou par des instruments qui ne sont pas d'accord. || Au fig., Assemblage d'idées disparates. || T. Gram. Rencontre de syllabes ou de paroles qui forment un son désagréable à l'oreille. *Évitez la c.*

CACOPLASTIQUE. adj. (gr. κακὸς, mauvais; fr. *plastique*). Qui n'est pas favorable aux actions plastiques.

CACOSTOME. adj. (gr. κακὸς, mauvais; στόμα, bouche). Qui a la bouche mauvaise, l'haleine fétide.

CACOTHANASIE. s. f. (gr. κακὸς, mauvais; θάνατος, mort). T. Didact. Mort dans la douleur et l'angoisse.

CACOTHÉLINE. s. f. T. Chim. Dérivé nitré de la *Brucine*. Voy. ce mot.

CACTÉES. s. f. pl. (lt. *cactus*). T. Bot. Famille de végétaux Dicotylédones de l'ordre des Dialypétales inférovariées.
Caract. bot. : Sous-arbrisseaux succulents, de forme très variable. Tige ordinairement anguleuse ou seulement aplatie, à deux bords, ou foliacée, ou dilatée en sphère. Feuilles presque toujours avortées; charnues, lisses et entières ou spiniformes lorsqu'elles existent. Fleurs très apparentes ou très petites, toujours sessiles, ne durant habituellement pas plus d'un jour ou d'une nuit. Sépales nombreux, quelquefois au nombre de 4 seulement, mais le plus souvent en nombre indéfini, confondus avec les pétales, couronnant l'ovaire ou couvrant sa surface tout entière. Pétales 4 ou davantage, ordinairement en nombre indéfini, naissant de l'orifice du calice, quelquefois irréguliers. Étamines en nombre indéterminé, plus ou moins adhérentes aux sépales et aux pétales; filets longs, filiformes; anthères ovales, versatiles, à 4 loges; pollen globuleux et lisse, marqué de deux ou trois zones diaphanes Pistil formé de carpelles concrescents en un ovaire charnu, infère, uniloculaire; ovules anatropes nombreux, disposés sur des placentas pariétaux, et égaux en nombre aux lobes du stigmate; style filiforme; stigmates en même nombre que celui des carpelles. Fruit succulent, uniloculaire, polysperme, tantôt lisse, tantôt couvert d'écailles ou de tubercules. Graines pariétales ou nichées dans la pulpe après avoir perdu leur adhérence au placenta, ovales ou obovales, dépourvues d'albumen ou pourvues d'un albumen plus ou moins abondant; embryon droit, courbé ou en spirale, avec une radicule courte et épaisse, près du hile; cotylédons plats, épais, foliacés, quelquefois à peine visibles dans les espèces aphylles. [Voy. à la p. suivante, la Fig. 2 : 1. *Mamillaria elephantidens.* 2. Coupe verticale de la fleur. 3. Coupe horizontale de l'ovaire. 4. Coupe horizontale du fruit de l'*Opuntia Dillenii.* 5. Coupe de sa graine. 6. Coupe de la graine du *Mamillaria*].

La famille des *Cactées* se compose de 13 genres, qui comprennent plus de 1,000 espèces. Toutes ces espèces sont originaires du Nouveau Continent, à l'exception d'un seul, le Rhipsalis de l'Afrique Australe. En Amérique, elles abondent entre les tropiques, et les dépassent peu soit au nord, soit au sud. De Candolle dit que le 32° ou 33° degré de latitude nord forme la limite septentrionale de cette famille. Cependant on en rencontre aussi quelques-unes dans les climats tempérés du Chili et elles s'élèvent au Canada jusqu'au 50° de latitude boréale.
On divise les Cactées en deux tribus :
Tribu 1. — *Opuntiées.* — Calice, corolle et androcée libres au-dessus de l'ovaire (*Rhipsalis, Opuntia, Pereskia,* etc.). Les *Rhipsalis* sont des arbrisseaux à tiges charnues très ramifiées. Le fruit du *Rhipsalis pachyptera* se mange, et l'on emploie la plante après l'avoir broyée, en manière de

Fig. 1.

fomentation, pour modifier les ulcères de mauvaise nature. Les *Opuntia* constituent le groupe le plus intéressant de la tribu. Les plantes de ce genre ont des rameaux qui ressemblent à des feuilles larges et épaisses, en forme de raquette : de là le nom vulgaire de *Raquettes* qu'on leur donne. Les fruits de l'*Opuntia vulgaris* et de l'*Op. tuna* sont appelés *Figues de Barbarie, Figues d'Espagne, Pommes-raquettes.* Ils sont en effet de la grosseur d'une figue.

Ils ont une pulpe aqueuse et rougeâtre, dont le goût est sucré quoique un peu fade. En Sicile et aux Canaries, les gens du peuple en font une très grande consommation. Les espèces qui produisent ces fruits sont elles-mêmes vulgairement désignées sous les noms de *Figuier de Barbarie*, *Figuier d'Espagne* et de *Cardasse*. C'est sur l'*Op. cochenillifera* que vit le précieux insecte qui fournit la Cochenille. Les *Pereskia* ont des feuilles à peu près semblables à celles des autres végétaux ; quelques espèces, lorsque les individus sont vieux, produisent un bois très solide. Les grandes tiges charnues de plusieurs espèces du Mexique servent de nourriture aux bestiaux. Dans les provinces septentrionales du Chili, une espèce, appelée *Talguen* par les habitants, a une tige qui atteint une hauteur de 10 à 12 mètres, et qui projette de nombreuses ramifications. Son bois fournit la plus grande partie du combustible employé dans les usines où l'on fond le cuivre de Coquimbo. Le *Pereskia aculeata* produit un fruit très agréable, dont le goût est analogue à celui de la groseille : aussi lui donne-t-on, aux Antilles, le nom de *Groseillier d'Amérique*.

Tribu II. — *Échinocactées*. — Calice, corolle et androcée concrescents en tube au-dessus de l'ovaire (*Melocactus*, *Mamillaria*, *Echinocactus*, *Epiphyllum*, etc.).

Les *Melocactus* et *Mamillaria* (Fig. 2) offrent une ressemblance plus ou moins éloignée avec le fruit du melon. Il en existe dans les montagnes des Orgues, au Brésil, des

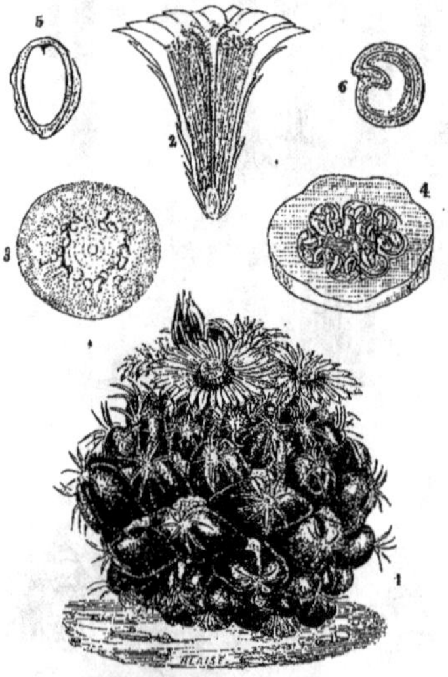

Fig. 2.

espèces d'un volume énorme. On mange le fruit de plusieurs d'entre elles. Le suc du *Mamillaria* est un peu lactescent et douceâtre. Les *Echinocactus* abondent dans les montagnes de la Jamaïque. Les chèvres n'ont pas d'autre nourriture pendant une partie de l'année. Mais comme ces Cactus sont couverts d'épines, elles ont l'instinct de détacher celles-ci en faisant rouler la plante jusqu'à ce que tous les aiguillons soient tombés. Le *Cereus speciosissimus* porte l'une des plus belles fleurs de tout le règne végétal ; ses nuances de rouge et de pourpre violacé sont d'une vivacité que la peinture a peine à rendre. Le *Cereus grandiflorus*, dont la corolle tubuleuse a environ 25 centim. de long, exhale une odeur aussi agréable que celle de la vanille ; sa fleur ne reste épanouie que de dix heures du soir à deux heures du matin. Le *Cereus peruvianus* ou *Cierge du Pérou* atteint jusqu'à 20 mètres de hauteur. Le *Cereus pilocercus*, connu sous le nom vulgaire de *Tête de vieillard*, est couvert de longs filaments blancs qui retombent en tous sens et qui donnent à son sommet l'aspect d'une tête de vieillard. Sa forme est celle d'un bonnet de grenadier. A Saint-Domingue, on emploie, comme vermifuge, le suc du *Cereus triangularis* ; les habitants des Barbades mangent et estiment beaucoup le fruit de cette espèce. Les *Phyllocactus* ont une tige plate en forme de feuille, d'où dérive leur nom ; les fleurs naissent des bords crénelés de ces rameaux-feuilles.

L'aspect vraiment étrange d'un paysage de cactus, tels que le *Cereus giganteus*, nous a été conservé par un croquis fait par un voyageur au Colorado, au temps où il y avait encore des Indiens, vers 1860. Ne croirait-on pas être transporté sur un autre monde ? (Fig. 1)

CACTIER ou **CACTUS**. s. m. (gr. κάκτος, sorte de plante épineuse). T. Bot. Nom donné à de nombreuses plantes de la famille des *Cactées*. Voy. ce mot.

CACTIN. s. m. (R. *cactus*). Matière colorante rouge extraite des fleurs du cactus.

CACUS, géant de la Fable, fut tué par Hercule, dont il avait dérobé les génisses.

CADABA. s. m. T. Bot. Genre de plantes de la famille des *Capparidées*. Voy. ce mot.

CADALEN, ch.-l. de c. (Tarn), arr. de Gaillac, 1,700 hab.

CADAMOSTO, navigateur vénitien au service du Portugal, découvrit en 1457 les îles du cap Vert (1432-1480).

CADASTRAL, ALE. adj. Qui est relatif au cadastre.

CADASTRATION. s f. Action de cadastrer.

CADASTRE. s. m. (bas-lat. *capitastrum*, registre de l'impôt par tête, de *caput*, tête). T. Adm. Le cadastre est un registre public dans lequel la quantité, la qualité et la valeur des biens-fonds compris dans une certaine étendue du territoire sont marquées en détail. Ce nom se donne encore à la série d'opérations qui ont pour objet l'établissement de ce registre. Dans ce dernier sens, on dit qu'une commune, un arrondissement, un département sont *cadastrés*. Le but du c. est de fixer d'une manière nette et précise le revenu imposable de toutes les propriétés foncières, afin que chaque contribuable ait la possibilité de faire lui-même son décompte, et ne puisse être imposé à une cote supérieure à celle que comportent réellement ses revenus : le revenu, ainsi déterminé, se nomme *Allivrement cadastral*.

L'idée du c. se lie naturellement à celle de l'impôt foncier, dont il est le complément indispensable. On le trouve établi dans les derniers temps de l'empire romain. Il existait, à cette époque, des registres publics, où se trouvaient consignés, dans le plus grand détail, l'étendue, la nature et les qualités des biens-fonds de chaque province. Ces registres étaient dressés d'après les déclarations des propriétaires. En outre, des agents spéciaux étaient chargés de parcourir les provinces pour prendre des renseignements sur les espèces de sol, l'étendue et la nature des propriétés, la quantité et la valeur des produits, le nombre des esclaves et le revenu de chaque contribuable. Ces registres servaient, chaque année, à la répartition de la contribution foncière. Ils devaient être renouvelés tous les quinze ans. Après l'invasion barbare, les livres qui avaient été ainsi dressés pour la Gaule servirent aux premiers rois Francs, Bourguignons et Visigoths à percevoir sur les propriétaires les tributs que ces derniers payaient auparavant au fisc impérial. Plusieurs vérifications partielles eurent lieu sous la première race ; mais, sous la deuxième, à partir surtout du second quart du IXe siècle, on négligea tellement de tenir compte des changements opérés dans la nature et la possession du sol, que la répartition des charges publiques devint tout à fait arbitraire. La multiplicité des terres données aux églises avec exemption de toute taxe, et les usurpations des grands officiers complétèrent le désordre : les registres *cadastraux* devinrent alors complètement inutiles. Mais aussitôt que la féodalité se fut constituée, chaque seigneur se hâta, pour faciliter le recouvrement des redevances dues par ses vassaux, de faire établir la description particulière de ses domaines. Ces cadastres particuls reçurent le nom de *Terriers*, en basse latinité *Terraria*. Le plus grand et le plus curieux travail de ce genre est le *Domesday-book* de Guillaume le Conquérant, qui fut exécuté, pour une grande partie de l'Angleterre, entre les années 1081 et 1086.

En France, le besoin d'un c. se fit vivement sentir lorsque, au XVe siècle, l'impôt de la *taille* devint permanent, et surtout dans les provinces où la taille était *réelle*. Le c. du Dauphiné était appelé *Péréquaire* et celui du Languedoc *Compoix*; il y avait aussi dans cette dernière province des registres pour la taxe des maisons et pour la taxe de l'industrie sur les marchands et artisans. En Provence, le c. général du pays était nommé *Affouagement*. Le c. de la Bretagne était divisé en un certain nombre de feux appelés *Fouages*. Ces cadastres avaient été dressés par les commissaires des États sous la double surveillance des États eux-mêmes et de l'autorité royale : ils devaient être renouvelés tous les trente ans. Plusieurs rois, entre autres Charles VIII, avaient songé à faire dresser un c. général du royaume, pour servir de base à l'impôt territorial; mais une pareille entreprise était à peu près impossible sous l'ancien régime, non seulement à cause des difficultés matérielles d'exécution, mais encore à cause des obstacles que devait nécessairement créer ce système de privilèges sur lequel reposait l'organisation même de la société. Une tentative plus sérieuse eut lieu sous Louis XIV. D'après le projet conçu par Colbert, on devait faire le dénombrement des habitants de chaque élection, celui des citadins, des laboureurs, des artisans et des manœuvres; établir la quantité des bonnes, des médiocres et des mauvaises terres; enfin, constater la nature des différents biens, les revenus du clergé régulier et séculier, ceux des villes et des communautés. Colbert ne put réaliser son idée que dans la généralité de Montauban. Pendant tout le XVIIIe siècle, l'établissement d'un c. pour toute la France fut une des préoccupations des hommes les plus éclairés. L'abbé de Saint-Pierre se montra l'un des plus ardents promoteurs de cette idée. La déclaration du 21 novembre 1763 annonça même le projet d'un c. général; mais il n'y fut pas donné suite. En 1789, l'opinion publique était si bien fixée à cet égard, qu'à la réunion des États généraux le vœu de la confection immédiate d'un c. de la France se trouva consigné dans 131 cahiers d'assemblées électorales, savoir : 73 de la noblesse, et 58 du tiers état. En conséquence, le 1er déc. 1790, l'Assemblée nationale décréta le principe d'un c. complet du royaume : elle en prépara même l'exécution par les lois des 21 août et 16 octobre 1791. L'Assemblée législative respecta ce qu'avait fait sa devancière, mais n'y ajouta rien. Ce fut la Convention qui, par la loi du 21 mars 1793 et les décrets qui la commentèrent, organisa le service et fit commencer les travaux. Par suite des événements, les opérations ne purent marcher très vite; cependant, le 22 nov. 1798, le Directoire autorisa les contrôleurs à faire usage des résultats déjà obtenus. Le 2 nov. 1802, un arrêté des consuls, afin d'accélérer les travaux, décréta qu'ils seraient recommencés sur tous les points et d'après un nouveau plan. On ne devait mesurer que 1,800 communes, 2 au moins et 8 au plus par arrondissement, et appliquer à toutes les autres les données que l'on obtiendrait. D'après ce projet, on ne devait pas non plus arpenter en détail les communes prises comme types, de façon à indiquer les parcelles de terrain appartenant à chaque propriétaire : on se contentait de relever les masses des diverses cultures. Ainsi, par ex., une prairie de 100 hectares, appartenant à 20 propriétaires différents, était représentée par un seul polygone sur le plan communal. L'estimation de la valeur des produits devait également se faire par masses de cultures. On ne tarda pas à reconnaître les vices du nouveau système et l'impossibilité absolue d'établir une répartition équitable entre les communes sur des bases aussi défectueuses. En conséquence, le gouvernement déclara (28 oct. 1803) que les opérations s'étendraient à toutes les communes de la République. Toutefois, cette extension était insuffisante pour corriger le vice radical du système. Avec elle, on pouvait bien arriver à une juste répartition de l'impôt entre les communes; mais la répartition du contingent de la commune entre les propriétaires était impossible; car elle était abandonnée à l'arbitraire des autorités locales. Enfin, les plaintes et les difficultés devinrent telles que, en 1807, le gouvernement se vit obligé de considérer tout ce qui avait été fait comme non avenu. On sacrifia 15,000 plans de masses, 5 ans de travaux et plus de 20 millions de dépenses pour revenir au système du *C. parcellaire*, adopté par l'Assemblée nationale, qui consiste à lever le plan de chaque parcelle de terre, à lui donner une estimation d'après le prix moyen des autres propriétés de même nature situées dans le même pays. La confection du c. marcha d'abord avec lenteur, et c'est seulement à partir de la loi du 31 juillet 1821 qu'elle

ful poussée avec une activité égale à son importance. Cet immense travail, à l'exception du c. de la Corse, a été terminé en 1850. Il est à peine achevé aujourd'hui pour la Corse, et les départements de la Savoie et de la Haute-Savoie annexés en 1860 à la France. Il a coûté environ 160 millions.

Maintenant, il nous paraît utile de dire quelques mots de la manière dont il est procédé à la confection du c., afin de faire mieux comprendre son utilité pour la répartition de la contribution foncière. Ce grand travail se partage naturellement en trois séries d'opérations. — 1° La première consiste uniquement en travaux d'art, qui sont exécutés par des géomètres. On commence par *délimiter* le territoire communal, puis on le divise par *sections*, et l'on procède à la *triangulation* des terrains compris dans les limites de la commune. Enfin l'on termine par *l'arpentage* et le *levé du plan* de chaque *parcelle*, c'est-à-dire de toute portion de terre distincte des terres voisines, soit par la différence des propriétaires, soit par la différence des cultures. Aussitôt que le plan d'une commune a été vérifié et arrêté, le géomètre en chef en fait faire une copie qui est déposée au secrétariat de la mairie, la minute restant à la direction. — 2° Lorsqu'on a ainsi établi la configuration et la contenance de toutes les parcelles comprises dans une commune, il s'agit d'arriver à l'*évaluation du revenu net* de chacune d'elles. On désigne sous le nom d'*expertise* l'ensemble des opérations exécutées à cet effet, et qui sont la *classification* des terres, leur *évaluation* et la *répartition individuelle*. Ces deux premières sont confiées aux membres du conseil municipal auquel la loi adjoint un certain nombre de propriétaires pris parmi les plus imposés de la commune. La *classification* consiste à déterminer en classes chaque nature de propriété et à faire rentrer dans une même commune, soit par la différence des divers degrés de fertilité du sol. Le nombre des classes ne doit jamais excéder celui de cinq par les cultures. (Les maisons, dans les communes rurales, peuvent être divisées en des classes; dans les villes, bourgs et communes très peuplées, chaque maison est évaluée individuellement : la division par classes n'est pas non plus applicable aux usines, fabriques et manufactures). Quand il a établi ces classes ou types, le conseil municipal s'occupe du tarif des *évaluations* des différentes classes. Ce tarif arrêté, on fait le *classement*, c'est-à-dire on distribue chaque parcelle de propriété dans l'une des classes établies par le conseil. Cette opération est exécutée par des propriétaires-classificateurs assistés du contrôleur des contributions directes. La dernière opération, celle de la *répartition individuelle*, est faite par le directeur des contributions directes. Il dresse des états ou tableaux qui servent à former la *Matrice des rôles* et le *Rôle cadastral*. Le *Rôle cadastral* contient le montant de la contribution foncière, en principal et en centimes additionnels, auquel la commune est imposée, la somme de son revenu cadastral, et la proportion dans laquelle chaque propriétaire doit acquitter la contribution. La *Matrice des rôles*, ainsi appelée parce que les rôles n'en sont qu'une copie, réunit, sous le nom de chaque propriétaire, les parcelles qu'il possède dans la commune, et par conséquent fournit les éléments de la répartition individuelle. On n'a plus en effet qu'à distribuer le contingent assigné à la commune au *marc le franc* des évaluations faites et portées sur la matrice. Cette opération, qui n'est qu'une simple affaire de calcul, est réservée à l'administration. Le directeur transmet ensuite les noms des contribuables portés sur la matrice, la somme du revenu cadastral, et la somme que chaque propriétaire doit payer sa quote-part de contribution : c'est ce qu'on nomme l'*Expédition des rôles*. Quand le rôle d'une commune est terminé, il est transmis au préfet qui le rend exécutoire par un arrêté pris en son conseil de préfecture. Les propriétaires ont le droit d'assister au travail de répartition pour faire valoir leurs intérêts et leurs droits. Ils ont, en outre, six mois pour réclamer contre le premier rôle à partir de la mise en recouvrement. — 3° Mais tous les travaux accomplis pour la confection du c. deviendraient inutiles au bout d'un petit nombre d'années, si l'on n'avait soin de les maintenir sans cesse au courant des mutations dans la propriété des parcelles, des changements de culture, et des diverses modifications qu'éprouvent les objets imposables, lorsqu'elles sont de nature à motiver une réduction permanente ou temporaire dans le chiffre assigné pour base à la répartition. En conséquence, les contrôleurs se rendent chaque année dans les communes; les commissaires répartiteurs sont convoqués, et tous les contribuables sont avertis et invités à se présenter pour indiquer les changements à opérer dans les articles de la matrice qui les concernent. Le contrôleur rédige, pour chaque mutation, une déclaration qu'il fait signer par le déclarant ou à son défaut par le maire; l'indication de la mutation sur la copie de la matrice appartenant à la commune, se fait ensuite dans les bureaux de la direction. Lorsqu'il s'agit de changements à opérer par suite d'une augmentation ou d'une diminution de revenu produite par un événement postérieur à la confection du c., et indépendant de la volonté du propriétaire, le maire et cinq au moins des commissaires répartiteurs doivent donner leur avis. La direction dresse, chaque année, le rôle des contributions d'après la matrice rectifiée : le préfet le rend exécutoire par un arrêté, et il est alors procédé à l'*émission des rôles*. Les contribuables ont, pour former leurs réclamations, un délai de trois mois, à partir de l'émission des rôles annuels, c'est-à-dire à dater de l'arrêté préfectoral qui les rend exécutoires. D'après les résultats du travail d'une nouvelle évaluation du revenu foncier des propriétés non bâties de la France, les matrices cadastrales faisaient ressortir au 1ᵉʳ janvier 1879, une contenance de 50,035,159 hect. passibles de l'impôt foncier. Cette contenance se répartissait de la manière suivante entre les différentes natures de cultures :

	D'après les matrices cadastrales	D'après la nouvelle évaluation
	hectares.	hectares.
Terrains de qualité supérieure. Jardins vergers, etc.	638.515	695.929
Terres labourables ou évaluées comme telles.	25.452.452	26.173.657
Prés et herbages. . . .	4.804.440	4.998.280
Vignes	2.010.250	2.320.533
Bois.	8.444.718	8.397.131
Landes et terres incultes.	8.408.306	6.746.800
Autres cultures. . . .	747.478	702.829

Les évaluations successives ont donné pour les propriétés bâties :

	Nombre de maisons et châteaux	Nombre d'usines, de moulins, etc.
1826.	6.484.176	»
1851.	7.439.420	138.363
1871.	8.459.552	146.857
1882.	8.505.847	152.316
1885.	8.729.289	153.559

Le nombre des cotes foncières (qu'il ne faut pas confondre avec le nombre de propriétaires, plusieurs cotes pouvant concerner le même individu), était de 10,083,751 en 1826 ; il était de 12,394,366 en 1851 et de 13,820,655 en 1871 ; il atteignait 20,791,033 en 1885. — 47 0/0 s'appliquent à des propriétés d'une contenance inférieure à 1 hectare, 27 0/0 à des propriétés de 1 à 5 hectares et seulement 3 0/0 à des propriétés d'une contenance de 20 hectares et au-dessus.

Contenance moyenne des cotes.

D'après le cadastre primitif. 4ʰ48
En 1851. . . . . 3ʰ98
En 1871. . . . . 3ʰ62
En 1884. . . . . 3ʰ50

Il importe de remarquer : 1° que les données numériques relatives à la distinction et à la contenance des cultures ne sauraient représenter exactement les faits actuels ; des champs en friche ont été mis en culture, certaines cultures ont été remplacées par d'autres, en sorte que le cadastre est de nature essentiellement transitoire et constamment à corriger; 2° que le chiffre du revenu total imposable indique, non pas le revenu net réel, mais seulement le revenu cadastral, c'est-à-dire un revenu très arbitrairement estimé par les classificateurs, et fort inférieur au revenu net réel.

D'après la dernière mesure de la superficie de la France communiqué à l'Académie des sciences dans sa séance du 29 janvier 1894, la surface de la France, y compris la Corse, mesure 536,891 kil. carrés, soit 53,689,100 hectares. (L'étendue de la Corse est de 8,750 kil. carrés.)

CADASTRER. v. a. Faire le cadastre.

CADAVÉREUX, EUSE. adj. Qui tient du cadavre. *Un teint c. Une odeur cadavéreuse.*

CADAVÉRINE. s. f. (R. *cadavre*). T. Chim. La *cadavérine* est un des alcaloïdes qu'on rencontre dans les chairs putréfiées et dans les cultures du bacille du choléra nostras; elle appartient à la classe des ptomaïnes non oxygénées; elle a pour formule $C^5H^{14}Az^2$. C'est un liquide sirupeux, d'une

odeur spermatique, fortement alcalin, fumant à l'air humide et absorbant l'acide carbonique. La c. est identique avec la pentaméthylène-diamine $Az\mathrm{H}^2.(CH^2)^5.AzH^2$ qu'on peut obtenir par synthèse en faisant agir l'hydrogène naissant sur le cyanure de triméthylène. A petite dose, elle n'est pas vénéneuse.

CADAVÉRIQUE. adj. 2 g. T. Anat. Qui a rapport au cadavre. *Ouverture, autopsie c. Raideur, rigidité c.*

CADAVRE. s. m. (lat. *cadaver*, m. s.). Corps mort. Se dit surtout du corps humain. || Fig. et fam., *C'est un c. ambulant*, se dit d'une personne que l'on voit aller et venir, mais qui semble devoir mourir bientôt. || Fig., *Les empires de l'Asie sont des cadavres sur lesquels fondent déjà les vautours.*

Étym. — Le mot latin *cadaver* vient de *cadere*, tomber, et non de l'origine fantaisiste CARO DATA VERMIBUS (chair donnée aux vers).

Méd. légale. — Toutes les fois que l'on rencontre, soit sur la voie publique, soit dans un champ, soit dans une maison, le corps d'un individu gisant, mais dont la mort n'est pas évidente, il faut, sans hésiter, aviser aux moyens de lui porter secours et de le rappeler à la vie. C'est par un préjugé déplorable que le contraire a souvent lieu, non seulement dans les campagnes, mais encore dans les villes et à Paris même. Tous les jours on laisse ainsi périr des malheureux victimes d'un accident, d'un suicide ou d'un crime, qu'il serait facile de sauver. On ne doit s'abstenir de déranger la position d'un individu rencontré dans ces circonstances que lorsque la cessation de la vie est bien évidente, et cela dans l'intérêt de la répression. Alors on doit sur-le-champ en donner avis au maire, au commissaire de police, etc. (Ord. du 25 vent. an XIII), qui se transportent aussitôt sur les lieux, et, lorsque le c. présente des signes ou indices de mort violente, requièrent l'assistance d'un homme de l'art. Celui-ci constate immédiatement l'état extérieur du corps et toutes les circonstances qui peuvent, en cas de besoin, servir à éclairer la justice. Dans cet examen, le médecin rapporte avec détails les signes de la mort, et tous les caractères physiques qui font penser qu'il y a eu asphyxie, suspension, submersion, mort subite ; quand il existe des traces de blessures, il décrit leur siège, leur nombre, leur gravité, et fait connaître si elles lui paraissent le résultat d'un accident ou d'un crime ; enfin il dépeint les vêtements, leurs taches, etc. On donne le nom de *Levée de c.* à cette opération. Le corps est alors enlevé pour être inhumé, ou, si le magistrat le juge convenable, soumis à l'autopsie. Lorsque l'individu est reconnu et réclamé, soit au moment de la levée du c., soit après l'autopsie, par des personnes domiciliées, le corps peut leur être remis, à la charge de le remettre suivant les règles établies. Il leur est délivré un extrait du procès-verbal pour servir à dresser l'acte de décès. Dans le cas où l'individu n'est ni reconnu, ni réclamé, à Paris, le c. est transporté à la Morgue, où il reste exposé au public, au moins pendant trois jours consécutifs. Lorsque des débris ou des ossements humains sont trouvés sur la place publique ou en faisant des fouilles, il doit en être donné avis à l'officier de police ; ce dernier en recherche l'origine, et, s'il n'acquiert pas la présomption d'un crime ou d'un délit, il les fait inhumer dans le cimetière le plus voisin. Voy. AUTOPSIE, INHUMATION, MORT.

Dans l'ancien droit, on faisait quelquefois le procès aux cadavres. Ce genre de procès avait lieu d'après l'Ord. de 1670 (Tit. 22, art. 1ᵉʳ) : 1° pour crime de lèse-majesté divine et humaine; 2° pour duel; 3° pour homicide volontaire de soi-même; 4° pour rébellion à la justice avec force ouverte, quand l'individu avait péri dans la rixe qui en avait été la conséquence. Lorsqu'on faisait le procès à une personne morte, on lui nommait un curateur, et c'était contre ce dernier que l'on procédait. Ce curateur devait employer tous les moyens de fait et de droit capables de justifier la conduite du défunt et de sauver sa mémoire, c'était l'honneur de la famille. Cette coutume barbare, qui était inconnue de l'antiquité grecque et romaine, ne subsista plus depuis la Révolution. — Autrefois aussi, les cadavres des personnes mises à l'autorité de justice étaient exposés aux regards du public, et le juge pouvait les délivrer ensuite aux maîtres en chirurgie. Il n'en est plus ainsi depuis la loi du 21 janv. 1790. Maintenant, les corps des suppliciés sont délivrés à leurs familles, si elles les réclament, à la charge par elles de les faire inhumer sans aucun appareil. Il ne doit même être fait aucune mention des circonstances de la mort sur les registres de l'état civil (C. c. art. 85). La plupart du temps, ces cadavres, non réclamés, servent à des expériences de dissection.

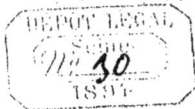

CADE. s. m. (lat. *cadus*, tonneau). Baril en usage dans les salines. || Ancienne mesure de capacité qui valait environ 1000 litres.

CADE. s. m. T. Bot. Nom provençal du *Genévrier Oxycèdre*, de la famille des *Conifères*. Voy. ce mot. On en extrait, par combustion du bois, une sorte de goudron d'une saveur brûlante employé en médecine sous le nom d'huile de cade.

CADEAU. s. m. (lat. *catellus*, petite chaîne. — Ce mot a d'abord signifié les traits de plume dont les maîtres d'écriture ornaient leurs exemples; puis des choses spécieuses, mais inutiles, puis des fêtes ou divertissements qu'on donnait à des invités et enfin des présents, ce qui a fait supposer une étymologie rappelant le premier sens, le cadeau étant une chose qui lie, un lien). Présent, chose que l'on donne à quelqu'un dans l'intention de lui être agréable. *Un beau, un joli c. Faire c. d'un bracelet.*
Au XVII° siècle (Voy. MOLIÈRE, *le Bourgeois gentilhomme*), cadeau n'avait pas encore le sens de *présent*, mais seulement celui de *divertissement.*

CADEDIS. interj. (abrév. de *cap de Dious*, tête de Dieu, du lat. *caput*, tête, et *Deus*, Dieu). Jurement qu'on met habituellement dans la bouche des Gascons.

CADENAS. s. m. (lat. *catena*, chaîne). Sorte de serrure mobile qui sert à fermer une porte, une malle, etc., au moyen d'un anneau passé, soit dans un autre anneau, soit dans deux pitons. *C. à secret, à lettres, à chiffre* || Espèce de coffret d'or ou de vermeil où l'on mettait le couteau, la cuiller, la fourchette, etc., qu'on servait à la table du roi et des princes.

CADENASSER. v. a. Fermer avec un cadenas. *C. une porte.*
= CADENASSÉ, ÉE. part.

CADENCE. s. f. (lat. *cadere*, tomber). La mesure qui règle le mouvement de celui qui danse; la conformité des pas d'un danseur avec une mesure donnée. *Marquer la c. Aller en c.* — T. Milit., *La c. du pas*, Le mouvement réglé du pas.
Musique. — En terme de musique, on appelle *Cadence* la terminaison ou le repos d'une phrase musicale. On donne aussi le même nom à certaines successions qui indiquent une conclusion finale ou accidentelle de l'harmonie. La *c. parfaite* est celle qui se résout sur la tonique par un accord parfait; la *demi-c.* est un repos qui a lieu sur l'accord parfait de la dominante, qui n'est suspend seulement la phrase; la *c. rompue* a lieu lorsque le compositeur fait pressentir une *c.* parfaite qu'il évite cependant. La *c. plagale*, employée uniquement dans la musique d'église, a lieu quand on passe de l'accord parfait de la sous-dominante à l'accord parfait de la tonique: c'est donc une espèce de *c.* parfaite. — Les Italiens appellent encore *cadenza* (cadence) ce que nous nommons un *Point d'orgue*, c'est-à-dire un repos de l'orchestre pendant lequel un soliste (chanteur ou instrumentiste) exécute une suite de traits de fantaisie pour déployer toute son habileté. La *cadenza* ou point d'orgue est indiquée dans la musique écrite par le signe ↷. Enfin, on se servait autrefois chez nous du mot très impropre de *c.* pour désigner le battement répété de deux notes voisines, appelé aujourd'hui *Trille.*
Littér — En littérature, on appelle *c.* au *Nombre* cette marche harmonieuse que l'on donne au style pour le rendre agréable à l'oreille. La *c.* ne dépend pas seulement de l'arrangement des mots dans une phrase; elle résulte aussi de la disposition des différentes parties dont se compose la phrase, et de l'agencement des différentes phrases qui forment la période. La *c.* constitue l'un des caractères essentiels de la poésie. Elle existe aussi dans la prose, mais d'une manière beaucoup moins marquée et plus simple. C'est elle qui rend le style aisé, libre, coulant, et qui donne au discours une certaine rondeur.

CADENCER. v. a. (R. cadence). Régler ses mouvements sur une certaine mesure, les conformer à la cadence. *C. ses mouvements. C. le pas.* || T. Littér. Donner à ses phrases, à ses périodes, à ses vers, du nombre, de l'harmonie. *C. ses phrases, ses vers.* = CADENCÉ, ÉE. part. *Marche cadencée. Mouvements cadencés. Musique bien cadencée.*

CADÈNE. s. f. (lat. *catena*, chaîne). Chaîne de fer à laquelle on attache les forçats. Vx. || T. Mar. Chaîne de fer au bout de laquelle est fixé un cap de mouton qui sert à amarrer les

haubans contre les bordages. || T. Pêc. Petite planche de liège sur laquelle les pêcheurs roulent leurs lignes. || T. Comm. Sorte de tapis du Levant.

CADENET, ch.-l. de c. (Vaucluse), arr. d'Apt, 2,500 hab.

CADENETTE. s. f. (R. Le seigneur de *Cadenet*). Sorte de coiffure militaire en usage à la fin du siècle dernier, et composée de deux longues nattes ou tresses de cheveux qu'on retroussait de chaque côté de la tête, sous le chapeau. *Les grenadiers et les hussards sont les corps qui conservèrent le plus longtemps la c.*

CADET, ETTE. adj. et s. (bas-lat. *capitelum*, petite tête). Puîné, puînée. T. Relation, qui s'emploie pour désigner, parmi les enfants d'une même famille, tantôt le second fils seulement, tantôt chacun des enfants nés après l'aîné. *Le fils aîné a seize ans, le fils c. en a quatorze. L'aîné est seul rentré à la maison, les cadets sont encore au collège. Les filles cadettes sont toutes mariées, l'aînée seule ne l'est pas. Dans certaines provinces de France, les cadets n'avaient autrefois qu'une légitime. C. de bonne maison.* — Branche cadette d'une maison, Branche de cette maison issue, sortie d'un c. *Branche cadette de Bourbon.* || Le plus jeune de tous les enfants d'une même famille. *C'est le c. de toute la maison, de toute la famille.* || Se dit aussi de tout enfant par rapport au frère ou à la sœur qui, par âge, le précède immédiatement. *Le quatrième enfant est le cadet du troisième.* || Par ext., se dit de deux hommes qui ne sont pas frères, et dont l'un est moins âgé que l'autre. *Il est mon c. Je suis son c.* — Est encore usité en parlant des personnes d'un même corps, d'une même compagnie, par rapport au temps où elles y sont entrées, où elles y ont été reçues. *Dans la compagnie il est mon c., bien que je sois moins âgé que lui. Ce lieutenant se plaint qu'on ait fait capitaines plusieurs de ses cadets.* || La chanson populaire de *Cadet Rousselle* a été mise en vogue vers 1792.
Hist. — Le mot *Cadet* a eu deux significations dans l'ancienne armée française. Il a d'abord désigné des volontaires qui servaient sans paye et qui étaient libres de se retirer quand cela leur convenait; on l'a ensuite appliqué à des jeunes nobles régulièrement enregistrés, et soumis à la discipline et aux règlements ordinaires. En 1682, Louis XIV, voulant se créer une pépinière d'officiers instruits, et en même temps réparer jusqu'à un certain point l'injustice des lois en vigueur à l'égard des cadets des familles nobles, organisa 6 compagnies de *cadets-gentilshommes*, qui devaient recevoir, aux frais de l'État, une éducation militaire complète. Des professeurs de mathématiques, de dessin, de langue allemande, d'escrime et de danse furent attachés à chacune d'elles. Mais les résultats n'ayant pas justifié ses espérances, ce prince se vit obligé de supprimer cette institution. En 1726, Louis XV voulut renouveler la même expérience; il fut également contraint de licencier ces corps (1733). Quarante-trois ans après (1776), Louis XVI créa un emploi de *cadet-gentilhomme* dans chaque compagnie d'infanterie et de cavalerie, à l'exception du régiment du roi. Pour être admis comme c., il fallait avoir de 15 à 20 ans, sortir de l'école militaire, être de race noble et fils d'un colonel, d'un major, ou d'un capitaine chevalier de Saint-Louis. Les cadets faisaient le service de soldat, moins les corvées, et quand leur instruction était jugée suffisante, on les nommait sous-lieutenants à la suite, après les avoir toutefois fait passer, pour la forme, par tous les grades inférieurs. Les nouveaux cadets furent supprimés en 1782. En 1788, on essaya encore une fois de faire revivre cette institution de privilège, mais en limitant à deux par régiment le nombre des cadets. Moins de deux ans après, la Révolution la faisait disparaître. — Comme la France, l'Autriche, la Prusse, la Russie, etc., ont eu des *cadets* : elles en ont même encore; mais les jeunes gens qui portent aujourd'hui ce titre ne sont plus, à proprement parler, des privilégiés. Ce sont des jeunes gens élevés, aux frais de l'État, dans des écoles militaires, où ils reçoivent une éducation spéciale. Ils entrent ensuite dans les régiments avec le grade de sous-lieutenant.

CADETTE. s. f. (R. *cadet*). Pierre de taille propre au pavage. || T. Jeu de billard. La moins longue des deux grandes queues qui servent pour atteindre les billes placées hors de la portée ordinaire.

CADETTER. v. a. [Pr. cadè-ter] (R. *cadette*). Paver avec des pierres de taille.

110

CADI. s. m. Mot arabe qui signifie *Juge*.

CADIE. s. f. (mot arabe). Arbrisseau d'Arabie cultivé chez nous en serre chaude.

CADIL. s. m. (lat. *cadus*, tonneau). Nom donné en 1793 à l'unité des mesures de capacité en France. *Le c. était un décimètre cube.*

CADILLAC, ch.-l. de c. (Gironde), arr. de Bordeaux, 2,400 hab.

CADIS. s. m. Sorte d'étoffe de laine croisée et à grains, qui se foule et s'apprête à chaud comme le drap.

CADISLESKER, ou mieux **CADI-EL-ASKER.** s. m. Juge d'armée ou grand juge chez les Turcs.

CADIX, v. et prov. d'Espagne, en Andalousie. Voy. la *Carte d'Espagne.* — Cadix est le principal port de l'Espagne sur l'Atlantique, 60,000 hab. La province de Cadix compte 431,500 hab.

CADMIE. s. f. (gr. καδμεία, *calamine*). T. Minér. Ancien nom de la calamine, carbonate de zinc. Voy. ZINC. On l'appelait aussi *Cadmie naturelle*, par opposition avec la suivante. || *Cadmie artificielle.* Suie métallique qui s'attache aux parois des cheminées pendant la fonte des métaux.

CADMIFÈRE. adj. Qui contient du cadmium.

CADMIUM. s. m. (R. cadmie). T. Chim. — Le *Cadmium* est un métal blanc, plus gris que l'étain, insipide, inodore, susceptible d'être entamé et par la lime, assez ductile et malléable pour pouvoir se réduire en feuilles très minces et en fils très fins. Lorsqu'on le plie, il crie comme l'étain ; sa texture est compacte et sa cassure fibreuse. Comme le plomb, il tache les corps contre lequel on le frotte. Quand il est écroui, sa pesanteur spécifique est 8,67. Son symbole est Cd, et son poids atomique 111,6. — Chauffé dans des vaisseaux fermés, le c. fond à 320° et bout à 860° ; si on le laisse refroidir, il fournit des cristaux confus ayant l'apparence de feuilles de fougère ; on peut cependant l'obtenir en octaèdres. Lorsque, après l'avoir fondu, on continue à le chauffer, il se sublime vers 370°, et sa vapeur se condense dans le col de la cornue sous forme de gouttelettes brillantes et cristallines. Ce métal ne s'oxyde pas sensiblement à la température ordinaire ; mais si on le chauffe au contact de l'air, il brûle avec une flamme jaune foncé en se transformant en oxyde de c. La densité de sa vapeur est 3,94 et correspond à une molécule formée par un seul atome. — On obtient le c. pur en chauffant, dans une cornue, un mélange d'oxyde ou de carbonate de c. avec du charbon.
Combinaisons du c. avec l'oxygène. — On ne connaît qu'une seule combinaison de ce genre, l'*oxyde de cadmium* (CdO). Il forme une poudre jaune plus ou moins foncée, qui est infusible à une plus haute température ; mais il est facile à réduire. Il se combine très bien avec les acides, et forme des sels incolores quand l'acide n'est pas lui-même coloré. Cet oxyde se prépare en chauffant le c. au contact de l'air, ou en le traitant par l'acide nitrique, et en décomposant par la chaleur le nitrate ainsi obtenu. *L'hydrate d'oxyde de c.* est blanc, et attire l'acide carbonique de l'air.
Sels d'oxyde de c. — Ils sont incolores, doués d'une saveur astringente et métallique. La plupart sont solubles et cristallisent aisément. Les alcalis fixes y produisent un précipité blanc gélatineux (hydrate d'oxyde) qui ne se redissout pas dans un excès de réactif. L'ammoniaque donne le même précipité, mais celui-ci est soluble dans un excès d'ammoniaque. Les carbonates alcalins produisent un précipité blanc (carbonate de c.), insoluble dans un excès de réactif. L'hydrogène sulfuré et les sulfures alcalins donnent un précipité d'un très beau jaune (sulfure de c.), insoluble dans un excès de réactif, mais soluble dans l'acide chlorhydrique. Le fer et le zinc précipitent le c. métallique sous forme de feuilles dendritiques. — Parmi les sels d'oxyde de c., un seul, le *sulfate de c.* est usité. On l'utilise en médecine, comme astringent et comme substitutif : il est surtout employé comme collyre dans les affections des yeux. On prépare ce sulfate en traitant l'oxyde ou le carbonate de c. par l'acide sulfurique étendu d'eau.
Combinaisons du c. avec les métalloïdes et avec les métaux. — Le c. se combine directement avec le chlore, le

soufre, le phosphore, l'arsenic. Il peut aussi s'allier avec un grand nombre de métaux ; mais ceux-ci l'abandonnent à une température assez peu élevée. La magnifique couleur jaune du *sulfure de c.* le fait rechercher pour la peinture. On obtient ce sel en faisant passer un courant d'hydrogène sulfuré à travers la dissolution d'un sel de c. — *L'iodure de c.* est employé en médecine et en photographie.
Le c. a été découvert, en 1818, presque en même temps par Hermann, de Magdebourg, et par Stromeyer. Il existe, dans la nature, à l'état d'oxyde et de carbonate. On le rencontre en petite quantité dans la calamine (carbonate de zinc), surtout dans les minerais exploités en Silésie et en Bohême. Dans le traitement des minerais du zinc, le c., plus volatil que celui-ci, distille le premier et se condense dans les *cadmies*, poudres brunes qui se produisent au début de l'opération.

CADMUS, héros phénicien, fondateur de Thèbes, en Grèce (XVI⁰ siècle av. J.-C.). On lui attribue l'importation de l'alphabet.

CADOGAN. s. m. Sorte de coiffure. Voy. CATOGAN.

CADOLE. s. f. (lat. *cadere*, tomber ?). T. Techn. Loquet d'une porte, ou espèce de pêne qui s'ouvre en se haussant avec un bouton ou une coquille. On dit plus ordinairement *Loquet*.

CADOREUX. s. m. Nom vulgaire du chardonneret.

CADOUDAL (GEORGES), conspirateur français, exécuté en 1804 après avoir attenté aux jours de Bonaparte.

CADRAN. s. m. (lat. *quadrans*, carré, parce que les cadrans solaires ont eu la forme d'un quadrilatère). Surface sur laquelle sont écrits les chiffres des heures, et où la marche du temps est indiquée soit par un style, soit par une aiguille mise en mouvement par des ressorts intérieurs. C. solaire. C. horizontal. C. d'une montre. C. d'or, d'émail. Le c. d'une église. || Se dit quelquefois absol. pour c. solaire. *J'ai un c. dans mon jardin.* Voy. GNOMONIQUE. || T. Zool. Voy. TROCHOÏDES.

CADRANNERIE. s. f. [Pr. cadra-ne-ri] (R. cadran). Dépôt d'instruments de marine ; art de les fabriquer.

CADRANT. s. m. Instrument dont le lapidaire se sert pour tenir les pierres sur la roue.

CADRANURE. s. f. (R. cadran). T. Agric. Maladie des arbres qui se manifeste par des fentes disposées en cadran.

CADRAT. s. m. (lat. *quadratus*, carré). T. Typog. Petit morceau de fonte plus bas que les lettres, de la largeur de trois ou quatre chiffres, qui sert à combler les vides.

CADRATIN. s. m. (Dimin. de cadrat). Petit cadrat de la largeur de deux chiffres. Voy. TYPOGRAPHIE.

CADRATURE. s. f. (lat. *quadratus*, carré). Assemblage de pièces qui meuvent les aiguilles d'une montre. Voy. HORLOGERIE.

CADRATURIER. s. m. Ouvrier qui fait des cadratures.

CADRE. (lat. *quadrum*, carré). Bordure de bois, de marbre, de bronze, etc., dans laquelle on place un tableau, une estampe, une glace, un bas-relief, etc. || Fig., Le plan, l'agencement des parties d'un ouvrage. *C'est un beau c. Votre c. est trop vaste. Il a bien rempli son c.* || T. Milit. Tableau de formation des divisions et subdivisions qui composent un corps ; réunion des officiers, sous-officiers et caporaux dont se compose une compagnie, un bataillon, un régiment. *On a diminué l'effectif de l'armée en maintenant ses cadres.* || T. Mar. Sorte de hamac perfectionné dans lequel on sent peu le roulis. Voy. HAMAC. || T. Anat. C. du tympan, portion de l'os temporal qui porte la membrane du tympan.

CADRER. v. n. (lat. *quadrare*). Concorder, convenir, aller bien avec autre chose. *Les dépositions de ces témoins ne cadrent pas ensemble.*

CADUC, UQUE. adj. (lat. *cadere*, tomber). Vieux, cassé, qui a beaucoup perdu de ses forces, de sa solidité, et qui en perd tous les jours ; se dit proprement de l'homme, de ce qui appartient à l'homme. *Devenir c. Santé caduque.* || Se dit d'une maison qui est près de tomber en ruine. *Une maison vieille et caduque.* || T. Jurispr. *Legs c., dispositions caduques,* Legs, dispositions, qui, bien que régulières en la forme, se trouvent sans effet, et finissent par tomber d'elles-mêmes. — *Lot c.,* Lot qui n'est pas réclamé. || T. Bot. Se dit de toute partie d'un végétal qui se détache spontanément en se désarticulant à sa base. || T. Méd. *Mal c.* Voy. ÉPILEPSIE. || T. Anat. *Membrane c.,* Membrane qui se développe à la face interne de l'utérus à l'époque de la fécondation, et qui est expulsée avec le fœtus au moment de l'accouchement. || T. Zool. Se dit de tout organe qui ne persiste pas.

CADUCÉE. s. m. (lat. *Caduceum,* m. s.). T. Antiq. On appelle *Caducée* une baguette entourée de deux serpents et surmontée de deux ailerons. Les anciens en avaient fait le symbole de la paix, et le donnaient pour attribut à Mercure, qu'ils regardaient comme le médiateur des hommes auprès des dieux. A l'origine, le c. consistait en une simple branche d'olivier ornée de deux couronnes. Plus tard, les poètes virent deux serpents dans ces couronnes, et pour expliquer cet emblème, ils imaginèrent la fable que voici. Mercure ayant un jour rencontré, en Arcadie, deux serpents qui se battaient, jeta au milieu d'eux sa baguette pour les séparer, et il les vit aussitôt s'y entrelacer sans se faire aucun mal. Depuis cette époque, il se servit du c. pour conduire les âmes au séjour des morts, pour chasser les vents, fendre les nuages, etc. — Le c. était encore attribué à quelques autres divinités, telles que Bacchus, Vénus, la Félicité, la Paix, la Concorde, etc. — Dans tous ces cas, le c. était un symbole de paix. En conséquence, par une extension très naturelle, les Grecs firent de cet emblème la marque distinctive des hérauts et des ambassadeurs, il assurait l'inviolabilité à tous ceux qui étaient chargés de missions pacifiques. Enfin, au moyen âge, on a donné, par analogie, le nom de c. au bâton couvert de velours et fleurdelisé que le roi d'armes et les hérauts portaient dans les grandes cérémonies.

CADUCITÉ. s. f. (R. *caduc*). État d'une personne caduque. *Il approche de la c.* Voy. ÂGE. || État d'une construction près de tomber en ruine. *La c. d'une maison, d'une voûte.* || T. Jurispr. *C. d'un legs,* se dit d'un legs devenu caduc.

CADURQUES, peuple de l'ancienne Gaule (région de Cahors)

CÆCAL, ALE. adj. [Pr. *sécal*]. Qui appartient au cæcum.

CÆCIDES. s. f. pl. (lat. *cæcus,* aveugle). T. Zool. et Paléont. C'est ainsi qu'on nomme l'une des familles de mollusques gastéropodes, du sous-ordre des cténobranches (pectinibranches de Cuvier). Ils ont une très petite coquille, tubuleuse, cylindrique, à nucléus enroulé, arquée et tronquée à l'état adulte. La bouche est circulaire. L'opercule est arrondi et corné.

Un seul genre constitue cette intéressante famille de petits mollusques ; on connaît environ 100 espèces vivantes répandues surtout dans les mers tropicales et aux grandes profondeurs.

Les 15 espèces tertiaires que l'on connaît proviennent du crag d'Angleterre, du pliocène de Toscane, de l'éocène du bassin de Paris et de l'oligocène. Voy. CTÉNOBRANCHES.

CÆCUM. s. m. [Pr. *sécome*] (lat. *cæcus,* aveugle). Sorte de prolongement ou d'embranchement sans issue qui se trouve entre l'intestin grêle et le gros intestin.

CAEN, ch.-l. du dép. du Calvados, au confluent de l'Odon et de l'Orne, à 377 kilom. de Paris, 45,000 hab. — Églises remarquables. = Nom des hab. CAENNAIS, AISE.

CÆSAR. Voy. CÉSAR.

CÆSIUM. s. m. T. Chim. Voy. CÉSIUM.

CAF ou KAF. Montagne imaginaire de la théologie arabe, qui formerait la charpente, le pivot de l'univers.

CAFARD, ARDE, s. (bas-lat. *caphardum,* sorte de vêtement ou de déguisement? On a aussi indiqué le grec κχθαροί, les purs, nom d'une secte hérétique du moyen âge, le θ grec se prononçant en grec moderne d'une manière qui rappelle l'*f* français). Hypocrite, bigot, qui affecte les dehors de la religion dans le dessein d'inspirer de la confiance et de faire des dupes. *Ne vous fiez pas à cet homme, c'est un c.* || S'emploie adjectiv. *Il a l'air c., la mine cafarde.* — *Damas c.,* Sorte de damas mêlé de soie et de fleuret. || Nom populaire de la blatte dans quelques provinces.

CAFARDER. v. n. Faire le cafard. || Dans le langage des écoliers, rapporter au maître les fautes de ses camarades.

CAFARDERIE. s. f. (R. *cafard*). Hypocrisie, dévotion affectée.

CAFARDISE. s. f. (R. *cafard*). Acte de dévotion hypocrite. Peu us.

CAFÉ. s. m. (arabe, *kaoua*). Graine du Caféier, que l'on torréfie et que l'on réduit en poudre pour en faire un breuvage auquel on donne le même nom. *C. Bourbon, Moka,* etc. *C. de Moka. Une balle de c.* Rôtir, brûler, moudre du c. Prendre, boire du c. C. au lait. Crème au c. — *Couleur c.,* Couleur de café au lait. — *C. de chicorée.* Voy. CHICORÉE. || [Lieu public où l'on vend du c. ou d'autres boissons.] *L'instant où l'on prend le c. après dîner. J'irai chez vous au c.*

Le *Caféier* (*Coffea arabica*) est un grand arbrisseau toujours vert, qui appartient à la famille des *Rubiacées.* Il peut atteindre 5 à 7 mètres de hauteur ; sa forme est pyramidale ; ses rameaux, qui sont opposés entre eux, portent des feuilles presque sessiles, également opposées, de couleur verte et luisantes, ovales, amincies en pointe à leurs deux extrémités, entières, et un peu onduleuses sur les bords. Entre chaque paire de feuilles on trouve, des deux côtés de la tige, une petite stipule qui disparaît de bonne heure. Les fleurs, d'un blanc jaunâtre, sont groupées aux aisselles des feuilles supérieures ; elles ont une odeur très suave, ce qui a valu au Caféier le surnom de *Jasmin d'Arabie.* Le fruit qui remplace ces fleurs est une baie de la grosseur d'une petite cerise, d'abord verte, puis rouge à la maturité, elle renferme, dans deux loges ou cavités tapissées par une membrane coriace, deux graines convexes du côté externe, aplaties et marquées d'un sillon longitudinal au côté interne. Ce sont ces graines qui, débarrassées de la pulpe mucilagineuse et agréable au goût qui se trouve à l'extérieur, sont versées dans le commerce sous le nom de *Café.* [Fig. 1. *Coffea arabica.* 2. Fruit de grosseur nat. 3. Coupe horizontale du même. 4. Graine. 5. La même coupée transversalement.] D'autres espèces du genre *Coffea* peuvent encore donner du café ; les mieux connues sont le *Caféier de Maurice* (*Coffea mauritiana*), qui est un arbrisseau des forêts supérieures de la Réunion, où on l'appelle *Café marron,* et le *Caféier de Libérie* (*C. liberica*), qui croît dans la Guinée. Ce Caféier a été importé dans l'Inde anglaise, à Java, à Maurice, à La Réunion, au Gabon. Enfin, on a trouvé, il y a quelques années, un Caféier nouveau dans les forêts vierges du Brésil. Les baies sont jaunes. On dit que l'infusion des graines est exquise.

Le Caféier, suivant l'opinion le plus généralement admise, est originaire des provinces méridionales de l'Abyssinie (l'une d'elles en effet porte le nom de *Caffa*), d'où il n'aurait été transporté en Arabie que dans le cours du XVe siècle. Il est possible aussi (et même probable) que ce précieux végétal appartienne à la flore indigène des deux régions que baignent la mer Rouge, près du détroit de Bab-el-Mandel. Au reste, nulle part il ne prospère mieux que vers la pointe de l'Arabie, où l'on voit de belles plantations qui fournissent le c. le plus estimé, celui qui se vend sous le nom de *C. Moka.* Quoi qu'il en soit, c'est seulement au XVe siècle qu'il est fait, pour la première fois, mention de cet arbrisseau et du breuvage aromatique qui se prépare avec ses graines. Au commencement du XVIe siècle, le café était en usage dans tout l'Orient. Cependant il résulterait de documents récents que les Persans faisaient usage du c. dès l'an 845 de notre ère, par conséquent bien avant les Arabes. On ne commença à le connaître en Europe que vers le milieu du XVIIe siècle. Mais bientôt la consommation que firent les Européens des graines de c. devint si considérable et donna lieu à un commerce si important, que les Hollandais songèrent à introduire le caféier dans leurs possessions de l'archipel Indien. En 1690, Van Horn réussit, non sans peine, à se procurer, en Arabie, quelques pieds de cet arbrisseau qu'il fit planter à Batavia, et qui y prospérèrent merveilleusement. En 1710, le jardin botanique d'Amsterdam recevait de Java un spécimen de Caféier. Deux ans après, en 1712, on fit hommage à Louis XIV d'un plant né dans les serres hollandaises. Ce pied unique fut placé dans celles du Jardin des Plantes, à Paris, où il ne tarda pas à multiplier. Le gouvernement français conçut alors le projet de naturaliser ce précieux arbrisseau dans nos possessions des Antilles. En 1720, trois jeunes pieds de Caféier furent confiés au capitaine Duclieux. Deux d'entre eux périrent en route, et le troisième ne fut conservé que grâce aux soins du capitaine, qui, pendant une traversée longue et périlleuse, l'eau venant à manquer, partagea sa propre ration avec son cher plant, et réussit à l'amener vivant à la Martinique. Ce seul pied devint l'origine de toutes les plantations de Caféiers qui furent éta-

blies à la Martinique, à la Guadeloupe, à Saint-Domingue et à la Guyane, ainsi que dans toutes les colonies européennes, sauf les colonies hollandaises.

La culture du Caféier, dans les Antilles, réussit très bien dans les terrains médiocrement arrosés par les eaux pluviales, sur le penchant des collines un peu ombragées, mais pas assez élevées pour que la température soit trop basse, car cet arbrisseau ne prospère qu'entre 12°,5 et 31° centig. On le multiplie de semis. Au bout d'un an, les jeunes pieds sont assez forts pour pouvoir être replantés dans des trous disposés à cet effet en quinconce. À 3 ou 4 ans, ils sont en plein rapport; mais, à cette époque, il faut arrêter leur croissance verticale par l'étêtement. Quoique ces arbrisseaux aient deux époques principales de floraison, au printemps et en automne, ils sont presque constamment couverts de fleurs odorantes et de baies. Celles-ci exigent environ quatre mois pour achever leur maturité, de telle sorte que la récolte se fait, pour ainsi dire, sans interruption. Les procédés de récolte et de préparation des graines du Caféier sont assez variables. Généralement on écrase les fruits, on les débarrasse de la pulpe par frottement et on les fait sécher : le c. est alors vert. En certains pays, on laisse sécher les fruits, et quand la pulpe est devenue friable, on les triture légèrement et l'on vanne : le c. est alors jaunâtre. Aux environs de Moka, on laisse mûrir complètement les fruits jusqu'à ce qu'ils tombent à terre et se dessèchent spontanément. Enfin on expédie de la Bolivie, sous le nom de c. en parche, du c. récolté avant la complète maturité et dont on a enlevé simplement la pulpe, en laissant la graine dans son enveloppe. Le c. arrive donc sous trois états : 1° en cerise, c.-à-d. constitué par le fruit entier et sec du caféier; 2° en parche, c.-à-d. avec la graine entourée de son enveloppe parcheminée; 3° décortiqué ou formé par les graines isolées.

L'Arabe ne porte jamais la main sur un caféier pour faire cette récolte. Il se contente de donner quelques secousses légères dans le but de faire tomber les fruits mûrs sur des nattes étendues pour les recevoir. Après plusieurs jours de dessication au soleil, les graines sont séparées de leurs enveloppes au moyen de cylindres en bois, vannées et séchées de nouveau, avec soin, avant l'emballage définitif pour l'exportation; un autre procédé, employé plus spécialement à la Martinique, consiste à grager le c. À cet effet, on se sert d'un moulin appelé grage, qui sépare la graine de la pulpe, mais respecte la pellicule mince qui sert d'enveloppe immédiate à la graine. On fait sécher au soleil. — Un troisième procédé, beaucoup plus simple, mais peu recommandable, consiste à faire macérer les fruits entiers dans l'eau, pendant trois ou quatre jours, à les débarrasser par des lavages de leur enveloppe et à faire sécher la graine. Cette méthode rapide est généralement employée pour les sortes communes. Les cafés ainsi préparés sont désignés sous le nom de cafés lavés, et sont de qualité détestable. Il suffit que cette pratique soit signalée pour que le consommateur reconnaisse les graines ainsi traitées à leur saveur particulière rappelant le goût de pois verts et au peu d'arome qu'elles développent par l'infusion. L'infériorité des cafés d'Amérique, notamment du Brésil, vient encore d'autres causes ayant pour but la recherche de la quantité, par des fumures trop copieuses et la récolte prématurée du fruit. On obtient ainsi des grains plus gros, qu'on fait mal sécher, pour les livrer plus pesants, dans lesquels les principes constituants des aromes ne sont pas encore développés.

Le c. vert, non torréfié, renferme, pour 100 parties : cellulose, 34; matière grasse, 10 à 13; matières non azotées (glucose, dextrine, résine, acide caféitannique, citrique et plusieurs dérivés), 15 à 16; substances azotées (légumine, caféine), 17; substances minérales, 6 à 7; eau, 12. L'acide Caféitannique (Voy. ce mot) est le principe astringent du c.; la Caféine (Voy. ce mot) est l'un des agents les plus actifs du c. L'infusion du c. non grillé est inodore, faiblement astringente, verdâtre, stimulante, puisque la caféine est soluble dans l'eau, mais ne possède aucune des qualités agréables que l'on recherche dans cette liqueur. La torréfaction change presque totalement la nature de la graine en désagrégeant ses parties. Le ligneux devient friable. La glucose et la dextrine produisent un corps brun, amer. Enfin, il se forme, aux dépens de l'acide caféitannique et de la caféine par oxydation de ce corps, un principe aromatique nouveau que les chimistes ont nommé Caféone. Voy. ce mot.

Le c. torréfié, déjà traité par une première infusion et soumis ensuite à l'ébullition pendant un certain temps, ne contient plus de caféine et fort peu de caféine, mais cette décoction est devenue un breuvage très tonique, un précieux stimulant pour les sujets nerveux et débilités.

Tout le monde est d'accord aujourd'hui pour affirmer les qualités éminemment hygiéniques du c. Son usage est une grosse affaire d'économie générale. La digestion de l'homme le mieux constitué s'opère avec plus d'énergie; les éléments alibiles de ses repas s'assimilent en quantités plus considérables au moyen de la seule intervention du c. De sorte que celui qui se soumet au régime de cette infusion peut diminuer sa ration alimentaire sans porter atteinte à ses forces et à sa santé.

Les bons cafés en grains se comportent comme les vins généreux, l'âge améliore leurs qualités. Une fois qu'ils sont parvenus à un degré de siccité convenable, avantage qu'ils n'obtiennent qu'au bout de cinq années, leur conservation est indéfinie. Les cafés vieux, secs, ont une densité gravimétrique, déterminée sans tassement, d'environ 460 gr. au litre, tandis que ceux dont la récolte remonte à une ou deux années pèsent de 680 à 710 gr. Or, le café se vendant toujours au poids, le producteur et le détenteur ont intérêt à le livrer nouveau et vert. Il appartient au consommateur de s'approvisionner à l'avance, d'étendre sur sa réserve de c. les soins prévoyants et la sollicitude qu'il porte d'ordinaire à ses vins, à ses liqueurs.

Afin de développer dans le c. l'arome qui le fait tant rechercher, il est nécessaire de lui faire subir une opération qui consiste à le soumettre à une température élevée: c'est la torréfaction. Payen, se fondant sur l'action réciproque des divers éléments de la graine, conseille de porter rapidement, et le plus également possible, toute la masse à la température de 250 degrés. On se sert, à cet effet, de divers instruments, ou brûloirs, que nous ne décrirons pas. On doit arrêter la torréfaction lorsque le c. a pris une teinte rousse, variable en intensité selon les espèces. L'opération terminée, on vanne le c., afin de mettre en liberté une petite quantité d'huile pyrogénée à odeur de corne brûlée, produite par la décomposition de matières azotées; on le refroidit le plus rapidement possible en le versant sur une plaque métallique ou sur un marbre; enfin on le conserve, s'il est besoin, dans des vases non poreux et hermétiquement clos. Le degré de torréfaction variant selon les espèces, on doit procéder séparé et lorsqu'il s'agit d'opérer sur plusieurs sortes. On estime qu'une torréfaction convenable enlève aux vieux cafés de 13 à 15 p. 100 de leur poids. Les graines récoltées depuis un an ou deux perdent de 18 à 20 p. 100. Cependant la perte sur les trois espèces suivantes (cafés vieux), doit être ainsi réglée. Le kilogramme de Moka ne pèsera plus que 850 à 880 grammes; la couleur de la poudre sera jaune rougeâtre. Le Bourbon demande un degré de torréfaction plus avancé; le poids du kilogramme sera tombé à 830 grammes; la couleur aura pris une teinte bronze clair. Le Martinique ne pèsera plus que 800 grammes; la couleur aura passé au marron foncé. Le goût particulier du consommateur exerce d'ailleurs une grande influence sur ces proportions. Cependant nous devons ajouter que si la perte dépasse les quantités indiquées ci-dessus, les graines prennent une teinte charbonnée et une apparence huileuse; l'infusion est plus foncée, plus amère et d'autant plus âcre que l'opération a été poussée plus loin. Le grand obstacle à la conservation du c. torréfié vient précisément de la présence du principe huileux qui s'altère promptement au contact de l'air et ne tarde pas à communiquer à la masse un goût détestable.

On a essayé de retenir les aromes suaves qui se dégagent quand on brûle le café. Les moyens employés n'ont pas réussi. Le sucre en poudre ajouté dans le brûloir, ou répandu sur les graines encore chaudes, n'a d'autre effet que de produire du caramel.

Les Turcs pilent le c. dans des mortiers de marbre et le réduisent en poudre presque impalpable. En France, on se sert de moulins, et l'on plus souvent on ne cherche pas à obtenir une mouture assez fine. A l'état d'extrème division, le c. est plus appr. prié à se laisser pénétrer par l'eau qui se charge mieux et plus rapidement des principes solubles et aromatiques. On a prétendu que le moulin donnait un goût nitramentaire au c.; il n'en est rien, car les parties métalliques se recouvrent bientôt de la matière grasse qui ne permet pas le développement du goût ferrugineux.

Quelques personnes préparent encore le c. par le procédé oriental, consistant à faire chauffer l'eau dans un vase de terre. La poudre est ajoutée au moment de l'ébullition; on retire à l'instant du feu; l'infusion est à point au bout de deux ou trois minutes. On passe à la chausse, pour filtrer, ou on précipite le marc avec la colle de poisson. L'usage du charbon incandescent pour clarifier est un moyen défectueux, parce que le charbon ardent absorbe une partie de la substance huileuse et aromatique du c. Depuis l'invention des cafetières, on se sert généralement de ces ustensiles qui permettent d'obtenir promptement un liquide plus clair. Le général Morin, qui fut directeur du Conservatoire des arts et métiers, a développé les préceptes suivants que nous allons textuellement rapporter : « Il est de condition formelle, a-t-il écrit, de n'employer, pour l'infusion, que de l'eau à une température *inférieure à celle de l'ébullition;* de ne se servir que de vases en porcelaine, en argent ou en verre; ce qui exclut l'usage des cafetières en métal et des appareils à vapeur trop préconisés. Si l'on verse d'abord une petite quantité d'eau pour humecter la poudre, on la rend plus apte à être épuisée, et la liqueur sera plus forte. Il n'est pas indifférent d'employer la première

eau venue. L'eau distillée est certainement la meilleure. Celle qui retient du sulfate de chaux en dissolution détruit une partie de l'arome et peut rendre l'infusion détestable. Dans les ménages, on fait souvent bouillir le marc de café, ou bien on jette l'infusion, pour l'avoir plus claire, sur un filtre contenant le marc de la veille; ces deux méthodes sont détestables et donnent une liqueur de mauvais goût. Il est préférable de répandre l'eau bouillante sur le marc et de garder cette eau filtrée pour l'infusion du lendemain. Autrefois, le goût du public était à la couleur blonde, et il avait raison; aujourd'hui, on préfère un c. noir, épais, qui, pour nous, n'est pas du c. Quand on opère avec des produits de choix, la dose de poudre qu'il convient d'employer pour une tasse de la capacité de 1 décilitre est de 25 grammes. »

Dans quelques pays, et dans l'Arabie elle-même, on prépare avec les enveloppes ou coques de la graine une infusion qui se boit en guise de c. : cette sorte de boisson est appelée chez nous *Café à la sultane,* et on donne aux c. près le nom de *Fleurs de café.*

On connaît dans le commerce un grand nombre de sortes de cafés, dont les plus importantes étaient jadis : le *Moka,* le *Bourbon,* le *Martinique* et le *Haïti.* Le *Moka* est de beaucoup le plus estimé et le plus cher, mais la majeure partie est consommée en Orient. Ses grains sont petits, jaunâtres, et de forme arrondie. Celle-ci résulte de ce que l'une des deux graines renfermées dans la baie avorte presque constamment. Le *Bourbon,* qui vient des îles Bourbon et Maurice, se reconnaît à son grain gros, blanchâtre, allongé et aigu par un des bouts. Le *Martinique* a des grains de grosseur moyenne, de couleur vert foncé et munis d'une pellicule argentée. Le *Haïti* est formé de grains inégaux, rarement pelliculés, souvent brisés ou écrasés, blancs, verdâtres ou gris, couverts de poussière et mêlés de pierres grises ou verdâtres. Ce c., lorsqu'il est pur et sec, résume toutes les qualités. Le *Bourbon* et le *Martinique* sont devenus assez rares dans le commerce. Les régions qui fournissent le plus de c. sont aujourd'hui Haïti, le Brésil, l'Inde et ses îles. Presque tout celui que l'on importe en France vient du Brésil, de Haïti, du Vénézuéla et de nos colonies.

Le c. est un stimulant énergique, qui a tous les avantages des boissons spiritueuses sans en avoir les inconvénients. Peu après son ingestion, on se sent plus agile et plus dispos. Pris après le dîner, il facilite la digestion; mais lorsqu'on le prend avant le repas, il détermine fréquemment l'anorexie. On lui a même attribué des propriétés nutritives qui ne sauraient lui appartenir, attendu la faible proportion d'azote que contient la caféine. Ce qui rend surtout le c. précieux, c'est l'action singulière qu'il exerce sur le système nerveux central. A la suite de cette action, la pensée devient plus libre et plus active, l'imagination plus ardente : toutes les facultés intellectuelles semblent acquérir un plus haut degré de développement. Du reste, ainsi que les meilleures choses, cette boisson a ses inconvénients. Elle cause l'insomnie chez les personnes qui n'en prennent pas habituellement, et détermine parfois, chez celles qui en font abus, des accidents nerveux plus ou moins graves. D'après les effets bien connus du c., il est facile de comprendre que les personnes d'une nature ardente, douées d'une grande susceptibilité nerveuse, doivent s'en abstenir complètement. Il doit également être proscrit dans toutes les affections où le système nerveux a besoin d'être tenu dans un état de calme absolu. Le c. est un excitant, et cette propriété doit régler son usage suivant les tempéraments.

Peut-on disposer de moyens pour apaiser cet état fatigant, agitation nerveuse et palpitations, qui succède à la prise du c. chez les personnes délicates? On ne peut conseiller ni l'opium, ni le curare, ni les principes actifs des diverses solanées. Cependant, on peut fumer; mais on diminue singulièrement les effets fâcheux de la chicorée, l'alcool, le sucre et un verre d'eau froide absorbé après la demi-tasse.

C'est à sa qualité contro-stimulante bien constatée que la chicorée, admise d'abord comme succédané du c., au commencement de ce siècle, doit sa popularité dans le nord de la France et en Belgique. L'alcool est l'antidote du c. et la caféone le contre-poison de l'alcool. L'intervention traditionnelle du petit verre de cognac dans l'infusion de c. se justifie donc par d'excellents résultats.

Pour ceux qui voudraient bénéficier des avantages stimulants du c. sur les organes cérébraux, sans les inconvénients, il y a la Caféine en granules (Voy. CAFÉINE); mais la saveur délicate est absente.

Le c. au lait, en vertu de ses propriétés astringentes, retarde la digestion du lait, précipite par le tanin les matières albuminoïdes et forme avec elles des composés insolubles qui nécessitent une plus grande sécrétion des sucs gastriques. D'où résulte le double inconvénient de fatiguer l'estomac par un travail qui apportera peu de matériaux réparateurs à l'organisme, et de le tromper sur ses véritables besoins en procurant une satiété factice. Les personnes qui en font usage, et particulièrement les ouvrières des villes, trouvant dans le c. au lait un déjeuner peu coûteux et promptement préparé, attendent patiemment le repas du soir, sans se douter que cette alimentation insuffisante conduit à la débilité, à l'anémie et à toutes ses conséquences. Mais encore ici, il faut tenir compte des tempéraments et des habitudes invétérées.

L'infusion de c. est parfois employée en médecine. Son action est différente suivant que l'on emploie le c. vert ou le c. torréfié. Dans le premier cas, l'infusion agit par la caféine; c'est alors un médicament sédatif. Dans le second cas, elle agit par la caféone, c.-à-d. comme stimulant. Elle est dans ce cas, prescrite dans les empoisonnements par les alcaloïdes en raison de ses propriétés stimulantes, en même temps qu'elle précipite les alcaloïdes à l'aide du tanin qu'elle renferme. On l'emploie fréquemment pour masquer la saveur de certains médicaments. On l'a préconisée contre la coqueluche.

Le c. est devenu aujourd'hui, pour une multitude de personnes, une denrée de première nécessité, et chaque jour sa consommation va en augmentant. La multiplication du nombre des lieux publics où l'on va prendre cette boisson n'a donc rien qui doive étonner. Dès 1554, il y avait à Constantinople des cafés publics. L'usage de cette liqueur fut, dit-on, introduit à Venise en 1615, à Londres en 1652, à Marseille en 1654. Paris ne l'adopta que plus tard. Elle y fut mise à la mode par le voyageur Thévenot, à son retour de l'Orient (1667), ainsi que par l'ambassadeur de la Sub.ime-Porte auprès de la France (1669). En 1672, un Arménien, nommé Pascall, qui avait accompagné cet ambassadeur, ouvrit à la foire Saint-Germain le premier c. public qu'ait possédé Paris; mais c'était une vraie taverne, où l'on fumait, où l'on buvait de la bière, et qui ne réussit que médiocrement. Peu de temps après, un autre Arménien, Grégoire d'Alep, et le Florentin Procope créèrent des établissements plus élégants que les gens de la bonne compagnie ne craignirent pas de fréquenter. Le c. Procope, situé dans la rue de l'Ancienne-Comédie, devint le rendez-vous des auteurs dramatiques et des gens de lettres de l'époque. Le goût du c. se répandit rapidement, et gagna de proche en proche toutes les classes de la société, au préjudice des cabarets. Ce mouvement, commencé dans la première moitié du XVIII⁰ siècle, continue encore aujourd'hui. C'est ce que démontrent nos tableaux des douanes.

CAFÉDINE. s. f. (R. *café*). T. Chim. Base C⁷H¹²Az⁴O obtenue en faisant bouillir la caféine avec l'hydrate de baryte.

CAFÉIER. s. m. Nom donné à l'arbuste qui produit la graine connue sous le nom de *Café*.

CAFÉIÈRE. s. f. Lieu planté de caféiers.

CAFÉINE. s. f. (R. *café*). T. Chim. L'un des principes les plus actifs du café. Cet alcaloïde C⁸H¹⁰Az⁴O² se rencontre encore dans le *Thé de la Chine*, le *Guarana* (*Paullinia sorbilis*), le *Thé du Paraguay* (*Ilex paraguayensis*), la *Noix de Kola* et enfin dans notre *Petit Houx* (*Ruscus aculeatus*). La c. est répartie dans ces diverses plantes en quantités fort inégales. Tandis que le café ne renferme que 0,8 à 1 p. 100 de cette substance, la proportion contenue dans le thé oscille entre 2 et 4 p. 100, et atteint 5 p. 100 dans le guarana que l'on emploie le plus souvent à son extraction. La c. cristallise en fines aiguilles blanches et soyeuses. Elle fond à 178°; elle est soluble dans l'eau et l'alcool.

La c. et ses sels (citrate, arséniate, valérianate) sont employés dans les accidents, coups de soleil, coma, pour combattre les fièvres intermittentes, les migraines et la somnolence qui suit les empoisonnements par les opiacés et par les autres narcotiques. C'est aussi un médicament diurétique et cardiaque que l'on emploie souvent comme succédané de la digitale. Voy. Café.

CAFÉIQUE. adj. (R. *café*). T. Chim. *L'acide c.* C⁹H⁸O⁴ se produit quand on chauffe l'acide cafétanique avec une dissolution de potasse; il existe dans la ciguë vireuse. Il cristallise en prismes clinorhombiques jaunâtres, solubles dans l'alcool et dans l'eau bouillante. C'est un acide dioxycinnamique; fondu avec la potasse caustique, il se convertit en

acide protocatéchique; on a pu le préparer par synthèse en partant de ce dernier acide.

CAFÉOMÈTRE. (R. *café*; gr. μέτρον, mesure). Instrument avec lequel on détermine la densité du café en graius.

CAFÉONE. s. f. (R. *café*). T. Chim. Principe aromatique du *Café* développé par la torréfaction et isolé par Boulon et Frémy. On peut l'isoler facilement en distillant, avec de l'eau, 3 à 4 kilogr. de c. grillé. L'eau aromatique obtenue, agitée avec de l'éther, cède à ce dissolvant une huile brune, pesante, très odorante, dont il ne faut que des traces pour aromatiser quelques litres d'eau. C'est un excitant du système nerveux. Voy. Café.

CAFETAN ou CAFTAN. s. m. (turc, *kaftân*, m. s.) Sorte de pelisse en étoffe plus ou moins riche, et garnie de fourrures précieuses, que le Grand Seigneur et d'autres souverains de l'Orient envoient à leurs principaux officiers comme signe de distinction. *Jadis le sultan envoyait des cafetans aux ambassadeurs auxquels il accordait audience.*

CAFÉTANIQUE. adj. (R. *café*, *tanin*). T. Chim. L'acide c., formule C¹⁵H¹⁸O⁸, existe à l'état de sel de chaux et de magnésie, ou selon Payen, de sel de potasse et de caféine dans les graines de café, dont il représente le principe astringent. Soluble dans l'eau, peu soluble dans l'alcool, il donne, en solution avec l'ammoniaque, au contact de l'air, une belle couleur verte. Le tanin du café appartient à l'espèce qui colore en vert les sels ferriques. Bouilli avec la potasse, il se dédouble en acide caféique et en mannitane. D'après Pfaff, 100 grammes de café ne donnent que 2 grammes d'acide c. Voy. Café.

CAFETIER. s. m. Celui qui tient un café, qui vend du café tout fait, ainsi que d'autres boissons. On dit aussi *Limonadier*.

CAFETIÈRE. s. f. Vase d'argent, de fer-blanc, de terre, etc. qui sert à faire ou à contenir du café.

CAFFARELLI DU FALGA (Louis-Marie-Joseph-Maximilien), général de la République française, mort en Égypte (1756-1799).

CAFIER. s. m. T. Bot. Voy. Caféier.

CAFRE, habitant de la Cafrerie. Ce nom vient de l'arabe *Kafir*, infidèle. || Oiseau de proie qui habite la Cafrerie.

CAFRERIE, contrée de l'Afrique méridionale, à l'ouest du canal de Mozambique et au nord de la colonie anglaise du Cap de Bonne-Espérance, environ 1,000 kil. de longueur du nord au sud et 400 kil. de largeur de l'est à l'ouest. Voy. la *Carte de la colonie du Cap*. Les habitants, nommés *Cafres*, constituent un type particulier parmi les noirs africains. Ils sont grands et forts, bien proportionnés, d'un noir tirant sur le gris.

CAFTAN. s. m. Voy. Cafetan.

CAFUSO. s. m. Métis de nègre et d'Américain indigène.

CAGE. s. f. (lat. *cavea*, prison, de *cavus*, creux). Petite loge portative faite de menus bâtons d'osier ou de fil de fer placés à une petite distance les uns des autres, et dans laquelle on enferme ordinairement des oiseaux. *C. à poulets. Mettre un oiseau dans une c.*, en c. — *Mettre un homme en c.*, Le mettre en prison. *Être en c.*, Être en prison. — Fig. et prov., *Il vaut mieux être oiseau de campagne qu'être oiseau de c.*, La liberté est préférable à tout. *La belle c. ne nourrit pas l'oiseau*, Il ne suffit pas d'être bien logé, il faut avoir de quoi vivre; ou bien, on peut être fort mal à son aise avec les apparences de la richesse. || *Loge fixe ou portative, garnie de barreaux de fer*, et assez grande pour y renfermer des animaux dangereux. *La c. d'un lion, d'un tigre. Alexandre le Grand, Lysimaque, Tamerlan, Louis XI, firent enfermer leurs prisonniers dans des cages de fer.* || T. Archit. *La c. d'une maison*, Les murs extérieurs d'une maison. — *La c. d'un escalier*, Les murs dans lesquels un escalier est enfermé. *La c. d'un clocher*, L'assemblage de charpente qui forme le corps d'un clocher. On dit de même, *La c. d'un moulin à vent.*

CAGÉE. s. f. (R. *cage*). Une pleine cage d'oiseaux.

CAGEROTTE. s. f. (Dimin. de *cage*). Panier d'osier pour faire égoutter les fromages.

CAGETTE. s. f. (Dimin. de *cage*). Petite cage, trébuchet.

CAGIER, IÈRE. s. m. et f. (R. *cage*). Celui ou celle qui fait et vend des cages.

CAGLIARI, v. d'Italie (Sardaigne), ch.-l. de la prov. de ce nom, 31,000 hab. C'était la *Carolis* des Romains et la *Jolas* des Carthaginois.

CAGLIOSTRO, aventurier italien (1743-1795). Son véritable nom était JOSEPH BALSAMO.

CAGNARD, ARDE. adj. (lat. *canis*, chien). Fainéant, paresseux. *C'est un homme bien c. Mener une vie cagnarde.* Subst., *C'est un c.*

CAGNARD. s. m. T. Mét. Fourneau sur lequel le cirier pose la cuve qui contient la cire fondue.

CAGNARDER. v. n. (R. *cagnard*). Vivre dans la paresse, la fainéantise. *Il ne fait que c.* Fam.

CAGNARDISE. s. f. (R. *cagnard*). Fainéantise, paresse habituelle. Familier.

CAGNE. s. f. (lat. *canis*, chien). Mauvais chien. || Fainéant, mauvais garnement, femme méprisable. *C'est une c.*

CAGNES, ch.-l. de c. (Alpes-Maritimes), arr. de Grasse, 3,000 hab.

CAGNEUX, EUSE. adj. (*cagnazzo*, semblable à un chien ; lat. *canis*, chien). Qui a les genoux et les jambes tournés en dedans. || Se dit aussi des jambes mêmes, des genoux et des pieds. *Des jambes cagneuses.*

CAGNIARD. s. m. T. Techn. Chaufferette servant à chauffer l'air du mélangeur à chocolat.

CAGNIARD DE LA TOUR, physicien français, inventeur de la sirène (1777-1859). Voy. SIRÈNE.

CAGNIARDELLE. s. f. T. Méc. Machine soufflante imaginée par Cagniard de la Tour.

CAGNOLA (Louis, marquis), architecte italien (1762-1833), auteur de l'Arc de triomphe de Milan.

CAGNON ou **CÂNON.** s. m. (esp. *cano*, conduit). Gorge étroite et profonde dans les montagnes, au fond de laquelle coule le plus souvent un torrent. *Le c. du Tarn est le seul que nous possédions en France.* Dans l'Amérique du Nord, les défilés et les vallées étroites sont appelés *canons.*

CAGNOTTE. s. f. Petit cuvier qui sert dans le Quercy à fouler la vendange. || T. Jeu. Tirelire où l'on conserve l'argent prélevé sur les mises des joueurs.

CAGOT, OTE. s. Qui a une dévotion fausse ou mal entendue. *C'est une cagote.* || Adj., *Avoir l'air c., des manières cagotes.*
Hist. — Il existe en France, dans plusieurs localités, des populations de parias que l'on désigne sous divers noms, selon les provinces : on les appelle *Cagots, Capots, Crétins,* en Béarn ; *Marrons,* en Auvergne ; *Colliberts,* dans le Poitou, l'Anjou, le Maine et l'Aunis ; *Caqueux, Caquins, Cacoux, Cacras,* en Bretagne ; *Cahets,* en Guienne, etc. D'où viennent-elles ? C'est une question difficile et peut-être impossible à résoudre. Ceux-ci y voient des restes des anciens Albigeois ; ceux-là des Maures d'Espagne, compromis pour les Francs lors des guerres de Charlemagne, et venus à la suite des armées de ce prince ; d'autres leur attribuent une origine scandinave, et les regardent comme des Goths ou plutôt des Wisigoths chassés d'Espagne. M. V. de Rochas, qui les a étudiés non seulement dans l'histoire, mais encore sur le vif, en observant ceux qui subsistent encore, est arrivé à des conclusions différentes. D'après lui, c. vient du celtique *kakod,* qui signifie *ladre,* et les cagots sont les descendants d'individus atteints de *lèpre blanche.* Cette opinion est confirmée par ce fait que les règlements qui les concernaient au moyen âge, étaient à peu près les mêmes que ceux qu'on édictait à l'égard des lépreux. Toute communication avec le reste de la population leur était interdite. A l'église, ils avaient leur place marquée, leur porte et leur bénitier à part. Un costume particulier, qu'ils ne pouvaient quitter, servait à les faire reconnaître. En justice, il fallait le témoignage de sept d'entre eux pour valoir celui d'un Basque ou d'un Béarnais. Presque toutes les industries leur étaient interdites, et la plupart d'entre eux étaient réduits à exercer le métier de bûcheron. Les mêmes sentiments de répulsion existaient à l'égard des autres races de parias, les *Caqueux* de Bretagne, *Cahets* de Guienne, *Colliberts, Marrons,* etc., qui tous avaient une origine semblable. La Révolution seule a fait cesser l'espèce d'ilotisme où étaient tenues ces races méprisées ; mais en les affranchissant de droit, le nouveau régime n'a pu faire complétement disparaître les vieux préjugés des populations au milieu desquelles elles vivent. Le temps seul pourra effacer une antipathie aussi profondément enracinée.

CAGOTERIE. s. f. Action du cagot ; manière d'agir du cagot. *Il m'ennuie par ses cagoteries.*

CAGOTISME. s. m. Esprit, caractère du cagot ; façon de penser du cagot. *Son c. n'en impose à personne.*

CAGOU. s. m. Oiseau de la Nouvelle-Calédonie, de la famille des *Échassiers ;* il ne vole pas, et ses ailes ne lui servent qu'à accélérer sa course.

CAGOUILLE. s. f. [Pr. les *ll* mouillées] (R. *cagouille,* colimaçon dans le patois de l'Angoumois). T. Mar. Volute qui sert d'ornement au haut de l'éperon d'un vaisseau. Vx.

CAGOULE. v. f. (lat. *cuculla,* vêtement des moines). Vêtement de moine enveloppant tout le corps, mais qui est sans manches.

CAGUE. s. f. (holl. *kag,* m. s.). T. Mar. Petit bâtiment hollandais à fond plat qui sert principalement à naviguer sur les canaux et le long des côtes.

CAHIER. s. m. (lat. *quaternarium,* cahier de quatre feuilles, de *quaternus,* quatre par quatre). Assemblage de plusieurs feuilles de papier ou de parchemin. *C. de papier réglé. C. de musique. C. d'un élève. Un c. de papier à lettres. — Cahiers de théologie, de philosophie, d'histoire,* etc., Cahiers qu'un professeur de théologie, etc., dicte à ses élèves. *Il a les cahiers de tel professeur.* || Se disait autrefois des mémoires contenant les demandes, les propositions ou les doléances que les députés des trois ordres, réunis en États généraux, adressaient aux rois. *C. de doléances. Les cahiers du clergé, du tiers état.* || T. Adm. et Prat. *C. des charges,* État des clauses et conditions auxquelles sera faite une adjudication publique, et auxquelles l'adjudicataire sera obligé de se soumettre. *Rédiger un c. des charges.*

CAHIN-CAHA. adv. (lat. *quà hinc, quà hàc :* tant d'ici, tant de là). Tant bien que mal. Se dit d'une affaire qui va inégalement, qui éprouve de temps en temps des difficultés, des retards ; ou d'une chose qu'on fait de mauvaise grâce. *L'affaire va c. Sa santé va c. Il s'acquitte de ses devoirs c.* Fam.

CAHORS, anc. *Divona, Cadurcorum Civitas,* ancienne capitale des Cadurci, capitale du Quercy, ch.-l. du dép. du Lot, à 578 kil. de Paris, sur la rive droite du Lot, 15,400 hab. Évêché. Patrie de Gambetta.

CAHOT. s. m. Espèce de saut que fait une voiture en roulant sur un chemin raboteux, pierreux et mal uni. *Un grand, un rude c. Le c. nous fit verser.* — Par métonymie, *Nous avons trouvé bien des cahots sur cette route,* Nous y avons trouvé bien des inégalités qui nous ont fait faire des cahots. — Fig. et fam., *Nous avons trouvé ou éprouvé beaucoup de cahots dans cette affaire,* La marche en a été souvent interrompue et contrariée.

CAHOTAGE. s. m. (R. *cahoter*). Mouvement fréquent causé par les cahots. *Le c. de la voiture m'a brisé.*

CAHOTANT, ANTE. adj. Qui fait faire des cahots. *Un chemin c. Une voiture cahotante*, Une voiture que la moindre inégalité du sol fait cahoter.

CAHOTEMENT. s. m. Action de cahoter.

CAHOTER. v. a. Causer des cahots. *Nous avons été bien cahotés dans ce chemin.* || Fig. et fam., Ballotter. *J'ai été longtemps cahoté par la fortune.* == CAHOTER, v. n. Éprouver des cahots. *Cette voiture cahote beaucoup.* = CAHOTÉ, ÉE. part.

CAHOURS, chimiste français (1813-1890).

CAHUTE. s. f. (R. *hutte*, avec le préfixe péjoratif *ca*). Petite loge, cabane.

CAICHE. s. f. T. Mar. Petit bâtiment ayant un pont et mâté comme un yacht.

CAÏD ou **KAÏD.** s. m. (mot arabe). Nom donné, dans les États barbaresques, aux chefs des tribus arabes. — *Le Caïd*, titre d'un opéra-comique, musique d'Ambroise Thomas, paroles de Sauvage.

CAÏEU. s. m. (rad. *caïol*, petit?). T. Bot. Petit bourgeon qui se forme sur le côté d'un bulbe. Voy. BULBE.

CAÏL-CÉDRA ou **CAÏLCÉDRAT.** s. m. T. Bot. Grand arbre qui croît au cap Vert, de la famille des *Méliacées*. Voy. ce mot.

CAÏL-CÉDRIN. s. m. et adj. Se dit d'un principe amer fébrifuge contenu dans l'écorce du caïl-cédra.

CAILLASSE. s. f. [Pr. les *ll* mouillées] (R. *cail*, rad. de *caillou*). Couche fraîche d'argile dans une carrière. || Pierre cassée qui sert à l'empierrement des routes.

CAILLE. s. f. [Pr. les *ll* mouillées] (ital. *quaglia*; bas-lat. *quaquila*, m. s., de l'anc. flamand *quakle*). T. Ornith. Le genre *Caille* (*Coturnix*) appartient à la grande division des *Gallinacés*, et forme le 4ᵉ groupe de la famille des *Perdrix* ou *Perdicinées*; les trois autres sont constitués par les genres *Perdrix* proprement dite, *Colin* et *Francolin*. — Les *Cailles* ont le bec court et faible, la tête entièrement emplumée, les tarses lisses dans les deux sexes, les ailes pointues et la queue courte, les pennes qui la composent dépassant à peine leurs couvertures supérieures. Elles ne se distinguent guère des perdrix que par leur taille plus petite, par l'absence du tubercule corné qui arme le tarse de la perdrix mâle, et par leur cri particulier, qu'on peut exprimer par les syllabes *pé-lé-lé*. Comme les perdrix, les cailles sont des oiseaux pulvérateurs; elles ont le même régime, construisent leur nid à peu près de même; mais elles ne sont pas sociables comme elles, et en outre, elles émigrent régulièrement tous les ans. — La *C. commune* (*Cot. dactylisonans*) est la seule espèce du genre qui se rencontre en Europe. Elle a le dos brun ondé de noir, une raie pointue blanche sur chaque plume, la gorge brune et le sourcil blanchâtre. C'est un oiseau essentiellement voyageur, qui n'a pas, à proprement parler, de patrie, puisqu'il passe sa vie à voyager d'Afrique en Europe, et réciproquement. Cependant, c'est dans les contrées chaudes et tempérées de l'Europe qu'elle multiplie habituellement. Elle court plus qu'elle ne vole, et se décide difficilement à prendre son essor, mais elle vole rapidement et longtemps. Elle a, pour ses migrations régulières, le vol très élevé; son instinct l'avertit de ne se mettre en route que par un vent favorable, soit pour l'aller, soit pour le retour; elle connaît, sur la Méditerranée, les îles qui lui offrent des lieux de repos, et diminuent pour elle les difficultés et la fatigue du voyage. Contrairement à ce qui a été avancé à ce sujet, la c. est en général monogame; le mâle couve les œufs quand la femelle s'absente; celle-ci prend grand soin des petits, qui du reste s'élèvent très vite, et se dispersent dès qu'ils n'ont plus besoin de la mère. A l'âge de trois mois, les cailleteaux sont en état de se reproduire; les pontes sont de 12 à 16 œufs bariolés de brun sur un fond jaune, et le nid consiste en une petite cavité creusée dans le sol et garnie d'herbes et de feuilles sèches. La c. est un des gibiers les plus recherchés des gastronomes. La graisse dont elle se charge durant la belle saison en fait un mets fort délicat. La c. est granivore, mais elle mange aussi des vers et des insectes. Les époques des migrations de ces oiseaux ne sont pas absolument fixes; elles varient selon les saisons, du 1ᵉʳ au 15 avril pour l'arrivée des jeunes mâles dans le midi de l'Europe, et du 15 août au 1ᵉʳ septembre pour le départ des côtes de France. Le besoin de changer de pays est tellement inné chez cet oiseau, que les cailleteaux pris très jeunes et constamment élevés en cage manifestent à l'époque ci-dessus une inquiétude extraordinaire. Ils se heurtent la tête contre leurs barreaux avec tant de violence, qu'ils retombent étourdis; évidemment ce ne peut être par regret d'une liberté qu'ils n'ont pas connue. Ces oiseaux sont querelleurs; les anciens les dressaient pour les faire battre à la manière des coqs. La chasse de la c. se fait au moyen d'appeaux imitant le cri du mâle ou celui de la femelle; on y emploie aussi des appelants mâles aveuglés, tenus dans des

cages qu'on suspend dans les lieux fréquentés par les cailles. Dans la saison où elles restent le plus inactives, on en prend un grand nombre avec les espèces de filets appelés *Tirasse* et *Traîneau*. Deux hommes promènent le filet à la surface d'un champ et ramassent les cailles réveillées en sursaut. Sans sa grande fécondité, l'espèce serait depuis longtemps anéantie. On en détruit surtout des quantités prodigieuses dans les îles de la Méditerranée, où elles s'arrêtent dans leur migration d'Europe en Afrique, et *vice versa*. (L'évêque de l'île de Caprée était surnommé autrefois « l'évêque des cailles », parce qu'il percevait la dîme sur la vente des c. qui foisonnent dans cette î e et se faisait par là une rente de 40,000 francs.) Les habitants de ces îles les salent ou les conservent dans du vinaigre pour pouvoir en manger toute l'année. — Parmi les espèces exotiques, nous citerons la *C. nattée* (*Cot. textilis*) des Indes orientales (Fig. ci-dessus); la *C. à ventre perlé* (*Cot. striata*), d'Afrique; et la *C. australe* (*Cot. australis*), de l'Australie.

CAILLÉ. s. m. [Pr. les *ll* mouillées] (R. *cailler*). On désigne sous ce nom le lait coagulé naturellement ou artificiellement avec la caillette.

CAILLEBOT. s. m. [Pr. les *ll* mouillées]. T. Bot. Obier, espèce de Viorne.

CAILLEBOTE. s. f. [Pr. les *ll* mouillées] (Même origine que *caillebotis*). T. Mar. Morceau de bois pour remplir un vide.

CAILLEBOTIS. s. m. [Pr. les *ll* mouillées] (ital. *carabotino*, m. s.). T. Mar. Sorte de treillis ou grillage, formé de lattes de diverses grosseurs, dont on recouvre certaines parties d'un bâtiment, telles que les écoutilles.

CAILLEBOTTE. s. f. [Pr. les *ll* mouillées] (R. *cailler*). Petite masse de lait caillé.

CAILLEBOTTER. v. a. [Pr. les *ll* mouillées] (R. *cailler*). Faire prendre en caillots. *Le vinaigre caillebotte le lait.* == CAILLEBOTTÉ, ÉE. part. || S'emploie adj. *On obtient un précipité c.*

CAILLE-LAIT. s. m. [Pr. les *ll* mouillées]. T. Bot. Nom vulgaire donné au *Galium verum*, de la famille des *Rubiacées*. Voy. ce mot.

CAILLEMENT. s. m. [Pr. les *ll* mouillées]. État du lait ou d'un autre liquide qui se caille.

CAILLER. s. m. [Pr. les *ll* mouillées] (R. *caille*). Grand filet pour prendre les cailles. On dit aussi *ailler*.

CAILLER. v a. [Pr. les *ll* mouillées] (lat. *coagulare*, m. s.). Figer, coaguler, épaissir. *La présure caille le lait*. = SE CAILLER. v. pr. S'emploie dans le même sens. *Le lait se caille. Le sang se caille.* — Ellipt. *Cela fait c. le lait.* = CAILLÉ, ÉE. part. Lait. c. || Subst., *Du c., Du lait c.*

CAILLET, paysan de Mello (Oise), fut le chef de la *Jacquerie* en 1358. Il fut pris par Charles le Mauvais, qui le fit couronner d'un trépied de fer rougi au feu.

CAILLETAGE. s. m. [Pr. les *ll* mouillées]. Bavardage de caillettes. *Ces cailletages sont insipides*. Fam.

CAILLETEAU. s. m. [Pr. les *ll* mouillées] (Dimin. de *caille*). Jeune caille.

CAILLETER. v. n. [Pr. les *ll* mouillées]. Faire la caillotte, bavarder.

CAILLETTE. s. f. [Pr. les *ll* mouillées] (R. *cailler*). T. Anat. Quatrième estomac des animaux ruminants. Voy. ESTOMAC et RUMINANTS.

CAILLETTE. s. f. (Dimin. de *caille*). Femme qui passe une partie de son temps à babiller sur des choses frivoles. *Elle ne fréquente que les caillettes de son quartier.* — On dit aussi d'un homme : *C'est une vraie c.* Fam.

CAILLEU-TASSART. s. m. [Pr. les *ll* mouillées]. T. Icht. Sous-genre de poissons voisin des harengs. Voy. CLUPES.

CAILLIAUD (FRÉDÉRIC), voyageur français, explora la région du haut Nil (1787-1869).

CAILLIÉ (RENÉ), voyageur français, traversa l'Afrique, de Saint-Louis à Tanger, en passant par Tombouctou (1799-1838).

CAILLON. s. m. [Pr. les *ll* mouillées]. Chose caillée servant à la fabrication des fromages, débris provenant de l'abatage des animaux.

CAILLOT. s. m. [Pr. les *ll* mouillées] (R. *cailler*). Grumeau de sang, petite masse de sang caillé. *Cracher des caillots.*

CAILLOT-ROSAT. s. m. [Pr. les *ll* mouillées] (R. *caillou* et *rose*). T. Hortic. Poire pierreuse ayant un goût de rose. Voy. POIRIER.

CAILLOU. s. m. [Pr. les *ll* mouillées] (lat. *calculus*, petite pierre?). Pierre très dure, qui varie par la couleur, et qui donne des étincelles lorsqu'on la frappe avec de l'acier. *Chemin plein de cailloux. Dur comme un c.*

Géol. — Le mot *Caillou* sert proprement à désigner tout fragment de roche dure, mais surtout de silex, dont a été usé et arrondi par l'action des eaux courantes. — Les cailloux sont des débris de ces eaux ont arrachés aux montagnes et transportés plus ou moins loin, selon les pentes et la force des courants. Leurs angles ont disparu par le frottement violent qu'ils ont éprouvé soit entre eux, soit contre le sol. Leur volume est très variable. On trouve d'immenses dépôts de ces *cailloux roulés* dans les lacs et les rivières qui reçoivent des torrents, ainsi que dans les parties inférieures des vallées des grands fleuves. Les *graviers* et les *sables* ne sont eux-mêmes, mais en diminuant, que des cailloux roulés. Lorsque les cailloux sont réunis par un ciment quelconque, on leur donne le nom de *Poudingues*. — Les *Galets*, si abondants sur certaines côtes, sont également des cailloux roulés. Ils proviennent de fragments arrachés par la mer aux rochers sous-marins, soit aux roches qui la bordent. Les flots, en agitant continuellement ces fragments les uns contre les autres, ont fini par effacer leurs angles et par polir leur surface.

Le nom de c. s'applique encore à certains fragments de roche susceptibles d'un beau poli, et qu'on emploie dans la bijouterie. Ainsi on donne le nom de *C. ou Diamant d'Alen-*

çon, de *C. de Bristol*, de *Cayenne*, de *Médoc* et du *Rhin*, à des morceaux de *cristal de roche* (Voy. QUARTZ); celui de *C. d'Égypte* à une espèce de *Calcédoine zonaire* ou *rubanée*, et celui de *C. de Rennes* à une sorte de poudingue siliceux, à très petits cailloux rougeâtres et jaunâtres, réunis par une pâte de couleur rouge, dont on fait de petits vases et des socles fort élégants. Les cailloux du Rhin, taillés à la façon du diamant, s'en rapprochent parfois par leur éclat.

CAILLOUASSE. s. f. [Pr. les *ll* mouillées] (R. *caillou*, et suffixe péjoratif *asse*). Variété de pierre meulière blanche en forme de moellon.

CAILLOUTAGE. s. m. [Pr. les *ll* mouillées]. Ouvrage fait avec des cailloux. *Grotte de c. Chemin de c.*

CAILLOUTÉE. s. f. [Pr. les *ll* mouillées] (R. *caillou*). Faïence fine. || Enjolivement fait avec des cailloux de différentes couleurs dans les jardins.

CAILLOUTEUX, EUSE. adj. [Pr. les *ll* mouillées]. Plein de cailloux, semé de cailloux. *Des terres caillouteuses.*

CAILLOUTIS. s. m. [Pr. les *ll* mouillées]. T. Ponts et Chaussées. Collect., Cailloux qui couvrent ou sont destinés à couvrir un chemin, une route. *Un chemin réparé en c.*

CAÏMACAN. s. m. (arabe, *kaïm makam*, qui tient la place d'un autre). Lieutenant du grand vizir.

CAÏMACANAT. s. m. Territoire régi par un caïmacan.

CAÏMACANIE. s. f. Fonction de caïmacan.

CAÏMAN. s. m. (caraïbe, *acayouman*, m. s.). T. Erpét. Crocodilien qui ne se rencontre qu'en Amérique. Voy. ALLIGATOR.

CAIMAN (ILES), îles des Antilles au sud de Cuba, 25,000 hab. — Aux Anglais.

CAÏN, fils aîné d'Adam, tua son frère Abel, d'après la Bible.

CAÏNITE. s. m. (R. *Caïn*). Nom de gnostiques qui honoraient Caïn et Judas et qui avaient un évangile sous le nom de ce dernier personnage.

CAINOTHÉRIUM. s. m. (gr. *xaıvos*, récent; *θηρίον*, animal). T. Paléont. Fossile des terrains tertiaires, petit mammifère de la taille d'un lapin.

CAÏPHE, grand prêtre juif, un des auteurs de la mort de J.-C.

CAÏQUE. s. m. (mot turc, *kaïk*). Petite embarcation, en usage dans l'Archipel et à Constantinople, longue de 6 à 7 mètres, et propre à marcher dans les deux sens. || Sorte de chaloupe qui servait autrefois avec les galères dans la Méditerranée.

CAIRE. s. m. Écorce du fruit du cacaotier dont on fait des cordes et des écorces.

CAIRE (LE), cap. de l'Égypte, sur la rive droite du Nil, 375,000 hab. Ville très ancienne. Au temps d'Alexandre le Grand et de la fondation d'Alexandrie, le Caire s'appelait *Bablium*, ou Babylone d'Égypte. L'an 18 ou 19 de l'Hégire, les Arabes s'en emparèrent. Ils reconstruisirent non loin de l'emplacement ancien et la dédièrent à Mars, surnommé en Arabe *Kahir*, puissant, victorieux. D'où son nom moderne. Le Caire est aujourd'hui une ville arabe moderne, remarquable surtout par ses mosquées.

CAIRN. s. m. (mot celtique). Monticule de terre et de pierre élevé par les Celtes en Bretagne, en Écosse, en Irlande.

CAIRON. s. m. Pierre servant à former les bords de la chaudière des savonniers. || Pierre molle servant à bâtir.

CAISSE. s. f. (lat. *capsa*, cassette, coffre). Espèce de coffre, généralement de bois, dans lequel on met différentes sortes de marchandises, soit pour les conserver, soit pour les transporter. *Une c. de marchandises. Une c. d'oranges,*

Ces étoffes m'ont été envoyées dans une c. || Une sorte de coffre-fort dans lequel les banquiers, les négociants enferment leur argent, leurs effets de commerce, etc. *Il a cent mille francs en c. Tirer l'argent d'une c.* On dit dans le même sens, *Les caisses de l'État. La c. d'un receveur,* etc. || Par ext., le bureau où les banquiers, les négociants font leurs recettes et leurs payements. *Passez à la c. La c. est ouverte, est fermée à telle heure.* || L'argent, toutes les valeurs qu'un banquier, un négociant, une administration peut avoir à sa disposition. *Faire l'état d'une c. Sa c. est d'un million.* — *Livre de c.,* Registre d'une c. — *Tenir la c.,* Avoir le maniement de l'argent d'un banquier, d'un négociant, d'une administration. *C. militaire,* L'argent, les fonds destinés aux dépenses d'une armée, d'un corps militaire. On dit aussi de même, *La c. d'un régiment, d'une compagnie.* — *C. des pensions,* Les fonds affectés par une administration au payement des pensions. || Se dit de certains établissements où l'on dépose des fonds pour des destinations spéciales. *C. d'amortissement,* V. DETTE PUBLIQUE. *C. des dépôts et consignations,* V. DÉPÔT. *C. d'épargne,* V. ÉPARGNE. *C. hypothécaire,* V. FONCIER (Crédit). *C. des Invalides,* V. INVALIDES. *C. de retraite,* V. ASSURANCE, RETRAITE. *C. des écoles.* Voy. ÉCOLE. || T. Anat. *C. du tambour,* Voy. OREILLE. || T. Carross. *La c. d'une voiture,* Le corps d'une voiture. || T. Chir. *C. à amputation, C. de trépan. C. à médicaments,* Boîtes où sont renfermés les instruments propres à faire les opérations de l'amputation ou du trépan, où sont contenus des médicaments. || T. Cuis. Papier plié en carré avec rebords, dans lequel on fait cuire certains mets délicats, certaines pâtisseries. || T. Fact. *La c. d'un piano,* Le coffre ou l'espèce d'armoire qui renferme les cordes et le mécanisme de cet instrument. || T. Hortic. Sorte de coffre ouvert, de forme ordinairement carrée, et rempli de terre qui sert à recevoir les plantes d'orangerie, etc. || T. Mar. *C. à eau, C.* en fer battu et de forme cubique qui sert à conserver l'eau douce. *Autrefois de simples barriques de bois servaient de caisses à eau.* || T. Mus. *C. d'un tambour,* Le cylindre d'un tambour. — On dit absol., *Battre la c., Bander la c.,* etc., pour battre le tambour, etc. — *Grosse c., Caisse roulante,* V. TAMBOUR. || T. Min. *C. de criblage,* Appareil servant à cribler le minerai. || T. Tech. Boîte qui renferme le mouvement d'un ouvrage d'horlogerie. || T. Phys. *C. catoptrique,* Instrument d'optique servant à grossir de petits corps très rapprochés.

CAISSERIE. s. f. (R. *caisse*). Industrie et fabrication des caisses.

CAISSETIN. s. m. (Dimin. de *caisse*). Petite caisse où l'ouvrier range les dorures et les soies qu'il emploie.

CAISSETTE. s. f. (Dimin. de *caisse*). Petite caisse.

CAISSIER, IÈRE. Celui ou celle qui tient la caisse dans une administration, chez un banquier, chez un négociant.

CAISSON. s. m. (Augm. de *caisse*). T. Art. milit. Grande caisse placée sur un train et servant à transporter les blessés, des vivres, des munitions. || *C. d'artifice,* Sorte de mine volante. Voy. CANON. || T. Archit. Compartiments symétriques, un peu renfoncés et ornés de moulures, qui divisent un plafond ou une voûte.

CAÏUS, prénom romain. Nom d'un grand nombre de personnages, entre autres : l'empereur *Caïus Caligula* (Voy. CALIGULA), un fils adoptif d'Auguste mort à 23 ans ; un théologien du IIIe siècle, et le jurisconsulte plus communément appelé Gaïus. Voy. GAÏUS.

CAJARC, ch.-l. de c. (Lot), arr. de Figeac, 1,900 hab.

CAJEPUT. s. m. T. Bot., Chim. et Pharm. Huile essentielle que l'on extrait des feuilles du *Melaleuca minor,* de la famille des *Myrtacées.* Voy. ce mot.

Chim. — L'Essence de *Cajeput* se prépare dans l'Inde en distillant avec de l'eau les feuilles et les bourgeons de cette Myrtacée. C'est une huile volatile colorée en vert, douée d'une forte odeur rappelant à la fois celles de la térébenthine, du camphre, de la menthe poivrée et de la rose ; elle contient ordinairement du cuivre qui paraît provenir des vases où se fait la distillation. Elle est en majeure partie constituée par du *Cajeputol* ou *bihydrate de Cajeputène.* Le cajeputol $C^{10}H^{16}, H^2O$ est un bornéol qui bout entre 176° et 179° et qui se mélange en toutes proportions avec l'alcool, l'éther et l'es-

sence de térébenthine. Soumis à l'action déshydratante du chlorure de zinc ou de l'acide phosphorique anhydre, il se transforme en un mélange d'hydrocarbures terpéniques appelés *cajeputènes,* qu'on peut séparer par distillation fractionnée Le *Cajeputène* $C^{10}H^{16}$ est un liquide incolore, d'une odeur agréable de jacinthe ; il bout entre 160° et 165° ; est insoluble dans l'eau et dans l'alcool, soluble dans l'éther et dans l'essence de térébenthine ; en se combinant avec l'acide chlorhydrique il ne donne pas de chlorhydrate solide. L'*Isocajeputène,* qui bout entre 176° et 178°, possède la même formule et les mêmes propriétés. Le *Paracajeputène* se présente en masse visqueuse, jaune, à fluorescence bleue, bouillant entre 310° et 316°, insoluble dans l'éther, soluble dans l'essence de térébenthine.

L'essence de c., employée en frictions, est analgésique; prise à l'intérieur, c'est un excitant et un stimulant énergiques. En Europe son usage est très restreint; mais les Chinois et les Malais font le plus grand cas de cette essence et la considèrent comme une véritable panacée; ils l'emploient en frictions contre les rhumatismes, la goutte et les douleurs de toute sorte; à l'intérieur, dans la paralysie, l'épilepsie, les fièvres graves, les maladies épidémiques, etc., à la dose de 4 ou 5 gouttes sur du sucre.

L'essence de *niaouli* est identique à celle du c.; elle est fournie par le *Melaleuca viridiflora,* qui croît en Australie et dans la Nouvelle-Calédonie.

CAJOLER. v. a. (Origine incertaine; on y a vu le radical de *joli* avec le préfixe péjoratif *ca*). Flatter, louer, entretenir une personne de choses qui lui plaisent et qui la touchent, avec l'intention d'en obtenir quelque chose. *Il cajole ce vieillard pour obtenir sa succession.* || Adresser à une femme, à une fille des flatteries et des propos aimables dans le but de la séduire. *Il cajole votre fille.* Fam. = CAJOLÉ, ÉE. part. — SYN. Voy. FLATTER.

CAJOLERIE. s. f. (R. *cajoler*). Louange où il y a quelque affectation, ou qui sent la flatterie. || Se dit du langage flatteur qui tend à séduire une femme ou une fille. *Cette jeune fille aime la c., les cajoleries.*

CAJOLEUR, EUSE. s. Celui, celle qui cajole, qui use de cajoleries. *C'est une vraie cajoleuse.*

CAJOT. s. m. T. Pêc. Cuve pour faire l'huile de foie de morue.

CAJUTE. s. f. T. Mar. Petite chambre d'un navire. || Chambre du capitaine.

CAKILIÉES. s. m. (mot arabe). T. Bot. Tribu de plantes de la famille des *Crucifères.* Voy. ce mot.

CAKYA-MOUNI, nom patronymique du *Bouddha.* Voy. ce mot.

CAL. s. m. (lat. *callus,* callosité). Durillon qui se forme aux pieds, aux mains, aux genoux. *Il m'est venu des cals aux mains à force de travailler.*

Chir. — On donne en chirurgie le nom de *Cal* à la cicatrice qui se fait entre les deux surfaces d'un os fracturé. — La question de la formation du cal a donné lieu à une foule de théories, d'expériences et surtout de discussions; cependant on ne peut pas dire qu'aujourd'hui même elle soit complètement résolue. Au temps d'Hippocrate, la moelle, que l'on appelait alors la *nourricière de l'os,* devait naturellement être regardée comme la substance qui produisait le cal. Galien émit l'idée que la consolidation des os fracturés s'opérait par une sorte d'agglutination au moyen d'un suc particulier qui depuis a été appelé lymphe plastique. Ces deux hypothèses, discutées et commentées de mille façons, régnèrent concurremment dans les écoles jusqu'à la fin du XVIIe siècle. À cette époque, Antoine de Heide, observant que dans toute fracture il y avait un épanchement de sang au niveau de la solution de continuité, annonça que le cal provenait de ce liquide solidifié. En 1741, Duhamel, comparant l'os à un arbre et le périoste à l'écorce, avança que le cal résulte de l'ossification de la membrane médullaire et du périoste. Selon lui, il se forme alors une virole tantôt simple, tantôt double, qui s'étend d'un fragment à l'autre, puis réunit et soude ceux-ci. La nouveauté de l'explication, le nom de Duhamel et surtout le fait réel de l'épaississement des membranes de l'os, donnèrent beaucoup de partisans à cette opinion. Néanmoins elle trouva de nombreux contradicteurs. Haller et son élève Detleef, revenant jusqu'à un certain point à l'opinion de Galien, démontrèrent que la lymphe plastique exsudée par les surfaces enflammées joue un rôle essentiel dans la formation du cal. D'après eux, cette lymphe offre d'abord un aspect gélatineux; plus tard, elle se transforme en cartilage, et passe enfin à l'état osseux. Bordenave, combattant aussi la théorie de Duhamel, dit que la cicatrisation des os, tout comme celle des parties molles, s'opérait au moyen de bourgeons charnus. Macdonald, attaquant à la fois et Haller et Duhamel, soutient que la substance prétendue cartilagineuse de Haller est une vraie substance osseuse, mais molle et flexible, qui se solidifie plus tard par le dépôt du phosphate calcaire. J. Hunter adopta l'opinion de Heide, et lui donna l'appui de nombreuses expériences, confirmées même de nos jours par celles de Howship. Michel Troja reproduisit l'opinion de Haller : on lui doit d'avoir observé avec exactitude la succession des phénomènes que présente la formation du cal. Dupuytren fit revivre en partie les idées de Duhamel; mais ce que ces recherches ont établi d'une manière irréfragable, c'est que le travail de la cicatrisation des os se partage en deux périodes : formation d'un *cal prov soire*, à laquelle succède la formation d'un *cal définitif*. Breschet et Villermé ont confirmé cette dernière observation, et décrit avec soin les phases successives du travail de régénération des os. Enfin, les expériences et les études de Miescher et surtout du Lyonnais Ollier ont fait connaître plusieurs détails intéressants relatifs surtout au rôle du périoste et des fragments osseux.

Il résulte des travaux accomplis jusqu'à ce jour que la guérison des fractures repose sur l'inflammation exsudative et sur la transformation de la matière exsudée en un cartilage qui, après avoir constitué pendant quelque temps un moyen d'union assez informe entre les fragments osseux, finit lui-même par se transformer peu à peu en os. Dès qu'une fracture a eu lieu, une inflammation très vive s'empare de toutes les parties molles voisines, périoste, tissu cellulaire et muscles, qui se gonflent, s'épaississent, contractent des adhérences ensemble, et forment ainsi une capsule solide autour de la fracture. A la face interne et enflammée de cette capsule, il suinte un liquide visqueux, qui a été appelé par les anciens auteurs *lymphe plastique, lymphe coagulable*, et qui n'est autre que la fibrine du sang à l'état de dissolution. Elle acquiert bientôt la consistance d'une gelée, devient plus ferme, et s'organise pendant que l'inflammation continue et que le périoste se tuméfie : on y voit se développer des vaisseaux. Une substance pareille exsude du tissu médullaire de l'os fracturé. Cette masse et celle qui est formée par la capsule se confondent ensemble. De là résulte la substance intermédiaire qui est située dans la capsule et qui enveloppe la fracture. Cette substance acquiert une texture fibreuse et remplit tous les interstices des muscles, tandis que les muscles, le tissu cellulaire et le périoste reviennent à leur état primitif. Les os sont également envahis par l'inflammation, mais plus tard que les parties molles, et d'abord à quelque distance des bords de la fracture, là où ils sont encore couverts du périoste, et même dans leur intérieur. Ils laissent ainsi exsuder une masse gélatineuse dans laquelle se forment des vaisseaux. Pendant que cette substance s'accroît, elle se métamorphose en cartilage et en os du côté où elle fait corps avec l'os. Extérieurement, elle s'avance jusqu'au delà des fragments, et les productions des deux os s'unissent ensemble. Telle est la formation du cal primitif ou provisoire. Cependant les surfaces des os contractent des adhérences avec la capsule formée par les parties molles et le cal primitif lui-même, et les bords de la fracture se soudent avec la substance intermédiaire. Alors se produit le cal proprement dit ou définitif, dont le développement a lieu aux dépens de la substance intermédiaire devenue ligamenteuse, et sur la surface inégale duquel le périoste se reproduit. La première apparition du cal primitif a lieu dans la partie de l'os où le périoste tient encore à ce dernier; c'est une matière d'abord semi-liquide, qui se forme entre le périoste et l'os, et dans laquelle des vaisseaux sont visibles dès le troisième jour.

Lorsque le cal définitif est parfait, l'os est plus solide dans le lieu où le cal existe que sur tout autre point de son étendue : cela tient à ce que la nouvelle formation est beaucoup moins spongieuse.

CALABAR (Côte de), partie de la Guinée méridionale (Afrique), entre le cap Formose et le Gabon.

CALABARISER. v. a. T. Toxicologie. Introduire dans le corps d'un être vivant de l'extrait de la semence du *Phytostigma venenosum*, ou fève du Calabar.

CALABRE, pays du S. O. de l'Italie divisé en trois provinces : 1° *Calabre intérieure*, ch.-l. Cosenza; 2° *Calabre ultérieure première*, ch.-l. Reggio; 3° *Calabre ultérieure deuxième*, ch.-l. Catanzaro. — Pop. 1,300,000 hab.— La Calabre produit des vins liquoreux. == Nom des hab. CALABRAIS, AISE.

Techn. *Vin de Calabre.* — On sait que la ville de Cette se livre avec une habileté extraordinaire à l'imitation de tous les vins liquoreux. Les grands crus de Sicile, d'Espagne, le porto, le madère qu'elle fabrique, partent tous d'un même tonneau rempli d'une mixture célèbre connue sous le nom de *vin de Calabre*. Voici sa composition : on fait bouillir du bon moût de raisin dans une chaudière, jusqu'à ce qu'il soit réduit aux trois quarts de son volume; on enlève les écumes avec soin, et quand il est froid, on y ajoute un huitième d'alcool; on met en tonneau que l'on bonde hermétiquement; on soutire au bout d'un mois.

Avec cette préparation, on tient en réserve, pour en user selon le cas, d'excellents *vins de Limoux imités*; de l'*esprit de goudron*, obtenu par la distillation de l'alcool sur le quart de son poids de goudron; des infusions alcooliques de *noix vertes*, de *coques d'amandes torréfiées*, de calament, d'iris de Florence, enfin du très bon caramel.

Les Cettois prétendent, peut-être avec raison, qu'ils ne font qu'user dans leurs officines des traditions suivies dans les divers pays de production, notamment à Madère, où la coque d'amande est en honneur; à Malaga, qui ne fait pas de vin sans brou de noix, etc. Ils ajoutent qu'ayant à leur disposition un fonds de vins meilleurs que partout ailleurs, leurs produits fabriqués doivent rivaliser avec les vins d'origine étrangères, qui ne sont pas faits, en tout cas, autrement que chez eux.

Sirop de Calabre. — Sirop à base de réglisse qui, étendu d'eau, constitue une boisson hygiénique et peu coûteuse. L'armée française en fait une grande consommation en été.

CALABRÈSE, célèbre peintre italien, originaire de la Calabre, de son vrai nom *Mattia Preti* (1613-1699).

GALADE. s. f. (ital. *calare*; lat. *chalare*, descendre; gr. χαλάω, je descends). T. Man. Terrain en pente par où l'on fait descendre plusieurs fois un cheval, au petit galop, pour le dresser et lui apprendre à plier les hanches et à former son arrêt. || Pavé, dans tout le midi de la France.

CALADIUM. s. m. (gr. καλάδιον, petite corbeille). T. Bot. Genre de plantes de la famille des *Aroïdées*. Voy. ce mot.

CALAGE. s. m. Action de caler.

CALAIS. s. m. Panier à l'usage des marchands de la huile.

CALAIS, v. de France, ch.-l. de c. (Pas-de-Calais), arr. de Boulogne, 56,900 hab. Port de mer à 272 kil. de Paris et à 30 kil. de l'Angleterre. Fabr. de tulles. — Soutint un siège célèbre contre le roi d'Angleterre Édouard III, sous le règne de Philippe de Valois, où s'illustra Eustache de Saint-Pierre (1347). Fut reprise aux Anglais par François de Guise, en 1558. == Nom des hab. CALAISIEN, ENNE.

CALAISON. s. f. (R. cale). T. Mar. Tirant d'eau d'un bâtiment, lequel varie suivant le poids de la cargaison. *Ce bâtiment a deux mètres de c.*

CALAÏTE. s. f. T. Minér. Variété de turquoise bleu clair ou céladon, trouvée en Perse.

CALALOU. s. m. Sorte de potage en usage dans les colonies des deux Indes, et qui a pour base la décoction du fruit de la Kétmie comestible et des herbes cuites, comme la Morelle noire, l'Amarante verte, etc., qu'on aromatise avec du girofle, du poivre long, etc.

CALAMAGROSTIDE. s. m. (gr. κάλαμος, roseau; ἄγρωστις, chiendent). T. Bot. Genre de plantes vivaces de la famille des *Graminées*, servant de nourriture aux bestiaux. Voy. GRAMINÉES.

CALAMATTA (Louis), graveur, né à Civita-Vecchia, en 1802, mort à Paris en 1869.

CALAMBAC ou **CALAMBOUR.** s. m. T. Bot. On donne quelquefois ce nom au vrai *bois d'Aloès*, fourni par l'Aleoxylon

Agallocham, de la famille des *Légumineuses*. Voy. ce mot.

CALAME. s. m. (gr. κάλαμος, m. s.). Roseau dont les anciens se servaient pour écrire.

CALAMENT. s. m. T. Bot. Genre de plantes odorantes, de la famille des *Labiées*. Voy. ce mot.

CALAMIFÈRE. adj. (lat. *calamus*, chaume; *fero*, je porte). T. Didact. Qui porte des chaumes.

CALAMIFORME. adj. (lat. *calamus*, chaume, et *forme*). T. Didact. En forme de chaume.

CALAMINAIRE. adj. 2 g. Qui a rapport à la *calamine*.

CALAMINE. s. f. (bas-lat. *calamina*, m. s.). T. Minér. Nom donné à un carbonate et à un hydrosilicate de zinc employés comme minerai. Voy. Zinc.

CALAMISTRER. v. a. (lat. *calamister*, fer à friser). Friser les cheveux et les mettre en boucles. Vx et fam. = CALAMISTRÉ, ÉE. part.

CALAMITE, s. f. (lat. *calamus*, roseau). T. Pharm. Nom donné à une certaine qualité de storax. || Nom donné anciennement à l'aiguille aimantée, parce que dans les premières boussoles, elle était portée sur un brin de paille ou de roseau flottant à la surface d'un vase plein d'eau. || T. Paléont. Genre

de végétaux fossiles très fréquents dans les terrains anciens, depuis le culm jusqu'au permien, que l'on considère aujourd'hui comme des *Equisétacées éteintes*.

Elles offraient l'aspect de roseaux gigantesques, comme le montre le groupe de calamites reconstitué que nous reproduisons ici. Ces roseaux de l'époque primaire mesuraient sept et huit mètres de hauteur.

CALAMITÉ. s. f. (lat. *calamitas*, dérivé du gr. κάλαμος, tuyau de paille). Il sign. donc littér. la destruction des moissons par la grêle, ou par quelque autre cause. — Par ext. Tout malheur qui afflige une grande étendue de pays, un grand nombre de personnes. *C. publique*, *générale*. *Nous vivons dans un temps de calamités. Ce pays est en proie à toutes les calamités.* || Se dit aussi d'un malheur irréparable, d'une infortune extrême qui frappe un individu, une famille. *La perte de cet jeune homme est une c. pour sa famille.*

Syn. — *Malheur, Infortune, Désastre, Catastrophe.*

CALAMITEUX, EUSE. adj. Qui abonde en calamités. Ne se dit que des choses. *Saison calamiteuse. Époque calamiteuse.*

CALAMODENDRON. s. m. (gr. κάλαμος, roseau; δένδρον, arbre). Grands végétaux fossiles voisins des Calamites.

CALAMUS. s. m. (lat. *calamus*; gr. κάλαμος, roseau). T. Bot. Genre de plantes de la famille des *Palmiers*. Voy. ce mot. || Tige de roseau dont les Romains se servaient pour écrire. || T. Anat. Petit canal du cerveau qui a la forme d'une plume.

CALANDRAGE. s. m. Action de calandrer.

CALANDRE. s. f. (ital. *calandra*, m. s., peut-être du lat. *caliendrum*, bonnet, lequel vient du gr. κάλλυντρον, ornement, à cause de la huppe que porte cet oiseau). T. Ornith. Nom vulgaire de plusieurs espèces d'alouettes. Voy. Alouette. || T. Ent. Genre de coléoptères nuisibles aux grains et aux arbres. Voy. Curculionides.

CALANDRE. s. f. (lat. *cylindrus*; gr. κύλινδρος, cylindre). T. Techn. Machine formée de deux cylindres généralement en acier, polis ou gravés suivant les cas, qui sont chauffés soit par la vapeur, soit par un courant d'eau chaude, et contre lesquels on fait passer les étoffes pour les presser, les lustrer, les moirer, au moyen d'un apprêt nommé *parement*. *Faire passer les étoffes à la c.*

CALANDRELLE. s. f. (Dimin. de *calandre*). T. Ornith. Espèce d'alouette.

CALANDRELLI (Joseph), astronome italien (1749-1827).

CALANDRER. v. a. Faire passer par la calandre, satiner, glacer, lustrer. *C. une nappe.* = CALANDRÉ, ÉE. part.

CALANDREUR. s. m. Ouvrier qui calandre.

CALANDRINIE. s. f. (R. *Calandrini*, nom d'un botaniste italien). T. Bot. Genre de plantes d'un grand nombre d'espèces et croissant pour la plupart en Amérique, de la famille des *Portulacées*. Voy. ce mot.

CALANQUE. s. f. (R. *caler*). T. Mar. Petit coin pour assujettir un objet.

CALAO. s. m. T. Ornith. Les *Calaos* (*Buceros*) sont de grands oiseaux qui appartiennent à l'ordre des *Passereaux*, division des *Syndactyles* ou *Lévirostres*. Ils sont surtout remarquables par le volume énorme et la forme souvent bizarre de leur bec; néanmoins, comme cet organe est en grande partie celluleux, il est léger malgré ses dimensions, de sorte qu'il ne met point d'obstacle à l'équilibre de l'animal. Leurs tarses sont gros et épais; leur plumage, rare et très peu fourni, est souvent duveteux et comme poilu sur la tête, le cou et le tronc; il est en général noir ou gris relevé de blanc. Les calaos sont des oiseaux d'un naturel taciturne, qui vivent en troupes nombreuses dans les forêts des contrées chaudes de l'ancien continent et de la Nouvelle-Hollande. Leur cri habituel est un mugissement sourd; ils produisent aussi, en faisant claquer leur bec, un bruit très singulier et qui s'entend fort loin. Leur vol est pesant et de peu de durée; ils marchent difficilement, et quand ils sont à terre, ils sautent comme les corbeaux. Ces oiseaux sont omnivores : ils mangent des fruits, des graines, des insectes; ils se repaissent également de chair putréfiée et de chair crue. Ils font surtout la chasse aux rats et aux souris, qu'ils gardent pendant quelque temps dans leur bec pour les ramollir ; puis ils les jettent en l'air et les engloutissent dans leur large gosier. Les calaos ont une habitude bizarre : la femelle pond dans le creux d'un tronc d'arbre et le mâle, apportant des matériaux, mure le trou, ne ménageant qu'une ouverture qui permettra à la femelle de sortir son bec. C'est le mâle qui lui apportera à manger pendant toute la durée de l'incubation, et quand les jeunes seront sortis de l'œuf. Le C. *Rhinocéros* vit aux Indes, dans un état de demi-domesticité ; il va et vient dans les maisons où il détruit les petits rongeurs. — Les espèces les plus cu-

rieuses du genre *Calao* ou de la famille des *Bucérinées*, comme disent plusieurs ornithologistes, sont : le C. *Rhino-céros* (Fig. ci-dessus), des Indes-Orientales ; le C. *caronculé* (*Buceros abyssinicus*), dont le bec porte un casque à canne-lures arrondies en dessus, ouvertes par devant, où le bord des cannelures forme un trèfle régulier ; le C. *à casque rond* (*Buc. galeatus*), qui habite les îles de Java et de Sumatra, et qui a le bec surmonté d'une protubérance arrondie, dont la face an-térieure est large et presque carrée ; et le C. *des Moluques* (*Buc. hydrocorax*), qui vit principalement de noix muscades, et dont la chair possède un fumet délicat.

CALAPITE. s. f. Nom de concrétions qui se forment dans les noix de coco.

CALAPPE. s. m. T. Zool. Crustacé décapode brachioure de la tribu des *Oxystomes*. Voy. BRACHYOURES.

CALAS (JEAN), négociant de Toulouse, né en 1698, accusé par des calomniateurs d'avoir assassiné son fils trouvé pendu chez lui, condamné au supplice de la roue et exécuté (1762). Grâce à Voltaire, sa mémoire fut réhabilitée en 1765.

CALATHE. s. m. (gr. κάλαθος, corbeille). T. Entom. Genre de coléoptères pentamères. Voy. CARABIQUES.

CALATHÉE. s. f. (gr. κάλαθος, corbeille). T. Bot. Genre de plantes de la famille des *Scitaminées*, qui croissent dans les régions tropicales de l'Amérique. Voy. SCITAMINÉES.

CALATHIDE. s. f. (gr. κάλαθος, corbeille). T. Bot. Nom donné par certains botanistes à l'inflorescence des *Composées*. Voy. INFLORESCENCE.

CALATRAVA, ville ruinée d'Espagne dans la province de Ciudad-Real, lors de l'invasion des Maures (1148). == *Ordre de C.*, Ordre de chevalerie espagnol, fondé en 1158, en sou-venir de la défense de l'Espagne contre les invasions des Maures.

CALAURIE, île de la Grèce, à l'entrée du golfe Saronique, célèbre par son temple de Neptune, où Démosthène s'empoi-sonna.

CALCAIRE. adj. 2 g. et s. m. (lat. *calx, calcis,* chaux).

T. Géol. et Minér. On nomme c. toute roche qui est essentiel-lement composée de carbonate de chaux. Le c. se présente dans la nature sous des formes et avec des propriétés physi-ques très diverses ; mais toute roche de cette nature a pour caractère essentiel de laisser dégager son acide carbonique avec effervescence, lorsqu'on la traite par l'acide nitrique. L'étude des calcaires est de la plus haute importance, soit qu'on les considère sous le rapport minéralogique et géolo-gique, soit qu'on les envisage au point de vue industriel. En effet, la pierre à chaux, la pierre à bâtir, le marbre, l'albâtre, la craie, la pierre lithographique, la marne, sont des calcaires. Voy. CHAUX, GÉOLOGIE, ROCHE, TERRAIN.

CALCANÉEN, ENNE. adj. Qui se rapporte au calcanéum.

CALCANÉUM. s. m. [Pr. *calcanéome*] (mot lat.). T. Anat. L'os du talon. C'est cet os qui soutient le poids du corps dans la station et dans la marche.

CALCAREUX, EUSE. adj. T. Minér. Qui contient de la chaux.

CALCARIFÈRE. adj. (lat. *calcar,* éperon ; *fero,* je porte). T. Hist. nat. Qui porte un éperon.

CALCARIFORME. adj. 2 g. (lat. *calcar,* éperon, et *forme*). T. Bot. Se dit de toute partie qui se prolonge en forme d'é-peron.

CALCARINIDES. s. f. pl. (lat. *calcar,* éperon). T. Zool. et Paléont. Famille de foraminifères, du groupe des perforés calcaires, dont la coquille de structure compliquée est com-posée de nombreuses loges ; l'intersquelette est très développé. Voy. FORAMINIFÈRES. Le genre *Calcarina* est vivant et fossile depuis le crétacé, ainsi que le genre *Tinoporus*. Le genre *Cycloclypeus* est tertiaire et vivant. Le genre *Orbitoides* est fossile seulement, et ne se rencontre que dans le crétacé et le miocène.

CALCARONE. s. m. (ital. *calcara,* four à chaux). Four à ciel ouvert usité en Sicile pour fondre le soufre natif, en utili-sant la chaleur de combustion d'une partie de la masse.

CALCÉARIUM. s. m. (lat. *calceus,* soulier). T. Antiq. Paye que recevaient les troupes romaines pour subvenir à l'en-tretien de leurs chaussures.

CALCÉDOINE. s. f. (gr. χαλχηδὼν ou Καλχηδὼν, ville de Bithynie, près de laquelle on trouvait cette pierre). T. Minér. Variété d'agate caractérisée par une nébulosité laiteuse et co-lorée de toutes couleurs. Voy. AGATE.

CALCÉDONIEUX, EUSE. adj. Se dit des pierres précieuses qui ont quelque tache blanche.

CALCÉDONIX. s. f. (R. *calcédoine* et *onyx*). T. Minér. Variété de calcédoine.

CALCÉIFORME. adj. (lat. *calceus,* soulier, et *forme*). T. Hist. nat. Qui a la forme d'une pantoufle.

CALCÉOLAIRE. s. f. (lat. *calceolus,* chausson). T. Bot. Genre de plantes de la famille des *Scrofulariacées*. Voy. ce mot.

CALCET. s. m. (Vx fr. *causse, cosset,* m. s.). T. Mar. Pièce de bois placée au haut d'un mât de galère et dans la tête de laquelle sont placées les poulies.

CALCHAS. [Pr. *kal-kass*]. Devin célèbre dans les légendes grecques relatives au siège de Troie. C'est lui qui ordonna le sacrifice d'Iphigénie pour faire cesser les vents contraires, et qui conseilla la construction du cheval de bois à l'intérieur duquel les Grecs pénétrèrent dans la ville assiégée.

CALCHUS, roi des Dauniens aux temps héroïques, épris de Circé qu'il serait allé poursuivre dans son île.

CALCICOLE. adj. 2 g. (lat. *calx, calcis,* chaux ; *colo,* j'ha-bite). Qui croît dans les terrains calcaires.

CALCIFÈRE. adj. 2 g. (lat. *calx, fero,* je porte). Qui con-tient de la chaux.

CALCIFICATION. s. f. (R. *calcifié*). T. Path. Passage d'un tissu mou à la consistance de la chaux par des dépôts de sels de chaux.

CALCIFUGE. adj. (lat. *calx*, chaux; *fugio*, je fuis). Qui fuit les terrains calcaires.

CALCILITHE. s. f. (lat. *calx*, *calcis*, chaux; gr. λίθος, pierre). T. Minér. Pierre de chaux compacte.

CALCIMÈTRE. s. m. (lat. *calx*, *calcis*, chaux; gr. μέτρον, mesure). T. Chim. Appareil permettant de déterminer rapidement et exactement la quantité d'acide carbonique ou d'un carbonate quelconque dans les diverses matières industrielles; il sert particulièrement au dosage de la chaux dans le noir animal employé en sucrerie et en raffinerie de sucre.

CALCIN. s. m. (lat. *calx*, *calcis*, chaux). Verre qui provient des rognures de glace. || Croûte qui se forme à la surface de certaines pierres de taille exposées à l'air.

CALCINABLE. adj. Qui peut être calciné.

CALCINATION. s. f. (lat. *calx*, chaux). T. Chim. Le terme de *Calcination* désigne proprement la transformation du carbonate calcaire en chaux vive, au moyen de l'application d'une forte chaleur qui dégage l'acide carbonique du carbonate. Mais, par ext., il se dit du traitement par le feu d'une substance solide quelconque. La c. se fait le plus souvent à l'air libre, et, dans certains cas, en vase clos.

CALCINE. s. f. (lat. *calx*, *calcis*, chaux). Oxyde métallique en poudre dont on se sert pour faire les émaux.

CALCINER. v. a. (lat. *calx*, *calcis*, chaux). Soumettre une matière solide quelconque à l'action du feu. *C. du plomb. C. du nitrate de potasse.* || Dans le langage ordinaire, il se dit de tout ce qui éprouve une violente action du feu. *Ce mur a été calciné par les flammes, les rocs sont c. par le soleil.* = SE CALCINER. v. pron. *Cette pierre s'est calcinée dans le feu.* = CALCINÉ, ÉE. part.

CALCISPONGIAIRES. s. m. pl. (lat. *calx*, *calcis*, chaux; *spongia*, éponge). T. Zool. et Paléont. C'est ainsi qu'on désigne les Éponges (Voy. ce mot) à squelette calcaire, formé de spicules régulières à 1, 3, 4 axes. Leur forme extérieure est très variée. On a divisé ce groupe en 4 familles : les *Ascones*, les *Leucones*, les *Pharetrones* et les *Sycones*. Les 2 premières familles sont inconnues à l'état fossile. Les *Pharetrones* apparaissent dans le dévonien, mais sont surtout abondantes dans le trias, le jurassique et le crétacé.

CALCITE. s. f. T. Minér. Nom donné d'abord au calcaire cristallisé en rhomboèdres, puis à une variété de gaylussite.

CALCITRAPA. s. f. (lat. *calcitrapa*, chausse-trape). T. Bot. Nom spécifique de la *Centaurée chausse-trape*, de la famille des *Composées*.

CALCIUM. s. m. [Pr. *calci-ome*] (lat. *calx*, *calcis*, chaux). T. Chim. Le *Calcium* est très répandu dans la nature à l'état de carbonate ou de sulfate. Il a été isolé pour la première fois par Davy, en 1807. C'est un métal jaune pâle, très malléable, qui ne fond qu'à une température élevée. Sa densité est 1,6; sa dureté est intermédiaire entre celle du zinc et celle de l'étain. Ses surfaces fraîches sont brillantes, mais il se ternit promptement à l'air, en absorbant l'oxygène et se transformant en chaux. Chauffé à l'air, au rouge, il brûle avec un vif éclat. Il décompose l'eau, à la température ordinaire, en dégageant de l'hydrogène, et en donnant de la chaux hydratée. Il se dissout dans les acides étendus; l'acide azotique concentré ne le dissout qu'à chaud. Le c. est un élément bivalent dont le symbole est Ca et le poids atomique 40.

On connaît deux combinaisons du c. avec l'oxygène : un *protoxyde* CaO qui est la chaux, et un *bioxyde* CaO², qu'on obtient en versant de l'eau oxygénée dans de l'eau de chaux; ce bioxyde, chauffé au rouge sombre, perd de l'oxygène et se change en protoxyde.

Le *chlorure de c.* CaCl² est blanc, inodore, doué d'une saveur amère, et très soluble dans l'eau, pour laquelle il a une grande affinité. C'est un des plus déliquescents qu'on connaisse : aussi l'emploie-t-on souvent dans les laboratoires pour dessécher les gaz ou pour enlever à certains liquides l'eau qu'ils peuvent contenir. Le chlorure anhydre, mis en contact avec l'eau, en absorbe d'abord 6 molécules avec lesquelles il forme un hydrate susceptible de cristalliser en prismes à six pans, terminés par des pyramides à autant de faces. Cette absorption est accompagnée d'un dégagement considérable de chaleur; mais bientôt le chlorure de c. hydraté se dissout et la température s'abaisse alors sensiblement : cette faculté que possède le chlorure de c. hydraté d'abaisser la température en se dissolvant, le fait employer dans la composition de certains *mélanges réfrigérants*. Les cristaux de chlorure de calcium, quand on les fait chauffer, fondent d'abord dans leur eau de cristallisation, puis ils se dessèchent; enfin, si on les chauffe au rouge vif, ils éprouvent la fusion ignée. Le chlorure de c. absorbe le gaz ammoniac et se combine avec lui; aussi ne peut-il servir à dessécher ce gaz. — Lorsqu'on expose pendant quelque temps à la lumière du chlorure de c. fondu, et qu'on le reporte ensuite dans l'obscurité, il paraît lumineux. Cette propriété, observée par Homberg, lui a fait donner autrefois le nom de *Phosphore de Homberg*. — Le chlorure de c. existe en dissolution dans les eaux de la mer et dans celles de quelques rivières, fontaines et puits ; on en trouve aussi des quantités notables dans les matériaux salpêtrés. Artificiellement, on l'obtient avec facilité, en traitant la chaux ou le carbonate de chaux par l'acide chlorhydrique, ou en faisant passer un courant de chlore sur des fragments de chaux chauffés au rouge dans un tube de porcelaine. La fabrication de l'ammoniaque, celle de la soude à l'ammoniaque et celle du chlorure de potassium donnent naissance à de grandes quantités de chlorure de c.

Fluorure de c. CaFl². — Ce composé se trouve très abondamment dans la nature, soit en masses compactes, soit sous forme de cristaux cubiques. Il est incolore quand il est pur. Le fluorure de c. est très dur; sa densité est 3,1. Il est à peu près insoluble dans l'eau, ce qui permet de l'obtenir artificiellement en précipitant un fluorure soluble par un sel de c.; mais alors il n'est jamais pur. Ce produit est indécomposable par la chaleur; mais il fond à une température élevée. Lorsqu'on le chauffe dans l'obscurité, il devient fluorescent; certaines variétés ont alors une lueur verte, et d'autres une lueur violette. Dans les laboratoires de chimie, le fluorure de c. sert à préparer l'acide fluorhydrique, l'acide fluosilicique et les fluorures de silicium et de bore. En métallurgie on l'emploie souvent comme fondant, surtout dans le traitement des minerais de cuivre.

Les *Sulfures de c.* sont assez nombreux. Le Protosulfure CaS, appelé jadis *Phosphore de Canton*, est blanc, amorphe, alcalin, très peu soluble dans l'eau : on le prépare en calcinant du sulfate de chaux avec du charbon. Le *Bisulfure* CaS², s'obtient en cristaux orangés contenant 3 molécules d'eau, lorsqu'on fait bouillir un mélange de lait de chaux et de soufre en excès. Le *Pentasulfure* CaS⁵ se produit lorsqu'on prolonge l'ébullition du mélange précédent. Il absorbe avidement l'oxygène, et peut, en s'unissant à la chaux, donner naissance à un oxysulfure de c.

Pour la chaux et les autres combinaisons du c. voy. CHAUX.

CALCOSPHÉRITE. s. f. (lat. *calx*, chaux et *sphère*). T. Hist. nat. Cristallisation sphéroïdale à base calcaire qui se trouve dans un grand nombre de parties animales, comme dans la coquille de l'œuf.

CALCUL. s. m. (lat. *calculus*, petit caillou). Supputation, compte. *C. exact, faux. Faire un c. Mon c. me donne tant. Sauf erreur de c. Se tromper dans un c. — L'erreur de c. ne se couvre pas.* On peut toujours revenir contre une erreur de c. — *De c. fait*, Tout bien compté. *De c. fait, il faudra vingt mille francs.* || Fig., se dit des moyens que l'on combine pour le succès d'une affaire, d'une entreprise. *Les calculs de l'intérêt, de l'ambition. Faire un faux c., de faux calculs. Cela n'entre pas dans mes calculs. Déjouer les calculs de quelqu'un. — Cet homme est tout c.,* Il ne fait et ne dit rien sans en avoir considéré l'utilité pour lui-même. || T. Méd. Concrétion pierreuse qui se forme dans différentes parties du corps. — La maladie qui résulte de la présence d'un c. dans les reins ou dans la vessie. *Il a le c.* Peu us.; on dit Pierre.

Étym. — *Calcul* vient du mot latin *calculus* signifiant *caillou*, parce qu'on comptait jadis avec des cailloux. Au XII° siècle, l'indien Bhâscara a fait un livre, le *Bijaganitam*, sur le comptage à l'aide des graines.

Au XVI° siècle, nous nous servions de jetons : « Enseigne l'arithmétique et calcul, tant au jet qu'à la plume. » Au début de la comédie de Molière, c'est à l'aide de jetons que le malade imaginaire additionne le compte de son apothicaire. Mᵐᵉ de Sévigné écrit à sa fille qu'elle vient de faire le compte de sa fortune « avec les jetons de l'abbé de Coulanges, qui sont si justes et si bons ».

Le mot c. a conservé son sens étymologique, lorsqu'il s'agit des petites pierres qui se forment dans la vessie.

Math. — Le mot *calcul* désigne la réalisation des opérations qu'exige la solution d'une question numérique, soit arithmétique, soit algébrique. Ce même terme s'applique encore à toutes les branches de la science des nombres qui emploient des méthodes particulières. C'est ainsi qu'on dit c. *intégral*, c. *des variations*, c. *des probabilités*, etc. Voy. les articles DIFFÉRENTIEL, INTÉGRAL, PROBABILITÉ, etc.

Plusieurs instruments et machines ont été inventés à différentes époques pour faciliter ou effectuer les calculs. Les *instruments* ne donnent pas les résultats, ils aident seulement à les obtenir; les *machines* donnent les résultats tout formulés, sans autre travail que celui de les lire.

Parmi les *instruments de c.*, le plus connu est l'appareil imaginé par le célèbre inventeur des logarithmes, Jean Napier ou Néper, qui en publia la description en 1617. Cet appareil, appelé du nom de son auteur *Bâtons de Néper*, a pour objet de faciliter les opérations arithmétiques. Il se compose d'une série de petites baguettes carrées, en os, en buis ou en ivoire, qui ont environ 8 centim. de longueur sur 8 millim. de largeur. La face antérieure de chaque baguette est partagée en 9 petits

Fig. A.

carrés, qui sont eux-mêmes divisés par une diagonale en 2 triangles. Sur ces carrés on a gravé les colonnes successives de la table ordinaire de multiplication, de telle manière que les unités ou les chiffres de droite se trouvent dans le triangle de droite, et les dizaines ou les chiffres de gauche dans le triangle de gauche, comme le représente la figure A. Supposons maintenant que l'on veuille multiplier le nombre 6795 par 4876. On prend les baguettes qui portent en tête les chiffres du multiplicande, on les met dans l'ordre voulu, et l'on place à leur gauche la baguette-index qui porte la série des 9 premiers nombres, comme dans le tableau B ci-contre. Cela fait, on procède ainsi. On considère d'abord la ligne horizontale qui commence par le chiffre 6, qui est le premier chiffre du multiplicateur. On opère de droite à gauche en additionnant les chiffres de chaque losange. Ainsi, on trouve d'abord 0; puis 3 et 4 = 7; ensuite 5 et 2 = 7; 4 et 6 == 10 (on écrit seulement le 0 en retenant 1); enfin, on a 3 qui, avec l'unité retenue, fait 4. Il se manifeste que cette suite de chiffres donne le produit du multiplicande par 6 : 40,777. On continue de la même façon pour tous les chiffres du multiplicateur, en ayant soin de reculer d'un rang chaque produit partiel, et il ne reste plus qu'à ajouter tous ces produits, ce qui donne le résultat indiqué par le tableau C. — Un perfectionnement aussi simple qu'ingénieux a été apporté à l'appareil de Néper par Hélic. Les baguettes détachées sont remplacées par des cylindres à 10 pans fixés dans un cadre de bois. Chaque pan du cylindre porte en tête l'un des caractères numériques, et plus bas les nombres qui y cor-

Fig. B.

respondent. Des boutons au-dessous du cadre servent à faire tourner les cylindres pour faire paraître la série de chiffres voulue.

Les tableaux dressés par Léon Lalanne, pour effectuer une multitude de calculs, et qui ont été publiés sous le titre d'*Abaque* ou *Compteur universel*, ont pour objet de remplacer le c. numérique par la simple lecture des divisions du tableau. Ces tableaux, dont le tableau D peut donner une idée, sont fondés sur la propriété fondamentale des logarithmes, les divisions successives étant proportionnelles aux logarithmes des nombres.

Fig. C.

« En suivant, dit l'auteur, la verticale | en ce sens \ sur laquelle est inscrit le nombre 40; on en conclut que 40 est le produit de 8 par 5. Mais l'abaque universel a des usages bien plus étendus. Ainsi, proposons-nous de multiplier 51 par 47, nous suivrons la verticale qui est à 1/10 de l'intervalle entre les verticales 5 et 6, jusqu'à la rencontre de l'horizontale qui est à 7/10 de l'intervalle compris entre les obliques 20 et 25; le produit cherché est donc approxima-

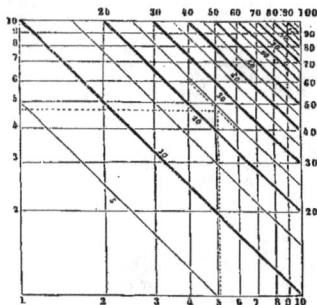

Fig. D.

tivement 24. Le c. exact donnerait 23,97. L'erreur de 3 unités sur 2397 ou de 1/799 est négligeable dans une foule de cas. — La division, étant l'inverse de la multiplication, s'opère avec la même facilité. L'élévation au carré et au cube, l'extraction des racines carrées et cubiques, les réductions de mesures françaises et étrangères les unes aux autres, n'exigent que de simples lectures, lorsque l'on a tracé sur l'abaque certaines lignes que l'on trouve sur différents modèles. L'avantage de l'instrument est même, dans certains cas, d'autant plus grand qu'on l'applique à une opération plus compliquée. Ainsi la racine cubique se trouve au moins de temps que le quotient d'une division. Les opérations géométriques pour lesquelles l'abaque peut être le plus utilement employé, sont les calculs relatifs au cercle, à la sphère et aux corps ronds. Il facilite beaucoup les évaluations des volumes et des superficies de ces figures, et généralement de toutes les figures de géométrie. » La théorie et l'emploi des abaques ont reçu dans ces dernières années de grands développements de la part de plusieurs géomètres, notamment de M. Maurice d'Ocagne. Aujourd'hui cette théorie constitue à elle seule une branche des mathématiques, qui a reçu le nom de *Nomographie.* Voy. ce mot.

La *Règle de Gunther*, appelée aussi *Règle à calculer* et *Règle glissante*, appartient à la même classe d'instruments. Nous en parlerons sous son vrai nom, *Règle LOGARITHMIQUE.*

La première *Machine à calculer*, c.-à-d. exécutant elle-même les calculs de telle manière qu'on n'ait qu'à lire les résultats, est due au génie de Pascal. Il l'inventa en 1642, à l'âge de 19 ans. Cette machine, qui effectuait tous les calculs, se composait de rouages trop nombreux. Leibnitz et quelques autres géomètres ont cherché à la simplifier. L'*Arith-*

maurel de Maurel et Jayet, et l'*Arithmomètre* de Thomas (de Colmar) sont d'une invention plus récente. La dernière de ces machines donne des produits de quatrillions en quelques secondes. L'arithmomètre perfectionné par M. Thomas de Bojano, fils de l'inventeur, est aujourd'hui très employé; les compagnies de finances et d'assurances en font un grand usage. C'est un appareil qui permet d'effectuer avec une grande rapidité et une rigueur absolue les additions, soustractions, multiplications, divisions et extractions de racines. Le rouage, encore trop compliqué pour que nous puissions le décrire ici, est cependant extrêmement simple, étant donnés les résultats qu'il permet d'obtenir et le maniement de la machine est d'une extrême simplicité. L'*Arithmographe Troncet*, qu'on a vu fonctionner à l'exposition universelle de 1889, est un appareil beaucoup plus simple, qui donne avec une rapidité surprenante les résultats des additions et des soustractions. La grande machine de Babbage mérite aussi une mention spéciale. Cette machine devait se composer de deux parties distinctes, l'une pour calculer, l'autre pour écrire les résultats. La construction de la première partie, commencée vers 1828, était à peu près achevée en 1833 et avec une admirable perfection. La seconde n'était pas à moitié terminée, et déjà la dépense totale s'élevait à la somme de 425,000 fr. Comme le complet achèvement de la machine eût au moins exigé le double de cette somme, on renonça à la terminer. Enfin nous mentionnerons une machine à ajouter et à retrancher remarquable par sa simplicité, l'organe essentiel est un ruban de celluloïd percé de 300 trous. On en trouvera la description dans la *Nation*, n° 1065.

On a encore imaginé de faire servir les lois de la statique à l'exécution de certains calculs. Cette idée, proposée par Dominique Cassini, a été réalisée par la *Balance arithmétique* et la *Balance algébrique* de Léon Lalanne. La première de ces machines peut servir à faire toutes les opérations de l'arithmétique ordinaire, et la seconde à résoudre les équations numériques de tous les degrés.

Pathol. — On désigne sous ce nom des concrétions inorganiques, de consistance, de volume et d'aspect variables, qu'on rencontre dans les cavités ou dans le tissu de certains organes. — Ces concrétions s'observent habituellement dans les cavités qui servent de réservoirs aux divers liquides sécrétés par l'économie animale. Les calculs sont en général formés d'un sédiment déposé par couches concentriques et uni par du mucus concrété. Au point de vue médical, les calculs dont l'étude offre le plus d'intérêt, sont les calculs *biliaires* et *urinaires* ou *vésicaux* : ces derniers sont vulgairement désignés sous le nom de *pierres*. Il sera question de ces diverses sortes de concrétions aux mots Goutte, Foie, Gravelle, Rein, Urine, Taille, Lithotratie, Vessie.

Méd. vét. — Nos animaux domestiques peuvent être affectés de calculs tout comme l'homme. Il s'en forme dans les canaux salivaires, les canaux et la vésicule biliaires, les reins, la vessie, les urétères et l'intestin. — Les calculs *salivaires* se développent d'ordinaire dans le canal parotidien. Ils peuvent atteindre un volume et un poids considérables, plus de 500 grammes. Ils gênent la sécrétion salivaire, la mastication, et par suite peuvent amener des troubles graves dans la digestion. On peut les reconnaître quand ils sont visibles sous forme de tumeurs. Quand ils sont intrabuccaux, on ne les reconnaît que lorsqu'on y songe. On les extrait par le canal lui-même quand ils ne sont pas enclavés, ou par une ouverture artificielle. — Les calculs *biliaires* entraînent rarement des accidents aussi graves que chez l'homme. Le bœuf et le chien en sont surtout affectés; leur formation et leur aspect sont ceux des calculs de l'homme. Les coliques brusques, durant plusieurs jours, avec ictère et diarrhée ou constipation, voilà les symptômes qui peuvent à peine faire soupçonner la lithiase biliaire, et pour lesquels le traitement est purement symptomatique. Il en est de même des calculs *rénaux*. La colique néphrétique des animaux est très difficile ou plutôt impossible à différencier des autres coliques. Ce n'est que quand les animaux émettent des urines sanglantes, du pus, des débris de calcul, et l'on songe de plus en plus compromise, qu'on peut songer à la lithiase rénale; mais alors il n'y a rien à faire, cette lithiase étant incurable. — Les calculs qui s'engagent dans les *urétères* donnent lieu à des coliques que l'on traite par des calmants, et comme coliques, sans en savoir le plus souvent l'origine. — Les calculs *vésicaux* sont plus fréquents dans la vessie des rénaux; on les trouve sur le bœuf, le cheval, et plus rarement sur le mouton. Leur aspect est celui des calculs ordinaires arrondis ou anguleux, ou bien celui d'une masse à consistance de mastic. Leur nombre est plus ou moins considérable, et leur composition varie suivant le genre d'alimentation. Les herbivores ont des calculs de carbonate de chaux et de magnésie, et de phosphate ammoniaco-magnésien; les carnivores, des calculs d'acide urique et d'urates. Tant qu'ils restent dans la vessie, les calculs arrondis ne s'accusent par aucun symptôme; mais dès qu'ils arrivent et s'arrêtent dans le col de la vessie ou dans l'urèthre, les phénomènes auxquels on reconnaît la pierre chez l'homme apparaissent : efforts expulsifs inutiles, vessie de plus en plus gonflée, douleurs, agitation de plus en plus vive; chez le bœuf on s'aperçoit facilement de la cause de ces accidents : à chaque effort, inutile d'ailleurs, pour expulser de l'urine, on voit une forte saillie apparaître au niveau et entre les deux ischions ; au bout de quelques jours, le calcul n'ayant pas été expulsé, la vessie se rompt et l'urine répandue dans l'abdomen y détermine une péritonite mortelle. Les calculs rugueux en déchirent la muqueuse et rendent l'urine sanguinolente; on s'assure de leur nombre, volume et consistance par l'exploration rectale.

Dès que l'on soupçonne un animal d'être atteint de rétention urinaire par calcul, il faut appeler le vétérinaire. — Chez le cheval, il se forme dans la fossette de l'extrémité uréthrale du pénis un amas de matière grasse due à la sécrétion des glandes du fourreau, et cette espèce de calcul peut donner lieu à tous les accidents susindiqués. Il faut donc y penser. Le remède est très simple ; il suffit d'introduire les doigts dans la fossette et d'en énucléer le calcul. Le mouton a plutôt la gravelle, que l'on reconnaît à ce que la laine du pourtour de l'orifice préputial est couverte de cristaux salins ; plus tard le *filet* se remplit aussi de ces cristaux formant des amas. L'obstruction gagne de proche en proche le col vésical, et tous les symptômes du calcul vésical arrêté dans l'urèthre se produisent. Dès qu'on aperçoit des cristaux sur la laine, il faut changer l'alimentation; si le *filet* et l'urèthre sont pris, il faut avoir recours au vétérinaire, qui fait suivant le cas l'excision du filet ou la taille. — Les calculs *intestinaux* sont très fréquents chez le cheval et peuvent devenir très volumineux; on les rencontre surtout dans la partie du côlon qui avoisine le diaphragme. Les symptômes n'apparaissent en général que lorsqu'il y a obstruction intestinale; alors des coliques, de plus en plus vives, surviennent, terminées par la mort. Il faut éviter de donner une trop grande quantité de son au cheval, cet aliment favorisant beaucoup la formation des calculs intestinaux.

CALCULABLE. adj. 2 g. Qui peut être calculé.

CALCULATEUR. s. m. Qui s'occupe de calcul, qui sait calculer, qui est employé dans un bureau de calculs. *Un bon c.* ‖ S'emploie adjectiv. *Cet esprit c.*, *cette tête calculatrice.*

Allus. littér. — « Il fallait un calculateur, ce fut un danseur qui l'obtint. » Cette phrase du *Mariage de Figaro* (act. V, sc. 3) est souvent citée lorsqu'on veut rappeler le peu de justice et de discernement qui préside, en général, à la distribution des emplois.

CALCULATIF, IVE. adj. Qui sert au calcul.

CALCULATOIRE. adj. Qui sert à calculer. *Machine calc.*

CALCULER. v. a. (R. *calcul*). Supputer, compter; appliquer les règles de la science mathématique à la détermination de quelque quantité. *J'ai calculé toutes ces sommes. C. l'effet d'une machine. — C. des tables astronomiques*, Dresser, par des tables propres à l'usage des astronomes. *C. une éclipse*, Déterminer par le calcul le temps et les circonstances d'une éclipse. ‖ Se dit de toute opération de l'esprit qui a pour objet son combinaison, une appréciation quelconque. *C. les événements, les chances de succès. C. les suites d'une action, d'une démarche.* ‖ S'emploie absol. *Si j'ai bien calculé, le compte est juste. — Bien c., mal c.*, Prendre bien, prendre mal ses mesures. = Calculé, ée. part.

Syn. — *Supputer, Compter.* — *Calculer*, c'est faire des opérations arithmétiques ou des applications particulières de la science des nombres pour parvenir à une connaissance, à une démonstration, etc. *Supputer*, c'est additionner, assembler, combiner des nombres mentalement pour trouver une valeur approchée du résultat cherché. Ce mot a quelque chose de vague que ne comportent pas les deux autres. *Compter*, c'est faire des supputations, des dénombrements, des états, etc., pour connaître une quantité. Le *calcul* est une science; le *compte* est surtout relatif aux affaires d'intérêt, de commerce, de finance; on dit les *comptes* d'un marchand, d'un caissier, etc. *Supputer* ne s'emploie guère qu'au propre. On dit quelquefois *calculer* pour combiner, raisonner, réduire à la forme du *calcul*, etc. *Compter* signifie encore faire état, croire, se proposer, estimer, réputer, ainsi que faire fond.

CALCULEUX, EUSE. adj. T. Méd. Qui a rapport aux calculs, et spécialement aux calculs de la vessie. *Les affections calculeuses.* || S'emploie subst. pour désigner une personne atteinte d'affection calculeuse. *Il a traité beaucoup de c.*

CALCULIFORME. adj. 2 g. (R. *calcul* et *forme*). Qui est en forme de petits cailloux.

CALCULIFRAGE. adj. T. Chirur (lat. *calculus*, calcul; *frango*, je brise). Qui brise les calculs de la vessie.

CALCUTTA, v. d'Asie, cap. de l'Hindoustan et de la présidence du Bengale, grand port de commerce sur la rive gauche de l'Hougly, un des bras du Gange ; 800,000 hab.

CALDERON, célèbre poète espagnol, auteur de comédies et de drames (1600-1681).

CALE. s. f. (gr. χάλον, lat. *cala*, bois? ou bien celt, *ceile*, *cali*, équivalent et congénère du lat. *æqualis*, égal). Morceau de bois ou d'autre matière qu'on met sous une poutre, sous un meuble, etc., pour les faire tenir d'aplomb. *Il faut mettre une c. à cette table.* || Petit morceau de bois mince dont les architectes se servent pour déterminer la largeur du joint de lit d'une pierre.

CALE. s. f. (ital. *calare*, lat. *chalare*, gr. χαλᾶν, abaisser). T. Mar. La partie la plus basse dans l'intérieur d'un bâtiment. *Descendre dans la c. Mettre un prisonnier à fond de c.* || C. de construction, plan incliné vers le rivage sur lequel on place les navires en construction ou en réparation, et d'où ils peuvent être facilement lancés à l'eau. *C. couverte.* || *Cale de radoub*, dite aussi *cale sèche.* Fosse où l'on fait entrer un navire pendant qu'elle est pleine d'eau et qu'on peut ensuite vider à l'aide d'écluses, pour mettre le navire à sec et lui faire subir les réparations nécessaires; on le remet ensuite à flot en remplissant la cale. || La partie d'un quai qui forme une rampe en pente douce pour faciliter le chargement et le déchargement des navires. || Châtiment infligé à bord des vaisseaux, supprimé en 1848, et qui consistait à suspendre un homme à la vergue du grand mât et à le plonger plusieurs fois dans la mer.— Le supplice de la *cale sèche* différait du précédent en ce qu'on laissait tomber l'homme sur le pont ou qu'on l'arrêtait dans sa chute avant qu'il eût touché la mer.

CALE. s. f. (celt. *cala*, port, mot qu'on retrouve dans *Calais*, ville de France). Espèce d'abri, entre deux pointes de terre ou de rocher, dans lequel les bâtiments peuvent se retirer. Aujourd'hui on dit *Crique.*

CALE. s. f. Ancienne coiffure de femme, en forme de bonnet plat en haut et couvrant les oreilles. || Ancien bonnet d'homme, rond et plat, couvrant seulement le haut de la tête.

CALEBASSE. s. f. (esp. *carabassa*, m. s.). Nom donné au fruit de différentes espèces de *Cucurbitacées* et de *Bignoniacées*. Ces fruits, lorsqu'on les a vidés et séchés, peuvent servir à contenir des boissons. *Une c. pleine de vin. Nager avec des calebasses sous les aisselles.* Voir aussi les mots GOUDDE et COUROU. Fig. ci-contre. || T. Bot. Genre de plantes (*Lagenaria*) de la famille des Cucurbitacées. Voy. ce mot.

DICTIONNAIRE ENCYCLOPÉDIQUE. — T. II.

CALEBASSIER. s. m. (R. *calebasse*). T. Bot. Nom donné au *Crescentia Cujete*, arbre commun dans les Antilles et sur le littoral voisin, dont les gros fruits sont appelés *Calebasses*; famille des *Bignoniacées*.

CALEBAYE. s. m. Sorte de chou.

CALEBOTIN. s. m. Panier, fond de chapeau où les cordonniers mettent leur fil.

CALÈCHE. s. f. (polon. *koless*, petite voiture). Espèce de voiture à ressorts, à quatre roues, très légère, ordinairement découverte et traînée par deux et quelquefois quatre chevaux. || Sorte de coiffure de femme qui se repliait sur elle-même. Vx.

CALÈCHIER. s. m. (R. *calèche*). Loueur de voitures.

CALEÇON. s. m. (ital. *calzoni*, culotte). Espèce de pantalon de dessous, qui descend depuis la ceinture jusqu'au genou ou jusqu'à la cheville. *Il est en c. Porter des caleçons.*

CALEÇONNIER. s. m. Fabricant de caleçons.

CALÉDONIE, ancien nom de l'Écosse.

CALÉDONIE (NOUVELLE-). La Nouvelle-Calédonie ou plutôt l'archipel néo-calédonien est formé de deux groupes d'îles parallèles; le premier, à l'ouest, comprend la Nouvelle-

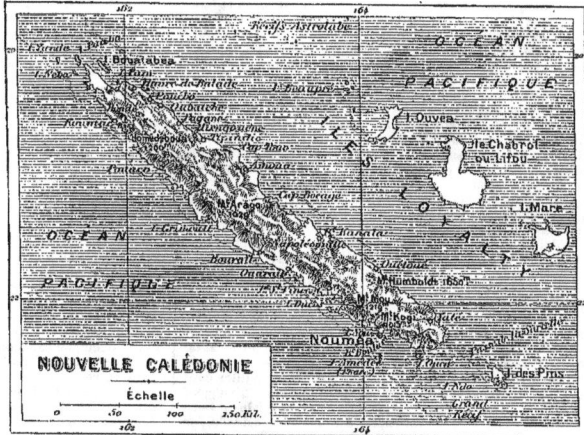

NOUVELLE CALÉDONIE
Échelle
0 50 100 250 Kil.

Calédonie et l'île des Pins (on peut y ajouter l'île Huon, à l'ouest); le second, à l'est, est formé des îles Loyalty (Uvéa ou Ouvéa, Lifu ou Lifou, Maria ou Maré). La Nouvelle-Calédonie, la plus importante de tout l'archipel, a une longueur de 300 kilomètres, une largeur de 50 et une superficie de 1,600,000 hectares. — La population se compose d'indigènes et d'Européens. Les indigènes ou *Canaques* sont encore anthropophages et vivent par tribus; leur nombre sans cesse décroissant ne dépasse pas 40,000; celui des Européens est de 22,000, presque tous Français.

La Nouvelle-Calédonie est entourée d'une ceinture de coraux qui rendent son accès presque impossible; elle est elle-même fort accidentée avec des pics de 1,200 à 1,600 mètres, et des rivières torrentueuses sujettes aux inondations. Le climat est un des plus doux et des plus salutaires qui soient au monde.

La Nouvelle-Calédonie a été découverte par Cook en 1774. En 1843, des missionnaires s'y établirent pour la première fois, mais l'île ne fut solennellement occupée au nom de la France qu'en 1853. Les îles Loyalty furent occupées en 1864. La Nouvelle-Calédonie est devenue une colonie pénitentiaire en 1863; le nombre des condamnés est libérés y est d'environ 10,000. Le principal dépôt de transportation est l'île Nou, dans la rade de Nouméa. — *Nouméa*, chef-lieu de l'île, est

112

une petite ville bien bâtie, aux rues larges et droites, avec une rade vaste et sûre. L'eau qui alimente la ville vient du Pont des Français, à 10 kilomètres de là.

Les cultures consistent en canne à sucre, café, coton ; la vallée du Dabot et la plaine de Ronni sont particulièrement fertiles. Les mines, et particulièrement celles de nickel, sont très importantes. — L'importation s'élève annuellement à 9 millions et l'exportation à 8 millions. Les principaux objets exportés sont : le bois de tamanou, le cobra, le nickel, le minerai de cuivre, le zinc, le cobalt, le bois de rose, etc. = Nom des hab. : NÉO-CALÉDONIEN, ENNE

CALÉDONIE (NOUVELLE-), province de l'Amérique du Nord, au Canada (aux Anglais).

CALÉDONIEN (CANAL), grand canal d'Écosse qui joint le golfe de Murray à l'océan Atlantique.

CALÉDONITE. s. f. (R. *Calédonie,* ancien nom de l'Écosse). T. Minér. Combinaison de sulfate et de carbonate de plomb et de cuivre.

CALÉFACTEUR. s. m. (lat. *calor,* chaleur ; *factor,* fabricant). Sorte de cafetière, appareil destiné à la cuisson économique des aliments. || S'emploie quelquefois adjectiv. *Appareil c.*

CALÉFACTION. s. f. [Pr. *calé-fac-sion*] (lat. *calor,* chaleur ; *fucere,* faire). T. Phys. Lorsqu'on répand de l'eau sur une plaque métallique modérément chauffée, on la voit s'étaler, bouillir et se vaporiser avec rapidité. Si, au contraire, la plaque est chauffée au rouge, le liquide se comporte tout autrement. L'eau prend la forme de globules sphériques, comme si elle était versée sur un corps gras, ou comme le mercure quand on le répand sur une lame de verre. Puis, au lieu de bouillir avec violence, les globules éprouvent un mouvement giratoire plus ou moins rapide, et ne diminuent que lentement de volume, comme s'ils étaient à peine échauffés. Enfin, aussitôt que la température de la plaque s'abaisse au-dessous du rouge sombre, les globules s'étalent, mouillent le métal, et l'eau est projetée de tous côtés par la violence de l'ébullition. Ces faits avaient été observés il y a plus d'un siècle, par Leidenfrost ; mais c'est Boutigny d'Évreux qui, le premier, en 1841, a appelé l'attention des physiciens sur ce phénomène, auquel il a donné le nom de *Caléfaction.* On lui doit à ce sujet une foule d'expériences curieuses.

La plupart des liquides peuvent passer à l'état sphéroïdal ; mais le degré de chaleur auquel on doit porter la plaque métallique est d'autant plus haut que le point d'ébullition du liquide est lui-même plus élevé. Ainsi, l'alcool qui bout à 78°,4 prend l'état sphéroïdal dans une capsule chauffée à 134°, tandis que pour l'eau, dont le point d'ébullition est 100°, il est nécessaire de porter la température du métal au delà de 300°. — Il résulte des recherches de Boutigny que la température des liquides à l'état sphéroïdal est toujours inférieure à celle de leur point d'ébullition. Cette observation a suggéré à ce physicien la curieuse expérience qui consiste à faire congeler l'eau dans un fourneau à coupelle, à côté de l'or et de l'argent en fusion. Pour cela, il faisait chauffer au rouge blanc une capsule de platine, et y versait quelques grammes d'acide sulfureux anhydre. L'acide passant aussitôt à l'état sphéroïdal, il y jette une petite quantité d'eau qui se congèle instantanément, et il retire un morceau de glace de la capsule encore rouge. Ce phénomène s'explique aisément. A la température ordinaire, l'acide sulfureux bout à − 8°. Par conséquent, sa température à l'état sphéroïdal est inférieure à − 8°. L'eau qu'on met en contact avec lui, quand il est dans le fourneau, doit donc se solidifier comme elle le ferait à l'air libre.

Lorsqu'un liquide est à l'état sphéroïdal, il n'y a plus contact entre lui et la lame métallique. Il est facile de le constater en versant sur une plaque parfaitement unie et chauffée au rouge blanc une petite quantité d'eau colorée en noir. Si alors on place la flamme d'une bougie derrière la plaque, la flamme ne cesse pas un seul instant d'être perçue très distinctement. Boutigny expliquait ce fait en supposant qu'il existe entre le liquide et le métal chauffé une répulsion particulière, qui est d'autant plus forte que la température du métal est portée plus haut. Cette hypothèse est superflue. Pouillet, Personnot et tous les physiciens admettent que le contact est empêché par une couche de vapeur qui enveloppe le globule liquide ; et qui se renouvelle sans cesse. En outre, cette espèce d'atmosphère entrave la communication de la chaleur

du métal au globule, ce qui explique le maintien de celui-ci à une température inférieure à son point d'ébullition, le liquide à l'état sphéroïdal perdant par le rayonnement et par l'évaporation presque autant de calorique qu'il en reçoit.

Un ingénieur anglais, Perkins, a constaté que le phénomène de la caléfaction pouvait se produire dans les bouilleurs de chaudières à vapeur, lorsqu'ils étaient fortement portés au rouge. Ayant adapté un robinet à un générateur de vapeur au-dessus du niveau de l'eau, il a vu que l'eau ne s'écoulait pas par le robinet quand les parois du générateur étaient très fortement chauffées, tandis qu'elle s'échappait avec violence dès que la température s'abaissait. Cette expérience est d'un haut intérêt, car elle montre que le phénomène de la caléfaction est capable de jouer un très grand rôle dans ces terribles explosions de machines à vapeur qui causent tant d'accidents.

Nous devons encore aux ingénieuses expériences de Boutigny la confirmation de certains faits qui ont été longtemps regardés ou comme faux ou comme entachés de supercherie. Il passe un doigt, ou même la main tout entière, à travers un jet de fonte en fusion, ou bien il plonge le doigt dans un bain de plomb ou de bronze en fusion, sans se brûler. Ce phénomène s'explique par la formation, sous l'influence de la chaleur, d'une petite couche de vapeur qui se forme autour de la peau et aux dépens de l'humidité naturelle de celle-ci, et qui empêche le contact du métal en fusion. Boutigny fait observer que, dans cette périlleuse expérience, il ne faut, sous peine de brûlure, passer le doigt ni trop vite, ni trop lentement. Si l'on va trop brusquement, la couche de vapeur s'échappe, et il y a aussitôt contact ; si l'on va trop lentement, la couche n'est pas assez épaisse pour arrêter longtemps la communication de la chaleur. Au reste, Boutigny recommande à ceux qui voudraient répéter ces expériences, de plonger préalablement le doigt dans l'eau ou dans une dissolution de sel ammoniac.

CALE-HAUBAN ou **CALHAUBAN.** s. m. (R. *cale* et *hauban*). T. Mar. Cordage servant à maintenir le mât de hune.

CALÉIDOPHONE. s. m. T. Phys. (gr. καλὸς, beau, εἶδος, espèce, et φωνή, voix). Instrument qui rend sensibles les vibrations de la production des sons. Il est basé sur la composition des mouvements vibratoires.

CALÉIDOSCOPE. s. m. Voy. KALÉIDOSCOPE.

CALEMBOUR ou **CALEMBOURG.** s. m. (Vient probablement de l'*Abbé de Calemberg,* personnage plaisant de Westphalie, qui, envoyé en ambassade à Paris sous Louis XV, mit les jeux de mots en honneur. On les appela d'abord des *calembergs,* ensuite des calembours. Cependant, l'analogie avec calembredaine laisse soupçonner une autre origine. C'est le marquis de Bièvre qui les mit le plus à la mode. Avant le XVIIIe siècle, les calembours se nommaient *équivoques.* Jeu de mot fondé sur une similitude de sons et une différence de sens.

On en rencontre dans la plupart des auteurs anciens, dans Cicéron, dans Eschyle, dans Homère. Plaute dit dans le *Soldat :* « Si abstinuissem *a mare* (amare). » Le c. n'a pas quitté la scène. Charles-Quint disait « François Ier, en parlant de Gand : « Je mettrais Paris dans mon Gant. » Le marquis de Bièvre appelait Inès, sa cuisinière, qui n'avait pas la main heureuse, Inès de Castro (casse trop). Pour dire qu'il faisait beau, il disait que le temps était bon à mettre en cage (? parce qu'il était serein). Bassompierre, prisonnier à la Bastille, tournait et retournait avec impatience les feuillets d'un livre. « Que cherchez-vous donc ? lui demande son gardien. — Un *passage.* » Un examinateur pour le baccalauréat interrogeait un candidat sur les noms des caps français. Comme celui-ci ne parvenait à en nommer un seul : « On ne se présente pas, lui dit le professeur, quand on n'a pas de cap à citer. » A la mort de Ducis, Michaud et Campenon briguèrent son fauteuil à l'Académie. Campenon lança l'épigramme que voici :

> Au fauteuil de Ducis on a porté Michaud.
> Ma foi, pour l'y placer, il faut un ami chaud !

Michaud répliqua :

> Au fauteuil de Ducis aspire Campenon.
> A-t-il assez d'esprit pour qu'on l'y campe ? — Non.

Combien faut-il de temps pour remettre à neuf tous les matelas de Paris ? — Un quart d'heure (un cardeur). N'insistons pas. Victor Hugo a dit : « Le calembour est la fiente de l'esprit qui passe. »

CALEMBREDAINE. s. f. (Paraît venir de *bourdaine,* bourde). Bourde, vains propos, faux-fuyants. Ne s'emploie guère qu'au plur. *Je ne me paie pas de calembredaines.* Fam. || En picard, on appelle calembredaine un cotillon avec corset qui enlace la hordaine (ventre).

CALENGAR. s. m. Sorte de toile peinte des Indes.

CALENDAIRE. s. m. (lat. *calendarium*, de *calendæ*, calendes). Registre d'église.

CALENDE. s. m. Machine à tirer les pierres des carrières.

CALENDER. s. m. [Pr. *calendère*] (persan *kalandar*). Nom de certains derviches ou religieux musulmans, la plupart vagabonds.

CALENDES. s. f. pl. (lat. *calendæ*, m. s., de *calare*, gr. χαλεῖν, appeler). Premier jour de chaque mois chez les Romains. — Fig. et fam., *Renvoyer aux c. grecques*, Remettre une chose à une époque qui n'arrivera jamais. Cette loc. vient de ce que les Grecs ne connaissaient point les calendes. || Se dit de certaines assemblées des curés de campagne, convoquées dans un diocèse par ordre de l'évêque. *Les c. se tiennent dans telle paroisse.*

Chez les Romains, le mois était divisé en trois périodes par les *Calendes* (*Calendæ*), les *Nones* (*Nonæ*) et les *Ides* (*Idus*). Les *Calendes* étaient invariablement placées le premier jour de chaque mois ; les *Ides* vers le milieu du mois, le 13 ou le 15 ; et les *Nones* étaient fixées au neuvième jour avant les *Ides*. L'étymologie du mot *Nones* est évidemment *nonus*, neuvième, dérivé lui-même de *novem*, neuf. On fait venir *Ides* de l'étrusque *iduare*, qui signifiait partager, parce qu'elles divisent le mois en deux parties à peu près égales. Quant au mot *Calendes*, il viendrait, suivant Macrobe, de l'usage où était le pontife d'observer l'apparition de la nouvelle lune pour l'annoncer au peuple, ce qu'on appelait *calare*. Il faut se rappeler à ce sujet que, dans le principe, l'année romaine était lunaire. Tous les autres jours du mois se comptaient à partir des Nones, des Ides et des Calendes, mais en rétrogradant. Ainsi, les jours compris entre les Calendes et les Nones étaient appelés *Jours avant les Nones* ; les jours entre les Nones et les Ides, *Jours avant les Ides* ; et ceux entre les Ides et les Calendes, *Jours avant les Calendes*. De là les locutions *Pridie Kalendas*, ou veille des Calendes, *Tertio Kalendas*, le Troisième jour avant les Calendes, Le jour même des Calendes était regardé comme le premier jour des Calendes. Ils comptaient de la même façon les jours avant les Ides et les Nones. C'était un peu à la manière des écoliers qui comptent les jours qui les séparent des vacances désirées. Dans les mois de mars, mai, juillet et octobre, les Ides tombaient le 15e jour du mois, et les Nones, par conséquent, tombaient le 7 ; tous les autres mois de l'année, les Ides arrivaient le 13 et les Nones le 5.

CALENDRIER. s. m. (lat. *calendarium*, m. s., de *Calendæ*, Calendes). T. Chron. — Le *Calendrier* est la distribution ou la division du temps en périodes plus ou moins longues, adaptées aux usages de la vie sociale. Le même mot sert encore à désigner un tableau ou registre qui contient ces divisions et indique l'ordre des jours, des mois, des saisons et des fêtes, soit religieuses, soit civiles, qu'embrasse le cours d'une année. — Les divisions du temps en *jours*, marqués par chaque retour du soleil à son lever ; en *mois lunaires*, marqués par le retour des mêmes phases successives de la lune ; en *saisons*, marquées par la réapparition périodique des mêmes phénomènes à la surface du globe, et en *années solaires*, marquées par la révolution du soleil, ont dû se présenter les premières à l'esprit des hommes : car elles sont fondées sur des phénomènes très apparents et dont la périodicité est régulière ; mais ces diverses périodes ne concordant point exactement entre elles, on a dû tenter, chez la plupart des peuples, de les concilier. Les résultats obtenus ont été nécessairement d'autant plus imparfaits que la science astronomique était moins avancée : de là l'extrême diversité des calendriers que nous trouvons en usage chez les divers peuples et aux diverses époques. — Comme nous avons déjà traité au mot ANNÉE les problèmes qui se rattachent à ce terme, et comme des articles spéciaux seront encore consacrés dans ce livre aux mots JOUR, HEURE, CYCLE, SAISONS et SEMAINE, nous considérerons ici le c. surtout au point de vue historique, c'est-à-dire nous indiquerons les systèmes employés chez les divers peuples, aux diverses époques, pour partager leurs années civiles.

On distingue les c. en c. *lunaires* et en c. *solaires*, suivant qu'ils sont régiés par le cours de la lune ou celui du soleil.

Dans les premiers la division fondamentale est le *mois*, dont la durée est égale à celle de la révolution synodique de la lune ; l'année se compose d'un nombre arbitraire de mois. Dans les autres la période fondamentale est l'année, qui doit être égale à la période du retour des saisons, nommée par les astronomes *année tropique* : le mois n'y est qu'une division plus ou moins arbitraire de l'année. Enfin les c. qui ont essayé de concilier à la fois ces deux systèmes ont reçu la dénomination de c. *luni-solaires*.

CAL. ÉGYPTIEN. — D'après tous les documents historiques de l'antiquité, c'est aux Égyptiens que nous devons la connaissance de l'année solaire de 365 jours et 1/4. À l'époque d'Hérodote, ils employaient depuis longtemps l'année solaire de 365 jours, composée de 12 mois de 30 jours chacun, avec 5 jours épagomènes. Ils avaient même reconnu que cette année, appelée par les astronomes *Année vague* ou *erratique*, était trop courte d'environ 6 heures, puisqu'ils avaient calculé que dans l'espace d'environ 1460 ans leur nouvel an devait faire le tour de toutes les saisons. Ils avaient donné à cette période le nom de *Période* ou d'*Année sothiaque*, parce qu'au bout de ce temps le commencement de l'année coïnciderait de nouveau exactement avec le lever de l'étoile Sothis ou Sirius. — Lorsque l'Égypte fut réduite en province romaine, l'empereur Auguste y introduisit le c. de Jules César, en ordonnant que trois années communes seraient toujours suivies d'une année bissextile. Néanmoins les anciens noms égyptiens des mois, leur composition de 30 jours, et l'usage des 5 jours complémentaires furent conservés. L'an 274 de Rome (30 avant J.-C.), où le c. Julien fut imposé à l'Égypte, le 1er du mois de *Thoth* étant tombé le 29 août, les Égyptiens continuèrent de commencer l'année à cette époque. Cette modification de l'année Julienne est appelée par les auteurs *Année Alexandrine*.

CAL. JUIF. — Avant la captivité de Babylone, les Juifs avaient une année lunaire composée de 354 jours, distribués en 12 mois, ayant alternativement 29 et 30 jours. Voici leurs mois dans leur ordre de succession : *Abib* ou *Nizan*, *Ziv* ou *Ijar*, *Sivan*, *Thammuz*, *Ab*, *Eloul*, *Aithanim* ou *Tischri*, *Boul* ou *Marchesvan*, *Kislev*, *Tebeth*, *Chebhat*, *Adar*. Les Israélites commençaient leur année par Abib, en commémoration de leur sortie d'Égypte, qui avait eu lieu dans ce mois. De temps à autre, ils intercalaient un treizième mois nommé *Ve Adar*, afin de ramener l'époque de la moisson au commencement d'Abib, ce qui portait la durée de l'année intercalaire à 384 jours. Aujourd'hui les Juifs commencent leur année au mois de Tischri, et en admettant six espèces, savoir : 3 années communes de 12 mois lunaires et 3 années intercalaires de 13 mois. Les premières ont 354 jours (*Annus communis ordinarius*), ou 353 (*Annus comm. deficiens*), ou 355 (*Annus comm. abundans*) ; les secondes se composent de 384, de 383 ou de 385 jours : en conséquence, on les désigne, respectivement sous les noms d'*Annus embolymæus ordinarius*, *deficiens* et *abundans*.

CAL. BABYLONIEN, PERSAN et ARMÉNIEN. — On admet généralement que l'année babylonienne était, comme l'ancienne année égyptienne, une année *vague* de 365 jours. De même que les Égyptiens, les Babyloniens divisaient leur année en 12 mois de 30 jours, suivis de 5 jours complémentaires. On suppose aussi que ce sont les Chaldéens qui ont nommé les 7 jours de la semaine d'après les noms des planètes.

Jusqu'à l'an 329 avant notre ère, c'est-à-dire jusqu'à la ruine de l'empire de Darius par Alexandre, les Perses avaient une année *vague* de 365 jours, divisée en 12 mois de 30 jours, avec 5 jours épagomènes. Chacun des mois et même des jours de l'année était consacré à un ange particulier. — Les Persans modernes emploient l'année dite de Djelaleddin qui est, de tous les calendriers, celle qui concorde le mieux avec le c. tropique : l'année commune est de 365 jours ; puis ils font sept fois de suite la quatrième année bissextile ; mais la huitième fois, c'est la cinquième année qui est bissextile. Le cycle de ce c. se compose ainsi de 33 années comprenant 8 jours intercalaires, ce qui porte l'année moyenne à $365 + \frac{8}{33} = 365{,}242424\ldots$, tandis que l'année tropique est de 365,2422, et l'année grégorienne 365,2425. On prétend que ce mode d'intercalation a été adopté par les Persans l'an 467 de l'Hégire, c.-à-d. en 1075 après J.-C.

CAL. GREC. — Chez les Athéniens, l'année était divisée en 12 mois lunaires. Le premier jour du mois (νουμηνία) n'était pas le jour de la conjonction ; c'était celui où la lune nouvelle se montrait le soir pour la première fois ; par conséquent, la pleine lune ne marquait qu'à peu près le milieu du mois : on la nommait cependant διχόμηνις, c.-à-d., « qui partage le mois ». Mais comme le mois lunaire se compose de 29 jours et 13 h. à peu près, on fut obligé de faire les mois tantôt de 29 jours et tantôt de 30. Cette méthode de compensation est attribuée à Solon. Les mois de 30 jours furent appelés *mois pleins* (πληρεῖς), et ceux de 29, *mois caves* (κοῖλοι). Cependant les 12 mois lunaires, ainsi disposés, ne formaient pas une période de temps égale à l'année tropique, on imagina d'ajouter à chaque deuxième année un mois intercalaire (μὴν ἐμβόλιμαίος), de 30 ou de 29 jours. Ainsi l'année ordinaire se composait de 354 jours, et l'année interpolée on avait 384 ou 383. Cette année interpolée, appelée τριμετρες, était trop longue de 7 jours et demi; pour compenser cette erreur, on supprimait de temps le mois intercalaire. L'année attique commençait au solstice d'été. Voici dans quel ordre les mois attiques se succédaient, et quel était le nombre des jours de chaque mois. *Hekatombæon*, 30; *Metageitnion*, 29; *Boëdromion*, 30; *Pyanepsion*, 29; *Mæmakterion*, 30; *Poseidon*, 29; *Gamelion*, 30; *Anthesterion*, 29; *Elaphebolion*, 30; *Munychion*, 29; *Thargelion*, 30; *Skirophorion*, 29. Le mois intercalaire était un second *Poseidon* inséré dans le milieu de l'année. Chaque mois attique était divisé en 3 *Décades*. Les jours de la première décade, à l'exception du 1ᵉʳ, appelé νουμηνία, se comptait numériquement jusqu'au 10ᵉ, en ajoutant au chiffre le mot ἱσταμένου ou ἀρχομένου μηνός, c'est-à-dire du mois commençant. Ainsi, δευτέρα ἀρχομένου ou ἱσταμένου signifiait le second jour du mois. On comptait de même les jours de la seconde décade, en ajoutant au chiffre les mots ἐπὶ δέκα, c'est-à-dire au delà de 10, ou bien μεσοῦντος, c'est-à-dire du milieu. Le 20ᵉ jour se nommait εἰκάς, et ceux qui le suivaient εἰκάδος. Les jours de la 3ᵉ décade se comptaient de deux manières différentes. Tantôt on comptait à partir du 20ᵉ (ainsi πρώτη ἐπὶ εἰκάδι était le 21ᵉ jour); tantôt on comptait à partir du dernier jour, en rétrogradant. On ajoutait alors l'un des mots suivants : φθίνοντος, παυομένου, λήγοντος, ἀπιόντος, qui signifient déclinant, finissant, cessant, s'en allant. Ainsi l'avant-dernier jour du mois s'appelait δευτέρα φθίνοντος (2ᵉ jour du mois finissant), l'antépénultième τρίτη φθίνοντος, etc. Le 21ᵉ jour était nommé ἐννάτη (neuvième) ou δεκάτη (dixième) φθίνοντος, suivant que le mois était *cave* ou *plein*. Le dernier jour du mois se nommait ἔνη καὶ νέα, *le vieux et nouveau*, parce que le mois lunaire comprenant en réalité plus de 29 jours et moins de 30, le dernier pouvait être considéré comme appartenant également au mois commençant et au mois écoulé. L'année civile des Athéniens commençait et elle avec le mois d'*Hekatombæon*.

Le c. attique est le seul c. grec sur lequel nous ayons des renseignements à peu près satisfaisants. Chez les autres peuples de la Grèce, non seulement les mois portaient d'autres noms, mais encore, à de rares exceptions près, ils ne commençaient pas au même temps. Ce fait est d'autant plus surprenant que chez tous, les mois étant lunaires, ils auraient dû commencer et finir au même instant. Cependant ces divergences s'expliquent par les différents procédés d'intercalation auxquels on avait recours pour faire concorder l'année lunaire avec l'année solaire. Au reste, toutes les nations grecques, divisaient le mois en *Décades*, et comptaient les jours du mois de la même manière que les Athéniens.

Sous l'empire, tous les Grecs, soit d'Europe soit d'Asie, adoptèrent peu à peu l'usage du nouveau c. romain, tout en conservant, pour la plupart, les anciens noms de leurs mois, aussi bien que leur ancienne manière de compter le commencement de l'année.

Nous ne parlerons pas ici des diverses méthodes successivement employées par les Grecs pour amener une concordance de plus en plus exacte entre l'année solaire et leur année lunaire, dont la conservation était imposée par le culte national, car ils seront expliqués au mot CYCLE. Nous terminerons en rappelant que chaque année était désignée, à Athènes, d'après le nom du premier archonte, appelé, à cause de cela, *Archonte éponyme*. A Sparte, les années portaient le nom du premier éphore, et à Argos, celui de la prêtresse de Junon. Ce fut Timée, de Tauromenium, qui introduisit vers la 130ᵉ olympiade (260 av. J.-C.) la méthode de compter les années d'après les olympiades, en disant 1ʳᵉ, 2ᵉ, 3ᵉ et 4ᵉ année de telle olympiade. Voy. OLYMPIADE.

C. Romain. — L'année de Romulus, si l'on s'en rapporte à la majorité des auteurs, ne contenait que 10 mois nommés : *Martius, Aprilis, Maius, Junius, Quinctilis, Sextilis, September, October, November* et *December*. Les noms des six derniers démontrent que Mars fut le premier. Il y en avait six de 30 jours, et quatre de 31, ce qui portait le nombre des jours à 304. Il en résultait que chaque mois passait rapidement à travers toutes les saisons.

Les mois étaient divisés en trois périodes par les *Calendes*, les *Ides* et les *Nones*, et l'on comptait les jours en remontant à partir de ces dates, comme nous l'avons expliqué au mot CALENDE.

« Plus tard, Numa institua une année de 12 mois et de 355 jours. 51 jours furent ainsi ajoutés à l'année de Romulus; mais ce nombre de jours ne suffisant pas pour faire 2 mois, ou reprit un jour à chacun des mois caves, ce qui donna 57 jours dont on fit deux mois, savoir : janvier de 29 jours, et février de 28 jours. Dès lors, tous les mois furent *pleins*, c.-à-d. eurent un nombre impair de jours, excepté février, qui seul resta *cave*, et fut, pour cette raison, considéré comme moins propice que les autres mois. » L'année de Numa était une année lunaire, mais elle aurait retardé sur l'année solaire d'environ 22 jours. En conséquence, pour mettre l'année civile en harmonie avec le cours des saisons, il fallut recourir au système des intercalations. Selon le témoignage de Tite-Live, Numa adopta une période de 19 ans, au bout de laquelle l'année lunaire et l'année solaire coïncidaient exactement : c'était le cycle de Méton. Aussi est-il très probable que l'introduction de cette période dans le c. Romain ne soit cette circonstance postérieure à Numa.

On ne connaît ni les motifs qui engagèrent les Romains à abandonner l'année lunaire, ni la date de ce changement. Ideler pense que ce fut à l'époque des Décemvirs, et non à celle de Numa, que l'on établit l'année de 355 jours, corrigée par l'intercalation d'un mois plus court que les autres dans chaque deuxième année. Ce mois intercalaire se nommait par Plutarque *Mercedonius* ou *Mercidinus* (car aucun écrivain latin n'en fait mention). Censorinus et Macrobe s'accordent à dire que ce mois intercalaire se composait tantôt de 22 et tantôt de 23 jours. Dans le c. de Numa, le mois de février terminait l'année, et c'est dans ce mois même que l'on plaçait le mois intercalaire entre le *Terminalia* et le *Regifugium*, c.-à-d. immédiatement avant le jour appelé les Romains a. d. VI Kal. Mart. : mais en même temps on retranchait les 5 derniers jours de février. En conséquence, dans l'année d'in, tercalation, le jour qui suivait les Ides de février, était appelé non pas comme à l'ordinaire a. d. XVI Kalendas Martias, mais a. d. XI Kalendas intercalares. Il y avait également des Nones et des Ides intercalaires, après lesquelles on comptait XV ou XVI Kal. Mart., suivant que le mois ajouté avait 22 ou 23 jours, ou plutôt, les jours ajoutés des 5 jours retranchés à février, 27 ou 28 jours. Dans tous les cas, le *Regifugium* conservait sa dénomination de a. d. VI Kal. Mart. — La méthode d'intercaler tous les deux ans 22 ou 23 jours, c.-à-d. 90 jours dans l'espace de 8 années, avait été, suivant Macrobe, empruntée aux Grecs. Mais les Romains firent preuve d'une extrême négligence dans l'application de cette méthode. En effet, l'addition de 90 jours, dans une période de 8 ans, à une année lunaire de 354 jours, aurait équivalu en substance à une addition de 11 jours 1/4 chaque année, de sorte que, dès cette époque, Rome eût virtuellement possédé le c. Julien. Mais comme les Romains ajoutaient l'intercalation ci-dessus à une année de 355 jours, chaque année excédait, en moyenne, l'année Julienne d'un jour entier. En 564 et 586 de R. (190 et 168 av. J.-C.), il y eut un très grand désaccord entre l'année civile et l'année solaire. Plusieurs tentatives furent faites pour corriger ces erreurs : il paraît même qu'on adopta un cycle de 24 ans; néanmoins tous ces efforts échouèrent devant l'influence du collège des Pontifes.

C. Julien. — Comme les fêtes religieuses des Romains étaient, pour la plupart, dépendantes du c., le collège des Pontifes était chargé du soin de régler celui-ci. Mais tous les membres du collège étant, dans le principe, exclusivement choisis parmi les patriciens, ils n'usèrent de leur pouvoir que dans l'intérêt politique de leur caste, et se réservèrent à eux seuls la connaissance des jours où l'on pouvait rendre la justice et convoquer les assemblées du peuple. « Tout ce qui concernait l'intercalation, dit Censorinus, était abandonné au bon plaisir des Pontifes; et la majorité du collège, obéissant à des vues d'intérêt personnel, allongeait ou raccourcissait l'année au moyen d'intercalations arbitraires, de façon à prolonger ou à abréger la durée des magistratures, à favoriser ou à léser les fermiers des revenus publics. » Suétone remarque en outre que, par suite de cet abus, jamais la fête de la moisson ne tombait en été, ni celle des vendanges en automne.

L'an 708 de Rome et 46 av. notre ère, Jules César, devenu récemment maître du monde romain, voulut, en sa qualité de grand Pontife (*Pontifex maximus*), régler le c. de façon que ces abus ne pussent plus se reproduire. « La confusion, dit Censorinus, était alors devenue telle que J.-César, le grand Pontife, dans son troisième consulat, ayant pour collègue Lépidus, inséra entre Novembre et Décembre 2 mois intercalaires de 67 jours, quoique Février eût déjà reçu une intercalation de 23 jours; ce qui porta la durée de l'année à 445 jours. » Cette année fut nommée *l'Année de confusion*. En même temps, il prévint le retour de pareilles erreurs, en supprimant le mois intercalaire, et en rendant l'année conforme au cours du soleil. Il ajouta pour cela 10 jours à l'année qui n'en avait précédemment que 355; il les distribua entre les mois de 29 jours, de telle sorte que Janvier, Sextilis et Décembre furent augmentés chacun de deux jours, et les autres d'un jour seulement. Ces jours additionnels furent placés à la fin des mois, pour ne pas déranger les jours de fête de la place qu'ils occupaient depuis si longtemps dans le cours de chaque mois. C'est encore par suite de ce respect pour les habitudes anciennes que, quoiqu'il y ait aujourd'hui 7 mois de 31 jours, les mois qui, avant la réforme, avaient 31 jours, se distinguent encore des nouveaux mois de même longueur, en ce qu'ils ont leurs Nones le 7, tandis que pour les autres elles tombent le 5. Enfin, pour le quart de jour que César considérait comme complétant l'année vraie, il décida qu'à la fin de chaque période de 4 ans, un seul jour serait ajouté là où précédemment se plaçait le mois intercalaire, c.-à-d., immédiatement avant le *Regifugium*, qui est le sixième jour des Calendes de Mars. Ce jour fut nommé *Bis sextus ante calendas Martis* ou le *Bissexte* (*Bissextum*), d'où le nom *d'Année bissextile* donné aux années intercalaires. — Les Calendes de Janvier de l'an de Rome 708 tombèrent le 13 Octobre de l'année 47 av. J.-C. de e. Julien; les Calendes de Mars de 708 tombèrent le 1ᵉʳ janvier de l'an 46 av. J.-C.; enfin, les Calendes de Janvier de 709 de Rome tombèrent le 1ᵉʳ janvier de l'an 45 av. notre ère. Les principes de la *Réforme julienne* avaient été établis par l'astronome égyptien Sosigène.

César avait décrété que le *Bissexte* serait inséré après l'entier accomplissement de la période de quatre ans, *peracto quadriennii circuitu*, comme dit Censorinus. Mais les prêtres interprétèrent dans le sens de tous les trois ans l'expression dont César s'était servi, *quarto quoque anno*. Aussi, l'an 8 av. J.-C., l'empereur Auguste trouvant qu'il avait été fait plus d'inter alations qu'on n'en voulait la loi, il fut décidé que pendant les douze années suivantes il n'y aurait pas d'année bissextile.

La part prise par César et par Auguste à la réforme du c. y fit placer leurs deux noms presque immédiatement. *Quintilis*, le mois où César était né, reçut le nom de *Julius* (*Juillet*), la seconde année Julienne, qui fut celle de la mort du Dictateur. Auguste substitua lui-même son nom à celui du mois Sextilis, qui devint *Augustus* (*Août*), à l'époque où il rectifia l'erreur commise dans le mode d'intercalation. Voy. Août.

Nous mentionnerons ici l'un des plus curieux débris de l'antiquité: c'est le c. rustique connu sous le nom de *Calendarium Rusticum Farnesianum*. Il consiste en un cube gravé sur ses quatre faces: chacune de celles-ci est divisée en trois colonnes, et chaque colonne comprend un mois. En tête du mois on voit le signe correspondant du Zodiaque; viennent ensuite le nom du mois, le nombre de jours qu'il contient, la position des Nones, la longueur relative des jours et des nuits, le nom du signe du Zodiaque, celui du dieu qui préside au mois, les principaux travaux agricoles à exécuter, et la liste des principales fêtes. Nous reproduisons ci-contre les inscriptions de cet almanach pour le mois de mai. On remarquera que l'addition des heures du jour et de la nuit ne donne que 23 heures: vraisemblablement, on n'a pas tenu compte du crépuscule.

MENSIS
MAIVS
DIES. XXXI.
NON. SEPTIM.
DIES. HOR. XIIIIS.
NOX. HOR. VIIIS.
SOL. TAVRO.
TVTELA. APOLLIN.
SEGET. RVNCANT.
OVES TONDENT.
LANA. LAVATVR.
IVVENCI. DOMANT.
VICEA PABVL.
SECATVR.
SEGETES
LVSTRANTVR.
SACRVM. MERCVR.
ET. FLORAÆ.

C. Grégorien. — Le C. *Julien* fut en usage dans l'ancien monde romain pendant près de 17 siècles. Mais, ainsi que nous l'avons expliqué ailleurs (voy. ANNÉE), l'année julienne excède l'année solaire de 11 min. 10 sec., ce qui fait une différence d'un jour en 130 ans environ. En conséquence, au XVIᵉ siècle, une nouvelle réforme du c. était devenue indispensable. Elle fut accomplie en 1582, par le pape Grégoire XIII, qui fit étudier le principe du c. par les astronomes Lilio, Clavius et P. Chacon. Cette réforme consista: 1° dans la suppression des 10 jours comptés en trop depuis l'époque du concile de Nicée qui avait réglé le c. ecclésiastique d'après le c. Julien; 2° dans la suppression de trois années intercalaires en 400 ans. Sur le premier point, il fut décrété que le lendemain du 4 octobre 1582 s'appellerait le 15; d'autre part, que l'ancien c. faisant toutes les années dont le millésime était divisible par 4 étaient bissextiles; il fut décidé que les années dont le millésime se termine par deux zéros, ne seraient bissextiles que si le nombre restant après la suppression des deux zéros était lui-même

bissextile. Il résulte de cette règle que l'on compte 97 années bissextiles sur 400 ans. L'année moyenne est alors de $365\frac{97}{400}$, ou 365ʲ,2425. Comme l'année tropique est de 365ʲ,2422, là différence n'est que de 0ʲ,0003. L'erreur ne pourra donc atteindre 3 jours qu'au bout de 10,000 ans, ou 1 jour après plus de 3,000 ans. Le *nouveau c.* appelé *C. Grégorien* est aujourd'hui suivi par tous les peuples chrétiens à l'exception des Russes, des Grecs, des Roumains, et, en général, des peuples de la religion grecque dite orthodoxe, qui ont conservé le c. Julien, appelé maintenant vieux c. C'est ce qui explique l'usage qu'on a pris dans ces pays de mettre sur les lettres et documents deux dates, l'une du *vieux style*, l'autre du *nouveau style*. La différence entre les deux styles qui était de 10 jours à l'époque de la réforme grégorienne, s'élève aujourd'hui à 12 jours, à cause des années séculaires 1700 et 1800 qui ont été bissextiles dans le c. Julien et communes dans le c. Grégorien. A partir de l'an 1900, elle s'élèvera à 13 jours, si le c. Julien continue d'être usité par la Russie, la Grèce, etc.

Comme curiosité historique et bibliographique, nous offrons ici aux lecteurs du *Dictionnaire encyclopédique* une reproduction en fac-similé, par la photogravure, de la page du c. imprimé à Rome même en 1582 par ordre du pape Grégoire XIII, qui donne le mois d'octobre raccourci et saute subitement du 4 au 15.

Cycl⁰ E-paēt. An. Cor. 1582.	Lfa cal.	Dies menfis.	OCTOBER Cui defunt decem dies pro correctione Anni Solaris.
xxii	A	Kal.	1	Remigii epī & confeſſ
	b	vi	2	
xx.	c	v	3	
xix	d	iiii.No.	4	Franciſci confeſſ. duplex.
viii	A	Idib⁰	15	Dionyſi, Ruſtici, & Eleutherii mart. ſemidup. cum c̄ō. S. Marci Papæ & confeſſoris, & ss. Sergij, Bacchi, Marcelli, & Apuleij martyrum.
vii	b	xvii	16	Calliſti Papæ & mar. ſemid.
vi	c	xvi	17	
v	d	xv	18	Lucæ Euangeliſtæ. dupl.
iiii	e	xiiii	19	
iii	f	xiii	20	Hilarionis abbatis. & cō. 80.
ii	g	xii	21	Vrſulæ & ſoc. virg. & mart.
i	A	xi	22	
	b	x	23	
xxix	c	ix	24	Chryſanthi & Dariæ mar 2.
xxviii	d	viii	25	Euariſti Papæ & mart.
xxvii	e	vii	26	Vigilia.
xxvi	f	vi	27	Simonis & Iudæ Apoſtol. dup.
25xxv	g	v	28	
xxiiii	A	iiii	29	
xxiii	b	iii	30	
xxii	c	Prid.	31	Vigilia.

C. Ecclésiastique. — La rédaction du c. Ecclésiastique qui doit régler les fêtes mobiles impose des conditions auxquelles il est assez difficile de satisfaire. La Résurrection de J.-C. ayant suivi de près l'équinoxe du printemps, d'après la tradition, les premiers Chrétiens voulurent célébrer la fête de Pâques vers l'époque où a lieu ce phénomène astronomique; mais, comme en outre la Résurrection aurait suivi une pleine lune, ils furent également à célébrer cette fête vers le temps de la pleine lune. Mais, vers la fin du IIIᵉ siècle, des discussions assez vives s'étant élevées à ce sujet entre diverses églises, les Pères du Concile de Nicée décidèrent, en 325, que la fête de Pâques serait célébrée le premier dimanche qui suit immédiatement la pleine lune qui arrive le jour de l'équinoxe, ou après le jour de l'équinoxe du printemps. Or, quand on veut déterminer d'après cette règle, pour chaque année en particulier, le jour où tombe la fête de Pâques, il est indispensable de concilier trois périodes, savoir : la semaine, le mois lunaire et l'année solaire. Ceci fait l'objet de calculs particuliers dont l'ensemble a reçu le nom de *Comput*.

C'est aussi d'après ces calculs que l'on a dressé les calendriers religieux dits *perpétuels*, parce qu'ils peuvent servir toutes les années, en indiquant les jours de fêtes fixes et mobiles. Voy. COMPUT.

C. Républicain. — À l'époque de la Révolution française, la Convention nationale conçut l'idée d'imposer à la France une ère nouvelle, et de substituer un autre c. à celui que suivaient tous les peuples de l'Europe. En conséquence, le 5 octobre 1793, elle vota un décret portant qu'à l'avenir l'année commencerait à l'équinoxe d'automne, c.-à-d. le 22 septembre, à minuit. Ce jour fut choisi de préférence à l'équinoxe du printemps, parce que, par une coïncidence tout à fait fortuite, la proclamation de la République française avait eu lieu le 22 septembre 1792. La Convention ordonna, en outre, que l'ère nouvelle daterait du jour même de cette proclamation. Par le même décret, l'année fut partagée en 12 mois de 30 jours, et complétée par l'addition de 5 jours complémentaires qui n'appartenaient à aucun mois. L'année qui terminait chaque période de 4 ans recevait 6 jours complémentaires et était appelée *Sextile*, tandis que l'on donnait le nom de *Franciade* à la période quadriennale elle-même. Enfin, chaque mois fut divisé en trois parties égales nommées *Décades*. — Un décret du 24 novembre 1793 donna ensuite aux mois les noms suivants. AUTOMNE : *Vendémiaire* (mois des vendanges), *Bru-*

maire (m. des brouillards), *Frimaire* (m. des frimas). HIVER : *Nivôse* (m. de la neige), *Pluviôse* (m. pluvieux), *Ventôse* (m. du vent). PRINTEMPS : *Germinal* (m. de la germination), *Floréal* (m. des fleurs), *Prairial* (m. des prairies ou de la fenaison). ÉTÉ : *Messidor* (m. de la moisson), *Thermidor* (m. de la chaleur), *Fructidor* (m. des fruits). Les jours de la décade étaient : *Primidi, Duodi, Tridi, Quartidi, Quintidi, Sextidi, Septidi, Octidi, Nonidi, Décadi.* Les jours complémentaires prenaient le nom de *Sans-culottides*, et le 6e jour complémentaire des années sextiles celui de *Jour de la Révolution.*

Le c. Républicain a été *officiellement* en usage pendant 12 ans environ ; mais depuis longtemps déjà il était tombé en désuétude. Le décret qui l'abolit est du 22 fructidor an XIII : le même décret rétablit le c. Grégorien à partir du 1er janvier 1806 (11 nivôse an XIV). — Le c. républicain, quoi qu'en aient dit ses partisans, ne pouvait subsister : 1° il prenait pour point de départ d'une ère nouvelle un événement particulier à la France ; 2° il donnait aux mois des noms tirés du climat particulier de notre pays ; 3° il supprimait la période de la semaine dont l'usage remonte à une haute antiquité et est profondément enraciné dans nos mœurs. — Voici un tableau de concordance entre ce c. et le c. Grégorien.

Vendémiaire correspondant à septembre.	An II 1793.	An III 1794.	An IV 1795.	An V 1796.	An VI 1797.	An VII 1798.	An VIII 1799.	An IX 1800.	An X 1801.	An XI 1802.	An XII 1803.	An XIII 1804.	An XVI 1805.
Vendém. 1er	22 septembre.	22 s.	23 s.	22 s.	22 s.	22 s.	23 s.	23 s.	23 s.	23 s.	24 s.	23 s.	23 s.
Brumaire 1er	22 octobre.	22 o.	23 o.	22 o.	22 o.	22 o.	23 o.	23 o.	23 o.	23 o.	24 o.	23 o.	23 o.
Frimaire 1er	21 novembre.	21 n.	22 n.	21 n.	21 n.	21 n.	22 n.	22 n.	22 n.	22 n.	23 n.	22 n.	22 n.
Nivôse 1er	21 décembre.	21 d.	22 d.	21 d.	21 d.	21 d.	22 d.	22 d.	22 d.	22 d.	23 d.	22 d.	22 d.

Pluviôse correspondant à janvier.	An II 1794.	An III 1795.	An IV 1796.	An V 1797.	An VI 1798.	An VII 1799.	An VIII 1800.	An IX 1801.	An X 1802.	An XI 1803.	An XII 1804.	An XIII 1805.
Pluviôse 1er	20 janvier.	20 j.	21 j.	20 j.	20 j.	20 j.	21 j.	21 j.	21 j.	21 j.	21 j.	21 j.
Ventôse 1er	19 février.	19 f.	20 f.	19 f.	19 f.	19 f.	20 f.	20 f.	20 f.	20 f.	21 f.	20 f.
Germinal 1er	21 mars.	21 m.	22 m.	21 m.	21 m.	21 m.	22 m.	22 m.	22 m.	22 m.	22 m.	22 m.
Floréal 1er	20 avril.	20 a.	20 a.	20 a.	20 a.	20 a.	21 a.	21 a.	21 a.	21 a.	21 a.	21 a.
Prairial 1er	20 mai.	20 m.	20 m.	20 m.	20 m.	20 m.	21 m.	21 m.	21 m.	21 m.	21 m.	21 m.
Messidor 1er	19 juin.	19 j.	19 j.	19 j.	19 j.	19 j.	20 j.	20 j.	20 j.	20 j.	20 j.	20 j.
Thermid. 1er	19 juillet.	19 j.	19 j.	19 j.	19 j.	19 j.	20 j.	20 j.	20 j.	20 j.	20 j.	20 j.
Fructidor 1er	18 août.	18 a.	18 a.	18 a.	18 a.	18 a.	19 a.	19 a.	19 a.	19 a.	19 a.	19 a.
J. compl. 1er	17 septembre.	17 s.(6)	17 s.	17 s.	17 s.	17 s.(6)	18 s.	18 s.	18 s.	18 s.(6)	18 s.	18 s.

C. Arabe ou Musulman. — À l'époque de Mahomet, c.-à-d. au commencement du VIIe siècle de notre ère, les Arabes se servaient de temps immémorial d'une année lunaire de 354 jours, composée de 12 mois lunaires, ayant alternativement 29 et 30 jours. Mahomet ne toucha pas à cette manière défectueuse de compter le temps. Bien plus, les peuples qui embrassèrent le mahométisme adoptèrent tous le c. Arabe. — Cependant, lorsque les Califes commencèrent à se livrer à l'étude des sciences, les astronomes reconnurent que leur année civile était plus courte que l'année lunaire synodique d'environ 8 heures 48 min. Or, comme cette différence est, au bout de 30 ans, égale à 11 jours, ils imaginèrent de mettre d'accord les deux années en ajoutant un jour intercalaire à 11 années sur une période de 30 ans. Le c. Musulman a donc ainsi des années de 354 jours et d'autres de 355 ; ces dernières se nomment *extraordinaires* ; ce sont les années 2, 5, 7, 10, 13, 15, 18, 21, 24, 26 et 29 de la période. — Voici les noms des mois arabes dans l'ordre de leur succession : *Moharrem*, c.-à-d. le mois sacré, parce qu'il était un des quatre mois que les anciens Arabes appelaient mois de trêve, et pendant lesquels cessaient toutes les hostilités (30 jours) ; *Safar* (29) ; *Réby-el-ewwel*, dont le nom signifie le premier printemps (30) ; *Réby-el-sâni* ou le second printemps (29) ; *Djoumadi-el-ewwel* ou les premières gelées (30) ; *Djoumadi-el-sâni* ou les secondes gelées (29) ; *Redjeb*, qui signifie respect, le mois respectable chez les anciens Arabes, parce qu'il était consacré aux jeûnes et aux trêves (30) ; *Schaban* ou la pousse des arbres (26) ; *Ramadhan*, la chaleur ardente (30) ; *Schewal* (29) ;

Dou'lkaadah, le mois du repos (30) ; *Dou'lhedjah*, le mois du pèlerinage (29 jours dans les années ordinaires et 30 dans les années extraordinaires). — Tout ce que nous venons de dire se rapporte au c. tel que le calculent les astronomes arabes ; mais, dans la pratique, il en est un peu autrement. On se règle, pour commencer chaque mois, sur l'observation directe de la lune. Or, comme une foule de circonstances accidentelles peuvent empêcher d'apercevoir la première apparition de l'astre, il résulte de cet usage absurde que fort souvent la date du commencement d'un même mois varie dans deux localités très voisines, et que, si dans l'énoncé d'une date, on n'indique pas le jour de la semaine, il est impossible d'établir sa concordance précise avec le c. Julien ou le Grégorien.

C. Hindou. — L'année astronomique des Hindous est de 365 jours 6 h. 12 min. 30 sec. : par conséquent, elle est plus longue que l'année tropique d'environ 23 min. 41 sec. Elle commence le 11 ou 12 avril, et se partage en 12 mois. Les Hindous ont en outre une année civile de 365 jours, dont le commencement se règle d'après les tables dressées pour les années astronomiques. Comme leur jour civil commence au lever du soleil, on est convenu, lorsque le nouvel an indiqué par les tables tombe après la 30e heure, c.-à-d. 12 ou les heures après le lever de cet astre (les Hindous divisent leur jour en 60 heures), de renvoyer le nouvel an civil au lendemain. Il en résulte que, dans ce cas, l'année écoulée a eu 366 jours. Ces intercalations forment un cycle de 60 ans, que les Hindous nomment la *grande année*. Chaque année de ce cycle a un nom particulier.

C. Chinois. — Les Chinois ont une année lunaire, qu'ils

divisent en mois de 29 et de 30 jours, et qu'ils font commencer à la nouvelle lune qui approche le plus du 15e degré du Verseau, ce qui correspond aux derniers jours de notre mois de janvier. Pour mettre d'accord cette année avec le cours du soleil, ils intercalent un mois entier sept fois dans une période de 19 ans. Ils suivent en outre la règle d'intercaler le mois pendant lequel le soleil n'entre dans aucun signe du zodiaque. Leurs mois sont divisés en 3 décades. Leurs jours commencent à minuit, et sont partagés en 12 heures, dont chacune reçoit un nom particulier. — Voy. ANNÉE, COMPUT, CYCLE, ÈRE, JOUR, etc.

C. positiviste. — Auguste Comte, qui avait fondé la « religion positiviste », compléta, en 1849, cette fondation par un c. destiné dans sa pensée à remplacer celui des chrétiens. Dans cette religion, l'humanité est substituée à Dieu comme objet du culte privé et public. Ce c. se compose de 13 mois de 28 jours et d'un jour de fête (2 dans les années bissextiles). Les 13 mois portent comme symbole de la marche de l'humanité les noms de Moïse, Homère, Aristote, Archimède, César, saint Paul, Charlemagne, Dante, Gutenberg, Shakespeare, Descartes, Frédéric et Bichat.

C. perpétuel. — Il ne manque pas de systèmes pour calculer le jour de la semaine qui correspond à une date quelconque, et l'on peut en trouver plusieurs récents dans le *Bulletin de la Société astronomique de France.* Voici le plus court, dû à M. Oppert, de l'Institut, membre de cette Société :

L'an 13 de l'ère chrétienne commença par un dimanche, le premier jour de la semaine, et les années 4, 8, 12, 16, 20, 24 de la période solaire de 28 ans qu'il inaugurait, ont été des années bissextiles. La période qui précédait se composa des 16 dernières années avant, et des 12 premières années après l'origine de l'ère chrétienne. Pour trouver la période solaire dans une année quelconque, il faut donc ajouter 16 au millésime, diviser ensuite la somme par 28, ajouter au résidu les jours bissextiles écoulés depuis le commencement de la période, et l'on obtient le jour de la semaine du 1er janvier Julien.

Après les années 5, 9, 13, 17, 21 et 25, il faut insérer 1, 2, 3, 4, 5, 6 jours. Les mêmes dates grégoriennes tombent depuis le 1er mars 1800 jusqu'au 28 février 1900, deux jours plus tard.

Les jours de la semaine se comptent 1, 2, 3, 4, 5, 6, 7, à partir de dimanche.

Exemple : Pour trouver le jour de la semaine correspondant au 4 septembre 1870, on ajoute 16 1870/28 donne pour résidu 10, auquel on ajoute 2 jours bissextiles. Le nombre 12 est 7 n + 5 : donc, le 1er janvier 1870 (Julien) était un jeudi. Donc le 1er janvier Grégorien était un samedi.

Maintenant, dans l'année commune, le 3 septembre tombe le même jour de la semaine que le premier de l'an. Donc le 4 septembre Grégorien de 1870 était un dimanche.

Voici un petit tableau, extrait de l'*Annuaire astronomique* pour 1894, qui permet de trouver facilement et sans calcul le jour de la semaine correspondant à une date quelconque, de 1789 à 1900.

A

1789 1795 1801 1807 1818 1829	1790 .... 1802 1813 1819 1830	1791 .... 1803 1814 1825 1831	1793 1799 1805 1811 1822 1833	1794 1800 1806 1817 1823 1834	1786 1797 1809 1815 1826 1837	1787 1798 1810 1821 1827 1838	ANNÉES BISSEXTILES						
							1792 1804	1796 1808	 1812	1816	1820	1824	1828
Janvier. . .	4	5	6	2	3	7	1	7	5	3	1	6	4	2
Février. . .	7	1	2	5	6	3	4	3	1	6	4	2	7	5
Mars	7	1	2	5	6	3	4	4	2	7	5	3	1	6
Avril	3	4	5	1	2	6	7	7	5	3	1	6	4	2
Mai	5	6	7	3	4	1	2	2	7	5	3	1	6	4
Juin	1	2	3	6	7	4	5	5	3	1	6	4	2	7
Juillet . . .	3	4	5	1	2	6	7	7	5	3	1	6	4	2
Août	6	7	1	4	5	2	3	3	1	6	4	2	7	5
Septembre . .	2	3	4	7	1	5	6	6	4	2	7	5	3	1
Octobre . .	4	5	6	2	3	7	1	1	6	4	2	7	5	3
Novembre . .	7	1	2	5	6	3	4	4	2	7	5	3	1	6
Décembre . .	2	3	4	7	1	5	6	6	4	2	7	5	3	1
1835 1846 1857 1863 1874 1885 1891	1841 1847 1858 1869 1875 1886 1897	1842 1853 1859 1870 1881 1887 1898	1839 1850 1861 1867 1878 1889 1895	1845 1851 1862 1873 1879 1890 1899	1843 1854 1865 1871 1882 1893 1900	1849 1855 1866 1877 1883 1894	1832 1860 1888	1836 1864 1892	1840 1868 1896	1844 1872	1848 1876	1852 1880	1856 1884

B

	1	2	3	4	5	6	7
Lundi. . . .	1 8 15 22 29	7 14 21 28	6 13 20 27	5 12 19 26	4 11 18 25 31	3 10 17 24	30 2 9 16 23
Mardi. . . .	2 9 16 23 30	1 8 15 22 29	7 14 21 28	6 13 20 27	5 12 19 26	4 11 18 25	31 3 10 17 24
Mercredi . .	3 10 17 24 31	2 9 16 23 30	1 8 15 22 29	7 14 21 28	6 13 20 27	5 12 19 26	4 11 18 25
Jeudi. . . .	4 11 18 25	3 10 17 24 31	2 9 16 23 30	1 8 15 22 29	7 14 21 28	6 13 20 27	5 12 19 26
Vendredi . .	5 12 19 26	4 11 18 25	3 10 17 24 31	2 9 16 23 30	1 8 15 22 29	7 14 21 28	6 13 20 27
Samedi . . .	6 13 20 27	5 12 19 26	4 11 18 25	3 10 17 24 31	2 9 16 23 30	1 8 15 22 29	7 14 21 28
Dimanche . .	7 14 21 28	6 13 20 27	5 12 19 26	4 11 18 25	3 10 17 24 31	2 9 16 23 30	1 8 15 22 29

Pour trouver le jour de la semaine qui correspond à une date quelconque, il faut d'abord chercher au tableau A, dans la colonne verticale de l'*année* et dans la ligne horizontale du *mois*, le chiffre donné par le tableau. Puis on cherchera au tableau B, dans la colonne marquée de ce chiffre, le *jour* de la date en question. Le jour de la semaine qui est en regard est le jour cherché.

Examples : Quel jour de la semaine était le 14 juillet 1789? Au tableau A, le chiffre inscrit à la colonne 1789, en face juillet, est 3. Au tableau B, sous la colonne 3, le 14 correspond au mardi. Donc le 14 juillet 1789 était un mardi. Quel jour de la semaine correspond au 4 septembre 1870 ? Au tableau A, le chiffre inscrit à l'intersection de la colonne de 1870 et du mois de septembre est 4. Au tableau B, dans la colonne 4, le 4 correspond au dimanche. Donc le 4 septembre 1870 était un *dimanche*.

Une personne est née le 26 février 1842, à 1 heure du matin. A quel jour de la semaine cette date correspond-elle ? Au tableau A, le chiffre correspondant à 1842 et à février est 2. Au tableau B, à la colonne 2, le 26 correspond à samedi. Donc cette personne est née dans la nuit du vendredi au samedi.

Le c. en usage chez la plupart des peuples modernes (c. Grégorien) n'est ni rationnel ni logique, et se ressent toujours de ses origines barbares et des incohérences de son histoire. Le c. devrait commencer le jour moyen de l'équinoxe de mars (20 mars), équinoxe de printemps de l'hémisphère boréal, qui renferme la majorité de l'espèce humaine, se composer de quatre trimestres égaux formés chacun de 31, 30 et 30 jours, chaque trimestre contenant 13 semaines exactement. Total : 364 jours. Le 365e jour, jour complémentaire des 52 semaines, serait considéré comme en dehors et s'appellerait le jour de l'an ou janvier 0. Dans les années bissextiles, il y aurait deux jours de fête entre chaque année. Toutes les années commenceraient par un même jour, par exemple le lundi, et les mêmes dates correspondraient indéfiniment aux mêmes jours de la semaine. Le partage du temps par semaine est à conserver, parce qu'il y a là une période en harmonie avec les forces humaines et une coupure utile au meilleur emploi de ces forces. Les premiers mois de chaque trimestre commenceraient par un jeudi, les deuxièmes mois par un jeudi et les troisièmes par un samedi. En même temps que le c. serait ainsi simplifié, il pourrait être regardé comme d'un usage perpétuel, puisque toutes les années seraient semblables.

Mais ce n'est pas une nation seule qui pourrait prendre l'initiative de cette réforme définitive : un arbitrage international serait indispensable pour l'étude et l'adoption du projet. Dans ce c. rationnel, on serait sans doute conduit à choisir pour origine de l'ère une époque astronomique, au lieu d'un fait religieux ou politique. L'époque qui se présente comme tout indiquée est celle à laquelle le solstice de décembre a coïncidé avec le périhélie, c.-à-d. l'année 1248. Comme la période de la révolution du solstice et des équinoxes le long de l'orbite est de 25765 ans, on pourrait fixer l'origine de la première ère à l'an 24517 avant J.-C., afin de supprimer les dates négatives et d'embrasser l'histoire entière. — Mais l'humanité n'étant pas logique, ce projet de simplification ne peut être qu'un rêve.

C. de Flore. — On nomme ainsi un tableau qui indique les noms des principaux végétaux dont la floraison a lieu dans chaque mois d'un climat donné. Le c. suivant, dû à Lamarck, se rapporte au climat de Paris. — *Janvier* : l'hellébore noir (rose de Noël). *Février* : l'aune, le saule-marceau, le noisetier, le bois-gentil, le perce-neige, etc. *Mars* : le cornouiller mâle, l'anémone hépatique, le buis, le thuya, l'if, l'amandier, le pêcher, l'abricotier, le groseillier épineux, la giroflée jaune, la primevère, l'alaterne, etc. *Avril* : le prunier épineux, la tulipe, la jacinthe, l'orobe printanier, la petite pervenche, le frêne commun, le bouleau, l'orme, la fritillaire impériale, les érables, les poiriers, etc. *Mai* : les pommiers, les lilas, le marronnier, le gainier ou arbre de Judée, le merisier à grappes, le cerisier, le frêne à fleurs, le faux ébénier, la pivoine, le muguet, la bourrache, le fraisier, le chêne, etc. *Juin* : la sauge, le coquelicot, la ciguë, le tilleul, la vigne, les nénuphars, le lin, le seigle, l'avoine, l'orge, le froment, la digitale, le pied-d'alouette, le millepertuis, etc. *Juillet* : l'hysope, la menthe, l'origan, la tanaisie, la carotte, les œillets, la laitue, le houblon, le chanvre, la salicaire, la chicorée sauvage, le catalpa, etc. *Août* : la scabieuse, la parnassie, la gratiole, la balsamine des jardins, l'euphrasie jaune, plusieurs asclépiadées, les rudbeckia, les silphium, les coréopsis, le viorne laurier-tin, etc. *Septembre* : le pavot, l'aralie ou angélique épineuse, le lierre, le cyclamen, l'amaryllis jaune, le colchique, le safran. *Octobre* : l'aster à grandes fleurs, l'helianthe tubéreuse ou topinambour, l'anthémis à grandes fleurs, etc. *Novembre* : les chrysanthèmes, plusieurs tussilages odorants. *Décembre* : l'hellébore noir.

CALENDULACÉES. s. f. pl. T. Bot. Ancien groupe de plantes dont le type était le Souci, de la famille des *Composées*.

CALENDULE. s. f. (lat. *calendula*, m. s.). T. Bot. Nom scientifique du genre Souci, de la famille des *Composées*. Voy. ce mot. || T. Ornith. Genre d'oiseaux dont le type est l'alouette à gros bec d'Afrique.

CALENTURE. s. f. (esp. *calentura*, fièvre; lat. *calere*, être chaud). T. Méd. On a voulu donner ce nom à une prétendue maladie particulière aux marins en voyage dans les régions tropicales, et caractérisée par du délire aigu, des hallucinations, de la fièvre; cette maladie n'existe pas, ce n'est que le symptôme de fièvres rémittentes ou de coups de chaleur.

CALENZANA, ch.-l. de c. (Corse), arr. de Calvi, 3,000 h.

CALEPIN. s. m. Nom d'un vieux dictionnaire latin-italien publié en 1502 par Ambroise Calepino, savant italien. || Tout recueil de mots, de notes, d'extraits, qu'une personne compose pour son usage. *Mettez cela sur votre c.* || Morceau de peau ou d'étoffe qu'on met sous la balle de la carabine.

CALEPINO, religieux et lexicographe italien, auteur du premier *Dictionnaire latin*, en 1502.

CALER. v. a. (R. *cale*). Mettre un objet de niveau, l'assujettir au moyen d'une cale, l'installer d'une manière solide. *C. une poutre, une table. Les éléphants vont eux-mêmes chercher des pierres pour caler un tonneau* (BUFFON). || T. Tech. et Chem. de f. *C.* une soupape *d'une machine à vapeur*, Les empêcher de se soulever lorsque la pression est trop forte. == CALER. v. a. T. Mar. Abaisser. Se dit en parlant des basses vergues, des mâts de hune ou de perroquet, que l'on amène, que l'on abaisse le long du mât qui les porte. *C. une voile, un mât. C. à mi-mât. C. tout en bas.* || Fig. et fam., *C. la voile,* Rabattre de ses prétentions, baisser le ton. *Avec lui il vous faudra c. la voile.* == CALER. v. n. Se dit du tirant d'eau d'un bâtiment. *Ce navire cale deux mètres.* == CALÉ, ÉE. part. *Calé dans son fauteuil, il attendit le solliciteur.* En dehors des acceptions communes à celles du verbe, on dit familièrement *calé* pour « être sûr » : *il est calé sur la géographie;* aussi pour « être dans l'aisance » : *C'est un homme calé.*

CALÈRE. s. f. T. Pêche. Grand carreau établi à l'avant d'un petit bateau et qu'on relève au moyen d'un contrepoids.

CALÈTES, peuple de l'ancienne Gaule, dans la Lyonnaise IIe entre l'Océan au N., les Ambiani à l'E., les Velliocasses au S. et les Lexovii à l'O. Leur capitale était Juliabona, aujourd'hui Lillebonne (Seine-Inférieure, pays de Caux).

CALFAIT. s. m. (R. *calfater*). T. Mar. Espèce de ciseau pour calfater.

CALFAT. s. m. (R. *calfater*). T. Mar. Ouvrier dont le métier est de calfater les bâtiments. *Maître c. Bon c.*

CALFATAGE. s. m. Action de calfater un bâtiment; résultat même de cette action.

CALFATER. v. a. (ital. *calafatare*; bas-gr. χαλαφατεῖν, de l'arabe *halafa*, m. s.). T. Mar. Boucher avec de l'étoupe, les joints, les trous et les fentes d'un bâtiment, et l'enduire de poix, de goudron, etc., pour empêcher que l'eau ne pénètre à l'intérieur. *C. un navire.* == CALFATÉ, ÉE. part.

CALFATIN. s. m. T. Mar. Jeune garçon servant les calfats.

CALFEUTRAGE. s. m. Action de calfeutrer; l'ouvrage même qui résulte de cette action.

CALFEUTRER. v. a. (même mot que *calfater*, modifié sous l'influence de *feutre*). Boucher, fermer les fentes, les petites ouvertures d'une porte, d'une fenêtre, avec du feutre, des lisières, des bourrelets, etc., pour empêcher que l'air froid n'entre dans une chambre. *J'ai fait c. mes portes et ses fenêtres.* == SE CALFEUTRER. v. pron. Fig. et fam., *Il se calfeutre chez lui et ne voit personne,* Il se tient renfermé chez lui, etc. == CALFEUTRÉ, ÉE. part.

CALHOUM, homme d'État américain (1782-1850).

CALIBAN, personnage fantastique de la *Tempête* de Shakespeare, gnome-démon.

CALIBRAGE. s. m. (R. *calibre*). T. Poterie. Opération qui consiste à abaisser un calibre sur la pièce faite. || T. Mar Mesurage des calibres

CALIBRE. s. m. (arabe, *kalub*, moule). Diamètre intérieur d'un tube quelconque. || T. Artill Se dit du diamètre intérieur des armes à feu, et du diamètre extérieur de leurs projectiles. — Instrument à l'aide duquel on mesure le c. *Passer des balles au c.* || T. Archit. Diamètre, grosseur. *Ces deux fûts de colonne sont de même c.* — Profil découpé sur une plaque de métal ou sur une planche de bois, qui sert à traîner les corniches de plâtre ou de stuc. || T. Techn. Se dit de divers instruments dont la forme diffère, mais qui sont en général destinés à servir de mesure, de moule, de patron. || Fig. et fam., La qualité, l'état, etc., d'une personne. *Ces deux hommes sont loin d'être du même c.* Peu usité.

CALIBRER. v. a. Donner le calibre, la grosseur convenable. *C. un boulet, des balles.* || Mesurer le calibre, le diamètre. *C. un canon, un mortier.* = CALIBRÉ, ÉE. part.

CALIBREUR. s. m. Appareil pour mesurer le diamètre intérieur des tubes.

CALICAL, ALE. adj. T. Bot. Qui est du calice. *Téguments calicaux.*

CALICE. s. m. (lat. *calix*, gr. κάλυξ, coupe). Le vase sacré dans lequel, en souvenir de la Cène, se fait la consécration du vin dans le sacrifice de la messe. *C. d'or, d'argent. Elever le c.* || Fig. et prov., *Boire le c., avaler le c.,* Souffrir quelque peine, quelque humiliation.

Mes lèvres à jeun ont goûté
Le calice amer de la vie.
     LAMARTINE.

Boire le c. jusqu'à la lie, Souffrir une humiliation, une douleur aussi cruelle qu'il est possible. || T. Bot. Nom du verticille le plus externe de la fleur, formé de pièces appelées *sépales.* Les sépales d'un c. Le c. des fuchsias est très coloré. || Fig. poët. L'amour repose au fond des âmes pures comme une goutte de rosée dans le c. d'une fleur (LAMENNAIS).

Imitez du frelon le volage caprice;
Il va de chaque fleur caresser le calice.
     BERCHOUX.

|| T. Zool. Capsule contenant l'ovule dans l'ovaire de la poule.

CALICHE. s. m. Agglomération de sable et de substances salines recouvrant le guano. || Espèce de terre à salpêtre.

CALICIFORME. adj. T. Bot. En forme de calice.

CALICINAL, ALE. adj. T. Bot. Se dit des parties qui appartiennent au calice. *Folioles calicinales.*

CALICINIEN, ENNE. adj. (R. *calice*). T. Bot. Qui provient de la transformation du calice.

CALICOT. s. m. (*Calicut,* ville de l'Inde). Sorte de toile de coton moins fine que la percale et dont le tissu n'est pas croisé. || Pop. et par dénigrement, Commis chez un marchand de nouveautés.

CALICULAIRE. adj. Qui est du calicule.

CALICULE. s. m. (Dim. de *calice*). T. Bot. Sorte d'involucre qui entoure une fleur, et lui constitue un second calice, extérieur au calice proprement dit. Voy. BRACTÉES.

CALICUT, ville d'Asie (Hindoustan), côte de Malabar, 57,000 hab. — Premier fort où aborda Vasco de Gama (1498).

CALIDAÇA, poète indien, auteur de *Sâkountalâ.* On ignore à quelle époque il vivait.

CALIER. s. m. (R. *cale*). T. Mar. Maître ou chef de la cale.

CALIFAT. s. m. Dignité du calife.

CALIFE. s. m. (ar. *khalifa,* vicaire). T. Hist. Le fondateur de la religion musulmane, Mohammed, que l'on désigne vulgairement sous le nom de Mahomet, étant mort en 632 sans désigner son successeur, Abou-Bekr et Ali, le premier beau-

père et le second gendre du prophète, se disputèrent vivement la succession de celui-ci. Abou-Bekr, l'ayant emporté sur son concurrent, grâce aux intrigues d'Aïcha, veuve de Mahomet, prit le titre de *Khalifa-Raçoul-Allah,* c.-à-d. lieutenant du prophète de Dieu, car il réunissait en sa personne le pouvoir spirituel et le pouvoir temporel qu'avait possédé Mahomet, comme envoyé de Dieu. Les historiens occidentaux latinisèrent le premier de ces mots, et appliquèrent le nom de *Califat* à l'empire arabe, et celui de *Calife* au souverain de cet empire. Omar, autre gendre de Mohammed, qui succéda à Abou-Bekr (633-643), et que l'on regarde comme le véritable fondateur du *Califat,* conquit la Syrie et l'Egypte, bâtit Bassora et Koufa, et introduisit l'ère de l'*Hégire.* Il se fit appeler *Emir-el-Moumînîn,* ou prince des croyants, titre que prirent aussi tous ses successeurs, que les écrivains chrétiens transformèrent en *Miramolin.* Moawiad 1er, cinquième calife (661-680), transporta le califat de Médine à Damas, et, supprimant le mode électif suivi jusqu'alors pour le remplacement des califes, rendit l'autorité héréditaire dans sa famille. C'est donc à lui que commence la première des nombreuses dynasties qui régnèrent pendant près de 900 ans sur les populations musulmanes. A l'époque de sa plus grande splendeur, l'empire des Arabes comprenait, outre la presqu'île arabique et la Syrie, l'Egypte, l'Abyssinie, la Barbarie, l'Espagne et le Portugal, l'Asie Mineure et toutes les contrées à l'ouest de ce dernier pays qui avaient fait partie du royaume des Perses. Mais au milieu même de sa prospérité, des tendances à l'isolement se montrèrent dans plusieurs de ses provinces. L'Espagne réussit la première à se séparer. Un prince de la famille des Ommiades, Ab-der-Rhaman, y créa, vers le milieu du VIIIe siècle, un Etat indépendant, et prit lui-même le titre de calife. Un peu plus de deux siècles après, vers 970, les Fatimites, s'étant rendus maîtres de l'Egypte, s'attribuèrent également le titre de califes, de telle sorte qu'on vit alors trois califats à la fois, l'un à Bagdad, l'autre au Caire et le troisième à Cordoue. Le califat d'Espagne fut détruit par les Almoravides, en 1031, et celui d'Egypte par Saladin, en 1171. Quant au califat de Bagdad, il exista jusqu'à la prise de cette ville par les Mongols, en 1258; il avait duré 626 ans. La destruction de l'empire arabe ne fit pas pour cela disparaître le titre de calife; seulement, ceux qui le portèrent après cet événement ne conservèrent plus qu'une sorte de suprématie spirituelle et religieuse sur les Musulmans. Lorsque les Turcs s'emparèrent de l'Egypte, en 1517, ils respectèrent le calife nominal qu'ils y trouvèrent, mais le sultan se fit céder, par ce dernier, la suprématie de calife, afin de joindre à son pouvoir temporel l'influence religieuse que devait lui donner sur les peuples musulmans le nom de lieutenant du prophète. En signe de cette suprématie, le sultan conserve à Constantinople le fameux étendard, *Sandjak-chérif,* qui passait pour avoir appartenu à Mahomet. — Le *Calife de Bagdad,* opéra-comique en un acte, paroles de Saint-Just; musique de Boïeldieu.

CALIFORNIE (BASSE ou VIEILLE-), vaste presqu'île de l'Amérique du Nord (Mexique), 30,000 hab., cap. *La Paz.*

CALIFORNIE (HAUTE ou NOUVELLE-), un des Etats-Unis d'Amérique, cap. *Sacramento,* v. pr. *San-Francisco.* Voy. pour ces deux régions du Mexique et des Etats-Unis la *Carte de l'Amérique.* Mines d'or, d'argent, de cuivre, de mercure, etc. Commerce important, surtout en moutons. Le mot *Californie* a été de 1848 à 1870 synonyme de mine d'or. C'est dans la Nouvelle-Californie, dans la vallée du Sacramento, que les premières pépites furent découvertes, par hasard. De 1848 à 1860, la production annuelle a été de 250 millions de francs (en valeurs déclarées). Ensuite elle s'est abaissée graduellement à 150 millions (1870), à 100 millions (1880), à 72 millions (1886), à 50 millions (1892). La population de cet Etat, qui était de 92,000 ha. en 1850, s'est élevée à 379,000 en 1860, à 560,000 en 1870, à 864,000 en 1880, à 1,300,000 en 1890.

CALIFOURCHON (A). loc. adv. (celt. *cali,* équivalent du lat. *æqualis,* égal, et *fourche*). Jambe deçà, jambe delà, comme quand on est à cheval. *Etre à c. sur un bâton, sur un banc.* || Fig. et fam., s'emploie subst., dans le sens de manie. *C'est son c.*

CALIGE. s. f. (lat. *caliga,* sandale). T. Antiq. Chaussure des gens de guerre. || T. Zool. Poissons lophobranches de la famille des *Syngnathes.*

CALIGINEUX, EUSE. adj. (lat. *caligo,* brouillard). T.

Didact. Qui est de la nature du brouillard, envahi par le brouillard.

CALIGULA, fils de Germanicus et d'Agrippine (la première, fille d'Agrippa, mère de la mère de Néron), empereur romain (37-41), fameux par ses cruautés.

CÂLIN, INE. s. (celt. *cal*, sommeil?). Niais et indolent. Dans ce sens, ne s'emploie guère qu'au masc. *Faire le c.* Fam. || Cajoleur. *Un petit c. Vous êtes une petite câline.* || Adject. *Un enfant c. Avoir l'air c.*

CÂLINAGE. s. m. *Boîte de c.*, Petite boîte de hêtre fermant à crochet.

CÂLINER. v. a. (R. *câlin*). Caresser, cajoler. *Comme tu câlines ton grand papa!* Fam. ≡ **CÂLINER (SE).** v. pron. Rester dans l'inaction, dans l'indolence. *Il passe le temps à se c. dans un fauteuil.* Fam. et peu usité.

CÂLINERIE. s. f. Cajolerie, manières câlines. *Il n'aime pas les câlineries.* Fam.

CALINO. Personnage d'invention niais et naïf. Voici un exemple du genre d'esprit que symbolise ce type : « Pourquoi ne m'as-tu pas écrit? demanda Calino à son ami. — Parce que j'avais oublié ton adresse. — Tu n'avais qu'à m'écrire pour me la demander. »

CALIORNE. s. f. (ital. *caliorna*, corruption de *Carnale*, m. s.). T. Mar. Sorte de fort palan. Voy. **Poulie.** On écrit aussi **Calvorne.**

CALIPPIQUE. adj. Fausse orthographe de *Callipique.*

CALISSOIRE. s. f. Poêle remplie de feu que l'on employait autrefois pour le lustrage des étoffes.

CALISSON. s. m. Sorte de pâtisserie avec fruits confits.

CALISTO, fille de Lycaon, roi d'Arcadie, fut changée en ourse par Junon, et placée au ciel par Jupiter (Mythol.).

CALIXTE ou **CALLISTE**, nom de 3 papes, dont le premier (217-222) fut martyrisé.

CALIXTIN. s. m. (lat. *calix*, calice). Nom d'une secte hussite qui communiait sous les deux espèces.

CALLA ou **CALLE.** s. f. [Pr. *cala* ou *cale*]. T. Bot. Genre de plantes de la famille des *Aroïdées.* Voy. ce mot.

CALLAC, ch.-l. de c. (Côtes-du-Nord), arr. de Guingamp, 3,400 hab.

CALLAÏDE ou **CALLAÏS.** s. f. [Pr. *cal-la-is* ou *cal-la-ïde*] (mot lat.). Pierre précieuse d'un bleu pâle ou d'un vert pâle.

CALLAO, port du Pérou sur le Grand Océan, à 14 kil. de Lima, 33,500 hab.

CALLAS, ch.-l. de c. (Var), arr. de Draguignan, 1,500 hab.

CALLCOTT, peintre célèbre de l'école anglaise (1770-1844).

CALLE. s. f. [Pr. *cale*]. T. Mar. Machine servant à retirer de l'eau les navires qui doivent être radoubés. || T. Techn. Pièce de bois ou d'une autre matière qui en soutient une autre que l'on travaille.

CALLE (LA), v. et port du dép. de Constantine (Algérie), arr. de Bône, 5,800 hab.

CALLÉES. s. f. pl. (R. *calle*). T. Bot. Tribu de plantes de la famille des *Aroïdées.* Voy. ce mot.

CALLET, mathématicien français, donna en 1783 une édition des *Tables de logarithmes* de Gardiner (1744-1798).

CALLEUX, EUSE. adj. [Pr. *caleu*] (lat. *callosus*, m. s.). Où il y a des callosités. *Les bords c. d'un ulcère. Des mains calleuses.* || T. Anat. *Corps c.*, Grande bande de matière médullaire unissant les deux hémisphères. Voy. **Encéphale.**

CALLIANASSE. s. f. [Pr. *cal-li-anasse*] (nom mythol.). T. Zool. Crustacé décapode de la famille des *Thalassiniens.* Voy. **Macroures.**

CALLICARPE. s. m. [Pr. *cal-li-carpe*] (gr. χάλλος, beauté : καρπός, fruit). T. Bot. Genre d'arbrisseaux de la famille des *Verbénacées.* Voy. ce mot.

CALLICHROME. s. m. [Pr. *cal-li-krôme*] (gr. χάλλος, beauté; χρῶμα, couleur). T. Ent. Genre d'insectes coléoptères tétramères qui, comme l'indique leur nom, se font remarquer par leurs couleurs brillantes métalliques ou veloutées. Voy. **Longicornes.**

CALLICHTE. s. m. [Pr. *cal-lik-te*] (gr. χάλλος, beauté: ἰχθύς, poisson). T. Ichl. Genre de poissons de la famille des *Siluroïdes.* Voy. ce mot.

CALLICRATE, architecte grec (Ve siècle av. J.-C.), construisit le Parthénon.

CALLICRATIDAS, général de Sparte, fut vaincu et tué aux îles Arginuses (406 av. J.-C.).

CALLIDIE. s. f. [Pr. *cal-lidi*] (gr. χάλλος, beauté; εἶδος, forme). T. Entom. Genre d'insectes coléoptères tétramères. Voy. **Longicornes.**

CALLIÉPIE. s. f. [Pr. *cal-li-épi*] (gr. χάλλος, beauté; ἔπος, parole). T. Gram. Style élégant, académique.

CALLIGONUM. s. m. [Pr. *cal-li-go-nome*] (gr. χάλλος, beauté; γόνυ, articulation). T. Bot. Genre de plantes qui croissent en Orient, de la famille des *Polygonacées.*

CALLIGRAPHE. s. m. [Pr. *cal-li-grafe*]. Celui qui s'occupe de la calligraphie, qui s'applique à la calligraphie. *Un c. habile.*

CALLIGRAPHIE. s. f. [Pr. *cal-li-grafi*] (gr. χάλλος, beauté; γράφειν, écrire). Ainsi que l'indique son étymologie, la c. est l'art de bien tracer les caractères de l'écriture. On appelle *plein* la ligne tracée par toute la largeur du bec de la plume, soit en descendant, soit en montant, de manière que les deux parties du bec appuient bien horizontalement sur le papier. Le *délié* est le trait que produit la plume par sa *carne* ou tranchant, quelle qu'en soit la direction. Les calligraphes distinguent cinq espèces d'écritures : la *Gothique*, la *Ronde*, la *Bâtarde*, la *Coulée* et l'*Anglaise* ou *Cursive*. Cette distinction est fondée sur la pente, la hauteur et la largeur des lettres, sur le rapport des pleins et des déliés, et sur la manière de les joindre. Les écritures dites *carrées*, *fleurisées*, *mariées*, *tremblées*, etc., ne sont que des écritures de fantaisie, et ne forment pas de genres à part. — L'écriture *Gothique*, la plus ancienne des cinq, est taillée à angles droits; les pleins de la lettre sont perpendiculaires à la ligne horizontale que suit la main; mais ces pleins s'unissent entre eux par des lignes brisées, ce qui donne à chaque lettre une forme anguleuse. C'est une imitation de l'écriture des anciens manuscrits. On ne l'emploie, en France, que pour des titres d'ouvrages ou chapitres; en Allemagne, au contraire, elle est encore d'un usage plus général. — La *Ronde* semble dérivée de la gothique : elle est droite au lieu d'être penchée; mais elle n'offre plus les lignes brisées de la précédente. — La *Bâtarde* est une imitation de l'écriture romaine. Elle nous est venue d'Italie, comme la ronde. Les lettres sont penchées, à jambages pleins et à liaisons arrondies. Cette sorte d'écriture se fait surtout remarquer par la facilité qu'elle offre à la lecture. Elle exclut tout espèce d'ornement, et c'est même à sa sévérité qu'elle doit ce caractère particulier de clarté et de précision qui la distingue de tous les autres genres. — La *Coulée* ne date que du XVIIIe siècle. C'est une écriture penchée dont les lettres sont toutes unies entre elles par des déliés continus. Elle fut imaginée par des calligraphes qui voulurent ajouter des ornements et des traits aux différentes lettres. Elle n'est pas sans mérite, mais certaines lettres, *m*, *n*, *u*, ne se distinguent pas assez aisément, ce qui rend la coulée moins facile à lire que la bâtarde et que l'*Anglaise*. Celle-ci n'est formée que de caractères ovales très penchés. On l'appelle aussi *Cursive*, du latin *currere*, courir, parce qu'elle permet une assez grande rapidité. Elle est remarquable par l'élégance de ses proportions et de ses déliés : c'est l'écriture la plus agréable à l'œil, mais elle est moins aisée à lire que la bâtarde.

la c. a compté autrefois de véritables artistes, sans parler des copistes du moyen âge, dont Sylvestra a si bien réussi à imiter les merveilles. Nous nommerons, parmi ceux qui l'ont cultivée avec le plus de succès, les Bardedor, les Rossignol, les Michel, les Losgret et les Alais, qui vivaient tous sous Louis XIV. Il s'est même trouvé, à diverses époques, des calligraphes qui ont réussi à manier la plume avec assez de légèreté pour accomplir des travaux presque merveilles. Elien parle d'un homme qui traçait des vers d'Homère sur des grains de millet. Pline en mentionne un autre qui avait copié l'Iliade en caractères assez fins pour que tout l'ouvrage pût être renfermé dans une coquille de noix. On cite chez les modernes les Italiens Girolamo Rocco, Alunno et Siniba.do de Lurza, et l'Anglais Œillard, qui copiaient à la plume avec tant d'adresse les estampes des grands maîtres que les plus habiles connaisseurs les croyaient gravées. On a longtemps montré, et l'on montre peut-être encore à Oxford un portrait de Charles Ier, composé de caractères d'écriture d'une si grande finesse, qu'on les prend, à une petite distance, pour des traits de burin, et dont les lignes de la figure et de la fraise contiennent le Credo, les Psaumes et le Pater — Mais si la c. a joui à certaines époques d'une vogue justement méritée, nous devons dire qu'elle est tombée aujourd'hui dans une sorte de discrédit qui s'explique suffisamment par la diffusion des ouvrages imprimés. La génération contemporaine ne demande avec raison qu'une chose à l'écriture : la *lisibilité*.

CALLIGRAPHIQUE. adj. 2 g. [Pr. *cal-li...*] Qui a rapport à la calligraphie. *Exercices calligraphiques.*

CALLIGRAPHIQUEMENT. adv. [Pr. *cal-li..*]. D'une manière calligraphique.

CALLIMA. s. m. [Pr. *cal-lima*] (gr. κάλλιμος, très beau, superl. de καλός, beau). Beaux papillons des régions tropicales, mesurant, dans l'Inde, 9 cent. d'envergure (*Callima Inachis*).

CALLIMAQUE, statuaire et architecte corinthien du VIe siècle av. J.-C., inventeur du chapiteau corinthien. Voy. ACANTHE.

CALLIMAQUE, poète grec (300 av. J.-C.).

CALLIMORPHE. s. f. [Pr. *cal-li-morphe*] (gr. κάλλος, beauté; μορφή, forme). T. Ent. Genre d'insectes lépidoptères nocturnes qui rentre dans la famille des *Euprepiadæ*. Les antennes sont ciliées dans les deux sexes. Voy. BOMBYCITES.

CALLIONYME. s. m. [Pr. *cal-li-onyme*] (gr. κάλλος, beauté; ὄνυμα, nom). T. Icht. Genre de poissons acanthoptérygiens. Voy. GOBIOÏDES.

CALLIOPE. s. f. T. Mythol. Nom de la Muse de la poésie épique. || T. Astr. Une des petit s planètes entre Mars et Jupiter. || T. Ornith. Espèce de fauvette.

CALLIPÉDIE. s. f. [Pr. *cal-li-pédi*] (gr. καλλιπαιδία, de καλός, parfois κάλλος; παῖς, παιδός, enfant). Ensemble de conseils donnés aux parents pour qu'ils procréent des enfants aussi beaux que possibles.

CALLIPIQUE. adj. 2 g. [Pr. *cal-li-pike*]. T. Ast. *Période* c., Période lunaire de soixante-seize ans inventée par l'astronome Callipe pour corriger le cycle de Méton. Cette période de 76 ans, après laquelle les nouvelles lunes devaient revenir au même jour de l'année solaire n'est pas tout à fait exacte, car dans l'espace de 353 ans elles sont en retard d'un jour entier. Voy. COMPUT.

CALLIPTÉRIS. s. m. [Pr. *cal-li-plé-riss*] (gr. κάλλος, beauté; πτέρις, fougère). T. Paléont. et Bot. Genre de Fougères fossiles renfermant quatre espèces qui se rencontrent dans le houiller, le permien et le trias.

CALLIPYGE. adj. 2 g. [Pr. *cal-li-pije*] (gr. κάλλος, beauté; πυγή, fesse). T. Antiq. *Vénus* c., « Vénus aux belles fesses » adorée dans un temple deSyracuse. — Statue de Vénus trouvée dans la Maison dorée de Néron, et actuellement au Musée de Naples.

CALLIRHOË. Ce mot grec, qui signifie « belle fontaine », désigna plusieurs nymphes personnifiant des fontaines.

CALLISTE. Voy. CALIXTE.

CALLISTEMON. s. m. [Pr. *cal-lis-témon*] (gr. κάλλος, beauté; στήμων, fiel, étamine). T. Bot. Genre de plantes de la famille des *Myrtacées*, tribu des *Leptospermées*. Voy. MYRTACÉES.

CALLISTHÈNE. s. f. [Pr. *cal-li-stène*] (gr. καλλισθένης, robuste, de κάλλος, et σθένος, force). T. Bot. Genre de plantes de la famille des *Vochysiacées*. Voy. ce mot.

CALLISTHÈNE, philosophe grec, refusa d'adorer Alexandre et fut mis à mort sous prétexte de conspiration (328 av. J.-C.). C'est lui qui avait envoyé à son grand-oncle Aristote les observations astronomiques faites dans l'antiquité à Babylone.

CALLISTHÉNIE. s. f. (Pr. *cal-li-sténi*] (gr. κάλλος, beauté; σθένος, force). Ensemble des procédés de gymnastique convenant à l'éducation des jeunes filles.

CALLISTÈPHE. s. f. [Pr. *cal-li-tèfe*] (gr. κάλλος, beauté; στέφος, couronne). T. Bot. Genre de plantes de la famille des *Composées*. Voy. ce mot.

CALLISTO, nymphe chasseresse, aimée de Jupiter, et qui transportée au ciel serait devenue la Grande Ourse (Myth.).

CALLISTRATE, général athénien du Ve siècle av. J.-C.

CALLISTRATE, orateur athénien, maître de Démosthène (IIIe siècle av. J.-C.).

CALLITRICHE. s. m. [Pr. *cal-li-triche*] (gr. κάλλος, beauté; θρίξ, τριχός, cheveu). Genre de singes de la famille des *Cébidés*, propres aux forêts de l'Amérique du Sud, très voisins des Ouistitis. || T. Bot. Genre de plantes de la famille des *Euphorbiacées*. Voy. ce mot.

CALLITRICHÉES. s. f. pl. [Pr. *cal-li-triché*] (gr. κάλλος, beauté; θρίξ, τριχός, cheveu). T. Bot. Tribu de plantes de la famille des *Euphorbiacées*. Voy. ce mot.

CALLITRIS. s. m. [Pr. *cal-li-triss*] (gr. κάλλος, beauté). T. Bot. Genre d'arbres de la famille des *Conifères*. On connaît plusieurs espèces fossiles de ce genre dans le miocène; les *C. Europæa* et *C. Ewaldana*; dans l'éocène, les *C. Brongniarti*, *C. Heeri* et *C. exul*. Voy. CONIFÈRES.

CALLORHYNQUE. s. m. [Pr. *cal-lo-rinke*] (gr. κάλλος, beauté; ῥύγχος, bec). T. Icht. Genre de poissons voisin des chimères. Voy. STURIONIENS.

CALLOSITÉ. s. f. [Pr. *cal-lo-zi-té*] (lat. *callositas*. m. s., de *callosus*, calleux). Se dit de toute induration qui se forme accidentellement à la surface de certaines parties molles, comme la peau des mains et des pieds par suite de frottements réitérés, les bords des vieux ulcères, etc. || T. Zool. Chez les mammifères, se dit de la peau épaisse, rugueuse, dépourvue de poils et parfois colorée, qui s'observe sur certaines parties, comme les fesses des singes, les genoux des chameaux, etc. || T. Bot. Épaississement coriace sur un point limité d'un organe.

CALLOT. s. m. [Pr. *calo*]. Masse de pierre brute qu'on tire d'une ardoisière. || Grosse bille en pierre.

CALLOT (JACQUES), célèbre peintre et graveur français (1593-1635).

CALLUNA. s. f. [Pr. *cal-luna*] (gr. καλλύνω, je balaie, parce qu'on en fait des balais av c les tiges de cette plante). T. Bot. Genre de plantes de la famille des *Éricacées*. Voy. ce mot.

CALLUNATIQUE. adj. 2 g. [Pr. *cal-lu-na...*] (R. *calluna*, nom de plante). T. Chim. L'*acide* c. s'extrait de la bruyère (*Calluna vulgaris*); c'est une substance amorphe jaune appartenant à la classe des tanins.

CALMANDE. s. f. Étoffe de laine ou de poil de chèvre, lustrée d'un côté comme le satin.

CALMANT, ANTE adj. Qui calme, qui adoucit les douleurs. *Potion calmante.* || S'emploie subst. au masc. *Ordonner des calmants.*

CALMAR. s. m. (lat. *calamarium*, étui où l'on mettait les roseaux à écrire, *calamus*). Étui où l'on met des plumes à

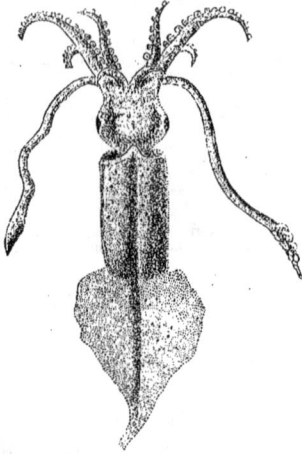

écrire. Vx. || *Calmar* et *Calmaret.* T. Zool. Genre de mollusques céphalopodes. Les calmars (*Loligo*) ont une sorte de coquille interne cornée, aussi longue que le dos et en forme de plume. Voy. CÉPHALOPODES.

CALMAR, v. de Suède, 12,000 hab., célèbre par un traité qui unissait les trois royaumes de Suède, de Norvège et de Danemark (1397).

CALMARET. s. m. Voy. CALMAR.

CALME. adj. 2 g. (R. *calme*, s.). Qui est en repos, sans agitation. Se dit au physique et au moral. *La mer est c. L'air est c. Esprit c. C'est un homme fort c. — Le malade est c.*, il n'éprouve pas d'agitation, pas de douleurs.

CALME. s. m. (esp. ital. *calma*, angl. *calm*, holl. *kalm*, m. s.), origine douteuse : on a proposé le bas-lat. *cauma*, du gr. χαῦμα, chaleur, ou le gr. ριλχρός, calme de la mer). Tranquillité, repos, état opposé à l'agitation, au mouvement violent ou tumultueux. S'emploie au physique et au moral. *Le c. des nuits. Ramener, rétablir le c. dans une assemblée, dans un État. Écouter quelqu'un avec c. Le calme de l'esprit.*

Le calme inaltérable empreint sur son visage,
De la paix de son cœur est la tranquille image.
BÉRANGER.

|| T. Mar. Cessation complète du vent. *Notre navire fut surpris par le c. — C. plat,* se dit lorsqu'il n'y a pas la moindre agitation de l'air ni de la mer.

Syn. — *Paix, tranquillité.* — Ces trois mots, appliqués soit à l'état de l'âme, soit à celui d'une société quelconque, expriment également une situation exempte de trouble et d'agitation. La *Tranquillité* ne regarde que la situation actuelle, indépendamment de toute relation. La *paix* regarde cette situation par rapport au dehors, et le *calme* par rapport au temps, soit passé, soit futur. On a la *tranquillité* en soi-même, la *paix* avec les autres, et le *calme* après l'agitation. Les gens inquiets n'ont point de *tranquillité* dans leur intérieur; es querelleurs ne sont guère en *paix* avec leurs voisins; plus l'orage a été violent, plus on goûte le *calme.*

CALMER. v. a. (R. *calme*). Rendre calme, apaiser. Se dit au physique et au moral. *C. les flots, l'orage. C. une sédition C. un État, un peuple, une assemblée. C. quelqu'un, C. la douleur.* || S'emploie absol. *Cela n'est pas propre à c.* = SE CALMER, v. pron. Devenir calme, s'apaiser. *Les flots se calment. L'orage, la tempête se calme. Calmez-vous. La douleur se calme.* = CALMER, v. n. T. Mar. Devenir calme,

s'apaiser. *La mer, le vent commence à c.* = CALME. ÉE. part. — Syn. Voy. APAISER.

CALMET (Dom), savant bénédictin français (1672-1757).

CALMIR. v. n. (R. *calme*). T. Mar. Devenir calme, en parlant de la mer et des vents.

CALMOUCK. s. et adj. (russe *Kal-mouk*). Peuple de race mongole qui habite la Russie, la Chine et la Perse.

CALOBATE. s. m. T. Ornith. Oiseau grimpeur de la famille des coucous, vivant à Bornéo. || Genre d'insectes diptères.

CALOMEL. s. m. (gr. χαλὸς, beau; μέλας, noir, ainsi nommé parce que, dit-on, le chimiste qui le découvrit vit une poudre noire se changer en une poudre blanche). T. Chim. Chlorure mercureux utilisé en médecine. Voy. MERCURE.

CALOMNIATEUR, TRICE. s. Celui, celle qui calomnie. *Lâche c. Passer pour un c.*

CALOMNIE. s. f. (lat. *calumnia*, m. s.). Imputation que l'on sait fausse et qui blesse la réputation et l'honneur. *Une noire, une infâme c. C'est une pure c. Inventer, fabriquer, forger des calomnies. Se justifier, se purger, se laver d'une c. Repousser la c.* = *La médisance est un vice dangereux; la calomnie est un crime abominable.* (BOITARD.) *Il faut se résoudre à payer toute sa vie quelque tribut à la calomnie.* (VOLTAIRE.) *La calomnie est l'arme des envieux, arme empoisonnée. — Calomniez, calomniez, il en restera toujours quelque chose.* (Devise de Basile dans le *Barbier de Séville.*) || Se dit des calomniateurs. *Braver la c. Être poursuivi par la c.* V. DIFFAMATION.

CALOMNIER. v. a. (R. *calomnie*). Attaquer, blesser l'honneur de quelqu'un par de fausses imputations. *On l'a calomnié indignement. On a calomnié sa conduite, ses intentions.* || Absol. *Il se plaît à c.* = CALOMNIÉ, ÉE. part.

CALOMNIEUSEMENT. adv. Par calomnie, dans l'intention de calomnier. *On l'a accusé c.*

CALOMNIEUX, EUSE. adj. Se dit des choses qui portent le caractère de la calomnie, qui contiennent une calomnie. *Discours c. Accusation calomnieuse*

CALONIÈRE. s. f. (altér. de *canonière*). Jouet d'enfant. V. CANONNIÈRE. || T. Grav. Espèce de tuyau où sont enchâssés plusieurs petits outils que le touret fait marcher.

CALONNE (DE), contrôleur général des finances sous Louis XVI (1734-1802).

CALOPHYLLE. s. m (gr. χαλὸς, beau; φύλλον feuille). T. Bot. Genre d'arbres de la famille des *Clusiacées.* Voy. ce mot.

CALORICITÉ. s. f. (lat. *calor*, chaleur). Faculté que possèdent les êtres organisés de développer une certaine chaleur. Voy. CALORIFICATION.

CALORIE. s. f. (lat. *calor*, chaleur). T. Phys. et Mécan. Unité adoptée dans l'évaluation des quantités de chaleur : quantité de chaleur nécessaire pour élever de 0° à 1° la température de 1 kilogramme d'eau. Cette unité s'appelle aussi la *grande c.*, par opposition à la *petite c.*, qui est la quantité de chaleur nécessaire pour élever de 0° à 1° la température de 1 gramme d'eau; elle est ainsi la millième partie de la grande c. Voy. CALORIMÉTRIE.

CALORIFÈRE. adj. (lat. *calor, fero*, je porte). Qui porte, qui conduit la chaleur. || Subst. Appareil destiné au chauffage économique des appartements, des habitations et des locaux quelconques. Voy. CHAUFFAGE.

CALORIFICATION. s. f [Pr. *califica-ssion*] (lat. *calor, facere*, faire). T. Physiol. — Tous les animaux, quelle que soit la température du milieu dans lequel ils vivent, possèdent la faculté de produire eux-mêmes de la chaleur : cette propriété est nommée *Calorification* ou *Caloricité.* — La quantité de chaleur produite varie extrêmement dans les diverses espèces zoologiques. La température du corps des oiseaux, et en particulier des passereaux, est la plus élevée : elle atteint jusqu'à 44° contig., et ne s'abaisse jamais au-dessous de 38°. Celle des mammifères vient ensuite, et oscille entre 36° et 40° ; chez l'homme, elle est en moyenne de 37°. Mais, en descendant la série zoologique, nous rencontrons une multitude d'êtres dont la chaleur propre est si peu élevée qu'on les appelle vulgairement *animaux à sang froid*, par opposition aux mammifères et aux oiseaux qu'on nomme *animaux à sang chaud*. Pour les reptiles, les expériences de J. David, de Czermack et de Tiedemann ont fait voir que la température de ces animaux, quoique, en général, elle s'abaisse jusqu'à un certain point avec celle du milieu ambiant, est néanmoins plus élevée d'un ou de plusieurs degrés. Leur température, il est vrai, s'élève aussi avec celle du milieu ; mais cependant arrivée à un certain point, elle cesse de lui être supérieure. Enfin, si la température extérieure vient à monter encore davantage, celle de l'animal reste alors au-dessous. Les reptiles à peau écailleuse et sèche ont une température propre un peu supérieure à celle des reptiles nus, attendu que chez ceux-ci les pertes dues à l'évaporation sont plus considérables. — Les poissons ont, ainsi que nous l'ont appris les recherches de J. Hunter, J. Davy, Despretz, etc., une température supérieure de 0°,60 à 1°,85 à celle de l'eau dans laquelle ils vivent. Cependant la température du thon paraît faire exception : d'après Davy, elle s'élèverait à 37°,22, celle de la mer étant 26°,94. — Quant aux animaux invertébrés, leur température, de même que celle des autres animaux à sang froid, varie avec la température du milieu ambiant. D'après Martine, Hausmann, Rengger et J. Davy, la température des insectes, mollusques, etc., est quelquefois de 1°,25 supérieure ou inférieure à celle de l'atmosphère ; mais on a trouvé une température extrêmement élevée dans les ruches d'abeilles et dans les habitations souterraines des fourmis.

On a constaté que la chaleur animale varie suivant les différents points du corps que l'on examine. Elle est moindre dans les membres et décroît à mesure qu'on s'éloigne du centre circulatoire ; elle est plus considérable dans les espaces limités, comme le creux de l'aisselle, et dans les cavités qui communiquent avec l'intérieur, comme la bouche, etc., et plus élevée encore dans les organes parenchymateux, le cerveau, le foie et le poumon. Le sang est ce qu'il y a de plus chaud dans l'économie : il accuse chez l'homme une température moyenne de 38°,75. Suivant Becquerel et Breschet, le sang veineux est un peu moins chaud que le sang artériel, d'environ 1°. Cependant, d'après les expériences de Cl. Bernard, et contrairement à l'opinion reçue, le sang serait plus chaud dans le ventricule droit que dans le gauche. La moyenne des diverses températures observées chez l'homme est, ainsi que nous l'avons dit, 37°. L'influence des climats et des saisons ne produit qu'une variation insignifiante.

Un phénomène remarquable sur lequel Chossat a appelé l'attention, est ce que cet expérimentateur appelle l'*oscillation diurne*. Ce phénomène consiste en un abaissement de température qui se manifeste tous les soirs, et correspond à une activité moindre des fonctions respiratoires. L'oscillation serait, suivant Chossat, de 0°,74. Autenrieth avait déjà observé que pendant le sommeil le thermomètre indique une température inférieure de 2/3 de degré à celle de la veille. — Quant à l'influence de l'âge sur la c., elle est presque nulle. Si l'enfant se refroidit plus facilement que l'adulte et a besoin de vêtements plus chauds, cela tient uniquement au peu de volume qu'il présente. Comme l'adulte, l'enfant a, en moyenne, une température de 37°. Parmi les mammifères, les petits qui naissent aveugles, les chiens, les chats, les lapins par ex., ont une puissance calorifique bien moins considérable que celle dont jouissent les animaux qui naissent avec l'usage de la vue. Chez les vieillards, la température du corps est de quelques fractions de degré plus basse que chez l'homme adulte ; la faculté calorifique diminue donc un peu dans la vieillesse. — L'alimentation influe sur la quantité de chaleur produite. Le sujet abondamment nourri présente une température un peu plus élevée que celui qui est maintenu à la diète. L'embonpoint est aussi une circonstance favorable au développement interne du calorique, ou plutôt le tissu adipeux agit alors en empêchant, jusqu'à un certain point, la déperdition extérieure de chaleur. — L'exercice musculaire est une des causes les plus efficaces d'augmentation de la température organique. Tout muscle qui se contracte s'échauffe. — Dans les maladies, l'élévation de la température du corps est généralement en rapport avec l'accélération du pouls. Cette élévation peut atteindre 4, 5 ou même 6 degrés au-dessus de la moyenne ; mais elle ne dépasse pas ce terme. Néanmoins il ne faut jamais

oublier que la température ne doit pas se juger d'après les sensations de chaleur ou de froid qu'accuse le malade. Martine avait déjà observé que, dans le frisson de la fièvre intermittente, la chaleur augmente au lieu de diminuer, et Gavarret a constaté que cette augmentation pouvait s'élever, pendant cette période, jusqu'à 3 et 4 degrés au-dessus de la température normale. Ce phénomène s'explique aisément, si l'on considère que, durant ce temps, l'évaporation externe se trouve complètement suspendue. D'autres maladies entraînent une diminution, parfois considérable, de la chaleur interne. Dans le choléra asiatique, un thermomètre placé dans la bouche marque seulement 26° et 25°, au lieu d'indiquer 37°,2.

Lavoisier, guidé par ses admirables travaux sur la combustion, entreprit le premier des expériences rigoureuses sur l'origine de la chaleur animale. Il en conclut que la chaleur animale était tout entière produite par la combinaison du carbone et de l'hydrogène avec l'oxygène dans l'acte de la respiration. On sait en effet que l'animal absorbe une partie de l'oxygène de l'air et expire à la place de l'acide carbonique et de la vapeur d'eau ; d'où il suit que le corps de l'animal est un véritable foyer de combustion lente où se brûlent peu à peu la plus grande partie des substances introduites par l'alimentation. Les travaux et les découvertes de la science moderne n'ont fait que confirmer cette grande découverte de Lavoisier. Seulement Lavoisier croyait que la combustion du carbone et de l'hydrogène avait lieu dans le poumon même. Il est aujourd'hui prouvé que les phénomènes qui s'accomplissent dans le poumon se bornent à un simple échange gazeux : le sang veineux arrive chargé d'acide carbonique qu'il abandonne pour absorber à sa place de l'oxygène amené par l'inspiration, d'où résulte son changement de couleur, le sang chargé d'acide carbonique étant noir, et celui qui renferme de l'oxygène étant rouge. C'est dans toutes les régions du corps, dans les muscles et les viscères que s'opèrent les combustions. Le sang, amené par les ramifications capillaires des artères, apporte l'oxygène, qui se combine avec le carbone des tissus, se charge d'acide carbonique et s'écoule dans les veines qui le ramènent au cœur, d'où il se rend ensuite dans le poumon pour y être revivifié par l'oxygène de l'air. Il y a déjà longtemps que les expériences de Cl. Bernard ont établi que le sang possède, au sortir d'un organe vasculaire, comme le foie et le rein, une température supérieure à celle qu'il avait avant d'y pénétrer. — Quelques physiologistes ont prétendu faire jouer au système nerveux un rôle prépondérant dans le phénomène de la combustion. Il est très vrai que la section des nerfs d'un membre y détermine un certain abaissement de température, etc. ; mais ces expériences prouvent simplement que l'intégrité du système nerveux est indispensable pour l'accomplissement régulier des combustions organiques qui seules produisent effectivement la chaleur dégagée par l'économie animale.

Lorsqu'on veut déterminer la quantité de chaleur que l'homme peut produire dans un temps donné, on arrive à un résultat approximatif assez satisfaisant, en calculant la quantité de chaleur que donne la combustion de quantités de carbone et d'hydrogène équivalentes à celles de l'acide carbonique et de l'eau qui sont rejetées par l'expiration. Ainsi, la quantité d'acide carbonique exhalée par un adulte dans l'espace d'une heure est égale, en moyenne, à 38 grammes, dont 10 représentent le poids du carbone seul. La quantité d'oxygène introduite dans le même espace de temps est de 33 gr., dont 28 se combinent avec les 10 gr. de carbone ci-dessus. L'excédent est employé à brûler 0gr,6 d'hydrogène. Par conséquent, les quantités de carbone et d'hydrogène qui sont *brûlées* dans le corps humain, dans une période de 24 heures, sont 240 gr. pour le premier, et 14,4 pour le second. Or, 1 gr. de carbone dégage en brûlant 8,08 calories, et 1 gr. d'hydrogène en dégage 34,5 ; ce qui donne, en 24 heures, 1939 calories pour la combustion du carbone, et 497 pour celle de l'hydrogène, ou 2436 calories pour le total des deux combustions. Ce qui revient à dire que la quantité de chaleur produite par l'homme dans l'espace d'un jour est égale à la quantité de chaleur nécessaire pour élever d'un degré la température de la masse énorme de 2,436 kilogr. d'eau. Toute cette chaleur se dissipe dans le même espace de temps. On estime en moyenne que, sur cette quantité de chaleur produite, il s'en dissipe 64 p. 0/0 par évaporation (voies pulmonaire et cutanée) et 31 p. 0/0 par rayonnement et par contact. Le reste, c'est-à-dire 5 p. 0/0, est enlevé par les contacts des boissons, des aliments et de l'air, qui s'échauffent au moment de leur introduction dans l'organisme.

Le froid et la chaleur exercent sur la c. et sur toutes les fonctions organiques une influence considérable. A mesure que la température extérieure s'abaisse, l'air devenant plus dense, une plus grande quantité d'oxygène s'introduit à chaque inspiration dans le poumon, et celui-ci exhale une plus grande quantité d'acide carbonique : il se produit donc nécessairement alors une plus grande somme de chaleur, laquelle contrebalance l'action du froid, à la condition toutefois qu'une alimentation suffisante vienne fournir à cette augmentation de combustion. V. ALIMENT. — D'après les observations du cap. Parry, il paraîtrait que les mammifères des régions polaires supportent un froid qui fait geler le mercure, c'est-à-dire un froid de 40° et même de 48° centigr. au-dessous de zéro. Quant à l'homme, il a pu, grâce aux mesures que son intelligence lui suggère, vivre sous un climat dont la température était de − 56°,7. Nous citerons ici le séjour du cap. Back à Fort-Reliance, dans l'Amérique du Nord, par 64°46' de lat., lorsqu'il traversa ce continent pour tâcher de rejoindre le cap. Ross. Parmi les phénomènes que l'action d'un froid intense produit chez l'homme, il importe de noter ceux dont le système nerveux central est le siège. L'engourdissement des sens et la tendance invincible au sommeil, causés vraisemblablement par la congestion résultant du reflux du sang chassé de la périphérie du corps, sont connus de tout le monde. Cette influence du froid sur le système nerveux joue un rôle important dans le phénomène si curieux que présentent les animaux hibernants. Voy. HIBERNATION. Au reste, tous les animaux à sang chaud périssent infailliblement lorsque l'air ambiant est assez froid pour abaisser leur température propre de 14 à 15 degrés, ainsi qu'on le constate au moyen d'expériences calorimétriques. Voy. CONGÉLATION.

Il n'est pas non plus nécessaire que quels moyens l'homme peut résister aux abaissements de température ; mais on ignore généralement comment il résiste à l'action d'une température très élevée. Blagden et d'autres observateurs ont pu rester 7 minutes environ dans une étuve chauffée à 98°,75 centigr. Berger a vu un homme rester à peu près le même espace de temps dans une étuve à 107 et 109 degrés. Enfin, Tillet rapporte qu'une jeune fille resta 10 minutes exposée à une température de 140 degrés C. Dans ces expériences, le pouls du patient s'élève jusqu'à 140 et 160 pulsations par minute et la fréquence de la respiration s'accroît proportionnellement. Il n'est pas besoin de dire que l'influence d'une température extérieure aussi énorme déterminerait la mort. Ce phénomène si remarquable de la résistance de l'organisme à se mettre en équilibre de température avec le milieu ambiant, a été expliqué pour la première fois par Franklin. Le corps ne pouvant plus perdre de chaleur par le contact et le rayonnement, c'est par l'évaporation cutanée et pulmonaire que l'excès de calorique doit se dissiper. Or, la chaleur ambiante a précisément pour effet nécessaire de stimuler l'action de toute la périphérie de l'homme ou de l'animal. Les glandes sudoripares versent à la surface de la peau une sueur extrêmement abondante, et cette sueur, pour se vaporiser, absorbe une quantité prodigieuse de calorique : de là une réfrigération proportionnelle sur toutes les surfaces externes sécrétoires. De là aussi cette conséquence vérifiée par l'expérience qu'il est beaucoup plus facile de supporter la chaleur d'une étuve sèche que celle d'une étuve humide, parce que dans une atmosphère saturée d'humidité l'évaporation ne saurait avoir lieu. Dans les régions intertropicales, les lieux où la température est à la fois élevée et humide, comme Acapulco au Mexique et Guayaquil dans la république de l'Équateur, sont redoutables pour leur insalubrité. L'obstacle que l'humidité de l'air oppose à l'évaporation cutanée est un élément essentiel de cette insalubrité. Les climats où la température est en même temps très élevée mais très sèche, comme la haute Égypte, le Sahara, la Nubie, n'exercent pas une action aussi délétère. Cependant, il convient d'ajouter que la présence dans l'atmosphère des organismes microscopiques qui se développent avec beaucoup plus d'abondance dans les régions humides est une nouvelle cause de maladies, qui augmente considérablement l'insalubrité des climats chauds et humides.

CALORIFIQUE. adj. 2 g. (lat. *calor*, chaleur; *ficus*, qui fait, de *facere*, faire). T. Phys. Qui produit de la chaleur. Puissance c. — Les rayons calorifiques.

CALORIFUGE. s. m. (lat. *calor*, chaleur; *fugio*, je fuis). Produit utilisé comme mauvais conducteur de la chaleur.

CALORIMÈTRE s. m. T. Phys. Appareil pour mesurer la quantité de chaleur absorbée ou dégagée dans un phénomène physique ou chimique. Voy. CALORIMÉTRIE.

CALORIMÉTRIE. s. f. (lat. *calor*, chaleur; gr. μέτρον,

mesure). T. Phys. — *Objet de la c.* — La chaleur, quelle que soit sa véritable nature, est une quantité susceptible d'être mesurée par ses effets. Il ne faut pas confondre la température d'un corps avec la quantité de chaleur qu'il renferme. Ainsi l'eau bouillante contient, à poids égal, plus de chaleur que le fer rouge, quoique la température de celui-ci soit évidemment beaucoup plus élevée. De plus, un grand nombre de phénomènes tels que la fusion et la solidification, la vaporisation et la condensation, la compression et la dilatation du gaz, les dissolutions des solides ou des gaz dans les liquides, les combinaisons et les décompositions chimiques, s'accompagnent d'un dégagement ou d'une absorption de chaleur qu'il importe de pouvoir mesurer. La c. a précisément pour objet l'étude des moyens propres à mesurer la quantité de chaleur que les corps absorbent ou abandonnent, lorsque leur température s'élève ou s'abaisse d'un nombre déterminé de degrés, ou bien lorsqu'ils changent d'état physique ou chimique. Il n'est point nécessaire, pour mesurer la chaleur à ce point de vue, de savoir exactement en quoi elle consiste, pas plus qu'il n'est besoin, pour jauger les liquides, de connaître leur composition chimique ; tout se réduit à prendre pour unité une quantité de chaleur bien déterminée. L'unité généralement adoptée est la chaleur nécessaire pour élever de zéro à 1 degré la température de 1 kilogr. d'eau ; on lui donne le nom de *Calorie*.

Chaleur spécifique; Capacité calorifique. — On a cru longtemps, contrairement à ce que nous venons de dire en citant l'exemple de l'eau bouillante et du fer rouge, que toutes les substances, à poids égal, contenaient la même quantité de chaleur, quand la température était la même ; mais Black, physicien anglais du siècle dernier, démontra qu'il n'en est pas ainsi. Lorsqu'on mélange 1 kilogr. de mercure à 100° avec un égal poids d'eau à 0°, on observe que la température du mélange s'arrête à 3 degrés environ. Dans ce cas, le kilog. de mercure s'est refroidi de 97 degrés, et cependant la quantité de chaleur qu'il a perdue n'a porté un poids égal d'eau qu'à 3 degrés seulement au-dessus de 0°. On en conclut que l'eau, à poids égal, exige environ 33 fois plus de chaleur que le mercure pour une même élévation de température. Il est, d'après cela, facile de concevoir l'idée de *la chaleur spécifique* d'un corps : c'est *la quantité de chaleur nécessaire pour élever de 0° à 1° la température d'un kilogr. de ce corps, la pression extérieure étant supposée constante et égale à 760mm de mercure.* — On s'est assuré d'abord que la chaleur spécifique de l'eau est, à très peu de chose près, constante entre 0° et 100°, c.-à-d. qu'entre ces limites il faut toujours la même quantité de chaleur pour élever de 1 degré la température de 1 kilogr. d'eau. Il en est de même des autres substances. On admet comme évident que la quantité de chaleur absorbée par un corps est, toutes choses égales d'ailleurs, proportionnelle au poids de celui-ci. On peut concevoir que : *Lorsqu'un corps s'échauffe de 0° à t degrés, la quantité de chaleur qu'il absorbe est égale au produit qu'on obtient en multipliant son poids par sa température et par sa chaleur spécifique.* Il est clair que si le corps s'échauffe de t à 0 degrés, ou bien se refroidit de t' à t degrés, la chaleur absorbée ou dégagée pourra s'exprimer de même par la formule *m* (*t' − t*) *c.*, où *m* désigne le poids du corps. Ces formules, qui ne sont qu'approchées parce que la chaleur spécifique de chaque corps varie un peu avec la température, suffisent à résoudre tous les problèmes pratiques relatifs aux chaleurs spécifiques. Le produit *mc* de la masse du corps par sa chaleur spécifique s'appelle la *capacité calorifique* du corps ; on voit que c'est la quantité de chaleur nécessaire pour élever de 0° à 1° la température de ce corps. C'est ce qu'on appelait autrefois la *valeur du corps « réduite en eau »*.

Les principales méthodes, et mêmes les seules qui aient été employées pour la détermination des chaleurs spécifiques, sont la méthode de la *fusion de la glace* et la *méthode des mélanges*.

Méthode de la fusion de la glace. — On sait que la glace fondante reste invariable, et que toute la chaleur qu'on lui communique est uniquement employée à la faire passer à l'état liquide, de sorte que la quantité de glace fondue sous l'influence d'un corps est proportionnelle à la quantité de chaleur dégagée et peut servir à mesurer cette quantité. C'est pour réaliser cette conception que Lavoisier et Laplace ont imaginé le *Calorimètre* qui porte leur nom. — Cet appareil, dont la Fig. 1 représente une coupe verticale, se compose d'abord de deux vases concentriques de fer-blanc, qui sont maintenus séparés par de petites tringles de fer. L'intervalle de ces deux vases est rempli de glace pilée en petits morceaux, et tassée de manière à former une enveloppe continue et à arrêter le calorique qui rayonnerait de l'enceinte où l'on opère sur l'appareil, dont l'intérieur se maintient ainsi à 0°, lorsque la glace elle-même a atteint cette température. Puis, dans la cavité du second vase, on on suspend un troisième, plus petit, formé d'un simple treillage de fil de fer, et destiné à recevoir les corps qu'on veut faire refroidir. L'intervalle entre ce troisième vase et le second est également rempli de glace pilée qui, après un temps plus ou moins considérable, descend elle-même à zéro. Si alors on introduit dans le vase intérieur un corps dont la température soit supérieure à 0°, ce corps se refroidira graduellement, et, en se refroidissant, il fondra une portion de la glace environnante et le poids de l'eau

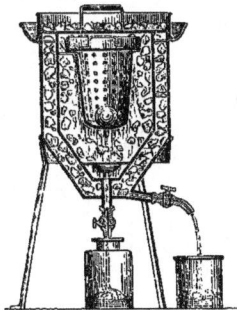

Fig. 1.

provenant de cette fusion donnera la mesure exacte de la quantité de chaleur dégagée par le corps en se refroidissant jusqu'à 0°. Cette eau se recueille au moyen du robinet inférieur et vertical, tandis que la quantité d'eau qui provient de l'écoulement de celle qui provient de la glace fondue par le rayonnement de l'enceinte et la paroi externe du calorimètre. Pour déterminer avec cet appareil la chaleur spécifique d'un corps, on détermine d'abord en kilogr. le poids m du corps soumis à l'expérience, puis on l'élève à une température connue t; on le porte ensuite rapidement dans le vase central, et l'on place le couvercle recouvert lui-même de glace. Enfin, quand l'expérience est terminée, on recueille l'eau produite par la fusion de la glace, et l'on en détermine le poids P, qui représente la quantité de glace fondue par le corps. Comme on a déterminé préalablement que 1 kilogr. de glace absorbe, pour se fondre, 79 unités de chaleur, P kilogr. ont absorbé ici $P \times 79$ unités. Mais la quantité de chaleur absorbée est évidemment égale à celle qu'a perdue le corps M, en se refroidissant de t jusqu'à 0°, c.-à-d. à mtc. On a donc l'équation :

$$mtc = 79 P;$$

d'où l'on tire immédiatement $c = \dfrac{79\,P}{mt}$

Le calorimètre de Lavoisier peut servir aussi à mesurer les chaleurs spécifiques des liquides; mais alors on renferme ces derniers dans un petit vase de fer-blanc qu'on substitue au vase de treillage. — Dans tous les cas, les expériences exécutées à l'aide du calorimètre de Lavoisier et Laplace exigent quelques précautions indispensables. 1° Pour éviter d'opérer avec de la glace plus froide que zéro, on emploie de la glace déjà fondante ou sur le point de fondre; 2° comme on ne peut jamais éviter tout à fait l'introduction de l'air extérieur dans l'appareil, ce qui augmente la quantité de glace fondue, quand la température ambiante est supérieure à 0°, il est bon d'avoir un second calorimètre, en tout semblable au premier, et chargé de la même manière, avec cette différence toutefois qu'il ne contienne pas de corps chaud dans sa cavité interne. La quantité de glace fondue dans celui-ci donnera immédiatement l'effet de la température de l'air. — Une cause générale d'erreur, c'est qu'une partie de l'eau provenant de la fusion reste adhérente à la glace qui n'a pas été fondue; cette eau, bien que formant une couche très mince sur chaque morceau, doit, pour la masse totale de la glace contenue dans le calorimètre, former une quantité considérable. Mais, si l'on a soin d'opérer avec de la glace qui a déjà subi un commencement de fusion, une petite couche d'eau exactement pareille adhère déjà

à la surface de chaque morceau de glace, au moment où l'on introduit le corps échauffé; cette couche, en s'écoulant la première, compense celle que la glace conserve quand le refroidissement est terminé. — On substitue quelquefois avec avantage au calorimètre le *Puits de glace*. Il consiste dans un bloc de glace compact, au milieu duquel on a pratiqué un trou au moyen d'un fer chaud. On a soin de dresser les bords du trou de manière que l'on puisse le fermer exactement avec un autre morceau de glace. On procède d'ailleurs comme il vient d'être dit. — Le calorimètre de Lavoisier et le puits de glace sont complètement abandonnés aujourd'hui à cause de leur peu de précision.

Méthode des mélanges — La méthode des mélanges repose sur la considération suivante : si, avec un poids connu d'eau, à une température quelconque, on mélange un poids également connu d'un autre corps à une température supérieure, il est certain que, le corps se refroidissant, l'eau s'échauffera, et que la quantité de chaleur gagnée par l'eau sera précisément égale à celle qu'aura perdue ce corps. Le vase qui contient l'eau destinée à l'immersion prend le nom de *calorimètre*: c'est ordinairement un cylindre de laiton qui repose sur un socle de bois au moyen de trois bouchons de liège formant trépied; mais comme ce vase s'échauffe en même temps que l'eau, il faut déterminer de même la chaleur spécifique du laiton. A cet effet, soient M le poids du vase de laiton, T sa température, et c' sa chaleur spécifique; soit aussi m le poids d'une quantité d'eau introduite dans le vase à la température t; soit enfin 0 la température commune du vase et du liquide après le mélange. L'eau, par son contact avec le vase supposé plus chaud, s'est échauffée d'un nombre de degrés $(0 - t)$, tandis que le vase, de son côté, s'est refroidi d'une quantité $(T - 0)$. La quantité de chaleur gagnée par l'eau, dont la capacité est 1, a donc pour mesure $(0 - t) m$, et la perte subie par le laiton est égale à $(T - 0) Mc'$. Ces deux quantités étant égales, on peut écrire l'équation :

$$(T - 0) Mc' = (0 - t) m,$$

d'où l'on tire de suite $c' = \dfrac{(0 - t)m}{(T - 0)M}$.

Supposons qu'il s'agisse maintenant de déterminer la chaleur spécifique d'un corps quelconque, liquide ou solide. Représentons encore par M le poids du corps, par T sa température au moment de l'immersion et par c sa chaleur spécifique; soient toujours m le poids de l'eau et t sa température; soient enfin m' le poids du vase qui contient l'eau, c' sa chaleur spécifique, et t' sa température évidemment égale à celle de l'eau. Soit 0 la température commune de tout le système quand l'équilibre s'est établi : l'eau et le vase se sont échauffés d'un nombre de degrés $(0 - t)$, et ont absorbé respectivement des quantités de chaleur égales à $(0 - t) m$, et à $(0 - t) m'c'$; le corps en expérience s'est, de son côté, refroidi d'un nombre de degrés égal à $(T - 0)$, et il a perdu une quantité de chaleur mesurée par $(T - 0)Mc$; en écrivant que la chaleur cédée par le corps chaud est égale à celle qu'ont absorbée l'eau et le calorimètre, on a :

$$(T - 0) Mc = (0 - t) m + (0 - t) m'c',$$

d'où l'on tire :

$$c = \dfrac{(m + m'c') \times (0 - t)}{(T - 0) M}.$$

La méthode des mélanges exige dans la pratique plusieurs précautions importantes : 1° Dans le cas où la substance soumise à l'expérience a une action chimique sur l'eau, il faut l'enfermer dans un petit vase métallique hermétiquement clos, et offrant la plus grande surface possible; 2° les corps solides dont on veut déterminer la chaleur spécifique doivent avoir une grande surface afin que l'équilibre de température s'établisse plus promptement; 3° pour élever à une température déterminée les corps sur lesquels on veut opérer, on doit les tenir quelque temps dans la vapeur d'eau bouillante; 4° enfin, il faut tenir compte des pertes de chaleur dues au rayonnement pendant l'expérience, qui dure, en général, de 8 à 10 minutes. Pour cela, on emploie d'ordinaire un procédé aussi sûr qu'ingénieux, imaginé par Rumford. On fait d'abord une expérience avec le corps même dont on cherche la chaleur spécifique, afin de connaître approximativement le nombre de degrés dont la température de l'eau et du vase doit s'élever. Ce nombre étant de 10 degrés, par ex., on amène d'abord la température de l'appareil à 5 degrés au-dessous de celle de l'atmosphère environnante, puis on y introduit la substance que l'on veut soumettre à l'expérience. Tant que l'eau et le vase n'ont pas atteint la température de l'air extérieur, ils reçoivent des objets environnants plus de calorique qu'ils ne leur en envoient; mais le contraire a lieu quand ils ont dépassé cette température. Donc, si l'on conduit l'opération de manière qu'il se passe autant de temps dans un de ces états que dans l'autre, il y a compensation dans les échanges, et la quantité de calorique qui détermine la température moyenne est la même que si l'appareil n'eût point émis de chaleur et n'en eût reçu aucune du dehors. Cependant, cette compensation n'est pas parfaite et Regnault, dans les expériences très précises qu'il a entreprises à ce sujet, a dû calculer la correction due au refroidissement du calorimètre, en déterminant, par une expérience préalable, de quelle quantité le calorimètre se refroidissait pendant chaque minute, suivant l'excès de sa température sur celle du laboratoire. Du reste, Regnault a apporté à la méthode

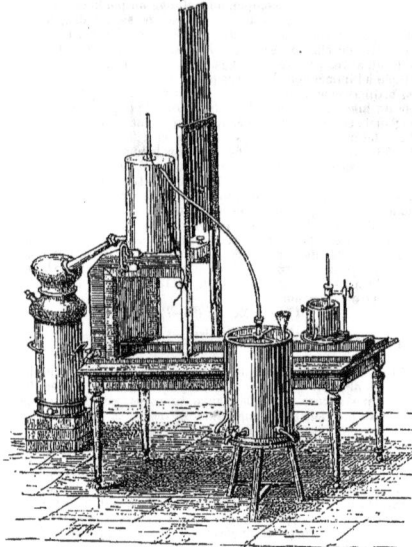

Fig. 2.

des mélanges de nombreux perfectionnements qui avaient pour but de multiplier les précautions afin d'éviter les chances d'erreurs. L'appareil qu'il employait est représenté Fig. 2. Le corps en expérience est échauffé dans une étuve à circulation de vapeur que l'on voit sur la gauche de la Fig. 2. Une trappe mobile sépare cette étuve du calorimètre qu'on voit sur la droite et qui est installé sur des glissières. On l'amène au-dessous de l'étuve, et l'on décroche le fil qui relie le corps dans l'étuve. Celui-ci tombe dans le calorimètre qu'on ramène rapidement en place; on abaisse la trappe, et l'on attend que l'équilibre se soit établi.

Le tableau ci-après indique la chaleur spécifique d'un certain nombre de corps, telle qu'elle a été déterminée par Regnault, au moyen de la méthode des mélanges.

Eau	1,0080	Charbon	0,24111
Acide acétique conc.	0,6501	— de bois	0,24150
Acier doux	0,1165	Chlorure de calcium	0,164.0
— trempé	0,1175	— potassium	0,17295
Alcool ordin. à 36°.	0,6588	— sodium	0,21401
Alumine (corindon).	0,19762	Cobalt	0,10694
Antimoine	0,05077	Coke de houille	0,20085
Argent	0,05701	Craie blanche	0,21585
Arsenic	0,08140	Cuivre	0,09515
Bismuth	0,03084	Diamant	0,14687
Borique (acide)	0,23743	Essence de citron	0,4870
Carbonate de chaux	0,20858	— d'orange	0,4886
— potasse.	0,21623	— de térébenth.	0,42593
— soude	0,27275	Étain des Indes	0,05623

Fer	0,11379	Nitrate de soude	0,27821
— fonte blanche	0,12983	Noir animal	0,26085
— oxyde magnétique	0,16780	Or	0,03244
Graphite naturel	0,20187	Platine laminé	0,03243
Iode	0,05412	Phosphore	0,1887
Laiton	0,09391	Plomb	0,03140
Magnésie	0,24394	Silicium (acier)	0,19132
Manganèse carburé.	0,14414	Soufre	0,20259
Marbre saccharoïde		— cristall. nat.	0,1776
blanc	0,21585	Sulfate de chaux	0,19656
Mercure	0,03332	Térébenthine	0,4672
Nickel	0,10863	Verre des thermom.	0,19768
Nitrate de potasse.	0,23875	Zinc	0,09555

Les chaleurs spécifiques du carbone, du bore et du silicium varient beaucoup avec la température.

Chaleurs spécifiques moyennes. — Les nombres compris dans cette table représentent les chaleurs spécifiques moyennes, entre 0° et 100°. Les expériences de Dulong et Petit avaient en effet déjà démontré que la chaleur spécifique, pour un même corps, augmente avec la température, c.-à-d. qu'il faut moins de calorique pour porter un corps de 0° à 100° que pour le porter de 100° à 200°, et, à plus forte raison, de 200° à 300°. En réalité, il convient d'appeler *chaleur spécifique moyenne* d'un corps entre t' et t'^e le quotient $\frac{Q}{t' - t}$ de la chaleur Q absorbée par l'unité de poids de ce corps pour élever sa température de t' à t'^e. Lorsque t' se rapproche infiniment de t, le quotient précédent tend vers une limite qui est la chaleur spécifique à la température t. On peut considérer la quantité de chaleur absorbée par un corps comme une fonction de la température à laquelle il est portée. Si cette quantité de chaleur variait proportionnellement à la température, la chaleur spécifique serait constante. Or, il n'en est pas ainsi, et la chaleur spécifique est la dérivée $\frac{dQ}{dt}$ de Q par rapport à t. Les expériences de Regnault, et, plus tard, celles de MM. Jamin et Amaury, ont montré que la chaleur spécifique de l'eau pouvait être représentée par la formule empirique :

$$\frac{dQ}{dt} = 1 + 0,0011\,t + 0,0000012\,t^2.$$

Dès lors la quantité de chaleur nécessaire pour élever l'eau de 0° à t°, qui sera l'intégrale de dQ, sera représentée par

$$Q = t + \frac{0,0011}{2}t^2 + \frac{0,0000012}{3}t^3.$$

On peut remarquer, à l'inspection des tables qui précèdent, que l'eau possède une chaleur spécifique beaucoup plus grande que celle des autres corps; aussi est-elle d'un emploi continue pour absorber la chaleur, comme, par ex. dans la trempe des métaux, dans les bains froids, dans les affusions après les brûlures, etc. Les liquides, en général, exigent plus de chaleur que les solides, pour s'échauffer d'un même nombre de degrés. Le mercure pourtant, quoique très liquide, ne possède qu'une chaleur spécifique extrêmement faible.

Du reste, la chaleur spécifique des corps varie avec leur état physique. Ainsi, tandis que la chaleur spécifique de l'eau est 1, celle de la glace n'est que de 0,5; celle du phosphore ordinaire est 0,1887, tandis que celle du phosphore amorphe est 0,1740.

Loi de Dulong et Petit. — Le produit de la chaleur spécifique d'un corps simple à l'état solide par l'équivalent chimique de ce corps est un nombre constant pour tous les corps. Les expériences les plus récentes ont complètement confirmé cette loi, qui constitue l'une des propriétés les plus remarquables de la matière; mais pour la considérer comme exacte, il faut prendre la chaleur spécifique des corps à une température déterminée pour chacun d'eux et admettre que les variations de ce coefficient avec la température sont dues à des modifications dans leur état physique. Si l'on admet, comme le pensent beaucoup de chimistes, que l'équivalent d'un corps représente le poids de l'atome de ce corps, le produit précédent sera la quantité de chaleur nécessaire pour élever de 1° la température de l'atome, et la loi précédente se traduit par cet énoncé remarquable : *Il faut une même quantité de chaleur pour échauffer également un atome de tous les corps simples.*

Chaleur spécifique des gaz. — La quantité de chaleur absorbée par un gaz pour s'échauffer d'un certain nombre de degrés, n'est pas la même suivant que le gaz se dilate sous l'action de la chaleur, ou est maintenu dans un volume invariable. Ce fait remarquable tient à ce que la dilatation des gaz absorbe de la chaleur, de sorte qu'il faut plus de chaleur pour échauffer un gaz qui se dilate que pour l'échauffer sous volume constant. Voy THERMODYNAMIQUE. Il en résulte qu'il qu'il y a deux espèces de chaleur spécifique des gaz : *la chaleur spécifique sous pression constante, et la chaleur spécifique sous volume constant*. La chaleur spécifique des gaz sous pression constante a été déterminée par Delaroche et Bérard, en faisant circuler un courant de gaz : 1° dans un manchon entouré d'un courant de vapeur d'eau où il prenait une température *t*; 2° dans un calorimètre formé d'un serpentin en cuivre contenu dans un vase en laiton plein d'eau. On continue l'expérience jusqu'à ce que le calorimètre atteigne une température invariable. Alors il perd par rayonnement autant de chaleur que le gaz lui en apporte. Comme on a déterminé par une expérience préalable la quantité de chaleur perdue par le calorimètre dans un temps donné, on en peut conclure la quantité de chaleur apportée par le gaz, et si l'on connaît le poids de celui-ci qui traverse le serpentin dans un temps donné, on en déduira la chaleur spécifique. Cette méthode est appelée méthode des *températures stationnaires*. Delaroche et Bérard ont aussi opéré par la méthode des *températures variables*, en appliquant le procédé de compensation de Rumford. Ces expériences ont été reprises par Regnault avec des perfectionnements importants que nous ne pouvons décrire. Le manchon était remplacé par un serpentin plongé dans une étuve, et le calorimètre se composait d'une série de boîtes en laiton divisées intérieurement par des cloisons en spirale, le tout plongeant dans un vase rempli d'eau, entouré d'une caisse de sapin destinée à le protéger contre le refroidissement. La chaleur spécifique sous volume constant n'a pas été déterminée directement; mais on a déterminé le rapport des deux coefficients par trois méthodes qui seront décrites au mot *Thermodynamique*. Ce rapport est le même pour les gaz simples et les gaz composés sans condensation; il est égal à 1,41. Il est plus faible que les gaz composés avec condensation. Enfin, d'après une loi signalée par Dulong, la chaleur spécifique rapportée non à l'unité de poids, mais à l'unité de volume, est la même pour tous les gaz simples et tous les gaz composés sans condensation, de sorte qu'il faut une même quantité de chaleur pour échauffer également un même volume de chacun d'eux.

Chaleur latente de fusion. — Les corps, pour passer de l'état solide à l'état liquide, absorbent une quantité plus ou moins grande de chaleur, qui ne produit sur eux aucune élévation de température. Ils dégagent, au contraire, de la chaleur quand ils passent de l'état liquide à l'état solide. Pour mesurer cette chaleur de fusion, on emploie la méthode des mélanges, en partant de ce principe que la quantité de chaleur dégagée pendant la solidification d'un corps est précisément égale à celle qu'il avait absorbée pendant la fusion. Si, par ex., on veut mesurer la chaleur latente de fusion de l'étain, on prend un poids M de ce corps, on le fond, et, après en avoir déterminé la température, on le verse dans une masse d'eau dont on connaît le poids et la température *t*. Soit *c* la chaleur spécifique de l'étain et *x* sa chaleur latente de fusion pour l'unité de poids, θ la température à laquelle s'élève l'eau échauffée par l'étain, *m* le poids total de l'eau du calorimètre et du calorimètre réduit en eau, c.-à-d. le poids de l'eau augmenté du produit du poids du calorimètre et de ses accessoires par sa chaleur spécifique, ou ce qui revient au même, le poids d'eau qui exigerait pour s'échauffer autant de chaleur que le calorimètre rempli d'eau avec tous ses accessoires. L'eau, en s'échauffant de *t* à θ degrés, absorbe une quantité de chaleur égale à (θ — *t*) *m* ; l'étain, de son côté, en se refroidissant de T à θ degrés, dégage une quantité de calorique représentée par (T — θ) Mc + Mx ; l'égalité de ces deux quantités donne l'équation : (T — θ) Mc + Mx = (θ — t) m, d'où l'on tire

$$x = \frac{(\theta - t)\, m - (T - \theta)\, Mc}{M}$$

La chaleur latente de fusion de la glace a été déterminée à l'aide de la méthode des mélanges par La Provostaye et Desains, qui l'ont trouvée égale à 79. Plus récemment, les expériences plus précises de Person et de Hesse ont conduit au nombre 80. Il faut donc autant de chaleur pour fondre 1 kilogr. de glace à 0° sans en élever la température, que pour élever de 0° à 1° la température de 80 kilogr. d'eau.

Chaleur latente de vaporisation. — Lorsque les liquides se vaporisent, ils absorbent une quantité plus ou moins considérable de chaleur, que l'on appelle *chaleur latente de vaporisation*. Elle se mesure par la condensation produite

dans un appareil distillatoire, d'après ce principe qu'une vapeur qui passe à l'état liquide abandonne une quantité de chaleur précisément égale à celle qu'elle avait absorbée pour

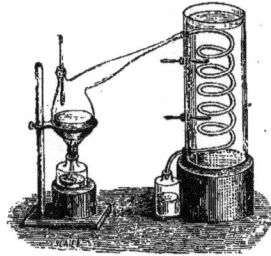

Fig. 3.

se vaporiser. Dans une cornue munie d'un thermomètre (Fig. 3), on fait bouillir un poids connu d'eau. La vapeur produite passe, au sortir de la cornue, dans un serpentin qui traverse un manchon également pourvu de thermomètres. Ce manchon reçoit un poids déterminé d'eau froide que doit échauffer la chaleur latente dégagée par la condensation. Enfin, l'eau condensée dans le serpentin est recueillie dans un vase et l'on peut alors connaître le poids de la vapeur ramenée à l'état liquide. Soient M le poids de la vapeur condensée, T sa température d'ébullition, *x* la chaleur de vaporisation, *m* le poids de l'eau contenue dans le manchon, y compris celui

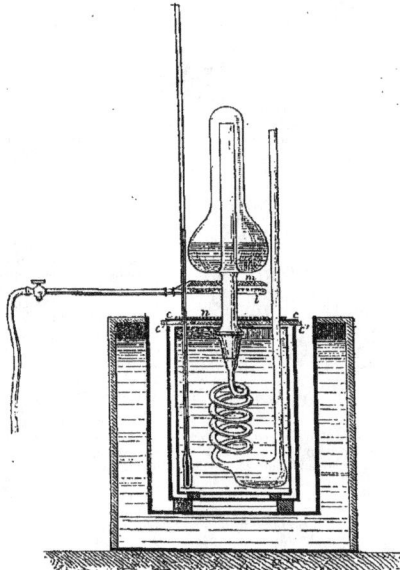

Fig. 4.

du vase et du serpentin évalués en eau, comme nous verrons de le dire, *t* sa température initiale et θ sa température finale.

La chaleur cédée par le poids M d'eau qui s'est condensée

se compose de deux parties : 1° Mx, résultant de la condensation de l'eau à la température T ; 2° M (T — θ , puisque cette
eau condensée se refroidit jusqu'à θ. On a alors :

$$M x + M (T - θ) = m (θ - t);$$
d'où
$$x = \frac{m (θ - t) - M (T - θ}{M}$$

Desprelz a trouvé ainsi que la chaleur latente de la vapeur
d'eau est 540, c.-à-d. que 1 kilogr. d'eau à 100° absorbe, en
se vaporisant, une quantité de chaleur capable de porter
540 kilogr. d'eau de 0° à 1°. Cette méthode est fort peu précise : car, d'une part, une partie de la vapeur se condense dans
le col de la cornue et arrive liquéfiée au calorimètre ; et d'autre
part, le calorimètre reçoit par rayonnement et conductibilité
une certaine quantité de chaleur. M. Berthelot a réussi à
s'affranchir de ces causes d'erreur en remplaçant la cornue
par une fiole percée d'un tube central et placée au-dessus du
serpentin (Fig. 4, p. 49). Cette fiole est chauffée par une lampe à
gaz circulaire brûlant au-dessus d'une toile métallique Cet
appareil a servi à déterminer la chaleur latente de vaporisation d'un grand nombre de liquides. Une plaque de carton
protège le calorimètre contre le rayonnement. Auparavant, Regnault avait imaginé un appareil encore bien plus
précis et permettant d'opérer à des pressions variables, et,
par suite, à des températures variables ; mais l'appareil
de Regnault est beaucoup trop compliqué pour que nous
puissions le décrire ; les perfectionnements qu'y a apportés l'inventeur avaient surtout pour objet de s'affranchir
des causes d'erreur ou pouvant mesurer les corrections à
faire : le principe de la méthode n'était pas modifié. Les
expériences de Regnault ont montré que la chaleur latente de
vaporisation de l'eau varie beaucoup avec la température. Ces
expériences continuées depuis la pression de 0^{mm},2 jusqu'à
13^{mm},6 ont permis d'établir la formule suivante qui donne la
chaleur totale nécessaire pour transformer 1 kilogr. d'eau à
0° en 1° de vapeur à t°, quelle que soit d'ailleurs la température à laquelle s'effectue la vaporisation :

$$Q = 606,5 + 0,305 \, t.$$

Pour déduire de cette formule la valeur de la chaleur
latente à t°, il suffit de retrancher les t calories nécessaires
pour échauffer l'eau de 0° à t°. On trouve ainsi :

$$λ = 606,5 — 0,695 \, t.$$

Pour 100° cette formule donne 537 calories.

Appareils calorimétriques divers. — *Calorimètre à
mercure de Fabre et de Silbermann.* — Cet appareil
nommé par les auteurs *Thermomètre à calorie* a été imaginé
pour l'étude des phénomènes calorifiques qui exigent un long
temps pour se produire. Il se compose essentiellement (Fig. 5)
d'une sphère en fer ou en verre pleine de mercure munie d'un

long tube étroit, de manière
à constituer une sorte de
thermomètre à très gros
réservoir. Il y a de plus
un moufle métallique intérieur dans lequel on
introduit le corps chaud
qui, en se refroidissant,
dégage de la chaleur. Il
est évident que la quantité
de chaleur cédée au calo-
rimètre est proportion-
nelle à l'élévation de température du mercure, et,
par suite, au déplacement
de l'extrémité de la co-
lonne mercurielle dans le

Fig. 5.

tube thermométrique, de sorte que ce déplacement donne
immédiatement le nombre de calories. On gradue l'appareil
en introduisant dans le moufle un poids connu d'eau à une
température connue, de manière à déterminer à combien de
divisions du tube thermométrique correspond une calorie.
Cet appareil a été perfectionné par Jamin.

Bombe calorimétrique de M. Berthelot. — Pour ses
recherches de *thermochimie* (voy. ce mot), M. Berthelot
emploie un calorimètre en platine qui ne diffère pas en principe des calorimètres ordinaires. Pour mesurer la chaleur
dégagée par la combustion des gaz ou certaines réactions de
nature explosive, il emploie la *bombe calorimétrique.* C'est
un récipient elliptique en tôle d'acier, doublé intérieurement
d'or pour éviter toute action chimique et formé de deux
parties vissées ensemble ; il est muni d'un ajutage en platine pour
l'introduction des substances et traversé par un fil de platine.
L'appareil étant rempli et plongé dans le calorimètre, on détermine la réaction à l'aide de l'étincelle d'un courant
d'induction.

Calorimètre de Bunsen. — C'est un calorimètre à glace
dans lequel on mesure, au lieu du poids de glace fondue, la
diminution de volume de la glace liquéfiée. L'appareil se compose d'un tube fermé par le haut et dans lequel pénètre un
second tube destiné à recevoir la source de chaleur. Le bas
du gros tube se termine par un tube en U plein de mercure,
se prolongeant par un tube plus fin. Un mélange d'eau et de
glace occupe la partie supérieure du gros tube au-dessus du
mercure. La chaleur fait fondre une partie de la glace et l'abaissement du niveau du mercure dans la branche ouverte fait connaître la quantité de mercure qui est rentrée dans la branche
fermée, et par suite, la diminution du volume.

CALORIMÉTRIQUE. adj. 2 g. T. Phys. Qui a rapport à
la calorimétrie.

CALORIMOTEUR. s. m. (lat. *calor; motor*). T. Phys.
Appareil électrique qui développe beaucoup de chaleur.

CALORIPHONE. s. m. (lat. *calor*, chaleur ; gr. φωνή,
son). Appareil imaginé en 1887 par M. Lepontois, pour
transmettre les sons à distance par l'intermédiaire de la
lumière : c'est une application du *Photophone.* Voy. ce
mot.

CALORIQUE. s. m. (lat. *calor*, chaleur). T. Phys. Agent
hypothétique que l'on considérait comme la cause des phénomènes qui accompagnent les modifications des corps susceptibles de produire ou des organes la sensation de chaud et
de froid. Il est à peu près certain qu'un pareil agent n'existe
pas et que les phénomènes que se rattachent à ce qu'on nomme
vulgairement la *chaleur* sont simplement produits par les
mouvements plus ou moins rapides des parties ultimes des
corps. Le mot *c.* a souvent été pris comme synonyme de
chaleur. *C. spécifique, C. latent*, etc. On dit plutôt aujour-
d'hui : *Chaleur spécifique, Chaleur latente.* Voy. CALORI-
MÉTRIE, CHALEUR, THERMODYNAMIQUE.

CALOSOME. s. m. [Pr. *calo-some*] (gr. καλός, beau ;
σῶμα, corps). T. Entom. Genre d'insectes coléoptères. Le
Calosome sycophante est l'une des plus grandes et des plus
brillantes espèces de la famille des *Carabiques.*

CALOT. s. m. (R. *calot*). Le haut d'un shako. || Morceau
de bois servant à caler.

CALOTIN. s. m. (R. *calotte*). Celui qui porte la calotte.
— Par dénigr. Les ecclésiastiques. || T. Mét. Pièce de cuivre
d'un corps de pompe dite aussi calotte d'aspiration.

CALOTROPIS. s. m. [Pr. *calotropiss*] (gr. καλός, beau ;
τρόπις, carène). T. Bot. Genre de plantes de la famille des
Asclépiadées. Voy. ce mot.

CALOTTAGE. [Pr. *calo-tage*] (R. calotte). T. Apic.
Opération qui consiste à placer les calottes sur les corps de
ruches. Le c. doit se faire avant l'essaimage et au moment où
va fleurir la plante mellifère principale de la région. Les
calottes sont maintenues sur les corps des crochets pour les
ruches en menuiserie et par de simples chevilles en bois pour
les ruches en paille.

CALOTTE. s. f. (dimin. du vx franç. *cale*, bonnet ; du rad.
cal, abaisser, enfoncer). Espèce de petit bonnet qui ne couvre
généralement que le haut de la tête, qui n'est guère en
usage que parmi les ecclésiastiques. *C. de satin, de velours.
La c. rouge d'un cardinal.* || So dit absol. de la c. de car-
dinal. *Le pape lui a donné la c.*, il l'a élevé à la dignité de
cardinal. || T. Méd. Se dit de certains bonnets et, par ext.,
de certaines matières qu'on applique sur la tête pour le traitement de diverses maladies. *C. de flanelle. C. de glace.*
|| T. Anat. *La c. du crâne*, La partie supérieure du crâne. ||
Pop. Soufflet, tape, gifle, coup, donné sur la tête avec le
plat de la main. || T. Archit. Petite voûte qui a peu d'éléva-
tion. || Fig. et fam., *La c. des cieux*, La voûte du ciel. || T.
Géom. *C. sphérique*, Portion de la sphère limitée par un plan
qui coupe la sphère. || T. Méc. *C. d'aspiration*, Pièce
circulaire d'un corps de pompe qui renferme le clapet. || T.
Horl. Boîte qui renferme le mouvement d'une montre.

Apic. — La c. est une partie accessoire généralement en
paille ou en bois que l'on place au-dessus du corps (nid à cou-

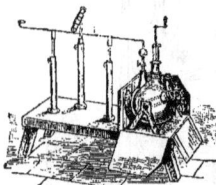

...au) de certaines ruches (vo*i.* ce mot), et destiné à servir aux ...beilles uniquement de magasin à miel. La dimension de la c. (appelée aussi *chapiteau*) doit varier avec les ressources mellifères de la contrée et la force des colonies (4 à 8 litres). Au moment de la récolte, c'est le contenu de la c. qui constitue à part que peut prélever l'apiculture.

CALOTTER. v. a. Donner des calottes.

CALOTTIER. s. m. Ouvrier qui confectionne des calottes.

CALOTTINE. s. f. (R. *calotte*). Pièce de vers badine et satirique.

CALOU. s. m. Suc du Cocotier.

CALOYER. s. m. (gr. καλὸς, avec le sens moderne de bon; γέρων, vieillard. En grec moderne, *moine* se dit καλόγερος). Nom de certains moines grecs qui suivent la règle de saint Basile.

CALPE. s. m. T. Bot. (κάλπη, urne). Urne des mousses. Inus.

CALPÉ, l'une des deux colonnes d'Hercule, ancien nom du promontoire sur lequel est construit Gibraltar.

CALPURNIA, 4e femme de Jules César. (La nuit même qui précéda le meurtre de César, elle vit en songe l'assassinat et dissuada le dictateur, mais en vain, de se rendre au sénat.)

CALQUE. s. m. (R. *calquer*). Trait léger d'un dessin qui a été calqué. *Prendre un c.* || Fig., se dit de toute production de l'esprit qui n'est que l'imitation servile de quelque autre ouvrage.

Techn. — *Calquer*, c'est reproduire les contours et les traits d'une image quelconque à l'aide de quelque matière transparente. Le résultat de l'opération se nomme *Calque*. *Décalquer*, c'est reporter le calque sur une matière quelconque. *Contre-calquer*, c'est faire la contre-épreuve d'un calque, c.-à-d. décalquer un calque en le retournant, de façon à obtenir un dessin en sens contraire du calque original. — Le procédé le plus simple pour calquer consiste à fixer une feuille de papier ordinaire sur le dessin et à placer le tout sur une vitre élevée. La transparence que l'on obtient permet de suivre exactement les traits du modèle, et l'on peut ainsi les reproduire sur le papier avec la plume ou avec le crayon. Il est plus avantageux d'employer un papier transparent dit *papier à calquer*, ou une feuille de gélatine qu'on place sur le modèle, et sur quoi on suit les traits de celui-ci avec un crayon, une plume ou une pointe fine. Le calque terminé, il est très facile d'en obtenir un *décalque* sur une autre feuille de papier, sur la pierre lithographique, sur une planche métallique ou sur toute autre surface appropriée. Il suffit, pour cela, de rougir le verso du calque avec de la sanguine ou de l'enduire de mine de plomb, d'appliquer celui-ci sur la surface où l'on veut reproduire le dessin, et enfin de suivre, avec une pointe, tous les traits marqués sur le calque. De cette manière, ces traits se reproduisent en rouge ou en noir sur la surface du papier, de la pierre, etc. On peut aussi interposer entre le calque et la surface une feuille de papier enduite de plombagine. Enfin, on peut encore, lorsque le calque est fait au crayon ou avec une encre préparée, le contre-calquer au moyen de la presse. Le contre-calque est indispensable toutes les fois qu'il s'agit de reporter le dessin sur la pierre lithographique, le bois à graver, etc., pour reproduire ensuite des épreuves conformes à l'original. L'impression retournant, en effet, le dessin tracé sur la surface imprimante, il est nécessaire que celui-ci soit établi en retournant l'original.

CALQUER. v. a. (ital. *calcare*, du lat. *calcare*, marcher sur les traces). Prendre le trait d'un dessin en suivant exactement ses contours avec une pointe, une plume ou un crayon. *C. une carte géographique, une estampe.* — On dit dans le même sens, *C. une lettre*, En faire le fac-similé. || Fig., se dit pour imiter avec exactitude. *Il est habile à c., mais il ne crée pas.* ═ Calqué, ÉE. part.

CALQUERON. s. m. Nom des leviers qui servent à attacher les cordes des bases dans les métiers à tisser la soie.

CALQUOIR. s. m. (R. *calquer*). Crayon de métal servant à calquer.

CALSCHISTE. s. m. (lat. *calx*, chaux, et *schiste*) T. Géol. Schiste argileux ayant des veines calcaires.

CALTANISETTA, v. de Sicile, 30,000 hab.

CALTAZIRONE, v. de Sicile, 32,000 hab.

CALTHA. s. m. (gr. κάλαθος, corbeille). T. Bot. Genre de plantes connu aussi sous le nom de *Populage*, de la famille des *Renonculacées*.

CALUIRE-ET-CUIRE, comm. de France, arr. de Lyon, c. de Neuville-sur-Saône (Rhône) à 4 kilom. de Lyon, sur la Saône, 10,000 hab. Teintureries. Impression sur foulards.

CALUMET. s. m. (autre forme de *chalumeau*). On nomme ainsi une grande pipe particulièrement en usage chez les Indiens de l'Amérique du Nord, et dont le tuyau, long d'environ 70 centim., est orné de cheveux nattés avec soin et de plumes vertes, rouges et bleues. Le c. est ordinairement pour les Indiens un symbole de paix. Ils l'offrent à leurs amis en signe d'alliance éternelle; le refuser équivaudrait à une déclaration de guerre.

Le nom de C. s'applique encore, dans nos colonies, à diverses espèces de végétaux dont les nègres se servent pour faire des tuyaux de pipe. Ainsi, à Cayenne, le mot C. désigne une espèce d'Euphorbiacée, la *Mabea piriri*. A Haïti, on nomme ainsi une espèce du genre *Lygodium*, famille des *Polypodiacées*. Au Canada on l'applique à plusieurs espèces du genre *Arundo*, famille des *Graminées*. Enfin, dans les îles Bourbon et Maurice, on donne le nom de C. *des Hauts* à une espèce du genre *Nastus*, qui appartient également à cette dernière famille.

CALUS. s. m. [Pr. *calus*] (le même que *cal*). T. Chir. Voy. CAL. || Fig., Endurcissement de cœur ou d'esprit qui résulte de la longue habitude. Se prend généralement en mauvaise part. *L'impie se fait un c. contre les remords de sa conscience.*

CALVADOS, ligne de rochers au nord du dép. du Calvados.

Étym. Un navire espagnol, le *Salvador*, fit naufrage sur ces rochers en 1588. *Salvador* est devenu *Çalvador, Calvador* et enfin *Calvados.*

CALVADOS (Dép. du), formé d'une partie de la Normandie, 429,000 hab., ch.-l. Caen; 5 autres arr.: Bayeux, Falaise, Lisieux, Pont-l'Évêque et Vire.

CALVAËRT, célèbre peintre flamand, fondateur d'une école à Bologne (1555-1619).

CALVAIRE. s. m. (lat. *calvaria*, de *calvus*, chauve, parce que les condamnés y étant exécutés, ce lieu était garni de crânes). Petite montagne de la Palestine près de Jérusalem, où Jésus a été crucifié. *Le mont C.* Cette montagne s'appelait aussi *Golgotha.* || Se dit d'une élévation sur laquelle on a planté des croix pour figurer le véritable Calvaire, et où l'on a établi des chapelles et des stations rappelant les diverses scènes de la Passion.

CALVANIER. s. m. T. Agric. Homme de journée qui engrange les gerbes.

CALVERT (GEORGE), *baron de Baltimore,* homme d'État anglais, fonda une colonie anglaise dans la baie de Chesapeake (États-Unis d'Amérique) (1582-1632).

CALVI, ch.-l. d'arr. (Corse), 2,200 hab.

CALVILLE. s. 2 g. T. Hort. Variété de pomme. Voy. POMMIER.

CALVIN (JEAN), un des chefs de la Réforme protestante en France, né à Noyon en 1509, mort à Genève en 1564. Pendant vingt-cinq ans, Calvin gouverna Genève avec le despotisme et le fanatisme religieux le plus absolu, et son intolérance fut aussi cruelle à l'égard des catholiques et des autres sectes protestantes, que l'était celle des gouvernements catholiques à l'égard des protestants. La plus illustre de ses victimes fut Servet, qui fut brûlé vif en 1553.

CALVINISME. s. m. Doctrine de Calvin. Voy. Protestantisme.

CALVINISTE. s. et adj. 2 g. Celui ou celle qui suit la doctrine de Calvin.

CALVITIE. s. f. (Pr. *calvicie*) (lat. *calvities*, m. s.). État d'une tête chauve, effet de la chute des cheveux. Voy. Cheveux.

CALYBITE. s. m. (gr. καλύϐιον, petite cabane). Nom de solitaires chrétiens habitant des huttes.

CALYCANDRIE. s. f. T. Bot. (gr. κάλυξ, calice ; ἀνήρ, mâle). Classe de plantes dont les étamines sont insérées au calice. Inus.

CALYCANTHÉES. s. f. pl. (gr. κάλυξ, calice; ἄνθος, fleur). T. Bot. Tribu de plantes de la famille des *Monimiacées*. Voy. ce mot.

CALYCANTHÈME. adj. 2 g. (gr. κάλυξ, calice; ἄνθη, inflorescence). T. Bot. Dont le calice a l'apparence d'une corolle. Inus.

CALYCÉRÉES. s. f. pl. (gr. κάλυξ, calice). T. Bot. Famille de végétaux Dycotylédones de l'ordre des Campépétales inférovariées.
Car. bot. : Plantes herbacées. Feuilles alternes, sans stipules. Fleurs réunies en capitules, qui sont ou terminaux ou opposés aux feuilles, et entourés d'un involucre. Fleurs sessiles, hermaphrodites. Calice à 5 divisions inégales. Corolle régulière, à préfloraison valvaire, infundibuliforme, avec un tube long et grêle, et 5 segments dont chacun porte 3 veines principales : espaces glandulaires au-dessus des étamines, alternant avec elles. Étamines 5, monadelphes; anthères soudées en cylindre par leur moitié inférieure. Ovaire infère, uniloculaire : 1 ovule anatrope pendant, solitaire ; style simple,

lisse ; stigmate capité. Le fruit est un akène, ordinairement couronné par les segments rigides et épineux du calice. Graine solitaire, pendante, sessile; embryon situé dans l'axe d'un albumen charnu ; radicule supère, plus longue que les cotylédons qui sont plano-convexes. (Fig. 1. *Acicarpha spathulata* ; 2. Coupe d'une fleur entière ; 3. Coupe verticale d'un fruit mûr.)
La famille des *Calycérées* ne comprend que 3 genres et 20 espèces. Toutes habitent l'Amérique du Sud, et surtout la partie méridionale du Chili : on les rencontre rarement dans les régions tropicales. On ne leur connaît aucune propriété utile.

CALYCIFLORES. s. f. pl. (gr. κάλυξ, calice; lat. *flos, floris*, fleur). T. Bot. employé par de Candolle, pour désigner la 2ᵉ classe de sa classification. Voy. Botanique.

CALYDON, v. d'Étolie dans l'ancienne Grèce, infectée par un sanglier que tua Méléagre.

CALYMÈNE. s. f. (gr. καλός, beau, ὑμήν, membrane). T. Paléont. Zool. Alex. Brongniart a désigné sous ce nom un genre de *Trilobites* (voy. ce mot) à grosse tête, semicirculaire ou triangulaire, égale à environ la moitié du thorax, à angles génaux arrondis ou quelquefois étirés en pointes, à bord frontal renflé, à glabelle saillante, conique, avec trois paires de sillons latéraux obliqués. Les yeux nettement réticulés ne sont pas très grands. Il y a 13 segments au thorax, et le pygidium convexe, plus ou moins arrondi, a les bords toujours entiers. Ces crustacés pouvaient s'enrouler un peu à la façon des *Cloportes*. On en trouve abondamment dans le silurien inférieur et dans la partie inférieure du silurien supérieur. Il est plus rare dans les étages plus récents du silurien.

CALYORNE. s. f. Voy. Caliorne.

CALYPSO, nymphe qui retint dans son île Ulysse et Télémaque (Myth.).

CALYPTOMÈNE. s. m. (gr. καλυπτός, caché ; μένω, je demeure). T. Ornith. Genre d'oiseaux gallinacés. Voy. Manakin.

CALYPTORHYNQUE. s. m. (gr. καλυπτός, caché ; ῥύγχος, bec). T. Ornith. Genre d'oiseaux faisant partie de la section des *Cacatoès*. Voy. ce mot.

CALYPTRANTHE. s. m. (gr. καλύπτρα, couvercle; ἄνθος, fleur). T. Bot. Genre d'arbres et d'arbrisseaux de la famille des *Myrtacées*. Voy. ce mot.

CALYPTRE. s. f. (gr. καλύπτρα, voile, ce qui sert à couvrir). T. Antiq. Voile dont les prêtres se couvraient la tête pendant la célébration des mystères. || T. Bot. Nom donné par les anciens botanistes à la coiffe des Mousses et des Hépatiques.

CALYSTÉGIE. s. f. (gr. κάλυξ, calice; στέγη, toit). T. Bot. Genre de plantes de la famille des *Convolvulacées*. Voy. ce mot.

CAMACÉS. s. m. pl. Voy. Chamacés.

CAMAGE. s. m. T. Méc. Action d'établir des cames.

CAMAÏEU. s. m. (R. camée). Sorte de pierre fine de deux couleurs. || T. Peint. Tableau peint avec une seule couleur. *Peindre en c. Ces camaïeux sont remarquables.* || T. Grav. Genre de gravure qui imite le dessin au lavis. || T. Comm. Toile peinte à une seule couleur.

CAMAIL. s. m. (ital. *camaglio*, m. s. prov. *capmail*, de *cap*, tête, lat. *caput*, et *mail*, armure). T. Art milit. anc. Armure de mailles qui se plaçait sur la tête, sans le casque, et descendait jusqu'aux épaules. || Petit manteau à capuchon que portent les ecclésiastiques.
Liturg. — Le camail est une espèce de manteau ecclésiastique qui varie de forme, de grandeur et de couleur, selon le rang et la dignité de celui qui en est revêtu. Ce manteau est muni d'un capuchon; mais cet appendice ne figure que pour la forme dans les diocèses méridionaux, tandis que dans presque tous ceux du Nord il a des dimensions suffisantes pour pouvoir se placer sur la tête. L'usage général du c. ne paraît pas remonter au delà de la première moitié du XVᵉ siècle, mais il existait déjà dans quelques églises avant cette époque, ainsi que le prouvent les canons du concile de Saltzbourg, en 1386. — Actuellement, le c. est porté par tous les ecclésiastiques indistinctement, là où la coutume en est établie, sur-

tout en hiver. Il est de couleur noire pour les prêtres ordinaires, et d'une autre couleur pour les enfants de chœur et les chantres. Sa longueur varie selon les localités. Les évêques et les chanoines, tant titulaires qu'honoraires, portent un c. particulier, appelé *Mosette*, qui diffère du premier en ce qu'il est de soie, ne descend qu'un peu au-dessous des épaules et n'a pas de capuchon. La mosette est violette pour les évêques et noire pour les chanoines; on la double ordinairement de rouge, et on la borde quelquefois de fourrures. Enfin, elle se porte toute l'année.

CAMALDULE. s. m. T. Hist. relig. — Les *Camaldules* forment l'un des ordres religieux les plus sévères du catholicisme. Cet ordre fut fondé vers le milieu du Xᵉ siècle par saint Romuald, jeune homme issu d'une des plus illustres familles de Ravenne. Ce nom de Camaldules vient de la vallée de Camaldoli, dans l'Apennin, où fut bâti le premier couvent de l'ordre. La règle des Camaldules était, dans le principe, celle de saint Benoît, mais rendue encore plus austère ; l'ordre se composait d'ermites et de cénobites; il s'étendit en France, en Allemagne et en Pologne. Aujourd'hui, il n'existe plus de religieux de ce nom qu'en Italie. Ils sont vêtus de blanc : leur habillement se compose d'une robe et d'un scapulaire, serrés d'une ceinture de laine. Le pape Grégoire XVI, prédécesseur de Pie IX, appartenait à cet ordre. — Il y a également des religieuses qui portent le nom de *Camaldules*. — Enfin, on désigne encore sous le nom de Camaldules les maisons mêmes qui appartiennent à cet ordre religieux. *Une C.* doit être située à 20 kilom. au moins des grandes villes.

CAMANIOC. s. m. Manioc cultivé à Cayenne et aux Antilles.

CAMARADE. s. 2 g. (lat. *camera*, chambre). Compagnon de profession, celui qui vit avec un autre et fait le même métier, les mêmes exercices. Ne se dit guère qu'entre soldats, comédiens, enfants, écoliers, valets, etc. *Nous avons été camarades d'école. C. de lit. Un bon c. — Camarades de voyage, de fortune, de malheur*, etc., se dit de ceux qui voyagent ensemble, qui éprouvent les mêmes vicissitudes, les mêmes malheurs. || *C. de chaîne*, se dit de deux forçats attachés à une même chaîne. || Fam., s'emploie en parlant à une personne de condition fort inférieure. *Mon c., indiquez-moi ma route.* || T. Artill. Se dit des coups de canon tirés de diverses positions vers le même but.

CAMARADERIE. s. f. Se dit de cette sorte d'union familière qui existe entre camarades. *Cette c. ne peut durer longtemps. La c. littéraire.* — Dans les mœurs littéraires modernes, la camaraderie n'est bien souvent qu'une coterie, fondée sur ce principe des *Femmes savantes*, de Molière :
Nul n'aura de l'esprit, hors nous et nos amis.

CAMARAT (Cap), cap à l'est de la presqu'île de Saint-Tropez (Var).

CAMARD, ARDE. s. (même origine que *camus*). Camus, qui a le nez plat et écrasé. *Un vilain c.* || Adj. *Cette femme est camarde.* On dit aussi, *Nez c.*

CAMARE. s. f. Voy. FRUIT.

CAMARÈS, ch.-l. de c. (Aveyron), arr. de Sainte-Affrique; 2,300 hab. Sources minérales.

CAMARGO (LA), célèbre danseuse de l'Opéra de Paris (1726-1751).

CAMARGUE (LA), grand delta formé par les deux bras du Rhône à son embouchure, d'Arles à la mer.

CAMARILLA. s. f. (Dimin. de l'esp. *camera*, chambre, du lat. *camera*, chambre). Mot espagnol qui sign. *Petite chambre, cabinet*, et se dit, dans le langage politique, des familiers du souverain. Il s'emploie par dénigrem. en parlant de l'influence extra-constitutionnelle qu'ils exercent parfois dans le gouvernement.

CAMARIN. s m. Espèce de plongeon.

CAMASSIE. s. f. T. Bot. Genre de plantes de la famille des *Liliacées.* Voy. ce mot.

CAMBACÉRÈS, homme d'État français (1753-1824), 2ᵉ consul de la République en 1799.

CAMBARDI (LA), célèbre cantatrice française (1823-1861).

CAMBAYE, golfe et port de l'Inde anglaise dans la mer d'Oman, 34,000 hab.

CAMBIUM. s. m. (bas-lat. *cambium*, m. s., de *cambire*, changer). T. Bot. Nom donné à l'assise génératrice libéro-ligneuse qui se trouve placée entre le bois et le liber dans la tige et dans la racine des Dicotylédones; par son fonctionnement, le cambium produit tous les ans une zone de bois vers l'intérieur et une zone de liber vers l'extérieur, amenant ainsi l'accroissement en épaisseur de la tige et de la racine.

CAMBODGE, État de la péninsule d'Indo-Chine, constitué en royauté et placé sous le protectorat de la France depuis 1863. Son étendue est d'environ 100,000 kil. car. et sa population de 850,000 hab.

Il est situé au bord du golfe de Siam du côté du sud et traversé dans toute sa longueur par le grand fleuve le *Mékong*, dont l'un des bras va chercher; dans l'intérieur du pays, les eaux d'un lac immense, nommé le *Touté Sap* ou grand lac. Le pays lui-même est peu accidenté et n'offre que des ondulations insensibles. La température moyenne est de 28°, il serait facilement supportable, sans l'humidité perpétuelle de l'atmosphère. Il y a deux saisons : l'une sèche, de novembre à mars, et l'autre, plus particulièrement humide, d'avril à octobre.

L'histoire du Cambodge, aussi loin qu'on peut remonter, nous montre à l'origine un peuple puissant qui parfois a étendu sa domination sur tous les États voisins : Annam, Siam et Tonkin. La décadence a commencé au XIIIᵉ siècle, et c'est le Cambodge qui, à son tour, a subi la domination étrangère. L'Annam lui a fait payer tribut et le Siam lui a enlevé, en 1808, les provinces d'Angkor et de Battambang. Notre protectorat, établi en 1863 au moment de l'occupation de la Basse-Cochinchine, a été encore réservé en 1884 par une convention conclue entre le roi Norodom et le gouverneur général de la Cochinchine. Actuellement le roi gouverne assisté de ministres indigènes et d'un résident supérieur français, qui est le véritable chef de l'administration et le directeur de la politique du pays. — Dans leur langue, les Cambodgiens se donnent à eux-mêmes le nom de *Khmers*.

La capitale du Cambodge est *Phnom-Penh*, sur un des bras du Mékong; c'est une ville peu importante de 25 à 30,000 hab.; elle est reliée à Saïgon par un service français de bateaux à vapeur. Les autres villes sont Oudong, l'ancienne capitale avant 1866, et Kampot, le seul port qui reste sur le territoire cambodgien.

Le sol du Cambodge est très fertile et produit surtout le riz, qui est la base de la nourriture des indigènes. Mais les difficultés de la main-d'œuvre empêchent d'obtenir du pays tout ce qu'il pourrait donner. Ses exportations, qui s'élèvent à onze millions de francs, consistent surtout en riz (3,400,000 fr.), en poisson (2,500,000 fr.), tabac (700,000 fr.), gomme, bois, poivre, cardamome et bambous, avec des chiffres sans cesse décroissants.

Le budget du Cambodge est d'environ 3,300,000 fr de recettes et les troupes françaises qui gardent le pays comprennent à peu près 300 hommes. (Pour la carte du Cambodge, voy. COCHINCHINE.

CAMBON (JOSEPH), conventionnel, créateur du grand-livre de la dette publique (1754-1820).

CAMBOUIS. s. m. (prov. *camois*, houe, souillure ?). Vieux oing dont on a graissé les roues de voiture et qui est devenu noir par le frottement. *Taches de c.*

CAMBRAI. s. m. Sorte de toile de lin très claire.

CAMBRAI, ch.-l. d'arr. (Nord), 24,000 hab. Archevêché; toiles, dentelles, etc. Patrie de Dumouriez. — Nom des hab. CAMBRAISIEN. == *Ligue de Cambrai*, Alliance conclue contre les Vénitiens en 1508, entre le pape Jules II, l'empereur Maximilien, le roi de France Louis XII et Ferdinand d'Aragon.

CAMBRE. s. f. Cambrure.

CAMBREMENT. s. m. Action de cambrer.

CAMBREMER, ch.-l. de c. (Calvados), arrond. de Pont-l'Évêque, 1,000 hab.

CAMBRER. v. a. (lat. *camerare*, voûter). Courber légèrement. *C des cuirs. C. du bois.* || S'emploie avec le pron. pers. *Cette poutre commence à se c.* — CAMBRÉ, ÉE, part. *Elle a la taille cambrée. Il a les jambes cambrées. C'était une belle fille, mince et cambrée sur des hanches hardies.* (F. SOULIÉ.)

CAMBRÉSINE ou **CAMBRASINE**. s. f. Sorte de toile de lin qui se fabriquait autrefois à Cambrai.

CAMBRÉSIS, ancien pays de France (dép. du Nord), cap. *Cambrai.*

CAMBREUR. s. m. Ouvrier qui cambre les cuirs destinés à faire des bottes, des souliers, etc.

CAMBREUSE. s. f. Machine employée au cambrage pour la chaussure.

CAMBRIDGE, v. d'Angleterre, ch.-l. du comté de ce nom. 35,000 hab. Université célèbre. — Le comté a 186,000 hab.

CAMBRIDGE, v. des États-Unis d'Amérique (Massachusetts), 53,000 hab.

CAMBRIEN, ENNE. adj. (*Cambria*, nom breton du pays de Galles). T. Géol. *Terrain c.*, Terrain composé de schiste chloriteux et argileux, reposant sur les micaschistes et les gneiss.

CAMBRILLON. s. m. [Pr. les *ll* mouillées] (de *cambrer*). Partie du talon d'un soulier.

CAMBRONNE, général français (1770-1842), célèbre par son héroïsme à Waterloo. Il semble résulter des recherches qui ont été faites à ce sujet, qu'il n'a jamais prononcé le mot fameux qu'on lui prête en réponse aux Anglais qui le sommaient de se rendre, et encore bien moins la phrase académique que certains historiens lui ont attribuée : « La garde meurt et ne se rend pas! » Il est possible que le mot dit de Cambronne ait été prononcé par l'un des grenadiers de la garde. En tout cas, la lumière n'est pas faite sur cette anecdote historique.

CAMBRURE. s. f. Courbure légère. *La c. d'un soulier. La c. d'une solive.* || T. Path. *La c. de la taille.* Voy. BOSSE, ORTHOPÉDIE et VERTÈBRE.

CAMBUSE. s. f. (holl. *kabuys*, m. s.) T. Mar. Endroit d'un navire où l'on conserve une partie des vivres, et où l'on fait la distribution des rations aux hommes de l'équipage. || Fam. Une maison de piètre apparence. *C'est une cambuse.*

CAMBUSER. v. a. T. Mar. Nettoyer une futaille.

CAMBUSIER. s. m. T. Mar. Le servant de la cambuse.

CAMBYSE, roi de Perse, fils et successeur de Cyrus (530-522 avant. J.-C.), conquérant de l'Égypte.

CAMDEN, v. des États-Unis d'Amérique (New-Jersey), sur la rivière Delaware; 41,500 hab.

CAMDEN, savant antiquaire anglais, m. en 1623.

CAME. s. f. (gr. χύμη, m. s.). T. Zool. Genre de mollusques bivalves. Voy. CHAMACÉS. On dit aussi *chame*, qui est même plus correct, vu l'étymologie.

CAME. s. f. (altér. du vx fr. *cane*, dent). T. Méc. On donne le nom de *Came* à une saillie ou dent implantée à la surface d'une roue ou d'un arbre tournant, mis en mouvement par un moteur quelconque. La c. sert à transformer un mouvement circulaire continu en mouvement circulaire alternatif ou en mouvement rectiligne alternatif. Les cames sont toujours fort espacées entre elles, et présentent une courbure du côté par lequel elles agissent pour transmettre le mouvement. La Fig. ci-contre représente une roue armée de cames qui agit sur un martinet, lequel est mobile autour d'un axe fixe. On voit qu'il s'agit ici d'un mouvement circulaire continu, trans-

formé en mouvement circulaire alternatif. Un arbre ou une roue munie de cames qui soulèvent un pilon vertical, fournissent un exemple de transformation de mouvement circulaire continu en mouvement rectiligne alternatif. Le pilon est lui-même muni d'une saillie appelée *mentonnet*, sous lequel les cames viennent s'engager à chaque révolution de la roue ou de l'arbre. Chaque fois que l'une des cames se dégage du mentonnet, le pilon retombe en vertu de son propre poids, pour être

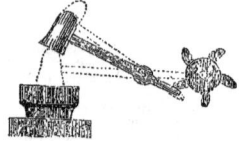

suivi par un autre c., et ainsi de suite indéfiniment. — Lorsqu'on veut mettre en mouvement, au moyen d'un arbre à cames, une série de martinets ou de pilons, on dispose les cames sur le cylindre, le long d'une hélice. À l'aide de cet artifice, les martinets ou les pilons sont tous soulevés, mais seulement successivement à chaque tour de l'arbre. Par conséquent celui-ci n'a pas besoin, pour produire l'effet voulu, d'être mû par une force ausssi considérable que s'il lui fallait soulever tous les pilons ou martinets à la fois. De plus le mouvement de l'arbre est beaucoup plus régulier. — Voy. ENGRENAGE, MOUVEMENT, etc.

CAMÉE. s. m. (étym. controversée; suivant Littré, du bas grec κάμπτον, travail; suivant M. Toubin, du grec γύψη, *came*, coquillage avec lequel on fait des imitations de camées). Pierre composée de différentes couches, nuancée de diverses couleurs, et sculptée en relief. *On choisit ordinairement pour faire des camées l'onyx ou la sardoine.* || T. Minér. Nom que l'on donne à certaines variétés de silex.

CAMÉLÉE. s. f. (gr. χαμελαία, m. s., de χαμαί, à terre, et ἐλαία, olivier). T. Bot. Genre d'arbrisseaux à feuilles persistantes. Voy. RUTACÉES.

CAMÉLÉON. s. m. (gr. χαμαιλέων, de χαμαί, à terre, et λέων, lion). T. Erpét. Animal de la famille des sauriens, auquel on a longtemps attribué la faculté de prendre la couleur des objets dont il approche. || Fig., se dit d'un homme qui change d'humeur, de conduite, d'opinion, de discours suivant les circonstances. *C'est un vrai c. en politique.* || Chim. *C. minéral*, voy. MANGANÈSE.

Zool. — Le genre *Caméléon* (*Chamœleon*) constitue un groupe de *Sauriens* parfaitement distinct : aussi Cuvier en a-t-il fait une famille particulière, la cinquième dans l'ordre des *Sauriens*, en lui donnant le nom de *Caméléoniens*. De nos jours ils constituent le sous-ordre des vermilingues parmi les *Sauriens*. — La grosseur de leur tête, qui est largement fendue par la bouche, et leur occiput qui est relevé en pyramide, leur donnent un aspect singulier. Ils ont le corps comprimé et le dos comme tranchant. Leur queue, à peu près aussi longue que le corps, est volubile, et, comme celle des singes d'Amérique, susceptible de s'accrocher aux branches d'arbre. Leurs pattes sont munies de 5 doigts, lesquels sont partagés en deux faisceaux, 3 à l'interne et 2 à l'externe en avant, 2 à l'interne et 3 à l'externe en arrière. Chacun des doigts est armé d'un ongle aigu, et chaque faisceau de doigts est réuni par une membrane jusqu'aux ongles. Leurs dents sont trilobées; leurs yeux grands, mais presque couverts par la peau, à l'exception d'un petit trou vis-à-vis la prunelle, sont extrêmement mobiles et parfaitement indépendants l'un de l'autre, de telle sorte que l'animal peut regarder en même temps en avant et en arrière. Les premières côtes se joignent au sternum, et les suivantes se continuent chacune avec sa correspondante, de manière à former un cercle entier. La peau, toute chagrinée par de petits grains écailleux, semble ne pas adhérer aux muscles dans plusieurs parties. Ce saurien a la propriété de changer de couleur. La couleur du *C. ordinaire* (*Chameleo africanus*), qui est le mieux connu, est blanc tirant sur le jaune. Ses mouvements sont remarquables par leur extrême lenteur. Cet animal reste des journées entières dans une complète immobilité, accroché aux branches d'un arbre ou d'un buisson par les doigts de ses pattes et l'extrémité de sa queue, attendant avec patience qu'une mouche, une guêpe, une oncille, une sauterelle, etc., passe à sa portée. Aussitôt qu'il aperçoit un de ces insectes à distance convenable, il sort sa langue avec une rapidité prodigieuse, et engloutit promptement sa proie. L'extrémité de la langue du c. est très visqueuse, en forme de massue, et l'animal peut la lancer, selon Cory-Saint-Vincent, jusqu'à la distance de 20 centim. Le c. est capable de rester des mois entiers sans manger, et de supporter des chaleurs excessives; mais il paraîtrait qu'il

passe la mauvaise saison dans l'engourdissement et caché dans quelque trou pour se mettre à l'abri du froid. — Le C. ordinaire (Fig. ci-dessus) a le capuchon pointu et relevé d'une arête en avant; sa crête supérieure est dentelée jusqu'à la moitié du dos, et l'inférieure jusqu'à l'anus. Il atteint jusqu'à 50 centim. de longueur. Cette espèce est surtout commune dans toute l'Afrique septentrionale; mais elle se rencontre aussi dans le midi de l'Espagne et jusque dans les Indes. Parmi les autres espèces, nous ne citerons que le C. à nez fourchu (Cham. bifurcus) des Moluques, remarquable par deux grandes proéminences comprimées et saillantes, qui sont situées en avant du museau. Jusqu'à ce jour, on n'a pas trouvé de véritable c. dans le nouveau continent.

Les changements de couleur des caméléons sont dus à ce que leur peau est composée de corpuscules contractiles de diverses couleurs, qui s'enfoncent plus ou moins au-dessous de l'épiderme selon l'état d'excitation de l'animal.

CAMÉLÉOPARD. s. m. (gr. καμηλοπάρδαλις, girafe, de κάμηλος, chameau et πάρδαλις, panthère. (Caméléopard est une corruption sous l'influence de léopard). Nom que les anciens donnaient à la girafe, dont le nom scientifique est cameleopardalis giraffa. || T. Astr. Le Caméléopard ou la Girafe, Constellation boréale.

CAMÉLIA ou **CAMELLIA.** s. m. (R. Le P. Camelli qui a introduit cette plante du Japon en Europe : on devrait écrire camellia, mais l'usage a prévalu de ne mettre qu'un seul l.) T. Bot. Genre d'arbrisseaux comprenant une douzaine d'espèces qui croissent dans l'Asie orientale, famille des Ternstraemiacées. Les camélias font aujourd'hui l'ornement de nos jardins et de nos serres et rivalisent avec la rose pour l'éclat du coloris, mais n'ont aucun parfum. C'est un arbrisseau toujours vert. Les premiers camélias cultivés en France ont appartenu à l'impératrice Joséphine. Voy. TERNSTRÉMIACÉES.

CAMÉLINE. s. f. (gr. χαμαί, à terre; λίνον, lin). T. Bot. Genre de plantes de la famille des Crucifères. Voy. ce mot.

CAMÉLINÉES. s. f. pl. T. Bot. Tribu de plantes de la famille des Crucifères. Voy. ce mot.

CAMELLE. s. f. Pyramide formée dans les marais salants pour faire égoutter le sel.

CAMELOT. s. m. (lat. camelus, chameau, parce que cette étoffe était faite autrefois de poil de chameau). Etoffe de poil de chèvre, ou de laine, mêlée quelquefois de soie en chaîne. † Pop. Marchand ambulant.

CAMELOTE. s. f. (R. camelot). Se dit vulgairement des marchandises de pacotille et de rebut, ou d'un travail peu soigné. Ce marchand n'a que de la c.

CAMELOTER. v. n. Faire un mauvais travail.

CAMELOTIER. s. m. (R. camelote). Papier très commun.

CAMELOTINE. s. f. Etoffe ondée comme le camelot.

CAMELUS. s. m. T. Zool. Nom latin du Chameau. Voy. ce mot.

CAMEMBERT, village du dép. de l'Orne, arr. d'Alençon. = s. m. Fromage gras très estimé.

CAMÉRALISTIQUE. s. f. (lat. camera, chambre). T. barbare employé en Allemagne pour désigner la science ou plutôt l'art de l'administration. On dit encore, Les sciences camérales.

CAMÉRA-LUCIDA. s. f. (camera, chambre, et lucida, lucide). T. Phys. Instrument d'optique, dit aussi Chambre claire.

CAMERARIUS, érudit allemand, rédigea avec Mélanchton la Confession d'Augsbourg (1500-1574).

CAMÉRIER. s. m. (lat. camera, chambre). Prélat de la cour de Rome attaché à la personne du pape et chargé de ses aumônes, etc. Les camériers portent une soutane violette avec des manches pendantes jusqu'à terre.

CAMÉRINE. s. f. (lat. camera, chambre). T. Zool. Genre de foraminifères à coquilles cloisonnées. Voy. FORAMINIFÈRES.

CAMÉRISIER. s. m. (gr. χαμαί, à terre; κέρασος, cerisier). T. Bot. Nom donné à une espèce de Chèvrefeuille, le Lonicera Xylosteum. Voy. CAPRIFOLIACÉES.

CAMÉRISTE. s. f. (lat. camera, chambre). Nom donné dans plusieurs cours aux femmes qui servent les princesses dans leur chambre. || Se dit quelquefois en parlant d'une simple femme de chambre.

CAMERLINGAT. s. m. Dignité de camerlingue.

CAMERLINGUE. s. m. (bas-lat. camerlingus, m. s., de camera, chambre, et d'un suffixe germ. ling, sign. attaché; c'est le même mot que chambellan). Titre de l'un des premiers officiers de la cour de Rome, qui est toujours cardinal. La fonction ordinaire du c. est de présider à la chambre apostolique, et il a l'autorité pour l'expédition des affaires, quand le siège pontifical est vacant.

CAMÉRON (ARCHIBALD), prédicateur écossais du XVIIe siècle,

CAMÉRONIEN, IENNE. s. (R. Caméron, nom d'homme). Membre d'une secte protestante fort rigide.

CAMEROUN. (Portug. Camaras, crevette, à cause de l'abondance des crevettes sur ces rivages). Colonie allemande de l'Afrique occidentale, sur la côte N.-E. du golfe de Guinée. Superficie : 28.000 kil. car. Pop. 480.000 hab.

CAMEROUNS (Monts), massif montagneux de la Guinée, altitude 4.000 mètres.

CAMIÈRE. s. f. T. Arbor. Variété de pomme.

CAMILLE, fille du roi des Volsques, célèbre par son agilité à la course et son habileté à tirer de l'arc.

CAMILLE, femme romaine, sœur des Horaces, tuée par l'un d'entre eux, parce qu'elle avait regretté la mort de son fiancé Curiace, ennemi de Rome (667 av. J.-C.).

CAMILLE, général romain, chassa les Gaulois de l'Italie (390 av. J.-C.).

CAMINOTECHNIE. s. f. [Pr. kamino-tekni] (gr. κάμινος, fourneau; τέχνη, art). T. Techn. Art de la construction des fourneaux employés dans l'industrie.

CAMION. s. m. (de la racine cam, bas; gr. χαμαί, à terre). Sorte de chariot à quatre roues très basses et très solides. Le c. sert à transporter les objets d'un poids ou d'un volume considérable. || Petite voiture traînée par des hommes dans les chantiers de construction. || La plus petite de toutes les sortes d'épingles. || Sorte de seau où les peintres en bâtiment mettent la peinture.

CAMIONNAGE. s. m. [Pr. cami-o-na-je]. Transport par camion.

CAMIONNER. v. a. [Pr. cami-o-ner]. Transporter par camion.

CAMIONNEUR. s. m. [Pr. *cami-o-neur*]. Le cheval ou l'homme qui traîne un camion; celui qui conduit un camion.

CAMISADE. s. f. (bas-lat. *camisa*, chemise) Ruse de guerre pour surprendre l'ennemi pendant la nuit. Ce mot vient de ce que les assaillants, pour se reconnaître plus aisément, mettaient leur chemise par-dessus leurs vêtements. *Donner une c.* Vx.

CAMISARD. s. m. (bas-lat. *camisa*, chemise). Nom donné aux protestants des Cévennes pendant leur révolte sous Louis XIV, après la révocation de l'Édit de Nantes.

CAMISOLE. s. f. (bas-lat. *camisa*, chemise). Chemisette très courte que l'on porte ordinairement par-dessus la chemise, mais quelquefois aussi par-dessous. *C. de flanelle.* || *C. de force*, Sorte de camisole que l'on met aux aliénés furieux et à quelques criminels pour leur ôter l'usage de leurs bras, dans la crainte qu'ils ne se blessent ou qu'ils ne frappent ceux qui les approchent.

CAMISOLER. v. a. Maintenir un fou par une camisole de force.

CAMOËNS (LE), célèbre poète portugais, a chanté, dans le poème des *Lusiades*, les exploits de Vasco de Gama (1524-1579).

CAMOIARD. s. m. Étoffe faite avec le poil de chèvres sauvages.

CAMOMILLE. s. f. [Pr. les *ll* mouillées] (gr. χαμαίμηλος, de χαμαί, à terre, et μῆλον, pomme). T. Bot. Genre de plantes (*Anthemis*) comprenant une cinquantaine d'espèces. Le vulgaire désigne plus particulièrement sous le nom de *Camomille romaine* (*Anthemis nobilis*) et la *Camomille commune* (*Matricaria chamomilla*). C'est une plante vivace, commune dans les lieux incultes. On fait des infusions de ses fleurs, qui sont toniques, stimulantes, fébrifuges et conviennent dans les digestions difficiles, les langueurs d'estomac, la dyspepsie. Mais, comme le thé, la c. est un excitant et ne convient pas aux tempéraments nerveux. Voy. COMPOSÉES.

CAMORRA. s. f. (mot castillan sign. *rixe*, *contestation*). Association organisée dans certains États faibles pour extorquer de l'argent aux populations.

CAMOUFLET. s. m. (Vx fr. *chaud moufflet: moufflet* dérivé de *moufle*, gros gant, sign. *soufflet*). — Le C. est une espièglerie d'enfant qui consiste à souffler au nez de quelqu'un du noir de fumée au moyen d'un chalumeau. Les ingénieurs militaires ont adopté ce terme: *Donner un c.*, signifie déloger l'ennemi de la mine qu'il a creusée en lui envoyant une masse de fumée qui l'asphyxie et en bouleversant ses travaux. A cet effet, lorsque le mineur ou contre-mineur est assez rapproché (3 ou 4 m.) de la galerie ennemie et craint d'être percé ou découvert, il perce une tarière au tron dans la muraille de terre qui le sépare de cette dernière, y enfonce une cartouche remplie de 10 à 15 kilog. de poudre, la bourre avec des mandrins de bois, et y met le feu. Il étouffe ainsi le mineur ennemi, crève sa galerie et le force à l'abandonner. Le langage figuré s'est aussi emparé de cette locution. *Donner le c. à quelqu'un*, c'est lui infliger une grande mortification, lui faire un affront sanglant.

CAMOURLOT. s. m. Mastic pour remplir les joints des dalles et des carreaux.

CAMP. s. m. (lat. *campus*, champ). L'espace de terrain dans lequel une armée dresse des tentes ou construit des baraques, pour s'y loger en ordre ou pour s'y retrancher. *C. ouvert, retranché, fortifié. Tracer, choisir, marquer un c. Asseoir un c.* || *Lever le c.*, Plier les tentes et les bagages et se tenir prêt à abandonner un c. || *Se dit de l'armée qui est dans un c. Tout le c. fut sur pied en un instant.* || Fig. et prov., *L'alarme est au c.* Voy. ALARME. || Se dit au pl. pour désigner la profession militaire. *La vie des camps lui plaît beaucoup.* || *C. volant*, Petit corps d'armée composé surtout de cavalerie, qui tient la campagne pour faire des courses sur l'ennemi ou pour l'observer. — Fig. *Vivre en c. volant*, Changer continuellement de résidence ou d'occupation; ne se fixer nulle part, ne s'attacher à rien. || *C. de manœuvres*, Emplacement où l'on rassemble des troupes pour les exercer aux manœuvres. Se dit des armées mêmes auxquelles on apprend les manœuvres. *Le c. de Compiègne. Il commande le c. de manœuvres.* || *Maréchal de c.*, voy. BRIGADE. *Aide de c.*, voy. AIDE. *Mestre de c.*, voy. COLONEL. || Se dit aussi des lices où l'on faisait entrer des champions, pour y vider leur différend par les armes. Ne s'emploie guère que dans ces phrases: *Demander le c. Donner le c. Juge du c.* || Fam., *Prendre le c.*, Déguerpir, se retirer. Dans cette loc., *c. a le sens de champs.* Voy. CASTRAMÉTATION.

CAMPAGNAC, ch.-l. de c. (Aveyron), arr. de Milhau, 1,300 hab.

CAMPAGNARD, ARDE. s. (R. *campagne*). Se dit, quelquefois avec une nuance de mépris, d'une personne qui vit ordinairement à la campagne, et qui en général n'a pas les manières et la politesse qu'on acquiert dans le grand monde. *Il n'y a rien de si ennuyeux que les compliments d'un c.* || Adjectiv. *Gentilhomme c.*, Qui vit retiré dans sa terre. *Avoir l'air c.*, les manières campagnardes.

CAMPAGNE. s. f. (lat. *campania*, de *campus*, champ. Le mot *campania* désignait une étendue de terre peu ou point accidentée qui n'était recouverte ni de bois ni de vigne). Plaine, grande étendue de pays plat et découvert. *Une vaste c. Rase c. En pleine c.* — Fig. et poét., *Les campagnes de l'air*, L'air ou les airs || Se dit des terres, relativement à leur fertilité, à leur culture, à leurs productions. *C. stérile, fertile. Toute la c. est inondée. La grêle a ravagé nos campagnes.* Se dit par opposit. à la ville. *Maison de c.* — *Gentilhomme de c.*, Qui vit habituellement à la c. *Habit de c.* Habit plus simple et plus commode qu'on porte quand on est à la c. — *Comédiens de c.*, Qui ne jouent que dans la province. || T. Guerre. *Tenir la c.*, être maître de la c., être maître du pays, de telle sorte que l'ennemi soit obligé de se retirer dans ses places fortes. || *Battre la c.*, voy. BATTRE. || Expédition militaire considérée sous le rapport des plans, de la conduite, du résultat et de la fin des opérations. *Les ennemis n'avaient point de plan de c. fixe et arrêté. Entreprendre une c. Faire une c. C. d'Italie. C. de Crimée.* — *Pièces de c.*, voy. CANON. — Fig. et fam., *Se mettre en c.*, Faire des démarches pour réussir dans quelque projet. *Mettre ses amis en c.*, mettre bien des gens en c., Les faire agir pour le succès d'une affaire. *Son imagination est en c.*, se dit de quelqu'un qui cherche dans son esprit les moyens de faire quelque chose, ou qui, dans son inquiétude, se forge quelque chimère. Ironiqu. on dit aussi, *Il a fait une belle c.*, S'est donné bien du tracas, il a fait bien des démarches pour n'aboutir à rien. || *Le temps que dure une expédition militaire considérée dans son ensemble. La c. sera longue. Il en est à sa première c.* — S'emploie dans le même sens en parlant du service naval. || Par anal., se dit de la saison propre à l'exécution de certains travaux, comme les constructions, la fabrication du sucre, etc.

CAMPAGNE-LÈS-HESDIN, ch.-l. de c. (Pas-de-Calais), arr. de Montreuil, 1.100 hab.

CAMPAGNOL. s. m. (R. *campagne*). T. Mamm. On donne le nom de *Campagnol* (*Arvicola*) à un genre de petits Mammifères qui appartient à l'ordre des *Rongeurs*. Cuvier a fait du c. le type d'une tribu composée des 3 genres *Ondatra*, *C.* proprement dit, et *Lemming*. Depuis, on a donné à cette tribu le nom d'*Arvicoliens*. Les animaux qui la composent ont, comme les rats, trois mâchelières de chaque côté et à chaque mâchoire; mais ces dents manquent de racines, et sont en outre formées chacune de prismes triangulaires, placés alternativement sur deux lignes.

1. Le genre *Ondatra* (*Fiber*, Cuv.) est caractérisé par ses

Fig. 1.

pieds de derrière à demi palmés, et sa longue queue comprimée et écailleuse. Il ne renferme qu'une seule espèce bien connue, le *Fiber zibeticus*, appelé vulgairement *Rat musqué* (Fig. 1), à cause de l'odeur musquée très pénétrante qu'il exhale, surtout dans la saison des amours. L'ondatra est de la grosseur d'un lapin, mais ses jambes sont plus courtes. Son pelage est roussâtre. Il habite les régions septentrionales de l'Amérique du Nord, et vit au bord des eaux ou des rivières peu rapides.

II. Les *Campagnols* proprement dits (*Arvicola*) ont la queue velue et à peu près de la longueur du corps. Ils n'ont pas de palmures aux pieds, quoique plusieurs espèces fré-

Fig. 2.

quentent le bord des eaux. — L'espèce appelée très improprement *rat d'eau* (*Arvicola amphibius*) [Fig. 2] paraît commune aux deux continents : elle se trouve dans toute l'Europe et une grande partie de l'Asie. Le c. amphibie est un peu plus grand que le rat commun, d'un gris brun foncé, et a la queue d'un tiers plus courte que le corps. Il vit sur les bords des ruisseaux, et creuse dans les terrains marécageux pour y chercher des racines. Quand il est surpris, il court se jeter à l'eau ; mais il nage et plonge mal. — Le *C. commun* (*Arvicola arvalis* ou *Petit rat des champs*, est l'espèce du g. la plus répandue en Europe. Il a la taille d'une souris, la queue un peu moindre que le corps. Son pelage est jaune brun sur le corps, et blanc sale sous le ventre. Cet animal habite dans les champs cultivés. Il se creuse dans la terre une retraite composée de plusieurs galeries irrégulières coudées qui aboutissent à une chambre de 9 à 10 centim. de diamètre. C'est là que la femelle dispose un lit d'herbes sèches sur lequel elle met bas deux fois par an, de 8 à 10 petits par portée. Comme cette espèce se nourrit de grains et en emporte également dans ses trous pour ses provisions d'hiver, on conçoit aisément qu'elle peut devenir, si rien ne vient entraver sa multiplication, une véritable calamité pour nos campagnes. Fort heureusement pour les cultivateurs, les campagnols sont activement poursuivis par les oiseaux de proie, ainsi que par les renards, les chats, les fouines, les belettes, etc. Les pluies d'automne et la fonte des neiges en font aussi périr un nombre considérable. Cependant, on s'est vu plusieurs fois obligé de recourir au poison pour détruire cette race malfaisante. — Mais l'espèce la plus intéressante du genre, est le *C. économe* (*Arvicola œconomus*) qui habite la Sibérie depuis la Daourie jusqu'au Kamtchatka. Ce c., qui est un peu plus gros et à queue plus courte que celui d'Europe, se creuse un large terrier autour duquel rayonnent une trentaine de boyaux. Là, il entasse dans des magasins spacieux à plusieurs compartiments, d'amples provisions de racines comestibles, dont le poids s'élève parfois jusqu'à 15 kil. Bien loin de le regarder comme un fléau, les rares habitants du Kamtchatka ont pour lui une sorte de respect. En effet, lorsque dans l'hiver ils sont pressés par la famine, ils ont recours aux magasins de provisions du c. ; mais ils ont toujours soin de lui laisser sa part pour qu'il ne meure pas de faim. Un fait auquel il serait difficile d'ajouter foi, s'il n'était attesté par Pallas, c'est que lorsque l'économe, avant d'emmagasiner ses provisions, a soin de les faire bien sécher au soleil. Si, malgré cette précaution, il s'aperçoit que l'humidité les gagne, il les sort du magasin et les fait sécher une seconde fois. Ces animaux présentent le phénomène bizarre de migrations irrégulières. Dans certaines années, au Kamtchatka, on les voit au printemps se réunir en colonnes innombrables, et se mettre en marche vers l'ouest. Rien ne les arrête, ni les fleuves, ni les bras de mer, ni les montagnes. Au commencement de l'hiver, les émigrés rentrent dans leur patrie ; mais leur nombre est alors singulièrement diminué. Beaucoup se noient, beaucoup périssent de fatigue ; une multitude devient la proie des animaux carnassiers. Les Kamtchadales regardent le retour de ces rongeurs comme un bienfait, parce que leurs colonnes sont toujours accompagnées de renards putois, de martres et d'autres animaux carnassiers à fourrure précieuse qui leur offrent l'occasion d'une chasse lucrative.

III. Le g. *Lemming* (*Georichus*) est caractérisé par l'extrême brièveté de sa queue, par ses oreilles courtes, et par les ongles des pattes antérieures qui sont particulièrement propres à creuser la terre. — Le *Lem.* proprement dit (*Geor. Lemmus*) [Fig. 3] a 5 ongles bien distincts aux pieds de devant. Il a la taille d'un rat, et le pelage varié de jaune et de noir. Ces rongeurs habitent les montagnes de la Laponie, où chaque famille se creuse un terrier particulier. À l'approche des hivers très rigoureux dont ils semblent être avertis par un instinct particulier, ils émigrent vers le sud souvent à des distances très considérables, en ravageant tout sur leur passage. Ils s'avancent toujours en ligne droite, sans tenir compte des obstacles. S'ils en rencontrent un qu'ils ne puissent franchir, ils en font le tour et reprennent la ligne droite de l'autre côté. Les colonnes de Lemmings, décimées par la famine, la fatigue et les attaques des animaux carnassiers retournent au printemps à leur point de départ, tellement réduites qu'il en revient à peine un sur cent. — Nous citerons encore le *Zocor* (*Mus Aspalax* de Pallas) qui habite la Sibérie, où il vit toujours sous terre comme les taupes, et se nourrit principalement de bulbes de liliacées. Ses pieds antérieurs sont armés de 5 ongles, dont les trois mitoyens sont longs, arqués, comprimés et tranchants pour couper la terre et les racines.

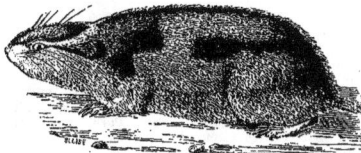

Fig. 3.

Un cuir épais et calleux protège ses narines et lui permet de fouiller la terre avec le nez. Il a les yeux excessivement petits et la queue presque nulle. — Le *Lem. de la baie d'Hudson* (*Mus Hudsonius*, Pallas) n'a qu'un rudiment de pouce aux pieds de devant. Son poil cache entièrement ses oreilles et sa queue.

IV. Cuvier a rapproché avec raison de la tribu des Arvicoliens le g. *Otomys*, qui n'en diffère que par la conformation de ses 3 mâchelières. Celles-ci sont en effet composées de lames légèrement arquées, placées à la file les unes des autres : elles représentent exactement en petit les mâchelières de l'éléphant. La seule espèce connue, l'*Otomys capensis*, habite l'Afrique australe. Elle est de la taille d'un rat, et a le pelage annelé de noir et de fauve. Ses oreilles et sa queue sont velues ; celle-ci est d'un tiers plus courte que le corps.

CAMPAGNOULE. s. f. (R. *campagne*). T. Bot. Nom vulgaire donné à plusieurs espèces d'agarics.

CAMPAN. s. m. Variété de marbre tirée de la vallée de Campan.

CAMPAN, ch.-l. de c. (Hautes-Pyrénées), arr. de Bagnères, 2,900 hab.

CAMPAN (Madame), célèbre éducatrice française (1752-1822).

CAMPANACÉ, ÉE. adj (lat. *campana*, cloche). T. Hist. nat. Qui a la forme d'une cloche.

CAMPANAIRE. adj. 2 g. (lat. *campana*, cloche), Qui a rapport aux cloches.

CAMPANE. s. f. (lat. *campana*, cloche). T. Archit. Nom donné au corps du chapiteau corinthien et à celui du chapiteau composite, parce qu'ils ressemblent à une cloche renversée. || T. Sculpt. Ornement en manière de crépine, d'où pendent des houppes en forme de clochettes, pour un dais d'autel, de trône, etc. || Par ext., Tout ouvrage de soie, d'or, d'argent filé, etc., avec de petits ornements en forme de cloches faites aussi de soie, d'or, etc. *La c. d'un lit, d'un carrosse.* || T. Art vétér. Tumeur qui se développe au jarret du cheval.

CAMPANELÉ, ÉE. adj. (lat. *campanella*, dimin. de *campana*, petite cloche). T. Didact. Qui a la forme d'une petite cloche.

CAMPANELLA. philosophe italien, grand réformateur, auteur de la *Cité du Soleil*, persécuté pendant presque toute sa vie. Né en Calabre en 1568, mort à Paris en 1639.

CAMPANELLE. s. f. (lat. *campanella*, dim. de *campana*, petite cloche). T. Bot. Un des noms vulgaires des liserons et des narcisses.

CAMPANI (JOSEPH), opticien et astronome italien du XVII° siècle.

CAMPANIE, contrée de l'anc. Italie, cap. *Capoue*, auj. Terre de Labour.

CAMPANIFLORE. adj. 2 g. (lat. *campana*, cloche; *flos, floris*, fleur). T. Bot. Qui a des fleurs en cloche.

CAMPANIFORME. adj. 2 g. (lat. *campana*, cloche; *forma*, forme). Qui a la forme d'une cloche. || T. Bot. Se dit des fleurs ayant la forme d'une cloche.

CAMPANILE. s. m. (lat. *campana*, cloche). T. Archit. Le mot *Campanile* est italien, et signifie « clocher ». On l'emploie en français pour désigner un clocher qui est complètement détaché du corps de l'église, bien que, parfois, il soit réuni à celle-ci au moyen d'une galerie. Ce genre de constructions n'est guère usité qu'en Italie. C'est du reste dans ce pays seulement que l'on trouve des campaniles remarquables par leur élévation et par leur architecture. Parmi les édifices de ce genre, on cite surtout ceux de Ravenne, de Padoue, de Mantoue, de Bologne, de Crémone, de Florence et de Pise. —

Mais le plus remarquable de tous les campaniles d'Italie est, à notre avis, celui de Pise, si connu sous le nom de *Tour penchée de Pise*. (Voy. la Fig.) Il consiste en une tour ronde entourée de 8 rangs de colonnes superposées, dont chacun a son entablement. Chaque colonne porte la naissance de deux arcades en plein cintre, et il existe une galerie ouverte entre les colonnes et le mur circulaire de la tour. Le dernier étage, qui est celui où sont placées les cloches, est bâti en retraite de la ligne générale d'élévation. La hauteur totale de l'édifice est de 55 mètres, et son diamètre à la base est de 15^m24. Son inclinaison est telle que du côté où elle penche, le fil à plomb s'écarte de la base de la tour de près de 4 mètres. La construction de le c. de Pise date de la fin du XII° siècle. — Cette inclinaison du c., comme celle de plusieurs autres campaniles d'Italie, est accidentelle, et résulte de ce que les fondations de ces édifices n'avaient pas la solidité nécessaire.

Pour le c. de Pise, il est même certain que cet accident s'est manifesté pendant qu'on le construisait. En effet, on remarque, à une certaine hauteur, du côté de l'inclinaison, que les colonnes sont un peu plus hautes que de l'autre côté. Cette circonstance démontre que l'architecte s'est efforcé de ramener la tour, autant qu'il était possible, à la direction verticale, et d'empêcher que l'édifice ne perdît sa stabilité.

CAMPANNE. s. f. [Pr. *can-pa-ne*]. Sorte de dentelle

CAMPANULACÉES. s. f. pl. (R. *campanule*). T. Bot. Famille de végétaux Dicotylédones de l'ordre des Gamopétales inférovariées.

Caract. bot. : Plantes herbacées ou suffrutescentes, quelquefois volubiles, remplies d'un suc lactescent. Feuilles presque toujours alternes, simples ou profondément divisées, sans stipules. Fleurs simples, en grappe, en épi, en panicule ou en capitule, généralement bleues ou blanches, très rarement jaunes, régulières ou zygomorphes. Calice persistant, ordinairement à 5 lobes. Corolle gamopétale, insérée au sommet du calice, en général quinquélobée, régulière ou bilabiée, se fanant sur le fruit; préfloraison valvaire. Étamines insérées dans le calice, alternant avec les lobes de la corolle, en nombre égal à celui de ces derniers. Anthères biloculaires, distinctes ou soudées (Lobélie); pollen sphérique. Pistil formé de 5, le plus souvent de 3 ou 2 carpelles soudés en un ovaire pluriloculaire,

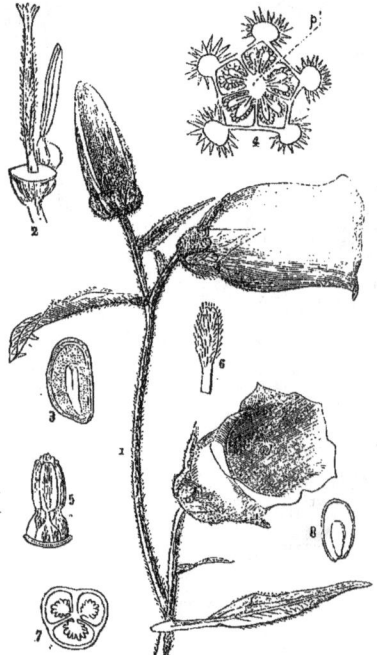

Fig. 1.

dont chaque loge contient un grand nombre d'ovules anatropes; style simple, couvert de poils; stigmate nu, simple, ou présentant autant de lobes qu'il y a de loges à l'ovaire. Fruit capsulaire ou baccien, couronné par le calice et la corolle desséchés; déhiscence s'opérant par des ouvertures latérales irrégulières, ou par des valves au sommet, toujours loculicides. Graines nombreuses, petites, parfois ailées, attachées à un placenta dans l'axe; embryon droit, dans l'axe d'un albumen charnu ; radicule près du hile, plus longue que les cotylédons. [Fig. 1. — 1. *Campanula medium* ; 2. Ovaire, style, stigmate et étamine ; 3. Coupe transversale de l'ovaire ; 4. Coupe verticale d'une graine — 5. Étamines de la *Wahlenbergia procumbens* ; 6. Un stigmate ; 7. Coupe transversale de l'ovaire ; 8. Coupe de la graine.]

Les *Camp.* dont le nom est dérivé de la ressemblance de leur corolle avec une cloche (*Campana*), comprennent 53 genres et environ 1,000 espèces. Elles habitent principalement le nord de l'Europe, de l'Asie et du Nouveau Continent ; elles sont rares dans les contrées les plus chaudes du globe. On en trouve au Cap une soixantaine d'espèces, et une vingtaine seulement dans les pays intertropicaux.

On les divise en deux tribus :

Tribu I. — *Campanulées.* — Corolle régulière (*Jasione, Roella, Campanula, Wahlenbergia, Specularia,* etc.). Le suc lactescent des *C.* est assez âcre ; néanmoins on mange en salade les racines et les jeunes pousses de certaines espèces, telles que la Raiponce (*Campanula Rapunculus*), la *Campanule à feuille de pêcher* (*C. persicifolia*), la Gantelée (*G. Trachelium*), la Raiponce tubéreuse (*Phyteuma spicatum*), la *Spéculaire miroir* (*Specularia speculum*), la *Sp. pentagone*, la *Canarine campanulée* (*Canarina campanulata*), etc. Le fruit demi-charnu de cette 'ernière se mange également. On dit que la racine de la *Cyphia digitata* sert d'aliment aux Hottentots. Quelques espèces encore sont usitées en médecine. Les Japonais attribuent à la racine de la *Campanule glauque* (*C. glauca*) des propriétés toniques à peine inférieures à celles du Ginseng. On a prétendu que les racines des *Phyteuma* étaient utiles dans la syphilis. Enfin, les habitants des montagnes du midi de l'Europe emploient la plante fleurie de la *Wahlenbergia graminifolia* dans l'épilepsie, tandis qu'au Chili la *Wah. linarioides* est usitée dans les cas de colique. — Quoi qu'il en soit, les *C.* sont des plantes d'ornement fort gracieuses, et plusieurs d'entre elles, comme

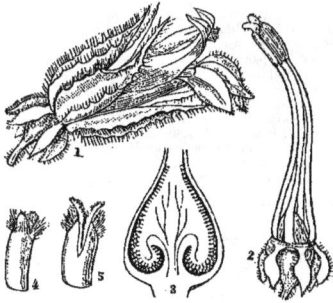

Fig. 2.

la *Campanule carillon* (*C. medium*), servent à décorer de la façon la plus élégante nos champs et nos bois.

Tribu II. — *Lobéliées.* — Corolle zygomorphe (*Lobelia, Siphocampylus, Isotoma, Laurentia,* etc.). [Fig. 2. — 1. *Lobelia syphilitica* : Fleur entière ; 2. Étamines ; 3. Coupe verticale de l'ovaire ; 4 et 5. Stigmates.]

Le *Siphocampylus Caoutchouc*, qui croît dans les Andes, doit son nom spécifique à la ténacité de son suc. Le *Tupa de Feuillée* (*Tupa Feuillæi*) passe au Chili pour une plante très vénéneuse. L'*Isotome à longues fleurs* (*Isotoma longiflora*), espèce indigène de quelques-unes des Antilles, est également très dangereuse. Prise à l'intérieur, elle agit comme un drastique des plus violents. Rien ne peut arrêter son action, qui finit par amener la mort. Ses feuilles appliquées extérieurement agissent comme vésicantes. Les chevaux qui en mangent gonflent jusqu'à ce qu'ils éclatent. La *Lobélie enflée* (*Lobelia inflata*), espèce commune aux États-Unis, possède des propriétés émétiques, sudorifiques et expectorantes très énergiques ; on l'emploie dans le traitement de l'asthme. Quand on l'administre pour évacuer l'estomac, elle agit vivement et rapidement ; mais son action est suivie de sueurs abondantes et d'une grande faiblesse, qui peut aller jusqu'à

la mort, si la dose a été trop forte. La *Lob. syphilitique* (*L. syphilitica*) s'employait autrefois dans les maladies vénériennes, d'où le nom qu'elle a reçu ; mais aujourd'hui elle ne s'administre plus dans ces affections. Elle agissait comme diurétique et sudorifique. La *Lob. cardinale* est, dit-on, usitée quelquefois, dans l'Amérique du Nord, comme anthelminthique. La *l. brûlante* (*Lob. urens*), espèce européenne qui croît dans les lieux humides, doit son nom à sa propriété vésicante. Son usage, pris à l'intérieur, détermine des vomissements et des évacuations alvines abondantes avec douleurs intestinales. On prétend que le fruit charnu du *Centropogon surinamensis* peut se manger sans inconvénient. Enfin, nous terminerons en disant que plusieurs espèces de cette famille sont remarquables par la beauté de leurs fleurs et cultivées dans nos jardins comme plantes d'ornement. Telles sont : la *Lobélie cardinale* et la *L. brûlante* (*Lob. cardinalis* et *fulgens*), la *Clintonie élégante* (*Clintonia pulchella*), le *Tupa rouge-feu* (*Tupa ignescens*), etc.

CAMPANULAIRE. s. m. (lat. *campanula*, dimin. de *campana*, petite cloche). T. Zool. Polypes de l'embranchement des cœlentérés. Ils vivent en colonie et les ramifications sont revêtues d'un tube chitineux, corné, qui s'élargit en calice autour de chaque polype (hydrothèques). Le polype peut rétracter presque toujours complètement sa trompe et ses tentacules dans cet hydrothèque. Les bourgeons sexuels naissent presque régulièrement sur des individus prolifères, qui sont dépourvus d'ouverture buccale et de tentacules, et sont tantôt sessiles, tantôt deviennent de petites méduses libres. Cinq familles rentrent dans ce groupe : 1° Les *Plumularidæ*, qui ont des colonies ramifiées à hydrothèques sur un seul rang ; hydrothèques des polypes nourriciers avec de petits calices accessoires remplis de nématocystes ; 2° les *Sertularidæ* à colonies ramifiées ; polypes situés sur les faces opposées dans des hydrothèques en forme de bouteille ; une couronne de tentacules autour de la bouche ; bourgeons sexuels sessiles sur des individus prolifères, dépourvus de tentacules, situés dans de grosses cellules ou gonothèques ; 3° les *Campanularidæ* : hydrothèques à pédoncule annelé ; polypes présentant, au-dessous de leur trompe conique, saillante, un cercle de tentacules ; les bourgeons sexuels sont sessiles ou se séparent et se transforment en méduses aplaties ou campanuliformes appartenant au groupe des Eucopides ; enfin, 4° les *Thaumantiadæ* et 5° les *Alquaridæ*.

CAMPANULARIDÆ. s. m. pl. T. Zool. Famille de polypes du groupe des *Campanulaires*. Voy. ce mot.

CAMPANULE s. f. (lat. *campanula*, dimin. de *campana*). T. Bot. Genre de plantes de la famille des *Campanulacées*. Voy. ce mot.

CAMPANULÉ, ÉE. adj. (lat. *campanula*, petite cloche). T. Bot. Qui a la forme d'une cloche. *Corolle campanulée.*

CAMPANULÉES. s. f. pl. T. Bot. Tribu de plantes de la famille des *Campanulacées*. Voy. ce mot.

CAMPANULIFLORE. adj. (lat. *campanula*, petite cloche ; *flos, floris,* fleur). T. Bot. Qui est en forme de clochette.

CAMPASPE, maîtresse d'Alexandre le Grand, qui la céda au peintre Apelle, lequel l'épousa.

CAMPBELL (Thomas), poète anglais (1767-1844).

CAMPE. s. f. Sorte de droguet ou façon de drap.

CAMPÈCHE. s. m. (R. *Campêche*, ville du Mexique). T. Bot. Nom donné à un bois de teinture fourni par l'*Hæmatoxylon campechianum* de la famille des *Légumineuses*. Voy. LÉGUMINEUSES, BOIS et TEINTURE.

CAMPÈCHE, v. du Mexique qui a donné son nom au bois de campêche, cap. de l'État du même nom. Port sur le golfe du Mexique, 16,000 hab. — L'État compte 91,000 hab.

CAMPEMENT. s. m. (R. *camp*). Action de camper, ou le camp lui-même *Ce fut là notre premier c.* Du camp a vieilli dans ce sens ; cependant il est encore usité dans les loc., *Matériel de c., Effets de c.* ‖ Détachement que l'on fait partir à l'avance pour aller s'emparer du terrain où doit camper une armée et y tracer le camp.

CAMPENON (Vincent), poëte français, traducteur d'Horace, etc. (1772-1843).

CAMPER. v. n. (R. *camp*). Se dit proprement d'une armée qui établit un camp en quelque lieu pour s'y loger ou pour s'y retrancher. *Nous campâmes dans la plaine, devant la ville*. || Fig., Ne faire qu'une courte station dans un un lieu. *Nous n'avons fait que c. dans cet endroit*. — Fam., *Il campe*, se dit d'un homme qui n'a pas de domicile assuré, et qui loge tantôt dans un endroit, tantôt dans un autre. = CAMPER. v. a Établir une armée dans un lieu. *Il campa son armée sur la rive droite du fleuve*. || Fig. et fam. *C. là quelqu'un*, Le laisser, l'abandonner dans une situation embarrassante. = SE CAMPER. v. pron. Établir son camp. *Il se campa avantageusement*. || Très fam., Se placer, s'établir dans un lieu. *Il se campa hardiment dans le meilleur fauteuil*. || Se mettre en certaine posture, s'établir sur ses pieds d'une certaine manière. *Il se campa solidement en face de son adversaire*. = CAMPÉ, ÉE. part. || Fig. et fam., *Être bien campé*, Être bien placé, bien installé en quelque endroit. — On dit aussi, *Il est bien campé sur ses jambes*.

CAMPER, médecin et naturaliste hollandais, eut le premier l'idée d'établir une relation entre l'intelligence des animaux et l'ouverture de l'angle facial.

CAMPERCHE. s. f. T. Techn. Perche de bois qui dans le métier à tisser soutient les sauterraux, c.-à-d. les leviers qui font mouvoir les lisses.

CAMPHÈNE. s. m. (R. *camphre*). T. Chim. Les *Camphènes* $C^{10}H^{16}$ sont des hydrocarbures solides, isomères de l'essence de térébenthine. D'après leur action sur la lumière polarisée, on en distingue trois : le *C. droit ou Austracamphène*, le *Térécamphène* ou *C. gauche*, et le *C. inactif*. On prépare ce dernier en chauffant le monochlorhydrate de térébenthène à 170° avec de l'acétate de soude; on purifie le produit par distillation fractionnée et par cristallisation dans l'alcool. On obtient ainsi un solide de densité 0,874, fusible à 47°, bouillant à 157°. Traité par l'acide formique, il fixe une molécule d'eau en donnant du camphol; avec les corps oxydants il donne du camphre. En s'unissant à l'acide chlorhydrique il ne reproduit pas le chlorhydrate de térébenthène qui a servi à le préparer, mais il donne un *Monochlorhydrate de camphène* qui est solide, fusible à 147°, et qui perd facilement son acide chlorhydrique sous l'action de l'eau bouillante.

L'austracamphène se prépare en traitant le chlorhydrate de térébenthène droit par le stéarate de soude; en partant du térébenthène gauche on obtient de même le térécamphène. A part le pouvoir rotatoire, ces deux hydrocarbures possèdent les mêmes propriétés que le *C. inactif*.

CAMPHIQUE. adj. 2 g. (R. *camphre*). T. Chim. *Acide c.* Voy. CAMPHRE.

CAMPHOL. s. m. (R. *camphre*). T. Chim. Les *camphols*, appelés aussi *Camphénols*, *Bornéols*, *Alcools camphyliques*, sont des composés dérivant des terpènes et répondant à la formule $C^{10}H^{18}O$; ils possèdent une fonction alcoolique et peuvent être considérés comme les différents états isomériques d'un alcool secondaire dont l'acétone serait constitué par le camphre. On les rencontre dans beaucoup d'huiles essentielles, soit à l'état libre comme dans le camphre de Bornéo, soit à l'état d'éthers comme dans l'essence de valériane, soit mélangés à des camphres, par ex. dans les essences de lavande et de romarin. On a pu les obtenir artificiellement par l'hydrogénation du camphre ou par l'oxydation des camphènes et de l'essence de térébenthine.

Les camphols présentent de grandes différences dans leur action sur la lumière polarisée. Pour ceux qu'on prépare artificiellement, le pouvoir rotatoire varie même avec la durée de la préparation; on admet que ce sont des mélanges de deux sortes de c., les uns stables, les autres instables, et l'on a été amené à distinguer quatre *camphols actifs*, c.-à-d. agissant sur la lumière polarisée. Deux d'entre eux sont des *camphols stables* : 1° Le c. droit, déviant à droite le plan de polarisation de la lumière et donnant par oxydation un camphre et un acide camphorique droits; c'est le bornéol du camphre de Bornéo; on le rencontre aussi, mélangé de c. gauche, dans le bornéol du succin; 2° le c. gauche, exerçant le même pouvoir rotatoire que le précédent, mais en sens inverse; par

oxydation il donne naissance au camphre gauche; il existe dans l'huile de garance et dans les essences de valériane et de romarin. Les *camphols instables* ou *isocamphols* sont également au nombre de deux : l'un est dextrogyre et se transforme par oxydation en camphre gauche; l'autre est gauche et fournit du camphre droit. Le sodium, les acides anhydres, la potasse, et même la chaleur seule, peuvent convertir peu à peu ces composés instables en camphols stables dont le pouvoir rotatoire est de sens contraire à celui de l'isocamphol générateur. On s'explique ainsi que la durée de la préparation des camphols artificiels puisse influer sur leur pouvoir rotatoire. — A ces quatre camphols actifs, il faut en ajouter quatre autres qui sont inactifs et qui résultent du mélange à parties égales d'un c. droit et d'un c. gauche.

Tous ces corps ont les propriétés chimiques du *Bornéol* (voy. ce mot) et possèdent une même constitution. Ils dérivent du camphre par la substitution d'un groupe alcoolique CHOH au groupe cétonique CO. Cette substitution produit un atome de carbone asymétrique dans la molécule de camphre qui déjà en possède un (voy. CAMPHRE); de là l'existence de 4 isomères stéréochimiques correspondant aux 4 camphols actifs.

CAMPHOLÈNE. s. m. (R. *camphre*). T. Chim. Voy. CAMPHRE.

CAMPHOLIQUE. adj. 2 g. (R. *camphre*). T. Chim. On a donné le nom d'alcools campholiques aux *Camphols*. Voy. ce mot. — Pour l'acide c. voy. CAMPHRE.

CAMPHORIFÈRE. adj. 2 g. (lat. *camphora*, camphre; *fero*, je porte). T. Bot. Qui produit du camphre.

CAMPHORIQUE. adj. 2 g. (R. *camphre*). T. Chim. Voy. CAMPHRE.

CAMPHRE. s. m. (lat. *camphora*, m. s.). T. Bot. et Chim. On a donné le nom de *Camphres* à un grand nombre de composés neutres, oxygénés, dérivant des terpènes qu'ils accompagnent d'ordinaire dans les huiles essentielles. On a ainsi réuni sous une même dénomination des corps très différents : le c. de Bornéo par ex. est un camphol; celui d'anis est un éther; les camphres de beaucoup d'huiles essentielles sont des isomères du c. du Japon, d'autres ont une constitution encore inconnue. Nous ne parlerons ici que du c. ordinaire et de ses isomères physiques. Quant au produit appelé autrefois *C. artificiel*, c'est un chlorhydrate de térébenthène obtenu en faisant passer un courant d'acide chlorhydrique dans l'essence de térébenthine.

Le *C. ordinaire*, appelé aussi *C. du Japon* ou *C. des Lauracées*, a pour formule $C^{10}H^{16}O$. C'est un corps très blanc, pellucide, légèrement onctueux au toucher. Sa cassure est brillante et sa texture cristalline, sa saveur piquante, amère, accompagnée d'un sentiment de fraîcheur, son odeur forte, pénétrante et *sui generis*. Sa densité est 0,98. Il fond à 175°, bout à 204° sans se décomposer, il brûle avec flamme sans laisser aucun résidu. Il est très soluble dans l'éther, dans l'alcool, dans la benzine et dans l'acide acétique concentré, mais à peine soluble dans l'eau. Un fragment de c. projeté sur de l'eau pure y surnage et tournoie jusqu'à ce qu'il soit entièrement évaporé; la moindre trace d'un corps gras arrête ces mouvements giratoires. Le c. sec est assez mou; mais, quand on l'humecte de quelques gouttes d'alcool, il se laisse facilement pulvériser. Les corps avides d'eau, tels que l'acide phosphorique anhydre, transforment le c. en *Cymène* $C^{10}H^{14}$; le perchlorure de phosphore donne en outre du *Chlorure de camphylidène* $C^{10}H^{14}Cl^2$, solide cristallisé, fusible à 155°, régénérant le c. quand on le chauffe avec de l'eau. La potasse alcoolique, à l'ébullition, dédouble le c. en bornéol $C^{10}H^{18}O$; de même, en traitant par du sodium le c. dissous dans le toluène, on obtient du camphol sodé, qu'on peut convertir en camphol par l'action de l'eau et du c. sodé qui s'oxyde à l'air en donnant du camphate de sodium. Dans ces réactions, le c. se comporte comme une aldéhyde placée entre le camphol (alcool camphylique) et l'acide camphique. Mais par ses autres caractères il s'éloigne des aldéhydes et doit être considéré comme une acétone jouissant de propriétés spéciales. Ainsi, en faisant passer sa vapeur sur de la chaux potassée, à la température de 400°, et en traitant ensuite la matière dissoute dans l'eau par un excès d'acide chlorhydrique, on obtient, sous forme de précipité, un corps qui a pour formule $C^{10}H^{18}O^2$, et qu'on nomme *Acide campholique*. Cet acide fond à 80° et entre en ébullition à 250°. Il est insoluble dans l'eau, soluble dans l'alcool et dans l'éther. Il peut se combiner avec les bases et donner naissance à des *Campholates*. En distillant l'acide campholique avec de l'acide phosphorique anhydre, on obtient du *Campholène* C^9H^{16}, liquide bouillant à 135°. Enfin, quand on fait bouillir longtemps du c. avec dix fois son poids d'acide azotique, on donne naissance à un autre acide, l'*Acide camphorique* $C^{10}H^{16}O^3$ qui est solide, fusible à 70°, soluble en petite proportion dans l'eau bouillante, très soluble dans l'alcool et dans l'éther. Il joue le rôle d'un acide bibasique et peut former des sels acides et des sels neutres. La chaleur lui enlève de l'eau, en sorte qu'il reste $C^{10}H^{14}O^2$, c.-à-d. de l'*Acide camphorique anhydre*.

Le c. fournit un assez grand nombre de produits de substitution. Ainsi, quand on le chauffe à 130° avec du brome, il se change en *C. monobromé* $C^{10}H^{15}Br.O$, solide fusible à 76°, bouillant à 274°, qu'on a employé en médecine comme antispasmodique. Ce dérivé, soumis à l'action de l'acide azotique, se convertit en *C. bromonitré* $C^{10}H^{14}(AzO^2)BrO$, fusible à 103°, que la potasse alcoolique transforme en *Nitrocamphre* $C^{10}H^{15}(AzO^2)O$. Le nitrocamphre est un solide jaunâtre, fusible à 83°, soluble dans les alcalis; sa solution potassique, traitée par l'amalgame de sodium, donne l'*Amidocamphre* $C^{10}H^{15}(AzH^2)O$, base énergique, bouillant à 246°, formant avec les acides des sels bien cristallisés.

Le c. du Japon est fourni par le *Camphrier (Laurus Camphora)*, très bel arbre de la famille des *Lauracées*, qui croît

dans les régions les plus orientales de l'Asie, et particulièrement en Chine et au Japon, et dont la Fig. ci-dessus représente un rameau. On débite le bois de cet arbre en minces fragments qu'on place, avec une petite quantité d'eau, dans de grandes cucurbites de fer, surmontées de chapiteaux de terre garnis intérieurement de cordes en paille de riz. A l'aide d'une chaleur modérée, le c. se sublime et va se condenser sur les cordes. C'est alors d'une couleur grise, en petits grains ou en poussière remplie de corps étrangers: c'est le *C. brut*. On l'envoie en Europe pour le purifier. A cet effet, le c. est introduit dans de grandes fioles de verre à fond plat qu'on soumet à une chaleur peu élevée; il se réduit en vapeurs qui se condensent contre les parois froides de la fiole, sur lesquelles elles se moulent de manière à prendre la forme de pains hémisphériques. C'est sous cette forme que le c. se rencontre dans le commerce.

Isomères du camphre. — Le c. se présente sous trois états isomériques qui ne diffèrent qu'au point de vue des propriétés optiques. Le c. *droit* est celui que nous venons de décrire; ses dissolutions dévient à droite le plan de polarisation de la lumière. Le pouvoir rotatoire varie avec la nature et la concentration de la solution; il est égal à 42° pour une solution alcoolique contenant une molécule (152 grammes) par litre. Le c. *gauche* exerce le même pouvoir rotatoire, mais à gauche; il existe dans l'essence des feuilles de matricaire. Le c. *inactif*, c.-à-d. sans action sur la lumière polarisée, résulte d'un mélange à parties égales des deux précédents; on le rencontre dans les essences de lavande et de sauge. Beaucoup d'huiles essentielles, par ex. celles de romarin et de succin, laissent déposer des camphres dont le pouvoir rotatoire est inférieur à 42°; ce sont des mélanges en proportions variables des camphres droit et gauche, souvent accompagnés de camphols. — Les trois variétés de c. peuvent être reproduites artificiellement par l'oxydation des divers camphènes ainsi que des camphols. Leur isomérie étant purement physique, tous ces camphres possèdent la même constitution chimique, qu'on a représentée par l'une des formules:

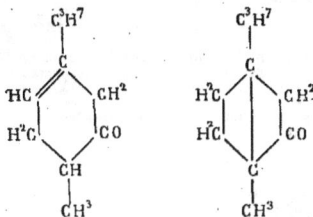

Quelle que soit la formule adoptée, on voit que la molécule de c. contient un atome de carbone asymétrique; on conclut de là à l'existence de deux isomères stéréochimiques qui doivent correspondre, l'un au c. droit, l'autre au c. gauche.

Action thérapeutique et usages du camphre. — Le c. ordinaire est un puissant stimulant diffusible. Pris à l'intérieur, à dose élevée, il produit une excitation énergique et peut amener des accidents sérieux. A petites doses, il jouit au contraire de propriétés sédatives, car l'excitation qu'il produit d'abord est bientôt suivie de dépression et d'un abaissement de la température; on l'emploie ainsi comme antispasmodique, de même que son bromure. A l'extérieur, il produit une action stimulante, surtout sur les muqueuses; il hâte la cicatrisation des plaies; il contracte les capillaires et peut ainsi diminuer les cultures et les engorgements. On s'en est servi avec succès dans les cas de rhumatismes musculaires et fibreux comme stimulant et résolutif, et comme antiseptique dans les engorgements inflammatoires des mamelles et les ulcères atoniques avec sécrétion fétide. A l'intérieur, il a été administré dans les affections inflammatoires de la muqueuse urinaire et dans plusieurs maladies nerveuses, telles que l'hystérie et la manie. Son action anaphrodisiaque, qui est très prononcée, a été maintes fois utilisée. Elle est décrite dans ce pentamètre salernitain:

« *Camphora per nares castrat odore mares.* »

A haute dose, le c. agit comme poison irritant. On s'en sert aussi pour calmer les douleurs des voies urinaires et l'excitation génésique, notamment quand elles sont produites par l'application de vésicatoires cantharidés. Le c. détruit les parasites et les animaux inférieurs; on s'en sert souvent pour la conservation des vêtements. Il possède aussi un pouvoir antiseptique, mais à un faible degré. Raspail, qui attribuait à la plupart des maladies l'action de parasites internes ou externes, considérait le c. comme une sorte de panacée et l'administrait sous toutes les formes à cause de ses propriétés parasiticides et antiseptiques. Quelques-unes des préparations qu'il préconisait sont restées populaires et sont encore d'un usage fréquent: l'*Alcool camphré* (dissolution de c. dans l'alcool ou dans l'eau-de-vie) sert en frictions ou en compresses dans les engorgements du sein, les douleurs et les douleurs rhumatismales ou névralgiques; la *Pommade camphrée* est usitée pour les engorgements du sein, les douleurs et les plaies; l'*Eau sédative*, mélange d'alcool camphré avec une dissolution de sel marin et d'ammoniaque, s'emploie en compresses ou en lotions contre les congestions, la migraine et les affections rhumatismales.

CAMPHRÉ, ÉE. adj. Qui contient du camphre. *Eau-de-vie camphrée, potion camphrée.*

CAMPHRÉE. s. f. T. Bot. Genre de plantes (*Camphorosma*) de la famille des *Chénopodiacées*. Voy. ce mot.

CAMPHRER. v. a. (R. *camphre*). Imprégner de camphre.

CAMPHRIER. s. m. (R. *camphre*). T. Bot. Nom spécifique de l'arbre qui produit le camphre (*Laurus Camphora*), de la famille des *Lauracées*. Voy. CAMPHRE et LAURACÉES.

Le c. est connu en Europe depuis l'an 1675; mais c'est seulement en 1680 que le premier pied vivant en fut cultivé au jardin botanique d'Amsterdam. Au Jardin des Plantes de Paris, la première florison a eu lieu en 1805. Cet arbre peut croître en pleine terre dans le midi et l'ouest de la France.

CAMPICOLE. adj. (lat. *campus*, champ; *cola*, habitant). Qui vit dans les champs.

CAMPILE, ch.-l. de c. (Corse), arr. de Bastia, 1,100 hab.

CAMPINE. s. f. (R. *Campine*, district de la Flandre). T. Cuisine. Petite poularde fine ainsi nommée du nom d'un canton de Flandre d'où elle est originaire.

CAMPINE. s. f. Contrée de Belgique, dans les provinces d'Anvers et de Limbourg.

CAMPISTRON, poète dramatique français (1650-1723).

CAMPODE. s. m. (gr. χάμπη, chenille; εἶδος, forme). T. Entom. Genre d'insectes de l'ordre des thysanoures. Ces insectes sont considérés comme représentant d'une manière très approchée la forme primitive ancestrale de tous les insectes.

CAMPO-FORMIO, village d'Italie (Vénétie), où fut signé un traité de paix célèbre, entre la France et l'Autriche (16 octobre 1797).

CAMPOS. s. m. [Pr. *campo*] (lat. [*dare*] *campos*, [donner] les champs). Le congé qu'on donne à des écoliers. *Ils ont c. pour deux jours*. Fam. || Par anal., se dit des moments de repos, de relâche, que prennent les personnes livrées à des travaux assidus. *Je me suis donné c. aujourd'hui*. Fam.

CAMPO-SANTO (Champ sacré). Nom donné aux cimetières en Italie.

CAMPO-VACCINO (Champ des vaches). Nom que portait encore il y a quelques années à Rome l'ancien Forum, devenu, depuis le XVIe siècle surtout, désert et servant de marché aux bestiaux.

CAMPRA, compositeur français (1660-1744).

CAMPTOPHYLLUM. s. m. (gr. χαμπτὸς, courbé; φύλλον, feuille). T. Paléont. et Bot. Genre de *Conifères* fossiles. Le *C. Schimperi* se rencontre dans l'oolithe inférieur de Palsjö (Scanie).

CAMPTOSAURE. s. m. T. Paléont. Animal fossile de l'Amérique du Nord, appartenant à la nombreuse famille des *Dinosauriens*, comme le Brontosaure, le Stégosaure et le Cerato-

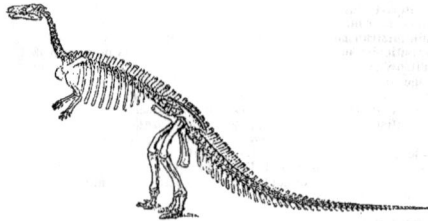

saure, groupe des Ornithopèdes, ou Dinosaures à pieds d'oiseaux. Le paléontologue américain Marsh en a publié tout récemment (*The american Journal of science*, mars 1894) la reconstitution qui nous en reproduisons ici, dans la posture normale de l'animal. Sa longueur était de 20 pieds anglais (environ 6 mètres) et sa hauteur de 10 pieds (environ 3 mètres). Le C. américain ressemble à l'iguanodon européen. C'était un herbivore. Ses restes ont été trouvés dans le jurassique supérieur de Wyoming.

CAMPTULICON. s. m. Étoffe anglaise pour tapis que l'on

obtient en comprimant des déchets de liège réduits en poudre et imbibés d'huile.

CAMPYL (gr. χαμπύλος, courbé). Radical qui sert à former un certain nombre de mots composés usités en Bot. et en Hist. nat. comme *Campylotrope*, *Campylosperme*, etc. Il indique que l'objet signifié par le second radical du mot présente une courbure plus ou moins prononcée.

CAMPYLOGRAMME. s. m. (gr. χαμπύλος, courbé; γράμμα, tracé). Instrument inventé pour faciliter la construction des lignes courbes dans le tracé des plans de navire.

CAMPYLOMÈTRE. s. m. (gr. χαμπύλος, courbé; μέτρον, mesure). Petit instrument destiné à donner après une seule opération et par une simple lecture : 1° la longueur métrique d'une ligne quelconque droite ou courbe tracée sur une carte; 2° la longueur naturelle correspondant à une longueur graphique sur les cartes au 1/80,000 et au 1/100,000 et sur les cartes dont les échelles sont des multiples ou des sous-multiples simples des précédents. Il se compose essentiellement d'une molette fixée à l'extrémité d'un manche, et pouvant tourner sur une vis. On fait rouler cette molette sur la ligne à mesurer. L'avancement de la molette sur la vis mesure les tours; un index permet d'évaluer la fraction de tour, et l'on en déduit immédiatement la longueur parcourue, l'instrument étant gradué de manière qu'une seule lecture donne la longueur de la ligne du terrain quand l'échelle est l'une de celles que nous avons indiquées.

CAMULOGÈNE, chef gaulois, péri en défendant le pays des Parisii contre le Romain Labienus, lieutenant de César.

CAMUS, USE. adj. (origine incertaine; on a indiqué le celt. *cam*, courbé, et le rad. *cam*, bas, qu'on retrouve dans le gr. χαμαί, à terre). Qui a le nez court et plat. *Une femme camuse. Un cheval c.* On dit aussi, *Il est resté c.*, se dit de quelqu'un qui a été trompé dans son attente. — *Rendre quelqu'un c.*, l'embarrasser, le réduire à ne savoir que dire. || Subst. *Une vieille camuse.*

CAMUS (JEAN-PIERRE), évêque de Belley, adversaire des ordres mendiants et surtout des Capucins (1582-1653).

CAMUS (CHARLES-ÉTIENNE-LOUIS), mathématicien et astronome français, fit partie, avec Maupertuis et Clairaut, de l'expédition envoyée en Laponie pour déterminer la forme de la Terre (1699-1768).

CAMUS (ARMAND-GASTON), célèbre jurisconsulte français, membre de la Convention et du Comité de Salut public (1740-1804).

CAMUSERIE. s. m. État de ce qui est camus ou d'un nez camus.

CAN ou **CANT**. s. m. [Pr. *can*] (le même que *chant*, de côté). T. Charp. La face la moins large d'une pièce de bois.

CANA, v. de Galilée, célèbre par les noces où Jésus-Christ fit son premier miracle; il changea l'eau en vin.

CANADA. Le *Dominion of Canada* ou puissance du Canada est l'ensemble des possessions anglaises de l'Amérique du Nord, réunies en une même confédération. Toutefois, l'île de Terre-Neuve fait exception. Le *Dominion* a une superficie de 8,822,583 kil. c. et une population de 5 millions d'habitants.

Le Canada est borné au nord par le détroit et la baie d'Hudson et par une série de détroits qui le séparent des terres polaires; à l'ouest par l'Océan Pacifique, au sud par les États-Unis, à l'est par l'Océan Atlantique. Le littoral est très découpé au nord et à l'est; seulement, au nord, les baies sont presque toujours gelées et encombrées de glaces. La série des terres arctiques borde la côte septentrionale; à l'ouest sont les îles Quadra et Vancouver, de la Reine-Charlotte, du Prince-de-Galles, etc.; à l'est, les îles de Terre-Neuve, du cap Breton, du Prince-Édouard et Anticosti. — Deux systèmes de montagnes se rencontrent au Canada; le plus important est celui de l'ouest où s'élèvent les Montagnes Rocheuses, dont les cimes les plus élevées atteignent 4,800 et 4,900 mètres. Le système occidental est le prolongement des Alleghanys, qui viennent expirer sur les bords du Saint-Laurent, par pentes de 1,200 à 500 mètres. — Les eaux du Canada se partagent entre plusieurs versants. A l'Océan Glacial s'en vont le Mackenzie (3,300 kil.), la Coppermine, le Churchill, le Nelson (2,500 kil.), la Severn et l'Albany, toutes rivières qui servent plus ou moins de déversoirs à une infinité de lacs répandus dans le pays, et dont le plus important, le lac Winnipeg, a 25,000 kil. c. de superficie. L'Océan Pacifique ne reçoit que la rivière Fraser. Le versant de l'Océan Atlantique est moins étendu que celui de l'Océan Glacial; mais le Saint-Laurent et les grands lacs lui donnent une importance exceptionnelle. Ces lacs forment la masse d'eau douce la plus considérable qu'il y ait au monde; ils ont les dimensions et les profondeurs suivantes :

Lac Supérieur.	84,000 kil. c.	350ᵐ de profondeur.
— Michigan . .	62,000	300ᵐ —
— Huron . . .	53,000	200ᵐ —
— Érié	20,000	60ᵐ —
— Ontario. . .	14,000	180ᵐ —

Tous ces lacs communiquent entre eux par de petites rivières ou détroits; entre le lac Érié et l'Ontario se trouve la rivière du Niagara et la célèbre chute qui tombe d'une hauteur de 50 mètres sur une largeur de 900 mètres. Entre les rapides et la chute, les Américains ont construit un pont suspendu d'une hardiesse extraordinaire, le *Suspension-bridge*. Au sortir du lac Ontario commence le fleuve Saint-Laurent, d'une longueur de 1,200 kil. et d'une largeur de 12 kil. à Québec et de 150 à son embouchure. — Le Canada présente une très grande diversité de climats : dans les régions habitées de l'est, il est soumis aux variations excessives des climats continentaux. A Québec et dans le Bas-Canada, les températures extrêmes ont été de + 35° — 35°. En Colombie et dans la région du nord-ouest, le climat est encore plus rigoureux.

Le Canada a été reconnu pour la première fois par les Français, qui s'y sont établis au XVIᵉ siècle; mais le principal colonisateur fut Samuel Champlain (1602-1635). Dès les premiers jours, il fallut disputer la colonie aux Anglais, qui finirent par en rester maîtres, au traité de Versailles, en 1763. A ce moment, le nombre des Français n'était encore que de 150,000. Depuis 1867, l'ensemble des possessions britanniques de l'Amérique du Nord, désigné jusqu'alors sous le nom de Nouvelle-Bretagne, a été constitué en un État presque autonome sous le nom de *Dominion of Canada*. Le Canada est aujourd'hui administré par un gouverneur général nommé par l'Angleterre; il exerce le pouvoir exécutif assisté d'un conseil privé; le pouvoir législatif appartient à un Sénat et à une Chambre des députés. Il y a neuf ministères. Depuis 1883, il existe une armée permanente d'environ 1,200 hommes; les milices sont comptées à part à s'élèvent à 38,000 comme service actif. Les réserves de la milice sont de 655,000 hommes.

Le pays est divisé en huit provinces, administrées chacune par un lieutenant-gouverneur et un conseil législatif élu. Ces provinces sont :

	Kil. c.	Hab.	Ch.-l.
Ontario	780,030	2,000,000	Toronto.
Québec	550,000	1,400,000	Québec.
Nouveau-Brunswick.	70,378	350,000	Frédéricstown.
Nouvelle-Écosse . .	54,146	500,000	Halifax.
Manitoba	166,747	125,000	Winnipeg.
Ile du Pr.-Édouard.	5,524	125,000	Charlotte's town.
Colombie britannique	883,944	75,000	Victoria.
Territoires du N.-O.	6,610,000	60,000	Régina.

La population se répartit de la façon suivante entre les nationalités qui l'ont formée :

Français . 1,375,000.	Écossais. . 725,000.	
Irlandais . 975,000.	Allemands. 275,000.	
Anglais . 900,000.	Indiens . . 125,000.	

La moyenne de l'émigration annuelle y est de 35 à 45,000 individus. — Les villes de 20,000 habitants et plus sont : Montréal, 225,000; Toronto, 200,000; Québec, 70,000; Hamilton, 50,000; Ottawa, 45,000; Saint-Johns et Halifax, 40,000; London, 32,000, et Winnipeg, 20,000.

L'agriculture est très florissante dans le Haut-Canada, la Nouvelle-Écosse, le Nouveau-Brunswick et le Manitoba. Les grandes régions du Nord, impropres à la culture, fournissent au commerce des peaux et des fourrures. Les forêts sont immenses, surtout dans les régions de l'Ouest, encore peu cultivées. La pêche est très fructueuse dans les grands lacs et sur le Saint-Laurent. — L'industrie consiste essentiellement dans la coupe et la préparation des bois, les constructions navales et les salaisons de poisson. Le commerce extérieur dépasse 1 milliard de francs, dont la moitié avec l'Angleterre. Les principaux objets d'exportation sont les bois, les animaux, le beurre et le fromage, les poissons et les céréales.

CANAILLE. s. f. coll. [Pr. les *ll* mouillées] (lat. *canis*, chien). T. Mépris par lequel on désigne la plus basse population. *Il fut insulté par la c.* || Par ext., se dit des gens de toute condition pour lesquels on veut témoigner du mépris. *Ces gens-là, malgré leurs richesses, ne sont que de la c.* — S'emploie aussi au plur. *Ce ne sont que des canailles.* || Se dit quelquefois par plaisanterie, en parlant des petits enfants qui font du bruit. *Faites donc taire cette petite c.* || En parlant d'un homme à bonnes fortunes. *Elle lui dit, en s'adoucissant: Mon ami, tu es bien c.*

CANAILLERIE. s. f. [Pr. les *ll* mouillées]. T. Pop. Acte de canaille.

CANAL. s. m. (lat. *canalis*, m. s.). Tout conduit naturel ou artificiel qui reçoit des eaux et les conduit en quelque lieu. — Se dit du lit ou du cours d'une rivière. *Le fleuve présente presque partout une c. large et tranquille.* — Espace creusé en forme de lit de rivière et rempli d'eau pour faciliter les transports du commerce. *C. navigable* ou *de navigation. Le c. du Midi. C. latéral. C. de dérivation. — C. d'irrigation, de dessèchement.* — Conduit en général cylindrique par où l'eau passe. *C. de plomb, de bois. Les canaux de la fontaine sont rompus.* || Pièce d'eau longue et étroite qui sert d'ornement à un jardin. *Le c. de Versailles.* || T. Géogr. Espace de mer étroit et prolongé entre deux rivages. *Le c. de Constantinople. Le c. de Mozambique.* — T. Mar. Faire c. se dit, dans la Méditerranée, d'une embarcation côtière qui, pour aller d'un lieu à un autre, prend la haute mer. || T. Géol. Se dit des voies naturelles par lesquelles les eaux, les gaz, etc., circulent dans le sein de la terre, y pénètrent, ou s'en échappent. *Les eaux pénètrent dans le sol par une multitude de petits canaux.* || T. Anat. *C.* s'emploie quelquefois dans le sens de vaisseau; mais il se dit surtout de certaines cavités étroites, plus ou moins allongées, et destinées à livrer passage à divers liquides, ou à loger certains organes. *C. artériel. C. thoracique. C. de l'urètre. C. inguinal.* || T. Bot. *C. médullaire.* Voy. Tige. || Fig., La voie, le moyen, l'entremise dont on se sert pour quelque chose. *Arriver par le c. de quelqu'un.*

Techn. — On donne le nom de *C.* à tout cours d'eau artificiel construit dans l'intérêt de l'agriculture, du commerce ou de la salubrité. De là, trois espèces de canaux : des *canaux d'irrigation*, des *canaux de navigation* et des *canaux de dessèchement.* Toutefois, cette classification n'est pas toujours rigoureusement applicable, parce qu'il y a beaucoup de canaux à destination multiple. Nous ne parlerons ici que de ceux qui sont spécialement destinés à la navigation, en renvoyant aux articles Irrigation et Dessèchement ce qui concerne les deux autres classes de canaux.

Il est impossible d'assigner une date à l'invention des canaux. On les voit établis, dès la plus haute antiquité, dans l'Empire chinois, où le *C. Impérial*, semblable à un grand fleuve, n'a pas moins de 1,300 kilom. de longueur. Le plus ancien des *Kings* ou livres sacrés de la Chine nous montre les fondateurs de la nation, Yao, Chun et Yu, occupés en premier lieu à *faire écouler les eaux*, ce qui semble indiquer, dans ce pays, l'existence très ancienne d'un système de canalisation complété plus tard et admirablement entretenu jusqu'à nos jours. Dans l'Asie centrale, les Assyriens avaient sillonné de canaux, soit pour la navigation, soit pour l'irrigation des terres, les vastes plaines de la Mésopotamie, que la destruction de ces cours d'eau artificiels a transformées depuis en arides déserts. L'Égypte avait organisé sur la plus vaste échelle l'irrigation de ses nomes. Dix mille canaux distribuaient l'eau du Nil partout où les feux du soleil stérilisaient le sol. D'autres canaux de dimensions considérables servaient, en outre, à relier les principales villes du pays. On cite surtout celui qui joignait la mer Rouge à la Méditerranée en traversant l'isthme de Suez, et ceux qui mettaient en rapport avec le Nil Alexandrie, à l'extrémité du Delta, et le lac Mœris, dans l'Heptanomide. Ruinés et mis hors de service par l'incurie des Arabes, ces utiles travaux n'ont commencé à être rétablis qu'à la fin du dernier siècle, et c'est à l'armée française d'occupation qu'appartient l'initiative de ce grand bienfait. Le gouvernement du vice-roi n'a fait, depuis, que continuer et compléter les travaux qu'avaient commencés nos soldats. Enfin, le c. de Suez, achevé en 1869, a rétabli la communication entre la mer Rouge et la Méditerranée. Nous reviendrons plus loin sur cette œuvre importante. Les ingénieurs de l'ancienne Égypte paraissent avoir connu le moyen de soulever les eaux par des digues et des barrages et de régler leur écoulement par des pertuis fermés avec des vannes; mais, si le fait est vrai, cet immense progrès ne fut pas apprécié par les autres peuples de l'antiquité : car tous les travaux de ce genre qui furent entrepris par les Romains étaient à pente continue et à écoulement tranquille, à l'imitation des rivières naturelles. — La Grèce a dû à la configuration de son sol et à l'heureuse distribution de ses eaux de n'avoir pas senti la nécessité des travaux de canalisation. Des rigoles d'écoulement furent seules pratiquées pour assainir plusieurs cantons humides ou conquérir à l'agriculture le bassin d'un petit nombre de lacs. Les émissaires du lac Copaïs, en Béotie, passaient pour les plus remarquables, sous le double rapport des dimensions et de la difficulté vaincue. Plusieurs fois, il est vrai, on conçut le projet de couper l'isthme de Corinthe afin d'éviter aux navires le doublement du Péloponèse, qui passait pour une opération très dangereuse; néanmoins, ce projet auquel se rattachent les noms de Démétrius Poliorcète, de Jules César, d'Auguste, de Caligula, de Néron et de plusieurs autres, ne fut jamais mis à exécution dans l'antiquité; il n'a été, réalisé qu'à la fin du XIXᵉ siècle. (voy. plus loin). — Les Romains n'ignorèrent pas l'importance et l'utilité des canaux de navigation : ils en ont même ouvert plusieurs dans l'Italie septentrionale; mais, en général, les travaux de canalisation dont ils se sont plus spécialement occupés, ont eu pour objet le dessèchement des terres ou la défense du territoire.

Après la chute de l'empire romain, ce n'est que sous Charlemagne qu'il fut, pour la première fois, question d'entreprendre des travaux de canalisation. Ce prince aurait voulu mettre en communication la mer Noire avec la mer du Nord, en réunissant entre eux, par un c., un affluent du Rhin et un affluent du Danube; mais le temps lui manqua pour réaliser ce grand projet, qui n'a même reçu son exécution que dans le siècle actuel, par les soins du gouvernement bavarois. Du IXᵉ siècle au XIVᵉ, l'Espagne fut le seul pays de l'Europe où l'on s'occupa de canalisation, mais uniquement de canalisation agricole. Ce sont les travaux exécutés par les Arabes qui font encore la richesse des plaines de Valence, de Murcie, etc. Partout ailleurs on ne songea qu'à créer des obstacles à la navigation fluviale, soit pour faciliter l'établissement de moulins à eau, soit pour avoir l'occasion d'imposer de plus fréquents droits de péage sur les transports. Les seigneurs féodaux qui s'étaient arrogé la propriété des cours d'eau, multiplièrent à l'envi les barrages en y ménageant seulement une ouverture ou *pertuis* pour le passage des bateaux. Ils obtenaient ainsi un double résultat. Les barrages leur permettaient de construire des usines productives, et les pertuis étaient des débouchés dont ils tenaient la clef, et qu'ils n'ouvraient qu'après avoir rançonné ceux qui voulaient passer. Ces barrages multipliés offraient l'énorme inconvénient de transformer le cours des rivières en une suite de chutes plus ou moins rapides qui rendaient le passage du pertuis toujours dangereux à la descente, et très souvent impossible à la remonte. Ils furent cependant l'occasion d'un grand progrès dans l'architecture hydraulique. En effet, on ne tarda pas à s'apercevoir que, lorsque deux barrages sont très rapprochés, il est beaucoup plus facile de les franchir que s'il n'y avait qu'un seul barrage retenant les eaux au niveau le plus élevé. De cette observation à l'invention des *Écluses à sas*, il n'y avait pas loin; mais on ignore le nom de l'ingénieur qui franchit ce pas. Tiraboschi nomme Philippe de Modène et Fioravanti qui, en 1439, faisaient exécuter des travaux hydrauliques pour le compte de Philippe-Marie Visconti, duc de Milan. D'autres citent Denis et Pierre Dominique, horlogers de Viterbe, qui, d'après une charte de 1483, s'étaient chargés de faire passer, par un procédé particulier et sans les décharger, les bateaux d'un c. dans un autre. Ce qu'il y a de certain, c'est que les écluses à sas ont été inventées en Italie, au XVᵉ siècle, et c'est à Léonard de Vinci qu'appartient la gloire de les avoir introduites en France (1515-1519). Cette découverte fut bientôt suivie d'une autre encore bien plus importante, celle des *Points de partage*, qui est peut-être due à l'ingénieur provençal Adam de Craponne, née en 1517. Dès lors, il fut possible d'ouvrir au commerce de nouvelles voies de transport qui devaient exercer une influence considérable sur le développement de l'industrie et de la richesse publiques.

Venise passe pour avoir construit, vers 1481, le premier c. à écluses; mais c'est en France que l'on a fait la première application des deux grandes découvertes que nous venons de citer, lors de la construction du c. de Briare commencée par Henri IV (1604) et terminé sous Louis XIII (1642). Depuis cette époque jusqu'au milieu du XVIIIᵉ siècle, la France a occupé le premier rang pour les travaux de canalisation. Mais, vers 1755, l'Angleterre entra dans la carrière, et aujourd'hui nul pays de l'Europe ne possède un système de canaux aussi complet.

Canaux de navigation fluviale. — On les divise en *Canaux à points de partage*, et *Canaux latéraux* ou *de dérivation*.

1. Les *canaux à points de partage* sont destinés à faire communiquer deux bassins fluviatiles; ils sont donc obligés de franchir les hauteurs plus ou moins considérables qui séparent presque constamment deux bassins hydrographiques. En conséquence, ces canaux ont nécessairement des versants et des pentes en sens opposés. Leur tracé est toujours très difficile et réclame toutes les ressources de l'art de l'ingénieur. Les canaux de cette classe sont tous modernes, car ils n'ont pu être construits qu'après l'invention des écluses à sas et des points de partage.

La coupe d'un c. est ordinairement un trapèze dont deux côtés seulement sont parallèles et horizontaux, tandis que les deux autres sont également inclinés à l'horizon. Cette inclinaison dépend de la nature du sol. Un c. présente ordinairement un *Chemin de halage* d'un côté, et une *Banquette* pour la circulation des piétons de l'autre. La largeur du premier doit être suffisante pour que les animaux qui tirent les bateaux puissent y passer aisément : on lui donne au moins 3 mètres de largeur. La règle ordinaire pour la banquette est de lui donner une largeur égale à la hauteur du sol, prise du fond du c.; mais, dans ce cas, on pratique au niveau de l'eau une *Berme* large de 33 à 50 centim. qui augmente l'épaisseur de la banquette à sa base, et empêche que les particules de terre qui s'en détachent ne tombent dans le lit du c. Par la même raison, on construit également une berme au bas du chemin de halage. Enfin, pour empêcher l'eau de la pluie de dégrader les bords du c. et d'y entraîner des terres, on creuse des fossés d'écoulement à côté du chemin et de la banquette. La Fig. 1, qui représente le profil d'un c., achèvera de faire comprendre ce que nous venons de dire : L représente le lit du

Fig. 1.

c.; PP le plafond, H le chemin de halage, B la banquette, bb les bermes, et FF les fossés.

Les dimensions d'un c. dépendent de celles des bâtiments à l'usage desquels il est destiné. Pour que deux bateaux puissent y passer aisément, il faut que le plafond, c.-à-d. la base du c., soit deux fois aussi large que la plus grande largeur des bateaux; quant à sa profondeur, elle doit excéder de 30 centim. au moins le tirant d'eau du bâtiment. — Chez nous, les canaux sont, d'après leurs dimensions, divisés en 2 classes, savoir : les canaux à *grande section* et ceux à *petite section*. Les premiers ont au moins 15 mètres de largeur à la ligne de flottaison, 10 mètres au plafond, et 1m65 de profondeur. Ils ont souvent deux chemins de halage, de 4 mètres de largeur chacun.

Nous avons déjà nommé les *écluses à sas*, et dit qu'elles servaient à racheter les différences de niveau que présente le sol. Un *Sas* est une espèce de chambre construite en maçon-

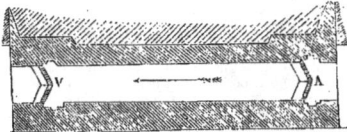

Fig. 2.

nerie, qui occupe le lit entier du c., et qui est fermée à ses deux extrémités, c.-à-d. à sa partie supérieure et à sa partie inférieure, par une porte nommée *Écluse*. Aujourd'hui cependant, on donne, par extension, le nom d'*écluse* au sas lui-même ou à la chambre avec ses deux fermetures. Les parois latérales du sas ont reçu le nom de *Bajoyers*. Le terme de *Bief* sert à désigner une portion de c. comprise entre deux écluses à sas : par conséquent et relativement à chaque

Fig. 3.

écluse, il y a un *bief supérieur* et un *bief inférieur*, et c'est précisément pour raccorder ces 2 biefs que l'on a imaginé les écluses. Chaque porte d'écluse se compose de deux moitiés ou battants appelés *Vantaux*, qui sont solidement construits en charpente ou en tôle galvanisée, et qui se logent, quand la porte est ouverte, dans des enfoncements pratiqués à cet effet dans la maçonnerie. Lorsque les portes sont fermées, comme on le voit Fig. 2 et 3, les vantaux forment, en s'appliquant l'un contre l'autre, un angle obtus, du côté d'aval, afin d'offrir à la pression de l'eau une résistance plus considérable. Les vantaux de chaque porte d'écluse sont munis à leur partie inférieure d'une ouverture fermée par une *Vanne* ou *Ventelle* (Fig. 3), que l'on fait mouvoir, le long de rainures verticales, au moyen d'une crémaillère de fer qui monte jusqu'au dessus de la porte, où elle engrène avec un pignon dont l'axe

est muni d'une manivelle. Il y a aussi d'autres systèmes de manœuvre des ventelles. Voy. VANNE. Enfin, on nomme *Radier* la construction en charpente ou en maçonnerie sur laquelle sont établies les portes de chaque écluse.

En général, la porte d'aval V est ouverte, tandis que la porte d'amont A reste fermée (Fig. 2). Lorsqu'un bateau remonte le c. et veut passer du bief inférieur au bief supérieur, il entre dans le sas, et on ferme aussitôt la porte d'aval. Alors, on ouvre, non pas la porte d'amont, ce qui serait impossible à cause de la pression de l'eau, mais seulement la *vanne* ou *ventelle* de cette porte. L'eau du bief supérieur pénètre, par l'ouverture qu'on lui livre, dans le sas dont le niveau s'élève. Quand il est le même dans le bief et dans le sas, on ouvre la porte d'amont dont la manœuvre devient facile puisque la pression est alors la même sur les deux faces, et le bateau passe dans le bief. On opère de la même manière, mais en sens inverse, quand, le bateau arrivant par le bief supérieur, il s'agit de le faire descendre dans le bief inférieur. On ferme les deux portes, on établit le niveau du sas au niveau du bief supérieur, puis on ouvre la porte d'amont; le bateau passe dans le sas, on ferme la porte d'amont, on laisse écouler l'eau par la vanne de la porte d'aval; ensuite quand l'eau du sas est au niveau de celle du bief inférieur, on ouvre cette dernière porte, et le bateau passe dans le bief.

Avec les écluses que nous venons de décrire, la grandeur et la multiplicité des chutes ne sont pas des obstacles invincibles pour la navigation. On peut encore s'en servir pour faire franchir une chaîne de hauteurs à des canaux; mais ici se présente une difficulté particulière qui résulte de l'obligation où l'on se trouve de remplacer les pertes d'eau occasionnées, soit par le passage des bateaux, soit par plusieurs autres causes dont nous parlerons bientôt. Cette difficulté n'a pu être vaincue que par la découverte des *points de partage*. — Si l'on considère deux bassins fluviatiles contigus, on remarque qu'il y a nécessairement, dans les montagnes qui les séparent, une série de points placés de telle sorte que les eaux qui en découlent s'en vont, les uns d'un côté, les autres de l'autre : c'est cette suite d'obstacles qu'on appelle *points de partage*, et on donne à la ligne qui les réunit le nom de *ligne de faîte* ou *de partage*. Cette ligne n'a jamais une hauteur uniforme dans toutes ses parties; elle présente des points culminants et des dépressions, des sommets et des cols; or, c'est en général par le plus bas des cols que l'on fait passer la voie navigable, ce qui présente plusieurs avantages considérables : 1° On peut réunir au moyen de petits canaux ou *rigoles alimentaires*, dans des réservoirs ou étangs artificiels, les eaux qui proviennent des positions supérieures; 2° le nombre des écluses à établir est moins considérable, et les frais d'exécution s'en trouvent diminués; 3° les bateaux peuvent franchir le passage avec moins de frais et en moins de temps. On nomme *bief de partage* le bief situé au point le plus élevé du c., c'est-à-dire la partie du c. comprise entre les deux écluses établies près la ligne de faîte, une sur chacun des deux versants du col. C'est en appliquant ces principes que Hugues Cosnier, au commencement du XVIIe siècle, conçut le projet d'unir la Seine à la Loire par le c. de Briare, et Riquet de Bonrepos, en 1666, celui de mettre l'Océan en communication avec la Méditerranée, par le c. du Midi ou du Languedoc. Ce dernier c., le plus grandiose des travaux de ce genre qui ait été exécuté en France, compte 241 kilomètres de longueur, et sa chute totale est de 252 mètres, rachetée par 99 écluses. Son bief de partage est situé au col de Naurouze, dans la chaîne des Corbières, contrefort des Pyrénées, à 189 mètres au-dessus du niveau de l'Océan. Pour réunir les eaux nécessaires à son alimentation, on a été obligé de creuser de nouveaux lits à une multitude de ruisseaux, sur une longueur de 80 kilom., et de créer, en barrant la haute vallée de ce nom, le vaste bassin de *Saint-Ferréol*, auquel on a ajouté plus tard celui du *Lampy*. Ces deux réservoirs contiennent plus de 8 millions de mètres cubes d'eau.

La détermination de l'emplacement du bief de partage d'un c. est un des plus difficiles problèmes qui puissent être proposés à l'art de l'ingénieur. Il faut non seulement acquérir une connaissance approfondie de la nature, du climat et de l'état hygrométrique du pays, mais encore calculer approximativement le mouvement de navigation dont le c. projeté doit être le théâtre, soit actuellement, soit dans l'avenir. Il est évident, en effet, que l'on ne peut déterminer le point de partage sans connaître la quantité d'eau nécessaire à l'alimentation du c., et que cette quantité est subordonnée aux dépenses d'eau que devra faire ce même c. Ces dépenses sont de deux sortes : les unes utiles, ce sont les *éclusées* (une *éclusée* est la quantité d'eau qu'il faut tirer du bief supérieur pour faire

DICTIONNAIRE ENCYCLOPÉDIQUE. — T. II.

116

CAN

passer un bateau dans le bief inférieur). Les autres sont inutiles et constituent des *pertes*, ce sont : l'évaporation, les filtrations, les fausses manœuvres des éclusiers, les fuites aux portes des écluses, le remplissage de tous les biefs quand ils ont été mis à sec pour les travaux de curage et d'entretien.

La dépense occasionnée par le passage des bateaux est la plus considérable, mais elle ne peut être calculée qu'approximativement. Dans le cas d'une circulation ordinaire, un bateau isolé qui monte un des versants pour descendre l'autre, comme cela arrive généralement, consomme deux écluses, ou 800 à 1,500 mètres cubes d'eau, suivant la dimension des écluses. En Angleterre, au c. du Régent, on a diminué cette dépense au moyen d'un système de doubles écluses accolées l'une à l'autre. L'une reçoit un bateau montant, tandis que l'autre reçoit un bateau descendant. L'eau de l'une passe dans l'autre, ce qui épargne une demi-éclusée.

La perte par évaporation varie selon les localités. On l'évalue annuellement à 1m50 de hauteur; mais il est possible de la diminuer en boisant les réservoirs et les rigoles, et en faisant des plantations d'arbres le long des bords du c. Il n'est d'ailleurs nécessaire de la calculer que pour les biefs voisins du point de partage, car les biefs inférieurs peuvent toujours réparer, aux dépens des cours d'eau voisins, les pertes causées par l'évaporation. — Les filtrations sont toujours considérables dans les premiers temps qui suivent l'établissement d'un c.; elles diminuent ensuite un peu; mais elles se maintiennent sur certains points avec tant de persistance qu'on est obligé de s'opposer à leur action par des moyens qui varient selon les terrains. On a fait usage du ciment hydraulique, de sable fin, de corrois de terre grasse, etc.; et il a même fallu, dans quelques localités, revêtir les parties perméables en bonne maçonnerie. — Les pertes provenant des fausses manœuvres des écluses sont impossibles à prévoir, et ne peuvent être diminuées que par l'habileté de ces employés. Celles qui résultent de l'agencement des différentes parties dont se composent les portes sont peu considérables; elles peuvent disparaître presque complétement par une fabrication et une mise en place mieux entendues. — La dépense d'eau pour remplir les biefs d'un c., après les réparations annuelles d'entretien qui ont exigé sa mise à sec, est plus forte à elle seule que toutes celles que nous venons d'énumérer; il est vrai qu'elle ne revient qu'une fois par an. Sous peine de voir la navigation longuement interrompue, il faut toujours s'arranger pour disposer, à l'époque du remplissage des biefs, de beaucoup plus d'eau que le calcul n'en indique comme nécessaire; la proportion en plus, selon l'ingénieur anglais Rennie, doit être au moins d'un tiers. — C'est seulement quand toutes ces causes de perte ont été bien étudiées qu'on fixe l'emplacement du bief de partage et qu'on se détermine, soit à ouvrir une tranchée à ciel ouvert, soit à pratiquer un souterrain. Ce dernier mode de construction est généralement considéré comme le moins dispendieux lorsque la profondeur à laquelle il faut descendre dépasse 16 à 18 mètres; mais on préfère l'autre, si cette profondeur est beaucoup moindre.

En général, les eaux d'alimentation arrivent au bief de partage par des rigoles d'une pente fort douce, où l'on doit donner une vitesse minimum de 20 à 30 centim. par seconde. Si elles coulaient avec moins de rapidité, elles pourraient être arrêtées par les herbes, devenir stagnantes ou se corrompre. Les rigoles sont toujours pourvues, près du c., de *Déversoirs* ou *Épanchoirs* par lesquels s'écoule l'eau surabondante. Lorsque les cours d'eau naturels ne suffisent pas pour alimenter le bief de partage d'un c., on crée, à proximité de ce bief, un ou plusieurs réservoirs artificiels où l'on rassemble les eaux pluviales et celles des ruisseaux des environs.

L'établissement d'un c. à point de partage, la ligne de faîte une fois franchie, ne présente plus que les difficultés inhérentes à ce genre de travaux. Comme tous les canaux de navigation, ils circulent, tantôt dans les souterrains, tantôt dans des tranchées simplement creusées dans le sol, ou formées à la surface de celui-ci au moyen de matériaux de transport. Des écluses établies de distance en distance en facilitent l'exploitation, et des ponts, dits *ponts-canaux*, permettent de franchir les rivières qui traversent leur direction. Voy. PONT.

Les écluses à sas présentent de graves inconvénients lorsqu'il s'agit de racheter des différences de niveau considérables. Jusqu'à ces derniers temps, on n'employait pas d'autre moyen que la juxtaposition de plusieurs écluses accolées ou séparées par des biefs très courts. Cette solution, en raison de la longueur des manœuvres, gêne le transit et crée des encombrements très fâcheux. On a remédié par l'augmentation de la profondeur des écluses, ce qui permet d'en diminuer le nombre, en augmentant, il est vrai, la dépense d'eau : c'est la solution adoptée sur le canal du Centre, où l'on a établi des écluses de 5m20 de chute. Pour activer le remplissage et la vidange des sas on emploie des vannes cylindriques (voy. VANNE) placées dans des puits ménagés dans la maçonnerie des bajoyers et faisant communiquer les sas avec les biefs. Ces vannes débitent des quantités d'eau considérables. Une autre solution qui a été appliquée en Amérique sur le canal de Trent-et-Morsey, en France aux Fontinettes, sur le canal de Neuffossé, et en Belgique à La Louvière, consiste dans l'emploi d'*ascenseurs à sas*. Cet appareil se compose de deux sas métalliques, dans lesquels peuvent flotter les bateaux, qui sont supportés sur d'énormes cylindres de fonte plongeant dans des puits où ils forment piston, à la manière du piston d'une presse hydraulique. Les deux puits communiquent entre eux par un conduit qu'on peut ouvrir ou fermer à l'aide d'une ventelle. L'un des sas étant au niveau du bief supérieur, et contenant environ 0m25 de hauteur d'eau de plus que l'autre, on ouvre la ventelle. Alors le sas supérieur, plus chargé, descend, l'eau des puits presse sur le piston de l'autre sas et le soulève jusqu'au niveau supérieur. On arrête la manœuvre quand celui-ci est à 0m25 au-dessous du niveau du bief supérieur, puis, à l'aide de vannes, on établit la communication avec les biefs. Le sas supérieur s'emplit, le sas inférieur déverse dans le bief les 0m25 d'excédent; enfin on ouvre les portes, les bateaux peuvent sortir, être remplacés par d'autres, et tout est prêt pour recommencer la manœuvre en sens inverse. Il est clair que le poids des bateaux n'intervient pas, et que la charge de chaque sas dépend exclusivement du niveau de l'eau qu'il contient, de sorte que l'appareil peut fonctionner quand même il ne se présente de bateau que dans un seul sens. Les sas sont guidés dans leur mouvement par des galets installés le long des fours ou maçonnerie construites au milieu. Le bief supérieur est mis en communication avec le sas au moyen d'un pont-canal fermé par une porte verticale. Les sas portent également des portes à déplacement vertical qui permettent de les mettre en communication avec les biefs. Le bief inférieur est fermé de la même manière. La jonction des sas avec les biefs se fait à l'aide de poches en caoutchouc qu'on remplit d'air. L'étanchéité des diverses parties est parfaite. Aux Fontinettes, le poids d'un sas comprenant celui de l'eau qu'il contient et celui du piston est de 800 tonneaux. Les pistons sont creux : ils ont 17m13 de longueur, 2 mètres de diamètre extérieur et 7 centimètres d'épaisseur ; la différence de niveau des biefs est de 13m13 ; la pression dans les puits atteint 20 atmosphères.

En Amérique, sur le canal de Georgetown, on a employé, pour racheter une chute d'environ 11 mètres, un plan incliné sur lequel circule un sas porté sur des trucs; ce sas est soutenu par des câbles qui s'enroulent sur une forte poulie que fait mouvoir une turbine.

La traction des bateaux sur les canaux s'opère le plus souvent au moyen des bêtes de somme, chevaux ou ânes. Il existe cependant encore de nombreux bateaux qui sont simplement halés par les hommes. Sur certains canaux on emploie le halage à vapeur, au moyen de petites locomotives roulant sur des rails disposés sur le chemin de halage. Ce système donne à prix égal une bien plus grande rapidité dans le service. Enfin, depuis quelques années, on a installé sur le c. de Saint-Maur, un système de traction à l'aide d'un câble sans fin qui roule sur de grandes poulies disposées sur toute la longueur du c. Ce câble est mis en mouvement par une puissante machine à vapeur, par l'intermédiaire d'une poulie sur laquelle il s'enroule, et les bateaux n'ont qu'à s'y atteler à l'aide d'un cordage. Du reste chaque bateau peut s'atteler ou se dételer à volonté.

II. *Canaux latéraux*. — Les canaux latéraux ou de *dérivation* sont destinés à tenir lieu d'un cours d'eau dont la navigation est mauvaise, irrégulière et trop difficile à améliorer. Leur tracé est des plus simples : ils suivent le pied de l'un des coteaux qui forment la vallée, et, comme ils ne sont établis que dans des plaines presque de niveau, ils sont composés de biefs horizontaux, réunis par des écluses à sas, dont la chute d'eau varie généralement de 2m50 à 3 mètres. Leur largeur est ordinairement le double de celle des bateaux en usage dans le pays qu'ils traversent. Leur alimentation est le plus souvent facile : c'est de la rivière qu'ils côtoient qu'ils tirent l'eau dont ils ont besoin. On donne le nom de *prise d'eau* à l'ensemble des constructions au moyen desquels cette eau leur est fournie. Quant aux pertes que produisent l'évaporation et les filtrations ordinaires, elles sont, en général, compensées par les affluents du cours principal. Cependant, il arrive parfois que l'entretien des canaux latéraux présente des difficultés sérieuses ; c'est lorsqu'ils sont creusés dans un terrain perméable. Dans ce cas, on a recours à l'un des moyens que nous avons indiqués pour prévenir les fuites.

Il est des canaux latéraux qui courent constamment le long du fleuve sans que les bateaux de l'un puissent communiquer avec ceux de l'autre ailleurs qu'aux deux extrémités. Dans d'autres, au contraire, cette communication a lieu sur certains points principaux du parcours, et l'on appelle *descente en rivière* la série de travaux qui a pour objet de la rendre possible. Ces travaux, qui consistent en un bout de c. muni d'un nombre suffisant d'écluses à sas, permettent ainsi à un bateau de pénétrer du canal dans la rivière et *vice versa*.

Avant les chemins de fer, les canaux et les rivières constituaient la seule voie de transport économique pour les marchandises expédiées en grande quantité. Aussi la batellerie constituait-elle une industrie importante et largement rémunérée. Les chemins de fer ont quelque peu modifié cette situation. Cependant, après une longue période de marasme, l'industrie de la batellerie a repris une assez grande prospérité. Malgré la lenteur et l'irrégularité des transports par eau qui sont soumis à de nombreuses interruptions par suite des gelées ou de la sécheresse, l'expérience a montré que ce mode de transport est encore le plus avantageux pour les marchandises lourdes et encombrantes, et toutes les fois que la rapidité n'est qu'une question secondaire. L'usage simultané des canaux et des chemins de fer constitue une concurrence qui oblige les compagnies de chemins de fer à maintenir leurs tarifs au taux le plus bas possible. Du reste, l'activité de la navigation sur nos rivières et nos canaux montre bien que les deux industries peuvent vivre côte à côte en trouvant une rémunération convenable. En France toutes les voies navigables appartiennent à l'État qui, depuis quelques années, ne fait plus payer de droits de navigation. Ces droits sont compris dans la patente que paye chaque propriétaire pour chacun de ses bateaux, et qui a été augmentée lorsqu'on a supprimé les droits de navigation.

CANAUX MARITIMES. — On désigne sous ce nom les canaux accessibles aux grands bâtiments de navigation maritime. Les uns ont pour but de remédier aux inconvénients que présente l'embouchure de certains fleuves : tel est le canal Saint-Louis à l'embouchure du Rhône. Les autres beaucoup plus importants ont pour but d'ouvrir un passage entre deux mers à travers les isthmes qui les séparent : tels sont le canal de la mer du Nord qui établit la communication entre la mer du Nord et le Zuyderzée et permet aux plus grands navires d'arriver dans le port d'Amsterdam ; le c. de Suez et le c. de Corinthe.

Le *C. de Suez*, qui est le plus important et le plus célèbre des canaux maritimes, fait communiquer la mer Méditerranée et la mer Rouge à travers l'isthme de Suez. Il est dû, comme chacun sait, à l'initiative et à la persévérance de M. de Lesseps, qui en obtint la concession du gouvernement égyptien en 1854. Les travaux ont été commencés le 25 avril 1859 et, le 20 novembre 1869, 67 navires portant ensemble 46,000 tonneaux passaient de la Méditerranée dans la mer Rouge. Ce c. est à niveau, sans écluse ; il mesure 162 kilom. de longueur, prend son origine à Port-Saïd dans le golfe de Péluse, traverse les

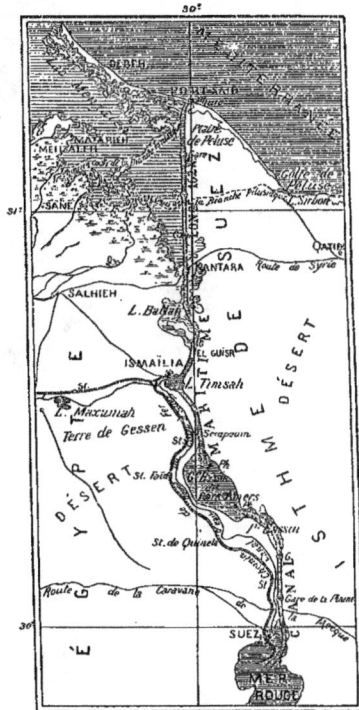

Fig. 4.

lacs Amers, vaste dépression qui était autrefois un golfe de la mer Rouge, mais qui s'est séparée de la mer et qu'il a fallu remplir de nouveau, et enfin débouche dans la mer Rouge à Suez (Voy. le plan Fig. 4). L'exploitation était primitivement à une voie : des gares pour l'évitement des navires étaient ménagées à des distances d'environ 12 kilom. et un seul navire s'engageait à la fois dans chaque section entre deux gares. La profondeur était de 8 à 9 mètres, la largeur au plafond de 22 mètres, et la largeur au niveau de l'eau de 60 à 100 mètres ; mais l'augmentation continuelle du transit et du tonnage des navires a créé la nécessité d'augmenter ces dimensions pour permettre le croisement des navires dans toutes les régions du c. et par suite la suppression du système d'exploitation à une voie qui est devenu impraticable. Les travaux sont actuellement (1894) en cours d'exécution : la largeur au plafond sera portée de 65 à 80 mètres, et la profondeur à 9 mètres. Enfin un service d'éclairage électrique permet la navigation de nuit. On estime que la durée du passage, qui est aujourd'hui de 40 heures en moyenne, pourra être réduite à 16 heures après l'achèvement des travaux. Le c. de Suez a rendu d'immenses services au commerce et à la navigation, en abrégeant dans des proportions considérables la durée des voyages aux Indes et dans l'Extrême-Orient. En 1889 il a donné passage à 3,423 navires d'un tonnage moyen de 1,951 tonneaux, lesquels ont payé plus de 66 millions de francs de droit de transit.

Le c. de Corinthe a été ouvert à la navigation le 6 août 1893 : il fait communiquer le golfe de Corinthe avec la mer de l'Archipel, et évite aux navires de faire le tour du Péloponèse, ce qui abrège de 342 kilomètres le voyage de l'Adriatique à Athènes. Il n'a que 6,920 mètres de longueur, et traverse en tranchée profonde une petite montagne dont le sommet s'élève à 87 mètres au-dessus du plafond du c.

Enfin nous citerons le c. de la mer du Nord à la Baltique commencé en 1887.

Législ. — Les canaux de *navigation* appartiennent à l'État ou à des compagnies autorisées à les établir. Ils sont soumis en ce qui touche leur construction, leur entretien, leur police, aux règles applicables aux grandes routes, en matière de voirie. — Les canaux d'*irrigation* appartiennent à ceux qui en ont fait les frais, État ou particuliers. L'entretien des canaux d'irrigation construits par l'État incombe aux propriétaires riverains qui en ont la jouissance, suivant la répartition opérée entre eux par l'administration préfectorale. — Les canaux de *dérivation* ainsi que ceux de *desséchement* appartiennent en général à des particuliers ; mais ils sont toujours soumis à la surveillance de l'administration.

CANALICULAIRE. adj. (R. *canicule*). T. Didact. Qui est en forme de canicule.

CANALICULE. s. m. T. Anat. et Bot. (Dimin. de *canal*). Petit canal.

CANALICULÉ, ÉE. adj. (R. *canalicule*). T. Bot. et Zool. Se dit de toute partie creusée en canal ou en gouttière.

CANALISABLE. adj. 2 g. Qui peut être canalisé.

CANALISATION. s. f. [Pr. *canali-za-cion*]. Action de creuser un canal; résultat de cette action. *La c. du Rhône. La c. de la France.* | Par ext. Réseau de conduits, tuyaux conducteurs, etc., par lesquels on transmet et on distribue l'eau, le gaz d'éclairage, l'air comprimé, l'électricité, etc.
Techn. — Les canalisations d'eau et de gaz sont le plus souvent formées de tuyaux en fonte ou en tôle et enterrées dans le sol. Les canalisations électriques pour la lumière électrique ou pour le service des télégraphes et téléphones sont installées suivant trois types distincts : 1° fils aériens portés par des poteaux ou des crochets fixés aux maisons; 2° fils recouverts d'un enduit isolant et installés dans les égouts; 3° fils recouverts d'un enduit isolant et logés dans des tuyaux en terre cuite enterrés dans le sol.

CANALISER. v. a. (R. *canal*). Transformer un cours d'eau en canal navigable. *On a canalisé cette rivière.* | Créer dans un pays un système de canaux. *Depuis longtemps on s'occupe de canaliser la France.* = CANALISÉ, ÉE. part. *Cours d'eau canalisé. Pays canalisé.*

CANAMELLE ou **CANNAMELLE.** s. f. (lat. *canna*, roseau; *mel*, miel). T. Bot. Nom donné quelquefois à la canne à sucre. Voy. GRAMINÉES et SUCRE.

CANAPÉ. s. m. (bas-lat. *canapeum*, par corruption du gr. χωνωπειον, lit garni de rideaux pour écarter les cousins, χώνωψ). Sorte de grand siège à dossier, où plusieurs personnes peuvent s'asseoir ensemble, et dont on se sert quelquefois comme de lit de repos. | Art cul. Tranche de pain frite sur laquelle on dispose diverses garnitures.

CANAQUES, indigènes de la Nouvelle-Calédonie. On comprend sous ce nom des populations de races différentes : 1° les canaques des montagnes qui sont de race noire, féroces et anthropophages; 2° les canaques de la plaine, de race cuivrée, doux et serviables; 3° les canaques des côtes, dont la peau a une couleur rouge brun foncé.

CANARD. s. m. (d'un rad. sauscrit *can*, rendre un son, qu'on retrouve dans *canis*, chien, autre animal à forte voix). Sorte d'oiseau aquatique. *C. domestique, sauvage. C. en salmis.* — Fam., *Mouillé comme un c.,* Excessivement mouillé. — Prov., *Plonger comme un c.,* Plonger très habilement; et fig., S'esquiver, se tirer adroitement d'un mauvais pas. — Fig. et fam., *C'est un c. privé,* se dit d'un homme aposté pour faire tomber dans le piège ceux qui se fient à lui. Vx. | Nouvelle fausse, article de journal mensonger. — Petit journal sans importance et sans dignité. Fam. = Adjct. *Chien c.* Voy. CHIEN. | T. Comm. *Bois canards.* Voy. FLOTTAGE. | T. Mar. *Bâtiment c.,* Bâtiment qui tangue beaucoup et dont l'avant plonge trop. Dans ce sens, on dit au fém., *Une frégate, une barque canarde.*
Zool. — Le genre *Canard (Anas)* appartient à l'ordre des *Palmipèdes* et à la famille des *Lamellirostres;* Les ornithologistes modernes l'ont érigé en tribu sous le nom de *d'Anatinés.* Si l'on conserve dans cette tribu toutes les espèces rangées sous le nom de *Canards propres,* par Cuvier, on trouve que les oiseaux qui composent ce groupe ont pour caractères : bec moins haut que large à sa base, et autant ou plus large à son extrémité que vers la tête; narines plus rapprochées du dos et de la base que chez les cygnes; jambes plus courtes et plus en arrière que chez les oies, ce qui leur rend la marche plus difficile qu'à ces dernières; cou moins long que chez les cygnes et les oies; trachée renflée à sa bifurcation en capsules cartilagineuses dont la gauche est généralement la plus grande. — Cette tribu renferme les genres dont les noms suivent : *Macreuse, Garrot, Eider, Millouin, Souchet* et *Tadorne.* Les 4 premiers genres ont le pouce bordé d'une membrane, la tête plus grosse, le cou plus court, les pieds plus en arrière, les ailes plus petites, la queue plus raide, les tarses plus comprimés, les doigts plus longs, les palmures plus entières. Les espèces qui s'y rapportent marchent plus mal, vivent plus exclusivement de poissons et d'insectes, et plongent plus souvent :
1° Les *Macreuses (Oidemia)* se distinguent à la largeur et au renfl ment de leur bec, qui est gibbeux à sa base. Elles éprouvent beaucoup de difficulté à marcher; leur vol est pesant et court; mais elles nagent et courent sur les vagues avec une grande agilité; elles peuvent plonger à plus de 10 mètres pour chercher les mollusques marins dont elles se nourrissent. L'espèce qui nous arrive chaque année en bandes

nombreuses est la *Mac. noire (Oid. nigra),* qui est toute noire (Fig. 1). La *Mac. double (Oid. fusca)* nous visite aussi fréquemment : celle-ci a un miroir blanc sur l'aile.

Fig. 1.

2° Les *Garrots (Clangula)* ont un bec court, plus étroit en avant qu'à la base, la queue pointue, ronde ou carrée. Le *Garrot* proprement dit *(Cl. glaucion),* qui nous vient par troupes en hiver et niche sur nos étangs, est blanc, avec la tête, le dos et la queue noirs; son aile est rayée de blanc; la femelle est cendrée et a la tête brune. Le *G. arlequin (Cl. histrionica)* et le *G. de Terre-Neuve (Cl. glacialis)* qui nous visitent quelquefois, mais à des intervalles éloignés, appartiennent à ce genre.
3° Les *Eiders (Somateria)* ont le bec étroit en avant, mais plus allongé, et remontant plus haut sur le front, où il est échancré par un angle de plumes. Ce genre ne comprend que

Fig. 2.

2 espèces, l'*Eider commun (Som. mollissima)* et l'*Eider à tête grise (Som. spectabilis)* [Fig. 2]. La première habite l'Islande, la Laponie, le Spitzberg et le Groënland; la seconde est propre à ces deux derniers pays; cependant on la rencontre aussi à Terre-Neuve. L'*Eider commun* mâle est blanchâtre, avec la calotte, la queue et le ventre noirs; la femelle est grise mêlée de brun. Sa taille approche de celle de l'oie. Les eiders font leur nid au milieu des rochers baignés par la mer et choisissent des endroits escarpés. Le nid est composé de fucus, mais la femelle le tapisse de ce duvet si recherché connu sous le nom d'*Edredon,* et qui n'est autre chose que les plumes molles et fines dont son ventre est revêtu. Lorsqu'on le lui dérobe, elle s'en arrache une nouvelle quantité. Les habitants des régions polaires respectent en général la vie de l'eider. Ces oiseaux volent à la surface de la mer, au sein de laquelle ils plongent avec facilité : ils se nourrissent de poissons et de coquillages.
4° Les *Millouins (Fuligula)* ont le bec large et plat; leur taille est très variable. Les deux espèces qui nous visitent le plus fréquemment sont le *Mil. commun (Ful. ferina)* et le *Morillon (Ful. paulinea).* Le premier est cendré, finement strié de noirâtre, avec la tête et le haut du cou roux, le bas

du cou et la poitrine bruns, et le bec plombé clair : il niche quelquefois dans les joncs de nos étangs. Le second est noir, avec le ventre blanc et une tache blanche sur l'aile : son bec est plombé, et ses plumes occipitales sont prolongées en huppe.

Les genres qui suivent diffèrent des précédents en ce que leur pouce n'est pas bordé d'une membrane, et en ce qu'ils ont la tête plus mince, les pieds moins larges, le cou plus long, le bec plus égal, le corps moins épais. Ils marchent mieux, recherchent les plantes aquatiques et leurs graines, autant que les poissons et les mollusques.

5° Les *Souchets* (*Rhyncaspis*) se distinguent par leur long bec dont la mandibule supérieure, ployée en demi-cylindre, est élargie au bout : les lamelles en sont si longues et si minces qu'elles ressemblent plutôt à des cils. Ils vivent des

Fig. 3.

vermisseaux qu'ils prennent dans la vase au bord des ruisseaux. Le *Sou. commun* (*Rhyn. clypeata*) [Fig. 3] est un des plus beaux oiseaux de la tribu des *Anatinées*. Il a la tête et le cou verts, la poitrine blanche, le ventre roux, le dos brun, et les ailes variées de blanc, de cendré, de vert et de brun. Il nous arrive au printemps. C'est un gibier excellent. L'Australie possède une espèce du même genre, appelée *Rhyn. membranacea*, parce que les bords de la mandibule supérieure du bec se prolongent de chaque côté en un appendice membraneux.

6° Les *Tadornes* (*Tadorna*) ont le bec très aplati vers le

Fig. 4.

bout et relevé en bosse saillante à sa base. Le *Tad. commun* (*Anas tadorna*) [Fig. 4] est blanc, avec la tête verte, une ceinture cannelle autour de la poitrine, l'aile variée de noir, de blanc, de roux et de vert. Il habite les rives de la Baltique et de la mer du Nord. Il niche dans les dunes et souvent même choisit pour domicile les trous abandonnés par les lapins. Il est de passage au printemps sur nos côtes et ne s'écarte guère du bord de la mer. — Le *C. commun* (*Anas boschas*) se reconnaît à ses pieds aurore, à son bec jaune, au beau vert changeant de la tête et du croupion du mâle, qui a en outre les 4 plumes moyennes de la queue relevées en boucle. La femelle est plus petite et a des couleurs moins vives que le mâle. Cette espèce, rendue domestique, est devenue un de nos oiseaux de basse-cour les plus utiles par ses œufs, sa chair, sa plume et son duvet. L'espèce sauvage, répandue dans toute l'Europe tempérée où elle niche au bord des eaux stagnantes, est essentiellement voyageuse. Les mœurs

du c. sauvage diffèrent de celles du c. domestique surtout en ce qu'il est *monogame*, tandis que ce dernier est polygame. Il ne couve pas, mais il défend vaillamment la femelle lorsqu'elle couve, et prend part aux soins qu'elle donne à ses petits. Si la femelle s'éloigne de ses œufs pendant l'incubation, elle a soin de les recouvrir d'une couche de duvet qu'elle s'arrache du ventre. La mère conduit ses petits à l'eau le jour même où ils sont éclos. Les chasseurs donnent le nom de *Hallebrands* aux jeunes canards sauvages. La race des canards domestiques est parfois rajeunie dans nos campagnes par des couvées provenant d'œufs de canards sauvages pris dans les nids et confiés à des couveuses domestiques. Les produits de ces couvées sont inquiets, turbulents, disposés à retourner à l'état sauvage; mais, dès la seconde génération, ils deviennent aussi familiers que les autres. La cane domestique pond de 38 à 40 œufs quand on a soin de les lui enlever au début de la ponte pour ne lui en laisser couver que 18 ou 20; la cane sauvage pond de 12 à 16 œufs; l'incubation dure 30 jours. Les canards s'élèvent aisément au bord de toutes les eaux, pourvu qu'elles ne renferment pas de sangsues qui s'attachent aux pattes des jeunes et les font périr. À l'âge de 3 à 6 mois, on les engraisse pour la table sans qu'on soit forcé de les enfermer comme les poulets ou les dindons. Le c. est omnivore en domesticité et extrêmement vorace. Aussi, pourvu qu'il trouve à manger, il engraisse aisément.

Le genre ladorne comprend encore un assez grand nombre d'autres espèces, dont quelques-unes sont fort remarquables.

Fig. 5.

Le *C. de la Chine* ou *C. à éventail* (*Anas galericulata*) [Fig. 5] rivalise avec le faisan doré par l'éclat et la variété de son plumage : les rémiges de ses ailes redressées en éventail lui donnent en outre un aspect fort singulier. Le *C. musqué* (*Anas moschata*), que le vulgaire nomme fort improprement *C. de Barbarie*, car il est originaire de l'Amérique, est presque aussi gros qu'une oie : sa tête est ornée de caroncules rouges. Il répand une odeur de musc qui provient des glandes situées sous le croupion, et qui malheureusement se communique à sa chair. À l'état sauvage, cette espèce se perche sur les arbres. En domesticité, elle se croise avec le c. commun et donne des métis appelés *Mulards*, qui n'ont plus d'odeur

Fig. 6.

musquée, mais qui sont stériles. Nous citerons encore le *Pilet* (*A. acuta*), remarquable par sa queue prolongée horizontalement et pointue; le *Siffleur* (*A. Penelope*), le *Chipeau* ou *Ridenne* (*A. stropera*), etc.; mais nous ne pouvons les décrire ici.

On réunit généralement sous le nom de *Sarcelles* diverses petites espèces qui n'offrent aucun caractère, si ce n'est leur taille, propre à les distinguer des précédentes. Nous n'en nommerons que deux, la *Sarc. ordinaire* (*A. querque- dula*) et la *Petite sarc.* (*A. crecca*). La première est maillée de noir sur un fond gris, avec un trait blanc sur les côtés de la tête et un miroir cendré sur les ailes. En automne et au printemps elle est commune sur nos étangs; mais elle se rend dans le Nord pour y couver. La *Petite sarc.* (Fig. 6) a le corps finement rayé de noirâtre, la tête rousse avec une bande verte bordée de 2 lignes blanches à la suite de l'œil, la poitrine d'un blanc roussâtre varié de taches rondes, et un miroir noir et vert sur les ailes. Cette espèce est bien plus commune chez nous que la précédente : elle niche sur nos étangs et reste dans le pays toute l'année.

CANARDER. v. n. (R. *canard*). T. Mus. Tirer d'un hautbois ou d'une clarinette un son aigu, nasillard et rauque qui n'est pas une note et qu'on a comparé au cri du canard. Fam. On dit aussi *faire un canard.* || T. Mar. Se dit d'un bâtiment qui tangue beaucoup et plonge trop de l'avant. = CANARDER. v. a. Tirer sur quelqu'un d'un lieu où l'on est à couvert. *On canardait les ennemis des fenêtres.* Fam. = CANARDÉ, ÉE. part.

CANARDIÈRE. s. f. (R. *canard*). Lieu qu'on prépare dans un marais, dans un étang, pour prendre des canards sauvages dans des nasses. || Long fusil dont on se sert pour la chasse aux canards sauvages et aux autres gibier qu'on approche difficilement. || T. Fortif. anc. Guérite ou autre pièce d'où l'on pouvait tirer en sûreté.

CANARDS. s. m. pl. Conduits en bois ou en tôle qui distribuent l'air dans une mine.

CANARI. s. m. (R. les îles *Canaries*). T. Ornith. Nom vulgaire du serin des Canaries. Voy. LINOTTE.

CANARIES (îles), groupe d'îles situées dans l'océan Atlan- tique en face de à 150 kil. de la côte N.-O. de l'Afrique, 305,000 hab. (à l'Espagne). Cet archipel se compose de dix îles dont sept seulement sont habitées : Ténériffe, la Grande Canarie, Palma, Gomera, Fortaventura, Lanzarote et Ferro ou île de fer, la plus petite des sept. V. pr. *Las Palmas, Santa Cruz.* Bons vins.

CANARINE. s. f. T. Bot. Genre de plantes qui croissent aux îles Canaries et en Chine, de la famille des *Campanu- lacées.* Voy. ce mot. || T. Chim. Matière colorante jaune obtenue par l'action du chlorate de potassium et de l'acide chlorhy- drique sur le sulfocyanate de potassium. Ses sels alcalins sont solubles dans l'eau et servent à teindre en jaune ou en orangé le coton non mordancé.

CANARIUM. s. m. (R. les îles *Canaries*). T. Bot. Genre de plantes de la famille des *Anacardiacées.* Voy. ce mot.

CANASSE ou **CANASTRE.** s. m. (gr. χάναστρον, corbeille). T. Comm. Caisse à thé. || Boîte à tabac.

CANASTELLE. s. f. (gr. χάναστρον, corbeille). Grande corbeille plate servant au même usage que les panetières.

CANCALE. ch.-l de c. d'Ille-et-Vilaine, arr. de Saint- Malo, 6,600 hab. Pêcheries d'huîtres.

CANCAN. s. m. (lat. *quanquam,* quoique? ou onomatopée imitée de la voix des canards?). *Faire un c., un grand c. de quelque chose,* Faire beaucoup de bruit d'une chose qui n'en vaut pas la peine. Dans ce sens, qui est vieux et peu us., on écrit aussi *Quanquan.* || Bavardage où il entre de la mé- disance. *C'est un c. absurde.* || Danse exagérée, avec de grands gestes drolatiques.

CANCANIER. adj. (R. *cancan*). Qui aime à bavarder. Pop.

CANCEL. s. m. [On dit quelquefois aussi *Chancel*] (lat. *cancelli,* barreaux). L'endroit du chœur d'une église qui est le plus proche du grand autel, et qui est ordinairement fermé d'une balustrade. On dit aujourd'hui, *Sanctuaire.* || Lieu entouré d'une balustrade, dans lequel on tenait le sceau de l'État. Vx.

CANCELLAIRE. s. f. (lat. *cancellus,* dimin. de *cancer,* crabe). T. Zool. Genre de mollusques gastéropodes. Voy. CANCELLARIIDES.

CANCELLARIIDES. s. m. pl. (lat. *can- cellus,* treillage). T. Zool. et Paléont. Les c. forment une famille de mollusques gastéropodes *Cténobranches* (voy. ce mot), qui se nourrissent de végétaux. Ils ont un pied petit, des tentacules très écartés et une coquille ovalaire, spiralée, à surface généralement treillissée; ils n'ont pas d'opercules. On en trouve de nos jours; mais ce genre est fossile depuis le cré- tacé.

CANCELLATION. s. f. Action de canceller.

CANCELLER. v. a. (lat. *cancellare,* biffer, recouvrir de barreaux; de *cancellus,* barreau). T. Jurisp. Annuler un écrit, un acte quelconque en le biffant, en le barrant à traits de plume. *C. et annuler des lettres.* Peu us. = CANCELLÉ, ÉE. part. || T. Bot. Se dit adjectiv. des organes qui affectent la forme d'un réseau.

CANCER. s. m. [Pr. *cancère*] (lat. *cancer;* gr. χαρχίνος, crabe). T. Zool. Espèce de crustacé. || T. Méd. Tumeur qui peut se développer dans tous les tissus du corps, ainsi nommée à cause des bosselures et des veines qui l'ont fait grossièrement comparer à un crabe. || T. Ast. Constellation zodiacale. Cette petite constellation ne renferme que six étoiles un peu bril- lantes (4ᵉ grandeur) et se distingue par un amas, perceptible à l'œil nu, et qu'on nomme aussi *la Crèche.* Voy. CONSTEL- LATION, ZODIAQUE. *Tropique du cancer,* Celui des deux tro- piques qui est dans l'hémisphère Nord. Voy. TROPIQUE, ÉCLIPTIQUE.

Zool. — Crustacé décapode brachyoure, de la tribu des *Cyclométopes,* ayant les caractères suivants : deuxième paire de pattes semblable à la première, à article terminal grêle et acuminé. Pièce palatine dépourvue de rebord saillant. An- tennes internes situées dans des fossettes au-dessous du front très étroit. Deuxième article mobile des antennes externes inséré en dedans de l'orbite. Front tridenté. Carapace très large, médiocrement bombée. Le *C. papurus* se trouve dans la Méditerranée et dans la mer du Nord. Voy. BRACHYOURES.

Pathol. — Le terme latin *Cancer,* traduction du mot grec χαρχίνος, servait à désigner une espèce de crustacé, le crabe. Les médecins l'appliquèrent d'abord à certaines tumeurs du sein, et, plus tard, à d'autres affections qui leur présentèrent plusieurs des caractères propres à ces tumeurs. Cette dénomi- nation fut tirée, soit de la ressemblance qu'offrent les veines rayonnant des tumeurs cancéreuses avec les pattes du crabe, soit de la croyance à l'existence d'un animal qui, dans cette affection, rongeait les chairs des parties malades. — La nature de cette maladie a donné lieu, depuis longtemps, à des con- troverses interminables, et les opinions des observateurs les plus instruits et les plus sagaces varient encore singulièrement sur ce sujet. Dans l'état actuel de la science, on ne peut faire connaître le c. que par ses phénomènes caractéristiques, c.-à-d. par ses symptômes, sa marche et les lésions anatomiques qui l'accompagnent.

Les auteurs qui ont prétendu caractériser les affections can- céreuses par les seuls phénomènes extérieurs, tels que la dou- leur lancinante, la marche progressive et destructive de la maladie, l'aspect particulier de l'ulcère qui se produit à une certaine période, et la terminaison mortelle, qui est inévitable, ont confondu, sous ce nom, des maladies différentes. Des phé- nomènes analogues et presque identiques peuvent accompagner des lésions diverses; c'est donc l'étude anatomique de ces lé- sions qui seule doit servir de base à la classification des di- verses affections désignées sous cette appellation commune de c. Les travaux des micrographes sur les divers éléments anatomo- pathologiques présentés par les maladies dites cancéreuses, ont déjà jeté quelque jour sur cette obscure question ; mais il reste encore beaucoup à faire sur ce point avant qu'il y ait accord entre les micrographes et les chirurgiens.

Le c. peut être constitué par deux sortes de tissus bien dif- férents, l'*Encéphaloïde* et le *Squirrhe.* Quelques auteurs ont prétendu que ces deux tissus ne diffèrent pas essentiellement et que le premier n'est qu'un état plus avancé du second. D'autres veulent, au contraire, que ces deux tissus anormaux constituent deux maladies distinctes, et réservent au seul squirrhe le nom de *Cancer*. Cette dernière opinion se rapproche le plus de la vérité. L'encéphaloïde et le squirrhe sont des tissus différents, mais l'analogie parfaite que présentent les phénomènes des deux affections, permet de les ranger sous la commune dénomination de c., tout en décrivant séparément les deux sortes de tissus.

Le tissu *encéphaloïde*, quand on l'incise, se présente sous la forme d'une pulpe blanchâtre, généralement semée de points rouges, assez semblable à la pulpe cérébrale : c'est précisément à cette ressemblance qu'il doit le nom sous lequel il est désigné, ainsi que celui de tissu *cérébriforme*. La trame de ce tissu se compose de vaisseaux et de filaments aréolaires. Toutes ces parties paraissent être de formation nouvelle. Les vaisseaux sont nombreux dans les tumeurs cancéreuses et ils vont en irradiant en dehors. La vascularité de l'encéphaloïde est d'ailleurs d'autant plus grande que la tumeur est plus ramollie. On rencontre souvent, dans l'intérieur des veines, du tissu encéphaloïde qui a oblitéré le canal circulatoire. Comment se fait cette pénétration ? Suivant Velpeau, c'est par imbibition ; suivant Cruveilhier, les veinules sécrètent elles-mêmes la matière cancéreuse ; suivant Bérard, et cette opinion nous paraît intiminent plus probable, cette introduction se fait par la destruction des parois vasculaires. — La tumeur encéphaloïde présente, le plus souvent, la forme de plusieurs lobes rapprochés : quelquefois elle est enveloppée dans une espèce de poche membraneuse. Son volume peut être très considérable, et l'on cite l'exemple d'une femme qui portait à la cuisse une tumeur de la grosseur du corps d'un homme. On éprouve, en touchant une tumeur encéphaloïde, une sensation particulière d'élasticité, et au lieu que la peau glisse au-dessus d'elle. — Lorsque la masse encéphaloïde est à l'état de crudité, elle tend à envahir les parties voisines, sans cependant s'étendre vers la peau. Quand elle se ramollit, elle se change en une espèce de bouillie. La douleur locale devient plus vive, la peau est encore mobile, mais tendue et animée : enfin elle cède, et laisse voir un ulcère d'où s'écoule un liquide sanieux et infect. Des hémorrhagies plus ou moins répétées, plus ou moins abondantes, se déclarent, et la mort s'avance avec une rapidité que n'aurait pas laissé soupçonner la marche première de l'affection. — Le tissu encéphaloïde peut se développer dans toutes les parties du corps, excepté sur les poils, l'épiderme et les cartilages. On trouve habituellement plusieurs tumeurs de nature encéphaloïde sur le même sujet, et c'est là un des caractères qui distinguent particulièrement l'encéphaloïde du tissu squirrheux.

Observé au début, le *squirrhe* est formé d'une matière très résistante, ayant une teinte blanc bleuâtre ou grise, assez semblable à de la couenne de lard. Il est parfois traversé par des bandes fibreuses qui se prolongent en rayonnant jusque dans les tissus sains. Il ne renferme pas de vaisseaux, ce qui explique la rareté des épanchements et des hémorrhagies dans cette forme de c. L'observation microscopique révèle, dans le squirrhe, la présence d'éléments anatomiques essentiellement différents de ceux qu'on trouve dans le tissu encéphaloïde. En outre, lorsqu'on presse du tissu squirrheux, il s'écoule un liquide albumineux et transparent qui ressemble à un vernis ; la tumeur est dépourvue d'élasticité ; sa surface est inégale, mais n'est pas divisée en lobes ; son volume est toujours beaucoup moindre que celui de l'encéphaloïde, et il se manifeste même, dans les parties qu'il occupe, un racornissement assez marqué. Le squirrhe adhère fortement à la peau ; enfin, il apparaît rarement sur plusieurs points à la fois. Quand il arrive à la période de ramollissement, il prend l'aspect d'une gelée, tandis que le tissu encéphaloïde prend celui d'une bouillie. Dans la période d'ulcération, on remarque encore d'autres différences. Ainsi, dans l'encéphaloïde, on voit des masses plus ou moins considérables se détacher, un pus sanieux et infect s'écouler en abondance, des hémorrhagies quelquefois mortelles se déclarer, et enfin la mort survenir avec une rapidité surprenante. L'ulcère du squirrhe est au contraire plus sec ; il gagne en profondeur, mais sans donner lieu à des excrétions ; il n'y a pas d'hémorrhagie ; enfin la marche de la maladie est bien moins rapide, et la mort n'arrive que lentement, après que la maladie a miné l'économie.

Le nom de c. a été également appliqué à plusieurs tumeurs qui n'ont pas les caractères que nous venons d'indiquer, bien qu'elles offrent avec les tumeurs cancéreuses certaines analogies. On les désigne aujourd'hui sous le nom de *Cancroïdes*. Il faut, néanmoins, observer que ce terme n'a pas lui-même une signification bien précise, puisqu'il s'applique à des tissus

différents, glandes hypertrophiées, formations fibro-plastiques productions épithéliales, etc. Quoi qu'il en soit, cette distinction a été utile en ce qu'elle simplifie l'étude du c. proprement dit.

Le c. épithélial, ou *épithélioma*, lorsqu'il siège dans les organes internes (utérus, estomac), est l'une des variétés carcinomateuses les plus graves.

Quel que soit l'élément fondamental du c., il n'existe pas toujours seul : il est quelquefois mêlé à de la matière tuberculeuse, à des productions fibreuses, etc. On rencontre parfois, surtout dans le c. de l'œil, une assez grande quantité de matière noire ou *mélanose*, qui a fait donner à tort à cette forme le nom de *C. mélané*. Doit-on considérer comme du c. cette matière *gélatiniforme* à laquelle on a donné le nom de *Colloïde* ? Le microscope nous la montre comme une substance amorphe, simplement déposée dans une trame aréolaire. Cette affection, il est vrai, s'étend aux parties voisines en transformant leur tissu ; mais la matière colloïde ne renferme pas de vaisseaux et ne détermine aucun travail phlegmasique dans les parties voisines. Enfin, son ulcération, si l'on peut appeler de ce nom la destruction successive, sans manifestation aucune de vitalité, des parties sus-jacentes, n'offre aucun des caractères que nous ont présentés le squirrhe et l'encéphaloïde. On doit donc, dans tous les cas, la séparer de ces derniers.

Après la description sommaire que nous avons donnée de l'anatomie du c., il reste peu de chose à dire de cette maladie sous le rapport de l'étiologie, de la pathologie et du traitement. — La nature des tissus organiques, l'âge et le sexe des malades sont les trois principales conditions qui modifient la production des cancers. Cette altération se manifeste, primitivement ou secondairement, dans tous les tissus, à l'exception de l'épiderme, des poils et des cartilages articulaires. Néanmoins, la susceptibilité des tissus à se transformer ainsi est fort différente. Certaines glandes, les mamelles surtout, sont au premier rang ; puis viennent l'œil, la langue, les lèvres, le foie, l'estomac, l'utérus, le rectum, etc. Le système nerveux et les os en sont aussi quelquefois atteints. Dans les os, le c. porte le nom d'*Ostéosarcome*. Cette dégénérescence commence tantôt par le périoste, tantôt par la moelle médullaire. — Quoique tous les âges soient sujets au c., cependant ils ne le sont pas également, et les mêmes organes ne sont pas affectés à toutes les époques de la vie. Le c. de l'œil est le plus fréquent chez les enfants. Mais nulle phase de la vie n'est plus féconde en affections de ce genre que la vieillesse pour les hommes et pour les femmes. — Ces remarques préliminaires sur la susceptibilité des tissus, sur l'influence de l'âge et du sexe, conduisent quelquefois à des notions sur l'étiologie des maladies ; mais ici il en est pas de même, la cause du c. est absolument *ignorée*. Les causes énumérées par certains auteurs sont tout au plus des causes occasionnelles dont l'influence même est bien contestable : telle est notamment l'assertion générale des malades, que la tumeur dont ils sont porteurs, est le résultat d'un coup ou d'une irritation locale. Il est évident que le c. est l'expression symptomatique d'une lésion plus profonde, mais inconnue, qu'il est le produit d'une cause morbifique interne et *sui generis*, laquelle, une fois mise en action, ne cesse de se développer de plus en plus. La tumeur cancéreuse est une lésion locale qui est le symptôme d'une affection constitutionnelle. Les anciens médecins admettaient un *vice cancéreux* : aujourd'hui on admet une *diathèse cancéreuse*, ce qui exprime à peu près la même idée en d'autres termes. Mais rien n'a appris à distinguer les constitutions qui seront affectées de c. L'hérédité de la diathèse cancéreuse est admise par quelques auteurs et niée par les autres. Quant à la contagion du c., les faits apportés pour et contre s'équivalent. Biett et Alibert se sont inoculé l'ichor qui découle des ulcères cancéreux, sans qu'il en soit rien résulté.

La transmission expérimentale du c., chez les animaux est un fait hors de doute aujourd'hui, et non seulement sur une génération, mais même pendant une série de générations. Malheureusement cette transmission n'a pu se faire que d'un animal à un autre animal de même espèce. Toute autre tentative a échoué.

On ne pouvait manquer de faire des recherches nouvelles sur les causes efficientes du c., depuis la création de la microbiologie et des méthodes techniques d'examen microscopique inventées de nos jours. On a d'abord recherché dans les microbes et on a cru le trouver de spécifiques. L'accord n'existant pas, il a fallu diriger les recherches d'un autre côté et penser à un nouveau genre de parasites connus sous le nom de *Coccidies*, parasites existant en grand nombre dans le foie et l'intestin du lapin, par ex., et dont une espèce différente serait le parasite de la fièvre paludéenne, le *plasmodium malariæ*, la Laverania, découverte par un médecin militaire français, M. Laveran. De toutes parts, en effet, on trouva à l'examen des cancers frais des corpuscules particuliers dans l'intérieur des cellules cancéreuses, corpuscules existant en tel nombre et d'une façon si exclusive, qu'il a fallu songer à leur accorder le rôle prépondérant dans la genèse du c. Mais on doit le dire, la preuve réelle définitive de l'action spécifique de ces corpuscules n'est pas faite, on n'a pas réussi à cultiver ce corpuscule et, par suite, à provoquer une tumeur cancéreuse en l'inoculant à l'état de pureté. Nous mentionnerons pour finir ce qui a trait à la question si importante de la cause du c., en signalant la théorie dans laquelle la cellule cancéreuse serait le parasite lui-même. (ADAMKIEWICZ.)

Nous n'avons pas l'intention d'exposer ici le diagnostic des affections cancéreuses. Pour les viscères, il varie selon la nature et les fonctions de l'organe. Lorsque les organes sont situés assez superficiellement pour être accessibles à l'exploration directe, comme la maladie débute presque toujours par un engorgement, il faut une grande habitude pour le distinguer sûrement des tumeurs non cancéreuses. Le c. de la peau fait exception ; car il commence par une espèce de verrue ou une ulcération particulière. On regarde vulgairement les douleurs *lancinantes*, parfois intolérables, qu'éprouve le malade comme un symptôme caractéristique du c.; cependant ce phénomène n'est pas constant. On a vu des cancers envahir des viscères entiers et ne s'accompagner d'aucune douleur; les cancers de l'estomac ne font pas sentir ces élancements habituels dans d'autres parties ; enfin les cancers de la peau du visage sont presque toujours indolents. Ce qu'il y a de commun dans les affections dont nous parlons, c'est le cachet qu'imprime à l'économie tout entière la *cachexie cancéreuse*, c.-à-d. l'altération profonde qu'éprouve tout l'organisme par suite du progrès de la maladie. Il survient une teinte jaune paille, parfois des infiltrations des extrémités inférieures, de la flaccidité dans les os, la perte de l'odorat, le dérangement des fonctions digestives, et une faiblesse progressive qui met un terme à la vie.

Le c. n'a pas de durée assignable : c'est une maladie essentiellement chronique qui s'attache à l'économie, et qui, la plupart du temps, en détermine la dissolution. Un grand nombre d'années s'écoule parfois avant l'arrivée de ce terme fatal ; quelquefois un an ou dix-huit mois suffisent pour amener la mort. Cette variabilité dans la durée de la maladie dépend en grande partie de l'organe qui en est le siège : lorsque, par ex., c'est l'encéphale, ou l'estomac, ou le foie qui est affecté, il est évident que le malade, du moins en général, doit succomber plus promptement.

Nous serons bref au sujet de la *thérapeutique* du c., par cela même qu'on a épuisé contre cette affection tout l'arsenal de la matière médicale : cela revient à dire que tous les moyens employés ont été impuissants. Avant de faire l'énumération des moyens employés contre le c., disons, affirmons un fait mis hors de doute par la chirurgie moderne, c'est que *plus tôt un c. est opéré et largement enlevé, plus le malade a de chance de longue survie*. Cette considération doit dominer tout le traitement du c. et c'est un devoir d'humanité d'y insister et de s'en pénétrer. L'emploi des narcotiques ne peut servir qu'à calmer les douleurs ou à diminuer leur intensité. La médication antiphlogistique est généralement plus nuisible qu'utile. La médication altérante semblerait devoir être plus efficace : on dit en effet avoir obtenu quelques succès de l'administration de l'arsenic et de l'iode. On a préconisé aussi le condurango, la térébenthine de Chio, la teinture de thuya, le chlorate de potasse (souvent utile contre les cancroïdes). Mais, dans l'état actuel de la science, les moyens chirurgicaux sont ceux auxquels on doit donner la préférence toutes les fois que la maladie n'est pas assez avancée pour qu'il n'y ait plus chance de guérison. On emploie, selon les cas, pour enlever les tumeurs, ou les caustiques ou l'instrument tranchant. Malheureusement, lorsque le chirurgien a véritablement affaire à une tumeur cancéreuse, il est rare que l'opération soit couronnée de succès. D'après Boyer, sur 100 personnes opérées, 4 ou 5 seulement ont guéri. Le plus souvent, au bout de peu de temps, le c. repullule au même lieu ou dans quelque autre point de l'organisme, preuve manifeste que le c. est non une maladie locale, mais une maladie essentiellement constitutionnelle générale.

Méd. vét. — Le c. n'est pas spécial à l'homme ; les animaux et surtout le chien en sont quelquefois porteurs. Il a été observé sur tous les organes et dans tous les tissus comme chez l'homme, et principalement dans la mamelle. Cette tumeur a la même marche que chez l'homme et la mort en est la terminaison ordinaire. Le seul remède est le bistouri, le feu ou les caustiques qui, appliqués dès le début, peuvent prolonger de beaucoup la vie des malades.

CANCÉREUX. EUSE. adj. T. Méd. Qui tient de la nature du cancer, qui appartient au cancer.

CANCÉRIFORME. adj. (R. *cancer* et *forme*). T. Pathol. Qui a la forme du cancer.

CANCHE. s. f. T. Bot. Genre de Graminées (*Aira*) fourragères.

CANCLAUX, général français (1740-1817).

CANCON, ch.-l. de c. (Haute-Garonne), arr. de Villeneuve, 1,300 hab.

CANCRE. s. m. (lat. *cancer*, crabe). Nom vulg. qui est appliqué à diverses espèces de crabes. Voy. BRACHYOURES. T. Mépris dont on se sert pour désigner un homme sans fortune, qui ne peut faire ni bien ni mal à personne. *Un pauvre c.* Vx et peu us. || Se dit surtout d'un individu méprisable par son avarice. *Un vilain c.* || S'emploie aussi, dans les collèges, en parlant d'un écolier paresseux qui ne fait aucun progrès.

CANCRELAT ou **CANCRELAS.** s. m. (holl. *kakerlak*, m. s.). T. Entom. Genre d'insectes orthoptères dont certaines espèces sont très nuisibles dans les maisons. Leur nom scientifique est *Blatte*. Voy. ce mot.

CANCRITE. s. f. (lat. *cancer*, crabe). Crabe pétrifié.

CANCROÏDE. adj. T. Méd. (R. *cancer* et gr. εἶδος, forme). Qui a l'apparence du cancer. Voy. CANCER. — CANCROÏDE. s. m. Path. — Le c. appelé *Epithélioma*, cancer cutané, cancer des fumeurs, des ramoneurs, etc., est un cancer affectant la peau et les muqueuses. Il consiste en une masse de cellules spéciales qui envahissent et détruisent les tissus. C'est de la face, c'est le moins dangereux des cancers ; il peut coïncider avec une longue existence ; mais pour cela il ne faut pas l'exciter ni par des grattages, ni par des topiques médicamenteux, ni par des ablations incomplètes. Il prend alors une extension plus grande et abrège singulièrement la vie. C'est le *Noli me tangere* des anciens. C'est ainsi que les vieillards, qui sont souvent atteints de petites verrues noirâtres à la face, petites verrues qui ne sont que des cancroïdes au début, voient leur mal s'aggraver par des grattages incessants. — Le c. est justiciable du chirurgien quand il est en ulcération.

CANDACE ou **CANDAOCE.** s. f. T. Ant. Titre de la royauté féminine d'Éthiopie.

CANDAULE, roi de Lydie, eut l'imprudente vanité de montrer sa femme nue à son favori Gygès, qui l'assassina et lui succéda (735-708 av. J.-C.).

CANDÉ, ch.-l. de c. (Maine-et-Loire), arr. de de Segré, 2,200 hab.

CANDÉFACTION. s. f. T. Métall. (lat. *candere*, devenir blanc ; *facere*, faire). Action de chauffer à blanc.

CANDÉLABRE. s. m. (lat. *candelabrum*, de *candela*, chandelle). Les anciens nommaient ainsi une espèce de support qui était destiné à recevoir une lampe. En dépit de l'étymologie, on n'a pas encore rencontré, parmi les nombreux candélabres antiques qui nous sont parvenus, un seul qui fût disposé de façon à recevoir une chandelle. Cependant Varron a employé le mot *candelabrum* dans le sens de chandelier, qui est ainsi le sens propre du mot, lequel n'a pris celui de support de lampe que par extension. — Presque tous les candélabres trouvés dans les fouilles sont en bronze ; ceux de bois, qui étaient d'un usage vulgaire, ayant été détruits. Ils se composent, en général, de trois parties distinctes : une base, une tige ou fût, et un plateau ou disque. La base consiste ordinairement en un pied soutenu par trois griffes de lion ; le fût représente aussi, le plus souvent, une colonne très élancée, ordinairement cannelée et surmontée d'un chapiteau qui porte le disque sur lequel on posait la lampe. Dans certains candélabres, il existe une figure entre le chapiteau et le disque (Fig. 2). La hauteur de ce c. est de 1m.45. Celui que représente la Fig. 1 a un fût composé de deux parties, dont la supérieure rentre dans l'inférieure, disposition qui permettait de hausser ou d'abaisser la lampe à volonté. Les formes que nous offrent les

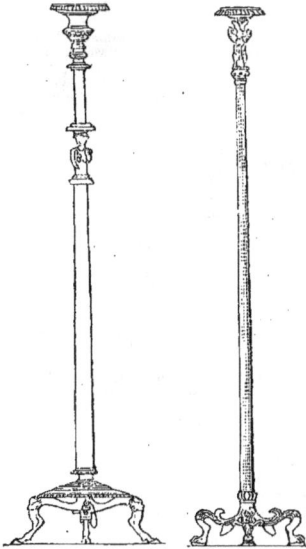

Fig. 1.   Fig. 2.

candélabres antiques sont assez variées. Tantôt le fût est remplacé par une statuette, tantôt le c. représente une tige de

Fig. 3.

fleur ou un arbre avec des rameaux. Dans ce dernier cas, les lampes, au lieu d'être posées sur des disques, se suspendaient aux branches des arbres à l'aide de chaînettes. La Fig. 3 re-

produit un fort beau c. découvert à Pompéi. Le pilier qui supporte les lampes est placé vers l'extrémité de la plinthe, et, plus en avant, on voit, d'un côté, un autel sur lequel le feu est allumé, et, de l'autre, un Bacchus monté sur un tigre. Ce c., y compris le pied, a 92 centim. de hauteur. Les appareils de ce genre ne se posaient pas à terre comme les précédents; on les plaçait sur la table. — On a trouvé aussi des candélabres en marbre de grandes dimensions. Il en existe un au Musée du Vatican qui a plus de 3 mètres de haut : il repose sur trois griffes de lion; sa tige a la forme d'un balustre, et supporte un bassin en forme de vase; enfin, il est richement décoré de feuillages et de bas-reliefs représentant des bacchantes. Ces candélabres étaient, en général, scellés au sol dans les temples, les thermes, etc.; ils servaient à la fois à décorer et à éclairer l'édifice. — C'est à Tarente et à Égine que se fabriquaient les candélabres les plus estimés.

Le terme de c. est encore usité chez nous pour désigner un grand chandelier à plusieurs branches, destiné à porter plusieurs bougies, et, en général, orné de façon à contribuer à la décoration de l'appartement. Il y en a qui sont des pièces

Fig. 4.

d'orfèvrerie remarquables. Tel est le c. en argent massif que représente la Fig. 4.

Par ext., les architectes donnent le nom de candélabre à un couronnement en forme de balustre qui figure une torchère.

CANDEL-COAL. s. m. [Pr. *can-del-col*] (mots angl. *candel*, chandelle; *coal*, charbon). Houille anglaise, dure et compacte, présentant les caractères physiques du jayet.

CANDELETTE. s. f. (Dimin. de *chandelle*). T. Mar. Gros palan.

CANDEUR. s. f. (lat. *candor*, blancheur éclatante). Pureté de l'âme, ingénuité, naïveté, simplicité venant de l'innocence, crédulité. *Il y a dans l'innocence et dans la vertu*

117

une c. que rien ne peut contrefaire. N'ayez donc pas tant de c. à votre âge.

CANDI. adj. m. (sanscrit, *kanda*, sirop qui se cristallise). *Sucre c.*, Sucre cristallisé régulièrement et en grosses masses. — S'emploie subst. *C. blanc. C. jaune.* || *Fruits candis*, ou simpl., *Candis*, Fruits confits, ordinairement entiers, sur lesquels on a fait candir une couche de sucre.

CANDIDAT. s. m. (lat. *candidatus; de candidus*, blanc). Celui qui, chez les Romains, aspirait à quelque charge, à quelque dignité. || Celui qui postule une charge, un emploi, un titre, une dignité, peu importe que la charge, le titre, la dignité, soient conférés par voie d'élection ou de concours. *On appelait* candidats *les prétendants au trône de Pologne. Il y a six candidats pour cette chaire, pour le fauteuil à l'Académie.* — La désignation de c. vient de ce que, sous la République, ceux qui sollicitaient les suffrages publics devaient se présenter aux comices vêtus d'une toge blanche.

CANDIDATION. s. f. (R. *candi*). Opération consistant à obtenir des substances candies.

CANDIDATURE. s. f. (R. *candidat*). État d'un candidat; la poursuite que fait un candidat. *Renoncer à la c. Faire appuyer sa c.* La loi de 1889 a interdit les candidatures multiples dans les élections législatives, de sorte que nul ne peut se porter candidat ni solliciter les suffrages du peuple dans plus d'une circonscription.

CANDIDE. adj. (lat. *candidus*, blanc). Qui a de la candeur. *Un homme c. Une âme c.* — **Candide ou l'Optimisme**, conte philosophique de Voltaire.

CANDIDEMENT. adv. Avec candeur.

CANDIE, île de la Méditerranée (ancienne Crète), aux Turcs; cap. *La Canée*, 200,000 hab. = Nom des hab.: CANDIOTE.

CANDIR (SE). v. pron. (R. *candi*). Se cristalliser. Se dit propr. du sucre, lorsqu'après l'avoir rendu liquide on le fait cristalliser. Ellipt. *Faire c. du sucre.* || Se dit des confitures, lorsque le sirop qu'elles contiennent s'amasse à la surface et y forme une espèce de croûte. = CANDI, IE. part. Voy. CANDI, adj.

CANDISSOIRE. s. f. (de *candir*). Vase où l'on fait candir les substances à recouvrir de sucre cristallisé.

CANDJIAR. s. m. Sorte de poignard indien appelé aussi *criss*. || Espèce de sabre turc dont la lame est affilée sur la partie concave. — On dit aussi CANDIAR, CANJARE, CANGIAR, KANDIAR et KANGIAR.

CANDOLLE (DE), nom d'une célèbre famille de botanistes suisses, dont le premier membre fut Augustus-Pyrame (1778-1841).

CANE. s. f. (même origine que *canard*). La femelle du canard. || Fig. et fam., *Faire la c.*, Marquer de la peur dans une occasion où il fallait montrer du courage. Fam.

CANEBIÈRE. s. f. Synonyme de chenevière dans le midi de la France. — Nom de la grande rue de Marseille qui descend à la mer et occupe l'emplacement d'une ancienne chenevière.

CANÉE (LA), port et capitale de l'île de Crète ou Candie, 20,000 hab.

CANÉFICIER. s. m. (lat. *casia*, casse; *fistula*, chaume, tube). T. Bot. Nom spécifique du *Cassia fistula*, de la famille des *Légumineuses*. Voy. ce mot.

CANELLÉES. s. f. pl. (R. *canelle*). T. Bot. Tribu de végétaux de la famille des *Bixacées*. Voy. ce mot.

CANEPÉTIÈRE. s. f. (R. *cane*, et le rad. *pat*, aller, qu'on retrouve en lat. dans *petere*; propr. *cane* qui marche et qui ne vole pas). T. Ornith. Nom vulgaire de la petite *Outarde*. Voy. ce mot.

CANÉPHORE. s. f. (gr. κάνη, corbeille; φέρω, je porte). T. Antiq. grecque. On nommait ainsi les jeunes filles qui, aux fêtes de Bacchus, de Cérès, etc., portaient dans des corbeilles divers objets relatifs au culte et aux sacrifices. || T. Archit. Statues de femmes portant des corbeilles sur la tête, qu'on emploie quelquefois dans la décoration des édifices.

CANEPIN. s. m. (bas-lat. *canapium*, toile de chanvre; de *cannabis*, chanvre). Cuir très mince que l'on enlève de dessus les peaux d'agneaux et de chevreaux après qu'elles ont été préparées par le mégissier. Le c. sert à faire des gants de femme. *Les chirurgiens font usage de c. pour éprouver la qualité de leurs lancettes.*

CANER. v. n. Faire la cane, reculer, fuir. Fam.

CANETIÈRE. s. f. (R. *canette*). T. Soierie. Ouvrière qui dépose la soie sur les canettes.

CANETON. s. m. (Dimin. de *cane*). Le petit d'une cane.

CANETTE. s. f. (Dimin.). Petite cane.

CANETTE. s. f. (celt. *canna*, coupe). Se dit d'une mesure de liquide dont on se sert communément pour la bière. — La bière que contient une c. *Nous avons bu deux canettes.* || T. Blas. Voy. MERLETTE. || Pièce de bois portant la ventrière d'un navire pendant son lancement à la mer et glissant dans un coulisseau parallèle au grand axe du navire.

CANEVAS. s. m. (lat. *cannabis*, chanvre). Grosse toile écrue et claire, qui est surtout employée pour des ouvrages de tapisserie, mais qui sert aussi à quelques autres usages. *Tracer un c., Tracer un dessin sur un c.* || Fig., Ébauche, cadre, plan d'un ouvrage d'esprit. *Travailler sur un bon c.* — Dans l'ancien théâtre italien, plan de comédie que l'on donnait aux acteurs, qui improvisaient eux-mêmes les détails du dialogue. || T. Mus. Mots sans suite que l'on met sous un air, pour représenter seulement la mesure et le nombre de syllabes que l'air demande, et qui servent ensuite de modèle pour composer d'autres paroles suivies. || Réseau formé par les parallèles et les méridiens sur une carte géographique.

CANEVEAU. s. m. (même mot que *canevas*). Toile à voiles.

CANEVETTE. s. f. T. Mar. Coffre renfermant le vin des officiers.

CANEZOU. s. m. Sorte de vêtement de femme; corsage de robe sans manches.

CANFRANC (COL DE), à l'O. des Pyrénées entre l'Aragon et la vallée de l'Aspe.

CANGE. s. m. Bateau étroit et léger employé sur le Nil.

CANGETTE. s. f. Serge grossière et commune.

CANGIAR. s. m. Voy. CANDJIAR.

CANGUE. s. f. Sorte de carcan portatif très lourd dans lequel on introduit la tête et les mains du condamné. Usité en Asie et en Chine. *La c. se compose de deux lourdes pièces de bois échancrées au milieu, que l'on réunit après avoir introduit dans l'ouverture le cou du patient.*

CANI. s. m. T. Mar. Bois qui commence à se pourrir.

CANICHE. s. 2 g. (lat. *canis*, chien). Nom vulgaire du chien barbet. *Un joli c.* || Adject. *Une chienne c.*

CANICIDE. s. m. (lat. *canis*, chien; *cœdere*, tuer). Meurtre d'un chien dans les expériences de physiologie.

CANICULAIRE. adj. 2 g. Qui a rapport à la *canicule*. Voy. ce mot.

CANICULE. s. f. T. Astr. Le mot *Canicule*, dérivé du latin *canicula* (petite chienne), désigne proprement l'étoile de première grandeur *Sirius*, qui fait partie de la constellation du Grand Chien. Il y a plus de 3,000 ans, le lever héliaque de cette étoile, c'est-à-dire l'époque où elle se lève à peu près en même temps que le soleil, avait lieu dans les premiers jours de juillet, pendant les plus grandes chaleurs de l'été. Comme cette extrême chaleur occasionnait certaines maladies, les anciens les attribuaient à l'influence malfaisante de l'étoile. La période des *jours caniculaires*, c.-à-d. des jours pendant lesquels Sirius se lève et se couche avec le soleil, période qu'on appelle aussi simplement la *Canicule*, était réputée malsaine et féconde en maladies. Nos almanachs indiquent les *jours caniculaires* du 24 juillet au 25 août inclusivement; mais, par l'effet de la précession des équinoxes, le lever héliaque de Sirius ou de la Canicule n'a plus lieu que lorsque les jours caniculaires sont passés. La croyance à l'insalubrité des jours dits caniculaires existe encore dans le peuple.

CANIDÉS. s. m. pl. (lat. *canis*, chien). T. Zool. et Paléont. Famille de mammifères dont les chiens forment un genre. Voy. CHIEN, CHACAL, RENARD, LOUP.

Les c. sont des carnivores digitigrades aux ongles non rétractiles, dont les pieds antérieurs ont d'ordinaire 5 doigts, et les postérieurs 4. Il y a généralement deux dents tuberculeuses en haut et en bas, rarement trois, une carnassière supérieure à deux pointes et une inférieure à trois pointes et 3/4 prémolaires en haut et en bas. Le cœcum est court. Il y a des poches anales et des amas glandulaires à la base de la queue (chez le renard, par exemple). Ces animaux ne grimpent pas. Ils prennent leur proie à la course, mais quelquefois ils se contentent de nourriture végétale.

Des restes de loups, de renards et de chacals ont été trouvés dans le quaternaire, surtout dans les cavernes de l'Europe moyenne, dans les cavernes à ossements du Brésil.

Dans les couches tertiaires d'Œningen, du gypse de Paris, on a trouvé des espèces du genre *Canis* qui forment un anneau entre les C. et les Viverridés, auxquels ils se rattachent par les *Cynodon*. Les *Amphicyons* du miocène moyen étaient plantigrades, et forment un passage aux ours auxquels ils se réunissent par l'intermédiaire des types miocènes d'*Hyænarctos*.

CANIF. s. m. (angl. *knife*, couteau). Petit couteau à lame fort tranchante qui sert à tailler les plumes.

CANIGOU (Le), massif qui se détache au nord des Pyrénées, altitude 2,787 m., à 12 kil. S. de Prades (Pyrénées-Orientales). Le mont Canigou offre une particularité assez intéressante au point de vue des visibilités à de grandes distances : c'est que chaque année, vers le 31 octobre et le 10 fé-

vrier, le soleil se couche derrière cette montagne pour Marseille et rend visible à 1'œil nu cette région des Pyrénées, vue ainsi à 253 kil. de distance. Nous reproduisons ici un croquis du c. au moment où il a été fait le 30 octobre 1886 par des membres de la Société scientifique Flammarion de Marseille du haut de Notre-Dame de la Garde. Une petite lunette d'approche montre la forme du pic et son reflet sur la mer.

CANILLON. s. m. [Pr. les *ll* mouillées]. Clef d'un robinet de gaz.

CANIN, INE. adj. (lat. *caninus*, qui appartient au chien). *Dents canines*. *Faim canine*. Voy. DENT et APPÉTIT.

CANIS. s. m. T. Zool. Nom scientifique latin du genre *Chien*. Voy. ce mot.

CANITIE. s. f. (lat. *canities*, m. s., de *canus*, qui a les cheveux blancs). État de blancheur plus ou moins complète des cheveux et de la barbe. C'est ordinairement l'âge qui amène la c. Vers 45 ans, les cheveux commencent à blanchir; mais les diversités de tempérament causent sur ce point des différences considérables. La c. accidentelle est rare, mais ne peut être révoquée en doute. Marie-Antoinette blanchit tout d'un coup le lendemain du jour où elle fut emprisonnée au Temple. Il est vrai que de mauvaises langues ont attribué cette c. subite à la privation d'une teinture dont la reine se servait habituellement, malgré l'invraisemblance, car elle n'avait que 37 ans. Plusieurs condamnés à mort offrirent le même phénomène, sans qu'on puisse douter de sa réalité. Une émotion vive et profonde peut donc amener la c. Voy. POIL, CHEVEU.

CANIVEAU. s. m. (lat. *canaliculus*, petit canal). T. Maçon. Pierre creusée dans le milieu pour faciliter l'écoulement des eaux. || T. Grande Voirie. Nom que les paveurs donnent aux plus gros pavés d'une rue. Voy. PAVÉ.

CANJARE. s. m. Voy. CANDJIAR.

CANNA. s. m. [Pr. cann-na']. T. Mam. Espèce d'*antilope*. Voy. ce mot. || T. Bot. Nom scientifique du *Balisier*, famille des *Scitaminées*. Voy. ce mot.

CANNABÈNE. s. m. **CANNABINE.** s. f. [Pr. cann-na...] (lat. *cannabis*, chanvre). T. Chim. Principes actifs du chanvre indien (*Cannabis indica*). On les extrait de ce chanvre par distillation avec de l'eau. Le *cannabène* est un hydrocarbure liquide, incolore, à odeur très forte; il bout vers 240°. La *cannabine* ou *haschichine* est une résine brune et molle, à odeur vireuse; elle fond à 68°.

CANNABIN, INE. adj. [Pr. cann-na-bin] (lat. *cannabis*, chanvre). T. Bot. Qui a les caractères du chanvre.

CANNABINÉES. s. f. pl. [Pr. cann-nabiné] (lat. *cannabis*, chanvre). T. Bot. Tribu de plantes de la famille des *Urticacées*. Voy. ce mot.

CANNABINONE. s. f. [Pr. cann-nabinone] (lat. *cannabis*, chanvre). T. Chim. Substance extraite du chanvre indien, et voisine du *haschich*. Voy. ce mot.

CANNABIS. s. m. [Pr. cann-na-biss] (mot lat.). T. Bot. Nom scientifique du genre *Chanvre*. Voy. ce mot.

CANNAGE. s. m. [Pr. canage] (R. *canne*). Mesurage des étoffes, toiles, rubans, etc., à la canne. || Action de tresser des cannes ou des roseaux.

CANNAIE. s. f. [Pr. canè] (lat. *canna*, roseau). Lieu planté de cannes et de roseaux.

CANNE. s. f. [Pr. cane] (lat. *canna*, roseau). Nom vulgaire donné à diverses plantes dont la tige est droite, creuse et articulée comme celle des roseaux. || Jonc, bambou, bâton léger dont on se sert pour s'appuyer en marchant. *Canne à pomme d'or*. *Lever la c. sur quelqu'un*. *C. de tambour-major*. || T. Métrol. Voy. MESURES DE LONGUEUR. || *C. à vent*. Voy. SARBACANE. || *C.-fusil*, sorte de fusil dissimulé dans une canne.

Bot. — On donne vulgairement le nom de *canne* à diverses plantes dont la tige présente une disposition semblable à celle des roseaux, c.-à-d. est fistuleuse, articulée par intervalles et munie de feuilles engaînantes. Ainsi, l'on a appelé C. AROMATIQUE, l'*Acorus Calamus* (Aroïdées); C. BAMBOCHE, l'*Arundo bambos* (Graminées); C. A ÉCRIRE, l'*Arundo scriptorius* (Graminées) dont les anciens se servaient pour écrire et que les Orientaux emploient encore au même usage; C. A MAIN, le *Calamus petræus* (Palmiers), dont on fait des cannes appelées *Rotins*; C. CONGO ou C. D'INDE, le *Canna indica* et le *Costus arabicus* (Scitaminées); C. MARINE, aux Antilles, l'*Arum seguinum* (Aroïdées) à racine vénéneuse;

à Bourbon et à Maurice le *Scirpus iridifolius* (Cypéracées), et à Cayenne l'*Alpinia occidentalis* (Scitaminées); C. DE PROVENCE, l'*Arundo Donax* (Graminées); C. DE RIVIÈRE, à la Martinique, le *Costus arabicus*, et à Cayenne l'*Alpinia spicata* (Scitaminées); C. A SUCRE, le *Saccharum officinarum* (Graminées). Voy. SUCRE.

CANNEAU. s. m. [Pr. *ca-nô*] (R. *canne*). T. Archit. Syn. de *Godron*, sorte de cannelure.

CANNEBERGE. s. f. [Pr. *ca-neberge*] T. Bot. Genre de plantes (*Oxycoccos*) de la famille des *Éricacées*. Voy. ce mot.

CANNELADE. s. f. [Pr. *ca-ne-lade*]. T. Fauc. Purée de cannelle, de sucre et de moelle de héron.

CANNELAS. s. m. [Pr. *canelâ*] (R. *camelle*). Espèce de dragée faite avec de la cannelle. C. de Verdun.

CANNELER. v. a. [Pr. *ca-ne-ler*] (R. *cannelle*; dimin. de *canne*, roseau). T. Archit. Orner de cannelures. *C. une colonne, un pilastre. C. au rabot, au ciseau.* = CANNELÉ, ÉE. part. || Se dit adject. de tout objet qui offre des cannelures, des sillons, des stries longitudinales plus ou moins profondes. *Colonne cannelée. Canon de fusil cannelé.*

CANNELET. s. m. [Pr. *ca-ne-lè*] (Dimin. de *canne*, roseau, tuyau). Petit tuyau servant à la filature.

CANNELLE. s. f. [Pr. *ca-nèle*] (lat. *canella*, dimin. de *canna*, roseau). Écorce aromatique de diverses espèces de végétaux. || Fig. et fam., *Mettre une chose en c.*, La réduire en petits morceaux; et plus fig. encore, *Mettre quelqu'un en c.*, Le déchirer impitoyablement par des discours.

Bot. — L'écorce de c. est produite par deux espèces de *Cannelliers*, le *Cinnamomum zeylanicum* et le *Cinnamomum Cassia*, famille des *Lauracées*; le premier produit la *C. de Ceylan* et le second la *C. de Chine*.

Le *Cannellier de Ceylan* est un arbre des forêts de Ceylan où il croît jusqu'à 900 mètres d'altitude; on le cultive aussi dans l'Inde, à Java, dans la Guyane française et au Brésil; mais la C. de ces diverses provenances est toujours inférieure à celle qui vient de Ceylan. Cet arbre est de moyenne grandeur, son tronc s'élève jusqu'à 8 mètres et atteint quelquefois un diamètre de 48 centim.; il est revêtu d'une écorce grisâtre à l'extérieur et rougeâtre à l'intérieur. Il est en tout temps orné de belles feuilles luisantes, d'un vert clair, ovales-aiguës, sans dentelures, portées sur des pétioles assez courts et marquées de 3 nervures longitudinales très saillantes. Les fleurs, qui sont jaunâtres et dioïques, forment des espèces de corymbes axillaires à la partie supérieure des ramifications de la tige. Le fruit qui leur succède est une drupe charnue, de couleur violette assez foncée, entourée à sa base par le calice et ayant à peu près la forme d'un gland de chêne.

Lorsqu'on veut recueillir la c., on coupe les jeunes branches, surtout celles de 3 à 4 ans; on les racle légèrement pour enlever l'épiderme; puis, après avoir fait une incision longitudinale, on détache l'écorce qui est peu adhérente au bois. L'écorce ainsi détachée est ensuite coupée par morceaux et exposée au soleil pour la faire sécher. Par la dessiccation, la c. se roule et devient dure et cassante; les tubes ainsi obtenus sont enfin emboîtés les uns dans les autres de façon à former une baguette solide. Cette sorte commerciale est la plus estimée; elle est très mince et très légère; sa couleur est fauve clair, son odeur suave, sa saveur aromatique, agréable, piquante et légèrement sucrée. Il existe une variété de la c. de Ceylan beaucoup plus commune; c'est celle qu'on appelle *C. maie*: elle est en morceaux plats, larges de 2 centim., épais de près de 5 millim., de couleur jaune rougeâtre et de cassure fibreuse; son odeur est assez agréable, mais faible; elle provient des grosses branches et du tronc de l'arbre.

La *C. de Chine* est l'écorce du *Cinnamomum Cassia*, bel arbre de moyenne taille cultivé depuis longtemps en Chine et à Java. Elle se présente en tubes isolés courts et épais, de couleur rougeâtre et d'une odeur plus forte que la précédente; sa saveur est aussi plus piquante et moins agréable.

La c. doit ses propriétés à une huile essentielle, volatile et très odorante qu'elle contient: elle renferme aussi un peu de tanin. La c. de Chine fournit plus d'huile essentielle que les deux autres espèces.

La c. s'emploie comme assaisonnement et comme agent thérapeutique: c'est surtout dans les pays chauds qu'elle est usitée comme condiment. Comme médicament, elle s'administre à l'état de poudre, d'infusion, d'eau distillée, de teinture et de sirop; mais, le plus souvent, on l'associe avec d'autres substances. Elle est surtout usitée dans les cas de débilité des organes digestifs, d'aménorrhée, etc. L'huile essentielle est peu employée à cause de son âcreté et de son énergie.

Le nom de c. s'applique encore à quelques écorces douées de propriétés analogues, mais provenant de différents végétaux. Ainsi, on nomme C. *blanche*, l'écorce du *Canella alba*; C. *giroflée*, l'écorce du *Dicypellium caryophyllatum*; C. *de l'île de France*, l'écorce de l'*Oreodaphne cupularis*; C. *de Santa-Fé*, l'écorce du *Nectandra cinnamomoïdes*. Ces trois derniers arbres appartiennent, comme le Cannellier, à la famille des *Lauracées*.

Essence de Cannelle. — Dans le commerce, on connaît deux espèces d'essence de cannelle: celle de Ceylan qui provient de la distillation du *Cinnamomum zeylanicum* avec l'eau, et l'essence de cannelle de Chine qui résulte de la distillation des fleurs du *Cinnamomum Cassia*. Ces deux essences sont composées des mêmes principes, mais celle de Ceylan est plus fine. Elles sont formées d'hydrure de cinnamyle qui les constitue en majeure partie, d'un hydrocarbure dont la proportion variable est toujours très faible, d'acide cinnamique et de parties résineuses. Plus l'essence de c. est vieille, plus elle est chargée de résine, qui paraît représenter le terme ultime de l'action de l'oxygène sur la masse du produit.

CANNELLE ou **CANNETTE**. [Pr. *canèle* ou *canète*] (Dim. de *canne*, roseau, tuyau). Robinet fait d'un morceau de bois creusé qu'on met à une cuve, à un pressoir, à un tonneau, etc. || Robinet de cuivre ou de plomb qui s'ouvre et se ferme à l'aide d'une clef, dont on se sert pour tirer du vin d'un tonneau, etc.

CANNELLIER. s. m. [Pr. *canélié*] (R. *cannelle*). T. Bot. Genre de plantes (*Cinnamomum*) de la famille des *Lauracées*. Voy. CANNELLE et LAURACÉES.

CANNELON. s. m. [Pr. *ca-ne-lon*]. Moule des fromages glacés.

CANNELURE. s. f. [Pr. *canelure*] (R. *canneler*). T. Archit. Se dit des petits sillons ou canaux creusés de haut en bas à la surface d'une colonne, d'un pilastre ou de quelque autre objet. *Les cannelures des consoles et des gaînes sont plus étroites par le bas que par le haut.* Voy. COLONNE et ORDRE. || T. Bot. Se dit des stries profondes que présente la tige de certaines plantes. || T. Chir. Gouttière ou sillon pratique sur divers instruments et destiné à diriger le tranchant d'une lame.

CANNEQUIN. s. m. [Pr. *ca-ne-kin*]. T. Comm. Colonnade blanche de l'Inde.

CANNES, village de la prov. de Bari (Italie), célèbre par la victoire d'Annibal sur les Romains (216 av. J.-C.).

CANNES, ch.-l. de c. des Alpes-Maritimes, arr. de Grasse, sur la Méditerranée, 20,000 hab.

CANNETEUSE. s. f. [Pr. *ca-ne-teuze*]. Machine servant à faire des cannettes.

CANNETIÈRE. s. f. [Pr. *ca-ne-tière*]. Ouvrière qui met la soie sur les cannettes.

CANNETILLE. s. f. [Pr. *ca-ne-tille, ll* mouillées] (ital. *canatiglia*, sans doute de *canna*, canne). Morceau de fil d'or ou d'argent, fin ou faux, plus ou moins gros, qui a été roulé sur une longue aiguille de fer au moyen d'un rouet. La c. prend le nom de *Bouillon* lorsqu'on la fait passer entre deux roues d'acier pour la rendre plate et brillante. || Tissu de laiton dont les modistes se servent pour soutenir la forme des chapeaux.

CANNETILLER. v. a. [Pr. *ca-ne-tiller, ll* mouillées]. Orner de cannetilles.

CANNETTE. s. f. Voy. CANNELLE.

CANNEUR. s. m. [Pr. *ca-neur*]. Ouvrier qui tresse les cannes pour chaises.

CANNIBALE. s. m. [Pr. *cann-ni-bal*] (R. *canniba*, nom

américain des premiers insulaires que rencontra Christophe Colomb). Nom par lequel on a désigné les anthropophages d'Amérique, et ensuite tous les peuples anthropophages. || Par ext., un homme cruel et féroce. *C'est un vrai c. Une joie de cannibales.*

CANNIBALISME. s. m. (R. *cann-nibalisme*). Anthropophagie.

CANNIER. s. m. [Pr. *ca-nié*]. Fabricant de cannes.

CANNIÈRE. s. f. T. Pêc. Espèce de bretellière pour les chiens de mer.

CANNING, homme d'État anglais (1770-1827).

CANO. (Sébastien del), navigateur espagnol, commandait l'un des vaisseaux de Magellan et ramena en Europe (1522) le dernier bâtiment de ce célèbre voyageur qui avait péri pendant l'expédition. Cano est le premier navigateur qui ait fait le tour du monde. Il mourut pendant un second voyage aux Indes (1460-1526).

CANO (Alonzo), célèbre artiste espagnol surnommé le Michel-Ange de l'Espagne (1601-1667).

CANOLE. s. f. Sorte de pâtisserie.

CANON. s. m. (lat. *canna*, roseau, tube). Pièce d'artillerie qui sert à lancer des boulets. — Collect., se dit des bouches à feu d'une armée, d'une place. *Ils n'avaient pas de c. Ils se tiennent à l'abri du c. de la place. Cette ville n'a pas attendu le c.* Elle s'est rendue avant que les assiégeants eussent fait jouer leur artillerie, avant qu'on l'attaquât dans les formes. || Se dit du tube, de cette partie des armes à feu où l'on met la poudre et la balle ou le plomb. *Le c. d'un pistolet, d'un fusil.* Voy. Fusil. || Par anal., le corps d'une seringue. || Mesure de capacité qui contient environ un huitième de litre. || *C. de comptoir,* Verre de vin que l'on boit sur le comptoir d'un marchand de vin. || T. Techn. Se dit de plusieurs objets en général cylindriques ou forés qui servent à différents usages. || T. Anat. vét. Partie de la jambe du cheval comprise entre le genou et le boulet. Voy. Cheval. || T. Équit. Partie du mors qui appuie sur la barre. Voy. Bride. || T. Imprim. Nom donné à quatre dimensions de caractères dont la force de corps varie de vingt-huit à quatre-vingt-huit points typographiques. Voy. Caractère. || Se disait autrefois de chacune des deux jambes d'un haut-de-chausses, d'une culotte; et par ext., d'une pièce de toile ronde, fort large et souvent garnie de dentelles qu'on attachait au bas des hauts-de-chausses à la hauteur du genou. *Les canons étaient fort à la mode sous Louis XIV.* || T. Phys. *C. de Volta,* Petit instrument en forme de c. que l'on remplit de gaz hydrogène et dont on détermine la détonation en enflammant le gaz par une étincelle électrique. || T. Pharm. Vase cylindrique à l'usage des pharmaciens.

Artill. — On appelle *Bouches à feu* des armes non portatives dont le service exige le concours de plusieurs hommes : ce sont des tubes métalliques extrêmement résistants qui sont destinés à contenir la puissance motrice et à en diriger les effets. A l'article *Artillerie* nous avons fait l'historique des modifications apportées à ces machines de guerre depuis leur invention jusqu'au règne de Napoléon Ier. Il nous reste maintenant à développer ici, comme nous l'avons annoncé, les progrès qui ont été accomplis depuis.

Les bouches à feu se divisent en trois grandes catégories : les *Canons,* les *Obusiers* et les *Mortiers.* Nous allons les étudier séparément.

Pendant la plus grande partie de ce siècle, le c. avait pour type le modèle représenté par Fig. 1, et qui se compose de la manière suivante : la partie A qui est ornée d'un renflement à son extrémité et porte un cran de mire, se nomme le *Bourrelet en tulipe;* la partie B qui est la plus longue se nomme la *Volée;* la partie C est le *second renfort;* la partie D est le *premier renfort,* elle correspond à l'emplacement de la charge et du boulet. Elle est percée d'une ouverture cylindrique et oblique, nommée *Lumière,* par laquelle on met le feu à la charge de poudre. Toutes ces parties sont légèrement coniques et se raccordent par des moulures, dont il est superflu de donner les noms. La pièce se termine antérieurement par un plan nommé *Tranche de la bouche* et postérieurement par la *Culasse,* qui comprend le

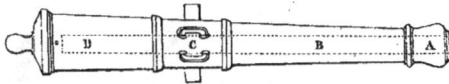

Fig. 1.

Bouton et le *Cul-de-lampe.* Le bouton de culasse sert à appliquer des leviers ou des cordages pour manœuvrer la bouche à feu. Les *Tourillons* lient la bouche à feu à la charpente qui la supporte et se nomme *Affût :* ils sont perpendiculaires à l'axe de la bouche et dans le prolongement l'un de l'autre, afin de permettre le mouvement de rotation et d'amener la ligne de mire sur un point donné. Les *Anses,* situées sur le second renfort, servent aux manœuvres de force : elles permettent de passer les cordages et les leviers employés dans ces manœuvres. — La partie évidée de la pièce, de forme cylindrique, se nomme l'*Âme.*

Cette nomenclature s'appliquait à peu près complètement à toute espèce de c., sauf de très petites modifications dans les détails. Ainsi, la disposition des moulures dans les canons de fer en usage sur les côtes et dans la marine différait de celle des canons de bronze alors en usage pour l'artillerie de terre : le derrière de leur culasse était arrondi pour éviter les dégradations que présentent les arêtes saillantes; enfin, les canons de marine n'avaient pas d'anses et ne possédaient qu'un seul renfort. Tous ces canons se chargeaient par la bouche.

La première modification apportée au type décrit ci-dessus est l'invention du *C. rayé,* qui figura pour la première fois sur les champs de bataille en 1859, dans les rangs de l'armée française. Les rayures, creusées en spirale dans l'âme du c., impriment au projectile un mouvement de rotation qui l'empêche de basculer dans l'air et augmente l'étendue de sa trajectoire.

Les Prussiens, à leur tour, imaginèrent, quelques années après, des perfectionnements qui leur assurèrent d'éclatantes victoires en donnant à leur artillerie un tir d'une rapidité et d'une étendue incomparables. Le plus important peut-être de ces perfectionnements fut la substitution de l'acier au bronze, substitution rendue possible par la belle invention de Bessemer, qui permettait d'obtenir de grandes quantités d'acier fondu, et de varier pour ainsi dire à l'infini les propriétés du métal en modifiant légèrement les proportions des éléments qui le constituent. Les canons sortis de l'usine Krupp et construits avec la recherche exclusive des qualités pratiques avaient dépouillé, comme inutile, l'élégance qu'avaient jusqu'alors les anciens canons de bronze avec leurs moulures, les anses et les écussons, les devises, les dessins d'ornement qui en faisaient souvent de véritables objets d'art. Le nouveau modèle était un tube en acier lisse extérieurement, rayé à l'intérieur et se chargeant par la culasse, ce qui augmente la rapidité du tir, permet d'obtenir un forcement complet du projectile dans l'âme de la bouche à feu, et évite ainsi une perte des gaz de la poudre.

L'armée française lui opposa bientôt un rival établi dans les mêmes conditions et dû aux travaux du général de Reffye. Mais ce nouveau c. a été remplacé depuis par celui du colonel de Bange. La caractéristique de ce système consiste dans la gargousse obturatrice en métal, qui fonctionne à peu près au point de vue comme dans l'étui métallique des fusils modèles 1874 et 1886. Le corps est formé d'un tube en acier (*volée*) et de 6 *frettes,* qui renforcent sa partie postérieure; les rayures sont au nombre de 21 dans le c. de 90 et de 24 dans le c. de 80; elles courent de gauche à droite et sont progressives, c.-à-d. que, faiblement inclinées à l'origine sur les génératrices, elles prennent une inclinaison de plus en plus grande à mesure qu'elles se rapprochent de la bouche à feu. Un *cône de raccordement* fait suite à la partie rayée, la reliant à la *chambre à poudre,* et sert à arrêter le projectile à sa position de chargement. La partie la plus intéressante du c. de Bange est l'obturateur, qui se compose essentiellement d'une galette en amiante imbibée de suif. Cette matière plastique est contenue dans une enveloppe en toile; sous le choc de l'explosion, la galette s'étend de manière à fermer toute obturation.

On distingue dans le service général de l'artillerie quatre espèces de canons : les *canons de campagne, de place, de siège, de marine ou de côte.* La nomenclature des canons anciens se fait d'après le poids du boulet qu'ils lancent exprimé en livres; ainsi, par ex., un c. de 24 lance un boulet de 24 livres ou 12 kilog. environ. Aujourd'hui, on désigne les calibres par le diamètre de l'âme, exprimé en millimètres; par ex., un c. est dit de 90 parce qu'il a 90ᵐᵐ de diamètre. Les *canons de campagne* doivent réunir des conditions de légèreté et de mobilité qui leur permettent de suivre les troupes au milieu des champs, des mauvais chemins, etc.; ils doivent, en outre, présenter une facilité de manœuvre qui permette de faire, à un moment donné, un feu vif et bien nourri.

Le calibre des canons de campagne était autrefois de 4, de 8 et de 12. Ces modèles ont été remplacés dans l'armée française par des canons de 90 et de 80ᵐᵐ, pesant au maximum 530 kilog. et tirant une charge de 1ᵏ900 avec une vitesse initiale de 455 mètres, tandis qu'un c. de 8, par ex., pesant 380 kilog., tirait une charge de 0ᵏ800 seulement, avec une vitesse initiale de 330 mètres.

L'*artillerie de montagne* fait partie de l'artillerie de campagne. Elle ne comprend que la pièce de 80, présentant, sauf les dimensions, les plus grandes analogies avec le 80 de campagne.

Fig. 2.

La longueur a été réduite et les épaisseurs diminuées pour la rendre plus léger (105 kilog.). Il tire, à la charge normale de 400 gr., un projectile de 5ᵏ600, dont la vitesse initiale est de 257 mètres. Le matériel de l'artillerie de montagne est construit de manière à pouvoir être transporté à dos de mulet (Fig. 2). Les affûts, chargés des pièces, peuvent aussi, dans

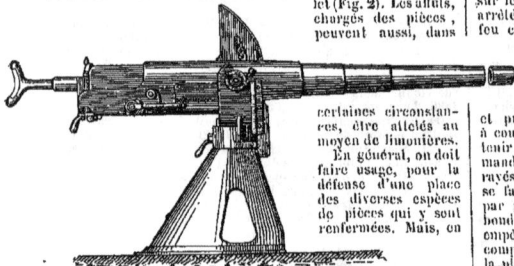

Fig. 3.

certaines circonstances, être attelés au moyen de limonières.

En général, on doit faire usage, pour la défense d'une place des diverses espèces de pièces qui y sont renfermées. Mais, en principe, l'*artillerie de place* doit être assez puissante et assez précise pour combattre les grosses pièces d'attaque et entraver les progrès de l'assiégeant; en ce cas, la puissance est plus importante que la mobilité.

L'*artillerie de place*, jusqu'à la guerre de 1870-71, se composait des calibres de 4, 8 et 12, comme l'artillerie de campagne. Leur diamètre était d'environ 10 ou 12 centim., leur longueur 25 ou 24 fois plus grande et leur poids respectivement 272 et 285 fois celui du projectile. Aujourd'hui, le matériel d'artillerie de place réglementaire comprend : 1° Des canons de 95, 120 et 155ᵐᵐ, ce dernier long, en acier, rayés, se chargeant par la culasse; 2° des canons courts de 150ᵐᵐ, des canons de 80 de campagne et de montagne, et des mortiers de

220ᵐᵐ, également en acier, rayés et se chargeant par la culasse; 3° des canons-revolvers, des canons à tir rapide, des mitrailleuses et des canons à balles; 4° des mortiers lisses en bronze, se chargeant par la bouche, de 15, 22, 27 et 32 cent. On maintient en outre, provisoirement en service un matériel ancien, destiné à disparaître et composé de : 1° canons en bronze, rayés, se chargeant par la culasse, de 5, de 7, de 138; 2° canons en bronze, rayés, se chargeant par la bouche, de 4 de montagne, de 4, 8, 12 de campagne, de 12 et 24 de place; 3° canons à balles, 4° obusiers de 15 et de 16; 5° canons-obusiers de 12 léger.

Toutes les pièces précitées sont destinées au tir de plein fouet, à l'exception du c. de 150 court, des mortiers lisses de 15, 22, 27 et 32, et du mortier rayé de 220, qui servent pour le tir sous les grands angles de projection.

Le *c. à tir rapide* (Fig. 3), utilisé principalement pour l'armement des caponnières de flanquement, se compose d'un seul tube, d'un calibre inférieur à celui des canons de campagne et permettant de tirer des projectiles creux (obus ordinaires, obus à balles ou boîtes à mitraille), avec une vitesse moyenne de 10 à 12 coups par minute. Les types les plus connus de ces canons sont les canons Hotchkiss, Nordenfelt, Armstrong, etc.

Il est à supposer que, dans un temps peut-être peu éloigné, les canons de campagne de Bange seront remplacés par un c. à tir rapide, dont il a été beaucoup parlé sous le nom de *C. de l'avenir*. Cette rapidité sera la conséquence de la suppression du recul et de la remise automatique en batterie, sans variation appréciable du pointage. En outre, le chargement peut être notablement accéléré en employant des munitions d'une seule pièce, c.-à-d. en reliant le projectile à une gargousse métallique, comme on l'a fait pour la cartouche du fusil ou du canon-revolver. Dans ces conditions, les trois opérations qui séparent le départ de deux coups consécutifs : ramener la pièce en batterie, la charger et la pointer, se réduiraient pour ainsi dire à celle du chargement, qui serait elle-même facilitée par l'adoption d'une cartouche métallique. En outre, en tenant compte des progrès réalisés dans la métallurgie, on pourrait arriver à établir des pièces d'un poids notablement inférieur à celui des canons actuels de campagne.

Le canon-revolver, destiné au flanquement des fossés de fortifications, se compose de 5 tubes rayés de 40ᵐᵐ de diamètre, réunis en un faisceau qui tourne autour d'un axe central et d'un mécanisme renfermé dans un manchon-enveloppe qui produit les opérations suivantes : rotation du faisceau de canons, introduction de la cartouche, percussion qui doit enflammer l'amorce, extraction des douilles. Grâce à ce mécanisme, actionné par une manivelle placée sur le côté du manchon, chaque tube, mis en mouvement et arrêté à des instants déterminés, reçoit une cartouche, fait feu et abandonne la douille vide. L'affût du c.-revolver est entièrement métallique.

On se sert aussi pour le même usage du *C. à balles*, l'ancienne *mitrailleuse* que les Français essayèrent en 1870 à l'armée du Rhin et sur laquelle ils fondaient tant d'espérances. Cette arme était en effet meurtrière et produisit dans l'armée ennemie de véritables ravages, mais à courte distance seulement, 1,000 mètres par ex., et ne put tenir longtemps devant les canons à longue portée des Allemands. Cette bouche à feu était composée de 25 tubes en acier rayés et entourés d'une enveloppe de bronze. Le chargement se fait par la culasse. La mise de feu se fait successivement par percussion. On arme les percuteurs par des ressorts à boudin. Une plaque de déclenchement, percée de rainures, empêche le mouvement des percuteurs dont les épaulements compriment les ressorts. Pour mettre le feu, on fait mouvoir la plaque de déclenchement à l'aide d'une vis et d'une manivelle qui se met en place au moment du tir, de manière à amener les élargissements des rainures vis-à-vis des percuteurs. Ceux-ci sont alors dégagés par rangées successives. Une vis de serrage permet de ramener le système percutant en arrière; on peut alors les remettre à sa position et enlever la culasse mobile pour la remplacer par une autre chargée d'avance. La pièce est montée sur un affût de 4 et comporte 3 hausses.

Pour remplir convenablement son rôle, qui est surtout de combattre et de réduire au silence les pièces de fort calibre qui constituent l'artillerie d'une place assiégée et démolir les ouvrages ou abris de la fortification, l'*artillerie de siège* doit être essentiellement composée de bouches à feu de gros calibres ayant la puissance et la précision nécessaires pour atteindre aux grandes distances le matériel de la défense placé derrière les remparts.

Le *matériel de siège* comprend actuellement les canons

de 95, 120, 155 long et court dont il a été question plus haut, des canons de 220, des mortiers rayés, en acier, se chargeant par la culasse de 220 et de 270, enfin des canons à tir rapide et des mitrailleuses.

Ce matériel est groupé par équipage de siège, dont chacun se subdivise en deux demi-équipages dénommés : *demi-équipage léger* et *demi-équipage lourd*, qui comprennent les bouches à feu ci-après :

BOUCHES A FEU	COMPOSITION DU DEMI-ÉQUIPAGE	
	LÉGER	LOURD
Canons de 220.	»	8
de 155 long	16	16
de 155 court	28	20
de 120.	16	16
de 95.	»	16
Mortiers de 270.	»	8
de 220.	20	12

L'artillerie de côte emploie actuellement : 1° Un matériel ancien et destiné à disparaître, se composant de canons de 16° en fonte, rayés et frettés, se chargeant par la culasse ; de canons de 16° en fonte, rayés, se chargeant par la bouche ; d'obusiers en fonte de 22°, rayés, se chargeant par la bouche, et de mortiers à plaque de 32° ; 2° un matériel réglementaire, comprenant des canons en fonte de 19°, 24°, 27°, rayés, tubés et frettés, se chargeant par la culasse ; des canons en acier de 240^{mm}

Fig. 4.

rayés et frettés, se chargeant par la culasse et portant **72** rayures ; enfin, des mortiers en acier de 270^{mm}, rayés et frettés, se chargeant par la culasse.

L'artillerie de marine se compose de canons en général très longs et de gros calibre, pour être en mesure de percer les cuirassés des navires ennemis (Fig. 4). Cependant les canons de 100 tonnes et au delà ont fait leur temps, car le tir des projectiles met rapidement ces pièces hors de service. L'emploi de canons à tir rapide tend à prévaloir à bord des navires, puisqu'il peut s'effectuer aux affûts fixes, qui absorbent le recul et qu'on n'est pour ainsi dire pas limité par les conditions du poids.

Les *Caronades*, jadis en usage dans l'artillerie de marine, sont aussi des bouches à feu qui lancent le boulet ; mais elles

Fig. 5.

sont plus courtes que les canons, et le fond de l'âme est d'un diamètre plus faible que celui des projectiles (Fig. 5. Car. de 24). Elles sont ainsi nommées du village de Caron, en Écosse, où l'on fabriqua les premières pièces de ce genre.

Chargement des anciens canons. — Pour charger une

bouche à feu, on commence par en nettoyer l'intérieur à l'aide d'une brosse emmanchée sur une longue hampe. Cet instrument est nommé *Écouvillon*. Dans le service des anciennes pièces de 4, de 8 et de 12, il sert aussi de *Refouloir* pour pousser la charge et le projectile jusqu'au fond de l'âme. A cet effet, l'autre extrémité de la hampe porte une masse cylindrique. Pour les bouches à feu de place et de siège, l'écouvillon et le refouloir forment deux instruments différents. Pendant que les *servants* procèdent au nettoyage et au refoulage, le *pointeur* bouche la *lumière* avec un petit coussin de cuir nommé *Doigtier*, afin d'empêcher l'établissement d'un courant d'air qui chasserait les gaz formés et pourrait rallumer les débris. La pièce convenablement nettoyée, on introduit dans l'âme la charge de poudre renfermée dans un sachet de serge ; le boulet est lui-même emmailloté au moyen de rubans de fer à l'extrémité du sac. Cette solidarité cuivre le projectile et le projectile simplifie la manipulation. Pour les canons de siège, la charge est contenue dans un sac de papier ou *Gargousse*. On introduit par la lumière un poinçon appelé *Dégorgeoir* pour percer la charge, et puis on place une étoupille dans la lumière. L'*Étoupille* est un petit cylindre de cuivre garni intérieurement de poudre fulminante et dans lequel est engagée une petite tige en cuivre qui présente une rugosité. En tirant vivement cette tige, à l'aide d'une ficelle que le servant tient à la main, le *rugueux* enflamme, par l'effet de la friction, la poudre fulminante qui communique le feu à la charge. — Le service des canons en acier (nouveau modèle) se trouve considérablement simplifié en raison du chargement par la culasse : le logement du mécanisme comprend trois secteurs lisses et trois secteurs filetés correspondant à des secteurs semblables de la vis de la culasse quand celle-ci est fermée. Pour ouvrir, on lève le levier-poignée et l'on fait tourner la vis jusqu'à l'arrêt du mouvement, les secteurs filetés se trouvent alors en face des secteurs lisses et la culasse peut être retirée. Après avoir introduit l'obus et la gargousse (voy. PROJECTILE), on pousse la vis de culasse à fond, on la fait tourner en sens inverse jusqu'à ce que la culasse soit bien fermée, le levier-poignée se rabat de lui-même. Le *rugueux* dont on se sert est un fil de cuivre. Pour les pièces de 155, la vis de culasse est munie d'une double poignée. — Au moment où le coup part, la pièce éprouve un mouvement de recul extrêmement prononcé, qui la chasse en arrière avec violence. La longueur du recul dépend d'un grand nombre de circonstances, et notamment du poids de la bouche, de la vitesse du projectile et de la nature particulière du terrain. Les pièces de campagne placées sur un sol ordinaire reculent de plusieurs mètres ; les pièces de siège reculent peu, en raison de ce qu'elles présentent une masse considérable, et par conséquent une grande inertie à la force de recul. On combat du reste cette force au moyen de freins, soit hydrauliques, soit à lames. Les affûts de campagne sont munis du frein Lemoine. Pendant la combustion de la poudre, il se produit aussi, par l'effet de l'expansion subite des gaz, une réaction violente sur les pièces qui supportent la bouche à feu ; aussi est-il nécessaire qu'elles présentent une grande résistance.

Usage de la hausse. — L'emploi de la hausse constitue l'une des principales améliorations qui aient été apportées dans le service de l'artillerie (voy. BALISTIQUE). On sait qu'au sortir de l'âme, le projectile ne décrit pas une ligne droite, mais bien une courbe qui ressemble à une parabole. Si donc on dirige l'axe de la pièce sur le but, le projectile n'atteindra pas et passera au-dessus ou au-dessous de lui, en raison de la forme courbe de la trajectoire du boulet ; si au contraire on change convenablement la ligne de mire, on pourra arriver à battre le point. Pour cela on adapte à la culasse un petit appendice gradué, mobile entre deux coulisses, et qui porte une encoche à sa partie supérieure. La ligne de mire est déterminée par ce point et par le cran qui est pratiqué à la tranche de la bouche. On fait mouvoir la pièce jusqu'à ce que cette ligne contienne le but à battre. L'officier donne d'ailleurs au pointeur la division qu'il est convenable d'adopter pour la hausse, en raison de la distance qui sépare le but de la pièce.

Obusier. — L'obusier est une bouche à feu d'ancien modèle, c'est-à-dire en bronze, lisse et se chargeant par la bouche, qui lançait un projectile creux (*obus*), et qui ne sert qu'à la

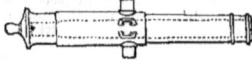

Fig. 6.

défense des places, les canons de campagne décrits plus haut ne lançant plus eux-mêmes que des obus. Celui qui est actuellement en usage (Fig. 6) ressemble assez au canon proprement dit; mais il en diffère surtout en ce que, à calibre égal, il est moins long et moins épais, et en ce que la *Chambre* ou partie de l'âme destinée à recevoir la charge de poudre offre un diamètre moindre que celui de la partie qui doit être parcourue par le projectile. Le calibre est exprimé par le diamètre de l'âme mesuré en centimètres. Cette bouche à feu, bien qu'on lui ait conservé son ancienne appellation, ne lance plus, sauf l'obusier de 22, que des boîtes à mitraille (voy. PROJECTILE) et sert au flanquement des fossés et fortifications. — Les obusiers employés dans l'artillerie française étaient : le canon-obusier léger de 12, l'obusier de 15, montés sur l'affût de campagne de 12, l'obusier de 16 monté sur l'affût de casemate

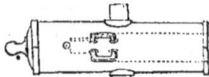

Fig. 7.

de 7 et de 5, et l'obusier de 22 *en fonte* qui sert à la défense des côtes et qui est encore en service. Le canon-obusier léger de 12 pèse 550 kil. Les obusiers de 15 et de 16 pèsent 581 et 885 kil. L'obusier de 22 (Fig. 7) pèse 3,630 kil. Il y a eu aussi un c.-obusier de 22 en fer (Fig. 8). Le raccordement de la chambre avec son âme est de forme tronconique, et sa

Fig. 8.

longueur de 290 centim., afin qu'il puisse produire des effets plus grands et à de plus grandes distances.

Mortier. — Le *Mortier* tire son nom de sa ressemblance avec l'instrument de laboratoire que tout le monde connaît. C'est une bouche à feu à *tir courbe*, c'est-à-dire qui lance son projectile, appelé *Bombe*, sous des angles en général très élevés, et qui sert à la défense des places et des côtes ou à l'attaque des places. Les anciens mortiers, en bronze, lisses et se chargeant par la bouche, sont désignés d'après le diamètre de l'âme exprimé en centimètres. Les mortiers de 22, de 27 et de 32 cent. ont une âme composée d'une partie cylindrique et d'une chambre tronconique (Fig. 9, Mortier et coupe de la bombe), disposition qui permet de bien rassembler la charge sous la bouche, tandis qu'antérieurement la chambre était hémisphérique. Dans les formes extérieures on remarque la volée cylindrique, le pourtour tronconique où passe la lumière, la calotte sphérique et enfin une anse qui sert pour le transport de la pièce. La longueur de l'âme (non compris la chambre tronconique) de ces mortiers est 1 et 1/2, en calibre de leur bombe. Leurs poids sont respectivement de 275, 1.040, et 1.320 kilogr. Nous avons encore pour la défense des côtes un mortier de côte de 32 c. en fonte à chambre tronconique,

terminé inférieurement par une *semelle* ou *plaque* coulée d'une même pièce avec le mortier, laquelle repose directement sur la plate-forme; en conséquence il fait corps avec son affût suivant une inclinaison de 42°30'. Son poids est de 4.300 kilogr. Il existe un petit mortier de 15 cent. qui ne pèse que 115 kilogr. et qui est fort utile en ce qu'il se

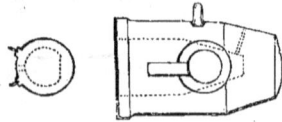

Fig. 9.

transporte facilement dans les tranchées et dans les ouvrages avancés. Le tir de ces bouches à feu ne présentant pas une très grande justesse, on ne doit en faire usage que contre des buts d'une certaine étendue et à de faibles distances.

Les mortiers nouveau modèle sont en acier et se chargent par la culasse. Ils ne conservent du reste de l'ancien mortier que le nom, lancent des obus, des boîtes à balles, etc., au lieu de bombes, et ressemblent davantage comme forme à un canon ou à un obusier. Le calibre est exprimé par le diamètre de l'âme mesuré en millimètres. Le mortier de 220mm est recouvert de 13 frettes également en acier qui le renforcent sur toute la longueur. Il est muni de 60 rayures et d'une anse qui sert pour les manœuvres de force ou le transport de la pièce. Le mécanisme de la culasse est semblable à celui du canon de 155mm, c'est-à-dire que la vis est munie d'un double poignée.

Le mortier de 270mm diffère du précédent en ce qu'il est recouvert de 18 frettes, et que les rayures sont au nombre de 100. Il n'est pas encore normalement en service.

Pierrier. — À l'origine de l'artillerie à poudre, toutes les bouches à feu étaient de véritables pierriers; mais depuis, ce nom désigna simplement une espèce de mortier de 41 centim. de diamètre dont la chambre tronconique était très petite, et dont l'âme n'avait que 49 centim. de longueur. Il pesait 720 kil. Sa charge de poudre n'était ordinairement que de 60 à 80 grammes. On recouvrait la charge d'une rondelle de bois, et, par-dessus celle-ci, on plaçait un panier contenant un poids de 50 à 55 kil. de cailloux d'environ 1 kil. 50 chacun. Le pierrier se tirait en général sous un angle de 60 degrés. Son tir ne pouvait être avantageux qu'à des distances de 100 à 150 mètres. Les pierres se répartissaient alors sur un espace de 50 à 60 mètres de long et de 30 à 60 mètres de large. Parfois, au lieu de pierres, on remplissait le panier de grenades. L'effet était alors plus meurtrier, chaque grenade produisant 12 à 15 éclats. Cette arme est complètement abandonnée depuis longtemps.

Enclouage des bouches à feu. — Lorsque l'on est dans la nécessité d'abandonner ses pièces à l'ennemi, on les dispose de manière à les mettre hors de service. Les procédés employés sont différents suivant qu'on abandonne momentanément les pièces ou qu'on n'a plus l'espoir d'en redevenir maître. Dans le premier cas, pour les pièces en acier, on enlève simplement la vis de culasse; pour les pièces de bronze on se sert de clous à tige carrée, d'acier trempé, à pointe reculée, qu'on enfonce avec force dans la lumière à l'aide d'un maillet et dont on rive la tête au niveau de la pièce. Lorsque le temps le permet, on tamponne au fond de la bouche à feu de la terre argileuse et humide par-dessus laquelle on place un boulet entouré de feutre. Les mortiers et les obusiers de peu de longueur peuvent encore servir malgré l'enclouage, à condition d'employer une mèche qui aboutit à la charge et à laquelle on met le feu par la bouche. Le meilleur moyen pour désenclouer une pièce consiste à placer dans son intérieur une forte charge de poudre à laquelle on met le feu par la bouche, comme il vient d'être expliqué. L'expansion des gaz, qui se fait dans toutes les directions, chasse violemment de la lumière le clou qui y a été enfoncé. Dans le second cas on casse les tourillons; on courbe la volée, en la chauffant et en frappant sur la tranche de la bouche à coups redoublés; on fait éclater dans l'intérieur de l'âme des projectiles creux; on tire les pièces bouche contre bouche, etc., ou on le détruit avec de la dynamite. En un mot, on abandonne à l'ennemi un matériel aussi impropre au service qu'il est possible.

Fabrication des bouches à feu. — C'est avec le bronze que longtemps on a fabriqué chez nous presque toutes les pièces de l'artillerie de terre. 1° On commençait par confectionner des moules qui présentaient en creux la forme des bouches à feu. La matière employée à faire les moules était de l'argile homogène, liante et plastique, à laquelle on mélait de la terre silicieuse afin de rendre le mélange plus réfractaire. 2° On faisait fondre le métal dans des fours à réverbère et on le coulait dans ces moules. Les canons et les obusiers précédemment en usage, ainsi que les mortiers de 22 centim., sont coulés pleins ; les gros mortiers sont coulés à noyau, c'est-à-dire qu'on a réservé, dans leur axe, un vide présentant à peu près les dimensions de l'âme. 3° On forait et l'on alésait les pièces pour amener leur âme au calibre voulu, puis on les plaçait sur des tours et l'on tournait leur surface extérieure, de manière qu'elle fût concentrique à l'âme : on procédait ensuite au cisélage des parties qui le demandent. Aujourd'hui, les pièces d'acier sont formées de plusieurs tubes concentriques ajustés les uns dans les autres, et consolidés de distance en distance par des frettes. Les tubes d'acier sont fournis par l'industrie privée : usines du Creusot, de Saint-Chamond, etc. Le frettage est exécuté dans les établissements de l'État, à Bourges, à Tarbes et à Puteaux, pour l'artillerie de terre, à Ruelle pour l'artillerie de marine. Cependant, afin de hâter la reconstitution de notre matériel de guerre, on a, à plusieurs reprises, confié à de grands établissements privés, tels que ceux du Creusot, de Saint-Chamond, de Fives-Lille, Cail, etc., la construction complète de certaines bouches à feu.

Affûts. — Les bouches à feu sont portées par des pièces en charpente, destinées en outre à faciliter le tir et les ma-

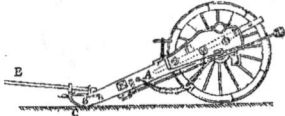

Fig. 10.

nœuvres, nommées *affûts*. La plupart des affûts se rapprochent, sauf quelques changements de détail nécessités par la spécialité des services, du type que nous allons examiner. — En général, un affût est un châssis longitudinal, en charpente, dont la partie antérieure est soutenue par un essieu muni de deux roues, et dont la partie postérieure C, nommée *crosse*, repose à terre et sert de troisième point d'appui (Fig. 10). Les deux côtés A de l'affût se nomment les *flasques* : ils reçoivent les tourillons de la pièce. L'affût porte, à une près au milieu de sa longueur, une vis verticale munie d'une poignée, sur laquelle repose la culasse de la pièce et qui permet d'élever

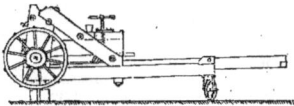

Fig. 11.

ou d'abaisser celle-ci à volonté pour *pointer*, c'est-à-dire pour amener l'axe de la bouche à l'inclinaison voulue. Un levier B, qui s'engage dans des lunettes placées à la partie postérieure de l'affût, sert à placer la pièce dans une direction convenable. Enfin l'affût porte encore une poignée, une chaîne d'enrayage, un seau rempli d'eau et l'écouvillon destiné à charger.

L'*affût de place et de côte* (Fig. 11) diffère assez notablement de celui de campagne que nous venons de décrire. L'essieu porte deux roues dont les moyeux sont de fonte, les rais de bois, et dont la jante est un cercle de fer. Une poulie, placée à la partie postérieure, facilite les déplacements latéraux. Dans les places, il y a intérêt à charger les pièces complètement à couvert. Des *affûts à éclipse* ont pour but de permettre, après le coup parti, d'abaisser la pièce ou de la ramener en arrière, puis, le chargement effectué, d'élever de

Fig. 12.

nouveau la pièce au moment du pointage pour tirer par-dessus le parapet. L'affût Moncrieff, adopté réglementairement en Angleterre, est un affût de ce système, dont divers modèles sont employés pour les coupoles cuirassées.

L'*affût de marine* (Fig. 12) consiste essentiellement en deux flasques, de peu de hauteur, réunies par deux essieux de bois montés sur quatre roulettes pareillement de bois. Ces affûts sont attachés de chaque côté du sabord par un cordage, nommé *Brague*, qui limite, par sa résistance et son élasticité, la longueur du recul.

Les mortiers, qui tirent sous de grands angles, ne peuvent être montés sur des affûts à roues, car le recul briserait

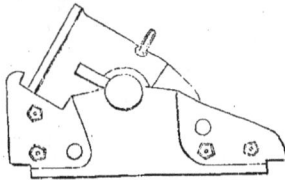

Fig. 13.

presque infailliblement les essieux. En outre le bois ne présenterait pas, pour ce genre de tir, une résistance suffisante. Aussi les affûts des mortiers (Fig. 13) consistent-ils maintenant en deux flasques de tôle réunies par de solides entretoises. Le devant et le derrière des flasques portent de chaque côté des saillies appelées *tenons de manœuvre*, dans lesquelles s'engagent les extrémités des leviers qui servent pendant le tir.

Actuellement les affûts sont métalliques et d'une construc-

Fig. 14.

tion très compliquée. La partie la plus intéressante est le système de pointage, qui permet de faire varier l'inclinaison de la pièce très facilement et dans des limites beaucoup plus étendues qu'avec l'ancienne vis de pointage (Fig. 14).

On désigne sous le nom d'*Avant-train* une voiture à deux roues, qui s'adapte à l'affût par un mode de jonction expéditif, de manière à permettre à la pièce de se mouvoir comme une pièce ordinaire ; ce véhicule peut également s'adapter à un

Fig. 15.

caisson de munitions. L'avant-train des canons de 80 et 90ᵐᵐ est en tôle d'acier et porte un coffre de même métal renfermant seulement la quantité de munitions suffisante pour les besoins immédiats. — Les *Caissons à munitions* (Fig. 15) sont des voitures composées de deux trains de deux roues réunis par une flèche. Le premier ou *avant-train* porte un seul coffre, tandis que l'*arrière-train* porte un ou deux coffres semblables à celui de l'avant-train, ou un seul coffre d'un modèle spécial. Les nouveaux caissons de campagne, modèle 1880, ne comportent plus qu'un seul coffre sur l'arrière-train. Ce coffre s'ouvrant sur le derrière, il n'est donc plus nécessaire de soulever le couvercle, et les servants peuvent en tout temps laisser leurs sacs sur le dessus du coffre. Les coffres sont de bois léger, de manière à constituer des cases où les munitions sont parfaitement abritées. On a soin de les envelopper de matières filamenteuses pour les protéger contre les chocs. Les pièces de canon munies de leur avant-train, ainsi que les caissons, sont attelées de 6 chevaux. Il nous est impossible d'entrer dans les détails des *chariots de parc*, des *trique-bales*, et des autres voitures de transport qu'exige le service de l'artillerie. Ces objets offrent peu d'intérêt pour le commun des lecteurs : on en trouvera d'ailleurs la description complète dans les ouvrages spéciaux, notamment dans le *Manuel d'artillerie* du colonel Plessix et dans les cours spéciaux édités par le Ministère de la Guerre.

CANON. s. m. (gr. κάνων, loi, règle). T. Religion. Il désigne proprement les décisions de l'Église touchant la foi et la discipline. *Les canons de l'Église.* — *Canon des Écritures*, Le catalogue des livres qui sont reconnus pour divinement inspirés, et qui composent le corps de l'Écriture sainte. *Le c. des juifs, le c. des chrétiens*, Le catalogue des livres tenus pour divinement inspirés par les juifs, par les chrétiens. Voy. CANONIQUE. ‖ *C. des saints*, Catalogue des saints reconnus ou canonisés par l'Église. ‖ *C. de la messe*, Ensemble des prières et cérémonies qui constituent la partie essentielle de la messe depuis la préface jusqu'à la communion, ou même la messe entière. Voy. MESSE. ‖ Tableau écrit ou imprimé qui contient quelque prière de la messe, et qu'on met sur l'autel vis-à-vis du prêtre. ‖ *Canons pénitentiaux*, Règlements ecclésiastiques qui avaient pour but de déterminer la nature et la durée des pénitences imposées aux pécheurs. Voy. PÉNITENCE. ‖ Adj. *Droit c.*, La science du droit ecclésiastique fondé sur les canons de l'Église et des Papes. *Étudier le droit c., en droit c. Corps du droit c.*, Recueil des canons de l'Église, des décrétales des Papes, etc. ‖ T. Chron. *C. pascal*, Table des fêtes mobiles dressée pour une période de 19 ans. ‖ T. Math. Expression générale qui embrasse comme règle une multitude de cas particuliers. On dit aujourd'hui *Formule*.

Musique. — On définit le *Canon* une pièce de musique dans laquelle la mélodie s'engendre par elle-même, pendant toute la durée du morceau. La mélodie est alors prise successivement par deux, trois ou un plus grand nombre de voix ou d'instruments, à la distance d'un certain nombre de temps ou de mesures, de telle manière que ces voix ou ces instruments forment une harmonie correcte et agréable. Le genre de composition a été ainsi nommé de ce qu'autrefois on plaçait en tête du morceau un avertissement (en italien *canone*, règle) pour indiquer comment ce morceau devait être chanté. Ainsi, il est des canons où la mélodie est reprise en commençant à la quarte, à la quinte, à l'octave, etc.; c'est ce qu'on indique en écrivant *C. à la quarte, C. à la quinte*, etc. La voix qui commence s'appelle l'*antécédent*; celle qui l'imite prend le nom de *conséquent*. — Ce genre de musique était autrefois fort à la mode dans la société, et on en faisait beaucoup sur des paroles burlesques; tout le monde connaît le c. qui commence par ces mots : *Frère Jacques, dormez-vous?*

CANONIAL, ALE. adj. (R. canon). Ne s'emploie que dans les locutions suivantes : *Heures canoniales*, voy. BRÉVIAIRE; *Office c.*, L'office que les chanoines chantent dans l'église; *Maison canoniale*, Maison affectée à une prébende de chanoine; *Vie canoniale*, Le genre de vie prescrit aux chanoines réunis en communauté.

CANONICAT. s. m. (bas-lat. *canonicus*, chanoine). Bénéfice d'un chanoine dans une église cathédrale ou collégiale. ‖ Fig. et fam., *C'est un vrai c.*, se dit d'un emploi qui exige peu de travail.

CANONICITÉ. s. f. (R. canonique). T. Théol. Qualité de ce qui est canonique. *La c. des livres saints.*

CANONIQUE. adj 2 g. (lat. *canonicus*, m. s., du gr. κάνων,

règle). Conforme aux canons de l'Église. *Doctrine c. Mariage c.* ‖ Fig. et fam., *Ce qu'il a fait, ce qu'il a dit n'est pas c., n'est pas très c..* N'est pas conforme aux règles de la morale. ‖ On dit quelquefois *Droit c.*, pour droit canon.

Théol. — On donne le nom de *Canoniques* aux livres que l'Église catholique reconnaît comme inspirés de Dieu, et impose aux fidèles pour être la règle de leur foi et de leurs mœurs. — Le nombre des livres canoniques a été fixé par le concile de Trente. On en compte 72, dont 45 pour l'Ancien Testament et 29 pour le Nouveau. Le catalogue qui les renferme tous s'appelle *Canon*, c.-à-d. la règle par excellence : nous l'avons donné au mot BIBLE. — Les livres du Nouveau Testament se divisent en *proto-canoniques*, qui ont toujours été reçus d'un consentement unanime, et en *deutéro-canoniques*, qui n'ont d'abord été reconnus que par quelques Églises particulières, mais qui ont été admis plus tard, par le concile de Trente, au catalogue de l'Église universelle. Les livres *proto-canoniques* sont les Quatre Évangiles, les Actes des Apôtres, les Quatorze Épîtres de saint Paul, excepté l'Épître aux Hébreux, la Première Épître de saint Pierre et la Première de saint Jean. Les livres *deutéro-canoniques* sont : l'Épître de saint Paul aux Hébreux, les Épîtres de saint Jacques et de saint Jude, la Seconde de saint Pierre, la Seconde et la Troisième de saint Jean, et l'Apocalypse.

CANONIQUEMENT. adv. (R. canonique). Selon les canons.

CANONISABLE. adj. Qui mérite d'être canonisé.

CANONISATION. s. f. [Pr. canoni-za-cion] (R. canoniser). T. Théol. La c. est un jugement par lequel l'Église catholique ayant reconnu qu'une personne de l'un ou de l'autre sexe est morte pour la foi, ou qu'elle a pratiqué toutes les vertus chrétiennes à un degré héroïque, l'inscrit au catalogue des saints. Le mot ne remonte qu'au XIIe siècle, et c'est Oudry ou Udalric, évêque de Constance, qui en a le premier fait usage; mais la chose date d'une époque bien plus éloignée, car elle se pratiquait dès les premiers temps du christianisme.

Les canonisations furent prononcées par les évêques jusqu'à la fin du Xe siècle. Alors, on jugea prudent, pour prévenir tout abus, de laisser au pape seul le droit de canoniser. Depuis qu'il appartient exclusivement aux souverains pontifes, l'acte de la c. est entouré de précautions extrêmement minutieuses. Veut-on faire placer authentiquement au catalogue des saints une personne morte en odeur de sainteté, et qui s'est rendue célèbre par des miracles? Il faut d'abord qu'un souverain, une communauté, ou même un simple particulier en fasse la demande au Saint-Père. Une commission est instituée pour instruire la cause, et alors commence, aux frais des demandeurs, une procédure excessivement compliquée, et dont les règles ont été tracées par Benoît XIV. Quand l'instruction est terminée, on en soumet les résultats à l'examen de trois consistoires. Le premier, qui est secret, est composé des seuls cardinaux; le second est public, et le troisième n'est qu'une demi-publicité. Deux avocats, appelés vulg. l'un *Avocat de Dieu*, l'autre *Avocat du Diable*, exposent, celui-ci les défauts, celui-là les vertus du personnage mis en cause, et la sévérité du tribunal est telle qu'une seule faute, même très légère, peut faire rejeter la déclaration demandée. Au consistoire, où se prononce le jugement, les cardinaux votent individuellement, et s'inclinant devant le pape qui est assis sur son trône, et, quand le jour fixé pour la solennité de la c. est arrivé, c'est le souverain pontife lui-même qui annonce, dans la basilique de Saint-Pierre, au bruit des cloches des églises de Rome, que la liste des saints contient un élu de plus. Au temps de la puissance temporelle des papes, la déclaration de c. était accompagnée de salves d'artillerie.

La *Béatification* n'est pas, comme la c., un jugement solennel en vertu duquel le pape déclare qu'une personne morte en odeur de sainteté est admise au catalogue des saints. C'est une simple autorisation qu'accorde le Saint-Siège d'honorer cette même personne par un culte particulier. La béatification est ensuite toute locale; elle n'a d'effet que dans un espace très restreint, une ville, un diocèse, tandis que la c. s'étend à toute la chrétienté. Elle n'est qu'un acte préparatoire à la c. C'est à la congrégation des Rites, instituée par Sixte V, en 1587, qu'appartient le soin d'examiner les demandes à ce sujet. Elle n'est également accordée qu'après une enquête sérieuse dont l'évêque du lieu fournit les éléments.

CANONISER. v. a. (bas-lat. *canonizare*, gr. κανονίζειν, établir en règle, de κανών, règle). Mettre dans le catalogue des saints, suivant les règles et avec les cérémonies pratiquées par l'Église. || Fig. et fam. Louer comme une chose digne d'un saint. *Je ne prétends pas c. cette action.* = CANONISÉ, ÉE. part.

CANONISTE. s. m. (R. *canon*, règle). Savant en droit canon.

CANONNADE. s. f. [Pr. *cano-nade*] (R. *canon*). Décharge de plusieurs canons tirés à la fois ou de suite. *Une rive c. Le bruit de la c.*

CANONNAGE. s. m. [Pr. *cano-naje*]. Art du canonnier. Peu us.

CANONNER. v. a. [Pr. *cano-ner*]. Battre à coups de canon. *C. une place.* = SE CANONNER. v. pron. *Ils se canonnèrent longtemps avant d'en venir aux mains.* = CANONNÉ, ÉE. part.

CANONNERIE. s. f. [Pr. *cano-ne-rie*] (R. *canon*). Endroit où l'on fond les canons.

CANONNIER. s. m. [Pr. *cano-nié*]. Celui qui est employé au service des canons. — T. Mar. *Maître c.*, Celui qui est chargé de diriger le service de l'artillerie dans un vaisseau. || Ouvrier qui, dans les mines, détermine avec précaution l'inflammation du feu grisou pouvant se trouver dans une galerie. || T. Entom. Genre d'insectes coléoptères pentamères. Voy. CARABIQUES.

CANONNIÈRE. s. f. [Pr. *cano-nière*] (R. *canon*). T. Fortif. Sorte de meurtrière pratiquée dans une muraille, qui permettait de tirer des coups d'arquebuse ou de mousquet sans être vu. || Sorte de tente à deux mâts autrefois à l'usage des canonniers. — Petite tente qui n'a qu'un toit sans murailles. || Espèce de jouet d'enfant qui consiste en un petit tube dans lequel on fait entrer à force un petit tampon de filasse ou de papier, qu'on chasse ensuite au moyen d'un piston. || Adject. *Une chaloupe c.*, Qui est armée de canons. Mar. — La c. est une embarcation pontée, mais légère et tirant peu d'eau. Elle est peu élevée sur l'eau, et peut, dans certaines circonstances, se servir de grands avirons. Elle porte une forte bouche à feu ou plusieurs pièces d'un moindre calibre. Il existe aussi des *chaloupes canonnières* qui naviguent à l'aviron, et, au moyen d'une ancre, se placent sur les points indiqués, comme de petits forts détachés. Ces sortes de bâtiments s'emploient de préférence pour pénétrer dans des localités où la profondeur de l'eau ne permet pas aux gros navires d'approcher. La c. se rencontre surtout sur les côtes fortement accidentées, semées d'écueils et de bas-fonds, découpées en des milliers de passes et de canaux; elle a toujours dominé dans la marine de la Suède et de la Finlande. Ailleurs, son existence n'a été que transitoire. C'est ainsi que la fameuse flottille de Boulogne (1801) se composait en grande partie de canonnières. Avant la guerre de Crimée, la c. ne figurait presque que nominalement dans les marines de la France et de l'Angleterre; mais l'expérience ayant démontré que, pour atteindre l'ennemi dans les eaux peu profondes de la Baltique et de la mer d'Azof, il fallait avoir des bâtiments tirant peu d'eau et légèrement armés, on se mit à l'œuvre dans les deux pays, et, en quelques mois, les flottes alliées reçurent le complément qui leur manquait. Au mois d'avril 1856, à la revue navale de Portsmouth, l'Angleterre a montré 102 canonnières, de tous les tonnages et de toutes les forces. Leur jaugeage var ait entre 212 et 868 tonneaux; leur tirant d'eau, entre 1m30 et 3m65. Quant à leur artillerie, elle consistait en 2 pièces au moins et 6 au plus; mais elles se ressemblaient toutes sur un point, et c'est là ce qui les distingue essentiellement de leurs devancières : au lieu d'avirons et de voiles, elles étaient pourvues d'hélices mues par la vapeur. La force des machines variait de 20 à 300 chevaux, et la vitesse des bâtiments variait depuis 7 nœuds jusqu'à 13. Aujourd'hui les canonnières sont toutes à vapeur, et leur vitesse s'est notablement augmentée.
L'usage des canonnières prit surtout un grand développement aux États-Unis, pendant la guerre de sécession. En France, pendant le siège de Paris, la canonnière *Farcy* fut employée pour surveiller et contrarier les travaux de l'ennemi le long de la Seine. Mais c'est surtout en Cochinchine, au Tonkin, au Soudan et au Congo, sur les nombreux cours d'eau qui sillonnent ces contrées, que les canonnières ont été d'un usage constant et ont rendu les plus grands services. On leur a donné, pour étendre leur action, un tirant d'eau de plus en plus réduit, tel que 63e ou 80e. — On a construit aussi, pour la défense des côtes, des canonnières de grand tonnage. Telle est la c. cuirassée le *Styx*, construite à Cherbourg de 1889 à 1892, qui mesure 58m80 de longueur totale et 12m30 de largeur. Son tirant d'eau est de 3m60 et elle déplace 1,730 tonneaux. Elle est mue par deux hélices et est armée d'un énorme canon de 27 centim. et de plusieurs petits, et peut recevoir 101 hommes d'équipage.

CANOPE. s. f. (gr. κανωπος, fleur de sureau). T. Ant. Vase employé par les Égyptiens pour recevoir les entrailles des momies.

CANOPE, v. de l'Égypte ancienne, à l'ouest de l'embouchure du Nil. || Victoire des Anglais sur les Français (21 mars 1801).

CANOPUS [Pr. *canopuss*]. T. Astr. Étoile australe de première grandeur : α du Navire Argo.

CANOT. s. m. [Pr. *canô*] (mot américain). Petit bateau fait d'écorce d'arbres ou du tronc d'un seul arbre creusé. || Embarcation légère non pontée, à voiles ou à rames, qui est destinée au service d'un bâtiment. *Mettre le c. à la mer.* || Petit bateau de plaisance marchant à l'aviron.

CANOTAGE. s. m. Action de canoter.

CANOTER. v. n. Aller en canot. Faire une partie de canot.

CANOTIER. s. m. T. Mar. Celui qui fait partie de l'équipage d'un canot.

CANOURGUE (LA), ch.-l. de c. (Lozère), arr. de Marvejols, 1,800 hab.

CANOVA, célèbre sculpteur italien (1757-1822).

CANQUE. s. f. Toile de coton de la Chine.

CANQUOIN. s. m. T. Méd. *Pâte de c.*, Pâte caustique composée de 50 gr. de chlorure de zinc et 50 gr. de farine de blé, employée pour détruire les tumeurs cancéreuses ou fibreuses, les lipomes, les grosses verrues, etc.

CANT. s. m. (même mot que *chant*). T. Méd. Côté.

CANT. s. m. (mot anglais). Mélange de pruderie dévote, d'orgueil national et de solennité pédantesque particulier aux Anglais.

CANTABILE. s. m. [Pr. *cantabilé*] (lat. *cantare*, chanter). T. Mus. Mot italien qui signifie «facile à chanter» mais qui, dans notre langue, sert à désigner une mélodie d'un caractère doux et gracieux et d'un mouvement lent. *Ce c. est plein de charme.*

CANTABRES, peuple de l'anc. Espagne, qui habitait au sud du golfe de Gascogne. — MONTS CANTABRES, prolongement des Pyrénées en Espagne.

CANTACUZÈNE (JEAN et MATHIEU), père et fils, occupèrent le trône de Constantinople r pendant la minorité de Jean V Paléologue (1341-1355). || Nom d'une illustre famille roumaine.

CANTAL. s. m. Sorte de fromage qui se fait en Auvergne, et tire son nom du mont Cantal.

CANTAL (Dép. du), formé d'une partie de l'anc. Auvergne, ch.-l. Aurillac. 3 autres arr. ; *Mauriac, Murat* et *Saint-Flour;* 240,000 hab.

CANTALITE. s. m. (R. *Cantal*). T. Minér. Quartz que l'on trouve dans le département du Cantal.

CANTALOUP. s. m. [Pr. *cantalou*] (R. *Cantaluppo*, maison de campagne près de Rome à cinq heures de Rome). T. Hortic. Variété de melon caractérisée par des côtes larges et aplaties, nettement séparées, par l'épaisseur de l'écorce, par sa peau rugueuse ou même verruqueuse et par sa chair rouge orangé, fondante, très sucrée. Voy. CONCOMBRE.

CANTANETTE. s. f. [Pr. *canta-nète*]. T. Mar. Petites ouvertures entre lesquelles est placé le gouvernail et qui donnent du jour. || Compartiment pratiqué dans les chambres d'un navire.

CANTAR. s. m. (Corr. arabe du mot français *quintal*). T. Métrol. Poids usités en Italie et dans le Levant et variant suivant les localités, de 43 à 230 kil. || Mesure de capacité usitée dans plusieurs parties de l'Espagne, surtout en Aragon, où elle vaut 40 litres 313 pour le vin, et 43 litres 97 pour l'eau-de-vie. Voy. POIDS et CAPACITÉ.

CANTATE. s. f. (ital. *cantata*, de *cantare*, chanter). T. Littér. et Mus. Le mot c. sert à désigner deux choses : une composition littéraire et une œuvre musicale, qui, du reste, se rencontrent très souvent unies. — En littérature, la c. est un petit poème lyrique qui n'est, à proprement parler, qu'une forme particulière du dithyrambe. Elle comprend deux parties : les récits et les airs. Dans la première, le poète fait l'exposition du sujet, qui est un trait tiré de l'histoire ou de la fable; dans la seconde, il exprime les sentiments qu'ont pu éprouver les personnages qui jouent un rôle dans son poème. En général, il n'y a que trois récits et trois airs. Ces derniers admettent toute espèce de vers, excepté celui de douze syllabes.

La c. *musicale* est un petit poème que l'on chante avec des accompagnements. On y trouve des vers, des récitatifs, des duos, des trios, et même des chœurs, le tout soutenu par un orchestre. Elle a beaucoup de ressemblance avec un opéra, et le compositeur y peut déployer toutes les ressources de la musique dramatique. La c. musicale se divise en c. *profane* ou de chambre, que l'on exécute dans les salons et les concerts, et en c. *religieuse*, qui peut figurer dans les cérémonies du culte. Celle-ci, lorsqu'elle constitue un vrai drame religieux, porte généralement le nom d'*Oratorio*.

La c. soit musicale, soit lyrique, est née et s'est développée en Italie au XVIIe siècle. La première a été introduite en France au siècle suivant, par Morin, et la seconde par J.-B. Rousseau. La *Cantate de Circé* de ce dernier est, dans notre langue, le chef-d'œuvre du genre. Parmi les cantates musicales nous citerons l'*Ariane à Naxos*, de Haydn; l'*Armide*, de Beethoven; la *Primavera*, de Cherubini, et la *Sapho*, de Puër. — Dans les conservatoires, on donne habituellement une c. à mettre en musique aux élèves qui concourent pour le prix de composition.

CANTATILLE. s. f. [Pr. les *ll* mouillées] (Dim. de *cantate*). Petite cantate. Se dit des paroles et de la musique. *Chanter une c.*

CANTATRICE. s. f. (lat. *cantatrix*, chanteuse, de *cantare*, chanter). Chanteuse de profession. Ne se dit que des chanteuses qui ont acquis une certaine célébrité. *Une grande c. Une célèbre c.*

CANTENIER (CONSTANTIN), célèbre prince de Moldavie (1630-1693).

CANTER. v. a. (R. *cant*). T. Mét. Mettre sur le côté, poser de champ.

CANTER (GUILLAUME), savant critique hollandais (1542-1575).

CANTHARE. s. f. (gr. κάνθαρος, coupe). Vase à boire à deux anses dans l'antiquité.

CANTHARELLÉES. s. f. pl. [Pr. *can-ta-rel-lé*] (gr. κάνθαρος, coupe). T. Bot. Tribu de Champignons de la famille des *Hyménomycètes.* Voy. ce mot.

CANTHARÈNE. s. m. T. Chim. Voy. CANTHARIDINE.

CANTHARIDE. s. f. (lat. *cantharis*; gr. κανθαρίς, m. s.) T. Entom. La C. *officinale* est un insecte coléoptère bien connu de tout le monde pour ses propriétés vésicantes. Elle a donné son nom à une tribu, que Latreille appelle tribu des *Cantharidiens* ou les *Vésicants.* — Notre célèbre entomologiste la caractérise ainsi : Crochets des tarses profondément divisés, et paraissant comme doubles; tête généralement grosse, large et arrondie postérieurement; corselet ordinairement rétréci en arrière et se rapprochant de la forme d'un cœur tronqué, mais presque orbiculaire dans d'autres; élytres souvent un peu inclinées latéralement, ou en toit très écrasé et arrondi. Ces insectes contrefont les morts lorsqu'on les saisit, et plusieurs d'entre eux font alors sortir par les articulations de leurs pattes une liqueur jaunâtre, caustique et d'une odeur pénétrante. — Nous nous contenterons de citer les principaux genres de la tribu.

Les *Méloé* ont le corps dépourvu d'ailes sous les élytres; celles-ci sont ovales ou triangulaires, se croisent dans une portion de leur côté interne, et ne recouvrent que partiellement l'abdomen. Leurs antennes sont moniliformes. Ces insectes se traînent à terre ou sur les plantes peu élevées, dont ils broutent les feuilles. L'espèce type du g., le *Méloé Proscarabée* (Fig. 1) est long d'environ 25[mm]. Il est d'un noir luisant, très ponctué, avec les côtés de la tête, du corselet, les antennes et les pieds tirant sur le violet. Il est très commun dans notre pays au printemps. On croit que sa larve vit en parasite dans le nid de certaines espèces d'apiaires. Tous les autres genres ont le corps pourvu d'ailes sous leurs élytres.

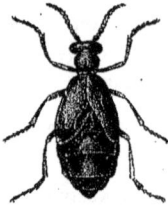
Fig. 1.

Chez les genres *Cérocome, Mylabre* et *Lydus*, les antennes sont renflées vers l'extrémité. — Les *Cérocomes* se distinguent par leurs antennes composées de 9 articles, dont le deuxième offre, dans les mâles, une grande expansion foliacée. Ces insectes paraissent vers le solstice d'été, et souvent en grande abondance dans le même lieu. On les trouve sur les fleurs, mais particulièrement sur celles de la camomille des champs, de la millefeuille, etc. La *Cér. de Schaffer* est verte ou d'un vert bleuâtre, avec les antennes et les pieds d'un jaune rouge. — Les *Mylabres* ont les antennes de 11 articles renflées en bouton à l'extrémité. Le *Myl. de la chicorée* (Fig. 2) est long d'environ 12[mm], noir, velu, avec une tache jaunâtre presque ronde à la base de chaque élytre, et 2 bandes dentées de la même couleur, l'une près du milieu et l'autre avant le bout des élytres. Cette espèce

Fig. 2.

est très commune dans le midi de la France. — Les *Lydus,* dont l'espèce type est le L. *algiricus,* du nord de l'Afrique et du midi de l'Europe, diffèrent à peine des mylabres.

Les genres *Cantharis, Lytta, Zonitis, Sitaris, Tétraonyx,* etc., ont les antennes un peu grenues, sans renflement sensible vers l'extrémité. — Chez les *Cantharides,* les antennes sont longues et un peu épaissies vers l'extrémité, et le pénultième article des tarses est entier. La *C. officinale* (Fig. 3), nommée aussi *Mouche* c. et *Mouche d'Espagne,* est longue de 15 à 18 millim. Ses élytres sont d'un vert doré luisant, avec les antennes noires, simples et régulières. En France, la c. se montre à l'état parfait vers le solstice d'été, où elle dévore les feuilles du lilas, du troène et du frêne; elle est surtout abondante sur ce dernier et répand une odeur très pénétrante. — Lorsque cette odeur annonce la présence des cantharides sur un arbre, on étend un drap au pied de celui-ci, et l'on secoue les branches avec une perche, pour faire tomber les insectes; mais cette récolte doit se faire le soir au coucher du soleil, ou le matin à son lever, parce qu'alors ces coléoptères sont engourdis par le froid de la nuit. On relève ensuite les toiles où l'on a recueilli les insectes, et on les plonge dans des baquets de vinaigre étendu de beaucoup d'eau, ce qui les fait promptement périr. Après cela, on les fait sécher au soleil, en les plaçant sur des claies recouvertes de toile et de papier; on les retourne de temps en temps jusqu'à ce qu'ils soient parfaitement secs. Cela fait, on les enferme dans des vases de terre ou de grès bien bouchés, et on les livre ainsi au commerce. — Les vraies cantharides diffèrent très peu de nos vraies cantharides; elles sont très nombreuses et toutes exotiques. — Les *Tétraonyx,* dont l'espèce type est le *Tét. à six gouttes* (Fig. 4), sont tous propres à l'Amérique. Les *Zonitis* et les *Sitaris,* dont quelques espèces habitent le midi de la France, ont les antennes grêles et filiformes. En

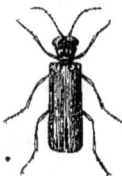
Fig. 3.

outre, chez les sitaris, les élytres se rétrécissent brusquement à leur extrémité postérieure, ce qui met à découvert une portion des ailes.

Les 2 genres *Némognathe* et *Gnathium* se distinguent de tous les autres cantharidiens, en ce que, chez les mâles, le lobe qui termine les mâchoires se prolonge en une sorte de filet plus ou moins long, soyeux et courbé. Ces insectes sont exotiques, à l'exception d'un seul, le *Némognathe chrysoméline*, très petite espèce qui habite le midi de la France.

Leurs mœurs sont connues depuis peu et, en outre, leurs métamorphoses nécessitent des conditions d'observation presque irréalisables. Grâce aux travaux de Newport, de M. Fabre, on sait que la plupart des insectes vésicants pondent des œufs d'où sortent des petites larves actives qui se tiennent sur les fleurs et qui sautent sur le thorax des hyménoptères velus qui viennent récolter le miel pour approvisionner leurs cellules; à l'aide de ses trois longues paires de pattes, la larve se cramponne solidement et se laisse transporter dans le nid de l'hyménoptère qui ne se doute pas qu'il a introduit le loup dans la bergerie. Après la ponte, elle quitte son automédon, saute sur l'œuf posé sur le miel dans une cellule bientôt murée par l'hyménoptère. Elle a bientôt fait de dévorer l'œuf, aussitôt après, elle change de peau et de forme à la fois. Ce n'est plus le petit *Triongulin* vif que nous décrivions tout à l'heure, c'est une grosse masse qui surnage, pour s'en nourrir, à la

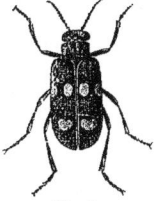
Fig. 4.

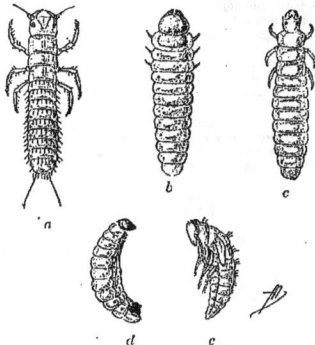
Fig. 5.

surface du miel, que l'hyménoptère avait mis là pour servir de pâture à sa larve. (Fig. 5. — *a*. Triongulin ou première larve; *c*. deuxième larve au 3e jour de son développement; *b*. deuxième larve à l'état ultime de son développement; *d*. pseudo-chrysalide; *c*. nymphe.)

Lorsque le miel est épuisé, elle change encore de peau et devient une sorte de pulpe immobile; enfin cette peau est encore changée, et de cette pseudo-chrysalide sort une vraie pulpe pourvue de membres, ressemblant à la première larve. Ces transformations ont été désignées, par M. Fabre, sous le nom d'hypermétamorphoses.

Les larves des insectes vésicants ne s'adressent pas indifféremment à telle ou telle espèce d'hyménoptères.

Le développement des méloés, des sitaris, avait été étudié; mais ce n'est qu'en 1878 que Lichtenstein, de Montpellier, obtient le développement complet de la cantharide. M. Riley, entomologiste en chef du gouvernement des États-Unis, fit connaître le développement des *Épicautes*, genre voisin des cantharides, et montra que ces insectes sont, à un moment de leur vie larvaire, parasites des nids de certains orthoptères.

Enfin, en 1883, M. le Dr Beauregard entreprit des expériences pour arriver à connaître l'évolution des cantharides, qu'il a relatées dans son bel ouvrage sur les *Insectes vésicants*. Les triongulins en sortant de l'œuf ne grimpent pas sur les fleurs pour y attendre les hyménoptères; non, ils fuient la lumière, s'enfoncent dans le sol, et recherchent les nids d'hyménoptères souterrains, en particulier ceux des *Colletes*. Ils y pénètrent et n'attaquent pas l'œuf qui s'y trouve, mais se mettent à se nourrir immédiatement du miel; cela leur suffit pour subir leurs métamorphoses. — On voit combien il serait difficile d'élever des cantharides; on doit donc se contenter de les récolter dans la nature, sur les frênes en particulier, où elles se tiennent en grand nombre.

Tout le monde sait que la cantharide en poudre, la *C. officinale* entre dans la plupart des préparations vésicantes et des pommades épispastiques. Il paraîtrait, d'après les expériences de Farines, que la propriété vésicante réside exclusivement dans les parties thoraciques et abdominales de l'insecte. Cette propriété se conserve très longtemps, car Duméril ayant fait usage de cantharides conservées depuis 24 ans, a trouvé qu'elles n'avaient rien perdu de leur énergie. — Dans quelques provinces de l'Espagne, on se sert des Méloés à la place de la c. ou bien on les mêle avec elle. De même, dans plusieurs parties de l'Italie, le mylabre de la chicorée s'emploie comme la c.; les Chinois se servent du *Myl. pustulé*. En Amérique, on fait usage des espèces indigènes. — Arétée, qui exerçait la médecine à Rome sous les premiers empereurs, passe pour avoir le premier utilisé, sous forme de préparation externe, les propriétés vésicantes de la c.; mais l'usage interne de cet insecte remonte à la plus haute antiquité. C'est ainsi qu'Hippocrate mentionne l'emploi des cantharides à l'intérieur, dans les cas d'hydropisie et d'ictère. Aujourd'hui, au contraire, l'emploi topique des cantharides est généralement usité, tandis qu'on les administre fort rarement à l'intérieur. La c., en effet, est à la fois un médicament des plus énergiques et un poison irritant des plus violents. A trop haute dose, elle provoque une vive inflammation des muqueuses, spécialement de la muqueuse génito-urinaire, et exerce même une action très vive sur le système nerveux. Quelquefois même, un large vésicatoire produit, par suite de l'absorption du principe actif de la c., des accidents plus ou moins graves. Dans tous ces cas, il convient de recourir aux boissons mucilagineuses, aux émollients, aux bains, aux préparations camphrées. On devra, tout d'abord, provoquer le vomissement, si les accidents sont le résultat de l'ingestion des cantharides par les voies digestives. — Les préparations de cantharides ont été administrées à l'intérieur dans une foule d'affections telles que l'épilepsie, l'hydrophobie, le tétanos, la coqueluche, l'hydropisie, l'aménorrhée, l'incontinence d'urine, la dysurie, etc. La médecine actuelle n'en fait plus usage que dans certaines affections squameuses rebelles, et dans quelques cas d'hydropisie passive. — La préparation la plus généralement employée pour l'usage interne est la teinture alcoolique.

La c. officinale doit ses propriétés à un principe particulier découvert par Robiquet et Pelletier, qui l'ont nommé *Cantharidine*. Voy. ce mot.

CANTHARIDER. v. a. Saupoudrer de cantharides.

CANTHARIDIENS. s. m. pl. (R. *cantharide*). T. Entom. Tribu d'insectes coléoptères. Voy. CANTHARIDE.

CANTHARIDINE. s. f. (R. *cantharide*). T. Chim. La c. $C^{10}H^{12}O^4$, principe vésicant des cantharides, est un solide incolore, cristallisable, fondant à 218°; elle est insoluble dans l'eau, soluble à chaud dans l'alcool ou dans le benzène. On l'obtient en épuisant la poudre de cantharides par le benzène bouillant. En présence de l'eau et des alcalis, elle fixe deux molécules d'eau et fournit des *Cantharidates*. Ces sels cristallisables, très vésicants, correspondent à un acide bibasique faible, l'*Acide cantharidique*, dont la c. serait l'anhydride interne.

Quand on chauffe la c. à 100° avec de l'acide iodhydrique, elle se transforme en *Acide cantharique*; ce corps, isomère de la c., est un acide monobasique énergique, qui fond à 278°. La distillation sèche de cet acide ou de la c. sur de la chaux sodée fournit la *Cantharène* C^8H^{12}, hydrocarbure liquide, bouillant à 134°, doué d'une odeur térébenthique et camphrée. Le cantharène est très avide d'oxygène et donne en s'oxydant de l'acide orthotoluique; il absorbe l'acide chlorhydrique et possède la plupart des propriétés des terpènes.

CANTHARIQUE. adj. 2 g. T. Chim. Voy. CANTHARIDINE.

CANTHARIS. s. f. T. Entom. Nom scientifique du genre *Cantharide*. Voy. ce mol.

CANTHÈRE. s. m. (gr. κάνθαρος, sorte de poisson de mer). T. Icht. Genre de poissons. Voy. SPAROÏDES.

CANTHUS. s. m. [Pr. *cantuss*] (gr. κανθός, m. s.). T. Anat. On appelle ainsi les angles formés par les deux commissures des paupières. *Le grand c.* ou *c. interne est l'angle du côté du nez;* l'autre angle est nommé *petit c.* ou *c. externe.*

CANTIBAY. s. m. (R. *cant* ou *chant*, côté). T. Charp. Bois n'offrant beaucoup de déchet que d'un côté.

CANTILÈNE. s. f. (lat. *cantus*, chant, *lenis*, doux). T. Mus. Se dit d'une mélodie douce et d'un style généralement assez primitif. La plus ancienne dont nous ayons les paroles est celle de Sainte-Eulalie (XIᵉ siècle).

CANTINE. s. f. (ital. *cantina*, cave). Coffre à compartiments pour porter des bouteilles ou des fioles en voyage. || Se dit, dans les places de guerre, les prisons, les hospices, etc., du lieu où l'on vend des boissons, du tabac, etc., aux soldats, aux prisonniers, etc. *Tenir une c. Aller à la c.*

CANTINIER, IÈRE. s. Celui, celle qui tient une cantine. *La cantinière du régiment.*

CANTIQUE. s. m. (lat. *canticum*, de *cantus*, chant). Hymne, chant consacré à la gloire de Dieu, en actions de grâces. *Le c. de la Sainte Vierge.* || *Cantique des cantiques*, l'un des livres de Salomon, contenant une espèce d'épithalame spirituel et mystique. || *Cantiques spirituels*, Chants écrits en français et composés sur des sujets pieux. *Chanter un c. Un recueil de cantiques.* || Chez les protestants, tout chant religieux autre que les psaumes.

CANTON. s. m. (d'un rad. *cat* ou *cant* commun aux langues aryennes et sign. *coin*, *rebord*; gr. κανθός, coin de l'œil, cercle de roue; lat. *canthus*, cercle d'une roue). Partie d'un pays, d'une contrée, considérée comme distincte du reste de ce pays, de cette contrée. *C. fertile, stérile.* || T. Administ. forest. *Un c. de bois.* Une certaine étendue de bois. || Se dit particul. de certaines subdivisions administratives du territoire français. || Chacun des 22 États qui composent la Confédération helvétique. *Il y avait autrefois 13 cantons. Le c. de Berne, de Zurich.* || T. Ponts et chaussées et chemins de fer. Portion de la route ou de la voie ferrée dont l'entretien ou la surveillance est confié à un cantonnier || T. Blas. Voy. Écr.

Législ. — Le canton est une circonscription territoriale englobée dans la circonscription plus étendue de l'arrondissement. Il comprend, en général, plusieurs communes. Ce n'est plus aujourd'hui une subdivision administrative proprement dite; néanmoins, le canton conserve encore une grande importance à certains points de vue, notamment en ce qui concerne le tirage au sort pour le recrutement, les élections pour les conseils généraux et d'arrondissement, l'organisation judiciaire, etc.

CANTON, v. de la Chine, sur le Tchou-Kiang, cap. de la province de Canton, 1,600,000 d'hab. Commerce important.

CANTONADE. s. f. (ital. *cantonada*, de *cantone*, coin; même origine que *canton*). L'intérieur des coulisses d'un théâtre. *Parler à la c.*, Parler à un personnage qui n'est pas vu des spectateurs, qui est supposé dans les coulisses.

CANTONAL, ALE. adj. (R. *canton*). Qui appartient, qui a rapport au canton. *Fête cantonale. Contingent c.* || *Route cantonale*, Route mettant en communication deux cantons voisins.

CANTONNÉ, ÉE. adj. [Pr. *canto-né*] (du rad. *cant*, coin; même origine que *canton*). T. Archit. Se dit d'un bâtiment dont les angles sont ornés d'une colonne, d'un pilastre ou de quelque autre corps qui excède le nu du mur. || T. Blas. Se dit d'une pièce seule placée dans un des deux cantons du chef ou de la pointe. *Le canton suisse de Schwitz porte de gueules à la croix d'argent cantonnée à senestre du chef.* — Se dit aussi de la croix et des sautoirs, accompagnés, dans les canons de l'écu, de quelque autre figure. *Montmorency*

porte d'or à la croix de gueules cantonnée de 16 alérions d'azur. Voy. ALÉRION (Fig. 2).

CANTONNEMENT. s. m. [Pr. *canto-ne-man*] (R. *cantonner*). T. Guerre. Lieu dans lequel des troupes sont cantonnées. *Quartiers de c. Mettre des troupes en c.* — Se dit aussi des troupes cantonnées. *Le général a visité les cantonnements.* || T. Législ. Circonscription territoriale déterminée. *C. de bois. C. de pêche, de chasse.*

CANTONNER. [Pr. *canto-ner*] (du rad. *cant*, coin; même origine que *canton*). T. Guerre. *C. des troupes*, Les distribuer par corps plus ou moins considérables dans plusieurs villages. = CANTONNER. v. n. S'établir, être en cantonnement. *Dès le mois d'octobre, l'armée commença à c.* = SE CANTONNER. v. pron. Se retirer dans un lieu pour y être en sûreté ou pour s'y défendre plus aisément. *Les rebelles se cantonnèrent dans les montagnes.* = CANTONNÉ, ÉE. part. *Troupes cantonnées.*

CANTONNIER. s. m. [P. *canto-nié*] (R. *canton*). T. Ponts et chaussées. Un *Cantonnier* est un ouvrier chargé de travaux de main-d'œuvre relatifs à l'entretien journalier d'une certaine étendue de chemin : d'une route. L'origine des cantonniers paraît remonter, en France, aux premières années du siècle dernier; mais leur établissement définitif ne date que de 1816. Tout ce qui concerne leur service est régi par le règlement du 10 fév. 1835, et par l'arrêté ministériel du 10 janv. 1852. Les cantonniers de chaque département sont à la nomination du préfet. Ils sont distribués en brigades de six hommes chacune, commandées par l'un d'entre eux que l'on appelle *C.-chef*. On nomme *Canton* la partie de route assignée à chaque c., et sur laquelle il doit se trouver, quel que soit l'état du ciel, depuis six heures du matin jusqu'à six heures du soir, du 1ᵉʳ avr. au 1ᵉʳ oct., et, le reste de l'année, depuis le lever jusqu'au coucher du soleil. Tout c. est obligé de maintenir constamment la route en bon état. En cas d'accident, il doit porter gratuitement aide et assistance aux voyageurs. Le salaire des cantonniers a été fixé par le règlement du 20 fév. 1882. Il y a trois classes qui reçoivent de 48 à 63 francs par mois. Les cantonniers-chefs touchent de 78 à 102 francs par mois. — Dans le service des chemins de fer il existe aussi des cantonniers; mais ceux-ci sont uniquement chargés de la surveillance de la voie ferrée. Ces agents doivent visiter leur section après le passage de chaque convoi. Ils sont munis des signaux nécessaires pour faire connaître l'état de la voie aux conducteurs des machines. Leur utilité est immense, puisque c'est de leur vigilance que dépend la vie des voyageurs; aussi sont-ils très multipliés sur toutes les lignes, particulièrement aux approches des grandes villes.

CANTONNIÈRE. s. f. [Pr. *canto-nière*] (du rad. *cant*, coin; même origine que *canton*). Pièce de la tenture d'un lit à colonnes qui couvre les colonnes du pied du lit et passe par-dessus les rideaux. || *Tenture qui passe par-dessus les rideaux d'une fenêtre et qu'on dispose de diverses manières.*

CANTORBERY (*Canterbury*), ch.-l. du comté de Kent. une des plus anciennes villes de l'Angleterre, siège de l'archevêque-primat d'Angleterre, qui est le premier pair du royaume après les princes du sang. || THOMAS DE CANTORBERY Voy. BECKET.

CANTRE. s. m. Banc à l'usage de l'ourdisseur. || Assemblage de deux montants plantés dans une forte planche.

CANTU (CÉSAR), historien italien (1805-1881), auteur d'une *Histoire universelle*, d'une *Histoire des Italiens*, etc.

CANULAIRE. adj. 2 g. En forme de canule.

CANULE. s. f. (lat. *cannula*, petit roseau). Petit tube, petit tuyau qu'on adapte au bout d'une seringue. || Espèce de tuyau en robinet de bois qu'on met à un tonneau en perce. || T. Chir. Se dit de petits tubes divers de forme et de matière qui servent à tenir des plaies ouvertes, à faire des injections, etc.

CANUT. s. m. (mot qui sans doute a signifié *tisserand*; du gr. κάνναβις, chanvre). Nom sous lequel on désigne les ouvriers en soie des fabriques de Lyon.

CANUT ou **KNUT** (SAINT), roi de Danemark (1080-1086).

] Canut le Grand, roi d'Angleterre et de Danemark (1014-1035).

CANY-BARVILLE, ch.-l. de c. (Seine-Inférieure), arr. d'Yvetot, 1,800 hab.

CANZONE ou **CANZONETTE**. s. f. [Pr. *can-tzône, can-tzo-nète*] Le mot *Canzone* est italien, et sert à désigner une sorte de poème lyrique qui tient à la fois de l'ode et de la cantate. La c. est d'origine provençale et a été introduite en Italie au XIII° siècle. Mais au XIV° elle acquit entre les mains de Pétrarque une telle perfection que, depuis lors, elle est restée la forme favorite de la poésie lyrique italienne. La *C. petrarchesca*, appelée aussi *toscana*, se compose de 5 à 20 stances, ayant chacune de 9 à 20 vers. L'ordre des vers doit être le même dans toutes les stances, sauf la dernière : celle-ci répond à l'envoi de nos anciennes ballades ; on la nomme *Congedo, Ripresa, Chiusa*, etc. La *C. pindarica*, ainsi que l'indique cette épithète, est d'un style plus élevé et propre surtout aux sujets héroïques. La *C. anacreontica* se compose en général de stances courtes et de vers d'un petit nombre de pieds : on l'appelle également *Canzonetta*. Ce dernier terme s'applique aussi à un morceau de chant d'un caractère naïf et populaire, ou bien encore à une espèce de romance.

CAOLIN. s. m. T Min Voy. Kaolin.

CAOUANNE. s. f. [Pr. *ca-ou-ane*]. T. Erpét. Genre de tortues marines. Voy. Chéloniens.

CAOUTCHINE. s. f. (R. *caoutchouc*). T. Chim. Carbure d'hydrogène C¹⁰H¹⁶ qui se trouve dans les huiles provenant de la distillation du caoutchouc et de la gutta-percha. C'est un liquide mobile, transparent, incolore, d'une odeur agréable qui rappelle celle de l'essence d'orange et d'une saveur aromatique particulière. Sa densité est de 0,84. La c. bout à 171° et ne se solidifie pas à —30°; elle est peu soluble dans l'eau, soluble en toutes proportions dans l'alcool et dans l'éther. Ses propriétés chimiques sont celles des terpènes.

CAOUTCHOUC. s. m. [Pr. *ca-out-chou*] (mot indien, *cahuchu*, m. s.). La substance si connue sous ce nom est produite par un assez grand nombre de végétaux différents : nous citerons, dans la famille des Urticacées le *Ficus elastica*, répandu dans toute l'Inde continentale; les *Ficus radula* et *elliptica*, de Java; le *Ficus prinoides*, de l'Amérique du Sud; le *Castilloa elastica* et le *Cecropia peltata*, de l'Amérique méridionale; dans la famille des Apocynées, le *Vahea gummifera*, de Madagascar; l'*Urceola elastica* et la *Willughbeia edulis*, des Indes Orientales; le *Collophora utilis* et le *Cameraria latifolia*, de l'Amérique du Sud; dans la famille des Asclépiadées le *Calotropis gigantea* et dans la famille des Euphorbiacées le *Siphonia elastica*, appelé aussi *Hevea guianensis*, de l'Amérique méridionale. Mais la plus grande partie du c. du commerce est fournie par le *Siphonia elastica*, le *Castilloa elastica*, ainsi que par les *Ficus elastica*, *radula* et *elliptica*. Le *Siphonia elastica* fournit la plus grande partie du c. de la meilleure qualité connu dans le commerce sous le nom de *Para*. Le c. est contenu dans le latex de ces arbres, sous forme de petits globules en suspension, comme les globules graisseux dans le lait. Il suffit d'abandonner ce suc laiteux à lui-même pour obtenir la séparation des globules : ils montent à la surface du liquide et y forment une sorte de crème épaisse. On recueille ce latex en pratiquant des incisions profondes vers la base du végétal et en le recevant dans des vases de terre. Les indiens de l'Amérique du Sud nous l'envoient sous forme de petites poires de couleur brune. Ils façonnent des moules piriformes en terre, sur lesquels ils étendent le c. couche par couche, en faisant immédiatement coaguler chacune d'elles par une rapide exposition à un feu de branchages. Lorsque les couches successives forment une épaisseur suffisante, ils brisent le moule de terre et en font sortir les fragments par le goulot de cette espèce de bouteille. C'est ce mode de coagulation par le feu qui donne au c. la couleur brune avec laquelle il nous parvient.

Lorsqu'on l'a préparé d'une façon convenable, le c. est incolore, presque transparent, d'une densité égale à 0,925, et doué d'une élasticité qu'aucune autre substance ne possède au même degré, et qui l'a fait désigner communément sous le nom de *Gomme élastique*. Ses surfaces, récemment coupées, se soudent ensemble et contractent une adhérence aussi forte que celle des parties intactes. Il se contracte et se durcit

sous l'influence d'une basse température; mais une chaleur modérée lui rend bientôt sa souplesse et son élasticité. A 120° il entre en fusion et présente alors l'aspect d'un liquide oléagineux qui ne peut être vaporisé sans se détruire. Les produits de sa décomposition, par la chaleur, sont des carbures d'hydrogène qu'on peut considérer comme ses principes immédiats. Il renferme 87,2 de carbone et 12,8 d'hydrogène. Le c. conduit mal le calorique et point du tout l'électricité. Il est parfaitement imperméable à l'eau. Il est aussi sensiblement à l'air atmosphérique, et ne se laisse traverser qu'à la longue par le plus subtil de tous les gaz, l'hydrogène. L'oxygène sec ou humide, le chlore, l'eau, les acides faibles, la potasse, même en dissolution concentrée, ne l'altèrent point; mais il est attaqué par les acides azotique et sulfurique. Il est soluble dans l'éther, dans plusieurs huiles essentielles et surtout dans le sulfure de carbone. Il répand, lorsqu'on le chauffe, une odeur désagréable.

Ce sont les académiciens Bouguer et La Condamine qui, les premiers, ont fait connaître le c. à leur retour de l'Amérique du Sud, où ils avaient été envoyés par l'Académie des sciences pour mesurer un arc du méridien, vers 1750. La première propriété du c. qui fut utilisée est celle qu'il possède d'enlever les traces de crayon sans graisser le papier. On ne songea que plus tard à tirer parti de ses qualités les plus précieuses, c.-à-d. de son élasticité et de son imperméabilité. En 1785, le physicien Charles enduisit d'une couche de c. dissous dans l'essence de térébenthine le taffetas dont il forma l'enveloppe de son aérostat à *air inflammable*. En 1790, on fabriqua avec cette substance des ressorts et des ligatures élastiques, et l'on essaya même de l'étendre sur des tissus grossiers pour pour les rendre imperméables. En 1820, Nadier imagina de découper le c. en fils très ténus et de le tordre avec d'autres fils de chanvre, de laine, etc., pour confectionner un véritable tissu. Bientôt après, Mac-Intosh eut l'idée de réunir ensemble, à l'aide d'une colle faite avec du c. dissous dans l'huile de naphte, deux pièces d'étoffe (ordinairement de mérinos), d'où l'adhérence était alors si complète qu'elles semblaient n'en former qu'une seule. Puis on fabriqua des chaussures en c. Voy. Imperméable.

En 1843, Hancok et Broding découvrirent que le c., combiné avec une petite quantité de soufre, acquiert la propriété de conserver son élasticité d'une manière égale et permanente aux diverses températures atmosphériques : cette préparation a été nommée *Vulcanisation*. Le c. vulcanisé contient au plus 20 p. 100 de soufre. Enfin, l'Américain Goodyear a reconnu qu'en forçant la proportion de soufre on enlève au c. son élasticité. Il acquiert alors la consistance de la corne ou de l'écaille de tortue, et on peut s'en servir pour fabriquer des peignes, tabatières, coffrets, vases, etc. Cette matière a reçu le nom de *C. durci, ébonite* ou *vulcanite*. Voy. Ébonite.

Le c. brut est d'abord broyé dans des appareils spéciaux, puis pétri dans un cylindre garni de pointes intérieures, et enfin malaxé entre deux cylindres appelés *laps* ou *diables* qui tournent avec des vitesses inégales, et qu'on nomme *Cylindres mélangeurs*. Cette opération produit un étirage accompagné d'un broyage intérieur qui soude les parties et rend la masse homogène. On obtient ainsi des feuilles que l'on peut ensuite découper en fils ou façonner en forme de tuyaux, tampons, rondelles, etc. On n'emploie presque plus aujourd'hui le c. naturel : tout le c. employé dans l'industrie est vulcanisé. Cette opération peut se faire de différentes manières. Dans le principe, on se contentait de plonger pendant un quart d'heure dans un bain de soufre à 120° des feuilles de c. épaisses de 2 à 3 centim. Ces feuilles absorbaient environ 12 p. 100 de soufre et acquéraient ainsi les propriétés voulues. Dans le procédé dû à Hancock et Broding, on expose les feuilles de c. à un courant de vapeur chauffé à 60° que l'on a d'abord fait passer sur du soufre fondu. Le procédé Goodyear consiste à introduire dans un appareil destiné à broyer et à pétrir le c. environ 10 p. 100 de fleur de soufre, de manière à incorporer le soufre à la substance. Ensuite, la masse est chauffée dans des chaudières. Enfin, le procédé de Parkes et Péroncel consiste à plonger à deux reprises dans un bain de sulfure de carbone additionné de 2 p. 100 de chlorure de soufre les objets en c. préalablement lavés et séchés. La durée moyenne de chaque immersion est de 1 minute à 1 m. 1/2. La seconde se fait 5 minutes après la première. Les objets sont ensuite séchés et lavés, d'abord avec de l'eau légèrement alcaline et ensuite avec de l'eau pure. On ajoute souvent au c. diverses substances pour en modifier l'aspect et les propriétés : ce sont surtout l'oxyde de zinc, la litharge, des résines et le sulfure d'antimoine, qui donne au c. une belle teinte orangée. Tous ces mélanges se font à l'aide des cylindres mélangeurs. Quand on se sert de sulfure d'antimoine, il est inutile d'ajouter du soufre, le sulfure suffisant à la vulcanisation.

L'un des progrès récents de la fabrication du c. est la machine à fabriquer les *tuyaux sans soudure*. A l'aide d'une vis à pas rapide, on moule la gomme ramollie par la chaleur dans un cylindre creux et on la force à sortir par un orifice annulaire.

Le c. vulcanisé se prête aujourd'hui à une foule d'applications : outre les vêtements et chaussures imperméables, nous citerons les tampons de chemin de fer, les tuyaux flexibles, les bandes de billard, les bandages de roues pour vélocipèdes, pour voitures légères, pour les tricycles qui servent au transport des bagages dans les gares de chemin de fer, etc.; les jouets d'enfants, blagues à tabac et les caractères d'imprimerie pour timbres humides. Enfin, on est arrivé à fabriquer des courroies de transmission formées de plusieurs plis de toile superposés et collés ensemble au moyen de c.; ces courroies sont plus légères et plus résistantes que celles de cuir.

Caoutchouc des huiles. — Matière trouvée en 1846 par M. Jonas de Eilenbourg, et que l'on obtient en faisant bouillir dans de l'eau acidulée par l'acide azotique le résidu des huiles siccatives exposées à une haute température.

Caoutchouc minéral ou *C. fossile, Élatérite, Bitume élastique.* — Substance noirâtre, molle, élastique, poisseuse, de composition variable qu'on a trouvée dans une mine de plomb à Castleton, dans le Derbyshire, puis en Chine. On en connaît deux variétés qui sont employées à la fabrication de la vaseline. Voy. BITUME.

CAOUTCHOUTER. v. a. Filer en caoutchouc; enduire de caoutchouc.

CAP. s. m. [Pr. *capp*] (lat. *caput*, tête). Tête. N'est usité en ce sens que dans ces deux loc. : *Armé de pied en c.; Parler c. à c.* : celle-ci même a vieilli. — On dit encore, *Cheval c. de more*, Cheval de poil rouan, qui a la tête et les extrémités des pieds noires.

Géogr. — On donne le nom de *Cap* à l'extrémité d'une terre qui s'avance dans la mer d'une manière bien prononcée, comme le *C. Nord* dans la Laponie, et le *C. de Bonne-Espérance* à l'extrémité australe de l'Afrique. Les saillies moins considérables et peu élevées s'appellent *Pointes.* Quant au mot *Promontoire*, il est synonyme de *Cap*; néanmoins, il est plus particulièrement employé dans le style noble et poétique.

Dans le langage de la marine, le mot de *Cap* est souvent usité pour désigner l'avant d'un bâtiment. Ainsi on dit : *Où est le c.?* pour demander vers quel point de la boussole est dirigé l'avant du navire. *Mettre* ou *porter le c. au nord, au sud, au large, à terre*, c'est diriger l'avant vers le nord, etc.; *Virer c. pour c.*, c'est faire décrire au vaisseau une évolution complète sur lui-même.

CAP (LE), vaste colonie anglaise de l'Afrique méridionale. Avant 1793, elle appartenait aux Hollandais, qui s'y étaient établis en 1652. Après 1793, les anciens colons ont émigré et sont allés former dans le nord deux États républicains : le Transvaal et la République du Fleuve-Orange. La colonie, d'abord confinée aux bords de l'Océan, fut en 1847 reportée jusqu'au fleuve Orange, à plus de 550 kilomètres du littoral. En 1871, elle s'est agrandie du pays des Griquas, au nord du fleuve Orange, et du pays des Basoutos, entre les monts Drukenberg et l'État libre d'Orange. En 1875, elle a annexé la Cafrerie indépendante; puis, en 1876, l'Angleterre a occupé la baie de Walfisch, pour étendre de là son autorité dans le pays des Namaquas. Enfin, la guerre contre les Zoulous (1878-1881) s'est terminée par la conquête et la soumission de leur pays, et celle contre les Matabélés (1893) a reporté jusqu'aux bords du Zambèze l'autorité du « haut commissaire » anglais qui gouverne la colonie du Cap et surveille toute la politique sud-africaine de l'Angleterre. La colonie du Cap, avec ses annexes, constitue à l'Angleterre les possessions suivantes :

	Kil. c.	Hab.	
Col. du Cap	574,800	1,550,000	1793-1815
Griqualand	95,000	110,000	1871
Basoutoland	30,420	220,000	1871
Natal	45,830	550,000	1849-1856
Zoulouland	22,320	145,000	1881
Prot. des Betchouanas	184,980	600,000	1872-1895
Walfish-Bay	1,250	800	1876
Terr. du Zambèze	1,604,000	1,350,000	1876-1893
Njassaland			

Total : 2,464,083 kil. c. et environ 3,850,000 hab.

La *Colonie du Cap* proprement dite, la plus anciennement organisée, s'étend entre les deux océans, depuis l'embouchure du fleuve Orange jusqu'à celle de la rivière Kei. Au nord, elle est en grande partie limitée par le cours du fleuve Orange et celle du Calédon, son affluent. Sa plus grande longueur est de 880 kil. et sa largeur varie entre 300 et 700. Le développement des côtes dépasse 2,000 kil. A citer les baies de Sainte-Hélène et de False, et les caps Castle, de Bonne-Espérance et des Aiguilles. Le seul cours d'eau qui ait de l'importance est le fleuve Orange, qui se jette dans l'océan Atlantique, grossi de la Modder, du Hart et du Calédon. Les montagnes, parallèles à la mer, forment trois chaînes qui s'élèvent adossées les unes aux autres et supportent des plateaux arides et nus. La première, éloignée de la mer de 25 à 75 kil., est la moins élevée et supporte un premier plateau large de 40 à 50 kil. La seconde chaîne est constituée par les montagnes Blanches et les montagnes Noires, et porte le plateau ou désert de Karrou, haut de 8 à 900 mètres. Au delà de ce plateau s'étend la troisième chaîne, celle qui sert de ligne de partage des eaux entre les deux océans : monts Nieuweveld, Sternberg, etc., qui se prolongent entre le bassin de l'Orange et les petits bassins de la côte, sous le nom de Drakenberg. Le climat est généralement doux, salubre et sec; les températures extrêmes constatées au Cap sont + 37° et — 8°.

La colonie du Cap proprement dite est administrée par un gouverneur nommé par l'Angleterre, assisté d'un conseil exécutif, d'un ministère responsable et d'un parlement. Les divisions administratives forment 7 provinces et 50 districts :

Provinces.	Dist.	Villes principales.
De l'Ouest	4	Le Cap (65,000 hab.), Kellington.
Du N.-O.	7	Worcester, Malmesbury.
Du S.-O.	9	Calédon, Mosselbay.
Centrale.	8	Beaufort, Hopetown.
Du S.-E.	8	Albany, Bathurst, Port-Élisabeth (20,000 hab.).
Du N.-E.	8	Bedford, Colesberg.
De l'Est	6	King's William Town (7,000 hab.).

Le Griqualand forme une huitième province. C'est la région des diamants. Les mines découvertes en 1867 sont groupées autour de Kimberley, non loin du Vaal, et divisées en plus de

COLONIE DU CAP

douze cents lots, produisant par an près de 30 millions de francs. Les principaux gisements sont ceux de Kimberley, d'Old, de Beers, de Dutoit's Pan et de Bultfontein. Kimberley, la capitale de cette région, a vu d'un seul coup sa population monter à 25,000 hab.

La colonie du Cap, dans sa population, renferme près de 300,000 blancs, presque tous Hollandais ou Anglais. Les races indigènes comprennent les Hottentots, qu'on emploie comme laboureurs et bergers, les Cafres, les Malais, etc.

La ville du Cap (Cape-Town) est une petite capitale assez importante, avec Université, Observatoire, etc., 40,000 hab.

Le sol, aride et desséché dans l'intérieur du pays, n'est propre à la culture que le long des côtes et sur les premiers terrassements qui descendent à la mer. Il produit du blé, des pommes de terre, du coton et de la vigne, dans un rayon de 75 kil. autour du Cap; on cite les vins de Constance. Les forêts fournissent des bois de toute espèce. Les pâturages sont considérables et l'on y élève de belles races de moutons mérinos et de chèvres angoras. Les espèces sauvages deviennent de jour en jour moins nombreuses.

L'industrie est surtout agricole. L'importation et l'exportation donnent un chiffre supérieur à 150 millions de francs; les articles d'exportation sont les laines, les plumes d'autruche, le minerai de cuivre, les peaux, poissons, ivoire et vins. Les diamants exportés ne figurent pas dans ce chiffre

Les autres colonies anglaises de l'Afrique australe, ne dépendant pas administrativement de la colonie du Cap, ne figurent pas dans cette description.

CAP DE BONNE-ESPÉRANCE (Le), pointe méridionale de l'Afrique. — Découvert en 1486 par Barthélemy Diaz qui, n'ayant pu le doubler à cause du mauvais temps, l'appela *Cap des Tempêtes*, nom que le roi de Portugal Jean II changea en celui qu'il porte.

CAP-BRETON, île de l'Amérique du Nord (Nouvelle-Écosse, aux Anglais), 84,600 hab. Cap. *Sydney*.

CAP VERT (Le), cap à l'extrémité ouest de l'Afrique. *Îles du Cap Vert*, archipel de l'océan Atlantique en face du Sénégal (aux Portugais), 100,600 hab. — Cap *Porto-Praya*, dans l'île *Santiago*.

CAPABLE. adj. 2 g. (lat. *capax*; de *capere*, comprendre, contenir). En parlant des choses, se dit proprement des corps qui peuvent contenir d'autres corps. *Ce vase est c. de tenir dix hectolitres.* ‖ Signifie aussi, qui peut produire tel ou tel effet, tel ou tel résultat. *Cette machine n'est pas c. de donner le résultat attendu. Il a eu recours à tous les moyens capables de faire réussir son projet.* ═ En parlant des hommes, et même, jusqu'à un certain point, des animaux, se dit de leur aptitude, de leur puissance, soit sous le rapport physique, soit sous le rapport moral et intellectuel. *Vous n'êtes pas c. de porter ce fardeau. Elle n'est pas c. de reconnaissance, de modération. Il n'en est pas c. Je ne suis pas c. de manquer à ma parole. L'esprit de l'homme n'est pas c. de concevoir l'infini. — Il est c. de tout*, il peut s'acquitter très bien de toutes sortes d'emplois; ou c'est un homme d'une audace à ne reculer devant aucun péril; ou bien encore, c'est un individu qui peut se porter aux plus grands excès, aux plus grands crimes. — *Il n'est pas c. de raison, d'entendre quelque chose*, il n'est pas en humeur, en état d'entendre le langage de la raison, d'écouter ce qu'on a à lui dire. ‖ Celui qui possède les qualités requises par la loi, par les règlements pour jouir d'un droit, exercer quelque fonction, obtenir un grade, un titre, etc. *Être c. de contracter, de donner et de recevoir. Il n'est pas encore c. d'exercer la médecine.* ‖ Pris absol. et sans régime, a le sens d'intelligent, habile. *C'est un homme c., très c. J'ai mis votre affaire entre les mains d'un homme c. — Il a l'air c.*, il prend l'air c., il a l'air d'un homme qui présume trop de ses talents, de sa habileté. — On dit encore subst., *Il fait le c.* Il se pose en habile homme, il affecte une grande confiance dans ses tale..ts. ‖ T. Géom. *Arc c. d'un angle donné.* Arc tel que tous les angles inscrits dans le segment déterminé par l'arc et sa corde sont égaux à l'angle donné. — *Cône c. d'un trièdre trirectangle*, Cône de révolution dans lequel on peut inscrire une infinité de ces trièdres.

Syn. — *Susceptible.* — Ces deux termes s'emploient au sens moral en parlant des personnes, mais dans une acception assez différente. *Capable* a une signification active et passive; *susceptible* n'a qu'une signification passive. On est c. de faire une chose, d'exercer un emploi, de supporter la fatigue,

la souffrance; tandis qu'on est simplement *susceptible* d'amour, de haine. *Susceptible* ne se dit donc que'en parlant des affections morales. C'est même pour cela que l'on attache à ce mot, pris absolument, le sens de « trop sensible et prompt à s'offenser ».

CAPABLEMENT. adv. Avec capacité.

CAPACE. adj. (R. *capere*, contenir). Qui peut contenir. *Le crâne masculin est, en général, plus volumineux, plus capace, que le crâne féminin.* (Buoca.)

CAPACITAIRE. s. m. (R. *capacité*). Celui à qui appartient une certaine capacité légale.

CAPACITÉ. s. f. (lat. *capacitas*, m. s.; de *capere*, contenir). L'étendue d'une chose, en égard à ce qu'elle contient ou peut contenir. *La c. d'un vase, d'une cuve, d'un cylindre, d'un tube.* — Se dit quelquefois du volume d'un corps, de l'espace qu'il occupe. *La c. du cerveau.* ‖ En parlant des personnes, signif. habileté, aptitude, puissance. *Avoir une grande c., une vaste c. Manquer de c. — La c. de l'esprit*, L'étendue, la portée de l'esprit. ‖ État d'une personne qui réunit les qualités requises par la loi, les règlements pour jouir d'un droit, exercer quelque fonction, etc. *La validité d'un contrat dépend de la c. des parties. Brevet de c.* ‖ T. Matière bénéficiale. *Les titres et capacités d'un ecclésiastique.* Les actes et les pièces qui prouvent qu'il est capable de posséder le bénéfice qu'il demande. ‖ T. Chim. *C. de saturation.* Voy. Dissolution. ‖ T. Phys. *C. pour le calorique* ou *C. calorifique.* Voy. Calorimétrie. ‖ *C. électrique, inductive, spécifique.* Voy. Électricité. ‖ T. Métaphys. Aptitude de l'âme à recevoir toutes les impressions.

Métrologie. — L'unité de *s.* dans le système métrique, soit pour mesurer les liquides, soit pour mesurer les matières sèches, est la même : le *Litre*, qui équivaut au décimètre cube. Les multiples du *litre* sont le *Décalitre* ═ 10 lit., l'*Hectolitre* ═ 100 lit., et le *Kilolitre* ═ 1000 litres ═ 1 mètre cube. Ce dernier terme est cependant peu usité; on dit plutôt 10 hectolitres. Quant aux subdivisions du litre, il n'en existe que deux, le *Décilitre* ═ 1/10° de litre, et le *Centilitre* ── 1/100° de litre. Le *Centilitre* vaut 10 centimètres cubes.

Il nous est impossible d'indiquer ici les diverses mesures employées autrefois dans les diverses provinces de la France, car elles variaient à l'infini : nous nous contenterons de nommer les plus usitées, en faisant observer même que l'évaluation de ces anciennes mesures ne saurait être rigoureusement exacte, attendu qu'il n'y avait pas pour elles d'étalon régulier. En outre, dans le même lieu, une même mesure *nominale* avait une valeur différente, soit qu'il s'agissait de liquides ou de matières sèches, et même selon la nature de ces liquides ou de ces matières. Pour les grains, par ex., le *Setier* de Paris valait 156 litres; le *Muid* ═ 12 setiers valait donc 1,872 litres; la *Mine* ou *Demi-setier* valait 78 litres; le *Minot* ou quart de setier valait 39 litres; le *Boisseau* ou tiers du minot valait 13 litres, et le *Litron* au seizième du boisseau valait 0ˡ,8126. Mais le *Muid* valait 2,478 litres, lorsqu'il s'agissait d'avoine : les autres mesures variaient alors proportionnellement. Quant aux mesures pour les liquides : le *Muid* valait 268 litres; la *Feuillette*, 134 litres; le *Quarteau*, 67 litres; la *Velte*, 7ˡ,44; le *Pot*, 1ˡ,864; la *Pinte*, 0ˡ,9305, la *Chopine*, 0ˡ,465; le *Demi-setier*, 0ˡ,2326; le *Poisson*, 0ˡ,1164; la *Roquille*, 0ˡ,029. Pour les liquides encore, le *Muid* de Bourgogne valait 320 litres, et celui du Languedoc 114 litres seulement.

Voici les principales mesures de c. usitées chez les peuples étrangers, en donnant leur évaluation en litres. Dans l'énumération qui suit, les chiffres à la gauche de la virgule indiquent les litres entiers, et les chiffres situés à la droite, les fractions du litre. (Nous croyons du reste inutile de distinguer, parmi ces mesures, celles qui sont propres aux liquides ou aux matières sèches). Il convient d'ajouter que, la plupart des pays civilisés ayant adopté le système métrique, un grand nombre de ces mesures suivantes ne sont plus usitées officiellement; mais elles sont encore employées dans le peuple et, dans tous les cas, présentent de l'intérêt pour la lecture des anciens ouvrages.

Autriche. Eimer, 58,02; Metz, 61,500. *Breslau*, Eimer, 55,532; Scheffel, 69,903. *Prague*, Eimer, 64,167; Strick, 106,771.

Bavière. Eimer, 68,416; Scheffel, 222,354; Maas, 1,07;

Schaff, 439,341. — PRUSSE. Eimer, 68,690; Scheffel (16 metzens), 54,952; Fuder, 824,40; Tonne (4 scheffels), 219,80.
BELGIQUE. Système métrique.
DANEMARK. Anker, 37,646; Viertel, 7,726; Toende, 139,001.
ESPAGNE. Arroba de vin, 16,137; Arroba d'huile, 12,564; Fanega, 54,800. *Alicante*, Cantaro, 11,554; Cahiz, 246,412. *Aragon*, Cantaro de vin, 10,313; Cantaro d'eau-de-vie, 13,970; Cahiz, 180,486. *Barcelone*, Carga, 123,756; Quartera, 68,449. *Malaga*, Arrobs, 45,850; Fanega, 56,351. *Valence*, Arroba, 11,786.
GRANDE-BRETAGNE. Gallon impérial, 4,543; Quart (1/4 gall.), 1,135; Pint (1/8 gall.), 0,567; Peck (2 gall.), 9,086; Bushe (8 gall.), 36,347; Sack (3 bush.), 109,043; Quarter (8 bush.), 290,781; Chaldron (12 sacks), 1,308,516. *Écosse*, Pint, 1,694; Firlot de froment, 36,005; Firlot d'orge, 52,525. *Irlande*, Gallon, 3,565.
GRÈCE. Système métrique.
HAMBOURG. Fass, 54,96; Scheffel (2 fass), 109,92; Winspel (20 fass), 1,099,20; Stubchen, 3,62; Ohm, 144,92; Tonne, 869,53.
HOLLANDE. Stop, 2,425; Ahm, 155,254; Skeppel, 27,814. *Amsterdam*, Stekan de vin, 19,403; Stekan d'eau-de-vie, 18,759; Stekan de bière, 19,656; Mudde, 111,256.
PORTUGAL. *Lisbonne*, Almude, 16,511; Alqueire, 13,515. *Oporto*, Almude, 25,480. *Açores* (îles), Alqueire, 11,978.
RUSSIE. Vedro, 12,299; Stof (1/8 ved.), 1,537; Crouchka 1/10 ved .). 1,230; Tchetverit, 209,817; Asmure (1/2 tchetv.), (104,908;Tchetverik (1/2 tch.), 26,227; Garnitz (1/8 tchetverik), 3,278. *Libau*, Oxhoft, 236,548; Loof, 58,657. *Revel*, Anker, 42,276; Tonne,118,290. *Riga*, Anker,39,097; Loof,68,269. SUÈDE et NORVÈGE. *Suède*, Kann, 2,615; Tunnade, 32; Kappar, 146,490. *Bergen*, Toende, 139,084.
SUISSE. Pot (3 liv. d'eau pure), 4,500; Setier (brente), 25 pots,37,500; Muid (100 pots),150,000; Quarteron (boisseau), 15,000; Sac (10 quarterons), 150,000; Viertel de froment, 20,530; Viertel d'avoine, 20,820; Mutt de froment, 82,120. TURQUIE. *Constantinople*, Almud, 5,227; Killow, 33,148. *Salonique*, Killow, 194,010. *Candie*, Mistate d'huile, 11,164; Cargo, 152,193. *Chypre*, Cass, 4,731; Medimno, 75,097.
AFRIQUE. — ABYSSINIE. Cuba, 1,016. *Gondar*, Ardeb, 4,404; *Massouah*, Ardeb, 11,746. — ÉGYPTE. *Alexandrie*, Rebeh, 137,092. *Caire*, Ardeb, 182,00. — TRIPOLI. Caïsso, 40,60. — TUNIS. Mettar d'huile, 19,397; Millerolle, 64,330.
AMÉRIQUE. — Dans le CANADA, ainsi que dans les ÉTATS-UNIS, on se sert des mesures anglaises. Dans le MEXIQUE et dans les États de l'AMÉRIQUE DU SUD qui appartenaient jadis à l'Espagne, on a conservé les mesures espagnoles. — BRÉSIL. Alqueire, 21,76; Fanga, 87,04; Mofo, 1306,20; Gentillas, 0,66; Canada (4 gentillas), 266; Pipo (180 canadas), 479,16. ASIE. — ASIE OTTOMANE. *Smyrne*, Killow, 51,321. — CHINE. Ping, 560,00; Tchung, 238,00; Yu, 412,00; Tché, 70,00; Fu, 45,00; Ho, 35,00; Teu, 7,00; Tching, 0,7. — INDE. *Bombay*, Candy de b'é, 880,957; Parah, 410,419; *Adoulie*; 6,8824; *Calcutta*, Pallie de blé, 4,1190; *Madras*, Morcal, 12,2924; *Pondichéry*, Garce, 366,362; Morcal, 3,6636. — PERSE. Artaba de blé, 65,757. — SIAM. Cohi de blé, 471,656; Seste, 11,7914.
Dans l'ancienne GRÈCE, chaque nation avait son propre système de poids et mesures : néanmoins celui d'ATHÈNES, à cause de sa prépondérance commerciale, était connu partout et fort usité dans les transactions entre marchands. Chez les Athéniens, l'unité de mesure était le *Métrète* pour les liquides, et le *Médimne* pour les grains et les matières sèches. Le tableau suivant donne l'évaluation de ces deux mesures-types, ainsi que de leurs divisions :

MÉTRÈTE		MÉDIMNE	
MÉTRÈTE	40,53	MÉDIMNE	54,04
Amphore (3/4 mét.)	30,40	*Hecte* (1/6 méd.) . .	9,01
Chous (1/12 mét.) .	3,38	*Hémiecte* (1/12 m.) .	4,50
Chénice (1/48 mét.)	0,84	*Chénice* (1/48 méd.) .	1,13
Xeste (1/72 mét.) .	0,56	*Xeste* (1/96 méd.) .	0,56
Cotyle (1/144 mét.) .	0,28	*Cotyle* (1/192 méd.) .	0,28

À ROME, la principale mesure de c. était l'*Amphore*, appelée aussi *Quadrantal*, parce qu'elle était le cube du pied romain. Toutes les autres mesures, sauf le *Culeus*, qui valait 20 amphores, étaient des diviseurs de l'amphore. Ainsi, la valeur de l'amphore étant 27,02 litres, on trouve l'*Urne* = 1/2 amph. = 13,51; le *Modius* = 1/3 amph. = 9,01; le *Semimodius* = 1/6 amph. = 4,50 ; le *Congius* = 1/8 amph. = 3,38; le *Sextarius* = 1/48 amph. = 1/16 modius, = 0,56 ; l'*Hémine* ou *Cotyle* = 1/96 amph. = 1/32 mod. = 0,28 ; le *Quartarius* = 1/192 amph = 1/64 mod. = 0,14 ; l'*Acetabulum* = 1/384 amph. = 1,128 mod. = 0,07; le *Cyathus* = 1/576 amph. = 1/192 mod. = 0,05 ;

enfin, la *Ligule* = 1/2304 amph. = 1/768 mod. = 1/4 cyathus = 0,01. Parmi ces mesures, le sextarius, l'hémine, le quartarius, l'acetabulum, le cyathus et la ligule servaient indifféremment pour les liquides et les matières sèches. Le modius et le semimodius n'étaient d'usage que pour ces dernières. Enfin, l'amphore, l'urne, le conge et le culeus n'étaient employés que pour le mesurage des liquides.
Politique. — On désigne sous le nom de capacités, dans les pays soumis au suffrage restreint, les catégories de personnes qui, ne payant pas le *cens* nécessaire pour être électeur, présentent cependant, par leur position sociale ou leur instruction, des garanties suffisantes pour qu'on puisse leur accorder le droit de suffrage : telles sont les personnes qui s'adonnent aux professions libérales, celles qui sont pourvues de grades universitaires ou qui ont reçu des distinctions honorifiques, etc. L'*adjonction des capacités* est le système électoral qui accepte cette catégorie d'électeurs. On sait que l'une des causes de la révolution de 1848 fut le refus systématique qu'opposa le gouvernement de Louis-Philippe aux nombreuses demandes d'*adjonction des capacités*. Le principal résultat de cet aveugle entêtement fut l'établissement en France du *suffrage universel*.
Enseignement. — *Brevet de capacité.* — Il y a deux *brevets de c.* dans l'enseignement primaire : 1° le *brevet élémentaire*; 2° le *brevet supérieur*. L'examen des aspirants ou aspirantes au brevet élémentaire porte sur les matières suivantes : orthographe, écriture à main posée, composition française, arithmétique et système métrique, dessin usuel, gymnastique pour les hommes, couture pour les femmes, lecture expliquée, histoire de France et instruction civique, géographie de la France, notions de solfège, éléments des sciences physiques et naturelles, enseignement agricole. — L'examen du brevet supérieur comprend les matières suivantes : composition française, arithmétique, géométrie appliquée aux opérations pratiques pour les aspirants seulement, composition en dessin, lecture expliquée, histoire générale et histoire de France, notions de morale et d'éducation, géographie de la France, physique, chimie, histoire naturelle, et, pour les aspirants seulement, notions d'agriculture et d'horticulture, histoire littéraire des XVIe, XVIIe, XVIIIe et XIXe siècles; tenue des livres, composition et traduction à livre ouvert de langues vivantes.
Il existait autrefois dans l'enseignement secondaire deux sortes de brevets de capacité, l'un pour l'enseignement classique, l'autre pour l'enseignement spécial. La possession de l'un de ces deux brevets n'a plus guère d'autre utilité aujourd'hui que celle de permettre à leurs titulaires nou munis d'un baccalauréat d'ouvrir une école d'enseignement secondaire.

CAPADE. s. f. (R. *cap*, tête). Quantité de poil ou de laine pour faire un chapeau.

CAPARAÇON. s. m. (Augm. du bas-lat. *capero*, chaperon). Sorte de couverture que l'on met sur les chevaux.

CAPARAÇONNER. v. a. [Pr. *capara-so-ner*]. Couvrir d'un caparaçon. = CAPARAÇONNÉ, ÉE. part. *Un cheval richement c.*

CAPARAÇONNIER. s. m. [Pr. *capara-so-nié*]. Fabricant de caparaçons.

CAPARASSE. s. f. (bas-lat. *caparo*, chaperon, avec le suffixe péjor. *asse*). T. Mar. Petit manteau de canotier.

CAPE. s. f. (lat. *caput*, tête). Sorte de manteau à capuchon qui était fort en usage autrefois. (Hugues Capet avait l'habitude de porter la cape et son surnom pourrait bien venir de là.) — Vêtement ecclésiastique pour certaines cérémonies catholiques. Voy. la Fig. — Fig. et prov., *Il n'a que la c. et l'épée*, se disait autrefois d'un gentilhomme sans fortune, et se dit aujourd'hui d'une personne ou d'une chose qui n'a qu'un mérite apparent ou superficiel. *C'est un mérite qui n'a que la c. et l'épée.* — Fig., *Rire sous c.*, Éprouver une satisfaction maligne sans la manifester extérieurement. || Couverture de tête dont les femmes se servent dans quelques provinces pour se garantir du vent et de la pluie. || T. Littér. Ro-

mans de c. et d'épée, Romans qui mettent en scène des héros militaires, grands seigneurs, batailleurs et généreux. || T. Mar. Grande voile du grand mât. || État d'un bâtiment qui, dans un mauvais temps et par un vent contraire, conserve peu de voiles brassées obliquement au vent, et tient la barre sous le vent afin de présenter le travers et faire le moins de chemin possible. Être à la c. Mettre à la c.

CAPÉER. v. n. (R. cape). T. Mar. Tenir la cape pendant un coup de vent.

CAPELAGE. s. m. T. Mar. Action de capeler.

CAPELAN. s. m. Vieux mot qui autrefois se disait pour Chapelain. — Se dit par dénigrement d'un prêtre pauvre ou qui ne s'attire pas le respect dû à son caractère. Ce n'est qu'un c. Vx. Ce mot désigne, en Provence, un prêtre en général, sans idée de mépris. || Écon. rur. Ver à soie qui meurt avant d'avoir filé son cocon. || T. Icht. Espèce de petite morue. Voy. MORUE.

CAPELANIER. s. m. Pêcheur de capelans.

CAPELER. v. a. T. Mar. Passer une boucle ou une bague sur tout objet capable de la recevoir, comme un mât, une vergue, etc.

CAPELET. s. m. (Pron. picarde de chapelet). T. Art vétér. Tumeur molle de la pointe du jarret du cheval; souvent c'est une tare considérable, car elle est incurable.

CAPELINE. s. f. (Dimin. de cape). Sorte de chapeau dont les femmes faisaient autrefois usage pour se garantir du soleil. || T Art milit. anc. Armure de tête pour les fantassins avec visière, couvre-nuque, jugulaire et crête. Voy CASQUE. || Coiffure de mérinos ou de laine tricotée tombant sur les épaules, que les femmes portent l'hiver pour se garantir du froid. || T. Chir. Bandage ayant quelque peu de la forme d'une capote de femme. Voy. BANDAGE. || T. Blas. Genre de morion.

CAPELLA (MARTIANUS), auteur latin du Vᵉ siècle de notre ère. Il est dit, dans son ouvrage De Nuptiis Mercurii et Philologiæ, que Mercure et Vénus tournent autour du Soleil.

CAPELLADE. s. f. [Pr. capè-lade] (R. chapeau, avec la pron. picarde). Coup de chapeau, grand salut.

CAPELLE. adj. m. Serpent c., espèce de serpent très venimeuse.

CAPELLE (LA), ch.-l. de c. (Aisne), arr. de Vervins. 2,300 hab.

CAPELUCHE, bourreau de Paris, auteur du massacre des Armagnacs (1418).

CAPENDU. s. m. T. Hortic. Variété de pomme rouge. Voy. POMMIER.

CAPENDU, ch.-l. de c. (Aude), arr. de Carcassonne, 1,200 hab.

CAPERON. s. m. Sorte de grosse fraise. Voy. CAPRON.

CAPESTANG, ch.-l. de c. (Hérault), arr. de Béziers, 4,103 hab.

CAPET. Voy. HUGUES CAPET.

CAPÉTIENS, 3ᵉ race des rois de France (987-1848). On distingue : 1° les CAPÉTIENS DIRECTS, de Hugues Capet à Philippe V (987-1328); 2° les VALOIS, de Philippe VI à Henri III (1328-1589); 3° les BOURBONS, de Henri IV à Louis-Philippe (1589-1792 ; 1814-1848). Voy. FRANCE.

CAPHAR. s. m. (ar. khafâra, m. s., de khafara, protéger). Impôt qu'on lève en récompense de la protection qu'on accorde aux voyageurs ou aux habitants d'un lieu.

CAPHARNAÜM, v. de l'anc. Galilée, très commerçante et où, d'après l'Évangile, il y avait beaucoup de confusion. =

CAPHARNAÜM. s. m. [Pr. cafar-naome]. Lieu qui renferme beaucoup d'objets entassés confusément.

CAPIE. s. f. T. Techn. Lien de plusieurs fils doublés avec lequel on serre un écheveau.

CAPIÉ, ÉE. adj. T. Minér. Qui a l'apparence du bois piqué.

CAPIER. v. a. (R. capie). Faire descendre l'écheveau de soie le long des lames de guindres pour faire place à de nouveaux écheveaux.

CAPIGI. s. m. Portier du sérail.

CAPILLACÉ, ÉE. adj. [Pr. capil-lacé, ll non mouillées] (lat. capillaceus, m. s., de capillus, cheveu). T. Bot. Syn. de CAPILLAIRE.

CAPILLAIRE. adj. 2 g. [Pr. capil-lère, ll non mouillées] (lat. capillus, cheveu). Qui appartient, qui est relatif, qui ressemble aux cheveux. || Artiste c. Titre prétentieux pris par certains coiffeurs. || T. Phys., Anat., Bot. Se dit de certaines parties solides ou creuses qui sont fines comme des cheveux. Tube c. Vaisseaux capillaires. Racines capillaires.

Anat. — Tout le monde sait que le sang, après avoir été distribué par les artères à toutes les parties du corps, est ramené au cœur par les veines ; mais les veines ne sont pas la continuation directe des artères : il existe entre ces deux ordres de canaux vasculaires un réseau de très petits vaisseaux auxquels leur extrême ténuité a fait donner le nom de Capillaires. C'est entre les mailles du réseau microscopique formé par les vaisseaux capillaires que se trouve la substance propre du tissu. Il est impossible d'établir une ligne de démarcation entre les dernières ramifications artérielles ou les radicules veineuses les plus déliées et les vaisseaux qui nous occupent. La distinction ne peut s'établir que sur la considération du diamètre des capillaires : celui-ci est partout le même dans un même réseau, et n'augmente ni ne diminue progressivement comme celui des veines et des artères. — Le calibre des capillaires est proportionné à celui des globules rouges du sang ; néanmoins, il n'est pas le même dans toutes les parties : il varie de 0ᵐᵐ,027 à 0ᵐᵐ,0034. Dans les capillaires les plus déliés, on voit, au microscope, les globules du sang obligés, pour les traverser, de s'allonger en diminuant d'épaisseur. On peut, d'après la structure de leur paroi, classer ces vaisseaux en trois variétés. La première, qui renferme les plus petits, n'a qu'une seule tunique répondant à la tunique interne des artères et des veines ; dans la seconde variété, outre cette membrane, il en existe une deuxième qui répond à la tunique fibreuse ; enfin, dans les capillaires de la troisième variété, on trouve aussi une enveloppe celluleuse qui marque le passage aux artérioles et aux veinules.

Le réseau c. est quelquefois tellement épais que le diamètre des vaisseaux est plus grand que celui des îlots de substance qu'ils renferment. C'est dans les poumons et dans la choroïde que ce lacis vasculaire est le plus dense et que les mailles sont les plus petites. Viennent ensuite l'iris, le corps ciliaire, le foie, les reins, les muqueuses, le derme. Les parties où il est le moins dense, sont le périoste, les os, les cartilages et enfin les tendons. Il est même des parties où l'on ne rencontre pas de capillaires : les dents, le tissu corné, le cristallin, l'épithélium, sont dans ce cas. La forme du réseau c. est en général très simple et ne varie guère que sous le rapport de la longueur ou de la largeur des mailles, tandis qu'on remarque une assez grande variété de formes dans les dernières ramifications artérielles et veineuses. Ainsi, ces dernières ramifications vasculaires ressemblent, dans l'intestin grêle, à un arbre dépourvu de feuilles ; dans le placenta, à une houppe ; dans la rate, à un goupillon ; dans les muscles, à un faisceau de branchages ; dans la langue, à un pinceau de poils ; dans le foie, à une étoile ; dans le plexus choroïde, à une boucle de cheveux ; dans la membrane olfactive, à un grillage. Bien que le calibre des vaisseaux capillaires soit extrêmement petit, leur ensemble présente une capacité plus grande que celle des artères auxquelles ils succèdent.

On doit reconnaître aux parois des vaisseaux capillaires une force de contractilité ; mais elle n'est ni sous l'influence du cœur, ni isochrone à ses contractions : elle se manifeste lentement et d'une manière qui n'a rien de rythmique. Suivant Treviranus, Baumgaertner, Wilson Philip, Cl. Bernard et d'autres physiologistes éminents, cette contractilité est sous la dépendance du système nerveux. — Parmi les agents chimiques. Il en est qui déterminent promptement une dilatation notable des capillaires; tel est le chlorure de sodium. D'autres, au contraire, provoquent le rétrécissement de ces vaisseaux; quelques-uns produisent d'abord leur contraction, puis secondairement leur dilatation. L'application du froid a pour effet constant de déterminer le rétrécissement des capillaires. — C'est dans le réseau capillaire que s'accomplissent les échanges gazeux qui transforment le sang artériel en sang veineux, et réciproquement. Dans les poumons, le sang veineux amené par les veines dans le réseau capillaire s'y trouve au contact de l'air atmosphérique inspiré; il abandonne son acide carbonique et se charge d'oxygène qui lui restitue sa coloration rouge vif. Dans le reste du corps au contraire, le sang artériel chargé d'oxygène arrive au contact des matériaux combustibles qui sont brûlés par l'oxygène; l'eau et l'acide carbonique, résultat de cette combustion, sont alors entraînés par le sang devenu veineux. C'est aussi dans le réseau vasculaire que s'opèrent les échanges chimiques qui constituent la nutrition des tissus, le sang artériel apportant les éléments nouveaux qui traversent la paroi des vaisseaux par endosmose pour aller se fixer sur les tissus, tandis que les produits de désassimilation rentrent dans le sang qui les entraîne dans le courant de la circulation, où ils sont ensuite puisés par les glandes telles que les reins et les glandes sudoripares qui sont chargées de les récolter pour qu'ils puissent être expulsés. Enfin toutes les glandes de l'organisme sont aussi remplies d'un réseau capillaire très riche; c'est encore dans ce réseau que s'accomplit ce travail de séparation qui fait passer dans les canalicules de la glande les matériaux que celle-ci puise dans le sang pour en former le produit de sa sécrétion. — Voy. Circulation, Inflammation, Turgescence, etc.

CAPILLAIRE. s. m. [Pr. *capil-lère*, ll non mouillées] (lat. *capillus*, cheveu). T. Bot. Genre de Fougères (*Adiantum*) de la famille des *Polypodiacées*. Voy. ce mot.

CAPILLAMENT. s. m. [Pr. *capil-la-man*, ll non mouillées] (lat. *capillus*, cheveu). T. Didact. Petite fibre très ténue.

CAPILLARITÉ. s. f. [Pr. *capil-larité*, ll non mouillées] (R. *capillaire*). T. Phys. — Quand on observe avec attention la surface de l'eau contenue dans un verre, on remarque que le liquide s'élève contre les parois, en formant une surface concave, comme s'il échappait aux lois de l'hydrostatique (Fig. 1). Le même phénomène se produit sur les faces d'une lame de verre plongée dans l'eau : le liquide est soulevé et la surface prend une forme sensiblement concave. Le résultat devient encore plus apparent, lorsqu'on rapproche dans l'eau deux lames parallèles.

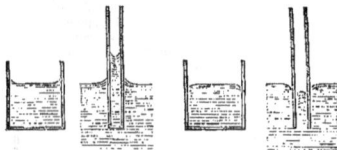

Fig. 1.   Fig. 2.   Fig. 3.   Fig. 4.

rallèles, ou bien lorsqu'on y plonge un tube d'un diamètre très étroit (Fig. 2). On voit alors le liquide s'élever entre les lames ou dans l'intérieur du tube bien au-dessus du niveau extérieur, et cela d'autant plus que le rapprochement des premières est plus considérable ou que le diamètre du second est plus petit. Ces phénomènes ne s'observent pas seulement au contact du verre et de l'eau; ils ont encore lieu chaque fois que l'on plonge un corps solide quelconque dans un liquide capable de le mouiller. Lorsque le liquide ne peut pas mouiller le solide, les phénomènes qui se produisent sont analogues, mais inverses : au lieu d'une élévation, c'est une dépression que l'on observe. Ainsi, le mercure renfermé dans un verre s'abaisse le long des parois et forme une convexité (Fig. 3); entre deux lames, il descend au-dessous du niveau extérieur (Fig. 4); il s'abaisse encore davantage dans un tube d'un très petit diamètre. L'eau se comporte comme le mercure dans un tube graissé intérieurement. Sa surface devient convexe contre les parois que la poussière l'empêche de mouiller. Ces phénomènes, en général, tous les faits analogues qui se produisent au contact des solides et des liquides, ont reçu le nom de *Phénomènes capillaires*, parce qu'ils ont

été observés et étudiés d'abord dans des tubes d'un diamètre assez petit pour être comparable à celui d'un cheveu. Par analogie, on a appelé *Capillarité* la cause d'abord inconnue, ou au moins fort indéterminée, de ces phénomènes. C'est en vertu de la capillarité qu'un morceau de sucre plongé dans l'eau, dans l'alcool ou dans le café par un de ses points seulement, se pénètre de liquide jusqu'à son sommet, que la mèche d'une lampe s'imbibe d'huile dans toute sa hauteur, et que la cire fondue s'élève dans la mèche d'une bougie pour alimenter la combustion. L'absorption de l'eau par l'éponge, l'imbibition du papier gris, etc., sont dus à la même cause. L'ascension de la sève dans les arbres, les fonctions du système vasculaire excrétoire chez les végétaux, présentent aussi de grandes analogies avec les phénomènes capillaires, mais ils en diffèrent en ce qu'une force nouvelle y intervient. Voy. Absorption et Endosmose. — On soupçonna d'abord que la capillarité n'était qu'un des modes de l'attraction moléculaire. Tous les résultats observés s'expliquent, en effet, en tenant compte des rapports variables qui existent, dans les différents cas, entre l'attraction des molécules liquides pour elles-mêmes et celle qu'elles exercent, au contact, sur les corps solides qui les renferment. Mais, avant d'aborder l'exposition sommaire de cette théorie, nous exposerons, d'après les expériences de Gay-Lussac, les particularités les plus remarquables que présentent les phénomènes capillaires considérés en eux-mêmes.

Lois de l'ascension et de la dépression dans les tubes capillaires. — 1° On sait déjà qu'il y a ascension chaque fois que le liquide mouille les tubes, et dépression quand il ne les mouille pas. — 2° Cette ascension et cette dépression, lorsqu'elles ont lieu dans des tubes très fins, sont sensiblement en raison inverse du diamètre. Quand le diamètre des tubes dépasse 2 ou 3 mill., la loi de proportionnalité cesse d'être applicable. — 3° L'ascension et la dépression varient avec la nature du liquide et avec la température; ainsi, tous les liquides expérimentés s'élèvent moins que l'eau pure. L'eau saturée de sel ammoniac s'élève davantage encore. L'eau bouillante monte un peu moins que l'eau froide. En général, la chaleur diminue la hauteur de l'ascension. — 4° L'ascension et la dépression sont indépendantes à la fois et de l'épaisseur et de la substance des tubes, lorsque ceux-ci sont mouillés dans leur longueur. Cela tient à ce que les actions moléculaires deviennent nulles ou inappréciables à une très petite distance, de sorte que la couche d'eau excessivement mince qui s'attache à la matière des tubes, éloigne assez celle-ci du reste des particules liquides pour que son action sur elles devienne insensible. L'ascension est alors la même dans tous les tubes, c'est qu'elle est égale à ce qu'elle serait dans un tube de même diamètre formé par le liquide soumis à l'expérience.

Lois de l'ascension et de la dépression entre deux lames. — Les ascensions et les dépressions qui se produisent entre deux lames d'un corps quelconque, plongées dans un liquide, offrent des résultats généraux analogues à ceux que nous venons d'indiquer pour les tubes : 1° Si les deux lames sont parallèles et suffisamment rapprochées, le liquide s'élève ou s'abaisse, en raison inverse de l'intervalle qui les sépare. — 2° Pour un intervalle donné, la hauteur de l'ascension et de la dépression est la moitié de ce qu'elle serait dans un tube d'un diamètre égal à cet intervalle. Ainsi l'eau s'élève à 30^{mm} dans un tube de 1^{mm} de diamètre, et, pour un écartement de 1^{mm}, la hauteur est précisément de 15^{mm} entre deux lames. — 3° L'ascension et la dépression varient avec la nature du liquide et avec la température; mais elles ne dépendent ni de la substance ni de l'épaisseur des lames, lorsque celles-ci ont été préalablement mouillées. Si les lames, au lieu d'être parallèles, sont inclinées de manière à former entre elles un très petit angle, et sont ainsi plongées dans un liquide qui les mouille, de manière que leur ligne de contact soit verticale, le liquide s'élèvera bien plus haut du côté où l'écartement sera moindre, et son niveau, du point le plus bas au point le plus haut, décrira la courbe connue en géométrie sous le nom d'*Hyperbole équilatère* (Fig. 5). Cette expérience démontre, de la façon la plus évidente, l'influence de l'écartement.

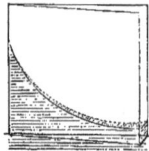

Fig. 5.

Théorie des phénomènes capillaires. — Toutes les lois précédentes se vérifient dans le vide comme dans l'air, ce qui prouve que la pression atmosphérique n'entre pour rien dans la production des phénomènes capillaires. Le caractère le plus frappant de ces phénomènes, c'est la liaison constante qui existe entre l'élévation ou l'abaissement de la colonne fluide, et la forme extérieurement concave ou convexe de la surface qui la termine, et que l'on nomme *Ménisque concave* et *Ménisque convexe*: c'est aussi dans ce rapprochement que l'on trouve le secret du phénomène. Toutefois, l'explication des faits capillaires constitue, en physique, un problème compliqué qui ne peut être résolu complètement que par l'analyse mathématique la plus élevée. Aussi la capillarité a-t-elle été surtout étudiée par des géomètres célèbres, et notamment en France par Clairaut, Laplace et Poisson. Nous nous bornerons ici à examiner deux points essentiels : pourquoi la surface des liquides devient-elle concave ou convexe près des parois des vases? Pourquoi le niveau s'élève-t-il ou s'abaisse-t-il dans les tubes étroits?

Courbure des surfaces liquides au contact des solides. — Le théorème peut s'énoncer ainsi : *La surface d'un liquide en contact avec un corps solide affecte une forme plane, concave ou convexe, suivant que l'attraction du liquide pour lui-même est égale, inférieure ou supérieure au double de l'attraction que la partie de la paroi inférieure au niveau exerce sur le liquide.* — On sait que dans le cas d'équilibre (Voy. Hydrostatique), la surface d'un

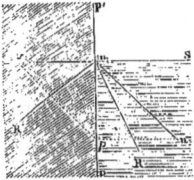

Fig. 6.

liquide est normale à la résultante des forces qui sollicitent ses molécules. Or une molécule *m* (Fig. 6), en contact avec un corps solide, est sollicitée par des forces qui peuvent se réduire à trois : 1° la pesanteur, dirigée suivant *mb*; 2° l'attraction du liquide qui, par la raison de symétrie, doit agir suivant *mn* bissectrice de l'angle droit *PmS*; 3° l'attraction du corps qui, par la même raison, agit suivant *mv* perpendiculaire à PP'. Maintenant, d'après les intensités respectives de ces 3 forces, leur résultante peut prendre les 3 positions suivantes : ou bien elle est verticale *mb'*, et alors la surface est plane et horizontale; ou bien elle est dirigée vers le liquide, et la surface est concave comme le montre la Fig. 7; ou bien elle est dirigée vers la paroi, et la surface ne peut lui être per-

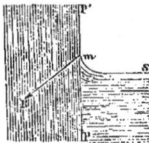

Fig. 7.   Fig. 8.

pendiculaire qu'à la condition de prendre la forme concave (Fig. 8). — Dans le cas d'horizontalité, la force *mc*

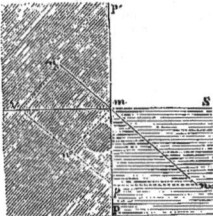

Fig. 9.

(Fig. 9) se décompose suivant les deux bissectrices en deux forces égales *mn'*, *mn''*, et cette dernière représente l'attraction due à l'angle droit *Pmv*. Puisque *mp* est la résultante des deux forces *mv* et *mn*, *mv* et *pm*, côtés opposés du paral-

lélogramme *vmmp*, sont égaux ; mais le triangle *vmp* étant rectangle en *p*, et l'angle *pmn* étant égal à la moitié d'un angle droit, l'angle *n* est aussi la moitié d'un angle droit, et par conséquent, le triangle *vmp* est isocèle; l'on a donc $\overline{mn}^2 = \overline{2pn}^2 = \overline{2om}^2$; $\overline{vm}^2 = \overline{2mn'}^2$; $\overline{mn}^2 = \overline{4mn''}^2$; $\overline{mn} = 2mn''$; enfin $mn'' = 1/2 \ mn$. Ainsi, pour que la surface reste horizontale, *il faut que la partie inférieure de la paroi exerce sur le liquide une attraction égale à la moitié de l'attraction du liquide pour lui-même.* Si l'attraction du solide est supérieure à cette limite, la résultante sera dirigée vers la paroi, comme dans le cas de la Fig. 8. Ce sera le contraire (Fig. 7) si l'attraction est inférieure; de sorte qu'en général la surface est plane, concave ou convexe suivant que l'attraction du solide pour le liquide est égale, supérieure ou inférieure à la moitié de celle du liquide pour lui-même. Dès qu'elle est plus petite, le liquide ne peut plus mouiller le solide; ainsi la faïence est à peine mouillée par l'eau pure, et elle cesse de l'être par un mélange d'eau et d'alcool. Le cas où la surface d'un liquide, en contact avec un corps solide, reste mathématiquement horizontale, ne peut guère se rencontrer; cependant il se réalise, au moins d'une manière approchée, pour le mercure avec l'acier. Il se réalise même pour le mercure avec le verre, quand le premier a longtemps bouilli; mais il est alors probable que, pendant l'ébullition, il s'est formé de l'oxyde qui, resté à l'état de dissolution dans le liquide, lui communique des propriétés nouvelles.

Action de la courbure des surfaces liquides sur les phénomènes capillaires. — Si, par une cause quelconque, la surface d'un liquide devient convexe ou concave en un point, comme cela a lieu dans les tubes capillaires, les choses se passent de la même manière que si l'on ajoutait ou si l'on

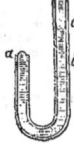
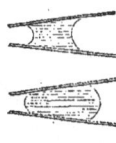
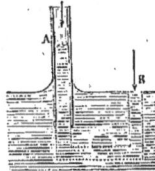

Fig. 10.   Fig. 11 et 12.   Fig. 13.

retranchait une certaine pression en ce point. Ce principe se démontre au moyen de l'expérience suivante : Soit un tube recourbé à branches inégales (Fig. 10) ; on y versant de l'eau peu à peu, jusqu'à faire déborder ce liquide par la petite branche, on voit la surface *a* passer successivement par tous les degrés de courbure depuis la concavité jusqu'à la surface plane et jusqu'à la convexité. Quand les concavités sont les mêmes dans les deux branches, le niveau est aussi le même de part et d'autre ; dès que la surface est plane en *a*, le liquide se soutient déjà au-dessus du niveau dans la grande branche ; enfin, lorsqu'elle est devenue convexe, une certaine colonne *bc* se trouve soutenue, et alors la différence de niveau est à peu près le double de ce qu'elle était au moment où la surface se trouvait horizontale en *a*. Voici une seconde expérience qui prouve que la pression dépend du rayon de courbure : une goutte d'eau placée entre deux lames inclinées horizontalement (Fig. 11), se courbe à ses deux extrémités en ménisque concave et marche vers le sommet de l'angle. Or, comme la concavité est d'un plus petit rayon du côté de ce sommet, on en conclut que la pression est plus faible sur une surface concave d'un rayon plus petit. Une goutte de mercure, au contraire (Fig. 12), s'arrondit en ménisque convexe et marche vers l'ouverture de l'angle, ce qui prouve que la pression est plus forte sur une surface convexe d'un plus petit rayon. Dans les deux cas, les actions en sens inverse qui déterminent l'ascension ou la dépression d'une colonne liquide, en vertu de la forme concave ou convexe des ménisques, sont inversement proportionnelles aux diamètres des tubes. Ces principes une fois posés, il suffit, pour les appliquer aux tubes capillaires, de se rappeler que, d'après les principes de l'hydrostatique, les choses doivent se passer comme si le tube se prolongeait, en se recourbant depuis la partie A (Fig. 13) où se trouve le ménisque jusqu'au point B de la surface plane extérieure. La pression au point B sera plus forte que dans le tube où la surface est concave, s'il s'agit d'un liquide qui ne le mouille pas. Il est donc impossible que l'équilibre subsiste dans cet état : il faut nécessairement, pour qu'il ait lieu, que le liquide renfermé dans le tube capillaire s'élève dans le premier cas, et s'abaisse dans le second.

Le caractère distinctif de cette théorie, c'est de faire tout dépendre de la forme de la surface. La nature du corps solide et celle du liquide ne font que déterminer la direction des premiers éléments, c'est-à-dire de ceux où le liquide touche le corps solide ; car c'est là seulement que s'exerce, d'une façon appréciable, leur attraction mutuelle. Ces directions, une fois données, restent toujours les mêmes pour le même liquide et pour la même substance solide, quelle que soit d'ailleurs la figure des corps qui en sont formés ; mais, au delà de ces premiers éléments, et hors de la sphère d'activité sensible du corps solide, la direction des autres éléments et la forme de la surface sont uniquement déterminées par l'action du fluide sur lui-même. Cette théorie explique avec simplicité tous les phénomènes capillaires sans exception ; mais il reste à expliquer pourquoi, de la forme plus ou moins convexe ou concave de la surface, il peut résulter une pression plus ou moins forte sur le liquide. Cette explication a été donnée par Gauss, qui a fondé la théorie remarquable de la *tension superficielle des liquides*. On se rend compte d'une manière générale que l'attraction des molécules les unes pour les autres doit avoir pour effet de diminuer le plus possible la surface libre du liquide. Gauss a démontré ce fait rigoureusement moyennant certaines hypothèses très plausibles et en parfait accord avec ce que l'on sait aujourd'hui des lois de la conservation de l'énergie. Il en résulte qu'on peut assimiler la surface libre d'un liquide à une membrane tendue, tendant toujours à se contracter. De là plusieurs conséquences importantes. D'abord, une masse de liquide assez petite pour qu'on puisse la considérer comme uniquement soumise aux forces moléculaires doit prendre la forme qui comprend son volume la plus petite surface : c'est la forme sphérique, ce que démontre l'expérience la plus vulgaire. Ensuite, quand la surface libre d'un liquide renfermé dans ce tube est convexe, cette surface, en tendant à s'aplatir par l'effet de sa tension produit une pression dirigée vers l'intérieur du liquide. Enfin, si la surface est concave, sa tension tend à relever le liquide, ce qui équivaut à une diminution de pression, ou si l'on aime mieux, le ménisque ne peut se maintenir concave qu'à la condition que le liquide soit sollicité vers le bas, de sorte que la forme concave du ménisque équilibre une force dirigée vers le liquide et équivaut par conséquent à une force dirigée en dehors, c'est-à-dire à une pression négative. La théorie de Gauss, établie mathématiquement sur les principes explique de la manière la plus claire tous les phénomènes de la capillarité.

La pression P due à la capillarité est donnée par la formule de Laplace $P = A \left(\dfrac{1}{R} + \dfrac{1}{R'} \right)$, où R et R' sont les rayons de courbure principaux de la surface du liquide au point considéré. A est ce qu'on appelle la constante capillaire.

La tension superficielle des liquides se manifeste dans une foule de circonstances. Lorsqu'on retire de l'eau, avec précaution, un tube capillaire, on observe qu'il y reste une colonne de liquide à peu près double de celle qui se trouvait au-dessus du niveau quand le tube plongeait. Cela résulte de ce que le liquide devient alors convexe à son extrémité inférieure, d'où résulte une pression de bas en haut, capable de soutenir une colonne double dans le tube. Un tube capillaire plongé verticalement dans l'eau ne donne lieu à aucun écoulement par le haut, lors même qu'on le prend plus court que la hauteur à laquelle la colonne liquide tend à s'élever, parce que le liquide, pour se déverser, devrait devenir convexe ; mais, dès que la concavité diminue, la cause qui produisait la différence de niveau diminue aussi, et la pression devenant plus grande au sommet du tube, le mouvement ascensionnel s'arrête au degré de concavité qui correspond précisément à une différence de niveau égale à la hauteur de ce tube. Si l'on a deux vases communiquants dont l'eau ne soit terminé par un tube c., le ménisque à l'extrémité de ce tube sera concave, plan ou convexe, suivant que le niveau dans l'autre branche sera inférieur, égal, ou supérieur à celui de cette extrémité. On peut ainsi obtenir une surélévation notable dans la branche large, avant que le liquide s'écoule par le tube étroit. Cette surélévation est équilibrée par la tension du ménisque. C'est ce que nous avons déjà indiqué Fig. 10. C'est encore à la tension superficielle qu'il faut rapporter les attractions et les répulsions apparentes qui se manifestent entre les corps légers qui flottent à la surface des liquides. L'étude de ces attractions et de

ces répulsions donne lieu aux observations suivantes : 1° Lorsque deux corps flottants, deux petites boules de liège par ex., sont à la fois mouillés par le liquide, ils font monter le liquide autour d'eux, et, comme si une forte attraction se produisait, ils se précipitent l'un vers l'autre quand la partie intermédiaire se trouve un peu au-dessous du niveau extérieur ; 2° si les corps ne sont mouillés ni l'un ni l'autre, comme par ex. deux boules de liège couvertes de noir de fumée, on observe un phénomène semblable, mais avec dépression du liquide autour des boules ;

Fig. 14.

3° enfin, si des deux corps flottants l'un seulement est mouillé, comme cela arrive pour une boule de cire et une petite sphère creuse de verre ou de métal (Fig. 14), il y a répulsion de la sphère de verre à la boule de cire dès qu'elles sont assez rapprochées pour que les deux courbures contraires du liquide se trouvent en contact. En général, on peut donc dire que deux corps qui sont tous deux mouillés, ou qui ne le sont ni l'un ni l'autre, s'attirent, et que, si l'un d'eux seulement est mouillé, ils se repoussent. Ces effets s'expliquent par la combinaison de la pression atmosphérique avec celle du liquide sur les corps flottants, celle-ci étant toujours moindre que l'autre dans la partie du liquide soulevée, de sorte que le corps flottant doit marcher du côté où le liquide est plus soulevé. Dans le cas d'un ménisque convexe, le flotteur marche du côté où le liquide est le plus déprimé.

Les expériences les plus remarquables qui aient été faites à ce sujet sont celles qu'a instituées Plateau sur les liquides visqueux réduits en lames minces comme les bulles de savon. Le liquide qui convient le mieux à ces sortes d'expériences est une solution alcoolique de savon additionnée d'eau et de glycérine. On peut avec ce liquide, soit simplement préparer des bulles gonflées d'air, soit obtenir des surfaces dont on a déterminé le contour, au moyen d'une sorte de charpente en fils de fer auxquels on donne telle forme qu'on désire. On plonge cette charpente dans le liquide et quand on la retire, elle ramène, entre les fils, de minces surfaces liquides. Quelle que soit la forme de ces surfaces, elles doivent, d'après le principe de la tension, présenter cette particularité d'offrir le minimum d'étendue dans le contour donné. S'il s'agit d'un globe gonflé d'air, sa forme est une sphère qui comprend le volume d'air du globe sous la moindre surface. Si le contour est plan, on obtient une de ces surfaces qu'en raison de leur propriété fondamentale, les géomètres ont nommées *surfaces minima*. Cette classe remarquable de surfaces a donné lieu à de nombreux travaux. On a démontré à leur sujet une propriété importante, qui résulte d'ailleurs directement des lois de la capillarité et qui consiste en ce que, à chaque point, les deux courbures sont opposées et les deux rayons de courbure principaux égaux et de sens contraire.

Quand on est en présence deux liquides qui ne se mélangent pas, la différence de leurs tensions superficielles produit des effets très singuliers : tels sont les mouvements qu'on observe quand on répand une goutte d'éther sur une surface d'eau. Les forces qui interviennent sont les tensions des trois surfaces de séparation des liquides entre eux et avec l'air. Suivant les valeurs de ces trois forces, le liquide le moins dense se maintiendra en gouttes à la surface de l'autre, comme l'eau sur le mercure, ou s'étalera en nappe infiniment mince comme l'huile sur l'eau. C'est encore aux mêmes principes qu'il convient de rattacher l'action si remarquable de l'huile qui, répandue en très petite quantité, calme les vagues de la mer.

Enfin, la théorie de la tension superficielle explique également les phénomènes remarquables qui accompagnent la vaporisation des liquides. Si l'on imagine un vase surmonté d'un tube c. (Fig. 15) rempli d'eau et placé dans le vide, l'enceinte se remplira de vapeur à la pression maxima correspondant à la température de l'extérieur ; mais la pression sur la surface libre dans le vase dépassera la pression sur le ménisque concave de tout le poids d'une colonne de vapeur égale à la hauteur du liquide soulevé. Donc, s'il y a équilibre à la surface plane, le liquide du ménisque devrait se vaporiser et distiller vers le bas, à moins qu'on n'admette que la forme du ménisque fluide sur la vaporisation. Or, c'est cette solution qu'il faut accepter. W. Thomson a fait voir qu'elle était seule conforme aux principes fondamentaux de la thermodynamique. Il en résulte que l'équilibre entre le liquide et sa vapeur a lieu sous une pression d'autant plus faible que le ménisque est plus concave, et sous une pression d'autant plus forte qu'il est plus convexe. Ainsi les substances filamenteuses absorbent la vapeur de l'air bien au-dessous du point de rosée, parce que la pression nécessaire à la condensation est bien plus faible pour les ménisques concaves qui se forment à l'intérieur des tubes dont ces substances sont formées. Inversement, dans une atmosphère très pure, la pression de la vapeur peut dépasser notablement la pression maxima sans qu'il se produise de condensation,

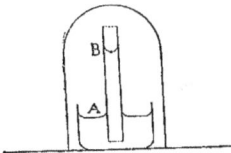

Fig. 15.

parce que les gouttes très petites qui pourraient se former auraient une courbure très forte qui équivaut à un excès de pression : c'est le phénomène de la *sursaturation de la vapeur*. Mais, sur les surfaces des solides, des poussières, etc., ou d'une goutte déjà existante, la courbure étant beaucoup moins forte, la condensation se produira. De même aussi un liquide peut dépasser de beaucoup sa température d'ébullition sans que celle-ci se produise, parce qu'une bulle de vapeur très petite constituerait dans le liquide une surface très concave qui ne pourrait se maintenir en équilibre qu'à une pression inférieure. Mais la présence au sein du liquide d'une bulle d'air, constitue un milieu séparé du liquide par une surface moins courbe, et permet l'évaporation ; cette bulle grossit alors, se divise, et devient le siège d'une ébullition tumultueuse.

CAPILLIFOLIÉ, ÉE. adj. [Pr. *capil-li-folié*, *ll* non mouillées] (lat. *capillus*, cheveu ; *folium*, feuille). T. Bot. Qui a des feuilles capillaires.

CAPILLITÉE. s. m. [Pr. *capil-lité*, *ll* non mouillées] (lat. *capillitium*, chevelure). T. Bot. Sorte de feutrage dans les interstices duquel se trouvent les spores de certains champignons tels que les *Lycoperdées* et beaucoup de Myxomycètes.

CAPILOTADE. s. f. (esp. *capirotada* ; de *capirote*, chaperon). Sorte de ragoût fait de morceaux de viandes déjà cuites. *Une c. de volaille.* || Fig. et fam., *Mettre quelqu'un en c.*, Médire de quelqu'un sans aucun ménagement ou frapper fortement son semblable.

CAPINGOT. s. m. Grossier vêtement de laine, à l'usage des matelots.

CAPION. s. m. T. Mar. *C. de proue*, Étrave ; *C. de poupe*, Étambot.

CAPISCOL. s. m. (lat. *caput*, chef ; *schola*, école). Dignité de chapitre dans quelques provinces, qui répond au titre de doyen. *Le c. présidait au chœur, et veillait à ce qu'on observât les rubriques et les cérémonies.*

CAPISTRE ou **CAPISTRUM.** s. m. [Pr. *capistrome*] (lat. *capistrum*, muselière). T. Ornith. Partie de la face qui entoure le bec des oiseaux. Voy. OISEAU.

CAPITAINE. s. m. (lat. *caput*, tête). T. Milit. Chef d'une compagnie d'hommes de guerre, soit à pied, soit à cheval. *Le grade de c. C. d'infanterie, de cavalerie. C.-lieutenant c. commandant. — C.-lieutenant*, se disait autrefois, dans la Maison du roi ou des princes, de celui qui commandait une compagnie dont le roi, la reine ou un prince était censé e. Ce titre se donnait aussi au lieutenant de la compagnie colonelle d'un régiment d'infanterie. — Depuis la loi du 8 juillet 1887, les capitaines de toutes armes, en France, sont montés. Voy.

COMPAGNIE. *C. adjudant-major.* Voy. ADJUDANT. || Se dit d'un général d'armée par rapport aux qualités nécessaires pour le commandement. *Un grand, un vaillant c. C. expérimenté. Cet empereur était un grand c.* || T. Mar. Celui qui commande un bâtiment de guerre ou de commerce. *C. de vaisseau, de frégate, de corvette. Un c. marchand. C. au long cours.* Voy. CABOTAGE. — *C. de pavillon*, Celui qui commande le vaisseau monté par un amiral, un vice-amiral ou un contre-amiral. — *C. d'armes*, Sous-officier de la marine militaire qui a la garde des menues armes du vaisseau. — *C. de port*, Officier chargé de la police maritime d'un port de commerce. || Se disait autrefois de celui qui commandait dans certaines maisons royales. *C. de Fontainebleau.* On dit aujourd'hui *Gouverneur.* — *C. des chasses*, Celui qui avait le soin de ce qui regarde les chasses dans une certaine étendue de pays. On dit dans un sens analogue, *C. de louveterie.* || *C. général.* Voy. CAPITAINERIE. || *C. de voleurs, de bohémiens*, etc., Chef d'une troupe de voleurs, de bohémiens, etc. || T. Ornith. Nom vulgaire d'un oiseau du genre gros-bec. || T. Icht. Nom de certains poissons nommés vulgairement *Grand Pourceau*.

Législ. — *C. de navire.* — Le c., ayant à lui seul la conduite et le gouvernement de son navire, encourt de graves responsabilités, tant au point de vue des valeurs qui lui sont confiées que de la vie des personnes placées sous sa direction. Aussi la loi exige-t-elle des références de la part des candidats à cette fonction ; outre les conditions d'âge et de stage, ils sont astreints à un examen sur la théorie et la pratique de la navigation. De plus, le Code de commerce (art. 221 et s) retrace avec détail les obligations auxquelles sont soumis les capitaines de navire, notamment, en ce qui concerne : le choix de l'*équipage*, — la tenue du registre, appelé *livre* ou *journal de bord*, — la *visite* du navire, — le *radoub*, les *réparations*, l'*achat de victuailles* en temps de route, — l'*abandon* du vaisseau en cas de danger, — les *formalités* prescrites à l'arrivée dans un port français ou étranger, etc.

CAPITAINERIE. s. f. Charge de capitaine d'une maison royale, d'un château, etc., ou de capitaine des chasses. *Le roi lui donna la c. de Saint-Germain.* || *C. des chasses*, L'étendue de la juridiction d'un capitaine des chasses. *Ces bois, ces terres étaient dans la c. de Saint-Germain.* || Se disait autrefois, dans quelques maisons royales, du lieu affecté au logement du capitaine du château ou des chasses. *Il loge à la c.* || *C. générale*, se dit, en Espagne, d'une circonscription territoriale commandée par un *Capitaine général*, qui a rang de lieutenant général. *L'Espagne, sous le rapport militaire, est divisée en douze capitaineries générales.*

CAPITAINESSE. s. f. (de *capitaine*). T. Mar. Galère que commandait le chef d'une division de galères.

CAPITAL, ALE. adj. (lat. *caput*, tête, sommet). Principal. *Affaire capitale. Le point c. de l'affaire. Défaut c. L'œuvre c. d'un auteur. — Les sept péchés capitaux.* Voy. PÉCHÉ. || Fig., s'emploie substant., pour désigner ce qu'il y a de principal, de plus important. *Le c. est de travailler à son salut — Faire son c. de quelque chose*, En faire sa principale occupation, son principal objet. *Je fais mon c. de l'étude.* Vx. || T. Droit crimin., *Crime c.*, Crime qui mérite le dernier supplice. *Peine capitale*, Celle qui comporte la perte de la vie ou la mort civile. *Condamner quelqu'un à la peine capitale*, Le condamner à mort. — *Ennemi c.*, Ennemi mortel, ennemi juré. || *Ville capitale*, ou subst., *Capitale*, La ville principale d'un État, d'une province. *Paris est la capitale de la France. Rouen était la ville capitale de la Normandie.* || *Lettre capitale*, ou subst., *Capitale*, Grande lettre, lettre majuscule. Voy. CARACTÈRE. || T. Fort. Ligne idéale qui divise un bastion en deux parties égales perpendiculairement à la gorge de l'ouvrage.

CAPITAL. s. m. (lat. *caput*, tête, principal). T. Écon. polit. et Comm. — *Acceptions diverses du mot c.* — Dans le langage vulgaire, on donne le nom de c. à toute somme qui produit un intérêt : on le fait alors synonyme de *Principal*, en l'opposant à *Intérêt* ou à *Rente*. On l'applique également aux sommes placées dans quelque entreprise industrielle, et qui rendent à leur propriétaire une part plus ou moins grande de bénéfice. Dans ces deux acceptions, le terme de c. implique toujours l'idée de numéraire. Enfin, on l'emploie encore dans une signification beaucoup plus large ; car, fort souvent, l'on comprend sous cette dénomination toutes les valeurs qu'un homme possède, tout son avoir, toute sa fortune, y compris même les fonds de terre, les maisons, les meubles, etc.: on l'oppose alors au mot *Revenu*.

Qu'est-ce que le c.? — Les économistes ne sont nullement d'accord sur la définition du mot c. Rossi le définit : « Cette portion de la richesse *produite* et *épargnée* qui est destinée à la *reproduction*. » Cette définition comprend trois termes : richesse produite, épargne et destination qui exclent des capitaux la *terre*, qui sert à la production sans être une richesse produite. Cette distinction est purement arbitraire, car on ne saurait, par ex., distinguer l'amélioration du fonds qui serait un c., du sol lui-même qui ne le serait pas.

James Mill a défini le c. : du travail accumulé. Outre qu'on ne conçoit guère ce que peut être du travail accumulé, on peut faire remarquer que certains travaux inutiles, comparables à celui de l'écureuil dans sa cage, ne produiront jamais aucun capital.

Suivant Bastiat, le c. d'une nation, c'est la richesse de ses matériaux, provisions et instruments. Pour Courcelle-Seneuil le c. n'est autre chose que la somme des utilités existantes, à un moment donné dans l'espace que l'on désigne ou on la possession de la personne dont on parle. M. Yves Guyot adopte cette définition en la formulant ainsi. « Le c. d'un individu est l'ensemble des utilités possédées par lui, » Tout agent naturel approprié par l'homme étant utilité, il y a lieu de ranger la terre parmi les capitaux, contrairement à l'opinion de Rossi.

Classification des capitaux. — Depuis Adam Smith, tous les économistes ont divisé le c. en c. fixe et en c. circulant. Jusqu'ici on n'avait donné aucune règle pour les distinguer l'un de l'autre. Adam Smith dit bien que la marque distinctive du c. *fixe* est qu'il rapporte un revenu ou un profit sans circuler ou changer de maître. Pour bien préciser sa pensée, il range dans cette catégorie : 1° Toutes les machines et instruments utiles de métier qui facilitent et abrègent le travail; — 2° tous les bâtiments profitables qui procurent un revenu, non seulement à leur propriétaire qui les donne à loyer, mais encore à la personne qui en paye la rente, comme les boutiques, magasins, usines, fermes avec leurs établies, greniers et autres bâtiments qui en dépendent, etc.; — 3° les améliorations des terres, ou ce qu'on a employé utilement à les défricher, à en faire écouler les eaux, à les enclore, à les engraisser et à les rendre plus propres au labour et à la culture; — 4° les talents acquis et utiles. La vie et l'entretien de tous ceux qui les acquièrent coûtent toujours une dépense réelle pendant leur éducation, leurs études ou leur apprentissage, et cette dépense est un c. fixé et réalisé dans leur personne. L'adresse perfectionnée d'un ouvrier peut être considérée sous le même aspect qu'une machine ou un instrument qui facilite et abrège le travail, et qui rend avec profit les frais qu'elle a coûtés.

Le c. *circulant* a pour caractère distinctif de ne rapporter un revenu qu'en circulant ou en changeant de maître. Il est également composé de quatre parties : 1° De l'argent, par le moyen duquel les trois autres parties circulent et se distribuent à ceux auxquels il convient d'en faire usage et de les consommer; — 2° des fonds de vivres ou de denrées, qui sont dans la possession du boucher, du fermier, du marchand de blé, du brasseur, etc.; — 3° des matières soit absolument brutes, soit plus ou moins manufacturées, qui servent à faire des habits, des meubles et des bâtiments, qui n'ont encore pris aucune de ces formes, mais qui restent entre les mains des producteurs, tels que manufacturiers, merciers, drapiers, marchands de bois de charpente, menuisiers, briquetiers, etc.; — 4° de l'ouvrage fait et parfait qui est encore chez le marchand ou chez le manufacturier, et qui n'est pas encore vendu ou distribué à ceux qui doivent en user et les consommer.

J.-B Say, Stuart-Mill, Mac-Culloch, Molinari, Stanley, Jevons, se bornent à commenter l'énumération donnée par A. Smith. M. Courcelle-Seneuil trouve la distinction établie par cet économiste contestable en théorie et souvent difficile à reconnaître en pratique. Cette difficulté, M. Yves Guyot paraît l'avoir levée en donnant, pour faire la distinction entre le c. capitaux fixes et les capitaux circulants le critérium suivant : Le c. fixe produit de l'utilité sans se transformer. Le c. circulant ne peut produire de l'utilité qu'en se transformant. En deux mots, le c. fixe, c'est l'outil; le c. circulant, c'est la matière première ou le produit. Loin d'être contestable comme l'affirme M. Courcelle-Seneuil, la distinction des capitaux fixes et des capitaux circulants est absolument fondée et ne saurait être négligée sans inconvénient, car elle n'intéresse pas moins la science théorique que la pratique des affaires.

Rien n'est plus aisé que l'application de ce critérium. Une machine n'est pas consommée par un seul acte de production : elle fonctionnera convenablement si, par les actes de production multipliés qu'elle effectue, elle suffit à couvrir les dépenses de son entretien, avec un excédent, pour représenter l'intérêt de la somme qu'elle a coûté et sa dépréciation progressive, car elle s'use à la longue, et, à la fin, il faut la renouveler : la machine doit donc être classée dans les capitaux fixes. Prenons, au contraire, les matières premières qu'emploie le savonnier. Ces substances perdent leur utilité dans l'acte de la production qui a pour résultat le savon; mais, en vendant son produit, le fabricant de savon retrouve la valeur des matières qu'il a consommées, avec un bénéfice. — En poussant plus loin cette analyse, nous trouvons que, non content de se régénérer lui-même intégralement, le c. circulant paye encore à lui seul l'intérêt afférent au c. fixe, ainsi que les frais d'entretien et même l'annuité qui doit, au bout d'un laps de temps plus ou moins long, reproduire ce dernier. S'il en est ainsi, et c'est chose évidente, il s'ensuit nécessairement, comme le fait observer Michel Chevalier, que le c. circulant représente le revenu brut de la société, que c'est lui qui fournit à toutes les dépenses de la communauté quelles qu'elles soient, et enfin que ce qui reste de ce c. circulant, une fois toutes ces dépenses acquittées, constitue l'épargne de la nation, ou la somme de produits non consommés qui peuvent être destinés à la reproduction, c'est-à-dire à accroître le c. national.

Une autre conséquence à tirer de ce qui précède, c'est qu'il n'est pas indifférent que le c. employé dans la production se trouve sous la forme de c. fixe ou sous celle de c. circulant. Il est impossible d'établir une formule générale relative au rapport qui doit exister entre ces deux catégories de capitaux, car ces proportions varient nécessairement dans chaque industrie, et d'après une foule de circonstances.

Le capital et la monnaie. — Si le c. d'une nation est l'ensemble des utilités possédées par cette nation, et si le c. circulant représente à lui seul tout le produit brut de la société, il est bien évident que la monnaie d'un pays ne constitue qu'une très minime partie du c. de ce même pays. Pendant des siècles on a confondu la richesse avec la monnaie : cette erreur est en partie dissipée; mais bien des gens, même parmi ceux qui passent pour éclairés, confondent encore le c. et la monnaie. Cette erreur résulte évidemment de ce que l'on est dans l'habitude d'évaluer les capitaux en sommes de monnaie, de ce qu'on transforme en monnaie les capitaux dont on veut changer la destination, et de ce que toute opération complète de production se termine par une vente, c'est-à-dire par un échange contre espèces métalliques. On dit vulgairement que l'*argent est abondant*, lorsque l'entrepreneur d'industrie trouve facilement le c. dont il a besoin; dans le cas contraire, on dit que l'*argent est rare*. Cette confusion est une erreur déplorable et féconde en conséquences funestes; toutefois ce que nous venons de dire doit suffire pour montrer combien cette opinion est grossièrement fausse. On n'a, du reste, pour s'en convaincre, qu'à comparer la quantité de monnaie qui existe en France (7,780 millions) avec la quantité énorme de capitaux de tous genres que possède notre pays. Il est encore bon d'observer que le pays du monde où les capitaux sont le plus abondants, l'Angleterre, est celui où il entre la plus faible proportion de monnaie : 99 p. 100 des affaires sérieuses s'y font à l'aide des instruments de crédit, sans un sou de monnaie, tandis qu'en France 44 p. 100 des transactions sont encore effectuées par billets de banque ou monnaie.

Autres divisions du c. — Les capitaux, soit fixes, soit circulants, dont il vient d'être parlé, peuvent encore être considérés sous d'autres aspects. Ainsi, on les distingue en *matériels* et *immatériels*. Les premiers n'ont pas besoin d'être définis; quant aux seconds, ils comprennent les talents utiles acquis, les clientèles et achalandages, les procédés scientifiques, etc. Quelques auteurs ont même distingué un c. *moral*, et ont classé, sous ce titre, diverses qualités morales, telles que l'esprit d'ordre, l'économie, la prudence, la loyauté, etc. Ces qualités sont assurément d'une haute importance pour la réussite d'une entreprise, et même pour la prospérité d'un pays, lorsqu'elles y sont généralement répandues; mais prétendre classer les vertus parmi les capitaux, c'est évidemment sortir de la sphère de la science économique. — Les capitaux matériels sont encore divisés en *capitaux-instruments* et *capitaux-matières*. On considère, en général, comme c.-instrument toute chose qui peut servir à des actes répétés de production, jusqu'à ce qu'elle devienne hors de service, et comme c.-matière tout élément de production qui est anéanti, au moins en tant qu'élément, dans l'acte même de la production. Telle est une toison qui, après avoir servi à fabriquer des fils de laine, se trouve détruite comme toison; tel est encore le fil qui en résulte, et qui se trouve à son tour n'avoir plus d'usage comme fil, dès qu'il a été tissé. A ce point de vue, le combustible, qui n'est utile que par sa combustion seule, et qui est anéanti par cet acte même, doit être considéré comme c.-matière. On peut aussi regarder comme c.-matière toute chose qui, ayant subi la modification résultant de la production, est elle-même chose échangeable, et comme c.-instrument toute chose employée à produire cette modification, mais qui ne devient pas, à la suite de l'opération, partie de la chose échangeable. Selon cette nouvelle définition, le combustible employé à chauffer une machine à vapeur, par exemple, serait non plus c.-matière, mais c.-instrument. C'est, sous une autre dénomination, la distinction des capitaux fixes et des capitaux circulants. — Les capitaux sont encore appelés productifs ou *actifs* lorsqu'ils servent actuellement à la production ; ils sont appelés improductifs ou *dormants* lorsqu'ils attendent un emploi. Ainsi les rentrées que fait un capitaliste, et qui demeurent souvent oisives jusqu'à ce qu'il leur ait trouvé un placement convenable, les sommes qui restent en caisse en attendant un payement, les étoffes qui restent en magasin, sans teinture, faute d'ouvriers ou de fonds, sont bien des capitaux, mais des capitaux improductifs. Il en est de même des usines et des machines qui chôment, faute de commandes, pour cause de réparations, etc. On peut encore appliquer ce nom à cette portion du c. fixe qui, dans une industrie quelconque, excède la portion utile. Par exemple, lorsqu'un entrepreneur (et cela se voit fréquemment chez nous) construit un palais là où un hangar eût suffi à l'exploitation, les sommes dépensées en trop sont bien certainement un c. improductif. On a encore employé l'expression de c. *fictif*, mais dans le sens de monnaie fictive ou de valeur fictive.

Nous terminerons ce que nous avons à dire au sujet de la classification des capitaux, en réfutant une idée fausse qui est assez répandue. — On dit vulgairement que le temps est un c. Si l'on entendait par là que l'on gagne de l'argent en employant utilement son temps, comme l'exprime pittoresquement le proverbe anglais, *Time is money* « le temps, c'est de l'argent », ce serait une simple métaphore à laquelle nous n'aurions rien à objecter ; mais cette métaphore est souvent prise à la lettre. Tout le monde sait que certains vins, quand on les a conservés dix ou vingt ans, ont acquis une qualité et une valeur qu'ils n'avaient pas auparavant ; et l'on dit que, dans ce cas, le vin a servi de matière, le temps d'instrument, et que le produit est la nouvelle valeur acquise au propriétaire du vin. Cette analyse, ainsi que le fait observer Rossi, est peu correcte. Ce qu'on appelle l'action du temps, n'est autre chose qu'une force, un agent naturel, et nullement un c. Il n'y a ici d'autre c. que le tonneau et la cave. — Nous ferons observer, à ce propos, que l'économie politique doit se montrer, dans son langage, aussi sobre que possible de figures de rhétorique et surtout de métaphores, car elles donnent fréquemment lieu à des interprétations inexactes et même à des erreurs fort graves.

De la formation et de l'accroissement du capital. — Le c. est le résultat de l'épargne. — Si tous les producteurs, si tous ceux qui tirent leur revenu du produit des terres, se mettaient à dépenser tout ce qu'ils reçoivent, le c. ne s'accroîtrait pas. Pour qu'il s'accroisse, il faut donc que quelqu'un ait produit cette accumulation, et se soit abstenu de la dépenser. Toutefois, il est des cas où le mot *épargne*, dans le sens dans lequel on le prend habituellement, n'exprime pas exactement l'opération par laquelle s'est accru le c. C'est ce qui a lieu lorsqu'une augmentation de la puissance productive du travail crée un fonds additionnel qui permet au c. de s'accroître, non seulement sans accroissement de privations, mais encore avec augmentation de consommation. Bien que le producteur ait alors plus consommé, il a cependant fait une plus grande épargne, en prenant ce dernier terme dans un sens plus large et plus scientifique. En un mot, il y a eu, dans ce cas, un plus grand excédent de production sur la consommation. Ainsi, économiquement parlant, *épargner*, ce n'est pas consommer moins d'une manière absolue : c'est tout simplement consommer moins qu'on ne produit.

Le c. étant le produit de l'épargne, c'est-à-dire de l'abstention d'une consommation actuelle en vue d'un bien futur, son accroissement dépend nécessairement de deux choses : de la somme du fonds sur lequel l'épargne peut s'opérer, et de la puissance des motifs qui engagent à cette épargne. — Le fonds sur lequel peut s'opérer l'épargne est l'excédent du produit du travail, qui reste après qu'il a été pourvu aux besoins de la vie de tous ceux qui ont pris part à la production, en y comprenant, bien entendu, les produits employés à remplacer

les matières premières et à renouveler la partie du c. fixe mise hors d'usage. C'est là le fonds sur lequel les producteurs pourvoient à leurs jouissances personnelles, en tant qu'elles se distinguent des choses indispensables à la vie ; c'est là le fonds sur lequel subsistent également tous ceux qui ne concourent pas eux-mêmes à la production ; c'est là, enfin, ce qui constitue le revenu net réel du pays, et c'est à ces dépens uniquement que se forment et que peuvent se former les accroissements du c. La somme de ce produit est l'un des éléments qui déterminent le montant de l'épargne. On ne pourrait pas épargner au delà de cette somme, mais jamais on ne l'épargne tout entière. Le principal motif qui stimule à en épargner une portion plus ou moins considérable, c'est le désir de retirer un revenu de ses épargnes. Or, plus le profit qu'on peut espérer obtenir d'un nouveau c. est considérable, plus le motif d'épargner a de force et d'influence.

Cependant la somme du profit que l'on peut obtenir par l'emploi d'un nouveau c. n'est pas le seul motif qui détermine à épargner. « Étant donnés, dit J. Stuart-Mill, les mêmes motifs d'intérêt personnel, la disposition à l'épargne est très différente chez les divers individus et dans les divers pays. Le désir d'accumuler se manifeste avec une énergie inégale, non seulement suivant les variétés du caractère personnel, mais encore suivant l'état général de la société et de la civilisation. »

Fonction du capital. — Les auteurs qui ont écrit sur l'économie politique sont unanimes au sujet de la fonction du c. ; pour tous, le c. est l'un des trois éléments indispensables de la production. C'est au c. que le travail doit sa fécondité ; sans cet auxiliaire indispensable, l'homme s'épuiserait en efforts stériles. « En effet, dit Coquelin, le cultivateur ne peut pas labourer la terre sans une charrue ou une bêche. Il ne peut pas utiliser les fruits de sa récolte sans posséder des chariots, des animaux de trait, des granges, tout le matériel d'une exploitation rurale. Le forgeron ne forge pas sans son enclume et sans son marteau. Il lui faut même, outre ces instruments caractéristiques, un soufflet, un fourneau, du combustible, du fer, sans parler de son atelier qui est encore un c. Il n'y a point d'industrie, point de métier où l'on n'ait besoin de quelques instruments, quoique l'importance des c. instruments varie beaucoup selon le genre de travail. Il est donc constant que dans tous les emplois de la production, le c. est le compagnon, l'auxiliaire obligé du travail, tellement qu'on peut dire, à la rigueur, qu'il n'y a point de travail. Cela est vrai même par rapport à l'état sauvage où l'homme ne va guère à la chasse sans un arc et des flèches, ou quelque autre instrument équivalent. A plus forte raison, cela est-il rigoureusement vrai par rapport à l'état civilisé, où les travaux sont toujours plus compliqués et ne donnent jamais des résultats aussi immédiats. »

Le c. assiste le travail dans l'œuvre de la production, en lui faisant des *avances*, c'est-à-dire en mettant à sa disposition des valeurs qui seront détruites par celui-ci, mais de telle sorte qu'elles se trouveront rétablies plus tard. Ainsi qu'on l'a déjà vu plus haut, tout c., pour remplir son rôle dans la production, est nécessairement consommé ; mais il ne l'est pas par le capitaliste lui-même. Une partie s'échange contre des instruments, machines, outils, etc., pour remplacer ceux dont l'usage arrive hors de service ; une partie contre de la semence ou des matières qui sont détruites comme telles dans l'acte de la production, et qui sont anéanties dans l'acte de la consommation du produit parfait ; enfin, une troisième partie est payée en salaires aux travailleurs productifs, qui la consomment pour la satisfaction de leurs besoins quotidiens. Ainsi donc, tout ce qui est produit est consommé ; ce qui est épargné est employé comme c., aussi bien que ce qui est dépensé improductivement en choses les plus futiles, et le premier souvent tout aussi rapidement que le dernier. Les capitaux de tout genre subissent avec une promptitude extrême. « Si le c. existant, dit J. Stuart-Mill, se transmît de siècle en siècle, d'année en année, ce n'est pas par sa conservation, mais par sa reproduction perpétuelle. L'accroissement du c. est semblable à l'accroissement de la population. Tout individu qui naît, meurt bientôt ; mais le nombre de ceux qui naissent dans l'année excède le nombre de ceux qui meurent. »

Maintenant, il est facile de comprendre que les travailleurs sont toujours entretenus sur le c. lors même que le c. n'est pas fourni par un capitaliste. En effet, quand le producteur s'entretient au moyen d'un fonds qui lui appartient, quand le cultivateur vit sur sa propre terre, quand l'artisan travaille pour son propre compte, ils sont tous entretenus par un fonds avancé au travail antérieurement. Le paysan subsiste sur les produits de l'année précédente, et l'artisan avec le prix du produit qu'il a déjà confectionné et vendu. Ils s'entretiennent donc au moyen d'un petit c. qu'ils possédent et qu'ils emploient. Cette proposition que le producteur vit toujours aux dépens d'un c. antérieur, n'est pas moins évidente lorsqu'il s'agit de travailleurs salariés. Mais, lorsque c'est un capitaliste qui fournit le c., celui-ci est toujours avancé au travail sous forme de salaires. Une grande partie de la dépense d'un filateur, par exemple, est employée directement à payer des salaires. Le reste consiste en acquisition de matières premières, de machines et d'outils, bâtiments compris. Or, ces matières et ces machines ont été également produites par le travail, et les fabricants qui les ont vendues à notre filateur avaient également fait des avances en salaires, et ainsi de suite. Par conséquent, en remontant aussi loin qu'on le voudra, on trouve toujours que la forme de salaire est celle sous laquelle se sont faites les avances successives de c., bien entendu que chaque acheteur successif rembourse à son vendeur ces mêmes avances. C'est ainsi, du moins, que les choses se passent dans tous les pays de grande production, où les ouvriers et les capitalistes forment deux classes séparées, et où le capitaliste avance tous les frais. On peut objecter, il est vrai, que cet état de choses n'est pas l'effet de la nécessité et que l'ouvrier, au lieu de recevoir un salaire, pourrait vivre sur ses économies antérieures et attendre l'achèvement et la vente du produit pour toucher sa part de revient dans l'acte de la production ; mais cette objection n'est que spécieuse. Dans ce dernier cas, l'ouvrier serait un capitaliste plaçant ses capitaux dans l'entreprise, et fournirait une partie des fonds qu'elle exige, jusqu'à concurrence du montant de son salaire.

Importance du capital. — « Le c. est, je dirai presque, la vie matérielle des États, la mesure de leur civilisation et de leurs progrès. Comparez des pays divers ; vous trouverez ici une terre fertile et un ciel favorable aux entreprises de l'homme, une population assez nombreuse et heureusement douée ; là, un sol ingrat, un ciel sévère, une population qui a besoin de beaucoup de soins pour sa vie physique, et qui est souvent menacée par la maladie et la mort. Cependant il vous arrivera de trouver la richesse, le progrès dans le pays que la nature a traité en marâtre ; la pauvreté, la misère, dans le pays qu'elle a comblé de ses faveurs. C'est que les forces naturelles de l'un n'ont pas été secondées par l'accumulation du c., tandis que dans l'autre l'ordre, la persévérance, l'économie ont fini par amasser d'immenses capitaux, dont la puissance productive supplée toutes les imperfections des moyens naturels. Le c. met en mouvement, anime et double toutes les forces sociales ; c'est à lui de ce que les hommes se rapprochent, que les distances disparaissent, que les richesses de tous les pays se transportent promptement jusque sous la main du consommateur le plus éloigné, que les goûts se multiplient, que les désirs s'éveillent, et que peu à peu l'homme s'élève dans l'échelle de ses besoins et de ses jouissances. C'est le c. qui, sous cent formes diverses, outil, machine, port, rail, pompe à feu, navire, que sais-je? force les agents naturels à se plier aux volontés de l'homme. A l'aide du c., on a pu perfectionner ce grand levier de l'industrie moderne qu'avaient à peine entrevu quelques penseurs de l'antiquité, je veux dire la division du travail. Par là, la puissance productive est devenue prodigieuse ; elle a de quoi confondre les imaginations les plus hardies. Et, cependant, touchons-nous au terme du progrès industriel? Tout se réunit, au contraire, pour nous laisser entrevoir un progrès ultérieur, des efforts nouveaux qui laisseront bien loin derrière eux tout ce qui se fait aujourd'hui. »

Ainsi s'exprime Rossi, et il n'y a dans ces paroles aucune exagération. L'accroissement du c. a produit en effet des merveilles, qui seront d'ailleurs dépassées, si rien ne vient mettre obstacle à la marche progressive de cet accroissement. Car si l'industrie est fécondée par le c., c'est lui aussi qui la limite : c'est là une loi inexorable que constate l'économie politique. Par conséquent, quelque brillantes que soient les découvertes de la science moderne, quelque magnifiques que puissent être les inventions dues au génie de nos artistes et de nos industriels, si le c. ne vient lui aide, elles demeureront infécondes et stériles. En dépit des préjugés vulgaires encore si profondément enracinés, nulle puissance au monde ne saurait, sans accroissement de c., créer du travail et augmenter la production. Mais de ce que l'industrie est limitée par le c., il ne s'ensuit pas qu'elle atteigne la limite posée. Il se peut qu'il n'y ait pas de travailleurs disponibles en nombre proportionnel à celui que le c. existant serait capable d'entretenir. Ce cas est assez rare ; cependant il s'est rencontré dans quelques colonies nouvelles.

Si, d'un côté, l'industrie est limitée par le c., d'un autre côté tout accroissement de ce dernier donne ou doit donner un aliment nouveau à l'industrie. Il est même impossible d'assigner une limite à cette faculté. Quoique, dans tout accroissement considérable du c., il y en ait une proportion qui s'immobilise en machines, en bâtiments, en améliorations foncières, etc., la plus forte portion est employée à entretenir des ouvriers ; or, cette portion peut s'accroître indéfiniment sans créer une impossibilité à son propre emploi. En d'autres termes, s'il existe des hommes capables de travailler et des subsistances pour les nourrir, ils peuvent toujours être occupés à produire quelque chose. Cette doctrine est en opposition directe avec une opinion vulgaire et trop accréditée qui prétend que si les consommateurs épargnaient et transformaient en c. une portion plus considérable de leur revenu, il s'ensuivrait une accumulation fâcheuse, qui serait une perte réelle, car il n'y aurait pas d'acheteurs pour les objets créés à l'aide de ce c. Pour réfuter cette erreur déplorable nous nous contenterons de faire observer ici que tout producteur est lui-même consommateur, que sa *puissance de consommation* est, comme celle de tout homme, illimitée, et que, par conséquent, les différentes classes de travailleurs sont très capables d'échanger entre elles leurs divers produits et de les consommer. Or, de deux choses l'une : ou bien le nombre des producteurs s'est accru en raison directe de l'accroissement du c., ou bien il est resté stationnaire. Dans le premier cas, le c., à mesure qu'il s'accroît, trouve des bras nouveaux prêts à travailler et à accroître la production générale : il y a donc par là même de nouveaux consommateurs ; dans le second, le c. est obligé d'augmenter la rémunération des travailleurs : ces travailleurs pourront donc consommer davantage.

Ainsi donc, au point de vue de la production considérée en général, comme à celui de l'amélioration du sort des classes laborieuses, il ne saurait jamais y avoir excès dans l'accroissement du c. Cet accroissement pourrait-il avoir quelque inconvénient pour le capitaliste? Évidemment non. Le capitaliste cherche un profit : c'est dans ce but qu'au lieu de consommer improductivement son revenu tout entier, il en convertit une partie en c. En conséquence, si le c. s'accroissait au point de ne plus donner de profit suffisant, le remède serait bien simple, les capitalistes cesseraient d'accumuler. Mais on peut affirmer que les capitalistes ne se trouveront jamais obligés de recourir à une pareille extrémité. Cette hypothèse, d'ailleurs, implique contradiction. En effet, bien que la classe des capitalistes soit obligée de se contenter aujourd'hui de profits moindres qu'il y ait cinquante ans, elle possède en revanche une beaucoup plus grande quantité de c. Son revenu total est donc augmenté, quoique les profits considérés pour chaque portion de c. prise isolément soit diminués.

Abondance et rareté du capital. — On a déjà vu que lorsque le c. s'accroît, la population restant stationnaire ou à peu près, la rémunération afférente au travail doit nécessairement augmenter. De même, le phénomène inverse a lieu inévitablement lorsque le c. vient à diminuer. Il ne saurait en être autrement, car le travail est une marchandise dont le prix se règle de la même manière que celui de toute autre, par la loi de l'offre et de la demande. S'il y a beaucoup de c. relativement au nombre des hommes qui demandent du travail, la main-d'œuvre est chère ; s'il y a peu de c. en proportion de la population, la main-d'œuvre est à vil prix. Mais l'accroissement du c. n'intéresse pas seulement les classes laborieuses au point de vue du salaire. Il a encore pour effet, nous n'avons pas besoin de revenir sur ce point après ce que nous avons dit, d'accroître, dans une mesure qu'on ne saurait assigner, la force productive de l'homme. Si donc, pour une même somme d'efforts ou de travail, alors même qu'il n'y aurait pas de hausse du salaire, les travailleurs donnent naissance à une plus grande quantité de produits, ceux-ci seront à bas prix, et les travailleurs pourront, avec un même salaire, accroître leur consommation et leurs jouissances. Or, cet effet peut encore, quand l'accroissement du c. marche plus vite que celui de la population, coïncider avec une hausse des salaires. Dans ce cas, il y a double avantage pour les classes laborieuses.

L'une des formes les plus saisissantes sous lesquelles se manifeste l'accroissement du c. d'un pays est celle des machines. Ce perfectionnement dans les moyens de production, loin d'être nuisible aux ouvriers pris en masse, leur est favorable.

Au reste, l'abondance du c. peut être absolue ou relative. En d'autres termes, deux pays possédant une même population et une même quantité de capitaux, ces capitaux commandent souvent dans l'un beaucoup plus de travail que dans l'autre, et, par conséquent, paraissent être plus abondants dans le premier. Ce phénomène résulte de deux circonstances : 1° dans le premier de ces pays, il y a moins de capitaux inactifs que dans le second; 2° le c. est mieux distribué, c.-à-d. va directement aux travailleurs les plus intelligents, et féconde, de préférence, des travaux reproductifs.

Attaques dirigées contre le capital. — « Quelle est la puissance, dit Bastiat, qui allégera pour tous, dans une certaine mesure, le fardeau de la peine? Qui abrégera les heures de travail? Qui desserrera les liens de ce joug pesant qui courbe aujourd'hui vers la matière, non seulement les hommes, mais les femmes et les enfants qui n'y semblaient pas destinés? C'est le c.; le c., qui, sous la forme de roue, d'engrenage, de rail, de chute d'eau, de poids, de voile, de rame, de charrue, prend à sa charge une si grande partie de l'œuvre primitivement accomplie aux dépens de nos nerfs et de nos muscles; le c. qui fait concourir, de plus en plus, au profit de tous les forces gratuites de la nature. Le c. est donc l'ami, le bienfaiteur de tous les hommes, et particulièrement des classes souffrantes. Ce qu'elles doivent désirer, c'est qu'il s'accumule, se multiplie, se répande sans compte ni mesure. Et s'il y a un triste spectacle au monde, c'est de voir ces classes, dans leur égarement, faire au c. une guerre acharnée. »

Cette guerre au c. s'est produite sous deux formes. On a d'abord nié la nécessité du concours du c. pour féconder le travail; ensuite, on a contesté la légitimité de la rémunération due au c. Quant à la première de ces erreurs, nous n'avons pas à la réfuter, tant elle est grossière. Prétendre que le travail peut se passer du c., c'est dire littéralement que l'homme, pour travailler, n'a besoin que de ses ongles, car tout instrument de travail, arc pour la chasse, ligne pour la pêche, bêche pour la culture de la terre, est du c.; toute avance de subsistances est du c.; toute matière première enfin, semence, toison, fer, houille, etc., est du c. — La question de la rémunération a été obscurcie par une foule de sophismes qui seront réfutés au mot INTÉRÊT. Néanmoins, il est aisé de concevoir, d'après ce qui précède, que, si le c. devait rester sans rémunération, sa formation s'arrêterait sur-le-champ, et que celui qui existe aujourd'hui serait bientôt anéanti. Toutes les attaques dirigées contre le c., au nom des classes laborieuses et soi-disant dans l'intérêt de celles-ci, sont donc absolument dépourvues de fondement. Il n'y a jamais eu dans ce débordement d'invectives qu'une seule critique spécieuse. Les conditions imposées par le c. au travail sont parfois trop dures et trop onéreuses pour ce dernier : tous les économistes reconnaissent ce fait. Mais quel remède efficace peut-on opposer à ce cas fâcheux? Un seul, évidemment : c'est que les capitaux s'accroissent aussi rapidement que possible, de manière à faire diminuer la disproportion entre l'offre et la demande. Alors les prétentions exagérées de certains capitalistes tomberont d'elles-mêmes. Toute attaque contre le c. effraie celui-ci : une partie se cache, comme on dit, et celui qui ose tenir tête à l'orage fait payer cher sa hardiesse : il se montre d'autant plus exigeant qu'il ne redoute plus la concurrence, que les solliciteurs sont plus nombreux; il se trouve alors maître absolu du marché. — Nous terminerons par ce dilemme : Ou bien les écrivains qui ont attaqué le c. avec une violence si insensée savent, de science certaine, les moyens de dispenser la société de payer aucune rémunération au c., sans arrêter la production; ou bien, ils ne connaissent pas ces moyens. Si cette dernière hypothèse est la vraie, quel peut être le résultat de leurs attaques passionnées, si ce n'est de jeter le trouble dans les esprits des capitalistes et des travailleurs, et de porter à la production du pays l'atteinte la plus profonde? Si, au contraire, c'est la première hypothèse qui est vraie, que ne mettent-ils en œuvre ces moyens qui doivent être si féconds en prodiges? Quoi qu'il en soit, ces attaques sont également déplorables dans les deux cas : dans le second, parce qu'elles ne peuvent aboutir; dans le premier, parce qu'elles sont inutiles et superflues. Alors, en effet, tous les producteurs, quels qu'ils soient, sans qu'il y ait besoin de les ameuter contre le c. ou contre les capitalistes, s'adresseront aussitôt à cette merveilleuse institution qui promet de répandre partout et gratuitement les sources de toute richesse. — Voy. les articles CONSOMMATION, CRÉDIT, DÉBOUCHÉ, ÉPARGNE, INTÉRÊT, MONNAIE, PRODUCTION, PROFIT, SALAIRE et TRAVAIL. On peut consulter les *Traités d'Économie politique* de SMITH, J.-B. SAY, ROSSI, MAC CULLOCH, J. ST. MILL, JOS. GARNIER, YVES GUYOT, etc.

CAPITALE. s. f. Voy. CAPITAL. adj.

CAPITALEMENT. adv. D'une manière capitale.

CAPITALISABLE. adj. Qui peut être capitalisé.

CAPITALISATION. s. f. [Pr. *capitali-za-cion*]. Action de capitaliser; résultat de cette action. *La c. des intérêts a déjà doublé la somme.*

CAPITALISER. v. a. (R. *capital*). Accumuler de petites sommes pour former un capital. *Il capitalise la moitié de ses revenus.* || S'emploie absol. *Cet homme capitalise,* il accumule. = CAPITALISÉ, ÉE. part.

CAPITALISTE. s. 2 g. (lt. *capital*). Celui ou celle qui possède un capital dont il retire un intérêt, un profit, soit en le faisant valoir lui-même, soit en le plaçant dans une entreprise industrielle, commerciale, financière, etc.

CAPITAN. s. m. (esp. *capitan*, capitaine). T. Mépris. Rodomont, fanfaron, qui se vante d'une bravoure qu'il n'a point. — La signification méprisante donnée à ce mot tire son origine d'un personnage de notre ancien théâtre, avant Molière, qui était un grand donneur de coups d'épée en paroles, mais très poltron dans le fait.

CAPITANATE, aujourd'hui prov. de Foggia (Italie), le long de l'Adriatique, 322,758 hab.

CAPITANE. s. et adj. f. (esp. et ital. *capitana*, principale; de *capitan*, capitaine). Nom qu'on donnait autrefois à la première galère d'une armée navale, à celle que montait l'amiral. *La c. La galère c.*

CAPITAN-PACHA. s. m. (esp. *capitan*, capitaine; turc, *pacha*). Amiral turc, chef des forces navales de l'empire ottoman, ayant les mêmes attributions que notre ministre de la marine.

CAPITATION. s. f. (lat. *caput*, tête). Taxe par tête. Voy. IMPÔT.

CAPITÉ, ÉE. adj. (lat. *caput*, tête). T. Bot. Qui est en forme de tête.

CAPITEL. s. m. (bas-lat. *capitellum*, eau de savon). Extrait d'une lessive de cendres et de chaux vive, lequel entre dans la composition du savon.

CAPITELLÉ, ÉE. adj. (lat. *capitellum*, petite tête; dimin. de *caput*). T. Hist. nat. Qui a la forme d'une très petite tête ou boule.

CAPITEUX, EUSE. adj. (lat. *caput*, tête). Qui porte à la tête. Ne se dit guère que des liqueurs fermentées. *Vin c.*

CAPITOLE. s. m. (lat. *Capitolium*). T. Hist. rom. Le terme *Capitole* désignait proprement le temple érigé à Rome sur le mont *Tarpéien*, et consacré à Jupiter Optimus Maximus. Ce temple avait été ainsi nommé parce que, en creusant ses fondations, on avait trouvé une tête d'homme (*caput*). Commencé par Tarquin l'Ancien, il fut achevé par Tarquin le Superbe. Il fut incendié pendant les guerres civiles, reconstruit par Sylla, et il fut brûlé de nouveau jusqu'aux fondements par la faction de Vitellius. Vespasien l'ayant rebâti, il fut, bientôt après la mort de ce prince, réduit en cendres par un nouvel incendie. Domitien le fit alors reconstruire, pour la troisième fois, avec la plus grande magnificence. Le C. renfermait trois temples dans le même péristyle, c.-à-d. trois *celles* parallèles entre elles, et séparées par des murs mitoyens, mais toutes réunies sous un même toit. La *celle* du centre était consacrée à Jupiter Optimus Maximus; la droite à Minerve et la gauche à Junon. La Fig. représente le C. d'après une médaille antique. — A côté de ce temple se trouvait une citadelle nommée aussi C. L'emplacement du temple de Jupiter est occupé aujourd'hui par l'église d'Ara-Cœli, et celui de la citadelle par le palais Caffarelli.

Le mot C. se prend quelquefois pour l'ensemble du mont

Capitolin; on y comprenait les deux sommets ainsi que l'*Intermontium*. Cette colline avait d'abord reçu le nom de *Mont Saturnius*, puis celui de *Mont Tarpeius*, du nom de la jeune Tarpéia, tuée et enterrée en ce lieu par les Sabins, et enfin celui de *Mons Capitolinus*. Quand ce dernier nom fut devenu d'un usage vulgaire, le nom de Tarpéia resta seulement appliqué au lieu même du meurtre de Tarpéia, c.-à-d. au rocher d'où les criminels étaient précipités. — On arrivait au C. par trois chemins différents. Le premier consistait en un escalier de 100 marches qui conduisait directement du côté de la roche Tarpéienne. Les deux autres portaient le nom de *Clivus Capitolinus* et de *Clivus Asyli* : celui-là conduisait au côté nord, et celui-ci au côté sud de l'*Intermontium*; ce dernier partait de l'extrémité de la voie Sacrée.

Lorsque Rome étendit son empire, les colonies et les municipes voulurent aussi, à l'imitation de la métropole, avoir leur C., et, en conséquence, elles donnèrent ce nom à leur temple principal. Plus tard, ce nom même, par une confusion assez naturelle, fut étendu à des forteresses, à des palais, et au lieu où les magistrats municipaux tenaient leurs assemblées. Ainsi, Capoue, Pompéi, Vérone, Trèves, Toulouse, etc., eurent leur C.

CAPITOLIN. adj. m. Qui a rapport au Capitole. Se disait du mont sur lequel était bâti le Capitole. *Jupiter C.* Titre donné à Jupiter, parce qu'il avait un temple au Capitole. — *Jeux capitolins.* Voy. JEUX. — *Fastes capitolins.* Voy. FASTES.

CAPITON. s. m. (ital. *capitone*, soie non tordue). Soie grossière dont on se sert pour divers ouvrages. || Partie d'un siège qui est rembourrée de capiton. || T. Hort. Variété de grosse fraise appelée aussi *Capron.* Voy. ce mot.

CAPITON (ATEIUS), jurisconsulte romain du temps d'Auguste, chef de l'école de la tradition et rival de Labéon.

CAPITONNAGE. s. m. [Pr. *capito-naje*]. Action de capitonner, de garnir de capitons.

CAPITONNÉ, ÉE. adj. [Pr. *capito-né*] (R. *capitonner*). T. Tapissier. Se dit d'un meuble rembourré et piqué. *Fauteuil c.*

CAPITONNER. v. a. [Pr. *capito-ner*] (R. *capiton*). Garnir de capitons.

CAPITOUL. s. m. (bas-lat. *capitolium*, chapitre; du lat. *capitulum*, chapitre). Nom donné à Toulouse aux magistrats municipaux qui remplissaient l'office des consuls et des échevins des autres villes.

CAPITOULAT. s. m. Dignité, charge de capitoul. *Le c. anoblissait.*

CAPITULAIRE. adj. 2 g. (lat. *capitulum*, chapitre). Qui appartient à un chapitre de chanoines ou de religieux. *Assemblée c. Acte c.*

CAPITULAIRE. s. m. (lat. *capitulare*, écrit divisé en chapitres; de *capitulum*, chapitre). T. Hist. de France. Le mot *Capitulaire* s'emploie, dans l'histoire de France, pour désigner les lois ou ordonnances émanées des rois des deux premières races, mais plus particulièrement celles qui ont été rendues depuis Dagobert Ier jusqu'à la mort de Charles le Simple, en 929. Avant cette période, ces actes se nommaient *Constitutions, Décrets, Pactes* et *Conventions*; on les a appelés *Ordonnances* sous les Capétiens.

Les capitulaires étaient rédigés par les rois de concert avec les principaux personnages de l'État, c.-à-d. les évêques, les abbés et les comtes.

Les plus importants de ces capitulaires sont ceux qui ont été rendus par Charlemagne. Ils nous donnent une idée remarquablement exacte de l'état social de la France à cette époque reculée. Les capitulaires de ce prince sont au nombre de 65, divisés en 1,126 articles.

CAPITULAIREMENT. adv. (lat. *capitulum*, chapitre). En chapitre. *Les chanoines c. assemblés.*

CAPITULANT. adj. m. (lat. *capitulum*, chapitre). Qui a voix délibérante dans un chapitre. *Chanoine c.* || Substant. *Les capitulants assemblés pour l'élection.*

CAPITULATION. s. f. (R. *capituler*) [Pr. *capitula-cion*]. T. Guerre. Traité qu'on fait pour la reddition d'une place, d'un poste, ou pour mettre bas les armes. *Les articles de la c. Dresser, signer la c.* || Se disait, en Allemagne, des conditions que les électeurs, dans la vacance de l'Empire, proposaient à celui qui avait été élu empereur, et qu'il signait avant d'être reconnu. *La c. impériale.* || Convention en vertu de laquelle les sujets d'une puissance jouissent de certains privilèges dans les États d'une autre. *Les capitulations de la France avec la Porte ottomane.* || Fam., se dit des moyens de rapprochement et de conciliation qu'on propose dans une affaire. *Enfin on en vint à bout par c.* — Fig., *C. de conscience*, se dit d'une personne qui compose avec sa conscience, qui cherche des raisons plus ou moins spécieuses pour faire taire les scrupules de sa conscience.

Art milit. — Dans le langage militaire, on appelle *Capitulations*, parce qu'elles sont rédigées par articles (*capitula*), des conventions conclues entre deux troupes ennemies, et par lesquelles l'une des parties contractantes s'engage, soit à remettre une place, soit à rendre les armes ; c'est un accord qui amène toujours la cessation des hostilités. Pour ménager la susceptibilité du plus faible, on donne quelquefois à une véritable c. le nom de *Convention* : c'est ce qui eut lieu, par exemple, en 1814 et en 1815, lors de l'entrée des armées étrangères à Paris. On peut aussi dresser une c. *à conclusion éventuelle*, c.-à-d. en subordonner l'exécution à l'arrivée de de quelque événement prévu ou espéré. Ainsi, au moyen âge, lorsqu'une place ne pouvait plus tenir, il arrivait souvent que la garnison capitulait sous la condition qu'elle ne rendrait la place que si elle n'était pas secourue à une époque fixée.

On distingue deux espèces de capitulations : les capitulations des places assiégées, et les capitulations en *rase campagne*. — Les premières sont les plus communes. Les lois militaires ne les autorisent que lorsque toute résistance est impossible. De plus, aux termes du décret du 1er mai 1812, il faut que les vivres et les munitions soient épuisés, après avoir été convenablement ménagés. Il faut aussi qu'après avoir soutenu un assaut à l'enceinte, la garnison se trouve dans l'impossibilité d'en soutenir un second. Le même décret défend au commandant, ainsi qu'aux officiers, de séparer leur sort de celui des soldats, et déclare déshonorante, criminelle et passible de la peine de mort toute capitulation ou perte de place faite en dehors de ces conditions. — Au XVIIe siècle, on ne regardait les capitulations comme honorables que lorsque la garnison pouvait rejoindre l'armée avec armes et bagages, tambour battant, mèche allumée. Dans les temps antérieurs, toute garnison qui consentait à se retirer un bâton blanc à la main, c.-à-d. avec le bois de la pique ou de la lance privée de son fer, était notée d'infamie. Aujourd'hui, les conditions des capitulations ne sont pas déterminées par les règlements, car elles dépendent de circonstances qui varient à l'infini et qui sont impossibles à prévoir; néanmoins, les précédents servent de guide, quand il y a analogie dans les positions. — Aux termes de notre législation militaire, le commandant d'une place ne peut négocier les conditions d'une c., soit par lui-même, soit par ses délégués, que d'après l'avis du conseil de défense. En général, l'assiégeant n'accorde que de 12 à 15 heures au plus pour l'examen des conditions, et l'acte qui les renferme est minuté à mi-marge afin que l'on puisse écrire en regard de chacune d'elles l'un des mots, *adopté* ou *refusé*.

La guerre malheureuse de 1870 fut féconde en capitulations de places. Tous les commandants des forteresses ayant capitulé passèrent devant un conseil d'enquête; généralement, leur conduite fut appréciée d'une façon très sévère; mais il n'y eut pas de pénalité, sauf une concernant la honteuse capitulation de Metz, qui amena la mise en jugement du général en chef Bazaine, et sa condamnation à mort. On sait que ce traître fut gracié et interné à l'île Sainte-Marguerite, d'où il s'évada en 1874. Il est mort en Espagne en 1888.

Les *capitulations en rase campagne* sont rares, malgré le triste exemple de Sedan en 1870. Elles paraissent, même chez nous, tellement contraires à l'honneur militaire que les règlements en vigueur les prévoient à peine. « De ce que, disait Napoléon, les lois et la pratique de toutes les nations ont autorisé spécialement les commandants des places fortes à rendre leurs armes, celles qui n'ont jamais autorisé aucun général à faire passer les armes à ses soldats dans un autre cas... C'est détruire l'esprit militaire d'une nation, en affaiblir l'honneur, que d'ouvrir carrière aux lâches; aux hommes timides, ou même aux hommes égarés. » C'est sous l'impression de ces sentiments qu'au lendemain de la funeste c. de Baylen, fut rendu le décret du 1er mai 1812, où l'on remarque les articles suivants : « Il est défendu à tout général, à tout commandant d'une troupe armée, quel que soit son grade, de traiter en rase campagne d'aucune c. par écrit ou verbale. — Toute c. de ce genre dont le résultat aurait été de faire poser les armes, est déclarée déshonorante et criminelle et sera punie de mort. » Qu'eût pensé Napoléon, s'il avait pu prévoir qu'un crime de cette nature devait être commis 58 ans plus tard, non par un commandant, non par un général, mais par un empereur des Français, héritier de son nom et de son empire ? Napoléon Ier a porté d'avance sur Napoléon III le jugement de l'histoire.

On appliquait également le nom de *capitulations* à ces traités par lesquels certains pays en autorisaient d'autres à lever sur leur territoire un certain nombre d'hommes destinés à servir le pays recruteur. Les troupes ainsi formées conservaient leur nationalité dans le pays qui les employait, et restaient soumises aux lois pénales et aux règlements disciplinaires de leur patrie. L'origine de ce système de recrutement de troupes étrangères remonte à une époque fort éloignée ; mais ce n'est qu'à partir du XIIe siècle qu'il devint d'un usage commun. Dans le principe, on recruta ces soldats mercenaires à peu près partout indistinctement ; puis la Suisse finit par monopoliser cette espèce de marché de chair humaine qui a disparu des mœurs modernes. Les Suisses ont disparu des armées françaises après la Révolution de 1830.

Droit international. — On nomme *capitulations* les traités et conventions passés avec la Porte ottomane pour régler la condition des Européens habitant les pays du Levant, et les juridictions spéciales des *consuls* ou *commissaires* de leur nationalité auxquelles ils sont soumis. C'est François Ier qui établit, pour la première fois, des relations suivies avec l'empire ottoman, à la suite du traité d'alliance qu'il signa en 1535 avec Soliman Ier. Le régime des capitulations donna lieu dans ces derniers temps à de grosses difficultés diplomatiques, particulièrement en Égypte et en Tunisie. Ce régime a été supprimé en Égypte et remplacé par la loi du 17 décembre 1875, qui organise des tribunaux égyptiens composés de juges étrangers et indigènes, et règle leur compétence. En Tunisie, le régime des capitulations a disparu depuis que la France a établi son protectorat sur ce pays ; les capitulations y sont remplacées par des conventions passées directement entre la France et les autres puissances.

CAPITULE. s. m. (lat. *capitulum*, dans le sens de chapitre). T. Lit. Espèce de petite leçon qui se dit à la fin de certains offices. || Hist. ecclés. Nom que l'on donna depuis le IVe siècle aux canons des conciles.

CAPITULE. s. m. (lat. *capitulum*, dans le sens de petite tête). T. Bot. Variété d'*Inflorescence*. Voy. ce mot.

CAPITULER. v. n. (R. *capitulation*). Traiter de la reddition d'une place, d'un poste, discuter les conditions auxquelles on consent à mettre bas les armes. *Les assiégés demandèrent à c.* — Fig. et prov., *Ville qui capitule est à demi rendue.* Quand on commence à écouter des propositions, on est bien près de les accepter. || Fam., Entrer en traité sur quelque affaire, sur quelque démêlé, venir à accommodement. *Il demande à c.* — Fig., *C. avec sa conscience,* Composer avec sa conscience, chercher à dissiper ses scrupules par des raisons plus ou moins spécieuses.

CAPITULIFORME. adj. 2 g. (lat. *capitulum*, petite tête, dimin. de *caput* ; *forma*, forme). T. Bot. et Zool. Se dit des organes qui ont la forme d'une tête.

CAPITULUVE. s. m. (lat. *caput*, tête ; *lucre*, laver). Bain de tête, lotion sur la tête.

CAPMORE ou **CAP-MORE.** s. m. (vx fr. *cap*, tête ; *more*, nègre). T. Ornith. Nom d'un oiseau du genre tisserin qui vit au Sénégal et au Congo. Voy. MOINEAU. = Pl. *Des Capmores* ou *des Caps-mores.*

CAPNOFUGE. adj. (gr. καπνός, fumée ; φυγή, fuite). Qu'. préserve de la fumée. Il vaudrait mieux écrire *capnophuge*, le mot étant tiré du grec. L'orthographe *capnofuge,* consacrée par l'usage et par l'analogie avec les autres mots en *fuge* tirés généralement du latin, est une orthographe hybride et par conséquent défectueuse.

CAPNOMANCIE. s. f. (gr. καπνός, fumée ; μαντεία, divination). Divination par la fumée. Voy. DIVINATION.

CANOPTÈRE. adj. 2 g. (gr. καπνός, fumée ; πτερόν, aile). T. Hist. nat. Qui a les ailes couleur de fumée.

CAPOC. s. m. T. Comm. Nom, dans l'Inde, de la ouate.

CAPO-D'ISTRIA, v. et port de l'Istrie (Autriche-Hongrie), sur le golfe de Trieste, 8,000 hab.

CAPO-D'ISTRIA, aide de camp du tsar Alexandre, joua un grand rôle dans la guerre d'indépendance de la Grèce contre les Turcs, devint en 1827 président de la République hellénique et fut assassiné en 1831.

CAPOLIN. s. m. Nom du cerisier du Mexique.

CAPON. s. m. (ital. *cappone*, chapon). Homme qui semble dépourvu des attributs de la virilité, lâche, poltron. *Il ne fera rien, c'est un c.* Pop. || Hypocrite qui dissimule pour arriver à ses fins. *Faire le c.* Très fam. et peu usité. || Se dit d'un joueur rusé, fin et appliqué à prendre toute sorte d'avantages aux jeux d'adresse. *C'est un vrai c.* Popul.

CAPON. s. m. T. Mar. Palan muni d'un crochet qui sert à élever et à soutenir une ancre lorsqu'elle est amenée sous le bossoir.

CAPONNER. v. n. [Pr. *capo-ner*] (R. *capon*). Montrer de la poltronnerie. *On dirait que tu caponnes.* Pop. || User de finesse au jeu, être attentif à y prendre toute sorte d'avantages. *C. au jeu.* Popul.

CAPONNER. v. a [Pr. *capo-ner*] (R. *capon*). T. Mar. *C. l'ancre.* La retirer de l'eau et la hisser au bossoir au moyen du capon.

CAPONNIÈRE. s. f. [Pr. *capo-nière*] (ital. *capponiera,* chaponnière, lieu où on élève des chapons, *cappone,* ainsi dit par assimilation de forme). T. Guerre. Chemin qui traverse le fossé à sec et conduit à une demi-lune. Voy. FORTIFICATION.

CAPOQUIER. s. m. Nom du cotonnier de l'Inde.

CAPORAL. s. m. (vx fr. *cap* ou *capo*, tête ; du lat. *caput,* m. s.). T. Milit. Bas-officier du moindre grade dans l'infanterie. *Le c. n'est plus simple soldat, et pourtant n'est pas encore sous-officier.* || Tabac à fumer ordinaire.

CAPORALISER. v. a. Faire caporal.

CAPORALISME. s. m. Régime du caporal.

CAPOSER. v. n. T. Mar. Amarrer le gouvernail ; mettre à la cape, afin de suivre le vent.

CAPOT. adj. 2 g. et 2 nomb. (vx fr. *capot,* sorte de manteau, pris métaphoriquement, la défaite étant considérée comme un capot qu'on jette sur le vaincu). T. Jeu de piquet. Se dit d'un joueur qui ne fait aucune levée. *Il est c.* — *Faire c.,* Faire toutes les levées, toutes les mains. || Fig. et fam., *Être c., demeurer c.,* Demeurer confus et interdit auprès de quelqu'un, ne se voir déçu dans ses espérances. *Il a été bien c. de se voir surpris.* || T. Mar. *Faire c.,* se dit d'un petit bâtiment qui chavire. *Notre chaloupe fit c.*

CAPOTAGE. s. m. T. Mar. Connaissance du chemin qu'un navire fait en mer. || Disposition de la capote d'une voiture.

CAPOTE. s. f. (Dimin. de *cape*). Espèce de cape ou de grand manteau d'étoffe grossière, auquel est attaché un capuchon. *Les sentinelles ont une c. pour se garantir de la pluie.* Dans ce sens on disait autrefois *Capot.* — Sorte de redingote que les soldats portent en petite tenue. || Sorte de mante que les femmes mettaient autrefois par-dessus leurs vêtements quand elles sortaient, et qui les couvrait depuis la tête jusqu'aux pieds. || Sorte de chapeau de femme qui est ordinairement fait d'étoffe. *Une c. de satin, de velours, de crêpe.* || T. Carross. Le dessus d'une voiture qui se plie en manière de soufflet. *La c. d'un cabriolet, d'une calèche.*

CAPOTER. v. n. (R. *capot*). T. Mar. Chavirer.

CAPOUE, v. d'Italie (Terre de Labour), 14,000 hab. Considérée dans l'antiquité comme un séjour de délices. *Les délices de Capoue affaiblirent l'armée d'Annibal.* == Nom des hab. : CAPOUAN, ANE.

CAPOULIÈRE. s. f. T. Pêc. Nappe de filet à larges mailles.

CAPPADOCE, anc. contrée de l'Asie Mineure.

CAPPARÉES. s. f. pl. [Pr. *cap-paré*] (gr. χάππαρις, câprier) T. Bot. Tribu de végétaux de la famille des *Capparidées.* Voy. ce mot.

CAPPARIDÉES. s. f. pl. [Pr. *cap-paridé*] (gr. χάππαρις, câprier; εἶδος, apparence). T. Bot. Famille de végétaux Dicotylédones de l'ordre des Dialypétales supérovariées mériclomones.

Caract. bot. : Plantes herbacées, ou arbustes, ou quelquefois arbres, munis de stipules véritables, ou de stipules changés en aiguillons. Feuilles alternes, pétiolées, entières ou palmées. Fleurs solitaires ou en grappes. Calice composé de 4 sépales distincts ou réunis en tube dont le limbe est de forme variable. Pétales au nombre de 4 ou même de 8,

ordinairement onguiculés et inégaux, manquant quelquefois. Étamines presque périgynes, très rarement tétradynames, en nombre défini ou indéfini, le plus souvent présentant un multiple élevé d'un nombre quaternaire, insérées sur un large disque hémisphérique, ou au sommet d'un torus en forme de pédoncule; anthères introrses, s'ouvrant longitudinalement. Disque très développé, tantôt sous la forme d'un corps charnu hémisphérique, globuleux ou pédonculé, quelquefois sous celle d'un plateau glanduleux nectarifère, stérile

d'un côté, portant des anthères de l'autre. Pistil formé de 2 carpelles, parfois de 10 ou 12. Ovaire pédonculé ou sessile, uniloculaire, avec 2 ou plusieurs placentas pariétaux; ovules anatropes ou campylotropes; style nul ou filiforme; stigmate généralement rond. Fruit en forme de silique et déhiscent, ou en forme de baie, uniloculaire, très rarement monosperme, presque toujours avec placentas polyspermes. Graines généralement réniformes, sans albumen, mais où la membrane qui tapisse le test est renflée; embryon courbe; cotylédons foliacés, aplatis; radicule cylindrique plus ou moins longue, tournée vers le hile. [Fig. 1. *Capparis ægyptiaca.* 2. Fruit coupé en travers. 3. Graine grossie. — 4. *Physostemon lanceolatum;* calice, étamines et ovaire. 5. Fruit mûr, avec une valve ouverte. 6. Graine. 7. Graine coupée verticalement.]

La famille des *Capp.* est nombreuse; elle ne compte pas moins de 23 genres et 300 espèces : le genre *Capparis* (*Câprier*), type de cette famille, compte à lui seul 120 espèces. Les *Capp.* appartiennent, pour la plupart, aux régions intertropicales ou voisines des tropiques. Parmi les Cléomées, une seule espèce (*Cleome violacea*) habite le Portugal ; une autre espèce de cette tribu, la *Polanisia graveolens,* se rencontre jusqu'au Canada ; on en trouve encore une ou deux autres dans la partie sud des États-Unis. Quant aux espèces à fruit charnu, le *Câprier commun* est celle qui remonte le plus vers le nord. Ainsi que le fait observer De Candolle, les *Capp.* jouissent de propriétés analogues à celles des Crucifères.

On divise les *Capp.* en deux tribus :

TRIBU I. — *Cléomées.* — Fruit capsulaire siliquiforme (*Cleome, Polanisia, Gynandropsis,* etc.). Plusieurs espèces des genres *Cleome* et *Polanisia* ont une saveur âcre, comme celle de la Moutarde. Aux États-Unis, la racine de la *Cleome dodecandra* est employée comme vermifuge. Le *Polanisia icosandra* produit sur la peau l'effet d'un vésicatoire, et dans la Cochinchine on l'emploie en guise de sinapisme. Dans la Chine, la feuille de la *Pol. viscosa* est mêlée à la salade pour en relever le goût.

TRIBU II. — *Capparées.* — Fruit baccien ou drupacé (*Capparis, Cratæva, Cadaba, Mærua, Thylachium,* etc.). Les boutons à fleurs de diverses espèces de *Câpriers* (*Capparis spinosa,* en France, en Italie, en Espagne; *C. rupestris,* en Grèce; *C. Fontanesii,* dans la Barbarie; *C. ægyptiaca,* en Égypte) sont employés comme stimulants, apéritifs et antiscorbutiques. Ces boutons, confits dans le vinaigre, sont connus sous le nom de *Câpres.* On en fait un grand usage comme condiment, et il s'en consomme beaucoup dans la marine à cause de leurs propriétés antiscorbutiques. Le *Câprier commun* (*C. spinosa*) se cultive dans quelques localités de la France. Si l'on a soin de récolter les boutons floraux à mesure qu'ils se forment, la plante ne cesse pas d'en produire de nouveaux jusqu'à la mauvaise saison. L'écorce de la racine du Câprier passe pour diurétique. L'écorce de la racine du *Cratæva gynandra* est vésicante comme la Cantharide. Il en est de même de celle des *Capparis cynophallophora, amygdalina* et *ferruginea.* Au Brésil, les feuilles contuses du *Cratæva tapia* sont usitées comme topique dans les cas d'inflammation; la racine de cette plante est amère et tonique. Les baies juteuses du *Cratæva nurvala* sont, dit-on, agréables au goût. Les parties vertes du *Gynandropsis pentaphylla* exhalent, lorsqu'on les froisse, une odeur fétide. Cependant, à l'Île de France, on mange ses feuilles préparées comme des épinards, car la cuisson dissipe leur mauvaise odeur. Cette herbe est sudorifique et rubéfiante. Le *Capparis sodada* a une odeur narcotique; ses fruits sont âcres, et les femmes les croient propres à augmenter leur fécondité. La racine du *Cadaba indica* passe pour apéritive et anthelminthique. — Dans quelques végétaux de cette famille, le principe âcre qu'ils contiennent a quelquefois assez d'énergie pour être dangereux. Martius dit que le *Colicodendron Yco* fait périr les mules et les chevaux. On trouve encore, aux environs de Carthagène, une plante appelée par les habitants *Fruta de Burro* ou Fruit d'Âne, dont le fruit est très vénéneux. Cette plante, qui paraît être une espèce de *Capparis* très voisine du *C. pulcher-*

rima, de Jacquin, ne doit pas être confondue avec le *Fruta de Barro*, de Humboldt. Celle-ci est une plante médicinale utile, qui se trouve à la Guyane et appartient à la famille des Anonacées. — Quoique les Capp. soient en général des végétaux de petites dimensions, le *Cratæva excelsa*, de Madagascar, appelé *Vouen pouen* par les indigènes, fournit, suivant Bojer, des planches qui ont jusqu'à 1^m20 de diamètre.

CAPPE. s. f [Pr. *cape*]. Assemblage de morceaux de bois dont on entoure une forme à sucre cassée.

CAPRA. s. f. T. Zool. Nom scientifique latin du genre *Chèvre*. Voy. ce mot.

CAPRAIRE. s. T. Bot. (lat. *capra*, chèvre). Genre de plantes de la famille des *Scrofulariacées*. Voy. ce mot.

CAPRARA, cardinal, légat de Pie VII en France, en 1801, signataire du *Concordat*.

CÂPRE. s. f. (gr. χαππαρίον, m. s.). Bouton floral du câprier. Confit dans le vinaigre, il sert d'assaisonnement.

CAPRE s. m. (holl. *kaper*, m. s.; de *kapen*, faire le pirate). Sorte de vaisseau corsaire. *C. hollandais.* Vx et inus. ¶ Se disait aussi des matelots qui s'embarquaient sans solde sur un c., avec le seul espoir d'avoir part aux prises. *Il était c. à la part.*

CAPRÉE (auj. CAPRI), île du golfe de Naples dans laquelle se retira Tibère. Son village principal est Capri. Site délicieux. Grotte d'azur, ainsi nommée à cause de sa couleur, due à la réflexion des vagues de la mer.

CAPRÉOLAIRE. adj. 2 g. (lat. *capreola*, dimin. de *capra*, vrille de vigne).T. Didact. Qui est contourné en forme de vrille de vigne.

CAPRÉOLÉ, ÉE. adj. 2 g. (lat. *capreola*, vrille de vigne). T. Bot. Garni de vrilles.

CAPRERA, îlot de la Méditerranée, près la côte N.-E. de la Sardaigne (Italie).

CAPRICANT. adj. m. (lat. *capra*, chèvre). T. Pathol. *Pouls c.*, Pouls dur inégal, sautillant, qui interrompt d'abord la diastole et l'achève ensuite brusquement. *Il est duruscule, pour ne pas dire dur, repoussant, et même un peu capricant.* (MOLIÈRE.) — On dit aussi : CAPRISANT et CAPRIZANT.

CAPRICE. s. m. (ital. *capriccio*, du lat. *capra*, chèvre). Fantaisie, boutade, inégalité d'humeur. *C. singulier. Suivre son c. Il se gouverne plus par c. que par raison. Les caprices de la multitude. Les caprices de l'amour, de la tyrannie.* ¶ Saillie d'esprit et d'imagination. *Ce poète ne compose que de c.* ¶ Fig., se dit des irrégularités, des changements auxquels certaines choses sont sujettes. *Les caprices de la mode, de l'usage, du sort, de la fortune. Les caprices de la langue.* ¶ T. Mus. Pièce de musique d'un style libre et dont le plan n'est pas déterminé. *C. pour violon, pour piano.* ¶ Pièce littéraire où l'on n'a pas observé les règles de l'art.

CAPRICIEUSEMENT. adv. Par caprice.

CAPRICIEUX, EUSE. adj. Qui a des caprices. *Une femme capricieuse. Il a l'humeur capricieuse. Ce cheval est c.* ¶ Substant. *C'est un c. Vous n'êtes qu'une capricieuse.* = Syn. Voy. BIZARRE.

CAPRICORNE. s. m. (lat. *capricornus*, de *capra*, chèvre, et *cornu*, corne). T. Astr. Constellation du Zodiaque. Voy. CONSTELLATION, ÉCLIPTIQUE, ZODIAQUE. — *Tropique du Capricorne*, Tropique austral. Voy. TROPIQUE. ¶ T. Ent. Genre d'insectes coléoptères. Voy. LONGICORNES.

CÂPRIER. s. m. (R. *câpre*). T. Bot. Genre de plantes, type de la famille des *Capparidées*. Voy. ce mot.

CÂPRIÈRE. s. f. Lieu planté de Câpriers.

CAPRIFICATION. s. f. (bas-lat. *Caprificus*, Figuier sauvage; de *capra*, chèvre, et *ficus*, figuier; avec confusion entre *ficus* et le suffixe *ficare*, faire, produire). T. Hortic. On appelle ainsi un procédé qui a pour objet de hâter la maturation des figues. Il consiste à suspendre aux branches des Figuiers cultivés des chapelets de fruits du Figuier sauvage (*Caprificus*) qui renferment une multitude de petits Hyménoptères du genre Cynips. Ces insectes, en pénétrant dans l'intérieur de la figue cultivée, l'empêchent de tomber avant la maturité et la font mûrir beaucoup plus rapidement. Cette pratique qui était connue des anciens est encore suivie en Grèce, à Malte, en Algérie, en Espagne et en Portugal. Beaucoup de botanistes ont regardé cette opération comme inutile; d'autres, parmi lesquels nous citerons Link et Lindley, la regardent comme avantageuse. C'est, en effet, ce qu'indiquent des expériences comparées; mais il reste à savoir de quelle manière l'insecte agit pour produire l'effet obtenu? Est-ce parce que le Cynips se charge de pollen en s'introduisant dans le fruit, et va féconder les fleurs situées à l'intérieur du réceptacle commun? Est-ce parce qu'il détermine par sa présence et sa piqûre un afflux plus considérable de sève? Ce qui rendrait assez probable cette seconde manière de voir, c'est que les Égyptiens pensent obtenir le même effet en cernant l'œil de la figue, et que chez nous on conseille encore de la piquer avec une aiguille trempée dans de l'huile.

CAPRIFIGUIER. s. m. (lat. *Caprificus*, m. s., de *capra*, chèvre; *ficus*, figuier). T. Bot. Figuier sauvage.

CAPRIFOLIACÉES. s. f. pl. (lat. *Caprifolium*, Chèvrefeuille, de *capra*, chèvre, et *folium*, feuille). T. Bot. Famille de végétaux Dicotylédones de l'ordre des Gamopétales inférovariées.

Caract. bot. : Arbrisseaux parfois volubiles ou plantes herbacées à feuilles opposées, dépourvues de stipules, simples, ou composées. Fleurs habituellement en corymbe, douées souvent d'une odeur agréable. Calice à 4 ou 5 divisions, ordinairement accompagné de deux ou de plusieurs bractées. à sa base. Corolle gamopétale ou dialypétale, rotacée ou tubuleuse, régulière ou irrégulière. Étamines en nombre égal à celui des lobes de la corolle, et alternant avec eux. Pistil formé de 3-5 carpelles, rarement de 4 ou de 2. Ovaire ayant de 4 à 5 loges, dont l'une ne contient souvent qu'une seule graine, les autres étant polyspermes; dans la première de ces loges, l'ovule est pendant; style unique; stigmates 3 ou 5. Le fruit est une baie, une drupe, une capsule ou un akène (*Linnæa*), parfois une double baie. Graines tantôt solitaires et pendantes, tantôt

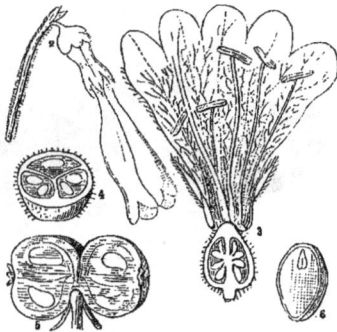

Fig. 1.

nombreuses et attachées à l'axe; test souvent osseux; embryon très petit, dans un albumen charnu; radicule placée près du hile. [Fig. 1. — 2. *Linnæa borealis*, fleur. 3. La même, coupée pour montrer l'intérieur de l'ovaire. 4. Coupe transversale de l'ovaire. 5. *Lonicera tatarica*, coupe de son fruit. 6. Moitié d'une graine.]

La fam. des C. comprend 13 genres et 200 espèces qui sont indigènes des parties septentrionales de l'Europe, de l'Asie et de l'Amérique; mais elles sont très rares dans la partie nord de l'Afrique, et presque inconnues dans l'hémisphère austral.

On les divise en deux tribus :

TRIBU I. — *Sambucées.* — Styles distincts (*Adoxa*,

Sambucus, Viburnum). Les fleurs du *Sureau noir* (*Sambucus nigra*) sont aromatiques et sudorifiques ; elles donnent au vinaigre une saveur agréable. Ses drupes sont diurétiques : on en obtient une liqueur vineuse en les faisant fermenter avec du sucre, du gingembre et du girofle; on s'en sert aussi pour colorer le vin. Ses f nilles et sa seconde écorce sont purgatives. Enfin, son bois, qui acquiert une grande dureté, est employé par les tourneurs et les ébénistes, tandis que les enfants se fabriquent avec les jeunes branches dont ils ôtent la moelle des canonnières et d'autres

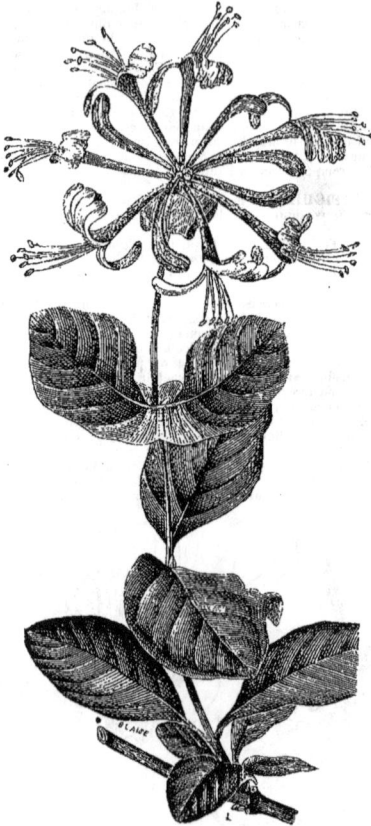

Fig. 2.

jouets. L'*Yèble* ou *Hièble* (*Samb. Ebulus*), appelé vulgairement *Petit Sureau* et *Sur. en herbe*, a les mêmes propriétés médicinales que le précédent. La décoction de sa racine, édulcorée avec du miel, est émétique et purge assez violemment. Les feuilles et les fruits de la *Viorne mancienne* (*Viburnum lantana*) sont rafraîchissants et astringents; son écorce interne est tellement âcre, que quelques auteurs la rangent parmi les rubéfiants; ses racines, macérées et pilées, donnent de la glu; en Suisse, on se sert de ses baies pour faire de l'encre. La pulpe âpre et astringente de cette espèce, ainsi que du *Vib. canadensis*, devient mangeable après qu'on l'a fait fermenter ; aussi les Indiens de l'Amérique en font une sorte de gâteau.

Le *Sureau à grappes* (*Sambucus racemosa*), la *Viorne obier* (*Viburnum opulus*), appelée aussi *Boule de neige* à cause de la forme que prennent ses belles touffes de fleurs blanches, et le *Laurier-tin* (*Vib. tinus*) méritent d'être cités comme des arbustes d'agrément qui produisent un charmant effet dans nos jardins.

Enfin, plusieurs espèces de cette tribu, telles que le *Sureau*, l'*Hièble*, les *Viornes*, etc., contiennent un principe tinctorial qu'on peut utiliser.

TRIBU II. — *Lonicérées*. — Style unique (*Triosteum, Symphoricarpus, Lonicera, Diervilla*, etc.). Le *Triosteum perfoliatum* est un cathartique doux; à haute dose, il provoque le vomissement. Ses baies, préalablement séchées et grillées, ont été employées en guise de café. Celles du *Lonicera cærulea* sont recherchées des Kamtschadales qui les aiment beaucoup. Les feuilles de la *Linnée boréale* (*Linnæa borealis*) sont fort usitées, en Suède, comme diaphorétiques et diurétiques. — Les espèces que l'on recherche le plus comme plantes d'ornement, appartiennent à cette tribu. Nous mentionnerons les diverses variétés de *Chèvrefeuille* (*Lonicera*) (Fig. 2), les *Camérisiers* (*Xylosteum*) et les *Symphorines*, particulièrement la *Symph. à grappes* (*Symphoricarpus racemosa*), dont les fleurs sont petites et insignifiantes, mais dont les baies ressemblent à de petites boules de cire du blanc le plus pur.

CAPRIMULGE. s. m. (lat. *capra*, chèvre; *mulgeo*, je trais). T. Ornith. Genre de passereaux glossirostres voisins des martinets. Voy. ENGOULEVENT.

CAPRIPÈDE. adj. (lat. *capra*, chèvre ; *pes*, pied). T. Didact. Qui a des pieds de chèvre.

CAPRIQUE. adj. 2 g. (lat. *caper*, bouc, à cause de l'odeur). T. Chim. L'acide c. ou *rutique* $C^{10}H^{20}O^2$ existe à l'état de glycéride dans l'huile de coco et dans le beurre, et à l'état de caprate d'amyle dans l'eau-de-vie de marc et dans les huiles des distilleries. On peut le retirer de ces huiles par distillation fractionnée en recueillant les portions qui passent après l'alcool amylique, c.-à-d. au-dessus de 132°. L'acide c. est un solide incolore, cristallisable, fusible à 27°, possédant une odeur de bouc. Peu soluble dans l'eau, il se dissout très bien dans l'alcool et dans l'éther. En distillant sous pression un mélange de caprate et de formiate de baryte, on obtient l'*aldéhyde* c. $C^{10}H^{20}O$, liquide incolore qui, traité par le zinc et l'acide acétique, fixe de l'hydrogène et se transforme en alcool décylique normal. — L'acide c. dérive du décane $C^{10}H^{22}$, ainsi que les *alcools capriques* $C^{10}H^{22}O$, appelés le plus souvent *alcools décyliques*.

CAPRISANT ou **CAPRIZANT**. adj. m. T. Pathol. Voy. CAPRICANT.

CAPROÏQUE. adj. 2 g. (lat. *caper*, bouc, à cause de l'odeur). T. Chim. L'acide c. *normal* $C^6H^{12}O^2$ existe dans le beurre, dans l'huile de coco, dans les produits de la fermentation butyrique; il se forme, en même temps que d'autres acides, dans l'oxydation des graisses ou de la paraffine par l'acide nitrique. On peut l'obtenir en soumettant l'acide butyrique du commerce à la distillation fractionnée et en recueillant les portions passant au-dessus de 180°; on peut aussi le préparer en saponifiant le cyanure d'amyle normal, qui est son nitrile. L'acide c. est un liquide huileux, d'une odeur de sueur, bouillant à 205°, presque insoluble dans l'eau, mais soluble dans l'alcool. L'acide azotique bouillant le dédouble en acides acétique et succinique. La *leucine* $C^6H^{11}(AzH^2)O^2$, qu'on rencontre dans le vieux fromage, et qui prend naissance dans la putréfaction des matières animales, est un acide amidocaproïque. — On connaît plusieurs isomères de l'acide c. normal; ce sont les acides *isocaproïque* (ou *isobutylacétique*) bouillant à 199°, *diéthylacétique* à 196°, *méthylpropylacétique* à 193°, *diméthyléthylacétique* à 185°. À ces acides correspondent des *aldéhydes caproïques* dont la formule est $C^6H^{12}O$, et des *alcools hexyliques* $C^6H^{14}O$, appelés quelquefois caproïques.

Tous ces composés dérivent des hexanes.

CAPROMYS. s. m. (lat. *capra*, chèvre; *mus*, rat). Les *Capromys*, appelés *Houthias* par Cuvier, sont des rongeurs claviculés, qui appartiennent à la famille des *Muriformes* ou *Octodontidæ*, où ils constituent un genre particulier. Ces animaux ont la forme générale du rat, mais ils sont beaucoup plus gros. Ils ont, des deux côtés de chaque mâchoire, 4 molaires à couronne aplatie; l'émail se replie en dedans de manière à former trois angles rentrants au bord externe, et un seul au bord interne sur la mâchoire supérieure; c'est l'inverse à l'inférieure. Leur queue est cylindrique et peu velue : leurs pieds postérieurs ont 5 doigts, les antérieurs 4, avec un rudiment de pouce. Ces derniers, bien qu'ils soient très robustes, ne peuvent leur servir à fouir la terre. Les capromys sont tous originaires de Cuba, où ils constituaient autrefois, avec les agoutis, le principal gibier des indigènes. Ils se nourrissent de plantes aromatiques, et grimpent facilement sur les arbres;

mais, à terre, leurs mouvements sont lents, et leur démarche ressemble à celle d'un ours. Ils s'apprivoisent aisément. Ce genre ne comprend que 3 espèces. Le *C. de Fournier* (Fig. ci-dessus) appelé *Chemis* à Cuba, est de la grosseur d'un lapin. Il a le pelage rude, de couleur brune mêlée de fauve; le museau et les pieds noirs, la queue brune, moitié moins longue que le corps, et couverte d'anneaux écailleux. Les deux autres espèces, le *C. préhensile* et le *C. de Poey*, ont une taille moindre que la précédente.

CAPRON ou **CAPERON**. s. m. (autre forme de *chaperon*). T. Hort. Sorte de grosse fraise à saveur musquée.

CAPRONE. s. f. (lat. *capronæ comæ*, cheveux qui tombent sur le devant de la tête; de *caput*, tête, et *pronus*, penché en avant). Houppe de poils qui entoure le haut de la tête de certains mammifères.

CAPRONE. s. f. (lat. *caper*, chèvre). T. Chim. Acétone caproïque (C^{6}H^{11})^{2}CO, se formant dans la distillation sèche du caproate de baryum.

CAPRONIER. s. m. T. Hort. Variété de fraisier qui produit les caprons.

CAPROYLE. s. m. [Pr. *capro-île*] (lat. *caper*, bouc; suffixe *yle*, du gr. Ὕλη, matière). T. Chim. C'est le radical C^{6}H^{11}O de l'acide caproïque et de ses dérivés. On donne quelquefois ce nom au radical C^{6}H^{13} qui entre dans les composés hexyliques et que l'on doit appeler *hexyle*.

CAPROYLÈNE. s. m. [Pr. *capro-ilène*] (lat. *caper*, bouc; les deux suffixes, *yle* et *ène*). T. Chim. Synon. d'HEXYLÈNE.

CAPRYLE. s. m. (lat. *caper*, bouc; suffixe *yle*, du gr. Ὕλη, matière). T. Chim. C'est le radical C^{8}H^{15}O dont on admet l'existence dans l'acide caprylique et ses dérivés. — On a donné quelquefois le nom de c. au radical C^{8}H^{17} que l'on doit nommer *octyle* et qui existe dans l'alcool octylique.

CAPRYLÈNE. s. m. T. Chim. Synon. d'OCTYLÈNE.

CAPRYLIDÈNE. s. m. (R. *capryle*) T. Chim. Hydrocarbure acétylénique répondant à la formule C^{8}H^{14} et dérivant de l'octane. Il est liquide et bout à 135°. Chauffé avec une solution alcoolique de potasse, il se transforme en un isomère, le *méthylamylacétylène*, bouillant à 132°.

CAPRYLIQUE. adj 2 g. (R. *capryle*) T. Chim. L'acide c. existe à l'état d'éthers dans le beurre et dans l'huile de coco. C'est un des nombreux acides qui se produisent quand on oxyde les graisses par l'acide azotique. Pour le préparer on saponifie l'huile de coco par une lessive de soude bouillante; le savon obtenu est distillé avec de l'acide sulfurique étendu; on obtient un mélange d'acides c. et caproïque qu'on sépare en mettant à profit la différence de solubilité de leurs sels barytiques. L'acide c. fond à 16°, bout à 238°; il est très soluble dans l'alcool et dans l'éther, peu soluble dans l'eau. Sa

formule est C^{8}H^{16}O^2. Ses dérivés, de même que ses isomères (acides isooctylique, dipropylacétique, isodibutolique, etc.), n'offrent qu'un intérêt théorique. — On donne souvent le nom d'*alcools capryliques* aux *alcools octyliques*, qui dérivent des octanes, comme les acides capryliques eux-mêmes. Voy. OCTYLIQUE et OCTANE.

CAPSAGE. s. m. Préparation qu'on fait subir aux feuilles de tabac et qui remplace l'ancien écôtage.

CAPSAÏCINE. s. f. et **CAPSICINE.** s. f. (bas-lat. *capsicum*, piment). T. Chim. Alcaloïdes contenus dans diverses espèces de piment.

CAPSE. s. f. (lat. *capsa*, cassette). Sorte de boîte qui sert au scrutin d'une compagnie. Vx.

CAPSELLE. s. f. [Pr. *capsè-le*]. T. Bot. Petite capsule monosperme. || Genre de plantes de la famille des *Crucifères*. Voy. ce mot.

CAPSICUM. s. m. [Pr. *cap-si-kome*] (lat. *capsa*, boîte). T. Bot. Nom scientifique du genre *Piment*. Voy. SOLANACÉES.

CAPSULAIRE. adj. 2 g. T. Bot. Qui forme capsule. *Fruit c.* || T. Anat. Qui appartient à une capsule. *Ligaments capsulaires.*

CAPSULATION. s. f. T. Pharm. Action de mettre en capsules certains médicaments de goût désagréable.

CAPSULE. s. f. (lat. *capsula*, petite boîte; dimin. de *capsa*). T. Bot. Nom donné d'une façon générale à tout fruit *sec* et *déhiscent*; on en connaît plusieurs variétés auxquelles on a donné des noms différents : *Capsule pr. dite, Follicule, Gousse, Silique,* etc. Voy. FRUIT. || T. Anat. Se dit de certaines parties en forme de sac ou de poche, et de certaines enveloppes membraneuses. *Capsules synoviales. Capsules articulaires.* Voy. ARTICULATION. *Capsules surrénales.* Voy. SURRÉNALE. || T. Chim. Vase arrondi en forme de calotte dont on se sert principalement pour faire évaporer un liquide. || T. Pharm. Enveloppe gommeuse ou gélatineuse, de forme globulaire ou ovoïde, dans laquelle on enferme certains médicaments d'une saveur désagréable, afin d'en rendre l'administration plus facile. || T. Art mil. Petit tube de cuivre ouvert d'un côté et fermé de l'autre, qui renferme une amorce de poudre fulminante, et qu'on place sur la cheminée d'un fusil à piston, etc. || T. Mét. Sorte de couvercle métallique qu'on applique sur le bouchon d'une bouteille.

CAPSULERIE. s. f. Usine où l'on fabrique des capsules explosives.

CAPSULIER, IÈRE. adj. T. Mét. Celui ou celle qui travaille à la confection des capsules. || Moule à capsule. || Ouvrier, ouvrière qui fait le capsulage.

CAPSULIFÈRE. adj. (R. *capsule* et lat. *ferre*, porter). T. Hist. nat. Qui est muni d'une capsule.

CAPTAGE. s. m. Action de capter l'eau minérale.

CAPTAL. s. m. (lat. *caput*, tête). T. Hist. Titre de noblesse qui, dans certaines provinces, équivalait à celui de comte. *Le c. de Buch.*

CAPTALAT. s. m. Juridiction d'un captal.

CAPTATEUR, TRICE. s. m. f. (lat. *captator*, m. s.; de *capture*, capter). T. Droit. Personne qui, par des manœuvres artificieuses, tâche de se procurer un avantage, de faire faire en sa faveur un testament, une donation. Peu us.

CAPTATION. s. f. [Pr. *capta-sion*] (R. *capter*). T. Droit. Se dit des manœuvres artificieuses dont on se sert pour se procurer un avantage. *Il a usé de c. pour se procurer cette succession.*

CAPTATOIRE. adj. 2 g. (R. *capter*). T. Droit. *Manœuvres captatoires,* Manœuvres artificieuses et illicites employées pour obtenir un testament, une donation. || Se dit aussi du testament, de la donation, de la libéralité obtenus par captation. *Testament, disposition c.*

CAPTER. v. a. (lat. *captare*, tâcher de prendre). Gagner quelqu'un ; employer adroitement auprès de quelqu'un tous les moyens de parvenir à quelque chose. *C. un testament, une donation. C. les suffrages.* || Recueillir à l'aide de tranchées les eaux d'une source. = CAPTÉ, ÉE. part.

CAPTIEUSEMENT. adv. [Pr. *cap-si-euzeman*]. D'une manière captieuse.

CAPTIEUSETÉ. s. f. [Pr. *cap-si-euzeté*]. Qualité de ce qui est captieux.

CAPTIEUX, EUSE, adj. [Pr. *cap-si-eu*] (lat. *captiosus*, m. s. ; de *capere*, prendre). Qui est propre à tromper, à induire en erreur, à surprendre par de belles apparences. Se dit surtout des raisonnements, des discours. *Discours c. Proposition captieuse.* || Se dit quelquefois des personnes. *Un sophiste c. Je me défie des gens captieux.*
Syn. — *Insidieux.* — Ces deux mots annoncent un artifice employé pour surprendre, tromper, abuser. Mais, dans l'emploi des moyens *insidieux*, l'intention est d'induire en erreur, de faire commettre une faute, et, dans celui des moyens *c.*, elle est d'emporter le consentement ou le suffrage. La malice des moyens *insidieux* est cachée ; la malice des moyens *c.* est parée de dehors trompeurs. Tout ce qui tend à surprendre, discours, actions, caresses, flatteries, présents, etc., s'appelle *insidieux*. On n'appelle *c.* que les discours, les raisonnements, les questions, les termes ; ceux-ci n'attaquent que la raison, ceux-là vous attaquent de toutes parts.

CAPTIEUX, ch.-l. de c. (Gironde), arr. de Bazas, 1,600 h.

CAPTIF, IVE. adj. (lat. *captivus*, m. s. ; de *capere*, prendre). Se dit d'une personne faite esclave à la guerre et, proprement, dans les guerres de l'antiquité. *Les Perses passèrent les hommes au fil de l'épée et emmenèrent les femmes captives.* || S'est dit de ceux que les mahométans réduisaient en esclavage. *Racheter les chrétiens captifs.* || S'emploie subst. dans les deux sens. *Chez les Romains, les captifs suivaient le char du triomphateur. Vendre les captifs.* || Se dit, surtout dans le style soutenu, de toute sorte de prisonniers. *Un roi c. Un oiseau c.* — Subst. *Le c. arrosait son pain de ses larmes.* || Par ext., signifie au prop. et au fig., Qui est dans une grande contrainte, dans une grande sujétion. *Il tient sa femme captive. Son emploi le rend fort c. Ame captive. Raison captive.* || *Ballon c.,* Aérostat retenu par un câble ou par des cordes. Voy. AÉROSTAT.

CAPTION. s. f. [Pr. *cap-sion*] (lat. *captio*, m. s., de *capere*, prendre). Moyen captieux.

CAPTIVER. v. a. Rendre captif, priver de la liberté. Ne s'emploie guère qu'au fig. *Captiver l'esprit de quelqu'un. C. l'attention, l'admiration. C. la bienveillance de quelqu'un,* Gagner sa bienveillance. || Assujettir. *C. un enfant. Il sera difficile de c. ce caractère indocile.* — On dit aussi en T. de l'Écriture, *C. son esprit sous le joug de la foi.* = SE CAPTIVER. v. pron. S'assujettir. *Pour faire sa fortune, il fallait alors se c. auprès des grands.* = CAPTIVÉ, ÉE. part.

CAPTIVERIE. s. f. (R. *captif*). Grand bâtiment dans lequel on renfermait les nègres au Sénégal pour les envoyer aux colonies.

CAPTIVITÉ. s. f. (lat. *captivitas*, de *captivus*, captif). Privation de liberté, esclavage. *Vivre dans la c. Tenir en c. Racheter de c.* || Fig., Une grande sujétion. *Il tient ses enfants en c.* — *L'âme doit s'affranchir de la c. des sens,* De la domination des sens.

CAPTURE. s. f. (lat. *captura*, m. s., de *capere*, prendre). Prise au corps. Ne se dit guère que de l'arrestation d'une personne par ordre de justice. *Ces gendarmes ont fait plusieurs captures depuis quelques jours.* || T. Mar. Se dit de la prise des navires marchands appartenant à une nation avec laquelle on est en guerre, et des navires mêmes qui ont été pris. *Nous fîmes la c. de trois navires.* || Fam., se dit des prises que les soldats font à la guerre. *Nos maraudeurs ont fait une bonne c.* || Saisie des marchandises entrées en fraude, faite par les préposés du gouvernement. || T. Tech. Action de se rendre maître d'une vapeur ou d'un gaz.

CAPTURER. v. a. (R. *capture*). Appréhender au corps, saisir une personne pour l'arrêter. || T. Mar. S'emparer d'un navire. *Il ne rentra au port qu'après avoir capturé plusieurs bâtiments chargés de marchandises.* = CAPTURÉ, ÉE. part.

CAPTUREUR. s. m. Celui qui capture.

CAPUCE. s. m. (ital. *cappuccio* ; aug. de *cappa*, cape, capuchon). Syn. de *Capuchon.*

CAPUCHE. s. f. Sorte de coiffure de femme en étoffe légère.

CAPUCHON. s. m. (Aug. de *capuce*, ou *capuche*). Vêtement de tête qui sert à la garantir du froid. *Le c. fait partie de l'habillement de plusieurs ordres religieux.* — *Lever, Prendre le c.,* Entrer dans un ordre religieux. || T. Bot. Voy. FLEUR. || T. Techn. Se dit de divers objets dont la forme rappelle plus ou moins celle d'un capuchon. || Disque de tôle destiné à fermer une cheminée pour empêcher la fumée de se répandre au dehors.

CAPUCHONNÉ, ÉE. adj. [Pr. *capucho-né*]. Qui porte le capuchon. T. Bot. En forme de capuchon. *Un des sépales de l'aconit est capuchonné.*

CAPUCHONNEMENT. s. m. [Pr. *capucho-neman*]. Action de capuchonner une locomotive.

CAPUCHONNER. v. a. [Pr. *capucho-ner*]. T. Chemin de fer. Fermer la cheminée de la locomotive avec le *capuchon,* pour éviter la fumée ; cela se fait dans les souterrains.

CAPUCIN, INE. s. Religieux, religieuse de l'un des ordres fondés par saint François. || Fig. et fam., on dit, par dénigrement, en parlant d'un homme qui affiche une grande dévotion, *C'est un c., Ce n'est qu'un c.* || *C. de carte,* Carte pliée et coupée de manière que sa partie supérieure a quelque ressemblance avec un capuchon, et qu'elle peut se tenir droite || T. Impr. Morceau de papier fort, découpé en pointe, que l'imprimeur colle sur la marge pour maintenir la feuille. || T. Mamm. Nom d'une espèce de singe du genre *sédki.* || T. Entom. Nom vulgaire d'un coléoptère du genre *bostriche.* || T. Moll. Nom vulgaire d'une coquille du genre *cône,* appelée aussi *cône Moine.* || *C. hygromètre,* Nom familial donné à des hygromètres à cheveu, masqués derrière une figure de c. dont ils font mouvoir le capuchon de façon à couvrir la tête du moine quand le temps est humide, et à la découvrir par un temps sec. || T. Hort. *Barbe de c.,* Chicorée sauvage que l'on mange en salade.
Hist. — Les *Capucins* sont une fraction de l'ordre des Frères Mineurs ou Franciscains. Ils ont été ainsi nommés parce qu'ils portaient un capuce pointu et plus long que les autres moines. — Les capucins ont été institués à Pise, en 1525, par Mathieu Bassi ou Baschi, frère mineur du couvent de Monte-Falcone. Le cardinal de Lorraine leur fit construire un monastère à Meudon ; celui de la rue Saint-Honoré, à Paris, fut bâti par les soins de Henri III. En 1613, on leur éleva, rue Saint-Jacques, un couvent plus vaste, qui devint la maison du noviciat de la province de Paris ; mais, en 1784, les bâtiments de noviciat furent transformés en hospice : c'est aujourd'hui l'hospice du Midi. — Rigoureusement fidèles au vœu de pauvreté, une des bases essentielles de leur règle, les capucins ne vivent que d'aumônes, et chacune de leurs maisons chargé spécialement certains de ses membres de pourvoir, par des quêtes, aux besoins de la communauté. Leur costume consiste en une robe de grosse étoffe de laine de couleur grise ou marron clair, qu'ils serrent autour de la taille au moyen d'une corde ou d'une ceinture de cuir. Ils portent la barbe longue, n'ont sur la tête qu'une couronne de cheveux, vont les jambes et les pieds nus, n'ayant pour chaussure que des sandales de cuir.
On donnait autrefois le nom de *Capucines* à un ordre de religieuses institué à Naples, dans la première moitié du XVI° siècle, par Marie-Laurence Longa, veuve d'un noble napolitain. La ressemblance de leur costume avec celui des capucins les avait fait appeler ainsi ; mais on les nommait encore *Filles de la Passion,* à cause de l'austérité de leur règle. Ces religieuses furent introduites en France, avec l'autorisation du pape Paul V, par la duchesse de Mercœur. Elles allaient nu-pieds, portaient une couronne d'épines, ne vivaient que d'aumônes, et faisaient maigre toute l'année, même dans les

·maladies les plus graves. Louis XIV leur avait fait construire un monastère dans un enclos voisin du boulevard, qui a pris de ce couvent le nom de Boulevard des Capucines.

CAPUCINADE. s. f. (R. *capucin*). Se dit d'un plat discours de morale ou de dévotion. *Il nous a débité une c.* Fam.

CAPUCINE. s. f. Religieuse d'un ordre mendiant de l'ordre de saint François d'Assise. Voy. CAPUCIN. || T. Mar. Courbe qui relie l'éperon et l'étrave. — Courbe à l'aide de laquelle on lie la muraille au pont, dans un bâtiment fatigué.

CAPUCINE. s. f. (R. *capuce*). T. Bot. Genre de plantes potagères et d'ornement, ainsi nommé parce que sa fleur se termine par un prolongement en forme de capuchon, famille des *Géraniacées*, tribu des *Tropæolées*. Voy. GÉRANIACÉES. — La fleur des espèces de ce genre. *Une salade de capucines.* — *Câpres capucines*, Boutons à fleurs de la c. confits dans le vinaigre. || *Couleur c.*, Couleur d'aurore foncé comme celle des fleurs de la c. || T. Arquebuserie. Chacun des trois anneaux métalliques qui assujétissent le canon d'un fusil au fût de l'arme. Voy. FUSIL. || T. Carross. Demi-capote placée à l'avant d'une voiture couverte pour protéger de la pluie celui qui dirige.

CAPUCINIÈRE. s. f. Maison de capucins. S'emploie fam. et par dénigrement.

CAPUIRADE. s. f. (R. *cap*, bout, et *virer*). T. Agric. Extrémité d'un champ où tournent les bœufs et qu'on laboure perpendiculairement aux raies.

CAPULETS (LES), famille de Vérone, du parti gibelin, ennemie des Montaigus. C'est à ces familles qu'appartenaient Roméo et Juliette.

CAPULIDES. s. m. pl. T. Zool. et Paléont. Voy. CAPULOÏDES.

CAPULOÏDES. s. m. pl. (lat. *capulus*, nom scientifique du *cabochon*; gr. εἶδος, apparence). T. Zool. Les C. constituent une famille de l'ordre des *Gastéropodes Cténobranches*, de la division des *Tænioglosses Orthoneures* ou *Tubulibranches*. Ces mollusques ont pour caractères distinctifs : Coquille largement ouverte, à peine turbinée, sans échancrure, ni opercule, ni siphon; peigne branchial unique, disposé en travers à la voûte de la cavité. L'animal a les sexes séparés. Cette famille renferme les genres suivants :
Les *Cabochons* (*Capulus* ou *Pileopsis*) ont une coquille conique, dont le sommet se recourbe un peu en commencement de spire. Le peigne branchial est placé sur le bord antérieur de la cavité respiratoire ; le cou est couvert d'un voile membraneux, la trompe est assez longue, et les yeux sont

placés à la base externe de 2 longs tentacules. Les espèces fossiles sont plus nombreuses que les espèces vivantes : parmi ces dernières, nous citerons le *C. bonnet hongrois* (*Pil. hungaricus*) [Fig. 1], qui se trouve sur les côtes de Cette.
Les *Hipponices* (*Hipponix*) diffèrent peu du genre précé-

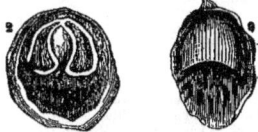

dent. Leur coquille est surtout remarquable en ce qu'elle repose sur un support calcaire plus ou moins épais, qui porte

une impression en fer à cheval produite par le muscle columellaire (Fig. 2. *Hipp. corne d'abondance*; support montrant sa face interne avec l'empreinte en forme de fer à cheval).
Les *Crépidules* (*Crepidula*) ont une coquille ovale, dont l'ouverture est à demi fermée par une lame qui supporte le sac abdominal; le pied s'étend en dessous, et la tête et les tentacules en avant. Ils sont propres aux pays chauds (Fig. 3, *Crep. porcelaine*, vue en dessous).
Les *Calyptrées* ont une coquille conique dans laquelle est une petite lame saillante en dehors et faisant comme un com-

mencement de columelle. Les branchies de l'animal se composent d'une rangée de filets nombreux, longs et minces comme des cheveux. Il existe des espèces de ce genre vivant dans les mers tropicales (Fig. 4. *C. équestre*).

CAPUT-MORTUUM. s. m. [Pr. *caputt-mortu-ome*] (lat. *caput mortuum*, tête morte). T. Chim. Le résidu fixe d'une opération.

CAQUAGE. s. m. (R. *caquer*). Façon qu'on donne aux harengs lorsqu'on veut les saler. || Action de mettre en tonneaux de la poudre ou du salpêtre.
Obs. gram. — On devrait écrire *cacage*, comme *blocage*, de *bloquer*; *parcage*, de *parquer*, etc.; cependant, *caquage* est l'orthographe de l'Académie.

CAQUE. s. f. (R. *caquer*). Espèce de baril. *Mettre des harengs en c. Une c. de poudre.* — Prov., *Être serrés, pressés, comme des harengs en c.*, se dit de plusieurs personnes ou de plusieurs choses très pressées l'une contre l'autre. — Fig. et prov., on dit *La c. sent toujours le hareng*, pour faire entendre qu'il reste toujours quelques traces de l'état où l'on s'est trouvé, des mauvaises impressions qu'on a reçues dans sa jeunesse.

CAQUER. v. a. (holl. *kaaken*, ôter les ouïes; de *kaaken*, ouïes, mâchoires). Préparer le poisson pour le mettre en caque. Dans ce sens on dit mieux *Encaquer*. == CAQUÉ, ÉE. part.

CAQUERET. s. m. T. Techn. Petit couteau à l'usage du caqueur.

CAQUEROLLE. s. f. Casserole de cuivre à trois pieds et à manche.

CAQUESANGUE. s. f. (lat. *cacare*, aller à la selle; *sanguis*, sang). T. Méd. Évacuation sanguine par les selles. Inus. — Voy. DYSENTERIE.

CAQUET. s. m. (Onomatopée tirée du bruit que font les poules). Babil. *C. importun. Avoir bien du c.* Fam. — Prov. *Le c. de l'accouchée*, La conversation ordinairement frivole qui se fait dans les visites qu'on rend aux femmes en couches. || Fam., *C. bon bec*, Nom que l'on donne à la pie, parce qu'elle apprend facilement à parler. — Fig., Femme bavarde et médisante. || S'emploie au plur. dans le sens de discours futiles, propos malins sur le compte de quelqu'un. *Faire des caquets.*

CAQUETAGE. s. m. Action de caqueter. Jacasserie des oiseaux babillards. || Par extens., Banal bavardage. *Il m'étourdit par son c.* || Se prend pour caquets. *Ce n'est que du c.* Fam.

CAQUÈTE. s. f. (Dimin. de *caque*). Sorte de baquet où les marchandes de poisson mettent des carpes.
Obs. gram. — On devrait écrire *caquette*, comme tous les diminutifs en *ette*. *Caquète* est l'orthographe de l'Académie.

CAQUETER. v. n. (Onomatopée). Se dit au propre du bruit que font les poules quand elles veulent pondre. || Par ext. et fam., Babiller. *Ces femmes ne font que c.*

Conj. — *Je caquette, tu caquettes, il caquette; nous caquetons, vous caquetez, ils caquettent. Je caquetais; nous caquetions. Je caquetai; nous caquetâmes. J'ai caqueté; nous avons caqueté. Je caquetterai; nous caquetterons. Je caquetterais; nous caquetterions. Caquette; caquetons, caquetez. Que je caquette; que nous caquetions. Que je caquetasse; quenous caquetassions. Caquetant.*

Syn. — *Jaser, Jaboter.* — Ces termes s'appliquent proprement aux oiseaux qui babillent. *Jaboter* est, à la lettre, faire aller le jabot, et *jaser* faire aller le gosier avec une sorte de gazouillement; *caqueter*, c'est imiter le caquet ou le cri de la poule. Quand il s'agit des personnes, ces trois verbes signifient *causer* familièrement et beaucoup. Mais ceux qui *jabotent* parlent bas avec un petit murmure; ceux qui *jasent* parlent à leur aise, mais sans mesure; enfin, ceux qui *caquettent* parlent avec assez d'éclat ou de bruit, et souvent de façon à incommoder les autres. *Causer*, c'est s'entretenir familièrement; on *cause* de choses graves, comme de choses frivoles; on *cause* d'affaires, comme pour son plaisir. *Jaboter, jaser, c.*, s'appliquent toujours à des conversations frivoles et insignifiantes.

CAQUETERIE. s. f. Action de caqueter. || Se dit surtout au plur., dans le sens de caquets. *D'éternelles caqueteries.* Fam. et peu us.

Obs. gram. — L'orthographe *caquetterie*, analogue à celle de *coquetterie*, serait bien plus régulière. *Caqueterie* est celle de l'Académie.

CAQUETEUR, EUSE. s. Celui, celle qui caquette et babille beaucoup. Fam.

CAQUETOIRE. s. f. (R. *caqueter*, bavarder). Chaise basse à dos élevé et sans bras. || Bâton placé au milieu des mancherons de la charrue.

CAQUEUR. s. m. T. Mét. Ouvrier qui fait le caquage des harengs, de la poudre ou du salpêtre.

CAQUEUX, EUSE. s. m. et f. (bas-lat. *cacosus*, m. s., de *cacare*, aller à la selle). Race misérable de Bretagne avec laquelle le reste de la population ne contractait pas d'alliance.

CAQUILIER. s. m. (ar. *qaquoulla*, espèce de plante salée). T. Bot. Genre de plantes de la famille des *Crucifères*. Voy. ce mot.

CAQÛRE. s. f. (R. *caque*). Débris de harengs.

CAR. conj. (lat. *qui re*, pour cette chose). Sert à marquer que l'on va énoncer la cause, la preuve, la raison de ce qu'on vient d'avancer. *Il ne faut pas faire telle chose, car Dieu le défend.*

CARABA. s. m. Huile de la noix d'acajou.

CARABAS (Marquis de), personnage du *Chat botté*, conte de Perrault, dont le nom est devenu proverbial pour désigner un homme à prétentions sans fin.

CARABE. s. m. (gr. χάραβος, scarabée). T. Ent. Genre d'insectes coléoptères. Voy. CARABIQUES.

CARABÉ. s. m. Voy. KARABÉ.

CARABIDES. s. m. pl. T. Zool. et Paléont. Voy. CARABIQUES.

CARABIN. s. m. (R. *carabine*). Se disait autrefois d'un cavalier qui était armé d'une carabine. *Les carabins se battaient en tirailleurs.* || Fig. et fam. *Il a tiré son coup en c.*, se dit d'un homme qui, dans une conversation, dans une dispute, ne fait que jeter quelques mots vifs, et puis se tait ou s'en va. Peu us. || Fig. et fam., se dit d'un homme qui se contente de hasarder quelque chose au jeu, et qui se hâte de se retirer, soit qu'il ait perdu, soit qu'il ait gagné. *C'est un vrai c. au jeu.* Peu us. || Frater, garçon chirurgien. — Fam. et par dénigrement, se dit d'un étudiant en médecine.

CARABINADE. s. f. Tour de carabin. *Il a fait une c. et s'en est allé.* Fam. et peu us.

CARABINAGE. s. m. Travail qui donne à une arme à fe. des rayures en hélice.

CARABINE. s. f. (ar. *karab*, arme). Sorte de fusil dont le canon est rayé intérieurement. — L'adoption par toutes les armées européennes des fusils rayés ou *carabinés* a fait perdre au mot *carabine* sa signification primitive. Aujourd'hui on désigne sous ce nom diverses sortes de fusils courts ou légers dont quelques-uns ne sont pas même rayés. On distingue: 1° la *carabine de cavalerie*, dont on arme la cavalerie et les troupes spéciales; 2° la *carabine de salon*, arme très légère et à petite portée, permettant de s'exercer au tir dans une salle de petite dimension; 3° la *carabine de stand*, arme lourde et d'une grande précision, employée dans les concours de tir; 4° les *carabines à répétition* de divers systèmes pouvant tirer de 5 à 15 coups sans être rechargées. Voy. FUSIL.

CARABINER. v. a. (R. *carabine*). Creuser à l'intérieur du canon d'une arme portative des raies longitudinales ou en hélice. *C. un canon.* — CARABINÉ, ÉE. part. || T. Mar. *Brise carabinée*, Brise violente. Voy. BRISE.

CARABINER. v. n. (R. *carabin*). Combattre à la manière des carabins, c'est-à-dire, en tirailleurs. *Ce régiment ne s'amuse point à c.* Inus. On dit aujourd'hui *Tirailler.* || Fig. et fam., se dit d'un joueur qui, sans s'attacher au jeu, hasarde quelque coup comme en passant. *Il ne joue pas, il ne fait que c.* Peu us.

CARABINEUR. s. m. Ouvrier qui carabine les canons de fusil. || Joueur qui hasarde quelque argent, et se retire après le coup, au lansquenet.

CARABINIER. s. m. (R. *carabine*). T. Milit. Sous les règnes d'Henri IV et de Louis XIII, on donnait le nom de *Carabins* ou de *Dragons* à des arquebusiers à cheval. C'est de *carabin* et de *carabine* que dérive le nom de *Carabiniers* donné à un corps de grosse cavalerie, qui, dans l'armée française, faisait partie de la cavalerie de réserve; mais nos carabiniers n'avaient ni carabine ni mousqueton. Ils formaient deux régiments. Leurs armes étaient la cuirasse en cuivre, le casque également en cuivre avec chenille rouge, le sabre à lame droite et tranchante des deux côtés, et le pistolet. Les soldats admis dans ce corps étaient des hommes d'élite; la taille exigée était de 1m80. La dénomination de c. a disparu des régiments de l'armée française à la suite des lois qui ont réformé notre organisation militaire depuis la guerre de 1870. Voy. CAVALERIE.

CARABIQUES. s. m. pl. (R. *carabe*). T. Entom. — Latreille, dans sa méthode, désigne sous ce nom la deuxième tribu de sa famille des *Carnassiers*, dans l'ordre des *Coléoptères Pentamères.* Tous les *Carabiques* ont pour caractère général d'avoir les mâchoires terminées simplement en pointe ou en crochet, sans articulation à leur extrémité. Leur tête est ordinairement plus étroite que le corselet, ou tout au plus de sa largeur; leurs mandibules, à l'exception de celles d'un petit nombre d'espèces, n'ont point ou n'ont que très peu de dentelures; la mâchoire est ordinairement saillante, et les palpes labiaux n'offrent que 3 articles libres. Beaucoup sont privés d'ailes et n'ont que des élytres. Enfin, ils répandent souvent une odeur fétide et lancent par l'anus une liqueur âcre et caustique. — Ces insectes se cachent dans la terre, sous les pierres, les écorces des arbres, et sont pour la plu-

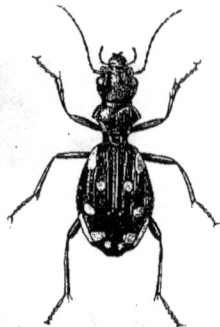

Fig. 1.

part très agiles. Ils ne chassent ordinairement que la nuit. Leurs larves ont les mêmes habitudes. Nous citerons les principaux genres. — Les *Anthies* (*Anthia*) [Fig. 1 *Ant.* à *12 gouttes*] sont de grands insectes noirs, privés d'ailes, et ornés pour la plupart de taches blanches formées par une espèce de duvet. Toutes les espèces de ce genre, à l'exception d'une seule qui se trouve au Bengale, paraissent propres aux contrées sablonneuses de l'Afrique et de l'Arabie. — Les *Graphiptères* diffèrent peu des anthies et habitent les mêmes contrées. — Les *Aptines* sont dépourvues d'ailes sous les élytres. Ce qui les distingue particulièrement, c'est que leur abdomen est assez épais et renferme des organes sécrétant une liqueur caustique d'une odeur pénétrante, qui sort avec explosion par l'anus et se vaporise aussitôt. Ils font usage de ce moyen de défense pour épouvanter leurs ennemis et peuvent réitérer l'explosion un assez grand nombre de fois. La liqueur qu'ils lancent produit sur la peau une tache analogue à celle qu'y laisse l'acide nitrique, et même si l'espèce est assez grande, une petite brûlure avec chaleur. Ils se trouvent sous les pierres et souvent rassemblés en société, du moins au printemps. Ces insectes habitent les pays chauds; cependant on en trouve deux espèces dans le Midi de la France, l'*Apt. tirailleur* (*Apt. balista*) et l'*Apt. des Pyrénées*. Le premier est long de 11 à 18 millim., noir, avec le corselet fauve et les élytres sillonnées; le second, long de 8 à 9 millim., est noir foncé, avec les antennes et les palpes fauves, et les pattes d'un jaune rougeâtre. Les élytres sont sillonnées. — Les *Brachines* ne diffèrent guère des précédents que ce qu'ils sont pourvus d'ailes. Les plus grandes espèces du genre sont exotiques; elles habitent la Guyane et les Antilles. On leur donne vulgairement le nom de *Canonniers* ou de *Bombardes*, à cause de la faculté, qui leur est commune avec les Aptines, de lancer par l'anus, avec explosion, une liqueur d'une odeur pénétrante. On trouve fréquemment aux environs de Paris cinq espèces de ce genre : le *Br. pétard* (*Brachinus crepitans*) [Fig. 2, grossie], le *Br. exploseur* (*Br. explodens*), le *Br. glabre*, le *Br. pistolet* (*Br. sclopeta*) et le *B. bombarde*. Le premier est long de 9 millim., fauve, avec les élytres bleu foncé ou vert bleuâtre, faiblement sillonnées, les antennes fauves; mais le 3ᵉ article et le 4ᵉ sont noirâtres. La poitrine, à l'exception de son milieu, et l'abdomen, sont de cette couleur. — L'espèce type du g. *Odacanthe* est la seule qui se rencontre chez nous dans les départements du Nord; c'est l'*Od. mélanure*. Cet insecte, long de 6 à 7 millim., a la tête, le corselet et l'abdomen d'un vert bleuâtre, les élytres, les pattes, la base des antennes et la poitrine d'un jaune fauve, l'extrémité des cuisses et des élytres noire. Il fréquente les lieux humides plantés de roseaux. — Une seule espèce du g. *Polystiche* se trouve en France, particulièrement aux environs de Paris. C'est le *Pol. à bandes* (*Polystichus vittatus*), long de 7 à 8 millim., brun noirâtre, très ponctué, avec les antennes, les pattes, une bande sur les élytres, et le milieu de la poitrine roussâtres. — Le g. *Zuphium* n'est aussi représenté chez nous que par une seule espèce, *Z. olens*, qui se rencontre dans le Midi de la France. — Il en est de même du g. *Drypte*. La *Drypte échancrée* habite les bois humides et marécageux, et se prend quelquefois aux environs de Paris. Elle est longue de 7 à 8 millim., d'un vert bleuâtre, avec la bouche, les antennes et les pattes fauves, les élytres ont des stries pointillées. — Les *Cymindis* sont des insectes de forme allongée et aplatie, et de couleur en général brunâtre; mais le dessus du corps est ordinairement plus ou moins ponctué. Ils vivent sous les écorces, sous les pierres humides et habitent presque toute l'Europe. — La *Cym. humeralis* se trouve aux environs de Paris. — Les *Demetrias* sont de petits insectes allongés, d'une couleur jaunâtre, qu'on trouve assez communément au printemps sur les haies et les broussailles : toutes les espèces sont européennes. Le type du g. est le *Demetrias atricapillus*. — Les *Dromies* (*Dromius*) ressemblent beaucoup aux précédents, mais sont en général aptères. L'espèce

la plus répandue chez nous est le *Dr. tronqué*, long de 2 à 3 millim., entièrement d'un noir bronzé, avec les élytres faiblement striées. — Le g. *Lébie* est extrêmement nombreux en espèces et répandu dans les diverses régions du monde. Les insectes sont agréablement colorés. Le type du g. est la *L. à tête bleue* (*Lebia cyanocephala*) [Fig. 3, grossie], longue de 6 à 7 millim., d'un vert brillant plus ou moins bleuâtre, avec le premier article des antennes, le corselet et les pattes d'un rouge fauve; les élytres sont pointillées et marquées de stries légères et ponctuées. La *L. hémorroïdale*, assez répandue aux environs de Paris, est longue de 4 à 5 millim. seulement : elle a le corps fauve, avec les élytres noires et terminées par une tache d'un fauve jaunâtre.

Les c. qui appartiennent à la section des *Scarilides* ont les élytres entières ou légèrement sinuées à leur extrémité postérieure, les antennes souvent grenues et coudées, la tête large, le corselet grand, ordinairement en forme de coupe ou presque demi-orbiculaire, et séparé de l'abdomen par un intervalle, ce qui fait paraître celui-ci pédiculé. Les pieds sont en général peu allongés, avec les tarses le plus souvent courts. Les deux jambes antérieures sont dentées extérieurement, parfois comme palmées ou digitées, et les mandibules sont souvent fortes et dentées. Ces insectes pourraient, à cause de leurs habitudes, être appelés fouisseurs. Ils se tiennent tous à terre et se cachent soit dans des trous qu'ils y creusent, soit sous les pierres : la plupart ne quittent leur retraite que la nuit. Leur couleur est généralement d'un noir uniforme : beaucoup sont d'une grande taille. Le g. *Enceladе* ne renferme que deux espèces qui habitent Cayenne; la plus remarquable est l'*Enc. géant*, long de 40 à 45 millim. Les *Siagones*, les *Carenum*, les *Pasymaques*, les *Scaptères*, les *Acanthoscèles*, les *Oxygnathes*, les *Camptodontes*, les *Morions* et les *Ozènes* n'ont point de représentants dans notre pays. — Quant au g. *Scarite*, nous en possédons trois espèces, le *Sc. pyracmon* ou *Sc. géant*, le *Sc. terricole* et le *Sc. des sables* qui se rencontrent dans le Midi de la France sur les bords de la Méditerranée. Le *Sc. géant* (Fig. 4) est long de 28 à 35 millim., dépourvu d'ailes, aplati, d'un noir luisant, avec les élytres presque lisses, ayant seulement quelques lignes de points très peu marqués. — Les *Clivines* sont des insectes fort petits et allongés, qui vivent sur le bord des rivières ou ils creusent le sable. On trouve aux environs de Paris la *Cl. des sables*. — Le g. *Dyschirie* comprend des espèces encore plus petites que les clivines, mais qui ont les mêmes habitudes. L'espèce type, la *Dysch. bossu* (*Dyschirius gibbus*) se trouve aux environs de Paris. — Plusieurs espèces du g. *Ditome* habitent l'Europe méridionale. Ces insectes recherchent les endroits chauds et sablonneux, et y vivent dans des trous assez profonds où ils se tiennent cachés. Le *Ditomus calydonius*, qui se trouve dans le Midi de la France, est le type du genre. — Les *Apotomes* sont de très petits insectes d'une couleur roussâtre et plus ou moins pubescents, qu'on trouve sous les pierres où ils paraissent vivre en société. — La section des *Harpaliens* renferme des insectes qui ressemblent aux précédents par leurs élytres terminées en pointe, ainsi que par l'échancrure de leurs jambes antérieures; mais ils s'en distinguent par la dilatation des 4 tarses antérieurs (chez les mâles), et par les papilles ou écailles qui garnissent en-dessous ces organes. En outre, leur corps, qui est toujours ailé, est généralement ovalaire et arqué en dessus ou convexe; leur corselet est plus large que long; leur tête n'est jamais brusquement rétrécie postérieurement; leurs antennes sont partout de la même grosseur, ou un peu et insensiblement épaissies vers le bout. Ces c. se plaisent dans les endroits sablonneux et exposés au soleil. — Les *Acinopes* sont des coléoptères de moyenne taille, qui vivent sous les pierres, dans les terrains arides. L'espèce la plus connue est l'*A. mégacéphale* qui se trouve dans le Midi de la France. — On rencontre également l'une des deux espèces qui constituent le g. *Dapte*, le *Daptus vittatus*. — Le genre *Harpale* est très nombreux en espèces. L'espèce type

Fig. 2.

Fig. 3.

Fig. 4.

l'*H. bronzé* (*Harpalus æneus*) est commun dans toute l'Europe. Cet insecte (Fig. 5, grossie) est long d'environ 9 millim., d'un vert bronzé plus ou moins brillant, avec les élytres finement striées, les pattes et les antennes d'un rouge ferrugineux. On lui a donné aussi le nom de *Protée* à cause des changements nombreux de ses couleurs. — Les *Ophones* diffèrent peu des précédents; l'espèce type est l'*O. ruficorne* qui se trouve aux environs de Paris. — Les *Sténolophes* et les *Acupalpes* sont de jolis petits insectes lisses et brillants que l'on rencontre dans les endroits humides, sous les pierres, les feuilles tombées, etc. Ils habitent tout le Nord de l'Europe. — Le g. *Zabre* renferme plusieurs espèces européennes. Le *Z. bossu* est le plus répandu chez nous. Il est long de 12 à 15 millim., brun noirâtre, à élytres striées, avec les palpes, les antennes et les tarses ferrugineux. Sa larve est oblongue, avec le dernier anneau terminé par deux pointes aiguës. D'après plusieurs auteurs allemands, cette larve vit,

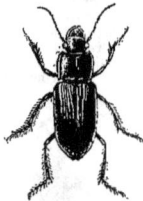   

Fig. 5.   Fig. 6.

pendant la nuit, sur les jeunes pousses de blé auxquelles elle cause de très grands dégâts, et, pendant le jour, s'enfonce dans la terre. — Les *Pogones* sont des insectes vifs, ornés de couleurs brillantes et métalliques, qui se trouvent exclusivement au bord de la mer et des eaux salées. La plupart des espèces de ce genre sont européennes. — Les *Amares* sont des c. de couleur métallique ou brune, dont l'espèce type est l'*Amare à dos large* (*Amara eurynota*) [Fig. 6, grossie] qui se trouve partout en France. — Le g. *Féronie* est excessivement nombreux en espèces; aussi Dejean l'a-t-il divisé en 10 sous-genres. Parmi les espèces types de ces sous-

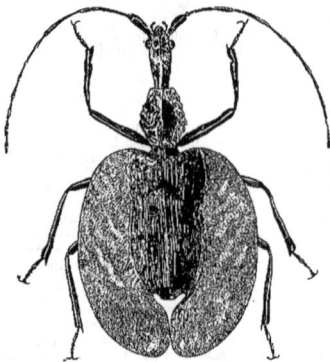

Fig. 7.

genres, nous nommerons seulement le *Pœcile ponctué*, l'*Argutor vernalis*, l'*Omaseus leucophthalmus*, le *Steropus madidus*, le *Platysma picimana*, l'*Abax striola*, et le *Molops terricola*, qui se trouvent en France, aux environs de Paris. Le type du g. *Pterostichus* (*P. rutilans*) est très commun dans les Alpes françaises, et celui du g. *Percus* (*P. corsicus*) est propre à la Corse. — Le *Cephalotes vulgaris*, le *Stomis pumicatus*, le *Sphodrus leucophthalmus*,

le *Calathus cisteloides* et le *Taphria rivalis* sont les types des genres de même nom; toutes ces espèces sont indigènes. — Le g. *Mormolyce* est assurément le plus curieux de cette division. Il est fondé sur une seule espèce de Java, la *M. feuille* (*M. phylloides*) [Fig. 7], qui doit son nom à la forme de ses élytres, lesquelles sont planes, évasées, réticulées, et offrent l'aspect d'une feuille sèche.

Les c. qui font partie de la section des *Patellimanes*, ont pour caractères communs : deuxième, troisième et quatrième premiers articles des tarses antérieurs, seuls dilatés chez les mâles, représentant une palette orbiculaire ou un quadrilatère allongé, dont le dessous est garni de poils serrés ou de papilles formant une espèce de brosse; crochets des tarses simples; élytres jamais tronquées à l'extrémité. Ces insectes ont ordinairement les pattes longues et grêles : ils fréquentent, pour la plupart, les bords des rivières et les lieux humides. — Les *Doliques* ont pour type le *Dolichus flavicornis* qui se rencontre dans le Midi de la France. — Parmi les espèces européennes du g. *Platyne*, nous nommerons le *Platynus complanatus*. — Les *Agones* sont nombreux en espèces. L'*A. bordé* (*Agonum marginatum*) est très commun chez nous au bord des mares et des étangs. Cet insecte est vert, avec les élytres bordées de jaune pâle et faiblement striées. — Le type du g. *Anchomène* (*Anchomenus pallipes*) se rencontre fréquemment sur les bords de la Seine. — Celui du g. *Callistus* (*C. lunatus*) se trouve dans toute l'Europe. — Une seule espèce d'*Oode* (*Oodes helopioides*) appartient à notre pays. — Le g. *Chlænie* est nombreux en espèces. Ces c. sont de taille moyenne, mais ordinairement parés de couleurs métalliques et brillantes, souvent ponctués ou granulés, et, en général, couverts d'un duvet court et serré. On les trouve ordinairement en familles au bord des eaux, parfois courant sur le rivage, mais plus souvent sous les pierres. Le *C. velouté* (*Chlænius velutinus*) [Fig. 8, un peu grossie] est commun sur les bords de la Seine. Cet insecte est long de 16 millim., d'un vert assez vif et pubescent, avec le bord des élytres, les pattes et les antennes jaunes. Le *Carabe savonnier*, dont on se sert, dit-on, au Sénégal, en guise de savon, appartient à ce genre. — Les genres *Epomis* et *Dinode* sont représentés dans notre pays par une ou deux espèces. — Nous avons aussi en

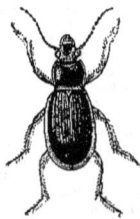   

Fig. 8.   Fig. 9.

France trois *Licines* : le *Licinus cassideus*, le *L. sylphoides* et le *L. depressus*. Toutes ces espèces sont de couleur noire et se distinguent par leur corps large et extrêmement aplati. — Les *Badister* sont de petites espèces européennes ornées de vives couleurs, dont le type, le *B. bipustulatus*, se rencontre aux environs de Paris. Cet insecte a deux marques d'un jaune rougeâtre, longues de 4 millim., avec la tête, l'écusson, le dessus du corps noirs, et une tache en fer à cheval à l'extrémité des élytres. — Le type du g. *Panagée* est le *P. grand'croix* (*Panageus crux major*) [Fig. 9, grossie], qui est noir et velu, avec deux bandes transversales et les bords des élytres d'un noir ferrugineux. Cet insecte se rencontre dans notre pays. — La *Loricère pilicorne*, répandue dans toute l'Europe, vit au bord des ruisseaux, dans les endroits ombragés. — Le *Patrobus rufipes* est la seule espèce du g. *Patrobe* qui se rencontre en France.

Les *Grandipalpes* se distinguent de tous les précédents par l'absence ou la petitesse de l'échancrure qui, chez ceux-ci, existe au côté interne des jambes antérieures. Ils ont les mandibules robustes, les yeux saillants, les élytres entières ou simplement sinuées à leur extrémité postérieure, l'abdomen ordinairement volumineux. Ces c. sont, pour la plupart, de grande taille, ornés de couleurs métalliques brillantes, courent très vite, et sont très carnassiers. — Les *Cychrus* paraissent rechercher les lieux exposés au nord. Le *C. rostratus*, noir, long de 13 à 16 millim., avec les élytres rugueuses, et le *C. attenuatus*, plus petit que le précédent, et dont les élytres sont d'un noir cuivreux ou bronzé, se trouvent quelquefois aux environs de Paris. — Une espèce du g. *Tefflus*, longue de 50 à 55 millim., toute noire, habite la côte occidentale d'Afrique. — Le g. *Carabe* proprement dit comprend plus de 200 espèces. La plupart de ces espèces habitent l'Europe, le Caucase, la Sibérie, l'Asie Mineure, la série et le nord de l'Afrique jusqu'au 30° degré environ de lat. septentrionale. On en trouve aussi quelques-unes aux deux extrémités de l'Amérique. Presque tous ces insectes sont d'assez grande taille, de forme tantôt allongée, tantôt courte, le plus souvent convexe, mais parfois très aplatie. Ils sont généralement parés de couleurs métalliques très brillantes, surtout ceux qui habitent les montagnes. Nous citerons, entre autres, les *Carabus cœlatus, catenulatus, clathratus, splendens, hispanus, depressus, irregularis, purpurescens* et *auratus*. Ce dernier, appelé *Carabe doré*, est désigné dans nos campagnes sous les noms vulgaires de *Jardinier* et de *Couturière* (Fig. 10). Il est long d'environ 25 millim., d'un beau vert doré en dessus, noir en dessous, avec les premiers articles des antennes et les pieds fauves, les élytres sillonnées, marquées de trois côtes et unidentées

 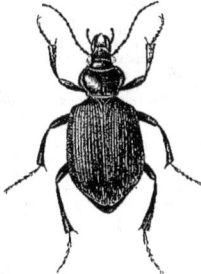

Fig. 10.   Fig. 11.

au bord extérieur, près de leur extrémité, surtout dans la femelle; elles se trouvent près des bords de la mer ou des rivières. La *Nebria brevicollis* est répandue dans presque toute l'Europe. — Les *Alpées* sont aussi nommées parce qu'elles habitent plus spécialement les hautes montagnes. L'*Alpæus nivalis* est le type du genre. — Les *Omophrons* sont de petits insectes de forme arrondie assez semblable à celle des dytiques. Ils vivent dans le sable fin qui borde les fleuves. Leurs larves se rapprochent aussi beaucoup de celles des dytiques et vivent dans les mêmes localités. L'*O. bordé* (*O. marginatum*) [Fig. 12, grossie], qui se trouve sur les bords de la Seine, est un petit insecte long de 6 à 9 millim., de couleur fauve, avec une tache verte sur la tête et le corselet, et trois bandes également vertes, transversales et sinueuses sur les élytres — Les *Elaphres* sont de petits c. assez semblables aux cicindèles et qui

vivent sur le bord des étangs, des fossés à moitié desséchés, etc., où ils se cachent dans les herbes ou dans les fissures de la vase. L'espèce la plus répandue chez nous est l'*E. des rivages* (*Elaphrus riparius*) [Fig. 13, grossie], long d'environ 6 millim., d'un cuivreux mal mêlé de vert en dessus, avec des impressions circulaires, mamelonnées au centre, vertes, disposées sur quatre lignes, et une tache cuivreuse, polie et luisante, près la suture, sur chaque élytre. — La *Bléthise multiponctuée* est la seule espèce de ce g. que nous possédions. — Les *Notiophiles* sont tous de petite taille et habitent les lieux humides; nous en avons trois espèces aux environs de Paris.

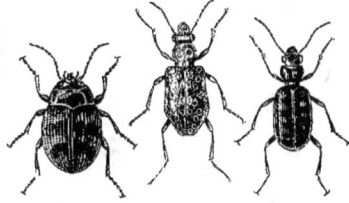

Fig. 12.   Fig. 13.   Fig. 14.

Les *Subulipalpes* se distinguent des c. des autres sections en ce que leurs palpes extérieurs se terminent en alène. En outre, les deux jambes antérieures sont toujours échancrées au côté interne. Ces insectes ressemblent beaucoup aux grandipalpes, tant pour les formes que pour la manière de vivre. — Les *Bembidions* sont de très petits coléoptères vivant toujours au bord des eaux dormantes, dans le sable, sous les débris de végétaux ou sous les pierres. Ce g. est nombreux en espèces et a été divisé en une dizaine de groupes. Nous nous contenterons de nommer le *Blemus areolatus*, le *Tachys bistriatus*, le *Bembidium striatum*, le *Peryphus æques*, le *Leja Sturmii*, le *Lopha quadriguttata* et le *Tachypus flavipes*, qui sont propres à notre pays. Le *Blemus aréolé* passe presque toute sa vie complètement recouvert par l'eau de la mer. — Le *Tachype à pieds jaunes* (Fig. 14, grossie) est très commun aux environs de Paris. Il est long de 4 et 1/2 millim.; il a le dessous du corps d'un vert noirâtre, le dessus bronzé et marbré de rouge cuivreux, avec la base des antennes, les pattes et les pieds jaunâtres. — Enfin, parmi les espèces du g. *Trechus*, nous citerons le *Trechus rougeâtre*, long de 4 millim. au plus, et brun rougeâtre avec les élytres finement striées, ainsi que le *Tr. fauve*, très petit insecte de 2 millim. et de couleur jaune d'ocre qui se trouve sur les côtes de France et d'Angleterre.

Paléont. — Heer, Gichel et Scudder ont fait connaître des formes de cette famille trouvées à l'état fossile.

Ils apparaissent déjà dans le lias suisse et le lias anglais; dans les schistes de Solenhofen des empreintes douteuses ont été signalées, ainsi que dans le wealdien, où Brodie décrit une espèce du genre carabe (*Carabus elongatus*). Dans le tertiaire ils sont plus abondants; là on trouve des *Calosoma*, des *Nebria*, des *Badister*, des *Harpalus*, des *Bembium*, des *Brachinus* et des genres actuellement disparus.

CARACAL. s. m. (ture *karrah-kulak*, m. s.). T. Mam. Espèce du genre chat. Voy. LYNX.

CARACALLA, empereur romain, fils de Septime Sévère, né à Lyon en 188, mort à Edesse en 217. Son règne de 6 ans (211-217) ne fut qu'une série de meurtres. Il rendit le fameux édit ou *Constitution* de 210 qui donnait les droits de citoyen romain à tous les hommes libres de l'empire. Il ne faudrait pas voir dans cette constitution un acte de justice inspiré par un esprit libéral à l'un des plus mauvais empereurs qui aient déshonoré le monde romain. C'était uniquement une mesure fiscale destinée à augmenter le rendement des impôts. Cependant, quel que soit le motif qui l'ait inspirée, la mesure était bonne en elle-même, et elle eut pour effet de donner plus d'unité et plus de vigueur à l'empire.

CARACARA. s. m. (onomatopée?). T. Ornith. Genre d'oiseaux de proie. Voy. AIGLE.

CARACAS ou **CARAQUE**, v. de l'Amérique du Sud, cap. du Vénézuéla, 70,000 hab.

CARACCIOLI, nom italien de plusieurs personnages historiques : Jean, secrétaire et favori de la reine de Naples Jeanne II, qui le fit tuer en 1432. = Jean, qui embrassa la cause des Français et devint maréchal de France (1480-1550). = Antoine, nommé évêque de Troyes en 1551, embrassa ensuite le protestantisme. = Dominique, ministre d'État, économiste et diplomate napolitain (1715-1789). = Louis-Antoine, écrivain distingué, né à Paris, auteur des prétendues *Lettres intéressantes du pape Clément XIV* (1721-1803.)

CARACH. s. m. (mot turc). Tribut payé à l'empereur de Turquie par les sujets non musulmans de son empire. On dit aussi Caratch.

CARACO. s. m. Sorte de vêtement de femme en forme de camisole. || T. Mamm. Nom d'une espèce de rat.

CARACOLE. s. f. (esp. *caracol*, limaçon, du sanscrit *cakra*, cercle). T. Man. Mouvement en rond, ou en demi-rond, qu'on fait exécuter à un cheval, en changeant quelquefois de main. || T. Techn. Sorte de crochet à tire-bouchon. || T. Archit. *Escalier en c.*, Escalier fait en rond à marches gironées. || T. Art milit. Mouvement d'un escadron qui pivote sans changer de direction.

CARACOLER. v. n. Exécuter des caracoles. *Son cheval caracolait élégamment.*

CARACOLLE. s. f. (esp. *caracol*, limaçon). T. Bot. Espèce de haricot ornemental dont la fleur est contournée en spirale.

CARACORE. s. f. Grande embarcation en usage parmi les habitants de l'archipel indien.

CARACOULAK. s. m. (mot turc). Officier attaché au grand vizir.

CARACTACUS, chef breton qui défendit la Bretagne contre les généraux de l'empereur Claude (Iᵉʳ s. ap. J.-C.).

CARACTÈRE. s. m. (lat. *character*; gr. χαρακτήρ, marque, de χαράσσειν, graver). Empreinte, marque, figure tracée sur une surface quelconque avec un burin, une plume, ou de quelque autre manière, et à laquelle on attribue une certaine signification. Se dit particulièrement des lettres ou autres figures dont on se sert dans l'écriture ou dans l'impression. Se dit quelquefois de l'écriture d'une personne. *J'ai reconnu votre c.* On dit mieux, *J'ai reconnu votre écriture. Caractères algébriques, astronomiques,* Signes particuliers dont on se sert en algèbre, dans l'astronomie. || Se dit des lettres ou figures auxquelles on attribuait jadis une certaine vertu, en conséquence d'un pacte prétendu fait avec le diable. *Il n'a été blessé dans aucun des nombreux combats où il a assisté, on dit qu'il porte un c. sur lui.* || T. Théol. Voy. Sacrement. || Fig., Titre, dignité, qualité, puissance, attachés à certains états. *Être revêtu du c. d'ambassadeur. Vous devez respecter son c. sacré. Votre conduite est indigne de votre c.* — *Cet ambassadeur a déployé son c.,* Il a déclaré sa mission. On dit dans le sens contraire : *Il cache son c.* — On dit aussi d'un homme qui n'a point de mission, d'autorité, pour faire ou dire quelque chose, *qu'il n'a point de c. pour agir, pour parler.* || Dans les sciences naturelles, Il désigne certaines marques essentielles qui servent à distinguer un animal, une plante, une substance, de tout autre. *Voici quels sont les caractères d'un insecte, d'une plante. Caractères constants, variables.* — *C. générique,* Celui qui convient à tout un genre. *C. spécifique,* Celui qui ne convient qu'à une espèce. || Se dit en général de ce qui est le propre d'une chose, de ce qui la distingue. *Cet édifice a précisément le c. qui convient à sa destination. L'éloquence de la tribune a un tout autre c. que celle de la chaire. Cet acte n'a point un c. légal. L'affaire a pris un c. grave. Cette maladie a un c. fâcheux.* || Ce qui distingue une personne des autres, sous le rapport moral ou intellectuel. *Montrer un grand, un noble, un beau c. Soutenir son c. Il n'a pas démenti son c. Force, vigueur, faiblesse de c. Cet homme a un étrange c. C. doux, gai, sournois, vindicatif, perfide,* etc. *C. difficile à dompter. Leurs caractères ne peuvent s'accorder.* — Se dit quelquefois des qualités bonnes ou mauvaises qui

distinguent un peuple d'un autre. *Le c. de cette nation est l'égoïsme, la légèreté, la présomption.* — Fam., *C'est un bon c. d'homme,* C'est un homme de mœurs faciles et agréables. — *Il a, il montre du c.,* Il a, il montre de la force d'âme, de la fermeté. On dit dans un sens analog., *C'est un homme à c.,* et, dans un sens opposé, *Il n'a pas de c.* || Expression, air expressif, se dit surtout par opposit. à ce qui offre un air, un aspect commun, banal, vulgaire. *Il y a du c. dans cette physionomie.* — Dans ce sens, *C.* s'emploie surtout en parlant de figures peintes ou sculptées. *Cette tête est d'un grand c. Un beau c. de tête.* — Par ext., se dit aussi en parlant de la musique. *Cette symphonie n'a pas de c.* — *Danse de c.,* Danse qui consiste principalement en attitudes expressives et nobles. || T. Littér. Développement donné aux passions, aux idées des héros d'un ouvrage. || Tableau dans lequel un écrivain a développé un caractère dans une intention satirique. *Les Caractères de La Bruyère. Les Caractères de Théophraste.*

Typographie. — On donne le nom *Caractère* à chacun des types qui servent à la composition d'un ouvrage, et, par extension, à l'ensemble des types qui ont le même œil et le même corps. Le c. d'imprimerie, pris isolément, consiste en un petit morceau de métal, en forme de parallélipipède, et haut de 23 mill. 1/2, dont chacun porte gravé en relief à l'une de ses extrémités une lettre, un chiffre, un signe de ponctuation, ou toute autre figure usitée en typographie. Comme ce relief est destiné à reproduire sur le papier le signe qu'il représente, il est gravé sur le métal dans une position renversée de haut en bas, sans transposition des parties latérales. Dans les imprimeries, le mot *Lettre* s'emploie habituellement dans le même sens que c.; c'est ainsi que l'on dit : *La lettre manque; la lettre abonde.* On distingue, dans les petits parallélipipèdes métalliques appelés caractères ou lettres, les trois dimensions géométriques, la *longueur,* la *largeur* et la *hauteur;* mais, en général, les typographes, au lieu des mots *longueur* et *largeur,* disent *force de corps* ou simplement *corps* et *épaisseur.* — La *force de corps* d'une lettre se mesure de la tête d'un signe alphabétique à jambage supérieur (comme le d), au bas d'un signe à jambage inférieur (comme le p et le g). Toutes les lettres qui composent un c. doivent avoir le même corps, que ce soient des capitales ou majuscules, des lettres à jambages, ou des lettres sans jambages, telles que l'a et l'c. L'épaisseur est le rapport qui existe entre une lettre large (comme l'm) et une lettre mince (comme l'u ou l'i). Enfin, la *hauteur* est la distance prise de la base ou *pied* du petit parallélipipède métallique jusqu'à l'œil de la lettre, c.-à-d. jusqu'au relief gravé qui constitue le signe typographique lui-même. Pour que cet œil puisse se détacher avec netteté, on taille en biseau la partie de la tige qui se trouve immédiatement au-dessus et au-dessous. Ces deux biseaux sont désignés sous les noms de *Talus supérieur* et de *Talus inférieur.* La hauteur est rigoureusement identique pour tous les caractères, quels qu'ils soient. Sans cela, certaines lettres pourraient percer le papier, tandis que d'autres ne marqueraient même pas. Dans les fonderies françaises, la hauteur généralement adoptée est 10 lig. 1/2 ou 0ᵐ,023686.

Les caractères, étant faits pour être combinés ensemble, doivent tous, comme nous venons de le dire, avoir la même hauteur, mais leur force de corps et leur épaisseur sont très variables. Ce sont ces variations qui ont donné naissance aux différents caractères en usage depuis les premiers temps de l'imprimerie. Autrefois, ces caractères étaient désignés par des noms de leur convention. Les uns, comme le Cicero et le Saint-Augustin, ont été ainsi appelés du nom des auteurs dont ils avaient servi pour la première fois à reproduire les œuvres. Les autres, comme la Mignonne, la Palestine et la Nonpareille, doivent leurs noms au caprice de ceux qui les ont imaginés. Ces dénominations arbitraires sont remplacées aujourd'hui par une nomenclature régulière. On se sert, à cet effet, d'une commune mesure appelée *Point typographique,* qui équivaut à 1/6ᵉ de ligne ou à 0ᵐᵐ,376, et l'on désigne chaque c. par le nombre de points contenus dans sa force de corps. En outre, comme l'œil n'est pas toujours dans un rapport exact avec le corps, qu'il est ou plus fort ou plus faible, on a adopté pour ces cas exceptionnels les dénominations de *Gros œil* et de *Petit œil.* On appelle *Poétique* un c. qui est ressérré sur lui-même, plutôt long que rond; *Gras,* celui dont les pleins sont lourds et épais; *Maigre,* celui dont les pleins sont plus fins que dans les caractères ordinaires; et *Compacts,* ceux dont l'œil est fort, avec des queues très courtes, afin qu'il en entre davantage dans un même espace.

Voici les anciennes dénominations des diverses sortes de caractères et leur valeur en points typographiques.

Le *Diamant* = 3 points ; la *Perle* = 4 p. ; la *Parisienne* ou *Sédanoise* = 5 p. ; la *Nonpareille* = 6 p. ; la *Mignonne* = 7 p. ; le *Petit-texte* = 7 1/2 ; la *Gaillarde* = 8 p. ; le *Petit-romain* = 9 p. ; la *Philosophie* = 10 p. ; le *Cicéro* = 11 p. ; le *Saint-Augustin* = 12, 13 p. ; le *Gros-texte* = 14, 15, 16 p. ; le *Gros-romain* = 18 p. ; le *Parangon* (Gros-et-Petit-) = 20, 22 p. ; le *Palestine* = 24 p. ; le *Petit-canon* = 28 p. ; le *Trismégiste* = 36 p. ; le *Gros-canon* = 44 et 48 ; le *Double-canon* = 56 p. ; le *Double-trismégiste* = 72 p. ; le *Triple-canon* = 88 p. ; la *Grosse-nonpareille* = 96 p. ; et la *Moyenne-de-fonte* = 100 p. La plupart de ces dénominations proviennent des titres des ouvrages où ils ont été employés. Plusieurs de ces caractères sont aujourd'hui inusités. Enfin on se sert encore, pour les affiches, de caractères de dimensions bien plus considérables ; mais alors on se contente le plus souvent de les sculpter en bois.

Les deux espèces de caractères les plus usités dans la typographie française sont le c. *romain* et le c. *italique*. — Le c. *romain* est celui dont on se sert pour toute la partie courante d'un livre. On l'appelle ainsi, parce qu'on le fut un imprimeur de Rome qui, vers la fin du XVe siècle, substitua les formes de ce c. à celles du gothique qui jusqu'alors avaient été seules en usage. Le c. romain est employé en Europe et dans tous les pays qui ont adopté les idiomes européens. — Le c. *italique* est penché de droite à gauche comme l'écriture. Il a été inventé, au XVIe siècle, par le célèbre Alde Manuce, imprimeur à Venise ; et c'est à cette circonstance qu'il doit son nom. On fait surtout usage de l'italique pour faire ressortir des phrases ou des mots sur lesquels on veut appeler plus particulièrement l'attention. Tout c. romain doit donc avoir son italique correspondant. — En outre, il existe divers autres genres de caractères, que l'on peut désigner collectivement sous le nom de caractères de fantaisie : nous citerons la **Normande**, qui n'est qu'un romain extrêmement gras ; l'**Égyptienne**, qui est un romain écrasé et carré ; la *Capillaire*, qui manque absolument de pleins, etc. Enfin, plusieurs fondeurs et imprimeurs se sont donné beaucoup de peine pour arriver à imiter les caractères d'écriture, l'anglais, la bâtarde, etc. Après beaucoup d'efforts, on est arrivé qu'à un résultat assez médiocre, et qui, dans aucun cas, ne saurait être d'une grande utilité. D'un autre côté les imprimeurs contemporains se sont ingéniés à unifier le corps des caractères, ou à imiter d'anciens caractères remarquables par leur élégance. C'est ainsi que toutes les belles reproductions d'ouvrages des XVIe et XVIIe siècles sont imprimées en caractères Elzéviriens. Nous ne parlerons pas ici des types typographiques nécessaires à l'impression des ouvrages en langues étrangères, particulièrement en langues orientales : ce sujet nous entraînerait trop loin, et ne saurait être bien compris que de ceux qui connaissent le système d'écriture de ces langues.

On distingue dans tout c. trois espèces de lettres : 1° les *Lettres ordinaires*, appelées en typographie *Lettres de bas de casse*, qui s'emploient pour le texte courant d'un ouvrage quelconque ; 2° les *Grandes capitales*, qui excèdent de près de moitié le corps de la lettre, et se mettent au commencement des noms propres, des phrases, etc. ; 3° les *Petites capitales*, qui ont la forme des grandes capitales, mais qui n'ont guère plus de volume que les lettres ordinaires : elles servent pour la composition des titres, sous-titres, etc. Enfin, il existe encore, dans chaque c., des lettres dites *Supérieures*, qui sont des signes d'abréviation (comme l°, l°, l', l', etc.), et des lettres appelées *Initiales. Montantes* ou *Deux points*. Ces dernières ont la forme des capitales, et se placent au commencement du texte dans un volume ou de chacune de ses grandes divisions, ainsi que dans la composition des lignes de titres. Elles sont, quant à l'œil et au corps, un peu près doubles des capitales auxquelles elles s'adjoignent lorsqu'on les emploie comme initiales.

L'ensemble de toutes les lettres, signes alphabétiques, signes de ponctuation et chiffres, qui composent un caractère, porte en typographie le nom de *Police*. Pour donner une idée du rapport numérique des différentes lettres entre elles, nous dirons que, dans une police de 118,700 pièces fabriquées pour une composition française et pour un texte courant, il entre 84,800 lettres ordinaires, 2,300 lettres doubles (ff, fi, œ, etc.), 5,250 lettres ordinaires avec accents, 8,300 grandes capitales, 6,000 petites capitales, 500 lettres supérieures, 9,350 signes de ponctuation et autres, et 2,500 chiffres. L'e est la lettre qui domine ; on en compte 16,625. On trouve ensuite 8,700 s ; 7,250 t ; 6,700 r ; 6,700 l ; 6,550 a ; 6,200 n ; 6,200 u, etc. Certaines lettres, en revanche, sont très peu nombreuses ; ainsi, on ne compte, pour les proportions ci-dessus, que

1,000 z, 850 y, 700 z et 325 k. Néanmoins, il est à remarquer que cette répartition, qui est assez juste pour les ouvrages français, ne l'est plus pour une autre langue. Ainsi, c'est l'a et l'u qui se présentent le plus souvent en latin ; le t, l'y et l'i en anglais ; l'i, l'o et l'o en italien, en portugais et en espagnol. Cette variation se fait même quelquefois sentir dans la même langue pour certains ouvrages spéciaux. En France, par ex., les travaux de botanique consomment plus d'y que ceux d'histoire, et la poésie plus d'e que les ouvrages en prose.

Fabrication. — La fabrication des caractères typographiques donne lieu à une série d'opérations que nous allons passer sommairement en revue. La première de ces opérations est la gravure du poinçon. Le *Poinçon* est une tige carrée en acier, longue de 4 à 5 centim., qui porte à l'une de ses extrémités l'une des lettres de l'alphabet gravée en relief, tandis que l'autre est un peu arrondie. Afin que toutes les lettres soient parfaitement identiques, c'est un seul graveur qui est ordinairement chargé de la confection de tous les poinçons d'un même c. Le poinçon achevé, on le durcit au moyen de la trempe ; après quoi, on l'enfonce à l'aide d'un marteau dans un morceau de cuivre dressé en forme de parallélipipède, qu'on appelle *Matrice*, de sorte que la lettre s'y trouve reproduite en creux. Cette matrice est retouchée à la lime pour faire disparaître les imperfections produites par la *frappe* ; elle est ensuite livrée au fondeur. — L'art du fondeur consiste à reproduire, avec l'exactitude la plus rigoureuse, la matrice qui lui a été remise par le graveur. Le moule dont on se sert à cet effet se compose de quatre parties, dont deux sont invariables et régissent la force du corps, tandis que les deux autres peuvent se rapprocher ou s'éloigner suivant l'épaisseur du c. Le fondeur fixe la matrice à l'extrémité du moule, et introduit dans celui-ci la matière en fusion au moyen d'une petite cuiller. L'opération terminée, on démonte le moule pour extraire la lettre qui vient d'être fondue. Après la fonte, chaque lettre est soumise à plusieurs opérations successives, qui ont pour objet de la débarrasser des aspérités laissées par les joints du moule et de toutes les autres imperfections qu'elle peut présenter. Ces opérations sont connues sous les noms de *Frotterie, Composition, Apprêt.* Comme chaque lettre se fond isolément, on conçoit aisément que la fonte d'une nombreuse série de caractères exige beaucoup de temps, et doit être assez coûteuse. — L'emploi des machines a quelque peu simplifié et abrégé l'opération. Aujourd'hui, la fonte des caractères se fait au moyen d'une machine qui consiste essentiellement en un corps de pompe fixé au creuset dans lequel se meut un piston sollicité par un ressort. Ce piston refoule la matière dans le moule par l'intermédiaire d'un conduit appelé *nez*. Un mécanisme spécial amène successivement chaque moule à l'orifice du nez : un autre démoule le moule après avoir refroidissement, extrait le c. fondu, et prépare de nouveau le moule pour l'opération suivante. La fonte s'opère ainsi automatiquement, sans arrêt ni perte de temps. Cette machine se manœuvre à l'aide d'une manivelle ; mais dans beaucoup d'usines on emploie la force d'une machine à vapeur. Alors l'ouvrier peut facilement surveiller le travail de deux machines. La matière ordinaire des caractères d'imprimerie est un alliage de plomb et d'antimoine. La proportion de ce dernier métal varie de 10 à 30 p. 100, suivant le degré de dureté qu'on veut donner à l'alliage. L'emploi des presses mécaniques et la nécessité des grands tirages ont donné l'idée d'augmenter encore la résistance de cet alliage, en y introduisant une certaine proportion de cuivre et d'étain. Chaque fonderie a, sous ce rapport, ses recettes particulières.

CARACTÉRISER. v. a. (bas-lat. *characterizare*, de *character*, caractère). Désigner une personne ou une chose par ses traits distinctifs, de manière à la faire reconnaître du premier coup d'œil. *Il a bien caractérisé les passions. Ce poète dramatique caractérise bien ses personnages. C. les mœurs d'une nation.* || Se dit aussi de ce qui sert à distinguer une personne ou une chose, de ce qui est son attribut particulier. *Les symptômes qui caractérisent cette maladie. Les propriétés qui caractérisent une substance. La générosité qui vous caractérise.* || T. Gram. Se dit des lettres caractéristiques. *Dans notre langue, l's caractérise la deuxième personne du singulier de tous les temps des verbes.* = CARACTÉRISÉ, ÉE. part. = SE CARACTÉRISER. v. réfl.

CARACTÉRISME. s. m. (R. caractère). T. Anc. Méd., aujourd'hui inusité. Prétendue conformité de certaines plantes avec certaines parties du corps humain.

123

CARACTÉRISTIQUE. adj. 2 g. (R. *caractère*). Qui caractérise, qui établit une distinction. *Trait c. Signe c. Différence c.* || T. Gram. *Lettre c.*, ou simpl. *C.*, Lettre qui dénote la formation d'un temps. *La lettre R est la c. des futurs dans la langue française.* — Il se dit aussi de la lettre qui se conserve dans les dérivés d'un mot, comme le *p* dans les dérivés de *Corps : Corporel, corporation ;* et le *g* dans les dérivés de *Sang : Sanguinaire,* etc., etc. || T. Math. Subst., Lettre ou signe qui sert à désigner la nature d'une quantité. *La lettre D est la c. des différentielles ; la lettre* Δ, *la c. des différences finies.* Voy. DIFFÉRENCE et DIFFÉRENTIELLE. — *C. d'un logarithme*, La partie entière, positive ou négative, d'un logarithme. Voy. LOGARITHME. — *Ligne c. ou c.*, Intersection de deux positions infiniment voisines d'une surface qui se déplace et se déforme. C'est la ligne suivant laquelle la surface variable touche son enveloppe. Voy. ENVELOPPE. || Nom donné par Monge à certaines courbes dont la considération facilite l'intégration de certaines équations aux dérivées partielles.

CARAFA. compositeur français, d'origine italienne (1785-1871), auteur du *Solitaire* (1822) et de *Masaniello* (1828).

CARAFE. s. f. (ar. *garafa*, puiser). Sorte de bouteille de verre ou de cristal plus large par le bas que par le haut, qui sert principalement à contenir de l'eau, et quelquefois le vin ou les liqueurs que l'on boit à table. *Mettre de l'eau dans une c. Une c. de vin*, Pleine de vin. — Le contenu d'une c. *Il a bu une c. de limonade.*

CARAFFA, nom d'une illustre famille napolitaine à laquelle appartenait le pape Paul IV.

CARAFON. s. m. (R. *carafe*). Très petite carafe contenant à peu près le quart d'une bouteille. — Le contenu d'un c. *Boire un c. de vin.* || Sorte de vaisseau de bois ou de liège dans lequel on met un flacon avec de la glace, pour faire rafraîchir de l'eau, du vin ou d'autres liqueurs. *Un c. de liège. Mettez de la glace dans les carafons.*

CARAGANA. s. m. (mot tartare). T. Bot. Genre de végétaux ligneux comprenant une vingtaine d'espèces qui croissent dans les régions centrales de l'Asie, famille des *Rutacées.* Voy. ce mot.

CARAGATE. s. m. T. Comm. Nom d'un textile constitué par les racines aériennes, dépouillées de leurs téguments, du *Tillandsia usneoides*, Broméliacée de la Guyane.

CARAGNE ou **CARANA.** s. f. Résine dont l'origine botanique n'est pas exactement connue. On la rapporte avec doute à l'*Icica Caraña.*

CARAÏBE, nom des anciennes peuplades anthropophages des Antilles.

CARAÏBES (Mer des), nom donné à la mer des Antilles.

CARAÏSME. s. m. Doctrine des caraïtes.

CARAÏTES. s. m. (hébreu, *gara*, lire). Sectaire juif qui rejette la tradition et n'admet que l'Écriture.

CARAJURU. s. m. Matière rouge tirée de la *Bignone chica*, qui nous vient du Brésil et de la Guyane.

CARALLIÉES. s. f. pl. T. Bot. Tribu de plantes de la famille des *Rhizophoracées.* Voy. ce mot.

CARAMAN, ch.-l. de c. (Haute-Garonne), arr. de Villefranche, 1,900 hab.

CARAMBOLAGE. s. m. T. Jeu de billard. Action de caramboler. Toucher simultanément ou successivement deux billes avec la bille lancée. *J'ai fait cinq carambolages de suite.*

CARAMBOLE. s. m. (R. *cara*, rouge ; bas-lat. *bola*, boule). T. Jeu de billard. La bille rouge. || Partie où l'on ne compte comme gain que les carambolages.

CARAMBOLER. v. n. (R. *carambole*). T. Jeu de billard. Toucher du même coup deux billes avec la sienne.

CARAMBOLIER. s. m. T. Bot. Genre d'arbres (*Averrhoa*) de la famille des *Géraniacées.* Voy. ce mot.

CARAMEL. s. m. (arabe, *kora*, boule ; *mochalla*, chose douce). Le sucre de canne, fondu à 160°, se prend par le refroidissement en une masse amorphe, que l'on désigne vulgairement sous le nom de *Sucre d'orge ;* mais en portant la chaleur à 220°, il se transforme en une masse noire et poreuse de saveur amère, qui constitue le *Caramel.* La composition de cette dernière substance est, selon Péligot, $C^{12}H^{18}O^9$. Le c. est employé pour colorer certaines liqueurs, le bouillon, etc. Les confiseurs en font un grand usage pour couvrir et glacer des bonbons ou des fruits. Enfin, il se prescrit quelquefois comme adoucissant dans les bronchites légères.

CARAMÉLIQUE. adj. Qui a rapport au caramel.

CARAMÉLISATION. s. f. Action de caraméliser, état de ce qui est caramélisé.

CARAMÉLISER. v. a. Réduire le sucre en caramel par l'action du feu. = SE CARAMÉLISER. v. pron. Se dit du sucre qui se réduit en caramel. = CARAMÉLISÉ, ÉE. part.

CARANGUE. s. f. Poisson des Antilles d'un excellent goût. || T. Mar. Enfoncement, abri pour les caboteurs.

CARANGUER. v. n. T. Mar. Louvoyer à petites voiles pendant plusieurs jours pour pouvoir gagner le vent.

CARANUS, fondateur du royaume de Macédoine (IXe s. av. J.-C.).

CARAPA. s. m. T. Bot. Genre d'arbres de la Guyane, de la famille des *Méliacées.* Voy. ce mot.

CARAPACE. s. f. (esp. *carapacho*, m. s. ; peut-être de *carabassa*, calebasse). T. Hist. nat. Ce mot désigne proprement l'espèce de bouclier qui protége les chéloniens ; mais par extension, on l'applique à divers appareils protecteurs dont sont munies quelques autres espèces d'animaux. Ainsi, les talous, parmi les mammifères, les coffres et les pégases, parmi les poissons, ont des carapaces. Les poissons pourvus d'une c. totale ou partielle sont dits *Cataphractes.* On donne encore ce nom à la pièce solide qui couvre le dos et la tête des crustacés, ainsi qu'un dermato-squelette, tantôt siliceux, tantôt calcaire, que possèdent certaines espèces d'infusoires.

CARAQUE. s. f. (esp. *carraco* ; ital. *caracca*, m. s.). T. Mar. Sorte de bâtiment de charge en usage au Portugal. *Il y avait autrefois des caraques de deux mille tonneaux.* || T. Comm. Qualification donnée au cacao de Caracas. Voy. CACAOYER. || Art vétér. Nom vulgaire de la maladie des bestiaux appelée *Clavelée.*

CARASSON. s. m. Petit échalas pour la vigne.

CARASTELLE. s. f. Grande corbeille plate, servant au même usage que les panetennes.

CARAT ou **KARAT.** s. m. T. Métrol. Selon le voyageur James Bruce, on donne en Abyssinie le nom de *Konara* à une espèce de petite graine rouge, qui provient d'un arbre de la famille des Légumineuses, l'*Erythrina corallodendron.* Ces graines ont toujours à peu près le même poids, et les habitants du pays s'en servent de temps immémorial pour peser l'or. De l'Afrique, le *konara*, transformé en *Karat* ou *Carat*, passa dans l'Inde, et plus tard en Europe, pour y servir à peser les pierres précieuses, principalement les diamants, ainsi que les perles. Suivant Morin, au contraire, le mot c. vient de l'arabe *qirat*, petit poids qui était le 24e du denier. Le même savant pense en outre que le terme arabe vient d'un petit poids grec, le tiers d'une obole, appelé κεράτιον. Du reste, κεράτιον qui vient de κέρας, corne, signifie au propre la silique du caroubier. Ce qu'il y a de sûr, c'est que le mot qui nous occupe désignait primitivement une graine de légumineuse servant à peser. Nous avions naguère encore en Tunisie la *carouba* où l'on retrouve *car.* L'incertitude n'existe que sur la manière dont il s'est introduit en français.

Quoi qu'il en soit, le c. est un poids qui équivaut à 0^{gr},2055, à très peu de chose près, et, quoiqu'il présente quelques légères variations suivant les pays, on peut le regarder comme un poids véritablement universel.

Par extension, on désigne quelquefois sous le nom de karats de petits diamants qui, en effet, ne dépassent guère le poids d'un karat.

Avant l'application du système décimal au titre de l'or, on regardait un lingot d'or comme divisé en 24 parties égales, appelées *carats*, et suivant que le lingot contenait 18, 20, 22, 23 parties d'or pur, on disait qu'il était à 18, 20, 22, 23 carats. En outre, le c. se divisait en demis, quarts, huitièmes, seizièmes, et trente-deuxièmes ou *grains de fin*. Ainsi, de l'or à 23 carats 1/2 renfermait un 48° d'alliage, et de l'or à 21 carats 20 grains, contenait 21 parties et 20/32ᵐᵉˢ de partie de fin. Les titres de 900, 920, 840 et 750 millièmes, adoptés en France aujourd'hui, le premier pour les monnaies, les trois autres pour les ouvrages d'or, correspondent aux anciennes dénominations : 21 c. 19/32; 22 c. 2/32 et 1/2; 20 c. 5/32 et 1/12; et 18 carats. — Enfin, le terme de c. s'emploie encore dans le langage figuré pour exprimer une chose portée au plus haut point; mais, dans cette acception, il ne se trouve que dans quelques locutions passées à l'état de proverbe : *C'est un sot ou un impertinent à vingt-quatre carats*, pour dire, il est sot ou impertinent au suprême degré.

CARATCH. s. m. Voy. CARACH.

CARATURE. s. f. (R. *carat*). Alliage d'or, d'argent et de cuivre dont on fait les aiguilles d'essai.

CARAVACA, ville d'Espagne, province de Murcie, 14,000 h.

CARAVAGE, nom de deux peintres italiens du XVIᵉ siècle.

CARAVANE. s. f. (pers., *karouan*, troupe de voyageurs). Troupe de marchands, de voyageurs ou de pèlerins qui vont de compagnie pour se garantir des voleurs ou des corsaires. *La c. de Bagdad. Les navires qui formaient la c. d'Alexandrie*. || Par ext. et fam., se dit de plusieurs personnes qui se réunissent pour aller de compagnie. *Marcher en c.* == CARAVANES. s. f. pl. Les campagnes maritimes que les chevaliers de Malte étaient obligés de faire contre les Turcs et les corsaires de la Barbarie. *Les chevaliers ne pouvaient parvenir aux commanderies et aux dignités de leur ordre qu'ils n'eussent fait leurs caravanes.* — Fig. et fam., *Faire ses caravanes*, Mener une vie dissipée, avoir des aventures dans le monde. *Ce jeune homme a fait bien des caravanes.*

Depuis la plus haute antiquité, les relations commerciales des nations de l'Orient et de l'Afrique au moyen de caravanes, car les gouvernements de ces pays se sont rarement occupés, ou nul rarement été capables d'assurer la sécurité des voyageurs et du commerce. En conséquence, les voyageurs et les commerçants se concertent pour faire route ensemble, afin de se protéger mutuellement. Après l'établissement de la doctrine de Mahomet, les motifs religieux, unis à d'autres d'un caractère moins élevé, ont contribué à multiplier les rapports entre les diverses parties de l'Orient, et à rendre les caravanes plus fréquentes et plus nombreuses. On sait que Mahomet prescrit à ses sectateurs de faire le pèlerinage de la Mecque au moins une fois dans leur vie. Pour accomplir ce devoir religieux, on voit, chaque année, dans tous les pays où règne le mahométisme, se réunir d'immenses caravanes, qui se dirigent ensuite, soit par mer, soit par terre, vers la ville sainte qui renferme la Kaaba. Les caravanes les plus importantes qui se forment dans ce but sont au nombre de quatre. La première est celle de Damas : elle se compose de pèlerins, de voyageurs et de marchands venus de la Turquie d'Europe et de l'Asie Mineure. La deuxième part du Caire : elle est formée des pèlerins de l'Égypte et de ceux qui sont déjà venus des divers États de l'Afrique septentrionale. La troisième part de Zibith, dans l'Yémen, sur les bords de la mer Rouge : elle est formée des pèlerins de l'Arabie méridionale et des musulmans arrivés de l'Inde. Enfin, la quatrième part (l'Illah, près de l'ancienne Babylone : celle-ci est formée des Persans et des musulmans de l'Asie centrale. Chaque c. est sous la conduite d'un chef ou aga, appelé *Caravanbachi*, qui est chargé d'y maintenir l'ordre et la discipline, et qui souvent a sous ses ordres un certain nombre de soldats pour la défense des pèlerins. Autant que possible, les caravanes établissent leur camp auprès d'un puits ou d'un ruisseau. Dans ces longs voyages, on emploie presque exclusivement le chameau comme moyen de transport; il est en effet préférable au cheval ou à tout autre animal, à cause de sa patience, de sa sobriété et de sa constitution particulière qui le rend merveilleusement propre à voyager à travers les déserts. — Dans

plusieurs contrées, notamment dans la Barbarie, les caravanes portent le nom de *Kafla*.

Au point de vue de l'hygiène, les caravanes religieuses ont toujours eu des conséquences désastreuses : elles sont l'un des modes les plus puissants de la propagation des maladies infectieuses, et particulièrement du choléra. Pour les pays occidentaux, les plus dangereuses sont celles d'Égypte; aussi les pèlerins sont-ils, depuis plusieurs années, soumis à des réglementations assez sévères à leur retour en Égypte. Voy. CHOLÉRA.

CARAVANEUR. s. m. T. Mar. Vaisseau qui porte les marchandises d'échelle en échelle dans le Levant.

CARAVANIER. s. m. Conducteur des bêtes de somme dans les caravanes.

CARAVANISTE. s. m. et f. T. Comm. Celui, celle qui fait partie d'une caravane.

CARAVANSÉRAIL ou **CARAVANSÉRAÏ.** s. m. (Persan, *karouan*, caravane; *Saraï*, maison). Ce terme, qui signifie littéralement *Maison de caravane*, désigne un édifice public plus ou moins vaste destiné à fournir un abri aux caravanes. Un c. est donc une sorte d'hôtellerie; mais, à la différence des hôtelleries de nos pays, le voyageur n'y trouve absolument rien de ce dont il peut avoir besoin. En Orient, il faut que le voyageur porte tout avec lui, son coucher, ses provisions, ses ustensiles de cuisine, etc. En revanche, il n'a rien à payer pour l'abri qu'il y trouve; car tous les caravansérails ont été construits, soit par des princes, soit par de riches particuliers, qui ont pensé, en les construisant, faire une œuvre méritoire pour leur salut. Ces édifices représentent, le plus souvent, une espèce de halte; d'autres ont une cour intérieure entourée de cloîtres; beaucoup ne sont que des masures assez chétives. Les caravansérails des villes riches et populeuses sont, à proprement parler, des bazars et des marchés.

CARAVELLE. s. f. [Pr. *caravèle*] (ital. *caravella*, dimin. de *caraba*, sorte de navire; lat. *carabus*, barque; gr. κάραβος, qui signifie barque et crabe). T. Mar. Nom que l'on donnait dans la Méditerranée à de gros vaisseaux de guerre turcs fort mal construits. || Sorte de petits bâtiments à voiles latines, dont se servent les Portugais.

CARBACÉTOXYLIQUE. adj. (R. *carbone, acétique* et *oxygène*). T. Chim. L'acide carbacétoxylique C⁵H⁸O⁴ se produit quand on fait agir l'oxyde d'argent sur l'acide chloropropionique obtenu au moyen de l'acide glycérique et du perchlorure de phosphore. C'est un liquide sirupeux, jaune, non distillable. Il joue le rôle d'acide monobasique; sa constitution est représentée par la formule CO²H.CO.CH²OH. Traité par l'amalgame de sodium, il se convertit en acide glycérique.

CARBALLYLIQUE. adj. 2g. [Pr. *carbal-li-like*] (R. *carbone* et *allyle*). T. Chim. L'acide carballylique C⁶H⁸O⁶ est tribasique; il cristallise en prismes incolores, solubles dans l'eau, l'alcool, l'éther. Il fond à 157° et se décompose quand on le chauffe davantage. On l'obtient soit par la réduction de l'acide aconitique, soit par l'action de la potasse alcoolique sur le cyanure d'allyle.

CARBAMIDE. s. f. (R. *carbone* et *amide*). T. Chim. Syn. de Urée. Voy. ce mot.

CARBAMIQUE. adj. (R. *carbone* et *amide*). T. Chim. L'acide carbamique serait l'amide acide correspondant à l'acide carbonique et aurait pour formule CO(AzH²)OH. On ne l'a pas isolé; mais on connaît plusieurs de ses sels ainsi que ses éthers. — Le carbamate d'ammoniaque CO(AzH²)OAzH⁴ se forme quand on mélange de l'anhydride carbonique et du gaz ammoniac parfaitement secs. C'est un solide cristallisable, volatil, que l'eau transforme en carbonate d'ammoniaque, et qui, chauffé à 135° en tubes scellés, donne naissance à de l'urée. — Les *éthers carbamiques* portent le nom d'*uréthanes*. On les obtient, soit par l'action du chlorure de cyanogène sur les alcools, soit par l'action du gaz ammoniac sur les éthers carboniques, soit en chauffant le nitrate d'urée avec un alcool. La potasse en solution aqueuse les dédouble en alcools, acide carbonique et ammoniaque; une dissolution alcoolique de potasse les décompose en acide cyanique et en alcools. La *méthyluréthane* CO(AzH²)OCH³ cristallise en tables allongées; elle fond à 55° et bout à 177°. Elle est soluble dans l'eau, dans l'alcool et dans l'éther. Il en est de même de l'*éthyluréthane* $CO(AzH^2)OC^2H^5$, qui cristallise très facilement en prismes fusibles à 52°, bouillant à 180°. Toutes deux jouissent de propriétés soporifiques qui les ont fait employer en médecine.

CARBANILE. s. m. (R. *carbone*). T. Chim. Nom donné à la *phénylcarbimide* ou *isocyanate de phényle* C^6H^5AzCO. C'est un liquide bouillant à 166°, incolore, d'une odeur très irritante. L'ammoniaque le convertit en phénylurée; l'aniline, en diphénylurée.

CARBANILIDE. s. f. (R. *carbone*). T. Chim. Nom donné à la *diphénylurée* $CO(AzHC^6H^5)^2$, substance cristallisée, fusible au-dessus de 200°, qu'on obtient en faisant agir l'aniline sur le carbanile.

CARBANILIQUE. adj. 2 g. (R. *carbone*). T. Chim. L'acide c. ou *phénylcarbamique* $C^6H^5.AzH.CO^2H$ n'est connu que par ses éthers appelés *phényluréthanes*. Tels sont le phényluréthane $C^6H^5.AzH.CO^2C^2H^5$ et la diphényluréthane $(C^6H^5)^2CO^2C^2H^5$.

CARBATINE. s. f. (lat. *carabatina*; gr. καρβατίνη, m. s.). T. Antiq. Chaussure des paysans et des soldats grecs. || Aujourd'hui, peau de bête fraîchement écorchée.

CARBAZIDE. s. f. (R. *carbone* et *azote*). T. Chim. Nom donné à des composés répondant à la formule générale $CO(AzH.AzHR)^2$ où R désigne un radical univalent. Les carbazides représentent de l'urée dans laquelle les groupes AzH^2 sont remplacés par des résidus d'hydrazines. Elles s'obtiennent en faisant réagir les hydrazines sur l'urée ou sur l'uréthane. Traitées par l'oxychlorure ou le sulfochlorure de carbone, elles se condensent en donnant des dérivés hydrazoïques

d'un azol qui aurait pour formule HC—CH

Les *sulfo-carbazides* $CS(AzH.AzHR)^2$ correspondent à la sulfo-urée; elles se forment par l'action du sulfure de carbone sur les hydrazines. Avec l'oxychlorure ou le sulfochlorure de carbone elles donnent également des produits de condensation,

dérivés azoïques d'un thiazol HC—CH

Les *semicarbazides* ont pour formule générale :

$Az H^2$
CO
$Az H . Az H R$

On les prépare en faisant réagir les hydrazines sur l'acide cyanique ou sur l'urée en excès. Chauffées au-dessus de leur point de fusion, elles donnent des *urazines* $R Az$ CO

Les *sulfo-semicarbazides* CS $Az H^2$ $Az H . Az H R$ résultent de l'action de l'acide sulfocyanique sur les hydrazines.

CARBAZOL. s. m. (R. *carbone* et *azote*). T. Chim. Le carbazol $C^{12}H^9Az$, appelé aussi *diphénylène-imide*, est une base qu'on peut extraire de l'anthracène brut dissous dans le toluène et traité par l'acide picrique; on obtient des aiguilles rouges de *picrate de carbazol*, qu'on décompose par ébullition avec une dissolution aqueuse d'ammoniaque. Le carbazol se forme aussi lorsqu'on fait passer l'aniline ou la diphénylamine à travers des tubes chauffés au rouge. Il cristallise en tables blanches, fusibles vers 240°, bouillant à 351°, insolubles dans l'eau, solubles dans l'alcool, dans l'éther et dans la benzine. Sa formule de constitution est AzH C^6H^4 C^6H^4

Traité par l'acide nitrique, le c. se convertit en *dinitro-carbazol*, qui, par réduction, donne naissance au *diamido-carbazol* AzH $C^6H^3.AzH^2$ $C^6H^3.AzH^2$ Ce dernier composé fournit, sous l'action de l'acide nitreux, un dérivé tétrazoïque que l'on combine avec l'acide salicylique pour obtenir le *Jaune de*

carbazol. Cette matière colorante sert à teindre le coton non mordancé en un très beau jaune résistant à la lumière.

CARBAZOLINE. s. f. (R. *carbone* et *azote*). T. Chim. La *carbazoline* $C^{12}H^{15}Az$ se produit quand on chauffe le carbazol à 230° avec du phosphore et de l'acide iodhydrique. La carbazoline se présente en aiguilles blanches, fusibles à 99°, bouillant à 296°; c'est une base très stable, qui s'unit directement aux hydracides. Son chlorhydrate chauffé à 300° donne naissance à l'*hydrocarbazol* $C^{12}H^{13}Az$, solide fusible à 120°, bouillant vers 330° et soluble dans l'alcool, la benzine et l'éther.

CARBAZOTIQUE. adj. (R. *carbone* et *azotique*.) T. Chim. Syn. de *Picrique*.

CARBENET. s. m. Voy. CABERNET.

CARBET. s. m. Nom donné, aux Antilles, à une grande case commune des sauvages, qui servait à leurs assemblées. || Toiture temporaire construite dans une anse, pour servir d'abri aux embarcations. || Case publique sur la plage pour abriter les matelots en corvée.

CARBIMIDE. s. f. (R. *carbone* et *imide*). T. Chim. Syn. d'*acide isocyanique*. Voy. CYANOGÈNE.

CARBINOL. s. m. (R. *carbone*). T. Chim. C'est le nom qu'on donne quelquefois à l'alcool méthylique, et dont on fait un usage fréquent pour la nomenclature de certains alcools. On peut en effet considérer les alcools de la série grasse comme dérivant de l'alcool méthylique (H^3COH) par une ou plusieurs substitutions d'un radical gras aux atomes d'hydrogène non contenus dans l'oxhydrile OH. On forme le nom d'un pareil alcool en plaçant le mot *carbinol* à la suite de ces radicaux. Ainsi une triple substitution donne naissance aux alcools tertiaires, tels que le triméthylcarbinol (CH^3)^{3}COH, l'éthylméthylbutylcarbinol (CH^3) (C^2H^5) (C^4H^9) COH; ils sont caractérisés par le groupe COH. Une double substitution donne les alcools secondaires, qui contiennent le groupe CHOH, comme le méthylpropylcarbinol (CH^3) (C^3H^7) CHOH, le diéthylcarbinol (C^2H^5)^{2}CHOH. Quant aux alcools primaires, qui résultent d'une seule substitution, et qui sont caractérisés par le groupe CH^2OA, ils conservent généralement le nom d'alcool : tels sont les alcools butylique ou isobutylique (C^4H^7) CH^2OH.

CARBO-DI-IMIDE. s. f. (R. *carbone*, *di* et *imide*). T. Chim. Nom donné à des bases qui répondent à la formule générale $C(AzR)^2$ où R désigne un radical univalent. Telle est par ex. la carbo-diphénylimide $C(AzC^6H^5)^2$. Les carbo-di-imides se forment lorsqu'on décompose les urcides sulfurées par la chaleur ou par l'action de certains oxydants. Ce sont des solides ordinairement cristallisés, solubles dans l'éther et dans le benzène. Elles se combinent avec l'ammoniaque et avec les bases organiques en donnant des guanidines. L'alcool, saturé d'acide chlorhydrique les transforme en urées composées.

CARBOLIQUE. adj. T. Chim. L'acide c. est synonyme de *Phénol*.

CARBONADO. s. m. T. Chim. Diamant noir amorphe.

CARBONARI. pl. de *Carbonaro*. Voy. ce mot.

CARBONARISME. s. m. Principe et association des *Carbonari*.

CARBONARO. s. m. (mot ital. qui sign. *charbonnier*). Membre d'une société secrète qui fut très puissante sous la Restauration et qui avait pour but de renverser le gouvernement des Bourbons pour lui substituer un gouvernement bonapartiste ou républicain. = Pl. *des Carbonari*.

CARBONATATION. s. f. (R. *carbonate*). T. Tech. Saturation d'une base par l'acide carbonique. T. usité dans l'industrie sucrière.

CARBONATE. s. m. T. Chim. Nom générique des sels formés par l'acide carbonique.

CARBONATÉ, ÉE. adj. T. Chim. Se dit d'un oxyde qui, en absorbant l'acide carbonique de l'air, s'est transformé en carbonate.

CARBONATER. v. a. T. Chim. Transformer en carbonate, saturer d'acide carbonique.

CARBONE. s. m. (lat. *carbo*, charbon). T. Chim. — Le *Carbone* est un corps simple, solide, non métallique, complètement insoluble dans tous les liquides connus, infusible et fixe aux plus hautes températures qu'il nous soit possible de produire dans nos fourneaux. Ses propriétés physiques, c'est-à-dire son aspect, sa couleur, sa densité, sa dureté, etc., varient tellement, selon les formes sous lesquelles nous le rencontrons dans la nature, qu'il est impossible de les décrire d'une manière générale. La seule propriété qui constitue le caractère spécifique de ce corps, c'est que, quand on le soumet à une haute température dans un excès de gaz oxygène, il disparaît complètement en donnant naissance à un gaz qui éteint les corps en combustion, rougit la teinture de tournesol, et précipite en blanc l'eau de chaux; ce gaz est appelé *Gaz acide carbonique*. La chaleur spécifique du c. s'accroît beaucoup avec la température; celle du diamant est 0,147 à la température ordinaire, et devient 0,467 à 600°. Au delà de 600° elle tend à devenir constante. Vers 1000° les différentes variétés de carbone présentent toutes la même chaleur atomique 5,5, qui ne s'écarte pas beaucoup de la loi de Dulong et Petit. — Le symbole du c. est C et son poids atomique 12.

On connaît deux variétés de c. pur et cristallisé, mais qui sont très différentes l'une de l'autre, au point de vue de leurs propriétés physiques : la première est le *Diamant*, la seconde est le *Graphite*. Le diamant est généralement transparent et incolore, le graphite est noir et opaque; la densité du diamant est 3,5, celle du graphite est seulement 2,2. Cependant, malgré ces différences physiques, 3 grammes de diamant et 3 grammes de graphite donnent également, quand on les brûle dans l'oxygène, 11 grammes d'acide carbonique.

Diamant. — La nature de ce corps est restée longtemps inconnue. Newton, le premier, soupçonna, d'après son grand pouvoir réfringent, que le diamant devait être un corps combustible. Sa supposition fut confirmée, en 1694, par les membres de l'Académie *del Cimento*, à Florence, qui réussirent à brûler un diamant de petite dimension en le plaçant au foyer d'un miroir ardent. Bientôt après, le duc François de Lorraine en brûla un autre à l'aide d'un violent feu de forge. Un peu plus tard, des chimistes français constatèrent qu'un corps traire le diamant résista à l'action des températures les plus élevées pourvu qu'on le tienne à l'abri de l'air; mais son identité avec le c. ne put être démontrée qu'après la découverte de l'acide carbonique. Lorsque les chimistes anglais Black et Priestley eurent reconnu que ce gaz est le produit de la combustion du c., les chimistes français Lavoisier et Guyton de Morveau constatèrent à leur tour que le diamant en brûlant, c'est-à-dire en se combinant avec l'oxygène, se convertit en acide carbonique. Enfin, H. Davy établit : 1° que la quantité d'acide carbonique produite est dans un rapport constant avec les quantités de diamant et d'oxygène employées; 2° que la totalité du diamant est brûlée; 3° qu'aucun autre corps que l'acide carbonique ne prend naissance dans cette opération. Dès lors, il ne pouvait plus y avoir de doute sur la nature du diamant : c'était évidemment du c. pur. Plus tard, Jacquelain, en soumettant ce corps à l'action d'une forte pile de Bunson, lui a fait perdre sa transparence et l'a converti en une substance noire, spongieuse, analogue au coke par son aspect. — Le diamant est remarquable par son extrême limpidité; quelquefois, cependant, il se montre avec une teinte bleue, ou rose, ou verte, ou jaune, ou même noirâtre. Ses formes cristallines les plus communes sont le dodécaèdre rhomboïdal, l'octaèdre régulier et le polyèdre à 48 facettes; les arêtes et les faces sont souvent arrondies. Le diamant est doué, comme nous l'avons dit, d'un pouvoir réfringent très considérable; il est phosphorescent dans l'obscurité. Il conduit très mal la chaleur et l'électricité. Quant à sa dureté, elle est sans égale : il raye tous les corps et n'est rayé par aucun d'eux; aussi est-ce avec sa propre poudre seulement qu'on peut le tailler et le polir. Cette poudre, nommée *Égrisée*, est celle des diamants trop défectueux ou trop petits pour être livrés au commerce. Tout le monde sait que les vitriers emploient le diamant pour couper le verre, et que les horlogers s'en servent également pour les trous destinés à recevoir les pivots d'acier.

Le diamant étant du c. pur, cristallisé, on a fait, dans l'espoir d'un obtenir, une foule de tentatives pour opérer la cristallisation artificielle du c.; mais jusqu'ici l'on n'a obtenu aucun résultat pratique. En soumettant du charbon pur à une volatilisation lente, au moyen d'un courant d'induction maintenu en activité pendant un mois, Despretz obtint, sur

des fils de platine placés à une petite distance du charbon, une couche noire dans laquelle on observa, avec un grossissement d'environ trente fois, des octaèdres noirs implantés en partie dans la couche, d'autres octaèdres blancs, opalins et translucides, reposant sur leur sommet, ainsi que des lamelles semblables à ces derniers par leur aspect. La partie du dépôt contenant ces cristaux et ces lamelles, mêlée avec de l'huile et étendue sur un plan fixe de cristal de roche, polit les rubis aussi rapidement et avec autant de netteté que la poussière de diamant. En opérant par la voie humide au moyen d'une pile de Daniell, le même expérimentateur obtint, au pôle négatif, une poudre noire non cristallisée, mais qui possédait également la propriété de polir les rubis. D'autres savants parvinrent être arrivés à des résultats analogues par divers procédés : décomposition du sulfure de carbone, dissolution du charbon dans l'argent fondu ou dans l'acide carbonique liquide, oxydation de certains hydrocarbures, etc. Hannay fit agir la chaleur et une énorme pression sur des mélanges d'hydrocarbures et de métaux alcalins, en présence d'un composé stable contenant de l'azote. Tout récemment, M. Moissan fit dissoudre du charbon dans le fer en fusion, à une température de 3000° obtenue à l'aide de l'arc voltaïque, et soumit la masse à un brusque refroidissement qui la solidifia d'abord à sa périphérie; la partie restée liquide à l'intérieur de cette croûte fut ainsi soumise à une pression considérable, parce que la fonte de fer tend à se dilater en se solidifiant; il s'y forma des cristaux microscopiques de diamant incolore, mélangés de diamant noir et de graphite.

Graphite. — Cette variété de c. est habituellement désignée sous les noms vulgaires de *Plombagine* et de *Mine de plomb*, non qu'elle contienne la moindre parcelle de ce métal, mais à cause de son aspect métallique, et parce que, comme le plomb, elle laisse sur le papier des traces noires et brillantes. De là aussi son nom de *Graphite* (gr. γράφω, j'écris). Le graphite naturel n'est pas absolument pur : il contient 90 à 96 p. de c. contre 10 à 4 d'impuretés. Il est cristallisé en petites paillettes hexadriques très minces, d'un gris métallique, rassemblées en masses, qui sont onctueuses au toucher et se laissent facilement rayer avec l'ongle. Cette substance est assez abondamment répandue dans la nature. Il en existe des gisements en France, dans les Pyrénées, montagnes de Labour; en Piémont, dans les vallées de Stura et Locerna; à Passau, en Bavière; en Angleterre, à Borrodale, dans le Cumberland (ce gisement, qui était très remarquable, est à peu près épuisé). La majeure partie du graphite est actuellement fournie par les mines de Marinsky, dans la Sibérie orientale, et par celles de la Sonora en Californie. — Le graphite sert principalement à la fabrication des crayons dits de mine de plomb. Voy. CRAYON. On l'emploie aussi pour adoucir les frottements dans les machines en bois; on en frotte également la fonte, la tôle, etc., pour la préserver de la rouille; on le mêle encore avec des matières argileuses pour en faire des creusets, dits *Creusets de mine de plomb*, qui sont très réfractaires, et qui servent surtout aux fondeurs en cuivre. Enfin, on en fait usage, dans la galvanoplastie, pour rendre conductrice la surface des moules de plâtre ou de stéarine que l'on veut recouvrir d'un dépôt métallique.

Le nom de *Graphite* s'applique encore à une modification artificielle du c., qui se produit lorsqu'on soumet à un refroidissement lent la fonte de fer sursaturée de charbon. Avant que le fer soit refroidi et complètement solidifié, les cristaux s'élèvent à la surface en affectant la forme de lamelles hexagonales qu'on peut recueillir en dissolvant le fer dans un acide. On obtient aussi des graphites artificiels, soit par l'action de la chaleur sur certains composés de carbone (chlorure, sulfure), soit par l'action de l'arc voltaïque sur le diamant, le charbon de cornue, etc. — Le graphite se distingue des autres variétés du charbon par la manière dont il se comporte à l'égard des agents d'oxydation énergiques. Un mélange de chlorate de potasse et d'acide azotique fumant le convertissent en *oxyde graphitique*; ce corps, insoluble dans tous les liquides, renferme de l'oxygène et de l'hydrogène unis au carbone; le graphite naturel et les divers graphites artificiels donnent chacun un oxyde graphitique différent.

Charbons. — On désigne, sous le nom générique de *Charbons*, différentes substances essentiellement composées de c., mais mélangées de diverses matières étrangères, lesquelles sont le plus souvent des carbures d'hydrogène. Les charbons peuvent se diviser en deux classes : les *Charbons naturels* et les *Charbons artificiels*. — Les premiers, qu'on appelle aussi *Charbons fossiles*, sont l'*Anthracite*, la *Houille*, les *Lignites* et la *Tourbe*. Nous n'en parlerons pas ici, car, attendu leur importance, soit au point de vue géologique, soit au point de vue industriel, ils méritent d'être étudiés plus en détail. Voy. Houille et Tourbe. — Les charbons artificiels se fabriquent en décomposant par le feu et en vases clos diverses matières organiques, végétales ou animales. Les matières organiques, comme tout le monde le sait, sont composées de c., d'hydrogène, d'oxygène et d'azote. Lorsqu'on les soumet à une haute température, l'hydrogène, l'oxygène, l'azote et une partie même du c. se dégagent sous forme de combinaisons volatiles, et il reste comme résidu une portion de c., mais à un état plus ou moins pur. Le plus commun et le plus usité de tous ces charbons est celui qui se prépare avec le bois, et que l'on appelle charbon de bois : il en sera question à l'article Charbon. Parmi les autres, les plus intéressants sont ceux qu'on désigne sous les noms de *Noir de fumée*, de *Charbon animal* et de *Noir animal* : nous en dirons quelques mots.

Noir de fumée. — Le noir de fumée n'est autre chose que le dépôt charbonneux qui se produit sur les corps placés dans la flamme d'une lampe ou d'une chandelle. Pour le fabriquer en grand, on brûle des résines, des goudrons, des huiles de schistes ou de houille, substances très riches en c., mais qui n'éprouvant, quand on les brûle à l'air, qu'une combustion fort incomplète, donnent une grande quantité de résidu char-

Fig. 1.

bonneux. L'opération s'exécute dans une chambre cylindrique, tendue de toiles, munie d'un chapeau conique mobile, et présentant, à sa partie supérieure, une ouverture pourvue d'une soupape destinée à régler le tirage (Fig. 1). Le fourneau où l'on brûle les matières résineuses est situé à l'extérieur. Le tirage est réglé de façon que la majeure partie du c. qu'elles contiennent échappe à la combustion. Il se produit alors une fumée extrêmement épaisse, qui dépose, sous forme d'une poussière très ténue, une grande quantité de charbon sur toutes les parois de la chambre. Rien n'est ensuite plus facile que de détacher ce dernier en faisant descendre le chapeau conique qui racle les parois de la chambre. Le noir de fumée obtenu par ce procédé ne saurait être pur; il retient toujours une certaine quantité de carbures d'hydrogène. On le purifie en le calcinant dans un creuset bien fermé, à l'abri du contact de l'air, ou en le traitant par des dissolvants appropriés. Le noir de fumée s'emploie dans la préparation de diverses couleurs, et pour la fabrication de l'encre d'imprimerie, de l'encre de Chine, etc.

Charbon animal. — On appelle ainsi les différents charbons qu'on obtient comme résidus de la calcination et de la distillation des substances animales telles que la chair, le sang, les os. Ce dernier est particulièrement désigné sous les noms de *Noir animal*, *Noir d'os*, *Noir d'ivoire*. Les os destinés à la fabrication du noir subissent toujours quelque opération préalable à la calcination. Tantôt ils servent à préparer de la gélatine, tantôt on en extrait les substances grasses qu'ils contiennent, et qui servent à fabriquer des bougies stéariques. Pour dégraisser les os, on les brise dans le sens de leur longueur, on les chauffe avec de l'eau, dans de grandes chaudières, et on enlève les matières grasses qui viennent nager à la surface. Ces os sont ensuite séchés, et c'est alors seulement qu'on les soumet à la calcination. Celle-ci s'opère au moyen de cases cylindriques de fonte qu'on remplit de fragments d'os et qu'on empile les uns sur les autres, de façon que chaque pot ferme celui qui est au-dessous : le

pot supérieur est seul muni d'un couvercle. Quand le four est plein, on porte sa température au rouge, et on la soutient à ce point pendant huit heures environ; puis on laisse refroidir. Lorsque le refroidissement est complet, on retire le charbon d'os et on le broie à l'aide de meules, en évitant autant que possible de produire du poussier. On termine par un blutage et un tamisage au moyen de cribles à mailles plus ou moins serrées, pour séparer le poussier et les grains de grosseurs différentes. Le noir animal est mélange d'une forte quantité de phosphate et de carbonate de chaux, et ne contient que 10 à 12 p. 100 de c. pur. — On sait que le principal emploi industriel du noir animal consiste à décolorer les jus et les sirops, et que les fabriques de sucre en font une grande consommation. Mais, lorsque l'action décolorante du noir a été épuisée, et que ses pores sont complètement saturés de matières colorantes, on peut le *revivifier*, c'est-à-dire lui rendre ses propriétés primitives. Pour cela, on soumet les noirs à plusieurs lavages avec de l'eau qui enlève les matières solubles, puis on les calcine de nouveau dans des creusets de terre, pour carboniser les substances organiques adhérentes. On peut ainsi revivifier le noir animal un grand nombre de fois; mais à chaque opération son pouvoir décolorant est affaibli. Enfin, quand il est jugé impropre à la décoloration, il est encore utile, car il constitue un engrais excellent.

Propriétés du charbon. — La faculté conductrice, soit pour la chaleur, soit pour l'électricité, varie singulièrement dans les diverses espèces de charbons. Voici à peu près l'ordre décroissant de leur *conductibilité* : le charbon de cornue, le coke, le charbon de bois préparé à haute température, la houille, le charbon de bois préparé à basse température (350° au plus), le noir animal et le noir de fumée. Il est bon de remarquer que les charbons qui conduisent le moins la chaleur sont aussi les plus combustibles. Ainsi, le coke est bien plus difficile à allumer que la houille, et celle-ci s'allume moins aisément que le charbon de bois roux préparé à basse température. On peut même établir qu'en général un charbon est d'autant plus combustible qu'il a été produit à une température moins élevée. Il est facile de constater le peu de conductibilité des charbons. Si l'on allume un morceau de charbon de bois ordinaire par un bout, on peut le tenir dans les doigts, tout près de la partie incandescente, sans éprouver une sensation notable de chaleur. Ce même charbon conduit également très mal l'électricité; mais, quand on l'a soumis à une calcination vive, il devient bon conducteur. C'est pour cela qu'on a l'habitude d'entourer de braise l'extrémité inférieure des tiges de paratonnerres pour faciliter l'écoulement de l'électricité dans le sol. C'est le charbon de cornue qui possède la conductibilité la plus forte; aussi est-il employé pour le montage des piles, pour la préparation des électrodes, des bougies électriques, etc. Lorsqu'on taille en forme de cône deux morceaux de charbon, et qu'on les adapte aux extrémités des fils d'une pile, on voit, dès que les cônes sont amenés près du contact, se produire une incandescence telle que l'œil ne peut le supporter. Ce jet lumineux a reçu le nom d'arc voltaïque. Si l'on opère dans l'air, les cônes de charbon brûlent, et l'effet cesse quand ils se trouvent trop distants l'un de l'autre; mais si l'on expérimente dans le vide, il n'y a pas de combustion, et l'usure des charbons est très lente. Quand on emploie une pile très puissante, la température de l'arc voltaïque devient extrêmement élevée. En y plaçant du charbon et en opérant dans le vide, on parvient à ramollir le charbon, à le fondre et même à le réduire en vapeur. Toutes les variétés de charbon, et le diamant lui-même, se transforment ainsi en une espèce de graphite. Nous avons déjà dit que c'est à l'aide de l'arc voltaïque que M. Moissan obtient ces températures si élevées (3500°), les plus élevées qu'on connaisse jusqu'à ce jour, qui lui ont permis de fabriquer de petits diamants et qui permettent d'étudier des réactions nouvelles impossibles à produire autrement.

L'une des propriétés physiques les plus remarquables des charbons est la faculté qu'ils possèdent d'*absorber* les gaz. Si, par exemple, on plonge un charbon incandescent dans une cuve à mercure pour l'éteindre à l'abri du contact de l'air, et qu'ensuite, sans le sortir du bain métallique, on l'introduise dans une cloche renfermant du gaz ammoniac, on voit le gaz disparaître et la cloche se remplir sur-le-champ de mercure; le gaz, dans cette expérience, s'est condensé dans les pores de charbon. Voy. Absorption. Cette absorption s'accompagne d'une élévation de température plus ou moins considérable. Lorsque le gaz est susceptible d'agir chimiquement sur le charbon, comme l'oxygène, cette élévation peut aller jusqu'au point de déterminer sa combustion. Il arrive parfois, dans les poudreries, que les amas de charbon pulvérisé s'enflamment spontanément, et que des bâtiments chargés de noir de fumée prennent feu en pleine mer. Cette faculté d'absorption existe dans d'autres corps; mais le charbon la possède à un degré supérieur, et c'est précisément de cette faculté que dépendent ses propriétés désinfectantes et antiseptiques. Voy. DÉSINFEC-TION, FILTRE, etc.

Enfin, c'est encore à la faculté absorbante du charbon que se rattache la propriété *décolorante* dont il jouit. Il s'empare des substances colorantes sans les détruire ni sous les décomposer. Ainsi, par exemple, quand on agite du vin rouge avec du charbon poreux réduit en poudre, le liquide perd complètement sa couleur et passe incolore à la filtration. Toutefois, il n'y a pas identité entre la faculté d'absorption et celle de décoloration. Le noir animal est le charbon qui décolore le mieux les liquides, et le charbon de bois dense est celui qui absorbe le mieux les gaz et les miasmes.

Combinaisons du carbone avec l'oxygène. — Nous avons déjà dit que l'oxygène de l'air se combinait directement avec le c. sous l'action de la chaleur. Lorsque le premier est en excès par rapport au second, il se forme de l'*acide carbonique*; dans le cas contraire il se produit de l'*oxyde de carbone*. Dans l'oxygène pur, la combustion du c. est beaucoup plus vive que dans l'air, et a lieu avec un très grand éclat. Le graphite et le diamant, chauffés jusqu'à l'incandescence au moyen du chalumeau à gaz, ne continuent pas à brûler à l'air; mais leur combustion continue dans l'oxygène, jusqu'à ce qu'ils soient entièrement consumés. Quant au charbon proprement dit, son affinité pour l'oxygène est très grande, et grâce à sa fixité à la température la plus élevée de nos fourneaux, il est susceptible d'enlever cet oxygène à presque tous les autres corps. En conséquence, il constitue un agent *réducteur* précieux, et s'emploie dans tous les arts métallurgiques pour réduire les oxydes métalliques.

Oxyde de carbone (CO). — Ce corps a été découvert par Priestley à la fin du siècle dernier; mais sa composition a été déterminée par Clément et Desormes. C'est un gaz incolore, inodore, insipide, de densité 0,967. Il est à peine soluble dans l'eau. Son point critique est − 140°; à cette température il se liquéfie sous une pression de 35 atmosphères. Il bout à − 190° à la pression atmosphérique. Évaporé rapidement dans le vide, il se solidifie vers − 210° en une masse neigeuse. Une température très élevée le dissocie en carbone et en oxygène; il est aussi décomposé par une série d'étincelles électriques. Il est absorbé par une solution chlorhydrique ou ammoniacale de chlorure cuivreux. — L'oxyde de carbone est combustible; il brûle dans l'oxygène ou dans l'air avec une flamme bleue caractéristique, et se convertit en acide carbonique. Au rouge, il réduit la plupart des oxydes métalliques; cette propriété est utilisée dans la métallurgie : c'est par l'oxyde de carbone que l'on réduit les minerais de fer dans les hauts fourneaux. — L'oxyde de c. peut être considéré comme l'anhydride de l'acide formique; chauffé avec la potasse ou la soude, il se convertit en formiate.

Un mélange à volumes égaux de chlore et d'oxyde de carbone, exposé dans un flacon à l'influence de la lumière solaire, éprouve une diminution de moitié de son volume total, et se transforme en un gaz nouveau, doué d'une odeur suffocante, d'une saveur et d'une réaction fortement acides, qu'on désigne sous le nom d'*acide chloroxycarbonique* COCl²; on l'appelle aussi *oxychlorure de carbone* ou *phosgène*. Ce gaz, qui se liquéfie à + 8°, est le chlorure acide correspondant à l'acide carbonique et peut être considéré comme le chlorure du radical diatomique *carbonyle* CO. Le phosgène est fréquemment employé en chimie organique. Il se décompose au contact de l'eau en donnant de l'acide carbonique et de l'acide chlorhydrique. Avec le gaz ammoniac il donne naissance à de l'urée.

L'oxyde de c. est parfaitement neutre et sans aucune action sur les réactifs colorés. Il possède, en revanche, des propriétés délétères très prononcées, et doit être considéré comme la cause véritable des empoisonnements attribués longtemps à l'acide carbonique. Voy. plus loin.

L'oxyde de c. prend naissance toutes les fois que du charbon brûle en excès au contact de l'air, c.-à-d. avec une quantité insuffisante d'oxygène. Néanmoins, il est toujours mélangé, dans ce cas, d'une certaine quantité d'acide carbonique, de vapeur d'eau et d'autres produits de la combustion. Pour l'obtenir pur, on a recours, dans les laboratoires, à l'un des procédés suivants : 1° chauffer au rouge avec du charbon, dans une cornue de grès, un oxyde métallique difficile à réduire, tel, par ex., que l'oxyde de zinc; la réaction est exprimée par la formule : ZnO + C = Zn + CO; 2° chauffer dans une cornue de verre une partie en poids d'acide oxalique

avec 6 p. d'acide sulfurique. L'acide oxalique se dédouble en eau, acide carbonique et oxyde de c., suivant la formule C²O²H² = H²O + CO² + CO. L'acide sulfurique retient l'eau; l'acide carbonique est absorbé par une dissolution de potasse. — On obtiendrait de l'oxyde de c. pur en remplaçant, dans cette préparation, l'acide oxalique par l'acide formique; celui-ci se dédouble en eau et en oxyde de c : CO²H² = H²O + CO; 3° on emploie souvent le ferrocyanure de potassium que l'on décompose par l'acide sulfurique : il se forme des sulfates de potasse, de fer et d'ammoniaque, et il se dégage de l'oxyde de c.; 4° enfin, l'on peut préparer ce gaz à peu de frais en faisant passer un courant d'acide carbonique sur du charbon chauffé au rouge.

Acide carbonique (CO²). — Le médecin alchimiste Van Helmont, ayant chauffé au rouge des pierres calcaires, reconnut le premier (1604) qu'il s'en dégageait un fluide auquel il donna le nom de *Gaz*, et qui n'était autre que l'acide carbonique. Les chimistes anglais Black et Priestley l'appelèrent *Air fixe*. Il reçut ensuite les noms d'*Air méphitique*, d'*Acide crayeux*; dans la nomenclature de Lavoisier, il prit celui d'acide carbonique qu'il porte communément aujourd'hui. Comme il est anhydre, on l'appelle souvent *Anhydride carbonique*. L'hydrate CO(OH)², qui correspondrait aux carbonates, est inconnu. — L'acide ou plutôt l'anhydride carbonique est un gaz incolore, d'une odeur légèrement piquante et d'une saveur aigrelette. Sa densité est 1,529; par conséquent, 1 litre d'acide carbonique à 0° et sous la pression 0ᵐ.76 pèse 1ᵍʳ,977. L'eau en dissout son volume sous la pression ordinaire de l'atmosphère; soumise à des pressions plus fortes, elle en dissout des quantités proportionnelles à la pression, mais qui s'échappent dès que celle-ci diminue. L'*Eau gazeuse* ou *Eau de Seltz artificielle* n'est autre chose que de l'eau naturelle saturée d'acide carbonique. Ce gaz se liquéfie à 0° sous une pression de 36 atmosphères; sous la pression ordinaire il bout à − 78°. Son point critique est à + 31°; au-dessus de cette température on ne peut le liquéfier par aucune pression. La chaleur le dissocie en oxyde de c. et oxygène; l'étincelle électrique agit de même. — L'acide carbonique est un acide faible : il est chassé de ses combinaisons par tous les autres acides stables et bien caractérisés, et communique à la teinture bleue de tournesol qu'une coloration rouge vineuse. Il est incombustible et impropre à entretenir la combustion. Une allumette enflammée qu'on plonge dans une éprouvette pleine de ce gaz, s'éteint aussitôt. Parmi les métalloïdes, deux seulement, l'hydrogène et le c., le décomposent à une température élevée : le premier le réduit à l'état d'oxyde de c. en lui enlevant un atome d'oxygène pour donner naissance à de l'eau CO² + H² = CO + H²O; le second lui fait subir une transformation semblable en lui fournissant un atome de c. de plus : CO² + C = 2 CO. Parmi les métaux, ceux de la première section (potassium, sodium, etc.) réduisent complètement l'acide carbonique, c.-à-d. absorbent tout son oxygène et mettent le c. en liberté. D'autres, comme le fer, le zinc, le manganèse, etc., ne lui font subir qu'une demi-réduction en lui enlevant seulement un atome d'oxygène.

Dans les laboratoires, on prépare l'acide carbonique en traitant de l'acide carbonate de chaux, la craie ou le marbre, par l'acide chlorhydrique. L'opération se fait à froid dans un flacon muni d'un tube à entonnoir et d'un tube de dégagement. Il se forme du chlorure de calcium; l'acide carbonique se dégage et passe dans un flacon laveur contenant de l'eau qui retient l'acide chlorhydrique entraîné. La formule de la réaction est CO³Ca + 2 H Cl = Ca Cl² + H²O + CO².

L'acide carbonique a reçu d'importantes applications industrielles. On s'en sert pour fabriquer les limonades et les eaux gazeuses artificielles; pour préparer les bicarbonates alcalins, la céruse et le carbonate de soude (dans le procédé à l'ammoniaque); enfin l'industrie sucrière en emploie de grandes quantités pour précipiter la chaux après la défécation des jus. La préparation en grand de l'acide carbonique se fait par différents procédés, suivant les usages auxquels on le destine. Pour la fabrication des eaux gazeuses on le prépare en traitant la craie par l'acide sulfurique étendu dans un appareil muni d'un agitateur. Dans les sucreries et les fabriques de soude, où l'on a besoin de chaux en même temps que d'acide carbonique, on prépare ce gaz en calcinant dans des fours la pierre calcaire. Dans certains cas, par exemple pour la fabrication de la céruse, on emploie l'acide carbonique impur qui est produit par la combustion du charbon ou du coke.

L'acide carbonique a passé longtemps pour un gaz vénéneux. On sait aujourd'hui qu'il n'asphyxie que parce qu'il est impropre à la respiration. C'est ce qu'on peut constater par des expériences analogues à celle qui se fait journellement dans la célèbre *Grotte du Chien*, près de Naples. Un chien qu'on y introduit ne tarde pas à tomber asphyxié en respirant l'acide carbonique qui se dégage par les fissures du sol; mais ce gaz est si peu toxique que le même animal peut servir pendant plusieurs années à cette expérience, pourvu qu'on ait soin, chaque fois, de le relever avant que l'asphyxie soit complète. Il est à remarquer, au sujet de cette grotte, que l'acide carbonique, grâce à sa pesanteur, s'accumule dans la partie inférieure, où il forme seulement une couche de quelques centimètres. Aussi, un homme peut y entrer debout sans danger; mais, s'il se couche à plat ventre, il est asphyxié. L'acide carbonique se dégage spontanément en quelques autres endroits situés dans des terrains volcaniques. On le rencontre aussi en dissolution dans certaines sources minérales : telles sont les eaux minérales de Seltz, de Vals, de Carlsbad, etc. Il existe, à l'état normal, une certaine quantité de ce gaz dans l'air atmosphérique. Il entre dans la composition d'un grand nombre de sels calcaires, alcalins et métalliques très abondants répandus dans la nature. Il se produit enfin dans plusieurs phénomènes chimiques et physiologiques, tels que la combustion du bois et du charbon, la fermentation et la décomposition des substances organiques, la respiration des animaux, etc. Voy. AIR, FERMENTATION, RESPIRATION, VÉGÉTATION, etc.

Liquéfaction et solidification de l'acide carbonique. — Lorsqu'on le soumet à une pression de 36 atmosphères, à la température de 0°, le gaz acide carbonique change d'état et

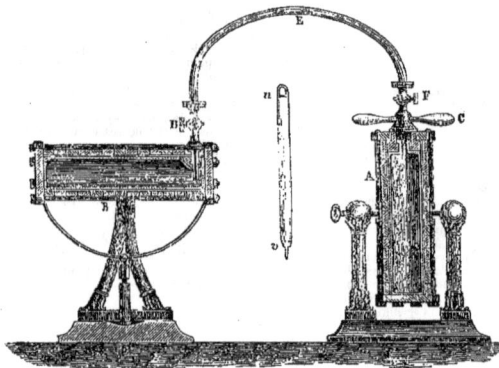

Fig. 2.

se liquéfie. Cette expérience, faite pour la première fois par Faraday, peut s'exécuter en grand au moyen de l'appareil de Thilorier (Fig. 2). Celui-ci se compose de deux parties : le *générateur* A, dans lequel on produit l'acide carbonique liquide, et le *récipient* ou *condenseur* B dans lequel on fait passer celui-ci et où l'on accumule les produits de plusieurs opérations successives. Le générateur est en plomb, recouvert d'une chemise de cuivre rouge et renforcé par des cercles et des barres longitudinales de fer forgé; il est suspendu entre les deux pointes d'un support de fonte. Le cylindre condenseur B est construit de la même manière. L'orifice du générateur se ferme par un bouchon à vis, percé suivant son axe et muni d'un robinet F; il se manœuvre à l'aide du double manche C. Le condenseur porte sur sa face supérieure un orifice dans lequel s'engage un tube de cuivre muni d'un robinet D. Un long tube de cuivre E établit la communication entre les deux parties de l'appareil. — On enlève le bouchon à vis du générateur et l'on introduit dans la cavité du cylindre 1,800 grammes de bicarbonate de soude, 4 litres 1/2 d'eau à 35 ou 40°, et un vase-cylindre *ab* en cuivre contenant 1,000 grammes d'acide sulfurique concentré. Ce cylindre se place dans l'axe du générateur, et, tant qu'il reste vertical, l'acide n'arrive pas en contact avec le bicarbonate de soude. On remet en place le bouchon à vis ayant son robinet fermé. En

inclinant le générateur jusqu'à lui faire dépasser l'horizontale, on fait couler l'acide sulfurique renfermé dans le tube de cuivre, et la réaction commence aussitôt. On fait osciller un certain nombre de fois le générateur autour de son axe pour mélanger les matières. Au bout de dix minutes, on peut faire passer l'acide carbonique dans le récipient. A cet effet, on établit la communication entre le générateur et le récipient au moyen du tube E : on ouvre les robinets F et D; l'acide carbonique du générateur distille immédiatement, et vient se condenser de nouveau à l'état liquide dans le récipient. Cette distillation a lieu en vertu de la différence de température qui existe entre le récipient froid et le générateur échauffé par la réaction. On recommence ces opérations cinq ou six fois, de façon à accumuler dans le récipient environ 2 litres d'acide carbonique liquide. Le récipient est alors rempli aux deux tiers d'acide carbonique liquide, surmonté d'une atmosphère gazeuse exerçant une pression de 50 atmosphères, si la température du laboratoire est de

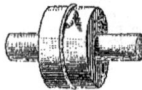

Fig. 3.

15°. Si l'on ouvre le robinet D du récipient, l'acide carbonique liquide est projeté avec force hors du vase. On le reçoit dans une boîte métallique à parois très minces (Fig. 3), et composée de deux parties qui peuvent se réunir et se séparer avec facilité. Le jet d'acide carbonique pénètre dans la boîte par un orifice tubulaire tangentiel et vient se briser contre une languette qui lui imprime un mouvement giratoire. Une partie du liquide se volatilise en revenant à la pression atmosphérique et s'échappe par les joignées creuses. Ce changement d'état produit un tel abaissement de température que le reste du liquide se solidifie sous la forme d'une neige qui s'agglomère et que l'on retire ensuite en ouvrant la boîte.

Aujourd'hui l'on emploie pour la liquéfaction de l'acide carbonique un appareil plus commode et moins dangereux dû à M. Cailletet. C'est une pompe aspirante et foulante à piston plongeur; ce piston, qui se meut verticalement de bas en haut, est recouvert d'une couche de mercure qui supprime l'espace nuisible et qui aide à dissiper la chaleur produite par la compression. Le gaz carbonique est puisé dans un réservoir et refoulé dans un récipient cylindrique refroidi où il se liquéfie. Pour l'obtenir à l'état solide, on se sert de la boîte métallique décrite plus haut (Fig. 3).

L'acide liquide est très fluide. Il est à peine soluble dans l'eau, mais il se dissout en fortes proportions dans l'alcool, l'éther, les huiles volatiles et le sulfure de c. La tension de ce liquide s'accroît considérablement avec la température. Elle est de 1 atmosphère à — 78°,2, de 38,5 atm. à 0°, de 73 atm. à + 30°. Le coefficient de dilatation de l'acide carbonique liquide est très élevé, supérieur même à celui des gaz, et croît rapidement avec la température. Aussi, sa densité, qui est 0,947 à 0°, n'est-elle plus que 0,826 à + 20°. Quand on chauffe un vase clos de l'acide carbonique liquide, sa densité décroît rapidement, tandis que celle de sa vapeur augmente; au point critique, c.-à-d. à + 31°, les deux densités deviennent égales et l'on ne peut plus distinguer le liquide de la vapeur qui le surmonte, la surface de séparation ayant disparu.

L'acide carbonique liquéfié se prépare industriellement depuis quelques années; il sert principalement à fournir la pression nécessaire au débit des pompes à bière; on l'emploie aussi comme agent de réfrigération, soit seul, soit associé à l'acide sulfureux liquide; enfin on a essayé de l'utiliser comme force motrice. Quant à l'acide solidifié, on l'emploie pour produire de grands froids. Comme il est peu conducteur et qu'il ne mouille pas les corps, on le mélange avec de l'éther; on obtient alors une température de — 79°, qui s'abaisse à — 140° lorsqu'on active l'évaporation au moyen de la machine pneumatique. A l'aide de ce mélange, on peut solidifier en quelques minutes 1 kilogr. de mercure, et, quand on y plonge un tube renfermant de l'acide carbonique liquide, celui-ci se prend en une masse vitreuse parfaitement transparente. Enfin, c'est au moyen de ce mélange que Faraday est parvenu à liquéfier et même à solidifier la plupart des gaz.

Autres combinaisons du carbone. — Le c. se combine aussi avec plusieurs métalloïdes, tels que l'hydrogène, l'azote, le chlore, le soufre, et avec un certain nombre de métaux, comme le fer, le zinc, le cuivre, etc. Les composés qu'il forme avec l'hydrogène seront étudiés à l'article Hydrocarbure, et le produit auquel il donne naissance en se combinant avec l'azote sera examiné au mot Cyanogène. Les *chlorures de c.* offrent trop peu d'intérêt pour nous arrêter. Il en est autrement du *sulfure de c.;* aussi allons-nous en dire quelques mots. Quant aux *carbures métalliques*, il en sera parlé quand nous traiterons des métaux eux-mêmes.

Sulfure de carbone ou *Anhydride sulfocarbonique* (CS²). — C'est un liquide incolore, volatil, d'une saveur âcre et amère; son odeur est ordinairement fétide, analogue à celle qu'exhalent les choux pourris; mais quand il est parfaitement pur, elle est éthérée et nullement désagréable. Sa densité est 1,293. Il est presque insoluble dans l'eau, mais soluble en toutes proportions dans l'alcool et dans l'éther. Il bout à la température de 48°, sous la pression ordinaire, et produit en s'évaporant un froid considérable. Il ne se solidifie qu'à — 116°; aussi l'emploie-t-on pour construire des thermomètres destinés aux basses températures. Il brûle au contact de l'oxygène ou de l'air atmosphérique, avec une flamme bleue, et donne naissance à de l'acide carbonique et à de l'acide sulfureux. Lorsque sa vapeur est mêlée d'oxygène ou d'air, elle détone avec violence, si l'on approche du vase qui la contient un corps en ignition. Le sulfure de c. dissout le soufre et le phosphore en toutes proportions; c'est un des meilleurs dissolvants des matières grasses. Les métaux le décomposent au rouge en s'emparant du soufre qu'il contient. Sa constitution chimique est semblable à celle de l'anhydride carbonique, et, de même que celui-ci se combine avec les oxydes basiques en donnant des carbonates, le sulfure de c. s'unit à des protosulfures métalliques pour former des sels bien caractérisés. Ces sels, appelés *sulfocarbonates*, peuvent être considérés comme des carbonates dont l'oxygène serait remplacé par du soufre.

Le sulfure de c. se produit spontanément dans la décomposition de certaines matières organiques; mais alors il est toujours mélangé d'autres substances dont il serait difficile de le séparer. Il est aisé de l'obtenir pur en chauffant ensemble, dans une cornue de grès, des fragments de soufre et de charbon de bois. Le col de la cornue est muni d'un ajutage qui conduit le sulfure en vapeur dans un tube de verre qu'enveloppe un manchon où circule un courant d'eau froide. Là il se condense, puis il s'écoule par un tube recourbé dans un récipient plongé lui-même dans l'eau froide. On le purifie, au sortir de ce récipient, en le distillant dans une cornue chauffée au bain-marie. Pour lui enlever son odeur fétide on le distille sur une graisse ou sur de l'huile. — Le sulfure de c. sert à séparer le phosphore ordinaire du phosphore rouge. On en fait aussi un grand usage pour la sulfuration ou vulcanisation du caoutchouc. Enfin, on l'emploie pour l'extraction de toutes sortes de matières grasses; pour retirer le suint des laines, l'huile des graines oléagineuses, les parfums des plantes, etc. Le sulfure de c. étant très toxique, on peut l'utiliser comme insecticide. Les sulfocarbonates alcalins sont employés en grandes quantités pour la destruction du phylloxera.

Carbonates. — L'acide carbonique donne naissance à des *carbonates normaux* tels que CO³Na² ou CO³Ca et à des *bicarbonates* tels que CO³NaH; on connaît aussi quelques *sesquicarbonates*, composés intermédiaires entre les deux classes précédentes. Les *hydrocarbonates* résultent de la combinaison d'un carbonate normal et d'un hydrate métallique. Ces différents sels sont neutres ou basiques, mais jamais acides. Il existe 46 carbonates naturels connus; 3 sont des carbonates doubles : ce sont ceux de chaux et de magnésie, de chaux et de baryte, de chaux et de soude. Parmi les carbonates naturels simples, nous citerons seulement ceux de potasse, de soude, de chaux, de fer, de zinc, de plomb et de zinc. — Les carbonates solubles dans l'eau sont ceux de potasse, de soude, d'ammoniaque et de lithine : encore ces derniers le sont-ils à peine. Les carbonates de chaux et de magnésie se dissolvent dans l'eau, lorsqu'elle contient un excès d'acide carbonique. Lorsque dans de l'eau qui contient un carbonate en dissolution, on verse une solution d'acétate de plomb, de sulfate ou d'azotate de cuivre, il s'opère entre les sels un double échange mutuel des acides et des bases. A une température plus ou moins élevée, tous les carbonates, à l'exception de ceux de soude, de potasse, de baryte et de lithine, perdent complètement leur acide carbonique. Les 4 carbonates ci-dessus ne se décomposent par l'action de

la chaleur qu'à la faveur d'un courant de vapeur d'eau qui les convertit en hydrates. Tous les carbonates sans exception sont décomposés quand on les chauffe à une très haute température avec du charbon : il se dégage de l'oxyde de c. Enfin, lorsqu'on verse sur un carbonate ou dans sa dissolution un acide quelconque tant soit peu énergique, cet acide s'empare aussitôt de la base, et l'acide carbonique, rendu libre, se dégage avec effervescence. Cette réaction est caractéristique pour cette catégorie de sels : car l'acide carbonique se reconnaît aisément à ses propriétés de ne présenter ni odeur ni saveur, et de précipiter l'eau de chaux.

Action physiologique et usages médicaux. — Nous avons déjà dit que l'acide carbonique est simplement un gaz non respirable comme l'azote, mais sans action délétère sur l'économie. L'oxyde de c., au contraire, non seulement est impropre à la respiration, mais profondément toxique. Il résulte des expériences de Leblanc qu'un animal peut vivre quelque temps dans une atmosphère renfermant 25 p. 100 de son volume d'acide carbonique, tandis qu'il périt très promptement dans une atmosphère qui ne renferme que 1 à 1|2 pour 100 d'oxyde de c. C'est donc à ce dernier gaz, qui se produit toujours en quantité plus ou moins grande lorsqu'on brûle du charbon à l'air libre, qu'il faut attribuer les malaises, les vertiges et les douleurs de tête qu'on éprouve dans les pièces chauffées au moyen de poêles ou de fourneaux dont le tirage est insuffisant. L'oxyde de c. est d'autant plus dangereux qu'il ne trahit sa présence que par ses effets funestes. On ne saurait donc se mettre trop en garde contre l'emploi des réchauds, des chaufferettes, des poêles dont le tirage est insuffisant, etc. Il faut surtout se garder de fermer la clef d'un poêle pour renvoyer la chaleur dans l'appartement, tant qu'il y reste du charbon allumé. On ne peut le faire impunément que lorsqu'il ne renferme plus que de la cendre chaude. Les poêles à combustion lente, tels que les poêles mobiles, si répandus aujourd'hui, dégagent des quantités considérables d'oxyde de carbone : pour peu que ce gaz refue dans l'appartement au lieu d'être entraîné au dehors, il peut causer des accidents mortels. Les poêles ordinaires eux-mêmes, avec un excellent tirage, ne sont pas exempts de danger, lorsqu'ils sont chauffés au rouge; car à cette température l'oxyde de carbone se dissout dans la fonte et passe par diffusion à travers les parois du fourneau; pour éviter ce danger, on peut doubler la fonte d'un revêtement intérieur en briques réfractaires pour l'empêcher d'être portée au rouge.

L'oxyde de carbone contracte une combinaison stable avec les globules sanguins; ceux-ci deviennent dès lors incapables de puiser dans le poumon et de transporter dans l'organisme l'oxygène indispensable à la nutrition des tissus. Dans les cas d'asphyxie par le charbon, c'est l'oxyde de c. qui détermine les phénomènes d'intoxication. On l'a aussi vu causer une aliénation mentale passagère ou persistante, et même l'idiotisme.

Le gaz acide carbonique qui se développe en abondance pendant la fermentation alcoolique donne également lieu assez fréquemment à des accidents plus ou moins graves.

Dans tous les cas d'asphyxie causée soit par l'acide carbonique, soit par l'oxyde de c., on doit commencer par soustraire le malade à la cause asphyxiante. On le place sur un lit, la tête et la poitrine écevées, dans une pièce bien aérée et dont toutes les fenêtres sont ouvertes; on éloigne les personnes inutiles; on asperge le visage d'eau froide vinaigrée; on pratique sur le corps des frictions avec de la flanelle sèche ou imbibée d'eau-de-vie, d'eau de Cologne, etc.; on approche du nez, mais avec précaution, de l'ammoniaque étendue, du vinaigre radical ou une allumette soufrée en combustion; dans le but de stimuler la muqueuse pituitaire; on irrite aussi les narines avec les barbes d'une plume. L'insufflation de l'air dans les poumons est souvent indispensable; on procède alors comme nous l'avons dit au mot Asphyxie. Un lavement à l'eau vinaigrée ou dans lequel on a mis une poignée de sel, produit parfois de bons effets. Enfin, une saignée au bras ou à la jugulaire est souvent nécessaire pour rappeler la circulation. Quand le malade est revenu à lui-même, on lui fait prendre quelques cuillerées de bon vin ou d'une potion cordiale. Nous ne saurions trop recommander d'agir promptement et de continuer les secours avec persévérance, même pendant plusieurs heures.

La médecine actuelle n'emploie le gaz acide carbonique que sous la forme d'*eau gazeuse*, c.-à-d. d'eau saturée de ce gaz. Il en est fait un grand usage dans tous les cas où les acidules sont indiqués. Il s'administre aussi comme diurétique dans quelques cas de gravelle. La *Potion de Rivière*, si utilement conseillée pour calmer les vomissements nerveux et même ceux qui sont liés à une affection organique de l'estomac, n'est autre chose que du bicarbonate de potasse dissous dans de l'eau additionnée de sirop de sucre, dont on dégage l'acide carbonique en y ajoutant de l'acide citrique. Les eaux gazeuses naturelles les plus usitées sont celles de Seltz, de Bussang, de Pyrmont, etc. Les eaux minérales artificielles ne sont pas moins efficaces que les eaux naturelles. Une foule de personnes dont l'estomac est plus ou moins débile, font usage, comme boisson ordinaire, d'eau naturelle chargée d'acide carbonique, soit seule, soit mêlée au vin, à la bière, etc. Cette boisson, qui est agréable et rafraîchissante, n'est pas sans inconvénients. Assez souvent, son usage prolongé a pour effet d'accroître la débilité des organes digestifs. — Tout le monde connaît les siphons d'eau de Seltz artificielle; ils contiennent de l'eau dans laquelle on a fait dissoudre, sous forte pression, de l'acide carbonique préparé à l'aide d'acide sulfurique ou d'acide chlorhydrique et de craie. Il existe, en outre, différents appareils domestiques au moyen desquels chacun peut préparer lui-même son eau gazeuse. L'acide carbonique y est produit par la réaction de l'acide tartrique sur le bicarbonate de soude. En mettant simplement des doses convenables de ces deux substances dans de l'eau, on obtient une boisson qui est fortement gazeuse, mais qui a l'inconvénient de renfermer des sels alcalins purgatifs. Les meilleurs appareils sont ceux, tels que le gazogène Briet, où la réaction se fait dans un compartiment spécial; l'acide carbonique formé vient se dissoudre seul dans de l'eau pure qui est contenue dans un autre compartiment.

CARBONÉ, ÉE. adj. T. Chim. Qui est combiné avec du carbone, qui contient du carbone. *Hydrogène c. Les aliments carbonés.* || *Acides carbonés,* syn. de *Carboxylés.*

CARBONÉINE. s. f. (R. *carbone*). T. Chim. Nom donné à des composés analogues aux phtaléines et résultant de la fixation, avec élimination d'eau, de l'anhydride carbonique sur les phénols.

CARBONIFÈRE. adj. 2 g. (lat. *carbo*, charbon ; *fero*, je porte). T. Géol. Qui contient du carbone, de la houille. *Terrain c.*

CARBONIQUE. adj. m. (R. *carbone*). T. Chim. *Acide c.* Voy. CARBONE. — On donne quelquefois le nom d'*Acides carboniques* à des composés qui résultent de la fixation d'acide carbonique CO² sur des substances organiques. Ainsi, les acides benzoïque, phtalique, mellique, etc., sont des acides benzène-carboniques dont la formule générale peut s'écrire C⁶H⁶(CO²)ⁿ ; les acides salicylique et oxybenzoïque seraient des acides phénol-carboniques.

CARBONISATION. s. f. (lat. *carbo*, charbon). T. Chim. Opération par laquelle on réduit un corps en charbon.

CARBONISER. v. a. (lat. *carbo*, charbon). T. Chim. Réduire en charbon. = SE CARBONISER. v. pron. Être réduit en charbon. = CARBONISÉ, ÉE. part.

CARBONITE. s. f. (R. *carbone*). T. Chim. Variété de diamant noir d'un prix peu élevé et servant à tailler le diamant, à forer les trous de mine, à effectuer les sondages, etc. || Sorte de charbon bitumineux découvert en Amérique, où il sert de combustible.

CARBONNADE. s. f. [Pr. *carbo-nade*] (ital. *carbonata,* charb. unée). Manière d'apprêter les viandes en les faisant cuire sur des charbons. *Faire une c. Mettre des tranches de jambon à la c.*

CARBONNE, ch.-l. de c. (Haute-Garonne), arr. de Muret, 2,500 hab.

CARBONOMÉTRIE. s. f. (R. *carbone,* et gr. μέτρον, mesure). T. Chim. Détermination de la quantité d'acide carbonique expirée par les poumons.

CARBONYLE. s. m. (R. *carbone,* et le suffixe *yle,* du grec ὕλη, matière). T. Chim. C'est l'oxyde de carbone CO envisagé comme un radical diatomique, par exemple, dans le chlorure de carbonyle CO Cl². || *Nikel-c., Fer-c.,* composés volatils résultant de l'union du nickel ou du fer avec l'oxyde de carbone.

CARBORUNDUM. s. m. T. Chim. (R. *carbone* et *corundum,* nom anglais du *corindon*). Carbure de silicium cristallisé, obtenu artificiellement et servant à divers usages industriels. Acheson, qui l'a découvert en 1892, le prépare en chauffant à une haute température, à l'aide du courant électrique, un mélange de charbon de cornue (20 parties), de sable des verriers (25 p.) et de sel marin (10 p.). Le produit purifié se présente en petits cristaux vert clair répondant à la formule SiC. Son infusibilité et sa dureté le rapprochent du diamant. On l'emploie en poudre impalpable pour polir, après la taille, le diamant et les pierres précieuses, et en poudre moins fine pour le dépolissage rapide du verre. En l'agglutinant à l'aide d'un liant, on en fait des meules et des molettes qui remplacent avec avantage l'émeri aggloméré dans toutes ses applications : polissage de l'acier, aiguisage et affûtage des outils, etc.

CARBOSTYRYLE. s. m. (R. *carbone* et *styrox*). T. Chim. Le C. C⁹H⁶(OH)Az est une oxyquinoléine qui dérive de la quinoléine par substitution de OH à H dans le noyau pyridique. Il se forme quand on réduit l'acide nitrocinnamique par le sulfhydrate d'ammoniaque. Il cristallise en aiguilles fusibles à 198°, sublimables, solubles dans l'alcool, l'éther et l'eau bouillante. Il forme des combinaisons avec les métaux alcalins et avec le baryum. Oxydé par le permanganate de potasse il donne de l'isatine et de l'*Acide carbostyrylique* C⁶H²AzO⁶. Traité par le perchlorure de phosphore il se transforme en une chloroquinoléine fusible à 38° q il peut servir à préparer les dérivés méthylé et éthylé du c. L'hydrogène naissant convertit le c. en *Hydrocarbostyryle* C⁹H¹⁰AzOH, fusible à 160°. Ce dernier corps, traité par le perchlorure de phosphore, fournit une dichloroquinoléine qui, saponifiée par la potasse, se convertit en un *Oxycarbostyryle* C⁹H³(OH)²Az.

CARBOTHIALDINE. s. f. (R. *carbone* et *thialdine*). T. Chim. Matière cristalline qui se forme quand on ajoute du sulfure de carbone à une solution alcoolique d'aldéhydate d'ammoniaque.

CARBOUILLE. s. f. [Pr. les *ll* mouillées] (lat. *carbo,* charbon). Carie du froment. Voy. CÉRÉALES.

CARBOVINATE. s. m. CARBOVINIQUE. adj. (R. *carbone,* et *vin*) T. Chim. L'acide *carbovinique* ou *éthylcarbonique* n'a pas été isolé; mais on connaît le *carbovinate* (ou *éthylcarbonate*) de potasse, qu'on obtient en faisant passer un courant de gaz carbonique dans une solution alcoolique de potasse. L'eau dédouble ce sel en alcool et en bicarbonate de potasse.

CARBOXYDE. s. m. T. Chim. Voy. CARBOXYLIQUE.

CARBOXYLE. s. m. (R. *carbone* et *oxygène*). T. Chim. La plupart des corps organiques doués de propriétés acides contiennent le groupe monatomique CO²H appelé *carboxyle.* Ce groupe peut s'écrire O : C.OH, car l'un des atomes d'oxygène fait partie de l'oxhydrile, tandis que l'autre est uni par ses deux atomicités au carbone. Ces acides sont dits *carbonés* ou *carboxylés,* et le nombre des groupes CO²H détermine leur basicité.

CARBOXYLIQUE. adj. 2g. T. Chim. On avait donné le nom d'*acides carboxyliques* à une série de composés obtenus en partant du carboxyde de potassium ; on sait aujourd'hui que ces corps appartiennent à la série aromatique et constituent des oxybenzènes ou des oxyquinones.

Le *carboxyde de potassium* est une poudre noire, très avide d'oxygène et d'eau, qui se forme dans la préparation du potassium. Il a été obtenu pour la première fois par Liebig, en faisant passer un courant d'oxyde de carbone bien sec sur du potassium chauffé. A l'état de pureté il a pour formule C⁶(OK)⁶ et constitue l'hexaoxybenzène potassé. Traité par l'acide chlorhydrique, il se convertit en *hexaoxybenzène* appelé autrefois acide trihydrocarboxylique), phénol hexatomique jouant le rôle d'acide et répondant à la formule C⁶(OH)⁶. Ce composé est lui-même très altérable ; exposé à l'air humide, il donne naissance à la *tétraoxyquinone* (acide dihydrocarboxylique) C⁶O²(OH)⁴, substance soluble en rouge dans l'eau et dans l'alcool, s'unissant aux bases pour former les sels colorés qui sous l'action de l'air se changent en rhodizonates. — Les oxydants énergiques, tels que l'acide azotique, convertissent l'hexaoxybenzène en *perquinone hydratée* (acide oxycarboxylique) C⁶O⁶,8H²O. Celle-ci, traitée par l'acide sulfureux, donne de la *dioxyliquinone* $C^6O^4(OH)^2$, identique avec l'acide *rhodizonique* ou *carboxylique*, dont les sels sont rouges ou bruns. Les solutions de rhodizonates alcalins, évaporées à l'air, dégagent de l'acide carbonique en donnant naissance à des croconates (Voy. CROCONIQUE), composés qui n'appartiennent plus à la série de l'hexaoxybenzène.

CARBURATEUR. s. m. T. Techn. Appareil destiné à la carburation du gaz d'éclairage.

CARBURATION. s. f. (R. *carbure*). Opération qui consiste à augmenter le pouvoir éclairant du gaz, en y introduisant des hydrocarbures riches en carbone. Les appareils servant à cette opération s'appellent *carburateurs*. || T. Métall. Opération par laquelle on soumet le fer à l'action du carbone. Voy. FER, ACIER.

CARBURE. s. m. T. Chim. Nom générique des composés binaires du carbone. Voy. CARBONE.

CARBURÉ, ÉE. adj. T. Chim. Qui contient du carbone. *Fer c.*

CARBYLAMINE. s. m. (R. *carbone* et *amine*). T. Chim. On donne le nom de *carbylamines* ou d'*isocyanures* à des combinaisons organiques azotées qui contiennent le groupe CAz uni à un radical hydrocarboné monatomique et qui sont par conséquent isomères des nitriles. Mais, dans les nitriles, le carbone est uni par l'une de ses atomicités au radical hydrocarboné et par les trois autres à l'azote. Dans les carbylamines, au contraire, on admet que le carbone est lié uniquement à l'azote, soit qu'il échange ses quatre atomicités avec ce corps considéré comme pentatomique, soit qu'il en échange seulement deux, les deux autres restant libres. Les formules qui correspondent à ces deux hypothèses sont R.Az ⫶ C ou R.Az : C ⫶, tandis que les nitriles ont pour formule R.C ⫶ Az. — On prépare les carbylamines en faisant agir les cyanures d'argent sur un iodure alcoolique, par exemple l'iodure d'éthyle ; on obtient un cyanure double d'argent et d'éthyle que l'on transforme ensuite, par le cyanure de potassium, en éthylcarbylamine C^2H^5AzC. Pour préparer les carbylamines de la série aromatique on peut traiter une amine par le chloroforme en présence d'un excès de potasse ; c'est ainsi que l'aniline donne naissance à la phénylcarbylamine C^6H^5AzC. — Les carbylamines sont généralement des liquides à odeur très désagréable. Elles s'unissent aux hydracides en donnant des sels cristallisables que l'eau décompose. Par oxydation elles se transforment en carbimides (isocyanates). Les agents d'hydratation dédoublent les carbylamines en acide formique et en une amine, tandis que les nitriles, traités de même, donneraient de l'ammoniaque et un acide carboné ; ainsi la phénylcarbylamine se dédouble en acide formique et en aniline, tandis que le benzonitrile qui a la même composition produit de l'ammoniaque et de l'acide benzoïque.

CARCADET. s. m. (Onomatopée). Un des noms vulgaires de la caille.

CARCAILLER. v. n. [Pr. les *ll* mouillées] (Onomatopée). Faire entendre le cri de la caille.

CARCAILLOT. s. m. [Pr. les *ll* mouillées] (R. *carcailler*). Un des noms vulgaires de la caille.

CARCAISE. s. f. T. Techn. Four de verrier. Voy. VERRE.

CARCAJOU. s. m. T. Mamm. Espèce de blaireau du Labrador. Voy. BLAIREAU.

CARCAN. s. m. (lat. *carcanum*, collier). Cercle de fer avec lequel on attachait par le cou à un poteau celui qui, pour quelque crime ou pour quelque délit, avait été condamné à cette peine. *La peine du c. a été supprimée en 1832.* || Sorte de chaîne ou de collier de pierreries. || Collier de bois que l'on met aux cochons pour les empêcher de se frayer passage à travers les haies. || Mauvais cheval.

CARCAS. s. m. T. Métall. Matière provenant de la refonte d'un métal dans un four à réverbère. || Fonte que l'on fait couler par le trou servant à soutirer le laitier.

CARCASSE. s. f. (lat. *caro*, chair ; *cassus*, privé de. Suivant d'autres, l'étym. est la même que celle de *carquois* : lat.

carchesium, hune, et sorte de vase). Les ossements du corps d'un animal, lorsqu'il est dépouillé de ses chairs, et que cependant ces ossements tiennent encore ensemble. — *C. de poulet, de perdrix,* etc., ce qui reste du corps lorsqu'on en a ôté les cuisses et les ailes. || Fig., *C'est une c; il n'a que la c.,* se dit d'une personne ou d'un animal extrêmement maigre. Fam. et bas. || Par anal., se dit d'un navire dont il n'y a encore que la charpente de faite, ou d'un vieux bâtiment qu'on a débordé et qu'on démolit, ou encore d'un bâtiment qui a péri à la côte et que la mer a déperé en partie. || T. Techn. Se dit de diverses espèces de petites charpentes en bois, en fil de fer, etc. *La c. d'un feu d'artifice. C. pour monter des coiffures. C. de réflecteur.* || T. Const. Châssis d'un parquet d'appartement. || T. Pêche. Corbeille formée pour mettre les gros poissons quand ils sont pris. || T. Arm. Pièce centrale des revolvers sur laquelle s'assemblent les autres parties de l'arme. || T. Artillerie. Se disait autrefois d'une sorte de bombe composée de deux cercles de fer passés l'un dans l'autre en croix, qu'on emplissait de balles, de petites grenades et de poudre, et qu'on lançait avec le mortier comme les bombes ordinaires.

CARCASSIÈRE. s. f. (R. *carcasse*). T. Mar. Chaloupe canonnière. || T. Techn. Petit four usité dans les verreries où l'on travaille au bois.

CARCASSONNE (*Carcaso* et *Carcassum*), ch.-l. du dép. de l'Aude, sur l'Aude. Ancien chef-lieu des *Atacini*. Admirables ruines du moyen âge, particulièrement celles des anciennes fortifications au temps des Visigoths, et celles du château du XIIIe siècle ; 28,200 hab.

CARCERE DURO. s. m. (ital. *carcere*, prison ; *duro*, dure). Prison dure, régime tortionnaire des prisons autrichiennes en Italie.

CARCÉRULAIRE. adj. T. Bot. Qui tient du carcérule.

CARCÉRULE. s. f. (Dim. du latin *carcer*, prison). T. Bot. Nom par lequel on désignait autrefois des fruits secs, pluriloculaires, polyspermes et indéhiscents. Voy. FRUIT.

CARCHÁGNY. s. m. T. Hist. relig. Moyen de purification employé dans le brahmanisme, et qui consiste à se couvrir le corps de bouse de vache et à y mettre le feu.

CARCHARIAS. s. m. [Pr. *kar-ka-ri-ass*] (gr. καρχαρίας, requin). T. Ichl. Genre de squales ou requins ayant une membrane nictitante bien développée, dépourvus d'évents ; ayant les derniers orifices branchiaux situés au-dessus des nageoires pectorales. Dents triangulaires à pointe simple, à bords tranchants ou dentelés.

Les espèces de ce genre sont très communes dans la Méditerranée et l'Océan.

CARCIN. s. m. (gr. καρκίνος, crabe). T. Zool. Genre de crustacés décapodes brachyoures. L'une des espèces de ce genre est très commune sur les côtes de la Manche (*C. mœnas*). Voy. BRACHYOURES.

CARCINOLOGIE. s. f. (gr. καρκίνος, crabe ; λόγος, traité). Partie de l'histoire naturelle qui concerne les crustacés.

CARCINOMATEUX, EUSE. adj. T. Méd. Qui tient de la nature du carcinome. *Ulcère c.*

CARCINOME. s. m. (gr. καρκίνωμα, cancer ; de καρκίνος, crabe). T. Méd. Synon. de CANCER.

CARDAGE. s. m. Action de carder, et résultat de ce travail. *Ce c. est mal fait.*

CARDAINE. s. f. T. Pêc. Espèce de raie.

CARDAMINE. s. f. (gr. κάρδαμον, cresson). T. Bot. Genre de plantes de la famille des *Crucifères*. Voy. ce mot.

CARDAMOME. s. m. (gr. καρδάμωμον, m. s., de κάρδαμον, cresson, et ἄμωμον, amome). T. Bot. Nom donné indistinctement à un certain nombre de fruits produits par des plantes de la tribu des *Zingibérées*, famille des *Scitaminées*, appartenant aux genres *Elettaria* et *Amomum*, et dont les graines aromatiques sont surtout employées en Europe comme condiment. Voy. SCITAMINÉES.

CARDAN (Jérôme), médecin, mathématicien et philosophe italien (1501-1576), résolut l'équation du 3ᵉ degré et inventa le mode de suspension qui porte son nom. Il croyait à l'astrologie. On raconte qu'ayant prédit la date de sa mort, il se laissa mourir de faim pour ne pas faire mentir la prédiction.

CARDAN (Suspension de). Mode de suspension par lequel le corps suspendu, lampe, boussole, etc., conserve une direction invariable malgré les oscillations de son support. Il se compose essentiellement d'un anneau AA' suspendu en A et A' par deux tourillons autour desquels il peut tourner et portant à son intérieur deux autres tourillons B et B' autour desquels peut tourner librement l'axe de l'objet suspendu C. De la sorte, celui-ci pouvant tourner autour de deux axes perpendiculaires est libre de s'orienter dans tous les sens. Il conserve alors la direction que lui impose la pesanteur, quelle que soit la position du support.

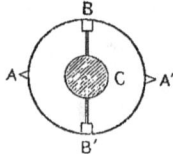

CARDASSE. s. f. (R. carder). Techn. Carde pour la bourre de soie. ‖ T. Bot. Nom vulgaire du Figuier de Barbarie. ‖ Variété de figue.

CARDE. s. f. (lat. carduus, chardon). T. Techn. Machine garnie de têtes de la plante appelée Cardère à foulon, ou bien de petites pointes métalliques recourbées, dont on se sert pour peigner le drap. — Instrument de perruquier pour carder les cheveux destinés à la confection des perruques. — Peigne de cardeur. ‖ T. Horticulture. La côte médiane du Cardon. Voy. ce mot.

CARDÉE. s. f. Quantité de laine qu'on peigne à la fois avec deux cardes.

CARDER. v. a. Peigner avec des cardes. C. de la laine, du coton, du drap. = Cardé, ée. part.

CARDÈRE. s. f. (R. carde). T. Bot. Genre de plantes (Dipsacus) de la famille des Dipsacées. Voy. ce mot.

CARDERIE. s. f. Usine où l'on carde la laine.

CARDEUR, EUSE. s. Ouvrier, ouvrière qui carde.

CARDEUSE. s. f. Machine à carder.

CARDIA. s. m. (gr. καρδία, cœur). Orifice supérieur de l'estomac près du cœur.

CARDIACÉS. s. m. pl. (R. cardium, bucarde; du gr. καρδία, cœur, à cause de la forme de la coquille). T. Zool. Les Cardiacés sont des mollusques bivalves, de la classe des Lamellibranches Siphoniens. — Chez les C., le manteau, ouvert par devant, est disposé postérieurement en deux tubes unis ou distincts, qui servent de conduits aux orifices destinés à la respiration et au passage des excréments; ils permettent à l'animal de vivre enfoncé dans le sable ou dans la vase. Cette disposition se fait remarquer sur la coquille par une courbe à concavité postérieure plus ou moins prononcée qui représente l'insertion des bords du manteau. À chaque extrémité du corps se trouve un muscle transverse, destiné à fermer les deux valves de la coquille. À la partie antérieure, on remarque un pied dont l'animal se sert généralement pour ramper. — Nous citerons seulement les principaux genres de cette famille.

Les Bucardes (Cardium) ont le manteau largement ouvert, le pied grand, coudé, à pointe dirigée en avant, et les tubes courts ou de longueur médiocre, parfois inégaux et garnis de papilles. Les valves de la coquille sont égales, bombées, à sommets recourbés et à bords dentés. Réunies, elles offrent une certaine ressemblance avec la figure d'un cœur de carie à jouer, ce qui a valu à ce genre le nom sous lequel il est désigné. La charnière est garnie de 4 dents sur chaque valve, 2 au milieu, 1 en avant et 1 en arrière. Les coquilles des bucardes ont des couleurs peu vives : elles sont tantôt lisses, tantôt garnies de côtes; quelquefois elles sont armées d'épines qui protègent l'animal contre ses ennemis. Les espèces dépourvues d'épines se cachent dans le sable ou

la vase autant que le permet la longueur de leurs tubes. On connaît un grand nombre d'espèces vivantes de ce genre : la plus commune, sur nos côtes, est la Coque ou Buc. sourdon (Cardium edule) [Fig. 1. Les 2 valves réunies vues en dessus]. Sa coquille présente 26 côtes ridées en travers : l'animal est exposé dans les marchés comme aliment. — Les

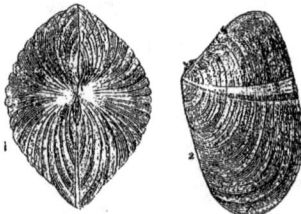

Donaces (Donax) ont, comme les bucardes, la charnière armée de dents; mais leur coquille est aplatie, triangulaire, striée du sommet aux bords. Ces mollusques ont deux longs tubes qu'ils peuvent faire rentrer entièrement dans la coquille. Ils vivent enfoncés dans le sable. Plusieurs espèces habitent sur nos côtes. Nous citerons, comme type, la Don. tronquée (Fig. 2).

Les Cyrènes (Cyrena) abondent dans les ruisseaux et les rivières des pays chauds. — Les Cyclades (Cyclas) habitent également les eaux douces. Leur coquille, arrondie et striée transversalement, offre relativement à la charnière la même disposition que les bucardes et les donaces. Nous en avons en France une espèce, la Cyclade cornée, qui est fort commune dans les eaux stagnantes. — Les Galathées (Galathea) sont aussi des mollusques d'eau douce; elles se trouvent aux Indes Orientales et au Sénégal.

Les Corbeilles (Corbis) sont des coquilles de mer dont les valves assez bombées sont garnies extérieurement de côtes transverses, croisées par des rayons avec une régularité comparable à celle des ouvrages de vannerie. Ces coquilles, dont on ne connaît que 2 espèces vivantes, sont remarquables par leur élégance. — Le g. Cyprine (Cyprina) ne contient qu'une seule espèce, la Cyp. d'Islande, qui, comme l'indique son nom, habite les mers du Nord.

Les Tellines (Tellina) ont le milieu de la charnière muni d'une dent à gauche et de deux à droite. Leur coquille est bâillante en arrière, où elle présente un léger pli. Ces mollusques sont pourvus, comme les donaces, de deux tubes assez longs. On en trouve plusieurs espèces sur nos côtes, où elles vivent enfoncées dans le sable.

Les Lucines (Lucina) forment un genre très nombreux répandu dans toutes les mers; on en connaît plus de trente espèces vivantes et une centaine de fossiles. Les plus grandes espèces se rencontrent dans les pays chauds. La charnière présente dans ce genre une disposition très variable. Les dents cardinales sont nulles ou fort peu développées; ou bien il n'en existe qu'une seule sur chaque valve; enfin elles peuvent se présenter au nombre de deux, soit sur chaque valve, soit sur l'une seulement, l'autre n'en possédant alors qu'une seule. La coquille est à peu près orbiculaire et plus ou moins convexe : le ligament est quelquefois extérieur, mais toujours unique. La Luc. orangée (Fig. 3) est une des espèces les plus remarquables de ce genre. — Les Vénus renferment encore un plus grand nombre d'espèces que le genre précédent. Leur caractère principal est la réunion à la charnière des dents cardinales et des lunes ou dents latérales. Le nombre de ces proéminences a servi à distinguer les deux sous-genres Astarté et Cythérée. Le premier possède 3 dents dont 2 divergentes; on en trouve 4 sur l'une des valves du second. Au reste, dans les vénus, le ligament est toujours extérieur. La coquille, plus ou moins bombée, est quelquefois ornée de côtes disposées parallèlement au bord. Nous ne nommerons ici que 4 espèces parmi les plus remarquables : l'une, appelée Vénus aile de papillon (V. papilionacea) [Fig. 4], est exotique; les autres, la V. Chione, la V. croisée et la V. à verrues, appartiennent aux mers d'Europe. — Le g. Capse (Capsa) ne renferme que des espèces qui sont propres aux mers tropicales, et qui n'ont rien de remarquable. — Les Pétricoles (Petricola) sont ainsi nommées parce qu'elles habitent l'intérieur des pierres poreuses. Leur coquille est armée de deux dents sur chaque valve ou sur une seule. Nous avons plusieurs espèces de ces mollusques

sur nos côtes. L'espèce type, la *Pétr. lamelleuse*, se trouve dans la Méditerranée. — Le g. *Vénérupe* (*Venerupis*) qui se rapproche des pétricoles, en diffère par la présence de trois dents cardinales sur une valve, et de deux ou trois sur l'autre. Ces coquilles, dont on rencontre plusieurs espèces dans la Méditerranée, sont logées dans les pierres ou les madrépores. Nous citerons comme exemple de ce genre la *Vénér. crenelée* (Fig. 5). Une autre espèce perforante, la *Vénér. lamellaire* (*Vener. Irus*) n'est pas rare dans la Méditerranée. — Les *Amphidesmes* (*Amphidesma*) se distinguent par leur coquille aplatie, mince, à ligament extérieur et à charnière

munie d'une ou de deux dents cardinales. L'*Amph. panachée* (*Amph. variegata*) [Fig. 6] est le type de ce genre. — Les *Mactres* (*Mactra*) ont une coquille transverse un peu bâillante, subtrigone, à crochets saillants et à charnière munie sur chaque valve d'une dent cardinale et de deux latérales. Ce genre renferme plusieurs espèces qui vivent dans le sable des bords de la mer; plusieurs habitent nos côtes. Nous citerons comme type la *M. mouchetée* (Fig. 7). — Les *Corbules* (*Corbula*) ne présentent à la charnière qu'une seule dent saillante de chaque côté : le ligament est intérieur; les tubes sont courts et munis de papilles. Ces mollusques vivent enfoncés dans le sable ou la vase : quelques espèces se cachent dans les pierres poreuses.

CARDIALGIE. s. f. Douleur à la partie supérieure de l'estomac.

CARDIALGIQUE. adj. 2 g. (R. *cardia*; gr. ἄλγος, douleur). T. Méd. Qui a rapport à la cardialgie. Voy. GASTRALGIE.

CARDIAQUE. adj. 2 g. (gr. καρδία, cœur). T. Anat. Qui appartient au cœur. *Artères, nerfs cardiaques.* — *Orifice c.*, ou *Cardia*, Orifice supérieur de l'estomac. || T. Méd. Nom donné à certains médicaments toniques ou stimulants qu'on croyait agir spécialement sur le cœur. *Remède c.* — Subst. *Un bon c.* || *Spasme c.*, Contraction spasmodique dont le

siège est au cardia. == CARDIAQUE. s. m. Malade atteint d'une maladie du cœur.

CARDIATÉLIE. s. f. (gr. καρδία, cœur; ἀτελής, inachevé; de à priv., et τέλος, fin). T. Anat. Développement incomplet du cœur.

CARDIECTASIE. s. f. (gr. καρδία, cœur; ἔκτασις, dilatation). Synonyme d'anévrisme du cœur.

CARDIELCOSE. s. f. (gr. καρδία, cœur; Ἕλκωσις, ulcération). Ulcération du cœur. Inus.

CARDIER. s. m. (R. *carde*). Celui qui fait ou vend des cardes.

CARDIFF, v. d'Angleterre (pays de Galles), port important, grande exploitation de charbon; 130,000 hab.

CARDIGAN, ch.-l. de comté du pays de Galles (Angleterre), sur la baie de Cardigan; 3,500 hab.

CARDIIDES. s. m. pl. (lat. *cardium*, bucarde). T. Zool. et Paléont. Les c. sont des mollusques lamellibranches siphonides intégripalliés. Voy. SIPHONIDES. Leur coquille est équivalve, plus ou moins cardiforme, quelquefois allongée, renflée, assez épaisse, à côtes rayonnantes et à bord crénelé. Les impressions musculaires sont ovales et assez égales. Il y a deux fortes dents cardinales et une dent latérale antérieure, à chaque valve; ces dents, chez quelques espèces d'eau saumâtre, sont recourbées. L'impression palléale est simple et présente parfois un léger sinus.

Le genre *Cardium* est très abondant de nos jours et l'a été dans les temps géologiques. On a créé un grand nombre de subdivisions du genre *Cardium*, mais les caractères sont pris dans les ornements extérieurs qui sont très variables et dans la structure de la charnière. Le genre *Hémicardium* existe depuis le silurien jusqu'à nos jours; le genre *Conocardium* se rencontre dans le silurien, le dévonien et le carbonifère; les *Protocardia* sont jurassiques et crétacés; les *Limnocardium* sont actuels et fossiles depuis les formations tertiaires les plus récentes de l'Europe.

CARDINAL. s. m. (lat. *cardinalis*, principal; de *cardo*, gond). L'un des soixante-dix prélats qui composent le Sacré-Collège. *Le rouge est la couleur des cardinaux.* || T. Ornith. *Cardinal* est le nom vulgaire de plusieurs oiseaux dont le plumage est rouge; mais il s'applique spécialement au *Loxia cardinalis*. Voy. GROS-BEC. || T. Techn. Sorte de petite carde employée par les fabricants de drap.

Hist. eccl. — La véritable origine des *Cardinaux* n'est pas bien connue. Selon le c. Bellarmin, les premiers cardinaux furent les curés ou les prêtres titulaires des églises de Rome. On les appelait ainsi, dit-il, parce que, quand le pape célébrait la messe, ils se tenaient aux cornes ou angles de l'autel. *ad cornua* ou *ad cardines altaris*. Or, comme il y avait à Rome deux sortes d'églises : les unes, véritables paroisses destinées aux assemblées des fidèles et desservies par des prêtres; les autres, simples chapelles annexées à des hôpitaux, et administrées par des diacres, on distinguait aussi deux catégories de cardinaux, des *Cardinaux-prêtres* et des *Cardinaux-diacres*. D'autres font venir le mot c. du bas-latin *cardinalare*, précéder, surpasser (lequel vient de *cardo*, gond, et est en somme le même mot que *cardinalis*, principal), et en font remonter l'origine à une époque très difficile à déterminer, où l'usage s'introduisit à Rome d'ordonner plus de prêtres ou de diacres qu'il n'y avait de titres à donner. Ce terme aurait alors servi à distinguer des prêtres et les diacres titulaires de ceux qui ne l'étaient pas. Le nom de c. a été donné, pendant longtemps, aux curés de plusieurs villes de France, parce qu'ils étaient tenus d'assister leur évêque à certaines époques de l'année, ainsi qu'aux chanoines de certaines églises importantes, telles que celles de Milan, de Ravenne, de Naples, de Cologne et de Compostelle. Cet usage finit par tomber en désuétude, et, en 1567, le pape Pie V le fit disparaître là où il existait encore, en décrétant qu'à l'avenir on ne donnerait le titre de c. qu'aux membres du Sacré-Collège.

Dans le principe, il n'y avait que des *Cardinaux-prêtres* et des *Cardinaux-diacres*; mais les évêques suffragants de Rome qui assistaient aux réunions ecclésiastiques et prenaient part à l'élection du pape, comme ceux des autres provinces à l'élection de leur métropolitain, ne tardèrent pas à constituer la section des *Cardinaux-évêques*. Cette innovation eut lieu au XIe siècle. La dignité de c., d'abord exclusivement attribuée au seul clergé de Rome et des environs, ne tarda pas à être ambitionnée par les prélats étrangers. L'admission des étrangers au cardinalat donna un nouveau caractère à l'assemblée des cardinaux, qui cessa de représenter uniquement le clergé romain, pour représenter l'ensemble des différentes Églises concourant à l'élection et formant le conseil de la papauté. Les insignes qui les distinguent leur ont été donnés à différentes époques. Ainsi, ils doivent le chapeau rouge à Innocent IV, en 1245; la soutane de même couleur, à Boniface VIII, mort en 1303; la calotte et la *barrette* rouge, le cheval blanc, la trousse de pourpre à Paul II, en 1464; enfin, le titre d'*Éminence* à Urbain VIII, en 1630.

Les cardinaux étant originairement les titulaires des 14 ou 15 églises de Rome, leur nombre fut d'abord égal à celui de ces mêmes églises. Plus tard, quand le cardinalat fut ouvert aux prélats étrangers, on joignit à ces paroisses les chapelles, les oratoires et plusieurs autres établissements religieux de la Ville éternelle. Le cardinalat comptait déjà 25 membres sous le pape Marcel II, élu en 1555. Ce nombre s'élevait à 40 sous Paul IV, mort en 1559, et à 53 sous Sixte IV, mort en 1566. Enfin, en 1586, Sixte V porta ce nombre à 70, en mémoire des 70 vieillards choisis par Moïse, et il les divisa en trois sections ainsi composées : 6 *Cardinaux-évêques*, 50 *Card.- prêtres* et 14 *Card.-diacres*. C'est ce nombre qui existe encore aujourd'hui. Les cardinaux du premier ordre sont les évêques d'Ostie, de Porto, de Palestrine, d'Albano, de Sabine et de Frascati. Ceux des deux autres ordres appartiennent à toutes les parties du monde catholique. Ces cardinaux sont censés n'être que de simples prêtres ou diacres; mais la plupart sont évêques de différents sièges. Cette dénomination particulière se rapporte simplement à la nature primitive de leur titre, qui n'était qu'une cure ou une diaconie. Le plus ancien e. de chaque classe porte le nom de *Chef d'ordre*, et jouit, à ce titre, de certains privilèges particuliers, comme, par ex., de pouvoir, pendant le conclave, recevoir les ambassadeurs et les magistrats. Il est bon de remarquer que si, dans les deux dernières classes, c'est l'époque de la réception qui confère la primauté, il n'en est pas de même dans celle des cardinaux-évêques. Le c.-évêque d'Ostie est toujours le premier de son ordre, quelle que soit la date de sa nomination. Il est, en outre, le doyen du Sacré-Collège. En cette qualité, il a la prérogative de sacrer le pape, et il porte le pallium comme les archevêques.

Le pape seul nomme au cardinalat, et il a le droit exclusif de choisir celui qu'il en juge digne. Parfois le pape élève une personne à la dignité de c., mais en se réservant de ne la proclamer qu'à l'instituer que dans la suite : c'est ce qu'on appelle un *C. in petto*. — La barrette et le chapeau rouges étant les insignes principaux du cardinalat, c'est en les remettant aux cardinaux nouvellement promus qu'il est en quelque sorte procédé à leur installation. Les cardinaux reçoivent la barrette et le chapeau des mains du pape lui-même. Quant à ceux qui ne se trouvent pas sur les lieux, un ablégat

nommé à cet effet est chargé de leur porter la barrette ; mais ils sont obligés d'aller à Rome chercher le chapeau. En France, la barrette est ordinairement remise par le chef de l'État en personne. À Rome, la remise du chapeau a toujours lieu avec un grand apparat, et en le donnant au nouveau c. le pape prononce les paroles suivantes : « Pour la gloire de Dieu tout-puissant et l'honneur du Saint-Siège apostolique, recevez ce chapeau rouge, insigne particulier de la dignité de cardinalat. Ce chapeau signifie que, jusqu'à la mort et à l'effusion du sang inclusivement, vous devez vous montrer intrépide pour procurer la paix et l'accroissement du peuple chrétien et l'exaltation de la sainte Église romaine, au nom du Père, du Fils et du Saint-Esprit. » Le chapeau de c. est de soie rouge, large de bords et bas de forme.

Les cardinaux, pour marque de leur dignité, timbrent leur écusson d'un chapeau rouge, garni de cordons de soie également rouges, entrelacés en losange, avec cinq rangs de houppes, comme le représente la Fig. L'écu est accolé par derrière d'une croix en pal.

CARDINAL, ALE. adj. (lat. *cardinalis*, principal; de *cardo*, gond, le gond étant considéré comme la pièce principale de ce qui se meut, et au fig. l'élément le plus important d'une organisation quelconque étant assimilé à un gond). Qui joue le rôle de gond : se dit au propre en zool., pour qualifier certaines proéminences ou *dents* qui font partie de la charnière dans les coquilles bivalves. Les *Dents cardinales* sont situées au-dessous du sommet de la charnière. Voy. CONCHYLIOLOGIE. || T. Astron. et Géog. *Points cardinaux*, Les quatre points qui sont au nord, au sud, à l'est et à l'ouest. — *Vents cardinaux*, Ceux qui soufflent des quatre points cardinaux. || Fig., *Vertus cardinales*, Vertus qui sont considérées comme fondamentales : la Justice, la Prudence, la Tempérance et la Force. || T. Gram. *Nombres cardinaux*, *Adjectifs cardinaux*, Noms et adjectifs qui désignent un nombre. *Vingt*, *cent* sont des noms de *nombres cardinaux*. Dans l'expression *vingt hommes*, *vingt est un adjectif* c. || T. Liturg. *Autel c.*, Autel principal d'une église. — *Messe cardinale*, Messe solennelle.

CARDINALAT. s. m. Dignité de cardinal.

CARDINALE. s. f. (R. *cardinal*, adj.). Grosse pièce d'artillerie qui n'est plus en usage aujourd'hui. || T. Bot. Nom vulgaire de quelques plantes n'ayant de commun entre elles que la couleur rouge éclatante de leurs fleurs : *Sauge* c., *Lobélie* c., etc. On désigne vulgairement sous le nom de *C. bleue*, la *Lobélie syphilitique*. Voy. CAMPANULACÉES. || Variété de pêche.

CARDINALICE. adj. Qui tient au cardinalat.

CARDINALISER. v. a. Faire cardinal. || T. Peinture. Rendre rouge.

CARDINE. s. f. T. Pêc. Espèce de soie.

CARDINEAU. s. m. T. Pêc. Plie.

CARDINIIDES. s. m. pl. (R. *cardinal*, sorte de coquille). T. Paléont. Les mollusques lamellibranches HOMOMYAIRES (voy. ce mot) que l'on réunit sous le nom de C. sont tous éteints. Ils ont une coquille ovale ou allongée transversalement, lisse ou à stries concentriques. Le ligament externe est assez allongé; les dents cardinales, généralement peu saillantes, sont quelquefois recourbées; les dents latérales, plus ou moins développées, sont parfois très épaisses. Enfin, les impressions musculaires sont simples et profondes. Les uns, comme les *Anthracosia*, sont du carbonifère et du permien; d'autres, comme les *Anoplophora* et les *Trigonodus*, proviennent du trias; d'autres, comme les *Cardinia*, sont propres au trias et au jurassique.

CARDIODYNIE. s. f. (gr. καρδία, cœur; ὀδύνη, douleur). Douleur ayant le cœur pour siège.

CARDIOGRAPHIE. s. f. (gr. καρδία, cœur; γράφειν, décrire). T. Anat. Description du cœur. || Examen des mouvements du cœur à l'aide de la méthode graphique de Marey. Voy. CŒUR.

CARDIOLIDES. s. m. pl. (gr. καρδία, cœur). T. Paléont. On a réuni sous ce nom des mollusques HOMOMYAIRES (voy. ce mot) dont les formes sont spéciales au silurien et au dévonien.

CARDIOLOGIE. s. f. (gr. καρδία, cœur; λόγος, traité). Traité du cœur.

CARDIONOSE. s. f. (gr. καρδία, cœur; νοσος, maladie). T. Méd. Maladie du cœur. Inus.

CARDIOPATHIE. s. f. (gr. καρδία, cœur, πάθος, maladie). T. Méd. Maladie du cœur.

CARDIOPÉRICARDITE. s. f. (gr. καρδία, cœur, et fr.

péricardite). T. Méd. Inflammation du cœur et du péricarde.

CARDIOPHORE. s. m. (gr. καρδία, cœur; φορός, qui porte). T. Ent. Genre d'insectes coléoptères. Voy. STERNOXES.

CARDIOPHYLLE. adj. (gr. καρδία, cœur; φύλλον, feuille). T. Bot. Qui a des feuilles en cœur.

CARDIO-PULMONAIRE. adj. (gr. καρδία, cœur; et fr. *pulmonaire*). T. Méd. Qui se rapporte au cœur et au poumon.

CARDIOSCLÉROSE. s. f. (gr. καρδία, cœur; σκληρός, dur). T. Méd. Induration du cœur.

CARDIOSPERMUM. s. m. [Pr. *cardi-osper-mome*] (gr. καρδία, cœur; σπέρμα, semence). T. Bot. Genre de plantes de la famille des *Sapindacées*. Voy. ce mot.

CARDIOTOMIE. s. f. (gr. καρδία, cœur; τομή, dissection). Dissection du cœur.

CARDITE. s. f. (gr. καρδία, cœur). T. Méd. Inflammation du cœur. Voy. CŒUR.

CARDITIQUE. adj. (gr. καρδία, cœur). T. Méd. *Fièvre c.,* Variété de la fièvre intermittente pernicieuse, dans laquelle le malade éprouve des palpitations violentes ou des syncopes. Inus.

CARDOL. s. m. T. Chim. Liquide huileux, vésicant, extrait du péricarpe des noix d'acajou (*Anacardiacées*).

CARDON. s. m. (lat. *carduus*, chardon). T. Hortic. Nom vulgaire du *Cynara cardunculus*, plante de la famille des *Composées*, cultivée communément dans les jardins potagers. Les pétioles ou côtes des feuilles, connus sous le nom de *cardes*, sont comestibles, après qu'on les a fait blanchir en les couvrant de paille; elles constituent alors un aliment assez agréable.

CARDONNETTE. s. f. [Pr. *cardo-nète*] (Dimin. de *cardon*). Nom vulgaire du cardon et de sa fleur. Voy. CHARDONNETTE.

CARDOPATHUM. s. m. [Pr. *cardo-pa-tome*] (R. *cardon*, et gr. πάθος, modification). T. Bot. Genre de plantes de la famille des *Composées*. Voy. ce mot.

CARDUACÉES. s. f. pl. (lat. *carduus*, chardon). T. Bot. Tribu de plantes ayant pour type le chardon, que l'on désigne aujourd'hui sous le nom de *Tubuliflores*. Voy. COMPOSÉES.

CARDUUS. s. m. (mot lat.). T. Bot. Nom scientifique du genre *Chardon*. Voy. COMPOSÉES.

CAREL DE SAINTE-GARDE, poète fr. très médiocre, dont s'est moqué Boileau, auteur des *Sarrasins chassés de France*, dont le héros était Childebrand, ce qui a fait dire à Boileau :

Oh! le plaisant projet d'un poète ignorant,
Qui, de tant de héros, va choisir Childebrand.

Il est mort vers 1684.

CARÉMAGE. s. m. (R. *carême*). Nom, dans l'Est, de la semaille en noir du carême.

CARÊME. s. m. (lat. *quadragesima*; sous-entendu, *dies*, le quarantième jour [avant Pâques]). Temps d'abstinence qui précède la fête de Pâques et qui commence le 46e jour avant Pâques pour prendre fin le jour de Pâques. *Le saint temps de c. La mi-c.,* Jour qui partage le c. en deux parties à peu près égales et où l'on prend quelques réjouissances. — *Faire c., Observer le c.,* Jeûner, et s'abstenir de viande pendant le c. *Rompre le c.,* Cesser d'observer l'abstinence, manger pendant le c. des viandes défendues. — *Le c. est bas,* Se dit lorsque le c. commence dans les premiers jours de février; et, *Le c. est haut,* Lorsqu'il commence au mois de mars. || Par anal. Maigre chère, abstinence : *Faire forcément c.* — Prov., *Cela vient comme mars en c.,* Se dit d'une chose qui ne manque jamais en certain temps. *Il n'y manque non plus que mars en c.,* Se dit d'un homme qui se trouve toujours en certain

endroit à certaine heure. — Prov., *Arriver comme marée en c.,* Arriver à propos. Cette deuxième version est une autre forme du même proverbe, modifié de manière à faire un jeu de mots. — Fig. et fam., *Une face de c.,* Un visage blême. || La collection des sermons qu'un prédicateur prêche pendant un c. *Il a fait imprimer son c. Le Petit C. de Massillon.*

Théol. — Le jeûne du *Carême* a été établi dès l'origine de l'Église, afin qu'il y eût un temps de l'année consacré à la pénitence, et pour imiter l'exemple de J.-C., qui jeûna quarante jours dans le désert. — L'institution du c. se rattache donc à l'établissement même du christianisme. Néanmoins, c'est plus tard seulement que son observation a été rendue obligatoire.

Dans les premiers temps, le c. ne durait que 36 jours. Au Ve siècle, on le porta à 40, afin d'imiter plus parfaitement le jeûne de J.-C. Cependant, cette innovation ne fut pas immédiatement adoptée par toutes les Églises : celle de Milan a même toujours persisté à s'en tenir à l'usage primitif. Nominalement, la période dite du c. dure 46 jours; mais, comme les dimanches, le jeûne est suspendu, les jours de pénitence sont seulement au nombre de 40. — Les Grecs ont un c. de huit jours plus long que le nôtre; mais ils n'ont pas plus de jours de jeûne que nous, car ils ne jeûnent pas les samedis, excepté celui de la Semaine sainte. De plus, comme ils n'ont pas adopté la réforme grégorienne du calendrier, ils célèbrent Pâques à une autre date que la nôtre, généralement plus tardive, d'où il suit que leur c. se trouve aussi retardé.

L'observation du c. a varié dans la pratique selon les époques et les localités. En général, on s'abstenait partout de toute espèce de jeux et de divertissements; les procès même étaient suspendus; mais les aliments interdits n'étaient pas les mêmes partout. En Orient, où l'usage de la viande est peu répandu, les fidèles vivaient de pain et d'eau, de fruits secs et de légumes. On dînait à midi, et on faisait le soir, surtout dès le VIe siècle, un léger repas d'herbes et de fruits crus. En Occident, du temps de saint Augustin, on s'abstenait de viande et de vin. Le vin fut permis par la suite, tandis que l'usage de la viande a été constamment interdit. Vers l'an 800, Théodulfe, évêque d'Orléans, recommande à ses diocésains de s'abstenir, les jours de jeûne, de fromage, de poissons, d'œufs et de vin. Au reste, de quelque manière que se composât l'alimentation, on ne faisait partout qu'un seul repas, après les vêpres ou vers le soir. Cet usage dura jusqu'au commencement du XIIIe siècle. A cette époque, on commença à prendre quelques conserves; puis on avança le repas à 3 heures. Enfin, vers l'an 1500, on se mit à dîner à midi, et l'on crut observer l'abstinence du temps quadragésimal en ne mangeant pas de viande et en ne faisant que deux repas : l'un, le plus substantiel, à midi; l'autre, plus léger, dans la soirée, lequel fut appelé *collation*. Dans certaines circonstances, l'Église permit soit à des particuliers, soit à des communautés entières de faire usage de certains aliments ordinairement interdits. Il passa dans les habitudes de faire, pour chacune de ces dispenses, une offrande pécuniaire à la paroisse. Les fonds ainsi obtenus étaient employés soit à soulager la misère et en œuvres de charité, soit à ériger de nouveaux monuments au culte. Le nom de *tours de beurre,* donné à certaines tours de plusieurs de nos cathédrales, à celles de Bourges et de Rouen par ex., rappelle l'origine des fonds au moyen desquels elles furent construites et qui provenaient des offrandes faites par les fidèles qui avaient obtenu l'autorisation de manger du beurre.

Indépendamment du c. appelé quadragésimal, les moines en observaient encore deux autres : le *C. de la Saint-Martin,* avant Noël, et le *C. de Saint-Jean-Baptiste,* après la Pentecôte. On jeûnait quelquefois depuis l'Ascension jusqu'à la Pentecôte, et l'on donnait à ce jeûne le nom de *C. de l'Ascension.* — La multiplicité des carêmes ne subsiste plus aujourd'hui que dans l'Église d'Orient. Outre celui de Pâques, les Grecs en observent 4 autres de 7 jours chacun. Ils les appellent *C. des Apôtres, C. de l'Assomption, C. de la Noël* et *C. de la Transfiguration.* Les Jacobites en font un cinquième, nommé *C. de la Pénitence de Ninive,* et les Maronites un sixième, appelé *C. de l'Exaltation de la sainte Croix.* Voy. JEÛNE.

CARÊME, cuisinier français (1784-1833), auteur d'ouvrages relatifs à l'art culinaire.

CARÊME-PRENANT. s. m. Les trois jours gras qui précèdent immédiatement le mercredi des Cendres. *C'était à c.-prenant.* — Plus particulièrement, le mardi qui précède le mercredi des cendres. *Le jour de c.-prenant.* || Par ext., se dit des gens déguisés et masqués qui courent les rues pendant les jours gras.

CARÉNAGE. s. m. T. Mar. Action de caréner un bâtiment; résultat de cette action. *Ce bâtiment a eu un bon c.* En ce sens, on dit plus souvent *Carène.* || Le lieu où l'on carène les bâtiments. *Le bâtiment est au c.*

CARÉNAL, ALE. adj. T. Bot. Qui appartient à la carène.

CARENCE. s. f. (lat. *carere*, manquer). N'est d'usage que dans cette loc., *Procès-verbal de c.*, Procès-verbal constatant qu'un débiteur ou qu'une personne décédée n'a laissé aucun effet mobilier.

CARÈNE. s. f. (lat. *carina*, m. s.). T. Mar. La quille et les flancs du navire jusqu'à la ligne de flottaison. — *Mettre, abattre un navire en c.*, Le mettre sur le côté pour réparer sa carène. || Par ext., Le travail que l'on fait pour réparer la c. d'un navire. *Donner une c., une demi-c. à un bâtiment.* || T. Ant. rom. *Quartier des Carènes*, Quartier de l'ancienne Rome dont les toits des maisons étaient en forme de c. || T. Bot. Nom donné à l'ensemble des deux pétales inférieurs de la fleur des *Papilionacées.* Voy. FLEUR.

CARÉNÉ, ÉE. adj. (R. *carène*). T. Bot. Se dit des parties d'une plante qui ont la forme d'une carène.

CARÉNER. v. a. T. Mar. Donner la carène à un bâtiment. *C. un vaisseau.* = CARÉNÉ, ÉE. part.

CARENTAN, ch.-l. de c. (Manche), arr. de Saint-Lô, 3,500 hab.

CARESSANT, ANTE. adj. Qui aime à caresser. *Cet enfant est très c. Une des conditions de la femme aimante est d'être toujours caressante et gaie.* (BALZAC.) *Le chien n'est pas seulement fidèle, il est c.* (BUFFON.) || Se dit de l'air, des manières, etc. *Prendre un air c. Avoir des manières caressantes.* || En parlant de choses, *Regard c. Paroles caressantes.* || T. Poétiq. Léger, agréable. *Un zéphir c.*

CARESSE. s. f. (ital. *carezza*, du lat. *carus*, cher). Attouchement tendre ou affectueux. Témoignage d'affection que l'on donne à quelqu'un par ses actions ou par ses paroles. *Douces, agréables caresses. Caresses trompeuses, perfides. Faire, prodiguer, recevoir des caresses.* — Se dit aussi des animaux. *Ce chien fait beaucoup de caresses à son maître.* — Poétiq., *Les caresses du zéphyr.* || Fig., *Il ne faut pas se fier aux caresses de la fortune.*

CARESSER. v. a. (R. *caresse*). Faire des caresses. *C. un enfant. C. un animal.* — Poétiq., *Le zéphyr caresse les fleurs.* || Fig., Flatter, cajoler. *Il sait c. les gens pour en obtenir ce qu'il désire.* On dit aussi, *C. l'orgueil de quelqu'un.* — *C. une chimère*, S'y complaire. = CARESSÉ, ÉE. part. || Adject. et fig., *Ce tableau est très caressé*, Il a été peint avec un soin minutieux.

CARESSEUR, EUSE. adj. Qui aime à caresser, qui aime à être caressé.

CARET. s. m. (Dimin. de *char*). Sorte de dévidoir à l'usage des cordiers. || T. Mar. *Fil de c.* Voy. CORDAGE. || *Fil de c.*, Gros fil servant à faire les cordages. || T. Erpét. Espèce de tortue. Le c., imbriqué se trouve dans l'océan Atlantique et l'océan Indien. Il fournit de l'écaille.

CARÉTA. s. m. Nom d'une voiture de luxe en Russie.

CARETTE. s. f. (R. *caret*). Cadre faisant partie du métier à tisser les étoffes.

CARÉTILLE. s. f. Graine d'une plante légumineuse des campagnes de Buenos-Ayres.

CAREX. s. m. (lat. *carex*, m. s.). T. Bot. Nom scientifique du genre *Laiche*, de la famille des *Cypéracées.* Voy. ce mot.

CARGAISON. s. f. (R. *carguer*, pour charger). T. Mar. L'ensemble de toutes les marchandises qui forment la charge d'un bâtiment de commerce. *Une riche c. Le navire a péri avec sa c.* || Bordereau des marchandises prises à bord. || Action de charger un navire de marchandises.

CARGUE. s. f. (R. *carguer*). T. Mar. Cordage qui sert à replier les voiles contre les vergues. Voy. VOILE.

CARGUER. v. a. (ital. *carigare*, charger). T. Mar. Replier les voiles contre leurs vergues, au moyen des cargues. *C. les voiles.* || Se dit d'un navire qui penche sur le côté. *Ce navire c.*

CARGUEUR. s. m. T. Mar. Matelot employé à carguer. || Poulie pour amener et guinder le perroquet.

CARHAIX, ch.-l. de c. (Finistère), arr. de Châteaulin, 3,100 hab.

CARI, CARY ou **CARRY.** s. m. (mot indien). Sorte d'assaisonnement indien composé de piment en poudre, d'épices, etc. || Mets importé de l'Inde, et qui se compose de volaille et de riz assaisonné de carry.

CARIA. s. m. T. Mar. Pou de bois très destructeur.

CARIACOU. s. m. (mot indien). Sorte de boisson fermentée en usage à la Guyane. *Le c. se compose de sirop de canne, de cassave et de patates.*

CARIAMA. s. m. (Mot brésilien). T. Mam. Section du genre cerf comprenant une dizaine d'espèces américaines. Voy. CERF. || T. Ornith. Le *Cariama huppé* (*Microdactylus* de Geoffroy Saint-Hilaire, *Dicholophus* d'Illiger) est un oiseau propre à l'Amérique méridionale, qui constitue à lui seul un genre particulier. Ce genre rentre dans l'ordre des *Échassiers*, dans la famille des *Alectoridæ.* Il a le bec long, recourbé en bas à l'extrémité et fendu jusque sous l'œil. Ses jambes, écussonnées et très hautes, se terminent par des doigts extrême-

ment courts, un peu palmés à leur base, et par un pouce qui ne peut atteindre la terre. La taille du c. est d'environ 85 centim. Il a le plumage gris fauve ondé de brun, avec une huppe formée de plumes effilées à la base du bec; ses ailes sont courtes et sa queue médiocre (Fig. ci-dessus). Le c. vole mal et rarement; mais il court avec une extrême vitesse. Il habite les collines pierreuses et la lisière des forêts, où il fait la chasse aux reptiles, surtout aux lézards et aux insectes. Comme sa chair est très estimée, on a essayé de l'élever en domesticité, et l'on y a parfaitement réussi.

CARIATIDE. s. f. (gr. καρυάτιδες, jeunes filles de Carya). L'orthographe étymologique serait *Caryatide.* L'usage a consacré *Cariatide.*

Archit. — Après avoir épuisé tous les modes d'ornementation applicables à la colonnade, les architectes eurent l'idée de substituer aux colonnes des supports représentant des figures humaines. Les statues destinées à cet usage furent appelées *Cariatides.* L'origine de cette innovation est ainsi expliquée par Vitruve. Il raconte que, lors de l'invasion de la Grèce par les Perses, les habitants de Carya, dans le Péloponèse, assistèrent l'envahisseur. Pour les punir de cette trahison, après l'expulsion de Xerxès, les Grecs vainqueurs détruisirent la ville de Carya, passèrent au fil de l'épée tous les hommes et réduisirent les femmes en esclavage. En outre, afin de perpétuer le souvenir de cette vengeance, les architectes imaginèrent de remplacer les colonnes par des statues représentant des femmes vêtues à la caryenne. Ce récit est évidemment dénué de fondement. Hérodote cite les villes qui se soumirent à Xerxès, sans faire mention de Carya; et certainement il aurait parlé de cette ville si elle avait subi une punition aussi terrible. De plus, il est reconnu que l'emploi des cariatides dans l'architecture est antérieur aux guerres médiques. Plusieurs archéologues pensent que les cariatides grecques sont une imitation de certaines statues qui remplissaient le même usage dans quelques temples de l'Égypte et de l'Inde. Diodore de Sicile nous apprend que, dans la construction du tombeau d'Osymandias, roi d'Égypte, les colonnes furent remplacées par des statues. Le même historien nous dit que Psammélik, l'un des successeurs de ce prince, adopta le même système de décoration pour les propylées d'un des principaux temples de Memphis. Parmi les plus antiques monuments de l'Inde qui sont parvenus jusqu'à nous, on trouve plusieurs exemples de statues substituées aux colonnes. Ainsi, par ex., il existe, dans le temple d'Éléphanta, des statues colossales qui s'élèvent jusqu'à l'entablement, et semblent soutenir la construction. — L'histoire de Vitruve étant écartée comme une fable, on a recherché non plus l'origine de cette innovation architecturale, mais simplement celle du nom de cariatides donné à ces colonnes-statues. Selon l'opinion la plus probable, ce terme viendrait de *Diane Caryatis* ainsi nommée du temple qu'elle avait à Carya, près de Sparte, et des jeunes

Fig. 1.

filles lacédémoniennes, appelées *Caryatides*, qui célébraient la fête de la déesse par des danses religieuses. Ce sont ces jeunes vierges, et non des femmes esclaves, que des artistes grecs voulurent représenter dans cette substitution d'une statue à la colonne. Souvent même on donna aux figures représentées par ces statues des dispositions en harmonie avec le caractère de l'édifice. C'est ainsi que les cariatides du Pandroseum (Fig. 1) qui était contigu au temple de Minerve Poliade, à Athènes, représentaient les *Canéphores*, c.-à-d. les jeunes vierges qui figuraient dans la procession des Panathénées. La tradition rapportée par Vitruve, toute fausse qu'elle soit, obtint cependant une certaine faveur parmi les architectes grecs, et c'est pour s'y montrer fidèles qu'ils substituèrent quelquefois des figures d'hommes, appelées *Perses*, à celles de femmes d'abord exclusivement employées. Le nom de Perses donné à ces statues était une allusion aux vaincus de Marathon, de Salamine et de Platée. Plus tard, les cariatides de ce genre reçurent le nom d'*Atlantes* en Grèce, et celui de *Télamones* à Rome. Or ces deux derniers mots dérivent du verbe grec τλάω, je supporte.

L'art chrétien n'a jamais fait usage de cariatides; mais, à l'époque de la Renaissance, elles furent introduites dans la décoration de plusieurs monuments civils. Les œuvres les plus remarquables de ce genre qui existent en France sont les cariatides de Jacques Sarrazin dans la cour du Louvre, de Jean Goujon dans la salle du même palais dite *salle des Cariatides*, et de Pierre Puget à l'hôtel de ville de Toulon. Les architectes modernes ont employé presque indifféremment des figures d'hommes ou de femmes, nues ou vêtues, ordinairement droites, mais quelquefois courbées. Elles sont fréquemment surmontées d'un coussin ou d'une corbeille ; dans d'autres cas, on fait reposer l'architrave sur leur chevelure, sans autre intermédiaire qu'une espèce de tailloir. Il est à peu près impossible de poser une règle générale relativement à l'emploi des cariatides dans l'architecture. Nous nous contenterons de dire

Fig. 2.   Fig. 3.   Fig. 4.   Fig. 5.

qu'on n'en doit faire usage qu'avec la plus grande réserve, que les figures représentées par les statues doivent être en harmonie avec la destination de l'édifice, et que ce genre de décoration ne peut convenir qu'aux édifices civils de l'ornementation la plus riche. Les Fig. ci-dessus peuvent donner une idée de ce genre de décoration. La 1re représente une des cariatides du Pandroseum, dont il a déjà été parlé. La 2e est romaine; cette statue fait actuellement partie du *British Museum*, à Londres. La 3e, due à Michel-Ange, se voit dans la villa Ludovisi, à Rome. La 4e, enfin, est une des cariatides de J. Goujon, dans la salle du vieux Louvre.

CARIBARI. s. m. (Onomatopée?) Navette volante.

CARIBERT, roi de Paris, fils de Clotaire Ier (561-567). ‖ Roi d'Aquitaine (628-631).

CARIBOU. s. m. T. Mam. Renne d'Amérique. Voy. CERF.

CARICÉES. s. f. pl. (lat. *carex*, laiche). T. Bot. Tribu de plantes de la famille des *Cypéracées*. Voy. ce mot.

CARICATURAL, ALE. adj. Qui a le caractère de la caricature.

CARICATURE. s. f. (ital. *caricare*, charger). Dessin chargé ou grotesque ayant une intention satirique.

La *C.* remonte à la plus haute antiquité, ou tout au moins à l'époque où les arts du dessin eurent fait quelques progrès.

Fig. 1.   Fig. 2.

Le ridicule et la sottise sont de tous les siècles ; par conséquent, de tout temps aussi les poètes ont dû écrire des satires et les artistes dessiner des caricatures. On a trouvé des caricatures peintes sur des vases grecs et sur les murailles d'Herculanum et de Pompéi ; on en a même rencontré dans les ruines de la vieille Égypte. Les deux dessins ci-contre (Fig. 1 et 2) sont des spécimens. Le premier est une c. égyptienne dont la signification est assez claire. Le second est une petite charge

Fig. 3.

allégorique. Parmi les peintures trouvées à Pompéi, l'une des plus curieuses est assurément celle qui représente la fuite

Fig. 4.

d'Énée, portant son père Anchise sur une épaule et tenant son fils Ascagne à la main : les trois personnages ont des têtes

Fig. 5.

de chien (Fig. 3). C'est une parodie de l'*Énéide*. Comme spéci-

men de la caricature romaine, citons celle de Jésus crucifié, peinte sur une muraille du palais des Césars, au Palatin, dé-

CALVIN   LE PAPE   LUTHER

Fig. 6.

couverte en 1856 et conservée au musée Kircher, à Rome : c'est une satire contre les premiers chrétiens. Un homme dans

Fig. 7.

l'attitude de l'adoration contemple une croix sur laquelle est crucifié un homme à tête d'âne, et, au-dessous, le caricaturiste a écrit : Alexamène adore son dieu (Fig. 4). Pendant le moyen âge, la c. s'exerça dans les sculptures extérieures et intérieures des églises, et aujourd'hui encore il n'est guère de cathédrales dont les portails, les tours, les ornements, ne mettent en évidence des personnages grotesques, des animaux fantastiques et symboliques, des allégories de tous genres plus ou moins bizarres (Fig. 5, fragment pris sur les tours Notre-Dame à Paris). Au temps de la Réforme et des disputes théologiques de Luther et Calvin, la c. ne manqua pas de

Fig. 8.

s'attaquer à ce mouvement; nous en donnons un spécimen (Fig. 6) : les deux réformateurs se bataillent devant le pape qui se bouche les oreilles. Nous voyons au XVIᵉ siècle, Rabelais dans les *Songes drôlatiques*, Holbein dans la *Danse macabre*, Érasme dans l'*Éloge de la Folie*, stigmatisant toutes les vanités et tous les ridicules; on a reproduit ici (Fig. 7), l'une des nombreuses figures des *Songes drôlatiques* de Rabelais, représentant par une marmite animée le dieu des gourmands. Au commencement de la Révolution, on voit un grand nombre de caricatures sur la royauté, le clergé et la noblesse, par exemple celle dont notre Fig. 8

Mais les excès mêmes de la Révolution ne tardent pas à

Fig. 10.

fournir de légitimes sujets à la critique ; voici, entre au-

Fig. 9.

est une réduction, intitulée : *Pompe funèbre de très haut et très puissant seigneur le Clergé de France.*

tres (Fig. 9), une médaille intitulée *le Contraste*, comparant la liberté française à la liberté anglaise (1793) et le frontispièce de l'*Almanach des Prisons* (Fig. 10), résumant le gouvernement de Robespierre par une guillotine dans laquelle le bourreau finit par se guillotiner lui-même. A l'époque du Consulat, la c. devance l'histoire en montrant le 18 Brumaire préparant l'Empire : Lucien Bonaparte fait résonner la

Fig. 11.

grosse caisse et l'armée proclame le trône à la pointe d'une baïonnette (Fig. 11). A la fin de l'Empire, on voit Napoléon jouant quitte ou double avec le Destin (Fig. 12) et perdant la dernière partie. Chaque époque a eu ses caricaturistes, et la nôtre laissera comme les précédentes de curieuses critiques à la postérité. Il est vrai de dire que l'invention de l'imprimerie, de la gravure sur bois, de la lithographie et des nouveaux procédés de reproduction de dessins a donné à ce genre un essor

Fig. 12.

prodigieux. La c. devient une arme populaire lorsque l'artiste a, comme l'écrivain, le moyen de multiplier indéfiniment les exemplaires de son œuvre. — Quand elle flagelle les ridicules et les passions mauvaises, la c. fait une œuvre morale. Malheureusement elle abuse parfois de ses avantages pour tourner en raillerie de hautes valeurs qui méritent le respect ; plus souvent encore, elle travestit les choses et les présente ainsi sous un jour complètement faux.

CARICATURER. v. a. Représenter en caricature.

CARICATURIER. s. m. Ecrivain, dessinateur, qui fait des caricatures, des charges.

CARICATURISTE. s. m. Artiste qui fait des caricatures. *Un spirituel c.*

CARICOÏDE. adj. (lat. *carica*, figue; gr. είδος, forme). T. Hist. nat. Qui a la forme d'une figue. ‖ s. f. Pierre figurée en figue.

CARIDIDES. s. m. pl. (gr. καρίδιον, petite crevette). T. Zool. et Paléont. Les c. forment l'un des groupes importants de crustacés décapodes macroures (Voy. ces mots). On les a appelés aussi salicoques; ce sont les crevettes, dont les genres les plus connus sont les palémons, les crangons, les pénées. Leur peau est mince, cornée, chitineuse. Le céphalothorax et l'abdomen sont comprimés latéralement, souvent carénés; le rostre est denté en scie à la partie supérieure. Les antennes externes sont insérées au-dessous des antennes internes, avec une grande lamelle qui recouvre le pédoncule. Les pattes antérieures sont longues et grêles et les deux ou trois antérieures sont munies de pinces.

Il existe des représentants de cette famille dans le dévonien supérieur de l'Amérique (*Palæopalæmon*), dans le carbonifère anglais (*Anthracopalæmon*), dans les schistes de Solenhofen et dans le tertiaire.

CARIE. s. f. (lat. *caries*, m. s.). T. Pathol. La carie, altération pathologique des os, qui se manifeste par le ramollissement de ces parties, la destruction de leur trame organique, et la production d'un liquide sanieux ou purulent, soit à leur surface, soit dans l'intérieur de leur tissu, n'est plus considérée aujourd'hui comme une entité morbide. Les recherches expérimentales des chirurgiens et des microbiologistes ont montré que la c. n'est qu'une variété de l'ostéite tuberculeuse. Aussi renverrons-nous à la description de cette maladie au mot OSTÉITE. — Pour la *C. dentaire*, voy. DENT.

Bot. — Lorsque la vie se retire d'une partie quelconque des végétaux ligneux, le bois exposé aux alternatives de sécheresse et d'humidité qui favorisent l'action de l'oxygène atmosphérique, s'altère et se transforme en humus ou terreau : c'est la *Carie du bois*. Cette maladie, ou plutôt cette mort partielle atteint surtout les parties amputées ou dépouillées de leur écorce. L'enlèvement accidentel d'une portion peu considérable d'écorce ne donne pas lieu à la c. quand l'arbre est en pleine végétation. Alors il se forme bientôt des deux côtés de la plaie deux bourrelets qui se réunissent avant que le bois dénudé se soit décomposé. Il en est autrement si le tégument cortical a été enlevé sur une grande étendue et pendant le sommeil de la vie végétale. La plaie livrée à elle-même ne se cicatrise pas : la carie ne tarde pas à s'y manifester, et s'étend plus ou moins rapidement jusqu'au cœur de l'arbre dont elle va déterminer la mort. On peut la prévenir en recouvrant les parties de bois mises à nu, soit avec de la cire à greffer, soit avec le mélange de terre glaise et de bouse de vache connu vulgairement sous le nom d'*Onguent de S. Fiacre*. — *Carie du blé*, Nom donné à une maladie du blé produite par le *Tilletia caries*, champignon du groupe des *Ustilaginées*. Voy. ce mot et CÉRÉALES.

CARIE, anc. région de l'Asie Mineure, sur le littoral de l'Archipel ; v. pr. *Milet*, *Halicarnasse*. ═ Nom des hab. : CARIENS ou CARES.

CARIER. v. a. (R. *carie*). Gâter, pourrir. Se dit principalement en parlant des os, des bois et des blés. ═ SE CARIER. v. pron. *Le fémur commence à se carier. Ses dents se carient.* ═ CARIÉ, ÉE. part. ═ Conjug. Voy. PRIER.

CARIEUX, EUSE. adj. (R. *carie*). Où est la carie. *Os car.* ‖ Qui est entretenu par la carie.

CARIGNAN. s. m. Voy. CARIGNANE.

CARIGNAN, ch.-l. de c. (Ardennes), arrondissement de Sedan, 2,100 hab.

CARIGNAN, v. d'Italie, sur le Pô, 7,500 h.

CARIGNAN (Maison de), branche de la maison de Savoie, dont le chef fut Thomas-François, prince de Carignan (1596-1656), et qui commença à régner en 1831, dans la personne de Charles-Albert.

CARIGNANE. s. m. T. Vitic. Cépage estimé du Midi de la France, d'origine espagnole. En Algérie on dit CARIGNAN.

CARILLON. s. m. [Pr. les *ll* mouillées] (bas-lat. *quadrilio*, sonnerie à quatre cloches). Battement de cloches à coups précipités, avec une sorte de mesure, de cadence et d'accord. *Sonner le c. Sonner à double c.* — Fig. et fam., *A double, à triple c.*, Avec une extrême violence. *On a sifflé sa pièce à double c.* || Réunion de cloches accordées à différents tons; l'air qu'on exécute au moyen de ces cloches. *Les églises du Nord et de la Belgique ont de remarquables carillons — Horloge, pendule, montre à c.* On a pu voir et entendre aux dernières expositions universelles des carillons très remarquables qui exécutaient des airs fort compliqués, notamment les carillons mécaniques de Bollée, qui jouent sur 40 et 50 cloches de timbres différents les principaux airs de nos opéras. — *Horloge c.*, Qui sonne des airs à certaines heures. || T. Méc. *C. d'alarme*, Appareil pour avertir que la pompe de la chaudière fonctionne mal. || T. Techn. *Fer de c.*, Barre de fer de 0m018 à 0m020 carrés. || T. Phys. *C. électrique*, Petit appareil de démonstration composé d'une boule de métal suspendue comme un pendule entre deux timbres métalliques dont l'un est électrisé et isolé, et l'autre communique avec la terre; cette boule, alternativement attirée et repoussée par chacun des deux timbres, vient les frapper successivement et exécute ainsi un bruit de c. Voy. ÉLECTRICITÉ. || Fig. et fam., Vacarme, tapage. *Quand il saura cela, il fera un beau c.* || Jeu de salon qui consiste surtout à s'embrasser réciproquement.

CARILLONNEMENT. s. m. [Pr. *cari-llo-neman*, *ll* mouillées]. Action de carillonner.

CARILLONNER. v. n. [Pr. *cari-llo-né*, *ll* mouillées]. Sonner le carillon. *On n'a fait que c. toute la journée.* || Exécuter un air sur un c. || Agiter vivement une sonnette. — CARILLONNÉ, ÉE. part. Ne s'emploie que dans cette loc., *Fête carillonnée*, qui se dit des grandes fêtes de l'Église catholique.

CARILLONNEUR. s. m [Pr. *cari-llo-neur*, *ll* mouillées]. Celui qui carillonne.

CARIN, empereur romain (283-285).

CARINAIRE. s. f. (lat. *carina*, carène). T. Zool. Genre de mollusques gastéropodes. Voy. HÉTÉROPODES.

CARINAL, ALE. adj. (lat. *carina*, carène). T. Didact. Qui a la forme d'une carène.

CARINARIA. s. f. pl. (lat. *carina*, carène). T. Zool. et Paléont. Ce sont des mollusques gastéropodes hétéropodes (Voy. ces mots) dont la coquille est mince, vitreuse, en forme de bonnet, à carène antérieure. Ce genre est actuel, pliocène et miocène.

CARINATIDES. s. m. pl. (lat. *carina*, carène). T. Zool. et Paléont. C'est ainsi qu'on nomme, parmi les oiseaux, les *Euornithes* (Voy. ce mot), qui ont une crête au sternum à l'exception des formes où cette crête fait défaut par suite du manque d'usage.

CARINÉ. ÉE. adj. (lat. *carina*, carène). T. Bot. Se dit d'une feuille dont le milieu est creusé en gouttière.

CARINTHIE, anc. prov. de l'empire d'Autriche, 360,000 h. Cap. *Klagenfurth*.

CARIOPSE. s. m. Voy. CARYOPSE.

CARIQUE. s. f. (lat. *carica*, figue). T. Bot. Nom donné à une figue sauvage.

CARISEL. s. m. Sorte de grosse toile claire dont on se sert comme de canevas pour faire de la tapisserie.

CARISET. s. m. T. Comm. Ancienne étoffe de laine.

CARISSA. s. m. Genre d'arbrisseaux, type de la tribu des *Carissées*, famille des *Apocynées*. Voy ce mot.

CARISSÉES. s. f. pl. T. Bot. Tribu de plantes de la famille des *Apocynées*. Voy. ce mot.

CARISSIMI, compositeur italien, réformateur de la musique en Italie (1604-1674).

CARISTIE, architecte français (1783-1862).

CARIVE. s. m. Piment ou poivre de Guinée.

CARLETTE. s. f. Ardoise d'Anjou et du Maine.

CARLIN. s. m. (ital. *Carlino*, diminutif de *Carlo*, Charles). Nom donné à diverses monnaies d'Italie. Voy. MONNAIE.

CARLIN. s. m. T. Mam. Variété de chiens ainsi nommés parce que leur tête ressemble à celle d'Arlequin que jouait l'acteur Carlin. Voy. CHIEN.

CARLINE. s. f. (du nom de Charlemagne dont cette herbe aurait guéri l'armée de la peste). T. Bot. Genre de plantes de la famille des *Composées*. Voy. ce mot.

CARLINGUE. s. f. Sorte de quille intérieure placée dans la direction de la quille proprement dite et immédiatement au-dessus d'elle. Voy. MÂT. || Assemblage des pièces de bois qui reçoivent les pieds des bas mâts et du cabestan.

CARLISLE, ch.-l. du comté de Cumberland (Angleterre), au N.-O.; 39,000 h.

CARLISTES, partisans de Charles X après la Révolution de 1830. || Partisans de don Carlos de Bourbon (en Espagne).

CARLITTE (Mont), pic des Pyrénées (Pyrénées-Orientales), 2,921 mètres.

CARLOCK. s. m. T. Comm. Colle de poisson.

CARLOMAN, nom de plusieurs princes carolingiens. L'un, fils de Charles Martel et frère de Pépin le Bref, gouverna l'Austrasie, de 741 à 747, et se retira au monastère du Mont-Cassin, où il mourut en 755. — Un autre, fils de Pépin le Bref et frère de Charlemagne, fut roi d'Austrasie, de Bourgogne et de Provence, en 768, et mourut en 771. — Un autre, fils de Louis le Bègue, régna sur la France d'abord avec son frère Louis III (879), puis seul (882-884). — Un quatrième, fils de Louis le Germanique, fut roi d'Italie et mourut en 880.

CARLOS (Don), nom de plusieurs princes espagnols dont le principal, DON CARLOS fils de Charles IV, tenta de renverser la reine Isabelle, sa nièce; il est mort en 1855; son fils, puis son petit-fils, ont tenté de soulever l'Espagne.

CARLOSTADT, ami de Luther, dont il se sépara plus tard, embrassa un des premiers la Réforme; m. en 1541.

CARLOVINGIENS. Voy. CAROLINGIENS.

CARLOW, v. d'Irlande. ch.-l. du comté de ce nom, 10,000 hab. Le comté a 46,000 hab.

CARLOWITZ, v. des États autrichiens, sur le Danube, 5,600 hab. Traité de Carlowitz, en 1699, par lequel la Turquie abandonna d'importants territoires à l'Autriche, à la Pologne, à la Russie et à la république de Venise.

CARLSBAD, ville de Bohême, 10,000 hab. Eaux minérales.

CARLSBOURG, v. d'Autriche (Transylvanie), 9,000 hab.

CARLSCRONA ou **KARLSKRONA**, v. et port militaire de la Suède mérid., 19,000 h.

CARLSRUHE, v. d'Allemagne, capitale, du grand-duché de Bade, 61,000 hab.

CARLSTADT, v. forte des États autrichiens, prov. de Croatie, 8,000 hab.

CARLUDOVICA. s. m. (lat. *Carolus*, Charles, *Ludovicus*, Louis, n. d'homme). T. Bot. Les feuilles ténaces fournies par le *Carludovica palmata*, genre de plantes de la famille des *Cyclanthacées*, qui servent à la fabrication des chapeaux de paille dits de Panama. Voy. CYCLANTHACÉES.

CARLUDOVICÉES. s. f. pl T. Bot. Tribu de plantes Monocotylédones, de la famille des *Cyclanthacées.* Voy. ce mot

CARLYLE (Thomas), historien anglais, auteur d'une histoire un peu paradoxale de la Révolution française (1795-1881).

CARMAGNOLA, v. d'Italie, à 42 kil. de Turin, prise par les Français en 1792 ; 13,030 hab.

CARMAGNOLA (Bussone, dit), célèbre général italien né à Carmagnola en 1390, mort sur l'échafaud en 1432.

CARMAGNOLE. s. f. Sorte de veste. Vx. || Ronde révolutionnaire que le peuple chantait en 1793.

CARMANIE, anc. pays de l'Asie centrale, sur le golfe Persique.

CARMANTINE. s. f. T. Bot. Nom vulg. de la *Justicie pectorale (Justica pectoralis),* de la famille des *Acanthacées.*

CARMAUX. ch.-l. de c. (Tarn), arr. d'Albi ; 9,600 hab. Houillère, verrerie, etc.

CARME. s. m. Religieux de l'ordre du Carmel. — L'ordre religieux ainsi appelé tire son nom et son origine du mont Carmel, en Palestine, qui fait partie de la chaîne du Liban. Parmi les nombreux pèlerins qui, à l'époque de la première croisade (1098-1099), visitèrent les Lieux saints, quelques-uns se retirèrent dans les grottes du mont Carmel, pour s'embrasser la vie érémitique. Dans les premières années du XIIᵉ siècle, un nommé Bertold réunit ces ermites en communauté, sans que pour cela ils quittassent leurs cellules. Un siècle plus tard, en 1209, Albert, patriarche latin de Jérusalem, leur donna une règle extrêmement sévère, qui fut approuvée par les papes Honorius III (1224), Grégoire IX (1227) et Innocent IV (1245). Ces religieux furent d'abord habillés de blanc ; mais les Sarrasins les ayant obligés de quitter cette couleur, ils prirent des vêtements d'étoffe rayée, à la mode des Orientaux, ce qui les fit appeler *Frères barrés (fratres radiati, barroti, straguloti).* Enfin, en 1281, le pape Martin IV changea leur nom et leur habit : il les appela *Carmes* et leur donna le manteau blanc que depuis lors ils ont toujours porté.

Après la conquête de la Palestine par les musulmans, les Carmes furent obligés de quitter la Terre sainte, et ils se répandirent principalement en Italie et en Espagne. Leur introduction en France date de 1254 ; elle est due à saint Louis, qui, au retour de sa première croisade, amena plusieurs de ces religieux à Paris. Une fois établis en Europe, les carmes se relâchèrent peu à peu de la sévérité de leur règle primitive, et ils obtinrent d'Eugène IV (1432) l'approbation des adoucissements qu'ils y avaient apportés. Environ un siècle plus tard, Jean de la Croix et Antoine de Jésus, disciples de sainte Thérèse, entreprirent de ramener l'ordre à son austérité primitive, et établirent une réforme qui ne fut pas acceptée par toutes les maisons ; dès lors, on appela *Carmes mitigés* ceux qui voulurent s'en tenir à l'ancienne observance, c'est-à-dire aux statuts modifiés par Eugène IV ; et *Carmes de l'étroite observance* ou *Carmes déchaux* ou *déchaussés,* parce qu'ils marchaient nu-pieds, ceux qui adoptèrent la réforme de sainte Thérèse. Ces derniers ne sortirent guère d'Espagne, tandis que les autres se répandirent dans tous les pays catholiques et même en Italie. Cependant les carmes déchaussés furent envoyés en France par le pape Paul V, sous le règne de Louis XIII, qui leur permit de s'établir à Paris. La reine Marie de Médicis posa, en 1613, la première pierre de leur église.

Des maisons de femmes étaient annexées à l'ordre des carmes ; ces religieuses se nommaient *Carmélites* Leurs statuts ayant été modifiés dans le même sens que ceux des hommes, sainte Thérèse les réforma, en 1538, à Avila, en Espagne. Les carmélites s'établirent en France en 1552. Le premier couvent de leur ordre fut fondé par la princesse d'Orléans de Longueville : c'est dans ce couvent que se retira Mˡˡᵉ de La Vallière.

En 1790, lorsque les ordres religieux furent supprimés en France, celui des carmes comptait en Europe un total de 180,000 personnes, hommes ou femmes, et de 7,000 couvents, divisés en 38 provinces.

Pharm. — On connaît sous le nom d'*Eau de mélisse des Carmes,* ou simplement d'*Eau des Carmes,* un alcoolat jadis fort vanté, dont ces religieux avaient le secret. C'est tout simplement un mélange de 8 parties d'alcool de mélisse, de 4 p. d'alcool d'écorce de citron, de 2 p. d'alcool de muscade, id. de

coriandre, et de 1 p. d'alcool de romarin, de thym, de cannelle, d'anis vert, de marjolaine, d'hysope, de sauge, d'angélique et de girofle. Cet alcoolat est réputé stomachique et vulnéraire.

CARMEL, montagne de Palestine sur laquelle est un couvent célèbre. || Ordre de chevalerie institué par Henri IV en 1608, et réuni à l'ordre de Saint-Lazare.

CARMELINE. adj. f. *Laine* c., Espèce de laine qu'on tire de la vigogne.

CARMÉLITE. s. f. T. Hist. relig. Religieuse de l'ordre du Carmel. || Carmélites déchaussées de la réforme de Sainte-Thérèse qui vont pieds nus. Voy. **Carme.**

CARMES. s. m. pl. (Corrup. de *carnes,* qui se disait autrefois et qui vient du lat. *quaternus,* coup de quatre). T. Jeu de trictrac. Se dit lorsque d'un coup de dé on amène les deux 4. *Amener* c.

CARMIN. s. m. (bas-lat. *carmesinus,* de couleur carmin, de l'ar. *kermes,* rouge). Couleur d'un rouge éclatant fournie par la Cochenille. Voy. ce mot. — Le c. est remplacé aujourd'hui dans presque toutes ses applications industrielles par les couleurs dérivées des goudrons de houille. Il est encore employé par les peintres.

Chim. — Quand la cochenille a été bien desséchée, elle se conserve très longtemps sans s'altérer. Ainsi on a reconnu que des cochenilles récoltées depuis 130 ans étaient aussi riches en principe colorant que d'autres fraîchement cueillies. Ce principe a reçu, de Pelletier et Caventou, le nom de *Carmine;* à l'état de pureté, il constitue l'*acide carminique* isolé par De la Rue. Ce qu'on appelle *C.* est un mélange du principe colorant de la cochenille et de diverses matières albuminoïdes. On peut l'obtenir de plusieurs manières. L'un des procédés les plus usités consiste à verser de l'alun et de la crème de tartre dans une décoction de cochenille. L'opération donne pour résultat un dépôt solide, pulvérulent, d'un rouge magnifique, qui est très employé, à cause de son éclat et de sa vivacité, par les peintres en miniature et les fabricants de fleurs artificielles. On en fait également usage pour colorer les bonbons et certaines liqueurs. La préparation du carmin passe pour avoir été découverte par un moine de Pise ; mais c'est Homberg qui, le premier, a fait connaître la composition de ce produit. La *laque carminée,* longtemps connue sous le nom de *Laque de Florence,* parce qu'elle a été d'abord fabriquée dans cette ville, ainsi que le kermès, fournit une couleur dont la beauté est loin d'égaler celle du carmin. On la prépare en faisant bouillir la cochenille avec une dissolution faible de carbonate de soude, et en versant de l'alun dans la liqueur. Il se forme un précipité rouge composé d'alumine combinée avec la matière colorante ; c'est lui qui constitue la laque carminée.

CARMINAPHTE. s. m. (R. *carmin,* et *naphte).* T. Chim. Matière colorante rouge, insoluble dans l'eau, soluble dans l'alcool, appartenant à la classe des oxyazoïques. On la prépare en faisant agir le β-naphtol sur le dérivé diazoïque du β-naphtalène.

CARMINATIF, IVE. adj. (lat. *carminare,* nettoyer). — On nomme ainsi les médicaments propres à dissiper les gaz qui se développent dans le tube intestinal, et à calmer les douleurs qu'ils déterminent. Tous les *Carminatifs* appartiennent à la classe des substances toniques et stimulantes : on y range principalement les racines d'angélique, de gingembre, de galanga ; les feuilles d'absinthe, de mélisse et de la plupart des labiées ; les fleurs de camomille, de tilleul et d'oranger ; les graines d'anis, de coriandre, de cumin, de fenouil ; les fruits de la badiane, du genévrier, le poivre, la vanille, la cannelle, l'écorce de citron, etc. Toutes ces substances excitent plus ou moins vivement les organes gastro-intestinaux, et c'est par la réaction qu'ils déterminent qu'ils dissipent les flatuosités. Leur emploi est donc contre-indiqué toutes les fois qu'il y a phlegmasie des organes abdominaux ; aussi l'usage inconsidéré que le vulgaire fait parfois de ces médicaments entraîne-t-il dans certains cas des accidents de la plus haute gravité.

CARMINE. s. f. (R. *carmin).* Matière colorante rouge contenue dans la *Cochenille du nopal,* syn. de *Coccine.*

CARMINER. v. a Peindre, enluminer avec du carmin.

CARMINIQUE. adj. 2 g. (R. *carmin).* T. Chim. L'*acide*

carminique est le principe tinctorial de la cochenille et des autres gallinsectes colorants tels que le kermès. C'est un corps solide, cristallisable, d'une couleur rouge pourprée, d'une saveur acidulée. Il est très soluble dans l'eau et dans l'alcool, presque insoluble dans l'éther. Il se dissout sans décomposition dans les acides sulfurique et chlorhydrique concentrés. La cha.eur le décompose au-dessus de 136°. On considère l'acide c. comme un glucoside, que les acides dédoublent à l'ébullition en sucre et en *rouge de carmin*. Cette dernière substance, fondue avec la potasse, fournit la *coccinine*, matière cristallisée, jaune, très soluble dans l'éther, insoluble dans l'eau. La coccinine donne avec l'ammoniaque ou avec les alcalis des solutions jaunes qui, exposées à l'air, passent graduellement au vert, au violet et au pourpre. — L'acide c. traité à chaud par l'acide azotique se transforme en *acide nitrococcussique* (ou nitrococcique), solide jaune, cristallisable, soluble dans l'eau, l'alcool et l'éther. — Aujourd'hui la cochenille et le carmin tendent à être remplacés par des matières colorantes artificielles telles que l'éosine et les couleurs azoïques.

CARMONA, v. de la prov. de Séville (Espagne); 20,000 h.

CARMONTEL, auteur dramatique français, a écrit des *Proverbes* (1717-1806).

CARNAC, bourg de France, dép. du Morbihan, arr. de Lorient, à 17 kilom. d'Auray; 2,900 hab. Alignement de pierres druidiques.

Carnac est le lieu du monde où ces pierres antiques se présentent en plus grand nombre, et l'aspect de ce champ de menhirs (Fig. 1), ne laisse pas que d'être fort impressionnant, surtout dans la solitude de la nuit et à la clarté de la lune. Le nombre de ces pierres s'élève encore actuellement à 2,365, dont 788 encore debout et 1,577 tombées. Leur hauteur moyenne est de 2m50 à 3 mètres; quelques-unes atteignent 4 mètres, d'autres ne dépassent pas 1 mètre. Le monument entier se divise en quatre parties parfaitement distinctes : 1° le Menec-Vras; 2° Kermario; 3° Kerlescan; 4° le Menec-Vihan. Ces alignements sont orientés vers l'E.-N.-E. et l'E.-S.-E., c.-à-d. vers le soleil levant aux environs des équinoxes et des solstices, comme le montre le plan qui en a été levé en 1874, par M. du Cleuziou (Fig. 2). Ces pierres paraissent avoir été élevées par un pieux souvenir au culte des morts. Ce culte est toujours fervent et dominant en Bretagne. *Carnac*, ou *Carn*, signifie tumulus et tombeau; *Menec* veut dire souvenir, *Kermario* veut dire cité des morts. Ces souvenirs préhistoriques datent probablement des Celtes; il est difficile d'en assigner l'âge.

CARNAGE. s. m. (bas-lat. *carnaticum*, tas de chair, du lat. *caro*, *carnis*, chair). Massacre, tuerie. Se dit surtout en parlant des hommes *Faire un grand c.*, *un horrible c. Être altéré de c.* — *Faire un grand c. de daims, de lièvres, de perdrix*, etc., En tuer un grand nombre. — *Les lions, les tigres*, etc., *vivent de c.*, Vivent de la chair des animaux qu'ils tuent. = Syn. Voy. MASSACRE. ‖ T. Vén. Chair des animaux qu'on donne en pâture aux chiens. ‖ Charogne ou proie vivante qu'on donne en nourriture aux carnassiers.

CARNAIRE. adj. 2 g. (lat. *caro*, *carnis*, chair). T. Hist. nat. Qui vit de viande ou sur la viande.

CARNAL. s. m. (R. *carne*, anglé). T. Mar. Palan servant sur les galères à élever la tente. ‖ Extrémité inférieure d'une antenne.

CARNALETTE. s. f. T. Mar. Palan plus petit que le carnal.

CARNALLITE. s. f. [Pr. *carnal-lite*]. T. Minér. Chlorure double hydraté de magnésium et de potassium, ayant pour formule

$$KCl + MgCl^2 + 6H^2O.$$

Ce sel est devenu la source la plus abondante et la moins coûteuse de la potasse. Il est l'objet d'une exploitation considérable à Stassfurt (Prusse). Il se présente sous la forme de masses compactes ou grenues, d'un éclat vitreux, incolores

Fig. 1.

Fig. 2.

et transparentes, mais plus ordinairement colorées en rouge par des lamelles microscopiques de fer oligiste. La c. se trouve en couches entre la kieserite (sulfate de magnésie monohydraté) et le sel gemme. Elle est déliquescente; traitée par une quantité d'eau insuffisante pour la dissoudre, elle se dédouble à peu près exactement en *chlorure de potassium* et *chlorure de magnésium*; ce dernier se dissout seul. — L'agriculture, pour ses engrais, fait une consommation considérable de c. — Forme cristalline : cubique. Clivages moins faciles que dans les sels gemmes.

CARNASSE. s. f. (lat. *caro, carnis,* chair, et suffixe péjor. *asse*). T. Techn. Nom des colles-matières tendineuses et membraneuses dont on se sert pour la fabrication de la colle forte.

CARNASSIER, IÈRE. adj. (lat. *caro, carnis,* chair). Se dit proprement des animaux qui se nourrissent de chair crue, qui en sont fort avides. — Subst., *Les carnassiers.* ‖ Par ext., s'applique aux hommes qui aiment beaucoup la chair, qui en consomment beaucoup. *Les peuples du Nord sont plus carnassiers que ceux du Midi.* ‖ *Dent carnassière,* Grosse molaire des mammifères carnivores.

Syn. — *Carnivore.* — *Carnivore,* signifie qui mange de la chair; et *carnassier,* qui en fait sa nourriture. Celui-ci se dit proprement de l'animal que sa nature force à se nourrir de chair et qui ne peut vivre d'autre chose; l'animal *carnivore* se nourrit bien de chair, mais il n'est pas réduit à cet unique aliment. Le tigre et le lion sont des animaux *carnassiers;* le chien et l'ours sont des animaux *carnivores.*

Mammal. — Dans tous les systèmes zoologiques, les *Carnassiers* constituent l'un des ordres les plus importants de la grande classe des *Mammifères.* Mais, selon les vues de chaque auteur, cet ordre embrasse ou plus ou moins grand nombre de genres et de familles. G. Cuvier rangeait parmi les carnassiers les *Chéiroptères,* les *Insectivores,* les *Amphibies* et les *Marsupiaux;* mais aujourd'hui on s'accorde non seulement à retrancher de l'ordre ces quatre grands groupes, mais encore à les ériger en ordres distincts, de sorte qu'il ne reste plus dans cet ordre que la section désignée par Cuvier sous le nom de *Carnivores,* qui est resté le nom de l'ordre; le mot de *C.* disparaît ainsi de la classification.

Les *Carnassiers* ont pour caractères : quatre membres, servant à la marche et rarement à grimper; dents de trois sortes, disposées ou moins en série continu; ostéome simple, peu volumineux; intestin court; placenta zonaire. — Les carnassiers vivent tous de matières animales, et d'autant plus exclusivement que leurs mâchelières sont plus tranchantes. Ceux qui les ont en tout ou en partie tuberculeuses, se nourrissent aussi plus ou moins de substances végétales, et ceux qui les ont hérissées de pointes coniques se nourrissent principalement d'insectes. L'articulation de la mâchoire inférieure, dirigée en travers et serrée comme un gond, ne lui permet aucun mouvement de latéralité : elle ne peut que se former et s'ouvrir et les dents coupent à la façon des lames d'une paire de ciseaux. Leur cerveau, encore assez sillonné, n'a pas de troisième lobe et ne recouvre point le cervelet. Le crâne est rétréci et les arcades zygomatiques sont écartées et relevées pour donner plus de volume et plus de force aux muscles des mâchoires : aussi la tête est-elle fort large relativement à sa longueur. Le peu de volume et de développement de l'intestin est également en rapport avec la nature substantielle des aliments dont les carnassiers se nourrissent. De tous les organes : dans le plus développé, chez ces animaux, est celui de l'odorat : la membrane olfactive est généralement étendue sur des lames osseuses très multipliées. Cette disposition explique l'étonnante faculté possédée par la plus grande partie des carnassiers de *suivre une piste* en recueillant des émanations qui ne font aucune impression sur l'odorat humain.

Les mammifères carnassiers présentent entre eux, comme nous l'avons dit, des différences assez considérables et on les a répartis en plusieurs ordres : les *Carnivores,* les *Amphibies,* les *Insectivores* et les *Chéiroptères.* Il y a aussi des carnassiers parmi les *Marsupiaux.* — Voy. tous ces mots.

Entomol. — Latreille réunit sous le nom commun de *Carnassiers* tous les genres terrestres de la section des *Coléoptères pentamères,* puis il partage ces mêmes carnassiers en deux tribus, les *Cicindélites* et les *Carabiques.* Comme les pentamères aquatiques ou *Hydrocanthares* du savant entomologiste ne sont pas moins carnivores que les carnassiers proprement dits, nous ne saurions adopter cette manière de diviser les coléoptères pentamères. Toutefois, pour nous écarter le moins possible de la classification du législateur de l'entomologie, nous nous contenterons d'éliminer cette dénomination trop peu précise de carnassiers, et nous admettrons les trois tribus ou familles des *Cicindélites,* des *Carabiques* et des *Hydrocanthares.* Voy. ces mots.

CARNASSIÈRE. s. f. (R. *carnassier*). Sorte de petit sac où un chasseur met le menu gibier qu'il a tué.

CARNATION. s. f. (lat. *caro, carnis,* chair). Le teint du visage. *Une belle c. n'est pas toujours l'indice d'une bonne santé.* ‖ T. Peint. Représentation des chairs de l'homme par le coloris. Se dit de l'ensemble des parties de chair que présente un tableau. *Cette c. est vivante. Les carnations de ce tableau sont admirables.* ‖ T. Blas. Se dit de toutes les parties du corps humain, particulièrement du visage, des mains et des pieds, quand ils sont représentés au naturel. *Les armoiries du canton des Grisons (Suisse) sont : Parti d'argent et d'or, au sauvage de c., couvert et couronné de lierre de sinople, tenant de la main droite une massue d'or, la main gauche appuyée sur la hanche.* Fig. ci-dessus.

CARNAU. s. m. T. Techn. Voy. Carneau.

CARNAUBA. s. m. (mot brésilien). T. Pharm. Nom sous lequel on désigne une sorte de cire fournie par un palmier du Brésil, le *Copernicia cerifera.* Voy. Palmiers.

CARNAVAL. s. m. (bas-lat. *carnelevamen,* pour *carnis levamen,* enlèvement de la chair, de *caro,* chair, et *levamen,* action d'enlever, d'ôter). Temps de réjouissances et de divertissements, qui commence le jour des Rois et finit le mercredi des Cendres. Le c. est un reste des bacchanales de Rome et des fêtes populaires qui célébraient le renouvellement de l'année les premiers jours de mars. Le christianisme n'en a changé que la forme. À la fin du XIVe siècle, c'est à Nice et à Rome que les fêtes du c. sont les plus brillantes. Depuis quelques années, à Paris, le c. paraît ressuscité le jour de la mi-carême; l'ancienne procession du bœuf gras faite autrefois en grande pompe le jour du mardi gras, est tombée en désuétude depuis la guerre de 1870.

CARNAVALET (Hôtel). Situé à Paris, rue Sévigné, bâti sur les plans d'Androuet du Cerceau, vers 1550, orné de statues par Jean Goujon, et terminé par Mansart en 1634, cet hôtel servit de résidence à Mme de Sévigné, et renferme aujourd'hui la Bibliothèque et le Musée de la ville de Paris, contenant de précieuses collections de l'époque révolutionnaire. Son nom est une corruption de celui de M. de Kernovenoy, qui l'acquit en 1758. La ville de Paris l'a acheté en 1866.

CARNE. s. f. (lat. *cardinem,* accus. de *cardo,* gond). L'angle extérieur d'une pierre, d'une table, etc. ‖ s. m. Celui des quatre côtés de l'osselet qui est un peu concave et forme une figure en S. ‖ T. Callig. Évidement d'un tuyau de plume taillé pour écrire.

CARNE. s. f. (lat. *caro, carnis,* chair). Très mauvaise viande.

CARNÉ, ÉE. adj. (lat. *caro, carnis,* chair). T. Hist. nat. Qui est de couleur de chair. *Un œillet c. Plumage c.*

CARNÉ, publiciste et historien, membre de l'Académie française (1804-1876).

CARNÉADE, phil. grec (213-126 av. J.-C.). Il professait une sorte de scepticisme.

CARNEAU. s. m. (R. *carne,* coin). T. Techn. Trou de la voûte d'un fourneau à porcelaine par où s'échappe la fumée.

CARNÈLE. s. f. (R. *carne,* coin). Bordure qui paraît autour du cordon d'une monnaie et qui forme la légende.

CARNELER. v. a. T. Numismatique. Faire une carnèle. ‖ T. Blas. Ceindre.

CARNET. s. m. (lat. *quaternio,* cahier : propr. feuille pliée en quatre). Petit livre de comptes ou de notes que l'on porte avec soi. *Le c. d'un négociant, d'un agent de change.* — *C. d'échéances,* Livre sur lequel les négociants inscrivent les effets qu'ils ont à recevoir et à payer. — *C. de recettes,* Livre où un employé du fisc inscrit les recettes à mesure qu'elles rentrent. ‖ *C. d'attachements* au Journal, Petit registre où un agent des travaux publics inscrit jour par jour les ouvrages de tout genre qui se font sous sa direction.

CARNIER. s. m. (lat. *caro, carnis,* chair). Carnassière.

CARNIÈRES, ch.-l. de c. (Nord), arr. de Cambrai, 1,700 h.

CARNIFICATION. s. f. (R. *carnifier*). T. Méd. Altération morbide par laquelle un tissu acquiert une consistance analogue à celle des parties charnues du tissu musculaire.

CARNIFIER (Se). v pron. (lat. *caro, carnis*, chair; *fieri*, devenir). Acquérir la consistance du tissu musculaire. == CARNIFIÉ, ÉE. part.

CARNIFORME. adj. 2 g. (lat. *caro, carnis*, chair; *forma*, forme). T. Didact. Qui a l'apparence de la chair.

CARNINE. s. f. (lat. *caro, carnis*, chair). T. Chim. Alcaloïde contenu dans l'extrait de viande et dans la levure. C'est une substance blanche, cristalline, à saveur amère, à réaction neutre; elle est très peu soluble dans l'eau froide, insoluble dans l'alcool et l'éther. La c. a pour formule C7H8Az4O2 + H2O. Elle joue le rôle d'une base faible et donne un chlorhydrate et un chloroplatinate insolubles. Le brome, le chlore, l'acide azotique la transforment aisément en sarcine.

CARNIOLE, prov. de l'empire Austro-Hongrois au S.-O., 498,500 h.; cap. Laybach. Grottes remarquables, stalactites, lacs souterrains remplis de poissons aveugles, rivière souterraine de la Poïk, près d'Adelsberg.

CARNIQUES (ALPES), chaîne des Alpes au N. de la Vénétie.

CARNIVORE. adj. 2 g. (lat. *caro, carnis*, chair; *vorare*, dévorer). Se dit des animaux qui peuvent se nourrir de chair, par oppos. à ceux qui ne se nourrissent que de végétaux, et que l'on nomme *Herbivores. Les animaux carnivores*. On dit aussi subst., *Les carnivores*.

Zool. — Les *Carnivores*, dans la classification du Cuvier, constituent, dans la classe des mammifères, la première section de l'ordre des *Carnassiers*. Dans les classifications modernes, ils constituent un ordre spécial, l'ordre des *Carnassiers* ayant été supprimé. Voy. CARNASSIERS. Les animaux qui composent cette section sont les Carnassiers par excellence. Il se trouve, à la vérité, parmi les carnivores quelques animaux qui vivent autant de végétaux que de matières animales; mais tous ceux qui, dans le langage vulgaire, on désigne sous le nom de *Bêtes féroces*, appartiennent à cette section. — Les caractères qui servent à distinguer les carnivores en groupes ou familles sont principalement tirés de leur appareil dentaire, de leur mode de station, et de leur placenta qui est zonaire.

« Les animaux compris dans cette section, dit G. Cuvier, ont toujours 4 grosses et longues canines écartées, entre lesquelles 6 incisives à chaque mâchoire. Les molaires sont ou entièrement tranchantes, ou mêlées seulement de parties à tubercules mousses et non hérissées de pointes coniques. Ces animaux sont d'autant plus exclusivement carnivores que leurs dents sont plus complètement tranchantes, et l'on peut presque calculer la proportion de leur régime d'après l'étendue de la surface tuberculeuse de leurs dents comparée à la partie tranchante. Ceux qui peuvent entièrement se nourrir de végétaux, ont presque toutes leurs dents tuberculeuses. Les molaires antérieures sont les plus tranchantes; ensuite vient une molaire plus grosse que les autres, qui a, d'ordinaire, un talon tuberculeux plus ou moins large, et derrière elle on trouve une ou deux petites dents entièrement plates. Aussi c'est avec ces petites dents du fond de la bouche que les chiens mâchent l'herbe qu'ils avalent quelquefois. Nous appellerons avec Fréd. Cuvier cette grosse molaire d'en haut et celle qui lui répond en bas, *carnassières*; les antérieures poinlucs, *fausses molaires*, et les postérieures, *mousses*. On conçoit facilement que les genres qui ont moins de fausses molaires et dont les mâchoires sont plus courtes, sont ceux qui ont plus de force pour mordre. C'est d'après ces différences que les genres peuvent s'établir le plus sûrement. Il faut cependant y joindre la considération du pied de derrière. Plusieurs genres appuient la plante entière du pied sur la terre, lorsqu'ils marchent ou qu'ils se tiennent debout, et l'on s'en aperçoit aisément par l'absence de poils sous toute cette partie. D'autres, en plus grand nombre, ne marchent que sur le bout des doigts en relevant le tarse. Leur course est plus rapide, et à cette première différence s'en joignent beaucoup d'autres dans les habitudes et la conformation intérieure. Les uns et les autres n'ont pour toute clavicule qu'un rudiment osseux suspendu dans les chairs. »

Les organes des sens présentent chez tous les carnivores un grand développement, mais ce développement ne porte pas chez tous sur les mêmes sens. La vue et l'ouïe sont très perfectionnées chez les carnivores par excellence; ce sont, au contraire, l'odorat et le goût qui sont très développés chez ceux d'entre les carnivores qui inclinent davantage vers le régime végétal. « C'est ainsi, dit Isid. Geoffroy-Saint-Hilaire, que les ours, et plus encore les coatis et quelques autres genres voisins, offrent des fosses nasales d'une étendue considérable, au-devant desquelles le nez se prolonge souvent en un groin mobile. La langue est très développée, et la membrane palatine très étendue dans ces mêmes genres. Au contraire, les globes oculaires sont peu volumineux, et les caisses auditives ne font presque jamais qu'une très faible saillie à travers la base du crâne. Chez les *Felis* (Chat), l'inverse a précisément lieu : les caisses auditives sont considérables et les yeux très développés. Ceux-ci présentent d'ailleurs, dans leur structure, deux modifications importantes : d'où les habitudes diurnes d'un certain nombre d'espèces et les habitudes nocturnes des autres. »

G. Cuvier divise les carnivores en deux tribus, les *Plantigrades* et les *Digitigrades*. La première comprend les carnivores qui, comme l'ours, marchent sur la plante entière, ce qui leur donne plus de facilité pour se dresser sur leurs pieds de derrière; et la seconde, ceux qui marchent sur le bout des doigts. Enfin, il établit dans les digitigrades 3 subdivisions, selon que ces animaux ont une seule dent tuberculeuse en arrière de la carnassière d'en haut (le putois par ex.); ou deux tuberculeuses plates derrière cette carnassière (le chien); ou encore selon qu'ils n'ont point de petites dents du tout derrière la grosse molaire d'en bas, comme le chat. Les plantigrades et les digitigrades du premier groupe sont dépourvus de cœcum, tandis que les autres carnivores en ont un petit. Enfin, les digitigrades de la première subdivision ont été nommés *Vermiformes* à cause de la longueur de leur corps et de la brièveté de leurs pieds, qui leur permettent de passer par les plus petites ouvertures.

Paléont. — Les carnivores actuels peuvent être divisés en 6 familles : les URSIDÉS, MUSTÉLIDÉS, VIVERRIDÉS, CANIDÉS, HYÉNIDÉS et FÉLIDÉS (Voy. ces mots), dans lesquelles il n'est pas très facile de faire rentrer les espèces fossiles, qui sont des formes intermédiaires. Ainsi les genres *Amphicyon* et *Hyænarctos* sont du passage entre les canidés et les ursidés; le genre *Cynodon* sert de transition entre les canidés et les viverridés; puis les genres *Ictitherium* et *Hyænictis* sont intermédiaires entre les viverridés et les hyænidés. Tous ces types fossiles sont tertiaires et quaternaires.

Bot. — *Plantes carnivores*. — La plupart des botanistes qualifient ainsi quelques espèces de plantes qui possèdent la propriété de dissoudre, à l'aide d'un liquide particulier, les matières albuminoïdes, telles que la viande ou de petits insectes qu'elles capturent par des procédés variés. Nous verrons à la fin de cet article ce qu'il faut penser de ce phénomène qui est, en somme, une véritable digestion.

Les plantes les plus intéressantes à ce point de vue, sont : la Dionée attrape-mouche (*Dionæa muscipula*), plante des parties marécageuses de la Caroline, et les *Drosera* de nos marais (*Dr. rotundifolia* et *Dr. longifolia*). Voy. DIONÉE, DROSÉRACÉES.

Dans la *Dionée*, les deux moitiés des feuilles sont légèrement inclinées sur la nervure principale, à la façon d'un livre à demi ouvert; les bords sont frangés de longues découpures rigides et pointues, et l'on peut remarquer à la surface deux ou trois petits poils hérissés, à peine visibles, qui sont les points sensibles. Qu'une mouche vienne à frôler ces poils, aussitôt les deux moitiés de la feuille se rabattent l'une sur l'autre, comme les cercles de fer de certains pièges à rats. Les lanières qui les bordent s'enchevêtrent exactement et l'insecte est pris comme dans un piège qui se resserre d'autant plus que le captif fait de plus grands efforts pour se délivrer. Bientôt un liquide visqueux, sécrété à la surface interne de la feuille, enveloppe le moucheron, le tue et dissout les parties molles.

Il existe dans nos eaux douces d'Europe une petite plante, l'*Aldrovandia vesiculosa* qui offre des mœurs analogues. Elle capture des infusoires et de petits crustacés aquatiques comme elle. Les feuilles bilobées, entr'ouvertes comme les valves d'une huître, sont toujours en chasse, à moins qu'elles ne digèrent; alors les lobes qui se sont rejoints sont solidement clos.

Les feuilles des *Drosera*, que l'on nomme vulgairement *Rossolis*, portent non seulement sur le bord, mais sur toute la face supérieure, une série de segments étroits renflés à l'extrémité et dont le nombre s'élève en moyenne à 200. Ils sécrètent un liquide visqueux, dont les gouttes brillent au soleil, ce qui a valu à la plante son nom de *Rossolis*. Si un insecte vient à se poser sur la feuille, les segments se rabattent autour de lui, le fixant en l'enveloppant du liquide visqueux qu'ils sécrètent, et le limbe, en s'enroulant, l'enferme complètement. Il est pris au piège.

La *Grassette vulgaire* (*Pinguicula vulgaris*) assez commune dans nos marais et nos prés humides, possède des feuilles charnues qui ont cependant la singulière propriété de recourber leurs bords épais vers l'intérieur quand un insecte vient les toucher. La face supérieure est recouverte de poils glanduleux de deux sortes, les uns pédicellés, les autres sessiles; ces derniers sécrètent un liquide incolore et très visqueux.

Les *Sarracenia* ont des feuilles roulées en forme de cornet, constituant ce qu'on appelle des *ascidies*. Au fond de ces ascidies, perle et s'amasse peu à peu un liquide acide et sucré dont les insectes paraissent très friands. Un grand nombre d'entre eux se noient dans ce liquide et leur corps ne tarde pas à être dissous.

Plusieurs *Nepenthes* portent au bout de leurs feuilles une sorte d'urne remplie d'eau et munie d'un couvercle qui se referme brusquement sur le visiteur altéré, pris ainsi au trébuchet.

Dans l'*Utriculaire* (*Utricularia vulgaris*), quelques ramifications des feuilles submergées se creusent en ampoules munies de poils courts sur leur face interne. Leur étroit orifice, garni de longs poils rameux, est muni d'un opercule qui s'ouvre comme une soupape de dehors en dedans. Les petits animaux qui viennent à y pénétrer ne peuvent plus en sortir; ils ne tardent pas à y périr et à s'y décomposer.

Dans la *Dionée*, les *Ross..es* et la *Grassette*, le suc sécrété jouit de propriétés très remarquables. Tant que la feuille ne subit le contact d'aucun corps solide, il est neutre et peu abondant. Dès qu'un corps solide et surtout un corps de nature azotée, vient à toucher le limbe, qui se replie autour de lui pour l'envelopper, le suc s'écoule en abondance et devient fortement acide. En même temps, il s'y forme un principe azoté neutre, analogue à la pepsine du suc gastrique des animaux; ainsi transformé, le suc attaque le morceau de viande ou le corps de l'insecte, le dissout et le fait disparaître, en un mot le digère. Le liquide qui s'accumule au fond des *Sarracenia* des *Nepenthes*, etc., possède à tout instant les propriétés digestives.

Ainsi donc il paraît bien démontré que les plantes dites *carnivores* possèdent la propriété de digérer les petits animaux qu'elles arrivent à capturer. Mais le produit de la digestion est-il absorbé par la plante et sert-il à sa nutrition? Voilà un point qui ne paraît pas encore avoir été mis nettement en lumière, car les résultats des expériences que plusieurs botanistes ont entreprises à ce sujet sont contradictoires. Pour Francis Darwin, il ne saurait y avoir de doute, la plante s'alimente bien avec les matières azotées digérées par elle. Ce savant s'avisa, en effet, de nourrir des Rossolis avec de la viande. Tous les quatre ou cinq jours, ses pensionnaires recevaient sur leurs feuilles une ration de rosbeaf. L'influence de ce régime ne tarda pas à se faire sentir. Au bout de deux mois, les plantes gorgées de viande présentaient une vigueur extraordinaire, qui contrastait singulièrement avec l'aspect chétif d'autres Rossolis que le naturaliste avait privées de nourriture animale.

D'un autre côté, d'autres savants, parmi lesquels MM. Trécul, Morren, Nordstedt, Batalin, etc., déposent presque tous contre l'absorption réelle de la substance des animaux par les plantes en question. En présence des assertions contradictoires et en l'absence d'une démonstration complète, comme on peut le dire même après les expériences de M. Francis Darwin, dont l'interprétation peut être tout autre que celle qui leur a été donnée, il semble prudent de se tenir encore sur la réserve quant à l'admission de plantes justifiant réellement la qualification qui leur a été donnée de *carnivores*.

CARNIVOSITÉ. s. f. (R. *carnivore*). Condition d'un animal que son organisation appelle à vivre exclusivement de matières animales.

CARNOSITÉ. s. f. (lat. *caro, carnis*, chair). T. Chir. Se dit de l'épaississement, de l'induration d'une partie du canal de l'urètre.

CARNOT (LAZARE-NICOLAS-MARGUERITE), conventionnel, membre du Comité de Salut public, puis du Directoire, répu-

blicain intègre, organisateur des armées de la République, surnommé l'*Organisateur de la victoire*, né à Nolay (Côte-d'Or) en 1753, mort exilé à Magdebourg en 1823. Il fut aussi un mathématicien remarquable. Son principal ouvrage a pour titre *Réflexions sur la métaphysique de calcul infinitésimal*. Il eut deux fils : NICOLAS-LÉONARD-SADI, officier et physicien français, connu par ses *Réflexions sur la puissance motrice du feu*, qui contiennent l'un des principes fondamentaux de la thermodynamique (voy. THERMODYNAMIQUE) (1796-1832), et LAZARE-HIPPOLYTE, qui fut ministre de la République de 1848, fut envoyé à la Chambre comme député républicain en 1864 et fut un des fondateurs de la 3ᵉ République (1801-1888). Son fils MARIE-FRANÇOIS-SADI, né à Limoges, en 1837, a été élu président de la République française en 1887.

CARNUTES, anc. peuple gaulois qui occupait le pays de Chartres, au centre de la Gaule.

CARO, littérateur français (1826-1887).

CAROGNE. s. f. (lat. *caro*, chair). T. injurieux. Se dit d'une femme débauchée, d'une méchante femme. *Peste de la c.!* Bas.

CAROLINE BONAPARTE. Voy. BONAPARTE.

CAROLINE DE BRUNSWICK, femme de Georges IV, roi d'Angleterre (1768-1820).

CAROLIN. s. m. (lat. *Carolus*, Charles). T. Métrol. Nom de diverses monnaies d'or. Voy. MONNAIE.

CAROLINE DU NORD, l'un des États-Unis d'Amérique (S.-E.), sur l'océan Atlantique, cap. Raleigh; 1,750,000 hab.

CAROLINE DU SUD, l'un des États-Unis d'Amérique (S.-E.), sur l'Atlantique, cap. Colombia, v. pr. Charleston; 1,335,000 hab.

CAROLINES (ILES) ou **NOUVELLES-PHILIPPINES**, archipel de la Polynésie, dans l'océan Pacifique, à l'est des Philippines. Appartient à l'Espagne; 24,000 hab.

CAROLINGIENS, nom des 12 rois de la seconde race, ainsi nommés de Charlemagne ou *Karl le Grand* (752-987); ils succédèrent aux *Mérovingiens* et précédèrent les *Capétiens*. Voy. FRANCE, *Liste des rois*.

CAROLUS. s. m. (Pr. *l's*] (lat. *Carolus*, Charles). Ancienne monnaie de billon, qui valait 10 deniers. *Les carolus furent frappés sous Charles VIII et n'eurent cours que sous son règne*.

CARON. s. m. Bande de lard dont on a enlevé le maigre. ‖ Mélange d'orge et de froment semé dans le même champ. ‖ Vieux papiers sales.

CARON, nocher des enfers, passait les morts de l'autre côté du Styx pour une obole. (Myth.)

CARONADE ou **CARONNADE.** s. f. (R. *Carron*, lieu d'Écosse). T. Artill. Bouche à feu d'une forme particulière qui était en usage dans la marine, et qui a disparu devant l'artillerie rayée. Voy. CANON.

CARONCULAIRE. adj. T. Didact. Qui est formé de caroncules.

CARONCULE. s. f. (lat. *caruncula*, dimin. de *caro*, chair). T. Hist. nat. Petite éminence ou excroissance charnue d'une couleur rougeâtre. — *Caroncules myrtiformes* : Tubercules rougeâtres situés à l'orifice extérieur du vagin chez les femmes mariées. — *Caroncules papillaires* : Petits mamelons situés dans les reins, et qui déversent l'urine dans les calices. — *C. lacrymale*. Voy. Œil. ‖ T. Ornith. Excroissance charnue, ordinairement dénuée de plumes et plus ou moins colorée vive, qui se voit au front, à la base du bec ou au cou de certains oiseaux, comme le dindon, le casoar, etc. ‖ T. Bot. Renflement charnu qui entoure le micropyle de certaines graines.

CARONCULEUX, EUSE. adj. T. Chir. Qui a rapport aux caroncités. ‖ T. Hist. nat. Qui présente des caroncules.

CAROSSE. s. m. Ustensile du cordier. || Assemblage de sarments liés autour de l'échalas. || Fruit du Carossier.

CAROSSIER. s. m. Nom d'un Palmier d'Afrique.

CAROTIDE. adj. et s. f. (gr. καρωτίδες, m. s., de καροῦν, assoupir, parce qu'on attribuait le sommeil à la compression de cette artère). 1. Anat. Artère qui porte le sang du cœur à la tête. Voy. CIRCULATION.

CAROTIDIEN, IENNE. adj. T. Anat. Qui appartient à la carotide. Canal c. Voy. OREILLE.

CAROTIQUE. adj. 2 g. T. Méd. Qui a rapport au carus. État c. Assoupissement c.

CAROTTE. s. f. (lat. carota; gr. καρωτὸν, m. s.). Plante potagère qui fournit une racine à laquelle on donne le même nom et qu'on emploie comme aliment. — Fig. et fam., Ne vivre que de carottes, Vivre mesquinement. — Tirer une c., Attraper, obtenir quelque chose par ruse. || C. de tabac, Assemblage de feuilles de tabac, roulées les unes sur les autres en forme de carotte. || Cylindre de terre extrait par des appareils de sondage, pour être analysé.

Bot. — La Carotte (Daucus Carota), de la famille des Ombellifères, est originaire du midi de l'Europe. C'est une plante bisannuelle, parfois annuelle, à racine pivotante, charnue, rouge, jaune, nankin ou blanche. L'espèce qu'on rencontre à l'état sauvage dans les lieux incultes ne donne qu'une racine coriace, sans valeur alimentaire; néanmoins les expériences de Vilmorin ont démontré la parfaite identité de cette plante et de la c. cultivée. Ses nombreuses variétés sont rangées dans deux séries distinctes, les potagères et les fourragères. Les premières servent exclusivement à la nourriture de l'homme, les secondes à celle des animaux herbivores domestiques. — Les carottes potagères contiennent moins d'eau et plus de substance nutritive, à volume égal, que les autres légumes-racines. Elles possèdent en outre un principe aromatique auquel elles doivent une saveur relevée et des propriétés digestives qui en font un mets aussi salubre qu'agréable. On sème la c. de bonne heure au printemps, en planches étroites et séparées par des sentiers pour rendre le sarclage plus facile. Les meilleures variétés sont: 1° la C. rouge courte précoce de Hollande, à racines en forme de Toupie: grâce à sa croissance rapide, elle se prête facilement à la culture forcée; 2° la C. longue rouge de Vilmorin; 3° la C. blanche transparente de Nancy. — Parmi les Carottes fourragères, les deux variétés les plus répandues sont la rouge et la jaune de Flandre. Grâce à la rapidité de leur croissance, on peut les obtenir en récolte dérobée. On les sème en avril dans le colza d'hiver, le seigle, le froment ou l'avoine Après la moisson, les carot es, restées à moitié visibles sous le colza ou les céréales, ne tardent pas à grandir. Elles donnent avant l'hiver, 20 à 25,000 kil. de racines par hectare. Sous le climat du centre de la France, les carottes fourragères peuvent impunément passer l'hiver en terre et n'être arrachées qu'au fur et à mesure des besoins de la consommation. Dans le Nord ainsi qu'en Belgique, on les dispose en tas allongés, offrant la forme d'un toit à section triangulaire. Ces tas sont recouverts de 30 à 40 centim. de terre sèche. Lorsqu'on veut y puiser, on les entame par le côté qui fait face au sud. Les meilleures espèces après la c. rouge et la jaune de Flandre, sont la C. anglaise d'Altringham et la C. blanche à collet vert du Palatinat. Leur produit moyen, dans les bons terrains, est de 35 à 40,000 kil. de racines par hectare. Toutes les bonnes terres conviennent aux carottes fourragères, excepté les terres fortes trop argileuses.

La c. contient 9 à 10 p. 100 de sucre.

CAROTTER. v. n. [Pr. caro-ter]. (R. carotte). Jouer mesquinement, ne hasarder que peu d'argent à la fois. Ne faire que c. Fam. Se dit surtout au jeu de billard. || v. a. ou tr. Escroquer en employant la ruse. M. le comte se laisse c.

CAROTTEUR, EUSE. s. (R. carotter). Celui, celle qui joue mesquinement. On dit aussi, mais plus rarement, Carottier, ière. Fam. || Expert en l'art de tromper.

CAROTTINE. s. f. (R. carotte). T. Chim. Hydrocarbure contenu dans la racine de la carotte cultivée et répandu dans les feuilles de tous les végétaux. La c. a pour formule C²⁶H⁴⁸; à l'état de pureté elle se présente en cristaux d'un rouge orangé par transparence, d'un bleu d'acier par réflexion.

insoluble dans l'eau et dans l'alcool, elle se dissout dans le benzène, dans l'éther de pétrole et surtout dans le sulfure de carbone auquel elle communique une coloration caractéristique rouge sang. Avec l'acide sulfurique concentré elle forme une dissolution bleu indigo, d'où elle est précipitée par addition d'eau. Inaltérable dans l'action de la lumière seule, la c. s'oxyde très facilement et peut absorber jusqu'à 200 fois son volume d'oxygène; aussi ne peut-on l'obtenir pure qu'en la préparant à l'abri de l'air. La c. est le seul hydrocarbure coloré que l'on rencontre dans la nature. Elle joue sans doute un rôle physiologique important, car elle se trouve en proportion notable dans les feuilles de toutes les plantes — On a donné le nom d'Hydrocarottine à une matière blanche, cristalline, qu'on rencontre aussi dans le suc de carotte. Cette substance, qui n'a aucun rapport avec la c., est une sorte de cholestérine végétale.

CAROUB ou **CAROUB DE JUDÉE.** s. m. (hébreu, kerub, corne). Nom donné dans le commerce à la galle de Pistachier, produite par la piqûre d'un puceron, l'Aphis pistaciæ, sur les diverses espèces du genre Pistacia.

CAROUBE ou **CAROUGE.** s. m. (ar. charrouba, m. s.). Fruit du Caroubier. Gousse longue et plate, contenant une pulpe très douce au goût.

CAROUBIER. s. m. T. Bot. Genre d'arbres (Ceratonia) de la famille des Légumineuses. Voy. ce mot. Le c. croît au bord des ruisseaux, des torrents et de la mer dans tout le midi de l'Europe, dans le Levant et en Afrique.

CAROUGE. s. m. T. Bot. Voy. CAROUBE. || T. Ornith. Sous-genre de passereaux, voisin des loriots, du genre Cassique. Voy. ce mot.

CAROUGE. v. du canton et à 1 kil. sud de Genève, sur l'Arve; 5,870 hab.

CAROXYLE. s. m. T. Bot. Arbre du cap de Bonne-Espérance.

CARPACCIO, peintre vénitien (1450-1522).

CARPATHES, chaîne de montagnes qui traverse les États autrichiens, la Gallicie, la Hongrie, la Transylvanie et la Roumanie; 1,450 kil. de longueur.

CARPATHOS, l'une des îles Sporades.

CARPE. s. f. (lat. carpa, m. s.). T. Icht. Le genre Carpe appartient à la tribu des Cyprins et à la famille des Cyprinoïdes, dans l'ordre des Malacoptérygiens abdominaux. Il est caractérisé par la longueur de sa dorsale, qui a, ainsi que l'anale, une épine plus ou moins forte pour deuxième rayon. Parmi les poissons qui composent ce genre, les uns ont des barbillons aux angles de la mâchoire supérieure, les autres en sont dépourvus.

Le type de ce genre est la C. vulgaire (Cyprinus carpio), d'un vert olivâtre, jaunâtre en dessous, avec les épines dorsales et anales fortes et dentelées, les barbillons courts, les dents pharyngiennes plates et striées à la couronne. Voy. la Fig. Selon Cuvier, ce poisson est originaire de l'Europe centrale; d'autres naturalistes le croient originaire de l'Asie. Quoi qu'il en soit, on connaît la date de son introduction dans quelques contrées de l'Europe. Ainsi, par ex., on sait qu'il a été introduit dans la Grande-Bretagne en 1504, par P. Marshall, et dans le Danemark, en 1560, par P. Oxe. La c. se plaît surtout dans les étangs et les eaux dormantes; cependant elle habite aussi les eaux courantes: le Rhin, la Seine, les grands fleuves de la Russie et leurs affluents en nourrissent un grand nombre qui parfois acquièrent un poids et un volume considérables. La c. n'est adulte qu'à l'âge de 3 ans; sa fécondité est telle qu'elle s'emparerait seule de toutes les eaux qu'elle habite, si les carpillons récemment éclos n'étaient par milliers la proie des autres poissons. On a compté 600,000 œufs dans le corps d'une grosse c.; une autre, d'un volume plus considérable, en contenait 700,000. Ce poisson recherche les eaux peu profondes

et parfaitement calmes pour la ponte de ses œufs. A l'approche de l'hiver, elle s'enfonce dans la vase, s'engourdit et cesse de manger; pendant la belle saison, elle est d'une vivacité remarquable; mais elle se nourrit rarement d'autres poissons. Sa nourriture paraît être principalement végétale. Elle s'apprivoise aisément et vit dans une sorte de familiarité avec l'homme. Sa grande énergie vitale, qui lui permet de vivre longtemps hors de l'eau, la rend aisément transportable à de grandes distances. Nourrie abondamment dans des viviers peu spacieux, elle devient fort grosse; le pain est l'aliment qu'elle préfère. Les exemples de longévité de la c. cités par divers auteurs ne reposent pas sur des preuves bien authentiques. On fait remonter au règne de François 1er les carpes les plus vieilles des fossés du château de Fontainebleau, ce qui leur donnerait plus de trois siècles. Buffon dit avoir vu une carpe âgée de 150 ans. Dans tous les cas, il est certain que ce poisson vit fort longtemps. Assurément, une c. qui a atteint une longueur de 1 mètre et un poids de 20 kil., doit être très vieille. On parle même de carpes de la taille de 1m,60 et du poids de 35 kil., qui auraient été prises dans le Dniester et dans le Volga. En 1894, on a trouvé des carpes vivantes dans les eaux chaudes des thermes romains de Bourbonne-les-Bains. Leur constitution organique est assurément très robuste et peut s'adapter à des milieux fort différents. Les carpes soumises à l'opération de la castration, puis largement nourries, s'engraissent vite; leur chair, dit-on, en devient beaucoup meilleure. Dans la c., le morceau le plus apprécié des gastronomes est le palais, qui est épais et charnu, et que l'on nomme vulgairement *Langue de c.*

On connaît sous le nom de *C. à cuir* et de *C. à miroir* une variété de la c. commune qui n'est peut-être qu'accidentelle. Tantôt elle n'a d'écailles que le long du dos, du ventre et de la ligne latérale; tantôt elle en est complètement dépourvue. Parfois encore, les pêcheurs prennent des carpes dont la tête est rendue monstrueuse par une déformation des os; mais cette anomalie ne constitue pas une espèce distincte. — Parmi les espèces européennes, nous citerons encore le *Carreau* (*Cyp. Kollarii*), qui est remarquable par l'extrême brièveté de ses barbillons, le *Carrassin* (*Cyp. carassius*) et la *Gibèle* (*Cyp. gibelio*), qui en sont tout à fait dépourvus. Le carrassin a la caudale coupée carrément, et la gibèle l'a taillée en croissant. Enfin, nous terminerons en nommant la *Bouvière* ou *Péteuse* (*Cyp. amarus*) et la *Dorade* (*Cyp. auratus*). La bouvière est le plus petit de nos poissons d'Europe. Elle est longue d'environ 27 millimètres, verdâtre dessus et d'un bel aurore dessous. La dorade, plus connue sous les noms vulgaires de *Poisson rouge* et de *Poisson doré*, est originaire de la Chine et du Japon. On ne l'a introduite chez nous qu'à cause de sa beauté. Ce petit poisson, d'abord noirâtre, prend par degrés ce beau rouge qui le caractérise; mais il y a des individus argentés, et d'autres qui sont variés de ces trois couleurs.

CARPE. s. m. (gr. καρπὸς, poignet). T. Anat. Nom scientifique du poignet. Voy. MAIN.

CARPEAU. s. m. (Dimin.). Petite carpe.

CARPEAUX, célèbre sculpteur français (1827-1875).

CARPE DIEM [Pr. *carpé-dième*]. loc. lat. tirée d'Horace : *Jouis du jour présent.*

CARPELLAIRE. adj. 2 g. [Pr. *carpel-lère*]. T. Bot. Qui a rapport au carpelle.

CARPELLE. s. m. (Dimin. du gr. καρπὸς, fruit). T. Bot. Nom donné à chacun des organes femelles d'une fleur dont l'ensemble constitue le *gynécée* ou *pistil*.

CARPENTIER, paléographe français, auteur d'une édition et d'un supplément au *Glossaire de du Cange* (1697-1767).

CARPENTRAS, ch.-l. d'arr. (Vaucluse), à 27 kil. d'Avignon ; 9,800 hab. Ville très ancienne, antérieure à la domination romaine. Cité papale au XIIIe siècle.

CARPETTE. s. f. (Dimin. de *carpe*). T. Pêche. Petite carpe.

CARPETTE. s. f. (bas-lat. *carpita*, tapis; de *carpere*, étirer de la laine). Gros drap rayé nommé aussi tapis d'emballage. || Descente de lit en laine.

CARPHOLITHE ou **CORPHOLITE**. s. f. (gr. κάρφος, fétu de paille; λίθος, pierre). T. Min. Silicate hydraté de fer, de manganèse et d'alumine, de couleur jaune paille.

CARPHOLOGIE. s. f. (gr. κάρφος, fétu; λέγειν, ramasser). T. Méd. Ce terme exprime l'agitation continuelle et automatique des mains et particulièrement des doigts d'un malade qui tantôt semble chercher à saisir des flocons ou des mouches voltigeant dans l'air, tantôt palpe dans tous les sens les corps qu'il peut atteindre, et tantôt s'occupe sans cesse à éplucher et à enlever le duvet de ses draps ou de ses couvertures : ce dernier mouvement est aussi désigné sous le nom de *Crocidisme*. — La c. n'est qu'un symptôme, mais ce symptôme est en général très grave, car il ne s'observe guère que dans la période la plus dangereuse des maladies aiguës, surtout dans celles où le système nerveux est affecté d'une manière primitive ou consécutive (méningite, fièvre typhoïde, par exemple).

CARPHOLOGIQUE. adj. Qui a rapport à la carphologie.

CARPI, v. d'Italie, dans l'ancien duché de Modène, 17,000 hab.

CARPI (Hugues de), graveur et peintre italien (1486-1530).

CARPI (Jérôme de), peintre et architecte italien (1501-1556).

CARPIDIE. s. f. (Dim. du gr. καρπὸς, fruit). T. Bot. Chacun des fruits partiels qui proviennent d'un seul pistil dans un fruit composé. Ce mot a été aussi employé quelquefois comme synonyme de *carpelle*. Inus.

CARPIE. s. f. Hachis de carpe.

CARPIEN, IENNE. adj. T. Anat. Qui appartient au carpe.

CARPIER ou **CARPIÈRE.** s. Vivier à carpes.

CARPILLON. s. m. [Pr. les *ll* mouillées] (Dimin.). Très petite carpe.

CARPINUS. s. m. (mot lat., m. s.). T. Bot. Nom scientifique du genre *Charme*. Voy. CHARMILLES.

CARPIQUE. adj. 2 g. (gr. καρπὸς, fruit). T. Bot. Qui a rapport au fruit.

CARPOBALSAMUM. s. m. [Pr. *carpobalsamome*] (gr. καρπὸς, fruit; βάλσαμον, baume). T. Bot. Nom sous lequel on désignait dans les anciennes pharmacies le fruit du Baumier de la Mecque (*Balsamodendron opobalsamum*).

CARPOBOLE. s. m. (gr. καρπὸς, fruit; βόλος, action de lancer). Genre de Champignons gastéromycètes qui projettent leurs spores.

CARPOCAPSE. s. f. (gr. καρπὸς, fruit; κάψα, action de dévorer). T. Entom. Genre d'insectes lépidoptères. Voy. NOCTURNES.

CARPOCRATE, philosophe platonicien du 1er siècle de notre ère; florissait à Alexandrie.

CARPODINUS. s. m. T. Bot. Genre de plantes de la famille des *Apocynées*. Voy. ce mot.

CARPOLITHE. s. m. (gr. καρπὸς, et λίθος, pierre). Nom donné aux concrétions dures des fruits. || Fruit fossile ou pétrifié.

CARPOLOGIE. s. f. (gr. καρπὸς, et λόγος, discours). La partie de la botanique qui a pour objet spécial l'étude des fruits.

CARPOLOGIQUE. adj. Qui a rapport à la carpologie.

CARPOMORPHE. adj. (gr. καρπὸς, et μορφή, forme). Qui a l'apparence d'un fruit.

CARPO-PÉDAL. adj. m. (R. *carpe*, et lat. *pes, pedis*, pied).

T. Méd. *Spasme c.-p.*, Affection spasmodique de la poitrine avec toux croupale et convulsions. Inus.

CARPOPHILE. adj. (gr. καρπός, et φίλος, qui aime). Qui croît sur les fruits.

CARPOPHORE. s. m. (gr. καρπός, et φορός, qui porte). T. Bot. On appelle ainsi l'organe qui, dans le fruit mûr, représente le gynophore dans l'ovaire, et qui élève la base du fruit au-dessus de l'insertion des autres verticilles.

CARPOPHYLLE. s. m. T. Bot. (gr. καρπός, et φύλλον, feuille). Feuille en forme de fruit; syn. de *Carpelle*. Inus.

CARQUEFOU, ch.-l. de c. (Loire-Inférieure), arr. de Nantes, 2,900 h.

CARQUERON. s. m. Levier interposé entre les marches dans un métier à tisser.

CARQUOIS. s. m. (arab. *tarkach*, du persan *terkech*, étui à flèches). Étui à flèches. || Fig. *Il a vidé son c.*, se dit d'un homme qui a lancé beaucoup d'épigrammes.

Hist. — Chez les nations qui se servaient de l'arc, le *Carquois*, rempli de flèches, faisait nécessairement partie intégrante de l'équipement militaire. Les anciens citent surtout les Crétois, les Thraces, les Persans, comme faisant usage de c. et l'arme. Les poètes nous représentent toujours les Amazones avec l'arc et le c. Les jeunes filles de Sparte, de Tyr et de la Thrace, qui étaient passionnées pour la chasse, non seulement portaient l'arc et le c., mais encore chaussaient le cothurne et empruntaient à l'autre sexe une partie de leur costume. Les anciens faisaient du c. l'attribut de plusieurs de leurs divinités, telles qu'Apollon, Diane, Hercule et Cupidon. De même que l'étui dans lequel on renfermait l'arc, le c. était fait le plus souvent de peau ou de cuir; on l'ornait quelquefois d'or, de peintures ou de broderies. Il était muni d'un couvercle et se suspendait à un baudrier porté sur l'épaule droite. En général, le c. lui-même s'appuyait sur la hanche gauche, à la place ordinaire de l'épée. Par conséquent, il était sous le coude, comme dit Pindare, ou sous le bras, comme dit Théocrite. C'est ainsi que le portaient les Scythes, les Égyptiens et les Amazones. La Fig. 2, ci-dessous, copiée d'un vase grec, représente l'Amazone Dinomaque, et la Fig. 1, empruntée aux marbres d'Égine, représente un archer asiatique dont le c., brisé dans l'original, est suspendu à la même

Fig. 1.   Fig. 2.

hauteur; mais ici l'ouverture du c. est dirigée vers le coude droit. Cette manière de porter le c. était opposée à celle des Crétois, qui le portaient derrière l'épaule droite : c'est ainsi qu'on le voit représenté dans toutes les anciennes statues de Diane.

CARRA. s. m. [Pr. *cara*]. Variété de pêche qui se pratique avec un filet tramaillé.

CARRA, journaliste et conventionnel, périt avec les Girondins en 1793.

CARRABLE. adj. [Pr. *carable*] (R. *carrer*). T. Géom. Se dit d'une surface qu'on peut carrer, c'est-à-dire réduire en un carré équivalent. *Courbe algébriquement carrable*, Courbe telle que l'aire qu'elle limite peut s'exprimer par une fonction algébrique d'une des coordonnées.

CARRACHE, nom de trois célèbres peintres italiens de Bologne : Louis (1555-1619); Augustin (1558-1601); Annibal, le plus célèbre (1560-1609).

CARRADE. s. f. [Pr. *carade*]. Bande de houille séparée d'une couche plus volumineuse.

CARRAGAHEEN ou CARRAGEEN. s. m. (mot breton). T. Pharm. Nom sous lequel on désigne, dans les pharmacopées, le *Chondrus crispus*, algue du groupe des Floridées, famille des *Gigartinacées*. Voy. ce mot. On l'appelle également *Mousse perlée*, *Mousse d'Irlande*.

CARRARE, v. d'Italie (Toscane). Inépuisables carrières d'un magnifique marbre blanc. Voy. Marbre.

CARRARE, famille guelfe de Padoue, célèbre aux XIVe et XVe siècles.

CARRASSIN. s. m. [Pr. *cara-ssin*]; T. Ichl. Espèce de carpe sans barbillons. Voy. Carpe.

CARRE. s. f. [Pr. *caré*] (lat. *quadratus*, carré). N'est guère usité que dans ces loc. : *La c. d'un chapeau*, Le haut de la forme d'un chapeau; *La c. d'un habit*, Le haut de la taille d'un habit; *La c. d'un soulier*, Le bout d'un soulier qui se termine carrément. — Pop., on dit de quelqu'un qui a les épaules larges et fortes, qu'il *a une bonne c.* Par ext., Coin, angle, carrefour. *La c. d'un bois.* || T. Art milit. Chacune des faces d'une lame d'épée. || T. Silvic. Entaille faite au tronc des arbres résineux pour en extraire la résine. || T. Jeu de bouillotte, *Je vois la c.*, Je tiens ce que propose de jouer celui qui s'est carré. On dit aussi, *Je double la c.*

CARRÉ, ÉE. s. m. et adj. [Pr. *caré*] (lat. *quadratus*, m. s.). Se dit d'une surface plane qui a quatre côtés égaux et quatre angles droits. *Figure carrée. Table carrée. Bonnet c.* || Se dit de plusieurs choses qui offrent jusqu'à un certain point la forme d'un c. — *Bonnet c.*, se disait autrefois d'un bonnet à quatre ou à trois cornes que portaient les docteurs, les ecclésiastiques, et quelques gens de justice dans l'exercice de leurs fonctions. Se dit maintenant d'un bonnet pyramidal surmonté d'une houppe, que les ecclésiastiques portent dans les cérémonies religieuses, et qui ordinairement peut facilement se plier. || Fam., *Être c. des épaules*, Être large du dos. — Fig. et fam., *C'est une tête c.*, C'est un homme qui a beaucoup de justesse et de solidité dans le jugement; et pop., C'est un homme qui a beaucoup de ténacité, qui est très entêté. || T. Mar. *Voiles c.*, Voiles quadrangulaires dont les vergues sont par le milieu croisent le mât à angles droits. — *Poupe c.*, par opposition à la poupe ronde des galiotes. || T. Milit. *Bataillon c.*, Bataillon qui a autant de files que de rangs, autant de front que de profondeur. || T. Mus. *Période c.*, Phrase de quatre mesures ou d'un nombre de mesures multiple. || T. Littér. *Prose c.*, Prose serrée, concise, poétique, employée dans les inscriptions. || T. Jeux. *Jeu de paume c.*, Jeu de paume où il y a un petit trou et ras au lieu de dedans. || Au jeu de l'hombre. *Partie c.*, Réunion de trois dames et un roi dans la main d'un joueur. || *Brelan c.*, Trois cartes égales en valeur à celle qui retourne. || T. Charp. *Trait c.*, Deux droites perpendic. || *Partie carrée*, Partie de plaisir faite entre deux hommes et deux femmes. || *Pied c.*, *mètre c.*, etc., Surface carrée dont le côté a un pied, un mètre, etc. On dit dans le même sens, *Un pied, un mètre*, etc., *en c.* || T. Math. *Racine carrée*, Nombre dont le c. est égal à un nombre donné. Voy. Racine. || T. Rhét. *Période carrée.* Voy. Période.

CARRÉ. s. m. [Pr. *caré*] (lat. *quadratus*, carré). Figure carrée. *Un c. est parfait, lorsque ses quatre côtés et ses quatre angles sont égaux. C. long. Petit c. Grand c. La diagonale d'un c. Le côté d'un c.* || T. Arith. *Le c. d'un nombre*, Le produit de ce nombre par lui-même ou sa deuxième : puissance. Voy. Puissance. || T. Jard. Espace de terre en carré dans lequel on plante des fleurs, des légumes, etc. *Un c. de* parterre, de potager. Un c. de tulipes. — Par anal., Un c. d'eau, Une pièce d'eau en carré. || Se dit quelquefois pour palier, Nous logeons sur le même c. Il loge sur mon c. || C. de mouton, La pièce du quartier de devant d'un mouton, lorsque le collet et l'épaule en sont séparés : c'est ce qu'on appelle autrement, Un haut côté. || C. de toilette, Petit coffre dont les femmes se servaient autrefois à leur toilette, et dans lequel elles mettaient leurs peignes et quelques autres objets. || T. Monn. Se disait autrefois pour Coin. || T. Anat. Se dit adjectiv. et substantiv. de différents muscles dont la figure se rapproche de celle du carré. Muscle c. Le c. des lombes. Le c. des lèvres, etc. || T. Papet. Se dit, adjectiv. et substantiv., d'une certaine dimension de papier. Voy. PAPIER. || Tuyau qu'on met au bout d'une clef de montre et qui reçoit la tige carrée qu'il faut faire tourner pour monter cette montre. || C. des halles, Place où se tient un marché. || T. Arith. C. magique, Figure carrée divisée en compartiments égaux dans lesquels sont inscrits des nombres tels que la somme des nombres inscrits sur une même ligne, une même colonne ou une même diagonale est toujours la même. En voici un exemple :

2	9	4
7	5	3
6	1	8

|| T. Mar. Salle commune autour de laquelle sont disposées les chambres des officiers dans un bâtiment. || C. naval, Table carrée qui, établie au gaillard d'arrière, sert à faciliter le relèvement du navire par rapport aux autres bâtiments de l'escadre. || T. Pêche. Sorte de filet appelé aussi carrelet ou carreau. || T. Man. Travailler en c., Conduire un cheval par quatre lignes droites, en tournant la main à chacun des angles.

Art milit. — En terme de tactique, on donne le nom de C. à un ordre de formation en bataille, particulièrement à l'usage de l'infanterie, qui présente la figure d'un rectangle ou d'un c. parfait dont les quatre côtés font face à l'ennemi. L'infanterie a recours au c. lorsqu'elle est pressée par des masses de cavalerie. Dans quelque position qu'elle se trouve, en colonne ou en bataille, il lui suffit de peu d'instants pour exécuter sa manœuvre, et si elle se compose de vieilles troupes qui ne se laissent pas intimider, il est rare qu'elle soit entamée. Mais, en général, ce n'est pas à la cavalerie seulement qu'elle a à résister : l'artillerie vient à bout à cette dernière, et ce n'est guère qu'à travers les brèches faites par le canon que les cavaliers pénètrent dans les carrés. Ainsi le 25 mars 1814, pendant la campagne de France, 5,000 gardes nationaux de l'Ouest tinrent tête, dans les champs de la Fère-Champenoise, à une masse de 20,000 chevaux, et l'ennemi ne put les entamer qu'en les couvrant de mitraille.

Les anciens paraissent avoir connu le c., mais on n'a à ce sujet que des notions très vagues. Quant à la phalange grecque que plusieurs écrivains regardent comme l'origine de la formation moderne, elle ne ressemble à celle-ci que par sa forme extérieure. On sait en effet qu'elle consistait en c. plein et immobile, tandis que le c. moderne est creux et jouit d'une certaine mobilité. Dans les temps modernes, c'est à la bataille de Bouvines, en 1214, que l'on s'est servi, pour la première fois, de la formation en c. Bien plus tard, au XVIIe siècle, les Autrichiens et les Russes l'employèrent contre les Turcs, et les Espagnols contre les Français : nous citerons la fameuse bataille de Rocroy, en 1643. Mais les carrés que l'on faisait alors se composaient de l'armée tout entière et se mouvaient avec beaucoup de peine. On les rendit bientôt plus maniables en les composant de 12 à 15 bataillons. Enfin, en 1774, à Chumla, le général russe Romanzof introduisit dans la tactique les carrés d'un seul bataillon. Malgré ces améliorations, les carrés n'étaient connus que de quelques puissances, lorsque le merveilleux parti qu'en tirèrent les Français dans l'expédition d'Égypte vint démontrer tous les avantages de cette formation. Depuis cette époque, elle est mise en pratique par toutes les nations européennes, et l'infanterie de toutes leurs armées est exercée avec soin aux manœuvres qu'elle exige.

Géom. — Le c. est un quadrilatère dont tous les côtés sont égaux et tous les angles droits. C'est donc à la fois un rectangle et un losange. Le rapport de la diagonale au côté du carré est égal à √2, ce qui est une conséquence du théorème de Pythagore sur l'hypoténuse du triangle rectangle. Si l'on prend pour unité de surface le carré construit sur l'unité de longueur, l'aire du carré est mesurée par le produit du nombre qui mesure le côté multiplié par lui-même. De là vient la dénomination de carré donnée en arithmétique au produit d'un nombre par lui-même.

CARREAU. s. m. [Pr. carô] (vx fr. carals, du lat. quadrum, carré). Espèce de pavé plat fait de terre cuite, de pierre, de marbre, etc., dont on se sert pour paver l'intérieur des maisons, des chambres, des églises, etc. C. de terre cuite, de faïence, de marbre. C. de Hollande, de Lisieux, de Caen. C. à quatre, à six pans. C. en losange. — Franc c., Sorte de jeu où l'on jette en l'air une pièce de monnaie, et où celui dont la pièce tombe le plus loin des bords du c., gagne le coup. || Se dit d'un sol ou d'un plancher pavé de carreaux. Laver le c. — Par ext., Coucher sur le c., Coucher sur le plancher. Jeter des meubles sur le c., Les jeter dans la rue. — Coucher quelqu'un, jeter quelqu'un sur le c., L'étendre sur la place, mort ou très grièvement blessé. Rester, demeurer sur le c., Être tué sur place. || C. de vitre, ou simplement C., Pièce de verre qu'on place aux fenêtres, à certaines portes, etc. Remettre un c. de vitre. Il manque un c. à cette fenêtre. || T. Phys. C. électrique. Voy. ÉLECTRICITÉ. || C. d'arbalète, Flèche dont le fer avait quatre pans. De là sont venues ces expressions figurées : Les carreaux de Jupiter, Les carreaux de la foudre. || T. Mar. Nom donné aux ceintes et préceintes de la lisse de ribord. — Bordage supérieur d'une petite embarcation non pontée. || T. Peint. et Dess. C. de réduction, Réseau formé de lignes droites parallèles et perpendiculaires équidistantes que l'on trace sur le papier ou sur la toile pour réduire le sujet que l'on veut copier. || T. Min. C. d'une mine, d'une carrière, Emplacement situé à l'ouverture des puits pour y déposer les produits amenés au jour. || Nom donné par les carriers aux blocs de pierres meulières que servent à fabriquer les meules des moulins à blé. || L'une des couleurs du jeu de cartes. || Coussin carré qui sert pour s'asseoir ou pour se mettre à genoux. C. de velours. Une pile de carreaux. || T. Techn. Sorte de fer à repasser dont les tailleurs se servent pour rabattre les coutures des habits. — Grosse lime carrée, triangulaire ou méplate, dont on se sert pour dégrossir le fer quand il sort de la forge. || S'emploie quelquefois pour carré ; mais dans ce sens ne se dit guère qu'en parlant de plusieurs carreaux formant un assemblage symétrique. Plier du linge à petits carreaux, Étoffe à carreaux. Tracer des carreaux. || C. de la Halle, Endroit où se font les ventes en dehors de la halle sur de petites tables posées le matin et enlevées le soir. || T. Icht. Espèce de carpe (Cyprinus Kollarii). Voy. CARPE.

CARREAU. s. m. [Pr. carô] (R. carreau, à cause de la dureté du ventre qui dans cette maladie est dur comme un carreau?). T. Méd. On a longtemps confondu sous la dénomination de Carreau plusieurs maladies abdominales bien différentes entre elles, et qui n'ont guère de commun qu'un seul symptôme, le gonflement et la dureté du ventre ; mais aujourd'hui ce terme s'applique exclusivement à l'affection tuberculeuse des glandes du mésentère ; comme par lui-même il n'a qu'un sens vague, il doit être rejeté de la nomenclature médicale. Aussi renvoyons-nous au mot MÉSENTÉRIQUE.

CARREAUDAGE. s. m. [Pr. ca-rôdage] (R. carreau). Sorte de treillis à mailles serrées employé dans les métiers à tisser les étoffes de soie.

CARRÉE. s. f. [Pr. caré] (R. carré). Couronne à laquelle on attache les rideaux d'un lit. || T. Mar. Châssis en bois garni d'une toile lacée et qui sert de fond aux lits des officiers. || Abri que les mariniers établissent au milieu du pont et qui leur sert de cuisine. || T. Mus. Note de forme carrée. Voy. NOTATION.

CARREFOUR. s. m. [Pr. ca-refour] (lat. quadrifurcus, qui a quatre branches). L'endroit où se croisent plusieurs rues dans les villes et dans les villages, deux ou plusieurs routes ou chemins dans la campagne. La foule qui remplissait le c. Publier à son de trompe par tous les carrefours.

CARREL (ARMAND), publiciste français, fut tué en duel par Émile de Girardin (1800-1836).

CARRELAGE. s. m. [Pr. *ca-relage*] (R. *carreau*). Action de carreler; ouvrage de celui qui pose le carreau; le carreau même.

CARRELÉ. s. m. [Pr. *ca-relé*] (R. *carreau*). Sorte d'étoffe de soie.

CARRELÉE. s. f. [Pr. *ca-relé*] (R. *carreau*). Espèce de tortue terrestre.

CARRELER. v. a. [Pr. *ca-reler*] (R. *carreau*). Paver avec des carreaux. *C. une chambre. Faire c. un plancher.* || Raccommoder de vieux souliers; ne se dit que des savetiers. *C. des souliers.* = CARRELÉ, ÉE. part.

CARRELET. s. m. [Pr. *ca-relé*] (R. *carrel*, ancienne forme de *carreau*). Nom vulgaire de quelques espèces de poissons d'un groupe auquel appartiennent la sole, la limande, la plie. Voy. PLEURONECTE. || T. Pêche. Sorte de filet en forme de nappe carrée, dont on se sert pour prendre le poisson. *Pêcher au c.* || T. Oisell. Filet pour la chasse aux petits oiseaux. || Grosse aiguille angulaire du côté de la pointe, à l'usage des cordonniers, selliers, emballeurs, etc. '| Sorte d'épée dont la lame est très mince et triangulaire. || Règle à section carrée. || Petite lime moins forte que le carreau.

CARRELETTE. s. f. [Pr. *ca-relé-te*] (Dimin. de *carreau*) T. Techn. Lime plate et fine.

CARRELEUR. s. m. [Pr. *ca-releur*]. Celui qui pose le carreau. || Savetier ambulant. *C. de souliers.*

CARRELIER. s. m. [Pr. *ca-relié*] (R. *carreau*). Artisan qui façonne et qui cuit des carreaux pour garnir le sol des appartements.

CARRELURE. s. f. [Pr. *ca-relure*] (R. *carreler*). Les semelles neuves qu'on met à une vieille chaussure. *Mettre une c. à des souliers.*

CARRÉMENT. adv. [Pr. *ca-réman*]. En carré, à angle droit. *Tracer un plan c.* || Fig., Nettement, sans détour. *Poser une question c. Il s'explique c.*

CARRER. v. a. [Pr. *carer*] (lat. *quadrare*, m. s., de *quatuor*, quatre). Donner une figure carrée. *C. un bloc de marbre.* || T. Géom. Trouver une surface carrée équivalente à une surface terminée par des lignes courbes. — Par ext., Mesurer l'aire d'une surface et calculer une intégrale définie. || T. Arith. et Alg. Former le carré d'un nombre, en multipliant ce nombre par lui-même. = SE CARRER. v. pron. Avoir une attitude, un maintien qui indique de la prétention, de l'arrogance.

> Un baudet chargé de reliques
> S'imagina qu'on l'adorait;
> Dans ce penser il se carrait.
> LA FONTAINE.

T. Jeu de bouillotte. Se dit du joueur qui s'assure la priorité en doublant sa mise. *Je me carre. Il s'est carré.* = CARRÉ, ÉE, part.

CARREUR. s. m. [Pr. *ca-reur*]. T. Verrerie. Ouvrier verrier qui rassemble et arrondit le verre qui a été roulé sur le marbre.

CARRICK. s. m. [Pr. *ca-rik*] (de l'acteur anglais *Garrik* qui mit ce vêtement à la mode). Sorte de redingote fort ample qui a plusieurs collets, ou un seul collet très long.

CARRIER. s. m. [Pr. *ca-rié*] (lat. *quadratarius*, tailleur de pierres, de *quadratum*, carré). Ouvrier qui travaille à extraire la pierre des carrières; l'entrepreneur qui fait ouvrir une carrière pour en tirer de la pierre.

CARRIER, conventionnel, tristement fameux par les noyades de Nantes. Il périt sur la guillotine (1756-1794).

CARRIER-BELLEUSE, sculpteur français (1824-1887).

CARRIÈRE. s. f. [Pr. *ca-rière*] (lat. *carrus*, char). Lieu, lieu fermé par des barrières, et préparé pour toute sorte de courses, principalement pour les courses à cheval ou en char. *Entrer dans la c. Le milieu de la c.* — Poétiq., se dit du mouvement des astres. *Le soleil commence, achève sa c.* || T. Man. On dit qu'un cheval a bien fourni sa c., lorsqu'il a bien fait la course qu'on voulait qu'il fît. *Donner c. à un cheval,* Lui lâcher la bride, lui laisser la liberté de courir. — Fig. et moral. *Donner c.,* Laisser pleine liberté. *Donner c. à son imagination, à ses passions.* — Fig. et fam., Se *donner c.,* Se réjouir, se laisser aller au désir que l'on a de faire ou de dire quelque chose. *Se donner c. aux dépens de quelqu'un,* S'en amuser par des railleries. || Fig., Le cours de la vie, le temps qu'on exerce une charge, un emploi, etc. *Commencer, finir, achever sa c. Il a fourni une belle c.* — *Être au bout de sa c.,* se dit de quelqu'un qui n'a plus longtemps à vivre, ou qui a rempli jusqu'à la fin toutes les fonctions de sa place, de son emploi, etc. || Fig., La profession que l'on embrasse, les études auxquelles on se livre, les entreprises dans lesquelles on s'engage, etc. *La c. des sciences, des lettres, des arts. Suivre une c. La c. des honneurs, de la gloire. Parcourir une dangereuse c.* — Fig., *Ouvrir à quelqu'un une c.,* Lui fournir l'occasion d'exercer ses talents.

CARRIÈRE. s. f. [Pr. *carrière*] (lat. *quadraria*, m. s., propr., le lieu où l'on taille les pierres en carré). Lieu d'où l'on tire de la pierre. *Tirer des pierres d'une c. C. de marbre, d'ardoise. Descendre dans une c. Creuser, fouiller une c. Les carrières de Montmartre.* || CARRIÈRES dites d'AMÉRIQUE. Carrières de plâtre qui étaient situées au bas des Buttes-Chaumont, à Belleville et dont les produits s'exportaient en grande partie en Amérique Ces carrières, qui ont disparu à la suite des travaux d'embellissement effectués dans ce quartier, étaient devenues le repaire des vagabonds et des malfaiteurs.

Législ. — La loi française définit ainsi les *Carrières*: « Les carrières renferment les ardoises, les grès, pierres à bâtir et autres, les marbres, granits, pierres à chaux, pierres à plâtre, les pouzzolanes, le trapp, les basaltes, les laves, les marnes, craies, sables, pierres à fusil, argiles, kaolin, terres à foulon, terres à poterie, les substances terreuses et les cailloux de toute nature, les terres pyriteuses regardées comme engrais, le tout exploité à ciel ouvert ou avec des galeries souterraines. » (Loi 21 avril 1810.) Les termes de la loi démontrent que l'on doit considérer comme carrières les gîtes qui contiennent des matières analogues. Au reste, la limitation du sens légal du mot C. se trouve dans les définitions que la loi du 20 juillet 1791 donne des *Mines* et *Minières.* Voy ces mots. Dans la pratique, on applique plus spécialement le nom de C. aux gîtes d'où l'on extrait de la pierre à bâtir; les autres se nomment *Plâtrières, Sablières* ou *Sablonnières, Glaisières, Crayères, Marnières, Ardoisières,* etc., selon la substance que l'on en retire.

L'exploitation des carrières exigeant moins d'efforts et de capitaux que celle des gîtes minéraux, et pouvant en outre, sans dommage pour le développement de la richesse publique, se renfermer dans les limites qui circonscrivent à la surface les propriétés privées, le législateur n'a pas cru devoir à leur sujet, comme il l'a fait pour les mines, déroger aux principes du droit commun. En conséquence, on applique aux carrières le principe posé par le Code civil que la propriété du sol emporte celle du dessus et du dessous. Conformément à ce principe, les carrières ne peuvent être exploitées que par le propriétaire du sol ou ceux à qui il a donné l'autorisation formelle. Il n'est admis qu'une exception à ce sujet; c'est lorsqu'il s'agit de travaux d'utilité publique, ou dans le cas de nécessité, cas tout autre que le propriétaire peut extraire des carrières en exploitation les substances dont il a besoin, sauf à payer au propriétaire une indemnité équivalente à la valeur des matériaux extraits. — La loi de 1880, pour permettre à l'administration de surveiller l'exploitation des carrières, a exigé de la part du propriétaire une déclaration au maire de la commune. L'exploitation des carrières se fait de deux manières, *à ciel ouvert* ou *par galeries souterraines.* Dans le premier cas, elle a lieu sous la simple surveillance de la police, mais en observant les lois et les règlements généraux ou locaux. Dans le second cas, elle est soumise à la surveillance de l'administration des mines. Celui qui exploite une carrière souterraine est en outre obligé de se conformer aux prescriptions de plusieurs ordonnances, arrêtés ou règlements, qui ont surtout pour objet de prévenir les accidents et de pourvoir à la sûreté des exploitations et des ouvriers. Enfin, en vertu de la loi de 1880, toute exploitation de carrières souterraines est interdite à l'intérieur de Paris.

CARRILLON. s. m. [Pr. *ca-ri-llon, ll* mouillées) (bas-lat.

quadrillo, quaternaire). T. Serrurerie. Pièce de fer carrée.

CARRINGTON (Richard-Christophe), astronome anglais, s'occupa surtout des taches solaires (1826-1875).

CARRIOLE. s. f. [Pr. *ca-ri-ole*] (Dimin. du lat. *carrus*, char). Petite charrette couverte, qui est ordinairement suspendue. *Aller en c.*

CARRIOLEUR. s. m. [Pr. *ca-ri oleur*]. Conducteur de voiture.

CARRON. s. m. [Pr. *ca-ron*]. T. Techn. Coin de la feuille de papier qui a été renforcé pour faciliter les opérations de la fabrication.

CARROSSABLE. adj. 2 g. [Pr. *ca-ro-sable*] (R. *carrosse*). *Route, chemin c.*, Qui est praticable pour les voitures.

CARROSSAGE. s. m. [Pr. *ca-ro-saje*]. T. Techn. Inclinaison des fusées d'essieu sur l'essieu qui a pour but de faire appuyer les roues contre les épaulements des essieux.

CARROSSE. s. m. [Pr. *ca-ro-se*] (ital. *carrozza*, de *carro*, du lat. *carrus*, char). Sorte de voiture à quatre roues, fermée et suspendue. *Aller, rouler en c. C. de louage. C. à quatre, à six chevaux.* On dit mieux et plus ordin., *Voiture.* || T. Mar. Sorte de logement à l'arrière du pont d'un navire. || T. Techn. Petit parc très bas recouvert d'un filet. || T. Techn. Instrument employé dans les corderies.

Techn. — Le *Carrosse* est originaire d'Italie. Le premier que l'on vit en France servit, en 1405, à Isabeau de Bavière, lorsque cette princesse fit son entrée solennelle à Paris après son mariage avec Charles VI. Avant cette époque, les femmes, même les reines, allaient en litière ou montaient à cheval en croupe derrière leur mari ou leur écuyer. Malgré leur supériorité sur les moyens de transport que nous venons de nommer, les carrosses furent très longtemps à se répandre. Un siècle et demi plus tard, sous François Ier, on n'en comptait que trois à Paris : celui de la reine, celui de Diane de Poitiers, et celui du maréchal de Bois-Dauphin. L'usage des carrosses était encore tellement restreint au temps d'Henri IV que ce prince n'en eut, pendant longtemps, qu'un seul pour lui et pour sa femme ; mais il commença à se propager sous Louis XIII, surtout après que le maréchal de Bassompierre, vers 1620, eut imaginé de substituer des glaces aux petits rideaux de cuir dont on les avait garnis jusqu'alors. Ces voitures n'étaient pas, comme celles d'aujourd'hui, reliées aux essieux par des ressorts d'acier ; la caisse du carrosse était suspendue par de fortes lanières de cuir à des pièces de bois qui s'élevaient au-dessus des essieux. On peut voir au musée de Cluny, à Paris, de très beaux carrosses qui datent de Louis XIV.

CARROSSÉE. s. f. [Pr. *ca-ro-sé*]. La quantité de personnes que contient un carrosse. *Il nous vint une c. de provinciales.* Famil.

CARROSSER. v. a. [Pr. *ca-ro-ser*]. Voiturer en carrosse. || T. Mar. *Carr. la voile*, Avoir beaucoup de voiles dehors par un bon frais.

CARROSSERIE. s. f. [Pr. *ca-ro-serie*]. L'état de carrossier et ses produits.

CARROSSIER. s. m. [Pr. *ca-ro-sier*]. Faiseur, fabricant de carrosses. *Sellier-c.* || On dit quelquefois d'un cheval épais et propre à bien tirer une voiture, *C'est un bon c.*

CARROSSIN. s. m. [Pr. *ca-ro-sin*]. Espèce de voiture.

CARROUSEL. s. m. [Pr. *ca-rou-zel*] (ital. *garosello*, de *garo*, querelle). Espèce de tournoi qui consiste ordinairement en courses de bagues, de têtes, etc. || Se dit du lieu, de la place où avaient lieu les carrousels. *La place du Carrousel, à Paris, est décorée d'un arc de triomphe remarquable.* || Manège de chevaux de bois.

CARROUSSE. s. f. [Pr. *ca-rou-se*] (all. *gar aus*, entièrement vide ; tout vider). Ne s'emploie que dans cette loc., *Faire c.*, Faire débauche, boire avec excès. Fam. et peu us.

CARRURE. s. f. [Pr. *ca-rure*] (lat. *quadratura*, de *qua-*

drare, carrer). Largeur du dos à l'endroit des épaules. *Un homme d'une bonne c. Il a une belle c.* || Se dit aussi d'un habit. *Cet habit est trop large de c.*

CARTABLE. s. m. Sorte de portefeuille ou de carton servant aux écoliers pour porter leurs cahiers et leurs livres.

CARTACÉ, ÉE. adj. T. Hist. nat. Qui a l'aspect du papier.

CARTAGER. v. n. T. Agric. Donner un quatrième labour à la vigne.

CARTAHU. s. m. T. Mar. Nom général de tout cordage qu'on emploie pour monter un objet quelconque dans les hunes, ou pour le descendre.

CARTAYER. v. n. [Pr. *carte-ier*]. Conduire une voiture de façon que les roues soient entre les ornières et les ruisseaux, et non dedans, ce qui facilite le roulement et soulage les chevaux.

CARTE. s. f. (lat. *charta*, papier). Assemblage de plusieurs papiers collés l'un sur l'autre. *De la c. fine. De la c. bien battue.* En ce sens, on dit plus ordinairement *Carton*, et on appelle cette sorte de c. *du carton fin.* || Petit carton fin, coupé en rectangle, qui est marqué d'un côté de quelque figure ou de quelque couleur, et dont on se sert pour jouer à divers jeux. *Un jeu de cartes. Battre, mêler les cartes. Faire des tours de cartes.* — *C. blanche*, Toute c. qui n'est point une figure. *Il ne m'est venu que des cartes blanches.* On dit subst., dans le même sens, *Avoir c. blanche*, N'avoir aucune figure dans son jeu. — *Le dessous des cartes*, La partie colorée des cartes qui reste cachée quand on donne ou qu'on coupe. Fig. et fam., *Voir, connaître le dessous des cartes*, Pénétrer les intentions secrètes de quelqu'un, les ressorts cachés d'une affaire. On dit aussi, *Il y a dans cette affaire un dessous de cartes*, Il y a quelque chose de caché dont il faut se défier. — Fig. et prov., *Si vous n'êtes pas content, prenez des cartes*, se dit à un homme qui est trop difficile à satisfaire. — Fig. et fam. *Jouer cartes sur table*, Ne pas cacher le motif par lequel on agit, ou les moyens dont on fait usage dans une affaire. — *Tirer les cartes*, Chercher l'avenir dans la disposition fortuite des cartes. — *Tirer les cartes à quelqu'un.* || Par ext., se dit au pluriel de ce que les joueurs laissent pour le payement des cartes. *Les cartes rapportent beaucoup aux domestiques. Mettre aux cartes* ; on dit aujourd'hui, *Mettre au flambeau.* || Sorte de billet ordinairement imprimé, qu'on délivre à une personne pour qu'elle soit admise en quelque lieu, ou pour qu'elle puisse, au besoin, faire reconnaître sa qualité, jouir de certaines franchises, etc. *C. de spectacle. C. d'entrée. C. d'électeur. C. d'abonnement.* — *C. d'adresse*, Carte imprimée ou gravée qui porte le nom et l'adresse d'un fabricant, d'un marchand, ainsi que l'indication des objets qu'il fabrique ou qu'il vend. — *C. de visite*, ou simplement *Carte*, Petite c. sur laquelle on écrit ou fait graver son nom, et qu'on laisse chez les personnes qui se trouvent absentes, lorsqu'on va leur rendre visite, ou qu'on envoie à ses amis en diverses occasions. — Fig. et prov. *Donner c. blanche à quelqu'un*, Donner plein pouvoir à quelqu'un, autoriser par avance tout ce qu'il jugera convenable de dire ou de faire. *Le gouvernement a donné c. blanche à cet ambassadeur.* On dit dans le même sens, *Avoir c. blanche. J'ai c. blanche là-dessus.* || Chez les restaurateurs, liste des mets, des vins, etc., qu'on peut demander. *Dîner à la c. Ce mets n'est pas sur la c.* — Le mémoire de la dépense d'un repas. *Apportez la c.* On dit au sens, *C. à payer*, par opposit. à la *C. des mets.* || T. Géogr. Représentation, en général sur papier, de quelque partie de la surface du globe. *C. de géographie. Faire, dresser la c. d'un pays. Cet atlas contient tant de cartes.* — *C. muette*, C. de géographie sur laquelle on n'a inscrit aucun nom. — *C. orologique, hydrologique*, C. de géographie sur laquelle on a représenté seulement le système des montagnes ou le système des rivières. — Par ext., La connaissance géographique d'un pays. *Apprendre, étudier, montrer la c. de France.* — Fig. et fam., *Savoir la c. d'un pays*, ou simplement, *Savoir la c.*, Connaître bien les habitudes, les intérêts, les intrigues d'une société, d'une famille, etc. *Perdre la c.*, Se troubler, se confondre dans ses idées. — *C. géologique*, C. d'un pays sur laquelle on a représenté la nature des terrains qui le composent. || *C. lisse*, Gros carton qui sert pour les fortes cartouches. || T. Hist. relig. Nom donné chez les chartreux aux décisions des chapitres généraux. || T. Techn. Peau de parchemin que le chapelier met sur la capade. || T. Tissage. *Mettre un dessin en c.*, indiquer la place des fils, en traçant sur un papier quadrillé le dessin du tissu que l'on veut fabriquer. || T. Hygiène. *C. de sûreté,* syn. de *Condom.* || T. Zool. *C. géographique,* Nom vulg. d'un coquillage du genre *Porcelaine* et d'un papillon du genre *Vanesse.* Voy. CYPRÉIDES et DIURNES.

Postes. — *C. postale,* C. vendue par l'administration des postes et destinée à la correspondance à découvert. Les cartes postales circulaient déjà en Angleterre et dans d'autres pays quand elles ont été établies en France par la loi du 19 décembre 1872 : elles sont vendues 0 fr. 10. On vend aussi pour 0 fr. 20, des cartes doubles dont une des parties est destinée à la réponse. — La *C.-télégramme* est une carte destinée à la correspondance rapide dans Paris et qui est transmise dans les tubes pneumatiques : elle se vend 0 fr. 30 si elle est ouverte, et 0 fr. 50 si elle peut se cacheter.

Géogr. et Astr. — En astron. et en géogr., on donne le nom de *C.* à la représentation, sur une surface plane, de la sphère céleste ou terrestre, ou d'une partie seulement de cette sphère.

Cartes géographiques. — Une c. géographique est destinée à représenter les limites des divers pays, leur configuration et les positions respectives de leurs différentes parties : villes, rivières, montagnes, etc. Pour qu'une carte fût parfaite, il faudrait que ces différents éléments y fussent représentés dans leurs proportions exactes. C'est ce que l'on peut faire sur un globe; mais, comme la surface de la terre est sphérique et que la sphère n'est pas développable sur un plan, il est absolument impossible de représenter une partie un peu considérable de la surface terrestre sur une surface plane, de telle façon que les distances entre les lieux offrent exactement les mêmes rapports qu'elles auraient sur une surface sphérique. En conséquence, les géographes sont obligés de recourir à diverses méthodes géométriques, selon l'objet qu'ils se proposent : car aucune de ces méthodes n'est applicable à tous les cas, et chacune d'elles a ses avantages et ses inconvénients. Toutes ces méthodes qui ont reçu le nom de *projections,* consistent à faire correspondre suivant une loi déterminée chaque point du plan à un plan déterminé de, de telle sorte qu'une figure tracée sur la sphère sera représentée par l'ensemble des points du plan qui correspondent aux différents points de la figure sphérique. La loi suivant laquelle correspondent les points de la sphère et du plan est du reste arbitraire, et chaque loi particulière *constitue un système de projection.* Les systèmes de projection les plus usités seront décrits au mot PROJECTION. Quel que soit le mode de projection adopté, on trace sur la c. deux systèmes de lignes qui sont les représentations d'une série de méridiens et d'une série de parallèles équidistants ; le réseau ainsi formé constitue le *canevas* de la c. entre les mailles duquel viennent se placer tous les détails que l'on veut représenter. La forme de ce canevas varie considérablement avec le système de projection. Ainsi, dans le système de Mercator, adopté pour les cartes marines, les méridiens et les parallèles sont représentés par des droites rectangulaires, tandis que dans la projection stéréographique ils sont représentés par deux systèmes de cercles qui se coupent à angle droit. Voy. PROJECTION. — Les *cartes géographiques* sont dites *universelles,* lorsqu'elles représentent la surface entière du globe terrestre, et elles se distinguent alors en *Mappemondes* et en *Planisphères.* Dans une mappemonde, les deux hémisphères terrestres sont projetés côte à côte sur le plan de l'un des grands cercles du globe; dans un planisphère, au contraire, le globe tout entier est représenté sur une seule figure. Les cartes qui ne représentent qu'une portion de la surface terrestre sont appelées cartes *générales,* quand elles renferment une grande étendue de pays : c'est ainsi qu'on nomme c. générale de la France toute c. qui embrasse l'ensemble de tous les départements français. Une c. *chorographique* est celle qui représente en grand une province avec tous les lieux remarquables. On lui donne le nom de *topographique,* lorsque l'auteur est entré dans tous les détails de la configuration du terrain : cette dernière sorte de c. se rapproche insensiblement des *plans géométriques.* Les cartes topographiques ne représentent que des espaces qui, sur la surface de la sphère, n'ont pas de courbure appréciable, et les reliefs du terrain y sont indiqués par un système de lignes et de hachures qui font connaître et les pentes et l'élévation relative des lieux.

Les cartes *hydrographiques, nautiques* ou *marines* sont celles qui, omettant les détails de l'intérieur des terres, donnent avec une exactitude minutieuse les côtes des continents et des îles, les moindres écueils des mers, les *sondes* ou les pro-

fondeurs de l'eau, etc., pour servir de guide aux navigateurs. Ces cartes sont dressées d'après la projection de Mercator, à cause de la facilité que celle-ci présente aux marins pour y tracer la marche de leurs navires. Voy. NAVIGATION.

On distingue encore des cartes géographiques proprement dites et des cartes nautiques celles qui ont un objet tout à spécial. Ainsi on appelle *orographique* une c. particulièrement destinée à représenter l'enchaînement et la disposition des montagnes; *hydrologique,* celle qui représente spécialement le détail des cours d'eau; *physique,* celle qui indique dans leur ensemble les caractères extérieurs du sol; *géologique,* celle qui fait connaître la nature des terrains soit à la superficie du sol, soit dans ses profondeurs; *minéralogique,* celle qui a pour objet d'indiquer les gisements des substances minérales de tout genre; *botanique* et *zoologique,* celle qui figure la distribution des végétaux et des animaux à la surface de la terre. Les cartes *itinéraires* ou *routières* indiquent spécialement les diverses voies de communication d'un pays, en faisant connaître les stations, les relais, les distances, etc.; les cartes *politiques* et *administratives* représentent les limites de plusieurs pays et les différentes circonscriptions administratives d'un territoire. Les cartes *militaires* ne sont au fond que des cartes topographiques : il faut que le chef d'une armée y trouve l'indication des routes sur lesquelles il peut faire avancer ses troupes avec ou sans artillerie, les gués qui permettent à l'armée de franchir une rivière, en un mot tous les détails et accidents du sol dont la connaissance peut lui être utile pour arrêter ses opérations. Enfin, on a fait des cartes *historiques,* où l'on peut suivre les migrations des peuples, les agrandissements successifs d'un pays, etc.

On attribue l'invention des cartes géographiques au philosophe Anaximandre de Milet (VIe siècle avant J.-C.). Agathodémon, Ératosthène (IIIe siècle), Hipparque, Marin de Tyr, (Ier siècle) et Ptolémée (IIe siècle) avaient construit des cartes, dont aucune n'est parvenue jusqu'à nous. La plus ancienne que nous possédions n'est qu'une simple *itinéraire* romain qui paraît avoir été dressé vers la fin du IIIe siècle de notre ère. Encore n'avons-nous pas l'original, mais seulement une copie faite par un moine du XIIIe siècle. Cet itinéraire, connu sous le nom de *Table de Peutinger,* a 6m64 de longueur sur 31m50 de largeur. Aussi les pays qui y sont marqués ne sont-ils point placés suivant leur position géographique, leurs limites respectives et leur grandeur réelle. Ils sont rangés arbitrairement les uns à la suite des autres, de l'ouest à l'est, sans avoir égard à leur figure, ni à leurs longitude et latitude. Les cartes du moyen âge sont également très rares. L'une des plus curieuses, qui date de la seconde moitié du VIIIe siècle, se trouve à la bibliothèque de Turin. La c. de Martin Sanudo, celle des frères Zeni, l'Atlas catalan conservé à la Bibliothèque nationale de Paris (XIVe siècle), la mappemonde de Fr. Mauro, la carte d'Andrea Bianco et le globe terrestre de Martin Behaïm (XVe siècle), la grande c. de Ribero, les cartes hydrographiques de Rotz (XVIe siècle), etc., sont du plus haut intérêt pour l'histoire des découvertes géographiques. C'est seulement dans la seconde moitié du XVIe siècle que sont nés la géographie scientifique et l'art non moins important de tracer des cartes exactes d'après les principes mathématiques. Cette révolution fut commencée par Ortélius, Séb. Munster, Mercator, et continuée dans le siècle suivant par Riccioli, Varenius, Coronelli, Blaew, Sansonius, Conring, Sanson, etc. Quant aux cartes dressées alors le sont actuel, elles surpassent infiniment tout ce qui s'était fait jusqu'alors. La grande c. de France dressée par les officiers de l'état-major du C. du Dépôt de la guerre, à l'échelle de 1/80000, a été commencée en 1833, puis revisée sur le terrain à partir de 1874. Mais depuis cette époque les perfectionnements des procédés de la gravure ont permis d'imprimer en plusieurs couleurs les cartes topographiques : c'est là un progrès capital qui a été immédiatement appliqué à la publication d'une nouvelle c. à l'échelle de 1/200000 et d'une autre à 1/50000 qui ont été commencées en 1884. La dernière ne comprendra pas moins de 1,100 feuilles. En même temps, le service des chemins vicinaux poursuivait la publication d'une fort belle carte au couleurs à l'échelle de 1/100000 qui est aujourd'hui (1894) presque entièrement achevée.

Cartes en relief. — Ces cartes ont, pour objet de figurer exactement les ondulations du terrain; mais pour rendre bien sensibles les différences de niveau, on est obligé d'amplifier l'échelle des hauteurs, qui est généralement trois à quatre fois plus grande que l'échelle des distances horizontales. La construction de ces cartes est fort simple; elle a été indiquée en 1859 par Bardin, professeur à l'École polytechnique. On commence par tracer sur la c. plane de la région qu'on veut représenter des courbes de niveau équidistantes, c.-à-d. des courbes reliant tous les points ayant la même altitude; puis dans un carton dont l'épaisseur représente à l'échelle adoptée la distance verticale à deux courbes de niveau, on découpe les figures formées par les courbes de niveau des diverses hauteurs. Il suffit alors d'empiler ces cartons découpés au-dessus des courbes de niveau correspondantes pour obtenir un système à gradins qui est le type de la carte en relief, et sur lequel on moule un premier creux. On abat les angles du creux ainsi obtenu et on moule dedans un relief qu'on rectifie et qui sert à obtenir le moule ou cliché définitif, avec lequel on obtiendra les exemplaires en plâtre. Pour les écoles on fait des cartes à relief en carton qui sont fabriquées au repoussé dans un moule creux.

Cartes célestes. — Les cartes célestes sont destinées à représenter les constellations. On les construit généralement d'après la projection stéréographique sur l'équateur, ou d'après la projection dite *polaire* dans laquelle les cercles horaires sont représentés par des droites convergentes et les parallèles par des cercles concentriques dont le rayon est proportionnel à leur distance polaire. Les astronomes préparent actuellement la *C. photographique du ciel*. Ce travail immense, entrepris en commun par 18 observatoires, à la tête duquel est celui de Paris, a été commencé en 1887 et sera sans doute terminé vers 1905 : il contiendra toutes les étoiles jusqu'à la onzième grandeur, environ deux millions. Les lunettes employées ont des objectifs photographiques de 0m33 et une distance focale de 3m43, de sorte qu'une minute d'arc est approximativement représentée par un millimètre. Le nombre des clichés, couvrant le ciel entier, sera de 22,000. L'étendue utilisée du champ de la lunette sera un carré de 2° de côté. Voy. Photographie. On a aussi dressé des *cartes sélénographiques* qui représentent les détails observés à la surface de la Lune; celles-ci sont toujours construites d'après la projection orthogonale qui représente la surface de la Lune exactement comme on la voit. Enfin, les astronomes ont déjà pu construire la c. géographique ou, pour mieux dire, aréographique, de la planète Mars.

Hist. — *Cartes à jouer.* — On a beaucoup discuté sur l'origine des cartes à jouer. Suivant les uns, elles ont été inventées par les Chinois vers le commencement du XIIe siècle, apportées par les Mongols dans l'Asie occidentale, et introduites en Europe par les Croisés. Selon d'autres, leur origine est indienne, et ce sont les prétendus Bohémiens ou les Maures qui les auraient importées en Espagne ou en Italie. Ce qu'il y a de positif, c'est que les plus anciennes cartes connues ont été fabriquées au XIVe siècle dans les pays soumis à Venise. Jacques Gringonneur, à qui l'on a longtemps attribué le mérite de les avoir imaginées, n'était qu'un peintre ordinaire qui gagnait sa vie à les fabriquer: car, dans ces temps reculés, on les dessinait et on les peignait à la main. On possède encore une partie de celles qu'il fit cet artiste en 1392, pour le roi Charles VI. Ce sont les plus anciennes cartes de fabrique française que l'on connaisse.

Les cartes primitives étaient assez différentes des nôtres, portaient des devises et ressemblaient plutôt aux *tarots*, encore en usage dans quelques parties de l'Europe. Chaque jeu se composait de soixante-dix-huit cartes comprenant un fou, vingt et un atouts, quatre rois, quatre reines, quatre valets, quatre cavaliers, et quarante points de l'as au dix. Voy. la Fig. La transformation se fit dans le courant du XVe siècle. Les cartes aux *couleurs françaises* (pique, carreau, cœur, trèfle), inconnues sous Charles VI, mort en 1422, existaient certainement en 1450. Ces cartes, qui subsistent encore, sont connues sous le nom de *Jeu de Charles VII.* Elles nous apprennent qu'à cette date on n'avait pas encore définitivement arrêté la liste des personnages, car on y voit des figures que celles qui sont usitées aujourd'hui. Ces dernières, sauf quelques modifications, remontent au XVIe siècle. Suivant la plupart des auteurs, le roi de pique, *David*, est l'emblème de Charles VII menacé par son fils Louis XI; la dame de trèfle, *Argine*, anagramme de *Regina*, représente la reine Marie d'Anjou, femme de Charles VII; la dame de pique, *Pallas*, représente la Pucelle d'Orléans; la dame de carreau, *Rachel*, figure Agnès Sorel; et *Judith*, dame de cœur, Isabelle de Bavière, femme de Charles VI. Quant aux valets, *Ogier* et *Lancelot* sont deux des compagnons de Charlemagne ; *Hector* de Gallard et *Lahire*, deux des capitaines de Charles VI. Enfin, les points auraient aussi une signification particulière ; le *pique* et le *carreau* représenteraient les armes ainsi nommées; le *trèfle*, la guide d'une épée; et le *cœur*, la bravoure. Nous ne parlons ici que des jeux ordinaires, car il y a toujours eu des cartes de fantaisie. Pendant la Révolution, on imagina une

foule de figures différentes pour remplacer les *rois*, les *reines* et les *valets* du jeu vulgaire, qu'on voulait *démonarchiser* les cartes; mais elles redevinrent *monarchiques* sous l'empire, et depuis elles ont été respectées par nos nouvelles révolutions.

Au XVIe siècle, on savait déjà, suivant Rabelais, combiner les cartes de 216 manières, parmi lesquelles nous remarquons le *Cent* ou *Piquet*, la *Triomphe*, dont l'*Écarté* n'est qu'une modification; le *Lansquenet* et l'*Hombre*, qui venaient l'un d'Allemagne, l'autre d'Espagne; le *Trente-et-un* et le *Flux*. Le *Boston* et le *Whist* datent d'une époque très moderne; le premier vient des États-Unis d'Amérique, le second d'Angle-

terre. Le *Hocca*, le *Pharaon*, le *Baccara*, etc., sont nés en Italie.

On emploie trois sortes de papier pour fabriquer les cartes : le *papier trace*, ou *main brune*, ou *étresse* qui forme le corps de la c. et lui enlève sa transparence; le *papier au pot*, sur lequel s'impriment les points et les figures, qu'on appelle aussi *papier par devant*, et le *papier cartier*, qui se trouve sur le revers. Ce dernier est ordinairement blanc, mais on le fait aussi de couleur (bleu, rose, etc.); dans tous les cas, il doit être d'une teinte parfaitement uniforme. On peut également le *taroter*, c'est-à-dire le moucheter de dessins variés. Les diverses manipulations nécessaires à la confection des cartes, découpage, collage, etc., se font aujourd'hui à l'aide de machines qui fonctionnent avec une grande précision.

Législ. — L'impôt sur les cartes à jouer n'est pas de création moderne; il remonte au XVIe siècle : en vertu des lettres patentes du 21 février 1581, il s'élevait à un sou par caisse du poids de 200 livres à l'exportation. Depuis ce temps, ce droit a subi bien des variations : il est aujourd'hui de

CAR CAR 147

50 centimes par jeu de cartes, soit 0 fr. 625, décimes compris (loi du 21 juin 1873).

Pour assurer la perception dudit impôt, le législateur a dû prendre certaines précautions concernant la fabrication ou la vente des cartes à jouer (nécessité d'une *commission de* l'administration des contributions indirectes, fourniture par l'État du *papier* et des *moules* destinés à la fabrication des cartes, impression des figures à l'imprimerie nationale). De plus, des mesures de répression, confiscation, amende, emprisonnement, ont été édictées contre tout individu qui fabrique, vend ou colporte des cartes de fraude, ou qui vend sans autorisation des cartes timbrées. Les mêmes peines sont établies contre les cafetiers, aubergistes, etc., qui laissent les consommateurs se servir dans leur établissement de cartes de fraude.

CARTEAUX, général français, commença le siège de Toulon en 1793 (1751-1813).

CARTEL. s. m. (It. *carte*). Lettre de défi, provocation par écrit à un duel. *Envoyer, accepter, refuser un c.* — Se dit aussi d'un défi pour un combat dans un divertissement, comme aux tournois. || T. Guerre. Accord fait entre deux partis ennemis pour l'échange des prisonniers. *C. d'échange. Régler*

le c. || Bâtiment portant les prisonniers qui doivent être échangés. || T. Mus. Feuille de peau d'âne toute préparée, avec les portées tracées, où les compositeurs écrivent leur musique et l'effacent, si besoin est, avec une éponge mouillée. || Toile huilée et peinte en blanc pour le même usage. || Ornement qui entoure certaines pendules faites pour être appliquées à une muraille. Se dit de la pendule même. — La Fig. ci-dessus représente un c. en bronze doré du temps de Louis XV.

CARTELAGE. s. m. (lat. *quartus*, quart). T. Féod. Droit du seigneur au quart de la récolte.

CARTELET. s. m. Petite étoffe de laine.

CARTELETTE. s. f. [Pr. *carte-lète*]. Petite ardoise.

CARTELLES. s. f. pl. [Pr. *car-tèle*] (Dimin. de *carte*). Petites planches très minces. *On débite par c. les bois recherchés. Les tabletiers, les ébénistes, etc., se servent de c.*

CARTELLIER (PIERRE), sculpteur français (1757-1831).

CARTERET, navigateur anglais (XVIIIe siècle).

CARTERET (ILES), groupe de petites îles de l'Océanie, dans l'archipel Salomon, découvertes en 1767 par le navigateur précédent.

CARTERIE. s. f. Art de fabriquer les cartes. || Atelier où on les fabrique.

CARTERO. s. m. T. Techn. Lame de bois contenant les fils de la chaîne d'un tissu.

CARTERON. s. m. Voy. QUARTERON.

CARTÉSIANISME. s. m. (R. *Cartesius*, nom latinisé de Descartes). Philosophie issue des principes de Descartes.

Philos. — René Descartes est le fondateur d'une ère nouvelle dans l'histoire de la pensée. Il a mis fin au règne d'Aristote et de l'École, c.-à-d. au règne de l'autorité en matière scientifique. Son apparition marque dans toutes les branches de l'activité humaine l'avènement de la raison. Tous les systèmes philosophiques éclos depuis deux siècles dérivent de lui. Leibniz, Kant, Hegel et Comte se rattachent au cartésianisme aussi étroitement que Malebranche et Spinoza. Les savants, de leur côté, comprennent de plus en plus qu'ils doivent à Descartes, plus qu'à Bacon, l'indication du but qu'ils poursuivent et du chemin sur lequel ils ont fait leurs plus belles conquêtes.

On peut voir dans le *Discours*, par le tableau qu'il trace de la science de son temps, l'idée que Descartes se faisait de la science véritable. Il demandait à ses maîtres « une connaissance claire et assurée de tout ce qui est utile à la vie », une science à la fois certaine et pratique, et l'École ne lui enseignait qu'un fatras de choses inutiles ou incertaines. Seules, la philosophie et les mathématiques paraissent répondre à son dessein, l'une par l'utilité de ses préceptes, l'autre par la rigueur de ses démonstrations. Mais la philosophie qu'on enseigne n'est qu'un art frivole de parler vraisemblablement de toutes choses. Il ne s'y trouve rien dont on ne dispute. Ce qui lui manque donc, c'est un moyen d'atteindre sûrement l'objet qu'elle poursuit. Les mathématiques lui plaisent, en revanche, à cause de la certitude et de l'évidence de leurs raisons; mais voyant qu'elles n'ont servi jusqu'ici qu'aux arts mécaniques, il s'étonne de ce que, leurs fondements étant si fermes et si solides, on n'ait rien bâti dessus de plus relevé. Ainsi, d'une part, les mathématiques sont seules parfaites sous le rapport de la forme; d'autre part, il leur manque une matière digne d'elles; d'autre part, la philosophie se fait une juste idée de l'objet de la science, mais elle ignore la vraie méthode. La tâche de la science devra donc consister dans une adaptation des mathématiques à la réalité.

Mais pour que la mathématique puisse devenir la science de l'être, il faut qu'elle subisse une complète transformation. Elle doit pouvoir faire abstraction de tous les objets particuliers, nombres, figures, mouvements, astres, sons, et réduire à de simples rapports mathématiques tout ce qui comporte l'ordre, la proportion et la mesure. Ce n'est pas autre chose au fond que ce que nous entendons aujourd'hui par l'analyse mathématique.

Les mathématiques ainsi comprises paraissent merveilleusement propres à cultiver l'esprit; aussi doit-on s'y exercer longtemps avant de passer à des sciences plus difficiles et plus élevées. Mais elles ne sont encore que l'enveloppe de la vraie méthode. Prises isolément elles ne peuvent satisfaire l'esprit, parce qu'elles ne peuvent rendre raison des principes sur lesquels elles s'appuient et des moyens qu'elles emploient pour parvenir à la vérité.

La lumière que les mathématiques répandent sur les autres parties du savoir est donc empruntée à une source plus haute. « En effet, l'âme humaine possède je ne sais quoi de divin où sont déposés les premiers germes des connaissances utiles... Celui qui suivra attentivement ma pensée verra que je n'embrasse ici rien moins que les mathématiques ordinaires, mais que j'expose une autre méthode, dont elles sont plutôt l'enveloppe que le fond... Cette méthode doit contenir les premiers rudiments de la raison humaine, et aidera à faire sortir de tout sujet les vérités qu'il renferme; et, pour parler librement, je suis convaincu qu'elle est supérieure à tout autre moyen de connaître, parce *qu'elle est l'origine et la source de toutes les vérités.* »

Pour découvrir cette méthode naturelle à l'esprit, Descartes institue, un siècle et demi avant Kant, une sorte de critique de la raison humaine. Avant d'aborder la connaissance de chaque chose en particulier, il faut, dit-il, une fois en sa vie, s'être demandé ce que c'est que la connaissance humaine et jusqu'où elle s'étend. Toute connaissance est relative à nous qui sommes capables de connaître ou aux choses qui peuvent être connues. Si nous considérons le sujet, nous remarquerons qu'en nous l'intelligence seule est capable de connaître, mais qu'elle peut être empêchée ou aidée par l'imagination, les sens et la mémoire. Quant aux objets eux-mêmes, si nous ne les considérons qu'en tant que notre intelligence peut les atteindre, nous en distinguerons deux espèces : ceux qui se connaissent par eux-mêmes et ceux qui ne sont connus que par rapport à d'autres. Les premiers sont des natures simples; leur connaissance ne dépend d'aucune autre. Les autres sont des natures composées : elles ne peuvent être connues avec certitude que si elles sont ramenées aux natures simples.

Les choses que l'on peut connaître par intuition sont de trois sortes : matérielles, par ex. la figure, l'étendue et le mouvement; intellectuelles, par ex. la pensée, le doute, l'ignorance; mixtes, par ex. l'existence, la durée, l'unité. Puisque l'intuition est le seul mode infaillible de connaissance, il ne faut nous occuper parmi les objets que de ceux dont nous pouvons apercevoir intuitivement les éléments. N'y a-t-il pas dès lors des choses qui échappent à la science ? D'abord, s'il existe de pareilles choses, je n'ai pas à m'en mettre en peine; et ce sera déjà savoir beaucoup que savoir qu'elles surpassent les efforts de l'esprit humain.

Il n'y a donc de connaissance évidente et certaine que l'intuition des natures simples. C'est ce qu'énonce avec plus de concision que de clarté la première règle de la méthode. Mais il est un grand nombre de choses qui, sans être évidentes par elles-mêmes, portent cependant le caractère de la certitude, pourvu qu'elles soient déduites de principes vrais et incontestés par un mouvement continuel et non interrompu de la pensée avec une intuition distincte de chaque chose. Ce mouvement doit s'effectuer en deux sens. On doit d'abord ramener graduellement les propositions embarrassées et obscures à de plus simples, et ensuite partir de l'intuition de ces dernières pour arriver par les mêmes degrés à la connaissance des autres. Ce sont là l'analyse et la synthèse que prescrivent la deuxième et la troisième règle. L'analyse ne fait que préparer la synthèse ou déduction, « qui contient tout le secret de la méthode ». Si l'intuition est, en définitive, l'unique source de la certitude, la déduction est en revanche le seul moyen que nous ayons d'étendre notre science en propageant graduellement, des choses les plus simples et les plus claires aux choses les plus composées et les plus obscures, la lumière qui accompagne l'intuition. Mais il arrive souvent que notre esprit est incapable de voir par intuition les éléments d'une question, soit à cause de la difficulté qu'il y a d'embrasser d'une seule vue une multitude de propositions disjointes, soit parce que nous ne connaissons pas toutes les données, soit parce que nous ne disposons pas d'une seule donnée. Dans ce cas, nous suppléerons à l'intuition, comme le veut la quatrième règle, par une énumération soit complète, soit distincte, soit suffisante des données que nous possédons et nous en tirerons par induction une conclusion valable en général. Ainsi dans la déduction nous procédons par une série en quelque sorte unilinéaire de choses ou de degrés subordonnés. L'induction vaut surtout pour les choses qui ne s'entresuivent point naturellement les unes les autres et entre lesquelles il est utile de supposer de l'ordre, et cet ordre est fondé sur l'idée d'une similitude ou analogie entre choses de genres différents, par suite non subordonnées, mais simplement coordonnées entre elles. C'est ainsi, par exemple, que Descartes trouva les lois de la réfraction de la lumière.

En résumé, la méthode cartésienne consiste à expliquer les choses ou effets par les causes ou éléments simples qu'aperçoit l'intuition, puis à prouver les effets par leurs causes en montrant comment la combinaison de celles-ci donne naissance à ceux-là, enfin à combler par des inductions fondées sur l'analogie les lacunes qui viennent souvent interrompre ce mouvement continu que réclame l'intuition.

Le but de Descartes, nous l'avons vu, est de constituer une mathématique du réel. Le moyen lui est offert par la méthode, c.-à-d. par la déduction. Mais ce moyen est-il valable ? C'est ce que seule la métaphysique ou l'étude des principes de la connaissance peut nous dire.

Descartes cherche une vérité qui soit à l'abri du doute; il cherchera donc jusqu'où peut aller le doute. Nos idées ne sont pas en question; elles échappent au doute, il est vrai; mais cela ne sert de rien, puisqu'elles ne nous font connaître aucune existence. La vérité et l'erreur ne commencent qu'avec le jugement. Il s'agit donc de savoir si, parmi nos jugements, il en est un qui ne soit pas atteint par le doute. Il y a d'abord les jugements par lesquels, sur la foi des sens et de l'imagination, nous affirmons l'existence des choses sensibles; mais ces facultés nous trompent souvent; qu'est-ce qui prouve qu'elles ne nous trompent pas toujours ? Il y a ensuite les jugements par lesquels nous affirmons la vérité des rapports mathématiques. Ils sont indubitables au moment même où je les prononce avec une pleine intuition de leur évidence. Mais l'intuition fait le plus souvent place à la déduction, et celle-ci relève en grande partie de la mémoire, qui est faillible comme toutes les facultés sensibles. Il n'y a donc pas de jugement absolument inébranlable. En outre, ne puis-je pas supposer que ma raison, cette raison imparfaite d'ailleurs comme toutes les choses créées, a été faite de telle manière que je me trompe en tout ce que je crois apercevoir avec évidence ? Ce dernier motif de douter est connu sous le nom d'hypothèse du malin génie.

Mais ce doute qui ne s'arrête devant aucune vérité, trouve en lui-même sa limite. Je doute, je ne puis du moins douter de mon doute; je doute, donc je pense; je pense, donc je suis. Mon doute peut bien porter sur la valeur de mes idées, mais mes idées ou ma pensée n'en existent pas moins. Je me trompe aussi, dira-t-on, je puis être trompé par le malin génie. « Me trompe qui pourra, répond Descartes, si c'est qu'il ne saurait jamais faire que je ne sois rien, tandis que je penserai être quelque chose. » Se tromper ou être trompé, c'est encore penser, c'est être. On objectera : c'est un raisonnement, et c'est lors ou devrait connaître auparavant la majeure : « tout ce qui pense existe »; mais d'où la tiendrait-on, puisque le doute a détruit toutes les vérités générales acceptées autrefois par l'esprit et puisque, suivant Descartes, les vérités générales sont toujours, du moins pour nous, déduites des vérités particulières ? Les textes ne sont pas d'accord sur ce point. Il semble qu'il n'y ait qu'un moyen de les concilier, c'est de voir dans le *cogito, ergo sum*, à la fois une intuition et un raisonnement. Dans sa marche régressive telle qu'il l'expose dans les *Méditations*, Descartes a trouvé par intuition que l'existence est unie à la pensée, mais il reste fidèle à sa méthode en soumettant au criterium du raisonnement cette vérité lorsque, comme dans les *Principes* et le *Discours*, il donne de son système une exposition synthétique.

Après avoir considéré le *cogito* dans sa matière, nous devons le considérer dans sa forme. Nous passons du problème de l'existence de la pensée au problème du criterium de la certitude.

« Après cela, je considérai, en général, ce qui est requis à une proposition pour être vraie et certaine... et ayant remarqué qu'il n'y a rien du tout en ceci, je pense, donc je suis, qui m'assure que je dis la vérité sinon que je vois très clairement que pour penser il faut être, je jugeai que je pouvais prendre pour règle générale que les choses que nous concevons fort clairement et fort distinctement sont toutes vraies. » Mais prenons-y garde : si, grâce à ce criterium, la vérité de mes idées claires et distinctes aperçues par intuition est mise hors de cause, il n'en est pas de même de la vérité de mes jugements et des déductions par lesquelles je les établis. Qu'est-ce qui me garantit que ce que j'aperçois actuellement comme vrai sera vrai toujours et partout, en dehors de la perception immédiate que j'en ai ? Il faudrait pour cela que mon entendement fût la mesure des choses, mais mon entendement est borné; de plus, rien ne m'assure qu'il n'ait pas été créé de nature à se tromper au sujet des vérités les plus claires. Ce criterium de la certitude ne sera donc valable que si je réussis à écarter l'hypothèse du malin génie, c.-à-d. à prouver l'existence d'un Dieu parfait et, par suite, incapable de me tromper.

Le premier criterium en réclame donc un second, et c'est la véracité divine. Mais n'y a-t-il pas là un véritable cercle vicieux ? Si l'existence de Dieu repose sur la vérité de mes idées, comment puis-je fonder ensuite cette dernière sur la véracité divine? La question est de savoir comment Descartes a conçu le problème de la certitude. Il s'agit de garantir l'existence : là-dessus tout le monde est d'accord. Mais l'existence que l'on veut atteindre est-elle une chose qui échappe à la conscience et qui soit d'autant mieux assurée qu'elle dépend moins de notre pensée? S'il en est ainsi, le cercle vicieux est flagrant, bien plus il est inévitable. Quoi que nous fassions, nous sommes obligés de partir de nos idées. Essayer de se passer des idées pour déterminer l'existence, ce serait renoncer à la lumière pour mieux voir. Or, c'est là précisément ce que fait le scepticisme lorsqu'il envisage les idées comme des copies affaiblies et peut-être infidèles de choses placées hors de nous et que nous ne pourrons jamais atteindre. Mais c'est là mal prendre la question ou plutôt, comme le montre Descartes à plusieurs reprises, c'est supposer ce qui est en question. Il ne s'agit pas de savoir si mes idées sont conformes aux choses, mais si mes idées sont vraies, c.-à-d. si les rapports qui les unissent ne sont pas arbitraires comme ceux de la folie ou du rêve et s'il y a quelque raison pour qu'ils m'apparaissent toujours les mêmes et à tous les esprits. Par suite, il ne faut voir dans l'existence que la nécessité avec laquelle s'imposent à moi certaines de mes idées. A ce compte, le *cogito* n'est pas absolument vrai, car il n'est pas nécessaire. Comme pour les autres idées claires et distinctes, sa vérité est toute relative à l'attention que j'y prête. Sitôt que j'en détourne les yeux, que j'en sers comme d'une conclusion dont je n'aperçois plus l'évidence actuelle, je reviens à l'hypothèse du malin génie. La véracité divine n'a donc point pour objet de garantir l'évidence qui se garantit assez d'elle-même; mais de soustraire à ce doute hyperbolique la déduction qui fait usage de la mémoire. Descartes échappe au cercle s'il peut prouver Dieu sans avoir recours à la déduction.

Des trois preuves que Descartes nous donne de l'existence de Dieu la troisième, connue sous le nom de preuve ontologique ou géométrique, est la seule qui satisfasse à cette condition. Ce n'est pas un raisonnement, mais le résultat d'une simple inspection de l'esprit. Que l'on s'arrête longtemps, comme le veut Descartes, à contempler la nature de l'être parfait et l'on verra que l'idée des autres choses ne contient que l'existence possible et contingente et que seule l'idée de Dieu contient une existence absolue et nécessaire. Il est vrai que nous avons l'idée d'une foule de choses qui n'existent pas. Mais il faut distinguer les pensées que nous pouvons modifier de celles qui ne sont pas modifiables, l'idée d'une chimère n'est pas vraie parce que je puis en disjoindre les éléments; l'idée de Dieu, au contraire, est absolument simple; je sens que c'est la nécessité de la chose qui fait ici la nécessité de ma pensée; la nécessité de cette idée vient de sa perfection. D'autre part, l'idée de Dieu étant la seule parfaite, toutes les autres en dépendent.

Maintenant ce serait « faire injure à Dieu » que de refuser son assentiment aux idées claires. La véracité divine vient donc fonder en dernier lieu les vérités mathématiques et même la réalité des choses sensibles, en tant du moins qu'elles sont susceptibles d'être réduites à des essences mathématiques. Ainsi la science de la nature est possible, car la métaphysique m'a montré que les idées claires et distinctes sont les seules vraies et qu'il est légitime de considérer la quantité comme la substance des choses.

Toute la physique cartésienne est *a priori*. « Je ne veux point supposer d'autres lois que celles qui suivent infailliblement des vérités éternelles sur lesquelles les mathématiciens ont accoutumé d'appuyer leurs démonstrations. » Ne fait-il donc aucune part à l'expérience? Il en reconnaît deux usages : 1° une fois qu'on a dépassé les principes et leurs premières déductions, il se présente tant d'effets possibles de la nature qu'il faut venir au-devant des causes par les effets : l'esprit humain ne peut suffire à la tâche sans guide; 2° lorsqu'un fait est donné, il y a plusieurs hypothèses possibles et le choix entre elles doit être guidé par l'expérience.

De cette idée que les corps ont pour essence l'étendue, il résulte que le corps ne fait qu'un avec le lieu qu'il occupe, conséquemment qu'il n'y a pas de vide et que la matière peut être divisée sans fin. Tout est donc plein dans le monde; il n'y a pas discontinuité entre ses parties. Les atomes de Démocrite autant que le vide sont des chimères; mais comment expliquer dans cette nature géométrique la génération des phénomènes mobiles et passagers? Par le mouvement de ses parties. « L'univers, dit-il, est une machine où il n'y a rien du tout à considérer que des figures et du mouvement. » Et comment parler de mouvement dans un monde où tout est plein! Le mouvement, dit Descartes, n'est que le transport

d'une partie de la matière ou d'un corps du voisinage de ceux qui le touchent immédiatement et que nous considérons comme en repos, dans le voisinage de quelques autres. « J'appelle corps tout ce qui est transporté ensemble. » Dès lors, à la condition d'admettre que tout mouvement se communique instantanément, et que les vides sont immédiatement comblés, on conçoit que les corps changent de lieu. Il suffit pour cela que les parcelles de matière, cédant de proche en proche à la pression initiale, exécutent un demi-cercle en avant et en arrière de la particule en mouvement, en d'autres termes, que le mouvement se produise instantanément et circulairement.

Cette manière de comprendre le mouvement a donné naissance au système des *Tourbillons* que Descartes expose dans la troisième partie des *Principes*. La matière ébranlée par Dieu à l'origine se brise en fragments qui doivent, tout étant pleins, s'empêcher les uns les autres et se mouvoir en cercle. Mais ces fragments jouissant auparavant de mouvements divers n'ont pu s'accorder à tourner autour d'un seul centre: de là une multitude de tourbillons.

Par ces lois générales de l'univers s'expliquent les principales actions qui se produisent sur la terre : la pesanteur, la lumière et la chaleur, et, par celles-ci, tous les phénomènes particuliers. Descartes fait de la pesanteur un effet de la force centrifuge des tourbillons; elle consiste en ce que les parties du petit ciel qui environnent la terre, tournant beaucoup plus vite que les siennes autour de son centre, tendent aussi avec plus de force à s'en éloigner, et par conséquent repoussent vers le centre les parties de la terre. La lumière est produite également par la force centrifuge du tourbillon qui pousse la matière subtile contre nos organes. Quant à la chaleur, elle résulte d'une agitation plus grande des petites parties des corps qu'excite l'action de la matière subtile. Ces actions principales combinées avec la diversité des mouvements suffisent à Descartes pour expliquer tous les corps et phénomènes particuliers, les métaux, les sels, les bitumes, les tremblements de terre, la foudre, les propriétés de l'aimant, etc. Descartes couronne son système par une explication mécanique de la formation des corps organisés et des phénomènes de la vie. Il rejette l'âme sensitive et végétative des anciens pour ne voir dans les êtres vivants que des machines plus compliquées sans doute, mais aussi peu mystérieuses que nos automates. Ces machines se meuvent par la chaleur du sang et certaines particules subtiles répandues dans le cerveau et les nerfs, qu'il appelle esprits animaux. Toutes les fonctions sensitives ou motrices sont naturellement de la seule disposition des organes « ni plus ni moins que l'est les mouvements d'une horloge de son contrepoids et de ses roues ». Dans ce système appelé *Automatisme*, les animaux sont inconscients, insensibles et incapables de quoi que ce soit qui ressemble à la pensée : ce sont de purs machines.

Le dernier mot du système, on le voit, est le mécanisme universel; mais n'oublions pas que le mécanisme repose sur la métaphysique et sur une métaphysique idéaliste. Si Dieu intervient le moins possible dans l'univers une fois mis en branle, c'est pourtant à son existence que toute existence est suspendue, et la physique, comme nous l'entendons encore aujourd'hui, n'a d'autre fondement que la distinction nette et tranchée de l'âme et du corps, de l'étendue et de la pensée qui résulte de la métaphysique cartésienne. Tant en ce qu'en vidant l'univers des démons et des âmes dont, après les Grecs, le moyen âge le peuplait, que Descartes a rendu possibles l'explication des phénomènes et la recherche des lois? Il n'est pas juste de décrapiter son système comme l'a fait le XVIIIe siècle et de n'y voir qu'une physique matérialiste. En réduisant tous les corps à l'étendue et à des combinaisons de mouvements, il a montré par cela même que la science n'a jamais affaire qu'aux phénomènes ou aux conditions extérieures de l'existence réelle; en plaçant la réalité dans la pensée, dans cet être intérieur, conscient de soi, qui ne peut être aperçu que du dedans, il a mis pour jamais la philosophie à l'abri des attaques du scepticisme et du matérialisme, et fondé la métaphysique sur une base indestructible.

En définitive, le système de Descartes peut se résumer de la manière suivante : 1° *idées innées*, dérivant d'une intuition directe de l'esprit; 2° critérium de certitude consistant dans l'*évidence* : toute idée claire et précise est nécessairement vraie, et cette évidence, ainsi que la légitimité du raisonnement déductif, est garantie par la *véracité divine*; 3° distinction de la *matière ou substance étendue* et de l'esprit ou *substance pensante*; 4° possibilité d'atteindre le monde extérieur avec ces données et institution d'une physique *a priori* reposant sur la notion d'un *univers plein* où tous les phénomènes dérivent de *mouvements tourbillonnaires*; 5° identification des phénomènes de la vie végétative et animale avec de simples phénomènes de mouvements, et comme conséquence *automatisme des animaux*. Seul, l'esprit humain, substance pensante, échappe au mécanisme universel.

Aucune de ces conclusions ne saurait être acceptée sans réserve par la critique contemporaine. Aucun philosophe n'admet aujourd'hui l'identité de la clarté avec l'évidence. Voy. CERTITUDE. Aucun physicien n'acceptera de considérer l'étendue comme la propriété caractéristique de la matière. Voy. MATIÈRE, ATOME. Aucun naturaliste ne refusera aux animaux la sensibilité et une certaine lueur de raison. Et cependant, malgré les erreurs de ses conclusions, Descartes n'en reste pas moins l'un des premiers philosophes de tous les temps, et comme nous l'avons dit au début de cet article, le véritable fondateur de la philosophie moderne. C'est que son vrai mérite consiste non dans les déductions qu'il a cru pouvoir tirer de ses principes, mais dans la *méthode* par laquelle il s'est élevé à ces principes. En rejetant l'autorité d'Aristote, il a proclamé l'émancipation de la pensée humaine; il a montré l'importance et la valeur de la raison; il a commencé à en faire la critique, et s'il n'a pas résolu toutes les questions qu'il a abordées, il a su du moins poser avec netteté et précision les problèmes qui font l'objet de la philosophie, écarter les obstacles qui encombraient l'ancienne métaphysique et préparer les voies capables de conduire aux solutions.

CARTÉSIEN, IENNE. adj. Qui appartient, qui a rapport à la doctrine de Descartes. *La philosophie cartésienne, les principes cartésiens.* || Celui qui a adopté cette doctrine. *Philosophe c.* — On dit aussi substantiv., *Les cartésiens.*

CARTHAGE (*Kart-Khadast*), anc. v. d'Afrique, non loin de Tunis, fut d'abord une colonie de Tyr, fondée, dit la légende, par la reine Didon (900 av. J.-C.), devint la capitale d'une riche république maritime et commerçante, la rivale de l'ennemie de Rome contre laquelle elle soutint la longue lutte connue sous le nom de *Guerres puniques.* Carthage fut détruite par les Romains en 146 av J.-C. Rebâtie par César, elle fut de nouveau détruite par les Arabes au IV° siècle. || Nom des hab. : CARTHAGINOIS, OISE.

CARTHAGÈNE, v. d'Espagne, prov. de Murcie, 30,000 h.; port sur la Méditerranée. Fondée par les Carthaginois vers 228 avant J.-C. Son nom lat. était *Carthago Nova*, la *Nouvelle Carthage.*

CARTHAME. s. m. (ar. *kirthms*, m. s.). T. Bot. Genre de plantes originaires de l'Orient, de la famille des *Composées.* Voy. ce mot.

CARTHAMINE. s. f. Nom donné au principe colorant rouge qui se trouve dans les fleurs du *Carthamus tinctorius.* Voy. CARTHAMIQUE.

CARTHAMIQUE. adj. 2 g. T. Chim. *L'acide c.* est une matière colorante rouge contenue dans les sommités fleuries du *Carthamus tinctorius.* Insoluble dans l'eau, il se dissout en rouge dans l'alcool; cette dissolution teint la soie sans mordant. Il forme avec les alcalis des sels jaunes appelés *carthamates.* Autrefois l'acide c., sous le nom de carthame, de carthamine ou de saflor, était très employé pour la teinture du coton et de la soie; il fournissait des nuances roses et ponceau très belles, mais très fugaces. Aujourd'hui il est complètement abandonné.

CARTIER. s. m. (R. carte). Celui qui fabrique et vend des cartes à jouer. || T. Comm. Papier destiné à envelopper les jeux où les sixains de cartes à jouer.

CARTIER (JACQUES), navigateur français, né à Saint-Malo, découvrit le Canada en 1534 (1494-1554).

CARTILAGE. s. m. (lat. *cartilago*, m. s.). T. Anat. On donne le nom de *Cartilage* à un tissu blanc, élastique, quelquefois très flexible, qui ne cède en dureté qu'aux os, bien qu'il se laisse facilement entamer par le scalpel. Le squelette de tous les vertébrés commence par être cartilagineux; il reste même constamment tel dans une classe entière de poissons,

celle des *Chondroptérygiens.* Chez l'homme, comme chez les animaux supérieurs, autres que les poissons qui viennent d'être nommés, la plus grande partie des cartilages qui forment d'abord la charpente du corps, se transforment bientôt en tissu osseux. De là, une première division des cartilages en *Cartilages temporaires* et en *Cartilages permanents.*

Les cartilages *temporaires* sont aussi nommés *Cartilages d'ossification* et *Cartilages épiphysaires.* Ils s'observent aux extrémités des os longs, dans une portion de l'épaisseur des os courts, et à la circonférence de quelques os larges, tels que l'omoplate et l'ilium. Plusieurs de ces cartilages ne sont complètement ossifiés chez l'homme qu'assez tard, c'est-à-dire vers l'âge de vingt ans.

Les cartilages sont répandus dans les différentes parties du corps, et offrent des formes diverses selon la fonction qu'ils ont à remplir. On peut les distinguer en cartilages *squelettaires* et en cartilages *articulaires.* Ceux-ci, ainsi que leur nom l'indique, revêtent les surfaces par lesquelles les os sont en contact dans les articulations; quant à ceux-là, tantôt ils continuent les os dont ils semblent n'être qu'un fragment non encore ossifié, tantôt ils constituent pour certains organes une véritable charpente. — Les cartilages *articulaires* sont aussi appelés cartilages *d'incrustation*, *d'encroûtement* et *de revêtement*, parce qu'ils revêtent les surfaces articulaires des os comme une croûte plus ou moins épaisse : ils sont intimement unis à ces surfaces osseuses On les divise en cartilages *diarthrodiaux* et en cartilages *synarthrodiaux*, suivant qu'ils appartiennent à des articulations mobiles ou à des articulations immobiles. Ces derniers sont adhérents au périoste et aux deux os qu'ils réunissent; les premiers n'adhèrent à l'os que sur l'une de leurs faces; leur autre face est libre et recouverte par une membrane synoviale. Voy. ARTICULATION. — Parmi les cartilages *squelettaires*, nous citerons d'abord les cartilag 's *costaux*, qui continuent les côtes avec lesquelles ils s'engrènent par l'une de leurs extrémités, tandis que l'autre va s'attacher au sternum. C'est à cette disposition particulière que la cage thoracique doit principalement son élasticité. Les cartilages du nez et ceux du pavillon de l'oreille sont, comme les cartilages costaux, le prolongement des parties osseuses sur lesquelles ils s'insèrent. Les cartilages du larynx, de la trachée, des bronches, etc., au contraire, constituent véritablement la charpente ou le squelette des organes dans la composition desquels ils entrent. — Tous les cartilages squelettaires et tous les cartilages temporaires sont revêtus d'une membrane fibreuse et analogue au périoste, appelée *Périchondre.* On voit que les cartilages articulaires seuls en sont dépourvus.

Nous n'exposerons ici ni la structure intime, ni la composition chimique des cartilages, car il en sera parlé aux articles HISTOLOGIE et GÉLATINE. Nous nous contenterons de dire que la substance des cartilages ne reçoit ni nerfs ni vaisseaux sanguins; quelques vaisseaux seulement pénètrent dans le périchondre, mais ils y sont plus rares que dans le périoste. Aussi la vitalité des cartilages est-elle très obscure. Suppey a démontré la présence des lymphatiques dans le tissu cartilagineux.

Les cartilages étant dépourvus de vaisseaux sanguins ne sont pas susceptibles d'inflammation. Cette affirmation semble contredite par le fait de leur transformation soit normale, soit accidentelle, en tissu osseux. Mais alors il se produit dans le c. des vaisseaux sanguins, et ceux du périchondre deviennent plus nombreux. Aussi, dans le cas d'ossification pathologique, est-ce par la périphérie que commence la transformation. Tous les cartilages peuvent se métamorphoser de cette manière, même ceux que l'on appelle permanents. Plusieurs de ces derniers ont même une tendance à s'ossifier par le seul effet de l'âge. Les cartilages des larynx sont ceux chez lesquels on observe le plus fréquemment l'ossification pathologique; elle accompagne surtout la phtisie et les inflammations chroniques de cet organe. Ils sont, en outre, susceptibles de nécrose et de carie. — La division d'un c. par l'instrument tranchant n'y provoque aucune trace d'inflammation. Cruveilhier dit n'avoir remarqué aucun changement à la surface des cartilages divisés, même après un laps de 40 jours. Lorsque les cartilages sont pourvus d'un périchondre, leurs plaies ainsi que leurs fractures se réunissent au moyen de l'ossification du périchondre; c'est ainsi, par exemple, qu'il se forme une virole osseuse autour d'un c. costal fracturé. Mais dans les cartilages articulaires, c'est-à-dire sans périchondre, la réunion n'a pas lieu. — Les cartilages peuvent s'user par le frottement : il y a donc alors et nécessairement absorption de tissu propre du c. On a observé cette usure dans les cartilages costaux à la suite de maladies du cœur et surtout d'anévrismes aortiques. L'usure des cartilages articulaires est moins rare; elle a lieu sans douleur, et la surface dénudée devient alors lisse et éburnée. — Broglie et Mayo prétendent avoir constaté l'ulcération du tissu cartilagineux. Néanmoins presque tous les chirurgiens pensent que ces auteurs ont confondu l'ulcération avec la destruction de ce tissu par absorption, qui accompagne parfois la carie des extrémités osseuses. — Enfin, dans certains cas, il se produit, sous l'influence de causes inconnues, des cartilages accidentels qui affectent des formes assez diverses et se présentent dans différentes parties de l'économie. Il nous suffit de les mentionner; mais nous parlerons ailleurs de ceux qui se forment dans l'organisation des fausses articulations. Voy. Pseudarthrose.

CARTILAGINEUX, EUSE. adj. T. Anat. Qui est de la nature du cartilage, ou qui est composé de cartilages. || T. Icht. *Poissons c.*, Une des deux grandes divisions de la classe des poissons, comprenant ceux dont le squelette est fait de cartilages. On les nomme aussi *Chondroptérygiens.* Voy. Poisson.

CARTILAGINIFICATION. s. f. [Pr. *cartilaginifica-cion*] (lat. *cartilago, laginis,* cartilage, et le suff. *fication,* de *facere,* faire). T. Pathol. Conversion en cartilage d'un tissu qui n'a point normalement ce caractère.

CARTISANE. s. f. (R. *carte*). Petits morceaux de carton fin autour desquels on a tortillé du fil, de la soie, de l'or ou de l'argent, et qui font relief dans les dentelles et dans les broderies. *Dentelles à c.*

CARTOGRAPHE. s. m. (R. *carte,* et grec, γράφω, j'écris). Celui qui dresse et rédige des cartes géographiques.

CARTOGRAPHIE. s. f. L'art de dresser et de rédiger des cartes géographiques, des sphères, etc.

CARTOGRAPHIQUE. adj. Qui a rapport à la cartographie.

CARTOMANCIE. s. f. (R. *carte,* et grec, μαντεία, divination). Divination au moyen des cartes. Voy. Divination.

CARTOMANCIEN, IENNE. adj. et s. Celui, celle qui pratique la cartomancie, qui tire les cartes.

CARTON. s. m. (ital. *cartone,* sorte de papier très fort, augm. de *carta,* papier). Carte grosse et forte, faite de pâte ou de feuilles de papier collées ensemble. *C. épais. Boîte de c. Un livre relié avec du c.* || Boîte faite de c., dans laquelle on serre des papiers, des dentelles, des rubans, etc. *C. rond, carré. C. de bureau. C. de rubans, de dentelles,* etc., Contenant des rubans, etc. — *Cette pétition est restée dans les cartons,* Elle n'a point eu de réponse. — *Cette pièce de théâtre est restée longtemps dans les cartons,* Elle n'a été jouée que longtemps après avoir été reçue. — *C. de dessins,* Grand portefeuille de c., dans lequel on serre des dessins. || La pâte même dont on fait le c., et qui sert à la fabrication de divers autres objets. *Masque de c. Poupée de c. Moulures, bas-reliefs de c.* || T. Typogr. et Libr. Se dit d'un ou de plusieurs feuillets d'impression détachés d'une feuille entière; mais plus particulièrement d'un feuillet qu'on substitue à un autre dans un livre à cause de quelque changement qu'on a cru devoir y faire. *Ce volume a trente feuilles, et un c. de quatre pages. Faire un c. Mettre un c. à un livre.* || Se dit, au plur., des dessins en grand qu'un peintre fait sur papier pour lui servir ensuite de modèles, lorsqu'il exécute soit un tableau, soit une fresque. *Les cartons de Raphaël.* || T. Archit. Feuille de carton ou de fer-blanc chantournée qui sert à tracer des profils. || T. Minér. *C. de montagne, C. fossile, C. minéral,* Noms vulgaires d'une variété d'asbeste dont les filaments sont soudés ensemble, de manière à former des espèces de plaques ou de lames assez flexibles pour plier sous la main. || T. Tissage. *C. Jacquard,* Bandes rectangulaires de cartons de divers formats et percés de trous dont la disposition assure le fonctionnement du métier Jacquard suivant le tissu qu'on veut obtenir. Voy. Tissage.

Techn. — On distingue trois espèces de *cartons :* les *cartons de pâte,* qui sont composés d'une sorte de pâte faite de chiffons et matières fibreuses de toute espèce, triturés, et qui se fabriquent absolument comme le papier; les cartons de *collage,* qui s'obtiennent en collant plusieurs feuilles de papier les unes sur les autres, et les cartons *mixtes,* qui sont tout simplement des cartons de pâte, toujours grossiers, mais recouverts sur les deux faces d'une feuille de papier fort et propre à recevoir le *tissage.* — Les usages du c. sont très multipliés; on s'en sert pour la reliure, la chapellerie, la fabrication des cartes à jouer, et celle d'une foule d'autres objets. On l'emploie même pour confectionner des articles qui exigent une assez grande solidité, comme des tabatières, des plateaux, des socles de pendule, des vases d'ornement ; mais alors la pâte de ce genre de fabrication est mélangée avec une certaine quantité de colle forte ; le produit achevé, on le recouvre d'un vernis imperméable.

Carton-pierre. — On nomme ainsi un mélange de pâte de c., de terre bolaire, de craie, de gélatine et d'huile de lin. Cette composition qui, en séchant, acquiert véritablement la consistance et la dureté de la pierre, se moule avec la plus grande facilité. Aussi est-elle aujourd'hui très employée dans la décoration intérieure de nos appartements et même des monuments publics. On en fait des moulures, des corniches, des chapiteaux, des bas-reliefs, etc. Une couleur appropriée donne ensuite à ces objets l'apparence de la matière plus ou moins précieuse que l'on veut imiter. Tous ces objets sont beaucoup plus solides que s'ils étaient en plâtre, et beaucoup plus économiques que s'ils étaient en toute autre matière. Le c.-pierre a mis, pour ainsi dire, les ornements sculptés à la portée des fortunes les plus modestes. — On ignore la date précise de l'invention du c.-pierre; mais on sait que, vers la fin du siècle dernier, un industriel français, nommé Mézières, réussit le premier, ou du moins un des premiers, à mettre le c.-pierre en honneur. L'industrie du c.-pierre a reçu depuis lors de nombreux perfectionnements, qu'elle doit, en grande partie, pour la France, à Romagnesi, Bernard, Bénier, Wattel et Huber, et, pour l'Angleterre, à Jackson et Cⁱᵉ. Parmi les productions de cette industrie, nous citerons les décorations de l'Opéra, de la Comédie française, de l'Odéon, de l'Hôtel de Ville, de la Chambre des Députés, de l'église Notre-Dame de Lorette, des palais de Versailles, de Saint-Cloud, de Fontainebleau, etc. On en a fait un grand usage à l'Exposition universelle 1889, même pour des statues de grandes dimensions.

CARTONNAGE. s. m. [Pr. *carto-nage*] (R. *carton*). Action de cartonner un livre; le résultat de cette action.

CARTONNER. v. a. [Pr. *carto-ner*] (R. *carton*). Relier un livre en carton. *C. un livre.* || Faire des cartons dans un livre. || T. Tech. *C. du drap,* Mettre un carton sur chaque pli du drap avant de le calir || *C. une perle fausse,* Garnir son canal de papier. = Cartonné, ée. part. *Livre cartonné.*

CARTONNERIE. s. f. [Pr. *carto-neri*] (R. *carton*). Fabrique de cartons; art du cartonnier.

CARTONNEUR, EUSE. s. [Pr. *carto-neur*] (R. *carton*). Ouvrier, ouvrière qui cartonne des livres.

CARTONNEUX, EUSE. adj. [Pr. *carto-neux*] (R. *carton*). Ayant l'aspect du carton.

CARTONNIER, IÈRE. s. [Pr. *carto-nié*] (R. *carton*). Fabricant, marchand de carton. || Celui ou celle qui travaille le carton, qui fait des objets de carton. || s. m. Sorte de bureau ou commode ayant des cartons en guise de tiroirs.

CARTONNIÈRE. adj. f. T. Entom. Dénomination appliquée à plusieurs guêpes d'Amérique. Voy. Guêpe.

CARTOUCHE. s. m. (ital. *cartoccio,* rouleau de papier). T. Archit. Un *Cartouche* est un ornement de sculpture en pierre, en marbre, en bois, en plâtre, etc., composé de membres d'architecture, au milieu duquel est un espace de forme régulière ou irrégulière, dont la surface peut être plane, ou concave, ou convexe, ou réunir l'une et l'autre de ces configurations. Il est ordinairement destiné à recevoir des inscriptions, des chiffres, des armoiries, des bas-reliefs, pour la décoration extérieure et intérieure des églises, des monuments, ou pour la décoration des appartements. — On donne aussi ce nom au dessin qu'on met au bas des plans ou des cartes, et qui sert à renfermer le titre de l'ouvrage, un emblème, des armoiries, etc. — Dans les hiéroglyphes égyptiens, on appelle *cartouches* ou *cartels* les encadrements de forme rectangulaire qui entourent ordinairement les noms propres.

CARTOUCHE. s. f. (ital. *cartoccio,* rouleau de papier). Charge pour le canon composée de clous, de balles de fusil, de petites pièces de fer, le tout enveloppé dans du carton ou dans une boîte de mitraille. *Canon chargé à c. Tirer à c.* Vx. On dit aujourd'hui *Tirer à mitraille.* — La charge entière d'une arme à feu portative, qui est dans un rouleau de papier ou une douille en métal. || T. Milit. La feuille imprimée et scellée du sceau du régiment qu'on donnait à un soldat en congé. *Il a sa c.*, Il a son congé. — *C. jaune*, Celle qu'on délivrait à un soldat dégradé. || T. Pyrot. Se dit des boîtes dans lesquelles on renferme les matières inflammables, et dont la forme varie selon les effets qu'on veut obtenir. Dans ce sens, *Cartouche* est masc.

Art milit. — Les cartouches des armes à feu diffèrent nécessairement suivant l'arme à laquelle elles sont destinées. Dans les anciens fusils, la c. se composait simplement d'un sac en papier contenant la poudre et la balle. Avec les fusils à pierre, le soldat devait déchirer la cartouche avec les dents, amorcer en versant un peu de poudre dans le bassinet, verser le reste de la poudre dans le canon, et enfin introduire le reste de la c. dans le canon et pousser le tout avec la baguette, le papier étant destiné à faire bourre. Avec les fusils à percussion et amorce fulminante, la manœuvre restait à peu près la même, sauf qu'il n'y avait plus de poudre à verser dans le bassinet, cette opération étant remplacée par la mise en place de la capsule. Ce n'est qu'après l'invention des armes se chargeant par la culasse qu'on parvint à réunir l'amorce et la c. Dès lors les cartouches se trouvèrent classées en deux catégories : 1° les cartouches combustibles dont l'enveloppe est brûlée pendant le tir, et 2° les cartouches dont l'enveloppe rigide n'est pas détruite et doit être retirée après chaque coup. Le fusil à aiguille adopté par la Prusse en 1844, et le fusil français chassepot, modèle 1866, comportaient des cartouches combustibles. Mais on s'aperçut bien vite que ces cartouches laissaient beaucoup de résidus dans l'âme de l'arme et que de plus elles se détérioraient facilement entre les mains du soldat. Aussi est-on revenu exclusivement aux cartouches à douille métallique qui sont aujourd'hui adoptées par toutes les armées européennes. La Fig. représente la c. du nouveau fusil Lebel, modèle 1886. La charge se compose de 2gr,5 de poudre sans fumée ; la balle G qui pèse 14gr,5 est de forme cylindroconique, et composée d'un noyau de plomb durci et comprimé dans une enveloppe en maillechort ; elle est séparée de la poudre par une rondelle de carton *i* ; l'amorce est placée à la partie inférieure dans une cavité K ménagée à cet effet. La c. complète pèse environ 27 grammes et a 82mm de longueur.

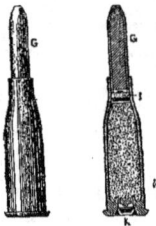

Les cartouches destinées aux armes de chasse sont à broche ou à percussion centrale. Les cartouches à broche ont été imaginées en 1835 par Lefaucheux ; elles se composent d'une douille en carton dans laquelle on introduit la charge, montée sur un culot de cuivre contenant l'amorce. Une broche en cuivre traverse ce culot parallèlement à la base. Au moment du tir le chien du fusil s'abaisse sur la broche, qui transmet le choc au fulminate. Les cartouches à percussion centrale présentent sur celles-ci de notables avantages : elles ne laissent aucune issue aux gaz ; elles sont moins dangereuses à manier ; car en tombant sur la broche une cartouche à broche peut s'enflammer et éclater ; elles sont plus faciles à mettre en place, car il n'y a pas lieu de se préoccuper de loger la broche dans l'évidement qui lui est destiné. Enfin, elles sont plus faciles à recharger, ce qui permet de les construire avec des douilles métalliques pouvant servir plusieurs fois. Les cartouches à percussion centrale se répandent de plus en plus, et finiront par faire disparaître les fusils à chiens. Les cartouches de revolver sont toujours à douille métallique ; il y en a à broche et à percussion centrale, ces dernières préférables. Enfin, pour le tir à petite distance, on fabrique des cartouches-amorces qui ne sont chargées qu'à la poudre fulminante.

Cartouche de dynamite. — La dynamite, substance explosive employée dans l'exploitation des mines et carrières, est livrée au commerce en petits paquets de 100 à 200 grammes que l'on nomme *cartouches*.

CARTOUCHE, de son vrai nom *Bourguignon*, fameux voleur, rompu vif à Paris en 1721.

CARTOUCHERIE. s. f. Lieu où l'on fabrique les cartouches.

CARTOUCHIER. s. m. Ceinture renfermant des cartouches. || Coffre où le soldat met ses cartouches.

CARTOUCHIÈRE. s. f. Boîte portative dans laquelle se placent les cartouches. Voy. GIBERNE.

CARTULAIRE. s. m. (lat. *chartularium*, m. s., de *chartula*, papier, dimin. de *carta*). Livre ou registre sur lequel on inscrivait autrefois les titres, les chartes, les actes de donation, vente, etc., concernant un monastère, un chapitre, une seigneurie, etc. *Le c. de l'abbaye de Lérins est riche en documents anciens. Les historiens attachent aujourd'hui une grande importance aux cartulaires.* || Hist. ecclés. Gardien des archives.

CARTWRIGHT, célèbre mécanicien anglais, inventeur des machines à tisser et à carder la laine (1743-1823).

CARUM. s. m. T. Bot. Genre de plantes de la famille des *Ombellifères*. Voy. ce mot.

CARUS. s. m. [Pr. *carus*] (gr. κάρος, sommeil profond). T. Méd. Sommeil profond. Voy. COMA.

CARUS, empereur romain (282-283).

CARVACROL. s. m. (R. *carvi*). T. Chim. Le *Carvacrol* C10H14O est, comme son isomère le thymol, un des phénols qui correspondent au cymène. On le rencontre mélangé à cet hydrocarbure dans les essences de plusieurs labiées (thym, origan, sariette, etc.). Il prend naissance quand on chauffe le camphre monobromé avec du chlorure de zinc. Le c. se produit encore par une transformation isomérique du carvol contenu dans l'essence de carvi ; aussi peut-on l'obtenir en traitant à chaud cette essence par la potasse ou par l'acide phosphorique. Le c. est un liquide huileux, insoluble dans l'eau ; il bout à 237° en émettant des vapeurs irritantes. Il possède les propriétés des phénols et, comme eux, il se dissout dans les alcalis caustiques ; mais on peut l'enlever entièrement de sa solution par agitation avec l'éther ; cette réaction le distingue des autres phénols. Avec l'acide sulfurique concentré il donne un dérivé sulfonique, qui, fondu avec la potasse, se transforme en thymoquinone.

CARVAJAL, nom d'une célèbre famille espagnole.

CARVE. s. f. T. Pêc. Filet en forme de chausse.

CARVELLE. s. f. (holl. *karveel*, m. s.). T. Mar. *Clous à c.*, Clous servant à unir deux pièces de charpente taillées en biseau, et qui ont la tête carrée, à pans coupés.

CARVÈNE. s. m. (R. *carvi*). T. Chim. Le *Carvène* C10H16 est un hydrocarbure isomère de l'essence de térébenthine. Il est liquide et bout à 173°. Il forme avec le brome un tétrabromure, et avec l'acide chlorhydrique un chlorhydrate et un bichlorhydrate. Suivant Wallach, le c. est identique avec le citrène ou le limonène dextrogyre. On retire le c. de l'essence de carvi, où il se trouve mélangé avec le carvol.

CARVI. s. m. (gr. κάρον, m. s.). T. Bot. Nom vulgaire du *Carum carvi*, plante bisannuelle de la famille des *Ombellifères*. Voy. ce mot.

CARVIFOLIÉ, ÉE. adj. (R. *carvi*, et lat. *folium*, feuille). T. Bot. Qui a des feuilles semblables à celles du carvi.

CARVIN, ch.-l. de c. (Pas-de-Calais), arr. de Béthune, 8000 hab.

CARVOL. s. m. (R. *carvi*). T. Chim. L'essence extraite des graines de carvi (*Ombellifères*) est un mélange de carvène et de carvol. On sépare ces deux substances par des distillations fractionnées. Les portions qui distillent entre 190° et 245° renferment le c. ; on les traite par l'alcool saturé d'ammoniaque, puis par l'acide sulfhydrique ; cet acide forme avec le c. une combinaison solide et cristallisée, qu'on décompose par la potasse. Le c. a pour formule C10H14O. C'est un liquide huileux qui bout à 228° en se décomposant partiellement. Il se combine avec l'acide chlorhydrique ainsi qu'avec l'hydrogène sulfuré. Il se comporte comme un composé cétonique vis-à-vis de l'hydroxylamine et de la phénylhydrazine. Chauffé avec la potasse alcoolique, avec l'anhydride phosphorique ou avec l'oxychlorure de phosphore, il subit une transposition moléculaire et se transforme en un isomère, le carvacrol.

CARYA ou **CARYER**. s. m. (gr. κάρυα, noyer). T. Bot. Genre d'arbres de l'Amérique du Nord, de la famille des *Juglandées*. Voy. ce mot.

CARYATIDE. s. f. Voy. CARIATIDE.

CARYOCAR. s. m (gr. κάρυον, noix). T. Bot. Genre d'arbres de la famille des *Ternstrémiacées*. Voy. ce mot.

CARYOCARPE. adj. (gr. κάρυον, noix, καρπὸς, fruit). T. Bot. Dont le fruit ressemble à une noix.

CARYOPHYLLAIRE. s. m. adj. [Pr. *cario-fil-lère*] (gr. κάρυον, noix ; ξύλλον, feuille). T. Hist. nat. Nom des coraux en forme d'œillet.

CARYOPHYLLÉES. s. f. pl. [Pr. *cario-fil-lé*] (gr. κάρυόφυλλον, clou de girofle, de κάρυον, noix, et φύλλον, feuille). T. Bot. Famille de végétaux Dicotylédones de l'ordre des Dialypétales supérovariées diplostémones.

Caract. bot. : Plantes herbacées, devenant quelquefois suffrutescentes. Rameaux renflés aux articulations. Feuilles toujours opposées et entières, souvent connées à la base. Fleurs hermaphrodites, quelquefois dioïques par avortement, offrant des dispositions variées. Sépales 4-5, continus avec le pédoncule, persistants, distincts, ou soudés en tube à leur partie inférieure. Pétales 4-5, hypogynes, onguiculés, insérés sur le pédicelle de l'ovaire, fréquemment divisés en deux parties, quelquefois complètement absents. Etamines ordinairement en nombre double de celui des pétales, quelquefois en nombre égal à celui des sépales et opposées à ceux-ci, parfois en plus petit nombre, insérées sur le pédicel ou de l'ovaire de même que les pétales ; filets subulés, quelquefois monadelphes ; anthères inuées, biloculaires, s'ouvrant longitudinalement. Ovaire stipité porté sur le sommet d'un pédicelle (*Gynophore*), composé de 2 à 5 carpelles clos et concrescents en un ovaire ayant de 2 à 5 loges ; styles 2-5, libres, rarement concrescents, stigmates 2-5, filiformes, hérissés de papilles à leur surface interne ; ovul. peu nombreux ou en nombre indéfini, campylotropes. Capsule ayant de 2 à 5 valves ; loge unique, ou 2 à 5 loges ; dans ce dernier cas, déhiscence loculicide. Placenta central distinct quand la capsule est uniloculaire, adhérant légèrement aux bords des cloisons quand la capsule est à 2 ou à 5 loges. Le fruit est quelquefois une baie (*Cucubalus*). Graines en nombre indéfini, rarement défini ; albumen farineux ; embryon externe, courbé autour de l'albumen, quelquefois droit, très rarement en spirale ; albumen très peu abondant ; radicule dirigée vers le hile. [Fig. 1. *Lychnis diurna* (Silénées). — 2. Fleur de *Stellaria media* (Alsinées). — 3. Etamines et pistil de la même. — 4. Son placenta chargé de graines. — 5. Coupe verticale d'une graine pour montrer l'embryon courbé autour de l'albumen farineux. — 6. Pistil, calice et pétales de la *Lychnis Flos Cuculi*. — 7. Coupe verticale du pistil de la même]

Les C. comprennent environ 35 genres et 1000 espèces, presque toutes indigènes des parties tempérées et froides du globe, où elles habitent les montagnes, les rochers, les lieux incultes. Celles que l'on rencontre dans les régions tropicales, ne se trouvent que dans les pays de montagnes et à des altitudes considérables, presque à la limite des neiges éternelles.

On les divise en trois tribus :

Tribu I. — *Silénées*. — Calice gamosépale (*Dianthus, Gypsophila, Saponaria, Silene, Cucubalus, Lychnis*, etc.).

La *Vaccaire commune* (*Saponaria Vaccaria*) a été ainsi nommée parce qu'on lui a attribué la faculté d'augmenter, chez les vaches, la sécrétion du lait. Ses graines passent pour diurétiques. Elle contient de la *Saponine*. Il en est de même de la *Saponaire d'Egypte* (*Gypsophila Struthium*) et de la *Sap. officinale* (*Saponaria officinalis*). Cette dernière plante est fort usitée dans quelques contrées de la France pour blanchir le linge fin. La *Saponine*, qui lui donne cette propriété, est une matière blanche, incristalisable, qui s'obtient en épuisant avec de l'alcool à 36° la poudre de la racine de Saponaire. Elle est d'une saveur douceâtre et styptique, et constitue un sternutatoire énergique. Agitée avec de l'eau, elle produit une mousse savonneuse. La Saponaire est encore usitée en médecine comme diurétique et sudorifique : on l'em-

ploie dans les maladies cutanées et syphilitiques. La *Lychnide dioïque* (*Lychnis dioica*, appelée vulgairement *Robinet*, et la *Lich. de Chalcédoine* (*L. chalcedonica*) plus connue sous le nom de *Croix de Malte* ou de *Jérusalem*, contiennent aussi de la saponine. La racine du *Silène de Virginie* (*Silene virginica*) est employée comme anthelminthique dans l'Amérique du Nord. Le *Sil. otites* (*S. otites*), qui est amer et astringent, a été administré dans l'hydropisie. Le *Sil. attrape-mouche* (*S. muscipula*) doit son nom spécifique à la viscosité de ses sommités qui retient les petits insectes et les corps légers. L'*Agrostemma Githago*, appelé vulgairement *Lampette* et *Nielle bâtarde*, croît au milieu des blés : il porte une petite graine noire qui rend la farine malsaine, lorsqu'elle se trouve mélangée avec le blé.

Parmi les plantes d'ornement qui appartiennent à cette famille, et qui toutes font partie de cette tribu, nous citerons

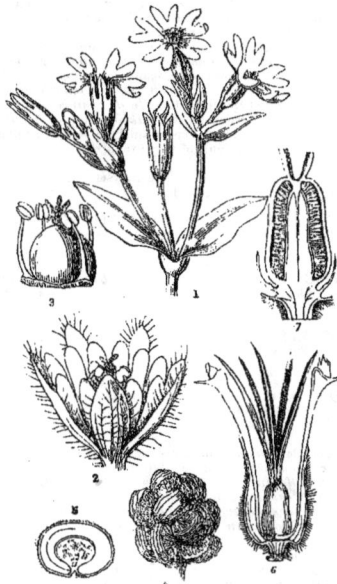

le *Lychnis Flos Cuculi*, improprement appelé *Véronique* par les jardiniers, ou L. *Flos Jovis*, nommé vulgairement *Œillet de Dieu* et *Fleur de Jupiter*; le *L. coronaria* ou *Coquelourde* : les L. *grandiflora*, dioïca, *cœli rosa*; l'*Œillet mignardise* (*Dianthus plumarius*) ; l'*Œillet barbu* (D. *barbatus*), appelé vulgairement *Œil. de poète, Œil. bouquet, Jalousie*, etc. ; et l'*Œil. giroflée* (D. *caryophyllus*), encore nommé *Œil. des fleuristes* et *Œil. des jardins*.

L'horticulture a tellement multiplié les variétés de l'*Œillet des jardins*, qu'il est impossible de les classer d'une façon méthodique. On les divise généralement en 4 groupes : 1° Les *Œillets grenadins* ou à *ratafia*, dont les pétales sont de couleur rouge foncée et très odorants, on les emploie pour colorer et parfumer les liqueurs, les essences, etc. 2° Les *Œillets prolifères* ou *Œillets à carte*, sont les plus grands de tous ; leur diamètre dépasse quelquefois 10 centimètres. Le nombre de leurs pétales est tellement considérable que le calice, ne pouvant contenir les onglets, se fend et détruit ainsi toute la régularité de la fleur : aussi est-on obligé de soutenir cette masse de pétales au moyen d'une carte taillée en rond et découpée à ses bords. Le fond de ces fleurs est blanc, tacheté ou panaché de diverses couleurs. 3° Les

Œillets jaunes ont le fond d'un jaune plus ou moins vif, panaché ou tacheté de rouge. 4° Les Œillets flamands doivent leur nom au pays dans lequel on les cultive avec le plus de succès. Ils se distinguent par leur fond d'un blanc pur sur lequel se détachent des panachures de diverses couleurs. Ces œillets sont nommés bicolores, lorsque les panachures qui se détachent du fond sont d'une seule couleur; tricolores, lorsque les panachures sont de deux teintes différentes; et enfin bizarres, lorsque les panachures sont de trois couleurs distinctes. C'est au moyen des semis que l'on obtient des variétés nouvelles; pour ces semis, on emploie de préférence la graine des fleurs semi-doubles. Ils se font ordinairement au printemps, dans de la terre de bruyère. Le jeune plant est repiqué dans une terre bien fumée et préparée avec soin. Pour conserver et multiplier les variétés, on a recours aux marcottes avec incisions, et surtout aux boutures; celles-ci conservent mieux la fraîcheur et la pureté des couleurs.

Trib. II. — Alsinées. — Calice dialysépale, styles libres (Cerastium, Stellaria, Arenaria, Buffonia, Sagina, etc.).

L'Alsine media est bien connue sous les noms de Morgeline et surtout de Mouron des oiseaux; on en consomme beaucoup pour la nourriture des oiseaux de volière. La Spergule (Spergula arvensis), vulgairement Espargoute ou Spargoute, se cultive quelquefois comme plante fourragère; le Céraiste tomenteux (Cerastium tomentosum), connu sous les noms vulgaires d'Argentine ou d'Oreille de Souris, est employé comme plante d'ornement. La Sabline rouge (Arenaria rubra) a été préconisée depuis quelque temps comme diurétique, dans le traitement de la gravelle, de la cystite, du catarrhe vésical, etc.

Trib. III. — Polycarpées. — Calice dialysépale; styles soudés (Drymaria, Polycarpon, etc.).

CARYOPHYLLIE. s. f. [Pr. cario-fil-li] (gr. χάρυον, noix, φύλλον, feuille). T. Zool. Genre de Polypiers pierreux. Voy. ZOANTHAIRES.

CARYOPSE. s. m. (gr. χάρυον, noix, ὄψις, apparence). Fruit sec, indéhiscent et monosperme, dont le péricarpe est adhérent à la graine.

CARYOTAXUS. s. m. [Pr. cariotak-sus] (gr. χάρυον, noix, τάξος, if). T. Bot. Genre d'arbres de la famille des Conifères. Voy. ce mot.

CARYOTE. s. m. (gr. χάρυωτὸς, en forme de noix, de χάρυον, noix). T. Bot. Genre de palmiers des régions tropicales de l'Inde. Voy. PALMIER.

CAS. s. m. (lat. casus, chute, événement fortuit). Accident, aventure, conjoncture, occasion; fait accompli, ou qui peut arriver. Par c. fortuit. Un c. imprévu. En tel c. En ce c., il faudrait. C'est le c. de vous montrer. Le c. est différent. Dans le cas contraire. Ce c. n'est pas prévu par le code. Le c. échéant. Au c., en c. que cela soit. En c. de mort. — C. métaphysique, Hypothèse, supposition par impossible, dont on tire quelque déduction. C'est un c. bien métaphysique. Peu us. || Fam. Être dans le c. de faire une chose, Avoir l'occasion, la possibilité de la faire. Je voudrais être dans le c. de vous obliger. || Fam., En c. se disait pour en fait de, en matière de. En c. de chevaux, il est connaisseur. Vx, et inus. En-c. s'emploie aussi subst., dans le sens de chose préparée pour servir au besoin. Il se fit servir son en-cas (il devient alors un subst. composé). — En tout c., A tout événement, quoi qu'il arrive. Si je ne puis vous payer, en tout c. je vous donnerai des sûretés. || T. Matière criminelle. Fait, action, crime. Le c. dont il est accusé est grave. — Fam., Son c. va mal, se dit d'un homme qui est en danger pour quelque mauvaise action. On disait aussi, Il sent son c. véreux, Il sait très bien lui-même que son affaire est mauvaise, ou il sent qu'il a quelque chose à se reprocher. — C. privilégiés, ou C. royaux, Crimes dont les juges royaux pouvaient seuls connaître, quelle que fût la condition de l'accusé. La fausse monnaie et le duel étaient des c. privilégiés. — T. Dr. can. C. privilégié se dit aussi des cas dans lesquels le juge séculier prenait connaissance des crimes d'un ecclésiastique, et le jugeait conjointement avec le juge ecclésiastique, nonobstant le privilège clérical. — C. spéciaux, Les crimes déférés à la chambre des pairs, constituée en haute cour de justice. — Pour les c. résultants du procès, Formule que l'on employait autrefois dans les jugements rendus en matière criminelle, lorsque les preuves n'étaient pas complètes, et qu'il y avait

seulement probabilité plus ou moins grande. On ne pouvait prouver qu'il fût l'assassin, mais on le condamna aux galères pour les c. résultants du procès. || C. rédhibitoire, Maladie ou défaut dont l'existence entraîne la nullité des ventes d'animaux domestiques. || T. Relig. C. de conscience, Difficulté ou question sur ce que la religion permet ou défend en certains cas. C'est un c. de conscience difficile à résoudre. — Par anal., Je m'en fais un c. de conscience, Je m'en fais scrupule. — C. réservés. Voy. PÉNITENCE. Faire c. de quelqu'un ou de quelque chose, L'estimer, en avoir bonne opinion. Faire grand c. d'un homme. Il ne fait c. que de l'argent. || Fam., Excrément, ordure. Il a fait son c. au pied du mur. || T. Gramm. Désinence des substantifs, adjectifs, etc. Voy. plus bas. || T. Mathém. C. irréductible, Cas où l'équation du 3e degré a ses trois racines réelles. Voy. CUBIQUE.

Syn. — Occasion, Occurrence, Conjoncture, Circonstance. — Occasion s'emploie pour l'arrivée d'une chose nouvelle, soit qu'on la cherche, soit qu'elle vienne d'elle-même. Occurrence se dit uniquement pour ce qui arrive sans qu'on le cherche. Conjoncture sert à marquer une situation provenant d'un concours d'événements, d'affaires ou d'intérêts. On fait usage de cas pour indiquer le fond d'une affaire, avec un rapport singulier à l'espèce de cette affaire. Circonstance ne porte que l'idée d'un accompagnement ou d'une chose accessoire à une autre. — On connaît les gens dans l'occasion. Il faut se comporter selon l'occurrence du temps. Ce sont ordinairement les conjonctures qui déterminent au parti qu'on prend. La politique prétend qu'il y a des cas où la morale peut être mise de côté. Enfin, ce sont les circonstances qui font varier les jugements d'un si grand nombre de gens.

Gramm. — En grammaire, le mot Cas sert à désigner les différentes désinences que prennent les noms, adjectifs et pronoms, dans certaines langues, pour exprimer leurs rapports avec les autres parties du discours. Un exemple fera comprendre cette définition. Les mots latins : filius rediit signifient le fils est revenu; liber filii, le livre du fils; dare panem filio, donner du pain au fils; amare filium, aimer le fils, abest à filio, il est éloigné du fils. On voit que filius devient successivement filii, filium, filio. Ces désinences ou formes terminales us, i, o, um, sont les cas du nom filius; elles servent, comme le montrent ces exemples, à indiquer des rapports fort différents entre eux. Filius est le sujet du verbe rediit; filii est le complément du nom liber; filium, le complément direct du verbe amare; filio, le complément indirect du verbe dare; filio, le complément de la préposition à.

L'usage des cas est loin d'être indispensable; aussi ne s'observe-t-il pas dans toutes les langues. On le rencontre dans le sanscrit, le grec, le latin, le suédois, le lapon, le groënlandais, l'arabe littéral, l'arménien, le ture, le hongrois, l'allemand, etc.; mais il n'existe pas dans l'hébreu, le syriaque, le copte, l'arabe moderne, le chinois, le siamois, non plus que dans le français, l'anglais, le portugais, l'espagnol, l'italien, etc. Partout où il n'y a pas de cas, on indique les rapports des noms, soit en donnant à ceux-ci une place déterminée dans la phrase, soit en les construisant avec des prépositions. — Les langues qui admettent les cas n'ont pas toutes le même nombre. Il y en a huit dans le sanscrit, trois dans l'arabe littéraire, cinq en grec, six en latin, dix en arménien, etc. Il y en avait deux dans l'ancien français du moyen âge. Les cas de la langue latine sont : le Nominatif (de nominare, nommer), qui nomme purement un être ou un objet, et le représente comme étant ou faisant quelque chose; c'est le cas du sujet [filius rediit]; le Génitif (de gignere, engendrer), qui marque la génération, et, par suite, la possession [liber filii]; le Datif (de dare, donner), qui exprime l'attribution [dare panem filio]; l'Accusatif (de accusare, accuser), qui accuse, c'est-à-dire qui fait connaître l'objet de l'action [amare filium]; l'Ablatif (d'ablatus, enlevé), qui montre la personne ou la chose dont on est séparé ou privé [abest à filio]; enfin, le Vocatif (de vocare, appeler), qui montre la personne à laquelle on adresse la parole [ô filii] ó fili!]. Le grec a les mêmes cas, sauf l'ablatif, qui se remplace tantôt par le génitif, tantôt par le datif.

Réciter de suite les cas d'un nom, cela s'appelle Décliner, et l'on nomme Déclinaison la réunion des cas ou désinences que présente un même nom, tant au singulier qu'au pluriel et au duel. Mais, comme dans la même langue tous les noms ne prennent pas la même terminaison pour indiquer le même rapport, comme par exemple en latin le génitif singulier peut être caractérisé, selon les noms, par les syllabes æ, i, is, ûs ou ei, tandis qu'il présente, au pluriel, les désiheures *arum*, *orum*, *ium* ou *um*, *uum* et *erum*, on a été amené à grouper ensemble tous les noms à terminaisons identiques, et l'on a, par une extension très naturelle, donné également à ces groupes le nom de *Déclinaisons*. C'est dans ce sens qu'on dit que le latin a cinq déclinaisons et le grec trois.

Si les cas étaient assez nombreux pour exprimer tous les rapports que les noms peuvent avoir avec les autres mots, les prépositions deviendraient superflues; mais il n'en est pas ainsi. Le nombre des rapports que toute langue doit exprimer est si considérable, et celui des cas si petit que, même dans les idiomes où ces derniers sont plus nombreux, on est obligé de se servir du même cas pour indiquer des rapports assez différents et de compléter le sens à l'aide des prépositions. On a donné au nominatif le nom de *cas direct*, et on appelle *cas obliques* tous ceux qui servent à indiquer que le nom est le complément d'un autre mot. En latin, ces cas sont le génitif, l'accusatif, le datif et l'ablatif.

Les cas établissent entre les langues qui les possèdent et celles qui en sont dépourvues, une différence des plus remarquables. Dans les premières, la construction a une liberté presque illimitée, parce que les lois de la syntaxe sont beaucoup moins sévères, et que l'écrivain peut disposer ses mots dans l'ordre le plus favorable, soit à l'harmonie du discours, soit à l'effet qu'il veut produire. Les autres, au contraire, sont assujetties à une multitude de règles de position qui, en assignant invariablement à chaque mot la place qu'il doit occuper dans le discours, entravent la construction oratoire et poétique. Les premières peuvent donc donner plus de grâce et de variété à la pensée; mais, en compensation, les secondes sont plus claires, et se prêtent mieux à la démonstration scientifique, parce qu'elles sont forcées de suivre l'ordre naturel et logique des idées. — Voy. LANGUE, SYNTAXE, etc.

CAS, CASSE. adj. (lat. *cassus*, vide). Qui sonne le cassé. *Cela sonne le c. Une voix casse et enrouée.* Vx.

CASABIANCA, intrépide marin français, péril avec son fils à la bataille d'Aboukir (1755-1798).

CASAL, v. forte d'Italie, sur le Pô, 27,600 hab.

CASANIER, IÈRE. adj. (lat. *casa*, maison). Qui aime à rester chez soi. *Un homme c. Une femme casanière.* — Par anal., on dit, *Une vie casanière.* || Subst. *C'est un c.*

CASANOVA (FRANÇOIS), peintre de l'école française, célèbre par ses tableaux de batailles (1727-1802).

CASANOVA DE SEINGALT, aventurier vénitien du XVIIIᵉ siècle.

CASAQUE. s. f. (celt. *casag*, longue tunique). Sorte d'habillement dont on se sert comme d'un manteau, et qui a ordinairement des manches fort larges || Fig. et fam., *Tourner c.*, Changer de parti. || T. Théâtr. *Grande c.* Rôle de premier ordre parmi les rôles de valets. || T. Turf. Veste de couleur voyante que les jockeys portent pour courir.

CASAQUIN. s. f. Dimin. Espèce de déshabillé moins long que la casaque. Ne se dit guère que d'une sorte de vêtement à l'usage des femmes du peuple ou de la campagne. || Fig. et pop., *Donner sur le c. à quelqu'un*, Le battre. *On lui a donné sur le c.*

CASAUBA. s. f. (ar. *qasaba*, forteresse). Palais du souverain dans les villes barbaresques.

CASAUBON, théologien calviniste et érudit, gendre de Henri Estienne (1559-1614).

CASBA ou **CASBAH.** s. m. (ar. *qasaba*, forteresse). Nom donné par les habitants de l'Afrique septentrionale aux citadelles des villes. La casba correspond à l'acropole des villes grecques.

CASCA D'ANTA. s. f. Nom donné à plusieurs écorces du Brésil.

CASCADE. s. f. (ital. *cascata*, chute, du lat. *cadere*, tomber). Chute d'eau; eau qui tombe de rocher en rocher. *C. naturelle. C. artificielle. La rivière fait une c. en cet endroit.* Voy. CATARACTE. || Fig., Inégalités, irrégularités. *Ce discours est plein de cascades, va par cascades*, se dit

d'un discours où l'auteur passe tout d'un coup d'une chose à l'autre sans aucune liaison. — *Je ne sais cette nouvelle que par cascades*, Cette nouvelle a passé par différentes bouches avant d'arriver jusqu'à moi. — *Il en est arrivé là de c. en c., par cascades*, se dit d'un homme qui a été conduit à quelque chose par une suite d'événements. *Cette femme a fait quelques cascades*, A eu une conduite irrégulière et immorale. || T. Pyrotechn. Pièce d'artifice dont les feux imitent des nappes d'eau. || Mathém. *Méthode des c.*, Méthode imaginée par Rolle pour résoudre les équations numériques par la considération des dérivées successives du premier membre.

CASCADEUR. s. m. Homme d'une conduite très irrégulière. On dit aussi au féminin *Cascadeuse*.

CASCALHO. s. m. T. Minér. Gangue du diamant du Brésil.

CASCARA. s. m. (esp. *cascara*, écorce). Nom donné au Pérou à l'écorce de certains quinquinas. Dans le commerce, on désigne sous le nom de *Cascara sagrada* l'écorce du *Rhamnus Purshianus.* Voy. RHAMNÉES.

CASCARILLE. s. f. [Pr. les *ll* mouillées] (esp. *cascarilla*, petite écorce). T. Bot. Écorce grise très aromatique fournie par le *Croton Eluteria*, arbuste de la famille des *Euphorbiacées.* Voy. ce mot.
Méd. — L'écorce de c. passe pour très fébrifuge; aussi a-t-elle été proposée comme succédanée du quinquina. A forte dose elle produit de l'enivrement. Elle contient un principe amer, cristallisable, fusible à 205°, appelé *cascarilline.* Elle possède une odeur aromatique agréable qui la fait employer quelquefois pour aromatiser le tabac.

CASCATELLE. s. f. [Pr. *cascatèle*] (ital. *cascatella*). Petite cascade. *Les cascatelles de Tivoli.*

CASCO. s. m. Pirogue de Manille.

CASE. s. f. (lat. *casa*, maison). Au prop., ne se dit guère que des cabanes où logent les nègres employés dans les plantations aux colonies. — Fam., *Le patron de la c.*, Le maître de la maison; et par ext., celui qui a toute l'autorité dans une maison, quoiqu'il n'en soit pas le maître. || Se dit des divisions pratiquées dans un rayon, un tiroir, une boîte, pour y mettre séparément divers objets. — Divisions d'un registre formées par des lignes qui coupent les colonnes transversalement, *Folio 4 recto, Case 6.* || T. Jeu d'échecs et de dames. Chacun des carrés de l'échiquier sur lequel on joue. — Au jeu du trictrac, chacune de ces places qui sont marquées par une espèce de flèche. *Faire une c.*, Remplir une c. avec deux dames. || T. Techn. Caisse placée sous le bluteau d'un moulin. || Étui en terre cuite dans lequel on enferme une pièce de poterie précieuse pour la faire cuire et la garantir de l'action immédiate du feu. || T. Chem. de fer. Compartiment d'un wagon-écurie.

CASÉARIA. s. m. (R. *Casearius*, nom d'un botaniste). T. Bot. Genre de végétaux ligneux des régions tropicales de la famille des *Samydacées.* Voy. ce mot.

CASÉATION. s. f. [Pr. *casé-a-cion*] (lat. *caseus*, fromage). T. Didact. Conversion du lait en fromage.

CASÉEUX, EUSE. adj. (lat. *caseus*, fromage). Qui est de la nature du fromage. *La partie caséeuse du lait. Des grumeaux c.*

CASÉIFORME. adj. 2 g. (lat. *caseus*, fromage, *forma*, forme). T. Didact. Qui ressemble à du fromage.

CASÉINE. s. f. (lat. *caseus*, fromage). T. Chim. La *Caséine* est un des principes immédiats du lait, qui qui doit ses propriétés nutritives. C'est une substance blanche, ressemblant par son aspect à l'albumine coagulée, mais pulvérulente. Elle est inodore et sans saveur. Elle est insoluble dans l'eau, dans l'alcool et dans l'éther, mais soluble dans les liqueurs alcalines, d'où elle est précipitée par le tanin, la présure et les acides, même l'acide a étique. Un excès d'acide redissout le précipité. Même après avoir été chauffée à 100°, la c. rougit le papier de tournesol. Elle se comporte comme un acide vis-à-vis des bases, et se combine aussi bien avec les oxydes métalliques qu'avec les alcalis. Mais, en présence des acides, elle peut aussi jouer le rôle de base. Les dissolutions de c. ne se coagulent pas quand on les fait bouillir, mais elles se recouvrent, comme le lait, d'une pellicule qui se reforme chaque fois qu'on l'enlève. La c. se décompose à la distillation sèche en donnant les mêmes produits que l'albumine et la fibrine. Abandonnée au contact de l'air et de l'eau, elle éprouve une décomposition complète, et donne entre autres produits une substance appelée *leucine* ou *aposépédine*, qui s'unit directement aux hydracides. La composition de la c. varie non seulement suivant les espèces d'animaux, mais encore selon les individus qui ont fourni le lait dont on l'extrait. Voici, d'après Dumas, la moyenne des analyses de la c. extraite de différents laits :

	Femme.	Vache.	Chèvre.	Anesse.	Brebis.
Carbone. . .	53,47	53,50	53,60	53,66	53,52
Hydrogène. .	7,13	7,05	7,11	7,14	7,07
Azote	15,83	15,77	15,78	16,00	15,80
Oxygène. . .	23,57	23,68	23,51	23,20	23,61

Il résulte de ces chiffres que la composition de la c. est sensiblement la même que celle de l'albumine et de la fibrine. La c. est tenue en dissolution dans la partie séreuse du lait. On peut l'en séparer par plusieurs moyens. Le plus simple consiste à verser dans du lait bouillant quelques gouttes de vinaigre qui en déterminent la coagulation instantanée. On extrait la c. pure du coagulum en la lavant à l'eau, et en l'épuisant ensuite par l'alcool et par l'éther. — Comme la c. forme avec la chaux un composé insoluble et imputrescible, on s'en sert pour la peinture en détrempe et pour préparer des mastics susceptibles de recevoir toute espèce de peinture et d'impression ; pour remplacer l'albumine dans l'application des couleurs sur les toiles, pour recoller les objets en faïence et en porcelaine brisés, pour souder les feuilles de bois qui servent à la fabrication des planches d'impression. — La dissolution de la c. dans l'eau saturée de borax possède une force agglutinative telle qu'on l'emploie avec avantage pour remplacer la colle forte dans les ouvrages d'ébénisterie. En incorporant à la c. six parties de magnésie calcinée et une d'oxyde de zinc, on obtient par la dessiccation du mélange une matière d'une éclatante blancheur, fort dure, susceptible d'être taillée et polie, qui imite à s'y méprendre le silicate de magnésie naturel qu'on appelle « Écume de mer ». Voilà le secret de la fabrication à bon marché des fameuses pipes orientales.

Caséines végétales. — La c. existe en proportion plus ou moins considérable dans plusieurs végétaux, mais particulièrement dans les fruits des légumineuses : on la désigne alors sous le nom de *Légumine*. Elle est soluble dans l'eau froide, insoluble dans l'alcool et l'éther, et forme avec l'acide acétique un précipité qui se dissout dans un excès d'acide. Elle se dissout dans les alcalis libres et carbonatés, ainsi que dans l'eau de chaux. Avec le sulfate de chaux, elle forme un composé tout à fait insoluble. Ce fait explique pourquoi les haricots, les pois, etc., durcissent quand on les fait bouillir dans des eaux séléniteuses, c.-à-d. chargées de sulfate de chaux. — La c. des amandes et des semences de lupin a reçu le nom de *Conglutine*. Le gluten contient aussi une c. appelée *Gluten-caséine ;* c'est la portion de gluten qui est insoluble dans l'alcool. Enfin, les corpuscules d'aleurone ou granules de protéine, que l'on trouve surtout dans les graines des plantes, renferment une c. végétale susceptible de cristalliser.

CASELLI (L'abbé JEAN), physicien italien, électricien, inventeur du télégraphe écrivant. (1815-1875).

CASEMATE. s. f. (ital. *casa,* maison ; *mata,* folle ; ou gr. χασμα, χάσματος, fossé). Ce terme a d'abord désigné une espèce de petit corps de garde en maçonnerie que l'on établissait dans les fossés pour en défendre le passage : ces constructions sont quelquefois appelées *Moineaux* dans les écrivains militaires du XVIe siècle. On leur donnait généralement une hauteur égale à la moitié de la profondeur du fossé, et on les perçait de meurtrières. L'emploi des armes à feu dans ces bâtiments ayant offrant beaucoup d'inconvénients à cause de la fumée, on y conserva longtemps l'usage des grosses arbalètes. Les casemates étaient situées en ce qu'elles empêchaient l'ennemi de descendre dans le fossé avant d'avoir établi son artillerie sur la contrescarpe. Elles suppléaient au flanquement quand il manquait à certaines parties de l'enceinte, ce qui arrivait assez souvent aux anciennes places de guerre. Mais, lorsque le tracé de l'enceinte était régulière-

ment bastionné, elles gênaient le flanquement provenant du corps de la place. Alors on les transporta derrière l'escarpe, sous la batterie du flanc, ou bien derrière la contrescarpe, des deux côtés de la capitale du boulevard. Ce changement fit donner au mot C. la signification qu'il a dans les ouvrages modernes.

Aujourd'hui, on donne le nom de casemate à des constructions voûtées et à l'épreuve des obus, mais ayant des destinations fort différentes. Les unes, dites *Casemates d'habitation,* servent à emmagasiner les approvisionnements de vivres et de munitions, à former des hôpitaux et à loger la garnison en temps de siège ; les autres, appelées *Casemates à feu,* sont établies sur certains points des remparts, dans les pans des bastions, et armées de bouches à feu qu'elles mettent à l'abri du tir à ricochet. Les premières sont d'une utilité incontestable et peuvent, si elles sont faites avec tout le soin convenable, rendre de très grands services ; quant aux secondes, elles sont généralement d'une assez médiocre utilité, parce que la fumée qui s'y accumule en rond, après un tir quelque peu prolongé, le séjour intolérable. Voy. FORTIFICATION.

CASEMATÉ, ÉE. adj. (R. *casemate*). T. Fortif. *Bastion* c., Bastion où il y a des casemates.

CASEMATER. v. a. Garnir de casemates. || Fortifier en forme de casemate.

CASENAVE, conventionnel (1763-1818).

CASER. v. a. (R. *case ;* du lat. *casa,* maison). Ranger dans les cases. *Caser des papiers dans un certain ordre.* || Placer quelqu'un, lui faire avoir un emploi, etc. *Je me charge de vous c.* = SE CASER. v. pron. Trouver une place, un emploi. *Il a eu bien de la peine à se c.* || S'établir comme on peut on un lieu. *Se c. tant bien que mal.* = CASER. v n. T. Jeu de trictrac. Faire une case, remplir ou case avec deux dames. = CASÉ, ÉE. part. — Toutes les acceptions du v. *Caser* sont familières.

CASEREL. s. m. (lat. *caseus,* fromage). T. Techn. Petit panier d'osier où l'on fait égoutter le fromage.

CASERETTE. s. f. (lat. *caseus,* fromage). Moule à fromage.

CASERNE. s. f. (lat. *casa,* maison). Bâtiment destiné à loger des troupes. *C. de cavalerie.* — Fam., Vaste maison mal agencée, mal habitée, pleine de désordre. *Cette maison est une vraie c.* || Lieu où des hommes sont casés, enrégimentés comme des soldats.

Art milit. — La construction de casernes pour loger les troupes est une conséquence du système des armées permanentes. Les Romains connaissaient ce genre d'édifices. On a retrouvé à Pompéi les restes assez bien conservés d'une c. qui se composait d'un rez-de-chaussée voûté surmonté d'un seul étage. En Europe, les premières casernes paraissent avoir été construites par les Espagnols au XVe siècle. En France, les soldats étaient logés chez les habitants. Plus tard, pour remédier aux inconvénients qu'entraînait ce système sous le rapport du rassemblement et de la discipline, on affecta à l'installation des troupes un ou plusieurs quartiers de la ville, que les habitants durent abandonner moyennant une indemnité. Ce n'est que vers la fin du XVe siècle qu'on a commencé à construire pour le logement des troupes des bâtiments spéciaux. Ces bâtiments consistaient généralement dans la réunion de petites maisons à un seul étage accolées sur un ou deux rangs. Vers la fin du XVIe siècle et le commencement du XVIIe siècle, on construisit un certain nombre de grandes casernes, dont quelques-unes étaient même d'une architecture remarquable ; mais, en général, ces bâtiments étaient fort mal construits et très incommodes. Vauban fut le premier qui fit établir des casernes sur un type régulier et combiné en vue des besoins du service. Ce type était caractérisé par la suppression des corridors et la multiplicité des escaliers. Depuis cette époque, et surtout pendant le XIXe siècle, un grand nombre de casernes, dont quelques-unes de très grandes dimensions, ont été construites sur les types les plus divers. Il faut malheureusement reconnaître que presque toutes laissent beaucoup à désirer sous le rapport de la salubrité et de l'hygiène, aussi bien pour les chevaux que pour les hommes. Les épidémies y sont fréquentes et meurtrières. Aussi, en 1873, le comité des fortifications adopta un nouveau type de casernement. Les immenses bâtisses furent abandonnées, et l'on s'arrêta à la construction de pavillons isolés ayant au maximum deux étages partagés en chambres pour vingt-quatre hommes, ayant 14ᵐ,60 de longueur sur 7 mètres de largeur, et éclairées par quatre fenêtres. Les infirmeries sont isolées. Dans ce système, la dépense revient à 580 francs environ par homme logé. Les écuries, semblables aux *écuries-docks*, adoptées par la Compagnie des omnibus de Paris, se composent d'un certain nombre de travées dans chacune desquelles sont logés 28 chevaux sur deux rangées. Un autre type de casernement, la *C. Tollet*, a été essayée dans plusieurs garnisons, principalement à Bourges. Il se compose de baraquements sans étage construit en fer avec remplissage de briques. Les chambres abritent 64 fantassins, 60 cavaliers ou 50 artilleurs. Un lavabo est disposé dans le vestibule. Chaque homme dispose de 200 litres d'eau par jour. Les conditions hygiéniques paraissent bien meilleures dans le système Tollet que dans tous les autres; la mortalité y est presque moitié moindre; malheureusement ce système est très coûteux : la dépense s'élève à environ 700 francs par homme logé.

CASERNEMENT. s. m. Action de caserner.

CASERNER. v. n. Loger dans des casernes. *Son régiment caserne à Melun.* = CASERNER. v. a. Faire caserner. *On les caserna au Mont-Valérien.* = CASERNÉ, ÉE. part.

CASERNET. s. m. T. Mar. Cahier sur lequel on inscrit ce qui se passe pendant la durée de chaque quart.

CASERNIER. s. m. Concierge d'une caserne. ‖ Adj. Qui tient à la caserne.

CASERTE, ch.-l. de la prov. de Caserte (Italie), à 24 kilom. nord de Naples; 30,300 hab. Beau château construit par Vanvitelli.

CASET. s. m. T. Pêc. Appât.

CASETTE. s. f. (Dimin. de *case*). Petite maison. ‖ Enveloppe des poteries dans le four.

CASÉUM. s. m. [Pr. *caséome*] (lat. *caseus*, fromage). T. Chim. Syn. de *Caséine*. Voy. les mots CASÉINE, LAIT et FROMAGE.

CASIER. s. m. (R. *case*). Garniture de bureau divisée en plusieurs cases, pour y placer des papiers ou autres objets qu'on veut tenir en ordre. ‖ *C. judiciaire*, Ensemble de notes prises par la justice sur un individu. ‖ T. Mar. Compartiments pour renfermer les sacs des hommes d'équipage. ‖ T. Pêc. Engin pour la pêche des homards.
Légist. — *Casier judiciaire.* — Le c. judiciaire a été institué pour centraliser au greffe du tribunal civil de l'arrondissement du lieu de naissance toutes les condamnations criminelles ou correctionnelles, quelle que soit la juridiction, tout jugement de faillite, toute réhabilitation, concernant un même individu. L'extrait de la condamnation est envoyé au greffe de l'arrondissement de naissance par les soins du procureur de la République à la diligence duquel a été prononcée la peine. Grâce à ces casiers, il suffit donc de connaître le lieu de naissance d'un individu pour être renseigné sur ses antécédents judiciaires.
La circulaire du 30 août 1855 a établi au ministère de la justice un *cahier judiciaire central* pour les étrangers ou ceux dont on ignore le lieu de naissance.
Par l'entremise du procureur de la République, les particuliers peuvent obtenir des extraits du c. judiciaire, moyennant le versement d'une somme de 1 fr. si l'extrait est demandé pour le service militaire, et de 1 fr. 25 dans les autres cas.
La France a signé des traités avec l'Autriche, la Belgique, le grand-duché de Bade, l'Italie, l'Allemagne pour l'Alsace-Lorraine, dans le but d'organiser le service international du c. judiciaire.

CASILINUM, anc. ville de Campanie, vis-à-vis de Capoue.

CASILLEUX. adj. m. [Pr. les *ll* mouillées] (R. *casser*?) T. Techn. Se dit du verre qui se casse au lieu de se couper, quand on y applique le diamant.

CASIMIR. s. m. (du nom d'un fabricant, ou par corruption de *cachemire*). T. Techn. Étoffe de laine croisée, serrée et légère. *Pantalon de c. On dit que le c. est ainsi appelé du nom de son inventeur.*

CASIMIR, nom de quatre rois de Pologne (1032-1672).

CASIRI, religieux syro-maronite, savant orientaliste (1710-1791).

CASIN. s. m. Cabane, petite maison

CASINO. s. m. (mot ital., sign. maison de campagne, dimin. de *casa*, maison). Lieu où l'on se réunit pour lire, causer ou se divertir. *Il y a des casinos en Italie, dans le midi de la France et en Allemagne.*

CASOAR. s. m. (malais, *kasouari*, nom de cet oiseau dans l'archipel indien, dont il est originaire). T. Ornith. Le genre *Casoar* appartient à l'ordre des *Brévipennes* ou *Coureurs.* De même que le genre autruche, il se compose seulement de deux espèces, le *Casoar* et l'*Émeu.* Ces deux oiseaux ont les ailes plus courtes encore que les autruches, et totalement inutiles pour la course; leurs pieds ont trois doigts, tous garnis d'ongles; leurs plumes ont des barbes si peu garnies de barbules que de loin elles ressemblent à du poil ou à des crins tombants; le sternum est dépourvu de crête et ressemble à une sorte de bouclier.
Le *C. à casque (Casuarius)* [Fig. 1 ci-dessous] a le bec comprimé latéralement, la tête surmontée d'une proéminence osseuse, recouverte de substance cornée. Sa tête et le haut de son cou sont nus ou simplement couverts de quelques poils, rares surtout autour du trou auriculaire. La peau de cette région est d'un violet ardoisé sous la gorge, bleue sur les côtés, rouge vif derrière le cou, et sillonnée de rides. Les caroncules qui lui pendent en bas du cou, sont mêlées de rouge

Fig. 2.   Fig. 1.

et de bleu comme celles du dindon. Les plumes qui revêtent le reste du corps sont lâches, décomposées, et si dépourvues de barbules qu'elles ressemblent à du poil de sanglier. Leur couleur est le brun noir luisant. Leur longueur va en augmentant du cou au croupion, de telle sorte que celles du dos cachent complètement cette partie qui est dépourvue de queue. L'aile a quelques tiges noires, raides, sans barbes et pointues, qui lui servent d'arme défensive. L'ongle interne de chaque pied est trois fois plus grand que les autres. — La taille du c. est inférieure à celle de l'autruche : il ne dépasse guère 1 m. 1/2 de hauteur; mais son corps est plus massif. Il en diffère encore par plusieurs caractères anatomiques importants; il a les intestins courts, les cæcums petits; il manque d'estomac intermédiaire entre le jabot et le gésier; il n'a pas d'os pubis, et son cloaque n'excède pas celui des autres oiseaux en proportion. D'autre part, il a, comme elle, un sternum aplati et des clavicules épaisses soudées avec l'omoplate. — Le c. habite quelques-unes des îles de l'archipel de la Malaisie, et surtout les forêts profondes de l'île de Céram. Il est d'un caractère sauvage; cependant, quand il est pris jeune, il s'apprivoise avec facilité. Malgré son air de lourdeur, il court avec une rapidité prodigieuse. Pour se défendre, il se sert surtout de ses pieds, et lance de vigoureuses ruades. Poivre a vu un c. élevé en liberté, à l'île de France, frapper les arbres de ses pieds pour se détacher ses fruits. Il mange non seulement des fruits, mais encore des œufs, et même, dit-on, de petits animaux. En captivité, il aime le pain, les racines potagères, etc. Dans cet état, il multiplie assez fréquemment. La femelle pond 3 ou 4 œufs d'un gris verdâtre, moins gros et à coquille moins dure que ceux de l'autruche. Quelques auteurs affirment que la femelle, à l'état sauvage, laisse à la chaleur du soleil le soin de faire éclore ses œufs; en captivité, elle les couve la nuit. L'incubation dure 29 à 30 jours. Les petits ont une livrée; ils sont rayés de bandes alternativement claires et foncées. Le c. paraît habituellement inoffensif; mais, à l'époque de la reproduction, il a des accès de fureur qui le rendent dangereux.

L'Émeu ou Casoar de la Nouvelle-Hollande (Dromæus) se distingue aisément du précédent en ce qu'il n'a ni casque, ni caroncules, ni éperons à l'aile (Fig. 2, p. 157, Tête de l'oiseau). En outre, son bec est déprimé; il a du nu qu'autour de l'oreille; son plumage est brun, plus fourni, et composé de plumes plus barbues. Enfin, ses doigts, au nombre de trois, sont à peu près égaux, c'est le médian qui est le plus long. La petitesse de son gésier et la longueur de son tube intestinal, qui est de 4 à 5 mètres, le rapprochent de l'autruche. Il est moins grand que celle-ci, mais plus grand que le c. à casque. Son cou et ses jambes sont plus longs. Il est plus rapide à la course que le meilleur lévrier. — Cet oiseau, jadis assez commun dans les forêts d'eucalyptus voisines des établissements européens de l'Australie, tend à s'en éloigner de plus en plus : il n'habite plus que l'intérieur du continent. Ses mœurs sont celles du c.; il se nourrit comme lui, et, comme lui aussi, il est facile à apprivoiser. Peut-être sa domestication ne serait-elle pas sans quelque avantage, car sa chair ressemble à celle du bœuf.

CASPIEN, IENNE. adj. T. Géogr. Se dit d'un amas d'eau salée complètement enfermé par la terre.

CASPIENNE (Mer), immense lac salé, entre l'Europe et l'Asie; les bords appartiennent à la Russie et à la Perse. Superficie, 31,000,000 hectares; profondeur moyenne, 205 mètres, quoique vers le milieu le fond n'ait pas été trouvé à 500 mètres. Son étendue était autrefois plus considérable; il est probable qu'elle était réunie au lac d'Aral, situé plus à l'est, et que, comme tous les lacs et cours d'eau de l'Asie occidentale, elle se dessèche progressivement. Voy. la Carte d'Asie.

CASQUE. s. m. (esp. casco, crâne). Arme défensive qui garantit la tête et sert de coiffure. || T. Bot. S'emploie pour désigner la partie supérieure du calice ou de la corolle qui dans certaines espèces forme une sorte de voûte au-dessus des autres parties de la fleur. Voy. FLEUR. || T. Zool. Genre de mollusques gastéropodes. Voy. CASSIS et CASSIDES.

À l'origine, le c. ou armure de tête (περικεφαλαία, κράνος, πήληξ, κόρυς, galea, cassis) était de peau ou de cuir. Son nom rappelait alors l'animal avec la dépouille duquel il était fait. Ainsi les mots ταυρείη, λεοντέη, αἰγείη, ἀλωπεκέη, κυνέη, galea, lupina, etc., désignaient proprement des casques de peau de taureau, de lion, de bouc, de renard, de chien, de loup, etc. Certains d'entre eux, κυνέη, par ex., reçurent par la suite une signification plus étendue, et s'appliquèrent aux casques faits avec une peau d'animal quelconque, et quelquefois même à ceux de fer ou de bronze (πάγχαλκος). La base du c. de cuir était ordinairement renforcée et ornée de lames de bronze et même d'or, ce qu'expriment les épithètes χιλκήρης, εὔχαλκος, χευτείη. — Les casques qui avaient une base métallique (κράνη χαλκά) étaient nommés cassides par les Romains; cependant, les termes galea et cassis sont souvent confondus par les auteurs. Les casques métalliques étaient rembourrés de quelque substance molle, telle que l'éponge et le feutre. La Fig. 1 et 2 qui représentent un c. grec antique vu de profil et presque de face, montrent la série de petits trous au moyen desquels on fixait la doublure.

De quelque matière qu'il fût fait, cuir ou métal, le c., dans sa forme primitive, consistait en une simple calotte emboîtant parfaitement la tête et munie de deux courroies, une de chaque côté, qui s'attachaient sous le menton. Les Grecs l'appelaient alors κατάιτυξ, et les Latins cudo : il est vraisemblable que c'est celui dont on se servait habituellement à la chasse (galea venatoria). — À cette calotte on ajouta plus tard différentes parties accessoires dont les dispositions variées donnèrent naissance à cette multitude de modèles de casques qui se voient sur les monuments peints ou gravés. Parmi ces additions, nous remarquerons les suivantes: 1° Les saillies ou reliefs fixés au sommet du c. (φάλος) on sur ses côtés, et variant pour le nombre de un à quatre (δίφαλος, ἀμφίφαλος, τετράφαλος). Le φάλος était souvent une figure emblématique, rappelant le caractère de celui qui le portait. Ainsi, la statue colossale de Minerve, au Parthénon, portait un sphinx au sommet de son c., et un griffon de chaque

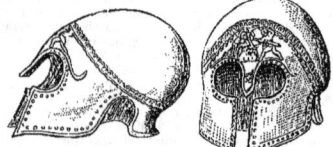

Fig. 1.   Fig. 2.

côté. — 2° Le c., ainsi orné, était, en général, surmonté d'une crête ou aigrette (λόφος, crista), qui était le plus souvent faite de crins de cheval (ἵππουρις, ἱπποδάσεια, hirsuta juba); cette addition avait non seulement pour objet de décorer le c., mais encore de donner au guerrier un aspect imposant et terrible. Dans l'armée romaine, l'aigrette servait, en outre, à distinguer les différents centurions : chacun d'eux, en effet, portait un c. de forme et d'aspect différents. — 3° Les joues ou jugulaires (παραγναθίδες, buccula) servaient à garantir les parties latérales du visage. Elles étaient fixées au c. par une charnière et se nouaient sous le menton au moyen d'un cordon. — 4° Le frontal (μέτωπον) différait de la visière (γείσσον) en ce qu'il était fixe, tandis que celle-ci était mobile. Il couvrait le visage entier lorsqu'on abattait le c. sur le nez. C'est pourquoi il représente, dans certains cas, un visage ou un mufle, dont les yeux sont percés à

jour pour donner au guerrier la facilité de voir. — Les Fig. 3 à 7 représentent différentes formes de casques grecs et romains plus ou moins ornés, d'après des pierres gravées antiques, et dans la dimension des originaux. On peut voir encore les casques des Fig. 1, 2, 3 et 6 de l'art. BOUCLIER. — Tous les casques antiques étaient loin de présenter toutes les parties que nous venons de nommer. La plupart n'étaient que de simples calottes terminées par un bouton, une pointe ou quelque autre accessoire du même genre; quelques-uns avaient une visière ou un frontail, d'autres possédaient ces dernières pièces et laissaient le visage à découvert. Ceux des cavaliers de Pompée à Pharsale étaient de cette espèce : c'est ce qui explique l'ordre donné par César à ses soldats de frapper au visage. Enfin, il y avait des casques dont les pièces accessoires, au lieu d'être distinctes, étaient jointes ensemble de manière à former une sorte de boîte percée de trous pour les yeux, et quelquefois d'une fente pour le nez. Ces casques, qui ressemblaient à ceux des chevaliers du XVIe siècle, sont généralement attribués aux gladiateurs. On en connaît dont une des œillères est entièrement ouverte et l'autre grillée.

Les Gaulois, puis les Francs, après s'être longtemps coiffés de peaux ou de crânes d'animaux, portaient, les premiers surtout, des casques le plus souvent en cuivre, qu'ils ornaient de cornes de taureaux ou de cerfs, d'ailes d'oiseaux, etc.; mais il ne paraît pas que leurs guerriers aient adopté, d'une manière générale, cette partie de l'armure défensive. On sait d'ailleurs que l'armement uniforme ne date que du XVIe siècle, et que pendant tout le moyen âge, comme dans l'antiquité, chaque guerrier s'armait à ses frais, et par conséquent, comme il l'entendait. Il est donc impossible de déterminer la forme précise des coiffures militaires usitées dans ces temps reculés; tout ce qu'on peut faire, c'est d'indiquer quelques traits généraux. Les miniatures des manuscrits nous apprennent que du VIe au Xe siècle les casques furent une imitation grossière de ceux des Romains. Les casques *normands* du XIe siècle, qui figurent sur la tapisserie de Bayeux, sont étroits et de forme conique, à pointe plus ou moins aiguë; ils se prolongent par derrière pour couvrir la nuque, et par

 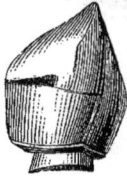

Fig. 8.   Fig. 9.

devant ils sont munis d'un *nasal* ou appendice de métal faisant corps avec eux et garantissant le visage des coups de taille. C'est ce qu'on voit dans les Fig. 8 et 9 données au mot BOUCLIER. A la fin du XIIe siècle, sous Philippe-Auguste, parurent les casques cylindriques ou *Heaumes*, qui protégeaient non seulement la tête proprement dite, mais encore le visage tout entier. Tous, en effet, sont pourvus d'une *visière* ou *ventail* fixe, qui n'avaient juste que les ouvertures nécessaires pour la vue et la respiration. La plupart de ces heaumes se terminent supérieurement en cône tronqué : tel est celui de Hugues, vidame de Châlons (1279), que représente notre Fig. 8. Quelques-uns, cependant, se terminent en pointe, comme celui que portait Philippe le Bel (1328)

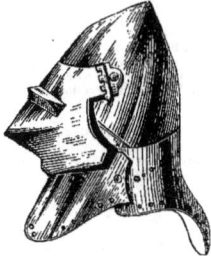 

Fig. 10.   Fig. 11.

[Fig. 9]. Mais l'incommodité de cette visière fixe était telle qu'on ne tarda pas à lui substituer la visière mobile qui se levait et s'abaissait au moyen de deux pivots latéraux auxquels elle était fixée (Fig. 10). Cette substitution était générale au milieu du XIVe siècle, époque où l'usage des armures pleines était également devenu universel. Mais rien n'est plus varié et souvent plus bizarre que les formes données à ces nouvelles armures de tête. Notre Fig. 11 en peut donner une idée; mais il en est de bien plus singulières et grotesques encore. Ce genre de c. était fort lourd; on le rendit plus léger en diminuant l'épaisseur du métal, et l'on donna le nom d'*Armet* à la nouvelle coiffure. Les deux casques furent d'ailleurs simultanément en usage : on prenait l'un ou l'autre suivant les circonstances. — Les diverses parties du c. recevaient des noms particuliers. On y distinguait : 1° le *Timbre* ou *Tymbon*, calotte de fer qui enveloppait la tête avec les oreilles, depuis le front au-dessus des sourcils jusqu'à la nuque; 2° la *Crête*, bande de fer qui surmontait le timbre en deux moitiés; 3° le *Cimier*, qui décorait la crête et affectait les formes les plus variées; 4° la *Visière*, partie

saillante et mobile sur deux pivots, avec une ouverture ou *Vue* allongée dans le sens des yeux; 5° le *Nasal* ou *Naselle*, qui venait immédiatement au-dessous de la visière et protégeait le nez; 6° le *Ventail*, qui faisait suite au nasal et correspondait à la bouche (ces trois pièces, *visière*, *nasal* et *ventail* étaient habituellement représentées par une seule pièce, la *visière*; elles étaient fréquemment aussi remplacées par une grille; la *Mentonnière*, qui emboîtait le menton et pivotait sur deux clous fixés aux côtés du timbre, vers les tempes; 8° le *Gorgerin*, qui était attaché à la mentonnière, avec laquelle il faisait souvent corps : il couvrait la gorge et quelquefois même le dessus des épaules; 9° le *Porte-panache*, qui soutenait un panache ou un bouquet de plumes : il était situé au pied de la crête. Beaucoup de casques, nous n'avons pas besoin de le dire, manquaient d'une ou de plusieurs de ces pièces; car les casques de cette époque n'étaient pas moins variés que ceux de l'antiquité. — Les casques ou heaumes dont nous venons de parler étaient l'armure de tête des gentilshommes. La noblesse se servait également de la *Salade*, qui n'était autre chose qu'un heaume sans crête ou couvert d'un simple cordon, avec un

Fig. 12.

gorgerin très court et une visière sans divisions. Quant aux gens de pied, ils faisaient usage de diverses coiffures que l'on trouve désignées sous les noms de *Bourguignote*, *Morion*, *Cabasset*, *Bassinet*, *Pot de fer*, *Chapel de fer*, etc. La *Bourguignote* avait le timbre et la crête du heaume, une visière allongée en toit et deux *oreillons* mouvants qui laissaient la gorge et le visage à découvert. Le timbre du *Morion* était moins sphérique que celui des autres coiffures militaires. Il était un peu aplati sur les côtés et portait une crête très haute. Cette sorte de c. (Fig. 12) était munie, à sa partie inférieure, d'un rebord de 2 ou 3 pouces de large qui s'élevait devant et derrière en une très longue pointe, et ressemblait, vu de côté, à un croissant parfait. Le *Bassinet* était une sorte de calotte élevée en pointe, garnie d'un rebord et enfonçant jusque sur les yeux. Le *Cabasset* n'en différait que par la forme du rebord, qui, au lieu d'être entièrement circulaire, présentait une petite saillie devant et derrière; en outre, l'extrémité de la calotte se terminait par une espèce de griffe. Le *Chapel de fer*, que l'on appelait aussi *Capeline* et *Capal*, avait presque la forme de nos chapeaux ordinaires. Ses bords étaient retroussés sur les côtés. Il était garni au-dessus d'une barre de fer pour rompre les coups de taille, et avait souvent, sur le devant, une petite baguette de fer pour garantir le visage. Toutes les coiffures dont nous venons de parler, se nouaient sous le menton au moyen d'une gourmette et laissaient le visage à découvert. Le *Pot de fer* tenait du heaume et de la salade; c'était le c. des mineurs. En conséquence, il était fait avec beaucoup de solidité et de simplicité. Un cordon lui tenait lieu de crête et il avait une visière très saillante, s'avançant en forme de toit au-dessus d'une *vue* très large. Il était pourvu d'un gorgerin et d'une grille qui s'ouvrait dans un sens différent des heaumes, c.-à-d. par une section suivant le *mézail* ou profil.

Le c., qui, sous ses diverses formes, resta en usage dans les armées européennes jusque vers la moitié du XVIIe siècle, époque à laquelle il fut remplacé d'un façon générale par le chapeau de feutre, fut rétabli cent ans plus tard dans l'armée française par le maréchal Maurice de Saxe. Le c. que l'on donna pour commencer au corps des dragons, se composait d'une *bombe* métallique recouverte d'un bandeau de cuir simulant la peau de tigre et surmontée d'un *cimier* à l'arrière duquel flottait une crinière noire. Ce modèle, malgré de nombreuses modifications, resta le type de c. de la cavalerie française jusqu'à nos jours.

Quant à l'infanterie, les nations allemandes, et à leur suite la Russie, ayant adopté pour cette arme au temps de Frédéric II, roi de Prusse, diverses formes de casques dont la caractéristique fut une plaque de métal d'une hauteur prodigieuse dressée sur le devant, le gouvernement de Louis XVI mit à l'essai un modèle différant de celui des dragons (décrit plus haut) en ce qu'au lieu d'un cimier, il portait une chenille noire qui, partant de derrière, contournait le sommet de la bombe et s'arrêtait sur le front. Sous la République, le chapeau de feutre à la française fut rétabli, et depuis on ne vit plus dans l'infanterie que certains casques spéciaux aux corps des pompiers et du génie. Ceux de la cavalerie, par contre, devinrent volumineux. Les hauts cimiers de cuivre des cuirassiers et des dragons furent surmontés d'une aigrette insérée dans une sorte de boule métallique appelée *Marmouset*. Sur le côté gauche de la bombe se dressait un plumet rouge pour la troupe et dont la couleur variait pour les officiers selon le grade. Le cimier des carabiniers fut surmonté d'une énorme chenille rouge qui resta en usage jusqu'à la suppression de ce corps après 1870. La bombe était d'acier pour les cuirassiers, de cuivre pour les carabiniers et les dragons, argentée ou dorée pour les officiers.

Depuis la réorganisation de l'armée en 1873, le c., diminué de hauteur, est de même forme pour les cuirassiers, la garde républicaine et les dragons, sauf que ceux-ci n'ont pas la marmouse. La bombe et la visière sont en acier, le bandeau de peau est supprimé, la large jugulaire et le cimier sont en cuivre, ainsi que le porte-plumet. La crinière est noire pour les officiers et la troupe, rouge pour les trompettes. Le c. des pompiers est très bas, sans crinière, cuivré en cuivre pour la troupe, argenté pour les officiers. La visière se prolonge au-dessus des oreilles et fait le tour de la nuque.

Le c. est très en honneur dans les armées étrangères. Il est d'un usage à peu près général en Allemagne : en acier pour la grosse cavalerie, en cuir bouilli avec armatures de cuivre pour les autres corps; il ne porte pas de cimier, mais des ornements qui diffèrent selon les armes : une pointe de cuivre pour l'infanterie, une boule pour l'artillerie, etc. Certaines cavaleries d'élite en Allemagne, en Russie, en Angleterre, etc., ont leur c. surmonté d'une aigle aux ailes éployées.

On donne aussi le nom de c. à une sorte de coiffure légère de forme semi-ovoïde et recouverte d'étoffe blanche, que les Anglais ont inventée à l'usage de leurs colonies et qui a été adoptée depuis pour les troupes de nos possessions françaises. La visière, comme celle du c. de nos pompiers, couvre le front, les oreilles et la nuque. Aux États-Unis, cette coiffure, donnée à l'infanterie, porte à son sommet une fine pointe de cuivre. Depuis une quinzaine d'années, il est à nouveau question de l'adoption du c. pour l'infanterie française, mais aucun modèle n'a pu encore réunir les suffrages.

Blason. — Le *Casque* ou *Heaume* s'emploie de deux manières dans les armoiries, comme figure héraldique ou comme ornement extérieur. Dans le premier cas, il est représenté dans l'écu tantôt de profil et tantôt de front; dans le second, il varie selon la dignité du personnage, sous le rapport de la matière, de la forme et de la position. — Le c.

Fig. 13.   Fig. 14.

des rois et des empereurs est d'or, *taré* (posé) de front, tout ouvert et sans grille (Fig. 13). Celui des princes et des ducs souverains est également d'or, posé de front et sans grille; mais il est beaucoup moins ouvert. — Les ducs non souverains, les marquis les grands dignitaires de la couronne, tels que les maréchaux et les amiraux, ont un c. d'argent, taré de front, à 11 grilles d'or, les bords du même (Fig. 14). — Le heaume des comtes et des vicomtes est d'argent, taré au tiers,

Fig. 15.   Fig. 16.   Fig. 17.

à 9 grilles d'or, les bords du même (Fig. 15). — Les barons ont un c. d'argent taré à demi-profil, à 7 grilles d'or, les bords du même. Les gentilshommes non titrés portent un c. d'acier poli, à 5 grilles, taré de profil, la visière ouverte, le nasal relevé, montrant 3 grilles à sa visière (Fig. 16). — Le c. des nouveaux anoblis est d'acier poli, taré de profil et sans grille, la visière presque baissée (Fig. 17). Enfin, les bâtards portent le c. d'acier poli, taré de profil, comme le précédent, mais tourné à senestre, et la visière tout à fait baissée. — Le c. s'emploie rarement aujourd'hui comme ornement extérieur. On lui préfère la couronne, et souvent, ajoute un héraldiste, celle qu'on n'a pas le droit de porter. Quand on fait usage du c., ou le représente avec ses lambrequins qui doivent toujours être des mêmes émaux que ceux de l'écu.

CASQUET. s. m. Casque léger et ouvert. ‖ Vx mot. Voy. GASQUET.

CASQUETTE. s. f. [Pr. *cas-kète*] (Dimin. de *casque*.) Sorte de coiffure d'homme, faite d'étoffe ou de peau, qui a quelquefois un bord ou une visière sur le devant. *Beaucoup d'ouvriers portent des casquettes.* Les femmes en portèrent aussi vers 1865 et en portent encore pour quelques exercices musculaires, comme le vélocipède, la gymnastique, etc.

CASSABLE. adj. 2 g. Qui peut être cassé facilement.

CASSADE. s. f. (ital. *cacciata*, de *cacciare*, chasser). Mensonge fait pour plaisanter, ou pour servir d'excuse ou de défaite. *C'est un donneur de cassades.* Vx et fam. ‖ A certains jeux de renvi comme le brelan, *Faire une c.*, Faire un renvi avec vilain jeu, afin d'obliger les autres joueurs à quitter. *C'est un faiseur de cassades.*

CASSAGE. s. m. *Cassage des vins.* Voy. CASSURE.

CASSAGNE (L'abbé), auteur et prédicateur français, s'attira les sarcasmes de Boileau (1636-1679).

CASSAGNES-BÉGONHÈS, ch.-l. de c. (Aveyron), arr. de Rodez, 1,500 hab.

CASSAILLE. s. m. [Pr. les *ll* mouillées] (R. *casser*). T. Agric. La première façon qu'on donne à un champ en jachère.

CASSANDRE, fille de Priam, avait le don de prophétie, mais sans pouvoir persuader. (Guerre de Troie.)

CASSANDRE, roi de Macédoine, 301 av. J.-C.

CASSANDRE. s. m. Personnage ridicule de l'ancienne comédie : vieillard sot et toujours dupé. ‖ Fig., Personnage niais et ridicule. *C'est un vrai c.* Fam.

CASSANO, v. d'Italie (prov. de Milan), sur l'Adda, 1,860 hab. En 1705, Vendôme y défit le prince Eugène. En 1799, défaite des Français par les Austro-Russes, sous la conduite de Souvarow.

CASSANT, ANTE. (R. *casser*.) Fragile, qui se casse aisément, qui est sujet à se casser, à se rompre. *Le verre est c. La porcelaine est cassante.* — Se dit aussi de certains métaux aigres et particulièrement du fer. ‖ Fig., Brusque, tranchant. *C'est un homme c.* ‖ T. Hortic. *Poires cassantes*, Poires dont la chair est ferme et se casse au lieu de se fondre sous la dent. Voy. POIRIER.

CASSARD, intrépide marin français, fut enfermé au château de Ham pour avoir tenu de libres propos contre le cardinal de Fleury. Il y mourut après quinze ans de captivité (1672-1741).

CASSATION. s. f. (R. *casser*). T. Jurisp. La *cassation* est l'annulation pour contravention à la loi d'une décision judiciaire définitive et en dernier ressort. Cette voie de recours extraordinaire s'exerce sous forme de pourvoi ou de requête. Le gouvernement dans un intérêt abstrait et absolu, les membres du ministère public dans l'intérêt de l'action à laquelle ils défendent, et enfin les justiciables dans leur intérêt particulier, peuvent se pourvoir en c.

Droit. — On nomme *Cour de cassation* la juridiction suprême préposée à maintenir l'unité de la législation et de la jurisprudence en ramenant perpétuellement à l'exécution de la loi toutes les décisions judiciaires qui tendraient à s'en écarter; en effet, c'est uniquement pour contravention à la loi que les parties peuvent ainsi attaquer les jugements en dernier ressort. Ce caractère distingue essentiellement le pourvoi en c. des autres voies extraordinaires, de la *tierce opposition* et de la *requête civile*. Il ne diffère pas moins de l'*appel*. Dans l'appel, l'affaire est jugée de nouveau; dans le c., au contraire, il ne s'agit pas tant d'un jugement que d'une vérification, puisque le juge de c. a seulement pour mission de rechercher si la décision qui lui est déférée ne contient aucune violation de la loi. C'est ce qui a fait dire à Toullier qu'en c. ce n'est pas le procès qu'il s'agit de juger, mais le jugement. Du reste, l'appel et la c. se complètent l'un et l'autre; ils répondent chacun à un genre particulier d'erreur que peut commettre le juge, c.-à-d. le mal jugé et la violation de la loi. Le législateur a pourvu au mal jugé par l'appel, c.-à-d. en permettant de porter la cause devant un juge supérieur qui la soumet à un nouvel examen. Lorsque ce dernier a prononcé, la loi considère la sentence comme définitive et lui attache une présomption de vérité : *Res judicata pro veritate habetur.* Dès lors il n'est plus permis de soutenir que le juge s'est trompé; on peut seulement prétendre que le juge a violé la loi et demander la c. de sa décision. Le pourvoi en c. est donc une voie extraordinaire à laquelle on ne peut recourir qu'après avoir épuisé les moyens ordinaires de réformation des jugements; c'est un remède extrême qui a pour objet plutôt le maintien de la loi que l'intérêt direct des parties. De là une double conséquence, à savoir : 1° le seul effet produit par la c. de la décision contre laquelle on s'est pourvu, est, en général, le fait renvoyer les parties devant un autre tribunal; 2° en matière civile le recours en c. n'arrête pas l'exécution du jugement (L. 27 nov., 1er déc. 1790, art. 16). — Pour compléter ces notions générales sur les attributions de la cour de c., il est indispensable de signaler le pouvoir de haute discipline qu'elle exerce sur tous les membres de l'ordre judiciaire.

Historique. — Avant le règne de saint Louis, on ne pouvait attaquer les jugements que d'une manière : on les *faussant*, c.-à-d. en provoquant le juge au combat judiciaire. Il ne pouvait y avoir recours au souverain que pour défaut de droit, c.-à-d. pour refus de jugement ou déni de justice. En 1260, saint Louis, en défendant le combat judiciaire dans toutes les justices de ses domaines, ordonna que les appels des faux jugements portés devant ses cours de justice seraient décidés uniquement d'après les moyens respectifs des parties (*Établ. de saint Louis*, l. 1, ch. 6, 1270). Ce fut ainsi que s'établit l'appel contre les décisions des justices seigneuriales; mais lorsque le jugement émanait d'une justice royale, l'appel était impossible: car, selon les idées du temps, l'appel contenait félonie et iniquité; c'était par la voie de la supplication seulement que l'on pouvait se pourvoir. Ces *supplications* étaient adressées au roi, lorsque le grief était relatif à une erreur de droit (*Établ.*, l. 2, ch. 15), ou bien portées devant le tribunal qui avait rendu le jugement, lorsqu'on se plaignait seulement du mal jugé ou d'une erreur de fait. Ainsi, comme le fait observer Henrion de Pansey, on connaissait dès lors le recours en c. et le pourvoi en *requête civile*. Au commencement du XIVe siècle, l'usage de l'appel s'introduisit dans les justices royales et le Parlement eut seul le droit de juger souverainement. Alors s'établit un nouvel ordre de choses. Comme les décisions du Parlement pouvaient, en certains cas, avoir besoin de réformation, il fut établi par Philippe le Long (Ord., 23 mars 1302, art. 12) que l'on pourrait obtenir des *Lettres de grâce de dire contre les arrêts* qui renfermeraient des erreurs ou des ambiguïtés de nature à en nécessiter la révocation. Ces lettres étaient expédiées en chancellerie et adressées au Parlement. Le roi s'y rendait en personne, et le Parlement, sous les yeux du prince, réformait lui-même sa propre décision. En 1320, les *Lettres de grâce de dire contre les arrêts* reçurent le nom de *Propositions d'erreur*. Elles donnèrent lieu à un grand nombre d'abus : souvent on obtenait, par faveur, des lettres pour attaquer des arrêts sans proposer des erreurs. Quelquefois même ces lettres portaient encore que l'exécution des arrêts serait suspendue pendant un certain temps, et que les parties plaignantes se pourvoiraient devant d'autres juges que le Parlement. Ces abus amenèrent l'ordonnance de 1331, rendue par Philippe de Valois, où sont déjà posés les principes généraux qui régissent encore maintenant notre système de c. D'après cette ordonnance, celui qui demandait les lettres devait articuler par écrit les erreurs dont il se plaignait, et les maîtres des requêtes de l'hôtel, chargés de délivrer les lettres, autorisant à faire les propositions d'erreur, jugeaient sur simple vue s'il y avait lieu ou non de les accorder. Lorsque ces lettres étaient accordées, elles étaient envoyées avec les erreurs proposées, signées du plaignant et contre-scellées du sceau royal, aux gens du Parlement, qui, en présence des parties, réformaient leur arrêt, s'il y avait lieu. Les propositions d'erreur ne suspendaient pas l'exécution des arrêts. En outre, ceux auxquels le roi permettait de se pourvoir contre un arrêt du Parlement, donnaient caution de payer, dans le cas où ils viendraient à succomber, les dépens et dommages-intérêts, et de plus une double amende au profit du roi. Cependant, sous les règnes de Charles VI et de Charles VII, ce recours ne fut qu'un moyen de se jouer de la chose jugée. Suivant le triomphe de leur faction, les seigneurs faisaient évoquer les affaires devant le conseil du roi saisi par une prétendue proposition d'erreur, et les arrêts rendus sous l'inspiration d'une faction contraire étaient tour à tour réformés. Les ordonnances royales de 1535, de 1539 et de 1543 vinrent toutes trois rappeler que le recours en proposition d'erreur n'était point une voie d'appel. — Quelques années après (1579), Henri III rendit l'ordonnance dite de Blois qui statua que les propositions d'erreur ne seraient admises qu'après le vu des faits et inventaires des parties par les maîtres des requêtes (art. 435). L'art. 136 dispose encore que, pour toute proposition d'erreur, le plaignant sera tenu de consigner 240 livres parisis à la cour souveraine. Ce système fut en vigueur jusqu'à l'ordonnance de 1667, qui abolit les propositions d'erreur et établit le recours en c. tel à peu près qu'il existe aujourd'hui. Selon cette ordonnance, le droit de casser les décisions des cours souveraines appartenait au *Conseil des parties* ou *Conseil privé*. Ce conseil était une des sections du *Conseil du roi*, lequel se divisait en conseil pour les affaires de la guerre, en conseil de finances et en conseil pour les affaires de justice. Le conseil privé était présidé par le chancelier de France; mais le roi le présidait quelquefois en personne. Le conseil suivait le roi et s'assemblait dans une des salles du palais où le prince faisait son séjour. En temps de guerre ou de voyage du prince, il se réunissait souvent chez le chancelier. Le conseil privé pouvait connaître du fond des affaires; néanmoins, il usait très rarement de ce droit. La jurisprudence avait étendu les pouvoirs de ce conseil jusqu'à lui permettre de censurer non seulement les dispositions en opposition avec la lettre de la loi, mais encore celles qui étaient simplement en opposition avec son esprit. Cependant, lorsqu'une ordonnance était susceptible de plusieurs interprétations, les Parlements avaient la faculté d'adopter celle qui leur paraissait la plus convenable, sans encourir la c. La cour suprême possède aujourd'hui le même pouvoir, mais les tribunaux n'ont point cette faculté : sans cela le but suprême de l'organisation actuelle, l'uniformité, se trouverait manqué. — Le règlement de 1738, œuvre du chancelier d'Aguesseau et de ses deux fils, emprunté aux anciens règlements, formait le fond encore aujourd'hui en matière civile le code de procédure en usage devant cette juridiction; mais c'est le Code d'instruction criminelle qu'il faut consulter pour tout ce qui est relatif au pourvoi en matière criminelle. C'est conformément au règlement de 1738 qu'était ouverte la voie de c., lorsque les États généraux furent convoqués.

Cour de cassation, son organisation. — L'Assemblée constituante de 1789 n'eut garde de supprimer le recours en c. Aussi, lorsqu'elle entreprit de réformer et notre législation et notre système d'organisation judiciaire, elle se contenta d'abolir l'office de chancelier et le conseil des parties, mais elle établit à la place de ce dernier un *Tribunal de c.* (Décrets des 21 août, 25 nov. et 1er déc. 1790). Aux termes du dernier décret, un *Tribunal de c.* unique fut institué auprès du Corps législatif. Ses membres, au nombre de 42, devaient être élus par les départements; ils étaient indéfiniment rééligibles; mais tous les quatre ans, il devait être procédé à l'élection du tribunal tout entier. En vertu du sénatus-consulte du 28 floréal an VIII, le tribunal de c. prit le titre de *Cour de c.*, et ses membres furent nommés à vie par le premier consul. Plus tard, un décret impérial du 19 mars 1810 leur conféra le titre de *Conseillers* et donna aux substituts du procureur général le titre d'*Avocats généraux*. — Actuellement la Cour de c. se compose d'un premier président, de 3 présidents, de 45 conseillers, d'un procureur général et de 6 avocats généraux. Le greffier de la Cour prend le titre de greffier en chef; il présente à la Cour et fait admettre au serment les commis greffiers nécessaires pour le service. Les assignations et significations sont faites par des huissiers assermentés près la Cour, au nombre de 8.

Le 2 brumaire an IV, un décret distribua en trois sections les juges du tribunal de c. Cette division subsiste encore. Chaque section est composée de 15 conseillers; il y a un président pour chaque section, mais le premier président peut présider chacune d'elles; chaque section ne rend d'arrêts qu'au nombre de onze membres au moins. — La première section, dite *Chambre des requêtes*, doit statuer sur l'admission ou le rejet des requêtes en c. ou en prise à partie, et définitivement sur les demandes soit en règlement de juges, soit de renvoi d'un tribunal à un autre. « La légitime conséquence de la c., dit Gilbert des Voisins, est que n'étant pas une voie de droit, mais un moyen extraordinaire, la demande en c. ne doit pas être admise au hasard et que son introduction même gît en connaissance de cause. » Malgré cette autorité, l'utilité de cette attribution de la chambre des requêtes a été maintes fois contestée; à cette chambre, le partage vaut admission. La chambre des requêtes statue en outre sur l'admissibilité et le renvoi devant la chambre civile de toute accusation de crime ou de délit portée contre un magistrat. — La deuxième section, dite *Chambre civile*, prononce définitivement sur les demandes en c. ou en prise à partie, lorsque les requêtes ont été admises. En matière d'expropriation pour cause d'utilité publique, la requête est directement portée devant la chambre civile, aux termes de la loi du 3 mai 1841. La chambre civile statue de plus sur la mise en accusation des magistrats, après qu'elle en a été saisie par la chambre des requêtes, et leur renvoi, s'il y a lieu, devant la Cour d'assises. — La troisième section, dite *Chambre criminelle*, prononce sur les demandes en c. en matière criminelle, correctionnelle et de police, sans qu'il soit besoin d'un jugement préalable d'admission. De plus, elle statue sur la révision des procès criminels. — Enfin, toutes les chambres se réunissent: 1° tous les ans, à la rentrée des Cours et Tribunaux; 2° en vue d'exercer le droit de censure et de haute discipline sur les membres de l'ordre judiciaire; 3° quand il s'agit de statuer dans toute espèce d'affaires, après la c. d'une première décision, lorsque le second jugement sur le fond est attaqué par les mêmes moyens que le premier; 4° en vue de juger les demandes de prise à partie contre les Cours d'assises, les Cours d'appel ou une de leurs sections.

Attributions de la Cour de c. — D'après ce qui précède, il est facile de comprendre le rôle que joue la Cour de c. dans notre système judiciaire. Assurer l'exacte application des lois, maintenir l'uniformité de la jurisprudence, annuler les jugements entachés d'excès de pouvoir, empêcher tout déni de justice, exercer une sévère discipline et une haute censure sur tous les magistrats français: telles sont les attributions que lui a conférées le législateur. Elle seule connaît de l'action en prise à partie intentée contre une Cour d'appel ou une de ses sections (C. proc. 505, etc.); elle statue sur toutes les demandes en renvoi d'un tribunal à un autre pour cause de suspicion légitime ou de sûreté publique (C. instr., 542), ainsi que sur les demandes en révision de procès criminels (C. instr., 443, etc.). Elle statue en outre sur le *règlement de juges* en cas de conflit d'attribution entre deux ou plusieurs tribunaux ou magistrats. Le procureur général près la Cour de c., et lui seul, a le pourvoi de recourir en c. dans l'intérêt de la loi. Lors donc qu'il est informé qu'il a été rendu en dernier ressort un jugement contraire aux lois et aux formes de procéder, ou dans lequel le juge a excédé son pouvoir, il doit, dans le cas où les parties intéressées n'ont pas réclamé contre le jugement dans le délai fixé, déférer ce jugement à la Cour de c. Mais, si le jugement est cassé, les parties ne peuvent s'en prévaloir pour s'opposer à son exécution (L. 27 nov. 1790, art. 25; L. 27 vent. an VIII, art. 88; C. instr., 442). Tout autre est la faculté qu'a le ministre de la justice de pouvoir *dénoncer* à la Cour de c. un acte judiciaire quelconque

entaché d'un excès de pouvoir, soit en matière civile, soit en matière criminelle. La jurisprudence a décidé que les cassations prononcées dans ces circonstances, en matière criminelle, pourraient profiter aux condamnés. La Cour de c. est véritablement l'auxiliaire du législateur lorsqu'elle interprète la loi, fixe la jurisprudence et impose l'autorité de sa décision aux tribunaux auxquels elle renvoie certaines affaires, ainsi que nous le verrons tout à l'heure. Mais son rôle le plus utile, le plus important, celui qui constitue sa raison d'être, c'est d'empêcher toute violation de la loi, et c'est, en effet, sur une violation quelconque de la loi que se fondent tous les recours en c. Anciennement, il fallait, pour donner ouverture en c., qu'il y eût contravention expresse à la loi. Aujourd'hui, la jurisprudence est unanime pour admettre le pourvoi fondé sur la fausse interprétation de la loi, même en matière criminelle. La violation ou l'omission des formes légales donne aussi ouverture à c. Il en est de même de l'excès de pouvoir et de l'incompétence.

Aux termes de l'art. 13 de la loi du 30 août 1883, la Cour de c. constitue le *Conseil supérieur de la magistrature*. Elle ne peut statuer en cette qualité que toutes chambres réunies. Le procureur général près la Cour de c. représente le gouvernement devant le conseil supérieur. Ce conseil exerce le pouvoir disciplinaire sur les premiers présidents, présidents de chambre, conseillers de la Cour de c. et des Cours d'appel, présidents, vice-présidents, juges, juges suppléants des tribunaux de 1re instance et de paix.

Signalons enfin comme dernière attribution de la Cour de c. *sa participation à l'œuvre législative*. La Cour de c. a le droit d'envoyer chaque année au chef de l'État une députation pour lui signaler les vices ou les lacunes que l'expérience a permis de constater sur tel ou tel point de la législation existante.

En raison de son organisation, la Cour de c. rend des arrêts de plusieurs espèces: 1° des arrêts de *rejet* qui peuvent être prononcés par chacune des trois chambres et par les chambres réunies; 2° des arrêts d'*admission* qui ne peuvent émaner que de la chambre des requêtes; 3° des arrêts de *cassation*, qui peuvent être prononcés par la chambre civile, par la chambre criminelle ou par les chambres réunies; 4° des arrêts de *renvoi*, qui font partie intégrante du dispositif de tout arrêt de c.; car la Cour, ne connaissant point du fond, est tenue, après avoir annulé une décision, de renvoyer l'affaire à la justice ordinaire. Les arrêts de renvoi ne peuvent être prononcés que par la chambre civile, la chambre criminelle et les chambres réunies. — La règle qui prescrit le renvoi souffre, néanmoins, quelques exceptions. Ainsi, il n'y a pas de renvoi quand il y a eu c. dans l'intérêt de la loi pour excès de pouvoir, ou quand l'arrêt est annulé parce que le fait qui a donné lieu à la condamnation n'est point prévu par la loi. En matière criminelle, comme en matière civile, on rencontre des sentences régulières au fond qui contiennent une disposition vicieuse. Dans ces cas, après avoir écarté cette disposition par voie de retranchement, la Cour ne prononce aucun renvoi. Les arrêts de c. commencent toujours ainsi: *Vu l'art.* ou *les art.* de telle loi (en matière de c.); ceux de rejet commencent immédiatement par les mots: *Attendu* ou *Considérant*. Les arrêts de rejet ont une autorité juridique moindre que les arrêts de c. Les arrêts rendus toutes chambres réunies ont tout naturellement plus d'autorité que ceux qui émanent de la chambre civile ou de la chambre criminelle.

Du pourvoi en c. — Pour avoir le droit de se pourvoir en c., il faut avoir été partie au procès et avoir intérêt. Du reste, le pourvoi peut être formé par la partie elle-même, par ses représentants ou par ses héritiers ou ayants cause. Il faut, en outre, être capable d'ester en justice. — Quant aux *délais*, ils varient selon les cas. En matière civile, le délai est de 2 mois à partir du jour de la signification de l'arrêt ou du jugement définitif à personne ou à domicile. En matière d'expropriation pour cause d'utilité publique, il est de 3 jours à dater de la notification du jugement. En matière criminelle, le pourvoi doit être formé dans les 3 jours. Le délai n'est que de 24 heures pour les arrêts d'absolution et pour les ordonnances d'acquittement. — Le demandeur en c. doit, en outre, consigner la moitié au moins de l'amende à laquelle il serait condamné s'il succombait dans son recours, soit 150 fr. lorsqu'il s'agit d'un arrêt ou d'un jugement contradictoire (*Règl.*, 1738), et 75 fr. s'il s'agit d'un arrêt ou d'un jugement par défaut. Cette amende, du reste, n'est point une mesure fiscale, mais un moyen de répression contre la témérité des plaideurs. Les indigents sont dispensés de cette consignation (L. 14 brum. an V, art. 2). Les condamnés au grand criminel), les préfets, le ministère public et les agents des diverses administrations publiques en sont également dispensés.

Pourvoi en matière civile. — Les demandes en c. d'arrêts ou de jugements sont formées par une requête en pourvoi déposée au greffe de la Cour de c. Le ministère et la signature d'un avocat à la Cour de c. sont nécessaires pour la validité de la requête ou pourvoi. Il n'y a d'exception qu'en matière électorale et demande. L'affaire est mise au rôle : le président de la chambre des requêtes désigne un conseiller pour faire le rapport; l'avocat présente ses observations, le ministère public donne ses conclusions et la chambre statue (*Ord.* du 15 janv. 1826, art. 2, 6, 13, 37, etc.). — L'absence des conditions que doit remplir un pourvoi pour être admissible, constitue ce qu'on appelle des *fins de non-recevoir* contre ce pourvoi; ainsi, par ex., il y a fin de non-recevoir, lorsque le demandeur en c. n'a pas consigné l'amende, lorsqu'il a acquiescé à l'arrêt contre lequel il veut se pourvoir, etc. Sans entrer dans l'examen des différentes fins de non-recevoir qui peuvent être opposées à un pourvoi, nous dirons qu'indépendamment des fins de non-recevoir contre les personnes, il existe aussi des fins de non-recevoir contre les moyens sur lesquels on s'appuie, en ce sens que les moyens peuvent être non-recevables, soit parce qu'ils ne sont pas justifiés par la production des pièces, soit parce qu'ils portent atteinte à la chose jugée, soit parce qu'ils n'ont aucun intérêt. Nous rappellerons aussi qu'il est de principe que l'on ne peut invoquer devant la Cour de c. un *moyen nouveau*, c.-à-d. qui n'aurait pas été proposé devant le juge qui a décidé : c'est une conséquence du principe que la Cour de c. ne juge pas. Il y a cependant quelques exceptions, s'il s'agit, par ex., d'une incompétence absolue, si le moyen est d'ordre public, etc. En cas de rejet du pourvoi, la chambre des requêtes condamne le demandeur à l'amende.

Si, au contraire, la chambre prononce l'admission du pourvoi, elle ordonne que la requête du demandeur sera signifiée au défendeur; assignation est donnée à celui-ci de comparaître devant la chambre civile dans le délai établi par la loi des 2-3 juin 1862. C'est pourquoi l'arrêt d'admission reçoit aussi le nom d'arrêt de *soit communiqué*. Le défendeur mis en demeure signifie ses moyens et les dépose au greffe. Le demandeur peut répondre et le défendeur répliquer. C'est en cela que consiste ordinairement toute la procédure. Lorsque les délais sont expirés, le président de la chambre civile charge un conseiller de faire le rapport et l'affaire suit la marche accoutumée. Quand la chambre civile rejette le pourvoi, elle condamne le demandeur aux dépens, à l'amende de 300 fr. et à une indemnité de 150 fr. envers le défendeur, à une amende de 150 fr. et à une indemnité de 75 fr. seulement, si la décision attaquée avait été rendue par défaut. Lorsque la Cour casse, l'arrêt de c. ordonne la restitution de l'amende et renvoie le procès devant un tribunal qui doit être du même ordre que celui dont la décision est cassée. — Si, après la c. d'un premier arrêt ou jugement rendu en dernier ressort, le deuxième arrêt ou jugement rendu dans la même affaire, entre les mêmes parties, procédant et les mêmes qualités, est attaqué par les mêmes moyens, la Cour de c. doit statuer, toutes chambres réunies, et si elle casse le second arrêt ou jugement par les mêmes motifs que le premier, la Cour d'appel ou le tribunal auquel l'affaire est renvoyée doit se conformer à la décision de la Cour de c. sur le point de droit résolu par cette Cour (L. 1ᵉʳ avril 1837). Avant cette loi, les choses avaient lieu autrement. D'après la loi du 16 sept. 1807, la Cour de c. avait le choix ou de rendre un second arrêt, toutes chambres réunies, sous la présidence du ministre de la justice, ou de demander l'interprétation de la loi, laquelle résultait d'une décision du Conseil d'État approuvée par l'empereur. Mais cette loi fut abrogée par une nouvelle loi, en date du 30 juillet 1828. Cette dernière établit qu'après deux cassations le jugement de l'affaire serait renvoyé devant une Cour d'appel qui statuerait, toutes les chambres assemblées. L'arrêt rendu ne pouvait plus être attaqué par la voie de recours en c.; mais il en était référé au roi, afin qu'une loi interprétative fût proposée à la législature suivante.

Pourvoi en matière criminelle. — Tout individu condamné définitivement en matière criminelle, correctionnelle ou de police, a le droit de se pourvoir en c. contre la sentence qui l'a frappé (C. instr., 407). On peut également se pourvoir contre l'arrêt de mise en accusation (C. instr., 177, 216, 373). Ce droit appartient aussi aux personnes civilement responsables (C. instr., 216), et au ministère public, auquel appartient l'action pour la répression des crimes et délits (C. instr., 173, 214, 413). Quant aux tiers, ils ne sont pas recevables à se pourvoir, quel que soit leur intérêt. Du reste,

en matière criminelle comme en matière civile le recours en c. a pour base la violation de la loi. Les voies de nullité sont invoquées particulièrement pour les vices de forme et les irrégularités commises dans la procédure; elles entraînent l'annulation de l'arrêt de condamnation et de tout ce qui l'a précédé à partir du plus ancien acte nul. Il en est de même soit dans le cas d'incompétence, soit lorsqu'il a été omis ou refusé de prononcer, ou sur une ou plusieurs demandes de l'accusé, ou sur une ou plusieurs réquisitions du ministère public tendant à user d'une faculté ou d'un droit accordé par la loi, bien que la peine de nullité ne soit pas textuellement attachée à l'inexécution de la formalité en question (C. instr., 408). Il y a aussi ouverture à c., lorsque l'arrêt a prononcé une peine autre que celle de la loi (C. instr., 410). Mais lorsque la peine prononcée est la même que celle portée par la loi qui s'applique au crime, on ne peut demander l'annulation de l'arrêt sous le prétexte qu'il y aurait erreur dans la citation du texte de la loi (C. instr., 411). Il en est de même, à plus forte raison, si la peine est inférieure à celle que la loi prononce.

Le pourvoi d'un condamné, même en matière correctionnelle ou de police, n'est admis que lorsque le condamné se trouve en état, c.-à-d. s'est constitué prisonnier, ou bien est en liberté sous caution (C. instr., 421). D'ailleurs, toute facilité est accordée au condamné qui veut se pourvoir. Le greffier, ou l'un de ses commis assermentés, se transporte dans la prison pour entendre sa déclaration, qui est écrite sur un registre à ce destiné. Les condamnés au grand criminel sont dispensés de l'amende (C. instr., 420); mais il n'en est pas de même pour les condamnés en matière correctionnelle ou de police : la somme que ceux-ci doivent consigner est la même qu'en matière civile. Enfin, les pourvois sont présentés à la chambre criminelle, sans qu'il y ait besoin d'un arrêt d'admission (C. instr., 426). En cas d'annulation de l'arrêt attaqué, la Cour renvoie devant une autre cour ou tribunal (C. instr., 427, etc.). Alors l'amende est restituée sans délai. Lorsque, après une première c., le second arrêt ou jugement sur le fond est attaqué par les mêmes moyens et cassé pour les mêmes motifs, il est procédé comme en matière civile. Lorsque, au contraire, une demande en c. a été rejetée, la partie qui avait formée ne peut plus se pourvoir en c. contre le même arrêt ou jugement, sous quelque prétexte et par quelque moyen que ce soit (C. instr. crim., 438).

Exceptions. — Nous avons vu qu'un pourvoi en c. n'est admissible que lorsqu'il s'agit d'une décision définitive; cependant, il est certaines décisions même définitives contre lesquelles ce recours n'est pas ouvert. Ainsi, l'on ne peut se pourvoir devant la Cour de c. ni contre les décisions de la justice administrative, ni contre les jugements de la juridiction militaire rendus contre des militaires, ni contre les sentences des arbitres volontaires, ni contre les décisions ou arrêts des Chambres législatives, ni contre les actes qui n'ont pas le caractère de jugements, ni contre les décisions qui ont acquis l'autorité de la chose jugée par l'expiration des délais. Enfin, aux termes de l'art. 13 de la loi du 25 mai 1838, les jugements rendus en dernier ressort par les juges de paix ne peuvent être attaqués par la voie du recours en c. que pour excès de pouvoir.

CASSAVE. s. f. Nom sous lequel on désigne, en Amérique, la pulpe de la racine de Manioc après qu'elle a été exprimée; elle sert à préparer la *Couaque* et la *farine de C.* La C. forme la principale nourriture des nègres de nos colonies. || T. Bot. Nom donné par extension au Manioc de la famille des *Euphorbiacées.* Voy. ce mot. || Prov. *Passe-moi la casse, je te passerai le séné,* Faisons-nous des concessions mutuelles. — Se dit souvent en parlant d'un marché ou d'une convention que l'on recommanderait.

CASSE. s. f. (lat. *casia;* gr. κασία, cannelle). T. Bot. Genre de plantes, qui croît en Égypte et dans l'Inde (*Cassia*) de la famille des *Légumineuses.* Voy. ce mot.

CASSE. s. f. (R. *casser*). Action de briser; dommage qui en résulte. *Les domestiques répondent de la c.* Pop. || Peine militaire qui consiste dans la perte du son grade. *Cela mérite la c. Lettres de c.,* Ordre écrit que donnait le roi pour casser un officier. || *Casse des vins.* Voy. CASSURE.

CASSE. s. f. (scand. *kati;* all. *kessel,* chaudron). C. à *rat,* Lèchefrite. || T. Techn. Bassin qui reçoit le métal fondu lorsqu'il découle du fourneau. || Coupelle pour affiner l'or. || Poigne en corne à l'usage des rubaniers. || Poêlon de cuivre pour puiser l'eau et le savon dans les savonneries. || Grande cuiller de fer à l'usage des ouvriers verriers. || Trou d'une aiguille.

CASSE. s. f. et **CASSEAU.** s. m. (même mot que *caisse*). T. Typogr. Boîte à compartiments servant à contenir certains caractères. Voy. TYPOGRAPHIE.

CASSE. s. f. T. Comm. Sorte de toile de coton à imprimer qui vient des Indes.

CASSE-AIGUILLE. s. m. Ouvrier employé dans les salines. — Pl. *Des casse-aiguille* ou *des casse-aiguilles*.

CASSE-BOUTEILLE. s. m. T. Phys. Récipient de cristal portant une lame de verre qui se brise sous la pression de l'air quand on y fait le vide. — Pl. *Des casse-bouteille* ou *des casse-bouteilles*.

CASSE-BRAS. s. m. T. Techn. Nom du maillet qui sert à broyer le lin avant de le teiller. — Pl. *Des casse-bras.*

CASSE-CHAÎNE. s. m. T. Tissage. Organe destiné à produire l'arrêt du métier à tisser lorsqu'un fil de chaîne vient à se casser. = Pl. *Des casse-chaîne.*

CASSE-COKE. s. m. T. Techn. Machine à briser le coke. Voy. CASSE-PIERRES. == Pl. *Des casse-coke.*

CASSE-COU. s. m. Endroit où il est aisé de tomber, si l'on n'y prend garde. *Cet escalier est un vrai c.-cou.* || Jeu de colin-maillard. Cri par lequel on avertit la personne qui a les yeux bandés, qu'elle approche d'un endroit où elle pourrait se blesser. || T. Manège. Se dit des individus employés à monter les chevaux jeunes ou vicieux ; et, par ext., d'un homme qui monte à cheval avec plus de hardiesse que d'habileté. — Fig. et fam., se dit d'un personnage peu important qui est chargé d'une négociation hasardeuse. *On a confié cette mission à un casse-cou.* — Se dit aussi d'un homme téméraire et imprévoyant. || Espèce d'échelle qui n'est soutenue que par une queue. = Pl. *Des casse-cou.*

CASSE-CROÛTES. s. m. T. Techn. Petit outil qui ressemble à un casse-noisette, mais qui est employé à briser les croûtes de pain, les mottes de terre, etc. == Pl. *Des casse-croûtes.*

CASSE-FIL. s. m. T. Techn. Instrument propre à apprécier la ténacité des fils écrus. || Appareil destiné à arrêter les métiers à broder lorsqu'un fil se casse. == Pl. *Des casse-fil* ou *des casse-fils.*

CASSEL, ch.-l. de c. (Nord), arr. d'Hazebrouck, 3,900 hab. — Deux batailles ; en 1328, Philippe VI y vainquit les Flamands ; en 1677, le duc d'Orléans y défit le prince d'Orange.

CASSEL, v. d'Allemagne, anc. cap. de l'électorat de Hesse-Cassel, 64,000 hab.

CASSEL ou **CASTEL,** v. de la Hesse-Darmstadt, en face de Mayence, 3,750 hab.

CASSE-MARIAGES. s. m. T. Filat. Appareil destiné à maintenir chaque fil dans sa direction pour éviter les *mariages* ou fils doubles. == *Des casse-mariages.*

CASSE-MÈCHES. s. m. T. Filat. Appareil destiné à produire l'arrêt de la machine lorsqu'une des mèches de la substance textile vient à manquer ou à se rompre. Il en existe un grand nombre de systèmes variés. L'un des plus ingénieux a pour organe principal un électro-aimant actionné par un courant électrique. Dans la marche normale, les mèches passent entre deux petites mâchoires métalliques qu'elles maintiennent isolées et qui font partie du circuit ; mais si l'une des mèches vient à casser, les deux mâchoires correspondantes se rapprochent, la communication électrique se trouve établie, et l'électro-aimant attire son armature, qui vient se placer contre un buttoir porté par l'un des axes de la machine, ce qui arrête le mouvement. == Pl. *Des casse-mèches.*

CASSE-NOISETTE ou **CASSE-NOIX.** s. m. Petit instrument composé de deux leviers articulés avec lequel on casse des noisettes ou des noix. — Pl. *Des casse-noisette* ou des *casse-noisettes.* — *Des casse-noix.*

CASSE-NOIX. s. m. T. Ornith. Genre de passereaux voisin des corbeaux. Voy. CORBEAU.

CASSE-NOYAUX. s. m. T. Ornith. Nom vulgaire du grosbec commun. == Pl. *Des casse-noyaux.*

CASSE-PIERRE. s. m. T. Bot. Nom vulgaire de plusieurs plantes qui croissent sur les pierres, telles que certains *Saxifrages* (Saxifragacées), la *Pariétaire* (Urticacées), le *Bacile* ou *Crithmum maritimum* (Ombellifères), etc.

CASSE-PIERRES. s. m. T. Techn. Les *Casse-pierres,* qu'il ne faut pas confondre avec les *broyeurs* et *concasseurs,* ont pour objet de réduire les roches en fragments de petites dimensions, sans toutefois produire ni fragments trop menus ni poussier qui constitueraient un déchet qu'il faut éviter. Ces machines rendent de grands services dans les travaux publics pour préparer les cailloux destinés au ballastage des voies ferrées, à l'empierrement des chaussées, à la fabrication du béton, etc. Il en existe de deux systèmes. Dans l'un, l'organe principal est formé de deux puissantes mâchoires en acier, dont l'une est fixe et dont l'autre se rapproche et s'éloigne alternativement de la première ; les pierres arrivent entre ces deux mâchoires et sont brisées par leurs rapprochements. Dans l'autre, la pièce importante est un arbre muni de massettes montées de manière à osciller autour de leur point d'attache. Cet arbre tourne à grande vitesse, et les massettes viennent frapper à la volée les pierres qui arrivent dans la caisse. Cette machine exige moins de force que la précédente : avec une force motrice de quatre chevaux-vapeur on peut casser 2 mètres cubes de cailloux par heure. C'est aussi sur ce deuxième type que sont construits les casse-coke. Dans tous les cas, quel que soit le principe de leur construction, les casse-pierres sont montés sur chariot afin qu'on puisse facilement les transporter sur les chantiers.

CASSER. v. a. (lat. *quassare,* renverser, secouer). Briser, rompre. *Casser un verre, des noix. Se c. la jambe.* || Fig. fam. et prov., *Qui casse les verres les paye.* Voy. VERRE. *C. les vitres,* Ne rien ménager dans ses propos. — *C. la tête,* Assourdir par un grand bruit. *Ces enfants me cassent la tête.* || *Se c. la tête,* Se la briser ou se la fendre en se heurtant contre un corps dur, en tombant, etc. — Fam. et par exagér., *Se c. la tête, le nez,* Se blesser à la tête ou au nez en se heurtant contre un corps dur. On dit dans le même sens, *Se c. le cou,* Se blesser en tombant. — Fig. et fam., *Se c. la tête,* S'appliquer à une chose avec une grande contention d'esprit. *Se c. le nez,* Ne point réussir dans ses projets. *Se c. le cou,* Ruiner ses affaires, sa fortune. On dit de même, *C. le cou à quelqu'un,* Lui faire perdre ses espérances de fortune, d'avancement. || Fig., Annuler, déclarer nul. *C. un jugement, un arrêt. C. un testament, un contrat.* — *C. un officier,* Le chasser, le renvoyer du service. *C. un sergent, un caporal,* Les priver de leur grade, les réduire à la condition de simples soldats. — *C. aux gages,* Ôter à quelqu'un les appointements qui y sont attachés. *On l'a cassé aux gages.* Il se dit encore d'un supérieur qui ôte sa confiance à son inférieur. *Il avait beaucoup d'accès auprès du prince ; mais, depuis quelque temps, il est cassé aux gages.* || Affaiblir, débiliter ; en ce sens, il ne se dit que des choses qui ruinent la santé. *Les fatigues de la guerre l'ont fort cassé.* || T. Mar. *C. l'erre,* Diminuer progressivement la vitesse d'une embarcation. || T. Agric. *C. une bruyère,* Défricher une terre pour la diviser en grosses mottes. — SE CASSER. v. pron. Se briser, se rompre. *La corde s'est cassée. Ce vase va se c. au feu.* — *Perdre progressivement ses forces,* sa santé. *Depuis deux ans, il s'est bien cassé.* == CASSÉ. v. n. Se rompre, se briser. *La branche cassa.* == Cassé, ée. part. *Un verre cassé. Un bras cassé. Un arrêt cassé. Un sergent cassé. Un homme cassé de vieillesse. Il y a eu des têtes cassées dans cette guerre. Il y a eu beaucoup de tués,* etc.

Syn. — *Briser, Rompre.* Ces trois verbes signifient, au propre, mettre un corps solide en plusieurs pièces ou morceaux ; cependant il existe une différence entre eux. L'action de *casser* détruit la continuité et l'adhérence d'un corps ; celle de *rompre* détruit la connexion de certaines parties ; celle de *briser* détruit la masse et la forme du corps. Ainsi, on ne *casse* que les corps dont les parties, adhérentes entre elles, sont raides et dépourvues d'élasticité, de telle sorte qu'elles se séparent plutôt que de ployer ou de se relâcher. On *casse* le verre, la glace, la porcelaine et autres corps fragiles; mais on ne les *rompt* pas. Au contraire, on *rompt* les corps dont les parties s'entrelacent et s'engrènent, pour ainsi dire, de telle façon qu'il faut les arracher les unes aux autres. On *rompt* le pain, un bâton, des nœuds, des fers. On *brise* toute sorte de corps solides, dès qu'on les met en pièces par une action violente : ainsi, on *brise* une glace, comme on *brise* ses liens; on *brise* une glace qu'on *casse* en mille morceaux ; on *brise* les liens que l'on *rompt*, de manière qu'il n'en reste pas la plus légère apparence. Mais, dans l'emploi de ces mots, on a surtout égard à la manière d'opérer qu'ils expriment : le choc *casse*, les efforts pour ployer *rompent*, les coups violents *brisent*.

CASSERIE. s. f. (vx fr. *casse*, chaudière). L'ensemble des ustensiles du ménage en fer battu étamé.

CASSERIE. s. f. (R. *casser*). T. Techn. Atelier où l'on casse le sucre mécaniquement.

CASSEROLE. s. f. (Dimin. du vx fr. *casse*, chaudière). Ustensile de cuisine qui sert à divers usages. || T. Art cul. Nom donné à divers plats qui se préparent dans des casseroles. *C. au riz, à l'indienne, à la polonaise.*

CASSE-TÊTE. s. m. Sorte de massue faite de pierre ou de bois très dur, dont plusieurs peuples sauvages se servent dans les combats. || Arme formée d'une verge courte et flexible, portant une masse de plomb à l'une de ses extrémités et ayant à l'autre une courroie pour se l'assujettir autour du poignet. || Fig. et fam., Vin gros et fumeux qui porte à la tête, qui la rend pesante. *Les gros vins du Midi sont des casse-tête.* || Fig. et fam., se dit d'un travail qui demande une grande application; d'un calcul long et embrouillé; d'un jeu compliqué et qui exige beaucoup de combinaisons. On dit aussi dans ces deux sens *Casse-tête chinois.* || T. Mar. Filet tendu entre les haubans afin d'empêcher que les agrès, s'ils viennent à tomber, ne cassent la tête aux matelots. = Pl. *Des casse-tête* ou *des casse-têtes.*

CASSETIN. s. m. (R. *casse*). Compartiment d'une casse d'imprimerie. Voy. TYPOGRAPHIE.

CASSE-TRAME. s. m. T. Tiss. Organe du métier à tisser qui en produit l'arrêt immédiat lorsque la trame ou fil déroulé par la navette vient à casser ou à manquer. Cet appareil, très ingénieux et très simple, a été inventé en 1844 par M. Jourdain, manufacturier d'Alsace. = Pl. *Des casse-trame* ou *des casse-trames.*

CASSETTE. s. f. [Pr. *ca-cète*] (Dimin. de *casse* ou *caisse*). Petit coffre où l'on serre ordinairement des objets de prix et de peu de volume. || Trésor particulier d'un roi ou d'un prince. *Le roi lui a donné une pension sur sa c.*

CASSEUR, EUSE. s. Celui, celle qui casse. N'est guère usité que dans ces loc. proverb. et pop. : *Un c. d'assiettes*, Un tapageur, un querelleur. *Un grand c. de raquettes*, Un homme fort et vigoureux. || T. Métier. Ouvrier qui casse le sucre.

CASSE-VESSIE. s. m. Syn. de *crève-vessie.* Voy. ce mot. = Pl. *Des casse-vessie* ou *des casse-vessies.*

CASSICAN. s. m. T. Ornith. Genre de passereaux. Voy. PIE-GRIÈCHE.

CASSIDAIRE. s. m. (lat. *cassida*, casque). T. Zool. Genre de mollusques gastéropodes, le même que *Cassidaria.* Voy. ce mot. || T. Entom. Tribu d'insectes coléoptères de la famille des *Chrysomélides.*

CASSIDARIA. s. f. (lat. *cassida*, casque). T. Zool. et Paléont. Genre de mollusques gastéropodes cténobranches de la famille des *Cassidides*, qui se distingue des *Cassis* (voy. ces mots) par un long canal recourbé vers la gauche. Il est actuel et fossile depuis le crétacé.

CASSIDE. s. m. (lat. *cassida*, casque). T. Entom. Genre d'insectes coléoptères. Les cassides rentrent dans la famille des *Chrysomélides* et sont remarquables par leur forme aplatie; leurs larves, tout à fait plates, culassent leurs excréments sur leur dos. Voy. CHRYSOMÉLIDES.

CASSIDIDES. s. m. pl. (lat. *cassida*, casque). T. Zool. et Paléont. Famille de *Mollusques gastéropodes cténobranches* (voy. ces mots) à coquille ventrue, ovoïde, à spire courte, peu large, à ouverture échancrée et se bas ou ayant un court canal dirigé en arrière. La lèvre externe est épaisse, souvent plissée ou dentée intérieurement; la lèvre interne calleuse, lisse, granulée ou sillonnée. L'opercule est corné, à nucléus marginal.

Les représentants de cette famille à l'état fossile sont peu abondants et à peu d'exceptions près ne se trouvent que dans le tertiaire; plusieurs remontent jusqu'au crétacé.

CASSIDOINE. s. f. (lat. *cassida*, casque). Pierre précieuse dont les anciens se servaient pour faire des vases.

CASSIE. s. f. (Corrup. de *acacia*). T. Bot. Nom vulgaire de l'Acacia de Farnèse, arbrisseau de la famille des *Légumineuses*, cultivé dans la région méditerranéenne.

CASSIÉES. s. f. pl. T. Bot. Employé par certains botanistes comme synonyme de *Césalpiniées*, tribu de la famille des *Légumineuses.*

CASSIEN, écrivain ascétique du Ve siècle, à Marseille.

CASSIER. s. m. T. Bot. Nom vulgaire du *Canéficier* ou *Cassia fistula*, appelé aussi *Cassier franc*, de la famille des *Légumineuses.* Voy. ce mot.

CASSIER. s. m. T. Typogr. Armoire où l'on range des casses.

CASSIN. s. m. Partie du métier à étoffes de soie supportant un grand nombre de poulies. || T. Teint. Seau pour la soie.

CASSIN (Mont), montagne d'Italie, à 80 kilom. de Naples; abbaye fondée par saint Benoît.

CASSINE. s. f. (bas-lat. *cassina*, chaumière, de *casa*, maison). T. Guerre. Petite maison détachée au milieu des champs, où l'on peut s'embusquer, se retrancher. *Il fallut déloger les ennemis de leurs cassines.* || Se dit, dans certaines provinces, d'une petite maison de plaisir hors la ville. || Pop., Maison de chétive apparence ou maison mal tenue, mal administrée.

CASSINI, nom de plusieurs astronomes : 1° JEAN-DOMINIQUE, astronome italien (1625-1712), qui fut le premier directeur de l'Observatoire de Paris (1667-1712). = 2° JACQUES, fils du précédent (1677-1756), succéda à son père comme directeur de l'Observatoire. = 3° CÉSAR-FRANÇOIS (1714-1784), fils de Jacques, succéda également à son père et commença la *carte topographique de la France*, terminée par son fils. Il prit le surnom de C. de Thury, d'une terre où il était né. = 4° JACQUES-DOMINIQUE, fils du précédent (1747-1845), avait également succédé à son père comme directeur de l'Observatoire de Paris lorsque la Révolution l'en chassa pour transformer l'établissement. = De ces quatre Cassini, le premier fut le plus laborieux et le plus célèbre. Mais il fut surtout un savant officiel, un astronome de cour, et la gloire dont il fut entouré surpassa de beaucoup sa valeur réelle.

CASSINOÏDE. s. f. T. Géom. Courbe inventée par Dominique Cassini, et qui est le lieu des points tels que le produit de leurs distances à deux points fixes appelés foyers est invariable. Si ce produit constant est égal au carré de la demi-distance des deux foyers, la c. a la forme d'un 8 et devient la *Lemniscate de Bernoulli*. La courbe se compose d'un seul ovale ou de deux ovales séparés, suivant que le produit constant est supérieur ou inférieur à cette limite. — Cassini prétendait que cette courbe était la forme des orbites planétaires, voulant ainsi la substituer à l'ellipse de Képler. La science a fait justice de cette prétention, dictée plus par l'amour-propre que par une sincère recherche de la vérité.

CASSIODORE, écrivain latin (468-562).

CASSIOPÉE, reine d'Éthiopie, mère d'Andromède (Myth.). || T. Astr. Grande constellation voisine du pôle Nord, où apparut en novembre 1572 la célèbre étoile temporaire observée par Tycho-Brahé. Voy. CONSTELLATION.

CASSIPOURÉES. s. f. pl. T. Bot. Groupe de plantes fondu aujourd'hui dans la famille des *Rhizophoracées*, tribu des *Caralliées*.

CASSIQUE. s. m. (lat. *cassis*, casque). T. Ornith. Les *Cassiques* sont des oiseaux de l'ordre des *Passereaux* et de la famille des *Dentirostres*. Ce genre se distingue par les caractères suivants : Grand bec conique, gros à la base, effilé à la pointe; narines petites et rondes ou ovalaires; sur le maxillaire supérieur, échancrure qui pénètre dans les plumes du front, et se termine chez quelques-uns de ces oiseaux par une tubérosité. Ce groupe comprend plusieurs sous-genres : les *Cassiques* proprement dits, les *Troupiales*, les *Carouges*, les *Oxyrhynques* et les *Pit-pits*.

I. Les *Cassiques proprement dits* (*Cassicus*) ont un bec conique, plus long que la tête et plus haut que large; l'échancrure frontale est circulaire et présente une gibbosité; elle est aussi bordée de plumes; les yeux, petits et ovales, sont voisins des bords du bec. Leurs pattes robustes et munies

Fig. 1.

d'ongles arqués, permettent à ces oiseaux de s'accrocher aux branches avec solidité (Fig. 1. *C. Montézuma*). Autrefois confondus avec les troupiales, les cassiques en ont été distraits à cause de leur taille plus grande, et parce qu'ils ne voyagent pas en troupe. Ils habitent les forêts de l'Amérique du Sud, où ils sont connus sous le nom d'*Yapus*. Ils jouissent de la faculté d'articuler des mots, et sont assez dociles. Des vers, des insectes, des baies et des graines composent leur nourriture. Les femelles, d'un tiers plus petites que les mâles, font, chaque année, plusieurs couvées de 2 à 4 œufs. La couleur noire est commune aux deux sexes. Ces oiseaux suspendent leurs nids à l'extrémité de branches d'arbre. Le *C. huppé* construit le sien en forme de bourse longue d'environ 1 mètre et large de 25 centim. à sa partie inférieure, qui est hémisphérique; l'entrée est vers le haut. Le *C. jupu* choisit les rameaux au-dessus de l'eau, et donne à son nid la forme d'une coloquinte. Le *C. Pupui* ou *Yapu noir*, appelé *Amblyramphe* par Prévost, a l'échancrure frontale moins profonde que les autres *Cassiques*. Le *C. diadème* sort de passage aux troupiales; l'échancrure du bec est à peine marquée.

II. Les *Troupiales* (*Icterus*) ont le bec légèrement arqué et une échancrure aiguë. Les troupiales vivent par troupes nombreuses, et se nourrissent de graines et d'insectes qu'ils cherchent dans les champs cultivés. Ces oiseaux sont très répandus au Chili et au Paraguay. Parmi les espèces de ce genre, nous citerons le *T. chrysocéphale* (Fig. 2), qui a le bec, les pieds, le front, les joues, le cou, la gorge, la poitrine et le ventre d'un beau noir; le dessus de la tête, la nuque, la partie antérieure de l'aile, les plumes de l'anus, les couvertures de la queue et le bas des jambes au-dessus

du genou, d'un jaune éclatant; les pennes des ailes et de la queue, d'un noir terne.

III. Les *Carouges* (*Xanthornus*) ont le bec tout à fait droit. Ces oiseaux ne se rencontrent qu'en Amérique, où ils vivent généralement par paires. Ils se répandent dans les plaines, où ils cherchent les insectes dont ils font leur nourriture exclusive. Le *Car. banane* est ainsi nommé parce

Fig. 2.

qu'il dispose son nid en forme de quart de sphère, et l'abrite sous une feuille de bananier. Le *Car. à gorge noire* construit le sien en forme d'écuelle à deux oreilles et le suspend à l'extrémité de deux branches flexibles. Les *Carouges à long bec* se réunissent sur le même arbre et y disposent leurs nids en longs sacs cylindriques. Nous mentionnerons encore une espèce à bec court qui ressemble au pinson. C'est l'*Icterus pecoris*, d'un plumage noir violet, avec la tête et le cou d'un gris brun. Il vit en troupe auprès des bestiaux, et, comme le coucou, dépose ses œufs dans des nids étrangers.

IV. Les *Oxyrhynques* (*Oxyrhynchus*) ont le bec court, droit, conique. L'espèce la mieux connue est l'*Oxyr. en feu*, dont le front est surmonté d'une huppe à barbes rouges et brunes.

V. Les *Pit-pits* (*Dacnis*) ont le bec conique et aigu comme les carouges; mais ils sont beaucoup plus petits que ces derniers. Ils vivent partout dans l'Amérique méridionale. L'espèce type est le *Pit-pit bleu*, dont la tête, le dos et les ailes sont noirs et le reste d'un beau bleu.

CASSIS. s. m. [Pr. *ca-si*]. T. Bot. Nom vulg. d'une espèce de Groseillier, le *Ribes nigrum*, à fruits noirs et aromatiques. || Le fruit de cet arbuste, et la liqueur qu'on fabrique avec ce fruit. *Manger du c. Un verre de c. Le c. est stomachique.*

CASSIS. s. m. [Pr. *ca-sis*] (lat. *cassis*, casque). T. Zool. et Paléont. Genre de mollusques gastéropodes cténobranches de la famille des *Cassidides* (voy. ces mots) caractérisé par une épaisse coquille ventrue, par une lèvre externe entaillée, par une lèvre interne élargie; le canal est court, recourbé en arrière ou au-dessus. Ce genre est actuel et tertiaire.

CASSIS. s. m. [Pr. *ca-si*]. T. Ponts et chaussées. Ruisseau pavé.

CASSITÉRIDE. s. f. (gr. κασσίτερος, étain). Nom d'un groupe de corps analogues à l'étain.

CASSITÉRITE. s. f. (gr. κασσίτερος, étain). T. Minér. Étain oxydé naturel qui constitue le minerai d'étain. Voy. ÉTAIN.

CASSIUS (Pourpre de). T. Chim. Voy. POURPRE.

CASSIUS, général romain, un des meurtriers de César, se tua en 42 av. J.-C.

CASSOLETTE. s. f. [Pr. *ca-so-lète*] (Dimin. de *cassole*). Vase dans lequel on fait brûler ou évaporer des parfums, et qui a ordinairement un couvercle percé d'ouvertures par lesquelles s'échappe la fumée ou la vapeur. || Se dit de l'odeur même qui s'exhale de la c. *Voilà une agréable c.* — Fam. et iron.. *Quelle c.!* Se dit d'une odeur désagréable. || T. Bijout. Petite boîte d'orfèvrerie suspendue à une chaîne que l'on porte et où l'on met quelquefois des parfums. || T. Bot. Nom vulgaire de la Julienne des jardins (*Hesperis matronalis*), de la famille des *Crucifères.* Voy. ce mot. || Variété de poire.

CASSOLLE. s. f. (Dimin. de *casse*, poêlon). Réchaud pour coller la colle dans les papeteries.

CASSON. s. m. (R. *casse*, pour *caisse*). Pain informe de sucre fin. || Cacaos brisés. || T. Techn. Fragment de verre brisé.

CASSONADE. s. f. (R. *casson*). Sucre qui n'a été raffiné qu'une fois. Voy. Sucre.

CASSOT. s. m. (R. *caisse*). T. Papeterie. Caisse à compartiments pour le triage des chiffons.

CASSURE. s. f. (R. *casser*). L'endroit où un objet est cassé. *Raccommoder une c.* — Fam., *la c. de son bras est bien reprise.* || T. Beaux-Arts. Arête qui sépare deux facettes contiguës dans une draperie chatoyante. || *Cassure, Casse ou Cassage* des vins. On donne ce nom au trouble qui se produit plus ou moins rapidement lorsqu'on expose ce liquide à l'action de l'air. Cette altération est amenée par des causes diverses.

CASSUVIUM. s. m. (Pr. *ca-su-viome*). Syn. de l'*Anacarde occidental.* Voy. Anacardiacées.

CASSYTHA. s. f. (gr. κάσσυθα, cuscute). T. Bot. Genre de plantes de la famille des *Lauracées.* Voy. ce mot.

CASSYTHÉES. s. f. pl. (gr. κάσσυθα, cuscute). T. Bot. Tribu de plantes de la famille des *Lauracées.* Voy. ce mot.

CASTAGNEAU. s. m. T. Ichth. Nom vulgaire d'un petit poisson du genre *Chromys.* Voy. Labroïdes.

CASTAGNETTE. s. f. (lat. *castanea*, châtaigne, par assimilation de forme). Instrument de musique à percussion. || T. Comm. Étoffe de soie, laine et fil.

Mus. — Les *Castagnettes* sont un instrument de percussion composé de deux petites pièces de bois ou d'ivoire, rondes, concaves et offrant quelque analogie avec les valves du fruit du châtaignier. On les fait résonner en les attachant aux doigts à l'aide de cordons et en appliquant vivement ces concavités l'une contre l'autre. Cet instrument est fort usité chez les Espagnols, les Portugais, les Maures et ces hordes errantes qu'on appelle Bohémiens. Il sert à accompagner des airs de danse : on marque le mouvement en battant au moins autant de fois qu'il y a de notes dans la mesure. — Les castagnettes étaient parfaitement connues des anciens, qui les appelaient *crotala* et *crumata.* Les femmes qui en jouaient étaient nommées *crotalistriæ.* Saint Clément d'Alexandrie prétend que les crotales furent inventées en Sicile.

CASTAGNEUX. s. m. (lat. *castanea*, châtaigne). T. Ornith. Oiseau palmipède du genre *Grèbe.* Voy. Brachyptères.

CASTAGNO, peintre italien. On l'accuse d'avoir assassiné le Vénitien Dominique pour rester seul en possession de son secret de la peinture à l'huile (1406-1480).

CASTAGNOLE. s. f. (ital. *castagnolla*, m. s.). T. Ichth. Genre de poissons. Voy. Squammipennes.

CASTAGNOS, général espagnol, fit signer en 1808 au général Dupont la capitulation de Baylen (1758-1852).

CASTAING, médecin français, fameux empoisonneur, né en 1797, guillotiné en 1823.

CASTALIE, fontaine du Parnasse, consacrée aux Muses.

CASTANÈES. s. f. pl. (lat. *castanea*, châtaigne). T. Bot. Nom donné par Adanson au groupe d'arbres ayant pour type le Châtaignier, et désigné aujourd'hui sous le nom de *Cupulifères.*

CASTANET, évêque d'Albi, obtint la canonisation du roi saint Louis (1250-1317).

CASTANOSPERMUM. s. m. (Pr. *castano-spermome*) (gr. κάστανον, châtaigne; σπέρμα, graine). T. Bot. Genre d'arbres de la famille des *Légumineuses,* dont les graines sont comestibles et qui croît en Australie. Voy. Légumineuses.

CASTE. s. f. (esp. *casta*, m. s., propr. quelque chose de pur, sans mélange, du lat. *castus*, chaste). Se dit des catégories, des classes entre lesquelles une nation est partagée par la loi civile et religieuse. || Par ext,. se dit aussi de certaines classes de personnes pour les distinguer du reste de la nation à laquelle elles appartiennent, et, dans ce sens, ne s'emploie guère que par dénigr. *L'esprit de c. Il a tous les préjugés de sa c.*

Hist. — Le mot *Caste* a été emprunté aux Portugais qui, après leur établissement dans l'Inde, s'en servirent pour désigner les classes héréditaires entre lesquelles se partage la population indigène de cette vaste contrée. — Nous avons déjà vu, au mot Brahmanisme, les noms que porte chacune de ces grandes classes, et l'origine divine attribuée à cette déplorable institution.

D'après les lois de Manou, chaque c. avait ses fonctions spéciales et ses prérogatives d'autant plus multipliées et plus honorables qu'elle était plus élevée. Chaque individu devait rester dans la c. où il était né, et il lui était défendu, sous les peines les plus sévères, de chercher à se soustraire aux obligations qu'elle lui imposait. — La c. la plus noble était celle des *Brahmanes* ou la c. sacerdotale. Les Brahmanes portaient des vêtements particuliers, s'abstenaient de toute nourriture animale, et jouissaient d'une foule de privilèges, de ceux, par ex., de ne pouvoir être frappés et d'être les seuls conseillers des princes. Les uns se consacraient exclusivement au culte soit de Vischnou, soit de Siva, et formaient comme une sorte de clergé sédentaire attaché au service des temples. Quelques-uns, comme les *Wanaprastas,* habitaient la solitude et passaient leur vie dans la contemplation, ou, comme les *Saunyassis,* ne vivaient que d'aumônes et aspiraient à une sainteté parfaite. Ces deux dernières classes ont donné naissance à une multitude de sectes fanatiques, parmi lesquelles nous citerons les *Djoguis.* — Les *Kchatriyas* ou guerriers formaient la deuxième c. Ils se considéraient comme les descendants des anciens rois indiens, et étaient destinés à l'état militaire. Ils donnaient le nom de *Radchu* ou *Radjha* à leurs chefs ou seigneurs. — La troisième c., celle des *Vaisiyas,* se composait de tous ceux qui, d'une manière quelconque, s'occupaient de commerce ou d'industrie. On donnait le nom particulier de *Banians* à ceux qui se livraient au commerce, surtout dans les pays étrangers.—Les *Soudras,* c.-à-d. les laboureurs et les ouvriers, constituaient la quatrième c. Ils se divisaient en une foule de corporations selon les métiers qu'ils exerçaient. Au-dessous des Soudras, on rangeait une multitude d'individus, qui étaient les descendants de tous ceux qui avaient été dégradés de leur c. primitive pour avoir contracté des unions illicites.—Cette classe mêlée portait dans l'Inde le nom de *Burren-Sunker* ou *Warna-Sankra,* et se subdivisait, selon plusieurs auteurs, en 36 castes secondaires. Enfin, tout à fait au dernier degré de l'échelle sociale, on rencontre encore actuellement les *Parias,* que les Indiens rejettent de leur société, et dont ils regardent le contact comme une souillure. Leur condition est des plus misérables. Malgré cela, leur croyance à la métempsycose, à une vie passée, cause de leur sort dans celle-ci, et à une vie future qui sera la récompense du présent, fait qu'ils ne songent pas même à se plaindre, encore moins à se révolter contre l'institution brahmanique qui les a ainsi dégradés.

Aujourd'hui, par suite de causes nombreuses dont la plus importante est le mélange des castes pour le mariage, l'ancienne division de la loi de Manou en quatre castes bien distinctes a fait place à une variété infinie de subdivisions à travers lesquelles il est très difficile de se reconnaître.

Mais les Hindous ne sont pas le seul peuple qui ait été soumis au système des castes. L'Égypte ancienne l'avait connu, et il paraît que cette institution y régné également dans l'ancien empire d'Assyrie. Les historiens font remonter l'établissement du régime des castes en Égypte à l'époque de l'invasion de ce pays par les Éthiopiens, c.-à-d. à une époque impossible à déterminer, mais antérieure à l'an 2400 avant notre ère. Les castes égyptiennes étaient au nombre de trois, deux supérieures, celles des prêtres et des guerriers, et une inférieure, qui comprenait les artisans et les laboureurs. Les prêtres possédaient les deux tiers du sol, et n'étaient soumis à aucune charge. Ils avaient, en outre, le monopole des connaissances humaines et de l'administration de la justice. Les guerriers étaient seuls chargés de la défense du territoire. Ils devaient entretenir constamment sur pied une armée de 180,000 hommes. Chaque chef de famille possédait 12 aroures ou arpents de terre libres de toutes charges. Tout le reste de la population était renfermé dans la troisième c., qui se subdivisait elle-même en autant de sections particulières qu'il y avait de métiers. Cette c. payait seule l'impôt, et travaillait pour les deux autres. — Dans chacune de ces castes, les charges, les fonctions et les privilèges se transmettaient invariablement de père en fils, et la loi religieuse frappait de l'interdiction la plus absolue tout changement de condition sociale.

On a rencontré encore quelques vestiges d'un ancien régime de castes dans quelques îles de l'Océanie; mais, heureusement pour l'humanité, cette institution funeste a disparu du globe entier, l'Inde exceptée.

Le régime des *castes* a excité l'admiration de plusieurs philosophes anciens qui y voyaient une garantie d'ordre et de stabilité, et de fait, ce régime n'a pas été incompatible avec la formation, la puissance et la prospérité de grands empires, tels que ceux de l'Inde et de l'Égypte. Cependant, à la lumière d'une plus saine philosophie, il apparaît comme une cause d'immobilisme et, par suite, de décadence. Sans parler de l'injustice flagrante qu'il y a à maintenir la plus grande partie de la population dans une sorte d'esclavage sans lui laisser jamais aucune espérance de sortir de sa misérable condition, il est certain que le régime des castes détruit tout esprit d'initiative et de progrès. La tradition devient la règle unique de conduite des individus, dégénérant en un despotisme sauvage et de fait, en une irrémédiable routine dans les castes supérieures, tandis que le reste de la population s'abrutit dans une morne et stérile résignation. Les arts et les sciences ne sont plus cultivés que pour le profit qu'on peut retirer telle ou telle caste, et le premier mobile du progrès, le désir et l'espoir d'améliorer sa condition ou de conserver une supériorité sociale déjà acquise est à jamais étouffé. Aussi les peuples soumis à cet implacable régime, malgré l'ancienneté et la splendeur de leur civilisation, ont-ils été rapidement distancés et dominés par ceux qui se sont développés à la faveur d'institutions plus libérales. — Le régime des castes paraît tout à fait incompatible avec les tendances de l'esprit des peuples occidentaux. Dans l'antiquité, comme dans les temps modernes, l'institution d'une noblesse privilégiée peut être considérée comme un essai d'établissement de castes; mais l'histoire nous montre toujours les classes inférieures luttant sans trêve contre les privilèges de la noblesse et réussissant constamment, soit à diminuer ces privilèges, soit à rompre la barrière dont la noblesse cherchait à s'entourer et à faire entrer dans la classe noble les plus dignes ou les plus entreprenants de ses membres. En somme, les peuples occidentaux dont est issue la société moderne n'ont jamais connu de castes complétement fermées.

CASTEL. s. m. (lat. *castellum*, château fort). Mot ancien d'où est venu celui de *château*. *Un vieux c.* Fam.

CASTEL (René-Richard), poète et naturaliste français (1758-1832).

CASTELA. s. m. T. Bot. Genre d'arbrisseaux de la famille des *Ochnacées*. Voy. ce mot.

CASTELFIDARDO, bourg d'Italie, à 15 kil. d'Ancône, où en 1860 les troupes pontificales, commandées par le général Lamoricière, furent défaites par les Piémontais.

CASTELJALOUX, ch.-l. de c. (Lot-et-Garonne), arr. de Nérac, 3,700 hab.

CASTELLAMARE, v. d'Italie, port militaire sur le golfe de Naples, 33,200 hab.

CASTELLANE, ch.-l. d'arr. (Basses-Alpes), 1,800 hab.

CASTELLANE (Comte de), maréchal de France (1788-1862).

CASTELLISER. v. n. [Pr. *castel-lizer*] (R. *castel*). Mener la vie de château.

CASTELLON, prov. et v. d'Espagne. La prov. a 302,000 hab., la ville 24,000.

CASTELMORON, ch.-l. de c. (Lot-et-Garonne), arr. de Marmande, 1,800 hab.

CASTELNAU, ch.-l. de c. (Gironde), arr. de Bordeaux, 1,700 hab.

CASTELNAU, ch.-l. de canton (Lot), arr. de Cahors, 3,300 hab.

CASTELNAU (Pierre de), envoyé par Innocent III pour combattre les Albigeois, fut assassiné en 1208.

CASTELNAU (Michel de), diplomate français, auteur de *Mémoires* (1520-1592).

CASTELNAUDARY (anc. *Sostomagus*, reconstruite, après l'invasion des Goths, sous le nom de Castrum Novum Arianorum, d'où son nom), ch.-l. d'arr. (Aude), sur le canal du Midi, 10,100 hab. Combat, en 1632, entre le duc d'Orléans, Gaston, frère de Louis XIII, et les troupes du roi.

CASTELNAU-DE-MONTMIRAL, ch.-l. de c. (Tarn), arr. de Guillac, 2,000 hab.

CASTELNAU-MAGNOAC, ch.-l. de c. (Hautes-Pyrénées). arr. de Bagnères, 1,600 hab.

CASTELNAU-RIVIÈRE-BASSE, ch.-l. de c. (Hautes-Pyrénées), arr. de Tarbes, 1,100 hab.

CASTELOGNE. s. f. T. Comm. Couverture de laine pour les lits.

CASTEL-SARRASIN, ch.-l. d'arr. (Tarn-et-Garonne), sur l'Azine, 7,800 hab. Ruines d'anciens remparts.

CASTELVETRANO, v. de Sicile, 21,500 hab.

CASTETS, ch.-l. de c. (Landes), arr. de Dax, 1,900 hab.

CASTI, poète italien, auteur des *Animaux parlants* (1721-1803).

CASTIGLIONE, v. d'Italie, près de Mantoue, 5,000 hab. Victoire des Français sur les Autrichiens en 1796; Augereau s'y distingua et reçut, sous l'empire, le titre de duc de Castiglione.

CASTIGLIONE (Balthazar de), courtisan et poète italien de la cour du pape Léon X (1478-1529).

CASTILHO, poète portugais (1800-1875).

CASTILHON (Jean), écrivain et journaliste français (1718-1799).

CASTILLAN, anc. adj. et subst. Qui habite la Castille, qui s'y rapporte. = CASTILLAN. s. m. Dialecte espagnol parlé en Castille et qui est aujourd'hui la langue officielle de l'Espagne.

CASTILLE. s. f. [Pr. les *ll* mouillées] (esp. *castillo*, petit château). Débat, démêlé, différend de peu d'importance. N'est guère usité que dans ces phrases familières : *Ils ont toujours quelque c. ensemble; ils sont toujours en c.*

CASTILLE, un des anciens royaumes d'Espagne, divisé en *Vieille* et en *Nouvelle-Castille;* cap. *Burgos, Madrid*. Parmi les rois de Castille qui régnèrent de l'an 1033 à l'an 1469, époque à laquelle la Castille fut réunie sous le même sceptre que l'Espagne par le mariage d'Isabelle Ire avec Ferdinand V, le plus célèbre fut Alphonse X, surnommé le Sage (1252-1284).

CASTILLOA. s. m. [Pr. *castil-loa*]. T. Bot. Genre d'arbres du Mexique de la famille des *Urticacées*. Voy. ce mot.

CASTILLON, ch.-l. de c. (Gironde), arr. de Libourne, 3,000 hab.

CASTILLON (Salvemini de), philosophe et mathématicien italien (1709-1791).

CASTILLONNÈS, ch.-l. de c. (Lot-et-Garonne), arr. de Villeneuve-sur-Lot, 1,900 hab.

CASTINE. s. f. (all. *kalkstein*, pierre calcaire). T. Minér. Pierre calcaire employée comme fondant dans le traitement des minerais de fer. On s'en sert aussi pour amender les terres et donner du liant aux matériaux qui servent à l'empierrement des routes.

CASTLEREAGH, homme d'État anglais (1769-1822), fut, après la mort du second Pitt, l'âme des coalitions qui renversèrent le premier Empire français.

CASTOIGNEAU. s. m. Sorte de petit panier où l'on mettait certaines marchandises.

CASTOR, héros grec, frère jumeau de Pollux. (Myth.) || T. Astr. Nom de l'étoile de 2ᵉ grandeur α de la constellation des Gémeaux.

CASTOR. s. m. (gr. χάστωρ, m. s.). Quadrupède mammifère rongeur, dont la fourrure et le poil servent à divers usages. *Peau de c. Poil de c. Chapeau de c.* || Chapeau fait avec le poil du c. *Acheter un c. neuf. Un c. usé.* — *Demi-c.,* Chapeau qui n'est pas fait entièrement de poil de c., et dans lequel il entre d'autres poils ou de la laine. — Fig. et fam., *C'est un demi-c.,* se dit d'un homme dont la conduite est plus équivoque. || T. Pharm. *Huile de c.,* Huile de ricin.

Zool. — Le *Castor* appartient à l'ordre des *Rongeurs* et y constitue un genre bien caractérisé. Il se distingue de tous les autres rongeurs par sa queue large, presque ovale, aplatie horizontalement, et recouverte d'écailles formées de poils agglutinés et analogues aux ongles de l'homme. Il a cinq doigts à chaque pied, et le plus long est celui du milieu. Les pieds de derrière, bien plus longs que ceux de devant, ont les doigts réunis par une membrane, et il y a un ongle double et oblique à celui qui sert de pouce. Les mâchelières au nombre de 4 partout, et à couronne plate, semblent faites d'un ruban osseux replié sur lui-même, de sorte qu'on voit une échancrure au bord interne et 3 à l'externe dans les supérieures : c'est l'inverse dans les inférieures. — Ce genre ne comprend qu'une seule espèce, le *C. du Canada* (Castor fiber).

Le c. (Fig.) est un des rongeurs les plus remarquables par sa taille : il a environ 65 centim. de longueur, sans compter la queue, et sa hauteur est d'environ 32 centim. Sa vie est presque toute aquatique : la palmure de ses pieds de derrière et la forme de sa queue l'aident également bien à nager et à plonger. Cette dernière faculté est encore favorisée par la disposition de la conque de l'oreille qui peut s'abaisser à volonté, de manière à empêcher l'entrée de l'eau dans le conduit auditif. — Le pelage du c. est soyeux, long et luisant, et en général de couleur rouge marron, plus foncée en dessus qu'en dessous; mais il est assez variable. Au-dessous de ce pelage, il existe un duvet très fin, très serré, imperméable à l'eau, et d'une couleur grise comme argentée. C'est ce duvet qui est si recherché pour l'industrie de la chapellerie. Cependant maintenant il est remplacé par la soie, la race des castors étant tellement réduite que les peaux de ces animaux tendent à disparaître du marché européen. Une peau de c. tué en hiver contient ordinairement de 600 à 700 grammes de ce duvet qui a valu souvent jusqu'à 400 fr. le kilogr. La fourrure du c. n'est pas le seul objet de commerce que donne sa dépouille. Il fournit encore à la médecine l'un de ses meilleurs médicaments antispasmodiques, le *Castoreum,* substance résinoïde d'un brun rougeâtre à l'extérieur et d'un fauve jaunâtre à l'intérieur, d'une odeur forte et pénétrante, et d'une saveur âcre et amère. Elle est sécrétée par des glandes particulières situées sous la peau de l'abdomen, entre l'origine de la queue et la partie postérieure des cuisses. Le prix de ce médicament, qui du reste ne s'emploie qu'à faible dose, est toujours extrêmement élevé.

Qui n'a entendu parler des travaux de construction exécutés en commun par les castors du Canada, des digues par lesquelles ils barrent le cours des rivières, et les villages que se construisent ces industrieux animaux? Ces ouvrages réellement merveilleux, dont l'existence ne peut être révoquée en doute, ne seront bientôt plus, comme le c. lui-même, qu'un souvenir. En effet, il ne les exécute que dans les lieux assez déserts et assez éloignés du séjour de l'homme pour qu'il puisse s'y établir avec sécurité, et l'espace ne nous manquera bientôt dans l'Amé-

rique du Nord. C'est au mois de juin que les castors, jusqu'alors isolés par familles, se réunissent en bandes de 200 à 300 environ, et cherchent un emplacement convenable pour leurs villages. Ils choisissent des eaux assez profondes pour ne pas geler jusqu'au fond, et, autant qu'ils le peuvent, des eaux courantes, parce que, en coupant le bois au-dessus, le courant l'amène où ils veulent. Leur premier travail consiste à barrer la rivière afin d'obtenir un niveau constant. Si quelque gros arbre se trouve sur le bord de l'eau, nos rongeurs, à l'aide de leurs fortes incisives, le coupent à 35 centim. environ au-dessus du sol, mais de telle façon qu'il tombe au travers de la rivière. Ils l'ébranchent ensuite de manière qu'il porte également partout. D'autres arbres, moins volumineux, sont coupés, ébranchés et façonnés en pilotis. Quelques castors maintiennent ces pieux debout, tandis que d'autres creusent au fond de l'eau les trous qui doivent les recevoir. Ces pilotis verticaux sont ensuite liés et entrelacés avec des branchages flexibles.

Enfin, la charpente de leur construction achevée, nos ingénieux architectes vont chercher de la terre argileuse, la gâchent avec leurs pieds, la battent avec leur queue, et en forment des pelotes avec lesquelles ils revêtent leur charpente. Plusieurs rangées de pilotis sont ainsi plantées l'une devant l'autre, et la construction terminée offre l'aspect d'une digue légèrement arquée en amont, ayant 3 à 4 mètres d'épaisseur à la base, environ 1 mètre au sommet, et 3 à 3 m. 1/2 de hauteur, sur quelquefois 30 mètres de longueur. Mais lorsque les castors rencontrent un lac à leur convenance, et dont le niveau est constant, ils se dispensent de ces pénibles travaux, et s'occupent seulement de la construction de leurs cabanes. Ils construisent celles-ci sur pilotis plein, près du bord de l'eau. Leur forme est à peu près ronde, et leur diamètre de 1ᵐ,30 à 3 mètres, suivant le nombre des habitants. Les murs, qui sont épais de 65 centim. environ, s'élèvent d'abord verticalement, puis ils sont recouverts d'une espèce de dôme. Chaque cabane est divisée en 2 étages : la famille du propriétaire habite l'étage supérieur; l'inférieur sert de magasin pour les branches, écorces et racines dont ces animaux se nourrissent. La cabane n'a qu'une porte qui donne sous l'eau; ainsi le c. ne sort de chez lui qu'en plongeant. Il ne reste dans cette demeure que l'hiver; pendant l'été les couples se dispersent et habitent des terriers qu'ils se creusent toujours dans le voisinage des eaux.

Partout où ils sont trop inquiétés ou trop peu nombreux pour former ainsi des sociétés temporaires, les castors vivent constamment dans des terriers et ne se construisent pas de cabanes. Réunis en société, ils n'exécutent leurs travaux que la nuit, et dorment toute la journée.

La race des castors n'est pas exclusivement propre à l'Amérique du Nord. Elle paraît avoir été jadis assez répandue en Europe. Il en existe encore quelques-uns qui vivent dans des terriers, le long du Rhône, du Danube, du Weser et d'autres rivières; mais ils sont excessivement rares. Ils ont même existé aux temps quaternaires, à Paris, sur les bords de la rivière Bièvre. Du reste le mot *Bièvre* est l'ancien nom du c. de France, qui ne paraît pas différer de celui du Canada. — Le c. s'apprivoise aisément. En domesticité, son instinct pour la construction se manifeste encore. Sa voix consiste en un petit cri plaintif, qui se change, quand on l'inquiète, en un murmure sourd et une espèce d'aboiement faible.

Nous rangeons à la suite du c., un autre grand rongeur, qui a reçu les noms de *Coui*, *Coüia*, *Coypou* et *Myopotame*. Cet animal, qui est le seul de son espèce, ressemble au c. par sa taille, par ses 4 molaires à peu près composées de même, par ses fortes incisives et par ses pieds pentadactyles, dont ceux de derrière sont palmés; mais sa queue, quoique écailleuse, est ronde, cylindrique et allongée. Il se trouve dans la partie occidentale de l'Amérique du Sud, où il vit dans des terriers sur le bord des rivières; il nage avec une extrême facilité. Son poil, gris jaunâtre et fourni de duvet à sa base, s'emploie dans la chapellerie comme celui du c. Longtemps on importa en Europe la peau du myopotame par milliers, sous le nom de *Raconde*. Cet animal s'apprivoise et s'attache aisément. En domesticité, il est omnivore.

La peau des castors est l'objet d'une importante industrie pour la confection des chapeaux.

CASTORÉUM. s. m. [Pr. *Castoréome*] (R. castor). T. Méd. et Pharm. Matière animale venant du castor et employée en pharmacie comme stimulant et antispasmodique. ‖ Poche pleine de la même substance. Voy. CASTOR.

CASTORIN. s. m. *Peau de castorin*, Peau d'un animal amphibie de l'Amérique méridionale.

CASTORINE. s. f. (R. castor). T. Comm. Sorte d'étoffe de laine légère et soyeuse. *Une redingote de c.* ‖ T. Chim. Principe actif du castoréum.

CASTRAMÉTATION. s. f. (lat. *castra*, camp; *metari*, mesurer). T. Art milit. La *Castramétation* est l'art de tracer les camps militaires. Elle est soumise à des règles qui ont nécessairement varié selon les temps et selon les lieux; mais toujours et partout l'art militaire s'est efforcé de disposer les camps de telle sorte que les troupes puissent passer rapidement de l'ordre de repos à l'ordre de bataille. Les armées modernes, qui se battent en lignes minces, ne peuvent pas, évidemment, camper comme les armées anciennes qui combattaient en colonnes profondes. Or, c'est précisément ce changement, dû à la substitution des armes à feu aux armes blanches, qui rend inapplicables aujourd'hui les principes de la c. de l'antiquité. La connaissance de ces principes n'a plus pour nous qu'un intérêt purement historique; elle est surtout utile en ce qu'elle facilite singulièrement la lecture des auteurs de l'antiquité classique; c'est à ce titre que nous en dirons quelques mots.

Les Grecs et les Romains paraissent être les premiers peuples anciens qui aient introduit de la régularité dans leur manière de camper. On ne sait rien sur la forme des camps des premiers; mais l'ordre de bataille qu'ils avaient adopté fait présumer qu'ils donnaient la préférence au carré. Le témoignage d'Homère prouve qu'ils campaient sous la tente dès l'époque la plus reculée, et qu'ils protégeaient leurs camps au moyen de retranchements flanqués de tours. Il paraît, en outre, qu'ils plaçaient leurs meilleures troupes aux premiers rangs du côté de l'ennemi, et les moins solides au centre, disposition que la prudence n'a pas besoin d'être justifiée.

Les Romains ont su de très bonne heure établir des camps réguliers. Leur habileté dans l'art de la c. était déjà très remarquable au temps des guerres de Pyrrhus (280-275 av. J.-C.); aussi, en voyant pour la première fois un camp romain, ce prince s'écria-t-il que ce n'était pas là un camp de barbares. En faisant la guerre à Pyrrhus, ils surent mettre à profit les perfectionnements imaginés par les ingénieurs de l'école d'Alexandrie. C'est surtout à partir de cette époque

que les camps romains acquièrent la régularité et la solidité qui les ont rendus si célèbres.

Les Romains avaient deux espèces distinctes de camps, des *camps fixes* (castra stativa), destinés à garder un point stratégique, et des *camps provisoires* (castra temporanea, diurna), qui servaient à loger momentanément les troupes. Ces derniers s'appelaient *hiberna* quand ils tenaient lieu de quartiers d'hiver, et *æstiva* lorsqu'ils étaient établis pendant l'été pour perfectionner l'instruction des soldats. — Le premier camp d'hiver remonte au siège de Véies (404-395 av. J.-C.). Les camps fixes ne devinrent véritablement importants qu'après les grandes guerres qui suivirent la prise de Carthage, parce qu'alors il fallut faire surveiller les pays conquis par des corps retranchés avec soin. Plusieurs de ces camps constituèrent, à proprement parler, de véritables forteresses. On leur donna, surtout sous les empereurs, des proportions très considérables, et on les munit de tous les établissements nécessaires à une grande agglomération d'hommes : hospices (*valetudinaria*), magasins (*armaria*), ateliers (*fabricæ*), etc. Les camps *temporaires* (temporanea), c.-à-d. ceux que l'on construisait quand les troupes étaient en marche, n'étaient pas faits avec moins de soin que les précédents; mais on tenait nécessairement compte de leur destination toute provisoire quant aux matériaux et au fini des ouvrages. Les Romains ont couvert de leurs camps les pays où ils ont fait la guerre, parce qu'ils avaient l'habitude de ne jamais s'arrêter nulle part, même pour une seule nuit, sans former un camp fortifié. Aussi campaient-ils les jours de marche par le nombre de leurs camps. Lorsqu'une armée consulaire était en marche et que le moment de camper arrivait, un officier nommé *Préfet du camp* (castrorum præfectus) partait en avant avec quelques centurions appelés *Metatores*, qui étaient chargés de choisir un terrain propre à l'emplacement du camp et d'en tracer la distribution. Autant que possible, ce terrain devait être en pente douce, exposé au midi, à proximité de l'eau, des fourrages et du bois, et assez éloigné des hauteurs voisines pour n'avoir rien à en redouter. Il fallait qu'il fût assez grand pour contenir l'armée entière, c'est-à-dire deux légions ou un effectif de 19,200 hommes. On plantait un drapeau blanc à l'endroit où devait être la tente du général en chef, des drapeaux rouges sur les points destinés aux autres officiers, tandis que des piques indiquaient la place de chaque corps. Quand les troupes arrivaient, chacun reconnaissait à ces signes l'endroit qui lui était destiné, parce que la distribution intérieure des camps était réglée d'une manière invariable. Si l'ennemi était loin, l'infanterie tout entière posait les armes pour prendre la pelle ou la pioche. Si l'on avait quelque attaque à redouter, la moitié des fantassins travaillait et l'autre se portait en avant avec la cavalerie pour protéger les travailleurs. Les tentes n'étaient dressées qu'après l'achèvement des retranchements. Dans cet état, le camp avait la forme d'un carré parfait (*castra quadrata*) et quelquefois celle d'un carré long, entouré d'un fossé et divisé en rues toujours droites et presque toutes d'égale largeur. Le fossé (*fossa*) était ordinairement large de 17 à 18 pieds romains (5m,08 à 5m,40), et profond de 8 à 9 pieds (2m,36 à 2m,65). Le bord intérieur était exhaussé par un retranchement (*vallum*), composé d'un terrassement (*agger*) haut de 1m,18, et formé avec les terres retirées du fossé. Enfin, dans l'épaisseur de l'*agger*, on plantait un rang de palissades (*valli*, *sudes*, *pali*) étaient des rondins ayant de 2 mètres à 2m,50 de long sur 10 centim. environ de diamètre, durcis au feu à leur extrémité supérieure, et munis, autant que possible, de branchages flexibles qui donnaient, par leur entrelacement, assez de solidité à la construction. Lorsque le temps le permettait, on disposait plusieurs lignes de pieux; on établissait le long du *vallum* des espèces de terrasses où l'on mettait en batterie des balistes ou des catapultes; ou bien encore on ménageait entre les palissades des ouvertures ou meurtrières à travers lesquelles les archers pouvaient lancer leurs traits. Enfin, la partie du rempart qui regardait l'ennemi était quelquefois plus élevée que le reste.

On entrait dans le camp par quatre portes qui étaient habituellement défendues par de petits ouvrages extérieurs. Celle qui regardait l'ennemi s'appelait *Porte prétorienne* ou *extraordinaire* T; elle faisait face à la *Porte décumane* S, ainsi nommée parce que dix hommes pouvaient y passer de front. Les portes latérales s'appelaient *Porte principale droite* et *Porte principale gauche*. — Par quelque porte que l'on entrât, on trouvait immédiatement entre les tentes et le retranchement, un chemin de ceinture large de 200 pieds (58m,96), dans lequel on logeait les bagages et les

prisonniers. Le camp lui-même était divisé en quatre parties par deux rues larges de 50 pieds (14m,73) qui se croisaient à angle droit en allant : l'une de la porte principale gauche à la droite, l'autre de la porte prétorienne à la porte décumane. La première de ces rues, dite *Via principalis*, VP, était contiguë à une longue avenue appelée *Principia*. Cette voie et l'avenue présentaient ensemble une largeur de 150 pieds (44m,22), et partageaient le camp en deux sections : *Pars castrorum superior*, du côté de la porte prétorienne, et *Pars castrorum inferior*, du côté de la porte décumane. L'autre voie est marquée dans le plan par les lettres E F F.
— Une armée romaine campant toujours dans son ordre de marche, on trouvait en entrant dans le camp par la porte prétorienne, après avoir franchi le chemin de ceinture, les divers corps alliés qui formaient l'avant-garde, l'infanterie en avant N N, la cavalerie en arrière M M, ayant à droite et à gauche deux espaces O O, destinés à recevoir : l'un, les envoyés des peuples amis ; l'autre, les députés étrangers que quelque affaire conduisait au camp. Venait ensuite une voie D D, large de 100 pieds (29m,48), puis une place quadrangulaire de près de 1,000 pieds sur 160 (295 m. sur 47m,15), dont les petits côtés étaient occupés par des escadrons de cavalerie K K, et des compagnies d'infanterie d'élite L L, préposés à la garde du général. La tente de ce dernier se trouvait au centre de cette place, A, au milieu d'une enceinte de 200 p. de côté (58m,96), nommée *Prétoire* (*Praetorium*), parce que, dans les premiers temps, tout chef d'armée s'appelait *Préteur* (*Praetor*). On donnait à une des parties de cette enceinte le nom d'*Augurale*, *Auguraculum*, *Auguratorium*, parce qu'on y prenait les auspices. C'était là, aussi, que l'on offrait les sacrifices aux dieux, et, à cet effet, on y élevait un petit autel de gazon. A droite du prétoire, se trouvait le *Forum* ou marché du camp, U, au centre duquel le *Légat* ou lieutenant (*Legatus*) avait sa tente ; à gauche était le *Quæstorium*, R, qui renfermait le logement du questeur ou trésorier de l'armée, et servait en même temps d'arsenal. Puis, sur une ligne qui s'étendait du prétoire le long du forum, du quaestorium, etc., étaient rangées les tentes des douze tribuns, BB, à côté desquelles, à droite et à gauche, se voyaient celles des commandants des troupes alliées, CC. Ces tentes s'ouvraient du côté de la porte décumane. Elles s'élevaient sur le *Front du camp*, c.-à-d. sur l'avenue transversale que l'on appelait *Principia*. Un tiers de ce long espace était destiné aux enseignes, aux chevaux et aux bêtes de charge des tribuns ; le reste servait pour les mouvements des troupes. C'était là, aussi, que l'on rendait la justice.
— Immédiatement après la *Principia*, dans la partie basse du camp, se déployaient les légions, celles des troupes alliées. Leurs divers corps formaient six longues colonnes perpendiculaires au front du camp, et séparées par quatre voies, HH, GG, larges de 50 pieds (14m,73). Ces colonnes étaient coupées à moitié de leur longueur par une voie transversale, Q, large également de 14m,73, que l'on appelait *Voie quintane* (*Via quintana*), parce qu'elle était tracée après la cinquième cohorte. Les quatre colonnes du centre étaient occupées par les légions, celles des extrémités par les alliés, cavalerie, Y, et infanterie, Z. Les fantassins romains occupaient les deux colonnes centrales et les deux autres colonnes en entier.
Les *Hastaires* (*Hastati*) ou piquiers se trouvaient en *aa*, les *Princes* (*Principes*) en *bb*, et les *Triaires* (*Triarii*) en *dd*. Ces deux dernières classes de soldats étaient l'élite de l'armée. La cavalerie *cc* se déployait des deux côtés de la voie qui allait de la porte décumane au prétoire. Chaque cohorte occupait une superficie de 10,000 pieds carrés (870m q.). On comptait une tente par officier et une autre pour dix hommes. Ces tentes étaient faites en peaux d'animaux cou-

sues ensemble, et présentaient : les unes, celles des chefs, l'image d'un carré ; les autres, celles des soldats, la figure d'un triangle vertical.
Le camp que nous venons de décrire appartient à l'époque la plus florissante de l'art militaire romain. Mais les principes de l'ancienne c. tombèrent peu à peu en désuétude sous les empereurs. Végèce, qui écrivait au commencement du Ve siècle, nous apprend que de son temps les armées avaient perdu l'habitude de fortifier leurs camps, et il ajoute que cette négligence les exposait à des surprises. Là où les généraux prenaient encore la précaution de se retrancher, en établissant une enceinte dont la forme variait selon le terrain, et qui consistait en un mur haut de 3 pieds (0m,88), et construit en carrés ou briques de gazon. L'excavation produite par l'enlèvement de ces terres tenait lieu de fossé. Quand le sol était trop friable pour qu'on pût découper ainsi le gazon, on creusait à la hâte un fossé large de 5 pieds (1m,47) et profond de 3 (0m,88), dont la terre, rejetée à l'intérieur, formait un retranchement derrière lequel on pouvait reposer en sûreté. Dans les circonstances les plus graves, lorsqu'on craignait une attaque sérieuse, ou que l'armée devait faire un long séjour sur le même point en face de l'ennemi, on donnait au fossé une largeur de 9 à 17 pieds (2m,65 à 5m,08), et l'on élevait un retranchement que l'on couronnait d'un parapet et de créneaux. Des claies, des fascines et des troncs d'arbres servaient à empêcher l'éboulement des terres.
Les armées de l'Europe moderne n'ont commencé à étudier la c. qu'au XIVe siècle au plus tôt, c.-à-d. lorsque la grande guerre commença à être pratiquée. D'après le P. Daniel, le camp que les troupes françaises du marquis de Mantoue formèrent, en 1503, sur les bords du Garigliano, dans le royaume de Naples, est le premier camp régulier dont il soit question dans notre histoire.
Aujourd'hui, les troupes en marche ne campent plus, elles bivouaquent. Notre c. n'a donc rien qui ressemble aux *Castra temporanea* des Romains ; cependant, elle établit quelquefois des camps permanents qui ne sont pas sans rapport avec les *Castra stativa*. Comme ces derniers, ces camps sont destinés à couvrir une place forte, à observer l'ennemi, à faire reposer le corps d'armée qu'ils renferment, à garder ou surveiller une conquête, enfin à servir de lieu

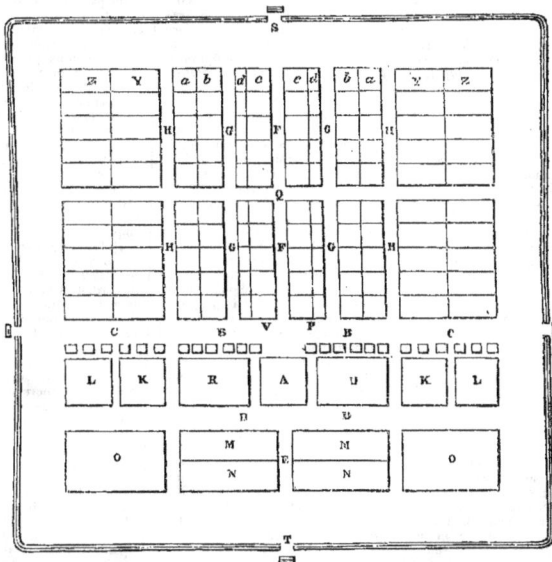

de ravitaillement. Ils durent plus ou moins longtemps selon l'objet qu'on a en vue, et, comme ils sont toujours en pays ennemi, on les entoure de bons ouvrages de fortificati n. Ils doivent toujours être situés de telle sorte que leurs communications soient constamment libres, et que leurs flancs soient toujours bien appuyés, et découverts à une assez grande distance, pour que l'ennemi ne puisse leur dérober ses mouvements. Outre ces camps, que l'on appelle *Camps retranchés*, il en existe d'autres dits *Camps d'instruction* ou de *manœuvres*, parce qu'ils sont employés à perfectionner l'instruction des armées; mais ceux-ci ne se forment qu'en temps de paix.

Pour plus de détails, cons. le remarquable ouvrage de DEZOBRY, *Rome au siècle d'Auguste*.

CASTRAT. s. m. (lat. *castratus*, châtré). Individu du sexe masculin qui a subi l'opération de la castration. *Les femmes des Turcs sont gardées par des castrats.* || Chanteur qui, dans son enfance, a subi l'opération de la castration dans le but d'empêcher la mutation de la voix à l'âge de la puberté. *La voix des castrats avait un timbre et un accent beaucoup plus pénétrants que les voix de femmes. Les castrats remplissaient les rôles aujourd'hui remplis par les contralti.*

CASTRATION. s. f. [Pr. *castra-cion*] (lat. *castratus*, châtré). T. Chir. Opération qui consiste dans l'ablation des testicules sur des ovaires, et par laquelle on rend un homme ou un animal incapable de se reproduire. || Par ext., on nomme aussi c., l'ablation d'un seul testicule cancéreux ou tuberculeux, et chez la femme l'ablation d'un seul ovaire. || T. Hort. par ext., se dit de l'excision des anthères d'une fleur, ce qui la rend infertile.

Chir. — Elle s'opère aussi bien sur la femme que sur l'homme. Cependant on réserve plutôt ce mot à l'opération pratiquée sur l'homme et ayant pour but de supprimer un ou deux testicules. La c. de l'homme a été faite et se fait encore dans trois buts. Dans certaines régions encore barbares on châtre les hommes pour les rendre impropres à la génération, ce sont les eunuques. Cela se fait principalement dans les pays orientaux. Ailleurs on châtre encore jeunes pour le remarquable arrêt de développement de leur voix qui en fait des chanteurs dont le timbre est tout à fait spécial. C'est à Rome que se pratiquait ce genre de c., heureusement disparu depuis le siècle dernier. La chapelle Sixtine n'avait que des castrats comme chanteurs. C'est Clément XIV qui supprima cette coutume barbare. Les théâtres italiens eurent encore des castrats jusqu'en 1829. — Mais le but ordinaire de la c. est l'ablation de testicules atteints d'affections graves, telles que tuberculose ulcérée, sarcocèle, angiomes, cancer, etc., capables de se généraliser ou d'influer d'une manière fâcheuse sur la santé des malades. Nous n'insisterons pas sur le manuel opératoire de la c. Nous dirons seulement qu'un des résultats les plus curieux de la c. est la tendance au suicide des individus qui ont subi l'opération. Ils se trouvent déchus de leur fonction d'homme : aussi le chirurgien a-t-il le devoir de leur affirmer que ce n'est qu'en partie que les testicules ont été enlevés.

Nous ne parlerons pas de la c. faite dans un but criminel, dont l'exemple le plus connu est celui d'Abailard; elle était punie par la loi des travaux forcés à perpétuité et même de la peine de mort si la victime succombe.

Vét. — La c. chez les animaux domestiques est pratiquée sur une échelle immense; on peut dire que presque tous les animaux qui ne sont pas destinés à la reproduction ou à être tués très jeunes pour la boucherie, subissent la c. C'est que cette opération rend des services inouïs aux éleveurs. Elle transforme totalement le caractère des animaux mâles en le châtrant. Les animaux neutres ont un caractère doux, maniable, contrastant singulièrement avec le caractère turbulent, violent des mâles entiers. La c., par suite des modifications profondes qu'elle imprime à l'organisme, permet d'approprier l'animal à tel ou tel usage qu'on veut tirer d'eux. Les chevaux s'amincissent, deviennent plus dociles, plus rapide à la course; le taureau devient le bœuf, capable d'un travail si opiniâtre et l'animal le plus propre à l'alimentation carnée; le bélier, souvent dang.reux, devient le mouton si transformé qu'on ne pourrait s'imaginer qu'on se trouve en présence du même animal, le mouton dont l'homme tire un nombre de produits considérables; il en est de même du verrat métamorphosé en porc par la c., et aussi du coq, qui n'est plus que ce volatile timide et remarquablement savoureux qu'on appelle le chapon. La c. a aussi cet avantage très grand de limiter le nombre

des reproducteurs à ceux dont les qualités méritent d'être transmises à une descendance.

Nous pourrions nous étendre encore indéfiniment sur les modifications apportées dans l'organisme par la c.

Passons plutôt en revue, mais d'une façon tr s succincte, les procédés employés pour obtenir cette c. Ils sont innombrables et varient avec l'espèce animale. On peut cependant les ranger sous deux titres :

A. Procédés ayant pour but l'interruption entre les organes générateurs et les centres nerveux et vasculaires. — 1° Procédés par compression des testicules dans leur totalité à travers le sac scrotal : *a*) à l'aide des casseaux (demi-cylindres de bois qui, reliés à leurs deux extrémités par un lien, compriment entre leurs deux surfaces planes le scrotum ou le cordon), moyen applicable au taureau et au bélier, ou *b*) à l'aide d'une ficelle entourant, en le serrant très fort, tout le sac; c'est le *fouettage*; 2° procédés par compression sur une partie du cordon à *couvert*, c.-à-d. du cordon mis à nu, mais encore enve oppé d'une enveloppe musculeuse appelée crémaster, ou à *découvert*, c -à-d. du cordon débarrassé même du crémaster, par dissection; les deux procédés du c. s'exécutent chez le cheval, le taureau et le verrat à l'aide aussi des casseaux ou de la ficelle; 3° procédés de solution de continuité entre les organes générateurs et leur appareil de suspension : *par torsion*, soit au-dessous de l'épididyme, applicable au cheval, soit au-dessus, applicable à tous les animaux, et qui, employé chez le cheval, n'entraîne ni gangrène ni tétanos; *par cautérisation ignée*, en usage dans quelques pays pour le cheval; *par écrasement linéaire*, aussi chez le cheval, procédé qui évite l'effusion du sang; ou *par excision simple* du cordon, moyen utilisé surtout chez les animaux jeunes des petites espèces; ou enfin *par arrachement*, procédé utilisé pour la c. des coqs.

B. Procédés ayant pour but une dégénérescence graduelle des organes générateurs. — Le procédé le plus usité est le *bistournage*. C'est une opération qui a pour but de tordre le cordon et de renverser le testicule, sans la moindre ouverture au scrotum, de façon à déterminer par les changements de rapports une dénutrition de la glande spermatique capable de l'annihiler. Pour opérer le bistournage que l'on pratique chez le taureau, le bélier et même le cheval, on commence par détruire, à l'aide de manœuvres appropriées consistant en mouvements d'ascension et de descente imprimés aux testicules, les adhérences entre le dartos et la tunique fibreuse, puis on fait basculer les testicules sens dessus dessous, ensuite on tord de 2 à 5 fois le cordon, et enfin on refoule les testicules à la partie supérieure du sac où on les maintient quelques jours à l'aide d'un lacet enroulé 3 ou 4 fois et serré modérément autour du scrotum et au-dessous des testicules. De toutes les opérations les plus dangereuses peut-être pour le cheval sont celles où l'on emploie les casseaux; ces petits morceaux de bois qui servaient à la c. d'un grand nombre d'animaux, s'ils étaient infectés du tétanos, c.-à-d. s'ils contenaient le microbe de Nicolaïer, donnaient le tétanos à une quantité considérable de chevaux, et, en soupçonnant pas la vraie cause, les vétérinaires attribuaient ces épidémies à des influences atmosphériques.

La c. s'opère aussi quelquefois chez les femelles : vaches, truie, brebis, chienne. Mais comme son utilité est moindre et que c'est une opération autrement hasardeuse que chez les mâles, elle est d'un usage très peu répandu.

L'âge auquel on doit s'opérer la c. est d'une importance capitale; il est bien entendu subordonné à l'usage que l'on veut faire de l'animal châtré. Mais d'une règle générale, et cela est de règle chez le cheval, il faut châtrer l'animal dans les 12 à 15 premiers mois de l'existence Les raisons de cette c. précèdent sont que les animaux non encore complètement formés en subissent les effets d'une façon plus intense tout en conservant les caractères héréditaires légués par leurs ascendants : caractère plus doux, modification, amincissement du squelette, modifica.ion dans les échanges nutritifs de certaines régions du corps ou de certains appareils, etc. D'autre part, la c. est beaucoup moins dangereuse chez les jeunes que chez les animaux âgés, les tissus se réparent mieux et la réaction, quoique plus vive, étant mieux supportée.

La c., chez le cheval surtout, exige des soins consécutifs très bien entendus; immédiatement après, il faut bouchonner l'animal, lui enlever la sueur, le couvrir et le faire promener 5 à 6 heures pendant tout le temps que durent les coliques déterminées par l'opération et qui poussent les animaux au repos à se rouler à terre, à s'agiter et à détruire le pansement ou l'appareil de la c.

Parmi les volatiles de la basse-cour, c'est sur le coq que s'exécute d'ordinaire la c. Mais comme chez les oiseaux les organes générateurs se trouvent dans l'abdomen derrière les poumons, au niveau de l'articulation des deux dernières côtes avec la colonne vertébrale, il faut ouvrir le flanc, aller chercher avec le doigt les testicules, les ramener pour les arracher, puis fermer et suturer le flanc abdominale. — Cette opération se pratique vers l'âge de 3 à 4 mois et à la fin de l'automne. Quant à la c. des poules, ce n'est qu'une opération fictive, qui ne porte nullement sur les ovaires.

Il ne faut pas terminer cet article sans signaler la c. opérée chez les animaux inférieurs par des parasites pénétrant et détruisant leurs testicules, fait découvert par M. Giard, la c. des fleurs, tant de l'organe mâle que de l'organe femelle amenée soit par des parasites animaux, soit par des champignons et que l'homme exécute aussi pour les besoins de l'horticulture.

CASTRES. ch.-l. d'arr. (Tarn), sur l'Agout, 27,600 hab. Hôtel de ville remarquable construit par Mansard au XVIIe siècle. L'origine de cette ville remonte au VIIe siècle.

CASTRIES. ch.-l. de c. (Hérault), arr. de Montpellier. 1,200 hab.

CASTRO, v. d'Italie, prov. d'Otrante, 8,800 hab.

CASTRO (JEAN DE), vice-roi des Indes portugaises (1500-1548).

CASTRO (VACA DE), prêtre envoyé au Pérou en 1510 par Charles-Quint; il fit trancher la tête à Almagro, usurpateur du pouvoir.

CASTRO (GUILHEM DE), dramaturge espagnol, auteur de la *Jeunesse du Cid* (1569-1631).

CASTRO (INÈS DE). Voy. INÈS.

CASTRUCCIO-CASTRACANI, duc de Lucques et chef de la faction gibeline dans cette ville, mort en 1328.

CASUALITÉ. s. f. (bas-lat. *casualitas*, de *casualis*, casuel). Qualité de ce qui n'a rien de certain, d'assuré. Peu us.

CASUARIDÉS. s. m. pl. (R. casoar). T. Zool. et Paléont. Sous ce nom, on comprend les *Casoars* et les *Émeus* (voy. ces mots) qui vivent en Australie, à la Nouvelle-Guinée et dans les îles voisines. Le genre casoar ou *Dromæus* est également représenté dans le tertiaire de l'Inde; ainsi le *Dromæus sivalensis* des couches des collines de Siwalik atteignait le double du casoar de la Nouvelle-Hollande actuel.

CASUARINE. s. f. (R. casoar, parce que les feuilles ressemblent aux plumes de cet oiseau). T. Bot. Genre de plantes de la famille des *Casuarinées*. Voy. ce mot.

CASUARINÉES. s. f. pl. (R. *Casuarina*). T. Bot. Famille de végétaux Dicotylédones de l'ordre des Apétales supérovariées. *Caract. bot.* : Arbres ou arbustes à branches retombantes, à rameaux articulés et à entre-nœuds striés. Feuilles très petites, verticillées par 4-20 et concrescentes en une gaine qui enveloppe la base de l'entre-nœud suivant, en un mot, à port de Prêle. Fleurs en épis, unisexuées, monoïques, chacune accompagnée d'une bractée simple. Fleurs mâles en épis, verticillées autour des renflements d'un rachis articulé. Bractées au nombre de 2, membraneuses, situées à droite et à gauche d'un calice biparti, dont les sépales disposés en avant et en arrière adhèrent par leur sommet, et, au moment de la floraison, se détachent ensemble de leur base et forment alors une sorte de coiffe sur l'anthère. Étamine unique; filet subulé; anthère droite, à deux loges parallèles et contiguës, s'ouvrant par une fente longitudinale. Fleurs femelles réunies en têtes compactes, analogues aux cônes des conifères, supportées par un rachis non articulé; périanthe nul. Ovaire uniloculaire, avec un seul ovule orthotrope ascendant obliquement, ou 2 ovules placés côte à côte. Styles 2, unis à leur base. Akènes ailés, groupés en un cône, cachés dans les bractées devenues ligneuses. Graine renfermant un embryon droit, sans albumen; radicule supère. [Fig. 1. Rameau de *Casuarina*, portant des fleurs femelles; 2. Épi de fleurs mâles; 3. Fleur mâle; 4. Fleur femelle; 5. Valves du calice,

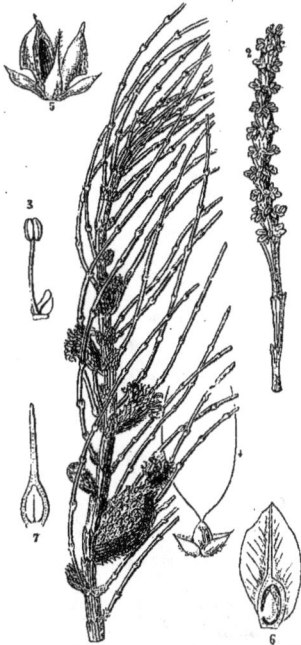

dont le fruit mûr a été enlevé; 6. Coupe de l'ovaire à moitié mûr; 7. Coupe du fruit, pour montrer la graine et l'embryon.]

Cette famille ne comprend que le genre *Casuarina*, composé d'une vingtaine d'espèces, appartenant pour la plupart aux régions tempérées du continent australien. Une seule, la *Casuarine à feuilles de prêle* (*C. equisetifolia*), habite les parties tropicales du grand archipel indien, et une autre, la *C. nodiflora*, a été trouvée à la Nouvelle-Calédonie. Ces arbres fournissent un bois de charpente dur, pesant et d'excellente qualité: les colons européens de l'Australie le nomment *Bois de bœuf*, parce qu'il ressemble, par sa couleur, à une tranche de bœuf cru. Les naturels de la Nouvelle-Hollande le préfèrent, dit-on, à tout autre, à cause de sa pesanteur, pour en fabriquer leurs casse-tête. L'écorce de la *C. equisetifolia* est légèrement astringente. Celle de la *C. muricata* est employée, dans l'Inde, comme tonique; on l'administre sous forme d'infusion. Suivant Backhouse, les jeunes rameaux et jeunes cônes de la *C. quadrivalvis* sont doués d'une agréable acidité, ressource précieuse pour apaiser, à défaut d'eau, la soif des voyageurs. Les bestiaux en sont très avides.

On connaît 3 espèces de *Casuarina* fossiles tertiaires.

CASUEL, ELLE. adj. (lat. *casualis*, de *casus*, accident). Fortuit, accidentel, qui peut arriver ou n'arriver pas. *Cela est fort c.* || Emploi c.: *Charge casuelle*, Emploi sujet à révocation; charge que les familles pouvaient perdre par la mort de ceux qui en étaient pourvus. — *Droits casuels*, Certains profits de fief qui arrivaient fortuitement, comme les lods et ventes, etc. *Le droit d'aubaine était un droit c.* — *Parties casuelles*, Droits et revenus éventuels qui étaient perçus au profit de l'État. Se disait aussi du bureau établi pour le recouvrement de ces sortes de droits. *Charge vacante aux parties casuelles*, Charge qui vaquait au profit du roi. || T. Gram. Qui se rapporte aux cas des déclinaisons. — CASUEL, s. m. Le revenu, le gain c. que l'on retire d'une chose, par opposition au revenu, au gain fixe. *Le c. de cette terre vaut mieux que le revenu certain. Le c. d'une cure.* — En droit canon, on appelle *C.* les honoraires ou rétributions accordées aux curés, vicaires et desservants des paroisses, pour certaines fonctions de leur ministère, telles que les mariages, les naissances, les sépultures, etc. Ces honoraires se nomment ainsi parce qu'ils n'ont rien de fixe et dépendent d'une foule de circonstances impossibles à prévoir avec exactitude. Cependant, depuis 1882, le c. est réglé, dans chaque diocèse, d'une manière uniforme, et depuis 1893 les fabriques sont obligées de rendre leurs comptes dans chaque paroisse.

CASUELLEMENT. adv. [Pr. *ca-zu-è-leman*]. Fortuitement, par hasard. Peu usité.

CASUISTE. s. m. (lat. *casus*, cas de conscience). T. Théol. En théologie, on appelle *C.* un ecclésiastique qui a fait une étude particulière de la morale, des lois divines et humaines, des devoirs de l'homme et du chrétien, afin de prononcer sur certaines questions délicates et embarrassantes, dites *cas de conscience*, qui consistent à savoir si telle action est permise ou défendue, ou à quoi peut être obligé un homme dans telle ou telle circonstance donnée. Le c. juge selon les lumières de la raison, les lois de la société, les canons de l'Église et les maximes de l'Évangile. Les conclusions bizarres et l'indulgence invraisemblable pour des actes criminels et immoraux qu'on rencontre dans certains ouvrages de quelques casuistes ont fait prendre ce mot en mauvaise part.

CASUISTIQUE. s. f. (lat. *casus*, cas de conscience). T. Théol. Ensemble des règles d'après lesquelles les casuistes prononcent leurs décisions.

CASUISTIQUER. v. n. Faire le casuiste; discuter des cas de conscience.

CASULAIRE. adj. 2 g. (lat. *casa*, petite maison). *Régime casulaire*. Vx. On dit aujourd'hui *Cellulaire*.

CASUS BELLI. Mots latins qui signifient *cas de guerre*. Dr. des gens. Cause de rupture avec une puissance et de déclaration de guerre.

CATACAUSTIQUE. adj. et s. f. (gr. *κατα*, contre, et *caustique*). T. Géom. Caustique par réflexion. Voy. CAUSTIQUE.

CATACHRÈSE. s. f. [Pr. *catakrèse*] (gr. *κατάχρησις*, abus, de *κατά*, contre, et *χρῆσις*, usage). T. Rhét. La *C.* est une figure de rhétorique par laquelle on emploie un mot à la place du mot propre, ou par laquelle on étend la signification d'un mot pour exprimer une idée qui manque de terme propre. Ainsi, par ex., l'usage ordinaire est de clouer des fers sous les pieds des chevaux, ce qui s'appelle *ferrer un cheval*; mais si, au lieu de fer, on se sert d'argent, on dit que les chevaux sont *ferrés d'argent*, au lieu de créer une expression nouvelle. C'est pour la même raison que nous disons aller *à cheval* sur un *âne*, sur un *bâton*; une *feuille d'or*, une *feuille de papier*; une *plume d'acier*. La c. est indispensable dans le discours, car elle supplée à l'insuffisance de la langue; mais son usage n'a d'autre règle que le goût, et il est facile d'en abuser.

CATACLYSME. s. m. (gr. *κατακλυσμός*, inondation). T. Géol. Conformément à son étymologie, *C.* ne s'employait autrefois que dans le sens d'inondation. Aujourd'hui, les géologues désignent sous ce nom des révolutions qui, avant les temps historiques, avant même la présence de l'homme sur la terre, auraient bouleversé la surface du globe. On se sert aussi du même mot pour désigner toute grande révolution survenue dans une région un peu étendue de la surface terrestre, quelles qu'en aient été la cause et la forme. Toutefois, on ne peut pas dire que cette extension du mot *C.* soit abusive et inexacte, car il n'est aucune de ces grandes révolutions où l'eau n'ait joué un rôle important, et, pour quelques-unes même, un rôle capital. Il convient d'ajouter que tous les géologues ne sont pas d'accord sur l'existence de *cataclysmes* qui auraient affecté une notable fraction de la surface terrestre. L'école géologique, qui paraît aujourd'hui la plus en faveur, explique tous les changements survenus sur la Terre par l'action prolongée des causes lentes telles que nous les voyons agir de nos jours autour de nous. Voy. DÉLUGE et GÉOLOGIE.

CATACLYSMIQUE. adj. Qui dépend des cataclysmes.

CATACLYSMOLOGIE. s. m. (R. *cataclysme*, et gr. λόγος, traité). Histoire des cataclysmes.

CATACOIS. s. m. T. Mar. Voy. CACATOIS.

CATACOMBES. s. f. pl. (gr. *κατά*, contre; *κύμβος*, cavité). T. Archéol. On donne généralement le nom de *Catacombes* à de vastes cavités souterraines qui, à une certaine époque, ont servi de sépulture. Si quelques-unes de ces souterrains, comme en Égypte, ont été creusées uniquement en vue d'y ensevelir les morts, la plupart paraissent n'avoir été, dans le principe, que des carrières, d'où l'on extrayait des pierres calcaires, de la pouzzolane, du sable, etc. Aussi, ne les rencontre-t-on qu'aux abords des grandes villes, soit anciennes, soit modernes. Il en existe à Syracuse, à Palerme, à Agrigente, à Catane, en Sicile; à Naples et à Rome, en Italie; à Maestricht, dans les Pays-Bas; à Paris, etc.; mais les plus célèbres et les plus intéressantes à étudier au point de vue historique sont les c. de Rome.

Les c. de Rome sont creusées en partie dans un tuf travertin qui fournit d'excellents moellons pour bâtir, en partie dans des couches de pouzzolane, espèce de sable volcanique extrêmement recherchée par les Romains qui la faisaient entrer dans la composition de leur ciment. Les Romains les appelaient *arenaria*, c.-à-d. sablières. Cette dénomination fut conservée par les premiers chrétiens, qui l'employèrent concurremment avec celles de *cryptæ*, *aræ*, *cœmeteria*. Ces souterrains datent de plusieurs époques; les plus anciens remontent aux premiers temps de la République, les autres sont beaucoup plus modernes. — Les c. entourent Rome de tous côtés, dans un immense rayon, sur la rive droite comme sur la rive gauche du Tibre. Leur profondeur atteint parfois 26 m très, tandis qu'en certains endroits les voûtes ne sont séparées du sol que par une croûte excessivement mince. Elles forment comme des groupes de galeries indépendants les uns des autres, et dans lesquels on pénètre par des ouvertures pratiquées à des époques relativement modernes. Plusieurs de ces souterrains n'ont qu'un étage; d'autres, et ce sont les plus nombreux, en présentent deux, trois, même quatre, communiquant ensemble par des escaliers taillés dans le tuf. Ces galeries, larges de 1 à 2 mètres et hautes de 2 à 3, sont, en général, longues de plusieurs kilomètres. Leurs parois présentent plusieurs rangs superposés de niches (*loculi*) fermées au moyen de briques ou de morceaux de marbre scellés avec de la chaux. De loin en loin se montrent des salles (*cubicula*) de grandeur très variable, dont les murs sont ornés de peintures souvent remarquables au double point de vue de la religion et de l'art.

Ce qui se présentant des asiles trop assurés pour que, à l'époque des persécutions, les chrétiens ne songeassent pas à s'y réfugier, on a lieu de croire d'autant plus facile de se perdre dans ces souterrains que beaucoup d'entre eux les avaient habités, les uns comme carriers (*fossores*), les autres comme condamnés, pour leurs croyances religieuses, au dur travail des sablières (*damnati ad arenam fodiendam*). Aussi ne manquèrent-ils pas, dès que l'oppression commença, c'est-à-dire dès l'origine même du christianisme, de les transformer en lieux de retraite, et d'y exécuter les travaux d'appropriation qui leur parurent nécessaires. Les corps des martyrs, enlevés après le supplice par des amis dévoués, furent transportés dans ces asiles peu connus des païens, et l'usage s'introduisit de se réunir autour du tombeau qui les renfermait pour y prier en commun.

On alla ensuite plus loin. Chaque fidèle voulut que ses restes fussent déposés à côté de ceux des martyrs, afin qu'ils participassent ainsi, d'une manière plus ou moins directe, aux prières de la communauté tout entière. De là l'idée des cimetières communs et l'usage d'enfermer les morts dans des niches (*loculi*) pratiquées au fur et à mesure des besoins dans les parois des galeries, et fermées, comme nous l'avons dit plus haut, par des fragments de pierre, de marbre, etc., sur lesquels on gravait, assez souvent, une inscription ou des signes relatifs à l'âge, à la profession, etc., du défunt. Dans plusieurs parties de cette vaste nécropole chrétienne, il existe des galeries présentant, sur chacune de leurs parois, jusqu'à 5 et 6 rangs de niches superposées, qui ont servi de sépulture aux premiers fidèles. — En même temps que les chrétiens utilisaient les parois des galeries pour recevoir la dépouille de leurs frères, ils disposaient les carrefours de la cité souterraine de manière à pouvoir contenir des assemblées nombreuses. C'est dans les *cubicula* ainsi appropriés, qu'avaient lieu les agapes, que se célébraient les saints mystères, et que se tenaient les réunions nommées *Synaxes*. On voit encore dans plusieurs de ces salles les gradins circulaires taillés, dans la pierre, sur lesquels se plaçait la foule des fidèles, et leur contre présentait les traces du tombeau qui servait d'autel. — Les *cubicula* étaient généralement décorés avec tout le luxe que permettaient l'état des arts et les ressources de la communauté. Cependant, ils ne recevaient presque jamais de jour extérieur, la lumière leur étant ordinairement fournie par des lampes suspendues à la voûte, ou placées dans de petites niches, ou simplement déposées sur des morceaux de brique ou de marbre scellés en saillie dans les murs en guise de consoles. Les soupiraux que l'on rencontre dans quelques-uns, datent, sauf un petit nombre d'exceptions, d'une époque moderne, et ont été pratiqués longtemps après les persécutions, lorsque l'Église put célébrer sans crainte ses fêtes et ses cérémonies. C'est en souvenir des c. que s'est perpétuée dans l'Église la coutume d'avoir des cierges allumés pendant la

célébration des saints offices. La Fig. ci-dessus représente un cubiculum du *Cimetière des SS. Marcellin et Pierre*, hors de la Porte Majeure, dont la voûte est percée d'une ouverture carrée donnant sur la campagne. Cette chambre est haute de 5 mètres, longue de 7 et large de 3m,75. Au fond, on voit le tombeau surmonté d'une voûte en forme d'arc (*monumentum arcuatum*), tandis que les parois latérales présentent une double rangée de sépulcres creusés dans le tuf.

Les *catacombes de Naples*, particulièrement celles de *Saint-Janvier*, dont l'entrée se trouve dans l'église de ce nom, sont plus belles et plus grandes que celles de Rome; mais elles sont bien moins intéressantes que ces dernières. — Parmi les c. de la Sicile, les plus remarquables sont celles de *Syracuse*. Elles forment comme une ville souterraine, avec ses grandes et petites rues, ses carrefours et ses places, le tout taillé dans le rocher à plusieurs étages, et évidemment creusé pour en faire des sépultures. Les *catacombes de Malte* sont très petites, mais bien conservées. Elles paraissent avoir été creusées à la fois pour enterrer les morts, pour s'y cacher et pour y célébrer les mystères du christianisme.

Après les c. antiques, celles de Paris sont celles qui présentent pour nous le plus d'intérêt. Ce sont d'anciennes carrières d'où sont sortis presque tous les matériaux employés à la construction de la grande ville. Elles occupent un espace considérable sur la rive gauche de la Seine, depuis les hauteurs de Châtillon et de Gentilly jusqu'aux bords du fleuve, principalement au-dessous de Montrouge, du XIVe et d'une partie du Ve arrondissement. Au siècle dernier, des éboulements fréquents, accompagnés d'accidents déplorables, ayant eu lieu dans l'intérieur même de la ville, l'autorité publique y fit exécuter de nombreux travaux de consolidation. Les galeries qui menaçaient ruine furent comblées ou étayées par des massifs de maçonnerie. On ne laissa ouvertes que celles qui correspondaient à des rues, de telle sorte qu'elles formèrent comme une représentation des quartiers qui s'élevaient au-dessus. Les travaux étant à peu près terminés, en 1782, le lieutenant général de police Lenoir proposa d'y transporter les

ossements qui encombraient les cimetières de Paris, et en particulier celui des Innocents, qui recevait depuis près de sept siècles les morts de cinq ou six paroisses. Cette translation eut lieu en 1785, pour ce dernier cimetière. L'opération ayant réussi, on la répéta les années suivantes pour les autres dépôts funéraires. Les ossements furent d'abord jetés pêle-mêle; mais, sous l'Empire, on les disposa d'après un plan régulier, en pyramides, en colonnes, en murailles, etc., et l'on donna des noms particuliers aux groupes principaux. On assigna, en outre, des places distinctes à certaines catégories d'ossements, par ex. à ceux des victimes des funestes journées de Septembre. — On descendait autrefois dans les c. par trois grands escaliers : le premier dans l'un des pavillons de la barrière d'Enfer; le second près des moulins de Montsouris, à l'endroit appelé la Tombe-Issoire; le troisième sur le boulevard extérieur, au lieu appelé la Fosse-aux-Lions, parce que jadis il était occupé par un cirque, où l'on faisait combattre des bêtes féroces. Aujourd'hui, on ne peut visiter les c. qu'à certains jours et avec la permission de l'administration. On y descend par l'escalier d'un pavillon de l'ancienne barrière d'Enfer, place Denfert-Rochereau.

CATACOUSTIQUE. s. f. (gr. κατά, contre; ἀκούω, j'entends). T. Phys. Partie de l'acoustique qui a pour objet l'étude de la réflexion du son. Peu us. Voy. ÉCHO.

CATADIOPTRIQUE. adj. (gr. κατά, contre, et *dioptrique*) T. Phys. Se dit de certains instruments composés de miroirs et de lentilles et servant à réfléchir et réfracter la lumière. Voy. OPTIQUE.

CATAFALQUE. s. m. (ital. *catafalco*, échafaud). On nomme ainsi une décoration funèbre qu'on élève au milieu d'une église, ou dans la maison mortuaire, ou sur une place publique, pour y placer le cercueil ou la représentation d'un personnage mort à qui l'on veut rendre les plus grands honneurs. Elle consiste généralement en une construction en charpente recouverte de riches tapisseries, avec des ornements d'architecture, de peinture et de sculpture. Les symboles de la mort, les attributs ou armoiries du défunt, des torches ardentes, des candélabres, entrent dans la décoration de ces monuments funéraires. Assez souvent, la partie inférieure du c. est disposée en forme de gradins, sur lesquels on place des trophées et des figures allégoriques qui d'avoir être en rapport avec la vie de l'homme qu'on veut honorer. Le c. élevé à Florence en l'honneur de Michel-Ange est cité comme l'un des plus beaux monuments de ce genre. — Lorsque le corps n'est pas dans le cercueil, le c. reçoit le nom de *Cénotaphe*.

CATAGLOTTISME. s. m. (gr. κατά, contre; γλῶσσα, mot). T. Littér. anc. Emploi de mots recherchés.

CATAGMATIQUE. adj. (gr. κάταγμα, fracture). T. Chir. Propre à favoriser la consolidation des fractures. Inus.

CATAIRE. s. f. (bas-lat. *catus*, chat). T. Bot. Nom vulgaire du *Nepeta Cataria* appelé aussi Herbe aux chats, de la famille des *Labiées*. Voy. ce mot.

CATALAN, ANE. adj. Qui appartient à la Catalogne. — *Méthode catalane*. Procédé d'après lequel le minerai de fer est converti directement en fer, sans passer par l'état de fonte, employé autrefois dans l'Ariège, qui faisait partie de la Catalogne. — *Couteau catalan*, Couteau de forme particulière. ⸗ Subst. Habitant de la Catalogne.

CATALANE. s. f. T. Métall. *Forge à la c.*, Bas fourneau dans lequel s'opère l'affinage immédiat du minerai de fer.

CATALAUNIENS ou **CATALAUNIQUES (CHAMPS).** s. m. pl. Plaine de Châlons-sur-Marne, célèbre par la défaite d'Attila (451).

CATALECTES. s. m. pl. (gr. κατάλεκτα, morceaux choisis). Se dit d'un recueil de fragments ou de pièces détachées d'auteurs anciens.

CATALECTIQUE. adj. m. (gr. καταληκτικός, défectueux). T. Poésie grecque et latine. Se dit d'un vers auquel il manque une syllabe pour avoir la longueur voulue. — On appelle *Acatalectique* un vers dont la longueur est exacte; *Hypercatalectique*, celui qui a une syllabe de trop; et *Brachycatalectique*, celui auquel il manque deux syllabes.

CATALEPSIE. s. f. (gr. καταληψις, surprise). T. Méd. La C. est une affection nerveuse sous la dépendance ordinaire de l'hystérie intermittente, caractérisée par une raideur générale ou partielle du système musculaire, et par un trouble plus ou moins profond des fonctions de l'entendement. Elle se manifeste par une succession irrégulière d'attaques, pendant lesquelles les parties atteintes conservent la position qu'elles occupaient au moment où elles ont été frappées, ou gardent celle qu'on leur fait prendre; c'est de ce phénomène caractéristique que la c. a tiré son nom.

La c. est rarement bornée à un seul membre; elle affecte le plus souvent une moitié du corps, et quelquefois le corps tout entier. Tantôt l'attaque survient d'emblée, au milieu d'une santé florissante en apparence; tantôt, et le plus ordinairement, elle est précédée de prodromes, tels que céphalalgie, malaise, bâillements, inquiétudes, palpitations, sensations de chaleur ou de froid. Alors apparaissent les symptômes de la maladie. Il y a perte de connaissance plus ou moins complète, accompagnée d'une immobilité absolue; la face devient pâle ou se couvre d'une rougeur assez vive; les yeux sont fixes et dirigés en avant et en haut; la respiration continue à s'opérer, ou bien, lorsqu'il y a contraction des muscles thoraciques, devient difficile et même insensible; les fonctions circulatoires sont toujours en rapport avec celles de la respiration; les fonctions sensorielles sont en général suspendues; parfois, cependant, l'odorat est exquis. Malgré leur immobilité, les membres ne perdent pas leur flexibilité; ils obéissent aux mouvements qu'on leur imprime, ou retombent par leur propre poids; dans quelques cas rares, leur rigidité est telle qu'on les briserait plutôt que de les éloigner de la position dans laquelle ils se trouvaient au moment de l'invasion de l'attaque. — La durée des attaques varie, suivant les sujets, de quelques minutes à à un ou plusieurs jours. Leur fréquence est également variable. Tantôt elles se renouvellent plusieurs fois dans l'espace de 24 heures, tantôt elles n'ont lieu que tous les jours, tous les 2 ou 3 jours, etc. Au moment du réveil, le malade peut reprendre le cours de ses idées; tel est le cas d'une dame qui achevait, en sortant de son état cataleptique, la phrase interrompue par l'attaque. La c. se complique assez souvent d'extase, surtout lorsqu'elle dépend de la monomanie religieuse. Mais, le plus ordinairement, le réveil est suivi d'une fatigue générale, d'agitation, de céphalalgie, etc., qui ne disparaissent que lentement. Le sujet n'a, d'ailleurs, aucunement conscience de ce qui s'est passé. — Durant les intervalles qui séparent les accès, le cataleptique est quelquefois tranquille et semble jouir d'une santé satisfaisante; néanmoins, il éprouve généralement une extrême irritabilité; il est inquiet, mélancolique; il a des tics convulsifs; son sommeil est agité; ses digestions sont difficiles, et amènent parfois un trouble assez considérable dans la nutrition pour déterminer un amaigrissement notable. — Du reste, il est rare que la c. ne soit pas compliquée d'une autre maladie; celle-ci ajoute alors ses propres symptômes à l'affection nerveuse, et rend le diagnostic plus difficile et le traitement plus incertain.

Le magnétisme, l'hypnotisme peuvent produire l'état cataleptique. Voy. ces mots.

La c. proprement dite n'est pas mortelle; le plus souvent, au bout d'un certain temps, les attaques s'éloignent de plus en plus et finissent par disparaître. D'autres fois elle se transforme en une affection différente, l'hystérie, l'épilepsie, la manie ou la mélancolie. La mort est toujours le résultat de quelque complication grave. Cette névrose s'observe presque exclusivement chez les femmes et les enfants, surtout chez les sujets doués d'un tempérament nerveux ou mélancolique. Parmi les causes déterminantes, il convient de placer les travaux trop assidus, les affections morales trop vives, les excès alcooliques, etc. Chez les femmes, son apparition est généralement accompagnée, nous n'osons dire causée par quelque perturbation de la fonction menstruelle. — On a employé, dans les cas assez rares de c. observés par la science, toute la série des antispasmodiques, les émollients, les révulsifs, jusqu'au moxa et au fer rouge, etc., etc. Ces moyens ont-ils jamais été pour calmer une chose dans la guérison? Il est permis d'en douter. Mais dans une affection dont on ne connaît ni le siège précis, ni la nature, le médecin est bien en droit de tâtonner et de faire de la médecine symptomatique. — L'électricité statique et les frictions sèches sur les muscles contracturés (conseillées par Monin et par Puel) constituent les méthodes les plus efficaces de traitement pour l'accès cataleptique proprement dit. Mais, pour en prévenir le retour, le plus important est d'instituer une hygiène physique et morale qui ramène l'ordre dans les fonctions psychiques et organiques. — Des cataleptiques ont couru risque d'être enterrés

vivants; l'ouverture de certaines sépultures montre que plusieurs l'ont été réellement; c'est là une faute inexcusable de la part du médecin chargé de constater le décès. Quand la mort survient à la suite de certaines formes rares de maladies nerveuses, on doit toujours, avant de procéder à l'inhumation, attendre que la putréfaction soit bien manifeste.

CATALEPTIQUE. adj. 2 g. T. Méd. Qui est attaqué de la catalepsie; qui a rapport à la catalepsie.

CATALOGNE, anc. prov. d'Espagne, cap. *Barcelone.* — Aujourd'hui divisée en quatre provinces. ═ Nom des hab. : CATALAN, ANE.

CATALOGRAPHE. s. m. (R. *catalogue,* et gr. γράφω, j'écris). Celui qui rédige un catalogue.

CATALOGUE. s. m. (gr. κατάλογος, m. s., de κατά, et λόγος, discours). Liste, énumération de personnes ou de choses classées dans un certain ordre. *Un c. de livres. Le c. de la Bibliothèque Mazarine. Le c. des estampes, des médailles. Le c. des saints.* ‖ T. Astron. *C. d'étoiles.* Table où sont enregistrées les positions des étoiles à une époque donnée. VOY. ÉTOILE.

Syn. — *Liste, Rôle.* — Une liste est une suite plus ou moins longue de simples et brièves indications, mises ordinairement les unes au-dessous des autres. Un *catalogue* est plus qu'une *liste*; c'est un état détaillé qui doit être fait avec un certain ordre, selon l'objet que l'on se propose. Une *liste* est exacte quand aucune des choses qui doivent y trouver place n'est omise; un *catalogue*, pour être utile, doit être méthodique et fournir des indications suffisantes. Un *rôle*, pris dans son sens étymologique, signifie un petit rouleau. C'est une sorte de registre qui marque le rang, le tour, l'ordre à observer à l'égard des personnes ou des choses. C'est ainsi qu'au palais on appelle *Rôle des causes,* le registre qui marque l'ordre dans lequel les affaires doivent être plaidées.

CATALOGUEMENT. s. m. Action de cataloguer, résultat de cette action.

CATALOGUER. v. a. Enregistrer dans un catalogue. *C. des livres. C. des plantes. C. des étoiles.*

CATALOGUEUR. s. m. Celui qui rédige un catalogue.

CATALPA. s. m. T. Bot. Genre d'arbres originaires de l'Amérique du Nord, de la famille des *Bignoniacées.* V. ce mot.

CATALYSE. s. f. (gr. κατάλυσις, dissolution). T. Chim. Action catalytique.

CATALYTIQUE. adj. 2 g. T. Chim. Les termes de *Catalyse* et de phénomènes *catalytiques* (du gr. κατάλυσις, dissolution) ont été créés par Berzélius pour désigner un ordre de phénomènes qui ont longtemps exercé la sagacité des chimistes. On sait que beaucoup de réactions chimiques ne s'effectuent, dans des circonstances données, qu'en présence de certains corps, sans que ceux-ci semblent éprouver de modifications. Ainsi, par ex., le platine en éponge, mis en contact avec un mélange d'oxygène et d'hydrogène, détermine la combinaison de ces deux gaz, avec une élévation considérable de température, sans que lui-même change de nature. Beaucoup de corps poreux ou de métaux à l'état pulvérulent peuvent, sans être modifiés eux-mêmes, décomposer rapidement l'eau oxygénée. En présence d'une parcelle d'oxyde de cobalt, des quantités illimitées d'hypochlorite de chaux peuvent se dédoubler en oxygène et en chlorure de calcium. On observe des faits analogues dans la décomposition de l'ammoniaque en présence de certains métaux, etc. On rangeait dans la même catégorie de phénomènes diverses réactions de la chimie organique: la fermentation des jus sucrés en présence de la levure, la transformation de l'alcool en éther au contact de l'acide sulfurique, etc. — Toutes les actions de ce genre étaient attribuées par Berzélius à une force unique, spéciale, la *force catalytique*; Gay-Lussac introduisit la dénomination d'*action de présence* ou de *contact*. Aujourd'hui, la plupart de ces phénomènes sont expliqués, et l'on sait qu'ils sont produits par des causes très différentes. La fermentation du sucre est due au développement des êtres vivants qui constituent la levure. Dans l'éthérification, l'acide sulfurique s'unit à l'alcool pour former de l'acide éthylsulfurique; celui-ci se décompose ensuite et fournit de l'éther en régénérant l'acide sulfurique. La mousse de platine absorbe les gaz, surtout l'hydrogène, et les condense dans ses pores en produisant un dégagement de chaleur qui peut porter la température jusqu'au rouge; c'est cette élévation de température qui provoque la combinaison de l'hydrogène avec l'oxygène. Dans d'autres cas, la condensation des gaz à la surface des corps poreux produit les mêmes effets qu'une augmentation de pression. Dans les liquides instables, tels que l'eau oxygénée, les corps poreux, préalablement exposés à l'air, introduisent une sorte d'atmosphère qui facilite la dissociation du liquide; débarrassés de cette gaine gazeuse par l'action de la chaleur, ils ne produiraient ici aucun effet. Enfin, un grand nombre d'actions de présence peuvent s'expliquer par la formation passagère d'un composé instable, qui est détruit presque immédiatement pour se reformer aussitôt, et ainsi de suite. Par exemple, le chlorate de potasse, à une température peu élevée, est décomposé en quantité illimitée au contact d'un peu de bioxyde de manganèse, ou d'oxyde de cuivre, ou de sesquioxyde de fer, etc.; à la fin de l'opération on retrouve ces oxydes intacts. On admet que ces composés se suroxydent d'abord aux dépens du chlorate, et qu'ensuite, sous l'influence de ce sel en excès ou d'une température plus élevée, ils perdent l'oxygène dont ils s'étaient emparés; l'oxyde primitif ainsi régénéré est apte à décomposer une nouvelle quantité de chlorate; les réactions recommencent et se répètent jusqu'à ce que tout le sel soit décomposé. On explique d'une façon analogue la décomposition rapide de l'hypochlorite de chaux en présence de l'oxyde de cobalt, l'action de certains réactifs sur le benzène en présence du chlorure d'aluminium, etc. D'après tout ce que nous venons de voir, l'hypothèse d'une force catalytique doit être abandonnée, et les réactions qu'on avait d'abord réunies sous la dénomination de phénomènes catalytiques doivent être classées sous plusieurs catégories très différentes.

CATAMAREA, v. et prov. de la Confédération Argentine (Amérique), 7,000 et 102,000 hab.

CATAMÉNIAL, ALE adj. (gr. καταμήνιος, mensuel, de κατά, par; μήν, mois). T. Méd. Se dit du flux périodique des femmes. *Flux c. Éruption cataméniale.*

CATANE, v. d'Italie (Sicile), au pied de l'Etna, ch.-l. de la province de Catane, 100,000 hab. Patrie de Bellini.

CATANZARO, v. d'Italie, ch.-l. de la Calabre Ultérieure II, 28,600 hab.

CATAPASME. s. m. (gr. κατάπασμα, m. s., de κατά, sur; πάσσειν, saupoudrer). T. Méd. Poudre dont on saupoudre une partie du corps pour remplir quelque indication. Inus.

CATAPELTE. s. f. (gr. κατά, contre; πέλτη, bouclier). Sorte d'instrument de supplice dont les païens se servaient pour martyriser les chrétiens. *La c. consistait en une espèce de pressoir composé de planches entre lesquelles on comprimait le patient.*

CATAPÉTALE. adj. 2 g. (gr. κατά, dans, et *pétale*). T. Bot. Dont les pétales sont soudés avec les étamines. Inus.

CATAPHASE. s. f. (gr. κατάφασις, m. s., de κατά, contre; φημί, je dis). T. Logique anc. Affirmation.

CATAPHONIQUE. adj. (gr. κατά, contre; φωνή, voix). T. Didact. Branche de la physique qui traite de la réflexion du son.

CATAPHORA. s. m. (gr. καταφορά, sommeil comateux). T. Méd. Assoupissement sans fièvre ni délire.

CATAPHRACTAIRE. s. m. T. Antiq. Soldat qui portait un cataphracte.

CATAPHRACTE. s. m. (gr. κατάφρακτος, cuirassé). T. Antiq. Nom d'une armure couvrant tout le corps, composée de lames ou d'écailles métalliques. || Vaisseau de guerre long et ponté. Les vaisseaux non pontés s'appelaient *Aphractes.*

CATAPHRACTÉ, ÉE. adj. (gr. κατάφρακτος, cuirassé). T. Antiq. Se disait des cavaliers couverts d'un cataphracte. Parfois les chevaux étaient aussi revêtus d'une armure du

même genre. Cet usage existait de toute antiquité chez les Perses; il ne fut adopté par les Grecs qu'après les guerres d'Alexandre. — Quant aux Romains, il n'y eut chez eux de cavalerie *cataphractée* ou de *Cataphractaires* qu'à l'époque de Constantin. || T. Hist. nat. Se dit de certains poissons recouverts d'une carapace écailleuse.

CATAPHRYGIEN. s. m. Nom d'hérétiques du II° siècle de l'ère chrétienne qui croyaient que l'Esprit-Saint a été donné, non aux apôtres, mais à eux. Ainsi nommés parce qu'ils avaient leur siège en Phrygie.

CATAPLASME. s. m. (gr. κατάπλασμα, m. s., de καταπλάσσω, enduire, de κατά, contre, et πλάσσω, je forme). T. Méd. et Pharm. On donne le nom de *Cataplasmes* à des médicaments externes formés de poudres, de pulpes, de farines, etc., délayés dans un liquide quelconque, et amenées ensuite par une coction plus ou moins prolongée à la consistance de bouillie épaisse. Les cataplasmes ont perdu beaucoup de leur importance en médecine depuis l'avènement de la microbiologie. Leur application faite à tort et à travers, même et surtout par les médecins, sur des plaies accidentelles ou chirurgicales, a été souvent une cause de mort par infection. Aussi n'emploie-t-on presque plus aujourd'hui les cataplasmes qu'en médecine proprement dite, et encore observe-t-on le aussi les règles de l'antisepsie. Cependant, nous donnerons quelques indications sur leur fabrication et leur emploi. Les liquides qui sont les plus usités pour la préparation de ces médicaments sont : l'eau, les décoctions émollientes, le lait et quelquefois le vinaigre. La consistance d'un c. doit être telle qu'il puisse être appliqué sur la partie malade sans couler et salir les parties environnantes. On mêle souvent aux cataplasmes des fleurs, des poudres aromatiques, des plantes entières, des onguents, de l'huile, du savon, du camphre, etc. Lorsqu'il est prescrit de faire entrer de l'acétate de plomb, de l'acide borique, de la glycérine phéniquée ou des teintures dans un c., il faut simplement en arroser la partie du c. qui doit toucher la partie malade. On lui donne alors assez de consistance pour qu'il ne devienne pas trop mou. Lorsque le c. doit contenir des racines fraîches, comme la carotte, il faut réduire ces substances en pulpe au moyen d'une râpe. Si dans ce produit il doit entrer des feuilles et des fleurs sèches, il est bon de réduire celles-ci en poudre que l'on délaie dans le liquide avant la coction, afin de donner au c. la consistance voulue. — Les cataplasmes *émollients* se préparent avec de la mie de pain, de l'eau et du lait, ou avec des farines émollientes et les mêmes liquides. Pour faire un c. *résolutif*, il suffit d'ajouter au c. émollient une certaine quantité d'acétate de plomb (8 à 16 gram. pour 500 gram. de c.). Les cataplasmes *anodins* se préparent en délayant et faisant cuire les farines émollientes dans une forte décoction de têtes de pavots et de feuilles de jusquiame noire. L'onguent basilicum ou celui de la mère, ajoutés aux cataplasmes, après avoir été délayés avec de l'huile, rendent ces préparations maturatives; le camphre et le quinquina les rendent antiseptiques, etc. Dans les affections de la peau : eczéma, acné, etc., on peut conseiller avec avantage les cataplasmes au facus crispus, ou mieux le c. d'amidon de riz arrosé de glycérine borique au dixième; dans les furoncles et anthrax, le même arrosé de teinture concentrée d'arnica (D⁺ MONIN, *Hygiène de la beauté*).

CATAPLECTIQUE. adj. Qui a rapport à la cataplexie. Inus.

CATAPLÉITE. s. f. (gr. κατάπλειος, rempli). T. Minér. Silicate hydraté de zircone, de soude et de chaux.

CATAPLEXIE. s. f. (gr. κατάπληξις, m. s.). T. Pathol. Perte subite du sentiment. Inus.

CATAPPA. s. m. [Pr. *catapa*]. T. Bot. Nom spécifique d'un arbre du genre *Terminalia* (*T. Catappa*) de la famille des *Combrétacées.* Voy. ce mot.

CATAPTOSE. s. f. (gr. κατάπτωσις, chute). T. Méd. Chute subite d'un corps dans une attaque d'épilepsie ou d'apoplexie. Inus.

CATAPUCE. s. f. T. Bot. Nom vulgaire de l'*Épurge*, plante de la famille des *Euphorbiacées.* Voy. ce mot.

CATAPULTE. s. f. (gr. καταπέλτης, m. s., de κατά, contre; πάλλω, je lance). T. Archéol. La *Catapulte* et la *Baliste* constituaient à elles seules presque toute l'artillerie névrobalistique des anciens. Malheureusement, les passages des auteurs relativement à ces deux engins sont si incomplets, que parmi les modernes qui ont essayé de les représenter, les uns donnent à ce que nous appelons ici le. le nom de baliste, et *vice versa*. Cette confusion nous semble surtout résulter de ce que la baliste, qui était spécialement destinée à lancer des pierres, pouvait aussi, au moyen d'une légère modification (voy. BALISTE), servir à lancer des traits. — Ce qui nous paraît indubitable, c'est que la c. était exclusivement destinée à projeter au loin, non des masses comme la baliste, mais des traits de diverses sortes. Ces traits étaient de grandes et longues lances appelées *Falariques*, de gros javelots nommés *Pila muralia*, et des espèces de carreaux longs de 1 mètre 1/2 environ, auxquels les Romains donnaient le nom de *Trifax*. La Fig. ci-dessous nous dispense de décrire le

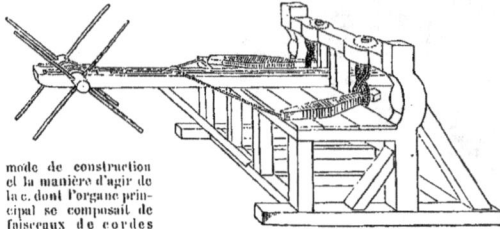

mode de construction et la manière d'agir de la c. dont l'organe principal se composait de faisceaux de cordes tordues.

Pline attribue l'invention de la c. aux Syriens. Diodore de Sicile, au contraire, en fait honneur aux Syracusains, sous le règne de Denys l'Ancien (430-368 av. J.-C.). Quoi qu'il en soit, cette machine de guerre ne fut introduite en Grèce qu'au temps de Philippe, roi de Macédoine; et Plutarque raconte, à ce sujet, qu'Archidamus, ayant vu un trait énorme lancé par cet engin, s'écria, comme nos chevaliers du XVe siècle, lors de l'introduction des armes à feu, que c'en était fait du courage et de la valeur. Les Romains en tirèrent un excellent parti, soit dans les sièges, soit dans les batailles rangées. Ils en avaient de différentes dimensions. A la prise de Carthagène, arsenal des Carthaginois en Espagne, les Romains y trouvèrent 120 grandes catapultes et 281 petites. Dans l'Occident, l'usage de la c. disparut avec la domination romaine, et les ingénieurs du moyen âge ou ne l'ont pas connue, ou du moins n'ont pas cherché à la reproduire. Le terme de C. se retrouve bien dans quelques écrits de cette époque, mais il désigne alors des machines qui n'avaient rien de commun avec la c. des anciens. C'est ainsi, par ex., comme nous l'apprend Grose dans ses *Antiquités militaires*, que dans les anciennes lois anglaises écrites en latin on donne à la catapulte le nom de C. — On peut voir au musée de Saint-Germain-en-Laye des modèles de c. reconstruits d'après les renseignements puisés dans les auteurs. Voy. BALISTE, MANGONNEAU, etc.

CATARACTE. s. f. (gr. καταρράσσειν, s'échapper impétueusement et avec fracas, de κατά, en bas, et ῥάσσειν, rompre). T. Géol. En changeant brusquement de niveau, les fleuves et les rivières forment ce que les anciens désignaient par le terme générique de *cataracte*, et que nous nommons, selon les cas : *rapide, saut, chute, cascade* et *cataracte*. Il y a toujours *chute*, quels que soient le volume des eaux et la hauteur du point de départ; mais le *saut* et la *cascade* supposent toujours que les eaux se précipitent d'un lieu très élevé. En outre, *saut* se dit principalement d'un volume d'eau considérable, tandis que *cascade* se dit plus ordinairement d'un ruisseau ou d'un torrent. Si l'on veut mettre quelque précision dans le langage, il convient de réserver le mot C. pour désigner une suite de chutes peu considérables, causées par des brisants, comme celles du Nil, par ex. Enfin, on entend par *rapides* certaines parties du cours d'un fleuve ou d'une rivière où les eaux coulent sur une pente très raide. Les rapides ne sont pas toujours un obstacle insurmontable pour la navigation : on peut quelquefois, sinon les remonter, du moins les descendre et les franchir; mais les sauts, les cascades et les cataractes sont infranchissables en tout temps.

Les phénomènes désignés sous ces noms divers sont d'un haut intérêt pour la science géologique, puisqu'ils sont au nombre des causes qui ont modifié et modifient encore la surface de notre globe; mais ils perdent chaque jour de leur puissance par la dégradation et l'érosion des terrains supérieurs dont les débris, entraînés par les eaux, servent à exhausser le sol inférieur. Les cataractes les plus anciennement connues sont celles du Nil, aux environs de Syène, dans la Haute-Égypte. Dans cet endroit, le lit du fleuve est inégal et parsemé d'écueils granitiques plus ou moins élevés qui le barrent dans tous les sens. Arrêté contre ces obstacles, le Nil les franchit en formant une suite de petites chutes dont chacune est haute de 15 à 20 centim. L'espace est rempli de tourbillons, et le bruit des eaux qui se brisent s'entend à quelque distance. On voit combien les auteurs anciens ont exagéré l'importance de ces fameuses cataractes. — Mais la plus remarquable de toutes les chutes que présentent de grands fleuves est celle du Niagara, vaste canal qui déverse les eaux du lac Érié dans le lac Ontario. La chute du Niagara est située à environ 32 kilomètres du premier de ces lacs et 23 du second. Le fleuve se précipite d'une crête de rochers calcaires en forme d'hémicycle. L'île de la Chèvre divise la nappe d'eau en deux immenses colonnes dont la hauteur est évaluée à 46 mètres. Elle a près de 1 kilom. de largeur. Le bruit qu'elle fait s'entend de 60 à 80 kilom., et l'énorme nuage de vapeurs qui s'élève au-dessus de la chute s'aperçoit parfois d'une distance de 10 myriam. L'eau, en se précipitant du haut des rochers, ronge incessamment les couches schisteuses sur lesquelles repose le lit calcaire du fleuve, de sorte que, de temps à autre, les roches privées de support tombent avec fracas au fond du ravin; aussi la chute reculo-t-elle sans cesse du côté du lac Érié. En 40 ans, le recul a été de 45 mètres; par conséquent, s'il continue dans les mêmes proportions, il lui faudra 30,000 ans pour atteindre les rives de ce dernier. Une compagnie industrielle s'est formée en Amérique pour utiliser la prodigieuse quantité de force motrice fournie par cette chute gigantesque. Les travaux d'appropriation sont actuellement commencés.

La liste suivante indique les principales chutes et cascades connues, avec leur hauteur exprimée en mètres : *Arche*, en Bavière, 649; *Nouka-Hiva*, Océanie, 630; *Gavarnie*, Hautes-Pyrénées, 405; *Fugloë*, Norwège, 325; *Staubach*, Suisse, 292; *Séculéjo*, Hautes-Pyrénées, 250; *Luléa*, Laponie suédoise, 195; *Tequendama*, Nouvelle-Grenade, Amérique, 175; *Serio*, Lombardie, 162; *Guente-d'Enfer*, Ardèche, 150; *Tosa*, Piémont, 130; *Grey-Mairs-Tail*, Écosse, 114; *Pisse-Vache*, Suisse, 97; *La Marmora*, Italie, 88; *Montmorency*, Canada, Amérique, 80; *Fall of Acharn*, Écosse, 78; *Freaux*, Isère, 75; *Reichenbach*, Suisse, 65; *Falling Spring*, Virginie, Amérique, 65; Doubs, *Syratu*, 50; *Celfina*, Dalmatie, 49; *Prince-Régent*, Australie, 40; Niagara, États-Unis d'Amérique, 46; *Bouchot*, Vosges, 40; *Aure*, Cantal, 40; *Gimel*, Corrèze, 40; *Ray-Pic*, Ardèche, 40; *Combe-Froide*, Isère, 40; *Tendon*, Vosges, 39; *Reuss*, Suisse, 32; *Treignac*, Corrèze, 30; *la Baume*, Haute-Loire, 30; *Sillans*, Var, 30; *Rhin*, à Lauffen, Suisse, 28; *Saut-du-Doubs*, Doubs, 26; *Missouri*, Montagnes Rocheuses, Amérique, 25; *la Roche*, Haute-Loire, 25; *Fond-de-France*, Isère, 25; *Cajarc*, Lot, 25; *la Baume-des-Arnauds*, Hautes-Alpes, 25; *Saut-de-la-Cascade*, Puy-de-Dôme, 25; *Saut-du-Gier*, Loire, 20; *Mont-Dore*, Puy-de-Dôme, 20; *Ménevault*, Côte-d'Or, 20; *Ain*, Doubs, 20; *Rivière-d'Allemont*, Isère, 20; *Albany*, New-York, Amérique, 16; *Tivoli*, Italie, 16; *Syrod*, Jura, 16.

CATARACTE. s. f. (gr. καταράσσω, je trouble). T. Méd. et Chir. La C. est une maladie qui consiste dans l'opacité du cristallin, ou de sa capsule, ou de l'humeur contenue dans celle-ci. — Cette maladie s'observe surtout chez les vieillards. Rare chez les adultes, elle est plus rare encore chez les enfants. Cependant ceux-ci l'apportent quelquefois en naissant : la c. est dite alors *congénitale*. On possède aussi quelques exemples d'hérédité de cette affection. Parmi les causes les plus évidentes de la c., nous citerons l'action prolongée d'un feu ardent ou d'une lumière trop vive, le contact de vapeurs acides ou irritantes, les ophtalmies intenses, les plaies, les contusions du globe de l'œil, etc. Dans ce dernier cas, la maladie survient subitement, peut-être, suivant Beer, par la séparation brusque du cristallin de sa capsule. D'autres causes, telles que la suppression d'un flux habituel ou physiologique, la diathèse syphilitique, etc., ont encore été assignées à cette maladie ; mais on ne peut rien affirmer à cet égard.

Selon qu'elle occupe les deux yeux, ou seulement l'un d'eux, la c. est dite *double* ou *unique* : ce dernier cas est le plus ordinaire, quand la maladie est due à une cause externe qui n'a intéressé qu'un seul œil. Suivant la partie de l'organe qu'elle occupe, cette affection prend divers noms. On l'appelle *cristalline* ou *lenticulaire*, quand elle affecte le cristallin ; *membraneuse* ou *capsulaire*, quand elle occupe la capsule, et le plus généralement alors la partie antérieure ; *mixte*, *laiteuse*, quand elle a pour siège l'humeur de Morgagni répandue entre la capsule et le cristallin ; *capsulo-lenticulaire*, quand le cristallin et sa membrane sont tous les deux affectés. — Ces trois espèces de cataractes se distinguent encore en plusieurs variétés. La c. lenticulaire est dite *caséeuse*, *plâtreuse*, *pierreuse*, selon que la lentille est plus ou moins consistante ; *branlante*, lorsque les mouvements de la tête lui font éprouver un déplacement ; c. *à trois branches*, quand elle présente trois rayons qui divergent du centre ; c. *noire*, lorsqu'elle offre cette couleur. La c. capsulaire est appelée *antérieure* ou *postérieure*, suivant la position qu'elle occupe. C'est dans la membrane du cristallin que se développe la c. *secondaire* qui survient quelquefois après l'opération. — La c. de Morgagni, niée par quelques chirurgiens, existe rarement seule : elle est promptement suivie du ramollissement du cristallin. — La c. capsulo-lenticulaire est nommée, d'après sa forme, c. *en gousse*, *pyramidale* ou *enkystée*. Les différents dépôts qui l'accompagnent lui font donner les épithètes de *marbrée*, de *tachetée*, d'*étoilée*, etc. — On donne en outre le nom de c. *fausse* à diverses lésions qui, sans altérer le cristallin ni sa membrane, amènent de l'opacité dans l'axe des rayons visuels. Tels sont le dépôt dans la chambre postérieure de pus laissé par un hypopyon, un caillot sanguin, la présence d'une membrane accidentelle derrière l'iris, etc. — Enfin, la c. est appelée *mûre*, quand l'opacité est complète ; c'est cette période qu'on attend d'ordinaire chez les adultes pour faire l'opération.

A moins qu'elle ne soit déterminée par une cause externe, la c. se développe, en général, avec lenteur. Elle se borne souvent à un seul œil ; fréquemment aussi elle passe de l'un à l'autre ; parfois elle affecte simultanément les deux yeux. Son début s'accompagne assez souvent de phénomènes de congestion encéphalique. Elle se manifeste d'abord par un affaiblissement progressif de la vue ; plus tard, des flocons plus ou moins épais, des mouches voltigeantes, des points noirs, des toiles d'araignée, etc., semblent s'agiter devant l'œil malade ; enfin, la distinction du jour et de la nuit lui devient seule possible. Au commencement, le malade est généralement affecté de *nyctalopie*, à laquelle succède l'*héméralopie*. Ce phénomène s'explique aisément. La c. commençant habituellement par le centre, la vision est favorisée par une demi-obscurité qui fait dilater la pupille. Plus tard, l'opacité gagnant en étendue, la dilatation n'est plus suffisante, et la lumière vive du grand jour est la seule qui puisse arriver à la rétine en traversant des milieux qui ont perdu une grande partie de leur transparence. — Quand on examine un œil cataracté, on trouve, sauf le cas de c. noire, la pupille occupée par une tache blanche, grise ou verdâtre, et présentant divers aspects, suivant la forme de la maladie. Un cercle noir entoure le cristallin ; l'iris est généralement dilaté. — Le diagnostic de la c. est généralement facile. On ne peut pas la confondre avec les taies de la cornée, si l'on fait attention à la position superficielle de celles-ci. La c. noire pourrait quelquefois être prise pour une amaurose. Mais si l'on observe que, dans celle-ci, il y a toujours héméralopie, que la pupille reste immobile, tandis qu'au contraire elle peut se contracter dans la c. ; si, d'un autre côté, on tient compte de la marche de la maladie, on évitera aisément toute erreur. Enfin, l'instillation de quelques gouttes d'atropine dans l'œil, en déterminant une dilatation considérable de la pupille, ferait disparaître toute cause d'hésitation.

La c. ne menace point la vie ; elle n'est grave qu'en ce qu'elle prive l'homme de l'un de ses sens les plus importants. Quelquefois elle se complique d'amaurose ; il reste alors peu d'espoir de rendre la vue au malade. Il y a des exemples de guérison spontanée de cette affection ; mais les cas de ce genre sont si rares qu'il est peu sage de compter sur une pareille terminaison. Dans le cas de c., il ne convient guère d'insister sur les divers moyens médicaux préconisés contre cette maladie, tels que les cautères, les moxas, l'emploi de l'électricité, etc. : il vaut mieux recourir immédiatement à l'opération. — La c. s'opère par diverses méthodes ; les trois principales sont : l'abaissement, l'extraction et le broiement.

Dans la méthode par *abaissement*, on se contente de déplacer soit le cristallin avec sa membrane, soit le cristallin seul, de telle façon qu'il ne se trouve plus dans l'axe des rayons visuels. Pour cela, on introduit une aiguille à c. à travers la sclérotique, à environ 4 millim. du côté externe de la cornée, on la fait pénétrer dans le cristallin, et l'on abaisse doucement la lentille en la refoulant dans la partie inférieure du corps vitré. — La méthode par *extraction* consiste à extraire le cristallin tout d'une pièce par une incision pratiquée à la cornée transparente. Dans la méthode de *broiement*, on pénètre jusqu'à la lentille, en introduisant l'instrument soit par la sclérotique, soit par la cornée transparente, soit par l'ouverture pupillaire. Puis, on incise la capsule, et l'on divise le cristallin en petits fragments qu'on repousse dans la chambre antérieure de l'œil, où ils sont promptement résorbés. Le procédé qui consiste à pénétrer par la pupille a reçu le nom particulier de *kératonyxis*. — Ces trois méthodes ont chacune leurs avantages. On préfère quelquefois l'abaissement lorsque la c. est molle et chez les individus faibles et nerveux. Cependant cette méthode est presque abandonnée aujourd'hui à cause des inflammations graves de l'iris qu'elle détermine et qui peuvent aller jusqu'à abolir complètement la vision. L'extraction, la plus usitée aujourd'hui, est surtout indiquée quand on a affaire à une c. dure, pierreuse, et quand le malade est fort et vigoureux. Le broiement convient surtout chez les enfants en bas âge. — Lorsque la c. est double, il est prudent de n'opérer qu'un seul œil à la fois, et d'attendre sa guérison avant de passer à l'autre opération. — Enfin, quel que soit le procédé auquel on ait recours, on fait précéder l'opération par un traitement général en rapport avec l'état du malade. On choisit, autant que possible, la belle saison pour faire l'opération ; car les variations de la température exercent sur elle une influence fâcheuse. Quand l'opération est terminée, on place le malade dans une chambre obscure, et on le soumet à un régime sévère. Plus tard, lorsque la guérison est complète, les rayons lumineux n'étant plus réfractés comme à l'ordinaire par les milieux de l'œil, l'usage de verres convexes est indispensable.

L'opération de la c. était déjà connue et pratiquée chez les anciens. Celse, au Ier siècle de notre ère, donne une bonne description de la méthode par abaissement ; il indique également le procédé du broiement. Quant à la méthode par extraction, les arabes Rhazès et Avicenne la décrivent d'après le chirurgien Antyllus, qui vivait dans le IIIe siècle. Cependant tous ces auteurs ignoraient la nature de la c., et la confondaient avec le glaucome, affection généralement incurable. C'est seulement au milieu du XVIIe siècle qu'un chirurgien français, Quarré, reconnut que la c. consistait dans l'opacité du cristallin. Cette opinion, d'abord repoussée, ne fut généralement admise qu'au commencement du siècle suivant. Ce fut aussi un chirurgien français, Daviel, qui en 1737 remit en honneur le procédé par extraction. Depuis cette époque, la c. a été l'objet d'une quantité innombrable de recherches, et aujourd'hui c'est une des parties de la chirurgie qui laissent le moins à désirer, grâce non seulement à un manuel opératoire meilleur, mais surtout à l'emploi de la cocaïne, qui insensibilise la cornée, et des pansements aseptiques consécutifs, qui éloignent les complications opératoires. On peut dire que l'opération de la c. est devenue l'une des plus assurées de la chirurgie.

CATARACTÉ, ÉE. adj. T. Méd. Qui est affecté de cataracte. *Œil c. Cet homme est c.*

CATARACTER (SE). v. réfl. Être cataracté, en parlant de l'œil.

CATARRHAL, ALE. adj. [Pr. *cataral*]. T. Méd. Qui appartient ou qui a rapport au catarrhe.

CATARRHE. s. m. [Pr. *catare*] (gr. κατά, en bas ; ῥέω, je coule).

Méd. — Dans l'opinion des anciens médecins grecs, il se faisait de la tête vers la bouche, le nez, les poumons, le ventre, etc., un écoulement d'humeurs auquel ils donnaient le nom de C. Plus tard, le sens de ce mot fut restreint aux inflammations de la muqueuse des fosses nasales, de la gorge et des bronches ; mais on continua de supposer que la matière peccante descendait du cerveau. — Enfin, lorsque cette hypothèse absurde cessa d'avoir cours, le terme de C. servit exclusivement à désigner les affections, de nature fort diverse, où l'on observe une hypersécrétion de certaines membranes, mais particulièrement des muqueuses. Aujourd'hui, sa signification est encore plus limitée; car il se dit uniquement des phlegmasies de ces dernières membranes, lorsqu'elles sont passées à l'état chronique, ou, tout au moins, lorsqu'elles se présentent sans les symptômes qui sont le cortège ordinaire des inflammations aiguës; souvent alors les catarrhes sont simplement des hyperdiacrises des membranes muqueuses. Pour l'école allemande contemporaine, le c. est histologiquement constitué par une sorte de desquamation superficielle de l'épithélium des membranes muqueuses : « Ce qui est un pityriasis pour la peau, est un c. pour une muqueuse. » — Les catarrhes proprement dits se caractérisent non moins par la thérapeutique qui leur convient que par leurs symptômes; on peut leur appliquer littéralement l'aphorisme hippocratique : *Naturam morborum ostendunt curationes*. En effet, lors même que la maladie a débuté bien évidemment par la forme inflammatoire, les antiphlogistiques et les débilitants, quand le c. est bien établi, non seulement demeurent inefficaces, mais le plus souvent ne font qu'aggraver les symptômes. La médication ionique est en général la seule qui réponde aux indications que présente le c.; parfois même il est nécessaire de recourir aux stimulants.

On désigne sous le nom de C. *suffocant* toute dyspnée qui survient subitement dans le cours d'une affection pulmonaire, et peut amener la mort dans un temps très court. Le c. suffocant n'est donc point une maladie particulière, mais seulement un accident qui peut arriver dans des maladies fort différentes. Chez les vieillards qui sont atteints de c. pulmonaire, le développement d'une bronchite aiguë donne parfois lieu à tous les phénomènes du c. suffocant : c'est surtout en hiver que survient cet accident, et alors il est très souvent mortel. La suffocation est quelquefois la suite de la suppression de l'expectoration; mais, le plus souvent, elle c. est le résultat d'une sécrétion muqueuse tellement abondante que le malade, ne pouvant plus s'en débarrasser, succombe à une véritable asphyxie. Dans quelques cas plus rares, elle est due à l'obstruction subite d'une partie plus ou moins considérable des bronches et bronchioles, produite par un amas de mucus demi-solide, ou par une concrétion muqueuse polypiforme, faisant en quelque sorte l'office de bouchon. C'est cette dernière forme qui se rencontre le plus souvent chez les enfants à la suite de la rougeole, constituant alors ce qu'on appelle aussi *bronchite capillaire*.

L'expression d'*Affection catarrhale* a une signification toute spéciale et bien différente de celle de c. Elle ne désigne pas, ainsi qu'on le pourrait croire, une phlegmasie chronique ou une hyperdiacrise de telle ou telle muqueuse en particulier. Elle s'emploie exclusivement pour désigner ces affections générales des muqueuses qui, bien que reconnaissant des causes déterminantes particulières et très variées, sont sous l'influence de cette cause inconnue, quoique très réelle, que les médecins, depuis Hippocrate, appellent *Constitution médicale*.

Les affections catarrhales ont cela de commun qu'elles n'ont pas de siège local, qu'elles envahissent, à des degrés divers, toutes les surfaces sécrétoires, et surtout qu'elles règnent d'une façon épidémique. On a cru qu'il existait de grands rapports entre les affections catarrhales et les affections rhumatismales, mais ce n'est qu'une hypothèse, car nos idées ont singulièrement changé à cet égard, l'étude bactériologique ayant démontré que la plupart des maladies dites catarrhales, même la grippe, sont dues à l'invasion de microbes spécifiques.

CATARRHEUX, EUSE. [Pr. *catareu*]. T. Méd. Qui est sujet aux catarrhes. *Un vieillard c.* || S'employait jadis comme synon. de *Catarrhal*.

CATARRHINIENS. s. m. pl. [Pr. *catar-rini-in*] (gr. κατά, contre; ῥίς, ῥινός, nez). T. Mamm. Famille de singes caractérisée par une cloison nasale étroite, par des narines rapprochées et dirigées en bas. Ils ont trente-deux dents, comme l'homme. Voy. SINGES.

CATASETUM. s. m. [Pr. *cata-sétome*] (gr. κατά, sur; lat. *seta*, soie). T. Bot. Genre de plantes renfermant une vingtaine d'espèces, que l'on cultive surtout en serres chaudes, de la famille des *Orchidées*. Voy. ce mot.

CATASTASE. s. f. (gr. κατάστασις, constitution, de κατά, sur; ἵστημι, je place). T. Littér. anc. Partie d'une pièce de théâtre où le nœud de l'intrigue est dans toute sa force. || T. Méd. Constitution de l'année par rapport aux maladies. Inus.

CATASTATIQUE. adj. 2 g. (R. *catastase*), *Maladies catastatiques*, Maladies régnant spécialement pendant certains états atmosphériques. Inus.

CATASTÉRISMES. s. m. pl. (gr. κατά, sur; ἀστήρ, astre). Titre d'un traité sur les constellations, attribué à Eratosthènes.

CATASTROPHE. s. f. (gr. καταστροφή, renversement; de κατά, contre, et στροφή, tour). Le dernier et principal événement d'un poème dramatique. Se dit surtout du dénouement funeste d'une tragédie. *On doit habilement préparer la c.* Voy. PÉRIPÉTIE. || Par ext., Grand malheur, révolution funeste, fin déplorable. *Une épouvantable c.* = Syn. V. DÉNOUEMENT.

CATAU. s. f. Fille de ferme ou d'auberge.

CATAY. Voy. CATHAY.

CATEAU (Le), anc. *Cateau-Cambrésis*, ch.-l. de c. (Nord), arr. de Cambrai; traité de paix entre la France et l'Espagne (1559); 10,500 hab.

CATÉCHÈSE. s. f. [Pr. *caté-chèze*] (gr. κατήχησις, instruction). Explication courte et méthodique de la doctrine chrétienne et des mystères de la foi. Vx.

CATÉCHÈTE. s. m. [Pr. *cat-échète*]. Celui qui fait la catéchèse.

CATÉCHINE. s. f. [Pr. *catéchine*] (R. *catechu*, nom indien, de *cachou*). T. Chim. Substance qui fait la base du *Cachou*. Voy. ce mot.

CATÉCHISATION. s. f. [Pr. *ca-té-chi-za-cion*]. Action de catéchiser.

CATÉCHISER. v. a. [Pr. *caté-chizer*] (gr. κατηχίζω, j'enseigne). Instruire des mystères de la foi et d's principaux points de la religion chrétienne. *C. les infidèles, les ignorants, les enfants.* || Fig. et fam., Tâcher de persuader quelque chose à quelqu'un, lui dire toutes les raisons qui peuvent l'engager à faire une chose. *Je l'ai longtemps catéchisé, mais inutilement. Il le faut un peu c.* || Fam., Instruire quelqu'un de ce qu'il doit dire ou faire. *On voit à ses réponses qu'il a été bien catéchisé.* = CATÉCHISÉ, ÉE, part.

CATÉCHISME. s. m. [Pr. *caté-chis-me*] (gr. κατηχισμός, ce qui est enseigné). Instruction sur les mystères de la foi, les dogmes et les préceptes de la religion. *Faire le c. Aller au c. Enseigner le c.* — Fig. et fam., *Faire le c. à quelqu'un*, Le mettre au fait, l'endoctriner. *On lui avait fait son c.* On dit dans le sens anal., *Il sait son c.*, Le livre qui contient l'instruction sur les principes et les devoirs de la religion. *Acheter un c. Lire le c. Le c. du concile de Trente.* || Par ext., Titre donné à certains ouvrages qui contiennent l'exposition abrégée de quelque science, et qui sont rédigés par demandes et par réponses. *C. financier.*

CATÉCHISTE. s. m. [Pr. *catéchix-te*]. Celui qui enseigne le catéchisme aux enfants. *C'est le c. de la paroisse.*

CATÉCHISTIQUE. adj. 2 g. [Pr. *caté-chistique*]. Rédigé, comme le catéchisme, par demandes et par réponses.

CATÉCHUMÉNAT. s. m. [Pr. *caté-kuména*]. État de catéchumène.

CATÉCHUMÈNE. s. 2 g. [Pr. *catékumène*] (gr. κατηχούμενος, celui qu'on instruit). La personne que l'on instruit pour la disposer au baptême. || Par ext., Aspirant à une initiation quelconque.

CATÉCHUTANIQUE. adj. 2 g. (R. *catechu* nom indien, de *cachou*, et *tanin*). T. Chim. Acide c. Voy. CACHOU.

CATÉGORÉMATIQUE. adj. Qui est de la nature du catégorème.

CATÉGORÈME. s. (gr. κατηγόρημα, m. s.). Qualité qui fait ranger un objet dans telle ou telle catégorie.

CATÉGORIE. s. f. (gr. κατηγορία, m. s., de κατά, sur, et ὀγορεύω, je parle). T. Philos. Sorte de classification abstraite dans laquelle on distribue toutes les idées et tous les êtres d'après leur nature. || Se dit, dans le langage ordinaire, de toute classe dans laquelle on range plusieurs objets de même nature. *Établir des catégories.* — Par ext., on dit, en parlant de choses qui ne sont pas de même nature, ou qui ne s'accordent pas ensemble : *Ces deux choses ne sont pas de même c.*

Philos. — Dans les écrits d'Aristote, qui, le premier, introduisit dans le langage philosophique, le terme de *Catégorie* signifie *attribution;* mais, plus tard, le sens primitif de C. fut modifié par l'usage, et ce mot, dans le langage scientifique comme dans le langage vulgaire, rappela simplement l'idée générale de *classe.* Les *catégories* sont donc les classes les plus hautes dans lesquelles on a coutume de répartir, soit les êtres réels, soit les idées, d'après un ordre determiné de subordination systématique.— Les catégories établies par Aristote sont au nombre de dix : 1° la *substance;* 2° la *quantité;* 3° la *relation;* 4° la *qualité;* 5° le *lieu;* 6° le *temps;* 7° la *situation;* 8° la manière d'être; 9° l'*action;* 10° la *passion.* « Les mots pris isolément, dit Aristote, dans l'*Organon,* ne peuvent signifier qu'une des dix choses suivantes », et il énumère les catégories. La classification du philosophe de Stagyre avait donc pour objet la détermination des grands caractères que l'on peut attribuer à tout ce qui agit sur nos sens ou peut être soumis à nos connaissances. C'est à ce point de vue que l'on a pu dire que les catégories contenaient les éléments d'une définition complète : car une être, avec chacune des déterminations ci-dessus énumérées, serait parfaitement connu dans toute son étendue.

Les *catégories,* sous des formes diverses, se montrent à plusieurs reprises dans l'histoire de la philosophie, ce qui n'a rien de surprenant puisque tout système philosophique ne peut échapper à la nécessité de classer les idées et les connaissances humaines. C'est ainsi que les orientalistes modernes signalent dans la philosophie des Hindous certaines classifications qui rappellent les catégories d'Aristote; c'est ainsi qu'avant ce philosophe, les Pythagoriciens nous présentaient aussi leurs catégories. Pour ces derniers, elles sont au nombre de 10 : le *fini* et l'*infini;* le *pair* et l'*impair;* l'*unité* et la *pluralité;* le *droit* et le *gauche;* le *mâle* et la *femelle;* le *repos* et le *mouvement;* le *droit* et le *courbe;* la *lumière* et les *ténèbres;* le *bien* et le *mal;* le *carré* et toute figure à côtés inégaux. — Après Aristote, les Stoïciens formulèrent aussi leurs catégories : elles sont établies au même point de vue, mais seulement réduites à quatre : la *substance,* la *qualité,* la manière d'être et la *relation.* Plus tard, Plotin, attaquant à la fois et les catégories d'Aristote et celles des stoïciens, essaie de leur substituer un autre système. Pour lui, les catégories doivent se diviser en deux classes : 1° celles qui sont relatives au monde intelligible, au nombre de cinq, la *substance,* le *repos,* le *mouvement,* l'*identité* et la *différence;* 2° celles qui sont relatives au monde sensible, qui sont également au nombre de cinq : la *substance,* la *relation,* la *quantité,* la *qualité* et le *mouvement.*

Après l'avènement du moyen âge, où la doctrine d'Aristote prévaut dans toutes des écoles, arrivent Bacon qui rejette absolument les catégories comme inutiles et arbitraires, puis Descartes qui partage toutes les choses en deux grandes catégories, l'*absolu* et le *relatif,* et enfin les penseurs de Port-Royal qui font tout aussi bon marché de la division aristotélique, et lui reprochent d'être arbitraire et dangereuse en ce sens qu'elle pousse les hommes à se payer de mots et à s'imaginer qu'ils savent toutes choses quand ils n'en connaissent que des noms arbitraires. Ils ajoutent que l'on peut rendre raison de toute la nature en n'y considérant que sept choses ou modes, savoir : 1° l'*Esprit* ou la substance qui pense; 2° la *Mesure;* 3° le *Repos;* 4° le *Mouvement;* 5° la *Position;* 6° la *Figure;* 7° la *Matière* ou la substance étendue. Ces sept catégories sont renfermées dans les deux vers suivants :

Mens, Mensura, Quies, Motus, Positura, Figura,
Sunt cum Materiâ cunctarum exordia rerum.

Il n'était peut-être pas bien utile de critiquer si vivement l'idée même de la classification par catégories pour arriver à proposer une autre classification, qui, en la supposant même supérieure, présenterait exactement les mêmes dangers. Il eût été plus sage de borner sa critique à la classification d'Aristote au lieu d'attaquer le principe même de toute classification.

Le grand philosophe allemand Kant créa de toutes pièces un nouveau système de catégories. Le philosophe grec avait essayé une analyse des choses dans leur multiplicité, une classification des objets réels, mais dans leur rapport avec la pen-

sée; Kant, au contraire, n'étudiant que la raison pure, voulut faire une analyse des formes de l'entendement. Aristote procède empiriquement, Kant systématiquement. La liste d'Aristote est, suivant l'expression de Kant, une rhapsodie faite au hasard. Le procédé dont s'est servi Aristote paraît être la comparaison empirique des mots. Les catégories sont les genres irréductibles des mots et par suite des choses. La table des catégories de Kant nous présente les différentes manières de lier *à priori* et nécessairement les éléments de tout jugement. Après avoir dit que la *sensibilité* a deux formes, l'espace et le temps, Kant affirme que l'*entendement* en a douze, lesquelles correspondent à toutes les espèces possibles de jugements. C'est donc l'analyse de nos jugements qui constitue la base des catégories kantiennes. Selon le philosophe allemand, il y a quatre choses à distinguer dans un jugement : 1° la *quantité;* il peut être ou singulier, ou pluriel, ou général, suivant qu'il s'applique à un seul sujet, à plusieurs, ou à la totalité des sujets d'un même groupe; 2° la *qualité;* il peut affirmer, nier ou limiter; 3° la *relation* entre les termes mêmes du jugement : il est *catégorique* quand il exprime seulement l'union du sujet et de l'attribut; *hypothétique,* lorsque le jugement est exprimé comme dépendant d'un autre, et *disjonctif,* lorsqu'il embrasse et oppose plusieurs hypothèses qui s'excluent les unes les autres; 4° la *modalité,* c.-à-d. la relation du jugement à l'entendement : alors le jugement est, ou *problématique,* lorsque l'union de l'attribut au sujet est présentée comme simplement possible; ou *assertorique,* lorsqu'elle est présentée comme réelle, effective; ou enfin *apodictique,* lorsqu'elle est présentée comme nécessaire.

Le tableau suivant exprime, d'après Kant, les *modes de la pensée,* au nombre de quatre, les diverses espèces de *jugements,* au nombre de douze, et les *catégories,* en même nombre, qui correspondent à ces jugements : I. QUANTITÉ : Singulier, Pluriel, Général; 1° *Unité,* 2° *Pluralité,* 3° *Totalité.* — II. QUALITÉ : Affirmatif, Négatif, Déterminatif; 4° *Affirmation,* 5° *Négation,* 6° *Limitation.* — III. RELATION : Catégorique, Hypothétique, Disjonctif; 7° *Inhérence, subsistance,* 8° *Causalité, dépendance;* 9° *Société.* — IV. MODALITÉ : Problématique, Assertorique, Apodictique; 10° *Possibilité, impossibilité;* 11° *Être, non-être;* 12° *Nécessité, contingence.* — On a reproché avec raison aux catégories de Kant de n'être ni irréductibles, ni complètes, et par conséquent d'être arbitraires. Ainsi le jugement limitatif ne se distingue réellement pas du jugement négatif ou affirmatif, et ceux-ci mêmes peuvent aisément se ramener l'un à l'autre. On lui a surtout reproché l'omission du temps et de l'espace, sous le prétexte qu'ils ne sont des formes de la sensibilité, ces deux notions primordiales paraissant aussi essentielles à la raison qu'à la sensibilité, aussi indispensables pour raisonner que pour sentir. Mais c'est mal comprendre le système et la méthode de Kant, et le tort qu'il s'est proposé. Avoir reconnu que l'espace et le temps sont des formes de la sensibilité, c'est la la principale découverte de Kant, celle qui sert de base à tout son système et que Schopenhauer appelle l'action héroïque, le plus haut fait de Kant. Le temps et l'espace sont indispensables pour raisonner sur des objets sensibles, parce que ceux-ci en impliquent nécessairement l'idée; mais ils ne sou pas indispensables à la raison pure, qui sait au besoin s'en faire abstraction, par exemple en arithmétique. On s'explique ainsi que Kant n'ait pas pu ranger le temps parmi les modes de la pensée, les *Denk-formen;* et il n'y a pas omission, car Kant ne s'est pas proposé d'établir comme Aristote une classification générale de toutes les idées. Malgré ses défauts, le système de Kant est certainement supérieur à celui d'Aristote. Le principal mérite de Kant est d'avoir vu, ce qui avait échappé à tous ses prédécesseurs, à Aristote, que les catégories ne constituent pas une simple classification des choses, mais qu'elles sont les lois et les règles de l'entendement d'après lesquelles nous nous représentons les phénomènes : elles forment ainsi la part active et personnelle de notre esprit dans les connaissances qui nous viennent par les sens; elles douinent et enveloppent l'expérience, qui sans elles serait impossible. Renouvier, qui a fait une étude approfondie de Kant, a proposé un nouveau système de catégories qui sont au nombre de 9. Pour lui, l'idée de relation domine toutes les autres, car nous ne pouvons connaître quoi que ce soit que par ses rapports de relation avec autre chose ou avec nous-mêmes : 1° *Relation;* 2° *Nombre;* 3° *Position;* 4° *Succession;* 5° *Qualité;* 6° *Devenir;* 7° *Causalité;* 8° *Finalité;* 9° *Personnalité.*

Comme toutes les classifications, les divers systèmes de *catégories* qui ont été formulés par les philosophes sont plus ou moins arbitraires, et leur utilité est assez contestable. Ce qui est certain, c'est qu'on ne pourrait établir une classification parfaite que si l'on possédait des notions absolument exactes sur les lois de l'entendement, de la formation et de la relation des idées, c.-à-d. un système philosophique parfait. Or, la science philosophique, malgré les grands progrès qu'elle a accomplis depuis cent ans, est encore loin de ce degré de perfection.

CATÉGORIQUE. adj. 2 g. (R. *catégorie*). Qui est selon la raison, qui est à propos; qui est clair et précis. *Une réponse c. Cela n'est pas c.* ‖ T. Log. *Proposition c., Jugement c.,* Proposition ou jugement contenant une affirmation ou une négation énoncée isolément sans dépendance avec une proposition antérieure, par opposition à la proposition *hypothétique,* où la vérité de la conclusion est subordonnée à la vérité de l'hypothèse. Voy. PROPOSITION et JUGEMENT. ‖ T. Philos. *Impératif c.,* Nom donné par Kant à l'obligation que nous sentons d'agir d'une manière désintéressée suivant certains principes généraux, et qui constitue la loi morale. Voy. MORALE.

CATÉGORIQUEMENT. adv. (R. *catégorie*). Pertinemment, à propos; d'une manière claire et précise. *Il a parlé c. Répondez c.*

CATÉGORISER. v. a. T. Log. Ranger par catégories, séparer en classes.

CATÉGORISEUR. adj. Qui établit des catégories.

CATEL. s. m. (anc. forme de *cheptel*). T. Droit féod. *Droit de meilleur c.,* Droit en vertu duquel le seigneur, après la mort d'un vassal, s'emparait du meilleur de ses meubles.

CATEL, compositeur français, auteur d'un *Traité d'harmonie* (1773-1830).

CATELAN (ARMAND), poète troubadour de la cour de Béatrix de Savoie, appelé à Paris par Philippe le Bel et assassiné par sa propre escorte dans la forêt de Rouvray, aujourd'hui bois de Boulogne, où une croix rappelle ce meurtre.

CATELLE. s. f. [Pr. *catèle*] (lat. *catella,* dimin. de *catena,* chaîne). Petite chaîne que les Romains donnaient aux soldats comme récompense militaire.

CATÉNATION. s. f. [Pr. *caténa-cion*] (lat. *catena,* chaîne). T. Didact. Enchaînement.

CATÈNE. s. f. (lat. *catena,* chaîne). T. Philos. sacrée. Suite de remarques sur l'Écriture sainte.

CATÉNIÈRE. s. f. (lat. *catena,* chaîne). T. Pêc. Chaîne portant plusieurs crocs et servant à retrouver les filets au fond de la mer.

CATÉNIFÈRE. adj. (lat. *catena,* chaîne, et *fero,* je porte). T. Didact. Qui porte des chaînes.

CATÉNOÏDE. s. f. (lat. *catena,* chaîne; gr. εἶδος, forme). T. Géom. Surface de révolution engendrée par la chaînette en tournant autour de sa base. Voy. CHAINETTE.

CATENULAIRE. adj. (lat. *catena,* chaîne). T. Hist. nat. Qui offre des séries de rugosités ou des lignes en forme de petites chaînes.

CATÉNULE. s. f. (lat. *catenula,* dimin. de *catena,* chaîne). T. Bot. Petite chaîne, petite raie.

CATÉNULÉ, ÉE. adj. (lat. *catenula,* dimin. de *catena,* chaîne). Qui a la forme d'une petite chaîne.

CATEROLE. s. f. (R. *catir,* c.-à-d. *tapir* ses petits). T. Chasse. Creux que la femelle du lapin fait hors du terrier pour y déposer ses petits.

CATESBY (MARC), naturaliste et voyageur anglais (1680-1750).

CATESBY (ROBERT), instigateur de la conspiration de Londres connue sous le nom de *Conspiration des poudres* (1605).

CATHA. s. m. (ar. *khât,* m. s.). T. Bot. Genre d'arbrisseaux de la famille des *Célastracées.* Voy. ce mot.

CATHAMARAN. s. m. Sorte de bateau formé de trois troncs d'arbres coupés et réunis ensemble, ainsi nommé par les indigènes de Ceylan. Le tronc du milieu est le plus long et le plus fort. Ces sortes d'embarcations primitives portent deux hommes qui savent s'en servir très adroitement sur les fleuves et dans le voisinage des ports.

CATHARE. s. m. (gr. καθαρός, pur). Nom d'hérétiques novateurs qui se prétendaient plus purs et plus rigides que les autres.

CATHARISTE. s. m. (gr. καθαρίζω, je purifie). Nom d'une secte de manichéens.

CATHARTE. s. m. (gr. καθαρτής, nettoyeur). T. Ornith. Genre de rapaces diurnes. Voy. VAUTOUR.

CATHARTIQUE. adj. 2 g. (gr. καθαρτικός, qui nettoie, de καθαρός, pur). T. Méd. Voy. PURGATIF. ‖ T. Chim. *L'acide c.* est l'un des principes actifs contenus dans les feuilles de séné. Ingéré par les voies digestives, il agit comme un drastique violent, et communique aux urines la propriété de se colorer en rouge par les alcalis. En injections sous-cutanées il paraît inactif.

CATHARTOCARPUS. s. m. [Pr. *catartocarpuss*] (gr. καθαρτής, purgatif; καρπός, fruit). Section du genre *Cassia* dont certains botanistes font un genre distinct. Voy. LÉGUMINEUSES.

CATHAY, nom donné à la Chine par les auteurs du moyen âge.

CATHEDRA (EX). Mots latins qui signifient *De la chaire.* Se dit particulièrement du pape parlant comme chef de l'Église. Bossuet, qui repousse l'infaillibilité papale, ne voit qu'une vaine subtilité dans la distinction faite par les théologiens entre le pape décidant *ex cathedra* et le pape décidant comme docteur particulier.

CATHÉDRALE. adj. et s. f. (lat. *cathedra,* siège). En France, le titre de *Cathédrale* s'applique exclusivement à l'église où se trouve le siège ou trône de l'évêque. Les Italiens attachent le même sens au mot *duomo,* qui a passé dans la langue allemande. — La c. est l'église par excellence. On l'appelle aussi quelquefois *Église mère* ou *matrice* et *Église baptismale,* parce que, dans les temps primitifs, l'évêque seul conférait solennellement le baptême dans son église ou dans le baptistère qui en dépendait. « La c. se nomme matrice (*matrix*), dit le liturgiste Barbosa, parce qu'elle engendre par le baptême. » Quelquefois aussi on désigne simplement la c. par le seul nom d'*Église* suivi de l'indication du chef-lieu diocésain, bien qu'il y ait dans la même ville beaucoup d'autres édifices religieux. De là les expressions : *Église de Paris, Église de Lyon, Église du Mans, Église de Poitiers,* etc., qui, en particulier, sont les églises de Notre-Dame, de Saint-Jean-Baptiste, de Saint-Julien, de Saint-Pierre, etc. L'église où un archevêque a son siège reçoit encore le titre de *Métropole,* et d'*Église métropole* ou *métropolitaine.* — Nous ne parlerons pas ici des magnifiques cathédrales que l'art admirable du moyen âge a élevées dans les principales cités de la France; car nous en avons déjà traité aussi longuement que le permet le cadre de cet ouvrage, au mot ARCHITECTURE.

CATHÉDRANT. s. m. (lat. *cathedra,* chaire). Celui qui préside à une thèse de théologie ou de philosophie. Inus.

CATHELINEAU (JACQUES), général en chef de l'armée vendéenne (1759-1793).

CATHÉRÉTIQUE. adj. 2 g. (gr. καθαιρετικός, m. s., de καθαιρεῖν, détruire). T. Pharm. Se dit des médicaments caustiques faibles. Voy. CAUTÉRISATION.

CATHERINE (SAINTE), vierge et martyre chrétienne du IVᵉ siècle. Patronne des petites filles, fête le 25 novembre. || *Coiffer sainte Catherine*, t. pop. Se dit d'une jeune fille qui dépasse l'âge où les filles se marient d'ordinaire, qui atteint 25 ans sans être mariée. Souvenir de la coutume de porter aux processions la statue de sainte Catherine, patronne des vierges, et de la parer, honneur dont les filles sont privées aussitôt mariées.

CATHERINE D'ARAGON, 1ʳᵉ femme d'Henri VIII, mère de Marie Tudor (1483-1536). Le roi la répudia après dix-huit ans d'union; mais il dut alors se séparer de l'Église de Rome, ce qui entraîna le grand schisme d'Angleterre.

CATHERINE DE MÉDICIS, reine de France, née à Florence en 1519, de Laurent de Médicis, duc d'Urbin, et de Madeleine de la Tour, comtesse de Boulogne, mariée à 14 ans à Henri, dauphin de France, couronnée reine à Saint-Denis après la mort de François Iᵉʳ (1547). D'une constitution maladive, elle se fit l'amie et l'esclave de Diane de Poitiers, maîtresse du roi. Elle eut néanmoins trois fils, maladifs et misérables : François II, Charles IX et Henri III. Elle conseilla à Charles IX le massacre de la Saint-Barthélemy (1572). Elle mourut à Blois en 1589.

CATHERINE Iʳᵉ, impératrice de Russie, femme de Pierre le Grand (1689-1727). ═ CATHERINE II (la Grande), impératrice de Russie, femme de Pierre III, régna seule à partir de 1763, aussi célèbre par sa cruauté et sa dépravation que par ses guerres heureuses, ses réformes et la protection qu'elle accorda aux lettres et aux sciences (1729-1796).

CATHÈTE. adj. et s. f. (gr. κάθετος, perpendiculaire). T. Géom. Ancien nom de la perpendiculaire. *Les cathètes d'un triangle rectangle sont les deux lignes qui forment l'angle droit.*

CATHÉTER. s. m. (gr. καθετήρ, sonde). T. Chir. Instrument propre à explorer le canal de l'urèthre ou la vessie, ou à permettre l'écoulement de l'urine. Les cathéters creux portent le nom de *Sonde*, les cathéters pleins celui de *Bougie*. Voy. SONDE.

CATHÉTÉRISME. s. m. (gr. καθετήρ, sonde). T. Chir. Opération qui consiste à introduire une sonde ou une bougie dans le canal de l'urèthre, soit pour explorer le canal ou la vessie, soit pour évacuer l'urine. Voy. SONDE.

CATHÉTOMÈTRE. s. m. (gr. κάθετος, vertical; μέτρον, mesure). T. Phys. Instrument imaginé par Dulong et Petit pour mesurer la distance verticale qui sépare deux plans horizontaux passant par deux points bien définis. Le c. repose sur un pied à trois vis calantes qui porte un axe vertical très solide. Sur cet axe est ajusté un manchon de cuivre qui tourne librement et sans jeu. Une longue règle de fer divisée en demi-millimètres est fixée au manchon de manière à tourner avec lui. Une lunette horizontale à réticule, munie de vis de pression et de rappel, peut se mouvoir de haut en bas sur toute la longueur de la règle. Enfin, le support de la lunette est pourvu d'un vernier qui parcourt les divisions de la règle, à mesure qu'on élève ou qu'on abaisse la lunette, et qui donne la possibilité de mesurer les vingtièmes et même les trentièmes de millimètre. Pour régler l'instrument, on commence par assurer l'horizontalité de l'axe optique de la lunette, ce qui se fait à l'aide d'un niveau à bulle d'air dont elle est munie; puis, on tourne les vis calantes du pied jusqu'à ce que la bulle du niveau reste entre ses repères pendant qu'on fait exécuter à la règle une révolution entière autour de l'axe de rotation. Alors on est sûr que l'axe est bien vertical. Pour faire une observation, on vise successivement à la lunette les deux points qui définissent les deux niveaux, et l'on note à chaque fois l'indication fournie par le vernier sur la règle divisée. La différence des deux lectures donne la distance verticale parcourue par la lunette : c'est la longueur qu'il s'agissait de mesurer. Il est indispensable de corriger le résultat de l'erreur due à la dilatation de la règle. Dans ce but, un thermomètre est adapté à l'appareil.

CATHODE ou **CATODE.** s. f. (gr. κατά, en bas; ὁδός,

route). T. Phys. L'électrode négative. Voy. ÉLECTRODE.

CATHOLICISME. s. m. (gr. καθολικός, universel). Communion ou religion catholique, titre de l'Église dont le chef est le pape, à Rome. *Le Christianisme se partage entre plusieurs communions, le Catholicisme, les Églises réformées*, etc. *Se convertir au c. Embrasser le c.* Voy. ÉGLISE.

CATHOLICITÉ. s. f. Se dit de la doctrine de l'Église catholique et des fidèles qui en font profession. *On doute de la c. de cet écrivain.* || L'ensemble des pays catholiques. *C'est un usage reçu dans la c.*

CATHOLICON. s. m. (gr. καθολικός, universel). T. Pharm. Électuaire purgatif dont la rhubarbe et le séné forment la base. Son nom lui vient de ce qu'autrefois on le croyait utile dans toutes sortes de maladies.

CATHOLIQUE. adj. 2 g. (gr. καθολικός, universel). Qui est universel, qui est répandu partout. Ne se dit que de la religion romaine, et de ce qui n'appartient qu'à elle. *La religion c. L'Église c.*, apostolique et romaine. *Il a toujours des sentiments, des opinions très catholiques.* — *Sa Majesté C.*, Le roi d'Espagne. *Cantons catholiques*, Les cantons suisses où la religion c. est dominante. *Pays-Bas catholiques*, La Belgique, par oppos. à la Hollande devenue protestante, lorsque la Belgique faisait partie des Pays-Bas. || Fig. et fam., *Cela n'est pas c.*, Cela n'est pas conforme à la morale, au devoir, — ou bien, cela n'est pas clair et cache quelque dessous inconnu. Fam. ═ CATHOLIQUE. s. 2 g. Se dit des personnes qui font profession de la religion c. *C'est un excellent c.* — Fig. et prov., *C. à gros grains*, Qui ne se fait pas scrupule de bien des choses défendues par la religion. || T. Astr. *Cadran c.*, Cadran solaire qui indique les heures à toutes les latitudes. || Subst. Celui, celle qui appartient à la religion c.

CATHOLIQUEMENT. adv. Conformément à la foi de l'Église catholique. *Il a écrit très c.*

CATHOLISATION. s. f. Conversion au catholicisme.

CATI. s. m. (R. *catir*). Sorte d'apprêt qui rend les étoffes plus fermes et plus lustrées. Voy. DRAP.

CATICHE. s. f. (bas-lat. *casticia*, m. s.). T. Chasse. Trou dans lequel se cachent les amphibies aux bords des rivières.

CATILINA, sénateur romain, chef d'une conspiration déjouée par Cicéron. Il mourut les armes à la main (63 av. J.-C.).

CATILINETTE. s. f. (Pr. *catili-nète*). Nom d'une fleur dite aussi *Marguerite d'Espagne*.

CATILLAC. s. m. (Pr. les *ll* mouillées). Poire d'hiver bonne à cuire.

CATIMARON. s. m. T. Mar. Sorte de radeau usité surtout pour la pêche par les Hindous de la côte de Coromandel. Le c. se compose de trois pièces de bois seulement; celle du milieu est plus longue et plus large que les deux autres.

CATIMINI (EN). loc. adv. (vx fr. *catir*, se cacher). En cachette, à la manière des chats. *Elle est venue en c.* Fam.

CATIN. s. f. (Dimin. de *Catherine*). Anciennement fille du peuple. Femme ou fille de mauvaise vie, de mauvaises mœurs. || Nom que les petites filles donnent à leur poupée dans quelques provinces.

CATIN. s. m. (lat. *catinus*, petit bassin). Bassin qui sert à recevoir un métal fondu. || Forme dans laquelle on fixe le moule.

CATINAT, maréchal de France (1637-1712).

CATIR. v. a. (vx fr. *se catir*, se cacher; du bas-lat. *catus*, chat). Donner le lustre à une étoffe. *C. à chaud, à froid. C. du drap.* || Appliquer l'or dans les filets d'une pièce à dorer. ═ CATI, IE. part.

CATISSAGE. s. m. (R. *catir*). Opération par laquelle on donne à une étoffe le lustre et le brillant. Il se pratique en général à l'aide d'une forte pression combinée avec la chaleur. On place les étoffes sous la presse après avoir eu soin de placer entre les plis des cartons bien unis. Le chauffage se faisait autrefois à l'aide de plaques de tôle sur lesquelles on plaçait des lames de fer rouge. Aujourd'hui, les presses à catir portent un appareil spécial appelé *Chauffeuse*, qui permet de régler la chaleur et de la répartir uniformément.

CATISSEUR. s. m. Ouvrier qui catit les étoffes.

CATISSOIR. s. m. Outil du doreur.

CATISSOIRE. s. f. Petite poêle où l'on met du feu pour catir les étoffes.

CAT-MARIN. s. m. (R. *cat*, ancienne forme de chat, et *marin*). T. Ornith. Nom vulgaire d'une espèce de plongeon. Voy. BRACHYPTÈRE.

CATOBLEPAS. s. m. (gr. κάτω, en bas; βλέπω, je regarde). T. Zool. Nom scientifique de l'antilope gnou, caractérisé par des cornes très recourbées en dehors, par la crinière et la queue du cheval.

CATOCALA. s. f. (gr. κάτω, en bas; καλός, beau). T. Entom. Genre de lépidoptères nocturnes, du sous-ordre des *Noctuélines* et de la famille des *Ophusidæ*. Les ailes de la première paire sont brunes, mais celles de la seconde sont rouges (*C. promissa*) ou bleues (*C. fraxini*).

CATOCHE (Cap), situé au nord-est de la presqu'île du Yucatan (Mexique).

CATOCŒNADELPHE. adj. et s. m. (gr. κάτω, en bas; κοινός, commun; ἀδελφός, frère). Se dit des monstres dont les deux corps sont unis par l'extrémité inférieure.

CATODE. Voy. CATHODE.

CATODON. s. m. (gr. κάτω, en bas; ὀδούς, ὀδόντος, dent). T. Zool. Nom scientifique du *Cachalot*. Voy. ce mot.

CATODONTIDES. s. m. pl. (gr. κάτω, en bas; ὀδούς, ὀδόντος, dent). T. Zool. et Paléont. Les cachalots forment cette famille de *Cétacés denticiles*, c.-à-d. à mâchoire armée de dents coniques simples; ceux-là ont la mandibule inférieure grêle avec de nombreuses dents placées en série continue et auxquelles correspondent des dépressions dans la mâchoire supérieure, où elle est privée de dents. Des restes du cachalot actuel se rencontrent dans les dépôts récents de l'Angleterre et de l'Amérique du Nord. Voy. CÉTACÉ et CACHALOT.

CATOGAN. s. m. (R. *Cadoghan*, général anglais au service de la reine Anne?). Coiffure en usage dans l'infanterie française au XVIIIe siècle, qui consistait en un nœud retroussant les cheveux et les attachant près de la tête. Se dit de toute coiffure dans laquelle les cheveux sont relevés par un nœud de ruban. || T. Man. Manière de couper la queue à un cheval. || On dit quelquefois *Cadogan*.

CATOMÉTOPES. s. m. pl. (gr. κάτω, en bas; μετώπη, espace). T. Zool. et Paléont. C'est ainsi qu'on désigne un groupe de crustacés décapodes *Brachyoures* (voy. ce mot) qui ont un céphalothorax d'ordinaire quadrangulaire, quelquefois ovale transversalement, avec un front large, et les bords latéraux droits ou un peu recourbés. Le cadre buccal est quadrangulaire. Il y a en général moins de neuf branchies et les ouvertures des organes sexuels mâles sont placées sur le sternum. MM. Alph. Milne-Edwards et Henry Woodward ont fait connaître un certain nombre de formes fossiles. Quelques-unes de ces genres sont fossiles, comme le *Cœloma* du crétacé et du tertiaire, *Litoricola* de l'éocène, *Palæograpsus* et *Psammograpsus* de l'éocène; d'autres sont encore vivants, comme les *Gecarcinus* qui ont des représentants fossiles dans les couches miocènes d'Œningen, ou comme les *Gonoplax* qui ont été rencontrés dans les formations récentes de Java.

CATON, nom de deux Romains illustres : 1° CATON L'ANCIEN, que l'austérité de ses principes fit surnommer le *Censeur*, célèbre par la haine qu'il avait vouée à Carthage. Il terminait tous ses discours, quel qu'en fût le sujet, par ces mots : *Ceterum censeo Carthaginem esse delendam*, « D'autre part, je pense qu'il faut détruire Carthage » (232-147 av. J.-C.); 2° CATON D'UTIQUE, adversaire de César, se tua pour ne pas lui devoir la vie (95-46 av. J.-C.). || Fig. et fam., se dit d'un homme de mœurs austères ou qui affecte l'austérité. *C'est bien à lui de faire le C.*

CATONIEN, IENNE. adj. Qui a le caractère d'un Caton.

CATONISME. s. m. Caractère d'un Caton.

CATOPS. s. m. (gr. κάτω, en bas ; ὤψ, œil). T. Entom. Genre d'insectes coléoptères pentamères. Voy. CLAVICORNES.

CATOPTRIQUE. s. f. (gr. κάτοπτρον, miroir, de κατά, contre, et ὄπτομαι, je vois). T. Phys. Qui a rapport à la réflexion de la lumière. Voy. OPTIQUE.

CATOPTRIQUEMENT. adv. Au moyen d'une réflexion de la lumière.

CATOPTROMANCIE. s. f. (gr. κάτοπτρον, miroir; μαντεία, divination). Divination pratiquée au moyen d'un miroir.

CATOPTROSCOPIE. s. f. (gr. κάτοπτρον, miroir; σκοπέω, j'examine). Exploration des corps faite à l'aide d'appareils catoptriques.

CATTARO (Bouches du), golfe de l'Adriatique, sur la côte de Dalmatie. = CATTARO, v. forte de Dalmatie, 3,000 hab., sur ce golfe.

CATTÉGAT, détroit entre la Suède et le Jutland, unit la mer du Nord à la Baltique.

CATTENOM, anc. ch.-l. de c. de la Moselle, arr. de Thionville, cédé à l'Allemagne en 1871; 1,050 hab.

CATTES, anc. tribu germanique, qui habita des sources du Weser au Mein.

CATTOLICA, v. de Sicile, 7,000 hab.

CATULLE, poète latin élégiaque (86-40 av. J.-C.).

CATURCE (JEAN), professeur de droit à Toulouse, brûlé vif comme protestant, en juin 1532.

CATURE. s. m. T. Bot. Genre de plantes (*Caturus*) de la famille des *Euphorbiacées*. Voy. ce mot.

CATUS, ch.-l. de c. (Lot), arr. de Cahors, 1,300 hab.

CATZ, fabuliste hollandais (1777-1660).

CAUCALIDE. s. f. (gr. καυκαλίς, m. s.). T. Bot. Genre de plantes (*Caucalis*), de la famille des *Ombellifères*. Voy. ce mot.

CAUCALIDÉES. s. f. pl. (R. *caucalide*). Tribu de plantes de la famille des *Ombellifères*. Voy. ce mot.

CAUCASE, chaîne de montagnes entre l'Europe et l'Asie, s'étendant de la mer Noire à la mer Caspienne. Sa longueur est de 750 kil. ; sa largeur varie de 115 à 350 kil. Les plus hauts sommets sont dans la chaîne centrale : ce sont l'*Elbrouz*, 5,650 mètres, le *Mqinvari* ou *Kasbek*, 4,680 mètres, et dans le groupe du Taurus, le *Schat-Tay*, 4,600 mètres.

CAUCASIE (Lieutenance de), en Russie, comprenant 12 gouvernements. V. pr. *Stavropol, Derbent, Bakou, Tiflis*; 6,540,000 hab.

CAUCASIEN, IENNE. adj. Qui appartient au Caucase. *Race caucasienne.* Les ethnologistes croyaient, il n'y a pas longtemps encore, à une race caucasienne. Il y a là, au contraire, un ensemble de peuples d'origines diverses. Signalons cependant la beauté des Circassiens et des Circassiennes, l'un des plus beaux types de la race blanche.

CAUCASIQUE. adj. T. Géol. Qui a rapport à la chaîne du mont Caucase.

CAUCHE. s. f. T. Pêc. Anse où les aloses se tiennent pendant la chaleur du jour.

CAUCHEMAR. s. m. (vx fr. *caucher*, fouler, presser; du lat. *calcare*, fouler aux pieds). Espèce d'oppression ou d'étouffement qui survient quelquefois durant le sommeil, en sorte qu'on croit avoir un poids sur la poitrine, mais qui cesse dès qu'on vient à se réveiller. *Avoir le c. Être sujet au c.* || Par ext. Rêve pénible qui nous fait voir des objets effrayants. Illusion, imagination pénible, vision effrayante. || Fig. et fam., On dit d'un homme très ennuyeux, très importun, *Cet homme donne le c. C'est un véritable c.*

Pathol. — Le **C.**, appelé par les Grecs ἐπιάλτης, ἐπιβολὴ πνιγαλίων, et par les Romains, *incubus, oppressio nocturna, Indibria Fauni*, est une hallucination nocturne, c.-à-d. qui ne survient que pendant le sommeil, et durant laquelle le patient éprouve des sensations fort diverses, mais en général excessivement pénibles. Le plus souvent, le sujet rêve qu'il s'est endormi sur le bord d'un précipice, que le feu a pris dans son lit, que des voleurs se sont introduits dans son appartement, etc. Dans d'autres cas, le malade éprouve, à la région épigastrique ou à la région précordiale, un sentiment de pesanteur, de suffocation, que son imagination attribue à la présence de quelque être malfaisant, d'un chat, d'un singe, d'un démon, etc., qui est venu s'asseoir sur sa poitrine ou qui cherche à l'étouffer. Le patient veut crier, fuir ou lutter; mais ses efforts sont vains; il se sent complètement paralysé. Cependant sa respiration devient pénible et haletante; son pouls s'accélère; son corps se couvre de sueur; enfin, l'oppression qu'il éprouve devient telle qu'elle détermine le réveil, qui dissipe l'hallucination. Souvent une impression pénible de malaise et d'angoisse persiste assez longtemps après le réveil. Le c. se présente encore sous une autre forme; nous voulons parler de celle du *succube* ou d'*incube*. On sait combien cette espèce d'hallucination a été fréquente à certaines époques.

Les causes du c. peuvent se classer en deux catégories. Les unes, telles que les émotions morales tristes, les fatigues intellectuelles, les récits ou lectures de contes fantastiques, etc., agissent directement sur le cerveau; les autres résultent de la réaction des viscères sur cet organe, et particulièrement des obstacles à la circulation encéphalique. Parmi ces dernières, on cite surtout les maladies du cœur et du foie, les digestions difficiles, les positions pénibles du corps, etc. Il y a des personnes qui ont presque invariablement le c. quand elles s'endorment sur le dos. D'autres l'éprouvent par l'effet du froid. D'après cela, on voit que le c. n'est pas, à proprement parler, une maladie : par conséquent, il ne saurait être l'objet d'une médication spéciale. Il n'y a qu'une seule chose à faire, c'est de réveiller le dormeur, de le distraire, et d'éloigner la cause qui paraît déterminer habituellement le cauchemar. Dans quelques cas, le c. indique l'imminence d'une maladie de l'appareil encéphalique, mais en général il ne présente par lui-même aucune gravité. Chez les enfants seulement, il entraîne parfois des conséquences graves. Comme l'ébranlement nerveux subsiste encore chez eux après le réveil, comme ils sont hors d'état de réfléchir et que, pour eux, le rêve se confond presque avec la réalité, ils deviennent timides, peureux et faibles d'esprit; dans certaines circonstances même, on a vu des enfants demeurer, pendant le reste de leur vie, sujets à des attaques d'épilepsie.

CAUCHER. s. m. (vx fr. *caucher*, presser). Assemblage de feuilles de vélin dans lesquelles on enferme l'or battu.

CAUCHOIS, OISE. s. Habitant du pays de Caux, en Normandie. ≈ Adject., *Pigeons c.*, Gros pigeons qui viennent du pays de Caux.

CAUCHON (Pierre), évêque de Beauvais, présida le tribunal qui condamna Jeanne d'Arc à mort (1431).

CAUCHY (Augustin), mathématicien français, posa les bases de la théorie générale des fonctions par l'emploi des variables imaginaires (1789-1857).

CAUDAL, ALE. adj. (lat. *cauda*, queue). Qui a rapport à la queue. *Appendice c. Vertèbres caudales. Nageoire caudale.*

CAUDATAIRE. s. m. (lat. *cauda*, queue). Celui qui porte la queue de la robe d'un cardinal. || Par ext. Adulateur, homme obséquieux qui aime à se faire le valet de celui qu'il veut flatter. || Adject., *Gentilhomme c.*

CAUDÉ, ÉE. adj. (lat. *cauda*, queue). Se dit, en T. Blas., des étoiles et des comètes qui ont dans la bas une trace de lumière; et en T. Hist. nat., des parties terminées par un appendice en forme de queue.

CAUDEBEC. s. m. Ancien chapeau, ainsi nommé de la ville de Caudebec, en Normandie, où il était fabriqué (XVIIe siècle).

CAUDEBEC-EN-CAUX, ch.-l. de c. (Seine-Inférieure), arr. d'Yvetot, sur la rive droite de la Seine. 2.300 hab. Église remarquable du XVe siècle. — C'est à Caudebec qu'on peut le mieux observer le phénomène du *mascaret*, ou barre de la Seine. Voy BARRE.

CAUDEBEC-LÈS-ELBEUF, c. de la Seine-Inférieure, arr. de Rouen, 10,400 hab. Fabriques de draps.

CAUDEX. s. m. (lat. *caudex*, tronc). T. Bot. Se disait autrefois pour désigner l'axe de végétation. *On donnait à la tige le nom de c. ascendant, et à la racine celui de c. descendant.*

CAUDICIFORME. adj. (lat. *caudex*, tronc ; *forma*, forme). T. Bot. *Tige c.*, Tige qui ne se ramifie pas. Peu us.

CAUDICULE. s. f. (Dimin. du lat. *cauda*, queue). T. Bot. Nom donné à la partie amincie que présentent bien souvent les *pollinies* à leur extrémité, et qui sert à relier chacune d'elles à un petit corps glanduleux et visqueux, le *rétinacle*.

CAUDIFÈRE. adj. (lat. *cauda*, queue; *fero*, je porte). T. Hist. nat. Qui porte une queue.

CAUDINES (Fourches). Voy. Fourches.

CAUDIUM, anc. v. d'Italie (*Samnium*), près de laquelle se trouvait le défilé des *Fourches Caudines*.

CAUDRETTE. s. f. T. Pêc. Truble sans manche et qu'on suspend dans l'eau.

CAULAINCOURT (Armand-Augustin-Louis, marquis de), duc de Vicence, ambassadeur de Napoléon Ier en Russie, en 1801 et 1807 (1772-1827).

CAULESCENT, ENTE. adj. (lat. *caulis*, tige). T. Bot. Se dit des plantes pourvues d'une tige aérienne par opposition à celles qui, ayant seulement une tige souterraine ou une tige aérienne très courte, en paraissent privées, et sont, pour ce motif, dites *Acaules*.

CAULICOLES. s. f. pl. (lat. *cauliculus*, dim. de *caulis*, tige). T. Archit. Tiges qui sortent d'entre les feuilles d'acanthe et qui s'enroulent en volutes sous le tailloir du chapiteau corinthien. Voy. ORDRES *d'Architecture*.

CAULICOLES. s. et adj. f. pl. (lat. *caulis*, tige; *colo*, j'habite). T. Bot. Se dit quelquefois des plantes phanérogames qui vivent en parasites sur les tiges d'autres végétaux.

CAULICULE. s. f. (lat. *cauliculus*, dim. de *caulis*, tige). T. Bot. Partie de l'embryon qui a germé. Inus.

CAULIFÈRE. adj. (lat. *caulis*, tige; *fero*, je porte). T. Bot. Qui est muni d'une tige.

CAULIFLORE. adj. 2 g. (lat. *caulis*, tige; *flos, floris*, fleur). T. Bot. Dont les fleurs naissent sur la tige.

CAULINAIRE. adj. 2 g. (lat. *caulis*, tige). T. Bot. Se dit de tout organe ou appendice qui naît de la tige d'une plante.

CAULINITE. s. f. (lat. *caulis*, tige). T. Géol. Empreinte de tiges dans le calcaire grossier.

CAULNES, ch.-l. de c. (Côtes-du-Nord), arr. de Dinan, 2,400 hab.

CAULOBULBE. s. m. (lat. *caulis*, tige, et *bulbe*). T. Bot. Tige feuillée ou florifère renflée à sa base. Inus.

CAULOCARPIQUE. adj. 2 g. (gr. καυλὸς, tige; καρπὸς,

fruit). T. Bot. Se dit quelquefois d'un végétal dont la tige persiste et ne le plusieurs fois des fruits. On dit de préférence *Polycarpique*.

CAULOPHYLLIN. s. m. Principe résineux extrait du *Caulophyllum*.

CAULOPHYLLUM. s. m. (gr. καυλὸς, tige; φύλλον, feuille). T. Bot. Genre de plantes de la famille des *Berbéridées*. Voy. ce mot.

CAULOPTERIS. s. m. (gr. καυλὸς, tige; πτέρις, fougère). T. Pa éont. vég. Genre de fougères fossiles dont quelques espèces ont été trouvées dans le terrain houiller de Saint-Étienne.

CAULORRHIZE. adj. (gr καυλὸς, tige; ῥίζα, racine). T. Bot. Dont la tige émet des racines. Inus.

CAULOSARQUE. s. m. (gr. καυλὸς, tige; σὰρξ, σαρκός, chair). T. Bot. Tige renflée ou tuberculeuse. Inus.

CAULOTRETUS. s. m. (gr. καυλὸς, tige; τρητὸς, troué). T. Bot. Genre de plantes de la famille des *Légumineuses*. Voy. ce mot.

CAUMARTIN (LE FÈVRE DE), famille du Pouthieu, dans laquelle on compte : un financier, LOUIS-URBAIN (1653-1720) ; un évêque, JEAN-FRANÇOIS-PAUL (1668-1733), et un homme politique, JACQUES-ÉTIENNE (1760-1823).

CAUMONT, ch.-l. de c. (Calvados), arr. de Bayeux, 1,100 hab. Ardoisières.

CAUMONT (DE), famille du midi de la France (tirant son nom de Caumont, près de Marmande), dans laquelle on compte des jurisconsultes et des archéologues, entre autres NARCISSE, 1802-1873.

CAURE. s. m. (Autre forme de *coudre*). Nom vulgaire du Noisetier sauvage.

CAURIS. s. m. (mot indien). Petite coquille du genre porcelaine (*Cyprea Moneta*) qui sert de monnaie dans quelques contrées de l'Afrique.

CAUS (SALOMON DE), savant français, mort vers 1635, découvrit le moyen d'utiliser la tension de la vapeur comme force motrice pour soulever l'eau.

CAUSAL, ALE. adj. (R. *cause*). Qui indique un rapport de cause à effet.

CAUSALITÉ. s. f. (R. *cause*). T. Philos. Ne s'emploie que dans ces deux loc., *Rapport de c.*, Rapport de cause à effet; et *Principe de c.* Voy. CAUSE.

CAUSATIF, IVE. adj. (R. *cause*). T. Gram. Se dit d'un mot qui annonce qu'on va donner la raison de ce qui a été dit. Voy. CONJONCTION.

CAUSATION. s. f. T. Didact. Action de causer, de produire un effet.

CAUSATIVEMENT. adv. T. Didact. En agissant comme cause.

CAUSE. s. f. (lat. *causa*, m. s.). Ce qui fait qu'une chose est, ou s'opère. *C. principale, instrumentale, matérielle, morale, occulte, inconnue.* Enchaînement de causes et d'effets. Remonter à la c. A quelle c. attribue-t-on sa maladie? Il y a des effets dont les causes nous sont inconnues. || Être c., Occasionner. Se dit des personnes et des choses Il est c. de mon bonheur. Il fut c. du malheur de tous les siens. On dit dans le même sens, Être la c. Il peut mourir de douleur, vous en serez la c. Être la c. innocente, involontaire d'un malheur, d'un accident. || Motif, sujet, occasion, raison. C. légitime. Il se formalise sans c. Il n'a point fait cela sans c. || Parler, agir avec connaissance de c., Par er, agir avec pleine connaissance de ce qu'on dit, de ce qu'on fait. — Et pour c., Loc. fam., qui se dit quand on ne veut pas s'expliquer sur les motifs qu'on a ou qu'un autre peut avoir de faire ou de ne pas faire une chose. Je ne le ferai point, et pour c. || T. Jurisp. Le motif pour lequel une personne se détermine à contracter. Il n'y a pas d'obligation valable sans c. C. licite, illicite. || T. Chancellerie. A ces causes, En considération de ce qui vient d'être exposé. || Se dit d'un procès qui se plaide et qui se juge à l'audience. Mettre une c. au rôle. Appeler une c. Plaider une c Gagner, perdre sa c. Nul ne peut être juge dans sa propre c. Prendre fait et c. Causes célèbres. C. grasse, Voy. RASOINE. — Être en c., Être partie au procès. Appeler, mettre en c., Rendre quelqu'un partie au procès. Mettre hors de c., Déclarer qu'une personne ne doit point être partie au procès. On dit dans un sens anal., Être hors de c. — En tout état de c., Quel que soit l'état du procès. La prescription peut être opposée en tout état de c. Cette phrase s'emploie aussi quelquefois dans le discours ordinaire. — Gain de c., L'avantage que l'on obtient dans un procès, et par ext., dans une discussion. Avoir gain de c. On dit dans le même sens, Avoir, donné c. gagnée. — Ayant c. Voy. AYANT. || Par ext., se dit pour intérêt, parti. La c. de Dieu, La c. de l'humanité. Défendre, favoriser, protéger la bonne c. Embrasser une mauvaise c. C'est une c. désespérée. Prendre le fait et c. de quelqu'un. Prendre fait et c. pour quelqu'un. Voy. FAIT. — Faire c. commune avec quelqu'un, Unir ses intérêts aux siens, se liguer avec lui. — A CAUSE DE, loc. prép. Pour l'amour de, en considération de. C'est à c. de vous que je lui pardonnerai. — A CAUSE QUE, loc. conj. Parce que.

Philos. — Lorsque, dans l'ensemble des objets qui frappent nos sens, nous voyons un changement se produire, un fait nouveau se manifester, un mode qui auparavant n'existait pas, se réaliser, aussitôt, malgré nous et en vertu d'une détermination invincible, nous croyons et nous affirmons que ce fait, que ce changement, que ce mode ont, soit dans les objets où ils s'observent, soit en dehors de ces objets, une raison d'être quelconque. Cette raison d'être prend le nom de Cause : une C. est donc ce par quoi quelque chose arrive ; ce qui arrive, nous l'appelons Effet.

Diverses espèces de causes. — La plus ancienne classification philosophique des causes est due à Aristote. Toute œuvre finie, toute action arrivée à son complet développement, suppose : 1° un agent par la puissance duquel elle a été produite; 2° un élément ou une matière dont elle a été tirée; 3° un plan, une idée, d'après laquelle elle a été conçue ; 4° une fin pour laquelle elle a été exécutée. Ainsi, par ex., une statue ne peut pas avoir été produite sans un statuaire, sans un bloc de marbre ou de toute autre matière, sans un plan préconçu dans la pensée de l'artiste, sans un motif qui en a sollicité l'exécution. Ces quatre conditions paraissent inséparables et concourent ensemble à un même résultat. Aristote a désigné l'agent par le nom de C. efficiente; la matière, par celui de C. matérielle; le plan ou l'idée, par celui de C. formelle, et le but, par celui de C. finale. La classification aristotélique a été consacrée par tous les philosophes du moyen âge, et a passé, sauf quelques modifications, dans le langage de la philosophie moderne. « Mais qui ne s'aperçoit, dit Franck, que le même terme, C., exprime ici des rapports essentiellement différents, bien qu'étroitement enchaînés les uns aux autres ? Ce qu'on nomme la c. matérielle n'est autre chose que l'idée de substance; la c. formelle nous montre le rapport nécessaire de l'action et de la pensée, de la volonté et de l'intelligence; la c. finale, celui d'un acte libre à un motif suprême suggéré par la raison; mais la notion de l'acte même et le lien qui le rattache à la puissance qui le produit, en un mot, le rapport de causalité proprement dit, n'existe pas ailleurs que dans l'idée de c. efficiente. » Les Causes efficientes sont donc, à proprement parler, les seules causes véritables : il est clair, en effet, que le statuaire seul est la c. directe et réelle de son œuvre, la statue. Nous sommes, chacun en particulier, la c. efficiente de nos mouvements volontaires ; tous les corps, dans leurs actions réciproques, sont, les uns à l'égard des autres, causes efficientes des effets que nous constatons, en vertu des propriétés générales ou particulières qu'ils possèdent. Mais, parmi les causes efficientes, il est indispensable d'établir certaines distinctions. Et d'abord, toutes les causes que nous observons, bien que susceptibles de produire directement certains effets, nous apparaissent comme des effets de certaines causes plus générales; celles-ci à leur tour sont l'effet d'autres plus générales encore et en remontant ainsi l'esprit arrive à la notion d'une ou plusieurs causes premières, qui sont la raison d'être de tout ce qui arrive dans l'univers. Les diverses écoles philosophiques se différencient par la manière dont elles conçoivent ces causes premières, et suivant qu'elles en admettent une seule ou plusieurs. Pour les déistes, il n'y a qu'une c. première qui est la volonté et la puissance de Dieu.

dans tous les cas, les causes que nous voyons en action sont toujours des *causes secondes*. Néanmoins, dans le langage des sciences physiques, il est loisible de donner le nom de c. *première* d'un phénomène à toute c. qui résulte uniquement de l'ordre établi par la volonté divine. — Les qualifications ajoutées au mot c. selon le point de vue particulier où l'on se place, sont extrêmement variées. C'est ainsi que l'on distingue encore des causes *concurrentes*, des causes *principales*, des causes *accessoires*, des causes *concomitantes*, des causes *prédisposantes*, des causes *instrumentales*, des causes *physiques*, des causes *morales*, des causes *immédiates*, des causes *médiates*, des causes *occasionnelles*, etc. La plupart de ces termes n'ont pas besoin de commentaires; mais il en est quelques-uns dont la signification n'est pas aussi évidente : nous en dirons quelques mots.

Une c. est appelée *physique* ou *morale*, suivant qu'elle produit par elle-même une action matérielle, ou qu'elle la détermine seulement d'une manière indirecte. Ainsi, par ex., on dit de celui qui tue un homme qu'il est la c. *physique* de l'homicide, et de celui qui a conseillé ou ordonné de tuer, qu'il en est la c. *morale*. Cependant il importe de remarquer que l'ordre ou le conseil de tuer n'est point la c. immédiate du meurtre considéré en lui-même : il est plutôt la c. de la détermination criminelle prise par le meurtrier que celle du meurtre, lequel n'arrive qu'après cette détermination. Cela nous conduit à établir, parmi les causes efficientes, une distinction entre les causes *immédiates* et les causes *médiates*, c.-à-d. entre les causes qui, directement par leur action propre, déterminent la production d'un fait, et celles qui amènent le fait, soit par l'intermédiaire d'une c. différente et plus prochaine, soit par l'action insaisissable d'une propriété spéciale. Il n'y a personne qui ne comprenne qu'il existe une différence essentielle entre la succession de deux phénomènes et ce qui fait que cette succession a lieu? Or, la c. *médiate* désigne non point ce par quoi certains phénomènes se produisent, mais ce à la suite de quoi ils sont produits. C'est à la suite du vin introduit dans l'estomac que se manifeste l'ivresse, à la suite de l'absorption d'une substance vénéneuse qu'arrivent la douleur et la mort, à la suite de la présence d'un acide que se décomposent certains corps. Mais pourquoi le vin produit-il l'ivresse? Pourquoi, telle substance donne-t-elle la mort? Pourquoi cet acide détermine-t-il cette décomposition? Quelle est la c. immédiatement efficiente de ces phénomènes? Il y en a nécessairement une, et notre raison affirme son existence, bien qu'elle échappe à l'observation dans une foule de cas. Les causes efficientes que nous appelons ici *médiates* sont quelquefois désignées sous le nom de *causes occasionnelles*. Cette dénomination paraît incorrecte, parce que les causes médiates ne sont pas simplement l'occasion de certains faits, c.-à-d. un mode précédant l'un autre sous nous concourir à le déterminer. Ces causes paraissent, au contraire, contenir en elles la c. immédiate qui produit directement l'effet observé. Ainsi, quoique le vin ne soit, à proprement parler, que la c. médiate de l'ivresse, nous croyons qu'il existe en lui une propriété très réelle, laquelle est la c. immédiate de l'effet produit. En outre, l'expression de *causes occasionnelles* ayant reçu dans la philosophie cartésienne une signification toute spéciale et aujourd'hui consacrée, nous pensons qu'il n'est pas sans inconvénient d'employer ce même terme dans un sens différent. Voy. AME.

De la notion de Cause et du Principe de Causalité. — A en croire Hume et toute la philosophie sceptique, l'idée de C. ne serait qu'un mot vide de sens, et, par conséquent, indigne de figurer dans le langage philosophique. Suivant lui, ce que l'on appelle vulgairement c. et effet, est tout simplement la succession de deux phénomènes. L'homme ne peut que constater cet ordre de succession, et, s'il se bornait à ce que lui révèle l'expérience, il n'est pas en droit d'attribuer au premier un pouvoir quelconque sur le second. L'idée de c. résulte uniquement de l'habitude où nous sommes d'associer les phénomènes successifs, de telle sorte qu'en apercevant le premier nous attendons inévitablement le second : par conséquent, cette idée est une pure chimère, et ce que l'on nomme improprement le rapport de causalité est un simple rapport de succession qui repose sur le souvenir et l'association des idées. — Il est vrai que l'expérience extérieure nous offre purement et simplement des phénomènes de succession, et que l'idée de succession n'ayant en soi rien de commun avec l'idée de puissance qui est comprise dans ce terme c., ne peut ni révéler ni fournir cette dernière. Nous admettons donc avec Hume, que l'idée de c. ne nous est pas fournie par l'expérience sensible; mais ce n'est pas à cela que nous la demandons. — Locke, et avec lui toute l'école sensualiste, a prétendu

trouver l'origine de la notion de c. dans la sensation. Pas plus que la succession des phénomènes, la sensation ne saurait nous fournir ce qu'elle ne contient pas elle-même. Si la sensation réveille en nous l'idée de c., c.-à-d. l'idée d'une puissance qui a déterminé cette sensation, c'est que cette idée est déjà en nous; mais elle y est venue d'autre part. — L'idée de c. nous est, à la vérité, fournie par l'expérience, mais par l'expérience interne. Le témoignage irrécusable de notre conscience nous apprend que nous avons la puissance de nous modifier nous-mêmes et de produire, tantôt dans notre esprit seulement, tantôt dans notre esprit et notre corps, un changement dont nous savons être les auteurs. Cette puissance, c'est la volonté; ce changement, c'est l'attention et l'effort musculaire. L'idée de c. résulte donc de la conscience de l'activité qui est en nous. Dans l'attention, l'âme agit sur elle-même; dans l'effort musculaire, elle agit à la fois au dedans et au dehors. Ici, nous concevons nécessairement l'idée, non plus d'un simple rapport de succession, mais d'un rapport de puissance à résultat, de c. à effet.

En d'autres termes, la conscience que nous avons de l'action de notre volonté sur nous-mêmes et sur les objets extérieurs, nous apparaît invinciblement sous un aspect fort différent d'une simple succession de deux phénomènes, et c'est là, dans notre conscience, que réside l'origine de la notion de c., comme, du reste, l'origine de toutes les idées générales qui nous permettent de raisonner sur les sensations que nous apporte l'expérience, et de nous élever de la *sensation* à la *connaissance*. Il est vrai que certaines écoles philosophiques modernes ont établi sous le nom de *déterminisme* une doctrine qui nie la volonté comme cause agissant directement par une impulsion qui lui est propre, et, par suite, le libre arbitre. La conscience que nous avons ou croyons avoir de notre liberté et de notre puissance ne serait alors qu'une pure illusion, et les déterminations de notre volonté ne seraient que le résultat fatal des actions que les corps étrangers exercent sur nos organes ou ceux-ci les uns sur les autres. S'il en est ainsi, la notion de c. ne repose, en effet, sur aucune base solide; elle n'est qu'une illusion de notre nature imparfaite, et avec elle disparaît tout espoir d'arriver à la connaissance de quoi que ce soit, même par l'expérience, car pour tirer une certitude d'une expérience, c.-à-d. d'une perception, ou d'une sensation, il faut d'abord admettre que cette perception ou cette sensation est l'*effet* d'une c. extérieure à nous, et c'est cette c. seule et non la sensation, qui est l'objet de la connaissance. Ainsi, le déterminisme, comme toutes les doctrines sensualistes dont il n'est qu'une variété, aboutit nécessairement au pyrrhonisme le plus absolu. Nous discuterons plus longuement cette doctrine au mot DÉTERMINISME.

Maintenant que nous connaissons l'origine de l'idée de c., un autre problème philosophique appelle notre attention. L'idée de c., avons-nous vu, prend sa naissance dans un fait de conscience, qui a tous les caractères d'un phénomène expérimental. Or, comment de ce fait qui est purement personnel nous élevons-nous au principe unique de *causalité*? D'où nous vient cette croyance que tous les phénomènes soumis à notre observation sont soumis à la dépendance d'une cause?

La notion de causalité s'éveille de très bonne heure dans l'esprit humain. L'un des premiers mots prononcés par l'enfant est le mot *Pourquoi?* qui révèle une préoccupation de la recherche des causes. Nous avons déjà dit que le principe de causalité est essentiel aux enseignements qu'on tire de l'expérience, puisque lui seul nous permet d'attribuer nos perceptions à des causes extérieures. Sous un autre point de vue, il est encore la base de toute espèce de science : car, en poussant l'homme à rechercher les causes des phénomènes, il constitue le fond de la curiosité scientifique. Lorsque la science est déjà quelque peu avancée, c'est encore lui qui excite la recherche de lois plus générales et qui fait naître toutes les théories par lesquelles on s'efforce de relier les phénomènes connus et de les présenter comme conséquences d'un nombre plus restreint de phénomènes plus généraux. C'est ainsi que la science progresse en cherchant constamment à réduire le nombre des lois et des principes qui expliquent les faits observés, et l'idéal scientifique dont on est encore bien éloigné et qu'on n'atteindra peut-être jamais, consiste à grouper tous les faits du monde physique dans une seule formule qui donnerait la loi et la raison d'être de tous les phénomènes observés. Il n'est pas douteux que si, sur l'invitation des doctrines sensualistes et sceptiques, l'esprit humain parvenait à étouffer le principe de causalité, les recherches scientifiques seraient frappées de stérilité, et ne consisteraient plus qu'en observations et en mesures sans lien et sans intérêt pour le développement de nos connaissances. Ce n'est certainement pas l'expérience qui nous permet cette généralisation, car l'expérience ne nous présente que des rapports de succession, et d'ailleurs, comme nous venons de le faire remarquer, on ne peut tirer aucune connaissance de l'expérience si l'on ne possède déjà le principe de causalité. Ce n'est pas non plus la méthode *déductive :* aucun raisonnement ne permet de conclure que les phénomènes observés sont les effets de phénomènes plus généraux de ce seul fait que nous nous sentons nous-mêmes une c. plus ou moins active. Enfin, l'*induction* est elle-même impuissante à nous fournir l'idée générale de causalité. L'induction peut étendre et généraliser un fait, mais elle ne peut pas en changer la nature. L'induction nous autorise à admettre que les autres hommes, que les êtres vivants sont *cause* au même titre que nous le sommes nous-mêmes. Elle généralisera le phénomène individuel que nous a révélé notre conscience. Ainsi, c'est par un emploi vicieux de la méthode inductive que l'enfant gourmande la pierre contre laquelle il s'est heurté, que le sauvage adresse ses prières à l'animal malfaisant qu'il redoute, au fétiche ridicule que cependant lui-même a façonné. Mais l'induction ne peut pas substituer une idée nécessaire, universelle, absolue, à une idée individuelle, contingente et limitée. Quelle que soit l'étendue que nous accordions à la généralisation inférée par induction du fait de conscience qui nous a fourni l'idée de c., il existera toujours un abîme infranchissable entre cette idée généralisée et l'idée d'une c. première, d'une c. infinie. — Il faut donc ou rejeter absolument l'idée de causalité, comme les philosophes sensualistes ou sceptiques, ou y voir un principe supérieur à toute expérience, une condition essentielle à tous les raisonnements humains. Telle est l'opinion de Kant : il place la notion de c. et le principe de causalité au nombre de ces catégories ou formes de l'entendement humain qui enveloppent et dominent toute expérience et toute connaissance. Voy. CATÉGORIE. Pour lui, la croyance invincible que *tout changement a une c.*, constitue un de ces jugements directement formulés par la raison qu'il a appelés *jugements synthétiques à priori*, et qui sont les seuls véritables *axiomes*. Voy. AXIOME. A ce sujet, nous ferons observer que l'énoncé vulgaire du principe de causalité : *Il n'y a pas d'effet sans c.*, n'est qu'une proposition identique et vide, une tautologie ridicule, car le mot *effet* désigne précisément une chose qui a une c. Reid érige le principe de causalité en loi de croyance : en d'autres termes, il l'admet comme un principe supérieur qui s'impose à notre esprit d'une façon invincible.

Causes finales. — Nous avons déjà vu que l'on donne le nom de C. *finale* au but que se propose toute C. *efficiente*. Ce terme ne peut donc s'employer que lorsqu'il s'agit d'une c. intelligente ; mais il se dit surtout des œuvres de Dieu. Dans ce dernier sens, la croyance aux causes finales n'est que la croyance à un plan providentiel du monde. S'il y a un ordre dans l'univers, il y a nécessairement des causes finales, qui sont le rapport de chaque chose avec cet ordre universel. Les causes finales ont été niées par un certain nombre de philosophes. Parmi eux, nous citerons surtout Bacon, Hobbes, Spinosa, toute l'école empirique et sensualiste. Descartes lui-même a combattu très énergiquement ce qu'on appelait la doctrine des causes finales, non qu'il niât l'existence de ces causes, car il reconnaît que la recherche des causes finales est utile dans la théologie et la morale ; mais il la proscrit absolument, et avec beaucoup de raison, dans le domaine de la physique. C'est qu'avant lui, on avait singulièrement abusé des considérations tirées des causes finales dans l'étude des sciences physiques et naturelles. Au lieu d'étudier les phénomènes en eux-mêmes, ainsi que leur ordre de succession et de coordination, on leur assignait un but, une fonction le plus souvent imaginaire, et on échafaudait sur cette base presque toujours absurde toute une série de raisonnements par lesquels on prétendait arriver à découvrir les propriétés des choses, le tout sans nul souci de l'expérience. Ce n'est donc point parce qu'il nie l'ordre providentiel du monde que Descartes repousse la recherche des causes finales, c'est uniquement parce qu'il trouve absurde que l'homme substitue ses conjectures bornées, et trop souvent fausses, aux vues infinies et impénétrables de l'auteur de l'univers. Voy. DIEU.

En définitive, la notion des causes finales, qui se confond en dernière analyse avec la notion d'ordre dans l'univers, est la raison d'être des études scientifiques ; mais elle ne peut être d'aucun s e u rs dans la recherche des lois qui gouvernent le monde physique. Le savant n'a pas à s'en préoccuper ; il peut parcourir toute une carrière remplie de découvertes fécondes sans s'être jamais appesanti sur cette notion primordiale restée au fond de sa conscience, l'expérience aidée du raisonnement, étant la seule voie qui puisse nous conduire à étendre nos connaissances. Son rôle est, en effet, de rechercher comment les phénomènes s'engendrent les uns les autres, et comment les cas particuliers sont compris dans des lois générales, et non pas de chercher à deviner à priori par quels artifices il pourrait adapter les causes finales à une fin qui existe certainement, mais qu'il ignore la plupart du temps. Sous ce rapport, on s'explique que beaucoup de savants occupés de recherches positives en soient arrivés presque à nier l'existence même des causes finales, et il faut reconnaître que cette négation, qui amènerait la ruine de toute science si elle se généralisait et se développait dans les esprits avec toutes les conséquences qu'elle comporte, a été en pratique, et grâce à l'éternelle contradiction humaine, plus profitable que nuisible aux progrès scientifiques.

CAUSEFINALIER. s. m. Philosophe qui admet les causes finales. *Si une horloge n'est pas faite pour montrer l'heure, j'avouerai alors que les causes finales sont des chimères et je trouverai fort bon qu'on m'appelle C., c'est-à-dire un imbécile.* (VOLTAIRE, *Dict. phil.*, Causes finales.)

CAUSER. v. a. (R. *cause*). Être cause, occasionner. *C. un malheur, du dommage, de la joie, de la douleur. C'est lui qui cause le chagrin de son père.* = CAUSÉ, ÉE. part.

CAUSER. v. n. (lat. *causari*, disputer, parler). S'entretenir familièrement avec quelqu'un. *Ils ont été une heure à causer ensemble. Nous avons causé d'affaires. Nous causerons tantôt de votre affaire.* — Fam., *C. de choses et d'autres*, S'entretenir familièrement de diverses choses sans contention d'esprit. — Fig. et fam., *C., parler de la pluie et du beau temps*, C., parler de choses insignifiantes. — Ellipt., *C. littérature, voyages*, etc., C. de littérature, etc. || Fam., Parler trop, parler inconsidérément. *Ne lui confiez pas vos secrets, il aime trop à c.* — Parler avec malignité. *N'allez pas si souvent dans cette maison, on commence à en c.*

CAUSERIE. s. f. (R. *causer*). Babil, action de causer. *C'est une c. perpétuelle.* Fam. || Propos indiscret. *Ses causeries finiront par nous compromettre.* Fam.

CAUSETTE. s. f. Petite causerie.

CAUSEUR, EUSE. adj. Qui aime à causer, qui parle beaucoup. *Sa femme est trop causeuse. Il est d'humeur causeuse.* — Subst. *C'est une causeuse insupportable. Ces causeurs sont bien importuns.* || Se dit des personnes qui parlent indiscrètement, qui ne savent point garder un secret. *Ne lui dites rien, c'est un c.* Fam. || T. Litt. Écrivain qui fait les causeries dans un journal, qui traite de genres libres, familiers, tenant de la conversation.

CAUSEUSE. s. f. Petit canapé où deux personnes peuvent s'asseoir pour causer à l'aise.

CAUSSADE, ch.-l. de c. (Tarn-et-Garonne), arr. de Montauban, 3,700 hab.

CAUSSE. s. m. (lat. *calx*, chaux). Nom donné dans le centre et le sud-ouest de la France à de grands plateaux incultes généralement calcaires, séparés par des vallées profondes, et sur lesquels vivent de nombreux troupeaux. La Lozère, l'Aveyron, l'Hérault, le Gard et l'Ardèche, offrent au touriste et au géologue ces causses pittoresques des Cévennes, qui ont été, notamment depuis l'année 1887, étudiés avec un soin tout spécial par M. Martel. Les gorges du Tarn, qui rappellent les *cañons* du Colorado, méritent à elles seules le voyage des Cévennes : pendant 53 kilomètres, la rivière ondule dans une étroite fente sinueuse entre des bords escarpés et souvent à pic, de 500 mètres de hauteur. Rivières et grottes souterraines. Rochers prodigieux sculptés de siècle en siècle par les agents atmosphériques, ex. : Montpellier-le-Vieux, qui semble une ruine de cité abandonnée. Toute cette région est assurément l'une des plus curieuses de France et l'une des moins connues.

CAUSSETIÈRE. s. f. T. Archit. Sorte de dégagement.

CAUSSIN (Nicolas), jésuite français, confesseur de Louis XIII, conspira contre Richelieu et fut disgracié (1583-1651).

CAUSSIN DE PERCEVAL, arabisant français (1759-1835).

CAUSSINÉ, ÉE. adj. T. Mét. Se dit du bois qui, travaillé, se déjette.

CAUSTICITÉ. s. f. T. Méd. Qualité, propriété des substances caustiques. *La c. de la potasse.* || Fig., Malignité, inclination à dire ou à écrire des choses mordantes, satiriques. *Sa c. lui a fait bien des ennemis.* || Se dit des traits mordants et satiriques. *Il y a dans cette épigramme plus de c. que de finesse.*

CAUSTICOPHORE. s. m. et adj. (gr. καυστικός, caustique; φορός, qui porte). T. Chir. Instrument ou partie d'instrument qui porte un caustique.

CAUSTIQUE. adj. 2 g. (lat. *causticus*; gr. καυστικός, m. s.; καίω, je brûle). Brûlant, corrosif. Se dit des substances qui ont la propriété de brûler ou de désorganiser, par leur action chimique, les matières animales. *Substance c.* || Fig., Mordant, satirique, malin. *Homme c. Humeur c. Propos c.* || Techn. Substance que l'on étend sur certaines surfaces que l'on veut peindre pour faire adhérer les couleurs. || Au sens propre, s'emploie subst. et au masc. *Le nitrate d'argent est un c.* Voy. Cautérisation.

CAUSTIQUE. s. f. (m. s. que le précédent, parce que les points où se réunissent les rayons sont les plus échauffés). T. Géom. et Optique.

Géom. — On nomme *Caustique* la courbe à laquelle sont tangents les rayons lumineux réfléchis ou réfractés par une autre courbe; c'est l'enveloppe de ces rayons. On distingue deux sortes de *Caustiques* : les *Catacaustiques* ou caustiques par réflexion, et les *Diacaustiques* ou caustiques par réfraction. Supposons des rayons tels que BM, BM', etc.,

émanant d'un point lumineux B (Fig.) et réfléchis par la courbe AMM', de telle façon que l'angle d'incidence soit égal à l'angle de réflexion; la ligne courbe HFF' à laquelle sont tangents tous les rayons réfléchis, est une *catacaustique* ou caustique par réflexion. — De même des rayons BM, BM', etc., émanés d'un point lumineux B et réfractés par une courbe AMM', de façon que les sinus des angles d'incidence soient aux sinus des angles de réfraction dans un rapport constant, qu'on nomme l'*indice de réfraction*, seront tangents à une courbe qui est une *diacaustique*, c.-à-d. une c. par réfraction.

Ces courbes représentent le lieu du plan qui reçoit le plus de lumière. Quand les rayons qui puisent dans un même plan et sont réfractés ou réfléchis par une surface, la question se complique. On démontre que si les rayons étaient normaux à une surface avant la réfraction, ils sont normaux après leur déviation à une surface que l'on a nommée l'*anticaustique*. On remarquera que des rayons parallèles sont normaux à des plans, des rayons divergents normaux à des sphères. Il existe alors une *surface c.* composée de deux nappes et qui est le lieu des centres de courbure de l'anticaustique. Cette surface représente le lieu des points de l'espace qui sont les plus éclairés. On appelle la surface réfléchissante ou réfringente qu'on appelle aussi surface *dirimante* est de révolution, ou s'il y a plusieurs surfaces dirimantes de révolution autour d'un même axe, ce qui est le cas des instruments d'optique, et si de plus les rayons sont parallèles à l'axe ou divergent d'un point de l'axe, l'une des nappes de la c. se réduit à l'axe, et l'autre est une surface de révolution qu'on obtiendrait en faisant tourner autour de l'axe la courbe c. correspondant à la méridienne de la surface dirimante. Dans certains cas, les rayons émergents convergent exactement en un foyer unique et la caustique se réduit à un simple point. C'est ce qui arrive pour des rayons parallèles à l'axe d'un miroir parabolique : ils vont concourir exactement au foyer de ce paraboloïde de révolution.

Si l'on reçoit le faisceau émergent sur un écran, la trace de la surface c. se dessine sur cet écran en ligne lumineuse. Ainsi, on peut produire expérimentalement une courbe catacaustique en exposant aux rayons solaires ou à une vive lumière l'intérieur d'un bol bien lisse, contenant un liquide non diaphane, tel que du lait ou, encore mieux, de l'encre. Sa c., qui dans ce cas est une épicycloïde, apparaît en traits brillants à la surface du fluide. Dans une autre expérience proposée par David Brewster, les caustiques se développent d'une manière encore plus frappante. On prend une lame de métal poli, assez mince pour pouvoir prendre aisément une forme concave, et on la place perpendiculairement sur une feuille de papier blanc. On expose cet appareil aux rayons solaires en tenant le plan du papier de telle façon qu'il passe près du soleil, alors la c. apparaît sur le papier en courbe lumineuse bien limitée. La partie intérieure est plus brillante que l'extérieur, et la lumière diminue graduellement et très rapidement à une petite distance de la c. En variant les dimensions de la lame métallique et en lui donnant diverses courbures, on obtient toutes les espèces possibles de catacaustiques, avec leurs points d'inflexion, etc. — Les caustiques ont été étudiées pour la première fois par Tschirnhausen, en 1682. Ce sujet étant intimement lié aux phénomènes de la concentration et de la dispersion des rayons lumineux par les surfaces réfléchissantes et réfringentes, son étude est d'un haut intérêt dans l'optique pratique.

CAUSTIQUEMENT. adv. D'une manière caustique, mordante. *Il lui a répondu très c.*

CAUSUS. s. m. [Pr. *côzuss*] (gr. καῦσος, m. s., de καίω, je brûle). T. Méd. Fièvre ardente dans la médecine d'Hippocrate. Voy. Fièvre.

CAUTÈLE. s. f. (lat. *cautus*, rusé). Finesse, ruse. Vx. || T. Droit canon. Précaution. N'est usité que dans cette phrase, *Absolution à c.*

CAUTELEUSEMENT. adv. (R. *cautèle*). Avec ruse, avec finesse. Se prend toujours en mauvaise part. *Il a fait cela c.*

CAUTELEUX, EUSE. adj. Rusé, fin. Se prend toujours en mauvaise part. *C'est un esprit malin et c.*

CAUTÈRE. s. m. (gr. καυτήριον, m. s., de καίω, je brûle). T. Méd. Se dit de tout agent employé à brûler ou désorganiser les parties vivantes sur lesquelles on l'applique. *Appliquer un c.* || L'espèce de plaie qui en résulte. *Il a un c. au bras. Panser un c.* || Instrument de fer que l'on fait chauffer pour pratiquer l'opération. || Prov. et fam., *C'est un c. sur une jambe de bois*, se dit d'un remède qui ne peut servir à rien. Voy. Cautérisation.

CAUTERETS, village du dép. des Hautes-Pyrénées, au milieu des montagnes, 1,700 hab. Eaux sulfureuses.

CAUTÉRISATION. s. f. T. Méd. Action de cautériser; effet qui en résulte. La *Cautérisation* est une opération par laquelle on désorganise les tissus vivants à l'aide de la chaleur ou de certains agents chimiques. On applique encore le même nom à l'effet qui résulte de cette opération, et à l'action accidentelle du calorique ou des agents chimiques. Les corps qui désorganisent les tissus par leurs propriétés chimiques sont appelés *Caustiques* ou *Cautères potentiels*. Les instruments rougis au feu ou par l'électricité sont appelés *Cautères actuels* ou simplement *Cautères*.

1. *Caustiques.* — Les *Caustiques* sont des substances qui, mises en contact avec les tissus vivants, se combinent avec eux et déterminent une décomposition dont le résultat final est la désorganisation et la mortification d'une certaine portion de tissu, laquelle est ensuite éliminée. La partie ainsi frappée de mort est appelée *Escarre*. — On donnait autrefois le nom d'*Escarotiques* aux caustiques qui agissent très profondément sur les tissus, et celui de *Cathérétiques* à ceux dont l'action est plus superficielle; mais cette distinction est aujourd'hui abandonnée avec raison, car l'action des caustiques est subordonnée à la quantité de substance employée et à la durée de l'application. Aujourd'hui, les chirurgiens divisent simplement les caustiques en caustiques *solides*, caustiques *mous* et caustiques *pulvérulents*.

1° *Caustiques solides.* — Les caustiques solides les plus employés sont la potasse et le nitrate d'argent. — La *potasse caustique* ou *pierre à cautère*, préparée à l'alcool, est un des caustiques dont on se sert surtout pour ouvrir des abcès profonds (abcès du foie principalement). On applique sur les tissus un emplâtre de diachylon, percé d'une ouverture, de telle sorte que celle-ci corresponde exactement à l'endroit où l'on veut déterminer la c. On dépose dans cette ouverture un fragment de potasse de grosseur convenable. Ce dernier doit toujours avoir un diamètre moindre que celui de l'escarre que l'on veut obtenir. Enfin, on recouvre le caustique de plumasseaux de charpie qui absorbent le liquide produit par la liquéfaction de la potasse, et empêchent la c. des parties voisines. Au bout de 5 ou 6 heures, l'escarre est formée. Quant à son élimination, elle est plus ou moins lente à s'opérer ; il lui faut, selon le cas, de 10 à 30 jours. L'opération est renouvelée plusieurs fois quand on veut parvenir jusqu'à un abcès profond ; mais alors on est souvent obligé de fendre l'escarre avec le bistouri pour la détacher plus promptement, afin de pouvoir réitérer l'application du caustique. — Le *Nitrate* ou *Azotate d'argent*, appelé vulgairement *Pierre infernale*, s'emploie de préférence lorsqu'on ne veut obtenir qu'une c. superficielle ; mais son action est beaucoup plus rapide que celle de la potasse. Ce caustique se prépare en petits cylindres que l'on manie à l'aide d'un instrument semblable à un porte-crayon, et appelé *Porte-pierre*. On touche avec ce cylindre une ou plusieurs fois, selon l'indication, les parties dont on désire modifier la surface. On le taille en pointe plus ou moins fine, lorsqu'on veut cautériser qu'un point très limité. Appliqué sur la peau, il forme des escarres d'un violet très foncé, presque noir. Quand, au contraire, on l'applique sur une surface en suppuration, il y détermine la formation d'escarres blanches très minces, et qu'on détachent chaque jour. Lorsque la surface est sèche, il faut légèrement humecter le crayon de nitrate d'argent ; mais trop d'humidité est nuisible, car le caustique est alors trop délayé. Le nitrate d'argent est surtout usité pour cautériser les bourgeons charnus fongueux à la surface des plaies, pour modifier les surfaces ulcérées et suppurantes, pour arrêter les hémorragies résultant de piqûres de sangsues ou de l'ouverture d'un petit vaisseau, pour enflammer les trajets fistuleux, etc. L'application de cet agent cause parfois d'assez vives douleurs : aussi, lorsqu'on doit faire une c. un peu étendue, ou porter le caustique sur le globe de l'œil, on tient de l'eau fraîche légèrement salée toute prête pour laver sur-le-champ la partie cautérisée et dissoudre l'excès de nitrate, ou le neutraliser. L'usage des autres caustiques solides est beaucoup moins répandu : tels sont le *Sulfate de cuivre*, le *Deutochlorure de mercure*, l'*Azotate* ou *Nitrate de mercure* et l'*Acide arsénieux*. Le plus souvent on les mélange avec un corps gras ou on les dissout dans un liquide. Quelques-uns sont employés à l'état de poudre qu'on étend sur les surfaces malades.

2° *Caustiques mous.* — Ils s'obtiennent en incorporant les caustiques solides réduits en poudre à des liquides ou à des substances molles. Les principaux sont la pâte de Vienne, la pâte arsenicale et la pâte de Canquoin. — La *Pâte de Vienne* se fait avec un mélange de 5 parties de potasse caustique et de 6 de chaux vive que l'on délaye dans un peu d'alcool. On s'en sert principalement pour établir des cautères. Pour l'appliquer, on taille sur un morceau de diachylon une ouverture d'un tiers moins grande que la grandeur qu'on veut donner à l'escarre. Quand le diachylon adhère bien à la peau, on place une petite couche de pâte sur l'ouverture. Au bout de 5 à 6 minutes, si le mélange de pâte que l'on a est récemment préparé, la c. est parfaite. On enlève le diachylon et la partie de pâte qui n'est pas encore combinée avec le tissu, et on recouvre avec un autre morceau de diachylon. L'escarre qui se forme est noire, et se détache au bout de 15 à 30 jours. — Il existe diverses espèces de *Pâtes arsenicales*. La plus usitée est la préparation dite *Pâte de frère Côme* ou de *Rousselot*. L'emploi de ces préparations exige une grande prudence, car l'absorption de l'agent toxique est facile. Cette pâte a été longtemps préconisée dans le traitement du cancer ; elle a perdu aujourd'hui beaucoup de sa réputation. Le *Caustique de Plunket* est une pâte arsenicale additionnée de renoncules destinées à produire la vésication. — La *Pâte de Canquoin* est formée d'une partie de chlorure de zinc qu'on incorpore à deux, trois ou quatre parties de farine. On y ajoute quelquefois, pour la rendre plus souple et plus active, une demi-partie de chlorure d'antimoine. Ce caustique a été employé avec quelque succès contre le cancer ; il est bien préférable aux pâtes arsenicales, les substances qui entrent dans sa composition n'étant pas vénéneuses. — Les autres caustiques ne méritent pas de nous arrêter.

3° *Caustiques liquides.* — Au premier rang, nous placerons les *Acides concentrés*, c.-à-d. les acides azotique, sulfurique, chlorhydrique et chromique. Les deux premiers sont aujourd'hui peu usités, mais les deux derniers sont fréquemment employés dans les cas d'affections ulcéreuses de la cavité buccale et dans ceux de salivation mercurielle. On ne s'en sert qu'après l'avoir plus ou moins dilué. — Les solutions de *Chlorure d'antimoine* et de *Chlorure de zinc* sont des caustiques actifs, rapides, mais fort douloureux. Le premier est excellent pour cautériser les morsures faites par des d'animaux enragés. — Le *Nitrate acide de mercure* cause peu de douleur ; il est employé très fréquemment dans les affections organiques de l'utérus. — La solution de *Nitrate d'argent* présente l'avantage de pouvoir être portée sur des surfaces qu'on ne peut atteindre avec le nitrate fondu. — La solution caustique d'*Iode* se prépare en faisant dissoudre de l'iode dans une solution d'iodure de potassium. On en a obtenu d'assez bons résultats dans le traitement des tumeurs scrofuleuses ulcérées et de la teigne faveuse. — Enfin, l'*Ammoniaque*, appelée aussi *Alcali volatil*, est regardée, mais sans beaucoup de fondement, comme utile surtout contre la morsure de la vipère.

II. *Cautérisation par la chaleur.* — L'application de la chaleur dans le but de cautériser les tissus se fait de diverses manières, que nous allons passer en revue.

1° *Cautères actuels.* — On se sert presque exclusivement d'instruments d'acier, composés d'un manche, d'une tige et d'une extrémité dont la forme est variable : on les nomme *Cautères*. Les anciens faisaient quelquefois usage de cautères d'or, d'argent, de cuivre, etc. ; ils espéraient en ce moyen obtenir des effets différents. L'observation a fait justice de ce singulier préjugé. Les cautères d'acier offrent ce grand avantage qu'on peut apprécier leur température par leur changement successif de couleur. La forme de l'extrémité de ces instruments varie selon l'usage auquel ils sont destinés. On les distingue en cautère *nummulaire* (ayant la forme d'un cachet), c. *cultellaire*, c. *circulaire*, c. *conique*, c. *olivaire*, etc. ; tous ces cautères ont leur extrémité courbée à angle droit, le cautère en *roseau* est le seul qui ne présente point de courbure. — La c. avec le fer rouge prend aussi des noms différents, suivant la manière dont elle est pratiquée. On l'appelle *inhérente*, quand elle pénètre profondément dans les tissus ; *transcurrente*, quand elle n'intéresse la peau que superficiellement ; *par pointes*, lorsqu'on répète plusieurs fois l'application de la pointe du cautère conique ; *objective*, lorsqu'elle se fait à distance, c.-à-d. sans toucher avec le fer la surface qu'il s'agit de cautériser. Il est à noter que la douleur est d'autant moins vive que la température du cautère est plus élevée. C'est pourquoi le cautère au fer rouge a beaucoup diminué d'importance, depuis la géniale découverte du thermo-cautère de Paquelin, qui repose sur la propriété que possède le platine d'être porté au rouge par les vapeurs d'essence. Le thermocautère est aujourd'hui extrêmement usité pour pratiquer une révulsion superficielle dans la tuberculose pulmonaire, l'ataxie locomotrice, les arthrites rhumatismales et autres ; pour arrêter les hémorragies, les progrès de la gangrène, ceux de la carie des os, pour désorganiser les tissus de mauvaise nature, tels que les cancers, pour détruire le virus ou la morsure d'animaux enragés ou venimeux introduit dans l'intérieur des plaies, etc. — Ce mode de c. n'agit pas de la même manière que les caustiques. L'escarre qu'il détermine est sèche ; l'inflammation des tissus voisins est plus franche ; la douleur qu'il occasionne est de moins longue durée ; enfin, son action est facile à mesurer, et, avec lui, on n'a à redouter aucun des accidents qui suivent quelquefois l'emploi de certaines substances chimiques.

Le cautère électrolytique ou galvanocautère, composé d'une pièce d'acier ou de platine qu'on porte au rouge par l'action d'un courant électrique, s'emploie surtout pour les opérations délicates du pharynx, du larynx et de l'oreille.

2° *L'Eau bouillante* est rarement usitée comme cautère ; on l'emploie quelquefois pour obtenir une vésication rapide. Dans les deux cas, on se sert habituellement d'un simple marteau qu'on plonge dans l'eau bouillante et qu'on applique sur la peau. Il suffit de le tenir en contact avec celle-ci pendant dix secondes pour déterminer la formation d'une escarre. Si l'on interpose entre les téguments et le marteau un morceau de linge, l'effet est moins prononcé, mais plus rapide ; au bout de quatre à cinq secondes la vésication est opérée. Enfin, lorsqu'on veut obtenir une simple rubéfaction, on trempe le marteau dans l'eau à 60 degrés environ, ou l'applique sur la peau et on retire immédiatement. C'est ce qu'on appelle le marteau du *Mayor*. Il est usité surtout, dans la région du cœur, pour remédier à l'agonie ou à la mort apparente.

III. *Du Cautère ou Fonticule.* — On nomme ainsi un exutoire établi dans le tissu cellulaire sous-cutané, et dont on entretient plus ou moins longtemps la suppuration suivant l'effet qu'on veut obtenir. — Le fonticule se pratique de diverses manières. Tantôt on fait une incision avec le bistouri, et on entretient la suppuration de la plaie en y introduisant un pois ordinaire ou un pois à cautère (ce dernier n'est autre chose qu'un morceau de racine d'iris de Florence façonné en forme de petite boule); tantôt on détermine la formation d'une escarre à l'aide d'une tige de fer rouge. Mais, le plus habituellement, on fait usage de la pâte de Vienne ou de la potasse caustique. On applique ces caustiques de la façon que nous avons décrite plus haut. Lorsque l'escarre est éliminée, on dépose dans le petit ulcère qui en résulte, un pois à cautère qui agit non seulement comme corps étranger, mais encore comme source de microbes pyogènes sur les tissus voisins, et par conséquent entretient l'inflammation et la suppuration locales. — Un morceau de diachylon ou une feuille de lierre enduite d'un corps gras, une compresse et un bandage circulaire suffisent en général pour le pansement. Lorsque la suppuration est trop peu active, le meilleur procédé pour la ranimer consiste à enduire la surface du pois à cautère d'une couche très mince de pommade épispastique. Si, au contraire, le cautère est trop douloureux, on enduit le pois d'une préparation opiacée, et on couvre la plaie de cataplasmes émollients. On agit de même quand les surfaces environnantes sont trop enflammées. Enfin, quand on veut supprimer un cautère, il suffit de ne plus mettre de pois dans la plaie et de panser celle-ci avec un linge ou un morceau de papier brouillard enduit de vaseline salolée, par ex. — Les fonticules peuvent se placer sur presque toutes les parties du corps; néanmoins, il convient d'éviter les tissus riches en nerfs ou en vaisseaux, et de choisir les endroits abondamment pourvus de tissu cellulaire. Au bras, le lieu d'élection est l'espace angulaire compris entre l'insertion inférieure du deltoïde et celle du biceps. A la cuisse, on les pratique à la partie interne, en avant du tendon du grand adducteur, à 7 ou 8 centimètres au-dessus du condyle; à la jambe, au-dessous du condyle interne du tibia; à la nuque, dans l'intervalle des muscles trapèzes, en arrière du splénius, etc. — Le cautère fonticulaire est un moyen thérapeutique barbare qui, heureusement, a énormément perdu de son importance dans la médecine contemporaine.

CAUTÉRISER. v. a. (R. *cautère*). Appliquer un caustique, brûler au moyen d'un cautère. *C. une plaie.* = CAUTÉRISÉ, ÉE, part. || T. Morale chrétienne. *Une conscience cautérisée*, l'ue conscience corrompue et insensible au remords. Vx.

CAUTION. s. f. [Pr. *cô-ci-on*] (lat. *cautio*, de *cavere*, prendre garde). T. Droit. Celui qui répond pour un autre, qui s'engage à satisfaire à l'obligation contractée par un autre, dans le cas où celui-ci n'y satisferait pas lui-même. *C. légale, judiciaire. C. solvable. Bonne, suffisante c. Servir de c. Donner, fournir c. Admettre une c. Réception de c. Décharger les cautions.* On dit dans un sens anal., *Mettre quelqu'un en liberté provisoire sous c., moyennant c.* — *C. bourgeoise*, se disait autrefois d'une c. solvable et facile à discuter. || La *caution*, *Être c., se rendre c. d'une chose*, Assurer qu'une chose est arrivée ou arrivera; certifier qu'une nouvelle est vraie. *J'en suis c. Qui me sera c. de ce que vous me dites?* — *Il est sujet à c.*, se dit d'un homme auquel il ne faut pas trop se fier. On dit de même, *Cette nouvelle, cette histoire est sujette à c.*, Elle est douteuse. || *Cautionnement*, sûreté qu'on donne pour l'exécution d'un engagement. *Fournir c. Élargir quelqu'un sous c., moyennant c., à la c. d'un autre.* — *C. juratoire*. Voy. JURATOIRE.

Légist. — On nomme *Caution* celui qui s'engage envers le créancier d'une obligation à satisfaire à cette obligation, si le débiteur n'y satisfait pas lui-même. On appelle aussi C. le contrat particulier qui intervient alors; mais on dit mieux *Cautionnement*.

Le cautionnement est nécessairement un contrat accessoire d'une obligation; il ne peut s'ajouter qu'à une obligation valable; sans cela, il offrirait un moyen de valider des engagements dont la loi prononce la nullité. Il s'éteint toujours avec l'obligation principale. C'est un contrat unilatéral et de bienfaisance; enfin, comme il a pour objet la garantie d'une dette, il est permis de se rendre c. sans ordre, et même à l'insu de

celui pour qui l'on s'oblige. Cependant le cautionnement est ordinairement la conséquence d'un mandat intervenu entre le débiteur principal et la c. Ce mandat est réputé exister quand c'est au su du débiteur ou sans opposition de sa part que la c. s'oblige. Si c'est à l'insu du débiteur ou malgré lui qu'elle s'est obligée, le contrat de gestion d'affaires est censé intervenir entre elle et le débiteur principal. Bien qu'il soit de la nature de ce contrat d'être gratuit, rien ne s'oppose cependant à ce que la c. stipule au débiteur un prix pour la garantie qu'elle lui prête; c'est ce qui arrive généralement en matière commerciale. — Dans notre droit, le cautionnement n'est assujetti à aucune forme particulière; il peut être formé par acte authentique ou sous seing privé, par lettre et même verbalement, quelle que soit l'espèce d'obligation qu'il a pour objet de garantir. Néanmoins il ne peut se présumer; il doit être exprès, et il ne saurait être étendu au delà des limites dans lesquelles il a été contracté.

Le cautionnement est conventionnel, légal ou judiciaire. Il est conventionnel, quand il ne résulte que de la volonté des parties; légal, quand il est imposé par la loi; judiciaire, quand il est ordonné par jugement. Parmi les cas de c. légale, on peut citer ceux qui sont prévus par les art. 16, 120, 123, 601, 626, 771, 807, 1518, 1653, 2185 du C. civil; par les art. 166, 542, 832, 992, 995 du C. proc.; par les art. 114 et suivants du C. d'inst. crim. Il y a lieu à c. judiciaire, par ex., lorsque le juge, en accordant à une partie une somme par provision, lui enjoint de donner c. ou de la rapporter, s'il y a lieu. — Dans le cas de c. conventionnelle, c'est au créancier à accepter la garantie qui lui est offerte. Mais quand elle est exigée par la loi ou par jugement, la personne qui se porte c. doit être capable, solvable et domiciliée dans le ressort de la cour d'appel. La solvabilité d'une c. ne s'estime qu'en égard à ses propriétés foncières. Cependant, en matière de commerce et de douanes, ou lorsque la dette est modique, il suffit que la c. soit notoirement solvable.

Le cautionnement, étant en principe un acte de bienfaisance, est digne des faveurs de la loi. Par conséquent, sans parler ici du bénéfice de discussion et de division, la c. a plusieurs moyens pour se mettre à l'abri des pertes qu'elle pourrait éprouver: 1° Elle peut agir contre le débiteur pour se faire rembourser tout ce qu'elle a payé pour lui. 2° Dans le cas où cette action directe serait insuffisante, elle est légalement subrogée aux droits du créancier qu'elle a désintéressée. 3° Aux termes de l'art. 2032 du C. civil, même avant d'avoir payé, la c. peut agir contre le débiteur, lorsqu'elle est poursuivie en justice pour le payement, lorsque le débiteur a fait faillite ou est en déconfiture, lorsque celui-ci s'est obligé de rapporter sa décharge dans un certain temps, lorsque la dette est devenue exigible par l'échéance du terme sous lequel elle avait été contractée, enfin, au bout de dix années, lorsque l'obligation principale n'a point de terme fixe d'échéance. 4° Toutes les exceptions que peut invoquer le débiteur, et qui sont inhérentes à la dette, servent à la c.; tout ce que fait le débiteur pour se libérer profite à cette dernière.

A Rome, pendant fort longtemps, le créancier put à son choix actionner soit le débiteur principal, soit la c., à moins que celle-ci n'eût formellement stipulé qu'elle ne pourrait être poursuivie qu'après le débiteur, et faute par ce dernier d'avoir entièrement satisfait à son obligation. L'empereur Justinien établit en faveur de la c. le *bénéfice d'ordre* ou de *discussion*, c.-à-d. ne donna action au créancier contre la c. que pour ce qu'il n'aurait pu obtenir du débiteur, préalablement poursuivi. Le bénéfice de discussion ne fut point admis par le loi canonique, et, paraît-il avoir été reçu que tardivement par la jurisprudence française; il fut enfin permis, mais il devint d'usage d'y renoncer. En Bourgogne, la renonciation au bénéfice de discussion était devenue de style. — Le C. civil a admis l'exception de discussion en faveur de la c. Celle-ci peut repousser les poursuites du créancier en requérant la discussion du débiteur principal, c.-à-d. en indiquant au créancier les biens de ce débiteur et en avançant les deniers suffisants pour faire la discussion. La c. judiciaire ne peut point demander la discussion du débiteur principal. Le respect dû aux décisions de la justice exigeait que leur exécution ne pût être retardée.

Dans l'ancien droit romain, le créancier n'était point tenu de conserver à la c. ses actions contre le débiteur. Il suffisait qu'il les lui cédât telles qu'il les avait au moment où il recevait son payement. Lorsque Justinien eut institué le bénéfice de discussion, cette innovation eut pour résultat indirect, mais nécessaire, d'obliger le créancier non plus seulement à céder comme auparavant à la c. ses actions telles qu'il les avait, mais encore à les lui conserver intactes et à la garantir des fautes par lesquelles il les aurait amoindries ou perdues. Notre législation décharge la c. et fait cesser ses obligations, lorsque la subrogation aux droits, hypothèques et privilèges du créancier ne peut plus, par le fait de ce créancier, s'opérer en faveur de la c.

Lorsque plusieurs débiteurs sont obligés solidairement et que l'un deux a donné un tiers pour c., cette c. peut contraindre le créancier à discuter non seulement le débiteur qu'elle a cautionné, mais encore tous les autres débiteurs principaux. Le cas contraire peut aussi se présenter, c.-à-d., il peut y avoir plusieurs cautions pour la même dette. L'ancien droit romain autorisait alors le créancier, à moins de conventions contraires, à poursuivre chacune des cautions pour la dette tout entière. L'empereur Adrien introduisit le bénéfice de division, c.-à-d., permit aux cautions d'obliger le créancier à diviser entre elles son action. Ce bénéfice fut assez généralement admis par l'ancienne jurisprudence française; il est également consacré par la législation actuelle. Cependant, la division n'a pas lieu de plein droit; il faut qu'elle soit demandée; le juge ne peut la prononcer d'office.
— A la différence de l'exception de discussion qui n'est que dilatoire, celle de division est péremptoire, puisqu'elle tend à affranchir entièrement la c. qui l'invoque de l'action du créancier pour tout ce qui excède sa part. Elle est donc proposable en tout état de cause, pourvu que ce soit avant le jugement. Il est du reste de l'intérêt de la c. poursuivie de faire valoir sans retard cette exception, puisque la c. qui l'obtient cesse de pouvoir être recherchée à raison des insolvabilités des autres cautions survenues depuis. Celle des cautions qui invoque l'exception de division n'est pas tenue d'avancer au créancier les frais nécessaires pour poursuivre les autres. Le créancier divise son action lorsqu'il reçoit divisément la part de l'une des cautions.

Suivant la loi romaine, dans le cas de plusieurs cautions pour la même dette, celle d'entre elles qui avait payé n'avait de recours contre les autres qu'autant que, lors du payement, elle s'était fait céder les actions du créancier. Notre ancienne jurisprudence donnait à la c., même sans le secours d'aucune subrogation expresse, une action récursoire contre les autres cautions, et le C. civil a admis cette doctrine; néanmoins, ce recours n'a lieu que lorsque la c. a payé dans l'un des cas énoncés en l'art. 2032.

Celui qui répond de la solvabilité d'une c. se nomme Certificateur de c. Il ne faut pas le confondre avec la C. supplémentaire que le débiteur est tenu de fournir en cas d'insolvabilité partielle de la c. originaire. La c. étant elle-même, par rapport à son certificateur, un débiteur principal, toutes les règles, tous les principes du cautionnement que nous venons d'exposer, s'appliquent au certificateur comme à la c.

Caution judicatum solvi — On appelle ainsi la c. que tout étranger demandeur en justice doit fournir en vue de garantir l'exécution du jugement et le payement des dommages et intérêts qui pourront être prononcés contre lui. Cette c. n'est pas exigée en matière commerciale.

CAUTIONNEMENT. s. m. [Pr. cô-ci-o-ne-man] (R. cautionner). Contrat par lequel la caution s'oblige; l'acte même qui constate l'existence de ce contrat. Il s'est obligé pour un tel, ce c. l'a ruiné. Signer un c. Voy. CAUTION. || Gage qu'on donne, somme qu'on dépose comme garantie d'une gestion. Ce percepteur a déposé, a versé son c. Fournir un c. Le montant d'un c. Un c. de vingt mille francs. Les immeubles qui servent de c.

Droit administ. — En tant que dépôt de garantie est exigé des titulaires de certaines fonctions, et des adjudicataires des travaux concernant l'État, les départements ou les communes. Sont astreints au c. les avoués, notaires, huissiers, commissaires-priseurs, greffiers des cours et tribunaux; — les agents de change, courtiers de commerce; — les agents préposés à l'administration des finances : trésoriers-payeurs généraux, receveurs particuliers, percepteurs, conservateurs des hypothèques; — agents comptables des établissements publics de bienfaisance; — économes des lycées et collèges; — les chanceliers de consulat et vice-consuls; — les concessionnaires ou adjudicataires de fournitures entreprises au compte du ministère de la guerre, etc., etc.

Le c. doit être fourni en numéraire ou en rentes sur l'État. Il est affecté d'un privilège spécial au profit des victimes d'abus et de prévarications commis par les fonctionnaires ou comptables.

Notons que le c. des journaux et écrits périodiques, supprimé en 1870, rétabli en 1871, a été définitivement aboli par la loi du 29 juillet 1881.

CAUTIONNER. v. a. [Pr. cô-ci-oner] (R. caution). Se rendre caution pour quelqu'un. Je le cautionnerai pour vingt mille francs. == CAUTIONNÉ, ÉE, part.

CAUX (Pays de), partie de l'anc. Normandie (dép. de la Seine-Inférieure). Ancien pays des Calètes sous la domination romaine. Lillebonne (Juliabona) en était la capitale. Plus tard, sous les Normands, ce fut Caudebec. == Nom des hab. : CAUCHOIX, OISE.

CAVAGE. s. m. (R. cave). Se dit, dans quelques places de commerce, du loyer d'une cave. || Excavation, endroit creusé.

CAVAGNOLE. s. m. (ital. cavagno, compartiment). Sorte de jeu de hasard, espèce de biribi où tous les joueurs ont des tableaux, et tirent les boules chacun à son tour.

CAVAIGNAC (JEAN-BAPTISTE), conventionnel (1762-1829). || GODEFROY, son fils aîné, homme politique (1801-1845). || EUGÈNE, frère du précédent, général français, chef du pouvoir exécutif en 1848 (1802-1857).

CAVAILLON, ch.-l. de c. (Vaucluse), arr. d'Avignon, 9,000 hab. Une des plus anciennes villes de France. Ruines romaines. Remarquable église romane du XIe siècle.

CAVALAGE. s. m. (esp. caballage, accouplement du cheval). Nom qu'on donne à l'accouplement des tortues pour la génération.

CAVALCADE. s. f. (lat. caballus, cheval). Marche de gens à cheval avec ordre, pompe et cérémonie. || Se dit aussi de simples promenades que font à cheval plusieurs personnes réunies. Faire une c. Notre c. était très nombreuse.

CAVALCADER. v. n. Faire en compagnie une promenade à cheval.

CAVALCADOUR. adj. m. (esp. cavalgador, maître d'équitation). Écuyer c., Écuyer qui a la surveillance des chevaux et des équipages de l'écurie, dans la maison d'un souverain.

CAVALE. s. f. (lat. caballus, cheval). Jument, la femelle du cheval. Une belle c.

CAVALERIE. s. f. (ital. cavalleria, m. s.). Nom collectif qui désigne l'ensemble de tous les corps de troupes à cheval. Corps de c. Manœuvres de c. Combat, charge de c. Remonter la c. — Cet officier entend bien la c., il sait bien la mener, la faire combattre.

Art milit. — La Cavalerie a toujours constitué une partie de la force des armées; mais il est à remarquer que les nations barbares l'ont toujours considérée comme supérieure à l'infanterie, et que les peuples chez lesquels l'art de la guerre a fait quelques progrès, lui ont seulement assigné le deuxième rang. En effet, l'infanterie doit à son organisation spéciale d'être propre à toute espèce de mouvements et à toutes les natures de terrains; elle pourrait, à la rigueur, se passer du secours des autres armes, tandis que la c. est impropre aux pays boisés, montagneux ou marécageux, a besoin, dans la plupart des cas, d'être appuyée par l'infanterie, et enfin ne peut être utilement employée que dans certaines circonstances particulières. Malgré cela, le rôle que remplit la c. est de la plus haute importance, et son absence ou son insuffisance a plus d'une fois fait avorter d'admirables combinaisons stratégiques. Son utilité résulte surtout de son aptitude aux mouvements rapides. Grâce à sa mobilité, c'est la c. qui est chargée d'éclairer le front et les flancs de l'armée, de couvrir ses derrières, d'assurer ses communications, de protéger ses convois et de faciliter ses approvisionnements, de surveiller les mouvements de l'ennemi, d'empêcher les surprises, d'intercepter les correspondances, de maintenir les blocus, de protéger les retraites, etc. Dans les batailles, elle permet au général de profiter sur-le-champ des fautes de l'ennemi, soit pour s'emparer d'une position que celui-ci abandonne ou néglige d'occuper, soit pour déborder ses ailes, etc. Souvent une charge opportune de c. a donné la victoire, en portant le désordre dans les rangs ennemis, lorsque ceux-ci commençaient à hésiter ou à fléchir. Enfin, c'est toujours elle qui achève la défaite d'une armée vaincue, en la poursuivant avec vigueur, en harcelant et coupant ses colonnes, en lui enlevant son artillerie, ses convois, et en taillant en pièces les fuyards ou en les faisant prisonniers.

La c. a pris naissance en Asie, et, pendant un très grand nombre de siècles, elle a fait la force principale des armées orientales. Le plus ancien des livres, la Bible, nous parle des cavaliers de Pharaon, qui, poursuivant les Israélites, furent engloutis dans la mer Rouge. Cette arme était certainement inconnue aux Grecs à l'époque de la guerre de Troie, car Homère n'en fait pas mention, bien qu'il parle des chars de guerre ; mais il y avait déjà des cavaliers dans les armées grecques, lors de la première guerre de Messénie (VIIIe siècle av. J.-C.). Au reste, dans la Grèce ancienne, la c. fut toujours très peu nombreuse. Elle était uniquement composée des plus riches citoyens de chaque État, car alors les soldats s'équipaient et s'armaient généralement à leurs frais. Parmi les généraux grecs, Épaminondas paraît être le premier qui ait su tirer un parti judicieux de la c. ; il avait organisé luimême un corps de 5,000 cavaliers. Les rois de Macédoine Philippe et Alexandre eurent une nombreuse c. recrutée dans la Thrace et la Thessalie. La c. macédonienne dut à son habile organisation de battre constamment la c. perse, qui était beaucoup plus considérable, mais fort mal disciplinée.

La c. romaine fut d'abord très peu nombreuse. Comme dans la Grèce, elle se recrutait exclusivement dans les classes riches, particulièrement dans le corps des chevaliers. Cette c., en outre, n'avait ni instruction ni solidité; aussi fut-elle constamment battue toutes les fois qu'elle eut affaire à des troupes disciplinées ou aux cavaliers numides, espagnols et gaulois. Ses défauts devinrent si évidents pendant les guerres puniques que sa réorganisation fut reconnue indispensable. A partir de cette époque, les armées romaines eurent deux espèces de c., l'une très faible, qui continua, comme la précédente, à se composer de citoyens ; l'autre excellente, qui fut formée de contingents fournis par les nations amies et les peuples vaincus.

Les Francs avaient peu de c. quand ils arrivèrent dans les Gaules. Leurs premiers cavaliers réguliers paraissent avoir été recrutés parmi les Gaulois qui avaient servi sous le gouvernement romain ; mais l'établissement de la féodalité donna à la c. une importance qu'elle n'avait jamais eue. On peut dire, sans trop d'exagération, que du IXe au XVIe siècle elle constitua, à elle seule, toute la force militaire de la France et des pays soumis au système féodal. En effet, la noblesse combattait toujours à cheval et elle seule était bien armée. L'infanterie, qui constitue la majeure partie et la base essentielle des forces militaires des États modernes, n'était alors qu'un ramas de serfs presque dépourvus d'armes et sans organisation sérieuse. Mais l'invention de la poudre à canon et l'introduction de l'artillerie à feu vint enlever à la c. pesamment du moyen âge tous les avantages qu'elle possédait ; car, en présence de cette arme nouvelle, le cavalier, bardé de fer, ne jouissait plus d'une mobilité suffisante. L'artillerie rendit donc à l'infanterie la supériorité qu'elle avait eue dans les guerres de l'antiquité. Toutefois, au commencement du XVIIe siècle, dans la guerre de Trente ans, Gustave-Adolphe fit voir, par l'heureux parti qu'il en sut tirer, que la c. avait encore un grand rôle à remplir. En la débarrassant de tout l'attirail qui la rendait si lourde, il la mit en mesure de rendre, par la rapidité de ses mouvements, des services non moins signalés que ceux qu'elle rendait auparavant par sa masse et par son poids. Frédéric II, de Prusse, marcha sur les traces de Gustave-Adolphe. Enfin, les grandes guerres de la Révolution et de l'Empire ont assigné définitivement à la c. le haut rang qu'elle doit occuper dans le système militaire des peuples modernes.

Les armées actuelles renferment en général trois espèces de c. qui se distinguent les unes des autres par la taille et la force des hommes et des chevaux, ainsi que par l'armement des cavaliers. La Grosse c., qu'on appelle aussi C. de réserve; sert pour enfoncer les masses et pour décider, par des charges à fond, du succès des batailles. Elle se compose, en ce moment, en France, des Cuirassiers, auxquels s'ajoutaient, avant 1870, les Carabiniers. La C. légère est destinée au service des avant-postes, aux reconnaissances et à tout ce qui exige une grande rapidité. Elle comprend, chez nous, les Hussards et les Chasseurs. Enfin, la C. mixte ou C. de ligne, qui est représentée par les Dragons (et autrefois les Lanciers), tient le milieu entre la grosse c. et la c. légère. Aujourd'hui, du reste, les troupes de c. sont toutes exercées

de la même manière, et sont appelées à rendre en cas de besoin les mêmes services, qui sont principalement d'éclairer l'armée à de grandes distances et de harceler la marche en avant ou la retraite de l'ennemi.

École de cavalerie. — Le duc de Choiseul est le fondateur de nos premières écoles de c. Sur la proposition de ce ministre, une ordonnance royale du 21 août 1764 créa quatre établissements de ce genre qui, sous le nom d'*Écoles d'équitation*, furent ouverts à Metz, Douai, Besançon et Angers. Les meilleurs élèves devaient être réunis dans une école centrale sise à Paris. Ce premier essai ayant échoué, il en fut fait un second en 1771, époque à laquelle fut fondée l'*École de Saumur*. Cette deuxième tentative fut plus heureuse, et l'école fonctionnait régulièrement quand la Révolution la supprima en 1790. Cependant, l'utilité d'un semblable établissement étant tellement évidente que, peu d'années après, un décret du 2 sept. 1796 créa à Versailles une *École nationale d'instruction des troupes à cheval*. L'empereur (Décr. du 8 mars 1809) la supprima, mais en créant à sa place l'*École spéciale de c. de Saint-Germain*. Supprimée à son tour par une ordonnance royale du 30 juillet 1816, l'École de Saint-Germain fut remplacée par l'*École de Saumur*, qui disparut elle-même le 1822. Enfin, le 5 nov. 1823, une autre école fut organisée à Versailles, sur le plan de l'ancienne école de Saint-Germain, puis transférée par ordonnance du 11 nov. 1824 à Saumur, où elle n'a cessé depuis de fonctionner, mais non sans avoir, à plusieurs reprises, vu modifier son organisation. — Longtemps destinée à perfectionner les officiers de c. à donner aux élèves de Saint-Cyr qui entrent dans la c. les connaissances spéciales qui leur sont nécessaires, et à former de bons sous-officiers instructeurs, l'École de Saumur est consacrée aujourd'hui : 1° aux jeunes sous-lieutenants de c. sortant de l'École de Saint-Cyr, que l'on nomme *Officiers-élèves*; 2° aux sous-officiers de c. désignés, après examen, pour passer officiers et que l'on appelle *Élèves-officiers*. Ces deux catégories d'élèves, après un séjour d'un an à ladite école, sont répartis comme souslieutenants dans les régiments de France et d'Algérie. L'école est placée sous la direction supérieure d'un général de brigade.

CAVALET. s. m. (autre forme de *chevalet*). Couvercle de la lunette dans une verrerie.

CAVALIER. s. m. (lat. *caballus*, cheval). Homme qui est à cheval. *Il trouva des cavaliers sur le chemin.* — *Être bon c., mauvais c.,* Être bien à cheval, mal à cheval; savoir bien ou ne pas savoir conduire un cheval. On dit aussi, au fém., en parlant d'une femme, *Elle est bonne cavalière, mauvaise cavalière.* — *C'est un beau c.,* se dit d'un homme qui a bonne grâce à cheval. || Militaire qui sert dans la cavalerie. *Un détachement de cent cinquante cavaliers.* || Se disait autrefois d'un gentilhomme qui servait dans les armées. *C'est un c. très accompli.* || S'emploie quelquefois pour homme, par oppos. à dame ou demoiselle. *Un aimable c. Donner la main à son c.* T. Jeu. Voy. ÉCHECS. || T. Art milit. Voy. FORTIFICATION. || T. Papeterie. Voy. PAPIER. || T. Métallurg. Nom donné par les ouvriers forgeurs au marteau qui est trop soulevé par les cames. || T. Ponts et chauss. Masse de terre de dimensions considérables formée en dehors du chemin.

CAVALIER, IÈRE. adj. (R. *cavalier*, subst.). Dégagé, libre, aisé. Ne se dit guère que de l'air, des manières, et se prend rarement en bonne part. *Avoir l'air c., il a une mine cavalière.* || Par ext., Brusque et hautain, ou inconvenant, trop leste. *Traiter quelqu'un d'une manière cavalière.* Ce procédé est un peu c. *Des propos cavaliers.* || *Vue cavalière,* Vue prise en marchant. || *Route cavalière,* Dans les forêts, route réservée aux cavaliers. — On dit, dans le même sens, CAVALIÈRE, s. f. || T. Géom. *Perspective cavalière,* Projection oblique. Voy. PROJECTION. = A LA CAVALIÈRE. loc. adv. En cavalier. *Être vêtu à la cavalière.* Vx.

CAVALIER (JEAN), chef des protestants des Cévennes, révoltés en 1701 (1679-1740).

CAVALIÈREMENT. adv. D'une manière brusque, hautaine, inconvenante. *Il en a usé c. Il la traité fort c. Il en parle bien c.*

CAVALIERI (BONAVENTURE), célèbre géomètre italien, inventeur de la méthode dite des *indivisibles* pour calculer les aires, les volumes, et déterminer les centres de gravité, qui a rendu de grands services avant l'invention du calcul intégral (1598-1647).

CAVALIN, INE. adj (bas-lat. *caballinus*, m. s., de *caballus*, cheval). Qui a rapport au cheval.

CAVALINE. s. f. T. Mar. Nom de pièces de bois placées dans les galères pour former le premier plan du bâtiment.

CAVALLO (Tibère), physicien italien (1749-1809).

CAVALOT. s. m. *Pièce à c.*, Ancienne espèce de canon, fait de fer battu qui tirait une livre de balles de plomb.

CAVAN, comté d'Irlande (prov. d'Ulster), 130,000 hab. Cap. *Cavan,* 4,000 hab.

CAVASS. s. m. *C.* ou *Zaptieh,* nom des gendarmes chez les Turcs.

CAVATINE. s. f. (ital. *cavare,* sortir). T. Mus. Une *C.* est, à proprement parler, l'air que chante un acteur lorsqu'il sort des coulisses et paraît pour la première fois sur la scène dans un opéra. Jadis la c. était en général assez courte, sans reprise ni seconde partie, et se trouvait habituellement intercalée dans un récitatif obligé. Aujourd'hui, ce terme n'a plus de signification précise, et on l'applique à tout morceau de chant qui fournit au virtuose les moyens de déployer son talent. Actuellement une c. est souvent composée d'un récitatif et de deux ou trois parties dont le mouvement est alternativement lent et vif.

CAVE. s. f. (lat. *cavus,* creux). Lieu souterrain et voûté où l'on met ordinairement du vin et d'autres provisions. *Une c. bien garnie. Avoir du vin en c. Descendre du vin dans une c.* — Fig. et prov., *Aller du grenier à la c., de la c. au grenier,* Tenir des propos sans suite et sans raison. || Par ext., se dit de la quantité et du choix des vins qu'on a en c. *Sa c. est excellente. Monter sa c.* || Sorte de boîte dans laquelle sont disposés par étages des petits verres et des flacons à liqueurs. || Sorte de caisse à compartiments où l'on met les liqueurs ou les eaux de senteur pour les transporter aisément d'un lieu à un autre. || Coffre pratiqué au-dessous de la caisse d'une voiture, et dans lequel on met ordinairement des provisions de voyage. || T. Théâtre. Lieu voûté où sont placées les pompes pour être manœuvrées en cas d'incendie sans danger. || T. Métallurg. Excavation prismatique formée au devant du laiterol et dans laquelle le laitier s'écoule. || T. Techn. *C. à coke,* Dans les usines à gaz, espèce de terrain disposé à recevoir le coke qui sort de la cornue. || *Rat de c.,* Chandelle mince enroulée sur elle-même qui sert pour s'éclairer dans une c. — Sobriquet que l'on donne aux commis des contributions indirectes chargés de visiter les caves.

Syn. — *Cellier.* — Le cellier diffère de la c. en ce qu'il n'est pas aussi enfoncé au-dessous du sol et que d'ordinaire il n'est pas voûté.

CAVE. s. f. (R. *caver,* T. Jeu). La somme d'argent que chacun des joueurs met devant soi à certains jeux de cartes, comme au brelan, à la bouillotte, etc. *Il est à sa première, à sa seconde c. Perdre sa c. Faire une nouvelle c.*

CAVE. adj. 2g. (lat. *cavus,* creux). Creux. *Un œil c. Des joues caves.* || T. Anat. *Veines caves,* Veines qui ramènent le sang au cœur : il y en a deux. Voy. Circulation. || T. Chron. *Lune c., Mois c* , Année, lune, mois, moins longs que certains autres. Voy. Calendrier. || *Année c.* Voy. Cycle.

CAVEANT CONSULES, mots latins signifiant : Que les consuls prennent garde! Formule par laquelle le Sénat romain réclamait l'action du pouvoir exécutif dans les moments de crise ou d'émeute.

CAVEAU. s. m. (Dimin. de *cave*). Petite cave. || Dans un sens particulier, se dit des petites caves pratiquées sous les églises, dans les cimetières, etc., pour servir de sépulture. *On descendit le cercueil dans le c.* || Réunion de chansonniers fondée en 1729 et qui eut une certaine notoriété dans la première moitié de ce siècle, avec Désaugiers et Béranger. On s'y réunit à table. *Les habitués du C. La société du C.* || T. Mar. Soute supplémentaire où l'on dépose les provisions du commandant.

CAVECÉ, ÉE. adj. (esp. *cabeza,* tête, du lat. *caput*). Ne se dit que dans ces phrases : *Un cheval rouan c. de noir; une jument rouanne cavecée de noir,* Qui a la tête noire.

CAVEÇON. s. m. (esp. *cabeza,* tête, du lat. *caput*). T. Man. Demi-cercle de fer, monté de têtière et de sous-gorge que l'on met sur le nez des jeunes chevaux pour les dompter et les dresser || Fig. et prov., *Il a besoin de c.,* se dit d'un homme naturellement fougueux et emporté qui a besoin qu'on le retienne.

CAVÉE. s. f. (lat. *cavus,* creux). T. Vénerie. Chemin creux.

CAVELÉE. s. f. T. Techn. Quantité déterminée de tan.

CAVENDISH, célèbre physicien et chimiste anglais (1731-1810). Il détermina la densité moyenne de la Terre en mesurant par la méthode des oscillations l'attraction d'une grosse sphère de plomb sur une petite sphère de même métal. Voy. Gravitation, Terre.

CAVENTOU, pharmacien et chimiste français, découvrit la quinine avec Pelletier en 1820 (1795-1877).

CAVER. v. a. (lat. *cavare,* creuser). Creuser, miner. *La mer a cavé ce rocher.* — S'emploie abs. *La rivière cave sous la pile de ce pont.* || T. Techn. En terme de doreur, *C. un cuir,* L'imprimer. || Évider un morceau de verre pour y enchâsser d'autres verres. = Caver. v. n. T. Escrime. Retirer le corps en portant une botte et en avançant la tête. || Se Caver. v. pron. Se creuser. *Ses joues se cavent.* = Cavé, ée. part.

CAVER. v. a. (ital. *cavare,* tirer de sa poche). T. Jeu. Faire fonds d'une certaine quantité d'argent à un jeu de ranvi. *Il a cavé dix fr.* — *C. au plus fort,* Mettre au jeu autant d'argent que celui qui en a le plus. — Fig., *C. au plus fort,* Porter tout à l'extrême dans les entreprises, les opinions, etc. Fam. == Se Caver. v. pron. Mettre au jeu une certaine somme d'argent. = Cavé, ée. part.

CAVERNAIRE. adj. T. Hist. nat. Qui vit dans les cavernes.

CAVERNE. s. f. (lat. *caverna,* m. s., de *cavus,* creux). Antre, grotte, lieu creux dans les rochers, dans les montagnes, sous terre. *C. profonde, obscure, La bouche, l'entrée d'une c.* || Fig., se dit du lieu où se réunissent des scélérats. *Cette maison est une c. de brigands.* = Syn. Voy. Antre. || T. Pathol. Cavité formée dans le poumon par le ramollissement et la fonte des tubercules, ou par la gangrène d'une partie du tissu pulmonaire. Voy. Tubercule, Phtisie, Gangrène.

CAVERNEUX, EUSE. adj. Plein de cavernes. *Pays c. Montagnes caverneuses.* || Fig., *Voix caverneuse,* Voix sourde et rude. || T. Anat. Se dit de certaines parties où l'on remarque de petites cavités ou cellules. *Le corps c. Les sinus c. de la dure-mère.*

CAVERNICOLE. adj. (R. *caverne,* et lat. *colo,* j'habite). T. Hist. nat. Qui habite les cavernes.

CAVERNOSITÉ. s. f. T. Didact. État d'un corps qui est percé de cavernes.

CAVERON. s. m. Un des noms du prunellier.

CAVET. s. m. (Dimin. de *cave*). T. Archit. Moulure concave dont le profil est d'un quart de cercle. Voy. Moulure.

CAVI. s. m. Nom des tubercules de l'*Oca* du Brésil.

CAVIA. s. f. T. Zool. Nom scientifique du cochon d'Inde. Voy. Cabiai.

CAVIAR. s. m. (gr. mod. χαυιάρι, m. s.; turc, *chaviar*). Mets composés d'œufs d'esturgeon salés, *On fait beaucoup de c. en Russie.*

Techn. — Le c., dont on fait une si grande consommation en Russie, en Allemagne, en Autriche, etc., est confectionné avec les œufs de l'esturgeon que l'on pêche dans le Volga. Après les avoir débarrassés des pellicules et du sang qui s'y trouvent mêlés, on lave ces œufs avec soin, puis on les plonge dans de la saumure, on les exprime et on les pétrit dans des tonneaux, jusqu'à ce qu'ils aient été réduits en une pâte homogène. Le c. ainsi préparé est assez analogue au savon vert pour la consistance et la couleur; son odeur est pénétrante et ammoniacale, sa saveur âcre et piquante. C'est un mets assez grossier, mais salubre, susceptible d'une bonne conservation. Il forme la nourriture à peu près exclusive des Grecs et autres chrétiens schismatiques de l'Orient pendant leurs longs carêmes. Les pêcheries du Volga et de la mer Caspienne fournissent environ 400,000 kil. de caviar par année.

Sur presque tout le littoral de la Méditerranée, mais particulièrement en Égypte, à Alexandrie, dans la Sardaigne, dans la Dalmatie vénitienne, et en France, à Martigues (Bouches-du-Rhône), on fabrique une espèce de c. avec les œufs du poisson nommé *Muge* (*Mugil cephalus*); on les sale et on les comprime fortement entre des planches, de manière à en former une sorte de galette qu'on fait sécher au soleil et qu'on enferme ensuite dans des pots de grès ou dans des boraux de verre. C'est là ce qu'on appelle à Marseille le *boutargue*, qu'on mange assaisonné à l'huile et au vinaigre ou au jus de citron.

CAVICOLE. s. m. (lat. *cavus*, creux; *colo*, j'habite).T.Zool. Nom de larves de taons qui se logent dans les cavités du corps d'autres animaux.

CAVICORNES. s. m. pl. (lat. *cavus*, creux; *cornu*, corne). T.Zool. et Paléont. Les *Cavicornes*, ce sont : les *Antilopes*, les *Moutons*, les *Chèvres*, les *Bœufs* (voy. ces mots). Nous ne dirons ici que quelques mots des espèces fossiles de ces *Mammifères ongulés* (voy. ces mots). Les antilopes font leur première apparition dans le miocène moyen ; celles-ci avaient des cornes assez petites, tandis que celles du miocène supérieur montrent déjà des proéminences frontales de grande taille. Les types du miocène moyen seraient du groupe des chamois ; ceux du miocène supérieur, de Pikermi, seraient voisins des genres africains actuels *Oryx* et *Oreas*. Dans cet étage on trouvera aussi le genre *Antilope*. Les saïga habitaient l'Europe moyenne pendant le quaternaire, tandis que de nos jours ils sont limités aux steppes de l'Europe orientale et de la Sibérie.

Des restes fossiles d'ovidés, c.-à-d. de chèvres et de moutons, sont très rares, et se trouvent presque exclusivement dans les terrains quaternaires. Le bouquetin des Alpes (*Capra ibex*) et le bœuf musqué (*Ovibos moschatus*), si rares maintenant, se trouvaient dans presque toute l'Europe.

On n'a trouvé que très peu de restes d'ovidés dans les terrains tertiaires. Quant aux bovidés, on les divise en cinq groupes :

1° Des bubalines ont été trouvés dans le tertiaire de l'Inde ; les uns parents du buffle nain actuel des Célèbes (*Probubalus*), d'autres voisins de l'arni actuel (*Bubalus palu indicus*) ; le *Bubalus antiquus* des dépôts récents d'Alger ressemble au *B. brachyceros* de l'Afrique moyenne.

2° Le second groupe des bovidés bibovines comprend, comme formes fossiles apparentées au *Bos gaurus* actuel des Indes orientales, *Bos palæogaurus* et *Bos etruscus* du tertiaire de l'Inde.

3° Au troisième groupe (*Portacines*) appartiennent les *Leptobos* des terrains tertiaires de Sivalik, et Nerbuddah dans l'Inde, et de la vallée de l'Arno.

4° Au quatrième groupe appartient le genre bœuf (*Bos*) : les uns, du tertiaire de l'Inde ; les autres, comme l'aurochs (*Bos primigenius*) très répandu dans l'Europe quaternaire, puis éteint dans les temps historiques ; le *Bos brachyceros* également quaternaire, auquel il faut aussi rapporter la vache des tourbières des palafittes de la Suisse, peut être considéré comme la souche des bœufs domestiques actuels.

5° Le groupe des bisons est déjà représenté dans le tertiaire récent de l'Inde par le *Bison sivalensis*. Le *Bison priscus* du quaternaire européen était encore plus grand que le bison d'Europe actuel.

CAVIER. s. m. Cave servant de magasin.

CAVILLATION. s. f. [Pr. *cavil-la-cion*] (lat. *cavillatio*, m. s.). Sophisme, raisonnement captieux. *Il y a beaucoup de c. dans son raisonnement.* Inus. || Dérision, moquerie. Ne s'emploie guère que dans les écrits du barreau et dans ceux de controverse.

CAVIN. s. m. (lat. *cavus*, creux). T. Milit. Chemin creux qui tient lieu de tranchée et qui favorise la défense. || T. Géol. Lieu bas ou petite fondrière.

CAVISTE. s. m. Nom de celui qui est chargé de l'administration de la cave.

CAVITAIRES. s. m. pl (R. *cavité*). T. Zool. Les C. constituent, dans la méthode de Cuvier, le premier ordre de la classe des *Entozoaires* ou *Intestinaux*. Cet ordre correspond aux *Nématoïdes* de Rudolphi. Voy. NÉMATHELMINTHES.

CAVITÉ. s. f. (lat. *cavitas*, m. s., de *cavus*, creux). Un creux, un vide, dans un corps solide. *Les cavités d'un rocher. La c. d'un tube. Les cavités du cœur. La c. crânienne. C. abdominale. C. gutturale.*

CAVOIR. s. m. (R. *caver*, creuser). Instrument pour rogner le cuir.

CAVOLINITE. s. f. (R. *Covolini*, nom d'un naturaliste italien). T. Minér. Variété de *Néphéline*.

CAVOUR (Comte de), célèbre homme d'État italien (1810-1861), auteur, avec Victor-Emmanuel et Napoléon III, de l'unité italienne.

CAXTON, typographe anglais, imprima en 1477 le premier livre paru en Angleterre (1410-1491).

CAY. s. m. Mot chinois qui signifie *plante*. Il est employé en Chine et en Cochinchine pour désigner une foule de végétaux et il est toujours suivi d'un ou plusieurs mots servant à désigner l'espèce. Ainsi le *Cay-bai* représente l'*Euphorbia Litchi*; le *Cay-bap*, le Maïs; le *Cay-cau*, l'*Areca Catechu*; le *Cay-cam*, l'Oranger, etc.

CAYAPONIA. s. f. T. Bot. Genre de plantes de la famille des *Cucurbitacées*.

CAYENNE. s. f. [Pr. *ca-ïène*] (bas-lat. *caya*, demeure, maison). T. Mar. Lieu où sont logés et nourris les matelots qui attendent un armement dans un port.

CAYENNE, île de la Guyane française (Amérique du Sud), lieu de déportation pour les forçats.

CAYES. s. f. pl. Nom qu'on donne, dans les grandes Antilles, à de petits bancs qui sont formés de vase, de corail et de madrépores, et qui ressemblent à des îlots.

CAYET, historien et critique français (1525-1610).

CAYEU ou **CAÏEU.** s. m. T. Bot. Petit bourgeon qui se développe sur un bulbe. Voy. BULBE.

CAYEUX-SUR-MER, bourg de France sur la Manche, arr. d'Abbeville (Somme), belle plage ; 3,300 hab.

CAYLA (Comtesse du), confidente et amie du roi Louis XVIII (1784-1850).

CAYLUS, ch.-l. de c. (Tarn-et-Garonne), arr. de Montauban, 4,300 hab.

CAYLUS (Marquise de), parente de Madame de Maintenon, a écrit des *Souvenirs* très piquants sur la cour de Louis XIV et la maison de Saint-Cyr (1673-1729). == CAYLUS (Comte de), fils de la précédente, archéologue distingué (1692-1765).

CAYOPOLLIN. s. m. [Pr. *ca-io-po-lin*]. T. Mamm. Nom vulgaire d'une espèce de sarigue qui vit en Amérique. Voy. MARSUPIAUX.

CAYOR, royaume de Sénégambie habité par les Ouolofs ; à la France.

CAYORNE. s. f. T. Techn. Partie du câble d'extraction d'une ardoisière.

CAYRES, ch.-l. de c. (Haute-Loire), arrondissement du Puy, 1,600 hab.

CAZALÈS, membre de l'Assemblée constituante, défenseur de la royauté (1758-1805).

CAZAUBON, ch.-l. de c. (Gers), arr. de Condom, 2,600 hab.

CAZELLE. s. f. T. Techn. Sorte de bobine sur laquelle on dévide l'or filé.

CAZEMBE, royaume d'Afrique, au sud du lac Tanganyika.

CAZÈRES, ch.-l. de c. (Haute-Garonne), arr. de Muret, 2,700 hab.

CAZETTE. s. f. [Pr. *ca-zè-te*]. T. Céram. Enveloppe ou pâte grossière pour séparer les poteries pendant la cuisson.

CAZOTTE (JACQUES), écrivain français, auteur du *Diable amoureux*, né en 1720, mort sur l'échafaud révolutionnaire en septembre 1792. La prétendue prophétie de Cazotte, par laquelle il aurait annoncé leur sort aux plus illustres victimes de la Révolution, n'est qu'une fable inventée par la Harpe et démentie par lui-même.

CAZUYRIS, géographe arabe (1210-1283).

CE, m. s.; **CETTE**, f. s.; **CES**, pl. 2 g. (lat. *ecce hoc*, ou *ecce iste*, voici cela, celui-ci). Adj. démonst. Qui sert à indiquer les personnes ou les choses. *Ce cheval. Ce héros. Cet animal. Cet homme. Cette femme. Cette idole. Ces temples. Ce superbe monument. Ces belles et ces vilaines maisons. Cet homme-ci. Cette femme-là.* == CE. pron. démonst. invar., qui se dit pour la personne ou la chose dont on parle. *C'est votre frère. C'est votre sœur. Ce que je vous dis. Ce qui se passe. C'est magnifique. C'est bien. C'est mal. Ce devait être superbe. Pour ce faire, il ordonna... Ce fut pour nous ce Ce nous fut une grande joie. Ça a été la cause de bien des malheurs. Lui faire des observations, c'est peine perdue ou C'est perdre sa peine. C'est le devoir d'un chrétien de pardonner à ses ennemis. C'est lui qui me l'a raconté. Ce fut un grand homme que Charlemagne. Elle aime à rire, c'est de son âge. Je sais ce que vous êtes et ce qu'ils sont. C'est ce que je pensais. C'est à quoi je songeais. A ce que je crois. A ce qu'il m'a répondu. A ce qu'il me semble ou Ce me semble. Tout ce que j'ai de crédit est à votre service. C'est se moquer que d'agir ainsi. Qui que ce soit. C'est fait de moi. C'en est fait. C'est à vous à parler. C'est à lui de réfléchir. C'est vous sur qui la faute retombera. C'est alors que... Ce fut alors qu'il lui cette charge qui décida la victoire. C'est pourquoi. Telle est la cause, la raison, le motif pour lequel...* — *C'est-à-dire, C'est à savoir.* Voy. DIRE et SAVOIR. || Fam. *Quand ce vint à,* Quand vint le moment, quand il fut question de... *Ce dit-il, ce dit-elle, ce dit-il,* Dit-il, dit-elle, dit-on. *Un tiens vaut, ce dit-on, mieux que deux tu l'auras.* Fam. et vx. Ne s'emploie plus que dans le style marotique. || En style de Prat. et de Chancellerie, on dit encore : *En vertu de ce que dessus. Et ce, conformément à. Nonobstant lettres à ce contraires.*

Obs. gram. — Ainsi que nous venons de le dire, *Ce* tantôt un simple adj. démonst., et tantôt un véritable pronom. — Lorsqu'il est adj., *Ce* s'emploie seulement devant les noms masculins qui commencent par une consonne ou par un *h* aspirée. *Cet,* au contraire, s'emploie devant les noms masculins qui commencent par une voyelle ou une *h* muette. Devant les noms féminins, au singulier, on se sert de *Cette,* et devant les noms au pluriel, quel que soit leur genre, on dit *Ces.* L'adj. démonst. se place invariablement devant le substantif auquel il se rapporte.

Considéré comme pron., *Ce* signifie toujours la personne ou la chose indiquée, la chose en question, l'idée affirmée. Par conséquent, peu importe que la chose qu'il désigne soit exprimée par un mot au sing. ou au plur., par un subst. et par un adj., ou par une proposition complète, il reste invariable.

Dans les phrases interrogatives, *Ce* doit toujours suivre le v. Être. *Qu'est-ce? Était-ce votre mère? Où est-ce? Qui est-ce? Qu'est-ce que c'est?* Souvent, pour donner plus d'énergie ou de précision à la phrase, on ajoute à *Ce* les particules *ci* ou *là.* La première s'emploie lorsque l'objet est proche, la seconde lorsqu'il est plus éloigné. *Qu'est-ce ci? Est-ce là tout ce que vous possédez? Est-ce là votre pensée?*

Lorsque le pron. invariable *Ce,* joint à l'un des pronoms relatifs *qui, que, dont,* forme avec son complément le sujet logique d'une phrase dont Être est le verbe, il doit se répéter

devant ce dernier. *Ce qui me peine, c'est son ingratitude. Ce que je désire, c'est de vivre ignoré. Ce qu'il y a de plaisant, c'est que... Ce dont il se plaint, c'est d'être oublié.* Cependant il ne se répète pas quand Être est suivi d'un qualificatif. *Ce qui est vrai est beau. Ce qu'on désire est souvent invisible.* Il ne se répète pas non plus devant un verbe autre que le v. Être. *Ce que vous louez, je le blâme.* Dans certains cas, lors même qu'il ne se trouve pas dans le premier membre de la phrase, *Ce* doit s'employer devant le v. Être. *Le seul moyen d'obliger les hommes à dire du bien de nous, c'est d'en faire. Répandre des bienfaits, c'est le plus bel apanage de la richesse. La première vertu d'un roi, c'est la clémence. Son unique désir, c'est de charmer.* Mais on ne peut poser à ce sujet de règle absolue. En effet, dans les trois derniers exemples ci-dessus, la phrase serait très correcte en supprimant le pron. *Ce.* Il n'en est pas de même pour la première, parce que le sujet grammatical du verbe est trop éloigné de lui : *Ce* est donc indispensable pour le rappeler. Quant aux autres phrases, quoique le pron. *Ce* ne soit pas indispensable, il est néanmoins utile en ce qu'il rend l'affirmation plus vive et plus énergique. Dans les exemples suivants : *Penser, c'est vivre; Flatter, c'est tromper,* l'emploi de *Ce* donne de l'énergie à la sentence, et, en outre, fait disparaître l'espèce d'ambiguïté qui pourrait résulter de la similitude des sons de *est* verbe, et de *et* conjonction.

Il est quelquefois difficile de savoir à quel nombre on doit mettre le v. Être qui suit le pronom invariable *Ce.* Les phrases suivantes offrent des exemples des différentes circonstances qui peuvent se présenter *Ce fut l'envie qui occasionna le premier meurtre. Est-ce lui que vous préférez? C'est l'avarice et l'ambition qui troublent le monde. C'est la richesse et les plaisirs qui le charment. C'est nous qui portons la peine de son crime. C'est des contraires que résulte l'harmonie du monde. Ce sont les enfants qui font le charme de nos vieux jours. C'étaient eux qui ordonnaient la cérémonie. J'ai vu vos sœurs; ce sont de charmantes personnes. Ce furent les Phéniciens qui inventèrent l'écriture. Sont-ce les ennemis qui ont été battus? Oui, ce sont eux. Ce n'étaient que festins, bals et concerts.* — On voit que le v. Être doit se mettre au singulier : 1° lorsqu'il est suivi d'un subst. au sing., quand bien même ce premier subst. serait lié par la prépos. *et* à des substantifs au pluriel ; 2° lorsqu'il est suivi des pronoms personnels *nous* et *vous* ; 3° lorsqu'il est uni à un plur. par une préposition. — Au contraire, il se met au plur. lorsqu'il est suivi d'une troisième personne du plur. qui peut être considérée comme le sujet logique de la phrase. Telle est du moins la règle observée par la plupart des écrivains. On trouve cependant quelquefois, même dans les meilleurs auteurs, des exemples du singulier. Ainsi Voltaire a dit (*Henriade,* ch. X) :

Ce n'était pas ces jeux, ces festins et ces fêtes.

Racine a employé également le sing. (*Andromaque,* Acte I, sc. 2) :

Ce n'est pas les Troyens, c'est Hector qu'on poursuit.

Enfin, l'Académie écrit elle-même, dans son Dictionnaire : « *Est-ce les Anglais que vous aimez? Quand ce serait ou quand ce seraient les Romains qui auraient élevé ce monument. Ce n'était ou ce n'étaient que festins, bals et concerts. Fût-ce nos propres biens qu'il fallût sacrifier.* » On a essayé de légitimer ces différences de syntaxe par des raisonnements plus ou moins subtils. — « Dans ces phrases, dit Condillac, le sujet du verbe est une idée vague que montre le mot *Ce,* et que la suite du discours détermine. Si l'esprit se porte sur cette idée, nous disons au sing., *C'est eux;* et nous disons au plur., *Ce sont eux,* si l'esprit se porte sur le nom qui suit le verbe. » Cette observation peut à la rigueur s'appliquer au vers de Racine que nous venons de citer, car l'esprit d'Andromaque est uniquement occupé de l'idée d'Hector; mais elle nous paraît bien subtile pour les autres exemples ci-dessus, et nous recommandons, comme plus régulier, l'emploi constant du pluriel. La plupart des grammairiens condamnent, comme incorrecte, cette phrase de Buffon : « Les nègres blancs sont des nègres dégénérés de leur race; *ce ne sont* pas une espèce d'hommes particulière et constante. » Nous nous rangeons à l'avis commun. En effet, si l'on considère *Ce* comme le sujet de la seconde phrase, il veut le sing. ; si on le considère (et c'est ce qui doit avoir lieu ici) comme l'attribut, c'est le mot *espèce* qui est le sujet : il faut donc encore le singulier.

En définitive, il faut bien reconnaître que la locution *Ce sont,* suivie d'un plur., quoique consacrée par l'usage, est tout à fait illogique. Dans la phrase *Ce sont des hommes qui*, le sujet du v. *Être* est *Ce*, et le verbe devrait être au singulier. De ce défaut de logique proviennent les difficultés que nous venons de signaler. Quelques écrivains, entres autres le romancier Honoré de Balzac, ont voulu réagir contre cette construction illogique, et ont toujours employé le verbe au singulier : *C'est des hommes qui;* mais leur exemple est resté isolé et l'usage ne s'est pas modifié.

Lorsque *Ce*, joint au v. *Être*, est suivi d'un infinitif, d'un adverbe ou de l'une des prépositions *à, de, pour, par*, etc., la seconde partie de la phrase doit être jointe à la première par la conjonction *que. C'est autoriser le mal que de l'excuser. C'est là qu'il faut aller C'est en vous qu'il s'agit. C'est pour vous que mon cœur s'attendrit. C'est par vous que ce malheur est arrivé. C'est en vous seul qu'il n mis son espoir. C'est à vous seul qu'il s'adresse.* Boileau a donc commis une faute en disant :

    C'est à vous, mon esprit, à qui je veux parler.

Il fallait : *C'est à vous, mon esprit, que je veux parler.* La phrase aurait également été correcte, s'il avait écrit : *C'est vous, mon esprit, à qui je veux parler.*

CÉANOTHE. s. m. (gr. χτάνωθος, sorte de chardon). T. Bot. Genre d'arbrisseaux qui croissent dans l'Amérique du Nord, de la famille des *Rhamnées.* Voy. ce mot.

CÉANS. adv. (lat. *hicce*, là; *intùs*, dedans). Ici dedans. Ne se dit que de la maison où l'on est quand on parle. *Il dînera c. Le maître de c.* Vx.

CÉARA, province du Brésil, bornée au Nord par l'océan Atlantique.

CÉBATHA. s. f. T. Bot. Synonyme de *Coque du Levant,* plante de la famille des *Ménispermacées.* Voy. ce mot.

CÉBÈS, philosophe grec, disciple de Socrate (V⁵ siècle av. J.-C.).

CÉBOCÉPHALE. s. m. (gr. κήβος, singe; κεφαλή, tête). T. Térat. Monstre à tête de singe.

CÉBRION. s. m. (nom mythol.). T. Entom. Genre de coléoptères serricornes. Voy. MALACODERMES.

CÉBUS. s. m. (lat. *cebus*; gr. κῆβος. espèce de singe). T. Mamm. Singes du sous-ordre des *Platyrrhiniens,* vulgairement connus sous le nom de *Sajous.*

CECI. pron. démonstr. (R. *ce, ici*). Se dit par oppos. à *Cela,* pour indiquer, de deux choses, la plus proche de celui qui parle. *Ceci est à moi, cela est à vous. Ceci est beau, cela est laid.* — Fam., *Ceci, cela,* Tantôt une chose, tantôt une autre. *C'est ceci, c'est cela, il a toujours quelque indisposition.* || S'emploie également, sans oppos. à *Cela,* comme indiquant un objet présent, ou fait actuel, la chose dont on parle ou dont on va parler. *Ceci n'est pas un jeu. Qu'est-ce que ceci? Que veut dire ceci? Retenez-bien ceci.*

CÉCIDOMYIE. s. f. (gr. κηκίς, noix de galle; μυῖα, mouche). T. Ent. Diptère gallicole. L'une des espèces *C. destructor,* cause de très grands dégâts en détruisant le blé. Voy. NÉMOCÈRES.

CÉCIFORME. adj. (lat. *cæcus,* aveugle; *forma,* forme). T. Hist. nat. En forme de cæcum, de sac.

CECIL (WILLIAM), homme d'État anglais, ministre de la reine Élisabeth (1520-1598).

CÉCILE (SAINTE), martyre romaine (IIIᵉ siècle), patronne des musiciens; fête le 22 novembre.

CÉCILIE. s. f. (lat. *cæcus,* aveugle). T. Erpét. Le genre *Cécilie,* créé par Linné et adopté par G. Cuvier, est devenu pour les naturalistes modernes la famille des *Cæciloïdes,* qui constitue à elle seule l'ordre des *Apodes* parmi les *Batraciens.* Le nom de ces singuliers animaux est dérivé du latin *cæcus,* aveugle, parce que chez toutes les cécilies les yeux sont, ou complètement absents, ou cachés sous des téguments qui en rendent l'usage absolument nul. Les cécilies vivent dans la vase, où elles se nourrissent de petits mollusques ou

de débris de substances végétales, la vue leur est moins nécessaire qu'à la plupart des autres animaux. — Les singularités de la structure des cécilies ont beaucoup exercé la sagacité des naturalistes. Malgré leur aspect serpentiforme et l'absence complète de membres, elles doivent être rangées parmi les batraciens, mais à la fin de cet ordre, car elles font la transition entre cette classe et celle des ophidiens. La peau des cécilies est molle et nue en apparence; cependant on examinant ses plis transversaux, on y reconnaît des rangées de très petites écailles. Malgré leur grande ressemblance extérieure avec les serpents, on voit, on dissécant les cécilies, qu'elles n'ont ni la langue bifurquée, ni les

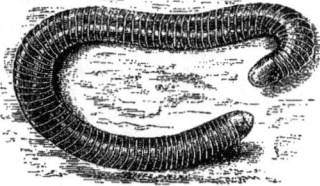

os maxillaires supérieurs mobiles, ni les dispositions intérieures caractéristiques des ophidiens. Si, comme lo pense le professeur J. Müller, qui a observé un trou branchial de chaque côté du cou chez une jeune cécilie, ces animaux sont sujets à des métamorphoses, ce caractère suffirait, à lui seul, pour les faire placer parmi les batraciens. — Les batraciens qui composent la famille des *Cæciloïdes* atteignent rarement 60 centim. de longueur, et leur diamètre est au plus de 24 millim. Duhéril et Bibron partagent cette famille en quatre genres : *Cécilie proprement dite, Siphonops, Epicrium* et *Rhinatrème.* Chacun de ces genres est fondé sur un seul caractère, celui de la place occupée par les fossettes dont est muni le museau (Fig. *Siphonops annelé*). — Les cæciloïdes habitent exclusivement les contrées intertropicales. On les a trouvées au Brésil, à la Guyane, au Mexique, dans l'Inde, à Ceylan, à Java, aux îles Seychelles et sur quelques points de la côte occidentale d'Afrique.

CÉCILOÏDES. s. m. pl. (R. *Cécilie,* et gr. εἶδος, aspect). T. Erpét. Famille de Batraciens. Voy. CÉCILIE.

CÉCIRÈGLE. s. m. (lat. *cæcus,* aveugle, et *règle*). Instrument faisant correspondre les aveugles avec les voyants par l'écriture.

CÉCITÉ. s. f. (lat. *cæcitas,* m. s.). L'état d'une personne aveugle. Se dit seulement au propre. *Il est frappé de c.* — Méd. — La *Cécité* est la privation de la faculté de voir. Selon que cette infirmité date de la naissance ou qu'elle est due à une affection morbide survenue depuis, on dit qu'elle est congénitale ou accidentelle. La c. n'est pas une maladie par elle-même, mais elle est fréquemment l'effet et le symptôme d'une maladie. Tantôt elle est causée par la paralysie de la rétine qui alors est insensible à l'action des rayons lumineux, comme dans l'amaurose; tantôt elle résulte d'un obstacle apporté au passage des rayons lumineux, soit par une altération d'une partie de l'organe de la vue, comme dans l'ophtalmie, l'ulcère de la cornée, le staphylome, le glaucome, on par une modification dans les milieux réfringents de l'œil, comme dans la cataracte.

L'hygiène peut beaucoup pour la prophylaxie de la c., et il serait à souhaiter que la France imitât les efforts de sa voisine l'Angleterre, et créât des sociétés philanthropiques analogues à la *Society for prevention of Blindness,* qui a donné, à Londres, de si remarquables résultats, sous l'intelligente impulsion du Dʳ Mathias Roth.

CÉCROPIE. s. f. (R. *Cécrops,* nom d'homme). T. Bot. Genre d'arbres de l'Amérique tropicale, appartenant à la famille des *Urticacées.* Voy. ce mot.

CÉCROPS. s. m. T. Zool. Genre de crustacés brachiopodes. || Espèce de papillon de jour.

CÉCROPS, un des rois ou chefs primitifs de l'Attique, qui aurait fondé Athènes par une colonie égyptienne, vers l'an 1580 av. J.-C.

CÉCUBE. s. m. (lat. *Cœcubum*, nom de lieu dans la Campanie). Nom d'un ancien vin d'Italie fort renommé.

CÉDANT, ANTE. adj. T. Droit. Qui cède son droit. Ne s'emploie guère que substant. *Le c. et le cessionnaire.* || *Cedant arma togæ* (Que les armes le cèdent à la toge), premier hémistiche d'un vers de Cicéron. Que le pouvoir militaire fasse place au pouvoir civil !

CÉDAT. s. m. Acier naturel, de forge, de fusion.

CÈDER. v. a. (lat. *cedere*, se retirer). Laisser, abandonner une chose à quelqu'un. *C. sa place à un autre. C. le pas, le haut du pavé.* || T. Com. et Jurispr. Transporter une chose à une autre personne, lui en donner la propriété. *Il a cédé son magasin, son fonds. C. un cheval. C. ses droits, ses prétentions. C. une dette, un bail.* = CÉDER. v. n. Se dit au propre des choses qui rompent, qui s'affaissent. *La branche céda. La voûte commence à c.* || Fig., au sens physique et au sens moral, Se soumettre, ne pas s'opposer, ne pas résister. *Il faut c. C. au nombre. C. à la force, à la raison, aux larmes, aux prières de quelqu'un.* — Se reconnaître, ou être reconnu inférieur à un autre en quelque chose. *Il lui cède en mérite. Je lui cède en tout.* Se dit, à peu près dans le même sens, en parlant des choses. *Les intérêts privés doivent c. à l'intérêt général.* CÉDÉ, ÉE. part. — Syn. Voy. ACQUIESCER.

Conj. — *Je cède, tu cèdes, il cède: nous cédons, vous cédez, ils cèdent. Je cédais. Je céderai. Je céderais. Cède. Que je cède. Que je cédasse.*

CÉDILLE. s. f. [Pr. les *ll* mouillées] (esp. *cedilla:* ital. *zediglia,* dimin. du nom de la lettre *z* parce qu'autrefois, pour donner au *c* le son de l'*s*, on écrivait *cz: leczon* pour *leçon*). Petite marque en forme de *c* ( ) tournée de droite à gauche, qu'on met sous la lettre C quand elle précède un A, un O ou un U, pour indiquer qu'elle doit être prononcée comme une S. *Garçon. Venez çà. Avez-vous reçu?*

CÉDILLER. v. a. [Pr. les *ll* mouillées]. T. Gram. Munir d'une cédille.

CÉDRAT. s. m. (ital. *cedrato*, qui ressemble au citron, *cedro*). T. Bot. Fruit du Cédratier.

CÉDRATIER. s. m. (R. *cédrat*). T. Bot. Nom vulgaire du *Citrus medica*, de la famille des *Rutacées.* Voy. ce mot.

CÉDRATERIE. s. f. Lieu planté de Cédratiers.

CÈDRE. s. m. (lat. *cedrus*, m. s.). T. Bot. Genre de plantes de la famille des *Conifères*, comprenant des arbres magnifiques (Fig. 1) répandus en Syrie, en Asie Mineure, dans les montagnes de l'Atlas et dans l'Himalaya, où ils forment des forêts souvent considérables. Les espèces les plus connues sont : le *C. du Liban (Cedrus Libani),* le *C. d'Afrique (C. atlantica),* et le *C. de l'Himalaya* ou *Déodar (C. Deodara).* Tout le monde sait que le mont Liban était jadis couvert de Cèdres, qui ont été presque tous détruits. Aujourd'hui on n'y voit plus qu'une vingtaine de vieux Cèdres et une cinquantaine de jeunes. Mais il en existe encore des forêts considérables dans d'autres lieux de la Syrie et de l'Asie Mineure. Le C. du Liban a été transplanté avec succès hors de son pays natal. On en voit de magnifiques dans quelques jardins en France, en Allemagne, en Angleterre et même en Écosse. Celui qu'on admire au Jardin des plantes de Paris fut apporté d'Angleterre, en 1734, par Bernard de Jussieu et non pas, comme le raconte une légende, de Syrie, dans un chapeau, arrosé de l'eau dont le célèbre naturaliste se serait privé. Cette légende vient de ce que de Jussieu, en arrivant d'Angleterre à Paris, avec

deux petits cèdres dans deux pots, se rendit à pied au Jardin des plantes, et qu'en traversant la place Maubert l'un des pots tomba et se cassa. Le botaniste mit alors dans son chapeau le jeune C. muni de sa motte de terre et arriva ainsi au Jardin des plantes. L'un des deux Cèdres mourut. Le second, celui qu'on admire au labyrinthe, prospéra merveilleusement. Son tronc a environ 3ᵐ,50 de circonférence. Les plus vieux arbres du mont Liban ont jusqu'à 11 mètres. Le *C. d'Afrique* forme de magnifiques forêts dans les montagnes

Fig. 2.

de l'Atlas. Le *C. Déodar* a cet avantage sur le *c.* du Liban, qu'il ne redoute pas le froid. Son bois dure fort longtemps, prend un très beau poli et répand une odeur agréable. On a trouvé des Cèdres fossiles dans le crétacé supérieur et dans l'éocène (Fig. 2, fruit du Cèdre). — C'est à tort que l'on a étendu le nom de C. à d'autres arbres, soit de la famille des Conifères, soit de familles différentes ; toutefois, il est utile d'indiquer cette synonymie vulgaire : C. ACAJOU, *Cedrela odorata;* C. DES ANTILLES, *Swietenia Mahogani* (Méliacées); C. BLANC, *Cupressus thuyoides;* C. DE BUSACO, *Cup. pendula;* C. D'ESPAGNE, *Juniperus Hispanica;* C. DE LA CAROLINE ou DE VIRGINIE, et C. ROUGE, *Jun. Virginiana;* C. DE LYCIE, *Jun. phœnicea;* C. DES BERMUDES, *Jun. Bermudiana;* C. DE SIBÉRIE, *Pinus Cembro* (Conifères); C. DE LA JAMAÏQUE, *Guazuma ulmifolia* (Malvacées); C. ROUGE, *Icica altissima* (Anacardiacées).

Aigre de c., Sorte de boisson préparée avec le suc du *Cédrat.*

Chim. — *Essence de c.* — L'essence de c. est une huile volatile qui paraît jouir des propriétés thérapeutiques de l'essence de sabine, et qu'on obtient en distillant avec de l'eau le bois de C. de Virginie (*Juniperus Virginiana*). Elle se présente sous la forme d'une masse cristalline blanchâtre et molle. On peut en extraire : 1° une partie liquide, bouillant à 237°, appelée *Cédrène,* hydrocarbure terpénique répondant à la formule $C^{15}H^{24}$; 2° une partie solide répondant à la formule $C^{13}H^{26}O$. Ce camphre forme des cristaux brillants, d'une odeur aromatique, fusibles à 74°, bouillant à 282°, très

Fig. 1.

soiubles dans l'alcool ; l'anhydride phosphorique le dédouble en eau et en cédrène.

CÉDRÉLACÉES. s. f. pl. (R. cédrèle). T. Bot. Nom donné par certains botanistes à une famille de végétaux, fondue aujourd'hui dans la famille des *Méliacées.* Voy. ce mot.

CÉDRÈLE. s. m. T. Bot. Genre d'arbres (*Cedrela*) de la famille des *Méliacées.* Voy. ce mot.

CÉDRÉLÉES. s. f. pl. (R. cédrèle). T. Bot. Tribu de plantes de la famille des *Méliacées.* Voy. ce mot.

CÉDRÉLÉON. s. m. (gr. κέδρελαιον, huile de cèdre, de κέδρος, cèdre; ἔλαιον, huile). Huile blanche volatile, extraite du bois du Genévrier de Virginie (*Juniperus Virginiana*) et formée par un mélange de *Cédrène* et d'un camphre particulier. Ce corps est employé aux États-Unis comme vermifuge et comme abortif; il est très toxique et serait mortel pour l'homme à la dose de 15 grammes.

CÉDRÈNE. s. m. (R. cèdre). Hydrocarbure incolore, de densité 0,984, bouillant à 237°, et constituant, avec un camphre particulier, le *Cédréléon.* Voy. ce mot et CÈDRE.

CÉDRIE. s. f. (R. cèdre). Sorte de résine qui coule naturellement des Cèdres en forme de larmes.

CÉDRIRET. s. m. T. Chim. Voy. CÉRULIGNONE.

CÉDRON. s. m. T. Bot. On désigne sous ce nom, ou encore sous celui de *Noix de Cédron*, les semences du *Quassia Cedron*, arbre de l'Amérique centrale et du Brésil, appartenant à la famille des *Rutacées.* Voy. ce mot.

CEDROXYLON. s. m. (gr. κέδρος, cèdre ; ξύλον, bois). T. Bot. et Paléont. Sous ce nom générique on comprend les bois fossiles de *Conifères* ayant une structure qui rappelle celle du *Cèdre.* On en connaît une dizaine d'espèces différentes allant du houiller au pliocène.

CÉDULE. s. f. (lat. *schedula*, petit billet, du gr. σχέδη, planchette). Écrit, billet sous seing privé, par lequel on reconnaît devoir quelque somme. *On lui a prêté sur sa simple c.* Vx; on dit aujourd'hui *Billet.* — Fig. et prov., *Plaider contre sa c.*, se dit d'une personne qui conteste mal à propos lorsqu'on peut la convaincre par son propre fait. ‖ T. Prat. ancienne. *C. évocatoire*, Acte qu'on faisait signifier à sa partie adverse, pour lui déclarer qu'on entendait se pourvoir au conseil, afin d'être renvoyé devant un autre parlement. — T. Prat. actuelle, *C. de citation*, Acte par lequel un juge de paix permet d'abréger les délais dans les cas urgents.

CEILLIER (Dom Rémi), savant bénédictin, prieur de l'abbaye de Flavigny (1688-1761).

CEINDRE. v. a. (lat. *cingere*, m. s.). Entourer, environner. *C. une ville de murailles, la c. de fossés. C. un parc d'une haie vive.* ‖ Se dit, dans un sens particulier, des choses qui serrent et entourent quelque partie du corps. *Une corde lui ceignait les reins. Des bandelettes ceignaient le front des victimes.* — *C. quelqu'un d'une chose*, La lui mettre autour du corps. *Il le ceignit d'une écharpe.* — Absol. *Se c. le corps, se c. les reins*, Se serrer le corps, les reins avec une bande, une corde, etc. ‖ Fig., *Se c. le front d'un diadème* ou *c. le diadème*, Devenir roi ou reine. *C. la tiare*, Être élevé au pontificat. Dans le style oratoire, on dit quelquefois d'un conquérant, *La victoire vient c. le front de lauriers.* — *C. l'épée à un chevalier*, Lui mettre l'épée au côté. — SE CEINDRE. v. pron. *Se c. d'une écharpe, d'une corde*, etc. Mettre une écharpe, etc., autour de son corps. — CEINT, EINTE. part. *Une place ceinte de bastions. Le front ceint du diadème.* = Conj. Voy. PEINDRE.

CEINTES. s. f. pl. (R. ceindre). Nom de certaines pièces de bois qui servent à lier la charpente d'un vaisseau. ‖ Tous les cordages qui ceignent un vaisseau.

CEINTRAGE. s. m. (R. ceintrer). T. Mar. Se dit de tous les cordages qui servent à ceindre, à lier un bâtiment lorsqu'il menace de s'ouvrir. ‖ Action de ceintrer un navire, de lier ses bordages avec des cordages.

CEINTRE. s. m. (R. ceindre). T. Mar. Sorte de ceinture placée autour d'une embarcation pour la préserver du frottement.

CEINTRER. v. a. (R. ceindre). T. Mar. Passer par-dessous la carène d'un vaisseau, et serrer des câbles et des grelins pour obvier à la déviation des bordages. ‖ *C. des lisses ou préceintes*, Leur donner la courbure qu'elles doivent avoir.

CEINTURAGE. s. m. T. Forest. Action de marquer par une ceinture les arbres destinés à certains usages.

CEINTURE. s. f. (lat. *cinctura*, m. s., de *cingere*, ceindre). Ce dont on se ceint le milieu du corps. *Il se mit une c. Porter une épée à la c. Elle se fit une c. d'une tresse de fleurs Dans les modes de l'empire, les femmes élevaient leur c. jusqu'au-dessous du sein.* — Prov., *Bonne renommée vaut mieux que c. dorée*, Il vaut mieux avoir l'estime publique que d'être riche. — Fig., *C. de la reine*, Droit qu'on levait autrefois, pendant un certain temps, sur les marchandises qui venaient à Paris par la Seine. ‖ Par ext., Le bord supérieur d'une culotte, d'un pantalon ou d'une jupe. *Il faut élargir la c. de votre pantalon.* ‖ L'endroit du corps au-dessus des hanches où l'on place la c. *Dans cet endroit de la rivière on n'a de l'eau que jusqu'à la c.* ‖ Se dit de certaines choses qui en environnent d'autres. *Une c. de murailles et de fossés. La c. du chœur d'une église.* ‖ *C. de deuil* ou *C. funèbre*, Large bande noire qu'aux funérailles d'un personnage éminent on met autour de l'église, sur laquelle sont placées d'espace en espace les armoiries du défunt; c'est ce qu'on nomme aussi *Litre.* ‖ T. Archit. *C. d'une colonne*, Rangs de feuilles posées en forme de couronne sur une astragale. Voy. COLONNE. ‖ T. Techn. Tour intérieur du four d'un boulanger à l'endroit où s'unissent l'âtre et la chapelle. ‖ T. Art mil. *C. à l'anglaise*, Sangle à laquelle on suspend l'épée. ‖ T. Artill. Monture qui entoure un canon; dans une caronade, partie comprise entre la tranche et la gorge de plate-bande de volée. ‖ T. Mar. *C. de carène*, Rang de planches que l'on cloue autour d'un navire au-dessus de la carène pour garantir cette partie de l'action des flammes, tandis que l'on chauffe dans les fonds. *C. d'embarcation*, Sorte de bourrelet qui entoure le haut des canots et des chaloupes. ‖ T. Chorégr. Manière de porter son corps en marchant ou en dansant. ‖ T. Anat. Se dit d'un ensemble de pièces osseuses qui entourent le corps au niveau d'un anneau. *La c. pelvienne.* ‖ T. Méd. Voy. ÉRYSIPÈLE et ZONA. ‖ T. Icht. Voy. TÆNIOIDES.

Hist. — Les Grecs donnaient à la C. les noms de ζώνη, ζωστήρ, ζώνιον, ταινία, et les Romains ceux de *zona, zonula* et *cingulum.* De même que quelques autres articles du costume, la c. recevait une dénomination différente suivant le sexe du portait : ainsi, les mots ζώνη et ζωστήρ indiquaient une c. d'homme, et le diminutif ζώνιον s'appliquait aux ceintures de femmes. — Les ceintures les plus élégantes étaient en tissu de filet, d'où le nom de ζονιοπλόκος donné à l'ouvrier qui les fabriquait. — La c. servait principalement à maintenir la tunique relevée, ce qu'on était obligé de faire quand on était occupé à quelque travail actif, lorsqu'on était en voyage, ou lorsqu'on allait à la chasse. Les monuments sculptés ou peints de l'antiquité nous attestent que cet usage était universel : ils nous représentent également un très grand nombre d'exemples d'hommes armés portant la c. par-dessus la cuirasse. Chez les Romains, le maître de la cavalerie, *Magister Equitum*, portait une c. de cuir rouge brodé, dont les deux extrémités s'attachaient au moyen d'une boucle d'or richement travaillée. D'après Homère, il semble que la c. ait fait jadis partie constituante de la cuirasse. Elle servait à maintenir celle-ci à l'aide d'une boucle. En outre, comme cette armure défensive ne descendait pas assez bas, on attachait à la c. une espèce de petite cotte ou de jupon, au devant de laquelle était suspendue une série de petites bandes de cuir (μίτρα) recouvertes parfois elles-mêmes de lames de bronze : cet appareil avait pour fonction de protéger la partie inférieure de l'abdomen. — Les hommes se servaient de leur c. en guise de bourse pour porter leur argent. On y suspendait parfois un petit sac de cuir (*pera*); mais le plus souvent, en relevant la tunique, on faisait un pli (*sinus*), où l'on mettait différents objets comme dans une poche. — De même que, pour travailler, on maintenait la tunique relevée au moyen de la c., de même on relâchait celle-ci et on laissait retomber la robe jusqu'aux pieds pour indiquer l'état de repos. Les jeunes filles se ceignaient habituellement la taille, lors même qu'elles ne relevaient pas leur tunique; mais le jour de leur mariage, elles quittaient cette c., appelée pour cette raison ζώνη παρθενική : la statue de Flore du Musée de Naples porte une c. de ce genre.

Dans les premières œuvres de l'art, on ne voit les femmes vêtues que de la *Castula*, ou jupon porté sur la chair et attaché au-dessous de la poitrine qu'il laissait à découvert. Il n'y a, pour ainsi dire, pas de c. Les femmes portèrent ensuite par-dessus un second vêtement couvrant le buste. Cette sorte de jaquette, nommée *Cingillum*, était légèrement serrée à la taille par un cordon. Les jeunes filles portaient la c. (ζώνη)

Fig. 1.   Fig. 2.

juste au-dessus des hanches, comme on le voit par la Fig. 1, qui représente Électre, d'après un marbre trouvé à Herculanum, avec la c. dessinée à côté, d'après un vase grec. La zona n'était déposée qu'après le mariage, quand l'époux l'avait détachée de ses propres mains. Les femmes mariées portaient la c. (ταινία), ou *Cingulum*, immédiatement au-dessous du sein (Fig. 2). Pourtant on voit les canéphores ou jeunes filles qui accompagnaient les processions aux fêtes de Cérès portant sur la tête une corbeille de pain bénit, peut-être sont-ce de jeunes femmes représentées dans cette attitude. Pour les hommes, on trouve dans l'antiquité la c. représentée par une

Fig. 3.   Fig. 4.

simple corde. Les soldats portaient un ceinturon, *cinctorium* auquel ils attachaient leurs armes (Fig. 3, bas-relief trouvé à Persépolis). Le baudrier, au contraire, se portait en général suspendu à l'épaule (Fig. 4, prise du trophée de Marius, à Rome).

Durant le moyen âge, l'usage de la c. fut commun à toutes les classes de la société. Elle était ordinairement de cuir pour les hommes, surtout pour ceux de condition inférieure. Celle des femmes riches était en général de soie brodée, ou bien se composait de chaînons de cuivre, d'argent ou d'or, ciselés et ornés de pierreries, ce qui donna naissance à ce proverbe par lequel se consolait la jalousie des femmes du peuple : *Bonne renommée vaut mieux que ceinture dorée.* On suspendait à la c. les clefs, la bourse ou aumônière, le couteau, le livre de prières, et même l'écritoire quand on était homme de loi. Être dépouillé de sa c. était un signe de dégradation, d'incapacité à remplir certaines obligations, de renonciation à certains droits. En conséquence, les débiteurs insolvables, les banqueroutiers et les cessionnaires étaient obligés de quitter leur c. Il en était de même des condamnés à l'amende honorable avec confiscation des biens. Enfin, les veuves déposaient leur c. sur le tombeau de leur mari quand elles renonçaient à sa succession. — L'usage de la c. fut indispensable aussi longtemps que dura la coutume de porter des robes longues ; mais il devint inutile quand on adopta les habits courts, c.-à-d. au XVIe siècle. Les ecclésiastiques et les magistrats continuèrent seuls à porter la c. Il en fut de même des religieux de certains ordres, qui, étant également vêtus d'une robe,

durent conserver la c., ou la corde qui leur en tenait lieu. Quant aux femmes, elles en firent usage jusqu'au règne de Henri IV. A cette époque, elles adoptèrent l'usage des robes ouvertes par devant, et abandonnèrent la c. Néanmoins elles la reprirent plus tard, pour la laisser et la reprendre encore, suivant les exigences et les caprices de la mode. Dans la société laïque actuelle, la c. n'est portée que par les ecclésiastiques et par certaines catégories de fonctionnaires auxquels elle sert d'insigne et de marque de reconnaissance. Pour ces derniers, sa couleur varie suivant les administrations. On lui donne assez souvent, mais improprement, le nom d'*Écharpe*.

C. de chasteté. — On peut voir à Venise, ainsi qu'à Paris (Musée de Cluny) et ailleurs, des ceintures de cuir et de fer que des maris jaloux ont eu l'idée barbare et grotesque d'imposer à leurs femmes pour assurer leur fidélité. || S'emploie également, sans oppos. à *Ceci*, pour indiquer un objet présent, un fait actuel, la chose dont on parle ou va parler. Il paraît que cette « précaution » a été en usage même en France. Elle a dû être, dans la plupart des cas, absolument inutile.

CEINTURELLE. s. f. (Dimin. de *ceinture*). T. Mar. Sorte de trelingage des mâts qui portent les antennes. || Bridure des haubans.

CEINTURER. v. a. Entourer d'une ceinture. = SE CEINTURER. v. réfl. Se mettre une ceinture.

CEINTURETTE. s. f. [Pr. *sin-tu-rè-te*] (Dimin. de *ceinture*). T. Chass. Bande de cuir mise autour du cor de chasse.

CEINTURIER. s. m. Faiseur ou marchand de ceintures, de ceinturons et de baudriers.

CEINTURON. s. m. Diminutif. Sorte de ceinture ordinairement faite de cuir, qui sert à suspendre une épée, un sabre, un couteau de chasse, etc.

CEINTURONNIER. s. m. [Pr. *sin-tu-ro-nié*]. Celui qui fait des ceinturons.

CELA. pron. démonst. (R. *ce*, *là*). Se dit par oppos. à *Ceci*, pour indiquer, de deux choses, la plus éloignée de celui qui parle. *Je n'aime point ceci, donnez-moi c. Si ceci est plus élégant, c. est beaucoup plus solide.* || S'emploie également, sans oppos. à *Ceci*, pour indiquer un objet présent, un fait actuel, la chose dont on parle ou va parler. *C. est fort beau. Que dites-vous de c.? C. est fait. C. étant, je me retire. Que veut dire c.?* — Fam., *C'est c., c'est bien c.*, se dit à une personne qui fait voir, par ses paroles ou par ses actions, qu'elle a bien compris ce qu'on lui a dit ou prescrit. *C'est bien c.!* s'emploie pour approuver ce qu'une personne a dit ou fait de son propre mouvement. *N'est-ce que c.?* exprime que la chose que l'on dit, que l'on annonce, est sans importance. — Fam., *Comme c.*, signifie souvent ni bien ni mal. *Comment vous trouvez-vous? Comme c. Il est comme c.*, c'est sa manière, c'est sa façon d'être ou d'agir. *C'est comme c., C.* est ainsi. — Fam., *Comment c.?* exprime l'étonnement, le sign. *Comment, de quelle manière?* || Se dit quelquefois des personnes.

CÉLADON. s. m. (Nom d'un berger du roman de l'*Astrée*, par d'Urfé. Nom mythol.). Amant sentimental et langoureux. *C'est un C. Faire le C.* Fam. et ne se dit guère que par raillerie.

CÉLADONIQUE. adj. Qui tient au céladon.

CÉLADONISME. s. m. Style fade d'un céladon. || Manie d'un céladon.

CÉLAN. s. m. T. Pêc. Sorte de hareng ; le même que *Célerin*.

CELARENT. Nom d'une des formes du syllogisme dans la scolastique.

CÉLASTRACÉES. s. f. pl. (R. *Célastre*). T. Bot. Famille de végétaux Dicotylédones de l'ordre des Dialypétales supérovariées isostémones.

Caract. bot. : Arbres de petites dimensions, ou simples arbustes parfois épineux. Feuilles alternes, rarement opposées, avec de très petites stipules caduques. Fleurs en cymes axillaires, petites, vertes, blanches ou pourpres, quelquefois unisexuées par avortement. Sépales 4 ou 5, imbriqués, insérés autour d'un disque étalé. Pétales 4 ou 5, insérés par une large base sur le rebord du disque, et à préfloraison imbriquée; quelquefois absents. Étamines alternant avec les pétales, insérées sur le disque, soit à son bord, soit dans son intérieur; anthères introrses. Disque large, étalé, plat, entourant l'ovaire et couvrant le calice aplati et étalé. Ovaire plongé dans le disque et y adhérant, contenant de 2 à 5 loges, uni- ou pluriovulées; ovules ascendants sur l'axe, anatropes, attachés à un funicule court. Le fruit est une capsule, une drupe, une baie, ou une samare. Graines ascendantes, avec ou sans arille.

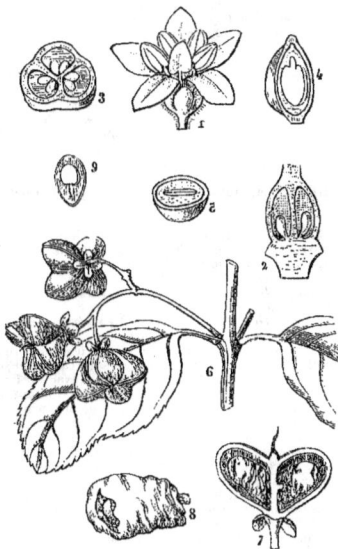

Fig. 1.

lode, parfois ailées; albumen charnu ou nul; embryon droit; cotylédons plats et épais; radicule courte et infère. [Fig. 1. — 1. *Celastrus paniculatus*, Fleur; 2. Coupe verticale de l'ovaire; 3. Coupe transversale du même; 4. Coupe verticale de la graine; 5. Coupe transversale de la même. — 6. *Evonymus europaeus*, Rameau chargé de fruits; 7. Coupe d'un fruit; 8. Graine entourée de son arillode; 9. Coupe verticale de la graine.] Cette famille importante comprend 40 genres et 420 espèces. Les principales espèces de cette famille sont indigènes des contrées les plus chaudes de l'Europe, de l'Amérique septentrionale et de l'Asie; mais elles sont beaucoup plus nombreuses en dehors qu'en dedans des tropiques. On en trouve un grand nombre au cap de Bonne-Espérance, plusieurs au Chili ou au Pérou, et quelques-unes seulement en Australie. On en connaît 92 espèces fossiles, toutes tertiaires, dont 60 *Celastrus*, 10 *Evonymus*, 10 *Elaeodendron*, etc.

On la divise en 3 tribus :

Tribu I. — *Célastrées.* — Pétales libres, 5 étamines égales, albumen charnu (*Evonymus, Celastrus, Elaeodendron*, etc.).

Selon Royle, plusieurs espèces de *C.* contiennent un principe âcre qui agit avec plus ou moins d'énergie sur l'économie animale, et les graines de quelques espèces donnent une huile propre à l'éclairage. Dans l'Inde, la graine du Célastre paniculé (*Celastrus nutans* ou *paniculatus*) passe pour jouir de propriétés stimulantes; elle est usitée dans l'affection singulière appelée *Béribéri.* L'écorce de l'*Evonymus tingens* est, à sa surface interne, d'un beau jaune clair. Les Hindous s'en servent pour tracer sur leur front la marque de leur caste

(*Tika*); on l'utilise comme substance tinctoriale et on l'emploie dans certains cas d'ophtalmie. Les feuilles du *Catha edulis*, le *Khat* des Arabes, sont douées de propriétés stimulantes, comme celles du Thé. Selon Forskahl, les Arabes mangent avec délices ces feuilles fraîches; ils sont persuadés qu'elles éloignent le sommeil et permettent à un homme de rester debout toute la nuit sans qu'il éprouve le besoin de dormir. Ils les considèrent aussi comme un préservatif contre la peste, et prétendent que celui qui porte sous ses vêtements une jeune pousse de *Catha edulis*, peut impunément vivre au milieu des pestiférés. Ils disent même que la peste ne peut éclater dans les localités où cette plante est cultivée. Malgré ces assertions, ajoute Forskahl, rien dans la saveur des feuilles de cette plante ne révèle l'existence de semblables propriétés. Botta, cependant, dit que les feuilles fraîches du *Khat* sont très enivrantes. Les Hindous emploient, comme tonique, contre toute espèce de blessures, l'écorce fraîche de la racine de l'*Elaeodendron Roxburghii;* pour cela, ils se contentent de la broyer dans l'eau. C'est un puissant astringent, qui du reste ne paraît posséder aucune autre qualité sensible. On attribue des propriétés analogues au *Maytenus Chilensis.* Les graines du *Fusain d'Europe* (*Evonymus europaeus*) ont une saveur nauséeuse. On dit qu'elles sont purgatives et émétiques, et qu'elles peuvent empoisonner les bêtes à laine. Jadis on préparait, avec ces graines, une pommade pour détruire les poux. Des propriétés semblables sont attribuées à l'écorce du *Célastre grimpant* et du *C. du Sénégal* (*Celastrus scandens* et *C. Senegalensis*). Les épines du *C. vénéneux* (*C. venenatus*) causant, dit-on, des blessures fort douloureuses. Enfin, les colons du cap de Bonne-Espérance mangent les baies de l'*Elaeodendron sphaerophyllum.* Le bois du *Fusain d'Europe* est fort employé, à l'état de charbon, dans la fabrication de la poudre à canon. Le charbon qu'il donne est, en effet, d'une légèreté extraordinaire. On se sert, dans les arts du dessin, du même charbon pour faire des esquisses qui s'effacent sans laisser de traces.

Tribu II. — *Stackhousiées.* — Pétales soudés, 5 étamines

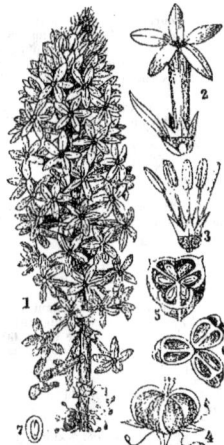

Fig. 2.

inégales, albumen charnu (*Stackhousia*). [Fig. 2. — 1. *Stackhousia monogyna*; 2. Fleur; 3. Calice et étamines; 4. Fruit; 5. Coupe transversale du même; 6. Id., déhiscence naturelle; 7. Coupe de la graine.] — On ne sait rien des propriétés des plantes qui forment cette tribu.

Tribu III. — *Hippocratées.* — Pétales libres, 3 étamines, pas d'albumen (*Hippocratea, Salacia, Llavea*, etc.). [Fig. 3. — 1. *Hippocratea Arnottiana*; 2. Fleur; 3. Coupe transversale de l'ovaire; 4. Fruit mûr.] — Les fruits charnus de quelques espèces d'Hipp. sont comestibles. Ainsi les habitants de Sierra-Leone mangent celui du *Salacia piriformis*, qui est de la grosseur d'une poire de bergamote et très parfumé. Les graines de l'*Hippocratea comosa* sont douces et un peu

Fig. 3.

huileuses : aux îles Mascareignes, on les mange en guise d'amandes douces, et l'on donne à l'arbre qui les produit le nom d'*Amandier des bois*. En Colombie, on emploie l'*H. obcordata* comme expectorant, et à Sierra-Leone on se sert de l'*H. velutina* contre les fièvres et les maux de tête.

CÉLASTRE. s. m. (gr. κήλαστρον, m. s.). Genre d'arbrisseaux des régions tropicales de la famille des *Célastracées*. Voy. ce mot.

CÉLASTRÉES. s. f. pl. (R. *Célastre*). T. Bot. Tribu de plantes de la famille des *Célastracées*. Voy. ce mot.

CÉLATION. s. f. [Pr. *céla-sion*] (lat. *celare*, cacher). L'action de cacher. En T. de médecine légale, C. de grossesse.

CÉLÉ. riv. de France, affluent du Lot, prend sa source dans le Cantal, arrose Figeac ; 110 kil.

CÉLÈBES. île de la Malaisie, appartenant aux Hollandais, cap. *Makassar* ou *Vlaardingen*. Sa longueur, du N. au S. est d'environ 700 kil. ; sa largeur varie entre 60 et 200. Sa superficie est de 190,000 kil. c. Pop. 3 millions d'hab. — Nom des hab. : CÉLÉBÉENS, ÉÈNES.

CÉLÉBRANT. s. m. Celui qui dit la messe, qui célèbre la messe, qui officie.

CÉLÉBRATION. s. f. [Pr. *sélébra-sion*] (lat. *celebratio*, m. s.). Action de célébrer. Ne se dit que dans les phrases suivantes : *La c. de la messe ou des saints mystères. La c. de l'office divin. La c. d'un mariage*, etc.

CÉLÉBRATEUR. s. m. Celui qui célèbre.

CÉLÈBRE. adj. 2 g. (lat. *celeber*, m. s.). Fameux, renommé. *Un auteur c. Un lieu c. Une action c. Un jour c. Il est c. pour avoir fait telle action. Cette mer est célèbre en naufrages.*
Syn. — *Illustre, Fameux, Renommé.* — *Fameux* ne désigne que l'étendue de la réputation, sans distinguer si celle-ci est bonne ou mauvaise. On dit un *fameux* capitaine et un voleur *fameux. Renommé*, comme *fameux*, n'a rapport qu'à

l'étendue de la réputation ; mais il ne se prend qu'en bonne part. *Illustre* marque une réputation fondée sur le mérite, mais accompagnée de dignité et d'éclat. Quand on parle des hommes *illustres* de la France, on comprend sous cette dénomination les grands capitaines, les magistrats distingués, les écrivains qui ont rempli un certain rôle, les savants qui ont fait de grandes découvertes. *C.* offre l'idée d'une réputation acquise par des talents réels ou supposés, et n'emporte point celle de dignité ou d'éclat. *Fameux, célèbre, renommé*, se disent des personnes et des choses ; *illustre*, au contraire, ne se dit que des personnes.

CÉLÉBRER. v. a. (lat. *celebrare*, m. s.). Exalter, louer avec éclat, publier avec éloge. *C. la mémoire de quelqu'un.* — *C. les louanges de quelqu'un*, Les publier hautement. || Rendre public. || Solenniser. *C. les fêtes. C. le jour de la naissance de quelqu'un. C. un anniversaire. Les anciens célébraient les jeux séculaires avec de grandes solennités.* — *C. un mariage*, Faire un mariage avec les cérémonies requises. — *C. les funérailles de quelqu'un*, Lui faire des funérailles pompeuses. — *C. un concile*, Tenir un concile. || *C. la messe, C. les saints mystères*, Dire la messe. On dit aussi absol. *Célébrer. Ce prêtre n'a pas encore célébré.* —*C. pontificalement*, Dire la messe en habits pontificaux. — CÉLÉBRÉ, ÉE. part.

CÉLÉBRET. s. m. Autorisation ecclésiastique de célébrer la messe.

CÉLÉBRITÉ. s. f. (lat. *celebritas*, m. s.). Grande réputation ; réputation qui s'étend au loin. *La c. d'un nom, d'une personne. Acquérir une honorable, une honteuse c.* || Pompe, solennité. *Cette cérémonie se fit avec une grande c.* Vx ; on dit aujourd'hui Solennité. || Par ext., Personne célèbre. *Les célébrités de la science.*
Syn. — *Réputation, Renommée.* — Une *réputation* honnête est à la portée du commun des hommes ; on l'obtient par la pratique de ses devoirs. L'esprit, le talent, le génie, procurent la *célébrité* : c'est le premier pas vers la *renommée*, qui n'en diffère que par plus d'étendue ; mais leurs avantages sont peut-être moins réels que ceux d'une bonne *réputation*, qui seule est utile pour le vrai bonheur. Le désir de la c. peut être, suivant son objet, honnête pour celui qui l'éprouve, et utile à la société ; mais souvent c'est une manie orgueilleuse qui a recours aux manœuvres les plus avilissantes. De là, tant de *réputations* usurpées, tant de *célébrités* qui ne brillent qu'un instant. Bien peu d'hommes sont en mesure d'atteindre à la *renommée*, et si l'on réduisait la c. à sa valeur réelle, on lui ferait perdre bien des *sectateurs*. La *réputation*, au contraire, est toujours une chose extrêmement précieuse, lorsqu'elle est fondée sur la probité de l'homme et l'estime de ses concitoyens.

CÉLÉNO, une des Harpies.

CELER ou **CÉLER.** v. a. (lat. *celare*, cacher). Taire, ne pas donner à connaître, cacher. *C. un dessein. C'est un homme qui ne peut rien v. C. les effets d'une succession. Je ne vous cèlerai pas que.* — *Il se fait c.*, se dit d'un homme qui fait dire qu'il n'est pas chez lui, bien qu'il ne soit pas sorti.* — CÉLÉ, ÉE. part. — Conjug. Voy. GELER.
Syn. — *Cacher, Taire.* — *Taire* marque le silence qu'on garde sur une chose ; c., le secret qu'on en fait ; *cacher*, le mystère dans lequel on veut l'ensevelir. Il n'y a qu'à retenir sa langue pour *taire* ce qu'on ne veut pas dire ; on a souvent besoin de feindre pour le c. à des gens qui cherchent à surprendre votre secret ; on est parfois réduit au déguisement pour le *cacher* à des gens pénétrants qui vous sondent pour trouver le fond de vos pensées. — Il y a une manière de *faire* les choses qui en dit trop, une affection à les c. qui vous décèle, un embarras à les *cacher* qui les fait découvrir.

CÉLERI. s. m. (ital. *sellaro*, m. s., qui se rattache au lat. *selinum*, et au gr. σέλινον, persil). T. Bot. et Hortic. Le *C.* (*Apium graveolens*) est une espèce du genre *Ache*, de la famille des *Ombellifères*. Il se rencontre à l'état sauvage dans les prairies humides du midi de l'Europe. Les habitants de nos départements méridionaux le désignent sous le nom vulgaire de *Bonne herbe*, à cause des propriétés salubres qu'ils lui attribuent. Cependant il a une saveur âcre, repoussante, et n'est pas sans danger pour l'homme, quoique les bêtes ovines et bovines le mangent sans répugnance. Ce C., développé par la culture, a donné naissance à plusieurs variétés, dont les principales sont le *C. à couper*, le *C. plein* ou *à côtes*, et le *C.-rave*. Les deux premières, de même que toutes leurs sous-variétés, se mangent en salade, ou sont employées comme assaisonnement. Dans le *C. plein* (Fig.), la partie utile consiste dans les côtes des feuilles que l'on a rendues blanches et tendres au moyen de l'étiolement. A cet effet, le C., semé en pépinière au printemps, est repiqué en lignes sur deux rangs, en laissant un espace vide de 2 en 2 lignes; puis on rattache les touffes avec des liens de paille comme les salades de romaine et de chicorée; enfin, on les butte, c.-à-d. on applique autour d'elles une certaine quantité de terre prise dans les intervalles libres ménagés à dessein, mais en laissant au dehors le sommet des feuilles qui continuent à s'allonger. A mesure qu'elles croissent, on ajoute de nouvelle terre. Le C., ainsi étiolé, se conserve aisément tout l'hiver; il a acquis, par ce procédé, une saveur

moins forte et plus délicate. Les variétés les plus renommées sont : le *C. plein blanc*, le *C. blanc court*, le *C. turc* ou de *Prusse*, le *C. violet de Tours*, etc. — Dans le *C. à couper* ou *C. creux*, les pétioles sont fistuleux et on coupe à plusieurs reprises les feuilles qui servent à aromatiser les potages. — Le *C.-rave* est ainsi nommé à cause du renflement charnu du collet de sa racine qui présente le volume et la forme d'un navet de grosseur ordinaire. C'est cette partie seule qui se mange : on la fait cuire à l'eau et on l'assaisonne comme tout autre légume-racine. La culture du C.-rave est la même que celle des autres espèces, excepté qu'il n'a pas besoin d'être butté. Son goût est moins aromatique que celui des variétés précédentes. L'usage de ce légume est très répandu en Belgique, en Allemagne, en Angleterre, et dans tout le nord de la France. Le C.-rave, d'après l'analyse de Payen, contient une forte proportion de *mannite*. — Les graines des diverses espèces de Céleris sont aromatiques et stimulantes. On les emploie quelquefois en médecine, et les distillateurs les font entrer dans la composition de plusieurs liqueurs de table.

CÉLÉRIFÈRE. s. m. (lat. *celer*, rapide; *fero*, je porte). Voiture publique servant au service accéléré. Vx.

CÉLÉRIMÈTRE. (lat. *celer*, rapide; gr. μέτρον, mesure). Instrument qui, adapté à la roue d'une voiture, mesure le chemin parcouru.

CÉLERIN. s. m. Petit poisson de mer, espèce de hareng.

CÉLÉRIPÈDE. adj. (lat. *celer*, rapide; *pes*, *pedis*, pied). T. Zool. Qui marche rapidement.

CÉLÉRITÉ. s. f. (lat. *celeritas*, m. s.). Vitesse, diligence, promptitude dans l'exécution. *Il fit ce trajet avec une c. prodigieuse. Cette affaire demande de la c.*

Syn. — *Promptitude, Vitesse, Diligence.* — Ces termes ont cela de commun qu'ils indiquent tous l'économie du temps. La *promptitude* fait commencer aussitôt; la *célérité* et la *vitesse* emploient tous les moments avec activité; la *diligence* choisit les voies les plus courtes et les moyens les plus efficaces. La première exclut les délais; la seconde ne

souffre point d'interruption; la troisième exclut la lenteur; la quatrième met tout à profit et fuit les longueurs.

CÉLESTA. s. m. (R. *céleste*). Instrument de musique à percussion; sorte d'harmonium où les sons sont produits par le choc de marteaux sur des lames d'acier posées horizontalement sur leurs lignes nodales.

CÉLESTE. adj. 2 g. (lat. *cœlestis*, m. s., de *cœlum*, ciel). Qui appartient au ciel. *Les globes, les sphères, les corps célestes. Les influences célestes. Thème* ou *figure c.* — Poétiq., *Les célestes flambeaux*, Les astres. *La voûte c., les célestes lambris*, le ciel, le firmament. — *Bleu c.*, Teinture bleu du ciel. || Se dit de tout ce qui appartient au ciel, pris pour le séjour des bienheureux. *Les esprits, les intelligences, les puissances célestes.* Le ciel, considéré comme le séjour des bienheureux. *Le Père c.*, Dieu. || Se dit pour divin, qui vient de Dieu. *Don c. La colère c. Le courroux c.* || Se dit, par hyperbole, de ce qui est d'une nature excellente. *Beauté c. Ame c.*

CÉLESTEMENT. adv. D'une façon céleste.

CÉLESTIN. s. m. T. Hist. relig. L'ordre des célestins fut institué, en 1254, par Pierre de Moron, sous le nom de *Religieux de Sainte-Marie de Mujella*, parce que sa première maison était établie sur le mont Majella, dans le royaume de Naples. Mais lorsque Pierre de Moron eut été élevé au suprême pontificat, et eut pris le nom de Célestin V, les religieux de l'ordre dont il était le fondateur adoptèrent la dénomination de *Célestins*. — Les Célestins furent introduits en France par Philippe le Bel (1300); en 1417, ils y comptaient déjà vingt-trois maisons. La congrégation de France avait pour chef d'ordre le monastère fondé par Charles V, à Paris, près de l'Arsenal et non loin de l'hôtel Saint-Paul, alors résidence de la cour. La bibliothèque de ce monastère était renommée par le grand nombre de livres rares et précieux que les religieux étaient parvenus à y réunir, et son église, où les grands personnages aimaient à se faire enterrer, possédait une multitude d'objets d'art qui en faisaient un véritable musée. Un grand relâchement s'étant introduit avec le temps dans les habitudes des Célestins, Louis XV (1768) leur ordonna de se réformer. Sur le refus qu'ils firent de se soumettre à la volonté du roi, ils furent sécularisés par Clément XIV et Pie VI, leurs maisons furent supprimées et leurs biens mis en séquestre. On vendit une partie des bâtiments qu'ils possédaient à Paris, le reste reçut une autre destination.

CÉLESTIN. Nom de cinq papes (422-1294).

CÉLESTINE. s. f. T. Minér. Variété de strontiane sulfatée dont les cristaux sont d'un beau bleu. Voy. STRONTIUM. || T. Bot. Genre de plantes (*Cœlestina*) de la famille des *Composées*.

CÉLEUSME. s. m. (gr. κέλευσμα, commandement). T. Mar. anc. Chant dont les rameurs accompagnaient leur travail et qui servait à marquer la cadence et à transmettre les ordres.

CÉLEUSTE. s. m. (gr. κελευστής, m. s.). T. Mar. anc. Celui qui donnait des ordres aux matelots et aux rameurs, ou qui réglait leur chant, le *céleusme*.

CÉLEUSTIQUE. s. f. (gr. κελευστικός, qui commande; de κελεύειν, commander). T. Didact. Art de transmettre les commandements au moyen d'instruments de musique.

CÉLIAQUE. adj. 2 g. Voy. CŒLIAQUE.

CÉLIBAT. s. m. (lat. *cœlebs*, et *cœlibatus*, m. s.). État d'une personne non mariée. *Passer sa vie, vivre, demeurer dans le c. Garder le c.* — Dans tous les temps et chez tous les peuples, le *Célibat* a été en honneur et a été flétri. Il a été flétri lorsqu'il n'était qu'un moyen de se soustraire aux charges et aux devoirs de la société et de se livrer sans obstacle à la volupté; il a été honoré, au contraire, lorsque celui qui se vouait au c. n'embrassait ce genre de vie que pour se livrer plus aisément à l'étude des sciences, à la recherche de la vérité, et surtout pour se consacrer d'une manière exclusive au service du culte. Ainsi, dès la plus haute antiquité, nous trouvons cette dernière espèce de c. en grande vénération chez les Juifs, les Égyptiens, les Hindous, les Grecs, les Romains, les Gaulois, etc. D'autre part, nous voyons, chez divers peuples, le législateur obligé de recourir à différentes mesures coercitives pour diminuer la multitude des célibataires qui repoussaient le mariage comme un frein et un obstacle à leurs débauches. C'est ainsi qu'à Rome, 403 ans déjà avant J.-C., les censeurs M. Furius Camillus et M. Postumius avaient frappé d'une amende les citoyens célibataires. Malgré cela, leur nombre était devenu si effrayant vers la fin de la République, qu'Auguste, parvenu au pouvoir suprême, rendit contre eux les deux lois *Julia* et *Papia Poppæa*, qui ne furent abrogées que sous Constantin. De telles rigueurs à l'égard des célibataires n'ont jamais été reproduites dans les législations modernes.

Le c. des prêtres n'est pas une question de dogme, mais de pure discipline. Pendant les premiers siècles de l'Église, les prêtres et les évêques étaient mariés ou célibataires, à volonté. Les conciles d'Ancyre, en 318, et de Nicée, en 325, discutèrent longuement sur ce point. Au Ve siècle, Socrate le Scolastique parle encore des mariages dans le clergé. Saint Grégoire de Nazianze vint au monde, aîné de dix enfants, l'année même que son père fut fait évêque. Grégoire de Tours parle du mariage des prêtres, de son évêque, comme d'une coutume habituelle. Saint Grégoire fut l'apôtre du c. des prêtres, et insensiblement cet état fut préféré à celui du mariage. Mais l'homme peut-il réellement vaincre la nature?

CÉLIBATAIRE. s. m. (R. *célibat*). Celui qui vit dans le célibat, quoiqu'il soit d'âge à pouvoir se marier. *C'est un vieux c. Rester c.*

CÉLICOLE. s. m. (lat. *cœlum*, ciel; *colo*, j'adore). Nom d'hérétiques du temps de l'empereur Honorius qui adoraient le ciel en place de Dieu.

CÉLIDOGRAPHIE. s. f. (gr. χηλίς, tache; γράφειν, décrire). T. Astron. Description des taches de la lune ou du soleil.

CÉLIDOGRAPHIQUE. adj. Qui a rapport à la célidographie.

CELLA. s. f. [Pr. *sel-la*] (lat. *cella*, loge). T. Ant. Nom employé quelquefois en français pour désigner la nef des temples anciens.

CELLAIRE. s. f. [Pr. *sel-lère*] (lat. *cella*, loge). T. Zool. Genre de *Bryozoaires*. Voy. ce mot.

CELLAMARE, ambassadeur d'Espagne en France (1715), fut chassé comme conspirateur (1657-1733).

CELLARIÉES. s. m. pl. [Pr. *sel-la-rié*] (lat. *cella*, loge). T. Zool. Famille de *Bryozoaires*. Voy. ce mot.

CELLARIUS (Christophe), érudit allemand, géographe, auteur de la *Notitia orbis antiqui* (1638-1707).

CELLARIUS (André), cosmographe hollandais du XVIIe siècle, auteur de l'*Harmonia macrocosmica* (1661).

CELLE. pron. f. [Pr. *sèle*]. Féminin de *Celui*. Voy. Celui.

CELLE. s. f. [Pr. *sèle*] (lat. *cella*, loge). T. Antiq. L'endroit où était placée la statue d'une divinité dans un temple. Voy. Temple. || Compartiment dans les bains des Romains. || T. Hist. relig. Petit monastère, succursale d'une abbaye. Voy. Abbaye.

CELLÉPORIENS. s. m. [Pr. *sel-lépori-in*] (lat. *cella*, loge; *porus*, pore). T. Zool. Famille de *Bryozoaires*. Voy. ce mot.

CELLÉRAGE. s. m. [Pr. *sè-lèrage*] (R. *cellier*). Droit seigneurial sur le vin, quand il était entré dans le cellier.

CELLÉRIER, IÈRE. s. [Pr. *sè-lérier, ière*] (lat. *cella*, loge). Titre d'office qu'on donne dans un monastère au religieux, à la religieuse qui prend soin de la dépense de la bouche.

CELLES, ch.-l. de c. (Deux-Sèvres), arr. de Melle, 1,600 hab.

CELLICOLE. adj. [Pr. *sel-licole*] (lat. *cella*, loge; *colo*, j'habite). T. Hist. nat. Qui habite dans les caves.

CELLIER. s. m. [Pr. *sèlier*] (lat. *cella*, loge). Lieu au rez-de-chaussée d'une maison dans lequel on serre le vin et d'autres provisions. *Il n'y a point de cave dans cette maison, il n'y a que des celliers.*
Syn. — Voy. Cave.

CELLINI (Benvenuto), sculpteur, graveur et orfèvre italien, né et mort à Florence. Il vécut une partie de sa vie à la cour de François Ier (1500-1571).

CELLULAGE. s. m. [Pr. *sè-lulage*]. Manière de construire, de tenir les cellules dans les prisons modernes.

CELLULAIRE. adj. 2 g. [Pr. *sè-lulère*] (R. *cellule*). Qui est composé de cellules. S'emploie en T. d'Anat. animale et végétale. *Tissu c.* Voy. ci-après || T. Bot. Nom sous lequel on a désigné les végétaux appelés aujourd'hui *Cryptogames*. | T. Jurisp. Se dit des prisons dans lesquelles les détenus vivent isolés dans des cellules. *Voitures cellulaires*, Voitures à compartiments dans lesquelles on transporte les prisonniers. *Système c. Régime c.* Voy. Pénitentiaire.

Anat. — Les anatomistes donnent le nom de *Tissu cellulaire*, souvent de tissu *conjonctif* ou *connectif*, et parfois de *Tissu laminaire*, de *Tissu muqueux*, de *Tissu aréolaire*, etc., à un tissu organique composé de cellules dites conjonctives, fibro-plastiques ou embryonnaires. Les cellules conjonctives ont d'ordinaire la forme de corps allongés ou fuseaux munis d'un noyau; leurs dimensions sont variables de 80 à 100 μ pour le corps. C'est des deux extrémités du corps cellulaire que partent les pinceaux de fibrilles conjonctives. L'aspect de ces cellules est très différent suivant les diverses formes du tissu conjonctif et l'âge de l'animal; chez l'embryon, elles sont étoilées, de même que dans le tissu de la cornée de l'œil. Ailleurs elles ont perdu leur prolongement et se transforment en cellules *plates*; ailleurs elles se sont transformées en cellules adipeuses, etc. Ces cellules se disposent en une multitude de filaments, ou *fibrilles*, soit isolés, soit réunis en lamelles, qui s'entrecroisent dans toutes

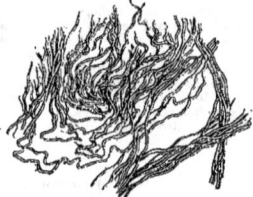

Fig. 1.

les directions et qui s'agglutinent les uns aux autres, humectés qu'ils sont toujours par une sérosité plus ou moins abondante (Fig. 1). Les lames qui résultent de l'assemblage des fibrilles n'ont pas la même épaisseur dans tous les cas. Assez denses quand le tissu c. est contracté sur lui-même, elles deviennent, quand on les distend, très minces et très ténues. Les intervalles que ces lames laissent entre elles sont extrêmement variables. Examinées au microscope, les fibrilles et lamelles du tissu c. sont formées de fibres primitives très fines, transparentes, ondulées, lisses, s'entrecroisant dans tous les sens, mais ne se ramifiant jamais et ne s'anastomosant pas ensemble. Leur diamètre varie de un cinq-centième à un millième de millimètre. Les fibres primitives les plus fortes ont des contours unis, simples, noirs, bien dessinés; le milieu paraît incolore, transparent. Les fibres primitives plus minces sont encore plus transparentes; leurs contours sont plus pâles et elles sont moins ondulées. On trouve quelquefois entre ces fibres des lamelles amorphes. On rencontre aussi, mais rarement, à la surface de quelques fibres isolées, des granules de différentes formes. Enfin, Henle a vu des faisceaux de fibres entourés d'une fibre spirale. Lorsque ces fibres sont tendues, elles sont droites; mais la tension cessant, elles reprennent aussitôt leur forme ondulée. Les fibres réunies en faisceaux sont toujours paraltètes entre elles, de sorte que leurs ondulations le sont également. — Le nom de tissu c. lui vient d'une erreur d'interprétation ou plutôt de dénomination, car à l'époque où il lui fut donné, les cellules embryonnaires, fibroplastiques, n'étaient point connues. On appelait cellules les espaces qui y existent normalement ou artificiellement. Or le terme *cellule* signifie bien autre chose actuellement.

Examiné sur le corps vivant, le tissu c. apparaît comme une substance uniforme et blanchâtre. Mais les matières étrangères, liquides ou solides, pénétrant entre les fibrilles et les lamelles, déplacent ces éléments, et restent renfermées dans ces espaces, qui communiquent ou ne communiquent pas ensemble, selon la disposition accidentelle des lamelles. C'est dans ces intervalles ou aréoles que se logent les vésicules du tissu adipeux. Les espaces qui se produisent alors ne sont point complétement fermés; ils ne sont point préexistants, mais résultent simplement de la séparation des filaments. Ces prétendues cellules n'ont d'ailleurs ni forme régulière ni grandeur déterminée; le moindre tiraillement détruit les anciennes et en forme de nouvelles. Cependant, les anatomistes étant d'accord sur ce point, il n'y a pas nécessité de remplacer cette dénomination de tissu c. qui est consacrée par l'usage, et qui maintenant ne trompe plus personne.

Le tissu c. contient des vaisseaux sanguins et lymphatiques. Les premiers y forment un réseau de vaisseaux capillaires très fins, à grandes mailles irrégulières; mais on ne connaît rien de précis sur la distribution des vaisseaux lymphatiques. — Les nerfs ne font que traverser ce tissu; ils n'y pénétrent jamais que pour se rendre à un système voisin.

Nous avons vu que le tissu c. est extensible à un degré très prononcé; mais, trop distendu, il s'amincit d'abord et finit par se rompre. Cette grande extensibilité est vraisemblablement due à la présence de la sérosité, car, lorsque celle-ci est évaporée, le tissu se rompt avec facilité. Il est encore élastique et rétractile; mais ce sont là de simples propriétés physiques. Quant à ses propriétés organiques, elles sont presque nulles. Ainsi, il est tout à fait insensible. Il se racourcit, il est vrai, pendant la vie, sous l'action de certains agents irritants, mais il ne se contracte point sous l'influence du galvanisme. Le durtes, néanmoins, fait exception à cette règle. Quoi qu'il présente tous les caractères extérieurs du tissu c., il jouit d'une contractilité tellement remarquable, que Jordan et Müller ont cru, pour cela seul, devoir en faire un tissu particulier. Une des propriétés les plus remarquables du tissu c. est la facilité et la promptitude avec laquelle il se régénère. — Soumis à une ébullition prolongée, ce tissu se transforme en gélatine.

Dans l'organisme, le tissu c. est partout continu à lui-même; néanmoins, pour en faciliter l'étude, on le distingue en deux portions, dont l'une est indépendante des organes et remplit seulement les vides qu'ils laissent entre eux, tandis que l'autre est seulement relative aux organes dont elle enveloppe et dans la structure desquels elle entre. — La première portion est le tissu c. extérieur ou commun. Ce tissu a l'étendue et la forme générale du corps; mais l'épaisseur de la couche qu'il forme autour des divers organes n'est pas la même partout. Il est très rare dans l'intérieur du crâne et dans le canal vertébral; on en trouve davantage à l'extérieur de ces mêmes parties, surtout au-devant de l'épine. Les différentes parties de la face, les orbites, les joues, en contiennent une grande quantité. Il en existe beaucoup également au cou, le long des vaisseaux et entre les muscles; à la poitrine, entre les lames du médiastin, et, extérieurement, autour des mamelles. L'abdomen renferme dans son intérieur, soit dans l'épaisseur de ses parois, une grande quantité de tissu c. Aux membres, ce tissu est abondant dans l'aisselle, l'aine, le creux du jarret, la paume des mains et la plante des pieds : il forme aussi, entre les muscles, des couches plus ou moins épaisses. En général, ce tissu est plus abondant autour des organes importants et dans les endroits qui sont le siège de grands mouvements. — La seconde portion du tissu c. est celle qui est propre aux divers organes, et leur forme une enveloppe en se continuant, d'une part, avec le tissu c. commun, et, de l'autre, avec celle qui pénètre dans l'épaisseur de l'organe. Suivant la forme de celui-ci, l'enveloppe c. est diversement disposée. La peau, les membranes muqueuses et séreuses, les vaisseaux, etc., etc., qui n'ont qu'une de leurs faces libre, ne sont en rapport avec le tissu c. que d'un côté. Au contraire, il entoure de toutes parts les organes pleins comme les muscles. Sous la peau, le tissu c. forme une couche généralement répandue. Ce tissu sous-cutané est plus ou moins dense, suivant les régions. Il est plus serré, et, en même temps, la peau est plus adhérente dans toute

l'étendue de la ligne médiane, excepté au cou. Au tronc, le tissu c. sous-cutané est plus dense en arrière qu'en avant. Dans les membres comme au tronc, il est plus dense dans le sens de l'extension que dans celui de la flexion. En général, dans les endroits où les mouvements sont très marqués, le tissu c. est plus lâche, comme aux paupières, etc.; il est bien serré, au contraire, là où il n'y a point de glissements, comme à la paume des mains, au-devant du sternum, etc. Les membranes muqueuses sont couvertes à leur face adhérente par un tissu c. très dense; celui des membranes séreuses est floconneux; enfin, celui des canaux se présente sous la forme de gaines qu'il ne faut pas confondre avec la tunique cellulaire.

Le tissu c. qui pénètre dans l'intérieur des organes se comporte différemment selon la nature de ces derniers. Dans les muscles, il forme, pour chaque faisceau, une enveloppe qui en fournit de plus petites pour les faisceaux secondaires et pour les fibres qui composent ceux-ci. Les glandes sont de même entourées dans leurs lobes, leurs lobules et les grains dont l'agrégation constitue ces derniers, par des enveloppes celluleuses successivement plus petites. Les organes composés de plusieurs couches membraneuses, comme le tube intestinal, la vessie, etc., contiennent du tissu c. entre leurs différentes couches. Certains organes très composés, comme les poumons, ont autour de chacune des parties qui entrent dans leur structure plus ou moins de tissu c. La quantité de ce tissu est, en général, proportionnelle au nombre des parties différentes que l'organe contient; cependant, à mesure que ce tissu se divise et se subdivise pour embrasser les parties de plus en plus fines des organes, il devient lui-même plus fin et son enveloppe plus mince. Certains organes, tels que les ligaments, les tendons, les os, les cartilages, ne renferment point de tissu c. bien distinct.

Chez l'adulte, le tissu c. est plus dense et plus ferme que chez l'enfant; mais, chez le vieillard, il est beaucoup plus relâché, il est en même temps moins élastique, plus solide et plus difficile à déchirer. Cet état de flaccidité qui se manifeste par les plis de la peau, résulte surtout de la quantité de sérosité. Dans les sujets lymphatiques, la sérosité et le tissu sont beaucoup plus abondants que dans les sujets bilieux. Chez la femme, le tissu c. paraît aussi exister en plus grande quantité que chez l'homme.

Les différentes parties du système c. servent à la fois de lien pour unir les organes et de corps intermédiaire pour les séparer. La structure particulière de ce tissu a une grande influence sur la mobilité des organes; les portions qui sont lâches et molles permettent de grands mouvements, les portions serrées empêchent les déplacements des parties adhérentes. La peau, par ex., lui doit la grande mobilité dont elle jouit presque partout sur les organes qu'elle recouvre. — Les propriétés physiques de ce tissu servent à rendre compte de plusieurs phénomènes pathologiques. Son extrême perméabilité, par ex., explique les migrations parfois si bizarres des corps étrangers accidentellement introduits dans l'organisme, comme des aiguilles, des balles, etc. Elle explique également la facilité avec laquelle un emphysème cutané se déclare à la suite des plaies du poumon, celle avec laquelle les collections purulentes fusent au loin, etc. Ces phénomènes supposent non seulement la perméabilité du tissu, mais aussi la grande élasticité de ses éléments; autrement, la pression exercée par les corps étrangers ferait rompre les lamelles et les fibrilles. Toutefois, cette élasticité est altérée par l'effet de l'inflammation et des dégénérescences qui rendent le tissu fragile.

Le tissu c. est le siège de diverses lésions. Il est particulièrement fort sujet aux inflammations. En outre, il est affecté dans toutes les maladies qui atteignent les divers organes dans la composition desquels il entre comme élément anatomique. — Le tissu c. peut encore se développer accidentellement. C'est ainsi que l'on voit des corps étrangers introduits dans l'organisme, les kystes séreux et muqueux, les corps fibreux des masses encéphaloïdes, et quelquefois même la matière tuberculeuse, enveloppés de lames cellulaires accidentelles. — Enfin, ce tissu est susceptible de subir la transformation cartilagineuse. Il n'est pas rare de rencontrer du tissu cartilagineux dans le tissu c. sous-séreux, notamment au voisinage de la plèvre. — Voy. *Tissu* ADIPEUX et HISTOLOGIE.

Bot. — Tous les tissus des végétaux sont composés de cellules et méritent par conséquent le nom de tissus cellulaires; seulement ces cellules peuvent se disposer en fibres, vaisseaux, etc., et alors elles changent de forme, s'allongent, deviennent polygonales, etc. On a appelé tissu c. propre, ou tissu médullaire ou parenchymateux, le tissu dans lequel les cellules conservent des dimensions à peu près égales. Lorsque ce tissu est serré, les cellules pressées les unes contre

Fig. 2.

les autres deviennent polyédriques. Voy. CELLULE. S'il est lâche, les cellules conservent leur forme globulaire et laissent entre elles des intervalles appelés *méats intercellulaires* (Fig. 2).

CELLULARISME. s. m. [Pr. *sè-lularisme*] (R. *cellule*). Doctrine de la formation et de la vie de la cellule, dans les tissus vivants.

CELLULASE. s. f. [Pr. *sè-lulase*]. T. Chim. Nom donné au ferment soluble qui attaque la cellulose.

CELLULE. s. f. [Pr. *sè-lule*] (lat. *cellula*, dimin. de *cella*, loge). Petite chambre d'un religieux ou d'une religieuse. || Chacun des petits logements qu'on fait pour les cardinaux assemblés dans le conclave. || Chacune des chambres d'une prison cellulaire. || Chacun des compartiments d'une voiture cellulaire. || Fig., Retraite qu'on aime à habiter. Petit appartement. *C'est ma c. Il faut embellir sa c.* || Se dit des alvéoles des ruches. Voy. ABEILLE. || T. Anat., Zool. et Bot. Voy. plus bas.

Biol. — La *cellule* est l'élément simple et indivisible du monde organisé, d'après l'opinion universellement admise aujourd'hui dans la science. Il paraît démontré que tout corps organisé, animal ou végétal, est formé de l'assemblage d'une multitude d'organismes simples et indivisibles, qui vivent chacun d'une vie propre, naissent, se développent, se multiplient et meurent, et qui se groupent de diverses manières pour former les tissus et les organes des êtres vivants. Cet élément irréductible de la matière organisée qu'on ne peut diviser sans en détruire immédiatement la vie, a reçu le nom de *c.* Sa forme, primitivement sphérique, peut devenir polyédrique, aplatie, lamellaire, étoilée, etc.; ses dimensions varient de 1 à 10 millièmes de millimètre. En général incolore et très élastique, la *c.* complète se compose d'un *corps* ou *enveloppe*, comprenant une cavité remplie d'un liquide dans lequel nage un *noyau* solide, ou plutôt gélatineux, est formé de l'assemblage d'une multitude d'organismes, contenant un ou plusieurs *nucléoles* formés d'une substance plus réfringente. Beaucoup de cellules sont pleines : on leur a donné le nom de *protoblastes*; d'autres manquent de noyau, et, par suite, de nucléoles. Chaque *c.* doit être considérée comme un être vivant d'une vie indépendante. Elle est le siège de phénomènes d'*assimilation* et de *désassimilation*, qui constituent sa nutrition et ses excrétions; elle se développe et se reproduit par *segmentation* ou *bourgeonnement*, donnant ainsi naissance à d'autres cellules dont l'assemblage constitue les divers éléments anatomiques : *fibres*, *tubes*, *canaux*, etc. Enfin, elle meurt et disparaît, en tant que *c.*, soit par chute mécanique, soit par transformation chimique; elle devient alors de la graisse ou un liquide qui est expulsé dans les diverses excrétions.

La *théorie cellulaire* des corps vivants a été entrevue par Raspail, en 1827, et développée par le physiologiste allemand Schwann. Seulement Schwann admettait que la *c.* pouvait se produire spontanément au sein d'un liquide albumineux qu'il nommait *blastème*, la formation commençant par le *nucléole* qui, en se développant, devenait le *noyau*, et, qui, enfin, s'entourait d'enveloppes pour former une *c.* complète. Le développement ultérieur de la reproduction des cellules étaient expliqués par des phénomènes analogues à ceux de l'endosmose. Cette partie de la théorie relative à l'origine de la *c.* qui nous amène aux sources mêmes de la vie et prétend expliquer les phénomènes vivants par les simples lois du monde inorganique, n'a pas été confirmée par les recherches des histologistes contemporains. Elle a été vivement combattue par Virchow. Aujourd'hui, presque tous les histologistes admettent avec Virchow : 1° Que le noyau ne peut être considéré comme

le point de départ du développement de la *c.*, l'expérience ayant montré qu'il se forme souvent au contraire après l'enveloppe; 2° qu'aucune *c.* ne peut prendre spontanément naissance dans un liquide quelconque. *Toute c. vivante provient d'une autre c. vivante : Omnis cellula a cellula.*

Le mécanisme par lequel les tissus se nourrissent, s'accroissent ou emmagasinent leurs *produits* spécifiques, ne consiste pas en une sorte de sélection ou d'attraction spéciale que chaque cellule exercerait sur les divers matériaux pêle-mêle dissous dans le milieu nutritif que lui offre le plasma du sang. Plongez trois cristaux d'alun, de sel marin et de nitre dans une même solution saturée à la fois de ces trois sels, chacun d'eux fixera la matière qui convient à son accroissement : l'alun prendra le sulfate double d'alumine et de potasse sans toucher au sel ou au nitre; le cristal de sel marin fixera le chlorure sodique; le nitre attirera le nitre, sans que ni l'un ni l'autre de ces sels attire à lui les deux autres.

Mais bien différent du cristal, qui grandit par précipitation autour de ses facettes d'une *substance préformée*, l'organisme vivant de la cellule *se nourrit* en transformant les matières alimentaires que lui apporte la circulation, et les *assimilant*, en un mot, à ses substances spécifiques.

Ce phénomène de l'assimilation est encore très mystérieux. Remarquons toutefois, avec M. A. Gautier, que s'il est vrai que l'économie animale reçoit avec ses aliments végétaux les trois ordres principaux de substances nutritives *albuminoïdes*, *grasses*, *hydrocarbonées* qu'on retrouve chez la bête, ces divers principes n'en ont pas moins subi, avant d'arriver à l'état définitif que leur imprime le moule animal, des transformations importantes qui ne nous permettent pas d'admettre qu'ils résultent d'une sorte de dépôt ou transport les cellule, chaque tissu, suivant sa nature, provoquerait des matériaux apportés par l'alimentation ou à peine modifiés par la digestion. L'osséine, la chondrine, la myosine, l'élastine, la vitelline, la caséine, l'hémoglobine, la sérine elle-même, tout en ayant une composition analogue à l'albumine, à la légumine, au gluten des végétaux, en diffèrent toutefois notablement. Chaque cellule de l'os, du cartilage, du muscle, du tissu conjonctif ou nerveux est un petit laboratoire spécial, un véritable microorganisme, où se fabriquent des produits dissemblables en partant de principes nutritifs similaires. On suit, d'ailleurs, que le glycogène et le glycose peuvent résulter d'une alimentation purement albuminoïde; que les substances protéiques suffisent à produire les graisses; que les principes gras se spécialisent en chaque espèce animale, quel que soit l'aliment originaire, et que par conséquent une partie du moins des hydrates de carbone et des graisses, avant de se déposer dans la cellule animale, est passée par une série de transformations compliquées.

La reproduction ou multiplication des cellules peut se faire de trois manières : 1° Par *segmentation*, comme cela a lieu dans le développement de l'œuf qui n'est, à l'origine, qu'une simple *c.*; cette une ou plusieurs cloisons se forment à l'intérieur de la *c.* qui, de simple, devient ainsi multiple; 2° par *bourgeonnement* ou *gemmation*, une *c.* nouvelle se produisant en un point de la surface de l'ancienne; enfin, 3° par *multiplication endogène*, le contenu de la *c.* se fractionnant en plusieurs parties sans que la membrane participe à cette division. Il est clair que ces trois modes de multiplication ne sont, en définitive, que des formes diverses de la segmentation. Le phénomène général de la *fécondation*, qui est la base de la reproduction des espèces animales et végétales, consiste en ce que la *c.* femelle (ovule) et la *c.* mâle (spermatozoaire) se fusionnent en une seule *c.*, qui, en se multipliant, deviendra l'être nouveau.

CELLULEUX, EUSE. adj. m. [Pr. *sè-luleu*] (R. *cellule*). T. Anat. et Bot. Qui est divisé en cellules. *Le tissu c. des os. Fruit c.* Production *c.*

CELLULIFÈRE. adj. [Pr. *sè-lulifère*] (lat. *cellula*, petite chambre; *fero*, je porte). T. Hist. nat. Qui offre des cellules.

CELLULIFORME. adj. 2 g. [Pr. *sè-luliforme*] (lat. *cellula*, petite loge; *forma*, forme). Qui a la forme de cellule.

CELLULITE. s. f. [Pr. *sè-lulite*] (R. *cellule*). Inflammation du tissu cellulaire ou lamineux.

CELLULOÏD. s. m. [Pr. *sè-lulo-id*] (R. *cellulose*). T. Chim.

Substance complexe obtenue par la cellulose et le camphre, employée dans l'industrie. Voy. CELLULOSE.

CELLULOSE. s. f. (Pr. *sè-luloze*) (R. *cellule*). T. Chim. Les chimistes donnent le nom de *cellulose* à la matière qui constitue les parois des cellules et des fibres végétales; elle forme la majeure partie du bois. Pour la retirer du bois, il faut employer des procédés lents et pénibles, parce qu'il est nécessaire de débarrasser le tissu ligneux des substances diverses dont il est incrusté (matière incrustante, substances azotées, principes pectiques, matières colorantes, substances minérales). Mais on obtient la c. à peu près à l'état de pureté dans la moelle de sureau, dans le coton, qui n'est autre chose que les poils des graines du cotonnier, dans les fibres textiles du lin et du chanvre, ainsi que dans le papier et dans le vieux linge, qui sont composés de fibres textiles ayant déjà subi différentes manipulations pour être transformées en linge ou en papier. Pour la purifier complètement, on fait bouillir ces substances avec une dissolution étendue de potasse, on les lave, on les traite par le chlore, puis on les épuise par les acides dilués, l'eau, l'alcool, l'éther. — La c. pure est blanche, solide, diaphane; elle a une densité comprise entre 1,2 et 1,5. Insoluble dans tous les dissolvants usuels, elle se dissout dans le *liquide de Schweitzer;* ce réactif s'obtient en traitant le cuivre au contact de l'air par une solution d'ammoniaque; le cuivre absorbe peu à peu l'oxygène de l'air; l'oxyde formé se dissout dans l'ammoniaque et la colore en bleu foncé. La c. se dissout très bien dans ce liquide; elle en est précipitée de nouveau par les acides. On obtient un autre dissolvant de la c. en ajoutant 1 p. de chlorure de zinc à 2 p. d'acide chlorhydrique. — La c. est un hydrate de carbone ayant pour formule brute $C^6H^{10}O^5$, ou plutôt un multiple de cette formule; on voit qu'elle a la même composition que l'amidon, la dextrine, les gommes, etc. Quand elle présente une faible agrégation, comme dans certains lichens, elle se convertit en dextrine, par son ébullition prolongée avec de l'eau.

Les dissolutions aqueuses de chlore, de brome et d'iode altèrent à la longue la c. et la détruisent; les dissolutions concentrées des hypochlorites alcalins agissent de même : il se forme de l'eau et de l'acide carbonique; cette action destructive nécessite certaines précautions dans le blanchiment des tissus par le chlore ou par les hypochlorites. — La c. pure n'est pas colorée en bleu par une dissolution d'iode; mais elle prend très bien cette couleur quand elle a éprouvé un commencement de désagrégation par l'acide sulfurique. Cette réaction de l'acide sulfurique et de l'iode est fréquemment usitée dans l'étude microscopique des végétaux pour distinguer le tissu propre de certaines membranes azotées qui sont dépourvues de cette propriété. — La potasse et la soude caustiques en dissolution la gonflent, soit à froid, soit à chaud, mais ne la dissolvent que très lentement lorsque son agrégation est considérable. A une température élevée, les alcalis caustiques transforment la c. en acide oxalique; on prépare industriellement cet acide en chauffant à 200° de la sciure de bois avec de la potasse et de la soude. — Les dissolutions acides étendues exercent peu d'action sur la c. à froid; mais, à 100°, elles la transforment en une masse friable d'*hydrocellulose* $C^{12}H^{22}O^{11}$, qui sert à préparer un pyroxyle employé en photographie. — L'acide acétique, même concentré, n'altère pas la c. Au contraire, les acides sulfurique et phosphorique concentrés lui font subir des transformations remarquables; ils la convertissent d'abord en *dextrine*, puis en *glucose* $C^6H^{12}O^6$; la c. se combine donc ici avec l'eau pour se métamorphoser en glucose. Si, après avoir saturé l'acide par de la craie, on filtre et on évapore le liquide, on obtient ce glucose sous forme de mamelons cristallisés (*sucre de chiffons*). — L'immersion, pendant quelques instants, de la c. dans l'acide sulfurique concentré la transforme en une masse translucide : c'est ainsi que le papier à filtre, trempé pendant 2 à 3 minutes dans l'acide sulfurique, puis lavé et séché, acquiert l'aspect et, dans une certaine mesure, la résistance du parchemin. Ce *parchemin végétal* sert à faire des membranes de dialyseurs, à séparer par endosmose le sucre des mélasses, et il peut remplacer le parchemin dans presque toutes ses applications. — Le chlorure de zinc agit comme l'acide sulfurique. — La c. se dissout dans le tube digestif des herbivores, surtout dans la panse et le cæcum des ruminants, sous l'action de certains ferments, solubles ou figurés. On a donné le nom de *cellulase* à un ferment soluble qui attaque la c.

Celluloses nitriques. — L'acide nitrique étendu et bouillant oxyde la c. et la détruit en produisant de l'acide oxalique avec dégagement d'acide carbonique et de vapeurs nitreuses. Mais lorsqu'on traite à froid la c. par l'acide azotique concentré, on obtient des composés qui sont les éthers nitriques de la c. envisagée comme un alcool polyatomique. Ils ont reçu différents noms : *Coton-poudre* ou *Fulmicoton, Coton azotique, Pyroxyle, Pyroxyline.* Celui qui correspond au maximum de nitrification est la c. hexanitrique, qui a pour formule $C^{12}H^{13}O^4(AzO^3)^6$ (en doublant la formule de la c.); c'est un corps très explosif, insoluble dans l'alcool et dans l'éther, ainsi que dans leur mélange. Il constitue le fulmicoton, où il est ordinairement associé à de la c. pentanitrique $C^{12}H^{13}O^5(AzO^3)^5$. Les composés moins nitrés (celluloses tétra-, tri- et binitriques) sont de moins en moins explosifs, mais se dissolvent facilement dans un mélange d'alcool et d'éther, en donnant naissance au collodion. Tous ces corps, traités par l'ammoniaque, donnent de l'acide azotique; traités par les réducteurs, ils reproduisent de la c.

Coton-poudre. — Pour obtenir un fulmicoton d'une grande puissance et d'une bonne conservation, on plonge du coton bien dégraissé et bien sec dans un mélange d'acide nitrique (1 partie) et d'acide sulfurique (2 à 3 parties) aussi concentrés que possible; on l'immerge dans un bain neuf où il reste plusieurs heures; enfin, on le soumet à un lavage à l'eau très prolongé et on le sèche. On obtient ainsi une substance qui conserve l'aspect du coton, mais qui déflagre vivement à la température de 150° en donnant un mélange d'oxyde de carbone, d'acide carbonique, d'azote, d'hydrogène et de vapeur d'eau; la proportion de ces gaz dépend de la pression engendrée par la décomposition. Le fulmicoton a une force balistique quatre fois plus grande que la poudre ordinaire; on ne peut guère s'en servir pour les armes, parce que la violence de l'explosion les détériore rapidement. On l'emploie quelquefois comme poudre de mine. Imprégné de nitroglycérine, le fulmicoton fournit une excellente dynamite. — Le *Pyroxyle* a été découvert, en 1832, par Braconnot, qui lui donna le nom de *Xyloïdine;* mais il remarqua simplement que cette nouvelle substance avait la propriété de brûler avec une certaine activité. Pelouze, qui étudia ce produit en 1838, pensa qu'il serait peut-être susceptible de quelques applications, particulièrement dans l'artillerie. Ce fut Schœnbein, professeur de chimie à Bâle, qui, après avoir constaté avec soin la puissance balistique de cette substance, proposa, en 1846, de la substituer à la poudre de guerre ordinaire, et en conséquence la baptisa du nom de *Coton-poudre.*

Collodion. — La pyroxyline pour collodion est ordinairement un mélange de celluloses tétra- et trinitriques $C^{12}H^{16}O^6(AzO^3)^4$ et $C^{12}H^{17}O^7(AzO^3)^3$. On la prépare comme le fulmicoton, mais en employant des acides moins concentrés, ou bien l'on se sert d'un mélange de salpêtre et d'acide sulfurique. En dissolvant cette pyroxyline dans un mélange d'alcool et d'éther on obtient le *collodion.* C'est un liquide sirupeux qui, par évaporation, laisse déposer une pellicule mince et résistante de pyroxyline. Le collodion était employé en photographie pour obtenir à la surface du verre une pellicule transparente, homogène, chargée de bromure d'argent, et avec laquelle on obtient des épreuves d'une grande finesse. On l'a remplacé presque complètement par la gélatino-bromure d'argent. Voy. PHOTOGRAPHIE. En chirurgie, on se sert du collodion pour mettre les plaies à l'abri du contact de l'air; on le dépose en couches sur la peau et on le laisse s'évaporer. Pour l'empêcher de se rétracter en séchant, on y mêle souvent 1 à 2 centièmes d'huile de ricin; on obtient ainsi le *collodion élastique.* — Le *Collodion* a été découvert par Maynard, de Boston, alors étudiant en médecine.

Celluloïd. — Cette curieuse substance, qui a reçu de nombreuses applications, est un mélange intime de pyroxyline et de camphre. La matière première (papier non collé, coton, copeaux, etc.) est traitée par un mélange d'acide sulfurique et d'acide nitrique ou de salpêtre. Les acides ne doivent pas être trop concentrés, afin d'éviter la formation de la c. hexanitrique, qui est trop inflammable et trop explosive. Le produit est constitué principalement par de la c. tétranitrique. Cette pyroxyline, lavée, blanchie et essorée, est ensuite triturée avec du camphre jusqu'à ce qu'on ait une pâte homogène. On soumet, à plusieurs reprises, cette pâte à l'action de la presse hydraulique, afin d'en chasser la presque totalité du liquide. La matière est alors concassée et mise à macérer avec de l'alcool seul ou mélangé de toluène. C'est à ce moment qu'on introduit dans la masse les substances colorantes, si besoin est. Le mélange est soumis une seconde fois à l'action d'une presse énergique, en vue d'expulser les dernières traces d'humidité, puis placé dans des moules et chauffé jusqu'à 150 degrés. A cette température, le camphre fond sans se volatiliser, dissout le fulmicoton et forme, avec lui un tout homogène. La masse, retirée du moule, se durcit rapidement, ayant acquis toutes les qualités qui distinguent ce produit. Elle conservera intactes les formes et les empreintes les plus délicates qu'elle a prises. Le celluloïd pur est composé de 2 p. de pyroxyline et 1 p. de camphre. C'est une matière cornée, transparente, assez élastique, légèrement jaunâtre. Il a une densité de 1,3. Il se dissout, même à froid, dans un mélange d'alcool et d'éther. Il se ramollit dans l'eau chaude sans se dissoudre. Chauffé au-dessus de 75° il devient de plus en plus plastique et mou; on peut alors le mouler et le souder. Vers 200° il s'enflamme et brûle vivement, mais sans explosion. Il ne détone pas non plus par le choc. Le celluloïd, diversement coloré, et souvent chargé de matières étrangères, sert à imiter la corne, l'écaille, l'ivoire, et à fabriquer une foule d'objets : manches de parapluie, billes de billard, claviers de piano, équerres et règles à dessin, etc. Il peut être moulé, soudé et façonné dans toute difficulté. Étendu en couche mince sur une bande de toile ou de carton, il sert à fabriquer le linge dit américain. Le Celluloïd a été imaginé en 1869, par les frères Hyatt, en Amérique.

CELLULOSITÉ. s. f. [Pr. *sè-lulo-zité*]. T. Didact. État celluleux d'un tissu organique.

CÉLOCOLIQUE. s. f. (gr. κήλη, tumeur, et fr. *colique*). T. Pathol. Colique déterminée par une hernie. Inus.

CÉLOSIE. s. f. (gr. κηλὸς, brillant). T. Bot. Genre de plantes des régions tropicales, de la famille des *Chénopodiacées*. Voy. ce mot.

CELOSIÉES. s. f. pl. (gr. κηλὸς, brillant). T. Bot. Tribu de plantes de la famille des *Chénopodiacées*. Voy. ce mot.

CÉLOTOME. s. m. et **CÉLOTOMIE.** s. f. Voy. KÉLOTOME et KÉLOTOMIE.

CELSE, médecin romain (Ier siècle), auteur d'un ouvrage de médecine.

CELSIE. s. f. T. Bot. Genre de plantes (*Celsia*) de la famille des *Scrofulariacées*.

CELSITUDE. s. f. (lat. *celsitudo*, hauteur). Titre donné à certains personnages éminents en dignité au moyen âge.

CELSIUS (ANDRÉ), astronome suédois (1701-1744). Il eut le premier l'idée du thermomètre centigrade et en proposa l'adoption.

CELTES. Nom des anciens Gaulois et de quelques autres peuples de même race. — Ces peuples, d'origine aryenne, se répandaient dans toute l'Europe aux temps préhistoriques. Une de leurs colonies se maintint longtemps en Asie Mineure, sous le nom de *Galates*. Plus tard, ils furent refoulés par les *Germains* dans la Gaule, l'Espagne et les îles Britanniques où ils se fondirent peu à peu avec les Romains d'abord, puis avec les Germains qui envahirent ces pays. Voy. CELTIQUE.

CELTIBÈRES ou **CELTIBÉRIENS,** ancien peuple de l'Espagne septentrionale.

CELTIDÉES. s. f. pl. (lat. *celtis*, micocoulier). Tribu de plantes de la famille des *Urticacées*. Voy. ce mot.

CELTIQUE. adj. 2 g. Qui appartient aux Celtes, ancien peuple de la Gaule. *Monuments celtiques. — La langue c.* || Subst., *Le c.*, La langue des Celtes.

Philol. — On donne le nom de *langues celtiques* aux langues parlées par les peuples d'origine gauloise. On sait que la race gauloise, une des branches de la grande famille aryenne, qui fut très puissante et se répandit dans toute l'Europe occidentale vers l'an 2500 ou 2000 av. J.-C., se divisait en deux rameaux très distincts : les *Celtes* ou *Gaëls* arrivés les premiers des régions orientales sur les bords de l'Atlantique, et les *Kymris* ou *Belges* émigrés plus tard. Il est bien difficile, pour ne pas dire impossible, en l'absence de tout document écrit, de reconstituer la langue ou plutôt les divers idiomes de ces peuples nombreux. On possède cependant des renseignements assez précis sur les langues parlées en Gaule du temps de César, grâce aux progrès de la philologie et de l'ethnographie; mais les principales sources où il faut chercher l'histoire de

ces anciens idiomes résident surtout dans les dialectes dont les débris subsistent encore à l'état de langue parlée ou qui ont laissé des monuments écrits, lesquels datent en moyenne du X° siècle de notre ère.

Ces langues sont : le *Gallois* ou *Kymraeg*, appelé *Welsh* par les Anglais; l'*Armoricain*, *Bas-Breton* ou *Breyzad*; l'*Irlandais* ou *Irish*; le *Gaélique* ou *Erse*: le *Manks* ou la langue jadis parlée dans l'île de Man, et le *Cornique* ou la langue du pays de *Cornouailles*. Ces deux dernières ne sont plus en usage.

La langue *Erse* est encore parlée par les montagnards de l'Écosse. Ils se donnent à eux-mêmes le nom de *Gael*, qui s'écrit *Gaedheal*, et ils donnent à leur langue celui de *Gaelig*. Les Highlanders écossa's appliquent aux Irlandais cette même dénomination de *Gael*. L'*Irish* ou Irlandais et l'*Erse* de l'Écosse se ressemblent tellement, qu'après s'être un peu familiarisés avec la prononciation les uns des autres, les Highlanders et les Irlandais n'ont aucune difficulté à s'entendre. La langue *Erse*, quoique rude et peu cultivée, est pleine de nerf et de vigueur. Elle est très propre à la poésie, ainsi que le prouvent les poëmes ou chants recueillis et imités par Macpherson, sous le nom d'Ossian. La langue de l'île de Man, ou le *Manks*, n'était qu'un dialecte de la langue erse.

Le *Gallois* ou *Kymraeg* est, de tous les idiomes celtiques, celui qui a été le plus anciennement cultivé. C'était incontestablement une langue écrite dès le X° siècle. Son alphabet se compose de 16 caractères radicaux et de 27 caractères dérivés, faisant en tout 43 lettres; chaque son de la langue est fixé d'une manière invariable. Le gallois est encore parlé dans le pays de Galles; mais la race de ses Bardes, jadis si fameux, est complètement éteinte. — L'*Armoricain*, *Bas-Breton* ou *Breyzad* est également parlé dans la partie la plus occidentale de notre Bretagne. C'est l'idiome d'une population de plus de 700,000 de nos compatriotes. En effet, il est répandu dans tout le Finistère, ainsi que dans une partie du Morbihan et des Côtes-du-Nord. On y distingue généralement quatre dialectes principaux : le *Trécorien* ou *Breton-Bretonnant*, qui est le plus pur et le plus concis, et qui est usité dans le diocèse de Tréguier; le *Léonard*, qui se fait remarquer par sa douceur et sa régularité, et qui se parle dans l'ancien diocèse de Saint-Pol-de-Léon; le *Cornouaillier*, qui est dur et aspiré, et qui est propre aux environs de Quimper-Corentin; enfin, le *Vannetais*, qu'on regarde comme le plus corrompu : ce dernier est en usage dans l'arrondissement de Vannes. Ces dialectes diffèrent principalement entre eux par la terminaison des noms et des infinitifs. Ils présentent aussi certaines particularités de prononciation, qui varient, en outre, d'un canton à l'autre. Le bas-breton s'écrit avec les caractères latins; mais son orthographe est très capricieuse, parce que chaque écrivain cherche à reproduire la prononciation de sa localité. La littérature armoricaine originale se compose principalement de chants populaires, dont plusieurs sont remarquables par leur caractère mélancolique, ainsi que par leur naïveté.

Le bas-breton est incomparablement moins pur que le gallois. Cette différence s'explique par ce fait que les Gallois ont en longtemps des institutions propres à préserver leur idiome de la corruption, tandis que la langue de l'Armorique a été de bonne heure abandonnée aux classes populaires, et livrée sans défense aux influences étrangères. Cependant, malgré les différences qui les séparent, les deux idiomes offrent encore une telle ressemblance que les paysans du pays de Galles et de la Bretagne n'ont pas de peine à se comprendre. Il existe donc entre les Bas-Bretons et les Gallois la même affinité qu'entre les Irlandais et les montagnards de l'Écosse Mais ni les Irlandais ni les Highlanders ne comprennent, en aucune façon, le langage des Gallois ou des Bas-Bretons, et vice versâ. — Ce phénomène s'explique aisément, en supposant une émigration d'Irlandais dans les parties les plus montueuses de l'Écosse, et une autre émigration des Celtes de la partie nord-ouest de la Gaule dans le pays de Galles; mais l'histoire ne nous fournit aucun document positif sur ces émigrations. D'après Edwards, les langues celtiques ont laissé plus de traces qu'on ne croit dans la langue française. Beaucoup de mots français qui n'ont pas leur analogue en latin, ou qui n'ont avec eux qu'une analogie lointaine, se retrouvent dans le celtique. D'autre part, l'influence de l'ancienne langue gauloise sur la prononciation française serait considérable. — Cons. PICTET (*De l'affinité des langues celtiques avec le sanscrit*, 1837), DE COURSON (*Essai sur l'histoire, la langue et les institutions de la Bretagne armoricaine*, 1840), et EDWARDS (*Recherches sur les langues celtiques*, 1844).

CELTIS. s. m. (lat. *celtis*, m. s.). T. Bot. Genre de plantes (*Microcolier*) de la famille des *Urticacées*. Voy. ce mot.

CELTISANT. s. m. Celui qui s'occupe de la langue et de l'histoire celtiques.

CELTISTE. s. m. Celui qui s'applique à l'étude de la langue et de l'histoire des Celtes.

CELTOMANIE. s. f. (R. *celte*, et *manie*). Travers d'une érudition systématique et incomplète qui a voulu voir dans la langue celtique l'origine de toutes les langues.

CELTOPHILE. adj. et s. (R. *celte*, et gr. φίλος, ami). Qui aime l'étude de tout ce qui touche à l'histoire et à la langue des Celtes.

CELUI. m. **CELLE.** f. **CEUX.** m. pl. **CELLES.** f. pl. (lat. *ecce ille, ecce illius*, voici lui). Pron. démonstratif. Se dit des personnes et des choses. *L'homme dont je vous ai parlé, c'est c. que vous voyez là. Ceux qui ont vécu avant nous. Il a récompensé ceux de ses domestiques qui l'avaient bien servi. De toutes les choses du monde, c'est celle que j'aime le mieux.* == CELUI-CI, CELLE-CI, et au pl., CEUX-CI, CELLES-CI. pron. démonstr. Se dit pour cet homme-ci, cette personne-ci, cette chose-ci. *De tous ses amis, c'est celui-ci qui est le plus fidèle. Voilà plusieurs étoffes, prenez celle-ci. Je ne veux point de celle-ci.* == CELUI-LA, CELLE-LA; et au pl., CEUX-LA, CELLES-LA. pron. démonstr. Se dit pour cet homme-là, cette personne-là, cette chose-là. *Celui-là, c'est un habile homme. Entre tous ces tableaux, celui-là seul me plaît. — Celui-là s'oppose ordinairement à Celui-ci : Ceux-ci prétendent que... Ceux-là soutiennent que... Laissez celui-là, prenez celui-ci. —* Quand on a nommé deux personnes ou deux choses, et qu'on emploie ensuite les pronoms *Celui-ci* et *Celui-là, Celui-ci* se rapporte au terme le plus rapproché et *Celui-là* au terme le plus éloigné.

Obs. gram. — Appliqué aux choses, les pronoms *celui, celle,* ont toujours rapport à un nom énoncé précédemment. *Ses défauts étaient ceux d'un enfant.* Cette règle doit également s'appliquer aux cas où il est question de personnes. Néanmoins, ces pronoms suivis d'un relatif *qui, de qui, quoi, dont, duquel;* des particules *ci, là,* etc., peuvent être employés sans se rapporter à aucun nom précédemment énoncé. Ils signifient alors *l'homme, les gens,* etc. *Craignez ceux qui vous donnent des louanges. Celui qui rend un service doit l'oublier; celui qui le reçoit, s'en souvenir.*

Les pronoms *celui, celle, ceux, celles,* ne peuvent pas être suivis immédiatement d'un adjectif ou d'un participe. Ainsi, l'on ne doit pas dire : *Ceux aimables; Celles aimées.* Dans ce cas, il faut faire usage du pronom relatif *qui : Ceux qui sont aimables; Celles qui sont aimées.* C'est aussi une faute d'écrire, comme l'a fait Voltaire : *Le paquet pour Votre Altesse et celui pour votre ambassadeur. Celui* ne peut se construire que suivi du pronom relatif *qui* ou de la préposition *de.* Ce genre de fautes est très commun et très ancien. On le rencontre fréquemment aujourd'hui dans la littérature courante, journaux, ouvrages divers et même scientifiques, etc.

CEMBRO. s. m. Espèce de Pin (*Pinus Cembro*) des Alpes et du Dauphiné.

CÉMENT. s. m. (lat. *cæmentum,* fragment de pierre, de *cædere,* couper). T. Métall. Substance dont on entoure le fer pour le transformer en acier par le procédé de *cémentation.* || T. Céram. Corps ayant la propriété de diviser la pâte et de faciliter l'évaporation de l'eau. *Les argiles fortement calcinées et les corps siliceux sont les meilleurs céments.* || T. Anat. Substance qui entre dans la composition des dents de certains mammifères. Voy. DENT.

CÉMENTATION. s. f. (R. *cémenter*). T. Chim. et Métall. Procédé pour carburer le fer et le transformer en acier. Voy. ACIER.

CÉMENTATOIRE. adj. 2 g. (R. *cémenter*). T. Chim. et Métall. Qui est relatif à la cémentation. — *Cuivre c.* Voy. CUIVRE.

CÉMENTER. v. a. (R. *cément*). T. Chim. et Métall. Faire la cémentation. *C. du fer.* == CÉMENTÉ, ÉE. part.

CÉMENTEUX, EUSE. adj. (R. *cément*). Qui a les caractères du cément.

CÉNACLE. s. m. (lat. *cœnaculum,* m. s., de *cœnare,* souper). T. Antiq. Salle à manger. *Chez les gens pauvres, le c. était situé dans la partie la plus élevée de la maison.* — Ce terme n'est guère usité que dans l'Evangile. Jésus-Christ *lava les pieds de ses apôtres dans le c.* || Par allusion aux apôtres réunis pour la cène, réunion de gens qui partagent les mêmes idées, ou les mêmes goûts, ou poursuivent le même but.

CENCHRITE. s. m. (gr. χεγχρίτης, m. s., de χέγχρος, grain de millet). T. Minér. Diamant gros comme un pois.

CENCI, famille romaine, célèbre par ses crimes, ses malheurs et ses richesses (XVI° siècle).

CENDAL. s. m. (lat. *sindon;* gr. σινδών, étoffe fine). Étoffe de soie dont on se servait au moyen âge.

CENDRAILLE. s. f. (R. *cendre*). Débris cendreux.

CENDRE. s. f. (lat. *cinis, cineris,* m. s.). La poudre qui reste du bois et des autres matières combustibles, après qu'elles ont été brûlées et consumées par le feu. *C. de bois neuf. Feu couvert de c. Réduire, mettre en cendres. Faire cuire un pain sous la c.* — *Réduire une maison en cendres,* la brûler entièrement. — Par hyperb., *Réduire, mettre en cendres une ville, un pays,* Les ravager, y mettre tout à feu et à sang. *Tamerlan mit l'Asie en cendres.* — *La cendre, les cendres d'une ville,* Les restes d'une ville qui a été incendiée et ravagée. || Fig., *Faire pénitence avec le sac et la c.,* Faire une grande pénitence. — *C'est un feu caché sous la c.,* se dit d'une passion qui n'est pas bien éteinte. — *C'est un feu qui couve sous la c.,* se dit d'une personne qui dissimule un sentiment, un désir de vengeance, en attendant l'occasion de le satisfaire. — Fig., *Renaître de ses cendres,* se dit des choses qui prennent une existence nouvelle après avoir été presque entièrement détruites. || Poétiq. et dans le style élevé, *Cendre* s'emploie en parlant des restes de ceux qui ne sont plus, par allusion à la coutume que les Grecs et les Romains avaient de brûler les morts et d'en recueillir les cendres dans des urnes. *La c. ou les cendres des morts. Il va chaque jour pleurer sur la c. de son fils.* — Fig., *Les mânes, la mémoire d'une personne. Donner des larmes à la c. d'un ami. Honorer les cendres des morts.* — Fig. et fam., *Il ne faut pas remuer ou troubler les cendres des morts,* Il ne faut pas rechercher leurs actions pour les blâmer, pour flétrir leur mémoire. || *C. de plomb.* Voy. CENDRÉE.

Chim. — Les diverses substances que nous employons comme combustibles laissent, en brûlant, un résidu solide appelé *Cendre,* composé de différents sels ainsi que de matières terreuses. Au reste, la nature et la quantité des cendres varient selon l'espèce du combustible. Ainsi, la c. de la plupart des bois renferme des sels de potasse, tandis que celle des plantes marines renferme de la soude et que celle des graminées est riche en silice. Voy. plus bas. — *Cendres bleues.* Voy. CUIVRE.

Agric. — Les matières qui composent les cendres et leurs poids relatifs varient selon les combustibles qui les ont fournies. Nous insistons sur les cendres de bois à cause des services qu'elles rendent à l'agriculture, en mettant à sa disposition une grande quantité de potasse, de phosphate dans des conditions de division très favorables, et aussi diverses substances alcalines qu'elles fournissent au sol.

Les cendres de bois contiennent des matières solubles et insolubles dans l'eau, dont voici l'énumération. Les quantités varient selon les essences de bois brûlés.

Matières solubles : carbonate de potasse, sulfate et phosphate de potasse, carbonate de soude, chlorure de potassium et de sodium, silicates de potasse et de soude.

Matières insolubles : carbonates de chaux et de magnésie, phosphate de chaux et de magnésie, chaux et magnésie caustiques, silice, oxydes de fer et de magnésie.

Les matières insolubles entrent environ pour les huit dixièmes dans le poids des cendres des divers végétaux. Parmi les éléments solubles, le carbonate de potasse domine, il s'élève aux trois quarts du poids dans le noisetier et le bouleau. D'après Berthier, l'acide phosphorique est représenté par les quantités suivantes pour 1,000 : vigne, 260; charme, 100; chêne, 38; hêtre, 27; coudrier, 28; pin, 30; bouleau, 43;

134

châtaignier, 18; tilleul, 28; écorce de chêne (mottes à brûler), 0.

La chaux, à l'état caustique, et son carbonate dominent
dans les matières insolubles; puis viennent les phosphates.

Il résulte de leur composition que les cendres constituent
un engrais excellent, surtout pour les terres argileuses,
compactes, humides et froides, et pour celles où l'élément
calcaire fait défaut. Leur usage, répété pendant plusieurs
années, détruit les mauvaises herbes des champs, les joncs,
les carex et la mousse des prés, qui ne tardent pas à être remplacés par des herbes de bonne qualité. Enfin, elles agissent
comme diviseurs dans les sols compacts.

La charrée est le résidu des cendres lessivées. Elle a conservé, outre les phosphates et carbonates insolubles, mais à
l'état de grande division, une partie du silicate de potasse
dont la dissolution ne s'opère que par une ébullition prolongée. C'est en raison de ces circonstances que les charrées
font sentir, pendant cinq ou six années, une influence remarquable sur la végétation.

Les charrées pèsent de 70 à 75 kilogrammes par hectolitre.
Elles s'emploient pendant toutes les saisons comme les cendres, excepté en hiver. La dose moyenne des cendres et des
charrées est de 35 hectolitres à l'hectare. On les répand à la
main; on les utilise aux diverses époques des semailles. Une
de leurs destinations par excellence, c'est l'épandage sur les
prés. Cet emploi dispenserait des engrais organiques et des
fumiers, si l'on ajoutait seulement 150 kilogrammes de sulfate
d'ammoniaque par hectare, parce que, sous leur influence,
les plantes puiseraient dans l'atmosphère tout le carbone et
le reste de l'azote dont elles ont besoin. Voy. ENGRAIS.

Les cendres de tourbe renferment quelquefois des traces
de potasse, mais jamais d'acide phosphorique, parce que le
phosphate de chaux qui se trouve dans les plantes abondamment sous l'eau, devient soluble en totalité sous l'influence
des acides carbonique et acétique, produits immédiats de la
fermentation. Le sulfate de chaux que ces cendres renferment, quelquefois en assez fortes proportions, explique les
bons effets qu'elles produisent sur les prairies artificielles.

Les cendres de houille agissent plutôt comme amendement
des terres fortes, si l'on consulte leur composition. On n'y
rencontre ni acide phosphorique, ni potasse, peu de chaux et
de magnésie, mais des argiles calcinées, des oxydes et des
sulfures de fer.

Les cendres de varech qu'on emploie en Normandie et en
Bretagne, sont riches en potasse et soude (13 et 9 p. 100);
en chaux (8,36), en sulfate; pauvres en silice et acide phosphorique.

Les plantes marines doivent être utilisées sans l'incinération, qui fait perdre l'engrais azoté qu'elles fournissent en
abondance.

Les cendres noires ou pyriteuses doivent leurs propriétés
au sulfure de fer qu'elles contiennent dans la proportion de
19 à 20 p. 100. Ce corps, au contact prolongé avec l'air,
se change en sulfates de fer et d'alumine. Ceux-ci, outre
leurs propriétés de détruire les mousses et les lichens, réagissent sur le carbonate de chaux du sol, et produisent des
plâtres (sulfate de chaux). C'est donc sur les terres calcaires
ou abondamment marnées que les cendres pyriteuses produisent de l'effet.

Ind. — Cendres gravelées. — Les cendres gravelées
sont obtenues par l'incinération des lies de vin desséchées. Celles-ci renferment, en moyenne, 63 p. 100 de tartrate de potasse; 22 p. 100 de matières organiques, qui
sont détruites par le feu; le reste est constitué par le phosphate de chaux, la magnésie et quelques grains de
sable. On les employait jadis dans diverses industries, notamment dans la teinture, la silice, la magnésie et quelques grains de
potasse pure, dont le dosage s'opère avec certitude. Il y a
d'ailleurs avantage à traiter les lies pour en extraire deux
produits industriels : l'acide tartrique et la potasse. On
emploie encore, mais rarement, les cendres lessivées à la
fabrication de fourneaux destinés à supporter de hautes températures; mêlées au mortier, elles le rendent moins apte à
se fendiller.

Liturg. — Le Mercredi des Cendres est actuellement le
premier jour du carême. Il est ainsi nommé d'une cérémonie
religieuse qui est en usage, de temps immémorial, dans
l'Église catholique, et qui a pour objet d'inviter l'homme à la
pénitence en lui rappelant son néant. Ce jour-là, le célébrant, après avoir récité les psaumes pénitentiaux et d'autres
prières, bénit des cendres, en dépose un peu en forme de
croix sur le front des fidèles, en adressant à chacun d'eux
ces paroles : « Homme, souviens-toi que tu es poussière et

que tu retourneras en poussière. » C'est le texte même de la
sentence que Dieu prononça contre le premier pécheur
(Gen. III, 19). Les cendres dont l'Église fait usage pour cette
cérémonie sont faites avec de vieux rameaux bénits et avec
les linges qui ne peuvent plus servir à l'autel. — Dans
l'Église de Milan, la cérémonie des Cendres a lieu le lundi
qui suit le dimanche de la Quadragésime, parce que, conformément à un ancien usage local, son carême ne dure que
36 jours.

CENDRÉ, ÉE. adj. (R. cendre). Qui est de couleur de
cendre. Couleur cendrée. Des cheveux d'un blond c. || T.
Ast. Lumière c., Lumière faible dont brille la lune du côté
qui n'est point éclairé par le soleil.

CENDRÉE. s. f. (R. cendre). Écume du plomb fondu. ||
La dragée ou le plus menu plomb dont on se sert à la chasse
pour tirer sur les petits oiseaux. On l'appelle aussi Cendre de
plomb.

CENDRER. v. a. (R. cendre). Donner une couleur de
cendre. || Mêler de la cendre à quelque chose.

CENDREUX, EUSE. adj. (R. cendre). Qui est plein de
cendre. Rôti cendreux, Qui a la couleur de la cendre. L'at-
mosphère c. || T. Techn. Acier c., Celui dont la surface est
grenue et prend mal le poli. || T. Grav. Planche dont le métal
n'est pas dur.

CENDRIER. s. m. (R. cendre). La partie inférieure du
fourneau qui est destinée à recevoir les cendres. || Petite
coupe où les fumeurs déposent les cendres de cigare, de cigarette, etc.

CENDRIÈRE. s. f. (R. cendre). Un des noms de la
tourbe.

CENDRILLARD. s. m. (Pr. les ll mouillées) (R. cendre,
à cause de sa couleur). T. Ornith. Coucou d'Amérique.

CENDRILLE. s. f. (Pr. les ll mouillées) (R. cendre, à
cause de sa couleur). Nom vulgaire de la mésange.

CENDRILLON, personnage d'un conte de Perrault, jeune
fille abandonnée, très jolie, et dont le pied était d'une
extrême petitesse.

CENDRURE. s. f. (R. cendre). Ensemble de petits trous
dont la surface de l'acier est parsemée quelquefois.

CÈNE. s. f. (lat. cœna, souper). Le souper que Jésus
fit avec ses apôtres la veille de sa Passion. Après la C., J.-C.
lava les pieds à ses apôtres. || Faire la C. ou jeudi saint,
faire la sainte C., se dit du pape, des souverains, des
prélats, etc., qui servent les pauvres après leur avoir lavé
les pieds, en mémoire de la C. de Jésus. — La communion
symbolique chez les protestants. Faire la c. Voy. Eucha-
ristie. || T. B.-Arts. Ouvrage qui représente la C. de J.-C.

CENELLE. s. f. (Contraction de coccinella, du lat. coc-
cum, kermès, à cause de la couleur rouge). Fruit de l'Aubé-
pine. || Fruit du Houx.

CÉNESTHÉSIE. s. f. (gr. κοινὸς, commun, et αἴσθησις,
sensation). T. Physiol. Espèce de sentiment vague que nous
avons de notre être, indépendamment du concours des sens.

CENIS (MONT), montagne des Alpes entre la France et
l'Italie 3,500 mètres. — Tunnel du Mont Cenis, Tunnel
de 12 kil. de longueur creusé sous cette montagne pour laisser passer la voie ferrée qui conduit de France en Italie. Ce
tunnel est le premier qui ait été creusé à travers les Alpes.

CÉNISME. s. m. (gr. κοινισμός). T. Gram. gr. Mélange des
dialectes dans un même écrit.

CÉNOBIARQUE. s. m. (gr. κοινὸς, commun; βίος, vie;
ἄρχω, je commande). Supérieur d'un couvent de cénobites.

CÉNOBIÉES. s. f. pl. (gr. κοινὸς, commun; βίος, vie). T.
Bot. Famille d'Algues, de l'ordre des Chlorophycées, habitant exclusivement les eaux douces. Leur thalle est formé
soit d'un petit sac pourvu d'un grand nombre de noyaux,

soit d'une simple cellule. Ces thalles s'unissent en plus ou moins grand nombre et forment ainsi une colonie de forme déterminée ; ce thalle composé, ce *cénobium*, fonctionne désormais comme un thalle simple, d'où le nom donné à la famille. Cette famille se divise en deux tribus suivant que la colonie est immobile ou mobile : les *Hydrodictyées* et les *Volvocées*. Voy. ces deux mots.

CÉNOBITE. s. m. (gr. χοινός, commun ; βίος, vie). Moine qui vit en communauté. Ne se dit guère qu'en parlant des anciens moines qui vivaient en commun, et par oppos. à ceux qui vivaient séparés les uns des autres et qu'on appelle anachorètes. *Les anciens cénobites.* || Par ext., Se dit d'une personne qui mène une vie austère et retirée.

CÉNOBITIQUE. adj. 2 g. Qui appartient, qui est propre au cénobite. *Vie cénobitique. Mœurs c.*

CÉNOBITISME. s. m. Vie, régime de vie des cénobites.

CÉNOBIUM. s. m. [Pr. *sé-nobi-ome*] (gr. χοινός, commun ; βίος, vie). T. Bot. Thalle composé des Algues de la famille des *Cénobiées*. Voy. ce mot.

CÉNOMANIEN (lat. *Cenomani*, le Mans). T. Géol. Étage du système crétacé, ainsi nommé de la contrée où il fut d'abord étudié.

CÉNOMANS, anc. peuple gaulois ; *cap. Cenomani* (le Mans).

CÉNOMYCE. s. m. (gr. χενός, vide ; μύχης, champignon). T. Bot. Genre de Cryptogames de la famille des *Lichens.* Voy. ce mot.

CÉNOSE. s. f. (gr. χένωσις, action de vider). T. Méd. Évacuation portant sur toutes les humeurs du corps. Inus.

CÉNOTAPHE. s. m. (gr. χενός, vide ; τάφος, tombeau). T. Archit. Suivant une croyance du polythéisme gréco-romain,

les âmes de ceux dont les corps avaient été privés de sépulture étaient condamnées à errer pendant cent ans avant de pouvoir être admises aux Champs Élysées, séjour des bienheu-

reux. Afin d'éviter à des personnes aimées des souffrances inutiles, les anciens avaient imaginé un moyen qui leur paraissait efficace pour prévenir les conséquences de l'omission des cérémonies funèbres. Ce moyen consistait à élever aux morts un simulacre de tombeau appelé C., et à inviter par trois fois les âmes de ces morts à venir en prendre possession. On élevait des cénotaphes pour tous ceux dont on n'avait pu retrouver les corps, et particulièrement pour ceux qui avaient péri dans un naufrage, dans une bataille ou dans un pays éloigné. Très peu de monuments de ce genre sont parvenus jusqu'à nous. Les archéologues les plus distingués s'accordent à regarder comme un c. un monument antique, fort remarquable et très bien conservé, qui se trouve tout près de Vienne, dans le département de l'Isère. Il se compose d'une base quadrangulaire percée d'une arcade sur chacune de ses faces, et surmontée d'une pyramide également quadrangulaire (Fig.). On remarque que les chapiteaux des colonnes n'ont pas été achevés. La hauteur totale du monument est de 23 mètres environ. Quelques auteurs pensent que ce c. a été érigé en l'honneur de l'empereur Alexandre Sévère.

CENS. s. m. [Pr. l's] (lat. *census*). T. Jurisp. féodale. Redevance en argent que certains biens devaient annuellement au seigneur du fief dont ils relevaient. *C. et rente. Payer les c. Abandonner la terre pour le c.* — Fig., Cette dernière phrase signifie encore, Renoncer à un bien, parce qu'il est plus onéreux que profitable.

Polit. — Le mot *Cens (census)* nous vient des Romains. Chez eux, il signifiait proprement la liste ou le registre qui contenait les noms de tous les citoyens, avec l'indication de leurs biens, de leur résidence, etc. Ce dénombrement avait un triple objet : l'établissement de l'impôt, le service militaire, et l'organisation politique de l'État. Mais le c. n'était pas particulier à Rome : il existait, sous d'autres noms, dans la plupart des cités de la Grèce, qui jouissaient d'institutions démocratiques.

La plupart des États modernes qui reconnaissent aux citoyens le droit de suffrage n'ont pas attribué ce droit à tous indistinctement. De même que les législateurs de l'antiquité, les législateurs de ces pays ont pensé que la faculté d'influer par leur vote sur les destinées du pays devait être attribuée à ceux-là seulement qui paraissaient, par leur fortune et leur position, avoir un intérêt plus direct au maintien de l'ordre et du gouvernement établi. En conséquence, ils ont attaché la faculté d'élire et d'être élu à la justification d'une certaine fortune, d'un certain revenu, ou au paiement d'une certaine quotité de contributions : c'est ce qu'on nomme c. *électoral* et c. *d'éligibilité.* — En France, avant l'établissement du suffrage universel, le c. électoral et celui d'éligibilité ont beaucoup varié. Nous nous contenterons d'indiquer leurs variations, à partir de 1789. — La Constitution de 1791 établit deux catégories d'électeurs : les uns, destinés à nommer les magistrats municipaux ; les autres, chargés d'élire les députés. Les premiers devaient être des *Citoyens actifs*, c'est-à-dire nés Français, avoir 25 ans, et payer une contribution directe au moins égale à trois journées de travail ; les autres étaient tenus, en outre, de justifier de la propriété ou de l'usufruit d'un bien évalué sur les rôles à un revenu égal à la valeur de 200 journées de travail dans les villes de plus de 6,000 âmes, et de 150 seulement dans celles d'une population inférieure et dans les communes rurales. On pouvait encore être inscrit sur la liste des électeurs de cette catégorie moyennant la location d'une maison d'un revenu de 150 ou de 100 journées pour les villes, et le fermage d'un bien évalué au prix de 400 journées pour les campagnes. Il n'était exigé aucune condition particulière que celle d'être citoyen actif pour l'éligibilité à l'Assemblée nationale. La Constitution de 1793 supprima tout c. électoral et d'éligibilité. Celle de l'an III rétablit le c. électoral, mais sans le déterminer par une quotité fixe. Tout Français âgé de 21 ans jouissait du droit d'élire et d'être élu, pourvu qu'il payât une contribution quelconque. La Constitution de l'an VIII maintint le c. électoral, mais en le déterminant de manière à n'attribuer les droits électoraux qu'aux plus imposés de chaque localité. La Charte constitutionnelle du 4 juin 1814 fixa le c. électoral à 300 fr. de contributions directes et celui d'éligibilité à 1,000 fr. La loi du 11 avril 1831 réduisit le premier à 200 fr et le second à 500 fr. Depuis 1848, il n'y a plus chez nous ni c. électoral ni c. d'éligibilité. Tout Français âgé de 21 ans et jouissant de ses droits civils, est en même temps électeur et éligible. C'est le « suffrage universel ».

CENSAL. s. m. Nom des courtiers dans le Levant.

CENSE. s. f. (bas-lat. *censa*, fermage, cens). Métairie, ferme. N'est en usage que dans certaines parties de la France et de la Belgique.

CENSÉ, ÉE. adj. (lat. *censere*, estimer). Réputé, admis par hypothèse. *Celui qui est trouvé avec les coupables est c. complice. Une loi est censée abolie par le non-usage. Il est c. l'avoir fait.*

CENSÉMENT. adj. Par supposition. Fam.

CENSERIE. s. f. Office de censal.

CENSEUR. s. m. (lat. *censor*, m. s.). Magistrat qui, chez les anciens Romains, tenait un registre du nombre des citoyens et de leurs biens, et qui avait en outre le droit de rechercher leurs mœurs et leur conduite. || Par allusion aux fonctions des censeurs romains, Celui qui reprend ou qui contrôle les actions d'autrui. *Un c. équitable. Un c. sévère, injuste, chagrin, pointilleux.* — Sans épithète, ce mot se prend ordinairement en mauvaise part. *C'est un c.,* C'est un homme qui trouve à redire à tout. || Se dit des personnes que le gouvernement prépose à l'examen des livres, des journaux, des pièces de théâtre, etc., avant d'en permettre la publication ou la représentation. *Le c. refusa son approbation. C. de journaux. C. dramatique.* || Dans l'ancienne Université, officier nommé pour examiner la capacité des récipiendaires. — Dans les lycées, fonctionnaire qui est chargé de surveiller les études et de maintenir le bon ordre et la discipline. *Le c. prend rang immédiatement après le proviseur.* || A la Banque de France, on donne le nom de *Censeurs de la Banque* à trois délégués des actionnaires qui contrôlent, au nom de ceux-ci, les opérations de l'établissement. Il y a aussi des censeurs dans diverses sociétés par actions.

Hist. — Dans l'ancienne Rome, les censeurs étaient, après les consuls, les plus hauts magistrats de la République. Ils étaient chargés de faire le recensement du peuple romain, de classer les citoyens selon l'ordre auquel chacun d'eux appartenait, d'administrer les biens et les revenus de l'État, d'adjuger aux enchères le fermage des impôts, y compris le monopole du sel dont ils fixaient eux-mêmes le prix de vente, d'ordonner et de diriger les travaux publics, tels que construction et réparation de routes, de ponts, d'aqueducs, de temples, d'édifices civils, etc. Mais ce qui donnait le plus d'éclat à leur dignité et le plus d'influence à leur office, c'est la surveillance qu'ils exerçaient sur la conduite et les mœurs des citoyens et le pouvoir discrétionnaire dont ils étaient investis à cet égard. C'est même cette partie de leur fonction qui fait de la censure romaine une institution si remarquable et si originale. Ces magistrats, en dressant les censeurs étaient, *notaient* les citoyens qui avaient mérité quelque blâme par leur mauvaise conduite ou par leur immoralité. Cette note, appelée *Nota, Notatio* ou *Animadversio censoria*, était écrite sur les registres à côté du nom du citoyen censuré. Elle entraînait l'*ignominie* (*ignominia*) et non l'*infamie* (*infamia*); mais, pour cela même, il fallait que les deux censeurs fussent d'accord. Au reste, la *Nota censoria* ne privait pas un magistrat de son office, et n'empêchait pas ceux qui étaient ainsi frappés de solliciter des fonctions publiques, d'être désignés par le préteur pour remplir l'office de juges, ou de servir dans les rangs de l'armée : c'est ainsi que Mam. Æmilius fut nommé dictateur, malgré l'*animadversio censoria* dont il était frappé. Cette particularité est facile à expliquer quand on observe que le verdict des censeurs n'était ni un *judicium* (jugement), ni une *Res judicata* (chose jugée). En conséquence, ses effets n'étaient pas permanents, et le citoyen *noté* pouvait être relevé de son *ignominie* par une meilleure conduite, ou par de nouveaux censeurs, ou par une décision judiciaire, ou par une loi.

Les causes pour lesquelles on pouvait être noté étaient excessivement nombreuses; mais il serait impossible de les énumérer, car une même chose pouvait paraître répréhensible à un c., et ne pas le paraître à un autre. Les causes les plus fréquentes de censure étaient, dans la vie privée : le célibat à un âge où un citoyen devait être marié et donner des enfants à la République; la dissolution du mariage ou la rupture des fiançailles sans motifs sérieux; la trop grande faiblesse ou la sévérité exagérée à l'égard de sa femme et de ses enfants; la cruauté à l'égard de ses esclaves ou l'inhumanité à l'égard de ses clients; la prodigalité, le luxe et la débauche; la négligence à cultiver ses champs; l'exercice d'une profession réputée déshonnête, comme celle du théâtre; la captation des testaments, etc. Pour les fautes commises dans la vie publique,

nous en citerons seulement quelques exemples. Le magistrat qui oubliait sa dignité, qui était accessible aux présents; le citoyen qui manquait de respect à l'égard des magistrats, qui tentait de faire abroger une loi jugée nécessaire par les censeurs; le soldat qui s'était montré négligent, lâche ou insubordonné, etc. : tous ces hommes étaient notés par les censeurs. Les citoyens qui, après avoir été convaincus d'un crime par devant un tribunal ordinaire, avaient subi leur peine, étaient encore frappés d'*ignominie* par la note censoriale. Enfin, les censeurs avaient la faculté d'interdire par un édit certaines actions qu'ils jugeaient préjudiciables à la moralité publique, et ils punissaient toute infraction de leur édit par l'*ignominie* et la dégradation.

La dégradation était la peine la plus fréquemment infligée par les censeurs. Comme c'était à eux seuls qu'il appartenait de dresser les listes des citoyens romains, et comme ces listes étaient le seul titre qui établit le rang qu'occupait chacun d'eux, les censeurs avaient le pouvoir de dégrader les individus qu'ils voulaient punir, en omettant simplement leur nom dans leur ordre, ou en le plaçant dans une classe inférieure. — Tout citoyen qui avait été frappé de la *Note censoriale* pouvait se présenter aux censeurs eux-mêmes pour établir son innocence. Si ces magistrats n'acceptaient pas sa justification, il pouvait en appeler aux tribuns ou au peuple lui-même. Mais ces appels étaient fort rares et presque toujours infructueux.

Les fonctions attribuées aux censeurs, relativement à l'administration financière de la République, fournissaient encore à ces magistrats le moyen de corriger certains abus et de maintenir les anciennes mœurs. Comme ils jouissaient d'un pouvoir discrétionnaire dans l'évaluation des propriétés des citoyens et dans la fixation du capital imposable, ils pouvaient, à leur gré, frapper dans ses biens l'individu qu'ils voulaient punir. Ainsi, on a des exemples de propriétés estimées par les censeurs à dix fois leur valeur vénale. Quelquefois même, ils fixaient le montant de l'impôt qu'elles auraient à payer. Ce moyen servait surtout à réprimer le luxe et la prodigalité. Enfin, ce qui achevait d'assurer aux censeurs l'indépendance et l'autorité indispensables à l'accomplissement de leur mission, c'était leur irresponsabilité absolue. Ils étaient les seuls, entre tous les magistrats de la République, auxquels on ne pouvait demander compte de leur conduite.

CENSIER, IÈRE. adj. (R. *cens*). T. Jurisp. féod. Celui, celle à qui le cens était dû. *Seigneur c.* || Se disait du livre où s'enregistraient les cens. *Un livre c.,* ou substantiv., *Un c.* = CENSIER. s. m. Celui qui percevait le cens. || Celui qui tenait une cense, une ferme.

CENSITAIRE. s. m. (R. *cens*). T. Jurisp. féod. Celui qui devait cens et rente à un seigneur de fief. *Tous les censitaires d'un fief.* || *Électeur c.,* Citoyen qui paie le cens exigé pour être électeur. En France le suffrage universel a supprimé les censitaires.

CENSIVE. s. f. (R. *cens*). Redevance en argent ou en denrées que certains biens devaient annuellement au seigneur du fief dont ils relevaient. || L'étendue des terres roturières qui dépendaient d'un fief et devaient lui payer une redevance.

CENSIVEMENT. adv. (R. *cens*). T. Dr. anc. Avec charge de cens.

CENSORAT. s. m. (R. *censeur*). Exercice de la censure, temps pendant lequel le censeur exerce ses fonctions.

CENSORIAL, ALE. adj. (R. *censure*). Qui a rapport à la censure. *Dignité censoriale. Lois censoriales.*

CENSORINUS, grammairien latin du IIIe siècle.

CENSUEL, ELLE. adj. (R. *cens*). T. Jurisp. féodale. Qui a rapport au cens. *Droit c. Rente censuelle.*

CENSUELLEMENT. adv. (R. *cens*). Avec le caractère censuel.

CENSURABLE. adj. 2 g. Qui peut être censuré, qui mérite censure. *Proposition, conduite, action c.*

CENSURE. s. f. (lat. *censura*, m. s., de *censens*, sens). La dignité et les fonctions de censeur chez les anciens Romains. *Durant la c. de Caton.* || Signifie plus ordinairement, Correction, répréhension. *Soumettre ses écrits à la c. de quel-qu'un. S'exposer à la c. du public.* ‖ Dans un sens particulier, l'examen qu'un gouvernement fait faire des livres, des journaux, des pièces de théâtre, etc., avant d'en permettre la publication ou la représentation. *Établir, abolir, rétablir la c.* ‖ Comité des personnes chargées de cet examen. ‖ Bureau où s'assemble le comité. — Par ext., Le corps des personnes commises à l'examen des livres, journaux, etc.; le bureau des censeurs. *La c. n'a pas permis la publication de ce livre. Sa pièce est à la c.* ‖ T. Droit canon. Jugement qui porte condamnation. *La c. que la Sorbonne fit de tel livre, de telle proposition.* ‖ Peine disciplinaire que les corps de magistrature, l'ordre des avocats, les chambres des notaires, etc., prononcent contre ceux de leurs membres qui ont manqué aux devoirs de leur profession. *On distingue la c. simple et la c. avec réprimande.*

Légis. — *Censure des livres, imprimés, journaux, pièces de théâtre, etc.* — L'établissement de la c. des livres, imprimés, etc., fut la conséquence, non pas de la découverte de l'imprimerie, mais du mouvement de réforme religieuse qui se manifesta au commencement du XVIᵉ siècle. Aussi ce furent d'abord les ouvrages sur les matières théologiques qui attirèrent l'attention de l'autorité religieuse et de l'autorité royale. En 1521, François Iᵉʳ rendit une ordonnance, communiquée le 13 juin à l'Université de Paris, par laquelle il était défendu aux libraires d'imprimer, vendre et débiter aucun livre qui n'eût été préalablement examiné et approuvé par l'Université et la Faculté de théologie. Les livres devaient, en outre, être soumis à l'approbation du prévôt de Paris. En 1542, un arrêt du Parlement ordonna que les imprimeries et librairies seraient visitées pour y saisir les livres relatant les nouvelles opinions. Les dispositions de cette ordonnance de 1521 furent renouvelées par Henri II en 1547. Il fut en outre arrêté que l'approbation de la Faculté de théologie serait imprimée au commencement même des livres. Le 27 juin 1551, nouvelle déclaration de Henri II, qui veut que, deux fois l'an, les officines des imprimeurs et libraires soient visitées par des députés pour saisir tous les livres qu'ils trouveraient suspects de vice. L'examen des livres, jusqu'en 1624, fut confié à l'Université et à la Faculté de théologie en corps; mais, cette an née-là, un édit de Louis XIII chargea quatre de leurs membres de la c. exclusive des livres. Les manuscrits devaient être en double copie, dont l'une restait entre les mains des censeurs, afin qu'ils pussent s'assurer qu'aucun changement n'avait été fait aux livres après l'approbation. L'imprimeur ou le débitant d'une publication non autorisée était passible de 3,000 livres d'amende. Deux ans après, en 1626, le garde des sceaux fut chargé de choisir qui il voudrait pour examiner les livres. L'Université perdit dès lors une partie de ses attributions, qui passa dans celles du chancelier. En 1629, Louis XIII rendit encore une nouvelle ordonnance pour défendre « d'imprimer et de vendre aucuns livres ni écrits qui ne portent le nom de l'auteur et de l'imprimeur, et sans notre permission par lettres de notre grand sceau ». Ce fut alors que prit naissance la formule si connue que l'on rencontre sur les livres publiés en France de 1629 à 1789 : « J'ai lu par ordre de Mgr le Chancelier », etc. Le règlement du 28 février 1723, relatif à l'imprimerie et à la librairie de Paris, défendit d'imprimer un écrit quelconque avant d'avoir obtenu la permission du lieutenant de police, l'approbation des censeurs et les lettres du grand sceau. Le contrevenant encourait la confiscation, une amende et l'interdiction de sa profession. La c. était dans toute sa vigueur en 1789, lorsque la déclaration du 23 juin proclama la liberté de la presse. Elle ne fut néanmoins réellement abolie que par la loi du 14 septembre 1791; mais ce ne fut pas pour longtemps. Le 27 septembre 1803, un arrêté des consuls décida qu'aucun libraire ne pourrait vendre un ouvrage sans l'avoir présenté à une commission de revision. La c. fut rétablie formellement et expressément sous son véritable titre par le décret impérial du 11 février 1811. Un autre décret, en date du 14 décembre suivant, donna aux examinateurs le titre de *Censeurs impériaux*. La loi du 21 octobre 1814 excepta de tout examen préalable les écrits de plus de vingt feuilles, mais contraignit à cette formalité ceux d'une moindre importance. Depuis cette époque, quelles qu'aient été les mesures prises par les divers gouvernements qui se sont succédé chez nous, relativement à la publication des journaux et des brochures politiques, celle des livres proprement dits n'a été soumise à aucune mesure préventive. — La c. dramatique a commencé en France en même temps que l'art théâtral. Elle a été exercée jusqu'en 1789 par les mêmes personnes qui étaient chargées d'examiner les livres. Supprimée en 1791, elle fut formellement rétablie par un décret du 8 juin 1806. Le manuscrit de toutes les

pièces nouvelles devait être communiqué au ministre de la police avant la représentation; on ne pouvait avoir lieu sans une autorisation formelle de ce magistrat. Les œuvres anciennes ne pouvaient même être réimprimées sans une permission expresse. La c. pour la représentation des pièces dramatiques ne cessa jamais d'être en vigueur sous la Restauration. Elle disparut un instant en 1830; cependant elle fut rétablie par la loi du 9 septembre 1835. Cette loi fut elle-même abrogée par un décret du 6 mars 1848; mais quatre mois ne s'étaient pas écoulés que la licence du théâtre avait provoqué le rétablissement de la c. et de l'autorisation préalable.

La c. n'existe plus aujourd'hui que pour les théâtres. Elle a été abolie pour les dessins et gravures par l'article 29 de la loi du 29 juillet 1881.

Droit politique. — Parmi les peines disciplinaires portées aux règlements des Chambres, figurent la c. simple, entraînant l'exclusion temporaire, pour 15 séances, pour 30, s'il y a récidive; et la c. avec privation de l'indemnité parlementaire pendant un ou deux mois. — La c. est prononcée par la Chambre sur la proposition du président.

Administration judiciaire. — Le conseil supérieur de la magistrature institué en vertu de la loi du 30 août 1883 (voy. CASSATION), peut prononcer la c., comme peine disciplinaire, contre le magistrat traduit devant lui par le garde des sceaux, ministre de la justice.

Enseignement. — La c. figure au deuxième rang des peines disciplinaires instituées pour le personnel de l'enseignement primaire public par la loi du 30 octobre 1886. Cette peine est prononcée avec ou sans insertion au *Bulletin des actes administratifs* de l'inspecteur d'académie, après avis motivé du conseil départemental.

Droit canonique. — La c. est une peine ecclésiastique prononcée contre un chrétien par les ministres de l'Église, en punition d'une faute grave. On distingue 3 espèces de censures : l'*Excommunication*, la *Suspense* et l'*Interdit*. Voy. ces trois mots.

CENSURER. v. a. (R. *censure*). Blâmer, reprendre, critiquer. *On a fort censuré sa conduite.* ‖ Se dit aussi de la peine disciplinaire que certains corps prononcent contre leurs membres. *Cet avocat a été censuré par son ordre.* ‖ T. Droit canon. *C. un livre, une proposition*, Déclarer qu'un livre, qu'une proposition contient des erreurs. = CENSURÉ, ÉE. part.

CENT. adj. numéral 2 g. (lat. *centum*, m. s.). Nombre contenant dix fois dix. *Cent ans. C. hommes. C. francs. Deux cents hommes. Cent un, c. deux, c. trois. Deux c. trente hommes. Dans c. un ans.* ‖ Se dit souvent pour exprimer un grand nombre. *Vous trouverez c. occasions plus favorables. Il y a été c. fois. C. et c. fois. Il y en a plus de c. à qui cela est arrivé avant vous. Cela est arrivé à un grand nombre de personnes avant vous.* ‖ Se dit quelquefois pour centième. *Page c. Chant premier, vers c.* ‖ T. Comm. *Cinq pour c., dix pour c., c. pour c.*, se dit d'un profit, d'un intérêt, d'un escompte, qui est avec la somme avancée ou le capital prêté dans la proportion de cinq francs, de dix francs, de c. francs pour c. francs. — Par exagér., *Il y a c. pour c. à gagner dans cette affaire*, On peut en retirer un grand profit. = CENT. s. m. Nombre contenant dix fois dix. *Le produit de c. multiplié par dix est mille. Le nombre c. Un c. Deux cents.* ‖ *Combien vaut le c. de ces oranges?* — *Jouer un c. de piquet*, Jouer une partie de c. points au piquet.

Obs. gram. — Au-dessus de *mille*, on dit très souvent *onze cents, douze cents, treize cents*, et ainsi de suite jusqu'à *dix-neuf cents*, au lieu de dire *mille cent, mille deux cents*, etc.; mais il n'est pas permis de dire *dix cents, vingt cents, trente cents*, etc., pour *mille, deux mille, trois mille*, etc. *C.* prend la marque du pluriel lorsqu'il est précédé d'un autre adj. de nombre par lequel il est multiplié et qu'il n'est suivi d'aucun autre nom de nombre : *Deux cents chevaux; trois cents francs*, et on sous-entendant le substantif, *deux cents, trois cents*. Cependant il y a exception pour le millésime des années ; ainsi on écrit *l'an mil huit cent*, sans mettre d'*s* à *c.*; ce qui s'explique en remarquant que dans ce cas *c.* est mis à la place de l'adjectif ordinal *centième*. — *C.*, bien que précédé d'un nombre cardinal qui le multiplie, ne doit jamais prendre la marque du pluriel quand il est suivi d'un nom de nombre. On écrit *trois cent vingt; quinze cent soixante; cinq cent vingt-cinq francs*, etc.; ainsi le veut l'usage.

CENTAINE. s. f. coll. (R. *cent*). Nombre de cent ou environ. *Une c. d'années. Une c. de francs.* || Fig. *A centaines, par centaines,* En grand nombre.

CENTAINE. s. f. (vx. fr. *sentène* et *centine*). Le brin de fil, de soie, etc., par lequel tous les fils d'un écheveau sont liés ensemble, et par lequel on commence à le dévider.

CENT ANS (GUERRE DE), guerre entre la France et l'Angleterre (1337-1453). Commencée sous Philippe de Valois en 1337 par le roi d'Angleterre Édouard III, qui se prétendait l'héritier légitime du trône de France, cette guerre se termina en 1453 sous Charles VII. Les Anglais furent vainqueurs à Crécy (1346), à Poitiers (1356), à Azincourt (1415). Sous Charles V, les exploits de Du Guesclin donnèrent aux Français l'avantage qu'ils perdirent sous Charles VI à la suite des funestes divisions des Armagnacs et des Bourguignons, et qu'ils reprirent définitivement sous Charles VII, grâce à Jeanne d'Arc, qui fit lever le siège d'Orléans en 1429. La bataille de Castillon et la reprise de Bordeaux (1453) terminèrent la guerre de *Cent ans.*

CENTAURE. s. m. (gr. χένταυρος, m. s.). Être mythologique qui était représenté comme un monstre ayant des formes humaines jusqu'à la ceinture et le reste du corps d'un cheval. *Le c. Chiron prit soin de l'éducation d'Achille. Le combat des Centaures contre les Lapithes.* || T. Astr. Constellation de l'hémisphère austral. Voy. CONSTELLATION. == s. f. Femelle de centaure. On dit plus souvent *centauresse.*

CENTAURÉE. s. f. (du *centaure* Chiron, qui, d'après la tradition, aurait été un habile médecin). T. Bot. Genre de plantes de la famille des *Composées* comprenant un grand

nombre d'espèces appartenant surtout à la région méditerranéenne. Voy. COMPOSÉES. — Ce nom est aussi donné à des espèces appartenant à d'autres familles : C. BLEUE, *Scutellaria galericulata* (Labiées); C. JAUNE, *Chlora perfoliata*; C. (PETITE), *Erythræa centaurium* (Fig.) (Gentianées).

CENTAURESSE. s. f. Centaure femelle.

CENTAUROMACHIE. s. f. (gr. χένταυρος, centaure, μάχη, combat). Combat des Centaures et des Lapithes.

CENTENAIRE. adj. 2 g. (lat. *centenarius*, de *centum*,

cent). Qui a cent ans, qui contient cent ans. N'est guère usité que dans ces phrases : *Un homme c. Période c. Prescription c.* || Subst. *Un c., une c.,* Une personne âgée de cent ans. || Anniversaire au bout de cent ans. — Voy. LONGÉVITÉ.

CENTENARISME. s. m. Longévité prolongée jusqu'à cent ans et au delà.

CENTENIER. s. m. (lat. *centenarius*, de *centum*, cent : celui qui commande à cent hommes). Même signific. que *Centurion. Jésus-Christ guérit la fille du c.* || Se disait autrefois, dans certaines villes de France, de celui qui commandait cent hommes de garde bourgeoise. || Jurisp. Juge d'un ordre inférieur des premiers temps de la monarchie. || Juge féodal faisant les fonctions du ministère public dans les cours seigneuriales.

CENTENNAL, ALE. adj. [Pr. *santèn-nal*] (lat. *centum*, cent; *annus,* année). Qui se fait, revient tous les cent ans.

CENTÉSIMAL, ALE. adj. (lat. *centesimus*, centième). T. Arith. Se dit des différents nombres de 1 à 99, et de toute valeur qu'on présente comme étant une partie de la centaine considérée collectivement. *Fraction centésimale. Deux pour cent, cinq pour cent,* sont des *valeurs centésimales. Nombres centésimaux. — Division centésimale,* Celle où l'échelle des parties est divisée en cent.

CENTÉSIMO. adv. (lat. *centesimo,* sous-entendu *loco,* pour le centième lieu). Pour le centième article.

CENT-GARDES. s. m. pl. Se disait d'une garde d'élite chargée spécialement de la garde de l'empereur, sous le second empire, et composée de cent hommes. *Le corps des c.-gardes a été institué par décret du 24 mars 1854.* — On dit, au sing., un *C.-garde,* pour un des c.-gardes.

CENTI... Ce mot, qui est dérivé du latin *centum,* cent, se joint aux noms des unités adoptées dans le système métrique des poids et mesures, et indique la centième partie de l'une de ces unités. *Centimètre, Centiare, Centigramme, Centilitre.*

CENTIARE. s. m. T. Métrol. Mesure de superficie, centième de l'are, équivaut à 1 mètre carré. Voy. SUPERFICIE.

CENTIÈME. adj. 2 g. (lat. *centesimus,* m. s.). Adj. numéral ordinal de cent. *Le c. jour. La c. année. La trois-c. année. Vous êtes le deux-c. sur la liste.* — Fam., *Vous n'êtes pas le c. à qui cela soit arrivé,* Il y a un très grand nombre de personnes à qui cela est arrivé avant vous. — *La c. partie.* Chacune des parties d'un tout qui est ou que l'on conçoit divisé en cent parties égales. On dit de même *La deux-centième partie,* etc. == CENTIÈME. s. m. La c. partie. *L'augmentation a été d'un c. Trois centièmes.* On dit de même : *Un deux-centième,* etc.

CENTIGRADE. adj. 2 g. (lat. *centum,* cent; *gradus,* degré). T. Phys. Qui est divisé en cent degrés, en cent parties égales. *Thermomètre c.* Voy. THERMOMÈTRE.

CENTIGRAMME. s. m. Centième partie du gramme.

CENTILITRE. s. m. Centième partie du litre.

CENTIME. s. m. La centième partie du franc. — *Centimes additionnels,* Contribution supplémentaire qui se calcule à raison d'un nombre de centimes déterminé par chaque franc de la contribution principale, et qui s'ajoute à celle-ci. Voy. BUDGET et CONTRIBUTIONS.

CENTIMÈTRE. s. m. T. Métrol. Centième partie du mètre, unité de longueur. || On appelle aussi improprement c., une règle ou un ruban divisée en centimètres.

CENTINODE. s. f. (lat. *centum,* cent, *nodus,* nœud). T. Bot. Voy. POLYGONIACÉES.

CENTISTÈRE. s. m. La centième partie du stère.

CENT-JOURS (Les), dernière période du règne de Napoléon Ier, depuis le retour de l'île d'Elbe jusqu'à la deuxième abdication (20 mars — 8 juillet 1815).

CENTON. s. m. (lat. *cento*, vêtement fait de divers morceaux). Pièce de poésie composée de vers ou de fragments de vers pris de quelque auteur célèbre, et disposés de telle manière qu'ils offrent un sens différent de celui qu'ils ont dans l'original. || Par ext., Ouvrage rempli de morceaux dérobés. *Ce livre n'est qu'un c.* || T. Mus. Opéra composé de morceaux empruntés à divers maîtres; on dit aussi *pastiche*.

Ce genre de composition n'a pris naissance qu'à l'époque de la pleine décadence de la littérature romaine. Le plus ancien *c.* que l'on connaisse est la *Médée*, mauvaise tragédie du versificateur Hosidius Geta, qui l'a faite avec des extraits de Virgile. On cite ensuite une histoire de l'Ancien et du Nouveau Testament faite du vers du même poète par Proba Falconia, femme du préfet du prétoire Anicius (fin du IVe siècle) et une Vie de J.-C. uniquement tirée des poèmes d'Homère par OElia Eudoxia, femme de l'empereur Théodose le Jeune (Ve siècle). Le seul c. connu qui date du moyen âge, est un cantique d'actions de grâces, fait de versets de la Bible, composé en l'honneur d'Anne Musnier, qui, vers 1175, sauva la vie à Henri le Large, comte de Champagne. A l'époque de la Renaissance, ce genre de littérature, si l'on peut l'appeler ainsi, fut mis à la mode par quelques hommes qui étudiaient les auteurs classiques avec plus de passion que d'intelligence.

CENTRAGE. s. m. (R. *centre*). T. Techn. Action de centrer. Opération qui consiste à placer dans une lunette, suivant une même ligne, les axes de plusieurs pièces optiques. — Opération qui consiste à disposer convenablement sur l'axe de rotation les pièces d'une machine qui doivent tourner autour de cet axe. *C. d'une roue, d'un volant.*

CENTRAL, ALE adj. (R. *centre*). Qui est dans le centre; qui a rapport au centre. *Point c. Éclipse centrale.* Éclipse dans laquelle le centre du disque lunaire ou solaire passe au centre du cercle d'ombre. — *Feu c.* Voy. GÉOLOGIE et VOLCAN. — Par ext., se dit d'un pays, d'un lieu situé au milieu d'un autre ou à peu près. *Les provinces centrales de la France. Il loge dans le quartier le plus c. de Paris.* || Fig., Principal. *Administration centrale. Bureau c. de charité.* — T. Anat. *Système nerveux c.,* L'encéphale et la moelle épinière. || T. Administ. *Maison c.,* Maison dans laquelle on envoie les prisonniers de plusieurs départements. || *Écoles c.,* Écoles créées pour un enseignement spécial. *L'École c. des arts et manufactures.* Voy. ÉCOLE.

Méc. — *Forces centrales.* — En mécanique, on donne le nom de *force centrale* à toute force dont la direction passe par un point fixe. Cette force centrale est une attraction ou une répulsion suivant qu'elle est dirigée vers le centre fixe ou à l'opposé.

Lorsqu'un point matériel est soumis à l'action d'une pareille force, sa trajectoire est une courbe plane dont le plan contient le centre fixe, et les aires décrites autour de ce point par le rayon vecteur sont proportionnelles aux temps employés pour la décrire : proposition qui constitue la *loi des aires*.

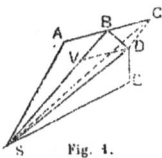

Fig. 1.

Supposons que le temps soit divisé en parties égales pendant lesquelles aucune force n'agit, la force n'agissant qu'aux époques de séparation des intervalles. Pendant la première fraction de temps, le point matériel, en vertu de la vitesse acquise, décrira la ligne AB (Fig. 1). Si aucune autre force n'agissait sur lui, pendant la seconde portion il décrirait BC = AB, et, en joignant au centre S, les triangles ASB et BSC seraient équivalents. Mais la force, agissant instantanément au moment où le mobile est en B, lui communique une vitesse grâce à laquelle il parcourrait pendant le second intervalle de temps la longueur BV dirigée vers le centre. Le mouvement du mobile pendant ce second intervalle sera la résultante du mouvement antérieurement acquis qui lui ferait parcourir BC et du mouvement communiqué par la force qui lui ferait parcourir BV. Le mobile décrira donc la diagonale BD du parallélogramme, et l'on voit qu'en joignant au point S, les triangles BDS et BCS sont équivalents, puisqu'ils ont même base BS et leurs sommets C et D sur une même parallèle à la base. Comme BCS est déjà équivalent à ABS, les deux triangles BDS et ABS ont aussi même surface. On verrait de même que le triangle DSE décrit par le rayon vecteur pendant le troisième intervalle de temps est encore équivalent aux deux précédents, d'où il suit que tous les triangles décrits pendant les intervalles de temps successifs sont équivalents entre eux. Il en résulte que les aires décrites pendant des durées quelconques, qui sont les sommes des triangles précédents, sont proportionnelles aux nombres des intervalles de temps égaux compris dans les durées, c'est-à-dire aux temps employés à les décrire. Si maintenant on suppose que les intervalles de temps deviennent de plus en plus petits et tendent vers 0, l'action de la force tendra à devenir continue, la trajectoire du mobile tendra vers une certaine courbe, l'aire d'un secteur polygonal décrit par le rayon secteur tendra vers l'aire du secteur curviligne correspondant, et cette aire ne cessera pas d'être proportionnelle au temps employé à la décrire. Par un raisonnement inverse, on prouverait que, réciproquement, toutes les fois que l'aire décrite par le rayon vecteur est proportionnelle au temps, la force qui sollicite le mobile passe constamment par le point fixe.

Le travail d'une force centrale dont l'intensité est fonction seulement de la distance du mobile au centre est lui-même une fonction de cette distance. En effet, pendant un temps infiniment petit dt, le travail de la force est égal au produit de cette force f par la projection Mm' (Fig. 2) du chemin parcouru MM' sur la direction de la force. Or cette projection n'est autre que la différentielle dr du rayon vecteur Sm. Le travail élémentaire est donc

Fig. 2.

$f dr$, et le travail total τ du temps t_o au temps t est représenté par l'intégrale définie $\tau = \int_{t_o}^{t} f dr.$

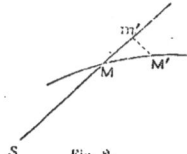

Le principe des aires et celui des forces vives suffisent à résoudre le problème du mouvement d'un point matériel soumis à une force centrale fonction de la distance. Soient en effet F = $f(r)$ la valeur de la force considérée comme positive si elle est répulsive, r le rayon vecteur, et θ l'angle de ce rayon avec une direction fixe. On reconnaît aisément que l'aire décrite pendant le temps dt est $\frac{1}{2} r^2 d\theta$, et le théorème des aires fournit la première équation :

$$r^2 d\theta = k\,dt,$$

k étant une constante qui dépend des conditions initiales. D'autre part, l'arc parcouru pendant le temps dt est donné par la formule

$$ds^2 = dr^2 + r^2 d\theta^2;$$

le carré de la vitesse est donc :

$$v^2 = \frac{ds^2}{dt^2} = \frac{dr^2}{dt^2} + r^2 \frac{d\theta^2}{dt^2}.$$

Le théorème des forces vives donne donc :

$$\frac{1}{2} m v^2 = \frac{1}{2} m \left(\frac{dr^2}{dt^2} + r^2 \frac{d\theta^2}{dt^2} \right) = \int_{t_o}^{t} f(r)\,dr.$$

Si l'on élimine $d\theta$ entre ces deux équations, on aura une équation entre r et t :

$$m \left(\frac{dr^2}{dt^2} + \frac{k^2}{r^2} \right) = \int f(r)\,dr.$$

On peut résoudre cette équation par rapport à dt et intégrer, d'où il suit que le problème se ramène à des quadratures.

La théorie des forces centrales trouve sa principale application dans l'astronomie. Par la comparaison d'un grand nombre d'observations planétaires, Kepler a trouvé que chaque planète se meut autour du soleil suivant la loi des aires. Newton en a conclu que la force qui fait mouvoir chaque planète est dirigée vers le soleil, et cette remarque est l'une de celles qui lui ont servi de base à établir la théorie de la gravitation universelle. Voy. GRAVITATION UNIVERSELLE, PLANÈTE.

CENTRALISATEUR, TRICE. adj. Qui centralise.

CENTRALISATION. s. f. T. Politique. Réunion des diverses attributions de la puissance publique dans un petit nombre de personnes. || Système administratif où toutes les affaires qui n'intéressent qu'une fraction de la communauté nationale, commune, département, etc., sont étudiées et résolues par une administration centrale et unique, la même pour toute la nation.

CENTRALISER. v. a. (R. *central*). Concentrer, réunir

dans un même centre. *C. l'administration. C. les pouvoirs.* = CENTRALISÉ, ÉE. part.

CENTRALISTE. adj. Qui est favorable à la centralisation.

CENTRALITÉ. s. f. (R. *central*). T. Physiol. *Phénomènes de c.*, Phénomènes nerveux qui se passent dans les centres cérébro-rachidiens. || Position centrale.

CENTRANTHE. s. m. (gr. χέντρον, aiguillon ; ἄνθος, fleur). T. Bot. Genre de plantes (*Centranthus*) de la famille des *Valérianées*. Voy. ce mot.

CENTRATION. s. f. (R. *centre*). Action d'opérer le centrage dans un appareil d'optique.

CENTRE. s. m. (lat. *centrum*, m. s.; gr. χέντρον, m. s., de χεντεῖν, piquer). T. Géom. En parlant d'un cercle ou d'une sphère, le point qui est à égale distance de tous les points de la circonférence ou de la surface sphérique. *Tirer une ligne du c. à la circonférence. Le c. de la terre.* — En parlant d'autres figures, le point qui partage en deux parties égales toutes les droites qui y passent. || Par ext., Le milieu d'un espace quelconque. *Le soleil est au c. de notre système planétaire. Le c. du royaume. Le palais est au c. de la ville. Ces personnages doivent occuper le c. du tableau.* || Le lieu où les choses tendent naturellement comme au lieu de leur repos. *Chaque chose tend à son c.* — Fig. et fam. *Être dans son c.*, Être où l'on se plaît, où l'on aime à être. — On dit, dans le sens contraire, *N'être pas dans son c.; Être hors de son c.* || Fig., Se dit des lieux où se trouvent, où se font, où se pratiquent habituellement ou plus ordinairement certaines choses. *Son établissement est situé au c. des affaires. Paris est le c. des arts.* || Fig., se dit encore d'une chose à laquelle plusieurs autres choses se rapportent ou sont subordonnées. *Charlemagne fit d'Aix-la-Chapelle le c. de sa domination.* — Dans un sens anal., se dit aussi des personnes. *C'est un égoïste qui se fait le c. de tout.* || T. Théol. *Le siège de Rome est le c. de l'unité de l'Église.* || T. Art milit. *Le c. d'une armée, d'une troupe,* etc., La partie d'une armée, d'une troupe qui occupe le milieu, qui est entre les deux ailes. *Le c. ne se trouvant pas soutenu fut enfoncé. Les compagnies du c.* || Dans le langage parlementaire, on dit, *Le c. d'une assemblée,* pour signifier les places du milieu de la salle des séances, et pour désigner les personnes qui les occupent, par oppos. aux extrémités, au côté droit et au côté gauche. *Il alla siéger au c. le c. s'est levé pour la proposition.* || T. Anat. *Le c.* ou *les centres nerveux,* L'encéphale et la moelle épinière. — *C. épigastrique,* Les ganglions et le plexus nerveux situés à l'épigastre, où semblent aboutir, comme à un centre, les impressions reçues dans diverses parties du corps. || T. Fort. *C. de bastion,* Point où se rencontrent les deux demi-gorges. || T. Mar. *C. de voilure,* Point de l'ensemble des voiles par où passe la résultante des efforts du vent dans certaines conditions. Voy. plus bas. || *C. d'un cadran,* Point d'un cadran solaire où convergent les lignes horaires et où le style est établi.

Géom. — *C. de figure.* — On dit qu'une figure admet un centre C, quand tous les points de la figure se répartissent en groupes de deux A et A' de telle sorte que la droite AA' qui joint les deux points correspondants passe à ce point C et y est divisée en deux parties égales. Toutes les figures n'ont pas de c. Le cercle et les coniques en ont un sauf la parabole ; on trouve les coordonnées de ce c. en égalant à 0 les deux dérivées partielles du premier membre de l'équation de la courbe, ce qui

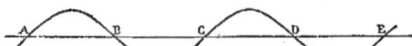

Fig. 1.

donne deux équations pour déterminer ces deux inconnues. On démontre que si une courbe plane admet deux centres, elle en admet une infinité situés à égale distance les uns des autres sur une même droite. Tel est le cas de la *Sinusoïde* (Fig. 4) qui admet pour centres les points A, B, C, D, etc. Si une courbe plane admet trois centres, elle en admet une infinité qui sont les sommets d'un réseau de parallélogrammes égaux. Les surfaces du 2e ordre ont aussi un c. sauf certaines excep-

tions. On obtient les trois coordonnées de ce c. en égalant à 0 les trois dérivées partielles du premier membre de l'équation de la surface. Il y a sur les surfaces qui admettent plusieurs centres, des théorèmes analogues à ceux de la géométrie plane.

C. de symétrie. — Voy. SYMÉTRIE.

C. d'homothétie ou de similitude. Voy. HOMOTHÉTIE.

C. des moyennes distances. — C'est un point tel que sa distance à un plan quelconque est la moyenne géométrique des distances de plusieurs points donnés à ce même plan. On démontre que ce point est unique. Voy. GRAVITÉ.

C. des distances proportionnelles. — C'est un point tel que sa distance à un plan quelconque est égale à la somme des distances au même plan de plusieurs points donnés, multipliées chacune par un nombre donné affecté au point correspondant. On démontre que ce point est unique. Voy. GRAVITÉ.

C. des moyennes harmoniques. — Soient plusieurs points en ligne droite A_1, A_2, A_3, A_4, etc. Le c. de leurs moyennes

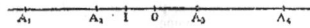

Fig. 2.

harmoniques est un point I, de leur droite, tel que, si l'on prend sur cette droite un point fixe O, on aura, en tenant compte des signes des segments (Fig. 2) :

$$\frac{m}{OI} = \frac{1}{OA_1} + \frac{1}{OA_2} + \frac{1}{OA_3} + \dots.$$

m désignant le nombre des points.

La position de ce c. dépend expressément du choix du point fixe O.

C. de courbure. — Point de rencontre de deux normales d'une courbe infiniment voisines. Voy. COURBURE.

Mécan. — *C. des forces parallèles.* — Le point par lequel passe la résultante de plusieurs forces parallèles quelle que soit la direction de celles-ci, pourvu que leurs intensités et leurs points d'application restent invariables. Voy. FORCE (*Composition des*).

C. de gravité. — Point par lequel passe la résultante des poids des divers éléments d'un corps ou d'un système de corps, quelle que soit la position de celui-ci. Voy. GRAVITÉ.

C. instantané de rotation. — Le point d'une figure plane mobile dont la vitesse est nulle, et autour duquel, par conséquent, la figure tourne à l'instant considéré. Voy. CINÉMATIQUE, MOUVEMENT.

C. d'oscillation d'un pendule. — Voy. PENDULE.

C. de percussion. — Point auquel il faut frapper un corps solide mobile autour d'un axe, pour que le mouvement qui résulterait de ce choc si le corps était entièrement libre se réduise à une simple rotation autour de l'axe, de telle sorte que celui-ci n'éprouve aucune action par le fait du choc. Les machines qui travaillent par chocs successifs et répétés, comme les marteaux de forge, par exemple, doivent être disposées de manière que les chocs qu'ils ont à subir se produisent au c. de percussion, afin d'éviter à l'axe des efforts considérables qui pourraient le tordre et briser les coussinets.

C. de pression. — Point d'application des pressions qu'exerce un liquide sur les différents points d'une paroi plane ou courbe. Voy. PRESSION.

C. de poussée. — Point d'application des forces qui agissent sur un corps solide entièrement ou partiellement immergé dans un liquide par le fait des pressions de ce liquide, et qui se composent en une force unique verticale, dirigée de bas en haut, appelée *poussée.* Ce c. de poussée coïncide avec le c. de gravité du volume immergé. Voy. STABILITÉ *des corps flottants*, ARCHIMÈDE (*Principe d'*).

C. de carène. — C. de poussée de la partie immergée d'un vaisseau jusqu'à la ligne de flottaison. Chez les anciens vaisseaux de 1er rang, il était situé à peu près à 2m,98 au-dessous de la ligne de flottaison. Sur les cuirassés du type du *Redoutable*, il est situé à peu près à 3m,15 au-dessous de la ligne de flottaison, et à 1m,64 en avant du milieu du navire.

C. de voilure. — C'est le c. de gravité de l'ensemble des voiles supposées placées sur leur mât respectif, ouvertes ou déployées dans le plan vertical longitudinal. On le nomme aussi *point vélique.*

Phys. — *C. optique.* — Point situé sur l'axe d'une lentille ou d'un miroir et tel que tout rayon qui y passe ne subit aucune déviation ou est réfléchi sur lui-même. Voy. LENTILLE, MIROIR.

CENTRE (Canal de), canal qui unit la Loire à la Saône, de Digoin à Chalon-sur-Saône.

CENTRER. v. a. (R. *centre*). T. Arts et Mét. Ramener au centre. Placer convenablement sur leur axe les pièces d'une machine qui doivent tourner. == Centré, ée, part. *Roue, poulie mal centrée; rotout mal centré*, qui ne tourne pas autour de son centre.

CENTREUR. s. m. (R. *centre*). Pièce du moule à chandelles qui tient la mèche au centre.

CENTRIFUGE. adj. 2 g. (lat. *centrum*, centre; *fugere*, fuir). Qui s'éloigne, ou qui tend à s'éloigner du centre. || T. Bot. *Inflorescence c.*, Celle dans laquelle les pétales s'éloignent du centre. Voy. Inflorescence.

Mécan. — On appelle *force c.* la force apparente en vertu de laquelle un mobile qui se meut sur une trajectoire curviligne tend à s'éloigner du centre de courbure de cette trajectoire. C'est la composante normale de la force d'inertie. La théorie complète et rigoureuse en sera donnée au mot Force. Nous nous bornerons ici à donner quelques indications pratiques et expérimentales. Imaginons qu'un corps qu'on supposera réduit à un point matériel, soit assujetti à décrire un cercle, par exemple qu'il soit attaché à l'extrémité A d'un fil inextensible fixé en O. En vertu du principe de l'inertie, le mobile abandonné à lui-même devrait se mouvoir en ligne droite. Il faut donc qu'une force l'oblige à courber à chaque instant sa trajectoire. Cette force ne peut être que la tension du fil : elle a reçu le nom de *force centripète*. On conçoit, en effet, que le mobile tendant à s'éloigner suivant la tangente au cercle, écarte les molécules du fil jusqu'à ce que la force élastique qui résulte de cet écartement et qui augmente avec lui, ait atteint précisément l'intensité qui convient pour obliger le mobile à décrire un cercle autour du centre O. L'inertie du mobile produit donc sur le fil le même effet qu'une force qui tendrait à l'allonger et qui serait précisément égale à la tension du fil. C'est cette force fictive ou apparente qui a reçu le nom de *force c.* Si elle devient plus grande que la limite d'élasticité du fil, la tension du fil ne pourra pas en atteindre sa valeur, et la rupture se produira avant que la force d'élasticité soit devenue assez grande pour obliger le mobile à effectuer un mouvement circulaire. Le mobile s'échappera alors suivant la tangente. On comprend également que si le mobile est assujetti à tourner en cercle de toute autre manière qu'à l'aide d'un fil tendu, par exemple au moyen d'une coulisse circulaire, la réaction des pièces solides qui déterminent le mouvement circulaire, remplacera la tension du fil et constituera la force centripète égale et contraire à la force c. La valeur de la force c. est proportionnelle à la masse m du mobile, au carré de la vitesse angulaire ω, et au rayon r du cercle : elle est donnée par la formule :

$$f = m\omega^2 r. \text{ — Voy. Force.}$$

Si r désigne la vitesse linéaire du mobile, on aura, $\omega = \dfrac{v}{r}$

(voy. Vitesse), et la formule deviendra :

$$f = m\,\frac{v^2}{r}$$

Il est facile, à l'aide de diverses expériences fort simples, de rendre sensible l'effet de la force c. dans un mouvement de rotation. — Soit, par ex., un fil de cuivre enfilé de deux

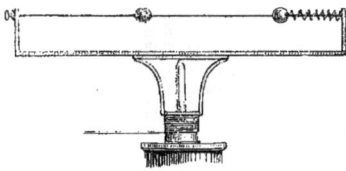

Fig. 1.

billes égales, et tendu dans une espèce de châssis appelé *tourlant*, auquel on peut imprimer un mouvement rapide de rotation au moyen d'une corde qui fait plusieurs tours sur l'axe de l'appareil (Fig. 1). Si l'on place l'une des billes au milieu du fil de cuivre et sur le prolongement de l'axe de rotation, elle reste dans cette position pendant le mouvement, parce

que les forces centrifuges de ses diverses parties situées à des distances opposées du centre, sont égales et opposées. Mais si l'on amène cette même bille en un point du fil qui ne soit plus situé sur le prolongement de l'axe, dès que le mouvement commence, elle est emportée par la force c., et elle glisse le long du fil jusqu'à l'extrémité du tourlant. On peut même mesurer l'intensité de la force c développée par la rotation, en disposant autour du fil un ressort en hélice qui se trouve alors plus ou moins comprimé, suivant la rapidité du mouvement rotatoire. On peut aussi varier l'expérience, soit en liant ensemble plusieurs billes par un fil, de manière

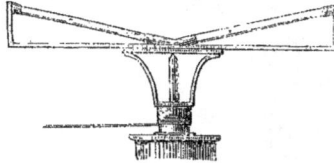

Fig. 2.

à opposer leurs forces centrifuges, et en choisissant le fil assez fort ou assez faible pour qu'il résiste ou qu'il se rompe; soit en employant successivement des billes de diverses substances et de masses différentes. La Fig. 2 représente un appareil analogue au précédent. Le châssis supporte deux tubes de verre inclinés, dont la partie la plus déclive correspond au centre de rotation. Si l'on met une bille dans l'un d'eux et une certaine quantité d'eau dans l'autre, on voit, par l'effet du mouvement de rotation, la bille et l'eau monter vers l'extrémité supérieure des tubes, en surmontant la résistance que leur poids oppose à leur ascension. Si l'on met dans le premier tube deux billes, l'une de plomb et l'autre d'ivoire, et dans le second tube de l'eau et de l'essence de térébenthine, on remarque que les corps les plus pesants, c.-à-d. la bille de plomb et l'eau, occupent la partie supérieure de leurs tubes respectifs. — Toutes ces expériences démontrent que la force c. augmente : 1° avec la vitesse; 2° avec le rayon du cercle décrit; 3° avec la masse du corps soumis au mouvement de rotation, ce qui est conforme à la formule précédente :

$$f = m\,\frac{v^2}{r} = m\omega^2 r.$$

Comme la force c. se produit également à la surface et dans chaque point d'un solide que l'on oblige à tourner autour d'un axe, on peut considérer les molécules matérielles de ce corps comme autant de mobiles animés d'une force c. spéciale, dépendant de la grandeur du cercle qu'elles décrivent et de la vitesse de leur mouvement de rotation. Or, en vertu

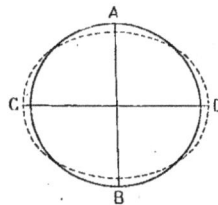

Fig. 3.

de la cohésion qui les unit, elles sont obligées de circuler toutes en temps égal, de sorte que leurs vitesses sont comme les rayons des cercles décrits. Par conséquent, si le mouvement de rotation est uniforme, les forces centrifuges respectives sont proportionnelles à ces rayons eux-mêmes. Cette circonstance se réalise d'une manière remarquable dans le mouvement de rotation de la Terre autour de son axe. Supposons que le cercle A B C D (Fig. 3) représente une coupe de la Terre, A B étant l'axe autour duquel elle tourne et C D l'équateur. Chaque molécule de la masse décrit avec la même vitesse angulaire, c.-à-d. dans le même espace de temps, un cercle dont le rayon varie avec la distance de cette molécule à l'axe de rotation. La force c. dont chaque molécule est animée, se trouve d'autant plus grande que sa distance à l'axe est elle-même plus grande. Par conséquent, les molécules situées à la surface près de l'équateur CD, ont une force c. beaucoup plus grande que celle des molécules situées près des pôles AB. Si nous supposons pour un moment la terre fluide, ou entièrement recouverte d'une couche liquide, l'effet de cette différence sera de lui faire prendre la forme représentée par la courbe ponctuée, c.-à-d. de renfler la surface terrestre près de l'équateur et de l'aplatir vers les pôles. C'est effectivement la figure qu'a prise notre globe, à l'époque où il se trouvait fluide, par l'effet de la haute température qu'il a perdue depuis. C'est par le raisonnement précédent que Newton a conclu théoriquement que la Terre devait être aplatie aux pôles, fait qui a été vérifié plus tard par les mesures effectuées à la surface du globe. Voy. APLATISSEMENT, TERRE.

On a même calculé que si la vitesse de rotation de la Terre devenait dix-sept fois plus rapide, la force c. neutraliserait complètement l'attraction de la masse terrestre sur les corps placés à l'équateur : ces corps cesseraient d'être pesants, et ne retomberaient point à la surface lorsqu'on les abandonnerait à eux-mêmes ; ils tourneraient autour de la

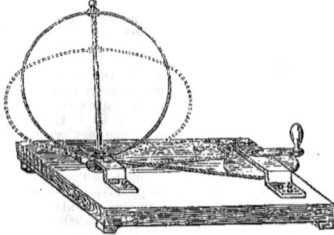

Fig. 4.

Terre comme le fait la Lune. La même cause, agissant sur tous les corps célestes, a dû partout produire des effets analogues. Aussi observe-t-on que tous sont renflés à leur équateur et aplatis vers leurs pôles. Certaines planètes, telles que Jupiter et Saturne, qui tournent sur leur axe avec une vitesse beaucoup plus grande que la Terre, sont aussi des sphéroïdes beaucoup plus aplatis que celle-ci. On peut rendre ce phénomène sensible au moyen d'un appareil fort simple (Fig. 4). Il consiste simplement en un ressort d'acier très flexible que l'on a plié en cercle, et fixé par son extrémité inférieure au bas d'un axe vertical, et par l'autre à un anneau qui peut glisser librement autour de cet axe. Si, à l'aide d'une manivelle, on imprime à l'appareil un mouvement de rotation, on voit le ressort quitter sa forme circulaire, devenir elliptique, et s'affaisser d'autant plus que la vitesse est plus grande, les points les plus distants de l'axe étant ceux qui s'en écartent le plus par l'effet de la force c.

D'ailleurs, une foule d'exemples vulgaires mettent chaque jour en évidence les effets de la force c. On peut, au moyen d'une fronde, faire tourner un verre plein d'eau avec assez de rapidité pour que l'eau soit retenue dans le verre par la force c., même lorsque le verre est renversé. Si l'on suspend un seau d'eau à des fils que l'on tordra fortement en faisant

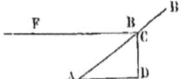

Fig. 5.

faire au seau un certain nombre de tours dans le même sens, et qu'ensuite on laisse les fils se détordre, le seau se mettra à tourner rapidement, et l'on verra l'eau s'élever vers les bords, en s'abaissant vers le centre, par suite de la force c. On pourra même, en accélérant suffisamment la rotation, obliger l'eau à s'échapper du vase. —Un cavalier ou un piéton qui doublent une borne, décrivent, en la doublant, une portion de ligne courbe, et ils subissent ainsi l'action d'une force c. dont la borne est le centre, et qui augmente avec la vitesse. Ils opposent comme résistance à cette force leur propre poids, en inclinant spontanément leur corps vers la borne. Désignons par AB (Fig. 5) la position inclinée d'un piéton qui

double une borne en courant, par CD la direction suivant laquelle agit le poids de son corps, et par CF la direction de la force c. qui agit parallèlement au sol à partir de la borne. La résultante CA de ces deux forces aura la même direction que le corps du coureur en supposant à celui-ci l'inclinaison donnée ; elle l'appuiera donc contre le sol, de même que l'appuierait la pesanteur si elle agissait seule et que le corps fût dans la station verticale. Le coureur évitera ainsi d'être renversé par la force c., comme il pourrait l'être s'il se tenait dans la station verticale. Une voiture qui n'est pas, comme un homme ou un animal, douée de mouvement spontané, ne pourra se prêter à une semblable manœuvre, et, en certains cas, par ex.. i elle décrit avec une grande vitesse une courbe d'un très petit rayon, la force c. la fera chavirer extérieurement, c.-à-d. du côté opposé à celui de la borne : c'était le grand écueil dans les courses de chars si célèbres dans l'antiquité. C'est pour cette raison que dans les courbes de chemin de fer on place le rail intérieur à un niveau moins élevé que le rail extérieur, afin que les voitures qui franchissent la courbe s'inclinent du côté du centre. Cette inclinaison serait facile à calculer si tous les trains devaient circuler avec la même vitesse; comme il n'en est pas ainsi, on est obligé de s'en tenir à une sorte de moyenne, pour éviter les résultats désastreux d'une force c. trop considérable pour l'inclinaison de la voie qui ferait verser les voitures en dehors, on ralentit dans les courbes les plus prononcées la vitesse des trains rapides. On sait que dans les courses exécutées autour d'un amphithéâtre par des écuyers qui se tiennent debout sur leurs chevaux, le cheval et l'écuyer s'inclinent sans cesse vers le centre du cercle qu'ils décrivent avec rapidité : c'est afin de neutraliser l'effet de la force c. qu'ils prennent cette position oblique. On voit tous les jours, dans les cirques, un écuyer assis de côté sur son cheval, de telle sorte qu'il semble simplement appuyé contre les flancs de celui-ci. Le public s'émerveille de l'adresse et de la légèreté du cavalier. Il ignore que l'écuyer tomberait nécessairement si le cheval courait en ligne droite. Mais comme il galope en décrivant un cercle, la force c. appuie l'écuyer contre les flancs de son cheval, et l'y maintient en équilibre. Les courses de vélocipèdes nous offrent le même phénomène; le vélocipède s'incline dans les parties tournantes de la piste et son inclinaison est d'autant plus grande que sa vitesse est plus considérable. C'est pour cette raison que les pistes courbes offrent un plancher incliné qui s'élève du centre à la circonférence, de manière que le plan du vélocipède reste à peu près normal à la surface de la piste ; autrement, il y aurait à craindre de l'inclinaison du vélocipède sur le sol ne permît un glissement qui amènerait la chute du coureur.

Dans les industries où l'on fait usage de meules de grès animées d'un mouvement de rotation très rapide, il est arrivé plus d'une fois des accidents extrêmement graves par suite de la rupture subite d'une de ces meules, dont les fragments étaient lancés de toutes parts avec une très grande vitesse. Cette rupture est déterminée par la force c. qui, pour une cause quelconque, tend à l'emporter sur la force de cohésion qui unit les molécules de la meule. Dans ce cas, chaque fragment se met en vertu de la vitesse dont il était animé à l'instant de sa séparation d'avec la masse. —La mécanique a su tirer de la force c. quelques applications utiles. Nous citerons certaines espèces de roues hydrauliques, le régulateur dit à force c. (voy. RÉGULATEUR) et la machine à sécher le linge aujourd'hui usitée dans plusieurs lavoirs publics. A cet effet, on place le linge dans des tambours dont la paroi est criblée de petits trous. Quand on fait tourner rapidement un tambour sur son axe central (il peut faire jusqu'à 1500 tours par minute), le linge, en vertu de la force c. développée par la vitesse de ce mouvement circulaire, s'applique avec force contre la paroi, et l'eau qu'il contient s'échappe par les trous dont nous avons parlé. Au bout de dix à quinze minutes, le linge a perdu la presque totalité de l'eau dont il était imprégné, et il suffit alors de l'étendre quelques instants à l'air pour qu'il devienne complètement sec.

C'est encore à la force c. qu'on a attribué les étourdissements que l'on éprouve dans plusieurs jeux où l'on décrit une courbe avec une certaine vitesse, comme le jeu du bague, l'escarpolette, etc. Dans ces divers mouvements, les liquides, en vertu de leur mobilité, tendent à s'accumuler vers les parties les plus éloignées du centre de rotation.

Centrifuge composée. — Coriolis a donné le nom d'*accélération centrifuge composée* à l'accélération qu'il faut composer avec l'accélération relative et l'accélération d'entraînement dans le mouvement relatif pour obtenir l'accélération absolue. La *force c. composée* est le produit de l'accélération c. composée par la masse du mobile. Voy. Mouvement (*Mouvement relatif*).

CENTRIFUGER. v. a. T. Fabrique. Exposer à une action centrifuge.

CENTRINE. s. f. (gr. κέντρον, aiguillon). T. Ichl. Genre de poissons du genre *Squale*.

CENTRIPÈTE. adj. 2 g. (lat. *centrum*, centre; *petere*, gagner). Qui se rapproche ou tend à se rapprocher du centre. T. Bot. *Inflorescence c.*, Celle dans laquelle la floraison se fait de la circonférence au centre.
Mécan. — On appelle *accélération centripète*, la composante normale à la trajectoire de l'accélération d'un point mobile, laquelle est toujours dirigée vers le centre de courbure, et *force centripète*, le produit de cette accélération par la masse. La force c. est la composante normale de la force qui agit sur le mobile; c'est elle qui sollicite le mobile vers le centre de courbure et produit ainsi la courbure de la trajectoire. La composante de la force d'inertie qui lui est égale et directement opposée, porte le nom de *force centrifuge*. Voy. Accélération, Centrifuge, Force.

CENTRIPÉTENCE. s. f. (lat. *centrum*, centre; *petere*, gagner). T. Phys. Tendance à se porter vers un centre.

CENTRISQUE. s. m. (gr. κέντρον, aiguillon). T. Ichl. Poisson de l'ordre des *Acanthoptérigiens* et de la famille des *Fistulariæ*. Le corps est très long, cylindrique, couvert de petites écailles. Nageoire dorsale placée au-dessus de la nageoire anale. Voy. Aulostome.

CENTROBARIQUE. adj. 2 g. (lat. *centrum*; gr. βάρος, poids). T. Géom. et Mécan. Qui dépend du centre de gravité; qui se rapporte à ce centre.

CENTROLÉPIDÉES. s. f. pl. (R. *Centrolepis*). T. Bot. Fa-

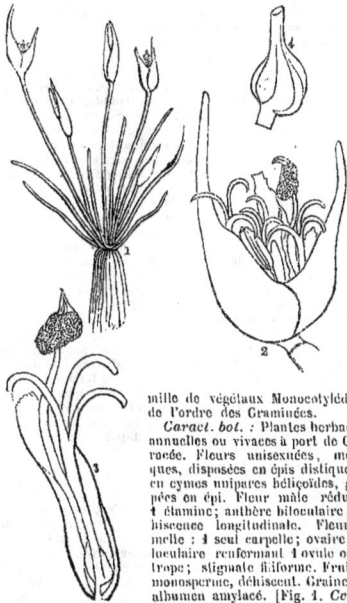

mille de végétaux Monocotylédones de l'ordre des Graminées.
Caract. bot. : Plantes herbacées, annuelles ou vivaces à port de Cypéracée. Fleurs unisexuées, monoïques, disposées en épis distiques ou en cymes unipares hélicoïdes, groupées en épi. Fleur mâle réduite à 1 étamine; anthère biloculaire; déhiscence longitudinale. Fleur femelle : 1 seul carpelle; ovaire uniloculaire renfermant 1 ovule orthotrope; stigmate filiforme. Fruit sec monosperme, déhiscent. Graine avec albumen amylacé. [Fig. 1. *Centro-*

lepis fascicularis; 2. Épi de fleurs; 3. Fleur séparée; 4. Ovaire dont on a retranché le style.]
Cette famille comprend 4 genres et 30 espèces, presque toutes australiennes. Ces végétaux sont sans usage.

CENTROLEPIS. s. m. (gr. κέντρον, aiguillon, λεπίς, écaille). T. Bot. Genre de plantes de la famille des *Centrolépidées*. Voy. ce mot.

CENTRONOTE. s. m. (gr. κέντρον, aiguillon; νῶτος, dos) T. Ichl. Poissons de l'ordre des *Acanthoptérigiens* et de la famille des *Blennides*. Voy. Scombéroïdes.

CENTROPOGON. s. m. (gr. κέντρον, aiguillon; πώγων, barbe). T. Bot. Genre de plantes de l'Amérique tropicale, famille des *Campanulacées*. Voy. ce mot.

CENTROPOME. s. m. (gr. κέντρον, aiguillon; πῶμα, opercule). T. Ichl. Genre de poissons de la famille des *Percoïdes*. Voy. ce mot.

CENTROTE. s. m. (gr. κέντρον, aiguillon). T. Ent. Genre d'insectes hémiptères homoptères de la famille des *Membracides*. Voy. Cicadaires.

CENTRUM. s. m. [Pr. *santrome*] (lat. *centrum*, centre). T. Anat. Corps d'une vertèbre.

CENT-SUISSES. s. m. pl. Se disait d'une partie de la garde du roi qui était composée de Suisses, au nombre de cent. *Le capitaine des Cent-Suisses.* — On disait au sing., *Un Cent-Suisse*, pour un des Cent-Suisses.

CENTUMVIR. s. m. [Pr. *san-tom-vir*] (lat. *centum*, cent; *vir*, homme). T. Hist. rom. À Rome, les *Centumvirs* étaient des juges qui ressemblaient aux autres juges en ce qu'ils prononçaient sur les cas qui leur étaient soumis par un magistrat, mais qui en différaient en ce qu'ils constituaient un corps particulier (*collegium*). Les causes principales qui leur étaient soumises étaient relatives aux héritages et aux testaments. Au temps d'Auguste, les centumvirs formaient le conseil du préteur. Plus tard, leur nombre fut porté à 180, et ils furent alors partagés en 4 conseils, qui se réunissaient quelquefois en 2 ou même en 1 seul. Dix personnes portant le titre de *Décemvirs*, et choisies par moitié dans le sénat et dans l'ordre équestre, étaient chargées d'assembler ces conseils et de les présider en l'absence du préteur.

CENTUMVIRAL, ALE. adj. [Pr. *san-tom-viral*]. Qui appartient aux centumvirs, qui est de leur ressort.

CENTUMVIRAT. s. m. [Pr. *san-tom-vira*]. Dignité de centumvir.

CENTUPLE. adj. 2 g. (lat. *centuplex*, m. s.). Qui vaut cent fois autant. *Un nombre c. d'un autre*. || S'emploie subst. au masc. *Il a reçu le c. Cette terre rend au c.*

CENTUPLER. v. a. Rendre cent fois plus considérable; multiplier par cent. *C. un nombre. Le gain qu'il vient de faire a centuplé sa fortune.* = Centuplé, Ée. part.

CENTURIATEUR. s. m. (R. *centurie*). N'est usité qu'en parlant de certains auteurs allemands luthériens qui ont composé une histoire ecclésiastique divisée par centaines d'années. *Les centuriateurs de Magdebourg.*

CENTURIE. s. f. (lat. *centuria*, de *centum*, cent, et *vir*, homme). T. Hist. rom. Réunion de cent citoyens. Voy. Comices. || *Les centuries de Nostradamus*, Les prédictions de cet auteur, rangées par centaines de quatrains ou de sixains. On appelle aussi *Centurie* chacun de ces quatrains ou sixains.

CENTURION. s. m. (lat. *centurio*, de *centum*, cent, et *vir*, homme). T. Hist. anc. Officier qui commandait une compagnie de cent hommes dans la milice romaine.

CEP. s. m. [Faire sentir le *p*] (lat. *cippus*; celt. *ceop*, tronc d'arbre). Pied de vigne. *C. de vigne. Arracher des ceps.* || Un lieu ou une espèce de chaîne. En ce sens, il ne se dit qu'au pl. *Avoir les ceps aux pieds et aux mains.*

Rompre les ceps. Vx. || T. Agric. Partie de la charrue qui porte le soc.

CÉPACÉ, ÉE. adj. (lat. *cepa*, oignon). T. Bot. Qui a rapport à l'oignon.

CÉPAGE. s. m. (R. *cep*). Sarment de vigne employé comme plant ou bouture. Variété de vigne cultivée. *Les cépages américains résistent au phylloxera.* Voy. VIGNE.

CÈPE ou **CEPS.** s. m. (probabl. même mot que *cep*). Nom donné à diverses espèces de champignons comestibles, appartenant surtout au genre *Bolet.*

CÉPEAU. s. m. Sorte de billot dont on se servait dans la fabrication des monnaies.

CÉPÉE. s. f. (R. *cep*). T. Agric. Touffe de plusieurs tiges de bois qui sortent d'une même souche. *Une c. de saules.* || Groupe de trois ceps de vigne soumis à un genre de culture spécial.

CEPENDANT. adv. (R. *pendant ce* [temps]). Pendant cela, pendant ce temps-là. *Nous nous amusons, et c. la nuit vient.* == CEPENDANT. conj. Néanmoins, toutefois, nonobstant cela. *On disait qu'il ne viendrait pas, c. le voici.* == CEPENDANT QUE. loc. conj. Pendant que, tandis que... Ne s'emploie plus, mais se trouve dans quelques-uns des auteurs classiques; ainsi La Fontaine a dit :

> *Cependant que mon front, au Caucase pareil,*
> *Non content d'arrêter les rayons du soleil,*
> *Brave l'effort de la tempête.*

Syn. — *Pourtant, Néanmoins, Toutefois.* — *Pourtant* a plus de force et d'énergie : il assure avec fermeté, malgré tout ce qui pourrait être opposé. *C.* est moins absolu et moins ferme ; il affirme seulement contre les apparences contraires. *Néanmoins* distingue deux choses qui paraissent opposées, et il en soutient une sans détruire l'autre. *Toutefois* indique une exception, et fait entendre qu'une chose n'est arrivée que dans un cas particulier. Que toute la terre s'arme contre la vérité, on n'empêchera *pourtant* pas qu'elle ne triomphe. Le soleil semble tourner autour de la terre, c'est *cependant* le contraire qui a lieu. Corneille a décrit des choses indignes de lui ; *néanmoins* c'est l'un de nos plus grands poètes. Que ne haïssait pas Néron ? *Toutefois* il aimait Popée.

CÉPET (CAP), situé entre Toulon et la presqu'île de Giens.

CÉPHÆLIS. s. m. (gr. κεφαλή, tête). T. Bot. Genre de plantes de la famille des *Rubiacées.* Voy. ce mot.

CÉPHALÆMATOME. s. m. (gr. κεφαλή, tête ; αἱματώμα, tumeur sanguine). T. Méd. On nomme ainsi une tumeur indolore, circonscrite, molle, élastique, fluctuante, n'offrant aucun changement de couleur à la peau, ayant le plus souvent son siège sur l'un des pariétaux, s'observant exclusivement chez les nouveau-nés, et résultant d'une collection de sang qui se fait, en général, entre le péricrâne et le crâne lui-même. On distingue encore un c. *interne*, qui se fait entre la paroi interne du crâne et de la dure-mère. Cette sorte de tumeur paraît indépendante des difficultés de la parturition ; car elle ne se manifeste, en général, que le troisième ou le quatrième jour après la naissance. C'est une affection assez rare, qui n'a été observée que récemment, les anciens l'ayant confondue avec les tumeurs séro-sanguinolentes déterminées assez fréquemment par l'accouchement lui-même. Dans le c. ordinaire, le plus souvent, le sang contenu dans la tumeur est résorbé naturellement ; quelquefois, cependant, celle-ci s'enflamme et suppure. Le traitement consiste dans l'expectation, à moins de complications.

CÉPHALAIRE. adj 2 g. (gr. κεφαλή, tête). T. Minér. De la grosseur d'une tête. || T. Bot. Genre de plantes (*Cephalaria*) de la famille des *Dipsacées.* Voy. ce mot.

CÉPHALALGIE. s. f. (gr. κεφαλή, et ἄλγος, douleur). T. Méd. Conformément à son étymologie, le mot *C.* se dit de toute espèce de douleur qui se manifeste dans la portion crânienne de la tête, quels que soient et son siège et sa cause : c'est ce qu'on appelle vulgairement un *Mal de tête.* Lorsqu'elle est passée à l'état chronique, qu'elle soit continue ou intermittente, la c. reçoit le nom de *Céphalée.* Enfin, quand elle n'oc-

cupe que l'un des côtés de la tête, on la nomme *Hémicrânie* ou *Migraine.* — La douleur qu'éprouvent les malades dans le mal de tête ordinaire est très variable quant à son intensité et à sa forme. Le plus souvent ils la caractérisent par les expressions de *chaleur, tension, pesanteur, serrement des tempes, pulsation, fourmillements, picotements, élancements, déchirements.* Quelques-uns disent que leur tête *éclate,* qu'on la leur *brise à coups de marteau,* que leur cervelle est en *ébullition;* d'autres entendent dans l'intérieur de leur tête *un grand bruit,* des *sifflements,* des *bourdonnements,* des *détonations;* il en est qui comparent leur douleur à celle que produirait la *compression d'une lourde calotte de plomb,* ou l'introduction d'une *vrille;* dans ce dernier cas, la douleur est dite *térébrante.* Parfois la peau est douloureuse à la pression, et les cheveux ne peuvent être touchés sans augmenter la souffrance. Pendant une violente c., le malade est *absorbé, abattu, abasourdi,* indifférent, triste, morose, incapable de s'occuper d'aucun travail intellectuel ; il recherche le silence, la solitude, l'obscurité ; ses sens de la vue et de l'ouïe sont extrêmement irritables, de sorte que le moindre bruit, une lumière un peu vive augmentent le mal de tête. Les yeux sont pesants, douloureux, parfois rouges et larmoyants ; il y a souvent aussi des éblouissements, ainsi que des tintements d'oreille et des bourdonnements d'oreille et des vertiges. Le plus ordinairement il y a insomnie opiniâtre, ou bien au simple assoupissement troublé par des rêves. Le malade éprouve de la fatigue, des lassitudes, des malaises, des frissons, et quelquefois une espèce d'agitation convulsive. La face est souvent animée, la peau du crâne est chaude et plus ou moins rouge. Les artères temporales battent avec force, et les veines de la tête et du cou sont souvent gonflées. Parfois s'accompagne habituellement de quelques phénomènes du côté des autres organes : tels sont la soif, la perte de l'appétit, les nausées, les vomissements, la douleur épigastrique, la chaleur sèche de la peau, quelquefois avec froid glacial des pieds, la plénitude du pouls avec augmentation dans sa fréquence.

Les causes de la c. sont excessivement variées. Les individus d'un tempérament nerveux et les femmes y sont particulièrement sujets. L'influence de l'hérédité nous paraît peu contestable. Rare chez l'enfant, elle se manifeste après la puberté et surtout vers l'âge de retour. Quant aux causes déterminantes de cette affection, les auteurs citent principalement les travaux intellectuels prolongés, la pléthore sanguine, l'abus des boissons fermentées, l'action de certaines odeurs fortes, l'insolation, les obstacles à la circulation, tels qu'une cravate ou un corset trop serré, l'irrégularité et les troubles de la menstruation, la suppression d'une fonction excrétoire naturelle ou artificielle, la constipation, l'habitude de se couvrir trop chaudement la tête, etc. Mais, en examinant le mode d'action de toutes ces causes, on voit qu'elles ont pour effet direct ou indirect de déterminer une congestion plus ou moins intense des organes contenus dans la cavité crânienne, ou des parties situées à la périphérie du crâne. Lorsque la c., au lieu d'être idiopathique, est le prodrome ou le symptôme d'une autre affection, telle que le coryza, la pneumonie, les maladies de l'encéphale, les maladies fébriles, celles des yeux, des oreilles, l'état morbide du tube digestif, etc., on observe encore que, dans tous ces cas, il y a également une modification quelconque dans la circulation de l'encéphale ou des parties voisines.

On voit donc que la céphalée n'est qu'un symptôme et que son traitement doit être purement symptomatique. Les névralgies seront traitées par la quinine et l'antipyrine ; les migraines, par les drastiques et par l'antipyrine ; les céphalées cardinaques, par la caféine et les bromures ; les céphalées anémiques, par la position horizontale, les préparations ferrugineuses, l'hydrothérapie et les cures d'air. Quant aux céphalées liées aux fièvres, aux maladies du cerveau, de l'estomac et des intestins, à la syphilis ou à l'arthritisme, elles sont justiciables de la médication spéciale à l'affection protopathique dont elles dérivent. Voy. ces mots.

Il n'est point de maladie contre laquelle on ait préconisé un plus grand nombre de médicaments divers : ce qui n'a rien d'étonnant quand on considère l'extrême variété des causes dont la c. paraît dépendre. Au reste, c'est en réalité la cause de la c. qu'il importe surtout de considérer, la seule médication rationnelle de cette affection consistant à éloigner la cause sous l'influence de laquelle la douleur paraît se manifester : tout le reste est pur empirisme. Le charlatanisme ne pouvait manquer d'exploiter cette maladie, et il a fait avec succès, car il a toujours fort bien vendu ses drogues et ses amulettes, comme plaques métalliques, anneaux aimantés, etc. Voy. MIGRAINE.

CÉPHALALGIQUE. adj. 2 g. T. Méd. Qui a rapport à la céphalalgie.

CÉPHALANTHE. adj. (gr. κεφαλή, tête; ἄνθος, fleur). T. Bot. Qui a les fleurs réunies en tête. || Genre d'arbustes d'Amérique de la famille des *Rubiacées* Voy. ce mot.

CÉPHALAPAGOTOME. s. m. (gr. κεφαλή, tête; πάγιος, solide; τομή, section). T. Chir. Variété de céphalotome destiné à inciser le crâne, en même temps qu'il le tire au dehors. Imis.

CÉPHALASPIDES. s. m. pl. (gr. κεφαλή, tête; ἀσπίς, ἀσπίδος, bouclier). T. Paléont. Poissons *Ganoïdes* (Voy. ce mot), dont la tête est recouverte d'un bouclier unique; le reste du corps est revêtu d'écailles rhomboïdales; la queue est hétérocerque. Ces poissons sont d'un âge fort ancien; leurs empreintes ont été découvertes dans le vieux grès rouge anglais, dans le silurien de Galicie et d'Angleterre.
Le *Cephalaspis Lyelli* ne mesurait pas moins de deux mètres de long; ce genre a un bouclier céphalique semilunaire. Le *Pteraspis*, à cause de la structure simple de son bouclier céphalique, fut confondu avec des os de seiche.

CÉPHALE. roi de Thessalie, fils de Mercure et d'Hersé, épousa Procris, la perça involontairement à la chasse d'un javelot, et se tua de désespoir (Mythol.).

CÉPHALÉE. s. f. (gr. κεφαλή, tête). T. Méd. Céphalalgie chronique ou périodique. Voy. CÉPHALALGIE.

CÉPHALÉMYIE. s. f. (gr. κεφαλή, tête; μυῖα, mouche). T. Entom. Genre d'insectes diptères.

CÉPHALÉS. s. m. pl. (gr. κεφαλή). T. Zool. Sous-embranchement de mollusques ayant une tête distincte. Voy. MOLLUSQUE.

CÉPHALIQUE. adj. 2 g. (gr. κεφαλή, tête). T. Anat. et Méd. N'est usité que dans les expressions suivantes : *Veine* c., L'une des veines du bras qu'on croyait autrefois venir de la tête, et que, par ce motif, on ouvrait de préférence dans les maladies de l'encéphale. *Remède* c., *Plante* c., *Poudre* c., Remède, etc., propre à soulager les maux de tête.

CÉPHALITE. s. f. (gr. κεφαλή, tête). T. Méd. Inflammation du cerveau et de ses membranes. || On dit plutôt *Encéphalite* Voy. ENCÉPHALE.

CÉPHALOGRAPHE. s. m. (gr. κεφαλή, tête, et γράφειν, décrire). Instrument qui, appliqué sur la tête, permet d'en reproduire les contours sur le papier.

CÉPHALOGRAPHIE. s. f. Description de la tête.

CÉPHALOÏDE. adj. (gr. κεφαλή, tête; εἶδος, forme). T. Didact. Qui est en forme de tête.

CÉPHALOLOGIE. s. f. (gr. κεφαλή, et λόγος, discours). Dissertation anatomique sur la tête.

CÉPHALOMANCIE. s. f. (gr. κεφαλή, et μαντεία, divination). Divination au moyen de la tête d'un âne, placée sur un brasier.

CÉPHALOMÈTRE. s. m. (gr. κεφαλή, et μέτρον, mesure). Instrument employé pour mesurer le diamètre de la tête de l'enfant nouveau-né.—Instrument analogue pour la mesure de la tête des adultes.

CÉPHALOMÉTRIE. s. f. Mesure des dimensions de la tête.

CÉPHALONIE. L'ancienne *Samos*, la plus grande des îles Ioniennes; 81,000 hab. Cap. *Agostoli*, 9,000 hab.

CÉPHALOPAGE. s. m. (gr. κεφαλή, tête; παγείς attaché). T. Térat. Monstre double formé de deux individus réunis par le sommet du crâne.

CÉPHALO-PHARYNGIEN, IENNE. adj. (gr. κεφαλή; φάρυγξ, gorge). T. Anat. Qui tient à la tête et au pharynx.

CÉPHALOPHORE. adj. (gr. κεφαλή, et φορός, qui porte). T. Bot. Qui porte une fleur en forme de tête.

CÉPHALOPODES. s. m. pl. (gr. κεφαλή, tête; πούς, ποδός, pied). T. Zool.— Sous le nom de *Céphalopodes*, on désigne depuis Cuvier l'une des classes des *Mollusques*. Ces animaux sont caractérisés par un corps en forme de sac dont l'ouverture, placée en avant, laisse passer une tête distincte et munie de tentacules. Cette classe renferme les plus grandes espèces de mollusques et celles chez lesquelles les divers organes et appareils présentent le plus de perfection.
Les c. offrent toujours une tête et un abdomen séparés. Le manteau, en se repliant autour du corps, lui donne la forme d'un sac tantôt sphérique, tantôt allongé. La tête est ronde, pourvue de 2 grands yeux et couronnée par des expansions plus ou moins longues, charnues, flexibles en tous sens, qui servent à l'animal d'organes de préhension et de locomotion, c'est-à-dire de bras et de pieds. Ces organes, appelés *tentacules*, sont en général munis de ventouses à l'aide desquelles ces mollusques se fixent avec force aux corps qu'ils embrassent. Les c. nagent la tête en arrière; ils marchent dans toutes les directions, en ayant la tête en bas et le corps en haut. C'est de la situation de ces organes autour de la tête qu'a été tiré le nom aujourd'hui généralement usité pour désigner cette classe de mollusques. — Au milieu et à la base de cette couronne de tentacules, se trouve la bouche, dans laquelle sont deux mâchoires de corne, assez semblables au bec d'un perroquet et entre lesquelles on remarque une langue hérissée de pointes cornées. L'œsophage, entouré à sa partie supérieure de glandes salivaires, se dilate, à sa partie inférieure, en une sorte de jabot, et aboutit à un estomac très musculeux qui ressemble au gésier des oiseaux. Un appendice en forme de cœcum contourné en spirale, ou de sac sphérique et lamelleux, succède à l'estomac et reçoit la bile par deux conduits qui communiquent avec un foie bien développé, et offrant deux ou plusieurs lobes. L'intestin, après quelques courbures, va s'ouvrir dans un entonnoir charnu, qui est placé à l'ouverture du sac, devant le cou, et qui donne passage aux excrétions. Auprès du foie existe, chez plusieurs de ces mollusques, une glande particulière qui débouche vers l'extrémité de l'intestin, et sécrète un liquide noir qu'on appelle *Encre*. — L'animal, lorsqu'il est attaqué, projette cette liqueur par l'entonnoir en quantité suffisante pour troubler l'eau, et se dérobe ainsi à la vue de son adversaire. — Les c., étant des animaux aquatiques, respirent par des branchies. Celles-ci sont renfermées dans une cavité contractile qui opère les mouvements d'inspiration et d'expiration. L'eau nécessaire à la respiration pénètre dans cette cavité par une fente, et est ensuite rejetée par l'entonnoir. Les branchies sont symétriques et représentent assez bien une feuille de fougère très compliquée. Elles reçoivent le sang de la grande veine cave, laquelle se divise pour se rendre à chacune d'elles, et passe dans des ventricules placés à la base de l'appareil branchial de chaque côté. Après s'être vivifié au contact de l'air, le sang revient des branchies dans un 3e ventricule par les deux veines branchio-cardiaques qui sont garnies de valvules et se renflent en bulbe. Ce 3e ventricule est le cœur proprement dit. Il en naît deux ou trois artères : la plus importante est l'aorte, qui va nourrir les viscères, la tête et les pieds. Cependant, ainsi que nous le verrons bientôt, tous les c. n'ont pas l'appareil circulatoire ainsi disposé. Après avoir circulé dans les organes, le sang revient par des veines qui aboutissent à un tronc commun situé près du cœur, et appelé veine cave; de là il se rend dans les branchies pour s'y revivifier. — De tous les mollusques les c. sont ceux qui ont le système nerveux le plus développé. Les ganglions se rapprochent et tendent à ne former qu'une seule masse. On trouve une espèce de cerveau renfermé dans un cartilage appelé cartilage céphalique. Trois sortes de ganglions donnent naissance aux rameaux nerveux : ce sont les céphaliques, les tentaculaires et les thoraciques. Des premiers naissent deux gros cordons qui fournissent les nerfs optiques; des seconds partent les rameaux qui se distribuent aux tentacules et s'anastomosent avant de se ramifier. Les ganglions thoraciques, quelquefois distincts, quelquefois confondus avec les tentaculaires, envoient plusieurs nerfs, et principalement les nerfs viscéraux, qui forment une paire de ganglions, et les nerfs du manteau qui se réunissent d'abord en ganglions, d'où partent un grand nombre de filets. — L'œil des c. est très développé dans certains genres. On y trouve un cristallin, un corps vitré, une rétine, une sclérotique. L'organe auditif est moins parfait : il est représenté par deux petites cavités ouvertes seulement pour le passage du nerf, et pleines d'un liquide au milieu duquel se trouve une petite

pierre. Les organes préhenseurs et locomoteurs, représentés par les tentacules, sont robustes et munis de ventouses dans la plupart des genres. L'appareil génito-urinaire est remarquable par le degré de son développement.

Tous les c. vivent dans la mer et nagent avec vitesse. Très voraces, ils détruisent beaucoup de crustacés et de poissons, et sont eux-mêmes quelquefois la proie des cétacés et de certains oiseaux. Leur peau change de couleur comme celle des caméléons, mais avec une rapidité bien plus grande, suivant l'impression qu'éprouve l'animal. La chair de c. se mange ; l'encre que la plupart d'entre eux sécrètent, sert à faire la *Sépia* ; mais c'est à tort que l'on a prétendu qu'elle entrait dans la composition de l'encre de Chine.

Linné qui, le premier, s'est occupé de ranger les mollusques qui nous occupent dans un ordre rationnel, en avait formé deux grands genres, les *Seiches* et les *Nautiles*. Le premier comprenait tous ceux de ces animaux qui n'ont pas de coquille extérieure, et le second renfermait ceux qui possèdent une coquille extérieure, chambrée et tournée en spirale. Dans les classifications modernes les deux genres de Linné ont été érigés en deux familles, celle des *C. dibranches*, ou *dibranchiaux*, et celle des *C. tétrabranches*, ou TÉTRABRANCHIAUX.

1. La famille des *C. dibranchiaux* est de beaucoup la plus nombreuse des deux. Elle se compose de mollusques généralement dépourvus de coquille extérieure, mais en possédant une, du moins rudimentaire, à l'intérieur. Leurs tentacules sont armés de ventouses, et parfois de crochets pédonculés ou sessiles. Nous citerons seulement les genres principaux.

Les mollusques compris dans le genre *Poulpe* (*Polypus* des anciens, *Octopus* de Lamarck) ont le corps en forme de sac ovalaire, nu, dépourvu de nageoires, et muni de 8 longs tentacules réunis à leur base par une membrane. La coquille interne n'est représentée, chez eux, que par deux petits stylets cornés, logés dans l'épaisseur du manteau. On en connaît plusieurs espèces. Les *Poulpes proprement dits*, qui répon-

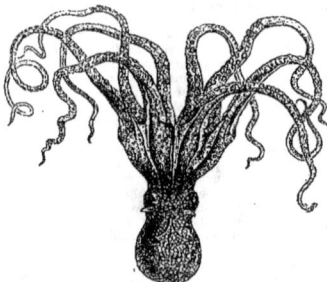

Fig. 1.

dent aux *Polypes* d'Aristote, possèdent deux rangées de ventouses alternes le long de chaque tentacule : ils ont en outre les bras 6 fois aussi longs que le corps. Le *Poulpe vulgaire* (*Oct. vulgaris*) [Fig. 1, réduite] est très commun en été sur nos côtes, où il détruit une grande quantité de crustacés. On en prend assez souvent dont la longueur, y compris celle des bras, est de 50 à 80 centimètres ; le corps seul n'en a jamais plus de 16. Leurs tentacules portent 120 paires de ventouses. Il existe, dans l'océan Pacifique, une espèce qui atteint 2 mètres de longueur, et qui est très redoutée des pêcheurs de la Polynésie. On conçoit qu'un poulpe de cette taille puisse, en s'accrochant à un plongeur, le faire périr ; mais il y a loin de là aux contes absurdes dont ces animaux ont été l'objet. — Les *Élédons* d'Aristote se distinguent des précédents en ce qu'ils n'ont qu'une seule rangée de ventouses sur chacun de leurs tentacules. L'espèce la plus remarquable de ce genre est douée d'une forte odeur de musc. Elle habite la mer Méditerranée, où les pêcheurs lui donnent le nom de *Poulpe musqué*. — Les *Argonautes*, que les anciens désignaient sous les noms de *Nautilus* ou de *Pompilius*, diffèrent des précédents par la coquille en spirale dans laquelle l'animal repose sans y adhérer, et par les dilatations membraneuses des deux tentacules voisins du dos. La coquille a la forme d'un bateau, et c'est un curieux spectacle de voir, lorsque la mer est calme, ces mollusques se promener par troupes nombreuses à la sur-

face de l'onde, livrant au vent, comme une voile, leurs deux pieds dilatés, et se servant des six autres comme de six avirons. Si les vagues s'agitent, ou s'il survient quelque danger, l'arg. retire tous ses bras dans sa coquille, s'y concentre et redescend au fond de l'eau. L'antiquité nous a laissé, au sujet de cet animal, une foule de fables fort poétiques, il est vrai, mais aussi parfaitement incroyables sur ce fils du ciel qui

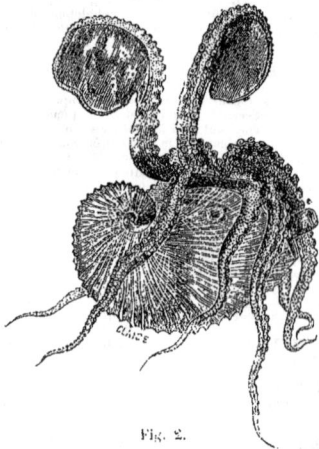

Fig. 2.

enseigna aux humains l'art de courir sur les mers. L'espèce commune (Fig. 2, réduite) habite la mer des Indes ainsi que la Méditerranée. On la rencontre parfois dans la haute mer. — Cuvier croit pouvoir rapprocher de ce genre les *Belléro-phes*, coquilles spirales, sans cloison, épaisses et non cannelées, qui n'ont été rencontrées qu'à l'état fossile. Il présume que leur animal était analogue à l'argonaute.

Chez les *Calmars* (*Loligo*), le sac est allongé et pourvu de

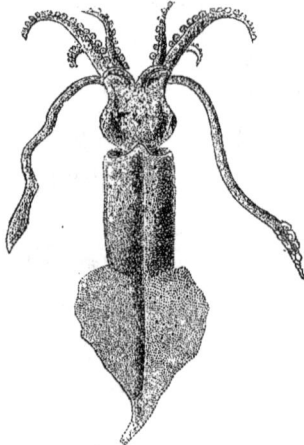

Fig. 3.

deux nageoires terminales. Les tentacules sont au nombre de 10, dont deux, plus longs que les autres, ne portent de ventouses qu'à leur extrémité, laquelle est élargie (Fig. 3. *Cal. subulé*, réduit). L'animal se sert de ses deux longs tentacules pour se tenir comme à l'ancre. Les *Calmars* nagent à reculons avec une grande vitesse, à l'aide du refoulement de l'eau par le tube locomoteur; c'est ainsi qu'il s'élancent hors de l'onde comme un trait, et que souvent ils échouent sur le rivage. Leur coquille est représentée par une lame intérieure et dorsale. Nous avons sur nos côtes trois espèces de ce genre, ce sont le *Cal. commun*, le *grand Cal.* et le *petit Cal.* Leur chair est bien préférable à celle des poulpes. — Les *Calmarets* (*Loligopsis*) sont généralement diaphanes, allongés, et n'offrent presque point de couches musculaires; aussi leur natation est-elle très lente. Ces mollusques vivent dans les mers des pays chauds. — Il en est de même des *Onychotheutes*, qui ne diffèrent des calmars que par les crochets dont leurs longs membres sont armés. — Cuvier rapproche

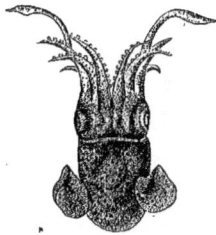

Fig. 4.

encore des calmars les *Sépioles* et les *Sépiotheutes*. Les premières se distinguent par leurs nageoires attachées aux deux côtés et non à la pointe : la *Sépiole commune* (*Sepiola vulgaris*) [Fig. 4, réduite], qui habite la Méditerranée, ne dépasse guère 8 centimètres de longueur. — Les *Sépiotheutes* forment le passage des calmars aux seiches. Comme celles-ci, ces mollusques ont le sac bordé tout du long, de chaque côté, par les nageoires; mais ils ont, comme ceux-là, une coquille cornée.

Les *Seiches* (*Sepia*) ont, comme les calmars, deux bras plus longs que les autres, et deux nageoires qui, comme celles-ci règnent latéralement sur toute la longueur du sac. Ce dernier est ovalaire, déprimé, et soutenu par une coquille interne, ovale, épaisse, bombée, et composée d'une infinité de lames calcaires très minces, parallèles, jointes ensemble par

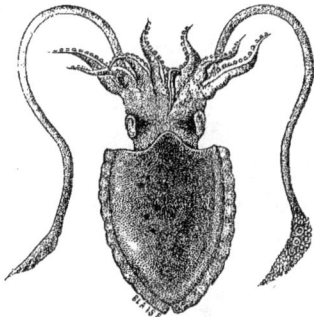

Fig. 5.

des milliers de petites colonnes creuses qui vont perpendiculairement de l'une à l'autre. C'est cette coquille qu'on nomme vulgairement *Os de Seiche* et *Biscuit de mer*. On l'emploie pour polir divers objets, et on la donne aux oiseaux de volière pour s'aiguiser le bec et pour y puiser la chaux néces-

saire à la nutrition des os. — Le type du genre est la *Seiche commune* (*Sepia officinalis*) [Fig. 5, réduite] qui est très répandue sur nos côtes de l'Océan et de la Méditerranée. Elle atteint et dépasse même quelquefois 35 centimètres de longueur. Sa peau est lisse, blanchâtre et pointillée de roux. Les pêcheurs la recherchent, moins pour sa chair, quoique celle-ci se mange, que pour recueillir sa coquille et sa bourse à encre. Cette encre desséchée fournit une couleur brune employée en peinture sous le nom de *Sépia*. La seiche commune dépose ses œufs attachés les uns aux autres en grappes rameuses qu'on appelle vulgairement *Raisins de mer*. — Après les seiches, vient le genre *Spirule*, qui forme la transition entre la famille des c. dibranchiaux et celle des tétrabranchiaux. En effet, la coquille ressemble à celle des mollusques tétrabranchiaux, tandis que l'animal n'a que deux poumons, et a même, comme la seiche, 10 bras en couronne autour de la tête, dont deux sont plus longs que les autres. On ne connaît qu'une espèce de ce genre : on lui donne vulgairement à cause de sa forme le nom de *Cornet de postillon*.

II. Dans la famille des *C. tétrabranchiaux* la coquille est disposée en spirale, et chaque tour de spire adhère à son voisin, de telle sorte que le dernier enveloppe tous les autres; des cloisons partagent l'intérieur en chambres ou loges, dont la dernière est la demeure de l'animal. Chaque cloison est percée à son centre d'un trou qui livre passage à un canal membraneux, occupant toute la longueur de la coquille en arrière du mollusque qui l'habite. Ce canal sert à la locomotion. En effet, l'eau que l'animal ingère et rejette à volonté, distend ce tube, comprime l'air contenu dans les chambres, et rend ce dernier plus dense. Elle augmente aussi, par sa présence, le poids de la coquille qui descend alors au fond de l'eau. Quand l'animal veut remonter, il n'a qu'à chasser le liquide. Les tentacules de ces mollusques sont dépourvus de ventouses : ils sont très nombreux et partagés en 8 faisceaux. En outre la tête est munie d'un disque membraneux qui ressemble à un pied rudimentaire. Le cœur de ces animaux n'offre pas les divisions que nous avons signalées chez les c. dibranchiaux : il est simplement formé d'un ventricule et d'une oreillette. Des deux paires de branchies que possèdent ces mollusques, l'une est plus grande que l'autre. — Le genre type de cette famille est le *Nautile*, dont on connaît deux espèces, le *Nautile flambé* (*Nautilus Pompilius*) et le *N. ombiliqué* (*N. ombilicatus*) de la mer des Indes. La première espèce est la plus commune. A une certaine époque de l'année, ce naut. est porté par les courants en si grande quantité sur les côtes des îles Nicobar, que les habitants fument ou boucanent sa chair, et en font des provisions pour le reste de l'année. Sa coquille, qui peut atteindre deux centimètres de diamètre, est recou-

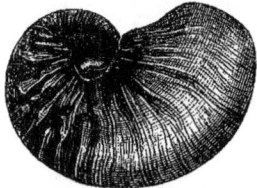

Fig. 6.

verte en dehors d'une croûte blanche ornée de bandes et de flammes couleur de feu (Fig. 6). En dissolvant cette croûte, on met à découvert une très belle nacre que l'on utilise dans le commerce. Parmi les c. tétrabranchiaux, nous nous contenterons de citer ici les *Ascocératides* et les nombreuses espèces fossiles connues sous le nom générique d'*Ammonites*, car elles sont l'objet d'articles spéciaux. Voy. AMMONITIDES, ASCOCÉRATIDES.

Les dibranches sont aujourd'hui nombreux en genres et en espèces; tandis que de nos jours les tétrabranches se réduisent au genre nautile. Au contraire, ces deux grands groupes étaient dans un rapport inverse dans les temps géologiques. « On connaît, déjà, dit Zittel, maintenant les coquilles fossiles d'environ 6 à 7000 nautilides et ammonitides différents, à côté desquels les représentants fossiles des dibranches ne sont plus rien. Il n'en est pas moins vrai que ces derniers ont aussi laissé des restes dans les terrains depuis le trias. Les tétrabranches commencent dans le silurien le plus ancien et atteignent l'apogée de leur développement dans le jurassique et le crétacé. »

CÉPHALOPTÈRE. s. m. (gr. χεφαλή, tête; πτερὸν, parasol). T. Ornith. Le genre C. a été créé par Ét. Geoffroy-Saint-Hilaire pour un oiseau fort remarquable qui se trouve dans le Brésil, sur les bords de l'Amazone. Le C. *orné* (Fig. ci-dessous) est de la taille d'un geai; il a le bec robuste, allongé, triangulaire et déprimé, crochu et denté à la pointe; ses narines sont découvertes; ses tarses courts et robustes sont terminés par des doigts disposés comme chez les percheurs. Son

plumage est noir, avec des reflets bleus; mais ce qui le distingue surtout, c'est sa huppe en sorte de parasol, retombant sur le front et tout autour de la tête, ainsi que le fanon de plumes tombantes qui lui garnit le devant du cou. Les mœurs de cet oiseau sont peu connues. La disposition de ses pieds conformés pour la station sur les branches, et l'absence de grands poils à l'ouverture du bec, portent à croire qu'il est frugivore. On range cet oiseau dans la famille des *Coracininées* de Bonaparte.

CÉPHALOSCOPIE. s. f. (g. χεφαλή, tête; σκοπεῖν, examiner). Examen d'après le système de Gall de la tête, pour en déduire l'état des facultés intellectuelles.

CEPHALOTAXUS. s. m. (gr. χεφαλή, tête; τάξος, if). T. Bot. Genre de plantes de la famille des *Conifères*. Voy. ce mot.

CÉPHALOTE. s. f. (gr. χεφαλιωτός, garni d'une tête). T. Mamm. Genre de chauves-souris à grosse tête. Voy. CHEIROPTÈRES. || T. Entom. Genre d'insectes coléoptères de la famille des *Carabiques*. || T. Bot. Genre de plantes (*Cephalotus*) de la famille des *Saxifragacées*. Voy. ce mot.

CÉPHALOTÉES. s. f. pl. (R. *céphalote*). T. Bot. Tribu de plantes de la famille des *Saxifragacées*. Voy. ce mot.

CÉPHALOTHORAX. s. m. (gr. χεφαλή, et *thorax*). T. Zool. Sert à désigner l'ensemble de la tête et du thorax chez certains animaux, tels que les arachnides et les crustacés décapodes, où ces deux parties sont indistinctes et paraissent confondues.

CÉPHALOTOME. s. m. (gr. χεφαλή, tête; τομή, section). T. Chir. Instrument servant à pratiquer la céphalotomie.

CÉPHALOTOMIE. s. f. (gr. χεφαλή, tête; τομή, section). T. Chir. Opération qui consiste à morceler la tête du fœtus mort et à laquelle on a recours quand elle ne peut traverser le bassin.

CÉPHALOTRIBE. s. m. (gr. χεφαλή, tête; τρίϐειν, broyer).

T. Chir. Instrument en forme de forceps qui sert à broyer la tête du fœtus, lorsqu'il est impossible de l'extraire autrement. On l'appelle aussi *Céphalotripteur.*

CÉPHALOTRIPSIE. s. f. (gr. χεφαλή, tête; τρίϐειν, broyer). T. Chir. Action de broyer la tête du fœtus.

CÉPHALOTRIPTEUR. Voy. CÉPHALOTRIBE.

CÉPHÉE. s. m. T. Astr. Constellation boréale. Voy. CONSTELLATION.

CÉPHUS. s. m. T. Ornith. Genre d'oiseaux palmipèdes. Voy. BRACHYPTÈRES.

CEPS. s. m. T. Bot. Voy. CÈPE.

CÉRACÉ, ÉE. adj. (lat. *cera*, cire). T. Didact. Qui a l'apparence ou la consistance de la cire.

CÉRADIA. s. m. T. Bot. Genre de plantes de la famille des *Composées*. Voy. ce mot.

CÉRAISTE. s. m. (gr. χεράστης, cornu). T. Bot. Genre de plantes (*Cerastium*) de la famille des *Caryophyllées*. Voy. ce mot.

GÉRAM, l'une des îles Moluques.

CÉRAMBYCIDES. s. m. pl. T. Ent. Tribu de coléoptères remarquables par leurs longues antennes. Voy. LONGICORNES.

CÉRAME. s. f. (gr. χέραμος, argile). T. Archéol. Vases en terre cuite dont les Grecs se servaient. || *Grès cérame,* Grès servant à faire des vases.

CÉRAMIÉES. s. f. pl. (gr. χεράμιον, vase de terre). T. Bot. Tribu d'Algues de la famille des *Rhodyméniacées.* Voy. ce mot.

CÉRAMIQUE. s. f. (g. χεράμιον, vase de terre cuite). L'art du potier. Les *ouvrages de c.* || S'emploie adjectiv. *Les arts céramiques. Le musée c. de Sèvres.*

Techn. — 1. *Histoire.* — L'art du potier est assurément l'un des premiers que les hommes aient cultivés, et ce n'est pas sans raison qu'on le considère comme le plus ancienne ébauche de la civilisation. « Les armes, dit Brongniart, étaient indispensables pour soutenir et défendre la vie, les tissus végétaux ou animaux pour éloigner des douleurs physiques, les deux seules choses évidemment et essentiellement utiles, tandis que la fabrication de la poterie la plus grossière est déjà un art de luxe : or, pour faire avec le limon le moins rebelle au maniement du potier un vase qui se durcira à l'air et au feu, il faut plus de soin, de réflexion et d'observation que pour façonner des os, des bois, des peaux et des filaments, des armes et des vêtements, car ces matériaux offrent immédiatement à l'ouvrier le résultat de son travail. » — On chercherait vainement la date et le lieu de l'invention de la c. Comme les autres arts, celui du potier a dû naître dans plusieurs pays à la fois. Disons cependant que les mythographes grecs en attribuaient la découverte à Kéramos, fils d'Ariane et de Bacchus.

Une fois inventée, la c. a suivi dans la marche de ses perfectionnements un ordre qui a été le même partout. On a d'abord fait des poteries simplement séchées au soleil; mais ces poteries étant très fragiles et ayant le défaut de se délayer dans l'eau, on imagina de parer à cet inconvénient en les soumettant à l'action du feu. Cependant, les produits céramiques qui ne sont pas cuits à une très haute température, ou qui ne doivent pas à une composition spéciale la propriété d'être imperméables, restent poreux et absorbants. Pour remédier à ce défaut, on eut l'idée de les couvrir d'une couche vitreuse, qui a reçu le nom de *Glaçure.* C'est après ce deuxième perfectionnement que la poterie a présenté les deux éléments caractéristiques des produits céramiques modernes, la *Pâte* et la *Glaçure,* et c'est en améliorant successivement les proportions et les manipulations des matières qui les composent, que l'art du potier s'est élevé au degré de perfection où nous le voyons aujourd'hui. — Les poteries des peuples de l'antiquité ne sont pas, en général, assez cuites; par conséquent, elles sont perméables et peu propres aux usages culinaires. Quelques-unes seulement, qui appartiennent au midi de l'Europe et à l'Asie, orientale, présentent une glaçure silico-alcaline très mince. Enfin, les Égyptiens savaient fabriquer de très belles poteries avec glaçure, qui tiennent le milieu entre la porcelaine et le grès cérame. Les grands progrès de cette industrie, en Occident, ne datent que du XIII° siècle. A cette époque, un potier de Schelestadt, dont le nom est inconnu, retrouva la glaçure à base de plomb, dont les Arabes d'Espagne faisaient usage depuis au moins trois cents ans, mais qui était ignorée, ou du moins à peu près oubliée, dans le reste de l'Europe. Alors commença la fabrication de la poterie vernissée, telle à peu près qu'on l'exécute encore à présent. Mais on ne se servait encore que de terres qui donnaient des pâtes plus ou moins colorées, et dont la nuance généralement rougeâtre perçait à travers la transparence du vernis. On parvint à dissimuler cette nuance, en substituant à la glaçure plombifère une nouvelle glaçure rendue blanche et opaque par l'oxyde d'étain. Cette invention, qui est également d'origine mauresque, donna naissance à la *poterie émaillée* ou à la *faïence commune*. Elle fut introduite en Toscane, dans le courant du XV° siècle, par des potiers des îles Baléares, selon les uns, par le sculpteur florentin Lucca della Robbia, selon les autres. Ce qu'il y a de certain, c'est que, dès 1415, ce dernier fit usage de la glaçure stannifère, pour soustraire des sculptures en terre cuite à l'action atmosphérique, et qu'il créa dans sa propre famille une pépinière de sculpteurs en terre cuite, dont l'un, Girolamo della Robbia, venu en France en 1530, fabriqua des carreaux émaillés destinés à décorer le château de Madrid. Les poteries des della Robbia étaient uniquement destinées à la décoration des édifices; elles portaient le nom de *Terra invetriata*. L'industrie des poteries émaillées pour l'usage domestique ne fut créée qu'environ cent ans plus tard, à Pesaro, en Italie. Les potiers de cette ville connaissaient depuis longtemps la glaçure à base de plomb, lorsqu'ils imaginèrent de la remplacer par la glaçure à base d'étain. Les fabricants de Faenza, d'Urbino et de Castel-Durante en imitèrent presque aussitôt, et les faïences italiennes acquirent une réputation européenne, qu'elles durent surtout aux belles peintures dont de grands artistes se plurent à les enrichir. Ces faïences sont appelées *Majolica*, par altération de *Majorca*, nom de l'une des îles Baléares, d'où la glaçure stannifère s'était répandue en Toscane. Les plus belles *Majoliques* ont été fabriquées entre les années 1540 et 1560. — De l'Italie l'industrie de la faïence passa d'abord en Allemagne, et c'est en voyant une coupe émaillée fabriquée dans ce pays que Bernard Palissy (mort en 1589) entreprit les recherches auxquelles il doit sa célébrité. Toutefois, ce grand artiste ayant tenu ses procédés secrets, ses travaux n'ont pas eu l'influence qu'on leur attribue généralement. La faïencerie française a été véritablement fondée par un groupe de potiers italiens qui furent attirés dans le Nivernais, au commencement du XVII° siècle, par Louis de Gonzague, duc de Nevers. C'est de Faenza, lieu d'origine de ces ouvriers, que dérive le terme de *Faïence* qui, dans notre langue, sert à désigner la poterie émaillée.

La *Porcelaine*, en chinois *Tsé-ki*, passe pour être originaire de la Chine. Cependant, M. Rousselet, l'un des récents explorateurs de l'Inde, croit avoir trouvé la preuve que la fabrication de la porcelaine était connue dans l'Hindoustan plus de 500 ans av. J.-C., tandis que les plus anciennes porcelaines chinoises ne remontent pas au delà du premier siècle de notre ère. Les Chinois auraient donc appris cet art des Indiens. Quoi qu'il en soit, la porcelaine était encore très peu connue en Europe, quand, au XVI° siècle, les navires portugais, alors en possession presque exclusive du commerce européen avec l'Asie orientale, en importèrent des quantités assez considérables. La vogue qui s'attacha aussitôt et fort justement à ces produits fit naître l'idée de les imiter. Des essais eurent lieu presque simultanément en France et en Allemagne. Comme on n'avait aucune donnée sur la composition de la pâte et de la glaçure, on dut procéder par tâtonnements. Dès 1695, la manufacture de faïencerie de Saint-Cloud produisit une magnifique poterie qui avait une grande ressemblance avec la porcelaine chinoise, mais qui en différait cependant sous beaucoup de rapports : c'était la *Porcelaine tendre* ou *Porcelaine française* que l'on venait de découvrir. Il y avait quatorze ans que l'on faisait de la porcelaine française, lorsque, en 1709, un chimiste allemand, J.-Fréd. Böttcher, découvrit par hasard le *kaolin* de la vallée d'Aue, et eut la gloire de pouvoir, le premier, fabriquer de la porcelaine dure ou porcelaine chinoise. Une manufacture fut établie aussitôt à Meissen, en Saxe, et, dès l'année suivante, la porcelaine de Saxe parut à la foire de Leipsick. Quant à la France, elle fit exclusivement de la porcelaine

tendre jusqu'en 1768, époque où la femme du chirurgien Darnet fit connaître le kaolin de Saint-Yrieix, en Limousin. La manufacture actuelle de Sèvres comptait déjà vingt-trois ans d'existence. Elle avait été fondée en 1745 par une compagnie et installée d'abord au château de Vincennes. Louis XV lui donna le titre de *Manufacture royale* en 1753, et se rendit en même temps acquéreur du tiers des actions. Trois ans après, elle fut transférée à Sèvres, et quatre ans plus tard (1760) elle devint propriété de l'État. Enfin, en 1769, on y commença la fabrication de la porcelaine de Chine. Depuis lors, Sèvres fabriqua simultanément les deux espèces de porcelaine jusqu'en 1806. A cette époque, elle abandonna la porcelaine tendre : toutefois, elle y est revenue depuis une quarantaine d'années, mais seulement à titre d'essai, et il est résulté des recherches et des comparaisons faites à ce sujet la découverte, en 1884, d'une *porcelaine nouvelle* qui tient le milieu entre la porcelaine tendre française et la porcelaine dure chinoise. — La manufacture de Meissen est donc la plus ancienne d'Europe. A l'exception de celui de Sèvres, tous les établissements du même genre fondés en Autriche, en Russie, en Prusse, etc., lui doivent leur origine. L'Angleterre est le seul des États de l'Europe qui n'ait pas cherché de bonne heure à faire de la porcelaine orientale : ses premiers essais en ce genre sont tout à fait modernes. Mais, en revanche, tandis que la France et l'Allemagne révolutionnaient la poterie de luxe, la poterie domestique recevait en Angleterre des perfectionnements qui la transformaient entièrement. En 1763, Josiah Wedgwood, résumant et complétant les découvertes des potiers du Staffordshire, ses devanciers ou ses contemporains, créait la *Faïence fine*, appelée aussi *Faïence anglaise*.

Depuis cette époque, les arts céramiques n'ont pas cessé de se perfectionner. La minéralogie leur a livré une foule de corps inconnus des anciens et la chimie leur a enseigné les moyens de les mettre en œuvre, soit par la confection de la pâte ou des glaçures, soit par la production des couleurs les plus variées qui ornent les objets de cette nature. De là, la variété presque infinie d'espèces de poteries que l'industrie présente aujourd'hui à notre choix.

Malgré les immenses progrès réalisés en Occident dans les arts céramiques, l'Extrême-Orient conserve encore une place distinguée. Sans doute les produits de la Chine et du Japon ne peuvent rivaliser avec ceux de nos grandes manufactures pour la pureté du style et la correction du dessin; mais ils se font remarquer, surtout ceux du Japon, par une originalité, une richesse de décoration et une harmonie de couleurs qui les font préférer par beaucoup d'amateurs. L'Exposition universelle de 1878 a été sous ce rapport une révélation. Mais c'est surtout dans les objets de valeur moyenne ou tout à fait commune que la fabrication japonaise se distingue particulièrement. Là sa supériorité est écrasante, ce qui tient au goût de ce peuple étrange en tout ce qui concerne les arts décoratifs. La céramique japonaise ne produit rien de laid. Tandis que nos faïences communes sont décorées de fleurs horribles ou de bonshommes absurdes avec des couleurs criardes, la moindre tasse japonaise qui nous arrive à un prix dérisoire nous offre des motifs de décoration puisés dans la nature et d'une grâce parfaite. Ce sera un poisson, un oiseau, quelques tiges de roseaux, une fleur en ombelle, etc., d'un dessin léger, gracieux et correct, et d'une coloration à la fois sobre et éclatante. Les faïences de *Kioto*, de *Satsuma*, les grès cérames à pâte ferrugineuse appelés *Banko-yaki*, les porcelaines d'*Owari* à camaïeu bleu, celles de *Kinenga* à dessins rouge et or, se trouvent dans les magasins de Paris à la portée de toutes les bourses. Nous devons cependant reconnaître, avec regret, que le goût japonais paraît depuis quelques années s'altérer au contact du goût occidental, et les produits que nous recevons aujourd'hui sont souvent inférieurs à ceux qui nous ont été expédiés en si grand nombre à la suite de l'Exposition de 1878. Espérons que les Japonais comprendront qu'ils n'ont rien à gagner à imiter les Européens, et qu'ils ne pourraient ainsi que perdre la grâce et l'originalité qui sont les causes de la faveur très méritée avec laquelle on ne cesse pas d'accueillir leurs productions.

II. *Classification*. — Suivant Brongniart, les produits céramiques peuvent se diviser en trois grandes classes : 1° *Poteries à pâte tendre*; 2° *Poteries à pâte dure et opaque*: 3° *Poteries à pâte dure et translucide*. — La pâte des poteries de la première classe est rayée par le fer; c'est là leur caractère distinctif et l'origine de leur qualification de *tendres*. Ces poteries sont mates ou recouvertes d'une glaçure. Elles comprennent les *terres cuites*, les *poteries dites*

CÉR

lustrées, les *poteries vernissées*, et les *faïences communes* ou *poteries émaillées*. C'est également dans cette classe que rentre la *barbotine*, qui eut une grande vogue de 1878 à 1885. On nomme ainsi une poterie chargée d'ornements en relief, et décorée, avant d'être mise au four, d'émaux et de terres colorées par des oxydes métalliques. La cuisson est faible pour éviter le mélange des éléments décoratifs, et la poterie reste perméable à l'eau ; on la glace ensuite avec un vernis plombifère. Au point de vue artistique, malgré le talent des sculpteurs qui se sont adonnés à ce genre, la barbotine prête à la critique par la dimension exagérée des ornements, hors de proportion avec les dimensions du vase. — Les poteries de la deuxième classe se distinguent de celles de la première par la dureté de leur pâte, que le fer ne peut rayer : elles sont quelquefois sans glaçure. On les subdivise en *faïences fines* et en *grès-cérames*. — La pâte des poteries de la troisième classe est également inattaquable par le fer ; mais elle diffère de celle de la classe précédente en ce qu'elle est translucide. Cette classe ne comprend que la *porcelaine*, qu'on distingue en *porcelaine dure*, *porcelaine tendre* et *porcelaine nouvelle* qui est intermédiaire entre les deux autres. Ici, toutefois, les dénominations de *tendre* et de *dure* indiquent simplement que celle-ci résiste plus à la fusion que celle-là. En outre, la porcelaine *tendre* présente une glaçure rayable par l'acier. — Des articles spéciaux seront consacrés à la *Terre cuite*, à la *Faïence*, aux *Grès-cérames* et à la *Porcelaine*. Nous nous bornerons ici à quelques généralités sur les procédés de fabrication qui sont communs à tous les genres de poterie.

III. *Fabrication.* — A. *Composition des pâtes.* — Les pâtes céramiques sont toujours composées de silicates terreux à base d'alumine ou d'alumine et de magnésie. Leur élément principal est l'*argile*, que l'on emploie l'une ou l'autre des variétés de cette substance selon la nature des objets qu'on veut fabriquer. Ainsi, on se sert d'*argile plastique* pour les faïences fines, les grès-cérames, et les pièces qui doivent être soumises à une haute température, telles que les pots de verrerie et les cazettes ; on choisit l'*argile figuline* pour les faïences communes, les terres cuites et les briques ; le *kaolin* est spécialement destiné à la fabrication de la porcelaine ; enfin, la *marne argileuse* est utilisée pour la préparation des poteries communes. Aux matières que nous venons de nommer il faut ajouter la magnésie, la giobertite, la collyrite, la cimolithe, le talc et la stéatite ; mais l'emploi de ces dernières substances est accidentel ou particulier à quelques localités.

La plasticité est la première qualité que doivent posséder les terres céramiques ; mais si cette qualité dépasse certaines limites, la pâte éprouve, par la dessiccation et la cuisson, un retrait considérable qui déforme les pièces et y détermine des fissures. Pour prévenir cet inconvénient, on mêle aux matières premières des substances dites *dégraissantes*, qui diminuent leur excès de plasticité. Ces substances varient selon l'espèce de poterie. Les plus usitées sont le sable, le silex pyromaque ou pierre à fusil, les escarbilles, et les argiles cuites et broyées que les potiers nomment *cément*. Enfin, quand les pâtes ne sont pas assez fusibles, on y introduit des matières appelées *fondants*, qui rendent plus intime la combinaison des éléments des pâtes, et augmentent la solidité des poteries. Ces fondants sont des mélanges de feldspath, de quartz, de calcaire, etc.

B. *Préparation des pâtes.* — La préparation des pâtes exige des manipulations plus ou moins compliquées selon la destination des produits ; mais, dans tous les cas, il faut que les matières premières soient parfaitement mélangées pour que la masse présente la plus grande homogénéité possible. Sans cela, les objets se déformeraient par suite de l'inégalité du retrait.

Une fois extraite de la carrière, l'argile doit d'abord être débarrassée des pierres et des autres impuretés qu'elle renferme. Pour cela, on la fait sécher, puis on la réduit en poudre grossière, soit avec la batte à main, soit à l'aide de meules verticales. On délaye ensuite cette poudre dans une cuve pleine d'eau, où se meut avec rapidité un agitateur muni de bras. Quelques instants de repos suffisent pour que les corps les plus lourds se déposent au fond. Alors on décante l'eau trouble qu'on l'introduisant dans des bassins disposés en échelons, et on l'y laisse jusqu'à ce que les parties argileuses qu'elle tient en suspension se soient précipitées. L'eau chaude délayant plus vite que l'eau froide, c'est avec l'eau de condensation des machines qu'on a, dans les grandes usines, on entretient les réservoirs où se pratique cette opération. — Quand il s'agit de pièces très grossières, on se

contente de *marcher* l'argile, c.-à-d. de la pétrir avec les pieds et de la remuer à la pelle.

Les substances dégraissantes sont également soumises à un lavage préalable ; mais lorsqu'on opère sur le silex, le quartz et le feldspath, il faut, avant de les livrer à la meule, faciliter la désagrégation de leurs parties en les *étonnant*, c.-à-d. en les faisant chauffer au rouge et en les jetant aussitôt dans des cuves pleines d'eau. Cette opération a pour effet de les rendre très friables. On les écrase alors à l'aide de meules de grès dur ou de granit, qui les transforment en une poudre fine qu'on lave ensuite, et qu'on délaye de la même manière que l'argile.

Après avoir purifié les substances argileuses et les substances dégraissantes, on procède à leur mélange. Le succès de l'opération exigeant que ces substances soient réduites en une bouillie excessivement claire, on est ensuite obligé, pour que la pâte soit maniable et n'ait pas des parties d'inégale densité, de la faire *ressuer*, c.-à-d. de la dépouiller d'une partie de son eau. On ne prend pas cette précaution pour les poteries très grossières, parce qu'elles permettent l'usage de bouillies plus épaisses ; mais elle est indispensable pour toutes celles qui ont quelque valeur. — Le *ressuage* se fait en introduisant les pâtes dans des caisses de plâtre, qui absorbent l'eau, ou en les exposant à une température suffisante pour chasser celle-ci par évaporation. Après le ressuage, on pétrit de nouveau les pâtes, et on les abandonne à elles-mêmes, dans un lieu humide, pendant un temps qui, pour certains produits, dure des années entières. Ce repos les améliore considérablement, et y détermine une espèce de fermentation appelée *pourrissage*, qu'on accélère encore au moyen d'eaux de fumier ou d'eaux marécageuses. Les gaz qui se dégagent pendant cette fermentation, traversent la masse en tous sens et complètent le pétrissage.

C. *Façonnage.* — Le façonnage des pâtes céramiques se fait à la main ou à l'aide de machines. Le façonnage à la main est le plus ancien : c'est celui de tous les peuples primitifs. Il ne peut donner que des produits grossiers, ou du moins très incorrects. Le façonnage par les machines a lieu de trois manières, selon la forme des objets : par *tournage*, *moulage* ou *coulage*.

Le *tournage* s'exécute au moyen du *tour à potier*. Cette machine consiste en un axe vertical à la partie supérieure duquel est fixé un plateau de bois, de 30 à 35 centim. de diamètre, qu'on appelle *Girelle*, et sur lequel se place la

Fig. 1.

pâte à façonner. A l'extrémité inférieure de cet axe est disposé un autre plateau également de bois, mais d'un plus grand diamètre, que l'ouvrier fait tourner avec son pied (Fig. 1). Quand les objets ont de grandes dimensions, le pied du tourneur est remplacé par une manivelle manœuvrée par un aide. Enfin, dans les ateliers importants, un moteur quelconque communique le mouvement à plusieurs tours à la fois. — Le tour à potier est connu de la plus haute antiquité. En effet, les Égyptiens s'en servaient 2000 ans av. J.-C., et toutes les poteries qui nous viennent des Grecs ont été faites avec cet appareil. Suivant Pline l'ancien, le Scythe Anacharsis, qui visita Athènes vers l'an 592 av. notre ère, aurait fait connaître un tour perfectionné aux potiers de cette ville. — L'opération du tournage est des plus simples. L'ouvrier prend une masse de pâte, la place sur la girelle, puis il met le tour en mouvement, et donne à l'argile la forme convenable, en se servant simplement de ses mains qu'il a soin de tremper de temps à autre dans de la *barbotine*, espèce de bouillie très claire de la même pâte. Lorsqu'il veut produire un grand nombre de pièces exactement semblables, des assiettes, par ex., il abaisse sur la pâte *ébauchée* une planchette découpée, appelée *Calibre*, qui présente le contour du modèle, et une lame convenablement disposée abat à droite et à gauche la matière en excès. L'objet terminé, on le détache de dessus la girelle au moyen d'un fil de fer qui fait l'office d'une scie. — Le tour fournit toutes les pièces qui ont la forme d'un solide de révolution ; pour donner de bons résultats, cet instrument exige qu'on mouille et que l'on comprime exactement la pâte dans toutes ses parties ; sans quoi les produits pourraient se déformer et se fendre.

Le *moulage* consiste à donner aux pièces les formes et les dimensions convenables au moyen d'appareils particuliers appelés *Moules*. Ce procédé s'emploie pour les objets qui n'ont pas la forme d'un solide de révolution, et qui sont faits avec des pâtes très plastiques. Il a été fréquemment pratiqué chez les anciens. — Les moules se font en plâtre ou en terre cuite chauffée au *dégourdi*, c.-à-d. au point d'être privée de toute son eau, sans pour cela avoir perdu sa porosité par un commencement de vitrification. Ces substances absorbent parfaitement l'eau de la pâte. Le *démoulage* n'a lieu que lorsque les pièces ont acquis assez de consistance pour ne pas se déformer par leur propre poids. On pratique le moulage de trois manières : *en balle*, *en croûte* et *en housse*. — Le *moulage en balle* consiste à préparer de petites balles de pâte, et à les faire pénétrer dans toutes les parties du moule en les comprimant avec la main ou avec une éponge. Si les pièces doivent être creuses, on donne à la pâte juste l'épaisseur convenable ; si elles doivent être pleines, on emploie un excès de pâte, et l'on applique les deux *coquilles* ou parties du moule. La force de la pression suffit à faire sortir la matière inutile par une rigole destinée à cet effet. — Pour exécuter le *moulage à la croûte*, on prépare au rouleau, sur une toile ou sur une peau bien tendue, une croûte ou plaque pâteuse suffisamment épaisse. On porte ensuite cette plaque sur la coquille qui représente l'intérieur de l'objet, et l'on met par-dessus la deuxième coquille, laquelle porte en creux le dessin extérieur. Une pression convenable suffit ensuite pour que la pâte vienne remplir les parties concaves du moule. — Pour le *moulage à la housse*, on fait d'abord sur le tour une ébauche de la poterie à fabriquer, ébauche qui s'appelle *housse*, et on l'introduit dans les creux du moule en le poussant avec une éponge. Ce procédé donne de beaux résultats, mais on ne peut s'en servir que pour certaines formes : on en fait particulièrement usage pour les pâtes délicates. — Au lieu d'agir à la main, on a quelquefois recours à l'action d'une presse. Ce *moulage à la presse* s'applique surtout aux pâtes fermes et peu humides ; il ne réussit bien que pour les petits objets, tels que les boutons.

Le *coulage* s'applique aux pâtes moyennement plastiques : il est en usage pour la fabrication des tubes et des cornues de porcelaine. Dans ce procédé on n'emploie pas des pâtes ressuées, mais une espèce de *barbotine* faite de pâte neuve et de rognures de pâte. S'il s'agit de fabriquer des plaques, on verse cette bouillie sur des tables de plâtre garnies de rebords de bois, et légèrement humectées. Le plâtre absorbe l'eau des couches inférieures, et, au bout d'un certain temps, la pâte a acquis assez de consistance pour qu'on puisse enlever les rebords et la transporter sens dessus dessous sur d'autres tables semblables, où s'opère la dessiccation de la surface opposée. Au bout d'une quinzaine de jours, les plaques se trouvent à peu près complètement desséchées. On les place alors sur des plaques de terre cuite, et on les introduit, sous une inclinaison de 15°, dans le four à *dégourtir*. Les objets creux s'obtiennent également avec des moules absorbants disposés de différentes manières.

Il existe encore un autre procédé de coulage, qui est employé pour les porcelaines fines et donne d'excellents résultats, remarquables par la régularité et la délicatesse des pièces obtenues. Il repose sur la perméabilité du plâtre et consiste à remplir un moule creux en plâtre de barbotine liquide très claire. Le plâtre absorbe immédiatement l'eau qui se trouve

en contact avec lui, et il se dépose sur toute la surface intérieure du moule une couche de pâte presque solide dont l'épaisseur augmente avec le temps. On verse le liquide en excès après un temps plus ou moins long suivant l'épaisseur qu'on veut obtenir : la couche de pâte reste adhérente au moule, et, après une dessiccation suffisamment prolongée, elle s'en détache facilement et peut être recouverte de la glaçure et portée à la cuisson. C'est ainsi qu'on fabrique ces tasses si minces, dites *coques d'œuf*; mais ce procédé exige, pour le succès, un grand soin et de grandes précautions dans la préparation et la manipulation de la barbotine.

Tous ces procédés, à l'exception du dernier, ne font qu'ébaucher les pièces ; il faut les terminer. Celles qui ont été tournées au tour vertical, s'achèvent sur un deuxième tour qui est tantôt vertical, tantôt horizontal, avec des outils appelés *tournassins*, et l'on donne à l'opération le nom de *tournassage*. On fait de cette manière les gorges, les filets et autres moulures. Certains ornements ne peuvent s'obtenir qu'au moyen du tour à *guillocher*; d'autres exigent une véritable sculpture ; il en est qui se font par *estampage*, en enfonçant dans la pâte humide des molettes ou des cachets ; quelques-uns se moulent à part et se fixent ensuite sur les objets par une sorte d'*encollage*; d'autres, enfin, s'obtiennent par le *pastillage*, c.-à-d. en formant des dessins sur la pâte avec une barbotine épaisse. Le *réparage* a pour but d'enlever les sutures laissées par les moules ; l'*évidage*, de pratiquer les jours. Les anses, les pieds, les becs et autres accessoires du même genre se façonnent à part, soit à la filière, soit avec des moules, puis on les colle aux poteries avec de la barbotine. Les colorations qui servent à décorer les produits céramiques, sont obtenues par des procédés et des matériaux différents, suivant le genre de poterie ; nous en dirons quelques mots à propos des diverses divisions de la c. Quant aux gravures que l'on voit assez souvent sur les poteries, elles sont obtenues par un simple décalquage de lithographies ou d'estampes ordinaires.

D. **Glaçures.** — On donne le nom de *Glaçure* à un enduit qu'on applique à la surface des produits céramiques et qui, en se liquéfiant à une certaine température, recouvre ces derniers d'une couche vitreuse. Cette couche rend les poteries imperméables aux liquides : elle leur donne, en outre, un éclat et quelquefois des couleurs d'une grande beauté. — On distingue trois espèces de glaçures, les *vernis*, les *émaux* et la *couverte*.

En c., on nomme *vernis* tout enduit vitrifiable, transparent et plombifère, qui se fond à une température basse et ordinairement inférieure à celle de la pâte. C'est la glaçure des poteries communes et des faïences fines. — L'*émail* diffère du vernis en ce qu'il est opaque et stannifère ; c'est la glaçure des faïences proprement dites, c.-à-d. des faïences communes. — La *couverte* est un enduit terreux qui se fond à une haute température, égale à celle de la cuisson de la pâte. Elle constitue la glaçure de la porcelaine et celle des grès-céramos. — Aucune de ces glaçures n'a été connue des anciens : celle qui couvre les poteries antiques, et qu'on appelle improprement vernis et émail, a reçu de Brongniart la dénomination de *lustre*. C'est une glaçure d'apparence silico-alcaline dont la composition exacte n'a pas encore été retrouvée, mais qui est remarquable en ce qu'elle est inattaquable par les acides.

Les éléments des glaçures diffèrent comme le genre des poteries auxquelles elles sont destinées. Mais quelles que soient les substances qui les composent, elles s'appliquent toujours par *immersion*, par *arrosement* ou par *volatilisation*. — Comme on ne peut immerger que des pâtes poreuses et assez solides pour ne pas se délayer, on donne ces deux qualités aux poteries en les *dégourdissant*, c.-à-d. en leur faisant subir une première cuisson incomplète. On les plonge ensuite dans une bouillie très liquide, où la glaçure est en suspension. L'eau de cette bouillie pénètre dans les pores de la pièce, et abandonne la matière vitrifiable qui, restant à la surface, y forme une couche plus ou moins épaisse. On enlève au grattoir ou à la brosse l'enduit qui est formé sur les parties qu'on veut conserver mates, ou bien on a soin, avant l'immersion, de couvrir celles-ci de quelque corps gras qui empêche l'enduit d'y adhérer. Ce procédé exige donc deux cuissons, l'une avant, l'autre après l'application de la glaçure. — Le procédé par arrosement demande également deux cuissons. On prépare la glaçure en bouillie épaisse, et on la promène dans les poteries en ayant soin de faire tomber ce qui en est en excès. — Dans le glaçage par volatilisation, on place les pièces et la glaçure dans le four, puis on ferme toutes les issues de celui-ci. La glaçure, en se volatilisant, réagit sur la pâte, et forme à sa surface une couche mince et solide. Ce procédé, qui ne réclame qu'une cuisson, s'emploie principalement pour les grès. Les poteries les plus grossières ne se mettant qu'une fois au feu, on se contente, avant de les enfourner, de les saupoudrer avec un enduit plombeux pulvérisé.

E. *Cuisson*. — La cuisson des produits céramiques a lieu dans des fours de construction particulière. Pour les faïences communes et les poteries grossières, on emploie des fours en forme de cylindre ou de parallélipipède, qui sont voûtés et divisés en deux étages par un plancher en maçonnerie percé de trous. Le compartiment inférieur sert de foyer; l'autre reçoit les poteries. La flamme se tamise en quelque sorte à travers les trous et s'échappe, après avoir circulé autour des pièces, par des ouvertures appropriées. D'autres ouvertures, appelées *regards*, sont établies de distance en distance dans les parois de la construction pour permettre de surveiller la marche de l'opération. La cuisson terminée, on laisse refroidir très lentement, puis on défourne.

Pour les poteries fines et les porcelaines, on fait usage de fours verticaux dits *à alandiers*, parce qu'ils présentent à leur base et sur leur pourtour un certain nombre de foyers nommés *Alandiers*. Le combustible est brûlé dans ces foyers extérieurs qui sont disposés de telle sorte que la flamme seule pénètre dans l'intérieur. Ces fours ont ordinairement plusieurs étages, et chaque étage a sa destination particulière.

La Fig. 2 représente la coupe verticale d'un four à porcelaine à trois étages de la manufacture de Sèvres. Les deux

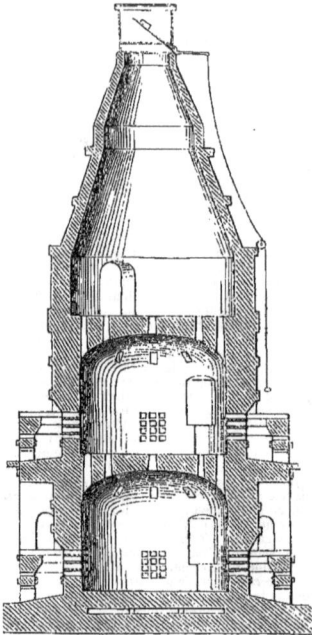

Fig. 2.

étages inférieurs donnent le grand feu; le supérieur donne le *dégourdi*. On voit, aux deux côtés des deux premiers étages, un alandier avec les ouvertures par lesquelles la flamme s'introduit à l'intérieur du four. — Le placement des poteries dans les fours est une opération très importante. A l'exception des pièces très grossières qu'on peut enfourner pêle-mêle, les produits céramiques doivent être placés de telle sorte qu'ils n'aient aucun point de contact ensemble. On obtient ce résultat en les isolant au moyen de supports dits *rondeaux*, ou

en les enfermant dans des vases de forme appropriée, appelés *Cazettes* ou *Gazettes* (Fig. 3. Coupe verticale d'une cazette avec les vases qu'elle contient) : ces cazettes se fabriquent avec une argile très réfractaire. On nomme *Encastage* l'opération qui consiste à ajuster et à enfourner les pièces. Lorsque les poteries ne sont pas susceptibles de se ramollir à la température à laquelle a lieu la cuisson, et qu'elles n'ont pas de

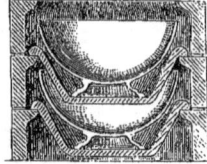

Fig. 3.

glaçure, on peut les empiler simplement sur la sole du four, à la seule condition que celles des rangs inférieurs puissent supporter, sans se déformer, le poids de celles des couches supérieures. Quand on ne peut pas les placer ainsi, on a recours à l'encastage dit *en chappage*. Pour cela, on divise le four en plusieurs étages, au moyen de plaques de terre cuite qui sont supportées par de petites consoles et par des piliers de même genre : c'est sur ces plaques qu'on dispose les produits. Si ces derniers sont revêtus d'un enduit vitrifiable, on les isole avec soin, et les rondeaux qui servent à les maintenir

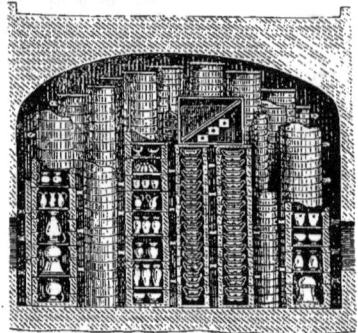

Fig. 4.

sont agencés de telle façon qu'ils ne les touchent que par trois points. Ces supports affectent différentes formes et reçoivent en conséquence des noms différents. La Fig. 4 montre la disposition intérieure d'un four à porcelaine : plusieurs cazettes sont représentées en coupe pour faire comprendre la disposition des pièces. Afin de suivre la marche de la cuisson, des regards sont ménagés dans les parois du four : on se sert, en outre, de petites pièces nommées *Montres* ou *Pyroscopes*, qui sont faites avec la même pâte que la fournée, et qu'on place, avant la mise au feu, dans des parties du four d'où l'on peut les retirer facilement.

IV. *Céramique architecturale*. — Les anciens faisaient un grand usage de terres cuites colorées et de briques émaillées pour la décoration de leurs édifices. Les ruines de Babylone et de Ninive, les palais ensevelis des anciens rois de la Perse, les hypogées d'Egypte, les débris des cités grecques et étrusques, nous ont livré de nombreux spécimens impérissables et toujours éclatants. Les monuments encore debout de l'Inde et de la Perse sont tapissés d'animaux d'une vivacité de couleur telle, que dix siècles de soleil et d'intempéries n'ont rien enlevé à leur éclat. On retrouve des émaux sur terre cuite jusqu'au Mexique et au Pérou. Le moyen âge continue sous ce rapport les traditions de l'antiquité, comme on peut le voir notamment par la vieille église de Saint-Michel de Pavie. La Renaissance italienne, après avoir renouvelé les procédés de fabrication, utilisa avec gloire ce mode de décoration. A Florence, et dans les villes voisines, on trouve des chapelles entières, entre autres celle de San Miniato qui, du sol à la voûte, sont revêtues de ces belles faïences, dont les della Robbia ont enrichi les monuments de la Toscane. Ce n'est qu'au XVII° siècle que, sous l'influence d'une opinion fausse relative aux chefs-d'œuvre de l'architecture antique, l'architecture polychrome tomba en discrédit. Depuis, nos yeux ont été déshabitués de la couleur sur les monuments. On a dit que notre climat ne se prêtait pas à ce genre de décoration. C'est là une simple question d'habitude et de mode. Sans doute, dans les grandes villes, des décorations colorées ornant chaque maison d'une manière disparate et sans plan d'ensemble pourraient produire un effet déplorable. Mais il n'en serait pas de même si, comme on le fait, du reste, dans les belles rues en ce qui concerne la forme, les architectes tenaient compte de l'effet général. A plus forte raison, l'objection ne saurait s'appliquer aux monuments isolés. Le grand Opéra de Paris, et surtout l'Exposition universelle de 1889, nous paraissent répondre d'une manière victorieuse aux adversaires de l'architecture polychrome. Mais c'est surtout en province et à la campagne, dans les habitations humbles ou fastueuses, qui se dressent au milieu des feuillages et des fleurs, que les colorations seraient susceptibles d'apporter un élément artistique éclatant et gai, tout à fait en rapport avec le cadre et la fonction de l'édifice. Seulement, il est bien entendu que la couleur ne doit pas consister en un simple enduit qui s'altère et se ternit rapidement et inégalement. Il faut que les matériaux colorés fassent corps avec l'édifice. Les marbres colorés et les dorures solides seraient réservés aux constructions luxueuses, tandis que les produits céramiques offriraient des ressources presque infinies aux habitations les plus humbles. Du reste, les tentatives dans la voie que nous venons d'indiquer, commencent à se multiplier, non seulement pour les villas de la campagne et du bord de la mer, mais même pour quelques hôtels parisiens, qui ne craignent pas de s'orner de mosaïques et d'émaux. Malheureusement, ce genre de décoration n'a pas toujours été bien compris. Au lieu de se contenter d'une coloration simple et sensible à distance, on a accumulé sur de petits espaces toutes les nuances de la palette, ce qui ne produit qu'un éclat violent, tandis qu'on aurait dû rechercher l'éclat sobre et l'harmonie. Mais ce n'est là qu'une question de goût que nos artistes et nos architectes comprendront bien vite si, comme nous le souhaitons, la c. monumentale finit par entrer dans nos mœurs, au grand plaisir des délicats et des amis de la couleur.

Bibliographie. — Albert JACQUEMART, *Histoire de la Céramique;* Édouard GARNIER, *Histoire de la Céramique;* CHAMPFLEURY, *Histoire des Faïences patriotiques;* A. BRONGNIART, *Traité des Arts céramiques,* revu et annoté par A. SALVÉTAT; E.-O. LAMI, *Dictionnaire de l'Industrie et des Arts industriels.*

CÉRAMISTE. s. m. (gr. κεράμιον, vase en terre). Celui qui fabrique des objets en terre cuite, en faïence ou en porcelaine.

CÉRAMITE. s. f. (gr. κέραμος, argile). T. Techn. Carreau de terre cuite plus résistant que le granit destiné au pavage des rues, utilisé en Hongrie.

CÉRAMIUM. s. m. [Pr. *sé-ra-mi-ome*] (gr. κεράμιον, vase de terre). Genre d'*Algues marines* de la famille des *Rhodyméniacées,* dont plusieurs espèces sont souvent mêlées à la *Mousse de Corse.* Voy. ce mot et RHODYMÉNIACÉES.

CÉRAMOGRAPHIE. s. f. (gr. κεράμιον, vase en terre; γράφω, je décris). Description des vases antiques.

CÉRAMOGRAPHIQUE. adj. 2 g. Qui a rapport à la céramographie.

CÉRAOSPONGIAIRES. s. m. pl. (gr. κέρας, corne; σπόγγος, éponge). T. Zool. et Paléont. C'est dans ce groupe de *Spongiaires* (Voy. ce mot) que rentrent les éponges à squelette formé de fibres cornées, dont plusieurs servent pour les usages domestiques. Quelques-unes offrent des corps siliceux, des grains de sable, des coquilles; mais ce ne sont que des inclusions étrangères.

Leur squelette, étant peu résistant, ne s'est pas toujours conservé à l'état fossile; aussi les restes de ces éponges sont-ils douteux. On y rapporte des corps sphériques fixés et silicifiés du calcaire carbonifère inférieur de l'Écosse, dont les fibres

cornées renferment des corps étrangers, grains de sable, spicules d'autres éponges, etc.

Appartiendraient probablement au groupe des éponges cornées, les *Rhizocorallium,* du trias; les *Paramoudra,* du quadersandstein de Saxe, qui ne sont très vraisemblablement que des moules internes.

CÉRARGYRE. s. m. (gr. κέρας, corne; ἄργυρος, argent). T. Minér. Argent chloruré. Voy. ARGENT.

CÉRASIFÈRE. adj. 2 g. (lat. *cerasum,* cerise; *fero,* je porte). Qui porte des cerises.

CÉRASINE. s. f. (lat. *cerasum,* cerise). T. Chim. La gomme de cerisier ou de prunier, traitée par l'eau, lui cède une portion soluble qui n'est autre chose que l'arabine ordinaire, et laisse comme résidu une matière insoluble, gélatineuse, appelée *cérasine.* Sous l'action des acides étendus la c. se transforme en cérasinose, puis en arabinose.

CÉRASINOSE. s. f. T. Chim. Matière très soluble, très hygroscopique, résultant de la transformation de la cérasine. C'est un glucose dextrogyre, réduisant la liqueur de Fehling. A la température ordinaire, la c. se convertit lentement en arabinose; cette transformation s'opère rapidement sous l'action des acides étendus et bouillants.

CÉRASONTE, anc. v. du Pont, sur le Pont-Euxin, d'où Lucullus rapporta en Italie une variété de cerisier.

CÉRASTE. s. m. (gr. κεράστης, cornu). T. Erpét. Espèce de vipère qui habite l'Égypte, la Lybie et le Sahara. Les cérastes ont au-dessus de chaque œil une protubérance cornée formée par des écailles et qui ressemble à une petite corne.

CÉRAT. s. m. (gr. κηρός, cire). T. Pharm. On nomme ainsi un médicament externe plus ou moins liquide, qui a pour base l'huile et la cire. Il se distingue des onguents en ce qu'il ne renferme pas de matières résineuses, et des pommades en ce qu'il ne contient point de graisses. On l'emploie pour dessécher les plaies peu importantes, adoucir la peau, prévenir les gerçures, etc.; mais, pour qu'il puisse produire tous ses effets, il faut qu'il soit de fabrication toute récente. Le c. dont on se sert le plus habituellement est appelé *C. simple, C. blanc, C. de Galien.* Le *C. simple* du codex n'est qu'un mélange d'huiles d'amandes douces et de cire blanche (300 d'huile pour 100 de cire). Le *C. de Galien* se prépare en faisant fondre 4 parties de cire blanche dans 16 p. d'huile d'amandes douces, et en incorporant goutte à goutte dans le mélange tiède ou refroidi 12 p. d'eau pure ou d'eau de rose distillée. Quand on colore le *C.* de Galien avec de l'orcanette et qu'on l'aromatise avec une huile essentielle ou de l'essence de roses, on obtient le *C. à la rose* ou la *Pommade pour les lèvres.* Dans le *C. jaune* des hôpitaux, la cire jaune remplace la cire blanche. Les cérats dits *composés* ne sont autre chose que de c. ordinaire auquel on a ajouté quelque substance tonique, astringente, narcotique, etc. Ainsi, on fait des cérats au quinquina, opiacés, laudanisés, belladonés, soufrés, iodurés, etc., selon les résultats que l'on veut obtenir. Ces cérats sont très nombreux; nous nous contenterons de nommer: le *C. de Saturne* ou *de Goulard,* appelé aussi *C. saturnin* ou *saturné,* au sous-acétate de plomb liquide; le *C. de Rochoux* ou *ammoniacal,* au carbonate d'ammoniaque; le *C. de Hufeland,* à l'oxyde de zinc et lycopode, et les cérats mercuriels, de Falk, Gilbert et Zeller.

CÉRATIÉES. s. f. pl. [Pr. *sé-ra-ti-é*] (gr. κέρας, corne). T. Bot. Famille de Champignons de l'ordre des *Myxomycètes. Caract. bot.* Les *Cératiées* se développent sur le bois mort des Conifères. La spore donne naissance à huit corps protoplasmiques qui s'allongent, prennent un cil à une extrémité et deviennent autant de zoospores qui ne tardent pas à passer à l'état de myxamibe. Ces myxamibes croissent, se divisent jusqu'à épuisement du milieu nutritif et finissent par se fusionner en un plasmode réticulé. Quand celui-ci se dispose à fructifier, il se rassemble en un coussinet sur lequel se dresse bientôt un buisson de petites tiges dichotomes qui peuvent atteindre 10 millimètres de longueur. A la maturité, chaque branche est toute hérissée de pédicelles transparents par une spore. Il suffit alors d'une goutte d'eau pour dissoudre à la fois les pédicelles, les branches et le consinuel, ne laissant de toute la plante que les spores. Cette famille se réduit jusqu'ici au genre Cérate (*Ceratium*).

CÉRATIOCARIS. s. m. [Pr. *séra-ti-o-caris*] (gr. κεράτιον, petite corne; καρὶς, squille). T. Paléont. Dans le silurien inférieur, le silurien supérieur, le dévonien et le carbonifère, on a trouvé des empreintes de crustacés *Malacostracés*, du groupe des *Leptostracés* (Voy. ces mots), auxquels Mac Coy a donné le nom générique de *C*. Ils ont une carapace bivalve, rétrécie en avant, complétée en avant ;par une petite pièce qu'on désigne par le terme de rostre. Le corps est composé de 14 à 20 segments, dont 5 à 8 constituent la queue ou portion abdominale, qui fait saillie hors de la carapace, et dont le dernier anneau porte 3 pointes. On a pu voir en place les mâchoires.

CÉRATION. s. f. [Pr. *séra-sion*] (*cera*, cire). T. Méd. anc. Opération qui rend une matière propre à se dissoudre ou à fondre, afin qu'elle puisse pénétrer dans les corps solides.

CÉRATITIDES. s. m. pl. (gr. κέρας, corne). T. Zool. et Paléont. On a groupé sous ce nom des *Ammonitides* (voy. ce mot) du trias, dont la chambre d'habitation ne dépasse pas, en longueur, la moitié ou les deux tiers d'un tour. Dans cette famille rentrent les genres : *Dinarites*, *Ceratites*, *Tirolites*, *Trachyceras*, etc.

CÉRATOCARPE. adj. (gr. κέρας, corne ; καρπὸς, fruit). T. Bot. Qui a un fruit en forme de corne.

CÉRATOCONE. s. m. Voy. KÉRATOCONE.

CÉRATODON. s. m. (gr. κέρας, corne; ὀδοὺς, ὀδόντος, dent). T. Bot. Genre de *Mousses* de la famille des *Bryacées*. Voy. ce mot.

CÉRATODUS. s. m. (gr. κέρας, corne; ὀδοὺς, dent). T. Icht. Poisson de l'ordre des *Monopneumonés*, de la sous-classe des *Dipnoïques* ou *Pneumobranches*, servant de transition entre les poissons et les batraciens. Voy. DIPNOÏQUES.

CÉRATOGLOSSE. adj. (gr. κέρας, corne ; γλῶσσα, langue). T. Anat. Qui a rapport à la corne de l'os hyoïde et à la langue.

CÉRATOÏDE. adj. [gr. κέρας, corne; εἶδος, forme). Qui a la forme d'une corne.

CÉRATOLITHE. s. f. (gr. κέρας, corne; λίθος, pierre). T. Géol. Corne pétrifiée.

CÉRATOME. s. m. (gr. κηρὸς, cire; τομὸς, qui coupe). T. Apic. Couteau de forme particulière qui sert à découper les rayons dans les ruches à rayons fixes. La lame est ordinairement plate de 30 à 40ᶜᵐ de long sur 3ᶜᵐ de large et recourbée à angle droit à 5 ou 6ᶜᵐ de son extrémité inférieure.

CERATONIA. s. m. (gr. κέρας, κέρατος, corne). T. Bot. Nom scientifique du genre *Caroubier* de la famille des *Légumineuses*. Voy. ce mot.

CÉRATOPHYLLÉES. s. f. pl. [Pr. *sérato-fil-lé*] (R. *Ceratophyllum*). T. Bot. Famille du végétaux Dicotylédones de l'ordre des Apétales supérovariées.

Caract. bot. : Plantes herbacées, croissant sous l'eau; tige très rameuse dépourvue de racines; feuilles verticillées. Fleurs monoïques. Calice infère, formé de 10 à 12 sépales. Fleurs mâles : 12 à 20 étamines; filets absents; anthères quadriloculaires. Fleurs femelles : ovaire supère, uniloculaire; ovule solitaire, pendant, orthotrope; style très stigmate filiforme, oblique. Akène terminé par le stigmate durci. Graine pendante, solitaire; point d'albumen; embryon avec deux cotylédons:

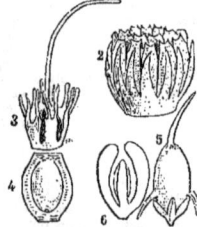

gemmule polyphylle; radicule infère. [Fig. 1. *Ceratophyllum*

submersum; 2. Fleur mâle ; 3. Fleur femelle; 4. Coupe verticale de l'ovaire, dont on a retranché le style; 5. Fruit; 6. Embryon].

Cette famille ne comprend que le seul genre *Ceratophyllum* (*Cornifle*), formé de 2 espèces. Ces plantes sont communes dans toutes les eaux douces stagnantes ou peu agitées des climats tempérés d'Europe, d'Asie, d'Afrique et d'Amérique. On les rencontre aussi dans la Barbarie, le Sénégal et l'Inde. Le *C. demersum* et le *C. submersum* abondent dans les fossés pleins d'eau, aux environs de Paris. Ces végétaux sont sans usages.

CÉRATOPHYLLINE. s. f. T. Chim. Substance extraite du lichen *Parmelia ceratophylla* : petits prismes blancs, fusibles à 147°, solubles dans l'eau chaude, l'alcool, l'éther et les alcalis.

CERATOPHYLLUM. s. m. [Pr. *sérato-fil-lome*] (gr. κέρας, corne; φύλλον, feuille). T. Bot. Genre de plantes (*Cornifle*) de la famille des *Ceratophyllées*. Voy. ce mot.

CERATOPTERIS. s. m. (gr. κέρας, κέρατος, corne; πτέρις, fougère). T. Bot. Genre de Fougères aquatiques de la famille des *Polypodiacées*. Voy. ce mot.

CÉRATOSAURE. s. m. T. Paléont. Animal fossile de l'Amérique du Nord, de la famille des Dinosauriens, groupe des Ornithopèdes, ou Dinosaures à pieds d'oiseaux. Offrait de grandes ressemblances avec le *Camptosaure* décrit plus haut.

CÉRATOTHÈQUE. s. f. (gr. κέρας, corne; θήκη, loge). T. Entom. Enveloppe des antennes des *Chrysalides*.

CÉRATOTOME. s. m. (gr. κέρας, corne; τομὸς, qui coupe). T. Chir. Espèce de scalpel employé pour l'incision de la cornée.

CÉRATOZAMIER. s. m. (gr. κεράτης, cornu; ζημία, pomme de pin). T. Bot. Genre de plantes (*Ceratozamia*) de la famille des *Cycadacées*. Voy. ce mot.

CÉRAUNIEN, ENNE. adj. (gr. κεραυνὸς, foudre). Qui a rapport à la foudre.

CÉRAUNITE. s. f. (gr. κεραυνὸς, foudre). T. Minér. Nom donné par les anciens à des pierres de diverses natures et de différentes formes, parce qu'on les croyait tombées avec la foudre. Il s'applique généralement au jade néphrétique.

CÉRAUNOMÈTRE. s. m. (gr. κεραυνὸς, foudre; μέτρον, mesure). T. Phys. Instrument avec lequel on prétendait mesurer la rapidité de la foudre.

CÉRAUNOSCOPIE. s. f. (gr. κεραυνὸς, foudre; σκοπέω, j'examine). T. Antiq. Divination par les éclairs.

CERBÈRE. s. m. (gr. κέρας, chair; βορὸς, qui dévore). Nom du chien à trois têtes qui, selon la Mythologie gréco-romaine, gardait la porte des Enfers. — Fig. et fam., se dit d'un portier brutal, d'un gardien sévère, intraitable. || T. Ast. Constellation boréale, formée par Hévélius de quatre étoiles qui entourent la main d'Hercule; nom tombé en désuétude. || T. Bot. Genre de plantes (*Cerbera*) de la famille des *Apocynées*. Voy. ce mot.

CERCAIRE. s. m. (gr. κέρκος, queue). T. Zool. Le c. est l'une des formes larvaires par lesquelles passent certains entozoaires pour arriver à l'état parfait, c.-à-d. à l'état de *Douve*. Voy. TRÉMATODES.

CERCE. s. f. (autre forme de *cercle*). T. Techn. Feuille de bois large et mince pour monter les cribles et les tamis. || Menuiserie qui entoure les meules d'un moulin. || Ustensile d'encastage pour les poteries.

CERCEAU. s. m. (lat. *circus*, cercle). Lame de fer mince, ou de bois flexible, formant un cercle, dont on se sert pour maintenir les douves des tonneaux, des cuves, etc. *Faire des cerceaux. Mettre des cerceaux à une cuve.* || Cercle de bois léger que les enfants font courir devant eux en le poussant avec un petit bâton. *Jouer au c.* || Se dit encore des bois courbés qui servent à soutenir la toile dont on couvre une voiture, une barque, à former le cintre d'un cabinet de verdure, etc. || Sorte de filet dont on se sert pour prendre des oiseaux. || Se dit, au pl., Des plumes du bout de l'aile des oiseaux de proie. || T. Techn. Cercle armé de crochets auquel le cirier suspend ses bougies. || Dans le métier à tisser, tringles droites et cintrées servant à supporter les cartons. || Fil d'or du boutonnier. || T. Anat. Chacun des anneaux cartilagineux de la trachée-artère.

CERCELLE. s. f. (lat. *querquedula*, m. s.). T. Ornith. Nom vulgaire de la *Sarcelle.* Voy. ce mot.

CERCERELLE. s. f. Nom vulgaire de la *Cresserelle.*

CERCÉRIS. s. m. T. Entom. Genre d'insectes hyménoptères qui appartiennent à la sous-famille des *Sphégiens*, si remarquables par leur intelligence. Voy. Fouisseurs.

CERCHE. s. f. Le même que *Cerce.*

CERCIS. s. m. (gr. κερκίς, navette, à cause de la forme du fruit). T. Bot. Nom scientifique du Gainier ou arbre de Judée, de la famille des *Légumineuses.* Voy. ce mot.

CERCLAGE. s. m. Action de cercler des tonneaux. || *Bois de cerclage*, Bois propre à faire des cerceaux.

CERCLE. s. m. (lat. *circulus*, m. s.). Surface plane limitée par une ligne courbe que l'on nomme *Circonférence*, et dont tous les points sont à égale distance d'un même point qu'on nomme *Centre.* || Signifie aussi : cerceau. *C. de fer. C. à tonneau.* || Se dit, en général, de toute pièce de métal ou d'autre matière, formant un c. dont on met autour d'un objet quelconque pour le serrer, le lier ou l'orner. *Mettre un c. de fer à une poutre pour l'empêcher d'éclater. Mettre un c. à une colonne. Boîte à c. d'or.* || T. Man. La ligne circulaire décrite par le cheval, ordinairement entre les deux murs. || Se dit de toute disposition d'objets qui offre à peu près la figure d'une circonférence de c. *Ranger des chaises en c., en demi-c.* — En parlant des personnes, on dit quelquefois simplement C. *Élargir le c.* — Autrefois, C. se disait particulièrement de la réunion des princesses et des duchesses assises circulairement en présence de la reine. *La reine tient le c. aujourd'hui. Cette dame était du c.* || Par ext., Réunion de personnes qui s'assemblent pour converser, pour jouer. *Un c. d'amis. C. littéraire. C. politique. C. agricole. Il passe ses soirées à tel c., à un c. bien fréquenté.* || Fig., au sens moral, se dit pour sphère, étendue, limites. *Se renfermer dans le c. de ses attributions. Étendre, élargir le c. de ses idées.* || Fig., se dit en parlant des choses qui reviennent périodiquement, qui se succèdent continuellement. *Le c. des saisons.* || T. Log. *C. vicieux*, Raisonnement défectueux qui consiste à supposer d'abord ce qu'on doit prouver, et ensuite à donner pour preuve ce qu'on a supposé. *Raisonner ainsi, c'est faire un c. vicieux.* || T. Géogr. pol. Se disait autrefois des divisions de l'empire d'Allemagne. *Les dix cercles de l'empire.* || Loc. fam., *Faire un demi-c. sur soi-même*, Tourner pour éviter quelqu'un ou quelque chose. || T. Mar. *C. Barbotin*, C. inventé par Barbotin, lieutenant de vaisseau, pour faciliter le virage des câbles-chaînes. || T. Techn. Vase d'argile sans fond servant d'étui à des pièces de porcelaine. On dit plutôt *Cerce.* || T. Iconogr. *C. lumineux*, Nimbe dont on orne le visage des saints. || T. Anat. *C. membraneux*, partie de l'oreillette gauche du cœur qui entoure intérieurement son embouchure.

Géom. élémentaire. — On appelle *circonférence de c.*, ou simplement *circonférence*, une courbe fermée dont les points sont également éloignés d'un point fixe appelé *centre.* Le c. est la portion de surface plane comprise à l'intérieur de la circonférence. Cependant, ces deux mots se prennent souvent l'un pour l'autre.

Toute droite CD qui joint le centre d'un c. à la circonférence est un *Rayon* (Fig. 1). Toute droite AB qui, passant par le centre C, joint deux points de la circonférence, est un *Diamètre.* En vertu même de la définition du c., tous les rayons d'un même c. sont égaux; tous les diamètres sont égaux aussi, parce qu'ils sont doubles du rayon. Une portion de circonférence, telle que FHG, se nomme *Arc.* La droite FG, qui joint les deux extrémités de l'arc, est une *Corde.* On dit qu'un arc est *sous-tendu* par la corde qui joint ses extrémités, et, réciproquement, que la corde FG *sous-tend* l'arc FHG. Toute corde sous-tend deux arcs dont la somme forme la circonférence. Une corde qui passe par le centre est un diamètre. Une portion de cercle FHG, comprise entre un arc et sa corde, se nomme *Segment.* Une portion de cercle ECD,

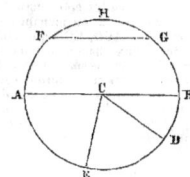

Fig. 1.

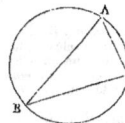

Fig. 2.

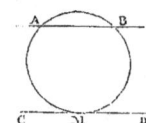

Fig. 3.

comprise entre un arc et deux rayons, est appelée *Secteur.* — Un angle BAC (Fig. 2), qui est formé par deux cordes, et dont le sommet A est sur la circonférence, s'appelle *Angle inscrit.* — Un triangle tel que BAC, dont les trois angles ont leur sommet sur la circonférence, est un *Triangle inscrit.* En général, on nomme *Figure inscrite*, une figure dont tous les angles ont leurs sommets sur la circonférence; en même temps, on dit que le c. est *circonscrit* à cette figure. Toute corde infiniment prolongée, c.-à-d. toute ligne, telle que AB, qui coupe la circonférence en deux points (Fig. 3), s'appelle *Sécante.* Toute ligne CD, qui n'a qu'un point de commun avec la circonférence, se nomme *Tangente.* De la même manière, deux circonférences sont dites *tangentes l'une à l'autre*, quand elles n'ont qu'un seul point de contact.

La circonférence jouit d'une propriété remarquable qu'elle partage avec la ligne droite et l'hélice : c'est qu'elle peut glisser sur elle-même, sans cesser de coïncider avec elle-même. Cette propriété qui résulte de l'égalité des rayons, comme on le voit en faisant tourner le c. autour de son centre, donne la clef des propriétés élémentaires du c. et permet de comparer entre eux et de mesurer les arcs d'une même circonférence. La théorie élémentaire du c. se trouve développée dans toutes les géométries; nous nous bornerons à rappeler les propriétés principales, en indiquant rapidement la démonstration.

I. *Rayons et diamètre.* — THÉORÈME 1. *Deux cercles qui ont des rayons égaux, sont égaux*, comme on le voit immédiatement en faisant coïncider les centres.

On remarquera que tout point est intérieur ou extérieur au c., suivant que sa distance au centre est inférieure ou supérieure au rayon, et réciproquement.

THÉOR. 2. *Le diamètre est la plus grande corde du cercle*, car dans le triangle ACD (Fig. 4), la corde AD est plus petite que la somme des deux rayons AC + CD laquelle est égale au diamètre.

THÉOR. 3. *Tout diamètre divise le c. et la circonférence en deux parties égales*, comme on le voit, par coïncidence, soit en faisant tourner la figure d'un demi-tour autour de son centre, soit en la repliant autour du diamètre.

II. *Dépendance mutuelle des arcs et des cordes* — THÉOR. 4. *Dans le même c., ou dans des cercles égaux : 1° Deux arcs égaux* AMD, ENG *sont sous-tendus par des cordes égales* AD, EG; *2° Réciproquement deux cordes égales sous-tendent des arcs égaux.* En effet (Fig.5): 1° il suffit, après

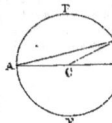

Fig. 4.

avoir fait coïncider les deux cercles égaux, de faire tourner l'un d'eux autour du centre jusqu'à ce que l'une des extrémités d'un des arcs coïncide avec l'une des extrémités de l'autre arc. Les autres extrémités coïncideront également, et il en sera de même des cordes; 2° en menant les rayons CD, OG, on obtient deux triangles ACD, EOG qui sont égaux comme ayant leurs trois côtés égaux chacun à chacun, et par conséquent l'angle ACD = EOG. Cela posé, si l'on fait coïncider ces deux triangles, les deux arcs coïncideront également.

Théor. 5. *Dans le même c. ou dans des cercles égaux :* 1° *Un plus grand arc est sous-tendu par une plus grande corde;* 2° *Réciproquement, une plus grande corde sous-tend un plus grand arc, si toutefois les arcs dont il*

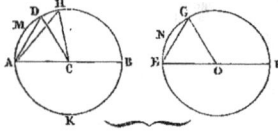

Fig. 5.

s'agit sont moindres qu'une demi-circonférence. Il suffit, après avoir fait coïncider les centres des deux cercles et les origines des deux arcs (Fig. 5), de remarquer que dans les deux triangles ACD, ACH qui ont les rayons égaux, au plus grand angle ACH est opposé le plus grand côté AH. La réciproque se démontre par l'absurde.

Théor. 6. *Tout rayon tel que CG, perpendiculaire sur une corde AB, divise cette corde et l'arc sous-tendu ACB chacun en deux parties égales.* Il suffit de replier la figure autour de ce rayon perpendiculaire à la corde.

Théor. 7. *Par trois points A, B, C, non en ligne droite,*

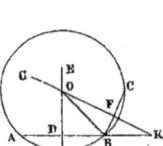 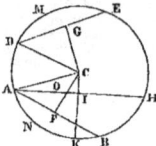

Fig. 6.   Fig. 7.

on peut toujours faire passer une circonférence, mais on n'en peut faire passer qu'une (Fig. 6). Le centre étant équidistant des trois points A, B, C ne peut être qu'au point de rencontre des perpendiculaires élevées au milieu de AB et BC. Celles-ci se rencontrent toujours en un point unique, si les trois points ne sont pas en ligne droite. — *Corollaire.* Deux circonférences ne peuvent avoir plus de deux points communs sans se confondre.

Théor. 8. *Dans le même c. ou dans des cercles égaux :* 1° *Deux cordes égales sont également éloignées du centre;* 2° *De deux cordes inégales, la plus petite est la plus éloignée du centre* (Fig. 7). 1° Il suffit de faire tourner la figure jusqu'à ce que les deux cordes égales coïncident, ce qui ne change pas leur distance au centre; 2° soit la corde AH plus grande que DE, l'arc AKH sera plus grand que l'arc DME : sur l'arc AKH on peut donc prendre la partie ANB = DME. Maintenant, si l'on tire la corde AB et qu'on abaisse CF perpendiculaire sur cette corde, en même temps que CI perpendiculaire sur AH, il est clair que CF est plus grand que CO, et CO plus grand que CI (voy. PERPEN-

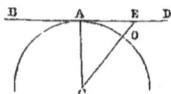

Fig. 8.

DICULAIRE) : donc, à plus forte raison, CF est-il plus grand que CI. Mais, puisque les cordes AB et DE sont égales par construction, CF = CG. Donc, CG > CI. c. q. f. d.

III. *De la tangente à la circonférence, et des arcs interceptés par des parallèles.* — Théor. 9. *La perpendiculaire BD* (Fig. 8), *menée à l'extrémité d'un rayon CA, est une tangente à la circonfé-*

rence; *réciproquement, toute tangente est perpendiculaire à l'extrémité du rayon mené au point de contact :* car, 1° tout point de BD est plus éloigné du centre que le point A et est par suite en dehors du c.; 2° sur une tangente, le point de contact A étant le plus rapproché du centre est le pied de la perpendiculaire abaissée du centre sur cette tangente. — *Corollaire.* Par un point quelconque A, pris sur la circonférence, on peut toujours mener une tangente; mais on n'en peut mener qu'une seule.

Théor. 10. *Deux parallèles interceptent sur la circonférence des arcs égaux.* Il peut se présenter trois cas suivant que les deux parallèles sont sécantes, que l'une est

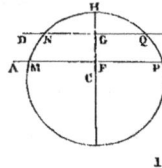 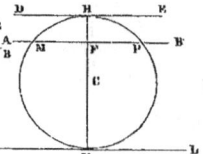

Fig. 9.   Fig. 10.

tangente ou que les deux sont tangentes. Dans les trois cas, le théorème se démontre en repliant la figure autour du diamètre perpendiculaire aux deux parallèles (Fig. 9 et 10).

IV. *Conditions du contact et de l'intersection de deux circonférences.* — Deux circonférences peuvent avoir, l'une par rapport à l'autre, cinq positions différentes. Elles peuvent être : 1° extérieures l'une à l'autre; 2° tangentes extérieurement; 3° sécantes avec deux points d'intersection; 4° tangentes intérieurement; 5° intérieures sans se toucher.

Théor. 11. *Lorsque deux circonférences interceptent un point commun A en dehors de la ligne OC qui unit leurs centres, elles ont un second point commun D situé sur la*

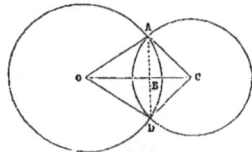

Fig. 11.

perpendiculaire AB à cette ligne, et à la même distance de OC que le premier : ce qui se voit immédiatement en repliant la figure autour de la ligne des centres (Fig 11). — *Corollaire 1.* Si deux circonférences se coupent, la ligne qui joint leurs centres est perpendiculaire sur le milieu de la corde commune. — *Corollaire 2.* Si deux circonférences n'ont pas un point commun ou sont tangentes, le point de contact est situé sur la ligne des centres; car, s'il en était autrement, les circonférences auraient un second point commun, et par conséquent elles se couperaient.

Théor. 12. *Quand deux circonférences sont extérieures, la distance des centres est plus grande que la somme des rayons* (Fig. 12); *Lorsque deux circonférences sont intérieures, la distance des centres est plus petite que la différence des rayons* (Fig. 13); *Lorsque deux circonférences sont tangentes extérieurement, la distance des centres est égale à la somme des rayons* (Fig. 14); *Lorsque deux circonférences se touchent intérieurement, la distance des centres est égale à la différence des rayons* (Fig. 15); *Quand deux circonférences se coupent, la distance des centres est en même temps plus petite que la somme des rayons, et plus grande que leur différence* (Fig. 16). Ces propositions résultent immédiatement de l'inspection de la figure. La dernière dépend de la propriété du côté OC du triangle OAC. — *Remarque.* Les réciproques des cinq derniers théorèmes sont vraies, et se démontrent par l'absurde; ainsi, par ex. : *Lorsque la distance des centres est plus petite que la somme des rayons, et plus grande que leur différence, les circonférences se coupent;* car les quatre autres cas sont impossibles à cause des propositions

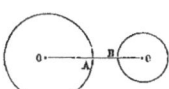

Fig. 12.

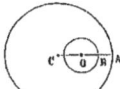

Fig. 13.

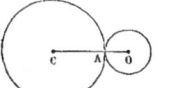

Fig. 14.

Fig. 15.

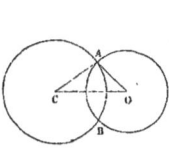

Fig. 16.

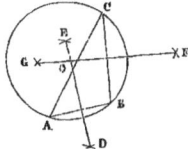

Fig. 17.

directes. Pour ce qui concerne les relations entre les angles et les arcs, voy. Angle (*Mesure des*).

Voici maintenant quelques problèmes sur le c. :

Probl. 1. *Trouver le centre d'un c. ou d'un arc donné* (Fig. 17). Il suffit de prendre sur la courbe trois points A, B, C; de les joindre et d'élever au milieu de AB et BC des perpendiculaires DE, FG qui se coupent au centre O cherché. — C'est la même construction que nous avons déjà employée pour trouver le c. qui passe par trois points (Théor. 7).

Probl. 2. *Inscrire un c. dans un triangle donné ABC*

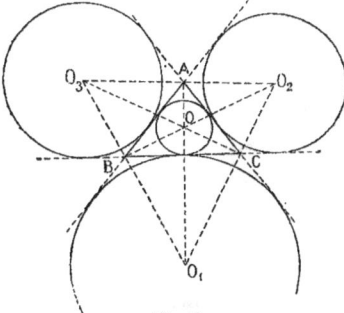

Fig. 18.

(Fig. 18). Le centre du c. cherché devant être équidistant des trois côtés, doit se trouver sur chacune des bissectrices des angles du triangle : il est donc à leur point de concours. Si l'on remplace deux des trois bissectrices par les bissectrices des angles extérieurs adjacents, on obtient trois autres cercles tangents extérieurement aux côtés du triangle et qui sont dits *exinscrits.*

Probl. 3. *Par un point donné, mener une tangente à un c. donné.* Si le point donné A se trouve sur la circonfé-

rence, il suffit de mener la perpendiculaire au rayon (Fig. 19). — Si le point donné est extérieur (Fig. 20), on joint A au centre C du c. donné, et sur CA comme diamètre on décrit une circonférence qui coupera la circonférence donnée en deux points B et D; les droites AB, AD sont tangentes au c. donné, car elles sont perpen-

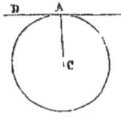

Fig. 19.

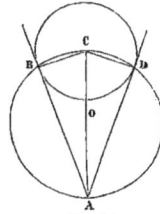

Fig. 20.

diculaires aux rayons, les angles ABC et AOC étant droits comme inscrits dans une demi-circonférence. — Le problème admet deux solutions : les deux tangentes AB et AO sont égales et également inclinées sur la droite AC, comme cela résulte de l'égalité des triangles AOC, ABC.

Probl. 4. *Mener une tangente commune à deux circon-*

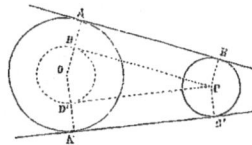

Fig. 21.

férences. Soient O et C les centres des deux cercles donnés (Fig. 21), AB une tangente commune extérieure, OA et CB les rayons des points de contact, et DC parallèle à AB. L'angle D étant droit comme A et B, la droite CO sera tangente à une circonférence décrite du point O comme centre, avec un rayon égal à la différence OA — CB. D'où la construction suivante : décrire une circonférence du point O comme centre avec un rayon égal à OA — CB; mener par le point C une tangente à cette circonférence; par le point D ainsi déterminé, tirer la droite ODA; enfin, mener CB parallèle à OA et joindre le point A au point B. — *Remarque.* Comme on peut mener par le point C deux tangentes CD, CD' au cercle OD, il est évident que la construction précédente fournit deux solutions pourvu que C soit extérieur au c. auxiliaire, c.-à-d. que l'on ait OC > OA — CB, ce qui est la condition pour que les deux cercles donnés ne soient pas intérieurs.

Les tangentes communes extérieures se construisent de la même manière, sauf qu'au lieu de décrire la circonférence

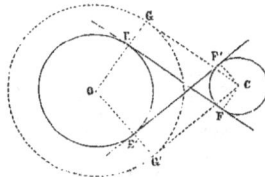

Fig. 22.

avec la différence des rayons, on la décrit avec la somme des des rayons (Fig. 22). La possibilité du problème exige que C soit au dehors du c. auxiliaire, c.-à-d. que l'on ait : CO > OE + CF, ce qui est la condition pour que les deux cercles soient extérieurs.

Les tangentes extérieures peuvent aussi se construire d'une autre manière, en se servant du centre de similitude. Voy. Homothétie.

Probl. 6. *Sur une droite donnée AB (Fig. 23), décrire un segment capable d'un angle donné C. c.-à-d. un segment tel que tous les angles qui y sont inscrits soient égaux à l'angle donné C.* Faites au point B l'angle ABF = C, tirez BO perpendiculaire à BE, et OG perpendiculaire sur le milieu de AB; du point de rencontre O comme centre, et avec le rayon OB, décrivez un c., le segment demandé sera AMB. Car, puisque BF est perpendiculaire à l'extrémité du rayon OB, BF est une tangente, et l'angle ABF a pour mesure la moitié de l'arc AKB; d'ailleurs l'angle AMB, comme angle inscrit, a aussi pour mesure la moitié du même arc; donc l'angle

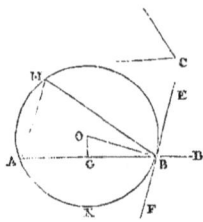

Fig. 23.

AMB = ABF = C; donc tous les angles inscrits dans le segment AMB sont égaux à l'angle donné C. — Si l'angle donné était droit, le segment cherché serait le demi-cercle décrit sur AB comme diamètre.

Théor. 13. *Si d'un point A pris dans le plan d'un c.*

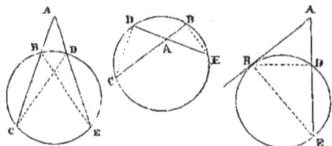

Fig. 24.   Fig. 25.   Fig. 26.

(Fig. 24, 25, 26), on mène des sécantes, le produit AE × AD *des distances de ce point aux deux points d'intersection de chaque sécante avec la circonférence est constant, quelle que soit la direction de la sécante.* Soient ABC et ADE deux sécantes. En menant les cordes CD et BE, on obtient deux triangles ABE et ADC, qui sont semblables comme ayant les angles en A communs ou opposés par le sommet, et l'angle C = E, comme mesurés tous deux par la moitié de l'arc BD. On en déduit $\frac{AE}{AC} = \frac{AB}{AD}$; d'où AE × AD = AB × AC. Le théorème reste vrai quand l'une des sécantes, AB, par ex., devient tangente, et l'on a AB² = AO × AE; ce qui s'énonce en disant : *Si d'un même point A, pris hors du c., on mène une tangente AB, et une sécante AE, la tangente est moyenne proportionnelle entre la sécante entière et sa partie extérieure AD.*

Ce théorème, très important, est la base de la théorie de la *puissance* et de l'*arc radical* (voy. ces mots). La géométrie enseigne beaucoup d'autres propriétés du c. On trouvera les plus importantes aux mots : Homothétie, Inversion, Orthogonal, Polaire, Puissance.

Longueur de la circonférence. — On définit la longueur d'une ligne courbe comme la limite de la longueur d'une ligne brisée inscrite, dont les côtés diminuent indéfiniment. Voy. Longueur. En particulier, la *longueur d'une circonférence* sera la limite du périmètre d'un polygone régulier inscrit dont le nombre des côtés augmente indéfiniment. On déduit de cette définition que les longueurs des circonférences sont proportionnelles à leurs rayons : car, si l'on inscrit dans deux cercles deux polygones réguliers d'un même nombre de côtés, ceux-ci seront semblables et le rapport de leurs périmètres sera égal à celui de leurs rayons R et R' qui sont deux lignes homologues. Ce rapport, restant ainsi invariable quand le nombre des côtés augmente indéfiniment, est égal au rapport des limites des deux périmètres, lesquelles sont les longueurs des circonférences C et C'. On a ainsi la proportion $\frac{C}{C'} = \frac{R}{R'}$ qui peut s'écrire $\frac{C}{R} = \frac{C'}{R'}$. Sous cette forme elle montre que le rapport de la circonférence au rayon est le même pour toutes les circonférences. Il en est

évidemment de même du rapport $\frac{C}{2R}$ de la circonférence au diamètre qu'on désigne universellement par la lettre π, initiale du mot grec περίμετρον, circonférence. Le nombre π est incommensurable, c.-à-d. qu'il n'est égal à aucune fraction. Archimède est le premier qui en ait donné une valeur approchée : $\frac{22}{7}$. Il l'a obtenue par la méthode connue aujourd'hui sous le nom de *Méthode des périmètres*, et qui consiste à calculer les périmètres d'une série de polygones inscrits et circonscrits à un c. dont le rapport de deux unités, c.-à-d. n'est pas égal à aucune fraction précédent. Comme la longueur de cette circonférence est égale à π, les périmètres des polygones inscrits fournissent des valeurs approchées par défaut, et ceux des périmètres circonscrits des valeurs approchées par excès. On arrête l'opération quand la différence entre ces deux valeurs tombe au-dessous de l'approximation qu'on veut obtenir. Les mathématiques supérieures donnent des procédés beaucoup plus rapides pour le calcul de π, lesquels reposent sur l'emploi des séries, et proviennent des développements de la fonction arc tg x, en série. On a :

$$\text{arc tg } x = \frac{1}{1} - \frac{x^3}{3} + \frac{x^5}{5} - \frac{x^7}{7} + \dots$$

Si dans cette série on pose x = 1, on aura :

$$\text{arc tg } x = \frac{\pi}{4}.$$

et

$$\frac{\pi}{4} = 1 - \frac{1}{3} + \frac{1}{5} - \frac{1}{7} + \dots$$

Mais cette série est trop peu convergente pour le calcul; on en obtient de bien plus convergentes en fractionnant l'arc $\frac{\pi}{4}$. En particulier, en considérant les arcs dont les tangentes sont respectivement $\frac{1}{5}$ et $\frac{1}{239}$ on a :

$$\frac{\pi}{4} = 4\left(\frac{1}{5} - \frac{1}{3.5^3} + \frac{1}{5.5^5} - \dots\right) - \left(\frac{1}{239} - \frac{1}{3.239^3} + \dots\right).$$

A l'aide de cette formule, on trouve facilement les vingt-cinq premières décimales de π :

π = 3, 14159 26535 89793 23846 26433 8 ...

Converti en fraction continue, cette valeur donne pour premières réduites :

$$\frac{3}{1}, \frac{22}{7}, \frac{333}{106}, \frac{355}{113}, \frac{103933}{33102}, \frac{104348}{33215}, \frac{208341}{63317}, \text{ etc.},$$

qui sont alternativement trop petites et trop grandes. La première, en usage dans les opérations grossières, est exacte à moins de $\frac{1}{7}$; la seconde, connue sous le nom de rapport d'Archimède, est exacte à moins de $\frac{1}{7 \times 106}$; la troisième, appelée rapport de Rivard, est exacte à moins de $\frac{1}{106 \times 113}$; la quatrième $\frac{355}{113}$, si généralement connue sous le nom de rapport de Métius, est exacte à moins de $\frac{1}{113 \times 33102}$. Enfin, l'erreur que comporte la cinquième est moindre que $\frac{1}{33102 \times 33215}$, etc.

La connaissance du nombre π permet de calculer la longueur d'une circonférence par la formule

$$\frac{C}{2R} = \pi \text{ ou } C = 2\pi R,$$

c'est-à-dire qu'il suffit de multiplier la longueur du diamètre par π. Comme les arcs se mesurent en degrés, et que la circonférence comprend 360°, un arc de p°q'r'' aura pour longueur : $2\pi R \left(\frac{p}{360} + \frac{q}{360 \times 60} + \frac{r}{360 \times 60^2}\right).$

Aire du cercle. — L'aire d'un secteur OAB est la limite de l'aire d'un secteur polygonal régulier inscrit dans le secteur (Fig. 27) dont le nombre des côtés augmente indéfiniment. Comme ce secteur polygonal est une somme de triangles qui ont une hauteur commune, laquelle a pour limite le rayon, tandis que le périmètre a pour limite la longueur de l'arc, on reconnaît que *l'aire du secteur est égale à l'arc multiplié par la moitié du rayon.* Si le secteur comprend toute la circonférence, on voit que *l'aire du c. est égale à la circonférence multipliée par la moitié du rayon,* ou

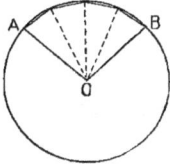

Fig. 27.

$$S = \pi R^2.$$

Quadrature du cercle. — Le problème de la quadrature du c. consiste à construire, avec la règle et le compas, un carré équivalent à un c. donné. Depuis longtemps, ce problème était considéré comme impossible par tous les géomètres; mais la démonstration rigoureuse de cette impossibilité n'a été donnée que dans ces dernières années par M. Lindemann. Il fallait, en effet, montrer que le nombre π n'est pas racine d'aucune équation du 2e degré ni d'aucune équation se ramenant au 2e degré, car ce sont les seules dont on puisse construire les racines par des intersections de droites et de cercles. M. Lindemann n'a pu y parvenir qu'en employant toutes les ressources des mathématiques les plus élevées, et en mettant à contribution les belles découvertes de MM. Weierstrass et Hermite.

Géom. analytique. — L'équation d'un c. s'obtient immédiatement en écrivant que la distance d'un point de la courbe x, y, au centre α, β est égale au rayon :

$$(x-\alpha)^2 + (y-\beta)^2 + 2(x-\alpha)(y-\beta)\cos\theta = r^2,$$

qui développée prend la forme :

$$x^2 + y^2 + 2xy\cos\theta + 2ax + 2by + c = 0,$$

θ représentant l'angle des axes.

Si les coordonnées sont rectangulaires, $\cos\theta = 0$, et l'équation se simplifie :

$$x^2 + y^2 + 2ax + 2by + c = 0.$$

Les coordonnées du centre sont $-a$ et $-b$, et le carré est $a^2 + b^2 - c$. Le premier membre représente la puissance d'un point quelconque du c. par rapport au c., de sorte qu'on obtient l'équation de l'axe radical de deux cercles en égalant les premiers nombres de leurs équations : les termes en x et y disparaissent, et l'on a :

$$2(a-a')x + 2(b-b')y + c - c' = 0.$$

Cercle osculateur. — Cercle qui présente avec une courbe un contact d'ordre supérieur. Voy. OSCULATEUR. Son rayon est égal au rayon de courbure de la courbe au point de contact. Voy. COURBURE.

Astron. et Géodésie. — On donne le nom de *Cercles* à divers instruments qui servent à mesurer les angles au moyen d'un c. gradué sur toute sa circonférence. Anciennement on croyait qu'il suffisait de graduer une partie du cercle, c.-à-d. de tracer des divisions sur une portion seulement du limbe du c. : de là les instruments appelés *Quadrants, Sextants, Octants,* autrefois si usités; mais l'expérience a prouvé que les cercles entiers, surtout lorsque les instruments sont de grande dimension, offrent des avantages considérables sur les segments gradués, parce qu'on peut placer des index ou microscopes servant d'index en plusieurs points symétriques, de telle sorte qu'en faisant la moyenne des lectures fournies par ces divers index, on élimine la plus grande partie des erreurs provenant des déformations du c. En conséquence, à l'exception du *Sextant des marins,* encore employé dans les opérations nautiques, les anciens appareils sont aujourd'hui généralement abandonnés. Les principaux cercles usités dans les observations astronomiques sont le *C. vertical, des azimuths* ou *des hauteurs,* le *C. méridien,* le *C. mural,* le *Théodolite,* le *C. répétiteur,* les *Cercles à réflexion.* Le *C. des hauteurs et des azimuths* sert, comme l'indique son nom, à mesurer les hauteurs et les azimuths des étoiles : en conséquence, il se compose de deux cercles gradués, l'un vertical, l'autre horizontal. C'est une sorte d'instrument universel, qu'on peut employer pour la plupart des observations astronomiques. Voy. ÉQUATORIAL. Un article spécial sera consacré au THÉODOLITE; à l'article SEXTANT, il sera question des différents *Cercles à réflexion,* c.-à-d. des instruments qui servent à mesurer les distances angulaires des objets au moyen de la réflexion. L'étude du cercle méridien, ne pouvant être séparée de celle de la lunette méridienne, sera faite au mot MÉRIDIEN : nous ne parlerons donc ici que du *C. répétiteur.*

Le *C. répétiteur* a été imaginé par Borda. Grâce à cet instrument, l'observateur peut diminuer autant qu'il veut l'erreur de la graduation du limbe. La *méthode de répétition* qui consiste à faire décrire successivement plusieurs arcs du limbe gradué correspondant à l'angle qu'on veut mesurer, et à lire seulement chaque fois un c. ou la somme des arcs partiels, peut s'appliquer avantageusement à tous les instruments circulaires destinés à relever des mesures angulaires, par ex., à celui qu'on emploie pour mesurer les distances zénithales des étoiles ou des objets terrestres, ou la distance de deux stations trigonométriques, au c. réflecteur usité dans les observations à bord des navires, au théodolite, etc. Le premier de ces instruments est appelé simplement *C. répétiteur*; les autres sont nommés *Cercle réflecteur répétiteur, Théodolite répétiteur,* etc.

Le principe sur lequel repose la méthode de répétition est ainsi développé par J. Herschel : « Soient PQ deux objets (Fig. 1) que nous supposerons fixes pour simplifier la démonstration, et soit KL un télescope mobile en O, axe commun de deux cercles, AML et *abc,* dont le premier AML est absolument fixe dans le plan des objets et porte les graduations, tandis que l'autre se meut librement sur l'axe. Le télescope est attaché d'une manière permanente au second c. et se meut avec lui. Un bras, OaA, porte l'index ou vernier, qui indique les divisions sur le limbe gradué du c. fixe. Ce bras est muni de deux vis de pression, au moyen desquelles on peut l'unir temporairement à l'un ou à l'autre c., et le détacher à volonté. Supposons maintenant que le télescope soit dirigé vers P. Fixons l'index OA au c. *intérieur,* retirons-le de l'extérieur, et prenons les divisions. Après cela, faisons tourner le télescope et dirigeons-le sur l'objet Q. Dans ce mouvement, le c. intérieur et l'index qui lui est attaché décriront sur le limbe gradué du c. extérieur un arc AB, égal à l'angle POQ. A présent, fixons l'index au c. *extérieur,* dégageons l'intérieur et faisons la lecture des divisions. La différence des lectures sera nécessairement la mesure de l'angle POQ; mais le résultat sera sujet à deux sources d'erreur, celle de la graduation et celle de l'observation : or, notre objet est de les faire disparaître toutes deux. A cet effet, ramenons le télescope à P, sans détacher le bras du c. extérieur. Alors, après avoir fait la bissection de P, fixons le bras à *b,* détachons-le de B, et reportons le télescope en C, en décrivant un second arc BC égal à l'angle POQ. Maintenant, faisons la lecture des divisions. La différence entre cette seconde lecture et la lecture *originaire* mesurera *deux fois* l'angle POQ, et cette mesure sera affectée des deux erreurs d'observation, mais seulement de la même erreur de graduation qu'auparavant. Répétons cette opération aussi souvent qu'il nous plaira, dix fois par ex. Alors l'arc final ABCD lu sur le cercle sera égal à dix fois l'angle cherché; il sera donc affecté des erreurs accumulées des dix observations, mais seulement de la même erreur de graduation qui est constante, et qui résulte uniquement de la lecture des deux extrémités de l'arc. Or, les erreurs d'observation, lorsqu'elles sont nombreuses, tendent à se compenser et à se détruire mutuellement, de telle sorte que, si elles sont suffisamment multipliées, le résultat se trouvera dégagé de leur influence. Il ne restera donc plus que l'erreur constante de graduation; mais celle-ci se divisera dans le résultat final par le nombre des observations, et par conséquent diminuera constamment jusqu'à n'être plus qu'un dixième, ou même moins, de sa quantité possible. »

Lorsque le c. répétiteur est employé pour mesurer les distances zénithales, c.-à-d. les angles des directions avec la

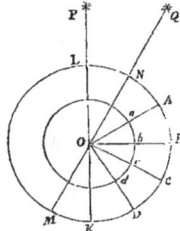

Fig. 1.

verticale, il est établi (Fig. 2) de manière à pouvoir tourner sur un pivot vertical dont la direction passe à travers son centre, et auquel son plan est parallèle; il doit aussi pouvoir tourner dans son propre plan autour d'un axe horizontal. L'instrument étant placé dans le même plan vertical que l'étoile, on dirige le télescope vers celle-ci et l'on fait la bissection; le télescope qui porte les verniers avec lui, est alors solidement fixé au c., puis on fait faire à l'instrument un demi-tour, c.-à-d., on lui fait décrire une demi-circonférence autour de l'axe vertical. Si le c. est tenu solidement fixé, et qu'ensuite on dégage le télescope et qu'on le fasse tourner jusqu'à ce qu'il rencontre encore l'étoile, il est évident que l'arc du limbe parcouru par les verniers en conséquence du mouvement du télescope sera double de la distance zénithale de l'étoile. On répète l'opération aussi souvent qu'on le juge nécessaire. C'est au moyen du c. répétiteur que les académiciens français ont mesuré l'arc du méridien qui a servi de base à l'établissement de notre système métrique. — L'idée de cette ingénieuse méthode est

Fig. 2.

due à l'Allemand Tobie Mayer, qui l'a fait connaître en 1777; mais c'est notre compatriote Borda qui, le premier, a fait construire des instruments propres à la mettre en pratique: aussi donne-t-on souvent au c. répétiteur le nom de C. de Borda. Le c. répétiteur de Borda était monté sur une articulation qui permettait de l'orienter dans tous les plans (Fig. 3). Voy. DELAUNAY, *Traité d'Astronomie*. — ARAGO, *Astronomie populaire*.

Cosmogr. et Géogr. — Le terme de C. est encore très usité dans le langage de ces deux sciences pour désigner certaines lignes que l'on suppose tracées sur la sphère céleste

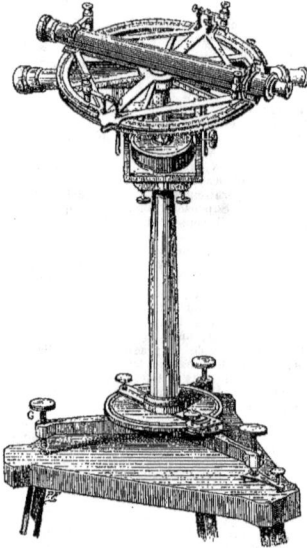

Fig. 3.

ou la sphère terrestre. Ces cercles ont été imaginés afin de faciliter l'intelligence de la situation relative et des mouvements des astres, ainsi que pour fixer la position des objets. Ainsi, on nomme C. *horaire* ou C. *de déclinaison*, tout grand c. de la sphère céleste passant par les deux pôles. Voy. SPHÈRE, ÉCLIPTIQUE, TROPIQUE, ZODIAQUE, etc.

Phys. — C. *chromatique*. — C. imaginé par Newton et composé de sept secteurs colorés suivant les couleurs du spectre, les surfaces de ces secteurs étant entre elles comme les fractions $\frac{1}{8}$ $\frac{1}{10}$ $\frac{1}{5}$ $\frac{1}{8}$ $\frac{1}{10}$ $\frac{1}{8}$. Si l'on fait tourner ce c. rapidement autour de son centre, les impressions produites par les couleurs sur la rétine se succèdent si rapidement, qu'elles se mêlent, et l'apparence obtenue est celle du blanc. Ce c. peut aussi servir à prévoir la nuance obtenue en mélangeant dans des proportions données certaines couleurs.

C. *de Barlow*. — Instrument destiné à mesurer la composante verticale de la force magnétique. Voy. MAGNÉTOGRAPHE.

Bot. — C. *des fées* ou *ronds de sorcière*, places circulaires de plus en plus larges, pouvant atteindre 15 mètres de diamètre, produites dans le sol des prairies par le développement de divers Agarics, surtout les Mousserons. Ces cercles sont limités en dehors par une zone de 15 à 20 centimètres d'un vert plus intense où le gazon est plus vigoureux, et en dedans par une zone jaunâtre où le gazon est mort. Ces cercles traduisent au dehors la croissance périphérique du thalle à partir de la spore primitive.

Légis. — Les lieux de réunion ou sociétés nommés *Cercles* sont soumis à certaines règlementations.

Pour ouvrir un c., il faut obtenir l'autorisation du préfet de police à Paris, des préfets dans les départements.

La loi du 16 septembre 1871 a établi sur les cercles, sociétés, etc., un impôt modifié successivement par la loi du 17 juillet 1889, et par celle du 8 août 1890, dont l'article 39 est ainsi conçu : « Il est établi sur les cercles, sociétés et lieux de réunion où se payent des cotisations, une taxe réglée à la fois sur le montant des cotisations, y compris les droits d'entrée, et sur le montant de la valeur locative des bâtiments, locaux et emplacements affectés à l'usage de l'établissement, d'après les catégories suivantes : 1re catégorie. Cercles dont les cotisations s'élèvent à 8,000 fr et au-dessus, ou la valeur locative à 4,000 fr. et au-dessus: 20 p. 100 du montant des cotisations et 8 p 100 du montant de la valeur locative; 2e catégorie. Cercles dont les cotisations sont de 3,000 fr. et au-dessus, mais inférieures à 8,000 fr. ou dont la valeur locative est de 2,000 fr. et au-dessus, mais n'atteint pas 4,000 : 10 p. 100 du montant des cotisations et 4 p. 100 du montant de la valeur locative; 3e catégorie. Cercles dont les cotisations sont inférieures à 3,000 fr. et la valeur locative à 2,000 fr.: 5 p.100 du montant des cotisations et 2 p. 100 de la valeur locative.

« Sont exemptées de cet impôt : 1° les sociétés de bienfaisance ou de secours mutuels; 2° les sociétés exclusivement littéraires, scientifiques, musicales, agricoles; 3° les sociétés uniquement fondées pour le développement des exercices physiques, telles que les sociétés de gymnastique, de tir, de sport, à condition toutefois, pour ces deux dernières catégories de sociétés, que leurs réunions ne soient pas quotidiennes. »

Cercles militaires, Voy. RÉUNIONS DES OFFICIERS.

CERCLER. v. a. Garnir de cercles, entourer de cercles, de cerceaux. C. *une cuve, un tonneau*. Entourer, être disposé autour. *Un nimbe d'or cercle la tête de cette Vierge* (THÉOPHILE GAUTIER). == CERCLÉ, ÉE. part.

CERCLIER. s. m. Ouvrier qui fait des cercles

CERCLIÈRE. s. f. Terrain planté de châtaigniers en taillis pour le cercle des futailles.

CERCOLABES. s. m. (gr. χέρχος, queue; λαμβάνω, je prends). T. Zool. Genre de mammifères de l'ordre des Rongeurs, caractérisé par la présence de piquants sur le corps, comme le porc-épic. On les nomme vulgairement *Coendou*. Le C. *prehensilis*, qui vit dans les forêts du Brésil et de la Guyane, mesure un pied et demi de long sans compter la queue; celle-ci est prenante et l'animal s'en sert pour grimper aux arbres.

CERCOPE. s. m. (gr. χέρχος, queue; ὄψ, œil). T. Ent. Genre d'insectes hémiptères. Voy. CICADAIRES.

CERCOPITHÈQUE. s. m. (gr. χέρχος, queue; πίθηχος, singe). T. Mamm. Les *Cercopithèques* (*Cercopithecus*) forment un groupe important dans l'ordre des *Quadrumanes* et dans la division des *Singes de l'ancien continent*. Geoffroy Saint-Hilaire divise ce groupe en deux genres : les *Cercopithèques* proprement dits, et les *Miopithèques*. — Les *Cercopithèques* ont des formes grêles, la queue et les membres longs, les mains allongées, les pouces bien développés, surtout au membre postérieur, et les doigts quelquefois réunis par des membranes. Leur face est aplatie, leur nez court et leur front nul dans l'état adulte; l'allongement du museau varie avec les espèces; l'angle facial est de 50 à 60 degrés. Leurs dents, égales en nombre à celles de l'homme, en diffèrent surtout par le développement considérable des canines supérieures. Leur face est munie d'abajoues, et leurs callosités

Fig. 1.

ischiatiques sont bien marquées. La taille de ces singes varie, selon les espèces, de 40 à 60 centim., et leur pelage varie également pour chacune d'elles. Les cercopithèques (Fig. 1) habitent exclusivement l'Afrique et la partie de l'Asie voisine de cette péninsule : on n'en rencontre pas dans l'île de Madagascar. Ils s'acclimatent facilement en Europe, et les ménageries sont riches en échantillons de ce genre. Les espèces à museau saillant ont des formes peu gracieuses, et sont d'une méchanceté que les caresses ne peuvent diminuer, et que les châtiments changent simplement en dissimulation. Le seul moyen de maîtriser ces animaux est de leur couper les canines, qui, pointues et tranchantes, pénètrent profondément dans les chairs, et avec lesquelles ces singes font de cruelles blessures. Quand ils se voient privés de ces armes dangereuses, ils font

succéder tout à coup à la méchanceté insolente une honteuse couardise. Les espèces à museau moins saillant ont, au contraire, des formes gracieuses et un naturel plus doux. Elles sont sensibles aux bons traitements, et se montrent reconnaissantes et dociles. Tous ces animaux ont une mobilité d'esprit extraordinaire; le moindre objet fixe leur attention, la plus légère sensation les en distrait ; on les voit, sans motif apparent, passer de la joie à la tristesse, du contentement à la colère. Ainsi que leur esprit, leur corps est toujours en mouvement : leur marche est une suite non interrompue de bonds rapides. Les *Cercopithèques* ne se reproduisent que rarement en captivité; l'instinct maternel est très développé chez la mère, mais le père ne semble pas avoir la moindre affection pour ses enfants. — À l'état de liberté, les mœurs de ces singes sont peu connues. On sait cependant qu'ils vivent dans les forêts, où ils sautent de branche en branche. Réunis par bandes, ils font la maraude avec une tactique remarquable. Pendant que des sentinelles placées sur des arbres élevés font le guet, tous les individus de la bande se hâtent de remplir leurs abajoues; puis, lorsque les provisions sont recueillies, ils regagnent rapidement leur retraite pour y déposer leur butin, et ils recommencent ensuite leur expédition. Si quelque ennemi se présente, les sentinelles donnent l'alarme, et la bande se retire avec prestesse et ordre. Ces animaux dévastent ainsi des plantations très étendues. La nourriture des cercopithèques consiste principalement en fruits et en racines; ils dévorent aussi des arachnides et des mollusques. Retirés dans leurs bois, ils se défendent avec succès contre les animaux féroces; mais les oiseaux de proie et les serpents sont pour eux de très dangereux ennemis.

Ce genre renferme un assez grand nombre d'espèces qui se distinguent les unes des autres par la coloration des différentes parties du corps. Nous citerons seulement les plus remarquables. — Le *C. hocheur* (*C. nictitans*), appelé par Buffon *Guenon à nez blanc proéminent*, a, en effet, le nez

Fig. 2.

blanc et velu au milieu d'un visage noir; le tour des lèvres et des yeux roussâtre, les parties supérieures d'un noir pointillé de blanc, les membres et la queue noirs. — Le *C. blanc nez*, ou *Ascagne* (*C. petaurista*) [Fig. 2], a également le nez blanc et velu; mais son visage est bleu, tandis que les parties supérieures du corps sont d'un vert nuancé de roux et tacheté de noir. Sa tête est ornée d'une sorte de huppe large et très courte. Ces deux espèces habitent la Guinée. — Le *C. barbu*, de Fernando-Po, a le visage entouré d'un collier de poils longs et d'un blanc jaunâtre; son pelage est d'un noir râtre liquelé de blanc qui devient noir sur le dos et la queue. — Le *Moustac* (*C. cephus*) a le tour de la bouche noir et circonscrit par du blanc; entre les yeux et les oreilles sont deux larges taches formées par des poils jaunes; la queue est d'un roux vif, plus pâle en dessous. Cette espèce vit dans la Guinée. — Le *C. aux lèvres blanches* (*C. labiatus*) a quelques rapports avec le c. hocheur, mais il en diffère par la couleur terne de sa queue et un cercle blanc autour de la bouche. — Le *Mone* (*C. mona*) n'est pas rare dans les ménageries. Il est remarquable par une bande d'un blanc verdâtre qui lui traverse le front; le reste du pelage varie suivant les parties du corps; le dos, les épaules, les flancs, sont d'un roux liqueté de noir; de chaque côté de la queue sont deux taches ovales blanches; les mains et la face externe des membres sont noirs; la face interne de ceux-ci est d'un beau blanc. — Le *Roloway* a aussi sur le front une bande sourcilière blanche; le dos est d'un brun foncé; la poitrine, le ventre et la partie interne des cuisses sont d'un blanc orangé. — Le *C. Diane* diffère de l'espèce précédente par son ventre noir et son dos marron; de plus, les parties latérales de la face forment une barbe pointue et assez longue. — Le *C. à diadème* (*C. leucampyx*, Marl.) a sur le front une tache blanche en forme de croissant; le dessous du menton est blanc; la queue noire est liquetée de blanc; le reste du corps est noir, et le menton est dépourvu de barbe. Ces quatre espèces habitent la Guinée.

Toutes les espèces ci-dessus ont le museau aplati : chez celles qui suivent, au contraire, il est plus long, et les formes sont moins svelte. Parmi ces dernières, les unes ont le pelage d'un vert plus ou moins décidé, les autres l'ont de couleur rousse. — Le *C. Delalande* a le pelage d'un gris olivâtre, la face, les mains et le menton noirs; la queue grise et noire à l'extrémité, et l'anus entouré de poils ras, d'un rouge vif : une bande blanche lui traverse le front. Cette espèce habite la Cafrerie. — Chez le *C. Vervet* (*C. pygerythræus*), le pelage est vert jaunâtre liqueté de noir sur la tête, le dos, les épaules; le dessous de la queue; la face interne des membres est grise; le visage, le menton, les quatre mains et le bout de la queue sont noirs; enfin, le tour de l'anus est d'un rouge vif. — Le *Malbrouck* (*C. cynosurus*) de la côte occidentale d'Afrique se rapproche beaucoup des deux espèces précédentes et par leur roux de l'anus, et par la tache blanche du front, et par la couleur verte de son pelage; mais il a le menton blanc comme le dedans des membres, les mains noirâtres avec l'extrémité des doigts plus claire. — Le *C. gris vert* ou *Grivet* (*C. griseoviridis*) a la bande du front plus étroite, les joues garnies de longs poils blancs, le pelage vert jaunâtre pointillé sur la tête, le dos, les épaules et les flancs, gris liqueté de blanc sur la face externe des membres; il n'a point autour de l'anus le tour roux qu'on trouve dans les espèces précédentes. Ce singe habite l'Égypte, l'Abyssinie et le Sennaar. — Le *Callitriche* (*C. sabæus*), vulgairement appelé *Singe vert* ou *Singe de Saint-Jacques*, est une belle espèce du Sénégal dont le pelage d'un vert doré vif passe au gris sur la face externe des membres et sur la queue : celle-ci se termine par une touffe de poils jaunes. — Le *C. roux vert* (*C. rufoviridis*) a le front orné d'une bande blanche, la tête d'un vert olive, le corps roux verdâtre, et les flancs d'un roux pur. On ne connaît pas sa patrie.

Les espèces suivantes ont le pelage roux. — Le *Patas* (*C. ruber*), connu sous le nom de *Singe rouge*, est originaire de l'Afrique occidentale : il s'acclimate difficilement en Europe. Son pelage est roux en dessus, et blanc en dessous, avec les épaules et les bras de couleur grisâtre. Le nez est noir. — Le *C. à dos rouge* (*C. pyrrhonotus*) diffère du précédent par le blancheur de son nez, ainsi que par le roux des épaules et des bras. Cette espèce vit dans la Nubie.

Les *Miopithèques* forment le 2e genre du groupe des *Cercopithèques*. Ils se distinguent des *Cercopithèques* proprement dits par leur crâne plus volumineux et s'élevant supérieurement au-dessus des orbites, par leur museau très court, par leur nez très peu saillant, avec des narines allongées, s'ouvrant intérieurement et latéralement, et séparées par une cloison assez épaisse, par leurs grands yeux, et par un angle facial d'environ 60 degrés. Tout cet ensemble leur donne une physionomie particulière, qui les rapproche des singes d'Amérique; ils ont d'ailleurs les caractères propres du genre c. parfaitement prononcés. La taille de ces animaux ne dépasse pas 30 à 40 centim., du museau à la naissance de la queue; ce sont les singes les plus petits de l'ancien continent. On n'en connaît jusqu'à présent que deux espèces, le *Talapoin* et le *Miop. chevelu*, toutes deux de la côte occidentale d'Afrique. On ne sait rien de leurs mœurs à l'état sauvage. Quant au talapoin, qui seul a été observé en captivité, et il est remarquable par sa grâce, sa douceur et sa gentillesse. Cette espèce a le pelage d'un vert liqueté, le nez noir, et les poils du front relevés de manière à former une sorte de huppe large et courbe.

CERCUEIL. s. m. (lat. *sarcophagus*, du gr. σαρχοφάγος,

tombeau; de σάρξ, σαρχός, chair, et φαγεῖν, dévorer, consumer). Bière, caisse de bois, de plomb, etc., où l'on met un corps mort. || Fig. et dans le style élevé, se dit en parlant de la mort. *Descendre au c. Le chagrin l'a mis au c. L'oubli du c.*

CERDA (LES INFANTS DE LA), petits-fils d'Alphonse X *le Sage*, dont les droits au trône de Castille furent soutenus par le roi de France Philippe III *le Hardi*.

CERDA (LA) (CHARLES), connétable de France sous Jean le Bon, assassiné par le roi de Navarre, Charles le Mauvais (1354).

CERDAGNE, ancien pays de France, partie en France, partie en Espagne (Pyrénées-Orientales).

CÉRÉALE. adj. f. (lat. *cerealis*; de *Cérès*, déesse des moissons). Se dit en général des plantes qui, telles que le froment, l'orge, le seigle, etc., produisent les grains dont on se sert pour faire du pain. — Se dit aussi de ces grains mêmes. *Plantes céréales. Graines céréales.* || S'emploie plus ordinairement comme subst. *Cette c. est peu sensible au froid. Quel est le prix des céréales? Les céréales ont baissé, ont haussé, Leur prix s'est abaissé, s'est élevé.* || T. Méd. *Affection c.,* Se dit des maladies qui proviennent de l'ingestion de mauvaises farines. — *Maladie c.,* Nom que l'on donne quelquefois à l'acrodynie ou ergotisme, occasionné par l'usage de la farine mêlée de seigle ergoté.

Agr. — On désigne généralement sous ce nom le froment, l'épeautre, le seigle, l'orge et l'avoine; quelques auteurs l'appliquent aussi au riz, au maïs, au millet et au sarrasin; mais la Statistique officielle de la France range surtout sous cette dénomination les cinq premières espèces de grains. — Les céréales peuvent être envisagées à divers points de vue : au point de vue botanique, voy. GRAMINÉES, etc.; au point de vue agricole, voy. FROMENT, AVOINE, MAÏS, etc.; au point de vue des préparations que ces grains doivent subir pour être convertis en aliments, voy. FARINE, MOULIN, PAIN, etc.; au point de vue du commerce, voy. GRAINS. Nous nous contenterons ici de dire quelques mots de la statistique et du commerce des grains en France, de leur mode de conservation, et enfin nous parlerons des maladies principales qui affectent nos céréales les plus importantes.

I. *Statistique.* — En 1883, on comptait environ en France, sur 33 millions d'hectares cultivés, 15 millions cultivés en céréales, c.-à-d. près de la moitié de la surface, répartis comme il suit :

Froment . .	6,866,054	produisant 104,722,587 hectolitres.
Avoine . . .	3,677,425	— 90,000,659
Seigle . . .	1,723,195	— 25,588,872
Orge	1,046,304	— 40,666,643
Maïs	598,080	— 9,765,881

Malgré ces fortes récoltes, la France en importe encore de grandes quantités : 15 à 20 millions d'hectolitres de froment, 3 millions d'hectolitres d'avoine, et 2 à 3 millions de quintaux de maïs.

Moreau de Jonnès estime qu'en 1700 la France ne produisait que 92,856,000 hectol., soit 474 lit. par habitant; en 1760, 98,590,000 hectol., ou 450 lit.; en 1788, 115,816,000 hectol. ou 484 lit.; en 1813, 132,435,000 hectol. ou 441 lit.; enfin elle est arrivée, en 1840, au chiffre de 182,516,030 hectol. ou 544 lit. par habitant, et, en 1883, à 240,744,000 hectol. pour 38,000,000 d'habitants, soit 633 lit. par habitant. La quantité moyenne des récoltes en France aurait donc plus que doublé depuis Louis XIV, tandis que la population n'a augmenté que de 70 p. 100. — En 1700, ajoute encore Moreau de Jonnès, la production était de 8 hectol. par hectare; en 1760, de 7 hectol.; en 1788 et en 1813, de 8 hectol.; en 1849, elle avait atteint le chiffre de 13 hectolitres.

L'augmentation de la production des céréales que nous venons de signaler en France, s'est produite dans presque tous les pays; mais c'est surtout en Amérique que cette production s'est développée dans des proportions considérables, grâce aux immenses territoires mis en culture dans le courant de ce siècle. L'abondance par suite est devenue telle que le blé américain nous arrive à des prix inférieurs au prix de revient du blé français. L'hectolitre de froment qui valait 23 fr. en 1880, est tombé à 16f50 en 1887. C'est pour remédier à cet état de choses et éviter la ruine de notre agriculture, qui menaçait d'en être la conséquence, que les Chambres françaises ont établi, en 1887, un droit de donane de 5 fr. par hectolitre sur les blés étrangers. Ce droit a été porté à 7 fr. en 1894. Les autres céréales ont été frappées de droits plus ou moins forts. Voy. GRAINS.

Quoi qu'il en soit, il résulte certainement de cette augmentation constante de production, que l'alimentation des peuples n'a pas cessé de progresser, surtout au point de vue de la régularité des approvisionnements. Au moyen âge, les famines étaient fréquentes. En France seulement, les historiens en comptent 26 au XIe siècle, et 51 au XIIe; plus tard, dans le XVIIe siècle, on trouve 33 disettes et 11 famines; au XVIIIe, 28 disettes et 9 famines; au XIXe (en cinquante ans), 13 disettes et 1 famine. Il y a donc eu, à ce point de vue, une amélioration sensible.

II. *Conservation des céréales.* — Cette question intéresse au plus haut point tous les pays civilisés, car ces grains constituent la base de la production agricole et celle de l'alimentation des habitants. Il importe au bien-être des nations que l'on puisse, lorsque les récoltes sont surabondantes et les céréales à très bas prix, conserver une partie de la production en excès, pour la reverser dans la circulation aussitôt qu'il survient une récolte mauvaise et que le prix des grains tend à s'élever au-dessus du prix moyen. Mais deux obstacles naturels s'opposent à la conservation des grains : ce sont l'humidité qui les fait fermenter, et les insectes qui en détruisent des quantités considérables. — En Égypte, où il ne pleut presque jamais, et dans les contrées où les pluies sont rares, le problème est facilement résolu par l'emploi du *Silo*. Le silo est tout simplement une fosse dont les parois sont revêtues en maçonnerie, puis recouvertes, ainsi que le fond, d'une couche de paille bien sèche. Lorsque la fosse est remplie de grain, on recouvre celui-ci avec de la paille, et l'on ferme la fosse au moyen d'une voûte en maçonnerie, où l'on ménage une ouverture à couvercle mobile afin d'y pouvoir puiser au besoin. Le grain se conserve dans les silos, sans altération, pendant un temps indéfini. Mais, en France, ainsi que dans les pays du Nord, le procédé de l'*ensilage* des grains n'a pas réussi, et on attribue cet insuccès à l'humidité du sol, laquelle pénètre jusque dans l'intérieur des silos les mieux construits. Alors, au lieu d'essayer de perfectionner le silo, on s'est jeté dans une voie fausse. En effet, comme il est d'observation que les blés convenablement aérés sont moins sujets à s'échauffer dans les greniers que les masses laissées en repos, on a cru trouver la solution du problème dans l'aérage et la ventilation des grains. On a imaginé des greniers à ventilateurs, etc., qui tous ont pour premier inconvénient d'être extrêmement dispendieux, et qui, en outre, présentent ce défaut capital, qu'ils n'empêchent pas sûrement la fermentation, et qu'ils ne mettent aucun obstacle au développement des insectes. Le succès qu'on a obtenus par ces divers procédés paraissent tenir tout simplement à l'état de siccité des grains. Or, ainsi que l'a établi Doyère, les grains secs peuvent se conserver, pendant un certain temps, par tous les procédés possibles. Mais il n'en est pas de même des blés humides, comme la majeure partie des blés de la France. J'ai trouvé, dans Doyère, qu'un blé contenant 21 p. 100 d'eau fournit, par 20° du thermomètre centigrade, 120 milligr. d'acide carbonique par jour et par kilogr. dans l'état de repos, et 17 miligr. par heure sous l'influence d'un courant d'air constant : ce qui ferait 408 milligr. par jour. La ventilation fait donc plus que tripler la décomposition dont l'acide carbonique est l'un des produits et qui s'accompagne de la formation de substances âcres et fétides, entraînant une perte en qualité bien redoutable que la perte en quantité.

Il résulte des expériences de Doyère que, dans les grains contenant moins de 16 p. 100 d'eau, il ne se produit qu'une fermentation alcoolique excessivement faible, sans développement d'odeur ni de goût, et saisissable seulement par les procédés les plus délicats de la chimie. D'ailleurs, cette fermentation même s'arrête dans les vases fermés, après que l'oxygène de l'air, qui l'a déterminée primitivement, a complètement disparu. Il ne s'y forme aucun autre produit acide que l'acide carbonique ; l'amidon et le gluten n'y éprouvent aucune modification. Vers le chiffre de 16 p. 100 d'humidité, ou un peu au delà, l'altération des grains commence à se produire, avec le temps, dans les vases fermés ; son activité relative dans des blés diversement humides croît avec la proportion d'eau, mais beaucoup plus rapidement que cette proportion elle-même. Elle est due aux fermentations engendrées par les chimistes lactique, butyrique et caséeuse. Par conséquent, quel que soit le procédé employé, il est impossible de conserver des blés humides, comme le sont en général les blés de France. Cette

humidité excessive des blés dans notre pays ne doit pourtant pas être attribuée seulement au climat ni aux conditions atmosphériques dans lesquelles la récolte peut avoir été faite. Les habitudes agricoles entrent pour beaucoup : car, dans la plus grande partie de la France, on coupe les blés à moitié verts, et on se hâte de les entasser dans des granges et dans des meules, où ils entrent immédiatement en fermentation. — Si, comme nous le pensons, les observations de Doyère sont exactes, il est évident qu'il faut d'abord sécher les blés que l'on prétend conserver, lorsqu'ils contiennent 16 p. 100 d'humidité et au delà. Quant au lieu où il convient de les renfermer ensuite, le silo nous paraît infiniment préférable au grenier, car celui-ci est ouvert à l'air extérieur, et exposé à toutes les variations de température. Or, l'air introduit dans les grains des germes de fermentation et des œufs d'insectes, et les variations de la température favorisent les phénomènes chimiques dont les blés peuvent devenir le siège. Le silo souterrain en maçonnerie offre, sur le grenier, le grand avantage de présenter une température basse et constante ; mais il n'est pas complètement inaccessible à l'air, et il est impossible de le rendre imperméable à l'humidité. Pour parer à ces deux derniers inconvénients, Doyère a proposé d'employer les métaux. Il avait même proposé de soustraire les grains à l'action de l'air en les renfermant dans des réservoirs en tôle où l'on ferait le vide. Ce procédé, repris et perfectionné par M. Louvel, assure aux grains une conservation indéfinie. M. Louvel, ayant remarqué que la tôle même laisse parfois filtrer l'air, l'a remplacée par de la tôle à nervure beaucoup plus résistante.

Cependant, maintenir constamment dans le vide d'énormes récipients n'en reste pas moins, dans la pratique, une opération difficile et coûteuse, à cause des appareils nécessaires. On évite ces inconvénients par l'introduction, dans les récipients non privés d'air, de quelques grammes de sulfure de carbone qu'on peut renouveler de temps en temps, quand les émanations ne se font plus sentir. Voilà pour la destruction des insectes, des moisissures et des ferments. Si l'on craignait l'humidité, 60 litres de chaux, en poudre, mélangés à 3,000 litres de blé, suffisent pour la conservation des grains même germés et en décomposition.

Lorsque les blés ont été attaqués par l'humidité, qu'ils sont moisis superficiellement, il est encore possible de les rétablir dans leurs qualités premières, en les soumettant à des lavages, d'abord à l'eau légèrement alcaline ou bouillante, ensuite à l'eau fraîche, puis à une dessiccation soignée dans une étuve modérément chauffée, ou dans le four, deux heures après que le pain a été retiré.

Les blés ainsi traités ne sont plus propres aux semailles ; mais ils peuvent encore faire d'assez bon pain. La panification exige, toutefois, des précautions plus grandes. Lorsque le blé a été trop échauffé ou vicié dans les greniers, le gluten a subi des altérations ; et le pain qui en proviendrait serait peu nourrissant ou malsain. Ces sortes de blés ne peuvent plus servir qu'aux amidonniers.

III. *Maladies des céréales.* — Les céréales sont sujettes à plusieurs maladies, au premier rang desquelles nous placerons la *Rouille*, le *Charbon* et la *Carie*. On a longtemps ignoré la nature de ces affections, mais on sait aujourd'hui qu'elles sont occasionnées par la présence de plusieurs espèces de champignons parasites de la famille des *Urédinées* et des *Ustilaginées*. Voy. ces deux mots.

La *Rouille* se développe sur les feuilles (particulièrement à leur face inférieure), les gaines, les chaumes, les glumes et quelquefois les grains de presque toutes les graminées. On voit d'abord sur les feuilles des points d'un brun jaunâtre, ovales, allongés, légèrement saillants, tantôt épars, tantôt très rapprochés ; l'épiderme se fend longitudinalement, et il sort une poussière jaune orangé qui s'attache aux doigts. Lorsqu'elle est très abondante, les feuilles pâlissent, jaunissent et se fanent ; parfois les chaumes qui naissent sont maigres, les épis petits et peu fournis en fleurs. Enfin, quand la Rouille s'est propagée aux glumes, elle en amène ordinairement la stérilité. À la fin de l'été les taches deviennent noires. Cette maladie est produite par la végétation sur le blé du *Puccinia graminis* qui commence son développement sur l'Épine-Vinette. Voy. URÉDINÉES.

La Rouille a été signalée de toute antiquité. Moïse en menaçait les Hébreux pour les punir de leur indocilité. Les anciens Romains célébraient chaque année, en l'honneur du dieu ou de la déesse *Robigo*, une fête rurale, qui avait pour objet de préserver les champs de la rouille. L'institution de cette fête appelée *Robigalia*, datait, dit-on, du règne de Numa. — La Rouille, quand elle est abondante, est un fléau pour nos campagnes. Les feuilles se sèchent, les chaumes sont grêles et mal nourris, les épis petits; parfois même ces derniers ne fleurissent pas ou bien avortent. Toutefois, ce malheur n'est à craindre que lorsque le mois d'avril a été pluvieux, et que les mois de mai et de juin ont été secs et chauds; encore même la végétation reprend-elle sa vigueur et le mal se répare-t-il s'il survient des pluies légères pendant ces deux mois, surtout pendant le premier.

Le *Charbon* (*Ustilago segetum*) se développe sur les pédicules des épillets, les glumes et les grains de presque toutes les graminées; mais il attaque surtout le froment, l'orge et l'avoine. Les plantes malades sont plus petites et d'un vert

Fig. 1.   Fig. 2.

moins vif. Lorsque les épis sont sortis, les grains sont noirs, rapprochés; quelques jours après, par l'agitation du vent, ils se réduisent en une poussière noire et il ne reste plus que le squelette de l'épi horriblement défiguré (Fig. 1). Dans plusieurs de nos départements, les cultivateurs donnent à cette poussière le nom de *Nielle*. Une autre espèce de Charbon propre au maïs (*Ustil. maydis*) attaque toutes les parties de la plante. Il détermine sur la tige le développement de tumeurs qui bientôt se ramollissent, tombent en poussière et laissent des ulcères saniсux à leur place. Quand il attaque l'épi, il le rend parfois entièrement stérile. Le Charbon ne peut se confondre avec aucune autre maladie des céréales, parce qu'au moindre contact il se dissipe en poussière.

La *Carie* (*Tilletia Caries*) n'affecte jamais que l'ovaire des graminées. Elle attaque surtout le froment; néanmoins on l'a rencontrée sur le sorgho et d'autres espèces de graminées. Les blés communs, tendres et blancs, sont moins souvent atteints que les blés barbus, les épeautres et les blés durs. Les cultivateurs l'appellent *Noir, Cloque, Moucheture, Gras, Pourrissure*, etc.; mais ils la confondent quelquefois avec le Charbon. Les plantes affectées par la Carie sont souvent pâles et maigres, comme celles dont l'épi est charbonné. Les grains malades (car il est rare que tous ceux d'un même épi soient atteints) sont d'abord plus gros, puis plus petits, marqués de 2 ou 3 sillons et d'une couleur brune. Lorsqu'on les brise, on les trouve remplis d'une matière noire, onctueuse et fétide, dont l'odeur rappelle celle du poisson de mer : ce sont les spores du *Tilletia Caries*. C'est à ce caractère que les agriculteurs distinguent la Carie du Charbon; cependant, il n'est pas le seul. En effet, vues au microscope, les spores

du *Tilletia Caries* sont sphériques, marquées d'un réseau régulier et assez souvent munies d'un pédicelle très court, tandis que celles du Charbon sont très lisses, d'un noir fuligineux et dépourvues de toute espèce d'appendice. — La Carie est généralement regardée comme un fléau plus redoutable que le Charbon, mais le fait n'est pas bien démontré. On remarque, d'une part, qu'elle n'attaque que deux céréales, tandis que le Charbon affecte toutes les plantes de la famille. En outre, la Carie n'est presque jamais générale, à la différence du Charbon qui infecte assez souvent les récoltes tout entières. Enfin, pour peu que le blé employé aux semailles soit carié, il donne un quart au moins de grains cariés. Ce blé diminue la valeur commerciale des grains non cariés, parce qu'au battage les spores de la Carie se fixent sur ces derniers. Les grains ainsi salis sont dits *mouchetés*. Il y a plus : c'est que si on lave ces grains, l'eau se charge des spores de la Carie et la communique au fumier sur lequel on la jette. Ce fumier la transmet à son tour à la terre dans laquelle on l'enfouit et par suite aux récoltes qu'elle produit.

On s'est demandé si les champignons qui attaquent les céréales possèdent des propriétés malfaisantes. Il paraîtrait qu'il n'en est rien. Ainsi, le Dr Imhoff a pris, pendant 14 jours, une drachme d'*Ustilago maydis* et n'en a éprouvé aucun dérangement. Le Dr Cordier a obtenu un résultat identique, en expérimentant sur lui-même l'*Ust. segetum*. Tessier a pu donner impunément des quantités assez considérables de *Tilletia Caries* à des gallinacés. Enfin, suivant Cordier, les batteurs en grange n'éprouvent aucune incommodité sérieuse à opérer sur des grains tellement charbonnés ou cariés que la poussière remplit l'atmosphère, et pénètre dans les yeux et les voies aériennes et digestives; ils en sont quittes pour une toux peu opiniâtre. La Carie est nuisible seulement par les énormes ravages qu'elle fait dans les froments, par la mauvaise odeur et la couleur cendrée qu'elle donne au pain et surtout à la farine, quand elle s'y trouve mélangée en trop grande quantité. Lorsque le blé ne contient qu'une faible proportion de grains cariés, il est facile de les séparer par le lavage à grande eau. Les grains non attaqués tombent au fond de l'eau; les autres, beaucoup plus légers, surnagent à la surface et on peut alors les enlever au moyen d'une large écumoire. Le lavage terminé, on se hâte de faire sécher le froment en l'étendant sur des toiles à l'air libre.

La Rouille, le Charbon et la Carie portent trop souvent le ravage dans les récoltes pour qu'on n'ait pas cherché des moyens de les détruire. On a proposé, contre la première, de faucher les feuilles des blés malades; mais cette opération, qui d'ailleurs ne pourrait se faire qu'en automne et au printemps, parait inutile, parce que ces feuilles meurent naturellement. La Rouille est surtout à redouter lorsqu'elle se développe sur les chaumes et les glumes; or, dans ce cas, il n'est pas possible de l'atteindre. Plusieurs agriculteurs ont cru remarquer que ce champignon se manifeste particulièrement dans les lieux où le fumier est en excès; s'il en était ainsi, le remède serait des plus simples à appliquer. — On emploie les mêmes moyens pour combattre le Charbon et la Carie; mais il est peut-être plus difficile de garantir les céréales des atteintes du premier, parce qu'à l'époque de la moisson une partie des spores de l'*Ustilago segetum* sont déjà disséminées sur la terre, tandis que celles du *Tilletia Caries* sont mises en grange avec les grains qui les renferment. Les moyens en usage ont pour objet de détruire la faculté végétative des spores en faisant tremper les grains, avant de les semer, dans un bain dont la composition varie selon le pays. En France, on se servait autrefois d'une solution arsenicale; mais la législation actuelle interdit l'emploi de l'arsenic, à cause des dangers qu'il peut présenter. On donne aujourd'hui la préférence à un lait de chaux additionné de sel marin. On fait aussi, mais plus rarement, usage d'une solution de sulfate de cuivre, ou bien de lessive de potasse, de soude ou de cendres de bois neuf. Dans tous les cas, il est indispensable, lorsqu'un champ a été envahi par le Charbon ou par la Carie, de ne pas le semer en céréales, et de substituer à celles-ci une plante d'une autre famille, comme une Légumineuse, etc. Les champignons qui affectent les céréales, ne pouvant vivre qu'aux dépens de ces végétaux, disparaissent d'une terre qui a été cultivée une année ou deux en plantes autres que les graminées.

Le seigle est sujet à une maladie particulière qui est déterminée par le développement d'une espèce de champignon, le *Claviceps purpurea*, de la famille des *Pyrénomycètes*. Voy. ce mot. Ce champignon, après avoir végété quelque temps sur l'ovaire de la fleur du seigle, se transforme en un sclérote qui se substitue au grain ; ce sclérote porte le nom d'*ergot de seigle* ou de *seigle ergoté*. — L'analyse chimique a démontré dans le seigle ergoté la présence d'un principe particulier, qui se présente sous la forme d'une poudre rougeâtre, de saveur âcre et légèrement amère, d'odeur nauséabonde, qui est insoluble dans l'eau et dans l'éther, mais qui se dissout très bien dans l'alcool. Ce principe, qui a été désigné sous le nom d'*Ergotine*, a été découvert en 1831 par Wiggers. C'est à ce principe que sont attribuées toutes les propriétés de l'ergot. M. Bonjean a préparé une autre ergotine, connue sous le nom d'*ergotine Bonjean*, qui n'est autre chose qu'un extrait aqueux de seigle ergoté. Enfin, M. Tanret a réussi à extraire du seigle ergoté un véritable alcaloïde, qu'il a nommé *Ergotinine*. — Le seigle ergoté possède en effet des propriétés très actives. Lorsqu'il se trouve en certaine quantité dans les farines employées à la confection du pain, il détermine chez les personnes qui s'en nourrissent des accidents redoutables. Ainsi tantôt il produit des phénomènes spasmodiques et nerveux; tantôt, et le plus souvent, il cause une gangrène prompte et presque toujours mortelle des extrémités, contre laquelle tous les remèdes sont impuissants. On a donné le nom d'*Ergotisme* aux accidents produits par l'ergot du seigle. Les auteurs relatent un assez grand nombre de cas où l'ergotisme s'est manifesté sous forme épidémique, tant dans quelques provinces de France que dans divers pays de l'Europe où le seigle constitue la base de l'alimentation des paysans. En parcourant l'histoire de ces épidémies, on remarque qu'elles ont toujours été précédées d'intempéries des saisons qui avaient eu pour effet de favoriser le développement de l'ergot. Des expériences nombreuses ont prouvé que les grains ergotés déterminaient chez les animaux les mêmes accidents gangréneux que chez l'homme. Dans les cas où le seigle destiné à la nourriture a été envahi par le parasite, rien n'est plus facile que de faire la séparation des grains altérés et des grains sains, car les premiers sont beaucoup plus gros que les seconds et affectent, en outre, la forme particulière que nous avons signalée.

L'ergot de seigle est très usité et d'une efficacité incontestable dans les accouchements longs et laborieux, lorsque les contractions de l'organe gestateur ne sont pas assez énergiques. On l'a encore employé fort utilement dans les cas d'hémorragies utérines. L'ergotine jouit des mêmes propriétés.

Outre les végétaux cryptogames qui font tant de ravages dans nos céréales, nous aurions à citer une foule d'insectes dont les dégâts ne sont guère moins redoutables : tels sont surtout, parmi les Coléoptères, l'espèce de Charançon appelé *Calandre*, la *Saperde grêle*, le *Taupin rusticaule*, etc.; parmi les Hyménoptères, le *Céphus pygmée;* parmi les Lépidoptères, la *Teigne des blés* et l'*Alucite;* parmi les Diptères, diverses espèces de *Chlorops*, la *Cécidomyie destructive*, etc.; mais il nous paraît plus convenable de parler de ces animaux aux articles que les concerne. Voy. CURCULIONIDES, LONGICORNES, STERNOXES, PORTE-SCIE, TINÉITES, MUSCIDES, NÉMOCÈRES, etc.

CÉRÉALINE. s. f. (R. *céréales*). T. Chim. *Caséine végétale de Mouriès*, à laquelle le son doit ses propriétés nutritives.

CÉRÉBELLEUX, EUSE. adj. [Pr. *cérébel-leu*] (lat. *cerebellum*, dimin. de *cerebrum*, cerveau). Qui appartient au cervelet.

CÉRÉBELLITE. s. f. [Pr. *cérébel-lite*] (lat. *cerebellum*, dimin. de *cerebrum*, cerveau). T. Méd. Inflammation du cervelet. Voy. ENCÉPHALE.

CÉRÉBRAL, ALE. adj. (lat. *cerebrum*, cerveau). T. Anat. et Méd. Se dit de ce qui appartient au cerveau, dont le cerveau est le siège. *Substance cérébrale. Artères cérébrales. Nerfs cérébraux. Affection cébrale. Fièvre cérébrale.* || *Lettres cérébrales*, Certaines consonnes de l'alphabet sanscrit.

CÉRÉBRATION. s. f. [Pr. *sérébra-sion*] (lat. *cerebrum*, cerveau). T. Physiol. Ensemble des actes propres au cerveau et consécutifs à la perception.

CÉRÉBRIFORME. adj. 2 g. (lat. *cerebrum*, cerveau; *forma*, forme). Qui a l'aspect et la consistance de la substance cérébrale. Voy. CANCER.

CÉRÉBRINE. adj. f. (lat. *cerebrum*, cerveau). *Équité*

c., Équité qui prononce non d'après un texte, mais d'après l'inspiration de la conscience.

CÉRÉBRINE. s. f. (lat. *cerebrum*, cerveau). T. Chim. Matière azotée neutre, fusible à 177°, qu'on rencontre, associée à la lécithine, dans le cerveau et le tissu nerveux. Elle est exempte de phosphore.

CÉRÉBRITE. s. f. T. Méd. Inflammation du cerveau. Voy. ENCÉPHALE.

CÉRÉBROÏDE. adj. (lat. *cerebrum*, cerveau; gr. εἶδος, forme). T. Anat. Qui ressemble au cerveau.

CÉRÉBRO-RACHIDIEN, IENNE. adj. (lat. *cerebrum*, cerveau, et gr. ῥάχις, épine dorsale). T. Anat. Qui a rapport au cerveau et à la moelle épinière.

CÉRÉBROSCLÉROSE. s. f. (lat. *cerebrum*, cerveau, et gr. σκληρός, dur). Induration du cerveau.

CÉRÉBROSCOPIE. s. f. (lat. *cerebrum*, cerveau; gr. σκοπεῖν, examiner). T. Méd. Méthode de diagnostic des maladies du cerveau et de la moelle au moyen de l'étude des altérations du fond de l'œil, qui a été imaginée par le Dr Eugène Bouchut.

CÉRÉBRO-SPINAL. adj. m. (lat. *cerebrum*, cerveau; *spina*, épine). T. Anat. Qui appartient au cerveau et à la moelle épinière. *Axe* ou *Système c.-spinal*, L'encéphale et la moelle épinière pris ensemble. *Liquide c.-spinal*, Le liquide contenu dans la cavité de l'arachnoïde.

CÉRÉIFORME. adj. (lat. *cereus*, cierge, et *forme*). T. Bot. Qui a la forme d'un cierge.

CÉRÉLÉON. s. m. (gr. κηρός, cire; ἔλαιον, huile). T. Pharm. Mélange de cire et d'huile ne différant du cérat que par les proportions.

CÉRÉMONIAIRE. s. m. (R. *cérémonie*). Prêtre qui dirige les cérémonies dans les grandes églises.

CÉRÉMONIAL. s. m. (R. *cérémonie*). L'usage réglé dans chaque cour et dans chaque pays touchant les cérémonies religieuses ou politiques. *Le c. est différent selon les pays. Le c. de Rome est fort rigoureux et régulièrement observé.* || *Se dit des cérémonies qui se pratiquent entre simples particuliers, par devoir ou par politesse. Il n'aime pas le c. — Être fort sur le c*, Être instruit du c.; être habitué au c.; ou encore, au Fig., être difficile sur les égards auxquels on croit avoir droit. || Par ext., Le livre où sont contenus l'ordre et les règles des cérémonies tant ecclésiastiques que politiques et civiles. *Le c. français. Le c. romain.*

CÉRÉMONIALISME. s. m. Attachement étroit aux formes et aux cérémonies.

CÉRÉMONIE. s. f. (lat. *ceremonia*, rit sacré). Se dit des formes extérieures et régulières du culte religieux. *Les cérémonies de l'Église. Le sacre des évêques se fait avec de grandes cérémonies. Une c. imposante.* — *Suppléer aux cérémonies du baptême*, Présenter à l'église un enfant qui n'a été qu'ondoyé, pour que son baptême reçoive les formes omises dans l'administration du sacrement. || Se dit des formalités que l'on observe dans les solennités publiques pour les rendre plus éclatantes. *L'entrée du roi se fit avec de grandes cérémonies. Habit de c. Grande c.* — *Grand maître des cérémonies, maître des cérémonies, aide des cérémonies*, Officiers qui, dans les cours, président aux cérémonies et qui les dirigent. — *En c.*, Avec pompe et grand appareil. *Mener quelqu'un en c.* || Se dit des actes de civilité, des témoignages convenus de déférence que les particuliers se rendent les uns aux autres. *Faire des visites de c. Faire des cérémonies.* — Civilités excessives, importunes. *C'est un faiseur de cérémonies. Ne faisons point de cérémonies. Il est ennemi des cérémonies.* — Fam., *Sans c., point de c.*, Sans contrainte, sans façon. || Fig. et fam., *Faire des cérémonies*, Faire des façons, des difficultés avant de consentir ou de se résoudre à quelque chose. *Il a fait des cérémonies pour se battre, pour prendre une médecine.* || T. Techn., *Faire la c.*, Dernière période de l'affinage du verre, alors que l'on ne chauffe plus le four pour que la matière prenne la consistance voulue.

138

CÉRÉMONIEL, ELLE. adj. Qui concerne les cérémonies.

CÉRÉMONIEUX, EUSE. adj. Qui fait trop de cérémonies. *C'est un homme c., fort c.*

CÉRÉOPSE. s. m. (gr. χηρός, cire ; ὄψς, aspect). T. Ornith. Genre d'oiseaux voisin des oies (*Anser*) et qui existe à la Nouvelle-Hollande.

CÉRÉRITE. s. f. (R. *Cérès*). T. Chim. Syn. de *Cérite*.

CÉRÈS s. f. T. Mythol. La déesse des moissons. Fille de Saturne et de Rhéa, sœur de Jupiter. Elle était représentée la tête couronnée d'épis, portant d'une main un bouquet de fleurs des champs et de l'autre une torche. — Poétiq., *Les dons, les trésors de C.*, le blé, la moisson. || T. Astr. Nom donné à la première planète découverte entre Mars et Jupiter par Piazzi, à Palerme, le 1er janvier 1801 : Cérès était la divinité protectrice de la Sicile. Avant cette découverte, on donnait quelquefois le nom de Cérès à la constellation de la Vierge. Voy. PLANÈTE.

Mythol. — I. — *Cérès*, appelée par les Grecs Δημήτηρ, *Déméter*, proprement la Terre, δῆ, mère, μήτηρ, était fille de Saturne et de Rhéa. Elle eut de Jupiter, son frère,

une fille, *Proserpine*, appelée aussi *Perséphoné* ou *Cora*, et, suivant Diodore, un fils, *Bacchus*. Pluton ayant enlevé Proserpine et l'ayant entraînée avec lui aux Enfers, Cérès se mit à la recherche de sa fille, et c'est dans le cours de ce voyage qu'elle apprit à Triptolème, noble habitant d'Éleusis, la culture du blé. Les détails des aventures de Cérès à la recherche de Proserpine constituaient le fonds symbolique du culte rendu à cette déesse. Cérès est représentée avec le caractère maternel de Junon, mais l'expression de son visage a quelque chose de plus doux et de plus tendre. Elle est toujours enveloppée de vêtements amples et traînants. On lui donne généralement une coiffure en forme de tour peu élevée ; d'autres fois, elle a autour de la tête une couronne d'épis ou un simple ruban. Elle tient à la main un flambeau allumé, une corne d'abondance, un sceptre, des épis de blé, des pavots, ou une corbeille remplie de fruits. Cérès était adorée dans presque toutes les parties du monde antique, surtout en Grèce, en Sicile, en Italie, en Crète et sur la côte occidentale de l'Asie. Son culte était mystérieux : on l'a souvent confondue avec celui d'autres divinités, surtout avec celui de Proserpine. Parmi l s fêtes nombreuses qui se célébraient en son honneur, les plus solennelles étaient les *Éleusinies*, les *Thesmophories* et les *Cérénies*.

II. — Les *Éleusinies* (Ἐλευσίνια) étaient ainsi nommées parce que, dans le principe, on ne les célébrait qu'à Éleusis, dans l'Attique. On les appelait aussi μυστήρια, les *Mystères*, et tous les écrivains anciens qui en ont parlé n'ont pas manqué de faire observer qu'elles étaient la fête la plus sainte et la plus révérée d'toute la Grèce. L'origine de cette solennité n'est pas bien connue. Toutes les légendes relatives à l'institution des Éleusinies nous représentent cette fête comme destinée à rappeler l'heureuse époque où les habitants de l'Attique coururent pour la première fois les bienfaits de l'agriculture et de la civilisation. — On divisait les mystères d'Éleusis en *grands* et en *petits*.

Les *Petits Mystères* se célébraient dans le mois anthestérion, à Agra, sur les bords de l'Ilissus. Ils étaient bien moins anciens que les autres, auxquels ils s rvaient de préparation. Suivant quelques auteurs, les petits mystères avaient lieu en l'honneur de Proserpine seulement. Ils consistaient dans le sacrifice d'un porc et dans des purifications auxquelles présidait un prêtre nommé *Hydranos*. Les *Initiés* ou *Mystes* (μύσται) juraient entre les mains d'un autre prêtre, appelé *Mystagogue*, *Prophète* ou plus habituellement *Hiérophante*, de ne rien révéler de ce qu'on leur enseignerait. Ils recevaient aussi une sorte d'instruction préparatoire qui les mettait à même de pouvoir comprendre les vérités communiquées aux grands mystères. Les *Mystes* devaient attendre une année entière avant d'être initiés aux derniers. Ils n'étaient pas admis dans le sanctuaire de Déméter, et, pendant les solennités, ils se tenaient dans le vestibule.

Les *Grands Mystères* se célébraient chaque année au mois de boédromion : ils duraient neuf jours, du 15 au 23. Le

premier jour était appelé *Réunion* (ἀγυρμός), parce que c'était celui où les individus leur avaient déjà été initiés aux petites Éleusinies se réunissaient à Athènes. C'est aussi ce jour-là que les curieux commençaient à affluer. Le deuxième jour, les mystes se rendaient processionnellement à la mer pour s'y purifier. Les trois jours suivants étaient consacrés à des processions symboliques rappelant la légende du voyage de Cérès à la recherche de sa fille Proserpine enlevée par Pluton. Dans la soirée du cinquième jour, appelé *Jour des flambeaux*, les mystes portant des torches à la main, et conduits par un prêtre nommé δαδοῦχος, se rendaient au temple de Cérès à Éleusis, où ils restaient toute la nuit. Le sixième jour, appelé *Iakchus*, était le plus solennel de tous. On portait en grande pompe, du Céramique à Éleusis, la statue d'*Iakchus*, nom mystique de Bacchus, qui, suivant certaines légendes, était fils de Cérès et avait accompagné sa mère, un flambeau à la main, dans ses courses à la recherche de Proserpine. La procession avait lieu au milieu d'un immense concours de peuple, et Hérodote rapporte qu'on estimait communément à 30,000 le nombre des personnes qui y prenaient part. Le chemin qu'elle suivait s'appelait la *Voie sacrée*. Les mystes passaient la nuit suivante à Éleusis, et c'est alors qu'ils étaient initiés aux grands mystères (ἐποπτεία). Après leur avoir de nouveau fait prêter le serment de garder un secret inviolable au sujet des mystères et les avoir soumis à de nouvelles purifications, l'*Hiérophante*, au milieu de l'obscurité de la nuit, les introduisait dans l'intérieur du sanctuaire, qui était brillamment illuminé (ϕωσταγωγία), et là ils pouvaient voir (αὐτοψία) ce que nul individu, à l'exception des *Époptes*, n'était admis à contempler. Chaque initié, après avoir été ainsi introduit dans le sanctuaire, était congédié par les mots κόγξ, ὅμπαξ, dont la signification était inconnue. Dès ce moment, les initiés prenaient le titre d'*Époptes* et d'*Éphyres*. Le septième jour, ces derniers partaient d'Éleusis pour revenir à Athènes. Ce retour se faisait au milieu des rires et des plaisanteries, par allusion aux moyens qu'avait employés Iambé pour dissiper la tristesse de Cérès. Le huitième jour, on procédait à l'initiation des retardataires. Le neuvième était consacré à des libations en l'honneur de la déesse.

Les mystères d'Éleusis survécurent longtemps à l'indépendance de la Grèce. Leur suppression fut prononcée par l'empereur Valentinien ; mais les ordres de ce prince provoquèrent une telle résistance qu'il fut impossible de les mettre à exécution. L'abolition de cette fête n'eut réellement lieu que sous Théodose (fin du IVe siècle). — On ne possède que des renseignements très vagues et très incertains sur l'enseignement philosophique et religieux donné aux initiés dans les mystères de Cérès. Cependant, grâce aux travaux des archéologues modernes, parmi lesquels il convient de citer Guigniaut, Maury et Charles Lenormant, et malgré les controverses auxquelles leurs travaux ont donné lieu, on peut considérer comme très probables, sinon comme certaines, les conclusions suivantes : 1° La plus grande partie du temps passé dans le temple par les initiés était consacrée à une représentation dramatique, à un grand spectacle reproduisant les aventures de la déesse, et figurant symboliquement l'évolution du grain de blé, la naissance, la croissance et la reproduction de la plante ; 2° les mystères d'Éleusis ont d'origine égyptienne et présentent une grande analogie avec ceux d'Isis et d'Osiris et avec les rites funéraires des Égyptiens ; 3° l'enseignement philosophique reposait principalement sur la conception de l'immortalité de l'âme et la morale de l'homme dont les métamorphoses du grain de blé constituaient un symbole grossier. Sans doute cet enseignement comportait aussi l'unité et la trinité de Dieu, conçue à la manière égyptienne, et rattachée à la conception générale du *ternaire* dans l'Univers qui faisait le fond de toutes les doctrines ésotériques de l'antiquité ; 4° il s'y ajoutait sans doute des pratiques *magiques* plus ou moins analogues aux pratiques modernes de l'hypnotisme, du magnétisme et du spiritisme ; mais cependant dans une moindre proportion que dans les mystères égyptiens, à cause du caractère positif du peuple grec ; 5° cet enseignement était donné sous une forme symbolique dont tous les initiés étaient loin d'avoir la clef. Il y avait sans doute parmi eux toute une hiérarchie de grades parmi lesquels l'initiation progressive, les derniers ne recevant que le sens matériel et grossier des symboles, tandis que les premiers seuls étaient instruits de leur entière signification philosophique et abstraite. Les prêtres eux-mêmes accomplissaient des rites dont la véritable portée métaphysique et morale l'é.a't connue des seuls hiérophantes. On voit ainsi que le temple d'Éleusis était l'une des principales écoles où se perpétuait par la tradition tout un ensemble de doctrines très élevées dont la connaissance était réservée à un petit nombre d'initiés instruits dans le secret des sanctuaires, et que, pour cette raison, on a qualifiées d'*ésotériques*, du grec ἐσωτερικός, intérieur. Cependant, l'enseignement d'Éleusis paraît avoir été moins complet que celui des sanctuaires d'Égypte. Voy. ÉSOTÉRISME, OCCULTISME.

On célébrait encore d'autres fêtes, également appelées Éleusinies, dans différentes parties de la Grèce : par ex., à Éphèse, où elles avaient été introduites d'Athènes; en Crète et en Laconie, où les habitants de l'ancienne Hélos transportaient une statue de Proserpine dans un temple appelé *Éleusinion*, bâti au sommet du mont Taygète.

III. — Les *Thesmophories* (Θεσμοφόρια) se célébraient dans un grand nombre de villes de la Grèce, de la Sicile et de l'Asie Mineure, notamment à Thèbes, à Sparte, à Milet, à Éphèse, à Syracuse, à Agrigente, à Délos, à Érétrie, dans l'île d'Eubée, etc.; mais les plus importantes, les seules sur lesquelles nous ayons des renseignements certains, étaient celles d'Athènes. Leur nom (θεσμός, loi; φέρω, je porte) montre qu'elles avaient été établies en mémoire de l'introduction, généralement attribuée à Cérès, des lois et des usages de la vie civilisée, c.-à-d. de la vie agricole et sédentaire. La célébration de ces fêtes appartenait aux femmes, particulièrement aux femmes mariées. Elles s'y préparaient plusieurs jours à l'avance, par des purifications et par certaines abstinences. On permettait cependant aux jeunes filles l'accomplissement de diverses cérémonies. Les Thesmophories commençaient le 11 du mois de Pyanepsion : on présume qu'elles duraient trois jours.

IV. — La fête de Cérès portait, chez les Romains, le nom de *Céréalies* (*Cerealia*). On dit qu'elle fut introduite par l'édile Q. Memmius. Elle se célébrait chaque année au mois d'avril, le 13 selon les uns, et le 7 selon les autres. Elle durait sept jours, et s'ouvrait par une procession solennelle où les dames romaines vêtues de blanc et portant des torches allumées imitaient Cérès à la recherche de sa fille. Outre les cérémonies religieuses, il y avait dans le grand Cirque (*Circus maximus*) des courses de chevaux et d'autres jeux dans lesquels tout le monde, acteurs et spectateurs, était vêtu de blanc.

V. — Parmi les autres fêtes en l'honneur de Cérès, nous nommerons celles qui étaient appelées *Aloa*, *Epicleidia*, *Epachthès* et *Chloria*, à Athènes; *Episcira*, à Scira, dans l'Attique; *Ercynnia*, en Béotie; *Mysia*, à Argos; *Lernæa*, à Lerne, en Argolide; *Chthonia*, à Hermione; *Epicrania*, en Laconie, etc.; mais nous ne possédons à leur sujet que des renseignements insuffisants.

CÉRÉSINE. s. f. (lat. *cera*, cire). T. Chim. Substance cireuse obtenue en traitant de l'ozokérite (cire fossile) par l'acide sulfurique de Nordhausen. On l'emploie souvent, surtout en Autriche, pour remplacer ou falsifier la cire d'abeilles dont elle possède presque toutes les propriétés.

CÉRET, ch.-l. d'arr. (Pyrénées-Orientales), 3,800 hab.

CEREUS. s. m. (lat. *cereus*, cierge). T. Bot. Genre de plantes de la famille des *Cactées*. Voy. ce mot.

CERF. s. m. [Pr. ser. Quelques personnes prononcent l'*f* au singulier; mais on ne doit jamais le prononcer au pluriel] (lat. *cervus*). T. Mam. Le genre *Cerf* (*Cervus*) appartient à la classe des Mammifères et à l'ordre des *Ruminants*. Il est essentiellement caractérisé par l'existence de prolongements frontaux de structure tout à fait osseuse qui ne sont pas enveloppés d'un étui corné comme ceux des bœufs, des chèvres et des antilopes. Ces prolongements, qui n'ornent, en général, que la tête des mâles, ont reçu le nom de *Bois*, parce qu'elles sont habituellement ramifiées. En outre, dans presque toutes les espèces, elles sont caduques, et c'est là surtout ce qui distingue les espèces du genre c. de celles qui appartiennent au genre *Antilope*. Le genre c. constituait, dans le système de Cuvier, la tribu des *Ruminants à cornes caduques* ou *à bois*. Aujourd'hui, on donne à cette tribu le nom de *Cervidés*, et on la partage, d'après la forme de *Bois*, en plusieurs genres : *Cerf* proprement dit, *Cervule*, *Daim*, *Elaphurus*, *Élan* et *Renne*.

1. *Cerf.* — Le genre c. proprement dit (*Cervus*) renferme un grand nombre d'espèces, que l'on a été obligé de subdiviser en 3 groupes, selon que leur bois présente *plus de deux andouillers*, ou n'en a que *deux* seulement, ou bien consiste en une *simple dague*.

A. Le type du genre entier et du groupe des espèces ayant des bois ronds avec plus de deux andouillers est le *C. d'Eu-*

rope ou *C. commun* (*Cervus elaphus*) (Fig. 1). Son pelage, en été, est fauve brun, avec une ligne noirâtre, et de chaque côté une rangée de petites taches fauve pâle le long de l'épine; en hiver, il est d'un gris brun uniforme; mais en tout temps la

Fig. 1.

croupe et la queue sont fauve pâle. Ses formes sont élégantes et légères, ses membres sont flexibles et nerveux; quant à sa taille, elle est très variable, et, suivant Buffon, dépend surtout des lieux qu'il habite et de la nourriture plus ou moins abondante qu'il y trouve; il atteint parfois la hauteur d'un cheval de taille moyenne. C'est chez le mâle seul que la tête est armée d'un bois; la femelle, qui est généralement désignée sous le nom de *Biche*, en est dépourvue. Ce bois, bien qu'on l'appelle assez souvent *Corne de c.*, est de nature purement osseuse, d'un tissu serré et compact. Il apparaît d'abord, lorsque l'animal atteint l'âge de six mois, sous forme de deux tubercules nommés *Bosses* ou *Bossettes*, qui sont recouvertes d'une peau velue, mince, mais d'ailleurs semblable de tout point à celle qui recouvre le reste de la tête. Au bout d'un certain temps, les bossettes s'allongent, deviennent cylindriques et reçoivent alors le nom de *Couronnes*. A mesure qu'il se développe, le bois soulève la peau; mais, en même temps, le cercle de tubercules osseux qui existe à sa base, comprime en grossissant et oblitère les vaisseaux nourriciers de cette peau, qui se dessèche et finit par se détacher. Le c. est alors complètement armé. Bientôt le bois, miné un, subit une sorte de *nécrose* analogue à celle qu'éprouvent les parties osseuses de l'homme quand elles sont privées de leur périoste; il se sépare du crâne auquel il tenait et l'animal demeure sans armes. Mais ensuite il lui repousse un nouveau bois qui subit les mêmes vicissitudes. On donne le nom de *Merrain* au corps principal du bois, celui de *Meule* à l'anneau qui est à sa base, celui de *Pierrures* aux tubercules dont le bord est parsemé et celui d'*Andouillers* ou de *Cors* aux ramifications de la tige. Lorsque le bois ne représente qu'une simple tige sans branche, on l'appelle *Dague*; cette dague ne paraît chez les jeunes cerfs qu'après la première année. La ramification la plus rapprochée de la base se nomme *Maître andouiller*; le sommet du bois reçoit le nom d'*Empaumure*; cette partie est ainsi appelée parce qu'elle offre une réunion de trois ou quatre andouillers. A chaque changement de bois, le c. acquiert un andouiller de plus, jusqu'à ce qu'il en ait le nombre propre à son espèce, lequel ne dépasse guère 20 à 22. Ce bois, ainsi que nous l'avons dit, tombe tous les ans, quelquefois seulement tous les deux ans, et repousse semblable à celui qui vient de tomber. La chute du bois a lieu au printemps; il se refait au mois d'août, c.-à-d. à l'époque du rut : cette coïncidence de la végétation du bois est remarquable et jette un grand jour sur ce curieux phénomène. Chez les cerfs qui ont subi l'opération de la castration, non seulement le bois ne tombe plus, mais encore il prend une consistance ébranée. Les vieux cerfs perdent leur bois plutôt que les jeunes. On sait qu'ils se servent de cette arme pour se livrer entre eux, dans la saison du rut, des combats acharnés; cette période dure trois semaines. — Le c. est en état de se reproduire à l'âge de dix-huit mois.

La biche porte huit mois et quelques jours; elle met bas au mois de mai un seul petit, qui porte le nom de *Faon*. Le corps de ce dernier est de couleur fauve, avec des taches blanches, à l'exception de la croupe, qui prend dès la naissance la couleur qu'elle doit conserver. Lorsque les *Bossettes* apparaissent sur le front du faon, on lui donne le nom de *Hère*; on l'appelle *Daguet* pendant toute la seconde année, où sa tête est armée d'une simple *Dague*. De 3 à 6 ans, on le nomme *Jeune c.*; à 6 ans, il est dit *Cerf dix cors jeunement*; à 7 ans, on l'appelle *Cerf dix cors*, passé 8 ans, il est appelé *Vieux cerf*.

Les cerfs sont naturellement doux, timides, inoffensifs, et s'apprivoisent avec facilité. Mais au temps du rut ils deviennent véritablement furieux et très dangereux, même pour les hommes. Après cette époque, ils sont d'une faiblesse extrême et se retirent, pour se refaire, dans les lieux où ils peuvent trouver une nourriture abondante. Pendant l'hiver, les mâles et les femelles de tout âge se réunissent en grandes troupes appelées *Hardes*. Jadis la *corne de c.* entrait dans un assez grand nombre de préparations pharmaceutiques; aujourd'hui on lui substitue le carbonate d'ammoniaque, qui constitue le principe actif de ces anciens médicaments. — On a longtemps attribué au c. une longévité extraordinaire. Des auteurs sérieux ont invoqué, à l'appui de cette opinion, des anecdotes complètement apocryphes. Il est constaté que la durée de la vie de cet animal dépasse rarement 20 ans.

Les cerfs sont aujourd'hui fort rares dans les forêts des pays les plus peuplés d'Europe; la race même aurait depuis longtemps disparu, si l'on n'avait eu soin de la conserver pour la chasse, plaisir dispendieux que les souverains ou les très riches particuliers peuvent seuls se permettre. Cette chasse constitue la partie la plus savante de l'art de la vénerie; elle a un vocabulaire technique qui est fort étendu; nous en citerons ici les termes les plus essentiels. Le *veneur* commence par faire lever le c.; c'est ce qu'on appelle *détourner* le c., il examine alors *son pied*, c.-à-d. l'empreinte de ses pas; ses *fumées*, c.-à-d. ses fientes; ses *portées*, c.-à-d. la hauteur à laquelle le bois atteint les branches des arbres; il en conclut le sexe, l'âge et la taille de l'animal. Tantôt le c. *perce*, c.-à-d. s'éloigne, puis se jette à l'écart et se couche sur le ventre; tantôt il repasse par la même voie pour dépister les chiens; tantôt il se jette à l'eau pour dérober son *sentiment*, c.-à-d. son odeur aux chiens; tantôt il fait partir un autre c. dont les chiens suivent la trace. Quand le c., par ses ruses, a dépisté les chiens et leur a *donné le change*, les piqueurs aident alors ces derniers à reprendre la bonne piste, ce qui se nomme le *retour*. Enfin, à bout de ruses et de forces, le c. se résigne et cesse de fuir; mais il ne veut pas mourir sans vengeance; il se retourne contre les chiens, leur *tient tête*, et se défend avec un courage digne d'un meilleur sort. On dit alors qu'il est *aux abois*. Quand il est abattu, l'un des chasseurs lui coupe le jarret et l'achève en lui enfonçant son couteau au défaut de l'épaule. Une fanfare joyeuse, appelée *hallali*, annonce la mort du c. On enlève la *nappe* (peau) du c., dont on ôte le *parement* ou la chair rouge qui y est attachée; on donne ses intestins aux chiens pour *faire curée* et on *lève le pied droit* pour le présenter au maître de la chasse.

Le c. *de Corse*, petit, trapu et au pelage brun, n'est qu'une variété du c. commun. Le c. *des Ardennes*, plus grand et plus foncé que ce dernier, a été longtemps regardé comme une autre variété de l'espèce ordinaire; mais il est actuellement démontré que cette prétendue variété a été établie sur l'examen superficiel de quelques individus très vieux et de haute taille. Enfin, il en existe, dans les bois de Chantilly, une variété à tête blanche qu'on met le plus grand soin à conserver et à entretenir.

Les zoologistes énumèrent encore une huitaine d'espèces de cerfs ayant plus de deux andouillers. Le c. *du Canada* ou c. *wapiti* (*C. Canadensis*), habite toutes les parties tempérées de l'Amérique septentrionale. Il est d'un quart plus grand que le nôtre et à peu près de la même couleur; ses bois, également ronds, sont plus développés, mais ne prennent jamais d'empaumure. — Le c. *de Virginie* ou *de la Louisiane* (*C. Virginianus*) est plus petit et plus svelte que le nôtre; son museau est plus pointu; son pelage fauve clair en été est d'un gris roussâtre en hiver. Le bois du mâle, plus court que celui du c. ordinaire, est rond, lisse et blanchâtre; il s'écarte en dehors pour revenir en arc de cercle en dedans et en avant; enfin, ses andouillers, au nombre de 5 ou 6, sont, à l'exception de celui de la base, situés à la face postérieure du merrain. — Il y a lieu de croire que le *Cariacou* (*C. ne-*

moralis de Smith) n'est qu'une variété du c. de Virginie, mais dont la taille serait beaucoup plus petite. — Parmi les autres espèces du genre, nous nommerons simplement le *C. de Duvaucel*, le *C. de Wallich* et le *C. elaphoïde*, qui habitent l'Inde continentale.

B. Parmi les espèces n'ayant que 3 andouillers, la plus in-

Fig. 2.

téressante est le *Chevreuil d'Europe* (*C. capreolus*) (Fig. 2). Ce charmant animal est gris fauve, à fesses blanches, sans larmiers et presque sans queue. Il y a des individus d'un roux très vif et d'autres noirâtres. Cette espèce habite les forêts élevées de l'Europe tempérée. Le ch. est monogame et passe sa vie avec la même femelle : en conséquence, il ne vit pas par grandes bandes, mais par petites familles, composées du mâle, de la femelle et des petits de l'année. Il perd son bois à la fin de l'automne, le refait en hiver, et entre en rut au commencement de novembre. La femelle, appelée *Chevrette*, porte 5 mois et demi et met bas, au mois d'avril, deux petits, toujours mâle et femelle, qui s'attachent l'un à l'autre pour la vie et quittent leurs parents vers l'âge de 8 à 9 mois. La chair du ch. est fort estimée. — Le ch. *de Tartarie* ou *Ahu* (*C. pygargus*) est semblable au nôtre, mais à

Fig. 3.

poils plus longs et à bois hérissés à leur base. Sa taille atteint presque celle du daim. — Le continent de l'Inde et les îles de l'archipel Indien possèdent plusieurs espèces remarquables rangées dans le même groupe; telles sont le *Cerf-Cheval*, le *C. Hippélaphe* et le *C. d'Aristote* : ces deux derniers sont de la taille du cheval. Le *C. unicolore* se distingue par ses épaules plus élevées que la croupe; il vit dans les forêts les plus inaccessibles de l'île de Ceylan. — L'*Axis* (*C. axis*) (Fig. 3) a la taille du daim. Son pelage, en tout temps fauve, est tacheté de blanc par : ses bois sont ronds, deviennent très grands avec l'âge, mais ne portent jamais qu'un andouiller vers la base, avec la pointe fourchue. Cette jolie espèce s'apprivoise aisément, et se propage très bien dans nos pays. — Le *C. cochon* (*C. porcinus*), l'une des espèces les plus petites de tout le genre, habite aussi le continent indien. Sa tête est assez grosse; ses formes sont lourdes et massives. Dans l'Inde, on engraisse ces deux dernières espèces pour les manger. — L'Amérique possède également diverses espèces appartenant au même groupe du genre c. Il nous suffira de les nommer: ce sont le *C. du Mexique*, le *Guazoupoucou* ou *C. des marais* (*C. paludosus*) et le *Guazouti* ou *C. des champs* (*C. campestris*). Les deux derniers habitent l'Amérique du Sud.

C. Les espèces chez lesquelles les bois consistent en simples dagues, sont toutes propres à l'Amérique méridionale. Jusqu'à ce jour on en connaît trois. Le *Guazoubira* ou *C. némorivage*, et le *Guazoupita* ou *C. roux*, habitent la Guyane. Il paraît que les bois de ces cerfs daguets ne sont pas caducs, et font ainsi exception à la règle générale. La troisième espèce, appelée *C. d'Antis* (*C. Antisiensis*) par Alc. d'Orbigny, qui l'a fait connaître, habite la Cordillère orientale de la Bolivie et ne quitte guère le sommet des montagnes. Elle vit, par conséquent, à une hauteur d'environ 4,000 mètres au-dessus de la mer, dans des régions où la végétation n'offre que des graminées.

Le genre *Daim* (*Dama vulgaris*) [Fig. 4] se distingue de

Fig. 4.

toutes les autres espèces du genre c. proprement dit, par ses bois aplatis en partie. Il est, en hiver, d'un brun noirâtre; en été, fauve, qui est tacheté de blanc; il a les fesses blanches en toutes saisons, et bordées de chaque côté d'une raie noire; la queue, qui descend jusqu'au repli de la jambe, est noire en dessus et blanche en dessous. La taille du daim est moins élevée que celle du c. ordinaire. Son bois varie avec l'âge : d'abord ce n'est qu'une dague légèrement arquée; la seconde année, il forme deux andouillers commençant à faire palmature; dans les années qui suivent, cette palmature se dentelle et se développe. Le bois du daim présente cette particularité que, passé un certain âge, il se rapetisse et se divise irrégulièrement en plusieurs lanières. La mue et le rut sont de quinze jours ou trois semaines plus tardifs chez le daim que chez le c. Pendant le rut, le mâle rait fréquemment, mais à voix basse, et l'on ne remarque pas chez lui cette sorte de furie qui, à cette époque, rend le c. si dangereux. La *Daine* porte huit mois et quelques jours, comme la biche, et, comme celle-ci, met bas un faon unique, rarement deux. — Le daim vit par troupes plus ou moins nombreuses. Lorsqu'il est chassé, il emploie les mêmes ruses que le c. On ne trouve guère le daim que dans les régions tempérées du continent européen; cependant il existe aussi dans l'Afrique septentrionale. Tandis que le c. préfère les bois de haute futaie, le daim semble préférer les terrains coupés de champs et de petites

collines. La chair du daim est considérée comme un aliment assez délicat, et sa peau est fort recherchée par les chamoiseurs. — L'espèce daim est unique; néanmoins il existe une variété dont le pelage est brun foncé (*Daim noir*), et cette dernière, par son croisement avec la race ordinaire, a donné naissance à une seconde variété (*Daim panaché*) remarquable par les mouchetures qui varient son pelage.

II. — Le genre *Elaphurus* a été créé par M. A. Milne Edwards pour un type fort curieux du Thibet, rapporté par l'abbé A. David. Les andouillers sont dirigés en arrière au lieu d'être en avant.

III. — Le genre *Cervule* (*Cervulus*) se distingue par la forme de son bois, qui est porté sur un long pédicule et s'élève verticalement : de là le nom de *Stylocère* que lui a donné H. Smith. — L'espèce type du genre est le *C. Muntjac*, joli petit animal qui a à peine 80 centim. de long sur 60 de haut. Les bois avec leurs meules ont 19 à 21 centim. ; ils présentent à leur base et à leur face antérieure un andouiller dirigé en avant, et leur extrémité se recourbe en dedans et en arrière. Cet animal a des canines semblables à celles du musc. Son pelage est gris brun sur le dos, plus pâle sous le ventre; l'intérieur des cuisses et le dessous du cou sont blanchâtres. Le muntjac vit en famille. On le trouve dans l'Inde continentale, à Ceylan et à Java. Sa chair est estimée.

IV. — L'*Élan* (*C. Alces*) est le plus grand des animaux de la tribu des cervidés. En général il atteint, et parfois il dépasse la taille du cheval. Le mâle seul porte des bois plus ou moins subdivisés, sans andouillers basilaires ni médians, mais terminés par une vaste empaumure digitée à son bord externe, et dont le poids chez les adultes s'élève jusqu'à 25 et 30 kilog. Cet animal se distingue encore de tous les autres cerfs par son cou très court et très robuste, qui lui

Fig. 5.

permet de porter le poids énorme de ses bois, par la forme un peu différente de sa tête, par son museau renflé, par sa lèvre supérieure qui est charnue, prolongée, et jouit d'une grande mobilité, et enfin par la disposition du train de devant, qui est plus élevé que celui de derrière. Le mâle a sous la gorge une espèce de goître, et dans cet endroit, chez les deux sexes, il existe de longs poils noirs qui forment une sorte de barbe. Le poil est gros et cassant; celui du garrot et de la nuque est très long et forme une véritable crinière (Fig. 5). Sa couleur générale est le gris foncé; la crinière et le dessus de la queue, qui est très courte, sont plus foncés encore. L'élan est propre aux contrées septentrionales des deux continents : on le rencontre, en Europe, entre le 53e et le 63e de latitude nord; en Asie, entre le 45e et le 51e; et en Amérique, entre le 44e et le 53e. Il aime les forêts humides et les marécages. Pendant les chaleurs, il se préserve des piqûres des taons en restant tout le jour plongé dans l'eau, d'où il ne sort que la tête. De septembre en avril, il se tient dans les lieux élevés à l'abri des inondations. Il broute de préférence les jeunes pousses des arbres. La longueur de ses jambes de devant et la brièveté de son cou l'obligent, lorsqu'il veut brouter des herbes, d'écarter ses pieds antérieurs ou de se mettre à genoux. Sa marche, sorte de trot plus ou moins rapide, est accompagnée d'un craquement assez fort, que Fréd. Cuvier attribue au choc de ses sabots. L'élan vit par petites troupes.

Le rut a lieu au mois de septembre, les femelles mettent bas au bout de 8 mois. La première fois, elles ne font qu'un petit ; ensuite elles en font constamment deux. Les vieux élans déposent leur bois en janvier ou février ; mais il est refait au mois de juin. Les jeunes ne le déposent qu'en avril ou mai ; aussi n'est-il reproduit qu'au mois d'août. L'élan, dit-on, parvient quelquefois à une taille prodigieuse. On rapporte que sous Charles XI, en Suède, il en fut tué un qui pesait 558 kilog. Un autre individu, tué dans les monts Altaï, avait 2ᵐ69 du nez à la queue, et 1ᵐ67 de hauteur au garrot. La chair de cet animal passe pour légère et nourrissante, et les Canadiens en font le plus grand cas. Sa peau est excellente pour la buffleterie, et son bois est employé aux mêmes usages que celui du cerf. L'élan s'apprivoise, mais moins facilement que le renne ; cependant, en Suède, on a pu le dresser au traîneau. — L'élan était connu des Romains à l'époque de J. César, qui le désigna sous le nom d'Alce, corruption évidente du celtique Elk, qui, dans quelques pays du Nord, est encore appliqué à cet animal. Au Canada, les Français le nomment Original et les Anglais Moose-Deer.

V. — Le Renne (C. tarandus ou C. Rangifer) se distingue

Fig. 6.

surtout des cerfs proprement dits par son bois (Fig. 6). Celui-ci est divisé en plusieurs branches, d'abord grêles et pointues, mais qui finissent avec l'âge par se terminer en palettes élargies et dentelées. Cet appendice existe dans les deux sexes, mais il est plus petit chez la femelle que chez le mâle. Le renne est grand comme un c., mais il a des formes plus trapues ; ses jambes sont plus courtes et plus grosses ; ses pieds sont bien plus larges, et ses sabots, au lieu de correspondre à leur face interne par une surface plane, se correspondent par une surface convexe, comme chez le chameau. Le poil du renne, brun pendant toute l'année, devient presque blanc en hiver : il est extrêmement fourni, et son cuir est fort épais. Cet animal jette son bois tous les ans, comme le c. ; il est en rut dans la même saison, c.-à-d. vers la fin de septembre. La femelle porte 8 mois, et le jeune renne suit sa mère pendant 2 ou 3 ans, et ce n'est qu'à l'âge de 4 ans révolus qu'il a acquis son plein accroissement. — Le renne est propre aux contrées glaciales des deux continents : on le trouve surtout en Laponie, au Spitzberg, en Sibérie, au Groenland et au Canada. En Amérique, on lui donne le nom de Caribou. Il n'est pas vrai, comme on l'a souvent répété sur l'autorité de Buffon, que cet animal ait jadis habité les Alpes et les Pyrénées. Cuvier a fait voir que l'erreur avancée par notre grand naturaliste du XVIIIᵉ siècle était le résultat d'une faute commise par l'ignorance d'un copiste dans un manuscrit de la Vénerie, de Gaston Phœbus. Lorsqu'on transporte les rennes hors de leur climat natal, ils meurent au bout de peu de temps et ne s'y reproduisent pas.

Le renne broute, pendant l'été, les boutons et les feuilles des arbres ; mais, pendant l'hiver, il se nourrit uniquement d'une espèce de Lichen, appelé pour cela Lichen rangiferinus, qu'il sait très bien découvrir sous l'épaisseur de la neige, en se servant de ses pieds et de ses bois. Comme les autres espèces du genre c., le renne est doux, inoffensif, et s'apprivoise aisément. Les Lapons, ainsi que plusieurs peuplades de la Sibérie, l'ont réduit en domesticité ; mais les Groenlandais et les Esquimaux n'ont pas eu cette industrie. En Laponie, le renne

fait toute la richesse des habitants : sa peau, revêtue de ses poils, constitue une fourrure impénétrable dont les Lapons fabriquent leurs vêtements d'hiver ; l'été, ils se servent des peaux dont le poil est tombé ; ils savent aussi filer ce poil ; ils se nourrissent de la chair de ces animaux ; ils boivent le lait des femelles, qui passe pour plus substantiel que celui de la vache ; ils en fabriquent aussi des fromages, etc. En un mot, pour le Lapon, le renne tient lieu de la vache, de la brebis et même du cheval ; car il s'en sert encore pour porter des fardeaux, ainsi que pour tirer son traîneau. Le renne a encore sur le cheval l'avantage de courir sur la neige glacée avec autant de facilité que sur le terrain ordinaire. Le traîneau dont les Lapons font usage est extrêmement léger. Il est garni, par-dessous, de peaux de jeunes rennes, le poil tourné contre la neige et couché en arrière, pour que le traîneau glisse plus facilement en avant et recule moins aisément dans la montagne. Le renne attelé n'a pour collier qu'un morceau de peau où le poil est resté, d'où descend vers le poitrail un trait qui lui passe sous le ventre, entre les jambes, et va s'attacher à un trou qui est sur le devant du traîneau. Le Lapon n'a pour guides qu'une simple corde, attachée à la racine du bois de l'animal, qu'il jette diversement sur le dos de la bête, tantôt d'un côté et tantôt de l'autre, selon qu'il veut la diriger à droite ou à gauche. Le Renne peut faire ainsi 20 à 24 kilom. à l'heure, et 125 kilom. par jour ; mais si cette manière de voyager est prompte, elle est fort incommode. Il faut y être habitué et travailler continuellement pour maintenir le traîneau et l'empêcher de verser.

En Laponie, la richesse se mesure par le nombre des rennes ; les riches en ont des troupeaux de 400 à 500, quelquefois de 1,000 ; les plus pauvres n'en possèdent quelquefois que deux ou trois couples. On les mène au pâturage ; on les enferme dans des étables ; on les fait parquer en plein champ, absolument comme nous faisons pour les moutons. Seulement, comme ces animaux sont très enclins à repasser à l'état sauvage, on est obligé de les surveiller avec le plus grand soin. Dans le temps de la chaleur, on lâche les femelles dans les bois, et on les laisse rechercher les mâles sauvages. Les individus issus de ce mélange sont plus forts que ceux qui naissent d'animaux entièrement domestiques. C'est à l'âge de 4 ans seulement qu'on commence à les dresser au travail ; mais, pour les rendre plus souples, on les soumet à la castration. Les plus vifs et les plus légers sont destinés à tirer les traîneaux ; les plus lourds sont employés à transporter les provisions et les bagages, jusqu'à ce que leur grand âge ou même leur embonpoint détermine à les tuer pour servir à l'alimentation. — Le renne domestique vit de 15 à 16 ans ; mais il est à présumer que le renne sauvage, n'étant pas soumis aux mêmes fatigues, vit plus longtemps. Suivant Buffon, la durée de la vie, pour ces derniers, serait de 25 à 30 ans. Au reste, il n'y a pas beaucoup de rennes sauvages en Laponie. Dans l'Amérique du Nord, au contraire, ils sont extrêmement nombreux : on en rencontre parfois, dans ces solitudes glacées, des troupes de 8,000 à 10,000 têtes.

Paléont. — Dans les terrains tertiaires et quaternaires, des restes de la famille des Cervidés ont été découverts.

Ainsi les Procervulus se trouvent dans les sables du miocène inférieur de l'Orléanais, les Cosoryx dans les dépôts tertiaires récents de l'Amérique du Nord.

On a trouvé d'autres espèces dans le miocène de Sansan, dans le miocène supérieur, dans le pliocène.

Parmi les espèces quaternaires nous citerons le renne, puis le Cervus megaceros, dont on peut voir de magnifiques squelettes que M. A. Gaudry a fait placer dans les galeries de paléontologie du Muséum ; cet animal énorme est éteint depuis un temps relativement court.

Blas. — Dans les armoiries, le C. est toujours de profil ; sa

Fig. 1.

Fig. 2.

situation ordinaire est d'être passant ou courant ; on le trouve cependant quelquefois *gissant* ou couché. Pour exprimer l'émail de son bois, on dit *ramé*, et si l'on veut spécifier le nombre des dagues, on se sert de l'expression *ramé et sommé de tant de dagues*. Ainsi, Froissard, en Franche-Comté, porte *d'azur au c. ramé et sommé de treize dagues d'or* (Fig. 1). Au lieu du corps entier du c., on n'emploie quelquefois que la tête. Cette tête est ordinairement de front, et s'appelle *Rencontre*. — De Cornulier porte *d'argent au rencontre de c. d'azur surmonté d'une moucheture d'hermine* (Fig. 2). Lorsqu'elle est de profil avec une partie du cou, on dit : *au cou et tête de c.* Un bois attaché à une partie du crâne se nomme *Massacre*. Enfin, on donne le nom de *Cornes* aux perches du bois du c., quand elles sont séparées, et l'on dit, pour exprimer le nombre des cors, *chevillé de tant de cors*.

CERFEUIL. s. m. (lat. *cerefolium*, du gr. χαιρέφυλλον, m. s., de χαίρειν, se réjouir, et φύλλον, feuille). T. Bot. et Hortic. La plante potagère ainsi nommée appartient à la famille des *Ombellifères* et au genre *Anthriscus*; les botanistes l'appellent *Anth. Cerefolium*. On en distingue plusieurs variétés. Le *C. commun* a une saveur aromatique prononcée qui fait qu'on l'emploie comme assaisonnement. Autrefois, la médecine en faisait quelque usage : on l'administrait surtout comme diurétique. — Le *C. bulbeux* (*Chærophyllum bulbosum*) est ainsi nommé de sa racine charnue, qui constitue un

légume précieux. Elle contient une fécule fort nourrissante et très fine, car ses grains les plus gros ne dépassent pas 17 millièmes de millim. Suivant Payen, les racines charnues du C. bulbeux contiennent, à poids égal, beaucoup plus de matière nutritive que la pomme de terre : ainsi 100 kilog. de racines représentent 170 kilogr. de tubercules. Un hectare cultivé en C. bulbeux rend, en moyenne, 280 hectol. de racines : celles-ci atteignent quelquefois le poids de 130 grammes. Ce légume a un goût très agréable et qui rappelle celui de la châtaigne ; il cuit au moins de 10 minutes, et se prépare de diverses manières, comme la pomme de terre. Cette plante s'accommode de tous les terrains, mais elle donne de plus beaux produits dans une terre franche et un peu forte. — La plante appelée *C. d'Espagne* et *C. musqué* appartient au genre *Myrrhis* ; c'est le *M. odorata*. Ses semences ont le goût et le parfum de l'anis, et on peut les employer aux mêmes usages.

CERF-VOLANT. s. m. [Pr. *ser-volan*]. Espèce de machine en forme de grande raquette, faite avec du papier étendu ou collé sur des baguettes, qu'on fait monter en l'air à l'aide du vent en le retenant avec une ficelle, et qui sert ordinairement de jouet aux enfants. || T. Phys. Franklin et de Romas se sont servis d'un c.-v. retenu par un fil métallique pour conduire sur le sol l'électricité des nuages. || T. Entom. Espèce de *Lucane*, genre d'insectes coléoptères pentamères. Voy. LUCANIDES.

CÉRIALIS, général de Vespasien, vainquit Civilis et Classicus, chefs des Bataves et des Gaulois révoltés (71).

CÉRIFÈRE. adj. (lat. *cera*, cire ; *fero*, je porte). T. Hist. nat. Qui produit la cire.

CÉRIFIABLE. adj. Qui peut être transformé en cire.

CÉRIFICATION. s. f. (lat. *cera*, cire ; *fieri*, devenir). T. Bot. Modification de la membrane des cellules végétales par des incrustations cireuses.

CÉRIGNOLE, v. de la Capitanate ou Foggia (Italie), près de laquelle le duc de Nemours fut vaincu et tué, en 1503 ; 22,700 hab.

CÉRIGO, une des îles Ioniennes, l'ancienne Cythère, au sud du Péloponèse (à la Grèce) ; 14.500 hab.

CÉRILLY, ch.-l. de c. (Allier), arr. de Montluçon, 3.100 hab.

CÉRINE. s. f. (lat. *cera*, cire). T. Chim. Substance cireuse extraite du liège par Chevreul. || Nom donné par John à la portion soluble dans l'alcool bouillant de la cire d'abeilles ; c'est de l'acide cérotique impur. || T. Minér. Silicate d'alumine, de fer, de chaux et de cérium, appelé aussi *Allanite*.

CÉRINTHE. s. f. (gr. κηρός, cire ; άνθος, fleur). T. Bot. Genre de plantes de la famille des *Borraginées*.

CERISAIE. s. f. Lieu planté de Cerisiers.

CERISE. s. f. (lat. *cerasus*, gr. κέρασος, m. s.). Fruit du Cerisier. || T. Art vétér. Excroissances de couleur rouge qui se forment à la sole du cheval quand il y a une plaie à cet endroit. || S. m. *Le cerise*, couleur de la c. || Adj. T. Métall. *Rouge c.*, indice d'une haute température, inférieure cependant à celle du blanc.

CERISETTE. s. f. (Dimin. de *cerise*). Cerise séchée. || Espèce de prune rouge.

CERISIER. s. m. (R. *cerise*). T. Bot. et Hort. Le *Cerisier* (*Cerasus*) constitue l'un des genres les plus importants de la tribu des *Prunées*. Tout le monde connaît son fruit, appelé *Cerise*, qui est une drupe en général plus ou moins rouge, globuleuse ou un peu oblongue, ombiliquée à la base, charnue, très glabre, c.-à-d. dépourvue de duvet avec un noyau lisse et dépourvue de sillon à son bord interne. Ce genre se divise en deux sections : *Eucerasus* et *Padus*. — La première renferme tous les C. à fruit comestible, les souls dont nous parlerons dans cet article. Les nombreuses variétés de cet arbre fruitier peuvent être rattachées à deux espèces : le *C. Avium* et le *C. vulgaris* ou *C. caproniana*. Dans la première espèce, on distingue surtout les trois types suivants : les *Merisiers*, les *Guigniers* et les *Bigarreautiers*. — 1° Les *Merisiers* (*C. Avium* var. *sylvestris*) sont de beaux arbres très répandus dans les forêts des Vosges et de l'Alsace. On en distingue 4 variétés, dont les principales sont le *M. sauvage* ou *M. à petits fruits* et le *M. à gros fruit noir*. Le fruit du premier est petit, rouge presque noir ; il est à chair moins et un peu amère ; celui du second est beaucoup plus gros, de même couleur que le précédent, et à noyau rouge. Les fruits des Merisiers sont appelés *Merises*. (L'arbre désigné sous le nom vulgaire de M. à grappes est le *Cerasus Padus*). — 2° Le *Bigarreautier* (*C. Avium* var. *duracina*) donne un fruit nommé *Bigarreau*, en forme de cœur, ordinairement assez gros, à peau très adhérente, à chair ferme, croquante et douce. Parmi ses variétés nous citerons le *B. à gros fruit rouge*, dont le fruit très gros, aplati d'un côté, convexe de l'autre, à peau rouge foncé sur une face, et rouge clair sur l'autre, est très estimé ; le *B. à gros fruit blanc*, qui ne diffère du précédent que par la couleur de la cerise ; le *B. à fruit rouge hâtif*, le *B. à fruit blanc hâtif*, qui donnent des cerises moins grosses, moins fermes, mais plus délicates que les gros bigarreaux ; le *B. couleur de chair*, à cerises belles, suaves, presque transparentes et très recherchées ; et le *B. de A à la terre* ou à *feuilles de tabac*, à feuilles très grandes, mais dont le fruit est inférieur à ceux que nous venons de nommer. — 3° Le *Guignier* (*C. Avium* var. *juliana*) compte aussi de nombreuses variétés qui toutes sont désignées, mais improprement, sous le nom de Cerisiers dans nos départements méridionaux. Son fruit, appelé *Guigne*, est presque cordiforme, doux, à chair tendre et aqueuse, à couleur rouge ou noirâtre. L'une des variétés les plus remarquables est le *G. à rameaux pendants*, qui produit un fruit d'un goût très fin, et qui doit son nom à la disposition de ses branches inclinées comme celles du Saule pleureur. Aussi est-il à la fois un arbre d'utilité et d'agrément.

La deuxième espèce (*C. vulgaris* ou *C. caproniana*) porte vulgairement le nom de *Griottier* ou *Cerisier* ; c'est un arbre bien moins élevé que les précédents, et parfois nain, à rameaux étalés, à fleurs remarquables par leur calice ample et campanulé, à fruit toujours acide, globuleux-dépr.més, presque toujours porté sur un pédicule court, épais et assez roide. Ses principales variétés sont : le *C. de Montmorency*, à fruit globuleux-déprimé, d'un rouge pâle, à chair blanchâtre plus ou moins acide ; le *C. ambre* ou *C. à fruit blanc*, dont la cerise est couleur d'aubure ; le *C. Gobet*, à fruit rouge déprimé, à chair blanche, à pédicule court ; et le *Griottier* qui porte la cerise pourpre noir et à chair rouge qu'on nomme vulgairement *Grosse griotte noire*, *Griotte à ratafia*, *C. du Nord*, *C. à eau-de-vie*, etc.

Des quatre sortes de Cerisiers que nous venons de passer en revue, une seule, celle des Merisiers, paraît avoir été toujours comme à l'état sauvage dans nos bois. Quant aux autres, on attribue leur introduction en Europe à Lucullus, qui les aurait apportées de Cérasonte, dans l'Asie Mineure, en Italie (74 ans av. J.-C.), et l'on saisit que le nom de cette ville est l'origine du terme latin *Cerasus*, dont nous avons fait *Cerisier*. — Les fruits des C. sont d'une grande ressource dans l'économie domestique. Outre l'énorme quantité qu'on en consomme ou nature, on en conserve aussi beaucoup dans l'eau-de-vie ou par la dessiccation ; on les emploie également à la préparation de plusieurs pâtes ou confitures. Enfin, on en obtient, par la distillation, des liqueurs de table très recherchées, dont les principales sont le *Kirschenwasser* et le *Marasquin*. Le premier se prépare dans le Wurtemberg, à Bâle, à Berne, en Alsace et dans les Vosges, avec le fruit du *Merisier à gros fruit noir* et celui du *Guignier à fruit noir*. Le second se fait avec la cerise du *Griottier Marasca* : le plus estimé vient de Zara, en Dalmatie. — Les pédoncules ou queues de cerises servent à préparer, surtout dans le Nord, une tisane diurétique populaire. — Voy. ROSACÉES.

CÉRISIERS. ch.-l. de c. (Yonne), arr. de Joigny, 1,300 hab.

CÉRISIN. s. m. Un des noms du serin.

CERISOLES, bourg d'Italie, célèbre par une victoire des Français sur les Espagnols (1544), 1.800 hab.

CERISY-LA-SALLE, ch.-l. de c. (Manche), 1,600 hab.

CÉRITE. s. f. (gr. κηρίτης, sorte de pierre, de κηρός, cire). T. Minér. Silicate hydraté de cérium, de lanthane et de didyme, avec de petites quantités de fer et de chaux.

CERITHE. s. m. T. Zool. Mollusque gastéropode. Voy. CÉRITHIUM.

CÉRITHIIDES. s. m. pl. (R. *Cérithe*). T. Zool. et Paléont. Ces mollusques gastéropodes cténobranches (voy. ces mots) ont une coquille élancée, formée de nombreux tours, et dont l'ouverture ovale ou quadrangulaire présente un court canal recourbé en arrière. La lèvre extérieure est mince et tranchante ou bien réfléchie et épaisse ; il y a parfois un ou deux plis columellaires ; l'opercule est corné et spiral.

Il y a plusieurs sous-familles dont les cérithiines et les potamides sont les plus importantes. Ces familles contiennent des genres jurassiques et éocènes, qui sont éteints ; mais en revanche il y a beaucoup de types actuels et fossiles depuis le trias.

CERITHIUM. s. m. T. Zool. et Paléont. Genre de mollusques gastéropodes, prosobranches, cténobranches, tænioglosses, siphonostomes, de la famille des cérithiides. Voy. ces mots.

Les *Cérithes* ont une coquille turriculée, à ouverture ovale, à canal bien développé. Ce genre est actuel et fossile depuis le trias.

CÉRIUM. s. m. [Pr. *sériom*] (R. *cérite*). T. Chim. et Minér. — Le *Cérium* a été découvert en 1803, presque en même temps par Klaproth, Hisinger et Berzélius. On le rencontre dans plusieurs minéraux très peu abondants, dont les plus importants sont la *Cérite*, l'*Allanite* ou *Cérine* et la *Gadolinite*, qui ne se trouvent qu'en Suède et au Groënland. On a pu obtenir le c. sous forme métallique. C'est un métal assez ductile, ayant la couleur et l'éclat de l'acier. Il est aussi dur que l'argent, et un peu plus fusible que lui. Sa densité est 6.7. Il se ternit à l'air humide ; chauffé, il brûle à l'air avec plus d'éclat que le magnésium ; il brûle aussi vivement dans le chlore. Il décompose l'eau très lentement à froid ; les acides étendus le dissolvent avec dégagement d'hydrogène ; les acides sulfurique et azotique concentrés sans action. Le symbole du C. est Ce ; son poids atomique, 140. — On connaît un *oxyde*

céreux Ce^2O^3 et un *oxyde cérique* CeO^2. Ce sont des bases qui, avec les acides, donnent des *sels céreux* et *cériques*.

CERIZAY, ch.-l. de c. (Deux-Sèvres), arr. de Bressuire, 2,000 hab.

CERMOISE. s. f. T. Hort. Variété de Tulipe.

CERNAY, village de France, dép. de Seine-et-Oise, arr. de Rambouillet, très fréquenté par les peintres et les touristes à cause de la beauté du paysage. À 3 kilom. du village, sont les ruines de l'abbaye des *Vaux-de-Cernay*, fondée en 1118 et restaurée par la baronne Nathaniel de Rothschild.

CERNAY, anc. ch.-l. de c. (Haut-Rhin), arr. de Belfort, 4,200 hab. (à l'Allemagne depuis 1871).

CERNE. s. m. (lat. *circinus*, cercle). Rond tracé sur la terre, le sable, etc. *Tracer un c.* Vx. || Le rond livide qui se fait quelquefois autour d'une plaie qui n'est pas en bon état, ou autour des yeux quand ils sont battus. Vx. || T. Bot. Se dit des cercles concentriques que l'on voit sur la tranche d'un arbre coupé horizontalement. *Le nombre des cernes sert à connaître l'âge d'un arbre.* || T. Chas. Enceinte dans laquelle on traque le gibier.

CERNEAU. s. m. (tulesque *kerno*, fruit renfermé dans une coque). Noix dont on a enlevé l'écorce et qui, coupée en deux, avant sa maturité, se mange après avoir été marinée dans du sel et du vinaigre. *Manger des cerneaux.* — *Vin de cerneaux*, Certain vin rosé, qui est bon à boire dans la saison des cerneaux, en mangeant des cerneaux ou plutôt des noix. On sait que pour bien goûter le vin, il faut manger des noix ou du fromage.

CERNEMENT. s. m. Action de cerner.

CERNER. v. a. (lat. *circinare*, m. s. de *circinus*, cercle). Faire un cerne autour de quelque chose. *C. l'écorce d'un arbre.* || Détacher, séparer une chose de ce qui l'environne. *C. des noix*, Les séparer de leur coque pour en faire des cerneaux. — *C. un arbre au pied*, Faire un creux autour du pied d'un arbre, pour l'enlever avec ses racines, ou pour l'entourer de fumier, de bonne terre, etc. || Par ext., Entourer, investir un lieu de manière à priver ceux qui s'y trouvent de toute communication avec l'extérieur. *C. une place de guerre. C. une maison. C. un corps de troupes.* — Fig., *C. quelqu'un*, L'entourer de certains conseils, de certains témoins, pour s'assurer de lui. *On l'a cerné de manière qu'il ne puisse échapper.* || T. Chir. *C. une tumeur*, faire une incision tout autour pour l'extirper. — CERNÉ, ÉE, part. *Avoir les yeux cernés*, Avoir les yeux battus.

CÉROCOME. s. f. (gr. κέρας, corne ; κόμη, chevelure.) T. Ent. Genre d'insectes coléoptères vésicants. Voy. CANTHARIDE.

CÉROÈNE. s. m. (bas-lat., *ceroneum*, m. s., du gr. κηρός, cire). T. Pharm. Emplâtre formé avec de la poix, de la cire et du bol d'Arménie, de la myrrhe, de l'encens et du minium.

CÉRO-EXTRACTEUR. (lat. *cera*, cire, et fr. *extracteur*). T. Apic. D'une manière générale, on peut comprendre, dans ce nom, tous les appareils qui servent à fondre la cire (voy. ce mot) dans le but de la séparer des impuretés qu'elle contient ; mais le terme s'applique plus spécialement au *cero-extracteur solaire*. L'appareil se compose d'une petite caisse en bois, munie d'un double fond recouvert de fer-blanc et légèrement en pente (10 p. 0/0). En place, sur ce fond, les rayons brisés en menus morceaux ; le couvercle formé par un verre très épais et incliné concentre les rayons solaires sur la cire qui entre en fusion et s'écoule, purifiée, dans une auge placée à la partie inférieure du double fond sur lequel restent les impuretés.

CÉROFÉRAIRE. s. m. (lat. *cera*, cire ; *fero*, je porte). Celui qui porte les cierges.

CÉROGRAPHIE. s. m. (gr. κηρός, cire ; γράφω, je dessine.) Nom de la peinture à l'encaustique.

CÉROÏDE. adj. (gr. κηρός, cire ; εἶδος, forme.) T. Didact. Qui a l'apparence de la cire.

CÉROLÉINE. s. f. (lat. *cera*, cire; *oleum*, huile.). T. Chim. Partie de la cire d'abeilles soluble dans l'alcool.

CÉROLITHE s. m. (gr. κηρός, cire; λίθος, pierre). T. Min. Variété de silicate hydraté d'alumine et de magnésie.

CÉROMANCIE. s. f. (gr. κηρός, cire; μαντεία, divination). Divination pratiquée en versant goutte à goutte, dans un vase plein d'eau, de la cire fondue.

CÉROMANCIEN. s. m. Celui qui pratique la céromancie.

CÉROMEL. s. m. (lat. *cera*, cire; *mel*, miel). T. Pharm. Mélange de cire et de miel employé autrefois au pansement des plaies.

CÉRON. s. m. T. Comm. Ballot couvert d'une peau de bœuf fraîche, dont le poil est en dedans.

CÉROPÉGIE. s. f. (gr. κηρόπηγιον, chandelier). T. Bot. Genre de plantes (*Ceropegia*) de la famille des *Asclépiadées*. Voy. ce mot.

CÉROPLASTIQUE. s. f. (gr. κηρός, cire; πλάττειν, façonner). T. Beaux-Arts. La C. est l'art de modeler en cire. Son origine est inconnue; mais on voit par le titre de la X° ode d'Anacréon adressée à un Amour de cire, que cet art était connu chez les Grecs au VI° siècle avant notre ère. La c. passa de la Grèce à Rome. Les Romains qui appartenaient aux familles nobles, conservaient précieusement les bustes en cire ou les images peintes de leurs ancêtres, et aux funérailles on les faisait porter devant le défunt. — Au moyen âge, ce fut la religion qui conserva la c. Les statues des saints étaient parfois faites en cire; mais c'est surtout pour représenter le visage qu'on employait cette matière. On se servait aussi de cire pour pratiquer l'espèce de maléfice appelé *Envoûtement*. V. ce mot. — Au XV° siècle, un Italien, Andrea del Verrochio, essaya d'imiter, en cire, les visages des personnes mortes ou vivantes. Cette idée fut largement exploitée, à la fin du siècle dernier et au commencement de celui-ci, par divers industriels qui installèrent des *Musées de cire*, parmi lesquels nous citerons le musée Tussaud, à Londres, et le musée *Grévin*, à Paris. Ludovico Civoli ou Cigoli, sculpteur florentin de la fin du XVI° siècle, passe pour avoir, le premier, fait des préparations anatomiques en cire. Il fut suivi dans cette voie par le Sicilien Zumbo, ainsi que par Ercole Lelli, Manzollini et sa femme Anne Manzollini, Antonio Galli, Lud. Calza, Filippo Balugani, Ferini, etc., qui ont produit des ouvrages précieux. La France a possédé aussi d'éminents artistes dans ce genre : nous citerons M⁰ˢ Biheron, Pinson, Bertrand, Laumonier de Rouen et Dupont, qui ont porté l'art de la c. anatomique à un degré de perfection inouï. Ces pièces qui enrichissent le Musée de la Faculté de médecine et les galeries du Muséum d'histoire naturelle, au Jardin des plantes, sont d'une exactitude et d'une beauté qui ne laissent rien à désirer. Mais les préparations en cire ont l'inconvénient de s'altérer promptement, de réclamer un entretien minutieux, d'être fort chères et de ne pouvoir être maniées sans que leur derme et leur couleur n'en souffrent promptement. En conséquence, depuis un certain nombre d'années, plusieurs anatomistes ont cherché à substituer à la cire une substance qui fût à la fois solide, résistante, facile à travailler et d'un prix peu élevé. Le problème a été complètement résolu par le D⁰ Auzoux, au moyen d'une composition analogue au carton-pâte, qui se coule dans des moules et acquiert, en séchant, la dureté du bois. Il est ainsi parvenu à construire des pièces anatomiques de ses sujets tout entiers, dont toutes les parties peuvent se démonter, et qui représentent avec la plus grande fidélité tous les organes et tous les détails anatomiques tant internes qu'externes : aussi a-t-il donné à ses pièces le nom d'anatomie *clastique*, du grec *klastos*, qui peut se briser. Le D⁰ Thibert employait, dans le même but, le cuir repoussé et peint; le Bavarois Zeiler se sert du bois et de papier mâché, etc. — La cire a été également employée pour représenter divers objets de botanique, surtout les champignons, qui se conservent très mal et très difficilement dans les herbiers. Les champignons de Pinson, de Pisacelli, etc., sont remarquables par leur exactitude.

CÉROSIE. s. f. (gr. κηρός, cire). T. Chim. Matière cireuse de la canne à sucre.

CÉROTÈNE. s. m. (gr. κηρός, cire). T. Chim. Hydrocarbure solide résultant de la distillation de la cire de Chine.

CÉROTIQUE. adj. 2 g. (gr. κηρός, cire). T. Chim. L'acide *cér.* est contenu dans la cire d'abeilles, d'où on l'extrait à l'aide de l'alcool bouillant. C'est un acide gras répondant à la formule $C^{54} H^{54} O^2$. Il est solide et fond à 78°. Il est monobasique et forme des sels et des éthers appelés *Cérotates*. Le *cérotate de céryle* constitue la majeure partie de la cire de Chine; on le rencontre aussi dans le suint du mouton. La cire de Carnauba est formée en grande partie de *cérotate de myricyle*. || *Alcool cér.* Voy. **Céryllique.**

CÉROXYLINE. s. f. (B. *ceroxylon*). T. Chim. Cire de palmier produite par le *Ceroxylon andicola*. On l'emploie dans l'Amérique équatoriale pour fabriquer des cierges et des bougies.

CÉROXYLON. s. m. (gr. κηρός, cire; ξύλον, bois). T. Bot. Genre de palmiers qui croît dans les Andes du Pérou. Voy. **Palmier.**

CERQUE. s. f. (gr. κέρκος, queue). T. Entom. Appendice de l'extrémité de l'abdomen chez les insectes orthoptères.

CERTAIN, AINE. adj. (lat. *certus*). En parlant des choses, signifie indubitable, vrai. *Cela est c. La nouvelle est certaine. Je sais cela de science certaine. C'est un profit c. Sa mort est certaine.* — A aussi le sens de fixé et déterminé. *L'assemblée se réunira à jour c.* — *Prix c., taux c.*, Prix, taux qui ne varie point. *Ces marchandises n'ont point de prix, de taux c.* || En parlant des personnes, sign. qui est assuré d'une chose, qui en a la certitude. *Êtes-vous bien c. de cela? J'en suis très c. Je suis c. de réussir.* || Se dit, dans un sens vague, des personnes et des choses qu'on ne peut pas ou qu'on ne veut pas nommer, caractériser, désigner expressément. Il se met alors devant le subst. auquel il se rapporte. *J'ai ouï dire à c. homme. Certaines personnes, certaines gens disent que... Il y a de certaines choses pour lesquelles on éprouve de la répugnance. Dans certains cas. Pendant un c. temps.* || S'emploie fréquemment pour atténuer, pour restreindre ce que l'expression à laquelle on le joint peut avoir de trop absolu. *Cet homme jouit d'une certaine réputation, il a une certaine valeur. C'est un homme d'un c. mérite. Il est d'un c. âge. Il y avait un c. nombre de personnes.* — *Un c.*, suivi d'un nom propre, se dit par dédain. *Un c. Paul a répandu ce bruit.* || T. Beaux-Arts. *Contours certains*, Contours précis, bien dessinés et bien liés. — **Certain.** s. m. Chose certaine. *Il ne faut pas quitter le c. pour l'incertain.* || T. Banq. Prix de change acquitté par une monnaie dont la valeur est fixe. Voy. **Change.**

Syn. — *Sûr.* — *Certain* se dit des choses que l'on peut assurer; *sûr* se dit des choses ou des personnes sur lesquelles on peut compter, auxquelles on peut se fier. Cette nouvelle est *certaine*, car elle me vient d'une voie très *sûre*. *Certain* ne se dit que des choses, à moins qu'il ne soit question de la personne même qui a la certitude : Je suis c. du fait, ce fait est très c. Cet historien est un témoin très *sûr* dans les choses qu'il raconte, parce qu'il ne dit rien dont il ne soit c. Dans les sciences, c. se dit plutôt que *sûr* : Les propositions de géométrie sont *certaines*.

CERTAINEMENT. adv. En vérité, assurément. *C. les hommes sont bien aveugles. Bien c. Viendrez-vous? C. non.* || Se dit pour indubitablement, d'une manière certaine. *Le savez-vous c.?*

Syn. — *Certes, Avec certitude.* — La locution *avec certitude* désigne, par une simple assertion, que l'on a des motifs les plus puissants pour assurer, ou, les plus fortes raisons de croire et de dire une chose. L'adverbe c. est une affirmation qui désigne notre conviction, la persuasion où nous sommes, et l'autorité que nous voulons donner à notre discours par notre témoignage, plutôt que les raisons que nous pouvons avoir d'assurer ou d'affirmer. *Certes* est une affirmation tranchante et absolue, qui annonce l'assurance fondée sur la certitude et la conviction la plus profonde, et vous défend, pour ainsi dire, d'élever un doute ou un soupçon contraire.

CERTEAU. s. m. Variété de Poire.

CERTES. adv. (lat. *certè*). Certainement, sans mentir, en vérité. *Oui c. Non c. Et c. ce fut avec beaucoup de raison. C. il faut avoir du courage pour faire cela.* Syn. Voy. **Certainement.**

CERTIFICAT. s. m. (lat. *certum*, certain ; et suffixe *ficare*, faire). Écrit faisant foi de quelque chose. *Donner, délivrer un c. Avoir un c.*

Législ. — D'après leur origine, on distingue les certificats en *privés* et *publics* ou *authentiques*. Les premiers émanent de simples particuliers. Les seconds sont délivrés par les autorités en forme d'actes publics, et d'après les formalités prescrites par les lois. Les certificats de cette dernière espèce ayant souvent une haute importance, la loi a pris des mesures pour les mettre à l'abri de la fraude. Ainsi, la fabrication d'un faux c., d'où pourrait résulter un préjudice pour des tiers ou pour l'État, est punie, suivant les cas, de la réclusion ou des travaux forcés. Il y a un très grand nombre d'espèces de certificats publics; nous indiquerons les plus usités. Le *C. de bonnes vie et mœurs* atteste la moralité de l'individu auquel il est délivré; il émane des officiers municipaux. Un c. de moralité et de capacité est exigé des aspirants aux fonctions de notaire, avoué, huissier : cette attestation est délivrée par les chambres de chacun de ces ordres. — Les *Certificats de capacité* sont des diplômes délivrés : 1° dans les Facultés de droit, aux élèves qui ont été jugés posséder des connaissances en droit et en procédure civils et en législation criminelle; 2° dans les écoles préparatoires à l'enseignement des sciences, et dans les Facultés des sciences où l'enseignement des sciences appliquées est organisé, à ceux qui justifient des connaissances déterminées par les règlements, etc. — Les *Certificats de carence* émanent des maires qui déclarent, sous leur responsabilité, l'absence ou l'insolvabilité des redevables du Trésor public. — Les *Certificats de coutume* ont pour but de faire connaître certains usages locaux ou certains points de législation étrangère; ils sont délivrés par les autorités locales. — Le *C. d'indigence* est délivré par les maires, les commissaires de police, les bureaux de bienfaisance, pour attester qu'un individu ne possède rien. Ce document a plusieurs applications en matière de frais de justice : la production en est nécessaire pour obtenir l'assistance judiciaire, ou la dispense de caution exigée de ceux qui se pourvoient en cassation. — Le *C. d'individualité* a pour objet d'attester, d'une manière authentique, le nom, les prénoms, l'âge, la qualité et la demeure d'une personne; il est ordinairement délivré par un notaire. — Les *Certificats d'origine* servent à constater l'origine de la propriété d'une rente sur l'État, ou la provenance de marchandises étrangères qu'on veut importer ou faire circuler. Ils sont fournis par le Trésor dans le premier cas, et par un agent diplomatique dans le second. — Les *Certificats de propriété* émanent, selon les circonstances, des notaires, des juges de paix, des greffiers des tribunaux, etc., et attestent le droit d'une ou de plusieurs personnes à la propriété, ou simplement à la jouissance d'une rente sur l'État, à des actions de la Banque de France, etc. — Les *Certificats de stage* sont délivrés aux avocats et aux officiers ministériels par leurs conseils ou chambres de discipline, pour attester qu'ils ont rempli certaines obligations prescrites par les règlements. — Le *C. de vie* est un acte qui constate l'existence actuelle d'un individu. Il est indispensable dans le cas de demande en paiement d'une pension, des arrérages d'une rente viagère, etc.; car il faut justifier de l'existence, soit du créancier, soit de la personne sur la tête de laquelle la rente a été constituée. Lorsque ces certificats doivent être produits à des particuliers, à des sociétés, telles que les compagnies d'assurances, etc., ils peuvent être délivrés soit par un notaire, soit par le président du tribunal de première instance, soit par le maire ou chef-lieu d'arrondissement. Quant à ceux qui sont exigés par le Trésor et les administrations publiques, ils doivent émaner d'un notaire. De 1806 à 1839, il n'y avait que certains notaires désignés par l'administration, et nommés pour ce motif *Notaires certificateurs*, qui eussent le droit de les délivrer; aujourd'hui cette faculté appartient à tous les notaires indistinctement. — Le *C. d'addition* est une attestation délivrée pour l'addition faite à une invention déjà brevetée. Voy. INVENTION.

Parmi les nombreux certificats d'instruction primaire, nous citerons le c. dit d'*Études primaires*, institué par la loi du 28 mars 1882. Les enfants peuvent se présenter à l'examen pour l'obtention de ce c. dès l'âge de onze ans. Ceux qui ont réussi sont dispensés du temps de scolarité qui reste à courir jusqu'à ce qu'ils aient atteint l'âge de treize ans révolus. — Pendant la Révolution, on donnait le nom de *C. de civisme* à une attestation émanée d'une autorité administrative constituée, et affirmant que l'individu auquel il était délivré était un citoyen dévoué à la République. Quiconque ne pouvait obtenir ce c., courait le risque d'être porté sur les listes des *suspects*.

CERTIFICATEUR. s. m. T. Droit et Comm. Celui qui certifie une caution, une promesse, un billet. *Donner, recevoir un c. C. de caution.* Voy. CAUTION. — *C. de criées*, Celui qui attestait en justice que les criées avaient été faites dans les formes judiciaires. == Adject. *Notaire c.* Notaire qui avait le droit de donner des certificats de vie. Voy. CERTIFICAT.

CERTIFICATIF, IVE. adj. Qui a la vertu de certifier.

CERTIFICATION. s. f. T. Prat. Assurance par écrit. *C. de caution. Sa c. est au bas de la promesse d'un tel.* Vx et peu us.

CERTIFIER. v. a. (lat. *certum*, certain; *fieri*, devenir). Témoigner qu'une chose est vraie, l'assurer. *C. quelque chose. Je pense; il y a des corps; tout phénomène a une cause; par deux points on ne peut faire passer qu'une seule ligne droite, etc.* || T. Prat. *C. une caution*, Se rendre caution de la caution. Voy. CAUTION. == CERTIFIÉ, ÉE. part. == Syn. Voy. AFFIRMER.

CERTITUDE. s. f. (lat. *certitudo*). Assurance pleine et entière. *Quelle c. en avez-vous? J'en ai la c. C. morale, physique, métaphysique, mathématique. Mes soupçons se changèrent en c.* || Stabilité. *Il n'y a nulle c. dans les choses du monde.* || T. Beaux-Arts, Fermeté de main.

Philos. — La C. est cette adhésion complète, absolue, invincible que nous donnons à certaines propositions, sur le témoignage de nos sens, de notre conscience, de notre raison, et, en général, de toutes nos facultés de connaître. Les propositions suivantes sont au nombre de celles qui produisent en nous la c. : Je pense : il y a des corps; tout phénomène a une cause; par deux points on ne peut faire passer qu'une seule ligne droite, etc. Ainsi envisagée, la c. est un simple état de l'âme : c'est un phénomène purement *subjectif* et incontestable. Il n'est pas nécessaire de démontrer que, dans une foule de cas, notre esprit n'hésite pas un seul instant, suspendu entre l'affirmation et la négation, et qu'il croit profondément posséder la vérité. — Mais le mot *c.* est encore employé pour désigner la réalité des choses dont nous sommes certains. La c., à ce point de vue, prend le nom de c. *objective*, et il se présente alors une autre question : Au phénomène purement psychologique de la c. *subjective* correspond-il quelque chose de réel ? En d'autres termes, y a-t-il dans le monde, en nous ou hors de nous, des vérités que nous puissions légitimement connaître et affirmer ? — Ainsi posé dans toute sa généralité, le problème de la c. ne peut être abordé par aucun raisonnement, car le raisonnement ne peut avoir d'autre effet que de mettre en lumière les conséquences d'une proposition préalablement admise et devient radicalement inutile et impuissant là où précisément aucune vérité n'est supposée reconnue. De plus, accepter la légitimité du raisonnement, c'est déjà reconnaître que le genre de c. fourni par le raisonnement correspond à une réalité objective, c'est admettre ce qu'on veut démontrer. En d'autres termes, la c. s'impose et ne se démontre pas, et c'est là ce qui fait la force de la solution négative qui nie la c. objective, théorie connue sous le nom de *Scepticisme*, ou *Pyrrhonisme*, du nom du philosophe grec Pyrrhon, et d'après laquelle l'homme ne peut rien savoir, et le sage doit douter de tout.

Le scepticisme est logiquement inattaquable, aussi bien qu'il ne peut être démontré. Aucun raisonnement ne peut le réfuter; mais c'est à la condition qu'il soit *absolu*. Dès que le sceptique émet la moindre affirmation ou la moindre négation, il tombe dans la contradiction et devient justiciable de la discussion. La réfutation du scepticisme ne doit donc pas être cherchée dans le raisonnement, mais dans la conscience, et dans la répugnance invincible que l'esprit éprouve en présence de ses conséquences. D'abord le scepticisme n'est pas un système, c'est la négation de tout système, et, par suite, de toute recherche, de toute activité intellectuelle ou morale. C'est la mort de l'esprit. Ensuite, le scepticisme absolu paraît *impossible* à l'intelligence. Les idées qu'éveillent les mots de vérité, de conviction, de certitude, la croyance à la réalité du monde extérieur et à notre propre existence, ne paraissent pas faciles à déraciner du cœur, et l'on se sent invinciblement porté à taxer de mensonge celui qui déclare n'être certain de quoi que ce soit. Voy. SCEPTICISME.

La solution sceptique écartée, reste l'autre alternative, la croyance à la possibilité d'atteindre la vérité : c'est le *Dogmatisme*. Mais le problème conserve tout entière sa difficulté et son importance. De la manière dont on concevra la c. et des bases sur lesquelles on la fera reposer, découlera nécessairement tout un système philosophique, puisque cette conception constituera les prémisses de tout raisonnement ultérieur. La question de la c. est donc la question primordiale de toute philosophie, celle d'où dérivent ou à laquelle aboutissent toutes les méditations, suivant l'ordre dans lequel on présente les raisonnements.

Comme il est arrivé à tout homme d'être certain de choses qui ont été plus tard reconnues erronées, la simple c. subjective n'est pas une garantie contre l'erreur. Il faut donc préciser l'origine et les limites de la c. et définir les conditions de sa légitimité. C'est ainsi que les philosophes dogmatiques ont été amenés à rechercher un caractère permettant de distinguer la vraie c. de la fausse, caractère qu'on a nommé : *Criterium de c.* Or, c'est là la pierre d'achoppement de tous les systèmes, car si par malheur le criterium est reconnu insuffisant, tout l'édifice s'écroule, et le système tout entier s'abîme dans la nuit du pyrrhonisme.

Les anciens philosophes grecs, Pythagore, Platon, Aristote, n'ont pas traité régulièrement la question de la c. Nous ne dirons rien des sophistes ni de Pyrrhon et de ses successeurs, qui niaient la c. Épicure distingue les *vérités sensibles* et la *prénotion*. Les sens, dit-il, ne trompent jamais. La vérité ou la fausseté tombe sur l'opinion qui se joint à la sensation. L'opinion est vraie si l'évidence des sens la confirme ou ne la contredit pas; elle est fausse si l'évidence des sens la contredit ou ne la confirme pas. Seulement, il ne dit pas ce qu'est l'évidence des sens, il se contredit dans le cas où l'évidence des sens ne confirme ni ne contredit l'opinion, et, enfin, il ne dit pas qui sera juge de la confirmation ou de la contradiction. La prénotion est indépendante des sens; c'est la connaissance innée d'une chose et le principe de tout raisonnement. On voit que la prénotion est à peu de chose près ce que Descartes appellera plus tard l'évidence; mais la conception d'Épicure est autrement vague que celle de Descartes. Les stoïciens distinguaient la *compréhension*, qui est infaillible et commune aux fous et aux sages; l'*opinion*, à quoi les fous sont réduits, et la *science*, qui repose sur la raison et appartient aux sages. C'est encore plus vague que la théorie d'Épicure. Carnéade substitue à la c. cherchée par les philosophes la *crédibilité*, sorte de probabilité subjective, suffisante pour la conduite de la vie. Par là il ouvrait la porte au scepticisme de Pyrrhon et de ses successeurs. La question de la c. disparaît au moyen âge, où la philosophie était indissolublement liée à la théologie. Elle reparaît lumineusement avec Descartes.

Descartes prend son point de départ dans l'impossibilité où se trouve celui qui doute de tout de douter de sa propre pensée et, par suite, de sa propre existence : *Je pense, donc je suis*, proposition dans laquelle il voit une digue invincible à tous les efforts du scepticisme et dont il va déduire un criterium de c. Pourquoi, se demande-t-il, le doute s'arrête-t-il nécessairement à cette digue? « Et ayant remarqué qu'il n'y a rien du tout en ceci, *je pense, donc je suis*, qui m'assure que je dis la vérité, sinon que *je vois très clairement* que pour penser il faut être, je jugeai que je pouvais prendre pour règle générale que les choses que nous concevons *fort clairement et fort distinctement* sont toutes vraies. » C'est cette même clarté de l'idée que consiste l'évidence de Descartes. C'est le même principe qui le conduit à affirmer l'existence d'un Dieu infini et parfait dans lequel il trouve immédiatement une confirmation de sa méthode : car toute notion claire venant d'un Dieu parfait qui l'a mise en nous ne saurait nous induire en erreur. On a vu dans ce raisonnement un cercle vicieux indigne de Descartes. C'est à notre avis mal comprendre la pensée du grand philosophe. Ce raisonnement n'est pas donné comme preuve, mais comme explication du criterium qui s'imposait tout d'abord sans qu'on pût savoir pourquelle raison, et qui, par sa pr application, trouve son origine dans la sollicitude du Créateur pour la créature. Voy. CARTÉSIANISME. L'évidence qui nous fait affirmer l'existence du monde extérieur, reconnue par tout le genre humain, est de la même nature ; car, si l'on scrute les motifs de cette croyance, on n'en trouve qu'un seul : c'est l'*idée claire* que possèdent tous les hommes de la réalité des corps. C'est encore le même motif qui nous détermine à admettre certains faits sur le témoignage d'autrui : nous n'aurions jamais la c. de ces faits si nous n'apercevions *clairement* que nos semblables, en nous les attestant, n'ont pu ni se tromper eux-mêmes ni vouloir nous tromper. — Bientôt, il prévoit l'objection que bien souvent il nous arrive de prendre pour évidentes des propositions dont la fausseté est ensuite reconnue.

Ce qui nous trompe, alors, dit-il, ce n'est pas l'évidence, c'est une pure vraisemblance dont notre raison se contente, quand elle est aveuglée par quelque préjugé ou par quelque passion. « Mes erreurs naissent de cela seul que la volonté étant beaucoup plus ample et plus étendue que l'entendement, je ne la contiens pas dans les mêmes limites, mais que je l'étends aussi aux choses que je n'entends pas; auxquelles étant de soi indifférente, elle s'égare fort aisément, et choisit le faux pour le vrai, ce qui fait que je me trompe. » Il résulte de ce passage que Descartes a fort bien vu l'action de la volonté ou du libre arbitre sur nos croyances ; mais il ne paraît pas avoir tiré de cette conception tout le parti qu'il aurait pu, parce qu'il se croyait en possession d'un criterium infaillible pour régler le choix de cette volonté.

Le principe de l'évidence cartésienne, c'est-à-dire l'accord de la vérité objective avec la conception claire et distincte de l'idée, a été adopté par tous les philosophes du XVIIe siècle, en particulier par Leibnitz, Malebranche, Bossuet, Fénelon, Spinoza. On ne peut nier que ce principe constituait un progrès réel et considérable sur les conceptions philosophiques antérieures. Il eut pour principal effet de rendre à l'esprit humain l'indépendance qui lui est nécessaire pour aborder les grands problèmes de la nature et de la philosophie, en l'affranchissant de la tutelle de l'autorité qui se manifestait d'une façon si stérile, sous la double forme de l'enseignement d'Aristote, d'une part, et de la théologie chrétienne, d'autre part. Cependant, l'insuffisance du criterium de Descartes ne tardait pas à se révéler par les contradictions mêmes auxquelles il conduisait les philosophes qui restaient fidèles à sa méthode. Bossuet et Fénelon y trouvaient la justification complète des dogmes catholiques. Leibnitz arrivait à la théorie des monades et de l'harmonie préétablie, Malebranche à celle des causes occasionnelles, et Spinoza, dont la logique inflexible demeure un sujet d'admiration, se trouvait conduit à l'expression la plus complète du panthéisme. Il est vrai que Leibnitz a cherché à compléter le principe de Descartes par les principes de la *contradiction* et de la *raison suffisante*. Le premier est la base de tout raisonnement : il consiste en ce que deux propositions contraires ne peuvent être vraies en même temps. L'autre que Leibnitz énonce en disant que « il faut qu'il y ait une raison suffisante, pour que les choses soient ainsi plutôt qu'autrement », n'est qu'une application du principe de causalité, et ces deux principes, quoique non formellement énoncés, sont implicitement contenus dans la philosophie de Descartes. Ils sont du reste deux insuffisants : car le premier ne sert qu'aux raisonnements déductifs, et ne garantit en aucune façon la vérité des bases ou propositions fondamentales du raisonnement, et le second, tout en proclamant l'existence d'une raison suffisante, ne permet pas de découvrir quelle est cette raison, et ne donne aucun moyen de reconnaître si la raison en cause admise est réellement *suffisante*. Une objection analogue peut être faite a priori au principe de l'évidence cartésienne; car, si la clarté de l'idée est la garantie de sa vérité, quel sera le criterium de la clarté? Du reste, le défaut du criterium de Descartes fut pleinement mis en lumière par l'évolution philosophique du XVIIIe siècle, qui aboutissait au sensualisme avec Locke et Condillac, à l'idéalisme avec Berkeley, et finalement au scepticisme avec Hume et Bayle.

C'est alors, pour lutter contre ce scepticisme, qu'apparaissent Thomas Reid en Écosse et Emmanuel Kant à Kœnigsberg. Le premier, esprit net et positif, assez réfractaire aux profondes méditations de la métaphysique, croit trouver une base suffisante de certitude dans le *sens commun*, qu'il définit « le degré d'intelligence nécessaire pour être obligé par les lois, capable de veiller à ses intérêts, responsable de sa conduite envers les autres. C'est ce degré de jugement qu'on appelle le *sens commun*, parce qu'il est commun à tous les hommes. » Ainsi défini, le sens commun contient toutes les premières vérités, tous les premiers principes ; mais il est tellement vague, qu'il conduit aussi bien à l'erreur qu'à la vérité. On sent immédiatement qu'en poussant les conséquences à l'extrême, l'homme inculte deviendra le juge du savant et du philosophe qui aura passé la plus grande partie de sa vie à méditer sur les grands problèmes de la conscience, et, ce qui est plus grave encore, que les préjugés populaires arriveront à passer au rang de vérités éternelles. Sans doute, il y a du bon dans cet appel au sens commun déjà invoqué autrefois par Fénelon, invoqué aussi dans la Grèce antique contre les sceptiques. Mais il faudrait analyser ce *sens commun*, lui assigner son origine et disculer les idées qu'il fournit, et ne pas se contenter d'une formule vague qui confond dans un même amalgame les propositions dont la conscience ne peut se séparer sans anéantir toute croyance et toute raison, et celles qui ne sont que le résultat de l'imitation ou de l'éducation familiale et sociale.

Kant autre métaphysicien que Reid, et autrement profond que lui, a su traiter le problème de la certitude d'une manière absolument nouvelle, et placer enfin la question sur son véritable terrain. Nous analyserons séparément l'œuvre magistrale de ce grand philosophe Voy. CRITICISME. Disons seulement ici que dans la première partie (*Critique de la raison pure*), il dénie à la *raison pure* la possibilité d'atteindre la vérité objective, ce qui l'a fait traiter de sceptique par des critiques peu profonds, quoiqu'il soit absolument dans le vrai, en égard à ce qu'il entend par la *raison pure*; mais dans la seconde partie (*Critique de la raison pratique*), il reconnaît qu'il y a dans le cœur de l'homme un sentiment dont il ne peut s'affranchir et qui établit le lien entre le subjectif et l'objectif, entre le *phénomène*, ce qui apparaît, et le *noumène*, la chose en soi. Ce sentiment, c'est celui du *devoir*, ou, comme il l'appelle, l'*impératif catégorique*. La notion du devoir l'élargit ainsi du scepticisme: elle est pour lui la seule vérité objective qui suffise à l'établissement d'un système dogmatique, car il en déduit sans peine la nécessité du libre arbitre humain et de l'existence de Dieu. On voit que Kant ne s'est pas attardé à chercher un criterium de certitude. Pour lui, la raison est impuissante à découvrir la vérité. C'est une autre faculté, dépendant plus du sentiment que de l'entendement, qui fournit à l'esprit la seule vérité objective dont il ait besoin pour ses spéculations les plus élevées. Si nous ne craignions d'employer un langage peu précis, nous dirions que l'idée fondamentale de Kant se résume en ce que la certitude vient du cœur et que la raison n'est bonne qu'à classer et à amplifier les données qu'il fournit.

Kant paraît n'avoir été ni compris ni apprécié pendant la première moitié du XIXᵉ siècle. C'est alors que le Positivisme rejetant comme inaccessibles et inconnaissables toutes les spéculations sur Dieu, l'âme et les vérités éternelles, prétend borner les méditations humaines aux seules vérités à portée de l'expérience. C'est dire nettement que le criterium de la c. est dans l'expérience, c.-à-d. dans les sens. Mais qui nous garantira la vérité des indications fournies par les sens? Qui nous assurera que nos sensations ont réellement une cause extérieure à nous-mêmes? Quelle expérience préalable nous prouvera que nous ne sommes pas le jouet d'une illusion ou d'une hallucination perpétuelle? Le positiviste répond: l'accord des expériences multiples et l'accord des témoignages des différents sens. Cet accord prouve simplement que l'idée générale que nous nous formons du monde, d'après nos perceptions, n'est pas contradictoire: il ne prouve pas qu'elle soit conforme à la réalité; il ne prouve même pas que le monde existe en dehors de nous. Au reste l'argument perd toute valeur dès qu'on réfléchit que si c'est par l'effet d'une illusion que nous attribuons une réalité extérieure aux causes de nos sensations, cette illusion ne peut durer qu'à la condition de ne pas se contredire elle-même, de sorte qu'ayant créé nous-mêmes les causes imaginaires de nos sensations, nous créerons nécessairement aussi l'accord nécessaire à la conservation de notre pensée, la raison intervenant dès l'enfance pour éliminer les fantaisies contradictoires et coordonner celles qui sont susceptibles de se fondre dans un ensemble plus ou moins harmonieux. Un semblable travail se produit réellement: il constitue ce que les physiologistes et les psychologues appellent l'*Éducation des sens*; mais il ôte précisément toute valeur au criterium tiré de l'accord des différents sens.

Un écrivain religieux, Lamennais, a cru pouvoir substituer à tous les critères invoqués jusqu'à lui celui du *consentement universel des hommes*. Il y a dans cette tentative une singulière pétition de principe et un étrange renversement des termes, sans compter que l'application d'un pareil criterium est tout simplement impossible: car on ne voit pas comment on s'assurera du consentement *universel*. Mais pour rester sur le terrain de la théorie, remarquons d'abord que l'application du principe suppose qu'on soit *certain* du consentement universel, ce qui indique une *certitude antérieure*. En second lieu, si pour une proposition particulière je fais appel à ce criterium, c'est que je suis dans le doute au sujet de cette proposition ou que mon adversaire me la conteste. Dans ce cas le consentement cesse d'être *universel*, de sorte que le criterium n'est logiquement applicable que là où son emploi est *absolument inutile*. On ne peut sortir de ces difficultés qu'en abandonnant le mot *universel* pour y substituer un terme plus vague qui implique non la *totalité*, mais la *grande majorité* du genre humain; mais alors quel doit être le *quantum* de cette majorité? Et quel esprit sérieux consentira à accepter le règne du suffrage universel en ma-

tière de science et de philosophie? Enfin, si tous les hommes, ou à peu près, se mettent d'accord sur une proposition, cela ne prouve nullement qu'elle soit vraie, mais simplement qu'elle répond à une tendance générale de l'esprit humain. Cela pourra faire réfléchir celui qui ne sent pas en lui cette tendance, mais ne suffira jamais à le convaincre s'il n'arrive à trouver dans sa conscience les mêmes motifs de croyance qui ont convaincu ses semblables. En d'autres termes, le consentement universel est un effet, et non une cause, et le véritable criterium de certitude devrait être une cause qui emporte l'assentiment de la raison.

Il résulte de cette rapide analyse que tous les philosophes qui ont cru trouver un criterium de c. se sont abusés et ont échoué dans leurs recherches. C'est qu'en effet il n'y a pas de criterium de c. Quoi qu'on en ait dit, on peut rejeter tout prétendu criterium en l'être non sceptique. La recherche d'un pareil criterium est d'ailleurs illusoire et contradictoire. Une c. qui cherche un criterium n'est pas une c.; c'est une c. qui doute d'elle-même; c'est le doute lui-même. La confusion des philosophes à cet égard provient de deux causes. La première est que le raisonnement démonstratif, le syllogisme, produit tant d'effet sur la raison que l'esprit qui ne se surveille pas assez tombe infailliblement dans la prétention de vouloir tout démontrer. L'idée si nette que nous avons aujourd'hui de l'impossibilité de tout démontrer est relativement récente. Pascal a dit dans l'*Esprit géométrique*. qu'une géométrie parfaite serait celle où tout serait démontré et où nulle proposition ne resterait sans démonstration. De là est venu qu'on a méconnu le véritable caractère de la c., qu'on a confondu une *chose certaine* avec une *chose démontrée*, ou du moins qu'on n'a pas suffisamment saisi la distinction radicale à établir entre les deux idées, et qu'on s'est égaré à la recherche d'un prétendu principe général comprenant ou liant les vérités accessibles à la raison. En second lieu, toujours dominé par la puissance supérieure du syllogisme et reconnaissant cependant, mais non pas avec assez de précision et. c. qui cherche un criterium n'est pas une c., avec regret l'impossibilité de rien édifier sur le syllogisme seul, on a voulu réduire au minimum, c.-à-d. à l'*unité*, le nombre des vérités admises sans démonstration, et cette unique vérité qui devait servir de base à toutes les autres, est devenue le fameux critère. On pourrait réduire en syllogismes tout le système de Descartes, en partant de ce seul axiome: Toute conception claire et distincte est vraie. Toute la philosophie du XVIIᵉ siècle et de la première moitié du XVIIIᵉ siècle n'est pas sortie de cette confusion. Nous avons déjà dit que c'était Kant qui avait eu l'honneur de poser la question sur son véritable terrain; malheureusement Kant n'a pas donné la théorie complète de la c. Il est inattaquable dans la *Critique de la raison pure*, où il montre si nettement l'impuissance radicale de la raison pure, instrument qui ne peut travailler sans matériaux. Il est grand et presque sublime dans la *Critique de la raison pratique* où il fait reposer toute c. sur la notion de l'obligation morale; mais cette base, toute solide qu'elle soit, n'est pas entièrement à l'abri des coups de la critique, parce qu'entre toutes les c. qui s'imposent à l'esprit humain, Kant en a choisi une pour en déduire les autres. On peut alors taxer son choix d'arbitraire, et lui demander en quoi celle qu'il conserve est plus capable de se passer de démonstration que celles qu'il croit obligé de démontrer.

Comme Kant et ses disciples, nous nions qu'il y ait un criterium de c. La c. ne vient pas de la raison, et n'est pas justiciable des procédés de la raison: elle se *sent*, s'*impose* et domine la raison, qui doit compter avec elle sous peine de tomber dans l'impuissance radicale et irrémédiable. La c. indémontrée et indémontrable ne réside pas uniquement dans une seule proposition, comme le croyait Kant: elle est multiple et s'applique à des objets divers, quoique le nombre de ceux-ci limité, et qu'il ne soit pas impossible de dresser l'inventaire des vérités primordiales que l'esprit humain ne peut arracher de son cœur. Il y a d'abord et avant tout la croyance à la vérité et à la possibilité de l'atteindre. Si nombreuses que soient nos erreurs, car la c. est sujette à l'erreur, l'esprit humain ne se décourage jamais. Dès qu'il a reconnu une de ses erreurs, il s'empare avec la même conviction d'une autre proposition souvent aussi fausse que la première. Les grands philosophes sceptiques eux-mêmes ont obéi à cet amour de la vérité. Quoi qu'ils aient prétendu, ils parlent avec ardeur et conviction: ils cherchent à persuader leurs semblables; ils font entendre ce qu'ils croient la voix de la vérité. Le vrai sceptique, le sceptique complet, se garderait bien de se fatiguer à écrire un traité de scepticisme. Cependant nos nombreuses erreurs nous obligent à discuter nos diverses c., à faire pour ainsi dire un choix dans cette masse de propositions et d'idées qui nous apparaissent dès l'abord également vraies. Ici apparaît, comme instrument de discussion, le principe de contradiction qui est la base du syllogisme et qui nous fournira, au lieu du criterium de c. si vainement cherché, un criterium de l'erreur, la *contradiction*. Dès lors la méthode de discussion se montre clairement : ce sera l'inverse de celle de Descartes, car il s'agit non d'édifier, mais de trier. Au lieu de débuter par le doute universel et de chercher une vérité qui puisse servir de base à toutes les autres, nous accepterons provisoirement pour vrai tout ce qui nous apparaît comme tel; nous dresserons l'inventaire de toutes les propositions de cette nature et nous rechercherons si quelques-unes ne peuvent pas se déduire l'une de l'autre. Dans ce cas, il suffira d'en conserver une. Nous nous efforcerons de réduire encore le nombre de ces propositions fondamentales en nous interrogeant attentivement au sujet de chacune d'elles. Toutes celles que nous pourrons considérer comme douteuses sans une répugnance invincible seront impitoyablement rejetées. En présence du petit nombre de celles qui auront été conservées, nous procéderons sur chacune d'elles à un travail de déduction, tâchant d'en déduire toutes les conséquences qu'elle comporte. Si nous arrivons à des conséquences contradictoires, la proposition qui les aura fournies sera rejetée. Si deux propositions distinctes conduisent à des conséquences contradictoires, l'une des deux est fausse, et l'on peut être assuré qu'il ne sera pas difficile, en s'interrogeant de nouveau, de découvrir laquelle. Le travail auquel nous nous serons livrés aura eu pour effet de faire évanouir la c. relative à l'une d'elles. Sans doute, cette méthode n'est pas aussi simple que celle de Descartes; elle ne se présente pas avec la rigueur spécieuse de la méthode cartésienne; elle laisse une large place au libre arbitre et son application semble ne devoir se terminer jamais. Chaque génération continuera le grand travail de déduction. Au lieu de marcher avec une apparente sûreté du connu à l'inconnu, elle procède par élimination et par coordination. C'est pourtant la seule voie que puisse suivre l'esprit humain pour arriver à la vérité, non pas à toute la vérité, sans doute, mais à certains aspects de la vérité qu'on puisse enfin considérer comme définitivement acquis à l'humanité. Chercher à s'élever du premier coup d'aile à la vérité absolue est une pure chimère. Il est sage de se contenter de s'affranchir progressivement de l'erreur. C'est dans cet affranchissement progressif que réside le progrès. Au reste, qu'on ne s'y trompe pas, cette méthode par élimination successive est la véritable marche historique du progrès des connaissances humaines, aussi bien dans la philosophie que dans les sciences physiques. C'est une illusion de croire que les théories sont le résultat de déductions procédant du connu à l'inconnu. Toutes les théories ont été posées a priori, et discutées ensuite, d'abord par leur auteur qui les a mises d'accord avec les connaissances de son temps, puis par les générations suivantes qui les ont modifiées pour faire disparaître les contradictions que révélaient les progrès de la science, et quelquefois rejetées définitivement, quand les contradictions devenaient irrémédiables. En résumé, nous croyons à la vérité et nous pensons qu'elle n'est ni absolument inaccessible, ni absolument accessible à l'esprit humain. On n'y peut parvenir qu'indirectement, par voie d'élimination. Il y a dans l'esprit de l'homme des propositions comme le principe de contradiction, celui de causalité qui nous assure la réalité du monde extérieur révélé par les sens, celui de l'obligation morale, celui du libre arbitre, etc., que l'homme ne peut, quoi qu'il fasse, arracher sincèrement et complètement de son esprit. Un seul de ces principes pourrait, à la rigueur, servir de base à la théorie de la connaissance, comme l'a fait Kant, en partant du principe de l'obligation morale; mais il n'y a aucune raison pour faire un choix. Il suffit de montrer que tous ces principes, qui nous apparaissent comme également vrais, sont des conséquences les uns des autres. Le scepticisme absolu est impossible et inconcevable, et toute proposition dont les conséquences logiques conduiraient au scepticisme est radicalement fausse. Tel est le principe qui nous paraît devoir être substitué à tous les prétendus critères de c. Voy. PHILOSOPHIE, VÉRITÉ.

De la c. considérée par rapport à son objet. — Les philosophes ont distingué la c. *psychologique, physique, rationnelle* et *morale.* — La c. *psychologique* est celle qui s'attache aux différents états de notre conscience : c'est l'adhésion de l'esprit aux affirmations du sens intime : *je pense, je sens, je veux, je souffre,* etc.

La c. *physique* est celle qui s'attache aux notions qui résultent pour l'esprit de l'impression des objets extérieurs sur les organes des sens. Ex. : Il existe des corps: le soleil est brillant, etc. Nier la c. physique, ce serait prétendre que ce que nous appelons le monde extérieur, c.-à-d. les corps et leurs qualités, n'a, en dehors de nous, rien de réel et qu'il n'est qu'une vaine et trompeuse fantasmagorie. C'est la doctrine connue sous le nom d'*idéalisme.* Voy. ce mot. Il importe de remarquer, toutefois, que nos sens ne nous font pas connaître la réalité, ils ne nous montrent que des apparences très incomplètes. Nos yeux, par exemple, ne perçoivent qu'un petit nombre des rayons du spectre solaire; les rayons de l'ultra-violet et de l'infra-rouge sont invisibles pour la rétine humaine. La c. physique est donc essentiellement relative et non absolue.

La c. *rationnelle* s'attache aux jugements que nous portons sur des vérités intuitives, ou sur des propositions démontrées par le raisonnement. Tels sont le principe de causalité, celui de l'obligation morale, et les théorèmes des sciences exactes. La négation de la c. *rationnelle* conduit immédiatement au scepticisme.

La c. *morale* est fondée sur le témoignage des hommes. Elle a pour objet soit des vérités que nous ne pouvons découvrir par nous-mêmes et par nos seuls moyens, soit des faits qui se sont passés loin de nous ou avant nous. Telles sont les vérités historiques et celles des sciences physiques que nous admettons sur la foi des savants, sans répéter par nous-mêmes les expériences qui ont servi à les établir. Il convient de distinguer la c. morale de l'adhésion donnée par l'esprit à certaines vérités de l'ordre moral. Ainsi, par ex., l'existence de Dieu et la responsabilité de l'homme comme agent libre et intelligent, sont classées parmi les objets de c. rationnelle. La c. morale est aussi incontestable que les autres, quand elle se produit avec les conditions essentielles qui établissent la légitimité du témoignage.

Envisagée sous le rapport de la manière plus ou moins directe dont elle est acquise, la c. se distingue encore en *intuitive* ou *immédiate*, et en *discursive* ou *médiate*. La première porte sur les objets que nous connaissons de première vue, et elle est alors produite dans l'esprit sans aucun travail antérieur et préparatoire. La seconde, au contraire, porte sur les objets dont nous acquérons la connaissance par voie de raisonnement, déduction ou induction. Elle est alors réfléchie et secondaire. Les axiomes des mathématiques, les principes de métaphysique, les jugements premiers qui résultent du sens intime et du témoignage des sens, sont objets de c. immédiate; les théorèmes de géométrie, les conséquences plus ou moins éloignées des principes métaphysiques, les vérités secondaires relatives au monde sensible et au monde moral sont, au contraire, des objets de c. médiate. Il y a, en effet, une différence entre la manière dont se produit en nous la conviction qu'entre deux points on ne peut faire qu'une ligne droite, et celle que la somme des angles d'un triangle est égale à deux angles droits; mais, dans les deux cas, cette conviction, une fois produite, est irrésistible.

CÉRULÉEN, ENNE. adj. (lat. *cæruleus*, bleu). Qui est de la couleur azurée.

CÉRULÉINE. s. f. (lat. *cæruleus*, bleu). T. Chim. Matière colorante verte appartenant à la classe des phtaléines. On la prépare en traitant la gallëine par l'acide sulfurique à haute température. Le composé qu'elle forme avec le bisulfite de sodium est très employé sous le nom de *céruléine S*, dans l'impression des tissus; il teint le coton mordancé en un vert olive très solide.

CÉRULESCENT, ENTE. adj. (lat. *cæruleus*, bleu). T. Hist. nat. Qui tourne au bleu azuré.

CÉRULIGNONE. s. f. (lat. *cæruleus*, bleu ; *lignum*, bois). T. Chim. Substance connue autrefois sous le nom de *cédriret*, obtenue par l'action des corps oxydants sur les portions les moins volatiles de la créosote. Elle se forme par l'oxydation de l'éther diméthylique du pyrogallol. Elle se présente en masse cristalline d'un bleu violet, soluble en rouge dans le phénol. L'acide sulfurique concentré la dissout avec une belle coloration bleue caractéristique. La c. a pour formule $C^{16}H^{16}O^6$. On la considère comme une oxyone dérivée de l'hexaoxybiphényle. Sous l'action des réducteurs, elle fixe facilement deux atomes d'hydrogène en donnant un composé incolore appelé *hydrocérulignone.*

CÉRUMEN. s. m. [Pr. *cérumène*] (bas-lat. *cerumen*, m. s., de *cera*, cire). T. Physiol. Le *C.*, ainsi appelé du lat. *cera*, cire, est une matière onctueuse, jaunâtre, épaisse et amère, qui se trouve à l'intérieur du conduit auditif externe, où elle est sécrétée par de petits follicules, dits *cérumineux*. Le c. se compose d'albumine, d'une huile épaisse, d'un principe colorant et de sels de chaux. L'humeur *cérumineuse* sort à lubrifier le conduit auditif externe, entretient la souplesse de la membrane du tympan, la garantit du contact des corps étrangers, et enfin, par son amertume, repousse les petits insectes qui chercheraient à pénétrer dans l'oreille.

CÉRUMINEUX, EUSE. adj. (R. *cérumen*). T. Physiol. Qui est formé du cérumen. *Humeur c.* Voy. CÉRUMEN.

CÉRUSE. s. f. (lat. *cerussa*, m. s.). T. Chim. Hydrocarbonate de plomb d'un beau blanc opaque, employé en peinture sous le nom incorrect de *blanc d'argent*, et qui entre dans la composition de certains mastics. Voy. PLOMB.

CÉRUSIER. s. m. Celui qui travaille à la fabrication de la céruse.

CÉRUSITE. s. f. (R. *céruse*). T. Minér. Carbonate de plomb qui se rencontre en cristaux diversement colorés.

CÉRUTTI, jésuite piémontais, vint se fixer à Paris, embrassa les idées de 1789 et fut nommé à l'Assemblée législative de 1791 (1738-1792).

CERVAISON. s. f. (R. *cerf*). T. Vén. Le temps où le cerf est gras et bon à chasser.

CERVANTÉSIE. s. f. (R. *Cervantès*, auteur espagnol). T. Bot. Genre de plantes de la famille des *Santalacées*. Voy. ce mot.

CERVANTÈS-SAAVEDRA (MICHEL), célèbre écrivain espagnol, auteur de *Don Quichotte*, de plusieurs nouvelles et de diverses pièces de théâtre, entre autres *Numana* et la *Vie d'Alger* (1547-1616).

CERVANTITE. s. f. (R. *Cervantès*, nom d'une localité d'Espagne). T. Minér. Antimoniate antimonieux, qui se rencontre dans la nature sous forme de masses lamelleuses ou d'enduit terreux.

CERVEAU. s. m. (lat. *cerebrum*, m. s.). Masse de substance nerveuse renfermée dans la boîte osseuse du crâne. *Le c. de l'homme. Le c. du lion. Le c. d'un oiseau; d'un poisson. Anatomie du c. La cavité, la substance, les ventricules, les membranes du c. Inflammation du c. Des fumées qui montent au c. Purger le c. Rhume de c. Transport au c. Avoir le c. pris.* Les physiologistes regardent *le c. comme l'organe de la pensée.* || Fig. et par ext., L'esprit, l'entendement, le jugement. *C. débile. C. étroit. Petit c. C. vide. Cet homme n'a jamais rien pu tirer de son c. Son c. travaille.* — Fig. et fam., *Avoir le c. timbré, fêlé,* Être un peu fou. On dit aussi, dans le même sens, *C. mal timbré, malade, blessé, troublé,* etc. — *C. brûlé, cerrelé brûlé,* se dit d'une personne qui exagère tout, qui agit et se conduit étourdiment, qui se jette sans examen dans les affaires dont elle ne prévoit pas les suites. — *C'est un c. creux, Il a le c. creux,* C'est un visionnaire, un homme qui ne rêve que des choses impossibles. || T. Techn. Partie supérieure d'une cloche. || T. Anat. et Physiol. Voy. ENCÉPHALE.

CERVELAS. s. m. (R. *cervelle*). Espèce de saucisse grosse et courte, remplie de chair salée et épicée. || T. Minér. Marbre de couleur rouge mêlée de blanc.

CERVELET. s. m. (Dim. de *cerveau*). T. Anat. Partie postérieure de l'*Encéphale*. Voy. ce mot.

CERVELIÈRE. s. f. (R. *cervel*, ancienne forme de *cerveau*). Ancien casque ouvert.

CERVELLE. s. f. (lat. *cerebella*, pl. de *cerebellum*, cerveau, transformé en nom féminin, modification qui est très rare dans les langues romanes). Nom donné vulgairement au cerveau. *On lui royait la c. Faire sauter la c. à quelqu'un d'un coup de pistolet. Brûler la c. à quelqu'un.* Voy. BRÛLER. — Par exag., *Le soleil lui a fait bouillir la c.*, lui

a desséché la c., se dit d'un homme qui a été longtemps exposé à l'ardeur du soleil, et qui s'en trouve incommodé. || Fig. L'esprit, l'entendement, le jugement. *Cela lui trouble, lui tourne la c.* — Fig. et fam., *Cette idée lui trotte dans la c.* Voy. TROTTER. *C'est une bonne c.*, C'est un homme de sens, de bon jugement. On dit dans un sens contraire, *C'est une tête sans c. C'est une petite c., une c. évaporée, éventée.* || T. Luis. Se dit du cerveau des animaux tués, destiné à servir de mets. *Manger de la c. d'agneau, de veau,* etc. *Des cervelles frites.* || *C. de palmier*, Moelle douce qui se trouve dans le trone de certains palmiers.

CERVICAL, ALE. adj. (lat. *cervix, cervicis*, cou). T. Anat. Qui appartient au cou. *Les muscles cervicaux. Plexus c. Glandes cervicales.*

CERVICO-BRACHIAL, ALE. adj. T. Méd. Se dit des névralgies qui ont leur siège dans le plexus brachial et dans les dernières paires cervicales.

CERVIDÉS. s. m. pl. (lat. *cervus*, cerf). T. Zool. Nom donné à la tribu de ruminants dont font partie les cerfs, les daims, les élans, les rennes. Voy. CERF.

CERVIER. adj. m. (lat. *cervarius*, de *cervus*, cerf). T. Mamm. Ne se dit que dans les deux expressions : *loup-c.*, espèce de *lynx* (voy. ce mot), et *chat-c.*, espèce du genre *chat.* Voy. ce mot.

CERVIN (Mont) ou **MATTERHORN**, aiguille des Alpes Pennines, en Suisse, entre le Valais et le val d'Aoste (4,505 m.).

CERVIONE, ch.-l. de c. (Corse), arrondissement de Bastia, 1,600 hab.

CERVOISE. s. f. (lat. *cerevisia*, m. s.). Espèce de bière que les anciens fabriquaient avec de l'orge ou du blé macéré, puis séché, rôti et moulu, et qu'ils faisaient ensuite fermenter. C'était la boisson des anciens Gaulois, qui l'avaient probablement reçue des Égyptiens, comme le dit Pline. Certains auteurs ont prétendu que la c. n'était autre chose que le cidre.

CERVOLLE (ARMAND DE), surnommé l'*Archiprêtre*, un des plus audacieux aventuriers français du XIVe siècle.

CERVULE. s. m. (lat. *cervulus*, dimin. de *cervus*, cerf). T. Mamm. Sous-genre de cerfs. Voy. CERF.

CÉRYLE. s. m. T. Chim. Nom donné au radical univalent $C^{27}H^{55}$ contenu dans l'alcool cérylique et ses dérivés.

CÉRYLIQUE. adj. T. Chim. L'alcool c. existe, en combinaison avec l'acide cérotique, dans la cire de Chine, d'où on l'extrait à l'aide de la potasse. Il forme une masse cireuse, cristallisable, fusible à 79° et répond à la formule $C^{27}H^{56}O$. Chauffé à haute température avec la chaux sodée il se transforme en acide cérotique.

CÉSAIRE (SAINT), frère de saint Grégoire de Nazianze, médecin des empereurs romains Constance et Julien (330-369). Fêté le 25 février.

CÉSAIRE (SAINT), évêque d'Arles (470-542). Fête le 27 août.

CÉSALPIN (ANDRÉ), naturaliste, médecin et philosophe italien, reconnut le premier la sexualité dans les fleurs (1519-1603).

CÉSALPINIÉES. s. f. pl. (R. *Césalpin*, nom d'un botaniste italien). T. Bot. Tribu de végétaux de la famille des *Légumineuses*. Voy. ce mot.

CÉSAR. s. m. (lat. *Cæsar*). César était le surnom (*cognomen*) de Caïus Jullius, l'illustre Romain qui conquit les Gaules en dix ans, soutint contre Pompée et les républicains une longue guerre civile terminée par la victoire de Pharsale, en Épire (48 av. J.-C.), devint maître de Rome sous les titres de *Dictateur perpétuel* et *Imperator*, etc., et mourut assassiné par des conjurés républicains à la tête desquels étaient Cassius et Marcus Brutus, en l'an 44 av. J.-C.

Ce surnom venait du mot *cæso* (extrait par incision), parce qu'à la naissance de César on avait dû faire subir à sa mère l'opération appelée depuis césarienne. Julius Cæsar était né en l'an 100 av. J.-C. Il a laissé une histoire de la guerre des Gaules : *Commentarium de Bello Gallico*, où il se révéla grand historien, et il attacha son nom à la réforme du calendrier. Voy. CALENDRIER. Son action politique fut considérable. La conquête des Gaules et la fondation de l'Empire romain marquent une étape capitale dans la marche de l'humanité. Après lui, ses successeurs adoptèrent ce titre de *César* comme marque de la dignité impériale. A la mort de Néron, qui fut le dernier empereur de la famille *Julia*, ce titre resta affecté au prince revêtu du pouvoir suprême. Cependant, peu à peu le titre d'*Auguste* prévalut, et celui de César fut réservé à l'héritier présomptif de l'empire. — A partir du XIIe siècle, les empereurs d'Allemagne adoptèrent les titres d'*Auguste* et de *César*. Ce dernier même (*Kaiser*) est encore aujourd'hui le titre des empereurs d'Allemagne et d'Autriche, de même que celui (czar) de l'empereur de Russie. == *Les douze Césars*, on collectif sous lequel on désigne J. César et les 11 premiers empereurs romains : Auguste, Tibère, Caligula, Claude, Néron, Galba, Othon, Vitellius, Vespasien, Titus et Domitien.

CÉSAR BORGIA. Voy. BORGIA.

CÉSARÉE, nom de plusieurs villes anciennes, notamment en Cappadoce et en Palestine.

CÉSARIENNE. adj. (lat. *cædere*, couper). T. Chir. On donne le nom d'*Opération c.* à une opération chirurgicale dans laquelle on extrait l'enfant du sein de la mère, par une incision pratiquée aux parois de l'abdomen et de l'utérus. Au rapport de Pline l'Ancien, cette opération était usitée, à Rome, au temps de Scipion l'Africain, qui fut tiré ainsi du sein de sa mère. Le fondateur de l'empire romain, Jules César, dut ce surnom de *Cæsar* à cette circonstance qu'il était également né à la suite d'une semblable opération. Dans le principe, on n'exécuta cette opération que sur les femmes mortes enceintes. Le premier exemple d'opération faite sur la femme vivante date de l'an 1500. — L'opération c. est également appelée *Hystérotomie*. Avec les pansements antiseptiques, l'hystérotomie est devenue beaucoup moins dangereuse. Il est même à craindre que les chirurgiens n'y aient recours plus souvent qu'il n'est nécessaire, et qu'on ne la réserve plus, comme autrefois, pour les seuls cas désespérés.

CÉSARISME. s. m. (R. *César*). T. Hist. Domination des Césars. ‖ T. Polit. Domination d'un souverain absolu porté au pouvoir par la démocratie.

CÉSAROTTI, professeur et littérateur italien (1730-1808).

CÉSERON. s. m. (lat. *cicer*, poids chiche). Nom vulgaire du poids chiche.

CÉSIUM. s. m. (lat. *cæsius*, bleu). T. Chim. Le c. est un métal alcalin univalent, dont le symbole est Cs et le poids atomique, 133. C'est le premier des métaux découverts par l'analyse spectrale. Bunsen et Kirchhoff l'ont trouvé en 1860, dans les eaux-mères de l'eau minérale de Durckheim. On en rencontre des traces dans plusieurs variétés de lépidolithes et dans un grand nombre d'eaux minérales : celle de Bourbonne-les-Bains contient 3 grammes de chlorure de c. par litre. Le c. est d'un blanc d'argent; il est ductile et mou; il fond à 27°; sa densité est 1,88. Il est très oxydable et décompose l'eau en s'enflammant. Il possède les mêmes propriétés que les autres métaux alcalins (potassium, sodium, rubidium); ceux-ci l'accompagnent toujours, et il est difficile de l'en séparer. Le c. se distingue par son spectre, qui présente deux raies bleues caractéristiques, d'où vient son nom (lat. *cæsius*, bleu).

CESPITEUX, EUSE. adj. (lat. *cespes*, touffe, gazon). T. Bot. Qui croît en touffes serrées.

CESSANT, ANTE. adj. Qui cesse. Ne s'emploie guère que dans ces phrases : *Tout empêchement c. Toutes choses, toutes affaires cessantes.*

CESSATION. s. f. (R. *cesser*). Intermission, discontinuation. *C. d'armes, d'hostilités. C. de poursuites. C. de commerce, de travail.*

CESSE. s. f. (R. *cesser*). Discontinuation, interruption. Ce mot n'admet jamais l'article, et s'emploie surtout dans cette loc. : *Sans cesse. Parler, travailler, jouer sans c.* — Fam., *N'avoir point de c., N'avoir point de repos, ne cesser point. Il n'a ni repos ni c.*

CESSER. v. n. (lat. *cessare*, m. s.). Discontinuer. *C. de vivre, de parler, d'agir. Il ne cesse de pleurer. Sa fièvre a cessé, est cessée. La goutte a cessé de le tourmenter. Il a cessé de pleuvoir.* == CESSER. v. a. Discontinuer, interrompre. *Cessez vos craintes, vos poursuites, votre travail.* == CESSÉ, ÉE. part.

CESSIBILITÉ. s. f. (R. *cessible*). Qualité d'une chose susceptible d'être cédée.

CESSIBLE. adj. 2 g. (lat. *cessum*, supin, de *cedere*, céder). T. Jurispr. Qui peut être cédé. *Ce droit n'est pas c.*

CESSION. s. f. (lat. *cessio*. m. s.). Action de céder, de transporter à un autre ce dont on est propriétaire. Se dit surtout du transport des droits. *Faire c. de sa créance.* — La *C. de biens* est l'abandon qu'un débiteur fait de tous ses biens à ses créanciers, lorsqu'il se trouve hors d'état de payer ses dettes (C. c., art. 1265). Elle est *volontaire* ou *judiciaire*. La c. *volontaire* est celle que les créanciers acceptent volontairement : elle n'a d'effet que celui qui résulte des stipulations mêmes du contrat passé entre eux et le débiteur (C. c., 1267). Par conséquent, elle n'oblige que ceux de ces créanciers qui l'ont acceptée, et sous tous les rapports, elle est soumise aux règles générales qui régissent les conventions. Le débiteur qui fait c. de biens à ses créanciers leur en abandonne seulement la possession pour qu'ils puissent les vendre et se payer sur le prix, mais il ne conserve la propriété. Aussi les lois fiscales n'exigent-elles pas ici un droit proportionnel, comme pour toute mutation, mais seulement un droit fixe de 5 fr. Autre conséquence de la même idée : si la vente des biens produit une somme supérieure au montant des dettes, l'excédent revient au débiteur, non aux créanciers. La c. volontaire est aussi nommée *Contrat d'abonnement*.

Le Code civil définit la c. de biens *judiciaire*: un bénéfice que la loi accorde au débiteur malheureux et de bonne foi, auquel il est permis, pour avoir la liberté de sa personne, de faire, en justice, l'abandon de tous ses biens, nonobstant toute stipulation contraire (C. c., 1268). Cette institution n'a plus guère qu'une existence nominale dans notre droit depuis l'abolition, par la loi du 22 juillet 1867, de la contrainte par corps en matière civile et commerciale.

C. de créances. Voy. VENTE.

CESSIONNAIRE. s. 2 g. [Pr. cè-sio-nère]. Celui ou celle qui accepte une cession, un transport.

CESTE. s. m. (lat. *cæstus*, m. s.). T. Antiq. Gantelet de cuir, garni de fer ou de plomb. Voy. PUGILAT. ‖ T. Mythol.

Nom de la ceinture que portait Vénus. ‖ T. Zool. Genre d'*Acalèphes libres*. Voy. ce mot.

CESTOÏDES ou **CESTODES.** s. m. pl. (gr. κεστός, ruban ; εἶδος, aspect). T. Zool. Ordre de vers dit aussi *vers rubanés*, où prennent place les *Tænias*, ou vers solitaires, et les *Bothriocéphales*. Voy. PLATHELMINTHES.

CESTRE. s. m. T. Antiq. (gr. κέστρος, trait). Petite flèche. ‖ Pointe servant à la peinture sur ivoire.

CESTREAU. s. m. (gr. κέστρα, marteau, à cause de la forme de la fleur). T. Bot. Genre d'arbrisseaux (*Cestrum*), de la famille des *Solanacées*. Voy. ce mot.

CESTRÉES. s. f. pl. (gr. κέστρον, bétoine). T. Bot. Tribu de végétaux de la famille des *Solanacées*. Voy. ce mot.

CÉSURE. s. f. (lat. *cædere*, couper). T. Versific. Les grammairiens de l'antiquité ne prenaient pas ce mot dans la même acception que nous. Ils divisaient le vers hexamètre en deux parties ou *commas*, d'inégale longueur, et, comme la coupure se faisait entre les deux, ils donnaient le nom de C. à la première, considérée comme séparée de la seconde. — Dans les prosodies latines modernes, la c. est toute syllabe longue qui, en même temps, termine un mot et commence un pied. Le vers hexamètre exige une c. après le second pied, ou bien deux césures, l'une après le premier pied, l'autre après le troisième, ainsi qu'on le voit dans les exemples suivants :

Passibus | ambigu | *is* For | tuna vo | lubilis | errat.
Infan | *dum*, Re | gina, ju | *bes* reno | vare do | lorem.

Souvent le vers présente trois césures :

Mulce | *bant* zephy | *ri* na | *tos* sine | semine | flores.

La c. marque le rythme du vers ; sans elle, toute harmonie disparaîtrait. Elle est cependant interdite après le quatrième et après le cinquième pied.

Dans la langue française, on appelle C. un repos momentané, plus court que le repos final, que l'on introduit dans les vers de dix et de douze syllabes, pour en faciliter la prononciation et en augmenter le rythme. Dans ce vers de la *Henriade*, par exemple :

Je chante ce héros—qui régna sur la France,

la voix s'arrête et se repose sur la syllabe *ros*, et y détermine une sorte de coupure. Dans le vers alexandrin, cette coupure ou c. se place après la sixième syllabe. Cette règle ne souffre pas d'exception. On a reproché à la c. qui coupe constamment nos vers en deux moitiés égales, d'engendrer une monotonie fatigante ; mais nos grands poètes ont su éviter cet écueil. De nos jours on n'exige plus un véritable repos après la sixième syllabe ; on demande seulement que la sixième syllabe finisse avec un mot, sur une syllabe sonore, et que ce mot ne soit pas intimement lié au mot suivant. Ainsi la c. ne doit tomber ni sur un e muet, ni sur un article, ni sur une préposition. Si l'on remarque qu'en français l'accent tonique se trouve invariablement sur la dernière syllabe sonore de chaque mot, sauf dans les mots proclitiques, c.-à-d. qui se lient dans la prononciation au mot suivant, lesquels sont dépourvus d'accent, on voit que la règle est que la c. doit tomber sur la dernière syllabe d'un mot, pourvu que cette syllabe soit accentuée.

Dans le vers de dix syllabes, la place de la c. est après la quatrième syllabe :

Sur l'avenir—insensé qui se fie !

ou, suivant un autre rythme, après la cinquième :

L'heure de ma mort,—depuis dix-huit mois,
De tous les côtés—sonne à mes oreilles.
Depuis dix-huit mois—d'ennuis et de veilles,
Partout je la sens,—partout je la vois.

A. DE MUSSET.

CET. adj. démonstr. Voy. CE.

CÉTACÉ. s. et adj. m. (gr. κῆτος, baleine). T. Mamm. Les *Cétacés* constituent le dernier ordre de la classe des Mammi-

sont des mammifères. Ils sont dépourvus de membres apparents, car les postérieurs manquent absolument, tandis que les antérieurs font l'office de simples nageoires ; leur trone se continue avec une queue épaisse terminée par une nageoire cartilagineuse horizontale, et leur tête se joint au tronc par un cou tellement gros et court, qu'on n'y aperçoit aucun rétrécissement, et composé de vertèbres très minces et en partie soudées entre elles. Les membres antérieurs dont nous venons de parler présentent exactement la même composition analogique que ceux des autres mammifères, du chien et de l'homme par ex. On y trouve les mêmes os, placés dans le même ordre. Seulement l'humérus et les os de l'avant-bras sont raccourcis, et ceux de la main, quoique parfaitement développés, sont aplatis et recouverts d'une membrane tendineuse. Chez quelques espèces, les phalanges sont même plus nombreuses que chez les autres mammifères. La partie postérieure de l'abdomen offre 2 ou 3 osselets qui représentent les rudiments d'un bassin, et, plus en arrière, on trouve des os en forme de V sur lesquels s'insèrent les muscles fléchisseurs de la queue (Fig. 1. Squelette de *Dugong*). La force de ce dernier organe est prodigieuse. Au reste, cette queue constitue la partie principale de l'appareil locomoteur, les nageoires formées par les membres antérieurs ne servant guère aux cétacés qu'à se maintenir dans leur altitude naturelle ou à se diriger de droite à gauche. La nageoire caudale est horizontale, au lieu d'être, comme chez les poissons, verticale ; par conséquent, l'animal ne peut la fléchir que de haut en bas et de bas en haut. Cette organisation donne aux cétacés une extrême facilité pour plonger ; mais il en résulte que leur progression s'opère par soubresauts, en s'élevant et en s'enfonçant tour à tour. Ces soubresauts sont tels, chez les marsouins, qu'on les croirait toujours disposés à faire la culbute. L'une des particularités les plus remarquables de la structure des cétacés, c'est que le *rocher*, ou cette portion du crâne qui renferme l'appareil auditif interne, est séparé du reste de la tête et n'y est rattaché que par de simples ligaments. — Les cétacés respirant au moyen de poumons, et la nécessité où sont ces animaux de respirer l'air en nature, les oblige à venir fréquemment à la surface de l'eau. C'est à la partie la plus élevée de la tête qu'est placée l'ouverture extérieure des narines, disposition qui permet à l'animal de respirer sans avoir besoin d'élever son museau au-dessus de la surface de l'élément liquide. En outre, il existe sous la plèvre, de chaque côté de la colonne vertébrale, un vaste plexus de vaisseaux remplis de sang oxygéné, et qui permet aux cétacés de demeurer plus ou moins longtemps dans les profondeurs de la mer, sans venir respirer à la surface. Ces animaux sont vivipares ; les femelles allaitent leurs petits. Plusieurs d'entre eux n'ont pas de dents ; chez ceux qui en sont pourvus, les dents sont toutes semblables. L'estomac est très compliqué, même chez les cétacés entièrement carnivores. Chez tous, les organes des sens sont très peu développés ; l'épaisseur du cuir et la couche volumineuse de graisse qui enveloppe tout le corps, rendent le toucher plus qu'obtus ; l'ouïe paraît peu sensible ; le goût et l'odorat manquent absolument à la plupart d'entre eux ; la vue seule semble généralement assez bonne. L'instinct paraît très borné, quoique le cerveau soit volumineux, avec des hémisphères bien développés. On comprend d'ailleurs combien il doit être difficile d'étudier les instincts et les habitudes de ces animaux.

On partage l'ordre des cétacés en 2 familles : les *Cétacés herbivores* ou *Siréniens* et les *Cétacés ordinaires* ou *Cétacés* proprement dits. La première comprend les genres *Lamantin*, *Dugong* et *Stellère* ; la seconde, les genres *Dauphin*, *Cachalot* et *Baleine*. — Nous parlerons ici des *Cétacés herbivores*. l'histoire des autres cétacés ayant été faite au mot BALEINE. Les *Cétacés*

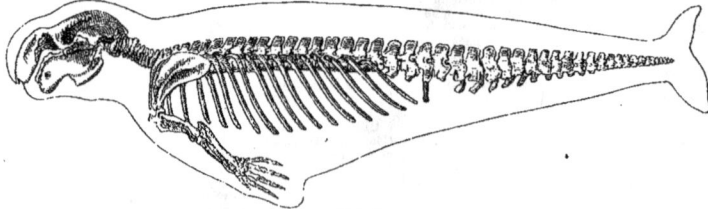

Fig. 1.

fères. Par leur forme extérieure, ces animaux ressemblent parfaitement à des poissons ; mais, quand on les étudie au point de vue anatomique et physiologique, on voit que ce

herbivores ou *Siréniens* ont des dents semblables, à couronne plate, ce qui les rend exclusivement herbivores, des narines percées dans la peau au bout du museau et un estomac partagé en 4 poches, dont 2 latérales, avec un grand cœcum. Bien que plusieurs auteurs aient affirmé que ces cét. sortent souvent de l'eau pour venir ramper et paître sur le rivage, d'autres observateurs disent qu'on ne les voit jamais ni sortir de l'eau, ni ramper à terre. — Les *Lamantins* ou *Manates* (*Manatus*, Cuv ; *Trichechus*,

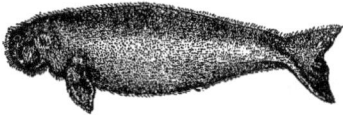

Fig. 2.

Linn.) ont le corps oblong, terminé par une nageoire ovale allongée (Fig. 2). Leurs nageoires latérales sont formées de véritables doigts terminés par des vestiges d'ongles. La femelle s'en sert pour soutenir son petit pendant l'allaitement; les mamelles sont placées sur la poitrine. L'attitude habituelle du lam., la moitié du corps hors de l'eau, la forme conique arrondie de sa tête, ses moustaches de longs poils soyeux, et ses yeux à fleur de tête lui donnent, vu de loin, une ressemblance éloignée et grossière avec la forme humaine, et semblent avoir servi de base à la fiction des sirènes antiques, moitié femme, moitié poisson. Les lamantins vivent en famille; on les croit monogames; ils témoignent à leurs petits la plus vive tendresse. Ces familles se réunissent pour former des troupeaux parfois immenses. On assure que ces animaux peuvent acquérir une longueur de 6m50 et un poids de 4.000 kilogr ; mais ceux qu'on prend communément ont en moyenne 5 mètres. — L'espèce la plus nombreuse habite les embouchures des grands fleuves de l'Amérique du Sud et les remonte jusqu'à une grande distance de la mer. C'est celle que les naturalistes nomment *Manatus Americanus*. Une autre espèce très peu différente vit à l'embouchure du Sénégal (*Man. Senegalensis*) et des grands fleuves de la côte occidentale d'Afrique.

Le *Dugong* (*Halicore*) ressemble beaucoup au lamantin, dont il a les formes extérieures, l'aspect et le genre de vie;

Fig. 3.

néanmoins, il s'en distingue par deux caractères saillants : la mâchoire supérieure porte deux dents allongées, pointues et tranchantes, qui forment des défenses divergentes de chaque côté (Fig. 3); les narines sont ouvertes dans la peau, non pas à l'extrémité du museau, mais à sa partie supérieure. On trouve le dugong sur les côtes des grandes îles de l'archipel Indien et sur celles de l'Australie les moins éloignées de cet archipel.

Le genre *Stellère* (*Rytina*) habitait les côtes de la presqu'île du Kamtchatka et celles de l'Amérique du Nord vers le détroit de Behring. Il est probablement éteint aujourd'hui. Il diffère des autres cét. herbivores par ses dents. Celles-ci, au nombre de deux seulement, une à chaque mâchoire, sont des mâchelières dépourvues de racines et d'une nature plutôt cornée qu'osseuse. — Nous n'avons pas besoin de dire que les noms vulgaires de *Vache marine*, de *Bœuf* ou de *Veau marin*, etc., n'ont aucun sens précis, et ont été appliqués à tort et à travers par les voyageurs et les matelots aux diverses espèces de cétacés herbivores, ainsi qu'aux phoques, morses, etc. Voy. BALEINE, CACHALOT et DAUPHIN.

Paléont. — De nos jours il existe deux sous-ordres de cét. : les *Siréniens* et les *Cétacés* proprement dits; dans le groupe des *Siréniens* il n'y a plus actuellement que les *Manatus* ou *Lamantins* et les *Halicore* ou *Dugongs*, dont on trouve, en outre, des restes dans les dépôts récents des

États-Unis de l'Amérique du Nord. Les *Stellères* ou *Rhytina stelleri*, qui atteignaient de 8 à 10 mètres de long, n'existent probablement plus depuis peu; le dernier exemplaire aurait été tué en 1768, et il est considéré comme subfossile sur les côtes du détroit de Behring.

Cet animal vivait encore en grand nombre en 1742 dans les îles Aléoutiennes. Dans les terrains tertiaires miocènes on rencontre les restes d'un genre disparu, désigné sous le nom de *Halitherium*.

Quant aux cétacés proprement dits, beaucoup ont laissé des restes dans les terrains tertiaires ou post-tertiaires; quelques-uns sont encore vivants.

Parmi les *Denticètes*, c.-à-d. ceux qui ont des dents simples coniques, les *Delphinides*, les *Monodontides*, les *Catodontides* (voy. ces mots) ont encore des représentants de nos jours; les *Zeuglodontides* (voy. ce mot), au contraire, sont tous éteints, et les *Mysticétides* (voy. ce mot) sont vivants et fossiles.

CÉTANE. s. m. (gr. κῆτος, baleine). T. Chim. Hydrocarbure saturé dont dérivent les composés cétyliques. Il est identique avec l'hexadécane normal C16H34. Il cristallise en feuillets blancs fusibles à 21°. On l'obtient en réduisant l'acide palmitique par l'acide iodhydrique et le phosphore.

CÉTAZINE. s. f. (gr. κῆτος, baleine, et fr. *azote*). T. Chim. Nom générique des composés répondant à la formule générale R²C = Az — Az = CR² et résultant de l'action des cétones sur l'hydrate d'hydrazine.

CÉTÈNE. s. m. (gr. κῆτος, baleine). T. Chim. Hydrocarbure non saturé ayant pour formule C16H32; c'est un liquide incolore, huileux, insoluble dans l'eau, très soluble dans l'alcool et l'éther; il distille à 275°. On l'obtient en déshydratant l'alcool cétylique par l'acide phosphorique anhydre.

CÉTÉRACH. s. m. (ar. *chétérak*, m. s.). T. Bot. Genre de Fougères de la famille des *Polypodiacées*. Voy. ce mot.

CÉTHÉGUS, nom d'une famille patricienne de l'ancienne Rome dont plusieurs membres se distinguèrent pendant les guerres puniques et dont un autre fut l'un des principaux complices de Catilina.

CÉTINE. s. f. (gr. κῆτος, baleine). T. Chim. Matière grasse fournie par plusieurs espèces de cachalots et nommée aussi *Blanc de baleine*. Voy. BLANC.

CÉTIQUE. adj. 2 g. (gr. κῆτος, baleine). T. Chim. L'*acide cétique* s'obtient en petite quantité par la saponification du blanc de baleine.

CÉTOINE. s. f. T. Ent. Genre d'insectes coléoptères. La c. dorée se trouve communément en France sur les roses et se fait remarquer par ses couleurs vert doré. Voy. SCARABÉIDES.

CÉTONE. s. f. T. Chim. Nom générique des composés qui renferment le groupe bivalent CO attaché à deux atomes de carbone. Ce groupe a reçu le nom de carbonyle.

Les cétones à fonction simple, appelées aussi *acétones*, sont constituées par deux radicaux hydrocarbonés unis par un carbonyle. On les désigne ordinairement en énonçant ces radicaux et en ajoutant le suffixe *cétone*. Ainsi le corps CH³.CO.C²H⁵ s'appelle méthylpropylcétone. Autrefois l'on employait le suffixe *carbonyle* et l'on disait méthylpropylcarbonyle. — Pour préparer ces composés on fait agir les corps oxydants sur les alcools secondaires, ou bien l'on soumet à la distillation sèche les sels de chaux des acides organiques. On obtient ainsi des corps liquides ou solides, doués d'une odeur éthérée ou aromatique, et pouvant bouillir sans se décomposer. Les cétones dérivent des alcools secondaires par perte de deux atomes d'hydrogène; elles peuvent inversement régénérer ces alcools par hydrogénation. Elles ont beaucoup d'analogie avec les aldéhydes, qui dérivent de même des alcools primaires; mais elles ne réduisent pas les solutions ammoniacales d'argent; de plus, elles ne peuvent s'oxyder qu'en se dédoublant en molécules moins complexes, tandis qu'une aldéhyde, sous l'action des oxydants, se convertit en un acide contenant le même nombre d'atomes de carbone. La plupart des cétones forment des composés solides et cristallisables avec les bisulfites alcalins. Toutes se combinent avec l'hydroxylamine pour former des oximes. Elles s'unissent également à la phénylhydrazine en donnant des hydrazones.

140

Sous l'action des corps déshydratants, les cétones subissent facilement une condensation : deux ou trois molécules se soudent ensemble en perdant de l'eau et forment un composé plus complexe. C'est ainsi que l'acétone ordinaire donne naissance à l'oxyde de mésityle, à la phorone et au mésitylène.

Il existe un assez grand nombre de composés possédant une double fonction c., grâce à la présence de deux groupes carbonyle dans leur molécule. On les appelle *Dicétones*. Voy. ce mot.

La fonction c. peut aussi être associée à d'autres fonctions chimiques. On connaît des *alcools cétoniques*, tels que la benzoïne ; des *phénols cétoniques*, tels que les oxybenzophénones. Les acides acétylacétique, lévulique, pyruvique, mésoxalique sont des *acides cétoniques*.

CÉTONIQUE. adj. 2 g. T. Chim. Se dit des composés possédant la fonction *Cétone*. Voy. ce mot.

CÉTRAIRE. s. f. (lat. *cetra*, bouclier). T. Bot. Genre de plantes Tallophytes (*Cetraria*) de la famille des *Lichens*. Voy. ce mot.

CÉTRARINE. s. f. Voy. CÉTRARIQUE.

CÉTRARIQUE. adj. T. Chim. L'*acide c.*, appelé aussi *Cétrarine*, $C^{18}H^{16}O^8$ existe dans le Lichen d'Islande (*Cetraria Islandica*), d'où on l'extrait sous forme d'une poudre blanche, amère, insoluble dans l'eau, soluble dans l'alcool bouillant, se décomposant vers 200°.

CETTE. ch.-l. de c. (Hérault), arr. de Montpellier, port sur la Méditerranée, 36,500 hab.

CETTIGNÉ. cap. du Monténégro, 1,200 hab.

CÉTYLE. s. m. (gr. κῆτος, baleine). T. Chim. On donne le nom de *Cétyle* au radical monoatomique $C^{16}H^{33}$ qui existe dans les combinaisons cétyliques. — L'*alcool cétylique* ou *éthal* a pour formule $C^{16}H^{33}O$ ou $C^{16}H^{33}.OH$; il est contenu dans le blanc de baleine à l'état d'éthers, principalement à l'état de palmitate de c. Pour obtenir l'éthal, on saponifie le blanc de baleine par la potasse alcoolique à l'ébullition ; on précipite la solution bouillante par du chlorure de baryum, et l'on traite le précipité par l'alcool, qui ne dissout que l'éthal. Ce corps, purifié par cristallisation dans l'éther, se présente en masse blanche, cristalline, inodore et sans saveur ; il fond à 49°,5 et bout à 344°. Traité par les agents oxydants, il donne de l'aldéhyde cétylique $C^{16}H^{32}O$, solide fusible à 46°, et de l'acide palmitique $C^{16}H^{32}O^2$. Le perchlorure de phosphore transforme l'éthal en *chlorure de c.* $C^{16}H^{33}Cl$, liquide huileux qui distille au-dessus de 289° en se décomposant partiellement.

CÉTYLÈNE. s. m. T. Chim. Hydrocarbure non saturé répondant à la formule $C^{16}H^{30}$. Liquide incolore, huileux, distillant vers 280°.

CÉTYLIQUE. adj. 2 g. Voy. CÉTYLE.

CEUTA. v. d'Afrique (Maroc), en face de Gibraltar, 10,500 hab. (à l'Espagne).

CEUX. pl. de *Celui*. Voy. ce mot.

CÉVADE. s. f. (esp. *cebada*, orge, de *cebar*, donner à manger, du lat. *cibare*, de *cibus*, aliment). Ancien nom de l'avoine.

CÉVADILLE. s. f. (R. *cévade*). T. Bot. Nom donné au *Sabadilla officinarum*, de la famille des *Liliacées*. Voy. ce mot.

CÉVADINE. s. f. T. Chim. Syn. de *Vératrine*.

CÉVADIQUE. adj. 2 g. (esp. *cebada*, orge). T. Chim. L'*acide c.* se rencontre dans les graines de *Cévadille*, dans l'Ellébore blanc, le Vératre blanc et le Colchique d'automne. Il cristallise en aiguilles blanches, fusibles à 20°, sublimables, solubles dans l'eau, l'alcool et l'éther, possédant une odeur analogue à celle de l'acide butyrique.

CÉVENNES, chaîne de montagnes qui traverse une partie de la France du S.-O. au N.-E., depuis le département de l'Aude jusqu'au plateau de Langres. Le massif principal occupe la Lozère, le Lot, l'Aveyron, le Gard et l'Hérault. Voy. CAUSSES.

CÉVIDINE. s. f. (esp. *cebada*, orge). T. Chim. Alcaloïde provenant du dédoublement de la vératrine. Poudre amorphe, jaunâtre, fusible vers 185°.

CEYLAN, grande et très belle île de l'Asie (océan Indien), au S.-E. de l'Hindoustan, 2,782,000 hab. (aux Anglais). Cap. *Colombo*. Sa superficie est de 1100 myriamètres carrés. Sa plus grande longueur est de 300 kil. Pêche des perles. — Nom des hab. : CINGALAIS, AISE.

CHABANAIS, ch.-l. de c. (Charente), arr. de Confolens, 2,100 hab.

CHABANNES (ANTOINE DE), comte de Dammartin, se signala au siège d'Orléans, dirigea le procès de Jacques Cœur, fut gouverneur de Paris sous Charles VIII (1411-1488).

CHABANON, littérateur français, né à Saint-Dominique (1730-1792).

CHABAS, égyptologue français (1817-1882).

CHABASÉE. s. f. (gr. χαβάζιος, espèce de minéral). T. Minér. Silicate hydraté d'alumine et de chaux. Se rencontre en petits cristaux rhomboédriques dans les cavités des roches amygdaloïdes.

CHABATZ. v. de Serbie, sur la Save, 9,300 hab.

CHABEUIL. ch.-l. de c. (Drôme), arr. de Valence, 3,100 hab.

CHABICHON. s. m. Nom d'un fromage.

CHABLAGE. s. m. (R. *chable*, câble). T. Navig. fluv. Action de diriger les gros bateaux dans les endroits difficiles des rivières, notamment dans le passage des villes et aux abords des ponts.

CHABLAIS, anc. pays de France, aujourd'hui arr. de Thonon (Haute-Savoie).

CHABLE. s. m. (autre forme de *câble*). Grosse corde passée dans une poulie pour soulever un fardeau.

CHABLEAU. s. m. (R. *chable*). Longue corde pour tirer un bateau.

CHABLER. v. a. (R. *chable*). T. Mar. Attacher un fardeau à un câble pour le haler. || Tordre plusieurs cordes en une. || T. Rural. C. *les noix*, Les abattre.

CHABLIS, ch.-l. de c. (Yonne), arr. d'Auxerre, 2,300 hab. Vin blanc renommé.

CHABLIS. s. m. T. Admin. forest. Se dit du bois abattu dans les forêts par le vent, la vieillesse, le poids des neiges, etc. || T. Comm. Vin blanc de Bourgogne très renommé.

CHABLON. s. m. T. Céram. Calibre qui sert à façonner les poteries.

CHABLOT. s. m. (le même que *chableau*). T. Maçonn. Cordage. || T. Blas. Meuble d'armoiries représentant un chabot (poisson).

CHABOT. s. m. (lat. *caput*, tête). T. Icht. Espèce de poisson d'eau douce du genre *Cotte*. On l'appelle aussi *Cabot*, et, en certains pays, *Meunier*. Voy. JOUES CUIRASSÉES.

CHABOT (PHILIPPE DE), amiral de France sous François Ier, sauva Marseille en 1524 (1480-1543). Son tombeau, chef-d'œuvre de Jean Cousin, se voit au Louvre.

CHABOT (FRANÇOIS), conventionnel, né en 1759, décapité en 1794 ; avait été capucin avant la Révolution.

CHABOTTE. s. f. T. Serr. Masse de fer qui constitue la base d'une grosse enclume, ou du marteau-pilon.

CHABRAQUE. s. f. (all. *schabracke*, m. s.). Peau de chèvre ou de mouton que l'on met sur les chevaux de la cavalerie légère. On dit aussi SCHABRAQUE.

CHABRIAS, général athénien (392-358 av. J.-C.).

CHABRILLON. s. m. [Pr. les *ll* mouillées]. T. C. Sorte de fromage de chèvre fabriqué en Auvergne.

CHABROL (Comte DE CHABROL DE CROUSOL), ministre de la marine sous la Restauration, marqua son passage aux affaires par d'utiles réformes (1771-1836).

CHABROL (Comte DE CHABROL DE VOLVIC), préfet de la Seine de 1812 à 1830, excellent administrateur à qui la capitale est redevable d'importantes améliorations (1773-1843).

CHACAL. s. m. (turc, *schakal*). T. Mammal. Le *Chacal* (*Canis aureus*) appartient au genre *Chien*. La taille du c. est à peu près celle du renard; il est cependant plus haut sur jambes. Sa tête ressemble à celle du loup, mais le museau est plus pointu. Le *c. du Caucase* (Voy. Fig. ci-dessous), qui est répandu dans toute l'Asie Mineure, en Perse, en Syrie, etc., a le pelage d'un gris jaunâtre en dessus, blanchâtre en dessous; sa queue, assez grêle et noire à l'extrémité, ne lui descend qu'aux talons. Le *c. de Barbarie* ou *d'Alger* est remarquable par les taches noires qui varient le pelage du dos et de la croupe, ainsi que par la ligne noire qui marque le devant de ses jambes.

Le c. et le chien produisent des métis féconds La gestation, chez la femelle du c. comme chez la chienne, dure 63 jours. Ses petits, au nombre de 5 ou 6, naissent les yeux fermés, voient clair à 10 ou 12 jours, et sont allaités par la mère pendant environ 2 mois. Les chacals vivent par bandes, chassent seulement la nuit; ils poussent alors presque continuellement

leur cri d'appel *oua*, *oua*, duquel dérive probablement le nom de *Waü* que leur donnent les Arabes. Pressés par la faim, ils ne craignent pas, lorsqu'ils se sentent en force, de se jeter sur un bœuf ou sur un cheval. — Loin de vivre exclusivement de chasse, les chacals ne chassent, pour ainsi dire, que lorsque les autres moyens de subsistance leur manquent. La nuit, ils rôdent autour des habitations, y entrent hardiment s'ils trouvent une porte mal close, dévorent tout ce qu'ils rencontrent, même le cuir des chaussures, et emportent ce qu'ils ne peuvent immédiatement consommer. Dans le désert, ils suivent de loin les caravanes, pour profiter des débris de toute nature qu'elles laissent après elles en quittant leur campement. Dans les pays plus ou moins habités, les bandes de chacals vont, comme les hyènes, déterrer les cadavres, dans les cimetières, pour les dévorer.

Nous rapprochons du c. le *Corsac* ou *Adive* (*Canis corsac*) et le *Karagan* (*Canis caragan*). — Le premier est commun dans les vastes landes de l'Asie, depuis le Volga jusqu'aux Indes. C'est un très joli animal, de la taille d'un chat de grosseur moyenne. Vers la fin du XVIe siècle, il était devenu si fort à la mode que toutes les grandes dames avaient leur adive, comme elles ont eu plus tard leur bichon, leur levrette, leur king-charles, etc. Son pelage est d'un gris jaunâtre, pâle, avec une queue très longue, terminée par une mèche de poils noirs. Il a, de chaque côté de la tête, une raie brune qui va de l'œil au bout du museau. Le *Karagan*, confondu par Buffon avec le renard polaire ou *Isatis*, n'est point identique avec le

corsac, ainsi que l'ont affirmé quelques auteurs. Son pelage est d'un gris cendré sur le dos, et d'un fauve pâle sous le ventre. Sa peau est estimée comme fourrure : aussi les Tartares Kirghiz lui font-ils une chasse très active. Ils en apportent, dit-on, sur le marché d'Orenbourg plus de 50,000 peaux chaque année.

CHACARILLE. s. f. Voy. CASCARILLE.

CHACHIA. s. f. T. Didact. Calotte de laine rouge que portent les Arabes et qui a été adoptée pour la coiffure de nos zouaves.

CHACMA. s. m. Espèce de singe du genre cynocéphale (à

tête de chien), qui habite le sud de l'Afrique. On les rencontre par troupes de maraudeurs allant piller les jardins

CHACO (GRAND), vaste territoire voisin de la République argentine, entre la Bolivie et la Plata.

CHACONNE. s. f. (esp. *chacona*, du basque *chocuna*, joli). Air de danse d'une étendue assez considérable, qui servait autrefois de finale aux opéras et aux ballets. La *c. n'est plus guère en usage*. — *C. chantante*, Paroles faites sur un air de c. || Se dit aussi d'une danse sur un air de c. *Danser la c.*, *une c.*

CHACRELAS. s. m. Nom des albinos à Java. Voy. ALBINOS.

CHACTOS ou **TÊTES-PLATES**, peuples de l'Amérique du Sud à moitié sauvage.

CHACUN, UNE. pron. distributif, sans plur. (R. *chaque*, *un*). Chaque personne, chaque chose dont on a parlé. *Donnez à sa part. Chacune avait une parure différente. C. avait sa chacune. Ces livres me coûtent cinq francs c. Ils ont rempli c. leur devoir. C. selon ses moyens. Ils s'en allèrent c. de leur côté.* || S'emploie souvent absolument et au masc., en parlant des hommes ou des femmes, et signifie alors, toute personne, qui que ce soit. *C. sent son mal. C. pour soi. C. prend son plaisir où il le trouve.* — Prov., *C. le sien n'est pas trop*, ou simplement, *C. le sien*, Il est juste que chacun ait ce qui lui appartient.

Obs. gram. — *C.* se prend dans deux significations différentes : 1° Il a une signification générale et indéfinie; 2° il a une signification individuelle et distributive. Dans le premier cas, il comprend une collection d'individus, sans distinction, et par conséquent il doit toujours se mettre au masculin : *C. se plaint de son état. C. suit*, etc. Dans le second cas, c. se dit par relation à quelque terme qui précède ou qui suit, et alors il se met au masc. ou au fém., suivant le genre du terme auquel il se rapporte. *Chacune de ces dames avait une parure différente. Ces tableaux ont c. leur mérite.*

Quoique c. ne s'emploie jamais qu'au singulier, il est suivi tantôt de *son*, *sa*, *ses*, *le*, *lui ou elle*, et tantôt de *leur*, *leurs*, *eux ou elles*. Dans le premier cas, l'article ou l'adjectif possessif se rapporte à c.; dans le second, il se rapporte au mot mis au pluriel que représente le pronom c. Les deux locutions sont également correctes. Ainsi l'on dira indifféremment : *Ils ont pris c. leur chapeau* ou *c. son chapeau*. Cependant, à la première et à la seconde personne, c. exige le possessif du pluriel. *Nous avons bu c. notre verre. Vous payerez c. votre écot.* — L'expression *Un c.* a été longtemps usitée; mais aujourd'hui elle est bannie de la langue, même dans la conversation familière.

CHÆROPHYLLINE [Pr. *kéro-fil-line*] (gr. χαίρω, je me réjouis; φύλλον, feuille). T. Chim. Substance obtenue par Poistorff en distillant les graines du *Chærophyllum bulbosum* (*Ombellifères*) avec une solution étendue de soude. Présente des propriétés toxiques.

CHAFAUD. s. m. (même mot que *échafaud*). T. Mar. Échafaud.

CHAFAUDIER. s. m. (R. *échafaud*). T. Pêc. Celui qui dresse les échafauds sur lesquels on fait sécher la morue.

CHAFÉE. s. f. T. Méd. Son qui reste quand l'amidonnier a exprimé toute la farine du froment.

CHAFOUIN, INE. s. (R. *chat, fouine*, ou bien du préfixe *ca* et du gr. ϕαίνω, j'apparais). Se dit d'une personne maigre, de petite taille, et qui a la mine basse. *C'est une petite chafouine.* Fam. || Adjectiv., se dit de la mine, des manières, etc. *Mine chafouine.*

CHAGNELAIE. s. f. T Minér. Veine de houille fort tendre. — On dit aussi, *Chaignelaie.*

CHAGNOT. s. m. (même mot que *cagnot*). T. Pêc. Nom vulgaire du *Squale glauque.*

CHAGNY, ch.-l. de c. (Saône-et-Loire), arr. de Chalon-sur-Saone, 4,800 hab.

CHAGRES, petit fleuve de l'Amérique centrale dans l'isthme de Panama, qui se jette dans la mer des Antilles, près d'une ville du même nom.

CHAGRIN. s. m. (ture, *sagri*, m. s.). Espèce de cuir grenu fabriqué avec la peau du derrière du cheval, de l'âne ou du mulet. *Étui de c. Peau de c.* — Fig. et fam., *Avoir une peau de c.*, Avoir la peau rude. Voy. Com. || Étoffe légère de taffetas moucheté.

CHAGRIN. s. m. (R. *chagrin*, peau rude et grenue). Peine, affliction, déplaisir *Grand c. Avoir un c. Apprendre avec c. Mourir de c. Exempt, délivré de tout c. Dissiper son c. dans le vin.* || Colère, dépit. *La moindre contradiction excite son c.* Cette acception a vieli li. — Le mot c. n'est que depuis le XVe siècle dans la langue française.
Syn. — *Tristesse, Douleur.* Voy. Affliction.

CHAGRIN, INE. adj. Mélancolique, triste, de fâcheuse, de mauvaise humeur. *Il est si c. depuis un mois, qu'on ne le reconnaît plus. Il a l'esprit c., l'âme, l'humeur chagrine.*

CHAGRINANT, ANTE. adj. Qui chagrine. *Cette nouvelle est chagrinante. Cet homme-là est bien c.*

CHAGRINEMENT. adv. D'une façon chagrine.

CHAGRINER. v. a. (R. *chagrin*). T. Techn. Préparer une peau de manière à la rendre grenue, à la convertir en chagrin. — Chagriné, ée. part. *Peau chagrinée.*

CHAGRINER. v. a. (R. *chagrin*). Attrister, faire de la peine, tourmenter. *Sa maladie le chagrine. Je n'ai pas eu intention de vous c.* = Se Chagriner. v. pron. S'attrister. *Il se chagrine de tout. Il ne faut pas se c.* = Chagriné, ée. part.

CHAGRINIER. s. m. Celui qui fabrique le chagrin.

CHAH ou **SHAH** ou **SCHAH**. s. m. Titre des rois en Perse.

CHAHUAM. s. m. T. Comm. Mousseline des Indes.

CHAHUT. s. m. Sorte de danse échevelée et indécente. || Tapage.

CHAHUTER. v. n. Danser le chahut.

CHAI. s. m. (même mot que *quai*). Magasin au ras du sol, tenant lieu de cave. Les chais servent surtout à emmagasiner l'eau-de-vie.

CHAIAC. s. m. T. Hortic. Espèce de melon.

CHAIDEUR. s. m. T. Techn. Ouvrier qui pile le minerai à bras.

CHAIE. s. f. T. Mar. Espèce de barque hollandaise.

CHAILLAND, ch.-l. de c. (Mayenne), arr. de Laval, 1,000 hab.

CHAILLE s. f. Pierres cassées en menus morceaux pour couvrir les routes.

CHAILLÉ-LES-MARAIS, ch.-l. de c. (Vendée), arr. de Fontenay-le-Comte, 2,300 hab.

CHAILLETIÉES. s. f. pl. [Pr. *cha-lle-ti-é*, *ll* mouillées] (R. *Chaillet*, n. pr.). T. Bot. Famille de végétaux Dicotylédones de l'ordre des Dialypétales supérovariées isostémones. *Caract. bot.* : Arbres ou arbustes à feuilles alternes, munies de deux stipules, caduques et entières. Fleurs petites, axillaires, en fascicule ou en corymbe, à pédoncules souvent connés avec le pétiole. Sépales 5, à estivation valvaire, soudés. Pétales 5, alternant avec les sépales, naissant de la base du calice, ordinairement bilobés. Étamines 5, alternant avec les

pétales, soudées avec eux à leur base; anthères ovées, versatiles. Habituellement, 5 glandes hypogynes, opposées aux pétales. Ovaire supère à 2 ou 3 loges; ovules géminés, pendants; style simple; stigmate à peine bilobé. Fruit drupacé, un peu sec, à 1, 2 ou 3 loges. Graines solitaires, pendantes, nues ou pourvues d'un arille, sans albumen; embryon épais avec une radicule supère, épaisse, et des cotylédons charnus. (Fig. 1. *Chailletia pedunculata.* — 2. Fleur de *Moacurra gelonioides.* 3. Coupe de la fleur. 4. Étamine. 5. Pistil. 6. Coupe verticale du même. 7 Fruit mûr. 8. Coupe du fruit. 9. Embryon.)
Cette famille comprend 4 genres et 38 espèces, qui toutes habitent les régions tropicales, à l'exception d'une seule. — Le fruit de la *Chailletia toxicaria*, nommé *Ratsbane*, c.-à-d. *Poison de rat*, par les colons de Sierra-Leone, passe pour vénéneuse.

CHAILLOT, village sur la rive droite de la Seine, réuni à Paris en 1659, sous le nom de *Faubourg de la Conférence*, et où était la manufacture de tapis de la Savonnerie.

CHAÎNAGE. s. m. (R. *chaîner*). T. Arpent. Opération qui consiste à mesurer une ligne droite sur le terrain avec la chaîne d'arpenteur. || T Archit. Appareil intérieur qui soutient une construction en maçonnerie, et empêche l'écartement des murs.

CHAÎNASSE. s. f. Terre argileuse mêlée de sable quartzeux.

CHAÎNE. s. f. (lat. *catena*). Espèce de lien de métal composé d'anneaux engagés les uns dans les autres. *C. de fer, d'or, d'argent. Une c. de puits. Une c. de montre. Charger quelqu'un de chaînes.* — *Mettre à la c.*, Enchaîner, mettre aux fers. On dit dans le même sens, *Tirer un chien à la c.* — *La c. d'un port*, La c. et, par ext., l'estacade qui ferme l'entrée d'un port. — C.-câble, C. destinée au même usage que les câbles. Voy. CABLE. — C. d'arpenteur, C. de fer servant à mesurer les longueurs sur le terrain. Voy. ARPENTAGE. — C. de montre, Petite c. d'acier qui sert à tendre le grand ressort en même temps qu'on roulant sur la fusée. Voy. HORLOGERIE. — C. de montre, c. généralement en or ou en argent qu'on attache, d'une part, à sa montre et, d'autre part, à son gilet ou qu'on se met autour du cou. — C. de diamants, C. garnie de diamants. — C. de Vaucanson, de Galle, etc., C. sans fin dont les maillons s'engrènent avec les dents des deux roues et qui est destinée à transmettre le mouvement de l'un à l'autre. Voy. TRANSMISSION. ‖ Se disait autrefois pour désigner la peine des galères. Être condamné à la c. Mettre à la c., Envoyer aux galères. ‖ Fig., Servitude, captivité. Ces peuples ont rompu leurs chaînes. Cet amant se plaît dans ses chaînes. — T. Dévotion, Les chaînes du péché. ‖ Fig., se dit des liens d'affection, d'intérêt, etc., qui unissent deux personnes. La c. qui les unit est indissoluble. ‖ Fig., Enchaînement, continuité, succession. La c. des êtres. Vous avez rompu la c. de mes idées. ‖ Suite non interrompue d'objets semblables. Dans ce sens, il s'emploie surtout en parlant de montagnes. Une c. de montagnes. La c. des Alpes. — Une c. de lacs, d'étangs, se dit de plusieurs lacs ou étangs qui débouchent l'un dans l'autre. ‖ Suite de personnes disposées de manière à faire passer rapidement de main en main un fardeau, des pierres, des seaux d'eau dans un incendie, etc. Former la c. Faire la c. ‖ T. Archit. Espèce de pilier construit en pierres de taille et élevé à plomb dans un mur de maçonnerie, soit pour fortifier le mur, soit pour porter l'extrémité d'une poutre. ‖ T. Danse. Figure dans laquelle les danseurs se donnent la main en passant, lorsque, dans une contredanse, ils traversent pour changer de place. ‖ T. Phys. C. électrique, Suite de personnes se tenant par la main et qui reçoivent une commotion électrique au même moment. Voy. ÉLECTRICITÉ. ‖ T. Tissage. Ensemble des fils que l'on tend sur les deux rouleaux d'un métier, pour faire de l'étoffe, et entre lesquels passe la trame. Voy. TISSAGE.

CHAÎNEMENT. s. m. (R. chaîne). Armature en fer destinée à empêcher l'écartement des murailles.

CHAÎNER. v. a. (R. chaîne). T. Arpent. C. une distance, La mesurer avec une chaîne d'arpenteur.

CHAÎNETIER. s. m. (R. chaînette). Ouvrier qui fait des agrafes et toutes sortes de petites chaînes.

CHAÎNETTE. s. f. [Pr. chê-nète]. Dimin. Petite chaîne. La c. d'une bride. Voy. BRIDE. ‖ T. Tailleur. Points de c., Points dont l'assemblage imite une c. ‖ T. Typogr. Gouttière au bas d'un tympan. ‖ T. Art milit. Troupe de soldats rangée circulairement pour mettre les fourrageurs à l'abri des attaques de l'ennemi.

Mécan. et Géom. — On appelle ainsi la courbe que forme une corde ou une chaîne parfaitement flexible, d'épaisseur et de densité uniformes, lorsqu'elle est suspendue lâchement à

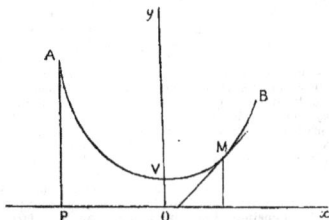

deux points fixes et abandonnée à l'action de la pesanteur. — Galilée, qui s'occupa le premier du problème de la figure d'une chaîne pesante croyait que cette figure était celle d'une parabole. Ce fut Jacques Bernoulli qui, le premier, détermina la nature de cette courbe, et bientôt après ses propriétés furent exposées par Jean Bernoulli, Huygens et Leibnitz. La recherche de la forme de la c. dépend de la théorie des polygones funiculaires. Voy. FUNICULAIRE.

On démontre que la tension de la corde est minima au point le plus bas, que la tension en un point quelconque est proportionnelle à l'inverse du cosinus de l'inclinaison de la tangente sur l'horizon, et, enfin, que la longueur de la corde comptée du point le plus bas V (Voy. la Fig.) à un point quelconque M est proportionnelle à la tangente de l'inclinaison de la tangente en ce point. On appelle paramètre de la c. la longueur de la corde dont le poids est égal à la tension minimum. Si on désigne ce paramètre par a, par s la longueur de la corde de V en M, par φ l'inclinaison de la tangente, et par T la tension en M, exprimée en longueur de corde, on aura les relations :

$$T = \frac{a}{\cos \alpha}, \quad s = a \operatorname{tg} \alpha.$$

Cette dernière relation permet de trouver l'équation cartésienne de la c.

$$y = \frac{a}{2}\left(e^{\frac{x}{a}} + e^{-\frac{x}{a}}\right)$$

rapportée à deux axes horizontal et vertical, qui passent par un point O situé à une distance a du point le plus bas. On en déduit aussi que la c. est symétrique par rapport à un axe vertical passant par le point le plus bas, et la relation

$$y = \frac{a}{\cos \alpha}$$

qui montre que l'ordonnée MN est égale à la tension, de sorte qu'en particulier, au point d'attache A, la distance AP de ce point à l'axe des x ou base de la c. est égale à la longueur de la corde dont le poids serait égal à l'effort supporté par ce point d'attache.

De toutes les courbes de même longueur qui ont les mêmes extrémités, la c. est celle dont le centre de gravité est le plus bas. C'est une conséquence de ce que la c. est une figure d'équilibre stable. Il en résulte, d'après le théorème de Guldin, que la surface engendrée par la c. en tournant autour d'un axe horizontal situé dans son plan et au-dessous d'elle, est la plus petite des surfaces engendrées dans la même rotation par des courbes de même longueur ayant les mêmes extrémités. Mais il y a plus. La surface engendrée par la c. en tournant autour de sa base, surface appelée caténoïde, est une surface minima, c.-à-d. une surface telle que l'aire comprise à l'intérieur d'un contour fermé tracé sur cette surface est plus petite que l'aire de toute autre surface passant par le même contour. Il est, en effet, facile de vérifier que les deux rayons de courbure principaux de cette surface sont en chaque point égaux et opposés, ce qui est le caractère fondamental des surfaces minima.

CHAÎNEUR. s. m. (R. chaîner). T. Arpenteur. Celui qui mesure les distances avec la chaîne.

CHAÎNIER ou **CHAÎNISTE.** s. m. (R. chaîne). Bijoutier qui fabrique des chaînes.

CHAÎNON. s. m. (R. chaîne). Anneau d'une chaîne. ‖ T. Techn. Bride qui embrasse les queues des tenailles. ‖ T. Mar. Anneau d'un câble-chaîne. ‖ T. Géogr. Ligne de montagnes placées les unes à la suite des autres.

CHAINTRE. s. m. (autre pron. de ceintre). T. Agric. Lieu mis en réserve pour le pâturage. ‖ T. Vitic. Culture en chaintres, Mode de culture de la vigne qui consiste à laisser les sarments s'étaler au sol autour d'une souche centrale, comme les sarments d'une treille partis d'une souche unique s'étalent sur les murs. Ainsi cultivée, la vigne résiste mieux au phylloxera.

CHAIR. s. f. (lat. caro). Substance solide, fibreuse, molle et pénétrée de sang, qui est entre la peau et les os de l'homme et les animaux. La c. est constituée par le tissu musculaire proprement dit. C. vive, morte, ferme, molle. Sa plaie va bien, les chairs commencent à revenir. Avoir la c. fraîche, Avoir de la fraîcheur. — Être en c., se dit d'une personne qui a ou qui prend de l'embonpoint. Ce cheval est bien en c., Il est en bon état et il a la c. ferme. — Excroissance de c., Nom que l'on donne à certaines tumeurs de natures très diverses. ‖ En parlant des personnes, se dit souvent pour signifier la peau : Avoir la c. douce, rude, blanche, noire, etc., Avoir la peau douce, etc. — Avoir la c. de poule, se dit du frisson, de la terreur que cause un spectacle terrible. Voy. POULE. ‖ Chair, considérée comme aliment, se dit de toutes les parties musculaires des animaux. *La c. du bœuf est très nourrissante. C. de mouton, de poulet, de perdrix. C. fraîche, C. salée. C. blanche,* La c. du veau, du porc, du lapin, des chapons, des poulardes, des dindons, etc. *C. noire,* Celle des lièvres, des bécasses, etc. — *Chair* s'emploie encore absol., pour désigner la c. des animaux dont l'usage est interdit par l'Église. *On ne doit pas manger de c. en carême.* — Fig. et prov., *On ne sait s'il est c. ou poisson,* se dit d'un homme dont le caractère n'est pas décidé ou qui flotte par faiblesse entre deux partis. — Fam., *C'est une masse de c., une grosse masse de c.,* se dit d'une personne fort grosse, fort pesante, ou plus souvent d'une personne qui a le corps et l'esprit lourds — Par ext., se dit encore de la substance imbibée de sucs et plus ou moins ferme de certains fruits, et même de certaines plantes. *La c. de la pêche. La c. de ce melon est pâle. La c. d'un champignon.* || Dans la langue de l'Écriture sainte, *Chair* signifie l'humanité, la nature humaine, un corps humain, et dans ce sens on dit : *Le Verbe s'est fait c. La résurrection de la c.* — L'homme terrestre et animal, opposé à l'homme spirituel et éclairé par la foi. *Écouter la c. et le sang.* || T. Morale relig. La concupiscence. *L'aiguillon de la c. Mortifier sa c. La c. se révolte contre l'esprit. L'esprit est prompt et la c. est faible.* — *L'œuvre de la c.* ou *L'œuvre de c.,* La conjonction charnelle. *Le péché de la c.,* Le péché d'impureté. || T. Peint. et Sculpt. Se dit, au plur., de toute imitation de la c. de l'homme. *Ce peintre rend bien les chairs. Les chairs de cette statue sont très belles.* Se dit quelquefois au sing., mais en peinture seulement *Cette partie est belle de c.* — *Couleur de c.,* Couleur blanc rosé qui imite la couleur de la peau de l'homme. *Des gants couleur de c.*

Les muscles qui donnent aux animaux la faculté de se mouvoir au moyen des contractions qu'ils éprouvent sont connus, dans le langage ordinaire, sous le nom de *chair* ou *viande.* Très développés chez les animaux qui ont un cœur, ils sont placés immédiatement au-dessous de la peau et recouvrent ou entourent les os ; ils constituent la plus grande partie de la masse du corps. Ce n'est pas ici la place de faire l'étude du *Muscle.* Voy. ce mot. Nous ne retiendrons que le côté nutritif, la *chair* étant, comme l'on sait, l'aliment le plus habituel de l'homme. — A ce point de vue, nous devons nous intéresser à la *fibrine,* ainsi nommée parce qu'elle se montre sous forme de fibres allongées ; elle a pour base une matière azotée, congénère de l'albumine. La fibrine, traversée en tous sens par des nerfs, des tissus adipeux et cellulaires, des vaisseaux lymphatiques et sanguins, est constamment imbibée d'un liquide tenant en dissolution de l'albumine, des matières extractives, de l'acide lactique et différents sels. Elle constitue, pour ainsi dire, la trame de tous les organes et peut être considérée, sous le rapport du rôle qu'elle joue dans l'économie, comme la *matière ligneuse* des animaux. On la trouve non seulement dans les muscles, mais aussi dans le chyle, la lymphe, le sang. Elle forme les fausses membranes qui se développent dans certains cas de maladies. Cette substance organisée occupe une fonction importante dans l'économie animale, où elle est exclusivement employée à la nutrition et à la réparation des muscles. C'est une des matières nutritives les plus communes, puisqu'elle fait la base de la c. et du sang. En lavant de la c. musculaire à diverses reprises, il reste une matière décolorée, c'est la fibrine. On l'obtient plus pure en battant du sang, au sortir de la veine, avec un balai d'osier ; il s'y attache de longs filaments rougeâtres, que l'on décolore en les malaxant sous un filet d'eau froide. La fibrine, en cet état, ne retient plus qu'un peu de graisse qu'on enlève au moyen de l'éther. Elle est alors en filaments opaques et d'un blanc sale, flexible, élastique, sans odeur ni saveur. Mais si on la prive entièrement de son eau, elle devient demi-transparente, raide et cassante. — Il existe encore dans le muscle, mais en fort petites quantités, des matières susceptibles de développer, pendant la coction, l'*arome* qui caractérise chaque espèce d'animal ; ces principes encore mal connus sont les stimulants énergiques d'une bonne digestion. Les *chairs rouges* ou colorées du mouton, du bœuf ; les chaires noires du lièvre, du chevreuil, des chairs sauvages sont plus riches en matières extractives, sapides et odorantes, en corpuscules sanguins et en fibrine que les chairs blanches des jeunes animaux, plus aqueuses, plus muqueuses et moins digestibles.

Tous les jours dans les ménages on fait en partie, grossièrement toutefois, l'analyse de la c. en préparant le bouillon ou ce qu'on appelle vulgairement le *pot-au-feu.* Il n'est pas sans intérêt d'expliquer les phénomènes qui accompagnent cette opération.

La c., en contact avec l'eau froide lui cède une partie de l'albumine, des matières extractives, une partie des sels, l'acide et la matière colorante du sang dont elle est imprégnée ; aussi l'eau acquiert-elle d'abord une couleur rouge. Aussitôt que la température du liquide s'élève et arrive à l'ébullition, l'albumine et la matière colorante du sang se coagulent et viennent nager à la surface de la liqueur, sous forme de flocons que l'on appelle *écume* et qu'on enlève avec soin. En même temps, la graisse fond et forme des *œils* au-dessus du bouillon qui s'enrichit de plus en plus de principes nutritifs, et dissout la gélatine qui provient de l'action de l'eau sur le tissu cellulaire. Quand la c. a bouilli pendant 6 à 7 heures, la fibrine ne reliant presque plus de substances solubles, mais seulement entre ses fibres il existe encore des parties graisseuses, gélatineuses et albuminoïdes interposées qui concourent à atténdrir la viande cuite, le *bouilli,* et à la rendre plus nutritive et plus agréable. Sans l'interposition de ces matières la fibrine, qui éprouve par la cuisson une certaine contraction, serait trop coriace pour être un aliment recherché. — Le bouillon renferme donc de l'albumine cuite, de la gélatine, un peu d'acide, les matières extractives de la c. qui contribuent à sa coloration et à sa saveur, des principes volatils peu connus, les sels naturels de la c., et en outre le sel marin et les matières sapides et odorantes fournies par les légumes ajoutés au pot-au-feu pour augmenter la saveur et l'agrément. Malgré ces apports nombreux, le bouillon le mieux préparé ne contient qu'une faible quantité de principes alimentaires et aromatiques, puisque, d'après Chevreul, la proportion de matières solubles ne dépasse pas 28 grammes par litre. La gélatine, après l'eau, est la substance la plus abondante ; aussi lorsque l'on concentre le bouillon, il se prend en gelée. Cela se remarque surtout avec les bouillons de veau, de poulet et autres jeunes animaux, parce que leurs muscles sont entremêlés d'une plus grande quantité de tendons et de ligaments convertibles en gélatine. — Chevreul a aussi reconnu qu'il n'est pas indifférent de mettre la viande dans l'eau froide et d'amener lentement cette dernière à l'ébullition ou de la plonger immédiatement dans l'eau bouillante. Dans le premier cas, on obtient un bouillon aussi sapide que possible, parce que tous les principes solubles de la c. sont successivement entraînés dans le liquide. Dans le second, au contraire, le bouillon est plus faible, parce que l'albumine et la matière colorante du sang, se trouvant coagulées dans l'intérieur de la viande, forment une sorte d'enveloppe compacte qui fait obstacle à la libre sortie des sucs de la viande.

La nature de l'eau que l'on emploie pour cette opération culinaire apporte aussi une influence marquée sur la cuisson de la viande et les qualités du bouillon. Une petite quantité de sel marin ne rend pas la viande plus tendre, mais elle lui procure de la sapidité et relève la saveur et l'arome du bouillon ; l'action de ce sel est encore très marquée sur les légumes qu'il rend plus tendres. La viande cuite dans l'eau de puits, qui renferme toujours plus ou moins de carbonate et de sulfate de chaux, est plus dure, moins sapide, et le bouillon est moins odorant et moins savoureux. Les légumes durcissent aussi dans ces eaux calcaires. — Enfin, la nature des vases n'est pas non plus sans influence sur la bonté du pot-au-feu. L'expérience a démontré que les marmites en terre sont préférables aux récipients en métal. C'est qu'en raison de leur propriété peu conductrice les premières sont moins exposées que les secondes aux coups de feu et qu'elles maintiennent plus régulièrement la température du liquide, qui doit être entretenue, autant que possible, à la température voisine de l'ébullition. — De tout ce qui précède et qu'il est facile de trouver le procédé le plus avantageux pour préparer en peu de temps un bouillon des plus fortifiants et des plus aromatiques, car l'expérience a démontré la vérité de l'assertion du chimiste Proust, à savoir que les matières qui constituent la saveur et les autres propriétés du bouillon préexistent dans la viande et ne sont pas un produit de la coction. Donc un kilogramme de maigre de bœuf, réduit en hachis très fin, mélangé à froid avec son poids d'eau, et porté lentement à l'ébullition, fournit au bout de quelques minutes, par l'expression dans un linge, un kilogramme de bouillon très aromatique et d'une force supérieure à celle d'un bouillon obtenu par l'ébullition longtemps prolongée d'un morceau de viande du même poids avec la même quantité d'eau.

C'est sous la forme de *rôti* que la c. développe le plus de saveur et de qualités nutritives, car elle n'a pour ainsi dire perdu aucun de ses principes utiles. Les analyses de Bœckmann démontrent que la c., par la cuisson sans eau, ne change pas sensiblement de composition.

CHAIRAMINE. s. f. [Pr. *kéramine*]. T. Chim. Alcaloïde répondant à la formule $C^{22}H^{26}Az^2O^3$, contenue dans l'écorce de *Remijia purdieana*. Aiguilles blanches, fusibles à 233°, solubles dans l'éther et le chloroforme, peu solubles dans l'alcool. La *chairamidine* est une base isomérique avec la précédente et contenue dans la même écorce; on l'a obtenue sous forme d'une poudre blanche, amorphe, fusible à 127°.

CHAIRE. s. f. (lat. *cathedra*, siège, du gr. καθέδρα, m. s.).

Fig. 1.

Dans les églises, sorte de tribune élevée et ordinairement surmontée d'un dais ou baldaquin, dans laquelle se place le prédicateur. *Monter en c. Faire une déclaration en pleine c.* — Fig., se dit pour la prédication. *L'éloquence de la c. Les orateurs de la c. Il a du talent pour la c.* || Dans les écoles publiques, tribune où se place le professeur lorsqu'il fait sa leçon. *Le professeur était déjà en c.* — Fig., Place de professeur dans une école publique, une faculté, une université, etc. *C. de droit, d'histoire, de philosophie, etc. C. d'hébreu, de grec,* etc. *Occuper une c. dans une faculté de droit.* || *C. curule,* Siège d'honneur attribué aux titulaires de certaines dignités. Voy. CHAISE.

En liturgie, la *Chaire,* en latin *Cathedra,* est le trône sur lequel siège l'évêque dans son église, appelée par ce motif *Cathédrale.* Par ext., on donne le même nom au lieu élevé sur lequel il se place pour instruire le peuple, soit par lui-même, soit par ceux auxquels il confie ce soin. La *C. de saint Pierre* ou *C. pontificale* est le trône du souverain pontife. Ce trône s'élève au fond de l'abside de la basilique de Saint-Pierre de Rome. Il est en bronze doré, et a été exécuté sur les dessins de Bernini, par ordre d'Alexandre VII, qui y fit renfermer dans son c. de bois, enrichie de bas-reliefs et de figurines d'ivoire, que la tradition fait remonter jusqu'à saint Pierre. La même expression, ainsi que celle de *C. apostolique,* s'emploie encore pour signifier l'autorité du chef spirituel de la chrétienté. Enfin, on donne le nom de *C. de saint Pierre* a deux fêtes que l'Église célèbre, l'une en commémoration des années que cet

apôtre passa à Antioche, l'autre, pour honorer son pontificat à Rome.

La *C. épiscopale* se plaçait primitivement au centre de l'abside, derrière l'autel. Le collège des prêtres se rangeait

Fig. 2.

des deux côtés, en hémicycle : cette disposition s'est maintenue dans les basiliques patriarcales de Rome, et dans plusieurs cathédrales. Le siège si connu en France sous le nom de *Fauteuil de Dagobert* (Fig. 1), et que l'on voit maintenant au Musée du Louvre, passe, aux yeux de plusieurs anti-

Fig. 3.

quaires, pour une ancienne c. des abbés de Saint-Denis. Il est en fer, et ressemble beaucoup à ces chaires mobiles sur lesquelles on voit les évêques assis dans les miniatures des anciens manuscrits.

L'origine de la C. à prêcher n'est pas très ancienne. Dans les premiers temps, c'était du haut de l'ambon que se faisait entendre la parole sainte, et cet usage se maintint pendant une partie du moyen âge. A la fin du XIII⁰ siècle, ou au commencement du XIV⁰, lorsque le jubé fut substitué à l'ambon, les prédicateurs se servirent quelquefois de la nouvelle construction, mais on aima généralement mieux établir une tribune spéciale que l'on plaça dans une des parties les plus commodes de la nef, et qu'on adossa à l'un des piliers de l'édifice. C'est la c. usitée aujourd'hui. Le style architectural de la c. a toujours été plus ou moins conforme à celui de l'édifice auquel elle était attachée. Les églises gothiques nous en offrent des spécimens extrêmement remarquables. La plus admirable, à notre avis, par la richesse et la délicatesse de son ornementation, est la c. de la cathédrale de Strasbourg. On cite aussi celles des cathédrales d'Ulm, de Mayence et de Vienne, en Allemagne. La Fig. 2 représente une c. gothique du XV⁰ siècle, qui se trouve dans l'église de l'abbaye de Fotheringay, si célèbre par la captivité de Marie Stuart; mais le dais ou, comme on dit vulgairement, l'abat-voix est évidemment de construction plus moderne. On trouve des chaires à prêcher en dehors des églises, dans les cimetières, les réfectoires de couvent, etc. Nous citerons en particulier la c. du réfectoire de l'ancienne abbaye de Saint-Martin-des-Champs, qui est devenue le Conservatoire des Arts et Métiers à Paris, l'ancien réfectoire servant aujourd'hui de bibliothèque, et la c. extérieure du cloître de la cathédrale de Saint-Dié (Fig. 3).

CHAISE. s. f. (corrupt. de *chaire*). Siège à dossier et qui est ordinairement très bas. *C. de bois, de paille, de tapisserie. S'asseoir sur une c. Il y a de petites chaises à bras pour les enfants.* — *C. de cœur,* Siège de bois dans le chœur d'une église. Voy. STALLE. — *C. longue,* Espèce de lit de repos qui n'a de dossier qu'à l'une de ses extrémités. *C. percée* ou simplement *C.,* siège sur lequel on se met pour satisfaire ses besoins naturels. || Espèce de siège fermé et couvert, dans lequel on se fait porter par deux hommes. *C. à porteurs. Il va en c.* || Sorte de voiture légère à deux ou quatre roues, traînée par un ou deux chevaux. *C. de poste.* || T. Archit. Assemblage de quatre fortes pièces de charpente, sur lequel on établit la cage d'un clocher, d'un moulin à vent, etc. || *C. de force,* Machine à laquelle on attache les fous furieux en Angleterre. || T. Mar. Sorte de tresse disposée pour tenir un gabier. || T. Mécan. Support fixé contre un mur pour soutenir un arbre horizontal dans un atelier. || T. Techn. Bâti de bois qui soutient la cage d'un moulin.

Hist. — Les anciens faisaient usage d'une foule de sièges

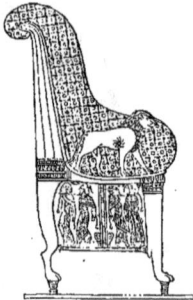 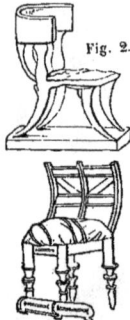 

Fig. 2.

Fig. 1.   Fig. 3.

différents, et chez eux les meubles de ce genre n'offraient pas des formes moins variées que chez nous. C'est ce qu'on observe du moins chez les Égyptiens, chez les Grecs et chez les Romains. Les Fig. 1 à 4 représentent quatre sièges antiques de formes différentes (1. Siège égyptien; 2 et 3. Sièges romains; 5. Siège grec). — Les Romains désignaient les

sièges par le nom générique de *Sella*, auquel ils ajoutaient une épithète spécifique selon l'usage auquel ils étaient destinés. Ainsi, ils avaient des sièges particuliers pour les bains (*Sellæ balneares*), pour la toilette (*S. tonsoriæ*), pour les femmes en couches (*S. obstetriciæ*), pour les malades (*S. familiaricæ* ou *pertusæ*), etc. La *Sella gestatoria* ou *fertoria* était notre chaise à porteurs. Elle servait indistinctement pour les deux sexes, à la ville et à la campagne : on s'y tenait assis, tandis qu'on était couché dans la *Lectica* ou litière. On la faisait de bois et on l'ornait avec plus ou moins de richesse, suivant le rang et la fortune de celui à qui elle était destinée. Un passage de Juvénal nous apprend qu'on lui donnait parfois des dispositions particulières et le nom de *Cathedra*, quand elle devait servir à transporter des femmes. Ce même mot de *Cathedra* s'appliquait à des sièges moelleux de différentes formes, mais qui avaient un dossier, et qui étaient spécialement fabriqués à l'usage des femmes.

Au moyen âge, les chaises n'ont pas présenté une moindre variété de forme. Nous avons déjà cité, au mot *Chaire*, le fauteuil de Dagobert. La Fig. 6 représente une c. du XII⁰ siècle. Aujourd'hui, l'industrie des meubles livre également aux usagers des sièges de formes extrêmement variées ; mais ces meubles sont tellement connus que nous croyons inutile d'entrer dans aucun détail à leur sujet.

La *Chaise curule* (*Sella curulis*) était un siège d'honneur attribué aux titulaires de certaines dignités, qui s'en ser-

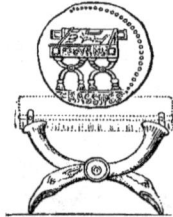

Fig. 4.

vaient non seulement chez eux, mais partout où ils allaient, au sénat, au forum, à l'armée, aux temples, aux spectacles, dans les assemblées du peuple. Dès l'antiquité la plus reculée, ce siège fut, à Rome, un des insignes de l'autorité royale. Les auteurs sont unanimes à lui reconnaître une origine étrusque. Sous la République, le droit de s'asseoir sur la c. curule appartenait aux consuls, aux censeurs, aux préteurs, au grand prêtre de Jupiter (*Flamen dialis*), au dictateur, au maître de la cavalerie, enfin aux édiles patriciens, appelés

Fig. 5.

pour cela *Édiles curules*. Sous l'Empire, il appartint aux empereurs, et à leurs statues quand ils étaient absents, aux prêtres d'Auguste, peut-être même au préfet de la ville. Auguste permit également aux vestales d'assister aux jeux assises sur des chaises curules. Dans les provinces, les magistrats subalternes s'arrogeaient le privilège de la c.

Fig. 6.

curule lorsqu'ils exerçaient l'autorité proconsulaire : c'est du moins ce que fait présumer une médaille de la famille Pupia, frappée à Nicée en Bithynie. Cette c. se voit encore sur les médailles de plusieurs rois étrangers, notamment sur celles d'Ariobarzane II, roi de Cappadoce, et rappelle l'usage où étaient les Romains d'envoyer une c. curule, une robe prétexte, un sceptre d'ivoire, ou quelque autre insigne de même

Fig. 7.

genre aux princes dont ils recherchaient l'amitié. — La c. curule paraît avoir été, dans le principe, ornée d'ivoire; plus tard, l'or fut substitué à cette matière. La Fig. 7 représente la forme de ce siège qui pouvait aisément se démonter et se transporter; à cet effet, on enlevait la plate-forme supérieure et l'on pliait les pieds autour de leur point de jonction.

Les Romains possédaient un autre siège honorifique qu'ils appelaient *Bisellium*, parce qu'il était assez large pour contenir deux personnes. Naguère cette espèce de siège n'était connue que par des inscriptions; mais aujourd'hui on en possède deux en bronze qui proviennent des fouilles de Pompéi. La permission de se servir du *Bisellium* était accordée comme une marque d'honneur aux personnages distingués.

Chaise à porteurs. — La c. à porteurs est une sorte de véhicule à une seule place porté à bras d'hommes. Elle est d'un usage très ancien, dans tous les pays où les routes sont mal entretenues et les bêtes de somme rares. A la Chine et dans l'Inde, on lui donne le nom de palanquin. Les Grecs et les Romains en faisaient aussi un grand usage. On a prétendu qu'elle était tombée dans l'oubli au moyen âge; mais le fait est loin d'être prouvé: en tous cas, il est certain qu'elle était à l'idée du temps de Charles-Quint. La c. à porteurs devint tout à fait à la mode au XVIIe siècle; mais alors elle prit la forme d'une caisse fermée. On en conserve au Musée de Cluny, à Paris, et au Musée de Versailles. On voit sur la Fig. 8 les boucles de fer dans lesquelles on engageait les barres de bois que soutenaient les porteurs. Au XVIIIe siècle, les chaises à porteurs furent peu à peu remplacées

par les chaises roulantes. Aujourd'hui, elles sont complètement inusitées en Europe, si ce n'est en Suisse, où on les emploie encore quelquefois pour transporter sur les montagnes les dames et les voyageurs peu vigoureux. Au mois

Fig. 8.

d'août 1890, M. Janssen, directeur de l'observatoire de Meudon, voulant faire des observations astronomiques et météorologiques au sommet du mont Blanc, s'y est fait transporter dans une sorte de c. à porteurs construite spécialement sur ses indications.

CHAISE-DIEU (LA), ch.-l. de c. (Haute-Loire), arr. de Brioude, 1,600 hab.

CHAISIER. s. m. (R. chaise). Ouvrier qui fait des chaises.

CHAKO. s. m. Voy. SCHAKO.

CHALABRE, ch.-l. de c. (Aude), arr. de Limoux, 1,900 hab.

CHALAIS (HENRI DE TALLEYRAND, comte de), favori de Louis XIII, conspira contre Richelieu avec Gaston d'Orléans, fut arrêté, condamné à mort et exécuté en 1626.

CHALAMONT, ch.-l. de c. (Ain), arr. de Trévoux, 1,900 h.

CHALAN. s. m. Voy. CHALAND.

CHALAND, ANDE. s. 2 g. (gr. χαλᾶν, appeler ?). Se dit de ceux qui achètent ordinairement chez un même marchand. *Un marchand qui a beaucoup de chalands. Il a perdu son meilleur c.* || Acheteur. *Il sait attirer les chalands.* || Les boulangers appelaient autrefois *Pain c.*, Le pain qu'ils débitaient pour la consommation ordinaire des ménages. En ce sens, *Chaland* est adj.

CHALAND ou **CHALAN.** s. m. (lat. *calones*, barques portant le blé aux soldats). Bateau à fond plat, à côtés droits, mais dont l'avant fait saillie et qui sert à transporter les marchandises sur les rivières.

CHALANDEAU ou **CHALANDOU.** s. m. Marinier chargé de la conduite des chalands.

CHALANDISE. s. f. Habitude d'acheter chez un marchand. *Vous êtes trop cher, vous n'aurez pas ma c.* Vx. || Se dit aussi de ceux qui achètent habituellement chez un marchand. *Il a de bonnes chalandises.* Vx; on dit aujourd'hui *Pratique*.

CHALASIE. s. f. (Pr. *kalazi*) (gr. χάλασις, relâchement). T. Chir. Séparation partielle de la cornée d'avec la sclérotique.

CHALASTIQUE. adj. 2 g. [Pr. *kalastike*] (gr. χάλασις, relâchement). T. Méd. Se disait des médicaments qu'on croyait propres à relâcher les fibres. Inus.

CHALASTODERMIE. s. f. [Pr. *kalo-sto-dermi*] (gr. χάλασις, relâchement; δέρμα, peau). T. Pathol. Relâchement de la peau.

CHALAZE. s. f. [Pr. *kalaze*] (gr. χάλαζα, grêle, ce point de la graine étant comparé à un grêlon). T. Bot. Point d'attache du nucelle au tégument de l'ovule. Voy. GRAINE. || T. Pathol. Voy. CHALAZION.

CHALAZION. s. m. [Pr. *kalazion*] (gr. χαλάζιον, grêlon). T. Pathol. Tumeur, dite aussi *Chalaze*, du bord libre des paupières.

CHALCÉDOINE [Pr. *kal-sé-doi-ne*], v. de l'ancienne Asie Mineure, sur le Bosphore.

CHALCÉDONIEN, IENNE. s. et adj. Habitant de la ville de Chalcédoine.

CHALCIDE. s. m. [Pr. *kal-side*] (gr. χαλκὸς, cuivre; εἶδος, aspect). T. Erpét. Genre de reptiles sauriens. Voy. SCINCOÏDIENS.

CHALCIDIQUE. s. m. T. Archéol. Vaste portique qui s'adjoignait aux basiliques.

CHALCIDITES. s. m. pl. [Pr. *kalsidite*] (R. *Chalcide*). Tribu d'insectes hyménoptères.

CHALCIS [Pr. *kal-siss*], anc. cap. de l'Eubée (Grèce) (auj. Négropont), 7,000 hab.

CHALCITE. s. f. T. Chim. Ancien nom du sulfate de cuivre.

CHALCODITE. s. f. [Pr. *kal*...] (gr. χαλκὸς, cuivre). T. Minér. Silicate hydraté de fer et d'alumine, contenant un peu de magnésie.

CHALCOGRAPHE. s. m. [Pr. *kalcografe*] (gr χαλκὸς, airain; γράφω, j'écris). Graveur sur cuivre et, en général, graveur sur métaux.

CHALCOGRAPHIE. s. f. [Pr. *kal*...] (gr. χαλκὸς, airain; γράφω, j'écris). L'art de graver sur le cuivre ou sur les autres métaux. || Lieu, établissement destiné à l'exercice de cet art. *La ch. du Musée.* || S'est dit aussi de l'imprimerie du pape à Rome. *La ch. apostolique.*

CHALCOGRAPHIER. v. a. Graver sur cuivre.

CHALCOGRAPHIQUE. adj. Qui se rapporte à la chalcographie.

CHALCOLITHE ou **CHALCOLITE**. s. f. (gr. χαλκὸς, cuivre; λίθος, pierre). T. Minér. Phosphate naturel d'urane et de cuivre.

CHALCOMÉNITE. s. f. [Pr. *kal*...] (gr. χαλκὸς, cuivre). T. Minér. Séléniate de cuivre hydraté.

CHALCONDYLAS, un des savants grecs qui se réfugièrent en Italie après la prise de Constantinople par les Turcs en 1453.

CHALCOPHYLLITE. s. f. [Pr. *kal*...] (gr. χαλκὸς, cuivre; φύλλον, feuille). T. Minér. Arséniate de cuivre hydraté, d'un beau vert émeraude.

CHALCOPYRITE. s. f. [Pr. *kal*...] (gr. χαλκὸς, airain, et *pyrite*). T. Minér. Cuivre pyriteux CuFeS². Sulfure de cuivre et de fer naturel utilisé comme minerai de cuivre assez répandu en Europe.

CHALCOSIDÉRITE. s. f. [Pr. *kal*...] (gr. χαλκὸς, cuivre; σίδηρος, fer). Phosphate de fer et de cuivre hydraté.

CHALCOSINE. s. f. (gr. χαλκὸς). T. Minér. Sous-sulfure de cuivre Cu²S assez répandu en Europe et constituant l'un des minerais de cuivre les plus riches.

CHALDAÏQUE. adj. 2 g. [Pr. *kal*...]. Qui appartient aux Chaldéens, ancien peuple de la Babylonie. — *La langue ch.*, ou *le chaldéen*, la langue de ce peuple.

CHALDAÏSME s. m. Locution propre au chaldéen.

CHALDÉE [Pr. *kal-dé*], anc. pays de Babylonie (Asie). Voy. BABYLONE.

CHALDÉEN. s. m. [Pr. *kaldé-in*]. Hab. de la Chaldée. Voy. CHALDAÏQUE et BABYLONE.

CHÂLE. s. m. [Pr. *châle*] (ar. *schâle*, vêtement de laine). Longue pièce d'étoffe dont les Orientaux s'enveloppent la tête, se servent en guise de ceinture, etc. || Grande pièce d'étoffe dont les femmes se couvrent les épaules et qui est en général fabriquée dans le goût des châles orientaux. *Ch. de soie, de coton, de laine. Ch. cachemire. Ch. boiteux, Ch. carré qui n'a de palmes qu'à l'un de ses bouts.*

Techn. — L'industrie des châles est originaire de l'Inde, où elle remonte à une époque très reculée. Ses produits se répandirent de bonne heure dans toutes les parties de l'Asie orientale, et plusieurs passages des anciens portent à croire qu'ils n'étaient pas inconnus des Grecs, peut-être même des Romains. Ainsi, on regarde comme un véritable châle le précieux manteau décrit par Aristophane dans sa comédie des *Guêpes.*

Le siège principal de la fabrication des châles de l'Inde est à Sirinuggur, dans le pays de Kachmyr, et c'est de là que vient le nom vulgaire de *cachemire* qu'on leur a donné. On a beaucoup discuté pour savoir quelle est la matière mise en œuvre par les ouvriers indiens. On sait aujourd'hui que les manufactures de cachemires fabriquent une immense variété d'étoffes à châles. Elles emploient, selon les cas, la laine du mouton, le poil du chameau et le duvet de certaines variétés de chèvres. M. Baden Powel, dans son remarquable ouvrage sur les *Manufactures du Pendjab*, nous apprend que la laine la plus employée pour les châles de cachemire est un duvet nommé *pushm*, qui est du nom de la chèvre de Ladak. L'étoffe appelée *putta* est en poil de chameau. Les chèvres du Thibet, de la Tartarie et des contrées qui avoisinent la mer Caspienne et la mer Noire, donnent un duvet plus ou moins soyeux avec lequel on fait des tissus quelquefois aussi beaux que ceux de Cachemire. Enfin, le poil des chameaux de la grande Boukharie, du Khorassan et des pays environnants est employé à la fabrication des châles inférieurs aux précédents.

Les procédés de fabrication des châles de cachemire ont été longtemps inconnus; mais l'on sait aujourd'hui qu'il n'y a d'un seul morceau que les châles carrés, et que les plus beaux et les plus grands, c.-à-d. les longs, sont faits en deux ou plusieurs parties que l'on coud ensuite avec une grande habileté, laquelle pourtant n'est pas toujours suffisante pour cacher entièrement le travail des *rentrayeurs*. Les bordures étroites sont également faites avec le corps du tissu, tandis que celles de grandes dimensions sont préparées à part et fixées aux châles par le *rentrayage*. Quelle que soit leur forme, les châles de l'Inde ont un grand mérite, quand ils joignent à la richesse du dessin l'éclat, l'harmonie des couleurs et la perfection du tissu; mais ils réunissent rarement ces qualités. La laine employée se nomme *touz*, la chaîne est toujours rouge. Le tissage d'un châle demande un temps extrêmement long. — Avant 1798, les châles indiens n'étaient connus en France que de quelques privilégiés qui avaient eu des relations avec l'Orient, et ceux qui les possédaient les conservaient comme des objets de pure curiosité. Les choses changèrent de face lors de la campagne d'Égypte. Ces tissus servaient de turban, de ceinture et de manteau aux Mamelucks, et l'idée vint à nos soldats d'envoyer en France une partie de ceux qu'ils avaient ramassés sur les champs de bataille. L'admiration fut générale, et l'un de nos industriels les plus distingués, Beliangé, entreprit aussitôt de les imiter. Les premiers essais parurent à l'Exposition de 1801. Ces châles n'étaient, il est vrai, qu'une pâle copie de leurs modèles; mais il faut remarquer qu'il avait fallu tout créer à la fois, ouvriers et procédés, que le métier à la Jacquart, qui a fait naître tant de merveilles, n'était pas encore inventé, et qu'enfin la matière première manquait absolument. Néanmoins, l'élan était donné, et les progrès de la nouvelle industrie furent tels que dès 1806 la fabrication du *cachemire français* avait acquis une certaine importance. En 1818, l'adoption du métier à la Jacquart introduisit dans le tissage des perfectionnements inconnus auparavant. En 1819, Ternaux, ayant fait venir à grands frais des chèvres du Thibet, essaya de les acclimater et de les propager en France : il ne réussit pas entièrement ; néanmoins, la reconnaissance publique lui tint compte de ses efforts en donnant le nom de *Cachemires-Ternaux* aux cachemires français. Depuis cette époque, l'industrie *châlière* a subi de nombreuses transformations. On est arrivé à imiter parfaitement les châles de l'Inde, grâce à l'invention de la *machine à espouliner*. On emploie aujourd'hui des laines très fines qui proviennent d'Australie. Aux duvets indiens on a substitué et ajouté les laines indigènes, la soie et le coton. Enfin, aux dessins toujours cotteux obtenus avec la navette du tisseur, on a, pour les produits communs, substitué les dessins fournis par le procédé économique de l'impression. Cependant, en présence des progrès de la fabrication des cachemires courants faits *au lancé*, et du bon marché auquel se vendent aujourd'hui ces produits, la production des châles imprimés a considérablement diminué.

Considérés sous le rapport du travail, les châles forment deux catégories : les *châles époulinés* ou *espoulinés*, qui sont ceux de l'Inde, et les *châles brochés au lancé*, exclusivement fabriqués en Europe. Dans les premiers, les ornements sont produits au moyen d'une espèce de broderie au fuseau, qui a pour but de n'employer la matière que là où elle doit apparaître. Ce genre de fabrication est très long ; on l'a employé en France aussi bien que dans l'Inde, mais il était très coûteux, et, par suite, pas usité chez nous à cause de la cherté de la main-d'œuvre. Comme c'était cependant le seul moyen d'obtenir des produits pouvant rivaliser avec ceux de l'Inde, beaucoup d'inventeurs ont cherché à l'exécuter par des procédés mécaniques. Il était réservé à l'ahari de résoudre le problème à l'aide de la *machine à espouliner* qu'il inventa en 1862. Cette machine, que nous ne pouvons décrire complètement ici, se compose essentiellement de plusieurs séries de bobines portant chacune une même couleur et qui sont mues mécaniquement de manière à entrer entre les chaines des tissus et à venir travailler sur place comme l'Indien travaille lui-même à la main. Dans le procédé *au lancé*, on emploie un métier Jacquart qui fait passer la trame par entre-croisement d'une lisière à l'autre, ne dût-elle être vue que sur l'épaisseur d'un fil. La partie non apparente passe à l'envers, et si l'on a huit couleurs, par ex., on a huit fils ou *duites* superposées de la même manière avec une très grande quantité de matière que l'on enlève ensuite par le *découpage*.

On fabrique aussi des *châles brochés* à l'aide de battants *brocheurs* qui étalent les fils qu'ils portent perpendiculairement à la chaîne. Le *châle tartan* est une imitation du *plaid écossais* caractérisé par des carreaux de couleurs variées.

Les principales villes de France qui se font remarquer dans l'industrie du c. sont Paris pour le c. cachemire, Nîmes et Lyon pour les autres genres.

CHALEF. s. m. [Pr. *chalèf*] (ar. *khalef*, saule). T. Bot. Genre d'arbres (*Elæagnus*) qui croissent dans les régions tempérées de l'Europe et en Asie, de la famille des *Éléagnées*. Voy. ce mot.

CHALET. s. m. (lat. *castelletum*, dimin. de *castellum*, château). Petit bâtiment plat fait de planches et recouvert de chaume, servant d'habitation et usité surtout en Suisse. Ce mot a été introduit dans la langue française par J.-J. Rousseau. || Par ext. Habitation champêtre faite à l'imitation des chalets suisses. || T. Archit. Construction légère établie sur la voie publique et destinée à divers usages : vente de diverses marchandises, bureau d'omnibus, etc., de nécessité, etc.

CHALEUR. s. f. (lat. *calor*). Cause première des sensations de chaud et de froid. *C. du feu, du soleil. La c.*, quelque hypothèse que l'on fasse sur sa nature, est une *quantité susceptible de mesure.* || Dans un sens particulier, se dit d'une température élevée produite par la radiation solaire. *La c. est étouffante. Être incommodé par la c.*, *Durant les grandes chaleurs.* || La sensation produite par un corps chaud. *Éprouver une douce c. C. bienfaisante, vivifiante,* etc. || Se dit aussi pour exprimer certaines sensations de c., qui ordinairement sont incommodes. *La c. de la fièvre. Éprouver des chaleurs. C. de tête.* — Fig. et fam., *C. de foie,* Mouvement de colère prompt et passager. Vx. — *Être en c.*, se dit des femelles des animaux, lorsqu'elles désirent l'approche du mâle. || Fig., en parlant des passions, des sentiments et des sensations, signifie, Ardeur, impétuosité, véhémence. *La c. de la jeunesse. Cet acteur a beaucoup de c. La c. de son éloquence, de son*

style. — *Dans la c. du combat, de la dispute, de l'improvisation,* etc., Au fort du combat, de la dispute, etc.

Phys. — Lorsque nous nous exposons à l'action des rayons solaires ou d'un foyer incandescent, nous éprouvons une impression particulière que nous appelons *Chaleur*. La c., ainsi envisagée, n'est qu'un mode de la sensibilité, c.-à-d. une sensation. Mais cette sensation, comme toutes les autres, a nécessairement hors de nous, et dans les corps qui nous la font éprouver, une cause que nous ne voyons pas et que nous admettons sur le témoignage des effets qui la manifestent ; cette cause, nous lui donnons encore le nom de *Chaleur*.

I. EFFETS GÉNÉRAUX DE LA C. — A. *Température*. La c., en s'accumulant dans les corps, peut y prendre des états très différents, depuis le point où nous disons d'un corps qu'il est glacial jusqu'à celui où nous disons qu'il est brûlant. Un corps *chaud* est celui qui nous transmet de la c. ; un corps *froid* est celui auquel nous cédons une partie de la c. qui nous est propre. En conséquence, de plusieurs corps, le plus chaud est celui qui, dans un temps donné, nous communique une quantité plus grande de c. Les mots *chaud* et *froid* ne désignent donc rien d'absolu ; ils n'expriment que des rapports entre l'état actuel de nos organes et celui des objets extérieurs. C'est ainsi qu'une cave profonde, dont la température est constante, nous semble chaude en hiver et glaciale en été. Le froid et le chaud ne sont ainsi que des degrés dans l'action d'une même cause ; le froid n'est qu'une privation ou une diminution de c. — B. *Changements de volume*. La c., à mesure qu'elle pénètre dans l'intérieur des corps, semble lutter contre la force de cohésion qui rapproche leurs molécules. Aussi, tous les corps dont on augmente la température, sans que leur constitution en soit changée, s'étendent dans tous les sens de manière à occuper un volume plus considérable. Cette modification se nomme *Dilatation* (voy. ce mot). Le phénomène inverse s'appelle *Contraction*; il se manifeste toujours quand la température diminue. — C. *Changement d'état*. Lorsque la c. afflue dans un corps solide un certain degré de température, variable pour chacun d'eux, il arrive que la force attractive ne suffit plus à maintenir les molécules dans leur mode de juxtaposition primitive ; le corps change alors d'état, il se *liquéfie*, il *fond*. Voy. FUSION. Si, quand un corps solide est complètement fondu, on continue à lui fournir de la c., de manière à augmenter incessamment sa température, il arrive un moment où ses molécules n'obéissent plus qu'aux forces répulsives ; le liquide prend alors la forme gazeuse : il se *vaporise*. Voy. ÉBULLITION, ÉVAPORATION, VAPORISATION. Le passage inverse de l'état gazeux à l'état liquide s'appelle *Liquéfaction* et celui de l'état liquide à l'état solide reçoit tantôt le nom de *Solidification*, tantôt celui de *Congélation*. Tout changement d'état, dans quelque sens qu'il se produise, est caractérisé par un phénomène extrêmement remarquable ; c'est que, pendant toute sa durée, la température du corps reste stationnaire. — D. *Propagation*. La c. se propage d'un corps à un autre, soit au contact, soit à distance. Dans le premier cas, elle pénètre les molécules qui forment la surface du corps qui la reçoit, et de là, passant de molécule à molécule et se transmettant de proche en proche, elle se répand peu à peu dans la masse entière avec une vitesse plus ou moins considérable, suivant la nature des substances ; cette propriété a reçu le nom de *Conductibilité*. Voy. ce mot. — Dans la transmission à distance, les choses se passent comme si de tous les points du corps chaud la c. s'élançait en ligne droite et sous la forme de rayons, comme la lumière ; aussi, envisagée sous ce point de vue, s'appelle-t-elle *C. rayonnante*. Parmi les corps solides et liquides, il en est un grand nombre qui, pris en courbes plus ou moins épaisses, se laissent traverser par la c. sans l'absorber au passage ; ces corps, qui sont par rapport à la c. comme les substances diaphanes par rapport à la lumière, ont été nommés *Diathermanes*. — Enfin, tous les corps, pour s'échauffer ou pour se refroidir d'un même nombre de degrés, absorbent ou perdent des quantités plus ou moins considérables de c. La détermination de ces quantités constitue l'objet de la *Calorimétrie*.

II. SOURCES DE C. — Parmi les causes qui produisent de la c., les unes sont constantes et remarquables par leur durée qui semble indéfinie, les autres n'ont qu'une existence momentanée et en quelque sorte accidentelle.

A. *Sources constantes*. — Elles sont au nombre de deux, la *radiation solaire* et la *c. terrestre*. L'existence de la première de ces sources n'est contestée par personne, pas plus par les ignorants que par les savants. Quant à la mesure de la quantité de c. qu'émet le soleil et que la terre en reçoit, il en sera question aux articles SOLEIL, TEMPÉRATURE et CLIMAT.

C'est aux mots Miroir et Lentille qu'il sera parlé des moyens que nous possédons d'obtenir de hautes températures à l'aide de la concentration des rayons solaires, soit par réflexion, soit par réfraction. — La terre elle-même, indépendamment de la c. qu'elle reçoit du soleil, est aussi une source de c. L'expérience prouve qu'à une certaine profondeur, qui varie suivant les localités et diverses circonstances accidentelles, on rencontre une couche dont la température reste invariable et où la différence des saisons est absolument insensible. On peut en conclure que la c. émanée du soleil ne pénètre pas au delà. Mais il semblerait qu'au-dessous de cette couche la température de l'écorce terrestre dût diminuer; cependant c'est le contraire qui a lieu, car à partir de cette *couche invariable*, la c. va sans cesse en augmentant. C'est ce qu'on a constaté dans toutes les mines, dans le forage des puits artésiens, etc ; c'est ce que prouvent les eaux thermales dont la température est si élevée. L'existence d'une source puissante de c. dans les profondeurs du globe ne saurait donc être contestée; mais c'est à l'art. Terre que nous exposerons les théories des physiciens et des géologues sur cette question si curieuse et si intéressante. Cette chaleur interne du globe n'a aucune action sur la climatologie de la surface et sur la météorologie : la chaleur solaire agit seule.

B. *Sources accidentelles.* — On peut les diviser en trois catégories, suivant qu'elles résultent d'*actions mécaniques, physiques* ou *chimiques*. — 1° *Actions mécaniques.* Ce sont la compression, la percussion et le frottement. — Toutes les fois que l'on comprime un corps de manière à augmenter sa densité, sa température s'élève en raison de la diminution du volume. Le résultat est peu sensible pour les liquides ; il l'est davantage pour les solides ; mais dans les gaz dont la compressibilité est très grande, le dégagement de c. est considérable. Dans les cours de physique, ce phénomène se démontre au moyen du *Briquet à air*. Voy. Briquet. — Le frottement de deux corps l'un contre l'autre développe une quantité de c. croissant avec l'intensité de la pression et la rapidité du mouvement, comme le prouvent une foule d'expériences vulgaires. C'est ainsi que les limes, les forets, les outils employés sur le tour, s'échauffent jusqu'à brûler la main, que les roues des voitures s'échauffent parfois jusqu'à prendre feu, que les sauvages se procurent du feu en frottant rapidement deux morceaux de bois l'un contre l'autre, etc. Néanmoins, les expériences de H. Davy et de Rumford méritent d'être citées. Le premier a réussi à fondre en partie deux morceaux de glace en les frottant l'un contre l'autre dans une atmosphère au-dessous de 0°; et le second, en faisant tourner l'une contre l'autre, à l'aide d'une machine à forer les canons, deux pièces de bronze plongées dans l'eau a fait entrer ce liquide en ébullition. — On peut citer comme exemples de la c. développée par la percussion les pièces de monnaie qui s'échauffent sous le balancier, la barre de fer qui devient brûlante à la fin de la frappe à coups redoublés sur l'enclume. Il est vrai que dans ces deux cas l'effet de la compression vient se joindre à celui que produit la percussion ; mais le même phénomène se produit encore, lors même que le métal ne change pas de densité par la percussion, comme cela arrive pour une masse de plomb. Ces expériences montrent que le travail mécanique peut se transformer en c. Joule est le premier qui ait mesuré la c. dégagée par le frottement. Des expériences de natures très diverses sont venues confirmer les résultats de celles de Joule et montrer qu'il y a proportionnalité entre la quantité de travail absorbé et la quantité de c. dégagée. Une calorie résulte de la transformation en c. de 425 kilogrammètres. Voy. Thermodynamique. — 2° *Actions physiques.* L'imbibition, l'absorption, les actions capillaires et en général tous les phénomènes moléculaires sont l'occasion d'un dégagement de c. Déjà Leslie avait observé qu'on obtenait une certaine élévation de température en enveloppant d'un linge mouillé la boule d'un thermomètre. Après lui, Pouillet a constaté qu'il y a un dégagement de c., variable avec la nature des substances, quand on verse un liquide sur un corps très divisé. L'effet ne dépasse guère 2 à 3 dixièmes de degré avec les matières inorganiques, telles que les verres, les métaux, les terres, etc. ; mais avec certaines substances organiques préalablement desséchées, comme l'éponge, la farine, des membranes réduites en petits fragments, l'accroissement de température peut aller de 4 à 10 degrés. On admet, en généralisant le fait, qu'il y a élévation de température chaque fois qu'un liquide mouille un solide. C'est sans doute encore à une action moléculaire qu'il faut rapporter l'*ignition spontanée*, découverte par Dœbereiner, qui se produit lorsque l'éponge de platine se trouve en contact avec un mélange d'hydrogène et d'oxygène, et qui

se manifeste aussi, comme l'ont démontré Dulong et Thénard, avec certains mélanges gazeux dans un état de division convenable et sous diverses conditions. L'élévation de température ne va pas toujours jusqu'à l'ignition, mais il suffit qu'elle se produise pour qu'il soit permis d'admettre qu'il y a là une cause analogue à celle qui agit au contact du platine divisé et du mélange d'hydrogène et d'oxygène. Dans le cas des gaz absorbés par les corps poreux, cet effet s'explique par la condensation du gaz à l'intérieur des pores, cette condensation s'accompagnant d'une élévation de température comme si le gaz était comprimé par une force étrangère. Dans l'absorption de l'acide sulfureux ou du protoxyde d'azote par le charbon, la c. produite surpasse de beaucoup celle qui résulterait de la liquéfaction d'un poids égal des mêmes gaz. Voy. Briquet, Absorption. — Il se dégage également une certaine quantité de c. pendant la solidification des liquides et la liquéfaction des vapeurs; il s'en produit aussi dans les phénomènes électriques. L'électricité doit même être considérée comme l'une des sources de c. les plus importantes. Voy. Électricité. — 3° *Actions chimiques.* Lorsque deux corps s'unissent de manière à donner naissance à une combinaison chimique, il y a généralement une production de c. plus ou moins considérable. Voy. Thermodynamique. Ainsi, par exemple, un mélange de 12,5 kilgr. d'acide sulfurique avec 5 kilgr. d'eau donne une température de 130°; un morceau de phosphore s'enflamme instantanément quand on l'introduit dans une éprouvette remplie de chlore, etc. Enfin, tout le monde connaît le développement considérable de c. qui se produit quand on verse de l'eau sur de la chaux anhydre. Certaines combinaisons, telles que l'oxydation du fer à l'air libre, s'opèrent très lentement et l'action calorifique est alors trop peu énergique pour que la c. dégagée soit appréciable. — Toute combinaison chimique qui se fait avec dégagement de chaleur et de lumière reçoit le nom de *Combustion*; telle est la combustion qui s'opère dans nos foyers, nos lampes, etc., où l'oxygène de l'air se combine avec l'hydrogène et le carbone du bois, de la houille, de l'huile, etc. Ces combinaisons particulières sont les sources artificielles de c. dont nous faisons usage à chaque instant. Voy. Combustion. — C'est encore à la catégorie des sources chimiques que l'on doit rattacher la chaleur que se produit dans les organismes vivants; mais cette question a été traitée au mot Calorification.

III. Théorie de la c. — L'observation nous permet de constater, de classer, de suivre dans tous leurs détails les phénomènes si variés que nous présentent les effets de la c.; mais elle ne nous apprend absolument rien sur la nature intime du principe qui les produit. Nous voyons cet agent se répandre dans tous les corps, passer de l'un à l'autre, s'y fixer, s'en dégager, modifier la disposition, les distances, les propriétés attractives de leurs particules; mais dès qu'il s'agit de déterminer quel est en soi ce principe insaisissable, nous sommes réduits à construire des hypothèses. La seule chose que peut-être nous soyons en droit d'affirmer, c'est qu'on s'accumulant dans un corps il n'en augmente jamais le poids, ce qui distingue ce principe de toute matière connue. Parmi les hypothèses imaginées au sujet de la nature intime de la c., nous signalerons le système de l'*émission* et celui des *ondulations*. — A. *Système de l'émission.* Pour les partisans de ce système, la c. est un fluide matériel, mais impondérable et éminemment subtil, dont les molécules, toujours en mouvement, sont dans un état continuel de répulsion les unes à l'égard des autres. L'hypothèse de la matérialité de la chaleur nécessitant ce fluide imaginaire appelé *calorique* est complètement abandonnée aujourd'hui. B. *Système des ondulations. Théorie mécanique de la c.* Dans cette théorie, la c. n'est plus un corps, c'est un simple mouvement vibratoire des derniers atomes des corps. Ce mouvement vibratoire, analogue à celui qui produit en nous la sensation du son, se transmet à distance par l'intermédiaire d'un fluide impondérable, éminemment subtil et élastique, qui remplit tout l'espace, de même que les ondes sonores se propagent au moyen de l'air ou de tout autre milieu pondérable. On peut donc comparer un boulet rouge qui rayonne de la c. à un timbre qui vibre au milieu d'une enceinte. Comme le son, la c. se propage en tout sens, et, dans les deux cas, l'intensité de la chaleur transmise est en raison inverse du carré de la distance. Comme le son encore, la c. se transmet à travers certaines substances et elle donne à la surface qu'elle frappe la propriété de rayonner à son tour. Enfin, les ondes calorifiques se réfléchissent comme les ondes sonores et suivent, dans leur réflexion, les mêmes lois que celles-ci. Dans cette théorie, la c. est envisagée comme un mode de mouvement. Élever la température d'un corps, ce sera communiquer à ses molécules des mouvements plus rapides et augmenter leur force vive. Dans cette hypothèse, si une température produit un changement d'état dans un corps, c.-à-d. le fait passer de l'état solide à l'état liquide, puis à l'état gazeux, cela tient à une amplitude de vibration incompatible avec la distance et la liaison actuelle des molécules. Le phénomène peut alors se comparer aux ruptures qui se produisent dans les corps sonores quand la vibration devient trop énergique. En résumé, contrairement au système de l'émission, où les corps se refroidissent ou s'échauffent parce que leurs molécules abandonnent ou acquièrent du calorique, on admet, dans la théorie des ondulations, que les molécules ne perdent ou ne gagnent que du mouvement. Cette théorie a reçu un appui des plus considérables des études faites dans le courant de ce siècle sur les effets mécaniques de la chaleur et les relations qui existent entre le travail mécanique et la chaleur, études qui ont été groupées sous le nom de THERMODYNAMIQUE. Voy. ce mot. On démontre, en effet, que le mouvement et le travail mécanique peuvent se transformer en c. et inversement, et quoique les résultats de la thermodynamique soient indépendants de toute théorie, ils s'expliquent fort bien en considérant la c. comme un mode de mouvement des molécules des corps.

IV Chaleur latente. Voy. Fusion et Vaporisation.

V. Chaleur rayonnante. — Un boulet, rougi au feu et suspendu dans l'air, échauffe, à distance, les objets environnants. Cet effet ne peut être attribué simplement à une transmission par contact au moyen des molécules d'air ou de vapeurs interposées; car la c. se fait sentir dans le sens horizontal et même de haut en bas, ce qui est tout à fait contraire à la direction que prennent les molécules d'un gaz quelconque à mesure qu'elles s'échauffent, la dilatation qu'elles éprouvent les forçant alors à s'élever. On sait d'ailleurs que devant un foyer l'impression de la c. se fait sentir en sens inverse du courant d'air qui entretient la combustion. — Nous avons supposé le cas d'un boulet porté au rouge, mais on obtient encore des effets très sensibles soit avec un boulet chauffé au-dessous du point où il devient incandescent, soit avec un matras d'étain ou de verre rempli d'eau bouillante. En général, chaque fois qu'un corps est placé dans une enceinte dont la température est plus ou moins élevée que la sienne, on remarque que la température de ce corps s'élève ou s'abaisse, et que par conséquent il a perdu ou gagné de la c. Les choses se passent donc, dans ces circonstances et dans toutes celles qui leur sont analogues, comme si la c. se transmettait en rayonnant à travers les milieux diaphanes. Cette c. transmise ainsi à distance, à travers les milieux interposés, prend le nom de *Chaleur rayonnante*.

Lois du rayonnement. — En étudiant les phénomènes que présente la c. rayonnante, on a constaté les trois lois suivantes :

1° *La c. rayonnante se propage dans le vide comme dans l'air.* — Il est d'abord évident que la c. émanant d'un corps lumineux n'a pas besoin d'air ou d'un milieu analogue pour se propager, puisque la c. du soleil nous arrive à travers les espaces célestes. Quant à la c. obscure, une expérience de Rumford prouve qu'elle se transmet dans le vide le plus parfait. On fixe un thermomètre au centre d'un ballon de verre, muni d'un col long d'un mètre environ; on remplit entièrement ce ballon de mercure, puis on le renverse dans une cuvette qui contient également du mercure (Fig. 1). Le thermomètre se trouve alors plongé dans le vide barométrique, c.-à-d. dans le vide le plus parfait qu'il nous soit possible de réaliser. Or, si l'on expose ce thermomètre au rayonnement d'une source de c., il est influencé de la même manière que s'il se trouvait dans l'air, à la même distance. L'effet se produit très promptement et le verre est trop mauvais conducteur de mercure, puis on puisse l'attribuer à la c. transmise par les parois du ballon et la tige du thermomètre.

Fig. 1.

2° *Le rayonnement a lieu également dans toutes les directions.* — En effet, si, autour d'une source de c., on dispose plusieurs thermomètres dans des directions différentes, mais à des distances égales de la source, tous indiqueront à la fois la même élévation de température.

3° *Dans un milieu homogène, le rayonnement se fait en ligne droite.* — Il suffit, pour s'en convaincre, de placer un écran sur la ligne droite qui joint une source calorifique et un thermomètre : l'ascension de la colonne thermométrique s'arrête aussitôt. Mais si la c. passe d'un milieu dans un autre, du verre dans l'air, par ex., ou bien de l'air dans le vide, il éprouve une déviation dont les lois sont les mêmes que celles de la réfraction de la lumière. — On ignore quelle est la vitesse exacte de la propagation de la c. rayonnante; mais comme, dans tous les cas où les rayons lumineux accompagnent les rayons calorifiques, ils se font sentir en même temps, on en peut conclure que la vitesse de la c. est égale ou sensiblement égale à celle de la lumière.

Intensité de la c. rayonnante. — On est convenu d'appeler *intensité de la c. rayonnante* la quantité de c. reçue dans un temps donné sur l'unité de surface. Cette intensité, toutes choses égales d'ailleurs, est soumise aux lois suivantes :

1° *Elle est en raison inverse du carré de la distance.* — Cette loi se démontre expérimentalement. On emploie pour sa vérification, soit le *thermomètre différentiel* de Leslie qui jouit d'une grande sensibilité, soit la *pile thermo-électrique*, ou *thermo-multiplicateur*. Voy. THERMOMÈTRE. — Il suffit de placer le thermomètre différentiel ou le thermo-multiplicateur à une distance quelconque d'une source de c. constante, puis à une distance double, triple, quadruple; on trouve que l'instrument, dans ces positions successives, indique des températures 4 fois, 9 fois, 16 fois moindres que dans la première. Par conséquent, si l'on représente par i la quantité de c. qu'un corps projette sur l'unité de surface à l'unité de distance, $\dfrac{i}{d^2}$ représentera la quantité de c. reçue à la distance d; on pourrait prévoir cette loi par des considérations géométriques, en s'appuyant sur ce que la surface d'une sphère croît comme le carré de son rayon. En effet, soit une sphère creuse, dont le centre est occupé par une source de c. constante, chaque unité de surface reçoit à l'intérieur une certaine quantité de c.; mais si l'on suppose que le rayon de la sphère soit double, triplé, quadruplé, la surface de la paroi interne deviendra 4 fois, 9 fois, 16 fois plus grande, et, dans l'hypothèse où la quantité émise du centre demeure invariable, chaque unité de surface en recevra nécessairement 4 fois, 9 fois, 16 fois moins, etc. C'est par ce raisonnement qu'on prévoit que toutes les actions physiques susceptibles de se propager en ligne droite varient de même en raison inverse du carré de la distance : tels le son, la lumière, la gravitation universelle, les attractions et répulsions électriques, magnétiques, électro-magnétiques, etc.

2° *Elle est d'autant moindre que la c. émerge plus obliquement de la surface qui rayonne.* — On fait cet loi en évidence au moyen d'un cube de métal mince rempli d'eau à 100°. Un tuyau de carton noirci à l'intérieur et long d'environ 50 centim. sert à diriger un faisceau de rayons calorifiques de l'une des faces du cube à la boule du thermomètre différentiel. En changeant à diverses reprises la direction de la chaleur rayonnante du cube, de manière que les rayons émis soient d'abord perpendiculaires à cette surface, et ensuite de plus en plus obliques, on remarque que le thermomètre continue à marquer, dans chacun des cas, le même nombre de degrés; mais on sait que, par l'inclinaison d'une des faces du cube sur l'axe du tube, la surface rayonnante s'est trouvée successivement augmentée : c'est, égale d'abord à la section même du tube perpendiculaire à l'axe, elle est devenue égale à une section oblique à cet axe; par conséquent le tuyau noirci laisse passer un nombre de rayons de plus en plus grand : il faut donc que les rayons obliques soient moins intenses que les rayons perpendiculaires, puisque l'effet produit reste constant. Comme la surface comprise à l'intérieur du cylindre est en raison inverse du sinus de l'angle qu'elle fait avec les génératrices, on en conclut que l'*intensité de la chaleur rayonnée par chaque unité de surface est proportionnelle au sinus de l'angle que fait la direction des rayons calorifiques avec la surface rayonnante*, ce qui revient à dire qu'un élément de surface rayonne exactement comme le ferait sa projection sur un plan perpendiculaire à la direction des rayons.

Échauffement et refroidissement. Loi de Newton. — Toutes les fois qu'un corps s'échauffe ou se refroidit dans une enceinte vide, c'est par le rayonnement qu'il gagne ou qu'il perd de la c. Dans l'atmosphère, il s'échauffe ou se refroidit à la fois par deux causes, par le rayonnement et par son contact avec l'air. Néanmoins, dans les deux cas, les variations du thermomètre présentent un fait remarquable. Supposons qu'il y ait d'abord une différence de 15° entre la température de l'enceinte et celle de l'instrument, et qu'on ait observé dans la première minute un abaissement de 2°; on ne constatera plus qu'une variation de 1°, pour le même temps, quand la différence de la température sera réduite à moitié : ainsi la vitesse d'échauffement et de refroidissement, c.-à-d. la quantité de c. gagnée ou perdue, augmente avec la différence des températures. En général, on admet que *la quantité de chaleur rayonnée, pendant un instant très court, est proportionnelle à la différence des températures du corps rayonnant et de l'enceinte, au commencement de cet instant.* Newton, après avoir déduit

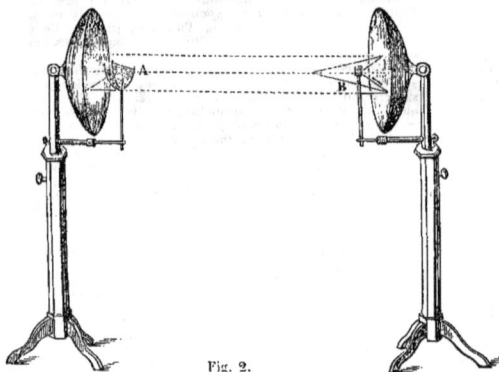

Fig. 2.

cette loi de considérations théoriques, la confirma par des expériences directes; mais il l'étendit trop loin, en l'appliquant à toute l'échelle des températures. Delaroche et, après lui, Dulong et Petit ont prouvé, par une série nombreuse d'expériences, que la proportionnalité supposée par Newton n'est qu'une approximation, qui est suffisante, il est vrai, quand la différence des températures est très petite, mais qui devient de plus en plus inexacte à mesure que cette différence est plus considérable. Dans ce cas, les quantités de c. perdues par le corps le plus chaud suivent une progression beaucoup plus rapide que ne le supposerait la simple proportionnalité. On ne peut l'appliquer avec exactitude qu'à des différences de température qui ne dépassent pas 15 à 20°. La loi de Newton, dans les limites où elle est vraie, nous permet de conclure qu'un corps soumis à l'action d'une source constante de c. ne peut pas s'échauffer indéfiniment : car la perte de c. étant plus grande lorsque l'excès de température est lui-même plus grand, il doit arriver un moment où la c. reçue est précisément égale à la chaleur perdue.

Équilibre mobile de température. — Toutes les expériences faites pour déterminer les lois du rayonnement de la c. montrent qu'il n'y a pas un seul corps où ce rayonnement soit absolument nul. La glace même, qui nous paraît si froide au contact, deviendrait réchauffante et par conséquent rayonnerait de la c., si, la prenant à zéro, nous la transportions dans une chambre dont la température serait inférieure, à −10° par ex. Un mélange de sel et de neige, refroidi jusqu'à 20° au-dessous de 0°, ferait également monter le thermomètre, si l'on transportait ce mélange dans une atmosphère qui serait à −40°. Dans tout cela, comme dans nos sensations mêmes, il ne faut rien voir d'absolu, et les idées de chaud et de froid n'expriment que de simples différences. Cette considération nous conduit à admettre, en principe, que tous les corps rayonnent la c. à toute température, mais avec des intensités inégales selon leur nature, la température à laquelle on les porte, et, comme nous le verrons plus loin, selon l'état de leur surface. Alors, la constance de la température d'un corps considéreradans l'égalité des quantités de c. rayonnante qu'il reçoit et qu'il perd en des temps égaux. Quant à l'égalité de température entre plusieurs corps qui s'influencent les uns les autres par leur rayonnement mutuel,

elle résultera de la compensation parfaite des échanges qui s'opéreront entre tous et chacun d'eux. Tel est le principe de *l'équilibre mobile de température* découvert par Prévost, de Genève, et qui est devenu entre les mains de Fourier le point de départ de toute la théorie mathématique de la c. rayonnante.

Transmission de la c. — On appelle corps *diathermanes* les corps qui laissent passer la c., et *athermanes*, ceux qui l'arrêtent en totalité. Voy. DIATHERMANE.

Réflexion de la c. — Les rayons calorifiques, qui émanent en rayonnant de tous les objets, rencontrent sur leur route certains corps qu'ils peuvent traverser, et d'autres qui leur sont imperméables. Or, chaque fois qu'ils vont frapper la surface d'un corps athermane, ces rayons se partagent en deux faisceaux : ceux-ci sont absorbés par le corps, c.-à-d. pénètrent en lui, et ceux-là sont réfléchis, c.-à-d. renvoyés par sa surface vers les objets environnants. Parmi les rayons réfléchis, la plupart le sont d'une manière *régulière*, mais quelques-uns le sont d'une manière *diffuse*. Les lois qui président à la réflexion régulière de la chaleur sont exactement celles qui régissent la réflexion des rayons lumineux. 1° *L'angle de réflexion est égal à l'angle d'incidence.* 2° *Le rayon incident et le rayon réfléchi sont contenus dans un même plan perpendiculaire à la surface réfléchissante.* Le procédé le plus simple pour rendre sensibles ces effets consiste à placer (Fig. 2) l'un au-devant de l'autre, sur le même axe, à une distance de 4 à 5 mètres environ, deux miroirs concaves-sphériques. Chacun de ces miroirs a son foyer, A et B, où viennent se réunir les rayons réfléchis par sa surface. Or, si l'on place des charbons ardents au foyer A, que l'on trouve sans peine par tâtonnement, on voit se former en B, à la même distance au-devant de l'autre miroir, une image lumineuse assez chaude pour produire un effet très sensible sur la boule du thermomètre; un peu en dehors, l'effet est presque nul. Or, on démontre en optique (voy. RÉFLEXION) que les rayons de lumière partis du point A se réfléchissent sur le premier miroir de manière à devenir parallèles à l'axe, et que le second miroir les fait converger en B; et, comme dans l'expérience avec des charbons ardents la c. accompagne la lumière, puisqu'elle se concentre en B, on peut en conclure qu'elle se réfléchit comme

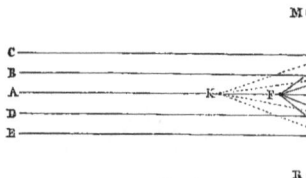

Fig. 3.

elle, c.-à-d. d'après les deux lois énoncées plus haut. La Fig. 3 fait comprendre en quoi consiste le phénomène. MR est la coupe du miroir, C, B, D, E sont des rayons qui, après une première réflexion sur le second miroir qui n'est point représenté ici, se dirigent, parallèlement à l'axe principal AO, vers le miroir MR. La réflexion se produit en L, N, P, Q, et, d'après les deux lois indiquées, les rayons se réunissent tous en F, qui est le foyer principal. Avec la c. obscure, un matras d'eau bouillante par ex., on obtient des effets analogues, mais moins marqués. Cette démonstration, au moyen de miroirs conjugués, est due à de Saussure et Pictet, de Genève. Dans ces sortes d'expériences, il est indispensable, pour l'exactitude des résultats, d'employer un thermomètre qui échappe à l'influence des variations de l'air ambiant, et dont les indications soient déterminées seulement par la source de c. que l'on observe : tel est l'avantage du thermomètre à air, du thermomètre différentiel de Leslie et du thermoscope de Rumford.

Réflexion apparente du froid. — Si, au foyer A des miroirs conjugués (Fig. 2), on place, au lieu de charbons ardents, de la glace ou un mélange réfrigérant, on reconnaît qu'un thermomètre baisse au foyer B plus que partout ailleurs : c'est ce qu'on appelle la *réflexion apparente du froid*. Il semble, en effet, au premier abord, que ce phénomène résulte de ce que la glace émet des *rayons frigorifiques* ; mais il s'explique d'une manière complète par ce qui a été dit plus haut de l'*équilibre mobile de température*. Il se fait encore dans cette expérience, tout comme dans celle qui est faite avec les charbons ardents, un échange de c.; seulement, ici, c'est le thermomètre qui est le corps chaud. Il rayonne donc vers la glace plus de calorique qu'il n'en reçoit, de sorte que sa température doit nécessairement s'abaisser.

Une expérience faite en Angleterre, par H. Davy, prouve que la réflexion de la c. a lieu dans le vide comme dans l'air. Ce physicien opérait sous le récipient de la machine pneumatique avec deux petits miroirs conjugués ; à l'un des foyers se trouvait un thermomètre très sensible, et à l'autre aboutissait un fil de platine capable de devenir incandescent sous l'influence d'un courant électrique. L'ascension du thermomètre pendant le passage du courant est, dans ce cas, évidemment déterminée par la réflexion de la c., car elle diminue d'une manière sensible si on le place partout ailleurs qu'au foyer du second miroir.

Pouvoir réflecteur. — On appelle ainsi la *propriété que possèdent les corps de réfléchir, toutes choses égales d'ailleurs, une portion plus ou moins grande de c.* Ce pouvoir varie pour les différents corps. Pour le mesurer, on prépare, avec diverses substances, des lames bien polies ; puis on place devant un miroir concave un cube métallique rempli d'eau à 100°, de telle sorte que la c. qui en émane soit réfléchie sur le miroir et renvoyée vers le foyer principal. Sur le trajet de ces rayons, on dispose successivement chacune des lames préalablement préparées et destinées à la réfléchir une seconde fois vers la boule d'un thermoscope (Fig. 4). Il est clair que les différences de température indiquées par cet instrument seront proportionnelles à la c. reçue, et, par conséquent, aux quantités de c. réfléchie par chaque lame. On trouve, en général, que l'eau et les différents liquides, la faïence, les émaux, le marbre, le verre, etc., réfléchissent beaucoup moins la c. que les métaux. Le noir de fumée et le carbonate de plomb sont les seules substances dont le pouvoir réflecteur soit sensiblement nul.

Pouvoir absorbant. — Il est clair que, plus un corps réfléchit la c., moins il doit l'absorber ; or, comme le pouvoir réflecteur varie avec les diverses substances, il faut bien que la propriété d'absorber la c. soit également différente pour les différents corps. On appellera donc *pouvoir absorbant la propriété que possèdent les corps d'absorber une plus ou moins grande portion de la c. rayonnante qui tombe sur eux*. Il résulte de cette définition, rapprochée de celle du pouvoir réflecteur, que ces deux pouvoirs sont toujours dans un ordre inverse ; mais on a tort d'ajouter qu'ils sont complémentaires. Cela semble vrai *à priori* ; mais, dans le fait, la c. qui n'est point absorbée, se divise toujours en deux parties, dont l'une est réfléchie régulièrement, tandis que l'autre, que nous avons appelée diffuse, est renvoyée dans toutes les directions. Ainsi, la somme des quantités de c. absorbée et régulièrement réfléchie ne représente pas absolument la totalité de la c. incidente. Pour déterminer le pouvoir absorbant, on dispose devant un miroir concave la même source de c. que dans les expériences précédentes ; puis, plaçant la boule du thermoscope au foyer même du miroir, on la recouvre successivement de noir de fumée, de vernis, de feuilles d'or, d'argent, de plomb, de cuivre, en général de la substance dont on veut mesurer le pouvoir absorbant ; les différences de température indiquent la différence des pouvoirs absorbants.

Pouvoir émissif. — Leslie a découvert que des surfaces égales, mais appartenant à des substances différentes n'émettaient pas, à la même température, des quantités égales de c. D'après cela, on nomme *pouvoir émissif ou rayonnant, la propriété que possèdent les corps d'émettre en un même temps, d'une surface égale et à une même température, une plus ou moins grande quantité de c.* — Le pouvoir émissif se détermine encore au moyen d'un miroir concave. Soit un vase cubique rempli d'eau bouillante ayant une de

ses faces en étain, l'autre en cuivre, l'autre argentée, etc., ou bien les ayant toutes recouvertes de substances différentes, telles que noir de fumée, papier, gomme laque, etc. Si nous les tournons successivement vers le miroir, nous verrons, par les indications du thermoscope, que la face métallique par ex. émet beaucoup moins de c. que celle qui est recouverte de noir de fumée. On sait d'ailleurs, en s'appuyant sur la loi de Newton, que les nombres obtenus, quand le thermoscope est stationnaire, donnent la mesure de la quantité de c. reçue, qui est évidemment proportionnelle à la quantité de c. émise. — Par des expériences très précises, Dulong et Petit ont démontré que le pouvoir émissif est égal au pouvoir absorbant, du moins pour les substances athermanes, telles que le noir de fumée et les métaux. Melloni, en employant un procédé moins rigoureux, mais sensiblement exact, est arrivé au même résultat. Il employait un écran métallique très mince, dont une face, celle qui était tournée vers la source de c., était recouverte de la substance qu'il voulait essayer, tandis que l'autre, enduite de noir de fumée pour lui donner un grand pouvoir émissif, regardait le thermoscope placé à une petite distance. Si l'on admet que le rayonnement de cette face est proportionnel à la c. absorbée par l'autre sous l'influence d'un matras plein d'eau bouillante, on retrouve précisément sur les nombres qui représentent les pouvoirs émissifs déterminés à la même température. Le tableau suivant indique les résultats des expériences de Melloni pour certaines substances non métalliques, et de La Provostaie et Desains pour les surfaces métalliques.

Noms des substances	Pouvoir émissif ou absorbant.	Pouvoir réflecteur.
Noir de fumée	100	0
Carbonate de plomb	100	0
Papier à écrire	98	2
Verre ordinaire.	90	10
Gomme laque.	72	28
Fonte avec le meilleur poli. . . .	25	75
Mercure (à peu près).	23	77
Fer poli	23	77
Zinc poli	19	81
Acier poli	17	83
Platine en lames.	17	83
Étain.	14	86
Métal des miroirs, frais poli. . .	14	86
Laiton fondu, poli gras. . . .	11	89
— poli vif . . .	7	93
Cuivre rouge verni.	14	86
— battu ou fondu . . .	7	93
Or plaqué	5	95
Argent battu ou fondu, bien poli.	3	97

Causes modificatrices de l'émission, de l'absorption et de la réflexion de la chaleur. — Les pouvoirs d'émettre, d'absorber et de réfléchir la c. varient, ainsi que nous venons de le voir, d'un corps à un autre ; mais, de plus, ils sont modifiés, pour un même corps, par certaines circonstances. Le pouvoir rayonnant, par ex., et le pouvoir absorbant, qui lui est égal, diminuent à mesure que le poli des surfaces augmente. Il suffit donc de rayer ces surfaces pour accroître l'émission. Néanmoins, tout ne dépend pas du poli, puisque le verre a un grand pouvoir rayonnant. La couleur n'a qu'une influence secondaire, car le carbonate de plomb, qui est d'une blancheur parfaite, émet presque autant de c. que le noir de fumée. La considération de l'épaisseur présente un fait digne de remarque : c'est qu'une couche très mince de noir de fumée suffit pour porter à 100° le pouvoir rayonnant d'une surface quelconque, même métallique. Ainsi, le rayonnement ne provient sans doute que d'une couche très superficielle. Cependant, pour certaines substances au moins, le pouvoir émissif semble dépendre de l'épaisseur. En effet, si l'on applique une couche très mince de colle à bouche ou de gomme laque sur une surface métallique, on augmente son pouvoir émissif ; mais il faut un certain nombre de couches pour obtenir le maximum d'effet. Le pouvoir réflecteur, par cette raison même qu'il marche toujours dans un ordre inverse des deux autres pouvoirs, doit être augmenté ou diminué par toutes les causes qui diminuent ou qui augmentent ces derniers. On constate de plus, en faisant tomber la c. plus ou moins obliquement sur une même substance, que l'intensité des rayons réfléchis augmente avec l'obliquité, de sorte que, près de l'incidence perpendiculaire, la réflexion doit être à son *minimum*. Tou-

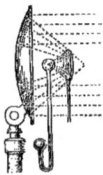

Fig. 4.

tefois, Melloni a trouvé que la proportion de lumière réfléchie reste sensiblement la même tant que l'angle d'incidence, à partir de la normale au plan de réflexion, ne dépasse pas 25° ou 30°.

Remarques pratiques. — La considération de la propriété que possèdent les différents corps d'absorber, d'émettre ou de réfléchir plus ou moins bien la c. est susceptible d'un grand nombre d'applications, surtout quand on tient compte en même temps de la conductibilité diverse des substances. S'agit-il de se couvrir? Les vêtements les plus chauds seront ceux qui, étant doués d'un pouvoir émissif plus faible, conserveront mieux la c. du corps humain. — S'agit-il de faire chauffer des liquides sur le feu? Les meilleurs vases seront ceux que la nature de leur surface rendra les plus propres à absorber la c. — S'agit-il, au contraire, après avoir fait chauffer un liquide, d'empêcher son refroidissement rapide? Il faudra l'enfermer dans un vase qui, par sa nature et l'état de sa surface, soit doué d'un pouvoir émissif très faible. C'est à la propriété qu'ils possèdent d'arrêter le rayonnement que l'on doit attribuer l'influence des abris les plus légers. Il suffit de faire porter un voile très mince aux voyageurs qui visitent les glaciers pour tempérer la perte considérable de c. qu'ils éprouveraient en arrivant, après une marche échauffante, dans des enceintes très froides. Le rayonnement favorisé par un ciel très pur, ou arrêté par les nuages, explique aussi toutes les particularités relatives à la formation et à l'abondance plus ou moins grande de la rosée. Voy. Rosée, Température.

Décomposition de la chaleur par le prisme. Spectre calorifique. — On constate l'existence de rayons calorifiques dans le spectre solaire. L'intensité calorifique va en croissant du violet au rouge. On emploiera de préférence un prisme de sel gemme qui laisse passer la c. rayonnante et un thermomultiplicateur. On démontre ainsi qu'il y a des rayons calorifiques bien au-delà de la partie visible du rouge. Ce prolongement du spectre visible par un spectre de rayons de c. obscure s'appelle l'*Infra-rouge*. Ces expériences ainsi que les lois précédentes démontrent l'identité de la lumière et de la c.

Sources de c.; Utilisation de la c. solaire. Voy. Thermodynamique.

Bibl. — L'un des meilleurs ouvrages à consulter pour ces études est *La Chaleur*, par Tyndall.

CHALEUREUSEMENT. adv. D'une manière chaleureuse.

CHALEUREUX, EUSE. adj. (R. *chaleur*). Qui a beaucoup de chaleur naturelle. Ne se dit que des personnes. *A l'âge de soixante et dix ans on n'est plus guère c.* Peu us. || Fig., au sens moral, se dit en parlant des choses. *Style c. Éloquence chaleureuse.*

CHALGRIN, architecte français, commença l'Arc de triomphe de l'Étoile, qu'il ne put achever (1739-1811).

CHÂLIER. s. m. T. Techn. Fabricant, marchand de châles.

CHÂLIER (Joseph), révolutionnaire d'origine piémontaise, chef du parti montagnard à Lyon. Son exécution fut le signal de l'insurrection de Lyon contre la Convention (1747-1793).

CHÂLIT. s. m. (bas-lat. *catar*, voir, et *lit*, prim., *lit de parade*). Bois de lit.

CHALLANS, ch.-l. de c. (Vendée), arr. des Sables-d'Olonne, 5,300 hab.

CHALMERS (George), publiciste anglais (1742-1825).

CHALMERS (Alexandre), érudit écossais, auteur d'un Dictionnaire biographique très estimé (1759-1834).

CHALMERS (Thomas), économiste et théologien écossais (1780-1847).

CHALOIR. v. n. (lat. *calere*, avoir chaud). Ne s'emploie qu'impersonnellement, et ne se dit que dans cette loc. : *Il ne m'en chaut*, Il ne m'importe. Vx.

CHALON. s. m. (Vx fr. *chalon*, bateau, du lat. *calones*, barques). T. Pêc. Grand filet qui se traîne en remontant le cours de l'eau, à l'aide de deux bateaux, à l'extrémité des-

quels les côtés du filet sont attachés. *Le c. est un engin prohibé.* || T. Comm. Étoffe de laine pure, glacée ou non, se fabriquant anciennement à Amiens.

CHALONNAIS, anc. pays de France (Bourgogne), cap. *Chalon-sur-Saône.* || Anc. pays de France (Champagne), cap. *Châlons-sur-Marne.*

CHALONNES-SUR-LOIRE, ch.-l. de c. (Maine-et-Loire), arr. d'Angers, 4,600 hab.

CHALON-SUR-SAÔNE (*Cabillonum*), ch.-l. d'arr. (Saône-et-Loire), sur la rive droite de la Saône à l'embouchure du canal du Centre, à 58 kil. de Mâcon; 24,700 hab. Ville très ancienne; autrefois marché principal des Éduens au temps des anciens Gaulois. Église Saint-Vincent, fondée en 532, souvent détruite et réparée, et reconstruite à la fin du XIVe siècle.

CHÂLONS-SUR-MARNE, ch.-l. du dép. de la Marne, sur la Marne, à 173 kil. de Paris. Ancienne capitale des *Catalauni*. Cathédrale dédiée à saint Étienne, reconstruite au XIIIe siècle. Église Notre-Dame, consacrée en 1322. C'est aux environs de Châlons que l'armée envahissante d'Attila, roi des Huns, fut vaincue et détruite par la coalition des Francs, des Visigoths et des Romains, sous la conduite du général romain Aétius (451). Évêché; 25,900 hab.

CHALOUPE. s. f. (ital. *scialuppa*, holl. *sloep*, bateau), T. Mar. La c. est la plus forte embarcation que porte un navire; elle n'a point de pont, et se manœuvre soit à la voile, soit à l'aviron. Son emploi consiste principalement dans le transport des marchandises ou des munitions; elle sert également à lever les ancres, à les transporter, à porter les câbles, etc. Les chaloupes des bâtiments de guerre sont construites de manière à recevoir une pièce d'artillerie d'un calibre proportionné à leur grandeur. La c. est mise sur le pont quand le navire prend la mer. Là, elle sert de parc pour les provisions vivantes. A bord de la plupart des navires marchands, on y entasse les moutons, les porcs, quelquefois les cages à volaille. Alors on *cabane*, c.-à-d. on renverse un canot par-dessus, de manière à fermer autant que possible ce parc, que les matelots nettoient et lavent à grande eau tous les matins. — On construit aujourd'hui des *chaloupes à vapeur* qui servent à remonter les rivières beaucoup plus haut que ne pourrait le faire le navire qui les transporte; quelques-unes sont même pourvues d'un ou plusieurs canons, elles prennent alors le nom de *Canonnières*. Voy. ce mot.

CHALOUPIER. s. m. T. Mar. Matelot qui fait partie de l'équipage d'une chaloupe. || Ouvrier qui travaille aux chaloupes.

CHALUMEAU. s. m. (lat. *calamellus*, dimin. de *calamus*, chaume, tuyau de paille). Tuyau de paille, de roseau, de métal, etc. *Les enfants font des bulles de savon avec un c. Quand le pape communie solennellement, il prend le sang de J.-C. dans le calice avec un c. d'or.* || En poésie, se dit des flûtes et des instruments à vent qui composent une musique champêtre. *La première flûte fut un c. percé de trous. Au son des chalumeaux.* || T. Mus. Instrument de musique à vent. Voy. Hautbois.

Phys. et Chim. — On nomme *chalumeau* un instrument qui sert à projeter sur la flamme d'une bougie ou d'une lampe un courant d'air, d'oxygène, etc. Le c. est très usité en chimie et en minéralogie, ainsi que dans plusieurs arts industriels. Son emploi est fondé sur cette observation que les diverses parties de la flamme d'une lampe ou d'une bougie possèdent des températures fort différentes, et sur cet autre fait que la combustion est plus énergique dans un courant d'air rapide que dans l'air calme. Voy. Combustion et Essai. — Sous sa forme la plus simple, le c. consiste en un tube recourbé à angle droit et conique dans son intérieur. On introduit dans la flamme la petite ouverture située à l'extrémité de la pointe ou bec, on souffle de l'air par l'ouverture opposée, et l'on produit ainsi une langue de feu pointue et allongée, appelée *dard*. Pour que le dard soit net et bien régulier, il faut que l'extrémité du bec soit très peu enfoncée dans la flamme et que celle-ci ne soit pas agitée par le vent. Ensuite, pour augmenter l'activité de la combustion, il faut que l'air envoyé dans l'instrument ne se soit pas vicié en passant par la poitrine. On obtient ce résultat en aspirant l'air par le nez et en le soufflant immédiatement par le jeu des muscles de la joue. On fait plus souvent usage d'appareils perfectionnés, mais plus compliqués, et dont les dispositions varient suivant l'emploi auquel on les applique.

Une espèce de c. fort usitée est la *Lampe d'émailleur* (Fig. 1), qui sert à faire cette multitude de menus objets en verre que l'on trouve dans le commerce, elle est aussi très employée par les orfèvres, les bijoutiers, etc., pour faire leurs soudures. Elle consiste en un c. fort simple, mais qui peut recevoir diverses inclinaisons. L'air est fourni par un soufflet que l'ouvrier meut avec le pied, et le courant est projeté sur la flamme d'une lampe à huile ordinairement en fer-blanc. — Le c. habituellement employé dans les laboratoires de chimie est en argent ou en laiton. Dans ce dernier cas, on garnit d'argent ou d'ivoire la partie qui doit se mettre à la bouche (Fig. 2). Il a été imaginé par Berzélius. On y distingue trois parties principales ajustées à frottement : 1° un tube conique AB, dont la tubulure A est destinée à être mise dans la bouche ou seulement contre les lèvres; 2° une petite chambre cylindrique C, dans laquelle s'engage l'ex-

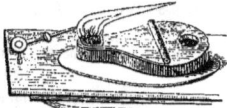

Fig. 1.   **Fig. 2.**

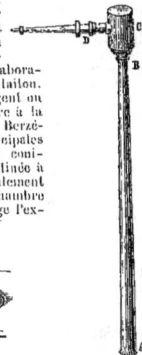

trémité B du tube, et qui sert à la fois de réservoir d'air et de récipient pour l'eau entraînée par le courant (cette chambre est souvent munie à son fond d'une ouverture destinée à faire sortir l'eau quand l'opération est terminée); 3° un ajutage D auquel on adapte un petit tube dit *porte-vent*, et terminé par un bec conique en platine percé d'un trou plus ou moins grand, suivant la nature du courant qu'on veut obtenir. — Dans le travail au c., on place les objets sur des supports en charbon ou en platine, et on emploie, pour produire la flamme, des chandelles, des bougies, des lampes à alcool, à huile ou à essence, ou des becs de gaz. Avec l'alcool au produit, à l'extrémité du dard, une température suffisante pour fondre un fil de platine d'un très petit diamètre.

On obtient une température encore plus élevée quand on remplace le courant d'air par un courant d'oxygène : la chaleur qui se développe alors est assez intense pour fondre un fil de platine ayant un demi-millimètre de diamètre. Cependant un mélange de deux volumes d'hydrogène et d'un volume d'oxygène donne une température encore beaucoup supérieure qui n'a pu être dépassée que par le four à arc électrique de M. Moissan. Nous n'avons pas besoin de dire que l'on enflamme le mélange à sa sortie du c. On donne à ce puissant instrument le nom de *C. à gaz oxy-*

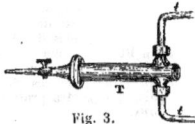

Fig. 3.

hydrogène. Le mélange de ces deux gaz, produisant une explosion très violente et très dangereuse quand il vient à s'enflammer, on a imaginé un assez grand nombre d'appareils pour mettre l'opérateur à l'abri de tout accident. On conserve les gaz dans des réservoirs séparés, et on ne les mélange qu'à une petite distance de l'orifice du c. Pour cela, on a deux récipients ou gazomètres remplis, l'un de gaz hydrogène, l'autre de gaz oxygène. Chacun d'eux (Fig. 3) est amené par une tubulure *i, i,* adaptée à son gazomètre, dans un tube commun T où s'opère le mélange dans la proportion convenable, et à l'extrémité duquel on ajuste un bec de c. avec un bout en platine. En outre, ce tube T renferme un grand nombre de rondelles de toiles métalliques superposées, lesquelles, quand on a atteint la nature à sa sortie du bec, ne permettent pas à la flamme de rétrograder.

Sainte-Claire Deville et Debray ont modifié cet appareil en faisant arriver les gaz dans deux tubes concentriques, l'oxygène à l'intérieur et l'hydrogène dans l'espace annulaire. L'oxygène

arrive ainsi au centre de la flamme. Un écrou permet de régler la position du bec d'oxygène. À l'aide de ce c., les inventeurs sont parvenus à fondre à la fois jusqu'à 20 kilog. de platine.

Le c. oxhydrique a encore été employé à la production d'une lumière intense dite lumière oxhydrique, ou lumière *Drummond*, du nom du physicien qui eut l'idée de projeter la flamme du c. oxhydrique sur un morceau de chaux. Celle-ci devient incandescente et acquiert un éclat qui rivalise avec celui de l'arc électrique. Ce c. est généralement usité dans les appareils de projections pour cours et conférences.

Nous terminerons cet article en citant deux chalumeaux très usités dans les arts industriels et dont l'invention est due au comte E. Deshaysyns de Richemont. L'un, dit c. *aérhydrique*, s'emploie pour la soudure du platine par l'or, pour la brasure du cuivre, et surtout pour la soudure du plomb, sans alliage d'étain : il brûle un mélange d'hydrogène et d'air. L'autre, nommé c. *à vapeurs combustibles*, brûle les vapeurs d'essence de térébenthine avec un courant d'air injecté dans la flamme. Ce dernier instrument est surtout destiné aux émailleurs, bijoutiers, orfèvres, etc.

CHALUMET. s. m. (R. *chalumeau*) Bout d'une pipe.

CHALUS, ch.-l. de c. (Haute-Vienne), arr. de Saint-Yrieix; 2,700 hab. Ruines d'un château au siège duquel Richard Cœur de Lion fut blessé mortellement (1199).

CHALUT. s. m. T. Pêc. Filet en forme de bourse et de drague dont on se sert pour prendre certains poissons et pour recueillir les animaux qui vivent au fond de la mer.

CHALUTER. v. n. (R. *chalut*). T. Pêc. Traîner un chalut sur le fond de l'eau.

CHALUTIER. s. m. (R. *chalut*). Pêcheur au chalut.

CHALY. s. m. Étoffe de poil de chèvre.

CHALYBÉ, ÉE. adj. (Pr. *kalibé*) (lat. *chalybs, ybis,* acier). T. Pharm. Se dit des préparations médicinales dans lesquels il entre du fer. *Vin* c.

CHAM, 2° fils de Noé, d'après la Bible, fut maudit par son père pour lui avoir manqué de respect. Ses descendants auraient peuplé l'Afrique.

CHAM (Amédée de Noé, dit), caricaturiste célèbre, représente avec Daumier et Gavarni l'art de la caricature en France au milieu du XIX° siècle (1819-1884).

CHAMACÉS ou **CAMACÉS.** s. m. pl. (R. *chame*). T. Zool. Les *Chamacés* sont des mollusques bivalves qui constituent l'une des familles de la classe des *Lamellibranches acéphaliens*. — Les cham. sont caractérisés par leur coquille bivalve à sommet quelquefois recoquillé, et leur manteau percé de 3 orifices, le premier donnant passage au pied, le second à l'eau nécessaire pour la respiration, et le troisième aux excré-

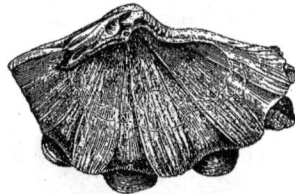

Fig. 1.

ments. — Cette famille ne comprend que 3 genres. — 1° Les *Tridacnes* ont la coquille très allongée en travers, et à valves égales; l'angle supérieur qui répond à la tête et au sommet est très obtus. Toutes les coquilles de ce genre sont marines et habitent les mers intertropicales. Nous en citerons seulement deux espèces, la *Tridacne faîtière* (*Tr. squamosa*) (Fig. 1 et 2), et la *Tr. gigantesque* (*Tr. gigas*). Cette dernière espèce est en effet remarquable par ses dimensions :

elle atteint, dit-on, le poids de 250 kilogr. On en voit dans plusieurs églises qui servent de bénitier; de là le nom vulgaire de *Bénitier*, sous lequel on désigne souvent cette espèce. L'église Saint-Sulpice, à Paris, possède deux belles coquilles de tridacne; néanmoins on en rencontre de plus

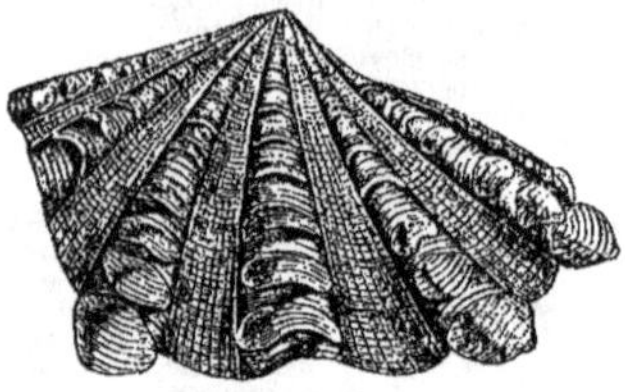

Fig. 2.

grandes encore en Italie. Le byssus par lequel ce coquillage s'attache aux rochers est si fort qu'il faut le couper avec une hache. La chair de l'animal se mange, bien qu'elle soit fort dure. — Les *Hippopes* ressemblent beaucoup aux tridacnes. Leur coquille est fermée et aplatie en avant, comme si elle avait été tronquée

2° Les *Cames* (*Chama*) ont la coquille irrégulière, à valves inégales, ordinairement lamelleuses et hérissées, avec des sommets souvent très saillants, inégaux et recoquillés. Elles se fixent aux rochers, aux coraux, etc., comme les huîtres. L'animal a un petit pied, coudé presque comme celui de

Fig. 3.

l'homme. Ces mollusques vivent en général dans les mers des pays chauds; cependant nous en avons quelques espèces dans la Méditerranée. Nous citerons comme exemple de ce genre la *C. corne de daim* (*Chama damæcornis*) (Fig. 3). — Les *Dicérates* ne diffèrent guère des Cames que par l'épaisseur de leur test cardinal.

3° Les *Isocardes* (*Isocardia*) ont une coquille libre, régu-

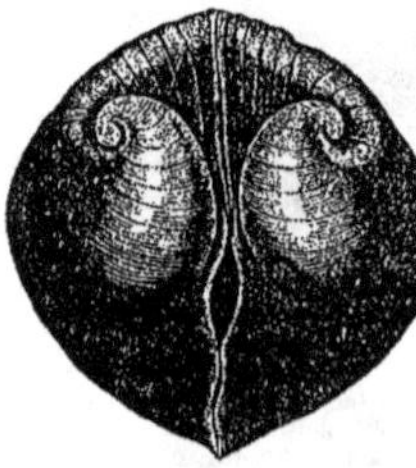

Fig. 4.

lière, bombée, avec des sommets recoquillés en spirale et divisés vers le devant (Fig. 4 *Isocarde globuleuse*). La Méditerranée en possède une espèce assez grande, lisse et rousse, appelée *Isocarde chama cor*.

CHAMADE. s. f. (lat. *clamare*). T. Guerre. Signal que donnent des assiégés, soit avec le tambour ou la trompette, soit en arborant un drapeau blanc, pour avertir qu'ils veulent parlementer. *Battre la c.*

CHAMÆCYPARIS. s. m. [Pr. *kamé-sipa-riss*] (gr. χαμαικυπάρισσος, sorte de plante odorante). T. Bot. Genre d'arbres de la famille des *Conifères*. Voy. ce mot. On en connaît deux espèces fossiles trouvées dans le miocène : le *C. europæa*, à Armissan (Aude) et au Groënland, et le *C. massiliensis*, à Fénestrelle et dans le gypse de Camoins (bassin de Marseille).

CHAMÆDRYS. s. m. [Pr. *kamé-driss*] (gr. χαμαίδρυς, Germandrée). T. Bot. Nom spécifique donné indistinctement à une espèce de *Germandrée* (*Teucrium*) et à une espèce de *Véronique*. Voy. LABIÉES et SCROFULARIACÉES.

CHAMÆLÉE. s. f. [Pr. *kamélée*] (gr. χαμαιλέων, sorte de plante). T. Bot. Nom vulgaire du *Cneorum tricoccum* de la famille des *Rutacées*. Voy. ce mot.

CHAMÆLÉON. s. m. [Pr. *kaméléon*] (gr. χαμαιλέων, m.s.). T. Bot. — CH. BLANC. Nom donné par les anciens à la racine de l'*Atractylis gummifera*. — CH. NOIR. Nom donné par les anciens au *Carthamus corymbosus*. Voy. COMPOSÉES.

CHAMÆLÉON. s. m. T. Zool. Voy. CAMÉLÉON.

CHAMÆROPS. s. m. [Pr. *kamérops*] (gr. χαμαί, à terre, ῥώψ, arbrisseau). T. Bot. Genre de plantes de la famille des *Palmiers*. Voy. ce mot.

CHAMAILLARD. s. m. [Pr. les *ll* mouillées]. Celui qui est disposé à se chamailler.

CHAMAILLE. s. f. [Pr. les *ll* mouillées]. Dispute où l'on se chamaille.

CHAMAILLER. v. n. [Pr. les *ll* mouillées] (R. *camail* ou *chamail*, armure de tête). Au propre, se dit de plusieurs personnes qui se battent confusément et avec grand bruit. *Ils chamaillèrent longtemps.* || Fig., Disputer avec bruit. *Il passe sa vie à c.* Fam. = SE CHAMAILLER. v. pron. S'emploie dans le même sens, au prop. et au fig. *Ils se chamaillèrent deux heures durant.*

CHAMAILLERIE. s. f. [Pr. les *ll* mouillées]. Querelle de gens qui se chamaillent.

CHAMAILLIS. s. m. [Pr. les *ll* mouillées]. Mêlée, combat où l'on chamaille. Dispute bruyante. *Durant le c.* Fam.

CHAMAN. s. m. Nom de prêtres chez les tribus qui occupent le Nord de l'Asie.

CHAMANISME. s. m. T. Relig. Système religieux des chamans. C'est la religion des Finnois, des Tatars, des Mongols, des Samoïèdes et de quelques autres peuplades du Nord de l'Asie. Les chamanistes adorent un Être suprême qui habite le Soleil, et qui abandonne le gouvernement du monde à des génies bons ou mauvais. Le plus redoutable de ces derniers est *Chaïtan*, qui ne peut être apaisé que par les pratiques et cérémonies des prêtres ou *chamans*.

CHAMANISTE. s. 2 g. Sectateur du chamanisme.

CHAMARRAS. s. m. [Pr. *chama-râ*] (gr. χαμαίδρυς, Germandrée). T. Bot. Nom vulgaire de la Germandrée aquatique. Voy. LABIÉES.

CHAMARRER. v. a. [Pr. *chama-rer*] (esp. *camarra*, simarre). Orner un habit, un meuble de passements, de dentelles, de galons, de décorations, etc. || Ne se dit guère qu'en parlant d'une toilette de mauvais goût, d'un assemblage de couleurs vives et discordantes. *Cette robe est chamarrée. Il s'est fait c. de la manière la plus grotesque.* — Fig. et fam., *C. quelqu'un de ridicules*, Le charger, le couvrir de ridicules. = CHAMARRÉ, ÉE. part.

CHAMARRURE. s. f. Manière de chamarrer. *C. à ondes, à bâtons rompus*, etc. — Se dit des ornements avec lesquels on chamarre. *La c. de cet habit est très riche.* || Ne s'emploie guère aujourd'hui que par moquerie et par dénigrement.

CHAMASITE. s. f. (R. *Saint-Chamas*, nom de lieu). T. Minér Fer nickelé trouvé dans les fers météoriques.

CHAMBELLAGE. s. m. [Pr. *chambè-lage*] (R. *chambellan*). T. Jurisp féod Droit en argent que devaient certains vassaux à leurs seigneurs.

CHAMBELLAN. s. m. [Pr. *chambè-lan*] (anc. haut all. *chamarlinc*, m. s., de *kammer*, chambre, venant lui-même du lat. *camera*, chambre). On nomme ainsi l'officier chargé de prendre soin de tout ce qui concerne le service intérieur de la chambre d'un haut personnage, souverain, seigneur ou abbé. — Sous l'ancienne monarchie, on donnait le nom de *Grand chambellan*, pour le distinguer des officiers du même genre attachés au service des princes, et appelés simplement *Chambellans*, à un dignitaire de premier ordre, qui avait spécialement dans ses attributions la haute surveillance du service de la chambre du roi. Le grand c. commandait à tous les gentilshommes de la chambre, portait la bannière royale dans les guerres où le roi se trouvait en personne, gardait le sceau particulier du roi, et recevait les hommages rendus à la couronne. Au sacre du roi, il chaussait les bottines et au nouveau prince, et le revêtait de la dalmatique et du manteau royal. Aux entrées solennelles dans les villes, il se tenait à la droite et un peu en arrière du roi. Dans les châteaux royaux, il couchait au pied du lit du roi; c'était encore lui qui servait le roi quand il mangeait dans sa chambre, qui présidait à son ensevelissement quand il était mort, etc. Le grand c. perdit peu à peu la plupart de ses attributions, et, au XVII° siècle, d'après Saint-Simon, il n'avait plus d'autres fonctions que de servir le roi lorsqu'il s'habillait ou mangeait à son petit couvert. Les insignes héraldiques de cet officier étaient deux clefs d'or passées en sautoir derrière l'écu de ses armes, dont les anneaux se terminaient en couronne royale. — Supprimée par la Révolution, la charge de grand c. fut rétablie par Napoléon I°', maintenue par Louis XVIII et Charles X. Abolie de nouveau en 1830, elle a reparu en 1852, pour disparaître ensuite avec le 2° empire.

CHAMBELLANIE. s. f. [Pr. *chambèl-lani*]. Par plaisanterie, dignité de chambellan.

CHAMBERS (Éphraim), écrivain anglais, auteur d'une Encyclopédie très estimée; mort en 1740.

CHAMBERTIN, fameux vignoble de Bourgogne, près du village de Gevrey (Côte-d'Or). = CHAMBERTIN. s. m. Vin de Chambertin.

CHAMBÉRY, ch.-l. du dép. de la Savoie, à 600 kil. de Paris, 20,900 hab. Archevêché. Ancienne résidence des ducs de Savoie. Église ogivale du XIV° siècle.

CHAMBON, ch.-l. de c. (Creuse), arrondissement de Boussac, 2,300 hab.

CHAMBON-FEUGEROLLES (Le), ch.-l. de c. (Loire), arr. de Saint-Étienne, 9,000 hab.

CHAMBORD. s. m. T. Comm. Tissu en laine de belle qualité ayant l'aspect d'un reps, que l'on fabrique à Amiens et à Roubaix.

CHAMBORD, village de Loir-et-Cher (arr. de Blois), 430 hab. Beau château du XVI° siècle, qui fut acheté par souscription publique et donné au duc de Bordeaux, petit-fils de Charles X, peu de temps après sa naissance. Le château de Chambord appartient aujourd'hui au duc de Parme et au comte de Bardi.

CHAMBORD (Comte de), fils du duc de Berry et petit-fils de Charles X, né en 1821, était l'héritier légitime du trône de France suivant l'ancien droit monarchique. Il fut d'abord désigné sous le titre de duc de Bordeaux, puis, dans le parti royaliste, sous le nom d'Henri V, quoiqu'il n'ait jamais régné. Il habita presque toute sa vie Frohsdorf, en Autriche, où il est mort en 1884.

CHAMBOURIN. s. m. T. Techn. Sorte de pierre qui sert à faire le faux cristal.

CHAMBRAGE. s. m. T. Mar. Charpente au pied du mât de beaupré dans un grand bâtiment.

CHAMBRANLE. s. m. T. Archit. Ornement de bois ou de pierre, qui borde et encadre les côtés des portes, des fenêtres et des cheminées. *C. de menuiserie, de pierre, de marbre.*

CHAMBRE. s. f. (lat. *camera*, m. s.) Se dit de la plupart des pièces d'une maison, et principalement de celle où l'on couche. *C. à coucher. C. haute. C. basse. C. à feu. C. meublée, garnie.* — *Travailler en c.*, se dit d'un artisan, d'un ouvrier qui ne tient pas boutique, et travaille à son propre compte. — Fam., *Mettre une fille en c.*, *Mettre une fille dans un appartement qu'on lui a loué, l'entretenir.* — Fig. et fam., *Mettre, tenir quelqu'un en c.*, L'obséder pour le faire jouer et le tromper au jeu. *Ils sont quatre ou cinq qui le tiennent en c., et lui gagnent tout son argent.* Vx. — Fig. et prov., *Il y a bien des chambres à louer dans sa tête*, se dit d'un homme qui est un peu fou, qui a des hallucinations. — Dans les monastères, *C. noire*, *C.* qui n'est pas éclairée, où l'on renferme ceux que l'on met en pénitence, et où l'on fait aussi des retraites volontaires. — *C. ardente*, Salle tendue de noir et éclairée par des flambeaux où l'on déposa le mort en attendant les funérailles. || Absol., *La c.*, La c. du roi. Premier gentilhomme de la c. — Par ext., se disait des officiers mêmes de la c. du roi. *La c. est entrée.* *Avoir les entrées de la c.*, Avoir le privilège d'entrer avec les officiers de la c. — *Maître de c.*, Le premier officier de la maison du pape, ou d'un cardinal. || T. Mar. Se dit de certaines pièces pratiquées dans les vaisseaux, où couchent les principaux officiers, où se tient le conseil, etc. *La c. du capitaine, C. des passagers.* || *C. du conseil*, se dit, dans les tribunaux, de la c. où les juges se retirent pour délibérer = Fig. se dit de certaines assemblées législatives. *Les États généraux étaient partagés en trois Chambres : la C. du clergé, la C. de la noblesse, et la C. du tiers état. Le parlement d'Angleterre est divisé en deux Chambres : la C. haute ou la C. des lords, des nobles, des seigneurs; et la C. basse ou la C. des communes. C. des députés. Siéger à la C. Adresser une pétition à la C.* Se dit aussi du Sénat réuni à la C. des députés : *Convoquer les deux Chambres, Dissoudre les Chambres.* || S'applique à différentes juridictions. — *Chambres de l'édit*, Chambres instituées par l'édit de Nantes dans quelques parlements. On les nommait aussi *Chambres mi-parties*, parce qu'elles étaient composées par moitié de juges catholiques et de juges protestants. *Louis XIV supprima toutes les chambres mi-parties.* — *C. des comptes*, C. établie pour juger en dernier ressort tout ce qui avait rapport aux finances. Voy. COMPTE. — *C. apostolique*, Tribunal qui connaissait des revenus de l'État ecclésiastique, et qui en avait l'administration. — *C. ecclésiastique*, Tribunal où l'on connaissait des affaires qui avaient rapport aux décimes. — *C. impériale*, Tribunal de l'Empire, où se jugeaient les affaires des différents États d'Allemagne, et, par appel, celles des particuliers. *La c. impériale siégea d'abord à Spire, et fut transférée ensuite à Wetzlar.* — *C. de justice*, Assemblée des juges commis pour connaître des malversations de ceux qui avaient manié les deniers publics, et de quelques autres affaires qui leur étaient renvoyées. *La première c. de justice dont il soit fait mention dans notre histoire, fut établie en 1581.* Quelques-unes de ces commissions ont aussi été désignées sous le nom de *C. ardente.* — Cette dénomination de *C. ardente* a été surtout appliquée à un tribunal fondé en 1535, qui connaissait des crimes d'hérésie et qui cessa de siéger vers 1560; ainsi qu'au tribunal établi à l'Arsenal, par lettres patentes du 7 avril 1679, pour connaître des crimes d'empoisonnement. *Cette dernière c. ardente était aussi nommée Cour des poisons.* || Se dit également des sections et divisions de certains tribunaux. *Il y avait dans les parlements la grand'c., la c. des requêtes, la c. des enquêtes, etc. La première, la seconde c. de la cour impériale, Président de c.* — *C. des vacations*, C. pour juger les affaires urgentes pendant les vacances des tribunaux. Voy. VACATION. || Se dit encore de certaines assemblées qui s'occupent d'intérêts spéciaux, ou de ce qui est relatif à la discipline d'un corps. *C. de commerce* (voy. COMMERCE). *C. d'agriculture. C. de compensation* (voy. COMPENSATION). *C. des avoués. C. des notaires. C. syndicale des agents de change.* Voy. AVOUÉ, NOTAIRE, AGENT DE CHANGE, SYNDICAT. = Par anal., Cavité accidentelle ou pratiquée à dessein. *C. d'une cloche, d'un canon*, etc., Vide qui s'est fait à la fonte dans une cloche, un canon, etc., lorsque la matière n'a pas coulé également partout. *C. d'un mortier, d'un obusier*, etc., Partie de l'âme d'une bouche à feu qui est destinée à recevoir la charge. Voy. CANON. — *C. d'une mine*, Espace préparé sous terre pour recevoir la quantité de poudre ou de dynamite destinée à produire une explosion. || **T. Hydraul.** *C.* ou *sas d'écluse*, Espace compris entre deux portes d'une écluse. Voy. CANAL. || **T. Anat.** *Chambres de l'œil*, Nom donné à deux cavités remplies par l'humeur aqueuse et par l'humeur vitrée communiquant ensemble par le trou de la pupille. Voy. ŒIL. || **T. Méc.** *C. de vapeur*, Espace compris entre la paroi supérieure d'une chaudière à vapeur et le niveau de l'eau contenue dans cette chaudière.

    Phys. — *C. noire.* — Si l'on pratique au volet d'une c. bien fermée à la lumière un trou de 2 à 3 centim., on apercevra sur la muraille opposée, supposée blanche, l'image renversée des objets extérieurs avec leurs couleurs naturelles. Avec un trou plus petit, l'image sera plus nette et suffisamment éclairée, si l'on prend soin de la recevoir à peu de distance sur un carton blanc. Il est facile de constater que la grandeur de l'image est proportionnelle à la distance au trou. Telle est la *c. noire* réduite à sa plus simple expression : c'est

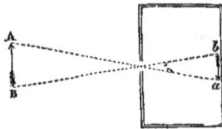

Fig. 1.

un espace clos de toutes parts, à l'exception d'une petite ouverture qui donne passage aux rayons lumineux. Pour en concevoir les effets, supposons une flèche AB, placée au dehors et bien éclairée (Fig. 1). Chaque point de cette flèche envoie de tous côtés des rayons lumineux ; de l'extrémité A, entre autres, part un rayon qui, traversant le trou, va frapper la muraille en *a*, où se trouve ainsi un petit espace éclairé, qui est l'image du point A. Le point B vient également se peindre en *b*, et il en est de même pour tous les points intermédiaires. Si l'image totale n'a pas une netteté parfaite, c'est que chaque point de l'objet y est représenté, non par un point, mais par une petite surface d'autant plus étendue que le trou lui-même

Fig. 2.

est plus grand. — On augmente beaucoup la netteté et la clarté des images en disposant à la place du trou une lentille convergente, et l'appareil reçoit alors le nom de *C. obscure*. Soit ABCD une boîte plus longue que large (Fig. 2), garnie d'un tuyau E fixé à l'un de ses petits côtés, et destiné à recevoir un autre tuyau F, qui porte un verre lenticulaire dont le foyer est à la distance du fond AC. L'objet H ira former son image renversée au fond de la boîte. Voy. LENTILLE. Le plus souvent, on dispose dans la boîte un miroir incliné à 45°, G, qui réfléchit vers le haut les rayons lumineux et renvoie l'image se peindre à la surface supérieure de la boîte où on la reçoit sur un verre dépoli. Comme les objets éloignés forment leurs images plus près de la lentille que les objets rapprochés, il est nécessaire de rendre le tuyau F mobile, afin de pouvoir l'avancer ou le reculer suivant la distance des objets qu'on veut apercevoir. Dans la c. noire, les images sont, toutes choses égales d'ailleurs, d'autant plus grandes que le foyer du verre lenticulaire est plus long ; et, pour une lentille donnée, la grandeur de l'image est à la grandeur de l'objet comme la distance de l'image au verre F est à la distance de l'objet à ce même verre. Mais plus le foyer du verre est long, moins la boîte est portative, car elle ne peut avoir une longueur moindre que celle du foyer de la lentille. Wollaston a remarqué que la forme la plus avantageuse pour les lentilles des chambres noires est celle d'un ménisque convexe vers l'image et concave vers les objets. D'un autre côté, des expériences faites avec soin semblent indiquer que le rapport des courbures le plus favorable est celui de 5 à 8. — Dans les cham-

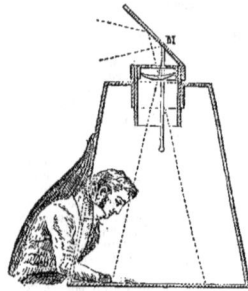

Fig. 3.

bres construites pour dessiner le paysage (Fig. 3), le miroir M est en dehors ; on l'incline et on le tourne à volonté pour prendre les vues sur tous les points de l'horizon. L'ouverture est fermée par un rideau noir, et, en se plaçant dessous, le dessinateur se trouve dans une obscurité complète. — La c. noire de Ch. Chevalier présente un perfectionnement notable sur la disposition précédente. Dans cette c., la lentille et le miroir sont remplacés par un gros prisme *a b c* (Fig. 4). L'une de ses faces étant plane, les autres ont une courbure telle que, par leurs réfractions combinées à l'entrée et à la sortie des rayons après réflexion sur la face plane, elles produisent l'effet d'une lentille convergente. Les rayons horizontaux émis par l'objet, après avoir pénétré dans le prisme, sont réfléchis par la surface plane, de façon à venir former une image plus petite sur le papier. Le foyer de cette espèce de lentille est de 1 mètre environ. La Fig. 5 représente la disposition générale de cette nouvelle c. noire.

    L'invention de la c. noire est généralement attribuée au Napolitain Jean-Baptiste Porta, en 1560 ; mais plusieurs auteurs en font honneur au célèbre Roger Bacon, mort en 1292. La c. noire fournit un spectacle très amusant, en ce qu'elle présente des images parfaitement semblables aux objets, et qu'elle en reproduit non seulement les couleurs, mais encore les mouvements, ce qu'aucune autre sorte de représentation ne peut faire.

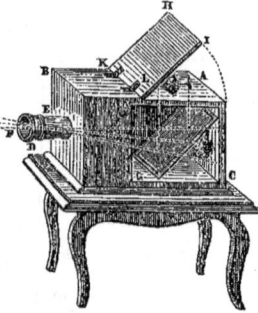

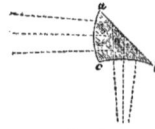

Fig. 4.

Elle facilite beaucoup le dessin, et abrège le travail du dessinateur ; enfin, elle est l'instrument essentiel de la photographie. Mais les chambres noires destinées à la photographie doivent être construites avec des soins tout spéciaux, tant pour éviter l'introduction de la lumière autrement

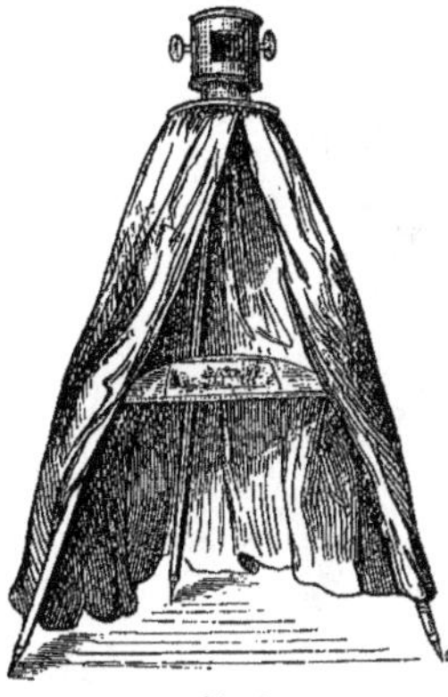

Fig. 5.

que par la lentille, qui reçoit le nom d'objectif, que pour assurer aux images la plus grande netteté et la plus grande perfection possible. Voy. OBJECTIF, PHOTOGRAPHIE.

Chambre claire. — La C. claire est un appareil d'optique qui sert à obtenir l'image exacte d'un paysage, d'un édifice, d'un objet quelconque pour en faciliter le dessin. Elle se compose essentiellement (Fig. 6) d'un prisme quadrangulaire *abcd*, ayant en *b* un angle droit, en *d* un angle obtus de 135°, et en *a* et *c* deux angles d'environ 67°,5 chacun. Ce prisme est supporté par un pied à tirage qui permet de le hausser et de l'abaisser à volonté; en outre, il peut tourner plus ou moins autour d'un axe parallèle à ses arêtes. La face *cb* est tournée vers l'ob-

Fig. 6.

jet dont on veut prendre le dessin : *rx*, par ex., étant l'axe d'un pinceau lumineux émané d'un point de cet objet, on voit que le rayon, après avoir pénétré perpendiculairement dans le prisme, est réfléchi d'abord en *r* sur *cd*, puis en *s* sur *ad*, et sort enfin perpendiculairement à la face *ab* près du sommet *a* du prisme. L'œil du dessinateur étant placé un peu au-dessus de cette face, de telle sorte que sa pupille soit en *pp'* (son milieu à peu près au-dessus du sommet *a*), il est évident : 1° que par la moitié antérieure de la pupille, il verra, par réflexion, l'image de l'objet *x* sur le prolongement *p's*; 2° que, par l'autre moitié de la pupille, il verra directement le point d'un carton horizontal sur lequel se projette cette image. Par conséquent, s'il cherche à suivre les contours de l'image avec un crayon à pointe très fine, il apercevra en même temps celle-ci et la pointe du crayon, de sorte qu'il pourra la dessiner avec la plus grande exactitude. Pour ne point se fatiguer la vue, il est bon d'employer des verres colorés afin de donner aux deux images à peu près le même éclat. — Cet ingénieux instrument a été imaginé par Wollaston, en 1804, perfectionné par Amici, en 1823, puis par nos habiles opticiens Vincent et Ch. Chevalier, et enfin par M. Laussedat. Le perfectionnement le plus important a consisté à placer au-dessus du prisme une lentille divergente qui a pour effet de donner des objets une image virtuelle située à la même distance de l'œil que le papier, d'où résulte un double avantage : 1° l'image se superpose exactement sur le papier; 2° les positions relatives de l'image et du papier sont indépendantes de la position de l'œil, de sorte que celui-ci peut se déplacer sans que l'image se déplace par rapport au dessin déjà fait.

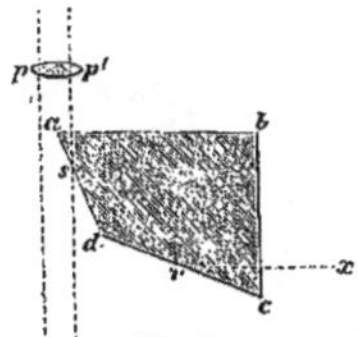

Aujourd'hui on remplace la lentille par une simple échancrure de forme convenable ménagée à la partie supérieure du prisme qui dévie les rayons de la même manière qu'une lentille convergente. La *c. claire* est beaucoup plus commode pour le dessin que la *c. noire*; mais son usage demande une certaine habitude, parce que l'image, au lieu de se plaquer exactement sur le papier comme celle de la *c. obscure*, est vue en relief comme les objets naturels.

On a construit des chambres claires qui peuvent s'adapter au microscope pour dessiner les images grandies fournies par cet instrument.

CHAMBRÉ, ÉE. adj. (R. *chambre*). Se dit des pièces d'artillerie qui ont des chambres.

CHAMBRÉE. s. f. (R. *chambre*). Certain nombre de soldats qui logent et mangent ensemble. *Les chambrées ont été de cinq à douze hommes.* || T. Théâtre. Se dit de la quantité des spectateurs et du produit de la recette. *Une c. complète. Une faible c.* || T. Techn. Chacune des différentes profondeurs d'une carrière d'ardoise.

CHAMBRELAN. s. m. (même mot que *chambellan*). Ouvrier qui travaille en chambre. Pop. et peu us. || Locataire qui n'occupe qu'une chambre dans une maison. Pop. et peu us.

CHAMBRER. v. n. (R. *chambre*). Être de la même chambrée. *Ces soldats chambrent ensemble.* Vx. — CHAMBRER. v. a. Tenir enfermé. *C. quelqu'un,* Le tenir enfermé par une sorte de violence ou de séduction, pour le faire jouer. || Fig. et fam. Tirer quelqu'un à l'écart, l'entretenir en particulier. *On l'a chambré pendant deux heures, mais rien gagner sur son esprit.* || T. Sellerie. Pratiquer dans une selle des vides qui doivent correspondre aux blessures d'un cheval. = CHAMBRÉ, ÉE. part.

CHAMBRERIE. s. f. (R. *chambrier*). Office d'économe dans certains monastères. || Juridiction attachée à l'ancien office de grand chambrier de France.

CHAMBRETTE. s. f. [Pr. *chambrète*]. Dimin. de *chambre*. Fam.

CHAMBRIER. s. m. (lat. *camerarius*). Certain officier claustral dans quelques monastères rentés et dans quelques chapitres. || *Grand c.,* se disait d'un des grands officiers de la couronne de France, qui avait l'intendance de la chambre du roi, etc. — *Grand c.* s'est dit aussi fam. d'un conseiller de grand'chambre.

CHAMBRIÈRE. s. f. (R. *chambre*). Femme de chambre. Ne se dit guère que par dénigrement. || T. Man. Bâton de trois ou quatre pieds de longueur au bout duquel est attachée une courroie, une longe de cuir pour châtier les chevaux. || T. Techn. Morceau de bois mobile placé sous le bras d'une charrette, en avant des roues, pour être placé verticalement et maintenir le brancard horizontalement.

CHAMBRILLON. s. f. [Pr. les *ll* mouillées] (R. *chambre*). Petite servante à gages peu élevés.

CHAMBRULE. s. m. (R. *champ* et *brûler*). T. Agric. Nom vulgaire du Charbon, maladie des blés. Voy. CÉRÉALES.

CHAME. s. f. (gr. χήμη, m. s.). T. Zool. Genre de mollusques bivalves. Voy. CHAMACÉS.

CHAMEAU. s. m. (lat. *camelus*, m. s.). T. Mam. et Mar. **Mam.** — Le *Chameau* est un grand mammifère de l'ordre des *Ruminants*, où il constitue le type du genre *Chameau* de Linné et de Cuvier, transformé en famille des *Camélidés* par les auteurs modernes. — Les espèces qui composent ce genre ou cette famille diffèrent essentiellement des autres animaux du même ordre, soit par l'ensemble de leurs formes et leur aspect extérieur, soit par plusieurs particularités remarquables de leur organisation. Elles portent des dents canines aux 2 mâchoires, ainsi que 6 incisives et 2 à la supérieure; les molaires sont au nombre de 18 ou 20. Leurs pieds sont bifurqués; mais au lieu de ce grand sabot aplati en côté interne qui enveloppe toute la partie intérieure de chaque doigt, et détermine la figure du pied fourchu des autres ruminants, ces animaux n'en ont qu'un petit, adhérent seulement à la dernière phalange et de forme symétrique, comme les sabots des pachydermes ; leurs pieds sont en outre munis de semelles calleuses. Leur lèvre supérieure renflée et fendue, la longueur de leur cou, la saillie de leurs orbites, la faiblesse de leur croupe, la disproportion des jambes avec le corps, font de ces animaux des êtres généralement assez désagréables à la vue ; mais leur sobriété singulière, la faculté qu'ils ont de passer plusieurs jours sans boire, et l'extrême

Fig. 1.

utilité dont ils sont pour l'homme sous une foule de rapports, mettent les camélidés au rang des animaux les plus précieux. La faculté qu'ils possèdent de pouvoir rester plusieurs jours sans boire tient sans doute à ce que les côtés de leur panse sont pourvus de grands amas de cellules cubiques disposées d'une manière assez régulière. Cet appareil, qui est exclusivement propre aux camélidés, a reçu le nom de réservoir, parce qu'il contient toujours une certaine quantité d'eau qui y semble mise en réserve. — Les camélidés se divisent en deux genres : le genre *Chameau* proprement dit, et le genre *Lama* ; nous ne parlerons ici que du premier.

Les *Chameaux* ont les doigts réunis en dessus jusque près de la pointe, par une semelle commune, et le dos chargé de loupes graisseuses. Cette semelle protège la partie inférieure du pied, et donne à l'animal une assiette solide lorsqu'il chemine dans les sables du désert (Fig. 3). Quant aux loupes graisseuses, quoiqu'elles donnent à ces animaux un aspect difforme et une tournure disgracieuse qu'augmente encore la laideur de la tête placée horizontalement à l'extrémité d'un long cou, et très petite par rapport au volume du corps, elles jouent un rôle des plus importants. En effet, lorsque les chameaux ne reçoivent pas une ration suffisante, on voit ces loupes ou *bosses* s'affaisser par suite de la résorption de la graisse qu'elles contiennent. La bosse, dans ce cas, se réduit à une peau flasque et vide flottant sur le dos ; mais elle redevient pleine et solide quand l'animal reçoit, sans excès de fatigue, une alimentation suffisante. La conformation des narines, qui consiste en deux fentes longues et étroites que l'animal peut fermer à volonté, et l'absence du mufle glanduleux, sont encore au nombre des particularités remarquables du c. ; l'avantage de cette disposition est d'ailleurs trop évident pour que nous en parlions.

Le genre *Chameau* ne comprend que deux espèces : le *C. à deux bosses* et le *C. à une bosse* ou *Dromadaire*. Les caractères généraux que nous venons d'indiquer appartiennent à toutes deux. Chez toutes deux la femelle porte un an ; elle allaite son petit pendant le même espace de temps. La chair des deux espèces, surtout celle des animaux abattus jeunes, est saine et mangeable, sans être très bonne ; le lait est de bonne qualité et plus abondant que celui de la vache, au moins chez les femelles qui ne souffrent pas du manque de vivres. Le poil qui recouvre inégalement le corps par touffes est de deux qualités différentes : l'une assez fine pour qu'on en puisse. fabriquer des tapis et toute sorte de tissus ;

l'autre grossière, mais très solide, dont les tribus nomades font l'étoffe de leurs tentes. Les différents sens, chez ces animaux, paraissent être d'une grande délicatesse, particulièrement l'odorat qui leur permet de sentir à plusieurs kilomètres de distance la présence de l'eau, lorsque, dans leurs longues marches à travers le désert, ils sont tourmentés par la soif.

Le *C. à deux bosses* (*Cam. bactrianus*) [Fig. 1] est un peu plus grand que le c. à une seule bosse. Sa hauteur moyenne est de 2 mètres à 2^{m}20. Sa couleur est d'un brun marron foncé. Le poil, presque crépu sur les bosses et à la partie supérieure du cou, est ras et lisse sur le reste du corps ; au-dessous du cou, il forme de longues mèches. Cette espèce est, à proprement parler, le c. des climats tempérés. Il craint peu le froid, et s'avance, sans paraître en souffrir, jusqu'aux confins de la Sibérie, sur les bords du lac Baïkal. Il supporte également bien la chaleur, puisqu'on le retrouve dans tout l'Hindoustan, où sa race fort affaiblie semble sur le point de s'éteindre par suite des réquisitions du gouvernement anglais, qui a enlevé presque tous les individus adultes du pays pour ses expéditions militaires.

Le *C. à une bosse* ou *Dromadaire* (*Cam. Dromedarius*) [Fig. 2] est répandu en Arabie, en Syrie, en Égypte et dans toute l'Afrique du Nord, de l'isthme de Suez à l'extrémité du Maroc. C'est, sans contredit, l'espèce que nous connaissons le mieux, surtout depuis la conquête de l'Algérie. Le c. à une bosse a les formes plus légères et moins massives que le c. bactrien. Il se distingue en plusieurs races assez différentes sous le rapport de la taille, des proportions, de la couleur et de la nature du pelage. Les unes sont presque nues, d'autres sont entièrement couvertes de poils longs et soyeux. Les teintes qu'elles présentent varient depuis le brun très foncé jusqu'au blanc. Le tempérament de cette espèce paraît être mieux approprié que celui de la précédente aux climats brûlants des déserts de l'Afrique et de l'Arabie. La sobriété proverbiale de cet animal est une vertu acquise par l'éducation. L'Arabe ne commence à exercer le c. qu'à l'âge de 4 ans ; jusque-là on l'exempte de travail ; néanmoins on s'en occupe constamment, et on lui fait souvent faire d'assez longs

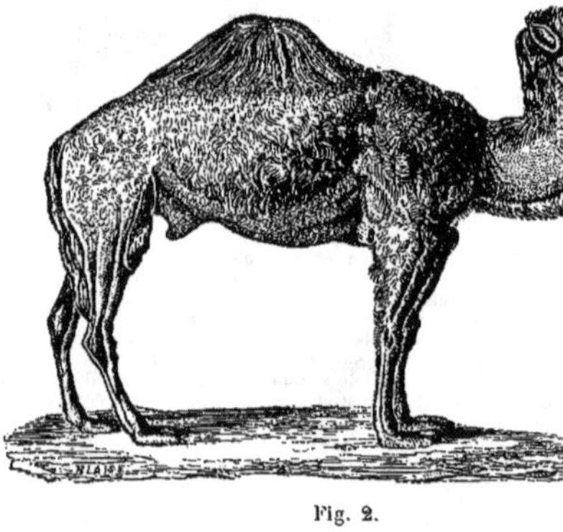

Fig. 2.

Fig. 3.

voyages, en compagnie de chameaux de course ou de charge. A 4 ans, on l'accoutume par degrés à porter des fardeaux de plus en plus pesants ; il est aussi graduellement habitué à se passer longtemps de boisson et d'aliments. La charge d'un c. de force ordinaire est de 400 à 500 kilogr. ; quelques-uns peuvent porter jusqu'à 600 ; mais, dans les longs voyages à travers le désert, on ne leur fait pas porter au delà de 300 kilogr., et leur journée de marche ne dépasse jamais 50 kilom. — Le c. de course, qui seul mérite le nom de *Dromadaire*, est appelé *Méhari* par les habitants de l'Arabie et de l'Égypte, et *Heïrie* par ceux du Maroc. C'est en habituant très jeunes les méharis à lutter de vitesse avec leurs mei.eurs chevaux, que les Arabes les rendent excellents coureurs. Dans le Maroc, on donne aux *Heïries* des noms différents qui expriment leurs degrés divers de rapidité à la course. Les plus communs ne font en un jour que trois journées de marche ordinaire : on les nomme *Talayés* ; ceux d'une qualité moyenne font en un jour sept journées, et se nomment *Sebuyés*; enfin, on en rencontre qui peuvent parcourir en un jour jusqu'à neuf journées : on les appelle *Tusuyés*; ces derniers sont excessivement rares et d'un prix très élevé.

La domestication du c., comme celle du chien et du cheval, remonte à une antiquité telle qu'il est impossible de lui assigner une époque fixe. On assure qu'il existe des chameaux sauvages, de la race à deux bosses, sur quelques points du grand désert de Cobi en Tartarie; mais comme les idées religieuses de certaines peuplades tartares leur font un devoir de donner la liberté à quelques-uns de leurs animaux domestiques dans des circonstances solennelles, il est très probable que les prétendus chameaux sauvages de Tartarie n'ont pas d'autre origine.

Marine. — On désigne sous le nom de *Chameau* un grand ponton qui sert à soulever un bâtiment pour le faire passer sur de petits fonds. Il représente un immense coffre, à fond plat; l'une de ses faces, destinée à s'appliquer le long du vaisseau, est façonnée de manière qu'elle a en creux ce que le vaisseau a en relief, de sorte que cette face peut s'adapter exactement à l'un des côtés du vaisseau. Cela posé, deux chameaux sont d'abord chargés d'eau et ensuite amenés le long des flancs d'un grand bâtiment, un de chaque côté. Ils s'y appliquent et s'y lient au moyen de forts cordages qui, passant par-dessous le vaisseau, sont reçus à bord des deux chameaux, où ils sont tendus de toute la puissance de nombreux cabestans. Quand les chameaux sont bien fixés aux flancs du navire on fait le vide de toute l'eau qu'ils contenaient; ils flottent plus légers et soulèvent le vaisseau, réduit à une faible calaison à cause de la grande surface des chameaux. Le vaisseau peut ainsi franchir des espaces où la faible profondeur de la mer ne lui permettrait pas de passer dans son état de calaison normale. Aussitôt que tout le système est arrivé dans une eau assez profonde, on détache les chameaux. Cet ingénieux appareil a été inventé par les Hollandais ; mais il a été beaucoup perfectionné par le baron Tupinier et par l'ingénieur Boucher.

CHAMÉCERISIER. s. m. Voy. CAMÉRISIER.

CHAMÉLAUCIÉES. s. f. pl. [Pr. *kamélocié*] (gr. χαμαί, à terre; λευκός, blanc). T. Bot. Tribu de végétaux de la famille des *Myrtacées*. Voy. ce mot.

CHAMELÉE. s. f. Charge d'un chameau.

CHAMELET. s. m. Jeune chameau.

CHAMELIER. s. m. (R. *chamel*, ancienne forme de *chameau*). Celui qui est chargé de conduire et de soigner les chameaux.

CHAMELLE. s. f. [Pr. *chamèle*]. La femelle du chameau.

CHAMELON. s. m. Le petit du chameau.

CHAMÉSIPHONÉES. s. f. pl. [Pr. *kamé-si-foné*] (gr. χαμαί, à terre; σίφων, siphon). T. Bot. Tribu d'Algues de la famille des *Nostocacées*. Voy. ce mot.

CHAMFORT, littérateur français (1741-1794), célèbre par son esprit; a laissé un grand nombre d'anecdotes. Citons, parmi les aphorismes les plus célèbres, les deux suivants :

« L'amour, tel qu'il existe dans la société, n'est que l'échange de deux fantaisies et le contact de deux épidermes. »

« La plupart des nobles rappellent leurs ancêtres à peu près comme les *cicerone* d'Italie rappellent Cicéron. »

CHAMILLART (MICHEL DE), contrôleur général des finances (1688-1709), et en même temps ministre de la guerre (1701-1710).

CHAMISSO, littérateur et naturaliste allemand, d'origine française, auteur de *Pierre Schlemihl ou l'Homme qui a perdu son ombre* (1781-1838).

CHAMITE. s. m. [Pr. *kamite*] (R. Cham). Nom des anciens Égyptiens et des peuples de même race, souche des anciens Libyens, des Berbères et des Kabyles.

CHAMITIQUE. adj. [Pr. *kamitique*] (R. Cham). Qui a rapport aux chamites. Les langues *chamitiques* se retrouvent encore dans le Nord de l'Afrique.

CHAMOIS. s. m. (anc. all. *gams*). Espèce d'antilope. || La peau préparée de cet animal ou toute espèce de peau préparée d'une certaine manière. Voy. CHAMOISAGE. || *Couleur c.*, Couleur d'un jaune très clair.

Mamm. — Le *Chamois* (*Rupicapra*) est la seule espèce d'antilope que possède l'Europe occidentale. Les cornes de cette espèce sont longues de 12 à 13 centim. et épaisses de 2 à 3 centim. à leur base : elles sont placées immédiatement au-dessus des orbites, dirigées d'abord verticalement, puis ensuite recourbées en arrière et comme en hameçon à leur sommet; enfin, elles sont marquées de stries longitudinales et d'anneaux transversaux peu apparents. Ces cornes existent chez les deux sexes.

Le pelage du c. change de couleur avec les saisons; il est gris cendré au printemps, fauve clair en été, et brun en hiver; mais, en tout temps, une bande brune ou noire naît de chaque côté au coin de la bouche, et vient finir en embrassant l'œil à la base des cornes. Il a du blanc des deux côtés à la croupe, depuis la queue jusqu'à la naissance des membres postérieurs. Le c. qui habite les Alpes diffère si peu de l'*Isard* qui habite les Pyrénées, que la plupart des auteurs regardent ce dernier comme une simple variété du premier. Le c. se rencontre aussi dans les montagnes de la Grèce et des îles de l'Archipel. Sa chair peut servir de nourriture, et son suif est de meilleure qualité que celui de la chèvre. Sa peau peut être employée comme fourrure; mais sa fermeté et sa souplesse la faisaient rechercher beaucoup autrefois pour les vêtements. L'industrie la réclame encore pour la fabrication des gants, des ceintures, etc.

Ceux qui ont vu paître des chèvres sur les rochers escarpés ont pu remarquer avec quelle facilité ces animaux se tiennent en équilibre et marchent sur les pentes les plus rapides; mais le c. est doué d'une agilité bien plus surprenante. Il franchit en bondissant les précipices les plus effrayants et se tient quelquefois immobile sur la pointe d'un rocher qui offre à peine une base appréciable à ses quatre pieds réunis. Aussi sa chasse offre-t-elle les plus grands périls. Les chiens ne sauraient y être employés. Quelques chasseurs ont raconté que l'animal, après les avoir conduits au sommet de rocs inaccessibles, se trouvant pressé de trop près, s'était rué sur eux afin de les précipiter dans l'abîme. Le c. vit par petites bandes. Sa voix ressemble au bêlement sourd d'une chèvre enroué ; mais lorsqu'il est averti par son odorat ou par son ouïe, qui est extrêmement délicate, de la présence de quelque ennemi qu'il ne voit pas, il fait entendre un sifflement aigu rendu par les narines. A ce signal, la petite troupe prend aussitôt la fuite. Les mâles, excepté au moment du rut, se tiennent ordinairement isolés des femelles. Celles-ci portent six mois et ne mettent bas qu'un petit à la fois. La durée de la vie du c. paraît être de vingt à trente ans.

CHAMOISAGE. s. m. (R. *chamoiser*). T. Techn. Opération qui a pour objet de donner aux peaux de la souplesse et du moelleux. On employait autrefois pour cette industrie la peau du chamois, qui est très fi.c; mais toute espèce de peau est susceptible d'être chamoisée ; la presque totalité de ce qui se fait en chamois est fabriqué avec des peaux de mouton et d'agneau. La peau fraîche est d'abord trempée dans l'eau de rivière et grattée, puis *mise en confit* dans un bain de son, pendant un temps qui varie de un à trois jours, et enfin tordue ou comprimée pour en chasser l'eau. Alors commencent les opérations du c. proprement dit, qui consistent essentiellement à soumettre les peaux à l'action de l'huile pendant plus d'un mois. Les huiles de morue et de baleine sont préférables aux huiles végétales. On étale les peaux sur une table ; on étend l'huile dessus avec la main ; puis on empile les peaux, on les replie en quatre et on les porte sous les maillets des foulons, pour faire pénétrer l'huile dans l'intérieur. Cette opération est répétée plusieurs fois ; après quoi, les peaux sont dégraissées à l'eau chaude et à la lessive de soude ou de potasse. Enfin, les peaux sont *étendues*, *séchées* et *polissonnées*, c.-à-d. passées sur une lame de fer qui les gratte et les distend dans le sens de la largeur.

CHAMOISER. v. a. (R. *chamois*). Préparer une peau à la façon de la peau de chamois.

CHAMOISERIE. s. f. (R. *chamoiser*). Lieu où l'on prépare les peaux dites de chamois. || La marchandise confectionnée par le chamoiseur.

CHAMOISEUR. s. m. Ouvrier qui prépare les peaux dites de chamois.

CHAMOISITE. s. f. (R. *Chamoison*, nom de lieu). T. Minér. Silico-aluminate de fer, employé comme minerai de fer. Voy FER.

CHAMONIX ou **CHAMOUNY**, ch.-l. de c. (Haute-Savoie), arr. de Bonneville, 2,500 hab. ; voisin du Mont-Blanc. La vallée de Chamonix, très fréquentée des touristes et des naturalistes, est à environ 1,000 mètres au-dessus du niveau de la mer ; l'altitude du Mont-Blanc est de 4,810 mètres.

CHAMOUX, ch.-l. de c. (Savoie), arr. de Chambéry, 1,300 hab.

CHAMP. s. m. (lat. *campus*, m. s.). Étendue, pièce de terre labourable, qui d'ordinaire n'est pas fermée de murailles. *C. fertile*, *stérile*; Labourer, cultiver, fumer, semer, moissonner un c. — Par métaphore, on dit *cultiver, féconder le c. de l'histoire*. — En plein c., Au milieu de la campagne, loin de toute habitation. — *C. de Mars*, Lieu consacré à des exercices militaires. — *C. de mars* et *C. de mai*, se disent de certaines assemblées que les chefs de la nation franke tenaient au mois de mars ou de mai, pour s'occuper des affaires de l'État. — *C. du repos*, Cimetière. Voy. REPOS. = *Champs*, au pl., se dit indistinctement de toutes sortes de terres, tant terres labourables que prés, bois, bruyères, etc. *Mener les brebis aux champs*. — *Ne fait guère bon aux champs dans cette saison. Fleurs des champs*. — *A travers champs*, Hors des routes battues. *Prendre, aller à travers champs*. — Fam., *Courir les champs*, Errer à travers la campagne. Voy. COURIR. — *Se sauver à travers champs*, se dit d'une personne qui essaye, par différents propos, d'échapper à une question pressante. — *Champs Élysées, Élysiens* ou *Élyséens*, Paradis chez les païens. — *Champs-Élysées*, Célèbre promenade, aujourd'hui la première de Paris. Voy. ÉLYSÉE. || Se dit aussi de tous les lieux qui ne sont point dans les villes ou dans les faubourgs. *Maison des champs*. *Il demeure aux champs*. *Il est allé aux champs*. — *Être aux champs et à la ville*, Loger à l'extrémité d'un faubourg ou habiter une maison de ville où il y a un grand jardin. — Fig. et fam., *Un rien le met aux champs*; *Il se met aux champs pour la moindre des choses*, se dit de quelqu'un qui se fâche ou qui s'inquiète aisément. On dit dans un sens anal., *Être aux champs*. — Fig. et fam., *Prendre la clef des champs*, Devenir libre, aller où l'on veut. Voy. CLEF. — *Avoir un œil aux champs*, Veiller à tout avec soin. Voy. ŒIL. || T. Milit. *Battre aux champs*, Battre le pas ordinaire, soit pour rendre les honneurs, soit pour se mettre en marche. = *La garde bat aux champs*. = *C. de bataille*, au sing., se dit de la place où combattent deux armées. *Il est demeuré maître du c. de bataille*. *Le c. de bataille lui est demeuré*. En poésie et dans le style élevé, on dit dans le même sens : *Le c. d'honneur*; *Le c. ou Les champs de Mars*, etc. — Fig. et fam., *Il a bien pris ou bien choisi son c. de bataille*; *Le c. de bataille lui est*

demeuré. Voy. BATAILLE. || *C. clos*, Lice, lieu enfermé de barrières, dans lequel deux ou plusieurs personnes vidaient autrefois leurs différends par les armes, avec la permission du prince ou du magistrat. *C. clos*, s'employait aussi en parlant des tournois. Dans les combats en c. clos, soit réels, soit simulés, lorsqu'ils avaient lieu à cheval, on disait *Prendre du c.*, pour prendre de l'espace afin de mieux fournir sa carrière. || Fig., *Champ*, se dit pour carrière ou pour sujet, occasion. *Voilà un beau c. pour acquérir de la gloire*. *Un vaste c. s'ouvre devant lui*. — *Laisser à quelqu'un le c. libre*, Ne point s'opposer à ses prétentions, ne point se mettre en concurrence avec lui. *Avoir le c. libre*, Avoir la liberté de faire une chose. *Rien ne vous empêche de partir, vous avez le c. libre*. On dit dans un sens analogue, *Donner un libre c. à son imagination, à sa colère, à sa fureur*, etc. || Fig., Le fond sur lequel on représente quelque chose. *Le c. d'un tableau, d'une médaille, d'un écusson*. *Les armes de France étaient trois fleurs de lis d'or en c. d'azur*. || *C. de force*, *C. électrique*, *C. magnétique*, L'étendue où s'exerce l'action d'une force quelconque, les forces électriques ou magnétiques. || T. Phys. *C. des instruments optiques*, L'étendue dans laquelle doit être compris un objet pour que son image soit vue dans l'instrument. *La lunette de Galilée a un c. beaucoup plus étendu que la lunette à oculaire convergent*. On construit aujourd'hui des appareils photographiques remarquables par la grande étendue de leur c. = SUR-LE-CHAMP. loc. adv. Sur l'heure même, sans délai. *Répondre sur-le-c.* — *Prêcher, haranguer, parler sur-le-c.*, Sans préparation. = A TOUT BOUT DE CHAMP. loc. adv. et fam. A chaque instant, à tout propos. *Il retombe dans la même faute à tout bout de c.*

CHAMP. s. m. (Vx fr. *cant*, côté). La partie la plus étroite d'une pièce de bois, de brique, etc. *Mettre de c.*, *poser de c. des briques, des pierres, des solives*, Les mettre, les poser sur leur face la moins large. || T. Méc. *Roue de c.*, Roue qui a des dents perpendiculaires au plan de rotation. Voy. ENGRENAGE. — Ce mot devrait s'écrire *chant*. *Champ* est une faute grossière consacrée par l'usage et par l'Académie.

CHAMPAGNAC-DE-BÉLAIR, ch.-l. de c. (Dordogne), arr. de Nontron, 1,000 hab.

CHAMPAGNE. s. f. T. Blas. Pièce d'armoiries qui occupe au bas de l'écu un quart de sa hauteur. Voy. HÉRALDIQUE. || T. Teint. Cercle de fer garni d'un filet empêchant les étoffes de toucher au fond de la cuve à pastel. || T. Agric. Terres dont la couche végétale repose sur un tuf crayeux.

CHAMPAGNE, anc. prov. de France (autrefois Champaigne, de *Campania*, campagne, plaines), cap. *Troyes*. A formé les départements de la Marne, de la Haute-Marne, de l'Aube et des Ardennes, et une partie des départements de l'Yonne, de l'Aisne, de Seine-et-Marne et de la Meuse. Nom des hab. : CHAMPENOIS, OISE.
Après la chute de l'empire romain, la Champagne se forma des Rèmes, ou habitants du territoire de Reims, et des Lingons, habitants du territoire de Langres. C'est sous le règne de Sigebert qu'on voit paraître le premier duc de Champagne, Loup. On voit plus tard, en l'an 958, le comte de Vermandois s'emparer de Troyes et prendre le titre de comte de Champagne. L'histoire mentionne ensuite la lignée d'Eudes, qui commence en 1130 : THIBAUT II, HENRI II, THIBAUT IV, THIBAUT V et HENRI III. En 1285, à l'avènement de Philippe le Bel, la Champagne fut unie à la couronne de France : Philippe le Bel avait épousé Jeanne, fille de Henri III.
La région sud-ouest de la Champagne, celle qui faisait partie du diocèse de Langres, est toujours restée bourguignonne ou, pour mieux dire, romaine, et le patois du pays en garde encore des traces. Le pays montueux et fleuri est d'ailleurs tout différent des vastes plaines de la Champagne.

CHAMPAGNE. s. m. Vin mousseux récolté dans les vignobles de l'ancienne Champagne. La plupart des vins vendus sous le nom de champagne sont aujourd'hui fabriqués avec des vins blancs de provenance variée, additionnés d'une proportion plus ou moins grande de vin de Champagne. Voy. VIN. || *Fine-champagne*, Eau-de-vie des environs de Cognac, et par abus, toute eau-de-vie de qualité supérieure.

CHAMPAGNE, pays de France, voisin de Cognac ; célèbre par ses eaux-de-vie.

CHAMPAGNE ou **CHAMPAIGNE** (Philippe de), célèbre peintre flamand, né à Bruxelles (1602-1674). Sa famille était originaire de Reims et il passa presque toute sa vie à Paris.

CHAMPAGNE-MOUTON, ch.-l. de c. (Charente), arr. de Confolens, 1,300 hab.

CHAMPAGNEY, ch.-l. de c. (Haute-Saône), arr. de Lure, 4,200 hab.

CHAMPAGNISER. v. a. Voy. Champaniser.

CHAMPAGNOLE, ch.-l. de c. (Jura), arr. de Poligny, 3,600 hab.

CHAMPAGNY (J.-B. de), duc de Cadore (1756-1834), fut ministre de l'intérieur sous Napoléon Iᵉʳ en 1804, et des relations extérieures de 1807 à 1811. ‖ Franz de Champagny, fils du précédent (1804-1880), historien, publiciste, fut membre de l'Académie française.

CHAMPANA. s. f. Sorte de navire chinois.

CHAMPANISER ou **CHAMPAGNISER**. v. a. (R. champagne). Préparer du vin blanc à la façon du vin de Champagne pour le rendre mousseux. — Champanisé, ée, ou Champagnisé, ée. part. *Vin champanisé.*

CHAMPART. s. m. (lat. *campi pars*, part du champ). T. Jurispr. féod. Droit que les seigneurs de fief avaient, en quelques lieux, de lever une certaine quantité de gerbes sur les terres qui étaient en leur censive.

CHAMPARTER. v. a. Exercer le droit de champart. *C. une terre.* = Champarté, ée. part.

CHAMPARTEUR. s. m. Celui qui levait le champart au nom du seigneur.

CHAMPAUBERT, village de France (Marne), où Napoléon fut vainqueur des alliés le 10 février 1814.

CHAMPAYE s. f. (R. champ). Bois ruiné par le pâturage du bétail; champ inculte qui se couvre de bouleaux, de genêts, de bruyère, dans les Dombes.

CHAMPDENIERS, ch.-l. de c. (Deux-Sèvres), arr. de Niort, 1,400 hab.

CHAMPÉAGE. s. m. (R. champ). Droit que quelques communes ont encore de faire paître leurs bestiaux sur des terrains vagues.

CHAMPEAUX. s. m. pl. (R. champ). Prés, prairies. Vx.

CHAMPEAUX (Guillaume de), philosophe scolastique, le maître, puis l'adversaire d'Abailard, mort en 1121.

CHAMPEIX, ch.-l. de c. (Puy-de-Dôme), arr. d'Issoire, 1,700 hab.

CHAMPENOIS. s. et adj. Habitant de la Champagne, qui appartient à la Champagne. Loc. prov. *99 moutons et un Champenois font 100 bêtes.* Sous la domination romaine, le principal revenu de la Champagne consistait en troupeaux de moutons qui payaient au fisc un impôt en nature. Pour favoriser le commerce, on exempta de la taxe les troupeaux au-dessous de 100 bêtes. Mais on s'aperçut bientôt que les Champenois avaient composé leurs troupeaux de 99 moutons. Le gouverneur de la province ordonna qu'à l'avenir le berger de chaque troupeau serait compté pour un mouton et payerait comme tel. L'anecdote remonte aux Romains, ou tout au moins à Thibaut IV.

CHAMPER. v. a. Jeter le bois sur la grille, dans une saline.

CHAMPÊTRE. adj. 2 g. (lat. *campestris*, m. s.; de *campus*, champ). Qui appartient, qui a rapport aux champs. *Travaux champêtres. Vie c. Maison, lieu, séjour c. Musique c.* — *Garde c.*, Agent chargé de la garde des propriétés rurales. Voy. Garde. ‖ T. Mythol. *Dieux, divinités champêtres,* Les divinités qui présidaient aux biens de la terre.

CHAMPEUR. s. m. Ouvrier qui champe dans une saline.

CHAMPFLEURY (Jules Husson-Fleury, dit), littérateur français (1821-1889).

CHAMPI. s. m. (R. champ). Nom donné dans le Poitou aux enfants naturels, comme s'ils étaient sortis des champs.

CHAMPIGNON. s. m. (bas-lat. *campinio*, de *campus*, champ). Nom d'une classe nombreuse de végétaux cryptogames. — Fig. et prov., *Il est venu en une nuit comme un c.*, se dit d'un homme qui s'est élevé en très peu de temps. ‖ Support ordinairement de bois, dont le haut a la forme d'une calotte hémisphérique, et sur lequel on pose des chapeaux ou des bonnets de femme, des perruques, etc. ‖ Sorte de bouton qui se forme au lumignon d'une chandelle, ou à une mèche qui brûle. ‖ T. Méd. Se dit de certaines excroissances de chair spongieuses qui se forment dans les plaies, etc.

Bot. — Les *Ch.* sont des plantes thallophytes dépourvues de chlorophylle, la plupart du temps terrestres, rarement aquatiques, vivant en *saprophytes* sur les matières organiques en voie de décomposition, ou en *parasites* dans le corps des animaux et des végétaux vivants. Le thalle des Champignons est toujours fort simple. Tantôt il est continu, sans cloisons (*Mucor*), tantôt cloisonné en cellules qui sont

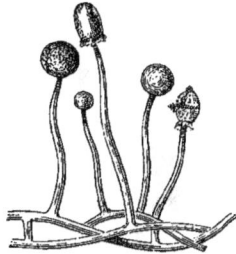

Fig. 1.

superposées en filaments grêles, que l'on désigne sous le nom de *mycélium*. Le thalle peut être *homogène* et se réduire à de simples filaments mycéliens; ou bien il peut être *hétérogène* et se composer alors de deux parties : un mycélium

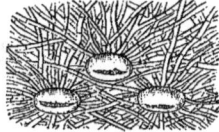

Fig. 2.

et un *stroma* qui n'est autre chose qu'une portion massive de forme diverse provenant de l'union d'une plus ou moins grande quantité de filaments mycéliens. Ce stroma, à son tour, peut durcir et subérifier les membranes de ses cellules superficielles, se dessécher et constituer un corps de consistance cornée, auquel on donne le nom de *Sclérote* (*ergot de seigle*). Mycélium, stroma et sclérote sont les trois états sous lesquels peut se présenter le thalle des Champignons. [Fig. 1. *Mucor mucedo;* 2. *Antennaria lævigata.*]

Organes reproducteurs. — Les Champignons se reproduisent au moyen de spores ou bien par œufs, éléments reproducteurs provenant de la fusion d'un élément mâle avec un élément femelle. Les spores sont ordinairement simples, c.-à-d. formées par une seule cellule à parois minces, transparentes et incolores. Leur forme varie beaucoup : elle est souvent globuleuse, quelquefois fusiforme, linéaire, etc. Parfois les spores sont composées de plusieurs cellules (spores *septées* ou *cloisonnées*), et dans ce cas les cellules sont placées bout à bout, ou serrées les unes contre les autres, sans ordre apparent. La surface des spores peut être lisse ou hérissée, et

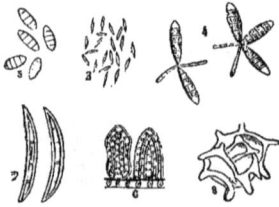

présenter même des appendices de formes très diverses. [Fig.3. *Fusidium flavovirens;* 4. *Prosthemium betulinum;* 5. *Stilbospora macrosperma;* 6. *Dictyosporium elegans;* 7. *Fusoma glandarium;* 8. *Tuber magnatum* (Truffe du Piémont).] — Ces spores sont produites par une portion du thalle plus ou moins différenciée, de forme et de complication très diverses, qui constitue l'appareil sporifère. Tantôt elles naissent dans une cellule particulière nommée *Sporange*, de forme globuleuse, ovoïde ou allongée, où elles sont contenues en nombre défini ou indéfini. Lorsque ce nombre est défini,

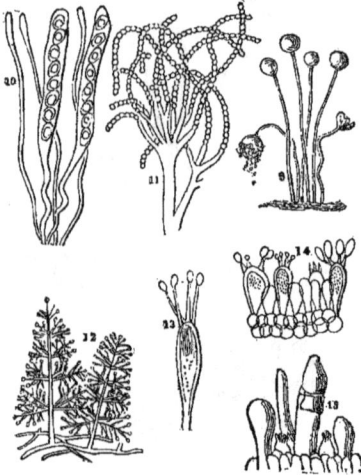

il est de 4, 6 ou plus généralement de 8: alors les sporanges sont plus ou moins allongés, et les spores sont placées régulièrement l'une au-dessous de l'autre. Quand il est indéfini, le sporange est globuleux et les spores y sont *agglomérées* sans ordre. Dans ce premier cas, les spores sont *endogènes.* [Fig. 9. *Mucor caninus* (voy. aussi Fig. 1); 10. Sporanges allongés et entremêlés de paraphyses d'*Helvella elastica.*] — Tantôt les spores se développent à l'extérieur: elles sont *exogènes,* et dans ce cas il peut se faire qu'elles soient portées sur des portions quelconques du thalle ou bien sur des cellules particulières qui portent le nom de *basides.* Au sommet de celles-ci se développent une ou plusieurs pointes aiguës (*Stérigmates*) qui s'allongent et portent autant de spores à leur extrémité. Le plus souvent ces pointes sont au nombre de 4, et la baside alors est dite tétraspore; elle est monosporée quand elle n'est surmontée que d'une seule pointe.

[Fig. 11. *Rhodocephalus candidus;* 12. *Acrostalagmus cinnabarinus;* 13. *Agaricus clixus,* baside; 14. *Agaricus semiovatus,* basides, avec spores à divers degrés de développement.] — Les basides peuvent être isolées ou serrées les unes contre les autres de manière à former une sorte de tissu, que l'on appelle *Hyménium.* Dans ce cas, elles sont souvent entremêlées d'autres cellules saillantes, simples ou rameuses, formant des espèces de villosités à la surface de l'hyménium. Ce sont les *Paraphyses* et les *Cystides* [Fig. 15. Hyménium d'*Agaric* avec plusieurs cystides.] Le thalle peut porter plusieurs sortes de spores; mais parmi ces diverses sortes il en est une qui ne manque jamais et qui conserve toujours ses caractères: ce sont les véritables spores. Aux autres, qui manquent souvent et dont les caractères varient beaucoup dans des plantes très voisines, on donne le nom de *Conidies.*

L'appareil sporifère se présente tantôt sous un état très simple, tantôt au contraire d'une façon très compliquée. Il constitue alors cette partie du Ch. qui s'offre à nos regards sous des formes et des couleurs si variées, et à laquelle on donne vulgairement le nom exclusif de Ch., parce que c'est, en général, la seule apparente. Il représente alors une masse plus ou moins volumineuse, de consistance charnue, spongieuse, gélatineuse ou coriace, dont la forme souvent bizarre varie à l'infini. L'une des plus communes est celle de parasol; mais on le rencontre fréquemment sous celle de

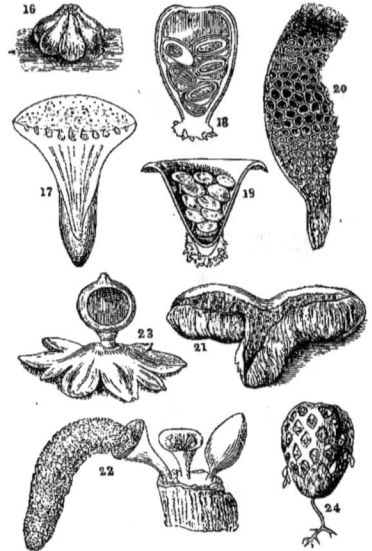

boule, de godet, de massue, d'éventail, d'arbuste plus ou moins ramifié, etc. Les organes reproducteurs sont contenus dans son intérieur ou situés à sa surface. Dans le premier cas, ils sont renfermés dans des cavités (*Conceptacles*) formées, soit par de simples lacunes du parenchyme, soit par des espèces d'organes particuliers libres, ou plus ou moins soudés entre eux, auxquels ce nom de *Conceptacles* a été plus particulièrement réservé par certains auteurs Sous cette dernière forme, les conceptacles représentent des corps creux de consistance charnue ou cornée et de forme arrondie, ovale ou lagéniforme, et entièrement clos ou seulement ouverts au sommet, tantôt par un petit trou appelé *Ostiole,* tantôt par une fente longitudinale. Ils peuvent être sessiles ou pédicellés, réunis ou plus ou moins grand nombre et groupés de différentes manières, de façon à offrir les apparences les plus variées. Quand ils sont placés à la superficie du réceptacle, celui-ci ne reçoit pas de nom particulier ; mais quand il représente une cavité ouverte seulement au sommet ou entièrement close, dans l'intérieur de laquelle sont accumulés des conceptacles libres ou entièrement soudés, il prend le nom de *Péridium*. [Fig. 16. *Sphæria convergens* ; 17. *Hypoxylon punctatum*, coupe verticale ; 18. *Cyathus striatus*, coupe verticale avant l'ouverture du péridium ; 19. Coupe du même après l'ouverture du péridium, pour montrer les conceptacles libres qu'il renferme ; 20. *Polysaccum crassipes*, coupe pour montrer les conceptacles soudés ; 21. *Angioridium sinuosum* ; 22. *Arcyria flava*, montrant la gléba qui s'échappe du péridium au moment de la déhiscence.] — Le péridium peut être simple ou double. c.-à-d. entouré lui-même d'une enveloppe générale ou péridium externe, qui, à une certaine époque du développement du Ch., se déchire d'une manière régulière ou irrégulière. [Fig. 23. *Geastrum multifidum*, montrant son péridium interne coupé et son péridium externe déchiré régulièrement en plusieurs lanières.] Lorsque les organes de la reproduction sont situés à la surface de l'appareil sporifère, celui-ci peut être plan, globuleux, en massue, en parasol, rameux, représenter une coupe plus ou moins profonde, se creuser d'alvéoles, se découper à jour comme une dentelle, et former une sorte de cage, comme dans le *Clathre grillé* (*Clathrus cancellatus*) [Fig. 24], etc. Il peut aussi être enveloppé d'une *Volva*, comme dans les Bolets, les Agaries, etc. — Dans les Ch. à organes de reproduction extérieurs, la surface fructifère ou hyménium peut offrir des formes aussi variées que l'appareil sporifère lui-même. Chez les *Agaries*, il est constitué par des lames rayonnantes, et chez les *Bolets*, par des tubes ouverts à l'extérieur, les uns et les autres situés à la face inférieure du chapeau. C'est à la surface de ces lames et à l'intérieur de

ces tubes que sont placés les organes reproducteurs constitués chez ces Champignons par des basides. [Fig. 28. Tube de *Bolet* avec son hyménium.]

Dissémination des spores. — Elle a lieu de plusieurs manières. Quand les organes de reproduction sont extérieurs, son mécanisme est des plus simples. En effet, ou les spores naissent des filaments qui constituent le Ch., et alors elles se détachent de ces filaments à l'époque de la maturité ; ou bien elles naissent au sommet des basides, et dans ce cas encore elles n'ont qu'à se séparer de leur support ; ou bien, enfin, elles sont contenues dans des sporanges, et alors elles sont mises en liberté, soit parce que la membrane qui forme le sporange se déchire irrégulièrement, soit parce qu'elle se sépare en deux parties, dont l'une se détache et représente une sorte d'opercule. — Lorsque les organes reproducteurs sont renfermés dans l'appareil reproducteur, voici ce qui se passe : quand les conceptacles ne sont pas contenus dans un péridium, les spores s'échappent soit par la déchirure des membranes qui composent les conceptacles, soit par l'ouverture qui existe à leur sommet. Lorsque les conceptacles sont renfermés dans un péridium, s'ils ont chacun une ouverture, et que toutes ces ouvertures communiquent avec celle qui existe au péridium, les spores, à leur maturité, s'échappent par ces ouvertures. Mais lorsque les conceptacles sont tellement unis qu'ils forment avec le péridium une masse unique et alvéolée, ou bien toute cette masse se détruit et s'échappe sous forme de poussière par une ouverture du péridium, qui lui-même persiste, ou bien le tout se détruit en même temps.

Développement des Champignons. — Lorsqu'une spore ren-

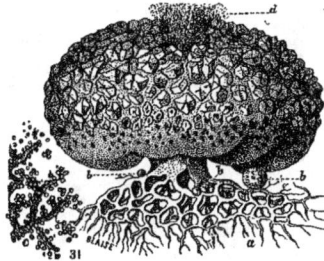

contre un milieu favorable à sa germination, il naît bientôt de divers points de sa surface des filaments rampants, qui se divisent, s'anastomosent et finissent par former un tissu plus

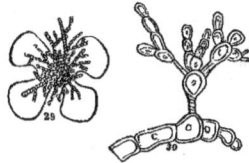

ou moins épais : c'est le *Mycélium*. [Fig. 29. *Antennaria Robinsonii*, évolution d'une spore ; 30. Portion des filaments d'une spore en germination.] Un peu plus tard, on voit de distance en distance se manifester des nœuds, des renflements. des tubercules : ce sont les rudiments des organes de la fructification qui se développent toujours sur différents points du mycélium, tantôt solitaires, tantôt plusieurs ensemble. En grossissant, ces renflements ou tubercules changent d'aspect, et des phénomènes divers se passent dans leur intérieur suivant l'espèce à laquelle ils appartiennent. Dans certains Champignons, le tubercule, après avoir acquis tout son développement, se recouvre de filaments portant chacun une spore à leur extré-

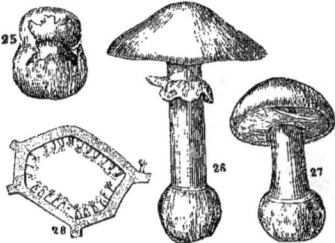

mité. Chez d'autres, chez les *Pézizes*, par ex., on le voit se creuser en une coupe plus ou moins profonde dont l'intérieur se tapissera de sporanges ; chez d'autres (*Agaries*, *Bolets*), le tubercule [Fig. 25] donne naissance à un long pédicule surmonté d'un chapeau portant les organes de la fructification [Fig. 26] ; chez d'autres, enfin, son tissu se creuse d'une multitude de lacunes, puis du pourtour de chacune d'elles naissent des basides tétrasporées. [Fig. 31. *Lycoperdon verrucosum* : a, mycélium ; b, b, b, tubercules ; d, gléba s'échappant de l'ouverture du péridium.] — Une autre particularité mérite également d'être signalée : nous voulons parler de la faculté que possède le mycélium de revivre après avoir été complètement desséché. C'est sur cette aptitude qu'a le mycélium de revivre et de se multiplier indéfiniment qu'est fondée la culture du c. comestible. Quelques-uns végètent sous la terre, et fructifient soit dans l'intérieur même du sol, comme les Truffes, soit à sa surface, comme les Agaries, les Bolets, etc.

Distribution géographique des Champignons. — Les Champignons connus et décrits habitent, pour la plupart, les régions extra-tropicales. Un fait remarquable dans la distribution géographique de ces végétaux, c'est que, quand les climats sont analogues et que le thermomètre s'élève au même degré moyen dans les saisons qui se correspondent, il y a, pour ainsi dire, identité entre les Champignons des parties du monde les plus éloignées. Ainsi, par ex., l'Amérique du Nord produit la plus grande partie des espèces européennes, avec quelques autres qui lui sont propres. On y rencontre, entre autres, des centaines d'espèces des genres *Sphæria* et *Agaric*, identiquement les mêmes que chez nous. On a retrouvé à Java, en

Tasmanie et en Australie, le curieux genre *Mytromices*, qu'on croyait particulier à l'Amérique du Nord. La même ressemblance existe à peu près partout dans l'hémisphère du Sud. Dans l'île de Juan-Fernandez, explorée avec tant de soin par Bertero, c'est à peine si les espèces diffèrent de celles d'Europe. Il en est de même pour la flore de la Nouvelle-Zélande et de l'Australie; et quoique les Champignons de ces pays aient souvent des formes insolites et que quelques-uns appartiennent à des genres qui n'ont pas encore été trouvés en Europe, les espèces sont en grande partie identiques avec les nôtres. La mycologie d'Afrique offre une remarquable variété de formes, surtout dans la famille des *Gastromycètes* qui commencent à se montrer dans le midi de l'Europe, aux environs de Marseille; ces Champignons abondent au cap de Bonne-Espérance et forment une partie importante des espèces trouvées sur les bords de la rivière des Cygnes, dans l'Australie occidentale. Le genre *Clathrus*, bien qu'il soit inconnu sous les latitudes très septentrionales, occupe un espace géographique très étendu. Une ligne partant de l'île de Wight et passant à travers l'Allemagne marque ses limites au nord. On en trouve deux espèces en Australie, près de la rivière des Cygnes, et une autre espèce magnifique est commune à la Nouvelle-Zélande, où les naturels s'en nourrissent. On voit par là que les limites de cette classe de végétaux sont bien loin d'être définies, comme celles des plantes phanérogames.

Classification des Champignons. — Nous diviserons les Champignons en 6 ordres:

1° MYXOMYCÈTES. Thalle cloisonné en cellules qui s'éparpillent après chaque cloisonnement et qui sont dépourvues de cellulose. — 2° OOMYCÈTES. Thalle continu, dépourvu de cloison, et produisant des œufs par des procédés divers. — 3° URÉDINÉES; 4° USTILAGINÉES. Ces 2 groupes comprennent des Champignons qui sont parasites des végétaux terrestres. — 5° BASIDIOMYCÈTES. Spores portées sur des basides. — 6° ASCOMYCÈTES. Spores renfermées dans des sporanges spéciaux qui ont reçu le nom d'*Asques*. Voy. ces 6 mots.

On comprendra facilement que nous ne pouvons publier ici une monographie des Champignons; il nous suffit de donner une idée assez exacte et aussi nette que possible de cette classe de végétaux. Il nous reste à les envisager au point de vue pratique, c.-à-d. à les considérer comme plantes utiles ou nuisibles à l'homme.

Champignons alimentaires. — Cette classe de végétaux renferme un grand nombre d'espèces qui constituent un aliment excellent, d'une saveur agréable et très nutritif, parce qu'il contient beaucoup d'azote. On peut seulement, si l'on en mange avec excès, se donner des indigestions plus ou moins graves, bien souvent prises à tort pour des symptômes d'empoisonnement. Les Champignons comestibles appartiennent presque tous aux groupes des Hyménomycètes et des Ascomycètes, et aux genres *Agaric*, *Bolet*, *Clavaire*, *Mérule*, *Helvelle*, *Morille* et *Truffe*.

On peut les ranger en 3 catégories:

1° *Espèces très recommandables.* — L'Oronge vraie, le C. de couche, le C. sanguinolent, la Grande Coulemelle, le Grand Coprin (très jeune), le Mousseron, le Lactaire sanguin, la Vachette, l'Oreille du Peuplier, l'O. de Chardon, la Souchette, la Corne d'abondance du Chêne, la Girole ou Chanterelle, la Chanterelle pourprée, le Faux Mousseron, la Nonnette voilée ou Cèpe jaune, le Cèpe pleureur, le C. d'été et le C. d'automne, le C. bronzé, la Croquette des sapinières, le Hérisson, les Morilles, la Morillette blanche et la M. brune, les Truffes noires.

2° *Espèces recommandables à divers titres.* — L'Oronge vineuse, la Volvaire livide, les Boules de neige, la Coulemelle bâtarde, la petite Coulemelle, la C. chauve, la Caussetta de Nice, le C. du Peuplier, les Pivoulades, la Peuplière, le Précoce, la Colombette, le gros et le Petit Pied bleu, le Mousseron d'automne, la Langue de Carpe, le Mousseron des haies, le Prérat, le Palomet, le Charbonnier, le Rougillon, le Cèpe orangé, etc.

3° *Espèces recommandables.* — L'Oronge blanche, la Volvaire orangée, la grande Souchette, l'Améthyste, le Lactaire poivre blanc, la Russule pourprée, le Virginal, la Langue de bœuf ou Fistuline, les Coralloïdes jaune et pourpre, les Lycoperdons, la Morille bâtarde, les Pézizes, etc.

A Paris et dans les grandes villes de France, on peut manger avec confiance les Champignons de couche ou de prairie, parce que, avant de figurer sur les marchés, ils sont inspectés avec beaucoup de soin par des hommes très compétents. A la campagne, il faut se défier de tous ceux que l'on ne connaît pas parfaitement, parce que diverses espèces vénéneuses ressemblent beaucoup à certaines espèces de Champignons comestibles; autrement on s'exposerait aux accidents les plus funestes. Malheureusement des accidents peuvent survenir malgré les plus grandes précautions et une connaissance même parfaite des Champignons, car il paraît que plusieurs espèces qui sont ordinairement inoffensives, deviennent quelquefois vénéneuses dans certaines circonstances inconnues. En outre, plusieurs Champignons qui se mangent impunément dans certains pays, sont des poisons dans d'autres. Cela tient-il à l'influence du climat? Cela est vraisemblable, mais non démontré.

Certaines espèces comestibles sont cultivées en grand, comme les autres végétaux. A Paris, c'est l'*Agaric champêtre (Agaricus campestris)* que l'on cultive. Cette culture se fait dans les carrières abandonnées. On couvre le sol de couches de fumier de cheval, d'âne ou de mulet ayant subi diverses manipulations. On forme ces couches en dos d'âne, puis on les *larde*, c.-à-d. on les garnit à l'intérieur avec des plaques carrées de mycélium, appelées vulgairement *Blanc de C.*, et prises dans les vieilles couches épuisées. Les couches sont ensuite *gobtées*, c.-à-d. recouvertes de quelques centimètres de terre ou de tuf calcaire pulvérisé. Les Champignons ne tardent pas à s'y produire avec une abondance prodigieuse. L'*Agaric atténué* est également très facile à obtenir; il s'agit d'enfouir jusqu'à fleur de terre, dans un lieu humide et découvert, des rouelles de peuplier de 3 à 4 centim. d'épaisseur. Au printemps, on frotte leur face supérieure avec des lames d'Agaric, et, à l'automne, on fait une abondante récolte de Champignons. On assure que l'on peut faire jusqu'à neuf récoltes dans les années humides en employant ce procédé, qui, du reste, n'est pas nouveau: il est connu des Chinois qui font usage depuis un temps immémorial pour se procurer diverses espèces de Champignons. Dans quelques localités du midi de la France, on cultive le *Bolet comestible* par le même procédé. En Allemagne, on s'en sert également pour obtenir le *Polyporus fomentarius*, dont on fait ainsi 5 ou 6 récoltes par an. — Dans l'Amérique du Sud, les habitants de la Terre de Feu font leur principale nourriture d'une curieuse espèce de C. qui vient sur les branches vivantes des Hêtres, et qui a été décrite par Berkeley sous le nom de *Cyttaria Darwini*. Les naturels de l'Australie font aussi une grande consommation de Champignons, et surtout d'espèces appartenant au genre Bolet. La grosse Truffe (*Mylitta australis*), qui atteint un poids de plusieurs livres, y est connue sous le nom de Pain des naturels. Les marsupiaux, si communs dans ces contrées, sont très friands de Champignons; ils recherchent avec tant d'avidité certaines espèces, qu'ils les dévorent avant qu'elles soient sorties de terre: aussi est-il extrêmement difficile d'en rencontrer qui aient acquis tout leur développement.

Champignons utiles. — Jadis on faisait usage, en médecine, de quelques espèces aujourd'hui complètement abandonnées: telles étaient l'*Exidia auricula Judæ* ou Oreille de Judas, la *Tremella mesenterica*, le *Polyporus officinalis* ou *Agaric blanc*, qu'on employait comme purgatif, etc. Le seul C. qui soit actuellement usité, car il jouit véritablement de propriétés énergiques, est l'*Ergot de seigle*, dont nous avons parlé au mot CÉRÉALES. En Chine, la *Sphæria sinensis* [Fig. 32] est regardée comme un médicament des plus précieux, et il s'en fait une grande consommation. Les Chinois attribuent aussi au *Lysurus mokusin* des propriétés singulières pour la guérison des ulcères gangréneux. Certaines espèces de Champignons présentent encore à l'homme un autre genre d'utilité. Tout le monde sait que l'amadou se prépare avec le parenchyme desséché de plusieurs espèces du genre *Polyporus* (voy. AMADOU). Enfin, diverses espèces fournissent des substances tinctoriales dont plusieurs sont susceptibles d'être utilisées.

Champignons vénéneux. — La plupart de ceux de l'Europe centrale appartiennent aux genres *Amanite* et *Agaric*. Le plus dangereux de tous, l'*Agaricus necator*, peut aisément se confondre avec diverses espèces comestibles. Il en est de même de l'*Amanita muscaria*, vulgairement appelée *Fausse Oronge*, qui a souvent donné lieu aux plus funestes accidents. Cette dernière espèce doit son nom spécifique à la propriété qu'elle possède de faire périr les mouches quand on la fait infuser dans du lait: elle se mange cependant au Kamtschatka, sans produire d'autre effet nuisible que l'ivresse. Le Ch., ainsi que le raconte Langsdorff, tient lieu aux habitants de l'Asie orientale de vin, d'eau-de-vie, d'arack, d'opium et d'autres substances analogues.

Lorsqu'on fait usage des Champignons comme substances alimentaires et qu'on n'en est pas entièrement sûr, on doit prendre quelques précautions qui en diminuent le danger.

Ainsi, on a remarqué que le vinaigre dissout le principe véné-neux de certaines espèces, telles que l'*Amanite bulbeuse* et la *Fausse Oronge*. Il est donc prudent de faire macérer quelque temps dans de l'eau acidulée tout Ch. suspect ou dou-teux ; mais il faut avoir soin de jeter l'eau vinaigrée, car elle contient alors le principe délétère de ces végétaux. — Les phé-nomènes morbides produits par les Champignons peuvent être ceux d'une simple indigestion, ou bien ceux d'un véritable em-poisonnement. Ces derniers se présentent, en général, dans l'ordre suivant : malaise général, nausées, douleurs à l'épi-gastre, défaillances, tremblements, éructations désagréables, astriction à la gorge, efforts de vomissement ; coliques plus ou moins intenses, suivies d'évacuations par en haut et par en bas ; météorisme et chaleur ardente dans tout l'abdomen, soif vive, suffocation, anxiété ; pouls petit, irrégulier, fréquent ; pros-tration plus ou moins profonde ; altération de la physionomie, sueurs froides, déjections fétides. Après ces symptômes, mais souvent peu de temps après l'invasion, il survient des vertiges, un délire sourd, de l'assoupissement, de la stupeur qui est à peine interrompue par des mouvements spasmodiques partiels ou généraux, par l'évacuation et par les douleurs abdomi-nales. Si la dose du poison ingéré n'a pas été considérable, ou si des vomissements spontanés ou provoqués en ont promp-tement entraîné la plus grande partie au dehors, les symp-tômes d'irritation des voies digestives et de narcotisme ne parviennent pas au degré d'intensité qui vient d'être indiqué ; ils se dissipent, et le malade est rendu plus ou moins promp-tement à la santé. Dans le cas contraire, les accidents con-tinuent et augmentent jusqu'à ce que la mort s'ensuive. L'invasion des accidents a lieu plus ou moins de temps après l'ingestion des Champignons. Le plus souvent, il se passe plu-sieurs heures avant que les premiers symptômes se manifes-tent ; un intervalle de 10, de 12 heures n'est pas rare. Dans une observation rapportée par Picco, on voit les symptômes ne se montrer chez les divers individus d'une famille empoi-sonnée à un même repas, par l'*Oronge-Souris*, que succes-sivement au bout de 12, 13, 19 et 30 heures environ. La personne qui ne devint malade qu'après ce laps de temps, avait mangé fort peu de Champignons ; elle n'en fut pas moins atteinte d'accidents terribles, et y succomba. La durée des symptômes n'est pas soumise à des règles plus fixes que les autres circonstances de cet empoisonnement. Vraisembla-blement l'intensité et la durée des phénomènes morbides sont subordonnées à la dose de poison qui a pénétré dans l'éco-nomie animale Les altérations organiques produites par les Champignons vénéneux doivent être à peu près les mêmes que celles qui résultent de l'empoisonnement par les substances narcotico-âcres ; mais, jusqu'à ce jour, elles ont été peu étudiées.

Lorsqu'on a affaire à un empoisonnement de ce genre, la première indication à remplir, c'est d'expulser la substance vénéneuse, quand on a lieu de penser qu'il en reste encore dans les voies digestives. Pour cela, on administre au malade un vomitif (par ex., 10 à 20 centig. d'émétique, ou, mieux encore, un émélo-cathartique, 15 centig. d'émétique avec 30 gr. de sulfate de soude). Assez fréquemment, on a de la peine à faire vomir le malade ; il faut alors essayer de provoquer le vomissement à l'aide de procédés mécaniques, par ex., en cha-touillant la luette et la gorge du patient avec les barbes d'une plume, etc. Lorsque le poison est évacué, ou lorsqu'il a été complètement absorbé, il faut combattre le narcotisme par le café, les antispasmodiques, par les révulsifs appliqués à la surface de la peau, et même par la saignée. Quant aux acci-dents inflammatoires qui se manifestent du côté du tube di-gestif, on emploie contre eux les émollients et les divers agents de la médication antiphlogistique. Nombre d'auteurs recommandent d'administrer aux malades, comme stimulants, des boissons acidulées, alcoolisées, etc. Mais ces liquides, ayant la faculté de dissoudre le principe vénéneux des Cham-pignons, favorisent l'absorption du poison, si l'on a l'impru-dence de les employer avant l'évacuation complète des ma-tières ingérées. Il en est de même de l'éther : nuisible si on l'administre hors de propos, il peut être très utile, d'après le témoignage d'Orfila, après l'emploi des évacuants.

Champignons parasites. — Un grand nombre de Cham-pignons nuisent à l'homme en raison de la propriété dont ils sont doués, de se développer sur des substances animales ou végétales, et d'y vivre en parasites à leurs dépens. Les Cham-pignons du genre *Onygena* naissent sur les sabots, les cornes et les poils des ruminants, sur les plumes des oiseaux. Les *Sphæria* naissent sur les larves de divers insectes, et même sur les insectes nés de ces larves ; l'*Isaria crassa* naît sur les chrysalides enfouies ; l'*Isaria sphærocephala* sur la guêpe

frelon. [Fig. 32. *Sphæria sinensis*, développée à l'intérieur du corps d'une chenille ; Fig. 33. *Isaria crassa*.] Mais la plus nuisible des espèces qui vivent sur des animaux utiles à l'homme, c'est sans contredit la *Muscardine*, longtemps re-gardée comme une maladie du Ver à soie, dont la cause était ignorée. On sait aujourd'hui qu'elle provient du *Botrytis*

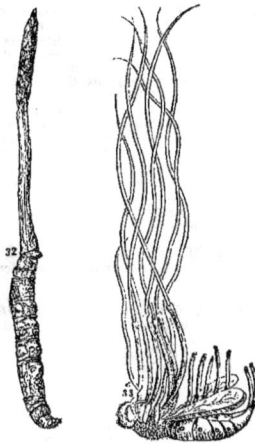

Bassiana, Ch. parasite qui se développe dans le tissu graisseux du Ver à soie. Tant que son mycélium n'atteint pas d'organe essentiel, l'animal peut vivre ; mais lorsqu'il a pris au lieu de dé-veloppement qu'il s'est substitué complètement au tissu grais-seux et a pénétré dans le tube intestinal, la chenille périt. Peu après, elle devient très dure, et l'on aperçoit à sa surface une efflorescence blanchâtre formée par les organes de la repro-duction qui ont pris naissance sur le mycélium, ont traversé la peau et sont venus fructifier à l'extérieur. D'autres espèces de Botrytis végètent dans le corps des Criquets et des Vers blancs et font périr un grand nombre de ces insectes si nui-sibles. Voy. BOTRYTIS. Des observations récentes prouvent que des Champignons parasites peuvent se développer acci-dentellement à l'intérieur du corps d'autres animaux. On en a rencontré, entre autres, chez divers oiseaux. Chez l'homme, la teigne et le favus ont été attribués au dé-veloppement de Champignons microscopiques appartenant aux genres *Microsporon*, *Trichophyton* et *Achorion*. — Parmi les Champignons qui vivent en parasites sur les végétaux, certaines espèces croissent sur les feuilles des plantes, et y produisent des altérations graves qui peuvent devenir mor-telles ; d'autres envahissent les organes de la fructification et causent leur avortement. Au mot CÉRÉALES, il a déjà été question des espèces qui attaquent nos moissons (*Uredo*, *Ustilago*) ; nous parlerons à l'art. VIGNE des espèces qui ont, dans ces dernières années, causé de grands ravages dans les vignobles.

Analyse chimique des Champignons. — Payen y a trouvé : 1° de l'eau ; 2° de la cellulose, constituant toute la partie solide de leur tissu ; 3° trois substances azotées, la première inso-luble dans l'eau, la seconde soluble dans ce liquide et coagu-lable par la chaleur, et la troisième soluble dans l'alcool ; 4° une matière grasse analogue à la cire ; 5° deux autres sub-stances grasses, l'une fluide à la température ordinaire, l'autre solide et cristallisable à la même température ; 6° du tréhalose et de la mannite ; 7° une matière qui devient brune au con-tact de l'air ; 8° une substance aromatique ; 9° quelques traces de soufre ; 10° quelques traces de silicates et de sels de po-tasse. Comme les substances animales, les Champignons renfer-ment une forte proportion d'azote, et quelques auteurs ont pensé qu'ils tiraient la plus grande partie de ce gaz de l'at-mosphère ; mais des expériences précises ont démontré qu'ils l'empruntent aux matières organiques mêmes sur lesquelles ils vivent.

On a observé dans certains Champignons, entre autres dans ceux du genre Bolet, un phénomène encore inexpliqué. Quand on les coupe, leur chair passe rapidement de leur couleur primitive, qui est le blanc ou le jaune, au bleu plus ou moins foncé, et leur suc, si on l'exprime, ne tarde pas à prendre la même couleur, quoiqu'il soit naturellement incolore. Robinson d'Armagh s'est assuré que ce phénomène ne dépend pas d'une action chimique. — Nous terminerons cet article en disant quelques mots de la phosphorescence de certains Champignons. Elle a été observée par Dolile dans l'*Agaricus olearius* qui habite le midi de l'Europe. Rumphius, à Amboine, et Drummond, dans l'Australie occidentale, ont rencontré diverses espèces phosphorescentes. L'*Agaricus Gardneri*, qui croît au Brésil sur une espèce de Palmier appelé *Piutada*, est doué d'un éclat lumineux fort vif. Les sclérotes rhizomorphes, dont on avait fait jadis le genre *Rhizomorpha*, végètent au fond des mines obscures loin de la lumière du jour, et se font remarquer par leur éclat phosphorescent. A Dresde, ils donnent aux mines de houille l'aspect d'un palais enchanté; les voûtes, les murs, les piliers en sont couverts, et les yeux sont presque éblouis par la lumière merveilleuse qu'ils répandent. On a observé que la phosphorescence augmentait de vivacité avec la température des mines.

CHAMPIGNONNIÈRE. s. f. [Pr. *chan-pigno-nière*]. Couche de fumier préparée pour faire venir des champignons comestibles.

CHAMPIGNONNISTE. s. m. [Pr. *chan-pigno-niste*]. Celui qui cultive, exploite une champignonnière.

CHAMPIGNY, village de France, près Paris, arr. de Sceaux, 4,600 hab.; combats contre les Prussiens les 30 novembre et 2 décembre 1870.

CHAMPION. s. m. (lat. *campus*, champ, ou anc. all. *kamf*, combat). Celui qui combattait en champ clos pour sa querelle ou pour celle d'autrui. *Ceux qui ne pouvaient pas combattre de leur personne, comme les vieillards, les estropiés, les ecclésiastiques, les dames, fournissaient des champions. Il s'offrit pour être son c.* || Par ext., se dit quelquefois de tout combattant, et, en ce sens, ne s'emploie guère que par ironie. *C'est un vaillant c.*, se dit d'un homme qu'on croit peu courageux. || Fig., Défenseur. *C. de la foi, de la religion.* Il se dit souvent en ce sens par mépris ou par raillerie. *C'est le c. des mauvaises causes.*

CHAMPIONNET, général français (1762-1800), s'empara de Naples, où il proclama la République parthénopéenne en 1799.

CHAMPLAIN (Lac de), lac de l'Amérique du Nord (Canada), découvert en 1608.

CHAMPLAIN, voyageur français, fondateur de Québec en 1608 (1570-1635).

CHAMPLEVÉE. s. f. [Pr. *chan-levé*]. Dans les émaux, action de creuser les intervalles laissés par les traits et de remplir les cavités de matières vitrifiables.

CHAMPLEVER. v. a. [Pr. *chan-lever*]. T. Mét. Pratiquer une rainure dans une plaque de métal. || Creuser et découvrir au burin une figure dessinée sur un morceau d'acier.

CHAMPLITTE, ch.-l. de c. (Haute-Saône), arr. de Gray, 2,400 hab.

CHAMPLURE. s. f. T. Mét. Trou pratiqué au bas d'un tonneau ou d'un baquet.

CHAMPMESLÉ (Marie Desmares), tragédienne française, amie de Racine (1644-1698).

CHAMPOLLION (Jean-François), célèbre orientaliste français, le premier qui ait lu les hiéroglyphes égyptiens (1790-1832).

CHAMPS, ch.-l. de c. (Cantal), arrondissement de Mauriac, 2,000 hab.

CHAMPTOCEAUX, ch.-l. de c. (Maine-et-Loire), arr. de Cholet, 4,500 hab.

CHAMSIN. s. m. Vent d'Égypte qui souffle pendant 50 jours, 25 jours avant l'équinoxe du printemps.

CHANAAN, fils de Cham, père des Chananéens. — *Terre de Chanaan*, ancien nom de la Palestine.

CHANAC, ch.-l. de c. (Lozère), arr. de Marvejols, 4,500 hab.

CHANANÉENS, tribus sémitiques d'abord installées sur les bords du golfe Persique, qui plus tard émigrèrent en Syrie, et dont les unes s'adonnèrent à la vie pastorale ou agricole, tandis que les autres, qui formèrent la nation phénicienne, se livrèrent au commerce et à la navigation.

CHANCE. s. f. (lat. *cadentia*, ce qui tombe, ce qui échoit). Hasard, plutôt dans le sens heureux. Se dit même assez souvent comme opposition avec risque. *Il y a beaucoup de chances possibles. Cette c. est la plus probable. Calculer les chances. — Bonne c.!* forme de souhait adressé à une personne qui se dispose à faire quelque démarche dont le résultat est incertain. *La c. est pour vous*, Le sort vous est favorable. *La c. a tourné*, Les choses ont changé de face. — Prov., *Conter sa c.*, Conter ses malheurs, ses mésaventures. Fam. || Sorte de jeu de dés. — Le point qu'on livre à celui contre lequel on joue aux dés, ou le point qu'on se livre à soi-même. *Livrer c. Amener sa c.* — Fig., *Livrer c. à quelqu'un*, Le défier, le provoquer à quelque discussion.

CHANCEAU. s. m. (autre forme de *cancel*). T. Archit. Nom des barreaux d'une grille qui ferme une enceinte.

CHANCEL. s. m. Autre forme de *cancel*.

CHANCELANT, ANTE. adj. Qui chancelle. *Je vais c. Aller d'un pas c. Démarche chancelante. Un pont c.* || Fig., Faible, débile. S'emploie au sens physique et au sens moral. *Santé, vie chancelante. Esprit c. Fortune chancelante. Foi chancelante.*

CHANCELARIAT. s. m. Fonction de chancelier.

CHANCELER. v. n. (lat. *cancellare*, rayer, faire des raies, de *cancelli*, barreaux, et par ext., n'aller pas droit). Être peu ferme sur ses pieds, sur son assiette; pencher la tête de côté et d'autre comme si l'on allait tomber. *Il chancelle comme un homme ivre.* || Fig., N'être pas ferme, n'être pas assuré. *Il varie, il chancelle dans ses réponses, dans ses résolutions, dans sa foi, dans ses opinions. Un pont qui chancelle.* — Conjug. Voy. Appeler.

Syn. — *Vaciller.* — Ce qui chancelle n'est pas ferme, ce qui *vacille* n'est pas fixe. Le corps qui *chancelle* aurait besoin d'être assuré par sa base; celui qui *vacille* aurait besoin d'être assujetti dans sa position. Le premier est très mobile, le second trop faible. En restant debout sur une jambe, on commence par *vaciller*, et l'on finit par *chanceler*. — L'esprit qui ne sait pas se tenir dans le parti qu'il a pris, *chancelle*; celui qui flotte d'un parti à l'autre sans se fixer, *vacille*. Le témoin qui *chancelle* est suspect; celui qui *vacille* est indigne de foi.

CHANCELIER. s. m. (lat. *cancellarius*, huissier d'un tribunal, ainsi nommé parce qu'il se tenait près des barreaux, *cancellos*). T. Hist. Le *C. de France* était le chef de la justice et de tous les conseils du roi. Il était le premier président-né du grand conseil; il pouvait aussi, quand il le jugeait à propos, venir présider dans tous les parlements et autres cours. Il était, comme on disait alors, la *bouche du roi* et l'interprète de ses volontés. C'est lui qui les exposait dans toutes les occasions où il s'agissait de l'administration de la justice. Lorsque le roi tenait son lit de justice au Parlement, c'était le c. qui recueillait les suffrages et qui prononçait. Il ne pouvait être récusé. Sa principale fonction était de veiller à tout ce qui concernait l'administration de la justice dans le royaume, d'en rendre compte au roi, de prévenir les abus qui pouvaient s'y introduire et de réformer ceux qui s'y seraient glissés. C'était encore une de ses fonctions de dresser les ordonnances, édits, déclarations et lettres patentes qui avaient rapport à la justice. Il avait seul le droit d'authentiquer les ordonnances royales, édits, etc., en y apposant le grand sceau. Enfin, c'était à lui qu'on s'adressait pour obtenir l'agrément de tous les offices de judicature, de finance ou municipaux.

L'office de c. n'était pas héréditaire, mais à vie seulement. Cependant les rois se ménagèrent le moyen d'annuler au besoin l'autorité d'un c. incommode, en l'exilant et en nommant un *garde des sceaux* qui remplissait provisoirement et par commission les fonctions de chancelier.

Dès le temps de Henri Ier, on voit que le c. signait les chartes des rois avec les grands officiers de la couronne. Il assistait avec eux aux procès et jugements des pairs. Au sacre du roi, c'était lui qui appelait les pairs chacun à son rang. Lors de la suppression de la dignité de connétable, en 1627, l'office de c. devint le premier de la couronne. Celui qui en était revêtu, avait rang, séance et voix délibérative après les princes du sang. Il était qualifié de *Chevalier* et de *Monseigneur;* il ne prenait jamais le deuil, et était dispensé de faire ou de rendre aucune visite. Il avait le droit d'avoir chez lui des tapisseries semées de fleurs de lis avec les armes de France et les marques de sa dignité. Sur ses armes, il portait un mortier de toile d'or, rebrassé d'hermine, posé sur une couronne ducale ou sans couronne; le cimier de son écu était une figure représentant la France, tenant le sceptre de la main droite, et les grands sceaux de la gauche; enfin, derrière l'écu, il portait deux masses d'argent doré passées en santoir, avec le manteau rouge orné de rayons d'or vers le haut et fourré d'hermine.

La charge de c. de France fut supprimée par l'Assemblée constituante (27 nov. 1790); mais lorsque l'empire eut succédé à la République, Napoléon renouvela le titre antique d'*Archichancelier* et en investit l'ancien consul Cambacérès. Au nombre des attributions de ce dernier étaient comprises la promulgation des lois et des sénatus-consultes organiques, et la présence à tous les actes de l'état civil de la famille impériale. Il était, après les princes du sang, le premier dignitaire de l'empire. — En 1814, Louis XVIII rétablit le titre de c. de France, et réunit entre les mains du titulaire le ministère de la justice et la présidence de la Chambre des pairs. L'année suivante, le ministère fut séparé de la chancellerie, et, à partir de ce moment jusqu'en 1830, le c. n'eut d'autre prérogative que la présidence de la Chambre des pairs. Abolie de nouveau par la Révolution de Juillet, la dignité de c. fut encore rétablie, quelques années après, en faveur du président de la Chambre haute. Cela dura jusqu'en février 1848.

Jadis, le titre de c. était également attribué dans les maisons des princes à certains officiers chargés de garder leurs sceaux et quelquefois même d'administrer leurs biens. Plusieurs ordres de chevalerie, ceux de Malte et du Saint-Esprit, avaient aussi leurs chanceliers. Actuellement encore, l'ordre de la Légion d'honneur est administré par un fonctionnaire qui porte le titre de *Grand c.* — Cette qualification de c. était aussi en usage dans l'Église de Paris et dans l'ancienne Université. Dans la première, elle était attribuée au chanoine dignitaire qui présidait aux études, et dans la seconde au fonctionnaire qui conférait les grades et délivrait les diplômes. Lorsque Napoléon Ier s'occupa de la réorganisation de l'instruction publique en France, il rétablit ce titre de *C. de l'Université,* qui, après la chute de l'empire, tomba en désuétude. — Nous ne devons pas oublier le *C. de l'Académie française.* Ce titre se donnait anciennement à celui des membres de cette illustre compagnie qui était chargé de la garde du sceau de l'Académie; aujourd'hui il est attribué à celui qui remplit les fonctions de président en l'absence du directeur. — Enfin, dans la diplomatie, on donne le nom de *Chanceliers* aux officiers chargés de la partie administrative et contentieuse des ambassades et des consulats, du dépôt et de l'expédition des actes de la légation, de la délivrance des passeports et de la tenue des registres de l'état civil pour les nationaux établis ou voyageant dans les pays où l'ambassadeur ou consul est accrédité. Depuis le décret du 24 juin 1886, les *chanceliers* ne peuvent plus être choisis que parmi les *élèves-chanceliers,* institués par ce même décret.

Aujourd'hui encore, on appelle parfois chancellerie le ministère de la justice, bien que le garde des sceaux ne porte plus le nom de c.

Les dignités de c. ou d'archi-c. ont existé dans la plupart des autres États de l'Europe. Ainsi, dans l'ancien empire d'Allemagne, les électeurs archevêques de Mayence, de Trèves et de Cologne étaient *archichanceliers de l'empire,* le premier pour l'Allemagne, le second pour le royaume d'Arles et les Gaules, et le troisième pour l'Italie. Aujourd'hui, le c. est

le premier ministre et le plus haut fonctionnaire de l'empire d'Allemagne.

CHANCELIÈRE. s. f. La femme du chancelier. || Petite caisse de bois ou de cuir, garnie intérieurement de fourrure, qui sert à mettre les pieds pendant l'hiver.

CHANCELLEMENT. s. m. [Pr. *chancèleman*] (R. *chanceler*). Mouvement de ce qui se penche de côté et d'autre, et qui menace de tomber.

CHANCELLERIE. s. f. [Pr. *chancèleri*] (R. *chancelier*). T. Hist. Ce terme servait autrefois à désigner le lieu où l'on scellait les lettres émanées du roi pour leur donner un caractère d'authenticité, ainsi que le corps des fonctionnaires employés à cet office. On distinguait la *grande c.,* qui accompagnait toujours le roi et où s'expédiaient, sous les ordres du chancelier, les lettres scellées du grand sceau, les lois, ordonnances, brevets, diplômes, etc., et les *petites chancelleries,* établies auprès des parlements et des autres cours de justice, où l'on scellait du petit sceau les lettres dites de justice et de grâce. Ces diverses chancelleries furent supprimées en 1790. Sous l'empire, il y avait en France la *C. de la Légion d'honneur* et la *C. de l'Université.* La première est la seule qui subsiste aujourd'hui. — A Rome, on nomme *C. romaine,* le bureau où s'expédient les actes de toutes les grâces que le pape accorde dans le consistoire, particulièrement les bulles des archevêchés, évêchés, abbayes et autres bénéfices réputés consistoriaux. — En Angleterre, on appelle *Chancellerie* une cour souveraine dont les attributions sont extrêmement étendues et fort mal définies. Le lord grand chancelier est le seul juge de ce tribunal en principe, mais en pratique la justice est rendue en son nom par trois cours annexes qui sont : la cour d'appel en c.; la cour des rôles et la cour des vice-chanceliers.

CHANCEUX, EUSE. adj. (R. *chance*). Qui a une chance favorable, qui a du bonheur. *Je ne suis pas si c. que cela.* Fam. — Ironiq. *Voilà un homme bien c.,* se dit d'un homme à qui rien ne réussit.

CHANCIR. v. n. (lat. *canescere,* blanchir). Moisir. Ne se dit que des choses qui se mangent, comme des confitures, des pâtés, etc. *Ces confitures commencent à c.* = SE CHANCIR. v. pron. *Ce jambon se chancit.* = CHANCI, IE. part. *Pain chanci.* Vx.

CHANCISSURE. s. f. (R. *chancir*). Moisissure.

CHANCRE. s. m. (lat. *cancer,* crabe, et *ulcère rongeant*). Nom donné vulgairement à tout ulcère qui a une tendance à s'étendre et à envahir les parties environnantes. || T. Art vét. Se dit de certains ulcères qui attaquent le gros bétail, et surtout de celui qui se manifeste à la partie inférieure de la langue, d'où il s'étend vers les parties environnantes. || T. Agric. Maladie des arbres qui détruit l'écorce et réduit le bois en pourriture. || Fig., Vice d'administration, fléau public qui appauvrit l'État, qui le ruine insensiblement. *La guerre civile est un c. qui dévore ce pays.*

Pathol. — Dans le langage médical actuel, le nom de *Chancre* est réservé à deux sortes d'ulcères : 1° le *C. infectant* d'origine syphilitique dont il sera parlé au mot SYPHILIS; 2° le *C. simple,* appelé aussi *C. mou, C. non infectant, C. non induré, Chancroïde, Chancrelle.* Il consiste en une ulcération à base mobile siégeant le plus souvent sur les organes génitaux, à bords taillés à pic, souvent accompagné d'un bubon sympathique. Il est extrêmement contagieux, mais n'infecte pas l'économie tout entière comme le c. syphilitique. Il se distingue de celui-ci d'abord par l'absence d'induration, par la douleur assez vive dont il est le siège et par la propriété qu'il possède de s'inoculer sur le même individu. C'est là le véritable caractère spécifique du c. simple, qui permet de le distinguer à coup sûr du c. syphilitique. Il n'est pas rare de voir le même individu porteur de plusieurs chancres simples, circonstance très rare ou au contraire quand il s'agit du c. syphilitique. Une autre différence entre les deux maladies consiste dans l'absence de période d'incubation du c. simple. Celui-ci débute, en effet, presque aussitôt après la contamination par une *pustule ecthymateuse.* La durée du c. simple est de trois à huit semaines; mais assez souvent les inoculations du pus dans les régions voisines déterminent de nouveaux chancres et retardent la guérison. Quand il ne survient aucune complication, le

c. se termine par la guérison en laissant une cicatrice plus ou moins visible. Les principales complications, heureusement assez rares, sont la balanite, les abcès, l'œdème des grandes lèvres, la gangrène, le phagédinisme, etc. En somme, le c. simple constitue une maladie bénigne très différente de la syphilis. Les deux espèces de chancres ont été longtemps confondues. Leur distinction est due aux travaux de plusieurs médecins, et particulièrement de Ricord.

CHANCRELLE. s. m. (Dimin.). T. Méd. Nom donné au chancre simple.

CHANCREUX, EUSE. adj. Qui tient de la nature du chancre ou du cancer. Ulcère c. || Qui est attaqué par un chancre. Il a la bouche toute chancreuse.

CHANCROÏDE. s. m. (R. chancre; gr. εἶδος, forme). T. Méd. Nom donné au chancre simple.

CHANDELEUR. s. f. (lat. candelarum, génitif pluriel de candela: Festa candelarum, la fête des cierges). La fête de la présentation de Notre-Seigneur au Temple, et de la purification de la Vierge. Elle est ainsi nommée parce que, ce jour-là, il se fait une procession où tous les assistants portent des chandelles de cire ou des cierges. Avant la C. La fête de la C. se célèbre le 2 février; elle fut instituée, selon les uns, par le pape Gélase, en 472, et, selon d'autres, par le pape Vigile, en 536.

CHANDELIER. s. m. Artisan qui fait ou vend de la chandelle.

CHANDELIER. s. m. (R. chandelle). Ustensile qui sert à porter la chandelle, la bougie ou les cierges. — Fig. et fam., Être placé sur le c., être sur le c., Être en vue, occuper une place éminente, principalement dans l'Église. || C. d'amphithéâtre, Appareil formé de tuyaux assemblés dont la forme rappelle celle d'un c. et qui permet d'obtenir d'un bec d'éclairage assez fort quatre prises de gaz qu'on peut transmettre à divers appareils par l'intermédiaire de tuyaux de caoutchouc. || C. revolver, Dispositif imaginé par M. Jabloehkoff pour transmettre successivement le courant à plusieurs bougies électriques. || T. Céram. Pilier de terre cuite au milieu du four, autour duquel on place les pipes à cuire. || T. Mar. Nom de divers supports employés à différents usages. Voy. BASTINGAGE. || Tas pyramidal de mottes de tourbe.

Hist. — L'usage des chandeliers et des cierges dans les cérémonies religieuses remonte à une haute antiquité. Les chré-

tiens l'ont reçu des juifs. Dans le temple de Jérusalem, il y avait plusieurs magnifiques chandeliers. — Le plus remarquable était le c. à sept branches. Il avait la forme d'une espèce de tronc d'arbre, du sommet duquel s'échappaient sept tiges terminées

chacune par un pommeau destiné à recevoir une lampe en forme d'amande. A la prise de Jérusalem par les Romains, ce précieux monument de l'ancien culte fut enlevé et emporté en Italie, où il figura au triomphe de Titus. Il est représenté par le dessin ci-contre, d'après la figure sculptée à Rome sur l'arc de triomphe érigé en l'honneur de ce prince. — L'usage de célébrer les mystères à la lueur des flambeaux remonte à l'origine même du christianisme, où les chrétiens persécutés accomplissaient leurs cérémonies dans les catacombes de Rome. Cependant, la coutume de disposer les chandeliers sur l'autel lui-même ne paraît pas antérieure au Xe siècle; ils étaient précédemment disposés tout autour. Jusqu'au XVIe siècle, leur nombre était communément de deux. L'usage actuel est d'en mettre six sur le maître-autel.

CHANDELLE. s. f. (Pr. chandeie) (lat. candela, m. s.; de candere, être ardent). Petit cylindre de suif, dont une mèche de fils de coton occupe le centre d'un bout à l'autre, et qui sert pour l'éclairage. C. de vrille. C. bénite. Allumer, éteindre, souffler, moucher la c. Un papillon qui se brûle à la c. — Fig. et prov., Se brûler, venir se brûler à la c., se dit d'un homme qui vient se confier à ceux qui peuvent lui faire le plus de mal, se réfugier dans le lieu où il y a le plus de danger pour lui, etc. A chaque saint sa c., Il faut rendre des devoirs, des soins à chacune des personnes dont on peut avoir besoin. Il doit une belle c. à Dieu, à la Vierge, se dit d'un homme qui est échappé, comme par miracle, d'un grand péril. Donner une c. à Dieu et l'autre au diable, Se ménager entre deux partis opposés. C'est une économie de bouts de chandelles, se dit d'une épargne sordide et de petites choses. Être ménager de bouts de chandelles, Ne se montrer économe que dans les petites choses. Brûler la c. par les deux bouts, Dissiper son bien de plusieurs manières différentes; ou se livrer à la fois à des excès de genres différents. — Fig. et fam., Voir des chandelles, mille chandelles, Éprouver un grand éblouissement par l'effet d'un coup, d'une chute. C'est une c. qui s'éteint, ou il s'en va comme une c., se dit d'une personne très âgée qui meurt insensiblement. La c. brûle, Le temps presse. Tenir la c., Favoriser un commerce de galanterie. — Cette femme est belle à la c., Sa beauté ne soutient pas le grand jour. || C. romaine, Fusée immobile qui lance un certain nombre d'étoiles, en produisant chaque fois une petite explosion. Voy. PYROTECHNIE. || T. Typog. Pièce de bois que l'on place pour empêcher la presse de varier.

Techn. — Personne n'ignore que les chandelles se font avec le suif, c.-à-d. avec la graisse de certains animaux. Le suif le meilleur est celui de brebis, de mouton, de bœuf et de vache. On le purifie avant d'en faire usage. Pour cela, on fond le suif brut par la vapeur d'eau, et on le traite par l'acide sulfurique très étendu. Cette opération, qui a été proposée par Darcet, a pour résultat de diminuer la mauvaise odeur du suif, et de le débarrasser de toutes les parties aqueuses qu'il renferme. Sans cette précaution, les chandelles couleraient avec une promptitude extrême et brûleraient en pétillant. — La c. se fabrique au moule ou à la baguette. — Les chandelles à la baguette, appelées aussi chandelles plongées, se font en pliant une mèche de coton en double, et en l'enfilant par l'anneau du pli sur une baguette dite broche à chandelles. Plusieurs mèches se trouvant ainsi enfilées, on les trempe à plusieurs reprises dans une chaudière pleine de suif fondu, jusqu'à ce que les chandelles aient acquis une grosseur suffisante. Ce mode de fabrication est à peu près abandonné aujourd'hui. Les moules qui servent à préparer les chandelles moulées sont de petits cylindres de fer-blanc, de plomb ou d'étain, terminés en cône à une de leurs extrémités et présentant à l'autre une sorte de petit entonnoir. On fixe préalablement une mèche de coton dans leur axe, puis on la dispose, la partie évasée en haut, sur le plateau d'une table appelée Table de coulée. On verse ensuite dans chacun d'eux la quantité de suif nécessaire pour le remplir. Quand ils sont pleins, le suif ne tarde pas à se figer et les chandelles se trouvent faites; il ne reste plus qu'à les rogner, afin de les mettre au poids, et à les blanchir. Pour cela, on les expose au grand air, dans un lieu abrité du soleil. Quelque soin que l'on apporte à sa fabrication, la c. est toujours d'un usage désagréable: elle a un toucher gras, surtout en été; elle brûle mal, coule facilement, a besoin d'être mouchée fréquemment, et répand une odeur nauséabonde. Tous ces inconvénients finiront par la faire abandonner complètement. Depuis l'invention des bougies stéariques, la consommation des chandelles a considérablement diminué. Le bon marché seul justifie la persistance de cette industrie. Il en résulte qu'il est impossible d'apporter à la fabrication des chandelles les soins nécessaires pour diminuer les inconvénients de ce produit, parce que le prix des bonnes chandelles se rapprocherait trop de celui des bougies. Aussi ne trouve-t-on plus dans le commerce que des chandelles très communes. Voy. BOUGIE, GRAISSE, etc.

CHANDELLERIE. s. f. [Pr. *chandè-lerî*]. Lieu où l'on fait les chandelles.

CHANDERNAGOR, v. et territoire de l'Inde (Bengale), sur l'Hougly, branche du Gange. La ville a 33,000 hab. (à la France). Coton, velours, brocart.

CHANDLER, archéologue et savant helléniste anglais (1738-1810).

CHANDOS (JEAN), célèbre capitaine anglais du XIVe siècle, décida la victoire de Poitiers, fit deux fois Duguesclin prisonnier, et fut tué près de Poitiers (1369).

CHANE. s. f. Outil pour souder.

CHANÉE. s. f. Cannelure du métier à tisser la soie. ‖ Gouttière qui conduit l'eau sur la roue d'un moulin à papier.

CHANELETTE. s. f. [Pr. *chanelète*]. Petite chanée.

CHANFREIN. s. m. (lat. *camus*, mors; *frenum*, frein; ou plutôt de deux rad. sanscrits : *ka*, tête; *varana*, action de couvrir). La pièce de fer dont on couvrait autrefois le devant de la tête des chevaux de guerre. ‖ Par ext., la partie antérieure de la tête du cheval comprise entre les sourcils, depuis les orcils jusqu'aux naseaux. ‖ T. Archit. Petite surface que l'on forme en abattant l'arête d'une pierre ou d'une pièce de bois.

CHANFREINER. v. a. (R. *chanfrein*). Abattre l'arête d'une pierre ou d'une pièce de bois, pour former un chanfrein. = CHANFREINÉ, ÉE. part.

CHANGARNIER, général et homme politique français (1793-1877).

CHANGE. s. m. (R. *changer*). Troc d'une chose contre une autre. En ce sens, ne se dit guère que dans ces phrases : *Gagner* ou *Perdre au c.* — Fig. et prov., *Rendre le c. à quelqu'un*, lui rendre la pareille. ‖ T. Vén. *La bête donne le c.* Elle fait lever une autre bête, dont les chiens suivent la voie. *Les chiens prennent le c.*, tournent au c., ils quittent la bête qu'ils poursuivaient pour en courir une nouvelle. *Les chiens gardent le c.*, ils ne se laissent pas emporter après la nouvelle bête. — Fig., *Donner le c. à quelqu'un*, Détourner adroitement quelqu'un du dessein, des vues qu'il peut avoir, en lui donnant lieu de croire à une chose pour une autre. *Prendre le c.*, Se laisser tromper de cette manière, par ignorance ou par simplicité; se tromper, se méprendre sur un objet, sur une affaire. *Faire prendre le c. à quelqu'un*, l'induire en erreur.

Écon. polit. — Le mot *Change*, qui signifie en général la cession d'une chose pour une autre, reçoit, dans le commerce, plusieurs significations diverses. Il se dit de l'échange des monnaies entre elles : les anciens docteurs appelaient cette espèce particulière de c., *Cambium minutum*, *vel reale*, *vel manuale*. Il se dit aussi de l'opération au moyen de laquelle on se procure une somme déterminée sur une place autre que celle où l'on se trouve : on la nommait *Cambium locale*, *mercantile*, *vel trajectitium*; cette opération se réalise ordinairement au moyen d'un billet de payer appelé *Lettre de c.* Enfin, on dit encore le mot de *C.* au prix du c. lui-même.

I. CHANGE DES MONNAIES. — Le *C. des monnaies* sur place est de toutes les opérations de banque la plus anciennement connue. Dans les villes de commerce de l'antiquité, les *Changeurs*, assis devant leurs tables ou bancs, échangeaient les unes contre les autres les diverses monnaies nationales et étrangères. A Rome, ceux qui se livraient à ce genre de commerce étaient nommés *Argentarii*. En général, ils joignaient au c. des monnaies le commerce des matières d'or et d'argent, l'industrie de la fonte et de l'affinage des métaux. Enfin, ils en vinrent successivement à pratiquer les différentes sortes d'opérations de banque proprement dite. Au moyen âge, le commerce des changeurs, appelés comme à Rome

Argentiers, acquit une assez grande importance à cause de l'extrême diversité des monnaies dans un même pays, et plusieurs de ceux qui s'y livraient acquirent des fortunes immenses pour le temps. Ils réalisaient surtout de beaux bénéfices quand les gouvernements avaient recours au faux monnayage pour payer plus aisément leurs dettes; or, ce cas n'était pas rare. L'argentier, qui par état était toujours au courant de ces falsifications tenues secrètes par le pouvoir, savait fort bien en tirer parti pour son propre compte. — Le c. des monnaies, tel qu'il se pratique actuellement dans toutes les villes commerçantes, consiste à échanger, selon les besoins et les convenances des individus, de la monnaie courante contre de la monnaie étrangère, de la monnaie d'or contre de la monnaie d'argent, et *vice versa*, de la monnaie métallique contre des billets de banque, etc. La commission que prélève le changeur pour prix du service qu'il rend, s'ajoute quelquefois à un *agio* ou différence entre le prix réel et le prix nominal des monnaies, parfois aussi elle est perçue à part. Les changements dans la valeur relative de l'or et de l'argent, de la monnaie et des lingots, fournissent depuis longtemps la matière des plus nombreuses opérations de c.; ces opérations sont surtout excessivement actives dans les périodes de crises politiques et commerciales; il en est de même des opérations sur les billets de banque, et plus encore sur les papiers-monnaie, lorsqu'il en existe. Ainsi, pour ne citer qu'un ex., nous rappellerons qu'en 1848 les billets de la Banque de France ont donné lieu, pendant les premiers jours du cours forcé, à la perception d'un agio qui s'est élevé jusqu'à 150 p. 1.000. Actuellement, dans certains pays comme la Russie, l'Italie et la Grèce, l'agio sur le papier-monnaie, ou, comme on dit vulgairement, le *change*, atteint parfois 25 et même 40 p. 100.

II. CHANGE PROPREMENT DIT. — Le c., en tant qu'il a pour objet la remise d'une somme déterminée d'une place sur une autre, a pour effet d'épargner les transports d'argent et de dispenser ainsi des frais, des risques et des lenteurs qui sont les conséquences inévitables de ces transports. Il suppose une réciprocité de dettes entre deux ou plusieurs commerçants établis dans des lieux différents, et s'opère au moyen de la compensation qu'il établit entre leurs dettes respectives. Supposons un commerçant de Lyon ayant à payer des marchandises qu'il a achetées au Havre : il est évident qu'il vaudra infiniment mieux pour lui effectuer ce paiement à Lyon que de faire transporter à ses frais au Havre la somme qui lui est nécessaire pour acquitter sa dette. Si donc ce commerçant de Lyon, en achetant des marchandises à un commerçant du Havre, lui en avait vendu en même temps des siennes propres pour une somme égale, le paiement que chacun de ces commerçants aurait à effectuer se ferait par la simple compensation entre leurs créances et leurs dettes respectives, et il n'en demeurait lieu à aucun transport d'argent. Mais il est rare que les choses se passent d'une manière aussi simple. Ainsi, Lyon vend des soieries au Havre et y achète des cafés; mais ceux qui vendent les soieries ne sont pas ordinairement ceux qui achètent les cafés; la compensation ne peut donc s'établir directement entre les acheteurs et les vendeurs des deux villes. C'est au moyen du c. qu'elle se fera. Pierre, négociant de Lyon, a vendu des soieries à Paul, négociant du Havre; d'un autre côté, Joseph, négociant du Havre, a vendu, pour une somme égale, des produits coloniaux à Antoine, négociant de Lyon. Il est évidemment inutile que Paul envoie du Havre de la monnaie à Pierre, de Lyon, et qu'Antoine, de Lyon, envoie de Lyon au Havre une somme égale à Joseph, l'une de ces dettes pouvant être acquittée par l'autre. En effet, Pierre *tire* sur Paul pour le montant de ce que lui doit celui-ci, et Antoine, qui a une somme égale à payer au Havre, achète la lettre de Pierre et l'envoie à Joseph, qui en reçoit le fixe dans la lettre, la présente en paiement à Paul. Par conséquent, les dettes respectives entre les deux villes se trouvent éteintes sans aucun mouvement de fonds. — Jusqu'ici nous avons raisonné dans l'hypothèse où la somme due par Lyon au Havre était égale à ce qui est dû par le Havre à Lyon. S'il n'en était pas ainsi, il n'y aurait à transporter qu'une somme de monnaie égale à la différence existant entre les dettes des deux villes. Il est facile, maintenant, de se rendre compte du rôle du c. dans les transactions commerciales et de comprendre son utilité. Non seulement il facilite les transactions et les rend moins onéreuses en épargnant les transports d'espèces, mais encore il a pour effet de diminuer la somme de numéraire nécessaire aux opérations du commerce.

Cours du change. — Dans la pratique, lorsqu'un commerçant a de l'argent à recevoir dans une ville autre que celle qu'il habite, il *tire* sur cette ville, c.-à-d., il rédige un ordre de payer pour être présenté à son débiteur, et négocie la lettre de c. qu'il a faite à un commerçant de sa propre ville qui a, au contraire, un paiement à faire au même lieu. Celui qui négocie une lettre de c. vend en réalité la somme portée dans cette lettre. On donne ordinairement le nom de *Remise* à la lettre de c. ainsi négociée. — Examinons maintenant quelles sont les circonstances qui déterminent le prix de cette vente. Soient Lyon et Paris les places sur lesquelles les lettres de c. sont demandées et offertes. Si Lyon doit à Paris une somme égale à celle que lui doit cette dernière ville, une catégorie de marchands de Lyon désirera acheter des lettres de c. sur Paris, et une autre catégorie en aura à vendre pour la même somme : par conséquent, une lettre de 100 fr. sur Paris se vendra exactement 100 fr., ou, comme on dit dans le commerce, le c. sera *au pair*. Dans cette supposition, Paris, lui aussi, a une somme égale à payer et à recevoir à Lyon ; les lettres sur Lyon seront donc également au pair. Si Lyon, au contraire, avait plus à payer qu'à recevoir, il y aurait des personnes qui demanderaient des lettres sur Paris pour une somme supérieure à celle que représenteraient les lettres tirées par les commerçants créanciers de Paris. Alors, une lettre de 100 fr. sur Paris se vendrait plus de 100 fr., et l'on dirait que le papier sur Paris *se fait à prime*. Cette prime, toutefois, ne peut jamais dépasser les frais et les risques d'un transport de monnaie. En effet, si elle excédait ce prix, le débiteur aimerait mieux envoyer des espèces que d'acheter une lettre de c. Si, au contraire, Lyon avait plus à recevoir de Paris qu'à lui payer, il y aurait plus de lettres offertes que de lettres demandées, et leur prix de vente s'abaisserait au-dessous du pair ; on dit, dans ce cas, que le papier *se fait à perte*. Cette différence, en plus ou en moins, entre la valeur énoncée dans la lettre de c. et la somme que l'on paie pour se la procurer, constitue le *prix du c.* Ce prix, comme on le voit, est déterminé par le rapport qui existe entre les dettes respectives des deux places : les variations de ce prix, c.-à-d. le *cours du c.*, indiquent ce rapport. Quand les dettes se compensent, le prix est zéro ; on dit alors que le c. est au pair. Quand le papier se fait à prime d'une ville sur une autre, cela indique que cette dernière a plus à recevoir qu'à payer : on dit alors que le *c. est contraire* à celle où se fait la négociation, et *favorable* à celle sur laquelle la lettre de c. est tirée. L'inverse peut également avoir lieu, de telle sorte que le même place a tantôt le c. favorable et tantôt le c. contraire. *Le prix du c.* a sa cause dans le mouvement même des affaires commerciales qui se font entre les négociants de deux villes, et il se règle, ainsi que nous l'avons dit, ordinairement un peu au-dessous de ce que coûterait le transport du numéraire entre ces villes. D'autres causes encore peuvent influer sur le cours des changes, et même ce sont elles qui déterminent les états extraordinaires du c. que l'on observe quelquefois ; mais ces causes sont accidentelles, et nous ne pouvons en traiter dans cet article.

Du change extérieur. — Nous n'avons parlé jusqu'ici que du c. intérieur, c.-à-d. de celui qu'il se pratique entre deux places commerçantes du même pays. Les auteurs qui ont écrit sur cette matière appellent c. *extérieur* le commerce des lettres de c. qui sont tirées dans une ville d'un pays quelconque et payables sur une place quelconque d'un autre pays. Dans ce cas, l'opération et le cours du c. semblent se compliquer, par complication, du moins d'un ch. de monnaies ; mais au fond, les lois qui régissent le c. extérieur sont identiquement les mêmes que celles auxquelles est soumis le c. intérieur. Quand les lettres de c. tirées de la France sur l'Angleterre, par ex., se négocient avec prime, on dit que le c. est *contre* notre pays, qu'il nous est *contraire* ou *défavorable*, et qu'il est *pour* l'Angleterre ou *favorable* à ce dernier État. Lorsque la théorie de la balance du commerce, et il n'y a pas longtemps elle était en vigueur, on attachait au mouvement et à l'état des changes une importance fort exagérée. On y cherchait le signe de la prospérité ou de la décadence économique des États. Comme, d'après cette théorie, un État était d'autant plus prospère qu'il importait plus de métaux précieux et qu'il exportait plus de produits exportés, l'usage s'était établi de dire que le c. était *favorable* quand il indiquait une balance à recevoir, et le cas opposé qu'il était *contraire*. Or, quoique ces expressions se soient maintenues, on doit actuellement se garder de les prendre à la lettre. En effet, lorsque le c. entre l'Angleterre et la France nous est défavorable, cela veut dire simplement que les lettres de c. tirées de la France sur l'Angleterre se négocient à prime, parce que la France a plus à payer qu'à recevoir, et que nos négociants doivent aux négociants anglais une différence qui doit être éventuellement soldée par un envoi de métaux précieux. Mais, dans ce cas-là, les seules personnes auxquelles cet état du c. soit vraiment défavorable, sont celles qui ont des paiements à faire en Angleterre, parce qu'elles sont obligées ou de faire un transport d'espèces ou de payer une prime pour obtenir des lettres de c. sur les Anglais. D'autre part, ce même état de choses est favorable à celles qui ont des fonds à toucher en Angleterre : car elles viennent sur le marché pour vendre leurs lettres de c., et elles les négocient avec prime. — Ici, toutefois, nous devons faire une observation. Dans la négociation d'une lettre de c., ce n'est pas, ainsi que le remarque très bien J. Stuart Mill, la valeur intrinsèque de la monnaie indiquée dans la lettre qui est vendue : c'est sa *puissance d'achat*. Ainsi, par ex., qu'un négociant de Paris achète au prix de 99 fr. une lettre de c. de 100 fr. sur Bruxelles (le c. étant dans ce cas défavorable à cette dernière ville), ce c. indique que le négociant de Paris pourra se procurer pour 99 fr. autant de marchandises de Bruxelles qu'il en achèterait pour 100 fr. à Paris. Par conséquent, entre deux villes, celle qui a le c. contraire, pour elle a intérêt à acheter dans la ville qui a le c. contraire. C'est ce qui explique pourquoi les fortes différences dans le cours des changes sont de véritables encouragements à l'exportation des marchandises de la place ou du pays qui a le c. contraire à la ville ou au pays qui l'a favorable. Mais pour en revenir à notre exemple, si le négociant de Paris gagne comme acheteur, il perd comme vendeur ; car s'il vend à Bruxelles, il tirera sur cette ville et vendra ses lettres de c. à 1 fr. de perte. Ainsi le c. contraire peut devenir jusqu'à un certain point un obstacle à l'importation des marchandises de la place qui a le c. favorable à celle qui a le c. contraire. De là ce phénomène constant observé dans les crises monétaires, que le pays où le numéraire fait défaut, multiplie ses exportations et restreint ses achats à l'étranger jusqu'à ce que l'équilibre soit rétabli.

Arbitrages. — Les grandes villes de commerce et les États eux-mêmes peuvent être considérés, quant au c., comme autant de négociants entre lesquels un mouvement continu d'affaires entretient un mouvement correspondant de dettes et de créances. Les lettres de c. des différentes places les unes sur les autres sont continuellement offertes et demandées, et sont par conséquent l'objet d'un véritable commerce. Leur cours, c.-à-d. le cours du c., est coté aux Bourses de commerce par l'intermédiaire d'agents qui, à Londres, portent le nom de *Billbrokers*, mais qui, à Paris, n'en ont point, parce que la loi suppose que les négociations de cette espèce sont faites par les *agents de c.*, qui ont pour ce courtage un privilège dont ils n'usent pas. Les spéculations sur les changes ont une très grande importance lorsqu'il s'agit de changes *extérieurs*. Elles se font ordinairement au moyen d'une opération particulière appelée *Arbitrage*. — Le c. peut s'opérer d'une ville à l'autre : c'est le c. *direct* ; mais il peut s'opérer également par l'entremise d'une troisième ville : c'est le c. *indirect*. Il est facile de se rendre compte de l'utilité de ce dernier. Tandis que Paris est à Lyon, il peut être en même temps créancier de Milan ; de son côté, Lyon peut se trouver débiteur de Milan. Il en résulte que le papier sur Paris, déprécié à Lyon, est recherché à Milan, et que le papier de Lyon, déprécié à Milan, est recherché à Paris. Un négociant de Paris qui a des paiements à faire ou des sommes à recouvrer à Milan, peut donc avoir intérêt à faire ses recouvrements ou ses paiements à Milan par l'entremise de Lyon. Pour lui, toute la question est de savoir laquelle de ces deux voies lui coûtera le moins cher, s'il a des paiements à faire, c.-à-d. des lettres de c. à acheter, ou lui rapportera le plus, s'il a des sommes à recouvrer, c.-à-d. des lettres de c. à vendre. Il se renseignera à la comparaison du c. direct et du c. indirect : cette comparaison constitue un *arbitrage*. On voit donc que les arbitrages ont pour but de trouver la voie la plus avantageuse pour tirer ou pour remettre des lettres de c. sur les places étrangères. La règle par laquelle on détermine la voie la plus avantageuse porte en arithmétique financière le nom de *règle conjointe*. Les opérations d'arbitrage font l'objet d'un commerce spécial qui consiste à acheter les lettres de c. qui sont dépréciées sur certaines places pour les revendre sur d'autres places où elles sont recherchées. On donne le nom de *Cambiste* au banquier qui se livre à ce genre d'opérations qui, dans le monde commercial, sont considérées comme constituant, par excellence, le commerce de banque. Les cambistes rendent au commerce un service très important : car, au moyen de compensations, ils nivellent au prix les plus avantageux les comptes que les diverses places de commerce entretiennent les unes avec les autres. Du reste, la pratique des arbitrages est aussi difficile que la théorie en est simple. Certaines villes de l'Europe se sont livrées spécialement à ce genre d'opérations. Bien qu'elles fissent peu d'affaires commerciales, cependant elles vendaient et achetaient des quantités considérables de lettres de c. sur divers pays. Ces villes étaient jadis connues sous le nom de *villes* ou de *places cambistes*.

Prix du change. — Les changes intérieurs portant sur des sommes exprimées en même monnaie sont formulés ou peuvent toujours se formuler en tant pour cent. Ainsi, par ex., on dit à Paris que le c. sur Lyon est à 1/4 de bénéfice ou de perte, lorsque 100 fr. payables à Lyon se négocient à Paris à 100 fr. 25 c. ou 99 fr. 75 c. Il n'en est plus de même lorsqu'il s'agit de changes extérieurs. Les sommes portées dans les lettres de c. sont alors exprimées en monnaies différentes de celles qui sont employées dans le pays où se fait la négociation de ces lettres, et il devient nécessaire de déterminer le *pair du c.*, ou simplement le *pair*, c.-à-d. l'égalité de valeur entre les deux monnaies. Cette égalité se déduit de la comparaison que l'on fait de la quantité de métal fin contenu dans chacune de ces monnaies. Néanmoins le calcul n'est pas toujours aussi simple. — Dans le commerce, on distingue plusieurs catégories de monnaies, savoir : les monnaies *réelles*, les monnaies *de banque*, les monnaies *de compte* et les monnaies de c. *Les monnaies réelles* sont celles qui existent réellement en or et en argent, comme le franc, la livre sterling, etc. La *monnaie de banque* n'a pas d'existence réelle; mais elle n'a pas pour cela une valeur arbitraire, car sa valeur s'établit d'après un certain poids d'or et d'argent : tel est, par ex., le *marc banco* de Hambourg; telle était aussi la livre sterling, avant que le bill de 1818 lui eût donné la forme réelle du souverain d'or. Cette invention de la monnaie de banque est due, comme chacun sait, à la nécessité d'échapper aux inconvénients du faux monnayage officiel. Il y a trois siècles, les négociants stipulaient en monnaie de banque, parce que cette monnaie, n'ayant point d'existence réelle, avait une fixité de titre et de poids invariable, et qu'elle servait de type pour évaluer les monnaies réelles. La *monnaie de compte* est celle par laquelle toutes les sommes sont exprimées dans les transactions et dans les écritures du commerce. Ainsi, en France, la monnaie de compte se compose de la pièce de 1 fr. et de 1 cent., tandis que l'Angleterre compte par livres, shillings et pence. La *monnaie de c.* est celle qui est employée dans l'évaluation du c. avec les monnaies étrangères. Autrefois, il n'était pas rare que la monnaie de c. fût différente de la monnaie de compte et de la monnaie réelle. Naguère encore, dans la c. entre Paris et Amsterdam, on employait l'ancien écu de 3 livres de France, qui n'existait plus ni comme monnaie réelle ni comme monnaie de compte. Au reste, quand on veut changer l'une contre l'autre deux monnaies différentes, il faut nécessairement prendre l'une d'elles pour terme de comparaison. Dans le langage des cambistes, la monnaie prise comme terme fixe de comparaison s'appelle le *certain*; le terme variable de comparaison se nomme l'*incertain*. Il n'est pas besoin d'avertir qu'aucun de ces termes n'est en réalité plus certain ou plus incertain que l'autre, et que ces dénominations se rapportent au rôle de l'une ou de l'autre monnaie dans la comparaison. On dit donc qu'une place donne le *certain* à une autre, lorsque c'est la monnaie de la première qui sert de terme de comparaison entre les deux places. Ainsi, dans le c. entre Paris et Londres, Londres donne le certain à Paris, et réciproquement Paris lui donne l'incertain. Dans le c. entre Paris et Amsterdam, Paris donnait jadis le certain, c.-à-d., 3 livres pour plus ou moins de deniers de gros. Actuellement, on prend en général pour le certain, c.-à-d. pour terme fixe de comparaison, celle des deux monnaies dont la valeur est la plus élevée, parce qu'il est plus facile, par ce moyen, de constater et de suivre les plus petites variations du c. Pour les pays qui ont un système monétaire différent du nôtre, on a pris pour terme fixe la monnaie de compte du pays, et on l'a comparée à la nôtre, de telle sorte qu'aujourd'hui Paris donne partout l'*incertain*. Sur les cotes de c. des diverses places, on n'inscrit souvent que l'*incertain*, car on suppose que tous les intéressés connaissent le certain. — Nous ferons observer, en terminant, que toutes ces difficultés tendent à disparaître. Les opérations sur les changes se sont presque toutes concentrées sur les places de Londres et de Paris, et sur quelques places accessoires, telles que Hambourg, Amsterdam, Livourne, Vienne et Pétersbourg. Les villes cambistes, telles que Augsbourg ou *Auguste*, comme on l'appelle en style de banque, ont perdu presque toute leur importance spéciale. En même temps, plusieurs États, comme la Hollande, ont perfectionné leur système monétaire et y ont introduit la division décimale. D'autres ont complètement adopté notre système de monnaies, de telle manière que les changes avec la Belgique, la Suisse et l'Italie sont devenus en quelque sorte intérieurs, et que nous changeons avec Bruxelles, Bâle, Genève ou Turin absolument comme avec Lyon ou Marseille. Pour plus de détails, on consultera avec fruit COURCELLES-SENEUIL, *Traité des opérations de Banque*.

III. CONTRAT DE CHANGE. — Le c. donne naissance à un contrat spécial qui reçoit le nom de *Contrat de c.*, et qui est ordinairement défini : une convention par laquelle une valeur fournie dans un lieu doit être, moyennant un certain prix, livrée dans un autre lieu. Selon la doctrine admise par les jurisconsultes, le contrat de c. est parfait par le seul consentement des parties, et il peut se réaliser par la délivrance d'une *Lettre de c.*, d'un *Billet à ordre* ou d'un *Billet à domicile*. Ce n'est pas ici le lieu d'examiner jusqu'à quel point cette doctrine est exacte : nous traiterons simplement du contrat de c. lorsqu'il revêt sa forme la plus complète, c.-à-d. lorsqu'il se réalise au moyen de la *Lettre de c.*

IV. LETTRE DE CHANGE. — On peut la définir : une lettre par laquelle le souscripteur mande à une personne résidant dans un autre lieu, de payer tel jour la somme indiquée à celui au profit duquel la lettre est souscrite, ou à ses cessionnaires. — L'origine de la création de ce merveilleux mécanisme commercial a été l'objet de nombreuses recherches, sans qu'on soit parvenu à un résultat positif. Laissant donc cette question de côté, nous montrerons seulement comment la lettre de c. est née des besoins du commerce. — Nous savons que la c. a pour effet d'éviter les transports de numéraire, et qu'il s'opère au moyen de la compensation qu'il établit entre les dettes respectives de commerçants habitant des lieux différents. Irénée est créancier de Cléon pour une somme de 1000 drachmes; mais il doit payer 1000 drachmes dans le Pont, où il va faire le commerce. Cléon, qui de son côté est créancier de pareille somme en ce pays, délègue sa créance à Irénée, et écrit à Sosigène, son débiteur du Pont, de payer les 1000 drachmes à Irénée, et l'ordre est exécuté. La créance d'Irénée sur Cléon et celle de Cléon sur Sosigène se trouvent donc éteintes par un paiement unique et sans qu'il ait été fait aucun transport de fonds d'un pays à l'autre. L'ordre donné par Cléon à Sosigène de payer à Irénée constitue la lettre de c. sous sa forme primordiale et rudimentaire, telle que les anciens l'ont connue et pratiquée. C'est au moyen d'ordres semblables que les juifs, chassés de France sous Philippe-Auguste, se firent payer ce qu'ils leur était dû dans ce pays. Mais l'ordre de payer donné par Cléon à Sosigène ne constitue pas encore une lettre de c. complète. Pour cela, il aurait fallu que cet ordre fût *cessible* et susceptible d'être rendu à toute personne pouvant en avoir besoin. Ce sont les Lombards et les Florentins qui paraissent avoir employé les premiers la lettre de c. sous sa forme définitive. Cela se conçoit aisément : car, au moyen âge, ils étaient les intermédiaires de presque toutes les transactions commerciales. Ils se servirent d'abord entre eux de la lettre de ch.; puis elle passa dans la pratique ordinaire du commerce. Quant à notre législation, la plus ancienne loi qui fasse mention des lettres de c. est un édit de Louis XI (mars 1462), portant confirmation des foires de Lyon. Plus tard, la jurisprudence en cette importante matière fut fixée par l'ordonnance du Commerce de mars 1673, dont les dispositions se trouvent reproduites dans notre Code de Commerce. D'après ce dernier, la lettre de c. est, par elle-même, un acte de commerce (C. C., art. 632). Par conséquent, elle entraîne, pour celui qui l'a souscrite, la compétence commerciale.

Souscription des lettres de change. — Dans le principe, les lettres de c. ne pouvaient être souscrites que par les marchands, les banquiers et les négociants. Leur usage fut ensuite étendu aux « receveurs des tailles, receveurs des finances, traitants de toute sorte, gens d'affaires et de finances, à cause du rapport qu'il y a entre eux et les marchands et négociants, pour tirer des provinces les deniers de leurs recettes, au lieu de les faire voiturer ». Sous l'empire de l'ordonnance de 1673, il était, en général, permis à toute personne de souscrire des lettres de c., sauf toutefois aux filles et femmes non marchandes publiques et aux mineurs non négociants. C'est encore ce qui a lieu actuellement.

Conditions de validité des lettres de change. — La lettre de c., pour produire tous ses effets, doit réunir certaines conditions. Ordinairement les lettres de c. sont faites par écriture privée, mais elles peuvent être aussi rédigées par-devant notaire ou doivent l'être lorsque l'individu qui les fait ne sait pas écrire. Du reste, la loi ne prescrit pas de termes sacramentels. Elle exige seulement que la lettre de c. *soit tirée d'un lieu sur un autre*, qu'elle soit datée, qu'elle énonce la somme à payer, le nom de celui qui doit payer, l'époque et le lieu où le paiement doit s'effectuer, la valeur fournie en espèces, en marchandises ou de toute autre manière ; si elle est à l'ordre d'un tiers ou du tireur lui-même ; enfin, si elle est par *première*, *deuxième*, *troisième*, etc., c.-à-d. s'il en a été fait un ou plusieurs exemplaires (C. C., 110). La lettre de c. peut être tirée sur un individu et payable au domicile d'un tiers ; elle peut être encore tirée par ordre et pour le compte d'un tiers (C. C., 111). Le plus ordinairement la lettre de c. est ainsi conçue :

Paris, 1ᵉʳ septembre 1894.   *Bon P. Fr. 2000.*

Au 1ᵉʳ décembre prochain, il vous plaira payer par cette première de change à l'ordre de M. Jérôme, la somme de DEUX MILLE FRANCS, valeur fournie (en espèces, en marchandises, en compte, etc.), suivant avis (ou sans avis) de

à M. JULES et Cie,   JOSEPH et Cie,
négociants à Nantes,   négociants.

Joseph, qui a souscrit cette lettre, est le *tireur ;* Jules, qui reçoit l'ordre de payer, est le *tiré ;* et Jérôme, à l'ordre de qui la lettre est passée, est le *preneur.* — L'échéance d'une lettre de c. n'est pas toujours à jour fixe ou déterminé, comme dans l'exemple ci-dessus. En effet, la lettre de c. peut être tirée à vue ; à un ou plusieurs jours, à un ou plusieurs mois de vue ; à un ou plusieurs jours, à un ou plusieurs mois de date ; à une ou plusieurs *usances* de vue ou de date ; et enfin en foire. La lettre de c. à vue est payable à présentation. L'échéance d'une lettre de c. à un ou plusieurs jours, à un ou plusieurs mois, à une ou plusieurs *usances* de vue, est fixée à la date de l'acceptation ou par celle du protêt faute d'acceptation. Les mois sont tels qu'ils sont fixés par le calendrier grégorien ; l'*usance* est de 30 jours qui courent du lendemain de la date de la lettre de c. Une lettre de c. payable en foire échoit la veille du jour fixé pour la clôture de la foire, ou le jour même de la foire, si celle-ci ne dure qu'un jour. Lorsque l'échéance d'une lettre de c. tombe un jour férié légal, elle est payable la veille. — Pour les lettres de c. venues de l'étranger, elles sont régies, quant à la forme, par la loi du pays où elles ont été faites, et, quant à leurs effets, par la loi du lieu où elles sont payables. — Lorsqu'une lettre de c. est rédigée conformément à la loi, on dit qu'elle est *régulière en la forme.* Toutefois cela ne suffit pas : il faut, en outre, que le c. soit réel, c.-à-d. que la lettre de c. ne contienne aucune supposition de lieu, de nom, de domicile ou de qualité ; autrement, la loi la répute simple promesse, et son signataire, non négociant, n'est pas soumis à la juridiction commerciale. Enfin, la lettre de c., qui n'est en réalité qu'une obligation de payer, doit, comme toute obligation, avoir une cause réelle et licite (C. civ., 1131). Ainsi, le défaut de cause rend une lettre de c. nulle entre les contractants, lors même qu'elle serait régulière en la forme. Au reste, les tribunaux se montrent, avec raison, fort rigoureux sur la nature des preuves qui tendent à *invalider* une lettre de c. En matière de commerce surtout, les titres justifient suffisamment les énonciations qu'ils contiennent. Lorsque la lettre de c. présente des signes palpables d'irrégularité, que son caractère peut être contesté, et alors les juges peuvent s'éclairer par tous les genres de preuves possibles. Dans tous les cas, l'annulation de la lettre de c. ne peut être opposée qu'à celui-là même qui en bénéficie. Elle n'est pas opposable au tiers porteur de bonne foi.

Obligations qui naissent de la lettre de change. — En principe, le concours de trois personnes est nécessaire pour constituer une lettre de c. : le *Tireur,* le *Tiré,* le *Preneur.* De plus, comme la propriété d'une lettre de c. se transmet par l'*Endossement* (C. comm., 136), nous aurons aussi à nous occuper des *Endosseurs.* Les obligations qui existent pour chacune des personnes qui concourent à la lettre de c. résultent de leur position respective les unes à l'égard des autres. — Quant au *Donneur d'aval,* il en a été parlé au mot AVAL.

Le *Tireur,* comme nous l'avons vu, vend en réalité la somme portée dans la lettre de c. ; il doit donc procurer cette somme : c'est ce que la loi appelle faire la *Provision.* Si la lettre de c. est tirée pour le compte d'un tiers, la provision doit être faite par celui pour le compte de qui la lettre est tirée, sans toutefois que le tireur pour compte d'autrui cesse d'être personnellement obligé envers les endosseurs et le porteur seulement. « Il y a provision, dit l'art. 116, si à l'échéance de la lettre de c. celui sur qui elle est tirée est

redevable au tireur, ou à celui pour compte de qui elle est tirée, d'une somme au moins égale au montant de la lettre de c. » Le tireur est en outre obligé de prouver que cette provision existe : c'est ce qu'on appelle prouver l'*Acceptation du tiré.* En effet, l'acceptation suppose la provision, et dans le cas où celui sur qui la lettre de c. est tirée refuse de l'accepter, le tireur doit donner caution pour assurer le paiement de la lettre de c. à son échéance. Enfin, le tireur est responsable en cas de non-paiement.

La loi assimile les *Endosseurs* au tireur : car, par cela même qu'ils ont cédé la lettre de c., ils sont, à l'égard du porteur, dans les mêmes positions que le tireur lui-même. Leur situation diffère cependant en un point. Comme c'est du tireur et non des endosseurs qu'émane la lettre de c., l'acceptation établit la preuve de la provision à l'égard des endosseurs, tandis qu'il n'en est pas ainsi pour le tireur. En conséquence, qu'il y ait ou non acceptation de la part du tiré, c'est au tireur seul qu'incombe la charge de prouver, en cas de dénégation du tiré, que celui-ci avait provision à l'échéance : sinon il est tenu de la garantir, lors même que le protêt aurait été fait après les délais fixés. Au reste, les conditions de validité pour l'endossement sont déterminées par l'art. 137, C. comm. L'endossement doit être daté, exprimer la valeur fournie, et énoncer le nom de celui à l'ordre de qui il est passé. S'il n'est pas conforme à ces prescriptions, il n'opère pas le transport de la propriété de la lettre de c. ; il ne vaut que comme procuration.

Quant au *Tiré,* son obligation résulte de l'*Acceptation* qu'il fait de la lettre de c. L'acceptation est l'acte par lequel il s'engage à la payer à son échéance : elle s'exprime par le mot *Accepté,* suivi de la signature de l'*Accepteur ;* elle n'a besoin d'être datée que lorsqu'elle est à un certain nombre de jours de vue. Dans ce dernier cas, la date de l'acceptation rend la lettre exigible au terme y exprimé, à compter de sa date. L'accepteur n'est pas restituable contre son acceptation, quand bien même le tireur serait tombé en faillite à son insu avant cette acceptation. L'acceptation du tiré ne peut être conditionnelle ; mais elle peut être restreinte quant à la somme acceptée. Quant aux rapports qui existent entre le tiré et le tireur, ils sont régis par les principes du mandat, car le premier est le mandataire du second. En examinant les obligations qui pèsent sur le tireur, sur le tiré et sur les endosseurs, nous avons vu les précautions que prend la loi pour assurer le paiement d'une lettre de c. ; néanmoins elle ajoute à ce contrat une nouvelle et dernière garantie, en rendant le tireur, le tiré et les endosseurs tous solidaires à l'égard du porteur.

Il nous reste maintenant à parler des droits et des obligations du *Porteur.* Il peut être ou la personne au profit de laquelle la lettre de c. a été souscrite, c.-à-d. le *Preneur* lui-même, ou bien une personne qui est devenue cessionnaire de cette lettre ; dans ce dernier cas, elle prend le nom de *Tiers porteur.* Le porteur de la lettre de c. a d'abord le droit de vérifier si la provision existe. Si cette acceptation lui est refusée, il peut, après avoir fait constater ce refus par un protêt que l'on appelle *Protêt faute d'acceptation,* obliger le tireur et les endosseurs à lui donner caution que la lettre sera payée à son échéance. Du reste, lorsque la lettre de c. n'a pas été acceptée, la loi permet qu'un tiers intervienne et accepte cette lettre : c'est ce qu'on appelle *Acceptation par intervention.* Dans ce cas même, le porteur de la lettre de c. n'en conserve pas moins tous ses droits contre le tireur et les endosseurs à raison du défaut d'acceptation. En cas de non-paiement, le porteur, après l'avoir fait constater par un protêt appelé *Protêt faute de paiement,* a une action en garantie contre le tireur et les endosseurs, et il peut l'exercer ou collectivement contre eux tous. En outre, le porteur d'une lettre de c. protestée peut, avec la permission du juge, saisir conservatoirement les effets mobiliers des tireurs, accepteurs et endosseurs. — Enfin, le porteur a encore la faculté de se rembourser du principal de la lettre refusée et des intérêts de ce principal à partir du protêt, au moyen d'une *Retraite.* La retraite est une nouvelle lettre de c. au moyen de laquelle le porteur se rembourse sur le tireur ou sur l'un des endosseurs du principal de la lettre protestée, de ses frais et du nouveau c. qu'il paie. A la retraite doit être joint un *Compte de retour,* comprenant le principal de la lettre protestée, les frais de protêt et autres frais légitimes, tels que commission de banque, courtage, timbre et ports de lettres, et accompagné de la lettre de c. protestée, du protêt ou d'une expédition de l'acte du protêt. Ce compte de retour doit être certifié par un agent de c., et, dans les lieux où il n'y en a pas, par deux commerçants. Il est remboursé d'endosseur à endosseur respectivement, et en définitive, par le tireur. L'intérêt du principal de la lettre protestée court à partir du jour du protêt; celui des frais du protêt, rechange et autres frais légitimes n'est dû qu'à compter du jour de la demande en justice. Cette opération porte le nom de *Rechange*. — Mais le porteur de la lettre de c. ne jouit d'une manière complète des différents droits que la loi lui accorde qu'autant qu'il s'est conformé à certaines obligations qu'elle lui impose. Le motif de ces obligations se comprend parfaitement. Le porteur d'une lettre de c. est, jusqu'à un certain point, le mandataire du tireur et des endosseurs, qui tous ont intérêt à ce que la lettre soit payée à son échéance. En conséquence, la loi exige que le porteur d'une lettre de c. en demande le payement le jour de son échéance; que, lorsque la lettre est à vue ou à un ou plusieurs jours de vue, il la présente à l'acceptation dans un délai déterminé; que sa diligence, à cet égard, soit constatée au moyen d'un protêt. Enfin, elle veut aussi que le porteur d'une lettre de c. non payée exerce son recours contre son cédant, dans les quinze jours qui suivent la date du protêt. Si le porteur ne s'est pas conformé, à cet égard, aux prescriptions de la loi, il est déchu de tous droits contre les endosseurs; il est même déchu à l'égard du tireur, si celui-ci justifie qu'il y avait provision à l'échéance de la lettre de c. Dans ce dernier cas, le porteur ne conserve d'action que contre le tiré. Toutefois, les effets de cette déchéance cessent en faveur du porteur contre le tireur ou contre celui des endosseurs qui, après l'expiration des délais fixés pour le protêt ou la citation en jugement, a reçu par compte, compensation ou autrement, les fonds destinés au payement de la lettre de c. — Enfin, les actions relatives aux lettres de c. se prescrivent par cinq ans, à compter du jour du protêt ou de la dernière poursuite judiciaire, s'il n'y a eu condamnation ou si la dette n'a été reconnue par acte séparé.

Paiement. — La loi détermine elle-même la manière dont doit se faire le paiement de la c. Comme le contrat de c. est un contrat strict, le juge ne peut accorder aucun délai pour le paiement d'une lettre de c. En outre, la lettre doit être payée dans la monnaie qu'elle indique. Nous savons, en effet, que la monnaie est une marchandise, qu'elle joue exclusivement ce rôle dans les opérations de c., et que la somme portée dans lettre de c. est un corps certain relativement à la monnaie indiquée. — La lettre de c. ne doit être payée qu'à son échéance. Ainsi, le porteur d'une lettre ne peut être contraint d'en recevoir le paiement avant le terme fixé, et celui qui paie une lettre avant son échéance, est responsable de la validité du paiement. Quant à celui qui la paie à son échéance et sans opposition, il est présumé valablement libéré. Toutefois, dans le cas où le paiement est fait sur une deuxième, troisième, etc., il faut, pour que ce paiement soit valable, que la deuxième, troisième, etc., porte que ce paiement annule l'effet des autres. Pour celui qui paie une lettre de c. sur une deuxième, etc., sans retirer celle sur laquelle se trouve son acceptation, il n'opère point sa libération à l'égard du tiers porteur de la lettre de c. acceptée. Les paiements faits à compte sur le montant d'une lettre de c. sont à la décharge du tireur et des endosseurs. — Dans le cas de paiement partiel, le porteur est tenu de faire protester la lettre de c. pour le surplus. Comme l'acceptation, le paiement d'une lettre de c. protestée peut être fait par tout intervenant pour le tireur ou pour l'un des endosseurs. Celui qui paie une lettre de c. *par intervention*, est subrogé aux droits du porteur, et tenu des mêmes devoirs pour les formalités à remplir. La loi n'admet que deux cas où il y aurait faire opposition au paiement d'une lettre de c. : ce sont les cas de perte de la lettre ou de faillite du porteur. En cas de perte d'une lettre de c., il y a lieu de distinguer si elle a été ou non acceptée. Quand c'est une lettre *non acceptée* qui a été perdue, celui à qui elle appartient peut en poursuivre le paiement sur une deuxième, troisième, etc. Si, au contraire, la lettre perdue est revêtue de l'acceptation, le paiement ne peut en être exigé sur une deuxième, etc., que sur l'ordonnance du juge et en donnant caution. Enfin, lorsque celui qui a perdu la lettre de c., qu'elle soit acceptée ou non, ne peut représenter la deuxième, troisième, etc., il peut en demander le paiement et l'obtenir par l'ordonnance du juge, en justifiant de sa propriété par ses livres et en donnant caution. En cas de refus de paiement, le propriétaire de la lettre de c. perdue conserve tous ses droits par un acte de *Protestation* fait le lendemain de l'échéance de la lettre perdue, puis notifié au tireur et aux endosseurs dans les délais prescrits pour la notification du protêt. Au reste, le propriétaire de la lettre de c. égarée doit, pour s'en procurer la deuxième, s'adresser à son endosseur immédiat, qui est tenu de lui prêter son nom et ses soins pour agir envers son propre endosseur, et, ainsi de suite, en remontant d'endosseur en endosseur jusqu'au tireur de la lettre. C'est au propriétaire de la lettre égarée à supporter tous les frais que ces mesures peuvent occasionner.

V. EFFETS DE COMMERCE. — La *Lettre de c.*, telle que nous venons de la décrire, constitue le *Papier de commerce* par excellence. Toutefois, dans le langage ordinaire, on comprend sous ce terme de *Papier de commerce*, et sous celui moins exact d'*Effets de commerce*, toute espèce de promesse de payer, quand elle est susceptible de se transmettre par la voie de l'endossement, ou même simplement de la main à la main. Or, comme les règles auxquelles sont soumises ces promesses sont en partie les mêmes que celles qui régissent la lettre de c., nous croyons devoir en parler à la suite de cette dernière. De cette façon, il sera plus aisé de comprendre en quoi ces engagements diffèrent et se ressemblent entre eux.

A. *Billet à ordre.* — Le *Billet à ordre* est un titre par lequel le souscripteur s'engage à payer, à une échéance et à un domicile déterminés, une certaine somme à une autre personne ou *à son ordre*, c.-à-d. à tout individu qui en sera porteur en vertu d'un endossement régulier. — Toutes les dispositions relatives aux lettres de c. et concernant l'échéance, l'endossement, la solidarité, l'aval, le paiement, par intervention, le protêt, les droits et les devoirs du porteur, le rechange ou celle des intérêts, sont applicables aux billets à ordre. — Mais, sous d'autres rapports, le billet à ordre diffère de la lettre de c. Tandis que celle-ci constitue par elle-même un acte de commerce, il n'en est pas de même du billet-là. En conséquence, lorsqu'un billet à ordre ne porte que des signatures d'individus non négociants, et n'a pas pour occasion des opérations de commerce, trafic, change, banque ou courtage, le tribunal de commerce est tenu de renvoyer au tribunal civil, s'il en est requis par le défendeur. Lorsque le billet porte en même temps des signatures de négociants et d'individus non négociants, le tribunal de commerce en connaît. D'ailleurs, tous les billets souscrits par un commerçant sont présumés actes de commerce (C. comm., 632), sauf la preuve contraire. La loi assimile également aux billets à ordre émanés de commerçants ceux qui ont été souscrits par les receveurs, payeurs, percepteurs et autres comptables des deniers publics. — Le Code de comm. détermine ainsi les conditions nécessaires à la validité du billet à ordre. Il doit être daté et énoncer la somme à payer, le nom de celui à l'ordre de qui il est souscrit, l'époque à laquelle le paiement doit s'effectuer, la valeur qui a été fournie en espèces, en marchandises, en compte, ou de toute autre manière. Voici quelle est la formule ordinaire du billet à ordre :

Paris, le 1er janvier 1894. *Bon pour 500 francs.*

Au vingt mars prochain, je paierai à M..., ou à son ordre, la somme de CINQ CENTS francs, valeur reçue en marchandises (fournitures, comptant, etc.).

Signature.
Adresse.

Nous ferons remarquer, au sujet de ce billet, la nécessité du *Bon et approuvé* (voy. BILLET) s'applique aux billets à ordre souscrits par des non-négociants et non écrits en entier de leur main. De plus, pour que ce billet produise ses effets, il faut, comme la lettre de c. elle-même, qu'il ait une cause réelle. Ainsi, par ex., le souscripteur d'un billet motivé *suivant notre convention de ce jour*, est recevable à opposer au porteur que le bénéficiaire n'a pas exécuté la convention en vue de laquelle la lettre a été créée. Il faut, en outre, que la cause soit licite; c'est pour ce motif qu'un billet souscrit pour dette de jeu est nul. Au reste, de même que la lettre de c., le défaut de cause ou la cause illicite ne peuvent être opposés au tiers porteur de bonne foi. — Les billets à ordre souscrits par des négociants, etc., ou pour faits de commerce, se prescrivent comme la lettre de c. par 5 ans, tandis que les billets de non-négociants exigent la prescription trentenaire.

B. *Billet à domicile.* — On entend par là un billet sur lequel le souscripteur a indiqué un domicile qui n'est pas le sien pour y effectuer ou y faire effectuer le paiement. Si le domicile est indiqué dans la ville même où le billet a été souscrit, c'est simplement un billet à ordre, et il est régi par les mêmes principes que ce dernier; mais lorsque la valeur réglée par le billet a été reçue dans un autre lieu, il y a alors remise de place ou contrat de c. Néanmoins, le billet à domicile n'est pas pour cela une lettre de c. Il en diffère en ce que la lettre de c. complète exige un accepteur, tandis que le billet ne l'exige pas. Dans le cas de remise de place ou place, le billet à domicile est nécessairement un acte commercial. Du reste, toutes les autres conditions de ce billet sont les mêmes que celles du billet à ordre.

C. *Billet au porteur.* — Le billet au porteur est celui qui ne porte pas de nom de créancier et doit être payé, à l'échéance, à la personne qui le présentera. Comme on le voit, la transmission de ce billet n'exige pas la formalité de l'endossement, et par suite le protêt n'est plus nécessaire. Ici donc le porteur n'a que le souscripteur pour obligé. On a douté si le billet au porteur était autorisé sous l'empire du Code de commerce, qui n'en fait aucune mention ; mais d'après ce principe que ce qui n'est point défendu est permis, il fallait conclure que, puisque la loi commerciale se taisait sur ce genre d'engagement, elle le tolérait. Ces billets sont, en effet, parfaitement licites. Néanmoins, pour rester dans les termes de la légalité, toutes les prescriptions de la loi relatives à l'échéance, au paiement, à la somme à payer, à la valeur fournie, doivent être observées.

D. *Billet en blanc.* — On appelle ainsi un billet par lequel le souscripteur s'oblige à payer une certaine somme à un individu dont le nom est laissé en blanc, de telle sorte que le bénéficiaire ou porteur de ce billet peut y mettre le nom qu'il veut. Ce genre de billet était interdit par notre ancienne jurisprudence ; il l'est également par la législation actuelle. Cependant, il se fait quelquefois encore des *lettres de c. en blanc.* Il est évident que le porteur d'une pareille lettre de c. n'a de recours que contre le tireur et l'accepteur.

E. *Mandat de change.* — C'est l'autorisation ou l'ordre de payer à un tiers et dans un autre lieu une somme pour le compte de celui qui donne le mandat. Ce titre est transmissible par la voie de l'endossement, et il ne diffère de la lettre de c. qu'en ce qu'il n'est pas accepté. En effet, il est admis, par convention tacite, dans le commerce, que le mandat ne doit pas être présenté à l'acceptation. Ordinairement même, le souscripteur insère dans la formule du titre ces mots : *Non soumis à acceptation.* Nonobstant cela, le porteur a toujours le droit (car la loi ne reconnaît pas cette espèce d'effet) de requérir l'acceptation. Dans ce cas, le mandat devient une lettre de c. complète. Il est à regretter que notre loi commerciale n'autorise pas cette forme particulière de la lettre de c., dont l'utilité est incontestable dans une foule de cas.

F. *Chèque.* — C'est un mandat de payement au porteur, transmissible par endossement, par lequel le tireur donne ordre à un banquier, chez lequel il a des fonds déposés ou un crédit ouvert, de payer au porteur la somme mentionnée sur l'effet. Le chèque est payable à vue. Les chèques sont soumis en France à une réglementation assez minutieuse. Voy. Chèque.

Rôle économique du papier de commerce. — L'utilité de la circulation fiduciaire représentée par les effets de commerce de toute nature est aujourd'hui comprise de tout le monde. Non seulement elle dispense des transports d'argent, non seulement elle diminue considérablement la quantité de métaux précieux nécessaires aux transactions quotidiennes d'un pays ; mais encore elle facilite ces transactions, elle favorise la production, elle permet de fournir au travail, à de meilleures conditions, les capitaux dont il a besoin. Voy. Crédit. Parmi les effets du commerce, ceux qui rendent le plus de services sont ceux qui sont transmissibles par la voie de l'endossement, par la raison que plus ils circulent, plus leur solidité augmente : *Vires acquirunt eundo.* Il est assez difficile d'évaluer la quantité d'effets de commerce de toute nature qui circulent en France. On estime à 66 p. 100 le nombre des transactions effectuées sans intervention du billet de banque et de la monnaie. Mais en Angleterre, d'après M. W. Fowler, 99 p. 100 des affaires sérieuses se font à l'aide des instruments de crédit. Le *Clearing House* (Chambre de compensation) anglais fait pour 150 milliards de transactions sans un sou de monnaie métallique.

CHANGEABLE. adj. 2 g. Qui peut être changé.

CHANGEANT, ANTE. adj. Variable, muable, qui change facilement, inconstant. *Voilà un temps bien c. Esprit c. Une nation fort changeante.* — *Couleur changeante,* Couleur qui présente des reflets différents selon les différentes expositions. — *Taffetas c.,* Taffetas qui paraît de

différentes couleurs parce que la trame est d'une couleur et la chaîne d'une autre.

CHANGEANT. s. m. T. Erpét. Genre de reptiles sauriens, de couleur variable. Voy. Agamiens.

CHANGEMENT. s. m. (R. *changer*). Mutation, conversion, action de changer. *Étrange, merveilleux c.* — *C. de scène. C. de décoration. C. à vue. Aimer le c.*

CHANGER. v. a. (bas-lat. *cambire* ; peut-être du gr. καμβειν ou καμπειν, courber). Céder une chose pour une autre. *Il a changé ses tableaux contre des meubles. C. une pièce d'or pour de l'argent.* || Se dit quelquefois, dans un sens particulier, pour c. des pièces de monnaie pour la même somme en pièces de valeur différente. *C. une pièce de cinq francs.* On dit de même, *C. un billet de banque,* etc. || Remplacer un objet par un autre ; rendre une chose différente de ce qu'elle était. *On nous a changé notre vin. Il a changé son bien de nature. Avez-vous changé votre plan ?* — *Cet enfant a été changé en nourrice,* La nourrice l'a substitué à celui qu'elle avait reçu des parents. Prov. et fam., on dit d'un enfant qui ne ressemble guère à ses parents, soit pour les traits, soit pour le caractère : *Il faut qu'il ait été changé en nourrice.* On dit aussi, dans le sens opposé : *Il n'a pas été changé en nourrice.* || Convertir, transmuer, métamorphoser une chose en une autre. S'emploie dans ce sens au propre et au fig. *Dans l'Eucharistie, le pain est changé au corps de Notre-Seigneur. Aux noces de Cana, Jésus-Christ changea l'eau en vin. La femme de Loth fut changée en statue de sel. Cela change mes soupçons en certitude.* || *C. quelqu'un,* signifie, *C. le linge qu'il porte sur lui. Cet enfant a mouillé ses langes, il faut le c.* = CHANGER. v. n. Se dit au propre et au fig., et sign. Quitter une chose pour une autre. Dans ce sens, il s'emploie toujours avec la préposition *de. C. d'habit, de chemise, de logis, de résolution. C. de vie. C. de langage. C. de couleur. C. de façon de voir. C. de ton.* — T. Manège. *C. de main,* Porter la tête du cheval d'une main à l'autre, pour le faire aller à droite ou à gauche. Voy. Main. — *C. de batterie,* Recourir à de nouveaux moyens. Voy. Batterie. — *C. de note,* Modifier sa façon d'agir ou de parler. Voy. Note. || Elliptiquement, se dit pour c. de linge, lorsqu'on est mouillé par la pluie ou par la sueur. *Je vais rentrer chez moi pour c.* || S'emploie absol. dans le sens de c. d'état. *Le temps va c. Il dégèlera si le vent change. La mode a changé. Tout change dans ce monde. Vos sentiments ont bien changé ou sont bien changés.* || Fig., se dit pour c. de conduite, de mœurs, de caractère, de figure, d'aspect. *C. en bien, en mal. S'il est honnête homme, il a bien changé. Cet homme change. Cet enfant a bien changé à ne pas le reconnaître. Il a le visage bien changé, soit par l'âge, soit par la maladie. Il change à vue d'œil, Son visage change beaucoup et rapidement.* — *C. du tout au tout, du blanc au noir,* Se c. entièrement, aller d'une opinion à celle qui lui est opposée. || Se dit de l'inconstance dans les projets, les goûts, les affections. *Il aime à c. Il change aisément.* = SE CHANGER. v. pronom. Se transformer. *Entre ses mains le fer se change en or. Je suis ainsi fait : je ne saurais me c.* = CHANGÉ, ÉE. part. = Conj. Voy. Manger.

CHANGEUR. s. m. Commerçant qui fait métier de changer des pièces de monnaie françaises ou étrangères contre d'autres pièces, etc. Voy. Change.

CHANG-HAÏ, v. de Chine. Voy. Shang-Haï.

CHANLAIRE, géographe français (1758-1817).

CHANLATE ou **CHANLATTE.** s. f. (R. *champ,* sign. côté, et *latte*). T. Mét. Chevron refendu, qu'on pose sur l'extrémité des chevrons d'une couverture, de même sens que les lattes qui soutiennent les dernières tuiles de l'égout. || T. Eaux et Forêts. Perche de chêne propre à faire des arrêts pour le barrage d'une rivière.

CHANNING, moraliste et philanthrope américain (1788-1842).

CHANOINE. s. m. (lat. *canonicus,* canonique, conforme à la règle, *canon,* gr. κανών). T. Relig. Dans les premiers siècles de l'Église l'évêque était assisté du collège ou corps des prêtres, auquel on donnait, pour cette raison, le nom de *presbyterium*, presbytère. Ces prêtres vivaient en commun avec lui et formaient son conseil. La ressemblance qu'avaient ces communautés épiscopales avec celles des moines les fit souvent qualifier de monastères (*monasteria*), et c'est ce qui explique pourquoi, dans beaucoup de titres du moyen âge, les cathédrales, et, par analogie, les autres églises sont appelées *moutiers*. Néanmoins, cette coutume de vivre en commun n'était pas générale, mais elle le devint au VIIIe siècle. A cette époque, le concile de Vernon, tenu en 755, prescrivit à tous ceux qui participaient aux distributions de l'église de se réunir dans un même édifice sous l'autorité de l'évêque et l'observation d'une règle qui fut rédigée en 760 par Chrodegand, évêque de Metz, puis modifiée et complétée en 817 par le concile d'Aix-la-Chapelle. Les prêtres qui composaient ces réunions reçurent la dénomination de *canonici* (chanoines), du grec χανών, règle. Les communautés canonicales furent en vigueur jusqu'au Xe siècle; mais alors les prêtres qui les composaient commencèrent à se partager les revenus des églises auxquelles ils étaient attachés et vécurent isolément. La sécularisation des chanoines de Saint-Jean de Latran par Boniface VIII, à la fin du XIIIe siècle, acheva la dissolution de ces communautés. Toutefois, à cette époque et même plus tard, plusieurs chanoines, appréciant les avantages de la vie commune, ne voulurent pas se séparer, et, dès lors on distingua deux espèces de chanoines, les *chanoines réguliers*, qui vivaient sous une règle commune, comme les moines, et les *chanoines séculiers*, qui étaient indépendants de toute règle. Les chanoines réguliers adoptèrent la règle de Saint-Augustin et formèrent peu à peu plusieurs ordres particuliers, dont le plus célèbre, celui des *Prémontrés*, fut fondé en 1420 par saint Norbert. Les chanoines séculiers, bien que n'étant plus soumis à la vie cénobitique, continuèrent à composer un corps puissant et jouissant de privilèges considérables. Ils élisaient les évêques avant le concordat de François Ier, administraient les diocèses pendant les vacances des sièges épiscopaux, etc. Les avantages matériels ou simplement honorifiques que procuraient ces canonicats engagèrent plusieurs fois des laïques à se faire recevoir chanoines, sans entrer dans les ordres. Les chanoines de cette classe s'appelaient *chanoines héréditaires*, *chanoines laïques*. Ainsi, par ex., les rois de France étaient chanoines de Saint-Martin de Tours, les empereurs d'Allemagne étaient chanoines de Saint-Pierre de Rome, les ducs de Berry chanoines de Saint-Jean de Lyon, etc.

Le collège des chanoines était appelé *Chapitre* (*Capitulum*), parce que, lorsque ces ecclésiastiques se réunissaient, ils avaient l'habitude de lire un chapitre de l'Écriture sainte ou de la règle sous laquelle ils vivaient. On donnait le même nom au lieu où les chanoines se réunissaient. On nommait *Prébende* ou *Bénéfice capitulaire* les domaines affectés à l'entretien des chanoines. — Il n'y eut d'abord de chanoines, et par suite de chapitres, que dans les lieux des sièges épiscopaux; mais dans les villes où il n'y avait point d'évêques, le désir de voir célébrer le service divin avec autant de pompe que dans les cathédrales fit établir, vers le Xe siècle, des églises dites *collégiales*, et un corps particulier de chanoines fut chargé du desservir. Il y eut donc alors des *chapitres cathédraux* et des *chapitres collégiaux*. Ceux-ci n'existèrent d'abord que dans les villes où il n'y avait point d'évêque; mais, par la suite, plusieurs prélats en établirent dans leur ville épiscopale. — En 1791, on comptait en France 655 chapitres cathédraux et collégiaux, et 11,853 chanoines. Douze de ces chapitres étaient qualifiés *nobles*, parce que, pour en faire partie, il fallait faire preuve d'un certain nombre de quartiers de noblesse.

Aujourd'hui, il n'y a plus chez nous que des chapitres cathédraux. Leurs membres se divisent en *chanoines titulaires* et *chanoines honoraires*; mais les chapitres actuels n'ont guère avec les anciens chapitres de commun que le nom. Les chanoines titulaires sont nommés par l'évêque. Les chanoines honoraires sont en nombre illimité; ils n'ont pas de fonction et jouissent pour tout privilège du droit de porter la mozette, et d'assister à l'office dans les stalles qui sont affectées aux chanoines. Ils ne sont du reste soumis à aucune obligation. — Le chapitre collégial de Saint-Denis remplaçait les religieux de l'ancienne abbaye, qui étaient chargés de prier sur la tombe des rois de France. Il avait été créé par un décret impérial du 20 février 1806. Une loi de finances en a ordonné la suppression.

Dans l'Église d'Orient, on appelait *Chanoinesses* des femmes qui, dans les cérémonies funèbres, récitaient des prières pour les morts et s'occupaient de leur sépulture. Dans l'église d'Occident, on a donné ce nom à de véritables religieuses qui faisaient des vœux et vivaient sous la règle de Saint-Augustin, ainsi qu'à des femmes, en général issues de grandes familles, qui ne faisaient pas de vœux, mais qui formaient des chapitres ou communautés d'où elles pouvaient sortir pour rentrer dans le monde et se marier. La France avait autrefois 23 chapitres de *chanoinesses nobles*. Il n'existe plus aujourd'hui de chapitres de ce genre que dans quelques États d'Allemagne.

CHANOINESSE. s. f. Femme qui possède une prébende dans un chapitre. Voy. CHANOINE.

CHANOINIE. s. f. Canonicat. Vx.

CHANS. s. m. pl. Race d'hommes très répandue dans l'Indo-Chine. Les Chans sont bouddhistes et parlent une même langue : ils constituent l'une des quatre branches de la famille birmane.

CHANSON. s. f. (lat. *cantio*, action de chanter). Pièce de vers que l'on chante sur quelque air. *C. nouvelle. Vieille c. C. bachique. Faire une c. Il met tout en chansons. Dire, chanter une c.* || Fig. et fam., *Il n'a qu'une c., il ne sait qu'une c., il dit, il chante toujours la même c.*, se dit d'un homme qui répète toujours la même chose. On dit aussi, *C'est toujours la même c.* — *Voilà bien une autre c.*, Voilà une chose nouvelle, on à laquelle on ne s'attendait pas. || Fig. et fam., Sornette, discours ou raison frivole. *Tout ce qu'il vous dit là est une c. Chansons que tout cela.*

La c., malgré sa légèreté apparente, traite les sujets les plus divers : elle peut être patriotique, politique, guerrière, philosophique, satirique, érotique, sentimentale, bachique, etc. A ce point de vue, on serait tenté de la confondre avec les divers poèmes qui sont compris dans le genre lyrique; mais elle s'en distingue pourtant bien nettement. Si par les sujets qu'elle aborde elle se rapproche parfois beaucoup de l'hymne, de la cantate et de l'ode, elle s'en distingue toujours par sa forme plus vive et plus légère, par ses allures moins graves et par son ton moins solennel. Ce genre de poésie semble avoir existé dans les temps et chez tous les peuples. Chez les Grecs, nous trouvons la c. sous ses formes les plus variées : ainsi, tantôt elle est patriotique ou religieuse (νόμος), comme dans le chant d'Harmodius et d'Aristogiton; tantôt c'est une marche guerrière, comme le Pæan (παιάν), et les chants de Tyrtée; d'autrefois, c'est une simple c. de table (σχόλιον, scholie); souvent enfin, c'est une petite pièce qui célèbre l'amour et la volupté, comme dans la plupart des poésies d'Anacréon. Chez les Romains, quelques-unes des odes d'Horace ne sont, à proprement parler, que de simples chansons bachiques ou érotiques.

La c. prit naissance en France, vers le VIIIe siècle environ, et elle s'est maintenue en faveur jusqu'à nos jours. La c. la plus célèbre du moyen âge est celle de Roland, qui fut chantée à la bataille d'Hastings en 1066, et dont on chantait encore des fragments au XIVe siècle en marchant au combat. Dans le XIIe siècle et dans le XIIIe, les trouvères et les troubadours composèrent une foule de chansons appelées lais, noëls, rondes, romances, etc.; puis vinrent les vaudevilles. Parmi les chansons populaires françaises, l'une des plus vieilles et des plus connues est incontestablement celle de Malbrough, quoiqu'elle n'ait fait son entrée dans le beau monde qu'en 1783. On sait que cette chanson ne devint populaire à Paris que sous le règne de Louis XVI, où Marie-Antoinette l'apprit de Mme Poitrine, nourrice du Dauphin. C'est une erreur due à la légèreté de l'époque qu'on substitua le nom du général anglais, célèbre par la bataille de Malplaquet, à celui d'un obscur chevalier du moyen âge, qui paraît être *Mambrou* ou *Mambrun*, comme on le nomme en Espagne où la chanson est aussi populaire. Au reste, cette chanson paraît dater du XIIe siècle, et, chose curieuse, on la retrouve, et identique et paroles analogues, chez les populations d'Espagne qui ont été longtemps soumises aux Maures, et chez les Arabes de Syrie. Pendant l'expédition d'Égypte, Bonaparte voulut, un jour de fête, faire goûter aux Arabes les chefs-d'œuvre de la musique occidentale. Ils restèrent froids aux meilleures compositions des plus grands maîtres et manifestèrent un enthousiasme indescriptible à l'audition de la chanson de *Malbrough* jouée à grand orchestre. Toutes ces circonstances semblent indiquer que la chanson en question date du temps des croisades et qu'elle a été composée soit chez les croisés, soit chez les Arabes et qu'elle s'est ensuite répandue en Occident par l'intermédiaire des Maures d'Espagne. Le temps de la Ligue et celui de la Fronde furent féconds en chansons satiriques et politiques. Sous Louis XIV on vit apparaître les *Ponts-Neufs*, types des chansons des rues. Sous Louis XV, la c. populaire fut remise en honneur par les Dufresny, les Panard et les Collé. La Révolution fit disparaître la c.; car, si l'on excepte quelques chants patriotiques ou guerriers, on ne peut que flétrir du ce nom les ignobles rapsodies qui avaient cours alors. Le Directoire et l'Empire la virent renaître, et depuis cette époque elle n'a pas cessé d'être cultivée par de nombreux chansonniers de mérite très divers. Béranger, Desaugiers, P. Dupont, Nadaud sont restés les plus populaires. — Tous les peuples de l'Europe ont leurs chants populaires ou patriotiques. Les Français ont la *Marseillaise*, les Anglais ont leurs ballades, leur *Rule Britannia*, et leur *God save the King*, qui fut d'abord une simple invocation religieuse et qui est devenu ensuite une sorte de chant patriotique; les Allemands ont leurs *lieder*; les Italiens ont le *canzone*, la *canzonetta*, la *saltarella*, etc., enfin, les Espagnols ont leurs *boléros*, leurs *fandangos* et leurs *seguidillas*. — Le plus ordinairement, les couplets de nos chansons sont chantés par une voix seule; mais fort souvent le *refrain* se chante en chœur.

La chanson française, gaie, fine, spirituelle, paraît morte depuis une vingtaine d'années. À part quelques exceptions, ce que l'on entend aujourd'hui dans les cafés concerts n'est qu'un tissu d'inepties grossières et d'idiotes platitudes.

CHANSONNABLE. adj. 2 g. [Pr. *chan-so-nable*]. Qui mérite d'être chansonné.

CHANSONNER. v. a. [Pr. *chan-so-ner*]. Faire des chansons satiriques sur quelqu'un. *On l'a chansonné. Il a été bien chansonné.* = CHANSONNÉ, ÉE. part.

CHANSONNETTE. s. f. [Pr. *chan-so-nète*]. Dimin. Petite chanson. Se dit par opposition aux airs graves et sérieux, et particulièrement des chansons pastorales.

CHANSONNEUR. s. m. [Pr. *chan-so-neur*]. Celui qui chansonne.

CHANSONNIER, IÈRE. s. [Pr. *chan-so-nier*].Faiseur ou faiseuse de chansons. || Se dit au masc. d'un recueil de chansons. *Le C. des Dames.*

CHANT. s. m. (lat. *cantus*, m. s.). Succession rythmique de sons musicaux produits par l'appareil vocal. *Beau c. C. agréable, harmonieux, mélodieux. C. d'allégresse. L'art du c.* — Par extens., Toute musique qui peut s'exécuter avec la voix. *Il a fait les paroles et le c. Parties de c.* || La partie mélodique d'une composition musicale quelconque, celle d'où dépend l'expression. *Ce compositeur a de très beaux chants. L'harmonie ne doit point étouffer le c.* — Cette ouverture manque de c. Elle n'a pas de mélodie. || Le ramage des oiseaux. *Le c. du rossignol, du serin, de l'alouette,* etc. — Se dit aussi du cri du coq et même du bruit particulier que produit la cigale. *Le c. du coq. Le c. de la cigale est monotone.* — Fig., *C'est le c. du cygne, Ramage harmonieux que le cygne, selon les anciens, faisait entendre au moment de sa mort.* Voy. CYGNE. || Par ext., se dit de certaines pièces de poésie que se chantent ou peuvent se chanter. *C. nuptial, funèbre, pastoral, guerrier.* — Fig. et poét., se dit au plur. de toute composition en vers. *Daigne inspirer mes chants.* || Chacune des divisions d'un poème. *Le premier c. de l'Iliade. La Jérusalem délivrée, c. douze. Le Lutrin, poème en quatre chants.*

Le *Chant* est de tous les temps et de tous les peuples, et partout il est caractérisé par deux éléments essentiels et nécessaires, le *rythme* et la *modulation*. Celle-ci se rapporte aux inflexions de la voix, et détermine les intervalles des tons; celui-là est relatif au temps, marque la durée de chacune des inflexions vocales, et indique les repos plus ou moins successifs de la voix. Chacun de ces deux éléments introduit dans la nature de l'expression du c. une variété presque infinie. Dans le principe, le c. a été simplement l'expression spontanée et naïve des sentiments et des passions de l'homme: aussi, tous les chants dits avec raison *populaires* manifestent-ils, de la façon la plus naturelle, le caractère et les sentiments habituels des peuples auxquels ils appartiennent. Chez les nations parvenues à un haut degré de civilisation, ces chants caractéristiques s'effacent, s'altèrent et finissent par se perdre. Alors le c. devient non plus une tradition presque religieuse, mais un art plus ou moins consommé qui

doit se prêter à l'expression des sentiments les plus divers. L'histoire du c. ne saurait se séparer de celle de la musique elle-même, dont il est l'organe le plus éminent. C'est donc à l'article MUSIQUE que nous parcerons de cet art en général, tel qu'il s'est développé chez les peuples anciens et dans les temps modernes. Quant au c. religieux, tel qu'il a été successivement pratiqué dans le culte chrétien, il en sera question au mot PLAIN-CHANT. — Voy. aussi les articles INTERVALLE, GAMME et HARMONIE.

Littér. — On appelle *C. royal* une sorte de poème allégorique imaginé sous Charles V et très cultivé pendant le XIVe, le XVe et le XVIe siècle. Le sujet de ce poème devait être tiré de la fable ou de l'histoire, et se terminer par l'explication de l'allégorie ou par une moralité. Il avait 5 stances ou strophes, de 11 vers chacune. Le onzième vers de la première stance était appelé *refrain*, parce qu'il se répétait à la fin des autres, ainsi qu'à la fin de l'envoi. Celui-ci avait les mêmes rimes que les strophes, et était ordinairement de 5 ou 7 vers seulement, commençant par un des mots : *Sire, Roi, Prince* ou *Princesse*; car le poète devait toujours s'adresser à quelque grand personnage pour lui donner un avertissement ou une leçon.

CHANTABLE. adj. Qui peut être chanté, ou qui est digne de l'être.

CHANTAGE. s. m. (R. *chanter*). Artifice honteux par lequel on extorque de l'argent à quelqu'un. *Cet écrivain vit de chantage.*

Légis. — On entend par là le fait d'extorquer de l'argent à un individu sous la menace de révéler des faits vrais ou faux. Ainsi le c. existe même quand les faits à l'occasion desquels se produit sont vrais : le plus souvent, il n'en est pas ainsi; le c. ne vise pas seulement à la *diffamation*, mais bien à la *calomnie*, plus étendue, dit M. de Belleyme, dans son rapport au Corps législatif sur la loi de 1863, ne savent rien qui puisse compromettre la personne qu'ils ont choisie pour victime; mais par des combinaisons astucieuses ils l'entraînent dans une situation suspecte et difficile à expliquer; ils font naître des circonstances d'où puisse résulter le soupçon d'une action douleuse, et, menaçant d'exploiter les simples apparences, ils arrachent à la faiblesse et à la peur la rançon d'une calomnie dont ils promettent de s'abstenir. C'est ce qu'on nomme vulgairement le *Chantage.* » La loi du 13 mai 1863 a fait du c. un délit spécial, puni, par l'article 400 du Code pénal, des peines de l'emprisonnement d'un an à cinq ans, et d'une amende de 50 à 3,000 francs.

CHANTAL (JEANNE-FRANÇOISE DE), grand'mère de Mme de Sévigné, fondatrice de l'ordre religieux de la Visitation (1572-1641).

CHANTANT, ANTE. adj. Qui se chante aisément. *Air c. Musique chantante.* || *Vers chantants, paroles chantantes, Qui sont propres à être mis en chant.* — *Cette langue est chantante,* a quelque chose de c., a l'air d'une langue fort accentuée, dont la prosodie a quelque chose de musical. — *Déclamation chantante,* Déclamation vicieuse qui se rapproche trop du chant. Voy. DÉCLAMATION.

CHANTEAU. s. m. (Vx fr. *cant* ou *chant*, côté). Morceau coupé à un grand pain. *Un c. de pain.* — *C. de pain bénit.* au absol. — *Le c. du pain bénit,* Morceau de pain bénit qu'on envoie à celui qui doit rendre le pain bénit le dimanche ou le jour de fête suivant. || Morceau d'étoffe coupé à une plus grande pièce.

CHANTELAGE. s. m. T. de Féodal. Droit qu'on payait pour la vente du vin.

CHANTELAUZE (RÉGIS), historien français (1821-1888).

CHANTELLE, ch.-l. de c. (Allier), arr. de Gannat, 1,900 hab.

CHANTENAY, commune de la Loire-Inférieure, arr. et c. de Nantes, sur la Loire, 14,000 hab. Chantiers de construction.

CHANTEPLEURE. s. f (R. *chanter,* et *pleurer,* à cause du murmure que fait le liquide en s'écoulant). Sorte d'entonnoir qui a un long tuyau percé de plusieurs trous par le bout inférieur, pour faire couler du vin ou quelque autre liqueur dans un tonneau, sans le troubler. || Vaisseau de bois où l'on foule le raisin. || T. Archit. Ouverture étroite et verticale que l'on ménage dans un mur de clôture ou de soutènement pour le passage des eaux. Voy. BARBACANE.

CHANTEPLEURER. v. a. Mettre du raisin dans la chantepleure et le piétiner.

CHANTER. v. n. (lat. *cantare*). Former avec la voix une suite rythmique de sons musicaux. *C. bien, juste, faux. C., à pleine voix, à basse note. C. en musique, en faux-bourdon, en chœur, dans un concert, au lutrin.* Maître à c. — Fam., *C'est comme si vous chantiez*, se dit pour témoigner à quelqu'un qu'on ne fait pas attention à ce qu'il dit, qu'on n'en fait aucun cas. || Fig. et fam., *Je le ferai c. sur un autre ton*, Je l'obligerai à changer de langage. — *Je le ferai c.*, Je le réduirai à la raison. — *Faire c.* quelqu'un, signifie aussi extorquer de l'argent à quelqu'un en menaçant de le diffamer. Pop. || *Pain à c.*, Petit pain sans levain et découpé très mince dont on se sert pour faire les hosties. || Par anal., *Chanter* se dit des instruments qui exécutent la partie mélodique d'un morceau de musique, par opposition à ceux qui ne font qu'accompagner. *La basse chante dans tout le cours du morceau.* || Se dit des oiseaux et de la cigale. *L'alouette chante lorsqu'elle prend son vol. Le coq a déjà chanté. La cigale a chanté.* || Par ext., Réciter, déclamer ou lire d'une manière qui n'est pas naturelle, et qui approche de l'habitude de c. *Ce comédien a l'habitude de c.* = CHANTER. v. a. Exécuter une partie ou un morceau de musique vocale. *C. une chanson, un air, des vers. C. vêpres. C. le dessus, la basse,* etc. — Fig. et fam., *Il chante toujours la même chanson*, Il dit toujours la même chose. *C. à quelqu'un sa gamme*, Lui adresser des reproches, lui dire ses vérités. *C. la palinodie*, Changer brusquement d'opinion, dire le contraire de ce qu'on vient de dire. || Publier, célébrer, raconter. *C. la gloire, les hauts faits d'un héros. Je chante ce héros qui régna sur la France.* (VOLTAIRE.) — Fig., *C. victoire*, Se glorifier d'un succès. || Fam., signifie quelquefois, dire. *Que me chantez-vous là ? Voyons ce que chante ce livre, cet auteur.* — Fig. et fam., *C. injures*, Lui dire des injures, lui dire des choses offensantes. == CHANTÉ, ÉE. part. || Fig. et prov., *C'est bien chanté*, ou simplement *Bien chanté*, se dit, par ironie, à une personne qui dit quelque chose qu'on n'approuve pas, qu'on ne trouve pas à propos.

CHANTERELLE. s. f. [Pr. *chanterèle*] (R. chanter). La corde d'un violon, d'une basse, etc., qui est la plus mince et qui a le son le plus aigu. || Bouteille de verre fort mince, dont on tire des sons agréables en soufflant dedans. || T. Chasse. Oiseau que l'on met dans une cage au milieu d'un bois ou d'une campagne, afin que son chant attire les autres oiseaux dans les filets tendus pour les prendre. || T. Bot. Genre de champignons (*Cantharellus*) de la famille des Hyménomycètes. Voy. ce mot.

CHANTERIE. s. f. Mauvais chants, chants ennuyeux.

CHANTERILLE. s. f. Petite bobine qui reçoit l'or ou l'argent au sortir du moulin.

CHANTEUR, EUSE. s. Celui, celle qui chante. Se dit particulièrement des personnes qui se livrent, par profession, à l'art du chant. *Les chanteurs, les chanteuses de l'Opéra.* Voy. CANTATRICE. || T. Mar. Matelot chargé de donner des signaux en chantant. || Adject., se dit des oiseaux qui chantent. *Les oiseaux chanteurs.*

CHANTIER. s. m. (bas-lat. *cantarium*, pièce de bois; du lat. *canterium*, chevron). Lieu où l'on arrange, où l'on entasse des piles de gros bois à brûler, de bois de charpente ou de charronnage. *Les chantiers sont pleins, on ne manquera pas de bois. Ce marchand de bois a son c. très bien garni.* || Les pièces de bois couchées en long sur lesquelles on pose les tonneaux, dans le cellier, dans la cave. *Mettre du vin en c. Il a vingt pièces de vin sur le c.* || Lieu où l'on décharge le bois ou la pierre, pour le travail er, afin de pouvoir les employer à un bâtiment. *Les pierres sont au c. Le bois est en c.* || T. Mar. Se dit particulièrement de l'endroit où l'on construit des vaisseaux, des navires. *C. de marine, de construction, de radoub. Les chantiers de Brest.* — Se dit encore des blocs de bois sur lesquels porte la quille d'un vaisseau, d'un navire en construction ou en radoub. *Ce vaisseau est sur le c., sur les chan-*

tiers. — Pièces de bois qui servent sur les navires à assujettir les barriques, ballots, etc. || T. Techn. Se dit de l'ensemble des morceaux de bois ou de pierre dont se sert un maçon, un charpentier, pour maintenir dans une certaine position le bloc, la pièce de bois qu'il veut travailler. *Mettre une pierre, une pièce de bois en c.* || T. Nav. fluv. Dans les trains de bois, perche entaillée de manière à servir de liaison avec d'autres bûches. || T. Archit. Petits murs parallèles sur lesquels est posée une pièce plane comme pierre tombale, table d'autel, etc. || Fig. et fam., *Mettre un ouvrage, avoir un ouvrage sur le c.*, se dit en parlant d'un artiste ou d'un auteur, pour commencer un ouvrage, y travailler. || Levée de terre sur laquelle on circule dans les parcs d'huîtres.

CHANTIGNOLE. s. f. (R. *champ*, sign. côté). T. Techn. Pièce de bois qui soutient les pannes d'une charpente. || Brique qui a la moitié moins d'épaisseur que la brique commune et que l'on emploie pour paver les chambres, les âtres et les contre-murs des cheminées.

CHANTILLY. s. f. Dentelle de Chantilly.

CHANTILLY. bourg de France (Oise), arr. de Senlis, 4,000 hab. Courses de chevaux. Belle forêt. Magnifique château Renaissance, construit par le connétable Anne de Montmorency; devint la propriété de la famille d'Orléans et fut donné à l'Académie française par le duc d'Aumale en 1886.

CHANTONNAY, ch.-l. de c. (Vendée), arr. de la Roche-sur-Yon, 4,300 hab.

CHANTONNER. v. n. [Pr. *chantoner*] (R. *chanter*) Chanter à demi-voix.

CHANTOURNAGE. s. m. Art, action de chantourner.

CHANTOURNÉ. s. m. (R. *chantourner*). Pièce d'un lit, qui est de bois bien travaillé, ou couverte d'étoffe, et qui se met contre le dossier et le chevet.

CHANTOURNEMENT. s. m. Contour d'une planche qui a été chantournée.

CHANTOURNER. v. a. (R. *champ*, côté, et *tourner*). Couper en dehors ou évider une pièce de bois, de métal, de marbre, etc., suivant un profil donné. = CHANTOURNÉ, ÉE. part.

CHANTRE. s. m. (lat. *cantor*, celui qui chante). Celui dont la fonction est de chanter dans l'église au service divin. || Dignitaire dont l'office est de chanter le premier au chant, dans une église cathédrale ou collégiale, et dans quelques monastères. *Le grand c. Le c. de Notre-Dame. Bâton de c.* || Fig. et poét., Poète. *Le c. de la Thrace*, Orphée. *Le c. thébain*, Pindare. *Le c. d'Ionie, le c. d'Ilion*, Homère. *Le c. des Jardins*, Delille, etc. *C. célèbre, immortel, divin.* || Fig. et poét., *Les chantres des bois*, Les rossignols et les autres oiseaux. On dit de même, *Les chantres du printemps, les chantres ailés.* || s. f. Dignitaire de certains couvents de femmes chargée de la direction du chant.

CHANTRERIE. s. f. Bénéfice, dignité de chantre dans une église cathédrale ou collégiale. || Maîtrise, école de chant d'église. || Chapelle entretenant un prêtre chargé de chanter une messe chaque jour pour le repos de l'âme des fondateurs.

CHANVRE. s. m. (lat. *cannabis*, m. s.). Plante usuelle dont l'écorce fibreuse sert à faire du fil et des tissus. *Fil de c. Toile de c. C. mâle. C. femelle. Faire rouir, teiller du c. Extraire le hachisch du c.* Voy. URTICACÉES. || *C. d'Afrique* (Sanseviera zeylanica), voy. LILIACÉES. *C. des Américains* (Agave americana), voy. AMARYLLIDACÉES. *C. aquatique* (Bidens tripartita), voy. COMPOSÉES. *C. du Bengale* (Crotalaria juncea et Æschinomene cannabina), voy. LÉGUMINEUSES. *C. de Bombay* (Hibiscus cannabinus), voy. MALVACÉES. *C. Calloui* (Urtica tenacissima), voy. URTICACÉES. *C. du Canada* ou *C. indien* (Apocynum cannabinum), voy. APOCYNÉES. *C. de Crète* (Datisca cannabina), voy. DATISCÉES. *C. du Japon* (Spiraea japonica), voy. ROSACÉES. *C. de Manille* (Musa textilis), voy. SCITAMINÉES. *C. ou Lin de la Nouvelle-Zélande* (Phormium tenax), voy. LILIACÉES. *C. piquant* (Urtica cannabina), voy. URTICACÉES.

CHANVREUX, EUSE. adj. T. Didact. Qui tient de la nature du chanvre.

CHANVRIER, IÈRE s. Celui, celle qui prépare et vend du chanvre.

CHANVROLÉIQUE. adj. 2 g. (R. *chanvre*, et lat. *oleum*, huile). T. Chim. Se dit d'un acide oléique spécial que renferme l'huile de graines de chènevis.

CHANZY. général français, commanda l'armée de la Loire en 1870-71 et se distingua par sa belle retraite du Mans sur Laval (1823-1883).

CHAODINÉES. s. f. pl. [Pr. *ka-odiné*]. T. Bot. Nom créé par Bory Saint Vincent pour désigner une famille de plantes qu'il proposait d'établir, et où il plaçait un certain nombre de végétaux tout à fait inférieurs. *La famille des C. n'a pas été admise par les auteurs.*

CHAOS. s. m. [Pr. *ka-ô*] (gr. χάος, m. s.). Confusion de toutes choses. Dans la cosmogonie païenne, confusion générale des éléments avant leur séparation et leur arrangement pour former le monde. || Fig., Confusion, désordre extrême. *Ses affaires sont dans un c. épouvantable. Sa bibliothèque est un c. Sa tête est un c.* || T. Géogr. Nom donné à certains sites, particulièrement dans les Pyrénées.

CHAOTIQUE. adj. T. Didact. Qui a rapport au chaos.

CHAOURCE, ch.-l. de c. (Aube), arr. de Bar-sur-Seine, 2,400 hab.

CHAPARDAGE. s. m. Action de chaparder.

CHAPARDER. v. n. T. Bivouac. Aller au fourrage, en maraude.

CHAPARDEUR. s. m. Celui qui a vu fourrage.

CHAPE. s. f. (bas-lat. *capa*, du lat. *capere*, prendre, contenir). Vêtement d'église en forme de manteau. *L'archevêque vint recevoir le roi en c. et en mitre.* — Fig. et prov., *Disputer, se battre de la c. à l'évêque*, Disputer à qui appartiendra une chose qui n'est et ne peut être à aucun de ceux qui se la disputent. || *Chercher chape-chute*, au propre, chercher ce que quelqu'un aurait laissé choir, aurait perdue. — Fig. et prov., *Chercher aubaine*, chercher occasion de profiter de la négligence ou du malheur de quelqu'un. On dit dans un sens analogue, *Trouver c.-chute.* — *Chercher c.-chute*, *Trouver c.-chute*, se disent, par ironie, pour chercher, trouver quelque aventure désagréable. Vx. || *C. de plomb*, Ancien instrument de supplice; sorte de manteau de plomb que l'on posait sur les condamnés. || *Faire c.*, Se dit d'un bâtiment qui tourne sur lui-même et revient toujours dans la même situation. || T. Pêc. Lisière qu'on met autour d'un filet pour le fortifier; s'écrit aussi *chappe.* || T. Art mil. Pièce de métal dont on garnit la partie supérieure du fourreau d'une arme. || T. Art culin. Couvercle bombé qui se met sur les plats pour les tenir chauds, etc. || T. Mus. Double futaille qui sert à envelopper les barils qu'on expédie au loin. || T. Typog. Petit calibre de tôle taillé à son extrémité. || T. Méc. Recouvrement qui entoure les coussinets d'une tête de bielle ou de manivelle. || T. Mus. Planches qui, partant les tuyaux d'orgue, servent de couverture au sommier. || T. Ornith. Partie du plumage d'un oiseau qui recouvre le dos différent de couleur du reste. || T. Techn. Se dit de certaines choses qui s'appliquent sur d'autres, qui servent à les couvrir, à les envelopper, telles que l'enduit de mortier que l'on place sur l'extrados d'une voûte, le couvercle d'un alambic, etc. *La c. d'une voûte. Mettre la c. sur l'alambic.* — *La c. d'une boucle*, La partie d'une boucle par laquelle elle tient au soulier, à la ceinture, etc. — Trou percé dans une pièce de bois, de fer, etc., pour recevoir les extrémités de l'essieu d'une poulie, d'un axe quelconque, etc.

La *Chape* est un vêtement ecclésiastique en forme de manteau, qui s'agrafe par devant, et va jusqu'aux talons. Son origine remonte aux premiers temps du christianisme. C'était originairement un grand manteau d'étoffe commune que les clercs portaient dans les processions lointaines. Comme il était destiné à garantir de la pluie, on l'appelait aussi *pluviale.* Son nom actuel vient de la *cape* ou *capuchon* dont il était muni pour couvrir la tête. Lorsque par la suite ce man- teau devint un simple ornement uniquement usité à l'intérieur de l'église, on substitua à la matière primitive les tissus les plus riches et les plus rares. Dès lors la *cape*, se trouvant sans utilité, perdit ses dimensions et disparut presque complètement. La chape est le vêtement propre des chantres; néanmoins elle peut être portée par tous les ecclésiastiques sans exception, et même par les laïques attachés au lutrin. Dans l'Église grecque, elle est, au contraire, réservée aux évêques qui la nomment *Mandyas.* — En liturgie, on donne encore le nom de *C.* à l'habit des cardinaux. Ce vêtement se compose d'un capuce doublé d'hermine et d'un grand manteau; il n'est d'usage qu'au chœur.

Dans les premiers siècles de l'histoire de France, on appelait *C. de saint Martin* : 1° une châsse renfermant des reliques de saint Martin de Tours, que les rois francs gardaient toujours auprès d'eux, même aux armées, et sur laquelle ils faisaient prêter certains serments solennels; 2° un grand voile de taffetas sur lequel était peinte l'image de ce saint, et que les mêmes princes portaient à la guerre en guise de bannière. Voy. BANNIÈRE.

CHAPEAU. s. m. (lat. *caput*, tête, ou plutôt d'un radical sanscrit *kap*, tête, qu'on retrouve dans toutes les langues aryennes). Coiffure d'homme, qui est ordinairement d'étoffe feutrée, de laine, de peluche de soie, etc., et dont la forme est très variable. *La forme, les bords d'un chapeau. Un c. noir. Un c. gris. C. à grands bords. C. rond. C. à cornes. C. de soie, de feutre, de castor, de paille. Enfoncer son c. Garder son c. sur la tête. C. bordé, C.* dont les bords sont ornés d'un galon. Voy. CHAPELLERIE et COIFFEUR. — *Oter son c. à quelqu'un*, Le saluer en se découvrant la tête. *Mettre c. bas.* Voy. BAS. — Fig. et fam., *Coup de c.*, 'Salutation qu'on fait en ôtant son *c. Enfoncer son c.*, Prendre une résolution courageuse, hardie dans quelque circonstance difficile. — *Il y a eu bien des chapeaux de reste*, se dit en parlant d'un combat où beaucoup d'hommes ont péri. — *C. de cardinal.* Voy. CARDINAL. Fig., on dit *C. de cardinal*, ou simplement *C.*, pour désigner la dignité de cardinal. *Le pape lui a donné le c. de cardinal*, L'a fait cardinal. *Il y a trois chapeaux vacants*, Il y a trois places vacantes dans le Sacré-Collège. || Le feutre avec lequel on fait ordinairement les chapeaux. *Mettre dans ses souliers des semelles de c.* || Se dit de certaine coiffure de femme, dont les formes sont excessivement variées, rappelant quelquefois la forme des chapeaux d'homme, mais qui, le plus souvent, est d'étoffe montée sur une carcasse. *C. de paille, de satin, de velours. C. garni de fleurs, de dentelles, de plumes*, etc. *C. à plumes. Le bord, la passe, le bavolet, les brides, etc. d'un c.* Voy. COIFFURE. — *C. de fleurs*, Couronne de fleurs qu'on porte sur la tête dans quelque réjouissance, dans quelque fête solennelle; bouquet de fleurs qu'on met sur la tête d'une fille le jour de ses noces. On dit encore simplement *c. Le c. de la mariée.* — Fig. et fam., On dit d'une femme qui a fait tort à sa réputation, *Elle s'est donné un mauvais c.* — *C'est la plus belle rose de son c.*, se dit du plus grand honneur, du plus grand avantage qu'ait une personne. || *C. de Montauban*, Sorte de casque. || Fam., Se dit quelquefois des hommes par oppos. aux femmes. *Il y avait là plusieurs femmes et pas un c.* || *Frère c.*, Moine subalterne qui en accompagne un autre. — Fig. et fam., *Frère c.*, Vers oiseux qui n'est fait que pour la rime. || T. Mar. *Serrer une voile en c.*, Ramasser le plus de voile possible au milieu de la vergue où cette voile est carguée. || T. Comm. *C. de mérite* ou simplement *C.*, Gratification accordée à un capitaine de vaisseau pour avoir remis à bon port les marchandises à lui confiées. — Gratification accordée à un employé et qui souvent est stipulée verbalement. || T. Techn. Se dit de différentes choses qui ont quelque rapport de forme ou de destination avec la coiffure qu'on nomme *c. C. d'escalier, de lucarne. Le c. d'une presse*, etc. || Marc qui reste dans les alambics. || Sorte de croûte que forment les matières solides pendant la fermentation du moût dans les cuves où l'on fabrique le vin. || T. Hort. Abri qu'on met d'avril en septembre dans les jardins botaniques pour préserver les plantes du soleil. || T. Ornith. Partie supérieure du crâne des oiseaux. || T. Mus. *C. chinois* ou *Pavillon chinois*, Instrument de percussion en cuivre. Il a la forme d'une coiffure chinoise, c.-à-d. d'une petite ombrelle aux bords de laquelle sont suspendues plusieurs petites sonnettes. On fait résonner cet instrument en l'agitant au moyen du manche auquel il est attaché. || T. Bot. Nom donné à la partie supérieure charnue, en forme de parasol, qui est supportée par le pédicule dans les Agarics, les Bolets, les Amanites, etc. Voy. CHAM-PIGNON.

Blason. — Le c. est un ornement extérieur dont les cardinaux, archevêques et évêques timbrent leurs armoiries. Ces chapeaux sont décrits aux mots CARDINAL et ÉVÊQUE. Nous nous contenterons de dire ici que, d'après le P. Ménétrier, c'est seulement au commencement du XVIe siècle que les prélats français commencèrent à faire mettre .e e c., insigne de leur dignité ecclésiastique, sur l'écu de leurs armes. Le premier qui introduisit cet usage fut Tristan de Salazar, archevêque de Sens, mort en 1518.

CHAPEAUDER. v. a. (R. *chapeau*). T. Techn. Dans l'industrie des papiers peints, recouvrir les saillies des rouleaux de petites laines de feutre provenant de vieux chapeaux pour déposer la couleur avec netteté.

CHAPE-CHUTE. s. f. (Vx fr. *chape chute*, chape tombée.) Bonne aubaine due à la négligence ou au malheur d'autrui. || Pl. *Des chapes-chutes*.

CHAPE-CHUTER. v. n. (R. *chape-chute*). Faire un léger bruit.

CHAPEL. s. m. Ancienne forme de chapeau. — *Chapel de fer*, Sorte de casque usité au moyen âge.

CHAPELAIN. s. m. (R. *chapelle*). Bénéficier titulaire d'une chapelle. *Les chapelains de la Sainte-Chapelle*. || Prêtre qui reçoit des appointements pour dire la messe dans une chapelle domestique. Se disait surtout, chez le roi, du prêtre dont la fonction était de dire la messe au roi, à la reine, etc.

CHAPELAIN (Jean), poète français, auteur de la *Pucelle*, mauvais poème en l'honneur de Jeanne d'Arc; il fut fort malmené par Boileau (1595-1674).

CHAPELAINE. s. f. Ancien titre de dignité dans une abbaye de femmes.

CHAPELER. v. a. (lat. *capulare*, battre, couper, tailler). Ne se dit guère que dans cette phrase, *C. du pain*, Couper le dessus de la croûte du pain. = CHAPELÉ, ÉE. part. = Conjug. Voy. APPELER.

CHAPELET. s. m. (Dimin. du vx mot *chapel*, chapeau, couronne). Objet de dévotion composé d'une série de grains enfilés, sur lesquels on dit certaines prières. *C. de corail*, *d'agate*. *Enfiler des chapelets*. *Dire son c*. || Fig. et prov., on dit, *Le c. se défile*, commence à se *défiler*, quand quelques personnes d'une même famille, d'une même société, d'une même confédération, viennent successivement à manquer, à mourir, etc. — *Défiler son c*., Réciter en détail et de suite tout ce qu'on sait sur une matière; ou faire à quelqu'un tous les reproches qu'on peut avoir à lui faire. || T. Archit. Baguette découpée en une suite de grains ronds ou ovales. Voy. MOULURE. || T. Comm. Cercle de petites bulles d'air qui se forme au-dessus de l'eau-de-vie que l'on verse, lorsqu'elle est de bonne qualité. || T. Méc. *C. hydraulique*, Machine servant à élever les eaux et qui est composée d'une chaîne sans fin garnie de seaux. Voy. NORIA. || T. Mar. Couple d'étrivières, garnies chacune d'un étrier, qui s'attachent au pommeau de la selle, pour monter à cheval. || T. Méd. Suite de pustules qui entourent le front et qui sont un symptôme de syphilis constitutionnelle. Voy. SYPHILIS. || T. Mar. Suite de barriques flottantes amarrées près à près. || T. Pêc. Balles de plomb dont on garnit le bord des certains filets.

Le nom de C. vient de la ressemblance qu'il offrait avec une couronne de roses enfilées ensemble (*chapel de roses*). Suivant Fleury, le c. fut inventé au XIe siècle. D'après d'autres auteurs, le c. a été rapporté de la Terre sainte à l'époque de la première croisade (fin du XIe siècle), par le cé èbre Pierre l'Ermite. Suivant eux, il l'aurait emprunté aux Musulmans, qui le tenaient eux-mêmes des Juifs, chez l squels il était connu depuis longtemps sous le nom de *Mea-beracoth* ou l s cent bénédictions. Quoi qu'il en soit, au XIe siècle, le c. faisait, pour ainsi dire, partie obligée du costume On le p rtait à la ceinture, et il s'en fit, durant plusieurs siè es. une consommation suffisante pour entretenir une corporation assez nombreuse, celle des *Patenôtriers*. Peu à peu, cependant, son usage se perdit chez les laïques; mais il se maintint dans les ordres religieux. Il se compose de cinq dizaines de petits grains sur lesquels on récite des *Ave* séparés par de plus

gros grains, sur lesquels on récite des *Pater*. — La récitation du c. consiste à dire le *Credo*, un *Pater*, trois *Ave* et un *Gloria Patri*. On continue par un *Pater*, dix *Ave* et un *Gloria*. Cet ensemble de prières s'appelle *Dizaine*. et se répète cinq fois.

Le *Rosaire* diffère du c. en ce qu'il comprend quinze dizaines au lieu de cinq. L'institution du rosaire appartient à saint Dominique, fondateur de l'ordre des Frères Prêcheurs, mort en 1221. — Il existe encore plusieurs autres pratiques religieuses auxquelles on donne le nom de C., qui ne diffèrent les unes des autres que par le nombre des grains, et par suite, par celui des *Pater* et des *Ave*.

CHAPELIER, IÈRE. s. (vx fr. *chapel*, chapeau) Celui, celle qui fait ou qui vend des chapeaux.

CHAPELINE. s. f. (vx fr. *chapel*, chapeau). Espèce de casque dont se servaient les chevaliers au moyen âge.

CHAPELLE. s. f. [Pr. *chapèle*] (bas-lat. *capella*, dim. de *cupa*, chape; propr. petite chape conservée dans un palais, puis le lieu où elle était conservée; puis tout édifice où il y a des reliques, et, enfin, petite église). Petite église; lieu où l'on dit la messe dans une église, dans un collège, une grande maison, etc. — *La c. du roi*, ou simplement, *La c*., Le lieu où le roi entend ordinairement la messe; le corps des ecclésiastiques attachés à la c. du roi. — *Maître de c*., Celui qui est chargé de diriger le chant dans une église, et de former les enfants de chœur. || Bénéfice simple, dans lequel le titulaire est obligé de dire ou de faire dire la messe à certains jours. *Fonder une c*. || *C. ardente*, L'appareil funèbre qui environne le corps ou la représentation du corps d'un défunt, soit dans le chœur d'une église, soit dans une c. particulière, soit dans un appartement, avec un grand nombre de cierges allumés. || *Tenir c*., Se dit du pape, lorsque, étant accompagné des cardinaux, il assiste à l'office divin, soit dans la c. de son palais, soit dans une église. Se dit aussi de l'empereur d'Autriche et du roi d'Espagne, lorsqu'ils assistent en cérémonie à l'office divin. || *C. des morts*, *C*. qu'on élevait autrefois dans les cimetières pour y prier. || *C. vicariale*, Succursale desservie par le vicaire d'une paroisse voisine. || T. Diplom. Chancellerie, archives du palais. || T. Méc. Petite chambre dans laquelle s'élève la soupape d'une pompe. || T. Techn. Couvercle d'un alambic. — Galerie d'aqueduc en forme de voûte. — Cintre qui recouvre la roue d'une vielle. — Voûte d'un four de boulanger. || Fig. et fam., *Jouer à la c*., S'occuper sérieusement de choses inutiles ou frivoles, comme les enfants qui imitent les cérémonies de l'Église. || T. Mar. *Faire c*., Virer de bord, vent devant, malgré soi. *Il est dangereux de faire c*.

Hist. — Primitivement le mot *Chapelle* (*Capella*) désignait la chape ou châsse de saint Martin de Tours. Comme cette chape était déposée dans l'oratoire particulier du roi, cet oratoire fut lui-même appelé C., et l'on en vint même à désigner sous ce nom l'ensemble des vases et des ornements sacrés qui servaient à célébrer les saints mystères. Aujourd'hui le mot C. se dit le plus habituellement de toute partie d'église où il y a un autel, et de toute petite église ou de tout oratoire qui n'a qu'un seul autel.

Dans le principe, les églises n'avaient point d'autels accessoires; par conséquent, les chapelles étaient inconnues. Lorsque le besoin d'autels secondaires se fit sentir, on les plaça dans des oratoires p rticuliers sans communication directe avec le bâtiment principal. La construction des premières chapelles faisant partie du plan même de l'édifice ne paraît pas remonter plus haut que le XIe siècle. D'abord, ces chapelles rayonnaient uniquement autour du sanctuaire, et celle du centre fut invariablement consacrée à la sainte Vierge. Au XIVe siècle, on commença à en établir entre les contreforts de l'église, sur toute la longueur des nefs collatérales, et cet usage s'est maintenu depuis. — Le titre particulier de *Sainte-Chapelle* s'applique exclusivement à quelques chapelles de fondation roya e, qui jouissaient autrefois de privilèges particuliers. En France, on connaît les Saintes-Chape.les de Paris, de Vincennes, de Riom, de Dijon, de Bourbon-l'Archambault, etc. La Sainte-Chapelle de Paris est un des plus admirables chefs-d'œuvre de l'art ogival. Elle est enclavée dans les bâtiments de l'ancien palais des rois de France, devenu aujourd'hui le Palais de justice. Cet édifice a été construit de 1246 à 1248, sur les dessins de Pierre de Montereau, par l'ordre de saint Louis, pour y déposer la couronne d'épines et l s autres reliques non moins préci uses qu'il avait acquises de Baudouin II, empereur de Constantinople. Il a 35 mètres de longueur dans œuvre sur 8 mètres de largeur ; sa hauteur, depuis le sol jusqu'à l'angle du fronton, est égale à sa longueur. Il se compose de deux parties placées l'une au-dessus de l'autre. La c. inférieure, dédiée à la sainte Vierge, était destinée aux habitants de la cour du Palais : Boileau y a été enterré non loin du lutrin qu'il avait chanté. La c. haute, pour la décoration de laquelle on avait prodigué toutes les ressources de la sculpture et de la peinture, était spécialement réservée au roi et à sa suite. Pendant la Révolution, la Sainte-Chapelle fut dévastée et convertie en magasin à farines. En 1802, elle fut transformée en dépôt des archives judiciaires. Les choses restèrent dans cet état jusqu'après la révolution de Juillet. A cette époque, Louis-Philippe entreprit de rendre la Sainte-Chapelle à sa destination et à sa splendeur primitives. Les travaux de cette véritable restauration ont été confiés aux deux architectes les plus versés dans la connaissance de l'art chrétien, Lassus et Viollet-Leduc et ont été terminés sous le second empire. C'est une véritable merveille d'architecture.

CHAPELLE (LA), anc. commune voisine de Paris, située dans l'enceinte des fortifications. Aujourd'hui quartier de Paris, au nord de la ville (18e arrond.).

CHAPELLE, poète français du XVIIe siècle (1626-1686).

CHAPELLE-DE-GUINCHAY (LA), ch.-l. de c. (Saône-et-Loire), arr. de Mâcon, 1,900 hab.

CHAPELLE-EN-VERCORS (LA), ch.-l. de c. (Drôme), arr. de Die, 1,200 hab.

CHAPELLENIE. s. f. [Pr. *chapelènie*] (R. *chapelain*). Bénéfice d'un chapelain.

CHAPELLE-SUR-ERDRE (LA), ch.-l. de c. (Loire-Inférieure), arr. de Nantes, 2,500 hab.

CHAPELLERIE. s. f. [Pr. *chapeleric*] (Vx fr. *chapel*, chapeau). Art de fabriquer les chapeaux. || Le commerce des chapeaux.
Techn. — L'industrie de la C. se divise en autant de branches qu'il y a de matières différentes employées à la création des chapeaux. Les principales sont le *feutre*, la *soie* et la *paille*.

I. *Chapeaux de feutre.* — L'opération la plus importante et la plus longue de la c. de feutre est la confection du *feutre* lui-même. On appelle ainsi une espèce d'étoffe fabriquée avec des poils d'animaux par le simple entrelacement de ces poils, sans filage ni tissage. Tous les poils ne se feutrent pas avec la même facilité ; les uns s'associent aisément en un tissu solide, les autres se refusent à ce mode de préparation. — Les chapeliers emploient les poils de castor, de loutre, de lièvre et de lapin, auxquels on associe quelquefois une certaine quantité de laine d'agneau ou de vigogne, pour faciliter le feutrage. Les poils de castor sont les plus précieux ; mais, par suite de la guerre incessante qu'on a faite à ces animaux, ils sont devenus extrêmement rares ; on les remplace par les poils de loutre, de rat musqué, de rat grondin. Les poils de lièvre donnent encore un très beau feutre ; ceux du lapin servent à la c. commune. L'industrie des chapeaux de feutre a subi vers 1852 une véritable révolution par l'introduction de nombreuses machines qui exécutent automatiquement toutes les opérations qu'on faisait autrefois à la main. Avant de détacher les poils de la peau du castor, du lièvre, etc., celle-ci subit plusieurs opérations dont la première est le *Dégalage*. Pour *dégaler* les peaux, on promène dessus, à plusieurs reprises, une petite carde fine appelée *Carrelet*. On nomme *Jarre*, toute la partie du poil qui dépasse le reste ; la jarre est coupée avec des ciseaux au niveau du poil fin, et ce se nomme *ébarber* ou *éjarrer* les peaux. Celles-ci sont alors soumises à l'action d'un courant d'air : c'est l'opération appelée *Soufflage*, qui finit d'épurer le poil en chassant les jarres et les petites mèches. Vient ensuite l'opération importante du *Sécretage*, qui doit donner aux poils la propriété de se feutrer facilement, et qui consiste à brosser les peaux avec une brosse de soies de sanglier trempée dans une solution de nitrate et de mercure. Cette solution se prépare généralement en dissolvant 8 parties de mercure dans 64 d'eau-forte (acide azotique). La liqueur ainsi préparée est étendue de 3 fois son volume d'eau de pluie. Du reste, les proportions des éléments qui entrent dans la composition de cette liqueur, varient beaucoup suivant les industriels. Le sécretage est un travail des plus insalubres, car l'emploi du mercure expose les ouvriers aux plus graves maladies. Les

peaux imbibées de la solution mercurielle sont accolées deux à deux, poil contre poil, et rapidement séchées dans une étuve. On les mouille alors d'eau de chaux du côté opposé au poil ; puis elles sont accolées deux par deux, le poil en dehors, mises sous pression et enfin séchées. Après ces opérations, les poils sont coupés à l'aide d'une machine composée d'un cylindre muni de plusieurs lames en spirale auquel on donne une vitesse de 1,500 à 2,000 tours par minute. Cela fait, on classe et on assortit les poils selon les qualités de chapeaux que l'on veut fabriquer. Ce triage se fait au moyen du soufflage dans une machine appelée *Souffleuse* : les poils sont amenés par une toile sans fin entre deux rouleaux cannelés où ils sont battus par un cylindre batteur de forme variable, en même temps qu'ils reçoivent l'action d'un violent courant d'air. Entraînés par le soufflage, ils viennent se déposer par ordre de densité décroissante dans une série de chambres disposées à cet effet. Ainsi préparés, les poils doivent être *arçonnés*, c.-à-d. divisés et étirés, et, enfin, agglomérés pour produire le feutre. Une seule machine produit ces deux opérations de l'*Arçonnage* et du *Bastinage*. Les poils, arrivant sur une toile sans fin, sont saisis par un cylindre tournant garni de pointes qui les divise et les renvoie sur une autre toile sans fin, laquelle les conduit à une deuxième arçonneuse formée d'un cylindre garni de lames hélicoïdales. Enfin, un courant d'air les lance sur un cône récepteur en cuivre rouge percé de trous très fins et très rapprochés et tournant lentement autour de son axe, en même temps qu'un ventilateur aspirant très énergique produit un vide partiel à l'intérieur de ce cône pour augmenter l'adhérence. Lorsque le cône est suffisamment garni de poils, on l'amène sous une pluie d'eau bouillante qui donne à la masse une résistance suffisante pour qu'on puisse la retirer du moule en cuivre. Le cône de poils agglomérés ainsi formé porte le nom de *bastinage* : il est destiné à devenir plus tard le chapeau ; mais il doit encore subir les opérations du *Sémoussage*, du *Caillotage* et du *Foulage*. La première a pour objet de le sécher, elle s'effectue en roulant le bastinage enveloppé d'une flanelle sur une table en fonte chauffée par un courant de vapeur ; le *caillotage* ressemble beaucoup à l'opération précédente ; mais les surfaces en contact avec les poils sont plus dures, il s'effectue à l'aide d'une machine composée de deux tables mobiles entre lesquelles on place les bastinages. Le *foulage* est l'opération essentielle qui doit donner au feutre sa résistance définitive. Il y a trois types principaux de fouleurs : 1e le fouleur à cuve ; les bastinages placés dans une cuve d'eau chaude y reçoivent le choc de nombreux marteaux ; 2e la fouleuse à rouleaux formée de rouleaux de diamètres différents et animés de vitesses différentes entre lesquels on fait passer les bastinages ; le tout est placé au-dessus d'une cuve d'eau bouillante dont la vapeur humecte, échauffe et ramollit le feutre ; 3e la fouleuse à cône, sorte de presse formée d'un cône à axe vertical sur lequel on place le bastinage, et d'une lourde cloche en fonte qu'on soulève et qu'on laisse retomber alternativement sur le tout. Cette machine sert surtout pour le feutre de laine, dont nous dirons quelques mots plus loin ; pour le feutre de poil, l'on commence et l'on termine le foulage avec la fouleuse à cuve, la fouleuse à rouleaux servant pour le travail intermédiaire. Après le foulage, le feutre est complètement préparé ; il ne reste plus qu'à lui donner la forme et l'apprêt nécessaires. Les pièces qui sortent du foulage prennent le nom de *Cloches*. Elles subissent alors l'opération du *Dressage du feutre*, qui doit leur donner la forme générale du chapeau et qui se fait à l'aide de trois machines. La première, nommée *Tirant à triple effet*, étire la cloche et façonne le fond du chapeau ou *Rosette* ; la seconde, termine la tension du fond, et la troisième fait les bords en une seule fois. Le chapeau passe ensuite au *Ponçage*, qui a pour but de régulariser la surface en la frottant avec de la pierre ponce et du papier émeri. La Ponceuse est un véritable tour vertical sur lequel on place le chapeau ; il suffit d'approcher l'outil ponceur pendant la rotation. Si le chapeau doit être ferme ou *imper*, c'est à ce moment qu'il reçoit l'apprêt formé d'une dissolution de gomme laque ou de gomme copal dans l'alcool ; il suffit de tremper le chapeau dans cette solution. Il ne reste plus qu'à finir la forme du chapeau et les bords. Ces opérations se font encore en plusieurs fois : il y a le *Dressage d'appropriage*, qui achève la forme générale du chapeau et s'effectue à l'aide d'une sorte de presse mécanique ; le *Passage au fer*, qui donne le lustre et se fait à la main, et, enfin, la *Mise en tournure*, qui relève et finit les bords. Ce travail, très délicat, est souvent fait à la main par des ouvriers spéciaux, dits *Tourneuriers*, au moyen du fer chaud et sans l'emploi de matrices. Il existe cependant des machines basées sur l'emploi du caoutchouc et qui se composent essentiellement d'un moule en métal sur lequel vient passer une épaisse membrane de caoutchouc; celui-ci oblige ainsi par une pression graduée le feutre à épouser la forme du moule. La pression est produite par de l'air comprimé par une pompe hydraulique; il suffit ainsi à l'ouvrier d'ouvrir un robinet pour obtenir une pression uniformément répartie sur toute la surface. Après la mise en tournure, le chapeau proprement dit est terminé, il n'y a plus qu'à lui adapter la coiffe et les garnitures. Nous n'avons pas parlé de la teinture, parce que cette opération peut s'exécuter à une période quelconque de la fabrication. Pour les teintes claires, dites *Nuances de foule*, on l'effectue généralement pendant le foulage en laissant couler la teinture dans la cuve à foulon. Pour les teintes foncées, c'est le plus souvent quand le feutrage est terminé qu'on dépose les cloches dans la cuve de teinture; souvent aussi les poils ou la laine sont teints avant la mise en œuvre.

Feutre de laine. — On fabrique aussi du feutre avec de la laine; les laines les plus estimées pour cet usage sont les laines d'agneau d'Australie ou de la Plata. Quelle que soit leur provenance, les laines doivent être soumises à l'*Épaillage chimique* qui consiste à les tremper dans un bain d'eau acidulée à l'acide sulfurique pour détruire les matières étrangères d'origine végétale, qui ne prendraient pas la teinture. Le bastinage et le sémoussage se font à l'aide de machines spéciales qui diffèrent de celles qu'on emploie pour les poils, parce qu'il faut que la laine soit cardée; mais après le sémoussage les opérations sont identiques à celles que subit le feutre de poils.

II. *Chapeaux de soie.* — Ces chapeaux sont originaires de Florence, où ils ont été inventés vers 1760. Il y en avait déjà deux fabriques à Paris en 1770. Cette industrie sommeilla jusqu'en 1828; mais, depuis cette époque, elle n'a cessé de faire des progrès. Les chapeaux de soie se composent d'une carcasse formée de deux ou trois toiles superposées et passées chacune dans une solution alcoolique de gomme laque rendue alcaline par l'ammoniaque, et recouverte d'une peluche de soie noire taillée par bandes en spirale et dont l'ouvrier est enduit de colle, de telle sorte que la jonction des bords de ces bandes ne s'aperçoive pas à l'extérieur. Il ne reste plus alors qu'à placer les garnitures et à pratiquer le *Bichonnage* pour donner le lustre, lequel s'effectue à l'aide d'un fer chaud. Les chapeaux de soie, par leur excellente fabrication et leur bas prix, ont complètement fait disparaître l'industrie des chapeaux de feutre à longs poils, et n'ont laissé subsister que les chapeaux de feutre ras de fantaisie : il est vrai qu'il se fait de ces derniers une très grande consommation. — Les centres principaux de la c. française sont Lyon, Paris, Bordeaux et Aix. À l'étranger, nous citerons Londres et Manchester, pour l'Angleterre; Vienne, pour l'Autriche; Hanau, Dusseldorf et Offenbach, pour l'Allemagne.

Chapeaux mécaniques. — Ils ont été imaginés par Gibus, dont ils ont longtemps porté le nom. On les appelle aussi

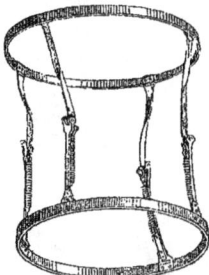

Fig. 1.

chapeaux à claque; ils se composent de trois parties : 1° la monture mécanique à ressort pouvant s'ouvrir ou s'aplatir (Fig. 1); 2° la carcasse composée de la galette ou rosette et des bords; et 3° la garniture. Il y a plusieurs systèmes de monture. Celle que nous représentons est la plus répandue : elle est connue dans le commerce sous le nom de monture n° 1. Le ressort est tendu quand le chapeau est

replié, ce qui fait qu'au repos il vaut mieux laisser le chapeau ouvert pour ne pas fatiguer inutilement l'élasticité des ressorts. La carcasse est faite de toile trempée dans une dissolution de gomme laque; les bords sont l'objet d'une fabrication spéciale, très simple du reste, qui consiste à coller à la gomme laque trois doubles de toile, et à recouvrir ceux-ci d'une mousseline également trempée dans la gomme laque; puis on découpe à l'emporte-pièce un trou un peu plus petit que la pointure et à l'aide d'un piston chaud on élargit ce trou en produisant un bourrelet qui servira à coudre le bord sur la monture. Le chapelier découpe ensuite ces bords à la dimension voulue par la mode et effectue le bridé ou le retourné. La garniture est en mérinos ou plus souvent aujourd'hui en satin : la pose du satin sur la galette se fait à sec au moyen d'un fer chaud qui fait fondre la gomme laque, laquelle colle le satin sur la toile. Il en est de même pour les bords; la partie intermédiaire est cousue.

Chapeaux vernis. — Ils ne sont guère employés que pour les cochers et les domestiques; leur carcasse est semblable à celle des chapeaux de soie, mais plus solide; puis elle est recouverte de plusieurs couches de vernis coloré. Quelquefois, la carcasse est remplacée par un véritable chapeau de feutre de laine, qu'on recouvre de vernis après avoir cylindré la surface.

III. *Chapeaux de paille.* — On les fait avec la paille du froment, du seigle, du riz, de l'ivraie, etc. La Lombardie, la Toscane, la Suisse et la France sont les pays qui en fabriquent le plus; mais les plus beaux viennent de la Toscane, parce que la paille des blés, etc., y présente des qualités particulières de souplesse, de blancheur, d'élasticité et de résistance que les essais de culture les mieux entendus n'ont pu donner à celle des autres pays. Les chapeaux de Florence, bruts, peuvent coûter jusqu'à 400 et 600 francs. L'Amérique, la Chine et le Japon nous expédient aussi en grande quantité soit des chapeaux tout faits, soit de la matière première. — La paille est d'abord blanchie par une exposition simultanée à la rosée et aux rayons solaires suivie d'une exposition à l'action de l'acide sulfureux. On l'étend ensuite pendant une nuit sur le pré, afin de la rendre souple. Le travail qui suit diffère suivant le mode de fabrication : on distingue en effet les chapeaux noircis, les chapeaux tressés d'une seule pièce et les chapeaux de paille.

Les *Chapeaux noircis* se font surtout dans la Bresse, le Jura, la Suisse, etc.; les brins de paille sont assujettis entre eux par des liens ou des fils. Cette industrie n'a jamais acquis d'importance.

Chapeaux tressés d'une seule pièce. — Ils présentent une grande variété suivant la matière employée et la mise en œuvre. Le travail se fait à la main. On distingue le tressage sur un, deux, trois ou plus, suivant que chaque brin de la trame passe dans le croisement sur un seul, deux, trois, etc., brins de la chaîne; plus le tissu est solide et le tressage est plus long, plus la paille solide est le tressage sur deux. Le chapeau est blanchi ou teint suivant les goûts; souvent aussi on emploie des pailles teintes préalablement, dont on mélange les couleurs; la paille reçoit des apprêts variables et la forme varie à l'infini. Les chapeaux de *latanier* sont remarquables par leur souplesse et leur solidité. Ils sont tressés en France, dans les campagnes, avec des feuilles de latanier ou palmier de Cuba. Il en est de même des *panamas français*, sauf qu'on y emploie une paille qui vient de Panama. On est arrivé à fabriquer en France des chapeaux moins coûteux et plus beaux que ceux qui nous arrivent d'Amérique : on en exporte un assez grand nombre. Aussi, cette industrie a-t-elle pris à une certaine époque un assez grand développement, et était-elle devenue une source d'aisance pour les contrées où elle s'exerce : les femmes, les enfants, les vieillards, les infirmes y trouvaient une occupation relativement lucrative. Depuis, cette industrie est tombée, la mode ayant presque complètement abandonné les chapeaux dits de Panama. Le prix des belles qualités est toujours très élevé, car le tressage d'un panama fin qui contient jusqu'à 2.500 brins, demande plusieurs semaines d'un travail rétribué 3 francs par jour.

Les chapeaux *rotins* et *manille* qui reviennent des îles de la Sonde, de Java, des Philippines, se recommandent au contraire par la modicité de leur prix qui n'exclut ni la souplesse, ni la solidité, ni la finesse du travail. Les deux sortes sont faites de lames tirées du bambou; mais à Manille ces lames ont été bouillies dans l'eau, ce qui fournit des produits blancs ou à peu près, tandis que les rotins qui viennent surtout de Java, n'ayant pas subi ce traitement, ont conservé leur couleur brune. Le caractère particulier de ces chapeaux est d'être doubles, c.-à-d. qu'ils sont formés d'un tissu continu replié sur lui-même comme les bonnets de coton. Ils arrivent bruts, reçoivent en France une garniture variable avec la mode et sont réexportés en grande quantité ; les produits les plus communs sont livrés à la consommation sans garniture et constituent, dans cet état, une coiffure très commode pour l'été et la campagne, d'autant plus que, grâce à leur état double, on peut varier leur diamètre intérieur en faisant glisser les deux parties l'une sur l'autre.

Les chapeaux dits *Yokohama* ou *Yoko* viennent par ballots énormes de la Chine et du Japon ; ils sont faits d'une sorte de jonc, et n'ont aucune prétention à l'élégance et à la qualité ; mais leur prix extrêmement bas, qui varie à Paris de 0f,25 à 0f,40, leur assure un grand débit, d'autant plus qu'ils sont réellement supérieurs aux dernières qualités de nos chapeaux de paille, qu'on ne peut livrer qu'à un prix deux ou trois fois plus élevé.

Chapeaux faits de tresses. — C'est par ce procédé que sont fabriqués les beaux chapeaux de paille d'Italie, industrie bien tombée aujourd'hui sous la double influence de la concurrence des produits exotiques et de la mode des chapeaux de femme entièrement recouverts de garnitures qui dissimulent complètement la carcasse. Les tresses sont presque toujours faites avec la paille des graminées ; on en a cependant fabriqué avec des filaments de copeaux de bois d'une espèce de saule (*vetrix*) ; ce produit très commun a reçu le nom de *tresses de carpi* ou *paille de riz*. Les tresses sont faites à la main suivant des modèles divers : il y en a depuis 7 bouts jusqu'à 16 bouts (Fig. 2). On reçoit actuellement de la Chine une tresse à 7 bouts, assez singulière, qui défie toute concurrence pour les produits ordinaires et communs.

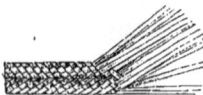

Fig. 2.

La couture des tresses pour la fabrication des chapeaux se fait de deux manières : 1° par superposition d'une partie de la tresse sur la voisine, 2° par juxtaposition et engrènement des lisières, procédé dit *remmaillage*. Longtemps ces coutures se sont faites à la main ; elles s'exécutent aujourd'hui à l'aide de machines dites *coutuseuses spéciales*. La couture par remmaillage est celle des beaux chapeaux dits de *paille d'Italie ;* on passe l'aiguille dans les mailles de lisière des deux tresses ; une légère traction les fait engrener l'une dans l'autre et le fil qui les réunit reste invisible, de telle sorte que le chapeau paraît fait d'une seule pièce ; ce chapeau peut du reste changer de forme assez facilement. Les chapeaux de paille d'Italie ont joui autrefois d'une grande vogue ; ils ne se fabriquent plus guère aujourd'hui que pour hommes et enfants ; pour les coiffures de femme la mode préfère des tresses cousues et entrelacées suivant des dispositions plus ou moins compliquées formant des dessins, des jours, etc., ou des chapeaux dits de *paille anglaise*, faits d'une seule tresse enroulée en hélice et cousue par superposition.

CHAPELURE. s. f. (R. *chapeler*). Ce que l'on a ôté de la croûte du pain en le chapelant. *Mettre de la c., des chapelures dans une sauce pour l'épaissir.*

CHAPERON. s. m. (R. *chape*). Coiffure de tête autrefois commune aux hommes et aux femmes, qui avait sur le haut un bourrelet, duquel pendait une manche ou queue étroite et longue qu'on entortillait autour du cou. *C. de drap, d'écarlate. Les hommes ont cessé de porter le c. sous Charles VII.* || Bande de velours, de satin, de camelot, que les femmes et les filles attachaient sur leur tête. — Fig., se dit d'une personne âgée ou grave qui accompagne une demoiselle ou jeune femme dans le monde, par bienséance et comme pour répondre de sa conduite. *Elle a pour c. une vieille tante qui la suit partout.* || Ornement particulier au costume des gens de robe, des docteurs, etc., qui consiste en un bourrelet circulaire placé sur l'épaule gauche, d'où pend devant et derrière une bande d'étoffe garnie d'hermine à son extrémité — L'ornement relevé en broderie qui est au dos d'une chape. || T. Chasse. Coiffe de cuir dont on couvre la tête et les yeux des oiseaux de proie pour les affaiter. Voy. FAUCONNERIE. || T. Entom. La partie du corps des insectes qui est immédiatement au-dessus de la bouche et à laquelle s'attache la lèvre supérieure. || T. Sellier. Pièce de cuir qui recouvre les fourreaux des pistolets pour les garantir de la pluie. || T. Archit. Le haut d'une muraille de clôture, fait en forme de toit, pour l'écoulement des eaux. || T. Typogr. *Cha-*

peron se disait autrefois pour désigner ce qu'on appelle aujourd'hui *main de passe.*

CHAPERONNER. v. a. [Pr. *chapero-ner*]. T. Fauconnerie. Coiffer d'un chaperon un oiseau de proie. — Fig., *C. une jeune personne,* La conduire dans le monde. || T. Archit. *C. une muraille,* Y faire un chaperon. ═ CHAPERONNÉ, ÉE. part.

CHAPERONNIER. adj. masc. [Pr. *chapero-nié*]. T. Fauconn. *Oiseau c.,* Oiseau à qui on couvre la tête pour l'empêcher de voir. || s. m. Celui qui fait des chaperons.

CHAPETON. s. m. Nom que les Espagnols d'Amérique donnaient aux blancs nés en Europe, à qui seuls le gouvernement espagnol confiait les emplois de quelque importance dans ses colonies.

CHAPETONNADE. s. f. [Pr. *chapeto-nade*] (R. *chapeton*). T. Méd. Vomissement accompagné de délire furieux qui attaque les Européens dans les pays chauds.

CHAPIER. s. m. Celui qui porte chape.

CHAPITEAU. s. m. (lat. *capitellum*, dimin. de *caput*, tête). T. Archit. La partie du haut de la colonne qui pose sur le fût. Voy. ORDRE et COLONNE. || Dans un sens plus général, se dit de quelques autres ornements d'architecture qui forment la partie supérieure, le couronnement de certaines choses. *C. de pilastre, de balustre, de niche, de lanterne,* etc. || T. Menuis. Se dit des corniches et autres couronnements qui se posent au-dessus des buffets, des armoires et autres ouvrages. || Couverture mobile d'un moulin. || Morceau de carton en forme d'entonnoir, qui se met vers le haut d'une torche, pour recevoir ce qui s'égoutte de cire ou de poix. || T. Art milit. Saillie qui termine en haut la chape du fourreau de certaines armes blanches.

CHAPITRAL, ALE. adj. Qui appartient à un chapitre de religieux.

CHAPITRE. s. m. (lat. *capitulum*, m. s., dimin. de *caput*, tête, pris dans le sens de *chapitre*). Une des parties qui servent à diviser certains livres. *Cet ouvrage est divisé par chapitres, en soixante chapitres.* || T. Comptabilité. *C. de recette. C. de dépense. Cette somme ne doit pas figurer dans ce c. C. du budget.* || T. Liturg. Trait de l'Écriture sainte que l'officiant chante ou récite entre le dernier psaume et l'hymne. On dit habituellement *Capitule.* || Fig., La matière, le sujet dont on parle, le propos sur lequel on est. *Puisque nous en sommes sur ce c., je vous dirai d'abord... On en était sur votre c,* On parlait de vous. || Le corps des chanoines d'une église cathédrale ou collégiale. Voy. CHANOINE. — L'assemblée que les chanoines tiennent pour traiter de leurs affaires. *Assembler le c. Tenir le c. Présider le c. Cela fut résolu en plein c.* — Fig. et fam., *Avoir voix au c., en c.,* Avoir du crédit dans une compagnie, dans une famille, auprès de quelque personne considérable. On dit, dans le sens contraire, *N'avoir pas voix au c.* — Assemblée que des religieux tiennent pour délibérer de leurs affaires. *C. conventuel, provincial, général. Aller au c.* — S'est dit des assemblées des ordres royaux, des ordres militaires. *Le roi a tenu le c. de l'ordre.* || Lieu où se tiennent les assemblées, soit de chanoines, soit de chevaliers. *On lui ferma la porte du c.*

CHAPITRER. v. a. Réprimander un chanoine ou un religieux en plein chapitre. || Fig. et fam., Réprimander une personne en termes un peu sévères. *Son père le chapitrera tantôt. Il sera bien chapitré.* ═ CHAPITRÉ, ÉE. part.

CHAPLIN (CHARLES-JOSUAH), peintre français (1825-1892).

CHAPLOIR. s. m. (Vx fr. *chapler*, frapper). Sorte de petite cochuise.

CHAPON. s. m. (lat. *capo*, m. s., d'un rad. *cap*, couper). Jeune coq châtré. *Engraisser des chapons. C. du Mans.* — Fig. et prov., *Ce sont deux chapons de rente,* se dit de deux personnes dont l'une est grasse et l'autre maigre. *Qui c. mange, c. lui vient,* Le bien vient plutôt à ceux qui en ont qu'à ceux qui l'épargnent ; on : le bien vient plutôt à ceux qui en ont déjà. *Il en porte le nom,* *mais il n'en mange pas les chapons*, ou *mais un autre en mange les chapons*, se dit d'un homme qui porte le nom d'une terre, mais qui n'en touche pas les revenus. — Fam., *Il a les mains faites en c. rôti*, se dit d'un homme qui a les doigts crochus, retirés; et fig., d'un homme qui a l'habitude de dérober. || Gros morceau de pain qu'on met bouillir dans le pot, et qu'on sert sur un potage maigre. — Croûte de pain frottée d'ail qu'on met dans une salade. || T. Métall. Support d'une tuyère.

CHAPONNAGE. s. m. |Pr. *chapo-nage*| (R. *chapon*). Castration de la volaille.

CHAPONNEAU. s. m. |Pr. *chapo-nô*]. Dimin. Jeune chapon.

CHAPONNER. v. a. [Pr. *chapo-ner*]. Châtrer un jeune coq. = CHAPONNÉ, ÉE. part.

CHAPONNIÈRE. s. f. [Pr. *chapo-nière*]. T. Cuisine. Vase pour faire cuire un chapon.

CHAPOTER. v. a. (D'un rad. *cap*, couper, qu'on retrouve dans *chapon*). Dégrossir le bois avec une plane. || T. Poterie. Détacher avec le chapotin les parties qui menacent de se détacher.

CHAPOTIN. s. m. (R. *chapoter*). T. Céram. Outil employé dans le défournement pour détacher les matières qui adhèrent aux pièces.

CHAPPE (CLAUDE), physicien français, inventeur du *Télégraphe aérien* (1763-1805). = JEAN, frère du précédent et son collaborateur (1760-1828). = CHAPPE D'AUTEROCHE, astronome, oncle des précédents (1722-1769).

CHAPPE. s. f. [Pr. *chape*| (autre forme de *chape*). Poignée servant à former, à ouvrir un moule. || T. Pêche. Voy. CHAPE.

CHAPPÉ, ÉE. adj. [Pr. *chapé*] (Vx fr. *chapper*, battre). Blé *chappé*, Blé qui, battu, a conservé ses balles.

CHAPPELLE. s. f. [Pr. *cha-pèle*]. T. Min. Petit morceau de houille.

CHAPSAL, grammairien français, collaborateur de Noël (1788-1858).

CHAPSKA. s. f. Coiffure empruntée aux Polonais que portaient les lanciers.

CHAPTAL, chimiste français, ministre de l'intérieur sous le Consulat (1756-1832).

CHAPTAL, collège de Paris, fondé en 1842, sous le nom de pension Saint-Victor et qui prit en 1848 le nom de CHAPTAL.

CHAPTALISAGE ou **CHAPTALISATION**. s. f. (R. *Chaptal*, n. pr.). T. Techn. Procédé d'amélioration du moût du vin imaginé par Chaptal, qui consiste dans l'introduction de la poudre de marbre pour saturer l'excès d'acide du vin, et dans l'addition de sucre.

CHAPU (HENRI-MICHEL-ANTOINE), sculpteur français (1833-1892).

CHAPUCIER. s. m. (R. *chape*). Celui qui avait soin des chapes dans certains chapitres.

CHAPUIS. s. m. (Vx fr. *chapuis*, charpentier). Charpente en bois des bâts ou des selles.

CHAPULTEPEC, ancienne ville du Mexique, à 8 kilom. de Mexico.

CHAPUT. s. m. (Même origine que *chapuis*). Billot de bois pour équarrir les ardoises.

CHAQUE. adj. distributif 2 g. (lat. *quisquis*, ou celt. *cach, ceach*, m. s.). *Chaque* n'a pas de pluriel, et se met toujours avant le subst. *C. homme. C. maison. C. chose. A c. per-*

sonne. A c. instant. C. pays a ses coutumes. — Prov., *C. tête, c. avis*, Chacun pense à sa manière.

Obs. gramm. — L'adjectif *Chaque* ne peut jamais s'employer absolument et sans substantif; il doit toujours précéder immédiatement le substantif auquel il se rapporte, ou du moins n'en être séparé que par un adjectif qui se rapporte au même substantif. *C. âge a ses plaisirs. C. état a ses charmes. C. grand homme a ses défauts. C. nouvel objet nous attire.* On ne doit pas dire : *Ces objets coûtent 6 francs c.*, mais *6 francs chacun*.

CHAR. s. m. (lat. *carrus*, m. s.) Sorte de voiture à deux roues, en usage chez les anciens dans les combats, jeux, triomphes, cérémonies publiques, etc. — Poétiq., *Le c. du soleil. Le c. de la lune. Le c. de la nuit. Le c. de la Victoire, de la Fortune*, etc. || Dans le style élevé, se dit de toute espèce de voiture, de chariot, etc. *C. rustique. C. de vendange. C. élégant, brillant.* || *C. à bancs*, Sorte de voiture longue et légère, garnie d'un ou de deux bancs placés dans le sens de la longueur de la voiture, et ordinairement fermée seulement par des rideaux de toile. || *C. de deuil*, Chariot à quatre roues, couvert d'un poêle, dans lequel on transporte les corps des rois, des princes, etc. Poétiq., *C. funèbre*, Toute espèce de corbillard. || Fig., dans le style élevé, par allusion à l'usage où étaient les triomphateurs de traîner à la suite de leur char les prisonniers chargés de chaînes, on dit : *Enchaîner la victoire à son c. Il voulut enchaîner le monde entier à son c. S'attacher au c. de la puissance.* || T. Techn., Corps du moulin à papier. || T. Phys., *C. magnétique*, Genre de boussole terrestre jadis en usage en Chine.

Hist. — Les *chars* des anciens présentaient des formes très différentes selon les usages auxquels ils étaient destinés, et chacune de ces espèces de véhicules portait, comme chez nous, un nom particulier. Nous ne parlerons pas ici des chariots à l'usage de l'agriculture, des femmes, de l'industrie voiturière, etc.; nous nous contenterons de dire quelques mots des chars dont les anciens se servaient à la guerre, dans les jeux publics et dans quelques circonstances solennelles. Ces derniers étaient appelés en grec ἅρματα et *currus* en latin. Il s'agissait d'une forme et d'une construction excessivement simples. Le corps du véhicule était fermé par devant et sur les côtés, mais ouvert par derrière, et présentait ainsi, jusqu'à un certain point, la figure d'une coquille fixée sur un essieu, dont les extrémités étaient portées par deux roues. Les essieux étaient ordinairement en chêne; parfois on leur donnait une saillie considérable, afin d'augmenter la stabilité du char. Une clavette insérée à l'extrémité de l'essieu maintenait la roue dans la position voulue.

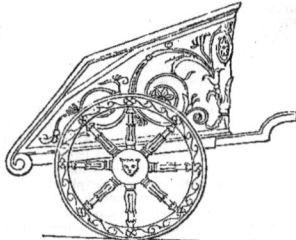

Fig. 1.

La partie saillante au-devant et sur les côtés du char était fréquemment en osier ou construite à claire-voie. Le limon du char (ῥυμός, *temo*) était solidement fixé à l'essieu par son extrémité postérieure, tandis que l'autre était attachée au joug, soit au moyen d'une clavette (ἔμβολος), soit au moyen de cordes ou de courroies. La Fig. 1 représente un char en marbre que l'on conserve au Vatican et qui ornait jadis un des édifices de Rome. Lorsque ces chars étaient attelés de deux chevaux seulement, on les appelait *Biges* (*biga*, συνωρίς) et *Quadriges* (*quadriga*, τετραρρύξ, τέθριππον), quand ils étaient traînés par quatre chevaux. Les chars à deux chevaux étaient de beaucoup les plus usités. La Fig. 2 représente le char de Diane, d'après un bas-relief antique qui fait partie du Museo Pio-Clementino, à Rome. Quelquefois on ajoutait au *biga* un cheval surnuméraire, qu'on appelait παρήορος. Il s'attelait ordinairement à la droite des chevaux attachés au limon. Un char attelé de trois chevaux était nommé *Triga* chez les Romains. Les auteurs parlent encore de chars à six, à sept et à dix

Fig. 2.

chevaux, mais il est reconnu que ces chars étaient d'un emploi exceptionnel. Quant aux chars à vingt chevaux que l'on voit sur des pierres gravées, il est certain qu'ils n'ont jamais

Fig. 3.

existé, et ne sont autre chose que des caprices d'artiste. Quel que fût leur nombre, les chevaux se plaçaient toujours de front. La Fig. 3, dessinée d'après une terre cuite du Musée de Vienne, représente un char qui s'est renversé en doublant la borne du cirque. Le cocher est tombé en arrière; le limon et le joug se trouvent soulevés en l'air; les deux chevaux de volée sont tombés sur les genoux, tandis que les deux limoniers se cabrent. Les quadriges étaient parfois dépourvus de limon; dans ce cas, les quatre chevaux étaient attachés par des traits.

Les sculptures de Ninive, de Persépolis, et les innombrables peintures découvertes dans les tombeaux égyptiens concourent, avec les témoignages des plus anciens historiens, à prouver que, dès la plus haute antiquité, les Égyptiens, les Assyriens et les autres nations asiatiques se servaient habituellement de chars dans les combats. Homère, qui par sa date appartient à la période héroïque de l'histoire grecque, nous prouve également que l'usage des chars n'était pas moins répandu dans la Grèce. Dans l'*Iliade*, tous les chefs et les guerriers principaux sont montés sur des chars pour parcourir le champ de bataille. Dans tous les cas, la forme du char est restée à peu près la même; seulement sa décoration était plus riche et plus élégante. Mais les chars les plus remarquables, sous ce rapport, étaient ceux qui, chez les Romains, servaient dans les triomphes. Le char de triomphe (*currus triumphalis*) était de forme cylindrique, ainsi que nous le représentent les médailles. Le triomphateur s'y tenait debout, et gouvernait lui-même l'attelage. Ce char était en bois doré sous les consuls; on l'enrichit de métaux précieux et de pierreries à la fin de la République; mais, sous les empereurs, on le fit tout entier en or et en ivoire. En général, il n'avait point de limon; les quatre chevaux qui le traînaient étaient blancs. On remplaça quelquefois ces derniers par des éléphants et même par des lions.

Les auteurs anciens parlent fréquemment des chars armés de faux qui constituaient l'une des forces principales des ar-

mées asiatiques. A la bataille d'Arbèles, les chars de l'armée de Darius avaient un limon qui faisait saillie bien en avant du poitrail des chevaux et se terminait en pointe aiguë; en outre trois lames d'épée étaient fixées à chacune des extrémités du joug, et des faux dirigées horizontalement étaient implantées dans les moyeux des roues. Les peuples de l'Inde, les Égyptiens et les Carthaginois se servaient aussi de cette arme de guerre. Malgré leur apparence formidable, les chars ainsi armés, qu'on lançait au hasard au milieu des rangs les plus épais de l'ennemi en abandonnant les chevaux à eux-mêmes, ne firent jamais de grands ravages dans les armées bien disciplinées des Grecs et des Romains : aussi ces deux derniers peuples n'en adoptèrent-ils pas l'usage.

Les Gaulois, les Belges, les Germains et les Bretons se servaient aussi de chars dans leurs expéditions militaires et dans les combats. Ces chars, nommés par les auteurs latins *esseda* et *essedum*, se manœuvraient, suivant Diodore, comme ceux des Grecs au temps de la guerre de Troie; mais il paraît qu'ils différaient de ces derniers sous plusieurs rapports, principalement en ce qu'ils étaient plus massifs et ouverts par devant. — Leur poids énorme obligeait de donner au limon une grande largeur, ce qui permettait aux guerriers qui les montaient, ou *essedarii*, de s'élancer au besoin sur cette partie du véhicule et même sur le joug des chevaux, soit pour combattre, soit pour mieux diriger la marche de l'attelage. On prétend que l'armée du roi breton Cassibélaunus comptait 4,000 chars de ce genre. Il paraît aussi que les Bretons et les Belges avaient d'autres chars dont les roues étaient armées de longues faux : ces peuples les appelaient *Kowain*, dont les Romains firent *Covinus*.

Le char était au nombre des attributs de certains Dieux et de certaines Déesses, et même de quelques personnifications symboliques, comme la Victoire. Le char de Jupiter était attelé de quatre chevaux blancs, et celui de Pluton de quatre chevaux noirs. Le char d'Apollon est également un quadrige, mais celui de Diane n'est traîné que par deux chevaux. Les poètes en donnent tantôt deux, tantôt quatre à l'Aurore. Le char de Junon était traîné par des paons, celui de Vénus par des tourterelles ou des cygnes, celui de Minerve par des chouettes, celui de Mercure par des béliers, celui de Bacchus par des centaures, des tigres et des lynx. Enfin, celui de Diane était quelquefois attelé de cerfs, celui d'Apollon de griffons, etc.

CHARABIA. s. m. (esp. *arabia*, signif. à la fois, langue arabe, et bruit, confus). T. populaire. Le patois des Auvergnats, et, par extension, tout langage incorrect.

CHARACÉES. s. f. pl. [Pr. *karacé*] (lat. *chara*, charagne, plante). T. Bot. Les *Characées* constituent une famille d'Algues appartenant au groupe des Chlorophycées. Elles sont toujours submergées, vivant dans les eaux douces ou saumâtres; leur couleur est d'un vert sombre, et elles exhalent une odeur fétide. Elles possèdent un axe cassant composé de tubes articulés bout à bout, transparents, ou incrustés de matière calcaire. Chaque articulation est entourée d'un verticille de rameaux composés comme le tube principal, et se ramifiant de la même manière. Dans certaines espèces, l'axe se compose d'un seul tube transparent coupé de distance en distance par des cloisons transversales. Chez d'autres espèces, ce tube est entouré d'une sorte d'étui formé par d'autres tubes d'un calibre beaucoup plus petit, et articulés à la même hauteur que le tube central. Les organes de la reproduction naissent à l'aisselle des verticilles les plus élevés et sont de deux sortes : des anthéridies et des oogones. Les oogones sont des corps ovoïdes ou oblongs qui ne renferment qu'une seule oosphère. Ils sont enveloppés par cinq tubes roulés en spirale, partant de la base de l'oogone et venant former à son sommet une couronne à cinq dents. Ces cinq tubes paraissent n'être autre chose que les cinq rameaux d'un verticille qui se sont soudés entre eux. Les anthéridies sont des corps sphériques, rouges ou orangés, composés de huit plaques triangulaires, à bords crénelés, et engrenées entre elles comme les os du crâne. Du milieu de chaque plaque naît une cellule oblongue qui se dirige vers le centre de la sphère, et ces huit cellules, comme autant de rayons, viennent aboutir à une cellule centrale arrondie en forme de tête. Chaque tête porte six cellules ou têtes secondaires de chacune desquelles partent 4 filaments plusieurs fois couronlés sur eux-mêmes. Chacun de ces filaments, au nombre de 192, est divisé en une centaine de cellules dans chacune desquelles on trouve un anthérozoïde. A la maturité, les huit plaques de l'anthéridie se séparent, et les anthérozoïdes quittent leurs cellules mères, dont la paroi se dissout dans l'eau. Les oogones et les anthéridies sont tantôt réunies sur le même individu, tantôt portées sur des individus différents. Dans le premier cas, leur position réciproque varie également suivant les espèces : en général, les anthéridies sont placées immédiatement au-dessous des

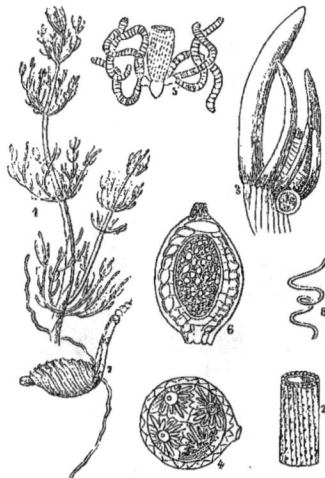

oogones ; mais, dans certaines espèces, elles sont placées au-dessus. (Fig. 1. *Chara vulgaris*; 2. Fragment d'axe du *C. fœtida*; 3 Portion d'une branche avec une anthéridie et un oogone; 4. Anthéridie grossie; 5. Cellule centrale portant les filaments cloisonnés à anthérozoïdes; 6. Oogone coupé; 7. Œuf en germination; 8. Anthérozoïde.)

Quelques *Chara* ont la tige transparente et exempte de ma-

Fig. 9.

tière calcaire; mais chez d'autres le tube central est entouré d'une épaisse couche de matière calcaire qui le rend opaque. D'après les observations de Greville, il paraît que la matière incrustante n'est pas le résultat d'un simple dépôt extérieur, mais qu'elle est sécrétée par la plante elle-même.

C'est dans le tube des *Chara* et des *Nitella* que l'on peut

très facilement observer la circulation qui se produit à l'intérieur du protoplasma: les granules verts de chlorophylle entraînés par les courants protoplasmiques mettent nettement en évidence cette circulation intra-protoplasmique (Fig. 9).

Les 4 genres dont se compose cette famille se groupent en 2 tribus de la manière suivante :

Tribu I. — *Nitellées.* — Tubes spiralés, sans cortication. (*Nitella, Tolypella*.)

Tribu II. — *Charées.* — Tubes spiralés, avec cortication (*Chara, Lychnothamnus*.)

On en connaît près de 40 espèces. Ces plantes se trouvent dans les eaux stagnantes de l'Europe, de l'Asie, de l'Afrique, des deux Amériques et de la Nouvelle-Hollande ; mais elles sont surtout communes dans les régions tempérées. — Nous ne leur connaissons aucun usage; cependant leur tige, qui est souvent incrustée de matière calcaire à l'état de carbonate suivant les uns, et de phosphate suivant les autres, pourrait sans doute être employée comme engrais. Le *Ch. fœtida* est fréquemment employé pour écurer la vaisselle; d'où le nom d'*Herbe à écurer* qu'il porte dans certaines contrées.

Les *Characées* ont existé aux époques géologiques; leur première apparition remonte au trias, mais les terrains tertiaires en ont surtout conservé de nombreux débris, principalement les œufs. Les géologues ont désigné ces débris sous le nom de *Gyrogonites*.

CHARACIN. s. m. [Pr. *characin*]. T. Icht. Sous-genre de saumons qui n'ont pas plus de 5 rayons aux ouïes. Voy. SALMONÉS.

CHARADE. s. f. (Mot de l'idiome languedocien sign. princ. discours propre à tuer le temps. Origine inconnue.) Espèce d'énigme qui consiste à décomposer un mot en deux ou plusieurs parties, de façon que chaque partie soit un mot formant un sens complet, puis à définir isolément chacune des parties, et à proposer de deviner le mot entier. En voici un exemple sur le mot *Chiendent : Ma première partie ou mon premier* (Chien) *se sert de ma seconde ou de mon second* (Dent) *pour manger mon tout ou mon entier* (Chiendent). En voici une autre, fort jolie :

CHARADE A UNE DAME.

Mon premier de tout temps excita les dégoûts;
Mon second est cent fois plus aimable que vous,
    Quant à mon tout, dont vous êtes l'image,
Tout haut j'en fais l'éloge, et tout bas j'en enrage.

Nos lecteurs ont deviné qu'il s'agit là du mot *vertu*.

C. en action. Espèce de jeu où plusieurs personnes donnent à deviner à d'autres chaque partie d'un mot, puis le mot entier, en exécutant des scènes de pantomime, qui expriment la signification de chaque partie, puis du tout. *Jouer des charades, aux charades.*

CHARADISTE. s. Celui, celle qui compose ou cherche à deviner des charades.

CHARAGNE. s. f. [Pr. *charagne*] (lat. *chara*, m. s.) T. Bot. Genre d'*Algues* (*Chara*) de la famille des *Characées.* Voy. ce mot.

CHARANÇON. s. m. (bas-lat. *calandrus*, m. s.) T. Ent. Genre d'insectes coléoptères qui ont la tête prolongée en avant en un rostre. Voy. CURCULIONIDES.

CHARANÇONNÉ, ÉE. adj. [Pr. *charan-so-né*]. Se dit du grain attaqué par les charançons. *Blé c.*

CHARASSE. s. f. T. Techn. Espèce de boîte à claire-voie où l'on emballe les porcelaines.

CHARBEILLE. s. f. (Corrupt. du lat. *cannabis*, chanvre). T. Agric. Tiges de chanvre broyées.

CHARBON. s. m. (lat. *carbo*). Morceau de bois qui est entièrement embrasé, qui ne jette plus de flamme. *C. ardent. C. allumé. C. éteint. Faire griller sur les charbons.* — Fig. et fam., *Être sur les charbons*, Éprouver une vive impatience, être dans une grande inquiétude. *Il brûle comme un c.*, se dit d'une personne qui a une fièvre ardente. ‖ Se dit aussi de la braise éteinte. *Rallumer les charbons.* ‖ Tronçon de bois brûlé à l'abri du contact de l'air, mais non entièrement consumé, qui s'emploie comme combustible, et

CHA

sert aussi à d'autres usages. *Faire du c. Un sac, une voie de c. Sac à c.* — Se dit aussi des matières animales noircies et calcinées par le feu. *C. animal. Cette côtelette est en c.* || T. Méd., et Vét. Voir plus loin. || T. Agric. Maladie des grains dans laquelle la fécule est remplacée par une matière noire semblable à du charbon pulvérisé. Voy CÉRÉALES. || T. Bus. Meuble figurant un charbon allumé, mais qui est rare.

Chim — Au mot CARBONE, nous avons dit que le terme générique de *Charbon* s'appliquait à différentes substances essentiellement composées de carbone, mais mélangées de diverses matières étrangères, et nous avons fait voir que les charbons se divisaient en *naturels* et *artificiels*. Ce qui concerne la première de ces catégories sera traité au mot HOUILLE, terme scientifique sous lequel on désigne les divers produits fossiles appelés vulgairement *C. de terre* ou *C. minéral*. Quant à la seconde, comme nous avons déjà parlé (v. CARBONE) des différentes espèces désignées sous le nom de *C. animal*, nous n'avons à nous occuper ici que du *C. végétal*, appelé aussi *C. de bois* ou simplement *Charbon*, ainsi que de certains produits de fabrication qui servent à des usages variés et qui sont le *C. de Paris*, le *C. de tourbe*, le *C. des cornues*, le *C. pour usages électriques* et les *C. pharmaceutiques*. Les *charbons moulés* ne sont autre chose que les *agglomérés* décrits à leur place alphabétique.

Le *C. végétal* est le résultat de la carbonisation, c.-à-d. de la combustion imparfaite du bois. Tout le monde sait quelle énorme consommation il se fait chaque année de ce produit pour les usages domestiques et industriels. Le c. peut être obtenu par la carbonisation du bois en meules ou en vase clos.

1. *Carbonisation en meules*. — Elle se pratique dans la forêt même où a eu lieu l'abatage de bois. L'emplacement sur lequel on établit la meule doit être assez central dans la coupe pour le facile arrivage des bois à carboniser, et placé à l'abri des coups de vent violents. Il faut aussi que le sol n'en soit ni trop compact, car il se durcirait par le feu, se chargerait de goudron et arrêterait la combustion, ni trop léger, car il donnerait accès à l'air et empêcherait de régulariser l'opération. Enfin, il doit être à proximité de l'eau, dont le charbonnier en forêt a constamment besoin. Comme il est rare que toutes ces conditions puissent se trouver réunies, on tire le meilleur parti possible des circonstances locales. L'aire même sur laquelle repose la meule se nomme *Faulde*; on la recouvre ordinairement d'une bonne couche de terre pétrie avec du *Fraisil*, mélange de terre calcinée et de débris de charbon qui reste après le refroidissement et l'enlèvement de chaque *Fouée* de c. — Dans plusieurs de nos contrées forestières, on suit encore ce qu'on nomme l'*ancienne méthode des forêts*. Le bois coupé à la longueur de 2m,25 à 2m,50 est formé en tas rectangulaires de 2 à 3m de large sur 12m à 13m de long. La hauteur de ces tas est inégale; elle est d'environ

Fig. 1.

5m à l'une de ses extrémités et de 60cm à l'autre, qu'on nomme la *Tête* (Fig. 1. Vue et coupe d'une meule rectangulaire). En construisant ces tas, on a soin qu'il y reste le moins de vide possible à l'intérieur; l'extérieur est revêtu d'une couche épaisse de fraisil humide fortement battue, et soutenue par des planches sur les côtés. Après que le feu est allumé, ces planches sont arrosées fréquemment pour empêcher qu'elles ne s'enflamment. On allume le tas en plaçant des charbons enflammés avec un peu de petit bois à la tête, entre les bûches de la rangée inférieure. Aussitôt qu'on voit sortir la fumée à travers la couverte, on ferme le trou qui avait servi à allumer et on perce, dans la couverte, toujours vers le commencement du tas, 3 ou 4 petits trous qui servent à établir le tirage. On les laisse ouverts jusqu'à ce que la fumée noire et épaisse qui se dégage d'abord, ait fait place à une fumée légère de teinte bleuâtre; on les bouche alors, et on en ouvre d'autres un peu plus loin, tant sur les côtés que sur la partie supérieure du tas. Ainsi, la carbonisation marche progressivement de la tête du tas à la partie la plus élevée. Quand le feu est arrivé seulement à 2 ou 3m de son point de départ, on peut com-

mencer à retirer le charbon déjà obtenu, et continuer à mesure que la carbonisation avance; c'est un des avantages de cette méthode, qui est principalement en usage dans le Midi, pour la carbonisation des bois de pin et de sapin. — L'autre procédé, qui constitue la *nouvelle méthode des forêts*, consiste dans l'emploi des meules rondes dont la forme varie selon les pays, depuis celle d'une butte de sauvage jusqu'à celle d'un cône légèrement arrondi au sommet. Le centre est toujours formé par des bûches placées verticalement, et disposées de manière à former cheminée. Puis, le bois coupé seulement à la longueur de 66cm est placé debout, incliné autour du centre, par rangées superposées les unes aux autres. Ces meules ont habituellement de 4 à 6m de diamètre à la base; elles contiennent, dans ce cas, 40 à 50 stères de bois. Afin d'intercepter toute communication avec l'air, l'extérieur de la meule est recouvert d'une épaisse *chemise* d'argile sous

Fig. 2.

laquelle on a placé un premier revêtement de feuilles et de branchages brisés. Néanmoins, on pratique à la base de la meule de petites ouvertures appelées *Évents*, qui permettent à l'air de pénétrer jusqu'à la cheminée (Fig. 2. Meule arrondie; 3. Coupe de la même). Lorsque la meule est établie,

Fig. 3.

on allume, dans la cheminée, un feu de menu bois qu'on entretient 2 à 3 heures; au bout de ce temps, le feu a gagné les bûches les plus voisines, et la cheminée se trouve presque entièrement remplie de menus charbons. Alors on la couvre, et l'on pratique, à quelque distance, des *ouvreaux* qui fonctionnent comme cheminées, et appellent vers eux la combustion. La nature de la fumée fait reconnaître au charbonnier l'état et les progrès de la carbonisation. Il ferme alors les premiers ouvreaux, et en pratique d'autres un peu plus bas. La carbonisation marche donc de haut en bas, et du centre à la circonférence. A mesure qu'elle avance, la meule s'affaisse sur elle-même par suite de la diminution considérable qu'éprouve le volume du bois. Enfin, quand la carbonisation a atteint la base de la meule, on ferme toutes les ouvertures et on laisse s'éteindre le feu. Cela fait, on démolit la meule. La durée de la carbonisation varie avec les dimensions de celle-ci ainsi qu'avec l'état de dessiccation du bois. Pour les petites meules de 30 stères environ, il faut 4 à 5 jours; pour les très grosses de 150 stères, par ex., il en faut 12 à 15. — Le bon c. est dur, compact, sonore, d'une cassure brillante, et exempt de *Fumerons*, c.-à-d. de morceaux de bois à demi carbonisés, qui brûlent avec flamme, en répandant une fumée suffocante. — On considère aujourd'hui, d'après les belles expériences d'Ebelmen à Andincourt, les meules de 40 à 50 stères comme préférables aux meules plus volumineuses. Leur rendement en c. est un plus élevé que celui des trop grandes meules; il est beaucoup plus que celui des tas rectangulaires. Le produit de 100 parties (volumes) de bois en *Charbon* et en *Braise* est de 36,52 dans l'ancienne méthode, et de 39,55 dans la nouvelle. — Nous venons de nommer la *Braise* comme un produit distinct du c. proprement dit. On désigne, en effet, sous ce nom une espèce de c. fort légère, très facile à allumer, meilleure conductrice du calorique et de l'électricité, mais qui donne peu de chaleur. On obtient généralement la braise par la combustion du bois à l'air libre dans les cheminées et dans les fours des boulangers.

II. *Carbonisation en vase clos.* — Le procédé que nous venons de décrire a de graves inconvénients. D'abord, une partie du bois qui forme les meules est complètement brûlée au lieu de se transformer en c. Ensuite, tous les produits volatils qui se dégagent pendant la carbonisation sont complètement perdus. On évite ces pertes par la carbonisation en vase clos; mais celle-ci ne pouvant s'opérer que dans des usines appropriées n'est applicable que si l'on dispose de transports économiques de la forêt à l'usine; aussi cette sorte d'industrie n'a-t-elle pris que peu de développement. On a inventé beaucoup de systèmes de fours. Les meilleurs sont ceux qui réduisent les vides au minimum. Les fours doivent être accompagnés d'appareils propres à recueillir les goudrons et l'acide pyroligneux.

III. *Charbon roux.* — On appelle c. *roux* ou bois torréfié un produit intermédiaire entre le charbon et le bois, qui donne de bons résultats dans l'industrie de la verrerie, et qu'on obtient par une torréfaction méthodique du bois dans des fours spéciaux.

Le c. destiné à la fabrication de la poudre doit être l'objet d'une fabrication spéciale, car son état est la circonstance qui influe le plus sur les qualités de la poudre. Voy. POUDRE.

IV. *Charbon de Paris.* — Le c. de Paris est un c. moulé, composé de poussiers de c. de bois ou de tourbe, de tan épuisé et carbonisé ou de résidus charbonneux et pulvérulents d'usines à gaz et de magasins à coke. Ces diverses matières, employées seules ou mélangées suivant la qualité du produit, sont agglomérées au moyen du goudron de houille des usines à gaz, qui jouit de la propriété de maintenir l'adhérence même après sa propre carbonisation. Les matières charbonneuses humectées de 10 à 12 p. 100 d'eau sont broyées entre deux cylindres de

Fig. 4.

toute cannelés, triturées dans un moulin à trois meules coniques (Fig. 4), puis moulées dans des cylindres à l'aide de machines spéciales, et enfin carbonisées dans des fours chauffés par un foyer extérieur. Le c. ainsi préparé brûle beaucoup plus lentement et bien plus régulièrement que le c. de bois. Il est précieux pour les usages culinaires et les opérations de laboratoire, toutes les fois qu'on n'a pas besoin d'un feu vif.

V. *Charbon de tourbe.* — La tourbe peut être carbonisée en meules ou en fours. La construction et la conduite des meules ressemblent beaucoup aux opérations analogues relatives au c. de bois. Le rendement varie de 24 à 27 p. 100 en poids, suivant l'état d'humidité de la meule. Il ne faut démolir les meules que quand elles sont tout à fait froides. L'emploi des fours n'augmente pas le rendement, mais permet de conduire le feu plus régulièrement. En Bavière, on emploie des fours du système Schwartz qui consiste à faire passer dans la tourbe les gaz de la combustion d'un foyer voisin. Le c. ainsi produit

est sonore, dur, souvent brillant comme le coke; on l'utilise dans les ateliers de construction.

VI. *Charbon pour les usages électriques.* — Le c., étant bon conducteur de l'électricité et inattaquable par les acides, est précieux dans les industries électriques. Il convient de distinguer celui qui sert d'électrode aux fils et celui qui sert à confectionner les baguettes entre lesquelles jaillit l'arc électrique. Au début de la lumière électrique, on employait, dans les deux cas, le c. dit de *cornues* qui se produit naturellement dans la distillation de la houille pour la fabrication du gaz d'éclairage, et qui incruste intérieurement les cornues en terre réfractaire dans lesquelles s'opère cette distillation. Ce c. est extrêmement dur, résistant, sonore, et d'une densité presque égale à celle du diamant, très bon conducteur de la chaleur et de l'électricité; malheureusement, il est d'une composition assez irrégulière et contient toujours des impuretés qui le rendent peu propre à la fabrication des baguettes de l'arc, parce qu'elles le font éclater ou donnent naissance à des fuites de gaz conducteurs qui produisent une décharge obscure et affaiblissent ainsi la lumière. Aussi, le c. des cornues est-il réservé, aujourd'hui, pour les électrodes des fils, et les baguettes d'éclairage électrique sont le résultat d'une fabrication spéciale. La composition de ces charbons varie suivant les inventeurs; mais le procédé de fabrication est à peu près le même: son originalité consiste en ce que la pâte très peu fluide formée par les matières charbonneuses après pulvérisation et purification et mélangée avec un agglomérant, est passée à la *filière*. Cette filière consiste en un gros tube vertical coudé horizontalement à l'extrémité inférieure et fermé par une plaque percée d'un orifice et munie d'un petit ajutage. La matière est introduite dans le tube vertical et refoulée à l'aide d'une presse hydraulique; les tiges qui sortent de cet appareil sont cuites dans un four sur des plaques de fonte cannelées. La composition des matières varie suivant les inventeurs. — Le c. Carré est formé de: coke très pur en poudre fine, 25 parties; noir de fumée calciné, 8; sirop de sucre, 7 à 8; le tout aggloméré avec du goudron de houille.

VII. *Charbons pharmaceutiques.* — On utilise en pharmacie la propriété qu'a le c. d'absorber les gaz et les liquides et qui est due en partie à son extrême porosité. Le c. est employé à l'état de poudre comme dentifrice, et à l'intérieur dans les digestions difficiles pour absorber les gaz de l'estomac. Les c. pharmaceutiques sont des charbons de bois léger comme ceux de peuplier (*C. de Belloc*), de coudrier, de tilleul, de quinquina. Leur préparation est fort simple: on carbonise au rouge sombre, dans des creusets de terre, les jeunes branches des arbres ou les écorces de quinquina placées sur plusieurs lits de sable fin bien lavé. Les charbons sont ensuite brossés avec soin pour enlever les traces de sable, et pulvérisés finement pour l'usage interne, grossièrement, au contraire, pour l'usage externe, afin de leur laisser leur porosité.

Pathol. hum. et vétér. — On désigne sous le nom de *Charbon* des maladies d'animaux et de plantes, caractérisées par la couleur noire des tissus. Chez les animaux on l'applique, sans distinction nette, à deux maladies éminemment épidémiques et mortelles dues à des microbes: l'une le c. *bactéridien*, ou *fièvre charbonneuse*; l'autre le c. *bactérien* ou *symptomatique*, à cause des tumeurs qui en sont les manifestations. Chabert, le premier, en 1780, fit cette division essentielle dans les maladies charbonneuses qui étaient confondues entre elles et avec d'autres maladies.

1. CHARBON BACTÉRIDIEN. — Cette maladie existe depuis très longtemps; la Bible (6e plaie d'Égypte), l'*Iliade*, en font mention. Des épidémies s'étant étendues à l'homme sont signalées surtout au moyen âge. Jusqu'en 1863, la cause de la maladie était encore inconnue, malgré les travaux de la commission des vétérinaires d'Eure-et-Loir qui, en 1845, montra que le c. était inoculable, à l'aide des humeurs et des tissus des animaux charbonneux, à tous nos mammifères herbivores de l'étable, à la souris, au cobayo; que la contagion était nécessaire; enfin, que les viandes d'animaux charbonneux, pourvu qu'elles fussent bien cuites, étaient sans danger. Malgré la découverte, dans les tissus des animaux charbonneux, de bâtonnets immobiles, en nombre considérable, découverte faite en 1850 par Davaine, en 1855 par Pollinder, qui reconnut la nature végétale de ces bâtonnets, en 1857 par Brauell, aucun de ces auteurs n'établit un rapport de cause à effet entre les bâtonnets et le c.

C'est en 1863 que Davaine, ayant lu le travail de Pasteur sur la fermentation butyrique, affirma que les bâtonnets, qu'il appela *bactéridies*, étaient la cause du c. Il le prouva par des inoculations heureuses. Davaine avait donc été amené à cette preuve par la similitude des organismes rencontrés dans le sang des animaux charbonneux avec ceux de la fermentation butyrique. Pour lui, la maladie charbonneuse était aussi une fermentation.

Koch, en 1876, découvrit la spore de la bactéridie, spore dont la résistance à un grand nombre d'agents est la cause de la perpétuation de la maladie. Enfin, Toussaint, Pasteur et ses élèves trouvèrent les moyens d'atténuer la virulence de la bactéridie et, par suite, découvrirent la vaccination charbonneuse.

La *bactéridie* charbonneuse, qui pullule dans les tissus et liquides des animaux atteints, peut être vue au microscope avec les objectifs à sec, même sans coloration. C'est un bâtonnet raide, immobile, de 5 à 7 μ de long sur 1 μ de large, souvent uni à un ou deux autres, bout à bout. Ce groupe forme alors un bâtonnet de 15 à 20 μ de long (μ désigne le *micron* ou millième de millimètre). Si on colore la bactéridie avec les couleurs d'aniline, on voit que ses extrémités sont muqueuses, que son tissu est uniformément transparent, sans structure, et qu'il existe autour d'elle une couche de substance hyaline. C'est toujours ainsi que se présente la bactéridie provenant du sang d'un animal charbonneux. Ce parasite, cultivé déjà par Delafond en 1860 dans le sang, se cultive bien dans le bouillon, la gélatine, l'agar-agar et les autres milieux usités en bactériologie, surtout à 35°; au-dessous de 12° et au-dessus de 45°, la culture s'arrête. Dans les cultures surtout au bouillon, la bactéridie s'allonge démesurément; elle peut atteindre 100 fois sa longueur primitive en formant des pelotons enchevêtrés. Mais, chose inattendue, on voit bientôt dans l'intérieur de chaque bâtonnet un petit corps ovale, réfringent, qui grandit peu à peu sans jamais parvenir à remplir entièrement le bâtonnet; en même temps, celui-ci pâlit, se désagrège dans le liquide ambiant et disparaît; il ne reste plus que les corps ovalaires, appelés *germes* ou *spores*. C'est d'un des pôles de ces spores transportées dans un milieu nouveau, que naissent les bacilles sous forme de bourgeons, s'allongeant jusqu'à atteindre la taille de la bactéridie.

Action des agents physico-chimiques sur la bactéridie et sa spore. — La *bactéridie charbonneuse* est tuée par la dessication; lorsqu'elle est diluée dans une trop grande quantité d'eau, elle ne se développe pas et meurt. Elle n'est tuée qu'après trois jours d'une température de — 10°; à + 12° la culture s'arrête. Aussi, à une certaine profondeur du sol où il fait constamment + 12°, la vie n'est plus possible pour la bactéridie, à moins que la putréfaction des cadavres enfouis ne vienne augmenter cette température. La culture prospère entre 25° et 35°; à 45° la culture s'arrête; à 55° les bacilles meurent après un chauffage de plusieurs heures, à 58° après une heure, à 60° et au-dessus, en dix minutes. La lumière, surtout la lumière solaire directe, empêche la culture de progresser; la privation absolue d'air et d'oxygène empêche tout développement. C'est pourquoi la bactéridie est classée parmi les microbes aérobies vrais. Cette privation d'air continue plusieurs jours finit par tuer la bactéridie. Les solutions antiseptiques, de sublimé à 1 : 30000, d'acide phénique à 1 : 100-200, de permanganate de potasse à 1 : 1000, etc., affaiblissent et tuent la bactéridie.

Ce serait une erreur de croire que la *spore* présente les mêmes réactions aux agents physico-chimiques. La spore est la forme de résistance de la bactéridie; elle a pour but de perpétuer l'espèce à travers toutes les causes de destruction qui l'environnent; aussi sa production exige certaines conditions. Elle apparaît dans le corps des bacilles entre 15° et 42°,5. Au-dessus et au-dessous, il n'y a jamais sporulation, c'est à 30°-32° que les spores sont produites avec le plus de facilité et d'abondance. Une température favorable ne suffit pas; la preuve en est que le sang des animaux qui est entre 37° et 42° (fièvre) ne contient aucune bactéridie en sporulation. Il faut de l'air et avec lui de l'oxygène la bactéridie pour former sa spore; plus une culture est aérée, ou, si l'on veut, plus l'accès de l'air est facile, plus rapide est la sporulation. Ainsi, à 30° et avec une bonne aération, les spores se forment en moins de douze heures. Par contre, la privation complète d'air ou sa raréfaction dans une culture empêche toute naissance de spores. Le sang et les tissus des animaux étant privés d'air, c.-à-d. d'oxygène libre (puisque celui-ci est combiné à l'hémoglobine du sang), les bactéridies, malgré une température favorable, ne sporulent pas. Voici donc un premier fait d'observation, absence de spores dans les bactéridies vivant dans le corps des animaux, expliqué par un fait d'expérience. Cette sporulation est encore empêchée sans que cependant la virulence soit le moins du monde modifiée quand on fait subir pendant quelque temps à une culture l'action de certaines doses d'antisepti-

ques, d'acide phénique, de bichromate de potasse par ex.; il est probable que l'absence de sporulation dans les bactéridies difformes (en massue, en battant de cloche), des vieilles cultures, même lorsqu'on met ces bactéridies dans un milieu neuf, tient à l'annihilation du pouvoir sporogène par les poisons sécrétés par la bactéridie elle-même.

Tandis que la bactéridie charbonneuse est relativement peu résistante aux divers agents destructeurs, la *spore*, au contraire, présente une vitalité extrême. Ainsi cette dernière peut se transformer en bacille au bout de six ans et plus d'une exposition à la surface du sol. Toutes les causes de destruction, non seulement dans le corps des animaux, mais encore dans le sol et dans l'eau, la dessication, l'humidité prolongée, ne parviennent pas à la tuer. Après un court séjour dans une atmosphère sèche à 123°, la spore a pu produire des bacilles. Une température humide de + 70°, + 75°, + 80°, ne la tue qu'au bout d'un temps très long. A 95°, l'eau la tue au bout de 10 minutes, et l'eau bouillante la tue plus vite encore. Une température de — 110°, pendant plusieurs heures, ne lui a fait éprouver aucun dommage. La spore ne meurt pas si on la confine dans du gaz acide carbonique ou oxygène à 8-10 atmosphères de pression. La privation d'air, d'aliments, la lumière, n'influent pas sur son existence. Le sublimé à 1 p. 1000 d'eau et l'acide phénique à 5 p. 100 ne la tuent qu'après une heure d'immersion. Le suc digestif n'a point d'action sur elle. A cause même de la résistance de la spore aux agents physico-chimiques, il est impossible, sinon très difficile, de lui faire subir une modification quelconque dans sa vitalité, sa virulence. La bactéridie, au contraire, est bien plus maniable. De là on a conclu que si l'on voulait former une espèce de bactéridie charbonneuse possédant tel degré de virulence voulu, il fallait d'abord amener la bactéridie à ce degré de virulence, puis la faire sporuler. Dans ces conditions, suivant la loi de l'hérédité, la spore possède le degré de virulence voulu et elle transmet cette virulence à la bactéridie qui proviendra d'elle sans la moindre modification. Or, on sait que tous les agents qui, agissant sans ménagement sur la bactéridie, parviennent à la tuer, ne font que l'affaiblir et lui enlèvent la faculté de sporuler s'ils agissent modérément. Ainsi des cultures maintenues à 42°,5 avec libre accès d'air, perdent de leur virulence, d'autant plus que leur séjour est prolongé, et ne produisent pas de spores. Pour mettre en évidence la diminution de virulence, il suffit d'inoculer des animaux, tous les deux jours par ex., avec la même culture, maintenue à 42°,5. On voit ainsi qu'au bout de 6 jours un mouton inoculé meurt du c., tandis qu'au bout de 10 jours il ne meurt pas, mais à 12 est encore malade; au bout de deux semaines de séjour à 42°,5 la culture inoculée au mouton l'indispose à peine. Après quatre et cinq semaines, la souris même n'est plus tuée par l'inoculation de la culture finit par mourir au bout de quelques mois. Si on sème dans du bouillon nouveau maintenu à 35° cette culture primitive, après 6 jours, 10 jours, 15 jours, un mois de séjour, à l'étuve à 42°,5, on obtient des cultures filles, qui : 1° ont juste la virulence que la culture primitive possédait respectivement aux sixième, dixième, quatorzième, trentième jours d'étuve; 2° donnent des spores; 3° les spores ensemencées en un milieu nouveau donnent des cultures à virulence des sixième, dixième, quatorzième et trentième jours, de sorte que l'inoculation au mouton de la culture fille faite au sixième jour le tue, de même que l'inoculation de la culture petite-fille. Les cultures fille, petite-fille et de génération quelconque faites au quatorzième jour ne tuent pas le mouton. Ainsi on se trouve en possession d'un moyen d'obtenir des virulences graduées, depuis celle qui tue le bœuf et le cheval, jusqu'à celle qui tue pas le souriceau, et, malgré cette différence de caractère, la bactéridie a le même aspect microscopique, elle a les mêmes réactions biologiques et, cultivée à 30°, elle donne des spores qui ont *exactement* et *indéfiniment* la virulence des bactéridies mûres.

Cette atténuation de la virulence chez la bactéridie charbonneuse peut être obtenue de bien d'autres façons : par l'action de l'oxygène comprimé (Arloing), par l'action de la chaleur à 55° en bain-marie sur du sang défibriné, par des solutions de bichromate de potasse faibles à 1 p. 1,500 jusqu'à 2,400, d'acide phénique à 1 p. 500.

On n'ignorait pas que dans les pays à endémicité charbonneuse, il y avait des bœufs, des moutons réfractaires au c. On savait même qu'ils avaient eu une attaque bénigne du c. On ne pouvait s'expliquer ce fait. Quand on parvint à donner aux cultures charbonneuses telle virulence que l'on voulait, on pensa que s'il y avait des animaux devenus réfractaires au c., c'est que la première atteinte leur avait donné l'immunité contre des atteintes ultérieures. C'est sur cette donnée que l'on essaya l'action des cultures atténuées. Pasteur et ses élèves, Roux et Chamberland, inoculèrent à des moutons des cultures atténuées, capables de tuer des souris; les moutons furent à peine malades; 10 à 15 jours après, ils inoculèrent à ces mêmes moutons des cultures capables de tuer des cochons d'Inde et même des lapins, les moutons inoculés continuèrent à résister à ces inoculations; puis, 15 jours après, ils inoculèrent à ces moutons et à des moutons témoins non inoculés auparavant des cultures très virulentes : les moutons témoins moururent tous en 30-36 heures, les autres n'eurent pas la moindre indisposition. L'immunité était donc bien acquise par une inoculation préventive faible. Ils recommencèrent plusieurs fois ces expériences et lorsqu'ils furent bien sûrs de leur méthode, ils firent l'expérience mémorable de Pouilly-le-Fort, en 1881, devant une assemblée composée de vétérinaires et d'agriculteurs. 25 moutons inoculés préventivement résistèrent à la deuxième inoculation de virus fort; 25 autres moutons inoculés seulement avec le deuxième virus fort périrent. C'est de cette époque que date la vaccination contre le c.

De même qu'on est parvenu à diminuer la virulence de la bactéridie charbonneuse, jusqu'à en faire un bacille ne différant en rien des microbes saprophytes, de même on a pu ramener une bactéridie à peine virulente jusqu'à une virulence extrême. Pour cela, il suffit de l'inoculer à un souriceau de 1 à 2 jours, qui en meurt, puis avec son sang on inocule un souriceau plus âgé, et ainsi de suite, jusqu'au cobaye jeune; puis au cobaye âgé, au lapin âgé, au mouton, au bœuf, au cheval. Cela prouve combien la virulence est variable suivant les bactéridies, et, par suite, combien il est possible de rencontrer dans la nature des bactéridies de tous les degrés de virulence. Cette notion, jointe à celle de l'hérédité, montre que les maladies épidémiques évoluent absolument comme les individus, les espèces, les races. Les maladies épidémiques naissent, nous voyons comment, par l'expérience de l'augmentation de la virulence; elles meurent, nous avons vu le mécanisme de leur mort, par l'atténuation des cultures.

Charbon chez les animaux. — Le c. bactéridien, fièvre charbonneuse, sang de rate, atteint un grand nombre d'animaux et spécialement les herbivores, il n'épargne pas l'homme. Ce sont le bœuf, le mouton, sauf le mouton d'Algérie qui y est réfractaire naturellement, le cheval, parmi nos animaux domestiques, qui en sont le plus souvent victimes. Le cobaye et la souris y sont très sensibles; le chien et le porc y sont relativement réfractaires; le rat y est lont à fait réfractaire. Les oiseaux de basse-cour ne prennent pas le c. dans les conditions ordinaires. Mais lorsqu'on refroidit une poule inoculée, comme le fait Pasteur, on la tue sûrement. Le jeune âge, la débilitation, pour une cause quelconque, y prédisposent. Mais il ne faut pas oublier que les animaux ne prennent le c. que s'ils sont infectés par la bactéridie ou la spore charbonneuse. Cette maladie est enzootique dans bien des pays; en France, elle sévit principalement en Beauce, en Sologne, en Auvergne, dans le Dauphiné. Elle existe dans les cinq parties du monde. Mais souvent elle prend la forme épizootique et alors elle cause de grands ravages. Ce sont les terrains riches en détritus organiques, marécageux, qui sont surtout propices à la pullulation de la bactéridie charbonneuse. Le c. sévit principalement en été. La voie de pénétration du c. chez les animaux est habituellement le tube digestif. Comme l'a montré Pasteur, les animaux s'inoculent sur les chemins maudits (on appelle ainsi les régions où le c. enzootique sévit si fort qu'on ne peut y faire paître ni moutons ni bœufs, sans les voir périr), en mangeant des herbes, du foin, des chaumes, plus ou moins piquants, sur lesquels sont déposées les spores ou les bactéridies. Ils se blessent la muqueuse buccale ou pharyngienne et l'infection a lieu. D'autres fois, c'est par la peau que se produit la maladie, soit que ces animaux se soient blessés avec un objet contaminé de c., soit qu'ils aient été mordus par des animaux (mouton par les chiens) charbonneux ou venant de cadavres charbonneux; soit, enfin, qu'ils aient été piqués par des insectes ayant sucé du sang charbonneux (mouche, simulie, taon). On a été longtemps à ignorer comment le c. devenait enzootique dans une région. Depuis les travaux de Pasteur, on sait que les cadavres charbonneux enfouis dans la terre sont la cause de cette perpétuation de la bactéridie charbonneuse, et cela grâce aux vers de terre qui ramènent la terre de la profondeur à la surface. Or, la terre qui environne les cadavres charbonneux est remplie de spores charbonneuses. Les spores, une fois à la surface de la terre, sont disséminées un peu partout, par le vent et la pluie. L'escargot et la limace peuvent jouer un rôle semblable. Par les spores ainsi ramassées, ou par celles qui naissent des flaques de sang des animaux charbonneux ou de leurs dépouilles

enfouies superficiellement, les plantes peuvent être *contaminées*. Ainsi on a observé des cas de charbon produits par des betteraves. Le danger des champs où on a enfoui des cadavres charbonneux peut durer plus de 15 et 20 ans. Mais l'infection du sol peut se faire aussi par des engrais artificiels à base de résidus d'animaux charbonneux.

Les animaux qui meurent du c. intestinal présentent des infiltrations hémorragiques sur une plus ou moins grande étendue du tube digestif, spécialement au point qui a été la porte d'entrée de la maladie. Dans les cas graves et qui ont duré un certain temps, il peut exister des érosions, des ulcérations, un œdème de la muqueuse; le contenu intestinal est hémorragique. Quand les animaux succombent au c. cutané, on observe au niveau du point d'inoculation un œdème gélatineux, clair, tremblotant; les ganglions voisins sont hypertrophiés. Dans les deux cas, les muscles sont comme macérés : le péritoine, la plèvre, le péricarde contiennent un exsudat sanguinolent; partout il y a des suffusions sanguines. La rate est doublée, triplée de volume, souvent déformée, noire, diffluente (sang de rate, ainsi appelé parce qu'avant la connaissance de la bactéridie, on croyait que les animaux mouraient par suite de l'hyperhémie de la rate); le foie est hypertrophié, noir. Les reins et les ganglions aussi; le contenu de la vessie est sanguinolent. Partout, il y a un sang noir, poisseux, se coagulant mal. Il semble que l'animal est mort par excès de sang, par pléthore, comme l'admettait Delafond. Si on examine le sang au microscope, on voit une quantité considérable de bactéridies au milieu de globules rouges plus rares que d'ordinaire, agglutinés et non empilés, et de globules blancs plus fréquents; tous les organes sont aussi farcis de bactéridies. Le refroidissement des cadavres est très lent, — ils sont très ballonnés, — il n'y a pas de rigidité cadavérique, et par suite du ballonnement il s'écoule du sang de toutes les ouvertures naturelles, ce qui ne contribue pas peu à perpétuer la maladie. Les fœtus des femelles pleines contiennent souvent aussi des bactéridies, comme l'a montré Strauss, ce qui prouve que le placenta n'est pas une barrière infranchissable à ces infiniment petits.

Les symptômes généraux varient suivant la porte d'entrée, la quantité et la qualité du virus qui a pénétré, suivant l'espèce, l'âge de l'individu; cependant, ce qui caractérise le c., c'est une invasion brusque, une marche rapide avec fièvre vive, des hémorragies par les muqueuses, des tuméfactions cutanées, une altération grave de l'état général avec troubles intestinaux, cérébraux, pulmonaires. La mort survient en un, deux, trois jours, rarement plus. Le c. interne, c.-à-d. sans lésions apparentes, peut tuer les animaux, surtout le mouton et le bœuf, avec toute l'apparence d'une apoplexie; c'est le *C. apoplectiforme* foudroyant qui enlève les animaux en moins d'une heure, au milieu de leur travail ou de leur rumination, après quelques convulsions. Cette apoplexie charbonneuse est fréquente surtout au début des épizooties. La forme aiguë du c. interne se termine par la mort au bout de vingt-quatre heures au plus. Elle prend tantôt l'aspect d'une méningite suraiguë, tantôt celui de la congestion pulmonaire la plus intense, dyspnée, palpitations, pouls petit, urine sanglante, convulsions; la mort a lieu dans le premier cas sous la forme apoplectique, dans le second sous la forme asphyxique. La durée du c. interne subaigu peut atteindre trois jours, au plus sept jours. Les symptômes de la maladie infectieuse sont alors plus nets : il y a frissons, fièvre, troubles cérébraux ou pulmonaires, coliques, pissement de sang. La maladie peut s'amender pendant quelque temps, puis reprendre son cours et se terminer par la mort. Pour le c. à lésions visibles, la marche est en général moins rapide dans le c. cutané que dans le c. des muqueuses de la bouche (glossanthrax), du pharynx (angine charbonneuse), du rectum. Les tumeurs de la peau sont dures, chaudes, douloureuses et d'aspect lardacé à la loupe au début; plus tard, elles se gangrènent et sont indolores. L'œdème qui les entoure est diffus, fluctuant, indolent. En même temps surviennent les symptômes du c. interne plus ou moins aigu. Les tumeurs et les œdèmes des muqueuses ne diffèrent que par les symptômes qu'ils provoquent au niveau des organes atteints; tantôt c'est de la dyspnée, de la dysphagie; tantôt des efforts expulsifs. La mort a lieu au bout d'une journée en moyenne.

Chez le mouton, c'est surtout le c. apoplectique appelé *coup de sang* que l'on observe; l'animal chancelle, tombe, en proie à des convulsions, toutes les ouvertures naturelles laissent couler un sang noir et la mort survient en quelques minutes. Le c. interne aigu évolue en deux heures sous la forme méningitique ou pulmonaire; quand les moutons sont atteints de c. externe, celui-ci est presque toujours dû aux morsures des chiens, quelquefois aux ciseaux pendant la tonte. Chez le bœuf, la forme de c. la plus fréquente est la forme aiguë, avec fièvre vive, pouls petit, cyanose des muqueuses, cessation de la rumination, charrellement, tremblements surtout au train postérieur. Le bœuf atteint peut présenter les symptômes de la méningite suraiguë avec convulsions, accès de rage, ou la forme pulmonaire. Il y a des coliques avec rejet de matières sanglantes, de l'hématurie. La stupeur gagne de plus en plus et la mort a lieu dans les convulsions au bout d'un à deux jours. Les tumeurs charbonneuses sont assez fréquentes chez le bœuf, surtout aux muqueuses, où elles prennent la forme de vésicules ou de nodules. Ce sont les mêmes formes du c. chez le cheval. Chez le chien et le porc, ce sont des tumeurs buccales, pharyngiennes et laryngiennes, amenant des phénomènes d'angine qui surviennent à la suite d'ingestion de cadavres charbonneux. Il faut dire que le c. est rare chez ces deux espèces.

Le c. est une des maladies épizootiques les plus désastreuses; la mortalité atteint en moyenne 70 p. 100. Au début des épizooties et dans les formes apoplectiques 100 p. 100 des animaux succombent. Ainsi, Delafond estimait qu'en Beauce le c. coûtait, bon an mal an, vers 1870, dix millions de francs. Actuellement ces pertes sont moindres : par an, le département de Seine-et-Marne, par ex., perd 500,000 francs. En Russie, depuis 1878 jusqu'en 1883, la perte a été de deux millions de francs, ce qui représente 6,500 bœufs, 4,000 moutons, 300 chevaux.

Le diagnostic de la maladie, surtout au début des épizooties et dans les régions où elle ne sévit pas d'ordinaire, est quelquefois très difficile pendant la vie, la bactéridie étant rare dans la peau où on la recherche. Mais après la mort rien n'est plus facile; un simple examen du sang ou de la pulpe d'organe écrasée, sans coloration, montre une multitude de bactéridies caractéristiques, à plus forte raison si on colore la préparation avec des couleurs d'aniline. Il arrive quelquefois qu'on ne trouve pas de bactéridies dans ces préparations; alors, il faut inoculer au cobaye qui meurt toujours, ou faire des cultures, ce qui est le moyen le plus certain de reconnaître le c., et de différencier ce microbe de ceux qui peuvent amener des lésions analogues, tels que le vibrion septique et le bacille du c. symptomatique. Mais jamais il ne faut se contenter de la simple autopsie d'un animal pour affirmer ou nier le c.

La marche de la maladie est si rapide qu'il n'y a pas à compter sur un traitement direct, sauf pour les tumeurs cutanées que l'on traite comme chez l'homme. Voy. plus bas. Ce qu'il faut avant tout, c'est la prophylaxie. Il faut détruire les cadavres des animaux charbonneux, soit par incinération, soit par transformation chimique; désinfecter minutieusement les lieux avec du sublimé à 1 p. 1000 acidifié d'acide chlorhydrique (1 gr. pour 1 litre), ou de la vapeur surchauffée, défendre les pâturages et les abreuvoirs infectés. Mais le moyen le plus sûr pour garantir les animaux de la forme est l'inoculation préventive, dont le principe a été donné plus haut. C'est Toussaint, le premier, qui a essayé de donner l'immunité aux moutons et aux bœufs; malheureusement, son procédé d'atténuation de la bactéridie était défectueux et la mort survenait quelquefois par l'inoculation même. Dès l'expérience de Pasteur, à Pouilly-le-Fort, ces inoculations préventives furent faites sur une quantité considérable de moutons et de bœufs; d'abord, avec des mesures nécessaires pour s'assurer de la valeur de la méthode ; puis, lorsqu'on vit qu'il mourait à peine 1 p. 100 des moutons vaccinés, on se départit de ces mesures. Ces inoculations préventives se sont répandues dans tous les pays et ont fourni des résultats remarquables, puisque dans certaines régions la mortalité, qui était de 6 à 12 p. 100, est tombée à 0,15 et 0,27 p. 100 chez les bœufs. Ce sont d'ordinaire les vétérinaires qui les exécutent, même en temps d'épizootie, à l'aide de vaccins demandés à l'Institut Pasteur. Ces vaccins sont de deux sortes : l'un faible et l'autre fort. On les inocule à douze jours d'intervalle, successivement à la face interne de la cuisse de chacun des membres postérieurs chez le mouton, et au cou, près de l'épaule, chez le bœuf et la vache, et le cheval. Chez ces derniers animaux, la dose est de 1/4 c.c.; chez les premiers, elle est de 1/8 c.c., ce qui ramène la vaccination au prix de 0f,10 pour le mouton, et 0f,20 pour le bœuf. Il faut dire que le cheval, étant très susceptible, doit être inoculé d'un vaccin plus faible que ceux qui servent aux bœufs et aux moutons. La durée de l'immunité conférée par l'inoculation préventive n'est pas indéfinie, comme on pourrait le croire, mais elle dure suffisamment jusqu'à l'utilisation de ces animaux pour la boucherie. Malgré

toutes les objections qu'on a faites à la méthode pastorienne, surtout en Allemagne, les agriculteurs s'en servent couramment, et les compagnies d'assurances sur le bétail n'assurent plus que des animaux vaccinés, ce qui prouve surabondamment sa valeur et son utilité. D'autres expérimentateurs préparent aussi des vaccins charbonneux, en particulier Chauveau, à Lyon, à l'aide de l'oxygène comprimé; les résultats obtenus sont peut-être plus constants que ceux que donne la méthode Pasteur.

Charbon bactéridien chez l'homme. — C'est surtout sous la forme de tumeur, de *pustule maligne*, que le c. se manifeste. Mais le c. intestinal n'est pas exceptionnel : à plusieurs reprises, l'histoire rapporte des cas d'épidémie du c. transmis par les animaux; ainsi, en Russie, dans le district de Novgorod, de 1867 à 1868, cinq cents personnes ont été tuées par le c.

La pustule maligne, qu'on désigne encore vulgairement sous les noms de *Bouton malin* et de *Puce maligne*, survient, d'ordinaire, sur la face, le cou, la main, le bras, qui sont les parties découvertes. Ce sont les gens qui sont en contact avec des animaux susceptibles d'être charbonneux ou avec leurs produits industriels insuffisamment désinfectés qui sont les plus atteints (équarrisseurs, mégissiers, tanneurs, bergers, bouchers, vétérinaires). Mais la piqûre d'un insecte ayant sucé du sang ou des produits charbonneux peut donner la pustule maligne. On a aussi des exemples de transmission de c. d'homme à homme. La pustule maligne débute par une petite tache rouge qui démange vivement, elle est rapidement surmontée d'une petite vésicule qui se rompt spontanément ou par l'effet du grattage; à son niveau, la peau se durcit; il se forme un noyau dur (*tubercule lenticulaire*) qui grandit jusqu'à atteindre les dimensions d'une pièce de 50 cent., rarement de 2 ou 5 fr., tout en devenant brun; puis noir, et en s'entourant d'une aréole rouge, prurigineuse, et d'un anneau de petites vésicules transparentes. Autour de l'aréole, le tissu conjonctif s'œdématie plus ou moins loin et quelquefois jusqu'à amener dans la région de la face et du cou des phénomènes d'asphyxie; souvent, quand la pustule ne s'arrête pas, on voit partir du pourtour de l'aréole des traînées rougeâtres aboutissant à des ganglions tuméfiés. Mais quelquefois, presque aussitôt, le plus souvent quelque temps après le début de la pustule, survient de la faiblesse, de la fièvre vive, un mal de tête violent, un abattement considérable, des vomissements, de la diarrhée, des hémorrhagies intestinales : ce sont les symptômes de la généralisation du c.; alors le malade asphyxié tombe dans le coma, et meurt. La généralisation n'a pas toujours lieu, même sans traitement; il suffit que la bactéridie ne soit pas très virulente ou que l'organisme réagissant violemment à l'aide de ses globules blancs phagocytes, l'eschare de la pustule maligne se circonscrive et que l'aréole s'arrête; puis l'eschare tombe et la cicatrice se fait, souvent vicieuse ou difforme. Le c. cutané peut prendre une autre forme, celui de *l'œdème malin*, surtout de la langue (*glossanthrax*) ou des paupières (œdème charbonneux des paupières); celles-ci se tuméfient considérablement sans douleur avec une légère démangeaison ; la tuméfaction transparente et molle au début devient dure, puis se recouvre de vésicules sérosanguinolentes et au-dessous d'elles apparaît l'eschare: dès ce moment, c'est la constitution de la pustule maligne. Les lèvres, la langue, le tronc et les membres peuvent être atteints d'œdème malin. Au cou, l'engorgement détermine rapidement l'asphyxie. A la face, les désordres qui se produisent peuvent amener l'inflammation des méninges. Quand la langue est atteinte, ou quand la pustule naît sur une paupière, la mort survient promptement. — La pustule maligne pourrait être confondue avec l'anthrax bénin et l'érysipèle phlycténoïde; mais la recherche de la cause, la présence de l'aréole, sa forme régulière, l'aspect livide du bouton et l'engorgement énorme qui l'entoure, distinguent assez la pustule. Au reste, quand on en a vu un seul cas, il n'est plus possible de la méconnaître.

Le *C. interne* ou *intestinal, Fièvre charbonneuse, C. malin* est le plus souvent dû à l'ingestion de viande charbonneuse peu cuite; il s'observe surtout en province et dans les lieux où l'examen des viandes n'est pas fait. Cependant, il peut être produit par l'inspiration de poussières chargées de bactéridies ou de spores charbonneuses, comme cela a lieu chez les trieurs de laine et les chiffonniers. Dans ces cas, sont les symptômes généraux qui débutent ou même existent seuls, en donnant à croire à un étranglement herniaire ou intestinal, et la mort a lieu en quelques jours. Mais lorsque, par suite de la faible virulence de la bactéridie, le c. peut se manifester au dehors, on voit les ganglions, les glandes parotides se tuméfier; des phlyctènes sanguinolentes apparaissent sur différents points des corps, puis des eschares entourées d'une aréole rouge cuivre et d'un œdème très étendu, mais sans anneau de phlyctènes autour de l'eschare qui s'arrête ou progresse.

Le diagnostic de la pustule maligne et de l'œdème malin est des plus faciles, grâce à l'aspect caractéristique de la lésion, de la profession du malade et de l'examen bactériologique; celui du c. interne est souvent impossible. Le pronostic de ces trois formes varie suivant le cas : cependant, le c. interne est presque toujours mortel, tandis que les deux autres formes peuvent guérir assez souvent d'une façon spontanée. Le meilleur traitement de la pustule est encore la cautérisation au fer rouge ou au thermocautère. On circonscrit l'eschare et on la détruit par la cautérisation, puis on ponctionne l'aréole inflammatoire et même l'œdème de distance en distance avec ce cautère. On a aussi essayé d'enrayer le mal en faisant, à l'aide de la seringue de Pravaz, tout autour de l'aréole, des injections antiseptiques d'acide phénique, ou de teinture d'iode ; ce traitement est surtout applicable à l'œdème malin. Quant au c. interne, on a essayé sans grand succès l'acide phénique et la teinture d'iode en potion; en tous cas, les forces du malade sont relevées et soutenues le plus possible, par l'emploi des toniques et des stimulants.

II. Charbon bactérien ou symptomatique. — Cette maladie infectieuse est aussi appelée *C. à tumeurs, C. de Chabert* qui, le premier, l'a bien étudié en 1782, pour le différencier du c. bactéridien. Elle sévit sur les bœufs de six mois à quatre ans, et surtout sur ceux qui sont âgés de deux ans et qui vivent dans les pâturages. Les veaux et les bœufs âgés de plus de quatre ans en sont rarement atteints : les premiers, parce que, nourris à la mamelle à l'étable, ils ne peuvent s'infecter; les seconds parce qu'ils ont une immunité due à une première attaque bénigne. Cette maladie est enzootique dans beaucoup de régions. En France, elle est très répandue dans le Bassigny, les Alpes, l'Auvergne. Elle existe en Suisse, en Allemagne, en Autriche et en Algérie, etc. Elle exerce ses ravages surtout en été et quelquefois concurremment avec le c. bactéridien. Les désastres dus au c. bactérien, bien que moindres que ceux du c. bactéridien, sont cependant assez considérables dans certaines régions pour qu'en Suisse il se soit fondé un syndicat agricole d'assurances contre le c. symptomatique. Cette maladie est presque toujours mortelle; c'est essentiellement une infection des plaies par un microbe. Mais il faut que les plaies atteignent le tissu conjonctif sous-cutané. Les animaux s'infectent leurs plaies cutanées ou muqueuses dans les pâturages avec de la terre contenant le microbe. Un jour, tout au plus deux ou trois après l'infection de la plaie, la maladie se déclare. Quand l'infection est grave, c'est au niveau de la plaie qu'elle débute. Les plaies des bœufs se faisant en général à l'encolure, à la cuisse, au poitrail, aux lombes, à la croupe, à la gorge, c'est là que se développe une tumeur sensible et petite au début, puis très envahissante, qui acquiert en quelques heures des dimensions énormes, insensible et parcheminée au centre, crépitante à la palpation, à son tympanique quand on la percute. Si on coupe cette tumeur, il s'en dégage une sérosité sanguinolente spumeuse, et des gaz composés d'acide carbonique et d'hydrogène, ce qui explique leur inflammabilité. Les surfaces de la coupe sont noires, friables et laissent écouler du sang noir très virulent. Autour de la tumeur se développe un œdème parfois considérable. Il peut exister plusieurs tumeurs à la fois. En tous cas, les ganglions voisins sont tuméfiés et crépitants; les tumeurs insérées dans les muscles entraînent des bœuferies plus ou moins graves qui font de suite soupçonner la maladie; quand la tumeur cesse de croître, les phénomènes généraux surviennent, mais ils peuvent précéder la tumeur. Les animaux sont tristes, abattus; ils ne ruminent plus, ne mangent plus, ils ont une fièvre intense; bientôt les phénomènes s'aggravent, le coma survient avec la dyspnée, et la mort a lieu au bout de 1 jour 1/2 à 3 jours. Quand l'infection est bénigne, la guérison se fait au bout de 24 heures. Quand on fait l'autopsie de l'animal, on voit que presque partout il y a des suffusions sanguines, mais pas de lésion de la rate ni du foie. Le sang se coagule bien. Mais au niveau des tumeurs les muscles sont brun sale, friables, infiltrés et crépitants; le tissu conjonctif est infiltré et crépitant. Les ganglions voisins sont remplis de gaz. Si on examine au microscope le sang, les divers organes et la tumeur, on n'aperçoit des microbes que dans les produits de la tumeur ou des ganglions voisins; il n'y en a pas ailleurs. Cela indique déjà que la maladie n'est pas une infection à proprement parler, mais bien un empoisonnement par des produits

sécrétés par les microbes au niveau de la plaie, absolument comme le tétanos. Ces microbes ont été décrits, aussi bien que leur histoire et celle du c. symptomatique, pour la première fois, avec certitude par MM. Arloing, Cornevin et Thomas. Ce sont des bacilles très semblables à ceux de la septicémie, à formes très diverses. Le *Bacillus Chauvœi*, ainsi appelé du nom de M. Chauveau, de Lyon, a des formes très variées. En général, il est cylindrique, long de 5 à 8 μ, large de 1 à 2 μ (μ désigne le micron, millième du millimètre), cylindrique, isolé ou uni à un autre bacille, très mobile, à l'aide de mouvements ondulatoires et rotatoires. Le plus souvent, ces bâtonnets sont munis de spores soit au milieu, soit à l'extrémité de leur corps, et alors ils ressemblent à des têtards. Il existe une forme microcoque. Déjà la mobilité du microbe, la présence des spores dans son intérieur, alors qu'il est encore dans le corps vivant de l'animal, son absence du sang, le différencient de la bactéridie charbonneuse. D'autres caractères le différencient encore. Il est exclusivement *anaérobie*, c.-à-d. qu'on ne peut le cultiver en milieu liquide ou solide qu'en l'absence d'air ou d'oxygène ; c'est ce qui explique qu'on ne le trouve pas dans le sang de l'animal vivant, mais seulement dans celui de l'animal mort depuis un certain temps, alors que l'oxygène a été combiné à d'autres éléments chimiques par la putréfaction, et dans ces milieux anaérobies il développe du gaz tout comme dans les tumeurs; c'est là un des caractères essentiels des microbes anaérobies, des microbes de fermentation. Les cultures et les produits virulents des tumeurs inoculés au bœuf, au mouton, à la chèvre qui prennent le c. symptomatique spontanément, et au cobaye qui le prend expérimentalement, sont rapidement mortels. Mais il faut que ces inoculations soient faites dans le tissu conjonctif ou dans les masses musculaires; faites dans les vaisseaux ou à la surface de la peau, elles n'entraînent pas la mort, ce qui démontre bien l'incapacité du microbe de vivre dans un milieu où l'oxygène existe même raréfié, même combiné faiblement. Bien plus, les animaux ainsi inoculés dans les veines ne meurent pas quand on les inocule sous la peau. Tous les autres animaux résistent à ces inoculations en présentant tout au plus une réaction locale légère. Ils ne succombent pas, non plus que l'homme, à l'ingestion de viandes d'animaux infectés. Aussi, l'inoculation est-elle le procédé le plus rapide et le plus sûr de différencier le c. symptomatique du c. bactéridien : il suffit d'inoculer avec des produits de tumeurs un lapin et un cobaye simultanément; si les deux animaux meurent, il s'agit du c. bactéridien; si le cobaye meurt seul, il s'agit du c. bactérien. Un autre moyen de diagnostic se rencontre dans les méthodes de coloration que la bactéridie prend, à l'exclusion du *Bacillus Chauvœi*. Une autre particularité de ce microbe est son extrême résistance aux agents physico-chimiques et cela, bien entendu, grâce à la présence des spores. Le sang ou la chair musculaire de la tumeur desséchée à 35° conserve sa virulence très longtemps, même si on les chauffe à 80° pendant une heure et à 100° pendant dix minutes. Cette poudre de sang ou de muscle mouillée ensuite et chauffée à 70° et à 80° tue infailliblement les animaux; si on la chauffe à 100° et à 110°, la virulence existe encore, mais elle est affaiblie. Les bœufs et les moutons dont on les injecte dans la peau avec cette poudre chauffée à 110° ont des lésions insignifiantes, et de plus ils sont vaccinés; des inoculations de virus frais ou très virulent ne produisent rien. C'est là l'origine de la vaccination contre le c. symptomatique qui se pratique en grand et avec succès en France, en Suisse, sur les bœufs et les moutons. Comme pour le c. bactéridien on se sert de deux vaccins à douze jours d'intervalle, l'un faible et l'autre fort, obtenus le premier par le chauffage à 110°, et le second à 90°, inoculés à la queue ou à la pointe de l'oreille : car ces régions étant plus froides que le corps, la tumeur, si elle devait avoir lieu, ne se développe pas, et en tous cas son évolution est arrêtée par l'ablation de l'organe ou par sa réfrigération. De même qu'on a pu atténuer la virulence, de même a-t-on pu l'augmenter, en injectant dans l'endroit où l'on doit faire l'inoculation, de l'acide lactique ou du sucre. L'animal inoculé succombe. C'est donc là un moyen de rendre le c. symptomatique très dangereux sans changer sa virulence, mais en diminuant la résistance de l'individu inoculé. On voit que ces méthodes d'atténuation et d'augmentation de virulence diffèrent de celles qui sont employées pour le c. bactéridien, où on a vraiment modifié la virulence du microbe en plus ou en moins.

CHARBONNAGE. s. m. [Pr. *charbo-nage*] (R. *charbon*). Houillère, mine de houille. || Menues branches employées à la fabrication du charbon de bois.

CHARBONNAILLE. s. f. [Pr. *charbo-na-lle*, *ll* mouillées]. Composé de sable, d'argile et de charbon, pour faire la sole des fourneaux à réverbère.

CHARBONNÉE. s. f. [Pr. *charbo-né*] (R. *charbon*). Petit aloyau, côte de bœuf. Morceau de porc ou de bœuf grillé sur des charbons. || T. Techn. Couche de charbon dans un four à briques.

CHARBONNER. v. a. [Pr. *charbo-ner*]. Réduire en charbon. *C. du bois.* || Noircir avec du charbon, *C. le visage à quelqu'un.* — *C. une muraille,* Dessiner ou écrire dessus avec du charbon. || Fig. Esquisser, peindre grossièrement. *Il ne l'a point peint, il l'a charbonné.* || T. Techn. Enlever avec du charbon les raies faites sur une plaque de cuivre par la pierre ponce. — SE CHARBONNER. v. pron. Se réduire en charbon. *Le bois mis en contact avec l'acide sulfurique se charbonne.* = CHARBONNÉ, ÉE. part. || Blés charbonnés, Blés attaqués par le charbon. Voy. CÉRÉALES.

CHARBONNERIE. s. f. [Pr. *charbo-nerie*]. Dépôt, magasin de charbon. || Société politique des *Carbonari*, qui se forma en France sous la Restauration. Voy. CARBONARO.

CHARBONNETTE. s. f. [Pr. *charbo-nète*]. T. Forest. Nom donné au bois débité pour faire du charbon, aux résidus de la bûche marchande.

CHARBONNEUX, EUSE. adj. [Pr. *charbo-neux*]. T. Méd. Qui est de la nature du charbon. *Ulcère c. Fièvre charbonneuse.*

CHARBONNIER, ÈRE. s. [Pr *charbo-nié*]. Celui, celle qui fait ou qui vend du charbon. *Noir comme un c.* — Prov., *La foi du c.,* La foi de l'homme simple qui croit sans aucun examen tout ce que l'Église enseigne. *Le c. est maître dans sa maison,* ou *C. est maître chez soi,* Chacun vit chez soi comme il lui plaît. || Le lieu où l'on serre le charbon. || T. Techn. Celui qui dirige un haut fourneau. || Four à cuire la houille. || T. Mar. Bâtiment servant au transport du charbon. || T. Écon. dom. Vase en tôle servant à mettre du charbon de terre près d'une cheminée. || T. Chass. Terres glaises où les cerfs vont frotter leur tête et la brunir.

CHARBONNIÈRE. s. f. [Pr. *charbo-nière*]. Le lieu où l'on fait du charbon dans les bois. || T. Ornith. Nom vulgaire de la grande mésange. Voy. MÉSANGE.

CHARBOUILLER. v. a. [Pr. les *ll* mouillées] (lat. *carbunculus*, m. s., de *carbunculus*, nielle, charbon des blés, dimin. de *carbo*). T. Agric. Se dit de l'effet que le charbon produit sur les blés. = CHARBOUILLÉ, ÉE, part. *Des blés charbouillés par la nielle.* Voy. CÉRÉALES.

CHARBOUILLON. s. m. [Pr. les *ll* mouillées] (lat. *carbunculus,* dimin. de *carbo,* charbon). T. Vét. Maladie des chevaux.

CHARBUCLE. s. f. (lat. *carbunculus,* m. s.). T. Rural. Nielle des blés.

CHARCANAS. s. m. T. Comm. Étoffe de soie et coton fabriquée aux Indes.

CHARGAS, nom donné quelquefois à la capitale de la Bolivie. Voy. SUCRE.

CHARCOT, médecin français, célèbre par ses études sur les maladies nerveuses (1825-1893).

CHARCUTER. v. a. (R. *charcutier*). Découper de la chair et la mettre en pièces. N'est plus usité au propre. — Fig., Couper malproprement de la viande à table. *Il a charcuté cette longe de veau.* || Se dit d'un chirurgien peu adroit dans ses opérations, ou même d'un chirurgien très adroit qui taille et tranche sans nécessité. = CHARCUTÉ, ÉE. part.

CHARCUTERIE. s. f. [Pr. le commerce de charcutier. || Toute préparation faite par le charcutier.

CHARCUTIER, ÈRE. s. (R. *chair cuite,* ancien. *cuicte*). Celui, celle qui prépare et qui vend de la chair de porc, des boudins, des saucisses, etc. L'industrie de la charcuterie pou-

vant présenter des inconvénients et des dangers pour la santé publique, est soumise à une réglementation minutieuse qui concerne l'état des viandes, la nature des vases employés à la cuisson, la disposition des fours et fourneaux, etc.

CHARDIN, célèbre voyageur français (1643-1713).

CHARDIN, peintre français (1699-1779).

CHARDON. s. m. (lat. *carduus,* ou plutôt d'une forme *cardua, carduonis*). T. Bot. Genre de plantes (*Carduus*) de la famille des *Composées,* tribu des *Tubuliflores.* On en compte une cinquantaine d'espèces ; aucune n'est usitée ni en médecine, ni dans l'économie domestique. Dans le langage vulgaire, la dénomination de *C.* a été étendue abusivement à plusieurs espèces de plantes également munies d'épines, mais qui appartiennent soit à d'autres genres de la même famille, soit à des végétaux rangés dans des familles différentes. Ainsi, on donne le nom de *C. bénit* au *Cnicus benedictus* et au *Carthamus lanatus* (COMPOSÉES), et celui de *C. à bonnetier, C. à carder* ou *C. à foulon,* au *Dipsacus fullonum* (DIPSACÉES). Le *C. étoilé* est la *Centaurea Calcitrapa,* le *C. hémorroïdal* est le *Cirsium arvense,* le *C. des prés* est le *Cnicus oleraceus,* le *C. aux ânes* ou *C. velu* est l'*Onopordon Acanthium,* le *C. Marie* est le *Silybum Marianum* (COMPOSÉES) ; le *C. Roland* ou *C. roulant* est le Panicaut commun ou *Eryngium campestre* (OMBELLIFÈRES), etc. || Maladie du froment appelée aussi *Bosse.*

Les ânes mangent des chardons. De là l'expression « être bête à manger des chardons ». *Être aimable comme un C.,* allusion ironique aux épines dont le c. est couvert. = *Ordres du C.,* Ordres de chevalerie fondés en 1367 par Louis II, duc de Bourbon, et en 1534, en Écosse, par Jacques V. Ce dernier ordre porte le nom de Saint-André.

CHARDONNEAU. s. m. [P. *chardo-nó*]. Nom vulgaire du chardonneret.

CHARDONNER. v. a. [Pr. *chardo-ner*]. T. Mét. Faire ressortir le poil d'une étoffe avec des chardons.

CHARDONNERET. s. m. [Pr. *chardo-nerè*] (R. *chardon*). T. Ornith. Espèce d'oiseau qui, avec la linotte et le serin,

forme l'ordre des passereaux conirostres de Cuvier. Le c. ordinaire (Fig.), très répandu dans nos campagnes, tire son nom des graines de chardon qu'il choisit de préférence. C'est un oiseau élégant, assez bon chanteur et facile à apprivoiser. Son chant peut se traduire par les sons *stiglit-pickelvit-pickelvit-kikléia.* Les jeunes crient *tzif-litzitzi.* Mis en cage avec des serins, il ne tarde pas à chanter comme eux et s'accouple avec eux. Le c. recherche de préférence la cime des arbres et des buissons, mais ne reste jamais longtemps à la même place et vole avec beaucoup d'agilité. Il niche dans les bois peu touffus, dans les vergers, dans une bifurcation de branche, à 6 ou 8 mètres du sol. Chaque couvée est de 4 à 5 œufs, blancs ou d'un gris verdâtre, couverts de points gris violets. La femelle couve seule pendant treize ou quatorze jours et le mâle se charge de la nourrir. Le plumage du c. est assez varié, rouge sur le front et sur la gorge, noir autour du bec, sur l'occiput et la nuque ; les ailes sont noires, variées de jaune et de blanc ; la queue est noire avec des taches blanches. La longueur du corps est de 10 à 14 centimètres.

CHARDONNET. s. m. [Pr. *chardo-nè*] (lat. *cardo*, gond). T. Hydraul. Nom donné aux pierres des bajoyers des écluses qui portent la fenillure dans laquelle tournent les poteaux tourillons. || T. Archit. Montant de bois qui termine les grandes portes cochères du côté du mur, et sur lequel pivotent les battants de la porte.

CHARDONNETTE ou **CARDONNETTE** s. f. [Pr. *chardo-nète* ou *cardo-nète*] (R. *chardon*). T. Bot. Nom vulgaire du *Cynara Carduncolus* de la famille des *Composées*. Voy. ce mot. || T. Mar. Pièce de bois dont on se sert pour assujettir les barriques et autres objets sur les navires.

CHARDONNIÈRE. s. f. [Pr. *chardo-mière*] (R. *chardon*). Terre préparée pour la culture du chardon.

CHARENTE, fleuve de France qui prend sa source dans les monts du Limousin, traverse les dép. de la Haute-Vienne, de la Charente et de la Charente-Inférieure, arrose Ruffec, Angoulême, Jarnac, Cognac, Saintes, Rochefort, et se jette dans l'Océan ; 361 kil.

CHARENTE (Dép. de la), formé de l'Angoumois et d'une partie de la Saintonge, du Poitou et de la Marche ; ch.-l., *Angoulême* ; 4 autres arr. : *Barbezieux*, *Cognac*, *Confolens*, *Ruffec* ; 360,300 hab.

CHARENTE-INFÉRIEURE (Dép. de la), formé de l'Aunis, d'une partie du la Saintonge et du Poitou ; ch.-l. *La Rochelle* ; 5 autres arr. : *Jonzac*, *Marennes*, *Rochefort*, *Saintes*, *Saint-Jean-d'Angély* ; 456,200 hab.

CHARENTON-LE-PONT, ch.-l. de c. (Seine), arr. de Sceaux, sur la Marne ; 15,300 hab. Célèbre hospice d'aliénés.

CHARENTON-SUR-CHER, ch.-l. de c. (Cher), arr. de Saint-Amand ; 1,900 hab.

CHARETTE DE LA CONTRIE, chef des Vendéens, orgueilleux, féroce, lubrique, né en 1763, fusillé à Nantes en 1796.

CHARGE. s. f. (R. *charger*). Faix, fardeau. *On a donné trop de c. à ce mur.* || *Ce que peut porter une personne, un animal, un bâtiment, une voiture, etc. Ce ballot est bien pesant, j'en ai ma c. La c. d'un mulet, d'une charrette.*|| Une certaine mesure, une quantité déterminée de certaines choses. *Une c. de blé, de fagots, de cotrets, etc. La c. d'un fourneau.* || T. Mar. L'action de charger un bâtiment de commerce. *Son navire est en c. pour la Havane.* || Fig., *Toute dépense, tout ce qui met dans la nécessité de faire quelque dépense. Toute sa famille est à sa c. Les charges de l'État,* t.a d-lte et les dépenses publiques. — *Être à c. à quelqu'un,* Lui causer de la dépense ou de l'incommodité. || Obligation, condition onéreuse. *Le revenu de cette terre suffit à peine pour en acquitter les charges. Les charges excèdent le revenu. Cahier des charges. Charges réelles,* Celles qui affectent la chose, comme les servitudes foncières et les hypothèques. *Charges personnelles,* Celles qu'on supporte personnellement, comme la tutelle, le service militaire, etc. — *A la c.* ou *à c.,* A condition, avec ob. igation. *Il lui a vendu sa maison à la c. de payer ses créanciers.* || S'emploie en parlant de certaines magistratures ou dignités, de certaines fonctions desquelles et autrefois, se disait particulièrement des offices pour lesquels on prenait des provisions. *C. honorable, lucrative. C. de judicature, de finance. C. militaire. Les appointements, les fonctions d'une c. C. de notaire, d'agent de change. Être pourvu, revêtu d'une c. Se faire recevoir à une c., dans une c. Se démettre de sa c. Faire l'acquit de sa c., En remplir fidèlement les devoirs. Aller au delà de sa c., En exécuter les droits et les devoirs.* || Commission, ordre qu'on donne à quelqu'un. *On lui a donné c. de... J'ai c. de vous dire que.* – Vx... *Cela est à ma c.,* On m'en a donné le soin, la garde. — *Femme de c.,* femme attachée au service d'une maison, pour avoir soin du linge, de la vaisselle d'argent, etc. || T. Droit crim. Preuves et indices qui s'élè-

vent contre un accusé. Dans ce sens, *C.* se dit le plus souvent au pluriel. *Examiner les charges portées contre un accusé. Informer à c. et à décharge,* Informer pour et contre l'accusé. — *Témoins à c.,* Témoins assignés par le ministère public ou la partie civile, pour déposer sur les faits qui paraissent être à la c. de l'accusé. || T. Guerre. Attaque impétueuse d'une troupe. *Une c. brillante. Une vigoureuse c. Sonner, battre la c. Aller, retourner à la c. C. de cavalerie.* — Fig. *Recevoir, retourner à la c.,* Réitérer ses démarches, ses instances, ses reproches, etc. || Ce qu'on met de poudre dans un canon, dans un mortier, etc., pour lancer un obus, une bombe, etc., *Demi-c., double c.* — *La c. d'une mine,* La quantité de poudre qu'il faut pour éclater une mine. — Dans les exercices militaires, Action de charger un fusil. *Apprendre la c. C. en douze temps. C. à volonté.* || T. Beaux-arts. Représentation exagérée, imitation bouffonne. *Ce portrait est peint en c. Faire la c. de quelqu'un.* — Fig. et par ext., et de l'exagération dans le jeu d'un acteur, de la représentation exagérée d'un caractère dans un roman, dans une pièce de théâtre, etc. *Cet acteur joue tous ses rôles en c.* Fig. et pop., *Faire une c. à quelqu'un,* Lui faire une plaisanterie de mauvais goût. || T. Archit. Maçonnerie que l'on place sur les solives d'un plancher pour recevoir un carrelage. || T. Métall. Combustible, minerai et fondant qu'on jette dans un fourneau. || T. Hydraul. Pression que l'on exerce sur les parois d'une conduite. — *Pertes de c.,* Diminution de pression qu'on observe dans les conduites d'eau courante et qui est due au frottement de l'eau sur les parois. || T. Physiq. *C. électrique. La c. d'une bouteille de Leyde, d'une batterie électrique, d'un conducteur, d'un fil,* etc., La quantité d'électricité que renferment ces appareils. — *C. résiduelle,* Quantité d'électricité qui reste à la surface d'un condensateur après la décharge, et qui doit être attribuée à la pénétration de l'électricité dans le diélectrique qui sépare les surfaces conductrices. — Action de charger une batterie électrique. *C. en cascade, en surface.* Voy. CONDENSATEUR, ÉLECTRICITÉ.

Syn. — *Faix, Fardeau.* — Dans le sens propre des mots, la *c.* est ce qu'on impose, ce qu'on met dessus pour être porté ; le *fardeau,* la *c.* pesante qu'on ne porte qu'avec efforts ; le *faix,* un fardeau (formé surtout par accumulation) dont on peut être surchargé. == *Office, Ministère, Emploi.* — L'idée propre d'*office,* c'est d'obliger à faire une chose utile à la société ; celle de *ministère* est d'agir pour un autre, au nom d'un autre ; celle de *c.,* de porter un fardeau et de faire une chose pénible pour l'avantage commun ; celle l'*emploi,* d'être attaché à un travail qui est commandé. L'*office* impose un devoir ; le *ministère,* un service ; la *c.* des fonctions ; l'*emploi,* de l'occupation.

CHARGEAGE. s. m. Action de charger. || T. Exploitation houillère. Excavation servant à recevoir les produits des tailles et à les expédier à la surface.

CHARGEMENT. s. m. L'action de charger un bâtiment. *Être en c. Entrer en c. Travailler au c. d'un navire.* || Tout ce qui est chargé sur un bâtiment. — Plus partical., la quantité de marchandises chargées sur un navire de commerce. *Attendre un c. Son c. est complet.* On dit également, *Cargaison.* || L'action de déclarer à la poste les valeurs contenues dans une lettre, un paquet, etc. *Bureau des chargements.* || T. Techn. Réunion de toutes les chaînes qui servent au montage d'un métier à rubans.

CHARGE-MULET. s. m. T. Vitic. Variété de raisin.

CHARGEOIR. s. m. (R. *charger*). Ustensile qui sert d'appui et de support à la hotte. || Anc. T. Milit. Instrument pour charger.

CHARGEON. s. m. (corrupt. de *surgeon*). T. Rural. Sarment de vigne taillé à un, deux ou trois yeux.

CHARGER. v. a (bas-lat. *carricare,* du lat. *carrus,* chariot). Mettre une charge sur. *C. un crocheteur, un cheval. L'architecte a trop chargé ce mur. C. un vaisseau pour tel endroit. C. un prisonnier de chaînes. Ce mot a souvent pour régime le nom de la charge, du fardeau. Il charge le blessé sur ses épaules. C. des pierres sur une voiture. C. une voûte,* Y ajouter des matériaux pour en augmenter le poids. — Fig., *C. un homme de coups,* Le battre avec excès. *C. quelqu'un d'injures, d'opprobres, de malédictions,* Lui dire beaucoup d'injures, l'accabler d'opprobres, de malédictions. — *C. quelqu'un d'un crime, d'une faute,* etc. L'en accuser. — *C. sa conscience de quelque chose,* Commettre quelque méfait. — *C. sa mémoire de quelque chose,* Mettre une chose dans sa mémoire, s'appliquer sérieusement à la retenir. *Il ne faut pas trop c. la mémoire des enfants,* Il ne faut pas les obliger à retenir trop de choses. — *C. un registre de telle ou telle chose,* La marquer sur un registre. *C. un compte, un article,* signifie encore exagérer le montant des frais dans un compte, etc. *Ce marchand a l'habitude de c. ses comptes.* — *C. un mot,* Écrire un mot sur un autre sans effacer celui-ci. || *Peser sur,* fatiguer par son poids. *Cette poutre charge trop la muraille.* — *Cette nourriture charge l'estomac.* Elle pèse trop sur l'estomac, parce qu'elle est difficile à digérer. On dit de même, *Cet homme se charge l'estomac de trop de nourriture,* ou simplement, *se charge l'estomac.* || Par exagér., Mettre avec profusion certaines choses sur une autre, *C. une table de mets. Se c. la tête d'ornements de mauvais goût.* || Fig., se dit dans un sens anal. en parlant des ouvrages d'esprit. *C. un discours de figures. C. d'incidents une pièce de théâtre.* || Fig., Imposer quelque charge, quelque condition onéreuse. *C. un peuple, un pays d'impôts.* Établir de trop fortes taxes sur un peuple, sur un pays. — *C. une terre d'une redevance, une succession d'un legs,* Établir une redevance sur une terre, grever une succession d'un legs. Voy. GREVER. || Donner commission, donner ordre pour l'exécution de quelque chose, pour la conduite de quelque affaire. *Veillez sur mon fils, je vous en charge. C. un arceau d'une cause.* On dit de même, *C. quelqu'un de ses pouvoirs, de sa procuration.* || T. Droit crim. Déposer contre quelqu'un, dire des choses qui tendent à le faire condamner. *Les témoins le chargent beaucoup.* || T. Guerre. Marcher vers l'ennemi et l'attaquer avec impétuosité. *Nous chargeâmes si vigoureusement l'aile droite, que nous la fîmes plier.* — Se dit d'une personne qui en frappe une autre. *S'il recommence ses insolences, je le chargerai.* Fam. || Mettre dans une arme à feu ce qu'il faut de poudre, de plomb, etc., pour tirer un coup. *C. un fusil, un canon, un mortier. C. à poudre, à balle, à mitraille.* Dans les exercices militaires, on dit absol. *Chargez!* — *C. une mine,* Y placer la quantité de poudre nécessaire pour la faire éclater. || T. Physiq. *C. une bouteille de Leyde, une batterie électrique, un condensateur,* etc., Y accumuler une quantité d'électricité assez considérable pour obtenir les effets voulus. On dit aussi, *C. d'électricité.* || *C. une pipe,* la remplir de tabac. *C. un fourneau,* Y mettre la quantité voulue de combustible et de minerai. — *C. une cuve,* Y mettre de l'eau et les substances nécessaires pour la teinture. — *C. une plume d'encre, un pinceau de couleur,* Prendre avec une plume, avec un pinceau, autant d'encre, autant de couleur qu'ils en peuvent tenir. — *C. de soie une bobine, un fuseau,* Mettre sur une bobine, sur un fuseau, la quantité de soie qu'ils sont destinés à recevoir, etc. || T. Beaux-arts, Représenter avec exagération les traits, la figure d'une personne, pour la rendre ridicule, sans qu'elle cesse d'être reconnaissable. *C. un portrait.* — Par anal., Exagérer avec malignité les défauts de quelqu'un. *Le portrait qu'on nous a fait de cet homme est trop chargé.* — Se dit, généralement, de toute exagération. *Cet acteur charge son rôle, charge trop. Les caractères de ce roman sont trop chargés.* — Par ext., *C. un récit, une histoire, une description,* Y ajouter, l'amplifier beaucoup. Dans ce sens, *C.* s'emploie quelquefois absol. *Ce que vous dites là est impossible, vous chargez.* — SE CHARGER, v. pron. Se mettre une charge sur les épaules. *Aidez-moi à me c. Il ne peut se c. seul.* — *Le temps se charge,* Il se couvre de nuages, il est disposé à la pluie. On dit aussi, *Le temps est chargé,* il est couvert. — *Se c. d'un crime, d'une faute,* En prendre la responsabilité. || Prendre le soin, la conduite de quelque chose. *Vous vous chargez d'un emploi bien difficile. Je me charge de tout.* — *Se c. de quelqu'un,* Se c. de le nourrir, de l'élever, etc. || T. Guerre, S'attaquer avec impétuosité. *Ils se chargèrent à plusieurs reprises avec un acharnement sans exemple.* — CHARGÉ, ÉE. part. Les marchandises chargées, nous nous hâtâmes de quitter le port. *Un canon, un fusil chargé.* || Fig. et prov. *Être chargé de cuisine,* Être fort gras et avoir un gros ventre. || *Lettre chargée, paquet chargé,* Lettre, etc., contenant des valeurs qu'on a déclarées à la poste et pour la garantie desquelles on paye une taxe spéciale. || S'emploie adjectivement, dans le sens de Rempli, couvert de. *Des yeux chargés de pleurs. Une épreuve chargée de corrections. La mer était chargée de vaisseaux.* — *Avoir les yeux chargés,* Les avoir enflés. — *Couleur chargée,* Couleur trop forte. || *Dés chargés, Dés pipés* dont se servent ceux qui veulent tromper au jeu. || Fig. signifié qui a beaucoup, qui a trop de certaines choses. *Être chargé d'enfants. Chargé d'années, de gloire, d'honneurs, de crimes, d'opprobres.* — *Être chargé de la haine, du mépris, de la malédiction de quelqu'un,* Être haï, être fort méprisé de quelqu'un, avoir reçu sa malédiction. *Être chargé de l'exécration publique,* Être généralement détesté. || T. Blas. Se dit de toute pièce sur laquelle il y en a d'autres. *Le chef, la fasce, le pal, la bande, etc., peuvent être chargés de coquilles, de croissants, de roses,* etc. || T. Mar. *Maître chargé.* Premier maître responsable des objets d'ornement. || T. Pathol. *Langue chargée.* Langue recouverte d'un enduit épais et blanchâtre. || T. Techn. *Lisses chargées,* Lisses qui ont plus de mailles que les autres. — CHARGÉ s'emploie aussi substant. *C. d'affaires,* Ministre représentant un gouvernement auprès d'une cour étrangère. Voy. DIPLOMATIE. || *Chargé de cours,* Celui qui fait un cours sans être professeur titulaire.

CHARGETTE. s. f. [Pr. *char-jète*]. Instrument pour charger les armes à feu portatives, quand on les éprouve.

CHARGEUR. s. m. Celui qui charge des marchandises ou autres fardeaux. || T. Comm. Celui qui appartient une cargaison en totalité ou en partie. || T. Artill. Celui qui charge une pièce. Ne se dit que dans la marine militaire. || Adjectiv. *Commissionnaire c.,* Celui qui fait les expéditions des marchandises par bateau. Voy. COMMISSIONNAIRE. || T. Mar. Premier servant du navire. Celui qui charge la pièce. || T. Techn. Ouvrier qui entretient un fourneau de forge.

CHARGEURE. s. f. [Pr. *char-jure*] (R. *charger*). T. Blas. Se dit des pièces qui en chargent d'autres.

CHARIDÈME, général grec, né dans l'île d'Eubée (IVe siècle av. J.-C.).

CHARIENTISME. s. m. [Pr. *kari-antisme*] (gr. χαριεντισμός, m. s. de χάριεις, gracieux) T. Rhét. Espèce de trope où on laisse entendre ce qu'il y a de piquant dans la pensée.

CHARIOT. s. m. (R. *char*). Sorte de voiture à quatre roues propre à porter diverses choses. *C. de bagage. Des chariots d'ambulance, d'artillerie, de vivres.* Dans l'administration militaire, on dit mieux *Fourgon.* || Se dit quelquefois pour *char. Des chariots armés de faux.* || T. Didact. Toute espèce d'appareil faisant partie d'un instrument plus ou moins compliqué et pouvant glisser sur des glissières ou rouler sur des galets. || T. Astr. Constellation plus connue sous le nom de Grande-Ourse. Voy. CONSTELLATION. || Partie du métier à tisser que fait aller la main gauche de l'ouvrier et dans le bas de laquelle il lance la navette de la main droite. || T. Théât. Sorte d'échelle destinée à porter les décorations qui se meuvent latéralement.

CHARITABLE. adj. 2 g. Qui a de la charité pour son prochain. *Il faut être c. envers tout le monde. Il se recommande aux âmes charitables.* || Se dit spécialement de celui qui fait l'aumône. *Cette dame est fort c.* || En parlant d'une chose, signifie qui part d'un principe de charité. *Secours, conseil, avis c.*

CHARITABLEMENT. adv. D'une manière charitable.

CHARITÉ. s. f. (lat. *caritas*, m. s., de *carus*, cher.) Dans la théologie chrétienne, l'une des trois vertus théologales: amour que l'homme a pour Dieu qu'il considère comme son souverain bien. — *Amour qu'on a pour le prochain en vue de Dieu. La c. des premiers chrétiens. Avoir de la c. pour son prochain.* || Amour du prochain. *Sa charité faisait de nouveaux efforts.* (BOSSUET.) || Aumône qu'on donne aux pauvres; dans ce sens il a un pl. *Faire la c. à quelqu'un. Il se recommande à vos charités. Cette dame fait de très grandes charités.* — Prov., *C. bien ordonnée commence par soi-même,* Il est naturel de songer à ses propres besoins, avant de s'occuper de ceux des autres. || Fig. et prov., par contre-vérité, *Prêter une c., faire une charité à quelqu'un,* Chercher à faire croire qu'il a dit ou fait quelque chose qu'il n'a ni dit ni fait. *Il ne peut avoir été cela, c'est une c. qu'on lui prête.* On dit aussi, *Une c. de cour,* Une perfidie de courtisan. || Congrégation de personnes pieuses qui se vouent au soulagement des pauvres et des malades. *Les sœurs de la C. Frères de la C.* Voy. Congrégation. -- *Dames de c.,* Dames charitables qui secondent les bureaux de bienfaisance.

Hist. -- Le terme de *c.* sert à désigner plusieurs congrégations, soit d'hommes, soit de femmes, instituées à diverses époques pour soigner les malades indigents. La plus importante des congrégations de femmes ainsi appelées est celle des *Filles de la C.* ou des *Sœurs de Saint-Vincent de Paul,* qui fut établie dans la Bresse, en 1618, par le saint dont elle a pris le nom. Ces religieuses ne furent d'abord destinées qu'au service des campagnes et des petites localités où il n'y avait point d'hôpitaux; elles y firent tant de bien qu'on ne tarda pas à les appeler dans les villes importantes. Leur première maison, à Paris, date de 1629; elle fut créée dans la paroisse de Saint-Sauveur; elles en eurent une autre en 1630 dans la paroisse de Saint-Nicolas-du-Chardonnet, une troisième à Saint-Merry en 1631, etc. Toutes ces créations eurent lieu sous la direction de saint Vincent et par les soins de Louise de Marillac, veuve de Legras, secrétaire de Marie de Médicis. L'institution fut approuvée, en 1651, par J.-J. de Gondy, archevêque de Paris, confirmée, en 1655, par le cardinal de Retz, autorisée, en 1657, par Louis XIV; et enfin confirmée de nouveau, en 1660, par le cardinal de Vendôme, légat du pape. Les statuts furent rédigés par saint Vincent lui-même, qui plaça la congrégation sous la direction du supérieur général des Missions.

Originairement, les sœurs étaient vêtues de gris, d'où leur vint le nom de *Sœurs grises,* sous lequel elles furent communément désignées. Elles ont, depuis, adopté le noir-gris, mais leur *cornette* ou coiffure large et avancée, destinée à les garantir du soleil dans leurs pérégrinations à travers les campagnes rappelle le but primitif de leur établissement. Parmi les ordres religieux d'hommes, nous n'en nommerons qu'un, le plus célèbre, celui des *Frères de la Charité,* qui fut établi à Grenade, en 1540, par le Portugais saint Jean-de-Dieu. Pie V approuva son institution en 1572, et Marie de Médicis, femme de Henri IV, l'introduisit en France en 1601. Les *Frères de la C.* avaient, en 1789, 24 maisons en France et 3 dans les colonies; les deux plus importantes étaient l'hôpital de la Charité, à Paris, et celui de Charenton. Leur costume consistait en une robe, un capuce et un scapulaire de drap brun, avec une ceinture de cuir noir. Supprimés à la Révolution, les Frères de la C. ont reparu sous la Restauration. Ils n'existent plus aujourd'hui.

CHARITÉ (LA), ch.-l. de c. (Nièvre), arr. de Cosne, 5,400 h. = Nom des habitants : Charitois, oise.

CHARIVARI. s. m. (Origine inconnue. La finale *vari* se retrouve dans plusieurs mots exprimant le tumulte : *hourvari, boulevari,* etc. Quant au début du mol on n'y a vu le grec χάρυον, noix, ou le latin *calix,* verre, pot. Ce serait donc un bruit de noix secouées ou de poterie et de verres cassés). Bruit tumultueux de poêles, poêlons, chaudrons, etc., accompagné de cris et de huées, que l'on faisait, la nuit, devant la maison des femmes du peuple, veuves et âgées, qui se remariaient. Se dit aussi de tout bruit semblable par lequel des gens attroupés témoignent à quelqu'un leur désapprobation de ce qu'il a fait : *Donner un c. à quelqu'un.* -- Se dit ironiquement, d'une musique bruyante et discordante. *Ce n'était pas un concert, c'était un vrai c. Quel c.!* Fam. || Fig., se dit de toutes sortes de criailleries, de querelles. *Sa femme lui fait un c.,* continuel. Fam. || T. Mar. Cri que les marins poussaient autrefois pour s'animer à virer le cabestan. || T. Cost Pantalon de cavalier, qui est garni de cuir entre les cuisses et de boutons sur les côtés. || T. Métier. Pièce du métier à tisser que fait aller la main gauche de l'ouvrier dans un va-et-vient continuel et dans laquelle il lance la navette. || Titre d'un journal satirique fondé en 1832 par Ch. Philippon.

CHARIVARIEUR. s. n. Celui qui prend part à un charivari.

CHARIVARIQUE. adj. Qui a le caractère du charivari.

CHARIVARISER. v. a. Donner à quelqu'un un charivari. ¶ Faire un grand tapage.

CHARLATAN. s. m. (ital. *ciarlatano,* de *ciarlare,* parler avec emphase. Celui qui vend des drogues, de l'orviétan, et qui le débite sur les places publiques, monté sur des tréteaux. C'est ordinairement un terme de mépris. *Remède de c.*

-- Par ext., se dit d'un médecin qui se vante de guérir toutes sortes de maladies. -- Par une ext. plus grande, s'applique à tout homme qui cherche à en imposer, soit en prétendant posséder des secrets merveilleux, soit en se vantant d'avoir des talents qu'il n'a point, soit en se faisant valoir par un grand étalage de mots ou par le faste de ses actions. *Ce c. prétendait avoir le secret de faire de l'or. Un c. politique.*

CHARLATANE. s. f. Celle qui s'efforce, par ses paroles, d'attraper les gens.

CHARLATANER. v. a. Tâcher d'amadouer, de tromper par des flatteries, par de belles paroles. *Ne vous laissez pas c. .* Fam. et vx. = Charlataner, ée. part.

CHARLATANERIE. s. f. Hâblerie, discours artificieux pour tromper quelqu'un. *Tout ce qu'il nous dit n'est que c.* Fam.

CHARLATANESQUE. adj. Qui appartient aux charlatans.

CHARLATANISME. s. m. Manège du charlatan. *Le c. prend toutes les formes.*

CHARLEMAGNE (lat. *Carolus Magnus,* Charles le Grand). Charles Iᵉʳ, roi des Francs et empereur d'Occident, fils de Pépin le Bref, né en 742, mort à Aix-la-Chapelle, le 28 janvier 814, l'un des plus grands princes et des hommes d'État de l'humanité. L'œuvre de Charlemagne fut considérable. Son règne marque une sorte de renaissance intellectuelle et civilisatrice, après les secousses si péniblement produites dans le monde occidental par les nombreuses invasions des Barbares. Dans les Gaules, il institua une sorte d'unité administrative qui fut le point de départ de la constitution de la France moderne. Il fit refleurir les sciences, les arts et l'enseignement. A l'extérieur, il conquit la Germanie et l'incorpora à la civilisation occidentale, opération aussi colossale par les difficultés qu'elle présentait que par les résultats incalculables dont elle fut la source, et que n'avait pu accomplir l'Empire romain, à l'époque de sa toute-puissance. Désormais la Germanie put opposer une barrière infranchissable aux invasions subséquentes, assurant par cela même le développement de la civilisation. Pénétré des souvenirs de l'Empire romain, il se fit proclamer *Empereur d'Occident,* et consacrer en cette qualité par le pape Léon III, le 25 décembre 800. Cette révolution, qui fut accueillie avec faveur par tout ce que l'Europe comptait alors d'esprits élevés et intelligents, marque l'origine de l'Empire d'Allemagne, restauré de nos jours au profit de la Prusse après de nombreuses vicissitudes qui en ont totalement altéré le caractère. = Faire Charlemagne, loc. prov. Quitter le jeu quand on vient de gagner, sans laisser l'adversaire prendre sa revanche.

CHARLEROI, v. de Belgique (Hainaut), 16,400 hab. || Bassin houiller très important.

CHARLES (CAP), à l'État de Labrador.

CHARLES (all. *Karl*), nom d'un grand nombre de personnages, dont voici les principaux :

1° **Rois de France, princes français.** -- Charles Martel, maire du Palais sous les derniers rois mérovingiens, défit les Sarrasins dans les plaines de Poitiers, en 732, et fit ainsi reculer l'invasion musulmane (690-741). || Charles Iᵉʳ ou Charlemagne. Voy. Charlemagne. || Charles II, le *Chauve,* fils de Louis le Débonnaire, roi de France et empereur d'Occident, ne sut pas se défendre contre les expéditions des Normands (840-877). || Charles le *Gros,* fils de Louis le Germanique, empereur d'Occident (884-887). || Charles III, le *Simple,* fils de Louis II, roi de France (893-929), l'un des derniers rois carolingiens. || Charles IV, le *Bel,* fils de Philippe le Bel, roi de France (1322-1328). || Charles V, le *Sage,* fils de Jean le Bon, roi de France (1364-1380), célèbre par l'ordre et la tranquillité qu'il fit renaître en France au milieu des tristes guerres contre les Anglais. C'est sous son règne que Duguesclin se couvrit de gloire. || Charles VI, fils et successeur de Charles V (1380-1422), prince faible d'esprit et même complètement fou pendant une partie de sa vie. Son règne est l'une des périodes les plus tristes de l'histoire de France, désolée par les querelles des Bourguignons et des Armagnacs et les ravages des Anglais. || Charles VII, fils et successeur de

Charles VI (1422-1461), prince faible et sans caractère, célèbre seulement par les exploits de Jeanne d'Arc, pour laquelle il n'a montré qu'une odieuse ingratitude. || CHARLES VIII, fils de Louis XI, roi de France (1483-1498), inaugura les expéditions d'Italie, qui se continuèrent pendant près d'un demi-siècle sans rapporter autre chose à la France qu'une gloire stérile suivie d'un insuccès définitif. || CHARLES IX, fils de Henri II, roi de France (1560-1574), tristement célèbre par l'odieux massacre des protestants, le jour de la Saint-Barthélemy (24 août 1572). || CHARLES X, frère de Louis XVI, roi de France (1824-1830), détrôné par la révolution de Juillet 1830, qu'il avait, pour ainsi dire, provoquée par les fameuses ordonnances. Ce prince paraît n'avoir nullement compris les nécessités et les besoins de son époque.

2° **Empereurs d'Allemagne.** — CHARLES Ier. Voy. CHARLEMAGNE. || CHARLES II. Voy. CHARLES LE CHAUVE. || CHARLES III. Voy. CHARLES LE GROS. || CHARLES IV (1347-1478), publia, en 1356, la fameuse *Bulle d'or*, qui est restée, jusqu'en 1806, la base du droit politique de l'Empire d'Allemagne. || CHARLES V (*Charles-Quint*, lat. *quintus*, cinquième), roi d'Espagne, né à Gand en 1500, empereur d'Allemagne, de 1519 à 1555, abdiqua alors et mourut au monastère de Saint-Just (Espagne) en 1558. Il était l'héritier des maisons d'Autriche, de Bourgogne et de Castille, et devint ainsi le maître du plus vaste empire qu'on eût vu depuis Charlemagne. Il est célèbre par ses luttes contre les doctrines de Luther, nouvelles à cette époque, et ses guerres contre le roi de France François Ier, qu'il fit prisonnier à Pavie, en 1525, et retint près d'une année à Madrid. Son empire, divisé après son abdication, ne dit que se morceler de plus en plus avec les siècles. Ce prince n'a presque rien laissé de durable. || CHARLES VI (1711-1740). || CHARLES VII (1742-1745).

3° **Rois d'Angleterre.** — CHARLES Ier (*Stuart*) (1625-1648), détrôné par la Révolution de 1648, décapité en 1649. || CHARLES II, fils de Charles Ier, né en 1630, rétabli sur le trône de son père en 1660, grâce aux efforts de Monk et à la lassitude des partis, mort en 1685.

4° **Rois de Suède.** — Les 6 premiers Charles sont peu connus. || CHARLES VII (1162-1168). || CHARLES VIII (1448-1470). || CHARLES IX (1606-1611). || CHARLES X (1654-1660). || CHARLES XI (1660-1697). || CHARLES XII, le plus illustre des rois suédois (1697-1718), l'un des plus grands conquérants de l'Europe, célèbre par ses luttes contre la Russie. Les victoires de ce prince n'ont guère profité à la Suède, qui s'est trouvée après son règne épuisée et déchue. L'histoire de Charles XII a été écrite par Voltaire. || CHARLES XIII (1809-1818). || CHARLES XIV (Bernadotte) (1818-1844), général français, appelé en 1810 par la Suède, qui le proclama prince héritier et qui n'eut qu'à s'applaudir de son choix. Les nécessités de la politique et les intérêts de sa nouvelle patrie l'obligèrent, malgré son origine, à entrer dans la coalition de 1812 contre Napoléon. Il s'efforça de jouer le rôle de médiateur, mais se heurta à la hauteur et à l'obstination aveugles de son ancien empereur. || CHARLES XV, petit-fils du précédent (1859-1872), administrateur habile et reformateur intelligent.

5° **Rois d'Espagne.** — CHARLES Ier, le même que Charles-Quint (1516-1555). || CHARLES II (1665-1700). || CHARLES III (1759-1788). || CHARLES IV (1788-1800).

6° **Rois de Naples et des Deux-Siciles.** — CHARLES Ier, ou *Charles d'Anjou*, frère de saint Louis, perdit la Sicile après le massacre des Vêpres siciliennes, en 1282 (1266-1285). || CHARLES II (1289-1309). || CHARLES III (1381-1386). || CHARLES IV, le même que Charles-Quint. || CHARLES V, le même que Charles II, roi d'Espagne. || CHARLES VI (1714-1740). || CHARLES VII (1735).

7° **Rois ou ducs de Savoie et de Sardaigne.** — CHARLES Ier (1482-148). || CHARLES II (1482-1496). || CHARLES III, duc de Savoie (1504-1553). || CHARLES-EMMANUEL Ier, duc de Savoie (1580-1630). || CHARLES-EMMANUEL II, duc de Savoie (1638-1675). || CHARLES-EMMANUEL III, roi de Sardaigne (1730-1773). || CHARLES-EMMANUEL IV, roi de Sardaigne (1796-1802). || CHARLES-FÉLIX, roi de Sardaigne (1821-1831). || CHARLES-ALBERT, roi de Sardaigne (1831-1849).

8° **Rois de Navarre.** — CHARLES Ier, le même que Charles IV, roi de France. || CHARLES II, le *Mauvais* (1349-1387), célèbre par le mal qu'il fit à la France. Il se prétendait héritier de la couronne de France, prit le parti des bourgeois révoltés sous la conduite d'Étienne Marcel, mais les lassa bientôt par ses exactions, et s'alla finalement avec les Anglais. || CHARLES III (1387-1425).

9° **Princes ou généraux divers.** — CHARLES D'ANJOU. Voy. CHARLES Ier, roi de Naples. — CHARLES DE VALOIS, troisième fils de Philippe le Hardi, et

frère de Philippe le Bel, fut un des plus grands capitaines de son siècle (1270-1324). — CHARLES DE BLOIS, neveu de Philippe de Valois, épousa Jeanne de Penthièvre, et fut tué à la bataille d'Auray (1364). — CHARLES LE MAUVAIS. Voy. CHARLES II, de Navarre. — CHARLES LE TÉMÉRAIRE, duc de Bourgogne, adversaire de Louis XI, tué sous les murs de Nancy (1477). — CHARLES-QUINT. Voy. plus haut aux *Empereurs d'Allemagne*. — CHARLES (L'ARCHIDUC), troisième fils de l'empereur Léopold II, l'un des meilleurs généraux de l'armée autrichienne dans ses guerres contre la République et l'Empire (1771-1847).

10° **Saint.** — CHARLES BORROMÉE (Saint), archevêque de Milan, se fit remarquer par son dévouement lors de la peste de Milan.

11° **Savant.** — CHARLES (Jacques-Alexandre-César), physicien français (1746-1823), amena du premier coup l'aérostation presque au point où nous la trouvons aujourd'hui; il eut le premier l'idée de gonfler les aérostats avec le gaz hydrogène.

CHARLESTON ou **CHARLESTOWN**, v. des États-Unis d'Amérique (Caroline du Sud) grand port de commerce. 50,000 hab. Tremblement de terre en 1886.

CHARLET, peintre et dessinateur français, célèbre par ses scènes militaires (1792-1845).

CHARLETON, médecin anglais, médecin de Charles Ier (1619-1707).

CHARLEVAL, poète et bel esprit normand du XVIIe siècle.

CHARLEVILLE, ch.-l. de c. (Ardennes), arr. de Mézières. 17,400 hab.

CHARLEVOIX, jésuite et voyageur français, remonta le Saint-Laurent, descendit le Mississipi, et a laissé des relations de ses voyages (1682-1761).

CHARLIEU, ch.-l. de c. (Loire), arrondissement de Roanne. 5,200 hab.

CHARLOTTE. s. f. T. Cuis. Plat d'entremets, fait de marmelade de pommes, qu'on entoure de morceaux de pain grillés et frits. — *C. russe*, C. faite d'une sorte de crème qu'on entoure de petits biscuits.

CHARLOTTE CORDAY. Voy. CORDAY.

CHARLOTTE DE SAVOIE, femme de Louis XI, mère de Charles VIII et d'Anne de Beaujeu (1445-1483).

CHARLOTTE-ÉLISABETH DE BAVIÈRE, seconde femme du duc d'Orléans, frère de Louis XIV, mère du *Régent*, dite la princesse Palatine (1652-1722).

CHARLOTTENBOURG, ville du Brandebourg (Prusse). 42,400 hab.

CHARLY, ch.-l. de c. (Aisne), arr. de Château-Thierry. 1,700 hab.

CHARMANT, ANTE. adj. Agréable, qui plaît extrêmement, qui ravit. *Beauté, voix, conversation charmante. Cet jeune homme est e. en société. Cette maison est charmante.* || Subst. *Mon charmant, ma charmante,* Mot d'amitié qu'on emploie en s'adressant à quelqu'un.

CHARME. s. m. (lat. *carmen*, chant, vers, formule magique). Effet supposé d'une opération magique, laquelle consiste principalement dans des paroles. *Faire, rompre, lier, lever un c.* User *de charmes.* || Fig. et par ext., le pouvoir qu'exerce sur le cœur une chose qui le frappe vivement, qui produit l'admiration, l'enthousiasme, la passion *Le c. inexprimable de la poésie. Un c. secret, inconcevable, m'attachait à lui. Le c. est rompu,* L'illusion est détruite. — S'emploie au plur., en parlant des qualités d'un objet qui nous attire, nous séduit, nous touche sensiblement; attraits, appas. *On ne peut se défendre de ses charmes, résister à ses charmes, au pouvoir de ses charmes. Les charmes de la vertu.* — Syn. Voy. APPAS.

CHARME. s. m. (lat. *carpinus*, m. s.). T. Bot. Genre d'arbres (*Carpinus*) de la famille des *Cupulifères*. Voy. ce mot. C'est un arbre de moyenne grandeur (15 à 20 mètres)

Fig. 1.

très répandu dans nos bois, avec le Chêne, le Hêtre et l'Orme. Il supporte très bien la taille en toute saison et prend

Fig. 2.

toutes les formes que la fantaisie lui impose pour en faire des charmilles de tous genres. Le bois de C. est d'un grand usage dans le charronnage. La Fig. 1 montre le port de l'arbre, la Fig. 2 le fruit et les bractées.

CHARME-HOUBLON. s. m. Arbre dit aussi *Charme d'Italie.*

CHARMER. v. a. (R. *charme*). Produire un effet extraordinaire sur quelqu'un ou sur quelque chose, au moyen d'un charme, par un prétendu art magique. *On croit que ce berger charme les loups.* — *C. la douleur, la peine, l'ennui de quelqu'un,* Suspendre pour un instant sa douleur, etc. || Fasciner. *Le serpent charme et attire les petits oiseaux.* || Fig., Plaire extrêmement, ravir en admiration. *Cette femme charme tous ceux qui la voient.* — *C. les loisirs de quelqu'un,* Les lui faire passer agréablement. || Fig. et fam., Causer une vive satisfaction; en ce sens, C. se dit très souvent au passif. *Vous me charmez en me disant cela. Je suis charmé de vous voir.* — CHARMÉ. ÉE. part.

CHARMES, ch.-l. de c. (Vosges), arr. de Mirecourt, 3,400 hab.

CHARMETTES (LES), village de Savoie, arr. de Chambéry. Célèbre par le séjour de J.-J. Rousseau chez Mme de Warrens.

CHARMEUR, CHARMERESSE. s. Celui, celle qui emploie des charmes.

CHARMILLE. s. f. [Pr. les *ll* mouillées] (R. *charme*). Plant de charmes taillés pour former des berceaux, des allées, des tonnelles. || Se dit aussi des haies, des allées plantées en autres arbres taillés, tels que tilleuls, lilas, etc. *Planter une c. Se promener dans une c., sous une c.*

CHARMOIE. s. f. (R. *charme*, arbre). Lieu planté de charmes.

CHARMOT. s. m. T. Céram. Terre cuite pulvérisée que l'on fait entrer dans la composition des pâtes pour en diminuer la plasticité.

CHARNAGE. s. m. (lat. *caro, carnis*, chair). Le temps auquel il est permis de manger de la chair, de la viande. Pop. || Impôt perçu au moyen âge sur la vente des viandes.

CHARNAIGRE. s. m. Espèce de chiens lévriers qui forcent le gibier dans les ronces où il se retire.

CHARNALITÉ. s. f. Caractère de ce qui est charnel, par opposition à spiritualité.

CHARNEL, ELLE. adj. (lat. *carnalis*, m. s., de *caro, carnis*, chair). Qui est de la chair, qui appartient à la chair. Se dit surtout dans ces phrases : *Plaisir, appétit, commerce c.* — *Homme c.,* Homme sensuel; se dit surtout par opp. à homme spirituel. || T. Théol. *Copulation charnelle,* Union des sexes.

CHARNELLEMENT. adv. [Pr. *charnè-leman*]. Selon la chair. Ne se dit guère que dans cette phrase : *Connaître une femme c.*

CHARNER, amiral français, commandant la flotte française lors des expéditions de Chine et de Cochinchine (1797-1869).

CHARNEUX, EUSE. adj. (lat. *caro, carnis*, chair). T. Méd. Qui est principalement composé de chair. Vx et tout à fait inus.; on dit *Charnu, ue.*

CHARNIER. s. m. (lat. *carnarium*, m. s., de *caro, carnis*, chair). Lieu où on garde les viandes salées. || Lieu couvert où l'on met les ossements des morts. *Les charniers des Saints-Innocents, des Innocents,* ou simplement *Les charniers. Les écrivains publics se tenaient, pour la plupart, près des charniers.* || T. Chasse. Gibecière (on dit aussi *Carnier*). || T. Pêc. Cuve où l'on met l'huile tirée des foies de morue. || T. Mar. Jarre, tonneau d'eau réservée à la boisson de l'équipage.

CHARNIÈRE. s. f. (lat. *cardo*, gond). Assemblage mobile de deux pièces de métal, de bois ou d'autre matière, enclavées l'une dans l'autre, et jointes ensemble par une broche qui les traverse et autour de laquelle elles peuvent tourner. *La c. d'un compas, d'une boîte, d'une montre, d'une tabatière.* || T. Méc. C. *universelle* ou *joint universel,* Appareil de transmission entre deux arbres non parallèles. Voy. JOINT. || T. Techn. Outil du graveur sur pierre servant à percer des traces. || T. Fauc. Endroit où le fauconnier portait son leurre et la chair dont il acharnait l'oiseau. || T. Zool. Partie où s'unissent les coquilles bivalves. Voy. CONCHYLIOLOGIE.

CHARNON. s. m. (R. *charnière*). Petit cylindre creux qui fait partie d'une charnière.

CHARNU, UE. adj. (lat. *caro, carnis*, chair). Bien fourni de chair. *Corps c. Personne charnue.* || Formé de chair. *Une masse charnue. Les parties charnues du corps.* || Se dit également des plantes et de leurs parties, quand elles sont pulpeuses et succulentes. *Plante, racine, feuille charnue. Des fruits charnus.*

CHARNURE. s. f. (lat. *caro, carnis*, chair). La chair, les parties charnues, considérées selon les différentes qualités qu'elles peuvent avoir. Ne se disait qu'en parlant des personnes *C. ferme, molle.* Inus.

CHARNY, ch.-l. de c. (Yonne), arrondissement de Joigny, 1,500 hab.

CHAROGNE. s. f. (lat. *caro, carnis*, chair). Corps de bête morte abandonné à l'air et en état de putréfaction. || Par dénig. Cadavre humain.

CHAROGNEUX, EUSE. adj. Qui tient de la charogne.

CHAROGNIER. IÈRE. adj. Qui vit de charogne.

CHAROI. s. m. (Même mot que *charroi*). T. Mar. Embarcation qui sert aux bâtiments faisant la pêche de la morue à Terre-Neuve.

CHAROLAIS, anc. pays de France, formant aujourd'hui l'arr. de Charolles (Saône-et-Loire); v. pr. *Charolles* et *Semur.*

CHAROLLES, ch.-l. d'arr. (Saône-et-Loire), à 51 kilom. N.-O. de Mâcon, 3,200 hab.

CHARON. Voy. Caron.

CHARONDAS, législateur de Catane, disciple de Pythagore, se tua pour avoir enfreint involontairement une loi qu'il avait portée (600 ans av. J.-C.).

CHARONDAS (Le Caron, dit), jurisconsulte français, auteur du *Grand Coutumier de France* (1536-1617).

CHARONITE. s. m. [Pr. *Karonite*]. T. Ant. rom. Esclave affranchi par le testament de son maître.

CHARONNE, village de l'arr. de Saint-Denis, fut réuni à Paris en 1860, et forme le 20ᵉ arr.

CHAROST, ch.-l. de canton (Cher), arr. de Bourges, 1,500 hab.

CHAROTE. s. f. (R. *Charon*, rocher des enfers). T. Ch. Espèce de panier ou de hotte qu'on emploie dans la chasse au pluvier.

CHARPAGNE. s. m. Morceau de bois coupé en forme d'ellipse dont on se sert pour transporter les pierres. || Sorte de panier, dans les départements de la Meuse et de la Haute-Marne.

CHARPENTAIRE. s. m. T. Bot. Nom vulgaire de la Scille maritime.

CHARPENTE. s. f. (lat. *carpentum*, char). Assemblage de pièces de bois servant à une construction ou en faisant partie. *C. de bois de chêne. La c. d'une église, d'un comble*, etc. — *Bois de c.*, Bois propre à la construction. Voy. Charpentier. || Fig., *La c. du corps*, L'ensemble des parties osseuses du corps, qui soutiennent toutes les autres parties. || Fig., Le plan, les parties principales d'un ouvrage d'esprit. *La c. d'un poème, d'une pièce de théâtre.*

CHARPENTER. v. a. Tailler, équarrir des pièces de bois avec la hache. En ce sens, il est très peu usité. || Fig., et pop., Couper, tailler d'une manière maladroite. *On lui a tout charpenté le bras.* || T. Litt. Tracer le cadre d'un ouvrage. = Charpenté, ée. part.

CHARPENTERIE. s. f. L'art de travailler en charpente. || Se dit dans le même sens que charpente, principalement quand on parle de la manière dont un travail de charpente est exécuté. *La charpenterie de cette église est fort belle.* || T. Mar. Endroit où l'on dépose les bois de construction sur les ports.

Techn. — Quoique les constructions en bois soient connues de toute antiquité et qu'elles aient dû précéder les constructions en pierre, néanmoins, l'art de la c. proprement dit n'a pas marché du même pas dans tous les pays. En Égypte, par ex., cet art n'est peut-être jamais sorti de l'enfance, parce que les inépuisables carrières de la Haute-Égypte, sur les bords du Nil, fournissaient aux Égyptiens les plus excellents matériaux pour les constructions en maçonnerie. Parmi les peuples anciens, les Grecs sont les premiers qui aient donné aux constructions en bois un grand développement, et nous avons vu, dans notre article Architecture, que la forme essentielle donnée aux temples de la Grèce résultait nécessairement de l'emploi fondamental du bois dans ces édifices. Cependant, les Grecs ne firent pas de la charpente un usage aussi considérable que les Romains. Ces derniers, qui donnèrent à un grand nombre de leurs édifices des dimensions inouïes jusqu'alors, durent par cela même cultiver l'art de la c. avec un soin tout particulier; aussi le portèrent-ils à un très haut point de perfection. Leurs traditions se conservèrent pendant toute la durée du moyen âge, et les combles de nos cathédrales témoignent suffisamment de l'habileté des architectes de cette époque dans cette partie si importante de l'art de bâtir. A partir de la Renaissance jusqu'à nos jours, la c. a été cultivée avec le plus grand soin dans tous les pays, et l'on peut presque assurer que, sauf un très petit nombre d'exceptions, les travaux de Palladio, de Serlio et de Philibert Delorme (XVIᵉ siècle), de Christophe Wren (XVIIᵉ siècle), et de Perronet (XVIIIᵉ siècle), offrent des modèles qui n'ont pas encore été surpassés, malgré le caractère scientifique que l'art a pris dans ces dernières années. Le fait le plus saillant que présente la c. moderne, c'est le rôle toujours croissant qu'y joue le fer. En effet, nous voyons, dans les grands édifices surtout, ce métal se substituer complètement au bois. Or, comme les conditions de l'art architectonique sont nécessairement subordonnées à la nature des matériaux employés, on peut dès à présent affirmer que, si l'art enfante plus ou moins prochainement un nouveau style architectural, c'est l'emploi du fer qui déterminera cette nouvelle révolution.

La c. met en œuvre toutes les espèces de bois, mais plus particulièrement le chêne, le sapin, le châtaignier, le hêtre, etc., qu'on appelle, pour cette raison, *bois de charpente*. Ces bois sont façonnés de manière à présenter une section carrée, quand ils doivent être employés debout, et une section rectangulaire lorsqu'ils doivent être placés horizontalement. Les bois sont encore dits *bois de brin* ou *de sciage*, selon qu'ils sont façonnés à la cognée ou à la scie. Il faut, en outre, qu'ils remplissent certaines conditions particulières, dont il sera parlé à l'article Résistance. — Les principaux objets de l'art de la c. sont les *pans de bois*, les *planchers*, les *escaliers*, les *combles* et les *ponts*; ces ouvrages se composent de pièces ordinairement réunies au moyen d'*Assemblages.* Voy. ce mot. — Nous ne parlerons ici que des pans de bois et des planchers, en renvoyant, pour le reste aux articles Comble, Escalier et Pont; mais nous allons d'abord dire quelques mots de la manière dont s'exécutent les épures de c. On trace d'abord on grand, sur un terrain parfaitement uni, les principales lignes du plan et de l'élévation du travail à exécuter. Ce tracé s'appelle *Étalon* ou *Ételon.* Les lignes du plan servent pour les enrayures et les planchers, dont les pièces doivent être posées horizontalement. Celles de l'élévation, pour les pièces qui doivent être d'aplomb, telles que celles des *pans de bois.* Quant aux parties destinées à être placées obliquement, comme les pentes des combles, on suppose leurs faces couchées sur le terrain, disposition que les charpentiers appellent *Rallongement.* On suit la même méthode pour les parties circulaires, mais seulement lorsqu'elles sont susceptibles d'être développées, ou lorsque leur coupe peut s'appliquer également sur un plan. L'épure terminée, on dispose les pièces au-dessus des lignes selon la place qu'elles doivent respectivement occuper. S'il s'agit de deux pièces destinées à être assemblées, on met le principale au-dessus de l'étalon, de manière qu'elle n'empêche pas de voir les traits qui déterminent sa position. On la *pique.* c.-à-d. On marque sur chacune de ses faces, avec un fil à plomb, une série de points suffisants pour indiquer sa forme. Cela fait, on place la deuxième pièce au-dessus d'elle, en ayant soin de la faire avancer de la quantité nécessaire pour exécuter les assemblages. On détermine ensuite, sur l'une et sur l'autre, avec un cordeau fin et un fil à plomb, les traits qui doivent être en contact, ainsi que les joints qui doivent être formés, et on peut alors livrer les pièces aux ouvriers chargés du façonnage. La même opération s'exécute pour toutes les pièces, et comme c'est d'elle que dépendent la beauté et la solidité des constructions, on ne la confie habituellement qu'à un homme intelligent.

On appelle *Pan de bois* (Fig. 1) tout système composé de charpente et de maçonnerie, susceptible de tenir lieu d'un mur de briques ou de pierre. Les pièces de charpente qui entrent dans la composition de ces pans se font, le plus souvent, en bois *dressés*; elles sont toutes assemblées à tenons et à mortaises, entrées de force et parfaitement chevillées. Les noms de ces pièces varient suivant leur position et le rôle qu'elles remplissent. On nomme *Sablières* les pièces placées horizontalement, au rez-de-chaussée et à la hauteur de chaque étage, et dans lesquelles la plupart des autres pièces viennent s'assembler. Les *Poteaux corniers* sont placés debout aux différents angles ou montent de fond dans la hauteur de plusieurs étages, aux endroits où les pans de bois de refend ou de distribution viennent rencontrer ceux de la façade. Les *Poteaux d'huisserie* forment les baies de porte ou de croisée; on les réunit par des *Linteaux*, et l'ensemble s'appelle *Huisserie*. Le *Remplage* ou *Remplissage* en dessus et en dessous se fait avec d'autres petits poteaux que l'on nomme *Potelets*. Les *Décharges* sont inclinées et disposées en sens contraire les unes des autres, afin de consolider les assemblages et de maintenir l'aplomb des pièces principales en les contre-

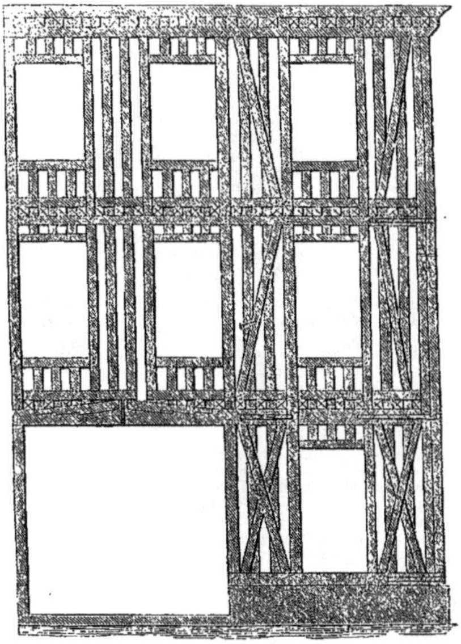

Fig. 1.

butant. Les *Tournisses* sont assemblées dans les sablières hautes et basses et dans les décharges, afin de remplir les vides laissés par ces dernières. Enfin, les *Croix de Saint-André*, qui remplacent quelquefois les décharges, sont entaillées à mi-bois dans l'endroit où elles se croisent. Lorsqu'on fait correspondre un plein sur un vide, comme cela arrive dans l'établissement d'une baie de boutique, le linteau de cette baie prend le nom de *Poitrail*. Ce poitrail ayant presque toujours à supporter plusieurs étages et, par suite, plusieurs planchers, on diminue la poussée vers son centre au moyen de deux petites décharges et d'un *Renfort*, et on munit d'une disposition analogue les sablières des étages supérieurs. Les pans de bois qui forment mur d'enceinte ou de refend au rez-de-chaussée, sont toujours élevés sur des socles en maçonnerie ou en pierre de taille, de 65 à 95 centimètres de hauteur. Cette disposition a pour objet de les garantir de l'humidité et de la pourriture. Les vides qui existent entre les pièces de bois se remplissent de différentes manières, selon les ressources des localités; cependant, on donne généralement la préférence à une maçonnerie de petits moellons noyés dans du plâtre ou dans du mortier. Enfin, un enduit appliqué sur la face extérieure donne au système l'ap-

parence du mur qu'il remplace. Les pans de bois sont moins durables et ont beaucoup moins de stabilité que les murs en pierre; mais, comme on peut leur donner très peu d'épaisseur, ils sont plus économiques et occupent un emplacement beaucoup moindre.

Les *Planchers* servent à former les aires des différents étages d'une maison : on en distingue quatre espèces principales. — Les planchers de la première espèce, ou *Planchers simples*, se composent de *Solives* parallèles d'une seule portée, reposant directement sur les murs ou s'assemblant

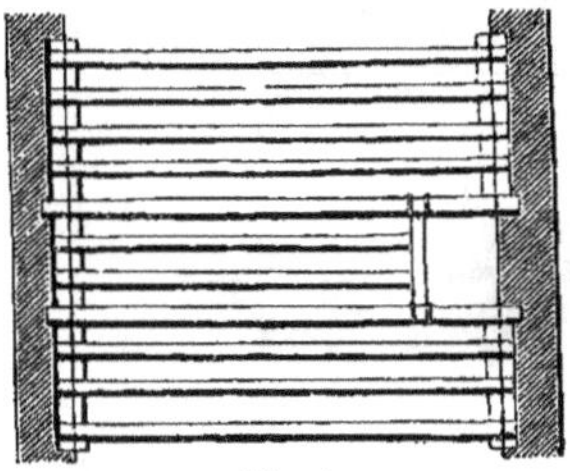

Fig. 2.

dans des pièces nommées *Lambourdes*, qui sont encastrées dans ces mêmes murs (Fig. 2). On les appelle *Pleins* quand les solives se touchent, mais ce cas est rare; en général, on laisse entre elles un certain intervalle. La disposition des solives demande, en outre, aux points où se trouvent les âtres et les tuyaux de cheminée, certaines précautions qui ont pour objet d'éloigner les dangers d'incendie. Sur ces points, on place à 1 mètre ou à 1m30 des murs une pièce appelée *Solive d'enchevêtrure*, à laquelle on donne de 3 à 5 centim. d'équarrissage de plus qu'aux solives ordinaires. Cette pièce est destinée à porter deux autres pièces nommées *Chevêtres*, placées chacune sur l'un des côtés de la cheminée, qui s'y assemblent par un bout, tandis que de l'autre elles portent sur le mur. Le vide que ces trois pièces laissent entre elles se nomme *Trémie*, et sert à l'établissement du foyer dont l'aire en maçonnerie est soutenue par des bandes de fer. Dans les planchers de cette sorte, on se sert encore de quelques autres pièces appelées *Linçoirs*, *Étrésillons* et *Liernes*. Les *Linçoirs* se placent, soit le long des tuyaux de cheminée, soit au-dessus des vides des portes et des croisées, soit le long des murs. Ils sont destinés, comme les lambourdes, à recevoir les solives de *toute portée* ou de *remplissage*, c.-à-d. celles qui vont d'un mur à l'autre. Les linçoirs sont préférés aux lambourdes encastrées, parce qu'ils n'ont pas comme celles-ci l'inconvénient d'affaiblir les murs en les découpant dans toute leur longueur. Les *Étrésillons* sont des morceaux de bois qu'on fait entrer entre les solives pour empêcher celles-ci de fléchir séparément. Les *Liernes* servent au même usage; mais elles diffèrent des précédents en ce qu'elles sont entaillées de manière à pouvoir embrasser les solives sur lesquelles elles sont arrêtées. — Les planchers simples ne peuvent pas avoir une portée supérieure à 3m90 ; il est, du moins, prudent de ne pas s'écarter de cette limite. Quant à leur épaisseur, elle ne dépasse guère 32 centim. lorsqu'ils sont carrelés ou parquetés. On ne leur donne même, pour les entresols, que 21 ou 22 centimètres.

Les planchers de la seconde espèce se construisent d'après les mêmes principes que les précédents, dont ils ne diffèrent que par les dimensions. Ils sont aussi formés de solives parallèles d'une seule portée; mais à cause de leur longueur, ces solives sont soutenues par des *Poutres* qui traversent d'un mur à l'autre (Fig. 3). Ces poutres s'emploient lorsque la longueur des planchers dépasse 6 mètres : on les espace de 3 à quatre mètres, et on les scelle dans les murs de 25 centim. au moins. Afin de rendre le système plus solide et de prévenir en même temps l'écartement des murs, on arme leurs extrémités d'ancres de fer qui traversent ceux-ci et vont s'épanouir au dehors. Fort souvent, quand les dimensions des pièces exigent l'emploi de poutres, on se sert de solives qui vont simplement d'une poutre à l'autre. — Les planchers de la troisième espèce se composent de pièces qui, en général, ne traversent point d'un mur à l'autre. On les appelle *Planchers d'enrayure* ou *d'assemblage*. Leurs dispositions peuvent varier à l'infini, car elles dépendent non seulement de la forme du bâtiment, mais encore de la longueur des pièces, qui est souvent moindre que l'intervalle des murs. Ce qu'on doit principalement observer dans les planchers de ce genre,

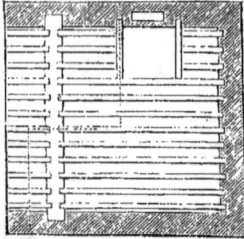

Fig. 3.

c'est de ne pas trop affaiblir les fortes pièces, auxquelles se rattachent les moyennes, par des mortaises trop multipliées ou trop rapprochées. Les Fig. 4 et 5 représentent deux

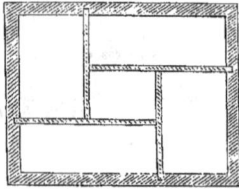

Fig. 4.

planchers d'assemblage; celui de la Fig. 4 est le cas le plus simple qui se puisse présenter. — Les planchers de la quatrième espèce, ou *Planchers sans solives*, sont formés de

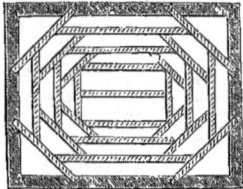

Fig. 5.

plusieurs couches de planches jointives, assemblées à rainures et languettes, dont les directions se croisent et qui sont clouées les unes sur les autres. Ils sont très dispendieux et peu solides; aussi n'en fait-on que très rarement usage.

L'emploi des bois dans les constructions tend à se réduire de plus en plus par suite de la cherté de la matière; il est aujourd'hui remplacé par le fer dans toutes les constructions de quelque importance. Quoique par extension on donne encore le nom de *Charpentes* aux constructions exécutées avec le fer, l'acier, la fonte, cependant, les modes d'assemblage et la mise en œuvre des matériaux étant très différents, il vaut mieux, pour éviter toute confusion, réserver le nom de *Charpente* aux ouvrages faits en bois. Voy. Constructions métalliques.

; **CHARPENTEUR**. s. m. Celui qui charpente, dispose les parties d'un drame.

CHARPENTIER. s. m. Artisan qui travaille en charpente. — *C. de vaisseau, de marine*, Celui qui travaille à la construction et à la réparation des vaisseaux, des bâtiments de toute espèce. || T. Pêc. Pêcheur de baleine, qui dépèce l'animal pour en enlever le lard.

CHARPENTIER, philosophe et médecin français, eut de vifs démêlés avec Ramus, qu'il fit, dit-on, assassiner lors de la Saint-Barthélemy (1524-1574).

CHARPENTIER (François), littérateur et érudit français (1620-1702).

CHARPI. s. m. (lat. *carpere*, couper). Billot sur lequel les tonneliers taillent les douves.

CHARPIE. s. f. (lat. *carpere*, diviser). T. Médec. et Chir. Amas de petits filaments tirés d'une toile usée et coupée par morceaux. — *C. anglaise*, Toile lissée dont une face est gommée, l'autre peinchée, et qui s'emploie comme la charpie ordinaire. || Fig., *Cette viande est en c.*, Se dit d'une viande bouillie qui est trop cuite et dont les fibres se détachent.

Méd. — La *C.* est une substance spongieuse et souple préparée avec le linge demi-usé : elle est tantôt à l'état de filaments, c'est la *c. brute*, tantôt à l'état de duvet pulvérulent, c'est la *c. râpée*. La première se prépare en effilant le linge, la deuxième en le raclant avec le tranchant d'un couteau. En général, la c. sert à absorber la partie séreuse du pus et à mettre les plaies à l'abri du contact des agents extérieurs. Très souvent aussi on l'emploie comme coussinet pour amortir les chocs et diminuer par son élasticité la pression de l'appareil destiné à couvrir une plaie. Elle est sèche ou enduite soit de cérat, soit de quelque matière médicamenteuse, selon l'effet qu'on veut obtenir. On l'emploie, suivant les indications, sous les formes de *gâteaux*, de *plumasseaux*, de *boulettes*, de *rouleaux*, de *bourdonnets*, de *tentes*, de *mèches*, de *pelotes*, etc. Le *Gâteau* est une petite masse de c. dont la forme est plate et arrondie. Les *Plumasseaux* sont des gâteaux formés par des brins parallèles et disposés longitudinalement. Les *Boulettes* et les *Rouleaux* se préparent en roulant de la c. dans la main, de manière à en faire une masse arrondie pour les premiers, et allongée pour les deuxièmes. Les *Bourdonnets* ne sont autre chose que des rouleaux ou des boulettes plus serrées. La *Tente* n'est qu'un bourdonnet arrondi, avec un fil attaché à son extrémité. La *Mèche* est un amas de très longs fils parallèles, et la *Pelote*, un amas de c. que l'on amoncelle dans un linge, et dont on noue les bords de manière à en former une espèce de sac. La c. est aujourd'hui avantageusement remplacée, à cause de sa propreté plus que douteuse sous le rapport microbiologique, par l'étoupe, la gaze antiseptique, l'ouate de tourbe, surtout l'ouate hydrophile, qui sont actuellement usitées pour l'asepsie des plaies traumatiques ou opératoires.

CHARRAS, colonel français, ministre de la guerre en 1848, déporté en 1852 (1810-1865).

CHARRÉE. s. f. [Pr. *cha-ré*] (lat. *cineracea*, cendrée). Cendre qui sert ou a servi à faire de la lessive. Voy. Amendement. || T. Techn. Résidu provenant du lessivage des matériaux qui ont fourni le carbonate de soude. || T. Pêc. Larve d'insecte servant d'appât.

CHARRETÉE. s. f. [Pr. *cha-reté*]. La charge d'une charrette.

CHARRETIER, IÈRE. s. [Pr. *cha-retié*] (R. *charette*). Celui, celle qui conduit une charrette, un chariot. On disait autrefois *Chartier*. — Fig. et prov., *Il n'y a si bon c. qui ne verse*, Les plus habiles font quelquefois des fautes. || Se dit aussi de celui qui mène une charrue.

CHARRETIER, IÈRE. adj. [Pr. *cha-retié*] (R. *charette*). Par où peuvent passer les charrettes. *Une porte charretière*. — *Voie charretière*, L'espace compris entre les roues d'une charrette, lequel est ordinairement déterminé par des règlements de police.

CHARRETIN. s. m. [Pr. *cha-retin*]. Espèce de charrette sans ridelles.

CHARRETON ou **CHARTON**. s. m. [Pr. *cha-reton* ou *char-ton*]. Conducteur d'un chariot, d'une charrette.

CHARRETTE. s. f. [Pr. *cha-rète*] (Dimin. de *char*). Sorte de voiture propre à porter des fardeaux qui a ordinairement deux limons et deux ridelles. — *C. à bras,* Petite c. traînée par un ou deux hommes, et propre seulement à transporter de légers fardeaux. || T. Chass. Machine dont on se sert pour approcher du gibier sans l'effaroucher.

CHARRIABLE. adj. [Pr. *cha-riable*]. Qui peut être charrié.

CHARRIAGE. s. m. [Pr. *cha-riage*]. Action de charrier.

CHARRIER. s. m. [Pr. *cha-rié*] (R. *charrée*). Pièce de grosse toile que les blanchisseurs étendent sur le cuvier où coule la lessive et sur lequel ils placent la charrée.

CHARRIER. v. a. [Pr. *cha-rier*] (bas-lat. *carricare*, m. s., de *carrus*, chariot). Voiturer dans une charrette, dans un chariot, etc. *C. des pierres. C. des gerbes du champ à la grange.* — Fig. et fam., *C. droit,* Se bien conduire, se comporter comme l'on doit, s'acquitter de ses devoirs. *Il a toujours charrié droit.* || En parlant d'un courant d'eau, d'une rivière, etc., Emporter, entraîner, *La rivière charrie du sable, des glaçons, de l'or,* etc. — Par ext., *Ses urines charrient du gravier,* ou simplement *charrient.* || Se dit aussi absol. en parlant d'une rivière couverte de glaçons qu'entraîne le courant. *La Seine sera bientôt prise, car elle charrie.* || T. Mar. *C. de la voile,* Se dit d'un navire qui porte beaucoup de voiles. || T. Fauconn. En parlant de l'oiseau, emporter la proie et ne revenir qu'à la voix. == Charrié, ée, part.

CHARRIÈRE. s. f. [Pr. *cha-rière*] (R. *char*). Voie par laquelle peut passer un char, une charrette.

CHARRIEUR, EUSE. s. [Pr. *cha-rieur*]. Celui, celle qui fait le charroi, les transports de certains objets d'un lieu à un autre.

CHARROI. s. m. [Pr. *cha-roi*] (R. *char*). Transport par chariot, charrette, tombereau, etc. *On lui a payé tant pour le c. On a requis tant de charrois par village,* Se disait autrefois des corps de troupes chargés de transporter les bagages de l'artillerie. *Il était capitaine de c.*

CHARRON. s. m. [Pr. *cha-ron*] (R. *char*). Ouvrier, artisan qui fait des trains de carrosses, de chariots, de charrettes, etc.

CHARRON (Pierre), écrivain français (1541-1603), auteur du *Traité de la sagesse.*

CHARRONNAGE. s. m. [Pr. *cha-ro-nage*]. Art du charron; ouvrage du charron. *Apprendre le c. Le c. seul de ma voiture coûte tant. Bois de c.,* Bois propre aux ouvrages du charron.

Techn. — L'industrie du c. est l'une des plus utiles et des plus anciennes. Quoique dans les campagnes les diverses parties des charrettes soient exécutées à la main, dans les grands ateliers on utilise des machines qui simplifient et abrègent beaucoup le travail. Le bois à employer doit faire l'objet d'un soin particulier, car les roues fatiguent beaucoup. La fabrication d'une roue de voiture comprend: 1° la taille du moyeu et des mortaises qui doivent recevoir les rais; 2° la taille des rais; 3° la fabrication de la jante; 4° l'assemblage de ces diverses pièces; 5° le cerclage. Le moyeu, généralement en orme, est taillé au tour et mortaisé à la machine; les rais sont le plus souvent en acacia; il y a des machines pour les tailler et les ajuster. Les jantes sont formées de plusieurs pièces taillées séparément dans des pièces de bois courbées au feu, mortaisées pour recevoir les rais et ajustées ensuite; après quoi on place les rais dans les mortaises du moyeu. La roue de bois étant terminée, il faut l'entourer d'un cercle de fer assez résistant pour protéger le bois et supporter la fatigue de la route. Le cercle de fer est forgé à l'avance à la dimension qu'il doit avoir, et, pour le placer, on utilise la dilatation par la chaleur. A cet effet, le cercle est porté au rouge et ajusté à chaud sur le pourtour de la roue. Par le refroidissement, il se contracte, serre la roue à son intérieur, et fait ainsi pénétrer les rais dans les mortaises du moyeu et de la jante, beaucoup plus profondément qu'on ne pourrait le faire à coups de masse. Dans les usines, les cercles sont chauffés dans des fours appropriés; mais, dans les campagnes, on se contente de placer le cercle sur le sol, en l'élevant sur

des pavés, et de le noyer dans un tas circulaire de mottes auxquelles on met le feu. Quand le cercle est rouge, on place la roue dans son intérieur et on laisse refroidir.

CHARRONNERIE. s. f. [Pr. *cha-ro-nerî*]. Nom de l'industrie qui fabrique les chariots, les voitures et les roues.

CHARROUX, ch.-l. de c. (Vienne), arr. de Civray, 2,100 h.

CHARROYER. v. a. [Pr. *cha-ro-ier*; quelques-uns disent *cha-roi-ier*] (autre forme de *charrier*). Transporter sur des chariots, charrettes, tombereaux, etc. — Charroyé, ée. part. == Conjug. Voy. Employer.

CHARROYEUR. s. m. [Pr. *cha-ro-ieur* ou *cha-roi-ieur*]. Celui qui charroie.

CHARRUAGE. s. m. [Pr. *cha-ru-age*]. Étendue qui peut être labourée avec une seule charrue.

CHARRUE. s. f. [Pr. *cha-ru*] (lat. *carruca*, sorte de voiture). Machine qui sert à labourer la terre. *La c. remplace la bêche et rend le travail moins pénible.* — *Le labeur à la bêche est supérieur à celui qui se fait à la c.* — *C. de bœufs, de chevaux.* — Fig. et fam., *Tirer la c.,* Avoir beaucoup de peine. || L'étendue de terre qu'on peut mettre en valeur avec une c. *Cette ferme est de quatre charrues.* || Prov. *Mettre la charrue devant les bœufs,* Commencer par où l'on devrait finir.

Agric. — La C. est le plus nécessaire des instruments aratoires; elle permet à l'homme de labourer la terre en se faisant seconder par les animaux de trait; elle seule lui donne la faculté de cultiver des espaces considérables; elle est l'âme de la grande culture, comme la bêche est l'âme de la petite. L'antiquité grecque avait divinisé Triptolème, et lui attribuait l'invention de la charrue; néanmoins il est tout à fait probable que les Grecs ont emprunté cet instrument aux Égyptiens, qui en faisaient usage de temps immémorial. La c. grecque, adoptée presque sans modification par les Romains,

Fig. 1.

est bien, en effet, l'antique c. de l'Orient, ainsi qu'on la voit représentée sur une foule de monuments antiques, médailles, vases peints, bas-reliefs, peintures (Fig. 1). Elle consistait en un simple crochet adapté à l'extrémité d'un timon, auquel on attelait deux bœufs réunis par un joug. — Dans quelques parties du Midi de la France, dans le Var, par exemple, on fait encore usage de deux espèces de charrues tellement barbares qu'elles ne valent pas mieux que les charrues antiques. Leurs noms, d'ailleurs, rappellent bien leur origine: l'une est appelée *Ara mon* (c'est le mot grec ἄροτρον charrue, introduit par les Phocéens), et l'autre se nomme *Fourcas* du latin *furca,* fourche. Dans nos départements du Centre et de l'Ouest, on utilise encore assez souvent l'*Arriau,* l'ancien *aratrum* romain, dont cet instrument porte encore le nom assez peu défiguré. C'est une c. pourvue d'un avant-train, c.-à-d. de deux roues. L'arriau est ordinairement muni d'un coutre et d'un versoir plat en bois.

On divise les charrues en *Charrues simples* ou *Araires* (du latin *aratrum*) et en *Charrues composées* ou à *avant-train.* Parmi les araires perfectionnés, la plupart sont susceptibles de recevoir un avant-train, et de se transformer ainsi en charrues composées. Les pièces essentielles de toute bonne c. sont au nombre de sept; ce sont: le *Coutre,* le *Soc* et le *Versoir,* qui agissent directement sur la terre et exécutent le travail du labour proprement dit; le *Sep,* sur lequel glisse la c.; l'*Age,* qui reçoit et transmet la puissance; les *Manches* et le *Régulateur,* celui-ci en avant, ceux-là en arrière, qui servent à régler le mouvement de l'appareil. On appelle *Corps de c.* la partie de l'instrument qui pénètre dans le sol, et qui se compose du soc et du versoir, ainsi que des pièces ou élançons qui les lient entre eux et avec l'age. — Nous allons considérer chacune de ces parties, en prenant pour type l'une de

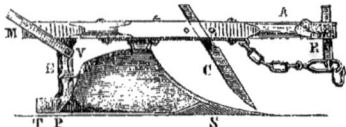

Fig. 2.

nos meilleures charrues, celle de Mathieu de Dombasle (Fig. 2 et 3). — 1° Le *Coutre*, C, du latin *culter*, coul-au, est destiné à trancher la terre perpendiculairement. Sa forme est à peu près celle d'un couteau. On le fixe avec des coins ou au moyen d'une vis dans une mortaise de l'age. On lui donne toujours une position inclinée, la pointe en avant, car il coupe mieux quand il agit de biais. Cette pièce présente deux parties, un *Manche* et une *Lame*, ayant chacune 25 centim. environ de longueur, mais d'épaisseur variable selon la résistance qu'on a à vaincre. Le tranchant de la lame est toujours

Fig. 3.

arrière et généralement rectiligne ; on le fait cependant quelquefois curviligne ; mais la première forme est plus habituellement employée, et de beaucoup préférable. — 2° Le *Soc*, S, du latin *sulcus*, sillon, est la pièce la plus importante de la c. Il sert à séparer horizontalement la tranche de terre que le coutre a déjà coupée verticalement. En conséquence, il est toujours aigu et tranchant. Sa forme et ses dimensions varient à l'infini. On peut néanmoins, sous le rapport de la forme, réunir tous les socs dans deux grandes divisions, les socs en *fer de lance*, qui coupent des deux côtés, et les socs dits *à une seule aile*, qui ne sont tranchants que d'un côté et se terminent de l'autre par une ligne droite alignée avec le corps de la c. Le soc peut se lier au sep de plusieurs manières ; le procédé le plus simple consiste à joindre ces deux pièces au moyen d'une *Douille* ou *Emboîture*. En France, on le fait généralement en fer arrière. En Angleterre et aux États-Unis, on fait souvent usage de socs entièrement en acier. — 3° Le *Versoir*, V, appelé aussi *Oreille*, a pour objet de pousser de côté, dans la raie précédemment tracée, la bande de terre coupée par le coutre et le soc. Dans le principe, on faisait le versoir *plan*, et il consistait, en général, en une simple planche de bois qui s'écartait obliquement à partir de son point de liaison avec le soc ; il ne pouvait alors que pousser la terre de côté sans la retourner. Actuellement, dans toutes les bonnes charrues, le versoir est *contourné* de telle façon qu'il retourne la tranche de terre (Fig. 6) en ramenant à l'air la partie inférieure de celle-ci. Mais la forme géométrique de la double courbure que présente le versoir doit être calculée avec beaucoup de soin, afin de diminuer autant que possible la résistance qui résulte du frottement. Les nouveaux versoirs se font parfois en bois recouvert d'une plaque de tôle ; mais la fonte est bien préférable. Cette partie se place, en général, du côté droit de la c., où elle est maintenue au moyen de deux arcs-boutants fixés, l'un sur l'élançon antérieur, et l'autre sur le postérieur. — 4° Le *Sep*, P, est cette partie de la c. qui glisse au fond du sillon, et sert, pour ainsi dire, de support et de lien aux diverses pièces dont l'instrument se compose. C'est sur lui que sont fixés les élançons E E, et il se termine en pointe pour recevoir la douille du soc. Il est ordinairement, en le construit en bois de chêne ou de hêtre ; mais pour qu'il s'use moins vite, on garnit de bandes de fer sa face inférieure et sa face gauche. Cette garniture porte le nom de *Semelle*. On appelle

Talon la partie postérieure du sep, T, sur laquelle on fait pivoter l'araire lorsqu'il faut sortir de terre à l'extrémité de chaque raie. — 5° L'*Age*, A, nommé aussi, selon les localités, *Flèche*, *Haie* ou *Perche*, est la partie de la c. qui transmet à tout l'appareil la force motrice des animaux. Il forme la partie supérieure du corps de la c., et se trouve solidement uni au sep par les deux élançons. Chez nous, on le fabrique presque toujours en bois, surtout en frêne. Mais, dans les pays où le fer est bon marché, il est infiniment préférable de le construire en métal, car on peut lui donner une plus grande longueur sans diminuer sa force : un age long, en effet, donne à la c. une marche plus régulière. — 6° Les *Mancherons* ou *Mancherons*, M, dont on ne voit ici que l'origine, se fixent à la partie postérieure de l'age. On leur donne, en général, une longueur de 1m23, avec un écartement de 50 à 60 centim. à leur extrémité. Le laboureur tient un mancheron de chaque main pour régulariser l'action de la c., lorsqu'un accident quelconque tend à la faire dévier, soit dans le sens latéral, soit dans le sens vertical. Selon les cas, il pèse sur les manches ou bien il les soulève, afin que la profondeur du sillon soit constamment égale. 7° Les charrues perfectionnées portent, en outre, à l'extrémité antérieure de l'age, une *Crémaillère à chaîne*, R, qui sert à régler l'*Entrure*, c.-à-d. la profondeur à laquelle la terre doit être entamée par le soc. Quand on veut obtenir un labour peu profond, il suffit d'abaisser la crémaillère, à la partie inférieure de laquelle s'attachent les traits ; car alors on donne au soc une certaine tendance à sortir de terre. Si l'on veut, au contraire, augmenter la profondeur du sillon, on élève la crémaillère, et par conséquent le lieu d'attache des traits, de sorte que la pointe du soc s'enfonce plus avant dans le terrain. C'est au moyen d'un mécanisme analogue, par lequel on porte le point d'attache des traits plus à gauche ou plus à droite, que l'on parvient à diminuer ou à augmenter la largeur de la tranche de terre.

Les *Charrues à avant-train* sont ainsi nommées de l'appareil accessoire dont elles sont munies. Les dispositions que présente ce dernier sont excessivement variées : nous nous contenterons de mentionner, comme l'un des plus ingénieux, celui de Mathieu de Dombasle, qui peut s'adapter à volonté à

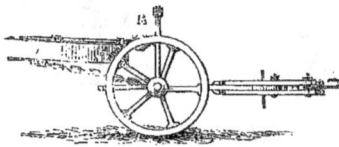

Fig. 4.

l'araire de cet éminent agronome (Fig. 4. Avant-train Dombasle, vu de profil.) Quand on ajoute cet avant-train à la c., on supprime le régulateur de celle-ci, car l'essieu de l'avant-train porte lui-même un régulateur d'une extrême simplicité, au moyen duquel on peut élever ou abaisser et faire varier à droite ou à gauche le point d'attache, R, de l'age avec l'avant-train. — Les charrues à avant-train sont surtout en usage dans nos départements du Nord, tandis que dans ceux du Centre et du Midi on emploie presque exclusivement les araires. Les premières offrent sur les secondes l'avantage de rendre impossible le dérangement de la pointe du soc, soit de haut en bas ou du bas en haut, ainsi que latéralement, de sorte que leur manœuvre n'exige pas, de la part du laboureur, une grande habileté ; mais elles augmentent le tirage et décomposent parfois la force motrice d'une manière fâcheuse. Tous les cultivateurs reconnaissent aujourd'hui que, entre les mains d'un homme intelligent et habitué à le diriger, un bon araire est préférable de la c. à avant-train. Elle dépense moins de force, laboure aussi bien et aussi régulièrement, fait autant de travail, et fatigue moins l'homme et les animaux. Néanmoins, il est également constaté que la c. à avant-train a une supériorité marquée sur l'araire quand il s'agit de labours superficiels ou qu'il faut travailler des terrains humides et très tenaces.

La multitude des charrues inventées dans ces dernières années en Angleterre, en Écosse, en France, en Belgique, aux États-Unis, en Allemagne, en Italie, etc., est telle qu'il nous serait impossible de citer même celles qui ont été les plus préconisées. Nous citerons seulement la charrue-tilbury de

J. Dewe (Fig. 5), qui dispense le cultivateur de suivre à pied son attelage pendant 10 heures par jour; elle est toute en fer

Fig. 5.

et acier sans la flèche et les palonniers; elle est ordinairement attelée de trois chevaux de front.

Le criterium unique pour estimer la valeur pratique d'une c. est le travail même qu'elle accomplit, c.-à-d. la perfection plus ou moins grande du labour qu'elle exécute. « *Un bon labour*, dit Gasparin, suppose que la terre a été soulevée en prismes plus ou moins larges, mais qui ont subi *plus d'un quart de conversion*, de manière que la surface supérieure en soit totalement *cachée* et que les herbes qui la recouvraient cessent de paraître, ainsi que l'engrais qu'on aurait répandu sur le sol; de manière aussi que les tranchées aient subi un mouvement de *torsion* qui diminue l'agrégation des molécules entre elles.

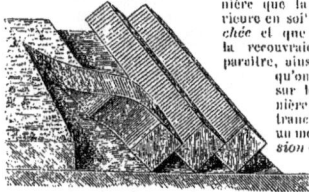

Fig. 6.

qu'elles s'appuient les unes sur les autres, tout en laissant un *vide* au-dessous de leur point de jonction, de sorte que l'*air puisse pénétrer* dans le labour; que chaque sillon reste bien *net* après le passage de la c., et ne soit pas encombré par la terre qui aurait surmonté le versoir (Fig. 6); que, dans sa marche, la c. ne s'engorge pas de terre, d'herbages qui retarderaient le mouvement en obligeant le laboureur à s'arrêter pour la dégorger; enfin, que celui-ci ne soit pas obligé de faire des efforts trop constants ou trop fréquents pour maintenir la c. en équilibre et dans sa voie. Toutes les infractions à ces règles seraient comptées comme autant de défauts, qui, à égalité de tirage ou pour des tirages peu différents, donneraient l'avantage à la machine qui ne les présenterait pas. »

Nous terminerons cet article par quelques mots sur le *Buttoir*. Cet instrument n'est autre chose qu'une c. portant un versoir de chaque côté (Fig. 7). Le *Buttage* a pour objet de réunir une certaine quantité de terre au pied des plantes, de façon à enterrer la base de leur tige; on conçoit donc que, grâce à ses deux versoirs, le buttoir remplisse convena-

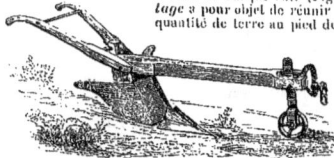

Fig. 7.

blement cette fonction, quand on le fait passer entre deux rangées de plantes disposées en lignes. L'opération du buttage s'applique surtout aux pommes de terre, au maïs, au colza, aux haricots, etc. La plante, lorsqu'elle est ainsi enterrée en partie, émet de nouvelles racines qui augmentent la vigueur des récoltes et rendent leurs produits beaucoup plus abondants. D'autres fois, le buttage a pour but spécial de consolider la tige de certaines plantes, telles que le tabac, l'œillette, etc., que les vents pourraient aisément renverser, lorsqu'elles sont

parvenues à leur maximum de végétation. Cette opération a encore pour effet accessoire de contribuer puissamment à la destruction des plantes nuisibles. Enfin, on se sert également de cet instrument lorsqu'on veut façonner la terre en billons.

Quelque importance qui s'attache à la question des charrues et du labourage, notre cadre ne nous permet pas de nous étendre davantage sur ce sujet. Au mot LABOURAGE, nous parlerons des tentatives faites pour l'application des machines à vapeur à la traction de la charrue et du succès qu'elles ont obtenu dans certaines contrées. Ce procédé permet l'emploi de charrues à plusieurs socs, ce qui abrège considérablement le travail. On trouvera encore différents détails relatifs à certaines catégories de charrues au mot DÉFRICHEMENT. On pourra, en outre, consulter utilement l'excellent *Cours d'agriculture* de Girardin et Du Breuil, ainsi que le *Matériel agricole*, par Jourdier, et le *Dictionnaire de l'industrie et des Arts industriels* de M. Lami, dans lequel l'article *Charrue* a été traité avec un grand luxe de développements par M. Grandvoinnet.

Charrue sulfureuse. — Le traitement des vignes phylloxérées par le sulfure de carbone ou les sulfures alcalins a donné naissance à un appareil qui a reçu le nom de C. *sulfureuse* et qui se compose d'un chariot à une roue en fer portant un versoir et un soc; celui-ci trace un sillon dans lequel s'écoule le liquide du versoir; la roue placée à l'arrière trace la terre et ferme le sillon.

CHARTAGNE. s. m. Retranchement caché dans un bois.

CHARTARIUM. s. m. (Pr. *kartari-ome*) (mot lat., de *carta* ou *charta*, papier). T. Antiq. Boîte dans laquelle on conservait les manuscrits.

CHARTE. s. f. (lat. *carta*, papier). Ancien titre écrit sur papier ou sur parchemin. *Le trésor des chartes* Dans ce sens, on dit aussi *Chartre*. || *Charte* ou *Chartre normande*, Lettres patentes qui avaient été accordées aux Normands par Louis le Hutin, en 1314 et 1315, pour confirmer les privilèges de leur province. — *La grande c. d'Angleterre* ou simplement, *La grande c*, C. par laquelle Jean sans Terre, roi d'Angleterre (1215), accorda certains privilèges à la nation, et qui est regardée, avec la C. *des forêts*, comme la base des libertés anglaises. || *La c. constitutionnelle*, ou simplement, *La c.*, la loi fondamentale qui établissait en France le régime constitutionnel. *La c. constitutionnelle promulguée en 1814. La c. de 1830. Se conformer à la c. Violer la c.* On dit toujours *Charte*, quand ce mot signifie *Constitution*. || T. Com. *Charte-partie*. Voy. AFFRÈTEMENT.

Hist. — Au VIIIe siècle, le mot *Charte*, seul, a quelquefois désigné un passeport; mais, en général, il a été employé, pendant tout le moyen âge, pour signifier toute espèce d'actes, et ce n'est qu'en l'accompagnant d'un autre mot qu'on lui donnait un sens plus déterminé. Aujourd'hui ce terme s'applique indistinctement à tous les vieux actes, quel que soit leur objet. — Les chartes peuvent être considérées sous le rapport des matières qu'elles traitent, et sous celui de la forme que les notaires leur ont donnée. Au point de vue de la forme, elles se divisent en chartes de *fidélité*, d'*hommage*, de *vente*, de *donation*, de *tradition*, de *confirmation*, de *garantie*, de *partage*, etc. Considérées sous le rapport de leur forme, les chartes se divisent en *Chartes parties* (*Cartæ partitæ*) et en *Chartes pariées* (*C. pariclæ*). Celles-ci devaient leur nom à cette circonstance qu'on en faisait autant d'expéditions semblables qu'il y avait de parties. Les *Chartes parties* différaient des précédentes en ce que les expéditions étaient détachées d'une même feuille de parchemin, de manière qu'elles pussent se servir mutuellement de contrôle. Elles avaient un *Talon* commun; quand la coupure se faisait en ligne droite, on écrivait d'avance sur l'entre-deux, qui formait ainsi talon, un ou plusieurs mots en grosses lettres, de telle sorte que, après la séparation, chaque intéressé avait sur sa copie une moitié des mots ainsi écrits pour garantir l'identité des deux exemplaires. Dans le principe, on écrivait sur ce talon le mot *Chirographum*, d'où le nom de *Chirographes* donné à ces chartes. Lorsqu'ensuite on substitua d'autres mots à celui de *Chirographe*, ce dernier resta dans la langue comme un terme générique pour désigner les actes détachés par une coupure en ligne droite d'une souche commune. Plus tard, afin de rendre plus difficile encore la falsification des chartes, on donna à cette coupure la forme d'une ligne ondulée, puis d'une ligne en zigzag, et alors les chartes-parties furent appelées *Chartes ondulées* (*Cartæ ondulatæ*) et *Chartes dentelées* ou *Endentures* (*C. indentatæ*, *Indentaturæ*).

L'*École des Chartes* a pour objet de former des archivistes-paléographes. La première pensée de cette institution appartient à Napoléon Ier, mais c'est à Louis XVIII que revient l'honneur de l'avoir fondée (Ord. du 22 fév. 1821) L'enseignement de l'École comprend les cours suivants: Paléographie; Langues romanes; Bibliographie (classement des bibliothèques et des archives); Diplomatique; Institutions politiques, administratives et judiciaires de la France; Histoire du droit civil et du droit canonique; Archéologie du moyen âge; Étude critique des sources de l'histoire de France.

Le titre d'élève de l'École des Chartes s'obtient par la voie du concours. Les conditions exigées pour s'y présenter sont les suivantes:

1° Être Français; 2° être âgé de moins de 25 ans révolus au 31 décembre de l'année précédant l'inscription; 3° Être bachelier ès lettres. Le concours comprend: 1° Des épreuves écrites consistant en une version latine et un thème latin faits sans dictionnaire, et en compositions sur l'histoire et la géographie de la France avant 1789; 2° des épreuves orales comprenant l'explication d'un texte latin et des questions sur l'histoire et la géographie de la France avant 1789. Le nombre maximum des élèves admis chaque année est de 20; il a été de 18 en 1889. Les cours sont publics et gratuits; un certain nombre de bourses sont concédées à des élèves de l'École. L'enseignement se divise en trois années; un examen est subi à la fin de chaque année; les élèves ayant réussi à ces épreuves sont admis à passer l'épreuve définitive de la thèse qui, en cas de succès, leur fait obtenir le diplôme d'*archiviste-paléographe*. Ce diplôme donne droit aux fonctions d'archiviste des départements, d'archiviste aux Archives nationales, d'employé dans les bibliothèques publiques, d'auxiliaire pour la publication des documents inédits de l'histoire de France et pour les travaux de l'Académie des Inscriptions et Belles-Lettres, de répétiteur ou de professeur à l'École des Chartes.

Le nombre des diplômes d'archiviste-paléographe conférés depuis 1884 a été en ces dernières années: 1884, 13; 1885, 15; 1886, 15; 1887, 14; 1888, 13; 1889, 13; 1890, 16; 1891, 8; 1892, 10; 1893, 11.

CHARTIER (ALAIN). prosateur et poète français, secrétaire des rois Charles V, VI et VII (1386-1449).

CHARTOGRAPHE. s. m. Voy. CARTOGRAPHE.

CHARTOGRAPHIE. s. f. Voy. CARTOGRAPHIE.

CHARTON. s. m. Voy. CHARRETON.

CHARTON (ÉDOUARD-FRANÇOIS), littérateur et homme politique français, fondateur du *Magasin pittoresque* et du *Tour du Monde* (1807-1890).

CHARTRAIN (PAYS), anc. pays de France dans la Beauce; cap. Chartres.

CHARTRE. s. f. (lat. *carcer*, prison). Vieux mot qui signifiait prison et qui s'est conservé dans cette dénomination, *Saint-Denis de la C.*, Lieu où saint Denis fut autrefois en prison. — *C. privée*, Tout lieu où l'on détient, où l'on emprisonne quelqu'un sans autorité de justice. *Il n'est pas permis de tenir une personne en c. privée.* || Dépérissement du corps, maigreur. *Tomber en c. Cet enfant est en c.* Vx.

CHARTRE. s. f. (lat. *charta*, papier). Ancienne forme de *Charte*. Voy. ce mot.

CHARTRE (LA), ch.-l. de c. (Sarthe), arr. de Saint-Calais; 1,600 hab.

CHARTRERIE. s. f. (R. *chartre*, anc. forme de *charte*). Nom, au moyen âge, d'un corps d'administrateurs qui gouvernaient les biens appartenant aux pauvres dans une ville.

CHARTRES (*Autricum*, *Carnutum civitas*), ancienne capitale des Carnutes, aujourd'hui c.-l. du dép. d'Eure-et-Loir, sur l'Eure, à 88 kil de Paris. Évêché; magnifique cathédrale du XIIIe siècle, l'une des plus belles de France; *Porte Guillaume*, reste d'immenses fortifications; 23,100 hab.

CHARTREUSE. s. f. Couvent de chartreux. Voy. ce mot. — Fig., se dit d'une petite maison de campagne isolée et solitaire. || Sorte de liqueur qui doit son nom au couvent de la Grande-C., où on la fabrique. *On obtient la c. en faisant*

infuser des plantes aromatiques dans de l'alcool. || T. Cuisine. Mets qui consiste en un mélange de plusieurs légumes.

CHARTREUX. s. m. T. Hist. religieuse. — L'ordre des *Chartreux* a été fondé en 1084 par saint Bruno, né à Cologne entre les années 1030 et 1040, et vulgairement appelé Bruno de Reims, parce qu'il étudia longtemps dans cette ville. La première maison de l'ordre fut établie dans un lieu sauvage des Alpes dauphinoises, à environ 25 kilom. au nord-est de Grenoble, et 3 kilom. du village de Saint-Pierre de Chartreux, Chartrouse ou Chartreuse, d'où sont venus les noms de *Chartreux* et *Chartreuse*, donnés, l'un aux religieux, et l'autre à leur couvent.

Guigues, élu prieur l'an 1110, rédigea les coutumes et les usages de l'ordre; et ce fut Basile, huitième général ou prieur, élu l'an 1151, qui dressa leurs constitutions, telles qu'elles furent approuvées par le pape Alexandre III, en 1170. Ces statuts prescrivaient, entre autres choses, la récitation de l'office aux heures déterminées par l'Église, l'observation de jeûnes fréquents et une abstinence absolue, même dans le cas de maladie mortelle, etc. Les Pères devaient, en outre, prendre le silence que dans un petit nombre de cas déterminés. A la différence de plusieurs autres ordres religieux, celui des Chartreux n'a jamais eu besoin de réforme, et s'est maintenu jusqu'à nos jours dans son austérité primitive. En 1789, on comptait 122 chartreuses, dont 66 en France. Les plus considérables étaient celles de Grenoble, dite *Grande-Chartreuse*, de Paris, de Pise, de Milan, de Florence, de Bologne, de Fribourg et de Maurbach. La Chartreuse de Paris, près des jardins du palais du Luxembourg, possédait une admirable galerie de tableaux peints par Lesueur et représentant les principaux actes de la vie de saint Bruno, qui se trouve aujourd'hui au Musée du Louvre. Après avoir été dispersée par la Révolution, l'ordre des Chartreux s'est reconstitué, en France, sous la Restauration; mais il est peu nombreux. Il ne possède que 3 maisons, celle de la Grande-Chartreuse, qui est le chef d'ordre, celle de Toulouse et celle de Bocherville, près de Nancy. — Les religieux de la Grande-Chartreuse occupent des bâtiments qui datent de 1676 et qui ont été élevés sur l'emplacement d'autres plus anciens qui avaient été détruits par un incendie. A 1 kilom. environ, le voyageur visite le lieu où saint Bruno avait établi sa cellule. Les religieux forment deux classes: les uns, qu'on nomme *Pères*, sont prêtres; ils ne sortent de leurs cellules que pour assister aux offices et se promener, à des heures fixées, dans les solitudes qui environnent le monastère. Les autres, qu'on appelle *Frères*, sont chargés des divers services de la maison. Leur costume est de laine blanche, et consiste en un gilet qui tient lieu de chemise, une tunique à longues manches serrée par une ceinture, une cuculle garnie de son capuchon, une culotte et des souliers. En voyage, ils portent une chape noire et un chapeau relevé sur trois côtés. — Le général des chartreux ne prend que le simple titre de *Prieur de la Grande-Chartreuse*. L'ordre a pour symbole une croix posée sur un globe, avec la devise: *Stat crux dum volvitur orbis*. Les religieux donnent gratuitement l'hospitalité, nourriture et logement aux visiteurs et touristes toujours très nombreux pendant l'été dans cet admirable site; mais, comme leur règle leur défend de laisser pénétrer les femmes dans leur couvent, ils ont fait bâtir un bâtiment spécial pour recevoir celles-ci.

Les anciens monastères de la Chartreuse de Pavie et de la Chartreuse de Parme sont fort intéressants à visiter.

Des couvents de femmes, appelées *Chartreuses*, étaient jadis annexés à l'ordre de saint Bruno; au XVIIIe siècle, on en comptait 5, dont 3 en France seulement. Deux d'entre ces derniers étaient dans le Dauphiné, l'un à Prémol, près de Grenoble, et l'autre à Salette, sur le bord du Rhône; le troisième était dans l'Artois. Ces religieuses suivaient la même règle que les chartreux. Ce qui, dans leur costume les distinguait surtout des autres religieuses, c'est qu'elles portaient un manteau blanc.

CHARTREUX. s. et adj. m. Chat qui a le poil d'un gris bleuâtre, couleur de la robe des chartreux. || T. Pharm. Poudre des chartreux, Kermès minéral.

CHARTRIER. s. m. (R. *chartre*, anc. forme de *charte*). Lieu où l'on conserve les chartes d'une abbaye, etc. *Le c. de Saint-Denis.* || Celui qui gardait les chartes. On dit aujourd'hui *Archiviste*. || Au moyen âge, administrateur d'une chartrerie.

CHARYBDE s. m. [Pr. *karibde*] (gr. Χάρυβδις, gouffre

dans le détroit de Sicile). Tourbillon de la mer, près du port de Messine, aujourd'hui Calofaro. *Tomber de C. en Scylla*, expression figurée qui veut dire tomber d'un mal dans un autre aussi grand ou plus grand. Cette locution prov. est empruntée aux anciens qui donnaient le nom de *C.* à un gouffre situé dans le détroit de Sicile, vis-à-vis d'un écueil appelé *Scylla* et alors fort redouté des navigateurs.

CHAS. s. m. [Pr. *chá*] (bas-lat. *capsus*, du lat. *capsa*, qui entoure quelque chose). Le trou d'une aiguille. Voy. Aiguille. || T. Techn. Plaque de métal de forme carrée, percée d'un trou par lequel passe le fil à plomb. || Colle d'amidon qu'on tire du grain par expression. || Colle à l'usage des tisserands.

CHASLES (Michel), célèbre géomètre français, auteur du *Traité de géométrie supérieure* (1793-1880).

CHASLES (Victor-Euphémon-Philarète), écrivain, bibliographe et critique français (1799-1873).

CHASMA. s. m. [Pr. *kasma*] (gr. χάσμα, gouffre). T. Antiq. gr. Le trou sacré par lequel les émanations fatidiques parvenaient à la Pythie.

CHASMANTHÈRE. s. m. [Pr. *kasmantère*] (gr. χάσμα, gouffre, et *anthère*). T. Bot. Genre de plantes (*Chasmanthera*) de la famille des *Ménispermacées*. Voy. ce mot.

CHASMANTHÉRÉES. s. f. pl. [Pr. *kasmantéré*] (R. *Chasmanthère*). T. Bot. Groupe de végétaux formant une tribu de la famille des *Ménispermacées*. Voy. ce mot.

CHASME. s. m. [Pr. *kasme*] (gr. χάσμα, gouffre). Ouverture béante, gouffre.

CHASSABLE. adj. Qui est bon à chasser.

CHASSAGE. s. m. (R. *chasser*). T. Exploitation houillère. Galerie d'allongement tracée suivant la direction des couches.

CHASSE. s. f. [Pr. *chace*, a bref] (R. *chasser*). Action de chasser, de poursuivre. Se dit particulièrement de la poursuite des bêtes. *C. au tir, au tiré, au vol, à courre. La c. du loup, du cerf*, etc. *C. à la grosse bête. Aller à la c. Pays de c. La c. est ouverte, fermée, permise, défendue. C. aux chiens courants, au lévrier, à l'oiseau*, etc. Avec des chiens courants, etc. — *Rompre la c.*, l'ordre de la c., Troubler ou même interrompre l'opération de la c. — *Habit de c.*, L'habit d'uniforme que portent les chasseurs qui accompagnent à la c. le roi, les princes ou les grands seigneurs. || Collectiv., Les chasseurs, les chiens et tout l'équipage de la c. *La c. a passé par là. Suivre la c.* || Le gibier que l'on prend. *Je vous enverrai de ma c. Il vit de sa c. Faire bonne, mauvaise c.*, Rapporter beaucoup ou peu de gibier. || Étendue de terres, portion d'un domaine réservée pour la c. *Il possède une c. magnifique. Capitaine des chasses.* || T. Mus. Air qui a le caractère des fanfares qu'on sonne à la c. || *Donner la c.*, Poursuivre. *On donna la c. à un parti de cavalerie ennemie. Les galères de Malte donnaient la c. aux corsaires barbaresques.* || T. Mar. Donner c., Poursuivre un navire, un vaisseau qu'on veut reconnaître ou dont on veut s'emparer. *Appuyer une c.*, Poursuivre vigoureusement. *Soutenir la c.*, Seconder le vaisseau qui donne la c.; et, dans un autre sens, Fuir à égalité de marche sans être joint par l'ennemi. *Prendre c.*, Fuir à pleines voiles pour se dérober à l'ennemi et pour éviter le combat. On dit, dans des sens analogues, *Maintenir, continuer la c. Lever, abandonner la c.*, etc. — *Pièces de c.*, Les pièces d'artillerie qui sont à l'avant et dont on se sert pour tirer sur un navire que l'on poursuit. || En parlant d'une voiture ou d'autres machines semblables, C. se dit de sa facilité plus ou moins grande à se porter en avant s'emparer. *Cette calèche est lourde, elle n'a pas assez de c.* || T. Méc. C. se dit de l'espace libre donné soit à une machine entière, soit à quelqu'une de ses parties pour en faciliter le jeu. *Il ne faut ni trop ni trop peu de c.* || T. Jeu de Paume. La distance qu'il y a entre le mur du côté où l'on sert, et l'endroit où tombe la balle du second bond. *Grande c. Gagner la c. C. morte*, Coup perdu. — Fig. et fam., *C. morte*, se dit d'une affaire commencée, que l'on ne poursuit pas, qui demeure là. *Marquer une c.*, Relever une parole, remarquer dans une affaire, dans la conduite d'un homme, une circonstance dont on veut tirer quelque avantage. || T. Hydraul. *Écluses de c.*, Écluses que l'on ferme d'abord pour

élever le niveau de l'eau et que l'on rouvre ensuite pour produire un fort courant et nettoyer le lit du bassin. Voy. Écluse. || T. Chim. *Feu de c.*, Feu violent dans un fourneau. || T. Techn. Maçonnerie propre à garantir le verrier de l'action du feu. || Outil du fabricant d'ancres, *C. ronde*, Outil qui sert à retirer les congés avec les faces et à dresser les parties concaves. *C. à biseau*, Outil à tête acérée dont on se sert pour refouler les épaulements. || T. Apic. Voy. plus bas.

À l'origine de la société, la *C.* était une nécessité indispensable. Non seulement les hommes avaient à se défendre contre les bêtes féroces et sauvages, mais encore la chair d'un grand nombre d'entre elles leur était une précieuse ressource alimentaire. Plus tard, lorsque la civilisation eut fait quelque progrès, la c., en cessant d'être une nécessité, devint un pass-temps des plus recherchés. Nous savons, par les bas-reliefs de Ninive et les peintures des tombeaux de Thèbes, que la c. était un des exercices favoris des princes assyriens et égyptiens. Les rois de Perse possédaient des parcs immenses remplis de bêtes fauves où ils se livraient aux plaisirs de la c. Les Grecs et les Romains adoraient Diane chasseresse. Platon, chez les premiers, regardait la chasse comme un *exercice divin*, comme l'*école des vertus militaires*. Pline le Jeune, chez les seconds, la conseillait comme une distraction de l'étude. Ces deux peuples furent de hardis chasseurs. Ils attaquaient de préférence les bêtes fauves, qu'ils forçaient, au moyen de meutes nombreuses, à venir se faire tuer à coups de traits, dans une enceinte entourées de filets. Ils ne paraissent pas, vraisemblablement à cause de l'insuffisance de leurs armes, avoir fait grand cas du menu gibier, surtout du gibier à plume. Les Gaulois et les Germains se livraient à la c. avec toute la fougue de leur caractère. Elle était, pour eux, une sorte d'apprentissage de la guerre et une ressource alimentaire de la plus haute importance. Ils poursuivaient de préférence l'ours, le bœuf sauvage ou urus, le cerf, le sanglier, le chevreuil et le daim. Leurs chiens avaient une grande réputation de force et de courage, et ils constituaient, d'après Strabon, un objet de commerce assez important. Après leur établissement dans la Gaule, les Francs conservèrent les habitudes de chasseurs qu'ils avaient apportées d'outre-Rhin. Les rois s'attribuèrent le droit exclusif de poursuivre le gibier de leurs domaines, et chaque grand propriétaire les imita. Les seigneurs féodaux conservèrent ces traditions, et leur passion pour la c. était telle qu'à l'époque de la première croisade, la plupart de ceux qui partirent emmenèrent leurs chiens et leurs faucons. « La c., disait Gaston Phœbus, comte de Foix, sert à fuir tous péchés mortels; bon veneur a en ce monde joie, leesse et déduit, et après aura paradis encore. » Pendant tout le moyen âge, la c. fut considérée comme un privilége exclusif de la noblesse, et l'un des actes qui contribuèrent le plus à faire Louis XI odieux aux grandes familles fut la défense qu'il leur fit de se livrer à leur plaisir favori. « A cette époque, dit Claude Seyssel en parlant du règne de ce prince, c'était un cas plus graciable que tuer un homme que de tuer un cerf ou un sanglier. » La noblesse recouvra, sous Charles VIII, la plénitude de son droit et la conserva jusqu'à la révolution de 1789.

Considérée sous le rapport des animaux qu'elle poursuit, la c. se divise en *grande* et en *petite*. La grande c. comprend, parmi les quadrupèdes, le cerf, le daim, le chevreuil, le chamois, le bouquetin, le sanglier, l'ours, le loup et le renard; parmi les oiseaux, le coq de bruyère, le faisan, l'outarde, le héron et le cygne. La petite c. se borne au lièvre, au lapin, à la perdrix, à la caille, à la bécasse, à la bécassine, au canard, à la sarcelle, etc. Sous le rapport des procédés qu'elle emploie, on distingue encore la c. en plusieurs catégories. La *C. à courre* consiste à faire poursuivre une seule bête par une meute accompagnée de veneurs à cheval, jusqu'à ce qu'elle tombe épuisée de fatigue. Dans la *C. au tir*, on cherche et on fait lever le gibier avec des chiens courants ou des chiens d'arrêt, ou bien on attend le gibier à l'affût, pour le tuer ensuite à coups de fusil. La *C. aux pièges* est la plus variée et la plus destructive de toutes; elle reçoit des noms spéciaux selon l'espèce de piège ou d'engin dont elle fait usage. On distingue les instruments qui servent à attirer ou approcher le gibier, tels que les pipeaux, les appeaux, les lanternes à réflecteurs, les miroirs, etc.; et ceux qui servent à le prendre, tels que le traquenard, les bascules, les toiles, les halliers, les gluaux, les lacets, etc. La *C. à l'oiseau*, ou Fauconnerie, consiste à faire attaquer les animaux par des oiseaux dressés. La *C. au furet* s'emploie spécialement pour le lapin, etc. Le terme de *Vénerie* désigne l'art de chasser avec des chiens courants à toutes sortes de bêtes, et principalement aux bêtes fauves. Enfin, on applique la dénomination d'*Aviceptologie* à la

c. aux oiseaux lorsqu'elle se pratique à l'aide d'engins et de filets. — Voy. l'AUCONNERIE, APPEAU, ALOUETTE, CERF, FURET, etc.

Législ. — Sous le régime de la loi romaine, comme dans la législation moderne, le droit de c. découlait du droit de propriété. Le gibier appartenait à celui qui l'avait tué, mais le chasseur ne pouvait le poursuivre sur les terres d'autrui sans l'autorisation du propriétaire. Les lois féodales introduisirent un nouveau système. Le roi seul eut le droit général de chasser dans tout le royaume, et il fut établi en principe que les seigneurs hauts justiciers pouvaient seuls en partager avec lui l'exercice, en vertu de la délégation qui leur permettait de rendre la justice. Quant aux seigneurs bas justiciers, ils ne purent en jouir que moyennant des privilèges spéciaux délivrés par ces derniers. Quelquefois, le droit de c. fut également accordé à des bourgeois individuellement, et même aux habitants de certaines villes et de certaines provinces; mais on ne doit voir là que des exceptions très rares. Ainsi, pendant près de sept siècles, la c. fut une des prérogatives exclusives de la noblesse. Les délits de c. étaient punis avec la dernière rigueur. Selon les cas, les coupables étaient condamnés au carcan, au bannissement, à la marque, aux galères, au fouet et à une multitude d'autres châtiments que la loi laissait à l'arbitraire des juges. Henri IV renchérit encore sur la sévérité de ses prédécesseurs par son édit de 1601, qui prononçait la peine de mort contre le braconnier pris en récidive à chasser la grosse bête dans les forêts royales. Louis XIV abolit cette loi en 1669, mais il laissa subsister tous les abus qu'entraînait l'exercice du droit de c., et l'on sait qu'ils étaient grands, puisqu'il n'était pas même permis de préserver les récoltes des ravages des bêtes fauves. Après avoir, par le décret du 11 août 1789, enlevé à la noblesse le privilège du droit de c., l'Assemblée constituante essaya, par la loi du 20 avril 1791, de prévenir les inconvénients que pourrait entraîner l'exercice illimité de ce droit alors accordé à tous les citoyens. Cette loi, complétée plus tard par les décrets du 11 juillet 1810 et du 4 mai 1812, est restée en vigueur jusqu'au 3 mai 1844, époque où a été promulguée la législation qui nous régit actuellement. La loi de 1844, complétée par les lois de 1861 et 1874, établit en principe que nul ne peut chasser si la c. n'est pas ouverte et s'il ne lui a pas été délivré un *Permis de chasse* par l'autorité compétente. Elle dispose, en outre, que nul n'a le droit de chasser sur les terres d'autrui sans le consentement du propriétaire ou de ses représentants. Enfin, elle ne reconnaît que deux espèces de chasses, la c. à courre et la c. à tir, et prohibe tous les engins comme instruments de braconnage, à l'exception, toutefois, des lapins et des pièges employés contre les animaux nuisibles. Enfin, pour donner sanction à celle de ses dispositions qui suspend le droit de c. pendant une partie de l'année, elle interdit l'achat, la vente, le transport et le colportage du gibier pendant le temps où la c. est fermée, sous peine d'une amende de 50 à 200 fr., et, en outre, d'un emprisonnement de 6 jours à 2 mois. C'est au préfet qu'appartient le soin de fixer les époques auxquelles la c. peut avoir lieu; ce sont les sous-préfets qui délivrent les permis sur l'avis des maires à qui la demande doit être adressée. La délivrance d'un permis donne lieu au paiement d'un droit de 28 fr. dont 18 au profit de l'État et 10 au profit de la commune. Quant à la pénalité, elle s'élève, selon la circonstance, d'une simple amende de 16 à 300 fr. jusqu'à un emprisonnement qui peut être porté à 1 mois, et à 6 mois en cas de récidive. Les coupables peuvent encore être privés du droit d'obtenir un permis pour un temps qui peut aller jusqu'à 5 ans. Enfin, quelle que soit la peine encourue par lui, le coupable est condamné à la confiscation de ses engins et de ses armes, sauf le cas où le délit a été commis par un individu muni d'un permis régulier, dans un temps où la chasse n'était pas prohibée. La loi attache aux délits de c. le caractère de délits contre l'ordre public. En conséquence, elle donne au ministère public le droit de poursuivre d'office le délinquant. C'était là, en effet, le seul moyen de réprimer efficacement le braconnage.

Apic. — La C. est l'opération qui consiste à faire passer dans un panier vide les abeilles contenues dans une ruche à rayons fixes et garnie de ses rayons. On la pratique dans le but d'effectuer la récolte sans blesser les abeilles, de faire un *Essaim art fie* el ou un *Transvasement*. Voy. ces mots. La ruche habitée est enfumée fortement, retournée et maintenue dans cette position par l'introduction de sa partie pointue entre les barreaux d'un escabeau, par ex. Un second panier, d'égale capacité, mais vide, est placé sur le premier de manière à le recouvrir; on relie les deux paniers l'un à l'autre par une cheville. Autour de ce point d'attache, comme charnière, on fait basculer le panier supérieur en le maintenant

à une inclinaison de 45° environ par deux baguettes servant de supports. L'opérateur avec une baguette dans chaque main se place alors le dos au feu et à coups répétés et continus frappe la ruche inférieure sur toute l'étendue des parois en commençant par le fond. Les abeilles ne tardent pas à quitter leur domicile et à grimper vers la reine dans le panier supérieur. On ne réussit bien une c. que par les journées chaudes pendant lesquelles les abeilles sont très actives.

CHÂSSE. s. f. [Pr. *chàce*] (lat. *capsa*, caisse). Sorte de coffre en pierre, en bois, en métal, où l'on garde les reliques de quelque saint. La c. de *sainte Geneviève est encore vénérée à Paris*. || T. Techn. Se dit de certaines choses qui servent à en tenir d'autres enchâssées. La c. d'une *lunette*. — La c. d'une *balance*. Le morceau de fer par lequel on soulève une balance, lorsqu'on pèse quelque chose. — La c. d'une *lancette*, d'un *bistouri*. Les deux pièces mobiles qui servent à recouvrir la lame de la lancette, etc., et lui forment une espèce de manche.

CHASSÉ. s. m. T. Danse. Pas qui s'exécute en allant de côté, soit à droite, soit à gauche.

CHASSE-AVANT. s. m. Surveillant des ouvriers dans un grand atelier. || Fig., Celui qui excite les autres. == Pl. *Des chasse-avant*.

CHASSE-BONDIEU. s. m. Morceau de bois qui sert aux scieurs de long à enfoncer leur coin. == Pl. *Des chasse-bon dieu*.

CHASSE-COUSIN. s. m. Se dit famil. d'un mauvais vin, et d'autres choses peu propres à attirer les parasites. *Quand ils viennent ne voir, j'ai soin de leur donner du c.-cousin*. || Fleuret ne pliant pas qui est propre à bourrer ceux qui, font assaut. == Pl. *Des chasse-cousin* ou *des chasse-cousins*.

CHASSE-CRAPAUD. s. m. Engoulevent, oiseau. == Pl. *Des chasse-crapaud*, ou *des chasse-crapauds*.

CHASSÉ-CROISÉ. s. m. Pas figuré où le cavalier et sa danseuse passent l'un devant l'autre. || Fig. et Fam. Se dit au théâtre de 4 personnages divisés en deux couples qui font, l'un par rapport à l'autre, exactement la même chose. Se dit aussi des gens qui s'arrangent pour échanger leurs places ou leurs situations. *Le changement de ministère ne fut qu'un chassé-croisé*. || Fam. Suite d'opérations qui s'exécutaient sans amener de changement sensible. == Pl. *Des chassés-croisés*.

CHASSE-DERRIÈRE. s. m. Homme qui pousse par derrière. == Pl. *Des chasse-derrière*.

CHASSE-FLEURÉE. s. f. Planche qui sert au teinturier à écarter l'écume de la surface de la cuve. == Pl. *Des chasse-fleurée* ou *chasse-fleurées*.

CHASSE-GOUPILLE. s. m. Outil d'armurier. == Pl. *Des chasse-goupille* ou *des chasse-goupilles*.

CHASSELAS. s. m. (Nom d'un village des environs de Mâcon).T. Bot. et Hortic. Variété de raisin fort estimée pour la table, qui se cultivait surtout à Thomery, près de Fontainebleau. Aujourd'hui on le cultive beaucoup dans le midi de la France et en Algérie.

CHASSELOUP-LAUBAT (FRANÇOIS DE), ingénieur militaire (1754-1833). || Son fils (1805-1873) a été ministre de la marine sous le 2ᵉ Empire, et ministre de l'Algérie.

CHASSE-MARÉE. s. m. Voiturier qui apporte la marée. || Voiture qui sert à transporter la marée. || Fig. et fam., *Aller un train de c.-marée*, Aller fort vite. — Pl. *Des chasse-marée*.

Mar. — C'est un petit bâtiment habituellement employé au petit cabotage, dont la marche est avantageuse, surtout pour gagner malgré l'obliquité du vent. Le *C.-marée* porte deux mâts principaux. Le plus grand, planté au milieu de la longueur du bâtiment, est fort incliné sur l'arrière : il porte une immense voile qui s'amène sur le pont. Le mât de misaine est tout à fait presque à l'avant. Souvent le c.-marée a un troisième mât placé à l'extrême arrière, et qu'on nomme comme la petite voile qu'il porte, *tapecu*. Les grands c.-marée ont des huniers, c.-à-d. portant encore d'autres voiles par-dessus la grande voile et celle de misaine (Fig. ci-après); mais, au lieu de se rouler et de se serrer sur leurs vergues, ces voiles

hautes s'amènent sur le pont, quand on veut les soustraire à l'action du vent.

CHASSE-MOUCHE. s. m. Petit balai avec lequel on chasse les mouches. || Sorte de filet à cordons pendants, dont on couvre les chevaux dans la saison des mouches. = Pl. *Des chasse-mouche* ou *des chasse-mouches.*

CHASSE-MULET. s. m. Valet de meunier. = Pl. *Des chasse-mulet* ou *des chasse-mulets.*

CHASSE-NEIGE. s. m. Appareil en forme de charrue à deux versoirs, mais de bien plus grandes dimensions, qui sert à déblayer les routes couvertes de neige ; sur les voies ferrées, on place le chasse-neige en avant de la locomotive. = Pl. *Des chasse-neige* ou *des chasse-neiges.*

CHASSE-NOIX. s. m. Outil d'armurier. = Pl. *Des chasse-noix.*

CHASSE-PARTIE. s. f. Accord par lequel les aventuriers règlent ce qui doit revenir à chacun pour sa part. = Pl. *Des chasses-parties.*

CHASSE-PIERRES. s. m. Appareil fixé en avant des roues d'une locomotive, sur un chemin de fer, pour écarter ce qui fait obstacle. = Pl. *Des chasse-pierres.*

CHASSE-POIGNÉE. s. m. Outil pour chasser la poignée d'une épée sur la soie de la lame. = Pl. *Des chasse-poignée* ou *des chasse-poignées.*

CHASSE-POINTE. s. m. Outil pour chasser les pointes ou goupilles d'un ouvrage quelconque. = Pl. *Des chasse-pointe* ou *des chasse-pointes.*

CHASSEPOT. s. m. Fusil à aiguille inventé par M. Chassepot et adopté par l'armée française de 1866 à 1874.

CHASSE-PUNAISE. s. f. Nom vulgaire de la Cimicaire. = Pl. *Des chasse-punaise* ou *des chasse-punaises.*

CHASSER. v. a. (lat. *captare*, s'emparer de). Poursuivre des animaux sauvages dans le but de les tuer ou de les prendre vivants. *C. le cerf, le lièvre, le sanglier.* Pousser devant soi. *Du premier choc, nous chassâmes l'ennemi. C. l'ennemi devant soi,* Le faire retirer de poste en poste. — Par anal., Mener, faire marcher devant soi. Se dit surtout en parlant des bestiaux. *C. un troupeau de moutons, de vaches,* etc. || Mettre dehors avec violence, contraindre à sortir de quelque lieu. *C. les ennemis du royaume, hors du royaume. Je l'ai chassé de ma maison.* — Fam. et par exag., *Les maçons et les peintres me chassent de chez moi.* — Fig., *La nuit nous chassa. Le jour vint c. les ténèbres. Chassez ces pensées qui vous affligent.* || Par ext., Congédier, renvoyer une personne dont on est mal satisfait. *Il a chassé son valet.* — Fam. et par exag., on dit : *Pardon si je vous chasse, mais il faut absolument que je sorte.* || *C. le mauvais air d'un lieu,* Y renouveler l'air. Se dit aussi des choses que l'on croit propres à purifier, à assainir l'air. *Ces parfums chassent le mauvais air.* || Pousser quelque chose en avant. *La charge n'est pas assez forte pour c. ce boulet.* || T. Man. *C. son cheval,* Le porter en avant en serrant les jambes. || T.

Marin. *C. un navire, un vaisseau,* Lui donner la chasse, le poursuivre. *C. la terre,* S'en approcher, la reconnaître. = **CHASSER.** v. n. Poursuivre toute sorte de gibier. *C. au fusil, au tir. C. avec des chiens courants. Il faisait bon c. Il chasse sur mes terres. Ce chien chasse de haut vent,* Il chasse contre le vent. — Fig. et fam., *Cet homme chasse à en au plat,* Il a bon appétit, il aime à manger le gibier que les autres ont tué. — Fig. et prov., *C. sur les terres de quelqu'un,* Entreprendre sur ses attributions, sur ses droits, etc. *Leurs chiens ne chassent pas ensemble,* Se dit de deux personnes qui ne sont pas en bonne intelligence. || T. Mar. *Ce bâtiment chasse sur ses ancres,* Il les entraîne et leur fait labourer le fond. On dit, dans un sens anal., qu'*Une ancre chasse,* lorsqu'elle ne tient pas le fond. On dit encore qu'*Un bâtiment chasse sur un autre, chasse à la côte,* lorsque, chassant sur ses ancres, il va tomber sur un autre bâtiment ou se jeter à la côte. || *Les nuages chassent du nord, du sud,* etc. Ils viennent du nord, du sud, etc. || *Cette voiture chasse bien,* Elle est légère et roule avec facilité. || T. Typog. Blanchir fortement, c. d'une page, d'une ligne. *Ce caractère chasse plus que tel autre.* || T. Danse. Exécuter le pas de danse appelé *Chassé. Chassez et déchassez.* = CHASSÉ, ÉE. part.

CHASSERESSE. s. f. Syn. de Chasseuse. Ne se dit guère qu'en poésie. *Diane la c.* ou *Diane c. Les nymphes chasseresses.*

CHASSE-RIVET. s. m. Outil pour river les clous en cuivre. = Pl. *Des chasse-rivet* ou *des chasse-rivets.*

CHASSE-RONDELLE. s. m. Outil de charron. = Pl. *Des chasse-rondelle* ou *des chasse-rondelles.*

CHASSE-ROUE. s. m. Pièces de fer qui empêchent que les roues ne dégradent les murailles. = Pl. *Des chasse-roue* ou *des chasse-roues.*

CHASSEUR, EUSE. s. Celui, celle qui chasse actuellement, ou qui aime chasser. *Je trouvai des chasseurs dans la plaine. Cette femme était habillée en chasseuse.* || Domestique employé en livrée à chasser pour son maître. || Domestique en habit de chasse qui monte derrière la voiture. || T. Mar. Bâtiment qui en poursuit un autre. On dit quelquefois adjectiv., *Le vaisseau c.*

Arm. — Dans l'Art militaire, on donne ce nom à divers corps de troupes, les uns à pied, les autres à cheval, destinés, dans le principe, au service extérieur et avancé de l'armée. En France, les *Chasseurs à cheval* ont paru, pour la première fois, en 1740. Ils faisaient partie de la légion de Fischer. En 1776, il en fut attaché un escadron à chacun des 24 régiments de dragons, pour être employé à couvrir les flancs et à éclairer la route. En 1779, ces 24 escadrons furent réunis en un seul corps, dont on fit 6 régiments de cavalerie légère. Ce nombre fut porté à 12 en 1788, à 20 en 179., à 22 en 1793, à 34 en 1814. Sous le second empire, il fut réduit à 13. Ils avaient pour armes le sabre demi-courbe, les pistolets et le mousqueton. Leur uniforme était vert avec passementeries noires pour les soldats, en argent pour les officiers ; le pantalon rouge ; les boutons et la buffleterie blancs ; la coiffure était un petit colback en peau d'agneau, surmonté d'un plumet rouge et vert. Les chasseurs de la garde avaient, à l'exception de la coiffure et de quelques accessoires, à peu près le même uniforme. Aujourd'hui, l'armée française compte 30 régiments de chasseurs à cheval. Ils sont armés du sabre et de la carabine ; leur uniforme se compose d'un dolman bleu de ciel à tresses noires et à collet rouge, d'un pantalon rouge (à double bande bleue pour les officiers), et d'un shako recouvert de drap de même bleu. Les boutons sont d'étain, les galons de grade sont en argent. Le plumet tombant est en plumes de coq. — La cavalerie française renferme, en outre, 4 régiments de *Chasseurs d'Afrique,* créés pour le service spécial de l'Algérie. L'uniforme de ces d'rniers est un dolman bleu céleste, un pantalon très large et une fourragère de couleur garance ; leurs armes sont le sabre demi-courbe et la carabine ; leur coiffure d'ordonnance est la casquette garance ou képi. — Le terme de *Chasseurs* n'est pas nouveau dans l'infanterie française ; pendant longtemps, il a été appliqué à un corps de fusiliers n'ayant rien qui justifiât particulièrement le titre sous lequel on les dési.nait. C'est seulement depuis la conquête de l'Algérie que nous possédons un corps de troupes méritant véritablement le nom de *Chasseurs à pied,* c.-à-d. que nous avons des fantassins réellement propres au service de tirailleurs. La création des zouaves peut être considérée comme le premier pas dans cette nouvelle voie. Toutefois, l'origine des chasseurs actuels ne date que de 1837. A cette époque, quelques compagnies d'essai furent créées à Vincennes sous la direction du duc d'Orléans. Une ordonnance du 14 nov. 1838 réunit ces compagnies en un bataillon provisoire qui fut reçu et constitué définitivement par une ordonnance royale du 28 août suivant, sous le nom de *Bataillon des tirailleurs de Vincennes*. Le 28 septembre 1840, une autre ordonnance établit 9 autres bataillons et donna à l'ensemble de l'arme le nom de *Chasseurs d'Orléans*, en l'honneur du prince qui avait conçu l'idée de cette création et avait présidé lui-même à l'organisation du nouveau corps. Mais ce nom disparut en 1848 et fut remplacé par celui de *Chasseurs à pied*. Le nombre de ces bataillons monta, sous le second empire, à 21, dont un faisait partie de la garde. L'armée française compte aujourd'hui 30 bataillons de chasseurs à pied. Leur uniforme consiste en une tunique bleu de roi, un pantalon gris bleu avec des épaulettes vertes et des passe-poils jaunes; le shako est bleu sombre. La marque distinctive des chasseurs à pied et des chasseurs à cheval est un petit cor de chasse en cuivre figuré sur le devant du shako. Depuis que toute l'infanterie est dressée à combattre en tirailleurs, les chasseurs à pied n'ont plus de service spécial. Mais leur formation en bataillons et non en régiments en fait des unités tactiques plus maniables.

Il existe un bataillon de chasseurs par corps d'armée. Le surplus est réparti sur les frontières de l'Est et du Sud-Est. Dans les Alpes, où ils portent le nom de *chasseurs alpins*, leur uniforme est quelque peu modifié; leur coiffure est un large béret sans visière portant en drap jonquille un cor de chasse et le numéro du bataillon. Leur vareuse a le col rabattu. Ils sont enfin chaussés de guêtres et armés d'un bâton recourbé à l'aide duquel ils se hissent avec une intrépidité admirable par les sentiers les plus inaccessibles.

CHASSE-VASE. s. m. Appareil destiné à faire sortir des ports la vase qui les encombre. = Pl. *Des chasse-vase* ou *des chasse-vases*.

CHASSIE. s. f. (lat. *cæcutia*, vue faible, de *cæcus*, aveugle). Humeur gluante qui s'amasse sur le bord des paupières.

CHASSIEUX, EUSE. adj. (R. *chassie*). Qui a de la chassie aux yeux. *Il est c.* On dit aussi, *Avoir les yeux chassieux*.

CHÂSSIS. s. m. (R. *châsse*). Se dit en général d'un assemblage en fer ou en bois dont la forme est ordinairement carrée, et qui sert à encadrer ou à soutenir quelque objet. *C. à flèche, à coulisse, à panneaux*, se dit plus particulièrement d'un ouvrage de menuiserie composé de plusieurs pièces et formant un ou plusieurs carrés où l'on met des vitres, du papier huilé, etc. *C. de verre, de toile, de papier. Coller, poser, lever des châssis*. || *C. dormant*, Assemblage de montants et de traverses qui encadre les parties mobiles d'une fenêtre, et qui est fixé à demeure dans la feuillure de la baie. — *C. de tableau, de décorations*, Sorte de cadre en bois qui sert à tenir tendue la toile d'un tableau, d'une décoration de théâtre. — *C. de table*, Le cadre en bois qui soutient la partie plane et supérieure d'une table. — *C. de pierre*, Dalle de pierre qui ne reçoit aucune autre en feuillure. || *C. d'imprimerie*, Cadre rectangulaire dans lequel on impose les pages dont l'ensemble constitue une forme. Voy. TYPOGRAPHIE. || T. Mar. Partie de l'affût d'une caronade sur laquelle se place la semelle.

CHASSOIR. s. m. (R. *chasser*). Outil qui sert au tonnelier à chasser les cerceaux sur la futaille.

CHASSOIRE. s. f. (R. *chasser*). T. Faucon. Baguette que portent les autoursiers.

CHASTE. adj. 2 g. (lat. *castus*, m. s.). Qui s'abstient des plaisirs d'un amour illicite. *Homme c. Épouse c.* || Pur, éloigné de tout ce qui blesse la pudeur, la modestie. *Amour c. Un cœur c. Cela blesse les oreilles chastes*.

CHASTELAIN (GEORGES), auteur d'une grande chronique (1405-1475).

CHASTELARD, petit-fils de Bayard, suivit Marie Stuart en Écosse, fut surpris dans sa chambre et condamné à mort (1540-1564).

CHASTELLUX (Marquis de), militaire et littérateur français, petit-fils de d'Aguesseau (1734-1788).

CHASTEMENT. adv. D'une manière chaste.

CHASTETÉ. s. f. (lat. *castitas*, de *castus*, chaste). Vertu par laquelle on modère et on restreint dans les bornes du devoir le penchant pour les plaisirs de l'amour. *Garder la c. C. conjugale*. || Sign. quelquefois entière abstinence des plaisirs de l'amour. *C. perpétuelle. Faire vœu de chasteté*.

Syn. — *Continence*. — La *chasteté*, selon l'état des personnes, interdit absolument les plaisirs de la chair ou bien en règle l'usage : c'est ainsi qu'on distingue la c. des vierges, celle des veuves et celle des femmes mariées. La *continence* est simplement la privation, volontaire ou forcée, des plaisirs charnels. On peut être *chaste* sans être *continent*, et *continent* sans être *chaste*. La continence peut s'allier à des désirs que la chasteté réprouve.

CHASUBLE. s. f. (bas-lat. *casibula*, dimin. de *casa*, prop. petite hutte, et par extension manteau). T. Liturg. La *Chasuble* est le vêtement que le prêtre met par-dessus l'aube et l'étole pour célébrer le sacrifice de la messe. Dans le principe, elle consistait en une sorte de robe longue et sans manches, qui couvrait tout le corps comme une petite maison, *casula, casibula*, d'où est venu le mot français, et qui avait à la partie supérieure une ouverture suffisante pour y passer la tête. On l'appelait aussi *Planète (planeta)*, parce qu'on pouvait la faire tourner en tous sens sur les plaquettes. On la retrouve encore, sous sa forme primitive, dans l'Église d'Orient; mais dans celle d'Occident cette forme se modifia vers la fin du XVe siècle. A cette époque, l'habitude s'introduisit d'échancrer les parties latérales, afin de faciliter le mouvement des bras pendant l'élévation, et cette échancrure est devenue peu à peu si considérable, que la c. actuellement en usage ne se compose plus que de deux grandes pièces, l'une devant, l'autre derrière, réunies sur les épaules par deux bandes étroites. La partie qui couvre le dos est toujours ornée d'une croix. Aujourd'hui, cet ornement religieux est exclusivement réservé aux évêques et aux prêtres, tandis qu'autrefois il était également porté par les diacres et les sous-diacres et même par les acolytes.

CHASUBLERIE. s. f. Lieu où l'on vend des chasubles, des étoles, des surplis, des nappes d'autels, et autres ornements d'église.

CHASUBLIER. s. m. Ouvrier qui fait toutes sortes d'ornements d'église.

CHAT, ATTE. s. (bas-lat. *cattus*, m. s., de *cattare*, guetter; parce que cet animal se cache pour guetter sa proie. L'origine du mot est sans doute germanique, peut-être arabe). Animal domestique à ongles rétractiles, qui prend les rats et les souris. *Ce c. est bon pour les souris*. — Fam. *Elle est friande comme une chatte*, et Fig., *C'est une chatte*, se dit d'une femme très friande. || Fig. et prov., *Il le guette comme le c. fait la souris*, se dit d'un homme qui en épie un autre. *A bon c. bon rat*, Bien attaqué, bien défendu; ruse contre ruse. *La nuit tous les chats sont gris*, La nuit, il est aisé de se méprendre, de ne pas reconnaître ceux à qui l'on parle; ou bien, dans l'obscurité la beauté et la laideur ne se peuvent distinguer. *Payer en chats et en rats*, Payer en toutes sortes d'effets de mince valeur. *Emporter le c.*, Sortir d'une maison sans dire adieu à personne. *Jeter le c. aux jambes à quelqu'un*, Rejeter la faute sur lui, ou lui susciter quelque embarras. *Bailler le c. par les pattes*, Présenter une chose par l'endroit le plus difficile. *Éveiller le c. qui dort*, Réveiller une affaire qui était assoupie, chercher un danger qu'on pouvait éviter. *Il ne faut pas éveiller le c. qui dort*, Il ne faut pas fournir, à celui qui n'y pense pas, des occasions de montrer son mécontentement. *Il n'y a pas un c.*, Il n'y a absolument personne. *Je croyais y trouver beaucoup de monde, il n'y avait pas un c.* — *Avoir un c. dans la gorge*, se dit d'un chanteur qui, par une cause quelconque, ne peut pas émettre les sons qu'il désire. || T. Artill. Sorte d'instrument à branches de fer élastiques et pointues, dont on se sert pour visiter l'âme d'une pièce de canon, afin de découvrir les chambres qui s'y trouvent.

‖ T. Techn. Accident qui survient lorsque la matière en fusion s'échappe du creuset pour se répandre dans le feu. — Morceau de métal percé d'un trou dans lequel passe la corde de l'aplomb du charpentier. — Chevalet de couvreur. — Matière étrangère dure, qu'on trouve dans l'ardoise et qui empêche de la débiter. ‖ T. Pêc. Grappin à l'aide duquel les pêcheurs retirent du fond de la mer les filets qui leur ont échappé.

Zool. — Le grand genre *Chat* (*Felis*) de Linné et de Cuvier constitue, dans les méthodes actuelles, une des familles les plus importantes de la classe des *Mammifères* et de l'ordre des *Carnivores*. Cette famille, appelée *Félidés*, se compose en effet d'espèces destinées par leur organisation à vivre de proie encore plus exclusivement que les chiens. Ces animaux sont, de tous les carnassiers, les plus fortement armés. Ils se distinguent de tous les autres par leurs dents et par leurs ongles. Ils sont les seuls qui aient 4 molaires à la mâchoire supérieure : 1 tuberculeuse, 1 carnassière et 2 fausses molaires; et 3 à la mâchoire inférieure : 1 carnassière et 2 fausses molaires. La tuberculeuse n'a point de dent en opposition; la carnassière supérieure a 3 lobes avec 1 petit tubercule à sa face interne et à sa partie antérieure; la carnassière inférieure est sans talon et à 2 lobes. Ils ont, en outre, à chaque mâchoire, 6 incisives et 2 canines énormes. Lorsque l'animal rapproche ses mâchoires, les angles tranchants de toutes ces dents s'engrènent et glissent l'un sur l'autre comme des ciseaux bien tranchants. De plus, les mâchoires sont courtes, solides et mues par des muscles extrêmement puissants. C'est le développement de ces muscles et de l'arcade zygomatique sur laquelle ils s'insèrent, qui donne à la tête de tous les chats cette largeur si caractéristique, et à leur museau cette forme arrondie que tout le monde a remarquées. Lorsque de ces animaux ne constituent pas des armes moins formidables que leurs dents. La nature a pourvu, par un mécanisme particulier, à ce qu'ils ne puissent ni s'user ni s'émousser par la marche, comme ceux des autres carnassiers. La phalange unguéale donne attache par sa face dorsale à un ligament qui la maintient habituellement relevée, sans que l'animal fasse pour cela aucun effort, de sorte que jamais l'ongle n'éprouve de frottement contre le sol. Mais quand l'animal veut saisir et déchirer une proie, il contracte les muscles fléchisseurs des phalanges et fait sortir ses griffes acérées. Dès que la contraction volontaire cesse, les armes se relèvent naturellement et se cachent au-dessus des doigts. Cette disposition, qui est exclusivement propre aux félidés, est désignée par l'expression d'*Ongles rétractiles*. Leurs doigts sont au nombre de 5 aux pieds de devant, l'interne fort petit, et de 4 aux pieds de derrière. Les pattes sont garnies en dessous de bourrelets épais et élastiques, ce qui contribue beaucoup à rendre leur marche douce et silencieuse.

Marchant sans bruit, ils arrivent au lieu où ils comptent trouver une proie. Ils s'approchent, en rampant, de leur victime, se tiennent tapis en silence, sans qu'aucun mouvement les décèle, et attendent l'instant propice avec une patience incroyable; puis, s'élançant tout à coup, ils tombent sur elle, la déchirent de leurs ongles, et assouvissent pour quelques heures leur appétit sanguinaire. Quand ils sont rassasiés, ils se retirent au centre du domaine qu'ils ont choisi pour leur empire. Là, ils attendent dans un profond sommeil qu'un besoin nouveau les force à se remettre en chasse. Leur vue ne paraît pas avoir une portée très longue; mais ils voient également bien le jour et la nuit; leur pupille se contracte et se dilate suivant la quantité de la lumière. Chez les espèces dont les habitudes sont plus particulièrement nocturnes, la pupille, en se resserrant, forme une fente verticale; chez celles, au contraire, qu'on peut appeler diurnes, la pupille conserve toujours la forme d'un disque. Le sens de l'ouïe est remarquablement délicat, ce qui résulte de la mobilité de l'oreille externe, de la grandeur de son ouverture, du développement que présentent la membrane et la caisse du tympan. Les chats perçoivent des sons absolument inappréciables pour nous, et au bruit des pas de leur proie qu'ils se dirigent à sa poursuite. Le peu d'étendue du nez ne permet pas à ces animaux d'avoir un odorat très fin. Le sens du goût paraît également peu développé, peut-être à cause des papilles cornées que présente la surface de leur langue : aussi les félidés dévorent-ils plutôt qu'ils ne mangent. Ils tiennent leur proie entre leurs pattes de devant et boivent en lapant. Ils enterrent avec soin leurs excréments, la forte odeur qui s'en exhale pouvant déceler une retraite qui doit être cachée. Le toucher de toute la surface du corps est très sensible; mais il est surtout développé aux moustaches. La voix, dans les grandes espèces, est un bruit rauque très fort, qui se change, dans les petites, en ce que nous appelons le *Miaulement*. Le cerveau des félidés est petit relativement à leur taille, et ne présente, sur chaque hémisphère, que deux sillons longitudinaux. Les femelles témoignent généralement à leurs petits une grande tendresse; mais les mâles, surtout à l'état sauvage, sont les plus cruels ennemis de leur progéniture. Quiconque a étudié avec soin un c. domestique peut se faire une idée de la physionomie, de la forme et des allures des autres félidés. Tous ont, comme lui, une tête ronde, garnie de fortes moustaches, un cou épais, un corps allongé mais étroit, qui peut encore se rétrécir au besoin, des doigts très courts, des pattes fortes, peu élevées, surtout les antérieures, une queue en général grande et mobile. Il n'est point d'animaux dont les formes soient plus arrondies, dont les mouvements soient plus souples. La plupart des félidés grimpent, en outre, avec facilité; mais leur course n'est pas très rapide; ils vont plutôt par sauts et par bonds. Ces animaux ont, en général, un pelage doux : aussi leurs fourrures font-elles un assez grand objet de commerce.

Il existe, en Zoologie, peu de groupes naturels aussi nettement caractérisés que celui des félidés, sous le rapport de la physionomie et de la forme extérieure, sous celui des mœurs et des habitudes, et enfin sous celui de la structure anatomique : aussi est-il très difficile d'établir dans ce groupe des coupes génériques, quand on veut les baser sur quelque caractère tranché. Aujourd'hui, cependant, on divise généralement la famille des *Félidés* en trois genres : *Chat* proprement dit (*Felis*), *Lynx* (*Lynx*) et *Guépard* (*Guepardus* ou *Cynailurus*). Le premier de ces genres présente tous les caractères que nous venons d'exposer comme propres à la famille des *Félidés*. Les espèces qui constituent le second se distinguent extérieurement par le pinceau de poils qui surmonte les oreilles; mais ils diffèrent surtout des chats proprement dits par l'absence de petite fausse molaire antérieure. Le guépard offre pour caractère essentiel d'être le seul félidé dont les ongles ne soient pas rétractiles.

1. Chats proprement dits (Felis). — Ce genre comprend un grand nombre d'espèces, dont plusieurs sont assez mal

Fig. 1.

caractérisées. La plupart ne se distinguent les unes des autres que par leur taille et par leur pelage. — Nous n'avons en Europe qu'une seule espèce de ce genre, le *C. sauvage* (*Felis catus*) (Fig. 1). Cette espèce est d'un tiers plus grande que notre c. domestique. Le fond de son pelage est d'un gris brun sur lequel on aperçoit des bandes noires qui tranchent peu, longitudinales sur le dos et transversales sur les flancs, les épaules et les cuisses; la poitrine et le dessous du ventre sont gris blanc, ainsi que les coins de la bouche, les lèvres sont noires; le dedans des cuisses et des quatre pattes est jaunâtre; enfin, la queue est annelée, mais son tiers inférieur est noirâtre. Le c. sauvage se trouve dans nos forêts, où cependant il n'est pas fort commun. — C'est de cette espèce que descendent les diverses variétés de chats que nous élevons en domesticité. On a distingué ces derniers en quatre races principales : 1° le *C. domestique tigré*, dont le corps est marqué de bandes analogues à celles du c. sauvage, et qui a la plante des pieds et les lèvres noires; les roux gris et blancs, gris et noirs, blancs et gris, noirs et blancs, sont les plus communs dans cette race; 2° le *C. des Chartreux*, d'un gris uniforme à reflets bleuâtres; 3° le *C. d'Espagne*, qui a le pelage entièrement roux ou composé d'un mélange de blanc, de roux et de noir; une particularité assez singulière de cette race, c'est que le mâle n'a jamais que des taches de deux couleurs; 4° le *C. d'Angora*, qui se distingue par ses poils longs et soyeux; ceux du ventre descendent quelquefois jusqu'à terre, et ceux du cou forment une large fraise, tandis que ceux de la tête et des pattes restent courts. La couleur de ces chats est habituellement blanche; on en voit cependant de gris, de fauves et de tachetés. — Le c. domestique était très commun chez les Égyptiens; les Grecs le connaissaient assez peu. Aujourd'hui, il est répandu non seulement dans toute l'Europe, mais encore dans toutes les contrées où il existe des colonies européennes. En dépit d'une longue série de siècles d'existence à l'état domestique, le c. n'a pas entièrement oublié sa sauvagerie originelle. De même que le c. sauvage ne s'écarte pas du canton forestier où il croit son existence assurée par la chasse, le c. domestique ne quitte pas volontairement les lieux où il a longtemps vécu; il s'attache aux maisons beaucoup plus qu'à leurs habitants. — La chatte porte 55 à 56 jours; ses portées sont ordinairement de 4 à 6 petits. Ceux-ci naissent les yeux fermés; ce n'est qu'après le neuvième jour que les paupières s'ouvrent. Les chats atteignent habituellement l'âge de dix ans, et ne dépassent guère celui de quinze.

Les deux autres parties de l'ancien continent, l'Afrique et l'Asie, renferment un assez grand nombre d'espèces de chats;

Fig. 2.

les unes sont communes à toutes deux, les autres sont propres à chacune de ces grandes régions. Parmi les grandes espèces, le Lion et le Léopard sont communs à l'Afrique et à l'Asie, tandis que le Tigre est particulier à cette dernière partie du monde et aux grandes îles de l'Archipel de la Malaisie. L'intérêt qui s'attache à l'étude de ces grands animaux nous déterminant à leur consacrer des articles spéciaux, nous n'en parlerons pas ici : nous nous contenterons donc de mentionner brièvement les espèces moins intéressantes. — Les espèces africaines les mieux connues ont été trouvées aux environs du Cap. Le Serval, C. du Cap ou C. tigre des fourreurs (Felis serval) [Fig. 2], habite tout le sud du continent africain, et peut-être même l'Abyssinie. Il est long de 71 à 81 centim., non compris la queue, qui en a de 27 à 32. Le fond de son pelage est fauve. Le dessus du cou, du dos et des hanches est marqué de bandes longitudinales noires; la queue est annelée de noir et de jaunâtre, et le reste du corps est couvert de taches noires, plus ou moins grandes. — Le C. ganté (F. maniculata) est à peu près de la même taille. La couleur générale de son pelage est gris fauve, avec la ligne du dos noire; sa tête est marquée de 7 ou 8 bandes noires, arquées et étroites; la plante des pieds est noire. Cette espèce habite l'Égypte, et probablement toute la partie septentrionale de l'Afrique.

L'existence de l'Once (F. uncia) a été longtemps révoquée en doute; mais elle est aujourd'hui bien démontrée. Ce félidé est un animal d'assez grande taille : il est long d'environ 1m.12, non compris la queue, qui est elle-même de la longueur du tronc. Son pelage est plus long que ce ui du léopard, d'un gris blanchâtre sur le dos et sur les côtes, mais plus blanc sous le ventre. Il est moucheté de taches en rose, à peu près de la grandeur et de la forme de celles du léopard, mais plus irrégulières. Cet animal habite les hautes montagnes du nord de la Perse, et paraît destiné à vivre dans les pays assez froids. — Les grandes îles de l'Archipel Indien ou de la Malaisie possèdent aussi diverses espèces de félidés assez intéressantes. Les principales sont le Mélas, Arimaou ou Panthère noire de Java (Felis melas), dont nous parlerons au mot PANTHÈRE, le C. longibande, le C. de Diard et le C. ondé. — Le C. longibande (F. macrocelis), appelé à Bornéo et à Sumatra Rimaou-Dahan, est surtout remarquable par sa queue grosse et laineuse, ce qui lui a fait donner par Horsfield le nom de Tigre à queue de renard.

Cet animal a 97 centim. de longueur, non compris la queue, qui a en 86 environ. On le rencontre presque toujours sur les arbres, où il paraît passer une partie de sa vie. Il y dort dans l'enfourchure des branches. Il s'apprivoise avec une grande facilité. — Le C. ondé (F. undata), appelé vulgairement Kuewe, se trouve à Sumatra. Il paraît avoir les pieds palmés, ce qui porte à croire qu'il habite les bords des eaux et des marais, et fait la chasse aux oiseaux aquatiques et même aux poissons. L'Amérique est riche en espèces de félidés; ils représentent dans le nouveau continent le tigre et le lion. Voy. JAGUAR. — L'Ocelot (F. pardalis), appelé aussi Macaraga et Chibigouazou, a environ 1 mètre de longueur, avec une queue de 40 centim. Cet animal est un peu bas sur jambes. Son pelage est gris, marqué de grandes taches fauves bordées de noir, formant des bandes obliques sur les flancs. Il habite l'Amérique méridionale et particulièrement le Paraguay.

II. Lynx. — Ce genre comprend une quinzaine d'espèces, dont une seule habite l'Europe; néanmoins l'importance de ce genre exige que nous lui consacrions un article particulier.

III. Guépard. — Ce genre est constitué par une espèce unique, appelée guépard (Guepardus jubatus), qu'on nomme

Fig. 3.

aussi quelquefois Tigre chasseur et Léopard à crinière (Fig. 3). Nous avons vu que le guépard diffère essentiellement des chats proprement dits et des lynx par ses ongles non rétractiles, qui d'ailleurs sont faibles et peu propres à retenir et à déchirer une proie. Il se distingue encore des autres chats par sa queue plus longue, par sa taille plus élancée, par ses jambes plus hautes et par sa tête plus petite. D'autre part, ses formes générales, sa grande douceur, son attachement et son courage le rapprochent beaucoup des chiens. Cet animal habite l'Amérique méridionale et quelques contrées de l'Afrique. Il est à peu près de la grandeur de la panthère. Sa hauteur est de 65 centim., et sa longueur de 1m.14, non compris la queue. Sa taille est élancée, ses mouvements légers et gracieux. Le fond de son pelage est fauve jaunâtre en dessus, presque blanc en dessous. Toute la partie fauve est garnie de petites taches noires également semées; celles de la partie blanche sont plus larges et moins pleines. Deux lignes noires, l'une partant du grand angle de l'œil et descendant jusqu'à la lèvre supérieure, l'autre plus courte allant de l'angle postérieur vers la nuque, lui donnent une physionomie particulière qui suffirait pour le faire reconnaître. De longs poils, placés au-dessus du cou et sur les joues, forment une espèce de crinière, et sa queue, qui descend jusqu'au bas des jambes, est ornée dans sa dernière moitié par douze anneaux alternativement blancs et noirs. — Le guépard court avec beaucoup plus d'agilité que les chats et peut atteindre aisément le gibier qu'il poursuit, mais il ne peut grimper sur les arbres. Il se laisse facilement apprivoiser et n'a pas le caractère perfide des grands chats noirs tels quels on le classe. Il s'attache au contraire à son maître, répond à sa voix, le caresse et se laisse dresser à chasser pour lui. Depuis fort longtemps on l'emploie en Orient à ce dernier usage. Dans le Malabar et en Perse, le chasseur porte son guépard en croupe, après l'avoir enchaîné et lui avoir bandé les yeux. Aussitôt qu'il aperçoit une pièce de gibier, il s'arrête, enlève le capuchon de l'animal et le met en liberté. Le guépard descend, se glisse derrière les buissons, et s'approche en louvoyant et sans bruit; puis, quand il se croit assez près de sa victime, il s'élance, et en cinq ou six bonds il l'atteint, la saisit et l'étrangle. La peau de ce charmant animal entre dans le commerce de la pelleterie. Voy. LION, TIGRE, PANTHÈRE, JAGUAR et LYNX.

CHÂTAIGNE. s. f. (lat. *castanea*, m. s., du gr. Κάστανον et Κάστανα, ville de la Thessalie et du Pont : καττανικὸν κάρνον, noix de Castana). Fruit du Châtaignier. ‖ Ce nom a été improprement donné à d'autres fruits. *C. du Brésil*, Le fruit du *Berthollettia excelsa*, voy. MYRTACÉES. *C. d'eau*, Le fruit de la Mâcre (*Trapa natans*), voy. LYTHRACÉES. *C. de cheval*, Le fruit du Marronnier d'Inde, voy. SAPINDACÉES. *C. du Malabar*, Le fruit du Jaquier (*Artocarpus incisa*), voy. URTICACÉES. *C. de terre*, Le tubercule du *Bunium bulbocastanum*, voy. OMBELLIFÈRES. — T. Art vétér Plaque cornée située à la face interne de l'avant-bras des solipèdes au tiers à partir du bas. Voy. CHEVAL.

CHÂTAIGNERAIE. s. f. Lieu planté de châtaigniers.

CHÂTAIGNERAIE (LA), ch.-l. de c. de la Vendée, arr. de Fontenay-le-Comte, 2.000 hab. ═ LA CHÂTAIGNERAIE, n. d'homme, voy. CHÂTAIGNERAIE.

CHÂTAIGNIER. s. m. (R. *châtaigne*). T. Bot. Genre d'arbres de la famille des *Cupulifères*, tribu des *Quercées*, dont on connaît aujourd'hui douze à quinze espèces, qui toutes habitent les parties tempérées de l'Europe, de l'Asie, de l'Amérique et de l'Océanie. L'espèce la plus importante du genre et en même temps la seule que l'on trouve en France, même en

Fig. 1.

Europe, est le *C. commun* (*Castanea vesca*). C'est un grand et bel arbre, à branches longues et étalées, à feuilles lancéolées, larges, dentées et d'un vert clair, et à fleurs monoïques. Les chatons mâles sont allongés, formés de groupes irréguliers de fleurs, et exhalent, au temps de la fécondation, une odeur toute particulière. Le fruit consiste en trois akènes entourés par une cupule générale provenant de la soudure des bractées ; cette cupule est vulgairement appelée *Hérisson* à cause des piquants qui couvrent sa surface extérieure. Les akènes constituent ce que l'on connaît sous le nom de *Châtaignes*. Cet arbre est commun dans toutes les parties de l'Europe. On le trouve principalement sur les bords du Rhin, dans le Jura, les Pyrénées, les Cévennes, les Alpes, le Périgord, le Limousin, la Provence, la Corse, la Sardaigne, l'Italie, etc. Il ne vient que dans les terrains siliceux. Il est assez sensible aux gelées printanières ; aussi ne prospère-t-il pas dans nos départements du Nord. Le C. vit très longtemps et atteint souvent des proportions colossales. Il en existe un près de Sancerre (Cher) qui a près de 10 mètres de tour, et dont l'âge

ne paraît pas au-dessous de dix siècles ; mais le plus grand que l'on connaisse se voit sur le mont Etna, en Sicile, où il est connu sous le nom de *C. aux cent chevaux*, parce que, dit-on, cent cavaliers peuvent s'abriter sous son feuillage Ce géant du règne végétal n'a pas moins de 50 mètres de circonférence. Toutefois, nous ferons remarquer que le C. de l'Etna n'est point un arbre unique : en effet, il résulte de la soudure de plusieurs troncs primitivement isolés.

La Fig. 1 montre le port de l'arbre ; la Fig. 2, les feuilles et le fruit.

Le bois du C. a une certaine analogie avec celui du Chêne, mais sa couleur est un peu plus claire. Il est dur, élastique, susceptible d'un beau poli, tenace et très durable. Les insectes l'attaquent rarement ; l'eau et l'air l'altèrent difficilement On fait, avec les jeunes branches, des échalas, des cerceaux et des treillages d'un excellent service. Les grosses pièces sont employées dans les constructions, mais on a beaucoup exagéré ses avantages sous ce rapport. Il est aujourd'hui établi que les charpentes de nos vieilles cathédrales, que l'on a crues pendant longtemps faites en bois de C., sont réellement en Chêne. Cette constatation a été nettement établie par Payen. Ce chimiste a conclu, de l'ensemble de ses observations, qu'aucun échantillon de bois de charpente qu'on lui a présenté, provenant du vieux Paris ou de ses églises, n'était en bois du C. Il est intéressant de connaître le réactif dont il s'est servi. Si l'on trace des lettres sur des madriers en Chêne et en C., au moyen du sulfate de fer dissous dans l'eau distillée, les caractères apparaissent rapidement en *noir* sur les premiers et en *violet intense* sur les seconds. Mais un autre caractère très tranché distingue le C. de toutes les variétés du Chêne. Celles-ci laissent voir très distinctement, sur leurs coupes transversales, des *rayons médullaires* partant du centre et se dirigeant vers la circonférence, à travers les fibres du bois ; tandis que le C. ne possède que des couches concentriques. — Comme bois de chauffage, il est inférieur aux essences généralement en usage ; il brûle bien, il est vrai, mais il pétille énormément et lance des étincelles qui peuvent occasionner des incendies.

Le fruit du C. renferme beaucoup d'amidon, un peu de gluten et une assez grande quantité de matière sucrée. Il fournit un aliment sain et abondant qui constitue la nourriture principale des habitants de certaines contrées. Les châtaignes se mangent communément bouillies ou rôties ; on en fait aussi des galettes, des polentas et même du pain ; mais ce dernier est lourd et indigeste à cause de la faible proportion de gluten qu'il contient. — Dans le commerce, on distingue les *Châtaignes* proprement dites et les *Marrons*. Les seconds diffèrent

Fig. 2.

des premières par leur forme plus arrondie, par leur saveur en général plus agréable, et par la moindre largeur de leur ombilic. Il serait difficile de donner une nomenclature exacte des nombreuses variétés que présentent ces deux races, parce qu'elles n'ont point encore reçu de noms scientifiques, et que la même variété est différemment nommée suivant les localités. A Paris, on estime surtout le *Marron de Lyon*, le *Marron du Luc et de Saint-Tropez*, le *Marron du Périgord*, et parmi les châtaignes, les variétés appelées *Exalade*, *Châtaigne verte*, *Châtaigne printanière* et *Portalonne*. Toutes ces variétés se récoltent en octobre ou en novembre. Comme elles se gâtent facilement, on est obligé de prendre certaines précautions pour assurer leur conservation. On les conserve fraîches pendant six ou sept mois en les rangeant par couches dans du sable. D'autres fois on les fait sécher et on les dispose en tas peu épais dans les greniers. Dans quelques lieux on les foule, après la dessiccation, pour les dépouiller de leur tégument coriace, et on obtient ainsi la châtaigne dite *blanche* ou *châtaignon*, qui peut se garder pendant fort longtemps.

Parmi les espèces étrangères du genre C., nous ne citerons que le *C. nain* ou *Chincapin* (*Cast. pumila*) de l'Amérique du Nord. Les châtaignes qu'il produit sont seulement de la grosseur d'une noisette sauvage, mais elles ont une saveur très douce. — Voy. CUPULIFÈRES.

CHÂTAIGNON. s. m. Nom donné à la Châtaigne séchée et dépouillée de son tégument.

CHÂTAIN. adj. m. (R. *châtaigne*). Qui est de couleur de châtaigne. *Poil, cheveux châtains.* Ce mot est invariable quand il est suivi d'un autre adjectif qui le modifie. *Des cheveux châtain clair.*

CHÂTAINERAIE (FRANÇOIS DE VIVONNE, seigneur de la), favori de Henri II, tué en duel (1520-1547).

CHATAIRE ou **CATAIRE.** s. f. T. Bot. Nom vulgaire d'une espèce de Népète (*Nepeta Cataria*) appelée aussi *herbe aux chats.* Voy. LABIÉES.

CHATAM. Voy. CHATHAM.

CHAT-BRÛLÉ. s. m. Variété de poire pierreuse. = Pl. *Des chats-brûlés.*

CHAT-CERVIER. s. m. Nom donné quelquefois au Lynx. = Pl. *Des chats-cerviers.*

CHÂTEAU. s. m. (lat. *castellum*, dimin. de *castrum*, lieu fortifié). Forteresse environnée de fossés et de gros murs flanqués de tours ou de bastions. *C. fort.* Le *c. commandait la ville.* — Prov., *Ville prise, c. rendu,* Quand une ville est prise, on ne peut guère tenir dans le c. || Habitation seigneuriale. *Il se retira dans son c.* — Par ext., Maison de plaisance vaste et magnifique. *Il y a de beaux châteaux dans cette province.* — Se dit de certaines résidences royales. *Le c. de Windsor. Le c. de Saint-Cloud.* — *Faire, bâtir des châteaux en Espagne,* Former des projets en l'air, se repaître de chimères. || *C. de cartes,* Petit édifice que les enfants s'amusent à construire avec des cartes. — Fig. et prov., Petite maison de campagne bien décorée, mais bâtie sans solidité. || T. Archit. *C. d'eau,* Bâtiment qui contient un réservoir d'eau et d'où partent des conduites pour distribuer les eaux à plusieurs fontaines. || T. Mar. On disait autrefois *C. de proue* ou *C. d'avant, C. de poupe* ou *C. d'arrière,* pour *Gaillard d'avant* et *Gaillard d'arrière.*

Syn. — *Hôtel, Palais.* Le château et l'hôtel sont des demeures luxueuses; mais le c. est à la campagne et l'hôtel à la ville. Le *palais* est un édifice urbain plus vaste que l'hôtel et destiné à la demeure des princes ou à quelque important service public.

Archit. — Le mot C. rappelle la féodalité. C'est, en effet, sous le régime féodal, c.-à-d. du IXe au XVe siècle, qu'ont été élevées ces milliers de forteresses dont les débris jonchent aujourd'hui le sol non seulement de la France, mais encore de l'Europe occidentale. Les circonstances qui donnèrent lieu à cette multitude de constructions militaires seront étudiées au mot FÉODALITÉ : ici nous nous contenterons de considérer les châteaux au point de vue architectural et archéologique.

Le choix de l'emplacement sur lequel devait s'élever un c., était une question de la plus haute importance. Dans les pays de montagnes, on recherchait de préférence une espèce de cap ou de plateau étroit s'avançant au-dessus d'une vallée, surtout lorsque des escarpements infranchissables en protégeaient les abords. On bâtissait rarement sur des pics élevés, mais très souvent à mi-côte, à cause de la facilité des approvisionnements. Parfois même on choisissait une vallée, quand elle formait un de ces passages naturels dont la possession offre des avantages considérables, au point de vue stratégique ou commercial. Dans les contrées de plaines, on construisait sur le bord des rivières, dans les îles ou les presqu'îles qu'on pouvait isoler par une coupure. A défaut de rivière, on recherchait un ruisseau dont l'eau pût servir à remplir les fossés. Enfin, une butte isolée et de peu de hauteur était considérée comme une excellente position. — On compte onze parties caractéristiques dans un c. complet du moyen âge, savoir : les *fossés*, les *ponts*, les *portes*, les *ouvrages extérieurs*, les *tours*, les *couronnements*, les *courtines*, les *fenêtres* et *meurtrières*, les *cours intérieures*, le *donjon* et les *souterrains*. Les figures 1, 2, 3 et 4 représentent les diverses

parties constitutives d'un c. féodal ; il sera facile, par leur moyen, de suivre notre description.

Fossés. — Les fossés étaient primitivement dépourvus de revête-ment, du moins du côté de la campagne; car, du côté de la place, les murs, s'élevant verticalement ou en talus fort roide, formaient le bord intérieur de l'excavation. Ou les disposait de manière à pouvoir les inonder aisément. Assez souvent l'eau baignait le pied du rempart ; d'autres fois elle ne remplissait qu'un petit canal appelé *Cunette* et pratiqué au milieu du fossé, entre deux berges qui restaient à sec. Lorsqu'il n'était pas possible de disposer d'un cours d'eau, on y suppléait en augmentant la profondeur du fossé, et en cachant sous l'herbe qui en tapissait le fond des pieux aiguisés ou des chausse-trapes. On creusait des fossés autour de tous les châteaux, même sur les pics les plus escarpés, à moins que les murailles ne s'élevassent immédiatement sur les bords d'un précipice. Un c. féodal sans fossé était une exception rare.

Pont. — Pour franchir le fossé, on se servit d'abord d'une planche, d'un pont de pierre ordinaire, ou d'un pont de bois que l'on pouvait détruire sans peine en cas de siège. Dans quelques cas, une langue de terre, ménagée lors de l'établissement du fossé, servait de passage. Plus tard, on imagina des ponts de bois dits *Ponts-levis*, dont le tablier, tournant comme une porte sur ses gonds, pouvait se relever et s'abaisser au moyen d'un système de poulies. Deux longues ouvertures verticales pratiquées dans la muraille, une de chaque côté de la porte, recevaient les poutres formant levier et se mouvant sur un axe auxquelles ce tablier était suspendu. Voy. PONT-LEVIS.

Portes. — Le pont conduisait à la porte de la première enceinte. Cette porte était habituellement placée à gauche, parce qu'on forçait ainsi l'assiégeant à présenter le flanc droit à l'assiégé. Elle était en général pratiquée dans un massif de maçonnerie composé de deux tours réunies par un corps de bâtiment et formant un passage que l'on fermait aux deux extrémités, et quelquefois même au milieu. La porte était défendue : par le pont-levis qui, lorsqu'il était levé, formait comme un bouclier devant elle ; par d'épais battants de bois dur garnis de plaques de fer ; par un assemblage de pieux appelé *Orgue* ou *Sarrasine*, ou encore par une lourde grille de fer, nommée *Herse*, qui glissait verticalement dans deux rainures pratiquées aux murailles latérales, et qui s'élevait ou s'abaissait au moyen d'un mécanisme presque tou-

Fig. 1.

jours placé dans une salle supérieure. Des ouvertures établies dans les voûtes du passage permettaient de cribler de traits l'ennemi qui aurait réussi à pénétrer dans cette partie de la place. Enfin, des galeries supportées par des consoles régnaient en arrière de la porte et dans les parties hautes de ce même passage, pour recevoir, au besoin, un certain nombre de défenseurs. — Le corps de garde était placé immédiatement après la porte, et des ouvertures appropriées permettaient de voir parfaitement le pont-levis. — Les châteaux importants avaient généralement deux portes, une grande qu'on n'ouvrait que dans les circonstances extraordinaires, et une petite qui servait habituellement. Elles étaient pratiquées dans le même massif, à côté l'une de l'autre ; chacune avait son pont-levis particulier. La Fig. 1 représente la porte dite *du Croux*, à Nevers ; sa construction est de 1393.

Ouvrages extérieurs. — Au delà du fossé, à la tête du

pont, on construisait quelquefois un petit ouvrage détaché qui servait à éclairer les approches du fossé et à en rendre l'accès plus difficile à l'ennemi. C'était une espèce de fortin consistant en une ou plusieurs tours, ou en plusieurs rangées de palissades placées les unes derrière les autres. Les fortifications de cette nature sont appelées par les historiens *Barrières*, *Barbacanes* et *Bastilles*. Voy. BARBACANE. La *Poterne*, que l'on a quelquefois confondue avec elles, était, à proprement parler, une porte dérobée donnant dans le fossé.

Tours. — Le mur d'enceinte était flanqué de tours plus ou moins en saillie. Elles étaient généralement rondes ou carrées, mais quelquefois aussi triangulaires, prismatiques, semi-circulaires ou elliptiques. Leur usage principal était de défendre les parties angulaires, plus exposées que les fronts; elles servaient aussi à prendre en flanc ceux qui attaquaient les *courtines*, c.-à-d. les portions du rempart comprises entre deux tours. Ces tours étaient, en général, plus élevées que l'enceinte; parfois cependant elles n'arrivaient qu'à son couronnement, mais alors elles étaient souvent ouvertes du côté de la place. Les tours fermées constituaient, pour ainsi dire, autant de petites forteresses où quelques hommes pouvaient encore se défendre après la prise des autres ouvrages; elles présentaient en outre l'avantage de pouvoir servir de logements pour la garnison et de magasins pour les provisions. — On faisait les tours tantôt cylindriques, tantôt pyramidales, plus rarement coniques. Quelques ingénieurs trouvaient même plus avantageux de leur donner une base conique surmontée d'une construction cylindrique. A l'extérieur, elles étaient tantôt unies, tantôt renforcées de contreforts arrondis ou prismatiques: cette dernière disposition paraît avoir été principalement en usage avant le XIIe siècle.

Couronnements. — Presque toujours les murs d'enceinte et les tours étaient terminés supérieurement par des *Créneaux*, c.-à-d. par une rangée de boucliers en maçonnerie séparés les uns des autres, et dans lesquels on distingue deux parties, l'une pleine, l'autre vide. La première, appelée *Merlon*, était une sorte de petit pilier derrière lequel s'abritaient les défenseurs. La deuxième, ou le *Créneau* proprement dit, était destinée à faciliter le tir des projectiles. Les merlons avaient, le plus souvent, une forme rectangulaire; on en faisait aussi qui se terminaient en ogive; d'autres présentaient sur leurs faces latérales comme des degrés d'escalier. Au XIIIe siècle, peut-être même au XIIe, on commence à les percer de meurtrières cruciformes. — C'est encore à la même époque qu'on rapporte l'introduction des *Moucharabis* et des *Mâchicoulis*. On appelait *Moucharabi* un balcon fermé de tous les côtés par un parapet et entièrement à jour dans son plancher. On l'établissait au-dessus des portes et des fenêtres. Le *Mâchecoulis* ou *Mâchicoulis* n'était, à proprement parler, qu'un moucharabi continu; il consistait en un parapet souvent crénelé et supporté par une série de consoles assez rapprochées. Le plus ancien mâchicoulis que l'on connaisse est celui d'Aigues-Mortes: il paraît appartenir au XIIe siècle. — Les tours se terminaient supérieurement tantôt par un toit conique, porté sur le sommet des créneaux ou disposé en arrière de ces derniers, de façon à laisser un passage libre autour d'eux; tantôt par une plate-forme susceptible de recevoir des machines de guerre. De petites guérites en pierre, nommées *Échauguettes*, étaient

Fig. 2.

souvent construites en saillie à l'extérieur des tours: elles étaient destinées à recevoir des sentinelles. On établissait également des guérites de cette espèce sur certaines parties de l'enceinte, particulièrement aux angles de celles-ci et aux portes (Voy. la Fig. 1). Dans quelques cas, lorsque la hauteur

des tours était jugée suffisante, on construisait à leur sommet, en temps de siège, des échafaudages de bois, appelés *Hourds* et *Hourdeis*, qui étaient soutenus par des corbeaux de pierre ou par des poutres engagées dans la maçonnerie. Parfois aussi on élevait de ces hourds sur les parties du mur d'enceinte contre lesquelles les assaillants dirigeaient le principal effort de l'attaque (Fig. 2).

Courtines. — Les courtines, c.-à-d., comme nous l'avons déjà vu, les parties du mur d'enceinte comprises entre deux tours, variaient considérablement sous le rapport de la longueur. Cependant on les faisait, en général, aussi courtes que possible, car on admettait comme un axiome que, plus les tours étaient rapprochées, plus une place était forte. Elles étaient munies, à leur sommet, d'un chemin de ronde très étroit, mais qu'on élargissait, au besoin, à l'aide d'échafaudages, et auquel on montait par des plans inclinés ou par des escaliers. Ces escaliers étaient souvent renfermés dans les tours et coupés de distance en distance par des ponts de bois faciles à détruire, de sorte que l'ennemi qui arrivait sur le rempart, s'y trouvait isolé et exposé sans abri aux traits des soldats renfermés dans les tours.

Fenêtres; Meurtrières. — Les ingénieurs militaires de cette époque admettaient en principe qu'il fallait pratiquer le moins d'ouvertures possible dans la partie des tours et des courtines qui regardait la campagne: en conséquence, beaucoup de châteaux n'avaient point de fenêtres extérieures. Là où elles étaient reconnues nécessaires, on avait soin de les faire très rares, très étroites, et de les placer assez haut pour les mettre à l'abri de l'escalade et des projectiles. — Les ouvertures qu'on pratiquait ordinairement pour les murs sont connues sous le nom générique de *Meurtrières*. Elles consistaient en fentes verticales, très étroites à l'extérieur, mais évasées à l'intérieur, et quelquefois coupées en croix par d'autres fentes beaucoup plus courtes. Les premières étaient appelées *Archères* et les deuxièmes *Arbalétrières*, parce qu'on les regardait vulgairement comme destinées au tir de l'arc ou de l'arbalète. Les meurtrières qui présentent une partie circulaire, ont été établies après l'introduction et pour le service des armes à feu. Enfin celles qui ont la forme de trous carrés ou rectangulaires avaient pour principale destination de donner de l'air ou de la lumière.

Cours. — On nommait *Basse-cour* ou *Bayle* tout le terrain enclos par le mur d'enceinte. C'est là que l'on plaçait les magasins, les écuries, les citernes, et généralement toutes les dépendances du c. Quand les dimensions de la forteresse ne permettaient pas de placer ces bâtiments hors de la portée des projectiles, on les adossait aux remparts, de telle sorte que les traits lancés du dehors passassent par-dessus leur toiture et allaient tomber dans l'espace libre laissé au milieu. La plupart des châteaux avaient plus d'une enceinte, deux au moins: de là les expressions *Bayle intérieur* et *Bayle extérieur*. En général, les places de faible importance étaient les seules qui n'eussent qu'une enceinte. Lorsqu'il en existait une deuxième, le bayle intérieur renfermait le donjon et l'habitation seigneuriale, quand celle-ci était distincte du donjon.

Donjon. — Le donjon était la partie la plus forte du c.;

Fig. 3.

c'était là que se retirait la garnison après la perte de toutes ses positions, et que souvent même le seigneur châtelain établissait son habitation. On y enfermait le trésor, les archives et tout ce que le c. contenait de plus précieux. Il consistait généralement en une grosse tour, isolée au milieu de la basse-cour et entourée d'un fossé avec pont-levis. On le bâtissait, en outre, sur une éminence naturelle, et, à défaut de celle-ci, sur une butte artificielle conique, qu'on appelait *Motte*. Dans les châteaux de premier ordre, le donjon était une petite for-

Fig. 4.

teresse renfermée dans la grande; dans ceux de rang inférieur, une des tours de l'enceinte en tenait lieu; seulement on avait soin de faire cette tour plus grande et plus forte que les autres. — Le donjon étant le point le plus important du c.,

Fig. 5.

on cherchait à en rendre l'entrée aussi difficile que possible. En conséquence, la porte était toujours très étroite et placée à une telle hauteur qu'on ne pouvait y arriver que par une échelle ou par un escalier excessivement roide et parfaitement défendu. Quelquefois même il n'y avait point de porte, et on était obligé de se faire hisser dans un panier ou dans une caisse jusqu'à une fenêtre qui servait ainsi d'entrée. Une fois dans l'intérieur, on rencontrait un escalier à peine assez large pour laisser passer un homme, et qui était barré de distance en distance par des grilles ou par des chaînes. Souvent, cet

escalier était interrompu par des coupures dans les marches. Enfin, des boules de pierre disposées sur les paliers supérieurs étaient destinées à boucher le passage et même à écraser un ennemi victorieux. Dans les donjons très considérables et représentant une seconde forteresse enclose dans la première, on ménageait encore une ressource à la garnison en transformant une des tours en *Réduit*. Cette tour, beaucoup plus considérable que les autres, portait le nom de *Maîtresse-tour* dans le Nord, et dans le Midi, ceux de *Trouillasse*, *Tourasse* ou *Tourillasse*. On l'appelait aussi *Tour du beffroi* ou simplement *Beffroi*, parce que la cloche d'alarme y était habituellement placée. Cette tour était ordinairement la plus haute du c.; dans le cas contraire, on la surmontait d'une tourelle dite *Tour du guet*, qui servait à surveiller les mouvements de l'ennemi dans la campagne, et à correspondre, au moyen de signaux, avec des constructions du même genre élevées sur les points culminants du pays. La Fig. 3 reproduit un ancien dessin du C. de *Coucy*, dont la construction date du XIIIe siècle. La magnifique tour qui forme le donjon avait environ 65 mètres de hauteur, avec une circonférence de 91 mètres. Pour la protéger contre toute attaque, on avait encore élevé autour d'elle une forte muraille, dont l'épaisseur était de 5m,84, et qu'on appelait la *chemise de la tour*.

Souterrains. — Presque tous les châteaux, surtout les donjons, renfermaient une certaine étendue de souterrains. La plupart de ces derniers servaient de magasins, tandis que d'autres, d'une longueur parfois très considérable, fournissaient le moyen de communiquer secrètement avec la campagne, et permettaient à la garnison de se retirer quand elle ne pouvait plus se défendre. C'est aussi dans cette partie de la forteresse que se trouvaient les cachots destinés à renfermer les prisonniers.

Tous les châteaux ne présentaient pas la réunion complète des différentes parties que nous venons d'énumérer. On comprend aisément que la construction de ces forteresses a dû subir de grandes modifications en raison des progrès de l'art militaire. Aussi voyons-nous que les diverses parties constitutives du c. féodal ne se sont développées que successivement. — Du IXe au Xe siècle inclusivement (les plus anciens châteaux datent de cette époque), leur construction était des plus simples. Ils se composaient généralement de deux parties principales, d'une cour basse et d'une seconde enceinte renfermant un donjon carré. Celui-ci était ordinairement en bois lorsqu'il s'élevait sur une motte artificielle, et en pierre lorsqu'il couronnait une éminence naturelle. L'enceinte consistait en un mur de terre ou de pierre, quelquefois même en une ou plusieurs rangées de haies épaisses ou de palissades. Lorsque le mur d'enceinte était construit en terre, il était toujours surmonté d'un rang de pieux et entouré d'un fossé plus ou moins profond. Quant au plan général, il était subordonné à la configuration du sol, et l'on choisissait de préférence les caps ou promontoires formés par deux vallées. — Au XI⁰ siècle la construction des forteresses s'améliora considérablement. Le plan resta le même, il est vrai; mais les murs de pierre se substituèrent peu à peu aux remparts de terre, et se garnirent de tours; les donjons de pierre se renforcèrent par l'adjonction de contreforts extérieurs. Au siècle suivant, les donjons cylindriques ou polygonaux commencèrent à se montrer, la herse et le pont-levis devinrent d'un usage général, les portes se couvrirent de barbacanes. Enfin, c'est au XII⁰ siècle que paraissent, pour la première fois, les mâchicoulis, ainsi que les meurtrières percées dans les merlons des créneaux. — Trois choses semblent caractériser principalement l'architecture militaire du XIII⁰ siècle : la prédominance de la forme cylindrique pour les donjons et les tours, surtout dans les pays de plaine; l'emploi presque général des mâchicoulis, et la substitution de l'ogive au plein-cintre pour les arcs des portes et fenêtres. En outre, c'est par exception, et là seulement où les matériaux font défaut, qu'on élève des mottes de terre. Le fameux C. de Coucy est de cette époque. — Au siècle suivant, il se construisit peu de châteaux; on ne fit guère que réparer ou modifier ceux qui existaient déjà; mais toujours en accroissant les constructions civiles aux dépens des fortifications. Le petit nombre de châteaux élevés durant cette période offrent une régularité de plan inconnue jusqu'alors. Les bâtiments d'habitation bordent presque toujours le mur d'enceinte, lequel est couronné d'une ligne continue de mâchicoulis; les fenêtres présentent la forme d'un carré long et sont divisées en deux parties, quelquefois en quatre, par des meneaux de pierre; enfin, il existe presque toujours deux portes, l'une pour les piétons, l'autre

pour les cavaliers. L'une des forteresses les plus intéressantes de l'époque féodale est le c. de Pierrefonds, dans le département de l'Oise, a l'extrémité orientale de la forêt de Compiègne. Ce dernier a été restauré ou plutôt restitué par Viollet-le-Duc,

Fig. 6.

d'une manière admirable. Voy. ARCHITECTURE, Fig. 57, t. I, p. 338. — Le XV⁰ siècle vit la royauté s'affranchir complètement du joug de ses vassaux, et constituer dans le pays un pouvoir central auquel nul ne pouvait résister. Dès lors, le régime féodal n'ayant plus de raison d'être, la noblesse vaincue cessa d'élever de nouvelles forteresses

privées. Ses demeures se transformèrent peu à peu en habitations de plaisance. Néanmoins, comme le c. fortifié était, dans les idées du temps, l'attribut et la marque caractéristique de la noblesse, les nouveaux édifices présentèrent encore, jusqu'à un certain point, l'aspect de forteresses. (La Fig. 4 représente le C. de Marcoussis, d'après une gravure du XVIIᵉ siècle ; mais sa construction date des premières années du XVᵉ : elle est due à Jean de Montaigu, ministre favori de Charles VI.) On continua à les couronner de créneaux et de mâchicoulis, à les entourer de fossés, à les munir de herses et de ponts-levis. Malgré cela, cet appareil était plutôt fait pour en imposer aux yeux que pour garantir d'une attaque sérieuse. Les châteaux n'étant plus élevés au point de vue militaire, on cessa de les placer sur des points de difficile accès ; on préféra les coteaux qui commandaient un beau paysage, et même les plaines, lorsqu'elles étaient arrosées par quelque cours d'eau. On leur donna le plus souvent la forme d'un carré régulier. Les tours furent terminées par des toits très aigus, et la partie de l'édifice consacrée à l'habitation prit une prépondérance marquée sur les parties destinées à la défense. — Au XVIᵉ siècle, la féodalité est anéantie, et la révolution monarchique accomplie. Les châteaux sont définitivement transformés en maisons de plaisance. Les uns ressemblent entièrement aux palais des villes ; d'autres sont munis de tourelles, mais uniquement pour donner du mouvement à l'édifice et éviter la monotonie des façades rectilignes. On aime beaucoup à bâtir au milieu de l'eau, afin de braver les voleurs et les pillards qui, pendant et après les guerres de religion, coururent longtemps les campagnes. Nous nommerons, parmi les plus beaux châteaux de cette époque, ceux de Chenonceaux (Fig. 5), d'Azay-le-Rideau, d'Écouen, de Fontainebleau, de Chambord et de Saint-Germain-en-Laye. Désormais, l'architecture des châteaux n'offre plus rien de particulier, et son histoire se confond avec celle de l'architecture purement civile. La Fig. 6 représente la tourelle contenant l'escalier du château de Meillant.
En terminant cet article, nous rappellerons qu'à la suite de ses luttes avec la noblesse, Louis XIII fit détruire ou démanteler la plupart des anciens manoirs féodaux qui avaient conservé un caractère militaire. Les autres furent peu à peu abandonnés, et souvent même furent démolis par leurs propres possesseurs, afin de faire place à des demeures plus en harmonie avec les nouvelles habitudes de la société.

Bibliogr. — VIOLLET-LE-DUC, Dictionnaire d'Architecture, t. III. — CHATEAU, Histoire de l'Architecture en France. — DELAIR, Essai sur les Fortifications anciennes. — DE LA SAUSSAYE, Histoire du Château de Blois. — DUCERCEAU, Les excellents Bâtiments de France.

CHÂTEAU (Le', ch.-l. de c. (Charente-Inférieure), arr. de Marennes, dans l'île d'Oléron ; 3,500 hab. — Place forte.

CHÂTEAUBOURG, ch.-l. de c. (Ille-et-Vilaine), arr. de Vitré ; 1,300 hab.

CHATEAUBRIAND (FRANÇOIS-RENÉ, vicomte de), célèbre écrivain français, né à Saint-Malo en 1768, mort à Paris en 1848 ; auteur du Génie du Christianisme (1802), des Martyrs, de l'Itinéraire de Paris à Jérusalem, d'Atala, des Natchez, et d'un grand nombre d'autres ouvrages littéraires, politiques ou historiques. Il prit une part active à la politique sous la Restauration dans le parti des ultra-royalistes, et fut ministre des affaires étrangères de 1822 à 1824 ; il fut aussi ambassadeur à Berlin, à Londres et à Rome.

CHATEAUBRIANT, s. m. T. Cuisine. Morceau de filet de bœuf coupé épais et grillé.

CHÂTEAUBRIANT, ch.-l. d'arr. du dép. de la Loire-Inférieure, à 64 kil. N.-E. de Nantes ; 6,500 hab.

CHÂTEAUBRIANT (FRANÇOISE DE FOIX, comtesse de), maîtresse de François Iᵉʳ (1495-1537).

CHÂTEAUBRUN, littérateur français (1686-1775).

CHÂTEAU-CHINON, ch.-l. d'arr. du dép. de la Nièvre, à 66 kil. E. de Nevers ; 2,700 hab. == Nom des hab. : CHATEAU-CHINONÇAIS, AISE.

CHÂTEAU-DU-LOIR, ch.-l. de c. (Sarthe), arr. de Saint-Calais ; 3,900 hab.

CHÂTEAUDUN, ch.-l. d'arr. du dép. d'Eure-et-Loir, à 44 kil. S.-O de Chartres ; 7,100 hab. Célèbre résistance contre les Prussiens (18 octobre 1870). == Nom des hab. : DUNOIS, OISE.

CHÂTEAUGIRON, ch.-l. de c. (Ille-et-Vilaine), arr. de Rennes ; 1,300 hab.

CHÂTEAU-GONTIER, ch.-l. d'arr. du dép. de la Mayenne, sur la Mayenne, à 29 kil. S. de Laval ; 7,300 hab. Eaux minérales ferrugineuses. == Nom des hab. : CASTROGONTÉRIEN, IENNE.

CHÂTEAU-LAFITTE, domaine du c. de Pauillac (Gironde). Vin renommé.

CHÂTEAU-LANDON, ch.-l. de c. (Seine-et-Marne), arr. de Fontainebleau ; 2,900 hab. Carrières de pierres estimées.

CHÂTEAU-LAVALLIÈRE, ch.-l. de c. (Indre-et-Loire), arr. de Tours ; 1,300 hab.

CHÂTEAULIN, ch.-l. d'arr. du dép. du Finistère, à 28 kil. N. de Quimper ; 3,700 hab.

CHÂTEAU-MARGAUX, vignoble renommé de l'arr. de Bordeaux.

CHÂTEAUMEILLANT, ch.-l. de c. (Cher), arr. de Saint-Amand-Mont-Rond ; 3,900 hab. Pierres calcaires. Ancien château.

CHÂTEAUNEUF, ch.-l. de c. (Eure-et-Loir), arr. de Dreux ; 4,400 hab.

CHÂTEAUNEUF, ch.-l. de c. (Finistère), arr. de Châteaulin ; 3,600 hab.

CHÂTEAUNEUF, ch.-l. de c. (Haute-Vienne), arr. de Limoges ; 1,700 hab.

CHÂTEAUNEUF-SUR-CHARENTE, ch.-l. de c. (Charente), arr. de Cognac ; 2,900 hab.

CHÂTEAUNEUF-SUR-CHER, ch.-l. de c. (Cher), arr. de Saint-Amand-Mont-Rond ; 2,600 hab.

CHÂTEAUNEUF-SUR-LOIRE, ch.-l. de c. (Loiret), arr. d'Orléans ; 3,500 hab.

CHÂTEAUNEUF-SUR-SARTHE, ch.-l. de c. (Maine-et-Loire), arr. de Segré ; 1,500 hab.

CHÂTEAUPONSAC, ch.-l. de c. (Haute-Vienne), arr. de Bellac ; 4,000 hab.

CHÂTEAU-PORCIEN, ch.-l. de c. (Ardennes), arr. de Rethel ; 1,400 hab.

CHÂTEAURENARD, ch.-l. de c. (Loiret), arr. de Montargis ; 2,500 hab.

CHÂTEAURENARD-PROVENCE, ch.-l. de c. (Bouches-du-Rhône), arr. d'Arles ; 6,000 hab.

CHÂTEAURENAULT, ch.-l. de c. (Indre-et-Loire), arr. de Tours ; 4,400 hab.

CHÂTEAU-RENAULT, vice-amiral et maréchal de France (1637-1716).

CHÂTEAUROUX, ch.-l. du dép. de l'Indre, sur l'Indre, à 263 kil. de Paris ; 23,900 hab. Immense forêt. Draps. == Nom des hab. : CHATEAUROUSSIN, INE.

CHÂTEAUROUX (MARIE-ANNE DE MAILLY, marquise de la TOURNELLE, duchesse de), fut la maîtresse de Louis XV après trois de ses sœurs, et s'efforça d'exciter à l'activité et au courage ce roi apathique et égoïste (1717-1744).

CHÂTEAU-SALINS, anc. ch.-l. d'arr. du dép. de la Meurthe, à 30 kil. de Nancy, cédé à l'Allemagne en 1871 ; 2,200 hab.

CHÂTEAU-THIERRY, ch.-l. d'arr. du dép. de l'Aisne, sur

la Marne, à 80 kil. S.-O. de Laon, 6,900 hab. Patrie de La Fontaine. Combat et victoire de Napoléon contre les alliés le 12 février 1814. == Nom des hab. : CASTROTHÉODORICIEN, ENNE.

CHÂTEAUVILLAIN, ch.-l. de c. (Haute-Marne), arr. de Chaumont; 1,400 hab.

CHÂTEAU-YQUEM, vignoble bordelais.

CHATEB. s. m. T. Astron. Nom arabe de la planète Mercure.

CHATEL, ch.-l. de c. (Vosges), arr. d'Épinal; 1,300 hab.

CHATEL (JEAN), tenta d'assassiner Henri IV d'un coup de couteau qui lui brisa une dent (27 décembre 1594); fut écartelé le surlendemain.

CHAT-EL-ARAB, fleuve formé par la réunion du Tigre et de l'Euphrate, passe à Bassorah et se jette dans le golfe Persique.

CHÂTELAIN. s. m. (R. château). Se disait autrefois de celui qui commandait dans un château. || Substant. et adject., se disait aussi de celui qui avait droit de fortifier son manoir et de rendre la justice dans une certaine étendue de pays. Le c. de Coucy. Seigneur c. de tel endroit. On disait aussi, La châtelaine, la dame châtelaine, La femme du c., ou la maîtresse du château. — Juge c., ou simplement c., Le juge d'un seigneur c.

CHATELAINE. s. f. (R. château). Bijou que les femmes portent à la ceinture par un crochet. || Bande d'étoffe de soie ou de laine que les femmes se mettent autour du cou.

CHÂTELAUDREN, ch.-l. de c. (Côtes-du-Nord), arr. de Saint-Brieuc, 1,500 hab.

CHÂTELDON, ch.-l. de c. (Puy-de-Dôme), arr. de Thiers; 2,100 hab. Eaux minérales ferrugineuses.

CHÂTELÉ, ÉE. adj. (R. châtel.) T. Blas. Se dit d'une bordure ou d'un lambel chargé de huit ou neuf châteaux. La bordure de Portugal est châtelée (Fig.).

CHÂTELET. s. m. (Dimin.). Anciennement, petit château.

Hist. — Avant la Révolution, on donnait le nom de Châtelets à d'anciennes forteresses transformées en palais de justice, et, par extension, aux tribunaux et juridictions qui y avaient leur siège. Les deux plus célèbres étaient ceux de Paris. Leur construction date de l'époque où cette ville était circonscrite dans les limites de l'île de la Cité. Ces deux forteresses paraissent avoir été bâties au IX° siècle pour mettre Paris à l'abri des incursions des Normands. Elles défendaient les deux seuls ponts par lesquels on pouvait y arriver. L'un, le Grand-Châtelet, couvrait le Pont-au-Change, sur la rive droite de la Seine; l'autre, le Petit-Châtelet, commandait le Petit-Pont, sur la rive gauche. Les deux ponts, elles ne prirent l'aspect qu'elles avaient au XVIII° siècle qu'à la suite de plusieurs remaniements successifs. Le Petit-C. a été démoli en 1782. Le Grand-C. n'a disparu qu'en 1802; une place vaste et aérée, appelée Place du C., occupe le lieu où s'élevait cette antique forteresse. — Les deux châtelets n'avaient encore servi qu'à la défense de Paris, lorsque Philippe-Auguste les transforma en maisons de justice et de détention. Ce prince transporta le tribunal de son bailli dans le Grand-C., et les tours du Petit-C. furent destinées à recevoir les prisonniers que ne pouvaient contenir les cachots de la grande forteresse. Le Tribunal du C. acquit, à partir de saint Louis, une très grande importance. Le bailli, qui présidait, prit dès lors les titres de Prévôt de Paris et de Premier bailli de France. Il avait une compétence privilégiée. Outre une juridiction analogue dans la ville à celle des prévôts, et dans le bailliage à celle des baillis ordinaires, il était le juge des personnes qui obtenaient le droit de lui soumettre leurs causes directement. Le C. n'était pas le premier des tribunaux ordinaires; il était encore appelé le propre siège de nos rois, dont les prévôts de Paris représentaient spécialement la personne. Il avait un sceau aux armes royales avant toutes les autres cours. Le C. était à la fois une institution de police et de justice. Il avait la direction suprême du service de la sûreté générale

dans tout le royaume, et des attributions judiciaires très nombreuses et très variées, qu'il serait assez diffuse de bien préciser. Lorsqu'il fut supprimé par la loi du 7 sept 1790, son importance avait été un peu amoindrie, surtout en ce qui concerne la police; cependant elle était encore très considérable. — Il y avait aussi, à Orléans et à Montpellier, des châtelets dont la juridiction était analogue à celle du C. de Paris.

CHATELET (ÉMILIE LE TONNELIER DE BRETEUIL, marquise du), femme remarquable, instruite et belle, amie de Voltaire; traduisit le grand ouvrage de Newton (Principia) (1706-1749).

CHÂTELET (LE), ch.-l. de c. (Cher), arr. de Saint-Amand-Mont-Rond; 2,300 hab.

CHATELGUYON, village du Puy-de-Dôme, arr. de Riom. Eaux minérales purgatives.

CHÂTELLENIE. s. f. T. Féod. Seigneurie et juridiction d'un seigneur châtelain. || Territoire soumis à cette juridiction.

CHÂTELLERAULT, ch.-l. d'arr. du dép. de la Vienne, sur la Vienne, à 33 kil. N.-E. de Poitiers; 22,500 hab. Manufacture d'armes, coutellerie. == Nom des hab. : CHÂTELLEREDAIS, AISE, ou CHÂTELLEROLAIS, AISE.

CHÂTELUS-MALVALEIX, ch.-l. de c. (Creuse), arr. de Boussac; 1,300 hab.

CHÂTENOIS, ch.-l. de c. (Vosges), arr. de Neufchâteau; 1,300 hab.

CHATHAM ou **CHATAM**, v. du comté de Kent, en Angleterre; port militaire; 45,800 hab.

CHATHAM (Îles), groupe d'îles de la Micronésie, dans l'Océan Pacifique, par 168° de long E. et 45° de lat. N. || Île du groupe Broughton, dans la Polynésie, par 179° 30′ de long O. et 43° 45′ de lat. S., presque aux antipodes de Paris.

CHATHAMITE ou **CHATAMITE**, s. f. (R. Chatam, nom de lieu). T. Minér. Nom donné à un minerai trouvé aux États-Unis, et qui paraît être du nickel arsenical blanc mêlé de fer arsenical.

CHAT-HUANÉ, ÉE. adj. Se dit d'un oiseau de proie ayant le pennage d'un chat-huant.

CHAT-HUANT. s. m. [Pr. cha-u-an] (bas-lat. cauanna, d'où chouhant, et enfin, chat-huant, par suite d'une confusion de son). T. Ornith. Genre d'oiseaux de proie nocturnes. Voy. CHOUETTE.

CHÂTIER. v. a. (lat. castigare, de castum agere, rendre pur). Punir, corriger celui qui a failli, lui faire subir la peine qu'il mérite. Dieu châtie les villes coupables. Les fléaux dont Dieu châtie les hommes. C'est au père à c. ses enfants. Prov., Qui aime bien, bien châtie, C'est aimer véritablement quelqu'un que de le reprendre de ses fautes. — T. Man. C. un cheval, Lui faire sentir la cravache ou l'éperon, lorsqu'il ne fait pas ce qu'on exige de lui. || Fig., en parlant des ouvrages d'esprit, Polir, rendre plus pur, plus correct. C. sa prose. Châtiez vos vers. Son style n'est pas assez châtié. == CHÂTIÉ, ÉE. part.

Syn. — Punir. — On châtie celui qui a fait une faute, afin qu'il n'y retombe pas; on veut le rendre meilleur. On punit celui qui a commis un crime pour le lui faire expier; on veut qu'il serve d'exemple. Les pères châtient leurs enfants; les juges font punir les malfaiteurs; Dieu châtie et punit les hommes. Le terme de châtiment implique l'idée de correction, celui de punition implique l'idée de peine, d'expiation. En outre, le mot châtier porte toujours avec lui une idée de subordination, qui marque, de la part de celui qui châtie, autorité ou supériorité sur celui qui est châtié; mais cette idée n'est pas nécessairement contenue dans le mot punir. On est souvent puni par ses égaux, par ses inférieurs, par soi-même, par la seule marche des choses, et surtout par les conséquences mêmes de la faute qu'on a commise. Les parents qu'une tendresse aveugle empêche de châtier leurs enfants, sont souvent punis de leur faiblesse par les vices et les défauts de ces enfants eux-mêmes.

150

CHATIÈRE. s. f. (R. *chat*) Trou qu'on pratique à une porte ou ailleurs pour laisser passer les chats || Piège pour prendre les chats. || T. Const. hydraul. Pierrée souterraine pratiquée pour donner issue aux eaux d'un bassin. || T. Techn. Nom donné par les tisserands aux mailles laissées vides.

CHÂTILLON. s. m. [Pr. les *ll* mouillées]. T. Icht. Nom vulgaire du *Lamprillon*, poisson.

CHÂTILLON, ch.-l. de c. (Drôme), arr. de Die; 1,000 hab.

CHÂTILLON, ch.-l. de c. (Indre), arr. de Châteauroux, 3,600 hab.

CHÂTILLON-DE-MICHAILLE, ch.-l. de c. (Ain), arr. de Nantua; 1,100 hab.

CHÂTILLON-EN-BAZOIS, ch.-l. de c. (Nièvre), arr. de Château-Chinon; 1,900 hab.

CHÂTILLON-SUR-CHALARONNE, ch.-l. de c. (Ain), arr. de Trévoux; 3,000 hab.

CHÂTILLON-SUR-LOING, ch.-l. de c. (Loiret), arr. de Montargis; 2,400 hab.

CHÂTILLON-SUR-LOIRE, ch.-l. de c. (Loiret), arr. de Gien; 3,400 hab.

CHÂTILLON-SUR-MARNE, ch.-l. de c. (Marne), arr. de Reims; 1,000 hab.

CHÂTILLON-SUR-SEINE, ch.-l. d'arr. du dép. de la Côte-d'Or, à 83 kil. N.-O. de Dijon; 5,000 hab. Célèbre congrès des alliés contre la France, en février 1814. == Nom des hab. : CHATILLONNAIS, AISE.

CHÂTILLON-SUR-SÈVRE, ch.-l. de c. (Deux-Sèvres), arr. de Bressuire; 1,400 hab.

CHÂTIMENT. s. m. (lat. *castigamentum*, m. s., de *castigare*, châtier). Punition, correction, peine que l'on fait subir à celui qui a failli. *C. léger, cruel, rigoureux. Rude, sévère c. Infliger des châtiments. Recevoir, subir, souffrir un c.*

CHATIRON. s. m. T. Céram. Matière qui sert à dessiner des traits d'ombre, et qui n'est autre chose que du pourpre de Cassius mal préparé.

CHATIRONNER. v. a. [Pr. *chatiro-ner*]. T. Céram. Cerner d'un trait foncé ou noir une figure quelconque.

CHATOIEMENT. s. m. [Pr. *cha-toi-man*] (R. *chat*). Se dit des reflets variés produits par divers objets, tels que certaines pierres, certaines étoffes, etc., selon qu'on les regarde sous tel ou tel angle. On écrit aussi CHATOYEMENT.

CHATON. s. m. (Dimin.). Petit chat. || T. Bot. Nom donné à une variété d'épi qui est composée de fleurs unisexuées et qui se détache tout d'une pièce, après la floraison pour les chatons mâles, après la fructification pour les chatons femelles. Voy. INFLORESCENCE. || T. Joaillier. La partie de la monture d'une bague, d'une parure dans laquelle est enchâssée une pierre précieuse. *Le diamant est tombé du c.* — Par ext., se dit quelquefois de la pierre elle-même.

CHATONNEMENT. s. m. [Pr. *chato-neman*]. Action de loger dans un chaton. || T. d'Obst. Accident par lequel le placenta est retenu dans la matrice après l'expulsion du fœtus.

CHATONNER. v. a. [Pr. *chato-ner*]. Encastrer dans un chaton.

CHATOU, comm. du dép. de Seine-et-Oise, arr. de Versailles; 3,600 hab.

CHATOUILLANT, ANTE. adj. [Pr. les *ll* mouillées]. Qui plaît, qui chatouille l'amour-propre.

CHATOUILLE. s. f. [Pr. les *ll* mouillées]. T. Pêche. Espèce de petite lamproie.

CHATOUILLEMENT. s. m. [Pr. les *ll* mouillées]. Action de chatouiller. La sensation qui en résulte. *Il est sensible au moindre c. Le c. excite ordinairement à rire. Le c. prolongé peut causer des accidents graves.* || Par anal., se dit de certaines impressions agréables produites sur les sens autres que le toucher.

CHATOUILLER. v. a. [Pr. les *ll* mouillées] (lat. *catulire*, de *catulus*, petit chien). Causer en certaines parties du corps, par un attouchement léger, un tressaillement spasmodique qui provoque ordinairement à rire. *C. quelqu'un à la plante des pieds. Ne le chatouillez pas si fort.* — Fig. et prov., *Se c. pour se faire rire,* S'efforcer de paraître gai, joyeux, sans en avoir de motif suffisant. || T. Man. *C. un cheval de l'éperon,* Le toucher légèrement avec l'éperon. || Par ext., se dit de tout ce qui produit certaines impressions agréables sur les sens autres que le toucher. *Le vin chatouille le palais. Cette musique chatouille agréablement l'oreille.* || Fig., Plaire, flatter. *Quand on fait l'éloge de ses enfants, on le chatouille par l'endroit sensible. La flatterie chatouille toujours l'amour-propre.* == CHATOUILLÉ, ÉE. part.

CHATOUILLEUX, EUSE. adj. [Pr. les *ll* mouillées]. Qui est fort sensible au chatouillement. *Il est très chatouilleux. La plante des pieds est la partie la plus chatouilleuse.* — Se dit du cheval. *Ce cheval est trop chatouilleux.* || Fig. et fam., *Cet homme est bien c.,* Il s'offense aisément, il se fâche pour peu de chose. *Cette affaire, cette question est bien chatouilleuse,* Il faut la traiter avec beaucoup de circonspection et de ménagements, parce qu'en la traitant il est difficile de ne pas exciter le mécontentement, la colère, etc. *Prenez garde, vous traitez là un point bien c.*

CHATOYANT, ANTE. adj. Se dit des objets qui présentent le phénomène du chatoiement, qui offrent des reflets lumineux variés et nuancés. *Pierre, étoffe, couleur chatoyante.*

CHATOYEMENT. Voy. CHATOIEMENT.

CHATOYER. v. n. Se dit des objets qui présentent le phénomène du chatoiement. — Conj. v. EMPLOYER.

CHAT-PARD. s. m. Nom scientifique du lynx de Portugal. On l'appelle aussi *Chat-tigre.*

CHÂTRE (LA), ch.-l. d'arr. du dép. de l'Indre, à 34 kil. S.-E. de Châteauroux, 5,000 hab.

CHÂTRER. v. a. (lat. *castrare*). Rendre un homme ou un animal incapable de se reproduire, par l'ablation des testicules. Se dit aussi de l'ablation des ovaires chez la femme ou chez des femelles d'animaux. Voy. CASTRATION. *C. un homme, un cheval, un taureau, un bélier, une vache, une truie,* etc. || Par ext., *C. des melons, des concombres,* En retrancher quelques fleurs. *— C. un fraisier,* En retrancher les rejetons superflus. *— C. des ruches,* Enlever une partie des gâteaux qu'elles contiennent. *— C. des cotrets, des fagots,* En ôter quelques bâtons. || Fig., en parlant des ouvrages d'esprit, signifie, En retrancher tout ce qu'on croit susceptible de blesser les mœurs, la religion ou le gouvernement; en supprimer les passages qui paraissent trop hardis, et leur ôter ainsi toute force et toute vigueur. == CHÂTRÉ, ÉE. part. || Substantiv. *C'est une voix de châtré.*

CHÂTREUR. s. m. Celui qui fait métier de châtrer les animaux.

CHAT-ROCHIER. s. m. T. Icht. Poisson du genre squale qui vit dans les endroits rocheux.

CHÂTRURE. s. f. T. Vét. Castration des animaux par l'emploi du caustique.

CHATTE. s. f. Femelle du chat. || T. Mar. Espèce de grappin qu'on attache, lorsqu'on veut s'en servir, à un filin qui passe dans une poulie sous le beaupré. — Petit bâtiment propre à la pêche et au cabotage. || T. Pêc. Grappin qui, attaché à l'extrémité d'un filet, sert à le tenir au fond de l'eau. || Espèce d'allège usitée dans les ports.

CHATTÉE ou **CHATÉE**. s. f. [Pr. *chaté*]. Portée d'une chatte.

CHATTEMITE. s. f. [Pr. *cha-te-mite*] (lat. *catta*, chatte; *mitis*, douce). Personne qui affecte une contenance douce, humble et flatteuse, pour tromper quelqu'un. *Voyez-vous cette c.!* Faire *la c.* Fam.

CHATTER. v n. [Pr. *cha-ter*]. Se dit d'une chatte qui fait ses petits.

CHATTERIE. s. f. [Pr. *cha-te-ri*]. Acte de friandise. || Les friandises mêmes. || Coquetterie, gentillesse. *Faire des chatteries.* || Fausse caresse.

CHATTERTON, poète anglais, né à Bristol (1752-1770).

CHATTERTON. s. m. (angl. *Chatterton's compound*, composition de Chatterton, du nom de l'inventeur). Composition employée dans la fabrication des câbles électriques contenant : goudron de Stockholm, une partie, en poids, résine, une partie; gutta-percha, une partie. Voy. CABLE.

CHAUBAGE. s. m Action de chauber.

CHAUBER. v. a. ou tr. T. Agric. En parlant des grains : les battre à la main sur une planche dressée de champ pour les égrener et les assouplir.

CHAUCER, poète satirique anglais, auteur des *Contes de Canterbury*, de *Troïlus et Cresséide*, etc. (1328-1409).

CHAUCHÉ. s. m. Variété de vigne du Poitou.

CHAUCHE-BRANCHE. s. f. Levier pour grands fardeaux. Nom vulgaire de l'engoulevent.

CHAUCHE-POULE s. m Nom vulgaire du milan.

CHAUD, AUDE. adj. (lat. *calidus*). Qui a de la chaleur, qui donne, qui produit de la chaleur. *Le soleil est bien c. aujourd'hui. La journée a été très chaude. Avoir les pieds chauds. Prendre du lait c.* — Fig. et prov., *Il ne trouve rien de trop c. ni de trop froid; il n'y a rien de trop c. ni de trop froid pour lui,* se dit d'un homme avide qui veut tout avoir, qui prend de toutes mains. *Si vous n'avez rien de plus c., vous n'avez que faire de souffler,* se dit pour donner à entendre à quelqu'un qu'il se flatte vainement de quelque espérance. *Le rendre tout c.,* Rendre immédiatement la pareille; se dit en parlant d'une injure, d'une raillerie, etc. — *Main chaude.* Voy. MAIN. — *Tempérament c.,* Tempérament ardent. — *Être chaude,* Être en chaleur; se dit des femelles de quelques animaux. || Se dit des vêtements qui conservent la chaleur naturelle du corps. *Ce manteau est bon et c.* — Qui augmente la chaleur intérieure du corps. *Le vin est c.* — *Fièvre chaude,* Fièvre ardente, fièvre accompagnée de délire; inus. dans le langage médical. Fig. et prov., *Tomber de fièvre en c. mal,* Tomber d'un état fâcheux dans un pire. — *Abcès c.* Voy. ABCÈS. || Fig., Ardent, passionné, zélé. *Un ami c. Il est c. en amitié Un c. partisan.* Fam., *Il n'est ni c. ni froid,* se dit d'un homme qui ne se détermine ni d'un côté ni de l'autre. — Fig., Prompt, emporté, qui se met facilement en colère. *Il est c. et emporté.* On dit aussi, *Il a la tête chaude, le sang c.* || *Action, affaire, attaque chaude,* Action, affaire, attaque où le combat a été sanglant et acharné. Par ext., on dit, *La dispute, la querelle fut chaude.* Fam. — *Alarme chaude,* Grande et soudaine alarme. Fig et fam., *La donner bien chaude,* Donner une grande alarme en faisant le mal plus grand qu'il n'est. *Il nous l'a donnée bien chaude.* || *Pleurer à chaudes larmes,* Pleurer abondamment. || T. Peint. *Ton c., coloris c.,* Ton, coloris brillant et vigoureux. On dit aussi dans le même sens, *Un tableau c. de couleur.* — Par analog., *Style c.,* Style animé. || Récent. *Cela est encore tout c. Il m'apporta cette nouvelle toute chaude.* Fam. || *Chaud,* s'emploie absol. dans quelques locutions. *Boire c., manger c., servir c.,* Boire, etc., quelque chose de c. — *Il fait c. dans cette chambre comme dans un four.* Fig. et fam., *Il faisait c. à cette affaire, à cette attaque,* On y courait de très grands dangers. — Par ellipse, on dit : *Ce vêtement lui tiendra c.,* Lui tiendra le corps c. — CHAUD. s. m. Chaleur. *Il fait grand c. Avoir c. Souffrir le c. et le froid.* — Fig. et fam., *Cela ne me fait ni froid ni c.,* Cela m'est tout à fait indifférent. *Cela ne fait ni c. ni froid,* se dit de ce qui ne sert ni ne nuit à une affaire. — A LA CHAUDE. loc. adv. Sur l'heure, dans le premier moment.

Cela s'est fait à la chaude. On attaqua l'ennemi à la chaude. Fam et vieux. || T. Techn. *Dorer c.,* Activer le courant d'air d'un fourneau pour en animer le feu. || CHAUD EN FROID. s. m. Refroidissement.

CHAUDE. s. f. (Fém. de *chaud*). T. Techn. *Donner une c. au fer, au verre,* etc., Les faire chauffer pour les porter à une température élevée. || T. Monn. *Battre la c.,* Réduire les lingots en lames à coups de marteau pour les livrer aux monnayeurs.

CHAUDEAU. s. m. (bas-lat. *caldellum*, boisson chaude; de *calidus*, chaud). Sorte de bouet ou de bouillon chaud, que l'on portait quelquefois aux mariés le matin du lendemain de leurs noces. || Toute boisson chaude. Vx dans les deux sens. || T. Pharm. Mélange de bière et d'eau employé contre la dysenterie.

CHAUDELAIT. s. m. Gâteau composé de lait, de farine et d'anis.

CHAUDEMENT. adv. En sorte que la chaleur se puisse conserver. *Il faut vous tenir c. On est fort c. dans cette chambre.* || Fig., Avec ardeur, passion, vivacité. *Poursuivre c. une affaire, une personne. Prendre, suivre une affaire c.*

CHAUDE-PISSE. s. f. T. Méd. Nom vulgaire de la blennorrhagie.

CHAUDERET ou **CHAUDRET.** s. m. Le plus petit des moules à étendre l'or et l'argent.

CHAUDERIE ou **CHAUDRERIE.** s. f. Nom des caravansérails établis dans l'Inde pour les voyageurs.

CHAUDESAIGUES, ch.-l. de c. (Cantal), arr. de Saint-Flour; 1,700 hab. — Eaux thermales d'une température de 57° à 81°,5. Les habitants les utilisent pour le chauffage et les usages domestiques.

CHAUDET, peintre et sculpteur français (1763-1810).

CHAUDEY (GUSTAVE), avocat et journaliste républicain français, né en 1835, fusillé par ordre du procureur de la Commune, Raoul Rigault, le 23 mai 1871.

CHAUD-FROID. s. m. Préparation culinaire pour la volaille. Mayonnaise.

CHAUDIER. v. n. (R. *chaud*). T. Vén. Entrer en chaleur, en parlant des levrettes.

CHAUDIÈRE. s. f. (lat. *caldaria*, m. s., de *calidus*, chaud). Grand vaisseau ordinairement de tôle ou de cuivre où l'on fait chauffer quelque chose. *C. de cuisine, de teinturier, de brasseur. C. bouillante,* C. où il y a un liquide bouillant. *C. à vapeur, tubulaire, à bouilleurs.* Techn. — *Description générale des chaudières des machines à vapeur.* — La C. est un vase clos à parois métalliques très résistantes destiné à transformer en vapeur, sous l'action de la chaleur du foyer, l'eau qui est renfermée à son intérieur. Cette vapeur passe ensuite dans les cylindres où elle actionne les pistons et fait mouvoir la machine. Voy. MOTEUR.

Les chaudières des premières machines étaient sphériques, ou au moins formées d'une portion de sphère avec un fond plat. Mais ces chaudières, avantageuses sous le rapport de la solidité, avaient l'inconvénient de n'offrir qu'une très faible *surface de chauffe* relativement à la masse d'eau considérable qu'elles contenaient. On appelle *surface de chauffe* la surface de la c. qui reçoit directement, par contact ou par rayonnement, la chaleur du foyer. En conséquence, Watt adopta pour les siennes la forme d'un cylindre allongé dans le sens horizontal, et ayant pour section perpendiculaire à ses arêtes une courbe à parties rentrantes Cette sorte de c., que Watt appelait c. *à tombeau,* présente une fort grande surface de chauffe; néanmoins elle ne peut convenir que pour les machines à basse pression, car elle se déforme quand on veut produire de la vapeur ayant une tension de plusieurs atmosphères. On imagina donc, pour les machines à haute pression, de donner à la c. la forme d'un cylindre régulier dont les deux extrémités se terminent par une calotte hémisphérique, et depuis lors cette forme est devenue l'un des types les plus usités. La Fig. 1 représente la coupe longitudinale de la c. d'une machine fixe, tandis que la Fig. 2 représente sa coupe transversale. Au-dessous du grand cylindre AA qui constitue la c. proprement dite, on remarque deux autres cylindres plus petits BB, que l'on nomme *Bouilleurs*, et qui communiquent avec la c. au moyen de tubes TTT, appelés *Tubulures*, de telle sorte que quand on verse de l'eau dans la c., les bouilleurs et les tubulures se remplissent d'abord.

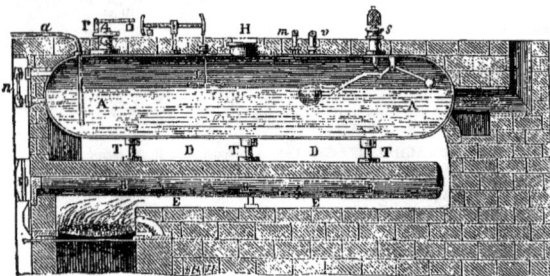

Fig. 1.

Lorsqu'on veut faire fonctionner la machine, il faut que le niveau de l'eau dépasse toujours un peu la moitié de la hauteur de la c. L'eau froide est introduite par le tube alimentaire *a*, qui doit, non pas déboucher dans la vapeur, mais pénétrer dans l'eau près du fond de la c., afin que la vapeur déjà formée ne soit pas détruite par la condensation. La vapeur au contraire s'échappe par le tube *v* qui la conduit jusqu'à la boîte à vapeur de la machine. Les bouilleurs sont entièrement plongés dans les gaz chauds qui proviennent de la combustion. Ces gaz circulent d'abord au-dessous des bouilleurs dans les espaces EE; puis ils reviennent entre les bouilleurs et la c. dans l'espace D; enfin, ils passent par les espaces CC, qu'on nomme *Carneaux*, en chauffant ainsi les parois de la c., et se dégagent par la cheminée d'appel G. La longueur qu'on donne à la c. est ordinairement cinq ou six fois son diamètre intérieur.

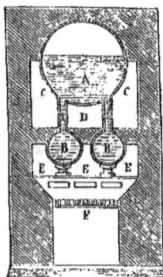

Fig. 2.

Les chaudières se font presque toujours en tôle de fer mise en œuvre sous forme de plaques laminées, que l'on unit entre elles au moyen de rivets. Le choix de la matière et la pose des rivets doivent être l'objet de soins particuliers. On ne doit employer que des tôles de première qualité exemptes de *pailles* et de *soufflures*. Les rivets ont pour objet d'assurer le contact parfait entre les plaques de tôle qu'ils servent à assembler; il faut qu'ils pénètrent dans toutes les anfractuosités des trous qu'ils remplissent, de manière à former pour ainsi dire avec les lames de tôle un tout homogène. Pour obtenir ce résultat, il faut les placer à chaud, et il est préférable de les écraser la tête par une compression graduée, à l'aide de machines hydrauliques spéciales, plutôt qu'à coups de marteau. Voy. CHAUDRONNERIE, RIVET.

Les parties accessoires de la c. sont en assez grand nombre. Nous avons déjà mentionné le tube alimentaire *a*, qui lui apporte l'eau froide dont elle a besoin, et le gros tube *v*, qui conduit à la machine la vapeur qui s'engendre continuellement dans la c. Le tube *m* aboutit à un manomètre qui sert à indiquer la tension de la vapeur dans l'intérieur de la c. Il est le *trou d'homme*, par lequel on entre dans la c. quand on veut la nettoyer. On appelle *Tube de niveau*, un tube de verre vertical *n*, communiquant avec deux tubes horizontaux qui pénètrent à l'intérieur de la c., et qui sont placés de manière que le niveau de l'eau dans celle-ci corresponde au milieu de leur intervalle. L'eau se rend librement dans le tube

inférieur, et la vapeur dans le tube supérieur. Ainsi, en regardant le tube vertical, on voit quelle est la hauteur du niveau de l'eau à l'intérieur de la c. Le *Flotteur f* sert également à faire connaître le niveau de l'eau. On lui donne des dispositions très variées. Un des plus simples se compose d'une pierre rectangulaire qui plonge en partie dans l'eau, et qui est suspendue à l'extrémité d'un levier. Cette pierre est maintenue en équilibre par la perte de poids qu'elle éprouve dans l'eau et par le poids qu'elle éprouve à l'autre bras du levier. Tant que l'eau s'élève à la hauteur voulue, le bras qui soutient le flotteur reste horizontal; mais il incline vers la c. quand le niveau de l'eau baisse. Au contraire, il se meut en sens inverse, quand il y a trop d'eau. Enfin, comme l'ouvrier chargé de diriger l'alimentation de la c. pourrait oublier de consulter en temps opportun, soit le tube de niveau, soit le flotteur, on a imaginé un appareil nommé *Sifflet d'alarme*, qui appelle son attention quand le niveau de l'eau éprouve un trop grand abaissement. Cet appareil, qu'on voit en *s* (Fig. 1), et qui est encore représenté isolément par la Fig. 3, consiste en un tube A à canal très étroit, qui peut communiquer avec la c., et on un flotteur B fixé à l'extrémité d'un levier qui porte un contre-poids C à son autre extrémité. Ce levier est muni en D d'un obturateur conique qui, tant que le niveau de l'eau ne baisse pas trop, ferme exactement l'orifice inférieur du tube A. Mais, lorsque l'eau descend trop bas, le flotteur s'abaisse également, et le bouchon conique

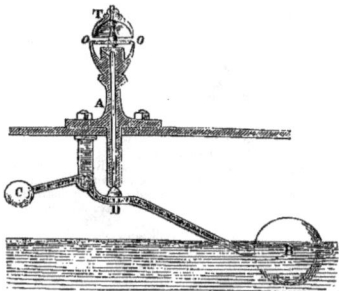

Fig. 3.

cesse de fermer l'orifice. Aussitôt la vapeur se précipite dans le canal, et s'échappe par l'orifice annulaire *oo* qui le termine supérieurement. Mais là elle rencontre la tranche du timbre T

Fig. 4.

et le fait vibrer avec énergie en produisant un sifflement strident. Toute la c. est, en outre, munie d'une *soupape de sûreté*, P (Fig. 1), destinée à s'ouvrir aussitôt que la vapeur atteint la tension maximum qu'elle ne doit pas dépasser. Cette soupape A (Fig. 4) ferme un tuyau vertical T qui communique avec la c. Elle est maintenue au moyen d'un levier BL, qui est mobile autour du point L, et qui s'appuie sur la tête de la soupape. L'extrémité B de ce levier porte un poids P qui est calculé de manière que la pression qu'il exerce sur la soupape soit précisément égale à la pression que celle-ci éprouverait de bas en haut, si la force élastique de la vapeur atteignait le maximum pour lequel la c. a été construite. Aussitôt donc que la tension de la vapeur dépasse cette limite, la soupape se soulève et laisse échapper la vapeur en excès. Pour surcroît de sûreté, les chaudières sont ordinairement pourvues de *Rondelles fusibles*, c.-à-d. de plaques métalliques faites avec un alliage qui fond à la température correspondant à la pression que la vapeur ne doit pas dépasser. Ces rondelles ne devraient laisser aucune crainte : car la pression ne peut augmenter sans que la température s'élève en même temps. Cependant l'expérience a démontré qu'elles ne remplissent qu'imparfaitement leur destination. Quand elles sont récemment placées, elles se ramollissent avant le degré voulu; puis, au bout d'un certain temps, les dépôts qui s'attachent à leur surface, bien qu'elles soient fixées à la partie supérieure de la c., les empêchent de foudre.

Explosions des chaudières. — Il arrive malheureusement trop souvent que les chaudières à vapeur font explosion, projetant autour d'elles des débris de tôle et de briques du fourneau et des flots d'eau bouillante. Ces explosions, très dangereuses, proviennent toujours de ce que la résistance des parois est insuffisante pour résister à la pression de la vapeur produite. A la vérité, il est facile de s'assurer de la résistance d'une c. avant sa mise en service, et d'après la loi française aucune c. ne peut être mise en activité si elle n'a été poinçonnée par l'administration. Or, celle-ci n'appose son timbre sur une c. qu'après l'av ir soumise à une pression doub.e de celle qu'elle peut avoir à subir dans le service. Elle exige de plus que cette c. soit munie d'une soupape de sûreté au moins, ainsi que d'un manomètre. Mais il peut arriver que la résistance de la tôle vienne à diminuer sous l'action de causes diverses parmi lesquelles il convient de citer surtout l'élévation de température. La ténacité de la tôle diminue, en effet, rapidement à partir de 200°, et, au rouge, elle n'est plus que les trois dixièmes de ce qu'elle était à 0°, d'où il suit qu'aucune portion de la c. ne doit jamais être portée au rouge. Enfin, il peut se faire aussi que la pression arrive à dépasser de beaucoup la pression qu'on avait prévue. Pour qu'il en soit ainsi, il faut qu'il se produise subitement une grande quantité de vapeur. Alors la pression s'élève rapidement et la c. fait explosion avant que la soupape de sûreté ait permis l'évacuation de la vapeur en excès. On voit ainsi que les explosions proviennent le plus souvent, sinon dans tous les cas, d'une production subite d'une grande quantité de vapeur, et cette production anormale de vapeur reconnaît deux causes: l'*alimentation irrégulière* de la c. et les *incrustations*. Lorsqu'on laisse dans la c. le niveau de l'eau baisser d'une manière notable, les parois, qui sont en contact avec le feu sans être recouvertes d'eau sur l'autre face, prennent une température très élevée et arrivent rapidement au rouge. Si alors un afflux d'eau froide survient brusquement, cette eau se vaporise immédiatement en produisant un accroissement énorme et soudain de la pression. En même temps, le refroidissement subit qu'éprouve le métal détermine une modification particulière dans sa constitution moléculaire et facilite singulièrement sa rupture. — Les incrustations sont la cause la plus fréquente des accidents. Les eaux employées à l'alimentation des chaudières y déposent, en se vaporisant, les sels et les matières terreuses qu'elles contiennent, principalement du carbonate de chaux. Celui-ci s'attache aux parois des chaudières et y forme des *incrustations* plus ou moins dures et plus ou moins étendues, qui établissent entre le métal et l'eau une couche très mauvaise conductrice de la chaleur. Le métal, n'étant plus refroidi par l'eau, rougit, et, s'il arrive que l'incrustation se fendille et se détache, l'eau se trouve en contact immédiat avec le métal incandescent, et l'explosion est imminente. On prévient ces incrustations en plaçant dans la c. des corps étrangers, tels que du son, des raclures de pommes de terre, etc., ou des réactifs chimiques spéciaux, qui s'opposent à ce que les sels terreux se précipitent en couches continues et adhérentes; il ne se forme alors qu'un dépôt boueux qui n'adhère point à la c., et que l'on enlève de temps en temps. Voy. DÉSINCRUSTANT, INCRUSTATION. — « Les explosions des chaudières à vapeur, dit Delaunay, sont habituellement accompagnées d'effets mécaniques extraordinaires, tels que la projection de pièces d'un grand poids à une distance énorme. On aurait de la peine à se rendre compte de ces effets, si l'on cherchait à les expliquer par l'action de la vapeur qui existait dans la c. au moment de l'explosion, lors même qu'on attribuerait à cette vapeur une tension considérable. Mais il

faut observer que la masse d'eau contenue dans la c., étant brusquement mise en communication avec l'atmosphère, et ayant une température très notablement supérieure à 100°, doit se vaporiser en grande partie, et donne lieu presque instantanément à la production d'une quantité de vapeur extrêmement grande. C'est cette vapeur, formée au moment même de l'explosion, qui occasionne les effets extraordinaires que l'on observe. »

Des diverses espèces de chaudières. — Les nécessités de l'industrie moderne ont conduit à la création de chaudières de formes très variées, qui répondent à des besoins particuliers. Mais avant de les passer en revue, nous devons signaler une des améliorations les plus importantes apportées à ce genre d'appareils : nous voulons parler des *réchauffeurs*, qui sont des récipients de formes et de dimensions variées, placés entre la c. et la cheminée et qui ont pour objet d'échauffer, à l'aide des gaz du foyer, l'eau d'alimentation, de telle sorte que celle-ci arrive dans la c. à une température déjà élevée. Une c. bien installée comprend donc le *générateur* où se forme la vapeur, et les *réchauffeurs*.

On peut, dès l'abord, établir trois grandes divisions : 1° les *chaudières industrielles*; 2° les *chaudières de locomotive*; 3° les *chaudières marines*.

Les chaudières de locomotives, dont nous reparlerons avec quelques détails au mot LOCOMOTIVE, sont construites sur un principe tout particulier inventé par Marc Séguin en 1827, dans le but de multiplier la surface de chauffe. A cet effet, la

Fig. 5.

c. de forme cylindrique est traversée dans toute sa longueur par un grand nombre de tubes de cuivre, dans lesquels circulent les gaz chauds du foyer, d'où le nom de c. *tubulaire* donné à cette disposition. Les chaudières tubulaires ne sont

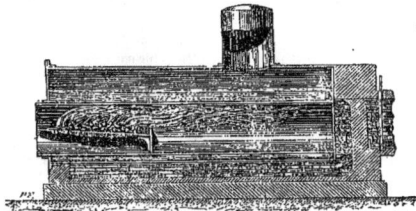

Fig. 6.

pas restées à l'usage exclusif des locomotives, et on en a souvent fait l'application à des machines fixes ou locomobiles. Les chaudières industrielles, de forme et de qualités très variées, s'échelonnent entre deux types extrêmes : le premier, représenté par la c. ordinaire à deux bouilleurs inférieurs, comprend des appareils à grande contenance, à parois épaisses, placés à poste fixe dans des fourneaux en briques avec caniveaux à grande section, et convenant parfaitement à la grande industrie; l'autre, comprenant des appareils de petite contenance, dans lesquels le liquide est divisé et circule dans des tubes placés dans le foyer, et où l'on a tout sacrifié à l'économie de place et de poids. Il nous est impossible de passer en revue les nombreuses formes de chaudières imaginées par les constructeurs. Nous citerons seulement les chaudières à bouilleurs inférieurs et à bouilleurs latéraux, avec réchauffeur visible sur la droite de la figure (Fig. 5); la c. Cornouailles, à foyer intérieur (Fig. 6); la c. à bouilleurs semi-tubulaire, qui n'est autre chose qu'une c. à bouilleurs dont la partie supérieure contient un certain nombre de tubes longitudinaux, dans lesquels circulent les gaz du foyer avant de s'échapper dans les carneaux, et surtout les chaudières *multitubulaires*, qui se répandent de plus en plus. Celles-ci se composent essentiellement d'un très grand nombre de tubes de fer assemblés en

il n'y a pas de provision d'eau et la vapeur se forme par petites portions, au fur et à mesure des besoins. L'appareil se compose de tubes en acier laminé ou en cuivre, de forme aplatie, ayant en moyenne 9 centim. de large et présentant seulement à leur intérieur un vide très étroit, et pour ainsi dire capillaire. Ces tubes, disposés en spirale, sont placés dans le foyer, où ils prennent une température fort élevée. L'eau qu'on introduit dans le vide capillaire y est immédiatement transformée en vapeur. La réserve de vapeur des chaudières ordinaires est ici remplacée par une réserve de calories accumulées dans le métal des tubes. Pour un moteur de 3 chevaux, la dépense atteint 6 kilogr. de coke par heure. Les générateurs Serpollet peuvent recevoir un grand nombre d'applications intéressantes pour les moteurs domestiques, la traction des véhicules sur route, la propulsion des bateaux, etc. Malheureusement, les tubes s'usent avec une rapidité extrême.

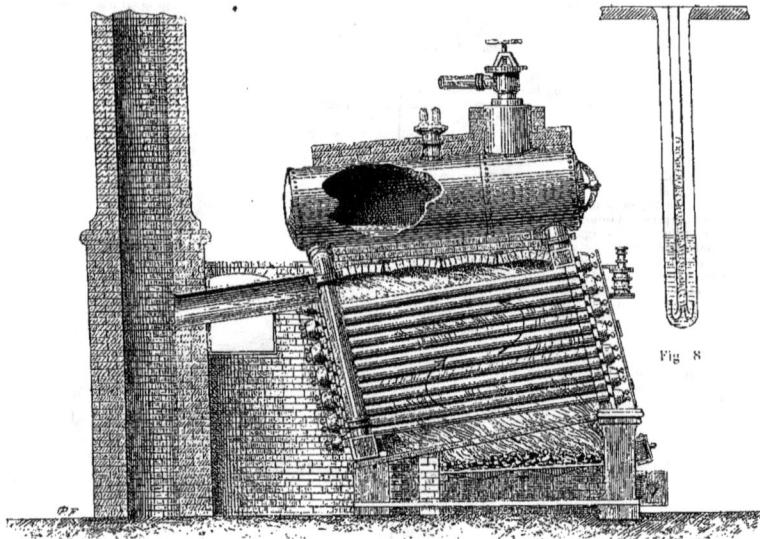

Fig. 8

Fig. 7.

forme de serpentin plongés dans le foyer et communiquant à leur partie supérieure avec un grand cylindre de tôle, qui est le collecteur de vapeur (Fig. 7). Cette disposition supprime complètement le danger d'une explosion générale; mais les tubes peuvent éclater isolément. La rupture d'un des tubes est sans danger pour le voisinage et n'entraîne pas les conséquences désastreuses d'une explosion complète; mais il reste cependant à trouver un dispositif qui mette le chauffeur à l'abri des conséquences de cet accident. Enfin, nous signalerons les diverses formes de chaudières verticales à bouilleurs croisés ou à tubes d'eau pendentifs. Ces tubes affectent des formes variées; leur invention remonte à l'année 1831, où Perkins imagina le tube qui porte son nom, qui est resté le type des appareils analogues, et l'organe vaporisateur le plus énergique. Le tube Perkins (Fig. 8) se compose d'un cylindre vertical fermé à sa partie inférieure, et muni d'un canal intérieur, le tout plongé dans le foyer. La vapeur produite s'échappe par le tube central et l'eau descend dans la partie annulaire, de sorte qu'il s'établit ainsi une circulation très active.

Les machines locomobiles exigent des foyers sans fondation, d'une construction entièrement métallique. De là, des formes de chaudières spéciales. Les chaudières de locomobiles sont généralement à foyer intérieur et tubulaires. Les meilleures sont à *foyer amovible*, ce qui facilite le nettoyage.

Une invention fort remarquable est celle du *générateur Serpollet*. Ici, tout danger d'explosion est définitivement écarté : car

Les chaudières marines sont presque toujours tubulaires, à foyer intérieur et à retour de flamme, c.-à-d. que, contrairement à ce qui a lieu sur les locomotives, le foyer se prolonge à l'intérieur de la c. jusqu'à la partie postérieure, et les gaz circulent dans les tubes à fumée, d'arrière en avant, pour se rendre dans la boîte à fumée située en avant de la c. Telle est la disposition la plus fréquente sur les grands bâtiments. Pour les embarcations de moyenne et de petite dimension, on a imaginé un grand nombre de types de chaudières à *lames*, à *serpentin*, à *retour de flamme par le bas*, etc., qu'il nous est impossible de décrire.

Alimentation des chaudières. — Les machines à vapeur consomment, en général, des quantités d'eau considérables. Il faut remplacer cette eau dans la c. au fur et à mesure de sa transformation en vapeur et de sa consommation dans la machine. C'est là ce qui constitue l'*alimentation*. Ainsi que nous l'avons dit plus haut, il est essentiel que cette alimentation soit aussi régulière que possible, afin que le niveau de l'eau dans la c. se maintienne à peu près invariable. Cette condition est non seulement nécessaire à la marche régulière de la machine, mais encore son omission peut entraîner des accidents graves et même des explosions. Pendant longtemps, l'alimentation s'est faite uniquement à l'aide d'une pompe actionnée par la machine elle-même, qui puisait l'eau dans le réservoir et la refoulant dans la c. Ce système est même encore employé dans certaines machines; cependant on y substitue le plus souvent des appareils spéciaux basés sur un tout autre principe et nommés *alimentateurs*. Le type de ces appareils, dont le fonctionnement repose sur l'aspiration que produit la vapeur en s'échappant par un orifice d'une forme déterminée, est l'*injecteur Giffard*, inventé en 1858. Voy. INJECTEUR. Dans les chaudières ordinaires qui contiennent une grande provision d'eau, l'alimentation peut être intermittente. Dès que le niveau commence à s'abaisser, le chauffeur n'a qu'à ouvrir le robinet de l'injecteur pour introduire dans la c. une quantité d'eau suffisante. Quand on emploie une pompe, celle-ci fonctionne, en général, d'une manière continue; mais le chauffeur peut en régler le débit à l'aide de robinets. Ces dispositions exigent un grand soin et une grande attention dans la conduite de la machine. Aussi a-t-on imaginé un assez grand nombre d'*alimentateurs automatiques*, qui entretiennent constante la provision d'eau dans la c. sans l'intervention d'aucun ouvrier. Ces appareils automatiques sont indispensables dans les chaudières multitubulaires et surtout dans celles qui ne comptent pas des tubes formant un faisceau rempli d'eau et de vapeur sans réservoir supérieur. Ces dernières exigent aussi un appareil automatique régulateur de pression.

Législ. — En raison des accidents auxquels les chaudières à vapeur sont exposées, ces appareils ont été, depuis leur invention, soumis à une réglementation qui assure, autant que possible, la sécurité de leur emploi. La loi du 30 avril 1880, qui a abrogé les ordonnances de 1810, 1843, 1846 et 1865, stipule toutes les obligations imposées aux industriels qui font usage de c. à vapeur. Nous citerons en particulier l'article 2, qui exige que la c. soit soumise aux épreuves réglementaires : 1° lorsqu'elle vient d'être construite; 2° lorsque, ayant déjà servi, elle est l'objet d'une installation nouvelle; 3° lorsqu'elle a subi une réparation notable; 4° lorsqu'elle est remise en service après un chômage prolongé; — l'article 10, qui exige que le niveau de l'eau soit constamment maintenu à 0m06 au moins au-dessus des régions en contact avec le feu, afin que toute paroi léchée par la flamme sur une de ses faces soit baignée par l'eau sur sa face opposée, et l'article 14 qui distingue les chaudières en trois catégories, suivant leur capacité et la pression qu'elles sont appelées à subir, la première catégorie comprenant les plus grandes chaudières, et qui règle la distance à laquelle les chaudières de ces trois catégories doivent être placées des habitations. Le développement des chaudières multitubulaires et la plus grande sécurité qu'on obtient avec ces nouveaux appareils, a nécessité quelques modifications à la réglementation précédente. En conséquence, un décret du 14 avril 1888 a fixé les conditions dans lesquelles l'administration pourrait dispenser de certaines obligations imposées par la loi du 30 avril 1880, notamment en ce qui concerne l'établissement des chaudières multitubulaires dans des locaux dépendant des maisons habitées. Entre autres conditions, on exige que le réservoir supérieur, seul susceptible de produire une explosion dangereuse, rentre dans la troisième catégorie.

Biblio. — LAMI, *Dictionnaire de l'Industrie et des Arts industriels*. — BARETTA et DESNOS, *Les nouvelles chaudières à vapeur*. — E. CORNUT, *Catalogue descriptif et raisonné des défauts des chaudières*, etc. Voy. MOTEUR.

CHAUDON, bénédictin de Cluny, auteur d'un *Dictionnaire historique* (1737-1817).

CHAUDRERIE. s. f. Voy. CHAUDERIE.

CHAUDRET. s. m. T. Techn. Cahier de feuilles de baudruche entre lesquelles le batteur d'or place les feuilles de métal déjà amincies par le coucher. Voy. BATTEUR D'OR.

CHAUDRETTE. s. f. T. de Pêche. Voy. CAUDRETTE.

CHAUDRON. s. m. (R. *chaudière*). Petite chaudière munie d'une anse, qui est surtout destinée aux usages culinaires. || Par dénigr. Mauvais instrument de musique. || T. Const. Genouillère de botte aussi haute en dedans qu'en dehors. || T. Mar. Calotte de plomb percée de trous et clouée sous le pied d'une pompe pour la préserver de l'introduction d'ordures. || Calotte de cuivre percée de trous et clouée sur l'habitacle pour laisser passer la fumée de la lampe. || Maladie du Sapin qui consiste en un renflement de la tige.

CHAUDRONNÉE. s. f. [Pr. *chôdro-né*]. Ce qu'un chaudron peut contenir.

CHAUDRONNER. v. n. [Pr. *chôdro-ner*]. T. Mus. Se dit du ton nasillard que fait entendre un instrument à cordes. || T. Pop. Acheter et revendre des objets.

CHAUDRONNERIE. s. f. [Pr. *chôdro-neri*] (R. *chaudron*). Industrie qui a pour objet de travailler les feuilles de tôle et de cuivre pour en faire des vases, des récipients et des chaudières, etc. || Toute marchandise de chaudronnier. C. *de cuivre, de tôle*. || La fabrique où se fait la c.

Techn. — On distingue la *petite* et la *grosse* c.

La *petite* c. fabrique les objets de cuisine et de ménage, les trompettes, les pièces employées dans les laboratoires, etc. Ces objets sont le plus souvent en cuivre; mais le chaudronnier fait aussi les pièces en zinc et en tôle de fer. Le travail se fait presque entièrement à la main. C'est en frappant le métal avec des marteaux de diverses formes qu'on arrive à lui donner la forme nécessaire. On conçoit ainsi que la perfection du résultat dépend essentiellement de l'habileté de l'ouvrier, surtout quand il s'agit de pièces délicates qui, pour les usages les laboratoires, doivent être travaillées avec un soin particulier. Les principales opérations sont: l'*emboutissage*, qui donne au métal la forme désirée et qui se fait en frappant le métal avec un marteau à tête arrondie sur un tas concave; la *retreinte*, qui consiste à ramener le cuivre sur lui-même, à le resserrer, et le *planage*, qui donne la netteté à la surface; ces deux dernières opérations se font avec des marteaux plats. Quand il faut réunir deux parties du métal, on opère en *brasant* : tel est le cas des tuyaux qui se fabriquent en enroulant au marteau une lame de cuivre sur un mandrin et en brasant ensuite les deux bords. Pour enrouler un tuyau en forme de serpentin, par exemple, on le remplit de résine fondue. Celle-ci une fois refroidie, le tuyau peut être contourné comme une pièce solide. À la vérité, la plupart des tuyaux de cuivre se fabriquent aujourd'hui sans soudure à l'aide de machines spéciales; mais le chaudronnier a néanmoins souvent à faire des tuyaux brasés.

La *grosse* c. travaille pour les usages industriels : c'est elle qui fabrique les chaudières à vapeur et les récipients nécessaires dans les distilleries, les sucreries, etc., ainsi que les barres profilées et les cornières qui servent de poutres métalliques. Il y a lieu de distinguer le travail des tôles de fer, celui de l'acier fondu et celui du cuivre.

Les tôles de fer et d'acier sont toujours assemblées à l'aide de rivets, sorte de gros clous qui pénètrent dans des trous percés à l'avance : il n'y a jamais ni soudure ni brasage, et l'étanchéité n'est obtenu qu'en martelant le métal avec force pour le faire pénétrer dans les vides. Les diverses opérations que doit subir la tôle sont les suivantes : 1° le *traçage* sur la feuille de tôle du contour des surfaces nécessaires pour la confection de l'objet fini, et le traçage de la position des rivets, opération délicate et qui exige une assez grande habileté, et même des études préparatoires quand il s'agit d'une pièce de forme nouvelle; 2° le *découpage* des feuilles, qui se fait au moyen de machines spéciales appelées *cisailles* et composées de deux couteaux qui se rapprochent sous l'action de la vapeur ou d'une pression hydraulique, celle-ci préférable, ou bien, pour les tôles de grande épaisseur, de deux couteaux circulaires en contact et tournant en sens inverse; 3° le *poinçonnage* et le *perçage* des trous de rivets, qui se fait au poinçon ou au foret à l'aide de machines spéciales; 4° le *chanfreinage*, qui consiste à tailler en biseau les bords qui doivent s'assembler; 5° le *chauffage* des pièces, qui facilitera le cintrage ou l'emboutissage et qui s'opère dans des fours à réverbère, opération inutile pour les tôles de faible épaisseur qui sont cintrées à froid; 6° le *cintrage* ou l'emboutissage qui doivent donner à la tôle la forme nécessaire. Le cintrage se fait ou bien à la main dans un laminoir à trois cylindres; l'emboutissage peut se faire à la main en martelant le métal sur des pièces de fonte servant de matrice; mais lorsqu'il y a plusieurs objets semblables à fabriquer, il est plus avantageux d'emboutir la tôle au moyen d'une grosse presse hydraulique, entre un poinçon et une matrice de fonte ayant la forme voulue; 7° l'assemblage des feuilles et le *rivetage*, qui n'est autre chose que la pose des rivets dans les trous des feuilles assemblées. Cette opération se fait encore souvent à la main. Le rivet, cylindre de fer ou d'acier muni d'une tête, est chauffé au rouge blanc, et amené dans le trou par un ouvrier qui le maintient à l'aide d'un tas, tandis que deux autres ouvriers frappent rapidement de l'autre côté pour refouler le métal et former une nouvelle tête, qui est ensuite achevée soit à la bouterolle à main, soit au marteau. Voy. RIVET. Les grands ateliers emploient des riveurs mécaniques, sorte de presses hydrauliques qui compriment le bout du rivet dans un moule ou *bouterolle*, et lui donnent d'emblée la forme nécessaire; il y a aussi de petits riveurs à air comprimé; 8° le *matage*, qui consiste à marteler les joints pour presser les deux feuilles de métal et éviter les fuites.

Le travail des barres et cornières présente la plus grande analogie avec celui des tôles, et se réduit à quelques opérations plus simples de dressage, cintrage, assemblage et rivetage. Quand on veut préparer des cercles, on soude les deux extrémités de la cornière.

L'acier fondu obtenu par les procédés Bessemer et Siemens (voy. ACIER) est plus malléable que le fer; les tôles d'acier se travaillent comme celles du fer, mais avec plus de facilité; seulement, les diverses opérations de découpage, de poinçonnage, de martelage, etc., qui exercent une compression dans le voisinage du point où elles ont été faites, ont pour effet de modifier l'état moléculaire du métal et de rendre celui-ci cassant. On évite cet inconvénient très grave par l'emploi de procédés et de machines qui agissent d'une manière uniforme sur toute la surface de la pièce, et en faisant recuire celle-ci autant de fois que c'est nécessaire quand on n'a pu éviter les pressions locales.

Le cuivre se travaille beaucoup plus facilement que le fer et l'acier; mais la plupart des pièces de grosse c. de cuivre, grandes bassines usitées dans les sucreries, plaques tubulaires des locomotives, etc., ne doivent pas avoir une épaisseur uniforme. Aussi, l'emboutissage est-il presque toujours opéré à la main, en martelant la tôle sur des tas de formes convenables, afin que l'ouvrier puisse ménager en chaque point l'épaisseur nécessaire. L'emboutissage se fait souvent à froid; mais les très grandes pièces doivent être embouties à chaud. Quelques pièces présentent des étranglements ou rétrécissements; on obtient toutes ces variétés de formes à l'aide du martelage avec des marteaux ou des maillets de bois de formes et de dimensions variées : c'est le *rentreignage*; quand les pièces sont rivées, les rivets sont généralement en cuivre, ce qui permet de faire le rivetage à froid. Souvent, les feuilles assemblées, au lieu d'être rivées, sont soudées soit à l'étain, soit à la soudure forte. Voy. SOUDURE.

CHAUDRONNIER, IÈRE. s. [Pr. *chôdro-nié*]. Artisan qui fait, qui vend des chaudrons, des marmites et autres ustensiles de cuisine, de fer ou de cuivre. ‖ *C. planeur*, Ouvrier qui plane et polit des planches de cuivre pour la gravure.

CHAUF. s. m. T. Comm. Soie de Perse. ‖ On dit aussi *Chouf* et *Chauffette*.

CHAUFAUD. s. m. T. Pêc. Plate-forme couverte, construite au bord de la mer, sur laquelle les embarcations viennent décharger le poisson.

CHAUFFAGE. s. m. [Pr. *chô-fage*] (R. *chauffer*). L'application aux divers besoins de l'homme de la chaleur produite par la combustion. *C. au bois, à la houille, au gaz. Un appareil de c. Je compte deux cents francs par hiver pour mon c. Bois de c.* ‖ Le droit de prendre dans une forêt une certaine quantité de bois pour se chauffer. *Droit de c.* Voy. AFFOUAGE.

Techn. — Le premier mode de chauffage que l'on ait employé a consisté, sans doute, dans l'établissement d'un foyer à contre même des habitations : c'est celui qui est encore usité chez les peuplades sauvages. Le feu est allumé dans une cavité pratiquée au milieu de la hutte, au-dessous d'une ouverture percée dans le toit pour le dégagement des gaz et de la fumée. Chez les Romains, les habitations paraissent n'avoir été chauffées qu'à l'aide de fours placés au-dessous du rez-de-chaussée, ou de réchauds fixes établis au milieu des appartements. On peut rapporter à ce mode de c. les *braseros* espagnols et les chauffe-pieds ou chaufferettes, dont l'usage est si répandu dans nos climats. En Orient, on place un brasier au milieu de la pièce, sous une table ronde recouverte d'un tapis, et l'on se réunit autour de ce chauffoir. Dans ce cas, on brûle du charbon recouvert de cendres pour rendre sa combustion moins active. On comprend aisément le danger de ce procédé, surtout s'il était employé dans des pièces bien closes : car les gaz acide carbonique et oxyde de carbone sont impropres à la respiration, et ce dernier est éminemment délétère. — Les modes de c. usités aujourd'hui dans les pays les plus avancés en civilisation peuvent se réduire à cinq : le *c. par le rayonnement direct*, comme dans les cheminées et dans les poêles; le *c. par l'air chaud*, au moyen des calorifères; le *c. par circulation d'eau*

chaude; le *c. par la vapeur*; le *c. par la vapeur et l'eau chaude combinées*.

Cheminées. — Les cheminées sont des foyers ouverts adossés à un mur et surmontés d'un tuyau destiné au dégagement des produits de la combustion. Le plus ancien auteur à nous connu qui fasse mention des cheminées est le moine de Saint-Gall (IX° siècle). Il paraît aussi que les premières cheminées furent construites en Italie. Il est facile de concevoir la fonction de ces appareils pour alimenter la combustion et en dégager les produits : lorsqu'on allume du feu dans une cheminée, la colonne d'air froid qui remplissait le tuyau se dilate par la chaleur et s'échappe en partie. Ce qui reste a un poids spécifique plus faible, de sorte que la pression à la base se trouve plus faible que la pression atmosphérique de la différence entre le poids de la colonne d'air chaud enfermée dans le tuyau et le poids d'une colonne d'air froid de même hauteur. L'excès de la pression extérieure détermine ainsi un courant ascendant dans la cheminée; l'air extérieur, en pénétrant à travers le foyer et en se mêlant à la fumée, s'échappe à son tour, de sorte que, le tuyau se trouvant toujours rempli d'un fluide plus léger que l'air extérieur, le courant ascendant s'établit d'une manière permanente. Tel est le mécanisme du *tirage*, dont l'activité dépend de la vitesse de l'air chaud dans le tuyau. Péclet a constaté que cette vitesse augmente toujours avec la température de l'air échauffé; elle augmente aussi en proportion de la longueur du tuyau, mais seulement jusqu'à une certaine limite, ce qui se conçoit à cause du frottement. Par la même raison, elle est plus grande dans un tuyau plus large, pourvu qu'on augmente le feu de manière à lui donner la même température. Dans les tuyaux de fonte, le tirage est plus fort que ceux de tôle, et surtout que ceux de brique. Les coudes et les inflexions ne diminuent la vitesse du courant qu'en ce qu'ils allongent le tuyau sans augmenter la longueur verticale de la colonne d'air chaud. Enfin, le frottement exerçant une influence incontestable, on en peut conclure que les tuyaux cylindriques sont les plus favorables au tirage, puisque, à égalité de section, ils présentent au frottement une moindre surface. On voit que le tirage ne sert pas moins à activer la combustion, en appelant l'air dans le foyer, qu'à dégager les produits gazeux développés par celle-ci. Le tirage constitue aussi un excellent moyen de ventilation qui remplace incessamment l'air vicié de la chambre par de l'air puisé à l'extérieur. Dans les fourneaux d'usine, où l'on a besoin de consommer une masse d'air considérable, on construit des cheminées d'une très grande hauteur; on se dispense ainsi de recourir aux machines soufflantes. Ordinairement, plusieurs fourneaux viennent aboutir à une cheminée unique qui s'élève souvent à une très grande hauteur. Les conduits de communication passent sous terre en se repliant. Pourvu qu'au sortir des différents foyers l'air arrive assez chaud dans la cheminée, le tirage s'opère avec une extrême activité. — Lorsque le tirage n'est pas assez fort, la fumée se répand dans les appartements. Les causes de la faiblesse du tirage tiennent tantôt à la mauvaise disposition de l'appareil, tantôt aux circonstances atmosphériques. En général, on fait les tuyaux beaucoup trop larges par rapport à l'intensité du feu, et alors la colonne ascendante n'est pas assez échauffée; souvent aussi l'embouchure inférieure a une section trop grande et surtout trop élevée au-dessus du foyer : il en résulte qu'une grande quantité d'air s'y engage sans passer par le feu et va refroidir la colonne ascendante. Quelquefois le tuyau n'a pas une longueur suffisante : l'expérience montre qu'au-dessous de 5 mètres il y a presque toujours de la fumée, et qu'il faut 10 mètres pour la sûreté du tirage. Enfin, quand l'appartement est trop bien clos, l'air n'y pénètre pas en assez grande quantité pour remplacer celui qui a servi à la combustion. L'air de la pièce se raréfie, et, dès que la pression n'est plus suffisante pour soulever la colonne d'air chaud, celle-ci ne monte pas, et la fumée reflue avec la fumée. Quand il fait chaud, le tirage est moins actif parce qu'il y a moins de différence entre le poids de la colonne ascendante et celui de la colonne qui détermine l'ascension. L'humidité diminue le tirage par la même raison, parce que, à hauteur égale, une colonne d'air humide pèse moins qu'une colonne d'air sec. Ces deux causes concourent encore d'une autre manière à diminuer le tirage. En effet, lorsque l'air est moins dense ou plus humide qu'à l'ordinaire, il active mal la combustion, et la colonne ascendante est moins échauffée. Lorsque le vent a une direction plus ou moins oblique de haut en bas, il gêne fort souvent la sortie de la fumée. Il faut en moyenne que la fumée s'échappe avec une vitesse de 2 mètres par seconde pour n'être pas refoulée par les vents ordinaires, et, comme le feu est rarement assez vif pour lui donner cette vitesse dans toute la longueur du tuyau, on la lui donne seulement à sa sortie, ce qui est essentiel. Il suffit pour cela de rétrécir l'orifice supérieur du tube, au moyen d'une *mitre*, par ex. Les *fumistes* ont imaginé un grand nombre d'appareils pour assurer la sortie de la fumée; la plupart offrent en outre l'avantage d'empêcher la pluie de tomber dans la cheminée. Les plus employés sont les tuyaux en T qui tournent avec une girouette, de telle sorte que la fumée s'échappe toujours dans le sens même du vent. Une disposition bien préférable aux *mitres* consiste à fermer l'orifice supérieur de la cheminée, et à établir latéralement des ouvertures dirigées en bas, comme des espèces de jalousies.

Le c. au moyen des cheminées présente des avantages dont s'accommoderont longtemps encore l'hygiène et le luxe : 1° elles permettent de voir le feu et de le *tisonner*, plaisir que beaucoup de personnes apprécient singulièrement; 2° elles donnent une température qui provient du rayonnement direct et que l'on peut modérer à volonté; 3° elles échauffent de préférence les parties inférieures du corps; 4° enfin, elles produisent par le tirage une ventilation puissante qui renouvelle constamment l'air vicié de nos appartements. Mais ces avantages sont largement compensés par les pertes énormes de chaleur qu'entraîne ce mode de c. D'après les calculs de Péclet, une cheminée ordinaire ne verse dans un appartement que 6 p. 100 de la chaleur produite par la combustion du bois, et 13 p. 100 quand on emploie le coke ou la houille. Puis le tirage, empruntant à l'appartement lui-même une masse considérable d'air préalablement échauffé (60 mètres cubes par kilogr. de bois brûlé), diminue encore l'effet utile dû au rayonnement. Les cheminées primitives, c.-à-d. à large manteau, comme on en rencontre assez fréquemment dans nos campagnes, avaient l'inconvénient de brûler une quantité énorme de combustible en donnant fort peu de chaleur. L'expérience a fait reconnaître que, pour les tuyaux des cheminées établies dans un appartement ordinaire, une ouverture circulaire de 20 à 25 centim. de diamètre est toujours suffisante; aussi a-t-on renoncé dans les villes aux grandes ouvertures. Les premiers perfectionnements de nos cheminées sont dus à Rumford et datent du commencement de ce siècle. La Fig. 1 représente en coupe la disposition qu'il a donnée aux cheminées : avancement du combustible pour augmenter le rayonnement; rétrécissement de l'ouverture inférieure de

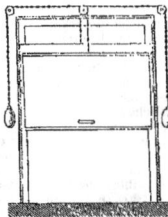

Fig. 1.   Fig. 2.

la cheminée; inclinaison des parois latérales, lesquelles sont recouvertes en briques vernissées pour favoriser la réflexion. On a encore amélioré les dispositions précédentes en disposant entre le tuyau et l'ouverture de la cheminée un tablier ou une plaque mobile qui sert à régler comme on veut le tirage et qui dispense de l'emploi du soufflet (Fig. 2, montrant le mécanisme au moyen duquel s'élève et s'abaisse le tablier). Enfin, pour éviter l'introduction de l'air froid dans les appartements par les joints des portes et des fenêtres, ainsi que les courants qui en résultent, on peut puiser directement l'air au dehors de la pièce, soit dans l'atmosphère extérieure, soit dans les cages d'escalier, et l'amener par des ventouses qui viennent s'ouvrir sous le manteau même de la cheminée. On peut en outre disposer celle-ci de manière à chauffer l'air destiné à l'alimenter. La meilleure disposition consiste à placer le tuyau de fumée dans un conduit en briques dans lequel on fait pénétrer l'air froid extérieur pour

chauffer cet air et le faire ensuite sortir dans la salle par une bouche placée près du plafond (Fig. 3). — La variété des dispositions imaginées par les constructeurs d'appareils de c. est telle qu'il nous est impossible, non seulement de les décrire, mais encore de les citer. Nous mentionnerons, toutefois, la *Cheminée à foyer mobile*, à cause des avantages évidents qu'elle présente, et parce que la mobilité du foyer peut s'adapter à la plupart des systèmes. Cet appareil consiste essentiellement en un foyer de fonte, encaissé de trois côtés et porté sur des galets qui permettent de le rentrer dans la cheminée et d'abaisser par devant un tablier qui ouvre en même temps l'orifice de sortie de la fumée pour attiser et activer le feu, soit, quand le feu est bien pris, d'amener plus ou moins le foyer en avant dans la pièce selon l'activité du tirage.

Grouvelle résume ainsi les conditions auxquelles on doit satisfaire pour obtenir le meilleur système de c. au moyen des cheminées : 1° disposer le foyer de manière à renvoyer dans la salle la plus grande quantité possible de chaleur rayonnante; 2° réduire au minimum la masse d'air qui s'échappe par la cheminée pour une quantité donnée de combustible; 3° fournir à l'alimentation de la cheminée de l'air préalablement échauffé; 4° utiliser, pour chauffer la salle même, une partie de la chaleur emportée par l'air et les gaz de la combustion.

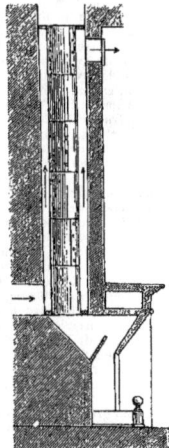

Fig. 3.

Le prix toujours croissant du bois de c. tend à faire abandonner de plus en plus ce combustible, que l'on remplace par la houille et le coke. On a construit pour brûler le coke des cheminées très bien disposées où le combustible est renfermé dans une sorte de coquille en fonte à claire-voie située au-dessus du cendrier. On peut aussi employer comme combustible le gaz d'éclairage. On trouve dans le commerce des cheminées à gaz qui fonctionnent très bien et qui présentent de sérieux avantages sous le rapport de la propreté et de la facilité d'allumage.

Poêles. — On appelle ainsi un appareil de c. clos placé dans la masse d'air de l'appartement à échauffer. L'air a étéré et échauffé par la combustion se rend, soit directement, soit après avoir fait différentes révolutions, dans un tuyau qui aboutit à l'extérieur. Les poêles peuvent être de tôle, de fonte, de fer, de faïence ou de briques. Ils affectent, d'ailleurs, mille formes diverses; mais leur objet principal est l'échauffement direct de l'air au milieu duquel ils sont placés à la fois par rayonnement et par contact; souvent aussi les produits de la combustion circulent dans des tuyaux placés dans la pièce à échauffer et contribuent ainsi à en élever la température. Quelquefois aussi des dispositions spéciales permettent à l'air extérieur de pénétrer jusque dans le poêle, d'y circuler dans des conduits qui multiplient les surfaces de chauffe, et de se répandre ensuite par des bouches de chaleur dans la salle qu'il s'agit d'échauffer. Le tuyau peut être apparent, se cacher dans l'épaisseur d'un mur, ou bien se replier sous le sol. Les poêles empruntent à la matière dont ils sont construits des qualités diverses. Métalliques, ils refroidissent très vite la fumée, et par conséquent produisent, pour une quantité donnée de combustible, un effet utile bien plus considérable que les poêles en terre cuite; mais, en retour, ils perdent très rapidement leur chaleur. Construits en terre cuite, ils sont lents à s'échauffer, mais aussi ils cèdent très lentement leur calorique, de sorte qu'ils donnent une température plus constante. En outre, les premiers répandent dans les appartements une odeur désagréable dont les seconds sont exempts. Les poêles de faïence, c.-à-d. de terre cuite et revêtue de briques vernissées, sont très commodes pour les appartements, parce qu'ils donnent une chaleur modérée et qu'ils se refroidissent avec lenteur. Les poêles de terre cuite et de faïence sont généralement pourvus, à leur partie inférieure, de deux ouvertures par lesquelles s'introduit l'air froid, et, à leur partie supérieure, de deux bouches de chaleur, par lesquelles l'air se déverse dans la pièce après s'être échauffé dans des tuyaux placés autour du foyer. — Voici, d'après Grouvelle, les principes fondamentaux qui doivent présider à la construction des poêles à bouches de chaleur : 1° donner la plus grande surface de chauffe possible, et avoir des conduits de fumée peu nombreux et verticaux pour ne pas altérer le tirage; 2° faire passer sur la surface de chauffe, en sens contraire du mouvement de la fumée qui doit d'abord monter, puis redescendre verticalement, avant de s'échapper définitivement dans le tuyau de tirage, un courant rapide d'air frais, que l'on obtient en donnant beaucoup de hauteur et peu de largeur aux conduits d'air. — Ces appareils, dans lesquels on peut refroidir la fumée jusqu'à 100° avant qu'elle se répande au dehors, utilisent une bien plus grande quantité de calorique que les cheminées, et constituent ainsi un mode de c. fort économique; mais, en général, la ventilation qu'ils produisent dans les appartements n'est pas suffisante; elle est même complètement nulle lorsque la bouche du foyer se trouve en dehors de la salle, comme dans les poêles allemands et suédois. Les poêles fortement chauffés produisent aussi une dessiccation appréciable de la peau, et souvent même une impression pénible sur les voies respiratoires. On a l'habitude de remédier à cet inconvénient en plaçant un vase plein d'eau sur les poêles de fonte. En outre, les poêles de fonte dont les parois sont chauffées au rouge répandent toujours dans l'atmosphère de la chambre une certaine quantité d'oxyde de carbone, soit parce que la fonte chauffée au rouge est perméable aux gaz du foyer, soit parce qu'elle décompose l'acide carbonique de l'air. — C'est surtout dans le Nord, où l'on est obligé de lutter contre un froid rigoureux, que l'usage des poêles est répandu; en France, on leur préfère encore les foyers découverts.

Poêles mobiles. — Ce sont des appareils à enveloppe, mais sans circulation d'air. Le foyer est placé au centre de l'enveloppe cylindrique et concentrique à cette enveloppe : il est muni à sa partie inférieure d'une grille composée d'une partie fixe et d'une partie mobile qu'on manœuvre pour faire tomber les cendres. Les gaz s'échappent par un petit tuyau qu'on introduit dans une cheminée. Il existe un grand nombre de types de poêles mobiles mis à la mode par le constructeur Choubersky; tous sont plus ou moins dangereux et doivent être employés avec des précautions minutieuses. Pour augmenter le rendement et diminuer la dépense de combustible, ils sont disposés de manière à fonctionner à *faible tirage*, de sorte qu'ils dégagent beaucoup d'oxyde de carbone. Il importe que le tirage soit assez bien assuré pour que ces gaz ne se répandent pas dans la pièce. Il faut avoir soin de placer le petit tuyau dans une cheminée qui tire bien et de fermer l'ouverture de celle-ci par une plaque de tôle qui ne présente qu'une ouverture pour laisser passer le tuyau. Au moindre indice de refoulement ou de mauvais fonctionnement, il faut se hâter d'ouvrir les fenêtres. L'économie de ce système de chauffage permet de laisser ces poêles allumés nuit et jour, ce qui constitue l'un des avantages de leur emploi; mais il est essentiel de les placer la nuit dans une pièce n'ayant aucune communication avec celle où l'on dort. Un grand nombre d'accidents sont dus à l'oubli de cette précaution.

Cheminées-poêles. — On donne ce nom à des appareils en fonte qui tiennent à la fois des cheminées en ce qu'ils laissent voir le feu, et des poêles en ce qu'ils échauffent l'air par le rayonnement des parois du foyer. On les place à une petite distance de la muraille, et le plus ordinairement devant une cheminée bouchée, à l'intérieur de laquelle ils versent leur fumée par un tuyau de tôle. Leur ouverture, dont la section est très large, peut être alternativement ouverte ou fermée par un tablier de tôle à crémaillère ou à contrepoids, qui s'abaisse ou s'élève au moyen d'une poulie. Les cheminées à la *prussienne* et celles dites à la *Désarnod* appartiennent à la catégorie des cheminées-poêles.

Calorifères. — Ce sont des appareils destinés à échauffer de l'air pris à l'extérieur pour le transmettre ensuite dans des salles auxquelles on veut donner une température déterminée. Ils diffèrent des poêles en ce qu'ils ne sont pas, comme ceux-ci, placés dans l'intérieur des pièces qu'on veut chauffer. Les calorifères présentent deux parties à considérer : le générateur, où se produit la combustion et où l'air s'échauffe, et le système de conduits qui distribue l'air échauffé. La disposition la plus ordinaire consiste à placer dans un fourneau des briques plusieurs rangées de tuyaux cylindriques de fonte. L'air froid, pénétrant par les tuyaux de la rangée inférieure, s'échauffe au contact de la flamme, cir-

cule successivement dans les tuyaux des rangées supérieures, et va se rendre dans des conduits métalliques destinés à porter la chaleur dans l'intérieur des appartements. Cette disposition présente un grave inconvénient : c'est que tout l'échauffement produit par la chaleur rayonnante autour de l'appareil est complètement perdu. La Fig. 4 présente la coupe verticale d'un calorifère. La combustion a lieu au centre d'une colonne de briques de fonte les tuyaux de fonte de la première action du feu. La flamme et l'air brûlé redescendent à droite et à gauche de la cheminée centrale, et passent successivement entre tous les rangs de tuyaux que traverse l'air à échauffer. Ce dernier y entre librement de l'extérieur par un bout, et circule, ainsi que l'indiquent les flèches, dans ces tuyaux, pour se rendre dans un tuyau commun.

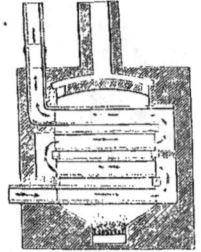

Fig. 4.

Grouvelle pose les principes suivants pour la construction des calorifères : 1° on doit donner à l'air chaud une direction constamment ascendante : le calorifère doit donc être établi au-dessous du niveau des salles à chauffer; 2° les enveloppes extérieures du calorifère et des tuyaux de conduite doivent être épaisses, faites de matières peu conductrices, et isolées des murs par des vides réservés dans les parois du calorifère; 3° tout l'appareil intérieur doit être construit en métal; les parties qui reçoivent le premier coup de feu en fonte, et le reste en tôle; les formes et les ajustements doivent être simples, de façon que les pièces soient aisées à exécuter, à visiter, à nettoyer, à démonter et à rajuster en cas de réparation; 4° loin de chercher à refroidir la fumée le plus complètement possible en la brisant dans tous les sens et en la gênant de toutes les manières, on doit se rappeler qu'il faut, avant tout, un bon tirage favorisé par le passage de la flamme dans une colonne verticale à la sortie du feu; 5° il faut faire passer la fumée dans les tuyaux métalliques, et l'air à échauffer autour de ces tuyaux; 6° après avoir dirigé verticalement la fumée pour assurer un bon tirage, on doit la faire redescendre successivement en sens contraire de l'air frais, qui trouve ainsi des surfaces plus chaudes à mesure que sa propre température s'élève; 7° il convient de donner aux surfaces de chauffe les plus rapprochées du foyer assez de grandeur pour qu'elles ne rougissent que légèrement et que l'air qui passe sur elles ne puisse pas contracter une mauvaise odeur; 8° pour assurer la salubrité des lieux chauffés, il faut, en même temps, donner de grandes issues à l'air chaud, afin que le calorifère puisse débiter beaucoup d'air et que celui-ci n'ait pas le temps de s'échauffer fortement. On doit, en outre, placer un vase plein d'eau dans le réservoir d'air chaud, afin de donner à celui-ci la quantité de vapeur d'eau nécessaire.

Dans les calorifères bien construits, l'effet utile peut s'élever jusqu'à 75 p. 100 de la puissance calorifique totale du combustible; mais il est bon de ne compter que sur 50 à 55 p. 100. En pratique, 100 mètres cubes de logement habité exigent 1 kilog. de houille par heure. Quant aux proportions de l'appareil, il faut pour 1 kilog. de houille et 2 kilog. de bois à brûler, par heure, 2 mètres carrés de surface de chauffe, 2 décimètres carrés de section des tuyaux de fumée, avec 5 décimètres carrés de grille. La quantité d'eau à donner à l'air, par jour, peut être évaluée à 1 litre 1/2 ou 2 litres, pour une salle de 100 mètres cubes.

Chauffage par circulation d'eau chaude. — Il s'effectue au moyen d'un appareil qui envoie dans une série de tuyaux de l'eau chauffée dans une chaudière, et la ramène, par une série de tuyaux faisant suite aux premiers, dans cette même chaudière, de manière à opérer une circulation continue. Ce n'est qu'une application de la manière dont s'échauffent, au moyen de courants ascendants et descendants, les liquides placés sur le feu. Ce procédé, imaginé par Bonnemain vers 1777, a reçu en Angleterre un immense développement, et il y remplace presque partout la vapeur pour le c. des grands édifices. Enfin Perkins lui a ouvert une route nouvelle en inventant, en 1837, la circulation d'eau à haute pression. Le principe sur lequel repose le système de c. à circulation d'eau est facile à comprendre. Du sommet d'une chaudière A placée sur un foyer (Fig. 5) s'élève verticalement un tube B. L'eau chaude tendra évidemment à monter par ce tube en vertu de sa moindre densité; mais au sommet s'adapte une série de tubes qui descendent en s'inclinant. L'eau

Fig. 5.

les parcourra donc en se r froidissant elle-même et en échauffant par la chaleur qu'elle abandonne les différentes parties d'un édifice. Enfin, si cette série de tubes vient se rattacher au bas de la chaudière, il y aura un courant continu dans le sens de A B C. — Ce mode de c. a été perfectionné par Léon Duvoir. Voici la disposition générale qu'a adoptée cet ingénieur. Une chaudière en forme de cloche, au centre de laquelle est placé le foyer, est établie dans les caves de l'édifice. Un long tube naît de la partie supérieure de la chaudière, et s'élève verticalement jusqu'à un réservoir placé sous les combles. Ce tube est, comme la chaudière, plein d'eau; il en est de même de la plus grande partie du réservoir. Une soupape, disposée dans la partie supérieure de ce dernier, limite la tension de la vapeur, et de sa partie inférieure naît un système de tubes qui se répandent dans les diverses pièces, traversent dans chacune d'elles un réservoir d'eau, puis, circulant jusque vers le bas de la chaudière, y rentrent sans avoir présenté la moindre solution de continuité. C'est en circulant ainsi que l'eau cède peu à peu aux appartements la chaleur que lui communique constamment le foyer. Ces appareils, une fois chauffés, se refroidissent lentement, de manière à entretenir une température très uniforme. La capacité de l'appareil se détermine en partant de cette donnée qu'un litre d'eau, dans nos pays et en hiver, suffit pour porter à 15° 3,200 litres d'air. C'est le meilleur procédé de répartition de la chaleur dans des limites de distance qui ne dépassent pas 75 mètres de chaque côté et un nombre moyen d'étages et de salles. Le système à haute pression de Perkins occupe moins d'espace que le précédent, emploie des tuyaux plus petits, et il est plus facile à placer dans les murs et les planchers; mais il s'y produit souvent des fuites à cause des pressions considérables que supporte l'appareil. Il a même quelquefois occasionné des incendies en carbonisant à la longue les bois auprès desquels passent les tubes, en raison de la haute température à laquelle ceux-ci sont portés.

Chauffage par la vapeur. — Ce système consiste à produire de la vapeur dans une chaudière et à la faire circuler dans des tuyaux où elle se condense en leur cédant son calorique de vaporisation. Ces tuyaux agissent en échauffant au contact l'air ambiant, et en rayonnant leur calorique à distance sur les objets de l'enceinte. Nous empruntons aux *Éléments de Physique* de Person la description d'un appareil de ce genre. « Considérons un calorifère pour un édifice à trois étages (Fig. 6). La chaudière A est ordinairement placée dans une cave. Un tube B conduit la vapeur dans les tuyaux de *chauffe* CCC, EEE, etc., qui sont de fonte et ont 12 à 15 centimètres de diamètre. Les verticaux s'emboîtent par des compensateurs DDD, de manière à pouvoir se dilater et se contracter par les changements de température, sans nuire à la solidité de l'appareil. Les horizontaux, légèrement inclinés pour l'écoulement de l'eau de condensation, posent sur des rouleaux mobiles eee; ils sont fixés par un bout, mais, par l'autre, ils s'abouchent dans le v vertical GGG, à l'aide de petits tuyaux courbes de plomb ggg qui leur permettent de s'allonger et de se raccourcir. Le tube GC ramène l'eau condensée dans la chaudière. On voit que ce système est fermé; mais comme

la vapeur ne s'y répandrait que très lentement si l'air y restait, on ouvre le robinet H dès qu'on commence à chauffer; l'air sort par là. On ferme ensuite quand la vapeur arrive. Il se fait, comme on voit, une véritable distillation. L'air s'échauffe et se renouvelle continuellement autour des tuyaux de condensation dont la température approche de 100°. Quand l'air est à 15°, se liquéfie, terme moyen, 1 kilog. de vapeur par heure pour 1 mètre carré de surface de chauffe; il y a donc environ 900 unités de chaleur transmises, qui pourraient porter 170 mètres cubes d'air de 0° à 15°; mais, à cause de la ventilation nécessaire et de la chaleur absorbée par les murailles, on ne compte guère que sur le tiers de cet effet, c.-à-d. qu'il faut à peu près 1 mètre carré de surface de chauffe pour un espace de 60 mètres cubes. » Cette dernière règle a servi de base à l'établissement des appareils de la Bourse et de l'Institut, comptés à 67 mètres cubes et qui chauffent très largement. Lorsqu'on veut établir dans une pièce un ou plusieurs foyers de chaleur, on dispose aux endroits déterminés des appareils à grande surface dont les plus simples sont de gros tuyaux munis de nervures (Fig. 7), dits tuyaux de condensation. MM. Geneste et Herscher, qui ont été chargés du c. par la vapeur de l'Hôtel de Ville de Paris, ont apporté aux nombreux appareils qu'exige une pareille installation de nouveaux et ingénieux perfectionnements. — La vapeur constitue un excellent moyen de distribution de la chaleur du foyer, parce qu'on peut, au même instant, porter la chaleur partout où il est besoin. Ainsi, dans les teintureries, les papeteries, et divers ateliers où l'on a un grand nombre de cuves à chauffer, une seule chaudière peut suffire : il n'y a qu'un robinet à tourner pour que la vapeur, amenée par un tuyau dans l'eau froide, porte en quelques minutes celle-ci à l'ébullition. A côté des grandes installations de c., on en construit aussi de petits poêles à circulation de vapeur qui se placent avec les tuyaux, dans la pièce même à échauffer, et qui ont reçu le nom de *thermo-siphons*. Voy. ce mot. On les utilise pour le c. des serres, des salles de réunion, des voitures de chemins de fer, etc.

Chauffage mixte par l'eau chaude et la vapeur. — Ce système a l'avantage de rendre plus facilement indépendantes les surfaces de chauffe et de permettre l'établissement de longs circuits, alors que le système à eau chaude ne se prête pas à plus de 200 mètres de tuyaux. Il

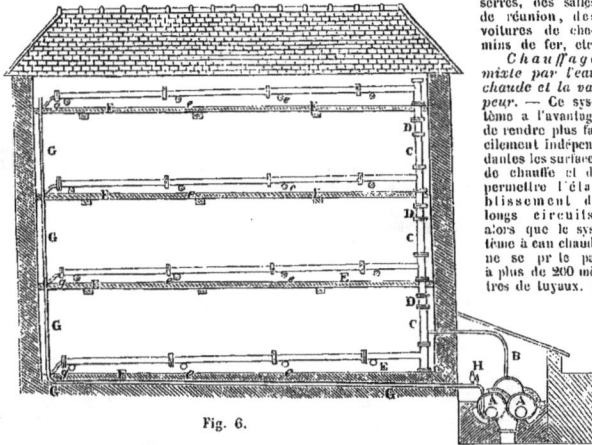

Fig. 6.

convient surtout aux établissements importants dont les locaux sont occupés d'une manière permanente. Il a été

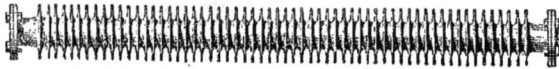

Fig. 7.

appliqué, entre autres édifices, à l'hôpital Lariboisière, à la Préfecture de police et à la prison de la Santé. Le principe consiste dans un assez grand nombre de poêles à eau disposés aux différents étages, et munis chacun d'une canalisation spéciale, de sorte que chacun d'eux se comporte comme un véritable calorifère à eau chaude; seulement tous ces poêles, au lieu d'être chauffés au feu, sont chauffés par un courant de vapeur qui circule dans un serpentin placé à leur intérieur. On réunit ainsi l'avantage de n'avoir qu'un seul foyer et un seul générateur de vapeur placé dans les caves de l'établissement avec celui d'une canalisation spéciale pour chaque série de locaux. — Dans les hôpitaux de l'Hôtel-Dieu et de Ménilmontant, on a installé un système triple qui utilise à la fois la vapeur, l'air chaud et la circulation d'eau chaude.

Chauffage au gaz. — Il existe aujourd'hui un grand nombre d'appareils destinés à utiliser le gaz d'éclairage comme combustible. Leur multiplicité même ne nous permet pas d'entrer dans la description de chacun d'eux. Nous citerons seulement le calorifère à gaz de M. Levallois, et le poêle ventilateur de MM. Sée qui se compose d'une sorte de caisse métallique rectangulaire traversée par des tubes inclinés dans lesquels l'air circule en s'échauffant sous l'action d'un brûleur placé à la partie inférieure. Il est du reste inutile d'insister sur les avantages de toutes sortes, propreté, rapidité, facilité de réglage, etc., que présente le c. au gaz, aussi bien pour les usages domestiques que pour les usages industriels. Il est seulement regrettable que le prix relativement élevé du gaz d'éclairage empêche ce mode de c. de se propager comme il conviendrait.

Quel que soit le mode de c. employé, on ne doit jamais oublier, dans les installations petites ou grandes, que la question si importante de la ventilation se lie intimement à celle du c. Les appareils doivent toujours être disposés de manière à assurer le renouvellement et l'échauffement de l'air. Voy. VENTILATION.

Chauffage des voitures de chemin de fer. — Le c. des voitures de chemin de fer présente des difficultés spéciales. Dans les pays froids, on emploie des poêles de fonte qui ont l'inconvénient d'occuper la place de deux voyageurs, de chauffer surtout la partie supérieure du véhicule, en laissant les pieds froids, et de vicier, à la longue, l'air des voitures. En Allemagne, on emploie, sur différentes lignes, des appareils à air chaud, des thermo-siphons à circulation d'eau chaude, des chaufferettes où l'on brûle des agglomérés. En Amérique, on emploie généralement un système à circulation d'eau chaud régnant sur toute la longueur du train, avec une seule chaudière chauffée par la vapeur de la locomotive. En France et en Angleterre, on a rejeté tous les appareils qui nécessitent une solidarité entre les différentes voitures du train, parce que cette nécessité complique l'attelage et donne lieu à de fréquentes fuites. Le système le plus usité reste encore celui des bouillottes mobiles à eau chaude qu'on place au milieu du compartiment et qu'on remplace quand elles sont refroidies. L'inconvénient de ce système est la main-d'œuvre coûteuse qu'exige cette manipulation de bouillottes et la gêne qui résulte pour les voyageurs du remplacement des bouillottes. Le remplissage de ces vases était autrefois une grosse source de dépenses qu'a diminuées par le procédé suivant. Les bouillottes, une fois emplies et bouchées, ne sont plus jamais vidées. On les réchauffe en les plongeant 5 minutes dans un bain d'eau bouillante. A cet effet, on les attache à une sorte de chaîne ou noria qui les descend dans un puits rempli d'eau maintenue à la température d'environ 100° par un courant de vapeur. La vitesse de cette noria est réglée de manière que chaque bouillotte reste immergée 5 minutes. On a essayé, sur la ligne du Nord, un système qui permet de maintenir les chaufferettes à température constante pendant huit ou neuf heures, et qui réaliserait une sérieuse économie de main-d'œuvre, et qui consiste dans l'emploi de bouillottes à eau chaude chauffées par un petit foyer dans lequel brûlent deux briquettes d'aggloméré. — Sur le réseau de l'État, on a essayé, pendant tout un hiver, un système de calorifères à eau chaude (thermo-siphon Goblet) spéciaux pour chaque voiture et chauffés au charbon de bois. L'approvisionnement de combustible peut durer 18 heures. — Enfin, la compagnie de l'Ouest remplace, dans les bouillottes, l'eau chaude par de l'acétate de soude cristallisé qu'on fait fondre à la température d'environ 80° et qui dégage, en se solidifiant, assez de chaleur pour assurer le c. pendant 9 heures. Les bouillottes, une fois remplies et bouchées hermétiquement, ne sont plus vidées qu'une fois par an; on les réchauffe en les plongeant dans un bain d'eau bouillante. — La multiplicité des systèmes employés ou essayés montre que la solution véritablement pratique n'est pas encore trouvée. Il est probable que tous les systèmes actuellement en usage sont appelés à disparaître pour être remplacés par quelque procédé nouveau, ou, tout au moins, par l'un d'eux profondément modifié.

Des combustibles. — Il importe singulièrement à l'économie domestique et industrielle de déterminer la *puissance calorifique* des diverses substances qu'elle emploie comme combustibles, c.-à-d. de déterminer le nombre de calories ou d'unités de chaleur que développe, en brûlant, 1 kilog. d'un combustible quelconque. Les chiffres suivants expriment ce nombre pour les combustibles les plus généralement usités. Les expériences qui les ont fournis ont été faites soit au moyen du calorimètre à glace, soit au moyen de l'échauffement de l'eau.

Tourbe	3,000	Charbon de tourbe	6,500
Tannée très sèche	3,300	Coke	6,500
Bois extrêmement sec	3,500	Hydrogène bicarboné	6,500
Houille grasse moyenne	6,000	Charbon de bois	7,300

On peut, à l'aide de ce tableau, calculer la quantité d'eau à 0° que porterait à l'ébullition un poids donné de tel ou tel combustible, en supposant que toute la chaleur fût employée sans aucune perte. On peut aussi, connaissant le prix des divers combustibles, juger de leur valeur relative. En supposant, par ex., qu'à Paris la houille vaille 4 fr. 40 c. l'hectol., le coke 2 fr. 85 c., le charbon de bois 4 fr., le double stère de bois 70 fr., on trouve, pour le prix de 1000 unités de chaleur par la houille, 0,009, par le bois 0,012, par le coke 0.015, par le charbon de bois 0,025. De sorte qu'à Paris c'est encore, toutes choses égales d'ailleurs, le c. par le charbon de terre qui est le plus économique. — Dans les appareils de c. qui utilisent la chaleur rayonnante, il convient encore de tenir compte du *pouvoir rayonnant* des combustibles que l'on veut employer. D'après les expériences de Péclet, la chaleur rayonnante que donne le charbon pendant sa combustion est à peu près le tiers de la chaleur totale; pour la houille et le coke la proportion est plus forte, tandis que pour le bois elle est à peine le quart. La houille et le coke sont donc les combustibles qu'il faut préférer pour les cheminées à la prussienne.

CHAUFFAILLES, c.-l. de c. (Saône-et-Loire), arr de Charolles; 4,400 hab.

CHAUFFE. s. f. [Pr. *chô-fe*] (R. *chauffer*). T. Techn. Lieu où se jette et se brûle le bois qu'on emploie à la fonte des pièces. || Opération complète de la distillation. || Action d'allumer des copeaux dans un baril en construction pour le gonfler. || *Surface de c.*, La surface d'un appareil qui reçoit l'action de la chaleur développée par un foyer, ou d'un appareil de chauffage destiné à chauffer l'air ambiant.

CHAUFFÉ. s. m. [Pr. *chô-fé*]. Espace où le fondeur allume le feu sous le fourneau qui contient le métal à fondre.

CHAUFFE-DOUBLE. s. f. [Pr. *chô-fe-double*]. Cuisson de l'eau-de-vie seconde avec de nouveau vin. == Pl. *Des chauffe-doubles.*

CHAUFFE-CIRE. s. m. [Pr. *chô-fe-sire*]. Officier de chancellerie qui avait la charge de chauffer la cire pour sceller == Pl. *Des chauffe-cire.*

CHAUFFE-LIT. s. m. [Pr. *chô-fe-li*]. Bassinoire, moine et tout appareil servant à chauffer le lit. == Pl. *Des chauffe-lit* ou des *chauffe-lits.*

CHAUFFE-PIEDS. s. m. [Pr. *chô-fe-pié*]. Voy. CHAUFFERETTE. == Pl. *Des chauffe-pieds.*

CHAUFFER. v. a. [Pr. *chô-fer*] (lat. *calefacere*, m. s., de *cal*, rad. de *calor*, chaleur, et *facere*, faire). Rendre chaud. C. le four. C. des draps. Faire c. de l'eau. Se c. les pieds, les mains. — T. Techn. C. du bois, Lui donner un certain degré de chaleur pour le courber ou le redresser. — T. Mar. C. la carène d'un vaisseau, La chauffer avec des fagots, pour tuer les vers, faire fondre le vieux brai et découvrir les défectuosités. — C. les bordages, Les pénétrer d'une vive chaleur pour les ployer et leur donner diverses formes pour la construction. || Absol., La houille chauffe mieux que le bois, Elle dégage plus de chaleur. || T. Guerre. C. un poste, Faire tirer vivement l'artillerie sur ce poste. — Fig. et fam., C. quelqu'un, L'attaquer vivement par des raisonnements ou des plaisanteries. C. une affaire, La suivre avec activité, en presser la conclusion. C. quelqu'un, Faire mousser, faire valoir, applaudir chaleureusement. C. un candidat, un acteur.

|| *C. au rouge, à blanc,* Pousser la chaleur jusqu'à ce que le corps chauffé devienne rouge ou blanc, ce qui exige une température plus élevée. = CHAUFFER. v. n. *Le four chauffe, le bain chauffe, l'eau chauffe,* On chauffe le four, etc. || T. Méc. Avoir ses feux allumés en parlant d'une machine à vapeur prête à fonctionner. || T. Techn. Tirer le soufflet d'une forge quand le fer est au feu. — Fig. et prov., *Ce n'est pas pour vous que le four chauffe,* Ce qui se prépare ne vous est pas destiné. = SE CHAUFFER, v. pron. *Venez vous c. Il se chauffe au soleil.* — Fig. et prov., *On verra, on saura de quel bois je me chauffe,* On verra de quoi je suis capable, on ne s'attend pas à ce que je ferai. *Nous ne nous chauffons pas du même bois,* Nous n'avons ni la même manière de voir, ni les mêmes sentiments. = CHAUFFÉ, ÉE. part.

CHAUFFERETTE. s. f. [Pr. *chô-fe-rète*]. Espèce de boîte percée de plusieurs trous par le haut, dans laquelle on met de la braise et des cendres chaudes, pour se tenir les pieds chauds. || Réchaud qui se met sur la table pour tenir les plats chauds. || T. Techn. Coffret où l'on met du feu.

CHAUFFERIE. s. f. [Pr. *chô-fe-ri*]. Forge destinée à forger le fer qu'on veut réduire en barres. || Lieu dans un navire à vapeur où se produit la chaleur. || Engin établi dans les chemins de fer pour chauffer l'eau des bouillottes que les voyageurs ont sous les pieds en hiver.

CHAUFFETTE. s. f. [Pr. *chô-fète*]. Voy. CHAUD.

CHAUFFEUR. s. m. [Pr. *chô-feur*]. Ouvrier chargé d'entretenir le feu d'une forge, d'une machine à vapeur, d'une locomotive, etc. || Adjectiv. *Ouvrier c.* || T. Hist. Nom donné à des bandes de brigands qui désolèrent l'est et le centre de la France de 1795 à 1803. Ils s'introduisaient la nuit dans les habitations isolées, garrottaient les habitants et leur brûlaient les pieds au-dessus d'un grand feu pour leur faire avouer où ils avaient caché leur argent, leurs bijoux, etc.

CHAUFFEUSE. s. f. [Pr. *chô-feu-ze*]. Chaise basse pour s'approcher du feu et se chauffer.

CHAUFFOIR. s. m. [Pr. *chô-foir*]. Lieu d'un monastère où les religieux ou les religieuses vont se chauffer. || T. Théât. Le lieu où les acteurs, ou les spectateurs, se réunissent pendant les entractes, ainsi nommé parce que dans un temps où la salle n'était pas chauffée l'hiver, c'était là qu'on se chauffait pendant les entr'actes. On dit aujourd'hui *Foyer*. || Linge chaud avec lequel on couvre, on enveloppe un malade, une personne qui est en sueur. || Salle chauffée, ouverte aux pauvres pendant l'hiver, dans un but d'assistance et de charité. || T. Techn. Caisse de tôle dans laquelle le cartier fait sécher les feuilles de carton dont il veut les coller. || Nom donné, dans les salines du Midi, aux premiers bassins dans lesquels on introduit l'eau de mer pour commencer son évaporation.

CHAUFFURE. s. f. [Pr. *chô-fure*] (R. *chauffer*). T. Métall. Défaut du fer ou de l'acier qui s'écaille pour avoir été trop chauffé.

CHAUFOUR. s. m. (R. *chaux, four*). Grand four à cuire de la chaux. On dit aujourd'hui, *Four à chaux*. || Magasin où le chaufournier serre le bois, la pierre et la chaux.

CHAUFOURNERIE. s. f. (R. *chaufour*). Art ou action de fabriquer la chaux.

CHAUFOURNIER. s. m. Ouvrier qui dirige un four à chaux.

CHAULAGE. s. m. T. Agric. Action de chauler. || Opération qui consiste à marquer à la chaux les wagons chargés de houille pour en empêcher ou toutefois en constater les détournements pendant le transport. || Opération qui consiste à répandre un lait de chaux dans les eaux chargées de sel des salines, afin d'éviter les incrustations dans les chaudières où en las évapore.
Agric. — Dans le principe, on nommait ainsi une opération qui consistait à passer les grains à la chaux avant de les semer, pour les préserver du charbon et de la carie ; néanmoins, quand on a employé d'autres substances pour le même objet, la même dénomination a été appliquée aux nouveaux procédés.

Le froment, l'orge et l'avoine sont exposés à des accidents très graves, la carie et le charbon. Ces deux fléaux, désignés généralement sous le nom de maladie des blés, ont pour origine l'envahissement de deux plantes cryptogamiques, l'*Uredo Caries* et l'*Ustilago segetum*, dont les sporules ou semences s'attachent aux graines, se développent dans la plante et finissent par infester l'épi. Il a été publié un grand nombre de méthodes dans le but de s'opposer à la reproduction de ces petits champignons parasites. Quelques-unes des recettes proposées atteignent évidemment le but cherché ; d'autres n'ont pas apporté le succès désiré ; beaucoup semblent manquer d'efficacité, parce qu'on ne les prépare pas avec l'attention voulue. Nous allons passer rapidement en revue les principales substances employées, préciser leur préparation, enregistrer les résultats heureusement acquis et les insuccès qui se sont produits.

On a essayé de l'*arsenic* et de ses composés solubles, sans succès. Les préparations arsenicales sont d'ailleurs trop dangereuses. La méthode est à rejeter. Le *sulfate de cuivre* a bien aussi ses dangers, mais considérablement amoindris. Boussingault l'a employé dans ses cultures, et ses blés ont été exempts de carie. Il employait 100 grammes de sulfate de cuivre par hectolitre de froment. Voici sa manière d'opérer : le sel cuivreux est dissous dans l'eau en quantité suffisante pour que tout le blé puisse être trempé ; on mise le blé macérer une heure, puis on le fait égoutter dans des paniers ; après quoi, on l'étend pour le faire sécher avant de le semer.
D'après Mathieu de Dombasle, du blé infesté complètement et artificiellement de carie avant la semence, produisant 486 épis cariés sur 1,000, n'en a donné que 9 après avoir été plongé, avant d'être semé, dans une solution composée, pour un hectolitre de blé, de sulfate de cuivre 300 gr., sel marin 1,500 gr., eau 50 lit., et y avoir séjourné 2 heures.
Le *sel marin*, vanté par A. Young, mais expérimenté plus tard avec soin, n'a présenté qu'un résultat douteux. Cependant, Mathieu de Dombasle, essayant un mélange de *sel marin* et de *chaux*, n'observait que 2 épis cariés sur 1,000 dans la récolte provenant d'une semence complètement infestée de carie. Son mélange, pour un hectolitre de blé, était ainsi composé : eau 50 lit., chaux 5 kilog., sel marin 800 gr., et le blé y séjournait 24 heures. — La *chaux* isolée produit sur les semences contaminées une amélioration évidente, mais elle ne paraît pas détruire complètement le mal. Voici, sur ce point, les résultats obtenus à la ferme de Roville. Du blé, complètement infesté, mêlé 24 heures avant d'être semé, à la chaux éteinte avec la quantité d'eau suffisante pour le diluer, dans la proportion de 4 kilog. de chaux par hectolitre de grain, a donné une récolte dans laquelle on comptait 476 épis cariés sur 1,000. — La même quantité de grain plongée pendant 24 heures dans un mélange de 5 kilog. de chaux vive et 50 litres d'eau, n'a plus donné que 21 épis cariés sur 1,000. — L'expérience a été renouvelée plusieurs fois avec des résultats concordants. On en pourrait tirer la conséquence que la chaux, employée seule, devrait être étendue de la quantité d'eau nécessaire pour que le liquide humecte toutes les parties du grain. Il faudrait encore prendre la précaution de choisir de la chaux grasse, bien vive, en pierre, et non déjà éteinte à l'air et réduite en poudre.
Le *carbonate de potasse* n'a donné que des résultats malheureux à Mathieu de Dombasle et à M. E. Guéranger. Cependant la potasse, rendue *caustique* par son mélange avec de la chaux, a produit d'heureux effets, au rapport de Tillet. Mais le procédé, assez compliqué dans la pratique, est peu recommandable à cause des difficultés ou embarras d'exécution qui découragent le cultivateur. — Ces raisons avec lesquelles il faut compter ont engagé Mathieu de Dombasle à chercher une méthode qui, employée par immersion, ne laisse rien à désirer sous le rapport de l'énergie. L'illustre agronome a choisi la *chaux* et le *sulfate de soude* qu'il emploie de la façon suivante : La veille du jour où l'on veut semer, on prépare le liquide d'aspersion en mettant 1 kilog. de sulfate de soude dans 10 litres d'eau. Le lendemain, si l'on a eu soin de remuer de temps en temps, la solution est complète ; on la répand sur le blé au moyen d'un arrosoir, pendant qu'une personne le remue dans tous les grains. La dose de solution indiquée peut servir pour un hectolitre et quart. La règle à suivre pour apprécier la quantité nécessaire, c'est d'attendre le point où le blé, étant suffisamment mouillé, ne retient plus le liquide et le laisse échapper au dehors. On continue à remuer le grain encore quelque temps, afin d'être bien sûr qu'aucune partie n'a échappé au contact du sulfate de soude. Cette partie de l'opération étant achevée, et avant que le grain commence à sécher, on

répand dessus, par hectolitre, 2 kilog. de chaux nouvellement et par aisément pulvérisée. On continue à remuer fortement la semence jusqu'à ce que la chaux se trouve uniformément répartie dans toute la masse. Aussitôt après le mélange exact de la chaux, le blé peut être semé, et si l'on désirait le conserver quelques jours, il ne serait pas nécessaire de l'étendre à l'air pour le faire sécher ; il suffirait de le remuer de temps en temps pour éviter l'échauffement. Les quantités indiquées suffisent, mais elles peuvent être dépassées sans inconvénient : l'essentiel, c'est que toutes les surfaces des grains soient bien imbibées du liquide salin et que la chaux, choisie bien vive, atteigne toutes les parties.

Les résultats obtenus par Mathieu de Dombasle, en suivant cette méthode, l'ont amplement dédommagé de ses peines. Le grain saturé artificiellement de carie et semé après avoir été soumis à l'opération que nous venons de décrire n'a pas donné un seul épi carié sur quatre planches d'essai réunissant 80,000 épis, tandis que d'autres planches semées dans le même moment et avec le même grain, mais sous l'influence de préservatifs différents, ont toujours donné des épis malades dans les proportions de 2,7 à 24 p. 100.

Les bouillies bordelaise et bourguignonne, si efficaces contre le mildew et les autres cryptogames parasites de la vigne, ont porté les suffrages des cultivateurs vers ces deux compositions. Essayées pour le chaulage des grains, elles ont donné les mêmes résultats excellents. Voici leurs formules appropriées à la circonstance.

Bouillie bordelaise :		Bouillie bourguignonne :	
Sulfate de cuivre.	500 gr.	Sulfate de cuivre.	500 gr.
Chaux.	2,000 —	Cristaux de soude.	1,000 —
Mélasse	2,000 —	Mélasse	2,000 —
Eau.	45 lit.	Eau.	45 lit.

Faites dissoudre les sulfates, la soude et la mélasse, la chaux étant en suspension. Les quantités sont pour un hectolitre. Agissez, pour le reste, selon la méthode de Mathieu de Dombasle.

Le C. des terres est l'opération qui consiste à amender, avec de la chaux, les terres insuffisamment calcaires. La chaux maigre est préférable à la chaux grasse. On emploie de 40 à 60 hectolitres de chaux par hectare ; mais on peut aller jusqu'à 200 et même 400 hectolitres dans les terres argileuses et siliceuses. Le c. active la végétation, et, par suite, l'épuisement du sol, en favorisant la dissolution des matières fertilisantes. Il doit donc toujours être accompagné d'une abondante fumure.

Le C. des arbres consiste à recouvrir le tronc et les rameaux d'un lait de chaux, ou mieux, d'une bouillie épaisse de chaux et d'argile, à laquelle on peut ajouter du sulfate de cuivre. Le c. modère l'évaporation et détruit les mousses, les lichens, les œufs et les larves d'insectes.

CHAULER. v. a. (R. chaux). T. Agric. Amender avec de la chaux ; faire tremper du blé dans une dissolution alcaline ou autre, avant de le semer. || C. des fruits, des raisins, Les asperger d'eau de chaux. C. un arbre, Le laver avec un lait de chaux. = Chaulé, ée. part.

CHAULIER. s. m. Celui qui exploite un four à chaux.

CHAULIEU (Abbé de), poëte français (1639-1720).

CHAULMOOGRA. s. m. Nom indien du Gynocardia odorata, de la famille des Bixacées. Voy. ce mot.— En pharmacie, l'huile fournie par les graines de cet arbre porte le nom d'huile de Chaulmoogra ou de Chaulmugra.

CHAULMUGRA. s. m. Voy. Chaulmoogra.

CHAULNES, ch.-l. de c. (Somme), arr. de Péronne ; 1,400h.

CHAULNES (d'Albert d'Ailly, ducs de), illustre famille française : Honoré, maréchal de France m. en 1649. = Ferdinand, pair de France, connu par son goût pour les sciences (1714-1769). = Marie-Joseph, fils du précédent, physicien et chimiste français, découvrit les carbonates alcalins (1741-1793).

CHAUMAGE. s. m. (R. chaumer) T. Agric. Action de couper le chaume. || Le temps auquel on le coupe.

CHAUMARD ou **CHOMARD.** s. m. Nom donné à des blocs de bois percés de plusieurs clous qui reçoivent des réas.

CHAUME. s. m. (lat. calamus, tuyau de blé). T. Bot. Nom donné particulièrement à la tige herbacée, creuse, simple, garnie de nœuds, des Graminées, telles que le blé, l'avoine, etc. || T. Agric. La partie de la tige des blés qui reste dans le champ quand on les a coupés Les chaumes sont hauts, sont forts, Brûler les chaumes. || Par ext., Champ où le c. est encore sur pied. Les perdrix aiment à se retirer dans les chaumes. Battre une. || La paille qui couvre beaucoup de constructions rurales. Sa maison est couverte de c. Un toit de c. — Poétiq., Une chaumière. Naître, habiter sous le c.

CHAUMER. v. a et n. T. Agric. Couper, ramasser le chaume. Chaumer un champ, dans un champ. || Eaux et forêts. Mettre des feux au pied d'un arbre par malveillance pour le faire périr. = Chaumé, ée. part.

CHAUMET. s. m. T. Agric. Instrument pour couper le chaume.

CHAUMETTE, homme politique français, né en 1763, procureur-syndic de la Commune révolutionnaire en 1792, un des fondateurs du culte de la Raison, guillotiné en 1794.

CHAUMIÈRE. s. f. Petite maison couverte de chaume. || Par ext., Petite habitation peu apparente.

CHAUMINE. s. f. Dimin. Petite chaumière. Ancien nom de chaumière.

CHAUMONT (Calvus Mons, mont pelé), ch.-l. du dép. de la Haute-Marne, au confluent de la Marne et de la Suize, à 254 kil. de Paris, 13,300 hab. Tour Hautefeuille, principal fragment qui reste du palais des comtes de Champagne. Église Saint-Jean-Baptiste, du XIIIe siècle. Viaduc de 600 mètres de long, jeté à 50 mètres de hauteur, sur la vallée de Suize. — Traité de Chaumont entre les puissances ennemies de la France, le 1er mars 1814. === Nom des hab. Chaumontois, oise, ou ais, aise.

CHAUMONTEL. s. m. T. Hortic. Variété de poire, apparue dans le village de Chaumontel.

CHAUMONT-EN-VEXIN, ch.-l. de c. (Oise), arr. de Beauvais, 1,400 hab.

CHAUMONT-SUR-LOIRE, bourg de Loir-et-Cher, arr. de Blois, 1,100 hab. Magnifique et pittoresque château où résida Catherine de Médicis et où elle s'adonna à l'astrologie.

CHAUNE. s. m. Outil pour couper le laiton.

CHAUNY, ch.-l. de c. (Aisne), arr. de Laon, 9,300 hab.

CHAUSSAGE. s. m. (R. chausser). Mise à neuf des bassins d'un marais salant. || Action d'entourer de terre le pied d'une plante.

CHAUSSANT, ANTE. adj. Qu'on chausse facilement. Ne se dit guère que des bas. Un bas de soie est plus c. qu'un bas de fil. Peu usité.

CHAUSSARD, littérateur et poëte français, secrétaire du Comité de Salut public (1766-1823).

CHAUSSE. s. f. (lat. calceus, soulier, puis toute chaussure, et par ext., sorte de vêtement). Pièce d'étoffe de soie et garnie de fourrure que les membres des universités portent sur l'épaule dans les cérémonies publiques, et qu'on nomme aussi Chaperon. Il a la c. de docteur en droit. || T. Pharm. Sac de feutre ou de drap dont la forme est conique, et dans lequel on passe les liqueurs qui ont besoin d'être clarifiées. Elle porte le nom de C. d'Hippocrate. || T. Archit. C. d'aisances, Le tuyau des latrines, qui est ordinairement de poterie revêtue de plâtre. || T. Pêch. Manche de brégin, à très large ouverture. || Voy. Chausses.

CHAUSSÉAGE. s. m. (R. chaussée). Droit de passage sur une chaussée.

CHAUSSÉE. s. f. (lat. calciatus, foulé aux pieds). Levée de terre qu'on fait au bord d'une rivière, d'un étang, pour retenir l'eau, ou dans les lieux bas, humides et marécageux pour servir de chemin de passage. *Établir une c.* || La partie bombée d'une rue ou d'un grand chemin, qui est entre deux revers ou deux ruisseaux, ou entre deux bordures de pierres rustiques. *Les voitures passent sur la c.* || T. Archit. Rez-de-c., la partie d'une construction qui est au niveau du sol ou à peu près. || T. Techn. Dans un moulin, sorte de sac au travers duquel passe la farine. || Pièce d'une montre qui porte l'aiguille des minutes. || T. Admin. *Ponts et chaussées.* Voy. PONT.

CHAUSSÉE DES GÉANTS, Banc de basalte entre l'Irlande et l'Écosse formé d'environ 40,000 colonnes contiguës, qui s'élèvent de 4 à 12 mètres au-dessus du niveau de la mer. On peut en faire le tour en bateau.

CHAUSSE-PIED. s. m. Instrument de corne, de métal, etc., dont on se sert pour chausser plus facilement un soulier. = Plur. *Des chausse-pieds.*

CHAUSSER. v. a. (lat. *calceare*, m. s., de *calceus*, soulier). Mettre des souliers, des bottes, des bas, etc. *C. ses bas, ses souliers.* On dit de même, *C. des bas, des bottes à quelqu'un.* — *C. le cothurne, le brodequin.* Voy COTHURNE et BRODEQUIN. || T. Man. *C. les étriers,* Enfoncer ses pieds trop avant dans les étriers. || *C. les éperons à quelqu'un,* Lui mettre les éperons en le faisant chevalier. — Fig. et fam., *C. de près les éperons à quelqu'un,* Poursuivre de près quelqu'un qui s'enfuit. || Fig. et fam., *Se c. une opinion dans la tête,* S'entêter d'une opinion. Cette loc. se prend toujours en mauvaise part. || Mettre une chaussure à quelqu'un. *Il faut c. cet enfant.* — S'emploie dans ce sens avec le pron. pers. *Chaussez-vous promptement.* — *Ce cordonnier chausse tel individu, telle famille.* — Absol. *Cet ouvrier chausse bien,* Enfoncer de terre le pied d'un arbre, d'une plante, pour les soutenir ou pour favoriser leur accroissement. || *C. les bottes de sept lieues,* Se jeter dans les écarts de l'imagination. || Art vétér. : *C. une vache,* Lui envelopper le paturon d'un linge. || T. Fauconn., *C. la grande serre d'un oiseau,* Lui mettre un morceau de peau autour de l'ongle du gros doigt pour l'entraver. || *C. les voix à leur point,* Proportionner l'étendue des chants à l'étendue des voix. = CHAUSSER. v. n. Ne se dit que des lois. *C. à six points, à sept points, à tant de points,* Porter des souliers de telle ou telle longueur. — Fig. et fam., *Ces personnes chaussent à même point, sont chaussées à même point,* Elles ont même humeur, même inclination. — CHAUSSÉ, ÉE. part. — Fig. et prov., *Les cordonniers sont les plus mal chaussés,* On néglige ordinairement les avantages qu'on est le plus à portée de se procurer par son état, par sa position, etc. — Fig. et fam., *Elle est toute des mieux chaussées,* se dit d'une femme du bon ton. *Il ne s'adresse qu'aux mieux chaussées,* Il ne courtise que des personnes jolies et du grand monde.

CHAUSSES. s. f. pl. (lat. *calceus*, soulier, puis toute sorte de chaussure, et par ext., sorte de vêtement). Culotte, caleçon. La partie du vêtement masculin qui couvrait le corps depuis la ceinture jusqu'aux genoux. *C. de drap, de velours. Mettre, attacher ses chausses. Mettre c. bas. C. de page,* Chausses courtes et plissées que portaient les pages, et qu'on appelait aussi *Trousses.* — Fig. et prov., *Il n'a que des chausses d'un homme qui est fort pauvre. C'est la femme qui porte les c.,* Elle est plus maitresse dans la maison que son mari. *Faire dans ses c.,* Avoir une grande peur. *Il a la clef de ses c.,* se disait autrefois d'un jeune homme qui n'était plus d'âge à être châtié. || Se disait autrefois de cette partie du vêtement qu'on nomme aujourd'hui *Bas. Une paire de c.* || *C. de mailles,* Pantalon en cuir garni de mailles que portaient autrefois les chevaliers.

CHAUSSETIER. s. m. Marchand qui fait et qui vend des bas, des bonnets, etc. *C.-bonnetier.*

CHAUSSE-TRAPE. s. f. Petite pièce de fer à quatre ou plusieurs pointes fortes et aiguës, dont il s'en trouve toujours une en haut, de quelque manière que la pièce de fer soit jetée. *On sème des c.-trapes dans les gués, dans les avenues d'un camp, pour enferrer les hommes et les chevaux.*

Les anciens faisaient usage de la c.-trape. || Piège que l'on tend pour prendre les bêtes puantes. || Fig. Piège, ruse que l'on emploie pour tromper. *Dresser une c.-trape.* || T. Bot. Espèce de Centaurée (*Centaurea Calcitrapa*), de la famille des Composées. Voy. ce mot. = Pl. *Des chausse-trapes.*

CHAUSSETTE. s. m. (Dimin. de *chausses*). Demi-bas de toile, de fil, etc.

CHAUSSEY (Iles), petit groupe de 52 Ilots, à 11 kilom à l'ouest de Granville, séparé du continent par la marée mémorable de l'an 709 et morcelé ensuite par la mer.

CHAUSSIER (FRANÇOIS), chirurgien français (1746-1828).

CHAUSSIN, ch.-l. de c. (Jura), arr. de Dôle ; 1,200 hab.

CHAUSSINE. s. m. Houille sèche propre à la cuisson de la chaux.

CHAUSSON. s. m. (R. *chausse*). La chaussette que l'on met en dessous et quelquefois en dessus des bas. *Des chaussons de toile, de laine, de flanelle.* — Fig. et fam., *Tout son équipage tiendrait dans un c.,* se dit en plaisantant d'un homme qui manque de linge, de vêtements de rechange. || Sorte de soulier plat à semelle de feutre, etc., dont on se sert pour jouer à la paume, pour faire des armes, etc. || Combat à coups de pied qui a ses principes et ses règles comme l'escrime, et ainsi nommé parce que les combattants remplacent leurs souliers par des chaussons. *Chaussons de bal, de danse,* Chaussons légers qui servent pour danser. || Sorte de pâtisserie qui contient de la marmelade, des fruits cuits, des confitures, etc., et qui est faite d'un rond de pâte replié sur lui-même.

CHAUSSONNERIE. s. f. [Pr. *chó-so-neri*]. Fabrique, magasin de chaussons et de pantoufles.

CHAUSSONNIER. s. m. [Pr. *chó-so-nié*]. Celui qui fait ou vend des chaussons ou des pantoufles.

CHAUSSURE. s. f. (lat. *calceus*, soulier). Cette partie de l'habillement qui sert à protéger et à couvrir le pied, comme les sandales, les souliers, les pantoufles, les bottes, etc. — Fig. et prov. *Trouver c. à son pied,* se dit de quelqu'un qui trouve justement ce qui lui convient, ou de quelqu'un qui trouve une personne capable de lui tenir tête. || *Avoir son pied dans deux c.,* Avoir à choisir entre deux partis également avantageux.

Hist. — L'idée de mettre les pieds à l'abri de l'humidité ou de les préserver des atteintes des pierres et des ronces, est si naturelle qu'il serait tout à fait ridicule de rechercher à quelle époque ont été inventées les chaussures. Cette invention a de beaucoup précédé les temps historiques. Dans tous les temps et dans tous les pays, la c. a subi des variations infinies. On peut cependant ramener toutes les espèces de chaussures à trois types principaux, la Sandale, le Soulier et la Botte. La première consiste essentiellement en une simple semelle qu'on maintient au moyen de courroies qui s'attachent au-dessus du pied et quelquefois même autour de la partie inférieure de la jambe. Le second est une c. qui recouvre le pied, soit en totalité, soit en partie. Enfin la botte ou la bottine diffèrent du soulier en ce qu'elles se prolongent supérieurement de façon à renfermer une partie de la jambe ou même la jambe entière.

Les Égyptiens représentés sur les peintures des temples de la haute Égypte sont souvent chaussés de souliers et de bottines presque en tout semblables aux nôtres. On a aussi trouvé dans les tombeaux égyptiens des sandales et des babouches en nattes de papyrus et de palmier ; au temps de Tertullien, ces sandales constituaient encore la c. habituelle des habitants de l'Égypte. — Les Persans qui sont figurés sur les bas-reliefs de Persépolis, et les Assyriens que l'on voit sur ceux de Ninive, portent ordinairement des espèces de chaussons, ou, pour mieux dire, de véritables souliers, mais dont la forme n'est pas apparente. Les Hébreux se servaient surtout de chaussures à la campagne ; dans tous les cas, ils les quittaient à l'intérieur des maisons, ainsi que le font encore aujourd'hui les peuples musulmans lorsqu'ils entrent dans les mosquées ou dans les appartements : aussi le sol des mosquées et des maisons est-il toujours couvert de nattes ou de tapis. Les Juifs quittaient également leur c. en signe de deuil, ou lorsqu'ils voulaient témoigner du respect à la personne devant laquelle ils paraissaient.

Chez les Grecs et chez les Romains, l'usage des chaussures (*calceamentum*, ὑπόδημα πέδιλον) était loin d'être universel. Les héros d'Homère sont représentés nu-pieds lorsqu'ils sont armés pour le combat. Conformément aux institutions de Lycurgue, les jeunes Spartiates devaient aller nu-pieds. Habituellement Socrate ne portait pas de chaussures. Chez les Romains, les esclaves ne jouissaient pas, si l'on peut parler ainsi, du droit de c.; leurs pieds nus étaient frottés de craie ou de plâtre. A Rome, où l'on faisait usage de lits pour les repas, on ôtait sa c. avant le dîner, et on la reprenait en quittant la table. Aller nu-pieds, chez les Romains, était un signe de deuil, d'affliction profonde, de désespoir. Aux funérailles d'Auguste, les citoyens qui furent chargés de retirer du bûcher les restes de ce prince appartenaient aux plus nobles familles; ils remplirent leurs fonctions les pieds nus. Dans une peinture d'Herculanum qui représente un sacrifice à Isis, les assistants sont nu-pieds; cet usage était également pratiqué dans le culte de Cybèle. Dans les cas de sécheresse, les Romains faisaient des processions appelées *Nudipedalia*, parce que les assistants y figuraient nu-pieds. On sait que dans la liturgie catholique on fait des pèlerinages nu-pieds, par mortification. — Les auteurs grecs et romains mentionnent une foule de chaussures diverses par la forme, la contour, la matière. Chacune de ces variétés avait reçu un nom particulier, mais nous ignorons la signification précise de ces noms: ainsi, par ex., nous ignorons quelles particularités présentaient les chaussures dites *laconiennes*, qui étaient propres aux Laconiens; celles qu'on appelait *sicyoniennes* et *persiques*, qui étaient à l'usage exclusif des femmes, etc., etc.

La semelle, qui constituait essentiellement la *Sandale*, était de bois, de tissu végétal ou de cuir. Les sandales de bois (*soleæ ligneæ*) n'étaient guère qu'à l'usage des cultivateurs et des habitants de la campagne. — Les semelles en fibres végétales étaient appelées *baxæ* ou *baxeæ*. En Égypte, elles étaient ordinairement faites de papyrus (ὑποδήματα βύβλινα) ou de feuilles de palmier. Les prêtres égyptiens ne portaient pas d'autres c., car ils regardaient comme une souillure le contact des choses qui avaient eu vie. Elles étaient aussi portées sur le théâtre par les acteurs comiques. Isidore nous

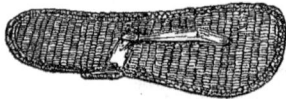

Fig. 1.

apprend qu'on faisait aussi des sandales d'osier; on les appelait *calones*, du grec χάλον, bois. En Espagne, on les fabriquait avec le sparte. Les Fig. 1 et 2 représentent deux sandales antiques de la collection du Musée britannique.

Fig. 2.

La première est de papyrus: on y voit une espèce de ganse à laquelle s'attachait le cordon qui passait entre les deux orteils pour revenir sur le cou-de-pied. La seconde est de feuilles de palmier parfaitement nattées et cousues avec des fibres de papyrus; elle présente trois trous destinés au passage des courroies ou cordons. — La *solea* proprement dite était l'espèce de sandale la plus généralement usitée par les citadins. Elle était de cuir; mais dans le principe les hommes ne la portaient qu'à l'intérieur: ils n'auraient pas osé sortir ainsi chaussés dans les rues, de crainte de paraître efféminés. Plus tard, c.-à-d. sous les empereurs, il en fut autrement. Cependant, lorsque le temps était mauvais et les rues boueuses, on portait de préférence des souliers ou des bottines. La *solea* ne dérobant aucune partie des formes du pied, les sculpteurs grecs et romains aimaient à la donner à leurs statues, même à celles qui représentaient certaines divinités

(Fig. 3 et 4. Les deux pieds de la statue de Diane à la biche, au Musée du Louvre). C'est aussi sans doute pour ce motif que la *solea* fut toujours la c. favorite des femmes. Les courroies qui servaient à attacher la *solea* étaient nommées *lora*, *ansæ*, *amenta* et *corrigiæ*. — La *caliga* était une sorte de sandale, formée d'une semelle de cuir très forte et très épaisse, qui était à l'usage des soldats romains, depuis le simple soldat jusqu'au centurion inclusivement. Ainsi, lorsque Sénèque dit que Marius s'éleva de la *caliga* au consulat, cela signifie que du rang de simple soldat il parvint à la plus

Fig. 3.   Fig. 4.

haute dignité de la République. On sait que l'empereur Caïus Caligula devait ce surnom de Caligula à ce qu'étant enfant, il portait habituellement une petite *caliga*. La semelle de cette

Fig. 5.

espèce de c. était munie de clous à tête pyramidale et pointue (Fig. 5. *caligula*, d'après un bas-relief de l'arc de Constantin, à Rome). La fourniture de ces clous (*clavi caligarii*) était à la charge des soldats eux-mêmes; mais, dans certaines circonstances, on leur en faisait une distribution gratuite appelée *clavarium*. On nommait *caliga speculatoria* une sandale moins lourde à l'usage de l'infanterie légère, et *caliga prætoriana* celle des prétoriens: cette dernière paraît avoir été plus ornée que la *caliga* des autres troupes. — Le *sandalium* (σάνδαλον et σανδάλιον de l'époque homérique) était une véritable *solea* à semelle de bois, attachée avec des courroies et propre aux deux sexes. Plus tard, on distingua ces deux espèces de chaussures et l'on réserva le nom de *sandalium* à une semelle munie d'un morceau de cuir qui recouvrait les orteils, de sorte que la transition de la *solea* au soulier ou *calceus*. Le *sandalium* était aussi appelé βλαύτιν ou βλαύτη. La partie qui recouvrait les doigts du pied était en général richement ornée; il en était de même des courroies qui attachaient la jambe cette sorte de c. Le *sandalium* chez les Grecs et chez les Romains était à l'usage des femmes seulement; mais il paraît qu'en Orient les hommes le portaient également

Le *soulier* proprement dit (*calceus*, χαλκίος, χαλτίος) était commun aux Grecs et aux Romains. Selon quelques archéologues, ces derniers auraient emprunté ce genre de c. aux Étrusques. Son nom qui est dérivé de *calx*, talon, devint le terme générique sous lequel on désigna toutes les espèces de chaussures, *calceamenta*. Le *calceus* était fermé comme nos souliers, et montait jusqu'à la cheville, où il était fixé par des courroies (*corrigiæ*, *lora ligula*) qui entouraient quelquefois la jambe jusqu'à une certaine hauteur. c'était une chaussure de ville qui ne se portait qu'avec la toge et que l'on déposait habituellement dans l'intérieur des maisons, où l'on prenait la *solea* ou le *soccus*. A Rome, le *calceus* était la c. ordinaire de toutes les classes de la société, à l'exception des esclaves ; mais il différait sous le rapport de la couleur et de ses accessoires, selon le rang de ceux qui le portaient. — Le *calceus* des rois était de peau teinte en pourpre. Il devint plus tard, sous le nom de *mulleus*, la c. des personnages qui avaient exercé des charges curules. Le *calceus* des sénateurs était de peau blanche et muni de quatre courroies noires, tandis que celui des simples particuliers n'en avait qu'une. Le premier était en outre orné d'un croissant de métal ou d'ivoire (*luna, lunula*), qui se plaçait sur le cou-de-pied et dont la forme se rapprochait de la lettre C, initiale du mot *Centum*, rappelait le nombre primitif des membres du Sénat. Le bout du *mulleus* était pointu et recourbé : c'est pourquoi on lui donnait encore le nom de *soulier crochu* (*calceus uncinatus*, ὑπόδημα κχμπύλον). Les Fig. 6 et 7 représentent deux formes particulières de *calceus*. La première

Fig. 6.

est empruntée à une statue de l'empereur Auguste, au Musée du Vatican, et la seconde est le dessin d'un pied antique de marbre qui se trouve au Musée britannique, à Londres. Dans celle-ci, les orteils sont à découvert ; cette dernière forme était très usitée, quand le soulier était fait de cuir très fort : car les anciens n'aimaient pas, comme nous, à se déformer les pieds. — Au mot BRODEQUIN nous avons déjà parlé du *soccus*, appelé aussi κρηπίς et *crepida*. Nous pensons que ces deux formes désignent, le premier une espèce de bottine lâche comme celle qui

Fig. 7.

est représentée dans l'article cité, et le second une pantoufle sans quartier (le bruit qu'on fait en marchant avec cette dernière sorte de c. explique très bien comment les Romains ont dérivé les mots *crepitare*, *crepitus*, etc. Le *soccus* et la *crepida* s'adaptaient également aux deux pieds. Le *calceus*, ainsi que les espèces de bottes ou bottines dont nous allons parler, appartenait à la catégorie des chaussures appelées creuses (*cava*, κοῖλα), par opposition aux différentes sortes de sandales, qui étaient qualifiées de *découpées* (σχιστά), ou *fenêtrées* (*fenestrata*) à cause des espaces vides que laissait l'entre-croisement des courroies. — Parmi les genres de chaussures gréco-romaines que l'on peut considérer comme des bottes, le *cothurne* (*cothurnus*) est la plus célèbre ; aussi lui consacrerons-nous un article spécial. Le

Fig. 8.

pero (ἀρβύλη) était une botte peu haute et de cuir cru qui était spécialement à l'usage des laboureurs et des bergers (Fig. 8. Laboureur chaussé de *perones*, d'après une pierre gravée du cabinet de Florence). Parfois le cuir dont cette c. était faite, restait couvert de son poil. Cette bottine était très juste, et, pour qu'elle s'adaptât mieux au pied, elle était ordinairement fendue et lacée par devant, comme on le voit dans

la statue d'Antinoüs Aristée, au Musée du Louvre. Le *phæcasion* paraît avoir été une c. du même genre, mais enveloppant toute la jambe jusqu'au-dessous du genou. Hésychius donne cette c. aux gens de la campagne et la croit de cuir fort, tandis qu'Hérodien prétend qu'elle était de peau douce et blanche, et l'attribue aux élégants et aux prêtres d'Athènes et d'Alexandrie. La c. d'Amphion dans le bas-relief d'Antiope, Zéthus et Amphion, au Musée du Louvre, est regardée par les antiquaires comme un *phæcasion*. — Le *campagus* ou *campagium* était propre aux empereurs et aux généraux. Il était très orné et garni de fourrures. Il laissait les doigts à découvert, et la semelle était bordée d'une empeigne couvrant le cou-de-pied et le talon (Fig. 9. Le pied de la statue de Marc-Aurèle chaussé

Fig. 9.

du *campagus*, au Musée du Louvre ; il est du genre dit *reticulatus*, à cause du réseau produit sur la jambe par l'entrelacement des courroies). Le *campagus* des empereurs était de couleur pourpre et fort souvent orné de perles et de pierres précieuses.

On a peu de renseignements sur les chaussures gauloises primitives : on sait seulement qu'elles consistaient, au temps de la conquête, en chaussons ou bottines fixées autour de la jambe par des bandelettes. Les Gaulois adoptèrent ensuite les différentes sortes de chaussures romaines. Il en fut de même des Francs, quand ils élevèrent leur puissance sur les débris de celle de Rome. Néanmoins ce qui semble caractériser les chaussures de cette époque, ce sont les longues bandelettes ou les courroies plus ou moins larges et plus ou moins ornées qui s'entrelaçaient autour de la jambe, quelquefois jusqu'au genou. Elles remplissaient jusqu'à un certain point le rôle de nos bas actuels. Le moine de Saint-Gall nous apprend que les plus riches portaient aux jours de fête des brodequins dorés. Vers le Xe siècle, les bandelettes disparurent. Au siècle suivant, parurent les *Estivaux* et les *Houseaux* ou *Heuses*, qui semblent avoir été, les premiers des espèces de bottines ou bottes légères ; les seconds des espèces de chaussures hautes et montants, peut-être même de hautes guêtres de cuir avec sous-pieds, boucles et courroies. L'usage de ces deux sortes de chaussures se maintint fort longtemps. C'est vers la fin du XIIIe siècle, sous le règne de Philippe le Bel, que s'introduisit la singulière mode des souliers *à la poulaine*. La c. ainsi nommée

Fig. 10.

se terminait par une longue pointe ou bec, dont l'intérieur était rembourré (Fig. 10). Parfois l'extrémité de cette pointe était recourbée, relevée, et même ornée de grelots ou de quelque figure grotesque. Sa longueur variait suivant la condition des personnes : elle était d'un demi-pied pour les gens du commun, d'un pied pour les riches bourgeois, de deux pieds et plus pour les seigneurs et les princes. Elle finit même par prendre des proportions si démesurées qu'on fut obligé, afin de pouvoir marcher, de l'attacher au genou avec des chaînes d'or ou d'argent. Les souliers à la poulaine firent fureur : ce ne point que ni les anathèmes de l'Église, qui les qualifia de *péché contre nature*, ni les défenses de Charles V, qui les frappa d'interdiction comme « étant contre les bonnes mœurs », ne purent prévaloir contre cette mode ridicule. Ils ne disparurent entièrement que dans les premières années du XVIe siècle. A cette époque, ils furent remplacés par une autre mode non mo ns extravagante. En effet, aux souliers étroits et pointus succédèrent des souliers larges, ronds ou carrés, que l'on taillada et orna de mille manières, et qui dominèrent, comme chaussure de cour et de ville, depuis Louis XII jusqu'à Henri III (Fig. 11. C. de François II, roi de France, 1560). Presque en même temps, on imagina un *brodequin* ou *botte fauve* qui, suivant Marot, fut adoptée par les élégants et les amoureux, et le *houseau sans avant-pied*, appelé aussi *botte molle*. Cette dernière était une espèce de chausson muni d'une semelle de bois et d'une tige de cuir souple qui se repliait comme un gant. Sous Louis XIII, les modes

Fig. 11.

espagnoles qui s'introduisirent à la cour amenèrent l'usage des bottes dites *à entonnoir*. Ces bottes étaient justes au pied, hautes, larges, évasées, tombantes, et ne montaient en général qu'à mi-jambe. Souvent aussi, pour aller dans les rues alors fort mal pavées, on portait en outre des patins de bois plus ou moins ornés, que l'on quittait en entrant dans les appartements (Fig. 12). Botte à entonnoir et à patin d'un seigneur de la cour de Louis XIII). On les ornait fréquemment de dentelles et d'éperons. Ces bottes se portèrent encore sous Louis XIV. A l'armée, on faisait usage de bottes dites *à la française* ou *à l'écuyère*, qui montaient au-dessus du genou et dont la partie supérieure, un peu évasée, tenait lieu, aux courriers et aux aides de camp, de poche pour mettre les dépêches. Sous Louis XV, la botte disparut comme c. de ville, et fut remplacée par un soulier avec ou sans boucle, tantôt *plat*, c.-à-d. presque sans talon, tantôt, au contraire, juché sur un talon de bois très élevé. Elle reparut cependant sous Louis XVI, mais sans exciter un grand engouement. — Quant aux femmes, jusqu'à Louis XIII elles portèrent pour c. des souliers de cuir ou d'étoffe, dont la forme n'éprouva guère que des variations insignifiantes ; mais, à cette époque, elles adoptèrent une sorte de pantoufle à talon de bois plus ou moins haut. Cette c., appelée *mule*, était souvent très élégamment ornée. La mode s'en maintint jusqu'à la chute de la monarchie, qui ramena pour les femmes l'usage des souliers. En même temps la Révolution supprima pour les hommes le soulier de luxe et inaugura le règne de la botte, à peu près telle que nous la voyons aujourd'hui. La c. ne reprit quelque élégance qu'à partir du Directoire, où l'on voit apparaître les bottes à revers. Sous l'Empire, la mode revint aux c. légères et découvertes. La Restauration revit les bottes, qui sont aujourd'hui à peu près abandonnées. La c. moderne présente une grande variété, depuis le soulier très découvert jusqu'à la bottine à élastiques, à boutons et à lacets qui s'élève assez haut sur la jambe ; mais tous ces types de c. sont trop connus pour que nous croyions utile de les décrire. Nous mentionnerons seulement les c. en caoutchouc qui se mettent par-dessus les autres c. par les temps de pluie ou de boue, et qui font l'objet d'une industrie importante.

Chaussure militaire. — La question de la c. est une des plus importantes de celles qui concernent l'équipement du fantassin appelé dans la campagne, à fournir de longues marches. Pendant la guerre de 1870 nos soldats étaient chaussés de souliers plats dits *godillots*, du nom du fabricant qui les confectionnait, et d'une guêtre en toile ou en cuir. Cette c. se déformait vite et fatiguait considérablement

Fig. 12.

le pied. On lui a substitué en 1884 un brodequin lacé (Fig. 13)

Fig. 13.

qui lient mieux le bas de la jambe, dispense de la guêtre, et se chausse plus rapidement, avantage qui n'est pas à négliger.

CHAUTU. s. m. Orange de la Chine.

CHAUVE. adj. 2 g. (lat. *calvus*, m. s.). Qui a perdu la plus grande partie de ses cheveux, surtout à la partie supérieure de la tête. *Il est c. Il devient c. Avoir la tête c.* || Par ext. Nu, dépouillé. *Monts chauves. Arbres chauves.* || s. f. T. Min. Veine blanche dans une carrière d'ardoise.

CHAUVEAU-LAGARDE, avocat français (1756-1841), fut le défenseur de Brissot, Charlotte Corday, Marie-Antoinette, etc.

CHAUVELIN (GERMAIN-LOUIS DE), homme d'État français, exilé en 1737. || Son fils, le marquis DE CHAUVELIN, diplomate, vécut dans l'intimité de Louis XV ; m. en 1774.

CHAUVE-SOURIS. s. f. T. Mam. Genre de mammifères de l'ordre des *Chiroptères*, et nom vulgaire de tous les animaux de cet ordre. Voy. CHEIROPTÈRES. = Pl. *Des chauves-souris*.

CHAUVIGNY, ch.-l. de c. (Vienne), arr. de Montmorillon, 2,100 hab.

CHAUVIN. s. m. (R. *Chauvin*, nom d'un vieux soldat). Nom donné, du temps même de Chauvin, aux patriotes belliqueux qui idolâtraient Napoléon, et donné aujourd'hui par dénigrement à toute personne entichée d'un patriotisme exagéré et absurde.

CHAUVIN (NICOLAS), l'un des plus braves soldats de la République et de l'Empire, qui reçut dix-sept blessures.

CHAUVINIQUE. adj. 2 g. Qui appartient aux chauvins.

CHAUVINISME. s. m. Se dit par ironie, de l'admiration exagérée de la gloire militaire et du patriotisme outré.

CHAUVINISTE. adj. 2 g. Qui a rapport au chauvinisme.

CHAUVIR. v. n. (R. *chowe* ou *choe*, ancien nom de la chouette). N'est usité dans cette loc., *C. des oreilles*, Dresser les oreilles, et ne se dit que des chevaux, des mulets et des ânes.

CHAUX. s. f. (lat. *calx, calcis*). T. Chim. Protoxyde de calcium, corps qui résulte de la combinaison de l'oxygène avec un métal appelé *calcium*. || *Chaux métalliques*, Nom donné par les anciens chimistes à tous les oxydes métalliques ; ils croyaient que les chaux étaient des corps simples et que chaque métal résultait de la combinaison de la c. correspondante avec un principe igné qu'ils nommaient *Phlogistique*. Voy. ce mot.

Chim. — La C. ou *Protoxyde de Calcium* CaO est une des substances les plus abondamment répandues dans la nature et les plus anciennement connues. Cet oxyde est blanc et inodore, mais doué d'une saveur très caustique. Sa densité est 3,2. On ne peut le fondre qu'à la flamme du chalumeau à gaz oxyhydrogène. Sa solubilité dans l'eau est de 1 partie pour 778 p. d'eau à 15°, ou pour 1270 p. à 100° ; il est donc moins soluble à chaud qu'à froid. Aussi lorsqu'on fait bouillir sa dissolution, la voit-on se troubler par un dépôt blanc de c. hydratée. — La c. possède la propriété de former, avec une molécule d'eau, un composé solide peu différent par ses propriétés de la c. anhydre, et qu'on désigne sous le nom d'hydrate de c. ou de c. hydratée. Ce composé se forme toutes les fois que la c. anhydre est mise en contact avec de l'eau. Celle-ci est aussitôt absorbée avec une énergie extraordinaire et un dégagement considérable de chaleur qui peut élever la température jusqu'à 300°. Ce phénomène est accompagné d'un sifflement semblable à celui que produit un fer rouge plongé dans l'eau, sifflement produit par le dégagement de la vapeur d'eau qui se dégage en grande abondance à cause de l'élévation de la température; aussi, l'atmosphère se remplit d'épaisses vapeurs aqueuses. La c., en s'hydratant, se désagrège, ou, comme on dit, se délite. Si elle est de bonne qualité, elle foisonne beaucoup, et en ajoutant un excès d'eau on peut en former une pâte liante. La c. est alors appelée c. grasse. — La c. anhydre est souvent désignée sous le nom de c. vive, et la c. hydratée sous le nom de c. éteinte. Cette dernière, délayée dans l'eau, constitue le lait de c., appelé aussi blanc de c. Sa dissolution, filtrée et soumise à l'évaporation dans le vide, laisse déposer des cristaux qui ont la forme de prismes hexaèdres, et dont la composition est représentée par la formule $Ca(OH)^2$. La c. éteinte, aussi bien que la c. vive, abandonnée à l'air, absorbe l'acide carbonique de celui-ci et se transforme en carbonate dur et presque tout à fait insoluble. C'est cette propriété qui la rend si propre à la confection des mortiers. La c. se dissout abondamment dans l'eau sucrée, et forme avec la sucre une combinaison appelée saccharate de c., qui conserve les propriétés alcalines de la c. Cette solution devient gélatineuse quand on la chauffe, mais reprend sa limpidité par le refroidissement; traitée par l'acide carbonique, elle perd toute sa c., sous forme de carbonate insoluble. Ces réactions sont utilisées dans les sucreries pour la défécation des jus sucrés. — La c., comme tous les protoxydes des métaux de la première section, est une base bien caractérisée. Sa dissolution verdit le sirop de violette et ramène au bleu la teinture de tournesol rougie par un acide. Elle décompose les éthers à la façon des alcalis, c.-à-d. en se combinant avec les acides gras pour former le genre particulier de sels qu'on nomme savons; mais les savons de c. sont insolubles. Cette énergie des propriétés alcalines de la c. explique pourquoi elle n'existe point dans la nature à l'état de liberté, bien qu'elle y soit très répandue. Elle se combine, en effet, avec les acides organiques et inorganiques qui sont en sa présence pour former des sels, et c'est à l'état de composé salin qu'on la trouve constamment.

Sels de chaux. — Comme tous les sels dont la base est un oxyde des métaux de la première section, ils ne précipitent ni par les sulfures alcalins, ni par l'ammoniaque, ni par le sulfhydrate d'ammonium. Traités par la potasse ou la soude, ils forment un précipité blanc qui est de la c. Cette propriété les distingue des sels de soude, de potasse et d'ammoniaque qui ne précipitent pas. Ils ne forment aucun précipité par le sulfate de c., tandis que les sels de baryte et de strontiane précipitent. Ainsi, de tous les sels alcalins, les sels de c. sont les seuls qui, ne précipitant pas par l'ammoniaque, précipitent par la potasse, et ne précipitant pas par le sulfate de c. Ils se distinguent de tous les autres sels parce que ceux-ci précipitent par l'ammoniaque, excepté les sels d'argent; mais ces derniers forment avec la potasse un précipité vert olive d'oxyde d'argent, tandis que les sels de c. précipitent en blanc, comme nous l'avons dit plus haut. — Nous ne parlerons ici que des sels formés par l'union de la chaux avec les oxacides; les combinaisons salines du calcium avec les métalloïdes ont déjà été étudiées au mot Calcium.

Carbonate de chaux (CO^3Ca ou CaO,CO^2). — Ce sel, lorsqu'il est pur, est parfaitement blanc; mais les matières étrangères auxquelles il est souvent mélangé à l'état naturel lui communiquent les teintes les plus variées. Les carbonates naturels se distinguent en un grand nombre d'espèces et de variétés, toutes différentes au point de vue de la dureté et de la densité; mais tous se décomposent à la température rouge en acide carbonique et en c. Cette décomposition n'est que partielle lorsqu'on opère en vases clos. Le carbonate non dissocié entre alors en fusion et présente, après le refroidissement, la consistance et toutes les propriétés du marbre. Le carbonate de c. est à peu près insoluble dans l'eau pure; mais il se dissout dans de l'eau contenant de l'acide carbonique. La proportion du sel dissous croît avec la quantité d'acide carbonique; mais quand l'eau vient à perdre cet acide, soit par l'ébullition, soit par l'exposition à l'air, elle abandonne de nouveau le carbonate sous forme de dépôt insoluble. Telle est l'origine des incrustations calcaires que produisent les eaux de certaines

sources, ainsi que des stalactites et des stalagmites qu'on admire dans un grand nombre de grottes. Telle est aussi l'origine des dépôts qui se forment dans les tuyaux de conduite et dans les chaudières à vapeur. On obtient aisément le carbonate de c. soit en faisant passer de l'acide carbonique sur de la c., soit en décomposant un carbonate soluble par un sel de c. Mais la nature nous l'offre, sous diverses formes, en assez grande abondance pour qu'on n'ait pas besoin de recourir souvent aux moyens artificiels, si ce n'est pour quelques opérations de laboratoire. Ainsi, indépendamment des roches qui sont composées de carbonate calcaire plus ou moins pur, le test des mollusques, celui des écrevisses et les coquilles des œufs d'oiseaux sont formés de carbonate de c. presque pur. Voy. plus loin Minéralogie.

Nitrate ou Azotate de c. ($AzO^3)^2Ca$ (en équivalents : CaO,AzO^5). — Ce sel est déliquescent et très soluble dans l'eau et dans l'alcool. Il forme un hydrate contenant 4 molécules d'eau et cristallisant en prismes hexagonaux. À la température du rouge vif, il se décompose et laisse pour résidu de la c. anhydre. On le rencontre dans les efflorescences salpêtrées qui se produisent sur les murs humides; on l'utilisait autrefois pour la fabrication du salpêtre en le décomposant par une lessive de cendres.

Phosphate de chaux. — On en connaît plusieurs espèces. Le phosphate de c. basique ou tricalcique, appelé aussi phosphate des os ($PhO^4)^2Ca^3$ (ou équivalents : $3CaO,PhO^5$), est blanc et d'aspect gélatineux. Il est insoluble dans l'eau, mais soluble dans presque tous les acides. On l'obtient par la double décomposition du phosphate de soude et du chlorure de calcium, ou bien on l'extrait des os des mammifères, dont il constitue presque en totalité la partie non organique. Cette opération se fait en dissolvant les os calcinés dans l'acide chlorhydrique et en précipitant la dissolution par un excès d'ammoniaque. Le phosphate des os est soluble dans les acides les plus faibles et dans les dissolutions de chlorure de sodium, de chlorhydrate d'ammoniaque, d'iodure et de bromure de potassium. — Le phosphate neutre de c. ou bicalcique $PhO^5CaH + 2H^2O$ (en équivalents : $2CaO,HO,PhO^5 + 4HO$) est blanc, cristallin, soluble dans les acides, insoluble dans l'eau pure. Il existe dans quelques eaux minérales; on le rencontre fréquemment dans les concrétions et les dépôts urinaires. — Le phosphate acide de c. ($PhO^4)^2CaH^5$ (en équivalents : $CaO,2HO,PhO^5$) est non seulement soluble dans l'eau, mais encore déliquescent; cependant sa solubilité disparaît après qu'il a éprouvé la fusion ignée, parce qu'il s'est transformé en métaphosphate. Il cristallise en lames nacrées. Calciné avec du charbon, il donne du phosphore. Ce sel reste en dissolution dans la liqueur après qu'on a traité le phosphate des os par l'acide sulfurique, et cette liqueur, évaporée jusqu'à consistance sirupeuse, laisse déposer des cristaux de phosphate acide.

Hypophosphite de chaux. — Ce sel, qui a pour formule ($PhO^2H^2)^2Ca$, se produit quand on fait bouillir un lait de c. avec du phosphore. On filtre la liqueur et on la débarrasse de l'excès de c. par un courant de gaz carbonique. Par l'évaporation, on obtient l'hypophosphite cristallisé en prismes flexibles.

Sulfate de chaux SO^3Ca ou CaO,SO^3. — Ce sel existe dans la nature à l'état anhydre et à l'état hydraté, mais c'est surtout dans ce dernier état qu'on en fait usage. Le Sulfate anhydre se présente sous la forme cristalline; il a une densité de 2,96, et fond à la chaleur rouge. Le sulfate hydraté contient 2 molécules ou 20,9 pour 100 d'eau. Il est blanc, inodore, insipide. Il se déshydrate complètement vers 115°. Il est ensuite en contact avec de l'eau, il reprend très facilement les deux molécules que la chaleur lui avait fait perdre; mais, si la température a atteint 160°, cette hydratation ne se fait plus que très lentement; elle devient même impossible lorsque le sulfate de c. a été porté au rouge cerise. Le sulfate de c. est peu soluble dans l'eau : 1000 parties d'eau, à la température ordinaire, n'en dissolvent guère que 2 p. Sa solubilité augmente si l'on élève la température de l'eau jusqu'à 38°; puis au delà elle va en diminuant. Ainsi, 100 p. d'eau à 38° dissolvent 0,214 de sulfate de c., et à 100° elles n'en dissolvent plus que 0,175. Il se dissout mieux dans l'eau saturée de chlorure de sodium. Il est également soluble dans l'acide chlorhydrique, ainsi que dans l'acide sulfurique concentré, avec lequel il forme un bisulfate que l'eau décompose. Sous l'influence des matières organiques en décomposition, le sulfate de c. hydraté abandonne son oxygène et se transforme en sulfure de calcium qui, décomposé à son tour par l'acide carbonique, peut donner lieu à un dégagement plus ou moins abondant d'hydrogène sulfuré. Ce phénomène se produit souvent dans le sol des grandes villes, dont il contribue à rendre l'air insalubre. — Le plâtre n'est autre chose que le sulfate de c. hydraté naturel, auquel on a enlevé par la cuisson ses 2 équivalents d'eau.

Hypochlorite de c. (ClO)²Ca (en équivalents : CaO,ClO). — L'*hypochlorite de c.* s'obtient en versant une dissolution d'acide hypochloreux dans un lait de c ; mais il faut avoir soin que la c. soit en excès. En effet, aussitôt que l'acide hypochloreux vient à dominer, l'hypochlorite se décompose en chlorate de c. et en chlorure de calcium.

Dans le commerce, on donne le nom d'hypochlorite de c., mais plus souvent ceux de *chlorure de c.*, de *chlorure décolorant* et de *chlorure désinfectant*, à un corps qu'on obtient en faisant agir à froid du chlore gazeux sur de la c. éteinte. Ce composé est blanc, amorphe, pulvérulent, et exhale constamment une odeur de chlore due à sa décomposition lente sous l'action de l'acide carbonique de l'air. Le chlorure de c. est soluble dans l'eau. Sa dissolution aqueuse est décomposée, même à froid, par l'oxyde de cobalt, le bioxyde de manganèse, le sesquioxyde de fer, les deutoxydes de cuivre et de mercure. Il se dégage de l'oxygène jusqu'à ce que le chlorure de c. ait été totalement transformé en chlorure de calcium. Les acides même les plus faibles, et en particulier l'acide carbonique, décomposent le chlorure de c. et mettent le chlore en liberté. La constitution du chlorure de c. est encore controversée. Suivant l'opinion la plus répandue, on aurait affaire à un mélange d'hypochlorite de c., de chlorure de calcium et de c. hydratée ; mais on s'explique difficilement, dans cette hypothèse, comment le chlorure de calcium serait décomposé par l'acide carbonique. Beaucoup de chimistes considèrent le chlorure de c. comme un composé défini, qui aurait pour formule Ca O Cl² ou $Ca\begin{smallmatrix}Cl\\O\,Cl\end{smallmatrix}$ et qui fonctionnerait à la fois comme chlorure et comme hypochlorite. D'autres, pour tenir compte de la présence constante de la c., admettent l'existence d'un composé $Ca\begin{smallmatrix}OH\\O\,Cl\end{smallmatrix}$ que l'eau décomposerait en hypochlorite et en c. hydratée. Le chlorure de c. est, dans l'industrie, l'objet d'une fabrication qui s'opère sur une vaste échelle, mais qui du reste est fort simple. On fait arriver du chlore gazeux sur de la c. éteinte, étalée sous une faible épaisseur dans de vastes chambres en briques. Lorsqu'on doit l'employer en dissolution, on peut également le préparer en faisant arriver le gaz dans des espaces cylindriques à moitié remplis d'une bouillie de c. qu'on remue continuellement avec un râteau, afin d'activer l'absorption du chlore. On l'emploie pour blanchir les toiles et la pâte à papier, ainsi que nous l'avons vu au mot BLANCHIMENT, et pour combattre les miasmes qui infectent les salles des hôpitaux, le voisinage des fosses d'aisances, etc. Le meilleur procédé pour faire usage du chlorure de c. comme désinfectant consiste à imbiber un linge d'une dissolution concentrée du ce sel, et à le suspendre dans le lieu dont on veut désinfecter l'air. Les propriétés désinfectantes du chlorure de ce c. sont également dues au chlore qu'il contient. Celui-ci s'en dégage peu à peu, et décompose l'hydrogène sulfuré de l'atmosphère ambiante. Le chlorure de c. préparé dans l'industrie présentant des degrés de richesse très divers, il importe beaucoup à l'acheteur de connaître la proportion de chlore, c.-à-d. le pouvoir décolorant qu'il possède : car c'est d'après ce dernier que se règle la valeur vénale du produit. Cette détermination a lieu au moyen d'essais appelés *chlorométriques*. Voy. CHLOROMÉTRIE.

Usages de la chaux. — Ils sont importants et nombreux. En effet, on emploie la c. pour saponifier les corps gras, pour fabriquer les acides stéarique et margarique dont on fait les bougies, pour préparer l'ammoniaque, pour isoler la potasse et la soude en décomposant leurs carbonates, pour amender les terres trop argileuses. On en fait encore usage dans la fabrication du sucre, dans le tannage des peaux, dans la fabrication du gaz de l'éclairage qu'on débarrasse ainsi des gaz acides sulfhydrique et carbonique. Elle est la base des préparations universellement employées en maçonnerie sous les noms de *mortiers* et de *ciments*. Voy. CIMENT. La c. est également usitée en médecine. A l'extérieur on l'emploie comme caustique : elle entre dans la composition du *caustique de Vienne*, et elle fait la base de la plupart des *pommades épilatoires*, de celle entre autres des frères Mahon pour faire tomber les cheveux dans la teigne. Ces pommades modifient en même temps les surfaces sur lesquelles on les applique. Le *liniment oléo-calcaire* (mélange de 3 parties d'eau de c. avec 4 parties d'huile d'amandes douces) est conseillé contre les brûlures, les engelures et les dartres qui s'accompagnent de violentes démangeaisons. Les lotions d'*eau de c.* hâtent la cicatrisation des ulcères atoniques de la peau,

calment le prurit, et sont utiles comme gargarismes dans les inflammations gingivales et les amygdalites chroniques. A l'intérieur, l'eau de c. s'administre contre la dyspepsie, contre les diarrhées chroniques, contre le diabète. Le *carbonate de c.* fait la base des diverses préparations jadis nommées *Yeux d'écrevisse*, *Magistère de corail*, et *Nacre de perle*. Ces préparations sont surtout employées contre la diarrhée et la dyspepsie acide des jeunes enfants ; mais ce médicament n'agit guère que comme absorbant. Le *phosphate de c.*, qui constitue presque en entier la corne de cerf jadis si vantée, s'administre parfois avec succès dans les cas d'affections scrofuleuses, du rachitisme, de la déformation de la taille, et dans toutes les maladies où, par suite de l'imperfection de la nutrition, ces os paraissent ne pas contenir la quantité de phosphate suffisante. Il fait partie des préparations connues sous le nom de *Poudre de James*, de *Décoction blanche*, etc. Le *chlorure de calcium* possède des propriétés analogues à celles du chlorure de baryum; mais il est beaucoup moins irritant, et, par conséquent, il est plus facile à manier : il est donc préférable à ce dernier. Biett en faisait un grand usage dans les formes si diverses qu'affecte la cachexie scrofuleuse. L'*hypophosphite de c.* a été employé contre la phtisie pulmonaire.

Effets toxiques de la chaux. — La c. introduite dans l'estomac agit à la manière des poisons irritants. Son action n'est pas très énergique; mais elle détermine tous les accidents de la gastro-entérite, et peut amener la mort. A l'autopsie, on trouve la muqueuse de la bouche, du pharynx, de l'œsophage, de l'estomac et même du duodénum fortement enflammée. Pour établir qu'il y a eu empoisonnement par la c., on calcine les matières vomies ou celles que l'on trouve dans le canal digestif. On détruit ainsi toutes les parties végétales et animales, et l'on obtient la c. à l'état caustique si la chaleur a été suffisamment élevée. On traite le résidu par l'eau distillée, et l'on soumet la dissolution à l'acide carbonique qui forme avec la c. un précipité blanc de carbonate de c. Si l'on peut disposer d'une portion de l'alcali qui a servi à l'empoisonnement, les recherches sont plus faciles encore : il suffit de constater la présence de la c. Le traitement suivi contre l'empoisonnement par la c. consiste à la neutraliser sur-le-champ par de l'eau légèrement acidulée, à faire vomir le malade au moyen d'eau tiède, et à combattre la gastro-entérite par les antiphlogistiques.

Minéral. — La c. est connue de toute antiquité; les anciens la rangeaient parmi les *Terres alcalines*, à cause de l'abondance avec laquelle elle est répandue dans la nature. Ainsi que nous l'avons dit, elle ne se rencontre jamais à l'état de pureté. Elle est toujours combinée avec des acides, tels que les acides carbonique, sulfurique, phosphorique, fluorhydrique, arsénique, silicique, borique. Nous allons indiquer ici les principales espèces minérales dont la c. constitue la base.

Le *carbonate de c.* affecte des formes très diverses, mais qui peuvent être ramenées à deux formes essentielles et incompatibles : 1° le rhomboèdre, forme principale du *Spath calcaire*, qui est isomorphe avec les carbonates de magnésie, de zinc, de fer; 2° le prisme droit rhomboïdal, forme primitive de l'*Aragonite*, isomorphe avec les carbonates de baryte et de strontiane. Le carbonate de c. est donc un corps dimorphe. Les sous-espèces dont il se compose sont : le *Calcaire* et l'*Aragonite*.

Le *calcaire* est une des substances les plus répandues dans la nature. Il est reconnaissable à ses propriétés chimiques, à la double réfraction qu'il possède et à sa dureté peu considérable. Il est très remarquable sous le rapport de la cristallisation, car il réalise à lui seul tout ce que peut offrir le système rhomboédrique, et ses formes accidentelles sont aussi variées que ses formes régulières. Tous les groupements irréguliers, les stalactites et stalagmites, les concrétions, les incrustations sur les plantes et sur toute espèce de corps, se trouvent dans cette substance. Ce sont les stalagmites qui fournissent l'*Albâtre calcaire* ou *oriental*. Voy. ALBATRE. Parmi les variétés de structure ou en masses amorphes, nous citerons les plus intéressantes. Le *Calcaire laminaire limpide*, dit *Spath d'Islande*, est incolore lorsqu'il est pur, et acquiert par le frottement l'électricité résineuse. Les physiciens le recherchent pour les expériences relatives à la double réfraction et à la polarisation de la lumière. Le *calcaire saccharoïde* à une cassure brillante et grenue : c'est à cette variété que se rapporte le *Marbre statuaire* des anciens, dit de Paros, et celui des modernes, dit de Carrare. Le *calcaire compact* à grain fin, à cassure terne, est ordinairement coloré par des mélanges mécaniques : c'est celui dont on fait l'emploi le plus habituel sous le nom de *Marbre*. (V. ce mot.) Le *Calcaire compact lithographique* est jaunâtre, à grain serré et très susceptible de poli. Son nom lui vient de l'emploi spécial auquel on l'applique. Les meilleures pierres lithographiques sont celles de Pappenheim en Bavière, et celles de Bolley et de Châteauroux en France. Le *Calcaire crayeux*, ou *Craie*, est généralement blanc et friable, quelquefois grisâtre et sablonneux. Triturée et délayée dans l'eau, la craie fournit le *Blanc d'Espagne*. Sa position géologique est bien déterminée; elle forme la limite supérieure du terrain secondaire. Dans cette formation de craie se présentent plusieurs divisions. On distingue la *Craie blanche* qui est la plus pure, la *Craie tuffeau* qui offre quelquefois assez de solidité pour servir de pierre à bâtir, et la *Craie chloritée*, remarquable par la grande quantité de petits grains verts qui s'y trouvent mélangés. Le *Calcaire grossier*, plus ou moins mélangé de sable (*Pierre à chaux*, *Pierre à bâtir*), est d'un jaune ou d'un blanc sale, à grain grossier, non susceptible de poli, et renferme une grande quantité de coquilles marines. Il est très abondant dans les environs de Paris, où il forme la plus grande partie de l'étage inférieur des terrains tertiaires. Le *Calcaire quartzifère* des carrières de grès de la forêt de Fontainebleau et des environs de Nemours, a l'apparence du grès. — Parmi les variétés de mélange, nous nommerons le *calcaire siliceux*, compact et à grain fin, commun dans la partie inférieure des terrains parisiens, et le *Calcaire argileux* provenant d'un mélange de calcaire et d'argile, appelé *Marne*. La marne offre des couleurs très variées. Elle éprouve quelquefois en se desséchant un retrait qui affecte des formes plus ou moins régulières. Elle est extrêmement commune dans la nature et se trouve à peu près dans tous les étages des terrains secondaires. Elle se distingue aisément de l'argile, car elle fait toujours effervescence dans les acides. La marne verte sert à fabriquer les tubes et les briques. La marne d'un gris marbré qu'on trouve entre les couches de gypse à Montmartre, se vend à Paris comme *pierre à détacher;* mais l'usage le plus important des marnes est celui qu'on en fait pour amender les terres. Voy. AMENDEMENT. Ce sont encore des calcaires argileux de couleur blanche qui fournissent la *Castine*, employée comme fondant dans le traitement des minerais de fer, et dans l'empierrement des routes pour lier les cailloux de silex ou de granit. — Nous avons indiqué la position géologique des principales variétés de calcaire : ajoutons que le calcaire se trouve encore en dépôts adventifs produits par des sources, dont quelques-uns s'accroissent encore de nos jours. Ce sont les *Tufs calcaires :* ils sont nombreux et ils renferment presque toujours des débris organiques. Toutes les contrées de la terre offrent des dépôts plus ou moins considérables de diverses sortes de calcaires. Le *Calcaire cristallisé* se rencontre principalement dans les gîtes métallifères, dans le Harz au nord de l'Allemagne, dans le Derbyshire et le Cumberland en Angleterre. En France, les *calcaires grossiers* couvrent ce qu'on appelait l'Ile-de-France, l'Orléanais, la Touraine, la Guyenne et la Gascogne; la *craie* qui entoure le grand dépôt parisien se prolonge dans la Champagne, la Picardie et l'Artois, se continue dans le Maine, le Berri, le Poitou, l'Angoumois et la Saintonge. Les autres calcaires constituent la plus grande partie du reste de la France. Ce sont particulièrement ceux de la formation jurassique.

L'*Aragonite* est cristallisée dans le système prismatique rectangulaire non susceptible de clivage. Sa cassure est vitreuse et très brillante. Sa dureté est assez grande pour rayer fortement le ca'caire. Elle est d'un blanc laiteux, souvent veinée de jaune par la présence d'oxydes métalliques. Elle possède la double réfraction à deux axes. Elle ne peut subsister à une haute température; car alors elle se désagrège, tombe en poussière et passe à l'état de calcaire spathique. Cette propriété de se délier au feu sert à la distinguer du calcaire. Ce minéral se rencontre pas sous forme de cristaux simples; il constitue des groupes de cristaux tellement serrés, que le tout présente l'aspect d'un prisme qui aurait été produit d'un seul jet. On la trouve aussi formant des branches cylindriques qui se contournent et se ramifient entre elles à la manière du corail. Cette variété était connue des anciens sous le nom de *Flos ferri*, parce qu'elle se trouve habituellement dans les gîtes de minerais de fer. L'aragonite se rencontre encore dans les fentes des roches basaltiques et des roches serpentineuses, ainsi que dans les argiles gypseuses des dépôts salifères. Les lieux d'où proviennent les plus belles cristallisations sont : Baslène, près de Dax, en France, Bilin en Bohème, Leogang dans le Salzbourg, et Molina en Aragon, pays qui a donné son nom à l'aragonite. — A la suite des carbonates de c. proprement dits, nous men-

tionnerons le *Carbonate de c. et de magnésie*, appelé aussi *C. carbonatée magnésifère* et *Dolomie;* il est isomorphe avec le spath d'Islande; on le trouve dans les gîtes métallifères, particulièrement au Mexique, en Angleterre, au Saint-Gothard, dans les Pyrénées et dans le Tyrol.

Phosphate de chaux. — Le phosphate de c. tricalcique est très répandu dans la nature. On le trouve, accompagné de carbonate de c. et de phosphate de magnésie, dans les *Coprolithes* ou *Phosphates fossiles;* ce sont des concrétions qui proviennent d'ossements ou d'excréments fossiles, et qu'on rencontre, souvent en quantités considérables, dans plusieurs terrains de sédiment, en particulier dans les terrains crétacés. Le phosphate de c. existe aussi dans le guano; il s'y trouve souvent à l'état cristallisé et prend alors le nom d'*Ornithite*. Associé à du fluorure ou à du chlorure de calcium, il constitue les diverses variétés d'*Apatite* (voy. ce mot). Ces phosphates naturels sont de précieux engrais; on les exploite sur une vaste échelle pour la fabrication des *superphosphates*, c.-à-d. du phosphate acide, qui est soluble et facilement assimilable par les plantes. Voy. ENGRAIS.

Le *Sulfate de c.* forme deux espèces minéralogiques, le *Sulfate anhydre* appelé *Anhydrite* et *Karsténite*, et le *Sulfate hydraté*, nommé aussi *Gypse* et *Pierre à plâtre*. Au mot ANHYDRITE, il a déjà été question du sulfate anhydre; il ne nous reste plus à parler ici que du sulfate hydraté ou gypse. — Le gypse est très répandu dans la nature. Il se trouve abondamment dans les terrains de cristallisation et dans les terrains de sédiment; il forme même des amas considérables dans les dépôts les plus modernes où il paraît avoir été produit par des sources. Montmartre et le bassin de Paris, ceux de la Meuse et de l'Aveyron, les Alpes et les Pyrénées en fournissent une grande quantité. Dans ces montagnes, il est souvent mélangé avec des dolomies, du sel gemme, du bitume et du soufre. Il se présente en cristaux ayant la forme de tables clinorhombiques d'un clivage facile, et le plus souvent groupés en fer de lance. Ses cristaux sont tantôt transparents, tantôt opaques. Dans ce dernier cas il prend le nom d'*Albâtre gypseux*. Voy. ALBÂTRE. Le gypse des environs de Paris est une matière très précieuse pour les constructions, à cause de la solidité du plâtre qu'il fournit. Cette propriété ne se rencontre pas au même degré dans les autres dépôts de gypse des divers terrains, si ce n'est dans ceux d'Aix en Provence. On l'attribue à une très petite quantité de carbonate de c. que renferment ces deux localités. On trouve aussi dans nos carrières des variétés cristallines de gypse dites *Gypse en fer de lance*, *Grignard*, *Pierre à Jésus*, *Glace de Marie* et *Miroir d'âne*, qui sont très recherchées par les modeleurs en plâtre, parce qu'elles donnent une matière plus fine. On a aussi employé cette sorte de gypse, en la divisant en feuillets, pour remplacer le verre et couvrir de petites images.

Le *Fluorure de calcium*, nommé par les minéralogistes *Fluorine*, *Spath fluor* ou *Fluor*, est une substance qui présente souvent des couleurs vives et qui cristallise dans le système cubique. Elle raye le calcaire et est rayée par le verre. Elle est assez commune et subordonnée en général aux gîtes métallifères. Cependant elle forme aussi des filons à elle seule dans les terrains granitiques et les dépôts de sédiment. On la rencontre en Auvergne, aux environs de Paris et dans toutes les contrées de l'Europe. On recherche les variétés qui présentent des couleurs vives disposées en zones et en zigzags, pour en faire des vases, des coupes, etc., d'un bel effet. C'est principalement en Angleterre que l'on fait ces ornements. En France on a employé, pour faire des incrustations, les variétés verdâtres, sous le nom de *Prime d'émeraude*, et l'on a taillé les variétés transparentes qu'on a nommées *Faux rubis*, *Fausse émeraude*, *Fausse topaze*, etc. Quelques auteurs pensent que les *vases murrhins*, si célèbres dans l'antiquité, étaient faits avec cette substance. La fluorine sert à préparer l'acide fluorhydrique; on l'emploie aussi comme fondant en métallurgie, surtout pour le traitement des minerais de cuivre.

Le *Chlorure de calcium* ne se rencontre qu'en dissolution avec le chlorure de sodium, dans l'eau de mer, dans les eaux des lacs salés et des sources salifères. — Pour les *Arséniates* et le *Borate de c.* Voy. ARSENIC et BORE.

Techn. — *Extraction de la chaux.* — La matière première dont on extrait la c. porte le nom de *Pierre à c.* Cette pierre calcaire est toujours un carbonate, car c'est le sel de c. qui abandonne le plus facilement son acide par la chaleur. Mais ce sel est rarement à l'état de pureté, et les qualités de la c. dépendent beaucoup de la nature des matières étrangères qu'il renferme. Lorsque ces dernières sont abondantes, la c. que l'on obtient porte le nom de *C. maigre :* elle s'échauffe fort peu avec l'eau et ne foisonne que faiblement. La *C grasse*, au contraire, diffère peu de la c. pure dont nous avons indiqué les propriétés; elle est formée par les qualités de pierre à c. qui ne renferment qu'une faible quantité de substances étrangères. — Pour décomposer le carbonate de c., on le chauffe fortement dans des fours dont la forme et la disposition varient selon les localités. On distingue les *fours à cuisson intermittente* et les *fours à cuisson continue*. — Les premiers sont construits en briques réfractaires. On forme avec de grosses pierres calcaires une espèce de voûte au-dessus de la grille destinée à recevoir le combustible, puis au-dessus de cette voûte on jette des pierres calcaires plus menues jusqu'à ce que la cuve soit remplie. On emploie comme combustibles la tourbe, des fagots, des broussailles qui donnent une longue flamme, pour que celle-ci, pénétrant à travers les interstices, puisse atteindre toutes les parties de la masse; mais on ménage la chaleur au début de l'opération. Au bout de douze heures, on peut sans inconvénient élever la température. On juge que l'opération est terminée lorsque la cuisson des grosses pierres qui forment la voûte est complète. — Les fours à cuisson continue, appelés aussi *Fours coulants*, sont plus avantageux que les précédents, à cause de l'économie de combustible qu'ils procurent. Leur forme est à peu près celle d'un cône tronqué renversé, et la cuisson peut s'y faire de deux manières. Dans le premier système, la pierre à c. et le combustible (coke ou anthracite) sont placés par couches alternatives dans le fourneau, que l'on charge par le haut. A mesure que la masse s'affaisse, on en ajoute par le haut de nouvelles portions et l'on retire par le bas les fragments de c. décarbonatée. La décomposition est favorisée par la présence de la vapeur d'eau, aussi a-t-on soin d'introduire dans le four le carbonate humide ou bien d'y projeter un courant de vapeur

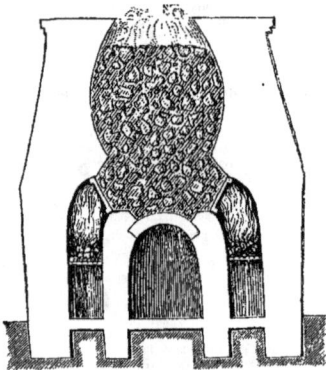

Fig. 1.

durant l'opération. Dans le second système, on remplit entièrement les fourneaux de pierre calcaire et on les chauffe par des foyers latéraux. Dans ce cas, la cuve du fourneau possède en général une hauteur de 10 mètres; son revêtement intérieur est formé de briques réfractaires; l'air utile à la combustion pénètre par des ouvreaux, et le détournement de la c. s'opère facilement à l'aide d'ouvertures pratiquées à la base (Fig. 1). La c. ainsi préparée est plus pure que dans le premier système et dans celui des fours à cuisson intermittente : car elle est exempte des produits étrangers que le combustible pourrait y introduire. Il faut environ 12 heures pour que la cuisson soit complète.

Préparation du plâtre. — Elle ressemble beaucoup à celle de la c. Le *Four à plâtre* ou *Plâtrière* consiste en une espèce de hangar, à l'abri duquel on construit avec des pierres à plâtre une série de petites voûtes très rapprochées les unes des autres. Ainsi que le fait voir la Fig. 2, on se sert des plus grosses pierres pour former chaque voûte, puis on les recouvre de morceaux moins gros, en ayant soin de diminuer la grosseur des fragments au fur et à mesure qu'on s'élève. On allume sous les voûtes des broussailles et des fagots dont

la flamme traverse toute la masse. On ne doit pas chauffer au-dessus de 200°, température suffisante pour déshydrater le sulfate de c. Au sortir de la plâtrière, le plâtre est réduit en poussière au moyen de meules, et conservé à l'abri de l'air et de l'humidité. Sans cela, il s'hydraterait peu à peu, s'*éventerait*, comme disent les maçons, et perdrait en partie ses qualités. On nomme *Plâtrean* la pierre à plâtre avant qu'elle ait été cuite; *Plâtre au panier*, le plâtre grossier passé au *mannequin*, c.-à-d. dans une espèce de corbeille d'osier, et

Fig. 2.

Plâtre au sas, celui qui est passé au tamis. Lorsque le plâtre est bien préparé, il doit dégager de la chaleur au moment où on le mélange avec de l'eau. Quand on le *gâche*, c.-à-d. quand on le délaie avec de l'eau (opération qui a pour objet de lui rendre les deux molécules d'eau qu'il avait avant la cuisson), il se combine bientôt avec l'eau, en augmentant légèrement de volume, ses particules s'agrègent en petits cristaux qui se *feutrent* les uns avec les autres, et il se prend tout entier en une masse solide. C'est sur cette propriété qu'est fondé son emploi pour le moulage et dans les constructions, où l'on s'en sert pour revêtir les murs et les plafonds. — Lorsqu'on gâche du plâtre fin avec de l'eau, tenant en dissolution de la gélatine ou de la gomme, on obtient une composition appelée *Stuc*, qui est susceptible de prendre le poli du marbre, et acquiert, en séchant, une dureté égale à celle de la pierre. Le plus souvent, on emploie le stuc blanc; mais on peut, au moyen de pâtes colorées, lui donner la couleur et l'aspect des plus beaux marbres. Quelquefois même on y mêle des fragments de marbre qu'on polit ensuite avec le reste. Malheureusement le stuc est promptement altéré par l'humidité, ce qui ne permet de l'employer qu'à l'intérieur des habitations. On prépare sous le nom de *Stuc à la c.* un mélange de c. et de marbre pulvérisé qui diffère tout à fait par sa composition du stuc ordinaire. — On fait encore usage, pour la décoration de nos intérieurs, d'une préparation nommée *Plâtre alumé*, parce qu'elle consiste tout simplement en plâtre cuit avec de l'alun. Naguère on l'obtenait en plongeant le plâtre cuit dans une dissolution d'alun et en le soumettant ensuite à une nouvelle calcination. Le procédé usité aujourd'hui est bien préférable. On mélange intimement le plâtre avec de l'alun en poudre, puis on chauffe une seule fois : il y a ainsi économie de combustible et de main-d'œuvre. Ce plâtre est plus dur et moins mat que le plâtre ordinaire, il est même légèrement translucide, et remplace le stuc avec avantage. Mêlé avec une égale quantité de sable, il donne une matière très dure, avec laquelle on fabrique des dalles. — Dans le plâtrage des vins, l'addition de plâtre sert à diminuer la proportion de tartre dans le vin, en précipitant une partie de ce sel à l'état de tartrate de c. insoluble. — Enfin, le plâtre est très utilement employé pour l'agriculture, comme nous l'avons dit au mot AMENDEMENT. On pourrait aussi l'utiliser, à défaut des pyrites et du soufre des solfatares, pour fabriquer l'acide sulfurique.

CHAUX-DE-FONDS (LA), ville du canton de Neufchâtel (Suisse); 26,600 hab. Horlogerie.

CHAVANT. s. m. (R. *chaw* ou *chan*, radical qui se retrouve dans *chouette* et *chat-huant*). T. Ornith. Un des noms vulgaires de la hulotte.

CHAVARIA. s. m. T. Ornith. Espèce d'oiseau du genre *Kamichi*. Voy. ce mot.

CHAVÉE, savant philologue belge, né à Namur (1815-1877).

CHAVES, v. du Portugal, à 60 kilomètres de Bragance, 6,000 hab.

CHAVICA. s. m. T. Bot. Genre d'arbustes grimpants de la famille des *Pipéracées*. Voy. ce mot.

CHAVILLE, commune du c. de Sèvres, arr. de Versailles (Seine-et-Oise), 2,800 hab.

CHAVIRAGE. s. m. Action de faire chavirer.

CHAVIREMENT. s. m. T. Mar. État d'un vaisseau qui chavire.

CHAVIRER. v. n. (lat. *caput*, tête; *vertere*, tourner). T. Mar. Tourner sens dessus dessous. Se dit d'un bâtiment qui tourne sur lui-même, de manière à montrer sa quille au-dessus de l'eau. *Notre canot chavira. Nous chavirâmes à l'entrée du port.* || Par ext. Se dit de tout objet qui se retourne, d'un véhicule principalement. || Au fig., Trébucher, faillir. = Se conjugue avec l'auxiliaire *avoir* quand on veut exprimer l'action : Le navire a chaviré par un coup de lame ; avec l'auxiliaire *être* quand on veut exprimer l'état : Le navire est chaviré.

CHAVONIR. s. m. T. Comm. Toile de coton des Indes.

CHAVREAU. s. m. Sorte de bêche triangulaire et un peu courbée.

CHAYA-VAIR ou **CHAYA-VER.** s. m. T. Chim. et Bot. Nom indien de la racine tinctoriale de l'*Oldenlandia umbellata*, plante de l'Inde, appartenant à la famille des *Rubiacées*. On en tire des rouges, des noirs et des violets. C'est la matière colorante par excellence des Indiens. Elle est l'objet d'un grand commerce sur la côte de Coromandel.

CHAYOTTE. s. f. (Pr. *cha-io-te*). Nom donné au *Sechium edule*, à fruit comestible, de la famille des *Cucurbitacées*. Voy. ce mot.

CHAZELLES-SUR-LYON, comm. de l'arr. de Montbrison, c. de Saint-Galmier (Loire); 5,500 hab. Chapellerie.

CHAZET, écrivain médiocre et fécond, auteur de 150 pièces de théâtre (1775-1844).

CHEAUX. s. m. pl. (lat. *catulles*, dimin. de *canis*, chien). T. Ch. Les petits du loup, du chien, du renard.

CHEBEC ou **CHEBEK.** s. m. T. Mar. Petit navire usité dans la Méditerranée. Il est gréé à trois mâts, pointu des deux bouts, porte des voiles latines et des voiles carrées, et quelquefois navigue à l'aviron. *On peut armer le c. avec des pièces de petit calibre.*

CHÉBLI. s. m. Sorte de tabac.

CHÉBULE. s. m. T. Pharm. Fruit desséché qui ressemble à une prune.

CHEF. s. m. (Pr. *f*) (gr. κεφαλή, tête). Tête. Ne se dit guère aujourd'hui, au propre, qu'en parlant de reliques : *Le c. de saint Jean, de saint Denis;* et dans la poésie badine : *Le c. couronné de lauriers.* — On dit encore quelquefois, *Tant de chefs de bétail,* Tant de pièces de bétail. Vx. *Têtes de bétail* est plus usité. || Fig., Celui qui est à la tête d'un corps, d'une assemblée, etc., qui a le premier rang et la première autorité. *Le pape est le c. visible de l'Église. Le roi est le c. de l'État. Les chefs de l'armée. Le c. d'une ambassade. Le c. d'une peuplade. Le c. du jury. C. de bandits. Le c. de cabale, de faction, de secte. Ils l'ont choisi pour c. — C. d'école,* Celui dont les doctrines sont admises par des élèves qui les propagent. *Il est le c. de cette école*

célèbre. || Dans les armées de terre et de mer, c. désigne, d'une façon générale, les officiers et sous-officiers de tous grades. *Obéir à ses chefs. Ce militaire est estimé de ses chefs. L'exemple des chefs encourage le soldat. Il osa porter la main sur son c.* — Se dit quelquefois pour général d'armée. *Il est du devoir d'un bon c. de...* — *C. de bataillon,* Officier d'infanterie qui commande un bataillon. *C. d'escadron,* Officier de cavalerie qui commande un escadron. *C. de peloton, de division, de section,* Celui qui, dans les exercices militaires, dirige les mouvements d'un peloton, etc. — *C. de pièce.* Voy. PIÈCE. — *C. d'escadre.* Voy. ESCADRE. — *C. de timonerie,* Maître chargé du soin des boussoles, des cartes, etc. *C. de gamelle,* Homme chargé de l'achat des provisions. — *C. de hune,* Maître des gabiers. *C. de pont,* Pilote employé au passage des ponts et autres endroits difficiles. || *C. éclusier,* Celui qui surveille la manœuvre des portes. || *C. de file,* Se dit de certains employés qui ont la direction de diverses sections administratives, voy. FILE. — || Dans les chemins de fer il y a les *c. de dépôt, c. de gare, c. de section, c. de traction, c. de train.* Au télégraphe, *c. de station.* || *C. d'orchestre,* Celui qui dirige un orchestre. *C. d'attaque,* Musicien qui, dans un chœur, conduit les chanteurs. *C. du chant,* qui conduit les chants. *C. de chœurs,* qui dirige les chœurs. — *C. d'atelier,* Celui qui dirige les travaux d'un atelier, dans une manufacture. || T. Théâtre. *C. d'emploi.* Voy. EMPLOI. — *C. de cuisine, d'office, de gobelet, de fruiterie, de paneterie,* etc., Le principal officier de cuisine, du gobelet, etc. || *En c.,* En qualité de c. *Commander une armée en c,* En avoir le commandement supérieur. On dit dans le même sens, *Général en c, Commandant en c.* — *Être en c., Travailler en c. dans une affaire,* En avoir la principale direction. *Être en c. dans une négociation, une entreprise.* On dit dans un sens analogue, *Ordonnateur en c.; Ingénieur en c.* — *Greffier en c.* Voy. GREFFIER. || *C. du nom et des armes, C. de nom et d'armes,* Celui qui est le premier de la branche aînée d'une grande maison. — *Abbaye c. d'ordre,* ou simplement, *C. d'ordre,* La principale maison d'un ordre religieux, celle dont dépendent toutes les autres. || En parlant de biens, d'héritage, de succession, *De son c.,* De son côté, pour soi-même. *Il a tant de bien de son c. Succéder de son c.* ou par représentation. On dit aussi, *Du c. de quelqu'un,* Comme exerçant les droits de quelqu'un. *Il a eu cette terre du c. de sa femme.* || *De son c.,* De sa tête, de son propre mouvement, de son autorité privée. *Il a fait cela de son c.,* sans en avoir reçu l'ordre. *Je n'avance pas cela de mon c.* || Article, point principal. *C. d'accusation. Les divers chefs d'une loi. Sa doctrine se réduisait à trois chefs.* || T. Jurisp. criminelle. *Crime de lèse-majesté au premier, au second c.* Voy. LÈSE. — *Mettre une entreprise à c., venir à c.,* Achever une entreprise, la mener à fin. Vx. || *Le c. d'une étoffe,* Le bout par lequel on commence à la fabriquer. *Le c. d'une bande, d'un bandage,* L'une de ses extrémités. T. Blas. Voy. HÉRALDIQUE. || T. Techn. Morceau de pâte que le boulanger réserve pour la fournée suivante pour levain. || Côté d'une carrière taillée à pic. || *C. de roue,* Ficelle double à l'usage des cordiers.

On emploie quelquefois c. au féminin, *Chéfesse.* Voy. ce mot.

CHEF-BOUTONNE, ch.-l. de c. (Deux-Sèvres), arr. de Melle, 2,200 hab.

CHEF-D'ŒUVRE. s. m. (Pr. *chè-d'œuvre*). Ouvrage difficile que faisaient autrefois les ouvriers pour prouver leur capacité dans le métier où ils voulaient se faire recevoir maîtres. || Fig., Ouvrage parfait ou très beau en quelque genre que ce puisse être. *Ce palais est un c.-d'œuvre d'architecture, de l'art. Cette beauté est un c.-d'œuvre de la nature. Les chefs-d'œuvre de nos grands poètes.* — Par ext., *Un c.-d'œuvre d'habileté, de malice, d'impertinence,* etc., se dit d'une œuvre, d'un acte, d'une parole, etc., qui annonce beaucoup d'habileté, etc. — Prov. et ironiq., on dit d'un homme qui a causé quelque désordre, qui a fait quelque chose de mal par stupidité, par inadvertance, par emportement, *Il a fait là un beau c.-d'œuvre; Voilà de ses chefs-d'œuvre.*

CHEFECIER. s. m. Voy. CHEVECIER.

CHÉFESSE. s. f. (R. chef). Femme chef, femme d'un chef.

CHEFFERIE. s. f. (Pr. *chè-ferie*) (R. chef). Circonscription militaire placée sous les ordres d'un officier du génie.

CHÉ

CHEF-LIEU. s. m. [Pr. l'f]. Lieu principal. Se disait autrefois du principal manoir d'un seigneur, d'une abbaye chef d'ordre. || Se dit aujourd'hui de la ville principale de certaines divisions administratives du territoire français. *C.-lieu de département* ou *de sous-préfecture, d'arrondissement* ou *de canton. Cette ville est le c.-lieu de l'arrondissement. J'ai visité tous les chefs-lieux du département.*

CHÉGROS. s. m. [Pr. ché-gro] (R. chef et gros). T. Cord. Fil enduit de poix.

CHEIK, CHEICK ou **SCHEIK**. s. m. (mot arabe qui signifie *ancien, vieillard*). Titre donné aux chefs de tribu chez les Arabes. == CHEIK-EL-ISLAM. s. m. Le chef de la religion chez les mahométans.

CHÉILALGIE. s. f. [Pr. ké-i-lal-ji] (gr. χεῖλος, lèvre; ἄλγος, douleur). T. Pathol. Douleur aux lèvres. Peu us.

CHÉILALGIQUE. adj. [Pr. ké-i-lal-jique]. T. Pathol. Qui dépend de la *Chéilalgie*. Peu us.

CHEILANTHE. s. m. [Pr. ké-i-lante] (gr. χεῖλος, lèvre; ἄνθος, fleur). T. Bot. Genre de *Fougères* (*Cheilanthes*), de la famille des *Polypodiacées*. == Adj. Qui a les fleurs labiées.

CHÉILOPHYME. s. m. [Pr. ké-i-lofime] (gr. χεῖλος, lèvre; φῦμα, tumeur). T. Pathol. Tumeur aux lèvres. Peu us.

CHÉILOPLASTIE. s. f. [Pr. ké-i-loplasti] (gr. χεῖλος, lèvre; πλάσσω, je forme). T. Chir. Restitution anaplastique de la lèvre.

CHÉILORRHAGIE. [ké-i-lo-raji] (gr. χεῖλος, lèvre; ῥαγή, rupture). T. Pathol. Écoulement de sang par les lèvres. On écrit *Chéilorrajie*.

CHÉILORRHAGIQUE. adj. T. Pathol. Qui a rapport à la chéilorrhagie. On écrit aussi *chéilorragique*.

CHÉIRANTHUS. s. f. pl. [Pr. ké-i-rantus] (gr. χεῖρ, main; ἄνθος, fleur). T. Bot. Genre de plantes (*Giroflée*) de la famille des *Crucifères*. Voy. ce mot.

CHÉIRAPSIE. s. f. [Pr. ké-irapsie] (gr. χεῖρ, main; ἅψις, action de toucher). T. Méd. Action de se gratter. Peu us.

CHÉIROGALE. s. m. [Pr. ké-i-rogale] (gr. χεῖρ, main; γαλῆ, chat). T. Mam. Genre de singes de la famille des *Lémuriens*. Voy. ce mot.

CHÉIROLEPIS. s. m. [Pr. ké-i-ro-lé-pis] (gr. χεῖρον, inférieur; λεπίς, écorce). Genre de Conifères fossiles du terrain liasique. On en connaît deux espèces : *C. Munsteri* et *C. Escheri*.

CHÉIROMYS. s. m. [Pr. ké-i-romiss] (gr. χεῖρ, et μῦς, rat). T. Mam. Cet animal appartient à l'ordre des *Chéiromysides*, proche parent des *Lémuriens*, c'est-à-dire des makis. Le *Chéiromys* ou *Aye-Aye* a une tête grosse, arrondie surtout dans sa partie cranienne, ses oreilles sont droites, nues et transparentes. Il présente un cercle orbitaire complet; il n'a que deux mamelles, placées à la région inguinale. Ses membres antérieurs et postérieurs ont cinq doigts; le radius et le cubitus sont distincts dans toute leur longueur; les doigts sont allongés, principalement l'annulaire, et le pouce, quoique écarté, n'est opposable qu'aux doigts du membre postérieur. Il est dépourvu de canines; il présente en avant une paire d'incisives qui sont séparées des molaires, en haut comme en bas, par un espace vide, et les molaires elles-mêmes, dont on compte quatre paires en haut et trois en bas, sont toutes à couronne mousse. Son pelage est composé de deux sortes de poils : les uns longs et lisses, les autres laineux et formant une sorte de bourre à la base des

premiers; sa queue est longue et touffue. — Ce curieux animal n'a été trouvé jusqu'ici que dans l'île de Madagascar; aussi a-t-il reçu le nom de *C. madagascariensis* (Fig. c

dessus). Il vit de larves d'insectes, et l'on pense que ses longs doigts lui servent, soit à fouiller sous les écorces des arbres, soit à pousser dans son gosier sa proie que vraisemblablement il mange vivante.

CHÉIROPTÈRES. s. m. pl. [Pr. ké-i-roptère] (gr. χεῖρ, et πτέρον, aile).

Zool. — Cette dénomination sert à désigner un groupe assez nombreux d'animaux qui appartiennent à la classe des *Mammifères*, mais qui sont pourvus d'un appareil spécial au moyen duquel ils peuvent s'élever dans les airs et voler à la manière des oiseaux. Les particularités que présente leur structure, ont longtemps égaré les naturalistes et leur ont fait méconnaître la place que ces êtres si curieux doivent occuper dans la série animale. Aristote les définit des *Oiseaux à ailes de peau*; Pline adopte la même manière de voir. Les naturalistes contemporains en forment un ordre à part, distinct à la fois des quadrumanes et des carnassiers, et le placent entre ces deux derniers ordres, à la suite du premier. Ce qui a déterminé les zoologistes à assigner ce rang aux c., c'est la considération simultanée de leur système nerveux qui ressemble beaucoup à celui des insectivores; de la conformation des organes de la génération qui est semblable à celle des singes, et enfin de leur appareil dentaire. Chez les *Chauves-Souris* proprement dites, le système dentaire est insectivore; chez les roussettes, au contraire, qui sont frugivores, on rencontre des molaires à couronne plate. En outre, le nombre des incisives est très variable : on les voit tantôt rester rudimentaires, et tantôt disparaître entièrement, soit à la mâchoire supérieure, soit à la mâchoire inférieure. Le

Fig. 1.

squelette de ces animaux présente des particularités en rapport avec leurs fonctions. Les os du bras et de l'avant-bras sont fort allongés, et sur le carpe s'implantent quatre métacarpions longs et grêles, divergeant en tout sens, auxquels font suite des phalanges de même nature (Fig. 1. Squelette). Ces os ainsi modifiés soutiennent et tendent la membrane cutanée. Le pouce seul conserve ses formes et sa mobilité normales. La solidité de l'aile est maintenue par le raccourcissement du cubitus soudé comme un arc-boutant contre le radius, par la longueur et la largeur de l'omoplate dont l'apophyse coracoïde recourbée joue le rôle d'une seconde clavicule, et par le développement du sternum, qui est muni d'une crête saillante qui rappelle celle des Oiseaux.

Ces animaux attendent l'heure du crépuscule dans un état d'immobilité presque constante, suspendus par leurs pattes de derrière. Souvent ils s'accrochent les uns aux autres, et forment ainsi des grappes parfois énormes. Leur membre antérieur, passé à l'état d'aile, est très peu propre à la marche, et lorsqu'ils se traînent à la surface du sol en se cramponnant aux aspérités du terrain, leur marche s'exécute par une suite de zigzags dont l'axe seul détermine la direction. — Cet ordre se divise en familles, que nous allons passer succinctement en revue. Les cinq premières présentent des expansions membraneuses qui constituent de véritables ailes, c.-à-d. des appareils propres au vol, tandis que la sixième possède simplement une sorte de parachute.

I. — Les *Vespertilionidés* se distinguent de tous les autres c. par l'absence de phalange unguéale à tous les doigts de l'aile. Les lèvres offrent la disposition ordinaire. Cette famille se divise en cinq tribus : les *Vespertilions*, les *Molossiens*, les *Taphozoïens*, les *Nyctériens* et les *Rhinolophiens*. — 1° Les *Vespertilions* ont le nez simple, la membrane interfémorale peu développée et la queue longue : ils se divisent eux-mêmes en quatre genres dont le plus remarquable est le g. *Vespertilion* ou *Chauve-Souris*. Les chauves-souris sont des animaux à habitudes crépusculaires et exclusivement insectivores. La femelle ne porte qu'un seul petit à la fois. Aussitôt après la naissance, elle l'enveloppe dans sa membrane et l'allaite à l'abri de cette couverture naturelle. La *Chauve-Souris murine* (Vesp. murinus) est la plus commune en France. Elle a 24 molaires et atteint jusqu'à 42 centim. d'envergure : c'est la plus grosse espèce de nos contrées. Son pelage est cendré, moelleux, avec la base des poils noirâtre. Les autres espèces principales du genre sont les suivantes : la *Pipistrelle* (V. pipistrellus), répandue dans toute l'Europe et même en Égypte et dans l'Inde. Elle est de couleur fauve et a 18 molaires : c'est la plus petite espèce que nous ayons chez nous. La *Sérotine* (V. serotinus) est de couleur foncée, à ailes et oreilles noirâtres ; son envergure est de 35 centim. ; elle habite sous les toits des églises et des édifices isolés. La *Noctule* (V. Noctula) est fauve, un peu plus grande que la *Sérotine*, et vit dans le creux des vieux arbres. La *Chauve-Souris moustache* (V. mystacinus) est noirâtre et de la taille de la pipistrelle. On l'a trouvée plusieurs fois à Paris. On a signalé encore en France quelques autres espèces de vespertilions ; mais elles sont fort rares et en général mal connues. Le second genre de la tribu des vespertilions est

Fig. 2.

l'*Oreillard* (Plecotus). Il se distingue du genre précédent par ses oreilles qui sont très grandes et unies l'une à l'autre par un prolongement de leur bord interne qui traverse le front vers son milieu. On en connaît une quinzaine d'espèces répandues dans toutes les parties du monde, excepté en Asie où l'on n'a pas encore rencontré. L'espèce type est l'*Oreillard d'Europe* (Plec. vulgaris) (Fig. 2). Il n'est pas rare aux environs de Paris, où il habite les vieux édifices, et même les maisons et les cuisines. Sa longueur totale est de 5 centim. et son envergure de 25 à 28 centim. Sa tête est aplatie, son museau conique, la couleur de son pelage est le

noir mêlé de gris. Une autre espèce assez rare se voit aussi aux environs de Paris, c'est la *Barbastelle* (Plec. barbastellus). Son oreille, plus petite que dans la précédente, est triangulaire ; son pelage est noir. Elle vit en société et hiverne avec la *Pipistrelle*. Son odeur est très désagréable. Les deux autres genres de la tribu sont les *Nyticées* et les *Lasyures ;* mais les espèces qui les composent sont toutes exotiques. — 2° Les *Molossiens* ont le nez simple, la membrane interfémorale peu développée, la queue longue et à demi enveloppée. Ils se divisent en cinq genres, dont le plus remarquable est le genre *Molosse*. Ce genre n'a que 2 incisives et 2 canines à chaque mâchoire ; la tête est grosse : le museau est large et renflé ; les oreilles sont grandes, les oreillons (le tragus) petits et ronds ; les yeux sont petits et les narines saillantes. Le *Mol. à ventre brun*, appelé vulgairement *Mulot volant*, est le type du genre (Fig. 3). Son corps et sa tête ont 54 millimètres de longueur ; sa queue dépasse la membrane interfémorale. Son pelage est cendré. Il habite la Martinique. Les autres genres sont peu connus, et d'ailleurs sont propres à l'Amérique du Sud, excepté le *Dinops*, qui existe en Italie, et le *Nyctinome*,

Fig. 3.

qui a été découvert en Égypte. — 3° Les *Taphozoïens* ont le nez simple, la membrane interfémorale peu développée, la queue courte. Ils ont été trouvés dans les tombeaux égyptiens d'Ombos et de Thèbes. — 4° Les *Nyctériens* ont le nez creusé d'une cavité. Ils habitent l'Égypte et le Sénégal. — 5° Les *Rhinolophiens* sont caractérisés par la feuille qui surmonte leur nez. Le genre *Rhinolophe*, le plus remarquable de cette tribu, se répand dans toutes les contrées du monde. Le *Rhin. Grand-Fer-à-cheval* (Fig. 4), habite l'Europe occidentale : il est commun aux environs de Paris, a environ 35 centim. d'envergure ; son pelage est doux, roux cendré en dessus et jau-

Fig. 4.

nâtre en dessous. Il passe l'hiver endormi dans les vieux édifices et les carrières abandonnées. — Les genres *Rhinopome* et *Mégaderme* ne renferment que des espèces exotiques dont les mœurs sont peu connues.

II. — Les *Noctilionidés*, comme les espèces de la famille précédente, sont dépourvus de phalange unguéale à tous les doigts de l'aile, mais ils s'en distinguent par une double fissure labiale garnie de verrues et de sillons bizarres. Ils habitent les contrées chaudes et boisées de l'Amérique méridionale.

III. — Les *Ptéropodes* ont une phalange unguéale au doigt indicateur de l'aile. Les *Roussettes* (Pteropus) constituent le genre le plus remarquable de cette famille. Leurs dents molaires ne sont point hérissées de tubercules et de pointes aiguës comme le sont celles des c. insectivores ; elles ont une couronne plate, allongée, lisse avec une simple crête plus ou moins saillante sur les deux bords. Cette dentition est en rapport parfait avec la nourriture de ces animaux, qui sont exclusivement frugivores. On peut nourrir des roussettes en cage : elles y vivent très bien, contrairement aux espèces insectivores. Elles se tiennent suspendues par les pieds de derrière, la tête en bas, et ne quittent pas même cette position quand on leur présente à manger ; elles décrochent seulement une patte en restant suspendues par l'autre, prennent ce qu'on leur offre, mangent la tête en bas et reprennent leur immobilité quand leur repas est terminé. Ce sont les espèces les plus volumineuses de l'ordre. Inoffensifs pour l'homme et les autres animaux, ces c. causent quelquefois de grands ravages dans les vergers d'arbres fruitiers. Leur chair est mangeable. On connaît plusieurs espèces de roussettes dont une seule habite l'Égypte ; les autres se rencontrent à Madagascar et dans le grand archipel Indien. La *Rouss. commune* (Pter. vulgaris) se trouve à l'île de France et à l'île Bourbon. La *Rouss. édule* (Pter. edulis), qui habite les îles de la Sonde et les Moluques, a une envergure d'environ 1m50. Son cri ressemble à celui de l'oie. Elle se prend au moyen d'un sac qu'on lui tend avec une perche. Les indigènes trouvent sa chair délicate. La plus petite espèce du genre est la *Rouss. amplexicaude* (*Pier. amplexicaudatus*) dont le pelage varie du blanc au roux, et qui habite le sud de l'Hindoustan et l'archipel Indien. Sa longueur totale est 10 centim. et son envergure de 40 centim. environ. — Les *Céphalotes*, les *Macroglosses* et les *Pachysomes* sont également propres à ce dernier archipel.

IV. — Les *Vampiridés* n'ont, comme les ptéropodés, qu'une seule phalange unguéale; mais elle existe au doigt médius de l'aile. Cette famille comprend quatre genres. Les seuls qui soient remarquables sont : les *Vampires*, les *Glossophages* et les *Phyllostomes*, qui, tous, ont le nez surmonté d'une feuille. Les *Vampires* (*Vampira*) ont le museau allongé et sont dépourvus de queue. On les accuse de faire périr les hommes et les animaux en suçant leur sang pendant leur

Fig. 5.

sommeil; mais le fait est peu probable. Les plaies qu'ils leur font sont très petites et ne doivent pas être bien dangereuses, à moins qu'elles ne s'enveniment sous l'influence du climat. Le *Vampire spectre* (*Vampira spectrum*) (Fig. 5) est l'espèce la plus fameuse de ce genre. Elle est de la taille d'une pie et a le pelage brun roux. La feuille qui surmonte son nez est ovale et creusée en entonnoir. — Les *Phyllostomes* (*Phyllostoma*) ont une queue et deux crêtes membraneuses nasales superposées sur le haut de la lèvre supérieure, l'une ressemblant à un fer à cheval, l'autre à un fer de lance. Leurs mœurs sont peu connues : toutefois, on sait qu'elles sont très sanguinaires et qu'elles attaquent les gros animaux endormis pour en sucer le sang. Pour cela, elles incisent la peau avec les papilles cornées dont leur langue est munie. — Les *Glossophages* (*Glossophaga*) sont caractérisés par

Fig. 6.

leur langue qui est très longue, extensible et propre à sucer le sang. Leurs mâchoires sont longues et garnies de dents fort petites (Fig. 6. *Gloss. caudalaire*). — Les espèces qui composent les trois genres ci-dessus sont toutes propres aux contrées les plus chaudes de l'Amérique méridionale.

V. — Les *Desmodidés* ont aussi une phalange unguéale au doigt médius de l'aile; mais, chez eux, les dents de la mâchoire supérieure sont très grandes et fortement comprimées. On pense que ces dents puissantes permettent aux deux espèces qui constituent cette famille, *Desmodus rufus* et *D. Orbignyi*, de percer profondément les chairs des animaux pour sucer leur sang. Les *Desmodes* habitent l'Amérique du Sud.

CHÉIROSTÉMON. s. m. [Pr. *ké-irostémone*] (gr. χείρ, main; στέμον, filament). T. Bot. Genre d'arbres de la famille des *Malvacées*. Voy. ce mot.

CHÉLARD, compositeur de musique français (1789-1861).

CHÉLASON. s. m. [Pr. *kélazon*]. T. Mam. Quadrupède du genre *Lynx*. Voy. ce mot.

CHÉLÉRYTHRINE. s. f. [Pr. *kélé...*] (R. *Chélidoine*; gr. ἐρυθρός, rouge). T. Chim. Alcaloïde contenu en petite quantité dans la grande Chélidoine; serait analogue à la *Sanguinarine.* Voy. ce mot.

CHÉLICÈRE. s. f. [Pr. *kélicère*] (gr. χηλὴ, pince; κέρας, corne). T. Zool. Système de deux pièces figurant des antennes chez les *Arachnides*. Voy. ARACHNIDES.

CHÉLIDAMMIQUE. adj. [Pr. *kéli-dam-mique*]. T. Chim. *Acide c.* Voy. CHÉLIDONIQUE.

CHÉLIDOINE. s. f. [Pr. *kélidoine*] (gr. χελιδών, hirondelle, parce qu'on croyait que cet oiseau se servait de cette plante pour rendre la vue à ses petits). T. Bot. Genre de plantes (*Chelidonium*) de la famille des *Papavéracées*. Voy. ce mot. — Cette plante, très commune, croît sur les vieux murs. On la nomme vulgairement *Grande éclaire*. Lorsqu'on la casse, elle laisse échapper un suc laiteux, jaune orangé, âcre et caustique. || T. Min. Sorte d'agate que l'on trouve sous forme de caillou roulé, et que l'on croyait autrefois provenir des nids d'hirondelle.

CHÉLIDONINE. s. f. [Pr. *kéli...*] (R. *chélidoine*). T. Chim. Alcaloïde contenu dans la grande chélidoine, et surtout abondant dans sa racine. On l'extrait des racines de cette plante en les épuisant par l'acide sulfurique étendu et en traitant la solution par l'ammoniaque. On obtient en même temps un autre alcaloïde, la sanguinarine, que l'on sépare au moyen de l'éther. La c. fond à 130°; c'est une base faible qui donne avec les acides des sels bien définis, la plupart cristallisables, amers, à réaction acide.

CHÉLIDONIQUE. adj. [Pr. *kéli...*] (R. *chélidoine*). T. Chim. L'acide c. $C^7H^4O^6$ existe dans le suc de la grande chélidoine, et se précipite à l'état de sel double de plomb et de calcium lorsqu'on traite ce suc par l'acétate de plomb. Il se dissout à froid dans les alcalis et s'unit aux bases en formant des sels jaunes. Chauffé, il se décompose vers 240° en acide carbonique et en pyrone. On doit le considérer comme un acide pyrove-

dicarbonique, ayant pour formule

$$CO^2H.C \begin{matrix} \\ \end{matrix} C.CO^2H$$
$$HC \begin{matrix} \\ O \end{matrix} CH.$$

Traité par l'ammoniaque, il se transforme en *acide chélidammique* $C^7H^5AzO^5$ fusible à 135°, que la distillation sèche dédouble en acide carbonique et pyridone. — Traité par le zinc et l'acide acétique, il donne un acide cétonique bibasique à chaîne ouverte, l'*acide hydrochélidonique*
$$CO^2H.(CH^2)^2.CO.(CH^2)^2.CO^2H$$
fusible vers 140°. — Un composé du même genre, mais contenant trois groupes cétoniques, se produit quand l'acide c. fixe une molécule d'eau en présence des alcalis : c'est l'*acide xanthochélidonique* $C^7H^6O^7$, masse jaunâtre, très soluble dans l'eau. Claisen a réalisé la synthèse de ce dernier composé et celle de l'acide c. en traitant l'acétone par l'éthylate de sodium et l'éther oxalique.

CHÉLIDOXANTHINE. s. f. [Pr. *kéli...*] (R. *chélidoine*; gr. ξανθός, jaune). Matière colorante jaune, amère, qui se trouve dans les feuilles et les fleurs de la grande chélidoine.

CHELIF (LE), fleuve d'Algérie qui arrose Boghar, Orléansville, et se jette dans la Méditerranée, 680 kil.

CHELIFER. s. m. [Pr. *kélifère*] (gr. χηλὴ, pince; lat. *fero*, je porte). T. Entom. Petites arachnides appartenant à l'ordre des faux scorpions ou *Pseudoscorpionides*. Voy. ce mot.

CHÉLINGUE. s. f. [Pr. *ché-lin-gue*]. T. Mar. Sorte de navire à fond plat usité sur la côte de Coromandel.

CHELLES, v. de Seine-et-Marne, arr. de Meaux, 2,900 hab. Résidence royale et abbaye du temps des Mérovingiens. Importantes carrières de silex qui constituent un gisement très riche de pierres taillées de l'époque préhistorique, période paléolithique. V. PIERRE (*Age de pierre*).

CHELMON. s. m. [Pr. *kelmon*] (gr. χελμων, nom d'un poisson inconnu). T. Icht. Genre de poissons. Voy. SQUAMMI-PENNES.

CHÉLOÏDE. s. f. [Pr. *kéloïde*] (gr. χηλὴ, pince; εἶδος, aspect). T. Méd. Tumeur irrégulière qui se produit ordinairement sur le tissu des cicatrices. Voy. CICATRICE. — On écrit aussi KÉLOÏDE.

CHÉLONÉES. s. f. pl. [Pr. *ké-lo-né*] (gr. χελώνη, tortue). T. Erpét. Genre de tortues marines. Voy. CHÉLONIENS.

CHÉLONIENS. s. m. pl. [Pr. *kéloniens*] (gr. χελώνη, tortue). T. Erpét. Les *Chéloniens* sont des animaux quadrupèdes qui appartiennent à la classe des *Reptiles*, dans laquelle ils constituent un ordre distinct que les zoologistes placent à la tête de la série erpétologique. Ces animaux, plus connus sous le nom vulgaire de *Tortues*, se distinguent de tous les autres reptiles par des caractères très tranchés. On les reconnaît, au premier abord, au bouclier qui protège leur corps. Ce bouclier se compose de deux pièces qui sont réunies par leurs bords, et qui présentent des ouvertures pour le passage de la tête, du cou, des quatre pattes et de la queue. La pièce supérieure, ou *Carapace*, résulte de la réunion des côtes et des vertèbres dorsales; la pièce inférieure, ou *Plastron*, représente le sternum. Les vertèbres dorsales, devenues immobiles, portent chacune une paire de côtes; mais ces côtes s'élargissent au point de se toucher et de s'articuler entre

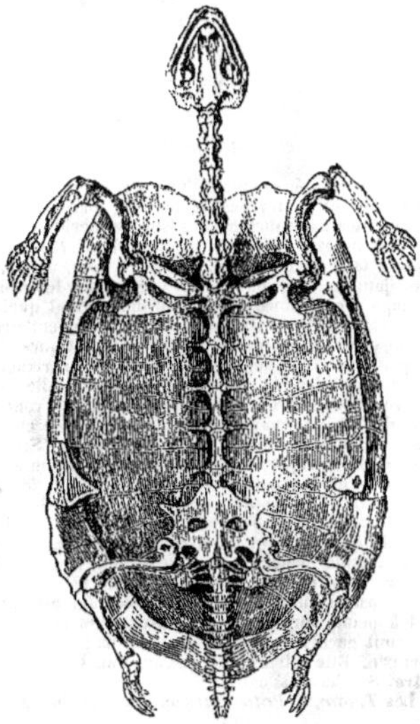

Fig. 1.

elles par des sutures. Elles forment ainsi huit paires soudées entre elles qui constituent la carapace. Les pièces marginales qui s'articulent avec l'extrémité des côtes et qui bordent en quelque sorte la carapace, représentent évidemment la portion sternale de ces os, portion qui reste cartilagineuse chez les mammifères, et qui est complètement ossifiée chez les oiseaux. Dans quelques espèces pourtant les pièces marginales restent cartilagineuses. Le sternum, qui recouvre toute la face inférieure du corps, est plat chez la femelle et concave chez le mâle. Il se compose de neuf pièces qui sont rangées par paires, et soudées ou articulées entre elles, à l'exception d'une seule. Tantôt ce bouclier est entier et solide dans toute son étendue; tantôt il est divisé en trois portions, dont l'antérieure et la postérieure sont un peu mobiles; tantôt il est évidé au centre. Il est fixé à la carapace par un prolongement osseux ou par des cartilages. Il résulte de cet arrangement que les seules vertèbres mobiles sont c. sont celles du cou et celles de la queue. Les vertèbres cervicales sont très mobiles; elles sont au nombre de huit; elles sont articulées entre elles de manière à permettre des mouvements étendus, leurs surfaces articulaires sont alternativement convexes et concaves au lieu d'être planes comme chez les mammifères. La tête est petite comparativement au corps, et le crâne petit comparativement à la tête. Celle-ci est aplatie et fort élargie postérieurement par de grandes fosses temporales cachées d'ordinaire sous une voûte osseuse (Fig. 1). La mâchoire supérieure est immobile; l'inférieure, composée de six pièces osseuses de chaque côté, est supportée par l'os tympanique. Ce dernier est fixe et forme la plus grande partie du pourtour du cadre du tympan. Les os de l'épaule forment une sorte d'anneau placé entre la carapace et le plastron; il en est de même des os du bassin. Les membres sont courts, tantôt tronqués au bout, tantôt aplatis et allongés en rame; les doigts sont peu mobiles et en général peu distincts à l'extérieur. La colonne vertébrale se prolonge au delà de la carapace en formant une queue plus ou moins longue.

La circulation, chez les c., offre cela de particulier que le ventricule du cœur est imparfaitement divisé en deux chambres qui communiquent ensemble, d'où il résulte un mélange plus ou moins grand du sang veineux et du sang artériel. Les poumons sont grands, également développés, et placés sous la carapace au-dessus du péritoine. La respiration s'opère par un mécanisme analogue à celui de la déglutition chez les animaux dont le thorax est dilatable. En effet, le thorax étant immobile dans la plupart des tortues, c'est par le jeu de la bouche qu'elles respirent, en tenant les mâchoires bien fermées, et en abaissant et élevant alternativement l'os hyoïde : le premier mouvement laisse entrer l'air par les narines, et la langue formant ensuite leur ouverture intérieure, le deuxième mouvement contraint cet air à pénétrer dans le poumon. Les mouvements des pattes et du cou concourent aussi à l'acte respiratoire. Ces reptiles sont dépourvus de dents ; mais leurs mâchoires sont en général revêtues d'une enveloppe cornée, à bords tranchants, comme chez les oiseaux. Les muscles élévateurs de la mâchoire inférieure sont tellement forts, que lorsqu'une Tortue saisit quelque chose avec sa bouche, il est très difficile de lui faire lâcher prise. La langue est courte et hérissée de filets charnus. L'estomac ne diffère en apparence de l'œsophage et du reste de l'intestin que parce qu'il est situé en travers et légèrement dilaté. L'intestin est privé de cœcum et sa longueur est médiocre. La vessie est fort grande. De même chez les oiseaux, les yeux sont protégés par trois paupières. Le tympan est grand et les narines sont percées à l'extrémité du museau. Chez le plus grand nombre de ces reptiles, la peau est recouverte d'écailles, et ces écailles forment de grandes lames dont la disposition et l'aspect varient suivant les espèces. — La femelle pond des œufs revêtus d'une coque blanche et dure, parfaitement sphériques, dont l'albumine ne se coagule pas par la chaleur. Elle les dépose dans le sable, et laisse à la chaleur du soleil le soin de les faire éclore. — La vie des tortues est longue et tenace. On en cite qui auraient vécu 120 ans, 200 ans et même au delà. Cuvier affirme qu'on en a vu se mouvoir sans tête pendant plusieurs semaines. Il leur faut très peu de nourriture ; elles peuvent passer des mois entiers sans manger. Elles se tiennent habituellement en troupes nombreuses et paraissent avoir l'instinct de la sociabilité.

Duméril et Bibron divisent les c. en quatre familles : *C. terrestres* ou *Chersites* ; *C. de marais, Élodites* ou *Émydes* ; *C. fluviatiles, Potamides* ou *Tryonix* ; *C. de mer, Chélonées* ou *Thalassites*.

1. — Les *Chersites*, ou *Tortues terrestres*, se reconnaissent à leurs pattes en forme de moignons arrondis, propres à la marche et non à la natation, à doigts courts et onguiculés. Le nombre des ongles est presque toujours de 5 en avant et 4 en arrière. La carapace est très bombée et complètement ossifiée, ainsi que le plastron. Elles vivent à terre, principalement dans les pays chauds, et se nourrissent spécialement de végétaux auxquels elles mêlent néanmoins des mollusques et des insectes. Elles se creusent des espèces de terriers, et, dans les climats tempérés, elles y passent l'hiver dans un état d'engourdissement. Leurs allures sont d'une lenteur proverbiale. Ces animaux sont peu d'intelligence ; cependant ils deviennent assez familiers. Ils croissent aussi avec une extrême lenteur. — Cette famille se divise en quatre genres dont le

plus important est le genre Tortue (*Testudo*). C'est à lui qu'appartiennent les trois espèces que nous possédons en Europe, savoir : la tortue mauresque, la tortue grecque et la tortue bordée. — La *Tortue mauresque* (*Test. maurita-*

Fig. 2.

nica) (Fig. 2) a le sternum mobile. On la trouve en grande abondance sur les bords de la mer Caspienne et en Algérie : c'est de ce dernier pays que viennent les nombreuses tortues de ce genre qu'on apporte en France. — La *Tortue grecque* (*Test. græca*) est jaune, tachetée de noir, et a environ 25 centim. de longueur. Elle habite la Grèce et l'Italie, ainsi que les îles avoisinantes. Aujourd'hui elle se trouve aussi dans le midi de la France, où elle a été introduite d'Italie. Cette espèce recherche les lieux sablonneux et boisés, pond au milieu de l'été, et se retire en hiver dans les trous qu'elle s'est creusés pour n'en sortir qu'au retour du printemps. On la mange en Italie et en Sicile. Les Grecs l'avaient consacrée à Mercure, parce que ce dieu avait construit sa première lyre avec la carapace d'une tortue de cette espèce. C'est aussi pour ce motif que, chez les Romains, la lyre portait le nom de *Tes-tudo*. — La *Tortue bordée* (*Test. marginata*) a le sternum mobile en arrière comme la tortue mauresque, dont elle a les dimensions ; mais sa carapace est moins bombée. Elle habite la Grèce.— On trouve dans les îles du canal de Mozambique, dans l'Amérique du Sud et dans l'Inde, des tortues qui sont beaucoup plus grosses que celles d'Europe. On leur a donné les noms de *Tortue éléphantine, Tortue géante*, etc. Il en est qui pèsent plus de 250 kilogr. — Les autres genres de la famille des chersites sont : les *Homopodes*, qui habitent le sud de l'Afrique, et se distinguent en ce que leurs pattes de derrière et de devant présentent absolument la même forme ; les *Pyxis* ou *Pyxides*, qui habitent l'Inde et l'archipel Indien, et qui sont aussi nommées *Tortues à boîte*, à cause de la partie antérieure de leur plastron ; les *Cinixys*, qu'on trouve à la Guyane, et qui ont la faculté de pouvoir relever ou abaisser à volonté la partie postérieure de leur carapace, partie non ossifiée et élastique.

II. — Les *Emydes*, *Elodites* ou *Tortues de marais* sont beaucoup plus nombreuses que les chersites. Ainsi que leur nom l'indique, elles vivent sur les bords des marais, des lacs et des rivières dont le cours n'est pas rapide. Leurs doigts, au nombre de 5, sont distincts, mobiles, garnis d'ongles crochus et réunis à leur base par une palmure plus ou moins étendue. Elles ont seulement 4 ongles aux pattes de derrière. Elles n'ont pas la lenteur des chersites, et nagent avec facilité. Elles se nourrissent principalement de mollusques fluviatiles, de batraciens et d'annélides. On partage cette famille en deux tribus d'après le mode de conformation du cou. Les *Crypto-dères* ont le cou cylindrique, entouré d'une peau lâche susceptible de rentrer sous la partie dorsale de la carapace. Chez les *Pleurodères*, au contraire, le cou est aplati, revêtu d'une gaine entumée étroite, et il ne peut se replier que laté-ralement sur le côté du corps. — Les trois espèces d'émydes que nous possédons en Europe appartiennent à la tribu des cryp-todères. — Parmi les espèces de cette tribu, nous ne citerons que les plus intéres-santes. L'*Emyde caspienne* (*Emis cas-pica*) a la carapace olivâtre, sillonnée par des lignes flexueuses et jaunâtres. On la trouve autour de la mer Caspienne et dans la Morée. L'*Emyde sigriz* (*E. sigriz*) a la ca-rapace également olivâtre, mais marquée de taches orangées, cerclées de noir. Elle ha-bite l'Espagne et le nord de l'Afrique. Une des plus jolies espèces est la *Tortue peinte* (*E. picta*) (Fig. 3) : elle est lisse et brune ; chacune de ses écailles est

entourée d'un ruban jaune fort large au bord antérieur. On la trouve dans l'Amérique septentrionale, le long des ruisseaux, sur les rochers ou les troncs d'arbres, d'où elle se laisse tomber dans l'eau aussitôt qu'on en approche. — Le genre *Cistude*

Fig. 3.

ne renferme que 5 espèces, mais l'une d'elles est plus connue que toutes les autres tortues de marais, parce qu'elle est commune dans les eaux douces de l'Europe méridionale : c'est la *Cistude d'Europe* (*Cistudo vulgaris*) ou *Tortue bour-beuse*. Elle a la carapace déprimée, assez lisse, noirâtre avec des points jaunes. Elle habite de préférence les eaux sta-gnantes, nage avec beaucoup de facilité, et vient quelquefois à terre où ses mouvements ne sont pas très embarrassés. Elle vit d'insectes, de mollusques, de vers aquatiques et même de petits poissons. Elle pond ses œufs près du rivage, dans les endroits humides. A l'approche de l'hiver, elle se retire dans des trous. On la trouve dans le midi de la France, dans les marais de l'Anjou ; mais c'est surtout en Grèce et en Italie qu'elle est commune — Le *Storotype odorant* (*Storotypus odoratus*), de l'Amérique du Nord, doit son surnom à la forte odeur de musc qu'il exhale. — Dans les *Pleurodères*, nous nous contenterons de mentionner l'espèce singulière appelée *Chélyde Matamata* et *Tortue à gueule*, qui habite les marécages de la Guyane et du Brésil. Son aspect est repous-sant. Son double bouclier est beaucoup trop petit pour recouvrir sa tête et ses pieds ; sa tête est aplatie ; ses narines se prolongent en trompe ; sa bouche est largement fendue et à peine cornée sur les bords ; son menton et son gros cou sont garnis de barbillons charnus ; sa carapace est très déprimée. Elle atteint quelquefois une longueur de près d'un mètre. Sa chair est estimée.

III. — Les *Trionyx*, *Potamides* ou *Tortues fluviatiles* sont

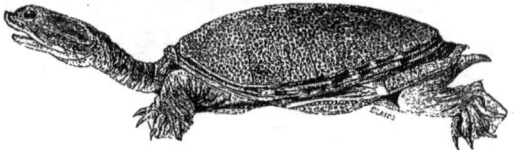

Fig. 4.

tout à fait impropres à la marche. Leurs pattes sont disposées pour servir de rames natatoires ; elles sont déprimées, et les doigts, quoique distincts, sont réunis jusqu'aux ongles par de larges membranes flexibles (Fig. 4. *Trionyx chagriné* ou *T. granosus*). Leur carapace est plate, couverte d'une peau molle et complètement cartilagineuse dans tout son pourtour, disposition qui leur a valu le nom de *Tortues molles*. Leurs lèvres sont charnues et leur nez prolongé en une petite trompe. Le plastron n'est pas ossifié au milieu. Ces animaux habitent les rivières et les lacs des pays chauds. Ils nagent avec une facilité extrême et ne vivent à terre que pendant la nuit. Ils sont très voraces et se nourrissent principalement de reptiles et de poissons. Il nous suffira de signaler deux espèces de cette famille. Le *Tyrsé*, ou *Tortue molle du Nil* (*Trionyx ægyptiacus*), est d'un vert moucheté de blanc, et atteint quelquefois la taille d'un mètre. Il dévore les petits crocodiles au moment où ceux-ci sortent de l'œuf, et rend ainsi de grands services à l'Égypte. La *Tortue féroce* ou *Tortue molle d'Amérique* (*Tr. ferox*) est à peu près de la même taille. Cette espèce est d'un brun foncé légèrement verdâtre en dessus, et d'un blanc uniforme et sans tache en dessous. Elle habite les rivières de la Caroline, de la Géorgie, de la Floride et de la Guyane, où elle se tient en embuscade sous les joncs pour saisir les oiseaux et les jeunes caïmans, dont à son tour elle devient la proie, lorsque ces derniers ont acquis tout leur développement. Farouche et robuste, elle se défend avec courage, se redresse sur ses pieds, s'élance sur son ennemi et le mord avec violence. — Sa chair est excellente à manger, quoique indigeste, à cause de la graisse dont elle est chargée.

IV. — Les *Chélonées* ou *Tortues marines* diffèrent de toutes les autres par leur conformation et leurs mœurs. Leurs pattes déprimées et changées en palettes ne sont propres qu'à la natation, et leurs doigts serrés et enveloppés dans la même membrane sont entièrement immobiles. La carapace est surbaissée et cordiforme; les côtes ne sont pas élargies et soudées entre elles; le plastron a la forme d'un cadre évidé au centre. Leur bec est tranchant sur les bords; leurs narines sont surmontées d'une masse charnue, sorte de soupape qui ferme ces ouvertures quand l'animal plonge sous l'eau. Leur crâne et leurs membres sont protégés par des écailles épidermiques qui les recouvrent. Les chélonées sont partagées en 4 genres : *Chélonées franches* ou *Mydases*; *Chélonées imbriquées* ou *Carets*; *Caouannes* ou *Thalassochélys*; *Sphargis* ou *Luths*.

Le genre *Mydase* (*Mydasea*) a les plaques du disque ou plaques centrales de la carapace au nombre de 13, le museau court et arrondi, et un ongle au premier doigt de chaque patte. La *Chélonée* ou *Tortue franche* proprement dite (*Chelonia Mydas*) fait partie de ce genre. Sa carapace à reflets verdâtres lui fait désigner quelquefois sous le nom de *Tortue verte*. Elle abonde dans l'océan Atlantique, présente souvent une longueur de 2 mètres sur 1 m. 50 de largeur, et pèse jusqu'à 400 kilog. Elle se tient dans la haute mer et fait en nageant de très longs trajets pour venir pondre à terre sur des plages désertes, basses et sablonneuses. L'île de l'Ascension est le lieu qu'elle semble affectionner par-dessus tous les autres. Elle pond deux fois dans l'année, vers les mois de mai et de juin, et le nombre total de ses œufs est d'environ 250. Le temps nécessaire pour l'éclosion des œufs varie suivant la température. À l'île Saint-Vincent, la moyenne est de 17 jours. La jeune tortue, au sortir de l'œuf, se dirige immédiatement vers la mer; mais si ce n'est que soit le trajet, elle n'atteint pas toujours celle-ci. De nombreux ennemis, principalement des oiseaux de proie, sont là pour l'attaquer, et des poissons non moins voraces attendent son immersion. La tortue franche se nourrit principalement de l'espèce de fucus appelée *Zostera marina*. Sa chair et ses œufs sont pour l'homme un aliment aussi sain qu'agréable. Quand elle est à terre, on la prend avec facilité en la retournant au moyen de barres de bois qu'on lui passe sous le ventre : cela s'appelle *varrer* les tortues. Une fois sur le dos, elles ne peuvent se remettre sur leurs pattes, et l'on a tout le temps de les embarquer. Dans la haute mer, elles s'endorment à la surface de l'eau, en temps calme, et comme elles ont le sommeil très lourd, on peut s'en emparer en leur passant un nœud coulant au cou. On dit même que, dans les mers du Sud, d'habiles plongeurs malais vont entre deux eaux attacher une corde à la patte des tortues endormies. Le bouillon de tortue (*Turtlesup*) est préparé avec la chair de la chélonée franche. Il est très recherché en Angleterre, où il est d'un prix fort élevé. Pour alimenter les marchés, on expédie des vaisseaux jusque dans la mer des Indes, et l'on a même établi sur certaines côtes des parcs destinés à la conservation de ces tortues. La graisse de ces animaux est d'une teinte verdâtre, mais est extrêmement délicate. On rapporte encore à ce genre la *Chelonia virgata*, de la

mer Rouge, la *C. maculosa*, de la côte du Malabar, et la *C. marmorata*, de l'île de l'Ascension. Leur écaille s'emploie utilement.

Le genre *Caret* (*Caretta*) ne comprend qu'une seule espèce, appelée *Chelonia imbricata*, *Testudo caretta*, ou vulgairement le *Caret* (Fig. 5). Cette tortue se reconnaît aisément à la disposition des plaques cornées de sa carapace qui se prolongent en arrière les unes au-dessus des autres et se recouvrent comme les tuiles d'un toit. Les plaques des disques sont au nombre de 13; le museau est long et comprimé; les mâchoires sont à bords droits sans denteleures, et chaque nageoire

Fig. 5.

est armée de deux ongles. Sa couleur est jaunâtre marbré ou jaspé de brun foncé. Sa taille ne dépasse guère le tiers de celle de la chélonée franche. Elle se nourrit principalement de plantes marines, mais elle mange aussi des crustacés, des mollusques et quelques petits poissons. Sa chair ne vaut rien, on la dit même malsaine; mais ses œufs sont très délicats. En outre, c'est la tortue qui fournit la plus belle sorte d'écaille employée dans l'industrie. Malheureusement, les plus gros carets, ceux qui pèsent 100 kilog. environ, donnent au plus 2 kilog. de substance propre à être travaillée. Cette écaille a la plus grande analogie avec la corne, mais elle n'est pas fibreuse et lamelleuse comme celle-ci : elle est plus transparente, plus dure et peut recevoir le plus beau poli. On trouve le caret dans l'océan Atlantique, la mer des Indes et la mer du Sud jusqu'auprès des côtes de la Nouvelle-Guinée.

Le g. *Thalassochélys* ne renferme que deux espèces, caractérisées par les plaques du disque non imbriquées et les mâchoires légèrement recourbées l'une vers l'autre à leur extrémité. La *Caouanne* (*C. caouanea*) a deux ongles à chaque patte; sa carapace est un peu allongée et subcordiforme; sa tête est grosse; sa couleur est brune ou marron foncé; sa longueur varie de 1 mètre à 1 m. 33, et son poids s'élève à 150 ou 200 kilog. Elle habite la Méditerranée et l'océan Atlantique. On la voit accidentellement sur les côtes de France et d'Angleterre. Elle est très vorace et sa nourriture consiste principalement en mollusques. Sa chair est mauvaise et son écaille peu estimée; mais la première fournit une huile bonne à brûler. La *Chélonée de Dussumier* (*C. Dussumieri*) a la carapace élargie et un seul doigt à chaque patte. On la rencontre dans les mers de la Chine, vers la côte du Malabar, et dans les parages de l'Abyssinie. — Le g. *Sphargis* a été créé pour une grande et remarquable espèce de tortue marine dont le test n'a point d'écailles et n'est revêtu que d'une sorte de cuir. Les côtes ne sont soudées ni entre elles, ni avec le sternum qui est presque entièrement membraneux. Cette espèce a été désignée sous les noms de *Sphargis*, de *Dermochélys* et de *Tortue Luth*. Elle vit dans la mer des Indes, dans l'océan Atlantique méridional, et se montre quelquefois dans les parages européens, soit sur les côtes de la Méditerranée, près de Cette, soit sur celles de l'Océan, à l'embouchure de la Loire. Le *Luth* atteint parfois une longueur d'environ 2 mètres. Sa chair est bonne à manger.

CHELOUP. s. m. T. Mar. Petit navire caboteur.

CHELSEA. v. d'Angleterre, sur la Tamise, aujourd'hui réunie à Londres. Invalides de la marine.

CHÉLYDE. s. f. T. Erpét. Genre de tortues de marais. Voy. CHÉLONIENS.

CHEMBALIS. s. m. T. Comm. Sorte de cuir du Levant.

CHEMER (SE). v. pron. Maigrir beaucoup. *Voilà un enfant qui se chème.* Vx et inus.

CHEMÉRAGE. s. m. (R. *chemier*). T. Droit féod. Droit d'ainesse en vertu duquel les puinés laissent de l'aîné leur portion de fief en hommage.

CHEMIER. s. m. (Contraction de *chef premier*). T. Droit féod. L'aîné d'une famille noble qui jouissait du chemérage.

CHEMILLÉ. c.-l. de c. (Maine-et-Loire). arr. de Cholet; 4,500 hab. Filatures, papeteries.

CHEMIN. s. m. (cell. *cam*, par; *camen*, chemin). Voie, route par laquelle on peut aller d'un lieu à un autre. *Beau, bon, vilain, mauvais c. C. battu, frayé, passant, fréquenté, uni, pierreux, raboteux, fangeux, creux, rompu, etc. C. ferré, pavé, bien entretenu. C. détourné. C. de traverse. Grand C. Petit C. ou Sentier. C. vicinal. C. bordé d'arbres. C. d'Orléans. C'est le c. de la ville. Montrer, enseigner, savoir le c. Couper, fermer, embarrasser le c. Tracer, ouvrir un c. Traverser le c. Quitter son c. Ce c. va, mène, conduit à la ville. Prenez le c. à droite. Suivez ce c. Le c. le plus long. Le c. fourche à tel endroit. Passer, aller son c. Se mettre en c. Poursuivre son c. Vous demeurerez par les chemins. Rester en c. Il est en c. Rebrousser c. Accourcir le c. Assurer les chemins. Rendre les chemins libres. Une heure, une journée de c. C. faisant. Tout le long du c. A mi-c. Mon cheval connaît son c. Les rivières sont des chemins qui marchent et qui portent où l'on veut aller.* (PASCAL.) — Par anal., on dit : *Ce torrent s'est ouvert un c. à travers la forêt. Montgolfier, en inventant les aérostats, nous a ouvert le c. des airs. L'hirondelle fait beaucoup de c. en peu de temps. Le requin est le poisson qui fait le plus de c.* — *C. de halage,* Chemin ménagé le long d'une rivière ou d'un canal pour haler les bateaux. Voy. HALAGE. — *C. de ronde,* Espace qu'on laisse pour le passage des rondes entre le rempart et la muraille d'une ville fortifiée, ou entre les bâtiments d'une prison et le mur de clôture pour y faire des rondes; ou bien encore au dedans du mur d'octroi d'une ville. *C. couvert.* Voy. FORTIFICATION. || *C. de saint Jacques,* Nom vulgaire de la *Voie lactée.* || Fig., Succession de temps. *Sur le c. de la vie on ne peut s'arrêter.* — Moyen, conduite qui mène à quelque fin. *Il voudrait faire fortune, mais il n'en prend pas le c. Ce jeune homme n'est pas dans le bon c. Le c. de la vertu, de la perfection, de la gloire, de l'honneur, de la perdition. Il a su trouver le c. de son cœur, il a su toucher cette personne, il a su s'en faire aimer.* || S'emploie aussi dans diverses phrases proverbiales et familières. *Bonne terre, mauvais c.,* Dans les terres grasses, les chemins sont mauvais. — Fig., *C. de velours, C. sur une pelouse; et plus figur.,* Voie facile et agréable pour parvenir à quelque chose. *Il est arrivé à la fortune par un c. de velours.* Fam. — Fig. et prov., *Le grand c. des vaches,* L'usage commun et ordinaire. *En tout pays, il y a une lieue de mauvais c. Il n'y a point d'entreprise où il ne se rencontre quelque difficulté. Il ne faut pas aller par quatre chemins,* Il faut s'expliquer franchement, il ne faut pas chercher tant de détours. *Trouver une pierre, des pierres dans son c.,* Trouver quelque obstacle à ce qu'on veut faire. *Je le mènerai par*

un c. où il n'y aura pas de pierres, Je le poursuivrai vivement, je ne lui ferai point de quartier. On dit aussi, dans le même sens, Je lui ferai voir bien du c. — Prendre le c. de l'école, le c. des écoliers, Prendre le c. le plus long. Montrer le c. aux autres, Faire quelque chose que les autres font ensuite, ou faire quelque chose à dessein que d'autres le fassent. S'arrêter en beau c.. à mi-c., Abandonner une entreprise dont la réussite paraissait assurée. — Fig. et fam., Faire son c., Parvenir, obtenir de l'avancement, s'enrichir. Il a bien fait son c. On dit de même, Il a bien fait du c. en peu de temps. || T. Mar. Espace parcouru par un navire en 24 heures. — C. Nord et Sud, Différence en latitude après 24 heures de marche. C. Est et Ouest, Différence en longitude dans le même espace de temps. — Fig. Aller le droit c., Se conduire honnêtement, procéder avec loyauté, sans artifice. — Fig. et par menace, Je le trouverai en mon c., Je trouverai bien quelque occasion de lui nuire. Il me trouvera en son c., Je le traverserai dans ses projets. — Fig., C. faisant, En même temps, par occasion. En lisant ce livre, j'ai remarqué, c. faisant, plusieurs fautes de langage. || Écon. domest. Tapis long et étroit que l'on étend sur les escaliers, dans les vestibules. || T. Man. Entamer le c., Commencer à galoper. — Manger le c., Avancer trop rapidement. || T. Jeu. C. de fer, Jeu de cartes et de hasard. || T. Mée. Espace parcouru par un mobile. || T. Techn. Filet de plâtre dressé à la règle pour conduire le calibre. — Trace d'un diamant sur la meule. — Voûte sous laquelle le verrier met le bois pour chauffer le four. || Faire le c., Placer des coins sous les ardoises. || Relig. C. de la Croix, Route qu'a parcourue Jésus-Christ chargé de sa croix, de Jérusalem au Calvaire. — Quatorze tableaux que l'on met dans les églises et qui rendent les scènes de la Passion. Les prières que l'on dit devant ces tableaux. Le livre qui les contient. — On trouvera encore aux mots ALLER, BATTRE, COUPER, MENER, etc., quelques expressions familières et figurées relatives au mot *Chemin.*

Admin. — *Chemins vicinaux.* — On nomme ainsi les chemins reconnus nécessaires pour la communication des communes et constituant pour elles une dépense obligatoire. On les divise, suivant leur importance, en chemins vicinaux de *grande communication,* chemins vicinaux *d'intérêt commun,* chemins vicinaux *ordinaires.* Le classement des chemins vicinaux de grande communication intéressant plusieurs communes ou même plusieurs cantons est opéré par le conseil général, tandis qu'il suffit d'un arrêté du préfet, après avis des conseils municipaux intéressés, pour opérer le classement des chemins vicinaux appartenant aux deux autres catégories. En cas d'insuffisance de leurs ressources ordinaires, les communes sont autorisées à pourvoir aux dépenses des chemins vicinaux à l'aide de centimes additionnels ou de prestations en nature. — La loi du 11 juillet 1868 a créé des ressources pour l'achèvement des chemins vicinaux et constitué une *Caisse des chemins vicinaux* gérée par l'administration de la Caisse des dépôts et consignations, et destinée à faire aux communes les avances nécessaires pour la construction des chemins vicinaux des deux premières catégories.

La surveillance des chemins vicinaux est confiée à des fonctionnaires spéciaux nommés *agents voyers.* Les chemins vicinaux de grande communication dépendent du préfet pour la police et les travaux; les chemins vicinaux d'intérêt commun, pour les travaux du préfet, pour la police des maires; les chemins vicinaux ordinaires, des maires, à la fois pour la police et les travaux.

Tous les chemins vicinaux font partie du domaine public des communes et, à ce titre, sont imprescriptibles.

Chemins ruraux. — Les chemins ruraux sont les chemins appartenant aux communes, affectés à l'usage du public, qui n'ont pas été classés comme chemins vicinaux. L'affectation à l'usage du public peut s'établir notamment par la destination du c. jointe soit au fait d'une circulation générale et continue, soit à des actes réitérés de surveillance et de voirie de l'autorité municipale. Tout c. affecté à l'usage du public est présumé, jusqu'à preuve contraire, appartenir à la commune sur le territoire de laquelle il est situé.

La loi du 20 août 1881 règle les conditions dans lesquelles sont opérées les *reconnaissances* de chemins ruraux, en vertu d'arrêtés pris par la commission départementale sur la proposition du préfet, après enquête publique et sur l'avis du conseil municipal.

La commune pourvoit à l'entretien des chemins ruraux reconnus, soit à l'aide de ses ressources ordinaires, soit à l'aide d'une journée de prestation, ou de centimes extraordinaires, en addition au principal des quatre contributions directes.

Lorsque l'ouverture, le redressement ou l'élargissement ont été régulièrement autorisés, et que les travaux ne sont pas exécutés, ou lorsqu'un chemin reconnu n'est pas entretenu par la commune, le maire peut d'office, ou sur la demande de trois intéressés, convoquer tous les propriétaires riverains, qui sont autorisés à se constituer en *syndicats*. Ces associations ont pour but d'entreprendre, à défaut de la commune, les travaux nécessaires pour mettre ou maintenir la voie en état de viabilité. Le fonctionnement de ces syndicats est réglé par les articles 19 et suivants de la loi du 20 août 1881.

CHEMIN DE FER Route sur laquelle on dispose des bandes de fer nommées rails, pour la circulation des véhicules à grande vitesse.

Nous comprendrons, sous le nom générique de *Chemins de fer*, l'organisation et le *fonctionnement des moyens de transport par terre à grande vitesse*.

Généralités. — La création des chemins de fer tels qu'ils existent aujourd'hui s'est, pour ainsi dire, accomplie en deux actes : en premier lieu, l'interposition de deux bandes de fer entre les roues des véhicules et le sol, afin de diminuer la résistance au roulement, et, par suite, l'effort à exercer par le moteur; en second lieu, la substitution de machines à feu dites *locomotives* aux moteurs animés, exclusivement employés auparavant pour les transports par terre.

C'est la réunion de ces deux inventions successives, la voie ferrée ou *railway*, et la locomotive, qui constitue un chemin de fer.

Ces deux éléments peuvent, il est vrai, exister séparément; il y a des railways sans locomotive; les voies ferrées de cette espèce sont décrites au mot TRAMWAY; de même, il y a des locomotives circulant sans le secours de rails, et qui sont appelées *locomotives routières*.

Caractères de supériorité des chemins de fer sur les routes. — Sur un c. de fer, comme sur une route, l'effort à produire sur un alignement horizontal est celui qui est nécessaire pour vaincre la résistance au roulement des véhicules à traîner.

Sur une bonne route empierrée, cet effort est de 0,03, c.-à-d. de 30 kilog. par tonne de 1,000 kilog., la vitesse étant supposée égale ou inférieure à 1 mètre par seconde; car, pour des vitesses plus grandes, l'effort s'accroît sensiblement. Sur un c. de fer, l'effort de traction, sur une voie droite et horizontale, est seulement de 0,003, c.-à-d. de 3 kilog. par tonne, et cela à une vitesse quatre fois plus grande que celle au-dessus de laquelle la formule que nous avons indiquée pour les routes cesse d'être applicable. Ainsi, l'effort de traction est réduit du décuple au simple par suite de l'interposition d'une bande de fer entre les roues du véhicule et le sol. Mais cet avantage diminue quand il s'agit de gravir une rampe; car, dans ce cas, à l'effort nécessaire pour vaincre la résistance au roulement, s'ajoute la composante due à la gravité; et cette composante est la même, que la traction s'opère sur une route ordinaire ou sur un c. de fer.

En appelant *i* la déclivité mesurée par sa tangente, c.-à-d. la hauteur de montée par mètre de parcours horizontal, et en substituant, comme on peut le faire pour des angles très petits, la tangente au sinus, l'effort total à exercer pour traîner sur la rampe *i* une charge P, sera :

    Pour la route empierrée: P (0,03 + *i*).
    Pour le c. de fer . . .   P (0,003 + *i*).

Cette comparaison fait ressortir immédiatement l'énorme influence des pentes sur les chemins de fer. En effet, une rampe de 3 millimètres, par exemple, qui n'augmenterait que de 1/10ᵉ l'effort à produire sur les routes, doublerait ce même effort sur une voie ferrée.

Si la rampe atteint 1 centimètre, l'effort augmente de 1/3 sur les routes; il devient plus que quadruple sur les rails.

Ainsi, la faiblesse même du coefficient de roulement rend les pentes très sensibles sur les voies ferrées et commande de n'en user que dans des limites très étroites, si on ne veut pas perdre les avantages de ce mode de locomotion. Nous verrons plus loin quelles sont ces limites.

Il convient d'ajouter que ce qui contribue encore à diminuer l'effort de traction sur les chemins de fer, c'est l'absence des *mollesses* de surface que l'on rencontre fréquemment sur les routes empierrées. En effet, les rails sont solidement posés sur des traverses qui, parfaitement *bourrées*, c.-à-d. calées, assurent une répartition uniforme de la charge sur le sol.

En ce qui concerne la rapidité, la comparaison des deux modes de transport nous donne, à cet égard, les indications suivantes :

Vitesses sur route. . .	Diligence. . .	10 kilom. à l'heure.
	Malle-poste .	15 à 16 —
	Train omnib.	25 kilom. à l'heure.
Vitesses sur c. de fer.	Tr. mixte . .	40 à 50 —
	Tr. express .	60 à 65 —

Ce sont là, bien entendu, des vitesses moyennes, arrêts compris. Mais, pour les chemins de fer, les vitesses indiquées ci-dessus peuvent être notablement dépassées.

En Angleterre, l'express spécial entre Londres et Exeter fait 82 kilom. à l'heure, sur un parcours de 313 kilom.

Nous avons, en France, l'express entre Angoulême et Coutras franchissant les 82 kilom. qui séparent ces deux stations en 1 heure 9 minutes, avec une vitesse de 71 kilom. à l'heure.

Nous pouvons citer également le train de marée de Paris à Boulogne-sur-mer, parcourant 254 kilom. en 3 heures 47 minutes, avec une vitesse de 67 kilom. à l'heure, y compris un arrêt de vingt minutes à Amiens.

Enfin, des essais tentés en 1890 par les compagnies P.-L.-M. et du Nord laissent entrevoir, dans un avenir rapproché, des vitesses *pratiques* encore plus considérables.

Au point de vue du prix et de la régularité des transports, les preuves ne manquent pas pour établir la supériorité des chemins de fer sur les autres moyens de circulation.

Les prix de transport d'un voyageur à 1 kilom. de distance est de :

    0 fr. 15 en diligence ;
    0 fr. 06 par c. de fer.

Le prix de transport d'une tonne de marchandises à 1 kilom. de distance est de :

    0 fr. 25 à 0 fr. 40 sur route ;
    0 fr. 03 à 0 fr. 06 par c. de fer ;
    0 fr. 01 à 0 fr. 02 par eau.

Il semblerait résulter de ces dernières indications que les voies navigables dussent conserver le privilège des transports économiques ; il n'en est rien pourtant, quand on songe à la lenteur des transports par eau et aux nombreuses entraves créées à la batellerie par les phénomènes météorologiques.

Historique. — L'idée de placer deux bandes à deux frottement sous les roues des voitures est fort antérieure à celle de la locomotive; elle a dû naître un peu partout, sous des formes plus ou moins perfectionnées ; mais c'est surtout en Angleterre, pays de houille et d'exploitations minières, qu'elle a pris plus de développement qu'ailleurs.

Vers 1646, dans les mines anglaises, le transport du minerai s'opérait au moyen de bennes circulant sur un chemin formé de rails en bois établis parallèlement sur le sol. Les bennes étaient guidées au moyen d'une crosse pendante rattachée à leur châssis, et qui passait dans une rainure. Les chevaux qui traînaient les chariots chargés de houille marchaient entre les deux rails, tandis que les roues des véhicules roulaient sur la surface des rails eux-mêmes. Ces rails de bois consistaient en longrines reposant sur d'autres pièces transversales, dites *traverses*, qui maintenaient leur parallélisme.

Mais, comme ces rails et traverses en bois, fort mal protégés par une mince couche de terre contre les pieds des chevaux, s'usaient très rapidement, on augmenta la hauteur des longrines, ce qui permit de couvrir les traverses d'une couche plus épaisse de terre, puis on fixa, sur leur face supérieure, une lame de fer de 12 millimètres d'épaisseur. Le c. de fer était inventé.

Vers 1770, un autre perfectionnement fut apporté à ces chemins ; on substitua des rails en fonte aux rails de bois garnis de fer ; et, pour supprimer la crosse pendante servant au guidage des véhicules, on donna au rail la forme indiquée sur la Fig. 1, c.-à-d. celle d'une équerre avec une légère saillie rail, formant ornière, empêchait les roues de sortir de la voie.

Fig. 1.

Mais comme la boue, en s'accumulant dans ces ornières, nuisait considérablement au tirage des voitures, on imagina le rail à *bande saillante* (*edge rail*), dont le principe est indiqué sur la Fig. 2. Ce rail présente la forme d'une bande métallique placée de champ, ce qui lui assure, relativement à son propre poids, une résistance beaucoup plus considérable

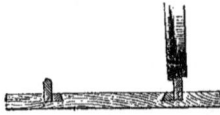

Fig. 2.

aux pressions verticales. En même temps, pour empêcher les roues de sortir de la voie, celles-ci sont munies d'un rebord ou *boudin* sur le bord interne de leur jante.

Cette disposition de *rails saillants* est, en principe, la seule qui soit encore appliquée de nos jours. Mais les perfectionnements ont continué à porter sur la matière première entrant dans leur constitution. Ainsi, comme il a été dit plus haut, les premiers rails saillants étaient en fonte de fer, et ce fut seulement en 1810 que *Stephenson* leur substitua des rails en fer forgé. Le progrès était considérable et devait exercer une influence capitale sur le développement et l'avenir des chemins de fer; en effet, sur les rails en fonte, matière naturellement peu élastique et très cassante, on n'aurait pu faire usage ni des trains à grande vitesse ni des puissantes machines capables de les remorquer. Enfin, de nos jours, on a réalisé un dernier progrès en substituant aux rails en fer forgé des rails en acier qui, en raison de leur dureté, offrent plus de résistance à l'usure.

Pour compléter cet historique, il nous reste à dire quelques mots des perfectionnements apportés à l'autre élément constitutif des chemins de fer, c'est-à-dire à la locomotive.

Rappelons, à titre de curiosité, la première voiture à vapeur construite par *Cugnot* en 1759, et les essais de même genre tentés par *Watt* en 1784, sans succès d'ailleurs.

En Angleterre, à l'époque où la vapeur se substituait partout aux efforts des hommes et des chevaux, l'esprit public était particulièrement tendu vers ce progrès; les sociétés industrielles touchaient du doigt, en quelque sorte, les immenses avantages qu'elles en devaient retirer; elles provoquaient et stimulaient de toutes manières les efforts des inventeurs. On resta dans la période de tâtonnements jusqu'au fameux concours organisé en 1829 par la Société du c. de Liverpool à Manchester. Le vainqueur de ce concours, *Georges Stephenson*, y apporta une machine, « La Fusée » (*the Rocket*), qui réalisait et au delà toutes les conditions du programme proposé. Dans cette locomotive, chef-d'œuvre de simplicité et d'esprit pratique, dont on ne s'est pas écarté depuis comme dispositions essentielles, tout n'appartenait pas exclusivement à Stephenson : la chaudière tubulaire notamment, qui est un des principaux éléments du succès de l'appareil, avait été imaginée deux ans auparavant par le célèbre ingénieur français *Marc Séguin;* mais une autre disposition essentielle, celle de l'échappement de la vapeur par la cheminée pour en augmenter le tirage, appartenait spécialement à Stephenson.

L'Angleterre a donc été le berceau des chemins de fer, qui y ont pris rapidement un développement considérable.

La Belgique suivit ce mouvement de près.

La France, incertaine sur le système à adopter pour son réseau, se trouvait notablement en arrière des nations voisines. Il fallait sortir de cette phase d'hésitation. Ce fut l'œuvre de la loi du 11 juin 1842, qui décida la construction immédiate de sept grandes artères partant de Paris et se dirigeant sur Lille, le Havre, Nantes, Bordeaux, Bourges, Lyon et Marseille, Strasbourg; et celle d'une ligne transversale de Bordeaux à Cette, joignant l'Océan à la Méditerranée. Elle décida en même temps que ces chemins de fer seraient concédés à l'industrie privée, mais avec le concours de l'État qui prit à sa charge, à titre de subvention, la construction de la plate-forme, c'est-à-dire l'*infrastructure* du c.

Ajoutons que si les ingénieurs anglais ont été les initiateurs des chemins de fer, les ingénieurs français en ont été les vulgarisateurs; et parmi les hommes éminents qui ont créé le réseau des chemins de fer français, il faut citer en première ligne : *Julien, Clapeyron, Didion et Talabot.*

Longueur totale des voies ferrées en service. — La longueur de l'ensemble des voies ferrées dans le monde entier, au 31 décembre 1891, était de 635.023 kilomètres, savoir :

EUROPE.	Allemagne	43.424 kil.
	France	37.946 —
	Angleterre	32 487 —
	Russie	31.074 —
	Autriche	28.066 —
	Italie	13.486 —
	Autres pays	41.815 —
AMÉRIQUE.	États-Unis	274.497 —
	Autres pays	66.896 —
ASIE		35.396 —
AFRIQUE		10.496 —
AUSTRALIE		19.743 —

Le capital dépensé pour leur construction est évalué à 168 milliards 558 millions de francs.

Construction d'un chemin de fer.

— La construction d'un c. de fer ou ce qui a été appelé plus haut son *organisation*, comprend deux genres d'opérations bien distincts. C'est d'abord l'établissement de la plate-forme destinée à supporter la voie ferrée ou l'*infrastructure*, et ensuite l'établissement de la voie et des stations ou *superstructure.*

INFRASTRUCTURE. — I. *Tracé.* — L'opération préliminaire et fondamentale de la construction d'un c. de fer c'est son *tracé*, c'est-à-dire la détermination des localités par où il doit passer.

Pour fixer le tracé d'un c. de fer il faut, avant tout, étudier les éléments engagés dans la question et faire la part de chacun d'eux aussi judicieusement que possible.

Il faut tenir compte des dépenses d'établissement, des facilités d'exploitation, et enfin des considérations d'intérêt commercial, politique et militaire, qui interviennent dans les questions de cette nature.

On peut dire qu'en thèse générale la meilleure direction d'un c. de fer est celle qui se prête aux mouvements habituels de la population, qui en trouble le moins le cours, qui respecte le mieux les droits acquis, qui va, par conséquent, chercher les voyageurs et les marchandises là où ils affluent, et qui se porte là où les grands courants des transports ordinaires sont depuis longtemps établis.

Même restreinte au point de vue technique, c'est-à-dire à la double considération de la dépense d'établissement et des facilités de l'exploitation, la question du choix à faire entre deux tracés est fort complexe.

Le programme technique auquel doit satisfaire le tracé peut se résumer en ces termes :

Entre deux points A et B faire passer, en s'éloignant le moins possible des formes naturelles du terrain, une ligne dont la déclivité n'excède, en aucun point, 10 à 12 millimètres, et dont les rayons de courbure ne descendent pas au-dessous de 500 mètres.

Un tel problème ne peut se résoudre que par une série de tâtonnements, et le but de l'art de l'ingénieur est de diriger ces tâtonnements, d'en diminuer le nombre, et de les coordonner de manière à arriver le plus promptement possible à la solution la meilleure.

L'étude du tracé doit commencer par des recherches faites sur la carte du pays. En France, nous possédons une excellente carte pour cet objet C'est la carte de l'état-major à l'échelle de ¹⁄₈₀₀₀₀ très précieuse à cause du grand nombre de cotes d'altitude qu'elle porte et des courbes de niveau tracées de 10 en 10 mètres qui ont l'avantage de présenter, pour un œil exercé, le relief approché du terrain.

La seconde étude consiste à relever exactement le terrain aux abords de la direction à étudier. Le relevé du terrain se fait au moyen de piquets, au moyen d'une ligne d'opération et en levant sur cette ligne des profils en travers d'une étendue suffisante pour la marge d'écart prévu. Cette ligne d'opération et les profils levés perpendiculairement à sa direction forment le canevas d'un plan coté sur lequel on peut figurer avec exactitude d's courbes de niveau rapprochées.

C'est sur ce canevas qu'on fixe, après une série d'essais, le tracé définitif en se conformant, autant que possible, aux règles suivantes :

1° Établir les stations en palier, en alignement droit, à un niveau peu différent du terrain naturel et le plus près possible des localités à desservir;

2° Aux points bas du tracé ménager un palier d'au moins 100 mètres entre les deux déclivités;

3° Entre deux courbes en sens contraire, ménager un alignement droit de 100 mètres au moins de longueur.

Le tracé arrêté, il s'agit d'exécuter la plate-forme proprement dite, c'est-à-dire la surface plane, en palier ou en pente de 10 à 12 millimètres, sur laquelle sera établie la voie; et cela, bien entendu, à l'emplacement et au niveau résultant du profil en long et des profils en travers.

Pour réaliser ce travail, on a recours aux *terrassements* et aux *ouvrages d'art*.

II. *Terrassements.* — Le but des terrassements est d'ajouter des terres au moyen de *remblais* là où le niveau de la plate-forme doit être plus élevé que celui du sol naturel, et d'en enlever au moyen de *déblais* là où la plate-forme doit être établie en tranchée, c'est-à-dire plus bas que le sol naturel.

On conçoit que les terrassements donnent lieu à un mouvement de terres considérable, qui représente, avec les *ouvrages d'art*, la part la plus considérable de la dépense de premier établissement d'un c. de fer.

Tout mouvement de terres comprend trois opérations distinctes : la charge, la décharge et le transport en wagons du point de chargement au point de déchargement.

Ces trois opérations doivent être établies et toujours maintenues en équilibre, en parfaite concordance : car il importerait peu, par exemple, de charger beaucoup si l'on déchargeait peu ; on ne ferait qu'encombrer sa fouille et ses wagons.

Il est donc de toute importance que le chantier de terrassement soit établi avec méthode.

L'inclinaison du talus est réglée à 1 1/2 de base pour 1 de hauteur en remblai, et à 45° en déblai ordinaire comme l'indiquent en coupe transversale les Fig. 3 et 4 ci-dessous.

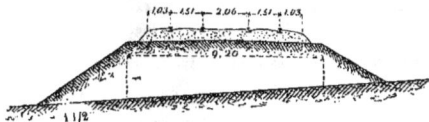

Fig. 3.

Les talus des terrassements doivent être garantis contre l'action de l'eau qui tend à les désagréger. La préservation

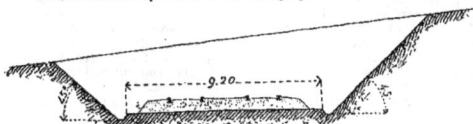

Fig. 4.

extérieure se fait au moyen d'un revêtement en terre végétale pilonnée et ensemencée en gazonage.

Pour assainir l'intérieur du massif et le débarrasser des eaux qu'il peut contenir, on pratique dans les talus un certain nombre de saignées au fond desquelles on place des drains que l'on recouvre ensuite de pierres cassées. Ces drains aboutissent à un fossé collecteur placé au pied du talus.

III. *Ouvrages d'art.* — Les ouvrages d'art sont nécessités par la traversée des cours d'eau, des routes, des chemins, des vallées et même des massifs montagneux que rencontre le tracé d'un c. de fer.

On appelle ouvrages d'art *ordinaires*, ceux qui, se répandent

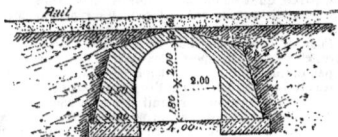

Fig. 5.

tant très souvent dans un tracé de c. de fer, peuvent s'exécuter d'après un ou plusieurs types arrêtés d'avance. Ce sont d'abord les *aqueducs*, petits ouvrages d'art en maçonnerie qui servent à franchir les nombreux fossés et ruisseaux

que rencontre le c. de fer; leur ouverture varie de 0m60 à 4 mètres. Ils se construisent, en général, d'après le type indiqué par la Fig. 5 ci-contre. Lorsque le cours d'eau rencontre le tracé obliquement, il y a avantage à le dévier, de façon à avoir un croisement droit, ce qui fait éviter la construction, toujours dispendieuse, d'un aqueduc biais.

Lorsqu'il s'agit de la rencontre du c. de fer et d'une route, trois cas peuvent se présenter :

1° La route passe sous le c. de fer; l'ouvrage d'art est un *passage inférieur* ou *pont en dessous*.

2° La route passe au-dessus du c. de fer; l'ouvrage d'art s'appelle alors un *passage supérieur* ou *pont en dessus*.

3° La route et le c. de fer se croisent au même niveau; dans ce cas, il n'y a pas, à proprement parler, d'ouvrage d'art, mais un passage construit dans des conditions particulières, qu'on appelle *passage à niveau*. Les ouvrages d'art, *passages inférieurs et supérieurs*, se font en maçonnerie formant voûte, ou bien ils sont composés de poutres métalliques formant tablier, reposant sur des culées en maçonneries. Voy. PONT, TABLIER MÉTALLIQUE. Le dernier type, avec tablier métallique, est surtout recommandé pour le cas où l'on dispose d'une faible hauteur pour l'établissement de l'ouvrage.

Certaines dimensions fondamentales sont à observer dans la construction d'un ouvrage d'art.

Ainsi, pour une ligne à deux voies, il faut une ouverture libre de 8m08.; pour une ligne à une seule voie, cette ouverture est réduite à 4m51.

D'autre part, la hauteur libre au-dessus du rail dans le cas d'un *passage supérieur*, doit être au minimum de 4m80.

En ce qui concerne les *passages à niveau*, il faut assurer le passage des voitures en continuant le pavage de la route à travers la plate-forme du c. de fer en l'établissant ce pavage à l'affleurement des rails, de manière à supprimer la saillie des voies. D'autre part, il ne faut pas négliger de ménager entre le rail et la chaussée une ornière nécessaire pour le passage du rebord des roues des wagons. Cette ornière est obtenue en plaçant entre le rail et la chaussée intérieure un contre-rail écarté du rail de 7 centimètres environ; ce léger vide de 7 centimètres est franchi par les voitures avec la plus grande facilité.

Un passage à niveau est toujours muni de barrières roulantes ou pivotantes qui arrêtent la circulation de la route au moment du passage des trains; ces barrières sont manœuvrées, en temps opportun, par un agent, homme ou femme, préposé au gardiennage du *passage à niveau*, et logeant dans une maison à proximité.

La question du choix à faire entre un *passage à niveau* et un *ouvrage d'art* est très délicate. En général, aux abords et dans l'intérieur des villes, il faut écarter d'une façon absolue les *passages à niveau*. Il faut également les éviter au croisement de routes très fréquentées; et, dans ce cas, il est préférable de créer un *passage en dessus* ou *en dessous* au lieu et place du *passage à niveau*. Il faut garder une certaine mesure dans la répartition des divers modes de traversée; car si, d'un côté, la multiplicité des *passages à niveau* est un inconvénient grave, d'un autre côté l'existence d'un certain nombre de ces passages offre la ressource de loger un certain nombre d'agents, ce qui est une condition nécessaire à une bonne surveillance.

On range dans la catégorie des *ouvrages d'art extraordinaires* ou *exceptionnels* ceux qui sortent des types courants et qui, par leur importance, prennent une place à part dans les projets.

Ce sont les grands ponts, les *viaducs* et les *souterrains*. Voy. PONT, VIADUC, TUNNEL.

Quand une c. de fer traverse une vallée profonde, d'une certaine hauteur, le vide est franchi en général au moyen d'un ouvrage d'art de longueur souvent considérable que l'on appelle un *viaduc* et qui est construit soit entièrement en maçonnerie, soit partie en maçonnerie, partie en métal. Nous disons *en général*, car on pourrait également franchir le vide sur un remblai; et ici se pose la question du choix entre un viaduc et un remblai, au point de vue de la dépense.

Les conclusions de l'expérience permettent de poser les règles suivantes : La hauteur à partir de laquelle il est avantageux de substituer le viaduc au remblai est de 20 à 24 mètres, à ces hauteurs et jusqu'à celle de 50 mètres, il faut donner la préférence aux viaducs construits entièrement en maçonnerie; enfin, au delà de 50 mètres, la construction en maçonnerie devient beaucoup plus coûteuse; l'adoption de la construction métallique est alors bien justifiée, et son avantige devient d'autant plus considérable que la hauteur du viaduc est elle-même plus grande.

Pour les souterrains, une question analogue se pose tout naturellement. Un souterrain est toujours précédé et suivi d'une tranchée; à partir de quelle hauteur de déblai convient-il d'abandonner la tranchée à ciel ouvert pour passer à la percée souterraine?

Connaissant approximativement la dépense d'un tunnel par mètre courant, ainsi que le prix des déblais en tranchée à ciel ouvert dans le même terrain, il suffit d'établir l'égalité entre ces deux quantités, la dépense du déblai en tranchée étant, bien entendu, exprimée en fonction de la hauteur inconnue.

Dans les circonstances ordinaires, cette hauteur est de 19 mètres.

La plate-forme une fois terminée, il y a lieu, d'après la loi du 15 juillet 1845, de séparer le c. de fer des propriétés riveraines; le mode de clôture le plus généralement employé est une haie vive.

SUPERSTRUCTURE. — I. Voie. — Une voie de fer se compose de deux files de rails parallèles, reposant de distance en distance sur des traverses en bois.

1° Rails. — Les rails peuvent reposer sur les traverses soit directement, soit par l'intermédiaire de coussinets en fonte; cela dépend de la forme du rail.

Les deux formes les plus usitées sont le rail à double champignon et le rail à patin ou rail Vignole.

Le rail à double champignon repose sur la traverse par l'intermédiaire d'un coussinet; la Fig. 6 indique la coupe transversale d'une voie en rail à double champignon; le coussinet en fonte est fixé sur la traverse par deux tirefonds; le rail repose dans la gueule du coussinet, et se trouve pressé contre sa mâchoire intérieure par un coin en bois serré entre lui et la mâchoire extérieure.

Fig. 6.

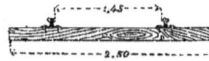

Fig. 7.

Le rail Vignole, comme l'indique la Fig. 7, est posé sur les traverses dans de légères entailles préparées pour cet objet par le procédé du sabotage. Il est fixé sur chaque traverse au moyen de deux tirefonds.

Les deux formes de rails sont en égale faveur. Les partisans de la voie Vignole font valoir son moindre prix d'établissement, la facilité qu'elle offre pour l'éclissage sur traverses de joint, l'arrêt parfaitement sûr qu'une simple encoche oppose au mouvement de translation des rails, dans le sens de la marche des trains; enfin sa simplicité qui dispense de divers petits soins journaliers, notamment du serrage des coins.

On oppose, en faveur de la voie à double champignon, la faculté de retourner le rail quand un des champignons est usé, la facilité avec laquelle on remplace les rails, la plus grande stabilité de la voie, particulièrement au point de vue des efforts horizontaux, et, enfin, une meilleure préservation des traverses. — Ces rails se font maintenant généralement en acier; leur longueur varie de 5ᵐ50 à 12 m.

Le tableau suivant indique les types employés par les diverses Compagnies françaises pour les voies principales, ainsi que le poids par mètre courant et la longueur normale des rails de chaque type.

DÉSIGNATION DES COMPAGNIES	PROFIL	POIDS PAR MÈTRE COURANT	LONGUEUR DU RAIL NORMAL
Est.	Vignole	44ᵏ 200	12ᵐ
État	Double champignon dissymétrique . . .	40ᵏ »	5ᵐ50 et 11ᵐ
Midi . . .	Double champignon . .	37ᵏ 600	5ᵐ 50 et 11ᵐ
Nord	Vignole	45ᵏ 125	12ᵐ
Orléans. . .	Double champignon dissymétrique . . .	42ᵏ 500	11ᵐ 005
Ouest. . . .	d°	44ᵏ »	12ᵐ
P.-L.-M. . .	Vignole	47ᵏ	12ᵐ

Nous avons dit que les rails avaient des longueurs limitées variant de 5ᵐ 50 à 12 mètres. Il faut donc, pour assurer la continuité de la voie, réunir les rails à leurs abouts, de manière qu'ils présentent une surface de roulement continue, sans ressauts, ou, du moins, avec des ressauts aussi atténués que possible. Cette jonction à peu près parfaite de deux rails est obtenue au moyen de l'éclissage. Les éclisses sont deux armatures latérales en acier, serrées par des boulons, qui embrassent à la fois les extrémités de deux rails consécutifs, en les maintenant dans une sorte d'étau qui rend leur position relative invariable. Il est essentiel que les éclisses s'appuient sur les saillies inférieure et supérieure des rails. Un joint de 4 millimètres, ménagé entre les deux rails, permet leur dilatation sous l'action de la température.

Les Fig. 8 et 9 indiquent l'éclissage des rails dans le cas

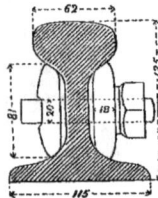 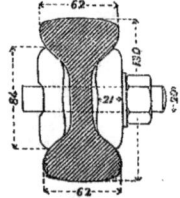

Fig. 8.   Fig. 9.

du type Vignole, et dans celui du type à double champignon.

2° Traverses. — On nomme ainsi, comme nous l'avons déjà vu, les pièces de bois qui sont posées perpendiculairement à la direction du c., et qui sont destinées à supporter les rails. L'espacement des traverses est de 1 m. environ entre axes. On les fait de chêne, de hêtre ou de sapin, selon les pays. En France, c'est le chêne qu'on préfère. Dans l'Amérique centrale, sur le railway de l'isthme de Panama, on a employé le gaïac, les autres essences ne résistant pas suffisamment à l'action du climat. — Les traverses sont ordinairement longues de 2ᵐ50 à 2ᵐ70, et épaisses de 12 à 15 centimètres. On les fait presque toujours rectangulaires. Ces pièces de bois ayant l'inconvénient de se pourrir rapidement dans la terre, et leur renouvellement donnant toujours lieu à de grandes dépenses, on a essayé divers moyens ayant pour objet d'en augmenter la durée. De tous les procédés essayés jusqu'à ce jour, celui du docteur Boucherie le créosotage (voy. Bois) sont les seuls qui aient donné de bons résultats; aussi en fait-on usage sur plusieurs de nos grandes lignes, notamment sur le c. du Nord. Plusieurs constructeurs ont imaginé des modes d'établissement de la voie dans lesquels il n'entre pas de bois. Ainsi, on a proposé d'employer des traverses de fer ou de fonte; de faire porter les rails sur des plateaux de fonte réunis par des tringles de fer destinées à maintenir leur écartement; de donner aux rails une forme particulière qui rendit inutile l'usage des traverses; mais ces inventions, et beaucoup d'autres encore, que nous passons sous silence, n'ont pas paru assez avantageuses pour pouvoir être adoptées. Quant au système qui consiste à substituer aux traverses de bois des dés de pierre de forme prismatique à base carrée, il a eu un peu plus de succès, surtout en Angleterre; mais, aujourd'hui, il est presque entièrement abandonné, parce qu'il donne à la voie trop de dureté à la voie, maintient mal le parallélisme des rails, et rend les réparations très difficiles.

3° Pose de la voie. — La voie telle que nous venons de la décrire, c'est-à-dire composée des rails et des traverses, ne se pose pas directement sur le sol des remblais et des tranchées constituant la plate-forme de l'infrastructure; car, s'il en était ainsi, le terrain ne tarderait pas à se convertir en boue sous l'action des pluies, ce qui produirait des dérangements dans la position des rails et, par suite, troublerait la circulation. Elle ne se pose non plus sur la surface des maçonneries, parce que la trop grande rigidité de la maçonnerie fatiguerait le matériel et les voyageurs. On remédie à ce double inconvénient en disposant au-dessous de la voie une chaussée artificielle plus élastique que la maçonnerie, et suffisamment perméable pour laisser écouler les eaux. On appelle Ballast, d'un mot anglais qui signifie lest, la matière dont on forme cette chaussée, et *Ballastage*, l'opération par laquelle on l'établit. Le sable est le ballast le plus généralement employé; mais il est indispensable qu'il ne soit ni trop argileux, ni trop fin. Dans le premier cas, il ne permettrait pas aux eaux pluviales de disparaître assez rapidement; dans le second, il retiendrait l'eau, lorsque le temps serait humide, et, par un temps sec, il serait enlevé par le vent au passage des convois et porté, soit sur les voyageurs, qu'il incommoderait, soit sur les pièces du mécanisme, qu'il userait par le frottement. Cependant, dans les lieux où le gros sable manque, on peut composer le ballast de deux couches: l'une, inférieure, de sable fin; l'autre, supérieure, de gros sable ou de gravier. En cas de nécessité, on se sert aussi de pierres cassées, de brique pilée, etc., etc.

La Fig. 10 indique la pose de la voie sur le ballast. On donne, en général, 50 à 60 centimètres à la couche de ballast. Il est bon que le ballast recouvre les traverses pour les

Fig. 10.

protéger contre l'atteinte directe des variations atmosphériques, et les préserver, en même temps, contre les dangers d'incendie occasionnés par les escarbilles tombant des cendriers des machines.

4° Dimensions de la voie. — Certains chemins de fer ne se composent que de deux files de rails, ce sont les *chemins à simple voie*; d'autres en ont quatre, ce sont les *chemins à double voie*. Ces derniers sont les plus commodes: aussi les adopte-t-on pour toutes les grandes lignes. On ne donne la préférence aux premiers que dans les pays où le terrain est très précieux, ou bien lorsque l'établissement d'une seconde voie occasionnerait des dépenses trop considérables. Dans les railways à simple voie, afin d'éviter la rencontre de deux convois allant en sens contraire, on construit sur une partie du c., soit une petite voie latérale où l'un des deux convois se remise pendant le passage de l'autre, soit une *Voie ou Gare d'évitement*, c'est-à-dire une double voie d'une longueur suffisante pour que chacun des convois puisse continuer sa route sans ralentir sa vitesse. Mais alors les heures de départ doivent être calculées de manière que la rencontre des deux convois ne puisse avoir lieu qu'aux points ainsi disposés. Cette précaution, toutefois, pourrait ne pas être suffisante, lorsque le c. offre beaucoup de souterrains ou de courbes en tranchées. Dans ce cas, les ingénieurs prudents ont l'habitude de poser deux voies partout où les convois ne peuvent s'apercevoir d'une grande distance. Cependant, les chemins à simple voie ne sont pas aussi dangereux qu'on le croit généralement; la circulation n'y devient véritablement difficile que lorsqu'elle dépasse certaines limites.

On appelle *largeur de la voie* la distance, mesurée entre les bords intérieurs des rails, qui sépare les deux files de rails d'une même voie. Cette distance varie non seulement de pays à pays, mais souvent encore dans le même pays. L'origine de cette différence date, pour beaucoup de localités, de l'époque même où l'on a commencé à établir des chemins de fer. Comme on ne se rendait pas encore bien compte de la nature réelle des nouveaux moyens de communication, chaque constructeur agissait à sa guise, absolument comme il l'entendait, et ne s'inquiétait aucunement de coordonner ses travaux avec ceux de ses voisins. Ailleurs, c'était plutôt un but de mesquin égoïsme qu'on donnait à la voie des dimensions particulières. On voulait par là en interdire l'accès au matériel étranger, pour le réserver exclusivement à l'industrie nationale. Depuis que les idées sur les railways se sont pris une direction plus rationnelle, on a plusieurs fois émis le vœu qu'ils fussent établis partout d'après un système uniforme, afin que les marchandises parties de Cadix, par ex., pussent arriver à Saint-Pétersbourg sans changer de wagon. Malheureusement, il faudrait, pour réformer l'état de choses actuel, se jeter dans des dépenses dont l'énormité ferait reculer gouvernements et particuliers. En France, l'écartement des rails, mesuré à l'intérieur de la voie, est de 1m44 à 1m45.

Cette dimension de 1m44 est celle qui fut adoptée en Angleterre dans les premiers chemins de fer; mais plus tard, à l'instigation de *Brunel*, qui prétendait qu'on ne pouvait avoir de machines puissantes qu'avec de larges voies, on a admis 2m13. D'autres ingénieurs, tout en trouvant la dimension de 1m44 trop faible, pensèrent que celle de 2m13 était exagérée,

et adoptèrent des cotes intermédiaires. Au bout de peu de temps, le réseau anglais présentait sept écartements de voies différents. Les choses marchèrent bien tant que les lignes construites fonctionnèrent isolément; mais quand elles arrivèrent à se joindre, la nécessité de rompre charge pour passer d'une ligne à l'autre souleva une protestation générale. Le Parlement s'en émut, et le gouvernement ordonna une enquête, d'où la voie primitive de 1m44 sortit complètement victorieuse.

Voici les écartements de voie actuels des différents réseaux européens:

France.	
Belgique.	
Angleterre.	1m44 à 1m45
Allemagne.	
Italie.	1m736
Espagne.	1m521
Russie. . . . . —	1m521
Irlande.	1m680

5° Dispositions spéciales de la voie. — Avant de pénétrer plus avant dans la description de la voie, il est indispensable de connaître sommairement les dispositions principales du matériel roulant auquel les rails servent de support et de guide. Lorsqu'un chariot à quatre roues parcourt une ligne droite, ses essieux forment un angle droit avec la direction du mouvement, et, par conséquent, sont parallèles entre eux. Lorsque, au contraire, il décrit une courbe, comme lorsqu'il tourne une borne, les essieux cessent d'être parallèles, et chacun d'eux se dirige vers le centre de la courbe que décrit le chariot. Dans les voitures à quatre roues en usage sur les routes ordinaires, le mécanisme au moyen duquel s'effectue cette convergence des essieux, est le pivot sur lequel tourne l'essieu de l'avant-train. Au moyen de ce pivot, l'essieu antérieur peut prendre une position angulaire quelconque relativement à l'essieu de l'arrière-train. Comme les roues de toute les voitures de ce genre tournent indépendamment l'une de l'autre, chacune sur son propre essieu, les roues du même essieu peuvent tourner avec des vitesses différentes. On observe ces deux effets toutes les fois qu'un chariot ordinaire change de direction. Les roues extérieures, en décrivant la courbe, tournent plus rapidement que les intérieures, et ces essieux, abandonnant leur parallélisme, se dirigent vers le centre de la courbe. Les conditions particulières auxquelles est obligé de satisfaire le matériel roulant employé sur les chemins de fer n'ont pas permis d'adopter les dispositions que nous venons de décrire et qui rendent si faciles les changements de direction. Pour maintenir solidement les wagons sur les rails, on a jugé nécessaire de fixer les essieux d'une façon rigide aux véhicules, et, par conséquent, de rejeter le pivot d'avant-train des voitures ordinaires. On a également reconnu qu'il était indispensable de rendre les roues adhérentes à leurs essieux, de telle manière que la roue et l'essieu tournent ensemble, au lieu d'avoir, comme dans les voitures ordinaires, un essieu fixe et une roue qui tourne sur lui. Les roues solidaires de leurs essieux se terminent, à leur pourtour, par deux bandes en acier qu'on appelle *Bandages*, et ce sont ces bandes qui portent et roulent sur les rails. Pour qu'elles ne puissent les quitter, on les termine du côté de l'intérieur de la voie par des rebords appelés *Boudins* (Fig. 11) qui constituent, à proprement parler, l'appareil de sûreté des roues. La roue est empêchée de dévier à l'extérieur par son propre boudin; elle est empêchée de dévier à l'intérieur par le boudin de la roue conjuguée.

Dans le matériel en usage sur les chemins de fer, l'écartement des bandages d'une même paire de roues, plus l'épaisseur des deux boudins, donnent un total de 1m42 pour tout ce qui est compris entre les rails. D'un autre côté, l'écartement des rails étant de 1m45, il reste un jeu de 0m03 que l'on appelle *Jeu de la voie*. Ce jeu de 3 centim. est nécessaire entre le matériel interposé et les rails eux-mêmes, pour que la circulation du matériel ne se fasse pas avec un frottement rude, et pour qu'elle ne soit pas arrêtée par la moindre inexactitude de pose; mais il y a une autre raison qui rend ce jeu indispensable, c'est le parallélisme des essieux. Les essieux étant parallèles, leur rectangle ne peut s'inscrire dans les courbes que grâce à un certain jeu. Si ce jeu n'existait pas, toute circulation en courbe serait évidemment impossible: l'un des essieux étant dans sa position normale, l'autre sortirait forcément de la voie d'un côté ou de l'autre.

Maintenant que nous connaissons le mécanisme du matériel roulant, nous pouvons décrire quelques-unes des dispositions spéciales de la voie, notamment le *Dévers de la voie* et le *Surhaussement dans les courbes.*

Il est d'usage de placer les rails dans une position non pas exactement verticale, mais légèrement inclinée de 1/20 environ à l'intérieur, et, par suite, de donner à l'arête intérieure

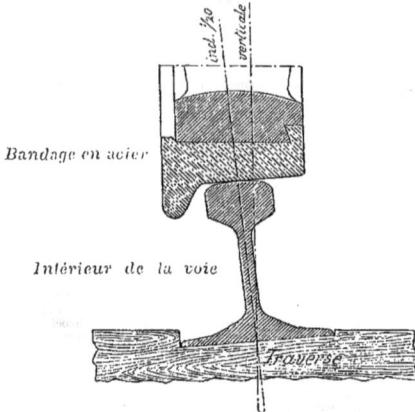

Fig. 11.

du bandage une position i on pas horizontale, mais inclinée vers le rail dans une direction normale à l'axe de ce dernier. La surface du bandage, au lieu d'être un cylindre, est alors un tronc de cône (Fig. 11).

Ces deux dispositions qui sont connexes, le *dévers de la voie* et la *conicité des bandages*, ont pour but de ramener constamment la roue dans une position moyenne, en empêchant son déplacement latéral. Si on suppose, en effet, un train marchant en alignement sur un rail vertical et avec des bandages cylindriques, rien ne règle la position du véhicule dans la limite du déplacement transversal que laisse le jeu de la voie. Le moindre obstacle, une différence inappréciable de niveau d'un rail à l'autre, un grain de sable sur un rail, rejette la roue d'un côté ou de l'autre, sans que rien tende à la ramener à sa position moyenne. La conséquence est une oscillation fréquente d'un côté à l'autre, qu'on appelle *Mouvement de lacet*, mouvement très désagréable pour les voyageurs et nuisible à la conservation du matériel. Le *dévers de la voie* et la *conicité des bandages* corrigent ces inconvénients; la conicité des bandages, par ses pentes convergentes, tend à ramener le véhicule dans sa position moyenne, et dès qu'il s'en écarte, les roues décrivant des circonférences inégales, il en résulte un frottement de glissement qui fait revenir le véhicule à sa position normale, la seule exempte de ce frottement.

Dans les courbes, la conicité des bandages n'est pas moins utile. Alors, en effet, la force centrifuge rejette le véhicule de côté et l'appuie contre le rail extérieur. Par le fait de la conicité, la roue appuyée se surélève et prend un plus grand rayon de roulement; elle corrige ainsi ou atténue l'inconvénient qui résulte de la solidarité des roues, c'est-à-dire, l'inégalité des chemins parcourus.

Mais la force centrifuge, qui est proportionnelle au carré des vitesses, peut acquérir pour les trains rapides une très grande intensité, et le correctif précédent, la conicité des bandages, qui donne au véhicule une position légèrement penchée vers l'intérieur, serait tout à fait insuffisant. On a recours à une disposition qui, tout en reposant sur le même principe, offre un moyen d'action beaucoup plus puissant. Elle consiste à surélever le rail extérieur par rapport au rail intérieur. On place ainsi le véhicule sur un plan assez fortement incliné pour que la composante de la gravité détruise ou même dépasse la force centrifuge. Ce surhaussement de l'un des deux rails par rapport à l'autre est variable avec le rayon de la courbe et avec la vitesse du train; il est d'autant plus grand que la vitesse est plus grande et que le rayon est plus petit.

Ajoutons que dans les courbes, pour faciliter le passage des essieux, on augmente de quelques millimètres le *jeu de la voie.*

6° *Appareils de voie.* — Tout ce qui a été dit plus haut s'applique au cas de voies courantes isolées, ne communiquant ni entre elles ni avec des voies d'une autre ligne. Or, l'exploitation d'un c. de fer rend souvent nécessaire de faire passer un convoi d'une ligne sur une autre; c'est ce qui arrive journellement sur les chemins à double voie et même sur les chemins à simple voie, aux gares d'évitement. D'autres fois aussi, les voies se bifurquent, et il s'agit alors d'empêcher les trains de quitter leur direction primitive. On exécute ces diverses manœuvres au moyen d'appareils désignés sous le terme générique d'*Appareils de voie.* Ces appareils se divisent en deux classes: les uns, appelés *Changements de voie, Croisements de voie* et *Traversées de voie,* dirigent les trains tout entiers d'une voie sur une autre par une seule manœuvre; les autres, nommés *Plaques tournantes* et *Chariots transbordeurs,* exécutent une manœuvre spéciale pour chaque véhicule.

Changements et Croisements de voie. — Un *changement de voie* est un appareil qui permet à une voie unique de se dédoubler en deux autres branches (Fig. 12).

Il faut distinguer dans un *changement* une première partie A qui permet de diriger le train vers l'une ou l'autre des deux branches. Pour cela, les deux files extérieures de rails, c'est-à-dire, la file gauche de la voie gauche et la file droite de la voie droite sont fixes absolument comme s'il n'y avait pas de changement, et c'est sur les deux files intérieures que se trouvent les parties mobiles. Ces parties mobiles, qui portent le nom d'*Aiguilles,* tournent autour de leur talon. Leur extrémité est amincie et effilée, de manière qu'appliquée sur le rail voisin, elle forme avec lui une surface de raccordement continue. Les deux aiguilles mobiles sont, bien entendu, rendues solidaires au moyen de tringles de con-

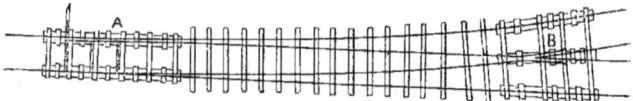

Fig. 12.

nexion et manœuvrées par un levier à contre-poids (Fig. 13).

Dans tout changement de voie, il y a nécessairement des points où les rails des deux voies se coupent. On donne

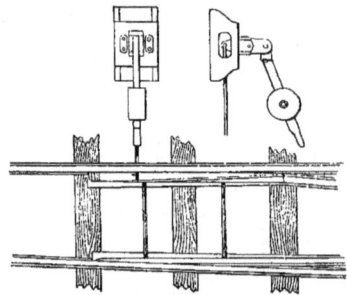

Fig. 13.

à ces points le nom de *croisement de voie,* ainsi qu'aux appareils qui servent à les franchir (on en voit un dans la Fig. 12 au point B). On donne le nom de *cœur* à la pointe que forment les rails.

Traversées de voie. — Au lieu de s'embrancher l'une sur l'autre, deux voies ne font quelquefois que se couper; cette disposition est une *Traversée de voie.* Si la traversée est à angle droit ou presque droit, on entaille les rails des deux

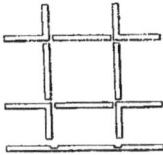

Fig. 14.

voies d'une quantité suffisante pour laisser passer le boudin des roues (Fig. 14). Si elle se fait à angle plus ou moins aigu, l'appareil est complété par deux croisements qu'on établit

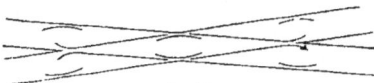

Fig. 15.

en deçà et au delà de la traversée proprement dite (Fig. 15). Tous ces appareils sont installés sur des châssis de charpente, qui les maintiennent dans une position invariable.

Plaques tournantes. — Les *Plaques tournantes* consistent en un fragment de voie fixé sur un plateau circulaire qui tourne sur un pivot et sur des galets en forme de tronc de cône. Ces galets ont pour objet de soutenir la plaque pendant qu'on la fait tourner, et de diminuer le frottement que détermineraient les poids énormes dont on la charge à chaque instant. Ces plaques sont employées dans les gares pour faire passer une voiture d'une voie sur une autre. On les dispose dans des fosses de manière que les portions de rails dont leur surface est pourvue se raccordent exactement avec ceux de la voie. Leur manœuvre est des plus simples. Soit, par exemple,

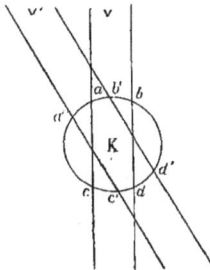

Fig. 16.

un véhicule quelconque à faire passer de la voie V sur la voie V' (Fig. 16). On le conduit d'abord sur le plateau K, puis on fait tourner celui-ci jusqu'à ce que ses rails aient quitté leur position primitive, *ac*, *bd*, pour prendre la direction *a'c'*, *b'd'*. Ce résultat obtenu, on n'a qu'à pousser le véhicule sur la voie V'. On voit par ce qui précède que les plaques rendent de grands services pour la manutention des wagons dans les gares; leur emplacement est naturellement tout indiqué aux points de rencontre des voies se croisant à angle droit, le dessus de la plaque est alors disposé comme le montre la Fig. 17; quant à son mécanisme de rotation, il est représenté, réduit à sa plus simple expression, sur la Fig. 18. Les plaques sont construites en fonte et fer sur pivot en acier, et avec un platelage supérieur en bois de chêne ou en tôle striée.

Les plaques tournantes ont généralement un diamètre de 4ᵐ40 à 5ᵐ25 et servent, comme nous venons de le dire, à tourner des véhicules isolés, wagons ou machines sans tender. Pour

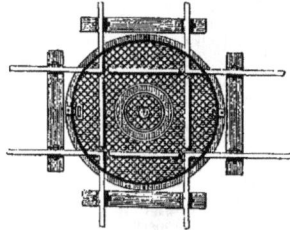

Fig. 17.

ne pas avoir à dédoubler la manœuvre quand la machine est accompagnée de son tender, on établit de grandes plaques à

Fig. 18.

une seule voie avec un plateau supérieur comportant deux poutres seulement, et dont le diamètre peut atteindre 17 mètres; ces grandes plaques sont appelées *Ponts tournants.*

Chariots transbordeurs. — Quand on a un certain nombre de voies parallèles à mettre en communication entre elles, par exemple dans les garages ou remisages, le système des plaques tournantes devient très coûteux, car il faut au moins une plaque par voie. Pour éviter cet inconvénient on a recours au *Chariot transbordeur.* On creuse une fosse en travers des voies parallèles, et on y fait rouler un chariot, dont le plateau supérieur, au niveau des rails, porte une voie parallèle à celles qu'il faut joindre; en faisant rouler ce chariot de manière à l'amener de l'une à l'autre des voies, on établit entre elles la communication dont on a besoin. Il est entendu que, dans ce mouvement de translation, le chariot porte sur son plateau le wagon à transborder.

Le chariot dont nous venons de parler, comporte une fosse, ce qui en restreint l'application aux remises et ateliers de wagons ou machines; en effet, il ne peut être installé ni sur les voies principales, ni sur les voies secondaires importantes, qu'il est impossible de couper par une fosse. On a construit pour ce dernier cas, des chariots dont le plateau est un peu plus élevé que le niveau des voies; les wagons à transborder sont amenés sur le plateau au moyen d'un système d'aiguilles en pentes fixées sur le chariot.

II. *Gares et Stations.* — Les chemins de fer sont clos des deux côtés; ils ne sont accessibles aux voyageurs et aux marchandises qu'à certains points déterminés, que l'on appelle *Gares* ou *Stations.*

L'espacement des stations varie d'une contrée à l'autre, suivant la densité de la population, et suivant la manière dont elle est groupée; l'espacement moyen en France est de 8 à 9 kilom.

Les stations peuvent être classées, suivant leur degré d'importance, en *haltes*, *petites stations*, *stations de moyenne importance*, *gares principales*, *gares de bifurcation*, *gares terminus.*

Les *haltes* sont de simples points d'arrêt, où quelques trains prennent et laissent des voyageurs. L'arrêt des trains a lieu près d'un passage à niveau, et le garde-barrière distribue des billets aux voyageurs au départ.

Une *station* peut se trouver soit sur un c. de fer à double voie, soit sur un c. de fer à voie unique. Mais il est de principe que le c. de fer soit toujours établi à deux voies dans la traversée des stations, afin que les trains puissent s'y croiser.

Une station comporte toujours un service de voyageurs et un service de marchandises.

Pour les voyageurs, il faut deux quais-trottoirs de 100 mètres établis le long de chaque voie, un bâtiment de distribution et d'attente avec cour attenante et, enfin, un abri sur le quai opposé au bâtiment principal.

Le service des marchandises nécessite une cour et une halle à marchandises, accessible d'un côté aux wagons, de l'autre aux voitures, et munie de tous les engins nécessaires pour la manutention des colis.

Une *gare principale* comprend, en plus des services de voyageurs et de marchandises, un service de la traction, ce qui la distingue nettement d'une station. Toutes les machines qui circulent sur le c. de fer, et qui ne font que passer aux stations, ne marchent que par relais et ne fonctionnent qu'une partie de la journée. Il faut qu'elles aient leur lieu de repos. Une grande gare comporte donc toujours un dépôt de machines avec les installations nécessaires aux réparations.

Lorsqu'une gare, au lieu de desservir une seule ligne de c. de fer, est destinée à desservir plusieurs branches, rayonnant dans des directions différentes, elle prend le nom de *gare de bifurcation*.

Dans une gare à plusieurs branches, il faut, outre les services énumérés plus haut, assurer l'échange des voyageurs et des marchandises d'une branche à l'autre : c'est ce qu'on appelle le service du *transit*. Dans certaines gares, ce service est beaucoup plus important que le service propre de la gare, c.-à-d. de la localité qu'elle dessert.

Quand une ligne de c. de fer arrive à une ville qui en forme l'extrémité sans prolongation possible, ce qui se présente, par exemple, si la ligne aboutit à la mer ou à une frontière infranchissable, la voie s'arrête au fond de la gare, et on a ce qu'on appelle une *gare terminus*.

Cette situation particulière, qui permet d'arriver des deux côtés de la gare sans traverser le c. de fer, commande en quelque sorte la disposition des gares terminus : d'un côté, le bâtiment et la cour du départ; de l'autre, le bâtiment et la cour d'arrivée; au fond, quelquefois, un simple pignon, quelquefois aussi un bâtiment de tête joignant les deux autres, et dans lequel on place les installations communes aux deux services, une vaste salle de pas-perdus, un buffet-hôtel, ou des bureaux.

L'importance et l'étendue des gares qui forment tête des réseaux dans les grandes villes, comme Paris, sont telles qu'il ne serait pas possible de réunir le service des voyageurs et celui des marchandises dans un même espace et sous l'autorité d'un même chef. La gare des voyageurs et celle des marchandises forment deux établissements distincts et généralement assez éloignés l'un de l'autre. Il y a intérêt à placer les gares des voyageurs aussi près que possible du centre du mouvement de la capitale, tandis qu'on ne peut songer à trouver dans un quartier central, où le terrain est cher, l'étendue nécessaire à une gare de marchandises.

Tel est le cas des grandes gares terminus de Paris; ainsi les gares du Nord, de l'Est, de Lyon, d'Orléans et Saint-Lazare ont respectivement leurs services de marchandises installés à la Chapelle, la Villette, Bercy, Ivry et Batignolles.

Il y a lieu de dire ici quelques mots des gares de Londres, qu'on oppose quelquefois à celles de Paris.

Une gare de Londres est une place publique où entre qui veut; l'accès de la halle sous laquelle partent et arrivent les trains, est ouvert à tout le monde, même aux voitures qui viennent se mettre à portée des voyageurs. Malgré cette liberté d'accès, les gares de Londres, tout en expédiant plus de voyageurs que celles de Paris, présentent une étendue beaucoup moindre. Au lieu de deux grands bâtiments latéraux occupant toute la longueur de la halle, l'un du côté du départ, l'autre du côté de l'arrivée, elles n'ont généralement qu'un bâtiment de tête, où se trouvent toutes les installations de départ, et une sortie de piétons et de voitures pour l'arrivée. En arrière de ce bâtiment de tête est un large trottoir terminus, d'où se détachent les divers trottoirs longitudinaux servant à l'embarquement et au débarquement des voyageurs.

L'étendue immense des terrains qu'occupent les gares terminus occasionne des frais énormes; cette étendue varie, bien entendu, avec l'importance des lignes, mais il est reconnu qu'on ne saurait jamais les faire trop vastes, « car personne, dit Perdonnet, ne peut prévoir quelle limite atteindra, un jour, le mouvement toujours croissant des voyageurs et des marchandises, et si l'on n'agrandissait les gares qu'au fur et à mesure des besoins, on s'exposerait à payer un prix exorbitant les terrains nécessaires. »

Nous renverrons aux ouvrages spéciaux pour tout ce qui concerne la distribution intérieure des gares.

III. *Signaux*. — Les signaux ont pour but de donner aux agents les ordres et les indications nécessaires pour assurer la sécurité des trains, des machines et des manœuvres en marche ou au stationnement. Ils constituent un langage de convention précis, au moyen duquel les agents des gares, de la voie, des trains et des machines sont en communication les uns avec les autres.

La pratique des signaux est basée sur les trois principes suivants :

1° Tout employé, quels que soient son grade et ses fonctions, doit obéissance passive aux signaux;

2° Sur tous les points et à toute heure, les dispositions doivent être prises comme si un train était attendu, c.-à-d. que les signaux doivent être assurés lorsque la voie n'est pas libre;

3° L'absence de tout signal indique que la voie est libre.

Ceci dit, les signaux des chemins de fer se divisent en deux catégories : les signaux *acoustiques* et les signaux *optiques*.

Les signaux acoustiques peuvent être faits sur la voie ou sur les trains. Les signaux acoustiques faits sur la voie ou des stations sont donnés avec la corne ou la trompe, le sifflet de poche, les pétards, les cloches électriques.

Les signaux acoustiques faits sur les trains sont donnés soit avec la cloche ou le timbre du tender, soit avec le sifflet de la locomotive.

Les signaux *optiques* sont également de deux espèces; ils peuvent être fixes ou mobiles.

Les signaux fixes, établis à demeure, sur un support, en

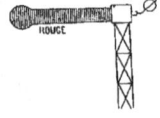

Fig. 19.   Fig. 20.   Fig. 21.

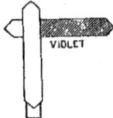

Fig. 22.   Fig. 23.   Fig. 24.

un point invariable de la voie, sont : les *disques à distance* (Fig. 19), les *signaux carrés d'arrêt absolu* (Fig. 20), les *électro-sémaphores* (Fig. 21) (voy. ÉLECTRO-SÉMAPHORE), les *disques de ralentissement* (Fig. 22 et 23), les *indicateurs de direction d'aiguilles* (Fig. 24) ou les *poteaux à inscriptions*.

Lorsque le signal doit appeler l'attention des agents du train, il présente un voyant carré ou rond placé perpendiculairement à la voie et toujours à gauche de la direction du convoi auquel le signal s'adresse.

Les voyants les plus peints en tons conventionnels, dont les plus usités sont :

Le *rouge*, signifiant : *Arrêt*.
Le *vert*,   —   *Ralentissement*.

La nuit les voyants sont remplacés par des feux de même couleur.

Lorsque la voie est libre, le signal présente, le jour, un voyant effacé, ou, la nuit, un feu blanc.

Il convient d'ajouter que la plupart des bifurcations d'un réseau, de même que les gares importantes, sont munies d'*appareils d'enclenchements* dont le but est d'établir une solidarité mécanique entre les leviers servant à manœuvrer les aiguilles et ceux qui actionnent les signaux, de sorte qu'ils ne puissent jamais permettre le passage simultané de deux trains dans des conditions dangereuses. Voy. ENCLENCHEMENT.

Quant aux signaux optiques portés par les trains, ce sont des plaques, des drapeaux, ou, la nuit, des feux de couleur.

IV. *Alimentation d'eau*. — L'eau est l'élément essentiel, ou du moins l'un des deux éléments essentiels de la marche des trains. Il est donc de la plus grande importance que l'alimentation d'eau d'un c. de fer soit assurée de manière que l'on n'ait en aucun cas, ni en aucune saison, d'interruption à craindre.

Chaque locomotive traîne à sa suite un wagon appelé *tender*, qui porte son approvisionnement d'eau et de charbon ; mais l'approvisionnement du tender est limité : il faut qu'on le renouvelle de distance en distance. C'est pour en renouvellement que sont établies, dans les gares et stations, des prises d'eau dont l'espacement peut varier, suivant les pentes, de 16 à 25 kilom.

Une alimentation d'eau comprend quatre parties distinctes :

1° *La prise d'eau proprement dite*, qui doit être alimentée par une source débitant de l'eau de bonne qualité et en quantité suffisante ; 2° *la conduite de refoulement*; 3° *le réservoir*; 4° *la distribution*, qui a pour objet d'amener l'eau d'un réservoir aux points où on en a besoin pour l'alimentation. Les tenders prennent leur eau à des appareils appelés *Grues hydrauliques* et placés le long des voies à l'emplacement que doit occuper le tender dans la situation normale de stationnement du train ; un tuyau flexible fait communiquer la grue hydraulique avec la caisse à eau du tender.

FRAIS DE CONSTRUCTION. — La dépense *kilométrique* moyenne d'établissement de l'*infrastructure* ou *plate-forme* d'un c. de fer est résumée dans le tableau suivant :

DÉSIGNATION des articles.	CHEMINS DE DIFFICULTÉ ordinaire.		CHEMINS FACILES	
	Deux voies.	Voie unique.	Deux voies.	Voie unique.
1° Frais généraux.	40.000ᶠ	9.500ᶠ	8.500ᶠ	8.000ᶠ
2° Terrains	18.000	16.000	18.000	16.000
3° Terrassements .	60.000	48.000	40.000	30.000
4° Ouvrages d'art.	40.000	30.000	25.000	19.000
5° Clôtures	2.400	2.400	2.400	2.400
	130.400ᶠ	105.900ᶠ	93.900ᶠ	75.400ᶠ
Soit en nombre rond.	130.000	105.000	93.000	75.000

En ce qui concerne la *superstructure*, la dépense *kilométrique* moyenne dans le cas de voie unique est résumée dans le tableau suivant :

Voie	40.000 fr.
Stations	25.000
Alimentation d'eau et divers . . .	5.000
TOTAL	70.000 fr.

Matériel roulant. — On comprend sous ce nom l'ensemble des véhicules en usage sur les chemins de fer. Ces véhicules reçoivent le nom de *Wagons*. Ils ont habituellement quatre roues, on leur en donne quelquefois six et même huit. Les voitures des chemins de fer ne sont pas absolument construites comme celles qu'on emploie sur les routes ordinaires. Nous connaissons l'usage des rebords saillants ou boudins dont la jante des roues est munie à son bord interne : ils ont pour objet d'empêcher le *déraillement*. Mais pour que ce rebord remplisse bien son objet, et que les wagons aient une stabilité convenable, il faut que les roues conservent une position invariable par rapport au corps de la voiture. C'est pour obtenir ce résultat que l'on est obligé de fixer les essieux aux roues et de faire tourner ces essieux dans des boîtes solidement liées au corps de la voiture ou au châssis qui le supporte. De plus, tous les essieux d'un même véhicule sont disposés de manière à toujours conserver leur parallélisme l'un par rapport à l'autre. Il suffit donc que l'essieu de devant tourne à droite ou à gauche pour que celui de derrière et le corps du véhicule exécutent aussitôt le même mouvement. La fixité des essieux aux roues entraîne, en outre, cette conséquence, que les deux roues d'un même essieu doivent tourner ensemble et faire le même nombre de tours dans le même temps. Cette solidarité des roues offre des inconvénients graves quand il s'agit de franchir des courbes, parce que le rail extérieur, c'est-à-dire celui qui est du côté de la convexité de la voie, étant plus long que le rail intérieur, les deux roues n'ont pas le même chemin à

parcourir. L'une d'elles doit donc nécessairement glisser pendant que l'autre tourne. Ce glissement a lieu sur un espace égal à la différence de longueur des rails ; il est opéré tantôt par une roue, tantôt par l'autre, quelquefois par les deux à la fois, mais alors dans un sens différent pour chacune d'elles. De là résultent à la fois une augmentation du frottement et un danger sérieux de déraillement, lorsque la courbe n'a pas un rayon suffisant pour atténuer presque complètement ses propres effets.

Tout wagon se compose de deux parties : le *train* et la *caisse*. Le train n'est autre chose qu'un châssis ou cadre de charpente, qui repose sur des *ressorts de suspension*, au milieu desquels sont liés des appareils dits *boîtes à graisse*, destinés à recevoir les essieux des roues et que l'on maintient toujours gras. Ces boîtes *à graisse* sont maintenues entre deux plaques de fer forgé ou de tôle épaisse, appelées *plaques de garde*, qui reposent sur la *fusée* des essieux, c.-à-d. sur la partie tournée en tronc de cône par laquelle se termine chaque essieu aux deux extrémités et qui lui sert de tourillon. Chaque wagon est muni d'appareils dits de *choc* et de *traction*, dont la disposition varie d'une infinité de manières, et qui ont pour objet de joindre ensemble les voitures dont l'ensemble forme les convois, et aussi d'amortir les chocs qui se produisent entre ces mêmes voitures quand elles viennent à s'arrêter. Les roues sont toujours, sur les chemins de fer d'Europe, en fer et acier. Quelle que soit la destination des véhicules, le diamètre est toujours le même ; il varie de 90 centim. à 1 mètre. On appelle *bandage* le cercle à rebords sur lequel s'opère le roulement. Le rebord ou *boudin* se raccorde par un congé avec une surface conique ordinairement inclinée de 1/20 (voir Fig. 11). Le bandage se fait toujours en acier. — La caisse est la partie du véhicule qui doit recevoir les voyageurs ou les marchandises. Sa forme et sa grandeur sont très variables. Les caisses des wagons à voyageurs ressemblent beaucoup à celles des anciennes diligences ; celles des voitures à marchandises présentent, au contraire, une multitude de dispositions particulières. Ainsi, il y a des wagons spécialement destinés au transport du lait, de la houille, du bois, du gros et du menu bétail, des chevaux, des matériaux de construction, etc. Certaines compagnies ont poussé les choses jusqu'à faire construire plus de trente espèces ou variétés de wagons. Aujourd'hui, néanmoins, on cherche à simplifier autant que possible cette partie du matériel.

Comme les voitures ordinaires, celles des chemins de fer sont pourvues d'appareils qui ont pour objet de ralentir ou même de supprimer complètement leur mouvement, mais il en sera parlé au mot FREIN.

Traction. — La traction d'un train est obtenue au moyen d'un instrument de propulsion, mécanique et mobile, appelé *Locomotive*, et décrit en détail à un autre article. Voy. LOCOMOTIVE.

Dans une locomotive, la puissance de la vapeur est employée à produire le mouvement de va-et-vient de deux pistons se mouvant chacun dans un cylindre ; ce mouvement se transforme, par une bielle, en mouvement de rotation et se communique ainsi à une paire de roues appelées *roues motrices*. Le mouvement de rotation de ces roues fait avancer sur les rails et elles entraînent la machine dont elles font partie, et le train qu'elle entraîne à sa suite.

La théorie de la traction d'un train repose sur ce fait commun à tous les véhicules que, pour que le déplacement soit réalisé, il faut vaincre les diverses résistances qui, dans ce cas peuvent être : résistance due au frottement des fusées ; résistance due au roulement de la roue sur le rail ; résistance de l'air ; résistance due aux pentes et aux courbes ; enfin, résistance provenant d'obstacles accidentels.

Il faut que la somme de toutes les résistances de roulement à vaincre pour les roues motrices pour avancer et entraîner le train avec elles, ne soit pas plus grande que la résistance à vaincre pour tourner sur place ; autrement, c'est ce dernier mouvement qui aura lieu, et tout le travail de la locomotive sera employé en pure perte.

Il y a donc une limite à l'effort de traction dont une locomotive est susceptible, c'est la force à vaincre pour faire tourner ses *roues motrices* par glissement. On appelle la partie du poids de la machine qui porte sur les roues motrices *le poids adhérent*, et le frottement de glissement de la roue sur le rail s'appelle *adhérence*.

Il y a intérêt à augmenter l'*adhérence*, et voici comment on y arrive sans augmenter pour cela le poids à remorquer : une locomotive repose ordinairement sur trois essieux montés chacun d'une paire de roues, qui supporte environ le tiers du poids de la machine : si les roues sont indépendantes d'un essieu à l'autre, le poids adhérent est égal au tiers du poids de la locomotive ; dans beaucoup de cas, ce poids adhérent est insuffisant pour l'effort de traction dont on aurait besoin. On y supplée en rendant, au moyen de bielles dites *bielles d'accouplement*, les roues motrices solidaires, soit d'une des paires de roues porteuses, soit des deux paires ; cette réunion de roues se nomme *accouplement*. On utilise alors pour l'adhérence, soit les 2/3 du poids de la locomotive, soit son poids total.

Bien des essais ont été faits pour avoir la valeur exacte de l'*adhérence* ; de ces expériences il résulte que c'est par le temps sec et en pays bien découvert que l'adhérence est la plus grande ; qu'une humidité légère, celle des brouillards, par exemple, la diminue considérablement et rend le frottement de glissement plus doux. En raison de ces considérations, il convient de régler les charges des machines suivant l'état d'adhérence ordinaire ; de ces augmentant pendant la saison de sécheresse et en les diminuant pendant la saison humide ; malgré ces précautions, il arrive qu'un train reste en détresse ; le mécanicien demande, dans ce cas, le secours d'une seconde machine ou sectionne son train sur le passage difficile.

Exploitation. — I. *Mouvement*. — C'est la partie technique de l'exploitation. Le *mouvement* a pour objet le service des trains, tant en marche en pleine voie qu'en stationnement ou en formation dans les gares.

Un train est toujours formé dans une gare sous l'autorité et sous la responsabilité du chef de gare.

Pour le nombre de wagons des trains de marchandises, il n'y a pas d'autre limite que la puissance de la locomotive ou des locomotives qui les traînent.

Pour les trains de voyageurs, le maximum est de vingt-quatre voitures pour les convois ordinaires, et de quarante pour les transports militaires.

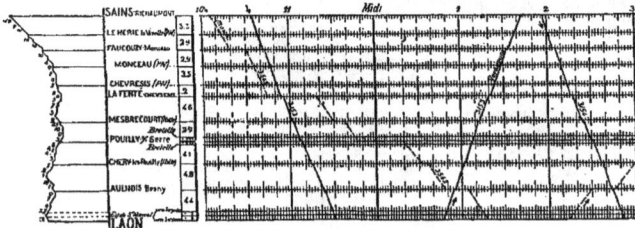

Fig. 25.

Le nombre des voitures d'un train étant arrêté, il faut s'assurer qu'il s'y trouve un nombre de freins suffisant, et placer les serre-freins sur les wagons les plus chargés, l'action d'un frein étant proportionnelle au poids du wagon sur lequel il agit.

On a soin de répartir les serre-freins d'une manière à peu près uniforme sur la longueur du train ; mais le règlement exige la présence d'un frein servi à la dernière ou à l'une des dernières voitures ; car, en prévision de la rupture d'un attelage, il faut que la partie du train laissée en arrière ait le moyen de s'arrêter si elle se trouve sur une rampe. Cette règle ne s'applique, bien entendu, qu'au cas général où le train n'est pas pourvu de freins continus, à vide ou à air comprimé, agissant sur tous les véhicules. Voy. FREIN.

Sur un c. de fer à double voie, la circulation a toujours lieu sur la voie située à gauche dans le sens du mouvement. Cette prescription est absolue, parce que les signaux et précautions qui assurent la marche du train n'ont lieu que dans ce sens.

Sur un chemin à voie unique, la circulation a lieu dans les deux sens sur la même voie ; il faut une organisation toute spéciale pour éviter la rencontre des trains. Le principe de la sécurité de la circulation sur la voie unique, c'est que deux trains ne doivent jamais être engagés ensemble sur l'espace qui sépare deux stations consécutives. Avant de lancer un train, il faut que la station de départ fasse un échange de dépêches télégraphiques avec la station d'arrivée pour savoir si la voie est libre. Les croisements des trains s'effectuent

dans les stations, pourvues, à cet effet, d'une ou de plusieurs voies de garage.

Un train ne doit jamais suivre un autre à moins de dix minutes d'intervalle ; néanmoins, sur quelques sections de peu de longueur, servant de tronc commun à plusieurs lignes, cet intervalle est notablement réduit. Aussi, la règle d'espacement en temps laisse à désirer sous le rapport de l'élasticité et de la sécurité de la circulation. On lui substitue de préférence un autre mode d'espacement, qui n'est plus réglé sur le temps, mais sur la distance, et que l'on appelle le *Block-Système*. Dans ce mode d'espacement, la ligne à parcourir est divisée en une série de sections où chaque train à son tour se trouve cantonné. Un train ne peut entrer dans une section que lorsque le train précédent en est sorti. Des postes sémaphoriques sont établis aux extrémités de chaque section, en sorte que l'entrée d'un train sur une section est annoncée par le poste d'entrée au poste de sortie, et sa sortie, c.-à-d. le dégagement de la voie, est annoncée par le poste de sortie au poste d'entrée. Ces avertissements réciproques se transmettent dans la généralité des cas par les signaux particuliers appelés *Électro-sémaphores* installés aux extrémités des sections. Voy. ÉLECTRO-SÉMAPHORE.

Au point de vue de leur condition de marche, les trains sont divisés en 3 catégories : les *trains réguliers*, qui ont lieu tous les jours aux heures prévues par le tableau de marche ; les *trains facultatifs*, également compris dans le tableau général de marche, mais n'ayant lieu que les jours où l'on en a besoin ; les *trains spéciaux*, qui ne sont pas prévus au tableau de marche.

Quand on songe au nombre énorme des trains circulant sur un réseau, on peut se demander par quels moyens on arrive à régler, sans erreur, la marche de ces trains, de manière qu'ils ne se gênent pas les uns les autres, qu'ils se croisent ou se dépassent à des endroits convenus, et qu'on puisse encore intercaler dans cet ensemble si compliqué des trains spéciaux qui y trouvent leur place sans arrêter les autres. Ce résultat est obtenu à l'aide de procédés graphiques, qui permettent de suivre à la fois la marche de tous les trains d'une même section, et leur position relative à chaque instant.

Ce procédé graphique consiste à tracer sur la même feuille de papier, et rapportées aux mêmes axes, les courbes de marche de tous les trains. A cet effet, on construit un tableau rectangulaire où les longueurs horizontales représentent les heures, tandis que les longueurs verticales représentent les distances à partir de la station qui sert d'origine. La position d'un train à une heure déterminée est alors représentée par un point de ce tableau ; la ligne qui joint tous les points d'un même train s'appelle la *courbe du train*. On dit qu'on prend les heures pour abscisses, les distances à partir de l'origine de la section pour ordonnées, et on trace la courbe de chaque train, courbe qui, eu égard à la vitesse variable ou non uniforme, n'est par le fait qu'une série de lignes droites. L'inclinaison de chaque ligne sur l'axe du temps est la vitesse du train. La Fig. 25 représente un extrait d'un de ces graphiques.

II. *Exploitation commerciale*. — La première ligne de c. de fer établie en France, a été celle de Saint-Étienne à Andrezieux (23 kilom.). Concédée en 1823, elle fut mise en exploitation en 1828. La traction était faite par des chevaux.

D'autres lignes, de faible longueur et toutes exclusivement destinées au transport des marchandises, furent concédées, jusqu'en 1833, dans la même région. Ce n'est qu'en 1832 que la locomotive fut substituée aux chevaux et que le transport des voyageurs fut ajouté au transport des marchandises sur une de ces lignes, celle de Saint-Étienne à Lyon.

En 1833, le gouvernement sentit la nécessité de ne pas abandonner entièrement aux intérêts particuliers le soin de déterminer les tracés et de constituer les réseaux de nos chemins de fer. Mais ce n'est qu'en 1842, par la loi du 11 juin de cette année, que l'on sortit de la période des tâtonnements. Cette loi déterminait les réseaux à construire ; chargeait l'État de l'infrastructure et laissait à des compagnies fermières le soin de fournir la superstructure, le matériel roulant, et d'exploiter à certaines conditions déterminées. Elle stipulait, en outre, que les lignes pourraient être concédées en tout ou en partie à l'industrie privée. C'est ce dernier système qui prévalut, d'ailleurs, en pratique.

La loi de 1842 donna une vive impulsion aux travaux de construction du réseau français; mais la crise de 1847-1848 vint arrêter brusquement cet essor; les valeurs des compagnies de c. de fer subirent une énorme dépréciation; les actions de la ligne de Paris à Lyon, par ex., libérées de 25 fr., tombèrent à 35 fr. Le gouvernement, après avoir vainement proposé le rachat, se décida à venir en aide aux compagnies.

A la fin de 1841, la France n'avait encore que 566 kilom. de chemins de fer en exploitation; en 1851, 3,546 kilom. étaient livrés à la circulation; mais cette situation laissait notre pays bien en arrière de tous les autres : la Grande-Bretagne avait alors plus de 11,000 kilom. de voies ferrées, l'Allemagne 5,800, la Belgique 900.

En France, 583 kilom. étaient exploités par l'État, le surplus était réparti entre 27 compagnies.

Le gouvernement impérial réduisit ce nombre à six. Il accorda de nouvelles concessions, remania les réseaux, appliqua aux diverses compagnies un cahier de charges unique et stipula, pour toutes les concessions, une durée uniforme de 99 ans. La crise de 1858 amena un remaniement des conventions conclues avec les compagnies, ces dernières se trouvant hors d'état de se procurer les capitaux nécessaires à la construction des nouvelles lignes, moins productives que les anciennes, qui leur avaient été concédées.

A la fin de 1870, 17,464 kilom. de lignes étaient en exploitation : la dépense d'établissement de ces lignes avait été, en moyenne, de 464,000 fr. par kilom.

La période de 1876 à 1883 est marquée par trois faits importants : la constitution d'un réseau d'État, composé de lignes rachetées aux compagnies des Charentes et de la Vendée, et de lignes construites par l'État, l'adoption d'un vaste programme, comprenant toutes les lignes à construire pour achever le réseau français, les conventions de 1883.

Le programme des lignes à établir pour achever le réseau de nos voies ferrées, préparé par M. de Freycinet, alors ministre des Travaux publics, fut adopté définitivement en 1879. Il comprenait 181 lignes nouvelles, d'une longueur de 8,848 kil. ; d'autres lignes, qui avaient précédemment été classées dans le réseau d'intérêt local, furent successivement ajoutées, par des lois spéciales, aux lignes dont l'exécution était décidée. De 1879 à 1882, les travaux de ces lignes entrepris sur tous les points du territoire, furent poussés avec une très grande activité. L'État faisait à la fois l'infrastructure et la superstructure, ne réservant que l'achat du matériel roulant; le Trésor se procurait les sommes nécessaires par des emprunts 3 p. 100, amortissables en 75 ans.

Mais à mesure que s'achevaient les lignes dont l'État avait entrepris la construction, la question de leur mode d'exploitation se posait avec une urgence chaque jour plus instante. La plupart de ces lignes étaient exploitées par les grandes compagnies; mais les traités passés avec ces compagnies étaient très onéreux pour le Trésor, car c'est à peine si quelques-unes de ces lignes couvraient leurs frais d'exploitation. D'autre part, à une période de prospérité sans exemple avait succédé, pour nos finances, une période de gêne qui imposait l'obligation de restreindre les dépenses publiques. Pour arriver à ce résultat sans arrêter la réalisation du programme de 1879, le gouvernement fut amené à négocier les conventions qui régissent actuellement les six grandes compagnies de chemins de fer et qui furent sanctionnées par la loi du 20 novembre 1883.

Aux termes de ces conventions, les compagnies se sont engagées à fournir l'outillage et le matériel nécessaires des lignes à construire et à contribuer pour 25,000 fr. par kilom. aux dépenses de construction. Le surplus de la dépense doit être fourni par l'État.

Sur les recettes des compagnies, chaque compagnie prélève les sommes nécessaires pour assurer le service de sa dette et pour distribuer à ses actionnaires un dividende fixé au minimum à 54'10 pour le Nord, à 55 fr. pour la compagnie de la Méditerranée, à 53'50 pour l'Est, à 38'50 pour l'Ouest, à 56 fr. pour l'Orléans, et à 50 fr. pour le Midi. S'il y a insuffisance, la garantie de l'État y subvient.

Les conventions de 1883 ont déchargé l'État de 14,485 kilomètres de chemins de fer, dont les compagnies poursuivent l'achèvement proportionnellement aux dépenses autorisées chaque année.

Le tableau ci-après résume, par des chiffres, la formation chronologique du réseau français :

ANNÉES	LONGUEUR EXPLOITÉE	LONGUEUR CONCÉDÉE
1823	»	23
1833	82	220
1839	248	575
1851	3.554	3.918
1859	9.074	16.441
1870	17.440	23.442
1875	19.746	26.673
1880	23.728	27.259
1889	33.424	40.934
1893	35.953	43.262

Les dépenses d'établissement des chemins de fer d'intérêt général représentent un capital considérable qui s'élevait, à la fin de 1892, à 14,907,946,846 fr., et se répartissait ainsi :

Sommes fournies par l'État . . . . 3.924.183.132 fr.
— par les départements, les communes, etc. . . . . 267.538.689 fr.
— par les compagnies . . 10.716.225.025 fr.

Les résultats de l'exploitation des chemins de fer français d'intérêt général sont donnés par le tableau ci-dessous pour 1892 :

DÉSIGNATION DES LIGNES	LONGUEUR MOY. EXPLOITÉE	RECETTES	DÉPENSES
	KIL.	FR.	FR.
Nord	3.612	192.239.301	97.584.873
Est	4.368	142.771.795	92.937.505
Ouest	5.172	152.522.754	91.351.562
Paris-Orléans	6.375	179.024.629	94.988.294
Paris-Lyon-Méditer. .	8.529	363.585.820	182.582.922
Midi	3.037	90.027.664	52.603.588
Lignes secondaires. .	1.019	22.833.080	19.033.881
Réseau de l'État. . .	2.665	39.097.985	29.508.823
Lignes secondaires non concédées . . .	312	1.318.684	1.735.333
Totaux.	35.089	1.183.421.712	662.386.781

Le nombre des voyageurs transportés à toute distance était, en 1855, de 32,941,741; en 1892, il s'est élevé à 288.077.679. Pendant la même période, les transports de marchandises à toute distance ont passé de 10,645,282 tonnes à 95.712.971.

Le personnel attaché à l'exploitation du réseau d'intérêt général qui comprenait, en 1854, environ 44,000 employés, dépasse, en 1891, 250,000 personnes.

Matériel roulant :

En 1855	En 1892
1,855 locomotives	9.747
4,898 voitures de voyageurs	23.917
1,894 wagons de grande vitesse	12.236
34,425 wagons de marchandises	251.584

Les chemins de fer ne peuvent être établis qu'en vertu d'une loi. Ils font partie du domaine public; la loi du 15 juillet 1845 les a classés dans la grande voirie. Les compagnies concessionnaires n'en sont pas propriétaires; elles se sont engagées à exécuter certains travaux et ont reçu, en rémunération, le droit de percevoir sur le public une certaine rétribution pendant une période déterminée.

A l'expiration de la concession, les chemins de fer feront retour à l'État sans qu'il ait à payer autre chose que la valeur du matériel roulant, déduction faite, s'il y a lieu, des sommes reçues par les compagnies à titre de garantie d'int rêts.

Si l'État voulait entrer en possession des lignes avant la date fixée pour l'expiration de la concession, il pourrait user de la clause de rachat. Si, d'autre part, les concessionnaires se trouvent dans l'impossibilité de remplir leurs engagements, la déchéance peut être prononcée contre eux.

Chemins de fer étrangers. — L'Angleterre et les États-

Unis d'Amérique ont laissé entièrement à l'initiative privée la construction et l'exploitation des chemins de fer; la Belgique et l'Allemagne ont construit, aux frais du Trésor ou racheté leurs réseaux qui sont exploités par l'État. L'Autriche, la Suède, le Portugal, la Russie, la Suisse et l'Espagne ont adopté un régime mixte se rapprochant plus ou moins du nôtre; enfin, les Pays-Bas et l'Italie possèdent les chemins de fer établis sur leur territoire et les font exploiter par des compagnies fermières.

L'histoire des chemins de fer anglais est un exemple frappant de l'impossibilité de la concurrence en cette matière. Pendant les premières années, les compagnies extrêmement nombreuses ont cherché à se faire concurrence; mais elles n'ont pas tardé à s'apercevoir que leur intérêt était de s'entendre et, en 1858, elles se sont réunies en assemblée générale et ont établi les règles qu'elles s'engageaient à suivre pour l'établissement de leurs tarifs et le partage du trafic. Ainsi, depuis cette époque, la concurrence n'existe plus. En outre, depuis cette époque, les compagnies n'ont cessé de fusionner entre elles, et elles sont arrivées, peu à peu, à constituer de grands réseaux comme en France. Elles ont même trouvé le moyen de supprimer la concurrence que leur faisaient les canaux et de mettre la main sur les ports maritimes, dont l'administration n'appartient pas généralement au gouvernement en Angleterre.

Cette situation a soulevé de telles plaintes que l'État a dû demander au Parlement de l'armer d'un droit de contrôle que la législation antérieure ne lui donnait pas et qu'il exerce au moyen d'une commission de trois membres reconstituée en 1887 et qui exerce des pouvoirs très étendus.

Le réseau anglais comprenait, au 31 décembre 1885, 30,849 kilom. répartis entre 295 compagnies dont 9 exploitaient, à elles seules, 19,000 kilom. Les dépenses d'établissement de ce réseau s'élevaient, à cette date, à plus de 20 milliards, faisant ressortir le prix du kilom. à 668,000 fr.

États-Unis de l'Amérique du Nord. — Le même système a été appliqué aux États-Unis et a conduit à des résultats analogues. Mais, du moins, la libre concurrence a-t-elle eu pour conséquence de couvrir ce vaste pays, avec une prodigieuse rapidité, d'un réseau qui atteignait, à la fin de 1892, 281,934 kilom. ayant coûté 55 milliards de francs.

Le prix peu élevé de ces lignes s'explique par la façon sommaire dont elles sont généralement établies au début de leur mise en exploitation, sauf à les améliorer lorsque le trafic devient plus considérable.

La libre concurrence des compagnies entre elles a amené aux États-Unis la plus effroyable consommation de capitaux que l'on puisse imaginer. On en jugera par les chiffres suivants que nous empruntons à l'intéressante monographie de M. l'inspecteur des finances Fernand Bernard sur les valeurs de chemins de fer des États-Unis : de 1884 à 1892, 235 compagnies sont tombées en faillite. Ces 235 compagnies possédaient 72.197 kilom. de lignes et avaient émis pour 10 milliards 472 millions d'actions et d'obligations. — On ne s'étonnera pas si, après cette expérience désastreuse, la liberté et la concurrence ont fini par disparaître comme en Angleterre. Le réseau des États-Unis est réparti entre 1,785 compagnies, mais 80 d'entre elles possèdent 70 p. 100 des lignes et les fusions ont continué depuis. Un riche financier de New-York, M. Gould, est même arrivé à réunir, dans ses mains, plus de 15.000 kil. de chemins. Les Vanderbilt en possèdent 26.883 kilomètres.

Ici encore, comme en Angleterre, l'État a été amené à établir un contrôle qu'il n'avait pas antérieurement (1886-87).

Belgique. — La Belgique, comme l'Allemagne, nous offre l'exemple de la construction et de l'exploitation des chemins de fer par l'État. Au 31 décembre 1887, elle possédait 4,416 kil. de voies ferrées dont 3,200 appartenaient à l'État et 1,246 à des compagnies concessionnaires. Eu égard à la densité de sa population et à l'étendue de son territoire, c'est de tous les pays du globe celui qui est le mieux desservi. Les résultats de l'exploitation des chemins de fer de l'État belge se sont traduits, de 1873 à 1886, par des déficits constatés variant de 8,874,000 fr. en 1873 à 1,719,000 fr. en 1886, qui ont été couverts par les ressources générales du budget. En 1887, cette situation a changé et le déficit a été remplacé par un excédent de recettes de 11 millions environ. Ajoutons que les tarifs de l'État belge sont excessivement bas.

Les dépenses d'établissement des lignes belges s'élevaient, à la fin de 1883, à 1 milliard 697 millions, faisant ressortir à 320,400 fr. le prix de revient kilométrique.

Allemagne. — Au 31 décembre 1885, l'Allemagne possédait 36,957 kil. de chemins de fer, dont 32,717 kil. construits ou rachetés par l'État. Depuis, de nouveaux rachats ont eu lieu, et le moment n'est pas éloigné où toutes les lignes de l'Empire appartiendront à l'État.

À la même époque, les dépenses d'établissement de ces chemins de fer s'élevaient à 12,238 millions, soit 330,640 fr. le kilomètre.

Les résultats de l'exploitation, en 1885, ont été :

Recettes brutes. . .	1,203,000,000 fr.
Dépenses	662,000,000 fr.
Produits nets. . .	541,000,000 fr.

L'exposé même sommaire de l'organisation des chemins de fer chez les autres nations dépasserait les bornes de cet article. Nous nous contenterons de résumer, dans les tableaux ci-contre (p. 379), les renseignements statistiques que nous possédions actuellement (1891) sur les chemins de fer du globe. Ces renseignements sont extraits du *Traité de chemins de fer* de M. G. Humbert, ingénieur des ponts et chaussées.

La longueur des chemins de fer du globe s'accroît dans des proportions considérables : elle était, en 1870, de 207,832 kil. ; elle atteignait 512,505 kilom. en 1886, et la progression a continué depuis. En même temps, le capital d'établissement de ces lignes passait de 53 milliards à 136 milliards. Le nombre des voyageurs transportés était, en 1883, de 1,500 millions en Europe, de 313 millions aux États-Unis et de 187 millions dans le reste du globe. Le tonnage des marchandises transportées a été, à la même année, de 1.300 millions dont 760 millions en Europe, et 401 millions aux États-Unis.

Pour les indemniser de leurs dépenses et rémunérer les capitaux engagés dans leur entreprise, les compagnies de chemins de fer sont autorisées à percevoir des *taxes* dont le maximum est fixé par un *tarif*, dit *tarif légal*, inséré dans le cahier des charges. Elles ont la faculté d'abaisser ces taxes au-dessous de ce maximum, et chacune d'elles use de cette faculté pour établir un *tarif général* et des *tarifs spéciaux*, l'expérience leur ayant montré que les prix du tarif légal étaient exorbitants et de nature à empêcher tout développement du trafic.

Le cahier des charges avait établi quatre classes de marchandises taxées à des prix différents d'après leur valeur intrinsèque. Les compagnies ont substitué à cette division une classification des marchandises en six séries qui, depuis l'année 1879, sont les mêmes pour tous les réseaux et qui sont taxées à des prix inférieurs aux maxima fixés par le cahier des charges.

Les compagnies ont en outre offert au public pour les voyageurs et certaines marchandises, ainsi que pour certaines relations, des *tarifs spéciaux* de grande et de petite vitesse plus réduits que les tarifs généraux, mais subordonnés soit à l'allongement des délais de transport, soit à des clauses stipulant le chargement d'un wagon complet ou l'exonération de la responsabilité pour avaries ou déchets qui incombe aux compagnies.

L'expéditeur reste d'ailleurs libre d'accepter ces tarifs réduits ou les conditions mises aux réductions qu'ils comportent.

Lorsque les tarifs spéciaux sont établis entre plusieurs compagnies, ils prennent le nom de *tarifs communs*. Mentionnons encore les *tarifs de transit*, qui ont pour but de conduire à nos ports de mer les marchandises étrangères à destination de l'étranger, c'est-à-dire, celles qui ne doivent que traverser la France; les *tarifs d'exportation* destinés à faciliter par des taxes réduites l'exportation des produits français à l'étranger, et enfin les *tarifs d'importation* désignés plus souvent, dans les polémiques passionnées dont ils ont été l'objet, sous le nom de *tarifs de pénétration*, et destinés à favoriser l'importation par chemins de fer des produits étrangers lorsque, surtout, ces produits ont (comme c'était le cas pour les vins d'Espagne par exemple) le choix, pour arriver sur notre marché, entre la voie ferrée et la voie de navigation maritime et fluviale. Ces tarifs ont d'ailleurs été supprimés, pour la plupart, à la suite des réclamations qu'ils ont soulevées.

Considérés au point de vue des formules d'après lesquelles ils sont établis, les tarifs se divisent en : *tarifs à prix fermes* ou *tarifs de gare à gare*, dans lesquels les prix sont arrêtés à une somme fixe pour certaines relations déterminées; en *tarifs kilométriques à base constante*, dans lesquels les prix sont obtenus en multipliant la distance par le prix du transport de l'unité de poids à 1 kilom. ; en *tarifs différentiels* ou à *base décroissante*, dans lesquels le prix du trans-

NOMS DES PAYS	ANNÉES	LONGUEUR DU RÉSEAU EXPLOITÉ (Voies de différentes largeurs)	DÉPENSES D'ÉTABLISSEMENT	
			ANNÉES	PAR KIL.
Allemagne....	1886	38,264	1885	339,639
Autriche-Hongrie.	1886	23,390	1885	341,583
Belgique....	1887	4,446	1883	320,400
Danemark....	1886	1,965	1883	127,600
Espagne.....	1886	9,309	1883	235,000
France......	1889	33,194	1889	431,090
Royaume-Uni.	1887	31,591	1887	671,385
Grèce.....	1886	515	1883	205,000
Italie.....	1886	11,388	1884	291,770
Norvège....	1886	1,562	1883	109,000
Pays-Bas....	1885	2,243	1885	314,180
Portugal....	1886	1,577	1883	186,900
Roumanie....	1886	1,940	1885	286,991
Russie.....	1887	28,516	1883	258,500
Suède.....	1886	7,277	1883	119,100
Suisse.....	1887	2,821	1887	318,074
Turquie.....	1885	860	1883	290,700
Indes anglaises.	1888	23,442	1887	193,754
Japon.....	1886	692	1885	204,700
Algérie et Tunisie.	1889	2,949	1889	202,868
Égypte.....	1886	1,500	»	»
Cap de Bonne-Esp.	1885	2,854	»	»
États-Unis..	1886	222,010	1885	233,500
Canada....	1886	17,337	1885	180,250
Répub. Argentine.	1886	5,500	1885	68,000
Brésil......	1886	7,277	1885	200,000
Chili......	1886	2,995	1885	70,000
Pérou.....	1886	1,309	1885	350,000
Australie....	1885	9,492	1885	168,800
Tasmanie....	1885	346	1885	121,500
Nouvelle-Zélande.	1885	2,527	1885	118,950

Résultats de l'exploitation.

NOMS DES PAYS	ANNÉES	RECETTES BRUTES	DÉPENSES (non compris les charges du capital d'établissement)	PRODUIT NET KILOM.
		FR.	FR.	FR.
Allemagne..	1885	1,202,999,000	662,348,000	14,709
Autriche-Hongrie.	1885	606,777,000	319,646,000	13,172
Belgique...	1887	160,920,000	85,279,000	16,323
Danemark...	1885	17,350,000	12,350,000	2,500
Espagne...	1883	173,264,000	73,892,000	12,700
France....	1889	1,144,438,830	588,870,543	16,879
Royaume-Uni	1887	1,773,584,000	926,582,000	25,594
Italie....	1884	210,746,000	158,645,000	5,100
Norvège...	1885	9,755,000	7,439,000	1,480
Pays-Bas...	1885	55,895,000	32,309,000	9,458
Portugal...	1885	»	»	12,000
Roumanie...	1885	22,320,000	13,886,000	6,553
Russie....	1884	(1)226,000,000	131,000,000	3,000
Suède....	1884	54,108,000	30,659,000	3,500
Suisse....	1887	78,859,000	42,225,000	12,460
Indes anglaises	1887	459,086,0.0	225,237,000	10,330
Algérie...	1889	24,915,267	»	644
Égypte....	1885	38,400,000	»	3,454
Cap.....	1886	26,217,000	»	16,195
États-Unis..	1885	3,863,000,000	»	6,500
Canada...	1885	161,150,000	»	7,000
République Argentine	1883	(2)131,000,000	»	»
Australie...	1885	142,970,000	»	5,500
Tasmanie...	1885	3,173,000	»	1,100
Nouvelle-Zélande.	1885	26,000,000	»	3,600

(1) Recettes et dépenses exprimées en roubles.
(2) Recettes exprimées en piastres.

port kilométrique va en diminuant à mesure que la distance augmente.

Ces derniers tarifs se subdivisent en tarifs de *forme belge* et en *tarifs à paliers*. Ceux-ci sont des tarifs dont les prix sont calculés d'après une base qui, quoique se modifiant avec la distance, est unique pour un transport déterminé et s'applique depuis l'origine jusqu'au point terminal du parcours. Ces tarifs sont dits à palier parce qu'on est obligé, pour empêcher qu'on ne paie pour certains parcours une taxe moindre que celle qui est afférente à un parcours plus court, de stipuler soit un minimum, soit un maximum de perception, qui fait que la marchandise est soumise à la même taxe totale pour des parcours notablement différents. Dans le *tarif de forme belge*, cet inconvénient est évité par l'application d'un prix kilométrique aux premiers kilomètres et de prix de plus en plus réduits aux kilomètres parcourus en sus. Voici des exemples de ces différentes formes de tarifs :

1° *Tarif à prix ferme :* Bois à brûler, de Marseille à Lyon, par expédition de 50 tonnes, 40 fr. par tonne;

2° *Tarif à base kilométrique constante :* Légumes frais de toutes les gares du réseau de la Méditerranée à Paris, 0f,16 par tonne et par kilomètre;

3° *Tarif à base décroissante à paliers :* Céréales transportées sur le réseau de l'Est Algérien jusqu'à 150 kilom., 0f,13 par tonne et par kilom. avec maximum de 15 fr.; de 151 à 300 kilom., 0f,10 par tonne et par kilom. avec maximum de 24 fr. Au delà de 301 kilom., 0f,08 sans maximum;

4° *Tarif à base décroissante de forme belge :* Phosphates de chaux pour engrais transportés sur le réseau de la compagnie de la Méditerranée (ligne d'Alger à Oran): de 1 à 50 kil., 0f,08 par tonne et par kilom.; de 51 à 100 kilom., 0f,05 par tonne et par kilom. en sus; de 101 à 150 kilom., 0f,04 par tonne et par kilom. en sus; au delà de 151 kilom., 0f,03 par tonne et par kilom. en sus.

Représentés par le procédé en usage pour la figuration des tarifs, les tarifs que nous citons à titre d'exemple donnent le graphique ci-après :

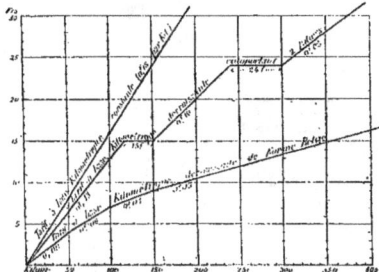

Fig. 26.

Pour tout ce qui concerne l'exploitation des lignes qui leur sont concédées, les compagnies françaises de chemins de fer sont soumises au contrôle de l'État. Ce contrôle est exercé par le ministre des travaux publics au triple point de vue financier, technique et commercial. Le ministre est assisté : du conseil général des ponts et chaussées, qui donne son avis sur tous les projets de travaux présentés par les compagnies ; de la commission de vérification des comptes, qui délibère sur les comptes fournis par les compagnies ; du comité de l'exploitation technique, composé des chefs du service du contrôle de chaque réseau, etc., qui examine les règlements, la marche des trains et toutes les questions intéressant la sécurité des voyageurs; du comité consultatif des chemins de fer, qui donne son avis sur tous les tarifs soumis à l'homologation de l'administration supérieure.

Le contrôle technique et commercial de chaque réseau est placé sous la direction d'un inspecteur général des ponts et chaussées ou des mines, qui a sous ses ordres trois services : le contrôle de la voie et des travaux, exercé par un ingénieur en chef et des ingénieurs des ponts et chaussées assistés de conducteurs; le contrôle du matériel et de l'exploitation technique, exercé par un ingénieur en chef et les ingénieurs des mines assistés de gardes-mines; enfin, le contrôle de l'exploitation commerciale, exercé par un inspecteur principal, des inspecteurs particuliers et des commissaires de surveillance administrative. Ces derniers agents sont également placés sous les ordres des ingénieurs.

En matière financière, le ministre exerce deux sortes de pouvoirs : au point de vue de la garantie d'intérêts, il arrête chaque année les comptes des compagnies ; au point de vue de la constitution du capital, aucune émission d'obligations ne peut avoir lieu sans son autorisation.

Dans tout ce qui intéresse la sûreté de l'exploitation, les horaires et le nombre des trains de voyageurs, le ministre a un pouvoir très étendu. Mais il n'en est pas de même en ce qui concerne les tarifs. Le principe fondamental qui régit la matière, c'est que l'initiative de la modification des tarifs dans les limites des maxima fixés par le cahier des charges appartient aux compagnies, mais que ces modifications ne peuvent être mises en vigueur sans l'approbation du ministre, qui a un pouvoir discrétionnaire pour accorder ou refuser son homologation, et même pour la retirer à un tarif précédemment homologué.

Le tarif, une fois homologué, forme la loi des parties, et il n'est pas plus permis aux compagnies d'en refuser l'application qu'aux particuliers de chercher à s'y soustraire. En cas de contestation sur le sens à donner à une clause d'un tarif, les tribunaux ordinaires sont seuls compétents pour trancher le litige. Le tribunal saisi est généralement le tribunal de commerce, puisque les compagnies, agissant comme entrepreneurs de transports, font acte de commerce. Les particuliers non commerçants peuvent, d'ailleurs, saisir les tribunaux civils. Le tribunal compétent est celui du domicile du défendeur et, en outre, au gré du demandeur, quand il s'agit d'un tribunal de commerce, le tribunal du lieu où la promesse a été faite et la marchandise livrée, et celui du lieu où le payement devait être effectué. La jurisprudence considère les compagnies comme ayant un domicile partout où existe une gare assez importante pour avoir le caractère d'un établissement principal.

Les difficultés relatives à l'interprétation des tarifs peuvent être portées devant la cour de cassation.

Frais accessoires. — Les marchandises transportées par chemins de fer ont à payer, indépendamment des taxes fixées par les tarifs, des frais d'enregistrement (0f,10 par expédition) ; des frais de manutention (1 fr. ou 1f,50 par tonne, suivant le tonnage pour la petite vitesse, et 1f,50 pour la grande vitesse, pour les expéditions supérieures à 40 kilog.) ; des frais de transmission d'un réseau à un autre (0f,40 par tonne pour les voies de même largeur et 0f,70 pour les voies de largeur inégale) ; des frais de magasinage (0f,05 par jour, par 100 kilog. pour les trois premiers jours de retard dans l'enlèvement des marchandises et 0f,10 pour chaque jour en sus) ; des droits de stationnement pour les wagons non déchargés dans les délais (10 fr. par jour) : ces frais sont fixés par le ministre, ainsi que le tarif pour le transport des excédents de bagages, des marchandises de faible densité, etc.

Outre les impôts dont ils sont grevés et qui atteignaient, jusqu'à la réforme effectuée au commencement de 1892, 23 p. 100 de la taxe payée pour les transports en grande vitesse, les chemins de fer français donnent à l'État un concours indirect des plus précieux :

1° Par le transport gratuit des dépêches postales ;

2° Par le transport à prix réduits des militaires, des marins et des prisonniers ;

3° Par le transport gratuit des agents du contrôle et du personnel des contributions indirectes et des douanes voyageant pour leur service ;

4° Par les facilités données à l'administration des télégraphes.

L'importance des économies réalisées par l'État sur ces différents transports s'accroît chaque année, au fur et à mesure de l'extension du réseau français.

Systèmes particuliers. — I. *Chemin de fer à voie étroite.* Ces chemins de fer sont beaucoup moins coûteux que les chemins de fer de type ordinaire ; ils permettent de réduire les rayons des courbes, d'utiliser un matériel plus économique et des rails moins lourds.

L'écartement de voie généralement adopté varie de 0m,90 à 1 mètre ; c'est celui qui concilie le mieux les économies de tracé et les facilités de construction du matériel ; avec cet écartement on peut franchir des courbes de 100 mètres. Les rails employés pèsent de 18 à 25 kilog. par mètre courant, soit la moitié des rails ordinaires. Les traverses sont réduites dans les mêmes proportions ; à priori on admet une réduction de dépense de moitié sur la construction et sur l'exploitation d'un chemin de fer à voie étroite.

Ce système présente cependant l'inconvénient de nécessiter un transbordement au point de jonction des grandes lignes ; cet inconvénient peut être grave lorsqu'il s'applique à un grand trafic ; il est léger quand il ne pèse que sur un trafic de peu d'importance.

Les chemins à petite voie peuvent rendre de grands services pour les communications secondaires, et, en particulier, pour les *chemins de fer d'intérêt local* exclusivement destinés à relier les localités secondaires aux localités principales, c'est-à-dire aux grandes lignes.

Les chemins de fer à voie étroite, quelque peu méconnus en France, ont pris un développement considérable en pays étranger, notamment en Norvège, en Russie, en Angleterre, au Brésil et aux Indes.

L'exemple le plus remarquable des chemins de fer à voie étroite est celui de la ligne de Festiniog à Porsmadoc, dans le pays de Galles. Construit à l'origine pour desservir une carrière d'ardoise, il a été transformé depuis en chemin public transportant voyageurs et marchandises. Il a une longueur de 21 kilom. avec un écartement de voie de 0m,60 ; il s'élève à 210 mètres par une rampe continue, et ses nombreuses courbes sont très accentuées. Cette petite ligne court à fleur de sol à travers un pays bouleversé, où un c. de fer ordinaire n'aurait pu être établi qu'au prix de travaux gigantesques.

Chemins de fer portatifs, dits *Chemins de fer Decauville.* — On désigne sous ce nom une certaine catégorie de chemins de fer à voie étroite, dont les diverses parties, facilement démontables, sont portatives et se posent et déposent sans aucune difficulté. La voie a une largeur de 0m,50 à 0m,60 ; elle se compose d'éléments, en forme d'échelles, qui sont droits, courbes ou combinés en forme de croisement pour répondre à tous les besoins ; les rails sont en acier et pèsent de 4f,5 à 12k le mètre courant.

La voie peut se poser un peu partout, sur des terrains de toute nature, et n'a besoin d'être ballastée que lorsque la traction se fait au moyen de petites locomotives.

Les *chemins de fer portatifs* sont employés avec succès dans les exploitations agricoles, ainsi que dans les travaux de terrassements et de mines ; ils ont même été employés dans les dernières guerres coloniales, en Tunisie et au Tonkin, pour le transport des blessés et des approvisionnements.

Quant au matériel roulant, il se compose de wagonnets pouvant affecter une grande variété de formes appropriées aux services à rendre. La traction se fait par chevaux ou au moyen de petites locomotives de 2,5 à 6 tonnes, avec une vitesse qui peut atteindre 20 kilom. à l'heure.

II. *Chemin de fer à crémaillère.* — Lorsque les rampes d'une ligne de c. de fer dépassent les limites pratiques exigées pour la simple adhérence, soit 25 à 30 millimètres par mètre, on a recours à une solution qui consiste à franchir les accidents de terrain au moyen d'une *voie à crémaillère*.

À l'origine des chemins de fer, quand on ne supposait pas que l'adhérence seule fût suffisante pour remorquer des trains, on avait imaginé de garnir les roues de pointes mordant sur des longrines en bois placées à côté des rails ; les premières locomotives, construites par Trévithick et Vivian vers 1804, étaient établies dans ces conditions. Ce fut là l'origine de la voie à crémaillère que Blenkinsop réalisa, vers 1811, en plaçant entre les rails une véritable crémaillère engrenant avec une roue placée sous la locomotive.

Stephenson ayant démontré, en 1813, que la simple adhérence suffisait pour assurer la traction des trains, le système de voie à crémaillère fut abandonné, pour n'être repris 30 ans plus tard, exclusivement pour les lignes à fortes rampes.

Le principal avantage du système à crémaillère consiste en ce qu'il permet d'adopter un profil à fortes rampes, sans nécessiter une diminution de la charge à remorquer. L'économie obtenue provient de la réduction au minimum des travaux d'art et de terrassement, ainsi que de la longueur réduite de la ligne.

Au début des chemins de fer, la traction des locomotives s'effectuait exclusivement au moyen d'une roue dentée montée sur un essieu et engrenant avec la crémaillère ; cette roue dentée était la roue motrice de la machine, les autres roues étaient simplement porteuses et folles sur leurs essieux ; avec cette disposition, la crémaillère devait nécessairement exister sur tout le parcours de la ligne, même dans les parties en palier. Mais depuis on a adopté le système mixte, dans lequel les parties de ligne en fortes rampes sont franchies à l'aide de la crémaillère, et les sections en palier au moyen de la simple adhérence.

Le système à crémaillère le plus en faveur actuellement est le système Abt. Dans ce système, la crémaillère est formée de 2 ou 3 lames dentées en acier doux laminé, fixées solidement entre les rails de la voie. La denture de ces lames est croisée; ce croisement permet de donner à la crémaillère un pas de 120ᵐᵐ environ, ce qui n'est pas excessif; aussi les chocs sont-ils à peu près nuls, et la vitesse peut atteindre 25 kilom. à l'heure; de plus on passe sans trépidation d'une partie en adhérence à une partie en crémaillère.

En raison même du fonctionnement mixte de ce système, les locomotives ont deux mécanismes moteurs complètement indépendants. Pendant tout le parcours, le mécanisme à simple adhérence, avec deux cylindres extérieurs, fonctionne continuellement à la manière ordinaire; l'autre mécanisme est utilisé dans les sections à crémaillère, et comporte deux cylindres intérieurs placés sous le corps de la locomotive. Les roues cannelées sont munies d'un frein à ruban très énergique; quant aux roues motrices par adhérence, elles sont pourvues d'un frein à main manœuvré par le mécanicien; enfin un troisième frein adapté à chaque paire de cylindres, et fonctionnant comme dans la marche à contre-vapeur, complète le mécanisme.

Les lignes à crémaillère les plus remarquables sont celles de Diacophto à Kalavryta (Grèce), celle du Harz, d'Aix-les-Bains au Revard, etc.

III. *Chemin de fer funiculaire.* — Indépendamment des machines locomotives, qui sont des machines *mobiles*, un train peut être remorqué par des machines *fixes*. Ces machines fixes sont usitées sur quelques chemins de fer pour faire gravir aux convois des pentes très inclinées. Ce sont simplement des machines à vapeur ordinaires ou des machines hydrauliques qui mettent en mouvement un tambour sur lesquelles s'enroule le câble de traction, soutenu de place en place par des poulies droites ou inclinées suivant que la traction se fait en alignement droit ou en courbe. On donne à ce système le nom de système *funiculaire*, parce que la force développée par le moteur est transmise aux wagons par l'intermédiaire de câbles (*funes*).

Pour régler la vitesse et pour obtenir une adhérence suffisante, lorsque les freins sont mis en action, on complète ordinairement le système funiculaire par l'adjonction d'une crémaillère posée entre les deux rails de la voie.

Le châssis du wagon comprend deux essieux écartés de 3 mètres environ d'axe en axe, avec trois roues par essieu. La roue dentée du milieu est munie latéralement de disques de frein. Si le câble venait à se rompre, la roue dentée supérieure du wagon est freinée automatiquement par la chute d'un levier à contrepoids. Le levier à contrepoids du frein de la roue inférieure est relié à une crémaillère verticale, avec laquelle engrène un pignon maintenu par une roue à rochet. Pour mettre ce frein en action, le conducteur n'a qu'à débrayer, au moyen d'une légère pression, le cliquet de la roue à rochet.

L'action du frein peut être augmentée à volonté en agissant sur un volant à main porté par le même arbre que le pignon; de même on peut relever le levier du frein pour faire cesser le freinage. Mais pour arrêter instantanément le mouvement du wagon, le conducteur peut se servir toujours du frein automatique.

Chaque wagon est muni d'une suspension mobile qui empêche les roues dentées de se soulever et de produire le déraillement du wagon.

Chemin de fer électrique. — Depuis quelques années on a appliqué aux chemins de fer un nouveau mode de traction basé sur le transport de l'énergie par l'électricité. Parmi les avantages de ce système, il faut citer : la douceur du roulement due à la constance de l'effort moteur, un démarrage rapide, et enfin un moteur léger n'occupant qu'un espace restreint; il convient d'ajouter que l'effort de traction reste indépendant de la vitesse et ne dépend que de l'intensité du courant.

La traction électrique des chemins de fer peut être réalisée de deux manières. Dans le premier système, le train emporte avec lui sa source d'énergie; nous n'insisterons pas sur ce genre de c. de fer qui n'a de spécial que sa *locomotive électrique* dont la description se trouve ailleurs. Voy. LOCOMOTIVE.

Dans le second système, le plus répandu, les trains sont alimentés par des machines fixes au moyen de conducteurs aériens ou souterrains. On peut citer comme exemple le c. de fer électrique *City and South London.* Cette ligne, destinée à relier la Cité et le sud de Londres, en passant sous la Tamise, comprend deux voies de 1ᵐ53 de largeur placées chacune dans un tunnel tubulaire en fonte; sa longueur totale est de 5 kil. et demi. Les voyageurs franchissent la

différence de niveau de la rue et de la plate-forme par des ascenseurs hydrauliques. Les locomotives développent 100 chevaux et pèsent 10 tonnes. Le moteur du type *Edison-Hopkinson* prend le courant par un conducteur placé sur les traverses et entre les rails.

Le tunnel est éclairé par la lumière électrique au moyen de lampes à incandescence.

Les trains se composent de trois voitures capables de transporter chacune 34 voyageurs, et font un service de 3 en 3 minutes avec une vitesse commerciale de 15 kilom. à l'heure; ils sont pourvus d'un frein automatique dont le fonctionnement est assuré par des réservoirs d'air comprimé placés sur la machine et pouvant suffire à cinquante arrêts complets.

Tous les trains de cette ligne sont montés en dérivation; le courant arrive par les conducteurs en acier aux locomotives, passe dans les dynamos et revient par les rails. Aux aiguilles en pointe de cœur, le conducteur en acier est interrompu sur 0ᵐ50 de longueur; on compte sur la vitesse acquise du train pour franchir le vide laissé par cette solution de continuité.

Le système de c. de fer électrique alimenté au moyen de conducteurs aériens ou souterrains présente un inconvénient assez grave qu'il convient de signaler ici : ils ne sont applicables que sur des parcours peu étendus; à partir d'une certaine distance, en effet, le capital engagé dans les câbles conducteurs devient trop considérable pour qu'on puisse songer à les appliquer.

IV. *Chemin de fer glissant à propulsion hydraulique.* — Le célèbre ingénieur hydraulicien Girard avait eu l'idée en 1852 de faire mouvoir les trains roulants ordinaires au moyen de jets d'eau horizontaux placés sur la voie. En 1854, cet ingénieur complétait son invention en supprimant le roulement des wagons sur les rails et en le remplaçant par le glissement.

Dans ce système, la propulsion des trains est obtenue au moyen de colonnes d'eau horizontales lancées par des ajutages fixes placés de distance en distance sur la voie et alimentées par des conduites d'eau sous pression.

D'autre part les wagons, dépourvus de roues, sont supportés par des patins glissant sur des rails plats de même largeur. On fait arriver l'eau sous pression à l'intérieur des patins; ceux-ci sont légèrement soulevés, et glissent sur la couche liquide interposée entre les rails et les patins. L'effort à la traction devient ainsi très faible. Par les temps de gelée, l'eau est remplacée par un mélange d'eau et de glycérine, qui échappe à l'action de la gelée.

Ce système n'a pas reçu jusqu'ici d'application courante; cependant, on a pu voir fonctionner, à l'Exposition de 1889, un c. de fer glissant de 150 mètres de longueur, construit par M. Barre, qui a notablement perfectionné les principaux organes de l'invention de Girard.

La vitesse de translation peut atteindre, en palier, jusqu'à 200 kilom. à l'heure, avec une pression de 22 kilog. dans la conduite maîtresse.

Chemin de fer Arnoux, à matériel articulé. — L'obstacle qu'oppose la courbure à la circulation du matériel ordinaire provient du parallélisme des essieux et du calage des roues. M. Arnoux, administrateur des messageries, s'était proposé de constituer un matériel de c. de fer spécial qui fît disparaître cet obstacle. Nous allons le décrire tel qu'il a été perfectionné par Henri Arnoux, fils de l'inventeur. Les voitures se composent d'un avant-train et d'un arrière-train entière-

Fig. 27.

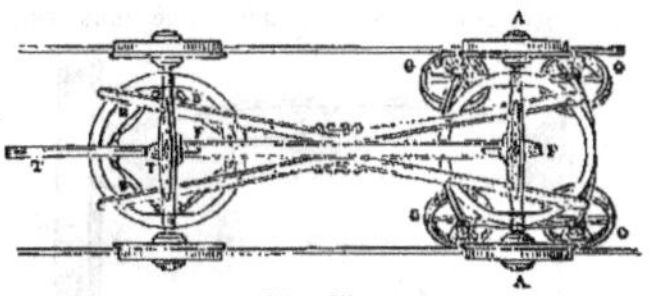

ment semblables et réunis par une pièce de bois appelée *Flèche.* Chaque essieu est traversé par une cheville ouvrière, autour de laquelle il peut se mouvoir horizontalement. Enfin, les roues sont libres aux extrémités des essieux. De cette manière : 1° les roues peuvent tourner indépendamment l'une de l'autre, et ne sont pas exposées au glissement, puisque chacune d'elles peut exécuter un nombre de tours proportionnel à la distance qu'elle a à parcourir; 2° les essieux sont disposés de manière à se placer toujours dans une position normale à la direction de la voie (Fig. 27). Le premier essieu AA d'un train est dirigé par quatre petites roues ou galets GGGG, dont les axes sont portés par les branches de fourchettes fixées à une traverse liée à l'essieu. Ces petites roues s'appuient légèrement sur la face intérieure du rail, sous le rebord duquel s'engage leur bourrelet. Ces galets ont donc pour effet de maintenir l'essieu AA dans une direction perpendiculaire à celle de la voie, quelle que soit la courbe décrite par celle-ci. Le dernier essieu du train est muni d'un mécanisme semblable. Quant aux essieux intermédiaires, on parvient à les diriger en liant les wagons les uns aux autres, non à l'aide de chaînes à ressorts, comme sur les railways ordinaires, mais au moyen de barres rigides ou *limons* qui sont traversés par la cheville ouvrière de l'arrière-train de la voiture qui précède, et par celle de l'avant-train de la voiture qui suit. Ainsi, à la suite de la flèche FF, qui joint ensemble les deux chevilles ouvrières du premier wagon, se présente le timon T, dont la longueur est précisément égale à celle de la flèche et qui réunit la cheville ouvrière de l'arrière-train de ce wagon à celle de l'avant-train du second. Ce deuxième wagon est lié au timon semblable, et ainsi de suite. Par conséquent, lorsque le convoi est engagé dans une courbe, les flèches et les timons, comme ayant tous la même longueur, représentent un segment de polygone à côtés égaux, dont les sommets sont figurés par les chevilles ouvrières et qui est inscrit dans la ligne courbe qui forme comme l'axe de la voie. D'après cela, pour que chaque essieu se place toujours normalement à cette voie, il suffit qu'il forme constamment des angles égaux avec la flèche et le timon qui se joignent en son milieu. Cette condition est réalisée au moyen de quatre tiges ou bielles, BBBB, égales en longueur et disposées en losange dans le plan horizontal qui passe par l'axe de l'essieu. Ces bielles sont articulées, d'un côté à la flèche et au timon, et de l'autre à deux manchons qui enveloppent l'essieu en glissant sur lui dans le sens de sa longueur. Le losange dont ces bielles constituent les côtés et dont l'essieu forme une des diagonales, est donc susceptible de se déformer. C'est ce qui lui arrive, en effet, lorsque la flèche et le timon viennent à changer de direction l'un par rapport à l'autre. Alors les manchons glissent aussitôt le long de l'essieu, lequel continue ainsi de former la diagonale du losange, et, par conséquent, se trouve toujours, quel que soit l'angle formé par la flèche avec le timon, également incliné sur chacun d'eux, ou, en d'autres termes, se trouve constamment normal à la voie.

Le système Arnoux a reçu une application en grand à la ligne de Paris à Sceaux et à Limours, et on a pu voir à la gare de Paris et à celle de Sceaux un train faire le tour de la gare par une courbe de 30 mètres de rayon seulement. Mais le matériel lui-même est d'un entretien très compliqué et ne se prête pas aux grandes vitesses; d'autre part, le matériel des grandes lignes ne peut pas pénétrer dans un chemin tracé pour le système Arnoux; aussi ce système de matériel articulé tend-il à disparaître et à être remplacé par le matériel courant des grandes compagnies.

Chemin de fer atmosphérique. — Il y a lieu de dire ici quelques mots, à titre d'historique, du c. de fer atmosphérique dont une application fut autorisée par le gouvernement, en 1843, sur la ligne de Paris à Saint-Germain, sur une longueur de 2 kilom. et demi, du pont de Montesson au plateau.

Ce c. de fer atmosphérique, de même que tous ceux qui

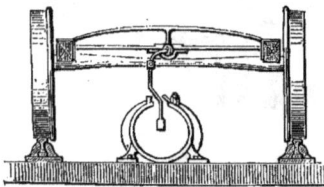

Fig. 28.

ont été construits jusqu'à présent appartiennent au système par aspiration. Ils présentent tous, fixé au milieu de la voie et sur toute l'étendue du parcours, un gros tube de fonte (Fig. 28),

bouché à ses deux extrémités par des soupapes spéciales et dans lequel glisse un piston lié par une barre dite d'*attelage* au *wagon-directeur*, c.-à-d. au véhicule placé en tête du convoi et chargé de l'entraîner. Cette barre passe dans une rainure ou fente longitudinale qui est pratiquée à la partie supérieure du tube et qui est fermée par une soupape d'une forme particulière. Cette soupape consiste en une bande de cuir continue fixée sur l'un des bords de la fente, de manière à faire charnière. Elle est renforcée par des plaques de fer placées en dessus et en dessous, et unies par des rivets. Elle conserve cependant assez de souplesse pour livrer passage à la barre, tout en fermant parfaitement le tube à une petite distance, soit en avant, soit en arrière. Afin que la fermeture soit aussi complète que possible, un rouleau compresseur installé sous le wagon-directeur force le cuir à remplir rigoureusement l'espace qu'il doit occuper. Enfin le tube est en communication avec de grandes machines aspirantes établies à une des extrémités de la ligne et mises en mouvement par la vapeur.

Le c. de fer atmosphérique de Saint-Germain servait à gravir la rampe séparant le bois du Vésinet de cette ville. La descente s'opérait par l'impulsion seule de la gravité. Quant à la montée, voici comment elle s'effectuait : arrivé à la station de Montesson, par le c. de fer ordinaire de Paris, le convoi était dirigé sur la voie atmosphérique et accroché au wagon-directeur qui le remorquait ensuite jusqu'au plateau.

Biblio. — Sévène, *Cours de chemins de fer de l'École des ponts et chaussées*. — Deharme, *Cours de chemins de fer de l'École centrale*. — G. Humbert, *Traité de chemins de fer*. — A. Picard, *Les Chemins de fer français.*

CHEMINAIS (Le Père), prédicateur du XVIIe siècle, né à Paris (1652-1689).

CHEMINEAU. s. m. Cheminée portative en terre cuite. || Nom donné dans les campagnes aux ouvriers qui travaillent aux chemins de fer.

CHEMINÉE. s. f. (bas-lat. *caminata*; de *camera*, chambre). Appareil de chauffage dont le foyer est découvert, mais dont le tuyau de dégagement pour la fumée est caché dans la muraille. *Noir comme la c. Le feu prit à la c. Ramoner la c.* — La partie de la c. qui fait saillie dans la chambre. *C. de pierre, de marbre. Manteau, chambranle de c. Garniture de c.* — La partie du tuyau qui s'élève au-dessus du toit. *Le vent abattit plusieurs cheminées.* — Tuyau de fer, de fonte, de briques, etc., servant à la production de la fumée dans les industries où l'on utilise la chaleur d'un foyer. *C. de locomotive, d'usine.* || Dans les théâtres, tuyau vertical où passent les cordages supportant les contrepoids nécessaires à la manœuvre des décors. || Fig. et fam., *Faire un acte, un arrangement, une affaire sous le manteau de la c.*, Faire quelque chose en cachette et sans observer les formes. On dit dans un sens anal., *Se marier sous la c.* || *Faire une croix à la c.*, Se dit d'un fait rare qui mérite d'être noté. || T. Mar. Trou carré par où passe un mât de hune. || T. Métall. *C. intérieure*, Vide central d'un haut fourneau dans lequel on charge le combustible. || T. Min. *C. d'aérage*, Puits pratiqué pour aérer les mines. || T. Armur. Petit tube d'acier vissé dans le tonnerre d'une arme à percussion, établissant la communication entre le fulminate de la capsule et la poudre de la charge. || T. Techn. Tube de verre que l'on met sur les lampes pour produire un tirage qui active la combustion. — Tuyau d'orgue en plomb ouvert par les deux bouts. — Tube cylindrique vertical servant à tout autre usage qu'à l'évacuation des gaz de combustion. — *C. des cloches à plongeur à écluses.* Voy. Cloche. — Ouverture d'extraction dans une fosse d'aisances. Trou par lequel les matières tombent dans la fosse. — Petit vide occasionné par l'air dans une pièce de métal fondu.

Techn. — Considérée dans son ensemble, une C. comprend : l'*Enchevêtrure*, qui est, dans l'épaisseur du plancher, l'espace vide de charpente destiné à recevoir le foyer afin de prévenir les incendies; l'*Âtre* ou *Foyer*, partie où l'on fait le feu; le *Contre-cœur* ou le *Fond*, que l'on revêt ordinairement d'une plaque de fonte pour préserver la muraille de l'action du feu; les *Jambages* ou *Pieds-droits*, petits murs qui forment les côtés de l'enceinte de la c.; le *Manteau*, qui s'appuie sur les jambages et fait saillie avec eux; la *Hotte*, partie du tuyau qui porte sur le manteau et s'élève jusqu'au plafond; le *Tuyau*, qui prolonge la hotte à travers les étages supérieurs jusqu'à son issue par le toit; et la *Souche*, partie du tuyau établie au-dessus du toit, qu'on appelle aussi vulgairement c. — Les cheminées reçoivent des noms particuliers suivant la forme de leur construction. La c. *adossée* est celle qui est appuyée et liée à un mur, ou au tuyau montant d'une c. placée à un étage inférieur. Elle est dite *isolée* : 1° quand, étant construite près d'un pan de bois, elle en est séparée par un intervalle plus ou moins considérable, et n'y est rattachée que par des harpons; 2° quand elle se trouve au milieu d'une pièce et qu'elle a le manteau et la hotte soutenus par des colonnes ou suspendus au plafond par un moyen quelconque. La c. *affleurée* est celle dont l'âtre et le tuyau sont pris dans l'épaisseur d'un mur, et dont le manteau est la seule partie en saillie. La c. *en saillie* présente une disposition entièrement opposée; son manteau et sa hotte font avant-corps dans la pièce, son âtre est dans une enchevêtrure. On appelle c. *en encoignure* ou *angulaire*, celle qui est placée dans l'angle d'une chambre, et dont le manteau et la hotte forment un pan coupé. Enfin, on donne le nom de c. *de cuisine* à celle dont le manteau est avancé et la hotte, en forme pyramidale, sont élevés de 1m70 à 2 mètres. — Dans presque toutes les cheminées, le devant des jambages et du manteau est revêtu d'un encadrement ou *chambrante*, et le dessus du manteau est recouvert d'une *tablette*, le tout de bois, de pierre ou de marbre. La hotte reçoit ordinairement, pour décoration, une glace plus ou moins richement encadrée. — On donnait autrefois aux cheminées des dimensions considérables. On trouve encore dans les anciennes maisons et dans les fermes de ces vastes cheminées dans l'intérieur desquelles un homme pourrait se tenir debout ou couché. Dans les châteaux du moyen âge, les cheminées très vastes étaient ornées avec beaucoup de goût et contribuaient pour une large part à la décoration intérieure. Les salles de très grandes dimensions avaient plusieurs cheminées. La salle des Gardes du château de Montargis, aujourd'hui détruite, la plus vaste de France, d'après Victor Hugo, avait quatre cheminées : une sur chacun des petits côtés, deux sur l'un des grands côtés. D'autres fois, on construisait des cheminées à deux et plusieurs foyers, comme celles de la grande salle du premier étage du château de Pierrefonds. On peut voir au musée de Cluny, à Paris, de très beaux spécimens de ces magnifiques cheminées du moyen âge; mais elles sont de dimensions relativement restreintes. — Aujourd'hui, la cherté toujours croissante du bois et l'usage du plus en plus répandu des combustibles économiques : coke, houille, etc., ont fait prévaloir l'usage de cheminées véritablement exiguës, qui s'approchent de celles dont nous venons de parler, mais qui suffisent largement au chauffage et qui sont mieux appropriées aux dimensions restreintes de nos appartements modernes.

Pour le tirage des cheminées et les règles à suivre dans leur établissement, voy. CHAUFFAGE.

Cheminées d'usine. — Ce sont des colonnes creuses, verticales, en briques ou en tôle, destinées à donner passage aux produits de la combustion des foyers employés dans l'industrie. Elles servent d'abord à produire dans ces foyers le tirage nécessaire à l'activité de la combustion, et, ensuite, à déverser à une hauteur convenable les fumées et les gaz qui seraient gênants pour le voisinage, et, dans certaines industries, les gaz délétères, qui constitueraient un véritable danger s'ils étaient répandus à une hauteur insuffisante. Le tirage est produit par un courant d'air ascendant qui résulte de la différence de pression à la base de la c. à l'intérieur et à l'extérieur : la pression est plus faible à l'intérieur parce que le c. est rempli d'air chaud plus léger que l'air froid extérieur. Voy. CHAUFFAGE. Il en résulte que le tirage est d'autant plus actif que le c. est plus haute. Comme les cheminées d'usines, en raison de leurs grandes dimensions, constituent des édifices coûteux, et on la met en communication avec tous les foyers par des conduits souterrains. Des registres, formés de véritables vannes en tôle, établis dans ces conduits, servent à régler le tirage et à empêcher le refoulement des gaz d'un foyer dans un autre qui n'est pas allumé ou qui brûle avec moins d'activité. La forme conique est celle qui convient le mieux aux cheminées en briques et qui exige le moins de maçonnerie, mais sa construction demande un peu plus de main-d'œuvre; aussi certaines cheminées de hauteur médiocre sont construites en forme de pyramide à base carrée, mais toutes les cheminées de grande hauteur sont coniques. Les cheminées en tôle, moins coûteuses, sont toujours cylindriques; mais elles n'atteignent jamais une grande hauteur. La hauteur des cheminées d'usine varie généralement de 10 à 40 mètres. Il y en a cependant de beaucoup plus hautes. Les grandes cheminées sont très exposées à être frappées de la foudre; il convient de les munir d'un paratonnerre. Les plus hautes cheminées du globe sont : la c. de la fonderie de Halsbruch, près de Freiberg (Saxe), construite en briques et en fer, et qui, mesurant 150 mètres de hauteur, est le plus haut monument du globe, après la Tour Eiffel (300 mètres), l'obélisque de Washington (169 mètres), la cathédrale de Cologne (159) et celle de Rouen (150); les deux cheminées de Glascow (Écosse), 138 et 132 mètres, construites pour évacuer, à une très grande hauteur, les gaz délétères provenant des fabriques de produits chimiques; la c. de Bolton (Angleterre), 112 mètres; celle de Croix (Nord), 112 mètres et même 123, en comprenant les fondations et le paratonnerre; celle des Étaings, près Rive-de-Giers (Loire), 108 mètres, et celle de Fall-River (Massachusets, États-Unis d'Amérique), 105 mètres.

CHEMINEL. s. m. Variété de poire avec laquelle on fait du poiré.

CHEMINEMENT. s. m. (R. *chemin*). T. Art mil. Série de tranchées qui réunissent les parallèles. || T. Topogr. Procédé de levé des plans par des opérations de proche en proche, en suivant un polygone fermé. Voy. LEVÉ DES PLANS.

CHEMINER. v. n. (R. *chemin*). Marcher, aller, faire du chemin pour arriver quelque part. *Ils cheminèrent longtemps ensemble. C. lentement.* || Fig. et fam., *C. droit,* Ne point tomber en faute. *Il suit c.,* Il suit aller et arriver à ses fins. On dit dans le même sens, *Cet homme chemine bien, il cheminera.* — En parlant d'un poème, d'une pièce de théâtre, etc., on dit aussi, *Cela chemine bien,* L'ouvrage est bien suivi, les parties en sont bien disposées, bien liées entre elles. || T. Art milit. S'approcher par des chemins pratiqués des positions de l'ennemi. || T. Topogr. Faire les opérations du levé des plans le long d'un chemin jalonné d'avance.

CHEMINEUX, EUSE. adj. Qui chemine, qui fait beaucoup de chemin.

CHEMIQUER. v. a. (R. *chimie*). T. Techn. Appliquer la pâte phosphorée au bout des allumettes.

CHEMISE. s. f. (bas-lat. *camixia*, du celt. *camse*, long vêtement). Vêtement de linge qu'on porte sur la chair, et qui prend depuis le cou et les épaules jusqu'au genou. *C. de nuit, de jour. C. d'homme, de femme. C. de bain, C. de toile, de coton.* Mettre, passer sa c. Oter sa c. Collet ou Col de c. Donner la c. au roi. Être en c., N'avoir que sa c. sur soi. Il se saura en c. — Fam., Vendre, engager, jouer, manger jusqu'à sa c. Vendre, engager, jouer, manger tout ce qu'on a. || Fig. et fam., N'avoir pas de c., Être réduit à une pauvreté extrême. On dit de même, Mettre quelqu'un en c., Le ruiner entièrement. — Fig. et prov., La peau est plus proche que la c., Les intérêts personnels sont plus forts que les autres. || C. de mailles, Sorte de cuirasse en mailles de fer. Voy. CUIRASSE. || Morceau de toile qui sert d'enveloppe à certaines marchandises, telles que la soie, le drap, etc. — Feuille de papier qui renferme et qui couvre d'autres papiers. Mettez une c. à ce dossier. || T. Techn. et Maç. particulièrement. Revêtement de terre, de bois, de mortier, de maçonnerie, dont on couvre quelque ouvrage. || T. Agric. Couverture de paille que l'on met sur une meule de blé, sur les ruches d'abeilles. || T. Bot. Portion des enveloppes florales qui recouvre le fruit à sa maturité. || T. Techn. Fils de fer roulé autour pour en former un canon d'arme à feu. || Partie inférieure du haut fourneau dans lequel on fait fondre le minerai. || Sorte de couche blanchâtre qui recouvre certaines pierres fines. || Moule dans lequel on coule les bouches à feu en bronze. || T. Fort. Ouvrage de maçonnerie peu résistant dont on revêt un rempart ou un bastion. || T. Mus. Partie droite du corps de certains instruments du côté de l'embouchure. || T. Techn. *C. de vapeur.* Cylindre extérieur qui opparit le cylindre d'une machine à vapeur, et laissant autour de celui-ci un espace annulaire où circule une couche de vapeur destinée à protéger le cylindre contre le refroidissement.

CHEMISER. v. a. (R. *chemise*). *C. une cornue,* La garnir d'un enduit pour la préserver de l'action du feu. || T. Techn. *C. une pièce de bijouterie,* Revêtir d'or et d'argent une pièce d'un autre métal.

CHEMISERIE. s. f. Magasin de chemises, établissement où on les confectionne.

CHEMISETTE. s. f. Dimin. Vêtement de dessous qui se met sur la chemise, et qui prend d'ordinaire depuis les épaules jusqu'aux hanches. *C. de toile, de flanelle,* etc.

CHEMISIER, ÈRE. s. Celui, celle qui fait et vend des chemises.

CHEMNITZ. v. manufacturière du royaume de Saxe, 39,000 hab.

CHÉMOSIS. s. m. [Pr. *kémosis*] (gr. χήμωσις, m. s., de χήμη, trou). T. Méd. Gonflement de la conjonctive formant un bourrelet autour de la cornée. Voy. Œil.

CHÊNAIE. s. f. (R. *chêne*). Lieu planté de chênes.

CHENAL. s. m. (lat. *canalis*, conduit). Courant d'eau bordé de terres, par lequel les navires peuvent passer, et qui sert à les faire entrer dans un port. || Courant d'eau pratiqué pour l'usage d'un moulin ou d'une forge. || T. Archit. Voy. Chéneau.

CHENALER. v. n. (R. *chenal*). T. Mar. Naviguer en suivant les sinuosités d'un chenal.

CHENAPAN. s. m. (all. *schnapphahn*, brigand, de *schnappen*, attraper, et *hahn*, coq). Un vaurien, un bandit.

CHENAVARD. s. m. Sorte de feutre grossier.

CHÊNE. s. m. (bas-lat. *casnus*). T. Bot. et Sylvicult. L'un des plus beaux arbres de l'Europe. || *C. de Charles II.* T. Astr. Petite constellation de l'hémisphère austral, formée par Halley aux dépens de la constellation du Navire, et qui est tombée en désuétude.

Bot. — Le *C. (Quercus),* de la famille des *Cupulifères*

Fig. 1.

est un des plus grands arbres de nos forêts. Sa hauteur atteint jusqu'à 40 mètres. La Fig. 1 montre le port de l'arbre ; la Fig. 2, un rameau avec feuilles et fruits appelés *glands*. Il est répandu dans toute l'Europe, où il s'élève au nord jusqu'en Scanie, par le 56° degré de latitude, et descend au sud jusqu'aux côtes d'Afrique. On le trouve sur l'Atlas, sur le Caucase, dans toute l'Asie Mineure, à la Chine, au Japon, sur l'Himalaya, dans les îles de la Sonde, au Mexique, aux États-Unis, où il ne dépasse pas le 45° degré ; enfin, sur les pentes des Cordillères, où il croît à 3,000 mètres au-dessus du niveau de la mer ; mais il paraît étranger à tout l'hémisphère austral. Cet arbre se développe avec une extrême lenteur. D'après les calculs de Duhamel, son accroissement n'est que d'environ 7 millim. par année, ce qui fait 120 ans pour une circonférence de moins de 3 mètres. En revanche, il vit très longtemps, en général, 120 à 150 ans ; mais il peut atteindre jusqu'à 400 et 500 ans. On cite même des Chênes infiniment plus vieux. Il en existe un près de

Fig. 2.

Châtillon-sur-Seine, qui, suivant les annales ecclésiastiques de Langres, aurait été planté en 1070 : il a 7m33 de tour au collet de la racine. Le *C.-chapelle d'Allouville* (Seine-Inférieure), ainsi nommé parce que, en 1696, on pratiqua une chapelle dans son intérieur, mesure 11 mètres de circonférence au collet des racines, et 8m45 à hauteur d'homme.

Les botanistes ont décrit plus de 100 espèces de Chênes, et plusieurs de ces espèces renferment un grand nombre de variétés. On les distingue en *Chênes à feuilles caduques* et *Chênes à feuilles persistantes* ou *Chênes verts*. — Parmi les espèces de la première section qui croissent en France, nous nommerons d'abord le *C. à grappes,* qu'on appelle aussi *C. blanc, C. femelle* et *C. pédonculé (Q. pedunculata).* C'est l'espèce qui prend le développement le plus considérable, et qui est la plus répandue dans nos départements, excepté toutefois aux environs de Paris. On la reconnaît à son tronc droit et bien proportionné, à ses feuilles d'un vert clair en dessus et un peu glauque en dessous, à ses racines fortement pivotantes, et à ses *glands* portés au nombre de deux ou trois sur un pédoncule axillaire incliné vers la terre. Le *C. angoumois, C. Brosse* ou *C. tauzin (Q. tauza),* se rencontre surtout dans les Basses-Pyrénées, l'Anjou, le Maine et les landes de Bordeaux. Ses racines sont traçantes, ses feuilles hérissées en dessus et très cotonneuses en dessous. Son tronc, noueux et souvent irrégulier, s'élève à 20 ou 25 mètres. Il réussit bien dans les dunes, qu'il peut servir à fixer. Le *C. Rouvre* ou *C. mâle (Q. Robur, Q. sessiliflora)* abonde dans les forêts des environs de Paris. Ses racines sont pivotantes, comme celles du *C.* pédonculé, mais son tronc est noueux et rarement droit ; son fruit, gros et court, n'est point porté par un pédoncule. Le *C. chevelu (Q. Cerris)* se trouve en Bourgogne, en Provence, en Franche-Comté, dans le Poitou, etc. Ses glands sont enfermés jusqu'au tiers inférieur dans une cupule revêtue d'écailles étroites, pointues, subulées, diversement contournées, qui la font par altération comme chevelue. Ils offrent, comme ceux du *C.* tauzin, cette particularité qu'ils restent deux ans sur l'arbre.

Nous possédons trois espèces de Chênes à feuilles persistantes. Le plus intéressant est le *C.-liège (Q. Suber),* appelé parfois *Alcornoque.* Il ne s'élève en général qu'à 8 ou 10 mètres de hauteur ; mais il prospère sur des terrains presque toujours impropres à la culture et sans nuire en rien aux produits du sol comme pâturage. Il donne chaque année, outre son bois et son fruit, pour plusieurs millions de liège brut. Ce *c.* abonde dans 6 ou 7 de nos départements méridionaux, en Corse et en Algérie. Le *C. vert,* appelé *C. yeuse,* ou simplement *Yeuse (Q. Ilex),* forme en général un arbre tortueux, très branchu, qui ne prend un grand accroissement que lorsqu'il est déjà vieux. Il se rencontre dans les mêmes départements que le C -liège ; il remonte cependant jusqu'aux environs de Nantes et d'Angers. Le *C. au kermès* (Q. *coccifera*) n'est qu'un arbrisseau dont le tronc se divise en un grand nombre de rameaux tortueux et diffus formant un buisson qui ne dépasse guère un mètre de hauteur. Ses glands mettent deux ans à mûrir. C'est sur cet arbrisseau que vit le *Kermès vermilio*, insecte de l'ordre des Hémiptères, employé dans la médecine, sous le nom de *Kermès animal*, comme astringent et cordial, et dans les arts, sous celui de *Graine d'écarlate*, pour teindre en rouge. Le C. au kermès croît dans les lieux pierreux, arides et sablonneux du midi de la France, où il est connu sous le nom de *Garrouille* : par suite, les endroits où il croît portent le nom de *Garrigues*.

Parmi les Chênes étrangers à notre pays, nous nous contenterons de nommer le *C. ballote* (Q. *ballota*), extrêmement épandu en Espagne et dans le nord de l'Afrique ; le *C. Velani* (Q. *Ægilops*), qui croît dans l'Asie Mineure, la Grèce et l'Archipel ; le *C. des teinturiers* (Q. *infectoria*), espèce d'arbrisseau qui habite toutes les parties de l'Asie Mineure ; et le *C. quercitron* (Q. *tinctoria*), propre à l'Amérique du Nord.

Le C. jouait dans la religion des Gaulois un rôle des plus importants, dont nous parlerons au mot Druide. Nous n'avons à parler ici que de son utilité au point de vue de l'industrie et de l'économie domestique. — Le *bois* de toutes les espèces de Chênes est excellent pour le chauffage et les constructions. Celui de C. à grappes est le plus estimé pour la fente et les travaux de menuiserie ; on l'emploie aussi pour les pièces de grandes dimensions et dont on veut assurer la durée. Les bois du C. rouvre et du tauzin sont peu propres à la fente ; mais le premier possède des qualités d'élasticité, de dureté, et d'inaltérabilité à l'eau et à l'air, qui lui font donner la préférence pour les grandes constructions civiles et navales. On trouve dans le commerce, sous le nom de *C. de Hollande*, des bûches bien plus grosses que celles du C. ordinaire et fort recherchées par les menuisiers et les facteurs de pianos. Il paraît établi qu'elles ne sont autre chose que du C. des Vosges qui a été transporté en Hollande, puis immergé pendant deux ou trois ans dans les canaux, où il acquiert les qualités qui le caractérisent. — Le C.-liège est surtout remarquable par le produit particulier auquel il doit son nom. Le *Liège* est une masse spongieuse et lissu qui s'accumule par couches annuelles dans la région corticale, et qu'on peut enlever sans nuire à la végétation de l'arbre. La première récolte du liège se fait quand l'arbre a 15 ou 20 ans. On peut ensuite en obtenir une nouvelle tous les 7, 8 ou 9 ans. Un arbre séculaire et en pleine vigueur donne souvent 100 kilogr. de liège brut à chaque récolte. Les chimistes ont extrait du liège une matière analogue à la cire, la *Subérine*, qui, traitée par l'acide nitrique, se transforme en acide oxalique et en *acide subérique*. Tout le monde sait que le liège sert à faire des bouchons, des semelles de chaussures, des corsets pour la natation, des bouées pour les vaisseaux, des chapelets pour soutenir les filets des pêcheurs à la surface de l'eau, etc. Enfin, quand on le brûle dans des vases clos, on obtient une poudre noire qui s'emploie surtout dans la peinture sous le nom de *Noir d'Espagne*. — L'écorce du C., après avoir été concassée et réduite en poudre, s'emploie sous le nom de *Tan*, pour la préparation des cuirs ; on en fait aussi quelquefois usage en médecine, dans le pansement des ulcères atoniques : on l'a même administrée, à défaut de quinquina, dans les diarrhées chroniques, les hémorragies passives et les fièvres intermittentes. Dans tous ses emplois, elle agit par le *Tanin* qu'elle contient. — Quant aux *Glands*, c.-à-d. aux fruits du C., ils sont principalement utilisés pour l'engraissement des porcs, qui en sont très friands. Ceux de nos pays ont en général une saveur amère et très astringente, que développe encore la torréfaction. Cependant, en enlevant l'écorce des glands et en faisant cuire leurs amandes dans une lessive alcaline, on les prive d'une grande partie de leur âpreté. Les glands du C.-liège et de l'yeuse, qui ont en général une saveur douce et agréable, peuvent être surtout utilisés en cas de disette. Les fruits du C. ballote (Q. *Ballota*) se mangent, bouillis ou torréfiés comme les châtaignes, en Espagne et en Portugal. Les Kabyles en font, pendant une partie de l'année, la base principale de leur alimentation. C'est avec la poudre de glands doux torréfiés que l'on prépare le *Café de glands doux*, le *Racahout des Arabes*. — Une espèce de C. propre à la Mésopotamie et au Kurdistan, appelée Q. *mannifera*, donne des glands gros et longs comme le doigt, qui sont très bons à manger. Cette espèce doit son nom à ce que ses feuilles sécrètent, pendant les grandes chaleurs, une matière sucrée

fort abondante, utilisée par les habitants pour faire des confitures. — Le *C. Velani* (Q. *Ægilops*) produit des glands courts et gros, enfoncés au tiers ou à moitié dans une cupule hémisphérique. Cette cupule est très recherchée pour la teinture, en Orient, en Italie, en Angleterre et en France. On lui donne dans le commerce les noms d'*Avelanède*, de *Vélanède* et de *Valonée*. — Le *C. des teinturiers* (Q. *infectoria*) est ainsi nommé parce qu'il fournit la *Noix de galle* du commerce. On appelle ainsi, comme on sait, des excroissances sphériques, dures, pesantes et tuberculeuses, produites sur les feuilles et sur les bourgeons du C. par la piqûre de l'insecte *Cynips gallæ tinctoriæ*, qui y dépose une larve : c'est la présence de cet insecte qui détermine la formation de la galle. Les galles dites *noires* ou *vertes* sont les plus estimées ; les *blanches* sont bien inférieures : celles-ci se reconnaissent à leur couleur plus claire, et à la présence d'un petit trou par lequel s'est échappé l'insecte qui l'habitait sous forme de larve. La noix de galle, comme la vélanède, sert dans la teinture en noir, la fabrication de l'encre, la préparation des cuirs, etc. Les galles de notre pays ont très peu de valeur : on s'en sert quelquefois en médecine pour faire des lotions astringentes. — Enfin, le *C. quercitron* (Q. *tinctoria*) donne en abondance une matière tinctoriale, le *Quercitrin*, qui est extrêmement usitée pour teindre en jaune la soie, la laine et les papiers de tenture. Pour obtenir cette substance, on pulvérise l'écorce du C.; on précipite le tanin par la gélatine, on évapore le liquide, et l'on dissout le résidu dans l'alcool, puis dans l'eau. Le quercitrin est une substance jaune cristalline ($C^{16}H^9O^{10}$) qui se dissout dans 4 ou 5 parties d'alcool absolu et dans 400 parties d'eau chaude.

CHÊNE (PETIT). Nom vulgaire donné au *Teucrium chamædrys* de la famille des *Labiées*. Voy. ce mot.

CHÉNEAU. s. m. (R. *chenal*). T. Arch. Conduit de bois ou de plomb qui recueille les eaux du toit, et les porte dans la gouttière ou dans le tuyau de descente. On dit quelquefois *Chenal*.

CHÊNEAU. s. m. (Dimin.). Jeune Chêne.

CHÊNEDOLLÉ, poète français (1769-1833).

CHENIN. s. m. T. Hort. Variété de raisin.

CHÊNE-MARIN. s. m. T. Bot. Nom vulgaire du Varech vésiculeux (*Fucus vesiculosus*).

CHÉNÉRAILLES, ch.-l. de c. de la Creuse, arr. d'Aubusson, 1,300 hab.

CHENET. s. m. (Vx fr., *chiennet*, petit chien). Ustensile de fer ou de fonte, qui se place par paire dans les cheminées, et sur lequel on met le bois. *Une paire de chenets. Chenets de cuivre, de bronze,* Chenets dont le devant est en cuivre, etc. || T. Mar. Machine de fer servant à courber les cordages.

CHENETEAU. s. m. T. Sylvic. Jeune Chêne ou baliveau de chêne qui a moins d'un mètre de tour.

CHENETTE. s. f. [Pr. *che-nè-te*]. T. Impr. Petite gouttière autour d'une presse.

CHÊNETTE. s. f. [Pr. *chê-nè-te*]. T. Bot. Nom vulgaire de la Germandrée.

CHÊNEVEAU. s. m. T. Pêch. Sorte de filet.

CHÊNEVIÈRE. s. f. (lat. *cannabis*, chanvre). Champ semé en Chanvre.

CHÊNEVIS. s. m. (lat. *cannabis*, chanvre). Graine de Chanvre.

CHÊNEVOTTE. s. f. [Pr. *chènevo-te*] (Dim. de *chanvre*). Tige ligneuse du Chanvre dépouillée de son écorce.

CHÊNEVOTTER. v. n. [Pr. *chènevo-ter*]. T. Agric. Pousser du bois faible comme des chènevottes.

CHÊNICE. s. m. (gr. χοῖνιξ). T. Métrol. anc. Mesure de capacité grecque valant environ 1ˡ,08.

CHÉNIER (André), célèbre poète français, né en 1762, auteur d'*Odes*, d'*Idylles*, dont la plus célèbre est la *Jeune captive*, fut condamné par le tribunal révolutionnaire et décapité en 1794.

CHÉNIER (Marie-Joseph), frère d'André, auteur de tragédies, *Charles IX*, *Caïus Gracchus*, *Tibère*, etc. (1764-1811).

CHÊNIER. s. m. T. Bot. Champignon de Chêne.

CHÊNIÈRE. s. f. Sorte de bateau de rivière construit en chêne.

CHENIL. s. m. [Pr. *cheni*] (R. chien). Lieu où l'on met les chiens de chasse. — Fig. et fam., *C'est un vrai c.*, se dit d'un logement incommode et fort sale. || Par ext., se dit quelquefois des bâtiments nécessaires pour contenir un équipage de chasse et pour loger les officiers de la vénerie. || Par anal. Logement misérable et malpropre.

CHENILLE. s. f. [Pr. les *ll* mouillées] (lat. *caniculus*, petit chien, sans doute à cause de la ressemblance de leurs têtes avec celle du chien). Nom générique des larves de tous les papillons. État de l'insecte depuis sa sortie de l'œuf jusqu'à la chrysalide. Leur corps est formé de 12 anneaux ou segments; le nombre des pattes varie de 10 à 16. *La plupart des chenilles rongent les feuilles et les fleurs des plantes et des arbres.* Voy. LÉPIDOPTÈRES. || *Fausse c.*, Larve des hyménoptères. — Fam., on dit *Laid comme une c.*, en parlant d'une personne dont la laideur est repoussante. Fig. et fam., *C'est une c., une méchante c.*, se dit d'un homme qui se plaît à mal faire. On dit aussi d'un importun dont on ne peut se débarrasser, *C'est une c.* || Ouvrage de passementerie fait de soie veloutée et en forme de cordon tors, qui imite la chenille, et dont on se sert dans les broderies, ainsi que pour orner des boîtes, des socles de pendule, etc. — Sorte de crinière à poil court qui surmonte le casque de certains corps, comme celui des pompiers. || Se disait autrefois d'un habillement négligé que les hommes portaient avant d'avoir fait leur toilette. || T. Bot. Voy. CHENILLETTE.

CHENILLÈRE. s. f. [Pr. les *ll* mouillées]. Nid de chenilles.

CHENILLETTE. s. f. [Pr. *cheni-llète*, *ll* mouillées] (Dim. de *chenille*). T. Bot. Nom vulgaire du *Scorpiurus vermiculatus*, famille des *Légumineuses*, ainsi nommé à cause de la forme de ses fruits. On dit aussi *Chenille* et *Chenille-plante*. Voy. LÉGUMINEUSES.

CHENILLON. s. m. [Pr. les *ll* mouillées] (R. chenille). T. Agric. Petit tas d'herbe que l'on met sécher pour faire du foin. || Pop. Fille laide ou malpropre.

CHENNEVIÈRE. s. f. [Pr. *ché-ne-vière*]. T. Hortic. Variété de pomme à cidre.

CHENOCOPROLITHE. s. f. [Pr. *kéno*...] (gr. χήν, oie; κόπρος, excrément; λίθος, pierre). T. Minér. Arséniure naturel d'argent, de nickel et de fer, ainsi appelé à cause de sa couleur.

CHÉNOLE. s. f. T. Vitic. Sarment de vigne conservé deux ou trois ans pour faire produire plus de fruit aux ceps.

CHÊNON. s. m. (R. chaîne). T. Techn. Vitrage dont les pièces semblent reliées entre elles comme les anneaux d'une chaîne.

CHENONCEAUX, bourg du dép. d'Indre-et-Loire, où François Ier fit bâtir un magnifique château pour la duchesse d'Étampes. Voy. CHATEAU.

CHÉNOPODIACÉES. s. f. pl. [Pr. *ké*...] (gr. χήν, oie; πούς, ποδός, pied). Famille de végétaux Dycotylédones de l'ordre des Apétales supérovariées.
Caract. bot. : Plantes herbacées ou suffrutescentes, à tige quelquefois articulée, parfois volubile. Feuilles alternes, sans stipules, quelquefois opposées. Fleurs petites, hermaphrodites, parfois hermaphrodites et unisexuées, fréquemment unisexuées. Calice ordinairement à 5 sépales, quelquefois un peu tubuleux à sa base, persistant, à préfloraison imbriquée, quelque-

fois pétaloïde (*Amarante*). Étamines insérées à la base du calice, opposées aux segments de ce dernier, en nombre égal ou inférieur à ceux-ci, à 4 sacs polliniques le plus souvent. Pistil formé de 3 ou de 2 carpelles, concrescents en un ovaire uniloculaire, supère, ou parfois adhérent au tube du calice, avec un seul ovule campylotrope et fixé à la base de la cavité; style à 2 ou 4 divisions, rarement simple; stigmate indivis. Le fruit est un akène, quelquefois une baie, une drupe ou une pyxide. Embryon annulaire ou en fer à cheval, entourant l'albumen (*Cyclolobées*), ou en spirale aplatie, séparant deux masses d'albumen, ou en spirale conique, sans albumen (*Spirolobées*); radicule à direction variable par rapport au fruit, mais toujours tournée vers le hile.
La famille des *C.*, appelées *Atriplicées* par Jussieu et par

Fig. 1.

quelques botanistes, comprend environ 413 genres et 1,000 espèces : le seul genre *Chenopodium* renferme 60 espèces.

— Les *C.* sont pour la plupart des plantes sauvages, qui vivent dans les terres incultes de toutes les parties du monde. Elles sont excessivement répandues dans le nord de l'Europe et de l'Asie. On les rencontre fréquemment dans les marais salins.

On divise cette famille en 5 tribus :

TRIBU I. — *Chénopodiées.* — Sépales verts et concrescents (*Salsola, Suæda, Salicornia, Camphorosma, Atriplex, Spinacia, Beta, Chenopodium,* etc. [Fig. 1. — 1. *Blitum virgatum.* — 2. Portion d'épi de *Salicornia herbacea,* avec les fleurs logées dans les échancrures de l'axe; 3. Fleur séparée. — 4. Fleur de *Salsola Kali;* 5. son fruit mûr; 6. le même, grossi, avec une portion du calice foliacé qui a été déchirée; 7. embryon. — 8. Fleur du *Chenopodium album;* 9. coupe de la même, pour montrer l'ovaire supère; 10. coupe de sa graine pour faire voir l'embryon.]

Plusieurs de ces plantes sont usitées comme plantes potagères : tels sont l'Épinard (*Spinacia oleracea*), l'Arroche des jardins (*Atriplex hortensis*), désignée sous les noms vulgaires de *Belle-Dame* et de *Bonne-Dame,* les diverses espèces des genres Bette (*Beta*) et Blette (*Blitum*), particulièrement la Bette à cardes ou Poirée (*Beta vulgaris*), le *Blitum capitatum,* appelé vulgairement *Arroche-fraise* et Épinard-fraise, et le Bon-Henri (*Chenopodium Bonus-Henricus*). La Betterave (*Beta rapa*) est remarquable par sa racine, qui est alimentaire, et qui sert à fabriquer le sucre indigène (voy. BETTERAVE et SUCRE). Les habitants du Chili et du Pérou font une grande consommation du *Chenopodium Quinoa.* Ils mangent les feuilles en guise d'épinards, et préparent avec ses graines une bouillie très nutritive; mais ces dernières ont une amertume prononcée.

Fig. 2.

On s'en sert, dans l'Amérique méridionale, pour fabriquer de la bière. Dans l'Ardenne belge, on cultive le Quinoa pour sa graine qui sert à engraisser la volaille. Parmi les *C.* jadis employées en médecine, mais qui aujourd'hui sont tombées en désuétude, nous citerons le *Chenopodium Botrys* et le *Chenop. vulvaria,* appelé *Ansérine puante,* à cause de son odeur repoussante, due à la présence de la propylamine : elles étaient réputées antispasmodiques. Les feuilles de la *Camphrée de Montpellier* (*Camphorosma Monspeliaca*) sont encore usitées dans le Midi comme excitantes et sudorifiques.

L'huile essentielle de l'*Ansérine anthelminthique* (*Chenopodium anthelminticum*), de l'Amérique du Nord, est fort employée dans ce pays comme vermifuge. En Espagne, on se sert pour le même objet de l'*Halogeton tamariscifolium.* L'*Ansérine ambrosioide* (*Chenopodium ambrosioides*), vulgairement nommée *Ambrosie* et *Thé du Mexique,* doit à l'huile essentielle qu'elle contient les propriétés toniques et antispasmodiques dont elle jouit. Au Brésil, on l'emploie comme carminative, sudorifique et emménagogue.— Un grand nombre de plantes de la tribu qui nous occupe, telles que le *Chenopodium setigerum,* et surtout les diverses espèces des genres *Salsola, Suæda* et *Salicornia* donnent, par l'incinération et le lavage de leurs cendres, une grande quantité de soude excellente, qui est employée dans les verreries, les savonneries, les teintureries, etc. Dans le midi de la France et surtout le littoral de la Méditerranée, lorsque, après de violentes tempêtes, la mer a envahi des terres basses cultivables, on les *dessale* en y semant plusieurs années de suite des *Salsola,* qui en absorbent la soude et leur rendent la fertilité que l'eau salée leur avait fait perdre.

TRIBU II. — *Amarantées.* — Sépales scarieux et libres (*Amarantus, Acnida,* etc.) — [Fig. 2. — 1. *Amarantus paniculata.* 2. Fruit au moment de la déhiscence. 3. Fleur de la *Celosia longifolia.* 4. Étamines. 5. Ovules. 6. Coupe de la graine].

Les feuilles de quelques espèces, étant très mucilagineuses, se mangent en guise d'épinards : tels sont chez nous les *Amarantus Blitum, A. farinaceus, A. frumentaceus.* Dans l'Inde, on récolte, comme on fait pour les céréales, les graines de deux Amarantes (*Amarantus frumentaceus* et *anardhana*).

Un certain nombre d'Amarantées sont cultivées comme plantes d'ornement. Cependant, la plupart ont une teinte sombre et des feuilles marquées de taches livides. L'aspect de quelques-unes est même tout à fait triste : aussi, les anciens avaient-ils rangé l'Amarante au nombre des plantes consacrées aux morts : ils le portaient, en signe de deuil, aux fêtes funèbres, et le plantaient autour des tombeaux.

TRIBU III. — *Gomphrénées.* — Anthères à 2 sacs polliniques (*Gomphrena, Iresine,* etc.). — Deux espèces de *Gomphrènes* (*Gomphrena officinalis* et *macrocephala*) jouissent, au Brésil, où on les appelle *Paratudo, Perpetua* et *Raiz do Padre Salerma,* d'une réputation prodigieuse.

TRIBU IV. — *Célosiées.* — Plusieurs ovules (*Celosia, Deeringia,* etc.). — Les fleurs de *Célosie crête de coq* (*Celosia cristata*) sont astringentes et employées, en Asie, dans le cas où il y a indication de recourir aux astringents.

TRIBU V. — *Basellées.* — Plantes à tige volubile (*Basella,*

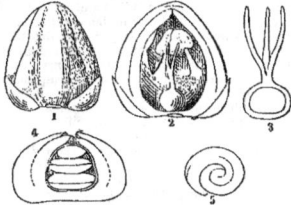

Fig. 3.

Ullucus, Boussingaultia, etc.) — [Fig. 3. — 1. Fleur de la *Basella rubra.* 2. La même, ouverte verticalement. 3. Ovaire. 4. Le fruit mûr et le calice enveloppant la fleur, divisés perpendiculairement. 5. L'embryon].

La Baselle rouge (*Basella rubra*) ou *Épinards du Malabar* sont employés aux Indes Orientales comme légumes; on les mange en guise d'épinards. La *B. à tubercules* (*B. tuberosa*) a une grosse racine charnue qui est mangée par les femmes de Quito. Elles ne figurent que cet aliment augmente leur fécondité. La *B. rouge* donne une teinture pourpre très riche; mais on prétend qu'elle est difficile à fixer.

CHÉNOPODIÉES. s. f. pl. [Pr. ké...]. Tribu de plantes de la famille des *Chénopodiacées.* Voy. ce mot.

CHÉNOPODINE. s. f. [Pr. ké...] (R. *chenopodium*).

T. Chim. Substance azotée cristallisable extraite des jeunes plantes de *Chenopodium album*. Paraît identique avec la *Leucine*.

CHENOPODIUM. s. m. [Pr. *kd...*] (gr. χὴν, oie; ποὺς, ποὸς, pied). T. Bot. Nom scientifique du genre *Ansérine*, de la famille des *Chénopodiacées*. Voy. ce mot.

CHENU, UE. adj (lat. *canus*, blanc) Qui est tout blanc de vieillesse. *Devenir c. Tête chenue. Front c. Barbe chenue.* || Fig., *Montagnes chenues*, Montagnes couvertes de neige. *Les Alpes chenues.* — Par ext., *Arbre c.*, Arbre dont la cime est dépouillée. Vx.

CHENU, naturaliste français, auteur d'une *Encyclopédie d'Histoire naturelle* (1808-1879).

CHÉOPS, roi de l'ancienne Égypte, de la IVe dynastie, fit construire la plus grande des trois pyramides de Gizeh, en Égypte (environ 4,000 ans av. J.-C.).

CHÉPHREN, roi de l'ancienne Égypte, frère et successeur de Chéops, fit construire la deuxième pyramide de Gizeh, en Égypte (environ 4,000 ans av. J.-C.).

CHEPTEL. s. m. [Pr. *che-tèl*]. T. Droit. Le terme de *Cheptel*, qui se trouve écrit dans les anciens auteurs *Chapsel, Chasel, Cattel*, vient des mots *Capital, Captale*, employés dans la basse latinité pour signifier un troupeau considéré en totalité, comme unité, comme capital. Le bail à c., ainsi que le définit le Code civ. (art. 1800), est un contrat par lequel l'une des parties donne à l'autre un fonds de bétail pour le garder, le nourrir et le soigner sous les conditions convenues entre elles. La loi ajoute au reste qu'on peut donner à c. toute espèce d'animaux susceptibles de croît ou de profit pour l'agriculture et le commerce (C. com., 1802). Le bail à c. était anciennement très usité, et maintenant encore il se recommande vivement à l'attention de l'économiste et du législateur, en ce que ce genre de contrat peut constituer un des moyens les plus simples et les plus efficaces de crédit agricole. Le Code distingue quatre sortes de c., et, pour suppléer au défaut ou à l'insuffisance des stipulations particulières, il pose certaines règles relatives à ces diverses espèces de contrats.

1° *Cheptel simple.* — Le C. *simple* ou C. *ordinaire* est un contrat par lequel on donne à un autre des bestiaux à garder, nourrir et soigner, à la condition que le preneur profitera de la moitié du croît et de la laine, et qu'il supportera aussi la moitié de la perte (C. civ., 1804). En outre, le preneur profite seul des laitages, du fumier et du travail des animaux donnés à c. (C. civ., 1811). Le c. simple constitue donc un contrat mixte qui participe du louage et de la société : du louage, car le bailleur conserve la propriété des bêtes données à c.; de la société, car il est fait en vue d'un bénéfice commun. Il résulte de là que, pendant la durée du bail, le preneur ne peut disposer d'aucune bête du troupeau, soit du fonds, soit du croît, sans le consentement du bailleur, qui ne peut lui-même en disposer sans le consentement du preneur (C. civ., 1812). Mais comme à la fin du bail le bailleur doit prélever la valeur du c., celle-ci doit être établie au moyen d'une estimation faite à l'entrée du bail. L'estimation donnée au c. dans le bail n'a pour objet que de fixer la perte ou le profit qui pourra se trouver à l'expiration du contrat; par conséquent, elle n'en transporte pas la propriété au preneur (C. civ., 1805). Quant à celui-ci, il doit les soins d'un bon père de famille à la conservation du c. En conséquence, il répond immédiatement de toute perte, soit partielle, soit totale du troupeau, lorsque cette perte est arrivée par sa faute. Lorsque la perte est arrivée par un cas fortuit, qui n'a pas été précédé de quelque faute de la part du preneur, il faut distinguer si la perte est partielle ou totale : si la perte est totale, c.-à-d., si le c. périt en entier, la perte est pour le bailleur; si, au contraire, la perte est partielle, elle doit être supportée en commun. Il est assez difficile, ainsi que le font observer tous les jurisconsultes, de justifier cette dernière disposition de la loi, qui rend la condition du preneur plus dure dans le cas de perte partielle que dans celui de perte totale. Au reste, en cas de contestation, c'est au preneur à prouver le cas fortuit qu'il allègue, et au bailleur à établir la faute qu'il impute au preneur (C. civ., 1806 et suiv.). Le preneur, qui est déchargé par le cas fortuit, est tenu de rendre compte des peaux, c.-à-d., non pas d'en payer la valeur, mais de faire connaître ce qu'elles sont devenues, par ex., si elles

ont péri avec les bêtes. Une autre conséquence de la position du preneur, c'est que s'il détourne frauduleusement des bestiaux qui lui ont été donnés à c., il se rend coupable du délit d'abus de confiance. Il faut remarquer cependant que l'aliénation des bêtes du c., faite par le preneur à des tiers de bonne foi, est valable en vertu de la règle : *en fait de meubles, possession vaut titre* (C. civ., 2279). — De crainte de fraude de la part du preneur, la loi lui interdit de tondre sans en prévenir le bailleur (C. civ., 1814). — Le c. est censé fait pour trois ans, quand la convention n'a pas fixé sa durée. Néanmoins, si le preneur ne remplit pas ses obligations, le bailleur peut demander plus tôt la résolution du bail. A la fin du bail, ou lors de sa résolution, on fait une nouvelle estimation du c. Si celle-ci est supérieure à la première, le bailleur prélève des bêtes de chaque espèce jusqu'à concurrence de ce qu'il a fourni, et l'excédent se partage. Si, au contraire, la nouvelle estimation est inférieure, le bailleur prend tout, et les parties se font raison de la perte. Le bail à c. ne finit pas par la mort de l'une des parties, il se continue avec ses héritiers. En vue d'empêcher que le *cheptelier* ne soit traité avec trop de rigueur par le bailleur, la loi prohibe comme immorale et usuraire toute clause dont l'objet serait : de faire supporter au preneur la perte totale arrivant par cas fortuit et sans sa faute; de lui faire supporter dans la perte une part plus grande que dans le profit; enfin, d'autoriser le bailleur à prélever au terme du bail rien de plus que le troupeau qu'il a fourni (C. civ., 1811). Du reste, la présence d'une clause prohibée n'entraîne pas la nullité du contrat : la clause seule est nulle et non avenue. — Dans le cas où l'on fournit un c. au fermier d'autrui, le bailleur doit notifier le bail au propriétaire de qui relève le fermier; sans quoi, le propriétaire de la ferme pourrait le faire saisir et vendre pour ce que son fermier lui devrait. Cette notification doit se faire au moment de l'introduction du bétail dans la ferme.

2° *Cheptel à moitié.* — Cette sorte de c. est une véritable société dans laquelle chacun des contractants fournit la moitié des bestiaux, qui demeurent communs pour le profit ou pour la perte. Le preneur profite seul, comme dans le c. simple, des laitages, du fumier et des travaux du bétail; et le bailleur n'a droit qu'à la moitié des laines et du croît. Toute convention contraire est nulle, sauf le cas où le bailleur serait propriétaire de la ferme ou métairie occupée par le preneur. Toutes les autres règles du c. simple s'appliquent au c. à moitié. Cependant, il faut remarquer que si le troupeau périt, même par cas fortuit, la perte se partage entre le bailleur et le preneur.

3° *Cheptel donné au fermier.* — Ce c., qu'on appelle aussi C. *de fer*, est un contrat de louage par lequel le propriétaire d'une métairie pourvue de bestiaux la donne à ferme, à la charge qu'à l'expiration du bail le fermier laissera des bestiaux d'une valeur égale au prix de l'estimation de ceux qu'il aura reçus. L'estimation du c. donné au fermier ne lui en transfère pas la propriété; néanmoins, elle le met à ses risques. Dans cette sorte de c., tous les profits des bestiaux, sans exception, appartiennent au fermier pendant la durée du bail; mais il est tenu d'employer exclusivement les fumiers à l'exploitation et à l'amélioration de la ferme, et de supporter, à moins de convention contraire, la perte des bestiaux, lors même qu'elle est totale, lors même qu'elle a lieu par cas fortuit. A la fin du bail, le fermier ne peut retenir le c. en payant l'estimation originaire; il doit en laisser de la valeur pareille à celui qu'il a reçu. Le nombre des bêtes est indifférent, c'est leur valeur seule que l'on considère. S'il y a du déficit, il doit le payer; il garde seulement l'excédent. C'est ce qui a fait donner à ce contrat le nom de C. *de fer*, parce que le fonds des bestiaux reste toujours le même; il est attaché et comme enchaîné à la métairie. — Nous ferons observer encore que, lorsque le propriétaire d'une ferme donne à bail à son fermier un fonds de bétail, mais sans rattacher le bail des bestiaux au bail de la ferme, de sorte qu'il y a deux baux distincts et indépendants l'un de l'autre, ce ne sont point les règles du c. de fer qu'il faut suivre, mais les règles particulières au c. simple.

4° *Cheptel donné au colon partiaire* ou *Cheptel à métairie.* — Ce c. n'est que l'accessoire du bail de la métairie, comme le c. à ferme n'est que l'accessoire du bail de ferme. Ce contrat est généralement soumis aux règles du c. simple. Cependant, il est permis de stipuler que le bailleur aura une partie des laitages (la moitié au plus); qu'il aura une plus grande part que le preneur dans les autres profits; que le colon délaissera au bailleur sa part de la toison à un prix inférieur à la valeur ordinaire. Les exceptions autorisées par la loi en faveur du bailleur sont motivées sur cette considération qu'il contribue à la nourriture du c., laquelle est prise sur les produits de la métairie, tandis que, dans les cas précédents, c'était le preneur seul qui nourrissait les bestiaux. Ce c. ne finit qu'avec le bail à métairie.

5° *Cheptel improprement dit.* — On donne mal à propos le nom de c. au contrat par lequel un individu donne à un autre une ou plusieurs vaches pour les garder, les nourrir et les soigner, en nourrissant aussi leurs veaux jusqu'à l'âge de trois à quatre semaines. Le bailleur conserve la propriété desdits bestiaux et de leur croît. Tous les autres profits appartiennent au preneur. La perte des animaux est pour le propriétaire; leur traitement, en cas de maladie, est aussi à sa charge. A défaut de convention fixant la durée du bail, chaque partie peut rendre ou prendre les vaches quand bon lui semble, pourvu que cela ne soit pas en temps inopportun (C. civ., 1831). On voit que ce contrat n'est pas précisément un c., puisqu'il ne porte pas sur un corps de troupeau, sur une universalité de bêtes. Du reste, comme le c., il participe du louage et de la société. Cette convention était assez usitée dans quelques-unes de nos anciennes provinces, telles que la Lorraine et l'Orléanais.

CHEPTELIER. s. m. [Pr. *che-te-lier*]. T. Droit. Preneur d'un bail à cheptel.

CHÉPU. s. m. (Vx fr. *chapuis*, charpentier). T. Techn. Billot sur lequel le tonnelier bûche le bois.

CHÈQUE. s. m. (angl. *check*, m. s., de *to check*, contrôler). T. Banque. Espèce de mandat de paiement adressé à un banquier.

Législ. — « Le chèque est l'écrit qui, sous la forme d'un *mandat de paiement*, sert au *tireur* à effectuer le retrait, à son profit, ou au profit d'un tiers, de tout ou partie des fonds portés au crédit de son compte chez le tiré, et disponibles. » Il indique le lieu d'où il est tiré. Il est daté en toutes lettres et signé par le tireur. Il ne peut être tiré qu'à vue. Il peut être souscrit au porteur, ou au profit d'une personne déterminée, ou à ordre, et, dans ce dernier cas, il est transmissible par voie d'endossement. — Le chèque ne peut être tiré que sur un tiers ayant provision préalable; il est payable à présentation. Il peut être tiré *d'un lieu sur un autre* ou *sur la même place.*

Le porteur d'un chèque doit en réclamer le paiement dans le délai de 5 jours y compris celui de la date, si le c. est tiré de la place sur laquelle il est payable, et dans le délai de 8 jours, y compris celui de la date, s'il est tiré d'un autre lieu. Le porteur qui ne réclame pas le paiement dans les délais ci-dessus perd son recours contre les endosseurs. Il le perd aussi contre le tireur, si la provision a péri par le fait du tiré après lesdits délais. — Le tireur qui n'a pas de provision préalable, ou celui qui émet un chèque sans date ou non daté en toutes lettres, est passible d'une amende de 6 p. 100 de la somme pour laquelle le chèque est tiré, sans que cette amende puisse être inférieure à 100 fr.

Pour encourager, en France, l'usage des chèques, la loi du 14 juin 1865 les avait exemptés pendant une période de dix ans de tout droit de timbre. Mais la loi du 23 août 1871 a rétabli un droit de timbre de 0,10 c. par chèque. Ce droit a été porté à 0,20 c. par la loi du 19 février 1874, pour les chèques tirés *de place à place.* — Pour les chèques tirés hors de France, le porteur est tenu de les faire timbrer avant tout usage en France, sous peine d'une amende de 6 p. 100.— De plus, les chèques sont soumis à un droit de 0,50 c. p. 100, plus les décimes, pour l'enregistrement; il est vrai que cette dernière formalité n'est nécessaire seulement qu'en cas de protêt.

Chèque barré. — En Allemagne, et surtout en Angleterre, on emploie beaucoup les chèques pour donner à un banquier non pas l'ordre de payer la somme mentionnée sur le chèque, mais l'ordre de porter cette somme au compte d'un autre client. Ces genres de chèques sont dits *barrés*, parce qu'ils portent en travers, entre deux lignes parallèles, la mention *not negociable* (non négociable) ou *nur zur verrechnung* (seulement par compte). Les lois anglaises et allemandes interdisent aux banquiers de payer ces chèques en numéraire. L'usage des chèques barrés présente ainsi une sécurité presque absolue en cas de vol ou de perte, puisqu'ils sont sans valeur entre les mains d'un tiers.

CHER, ÈRE. adj. (lat. *carus*). Qui est tendrement aimé, auquel on tient beaucoup. *Cette personne lui est extrêmement chère. Ses plus chers amis l'ont condamné. Sa mémoire me sera toujours chère. Il n'a rien de plus c. que*

l'honneur. *Négliger ses intérêts les plus chers. Perdre ses plus chères espérances. C'est mon vœu le plus c.* — Famil., on dit, *Mon c. ami, Mon c. monsieur, Ma chère dame,* etc., et par ellipse. *Mon c., ma chère.* || Qui coûte beaucoup. *Les diamants sont toujours chers. Tout est c. dans cette ville. Il fait excessivement c. vivre à Paris.— Chère année,* Année où le blé est beaucoup plus c. qu'à l'ordinaire. — Fig., *Le temps est c., Les moments sont chers, Le temps presse, il n'y a pas un instant à perdre. Vendre cher sa vie,* La disputer vaillamment à ses ennemis. || Celui qui vend à plus haut prix que les autres. *Ce marchand-là est trop c.* = CHER. adv. A haut prix. *Acheter c. Vendre c. Il vend plus c. que les autres.* || Fig., Il vend c. sa protection, *C'est acheter bien c. un repentir. Il me paiera c. cette injure.* — Fig. et en forme de menace, on dit de quelqu'un dont on a à se plaindre, *Je le lui ferai payer c.; Il le paiera plus c. qu'au marché.*

CHER, riv. de France, prend sa source dans les monts d'Auvergne (Creuse), et se jette dans la Loire, rive gauche, en aval de Tours; 320 k.

CHER (Dép. du), formé de l'anc. Berry et d'une partie du Bourbonnais, ch.-l. *Bourges;* 2 autres arr., *Saint-Amand-Mont-Rond, Sancerre;* 359,000 hab.

CHÉRAMÉLIER. s. m. T. Bot. Nom vulgaire du *Phyllanthus Cicca,* plante de la famille des *Euphorbiacées.* Voy. ce mot.

CHERASCO, v. d'Italie (Piémont), 9,000 hab.

CHERBOURG (*Coriallum*), ch.-l. d'arr. du dép. de la Manche, à 76 k. N.-O. de Saint-Lô et 371 k. de Paris; ch.-l. de la 1re préfecture maritime; 38,600 hab. Port militaire du premier ordre; digue, l'un des plus beaux ouvrages du génie maritime. — L'origine de Cherbourg remonte à l'empire romain. Les travaux du port furent commencés par Vauban, en 1686, et poursuivis sous Louis XVI, Napoléon 1er et Napoléon III.

CHERBULIEZ (VICTOR), littérateur français, né à Genève (1829-1893).

CHERCHE. s. f. (R. *chercher*) T. Architect. Nom de toute courbe qu'on ne peut décrire d'un seul trait de compas. || Planche de volige découpée pour régler les saillies d'une pierre à tailler.

CHERCHE-FICHE. s. m. T. Techn. Outil à l'usage du serrurier pour retirer l'aile d'une fiche entrée dans le bois. = Pl. *Des cherche-fiches.*

CHERCHE-FUITE. s. m. T. Techn. Petit appareil servant à découvrir les fuites de gaz. = Pl. *Des cherche-fuites.*

CHERCHE-POINTE. s. m. Syn. de *cherche-fiche.* = Pl. *Des cherche-pointes.*

CHERCHEL, anc. *Cæsarea,* v. et port de l'arr. d'Alger, à 114 kil. O. d'Alger; 8,800 hab.

CHERCHER. v. a. (lat. *circare,* faire le tour, de *circus,* cercle). Aller et regarder de côté et d'autre; Se donner du mouvement, de la peine pour trouver, pour découvrir quelqu'un ou quelque chose. *C. soigneusement. C. à tâtons. Je vous cherchais. Je cherche mon livre. Ce chien cherche son maître. C. un passage dans un livre. C. l'ennemi,* Aller à sa rencontre pour lui livrer bataille. — Par ext., se dit aussi des choses inanimées. *L'eau cherche un passage. L'aiguille aimantée cherche le nord.* — Fig. et prov., *C. quelqu'un par mer et par terre, le c. par monts et par vaux. C. à pied et à cheval,* Le c. partout, faire toutes les démarches possibles pour le trouver. *C. une aiguille dans une botte de foin,* C. quelque chose au milieu d'une foule d'autres, ou une chose très difficile à trouver, à cause de sa petitesse. — *C. querelle,* Provoquer des querelles. — *C. midi à quatorze heures,* Se créer des embarras inutiles. || *Tâcher de se procurer quelqu'un ou ce dont est privé, ce dont on manque, ce dont on a besoin, ce qu'on désire. C. un domestique. C. de l'argent, C. un emploi. C. les moyens de faire fortune. C. du secours. C. un remède à ses maux. C. la gloire, la vérité. C. une occasion. C. la cause* *d'un phénomène, la solution d'un problème, le mot d'une énigme. C. ses expressions. C. une rime. C. des défauts à quelqu'un. — C. femme,* Faire des démarches pour se marier. *C. son pain,* Mendier. *C. sa vie,* C. les moyens de subsister. — Fig. et prov., *Le bien cherche le bien,* Le bien vient à celui qui en a déjà beaucoup. — *C. noise, c. querelle,* Se conduire de propos délibéré de façon à se brouiller, à s'attirer une querelle avec quelqu'un. *C. malheur, c. son malheur,* Se conduire de façon à s'attirer quelque malheur. || *C.,* précédé des verbes *Aller, Venir,* se dit souvent, au prop. et au fig., pour aller trouver, venir trouver quelqu'un. *Il irait la c. au bout du monde. La fortune et les honneurs vont le c., sans qu'il fasse rien pour cela. Vos ennemis ne viendront pas vous c. chez moi.* — Dans un sens plus particulier, *Aller c. quelqu'un,* sign. Aller auprès d'une personne pour la conduire ensuite quelque part ou pour l'avertir de s'y rendre. On dit de même, *Envoyer c. Il est allé, il a envoyé c. le médecin. Il viendra me c. à cinq heures.* — *Aller c. quelque chose,* Aller en quelque lieu pour y prendre ou y recevoir quelque chose. On dit aussi, *Venir c., Envoyer c. quelque chose. Allez me c. mon habit. Je viendrai c. votre lettre. Si vous voulez ce livre, envoyez-le c. Je l'enverrai c. J'enverrai le c.* || *C. à,* suivi d'un infinitif, signifie, Tâcher, s'efforcer de... *Il cherche à vous tromper. C. à s'instruire. Ce cheval cherche à démonter son cavalier.* — Se dit encore des choses inanimées. *L'eau cherche à s'ouvrir un passage.* = Cherché, ÉE. part. | En T. Beaux-Arts, *Cherché* s'emploie adjectiv., en parlant d'un ouvrage dont l'auteur a trop visé à l'effet. *Cela est trop cherché.*

CHERCHEUR, EUSE. s. Celui qui cherche. *Un c. de dupes, Une chercheuse d'aventures.* Se dit particulièrement d'une personne dont l'esprit est constamment tendu et appliqué à des découvertes. *Cet homme est un c. intrépide.* = CHERCHEUR. s. m. T. Astron. Petite lunette ayant un très grand champ qu'on adapte parallèlement à une grande lunette ou à un télescope pour faciliter la recherche des astres. Voy. LUNETTE.

CHÈRE. s. f. (lat. *caro*, chair). Tout ce qu'on sert dans un repas, considéré sous le rapport de la quantité, de la qualité et de la délicatesse. *Faire bonne c., mauvaise c., maigre c.* Il aime la bonne c. Il aime la bonne c. et il s'y connaît. — Fig. et prov., *Faire grande c. et beau feu,* Faire une fort grande dépense. — Famil., *Il ne sait quelle c. lui faire,* se dit d'un homme qui, enchanté de recevoir un de ses amis, ne sait comment le traiter, comment lui témoigner la satisfaction qu'il éprouve.

CHÉRÉAS, tribun romain, assassina Caligula en 41 ap. J.-C.

CHÈREMENT. adv. Tendrement, avec beaucoup d'affection. *Je l'aime c. Je conserve cela c.* || A haut prix. *Acheter, vendre, payer c. sa marchandise.* — Fig., *Il paya c. sa victoire. Il me vendit c. cette faveur, sa protection. Vendre c. sa vie,* Défendre vigoureusement sa vie contre ses ennemis.

CHÉRI. s. m. Loi civile et religieuse des musulmans préexistant à toutes les autres.

CHÉRIF. s. m. (Mot arabe qui signifie *noble*). Titre que l'on donne dans les pays musulmans aux individus qui passent pour descendre de Mahomet par Fatime, fille de Mahomet et femme d'Ali. || S'emploie aussi dans le sens de chef chez les Arabes et chez les Maures.

CHÉRIMOLIER. s. m. T. Bot. Nom vulgaire de l'*Anoma Cherimolia,* arbre du Pérou, de la famille des *Anonacées.* Voy. ce mot.

CHÉRIP. s. m. Moineau franc.

CHÉRIR. v. a. (R. *cher*). Aimer tendrement. *C. ses enfants, sa patrie, ses devoirs. C. le souvenir, la mémoire de quelqu'un.* = CHÉRI, IE. part. *Un prince c. de son peuple. Image chérie. Le peuple c. de Dieu,* Les anciens Hébreux. = Syn. Voy. AIMER.

CHERIS ou **CHERRIS.** s. m. Nom donné à une préparation des inflorescences femelles du *Chanvre indien.*

CHÉRISSABLE. adj. 2 g. (R. *chérir*). Digne d'être chéri.

Ne se dit que des choses. *La gloire la plus c. est celle qui naît de la vertu. La santé est le plus c. des biens.*

CHEROKEE, petite ville de l'État d'Alabama (États-Unis d'Amérique).

CHEROKEES, tribu d'Indiens américains du groupe apalachien qui occupèrent un territoire compris au sud des monts Alleghanys et à l'est du Mississipi.

CHÉROLLE. s. f. T. Bot. Espèce de Vesce.

CHÉRONÉE. v. anc. de Béotie. Patrie de Plutarque. Victoire de Philippe sur les Athéniens (338 av. J.-C.), et de Sylla sur Archélaüs, général de Mithridate (86 av. J.-C.).

CHERQUEMOLLE. s. f. T. Comm. Étoffe unie mélangée de soie et de filaments extraits d'écorce d'arbre, et qui se fabrique dans l'Inde.

CHERRIS. s. m. Voy. CHERIS.

CHERRY-COAL. s. m. (Mots anglais, sign. *charbon rouge*). Houille bitumineuse anglaise brûlant avec une longue flamme.

CHERSITE. s. f. [Pr. *ker-site*] (gr. χέρσος, tortue). T. Erpét. Tortue terrestre. Voy. CHÉLONIENS.

CHERSON, ville et gouvernement de l'empire russe. Voy. KERSON. || Ville de l'ancienne Chersonèse Taurique (Crimée), à 2 kil. O. de Sébastopol, fondée vers l'an 600 av. J.-C., détruite en 1363 par les Tartares.

CHERSONÈSE. s. f. [Pr. *Kersonèze*] (gr. χέρσος, terre ferme; νῆσος, île). T. Géog. anc. Presqu'île. *La C. de Thrace. La C. Cimbrique. La C. d'Or.*

CHERSYDRE. s. m. [Pr. *ker-sidre*] (gr. χέρσος, tortue; ὕδωρ, eau). T. Zool. Espèce de serpent de l'archipel Indien.

CHERTÉ. s. f. (lat. *caritas*). Prix qui excède de beaucoup le prix ordinaire des choses. *L'excessive c. des vivres. Pourvoir, remédier à la c. Causer, faire la c. Une année de c.* || En parlant de certaines marchandises, *La c. y est,* La presse y est, tout le monde veut en avoir. *Je n'y mettrai pas la c., Je n'en achèterai pas.* Vx. — Syn. PRIX.

CHÉRUB (pl. **CHÉRUBIM**). s. m. T. Ant. Mot hébreu désignant des êtres fantastiques, moitié hommes, moitié animaux, qui étaient censés habiter le ciel, et d'où provient *Chérubin.* Il y avait des figures de chérubim qui ornaient le temple de Jérusalem.

CHÉRUBIN. s. m. [Pr. *cherubin*] (héb. *cherub*, et au pl. *cherubim*). T. Théol. Ange du second chœur de la première hiérarchie. Voy. ANGE. || T. Peint. et Sculpt. Se dit des têtes d'enfants avec des ailes que les peintres placent dans leurs tableaux et les sculpteurs dans leurs ornements, pour figurer des anges. — Fam., *Avoir une face de c.,* Avoir le visage plein et brillant de santé. *Être rouge comme un c.,* Avoir le visage rouge et enflammé. || T. Techn. Titre que prennent, dans les ardoisières d'Angers, les perreyeurs anciens pour se distinguer des potiers admis depuis peu dans la carrière.

CHÉRUBINI, compositeur, né à Florence en 1760, m. à Paris en 1842, auteur d'opéras, de messes, et de morceaux religieux ; fut directeur du Conservatoire de musique.

CHÉRUBIQUE. adj. Qui a rapport aux chérubins. *Figures chérubiques.*

CHÉRUSQUES, peuples de l'anc. Germanie, entre le Weser et l'Elbe, dont le chef le plus célèbre fut Arminius.

CHERVI ou **CHERVIS,** s. m. T. Bot. Noms vulgaires d'une espèce de Berle (*Sium Sisarum*) dont la racine est comestible, famille des *Ombellifères.* Voy. ce mot.

CHERVIN, médecin français, fit supprimer les lazarets et les quarantaines (1783-1843).

CHESAPEAKE, baie des États-Unis d'Amérique, sur l'Atlantique.

CHÉSEAUX, savant suisse (1718-1751).

CHESELDEN, savant chirurgien anglais (1688-1752).

CHESNE-POPULEUX (Le), ch.-l. de c. des Ardennes, arr. de Vouziers; 1,500 hab. Près de là se trouve le défilé du Chêne-Populeux, un des passages de l'Argonne que Dumouriez occupa en 1792.

CHESSYLITE. s. f. [Pr. che-si-lite] (Chessy, nom d'un village du dép. du Rhône, et gr. λίθος, pierre). T. Minér. Hydrocarbonate naturel de cuivre.

CHESTER. s. m. Fromage de Chester.

CHESTER, ch.-l. du comté de Chester, en Angleterre, 36,000 hab. Fromages renommés. Le comté a 645,000 hab.

CHESTERFIELD (Comte de), homme d'État, écrivain anglais, connu surtout par ses Lettres à son fils (1694-1773).

CHESTERLITE. s. f. [Pr. che-ster-lite] (Chester, nom de ville; gr. λίθος, pierre). T. Minér. Silicate double d'alumine et de potasse.

CHÉTIF, IVE. adj. (lat. captivus, captif). Vil, méprisable. Une chétive créature ose-t-elle s'enorgueillir? || Qui est faible, débile, de peu de valeur. Ces bestiaux sont bien chétifs. Ils n'a eu qu'une chétive récolte. Un arbre c. Avoir chétive mine, Avoir l'air d'un homme malade, ou bien une figure qui ne prévient pas en sa faveur.

Syn. — Mauvais. — En parlant des êtres vivants, chétif se dit de ceux qui n'ont pas atteint leur développement régulier, et par conséquent n'ont les qualités qu'on y désirerait rencontrer. Mauvais se prend dans le sens de défectueux et même de vicieux, s'il s'agit de l'homme et de certains animaux. Chétif se dit surtout de la taille et de la vigueur; mauvais se dit le plus ordinairement des qualités morales. En parlant des choses qui servent à l'usage, mauvais indique la fabrication défectueuse ou la détérioration par l'usage même; chétif exprime l'indigence de ces choses ou leur infime valeur. Une personne riche se trompe en achetant une mauvaise étoffe, elle réforme un vêtement devenu mauvais. Un malheureux n'a qu'un chétif mobilier et se couvre de chétifs haillons.

CHÉTIVEMENT. adv. D'une manière chétive, comme un pauvre, comme un malheureux. Vivre c. Il entretient ses enfants bien c.

CHÉTODON. s. m. [Pr. kétodon] (gr. χαίτη, crin; ὀδοὺς, ὀδόντος, dent). T. Icht. Genre de poissons de la famille des Acanthoptérygiens squammipennes. C'est un joli poisson qui fréquente les eaux japonaises. Ses brillantes écailles sont peintes des plus vives couleurs disposées par larges bandes et séparées par de minces filets tranchants. Cette parure tapageuse lui a valu le nom de Bandoulière. Mais là ne s'arrête pas son originalité. Le chétodon, qui vit d'insectes aériens, possède un instrument de précision pour les atteindre de loin et les tuer. Son arme meurtrière est placée au bout du nez, précisément près de la mire des yeux. Le c. aperçoit-il un insecte posé sur une feuille penchée au-dessus du fleuve, vite il s'approche, se met en position, prend son temps pour viser; le coup part et atteint toujours le but. L'engin de mort est un fusil à vent, le projectile une goutte d'eau. Le gibier, étourdi sur le coup, tombe et le poisson le dévore avec la double satisfaction que doit éprouver tout chasseur heureux gratifié d'un bon appétit. Voy. SQUAMMIPENNES.

CHÉTOPODES. s. m. pl. [Pr. kétopode] (gr. χαίτη, crin; πoὺς, ποδὸς, pied). T. Zool. Nom donné par Blainville à la nombreuse catégorie des Annélides qui sont pourvus de soies ou petits poils épineux inarticulés à l'aide desquels se meuvent ces animaux.

CHÉTOPTÈRE. s. m. T. Zool. Sorte d'annélide chétopode rapportée des Antilles.

CHÉTRON. s. m. T. Métier. Tiroir sur le côté d'un coffre.

CHEVAGE. s. m. (R. chef). T. Droit féodal. Droit qui était dû par tout chef de famille aubain et bâtard.

CHEVAGE. s. m. (R. chever). Action de donner au verre ramolli par la chaleur la forme d'un moule. || Action de chever ou creuser une pierre précieuse.

CHEVAGIER. s. m. Aubain ou bâtard soumis au droit de chevage.

CHEVAGNES, ch.-l. doc. (Allier), arr. de Moulins, 1,200 hab.

CHEVAL. s. m. (lat. caballus, s. m.). Mammifère de l'ordre des Pachydermes et genre unique de la famille des Solipèdes, animal connu de tout le monde. C. d'attelage, de trait, de harnais, de selle, de main, de charge, de labour, de parade, de bataille. C. de cavalerie. C. de louage. C. de prix. C. pesant, léger à la main. C. hardi, doux, rétif, vicieux. La bouche, les jambes d'un c. Seller, brider un c. Monter à c. Descendre de c. Être à c. Homme de c. Mettre un c. au galop. Promenade à c. Débourrer, commencer un c. Combat à c. Atteler des chevaux à une charrette. Courses de chevaux. — Bon homme de c., Celui qui sait bien manier un c. — Bel homme de c., Celui qui a bonne grâce à c. — Mettre quelqu'un à c., Lui enseigner l'équitation. — Un tel loge à pied et à c., ou Bon logis à pied et à c., Inscription qui sert d'enseigne aux hôtelleries, pour indiquer qu'on y reçoit les voyageurs et qu'on a une écurie pour loger leurs chevaux. — Fig. et fam., Fièvre de c., Fièvre violente. Médecine, remède de c., Médecine, remède très énergique. — Fig. et prov., Être mal à c., Être mal dans ses affaires. A c. donné on ne regarde pas à la bouche ou à la bride, Quand on reçoit un présent, il ne faut pas le déprécier. Monter son c. borgne contre un aveugle, Changer, par méprise, une chose défectueuse contre une autre plus défectueuse encore. Il est bon c. de trompette, il ne s'étonne pas du bruit, se dit d'un homme qui ne s'effraye pas des menaces, qui ne s'émeut pas de ce qu'on lui dit, soit pour l'intimider, soit pour l'embarrasser. C'est un c. de travail, C'est un homme qui travaille beaucoup. C'est un c. de bât, se dit d'un homme stupide, grossier, brutal. Je lui ferai voir que son c. n'est pas une bête, Je lui ferai voir qu'il se trompe grossièrement. Il fait toujours bon tenir son c. par la bride, Il fait bon être maître de son bien, d'une affaire où l'on a intérêt. Il est bien aisé d'aller à pied, quand on tient son c. par la bride, On peut souffrir aisément de petites incommodités, quand on a le moyen de s'en délivrer aussitôt qu'on le veut. Écrire à quelqu'un une lettre à c., Lui écrire avec menace, avec rudesse. Voy. pour d'autres expressions fig., prov. et fam., relatives au c., les mots BAT, BATAILLE, BRIDER, BRONCHER, CURÊCHER, ÉCHAPPER, ÉCURIE, MONTER, ROSSE, etc. || Être à c., se dit, par ext., de celui qui est monté sur quelque autre animal qu'un c., et même d'une personne qui se tient jambe deçà, jambe delà, sur une poutre, sur un parapet, sur une muraille, etc. Il était à c. sur le haut du mur. Cet enfant courait par la chambre à c. sur un bâton. — Fig. et fam., Être à c. sur quelque chose, S'en prévaloir, où n'en pas démordre, y revenir sans cesse. Il est à c. sur sa noblesse. Il est toujours à c. sur telle opinion, etc. — T. Guerre. Être à c., se mettre à c. sur un fleuve, sur une rivière, se dit d'une armée qui a des troupes sur l'un et sur l'autre rive d'un fleuve, etc. On dit de même, Être, se mettre à c. sur une route. || Tirer un criminel à quatre chevaux, L'écarteler. || T. Archéol. C. marin, Animal fabuleux, qu'on représente ayant le devant d'un c. et le derrière d'un poisson, tel qu'on en voit sur certaines médailles et dans certains ornements d'architecture et de sculpture. — On donne encore vulgairement le nom de C. marin au Morse et à l'Hippocampe. Voy. PINNIPÈDES et LOPHOBRANCHES. || C. de bois, Figure de bois qui ressemble à peu près à un c., et sur laquelle on fait des exercices de voltige. — Pièce de bois placée sur des tréteaux, et taillée en arête, dont on se servait autrefois pour punir des soldats. Il resta trois heures sur le c. de bois. || Chevaux de bois, Jeu composé d'une série de petits chevaux en bois ou en métal reliés à un même centre et tournant mécaniquement. || Chevaux de bois, Jeu où les enfants sautent tour à tour sur le dos de l'un d'entre eux qui se tient courbé dans l'attitude d'un cheval. || T. Guerre. C. de frise, Grosse pièce de bois longue de 3 à 4 mètres, traversée en sens divers par des pieux pointus et ferrés aux extrémités, dont on se sert pour défendre une brèche, ou pour couvrir un bataillon contre la cavalerie. || T. Astron. Petit C., Petite constellation voisine de Pégase. Voy. CONSTELLATION. || T. Méc. *C.-vapeur.* Unité de travail qui vaut 75 kilogrammètres. Voy. FORCE, TRAVAIL. = CHEVAUX. s. m. pl. Se dit quelquefois des gens de guerre à cheval. *Une armée de vingt mille hommes de pied et de six mille chevaux. Un détachement de deux cents chevaux. — Chevaux-légers.* Voy. CHEVAU-LÉGERS. || T. Techn. Siège à l'usage de l'ardoisier. || Tringle, avec ou sans crochet, munie d'une corde, pour continuer la tension de la fin d'une chaîne.

Mamm. — Le genre *Cheval (Equus)* constitue une des familles de l'ordre des *Pachydermes.* Comme toutes les espèces qui composent ce genre ou cette famille sont essentiellement caractérisées par l'existence d'un seul doigt apparent à chaque pied, la plupart des naturalistes ont donné le nom de *Solipèdes* à ce groupe naturel. A cette dénomination, aujourd'hui connue même du vulgaire, on a proposé de substituer celle d'*Équidés.*

Les *Équidés* sont des animaux herbivores et granivores; leur corps est élevé, musculeux et couvert d'un poil ordinairement ras et court en été; la queue, médiocrement longue, est garnie de longs crins dans toute son étendue chez le cheval; mais, chez les autres espèces, elle est seulement terminée par un flocon de poils; les jambes sont hautes, et finissent toutes les quatre par un seul doigt apparent, muni d'un sabot semi-circulaire. De chaque côté de chacun des os métatarsiens ou métacarpiens, c.-à-d. de chaque côté de ce que l'on appelle les *Canons* (Fig. 2, *m*), il existe des stylets osseux, *s*, représentant deux doigts latéraux. Ces tiges osseuses ne portent de doigt ni dans le c. ni dans les espèces vivantes du même genre; mais dans des espèces fossiles encore imparfaitement connues, comme les *Hipparion* et les *Hippotherium*, chacune d'elles était terminée par un doigt, de sorte que les pieds de ces équidés, dont on retrouve les restes en Europe et dans l'Inde, avaient trois doigts complets comme ceux des rhinocéros. Suivant l'opinion de naturalistes éminents, le doigt en apparence unique des espèces actuelles du genre c. est formé par la soudure intime des deux autres, qui restent au contraire indépendants et distincts dans tous les autres quadrupèdes, et qui constituent la fourche des ruminants. L'anatomie du pied du c. donne la trace des trois doigts principaux qui caractérisent les animaux compris dans l'ordre des pachydermes. Le nombre des dents est ordinairement de 40, savoir 12 incisives, 4 canines (mais seulement dans les mâles adultes), et 24 molaires. Ce dernier chiffre pourrait être porté à 38 si l'on tenait compte des molaires de la première paire, qui sont ordinairement caduques. Le système dentaire du c. et de la famille des équidés s'exprime, en zoologie, par la formule qui suit: incisives $\frac{6}{6}$; canines $\frac{1,1}{1,1}$; molaires $\frac{6,6}{6,6}$ = 40; c.-à-d.,

il y a 6 incisives à la partie antérieure des deux mâchoires supérieure et inférieure, plus 1 canine et 6 molaires de chaque côté des deux mâchoires. Les incisives sont comprimées d'avant en arrière; les canines, appelées aussi *Crochets*, qui ne se montrent que très rarement chez les femelles, sont de forme conique, et n'existent guère qu'à la mâchoire supérieure, au nombre de 2. Les molaires sont carrées. Elles sont séparées des dents situées plus en avant, c.-à-d. des canines, par un intervalle vide appelé *Barre*, qui répond à l'angle des lèvres. C'est dans cet intervalle que l'on place le mors, au moyen duquel seul l'homme est parvenu à dompter ces vigoureux quadrupèdes, et dont il se sert pour diriger les mouvements chez les individus soumis à la domesticité.

Les espèces du genre c., quoique herbivores, ne ruminent point; leur estomac est simple et médiocre; mais, en revanche, leurs intestins sont très longs, et leur cœcum est énorme. La digestion chez ces animaux est surtout intestinale. La structure du leur estomac, dont la partie cardiaque est très-musculeuse et contractile, tandis que la portion pylorique est simplement élastique, leur interdit la faculté de vomir leurs aliments. Leurs organes sensoriels sont tous très développés, et l'on peut dire que le c. est l'un des animaux les mieux doués de la nature sous ce rapport. L'ouïe est très délicate; l'oreille externe, étant mobile et pouvant se dresser ou se coucher à volonté, lui permet de saisir aisément le plus léger bruit. L'odorat est peut-être plus parfait encore. Le toucher, chez ces animaux, est beaucoup plus délicat que ne le feraient supposer l'épaisseur de leur peau et la présence des poils serrés qui la recouvrent. On remarque qu'ils froncent leur peau au moindre attouchement, surtout lorsqu'il a lieu sous le ventre. La vue n'est pas toujours bonne: beaucoup de chevaux sont myopes, peut-être à cause de l'habitude que l'on a de les attacher la face devant un mur. Ils ont la langue douce et les lèvres assez mobiles. La supérieure, en particulier, est susceptible de s'allonger et d'exécuter des mouvements assez étendus. Aussi se servent-ils de cet organe pour ramasser leur nourriture et même pour palper et reconnaître certains objets. L'extrême sensibilité de cette partie offre, en outre, à l'homme le moyen le plus efficace pour se faire obéir de ces animaux, en pressant sur elle plus ou moins fortement au moyen du frein. Le sens du goût paraît être aussi d'une grande délicatesse.

Le c. est un animal élégant et de noble allure, mais peu intelligent. Sa principale faculté est la mémoire, surtout la mémoire des lieux par lesquels il est passé, ne serait-ce qu'une seule fois.

Toutes les espèces du genre c. sont originaires de l'ancien monde. Celles qui ont le pelage uniforme paraissent appartenir à l'Asie, tandis que celles qui ont le corps marqué de bandes régulières, ou *zébrures*, sont propres à l'Afrique. Les espèces reconnues à cette heure par les zoologistes sont au nombre de sept: 1° Le *C. proprement dit (Equus Caballus)*; 2° l'*Ane (Eq. Asinus)*, l'espèce la plus importante du genre après le c.; 3° l'*Hémippe (Eq. Hemippus)*; 4° l'*Hémione* ou *Dzigguetai (Eq. Hemionus)*; 5° le *Couagga (Eq. Quaccha)*; 6° le *Dauw (Eq. Montanus)*; 7° le *Zèbre (Eq. Zebra)*. Les trois dernières sont africaines, et les quatre premières asiatiques. — Toutes ces espèces peuvent se croiser les unes avec les autres pour se reproduire; mais les métis qui en résultent, et que l'on désigne sous le nom de *Mulets*, sont généralement stériles.

La première espèce, la seule dont nous traiterons dans cet article, est de beaucoup la plus importante de toutes. Le *C. (Equus Caballus)* se trouve aujourd'hui répandu sur toute la surface du globe; mais ce sont les conquérants espagnols qui l'ont importé au Mexique et au Pérou, les Français qui l'ont introduit au Canada, et les Anglais qui, beaucoup plus tard, en ont doté la Nouvelle-Hollande. L'espèce provient de l'Asie centrale.

Tous les chevaux sauvages qui existent actuellement, soit dans les steppes de la Tartarie, soit dans les pampas et les llanos de l'Amérique méridionale, sont des chevaux échappés à la domesticité. Les *Tarpans* (on nomme ainsi les chevaux libres des.déserts de la Tartarie) ont perdu dans leur existence vagabonde l'harmonie des formes qui distingue les races objet des soins assidus de l'homme. Ils restent dans cet état lors même qu'ils sont pris au nœud coulant, puis domptés et dressés comme les chevaux domestiques. Mais il est rare qu'on s'en empare pour les dresser: car, d'une part, les Tartares ne manquent pas de chevaux, et de l'autre, ils chassent principalement le tarpan pour sa chair, qu'ils trouvent excellente. La tête du tarpan est lourde, et l'ensemble de ses formes est disgracieux. Il paraît rechercher le froid plus que la chaleur, et habite de préférence les pâturages élevés des pentes du grand et du petit Altaï, sur les frontières de la Sibérie. — Les chevaux libres de l'Amérique méridionale sont communément désignés sous le nom d'*Alzados*, c.-à-d. d'*insurgés*. L'*Alzado* conserve une partie de l'élégance des formes et des qualités précieuses qu'il doit au sang arabe. Dans les provinces de la Plata et dans les plaines du Nouveau-Mexique, les alzados sont si nombreux que les habitants du pays se donnent rarement la peine d'élever des chevaux; ils prennent et domptent les chevaux libres dont ils ont besoin. — Tous les chevaux sauvages, mieux désignés, à notre avis, sous le nom de *Chevaux libres*, ont uniformément les mêmes mœurs. A la vérité le tarpan vit en petites troupes de 20 à 30 individus, tandis que l'alzado se réunit en bandes dont le chiffre dépasse quelquefois 10,000 têtes. Mais la différence est plus apparente que réelle, les grandes bandes d'alzados étant composées de fractions semblables aux petits troupeaux de tarpans, et formées d'un mâle avec un certain nombre de femelles suivies de leurs petits qui ne sont point encore adultes. Les grandes troupes d'alzados obéissent à des chefs qui doivent leur rang à la supériorité de leurs forces et de leur courage; elles marchent en colonnes serrés, précédées de quelques éclaireurs qui les avertissent du danger. Lorsqu'un objet inquiétant est signalé, toute la troupe s'en approche en décrivant autour de lui plusieurs cercles afin de le reconnaître. Pour le combat, ils se réunissent en groupes compacts, et se défendent courageusement, par des morsures et des ruades, contre les attaques des grands carnassiers. — Dans l'Amérique du Sud, les Indiens et les Espagnols à demi sauvages appelés *Gauchos* font souvent la chasse aux chevaux libres, soit pour les dompter, soit pour les tuer et en vendre le cuir. Dans le premier cas, les hommes montés sur des chevaux domestiques cernent une troupe de chevaux sauvages, et les chassent devant eux de façon à faire entrer ces derniers dans un enclos circulaire, construit avec des pieux, et que l'on nomme *Coral*. Puis un cavalier adroit, au moyen du *lazzo* ou lacet, sorte de courroie de cuir tressé, fixée par une extrémité à la selle de son c., et terminée à l'autre extrémité par un nœud coulant ou par des lanières au bout desquelles se trouvent des plombs, lance avec dextérité cette espèce de lien qui arrête le c. sauvage. D'autres individus arrivent à son aide et retiennent, au moyen de cordes, les jambes de l'animal que l'on jette par terre. On le selle alors et on le bride. Ensuite, l'un d'eux, armé d'éperons très longs et très aigus, saute sur le c. sauvage et lui fait faire au galop, malgré sa vive résistance et ses efforts pour désarçonner son cavalier, une course longue et rapide qui épuise l'animal. Après avoir couru un temps plus ou moins long, le c. cesse de lutter, et il est ramené au coral. Il est alors dompté : on lui ôte sa selle et sa bride, et on le laisse aller avec les autres chevaux ; car, dès ce moment, il est devenu docile et ne cherche plus à fuir.

Dans plusieurs contrées de l'Europe, il existe encore aujourd'hui des races de chevaux à demi sauvages, mais sur lesquels l'homme a cependant empreint le signe de sa domination. Tels sont les chevaux des steppes de l'Ukraine et des vastes plaines de la Lithuanie, qui vivent et multiplient librement dans les bois et les campagnes, mais qui, pendant les rudes et longs hivers de ces contrées, viennent à des rendez-vous connus chercher un peu d'abri et de fourrage. Comme les alzados, ces chevaux sont pris à l'âge adulte au moyen de cordes à nœud coulant, et sont domptés pour le service de l'homme. Tous, ou presque tous, pendant l'hivernage, sont marqués d'un fer rouge qui indique leur propriétaire. C'est aussi ce qui a lieu à l'égard de la race de chevaux sauvages du Delta du Rhône, en France, race encore assez nombreuse de nos jours, et quelques jours, et assez souvent le nom de *Chevaux de Camargue*. Ces chevaux, difficiles à soumettre, mais d'un excellent service une fois qu'ils sont domptés, sont périodiquement cernés par des cavaliers bien montés, refoulés sur un point déterminé, et marqués, comme ceux de l'Ukraine et de la Lithuanie, au chiffre de leur propriétaire.

La durée de la vie du c. est en général de 20 à 25 ans ; il y a néanmoins des exemples nombreux d'une longévité plus grande. La femelle, qui, comme tout le monde le sait, est habituellement désignée sous le nom de *Jument*, porte 11 mois et quelques jours, et assez souvent 12 mois entiers. Elle ne fait qu'un petit à la fois. Contrairement aux autres femelles de mammifères qui se couchent pour mettre bas, la jument se délivre debout. Le jeune c. est appelé *Poulain*. Il naît les yeux ouverts, et peut marcher dès sa naissance, quoique ses longues jambes ne soient pas d'abord proportionnées au volume du corps. Il tette un an, et est apte à la reproduction entre 2 ans et demi et 3 ans, époque à laquelle il quitte le nom de poulain pour prendre celui de c. Mais on attend, en général, qu'il ait 4 ou 5 ans et même 7 à 8 pour lui permettre de propager sa race. Les chevaux spécialement réservés pour la reproduction sont nommés *Étalons* ; quand ils ont subi l'opération de la castration, ils portent le nom de *Chevaux hongres*.

La voix du c. a reçu le nom de *Hennissement* ; mais le caractère de ce hennissement varie selon les passions sous l'influence desquelles l'animal fait entendre sa voix. On y distingue en effet cinq tons bien tranchés, suivant qu'il hennit d'allégresse, de désir, de colère, de crainte ou de douleur. Ceux qui hennissent le plus fréquemment de désir ou d'allégresse passent pour être plus ardents ou plus vigoureux. Quant aux juments et aux chevaux hongres, ils ont la voix plus faible, et hennissent moins souvent que les autres.

Les *Allures* naturelles, c.-à-d. les mouvements de progression naturels des chevaux, sont au nombre de trois : le *Pas*, le *Trot* et le *Galop*. L'*Amble*, l'*Entre-pas*, le *Traquenard* et l'*Aubin* sont des allures artificielles ou vicieuses quand elles sont naturelles. Ces allures seront définies en leur lieu et place. Nous ferons de même pour les dénominations variées qui servent à désigner le pelage ou, comme on dit, la robe du c. Nous dirons seulement ici qu'à l'état sauvage ces animaux présentent bien moins de variations de couleur qu'à l'état de domesticité. La coloration ordinaire des chevaux libres de l'Asie est isabelle, celle des chevaux d'Amérique est bai châtain ; la couleur noire y est fort rare, et l'on n'y trouve pas un seul c. pie. Leur poil est plus grossier ; il n'est jamais ras, mais long et quelquefois floconneux, surtout parmi les tarpans, qui vivent dans des régions très froides. On remarque aussi, chez ces derniers, de longs poils qui garnissent le pourtour de la bouche et des naseaux.

Avant de décrire les principales races que nous présente l'espèce chevaline, il nous paraît convenable d'indiquer la si-

gnification des termes les plus usités dans le langage de la science hippique, et d'exposer les caractères au moyen desquels on peut juger l'âge des chevaux. La Fig. 1 facilitera l'in-

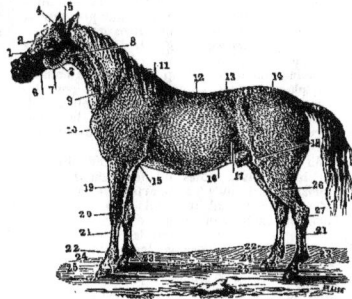

Fig. 1.

telligence de nos définitions. Le *Chanfrein*, 1, est la partie qui s'étend depuis le front jusqu'aux naseaux, et qui correspond aux os du nez. Les *Salières*, 2, sont des excavations plus ou moins profondes situées au-dessus des yeux. Les *Larmiers* ou *Tempes*, 3, sont de légères dépressions placées à l'angle interne de chaque œil. Le *Toupet*, 4, est une touffe de crins plantée entre les oreilles et qui retombe sur le front. La *Nuque*, 5, représente le sommet de la tête, et se trouve immédiatement en arrière des oreilles. Les *Joues*, 6, sont situées en arrière des lèvres, à la commissure des lèvres. Les *Ganaches*, 7, sont les parties saillantes et arrondies qui sont formées par la mâchoire inférieure de chaque côté, et l'on appelle *Auge* l'espace qui est compris entre les deux ganaches. Les *Parotides* ou la *Région parotidienne*, 8, à la partie postérieure et interne de chacun des maxillaires inférieurs. *Gouttière* de la jugulaire, 9, *Poitrail*, 10. Le *Garrot*, 11, est la saillie plus ou moins tranchante placée à l'extrémité inférieure de l'encolure et de la crinière ; elle est formée par la saillie des premières vertèbres dorsales. Le *Dos*, 12, est la partie sur laquelle on pose la selle ; il est continué par les *Reins*, 13, auxquels succède la *Croupe*, 14, qui constitue la partie la plus élevée de l'extrémité postérieure du corps. Le *Coude*, 15, correspond à une saillie osseuse remarquable (olécrâne) situé à la partie supérieure et postérieure de l'avant-bras (cubitus). *Ventre*, 16. *Flancs*, 17. Le *Grasset*, 18, est une partie proéminente qui est formée par un os mobile (rotule) située à l'articulation du tibia et du fémur. Les membres antérieurs de c. nous présentent l'*Épaule* et le *Bras*, qui s'étendent sur les faces latérales de la poitrine, depuis le garrot jusqu'à l'*Avant-bras* (cubitus), 19, qui lui-même s'étend jusqu'au *Genou*, 20, lequel est constitué par les os carpiens. La *Hanche* et la *Cuisse* occupent également les faces latérales des membres postérieurs. Celle-ci se continue avec la *Jambe*, qui est formée par le tibia et correspond à l'avant-bras des membres antérieurs, tandis que le *Jarret*, composé des os tarsiens, correspond au genou. Les parties inférieures des membres antérieurs et postérieurs reçoivent les mêmes dénominations ; ce sont : le *Canon*, 21 ; le *Boulet*, 22 ; l'*Ergot* et le *Fanon*, 23 ; le *Pâturon*, 24 ; la *Couronne*, 25 et le *Sabot*. Le *Canon* (Fig. 2. Pied postérieur du c.) succède aux os du carpe ou du tarse, *tar*, et, ainsi que nous l'avons déjà dit, le c. est formé par les os métacarpiens ou métatarsiens représentés par un os volumineux *m*, et par les deux stylets *s* qui accompagnent celui-ci. Le *Boulet*, *b*, représente les sésamoïdes ; le *Pâturon*, *p*, représente la première phalange ; la *Couronne*, *c*, la deuxième, et la substance cornée qui constitue le *Sabot* protège la troisième phalange. On appelle *Ergot* une

Fig. 2.

Fig. 3.

excroissance cornée qui se trouve habituellement à la partie postérieure et inférieure du boulet, et *Fanon*, les poils longs et crépus qui l'entourent quelquefois. Les différentes parties du sabot ont aussi reçu des noms particuliers : la partie supérieure qui se joint à la couronne est le *Biseau*; la partie antérieure est la *Pince*; les côtés sont les *Talons*; la face inférieure est la *Sole*, et la saillie en forme de V que présente la sole (Fig. 3) s'appelle *Fourchette*. — Les autres parties du c., tels que les *Lèvres*, les *Naseaux*, le *Front*, la *Crinière*, la *Gorge*, l'*Encolure*, etc., n'ont pas besoin d'être spécialement définies. Nous terminerons en disant qu'on donne le nom de *Châtaignes* à des plaques cornées qui sont situées, pour les membres antérieurs, à la partie inférieure et interne de l'avant-bras, et, pour les membres postérieurs, à la partie supérieure et interne du canon. Elles manquent souvent chez les chevaux nobles.

La *dentition* du c. offre un moyen certain de connaître son âge; mais ce sont les incisives seules qui fournissent ces indications. Ces incisives, soit qu'elles appartiennent aux dents de lait, soit qu'elles appartiennent aux dents de remplacement, présentent d'abord une cavité conique qui renferme une tache colorée par les aliments, et désignée par les maquignons sous le nom de *Germe de fève*. Le frottement qui s'opère entre les dents correspondantes des deux mâchoires a pour effet d'user la partie supérieure des dents, d'oblitérer leur cavité : on dit alors que les dents *rasent*. Ce sont donc d'abord le développement de la dentition et ensuite les progrès de l'usure et de la déformation des dents que l'on observe pour déterminer l'âge de l'animal. Les dents de lait sont plus blanches, plus petites et plus déprimées au collet que celles de remplacement.

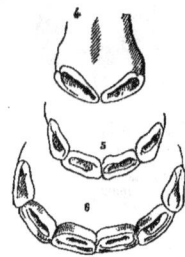

En général, le poulain naît sans dents; mais 6 à 8 jours après la naissance, on voit apparaître les deux incisives médianes, appelées *Pinces* (Fig. 4). Les *Mitoyennes* ou deuxièmes incisives, sortent du 30e au 40e jour (Fig. 5). Les troisièmes incisives, appelées *Coins*, se développent de 6 à 8 mois, de sorte qu'alors le poulain a toutes ses incisives, *pinces*, *mitoyennes* et *coins* (Fig. 6). A 10 ou 12 mois, les pinces de lait sont toujours rasées; à 15 mois, les mitoyennes sont usées à leur tour; les coins rasent de 16 à 20 mois. A 2 ans, les incisives des deux mâchoires n'offrent plus de cavité. Alors, les couronnes des incisives de lait diminuent; ces dents se déchaussent, s'ébranlent et tombent pour être remplacées par les dents permanentes. — L'apparition de celles-ci a lieu dans l'ordre suivant : les pinces sortent de 2 ans et 1/2 à 3 ans; les mitoyennes de 3 et 1/2 à 4 ans; les coins de 4 et 1/2 à 5 ans (Fig. 7. Mâchoire d'un c. de 4 et 1/2 à 5 ans). Les canines inférieures ou crochets existent déjà depuis l'âge de 3 ans et 1/2 chez les mâles. Maintenant que le c. a *tout mis*, c.-à-d. possède toutes ses dents de remplacement, son âge est indiqué par les changements qu'elles éprouvent. De 5 à 6 ans, les pinces inférieures rasent; de 6 à 7, ce sont les mitoyennes; de 7 à 8, les coins perdent la fossette de leur couronne. Les incisives supérieures rasent dans le même ordre que les inférieures, mais plus tard. A 9 ans, les pinces supérieures sont rasées, l'ovale des mitoyennes et des coins se rétrécit; l'émail central se rapproche du bord postérieur, et les pinces inférieures s'arrondissent (Fig. 8. Mâchoire d'un c. de 9 ans). De 11 à 12 ans, la *Table*, c.-à-d. la surface des incisives inférieures, passe de la forme ovale à la forme ronde (Fig. 9 et 10), mais on y aperçoit encore le fond de la fossette dont la disparition annonce 12 ans (Fig. 10). Passé cette époque, les formes triangulaires successives des incisives fournissent encore des caractères suffisants pour reconnaître l'âge.

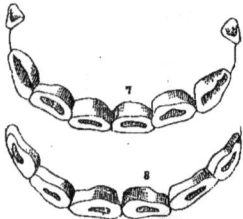

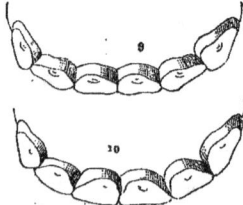

Les dents passent alors de la forme du triangle équilatéral à celle d'un triangle plus allongé. Les mâchoires représentées par les Fig. 11, 12 et 13, par ex., indiquent 16, 18 et 19 ans. Enfin, lorsque le c. ne *marque plus*, ou, comme disent les vétérinaires, est *hors d'âge*, la couleur et la longueur des canines qui se déchaussent de plus en plus, et les rides du palais donnent encore quelques indications plus ou moins probables.

Pour tromper l'acheteur et pour déguiser l'âge de leurs chevaux, s'ils sont trop jeunes, les maquignons leur arrachent les dents de lait ou les mitoyennes de lait, ce qui détermine plutôt l'éruption des dents de remplacement. Ils les donnent alors pour avoir 4 ans et 1/2, quand ils n'ont pont encore cet âge. On reconnaît cette fraude en observant l'arcade dentaire, qui est toujours irrégulière, lorsque la seconde dentition a été activée par l'arrachement des caduques. Si, au contraire, le c. est trop vieux, ils le *contremarquent*, c.-à-d. ils pratiquent, au moyen d'un burin, une cavité factice à la table des incisives, et la cautérisent avec un fer chaud, afin de la noircir et d'imiter le *germe de fève*. Mais l'absence de l'émail central fait reconnaître la supercherie. Il y a cependant des chevaux qui présentent encore sur la table des incisives la fossette dont nous avons parlé, à un âge où elle devrait avoir disparu : on les appelle *Bégus*; ils sont particulièrement commun dans la race polonaise. On donne le nom de *Faux-bégus* aux chevaux chez lesquels le cul-de-sac du cornet externe ou le fond de la fossette persiste encore, passé l'âge de 12 ans. — Enfin, nous terminerons ces quelques notions sur la manière de déterminer l'âge du c., en disant que, lorsque ses dents ne peuvent plus dirigent pour juger des services qu'il peut rendre, ce sont ses extrémités qu'il faut examiner. Leur force témoigne toujours, quel que soit l'état de la bouche, du parti que l'on peut tirer de l'animal; car un vieux c. dont les jambes sont encore bonnes, vaut mieux qu'un plus jeune chez lequel elles sont déjà fatiguées.

Les *races* de chevaux, c.-à-d. les variétés de l'espèce dont les caractères propres se transmettent d'une manière permanente par la voie de la génération, sont trop nombreuses pour que nous puissions les énumérer toutes : nous nous contenterons donc de citer les principales.

Tous les hippologues s'accordent à placer la race *Arabe* au premier rang. Le c. dit arabe (Fig. 14) n'appartient cependant pas exclusivement à l'Arabie; il se trouve encore en Égypte, en Syrie, dans les parties limitrophes de l'Asie Mineure. Ses caractères, d'après le prof. Magne, sont les suivants : « Corps plutôt petit que grand, de 1m37 à 1m45; ligne dorso-lombaire bien soutenue; flanc petit; ventre peu développé; garrot épais et élevé; poitrail large; encolure fine; tête sèche et bien attachée; gorge grosse se logeant aisément entre deux ganaches fortement écartées; front large; œil grand et expressif; chanfrein droit ou rentrant légèrement et épais; partie inférieure de la tête fine; naseaux fermes et bien ouverts; membres souples et forts; épaules larges et charnues; avant-bras longs et pourvus de muscles fermes et saillants; genoux gros, bien évidés; canon large; tendons gros et bien détachés; boulets ronds; corne brillante et lisse; pieds un peu petits; croupe longue, horizontale, assez charnue; cuisses très

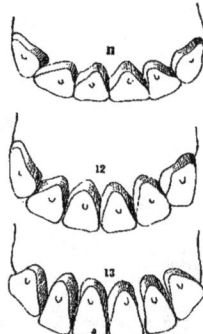

larges et très épaisses; jarrets larges, épais, bien évidés. »
En outre, dans le c. arabe de premier choix la peau est fine
et souple, le poil doux et très rare, et les crins, en général
peu abondants, sont fins et soyeux. Ce c. n'est pas moins supérieur par les qualités qu'il possède : il est fort, vigoureux,
plein d'énergie, patient et sobre. Il vit avec 3 à 4 kilog. d'orge
par jour, et quelquefois un peu de paille hachée. Il peut se
passer de boire pendant 24 heures : une fois par jour, cela

Fig. 14.

suffit, même quand il travaille. — Le c. arabe fait habituellement 90 à 100 kilom. par jour et souvent davantage. En courant, il redresse la tête et le cou, de manière à former ainsi
une sorte de bouclier à la poitrine de son cavalier. — Au reste,
les Arabes eux-mêmes distinguent plusieurs races parmi leurs
chevaux. Leur race la plus noble est appelée *Kochlani*,
Koheile ou *Kailhan*. Ils prétendent qu'elle est issue de la jument favorite du Prophète. Ces chevaux sont aussi appelés
Nedji, du nom du désert qui s'étend entre Bassorah et la mer
Rouge. Il est très difficile de se procurer des étalons de cette
race, et impossible d'obtenir des juments; les Arabes ne se
défont à aucun prix de ces dernières. Les beaux chevaux arabes
vendus aux Européens proviennent généralement de la race
Kadischi (littéralement *chevaux de race inconnue*) qui correspond à nos *demi-sang*.
On rapproche de la race arabe celle qui a reçu le nom de
Barbe, parce qu'elle est répandue dans toute la Barbarie et
surtout dans le Maroc et le pays de Fez. Le c. barbe a la tête
plus petite, le chanfrein presque busqué, l'encolure longue et
grêle, les épaules plates, les reins courts et la croupe allongée. Il ressemble d'ailleurs à l'arabe par son énergie, la longueur de son haleine et la rapidité de sa course. La race
Dongola, répandue dans l'Abyssinie, la Nubie et tout le nord-
est de l'Afrique, paraît issue de la souche arabe : ces chevaux sont très estimés.
La race *Persane* paraît, d'après les historiens, antérieure
à la race arabe. Elle fournissait, dès la plus haute antiquité,
les meilleurs chevaux de cavalerie. Les rois se les envoyaient
en présent, comme cadeaux d'un grand prix. Les Parthes,
dans les cérémonies religieuses, et pour se rendre le ciel favorable, immolaient sur l'autel un cheval persan. Quoique se
rapprochant beaucoup des arabes, les chevaux persans sont
de plus haute taille; ils ont aussi des formes plus arrondies et
plus gracieuses; leur croupe est plus élevée et plus élégante. Ils
sont également fort rapides à la course, mais ils ne la soutiennent pas aussi longtemps. — La race *Turque* provient du
croisement du c. arabe avec le persan, mais tient davantage
du second.
La race *Tatare*, élevée comme la race arabe sous la tente
des peuples nomades, a pour berceau l'ancienne Scythie. Le
corps de ces chevaux est de taille moyenne, et ne manque pas
d'élégance; leur ventre est *levretté*, ce qui les fait paraître
hauts sur jambes; leur encolure, étroite et grêle, porte une
longue crinière; leur garrot est tranchant, leur croupe très anguleuse et leur maigreur ordinaire est remarquable. Lorsque
ces chevaux ont atteint l'âge de 6 ou 7 ans, qui est l'époque
de leur entier développement, leurs maîtres les soumettent
aux plus rudes épreuves. On leur fait faire de longues courses, et on leur impose une abstinence de plus en plus sévère,
tout en augmentant successivement leurs fatigues. Si l'animal
ne peut supporter l'excès de travail et d'abstinence, on le tue
et on le mange. Du reste, les Scythes étaient désignés autre-

fois sous le nom d'*hippophages* ou mangeurs de chevaux. On
prétend que certains chevaux tatares font sans s'arrêter, et en
prenant quelques poignées d'herbe pour toute nourriture, 240
à 280 kilom.
La race *Espagnole* ou mieux *Andalouse* est d'origine évidemment arabe. Les meilleurs chevaux de cette race viennent
des royaumes d'Andalousie et de Grenade. Ils ont la tête un
peu grosse et forte, et sont quelquefois chargés de ganache.
Le chanfrein est en général busqué; les oreilles sont ordinairement trop longues; l'encolure est charnue et chargée de
beaucoup de crins; les épaules et le poitrail sont larges; la
croupe ressemble à celle des mulets. Cette race a les allures
plus courtes et les mouvements plus relevés que la race anglaise dont nous allons parler; néanmoins elle a beaucoup de
grâce. Elle fournit d'excellents chevaux pour le manège et la
cavalerie. On distingue encore en Espagne une race de chevaux appelés *Genets*. Ils sont petits, mais bien conformés,
solides et pleins de feu.
Race Anglaise. — Le c. anglais proprement dit est le c.
de course, appelé aussi c. *pur sang* (*Racer*) [Fig. 15]. Il
ressemble beaucoup au barbe ou à l'arabe; mais il a la taille
plus haute et moins svelte (1^{m}50 environ), la tête plus forte,
les oreilles plus grandes, le corps plus allongé, la poitrine en
apparence plus développée, mais dont la hauteur suppléée à la
largeur, les épaules sont plus inclinées en arrière; enfin, il
est plus haut sur jambes, et toute son organisation est spécialement adaptée à sa destination spéciale et exclusive, la course
la plus rapide. Le c. anglais fait réellement des prodiges de
vitesse. Sur l'hippodrome, les bons chevaux enjambent, à
chaque temps de galop, 5 à 7 mèt. de terrain. Quelques exemples donneront une idée de cette rapidité. *Hercule* parcourait
4,000 mèt. en 5 min. 1 sec., et *Eylau* en 4 min. 51 sec.;
Bay-Matlen a parcouru 6,436 mèt. en 7 min. 43 sec., et

Fig. 15.

Flying-Childers, 6,761 mèt. en 7 min. 30 sec. Ainsi il ne
fallait à ces chevaux célèbres que 1 min. 15 sec., 1 min. 12,
1 min. 11, et 1 min. 6, respectivement, pour parcourir l'espace d'un kilom., ce qui donne pour le dernier une vitesse de
54,545 mèt. à l'heure. Mais, il faut l'avouer, cette race admirable au point de vue de la course est parfaitement incapable
de tout autre genre de service. De plus, elle manque généralement de docilité, et son intelligence est fort peu développée.
On connaît la passion des Anglais pour les courses, les paris
considérables auxquels elles-ci donnent lieu, l'amour-propre
que les grands seigneurs et les individus riches mettent à
posséder les chevaux victorieux dans les hippodromes. Aussi
ils n'épargnent ni soins ni dépenses pour obtenir des animaux
aussi rapides au cours. Ils se procurent à tout prix les
plus beaux étalons arabes pour améliorer leur race; ils soumettent leurs chevaux à un régime particulier, etc. — Outre
leurs chevaux de course, les Anglais ont encore d'excellents
animaux propres à différents services. Les chevaux dits de
chasse (*hunter-saddle-horses*) résultent du croisement d'un
cheval pur sang et d'une jument demi-sang. Cette classe est
très multipliée; elle est plus membrée, et bien plus dure à la
fatigue que la première. En croisant le c. de chasse avec des
juments plus communes et plus fortes, les Anglais ont obtenu
leurs chevaux de *carrosse* (*coach-horses*). Ces derniers sont
grands, bien faits, très musculeux et d'un aplomb parfait.
Attelés aux voitures publiques, ils font généralement 16 kilom.
à l'heure sans être châtiés. Le c. de *trait* proprement dit
(*cart-horse*) résulte du croisement des étalons de la classe

précédente avec les plus fortes juments du pays. Il y a de ces chevaux qui sont de la plus grande et de la plus forte taille : on les emploie communément au service des brasseries.

Races Polonaise, Hongroise, Allemande, etc. — La Pologne, la Transylvanie et la Hongrie possèdent des races excellentes pour le service de la cavalerie légère. Ces chevaux ne sont pas parfaits au point de vue physique, quoiqu'ils proviennent de souche arabe et turque, mais ils sont sobres, légers, vigoureux et bons coureurs. — L'Allemagne est également bien fournie de chevaux propres à la selle et à l'attelage. En Prusse, où l'entretien des routes et chemins est l'objet de soins particuliers, la plupart des chevaux employés aux transports et aux travaux de l'agriculture sont moins lourds et moins massifs que dans le reste de l'Europe. — Le c. *Danois* est bien fait et étoffé; il a les formes rondes, mais sa croupe est un peu mince et ses jambes trop fines pour sa taille : du reste, il est brillant et trotte bien. Les meilleurs viennent du Jutland. — Les chevaux *Hollandais* sont bons pour le carrosse et le trait. — Les *Suisses* ne sont guère propres qu'au trait. Ils ont en général la ganache, la mâchoire et les jambes chargées de poils, et sont trop ramassés; mais ils sont sobres et vigoureux.

Races Françaises. — Peu de pays sont aussi heureusement dotés que notre patrie au point de vue des races chevalines. Dès avant les conquêtes de César, les Romains connaissaient les chevaux gaulois et les estimaient autant que les célèbres coursiers de l'île de Crète. Les chevaux bretons surtout passaient pour être infatigables. Plus tard, lorsque nos chevaliers, armés de toutes pièces, recherchèrent des montures à la fois fortes et agiles, ils tirèrent de la Normandie leurs chevaux de bataille. Dès cette époque aussi, la race limousine, si intelligente et si souple, fut recherchée comme monture de parade, et eut le privilège de fournir aux nobles châtelaines leurs haquenées les plus élégantes. En même temps se formait dans le Midi cette race qu'on cherche à rétablir de nos jours, la race navarrine qui donne de si beaux chevaux de selle. Le Boulonnais et la Franche-Comté échangeaient, contre les races de luxe que nous venons de citer, leurs chevaux de trait si recherchés encore pour le service des messageries. L'Auvergne, le Poitou, la Bourgogne, produisaient d'excellents bidets presque égaux aux forts chevaux de selle élevés dans le Roussillon, le pays d'Auge, le Forez, etc. Il faut bien le reconnaître : ce magnifique développement de l'espèce chevaline était dû, en majeure partie, aux grands vassaux qui tous possédaient de superbes haras pour la chasse et pour la guerre. Mais la destruction de la féodalité, les guerres ruineuses de Louis XIV, et plus tard celles bien autrement terribles de la Révolution et de l'Empire eurent pour effet de ruiner chez nous l'espèce chevaline. Les besoins de l'armée ayant fait enlever tout ce qui restait de chevaux passables, on fut obligé d'employer à la reproduction des animaux de rebut, et nos races se dégradèrent avec une promptitude effrayante. Depuis le premier Empire, on a essayé de porter remède à cet état de choses, et quoiqu'il reste encore beaucoup à faire, nos races indigènes se sont déjà notablement relevées de leur abâtardissement. Nous nous contenterons de citer les principales. — De tous nos chevaux de gros trait, les plus renommés sont sans contredit les *Boulonnais* (Fig. 16), ainsi nommés du pays dont ils proviennent. Leur taille varie de 1^m58 à 1^m70. Ils ont le corps trapu, court, très épais; la tête grosse, l'encolure forte, le poitrail excessivement large, les épaules très charnues, le garrot épais, quoique élevé, le dos un peu ensellé, les lombes larges et courtes, la croupe double, fortement charnue, avalée. Les cuisses sont fournies de muscles très puissants. La crinière est double, la peau est fine et le poil doux. Ces chevaux sont d'une force prodigieuse, et, malgré leur poids excessif, ils ont de la légèreté dans les allures. On est étonné de la facilité avec laquelle ils déploient les membres dans le trot. Cette race est le type le plus parfait du c. de force, elle est admirablement appropriée aux besoins du halage, des brasseurs, des meuniers, des carriers, etc. — Le c. *Percheron* est notre meilleur c. de voiture légère. Il a une taille de 1^m55 à 1^m60. Son corps est cylindrique et bien proportionné. Il a la tête mince et allongée, l'encolure longue et assez fournie, le poitrail large, le garrot épais, le flanc court, la croupe charnue et bien faite. Ses membres sont bien plantés, bien musclés et peu chargés de crins. La robe est généralement d'un gris pommelé. En un mot, il offre les caractères essentiels du c. propre aux allures rapides. Il est vif, plein de sensibilité et de courage; mais il ne supporte pas la fatigue aussi bien que le suivant. — Le c. *Breton* sert aux mêmes usages que le percheron;

il est moins vif, moins élégant et plus petit que lui, sa taille ne dépassant guère 1^m50 et étant en général inférieure; mais il est beaucoup plus solide, plus dur à la fatigue et moins sujet aux maladies. Le corps des chevaux bretons est épais pour sa hauteur, assez long et trapu; la poitrine est ample, le garrot épais, mais souvent bas; l'encolure est forte et la tête est courte. Celle-ci est remarquable par la largeur du front et le rétrécissement qui se produit presque subitement au-dessous des yeux. La croupe est courte, avalée; le jarret est généralement bon; les épaules sont musculeuses; les canons et les paturons sont courts et chargés de poils; les tendons, quoique souvent grêles, sont forts; le pied est ordinairement bien fait et muni d'une corne épaisse et solide. La robe, grise dans la

Fig. 16.

jeunesse, devient blanche à mesure que l'animal vieillit. Somme toute, cette race manque d'élégance, et ne possède pas non plus une grande vitesse; mais ses qualités intrinsèques que nous avons signalées, en font une de nos espèces les plus utiles et les plus précieuses. — Notre ancienne *race Normande* à tête grande, busquée et décharnée, à encolure forte et rouée, à croupe charnue trop avalée, au caractère doux et même un peu mou, n'existe pour ainsi dire plus que de nom. Toutefois, celle à laquelle on applique aujourd'hui cette dénomination, lui est assurément supérieure. Elle provient du croisement des juments de l'ancienne race avec des étalons anglais de pur sang, de trois-quarts de sang, de demi-sang. Les chevaux les plus remarquables de la nouvelle race se distinguent par leur tête droite et bien attachée, leur crâne large, leurs yeux vifs, leurs naseaux bien ouverts, leur poitrine haute et profonde, leurs lombes droits, leur croupe droite et charnue, leur garrot haut et assez épais, leurs avant-bras forts, leurs jarrets larges et à tendons durs et bien détachés. Ils ont plus d'énergie, plus d'ardeur et des allures plus vives et plus rapides que les anciens normands; cette race s'élève surtout dans les départements de la Manche, de l'Orne et du Calvados. Les chevaux élevés dans la partie de l'Orne appelée Merlerault, passent surtout pour jouir d'une excellente constitution : ils ne sont exposés ni à la fluxion périodique ni au cornage. C'est la nouvelle race anglo-normande qui fournit nos plus beaux attelages pour les voitures de luxe; elle donne aussi un certain nombre d'excellents chevaux de cavalerie.

Celles de nos races qui sont surtout exclusivement propres à la selle ont eu plus particulièrement à souffrir sous l'influence des causes que nous avons signalées plus haut. Le c. *Limousin* pur descendait de l'arabe ou du barbe. Il avait le corps svelte, un peu long, la tête longue, sèche, légèrement busquée; l'encolure mince, rouée et peu garnie de crins; le poitrail médiocre, les hanches saillantes; les extrémités longues et minces, mais solides; les jarrets larges et les articulations bien nettes. Indépendamment de ses qualités extérieures qui en faisaient un animal remarquable par sa grâce et son élégance, le limousin se distinguait par sa force, sa douceur, sa sobriété, sa résistance au travail, et même par sa longévité. Cette race ayant disparu, on s'efforce aujourd'hui non pas simplement de la reproduire telle qu'elle était jadis, mais encore de lui donner plus de taille. — Notre ancienne race *Navarrine*, qui dérivait de la race andalouse et qui fournissait, comme elle, d'excellents chevaux pour le manège et la cavalerie légère, a éprouvé le même sort que la race limousine. Mais les résultats déjà obtenus par les éleveurs des Hautes-Pyrénées et des départements voisins démontrent qu'il est possible de rétablir et même d'améliorer cette race précieuse.

L'espèce chevaline n'est guère moins utile à l'homme que l'espèce bovine elle-même. Toutes les deux nous assistent dans les travaux de l'agriculture, et, sous quelques rapports, l'emploi du c. est plus avantageux que celui du bœuf. Ainsi, par ex., il vaut mieux employer le premier au labourage, quand on a affaire à des terres qu'on est obligé de labourer dans les courts intervalles qui séparent les temps de grande sécheresse de ceux d'humidité excessive. Le c. est préférable aussi pour les travaux qui doivent être exécutés avec une très grande rapidité. De plus, aux époques où les travaux des champs sont suspendus, celui-ci peut nous rendre, surtout pour les transports, une multitude de services auxquels le bœuf est impropre. Le c. fournit également à l'agriculture des engrais précieux. Enfin, l'industrie tire encore parti, comme elle le fait pour le bœuf, de sa peau, de son poil, de ses os, de ses sabots, de son sang, de ses intestins, etc. Les Tartares préfèrent le lait de jument à tout autre, et en préparent une boisson fermentée, appelée *Koumiss*, dont ils font leurs délices. Ils se nourrissent aussi de sa chair, qui est en effet, nonobstant le préjugé contraire, substantielle, saine et agréable au goût. En France même, il se consomme une certaine quantité de viande de cheval et d'âne. Il existe à Paris plusieurs boucheries hippophagiques. Voy. ANE, HÉMIONE, ZÈBRE ; COURSE, HARAS, etc.

Législ. — Les chevaux constituent pour une nation une grande source de puissance et de richesse ; le recensement de 1887 en comptait, en France, 2,911,392. Aussi l'État a-t-il organisé des institutions propres à assurer le développement et l'amélioration de la race chevaline : courses, haras, dépôts d'étalons, primes d'encouragement aux éleveurs, etc. De plus, le législateur a dû édicter des mesures préventives en vue des dangers de contagion qui pourraient atteindre les chevaux. Voy. ÉPIZOOTIE. — Dans le but de diminuer les charges du budget de la guerre, les chevaux appartenant à des particuliers sont mis, en cas de mobilisation, à la disposition de l'autorité militaire. Voy. *Conscription des chevaux.*

D'autre part, en raison des dangers que les chevaux en liberté peuvent présenter pour la sécurité des personnes, le législateur a établi des peines sévères contre les propriétaires ou possesseurs qui se rendraient coupables de négligence dans la garde de ces animaux. (Circ. minist. du 22 août 1896.) — Enfin, la loi du 16 septembre 1871 a remis en vigueur celle du 2 juillet 1862, qui établissait une contribution sur les chevaux et voitures. Cet impôt fait partie des *taxes assimilées,* c.-à-d. des taxes perçues de même que les contributions directes, à l'aide d'un rôle nominatif. Voy. *Taxe sur les chevaux et voitures* au mot TAXE.

CHEVALEMENT. s. m. (R. *chevaler*). T. Archit. Espèce d'étai qui sert à soutenir des parties de bâtiment qu'on reprend sous œuvre.

CHEVALER. v. n. (R. *cheval*). Faire plusieurs allées et venues, plusieurs démarches pour une affaire. *Il m'a bien fait c. J'ai chevalé plus de six mois pour cette affaire.* Vx. ‖ T. Man. Se dit lorsque le cheval, dans les voltes, croise ou enjambe, à tous les seconds temps, le pied antérieur de dehors sur l'autre pied antérieur. On dit aussi *Chevaucher.* == CHEVALER. v. a. Étayer avec des chevalements. *C. un mur.* ‖ Faire usage d'un chevalet. *Les tanneurs, les corroyeurs chevalent les cuirs.* — Se dit aussi neutral. dans ce sens. *Les scieurs de bois chevalent.*

CHEVALERESQUE. adj. 2 g. Qui appartient à la chevalerie ou qui vient de la chevalerie. *Bravoure c.*

CHEVALERIE. s. f. Le rang, la qualité de chevalier. *Il reçut l'ordre de la c. La c. n'était pas héréditaire.* ‖ Signifiait, autrefois, l'institution, l'ordre, le corps des chevaliers. *Les temps de la c. — Fine fleur de la c.,* se disait de l'élite des chevaliers ou d'un chevalier accompli. ‖ S'est dit également des divers ordres militaires et religieux où l'on faisait profession de prendre un certain habit, de porter les armes contre les infidèles, etc. *Les ordres de c. les plus célèbres furent ceux du Temple et de Saint-Jean de Jérusalem.* — *Ordre de c.,* se dit aujourd'hui de certaines distinctions honorifiques instituées par les souverains pour récompenser les services militaires ou civils, etc. ‖ Extraction,

noblesse de race. *Cette maison est d'une ancienne c. Romans de c.,* Romans où sont racontés les exploits de la noblesse féodale et de la c. errante.

Hist. — Au moyen âge, le mot *Chevalerie* désignait une classe particulière de personnes, un corps régulièrement constitué, dans lequel on était admis avec certaines cérémonies, d'où l'on était exclu suivant certaines formes, et auquel étaient attachés certains privilèges, certaines prérogatives. Dans les idées de l'époque, on considérait la c. comme un *Ordre* analogue au sacerdoce, dont on ne pouvait faire partie qu'après avoir fait un noviciat qui prescrivait à ses membres l'observation de certaines règles, et leur imposait de nombreux devoirs.

I. On a longtemps confondu et l'on confond souvent encore la c. avec la noblesse féodale. Cette confusion remonte au moyen âge lui-même, et provient, entre autres causes, de ce que les mêmes termes servaient communément à désigner ces deux institutions. Ainsi, le mot *Miles,* qui signifiait l'homme de guerre par excellence, et servait ordinairement à désigner les chevaliers, s'appliquait également aux nobles, aux seigneurs féodaux. En outre, les premiers auteurs qui ont écrit sur la c. « vivant, ainsi que le fait observer Ampère, à une époque où la véritable c. avait complètement disparu, où il n'y avait plus qu'une c. de cour qui s'était identifiée avec la noblesse, ont souvent pris l'une pour l'autre. Enfin, ce qui a dû redoubler encore cette confusion, c'est que la c. et la féodalité se faisaient des emprunts réciproques : la féodalité, d'une part, s'efforçant de se mouler, pour ainsi dire, sur le type idéal de la c. ; la c., d'autre part, demandant à la féodalité ses formes, son langage, ses symboles. Il y avait dans la collation de l'ordre de c. quelque chose d'analogue à l'investiture féodale. Cependant, il est certain que les deux institutions étaient distinctes dans leur principe ». Plusieurs textes prouvent, en effet, qu'on faisait une différence entre la milice (*militia*), c.-à-d. la noblesse, la féodalité armée, et ce qu'on appelait la nouvelle milice (*nova militia*), l'honneur militaire (*honor militaris*), expressions qui désignaient la c. elle-même. D'autres textes établissent que c'est seulement à partir du XIIIe siècle que le titre de chevalier fut donné de préférence aux gentilshommes, en sorte que le mot *Miles* devint synonyme de noble. Cependant, soit avant, soit après cet empiètement, « jamais, dit encore le savant Ampère, la c. ne fut purement aristocratique ; jamais elle ne se recruta exclusivement dans la noblesse féodale et à l'exclusion absolue des classes bourgeoises et populaires ». Dans les républiques italiennes, comme dans les cités municipales de la France méridionale, il y avait des *Chevaliers bourgeois* aussi bien que des *Chevaliers gentilshommes.*

II. La c. s'est révélée par un ensemble de sentiments, de mœurs et d'institutions qui méritent d'être étudiés soit dans leur origine, soit dans leur influence. Malheureusement, nous ne pouvons en dire que quelques mots. Les sentiments chevaleresques peuvent se ramener à deux principaux : 1° la générosité, d'où sortiront non seulement la libéralité, mais encore le respect et la protection de la faiblesse ; 2° le culte de la femme, mais de la femme envisagée comme le principe de tout bien, de toute élévation morale, excitant l'homme à la vaillance, adoucissant et purifiant ses mœurs, exaltant ses facultés morales. Une des principales conséquences de ces sentiments fondamentaux fut le combat désintéressé pour acquérir, non pas des terres ou des richesses, mais uniquement de l'honneur, sans mélange de passion égoïste ou haineuse. Deux chevaliers se battaient pour la beauté du fait, pour le plaisir et la renommée du combat, pour la glorification de leurs dames. Les joutes et les tournois étaient des luttes sans inimitié entre hommes qui s'estimaient, qui s'aimaient quelquefois, et qui ne croisaient leurs lances que pour accomplir ce qu'ils appelaient de *Belles entreprises* d'armes. Ce sentiment de l'honneur, si vif encore aujourd'hui, et qui même a pénétré dans presque toutes les classes de la société, est une conquête toute moderne : il est issu de la c. — Ce qui caractérisait particulièrement les sentiments chevaleresques, c'était la délicatesse et l'exaltation. La délicatesse produisit la courtoisie et la galanterie. La première, en pénétrant dans les mœurs, y introduisit une élégance inconnue jusqu'alors ; la seconde, au nom de laquelle on n'attache guère actuellement que des idées frivoles, n'en a pas moins été un puissant élément de civilisation. L'exaltation du sentiment de l'honneur donna naissance au *Point d'honneur,* c.-à-d. à cette subtilité ombrageuse qui éloigne non seulement une lâcheté, une honte, mais l'idée même de la plus légère hésitation en matière d'honneur et de courage ; qui repousse non seulement l'outrage, mais l'ombre d'une insulte ; qui protège avec le soin le plus jaloux la bonne renommée, et que représente si bien un emblème devenu un lieu commun, l'*Écu sans tache*.

C'est à ces sentiments, poussés parfois jusqu'à l'extravagance, que nous devons les *Chevaliers errants* et les institutions connues sous les noms de *Cours d'amour*. *Tournois*, *Pas d'armes*, etc., ainsi que les *Emprises*, les *Vœux du héron, du faisan, du paon*, etc.

On appelait *Chevaliers errants*, des chevaliers qui s'engageaient à courir le monde pour porter secours aux opprimés, à la suite d'un vœu qu'ils avaient formé. Cervantes a fort agréablement raillé, dans son *Dom Quichotte*, ces héros d'aventures; mais il ne faut pas oublier qu'aux XIIᵉ et XIIIᵉ siècles, époque de troubles et d'anarchie féodale, l'action de ces protecteurs des faibles et des opprimés ne contribua pas peu à ramener dans les mœurs le respect du droit et de la justice.

Les *Tournois* et les *Pas d'armes* étaient des combats simulés. On s'y tuait quelquefois, mais c'était par accident. Nous parlerons ailleurs de ces jeux si célèbres.

Les *Cours d'amour* sont moins connues; mais elles ont un caractère plus original. On nommait ainsi des tribunaux composés de dames, de chevaliers et de clercs, qui discutaient ensemble les questions les plus délicates relatives à l'amour, et formulaient ensuite leurs décisions à la pluralité des voix. Ces cours s'occupaient aussi de poésie, et donnaient leur opinion sur le mérite des auteurs contemporains. L'origine des cours d'amour est ignorée : on croit, néanmoins, qu'elle peut être rapportée à la seconde moitié du XIIᵉ siècle. Dans tous les cas, il est certain que c'est la Provence qui les a vues naître. Celles de Pierrefeu, de Romans et de Cadenet étaient les plus célèbres. Les cours d'amour ne paraissent pas avoir survécu au XVᵉ siècle; encore même, à cette époque, l'institution était-elle tout à fait dégénérée.

Le terme d'*Emprise* désignait toute entreprise guerrière faite par un chevalier en exécution d'un vœu de galanterie. Il s'appliquait encore au signe extérieur que le chevalier devait porter comme gage de son vœu. Ce signe était le plus souvent un bracelet, un anneau ou une petite chaîne : on ne pouvait le déposer qu'après avoir exécuté le fait d'armes auquel on s'était engagé, ou qu'après en avoir obtenu la permission de la personne à qui l'on avait fait le vœu. C'est de cet usage que sont venues les expressions, *Porter les fers* ou les *chaînes d'une dame*, *délier d'un serment*, etc., qui, au moyen âge, avaient une signification tout à fait matérielle. — Les chevaliers prenaient quelquefois des animaux à témoin de leurs engagements. Ils juraient sur le faisan, le paon, le cygne, le héron, de faire telle ou telle entreprise. Les vœux de cette espèce prenaient le nom de l'oiseau sur lequel ils avaient été faits : de là les *Vœux du faisan, du héron, du paon*, etc. Plusieurs de ces vœux sont devenus célèbres : ainsi, en 1453, le duc de Bourgogne, Philippe le Bon, jura sur le faisan d'aller délivrer Constantinople, qui venait d'être prise par les Turcs. Cent quinze ans auparavant (1338), Édouard III, roi d'Angleterre, avait fait le fameux *Vœu du héron*, qui fut, dit-on, la cause de la guerre de Cent ans.

III. Nous avons dit que certains devoirs, certains privilèges étaient attachés à la qualité de chevalier. Quels étaient ces devoirs? quels étaient ces privilèges ? — Les lois de la c. enjoignaient à ses membres : de vouer à Dieu et à l'Église un attachement absolu; de servir le roi et la patrie avec bravoure; de défendre les faibles, particulièrement les veuves, les orphelins et les jeunes filles, à moins que les intérêts du roi ne s'y opposassent; de n'offenser malicieusement personne; de ne commettre aucune usurpation, mais de combattre les usurpateurs; de n'obéir, dans toutes leurs actions, qu'au sentiment de l'honneur; de ne combattre que pour le bien général; d'obéir à leurs chefs; de respecter et, au besoin, de défendre l'honneur et les intérêts de leurs compagnons. Le chevalier ne pouvait combattre contre un seul, s'il était lui-même accompagné. Toute manœuvre frauduleuse lui était interdite. Dans les tournois, il ne devait frapper que de taille, jamais d'estoc. S'il était vaincu, l'honneur voulait qu'il tînt religieusement les conditions imposées par le vainqueur; s'il avait fait un vœu, il ne pouvait quitter ses armes, sauf pour le repos de la nuit, qu'après avoir accompli ce vœu. Il lui était également défendu de refuser le combat sans motif valable; de s'écarter de son chemin pour éviter un obstacle, si celui-ci pouvait être surmonté par un seul homme, etc. — Les privilèges n'étaient pas moins nombreux que les obligations; mais en général ils étaient simplement honorifiques. Le chevalier avait seul le droit de porter une lance forte, difficile à rompre, et munie d'une rondelle de cuir pour protéger la main. Le haubert et le haubergeon lui étaient aussi

exclusivement réservés. Une cotte d'armes armoriée de son blason le faisait reconnaître parmi les autres gens de guerre. Il portait l'épée à la ceinture, tandis que les autres la suspendaient à un baudrier passant sur l'épaule. Lui seul pouvait enrichir d'ornements d'or ses vêtements, ses armes et les harnais de ses chevaux. L'usage du vair, de l'hermine et du petit-gris lui était également attribué, à l'exclusion de tous autres, pour la fourrure de ses manteaux. Dans la conversation, comme dans les actes, on le qualifiait de *Dom, Sire, Messire* ou *Monseigneur*. On appelait sa femme *Dame* et *Madame*. Dans les marchés, tout achat fait pour son compte était exempt des droits qui pesaient sur les denrées. Dans les procès, s'il gagnait, il recevait un double dédommagement; mais quand il le perdait, il payait aussi le double. — Si l'or était réservé aux chevaliers, leurs écuyers pouvaient porter des ornements d'argent. Ils recevaient le titre de *Monsieur* ou de *Damoiseau*, et leurs femmes celui de *Damoiselle*. Lorsqu'ils figuraient dans une cérémonie avec le chevalier auquel ils étaient attachés, ils étaient vêtus de satin ou de damas, selon que ce dernier avait des vêtements de damas ou de velours.

IV. L'admission dans l'ordre de la c. n'avait lieu qu'après un noviciat qui durait plusieurs années, mais que l'on abrégeait dans certaines circonstances. Voici ce qui se passait dans les temps ordinaires. À l'âge de sept ans, les jeunes gentilshommes entraient au service d'un prince ou d'un haut seigneur auquel ils servaient littéralement de domestiques, et qui, de son côté, leur donnait ou leur faisait donner une éducation en rapport avec leur naissance. On les appelait alors *Pages, Varlets* ou *Damoiseaux*. À quatorze ans, ils étaient censés avoir terminé ce premier apprentissage. Ils étaient alors *Mis hors de page* ou *parvenus au grade d'Écuyer*. C'était le premier degré de leur admission dans la c. Ce grade se conférait avec une certaine solennité. Le père et la mère présentaient le jeune homme à l'église, pendant la célébration de l'office divin, le prêtre prenait une épée sur l'autel, et après l'avoir bénie, l'attachait au côté du nouvel écuyer. Celui-ci devait servir pendant sept ans le chevalier auquel il était attaché, à moins qu'une très haute naissance ou des actions d'éclat ne fissent modifier en sa faveur la loi commune. Sous les divers noms d'*Écuyer tranchant*, d'*Éc. de la chambre*, d'*Éc. d'écurie*, d'*Éc. d'échansonnerie*, d'*Éc. d'honneur*, etc., il servait à table, administrait la maison, dressait les chevaux, tenait les armes en état, recevait les étrangers, etc. Il accompagnait son maître à la guerre, se tenait derrière lui pendant le combat, prêt à le secourir, à garder ses prisonniers, etc. Enfin, quand il atteignait sa vingt et unième année, il était reçu chevalier.

La réception d'un chevalier était habituellement entourée de formalités nombreuses et en général symboliques. Le récipiendaire devait être majeur, à moins qu'il ne fût prince de sang royal. Deux écuyers d'honneur lui enlevaient ses habits et le plongeaient dans un bain, symbole de purification. Au sortir de ce bain, ils le revêtaient de l'habit de chevalier, qui était de soie, de couleur cramoisie, et entièrement doublé de fourrure. Ainsi purifié et vêtu, l'aspirant chevalier se préparait aux cérémonies suivantes. Par un jeûne rigoureux qui durait vingt-quatre heures. Le soir venu, il se rendait à l'église pour y passer la nuit : c'était ce qu'on appelait la *Veillée des armes*. Le lendemain, il commençait la journée par la confession, après laquelle il recevait la communion; il assistait ensuite à une messe du Saint-Esprit, et presque toujours entendait un sermon relatif aux obligations de l'ordre dans lequel il allait entrer. Le sermon fini, le récipiendaire s'approchait de l'autel, l'épée suspendue au cou. Le prêtre la détachait, la bénissait, puis la remettait au cou du récipiendaire. Celui-ci se rendait alors auprès du seigneur qui devait lui conférer la c., et, se mettant à genoux, lui demandait de l'armer chevalier. « Pour quel motif, lui disait ce dernier, désirez-vous entrer dans l'ordre? Si c'est pour être riche, pour vous reposer et être honoré sans faire honneur à la c., vous en seriez indigne, et seriez à l'ordre de la c. que vous recevriez ce que le clerc simoniaque est à l'Église, » Le récipiendaire ayant juré de la pureté de ses intentions, le seigneur le déclarait digne d'entrer dans l'ordre. Des chevaliers, et même quelquefois des dames, s'approchaient aussitôt et revêtaient le récipiendaire de toutes les marques extérieures de la c.; les uns lui chaussaient des éperons dorés, les autres lui passaient le haubert, la cotte de mailles, la cuirasse. Il était alors ce qu'on appelait *Adoubé*, c.-à-d., suivant du Cange, adopté. On le conduisait ainsi vêtu, nu-tête et désarmé, au seigneur qui devait l'armer. Ce dernier lui ceignant lui-même le ceinturon et l'épée, puis, le faisant mettre à genoux, lui donnait l'*Accolade* ou l'*Accolée*, c.-à-d., trois coups de plat d'épée sur l'épaule ou sur la nuque, et quelquefois un petit soufflet sur la joue, en prononçant ces paroles ou d'autres semblables : « *De par Dieu, Notre-Dame et Monseigneur Saint-Denys, je te fais chevalier,* » auxquelles il ajoutait quelquefois : « *Sois preux, hardi et loyal.* » — Le nouveau chevalier sortait de l'église, recevait son casque et sa lance des mains d'un écuyer, s'élançait à cheval et caracolait devant la foule accourue pour assister au spectacle. La création d'un chevalier était toujours accompagnée de fêtes magnifiques, et l'on sait que, parmi les redevances ou *Aides* payées par les vassaux à leur seigneur, il y en avait une qui était spéciale-ment destinée à payer les dépenses occasionnées par l'admis-sion du fils aîné de ce dernier dans la c.

Le cérémonial que nous venons de décrire ne s'observait réellement qu'en temps de paix. En effet, pendant la guerre, lorsqu'on créait des chevaliers en présence de l'ennemi, les circonstances ne permettaient guère de soumettre les réci-piendaires à ces formalités. Aux attaques des villes, on faisait des chevaliers avant ou après l'assaut; on en faisait aussi sur le champ de bataille, avant ou après l'action. Nous rappelle-rons que c'est de cette manière que François 1er fut armé chevalier par Bayard, à Marignan. Dans tous les cas, c'était le prince, le général de l'armée ou quelque autre chef prin-cipal qui conférait l'ordre de c. La cérémonie se bornait alors à l'accolade. Néanmoins, dans les sièges, lorsque la brèche n'était pas encore praticable et qu'on travaillait à miner le rempart, le récipiendaire devait, suivant Nicolas Upto, écrivain du temps de Charles VII, passer la nuit dans la mine, ce qui représentait la *cérémonie de la Veillée des armes.*

Le prince et les chefs d'armée n'étaient pas les seuls qui pussent armer chevalier. Cette prérogative appartenait même aux simples chevaliers; toutefois, ces derniers ne pou-vaient recevoir que des gentilshommes ayant au moins deux degrés de noblesse, tant du côté paternel que du côté ma-ternel. Aux rois seuls appartenait le droit de conférer à la fois la noblesse et l'ordre de la c.

Les cérémonies qui avaient lieu lorsqu'un chevalier était exclu de l'ordre pour quelque crime ou action honteuse n'é-taient pas moins imposantes. On faisait monter le coupable sur un échafaud, où des hérauts lui enlevaient et brisaient, une à une, les différentes parties de son armure, en commen-çant par le casque. Pendant ce temps, les prêtres récitaient les vigiles des morts, qu'ils faisaient suivre du chant du psaume 108, où se trouvent plusieurs imprécations contre les traîtres. Le roi d'armes demandait ensuite par trois fois le nom du coupable, et chaque fois le poursuivant d'armes le proclamait, le premier répondit que ce n'était pas le nom de celui qu'il avait devant les yeux, puisqu'il ne voyait en lui qu'un *Traître déloyal et foi mentie.* Après cela, saisissant un bassin rempli d'eau chaude, le roi le vidait sur la tête du malheureux pour effacer le caractère sacré conféré par l'acco-lade. Le chevalier dégradé était alors tiré en bas de l'écha-faud au moyen d'une corde qu'on lui passait sous les bras, mis sur une civière ou une claie, couvert d'un drap mortuaire, et porté à l'église où l'on faisait sur lui les mêmes cérémonies et les mêmes prières que pour les morts. Le coupable ainsi dégradé était aussitôt livré au juge royal, qui lui faisait subir la peine qu'il avait encourue. Enfin, les rois et hérauts d'armes déclaraient ses enfants et descendants « ignobles, vilains et roturiers, incapables de porter les armes et de paraître à l'armée et aux tournois », sous peine d'être battus de verges comme « nés d'un père infâme ».

V. On distinguait deux espèces de chevaliers, les chevaliers *Bannerets* et les chevaliers *Bacheliers.* Les *Bannerets* étaient ceux qui étaient assez riches en terres et en vassaux pour conduire et entretenir à la guerre un certain nombre d'hommes d'armes, chacun accompagné d'un arbalétrier et d'un archer à cheval. On les appelait *Bannerets* parce qu'ils portaient pour marque distinctive une *Bannière*, c.-à-d. un petit carré d'étoffe armorié de leurs armes et fixé à l'extré-mité de la lance. — Les *Bacheliers* ou *Bas chevaliers* étaient les chevaliers qui n'avaient pas assez de fortune pour porter bannière. On donnait le même nom aux bannerets qui, n'ayant pas encore l'âge requis pour arborer leur propre ban-nière, marchaient, en attendant, sous celle d'un autre. Le signe extérieur par lequel les bacheliers se reconnaissaient était un guidon en forme de flamme, appelé *Pennon.* Le bachelier qui voulait devenir banneret se présentait devant le chef de l'armée, accompagné de ses hommes, et lui demandait l'autorisation de porter bannière. S'il remplissait les condi-tions requises, on coupait la pointe de son guidon qui, de cette manière, de triangulaire devenait carré, et, dès ce mo-

ment, il pouvait *Déployer, bouter hors, porter bannière,* comme on disait dans la langue de la c. C'est de cette cou-tume qu'est venue l'expression *Faire de pennon bannière,* pour dire s'élever, monter d'un grade à un autre. Le titre de banneret était personnel; mais il se transmettait quelquefois dans les familles. Malgré cela, les descendants d'un banneret étaient obligés, avant de porter bannière, de se soumettre à la transformation du pennon en bannière; pour eux, c'était *Relever bannière.*

VI. Cette institution, qui domine en France tout le moyen âge, ne se forma pas d'une seule pièce. Elle subit des change-ments, des transformations qui la modifièrent profondément. Son histoire présente comme trois âges auxquels correspon-dent nos trois plus grands chroniqueurs : Villehardouin (1167-1213) en représente l'âge héroïque où la guerre domine; Joinville (1224-1317) peint cette institution dans toute sa vigueur, lorsque l'influence des femmes l'a rendue moins sévère et plus courtoise; Froissart (1333-1400) ne l'a guère connue que dans sa décadence, lorsqu'elle était plutôt dans les souvenirs et les imaginations que dans la réalité. La c. pri-mitive n'appartenait à personne; elle vivait de sa propre vie, en dehors de tout gouvernement, supérieure à la distinction des nations et des puissances établies : *Dieu et ma Dame* sa devise. Elle était déjà bien déchue, quand les rois et la politique la plièrent à leur service, quand elle adopta, au XIVe siècle, cette nouvelle devise : *Dieu, ma Dame et mon Roi.* Le XVe siècle lui porta le dernier coup par l'établisse-ment des armées permanentes.

VII. On donnait encore, au moyen âge, le nom d'*Ordres chevaleresques* à des institutions particulières, pour la plu-part nées des croisades, qui, outre des règlements généraux de la c., avaient encore des règlements spéciaux en rapport avec l'objet de leur établissement. Ces ordres avaient été créés pour défendre le Saint-Sépulcre et les pèlerins de la Terre Sainte. Les principaux étaient ceux du *Temple,* de *Saint-Jean de Jérusalem* et des *Chevaliers Teutoniques.* — Aujourd'hui, on appelle *Ordres de c.,* des institutions créées par les gouvernements modernes pour servir à récom-penser le mérite. Les distinctions qu'elles confèrent sont, en général, simplement honorifiques; plusieurs, cependant, pro-curent à leurs membres certains avantages matériels. Nous citerons notamment les ordres de la *Toison d'or,* de la *Jarretière,* de *Saint-Louis,* de la *Légion d'honneur.* Voy. les mots : Ordres et Légion d'honneur.

CHEVALET. s. m. (Dimin. de *cheval*). T. Techn. Se dit de divers instruments qui servent en général aux artisans, dans différents métiers, à fixer l'ouvrage élevé ou haissé pour travail-ler plus commodément. ‖ T. Peint. Instrument de bois sur lequel les peintres posent et appuient les tableaux auxquels ils tra-vaillent. *Mettre un tableau sur un c. — Tableau de c.,* Petit tableau, ou tableau de moyenne grandeur, qu'on a travaillé et fini avec grand soin. ‖ Instrument de supplice et de torture. Voy. Torture. ‖ T. Luthier. Voy. Archet. ‖ T. Astron. Constel-lation australe. Voy. Constellation. ‖ T. Mar. Machine servant à passer les câbles d'un endroit à un autre. — Montants qui supportent la roue du gouvernail. ‖ T. Chasse. Bâton garni de chevilles, pour apprendre aux chiens d'arrêt à rapporter. ‖ T. Agric. Partie de la charrue qui sert d'appui à l'âge. ‖ Partie inférieure de la broie servant à extraire la filasse des tiges de chanvre. ‖ T. Min. C. *d'extraction,* Charpente établie en haut des puits de mine pour supporter les molettes qui servent à amener au jour les berlines et les bennes. ‖ T. Art milit. C. *de pont volant,* Tréteaux qui portent le tablier d'un pont.

CHEVALIER. s. m. (R. *cheval*). Celui qui avait reçu l'ordre de la chevalerie. — *Armer quelqu'un c.,* Le recevoir c. ‖ Fig., *Il est le c. de telle dame,* Il lui est attaché, il lui rend des soins. *Se faire le c. de quelqu'un,* Prendre sa défense avec chaleur. ‖ Celui qui a été reçu dans un ordre militaire et reli-gieux. *Les chevaliers du Temple,* de Malte, etc. ‖ Simple titre de noblesse donné à des personnes qui n'appartiennent à aucun ordre de chevalerie. *Monsieur le c. un tel.* ‖ Celui qui a été honoré d'une décoration militaire ou civile, établie par un prince souverain. C. *de la Légion d'honneur,* de *l'ordre du Sauveur, d'Isabelle la Catholique.* C. *de la Jar-retière. Création, promotion de chevaliers.* C. *des ordres du roi,* C. *de Saint-Michel et du Saint-Esprit;* C. *de l'ordre du roi,* C. *de Saint-Michel;* et simplement, C. *de l'ordre,* C. *du Saint-Esprit.* — *Chevaliers ès lois,* Ceux qui avaient obtenu la chevalerie à cause de leur capacité dans la science des lois. *Les chevaliers ès lois prenaient le titre de Maîtres.* ‖ C.

d'honneur, Conseiller d'épée, qui avait séance et voix délibérative dans les cours souveraines. — Se dit, chez une reine, une impératrice, et chez les princesses des familles souveraines, du principal officier qui leur donne la main quand elles marchent. *C. d'honneur de la reine.* || *C. du guet.* V. GUET. || *Chevaliers de l'arquebuse,* Bourgeois organisés en compagnie militaire, en vue de se perfectionner dans l'art de tirer l'arquebuse, en disputant un prix. || Fig. et fam., *C. d'industrie,* se dit, mais toujours en mauvaise part, d'un individu qui vit d'adresse, d'expédients. || T. Jeu d'échecs. Se disait autrefois pour *Cavalier.* || Nom donné aux cloutiers. || T. Ornith. Nom d'un oiseau échassier. Voy. plus bas.

Hist. — Dans les différents États de la Grèce ancienne, où tout citoyen était soldat, et où chacun, du moins en général, était obligé de s'armer à ses frais, la cavalerie se recrutait nécessairement parmi les individus les plus riches de la cité. A Athènes, où la constitution de Solon avait distribué les citoyens en quatre catégories, d'après la quotité de leur fortune, la seconde classe était désignée sous le nom d'ἱππεῖς, c.-à-d. les cavaliers, ou, comme on dit habituellement, les *Chevaliers.* Ces derniers, avec la première classe beaucoup moins nombreuse encore, appelée les *Pentacosiomédimnes,* constituaient donc l'aristocratie de l'État. Néanmoins ils ne formaient pas un ordre spécial et ne jouissaient d'aucun privilège particulier. Aristophane, dans sa comédie intitulée *les Chevaliers,* nous les représente comme les meilleurs citoyens de la République. Malheureusement l'histoire de la Grèce donne un cruel démenti au grand écrivain comique de l'antiquité : il suffit de rappeler que ce furent ces chevaliers si vantés par le poète qui livrèrent leur ville natale à Lacédémone, et qui, avec l'appui de soldats étrangers, organisèrent cette tyrannie des *Trente,* qui se rendit fameuse par ses excès et par ses cruautés.

A Rome, les *Chevaliers (Equites)* constituaient à l'origine la seconde classe de citoyens, servant d'intermédiaire entre les Patriciens et les Plébéiens ; c'étaient eux qui formaient le corps des cavaliers : leur nombre a varié avec les époques ; de 300 il paraît s'être élevé, d'après Cicéron, à 3,600. Chaque c. recevait de l'État un cheval (*æs publicus*) ou une certaine somme pour l'acheter (*æs equestre*), et une autre somme pour l'entretien annuel de l'animal (*æs hordearium*). Les chevaliers étaient rangés dans dix-huit centuries depuis Servius Tullius ; les centuries *équestres* formaient une simple division de l'armée, et non un ordre distinct dans l'État, attendu que celui-ci se composait uniquement de deux ordres, les Patriciens et les Plébéiens, et que la cavalerie se recrutait dans l'un et l'autre. Plus tard, l'an 123 av. J.-C., la loi Sempronia, proposée par C. Gracchus, constitua de l'État une nouvelle classe, l'*Ordre équestre (Ordo equestris).* Cette loi statua que tous les juges seraient choisis parmi les citoyens qui possédaient une fortune équestre, mais sans être sénateurs. Dès lors le titre de c., par une extension naturelle, fut attribué à tous les citoyens qui avaient une fortune suffisante pour être juges, quoique légalement il n'appartînt qu'à ceux qui recevaient un cheval du trésor public. — Après la réforme de Sylla, qui priva entièrement l'ordre équestre du droit de fournir les juges, et l'adoption de la loi *Aurelia* qui ordonna de les choisir parmi les sénateurs et les chevaliers des centuries, ce furent, dit Pline, les *publicains,* c.-à-d. les fermiers des revenus publics, qui maintinrent l'influence de l'ordre. Les publicains sont presque toujours désignés sous le titre de chevaliers, non pas qu'on exigeât de ces fermiers de l'impôt qu'ils appartinssent à une classe particulière de citoyens, mais uniquement parce que l'on n'aurait pas accepté pour ces fonctions des citoyens qui n'auraient pas joui d'une fortune considérable. Après le consulat de Cicéron et la part active que prirent les publicains dans la répression de la conjuration de Catilina, leur influence s'accrut énormément, et « dès cette époque, dit Pline, les chevaliers devinrent un troisième corps dans l'État, et à la formule *Senatus Populusque Romanus,* on commença d'ajouter *et Equestris Ordo.* » — L'année même du consulat de Cicéron (63 av. J.-C.), les chevaliers obtinrent une distinction qui tendit encore à les séparer davantage du peuple proprement dit (*plebs*) : nous voulons parler de la loi *Roscia Othonis* qui leur attribua le droit d'occuper, au théâtre, les quatorze premières rangées de sièges derrière l'orchestre. Ils possédaient, en outre, le privilège de porter l'*angusticlave,* et plus tard ils obtinrent celui de porter l'anneau d'or qui, dans le principe, était réservé aux seuls chevaliers inscrits dans les centuries.

Ornith. — Le *C. (Totanus)* est un oiseau qui constitue un genre à part dans l'ordre des *Échassiers* et dans la famille des *Longirostres.* Ses caractères sont : bec aussi long ou plus long que la tête, grêle, comprimé sur les côtés, droit, quelquefois un peu retroussé ; narines linéaires situées dans un sillon ; langue filiforme et pointue ; tarses allongés, d'un quart plus long que le tibia, qui est à demi nu ; quatre doigts grêles, dont les deux externes sont unis à la base par une membrane ; pouce rudimentaire et touchant le sol par l'extrémité seulement ; aile moyenne ; queue à douze rectrices. — Le mâle et la femelle ne présentent aucune différence dans la grosseur et la taille. Il n'en est pas de même chez les barges, avec lesquelles les chevaliers ont beaucoup d'affinité. Ceux-ci s'en distinguent cependant par leur bec consistant, qui leur permet de fouiller dans les terrains secs et fortes, tandis que les barges, avec leur bec flexible, ne peuvent fouiller que dans la vase ou la terre molle. Les chevaliers sont sujets à deux mues par an ; après chaque mue ils prennent un nouveau plumage. Ces variations périodiques ont rendu la détermination des espèces de ce genre si difficile, qu'on ne peut pas en regarder le nombre comme rigoureusement défini. Sur 10 espèces européennes, 7 se trouvent en France. Nous citerons pour nos contrées : le *Bécasseau* ou *C. cul-blanc (Totanus ochropus),* appelé aussi *Pied-vert, Pivette, Sifflasson,* dont la chair est délicate, quoiqu'elle ait une légère odeur de musc. On le chasse au fusil, mais on le prend aussi à l'appeau. Nous nommerons encore le *C. semipalmé (Tot. semipalmatus),* le *C. arlequin (T. fuscus,* le *C. Gambette (T. calidris)* et le *C. Guignette (T. hypoleucos),* qui est le plus

petit de tous. En Amérique, on remarque le *C. bariolé (T. variegatus)* [Fig. ci-dessus], qui est noirâtre sur le dos, d'une couleur plus claire sur les côtés et blanc sous le ventre. Les côtés de la poitrine et les flancs sont rayés transversalement de noir ; les ailes sont brunes sur un fond gris sale. Sa longueur totale est de 25 centim. — Les chevaliers vivent sur les bords de la mer, des lacs et des étangs, ainsi que dans les prairies humides, où ils se nourrissent de vermisseaux, d'insectes terrestres, de mouches, rarement de frai de poisson. Ils font par terre, dans les herbes, un nid que les petits quittent de très bonne heure. Ils se réunissent en automne en petites troupes qui voyagent ensemble et ne se séparent qu'au printemps. Ils sont seulement de passage dans les pays tempérés de l'Europe et de l'Amérique. Leur chair est ordinairement tendre et de bon goût. Pris jeunes, ces oiseaux peuvent être élevés en domesticité avec du pain trempé du lait ; ils deviennent même familiers ; mais à l'époque des migrations la nature reprend ses droits et ils partent pour ne plus revenir.

CHEVALIER (MICHEL), célèbre économiste français (1806-1879).

CHEVALIÈRE. s. f. Se disait autrefois de femmes ayant rang de chevalier, de la femme du chevalier, des femmes qui étaient membres de certains ordres. *Chevalières de Saint-Georges. Chevalières de Saint-Jacques de l'Épée.* || T. Bijout. *Bague* à la c., ou simplement C., Anneau large et épais qui est orné d'un chaton de même métal que l'anneau, et qui se porte au doigt.

CHEVALINE. adj. Ne se dit que dans ces loc. : *Bête c.*, Un cheval ou une jument, *Race c.*, *Espèce c.*

CHEVALIS. s. m. (R. *chevaler*). Passage pratiqué dans une rivière dont les eaux sont basses.

CHEVALON. s. m. Un des noms vulgaire du bluet.

CHEVANCE. s. f. (R. *chef*). Le bien qu'on a. *Il a perdu toute sa c.* Vx, et ne s'emploie plus que dans la poésie marotique.

CHEVANNE. s. f. T. Icht. Syn. de *Chevesne.* Voy. ce mot.

CHEVASSINE. s f. T. Agric. Terre que la charrue ou la force des eaux ont transportée à l'extrémité du champ.

CHEVAUCHABLE. adj. Endroit et temps propres à aller à cheval.

CHEVAUCHAGE. s. m. Action de chevaucher, d'aller à cheval. || T. Typogr. Situation des caractères qui ne s'alignent pas.

CHEVAUCHANT, ANTE. adj. Se dit des parties qui empiètent l'une sur l'autre. || T. Bot. *Feuilles chevauchantes*, Feuilles pliées en gouttière et qui s'emboîtent les unes dans les autres.

CHÉVAUCHÉE. s. f. (R. *chevaucher*). Course, promenade à cheval. || Cavalcade, compagnie de personnes à cheval. || Distance que peut parcourir sans s'arrêter une bête de somme. Se disait autrefois des voyages à cheval que certains officiers étaient obligés de faire, pour remplir les devoirs de leur charge. *Les trésoriers de France ont fait leur c.*

CHEVAUCHEMENT. s. m. (R. *chevaucher*). Action d'aller à cheval. || T. Techn. Croisement de pièces qui empiètent l'une sur l'autre. || Nom donné par les tisseurs à toute fausse direction de fils, ainsi que des cordes de l'empontage. || T. Chir. Situation des fragments d'un os fracturé qui, au lieu d'être bout à bout, sont côte à côte sur une certaine étendue. Voy. FRACTURE.

CHEVAUCHER. v. n. (ital. *cavalcare*, aller à cheval). Aller à cheval. Vx et ne s'emploie guère que dans ces deux locutions d'ailleurs peu usitées, *C. court* et *C. long*, Se servir d'étriers courts, ou longs. || T. Manège. Se dit pour *chevaler*. || Dans certaines sciences et dans quelques arts, *C.* se dit, par anal., de certaines choses disposées de manière qu'elles vont les unes sur les autres, qu'elles se croisent. *Les tuiles doivent c. régulièrement. Dans les fractures, les parties de l'os chevauchent quelquefois.* || T. Typogr. Se dit des mots qui vont de travers, et particulièrement des bouts de ligne qui montent ou descendent.

CHEVAUCHONS (A). loc. adv. Jambe deçà, jambe delà, comme si l'on était à cheval.

CHEVAUCHURE. s. f. T. Const. Disposition de parties qui empiètent les unes sur les autres.

CHEVAU-LÉGERS. s. m. pl. T. Hist. milit. Ce mot, qui n'est qu'une imitation maladroite de l'italien *cavalleggiere*, a d'abord servi à désigner les cavaliers légèrement armés qui accompagnaient les gens d'armes des compagnies d'ordonnance. On l'appliqua, en 1498, à des escadrons de cavalerie légère créés par Louis XII. Ces compagnies furent enrégimentées par Louis XIII, et devinrent, mais en changeant de nom, le noyau de notre cavalerie légère. Outre les c.-l. de l'armée de ligne, il y avait une compagnie de c.-l. qui faisait partie de la maison du roi. Cette compagnie datait d'Henri IV, qui l'avait organisée en 1570, puis incorporée dans sa garde en 1592. Elle fut supprimée en 1787. Napoléon fit revivre la dénomination de c.-l. lorsqu'il forma le régiment des *Chevau-légers-lanciers*; et enfin, la première Restauration rétablit la compagnie des c.-l. de la maison du roi ; mais ces deux essais furent de très courte durée, et le nom de c.-l. disparut définitivement de notre armée.

CHEVÉ, ÉE. adj. (part. passé du v. *chever*). *Verres chevés*, Verres de montre bombés, que par un façonnage on a transformés en verres plats.

CHEVÉ (ÉMILE), auteur d'une méthode spéciale de l'enseignement de la musique, avec ses deux collaborateurs Galin et Pâris (1804-1864).

CHEVÊCHE. s. f (Vx fr. *chevece*, vêtement de tête, de *chef*). T. Ornith. Sous-genre d'oiseaux de proie de la famille des *Nocturnes.* Voy. CHOUETTE.

CHEVÊCHETTE. s. f. (Dimin. de *chevêche*). T. Ornith. La plus petite espèce de Chouette. Voy. ce mot.

CHEVECIER. s. m. (R. *chevet*). T. Hist. ecclés. Dignitaire ecclésiastique auquel étaient confiés le soin du chevet de l'église et la garde du trésor et du luminaire.

CHEVEL. s. m. T. Serrur. Étau portatif.

CHEVELAGE. s. m. (R. *chever*). T. Mar. Opération qui a pour but d'ouvrir et d'entretenir à l'étiage des passes dans les hauts-fonds.

CHEVELÉ, ÉE. adj. T. Blas. Se dit d'une tête dont les cheveux sont d'autre émail ou d'autre couleur que la tête. *Tête d'argent chevelée de sable. Tête de fille chevelée d'or.* || T. Agric. Se dit des boutures ou marcottes garnies de racines. — S'emploie dans ce sens comme s. f.

CHEVELINE. s. m. (R. *cheveu*). Un des noms vulgaires d'une Clavaire (*Clavaria coralloides*). Champignon comestible.

CHEVELU, UE. adj. (R. *chevelure*). Qui porte de longs cheveux, qui a beaucoup de cheveux. — *Gaule chevelue.* Voy. COIFFURE. — T. Anat. *Cuir c.*, La peau qui couvre le crâne et qui donne naissance aux cheveux. || T. Astron. *Comète chevelue.* Voy. COMÈTE. || T. Bot. *Graine chevelue*, Graine qui porte une touffe de longs poils déliés. *Racine chevelue*, Racine portant un grand nombre de radicelles fort déliées. — On dit aussi substant. *Le c. d'une racine*, ou simplement *Le c.*

CHEVELURE. s. f. (lat. *capillatura*, m. s., de *capillus*, cheveu). Ensemble des cheveux d'une personne. *Avoir une belle c. C. mal peignée, en désordre.* — Par anal., se dit des feuilles des arbres, *Les arbres ont dépouillé leur c.* — Par anal., se dit aussi en parlant de certaines comètes. Voy. COMÈTE. || T. Astron. *C. de Bérénice*, Constellation boréale. Voy. CONSTELLATION. || T. Pyrotechn. *C. de feu*, Masse de petits serpenteaux qu'on lance à la fois.

CHEVER. v. a. (anc. forme de *caver*, du lat. *cavus*, creux). T. Techn. Creuser une pierre précieuse. || Rendre concave une pièce de métal. || Faire subir au verre le chevage.

CHEVERT (FRANÇOIS), général français, se distingua par de nombreuses actions d'éclat, notamment au siège de Prague (1695-1769).

CHEVÉRUS, cardinal français, fut évêque de Boston, de Montauban, et archevêque de Bordeaux; se fit remarquer par son dévouement et son esprit de conciliation (1768-1836).

CHEVESNE. s. m. (R. *chef*, tête, parce que ce poisson a une grosse tête). T. Ichth. Nom vulgaire de quelques espèces du genre *Able*, très voisines entre elles. Ce sont d'assez gros poissons qui nagent à la surface de l'eau.

CHEVET. s. m. (R. *chef*, tête). Traversin, long oreiller sur lequel on appuie sa tête quand on est dans le lit. *Je l'entretins au c. de son lit. Je m'assis à son c.* Par ext., Tête du lit, partie où l'on pose la tête. || *Droit de c.*, Somme qu'un officier des compagnies supérieures payait autrefois à ses confrères quand il se mariait. || T. Artill. Coin de bois placé sous l'affût d'un canon pour faire varier l'inclinaison de la pièce. || Pièce de bois placée pour supporter la culasse. || T. Min. Lit d'un filon. || T. Mar. Pièce de bois que l'on place sous l'arrière du traversin des grandes bittes. || T. Techn. Garniture de plomb qu'on met au bord des chéneaux. || T. Archit. Partie de l'église qui est au fond de l'église, derrière le maître-autel. Voy. ABSIDE.

CHÉVETEAU. s. m. Grosse pièce de bois dans un moulin, sur laquelle tourne le tourillon de l'arbre. || T. Charp. Solive d'enchevêtrure.

CHEVÊTRE ou **CHEVESTRE.** s. m. (lat. *capistrum*, licou, de *capere*, prendre). T. Chir. Bandage employé dans le traitement des fractures de la mâchoire inférieure. Voy. BANDAGE. || T. Techn. Pièce de bois dans laquelle on emboîte les soliveaux d'un plancher. — Barre de fer qui porte les solives coupées à l'endroit de l'âtre.

CHEVÊTRIER. s. m. Pièce qui sert de support à un tourillon. || Solive d'enchevêtrure.

CHEVEU. s. m. (lat. *capillus*, m. s.). Poil de la tête. Ne se dit qu'en parlant de l'espèce humaine. *Cet homme n'a pas un c. Délié comme un c. Il ne s'en faut pas l'épaisseur d'un c. que ces deux choses-là ne se touchent. Faire couper ses cheveux. Ces enfants se prennent aux cheveux, Ils se disputent, se battent. S'arracher les cheveux, Donner des marques de désespoir. Tirer quelqu'un par les cheveux. Un tour de cheveux, de faux cheveux,* Garniture de faux cheveux que l'on se met sur la tête. *Une bague, un bracelet de cheveux. Être coiffée en cheveux,* se dit d'une femme qui est coiffée sans avoir de chapeau ou de bonnet. — Fam., *Ils étaient près de se prendre aux cheveux,* Ils étaient animés l'un contre l'autre et sur le point de se battre. || Fig. et prov., *Fendre un c. en quatre,* Faire des distinctions, des divisions subtiles. On dit de même, *C'est vouloir fendre un c. en quatre.* — Fig. et fam., *Cette comparaison, cette interprétation, ce raisonnement, cette pensée est tirée par les cheveux,* Elle est amenée, elle est présentée d'une manière forcée et peu naturelle. *Ne tenir qu'à un cheveu,* Dépendre de très peu de chose. || *Faire dresser les cheveux sur la tête,* Épouvanter, faire horreur. || En Bot., on a donné vulgairement le nom de *Cheveux* à différents végétaux qui affectent la forme capillaire. Ainsi l'on nomme : *Cheveux du Diable,* la Cuscute (CONVOLVULACÉES); *C. d'Évêque,* la Raiponce (CAMPANULACÉES); *C. de Mer,* l'Ulve comprimée (CONFERVACÉES) et le Scytosiphon filum (FUCOSPORÉES); *C. du Roi,* la Tillandsie usnéoïde (BROMÉLIACÉES), et la Nigelle (RENONCULACÉES).

Méd. — Les cheveux ont la même constitution anatomique que le Poil. Voy. ce mot. Leur grosseur, leur longueur, leur couleur, leur aspect, droit ou frisé, varient beaucoup avec les individus et les races. Les cheveux sont cylindriques ou elliptiques; les premiers s'allongent en ligne droite, les seconds sont bouclés ou frisés dans le sens de l'aplatissement. Les cheveux des nègres sont très aplatis et crépus. Leur couleur dépend du pigment qui remplit l'intérieur du c. Le nombre des cheveux est, en moyenne, pour une tête complètement garnie, de 120,000. La grosseur du c. est de 6 centièmes de millimètre; elle s'accroît si on les tond souvent. Ils atteignent toutes les longueurs, jusqu'à dépasser même celle du corps, surtout chez la femme. Ce n'est pas seulement là une affaire de mode, mais encore de constitution. Chez plusieurs femmes, ils manifestent une électricité assez intense pour faire crépiter le peigne, donner des étincelles et charger une bouteille de Leyde. Ces phénomènes se produisent surtout par les temps secs et froids. — Les cheveux tombent avec l'âge ou à la suite de quelque maladie. Il faut distinguer l'*alopécie,* qui est une maladie, et la *calvitie,* qui est la suite naturelle de l'âge. L'alopécie est plus souvent partielle que totale; elle peut être due à des causes bien diverses : malpropreté du cuir chevelu, application de pommades ou teintures irritantes; certaines maladies telles que la pityriasis, les teignes, l'eczéma, la syphilis, etc.; la convalescence de quelques maladies aiguës : fièvre typhoïde, variole, etc. La seule manière de traiter l'alopécie consiste à supprimer la cause qui lui a donné naissance. Alors les cheveux repoussent naturellement. — La calvitie commence ordinairement par le sommet de la tête, et dégarnit ensuite le front et les tempes. Contrairement à l'alopécie, elle est incurable. Souvent la calvitie se montre prématurément, par suite de certaines prédispositions encore non connues. Les passions, les soucis, la vie intense des grandes villes, l'abus du travail cérébral et des plaisirs, sont autant de causes qui peuvent hâter la chute des cheveux. Les coiffures de nuit, la mode du chapeau haut de forme, qui s'opposent à l'aération du cuir chevelu, sont aussi des causes puissantes de calvitie prématurée. — La *canitie* est le blanchiment des cheveux par suite des progrès de l'âge. Les premiers cheveux qui blanchissent sont ceux des tempes, et chaque c. commence à blanchir par la racine. Cette décoloration est due à la disparition d'une sorte de moelle pigmentée qui remplit tout l'intérieur du cheveu normal. On cite quelques exemples de canitie produite brusquement à la suite d'une émotion violente. Thomas Morus, Louis Sforza, ont blanchi en une nuit, le premier après sa condamnation à mort, le second après sa défaite et sa captivité. La canitie tient aux mêmes causes que la calvitie. Comme elle, elle est incurable. — Les cheveux demandent à être soignés. Il faut journellement aérer le cuir chevelu par l'usage du peigne. On doit éviter le peigne fin qui arrache les cheveux et irrite le cuir chevelu. L'usage régulier de l'eau ordinaire ou savonneuse doit être absolument proscrit. L'eau gonfle le bulbe pileux, et le c. devient terne, sec, cassant, et finit par tomber. Toutes les pommades, cosmétiques, huiles, etc., sont nuisibles. La glycérine est ce qui conviendrait le mieux; malheureusement, au lieu de lustrer le c. elle le ternit plutôt. On peut employer une *brillantine,* composée d'alcool à 90°, contenant un dixième de glycérine en dissolution, et parfumée *ad libitum.* Très nuisibles aussi l'ondulation et la frisure au fer rouge : la chaleur modifie la constitution anatomique du c. et le fait périr. Il est bon de couper l'extrémité des cheveux tous les deux mois environ. Il est tout à fait inutile, au point de vue de la pousse, de couper les cheveux des enfants. En revanche, cette pratique est féconde en angines, névralgies, maux d'oreilles, rhumes, etc.

Techn. — Les cheveux sont très hygrométriques : ils s'allongent par l'humidité. Aussi les emploie-t-on pour la fabrication des *Hygromètres.* Voy. ce mot. Mais c'est là une application bien restreinte. L'industrie des cheveux consiste surtout dans la fabrication des nattes, chignons, perruques, etc.; elle se divise en quatre branches principales qui sont : 1° la préparation des cheveux; 2° la fabrication des coiffures pour dames; 3° la fabrication des coiffures postiches pour les deux sexes; 4° les dessins et bijoux en cheveux. — La plus grande partie des cheveux employés sont coupés sur la tête des femmes; on les appelle *cheveux de coupe* ou *cheveux bruts.* Ils sont recueillis par des marchands ambulants qui les achètent dans les campagnes à prix d'argent, et proviennent surtout de la Bretagne, de l'Auvergne, de la Savoie, à l'étranger de presque tous les pays de l'Europe, à l'exception de l'Angleterre et de la Russie. La préparation de ces cheveux est une opération minutieuse qui exige de quinze à vingt manipulations différentes opérées à l'aide d'un outillage spécial. La consommation augmentant, les cheveux de coupe ne suffisent plus actuellement; aussi utilise-t-on les *cheveux de chute,* qui constituent la seconde qualité. Ces cheveux sont recueillis en quantité considérable en France. On en importe aussi d'Italie. Ils sont soumis au nettoyage, au triage par couleur, et convertis en cheveux lissés, opération qui consiste à rassembler d'un même côté les racines qui, à l'état brut, sont mêlés aux pointes. Il existe encore des cheveux de troisième qualité, qui sont des cheveux de chute provenant de l'Extrême-Orient, nommés dans le commerce *Cheveux chinois.* Ceux-ci, très gros, sont amincis par des procédés chimiques, puis décolorés partiellement de manière à leur faire acquérir toutes les nuances. On est même arrivé, par la décoloration, à obtenir des cheveux blancs pour suppléer les cheveux blancs de coupe qui sont extrêmement rares. — Les dessins et bijoux en cheveux se fabriquent à Paris sur une assez grande échelle. On en fait des chaînes, bracelets, boucles d'oreilles, médaillons, etc. — La production française en cheveux bruts dépasse 80,000 kilogr., dont la moitié est exportée en Angleterre et en Amérique. Dans ces diverses branches, l'industrie des cheveux fait un chiffre d'affaires qui atteint 40,000 fr.

CHEVEUR. s. m. Ouvrier qui pratique le chevage des verres de montre.

CHEVILLAGE. s. m. [Pr. les *ll* mouillées]. T. Mar. L'opération qui consiste à cheviller la charpente d'un vaisseau. || T. Mét. Action de cheviller, de tordre la soie pour lui donner plus de souplesse.

CHEVILLARD. s. m. [Pr. les *ll* mouillées]. Boucher qui vend à la cheville.

CHEVILLARD (PIERRE-ALEXANDRE-FRANÇOIS), violoncelliste français (1811-1877).

CHEVILLE. s. f. [Pr. les *ll* mouillées] (lat. *clavicula,* dimin. de *clavus,* clou). Morceau de bois, de fer, etc., rond ou carré, qu'on fait entrer dans un trou pour le boucher, pour faire des assemblages, pour y attacher un fil, ou pour d'autres usages.

Planter une c. dans une pièce de bois. Prendre quelque chose à une c. Les chevilles de ce violon ne tiennent pas. — *C. ouvrière*, Grosse c. qui joint le train de devant d'un carrosse avec la flèche ou avec les brancards; et fig. et fam., le principal mobile, le principal agent d'une affaire. — *C. à tourniquet*, Bâton qu'on passe dans une corde, et dont on fait une espèce de tourniquet pour serrer la corde qui assure la charge d'une charrette. — Fig., prov. et pop., on dit, *Autant de trous, autant de chevilles*, ou *Autant de chevilles que de trous*, en parlant d'une personne qui trouve à tout les excuses, des réponses, des défaites, des expédients. || T. Bouch. *Vente à la c.*, Vente de la viande en gros et demi-gros. — L'origine de cette loc. est incertaine. Peut-être vient-elle de ce que les bouchers ont l'habitude de suspendre à des chevilles les gros morceaux de viande non débités, tandis qu'ils étalent sur des tables les morceaux plus petits destinés à la vente au détail. || T. Versific. C. se dit figur. de tout ce qui n'est mis dans un vers que pour la mesure ou la rime. *Ces vers sont pleins de chevilles.* || *C. du pied*, Partie de chacun des deux os de la jambe qui forme une saillie aux deux côtés du pied. Les anatomistes disent *Malléoles*. — Fig. et fam., *Il ne lui va pas à la c. du pied*, se dit d'un homme comparé à un autre qui, dans son genre, lui est extrêmement supérieur. || T. Jeu de cartes. A l'hombre, au quadrille, etc., *Être en c.*, C'est n'être ni le premier ni le dernier en carte. || T. Anat. Nom d'une apophyse osseuse du frontal, qui supporte la corne chez les animaux cornus.

CHEVILLER. v. a. [Pr. les *ll* mouillées] (R. *cheville*). Joindre, assembler avec des chevilles. *C. une table, une armoire*, etc. || Fig. et fam., *C. des vers*, Y mettre des mots inutiles pour le sens et qui ne servent que pour la mesure ou la rime. || T. Fil. *C. la soie*, La tordre entre deux chevilles pour lui donner de la souplesse. == CHEVILLÉ, ÉE. part. *Navire doublé et c. en cuivre.* || *Cheval c.*, Cheval qui a les épaules trop serrées. || Fig. et prov., *Avoir l'âme chevillée dans le corps*, se dit d'une personne qui résiste à de grandes maladies, à des blessures dangereuses. || T. Vén. *Tête de cerf bien chevillée*, qui a beaucoup d'andouillers bien rangés. || T. Blas. Se dit d'un écu qui porte une ramure de cerf. Voy. CERF.

CHEVILLETTE. s. f. [Pr. les *ll* mouillées] (Dimin.). Petite cheville. || T. Chem. de fer. Cheville qui sert à fixer le coussinet du rail sur la traverse. || T. Mét. Morceau de cuivre plat percé de trous que le relieur met sous le cousoir pour attacher les nerfs des livres.

CHEVILLEUR. s. m. [Pr. les *ll* mouillées]. Celui qui apprête les soies écrues pour les fabricants et marchands.

CHEVILLIER. s. m. [Pr. les *ll* mouillées]. Cheval attelé en cheville, c.-à-d. devant le limonier.

CHEVILLOIR. s. m. [Pr. les *ll* mouillées]. Instrument qui tient au métier à fabriquer des étoffes de soie et qui sert à cheviller la soie.

CHEVILLON. s. m. [Pr. les *ll* mouillées]. T. Mét. Bâton à l'usage des tourneurs et des ourdisseurs. || T. Mar. Morceau de bois qui sert à lancer les manœuvres le long des côtes d'un bâtiment.

CHEVILLON. ch.-l. de c. (Haute-Marne), arr. de Wassy, 1,200 hab.

CHEVILLOT. s. m. [Pr. les *ll* mouillées]. T. Mar. Grosse cheville de bois dur tourné.

CHEVILLURE. s. m. [Pr. les *ll* mouillées]. T. Vén. Troisième andouiller à la tête du cerf, du daim et du chevreuil.

CHEVIN. s. m. Voy. CHEVESNE.

CHEVIOT. s. m. Mouton des monts Cheviots en Écosse.

CHEVIOTE ou **CHEVIOTTE** s. f. Laine du cheviot. || Étoffe faite avec la cheviote.

CHEVIOTS (MONTS), chaîne de montagnes qui sépare l'Angleterre de l'Écosse.

CHEVIR. v. n. (R. *chef*). Disposer de quelqu'un, en venir à bout. || T. Anc. coutume. Traiter, composer, capituler.

CHÈVRE s. fc (lat. *capra*, m. s.). La femelle du bouc, animal agile, aimant à grimper, à sauter. *Le lait de la c. rivalise avec celui de la vache.* — *Pied-de-c.*, Levier de fer dont une extrémité est faite en pied de c. || Fig. et prov., *Ménager*, *sauver la c. et le chou*, User d'adresse pour se conduire entre deux partis, entre deux adversaires, de manière à ne blesser ni l'un ni l'autre. *Prendre la c.* Voy. PRENDRE. || T. Astr. La C. ou *Capella* (lat. *petite chèvre*), étoile de première grandeur, α du *Cocher*. || T. Techn. Table à trois pieds sur laquelle on fait des fromages. || Dans les moulins à soie, instrument qui sert à tenir la fusée. || Support sur lequel le charron pose son bois pour le scier.

Mamm. — Dans la langue usuelle, le mot *Chèvre* désigne exclusivement la femelle du *Bouc*; mais, en zoologie, il s'emploie dans un sens plus étendu, et sert à dénommer un petit groupe ou un genre de Mammifères dont la c. est le type, et qui appartiennent à l'ordre des *Ruminants* et à la famille des *Cavicornes*. Les animaux qui composent ce genre présentent les caractères suivants. Les cornes sont prismatiques, dirigées en haut et en arrière, portées sur un noyau osseux creusé de cellules qui communiquent avec les sinus frontaux; les cornes existent chez les deux sexes; elles sont toujours beaucoup plus grandes chez le mâle que chez la femelle. Il n'existe pas de larmiers; le chanfrein est presque toujours concave; le mufle est rudimentaire; la langue est douce; les joues sont hérissées à l'intérieur de papilles cornées; le col est court, le corps ramassé et la queue peu développée. Toutes les chèvres ont deux sortes de poils : l'un, le poil proprement dit, est long, lisse et plus ou moins grossier; l'autre est un duvet laineux, souvent d'une grande finesse. Le menton, chez les deux sexes, est généralement garni d'une barbe plus ou moins longue.

1. Le *Bouquetin des Alpes* (Capra Ibex) se distingue essentiellement par ses cornes. Chez le mâle, elles sont quadrangulaires, mais comprimées latéralement; leur face antérieure présente des bourrelets saillants et transverses (Fig. t. Cornes du bouq. des Alpes; leur longueur excède quelquefois 1 mètre. Chez la femelle, elle atteint à peine 15 centim. Le volume et le poids des deux sexes offrent de très grandes différences ; la hauteur moyenne du mâle est de 87 centim., et celle de la femelle de 54; le mâle pèse assez souvent jusqu'à 145 kil., le poids de la femelle dépasse rarement 43 à 44 kilogr. Le mâle porte la barbe en hiver et la perd en été; la femelle est sans barbe en toute saison. La couleur du Bouquetin est généralement d'un gris fauve aux parties supérieures du corps, et d'un blanc sale aux parties inférieures: une bande noire s'étend tout le long du dos jusqu'au bout de la queue; mais elle ne se voit surtout en hiver, époque à laquelle le pelage de l'animal prend une teinte plus claire : la barbe est d'un brun noir. — Le bouquetin vit habituellement en petits troupeaux de 18 à 20 individus, formés des femelles et des jeunes mâles au-dessous de six ans; passé cet âge, les mâles se séparent pour vivre solitaires. Ces animaux recherchent les parties les plus élevées des régions montagneuses; les

Fig. 1.

femelles et les jeunes descendent en hiver jusqu'à la région boisée où ils trouvent un peu d'abri et de nourriture ; mais il faut qu'ils y soient forcés par la disette et par la rigueur du froid : habituellement, ils se contentent des maigres aliments que leur offrent les pâturages élevés, les broussailles et les lichens. Les vieux mâles ne se rapprochent des troupeaux de leur espèce qu'à l'époque de la reproduction. La femelle, appelée vulgairement *Étagne*, porte 6 mois, et met bas en juillet ou à la fin de juin : elle ne produit qu'un petit à chaque portée. L'agilité du bouquetin est proverbiale. On a vu cet animal gravir, au moyen des moindres anfractuosités, des parois presque verticales; il franchit aussi des distances prodigieuses en mesurant le saut de ses bonds avec une précision à peine croyable. Le bouquetin produit, avec la chè re domestique, des métis doués eux-mêmes de la faculté do se reproduire, et qui, quant à la couleur du pelage, tiennent plus du père que de la mère; ce seul fait démontre un degré très rapproché de parenté entre les deux espèces. Le bouquetin, autrefois répandu dans toute la chaîne alpine, est actuellement confiné dans un petit canton des Alpes piémontaises; sa race semble destinée à s'éteindre vers une époque assez prochaine. — *Le Bouquetin des Pyrénées (Cap. Pyrenaica)* se rapproche beaucoup plus que le précédent de la c. domestique. Ses cornes sont marquées, non pas de bourrelets saillants, mais de simples rides annulaires avec une suite de renflements séparés par des dépressions irrégulièrement espacées.

II. Le *Bouquetin du Caucase (Capra Caucasica)* se distingue par ses grandes cornes triangulaires, obtuses, mais non carrées en avant : elles sont d'ailleurs noueuses comme celles du bouq. des Alpes. Cette espèce ressemble à ce dernier par sa taille et ses proportions. Elle habite les parties septentrionales de la chaîne Caucasique, vers les sources du Kouban et du Terek. — Le *Bouquetin de Sibérie (Capra Pallasii)* diffère de celui des Alpes en ce qu'il est beaucoup plus long en proportion de sa hauteur, et par la forme générale de ses cornes, qui est à peu près triangulaire. Cet animal paraît répandu dans l'immense chaîne de montagnes qui sépare la Sibérie de l'Asie centrale. — Parmi les espèces asiatiques

Fig. 2.

encore peu connues et imparfaitement déterminées, nous citerons simplement les noms du *Bouquetin Jhâral*, qui se trouve dans la partie de l'Himalaya qui confine au Népaul, du *Skyn* et du *Markhur* ou *Rawacheh* qui habitent les montagnes du petit Thibet; mais nous dirons quelques mots de l'*Ægagre* ou *Chèvre sauvage (Capra Ægagrus)* [Fig. 2]. Cet animal se rencontre, à l'état sauvage, dans les montagnes du nord de la Perse, dont les habitants le nomment *Paseng* : c'est de toutes les espèces du genre celle qui offre le plus d'analogie avec notre c. domestique. Les cornes de l'ægagre, très longues chez le mâle, nulles ou très courtes chez la femelle, se distinguent en ce qu'elles présentent en avant un angle aigu, avec des nœuds ou côtes légèrement marqués, tandis que leur face postérieure est arrondie. La barbe existe toujours chez les deux sexes, caractère qui se retrouve aussi dans la c. domestique, et qui contribue à donner à la physionomie de ces deux animaux une frappante ressemblance. C'est une des raisons pour lesquelles Cuvier et d'autres naturalistes s'accordent à reconnaître l'ægagre comme la souche primitive de toutes les races de chèvres soumises à l'homme dans toutes les parties habitées de notre planète. L'ægagre est à peu près de la taille du bouquetin, dont elle a les proportions. Les couleurs, d'après Guelin, sont, en dessus, d'un gris roussâtre avec une ligne dorsale et la queue noires; la tête est noire en avant et rousse aux côtés; la gorge est brune, ainsi que la barbe. C'est l'ægagre qui fournit aux Orientaux leurs bézoards les plus estimés.

III. L'Afrique possède deux espèces particulières de chèvres. La première, appelée *Bedden* ou *Beden (Capra Sinaïtica)*, se rencontre des deux côtés de la partie la plus septentrionale de la mer Rouge, dont la chaîne dont le Sinaï forme le point culminant; elle existe aussi dans les déserts à l'est de la vallée du Nil, ainsi que dans la haute Égypte, ce

qui lui a valu le nom vulgaire de *Bouc sauvage de la haute Égypte*. La seconde, appelée *Bouquetin Walic (Capra Walia)*, habite les plus hautes cimes des montagnes de l'Abyssinie. Par ses cornes le *Bedden* se rapproche beaucoup plus du bouquetin que de la chèvre proprement dite. Elles sont marquées de bourrelets très saillants, aplatios et comme tranchantes à leur sommet, triangulaires vers le milieu et quadrangulaires à leur base; elles atteignent parfois un mètre de longueur, celles de la femelle ne dépassant guère 18 à 20 centim. Celles-ci est en outre dépourvue de barbe, tandis que le mâle en a une qui est fort longue en hiver, mais plus courte en été. — Le *Bouquetin Walic* a les cornes de l'ibex des Alpes, mais il s'en distingue par la forme de sa tête. Son chanfrein *busqué*, à peu près comme celui du mouton, et son front qui porte une éminence de forme elliptique très prononcée, lui donnent une physionomie toute particulière.

IV. *Chèvre domestique (Capra Hircus)*. On n'a pu jusqu'ici déterminer avec précision quel est, parmi les animaux sauvages du genre, celui duquel descendent les chèvres vivant en domesticité. Suivant Buffon et les naturalistes du siècle dernier, nos chèvres domestiques dériveraient de l'ibox qui est, de toutes les espèces sauvages du genre, la première dont l'existence ait été bien constatée. Suivant Guldenstædt, elles descendraient de l'ægagre qui, dans son *habitus* et dans toute sa structure, a beaucoup plus de rapports avec elles que n'en a l'ibex. Mais Pallas établit que la plupart des chèvres sont de races hybrides qui résultent du croisement d'individus apprivoisés, appartenant, les uns à l'ægagre, les autres à une espèce d'ibex. Cette opinion est aujourd'hui considérée comme étant la plus plausible, et généralement admise. Sans entrer, à cet égard, dans des détails plus étendus, constatons seulement que les principales races de chèvres qu'on possède de nos jours ont une existence prouvée qui remonte à la plus haute antiquité.

Quoique la c. soit un véritable fléau pour les jeunes arbres, les jardins, les vignes et les haies vives, il serait injuste de la proscrire. Elle est, comme on l'a dit, la vache du pauvre; elle trouve à vivre dans des lieux stériles où nul autre animal domestique ne pourrait subsister. Son lait est abondant et très nourrissant et produit un fromage d'un goût très fin et très délicat. La c. allaite volontiers les enfants qu'on lui confie; elle éprouve même du plaisir à accomplir cette tâche; elle accourt au premier cri que pousse l'enfant, et porte dans ces fonctions de nourrice la plus grande douceur. Sa chair se mange, et on tire encore parti de son suif et de sa peau. Enfin, le poil de plusieurs variétés est utilisé pour la fabrication de diverses espèces de tissus, les uns communs, les autres extrêmement précieux. — Un fait physiologique trop curieux pour que nous le passions sous silence, c'est que la c. peut manger, sans en paraître incommodée, des végétaux qui sont pour les autres herbivores des poisons mortels, entre autres l'aconit napel et la phellandrie aquatique, deux des plantes les plus vénéneuses de la flore européenne.

Dans un remarquable travail sur le genre de ruminants qui nous occupe, Roulin a partagé les chèvres domestiques en quatre groupes, d'après la forme et la disposition des oreilles.

1° *Chèvres à oreilles courtes et droites*. — La *C. commune* se trouve dans toute l'Europe et dans les contrées lointaines où les Européens se sont établis. Le mâle, appelé *Bouc*, mesure au train de devant 70 centim. de hauteur; sa longueur, depuis le museau jusqu'à l'origine de la queue, est de 1m.30 environ. Il répand une odeur forte, qui vient de sa peau. Ses cornes sont très longues, comprimées, ridées transversalement : au lieu de décrire un arc régulier, elles montent en ligne droite et se recourbent ensuite en arrière et latéralement. Son menton est garni d'une longue barbe, et son chanfrein est presque toujours concave. Les femelles, auxquelles on réserve plus particulièrement le nom de *Chèvres*, sont moins grandes que les boucs. Elles ont les cornes plus petites et plus régulièrement arquées, et sont ordinairement barbues; mais cette barbe manque quelquefois. Le pelage de ces animaux est noir, blanc, souvent brun, d'autres fois jaunâtre. Une femelle bien nourrie peut être fécondée en toute saison, et donne presque deux portées par an. La durée de la gestation est, comme pour la brebis, de cinq mois et quelques jours. Elle fait souvent des portées doubles, mais rarement triples et quadruples. Elle élève ses petits avec une grande sollicitude. Sa chair est médiocre, mais celle du chevreau est assez estimée dans le midi de la France. La c. vit dix à douze ans; elle peut produire chaque jour de 2 à 3 et même 4 litres de lait, ce qui est extraordinaire par sa taille. Son lait est très blanc, moins épais que le lait de vache, plus riche en caséum que celui de brebis. Il est de facile digestion : aussi est-il souvent conseillé dans la phthisie pulmonaire et les affections chroniques de l'estomac. — La *C. des Pyrénées* est plus grosse que la c. commune. Son poil est plus court et sa couleur presque toujours blanche avec de larges taches fauves, ou fauve avec de larges taches blanches. Ses produits en lait sont fort supérieurs à ceux de la race précédente. Elle est surtout répandue dans les montagnes du nord de l'Espagne. L'absence de cornes chez ces chèvres est très fréquente et semble même constituer dans certains cantons une variété constante. La *C. blanche du pays de Galles* (Angleterre) est de taille élevée ; ses cornes, chez les mâles, atteignent quelquefois la longueur d'un mètre. La *C. de Perse* a le poil long, brun cendré, à pointe rousse. Ses cornes, au-devant desquelles on remarque une longue touffe de poils, ont la forme de celles de l'*esgagre*.

Les *Chèvres naines* appartiennent à ce groupe. La première variété se trouve sur les côtes de Guinée, à Bourbon, à Maurice, à Madagascar : c'est la *Capra reversa* de Linné et le *Cabri* des habitants de nos colonies. Elle vit et multiplie très bien dans l'Europe tempérée. La seconde est la *C. de Juda*. Cette variété est originaire de Juda ou Juida, sur la côte de Guinée, d'où elle s'est répandue dans toute l'Afrique du Nord. Son pelage, généralement blanc, donne le *poil de C.* que l'industrie européenne achète en grandes quantités dans les places de commerce du Maroc. C'est cette race qui fournit aux tanneries du même pays les milliers de peaux qui sont annuellement converties en *maroquin*. La troisième variété est également africaine, mais elle est peu connue.

2° *Chèvres à oreilles plates, pendantes, longues au moins comme la tête.* — La *C. de Syrie*, nommé aussi *C. mambrine*, a les oreilles très longues, les cornes très petites et à peine recourbées en arrière, le poil ras et généralement d'un roux clair. La *C. de la haute Égypte* se distingue par ses jambes très hautes, la longueur de son cou et la forme de sa tête, que caractérisent la dépression du nez et la courbure du chanfrein. La barbe paraît manquer dans les deux sexes. La *C. du Népaul* appartient aussi à ce groupe.

3° *Chèvres à oreilles tombantes, mais non aplaties, à toison frisée.* — Ce groupe ne présente qu'une seule race, la *C. d'Angora*. Le poil de cette race, chez laquelle manque le duvet plus ou moins abondant qui existe chez les autres chèvres, est long et frisé, d'une nature intermédiaire entre la laine et le poil proprement dit. La valeur fort élevée de cette sorte de toison rend très désirable la propagation de cette variété, qui paraît aussi sobre, aussi rustique, aussi riche en lait que la c. commune, et qui donne de plus plusieurs kilog. par an d'une matière première propre à la fabrication de magnifiques tissus. Les chèvres d'Angora n'existent en troupeaux nombreux que dans le centre de l'Anatolie (Turquie asiatique). Cette race paraît être originaire des bords de la mer Caspienne ; mais elle prospère et multiplie fort bien sous le climat de Paris.

4° *Chèvres à oreilles larges, demi-tombantes, à duvet abondant.* — La *C. de Lhassa*, improprement appelée *C. de Cachemire*, est le type de ce groupe. Les animaux de cette race sont de petite taille. Leur poil est long, blanc, gris ou noir, garni en dessous d'un duvet uniformément gris, d'une extrême finesse, et qui sert à fabriquer les véritables tissus de Cachemire. Cette race paraît être cantonnée dans la partie élevée du Thibet, dont la ville de Lhassa est la capitale. C'est là que les fabricants de la vallée de Cachemire vont s'approvisionner de matières premières pour la fabrication de ces châles si justement célèbres dans le monde entier. — Il existe dans d'autres contrées de l'Asie des chèvres qui, bien que différentes d'aspect de la race de Lhassa, paraissent en dériver, mais avoir été modifiées soit par l'influence d'un autre climat, soit par des croisements avec d'autres races. Telles sont surtout les *Chèvres des Kirghiz*, qui campent au pied de la chaîne de l'Oural, près des sources du fleuve du même nom. Ce sont des chèvres de cette variété que le savant orientaliste Amédée Jaubert ramena en France, en 1824, sous le nom de *Chèvres du Thibet*, les croyant identiques avec les chèvres de Lhassa. Le duvet de la race kirghize, quoique très fin et servant à fabriquer de très beaux tissus, est cependant inférieur à celui que donne la race thibétaine pure. Celle-ci ne peut se maintenir sur le versant sud de la chaîne de l'Himalaya, mais elle s'y est croisée avec la race du pays et l'a modifiée avantageusement, en produisant une variété métisse, qu'on peut appeler *C. himalayenne*. Dans beaucoup d'endroits, les chèvres du versant sud de l'Himalaya sont employées, à cause de leur force et de leur agilité, comme bêtes de somme, pour franchir les cols ou passages élevés de cette chaîne. Les mâles employés à ces transports sont tous soumis à la castration,

afin d'éviter des croisements qui seraient la ruine de la race pure du Thibet ; ces croisements ont lieu néanmoins, mais en sens inverse, entre les boucs thibétains et les chèvres de l'Himalaya. Par suite de ces croisements, cette dernière race donne une certaine quantité d'un duvet qui ne manque pas de valeur, mais approche néanmoins du duvet de la race pure. C'est cette race métisse qui a été introduite, en Angleterre, sous le nom très impropre de *C. thibétaine*.

Méc. — La *Chèvre* est une machine très employée dans l'artillerie pour les travaux de force, ainsi que dans les chantiers de construction quand on veut faire arriver des matériaux sur

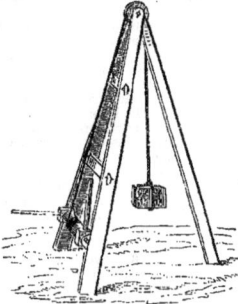

Fig. 1.

des points élevés. Les dispositions qu'on lui donne varient suivant la nature des objets à soulever. La c. dont on se sert habituellement (Fig. 1) se compose de deux montants ou *bras*, réunis à leur partie inférieure par une traverse ou *entretoise*, et joints par le haut au moyen d'un boulon de fer à clavette. Entre ces deux bras est placé un arbre ou treuil, mobile sur son axe, dont les extrémités entrent dans les bras ou s'appuient sur deux pièces parallèles fixées verticalement sur le sol. Un troisième montant, appelé *Bicoq*, arc-boute le sommet, avec lequel il s'articule à charnière, le plus souvent au moyen du boulon même qui joint les deux bras. De cette façon, on peut écarter le bicoq des bras autant qu'il est nécessaire, pour que le système entier soit stable sur ses trois pieds. Enfin, on suspend au sommet une poulie sur la gorge de laquelle passe une

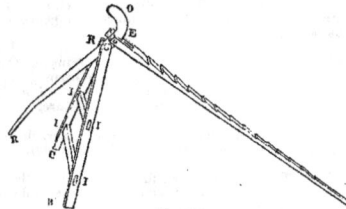

Fig. 2.

corde qui, d'une part, enveloppe le treuil et, de l'autre, est attachée au poids à soulever. En manœuvrant le treuil à l'aide des leviers, la corde s'enroule sur son arbre et entraîne le fardeau. Pour que cette c. puisse fonctionner, il faut que l'objet à soulever soit placé entre les trois montants ; mais il arrive souvent que l'on ne peut pas faire usage du bicoq : c'est ce qui a lieu principalement dans les travaux de maçonnerie, lorsqu'on veut faire élever des pierres au sommet d'un mur. Alors on démonte cette pièce ; on ajuste la c. sur le haut de la muraille ; on incline un peu ses bras du côté du fardeau, et on soutient la machine en attachant solidement à leur point de réunion un câble ou *hauban* dont l'autre extrémité est fixée à un arbre, à une maison ou à tout autre objet solide.— Quand le poids à enlever est très considérable, on préfère une

c. d'une forme particulière, qu'on appelle *Sapine*. Cette c. se compose d'un mât vertical et d'un treuil à engrenage fixé sur un châssis en charpente. Le mât est maintenu au moyen de quatre forts haubans, et muni à sa partie supérieure d'une pièce de bois placée en travers qui lui donne l'aspect d'une double potence, dont chacun des bras est muni d'une poulie à son extrémité. Une corde passe dans la gorge des deux poulies : d'un côté, elle sert à enlever le fardeau ; de l'autre elle s'enroule autour d'un treuil que l'on met en mouvement au moyen de deux manivelles. — La *Cabre*, si usitée dans les ports, n'est autre chose qu'une c. ordinaire grossièrement faite avec deux ou trois perches assemblées par le haut et munies à ce point d'une poulie. — La c. des carrossiers (Fig. 2) est formée d'une bascule B O assemblée au bout de deux bras semblables à ceux de la c. ordinaire. Le prolongement R O de la bascule au delà du point d'articulation R est appelé *Talon*. A ce talon s'articule une longue jambe EF qui est marquée d'échancrures sur sa longueur. Les articulations R et E sont établies avec des boulons servant d'axe de rotation. On place la jambe EF sous l'essieu de la voiture, de façon à ce que celui-ci tombe sur l'une des échancrures. Le triangle CBR est dressé verticalement, puis on fait jouer la bascule BO en appliquant contre la traverse R ; la voiture se trouve ainsi soulevée, et, la roue ne touchant plus la terre, on peut la réparer ou l'enlever, nettoyer et graisser l'essieu, etc.

CHEVREAU. s. m. Le petit d'une chèvre. On l'appelle aussi *Cabri*. || Par ellipse, La peau de la chèvre ou du chevreau quand elle a été travaillée. *Souliers, gants de c.* || T. Astron.

CHÈVREFEUILLE. s. m. (R. *chèvre* et *feuille*). T. Bot. Arbrisseau à tige grimpante, genre de plantes (*Lonicera*) de la famille des *Caprifoliacées*. Voy. ce mot.

CHÈVRE-PIEDS. adj. m. Qui a des pieds de chèvre. Était autrefois usité en poésie, en parlant des satyres, qu'on appelait *Dieux chèvre-pieds.*

CHÈVRETER. v. n. (R. *chèvre*). Mettre bas, en parlant de la chèvre.

CHEVRETTE s. f. (Dimin. *petite chèvre*). Femelle du chevreuil. || T. Zool. Nom vulgaire de divers crustacés et insectes, entre autres de la crevette grise et d'une espèce de lucane. Voy. AMPHIPODES, LUCANIDES et XYLOPHAGES. || Nom de la chanterelle (Champignon) dans la Haute-Marne. || Petit chenet bas qui n'a pas de branche devant.

CHEVRETTIÈRE. s. f. [Pr. *chevrè-tière*]. Femme employée à piler la chevrette ou crevette grise, pour en faire un appât.

CHEVREUIL. s. m. T. Mam. [Pr. *che-vreul*, *l* mouillée] (lat. *capra*, chèvre). Mammifère ruminant du genre *cerf*, mais plus petit que le cerf. Voy. CERF.

CHEVREUL (MICHEL-EUGÈNE), chimiste français (1786-1889), découvrit la véritable composition des corps gras, qui le conduisit à l'invention des bougies stéariques. Il fit faire aussi de grands progrès à l'industrie de la teinture.

CHEVREUSE, ch.-l. de c. (Seine-et-Oise), arr. de Rambouillet ; 1,800 hab. Ruines d'un vieux château féodal.

CHEVREUSE, famille française illustre, dans laquelle entra par mariage MARIE DE ROHAN-MONTBAZON, duchesse de CHEVREUSE, qui joua un rôle important dans les complots tramés contre Richelieu et Mazarin (1600-1679).

CHEVRIE. s. f. (R. *chèvre*). Instrument de musique du genre de la musette ou de la cornemuse.

CHEVRIER, IÈRE. s. (R. *chèvre*). Celui, celle qui mène paître les chèvres.

CHEVRILLARD. s. m. [Pr. les *ll* mouillées] (Dim. de *chevreuil*). T. Vén. Petit chevreuil.

CHEVRIN. s. m. (R. *chèvre*). T. Pêche. Creux que l'eau forme sur les rives des cours d'eau et où le poisson dépose son frai.

CHEVRON. s. m. (R. *chèvre*). T. Charpent. Pièce de bois équarrie qui soutient les lattes sur lesquelles on pose les tuiles ou les ardoises du toit. Voy. COMBLE. || Dans l'armée, on appelle *Chevrons* deux morceaux de galon assemblés en forme de chevrons de charpente, que les soldats, caporaux et brigadiers portent sur la manche gauche de leur habit, après un certain temps de service. *Il a trois chevrons.* Un c. indique *cinq années de services ; deux dix ans ; trois quinze ans,* etc. || T. Mar. Pièce de bois qui porte six pouces d'équarrissage. || *C. de retraite*, Petit madrier que l'on place entre le bord et chaque flasque d'un affût, pour diminuer l'effort de la fausse brague à laquelle un canon est amarré. || T. Comm. Sorte de laine noire, grise ou rousse qui vient du Levant. || T. Blas. Meuble de l'écu composé de deux bandes plates assemblées partant du milieu du chef et descendant de chaque côté en formant un angle. Voy. HÉRALDIQUE.

CHEVRONNAGE. s. m. [Pr. *chevro-naje*]. T. Charpent. Ensemble des chevrons d'un bâtiment. || Ouvrage fait en chevrons.

CHEVRONNÉ, ÉE. adj. [Pr. *chevro-né*] (R. *chevron*). T. Blas. Se dit d'une pièce chargée de chevrons, ou de tout l'écu quand il en est rempli.

CHEVRONNER. v. a. [Pr. *chevro-ner*]. Garnir de chevrons.

CHEVROTAIN. s. m. (Dim. de *chèvre*). T. Mammal. Les zoologistes donnent le nom de *Chevrotain* à un groupe de mammifères en général de très petite taille, qui appartiennent à l'ordre des *Ruminants*, et qui paraissent former la transition entre les chameaux et les ruminants ordinaires. Les chevrotains se distinguent de tous les ruminants par leur tête nue, c.-à-d. sans bois ni cornes, par la présence à la mâchoire supérieure de deux longues canines qui, chez les mâles, sortent de la bouche, et par l'existence d'un péroné grêle, mais distinct. Leurs yeux n'ont point de larmiers, mais leurs narines sont séparées par un mufle semblable à celui des cerfs. Toutes les espèces qui composent ce groupe sont propres à l'ancien monde. On les divise en deux genres : le g. *Chevrotain* proprement dit et le g. *Musc.*

Les *Chevrotains* sont les plus petits et les plus légers de tous les ruminants. Ils se distinguent des ruminants ordinaires

en ce que les métacarpiens des doigts externes existent et, comme les métatarsiens correspondants, sont très longs. Le bonnet manque. — Le *C. pygmée* (*Tragulus pygmæus*) est à peu près de la grosseur d'un lièvre ; ses formes grêles sont remarquables par leur délicatesse et leur élégance. Le dessus de son corps est d'un brun roux, qui devient fauve sur les côtés ; toutes les parties inférieures sont blanches. Sa légèreté est prodigieuse, mais il se fatigue très promptement : aussi est-il aisément forcé à la course et tué à coups de bâton par les nègres, qui le considèrent comme un excellent gibier. Cet animal paraît habiter les parties les plus chaudes de l'Asie et de l'Afrique. — Le *C. Mémina* ou *C. de Ceylan* est un peu plus grand que l'espèce précédente. Son pelage est brun, avec des taches blanches et la gorge également blanche. Le *C. de Java* est de la taille du mémina ; mais sa couleur est le brun oudé de noir. Il a trois bandes blanches sur la poitrine. — Le *Kranchil*, qui vit dans les profondeurs des forêts de Sumatra, est renommé pour la finesse avec laquelle il sait se dérober aux poursuites du chasseur. Son pelage est d'un brun noir, avec des bandes blanches et fauves sur les épaules. — Nous ne ferons que nommer le *C. à ventre fauve*, le *C. de Stanley*, et le *C. aquatique*. Ce dernier a été trouvé à Sierra-Leone, en Afrique, où il habite de préférence le bord des fleuves. Cette espèce est à peu près de la taille du chevreuil.

Le g. *Musc* (*Moschus*) ne comprend qu'une seule espèce, appelée *Musc* (*Mos. moschiferus*). Cet animal se distingue des chevrotains par la présence sous le ventre, mais chez le mâle seulement, d'une poche dont l'intérieur sécrète une substance grasse, onctueuse, d'une odeur excessivement pénétrante, et bien connue sous le nom de *Musc*. — Cet animal (Fig. ci-contre) est de la taille du chevreuil d'Europe. Le train du derrière est beaucoup plus élevé que celui de devant. Ses poils, qui sont de la nature de ceux du cerf, sont blancs dans une grande partie de leur longueur, et le bout en est noir, brun ou fauve. Les parties inférieures sont blanchâtres. Les longues incisives saillantes et recourbées du musc lui servent à la fois pour se défendre et pour arracher les racines dont il se nourrit. — Il paraît qu'au Thibet le musc est aussi recherché pour sa chair que pour sa matière odorante ; mais il est excessivement timide et se laisse difficilement approcher.

CHEVROTANT, ANTE. adj. T. Mus. Qui chevrote *Voix chevrotante*.

CHEVROTEMENT. s. m. Action de chevroter.

CHEVROTER. v. n. (R. *chèvre*). Faire des chevreaux. *Cette chèvre va c.* || T. Mus. Chanter d'une voix tremblotante, qui offre quelque analogie avec le bêlement du chèvres. *Ce chanteur chevrote affreusement.* — Se dit aussi de la voix. *Sa voix commence à c.* = CHEVROTÉ, ÉE. part. *Trilles chevrotées.*

CHEVROTIN. s. m. (R. *chèvre*). Peau de chevreau corroyée.

CHEVROTINE. s. f. (R. *chèvre*). Petite balle, gros plomb dont on se sert pour tirer le chevreuil et autres bêtes fauves.

CHEVRUE. adj. (R. *chèvre*). T. Comm. Laine chevrue, laine ayant quelque rapport avec le poil de la chèvre.

CHEYLARD (LE), ch.-l. de c. (Ardèche), arr. de Tournon ; 3,200 hab. Eaux minérales.

CHEZ. prép. (lat. *casa*, cabane, maison ; ell. pour *à chez* qui se disait autrefois, en la maison). Dans la maison de, au logis de. *J'ai été, j'ai passé, je suis allé c. vous. Chacun est maitre c. soi. Allons-nous-en chacun c. nous. Je viens de c. mon père.* || Par ext., Le pays natal, le lieu qu'on habite ordinairement. *Ce peuple est invincible c. lui.* || Parmi. *Il y avait c. les Grecs une singulière coutume..... C. nous, l'art sait s'allier à l'industrie.* || Fig., En, dans, se dit tant au sens physique qu'au sens moral. *On trouve c. Virgile des exemples de cette licence. C'est c. lui une habitude. Le mérite c. lui devance l'âge.* || Jointe à un pronom personnel, cette prép. forme quelquefois un nom substantif. *Avoir un c.-soi. J'aurai bientôt un c.-moi. Il a maintenant un c.-lui.*

CHÈZE. s. f. Nom vulgaire d'une espèce de mésange.

CHÉZY (DE), orientaliste français, s'occupa, le premier en France, de l'étude du sanscrit.

CHIA. s. m. Sous le nom de *Semences de Chia*, on désigne les fruits d'une espèce de *Sauge américaine*, rapportée à la *Salvia columbaria*. Voy. LABIÉES.

CHIABRERA, poète lyrique italien, né à Savone (1552-1637).

CHIAOUX ou, plus exactement, **CHAOUCH**. s. m. (turc,

tchaouch). Huissier, garçon de bureau chez les Turcs, et dans l'Afrique du Nord.

CHIASMA. s. f. [Pr. *ki-asma*] (gr. χιασμα, croisement). Croix mise en marge des manuscrits en forme de X pour indiquer un passage désapprouvé. || T. Anat. Lieu d'entrecroisement des nerfs optiques sur le corps de l'os sphénoïde. || On dit aussi *chiasme*.

CHIASME. s. m. [Pr. *ki-asme*]. Voy. CHIASMA.

CHIASSE. s. f. (R. *chier*). Excrément. *C. de mouche, de ver*, etc. — Par anal., *C. de fer, de cuivre*, etc., Écume de fer, etc. || Fig. et bass., *Ce n'est que de la c.*, se dit de toute chose vile et méprisable.

CHIASTOLITHE. s. f. [Pr. *ki-as-to-lite*] (gr. χιαστός, croisé ; λίθος, pierre). T. Minér. Silicate d'alumine naturel.

CHIASTOS. s. m. [Pr. *ki-as-toss*] (gr. χιαστός, disposé en croix). T. Chir. Bandage dont les tours se croisent. Peu us.

CHIAVARI, v. d'Italie, ch.-l. de prov. sur la Méditerranée ; 11,600 hab.

CHIBCHAS ou **MUYSCAS**, peuple civilisé de l'Amérique du Sud que les Espagnols trouvèrent établi dans la Nouvelle-Grenade au XVIᵉ siècle.

CHIBOU. s. m. T. Bot. Nom donné à la résine du *Bursera gummifera*, arbre de la famille des *Anacardiacées*. Voy. ce mot. || Boisson alcoolique des îles de la mer du Sud, faite avec du maïs.

CHIBOUK. s. m. T. Bot. Sorte de pipe à long tuyau. On écrit aussi *Chibouque*.

CHIC. s. m. (Mot fam.). Autrefois, finesse dans la procédure, dans la chicane. Ensuite, grande habileté, grand savoir-faire en peinture. || Par ext., *Élégance*, Tournure agréable d'une personne, d'une œuvre d'art. || Par ext. encore, Homme de très bon ton. — De ce mot sont sortis les dérivatifs, plus familiers encore, de *Chicard*, *Chicandard* et *Chicocandard*.

CHICA. s. m. T. Bot. Nom donné indifféremment au *Bignonia chica* ou à la substance colorante rouge extraite de cette plante. Voy. BIGNONIACÉES.

CHICABAUD. s. m. T. Mar. Pièce de bois mobile sur laquelle on assure la misaine des lougres. || Forte pièce de bois servant d'éperon à un navire, appelée aussi *Boute-lof*.

CHICAGO, v. de l'Illinois (États-Unis d'Amérique), sur le lac Michigan et la riv. Chicago. Fondée en 1833, elle compte aujourd'hui 1,260,000 hab. Commerce considérable de grains et de viandes conservées.

CHICANE. s. f. (esp. *chico*, menu, ou pers. *tchaugan*, jeu de mail ?). Subtilité captieuse en matière de procès ; procédure artificieuse. *C'est pure c. Voilà une étrange c. Chercher des chicanes.* — Par ext. et par dénigr., se dit des procès en général, et surtout de l'abus des ressources qu'offre aux plaideurs un système de procédure rempli de formalités inutiles. *Aimer, redouter la c. Il connaît toutes les ruses de la c.* — Fam. et par dénigr., on appelle *Gens de c.* les praticiens subalternes et même les officiers ministériels chargés des procédures judiciaires. || Par anal. et fam., Toute objection sophistique ou trop subtile ; toute contestation mal fondée, qu'on soulève au jeu ou en quelque matière que ce soit. *Vous ne faites là que de la c., une mauvaise c. Chercher c. à quelqu'un.* || Certaine manière de jouer au mail, au billard et à la boule.

CHICANER. v. n. (R. *chicane*). User de chicane en procès. *Cet avoué ne fait que c.* || Par ext., Se servir de subtilités captieuses, contester sans fondement, apporter quelque matière que ce soit. *Il chicane au jeu. Vous chicanez sur tout.* = CHICANER. v. a. Intenter un procès à quelqu'un mal à propos. *Il chicane tous ses voisins.* — Fig. et fam., Il *chicane sa vie*, se dit d'un accusé qui se défend bien. || Tracasser, chercher querelle. *Il chicane sans cesse sa femme ou ses enfants.* Fam. — Fig. et fam., *Cela me chicane*, se dit d'une chose qui, sans être importante, ne laisse pas d'inquiéter, de faire de la peine. *Cette affaire ne laisse pas de le c.* || Reprendre, critiquer mal à propos et sur des bagatelles. *Il ne faut pas c. les poètes sur des vétilles.* || T. Guerre. *C. le terrain,* Le disputer pied à pied. || T. Mar. *C. le vent,* Gouverner au plus près du vent, c.-à-d. de manière à laisser dans les voiles le moins de vent qu'il est possible. == SE CHICANER. v. pron. Se quereller pour des choses insignifiantes. *Ces enfants sont toujours à se c.* = CHICANÉ, ÉE. part.

CHICANERIE. s. f. Tour de chicane. *C'est une pure c. Il m'a fait mille chicaneries.* Fam.

CHICANEUR, EUSE. Celui, celle qui chicane, qui aime à chicaner, surtout en affaires. *C'est une chicaneuse insupportable.* || Adjectiv. *Un homme c. Un esprit c. Une humeur chicaneuse.*

CHICANIER, IÈRE. Celui, celle qui chicane, qui conteste sur les moindres choses. *C'est un c.* Fam. || Adjectiv. *Quel homme c.!* Fam. — *Cela est c.,* Cela est embarrassant, vétilleux et difficile. Vx et inus.

CHICHE. adj. 2 g. (lat. *ciccum,* petite chose). Trop ménager, qui a de la peine à dépenser ce qu'il faudrait. *Il est si c. qu'il se refuse le nécessaire.* — Prov. *Il n'est festin que de gens chiches,* Ceux qui vivent avec une grande épargne, aiment à paraître magnifiques dans les occasions d'éclat. — Fig., *Être c. de ses paroles, de ses pas, de ses peines, de louanges,* etc., N'aimer guère à parler, à agir, etc. || Chétif, mesquin. *La moisson sera c. C'est une c. récompense pour un pareil travail.* || T. Bot. et Hort. Nom ancien du pois, qu'on n'emploie plus que dans la loc. *Pois chiche* qui désigne le *Cicer arietinum.* Voy. POIS et LÉGUMINEUSES.

CHICHEMENT. adv. Avec avarice, d'une manière chiche. *Vivre c.*

CHICHERIE. s. f. Avarice, ladrerie; caractère des personnes chiches.

CHICHESTER, ch.-l. du comté de Sussex (Angleterre); 9,100 hab.

CHICHIM. s. m. Nom sous lequel les médecins égyptiens désignent les graines des *Cassia absus* et *C. akakalis,* avec lesquelles ils font une poudre appelée *poudre de Chichim,* employée comme antiophthalmique.

CHICHIMÈQUES. s. m. pl. Nom donné par les Mexicains aux plus anciennes populations du Mexique.

CHICKRASSIA. s. m. (mot indien). T. Bot. Genre d'arbres de l'Inde, de la famille des *Méliacées.* Voy. ce mot.

CHICON, s. m. Nom vulgaire de la Laitue romaine.

CHICORACÉES. s. f. pl. (R. *chicorée*). T. Bot. Nom donné fréquemment à la tribu des *Liguliflores,* de la famille des *Composées.* Voy. ce mot.

CHICORÉE. s. f. (lat. *cichorium,* m. s.). T. Bot. Genre de plantes (*Cichorium*) de la famille des *Composées.* || T. Modes. Bâche ayant les bords dentés comme les bords de la chicorée.

Hort. — Les nombreuses variétés de Chicorées cultivées comme salade se rapportent à deux formes considérées généralement comme espèces et qui sont : la *C. sauvage* (Cich. Intybus) et la *C. endive* (Cich. Endivia). La première qu'on nomme communément la *Petite* c., est surtout cultivée à cause de ses feuilles qui fournissent d'excellentes salades vertes. La *C. à grosses racines* ou *C. à café* est sa variété la plus remarquable. C'est une plante vivace, dont la racine grosse, pivotante et fusiforme acquiert par la torréfaction une saveur ambrée et un arôme qui n'est pas sans analogie avec celui du sucre caramélisé. On découpe cette racine en fragments de 5 à 10 cent. de longueur, que l'on fait sécher dans des étuves et que l'on torréfie ensuite dans de grands cylindres de tôle. Les résultats de l'opération se nomment *Cossettes;* en les réduisant en poudre, on obtient le produit si connu sous le nom de *Café-C.* ou *C. torréfiée.* Nous croyons inutile d'ajouter que la poudre de C. n'a aucune des qualités du café véritable; mais, mélangée à ce dernier, elle peut en adoucir les pro-

priétés excitantes. L'usage de ce produit nauséabond en guise de café date du blocus continental. La réouverture de nos ports au commerce colonial ne put faire cesser l'habitude de mêler la C. au café : loin de là, ce mélange adultérin est devenu presque universel, et la consommation de la C. torréfiée, en France, dépasse aujourd'hui 6 millions de kilogr. C'est surtout dans les départements du Nord, du Pas-de-Calais, des Ardennes et de la Seine que se trouve le siège de cette fabrication. Parmi les autres variétés de la C., nous nommerons la *C. à larges feuilles,* la *C. panachée,* dont les feuilles sont striées de rose et de rouge; la *Grande C. fourragère* et la *C. amère,* dont la décoction est administrée, en médecine, comme tonique et apéritive. La C. dite *Barbe-de-capucin* n'est autre chose que la C. sauvage dont les racines mises, pendant l'été, dans des caves de moyenne température, poussent de longues feuilles blanches qui se vendent à Paris comme salade d'hiver. — La *C. endive* ou simplement l'*Endive,* est originaire de la Chine et du Japon. On la cultive pour ses feuilles qui sont plus ou moins allongées, découpées et frisées, et se mangent soit crues et en salade, soit cuites et apprêtées de diverses manières. On remarque, parmi ses variétés la *C. de Meaux,* la *C. toujours blanche,* la *C. fine d'Italie,* la *C. de la régence* et la *C. célestine.* Quant à la Scarole ou Escarole, les uns la regardent comme une variété de l'Endive, tandis que d'autres pensent qu'elle provient de la C. sauvage. On connaît aujourd'hui la *Sc. commune,* dont les feuilles sont longues, vertes et étroites; la *Sc. de Hollande,* une fois plus grosse que la précédente, et la *Sc. hybride,* à feuilles blanches, qui est la plus recherchée, et qui présente deux sous-variétés : la *Sc. blonde* et la *Sc. ronde.*

CHICOT. s. m. (lat. *ciccum,* petite chose). Ce qui sort un peu de terre, ce qui reste d'un arbre cassé par le vent ou coupé. *Cette forêt est pleine de chicots.* || T. Art vétér. Petit morceau de bois rompu qui est entré dans le pied du cheval et qui le blesse. || Par ext., Morceau qui reste d'une dent rompue. Fam. || T. Bot. Genre de plantes (*Gymnocladus*) de la famille des *Légumineuses.* Voy. ce mot.

CHICOT, gentilhomme gascon, célèbre à la cour de Henri III par ses saillies et ses bouffonneries; m. en 1592.

CHICOTER. v. n. (lat. *ciccum,* petite chose). Contester sur des bagatelles. Pop.

CHICOTIN. s. m. (corrupt. de *succotrin,* sorte d'aloès). Suc amer tiré de la coloquinte, et dont les nourrices se frottent le bout du sein, quand elles veulent sevrer les enfants. *Amer comme c.* || *Dragées de c.,* ou simplement *Chicotins,* Certaines dragées fort amères, où l'on a mêlé du c.

CHICOYNEAU, médecin français, se distingua pendant la peste de Marseille (1672-1752).

CHIEN, CHIENNE s. m. (lat. *canis*). Quadrupède, le plus familier, le plus intelligent, le meilleur et le plus dévoué des animaux domestiques. *C. de basse-cour, de garde, de chasse. C. hargneux. C. enragé. Le museau, les pattes d'un c. Un aveugle conduit par son c. Dresser un c. Meute de chiens. Coupler, découpler, lâcher, donner les chiens. Les chiens sont en défaut. Remettre les chiens sur les voies. Appeler les chiens.* — *C. traître,* C. qui mord sans aboyer. — *C. sage,* C. qui s'emporte pas après le gibier. — *C. savant,* C. dressé à certains exercices. — Prov. et fam., *Il est fait à cela comme un c. à aller à pied,* se dit d'un homme tellement accoutumé à faire une chose, qu'elle semble lui être naturelle. *Il est comme le c. du jardinier qui ne mange point les choux et n'en laisse point manger aux autres,* se dit d'un homme qui, ne pouvant pas se servir d'une chose, ne veut cependant pas que les autres s'en servent. — Fig. et prov., *C'est le c. de Jean de Nivelle, il s'enfuit quand on l'appelle,* se dit d'un homme qui s'éloigne, qui s'en va quand on veut le retenir : souvenir nommé par son père de venir servir le roi Louis XI, resta sourd à son appel et fut traité de c. par son père. *Mener une vie de c.,* Mener une vie misérable. *Vivre comme un c.,* Vivre dans le débauche et le libertinage. *Mourir comme un c.,* Mourir sans témoigner le moindre repentir de ses fautes, sans manifester le moindre sentiment religieux. *C'est saint Roch et son c.,* se dit de deux personnes qu'on voit constamment ensemble. *Qui m'aime, aime mon c.,* Lorsqu'on aime quelqu'un, on aime tout ce qui lui appartient. *Il vaut autant être mordu d'un c. que d'une chienne*, Entre deux choses également nuisibles, il n'y a point de choix à faire. *C'est une charrue à chiens*, se dit en parlant d'associés qui ne s'accordent pas, qui n'agissent pas de concert dans leur entreprise. *Il n'est chasse que de vieux chiens*, Il n'y a point d'hommes plus propres au conseil et aux affaires que les vieillards, à cause de leur expérience. *C. qui aboie ne mord pas*, Les gens qui font le plus de bruit ne sont pas les plus à craindre. *C. hargneux a toujours l'oreille déchirée*, Il arrive toujours quelque accident aux gens querelleurs. *Quand on veut noyer son c., on dit qu'il a la rage*, On trouve aisément un prétexte quand on veut quereller ou perdre quelqu'un. *Il mourrait plutôt quelque bon c. de berger*, se dit lorsqu'un homme méchant et inutile est réchappé d'une maladie. *Ce sont deux chiens après un os*, se dit de deux personnes qui sont en débat pour emporter une même chose, qui poursuivent le même objet. *Il y a trop de chiens après l'os*, se dit en parlant d'une spéculation pour laquelle les associés sont tellement nombreux, que la part de profit qui doit revenir à chacun d'eux ne peut être que fort petite. *Jamais à un bon c. il ne vient un bon os*, se dit lorsqu'une bonne fortune ne vient pas à ceux qui la méritéraient. *Faire le c. couchant*, Flatter quelqu'un, tâcher de le gagner par des soumissions basses et rampantes. On dit de même, *C'est un bon c. couchant*. *C'est un beau c., s'il voulait mordre*, se dit d'un homme d'un bel extérieur et qui paraît brave, mais qui ne l'est point. *C'est un c. qui aboie à la lune*, se dit d'un homme qui crie inutilement contre un plus puissant que lui. — Fig. et fam., *Entre c. et loup*, désigne le moment du crépuscule où l'on ne fait qu'entrevoir les objets, sans pouvoir les distinguer. *Il était entre c. et loup quand nous entrâmes dans la ville*. Le terme de *C.* entre encore dans diverses phrases figurées, prov. et fam.; on en trouvera d'autres exemples aux mots Accorder, Attache, Chasser, Feu, Langue, Moquer, Part, Quille, Race, Rompre, Saucisse, etc. || Fig. et fam., se dit des personnes et des choses, par injure et par mépris. *Quel c. de musicien! Quel c. de temps! Un c. de repas. Quelle chienne de vie!* — Prov. et pop., *Cela n'est pas tant c.*, Cela n'est pas trop mauvais. — Fig. et fam. *Querelle de c., bruit de c., train de c.*, Grande querelle, grand bruit. *C'est un métier de c.*, se dit d'une profession, d'un travail qui donne beaucoup de peine et peu de profit. || T. Astr. *Le Grand C., le Petit C.*, Constellations. Voy. ce mot. || T. Armurier. La pièce d'un fusil, ou d'une carabine, ou d'un pistolet, qui vient frapper l'amorce pour l'enflammer. Voy. Fusil.

Mamm. — Dans la langue de la Zoologie moderne, le terme *Chien* (*Canis*) a une signification beaucoup plus étendue que dans la langue vulgaire. Déjà Linné avait établi sous cette dénomination un grand genre de mammifères carnivores qui comprenait le *Chien*, le *Renard* et l'*Hyène*. La famille des *Canidés* est caractérisée par l'existence de 3 fausses molaires en haut, 4 en bas et 2 tuberculeuses derrière l'une et l'autre carnassière : la première supérieure de ces tuberculeuses est fort grande. Leur carnassière supérieure n'a qu'un petit tubercule en dedans ; mais l'inférieure a sa partie postérieure tout à fait tuberculeuse. Les pieds de devant ont cinq doigts, et ceux de derrière n'en ont que quatre. Leurs ongles ne sont ni rétractiles ni tranchants : aussi ne sont-ils pas des armes pour ces animaux; ceux-ci peuvent cependant s'en servir pour creuser la terre. Les canidés sont essentiellement digitigrades. Ils ont aussi une langue douce et dépourvue d'épines : ils boivent toujours en lapant. — Les genres de cette famille se distinguent par des caractères bien tranchés. Les *Chiens* sont des animaux diurnes, dont la pupille est ronde; les *Renards* sont nocturnes et, dans le jour, leur pupille présente la forme d'une fente verticale. En outre, les premiers ont les incisives supérieures très échancrées. — Nous ne parlerons ici que du g. *C.*, et seulement des *Chiens* proprement dits, car les articles particuliers sont consacrés au *Loup* et au *Chacal*, qui, selon tous les zoologistes, sont de simples espèces du genre *c.* En effet, toutes ces espèces peuvent se croiser ensemble et produire des métis féconds.

Le *C. domestique* (*Canis familiaris*) ne présente aucun caractère important qui établisse entre lui et le loup une différence spécifique. Les auteurs se contentent de dire que le premier se distingue du second, ainsi que du chacal, par sa queue recourbée. Le loup, a-t-on dit encore, hurle, tandis que le *c.* aboie. Cette observation n'est juste que jusqu'à un certain point. Le cri naturel du *c.* est le hurlement, comme le prouvent les nombreuses troupes de chiens libres qui, depuis

plusieurs générations, ont échappé à la domination de l'homme. L'aboiement est la voix du *c.* civilisé, et il est probable que le loup, si l'on prenait soin d'élever plusieurs générations consécutives à l'état domestique, apprendrait aussi à aboyer.

Le *c.* est carnivore sans doute; mais il l'est à un degré beaucoup moindre que les chats et les digitigrades vermiformes : c'est, du reste, ce qu'indique son système dentaire. Les chiens, en effet, ont besoin de matières végétales dans leur nourriture. — Les organes des sens supérieurs, la vue et l'ouïe, sont très développés, surtout chez les races qui se rapprochent le plus de l'état sauvage. Peut-être en est-il autrement de l'odorat : quoique excellent chez ces dernières, il nous semble encore plus parfait chez les familles de chiens que nous employons à la chasse. Cette délicatesse particulière du sens de l'odorat coïncide, en général, avec l'allongement du museau et le développement des surfaces olfactives qui en est la conséquence. Les lévriers, toutefois, paraissent faire exception à la règle. — La durée de la vie des chiens varie de 15 à 20 ans. La femelle porte 63 jours environ, et fait à la fois de 6 à 12 petits. Ceux-ci naissent les yeux fermés, et ne les ouvrent que le dixième ou le douzième jour. A deux ans, leur croissance est complètement terminée.

L'origine du *c.* domestique a donné lieu à de nombreuses discussions parmi les naturalistes. D'après les uns, le *c.* serait issu du loup apprivoisé et modifié par des siècles de domesticité; selon d'autres, il proviendrait du chacal; quelques-uns pensent qu'il résulte du croisement de ce dernier avec le loup. Tout porte à admettre que le *c.* est une descendance du loup. Quoi qu'il en soit, le *c.* est assurément la première conquête que l'homme ait faite parmi les animaux.

Nous avons déjà fait allusion à l'extrême difficulté qu'on éprouve quand on essaie de distribuer les différentes variétés de chiens dans des catégories distinctes. En conséquence, nous n'essaierons pas de résoudre ce problème; nous nous en tiendrons à la classification de Fréd. Cuvier, qui est la plus généralement admise. Ce savant naturaliste a établi 3 familles de chiens, en les caractérisant par la forme osseuse de leur tête : ces trois familles sont les *Mâtins*, les *Épagneuls* et les *Dogues*.

I. **Mâtins**. — Les individus qui appartiennent à cette famille ont la tête plus ou moins allongée, et les pariétaux tendent à se rapprocher, mais d'une manière insensible, en s'élevant au-dessus des temporaux; le condyle de la mâchoire inférieure est sur la même ligne que les deux mâchoires supérieures.

1° Le *Mâtin commun* (*Canis familiaris laniarius*) est le type de la famille. Ce *c.* (Fig. 1) est grand, vigoureux et léger; ses oreilles sont à demi pendantes; il porte la queue

Fig. 1.

recourbée en haut. On en trouve de blancs, de gris, de bruns, de noirs. On emploie surtout le mâtin à la garde de la maison et du gros bétail; mais on peut aussi le dresser à la chasse, surtout à celle du sanglier.

2° Le *Danois* (*C. f. Danicus*) diffère du précédent par un corps et des membres plus fournis. Son pelage est constamment d'un fauve noirâtre, rayé de bandes transversales plus foncées, analogues à celles du tigre. La longueur de son corps atteint 1 m. 14 cent. Il est très fort et bon pour la garde, comme le mâtin. On peut aussi l'employer à la chasse. Il est probable que le *Molosse* de l'Épire, si fameux dans l'antiquité, appartenait à cette race. Le *Danois moucheté*, à pelage ordinairement blanc, marqué de taches arrondies, petites et nombreuses, atteint parfois la même taille que le précédent. C'est un c. de luxe qu'il était autrefois de mode de faire courir devant les équipages. On prétend qu'il affectionne particulièrement les chevaux. Au reste, il est peu intelligent et peu attaché à son maître.

3° Les *Lévriers* (*C. f. Graius*) se distinguent de tous les autres chiens par leurs formes plus sveltes, plus minces, plus effilées ; leur museau est fort aigu et leur front surbaissé. Il y en a de taille, de poils et de couleurs très différents, que l'on

Fig. 2.

regarde comme autant de races. On distingue particulièrement le *Grand Lévrier*, le *Lév. d'Irlande*, le *Lév. de Russie* (Fig. 2). Tous ces chiens sont remarquables par leur extrême agilité ; aussi les emploie-t-on souvent à la chasse. Un instinct particulier les porte à courir les lièvres et les lapins. Comme le lévrier a peu d'odorat, il ne peut suivre ces animaux à la piste ; mais en plaine, lorsque rien ne peut les dérober à sa vue, il se met à leur poursuite avec la rapidité de l'éclair et ne tarde pas à les atteindre. — On donne le nom de *Levrette* à une sous-variété très petite du lévrier ; c'est un c. de luxe fort à la mode, mais délicat et difficile à élever.

4° Le *Dingo* ou *Ch. de la Nouvelle-Hollande* (*C. f. Australasiæ* a tout à fait la tête du mâtin ; mais il a la taille et les proportions du c. de berger, c.-à-d. environ 80 cent. de longueur de la tête à la queue, et 26 de hauteur au garrot. Son pelage est très fourni, sa queue assez touffue. Le dessus du dos, du cou et de la tête est, ainsi que la queue, fauve foncé ; le dessous du cou et la poitrine sont plus pâles ; le museau et la face interne des membres sont blanchâtres. D'après Richard Owen, il a, dans son pays, la démarche nonchalante du loup.

5° C'est encore dans la famille des mâtins que les auteurs rangent diverses espèces qui vivent à l'état de liberté en Amérique, en Afrique, dans l'Inde, etc. Nous nous contenterons de citer le *Ch. marron* de l'Amérique, qui ressemble à nos lévriers, mais qui a les formes moins élancées ; le *Ch. du Cap*, qui habite l'Afrique australe, et se trouve également au Congo ; le *Wah* ou *Ch. de l'Himalaya*, qui se rencontre dans les montagnes de ce nom ; le *Dhole* ou *Ch. des Indes Orientales*, qui vit à l'état sauvage dans l'Inde ainsi que dans l'Afrique méridionale ; le *Quao*, qui se trouve dans les montagnes de Ramghur, dans l'Inde ; le *Ch. de Sumatra*, qui a beaucoup d'analogie avec le dingo ; le *Poull* ou *Ch. de la Nouvelle-Irlande*. Ce dernier est de moitié plus petit que le dingo, et a le museau plus fourni. Il est hardi et courageux et mange de tout, mais principalement les poissons qu'il va pêcher lui-même. Les naturels de la Nouvelle-Irlande se nourrissent de sa chair.

6° C'est vraisemblablement encore dans la catégorie des mâtins qu'il convient de placer les deux animaux appelés, à la Guyane, *Grand* et *Petit Koupara*. — Le *Grand Koupara* ou *Ch. crabier* (*C. f. Cancrivorus*) a le pelage cendré, varié de noir et de blanc, légèrement noirâtre en dessous ; ses oreilles sont noires, ainsi que ses tarses et l'extrémité de sa queue. Il vit par petites troupes de 7 à 8 individus, et chasse les agoutis, les pacas, etc. Il sait aussi très bien pêcher les crabes et les écrevisses ; enfin, faute de mieux, il mange des fruits. Il s'apprivoise sans difficulté, et les métis qu'il produit avec les chiens domestiques sont fort estimés pour la chasse des agoutis. Cet animal est le *Ch. des bois de Cayenne* de

Buffon. — Le *Petit Koupara* a les mêmes habitudes que le précédent, dont il paraît n'être qu'une variété.

II. *Épagneuls*. — Les pariétaux, dans les têtes de cette famille, ne tendent plus à se rapprocher, dès leur naissance, au-dessus des temporaux ; ils s'écartent et se renflent, au contraire, de manière à beaucoup agrandir la boîte cérébrale, et les sinus frontaux prennent de l'étendue. — Cette famille est très nombreuse, et renferme les espèces de chiens les plus intelligentes. Nous croyons même qu'on pourrait la partager en deux groupes, en prenant en considération les aptitudes spéciales que présente chacune de ces races : le premier groupe serait celui des *Sagaces*, et le second celui des *Chasseurs*.

A. Chiens sagaces. — Leur type, chez nous, est le *Ch. de berger* ; mais nous parlerons d'abord de quelques races qui sont moins civilisées.

1° Le *Ch. des Esquimaux* (*C. f. borealis*) peut être considéré comme la première déviation du type sauvage. Sa démarche plus ferme, plus hardie et plus rapide que celle du loup et du dingo. Cependant il manifeste encore sa proche parenté avec le premier par son nez effilé, ses oreilles droites et son inaptitude à aboyer. La couleur de son pelage est le noir et le blanc disposés par grandes plaques. Les poils laineux sont très épais et plus développés que les poils soyeux

Fig. 3.

(Fig. 3). Les Esquimaux et les habitants du Kamtschatka s'en servent comme d'une bête de trait. Six ou sept de ces chiens attelés à un traîneau chargé de 400 à 500 kilogr. font aisément, en un seul jour et avec une vitesse de 11 à 13 kilom. à l'heure, un trajet de 80 à 96 kilom. Les habitants de ces déserts glacés ont grand soin de placer en tête et un peu en avant de l'attelage un c. d'une sagacité et d'une intelligence particulières qui est chargé de guider la troupe, de tourner à droite ou à gauche, etc. Il est attaché au traîneau par une corde plus longue que les autres, et c'est à lui que le conducteur s'adresse le plus ordinairement. — Le *Ch. de Sibérie* (*C. f. Sibericus*) se rapproche beaucoup du précédent. Il a le pelage très long sur tout le corps, d'un gris ardoisé et cendré, ou noir avec un collier blanc. L'extrémité de l'oreille est un peu courbée. Les peuplades de la Sibérie l'emploient au même service que le c. des Esquimaux.

2° A nos yeux, le *Ch. de Terre-Neuve* (*C. f. Aquatilis*) tire incontestablement son origine du c. des Esquimaux. Il a le museau plus fort, les oreilles pendantes sont très grandes, le pelage très soyeux et la queue touffue recourbée en panache. Dans son île natale, ce bel et intelligent animal est employé à tirer des traîneaux et des chariots chargés de bois et de poisson, à rendre beaucoup d'autres services utiles. La facilité avec laquelle il va à l'eau, son aptitude à plonger et à nager, sa force pour porter un poids considérable, ont permis à cet animal de sauver la vie d'un grand nombre de personnes.

3° Dans notre pays, le *Ch. de berger* (*C. domesticus*) nous offre l'exemple de l'une des races des animaux domestiques les plus pures. En effet, par ses oreilles courtes et droites, son poil long et hérissé, sa queue horizontale ou pendante, il se rapproche singulièrement du type primitif de l'espèce (Fig. 4). Malgré les nombreuses analogies extérieures qu'il offre avec le dingo, il présente un développement cérébral bien supérieur. Cette race est particulièrement remarquable par son intelligence, surtout pour la garde des troupeaux, ainsi que par sa sobriété et son attachement pour son maître. On en distingue chez nous deux variétés principales, le *Ch. de Brie* et le *Ch. de Montagne*. Le pelage du pre-

Fig. 4.

mier est généralement noir, et celui du second brun. Ce dernier est plus fort de taille, plus vigoureux et plus capable que le c. de Brie de repousser les attaques du loup. — Le *Ch. de berger d'Écosse* est en général plus petit que le nôtre.

4° *Ch. du Mont Saint-Bernard*. — Cette race nous paraît issue du croisement du terre-neuve avec le mâtin. Elle a le poil long du premier et le museau effilé du second, mais elle se distingue par son intelligence. Tout le monde sait que les bienfaisants religieux établis dans le couvent bâti presque au sommet du Grand Saint-Bernard ont dressé ces chiens à aller à la recherche des voyageurs égarés dans les passages difficiles qui conduisent, à travers les Alpes, de la Suisse en Savoie, ainsi qu'à porter secours aux malheureux qui sont surpris par l'orage ou ensevelis par les neiges. Un de ces nobles animaux fut décoré d'une médaille en mémoire de ce qu'il avait sauvé la vie de vingt-deux personnes qui, sans lui, eussent infailliblement péri.

5° Le *Chien-Loup* (*C. f. Pomeranus*) se distingue du c. de berger par sa tête, qui est dégarnie de poils, ainsi que ses oreilles et ses pieds. Il porte toujours sa queue très relevée et ordinairement enroulée en dessus; elle est remarquable par les longs poils qui la garnissent. Le poil du corps est long, soyeux, le plus souvent de couleur noire ou blanche, rarement grise ou fauve. Ce c. montre un extrême attachement à son maître, et peut être employé à la garde des troupeaux. — Les *Chiens de la Chine* (*C. f. Sinensis*) qui ont longtemps vécu à la ménagerie de Paris, où ils avaient été apportés de Canton, étaient de véritables *Chiens-Loups*. Ils étaient seulement un peu plus forts et plus trapus que les nôtres. Leur poil était noir.

6° Le *Barbet* (*C. f. aquaticus*), appelé vulgairement *Caniche* ou *Ch. canard*, se distingue par ses poils longs et frisés, variant du blanc au noir foncé, en passant par toutes les nuances intermédiaires. Il n'existe pas de c. qui

Fig. 5.

soit plus attaché à son maître et qui témoigne plus d'intelligence. C'est à cette race qu'ont appartenu tous ces chiens-phénomènes qui savaient plus ou moins lire et faire leur partie de dominos. Comme cette race aime beaucoup l'eau, on l'emploie, en Angleterre, pour la chasse au marais. — Le *Petit*

Barbet provient, suivant Buffon, du mélange du barbet avec le petit épagneul. Il a à peu près les mêmes qualités que le grand barbet. — Le *Griffon* (*C. f. arrectus*) paraît provenir de l'union du grand barbet avec le c. courant. Il est de la taille du premier, mais moins massif. Il est moins attaché et moins intelligent que les deux espèces précédentes. On peut le dresser à la chasse du lièvre et du renard.

B. *Chiens de chasse*. — Tous les chiens de ce groupe sont remarquables par leurs oreilles larges, longues et pendantes; par la délicatesse de leur odorat et par leur intelligence.

1° Le *Ch. courant* (*C. f. Gallicus*) se distingue par son museau, qui est plus long que dans les races suivantes, ainsi que par la longueur et la force de ses jambes. Il est couvert d'un poil très court et porte la queue relevée (Fig. 5). Le plus souvent sa couleur est le blanc, avec des taches noires ou fauves. On l'emploie surtout pour la chasse du lièvre, du cerf et des autres bêtes fauves. — Le *Limier* (*C. f. sagax*) ressemble beaucoup au c. courant; il est seulement plus grand et plus robuste, et a le museau plus fort, avec les lèvres un peu pendantes.

2° Les *Braques* (*C. f. avicularis*) diffèrent des chiens courants par leur museau plus épais, leurs lèvres pendantes, leurs oreilles plus courtes et à demi pendantes, leur corps moins allongé, leurs jambes moins hautes, leur queue plus courte et plus charnue. Leur poil est ras et généralement blanc, avec des taches brun marron plus ou moins foncé. Le

Fig. 6.

braque est un c. plein d'ardeur; il quête bien et arrête parfaitement le gibier. Il est aussi extrêmement attaché à son maître. — Le *Braque à nez fendu* ne se distingue du précédent que par la gouttière profonde qui sépare ses deux narines. — Le *Braque du Bengale* (Fig. 6) a le pelage blanc, moucheté de petites taches brun fauve plus ou moins foncé.

3° Le *Terrier* ou *Renardier* des Anglais est plus petit, mais robuste et musculeux. Il a les jambes assez courtes, le pelage ras, noir et brillant, avec quelques endroits d'un fauve vif. On s'en sert pour acculer le renard dans son terrier, où il pénètre assez aisément. Il en existe une variété à poil hérissé, douée des mêmes instincts et propre à la même chasse; on l'appelle *Terrier-Griffon*.

4° Les *Bassets* (*C. f. vertagus*) ont la tête du c. courant

Fig. 7.

ou du braque, le poil ras et de couleur assez variable. Ce qui les caractérise essentiellement, c'est le raccourcissement extrême de leurs jambes, qui sont droites ou torses; de là deux variétés distinctes : le *B. à jambes droites* et le *B. à jambes torses* (Fig. 7). On se sert de ces chiens pour la chasse du lapin, du blaireau, etc. — Le *B. de Burgos* ou simplement le *Burgos* et le *B. de Saint-Domingue* constituent deux autres variétés de cette race. Aux Antilles, on dresse ce dernier à faire la chasse aux rats.

5° L'*Épagneul français* (*C. f. extrarius*) est couvert de poils longs et soyeux. Il a les oreilles larges et pendantes, les

Fig. 8.

jambes peu élevées, le pelage mélangé de blanc et de brun marron (Fig. 8). C'est un bon c. d'arrêt, qui cependant chasse mieux dans les marais ou dans les cantons couverts qu'en plaine. Il témoigne beaucoup d'affection pour son maître. L'*Ép. anglais* a le pelage tout à fait noir, avec une tache d'un fauve vif sur chaque œil. L'*Ép. frisé* a le pelage brun chocolat foncé, frisé et bouclé sur tout le corps, très court et très lisse sur la tête, excepté aux oreilles, où il est long et soyeux. — Les variétés ci-après appartiennent à la catégorie des chiens d'appartement. Ils sont peu intelligents, peu attachés, et leur moindre défaut est de faire retentir à tout propos leur voix glapissante qui rend insupportables, comme le dit La Bruyère, les maisons où il faut attendre pour dire « bonjour » que les petits chiens aient fini d'aboyer. Parmi ces variétés nous citerons le *Petit Épagneul*, qui ne diffère de l'ép. français que par sa taille ; le *Gredin* (*C. f. brevipilis*), qui est noir, avec les poils longs et soyeux aux oreilles, courts et presque lisses sur tout le reste du corps ; le *Pyrame*, qui ne se distingue du précédent que par des marques de feu aux pattes, aux yeux et au museau ; le *Ch. de Calabre*, un peu plus grand que le pyrame ; le *Bichon* ou *Ch. de Malte*, qui a le pelage très long et hérissé partout, principalement autour des yeux, et qui paraît provenir du croisement du petit épagneul avec le petit barbet ; le *Chien-Lion*, remarquable par son pelage très long et très soyeux sur la partie antérieure du corps, mais fort court sur la partie postérieure, ce qui lui donne l'apparence d'avoir une crinière. Nous ne ferons que nommer le *King-Charles*, dont le nom rappelle l'infortuné Charles Ier.

6° L'*Alco* ou *Techichi* (*C. f. Americanus*) est remarquable par la petitesse de sa tête et la longueur de son poil ; sa taille est à peine égale à celle du bichon ; il habite plusieurs contrées du continent américain. C'est le plus petit des représentants de la race canine dans le nouveau monde.

III. Les *Dogues*. — Les chiens de cette famille se caractérisent tous par le raccourcissement du museau, le mouvement ascensionnel du crâne, son rapetissement, et l'étendue des sinus frontaux. Ce sont des animaux fort peu intelligents, et la pesanteur de leur intelligence, dit Fréd. Cuvier, semble se marquer par celle de leur corps. Les grandes espèces sont redoutables dans leur fureur.

1° Le *Grand Dogue* (*C. f. molossus*) se reconnaît au premier coup d'œil à son museau noir, court, à ses lèvres épaisses et pendantes, à ses oreilles petites et à demi pendantes, à son corps allongé, gros et robuste, et à ses jambes fortes et puissantes. Sa queue est recourbée en haut et généralement assez petite (Fig. 9). Son pelage est ras, ordinairement fauve pâle, plus ou moins ondulé de noirâtre, quelquefois avec de grandes parties blanches. Ce c. est remarquable par son courage et par sa force ; il s'attache uniquement à son maître. Le *Dogue du Thibet* ne diffère guère du précédent que par son poil assez long et un peu hérissé. — Le *Doguin* est une sous-variété plus petite du dogue. On ne le voit guère que chez les bouchers. — Le *Boule-Dogue*, le *Bull-Dog* des Anglais, est aussi plus petit que le dogue. Il a le corps

Fig. 9.

moins long, la queue relevée en cercle, le museau noir et très court, les lèvres moins pendantes, les oreilles à demi dressées, la tête presque ronde. Son pelage est ras, et ordinairement d'un fauve pâle et jaunâtre. Le *Doglau* se distingue du précédent par son nez fendu. — Le *Carlin* ou *Mopse* (*C. f. mopsus*) est un boule-dogue en miniature. Il a été naguère fort à la mode, quoique ce soit un animal dépourvu d'intelligence, criard et sans utilité.

2° On classe encore dans la famille des dogues le *Ch. d'Islande*, qui offre beaucoup d'analogie avec le carlin, mais qui est plus grand et a le poil long et lisse ; le *Ch. d'Alicante* ou de *Cayenne*, qu'on croit un métis du boule-dogue et de l'épagneul, car il ressemble au premier et a le long poil du second ; le *Ch. d'Artois*, appelé aussi *Ch. lillois* ou *Quatre-Vingts*, qui paraît provenir du carlin et du roquet ; le *Petit Danois* (*C. f. variegatus*), nommé encore *Arlequin*, à cause de son pelage ras et à fond blanc ordinairement moucheté de noir ; et même le *Roquet* (*C. f. hybridus*), espèce beaucoup trop répandue, car elle est hargneuse et criarde : cependant le roquet rachète un peu sa laideur et ses défauts par son extrême attachement à son maître.

3° Nous rejetons ici, à l'exemple de plusieurs auteurs, le *Ch. Turc* (*C. f. Ægyptius, C. Cæribæus*) (Fig. 10), appelé aussi, mais à tort, *Ch. de Barbarie*, et que l'on ne sait vraiment où

Fig. 10.

placer. En effet, s'il a la tête grosse et arrondie, il a le museau effilé, les membres grêles et un peu la forme du lévrier, et la queue recourbée. Enfin, sa peau est presque entièrement nue, comme huileuse, noire ou couleur de chair obscure, et tachée par grandes plaques. Sa taille est celle du carlin. Malgré les noms qu'il porte, cet animal paraît être indigène de l'Amérique. Christophe Colomb le trouva, en 1492, aux îles Lucayes, et, en 1494, à Cuba, où les habitants l'élevaient pour le manger. Il est encore très commun dans le Pérou. Fréd. Cuvier dit avoir vu des *Lévriers-chiens-turcs*. Le *Ch. turc à crinière* paraît résulter du croisement du c. turc ordinaire avec l'épagneul. Il est caractérisé par la présence d'une sorte de crinière étroite et à poils rudes qui s'étend du sommet de la tête jusqu'à la naissance de la queue.

IV. Enfin, on désigne sous le nom de *Chiens de rue* cette multitude de chiens qui résultent du croisement fortuit de différentes espèces, et qui, par conséquent, ne constituent pas des races ou des variétés permanentes. Leur taille est en général médiocre, mais ils varient extrêmement sous le rapport des formes, du pelage et de l'intelligence. — V. CHACAL, LOUP, RENARD, INSTINCT et RAGE.

On donne vulgairement le nom de *Ch. de mer* aux poissons du genre *Squale*, et celui de *Ch. volant* au *Galéopithèque*, quadrupède qui appartient à l'ordre des *Cheiroptères*.

Législ. — La loi du 2 mai 1855 a établi sur les propriétaires de chiens une taxe ne pouvant dépasser dix francs, ni être inférieure à un franc, et perçue dans l'intérêt exclusif des communes. Le tarif institué pour chaque commune par décret ne doit contenir que deux taxes, la plus élevée pour les chiens de luxe, la moins élevée pour les chiens de garde. Le décret du 3 août 1851 réglemente la perception de cette taxe; en voici le résumé : La taxe due au 1er janvier par ceux qui possèdent des chiens est due pour l'année entière; de même, en cas de déménagement hors du ressort de la perception, la taxe due par le contribuable est immédiatement exigible pour l'année entière; — les déclarations doivent être faites à la mairie par les possesseurs de chiens du 1er octobre au 15 janvier de l'année suivante; elles sont faites une fois pour toutes, sauf modifications ultérieures provenant de déclarations contraires. En cas de défaut de déclaration, le contribuable s'expose à un accroissement de taxe du triple; une déclaration incomplète ou inexacte entraîne simplement le doublement de la taxe. — Le recouvrement de la taxe des chiens est opéré par le percepteur des contributions directes.

Signalons aussi un certain nombre de mesures législatives ayant pour but soit de protéger ces animaux, soit, au contraire, de parer aux dangers qu'ils peuvent occasionner.

La loi du 28 septembre 1791 (titre II, article 30), encore actuellement en vigueur, punit d'amende et même de prison « tout individu convaincu d'avoir de dessein prémédité, méchamment, sur le territoire d'autrui, blessé ou tué des chiens de garde ».

D'autre part, l'administration municipale a le droit et le devoir d'édicter toute mesure préventive qu'elle juge convenable pour obvier aux dangers de la divagation des chiens dans les centres de population; — la loi du 21 juillet 1881 ordonne sous peine d'amende et de prison l'abatage immédiat du chien suspect de rage, par les soins du propriétaire, même en dehors de toute intervention de l'administration. — Ajoutons que tout propriétaire d'un animal, ou celui qui s'en sert, pendant qu'il est à son usage, est déclaré par le code civil « responsable du dommage que l'animal a causé, soit que l'animal fût sous sa garde, soit qu'il fût égaré ou échappé ». Enfin, le code pénal dans son article 475 punit d'amende et de prison « ceux qui auront excité ou n'auront pas retenu leurs chiens, lorsqu'ils attaquent ou poursuivent les passants, quand même il n'en serait résulté aucun mal ni dommage ».

CHIENDENT. s. m. (R. *chien*, *dent*, à cause du goût qu'ont les chiens malades pour cette herbe). T. Bot. Genre de plantes de la famille des *Graminées*. Voy. ce mot. — *C. à balais*, l'Andropogon Ischæmum; *C. des Indes*, le Vétiver (*Andropogon muricatus*); *C. musqué*, l'Andropogon schœnanthus (GRAMINÉES). || T. Minér. *C. fossile*, nom vulgaire de l'asbeste flexible.

Pharm. — Sous le nom de *Chiendent* on désigne en pharmacie la tige souterraine de 2 espèces de Graminées : le *Triticum repens* connu aussi sous le nom de *Petit Chiendent* et le *Cynodon Dactylon* ou *Chiendent pied-de-poule*. Voy. GRAMINÉES.

Tout le monde connaît la vertu du C. Sa tisane est émolliente, diurétique, rafraîchissante et naturellement sucrée, puisque dans le Nord de l'Europe on fait fermenter ses rhizomes pour les distiller et l'on en tire une excellente liqueur alcoolique. Mais ce que l'on ignore généralement et ce qui a valu à cette graminée, sans que l'on s'en soit rendu compte, une préférence marquée sur les autres émollients, c'est que son rhizome en hiver, ses jeunes tiges et ses épis au printemps contiennent, en outre, des principes stimulants, dus à deux glucosides solubles dans l'eau bouillante, et dont l'intervention motivée heureusement l'action débilitante du mucilage de la décoction. Les formules médicales dressées par la nature resteront toujours des sujets de méditation et des exemples pour le praticien.

Les deux glucosides du C. s'isolent par les procédés ordinaires.

Traités par des oxydants, l'un d'eux cristallise en aiguilles fines, blanches, soyeuses, semblables au givre de vanille par sa constitution et son arome. L'autre affecte la forme cubique et développe intensivement l'odeur de la rose de Provins.

CHIE-EN-LIT. s. m. Nom que les enfants et les gens du peuple donnent par raillerie aux masques qui courent les rues pendant les jours gras. *Une troupe de c.-en-lit. A la c.-en-lit.*

CHIENNER. v. n. [Pr. *chi-è-ner*]. Se dit des chiennes quand elles mettent bas leurs petits.

CHIENNERIE. s. f. [Pr. *chi-è-ne-ri*] (R. *chien*). Se dit des choses dégoûtantes et qui révoltent la pudeur. Terme bas.

CHIER. v. n. (lat. *cacare*, m. s.). Se décharger le ventre des gros excréments. Terme bas et grossier. || Act. *Il ne chie pas du musc.* = CHIÉ, ÉE. part.

CHIERI, v. d'Italie, prov. de Turin; 15,000 hab.

CHIERS, rivière qui a sa source dans le Luxembourg belge, se jette dans la Meuse; 112 kilom.

CHIETI, ch.-l. de la prov. de Chieti, dans les Abruzzes (Italie); 23,000 hab.

CHIEUR, EUSE. s. Celui, celle qui chie. Bas.

CHIFFA. s. f. Rivière d'Algérie, province d'Alger, qui roule le long de gorges sauvages. Fertilise les environs de Blida.

CHIFFE. s. f. [Pr. *chife*] (d'un rad. *sauser. cid*, couper, qu'on retrouve dans l'angl. *to chip*, couper par morceaux). Se dit, par mépris, d'une étoffe mauvaise qui n'a point de consistance. *Cela est mou comme de la c., n'est que de la c.* — Fig. et fam., *Mou comme c., se dit d'un homme d'un caractère faible, qui ne résiste à rien.* || T. Papeterie. Se dit des vieux morceaux d'étoffe qui servent à faire le papier, et qu'on nomme plus ordinairement *Chiffons*.

CHIFFLET, famille de Franche-Comté, d'où sont sortis plusieurs savants du XVIIe et du XVIIIe siècle.

CHIFFON. s. m. [Pr. *chi-fon*] (Même origine que *chiffe*). Mauvais linge ou mauvais morceau de quelque vieille étoffe. Elle est très mal vêtue. — Se dit aussi des ajustements de femme qui ne servent qu'à la parure. *Elle ne sait parler que c., elle ruine son mari en chiffons.* || *C. de papier*, Morceau de papier froissé ou déchiré; fig. et fam., Écrit sans importance, sans valeur. *Au lieu d'un acte en règle, vous m'apportez un c. de papier.* = CHIFFON, ONNE. adj. T. Hort. *Branche chiffonne*, Branche grêle et mal conformée.

CHIFFONNABLE. adj. 2 g. [Pr. *chi-fo-nable*]. Qui peut être chiffonné, froissé. *Papier c.*

CHIFFONNADE. s. f. [Pr. *chi-fo-nade*]. Sorte de potage.

CHIFFONNAGE. s. m. [Pr. *chi-fo-naje*]. T. Peint. Draperies chiffonnées.

CHIFFONNER. v. a. [Pr. *chi-fo-ner*]. Froisser. *C. du linge, un habit, du papier. C. dans les rues*, Ramasser dans les ordures les papiers et les chiffons. — Fam., Déranger l'ajustement d'une femme. *Ce galant l'a toute chiffonnée.* — Fig. et fam., Faire avec prestesse et élégance des ajustements féminins. *C. une robe, un chapeau.* — Déranger, contrarier. *Cela le chiffonne.* = CHIFFONNÉ, ÉE. part. || Fig. et fam., *Une petite mine chiffonnée*, se dit d'un visage peu régulier, mais qui n'est pas sans quelque agrément.

CHIFFONNIER, IÈRE. s. [Pr. *chi-fo-nié*]. Celui, celle qui ramasse des chiffons par la ville. Ouvrière chargée du triage des chiffons dans une fabrique de papiers. || Fig. et fam., *C'est un c., ce n'est qu'un c.*, se dit d'un homme qui débite sans choix tout ce qu'il entend dire par la ville. Se dit aussi d'un homme vétilleux et tracassier.

Techn. — Le *Chiffonnier* recueille non seulement les chiffons, mais encore les vieux papiers, les os, les verres cassés, la ferraille, les cheveux, etc. Tous ces objets sont vendus à des brocanteurs qui les trient et les revendent à des marchands en gros, et deviennent en dernier lieu la matière première d'une foule d'industries. Le verre est refondu ; le métal des boîtes à conserves sert à la fabrication des jouets d'enfants ; les débris animaux sont la matière première de la colle forte et du noir animal ; les cheveux sont triés, nettoyés, et deviennent des postiches, etc.

CHIFFONNIER. s. m. [Pr. chi-fo-nié]. Petit meuble à plusieurs tiroirs, dans lequel les femmes mettent des morceaux d'étoffe et tout ce qui sert à leurs ouvrages d'aiguille.

CHIFFRABLE. adj. [Pr. chi-frable]. Qui peut être chiffré, calculé.

CHIFFRAGE. s. m. [Pr. chi-fraje]. Action de chiffrer, de fixer un chiffre, d'évaluer.

CHIFFRE. s. m. [Pr. chifre] (av. sifr, zéro, parce que l'introduction du zéro est ce qui caractérise ess. ntiellement ce mode de numération et le distingue de ceux qui étaient précédemment en usage). Caractère dont on se sert pour marquer les nombres. *Écrire une date en chiffres. Ce nombre s'exprime par neuf chiffres.* || Se disait autrefois absol., pour désigner l'arithmétique. *Apprendre le c.* || Se dit quelquefois pour la somme totale, le total. *Le c. du budget est diminué. J'ai réduit le chiffre de mes dépenses.* || Fig., se dit de certaines façons de parler que quelques personnes ont entre elles, et qui ne sont point entendues des autres. *C'est un c. entre eux.* || Arrangement de deux ou de plusieurs lettres initiales de noms, entrelacées l'une dans l'autre. *Il n'a point d'armes à sa voiture, il n'a qu'un c. Dessiner, broder un c.* || Sorte de vocabulaire cryptographique dans lequel les mots sont remplacés par des chiffres suivant un système convenu à l'avance et qui sert à transmettre des dépêches écrites ou télégraphiques incompréhensibles pour ceux qui n'ont pas la clef du système. Voy. CRYPTOGRAPHIE.

Arith. — Le système de notation numérique adopté chez tous les peuples de l'Europe moderne est basé sur une idée aussi simple que féconde en résultats : c'est d'attacher à chaque signe ou symbole non seulement une valeur absolue, qui dépend de sa forme, mais encore une valeur relative qui dépend de sa position. Une conception aussi ingénieuse n'a pu évidemment prendre naissance que chez un peuple déjà fort avancé en civilisation ; malheureusement, quoique le système actuel soit en usage chez les Hindous depuis plus de 2,000 ans, il est impossible de dire dans quel pays et à quelle époque il a été imaginé. C'est improprement que les chiffres actuellement en usage sont nommés *Chiffres arabes.* Voy. NUMÉRATION.

CHIFFRER. v. n. [Pr. chi-frer]. Marquer par chiffres, compter avec la plume. *Ne savoir pas c. Apprendre à c.* == CHIFFRER. v. a. Numéroter, distinguer par des chiffres. *C. les pages d'un registre.* Peu us. || *C. une dépêche*, L'écrire en se servant de chiffres ou de signes secrets. || T. Mus. Écrire au-dessus et au-dessous des notes de la basse des chiffres qui désignent les accords que ces notes doivent porter. *C. un accord, une quinte, une partie.* Voy. BASSE. == CHIFFRÉ, ÉE. part. || *Dépêche chiffrée*, Dépêche écrite dans un système de cryptographie. Voy. CRYPTOGRAPHIE.

CHIFFRE-TAXE. s. m. T. Administ. des postes. Petites étiquettes imprimées représentant la valeur à percevoir pour les lettres non affranchies ou insuffisamment affranchies.

CHIFFREUR. s. m. [Pr. chi-freur]. Celui qui est habile à compter avec la plume.

CHIGNOLLE. s. f. T. Mét. Dévidoir de passementier.

CHIGNON. s. m. (Le même que *chaînon*, chaîne des vertèbres, à moins que ce mot ne vienne du gr. αὐχήν, nuque, avec addition du suffixe *on*). Le derrière du cou. *Le c. du cou.* || Par ext. Cette partie de la coiffure des femmes que forment les cheveux relevés derrière la tête.

CHIGOMIER. s. m. T. Bot. Nom vulgaire du *Combretum alternifolium* (*Poivrea augustifolia*) de la famille des *Combrétacées.* Voy. ce mot.

CHIHUAHUA. v. du Mexique, 25,000 hab., capitale de la province du même nom.

CHILDEBERT Ier, fils de Clovis, roi de Paris de 511 à 558. || CHILDEBERT II, fils de Sigebert et de Brunehaut, roi d'Austrasie de 575 à 596. || CHILDEBERT III, fils de Thierry III, roi de Neustrie et de Bourgogne de 695 à 711, sous l'autorité de Pépin d'Héristal.

CHILDEBRAND, guerrier franc, dont les chroniqueurs font un frère de Charles Martel et qui se distingua contre les Sarrasins. Il est le héros du poème de Carel de Sainte-Garde, intitulé : *Les Sarrasins chassés de France*, dont s'est moqué Boileau. Voy. CAREL DE SAINTE-GARDE.

CHILDÉRIC Ier, roi des Francs Saliens, de 458 à 481, père de Clovis. || CHILDÉRIC II, fils de Clovis II, roi d'Austrasie en 660, puis de Neustrie en 671 ; mort en 673. || CHILDÉRIC III, fils de Chilpéric II, roi de 742 à 752, fut le dernier des Mérovingiens.

CHILDRÉNITE. s. f. T. Minér. Phosphate hydraté d'alumine, de fer et de magnésie.

CHILÉNITE. s. f. T. Minér. Argent bismuthal Ag⁶Bi.

CHILI, république de l'Amérique du Sud, forme une bande de territoire de 4,000 kil. de longueur sur une largeur de 150 à 200 kil. entre la chaîne des Andes et l'Océan Pacifique. Sa superficie est de 753,000 kil. car. et sa population de 2,825,000 habitants. Le Chili s'étend depuis le 18° de latitude sud jusqu'au 55° (Terre de Feu). Il confine à la République Argentine, à la Bolivie et au Pérou.

Le littoral est régulier et ne présente ni baies ni caps importants jusqu'au 41° ; à ce point, il se décompe, se brise et forme un long canal d'îles et d'îlots jusqu'au détroit de Magellan. Citons les îles Juan-Fernandez, l'île Chiloé, l'archipel de Los Chonos, les îles Wellington, l'archipel de la Mère-de-Dieu, l'île Hanovre, etc. — La chaîne des Andes, parallèle à la côte, est dominée par 32 volcans, la plupart éteints, dont le plus élevé, le cerro de Aconcagua, atteint 6,970 mèt., et dont quelquesuns sont encore en activité. En s'abaissant vers le rivage, les Andes forment une nouvelle chaîne côtière (Cordillera de la Costa), qui surplombe les eaux de l'Océan. — Les cours d'eau sont naturellement peu étendus et descendent des montagnes en roulant des masses d'eau considérables ; ce sont de véritables torrents. — Le climat du Chili est le plus agréable de toute l'Amérique du Sud ; il est sec dans le Nord, froid dans la région des Andes, tempéré sur tout le littoral. Il y a deux saisons : la saison sèche, d'avril à septembre, et la saison des pluies, de septembre à avril.

Le Chili fut longtemps peuplé d'Araucans et de Puelches, peuples distincts des Incas. Soumis aux Espagnols par Diégo de Almagro, en 1535, ils restèrent leurs sujets jusqu'au commencement du XIXᵉ siècle, époque où une révolte définitive les a affranchis du joug européen (1810-1818). Relativement tranquille, ce pays riche et prospère a su encore s'enrichir et s'étendre aux dépens de la Bolivie et du Pérou, ses voisins, en 1881, et augmenter son influence qui prédomine aujourd'hui sur toute la côte orientale de l'Amérique du Sud. Il forme une république unitaire gouvernée par un président élu pour cinq ans, rééligible et assisté de six ministres et d'un conseil d'État. Le pouvoir législatif appartient à un sénat et à une chambre des députés.

Le territoire est divisé en 23 provinces, subdivisées en départements, ceux-ci en subdélégations et en districts, et un territoire austral.

Provinces	Population hab.	Chefs-lieux	Population hab.
Tacna.	31,000	Tacna.	14,000
Tarapaca. . . .	47,000	Iquique. . . .	45,500
Antofagasta. . .	35,000	Antofagasta. .	7,500
Atacama	67,000	Copiapo. . . .	10,000
Coquimbo. . . .	190,000	La Serena. . .	17,500
Aconcagua . . .	160,000	San Felipe . .	12,000
Valparaiso . . .	225,000	Valparaiso. . .	110,000
Santiago. . . .	380,000	Santiago. . . .	200,000
O'Higgins. . . .	95,000	Rancagua . . .	6,000
Colchagua. . . .	160,000	San Fernando .	7,000
Curico	105,000	Curico	40,500
Talca	145,000	Talca	25,000
Linares.	115,000	Linares. . . .	8,000
Maule.	130,000	Cauquénes . .	7,000
Nuble.	160,000	Chillan . . .	22,000
Concepcion. . .	220,000	Concepcion . . .	25,000

Provinces	Population hab.	Chefs-lieux	Population hab.
Biobio.	125,000	Angeles.	9,000
Malleco.	65,000	Angol.	6,500
Arauco.	80,000	Lebu.	3,000
Cautin.	40,000	Temuco.	3,500
Valdivia.	70,000	Valdivia.	6,000
Llanquihue.	75,000	Puerto-Montt.	3,000
Chiloé.	80,000	Ancud.	3,500

Le territoire austral est celui de Magellan, d'une superficie de 195,000 kil. car. et d'une population qui ne dépasse pas 3,000 hab. Le chef-lieu est Punta-Arenas sur le détroit de Ma-

gellan. — La capitale du Chili est Santiago, fondée en 1540, par don Pedro de Valdivia. Elle fait un certain commerce de grains, de légumes et de bestiaux, travaille les métaux précieux et fabrique des poteries renommées.

Le nombre des étrangers fixés au Chili est d'environ 150,000.

Au point de vue économique, le Chili se divise en trois régions distinctes : minière au nord, agricole au centre, forestière au sud. Le district d'Atacama est compté, pour sa production minière, comme le plus important de tout le Chili ; le chiffre de son exportation s'élève à 78 millions de francs. Depuis trente ans, il a donné pour 1 milliard 1/2 de produits. Les minerais d'argent sont les plus nombreux ; puis ceux de cuivre et d'or ; malheureusement, la main-d'œuvre et les dépenses d'exploitation dépassent quelquefois les produits. Les améthystes et les turquoises se trouvent sur la rivière Maule. La région agricole produit du blé en très grande quantité, de la vigne, du maïs, des pommes de terre, etc., et la région forestière des pins, lauriers, myrtes et chênes. — L'industrie consiste principalement dans la préparation des cuirs et des viandes sèches, les métaux et les farines ; l'industrie manufacturière est très restreinte.

Le commerce d'importation est d'environ 65 millions de pesos ou 325 millions de francs (le peso = 5 francs) et porte sur les cotonnades, sucres, tissus, charbons, vins, fers ouvrés, articles de mode, etc. L'exportation se chiffre par 20 millions de pesos, dont 91 p. 100 reviennent à l'exploitation des mines, 6 à l'agriculture et 3 à l'industrie. Les nations qui font le plus de commerce avec le Chili sont : l'Angleterre (50 p. 100), l'Allemagne, la France, les États-Unis, le Pérou. = Nom des hab. : CHILIEN, IENNE.

CHILIADE. s. f. [Pr. *kiliade*] (gr. χιλιὰς, un millier). Assemblage de plusieurs choses que l'on compte par mille.

CHILIARQUE. s. m. [Pr. *kiliarque*] (gr. χίλια, mille ; ἄρχων, chef). Dans les anciennes armées grecques, officier qui commandait un corps de mille hommes. Les Grecs appelaient ainsi les tribuns militaires des Romains.

CHILIASME. s. m. [Pr. *kiliasme*] (gr. χιλιὰς, un millier). Nom grec du *Millénium*, ou doctrine de ceux qui pensaient qu'après le jugement universel les prédestinés demeureraient mille ans sur la terre et y jouiraient de toutes sortes de plaisirs.

CHILIOGONE. s. m. [Pr. *kiliogone*] (gr. χίλιοι, mille ; γωνία, angle). T. Géom. Polygone de mille côtés.

CHILLON, château fort et ancienne prison d'État, dans le canton de Vaud (Suisse), sur un rocher du lac Léman, près de Vevey. Célèbre par la captivité de Bonnivard.

CHILLOUKES, peuplade africaine nègre, entre le lac Nô et le Kordofan.

CHILOË, archipel chilien du Grand Océan Austral ; 77,000 h.

CHILOGNATHES. s. m. pl. [Pr. *kilog-nathes*] (gr. χεῖλος, lèvre ; γνάθος, mâchoire). T. Zool. Ordre d'animaux de la classe des *Myriapodes*. Voy. ce mot.

CHILON [Pr. *ki-lon*], un des sept sages de la Grèce, né à Lacédémone ; mourut de joie en embrassant son fils, vainqueur aux jeux olympiques.

CHILOPLASTIE. s. f. Voy. CHÉILOPLASTIE.

CHILOPODES. s. m. pl. [Pr. *kilopodes*] (gr. χεῖλος, lèvre ; πούς, ποδός, pied). T. Zool. Famille des *Myriapodes*. Voy. ce mot.

CHI LO SA ? [Pr. *ki*]. Mots italiens qui signifient *Qui le sait*, locution souvent employée.

CHILPÉRIC Ier, quatrième fils de Clotaire I er, roi de Neustrie en 561, épousa Galswinthe, qu'il fit tuer plus tard, puis Frédégonde ; fut assassiné à Chelles en 584. || CHILPÉRIC II, roi de 715 à 720, fut forcé de reconnaître Charles Martel comme maire du palais de Neustrie.

CHIMAPHILE. s. f. [Pr. *kima-file*] (gr. χεῖμα, hiver ; φιλέω, j'aime). T. Bot. Genre de plantes de la famille des *Pirolacées*. Voy. ce mot.

CHIMAPHILINE. s. f. T. Chim. Substance encore peu étudiée extraite des feuilles de *Chimaphile* au moyen de l'alcool et du chloroforme.

CHIMAY, v. de Belgique (Hainaut); 3,000 hab. Berceau d'une illustre famille princière.

CHIMAY (Princesse de), nom sous lequel est aussi connue Mme Tallien.

CHIMBORAZO, montagne des Andes, dans la république de l'Équateur; 6,530 mètres.

CHIMÈRE. s. f. (gr. χίμαιρα, m. s.). T. Mythol. Animal fabuleux qui avait la tête d'un lion, le corps d'une chèvre, la queue d'un dragon et vomissait des torrents de feu. *La C. fut tuée par Bellérophon.* || Les artistes du moyen âge ont donné le nom de *Chimères* à des animaux fantastiques qu'ils ont sculptés sur les cathédrales ou peints dans leurs miniatures, et qui n'ont aucun rapport avec le c. antique. || Fig., se dit des imaginations vaines et qui n'ont aucun fondement. *Avoir des chimères dans la tête. Se repaître de chimères. Voilà une belle c. C'est là sa c.* || T. Icht. Genre de poissons cartilagineux remarquables par la bizarrerie de leurs formes. Voy. Stégudiens.

CHIMÉRIQUE. adj. 2 g. Visionnaire, plein de chimères, d'imaginations ridicules et vaines. *Esprit c.* || Se dit des choses qui n'ont aucune réalité, aucune valeur, aucun fondement. *Un être c. Prétention, espérance, crainte c.*

CHIMÉRIQUEMENT. adv. D'une manière chimérique.

CHIMÉRISER. v. n. ou intr. Se faire des chimères.

CHIMIATRE. s. m. (R. *chimie*, et gr. ιατρὸς, médecin). Médecin qui pratique la chimiatrie.

CHIMIATRIE. s. f. (R. *chimie*, et gr. ιατρεία, guérison). Système de thérapeutique dans lequel on emploie, de préférence, les substances chimiques. — Abus des remèdes chimiques. Voy. Médecine.

CHIMIATRIQUE. adj. T. Méd. Qui a rapport à la chimiatrie.

CHIMICO-ANALYTIQUE. adj. T. Didact. Qui a rapport à l'analyse chimique.

CHIMICO-LÉGAL, ALE. adj. Qui a rapport aux opérations chimiques ordonnées par la justice.

CHIMICO-PHYSIQUE. adj. T. Didact. Qui appartient à la chimie et à la physique.

CHIMIE. s. f. (gr. χυμεία, mixtion, combinaison). Étude des modifications d'un caractère permanent que présentent les corps non organisés sous l'influence de leurs réactions mutuelles ou d'agents extérieurs tels que la chaleur, la lumière, l'électricité, etc., et des lois qui président à ces modifications. — Les sciences naturelles présentent une division fondamentale, celle des sciences *physiques* et celle des sciences *biologiques*, selon qu'elles étudient les êtres inanimés ou les êtres animés. Mais ces deux grandes classes se subdivisent encore suivant leur objet. C'est ainsi qu'au siècle dernier les sciences physiques se sont partagées en deux branches principales : la *Physique* proprement dite, et la *Chimie*.

I. **Distinction de la Physique et de la Chimie.** — Malgré cette division, il s'en faut de beaucoup que ces deux sciences soient complètement indépendantes l'une de l'autre. Confondues à leur origine et tendant au même but, elles sont tellement liées ensemble, que l'étude de la première conduit nécessairement à celle de la seconde, et qu'on ne peut cultiver celle-ci avec fruit si l'on ne possède au moins les éléments de celle-là. Chaque progrès accompli par l'une ou par l'autre tend à les rapprocher encore en leur faisant reconnaître, dans les phénomènes qu'elles observent, les effets simultanés ou successifs d'un petit nombre de causes identiques dont les modes d'action, variables à l'infini, sont encore, dans leur variété même, soumis à des lois constantes. Quoi qu'il en soit, la séparation entre la physique et la c. étant actuellement adoptée comme un moyen propre à faciliter les recher-

ches scientifiques, nous n'avons point à en discuter ici la valeur, et nous devons nous borner à exposer, aussi nettement que possible, le principe qui sert de base à chacune d'elles. — Ce principe réside dans la différence qui existe, d'une part, entre les deux ordres de phénomènes que nous présente la matière, et, d'autre part, entre les deux ordres de propriétés qui lui appartiennent. De ces deux ordres, le premier constitue le domaine de la physique : c'est celui des phénomènes généraux qui affectent les propriétés générales de la matière; le second est réservé à la c. : c'est celui des phénomènes particuliers modifiant les propriétés spécifiques des corps. Ainsi, le physicien étudie seulement les changements que la matière éprouve en vertu de ses attributs essentiels et de ses propriétés générales. Il appelle ces changements *phénomènes physiques;* il désigne sous le nom de *forces* ou d'*agents physiques* les causes qui les produisent, et sous celui de *lois physiques* les rapports constants qu'il observe entre ces causes et leurs effets. Le chimiste, au contraire, ne voit dans la matière que la réunion des différents corps qui la composent, et doit chacun se distingue par des caractères particuliers. En d'autres termes, les corps sont à ses yeux des *êtres* appartenant à tel ou tel genre, à telle ou telle espèce de matière, et susceptibles d'éprouver, soit de la part des agents extérieurs, soit par l'action qu'eux-mêmes peuvent exercer les uns sur les autres, des changements qui modifient, non seulement leur état, mais aussi leur constitution intime et leurs propriétés spécifiques. Ces changements sont pour lui des *phénomènes chimiques;* leurs causes, des *forces* ou *agents chimiques*, et les rapports constants entre ces causes et ces phénomènes, des *lois chimiques*. — Le principal caractère qui permette de distinguer les deux ordres de phénomènes consiste en ce que les modifications chimiques sont ordinairement permanentes et persistent quand les causes qui les ont fait naître cessent d'agir; les transformations physiques, au contraire, sont réversibles : le corps qui les a subies reprend son état primitif quand les circonstances extérieures (température, pression, etc.), dont les variations ont amené ces modifications, reviennent à leur état initial. Toutefois ce caractère n'a rien d'absolu; bien souvent, par exemple dans le cas de la dissociation chimique, il peut faire défaut, et il n'existe plus de différence essentielle entre les phénomènes chimiques et les phénomènes physiques.

Quelques exemples rendront plus aisé à saisir le sens qu'on doit attacher à ces mots « forces et phénomènes », soit physiques, soit chimiques. — 1° Une balle de plomb, abandonnée à elle-même à une certaine distance au-dessus du sol, obéit, en vertu de son inertie, à la force qu'on nomme *pesanteur* et qui l'attire vers le centre de la terre : elle tombe. C'est là un *phénomène physique*, puisqu'il n'a modifié en rien les propriétés spécifiques de la balle de plomb et qu'il l'a seulement déplacée. La pesanteur, qui a produit ce phénomène, est une *force physique*. Lors donc qu'on dit que l'intensité de cette force est directement proportionnelle à la masse et en raison inverse du carré des distances », on énonce une *loi physique*. — 2° Cette même balle de plomb, exposée à l'action d'une température de 350°, se transforme en une masse liquide. Ce changement d'état n'est pas permanent, car il disparaît quand la température s'abaisse de nouveau; c'est un simple *phénomène physique*, et la chaleur qui l'a produit a agi comme *agent physique*. Enfin, la même expérience ayant été faite sur d'autres substances fusibles, on a découvert la *loi physique* qui suit : « Tout corps fusible entre en fusion à une température déterminée, invariable pour chaque corps, lorsque la pression est constante. » — 3° Si l'on place dans un creuset de l'étain et du soufre, qu'on chauffe fortement le mélange, puis qu'on le laisse refroidir, on retrouve dans le creuset, après cette opération, au lieu du soufre et de l'étain qu'on y avait mis, un corps gris noirâtre, qui diffère à la fois, et par son aspect et par ses propriétés, des deux substances dont il est formé. Le soufre et l'étain, en vertu de leur *affinité réciproque* (force chimique), se sont *combinés* (phénomène chimique) et ont donné naissance à une nouvelle substance, le sulfure d'étain. — 4° Si dans l'appareil appelé *Eudiomètre* on introduit un volume déterminé de gaz ammoniac, lequel est doué d'une odeur forte et piquante, et qu'on y fasse passer une série d'étincelles électriques, on obtient un mélange d'azote et d'hydrogène, c.-à-d. de deux gaz inodores dont la combinaison a été détruite par l'électricité. Cette *décomposition* du gaz ammoniac en ses deux éléments par l'électricité est un *phénomène chimique*. L'électricité a donc agi comme *force* ou *agent chimique*. On observe dans cette expérience que le mélange de l'azote et de l'hydrogène occupe un espace double du volume du gaz ammoniac, circonstance conforme à la *loi chimique* d'après laquelle les gaz, en se combinant, ne donnent jamais naissance à un composé dont le volume soit plus considérable que la somme de leurs propres volumes. — En résumé, un *phénomène chimique* est toujours un phénomène de combinaison ou de décomposition entre deux ou plusieurs substances, et l'on peut, par conséquent, définir la c. « la science qui a pour objet l'étude des lois qui président à la formation et à la destruction des corps ».

II. Divisions de la Chimie. — La C., envisagée comme science pure, est appelée *C. théorique;* elle prend le nom de *C. appliquée* lorsqu'on l'étudie dans ses rapports avec les besoins de l'homme. La c. théorique se subdivise en *C. inorganique* ou *minérale*, lorsqu'elle s'occupe exclusivement des combinaisons que nous offre la nature minérale, et en *C. organique*, lorsqu'elle étudie les substances végétales et animales. Les subdivisions de la c. appliquée sont bien plus nombreuses et peuvent même se multiplier indéfiniment. Toutefois, la *C. médicale*, la *C. industrielle*, la *C. agricole*, constituent les trois principales sections de la c. appliquée. La c., considérée comme art, reçoit le nom de *C. pratique:* ce terme désigne donc l'ensemble des opérations techniques qu'il faut exécuter dans les travaux de laboratoire pour effectuer les compositions et les recompositions enseignées par la c. théorique. Enfin, la *C. générale* a pour objet de remonter aux principes de la science, de donner l'explication la plus générale des phénomènes chimiques et d'établir les lois qui y président. Considérant d'abord les corps tout formés, elle étudie les lois pondérales des combinaisons, la classification des corps simples ou composés, les relations générales entre les propriétés des corps et leur constitution chimique ou leur rang dans la classification; considérant ensuite l'acte même de la combinaison et de la décomposition, elle examine les conditions qui le déterminent et les phénomènes qui l'accompagnent, en particulier les phénomènes thermiques (*Thermochimie*); elle étudie à un point de vue général les actions chimiques produites par la lumière (*Photochimie*) et par l'électricité (*Électrochimie*); enfin, remontant aux causes qui déterminent les réactions, elle s'occupe des forces chimiques ou affinités, elle étudie l'antagonisme de ces forces (*Dissociation, Équilibres chimiques*), elle cherche à les déterminer et à les mesurer (*Théorie de l'affinité*); par là, elle tend à rentrer dans la mécanique (*Mécanique chimique*), ou plutôt elle vient se ranger à côté de la Mécanique et de la Physique pour former l'une des branches de la science de l'Énergie.

III. Méthode d'investigation de la Chimie. — La c. est, par excellence, une science expérimentale. Quoique le chimiste doive avoir recours, comme dans les autres sciences naturelles, à l'observation, au raisonnement et au calcul, il est nécessairement et sans cesse obligé d'*expérimenter*, c.-à-d. de produire artificiellement des phénomènes propres à contraindre les corps qu'il étudie à manifester toutes leurs propriétés, que la simple observation eût été totalement impuissante à les révéler. C'est donc seulement après avoir soumis successivement tous ces corps à l'influence des agents naturels, c'est après les avoir mis ensuite en présence les uns des autres en modifiant à l'infini les circonstances et les proportions selon lesquelles s'effectuent leurs mélanges, leurs combinaisons, leurs décompositions; c'est en consignant pendant plusieurs siècles les résultats de ces longs essais, que la c. est parvenue à déterminer la nature de la plupart des substances, leurs propriétés, leur espèce, la place qu'elles doivent occuper dans la série des éléments dont est formé ce grand tout que l'on nomme la Matière, et enfin à constater l'existence d'un certain nombre de *lois chimiques* selon lesquelles se forment ou se détruisent les myriades de combinaisons que les corps sont susceptibles de contracter les uns avec les autres. L'expérience est donc, en c., le moyen principal d'investigation : longtemps même elle a été le seul dont les chimistes aient su se servir; car lorsqu'on veut construire un édifice, il faut d'abord rassembler les matériaux indispensables. Cela fait, on peut les coordonner et faire prendre à chacun la place qu'il doit occuper dans l'ensemble. Aujourd'hui, cependant, grâce aux progrès rapides que la c. a faits depuis la fin du siècle dernier, le rôle de l'expérience est restreint dans des limites plus étroites, et les investigateurs modernes, pourvus déjà d'un immense répertoire de faits acquis, ont pu se livrer plus à loisir à la détermination spéculative des principes et des lois, et envisager la science d'un point de vue plus élevé et plus philosophique.

IV. Division des corps. — Nous avons vu que la c. a pour objet l'étude des *corps*, et que par ce mot les chimistes

entendent, non comme les physiciens, des portions limitées, ou, pour se servir d'une expression vulgaire, des *morceaux* de matière, mais des *espèces* de matière, douées de propriétés par lesquelles chacune d'elles se distingue des autres. Il importe donc, avant tout, de faire connaître les caractères essentiels de constitution et de propriétés qui peuvent servir à déterminer le genre ou l'espèce à laquelle un corps appartient, en un mot, à le spécifier. — Les corps, au point de vue de la c., se divisent d'abord en *corps simples* ou *élémentaires*, et en *corps composés*. On appelle *corps simples* ceux qu'aucun agent, aucune force n'a encore pu décomposer, et qui, de quelque manière qu'on les ait traités, n'ont jamais présenté qu'une seule espèce de matière, pouvant changer de forme et d'aspect, pouvant même, dans certains cas, se modifier dans quelques-unes de ses propriétés, mais conservant toujours, dans tous les cas, un ensemble de propriétés qui la distinguent nettement des autres espèces de matière, et constitue par là un véritable caractère spécifique. Les *corps composés*, au contraire, sont ceux qui sont formés par la combinaison de deux ou plusieurs corps simples. Soumis à l'action de l'électricité, de la chaleur, de la lumière ou de certains réactifs, ces corps se résolvent en leurs éléments constituants. Ceux-ci, à leur tour, mis en présence les uns des autres dans des proportions et dans des circonstances convenables, se combinent de nouveau pour régénérer la substance dont on les avait d'abord tirés. Le chlore, le soufre, le fer, l'argent, sont des corps simples; l'acide carbonique, l'eau, le sel marin, la craie, sont des corps composés.

A. *Corps simples.* — Les anciens admettaient quatre *éléments* : l'air, l'eau, la terre et le feu; mais il est probable que, dans leur pensée, le mot *élément* n'avait pas le sens que nous lui donnons aujourd'hui, et signifiait seulement quelque chose comme *matière première*, substance primitive capable de produire les autres substances. A ce point de vue, leur définition n'était pas aussi absurde qu'on l'a bien voulu dire. Maintenant que le mot *élément* est devenu, en c., synonyme de corps simple ou *non décomposé*, il n'est évidemment plus applicable ni à la terre, qui est un amas des corps les plus divers, ni au feu, qui n'est qu'un phénomène, ni à l'air qui est un mélange intime de deux gaz simples, ni à l'eau qui est une combinaison de l'un des deux gaz de l'air et d'un autre gaz également simple. Dans l'état actuel de la science, les corps réputés simples sont au nombre de plus de 70. Nous disons à dessein *réputés simples*, parce que, si ces corps n'ont pu jusqu'à présent être décomposés, rien n'autorise à affirmer qu'ils ne le seront pas quelque jour, comme cela est déjà arrivé pour quelques métaux qui, d'abord considérés comme simples, ont été dédoublés plus tard. Les chimistes partagent ces corps simples en deux classes, savoir : les *métaux* et les *métalloïdes*.

1° *Métaux.* — Tous sont opaques, doués d'un éclat particulier appelé *Éclat métallique*, bons conducteurs du calorique et de l'électricité. Aucun n'est gazeux, si même qu'on ne comprenne parmi les métaux l'*hydrogène*, qui présente, en effet, la plupart des caractères chimiques des métaux, s'il s'en éloigne par ses propriétés physiques. Un seul, le mercure, est liquide à la température ordinaire. Les uns sont incolores ou plutôt d'un blanc qui, en raison de l'éclat métallique, ne fait pas sur la vue la même impression que le blanc des substances vraiment incolores, comme la neige, par exemple. Les autres sont gris, jaunes ou rougeâtres. Tous sont fusibles, plus ou moins ductiles et malléables. Ils sont insolubles dans l'eau, dans l'alcool, dans l'éther, dans les huiles, et, en général, dans tous les liquides autres que les acides ou alcalis hydratés. Enfin (et c'est là le caractère le plus constant), parmi leurs combinaisons avec l'oxygène, il y en a toujours au moins une qui est un *oxyde basique* ou, en d'autres termes, une base *salifiable*, c.-à-d., un composé qui peut se combiner avec les acides pour déterminer la naissance à des *sels*. De plus, un métal, dans une combinaison, joue le plus souvent le rôle d'élément électro-positif.

2° *Métalloïdes.* — Parmi les métalloïdes, il en est qui jouissent de quelques-unes des propriétés physiques des métaux; mais aucun ne les possède toutes. Les uns sont gazeux, d'autres liquides, d'autres solides à la température ordinaire. Ils sont, en général, mauvais conducteurs du calorique et de l'électricité. Plusieurs sont solubles dans l'eau et dans d'autres liquides neutres. Leurs combinaisons avec l'oxygène sont, ou des acides, ou des *oxydes indifférents*. Ces derniers, dans certaines circonstances, jouent le rôle de bases, mais de bases très faibles, à l'égard des acides énergiques; néanmoins ils peuvent aussi, dans d'autres circonstances, se comporter comme des acides à l'égard des alcalis bien caractérisés. En dernier lieu, les métalloïdes, dans les combinaisons binaires qu'ils forment avec les métaux, jouent toujours, par rapport à ces derniers, le rôle d'éléments électro-négatifs. — Il n'y a, comme on le voit, rien d'absolu dans les caractères qui distinguent les métaux des métalloïdes. Aussi est-il assez difficile d'assigner à tel ou tel corps sa place dans l'une ou l'autre classe : l'arsenic et le silicium, par ex., ont été longtemps rangés parmi les métaux; aujourd'hui encore, l'antimoine est placé tantôt parmi les métalloïdes, tantôt parmi les métaux. — Dans ces vingt dernières années, des tentatives extrêmement remarquables ont été faites en vue d'arriver à une classification rationnelle des corps simples. Voy. ÉLÉMENTS.

B. *Corps composés.* — Parmi les corps composés, il importe de distinguer ceux qui sont produits par la *combinaison* de deux ou de plusieurs corps simples, d'avec ceux qui sont le résultat d'un simple *mélange* plus ou moins intime, soit de corps simples, soit de corps unis ensemble par combinaison proprement dite. (Il est bon de remarquer que, dans le langage des chimistes, le nom de composé est presque toujours pris dans le sens de composé chimiquement défini, c.-à-d. de combinaison.)

1° *Mélanges.* — Un mélange, quelque intime qu'on le suppose, n'est jamais qu'un phénomène purement mécanique. Les molécules des corps qui le composent ne peuvent être considérées que comme juxtaposées. Chacune d'elles conserve tous les caractères et toutes les propriétés du corps auquel elle appartenait. Dans la plupart des cas, une simple action mécanique suffit pour séparer les uns des autres les corps mélangés. Ajoutons que les mélanges peuvent se faire en toutes proportions, et qu'ils ne s'accompagnent pas des phénomènes thermiques, électriques et autres qu'on observe au moment où se forme une combinaison.

2° *Combinaisons.* — Une combinaison est l'effet d'une action chimique des corps simples les uns sur les autres. Ainsi que nous l'avons dit déjà, les corps *combinés* perdent les propriétés qui les caractérisaient, et donnent naissance à un nouveau corps parfaitement homogène et doué de nouvelles propriétés qui le caractérisent à son tour et le différencient de tous les autres corps. De plus, les combinaisons ont lieu dans des proportions déterminées et invariables pour les mêmes corps, et dans les mêmes circonstances. Enfin, elles s'accompagnent toujours de certains phénomènes physiques, tels que dégagement ou absorption de chaleur, dégagement de lumière ou d'électricité, etc. — Les combinaisons dont la formation développe de la chaleur sont dites *exothermiques*; celles qui se font avec absorption de chaleur sont appelées *endothermiques*. Ces dernières sont généralement *instables*, c.-à-d. faciles à décomposer; les premières, au contraire, sont *stables*, et la température n'est pas très élevée.

Dans une combinaison, chacune des *molécules* ou particules mécaniquement indivisibles contient une certaine quantité de chacun des corps composants, ou parties plus petites, qu'on ne peut extraire de la molécule que par des actions chimiques, sont appelées *atomes* : ce sont les plus petites particules qui puissent entrer en combinaison. — On a donné le nom de *combinaisons moléculaires* à certains composés peu stables, où les propriétés chimiques des composants ne sont pas sensiblement modifiées; on suppose qu'elles sont constituées par la juxtaposition de molécules liées ensemble par une attraction plus faible que celle qui s'exerce entre les atomes. Ainsi beaucoup de sels hydratés sont combinés en proportions définies avec de l'eau (eau de cristallisation), qu'ils perdent facilement, soit à 100°, soit dans le vide ou même dans l'air sec à la température ordinaire. Dans ces hydrates, les propriétés physiques du corps hydraté peuvent être profondément modifiées; mais ses propriétés chimiques ne sont pas altérées. De pareils composés forment comme la transition entre les combinaisons ordinaires et les dissolutions.

3° *Dissolutions.* — Le terme de *Dissolution* désigne, en c., le phénomène de l'absorption d'un corps solide, liquide ou gazeux, dans un liquide qui prend alors le nom de *Dissolvant*, de *Véhicule* ou de *Menstrue*. Le même mot désigne aussi le résultat de cette absorption; toutefois on emploie de préférence, et plus correctement, celui de *Solution*. Une dissolution, celle par ex. du sel marin dans l'eau, ne saurait être assimilée à un phénomène purement mécanique, puisqu'une action mécanique serait impuissante à produire le même résultat, et qu'un corps tel que la craie même, réduite en poudre impalpable et agitée dans l'eau, ne s'y mélangerait jamais que momentanément, et s'en séparerait, en vertu de sa pesanteur spécifique, dès que l'agitation cesserait; tandis qu'un gros cristal de sel marin, plongé dans un vase d'eau, y disparaît

entièrement, en sorte qu'on ne reconnaît plus sa présence qu'à l'accroissement de densité du liquide et aux propriétés qu'il lui a communiquées. En outre, si tel corps donné est soluble en *toutes proportions* dans tel ou tel liquide, il est tel autre liquide dans lequel il ne peut se dissoudre qu'en certaine quantité déterminée, et tel autre encore dans lequel il ne se dissout point du tout. Les liquides eux-mêmes se comportent d'une manière très inégale les uns à l'égard des autres. Ainsi, tandis que l'huile et les graisses sont tout à fait insolubles dans l'eau, elles sont plus ou moins solubles dans l'alcool et dans l'éther. L'alcool lui-même est très soluble dans l'eau, et l'éther ne l'est point. Les gaz, de leur côté, sont très inégalement solubles dans les différents liquides. On observe donc, dans les phénomènes de dissolution, ces rapports constants de *sympathie*, d'*antipathie* et de *préférence*, s'il est permis de s'exprimer ainsi, qui se remarquent dans les phénomènes d'affinité; enfin, les premiers sont souvent, ainsi que les seconds, accompagnés de variations dans la température et le volume des corps composants, et même d'un dégagement plus ou moins sensible d'électricité. Sous tous ces rapports, on le voit, la dissolution se rapproche beaucoup de la combinaison chimique. D'autre part, lorsqu'un corps est *seulement* dissous dans un liquide, il conserve intactes toutes ses propriétés chimiques; mais ce caractère, qui rapprocherait la dissolution d'un simple mélange, appartient aussi aux combinaisons dites moléculaires, dont il a été question plus haut. On voit donc que la dissolution pourrait être regardée comme une combinaison moléculaire en proportions indéfinies, tandis que les combinaisons ordinaires suivent la loi des proportions multiples. Remarquons encore que, dans une solution, on peut très souvent démontrer l'existence de plusieurs composés chimiquement définis; une dissolution aqueuse, par ex., contient ordinairement plusieurs hydrates qui peuvent s'y former en quantités très variables suivant la température ou le degré de concentration. On est ainsi amené à penser que, du moins dans certains cas, une dissolution ne serait qu'un mélange complexe de nombreuses combinaisons moléculaires formées en proportions définies par le dissolvant et le corps dissous; on rentrerait ainsi dans le cas général de la loi des proportions multiples. — Les propriétés des solutions ont été soumises, dans ces dernières années, à une étude très approfondie, qui a conduit à des résultats de la plus haute importance. Voy. DISSOLUTION.

Un phénomène très analogue à la dissolution est celui de l'absorption des gaz par certains solides tels que le platine, le charbon, les corps poreux. Quant à la dissolution des métaux dans les acides, c'est une combinaison proprement dite suivie de la dissolution du sel formé. On dit par ex. que le zinc se dissout dans l'acide sulfurique; en réalité le zinc ne se dissout pas, il se combine à l'acide, et c'est le sulfate de zinc ainsi formé qui entre en dissolution.

4° *Division des corps composés.* — Nous ne considérerons ici comme corps composés proprement dits que ceux qui résultent de la *combinaison*, en proportions définies, de deux ou plusieurs corps simples. Selon le nombre de ces derniers, qui est renfermé dans un corps composé, celui-ci est appelé composé *binaire*, *ternaire*, *quaternaire*, etc. Les corps composés se divisent, d'ailleurs, en trois grandes classes, savoir : les corps *acides*, les corps *basiques* et les corps *neutres*. Nous n'avons pas à revenir ici sur ce qui concerne les acides tant minéraux qu'organiques, les oxydes, les bases, les alcalis, les *alcaloïdes* ou *alcali organiques*, et enfin les *sels*. Nous renvoyons aux articles spéciaux dont ces différents composés sont l'objet. Quant aux corps neutres, à peine est-il besoin de dire qu'on appelle ainsi ceux qui n'ont ni les caractères des acides, ni ceux des bases, et qui ne sont point susceptibles de concourir à la formation des sels. En résumé, les corps simples, métalliques ou métalloïdes, d'une part; d'autre part, les oxydes, les bases, les acides, les sels et un certain nombre de composés neutres formés par l'union de deux, trois ou quatre corps simples : telles sont les substances dont l'étude constitue l'objet de la c. *minérale* ou *inorganique*. — Celui de la c. *organique* est infiniment plus complexe. En exposant les règles de la nomenclature chimique, nous indiquerons les principales classes de composés organiques.

V. **De l'affinité et des causes qui la modifient.** — On admet que les dernières particules des corps sont maintenues par deux forces attractives, qu'on désigne habituellement sous les noms de *Cohésion* et d'*Affinité*, la première s'exerçant entre les molécules des corps simples ou composés, la seconde entre les atomes qui constituent ces molécules. Voy. FORCE, COHÉSION et AFFINITÉ. La première est une *force physique*, la seconde est une *force chimique*. Nous avons ici à considérer les causes qui modifient cette dernière, c.-à-d. qui interviennent pour favoriser, contrarier ou détruire les effets de l'affinité, soit dans les phénomènes de décomposition, soit dans ceux de combinaison.

1° *État physique des corps*. — Toutes choses égales d'ailleurs, l'*Affinité*, c.-à-d. l'attraction spéciale qui agit sur les corps considérés au point de vue chimique, agit inégalement selon les espèces de corps mis en présence. Cette inégalité est telle qu'on ne pourrait citer deux corps dont les affinités pour un troisième soient capables de se balancer exactement. Si, par ex., on chauffe graduellement, dans un ballon, un mélange en parties égales de sulfure de mercure (cinabre) et de limaille de fer, le mercure devient libre et se volatilise, tandis que le fer et le soufre se combinent pour former du sulfure de fer. Ce dernier métal a donc pour le soufre plus d'affinité que le premier. Dans les cas semblables à celui-ci, l'affinité est dite *élective*, parce que les corps semblent *choisir* ceux avec lesquels ils ont le plus de tendance à se combiner. Mais en dehors de cette préférence permanente de certains corps les uns à l'égard des autres, il se manifeste des différences accidentelles très grandes dans l'énergie de l'affinité, selon les circonstances dans lesquelles les corps sont mis en présence, particulièrement selon leur état physique. C'est ainsi que l'affinité n'agit pas en général entre deux corps solides, même très divisés. Du fer et du soufre, par ex., réduits en poudre aussi fine et mélangés aussi intimement qu'on le veuille supposer, ne se combineront jamais si l'on ne fait intervenir la chaleur, qui, en faisant passer le soufre à l'état liquide, donne aussitôt lieu à une action chimique de ce métalloïde sur le métal avec lequel il se trouve en contact. Cependant certains corps solides peuvent se combiner entre eux lorsqu'on soumet le mélange à une pression considérable. Un liquide qui a de l'affinité pour un corps solide se combine aisément avec lui par le simple contact. Si l'affinité est faible, la combinaison n'aura lieu que grâce à une température plus ou moins élevée, ou à quelque autre circonstance favorable. C'est ce qu'il est facile de vérifier en étudiant l'action des acides énergiques, tels que l'acide azotique, sur les métaux. Quant aux gaz, ils s'unissent sans peine aux liquides qu'ils traversent; mais le plus souvent ils sont sans action directe sur les corps solides, et ne peuvent s'y combiner que par l'intermédiaire d'un liquide (ordinairement l'eau), ou d'une élévation de température. Ainsi, par ex., le fer ne s'altère pas à l'air *sec*; il s'oxyde lentement à l'air *humide* ou dans l'eau *aérée*, c.-à-d. tenant en dissolution de l'air et, par conséquent, de l'oxygène. Dans un flacon plein d'oxygène sec, un fil de fer ou d'acier brûle littéralement avec une vive incandescence; mais pour cela il faut qu'on ait fixé préalablement à l'une de ses extrémités un morceau d'amadou allumé. Il est peu de gaz dont la combinaison s'opère spontanément par le simple contact. Tel est pourtant le cas du gaz ammoniac et du gaz acide chlorhydrique; mais en général l'action chimique a besoin d'être déterminée, soit par l'approche d'un corps en ignition, soit par une étincelle électrique traversant le mélange, soit par l'influence des rayons solaires.

2° *État chimique des corps*. — L'exemple que nous venons de citer, le fer arrachant, pour ainsi dire, le soufre à sa combinaison avec le mercure, pour se combiner lui-même avec le premier de ces corps, nous montre que l'affinité peut s'exercer entre deux corps, bien que l'un des deux soit déjà engagé dans une combinaison. Elle s'exerce souvent aussi entre deux corps respectivement combinés avec d'autres. De là les phénomènes de *double décomposition* et de *substitution*. Si l'on met une lame de fer dans une solution de sulfate de cuivre, le fer déplace le cuivre et forme du sulfate de fer qui reste en dissolution, tandis que le cuivre mis en liberté se dépose. Quand on dirige un courant de chlore dans une solution d'iodure de potassium, le chlore forme du chlorure de potassium en prenant la place de l'iode, qui est mis en liberté. Ce sont là des phénomènes de *substitution*. Nous en verrons d'autres exemples quand nous considérerons le phénomène de l'isomorphisme. Voy. CRISTALLOGRAPHIE. Quant au phénomène de la *double décomposition*, qui pourrait aussi s'appeler *double substitution*, il s'observe surtout quand on met certains sels en contact deux à deux, soit par la voie sèche, soit par la voie humide; mais il sera étudié d'une façon spéciale quand nous exposerons les lois de Berthollet. Voy. SEL. — On a remarqué qu'un corps à l'*état naissant*, c.-à-d. au moment où, par une cause quelconque, il se trouve expulsé d'une combinaison, est en général dans des conditions plus favorables pour s'unir à un autre corps. C'est ainsi, par exemple, que le chlore et l'oxygène, qui ne se combinent

point quand on les met directement en contact, s'unissent aussitôt quand l'un d'eux est mis à l'état naissant en présence de l'autre.

3° *Chaleur*. — Cet agent joue un rôle immense dans les phénomènes chimiques, en raison même des changements d'état qu'il produit dans les corps, changements qui, ainsi que nous venons de le voir, influent d'une manière décisive sur la formation, le maintien ou la destruction de leurs combinaisons. En général, deux corps ne se combinent qu'au-dessus d'une température déterminée appelée *température de réaction*. Ainsi pour que les gaz hydrogène et oxygène se combinent en donnant de l'eau, il faut que la température soit portée à près de 500°, au moins en un point du mélange. Les expériences récentes de R. Pictet ont montré que, vers 100° au-dessous de zéro, aucune action chimique ne se manifeste plus, même entre les corps qui réagissent avec la plus grande énergie aux températures ordinaires. Une élévation de température est donc souvent nécessaire pour déterminer les combinaisons; elle les favorise en diminuant la cohésion et en augmentant la mobilité des molécules. Mais, lorsque la température s'élève suffisamment, les combinaisons les plus stables finissent par être décomposées. Ainsi, quand on chauffe doucement du mercure au contact de l'oxygène, ce métal absorbe le gaz, et se change en oxyde; mais cet oxyde, à son tour, soumis à l'action d'une chaleur intense, se décompose : alors l'oxygène redevient libre et se dégage, et le mercure repasse à l'état métallique. Certaines combinaisons paraissent, au premier abord, résister à l'action de la chaleur et on les regardait autrefois comme indécomposables par cet agent. En réalité, elles se décomposent à une haute température; mais, pendant le refroidissement les éléments se combinent de nouveau en reformant le composé primitif. Voy. DISSOCIATION. — Les composés endothermiques se comportent tout autrement sous l'influence de la chaleur. Une faible élévation de température suffit ordinairement pour les décomposer. Aux hautes températures, au contraire, on constate souvent la production de ces corps qui sont si instables dans les conditions ordinaires; ils semblent alors acquérir d'autant plus de stabilité qu'ils sont plus fortement chauffés; mais par le refroidissement, ils se décomposent de nouveau. Ainsi l'oxyde d'argent, qui se décompose à 100°, se forme de nouveau à 1400°; il en est de même de l'ozone. — Dans les cas d'équilibre chimique, l'abaissement de la température favorise les réactions exothermiques; l'élévation de la température amène les réactions endothermiques.

4° *Électricité*. — L'électricité joue un rôle de la plus haute importance dans les phénomènes chimiques; on peut même dire qu'il ne s'accomplit pas un seul de ces phénomènes sans que ce mystérieux agent n'intervienne. On sait que, dans l'état actuel de la science, les physiciens admettent deux modes, c.-à-d. deux sortes de manifestations de l'électricité, l'électricité *statique* et l'électricité *dynamique*. L'électricité dynamique est un des plus puissants agents de décomposition que l'on connaisse. Sous l'influence du courant électrique, les acides, les bases, les sels, sont décomposés; leurs éléments électronégatifs se portent vers le pôle positif; les éléments électropositifs vers le pôle négatif; c'est ainsi que Davy a réussi à isoler le sodium, le potassium, etc., dont les oxydes avaient toujours été considérés comme irréductibles. L'électrolyse de certaines combinaisons organiques peut donner naissance à un grand nombre de composés. Quant à l'électricité *statique*, ses effets sont variables suivant la nature des décharges. L'étincelle électrique agit surtout par sa haute température : ainsi, elle produit l'inflammation d'un mélange d'hydrogène et d'oxygène; elle décompose le gaz ammoniac en ses éléments et dissocie un grand nombre de composés; souvent elle détermine des combinaisons et des transformations allotropiques. Ses effets sont alors comparables à ceux d'un échauffement considérable suivi d'un brusque refroidissement. L'action propre de l'électricité se manifeste surtout dans l'*effluve* ou décharge obscure; l'énergie électrique se transforme alors en énergie chimique et détermine des réactions qui ne se produiraient pas directement, par ex. la transformation de l'oxygène en ozone, la combinaison de l'azote avec un grand nombre de substances organiques, etc.

5° *Lumière*. — Les rayons solaires, ou certaines lumières artificielles, riches en radiations chimiques, peuvent provoquer un grand nombre de combinaisons. Ainsi, les gaz hydrogène et chlore mélangés ne se combinent point à froid, tant qu'ils demeurent dans l'obscurité; mais si l'on expose à la lumière solaire le flacon de verre qui les contient, leur combinaison s'opère aussitôt avec une explosion violente. C'est également sous l'influence de la lumière que la chlorophylle des plantes décompose l'acide carbonique de l'air. Enfin, l'art de la photographie est tout entier fondé sur l'observation des phénomènes chimiques que détermine l'action des rayons lumineux.

6° *Pression.* — Quand la décomposition d'une substance engendre des produits gazeux, ceux-ci en s'accumulant dans un espace fermé exercent une pression croissante qui finit par arrêter la réaction. L'oxydation du phosphore dans l'oxygène pur, la combustion d'un mélange d'oxygène et de silicium d'hydrogène, et quelques autres combinaisons ne se produisent à la température ordinaire que si l'on abaisse la pression. Souvent, au contraire, la combinaison de deux corps volatils ne s'effectue que si on les chauffe en vase clos, de manière à les réduire en vapeur sous une forte pression. Une pression considérable peut même provoquer la combinaison de certains corps à l'état solide. — Dans les systèmes en équilibre chimique, une augmentation de pression détermine généralement une réaction qui, si elle était produite sous pression constante, serait accompagnée d'une diminution de volume; un abaissement de pression détermine, au contraire, une réaction capable de produire une dilatation.

7° *Masse.* — Dans certains cas, par ex., dans la dissociation des composés gazeux ou dans les réactions qui s'effectuent entre des corps dissous, la transformation chimique peut être influencée par la *concentration* de l'un des corps, c.-à-d. par la masse de ce corps contenue dans chaque unité de volume du mélange. C'est ce qu'on appelle l'*action de masse.*

8° *Actions mécaniques.* — On sait que la plupart des corps explosifs se décomposent par un choc brusque, souvent même par le frottement ou sous l'influence de vibrations. Les mêmes causes peuvent aussi provoquer des combinaisons, par ex., la combustion du phosphore à l'air, etc. Les effets obtenus sont dus généralement à la chaleur dégagée par ces actions mécaniques.

9° *Corps poreux.* — Les substances poreuses favorisent souvent la combinaison des gaz; cet effet provient généralement de la condensation des gaz dans les pores de la substance, condensation qui a lieu avec dégagement de chaleur. Ainsi, le platine très divisé (*mousse* ou *noir de platine*) détermine l'inflammation d'un mélange d'oxygène et d'hydrogène, l'oxydation directe du gaz sulfureux, etc. Dans quelques cas, les corps poreux chargés de gaz provoquent la décomposition brusque de substances très instables, telles que l'eau oxygénée, en y introduisant une atmosphère gazeuse qui accélère la décomposition.

10° *Action de présence.* — Certaines substances semblent déterminer, par le seul fait de leur présence, des combinaisons ou des décompositions chimiques. Les effets de ce genre peuvent être produits par des causes très différentes. Voy. CATALYSE.

De tout ce qui précède, il semble résulter que les causes qui influent sur les transformations chimiques sont aussi nombreuses que variées; quelquefois même elles paraissent produire des effets contradictoires; c'est ainsi que la chaleur et l'étincelle électrique peuvent, suivant les circonstances, déterminer une combinaison ou la décomposition inverse. Mais il y a lieu de distinguer entre les causes occasionnelles qui rendent possible une réaction et celles qui influent directement sur cette réaction, une fois qu'elle est commencée. Nous voyons très souvent des corps ou des systèmes de corps susceptibles de réagir mutuellement avec une grande énergie et qui néanmoins restent en repos dans les circonstances ordinaires; cela nous conduit à admettre l'existence de liaisons intérieures, de résistances passives, qui empêchent ou retardent le libre jeu des affinités, et qui sont analogues aux forces passives, aux liaisons, aux frottements qu'on rencontre dans la mécanique. Pour mettre les corps en état de réagir, il faut vaincre ces résistances par un travail préliminaire, et ce travail peut être effectué par les agents les plus divers : chaleur, lumière, électricité, choc, etc. Une fois que ces résistances sont vaincues, les causes qui peuvent influer sur la marche et le résultat d'une transformation chimique sont nombreuses : les seules que nous connaissions actuellement sont les variations de température, de pression et d'état électrique; c'est particulièrement dans les équilibres chimiques que nous pouvons étudier leur action. Voy. ÉQUILIBRE.

VI. Nomenclature chimique — Toute science a besoin, pour se développer et se propager, d'un langage qui lui soit propre, et dont les règles aient pour base les principes mêmes sur lesquels cette science repose. Cette sorte de grammaire ne peut évidemment être faite que lorsque la science est déjà parvenue à un certain degré d'avancement, lorsqu'elle est en possession d'un certain nombre de notions générales pouvant servir de point de départ à la formation d'un système quelconque. Si ces notions sont exactes, le système de la langue destinée à les exprimer pourra embrasser les faits nouveaux, les découvertes ultérieures de la science; si, au contraire, les principes qui ont servi de fondement à cette langue sont erronés ou incomplets, un moment viendra où il faudra créer un nouveau langage, ou seulement modifier celui qui est en vigueur : c'est précisément ce dernier cas qui s'est présenté pour la c. moderne. Avant que cette étude eût fait assez de progrès pour prendre rang parmi les sciences, elle n'avait pas de langue propre; car on ne peut donner ce nom aux termes énigmatiques par lesquels les adeptes de l'alchimie dénommaient les corps et désignaient leurs opérations. L'apparition du premier essai de systématisation des connaissances chimiques, la théorie du *phlogistique*, donna lieu à une première tentative pour régulariser la langue de la c. Bientôt après, la découverte de l'oxygène et la belle théorie de la combustion opérèrent une nouvelle révolution qui eut pour résultat l'avènement d'un nouveau système, basé sur des observations exactes, mais trop absolu, et qu'on eut le tort de croire complet et immuable. Les chimistes jugèrent alors le moment venu de créer définitivement le langage, ou, si mieux on aime, la grammaire chimique. Ce fut en 1787 que les chimistes français Lavoisier, Guyton-Morveau, Fourcroy et Berthollet jetèrent les bases de la nomenclature actuelle.

A. *Nomenclature des corps simples.* — Aujourd'hui on est généralement d'accord que les noms les plus insignifiants sont ceux qui conviennent le mieux pour désigner les corps simples. Il faut aussi éviter l'emploi des noms longs, parce qu'ils se prêtent difficilement à la formation des mots composés. On a reproché très vivement aux créateurs de la nomenclature, et à quelques chimistes plus modernes, d'avoir donné à certains corps des noms tirés de quelqu'une de leurs propriétés. Ce procédé avait l'avantage d'aider un peu la mémoire, mais il avait l'inconvénient de faire attacher à ces dénominations des idées trop absolues. C'est ainsi que le terme d'*oxygène* (dérivé du grec ὀξύς, acide, et γεννάω (engendre), donné à l'un des deux gaz qui constituent l'atmosphère, porte assez naturellement à supposer qu'il est le seul corps qui jouisse de la faculté de produire des composés acides, tandis qu'au contraire la *fonction acide* est caractérisée par la présence, dans la molécule acide, d'un ou plusieurs atomes d'*hydrogène* pouvant être remplacés par un métal ou un radical; de sorte que le nom d'*oxygène* appartiendrait beaucoup plus convenablement au gaz que Lavoisier a nommé *hydrogène*. Le nom d'*azote* (du gr. ἀ privatif, et ζωή vie), donné à l'autre gaz de l'atmosphère, peut également faire croire qu'il est le seul gaz impropre à la respiration, etc.

B. *Nomenclature des corps composés.* — Rappelons d'abord quelques principes d'électrochimie. Lorsque deux corps se combinent, il y a toujours production d'électricité; l'un des deux prend l'électricité positive et l'on dit qu'il est électronégatif; l'autre qui se charge d'électricité négative est dit électropositif. On peut ranger tous les éléments suivant une série où chaque terme est positif par rapport à ceux qui le suivent, et négatif vis-à-vis de ceux qui le précèdent. Réciproquement, lorsqu'une combinaison est décomposée par le courant électrique, les éléments positifs vont au pôle négatif; les autres au pôle positif. Cela établi, on est convenu, dans les termes qui servent à désigner les composés minéraux, de placer toujours en premier le nom du corps le plus électronégatif, celui-ci déterminant ainsi le *genre*, tandis que le nom du corps le plus électropositif définit l'*espèce*. Si parfois on s'écarte de cette règle, c'est que notre langue se prête en général difficilement à la formation des mots complexes.

1° *Nomenclature des acides.* — Les acides se divisent en plusieurs groupes, dont le principal est celui des acides formés par la combinaison de l'oxygène avec un autre corps simple, métalloïde ou métallique, et appelés pour cette raison *Oxacides*. Lorsqu'avec un radical donné, l'oxygène n'engendre qu'un seul composé de ce genre, il suffit, pour le nommer, d'énoncer d'abord le nom collectif *acide*, auquel on ajoute un adjectif formé du nom du radical et de la terminaison *ique*. L'oxygène, par ex., ne donne naissance, avec le bore, qu'à un seul composé acide connu : on l'appellera *Acide borique*. Si le radical donne avec l'oxygène deux combinaisons acides, on conserve la terminaison *ique* au composé le plus oxygéné, tandis qu'on attribue au moins oxygéné la terminaison *eux*. On crut d'abord que ces deux terminaisons suffiraient aux besoins de la nomenclature pour les acides; mais on ne tarda pas à découvrir que lorsqu'un même radical formait avec l'oxygène deux composés acides, il en donnait presque toujours trois, et même quatre. On décida alors que, s'il y avait quatre acides, le nom du plus oxygéné conserverait toujours la désinence en *ique*, celui du degré immédiatement inférieur aurait la même désinence, mais qu'on ajouterait devant le nom la préposition grecque *hypo* (sous); que celui de l'acide suivant aurait simplement la terminaison *eux*; qu'enfin l'acide le moins oxygéné prendrait, avec cette même syllabe finale, la préposition *hypo*, déjà appliquée au second. On connaissait quatre composés acides d'oxygène et de soufre; on les désigna, savoir : le moins oxygéné, par le nom d'*acide hyposulfureux*; celui d'un degré d'oxydation immédiatement supérieur, par celui d'*acide sulfureux*; le troisième fut appelé *acide hyposulfurique*, et le quatrième retint le nom d'*acide sulfurique*. Mais on n'était pas au bout des difficultés : car on a découvert quatre autres oxacides du soufre qui forment, avec leurs aînés, un total de huit acides engendrés par l'oxygène avec un seul radical. Il est évident que la méthode en vigueur ne pouvait fournir des termes convenables pour dénommer et classer rationnellement ces sept acides. Pour ne pas la refaire de fond en comble, on a conservé les noms des acides les plus anciennement connus : *acides hyposulfureux, sulfureux et sulfurique*; les autres, à cause des analogies qu'ils présentent entre eux, ont été rangés dans une nouvelle série appelée thionique; ce sont les acides di-, tri-, tetra- et penta-thionique (l'acide dithionique est identique avec l'acide hyposulfurique); enfin, un huitième composé a reçu le nom d'*acide hydrosulfureux*. Une addition moins considérable et plus conforme à l'esprit du système a été faite à la nomenclature à propos des oxacides du chlore. On en connaissait d'abord quatre, qui reçurent les appellations normales d'acides *hypochloreux, chloreux, hypochlorique* et *chlorique*. On en a découvert plus tard un cinquième, qui s'est trouvé plus oxygéné que l'acide chlorique. On a composé son nom de celui de ce dernier en y ajoutant la préposition grecque *hyper* (au-dessus), ou son synonyme latin *per*. Ainsi on l'appelle, à volonté, acide *hyperchlorique* ou acide *perchlorique*. La règle générale pour la nomenclature des oxacides s'applique donc seulement au cas où le radical donné ne forme pas avec l'oxygène plus de cinq combinaisons.

Plusieurs métalloïdes, tels que le chlore, le soufre, le fluor peuvent, en s'unissant à des radicaux autres que l'oxygène, donner naissance à des acides. De là, les noms génériques de *chloracide* et de *sulfacide*. Souvent on donne à ces composés les mêmes noms qu'aux acides oxygénés correspondants, en y joignant les préfixes *chloro, sulfo, fluo*. Exemples : acide sulfocarbonique, acide fluosilicique. — Les composés acides que forment les métalloïdes en s'unissant à l'hydrogène ont été réunis sous le nom d'*hydracides*. On leur donne la désinence *hydrique*. Exemples : acides chlorhydrique, iodhydrique, sulfhydrique, etc.

Il faut remarquer que, suivant les idées admises aujourd'hui, les acides proprement dits contiennent toujours de l'hydrogène, qui fait place à un métal quand l'acide se transforme en un sel. Mais la plupart des oxacides peuvent perdre cet hydrogène en se déshydratant; les composés ainsi formés présentent d'assez grandes différences avec les acides dont ils proviennent : par exemple, ils ne peuvent plus donner de sels avec le gaz ammoniac ou les bases analogues. On les appelle *acides anhydres* ou *anhydrides*; leur nomenclature suit les mêmes règles que celle des acides proprement dits; ainsi l'on dit l'*anhydride sulfureux*, l'*anhydride sulfurique*, ou encore l'*acide sulfurique anhydre*, etc.

2° *Nomenclature des oxydes.* — Les oxydés des composés binaires neutres ou basiques résultent de la combinaison de l'oxygène avec un autre corps simple, métal ou métalloïde. Ces combinaisons peuvent avoir lieu en une ou plusieurs proportions. Lorsqu'un corps simple ne se combine avec l'oxygène qu'en une seule proportion, on nomme le composé ainsi formé en faisant suivre le mot *oxyde* du nom du corps simple précédé de la préposition *de*. Ainsi le composé binaire neutre fourni par le carbone à son premier degré d'oxydation, s'appelle *oxyde de carbone* (au second degré d'oxydation, le carbone fournit un acide, l'*acide carbonique*). Mais le plus souvent, il en est des oxydes comme des acides, c.-à-d. qu'un même corps simple en forme plusieurs en se combinant avec l'oxygène en diverses proportions. On distingue alors ces oxydes les uns des autres en ajoutant devant leur nom les particules *proto, sesqui, bi* ou *deuto, tri*, etc., qui indiquent les quantités relatives d'oxygène (1, 3/2, 3, etc.) que contient l'oxyde. Ainsi, par ex., le manganèse forme avec l'oxygène trois combinaisons non acides, dans lesquelles la quantité de manganèse restant constante, les proportions d'oxygène sont

entre elles comme 1, 1 1/2 et 2. Ces combinaisons s'appellent donc *protoxyde, sesquioxyde* et *bioxyde de manganèse*; mais si l'on en découvrait une quatrième dans laquelle la proportion d'oxygène fût représentée par le nombre 3, ou la nommerait *tritoxyde de manganèse*. — Dans tous les cas, et quelle que soit la proportion d'oxygène, l'oxyde le plus oxygéné peut toujours être appelé *peroxyde*. Ainsi, actuellement, on dit souvent *peroxyde* de manganèse, au lieu de *bioxyde* de manganèse.

Quelques auteurs, à l'exemple des chimistes allemands, préfèrent appliquer aux oxydes les désinences et les prépositions en usage pour les acides. En conséquence, au lieu de protoxyde, sesquioxyde et bioxyde ou peroxyde de manganèse, ils disent *oxyde manganeux, oxyde manganique* et *oxyde permanganique*. Ces dénominations présentent les inconvénients que nous avons signalés en parlant des acides.

Enfin, il convient de remarquer qu'un certain nombre d'oxydes métalliques ont conservé les noms simples qu'ils avaient autrefois, avant qu'on les eût décomposés en leurs éléments. Ainsi l'on dit : *Silice, Alumine, Chaux, Soude, Potasse, Magnésie, Baryte*, etc., au lieu de : *oxyde de silicium, ox. d'aluminium, ox. de calcium, ox. de sodium, ox. de potassium*, etc.

3° *Nomenclature des sels.* — Les sels proprement dits, résultant de la combinaison d'un acide avec une base, doivent être désignés de manière à faire connaître la nature de l'un et de l'autre de ces deux générateurs, ainsi que les proportions suivant lesquelles a eu lieu la combinaison. Leurs noms se forment donc d'après une règle fort simple, de telle sorte que le nom de l'acide détermine le genre, et celui de la base l'espèce. Si le premier a la terminaison *ique*, on change cette désinence en *ate*; si elle est en *eux*, on la change en *ite*, le nom de la base restant invariable. Ainsi le sel produit par la combinaison de l'*acide azotique* avec l'*oxyde de potassium* ou potasse s'appellera *azotate de potasse*; celui auquel l'*acide sulfureux* donne naissance, en s'unissant au *protoxyde de manganèse* ou *oxyde manganeux*, s'appellera *sulfite de protoxyde de manganèse*, ou simplement *sulfite manganeux*. Habituellement on se contente de nommer le métal dont l'oxyde entre dans la composition du sel, sans ajouter le mot *oxyde* ou *protoxyde*, etc. : on dit du *sulfate de fer*, de l'*azotate de cuivre*, du *carbonate de plomb*, etc.; on dit de même du *sulfate de potassium*, de *sodium*, de *calcium*. Quand un acide se forme avec une base en telle ou telle proportion, le sel est *neutre*, parce qu'en général, dans ce cas, l'acide et la base se saturent exactement de manière à ne plus manifester ni propriété acide, ni propriété alcaline. Mais quand l'acide et la base peuvent se combiner en diverses proportions, un seul des sels formés est dit neutre; les autres sont appelés *sels acides* ou *sels basiques*, suivant que la base n'est pas qu'incomplètement saturée par l'acide ou que celui-ci est en excès sur la base. Les sels basiques sont encore appelés *sous-sels*. Les proportions relatives de l'acide et de la base se représentent par les préfixes *proto, sesqui, bi*, etc. Ainsi l'on dit du *protocarbonate* ou simplement du *carbonate de soude*, du *sesquicarbonate de soude*, du *bicarbonate de soude*, du *sulfate neutre de potasse*, et du *bisulfate* ou du *sulfate acide de potasse*. On emploie encore, pour désigner les sous-sels, les sesquibasique, bibasique, tribasique, etc. — Quelquefois, un acide se combine à la fois avec deux bases, ou bien, ce qui revient au même, deux sels formés par un même acide avec deux bases différentes, se combinent ensemble. Les sels de ce genre sont appelés *sels doubles*. Tels sont les *Aluns*, qui sont un *sulfate double d'alumine et de potasse*, ou *d'alumine et d'ammoniaque*, ou *d'alumine et de soude*.

Nous avons vu plus haut que l'eau (*protoxyde d'hydrogène*) se comporte comme un acide faible avec les bases énergiques. Elle peut donner naissance à un genre de sels qu'on a désignés sous le nom d'*Hydrates*. Ainsi il y a des *hydrates de soude, de chaux, d'oxydes de fer*, etc., qu'on appelle plus communément aujourd'hui : *hydrates de sodium, de calcium; hydrates ferreux et ferrique*, etc.

Plusieurs combinaisons binaires des métalloïdes avec les métaux présentent à un haut degré des propriétés qui caractérisent les sels proprement dits, et sont considérées comme tels. Nous citerons pour exemples le *chlorure de sodium*, que tout monde connaît sous le nom de *sel marin*, ou simplement de *sel*, et qui est, pour ainsi dire, le type des composés de cet ordre; l'*iodure de potassium*, le *chlorure de calcium*, etc.; la nomenclature de ces corps est soumise aux mêmes règles que les autres composés binaires où n'entre point l'oxygène.

4° Nomenclature des composés binaires non oxygénés. — Cette partie de la nomenclature ne s'applique qu'aux composés renfermant, soit deux métalloïdes, soit un métalloïde et un métal. — La règle générale, pour les composés binaires non oxygénés, est de désigner le genre par le nom du corps le plus électronégatif, en lui donnant la terminaison *ure*, et on le faisant précéder, au besoin, des préfixes *proto, sesqui, bi* ou *deuto*, etc., et l'espèce par le nom du corps le plus électropositif. Ainsi le composé de soufre et de carbone s'appelle *sulfure de carbone;* ceux de chlore et de mercure, *protochlorure* et *bichlorure de mercure,* etc. — Quoique l'hydrogène soit, dans presque toutes ses combinaisons un élément électronégatif, les composés binaires qu'il forme avec les autres corps simples ont quelquefois reçu le nom d'*hydrures.* Néanmoins, ce nom n'est guère en usage, et l'on a continué d'ajouter à celui de l'hydrogène un adjectif dérivé du nom de l'autre corps simple. En conséquence, on dit : *hydrogène phosphoré, carboné, arsénié,* etc. On dit aussi, conformément aux principes généraux : *phosphure, carbure, arséniure d'hydrogène.* Souvent même, on dit *hydrogène sulfuré,* au lieu d'*acide sulfhydrique.* — Le composé hydrogéné de l'azote a conservé son ancien nom d'*Ammoniaque.* Les hydrures de carbone suivent une nomenclature spéciale. Voy. Hydrocarbure.

5° Nomenclature des composés organiques. — Parmi les substances de la c. organique, on trouve un grand nombre d'*acides organiques* et de *bases organiques;* ces dernières s'appellent aussi *alcaloïdes, alcalis organiques, amines.* Les noms des premiers se terminent tous en *ique,* et ceux des bases en *ine.* Exemples : Acide *acétique,* ac. *citrique,* ac. *formique,* ac. *tartrique,* etc.; *Méthylamine, Morphine, Quinine, Nicotine,* etc. Les noms des sels formés, soit par les acides organiques et les alcaloïdes entre eux, soit par les premiers avec des bases minérales, ou par les seconds avec des acides minéraux, se forment suivant les règles de la nomenclature ordinaire. — Outre les fonctions d'acide, de base et de sel, on en rencontre encore beaucoup d'autres dont la plupart n'ont pas d'analogues en chimie minérale. Ces nouvelles fonctions permettent de classer les composés organiques en différents groupes : *Hydrocarbures, Alcools et Phénols, Ethers, Aldéhydes, Acétones, Quinones, Amides, Nitriles, Carbylamines,* etc. Voy. ces mots. Un grand nombre de substances possèdent à la fois deux ou plusieurs de ces fonctions : tels sont les acides-alcools, les éthers-phénols, etc.

Le nombre des composés organiques s'est tellement accru, depuis une trentaine d'années, que la nomenclature actuelle de ces composés est devenue insuffisante. Le Congrès de chimie qui siégeait à Paris en 1889, a institué une commission internationale permanente chargée d'élaborer un système complet de nomenclature de c. organique. Les bases de ce système ont été fixées dans une première réunion tenue à Genève en 1892. Nous résumerons les travaux de la commission au mot Nomenclature.

Pour compléter ce qui concerne la nomenclature, nous devrions exposer ici les règles qui président à la *langue écrite* de la c., c.-à-d. à la *notation* et aux *formules* ou *symboles chimiques.* Mais ces règles seront aisément comprises, quand on connaîtra les *lois* suivant lesquelles s'opèrent les combinaisons chimiques; nous allons donc exposer d'abord ces dernières.

VII. Lois des combinaisons chimiques.

1° Loi des masses ou des poids. — On l'énonce ordinairement ainsi : *Le poids d'un composé est égal à la somme des poids des composants.* (Dans cet énoncé ordinaire et dans les suivants, le mot *poids* est employé dans le sens de *masse.*) Cette loi attribuée à Lavoisier n'est qu'un cas particulier d'une autre plus générale, la loi de *la conservation des masses,* suivant laquelle la masse d'un système de corps reste invariable, quelles que soient les actions mécaniques, physiques ou chimiques qui s'exercent entre ces différents corps. Lavoisier a été plus loin : il a montré que cette loi s'applique à chacun des corps simples qui entrent dans une combinaison, de sorte qu'en décomposant celle-ci l'on doit retrouver chaque élément avec son poids primitif. Ainsi, quand on fait brûler de l'hydrogène dans l'oxygène, 1 gramme du premier gaz s'unit à 8 du second, pour donner 9 grammes d'eau; les deux gaz ont disparu et rien ne subsiste de leurs propriétés; mais si l'on décompose ces 9 grammes d'eau, on retrouve exactement 1 gramme d'hydrogène et 8 d'oxygène. La loi des poids ainsi comprise est souvent formulée de la façon suivante : *Rien ne se perd et rien ne se crée dans les réactions chimiques.*

2° Loi des proportions définies. — Cette loi, établie définiti-

vement par Proust, au cours d'une longue discussion avec Berthollet, s'énonce ainsi : *Lorsque deux corps se combinent, c'est toujours suivant certaines proportions invariables.* Quelles que soient, par exemple, les circonstances dans lesquelles l'hydrogène se combine avec l'oxygène, pour former de l'eau, c'est toujours dans la proportion de 1 gramme du premier à 8 du second; si l'on emploie un excès de l'un des gaz, cet excès, quelque minime qu'il soit, reste sans se combiner.

3° Loi des proportions multiples, découverte par Dalton. — *Lorsque deux corps peuvent se combiner en plusieurs proportions, les poids de l'un qui s'unissent à une même quantité de l'autre sont entre eux dans des rapports simples,* tels que $1, \frac{3}{2}, 2, \frac{5}{4}, 3, \frac{7}{3}, 4, 5$, etc. Ainsi dans les combinaisons définies de l'oxygène forme avec l'azote, les poids d'oxygène qui s'unissent à un même poids, 1,75 d'azote, sont respectivement 1, 2, 3, 4, et 5. Cette loi ne s'applique pas seulement aux combinaisons des corps simples entre eux; Wollaston a montré qu'elle s'étend au cas d'un acide s'unissant en différentes proportions à une base.

4° Loi des nombres proportionnels. — Cette loi, qui a été mise en évidence par Berzélius, peut se formuler de la manière suivante : *Si l'on détermine les poids A, B, C, etc., de différents corps qui s'unissent à une même quantité d'une autre substance, ces nombres A, B, C, ou leurs multiples simples représenteront les poids proportionnels auxquels ces différents corps s'unissent entre eux.* Considérons, par exemple, les combinaisons du chlore avec quelques éléments. Dans l'acide chlorhydrique, 1 gramme d'hydrogène est combiné à 35,5 de chlore. Les poids de soufre qui s'unissent à cette même quantité de chlore sont 16 dans le protochlorure de soufre et 2×16 ou 32 dans le bichlorure. Dans les composés oxygénés du chlore, les poids d'oxygène qui se combinent à 35,5 de chlore sont des multiples de 8. Enfin, le chlorure de zinc contient 33 de zinc pour 35,5 de chlore. Jusqu'ici, nous ne voyons que la confirmation de la loi des proportions définies et celle des proportions multiples. Mais considérons ces mêmes poids des corps entre eux : hydrogène, soufre, oxygène, zinc. Les proportions exactes suivant lesquelles ils se combinent, pourront s'exprimer très simplement au moyen des poids 1, 16, 8, 33, qui s'unissent à 35,5 de chlore. Ainsi l'eau contient 8 grammes d'oxygène pour 1 d'hydrogène; l'eau oxygénée, 2×8 d'oxygène pour 1 d'hydrogène; les deux composés hydrogénés du soufre contiennent l'un 16, l'autre 2×16 de soufre pour 1 d'hydrogène; 33 de zinc sont unis à 8 d'oxygène dans l'oxyde de zinc, et à 16 de soufre dans le sulfure. Enfin l'acide sulfureux nous trouvons 16 de soufre et 2×8 d'oxygène; dans l'acide sulfurique, 16 de soufre, 4×8 d'oxygène, 1 d'hydrogène; dans le sulfate de zinc, 16 de soufre, 4×8 d'oxygène, 33 de zinc. En examinant successivement les combinaisons des corps deux à deux, trois à trois, etc., on trouve que les proportions pondérales suivant lesquelles les corps simples s'unissent entre eux de toutes les manières possibles, peuvent être exprimées exactement en l'on représente chaque corps simple par un nombre unique (ou un multiple entier de ce nombre). Ce sont ces quantités suivant lesquelles les éléments se combinent, qu'on appelle les *nombres proportionnels.*

Ces nombres ne servant qu'à exprimer des rapports, l'un d'eux peut être choisi arbitrairement. D'ordinaire on prend pour unité celui qui représente l'hydrogène. Alors le nombre proportionnel de l'oxygène sera 8 ou un multiple de 8 tel que 16, ou même un sous-multiple comme 4; celui du zinc sera 33 ou 66, etc. On voit qu'il reste encore quelque chose d'arbitraire dans le choix des nombres proportionnels, puisque chacun d'eux pourrait être remplacé par un de ses multiples ou de ses sous-multiples. On verra un peu plus loin les considérations qui ont présidé à ce choix pour les deux systèmes de nombres proportionnels actuellement en usage : le système des *poids atomiques* et celui des *équivalents.*

3° Loi des volumes. — Cette loi dont la découverte est due à Guy-Lussac, est relative aux combinaisons des corps entre eux. Elle peut se formuler ainsi : A. *Lorsque des gaz se combinent entre eux, leurs volumes gazeux, pris à la même température et à la même pression, sont toujours entre eux dans un rapport simple.* Ainsi par ex., le protoxyde d'azote est formé par la combinaison de 2 volumes d'azote avec un volume d'oxygène; l'eau par 2 volumes d'hydrogène et 1 d'oxygène; le gaz ammoniac par 1 volume d'azote et 3 d'hydrogène. — B. *Lorsque le produit de la combinaison de deux gaz est lui-même gazeux, son volume,* *comparé à ceux des gaz composants, pris dans les mêmes conditions de pression et de température, est avec eux dans un rapport simple.* — C. *Le volume du gaz composé n'est jamais plus grand que la somme des volumes des gaz composants.* — D. *Lorsque le volume du gaz composé est plus petit que la somme des deux autres, il est toujours avec cette somme dans un rapport simple.*

En comparant les volumes des gaz composants, on a reconnu en outre que, généralement, *Lorsque deux gaz s'unissent à volumes égaux, le volume du composé est égal à la somme des volumes gazeux primitifs.* C'est ainsi que 100 parties en volume de gaz oxygène, combinées avec 100 parties en volume d'azote, donnent 200 parties en volume de bioxyde d'azote. Un volume de chlore et un vol. d'hydrogène produisent 2 vol. de gaz acide chlorhydrique, etc. Au contraire, *Lorsque le gaz composé résulte de la combinaison de 2 volumes d'un gaz avec 1 vol. d'un autre gaz, le volume du gaz composé sera seulement les 2/3 de la somme des volumes des gaz constituants.* Ainsi, par ex., 2 volumes d'azote et 1 d'oxygène donnent 2 vol. de protoxyde d'azote ; 2 vol. d'hydrogène et 1 d'oxygène donnent 2 vol. de vapeur d'eau ; 2 vol. d'hydrogène et 1 de vapeur de soufre donnent 2 vol. de gaz sulfhydrique. — Ces lois s'appliquent non seulement aux corps simples qui sont gazeux à la température ordinaire, mais aussi, comme on le voit par les deux derniers exemples, aux vapeurs des autres corps simples, pourvu que ces vapeurs se trouvent à une température où elles soient soumises sensiblement aux mêmes lois de compressibilité et de dilatabilité que les gaz permanents.

VIII. Poids atomiques. — Les lois qui précèdent sont des conséquences très simples de l'hypothèse des atomes. Dans la théorie atomique (qui est exposée au mot ATOMIQUE), les nombres proportionnels convenablement choisis représentent les poids atomiques, c.-à-d. les poids relatifs des atomes. On admet que tout corps simple ou composé est formé de *molécules* : ce sont les plus petites particules qui puissent exister à l'état libre et qu'on puisse isoler par des moyens mécaniques ou physiques. Elles sont elles-mêmes composées d'atomes : l'*atome* est la plus petite particule qu'on puisse détacher de la molécule par des moyens chimiques ; c'est donc la plus petite quantité qui puisse entrer en combinaison. Pour déterminer les *poids moléculaires*, c.-à-dire les poids relatifs des molécules, on s'appuie sur l'hypothèse d'Avogadro et d'Ampère, suivant laquelle tous les gaz, pris dans des conditions identiques de température et de pression, contiennent, à volume égal, un même nombre de molécules. Le poids moléculaire de l'hydrogène est pris égal à 2 ; celui d'un autre corps à l'état gazeux est alors le double de la densité de ce gaz prise par rapport à l'hydrogène. Quand on ne peut pas déterminer la densité gazeuse, la fixation du poids moléculaire devient plus difficile ; on a recours d'ordinaire à des relations générales qui existent entre les propriétés physiques des corps et leur poids moléculaire. Telle est, par ex., la loi établie expérimentalement par Raoult : la dissolution d'un solide dans un liquide abaisse le point de congélation d'une quantité proportionnelle au nombre des molécules dissoutes. De même la tension de vapeur du dissolvant et son point d'ébullition diminuent proportionnellement au nombre des molécules dissoutes. Ces lois permettent de calculer les poids moléculaires des substances solubles qui ne sont pas des électrolytes. — Quant au *poids atomique* d'un élément, il est une fraction (le plus souvent la moitié) du poids moléculaire de ce même élément. Pour déterminer, par exemple, le poids atomique du chlore, on examine toutes les combinaisons chlorées et l'on cherche les quantités pondérales de chlore qui entrent dans le poids moléculaire de chacun de ces composés ; la plus petite de ces quantités sera le poids atomique cherché. Pour les éléments dont on ne connaît qu'un nombre restreint de composés, on a recours à la loi des chaleurs spécifiques ; à défaut de celle-ci on invoque la loi de l'isomorphisme. Pour plus de détails, voy. ATOMIQUE.

Dans la plupart des traités et des mémoires de chimie, on fait actuellement usage des poids atomiques ; nous avons nous-mêmes adopté la notation atomique dans le présent ouvrage. Mais un certain nombre de chimistes en France continuent à se servir des équivalents ; nous allons donc exposer les principes sur lesquels est fondé cet autre système des nombres proportionnels.

IX. Équivalents. — Les équivalents sont des nombres proportionnels choisis, autant que possible, de façon à représenter les poids des corps qui se remplacent dans les combinaisons analogues. L'équivalent de l'hydrogène étant pris pour unité, on a adopté 8 pour celui de l'oxygène, parce que c'est

le poids qui s'unit à 1 d'hydrogène pour former de l'eau. Cela posé, on considère les composés que l'oxygène forme avec les corps simples : avec chaque métal il donne au moins une base ; avec chaque métalloïde, il fournit un ou plusieurs acides. On prend en général pour équivalent d'un métal le poids de ce corps qui s'unit à 8 d'oxygène pour former la base la moins oxygénée ; c'est cette base qu'on appelle protoxyde ; les autres composés oxygénés, s'il y en a, recevront par conséquent les noms de sous-oxyde, bioxyde, sesquioxyde, etc. Ainsi, pour 8 d'oxygène, la potasse renferme 39 de potassium ; l'oxyde d'argent, 108 d'argent ; l'oxyde de zinc, 33 de zinc ; les nombres 39, 108 et 33 seront donc les équivalents respectifs du potassium, de l'argent et du zinc. L'équivalent d'un composé étant la somme de ceux des éléments constituants, on obtiendra facilement les équivalents des bases : ce seront $39+8$ ou 47 pour la potasse, 116 pour l'oxyde d'argent, 41 pour l'oxyde de zinc. Les nombres ainsi déterminés pour les bases représentent des quantités réellement équivalentes au point de vue de la neutralisation des acides ; car, en analysant les sels neutres formés par ces bases, on trouve que ces quantités 47, 116 et 41 sont justement les poids de potasse, d'oxyde d'argent et d'oxyde de zinc qui neutralisent un même poids d'acide : par ex. 40 d'acide sulfurique, ou 54 d'acide azotique, ou 75,5 d'acide chlorique, etc. Réciproquement les nombres 40, 54 et 75,5 sont les équivalents respectifs de ces acides ; car ce sont les quantités qui saturent un équivalent de base pour former les sels neutres. (Le sel neutre est pris ici dans son sens le plus étroit, tel qu'il a été défini par Berzélius. Voy. SEL.) — Pour l'équivalent d'un métalloïde, on prend le poids de ce corps qui entre dans un équivalent de son acide oxygéné. Si le corps forme avec l'oxygène plusieurs acides, ces différents composés conduisent d'ordinaire à un même équivalent pour le métalloïde. Ainsi le chlore fournit les acides chloreux, chlorique et perchlorique ; mais le poids de chlore contenu dans un équivalent de chacun d'eux est toujours 35,5. De même les acides azoteux et azotique conduisent tous deux au même équivalent 14 pour l'azote. Quant au soufre, ses deux principaux composés oxygénés, l'acide sulfureux et l'acide sulfurique, donnent le même nombre 16 ; mais les acides de la série thionique font exception.

Les nombres ainsi obtenus justifient dans bien des cas le nom d'équivalents qui leur a été donné. Nous avons déjà vu que pour les bases ces nombres représentent des quantités qui s'équivalent vis-à-vis des acides, et que la réciproque a lieu pour les acides vis-à-vis des bases. Il en est de même pour les corps simples. Lorsque, dans une dissolution saline, un métal en précipite un autre il en équivaut du premier qui remplace un équivalent du second (loi de Richter). Chaque fois qu'un élément se substitue à un autre dans un composé de manière à former un composé analogue, cette substitution se fait équivalent pour équivalent. D'une manière générale, les combinaisons entre lesquelles on constate de profondes analogies possèdent une composition exprimée en équivalents, est la même. C'est surtout des sels isomorphes qu'on peut dire qu'ils ont une constitution chimique semblable (loi de l'isomorphisme) : par exemple, les arséniates, isomorphes des sulfates, ne diffèrent de ceux-ci que parce qu'un équivalent de phosphore est remplacé par un équivalent d'arsenic. L'équivalence se manifeste encore vis-à-vis des agents physiques. Quand on soumet des sels à l'action du courant électrique, on trouve que les poids de différents métaux mis en liberté par une même quantité d'électricité sont en général des équivalents (loi de Faraday) ; les nombres ainsi déterminés sont appelés *équivalents électrochimiques*. Enfin, pour beaucoup d'éléments, la quantité de chaleur qu'absorbe un équivalent, quand sa température s'élève d'un degré, est sensiblement la même ; de sorte que le produit de l'équivalent d'un corps simple par sa chaleur spécifique est une quantité constante (loi de Dulong et Petit) ; les nombres obtenus, en divisant cette quantité par les chaleurs spécifiques, sont les *équivalents thermiques*. Il faut cependant remarquer que ces nombres, ainsi que les équivalents électrochimiques, ne sont pas toujours identiques avec les équivalents chimiques.

En résumé, lorsque plusieurs composés sont analogues au point de vue de l'isomorphisme, de la neutralité ou des propriétés physiques et chimiques, on voit que les éléments qui jouent un même rôle dans ces différents composés devront y entrer avec le même nombre d'équivalents. C'est là le but principal qu'on se propose lors de la fixation des équivalents ; pour l'atteindre, on n'hésite pas à modifier les règles énoncées plus haut. Ainsi, l'alumine, qui est le seul oxyde connu d'aluminium, devrait être regardée comme protoxyde ; néanmoins, on l'a considérée comme un sesquioxyde et l'on a pris pour équivalent de l'aluminium les 3/2 de la quantité de ce métal qui est unie à 8 d'oxygène dans l'alumine ; c'est parce que les sels d'alumine sont isomorphes des sels de sesquioxyde de fer. Pour le mercure, qui forme deux oxydes, la base la plus oxygénée devrait être considérée comme le bioxyde ; on en a fait le protoxyde, afin que l'équivalent du mercure satisfasse à la loi des chaleurs spécifiques. On voit qu'il n'y a pas de règle absolument fixe pour la détermination de l'équivalent ; on a cherché à tenir compte de toutes les analogies et à se conformer aux lois de la neutralité, de l'isomorphisme, des chaleurs spécifiques et de l'électrolyse ; il arrive ainsi qu'on s'est mis en désaccord tantôt avec l'une, tantôt avec l'autre de ces lois.

Les *équivalents en volume* sont les volumes occupés à l'état gazeux par les poids équivalents des différents corps, lorsqu'on prend pour unité le volume occupé par 8 d'oxygène. Il va sans dire que ces différents gaz doivent être comparés à la même température et à la même pression. On trouve ainsi le nombre 2 pour l'hydrogène, l'azote, le chlore, le brome, l'iode ; tandis que l'oxygène, le soufre, le phosphore, l'arsenic ont un équivalent égal à 1. Quant aux composés, leur équivalent en volume est tantôt 2, comme pour l'eau ; tantôt 4, comme pour le gaz ammoniac. Les poids équivalents des composés organiques ont été choisis de manière à correspondre toujours à 4 volumes.

XI. **Notation et formules chimiques.** —La langue particulière à la c. a pour complément nécessaire, ainsi que nous l'avons dit, un système de signes et de formules analogues aux signes et aux formules dont on se sert en algèbre, et qui ont pour objet d'abréger et de simplifier l'exposition écrite des lois générales et de leurs applications aux combinaisons des quantités chimiques. Ainsi, dans l'énoncé des phénomènes de composition ou de décomposition auxquels donnent lieu les corps simples, au lieu d'écrire en toutes lettres les noms de ces derniers, on est convenu de les représenter par certains symboles formés de une ou deux lettres qui en sont comme l'abréviation. En outre, on est convenu que ces signes représentent non seulement les noms des corps, mais encore leurs poids atomiques. Par conséquent, lorsque l'on trouve dans la formule qui représente une combinaison la lettre initiale O, par exemple, cette lettre ne signifie pas seulement que dans la combinaison en question il entre de l'*Oxygène*, mais encore elle indique que ce gaz y entre pour un *atome*, c.-à-d. 16 parties en poids. De même, les deux lettres *Fe* représenteront un *atome de fer*, c.-à-d. 56 parties en poids. Dans la notation en équivalents il n'est pas question d'atomes, et le symbole d'un corps représente son équivalent en poids. Voici, au surplus, le tableau des corps simples aujourd'hui en usage. On y voit, en regard de chaque nom, son *symbole* ou signe abrégé, son *poids atomique* et son *équivalent* :

Corps simples.	Symboles.	Poids atomiques.	Équivalents.
Aluminium	Al	27	13,5
Antimoine (*Stibium*)	Sb	120	120
Argent	Ag	108	108
Arsenic	As	75	75
Azote ou Nitrogène	Az ou N	14	14
Baryum	Ba	137	68,5
Bismuth	Bi	208	208
Bore	Bo	11	11
Brome	Br	80	80
Cadmium	Cd	112	56
Calcium	Ca	40	20
Carbone	C	12	6
Cérium	Ce	140	70
Césium	Cs	133	133
Chlore	Cl	35,5	35,5
Chrome	Cr	52	26
Cobalt	Co	59	29,5
Cuivre	Cu	63	31,5
Décipium	De	171	85
Didyme { Néodyme	Nd	141	»
Praséodyme	Pr	143	»
Erbium	Er	166	166
Étain (*Stannum*)	Sn	118	59
Fer	Fe	56	28
Fluor	Fl	19	19
Gallium	Ga	70	35
Germanium	Ge	72	»
Glucinium ou Béryllium	Gl ou Be	9	4,5
Hydrogène	H	1	1
Indium	In	114	57
Iode	I ou Io	127	127
Iridium	Ir	193	96,5
Lanthane	La	138	69
Lithium	Li	7	7
Magnésium	Mg	24	12
Manganèse	Mn	55	27,5
Mercure (*Hydrargyrum*)	Hg	200	100
Molybdène	Mo	96	48
Nickel	Ni	59	29,5
Niobium	Nb	94	47
Or (*Aurum*)	Au	197	98,5
Osmium	Os	192	96
Oxygène	O	16	8
Palladium	Pd	106	53
Phosphore	P ou Ph	31	31
Platine	Pt	195	97,5
Plomb	Pb	207	103,5
Potassium (*Kalium*)	K	39	39
Rhodium	Rh	104	52
Rubidium	Rb	85	85
Ruthénium	Ru	102	51
Samarium	Sa	150	»
Scandium	Sc	44	22
Sélénium	Se	79	39,5
Silicium	Si	28	14
Sodium (*Natrium*)	Na	23	23
Soufre	S	32	16
Strontium	Sr	87,5	43,7
Tantale	Ta	182	91
Tellure	Te	128	64
Thallium	Tl	204	204
Thorium	Th	232	58
Thulium	Thu	171	»
Titane	Ti	48	24
Tungstène ou Wolfram	Tu ou W	184	92
Uranium	U	240	60
Vanadium	Va	51	51
Ytterbium	Yb	173	173
Yttrium	Yt	90	45
Zinc	Zn	65	32,5
Zirconium	Zr	90	45

Rien de plus facile maintenant que d'écrire, au moyen des symboles des corps simples, la *formule* d'un composé. On écrit, les uns à la suite des autres, les symboles des éléments constituants ; si le composé renferme plusieurs atomes d'un même élément, on en indique le nombre par un exposant. Ces formules représentent non seulement la nature de la combinaison, mais aussi les rapports numériques des éléments qui la composent. La formule du sel marin $NaCl$ indique une combinaison de 1 atome $= 23$ de sodium avec 1 atome $= 35,5$ de chlore. La formule du salpêtre $K\,Az\,O^3$ montre que ce corps contient un poids 39 de potassium pour 14 d'azote et 3×16 d'oxygène. De plus, la somme des poids des éléments doit être égale au poids moléculaire du composé ; ainsi, la composition brute de l'éthylène serait également bien représentée par les deux formules C^2H^4 et CH^2; mais on écrit C^2H^4 parce que le poids correspondant $2 \times 12 + 4 \times 1 = 28$ est bien le poids moléculaire de l'éthylène, tandis que 14, qui correspond à CH^2, n'en est que la moitié. — Souvent on cherche à représenter dans la formule le groupement présumé des atomes. On écrira, par exemple, $Az\,H\,(CH^3)^2$ au lieu de $Az\,H^7C^2$ pour la formule de la diméthylamine, parce qu'on regarde ce corps comme du ammoniaque $Az\,H^3$ dans laquelle deux atomes d'hydrogène sont remplacés par deux groupes méthyle CH^3. La formule $Pb\,OH^2.\,OH$ de l'acide hypophosphoreux est destinée à montrer que le groupe OH joue un rôle spécial ; l'atome d'hydrogène de ce groupe est le seul qui puisse être remplacé par un métal pour former un hypophosphite. Dans l'acide sulfurique, qui est bibasique, cette substitution peut se faire deux fois ; on l'indique en écrivant la formule $SO^2(OH)^2$.

Dans la théorie dualistique on considérait les oxysels comme formés de deux parties, l'oxyde basique et l'acide anhydre, et l'on supposait que la base et l'acide, après s'être combinés, conservaient chacun, dans le sel, le groupement de leurs atomes. Ainsi, le sulfate de chaux $CaSO^4$, qu'on peut obtenir en combinant la chaux CaO avec l'anhydride sulfurique SO^3, s'écrivait CaO, SO^3; le carbonate de magnésie se formulait MgO, CO^3, etc. Les acides eux-mêmes étaient considérés comme contenant de l'eau toute formée, et l'on écrivait, par exemple, SO^3, H^2O pour l'acide sulfurique. Ces *formules dualistiques* sont encore fréquemment employées par les chimistes qui font usage des équivalents. Quant aux formules telles que $CaSO^4$ et H^2SO^4, où l'on ne préjuge rien sur le groupement des éléments, on les appelle *formules unitaires*.

Formules de constitution. — On fait aujourd'hui grand usage de formules où l'on cherche à représenter l'enchaînement des atomes et l'échange des atomicités. Elles ne diffèrent des formules ordinaires que par l'arrangement qu'on donne aux symboles et par les traits ou les points qui indiquent l'échange des valences. On verra les principes de cette notation au mot Atomicité. Ces formules sont appelées formules de constitution ou de structure, bien qu'elles ne prétendent nullement exprimer la structure de la molécule, c.-à-d. la disposition réelle des atomes dans l'espace. — Dans les *formules stéréochimiques* on cherche, au contraire, à figurer cette disposition. Le carbone, par ex., est représenté par un tétraèdre aux sommets duquel s'exercent les quatre valences de ce corps. Si les éléments ou les radicaux placés à ces quatre sommets sont tous différents, on peut obtenir deux arrangements non superposables; on explique ainsi les isomères optiques qu'il était impossible de figurer par les formules de constitution ordinaires. Voy. Stéréochimie.

Équations chimiques. — Quand deux corps réagissent l'un sur l'autre, c'est toujours par molécules complètes. On exprime ces réactions au moyen d'*équations chimiques*. Le premier membre de l'équation contient les formules des corps qui entrent en réaction; le second membre, celles des produits qui prennent naissance. Le nombre des molécules de chaque corps est indiqué par un coefficient placé devant sa formule. La somme des poids des molécules doit être la même dans les deux membres; de plus, chaque élément doit figurer de part et d'autre avec le même nombre d'atomes, et par conséquent avec le même poids total. Prenons pour exemple l'action de la chaux sur le sel ammoniac :

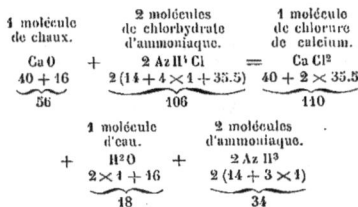

1 molécule de chaux.		2 molécules de chlorhydrate d'ammoniaque.		1 molécule de chlorure de calcium.
Ca O	+	2 Az H² Cl	=	Ca Cl²
40 + 16		2 (14 + 4 × 1 + 35.5)		40 + 2 × 35.5
56		106		110

		1 molécule d'eau.		2 molécules d'ammoniaque.
	+	H²O	+	2 Az H³
		2 × 1 + 16		2 (14 + 3 × 1)
		18		34

On voit que la somme des poids dans chaque membre est la même : $56 + 106 = 162$ d'une part, et $110 + 18 + 34$ d'autre part. Et cette égalité se vérifie pour chaque élément en particulier : le poids de l'hydrogène, par exemple, est $2 \times 4 = 8$ dans le premier membre et $2 + 2 \times 3 = 8$ dans le second. — Très souvent ces équations permettent de calculer la proportion de chacun des corps qu'il faut prendre pour obtenir un poids déterminé de l'un d'eux : ainsi, pour préparer 34 grammes de gaz ammoniac, on voit ici qu'il faudrait employer 106 grammes de chlorhydrate d'ammoniaque avec 56 de chaux. On dit alors que la réaction s'effectue en proportions théoriques. Mais les choses ne se passent pas toujours aussi simplement. Il peut arriver que la réaction soit limitée et qu'une fraction déterminée des corps réagissants reste inaltérée. Il peut aussi se faire que la réaction principale, exprimée par l'équation, soit accompagnée de réactions secondaires qui modifient les proportions indiquées. De là vient que le rendement pratique est quelquefois très différent du rendement théorique.

XI. Histoire de la Chimie. — La c. est une science toute moderne, quoique certains auteurs prétendent faire remonter son origine aux temps les plus reculés. Sans doute quelques peuples de l'antiquité, les Phéniciens et les Égyptiens surtout, et après eux les Grecs et les Romains, étaient arrivés de bonne heure à une grande perfection dans les arts qui aujourd'hui dépendent de la c. et lui empruntent toutes leurs lumières, tels que la métallurgie, la fabrication des poteries, la manipulation et l'emploi des diverses substances alcalines, acides et salines, la préparation des médicaments, des parfums, des matières colorantes, des boissons fermentées, etc.; mais bien que ces peuples nous aient laissé de nombreux et remarquables monuments de leur excellence

dans les arts et dans certaines industries, nous ne trouvons, dans les livres de l'antiquité, aucune tentative pour découvrir et formuler les lois qui président aux phénomènes de combinaison et de décomposition de la matière, aucun effort pour s'élever à quelque idée générale, à quelque conception théorique qui pût lier et expliquer les faits observés. Or, sans cela, il n'y a pas de science, quelque rudimentaire qu'on la veuille même supposer. — C'est seulement dans les premiers siècles de notre ère que nous voyons apparaître les premières traces d'observation expérimentale appliquée à l'étude des phénomènes chimiques; mais alors cette recherche se produit sous la forme d'une science occulte voisine de la magie et de l'astrologie, auxquelles elle est le plus souvent associée : on l'appelle *Art hermétique, Art sacré*, et enfin *Alchimie* (voy. ce mot). Cependant, au milieu de leurs vaines poursuites d'un but chimérique, les alchimistes accumulent peu à peu et se transmettent fidèlement les observations exactes, les découvertes réelles qui doivent un jour devenir les matériaux de la science chimique proprement dite.

Au XVIe siècle, une scission heureuse s'opère dans la phalange des alchimistes. Un homme célèbre, Théophrastus Auréolus Bombast de Hohenheim, plus connu sous le nom de Paracelse, essaie de donner à la c. pour base la médecine, en créant la *Chimiatrie*, et rend à ces deux sciences des services qu'on ne saurait méconnaître. Ce n'est pas que son système fût, dans les applications qu'il en prétendait faire, beaucoup moins absurde que celui des alchimistes purs; mais au moins offrait-il aux adeptes, dans la recherche et la préparation de médicaments nouveaux, un but plus rationnel et plus pratique que la transmutation des métaux. En outre, il osa enseigner publiquement la c. à Bâle, répandit le goût des recherches chimiques, et rendit cette étude accessible à tous. Dès lors celle-ci prit une direction plus rationnelle. Tandis que Van Helmont qui, le premier, appela l'attention sur les gaz, et quelques autres disciples de Paracelse, se livraient avec ardeur à la recherche des applications médicales de la c., et que les derniers alchimistes continuaient de s'égarer à la poursuite du *grand œuvre*, des chimistes plus dignes de ce nom commençaient à interroger la nature avec attention, sans autre but que de connaître la vérité. De ce nombre sont Cassius, qui découvrit le précipité d'or auquel il a donné son nom; Libavius, dont on connaît la *liqueur fumante*; George Agricola, qui a laissé, sous le titre *De re metallica*, un ouvrage remarquable par la clarté des idées et l'exactitude des descriptions, et qui est regardé comme le chef de la *C. métallurgique*; Bernard Palissy, auquel on doit la découverte des procédés pour la fabrication de la faïence et des émaux, qui avait été jusqu'alors un secret entre les mains de quelques artistes italiens. Le premier il enseigna en France la minéralogie, et l'on a de lui, entre autres ouvrages, un curieux opuscule dans lequel il pose hardiment les bases d'une philosophie naturelle reposant sur l'observation et l'expérience.

Parmi les chimistes les plus remarquables du XVIIe siècle, nous citerons Jean Rey, médecin périgourdin, qui en 1630 constatait et démontrait que les métaux calcinés augmentaient de poids « *par le mélange d'air espessi* »; Robert Boyle, qui répéta cette expérience et établit en outre que la présence de l'air était indispensable pour la combustion; Rob. Hooke, si célèbre par ses ingénieuses expériences et qui soupçonna le rôle de l'air dans la respiration; J. Mayow, qui montra l'analogie qui existe entre la combustion et la respiration, et rapporta même la chaleur animale à l'influence de l'air sur le sang; Bécher, qui donna une idée générale fort exacte des phénomènes chimiques, en les résumant tous dans les deux grands faits de combinaison et de décomposition; Nic. Le Fèvre, qui fonda en France l'enseignement de la c., comme démonstrateur au Jardin du Roi; Glaser, qui découvrit le sulfate de potasse, et Kunckel, qui découvrit la préparation du phosphore. A ce siècle appartiennent aussi les noms de Homberg, d'Ettmuller, de Fréd. Hoffmann, de Nic. Lémery. Ce dernier surtout a joté un tel éclat, que ses contemporains lui décernèrent le titre de *grand*. Son enseignement attira pendant vingt-cinq ans l'élite de la jeunesse studieuse, et son *Cours de Chimie*, traduit dans toutes les langues de l'Europe, obtint une telle vogue qu'il en paraissait chaque année une édition nouvelle sans compter les contrefaçons. Quelle était donc la cause d'un si grand succès? « C'est, dit Dumas, qu'à de profondes connaissances Lémery sait unir l'art de les exposer d'une manière simple, accessible à tous, et d'éclairer les faits par des expériences brillantes et précises. C'est qu'abandonnant le langage énigmatique et voilé de ses devanciers, il consent à parler chimie en français..., » à professer une chimie sage et réservée, qui tient tout ce qu'elle promet, et qui ne promet que ce qu'elle peut tenir. » C'est à son école que se formèrent tous les chimistes de l'époque. Il mit en circulation une multitude d'excellents procédés pratiques, tout en s'en réservant plusieurs pour son commerce, car il était médecin et pharmacien. La fondation des académies scientifiques, qui eut lieu vers le milieu du XVII° siècle, contribua puissamment au développement rapide que prirent alors les sciences positives, en mettant en honneur la méthode expérimentale.

Le commencement du XVIII° siècle vit paraître le premier essai d'une théorie générale de la c.: nous voulons parler de la fameuse *théorie du Phlogistique*, imaginée par George-Ern. Stahl. Vivement frappé, comme l'avaient été avant lui J. Rey, Boyle et Mayow, du rôle important que jouent dans la nature les phénomènes de combustion, Stahl voulut en donner une explication; mais, tandis que les chimistes qui l'avaient précédé s'étaient sagement arrêtés devant l'obstacle insurmontable qu'opposait à toute tentative de ce genre l'ignorance où l'on était de la composition de l'air et des propriétés de l'oxygène, Stahl, laissant de côté les principes de la méthode expérimentale, inventa le *phlogistique*. Il désignait sous ce nom un principe qu'il supposait combiné avec les corps combustibles, et que ceux-ci perdaient quand on les soumettait à la combustion ou à la calcination. En conséquence, les métaux, considérés alors comme des corps composés, étaient, d'après la théorie de Stahl, combinés avec le phlogistique, et les oxydes ou *terres* étaient des métaux *déphlogistiqués* ou privés de phlogistique. Comme on le voit, ce principe mystérieux jouait, dans l'hypothèse de Stahl, précisément le rôle inverse de celui que l'oxygène joue en réalité. Or, Stahl, ainsi que ses devanciers, savait que les métaux sont moins pesants que leurs oxydes : ce fait eût dû lui donner à réfléchir; cependant il ne semble pas avoir songé à cette difficulté, qui seule suffit pour réduire à l'absurde tout son système. Quant à ses disciples, plutôt que de renoncer à la théorie du maître, ils ne craignirent point d'en donner les explications les plus monstrueuses, en disant, par ex., que le phlogistique avait la propriété d'*ôter du poids* aux corps auxquels il était uni. C'était donc, non pas un fluide impondérable comme ceux que nous admettons aujourd'hui par hypothèse, mais un principe doué d'une *pesanteur négative!* Ce fait pourtant à l'aide d'arguments de cette force que, plus tard, Macquer, Guyton-Morveau et d'autres essayèrent de combattre la doctrine de Lavoisier! Quoique dépourvue de tout fondement solide, la théorie de Stahl fut adoptée par l'universalité des chimistes contemporains et régna dans la science pendant près d'un siècle. Ce fait singulier s'explique jusqu'à un certain point par le besoin impérieux qu'on avait alors d'une conception générale quelconque pour relier entre eux les phénomènes observés et constatés par les chimistes. Elle s'explique aussi par le caractère vraiment spécieux de ce système qui, en effet, répondait à tout, et qui n'avait besoin, pour être exact, *que d'être retourné*, puisqu'il était précisément le contre-pied de la vérité. Aussi Dumas a-t-il pu dire avec raison : « Stahl a été le précurseur nécessaire de Lavoisier, et s'il s'est borné à lui préparer les voies, il l'a du moins préparées d'une manière large, qui n'appartient qu'au génie. »

Pendant la vie et après la mort de Stahl, la c. continua de faire de rapides progrès. Nous nous contenterons de nommer Boerhaave, Geoffroy, Bales et Pott, auxquels on doit diverses expériences et des découvertes intéressantes. Au nom de Margraff se rattachent plusieurs recherches curieuses, mais surtout la grande découverte du sucre de betterave. Black, si connu dans l'histoire de la physique par sa découverte du phénomène de la chaleur latente, découvrit aussi, en 1756, le gaz acide carbonique, qui fut appelé *air fixe*. Bergman fit une étude approfondie des carbonates, de l'acide oxalique, etc.; mais il est particulièrement connu par ses efforts pour déterminer les lois de l'affinité, cette force nouvelle déjà signalée par Boerhaave et par Geoffroy. Le disciple de Bergman, Scheele, enrichit la c. d'une foule d'observations lumineuses: il découvrit le chlore, le manganèse, le molybdène, la baryte, le manganèse de potasse, les acides arsénique, hydrofluosilicique, prussique, gallique, malique, lactique et urique, la glycérine et l'éther acétique. Joseph Priestley fit connaître les propriétés de l'*air fixe* (acide carbonique); il recueillit le premier *l'esprit de sel* (acide chlorhydrique) et l'*alcali volatil* (ammoniaque) à l'état de gaz, et signala leurs propriétés les plus importantes. Le même chimiste découvrit le protoxyde et le bioxyde d'azote (l'azote lui-même venait d'être découvert, en 1772, par Rutherford), puis l'acide sulfureux.

Enfin, le 1er août 1774, il extrayait de l'oxyde de mercure le gaz oxygène, et au mois de mars de l'année suivante il constatait le rôle de ce gaz dans la respiration et son action sur le sang veineux. Mais, profondément imbu des idées de Stahl, dont il fut un des derniers défenseurs, il ne sut point comprendre le rôle de l'oxygène dans la combustion et l'appela *air déphlogistiqué*. Henri Cavendish s'illustra par ses travaux sur l'*air inflammable* (hydrogène), et en montrant que l'eau était une simple combinaison d'oxygène et d'hydrogène (1776). Enfin, il découvrit la composition de l'acide azotique.

La théorie du phlogistique avait fait son temps; il fallait à la c. une conception générale nouvelle qui reliât tous les faits acquis jusqu'alors et qui facilitât la recherche et la conquête de faits nouveaux : en un mot, la c. demandait un législateur. Ce législateur fut Antoine-Laurent Lavoisier, né à Paris en 1743, et décapité le 8 mai 1794, comme ancien fermier général. Dès 1772, son attention avait été vivement attirée par ce fait que le soufre et le phosphore, en brûlant, donnent naissance à des acides en augmentant de poids et en *absorbant une grande quantité d'air*; que les métaux qu'on calcine offrent le même phénomène, et que la réduction de leurs oxydes remet en liberté l'*air* absorbé pendant la calcination. Bientôt après il répéta, en le complétant, l'expérience de Priestley. Il ne se contenta pas de calciner du mercure, de réduire son oxyde et d'obtenir du gaz oxygène. Il constata, *la balance en main*, que le métal reprenait, après la réduction, exactement le même poids qu'il avait avant la calcination. Cette expérience était décisive; la combustion et l'oxydation étaient un seul et même phénomène, consistant dans la combinaison de l'*air vital* avec l'élément combustible ou oxydable. Lavoisier crut reconnaître, en outre, que cet air vital engendrait les acides : de là le nom d'*oxygène* qu'il lui donna. Il exécuta, peu de temps après, l'analyse de l'air, et détermina la composition de l'eau et celle de l'acide carbonique. Puis, de concert avec l'illustre géomètre Laplace, il reconnut ce qui se passe dans la dissolution des métaux par les acides, la décomposition de l'eau et le dégagement d'hydrogène qui accompagne ce phénomène. Enfin, il démontra, par l'ensemble de ses expériences, que la quantité totale des substances mises en jeu dans une réaction se retrouve toujours intégralement dans les produits de cette réaction. — Nous ne nous arrêterons point aux travaux de Lavoisier sur la physique, dont il aborda aussi l'étude avec une grande supériorité; toutefois nous rappellerons ses recherches sur la chaleur, parce que les résultats auxquels elles le conduisirent, forment le complément de son système de c. Suivant lui, le calorique est un fluide impondérable qui produit tous les changements d'état des corps. S'appuyant sur ce principe, il démontre que tous les corps sont virtuellement susceptibles de trois états, solide, liquide et gazeux, et qu'il suffit, pour faire passer un corps quelconque par ces trois états, de lui ôter ou de lui enlever une quantité suffisante de calorique. Ses conclusions ont été depuis lors pleinement confirmées par les belles expériences de Faraday, de Thilorier, de Cailletet et de Pictet.

Tandis que le génie de Lavoisier accomplissait ces admirables découvertes, d'autres chimistes, se plaçant à des points de vue divers, contribuaient à la fondation de cet ensemble de théories qui dominent la science actuelle. Vers le milieu du XVIII° siècle, G.-Fr. Rouelle, démonstrateur de chimie au Jardin du Roi, avait commencé à établir une distinction exacte entre les véritables sels et les substances acides et basiques avec lesquelles on les avait jusqu'alors confondus. Un peu plus tard, à l'époque où les recherches de Lavoisier fixaient exclusivement l'attention du monde savant, les chimistes allemands Wenzel et Richter complétaient l'œuvre de Rouelle, et, du même coup, rendant un compte exact des doubles décompositions qui ont lieu entre les sels mis en présence et des substitutions qu'on peut opérer dans les solutions métalliques, ils donnaient les premiers éléments de la théorie des équivalents. Ce fut en s'appuyant sur ces données qu'un élève de Rouelle, le chimiste Proust (né à Angers en 1755, mort à Paris en 1826), put démontrer que toutes les combinaisons ont lieu en proportions définies et constantes, et non en proportions variables et arbitraires, ainsi que le soutenait Berthollet. « En examinant les travaux de Proust, dit Dumas, on voit avec surprise qu'il y ena entre les mains assez de documents pour fonder la théorie des nombres proportionnels, et qu'il n'y a néanmoins il n'a point été conduit à la découvrir. » Ce fut Dalton, chimiste anglais, qui, comme nous l'avons dit en exposant cette théorie, commença de l'établir sur la loi des *proportions multiples*. — Cependant la nomenclature avait pris naissance, grâce à l'initiative de Guyton-Morveau, qui en 1782 avait adressé à l'Académie des sciences un mémoire relatif à cette importante réforme. Son projet, très imparfait, il faut le dire, avait été renvoyé à une commission formée de Lavoisier, Fourcroy et Berthollet, qui, de concert avec lui, formulèrent les principes sur lesquels repose aujourd'hui le langage chimique. D'autre part, en même temps que la c. grandissait et s'ordonnait comme science, l'attention de ceux qui la cultivaient s'était tournée vers les applications qu'on en pouvait faire à l'industrie et aux arts, et leurs recherches dans ce sens amenaient les plus utiles découvertes. Mais revenons aux progrès de la science pure, qui doivent surtout nous occuper. Dans les premières années de notre siècle, Berthollet publia ses *Recherches sur l'affinité* et sa *Statique chimique*. Par malheur, ses négations à l'endroit de la loi des proportions définies jetèrent le discrédit sur ses ouvrages; les idées si neuves et si profondes de Berthollet sur l'équilibre chimique, sur l'affinité et sur la mécanique chimique tombèrent dans l'oubli et ne furent vraiment comprises que de nos jours. On doit encore à cet illustre chimiste, entre autres découvertes importantes, celle de la composition de l'ammoniaque, et celle des propriétés décolorantes du chlore et des chlorures avec leur application au blanchiment des tissus. Ainsi les lois qui président aux combinaisons chimiques se révèlent successivement aux clairvoyants observateurs que nous voyons surgir en foule dans cette glorieuse période qui embrasse à la fois la seconde moitié du XVIII° siècle et les premières années du XIX°. Nous avons vu quelle part importante revient, dans cette série de conquêtes théoriques, à Gay-Lussac, qui a fait connaître le principe connu sous le nom de *Loi des volumes*. Ce chimiste reprit, après son maître Berthollet, l'étude du chlore, et reconnut dans ce gaz un corps simple, possédant, comme l'oxygène, la propriété de *brûler* d'autres corps et de donner avec eux naissance à des acides. Il fit encore connaître le premier radical composé (le cyanogène) capable de jouer dans ses combinaisons le rôle d'un corps simple. Puis il signala les propriétés de l'iode, que Courtois venait de trouver dans les eaux mères de la soude, et montra les analogies avec le chlore. Mais, parmi ses plus belles découvertes, on doit surtout citer celles qu'il fit de concert avec Thénard : nous voulons parler de la découverte du bore, et de l'extraction du potassium et du sodium de leurs oxydes, la potasse et la soude. Dans cette découverte, les deux savants se rencontrèrent avec Humphry Davy, qui, vers le même temps, était arrivé aux mêmes résultats par un moyen nouveau et tout différent. Frappé de la ressemblance qui existe entre les forces électriques et les forces chimiques, le célèbre chimiste anglais pensa que ces dernières pouvaient bien n'être qu'une forme des premières, et il conçut l'idée de faire de la pile de Volta un instrument d'analyse. Ce fut avec cet instrument puissant qu'il isola le potassium et le sodium (1807). Davy est donc le créateur de l'*Electrochimie*. — Aux lois générales que nous avons citées plus haut vinrent s'ajouter, en 1819, celle de Dulong et Petit, relative aux *chaleurs spécifiques*, et la loi de l'*isomorphisme* énoncée par Mitscherlich. Enfin Berzélius (1779-1848), poursuivant les recherches quantitatives de Richter et de Wenzel, découvrit la loi des sels neutres, mit en évidence les *nombres proportionnels* et consacra la plus grande partie de sa vie à la détermination exacte des poids atomiques; c'est à lui que nous devons les symboles, les formules et les équations chimiques en usage aujourd'hui.

Ainsi, dès le premier quart de ce siècle, la chimie minérale était arrivée à un haut degré de perfection. Mais la chimie organique en était à peine à ses débuts. Lavoisier et Berthollet avaient montré que les substances organiques sont formées de carbone, d'hydrogène, d'oxygène et d'azote; ils avaient posé les principes de l'analyse élémentaire, qui fut ensuite développée par Gay-Lussac, Thénard, Berzélius, Liebig. Mais les substances organiques que nous offre la nature sont des mélanges complexes de principes immédiats, c.-à-d. de composés chimiquement définis qui seuls possèdent des propriétés invariables; et l'analyse élémentaire ne peut donner de résultats utiles que si l'on a préalablement séparé ces principes.

Cette séparation n'avait encore été réalisée que dans des cas très simples. C'est Chevreul qui, en 1824, formula les règles de l'analyse immédiate, en donnant les moyens qui permettent d'isoler ces principes, et les caractères auxquels on reconnaît leur pureté. Un peu auparavant, il avait donné un bel exemple de cette sorte d'analyse dans ses travaux sur les corps gras. Ces recherches montrèrent en même temps les résultats importants que peut fournir l'étude systématique des transformations d'une substance, lorsqu'on la soumet à l'influence de divers agents physiques ou chimiques. Un grand

nombre de savants s'engagèrent dans cette voie; on étudia l'action de la chaleur, des acides, des bases, des corps oxydants, etc., sur les composés organiques. Par la comparaison des résultats obtenus, on arriva plus tard à des lois générales, comme celles des réactions pyrogénées (Pelouze, Berthelot), tandis que l'oxydation ménagée des principes immédiats donnait des séries de composés de plus en plus simples, doués de propriétés analogues, qui varient régulièrement d'un terme au suivant; cela permit de ranger les substances organiques en échelle régulière (l'échelle de combustion de Gerhardt) et en séries homologues. Peu à peu l'on parvint à connaître les propriétés générales qui caractérisent tout un ensemble de composés; on put alors classer les corps d'après leurs fonctions chimiques, trouver des réactions qui indiquent l'existence de telle ou telle fonction, et approfondir ainsi la constitution des substances organiques.

Cependant les faits et les composés nouveaux s'accumulaient sans cesse au cours de ces recherches, et l'on éprouvait de plus en plus le besoin d'idées théoriques destinées à coordonner tous les faits particuliers; aussi l'histoire de la c. organique est-elle intimement liée à celle des théories chimiques. Dès les premières années de ce siècle, Dalton avait formulé les principes de la *théorie atomique*, dans laquelle l'hypothèse d'Avogadro (1811), reprise en 1814 par Ampère, devait jouer plus tard un rôle prépondérant. Voy. ATOMIQUE. Berzélius combina la théorie de Dalton avec les idées dualistiques de Lavoisier, en s'appuyant sur les découvertes de l'électrochimie, et fonda ainsi la *théorie électrochimique ou dualistique*. Pour lui, tout composé est binaire, c.-à-d. formé de deux parties, l'une électropositive, l'autre électronégative; elles sont juxtaposées et unies par l'attraction de leurs électricités contraires. La propriété de toute combinaison dépendent essentiellement du caractère électrochimique prédominant de l'un ou l'autre des éléments constituants; les composés eux-mêmes acquièrent ainsi un caractère électrochimique et peuvent se combiner deux à deux suivant les mêmes lois que les corps simples; les sels, par ex., sont formés de deux parties juxtaposées, l'acide négatif et la base positive. Pour étendre cette dualité aux substances organiques, il fallut y admettre l'existence de radicaux, c.-à-d. de composés hypothétiques jouant le même rôle que les corps simples. La découverte du cyanogène, radical analogue aux métalloïdes (Gay-Lussac, 1815) et, plus tard, celle du cacodyle, analogue aux métaux (Bunsen, 1842), vinrent à l'appui de cette hypothèse. Wœhler et Liebig, en 1828, montrèrent que les nombreux dérivés de l'essence d'amandes amères contiennent un noyau commun, qu'ils appelèrent le radical benzoïle. Ce fut l'origine de la *théorie des radicaux*; et la c. organique, bientôt envahie par une foule de ces corps hypothétiques, put être appelée la c. des radicaux composés. — Mais la découverte des phénomènes de substitution, dont les lois furent énoncées par Dumas, en 1834, vint montrer qu'un élément négatif tel que le chlore peut remplacer l'hydrogène, élément positif, sans modifier sensiblement les propriétés du composé où s'opère cette substitution; c'était là un fait en contradiction complète avec la théorie dualistique. A celle-ci, Laurent et Dumas opposèrent la *théorie unitaire*; un composé n'est plus regardé comme binaire; c'est un tout homogène dans lequel on peut remplacer un élément par un autre élément ou même par un radical, sans modifier les propriétés de l'ensemble. Bientôt Gerhardt ou institua à considérer toutes les réactions chimiques comme des substitutions; reprenant les idées d'Avogadro et d'Ampère, il en fit la base d'un nouveau système de poids atomiques; il insista sur la distinction entre les molécules et les atomes, montra que les corps simples à l'état de liberté forment eux-mêmes des molécules composées de plusieurs atomes, et conclut de là que toute réaction chimique entre deux corps est une double décomposition dans laquelle ces corps échangent leurs atomes. Ainsi, dans la formation d'un sel tel que l'azotate de potasse, l'hydrogène de l'acide se substitue au métal de la base : $HOK + H Az O^3 = HOH + K Az O^3$;

la combinaison de deux corps simples se fait par un échange semblable : $HH + Cl Cl = H Cl + H Cl$. Quant aux radicaux,

ce ne sont plus des composés ayant une existence indépendante et pouvant être isolés : ce sont des débris de molécules, des *résidus* tels que $Az O^3$ et OH, qui peuvent se combiner entre eux ou passer d'une molécule à l'autre par substitution. En 1849, Wurtz, puis Hoffmann, découvrirent les amines et montraient qu'on peut les considérer comme des produits de substitution de l'ammoniaque. En 1851, Williamson, dans ses recherches sur l'éthérification, arrivait à envisager les alcools et les éthers, ainsi que les acides, les oxydes et les sels, comme des dérivés de l'eau. Gerhardt, généralisant ces idées, regarda tous les corps comme des dérivés par substitution de quatre *types moléculaires* : l'eau, l'ammoniaque, l'hydrogène et l'acide chlorhydrique. Le type hydrogène contenait les hydrocarbures, les aldéhydes et les acétones; le type acide chlorhydrique, qui, à vrai dire, devrait se confondre avec le précédent, renfermait les chlorures, bromures, iodures minéraux et organiques.

La théorie des types moléculaires pouvait conduire facilement à la *théorie de la valence* ou de *l'atomicité*; on arriva à celle-ci par une autre voie. Vers 1835, Graham avait montré que l'acide phosphorique est tribasique, c.-à-d. capable de s'unir à trois équivalents de base; peu après, Liebig étendait cette notion de polybasicité aux acides organiques. En 1854, Berthelot compara la glycérine à l'acide phosphorique et fit voir qu'elle est un alcool triatomique, pouvant s'unir à trois molécules d'acide pour former des éthers; deux ans plus tard, Wurtz découvrait le glycol, alcool diatomique. Williamson expliqua la polyatomicité par la capacité de saturation des radicaux; Odling et Kékulé étendirent cette notion aux corps simples eux-mêmes. En 1858, Kékulé énonça que le carbone est tétratomique, et que ses atomicités peuvent être saturées, non seulement par des éléments différents et des radicaux, mais aussi par d'autres atomes de carbone. La théorie des valences était fondée (voy. ATOMICITÉ); elle se développa rapidement, surtout lorsque Kékulé, en 1866, eut proposé pour le benzène la formule hexagonale, si féconde en conséquences. Voy. BENZÈNE. L'un des premiers résultats de cette théorie fut l'explication d'un grand nombre d'isoméries sur lesquelles Berzélius avait attiré l'attention dès 1831 : elles furent attribuées aux différentes positions que peut prendre un même radical en se substituant dans la molécule. Une conséquence plus importante encore, c'est la notion d'atomicité servit de base à une conception plus nette de la constitution des composés organiques. La théorie de la valence fit d'abord connaître la constitution des innombrables composés aromatiques. Bientôt elle fit pénétrer la lumière dans la série des composés azotiques étudiés par Griess, qui ont fourni une si riche moisson à l'industrie des matières colorantes. Plus tard, l'hypothèse de Roerner sur la pyridine (1880), analogue à celle de Kékulé sur le benzène, vint livrer le secret de la structure des bases pyridiques et quinoléiques et des alcaloïdes végétaux. On comprit dès lors qu'il doit exister des composés cycliques analogues aux corps aromatiques, mais contenant, dans leur noyau même, des atomes d'azote, de soufre, d'oxygène; les travaux de ces dernières années ont mis au jour un grand nombre de composés pareils, dérivés du pyrrol, du triophène, du furfurane. Même la constitution des substances albuminoïdes, les matières les plus complexes que nous connaissions, a pu être élucidée dans une certaine mesure, grâce surtout aux travaux de Schutzenberger.

La recherche de la constitution chimique d'un corps est devenue le problème capital de la c. organique à notre époque. Pour le résoudre on a recours à deux méthodes principales. L'une d'elles consiste, comme nous l'avons vu plus haut, à étudier les dédoublements et les décompositions successives que subit une substance sous l'influence de divers agents. La seconde repose sur la synthèse chimique. En renversant les réactions trouvées par la première méthode, on arrive d'abord à combiner deux principes naturels, de manière à former un composé plus complique que les générateurs; c'est la *synthèse partielle*. On put ainsi reproduire les acides gras, beaucoup d'alcools, les éthers, les corps gras neutres; on obtint de même des corps d'une structure moins simple, les acides hippurique, lactique, salicylique, la taurine, la coumarine, la sarcosine, la névrine, etc. A partir de 1863, Berthelot parvint à reproduire un grand nombre de composés organiques par *synthèse totale*, c.-à-d. en partant des corps simples eux-mêmes. La combinaison directe du carbone et de l'hydrogène lui donna l'acétylène; celle de l'oxyde de carbone avec l'eau fournit l'acide formique. Ces composés lui servirent ensuite à former les hydrocarbures, les alcools, les éthers, les acides, les amides, etc. On reconnut que les principes élaborés par la nature dans les végétaux et les animaux peuvent être reproduits de toutes pièces dans le laboratoire, et dès lors s'effaça la distinction absolue qu'on avait établie entre la c. organique et la c. minérale. La méthode la plus féconde est celle de la *synthèse par condensation*. Elle consiste à souder ensemble plusieurs molécules, à l'aide de la chaleur et d'un corps polymérisant, de manière à obtenir des composés de plus en plus complexes. Comme agents de condensation, on emploie surtout le chlorure d'aluminium (Friedel et Crafts), le mélange

d'acide sulfurique et de glycérine (Skraup), et le chlorure de zinc.

Ces méthodes synthétiques et la théorie de la valence se prêtent un mutuel appui et permettent aujourd'hui d'aborder les problèmes les plus difficiles. Guidé par la théorie et par l'étude des réactions auxquelles il soumet une substance organique, le chimiste parvient à reconnaître les différents groupes atomiques dont l'enchaînement forme la molécule de cette substance; il détermine leur nature, leurs liaisons, leurs positions relatives; ensuite, mettant en œuvre les procédés de synthèse et de substitution, il soude ensemble plusieurs molécules relativement simples de manière à refaire le noyau de la substance, il y insère les chaînes latérales, et, le plus souvent, il arrive à reconstruire, pièce par pièce, l'édifice moléculaire qu'il avait méthodiquement démoli. Bien plus, la réussite d'une pareille opération le met ordinairement à même de produire une foule de substances analogues et de dérivés que l'on ne rencontre pas dans la nature. On comprend sans peine l'importance pratique de ces travaux qui ne tendent à rien moins qu'à la fabrication industrielle de toutes les substances utiles de la nature organique. Ne pouvant énumérer ici toutes les applications importantes de la méthode synthétique, nous n'en citerons que quelques-unes : la synthèse de l'alizarine par Graebe et Liebermann (1869), que suivit bientôt celle de l'indigo (Baeyer) et de la plupart des matières colorantes ; la synthèse de la conicine (Ladenburg), qui fait prévoir la reproduction prochaine des alcaloïdes végétaux; les nombreuses synthèses de matières sucrées, opérées récemment par E. Fischer, etc. Après la production artificielle des matières colorantes, nous assistons aujourd'hui à celle des parfums et des médicaments; peut-être verrons-nous un jour la synthèse des matières albuminoïdes et la création de nouvelles substances alimentaires.

Si nous revenons maintenant à la c. minérale, nous devons reconnaître qu'elle a tiré peu de profit des théories qui se sont montrées si fécondes en c. organique. On le sait, en effet, que fort peu de chose sur la constitution des composés de la c. minérale. Celle-ci s'est agrandie dans d'autres directions, et ses progrès ont été amenés surtout par le développement de la c. générale et de la physique appliquée à la c. Les lois de l'électrolyse (Faraday, 1834) ont montré les relations intimes qui existent entre l'électricité et l'énergie chimique; elles ont aidé à la détermination des équivalents et amené la découverte de la galvanoplastie; les études d'électrochimie, poursuivies par Faraday, Becquerel, Berthelot, etc., ont fait découvrir un certain nombre de réactions et de composés nouveaux; reprises dans ces derniers temps avec une nouvelle ardeur, elles ont conduit à des idées toutes nouvelles sur la constitution des électrolytes et sur les réactions chimiques, et permettront sans doute d'éclaircir la question de l'affinité et de l'atomicité. Les progrès de l'industrie électrique ont permis à Moissan d'opérer couramment, dans son four électrique, à des températures de 2,000° et 3,000°; il a pu ainsi obtenir des composés nouveaux, isoler le fluor, préparer à l'état de pureté beaucoup de corps mal connus jusqu'à présent, et réaliser la reproduction artificielle du diamant. L'invention de la photographie (Niepce et Daguerre, 1838) a attiré l'attention sur les actions chimiques de la lumière, et suscité une science nouvelle, la photochimie. Plus tard l'analyse spectrale, fondée en 1860 par Kirchhoff et Bunsen, a conduit à la découverte de plusieurs métaux nouveaux (le césium, le rubidium, le thallium, le gallium, etc.), et la comparaison des spectres lumineux a montré de curieuses relations entre les corps simples. — L'étude des relations entre les propriétés physiques des corps et leur constitution chimique a pris une extension considérable. On a vu plus haut quelle est l'importance de la détermination des densités gazeuses et des chaleurs spécifiques pour la fixation des poids moléculaires et atomiques. Vers 1840, Kopp commença une série de travaux qui firent ressortir les relations existant entre la composition des corps et leur volume moléculaire, leur point d'ébullition, etc. Ces recherches analogues furent poursuivies par un grand nombre d'observateurs qui montrèrent que presque toutes les constantes physiques d'un composé (indice de réfraction, solubilité, pouvoir osmotique, conductibilité, etc.) sont en rapport avec sa constitution chimique. L'étude de ces relations est l'un des objets de la c. physique ou physico-c.; elle fournit de précieux renseignements sur les poids atomiques des composés; c'est ainsi que les travaux de Raoult, de Coppet, de Van t'Hoff, sur le point de congélation, la tension de vapeur et la pression osmotique des dissolutions, ont établi des méthodes faciles pour la détermination des poids moléculaires. Pour les corps simples, L. Meyer et

Mendeleef ont montré que leurs propriétés physiques et chimiques sont des fonctions périodiques du poids atomique; c'est ce qu'on a appelé la loi périodique, loi qui a servi de base à une classification rationnelle des éléments. Voy. ÉLÉMENTS. — C'est surtout l'étude des dissolutions qui a occupé les chimistes dans ces dernières années. Van't Hoff a prouvé que les corps en solutions étendues se comportent à tous égards comme les gaz et obéissent comme eux aux lois de Mariotte, de Gay-Lussac et d'Avogadro. Arrhenius, s'appuyant sur les découvertes de Van't Hoff et interprétant les travaux de Hittorf et de Kohlrausch sur le transport des ions, a formulé une hypothèse très curieuse, d'après laquelle les acides, les bases et les sels, dissous dans l'eau, seraient dissociés en leurs éléments électrochimiques ou ions. Cette théorie de la dissociation électrolytique choque fortement les idées actuelles sur les réactions chimiques; aussi est-elle en ce moment l'objet de vives discussions; elle donne une interprétation nouvelle d'un grand nombre de faits anciens et nouveaux, et, en raison de son originalité même, elle sera appelée à un grand avenir, si elle parvient à triompher des nombreuses objections qu'on lui oppose. — Les phénomènes de la combinaison et de la décomposition chimiques ont été envisagés à un point de vue nouveau depuis que Deville, vers 1863, découvrit les décompositions limitées et la *Dissociation* (voy. ce mot); on vit bientôt que la plupart des réactions chimiques sont accompagnées par une action inverse. L'équilibre qui s'établit dans ces cas n'est plus regardé comme un état d'immobilité; c'est, comme l'a expliqué Pfaundler, en 1867, un équilibre mobile, où les molécules se décomposent et se reforment sans cesse, et qui résulte de deux réactions contraires s'effectuant avec des vitesses égales. Guldberg et Waage, reprenant les idées de Berthollet, établirent que l'action chimique, ou plutôt la vitesse de réaction, est à chaque instant proportionnelle aux masses actives, c.-à-d. au nombre de molécules réagissantes contenues dans l'unité de volume; l'état d'équilibre se réalise quand les vitesses des réactions contraires se compensent. Ces théories et les expériences qu'elles suscitèrent, conduisirent à une connaissance plus approfondie des affinités chimiques et permirent dans certains cas de les mesurer; c'est ce que fit Ostwald en observant les variations des propriétés physiques amenées par les réactions, tandis qu'Arrhenius arrivait au même but en mesurant les conductibilités électriques, et Thomsen en mesurant les quantités de chaleur dégagées. — Parallèlement à cette théorie cinétique de l'affinité s'était développée une théorie thermochimique. Préparée par les expériences de Dulong, de Hess, et surtout de Favre et Silbermann, la thermochimie fut fondée par Thomsen et par Berthelot, sur le principe de l'équivalence mécanique de la chaleur. Le principe du travail maximum (voy. THERMOCHIMIE), développé surtout par Berthelot, à partir de 1875, permet, dans un grand nombre de cas, de prévoir les réactions chimiques qui doivent se produire entre deux ou plusieurs corps. Aussi a-t-on pu croire que la thermochimie servirait de fondement à une mécanique chimique vraiment rationnelle. Mais cette espérance ne s'est pas réalisée; le théorème du travail maximum ne peut être considéré que comme une approximation; c'est principalement au second principe de la thermodynamique (principe de Carnot et Clausius ou de l'entropie) qu'il faut s'adresser pour prévoir la possibilité et le sens des réactions chimiques. Horstmann, le premier, expliqua ce principe et en déduisit une théorie mathématique de la dissociation. Un peu plus tard, Willard Gibbs, dans son célèbre ouvrage sur l'*Équilibre des substances hétérogènes* (1878), créa définitivement une *Mécanique chimique* débarrassée de toute hypothèse moléculaire, cinétique ou thermochimique, et s'appuyant uniquement sur les principes de la thermodynamique. La c. s'est ainsi élevée au rang d'une science exacte, dont les analogies entre les lois de la c., de la physique et de la mécanique ont été mises en pleine lumière, et les notions de l'équilibre et du mouvement se sont singulièrement élargies. Toute distinction fondamentale entre ces différentes sciences s'efface, et celles-ci ne sont plus que les différentes branches d'une science plus vaste, l'énergétique, qui, généralisant les lois particulières, préside à l'explication de tous les phénomènes du monde matériel.

CHIMIQUE. adj. 2 g. Qui appartient à la chimie. — *Allumettes chimiques*, Allumettes garnies de phosphore et qui s'allument par le frottement. *Mal c.*, Nom donné par les ouvriers à la nécrose des os maxillaires dans les fabriques d'allumettes où l'on emploie le phosphore blanc.

CHIMIQUEMENT. adv. D'après les lois de la chimie; sous le rapport chimique. — *Corps chimiquement pur*,

Substance assez pure pour qu'aucun réactif chimique n'y révèle la présence de substances étrangères.

CHIMISME. s. m. L'ensemble des opérations chimiques qui se font dans une plante, dans un animal. || Abus de la chimie dans ses applications à la physiologie ou à la pathologie. || T. Philos. L'une des trois catégories du développement de la notion objective suivant Hégel, qui sont le *Mécanisme*, le *Chimisme* et la *Téléologie*. Voy. HÉGÉLIANISME.

CHIMISTE. s. m. Celui qui s'occupe de chimie, qui est versé dans la chimie.

CHIMITYPIE. s. f. (R. *chimie* et *type*). Procédé qui permet d'imprimer, au moyen de la presse typographique, une gravure en creux, en lui donnant un relief suffisant.

CHIMOINE. s. m. T. Const. Sorte de ciment ou de stuc qui imite le marbre.

CHIMOMÉTRIE. s. f. (R. *chimie*, et gr. μέτρον, mesure). T. Didact. Calcul des éléments chimiques qui entrent dans la composition des corps.

CHIMONANTHUS. s. m. [Pr. *kino-nan-tus*] (gr. χειμών, hiver; ἄνθος, fleur). T. Bot. Genre de plantes de la famille des *Monimiacées*. Voy. ce mot.

CHIMPANZÉ. s. m. T. Mam. Singe anthropomorphe qui vit dans les grandes forêts de la côte occidentale d'Afrique, dans les mêmes régions que le gorille. Voy. SINGES.

À la tête de l'ordre des quadrumanes viennent se placer quatre genres évidemment supérieurs à tous les autres, et qui, sous quelques rapports, se rapprochent tellement de l'espèce humaine que plusieurs auteurs en ont fait une famille distincte sous le nom de *Singes anthropomorphes*. Bien plus, les Malais des îles de la Sonde désignent l'un d'eux, qui est propre à ces îles, sous celui d'*orang-outan*, c.-à-d. d'homme des bois. Ces quatre genres, admis aujourd'hui par les zoologistes, sont le *Chimpanzé*, l'*Orang*, le *Gorille* et le *Gibbon*. Voy. ces mots. Tous sont dépourvus de queue et d'abajoues et appartiennent à l'ancien continent.

On ne connaît qu'une espèce du genre *Chimpanzé*, appelé aussi *Troglodyte* (*Troglodytes*). Cette espèce, qui paraît propre à la partie occidentale de l'Afrique, car jusqu'ici on ne l'a trouvée que dans la Guinée et le Congo, est caractérisée par sa haute taille, son corps trapu, la longueur médiocre de ses bras qui atteint seulement le bas des cuisses, ses mains assez bien proportionnées, ses ongles aplatis, sa face nue, son museau court, et ses oreilles analogues à celles de l'homme, mais grandes. Ce singe paraît atteindre près de 5 pieds (1m60) de hauteur; mais son corps est plus fort et plus trapu que celui d'un homme de même taille. Son pelage noir, assez fourni sur le dos et les épaules, est formé de poils assez rares aux parties antérieures du corps et internes des jambes. Les fesses présentent des callosités évidentes, mais étroites. Les jambes offrent une espèce de mollet formé, comme chez l'homme, par les muscles jumeaux et soléaire. Enfin, ses pieds diffèrent plus des mains et se rapprochent davantage du pied humain que chez les autres singes. Cette organisation des membres inférieurs permet au chimpanzé, plus qu'aux autres quadrumanes, la station verticale, sans que pour cela on puisse méconnaître les caractères d'un animal grimpeur. Ce singe est de tous les animaux celui qui se rapproche le plus de l'homme par ses proportions générales. Il s'en rapproche même par son intelligence, bien qu'il y ait un abîme entre cette intelligence rudimentaire et les facultés intellectuelles et morales de l'homme. À l'état sauvage, les chimpanzés habitent ordinairement les forêts les plus touffues et les plus sauvages, et se construisent sur les arbres une sorte de hutte où ils passent la nuit. Ils se nourrissent principalement de fruits, mais il est probable qu'ils y joignent les œufs et les petits oiseaux qu'ils sont habiles à dénicher. Ils vivent ordinairement en troupes. Quand ils sont poursuivis, ils échappent le plus souvent à la vue de ce qui les poursuit, en se réfugiant dans la forêt dont ils parcourent la fuite. Il est rare qu'ils descendent des arbres pour attaquer ceux qui les poursuivent, quoiqu'on cite plusieurs exemples de naturels terrassés et tués par ces animaux, qui sont doués d'une force prodigieuse. Malgré le volume et le poids de leur corps, ils grimpent aux arbres avec beaucoup de rapidité et s'élancent d'une branche à l'autre avec autant de facilité et d'adresse que le font les petits singes d'Amérique. Sur le sol, au contraire, ils ne marchent qu'avec difficulté, s'aident parfois d'un bâton, ou posent fréquemment leurs mains à terre, mais en les tenant fermées et en s'appuyant sur leur face dorsale. A l'état de domesticité, on n'a jamais pu observer que de jeunes sujets dont on s'était emparé en tuant la mère. Alors ils s'apprivoisent avec une facilité merveilleuse, et sont remarquables par leur extrême

douceur et même par leur docilité, bien qu'ils soient un peu capricieux. On leur apprend à se tenir à table comme le fait l'homme; à manier le couteau, la cuiller, la fourchette; à servir les convives; à saluer et à reconduire poliment les visiteurs. Ils prennent aussi très facilement les mauvaises habitudes de l'homme civilisé et s'accoutument volontiers à l'usage des liqueurs fortes.

CHINA. s. m. T. Pharm. Nom latin donné dans les anciens formulaires au Quinquina et plus spécialement à la Squine (*China radix*), de la famille des *Liliacées*. Voy. ce mot.

CHINAGE. s. m. (R. *chiner*). T. Teint. Opération qui consiste à colorer partiellement des écheveaux, de façon que les brins placés au hasard forment un tissu *chiné*. Voy. ce mot. On est arrivé, aujourd'hui, à faire des chinés de plusieurs couleurs. Le c. peut se faire à la corde : on lie les écheveaux avec des cordes ou des ficelles, et on les plonge dans le bain de teinture; les parties protégées par les cordes ne se teignent pas. Il peut aussi se faire à la machine; dans ce cas, il constitue une véritable impression. L'écheveau passe entre deux cylindres cannelés qui impriment la couleur par leurs parties pleines et laissent l'écheveau incolore dans leurs parties vides. Pour obtenir plusieurs couleurs, on emploie des cylindres cannelés qui déposent la couleur par régions sur les rouleaux imprimeurs.

CHINA-GRASS. s. m. (anglais *China*, Chine; *grass*, herbe). T. Bot. Nom donné aux fibres textiles (*Ramie*) fournies par deux espèces de *Bœhmeria*. Voy. RAMIE.

CHINALADAN ou **SARAC**, roi de Ninive (647-625 av.J.-C.).

CHINARD (JOSEPH), sculpteur français (1756-1813).

CHINCAPIN. s. m. T. Bot. Nom vulgaire du *Châtaignier nain*. Voy CHATAIGNIER.

CHINCHAS (Iles), groupe d'îles sur la côte du Pérou, d'où l'on tirait le guano.

CHINCHILLA. s. m. [Pr. *chin-chil-la*] (esp. *chinchilla*, animal puant, sans doute de *chinche*, punaise). Le *C.* est un mammifère de l'ordre des Rongeurs. Il constitue le type d'une petite famille appelée *Lagostomidæ*. Les animaux qui la composent présentent les caractères suivants : clavicules complètes, doigts armés d'ongles petits, au nombre de 5 au membre antérieur, et variant au membre postérieur suivant les genres; queue longue; mâchoires ayant chacune deux incisives, et de chaque côté quatre mâchelières sans racines, composées de deux ou trois lames d'ivoire parallèles et unies par de la substance corticale. — Les LAGOSTOMIDES renferment les genres *Eriomys*, *Lagotis*, *Hapalotis* et *Lagostomus*, qui se distinguent entre eux par le nombre de leurs doigts aux membres postérieurs, et par la forme de leurs oreilles. Ainsi l'*Hapalotis* a 5 doigts aux pieds postérieurs, le *Chinchilla* et le *Lagotis* en ont 4, le *Lagostomus* en a 3. En outre, le *Lagotis* est le seul qui ait les oreilles faites comme celle du Lièvre : de là le nom qui lui a été donné.

Les *Chinchillas* (*Eriomys lanigera*) [Fig. ci-dessous] ha-

bitent les montagnes du Chili et du Pérou. Ils vivent en société, et les terriers qu'ils se pratiquent sont si nombreux et si profonds, qu'ils rendent souvent les montagnes impraticables. Leur longueur est de 40 centim. environ, depuis le bout du museau jusqu'à l'extrémité de la queue. Leur poil, fin et doux au toucher, long et laineux, est d'un beau gris ondulé de blanc, moins foncé sous le ventre. Leur queue est un peu plus longue que la moitié du corps, et est dénudée sur les côtés à cause des nombreux mouvements de droite et de gauche qu'ils lui impriment. Leur chair est estimée. Leur fourrure est très chaude et très belle; c'est ce qui les a rendus l'objet d'une chasse très active pour laquelle on emploie des chiens dressés à les prendre sans endommager leur robe. On a fait, au commencement de ce siècle, un plus grand usage de ces fourrures qu'aujourd'hui. La nourriture de ces animaux se compose généralement de plantes bulbeuses. — La *Viscache* (*Lagostomus trichodactylus*) habite l'Amérique méridionale, mais surtout les provinces de Buenos-Ayres. Elle se loge dans des terriers profonds à une seule ouverture, et elle aime à vivre en compagnie des animaux de son espèce. Sa peau n'est pas employée comme fourrure.

Le *Lagotis* (*Lagotis Cuvieri*) est un peu plus grand que le chinchilla. Ses poils sont doux, mais ils tombent facilement. Il habite les contrées montagneuses du Pérou.

L'*Hapalotis* (*Hapalotis albipes* ou *Conilurus constructor*) n'a été vu jusqu'ici que dans la Nouvelle-Hollande.

CHINCHON (Comtesse de), Espagnole, femme d'un vice-roi du Pérou, qui, en 1632, apporta le quinquina du Pérou en Europe, après avoir elle-même été guérie de la fièvre par ce précieux médicament.

CHINE. L'empire de la Chine ou du Milieu est le plus compact et le plus peuplé de la terre; il renferme, en effet, une population de 400 millions d'individus, répandus sur un territoire de 11,500,000 kil. car. Il possède à lui seul plus d'un quart de la superficie et de la moitié des habitants de toute l'Asie.

L'empire chinois ne forme point un ensemble homogène, mais il se compose de trois parties bien distinctes :

	Kil. c.	Hab.
La Chine proprement dite.	4,000,000	380,000,000
La Mandchourie.	980,000	12,000,000
Les pays sujets.	6,600,000	9,000,000

De ces différents États, la Chine proprement dite peut être considérée comme le noyau de la monarchie ; la Mandchourie a été apportée par les Mandchoux eux-mêmes, lorsqu'ils ont conquis la Chine, en 1644 ; le Tibet et la Mongolie, qui constituent les pays sujets, ont été soumis, l'un en 1125, et l'autre en 1388. Il faut y joindre une partie du Turkestan.

La Chine proprement dite est le pays du monde qui possède la civilisation la plus reculée. Les plus anciennes observations astronomiques chinoises remontent au XXXIII° siècle avant notre ère, à l'empereur Fo-Hi, et le calendrier chinois encore actuellement en usage remonte au XXVII° siècle, à l'empereur Hoang-Ti. Les chroniques du Chou-King commencent à l'empereur Yao, au XXIV° siècle, et une célèbre éclipse de soleil fut observée en l'an 2136. L'apogée de la puissance de l'empire semble avoir été sous la dynastie des Han (202 av. J.-C., 226 ap. J.-C.). La dynastie des Thang et celle des Soung succédèrent à cette dernière. Après de longues divisions, les Mongols, conduits par Koublaï-Khan, petit-fils de Gengis-Khan, entrèrent en Chine et y fondèrent la dynastie des Yuen, qui régna, non sans éclat, de 1280 à 1368. Elle fut renversée par la dynastie indigène des Ming, qui a duré de 1368 à 1644. Mais le dernier des Ming, ayant à combattre des rebelles, fit appel aux Tatares Mandchoux, dont les hordes étaient établies dans le bassin de l'Amour. La révolte fut écrasée, mais les Mandchoux établirent leur autorité ; c'est encore la dynastie qui règne aujourd'hui. Cette dynastie, dite des *Tatsing*, ou très purs, a complètement adopté les mœurs et les usages des vaincus.

La géologie de la Chine est imparfaitement connue : le terrain primitif doit former la base des montagnes de l'Ouest ; dans les provinces du Centre se trouve un mélange de sable, d'argile et d'éléments calcaires, qui forme une terre jaunâtre, et donne sa couleur aux eaux du fleuve Jaune et de la mer Jaune. Les provinces du Nord renferment des gisements de houille et de sel gemme. Les minerais de toutes sortes se trouvent en abondance.

Le climat varie nécessairement beaucoup sur une aussi grande étendue de territoire. A Pékin, sous le 40° parallèle, les hivers sont longs et rigoureux ; à Canton, sous le tropique, le maximum moyen est de + 31° en juillet. L'air est généralement sain, malgré l'abondance des rizières et des prairies marécageuses ; il est vrai que les travaux d'irrigation bien entendus facilitent partout l'écoulement des eaux des lacs ou des rivières.

Le gouvernement chinois est un despotisme presque absolu, le même depuis 1644. Le pouvoir impérial est héréditaire. Les deux grands corps de l'État sont le Grand Secrétariat et le Secrétariat d'État. Le premier proclame les édits impériaux, règle les lois de l'État et, en général, conseille l'empereur dans les affaires gouvernementales. Les fonctions du second consistent dans la rédaction des décisions et édits impériaux et la prise des résolutions nécessaires pour rendre l'administration civile et militaire efficace et réglée. Les plus hautes autorités sont ensuite les six ministères, puis le ministère pour l'administration des pays sujets, l'office des censeurs et le commandement militaire de Pékin.

La Chine forme 18 provinces qui composent 8 gouvernements

généraux et 3 gouvernements provinciaux ; en réalité le nombre des provinces est de 20, depuis la création des provinces de Formose et du Turkestan chinois.

Les villes se répartissent ainsi entre les différentes provinces :

Prov.	Villes :
Petchili.	Pékin (1,500,000 hab.), Tien-tsin (950,000 hab.).
Chan-toung.	Tsinan-fou, Tché-fou
Chan-si.	Taïyuan-fou.
Honan.	Khaï-foung.
Kiang-sou.	Nanking, Shanghaï (400,000 hab.), Tchin-kiang.
Anhouï.	Nganking.
Kiang-si.	Kiou-kiang.
Tché-kiang.	Ning-po (250,000 hab.), Hang-tcheou (800,000 hab.), Wen-tcheou.
Fokien et Formose.	Fou-tcheou (650,000 hab.), Amoy (100,000 hab.), Tchang-tcheou, Ta-koou.
Houpé.	Hankoou, Woutchang, Itchang.
Hounan.	Siang-tan-fou.
Chensi.	Singan.
Kansou.	Lan-tcheou.
Turkestan chinois.	Yarkand, Kachgar, Khotan.
Szé-tchuen.	Tching-to, Su-tcheou.
Canton et Haïnan.	Canton (1,600,000 h.), Wampoa, Swatow.
Kouang-si.	Outcheou
Yunnan.	Tali-fou, Yunnan.
Kouéï-tchéou.	Kooi-yang.

L'instruction est très répandue. Les cinq livres classiques de premier ordre sont les *King*, qui remontent à une époque très ancienne ; ils sont la base des travaux sur la morale et la

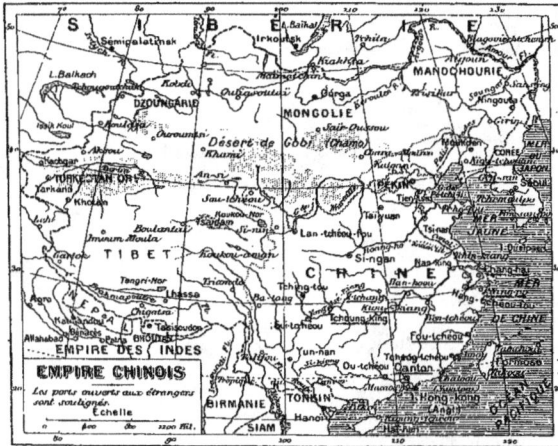

politique. La langue parlée est le *Kouan-hoa*, langue monosyllabique ; chaque monosyllabe, exprimé avec le même ton, peut avoir plusieurs significations différentes. Pour déterminer le sens qu'il veut donner à chaque terme, le Chinois est obligé de le faire suivre d'un autre de signification analogue. Les monosyllabes peuvent changer de valeur grammaticale, en changeant de position dans la phrase et devenir, selon les besoins de la pensée, adjectifs, substantifs ou verbes.

La religion la plus répandue est celle de Confucius, mais il y a aussi beaucoup d'adhérents du bouddhisme et du taoïsme. Les catholiques sont près d'un million.

L'agriculture est tenue en très grand honneur et le sol

presque tout entier est cultivé avec tant de soin que la Chine peut sembler un vaste jardin. Le riz est la base de la nourriture des habitants. L'industrie est remarquable par la variété, le fini et la richesse de ses produits. Il faut dire cependant qu'une grande partie des anciens procédés de fabrication se sont perdus et que les Chinois, ignorants du progrès, reproduisent toujours les mêmes modèles sans apporter de modifications sensibles. L'industrie de la porcelaine, la plus remarquable de toutes, ne date que du IIe siècle av. J.-C.

Les routes sont peu nombreuses et mal entretenues; le trafic intérieur se fait surtout par les canaux; ceux-là sont en grande quantité. Au premier rang il faut placer le Grand Canal, qui s'étend de Canton à Pékin sur une longueur de 2,700 kil. Dans son commerce avec l'étranger, la Chine importe surtout de l'opium et du coton en quantité presque égale, puis des étoffes de laine et des métaux; elle exporte en premier lieu du thé et des soieries, puis des marchandises diverses en petite quantité. Le mouvement total des ports, entrées et sorties comprises, est de 25 à 30,000 navires, dont 16,000 sous pavillon britannique et 8,000 sous pavillon chinois.

— La Mandchourie est gouvernée au nom de l'empereur comme son domaine propre. Elle est divisée en trois provinces et ses principales villes sont Girin, Tsisikar et Moukden. La Mongolie est en majeure partie plate et déserte. Le grand désert de Gobi y occupe une très grande étendue. Le Tibet, dans le haut plateau de l'Himalaya, est encore presque inconnu des Européens. Les villes y sont peu nombreuses et peu importantes. = Nom des hab. : CHINOIS, OISE.

CHINÉ. s. m. (R. *chiner*). T. Tiss. On donne ce nom à une sorte de dessin irrégulier formé par la juxtaposition irrégulière de traits alternativement blancs ou noirs ou de deux

couleurs distinctes (Fig. ci-dessus). Il y a aussi des *chinés* de plusieurs couleurs. On obtient les étoffes *chinées* : 1° en employant des fils teints partiellement (voy. CHINAGE); 2° en imprimant un dessin quelconque sur la chaîne et en fabriquant ensuite le tissu; le placement de la trame, déformant le dessin et le cachant par endroits, produit l'effet de c.; 4° en imprimant sur une étoffe de coton, à l'aide d'un rouleau préparé convenablement.

CHINER. v. a. (R. *Chine*; les Italiens disent *far i drappi alla chinese*, faire les draps à la chinoise). || T. Techn. Teindre des fils partiellement. C. *des écheveaux*. Voy. CHINAGE. = Fabriquer une étoffe chinée ou imprimer sur une étoffe de coton un dessin chiné. C. *une étoffe*. Voy. CHINÉ. || *Brocanter*, Acheter et revendre divers objets.

CHINEUR. s. m. Ouvrier qui pratique le *chinage*. Voy. ce mot. || Brocanteur qui achète et qui vend des objets d'occasion.

CHINOIS, OISE. adj. Qui habite la Chine; qui en est originaire; qui est dans le goût des ouvrages de la Chine. *Tapisserie chinoise. Éventail c. Jardin c. Des magots chinois.* || *Ombres chinoises*, Petit spectacle d'enfants, qui consiste à faire passer derrière un transparent des figures découpées.

CHINOIS. s. m. Nom donné au jeune fruit du Bigaradier conservé dans l'eau-de-vie.

CHINOISERIE. s. f. Se dit de divers petits objets d'art venus de la Chine ou imités des Chinois. || Par ext., Construction mesquine et chargée de détails de mauvais goût.

CHINON, ch.-l. d'arr. (Indre-et-Loire), sur la Vienne, à 46 kil. de Tours; 6,100 hab. Patrie de Rabelais. = Nom des hab. : CHINONNAIS, AISE.

CHINT. s. m. T. Comm. Toile des Indes propre à être imprimée.

CHINURE. s. f. T. Comm. État, aspect d'une étoffe chinée.

CHIO. s. m. T. Métall. Paroi antérieure du creuset d'un fourneau d'affinage. || Plaque qui recouvre la paroi. || Trou pratiqué dans cette même paroi et par lequel on opère la coulée du métal en fusion. || T. Verr. Pièce fixée à l'ouverture de la glacerie.

CHIO, île de l'Archipel, sur la côte O. de l'Asie Mineure; 62,000 hab. Cap. Chio, désolée par un tremblement de terre en 1881.

CHIOCCINE ou **CHIOCOCCINE.** s. f. [Pr. *ki-ok-sine*, ou *ki-okok-sine*]. T. Chim. Substance pulvérulente gris clair, extraite par Brandes du *Chiococca racemosa*, et qui paraît être identique à l'émétine.

CHIOCOCCA. s. m. [Pr. *ki-o-kok-ka*] (gr. χιὼν, neige; κόκκος, baie). T. Bot. Genre d'arbrisseaux de la famille des *Rubiacées*. Voy. ce mot.

CHIOGGIA, v. et port de Vénétie; 28,100 hab.

CHIOLITHE. s. f. [Pr. *ki-o-lile*] (gr. χιὼν, neige; λίθος, pierre). T. Minér. Pierre d'un blanc de neige, qui se trouve en Russie et qui est un fluorure double d'aluminium et de sodium.

CHIONANTHE. s. m. [Pr. *ki-o-nante*] (gr. χιὼν, neige; ἄνθος, fleur). T. Bot. Genre de plantes de la famille des *Oléacées*.

CHIONIS. s. m. [Pr. *ki-o-nis*] (gr. χιὼν, neige). T. Ornith. On désigne sous ce nom un genre d'oiseaux de l'ordre des *Échassiers* et de la famille des *Pressirostres*. Ce genre désigné encore sous les noms de *Bec en fourreau, Vaginale, Coléorhamphe*, est facile à distinguer des genres voisins, le *Pluvier* et l'*Huitrier*, par les caractères suivants :

Bec robuste, conique, convexe, légèrement comprimé, et aussi long que la tête ; mandibule supérieure fléchie à son extrémité, et recouverte à sa base d'une gaine cornée, sillonnée et lacérée sur les côtés ; mandibule inférieure plus courte et anguleuse en dessous ; narines petites, obliques et recouvertes par la gaine ; face nue, verruqueuse chez les adultes, surtout autour des yeux ; tarses courts, robustes, assez plumes jusqu'au-dessus du genou ; pieds tétradactyles; doigts antérieurs réunis à leur base par une membrane, pouce ou doigt postérieur élevé de terre; queue courte, à 12 rectrices, larges et presque droites. On ne connaissait, depuis longtemps, qu'une seule espèce de ce genre, le C. *blanc* (C. *alba*); mais Hartlaub en a découvert une seconde qu'il a nommée C. *minor*. Le C. *blanc* (Fig. ci-dessus) habite les îles Malouines, la Nouvelle-Zélande et les autres côtes des mers Australes. Il a de 40 à 45 centim. de longueur; sa taille est celle d'un pigeon, mais il est plus massif. Sa ressemblance avec les *Gallinacés* lui a valu, de la part des navigateurs, les noms de *Pigeon* et de *Poule antarctique*. Son plumage est d'un blanc de neige;

son bec est noir, avec la gaine jaune ou noirâtre; ses pieds sont blancs, rouges ou bruns, suivant l'âge. Son vol est pesant; ses mœurs sont sauvages. Il vit seul ou en petites troupes sur des rochers à fleur d'eau. Il se nourrit de coquillages, d'herbes marines, et, accidentellement, des débris d'animaux que la mer rejette sur la plage. Vieillot, croyant que les cadavres étaient l'unique nourriture du c., l'avait appelé C. *nécrophage*. La chair de cet oiseau ressemble à celle du canard. Parfois, cependant, elle a un goût détestable, ce qu'il faut sans doute attribuer à la nourriture que le hasard lui a procurée.

CHIOURME. s. f. coll. (ital. *ciurma*; du turc *tcheurmé*, chiourme). Se disait du groupe de forçats et autres malheureux qui ramaient sur une galère. *La c. fit force de rames.* || L'ensemble des forçats renfermés dans un bagne. *La c. de Brest. Garde-c.*

CHIPAGE. s. m. T. Tann. Action de faire tremper les peaux dans une dissolution de tan.

CHIPEAU. s. m. Nom vulgaire et spécifique du canard chipeau, dit encore *ridenne* et *ridelle*. Voy. CANARD.

CHIPER. v. a. T. Tann. Coudre ensemble les peaux après les avoir jetées dans l'eau chaude. Voy. TANNAGE. || T. Argot des écoles. Dérober, voler.

CHIPIE. T. pop. Femme ou fille désagréable et dédaigneuse.

CHIPKA, défilé qui traverse les Balkans entre la Bulgarie et la Roumélie, célèbre par la lutte des Russes et des Turcs en 1877.

CHIPOLAIN. s. m. Voy. CHIPOLIN.

CHIPOLATA. s. f. (ital. *cipollata*, m. s., de *cipolla*, oignon). T. Cuis. Sorte de ragoût à l'oignon. || Sorte de petites saucisses.— *Perdreaux à la C.*, Perdreaux dans lesquels on met de petites saucisses ainsi appelées.

CHIPOLIN. s. m. T. Const. Sorte de peinture à la colle. On écrit aussi *Chipolain, Chippolin.*

CHIPOTER. v. n. (origine douteuse; peut-être du même radical que *chiffre*). Faire peu à peu, lentement, et à diverses reprises, ce qu'on a à faire; vétiller, barguigner, lanterner. *Elle ne fait que c.* Fam.

CHIPOTIER, ÈRE. s. m. Celui, celle qui chipote, qui vétille, qui ne fait que barguigner. *C'est un franc c.* Fam.

CHIPPEWAYS, Indiens Peaux-Rouges de l'État de Michigan et dans la partie du Canada voisine de cet État.

CHIPPOLIN. s. m. Voy. CHIPOLIN.

CHIQUE. s. f. (esp. *chico*, petit, du lat. *ciccum*, petit chou). T. Entom. Insecte aptère qui dépose ses œufs sous la peau des pieds, où ils produisent des ulcères dangereux. Voy. PUCE. || Tabac préparé d'une certaine façon qu'on met dans la bouche pour le mâcher. || T. Techn. Petit cocon peu fourni en soie. La soie de ce cocon. || Nom des petites billes à jouer, dans l'est de la France.

CHIQUENAUDE. s. f. Petit coup que l'on donne avec le doigt lorsque, après l'avoir plié et roidi contre le pouce, on le lâche sur l'endroit que l'on veut frapper. *Donner une bonne c. On ne lui a pas donné une c.* — Syn. Pichenette; en picard, *pikenote.*

CHIQUER. v. n. (R. chique). Mâcher des feuilles de tabac préparées d'une certaine façon.

CHIQUET. s. m. (même origine que *chique*). Ne se dit que dans cette loc. adv. et fam., *C. à c.*, Peu à peu, par petites parcelles. || Soie de mauvaise qualité faite avec des cocons appelés *chique.*

CHIQUETAGE. s. m Action de chiqueter. || T. Techn. C. *de poteries*, Travail de l'ouvrier potier pour disposer les ornements.

CHIQUETER. v. a. Mettre en morceaux. Déchirer avec des cardes ou autres outils. *C. des pâtisseries*, Tracer avec un couteau des ornements.

CHIQUITOS, tribus sauvages de l'Amérique du Sud, dans la Bolivie et le Brésil.

CHIRAC, médecin de Louis XV (1650-1732).

CHIRAGRE. s. f. [Pr. ki...] (gr. χείρ, main; άγρα, capture). T. Méd. Goutte qui attaque les mains. = CHIRAGRE, adj. et s. 2 g. Qui est attaqué de la c. Inus.

CHIRAGRIQUE. adj. [Pr. ki...]. T. Pathol. Qui a rapport à la chiragre. *Affection c.*

CHIRATINÉ. s. f. (R. chirayta). Poudre jaune, amère, cristallisable, extraite de l'*Ophelia chirayta.*

CHIRAYTA ou **CHIRETTE.** s. f. T. Bot. Nom vulgaire de l'*Ophelia chirayta*, plante de la famille des *Gentianées*. Voy. ce mot.

CHIRAZ, v. de Perse, près des mines de Persépolis; 32,000 hab. Vin renommé. Patrie des poètes Saadi et Haafiz.

CHIRÉ, riv. de l'Afrique centrale, affluent de gauche du Zambèze.

CHIRETTE. s. f. Voy. CHIRAYTA.

CHIRIATRE. s. m. [Pr. ki...] (gr. χείρ, main; ίατρεία, guérison). T. Didact. Médecin, opérateur, chirurgien.

CHIRIATRIQUE. adj. T. Didact. Qui a rapport à la chiriatrie, à la chirurgie.

CHIRIDOTE. s. f. [Pr. ki...] (gr. χειρωδότος, qui a des manches). Sorte de tunique avec des manches que portaient les femmes chez les Grecs et les Romains, les hommes et les femmes chez les Asiatiques et les Celtes.

CHIRIGUANOS. Tribu d'Indiens de l'Amérique du Sud, dans la République Argentine.

CHIRITE. s. f. [Pr. ki...] (gr. χείρ, main). T. Minér. Stalactite ayant la forme d'une main. || T. Bot. Genre de plantes de la famille des *Gesnéracées.*

CHIROBALISTE. s. f. [Pr. ki...] (gr. χείρ, main; βάλλω, je lance). Arbalète.

CHIROGNOMONIE. s. f. [Pr. ki...] (gr. χείρ, γνώμων, qui connaît). Art de connaître les personnes à l'inspection de leurs mains. Cet art n'est pas moderne et remonte à Anaxagore et au livre de Job, où on lit : *Qui in manu hominum signat ut cognoscant singuli opera sua.* Ses bases ont été établies au XVIIe siècle et ont été suivies depuis. La Fig. ci-après, p. 434, est extraite d'un traité de ce genre, intitulé *la Science curieuse, ou Traité de la Chyromance*, Paris, 1667, qui ne contient pas moins de 1219 types de mains ! Sans doute, les mains ne se ressemblent pas, il en est d'élégantes et de laides, de petites et de grandes, de légères et de lourdes, etc., et les lignes formées par les plis ne se ressemblent pas davantage. La main fait partie du corps, comme le visage, et n'est pas étrangère au cerveau. On peut distinguer entre les quelques formes générales qui ne trompent guère. Mais c'est une illusion de prétendre deviner le caractère et l'histoire d'une vie humaine à l'examen des aspects et des lignes : il est prudent, pour les devins, de s'en tenir aux généralités; celles qui tombent juste frappent, les autres passent inaperçues. On emploie souvent le mot *Chiromancie* comme synonyme de *Chirognomonie*. Voy. la Fig. à ce mot.

CHIROGRAPHAIRE. adj. 2 g. [Pr. ki...] (gr. χείρ, main; γράφω, j'écris). T. Jurisp. Créancier c., Qui est créancier en vertu d'un simple acte sous seing privé. Se dit par oppos. à *Créancier hypothécaire*. On dit aussi *Créance c.*

CHIROGRAPHAIREMENT. adv. En qualité chirographaire.

CHIROGRAPHE. s. m. [Pr. *ki...*] (gr. χείρ, main ; γράφω, j'écris). T. Diplomat. Acte revêtu d'une signature autographe. Voy. CHARTE.

CHIROGYMNASTE. s. m. [Pr. *ki...*] (gr. χείρ, main, et *gymnastique*). T. Mus. Appareil destiné à exercer les doigts des élèves qui étudient le piano.

CHIROLE. s. m. T. Navig. Petit abri élevé au milieu d'un bateau.

CHIROLOGIE. s. f. [Pr. *ki...*] (gr. χείρ ; λόγος, parole). Art d'exprimer les pensées par des mouvements et des figures qu'on fait avec les mains fous.

CHIROMANCIE. s. f. [Pr. *ki...*] gr. χείρ ; μαντεία, divi-

nation) L'art prétendu de prédire l'avenir d'une personne par l'inspection de ses mains. Voy. CHIROGNOMONIE.

CHIROMANCIEN, IENNE. s. m. et f. [Pr. *ki...*]. Celui, celle qui pratique la chiromancie.

CHIROMÈTRE. s. m. [Pr. *ki...*] (gr. χείρ ; μέτρον, mesure). T. Techn. Instrument dont se servent les gantiers pour prendre la mesure de la main.

CHIROMYS. s m [Pr. *ki...*]. T. Zool. Voy. CHEIROMYS.

CHIRON. s. m. T. Ent. Coléoptère de la famille des *Lamellicornes*, sous-famille des *Aphodiides*.

CHIRON. Nom d'un centaure. Myth.

CHIRONECTE. s. m. (gr. χείρ ; νήκτης, nageur). T. Mamm. Genre de mammifères voisin des *Sariques*. Voy. MARSUPIAUX. || T. Icht. Genre de poissons. Voy. PECTORALES.

CHIRONIE. s. f. [Pr. *ki...*] (gr. χειρώνιον, la grande centaurée, du nom du centaure Chiron). T. Bot. Genre de plantes (*Chironia*) de la famille des *Gentianées*. Voy. ce mot.

CHIRONOMIE. s. f. [Pr. *ki...*] (gr. χείρ, main ; νόμος,

loi). T. Antiq. Cette partie de la mimique qui, chez les anciens, enseignait à mouvoir les mains d'après les règles de l'art.

CHIROPLASTE. s. m [Pr. *ki...*] (gr. χείρ main ; πλάσσω, je forme). T. Mus. Instrument pour faciliter l'étude du piano.

CHIROPTÈRE. s m. [Pr. *ki...*]. T Zool Voy. CHEIROPTÈRE.

CHIROTE. s. m. [Pr. *kirote*] (gr. χειρωτός, qui a des mains). T. Erpét. Genre de Sauriens du sous-ordre des Annelés et de la famille des Chirotidæ. Ils ont les dents implantées sur le bord interne des mâchoires et ont deux membres antérieurs.

CHIROTHERIUM. [Pr. *ki-ro-té-ri-ome*] (gr. χείρ, main ; θηρίον, bête). T. Paléont. Empreintes de pas d'animaux qu'on trouve sur certaines roches.

CHIRURGICAL, ALE. adj. Qui appartient à la chirurgie.

CHIRURGIE. s. f. (gr. χείρ, main ; ἔργον, travail). — On définit généralement la *Chirurgie* l'art de reconnaître et de traiter les maladies dites *Chirurgicales*, c.-à-d. les lésions qui sont à peu près sensibles à l'extérieur du corps, et qui exigent, pour leur traitement, le secours d'une opération. Les limites qui séparent la c. de la médecine proprement dite ne sont pas très tranchées. Elles ont été assez arbitrairement tracées dans les divers traités didactiques. L'étude et la pratique de la c. réclament des connaissances spéciales et étendues qu'il suffit de citer pour en comprendre l'importance. L'anatomie dirige sûrement la main de l'opérateur, la physiologie explique la gravité de la blessure, fait connaître les complications qui pourront survenir ; la pathologie interne lui est indispensable, car il n'arrive que trop souvent qu'une plaie, une contusion ou une fracture s'accompagnent d'une inflammation ou d'une fièvre grave, ou bien encore qu'une maladie qui semblait d'abord du ressort exclusif de la médecine, comme certains cas de pleurésie, par ex., exige pour sa guérison les soins du chirurgien. Quant à la *Pathologie externe*, elle constitue le fondement même de la c., car c'est la science des causes, du développement, des symptômes, de la marche et des complications des lésions chirurgicales. Enfin, la *Médecine opératoire* est l'art de pratiquer toutes les opérations que peuvent réclamer les maladies chirurgicales. Ainsi donc ce terme a pris, dans la langue actuelle, exactement la signification que recevait jadis la c., conformément à son étymologie. Cependant, par une nouvelle contradiction de la langue, on réserve encore le nom de *Petite C.* à cette partie de la médecine opératoire qui traite des pansements, des bandages et des opérations les plus simples. — La c. est donc à la fois une science et un art : par l'étude, on se pénètre de ses principes, et par l'exercice on apprend à en faire l'application.

Histoire. — Chez les peuples de l'antiquité, la c. ne constituait pas une profession distincte de la médecine. Pour eux la c. était simplement cette partie de la médecine *quæ manu curat*, qui guérit par la main, comme dit Celse, ou qui guérit διὰ τοῦ τεμνειν καὶ καίειν, par le fer et par le feu, comme dit Diogène de Laërte. En laissant de côté les fables mythologiques relatives à Apollon, à Esculape, à Chiron, etc., les seuls renseignements que nous ayons sur l'état de la c. dans la Grèce, antérieurement à la guerre du Péloponèse, se trouvent dans l'*Iliade* et l'*Odyssée*. À l'époque incertaine où vivait Homère, la c. s'appliquait uniquement à la guérison des blessures, et, dans le traitement, l'emploi des charmes se joignait à celui des applications topiques. Les Grecs paraissent avoir reçu de l'antique Égypte leurs premières connaissances en c. de même qu'en médecine. Il semble aussi résulter des observations faites par les savants qui firent partie de l'expédition française en Égypte que les anciens Égyptiens avaient fait dans l'art chirurgical beaucoup plus de progrès qu'on ne le croit généralement. En effet, sur les voûtes et les murs des temples de Denderah, de Karnac, de Louqsor, etc., on voit des bas-reliefs représentant des membres qui ont été coupés avec des instruments fort analogues à ceux que nous employons aujourd'hui dans les amputations. Les plus anciens écrits relatifs à la c. qui soient parvenus jusqu'à nous sont ceux d'Hippocrate, qui, d'après Clinton, naquit l'an 460 et mourut l'an 357 av. notre ère. Quoique parmi ses écrits il n'y en ait peut-être qu'un seul, celui sur les *Blessures de la tête*, qui appartienne véritablement au père de la médecine, les autres datent néanmoins d'une époque reculée. Hippocrate surpasse de beaucoup ses prédécesseurs et même la plupart de ses successeurs par la hardiesse et le succès de ses opérations. L'insuffisance évidente de ses connaissances anatomiques, insuffisance qui était la conséquence des préjugés de son temps, rend encore plus merveilleuses sa hardiesse et son habileté. L'art avec lequel il réduisait les fractures et les luxations excite l'admiration de Haller. Son traité des blessures de la tête contient des instructions minutieuses sur l'opportunité et la manière d'appliquer le trépan. Néanmoins il ne paraît pas qu'il ait osé pratiquer l'amputation des membres. La taille était une opération déjà usitée de son temps : car, dans son *Serment*, Hippocrate interdit à ses disciples, on ne sait pour quel motif, de pratiquer cette opération, et prescrit de la laisser aux individus qui en ont l'habitude. — Nous connaissons les noms de plusieurs des chirurgiens qui vécurent après Hippocrate; mais à l'exception de quelques passages insérés dans les écrits de Galien, d'Oribase, d'Aétius, etc., tous leurs écrits ont péri. Nous citerons Praxagoras de Cos, qui au commencement du IVe siècle avant notre ère, pratiqua l'opération de la hernie étranglée, et Archagathus qui alla s'établir à Rome, l'an 219 av. J.-C., pour y exercer la ch.; mais l'abus qu'il fit du couteau et du feu lui fit donner le surnom de *Carnifex* (bourreau). Asclépiade, qui vivait vers le commencement du premier siècle avant notre ère, passe pour avoir proposé le premier l'opération de la trachéotomie; cependant il ne la pratiqua pas lui-même. Ammonius d'Alexandrie, surnommé *le Lithotome*, qui vivait quelques années plus tard, paraît avoir imaginé la lithotritie, en brisant un calcul qu'il trouvait trop volumineux pour pouvoir l'extraire autrement. — Après Hippocrate, le plus grand chirurgien qu'ait possédé l'antiquité est Celse, qui vivait au commencement du premier siècle de notre ère, et dont nous possédons un ouvrage remarquable sous tous les rapports. Celse décrit toutes les opérations pratiquées de son temps, les amputations, la taille, etc. Le procédé de lithotomie qu'il décrit a été remis en honneur par Dupuytren. On lui doit d'avoir indiqué le premier la compression et la ligature des vaisseaux; mais ses idées à ce sujet ne recurent d'application que plus tard. La description que donne Celse des qualités nécessaires pour exercer avec succès la ch. mérite d'être citée : « Un chirurgien, dit-il, doit être jeune ou, tout au moins, pas très âgé; sa main doit être ferme et ne jamais trembler; il doit pouvoir se servir de la main gauche avec autant de dextérité que de la droite ; son coup d'œil doit être sûr et prompt; son âme doit être intrépide et n'être sensible à la pitié qu'en tant qu'il désire le guérison du malade, mais elle ne doit pas se laisser émouvoir par les cris de ce dernier; il ne doit ni se hâter plus qu'il n'est nécessaire, ni retrancher moins qu'il ne faut, mais agir en tout comme si les plaintes du patient ne faisaient aucune impression sur l'opérateur. — Après Celse et avant Galien, l'histoire de la ch. cite les noms d'Arétée, de Thessalus de Tralles, de Scribonius Largus, de Soranus, d'Archigène, de Rufus, d'Héliodore et de Cælius Aurélianus. Arétée et Cælius condamnent l'opération de la trachéotomie. Cælius mentionne un cas d'ascite guéri par la paracentèse. Thessalus, Archigène et Rufus furent les premiers qui pratiquèrent la compression et la ligature des vaisseaux sanguins. — Galien, après avoir d'abord exercé la médecine et la ch. à Pergame, vint s'établir à Rome (165 ans ap. J.-C.), où il se voua principalement la médecine, sans cependant renoncer tout à fait aux opérations chirurgicales. Il poussa la hardiesse en ch. jusqu'à la témérité, s'il est vrai qu'il ait enlevé des portions de côte et même une côte entière, et qu'il ait réséqué une partie du sternum, en motivant à nu le cœur dont l'enveloppe était, selon lui, tombée en pourriture. Antyllus et Moschion, qui exercèrent la ch. à l'époque de Galien ou peu de temps après lui, méritent aussi d'être nommés. L'un paraît être le premier qui ait pratiqué la trachéotomie, l'autre osa extirper l'utérus dans un cas de prolapsus à l'extérieur. — Après eux, la ch. déclina rapidement. Oribase, médecin de l'empereur Julien (IVe siècle), Aétius (fin du Ve), Alexandre de Tralle (VIe) et Paul d'Égine (fin du VIIe) ne furent guère que des compilateurs. Leurs écrits chirurgicaux ne contiennent rien de vraiment original. Cependant on trouve dans Aétius quelques bons préceptes pour la réduction des hernies, et dans Paul d'Égine, la distinction de l'anévrysme vrai et de l'anévrysme faux. Nicétas et Actuarius qui vécurent, le premier au XIe siècle, le second au XIIIe, ont encore moins de valeur.

Après la conquête de l'Égypte, les Arabes furent initiés à la ch. des Grecs par la traduction des écrits de ces derniers;

mais les préceptes religieux du mahométisme interdisant d'une manière absolue les études anatomiques, la science ne put faire entre leurs mains aucun progrès important. En outre, la réprobation qui atteignait la dissection des cadavres s'étant étendue même aux opérations pratiquées sur le vivant, la plupart des auteurs arabes qui ont écrit sur la ch., tels que Razi (Rhazès) et Avicenne (Abou-Ibn-Sina), ne se livrèrent pas à la pratique de l'art. Ils prescrivaient le traitement et en abandonnaient l'exécution à des subalternes. « C'est un fait digne d'attention, dit Le Pileur, que cet orgueil stupide de peuples barbares qui, fiers de s'être baignés dans le sang de leurs ennemis, se seraient crus souillés s'ils avaient répandu quelques gouttes de ce sang dans le but de soulager les douleurs de leurs semblables. » C'est donc chez les Arabes qu'eut lieu cette séparation de la médecine et de la ch. qui fut si nuisible au progrès de celle-ci. Parmi les opérations importantes pratiquées par les chirurgiens arabes, nous citerons la résection du maxillaire inférieur, à laquelle Rhazès (Xe siècle) dit avoir assisté. Le célèbre Abulcasis (Abou-Kassem) (XIe siècle) imagina un procédé ingénieux pour l'extraction des corps étrangers avalés, et introduisit de notables améliorations dans les procédés d'amputation. Il pratiqua la lithotomie chez l'homme. Cependant le juif Avenzoar, qui exerçait à la fois la médecine et la ch. au commencement du XIIIe siècle, regardait cette opération comme déshonorante. Ce dernier auteur dit que de son temps il ne trouvait un chirurgien en Espagne, le pays musulman le plus civilisé de cette époque, aucun chirurgien qui fût capable d'appliquer le trépan.

Au moyen âge, dans les pays chrétiens, la ch., de même que les autres sciences, se trouva comme en dépôt entre les mains du clergé; mais, en vertu de l'interprétation littérale de la maxime, *Ecclesia abhorret a sanguine*, les hommes qui exerçaient alors l'art de guérir abandonnèrent à des artisans ignares la pratique de toutes les opérations sanglantes. Les premières notions exactes sur l'art chirurgical furent empruntées aux Arabes. Au XIe et au XIIe siècle, on trouve les noms de Constantin l'Africain, qui présenta un tableau régulier des connaissances chirurgicales des anciens et des Arabes, de Gariapontus et d'Éros, qui s'élevèrent au-dessus de l'empirisme grossier de leurs contemporains; de Roger de Parme, qui conseilla l'éponge contre le goître et les scrofules; de Roland, d'Hugues de Lucques, de Bruno, qui préservait l'incision de la fistule à l'anus dans toute la longueur de son trajet; de Théodoric, qui signala les avantages de la compression dans l'anévrysme faux, et proposa la résection du cal vicieux. — Le XIIe siècle nous présente d'abord Guillaume de Salicéto, qui guérit une hydrocéphale par le cautère actuel, les plaies de l'œsophage, de la trachée, de l'intestin, au moyen de la suture. Son disciple, Lanfranc de Milan, exilé d'Italie à la suite des guerres des Guelfes et des Gibelins, se réfugia en France en 1295, où il ouvrit des cours publics, et acquit une célébrité extraordinaire. La France eut dès lors le privilège d'attirer quiconque se sentait du goût pour les sciences, et bientôt la ch. compta quelques hommes de mérite. Déjà brillait Jean Pitard, chirurgien de saint Louis, qui eut le grand mérite, aux yeux de la postérité, de fonder un collège de chirurgie dans l'église de Saint-Jacques-la-Boucherie, et d'établir un enseignement régulier. Grâce à lui, la ch. française occupa bientôt le premier rang, et ce fut à Paris que vinrent étudier les plus célèbres chirurgiens étrangers, entre autres Gilbert, Richard, Jean de Ardern, chirurgiens anglais des XIIIe et XIVe siècles. Après Pitard et Lanfranc, l'histoire de l'art mentionne les noms de Robert le Myre, d'Hermondaville, de Dino del Garbo, d'Arnaud de Villeneuve, de Bernard Gordon, etc. Malgré les efforts de ces hommes distingués, il restait encore une distance considérable entre la ch. du XIVe siècle et celle de l'antiquité. Guy de Chauliac franchit cette distance. Sa *Grande Ch.* pouvait tenir lieu de tout ce qui avait été écrit avant lui; aussi ce livre remarquable fut-il, pendant trois siècles, le livre classique des écoles chirurgicales. Malheureusement des disputes déplorables arrêtèrent, chez nous, l'essor imprimé à la science par Guy de Chauliac. Les médecins, clercs jusqu'alors, obtinrent le droit de se marier; mais, en perdant les bénéfices attachés à la cléricature, ils voulurent supplanter les chirurgiens et se réserver exclusivement l'exercice de la ch. Ils y parvinrent plus d'une fois en appelant à leur aide la compagnie des Barbiers, qui faisaient depuis longtemps les pansements simples, et qui osèrent s'ériger ouvertement en chirurgiens. Ce furent pendant deux siècles que des contestations sans cesse renaissantes, et la science française resta stationnaire. — En Italie, au contraire, les décrets de Frédéric II et les travaux de Mondini faisaient renaître l'anatomie, et la ch. faisait quelques progrès, grâce aux travaux célèbres jadis de Pierre d'Argelata, de Léonard Bertapaglia, de Marc Gatinaria, d'Antoine Gaisner, etc. Vers la fin du XVe siècle, la c. fut régénérée par deux grands hommes, Antoine Benivienni et Alexandre Benedetti, après lesquels on doit citer Jean de Vigo, Béranger de Carpi, Biondo et Jean de Romani. Ce fut alors que l'Italie dota la science de la rhinoplastie, d'une méthode pour la taille et de quelques procédés pour le pansement des plaies d'armes à feu. — Pendant que l'Italie occupait ainsi le premier rang dans la science, Jérôme Saler mettait au jour le premier traité de c. en langue allemande, et l'Allemagne commençait à se débarrasser des préjugés et des routines du moyen âge. Après Saler, ce pays vit successivement paraître Jean Lange, qui fit connaître les indications du trépan; Hermann Ryff, sous le nom duquel parurent de nombreux traités scientifiques, et Paracelse, réformateur bizarre qui a fait dans sa *Grande Ch.* des observations fort justes sur la guérison naturelle des plaies, et une appréciation remarquable des limites respectives du pouvoir de la nature et de celui de l'art. — Le reste de l'Europe resta jusqu'à la fin du XVIe siècle dans la plus profonde ignorance. L'Angleterre ne compte qu'un seul chirurgien, Thomas Morstède; les États scandinaves n'ont que des barbiers jusqu'en 1577, époque de la fondation du collège des chirurgiens à Copenhague, et l'Espagne offre à peine quelques auteurs écrivant sur les maladies vénériennes.

Grâce au génie d'Ambroise Paré, auquel on a décerné à juste titre le surnom de Père de la c. moderne, la France tient le sceptre de la c. pendant le XVIe siècle. Après lui, malgré les travaux de ses disciples, Franco, Pigray, Guillemeau, Thévenin, qui perfectionnèrent le traitement des hernies, l'art des accouchements, l'ophtalmologie, la lithotomie, tout zèle et toute émulation pour la c. s'éteignent. La Faculté de médecine, jalouse de tant de gloire, compromet la dignité chirurgicale en obtenant la réunion des barbiers et des chirurgiens en une seule corporation. Cette victoire de la Faculté fut d'autant plus fâcheuse qu'elle avait lieu précisément à l'époque où les grandes découvertes anatomiques de Vésale, Eustachi, Fallope, Ingrassias, Varoli, Fabrice d'Acquapendente, venaient agrandir le domaine de la c.; aussi l'Italie reprit-elle de nouveau le sceptre de l'art. Tous les anatomistes italiens accrurent leur gloire par leur habileté chirurgicale. Après Fabrice d'Acquapendente, Severino acquiert une telle renommée que l'école de Naples où il enseigne, devient la plus célèbre de l'Europe. Il rejette la c. douce pour ne faire emploi que du fer et du feu: car la mollesse, suivant lui, était l'anéantissement de l'art. Son continuateur, Pierre de Marchetti, termine cette période glorieuse de la c. italienne. — En Suisse, le XVIe siècle vit naître deux hommes extraordinaires, Wurtzen, qui secoua les traditions de l'École pour ne suivre que la nature et ses propres observations, et Fabrice de Hilden, génie vraiment chirurgical, qui apporta des perfectionnements et fit des remarques utiles sur tous les points de la c. Théophile Bonet, l'auteur du *Sepulchretum*, exerça aussi sur son art une grande influence. — En Allemagne, George Bartisch, oculiste, commence les succès qui illustreront plus tard les ophtalmologistes allemands; Scultet tire de l'oubli les instruments jadis employés en c. et en invente quelques-uns; Ammann et Bohn donnent à leur pays une supériorité marquée en médecine légale, et Purmann, chirurgien militaire d'un grand savoir et d'une hardiesse telle qu'il se soumit lui-même deux fois à l'infusion de substances médicamenteuses dans les veines, est comparé à Ambroise Paré par ses compatriotes. — En Hollande, les universités s'élèvent rapidement à un haut degré de célébrité, dès que l'indépendance de ce pays est proclamée. Pierre Forest enrichit la c. de faits curieux. Thomas Fyens pratique des opérations hardies, telles que le trépan, la laryngotomie, l'opération césarienne. Paw, habile anatomiste, le savant Beverwyk, Jean de Horne, digne disciple de l'École italienne, Paul Barbette, utile compilateur, Henri de Roonhuysen, son fils Roger et Van der Wiel sont des hommes que l'on cite encore avec honneur. — Le Danemark souffre, aux XVIe et XVIIe siècles, des rivalités puériles des médecins et des chirurgiens. Les premiers, presque toujours en faveur à la cour, arrêtent les progrès de la c. Thomas Bartholin, seul, jette sur cette science un peu d'éclat. — L'Angleterre peut à peine citer les noms de Banister et Read jusqu'à Wiseman, qui prépare son pays, vers le milieu du XVIIe siècle, à marcher d'un pas ferme et non interrompu dans la carrière chirurgicale. — Quant à l'Espagne et au Portugal, on n'y peut nommer aucun chirurgien de quelque valeur.

Tel est l'état de la c. en Europe jusqu'au XVIIIe siècle. A partir de ce moment, elle s'enrichit de découvertes et de per-

fectionnements sans nombre, et des institutions nouvelles exercent sur ses progrès l'influence la plus heureuse. La France occupe la première place pendant cette belle période. Par la protection de Louis XIV, l'*École de Ch.* du Jardin des Plantes avait été confiée pour la première fois à un chirurgien, Dionis (1671). En 1724, Louis XV, sur les instances de Lapeyronie, Quesnay, etc., créa dans l'école de Saint-Côme, malgré l'opposition violente de la Faculté, cinq places de démonstrateurs chargés d'enseigner toutes les parties de l'anatomie et de la c. Lapeyronie consacra sa fortune à augmenter la prospérité de la nouvelle école : frais d'enseignement, institution de prix annuels, fondation d'une bibliothèque, construction d'un amphithéâtre, legs aux hôpitaux, rien ne fut épargné par ce grand homme, qui eut aussi la gloire d'attacher son nom à la fondation de l'*Académie royale de ch.* Bientôt après, en 1743, une déclaration du roi, rédigée par d'Aguesseau, rejette de la société des chirurgiens la communauté des barbiers, dont l'alliance l'avait trop longtemps déshonorée, et institue des degrés académiques, et prescrit pour les élèves des formes sévères d'examen. Jean-Louis Petit, Desault, Chopart, font passer dans l'âme de leurs élèves l'enthousiasme qui les anime, et la c., si brillante et si honorée, fait encore de nouveaux progrès pendant les guerres de la Révolution. — En Allemagne, cette science est réformée par Joseph II. Il lui confère des droits et des honneurs; établit des hôpitaux et une école de c. médicale à Vienne, enrichit cet établissement de magnifiques collections d'instruments et de préparations anatomiques, fonde des prix annuels et crée six chaires publiques confiées à des hommes distingués. En Prusse, le grand Frédéric rend à la science de moins grands services, et cependant on voit à sa cour et dans ses armées des chirurgiens d'une grande distinction, Bonnet, Schmucker, Theden, Mursinna. — Pendant que la c. se tire en Allemagne des mains grossières des barbiers et des baigneurs, elle fait en Danemark de généreux efforts pour prendre un rang honorable. Crüger et son fils, élèves de l'école de Paris, sont appelés par Christian VI à Copenhague, où ils réforment l'université, fondent un enseignement chirurgical et une école anatomique, et affranchissent la c. de la domination des médecins ainsi que de l'odieuse confraternité des barbiers. — En Angleterre, c'est également la séparation du corps des chirurgiens d'avec la corporation des barbiers (1745) qui donne le signal du progrès. — Au XIXe siècle, les progrès de la c. ont été gigantesques, grâce à ces trois découvertes fondamentales : l'*anesthésie*, l'*hémostasie* et l'*antisepsie*. L'anesthésie, en abolissant le supplice opératoire, supprime la c. rapide ou de précipitation. L'hémostasie, en arrêtant l'effusion du sang, conserve à l'opéré ses forces et permet au chirurgien une intervention, en quelque sorte, mathématique. Enfin l'antisepsie, affranchissant l'organisme de toutes les complications ultérieures des plaies (infection purulente, érysipèle, etc.) qui faisaient le désespoir de la c. aux temps, se rapprochent encore, des anciens pansements *sales*, ou simplement des pansements négligés, assure aux opérations leurs meilleures conditions de succès. La c. a fait, depuis un demi-siècle surtout, entre les mains d'opérateurs tels que : Velpeau, Ricord, Lister, Dolbeau, Guyon, Verneuil, Labbé et leurs émules, de merveilleux progrès, qui surpassent incomparablement la marche si lente de la médecine.

On peut dire que, sous ce rapport, le développement des doctrines de la microbiologie a apporté dans la pratique de la c. une véritable révolution, surtout en ce qui concerne le mode de pansement des plaies. Aux corps gras et aux cataplasmes, en usage autrefois, et qu'on désigne aujourd'hui sous le nom de *pansement sale*, on a substitué des pansements à base de substances antiseptiques telles que l'acide borique, le sublimé corrosif et surtout l'acide phénique; on draine les plaies et les canaux d'ouverture des abcès avec ces substances, et on évite ainsi le développement des microbes pathogènes. Mais arrêter le développement des microbes est bien; empêcher leur introduction est mieux. A la méthode *antiseptique* a bientôt succédé la méthode *aseptique*, qui en est le corollaire nécessaire. Sans négliger l'emploi des substances antiseptiques, les chirurgiens contemporains prennent les précautions les plus minutieuses pour éviter la contamination des plaies opératoires. De là l'usage de flamber les instruments avant de s'en servir, de laver les mains de l'opérateur et de ses aides avec une solution diluée d'acide phénique. La manière même de construire les instruments a subi aussi une transformation. Autrefois, les chirurgiens aimaient à surcharger leurs instruments d'ornements de toutes sortes : guillochures, gravures, initiales de leur nom, etc. On a reconnu que toutes ces petites cavités creusées dans la substance des instruments se chargeaient de matières organiques et devenaient bientôt de véritables milieux de culture où pullulaient les micro-organismes les plus divers et surtout les plus dangereux. Aujourd'hui, les instruments, entièrement en métal, sont polis sur toutes leurs parties, lame, manche, etc.; on évite les cavités et les angles rentrants difficiles à nettoyer, de manière à pouvoir être sûr de n'introduire dans les plaies aucun germe malfaisant. Grâce à ces précautions bien comprises, des opérations réputées autrefois presque mortelles se font aujourd'hui couramment et presque sans danger; telles sont surtout celles qui obligent à la section du péritoine, comme l'opération césarienne, l'ablation d'une partie du tube intestinal, etc. Voy. ANTISEPSIE, ANTISEPTIQUE, AMPUTATION, HÉMOSTASIE, etc.

CHIRURGIEN. s. m. Celui qui exerce la chirurgie. || *C.-major.* Titre que porte le chef du service de santé d'un régiment ou d'un vaisseau de l'État. — Pour la législation, voy. MÉDECIN.

CHIRURGIQUE. adj. 2 g. Qui appartient à la chirurgie. On dit ordinairement, *Chirurgical*, etc.

CHISLEHURST, bourg près de Londres (Angleterre), où mourut Napoléon III.

CHISTE. s. m. [Pr. *Ki*...]. Voy. KYSTE.

CHITE. s. f. Sorte de toile de l'Inde.

CHITINE. s. f. [Pr. *kitine*] (gr. χιτών, tunique). T. Hist. nat. Matière analogue à la cellulose, constituant les téguments des insectes.

CHITINEUX, EUSE. adj. [Pr. *ki*...]. Qui appartient à la chitine.

CHITON. s. m. [Pr. *kiton*] (gr. χιτών, tunique). T. Zool. Mollusques gastéropodes de l'ordre des *Prosobranches*, sous-ordre des *Placophores*, qui, au lieu de coquille, ont huit plaques calcaires transversales disposées de telle sorte que le bord postérieur de chacune d'elles recouvre le bord antérieur de celle qui la suit. Dans le genre *Chiton*, la coquille est à peine recouverte par le bord du manteau. Les deuxième et quatrième dents intermédiaires de la radula ont des crochets dentés. Ces mollusques sont appliqués sur les roches recouvertes par les eaux de la mer. On en trouve sur les côtes de France.

CHIURE. s. f. Ne s'emploie que dans cette loc., *C. de mouches,* Excréments que font les mouches. *Ce miroir est couvert de c. de mouches.*

CHIVERNY (Comte de), garde des sceaux sous Henri III et Henri IV.

CHIVIATITE. s. f. T. Minér. Sulfure de bismuth et de plomb cuprifère.

CHLADÉNITE. s. f. T. Minér. Variété d'enstatite trouvée dans les pierres météoriques.

CHLADNI, physicien allemand (1756-1827).

CHLÆNIUS. s. m. [Pr. *klé-ni-us*] (gr. χλαῖνα, manteau). T. Entom. Genre d'insectes coléoptères de la famille des *Carabiques.* Voy. ce mot.

CHLAMYDE. s. f. [Pr. *kla*...] (gr. χλαμὺς, χλαμύδος, m. s.). T. Archéol. Dans l'antiquité, le mot *Chlamyde* désignait un vêtement de dessus, une sorte de manteau, particulièrement en usage chez les Grecs et chez les Orientaux, qui, sous le rapport de la forme et de la destination, avait une grande analogie avec la *lacerna* et le *paludamentum* des Romains, et qui fut adopté par ces derniers sous les empereurs. La c. consistait tout simplement en une pièce d'étoffe ordinairement de laine et de forme rectangulaire. Elle différait surtout de l'ἱμάτιον, qui était plus habituellement porté par les hommes, en ce que ce dernier était de forme carrée. En outre, la c. était plus petite, plus légère et plus élégante. Il y avait de grandes et de petites chlamydes : celles-ci n'allaient qu'au genou; les autres tombaient jusqu'à terre. On leur donnait ordinairement une longueur double de leur largeur. Souvent on ajoutait à chacun des longs côtés de la c. un

morceau de même étoffe de forme triangulaire : les morceaux ainsi ajoutés étaient appelés *ailes,* πτερύγες, et les chlamydes auxquelles on avait fait ces additions étaient distinguées par l'épithète de Thessaliennes ou de Macédoniennes. Parfois on arrondissait un peu le bord inférieur. — La manière la plus ordinaire de porter la c. consistait à la jeter sur le dos en attachant les bords du petit côté, qui était toujours le côté supérieur, au-devant du cou et de la poitrine,

Fig. 1.   Fig. 2.

au moyen d'une agrafe (Fig. 1, empruntée à la frise du Parthénon), ou bien en nouant les deux bouts supérieurs de la pièce d'étoffe. Quelquefois on la portait sur l'épaule gauche et on l'agrafait sur l'épaule droite (Fig. 2. Statuette de Mercure). D'autres fois, on la jetait simplement sur l'épaule

Fig. 3.   Fig. 4.

gauche en la laissant pendre gracieusement en arrière (Fig. 3. Statuette d'Apollon). On la passait encore sur les deux épaules en lui donnant la disposition indiquée par la Fig. 4, d'après un vase peint. On pouvait aussi la rouler autour du corps en guise de ceinture, comme on le voit dans la Diane du Vatican. Enfin, on l'enroulait parfois autour du bras gauche, pour s'en servir comme d'une arme défensive. — Il était très rare que les enfants fussent vêtus de la c.; mais elle était habituellement portée par les éphèbes, qui la prenaient en général à dix-sept ans pour la quitter à vingt. Elle était encore portée par les soldats, principalement par les officiers de haut rang, qui la mettaient par-dessus l'armure. Enfin, les voyageurs et les chasseurs, surtout ceux qui allaient à cheval, en faisaient également usage. Elle variait naturellement de couleur, de richesse, d'élégance, suivant le goût, l'âge et la fortune des personnes. La couleur jaune semble avoir été spécialement destinée à la c. *éphébique.* Les soldats portaient des chlamydes rouges pour dissimuler le sang des blessures. Les chasseurs avaient des chlamydes de couleur sombre, afin d'être moins facilement aperçus par les animaux.

L'ornement le plus ordinaire de la c. consistait en une simple bordure (*limbus*), à laquelle on ajoutait, en Phrygie, en Phénicie et dans les autres parties de l'Orient, des broderies d'or délicatement exécutées. Ainsi, nous savons par Homère qu'Hector avait une c. ornée d'or. Celle de Démétrius, fils d'Antigone, était ornée d'une broderie d'or qui représentait les étoiles et les signes du zodiaque. Plusieurs empereurs romains imitèrent ce luxe oriental. Caligula, par exemple, ainsi que le rapporte Suétone, portait une c. enrichie d'or.

CHLAMYDOMONADE. s. f. [Pr. *kla*...] (gr. χλαμὺς,

χλαμύδος, manteau; et franç. *monade*). T. Bot. Genre d'Algues (*Chlamydomonas*) de la famille des *Protococcacées*. Voy. ce mot.

CHLAMYDOPHORE. s. m. [Pr. *kla...*] (gr. χλαμύς, ύδος, manteau; φορός, qui porte) T. Mamm. Genre de mammifères voisins des *Tatous*. Voy. ÉDENTÉS.

CHLAMYDOSAURE. s. m. [Pr. *klamido-sô-re*] (gr. χλαμύς, ύδος, manteau; σαύρα, lézard). T. Erpét. Genre de sauriens de la famille des *Iguaniens*, remarquables par le large repli qui forme une collerette de chaque côté du cou. Voy. DRAGON.

CHLÉNACÉES. s. f. pl. [Pr. *klénacées*] (gr. χλαῖνα, manteau). T. Bot. Tribu de plantes de la famille des *Sarcolénées*. Voy. ce mot.

CHLOANTHITE. s. f. T. Minér. Arséniure de nickel Ni Az², cobaltifère et ferrifère, appelé aussi *Nickeline blanche*.

CHLORA. s. f. [Pr. *klora*] (gr. χλωρός, vert, jaune pâle). T. Bot. Genre de plantes de la famille des *Gentianées*.

CHLORACÉTIQUE. adj. T. Chim. L'*acide c.* CH²Cl.CO²H se forme, en même temps que les acides di- et trichloracétiques, par l'action du chlore sur l'acide acétique cristallisable. Il fond à 62° et bout à 186°. En s'unissant à l'ammoniaque il donne du glycocolle.

CHLORÆA s. f. [Pr. *kloréa*] (gr. χλωρός). T. Bot. Genre de plantes de la famille des *Orchidées*.

CHLORAL. s. m. [Pr. *kloral*] (R. *chlore* et *alcool*). T. Chim. Le *Chloral* C²H Cl³O a été obtenu pour la première fois par Liebig en 1832; mais c'est seulement en 1869 que Liebreich découvrit ses propriétés hypnotiques et l'introduisit dans la pratique médicale. Pour le préparer, on fait passer un courant de chlore sec dans l'alcool absolu refroidi à 0°; on élève ensuite graduellement la température jusqu'à 60°; il se forme de l'alcoolate de c. que l'on décompose par l'acide sulfurique; le c. anhydre se rassemble à la partie supérieure; on le décante et on le rectifie. C'est un liquide incolore, d'une odeur pénétrante, aux vapeurs irritantes; il bout vers 98°; il se dissout en toutes proportions dans l'eau et dans l'alcool, avec lesquels il forme des combinaisons (hydrate et alcoolate). Le c. doit être considéré comme de l'aldéhyde trichlorée C Cl³. CHO; il possède, en effet, toutes les propriétés des aldéhydes : il réduit le nitrate d'argent et la liqueur cupro-potassique, s'unit aux bisulfites alcalins, et forme des combinaisons définies avec la phénylhydrazine et l'hydroxylamine. L'hydrogène naissant le convertit en aldéhyde, puis en alcool. En présence de l'eau, les alcalis et leurs carbonates, ainsi que la chaux et la baryte, dédoublent le c. en chloroforme et en formiate. Les propriétés hypnotiques du c. en font un médicament précieux; mais on thérapeutique on emploie de préférence son hydrate, qui exerce la même action physiologique et qui constitue une préparation plus sûre et plus commode.

L'*hydrate de c.* C²HCl³O, H²O se prépare en mélangeant le c. anhydre avec de l'eau; il y a dégagement de chaleur, et l'hydrate se prend en masse cristalline. Il est solide, fond à 57°, se sublime facilement, et distille vers 100° en se dissociant en c. et en eau. Pris à l'intérieur, à la dose de 1 à 4 grammes, en solution dans l'eau, il amène un sommeil calme et réparateur, sans produire au réveil les nausées et les maux de tête qu'entraîne d'ordinaire l'emploi de l'opium ou de la morphine. Associé au bromure de potassium, il donne d'excellents résultats dans les insomnies rebelles, les convulsions et la chorée.

Le c. peut encore s'unir à un grand nombre de corps : aux acides sulfhydrique et cyanhydrique, aux alcools, à l'ammoniaque, à l'aniline, à la quinine, aux amides et aux acétones. En le combinant à l'antipyrine, on a obtenu un composé qui réunit les propriétés sédatives et hypnotiques de ses deux générateurs, et qui a été utilisé en médecine sous le nom d'*Hypnal*.

CHLORALIDE. s. f. T. Chim. Substance blanche, cristallisable, insoluble dans l'eau, fusible à 115°, qu'on obtient en traitant l'hydrate de chloral par l'acide sulfurique fumant ou en chauffant le chloral avec l'acide trichlorolactique. Elle a pour formule CCl³. C⁴H²Cl³O³. C'est le type d'un certain

nombre de composés provenant de l'action des acides-alcools ou des acides-phénols sur le chloral, et répondant à la formule générale R. CH $\underset{O}{\overset{CO^2}{<}}$ CH. CCl³.

CHLORANILE. s. m. [Pr. *kloranile*] (R. *chlore*, anil). T. Chim. Le *Chloranile* C⁶Cl⁴O² est de la quinone perchlorée, qui se forme quand on fait agir le chlore, ou un mélange d'acide chlorhydrique et de chlorate de potasse, sur certaines matières organiques, telles que l'aniline, le phénol, l'indigo, etc. On le prépare en dissolvant à chaud le phénol dans l'acide sulfurique et en soumettant l'acide phénolsulfonique formé à l'action de l'acide chlorhydrique et du chlorate de potasse. Le c. se présente en paillettes nacrées, jaunâtres, que la chaleur sublime sans les fondre. Il est insoluble dans l'eau, soluble dans l'alcool bouillant. Il se dissout dans la potasse étendue, en donnant du chloranilate de potassium; ce sel, décomposé par l'acide sulfurique, fournit l'*acide chloranilique* C⁶Cl²(OH)²O², solide, facilement sublimable, soluble dans l'eau en violet. L'ammoniaque dissout également le c. et le convertit en *acide chloranilanique* C⁶Cl²O²(OH)(AzH²), et en *chloranilamide* C⁶Cl²O²(AzH²)². — Le c. sert dans la préparation de plusieurs matières colorantes.

CHLORANTHE. s. m. [Pr. *klo-rante*] (gr. χλωρός, jaune pâle, ἄνθος, fleur). T. Bot. Genre de plantes de la famille des *Chloranthées*. Voy. ce mot.

CHLORANTHÉES. s. f. [Pr. *kloranthées*] (R. *Chloranthe*). T. Bot. Famille de végétaux Dicotylédones de l'ordre des Apétales supérovariées.

Caract. bot. : Plantes herbacées ou suffrutescentes d'une saveur aromatique. Tiges articulées, renflées aux articulations. Feuilles opposées, simples, à pétioles soudés à leur base avec de petites stipules intermédiaires, de manière à

former une gaine amplexicaule. Inflorescence en épis terminaux. Fleurs unisexuées, quelquefois hermaphrodites, nues, ou à demi plongées dans une bractée naviculaire. Étamines latérales, connées, et en nombre défini lorsqu'il y en a plus d'une; anthères à 4 sacs polliniques, longitudinales, chaque anthère adnée à un connectif charnu, filets légèrement adhérents à l'ovaire. Pistil comprenant un seul carpelle à style court et stigmate simple; un seul ovule pendant, orthotrope Fruit drupacé. Graine pendante, embryon petit, placé au sommet d'un albumen charnu, radicule infère, par conséquent éloignée du hile; cotylédons divariqués. [Fig. 1. *Hedyosmum Bonplandianum.* — 2. Fleur du *Chloranthus monostachys;* 3. Coupe verticale de la même, dont l'anthère est enlevée; 4. Fruit mûr; 5. Sa coupe verticale.]

Cette famille se compose de 4 genres et de 25 espèces, toutes indigènes des parties les plus chaudes de l'Inde, de l'Amérique méridionale, des Antilles et des îles de la Société. — Toutes les parties du *Chloranthus officinalis* et du *Chloranthus brachystachys* possèdent une odeur pénétrante et aromatique, qui se dissipe graduellement par la dessiccation; mais la racine de ces plantes conserve une odeur camphrée et une saveur chaude, accompagnée d'une légère amertume. Elle possède à peu près les propriétés stimulantes de la Serpentaire. A Java, les montagnards emploient la racine du *Chloranthus officinalis* en infusion, ou broyée avec l'écorce du *Laurier culilawan,* contre les convulsions puerpérales. Dans les cas de petite vérole maligne chez les enfants, on l'administre avec succès en l'associant à quelque carminatif comme l'Anis et le Basilic. L'infusion de cette même racine sèche est encore usitée dans les fièvres accompagnées de débilité musculaire et de suppression des fonctions cutanées. Dans une épidémie de typhus qui ravagea plusieurs districts de Java, et dont les principaux symptômes étaient une débilité extrême, la faiblesse du pouls, la stupeur, avec des vomissements et des évacuations bilieuses très violentes, la racine de *Chloranthus* rendit de très grands services. Il en fut de même dans une épidémie de fièvre intermittente. En général, on associait alors l'infusion de racine de *Chloranthus* avec la décoction de *Cedrela Toona.* La racine de *Chloranthus* possède la rare avantage, lorsqu'elle a été convenablement préparée, de conserver fort longtemps ses propriétés médicales. On peut donc la regarder comme l'un des agents les plus efficaces de la médication stimulante, quand il est nécessaire d'employer des excitants énergiques et d'une action toit durable. Endlicher dit que des rameaux desséchés d'*Ascarina polystachys* conservaient encore leur saveur chaude, quoiqu'ils eussent été recueillis depuis près de 80 ans. Les *Hedyosmum* paraissent jouir de propriétés analogues. Aux Indes Occidentales, on les emploie comme antispasmodiques et stomachiques. Au Brésil, l'*Hedyosmum Bonplandianum* est usité dans les cas de fièvres malignes.

CHLORATE. s. m. [Pr. *klor...*]. T. Chim. Nom générique des sels formés par l'acide chlorique. Voy. Chlore.

CHLORE. s. m. [Pr. *klore*] (gr χλωρὸς, jaune verdâtre). T. Chim. Corps simple gazeux.

I. GÉNÉRALITÉS. — Le *Chlore* a été découvert par Scheele en 1774. On l'appela d'abord *acide marin* et *acide muriatique oxygéné;* Davy, en 1810, prouva que c'est un corps simple et lui donna le nom de *Chlore,* à cause de sa couleur jaune verdâtre. Son odeur est forte, piquante, irritante; sa saveur est âcre. Il attaque les matières organiques en s'emparant de leur hydrogène, et agit comme un poison très irritant sur l'économie animale. Respiré même en petite quantité, il provoque une vive irritation de la muqueuse nasale, et produit une toux obstinée et accompagnée de douleurs à la poitrine. Ce gaz se liquéfie à 0° sous une pression de 6 atmosphères. Le liquide ainsi obtenu est jaune, mobile, d'une densité de 1,33; il bout à — 33°,6 sous la pression atmosphérique, et se solidifie à — 102°. La densité du c. gazeux, rapportée à celle de l'air, est 2,45; au-dessus de 1,200° elle diminue et s'abaisse à 2,05 vers 1,400°, ce qui indique une dissociation partielle des molécules en atomes libres. Le symbole du c. est Cl et son poids atomique 35,5.

La solubilité du c. dans l'eau varie avec la température. A 8°, où elle est la plus grande, 1 volume d'eau dissout 3,04 volumes de c. Sa solubilité va ensuite en diminuant, soit qu'on l'élève, soit qu'on abaisse la température, de sorte qu'à 0° l'eau n'en dissout que 1,50, et qu'à 50° l'eau n'en dissout que 1,19. La dissolution aqueuse qui en résulte présente la même couleur et la même odeur que le gaz. Cette solution porte généralement le nom d'*Eau chlorée,* d'*Eau de C.* ou d'*Hydrochlore.* Elle doit être conservée dans des flacons en verre noir ou dans l'obscurité; car, sous l'influence de la lumière, le c. décompose l'eau, et donne naissance à de l'oxygène, à de l'acide chlorhydrique et à un peu d'acide hypochloreux Nous voyons par là que le c. est doué d'une affinité puissante pour l'hydrogène : c'est, en effet, un de ses caractères essentiels. L'eau chlorée agit comme un oxydant énergique. Ainsi, elle transforme immédiatement l'acide sulfureux en acide sulfurique. L'eau est décomposée : il se forme de l'acide chlorhydrique, et l'oxygène à l'état naissant se porte sur l'acide sulfureux. — Quand on refroidit l'eau de c. vers 0°, on voit s'y déposer des cristaux jaunâtres qui ne sont autre chose qu'un *Hydrate de C.* Cl² + 10 H²O. Ce composé est très instable; déjà à 9°, il possède une tension de dissociation de 770ᵐᵐ. Chauffé à 58° en tubes scellés, il se dissocie complètement en eau et en chlore qui se liquéfie.

Le c. se combine avec presque tous les corps, et ses combinaisons sont accompagnées de dégagement de chaleur et de lumière, comme les combustions par l'oxygène. Cependant il éteint les corps de nature organique en combustion. Lorsque, par ex., on plonge dans une cloche remplie de c. gazeux une bougie allumée, la flamme de celle-ci devient rouge et fumeuse et ne tarde pas à s'éteindre. Cela tient à ce que, des deux éléments carbone et hydrogène, qui dans la combustion à l'air se combinent tous deux avec l'oxygène, il n'y en a ici qu'un seul, l'hydrogène, qui se combine avec le c., le carbone se déposant sous forme de noir de fumée. L'action chimique n'est donc pas assez énergique pour que la combustion continue. Nous insisterons tout à l'heure sur les combinaisons du c. avec l'oxygène et avec l'hydrogène; nous signalerons seulement ici l'énergie des affinités qu'il manifeste pour quelques autres métalloïdes et pour certains métaux. Ainsi, le phosphore s'enflamme et fond au contact du c., à la température ordinaire. L'arsenic et l'antimoine en poudre, projetés dans un flacon plein de c., s'y combinent et y brûlent avec flamme en produisant des chlorures dont les vapeurs nauséabondes sont dangereuses à respirer. L'étain est aussi attaqué à la température ordinaire. Le fer et le cuivre, quand on les a légèrement chauffés, brûlent dans le c. avec incandescence. Le mercure lui-même brûle avec flamme dans une atmosphère de c., lorsqu'on chauffe le métal jusqu'à la température où il se volatilise, c.-à-d. au-dessus de 300°.

Le c. ne se trouve jamais dans la nature que combiné avec diverses substances métalliques, à l'état de chlorure ou de chlorhydrate. On le prépare en traitant le bioxyde de manganèse par l'acide chlorhydrique (procédé de Scheele). Le bioxyde abandonne son oxygène à l'hydrogène de l'acide chlorhydrique; une partie du c. devient libre se combine avec le manganèse pour former un protochlorure de manganèse, et l'autre partie se dégage. On peut aussi préparer ce gaz en traitant le sel marin (chlorure de sodium) par le bioxyde de manganèse et l'acide sulfurique étendu (procédé Berthollet). Il se forme un sulfate double de soude et de manganèse, et le c. se dégage. Ce procédé présente l'avantage de donner la totalité du c. renfermé dans le sel marin. Dans ces diverses préparations, il faut avoir soin de ne pas recueillir le c. sur le mercure, parce qu'il se combine immédiatement avec ce métal, même à la température ordinaire. Si l'on veut avoir le c. bien sec, on lui fait traverser un flacon lavour plein d'eau, puis un tube rempli de chlorure de calcium et de pierre ponce imbibé d'acide sulfurique; de là il est amené au fond d'un vase dont il chasse l'air graduellement en vertu de sa densité supérieure. — Pour avoir le c. liquide, on recueille les cristaux d'hydrate de c. qui se déposent dans l'eau de c. refroidie à 0°; on introduit ces cristaux dans l'une des branches A d'un tube de Faraday (Fig. 1); après avoir fermé l'autre branche C au chalumeau, on la plonge dans un mélange réfrigérant, tandis que la partie A est chauffée à 40°. L'hydrate se dissocie et dégage du c. qui vient se liquéfier sous sa propre pression dans la branche refroidie. — Enfin, pour obtenir le c. à l'état de dissolution, il suffit de faire rendre le gaz dans une série de flacons à trois tubulures remplis d'eau aux trois quarts. Le gaz qui ne dissout pas dans le premier flacon, traverse le liquide du second, puis celui du troisième, et ainsi de suite.

La *préparation industrielle* du c. est aussi fondée sur la décomposition de l'acide chlorhydrique par le bioxyde de manganèse; mais une économie considérable a été réalisée par le procédé Weldon, qui permet de régénérer ce bioxyde au moyen du résidu de la fabrication. Ce résidu est une dissolution de chlorure de manganèse impur avec un excès d'acide chlorhy-

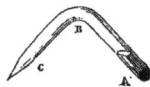

Fig. 1.

drique; on le traite par de la craie, qui sature l'acide et qui précipite les oxydes étrangers (sesquioxyde de fer, alumine, silice). La solution décantée ne contient plus que les chlorures de manganèse et de calcium; on la mélange avec un excès de chaux dans de profonds cylindres appelés *oxyleurs*, que traverse de bas en haut un rapide courant d'air à la température de 55°. Le chlorure de manganèse se convertit d'abord en protoxyde, puis en bioxyde qui s'unit à la chaux en formant un manganite insoluble. C'est ce manganite de chaux qui remplace le bioxyde de manganèse dans la préparation du c. En effet, traité par l'acide chlorhydrique dans des cuves en grès (Stills) chauffées à la vapeur, il dégage du c. et laisse un résidu qui contient tout le manganèse à l'état de chlorure. On traite ce résidu comme précédemment et l'on arrive ainsi, avec un poids déterminé de bioxyde de manganèse, à préparer des quantités presque illimitées de c.

II. COMBINAISONS DU CHLORE AVEC L'OXYGÈNE. — Ces combinaisons sont nombreuses et très instables. Ce sont: l'*Acide hypochloreux* ClOH et l'*Anhydride hypochloreux* Cl^2O; l'*Acide chloreux* ClO^2H et son *Anhydride* Cl^2O^3; le *Peroxyde de Chlore* (ou *Acide hypochlorique*) ClO^2; l'*Acide chlorique* ClO^3H; l'*Acide perchlorique* ClO^4H. Toutes ces combinaisons sont formées avec absorption de chaleur: ce qui explique leur instabilité, leur pouvoir oxydant et leurs propriétés explosives.

L'*Anhydride hypochloreux* Cl^2O est un corps gazeux, jaune orangé, d'une odeur irritante, qui participe à la fois du c. et de l'iode. Sa densité est 2,977. Sous l'action du froid, il se transforme en un liquide rouge vermeil. Il détone à une température peu élevée, en se décomposant en chlore et en oxygène. L'arsenic, le phosphore, l'antimoine et le potassium, mis en contact avec ce gaz, s'enflamment et font explosion. L'eau en dissout 100 fois son volume, en donnant de l'*Acide hypochloreux*. Cette dissolution est jaune et jouit de propriétés oxydantes énergiques: elle change le sulfure de plomb en sulfate; elle décompose les dissolutions de protochlorure de plomb et de manganèse, dont elle précipite du bioxyde de plomb ou du sesquioxyde de manganèse. Ces effets se produisent dans l'obscurité comme à la lumière, ce qui n'a pas lieu pour l'eau chlorée. Enfin, elle désorganise la peau en produisant une douleur assez vive, et elle détruit les matières colorantes de nature organique. L'acide hypochloreux est rapidement décomposé par l'acide chlorhydrique. Il se forme alors de l'eau et du c. — On obtient l'anhydride hypochloreux en faisant passer lentement un courant de c. sec à travers un tube rempli d'oxyde de mercure, et entouré de glace ou d'eau froide afin d'empêcher la température de s'élever pendant la réaction. Il se forme du chlorure de mercure et du gaz acide hypochloreux, que l'on peut liquéfier en le conduisant dans un tube refroidi par un mélange de glace et de sel marin.

L'*Anhydride chloreux* Cl^2O^3 est également gazeux. Il a une couleur jaune verdâtre foncé, et une odeur irritante. Il décolore le tournesol et l'indigo, et tache la peau en jaune. Sa densité est 2,646. Il se liquéfie dans un mélange réfrigérant de glace et de sel marin. L'eau en dissout 5 fois son volume et la dissolution prend une couleur jaune d'or; on peut y admettre l'existence de l'*Acide chloreux*, inconnu à l'état de liberté. L'anhydride chloreux détone au contact du soufre, du phosphore, de l'arsenic, du sélénium et du tellure. L'iode le décompose, et il se forme du chlorure d'iode et de l'acide iodique. Il n'a pas d'action sur les métaux, excepté sur le mercure. Il s'unit aux bases pour former des sels. Ce corps est très instable et se décompose rapidement en c. et en oxygène. — Pour le préparer, on chauffe au bain-marie un mélange de chlorate de potasse, d'acide azotique et d'acide arsénieux. L'acide arsénieux réagit sur l'acide azotique, qui se change en acide azoteux. Celui-ci décompose le chlorate de potasse, se change en acide azotique aux dépens de l'acide chlorique, et il se dégage de l'anhydride chloreux. — Récemment, l'existence de cet anhydride a été contestée; ce ne serait qu'un mélange de c. et de peroxyde de c.

Le *Peroxyde de C.* ClO^2, appelé autrefois *Acide hypochlorique*, est aussi un corps gazeux, jaune verdâtre, d'une odeur caractéristique, d'une densité 2,315, et aussi instable que le précédent. On ne peut pas le recueillir sur le mercure, qui le décompose rapidement, ni sur l'eau, qui en dissout environ 20 fois son volume. Il se liquéfie très facilement: il suffit de plonger l'éprouvette qui le contient, dans un mélange de glace et de sel. Il forme alors un liquide rouge orangé, qui bout à + 10° et qui se solidifie à — 79° en une masse cristalline orangée. Le peroxyde de c. n'est pas un acide, au lieu de former des hypochlorates, il se dédouble au contact des alcalis en donnant un chlorate et un chlorite. Il est très instable et

détone avec une extrême violence: aussi sa préparation réclame-t-elle les plus grandes précautions. On fait agir de l'acide sulfurique concentré sur le chlorate de potasse, en ayant soin d'opérer sur de très petites quantités à la fois, de refroidir préalablement l'acide sulfurique, et de chauffer lentement le mélange au bain-marie.

L'*Acide chlorique* ClO^3H est un liquide sirupeux, de couleur jaunâtre, très soluble dans l'eau, décomposable à une température supérieure à 40° en acide perchlorique et en peroxyde de c. Ce dernier se dédouble immédiatement à cette température, et il en résulte un dégagement d'oxygène suffisant pour brûler les corps combustibles. L'acide chlorique est monobasique; il rougit d'abord le papier bleu de tournesol, mais bientôt il le décolore complètement. Quand il est concentré, il enflamme le papier sec sur lequel on le projette. Il enflamme également l'alcool, le soufre et le phosphore. Quand il est étendu d'eau, on observe des phénomènes d'oxydation, mais non de combustion vive. Les acides saturés d'oxygène, tels que l'acide azotique, n'ont point d'action sur lui; mais les acides facilement oxydables, comme l'acide sulfureux et l'acide phosphoreux, le décomposent en s'emparant de son oxygène, et se changent ainsi en acide sulfurique et en acide phosphorique. Il est également décomposé par les hydracides. Dans ces diverses réactions, une certaine quantité de c. se trouve mise en liberté. — L'acide chlorique s'extrait du chlorate de potasse. On dissout le sel dans l'eau, et on verse dans la dissolution concentrée un excès d'acide hydrofluosilicique. Il se produit un précipité gélatineux d'hydrofluosilicate de potasse, et l'acide chlorique reste dans la liqueur. On filtre et on traite par la baryte la liqueur filtrée qui contient, outre l'acide chlorique, un peu d'acide hydrofluosilicique. Il se forme un hydrofluosilicate de baryte insoluble et un chlorate de baryte soluble. On évapore la liqueur après l'avoir filtrée de nouveau, et on obtient le chlorate de baryte cristallisé, qui, traité par l'acide sulfurique, se change en sulfate de baryte et en acide chlorique. On sépare ces deux corps au moyen du filtre, et l'on a l'acide chlorique en dissolution. Pour le concentrer, on ne peut avoir recours à la chaleur, qui le décomposerait promptement; il faut faire usage de la machine pneumatique; mais encore dans ce cas, il retient encore 7 molécules d'eau qu'on ne peut lui enlever sans le décomposer.

L'*Acide perchlorique* à l'état pur ClO^4H est un liquide incolore, d'une densité de 1,78 à 15°. C'est un oxydant très énergique; il enflamme le papier et le bois, et détone vivement au contact du charbon en poudre. Il fume à l'air, et il est très avide de c. et de liquide, il s'y combine en produisant le bruit d'un fer rouge. Il forme deux hydrates: le premier $ClO^4H + H^2O$ est solide, déliquescent, fusible à 50°; le second $ClO^4H + 2H^2O$ est un liquide huileux et jaunâtre qui distille à 203°. Cette combinaison avec l'eau dégage énormément de chaleur; aussi ces hydrates sont très stables, surtout le second; la dissolution de gaz acide chlorhydrique n'est plus réduite par l'acide sulfureux ni par l'acide sulfhydrique. — On prépare l'acide perchlorique avec le perchlorate de potasse, en opérant comme pour la préparation de l'acide chlorique.

III. COMBINAISON DU CHLORE AVEC L'HYDROGÈNE. — L'affinité du c. pour l'hydrogène est telle que si l'on expose à l'action de la chaleur, ou même simplement à celle de la lumière solaire, un flacon contenant un mélange de ces deux gaz, la combinaison a lieu instantanément avec rupture du flacon et explosion très violente. Cette combinaison, dont le résultat est la formation d'une certaine quantité d'acide chlorhydrique gazeux, se fait aussi, mais avec plus de lenteur, à la lumière diffuse. Pour empêcher qu'elle n'ait lieu, il faut que le mélange soit tenu dans l'obscurité la plus profonde. Lorsque les volumes de c. et d'hydrogène mélangés sont égaux, on obtient un volume de gaz acide chlorhydrique égal à la somme des volumes des gaz combinés: il n'y a donc point de condensation. En vertu de cette même affinité pour l'hydrogène, le c. décompose l'acide sulfhydrique, les bicarbures d'hydrogène, et enfin l'eau, en mettant l'oxygène de celle-ci en liberté. Cet oxygène, *à l'état naissant*, produit alors, avec une grande rapidité, ce que l'oxygène atmosphérique ne produit qu'avec une excessive lenteur: il se combine aussitôt à l'un des éléments en présence. Ainsi le c. change les acides sulfureux, phosphoreux et arsénieux étendus d'eau, en acides sulfurique, phosphorique et arsénieux. Il change aussi les sels de protoxyde de fer en sels de sesquioxyde. Dans tous les cas où le c. se combine avec l'hydrogène, il ne forme avec ce dernier qu'une seule combinaison, qui est l'acide chlorhydrique.

Acide chlorhydrique HCl. — Cet acide est gazeux, incolore, d'une odeur piquante et irritante, d'une saveur caustique. Il rougit fortement la teinture de tournesol. Sa densité est 1,247. Ce gaz éteint les corps en combustion. Il ne présente aucun phénomène particulier lorsqu'on le met au contact d'un air parfaitement sec ; mais il répand d'épaisses fumées blanches au contact de l'atmosphère. Ce dernier résultat s'explique par la présence d'une certaine quantité de vapeur d'eau dans l'air, et par l'affinité de l'acide chlorhydrique pour l'eau. Il se forme alors un hydrate qui se précipite sous forme de brouillard. L'acide chlorhydrique est très soluble dans l'eau, qui en dissout plus de 500 fois son volume. Cette solubilité diminue à mesure que la température s'élève. Cet acide se liquéfie à 10° sous une pression de 40 atmosphères et se solidifie à — 115°. Il n'est pas décomposé par une chaleur rouge intense, et ne l'est que partiellement par une série d'étincelles électriques. La dissolution d'acide chlorhydrique, au maximum de concentration, contient 57,57 p. 100 d'acide, bout à 60° et présente une densité de 1,21 ; elle a pour formule HCl + 3H²O. Soumise à l'action de la chaleur, elle abandonne une partie de son acide ; mais bientôt ce dégagement s'arrête, et il distille une liqueur acide qui présente, jusqu'à la fin, une composition constante qu'on peut exprimer par la formule HCl + 8H²O. Elle contient alors 18 p. 100 d'acide réel. Sa densité est 1,09, et son point d'ébullition 110°. L'acide chlorhydrique du commerce contient environ 34 p. 100 d'acide, et marque 22°,5 au pèse-acide. La dissolution concentrée d'acide chlorhydrique répand aussi des vapeurs abondantes à l'air, et c'est elle que l'on emploie de préférence au gaz acide dans les laboratoires et dans l'industrie. Les métalloïdes n'ont pas d'action sur l'acide chlorhydrique ; mais les métaux qui décomposent l'eau au-dessous du rouge vif, le décomposent aussi. Il en est de même des oxydes : leur oxygène s'unit à l'hydrogène de l'acide pour former de l'eau, et il se produit un chlorure de métal. Enfin, lorsque le métal n'est pas susceptible de former un chlorure correspondant à l'oxyde, une portion du c. du fluide devient libre et se dégage. — C'est en vertu de cette propriété que l'on prépare le c. en traitant l'acide chlorhydrique par le peroxyde de manganèse. — Cet acide, traité par l'azotate d'argent, donne un précipité blanc de chlorure d'argent, qui offre l'aspect caillebotté du fromage, qui noircit à la lumière, qui est insoluble dans l'eau, dans l'eau chlorée, dans l'acide azotique, mais qui est soluble dans l'ammoniaque.

Préparation de l'acide chlorhydrique. — On traite le sel marin (chlorure de sodium) par l'acide sulfurique concentré. L'eau de l'acide est décomposée ; il se forme alors du sulfate de soude, qui se précipite, et l'on recueille le gaz acide chlorhydrique dans une cloche bien sèche sur le mercure. La réaction qui s'opère dans ce cas peut se formuler ainsi : 2NaCl + SO⁴H² = SO⁴Na² + 2HCl. — Mais, comme la dissolution de cet acide est beaucoup plus employée que l'acide gazeux dans les laboratoires et dans l'industrie, on la prépare en grand dans le commerce où on la trouve à très bon compte. On l'obtient, dans les fabriques de soude artificielle, comme produit secondaire de la préparation du sulfate de soude. On décompose le sel marin par un même poids d'acide sulfurique concentré, auquel on ajoute le tiers de son poids d'eau. On place ces substances dans de grands cylindres en fonte posés horizontalement dans un fourneau, et le gaz qui se forme dans ces cylindres passe dans des bonbonnes en grès à deux tubu-

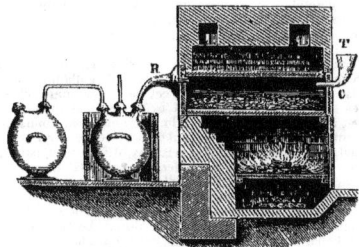

Fig. 2.

lures remplies d'eau à moitié. Cet appareil est exactement le même que celui qu'on emploie pour la fabrication de l'acide azotique. (Fig. 2). L'acide chlorhydrique en dissolution,

qu'on prépare de cette manière, est rarement pur. Il est ordinairement coloré en jaune et mélangé de chlorure de fer, produit par l'action du gaz sur les cornues, d'acide sulfurique et même d'acide sulfureux. On change ce dernier en acide sulfurique en faisant passer dans la liqueur quelques bulles de c., et on précipite l'acide sulfurique à l'état de sulfate de baryte au moyen d'une petite quantité de chlorure de baryum. On achève de purifier l'acide chlorhydrique par la distillation. Pour cela, on le verse dans une cornue qu'on chauffe dans un bain de sable. De la cornue il se rend dans un récipient, à la suite duquel est un flacon renfermant un peu d'eau destinée à retenir le gaz acide que la chaleur chasse de la dissolution.

Eau régale. — On nomme ainsi un mélange d'acide chlorhydrique et d'acide azotique. Ce nom a été donné par les alchimistes à ce mélange, parce que lui seul jouit de la propriété de dissoudre l'or, qu'ils appelaient le roi des métaux. L'eau régale possède également la propriété de dissoudre le platine. Ces deux métaux sont alors transformés en chlorures, tandis qu'ils sont inattaquables par chacun des acides dont se compose l'eau régale. Ce mélange est liquide, jaune, d'odeur mixte. Dès qu'il est formé, il se dégage du c. et des vapeurs nitreuses d'acide hypoazotique qui se produisent en proportions différentes suivant que la réaction est plus ou moins avancée. Cette réaction s'explique au moyen de l'équation

$$HCl + AzO³H = AzO² + Cl + H²O$$

Il se produit, en outre, du chlorure de nitrosyle ou acide chlorazoteux AzO⁴Cl, et du chlorure de nitryle ou acide chlorazotique AzO⁵Cl. L'eau régale dissout rapidement tous les métaux en les transformant en chlorures, à l'exception de l'antimoine, qui est transformé en oxyde. Elle agit aussi comme un oxydant très énergique, et transforme le soufre en acide sulfurique beaucoup plus promptement que ne le fait l'acide azotique. La première circonstance tient à ce qu'il se forme du c. à l'état naissant qui se combine plus facilement que le c. dans tout autre état ; et la seconde à ce que le c. s'empare de l'hydrogène de l'eau et présente l'oxygène à l'état naissant. Elle tient aussi à ce que le mélange d'acide azotique et d'acide azoteux est un oxydant plus énergique que l'acide azotique seul.

IV. Chlorures. — Parmi les combinaisons que forme le c. avec les métalloïdes autres que l'oxygène et l'hydrogène, nous ne parlerons que de celles où il s'unit avec l'azote, l'arsenic, le soufre et le phosphore.

Le Chlorure d'azote AzCl³ est un liquide jaune orangé, dont la densité est 1,653. Il détone immédiatement à la température ordinaire par le frottement et par le contact de certains corps, comme le phosphore, les huiles essentielles. Il est très dangereux à manier, et peut occasionner les accidents les plus graves. C'est pourquoi il est important de le connaître, moins pour le préparer que pour éviter d'en produire accidentellement. D'ailleurs il a acquis une triste célébrité dans la science : Dulong, qui l'a découvert, fut blessé deux fois très grièvement en l'étudiant. La première fois il perdit un œil, la seconde, un doigt. On le prépare en faisant passer du c. à travers un sel d'ammoniaque. Il se forme un liquide huileux qui tombe en gouttelettes et qui est le chlorure d'azote.

Le Chlorure d'arsenic AsCl³, liquide incolore, qui bout à 132°. La densité de sa vapeur est 6,3. Il est très vénéneux. Au contact de l'eau, il se décompose en anhydride arsénieux et en acide chlorhydrique. On le prépare en faisant agir directement le c. sur l'arsenic, ou en distillant le bichlorure de mercure avec l'arsenic.

Chlorures de soufre. — Le Protochlorure S²Cl² est liquide, rouge jaunâtre, d'une odeur désagréable, d'une densité de 1,70 ; il bout à 139°. Comme il dissout très bien le soufre, on l'emploie pour la vulcanisation du caoutchouc. Le Bichlorure SCl² est liquide rouge foncé d'une densité de 1,62 ; il commence à bouillir à 64°, en perdant du c. Ces deux chlorures se décomposent au contact de l'eau en donnant du soufre, de l'acide sulfureux et de l'acide chlorhydrique. On les prépare en faisant passer un courant de c. sur du soufre chauffé à la température de sa fusion. On obtient ces deux produits distincts suivant que le soufre se trouve en excès relativement au c. ou que l'inverse a lieu. En saturant ces chlorures par du c. à la température de — 22°, on obtient un Tétrachlorure SCl⁴, liquide, jaune brun, très instable, se décomposant déjà au-dessous de 0°.

Chlorures de phosphore. — Le Chlorure phosphoreux ou Trichlorure de phosphore PhCl³ est un liquide incolore, limpide, fumant à l'air, bouillant à 78° ; sa densité est 1,61. Il réagit vivement sur l'eau en donnant de l'acide chlorhydrique et de l'acide phosphoreux. Il s'unit directement à l'oxygène pour former l'*Oxychlorure de phosphore* $Ph\,O\,Cl^3$, et peut agir comme réducteur sur un grand nombre de corps oxygénés. Le *Chlorure phosphorique*, appelé aussi *Perchlorure* ou *l'entachlorure de phosphore* $PhCl^5$, est une masse cristalline blanchâtre, fumant à l'air; il distille à 148°, mais se sublime déjà au-dessous de 100°; on ne peut le fondre que sous pression. Au contact de l'eau, il donne de l'acide chlorhydrique et de l'oxychlorure de phosphore qui se change rapidement en acide phosphorique. En agissant sur les corps qui contiennent de l'oxhydrite, il remplace le groupe OH par du c., et se convertit lui-même en oxychlorure et en acide chlorhydrique; c'est ainsi qu'il transforme les alcools en éthers chlorhydriques, les acides en chlorures correspondants, etc.; dans les anhydrides d'acides, il remplace un atome d'oxygène par deux de c.; ces réactions sont fréquemment utilisées en chimie organique.

Les *Chlorures métalliques* sont tous solubles dans l'eau, sauf trois: le chlorure d'argent, le chlorure de plomb et le protochlorure de mercure. Tous sont indécomposables par la chaleur, à l'exception des chlorures d'or et de platine, qui sont ramenés à l'état métallique par une température élevée. Tous, quand on les traite par l'acide sulfurique hydraté, dégagent de l'acide chlorhydrique avec effervescence et sous forme de vapeurs blanches piquantes. Chauffés avec un mélange d'acide sulfurique et de peroxyde de manganèse, ils se décomposent et dégagent du c. Enfin leur caractère essentiel est de donner par l'azotate d'argent un précipité blanc et caillebotté de chlorure d'argent, lequel noircit à la lumière, est insoluble dans l'eau, dans l'eau chlorée, dans l'acide azotique, mais est soluble dans l'ammoniaque et dans l'hyposulfite de soude.

Hypochlorites. — Ils sont tous solubles dans l'eau, dégagent une odeur de c., et sont décomposés par la chaleur en oxygène et en chlorure. Tous aussi sont des oxydants énergiques: ils changent l'acide sulfureux en acide sulfurique, les protoxydes en peroxydes; ils jouissent de la propriété remarquable d'être décomposés par les acides, même les plus faibles, comme l'acide carbonique: il se produit de l'acide hypochloreux, qui se décompose lui-même très facilement en c. et en oxygène. Les hypochlorites, sauf celui de calcium, n'ont pas été isolés à l'état de pureté; ils sont connus dans les produits industriels qu'on appelle *Chlorures décolorants* et qu'on regarde comme des mélanges de chlorure et d'hypochlorite. Ces chlorures décolorants s'obtiennent dans l'industrie en faisant passer un courant de c. sur de la chaux éteinte (*Chlorure de chaux*), ou dans une dissolution de potasse (*Eau de Javel*), ou dans une dissolution de soude (*Liqueur de Labarraque*).

V. Sels formés par les composés oxygénés du chlore. — *Chlorates*. — Tous les sels formés par la combinaison de l'acide chlorique avec les bases ont les propriétés communes suivantes: ils sont tous solubles dans l'eau, et se décomposent par la chaleur en chlorure du métal et en oxygène. Cet oxygène se dégage à l'état de pureté, quand il provient de la décomposition des chlorates alcalins; mais quand il provient des autres chlorates, il est toujours mélangé à du c. Tous les chlorates fusent vivement sur les charbons ardents, et produisent des détonations violentes quand on les chauffe avec des corps très combustibles, tels que le charbon et le soufre. Traités par l'acide sulfurique, ils dégagent un gaz jaune qui est de l'acide hypochlorique, reconnaissable à sa propriété de détoner fortement à une faible température. Ils ne précipitent pas l'azotate d'argent.

Perchlorates. — Ces sels ont les mêmes propriétés que les chlorates, mais ils s'en distinguent facilement en ce que l'acide sulfurique concentré ne les colore pas et ne détermine la formation d'aucun gaz.

VI. Usages. — Dans l'industrie, le c., soit en solution dans l'eau, soit à l'état de chlorure décolorant, sert à blanchir les tissus et la pâte de papier et à décolorer une foule de substances organiques d'origine végétale; on l'emploie, par ex., pour nettoyer les vieilles gravures et pour enlever les taches d'encre. Ces propriétés décolorantes sont dues à l'avidité du c. pour l'hydrogène, ainsi que nous l'avons expliqué au mot Blanchiment. C'est également son énergique affinité pour l'hydrogène qui fait du c. l'agent de désinfection par excellence. Il détruit, en effet, les ferments figurés, et décompose l'acide sulfhydrique ainsi que le sulfhydrate d'ammoniaque, en s'emparant de leur hydrogène. — Hallé est le premier qui, en 1785, ait signalé les propriétés antiseptiques du c. En 1791, Fourcroy le recommanda comme propre à désinfecter les cimetières, les caveaux funéraires et les étables dans les cas d'épizooties, à détruire les effluves infects, les virus contagieux, les miasmes délétères, etc. Mais c'est seulement un

commencement de ce siècle, et non en 1789, que Guyton-Morveau popularisa ces idées. Depuis, on a remplacé avec avantage le c. gazeux par le chlorure de chaux; ce dernier est solide, facilement transportable, et ne dégage le gaz que peu à peu, sous l'influence de l'acide carbonique de l'atmosphère; on évite ainsi l'inconvénient d'un dégagement trop rapide de c. dans l'air. — La réputation du c. comme désinfectant et comme neutralisant des miasmes a fait supposer aux médecins qu'il pourrait être susceptible de neutraliser les miasmes morbifiques et d'arrêter certaines épidémies. On le prodigua pendant l'épidémie de fièvre jaune à Gibraltar, en 1828, et pendant la première épidémie de choléra qui désola la France: mais on reconnut qu'il n'a aucune efficacité comme moyen préservatif. On a essayé sans succès l'emploi du c. à l'intérieur pour détruire, dans le sang même, les miasmes et les virus. Mais c'est un remède efficace, et quoique dangereux, pour combattre les empoisonnements par l'acide cyanhydrique, par l'hydrogène sulfuré et par le sulfhydrate d'ammoniaque. A l'extérieur, le c. sert en lotions et en injections dans le cas de plaies fétides.

Le c. a encore une foule d'applications. Outre les chlorures décolorants, il sert encore à préparer divers chlorures métalliques. Son action oxydante en présence de l'eau est souvent mise à profit, par ex., pour préparer le chlorate de potasse, les permanganates, etc. Enfin, son action sur les substances organiques permet d'obtenir de nombreux produits de substitution, entre autres le chloroforme et le chloral.

L'acide chlorhydrique est principalement usité pour préparer l'eau régale et le c.; il sert aussi à reconnaître les sels d'argent. Il est très répandu dans le commerce, où il porte le nom d'*acide muriatique* et d'*esprit de sel*. Il sert encore à la préparation de différents chlorures, au décapage du fer, à l'extraction de certains métaux tels que le nickel et le bismuth, et dans un grand nombre d'opérations qui nécessitent l'emploi d'un acide: préparation de l'hydrogène, des acides carbonique et sulfhydrique, fabrication de la gélatine, fabrication des matières colorantes artificielles, etc. En médecine, on en fait un assez grand usage; il a été employé avec succès contre le ptyalisme mercuriel et contre la pourriture d'hôpital. Il est utile aussi dans les ulcères de l'amygdale, dans les aphtes, le muguet, etc.; on l'emploie en lotions contre les engelures et en pommade contre la teigne. Convenablement étendu d'eau, ou à l'état de limonade chlorhydrique, il est employé à l'intérieur pour activer la digestion et combattre les dyspepsies par défaut d'acide.

VII. Toxicologie — Le c., respiré même en fort petite quantité, irrite vivement les bronches et détermine une toux très vive, souvent accompagnée de crachements de sang. Introduit à dose faible dans l'estomac, il détermine des vomissements violents avec inflammation de la muqueuse et agit à la manière des acides minéraux. Quand il a été administré dissous dans l'eau, le traitement consiste à faire prendre de l'eau albumineuse, ou du lait; puis on traite l'inflammation par des calmants et les émollients. Si les accidents observés résultent de l'inspiration de c. gazeux, on a recours aux gargarismes adoucissants, à la saignée générale ou locale, etc. La présence du c. dans une matière quelconque se décèle par son action décolorante sur le tournesol. En distillant ces matières avec de l'eau, et en faisant passer les vapeurs sur du papier imprégné d'amidon et d'iodure de potassium, il se produit une belle coloration bleue qui disparaît par un excès d'acide. Les autres propriétés du c. que nous avons étudiées serviront aussi à le faire reconnaître.

L'acide chlorhydrique est un des acides les plus énergiques du règne minéral; il corrode, détruit et enflamme tous les tissus. L'empoisonnement par cet acide présente les symptômes suivants: saveur âcre et brûlante, chaleur intense à la gorge, à l'estomac, puis à l'abdomen; nausées, vomissements plus ou moins violents et faisant effervescence sur le carreau; hoquet, pouls fort, soif vive, frissons, difficulté d'uriner, face livide. Les lésions sont variables suivant l'état de concentration de l'acide. Quand il est étendu, il produit une simple inflammation de la muqueuse; concentré, il corrode les tissus, détermine des perforations de l'estomac et donne lieu à un épanchement dans la cavité du péritoine. Le traitement consiste d'abord à faire boire de l'eau en abondance, afin de délayer l'acide, de distendre l'estomac et de favoriser le vomissement. En outre, on tient en suspension dans cette eau de la craie, de la magnésie calcinée; ou bien on y fait dissoudre du bicarbonate de potasse ou de soude. Enfin, à défaut de ces substances, on emploie l'eau de savon, le lait ou les huiles, afin de saturer l'acide et de former des sels sans action sur l'économie. L'inflammation consécutive se traite par les émollients et la diète la plus absolue. — Pour faire les recherches médico-légales, on soumet les vomissements, les matières contenues dans le canal digestif et les organes eux-mêmes à la distillation, après avoir constaté leur acidité par le tournesol. On recueille alors dans le récipient de l'acide chlorhydrique étendu, que l'on concentre au moyen d'une seconde distillation. On le laisse refroidir, et on le reconnaît ensuite à ses fumées blanches et épaisses, au précipité blanc qu'il forme avec le nitrate d'argent et avec les protosels de mercure. On le reconnaît également à sa propriété de dissoudre l'or et le platine, quand il est mêlé avec un peu d'acide azotique. — L'eau régale agit sur l'économie comme l'acide azotique. Pour la découvrir après un empoisonnement, on suit les procédés qui établissent la présence des deux acides, azotique et chlorhydrique.

CHLORÉ. adj. [Pr. *kloré*]. T. Chim. Qui renferme du chlore. *Eau chlorée*, Dissolution aqueuse de chlore: *Argent c.*, Synonyme de chlorure d'argent. — Les *dérivés chlorés* d'un composé résultent de la substitution du chlore à l'hydrogène de ce composé; leur nomenclature est la même que celle des composés bromés, les mots *bromé, bromo, bromure* étant remplacés par *chloré, chloro, chlorure*. Voy. BROME.

CHLORER. v. a. [Pr. *klo*...]. T. Teint. Donner au tissu un passage en bain de chlorure de chaux.

CHLOREUX. adj. m. [Pr. *klo*...]. T. Chim. *Acide c.* ClO^2H. Voy. CHLORE.

CHLORHYDRATE. s. m. [Pr. *klo*...] (R. chlore et *hydrogène*). T. Chim. Autrefois on donnait le nom de chlorhydrates aux chlorures métalliques; aujourd'hui on réserve ce nom aux sels formés par l'acide chlorhydrique avec l'ammoniaque et les bases analogues, qui s'unissent aux hydracides sans élimination d'eau; ex. : chlorhydrate d'ammoniaque, de morphine, etc. On appelle aussi chlorhydrates les combinaisons formées par l'union directe de l'acide chlorhydrique avec des composés organiques non saturés; ex. : chlorhydrate de térébenthine.

CHLORHYDRINE. s. f. T. Chim. Nom générique donné aux éthers chlorhydriques de la glycérine et des alcools polyatomiques.

CHLORHYDRIQUE. adj. m. [Pr. *klo*...]. T. Chim. *Acide c.* HCl. Voy. CHLORE.

CHLORIQUE. adj. m. [Pr. *klo*...]. T. Chim. *Acide c.* ClO^3H. Voy. CHLORE.

CHLORIS, nymphe des fleurs dans la mythologie grecque, la *Flora* des Latins. Épouse de Zéphyre.

CHLORITE. s. m. [Pr. *klo*...]. T. Chim. Nom donné aux sels formés par l'acide chloreux. Voy. CHLORE. || T. Min. Nom donné à différents silicates alumineux magnésiens de couleur verte.

CHLORITEUX, EUSE. adj. [Pr. *klo*...]. Qui appartient aux chlorites, qui contient des chlorites.

CHLORITIQUE. adj. [Pr. *klo*...]. T. Min. Qui est mêlé de chlorite.

CHLORO. [Pr. *kloro*]. Préfixe servant en chimie à former les noms des composés chlorés.

CHLORO-ANÉMIE. s. f. [Pr. *klo*...] (gr. χλωρὸς, pâle, et *anémie*). T. Méd. Voy. CHLOROSE.

CHLORO-ANÉMIQUE. adj. 2 g. [Pr. *klo*...]. T. Méd. Voy. CHLOROTIQUE.

CHLOROBENZOL. s. m. T. Chim Voy. BENZYLIDÈNE.

CHLORO-BROMURE. s. m. [Pr. *klo*...]. T. Chim. Nom donné aux sels doubles formés par le chlore et le brome.

CHLOROCARBONIQUE. Synonyme de *Chloroxycarbonique*. Voy. ce mot.

CHLOROFORME. s. m. [Pr. *klo*...] (R. *chlore* et *formique*). T. Chim. Ce corps, découvert en 1831 par Soubeyran et par Liebig, est un agent anesthésique des plus précieux, dont les propriétés physiologiques ont été étudiées par Flourens en 1847, et qui, peu de temps après, fut introduit dans la pratique chirurgicale par Simpson. C'est un liquide incolore, d'une odeur agréable, d'une saveur chaude et sucrée. Il bout à 61°; sa densité est 1,48. Peu soluble dans l'eau, il se mêle en toutes proportions avec l'alcool, l'éther, les huiles fixes et volatiles. Il dissout l'iode, le phosphore, le soufre, les corps gras; la plupart des résines, le caoutchouc, la gutta-percha, et en général les matières organiques riches en carbone; c'est un excellent dissolvant pour les alcaloïdes. Le c. a pour formule $CHCl^3$; c'est du méthane trichloré. Lorsqu'il est pur, il s'altère très vite sous l'influence de l'air et de la lumière, il se change alors en acide chlorhydrique et en oxychlorure de carbone, et devient très dangereux à respirer. Il se conserve bien mieux quand il renferme un peu d'alcool et qu'on le tient à l'abri de la lumière. Il ne s'enflamme pas à l'air; traité par la potasse, il se convertit en formiate et chlorure de potassium. En présence d'une amine, la potasse le transforme en carbylamine; cette réaction est très sensible et permet de déceler des traces de c. Les phénols en solution alcaline, chauffés avec du c., donnent naissance à des aldéhydes aromatiques : ainsi, avec le phénol ordinaire on obtient les aldéhydes salicylique et paroxybenzoïques; avec le gaïacol, la vanilline.

On prépare le c. en faisant agir le chlorure de chaux sur de l'alcool ordinaire en présence d'un excès de chaux; l'alcool se transforme d'abord en aldéhyde, puis en chloral, que la chaux en excès dédouble en formiate de calcium et en c. On chauffe à 80°; le liquide qui distille est lavé à l'eau et au carbonate de potasse, puis rectifié sur du chlorure de calcium. D'autres substances, telles que l'acétone et la glycérine, traitées par la chaux et le chlorure de chaux, donnent également du c.; mais l'alcool méthylique n'en fournit que s'il est mélangé d'acétone. Depuis que le chlorure de méthyle est à bas prix, on le traite par le chlore pour le transformer en chloroforme; celui-ci est alors mélangé de chlorure de méthylène et de perchlorure de carbone.

Le c. est employé dans les laboratoires comme dissolvant; il sert aussi à préparer certaines aldéhydes aromatiques telles que la vanilline. C'est en médecine qu'il trouve son application la plus importante : en effet, le c., quand il est préparé et purifié avec soin, constitue l'agent anesthésique le plus énergique et le moins dangereux pour les opérations chirurgicales de longue durée. On fait respirer ses vapeurs mélangées d'air; 2 à 8 grammes, inhalés pendant une à cinq minutes, suffisent pour amener la perte de la sensibilité et du mouvement. Les cellules cérébrales sont atteintes les premières : après quelques instants d'hallucination et de délire, l'intelligence et la sensibilité sont endormies. L'action se porte ensuite sur les centres de la moelle; après une courte période d'excitation, marquée par des contractions et des mouvements convulsifs, les muscles se relâchent, les réflexes disparaissent, et les membres soulevés retombent inertes. C'est l'instant favorable pour l'opération. Il serait dangereux de pousser plus loin l'action du c., car le bulbe lui-même serait envahi, et bientôt l'arrêt de la respiration et de la circulation amènerait la mort. Ce danger n'est pas à craindre avec un opérateur expérimenté; mais, dans quelques cas, on a vu la mort survenir dès le début, par arrêt du cœur. Au réveil, il reste de la torpeur et des troubles nerveux accompagnés de vomissements. — Le c. est aussi employé à l'intérieur comme antispasmodique, et dans les affections douloureuses de l'estomac, les coliques hépatiques, les névroses.

CHLOROFORMISATION. s. f. [Pr. *klo*...]. T. Chir. Action de chloroformiser.

CHLOROFORMISER. v. a. [Pr. *klo*...]. Soumettre à l'action anesthésique du chloroforme.

CHLOROLEUCITE. s. m. [Pr. *klo*...]. (gr. χλωρὸς, vert, et *leucite*). T. Bot. Nom donné au leucite qui sert de substratum à la matière colorante verte des plantes. Voy. CHLOROPHYLLE.

CHLOROMÉLANE. s. m. T. Minér. Silicate hydraté de fer, de magnésie et de manganèse.

CHLOROMÈTRE s. m [Pr. *klo*...]. T. Chim. Instrument propre à déterminer la quantité de chlore dissous dans un liquide. Voy. CHLOROMÉTRIE.

CHLOROMÉTRIE. s. f. [Pr. klo...] (R. chlore, et gr. μέτρον, mesure). T. Chim. On désigne, sous le nom de Chlorométrie et d'Essais chlorométriques, les procédés par lesquels on détermine le pouvoir décolorant des dissolutions de chlore et surtout des chlorures décolorants, tels que le chlorure de chaux. Ces essais sont indispensables dans le commerce, car c'est uniquement le pouvoir décolorant de ces produits qui détermine leur valeur vénale.

Le premier procédé mis en usage a été proposé, en 1794, par Descroizilles, et consistait à déterminer la quantité de dissolution d'indigo qui pouvait être décolorée par un poids connu de chlorure. En 1835, Gay-Lussac proposa un procédé bien préférable, qui est basé sur la double propriété que possède le chlore de transformer l'acide arsénieux en acide arsénique par l'intermédiaire de l'eau, et de décolorer l'indigo. On a reconnu qu'un litre de chlore à 0°, pesant 3^{gr},135 sous la pression de 0^m,76, transforme en acide arsénique un poids égal à 4^{gr},439 d'acide arsénieux. En conséquence, la Liqueur arsenicale normale, appelée Liqueur d'épreuve, se prépare avec 4^{gr},439 d'acide arsénieux qu'on fait dissoudre dans une petite quantité d'acide chlorhydrique et qu'on additionne ensuite d'eau jusqu'à ce qu'elle fasse exactement 1 litre. On prend ensuite 10 gr. du chlorure de chaux à essayer; on les broie avec un peu d'eau dans un mortier de verre; on délaye le mélange dans une plus grande quantité de liquide, et on décante dans un vase jaugeant exactement 1 litre. Ensuite, on broie successivement le résidu avec de petites quantités d'eau que l'on jette sur le filtre, et l'on

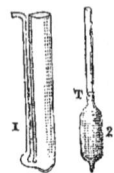

répète les lavages jusqu'à ce que la totalité des chlorures soit entraînée, tout en ayant soin de ne pas dépasser le volume de 1 litre. On agite la dissolution ainsi préparée pour la rendre homogène, et on en remplit jusqu'à la division 0 une burette graduée (Fig. 1). D'autre part, on prend, avec une pipette jaugée (Fig. 2) 10 centim. cubes de la liqueur d'épreuve, qu'on verse dans un vase et qu'on colore avec quelques gouttes de sulfate d'indigo. On y verse ensuite, goutte à goutte, la solution de chlorure contenue dans la burette. L'action du chlore s'exerce d'abord sur l'acide arsénieux pour le faire passer à l'état d'acide arsénique. C'est seulement lorsqu'il a complètement suroxydé l'acide de la liqueur d'épreuve qu'il attaque l'indigo et le décolore. Aussitôt donc que la décoloration commence, on cesse de verser. On voit alors quelle quantité de chlorure il a fallu pour saturer la solution donnée d'acide arsénieux. Si, par ex., il a fallu 14 centim. cubes de la liqueur chlorurée pour saturer 10 centim. cubes de la liqueur arsenicale, on voit que 14 centigr. de chlorure de chaux contiennent 10 centim. cubes de chlore; donc, 1 kilogr. de chlorure contient 1,000/14 litres de chlore, et le titre du chlorure est 1,000/14 = 71°43. On traiterait de même les autres chlorures décolorants. Pour doser du chlore libre, on le dissoudrait dans 1 litre d'une lessive alcaline faible.

CHLOROMÉTRIQUE adj Qui a rapport à la chlorométrie.

CHLOROMYS. s. m. [Pr. klo...] (gr. χλωρός, verdâtre; μῦς, rat). T. Mam. Genre de Rongeurs. Voy. AGOUTI.

CHLOROPALE. s. m. [Pr. klo...] (gr. χλωρός, et opale). T. Min. Substance terreuse, amorphe, de couleur verte, qu'on rencontre avec l'opale et qui contient des silicates de fer, d'alumine, de magnésium en proportions variables.

CHLOROPHANE. s. f. [Pr. klo...] (gr. χλωρός et φαίνω, je parais). T. Min. Variété de spath fluor qui donne une belle couleur verte sur les charbons ardents.

CHLOROPHÉITE. s. f. T. Minér. Silicate hydraté ferreux, contenant un peu de magnésie.

CHLOROPHYCÉES. s. f. pl. [Pr. klo...] (gr. χλωρός, vert; φυκία, algue). T. Bot. Les Chlorophycées comprennent d'une façon générale toutes les Algues ayant un pigment vert. La plupart des C. habitent les eaux douces et plusieurs de leurs groupes y sont exclusivement cantonnés (Conjuguées, Cénobiées, etc.). La flore marine ne contient guère que des Confervacées et des Siphonées. Certaines vivent dans l'air humide, sur le sol, sur les rochers, sur les écorces, et

dans ces Algues aériennes la chlorophylle y est quelquefois masquée par une huile orangée, jaune ou brune; d'autres se développent en parasites dans la coquille des Mollusques qu'elles perforent (Gomontia). Les C. présentent d'ordinaire une reproduction par spores, et toujours une reproduction par œufs. Les spores sont ordinairement mobiles. Les œufs naissent par isogamie ou par hétérogamie. La germination de l'œuf a lieu, soit directement en une plante nouvelle (Conjuguées), soit en un certain nombre de zoospores ou de spores, qui se disséminent et produisent autant de plantes nouvelles (Œdogonium). L'ordre des C. comprend six familles : 1° Conjuguées: 2° Siphonées: 3° Cénobiées; 4° Protococcacées; 5° Palmellacées; 6° Confervacées. Certains auteurs y font encore entrer le groupe des Characées.

CHLOROPHYLLE. s. f. T. Chim. La Chlorophylle est la matière colorante verte des plantes. Elle est contenue dans des corpuscules arrondis, appelés grains de c. ou chloroleucites. Ceux-ci prennent naissance et se développent dans le protoplasma des cellules, sous l'influence de la lumière et d'une douce chaleur; ils se décolorent et disparaissent dans l'obscurité. La c. s'extrait des feuilles vertes au moyen de l'alcool; en évaporant la solution, on obtient une poudre vert foncé, insoluble dans l'eau, soluble dans l'alcool, l'éther, le sulfure de carbone, la benzine, les huiles fixes et volatiles. Ces solutions sont fluorescentes et dichroïques; rouges par réflexion, vertes par transmission. On n'est pas d'accord sur la nature chimique de la c.; c'est une substance azotée complexe qui contient au moins deux principes colorants : l'un vert, l'autre jaune. Les alcalis et les acides étendus la colorent en jaune; l'acide chlorhydrique la dédouble en phyllocyanine bleue qui se dissout dans le réactif, et en phylloxanthine jaune brunâtre, soluble dans l'éther. Par l'emploi de dissolvants appropriés, on a obtenu deux substances cristallisées: l'une, d'un jaune d'or, a été appelée Chrysophylle; l'autre, qui cristallise en aiguilles molles, vert foncé, serait de la c. pure. L'hydrogène naissant décolore plus ou moins la c. et la transforme en une substance jaunâtre appelée Protophylline. Cette substance, qu'on rencontre dans les feuilles étiolées, verdit rapidement à la lumière en présence de l'acide carbonique, et paraît être l'agent direct de la décomposition de cet acide sous l'action de la lumière solaire.

Il résulte des travaux les plus récents qu'il existe plusieurs espèces de chlorophylles pouvant se rencontrer dans le même végétal. On comprend donc sous ce nom un grand nombre d'espèces chimiques voisines, mais distinctes.

Le rôle de la c. dans la plante consiste à élaborer des principes destinés à la nourriture du végétal. Sous l'influence des rayons solaires, les grains de c. absorbent l'acide carbonique de l'atmosphère et le décomposent avec absorption de chaleur en dégageant un volume à peu près égal d'oxygène; l'action est maximum dans la lumière jaune du spectre. C'est ce qu'on a appelé la fonction chlorophyllienne. NUTRITION. En même temps, il se produit de l'amidon qui, devenant soluble, peut être transporté dans les organes de la plante et servir à leur nutrition. La fonction chlorophyllienne ne doit pas être confondue avec la respiration proprement dite qui consiste, au contraire, en une absorption d'oxygène et en un dégagement d'acide carbonique; elle s'effectue aussi bien dans les plantes que chez les animaux et n'exige pas le concours de la lumière.

Certains animaux inférieurs contiennent des pigments verts ayant la plus grande analogie avec la c., et décomposant comme elle l'acide carbonique avec le concours de l'énergie lumineuse.

On s'est servi de la c. dans les essais de photographie en couleur; on l'a aussi employée pour colorer en vert les légumes conservés.

La c. a donné lieu à une curieuse expérience, trouvée par Gladstone. Pour préparer la solution de c. on épuise par l'eau chaude des feuilles de thé de tous leurs principes solubles colorants; puis on les plonge quelques heures dans l'alcool, et on trace sur du papier des caractères ou un dessin avec la solution à peine colorée, et qui, sèche, est absolument invisible. Si l'on prend ensuite, au moyen d'une couche de collodion humide, à la chambre noire, une épreuve de cette feuille de papier parfaitement blanche et qu'on en développe l'image, on trouvera reproduit sur la substance sensible le dessin à la c., invisible sur le papier.

CHLOROPHYLLIEN, IENNE. adj. [Pr. kloro-fi-li-in]. Qui a rapport à la chlorophylle, qui renferme de la chlorophylle. || Rem. *Chlorophylle* étant d'origine grecque, on devrait dire *Chlorophyllique*; la finale *ien* est latine.

CHLOROPHYLLIFÈRE. adj. [Pr. *klorofil-lifère*] (R. *chlorophylle*, et lat. *fero*, je porte). T. Bot. Qui contient de la chlorophylle.

CHLOROPHYLLITE. s. f. [Pr. *klorofil-lite*] (gr. χλωρός, vert; φύλλον, feuille). T. Minér. Silicate hydraté d'alumine et de magnésie, qu'on trouve aux États-Unis en feuilles schisteuses d'un jaune verdâtre. Elle contient aussi du phosphate d'alumine.

CHLOROPICRINE. s. f. [Pr. *klo...*] (R. *chlore* et *picrique*). T. Chim. Cette substance, appelée aussi *nitrochloroforme*, a pour formule $CCl^3 (AzO^2)$; c'est du nitrométhane trichloré. On l'obtient en chauffant une solution d'acide picrique avec du chlorure de chaux; la chloropicrine distille sous forme d'un liquide incolore, irritant vivement les muqueuses. Elle bout à 113°; elle dissout l'iode, diverses résines et les substances organiques très carbonées. Elle n'est pas combustible. Traitée par la limaille de fer et l'eau, elle est réduite et donne de la méthylamine.

CHLOROSE. s. f. [Pr. *klo...*] (gr. χλωρός, jaune verdâtre). T. Méd. Affection caractérisée en partie par la décoloration de la peau et la pâleur extrême du visage. || T. Bot. État maladif des plantes qui les rend pâles, décolorées, d'une consistance molle et aqueuse, et qui se manifeste surtout par manque d'air et de lumière. Les plants de vigne américains qui ont été importés depuis l'invasion du phylloxera, parce qu'ils résistent aux attaques de cet insecte, et sur lesquels on greffe nos cépages français, y sont particulièrement sujets, ce qui oblige les viticulteurs à certaines précautions pour prévenir ce mal. Une fumure, des amendements appropriés à la constitution chimique du terrain et l'emploi de sulfate de fer paraissent être les meilleurs moyens préventifs.

   Méd. — La C. est une affection nommée aussi quelquefois *Chloro-anémie*, qui se caractérise par la décoloration de la peau, la pâleur extrême du visage, le trouble de diverses fonctions, une débilité plus ou moins prononcée, et qui offre, comme altération anatomique générale, une diminution des globules rouges du sang dans leur quantité et surtout dans leur *qualité*, c.-à-d. dans leur richesse en *hémoglobine*. Cette affection, qu'on appelle vulgairement *Pâles couleurs*, *Maladie des jeunes filles*, est beaucoup plus fréquente chez la femme que chez l'homme.

   Dans l'un et l'autre sexe, elle survient ordinairement à l'époque de la puberté, quoiqu'on la rencontre chez des femmes mariées, chez des femmes veuves, et pendant la grossesse. Elle se développe sous l'influence d'un air humide et confiné, d'une nourriture peu substantielle, de l'usage d'aliments de digestion difficile. Tous les genres de causes débilitantes, telles que les occupations sédentaires, les veilles prolongées, les bains chauds, l'abus des plaisirs, les affections morales tristes, paraissent pouvoir la déterminer. Cependant elle se manifeste encore fréquemment sans qu'on puisse la rattacher à aucune cause appréciable. — La pâleur est le symptôme extérieur le plus remarquable de la maladie. Elle est surtout très marquée aux paupières, aux ailes du nez, au pourtour des lèvres et à la partie supérieure du cou. Les yeux sont cernés et présentent une expression de langueur et de tristesse toute particulière; tantôt la peau offre la teinte de la cire vierge; tantôt elle est jaune, verdâtre, livide et terreuse. Le tissu cellulaire s'infiltre de sérosité; cette infiltration est d'abord si faible qu'on la prendrait pour un commencement d'embonpoint; elle est surtout visible aux paupières sur le contour des orbites et à la face; plus tard elle se montre aux membres inférieurs autour des malléoles; elle peut même devenir générale, et la sérosité finit alors par se répandre dans les grandes cavités séreuses. En même temps, les malades présentent de la torpeur et une nonchalance inaccoutumée; tout exercice leur est pénible; ils éprouvent une faiblesse générale et des douleurs passagères aux différentes parties du corps; ils sont tristes, sans sommeil; leur appétit est peu prononcé, mais parfois ils éprouvent une soif assez vive. Le pouls est lent et faible, les battements du cœur sont irréguliers, et les grosses artères sont le siège de bruits anormaux que l'on a désignés sous les noms de *bruit de souffle* ou de *soufflet*, *bruit musical*, *bruit de diable*. Ces bruits indiquent, selon les auteurs, un changement de rapport entre la quantité du sang et la capacité des vaisseaux qui le renferment. La res-

piration est gênée, interrompue par des soupirs; la dyspnée est quelquefois extrême. Les parties éloignées du centre circulatoire, telles que la figure, les mains et les pieds, sont froides, presque glacées. La constipation est fréquente; les urines sont rares et décolorées. La menstruation est le plus souvent modifiée : tantôt elle se supprime; tantôt le sang excrété est moins abondant, plus pâle et plus séreux; tantôt la leucorrhée précède, suit ou remplace cette hémorragie normale. L'enchaînement des symptômes n'est pas toujours le même; il varie suivant la constitution du malade et la nature de la cause. Il y a des personnes chez lesquelles les accidents nerveux prédominent. Elles sont tristes et recherchent la solitude. Pendant leur sommeil, elles sont poursuivies par des spectres effrayants, et pendant la veille des névralgies fréquentes, qui occupent ordinairement la face et le cou et se déplacent avec une grande facilité, ne leur laissent pas un moment de calme. Chez d'autres il y a prédominance d'accidents du côté des voies digestives; ceux-ci sont quelquefois assez intenses pour détourner l'attention de la maladie primitive, la c., et la faire méconnaître. Souvent la c. s'accompagne d'un trouble extrême dans les fonctions circulatoires. Dans certains cas, l'utérus est surtout l'organe affecté, et cette variété de la maladie est si fréquente que longtemps on a regardé la c. comme une affection de ce viscère. — Cette maladie a en général une durée assez longue; néanmoins elle se termine presque toujours par le retour à la santé. La mort ne survient que dans des circonstances exceptionnelles. — Les lésions révélées par l'autopsie sont les suffusions séreuses, la flaccidité des tissus, la décoloration des muscles et les modifications survenues dans la composition du sang. Le sang, en effet, est privé de la quantité de fibrine et de fer qu'il contient à l'état normal, et le sérum y est en plus forte proportion. — Le traitement consiste d'abord à faire disparaître, si la chose est possible, les influences qui ont favorisé le développement de la maladie. Les moyens hygiéniques viennent ensuite en première ligne : ce sont l'exercice modéré en plein air, les bains froids, les frictions et massages, et un régime fortifiant, mais non excitant, composé principalement de viandes rôties et d'un peu de vin généreux. A ces moyens, il faut joindre les préparations ferrugineuses, le fer étant le médicament antichlorotique par excellence. Les toniques amers, le quinquina, l'arsenic et l'iode, etc., rendent aussi les plus grands services. Les phénomènes concomitants de la c., tels que la gastralgie, la céphalalgie, etc., peuvent aussi fournir des indications spéciales; c'est à l'homme de l'art d'apprécier toutes ces circonstances. Voy. SANG.

CHLOROSPINELLE. s. m. T. Minér. Spinelle magnésien aluminoferrique de couleur verte.

CHLOROTIQUE. adj. 2 g. [Pr. *klo...*] (R. *chlorose*). T. Pathol. Qui est affecté de chlorose. *Femme c*. Qui appartient à la chlorose. *Symptômes chlorotiques*.

CHLOROXYCARBONIQUE. adj. m. [Pr. *klo...*] (R. *chlore*, *oxygène* et *carbone*). T. Chim. *L'acide chloroxycarbonique* $COCl^2$, identique avec l'oxychlorure de carbone, se forme quand on expose à la lumière solaire un mélange à volumes égaux de chlore et d'oxyde de carbone. Voy. CARBONE. Il ne forme pas de sels métalliques; car les bases le décomposent en chlorure et en carbonate; mais avec les alcools anhydres, il donne des éthers appelés *chloroxycarbonates*, tels que le chloroxycarbonate d'éthyle $COClOC^2H^5$.

CHLOROXYLON. s. m. [Pr. *klo...*] (gr. χλωρός, verdâtre; ξύλον, bois). T. Bot. Genre de plantes de la famille des *Méliacées*. Voy. ce mot.

CHLORURATION. s. f. T. Chim. Quantité de chlorure dans un liquide. || Action de transformer en chlorure.

CHLORURE. s. m. [Pr. *klo...*] (R. *chlore*). T. Chim. Composé formé par l'union du chlore avec un corps simple ou un radical. Ex. : *Chlorure de soufre*, *C. de cyanogène*, *de sodium*, *de zinc*, etc. On donne aussi le nom de chlorures aux éthers chlorhydriques et aux combinaisons du chlore avec des radicaux organiques : *chlorure d'éthyle*, par exemple, est synonyme d'*éther éthylchlorhydrique*. — Les combinaisons du chlore avec les radicaux acides portent également le nom de C.; tels sont : le C. de sulfuryle, le C. d'acétyle, etc. Ces composés résultent de l'action du perchlorure de phosphore sur les acides ou sur leurs anhydrides. — Enfin, on donne aussi le nom de chlorures à des composés qui conticnement du chlore, un métal et de l'oxygène, tels que le *C. de chaux*. Voy. CHLORE.

CHOA, partie du sud-est de l'Abyssinie formée autrefois en État indépendant. V. pr. *Aukober*, *Angocola*, *Litué*; 1,500,000 hab.

CHOANA. s. f. [Pr. *ko-a-na*] (gr. χοάνη, entonnoir). T. anat. Cavité du cerveau que l'on appelle aussi l'entonnoir.

CHOANOÏDE. adj. 2 g [Pr. *ko-anoïde*] (gr. χοάνη, entonnoir ; εἶδος, forme). T. Didact. Qui a la forme d'un entonnoir. || T. Anat. *Muscle c.*, Muscle en forme d'entonnoir.

CHOANORRHAGIE. [Pr. *ko-ano-ragie*] (χοάνη, narine ; ῥήγνυμι, je romps). T. Méd. Écoulement de sang par les narines. Peu us.

CHOASPÈS, rivière de la Susiane, aujourd'hui *Kara-Su*, affluent de l'Euphrate.

CHOC. s. m. (esp. *chioque*, ital. *cioco*, picard *choque*, souche, d'un radical sanscrit *co*, couper ; le c. est proprement le heurt contre une souche). Rencontre d'un corps en mouvement avec un autre corps, soit immobile, soit en mouvement. *Il ne put résister à la violence du c. et tomba.* — Action de choquer. *Le c. des verres.* — Par anal., se dit de la rencontre et du combat de deux troupes de gens de guerre. *Le c. de deux escadrons, de deux armées. Les ennemis furent renversés au premier c. Ils ne soutinrent pas le c.* || Fig., Conflit, opposition. *Le choc des passions, des intérêts, des opinions.* || Fig., se dit d'un événement qui dérange la fortune, la santé, la raison de quelqu'un. *Sa fortune en reçut un rude c. Ni sa santé ni sa raison ne purent tenir contre ce c.* || T. Mar. Demi-tour qu'on fait faire à un câble sur la bitte.

Méc. — On désigne sous le nom de *C.* l'action mutuelle de deux corps qui se rencontrent. — Deux cas théoriques se présentent : ou les corps sont dépourvus d'élasticité, ou ils sont parfaitement élastiques. Comme aucune de ces suppositions ne se réalise exactement dans la nature, les résultats qu'on en déduit devront subir, dans la pratique, certaines modifications, de manière que l'effet produit est intermédiaire entre les conséquences des deux théories ou se rapprochant toutefois davantage de l'une des deux suivant le degré d'élasticité des deux corps.

Il résulte des principes généraux de la mécanique que la quantité de mouvement d'un corps, c.-à-d. le produit de sa masse par sa vitesse varie de manière que sa *dérivée* (Voy. ce mot) est constamment égale à la force qui agit sur lui. Dans le cas du c., les effets de celui-ci s'accomplissent dans un temps très court, pendant lequel les forces extérieures se produisent qu'une action négligeable, de sorte qu'il n'y a pas lieu d'en tenir compte, et que les seules forces à considérer sont les actions moléculaires déterminées par le rapprochement des molécules pendant le c. Or, d'après le principe de Newton sur l'égalité de l'action et de la réaction, ces actions moléculaires sont deux à deux égales et de sens contraires ; les variations des quantités de mouvement qu'elles ont produites, sont donc, elles aussi, deux à deux égales et de sens contraires ; de sorte que leur somme est nulle. De là résulte un principe général qui s'applique au c., dans tous les cas et sans exception. C'est que : *Pendant le c., la somme des quantités de mouvement des corps choqués reste invariable.*

1. *Corps mous.* — Supposons que le corps A (Fig. 1) soit dirigé contre le corps B qui se trouve en repos ou qui se meut

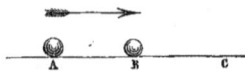

Fig. 1.

dans la même direction AC, mais avec une vitesse moindre. Dès que le premier aura atteint le second, les premières molécules de B subiront une accélération de mouvement qui se transmettra à toute la masse. Mais avant que la transmission de mouvement soit effectuée, ces molécules, prenant une vitesse plus grande que celles du reste du corps, se rapprocheront de son centre ; les molécules voisines s'en rapprocheront à leur tour, de telle sorte que, dans un temps très court, le corps B sera aplati à l'endroit du c. De même le corps A s'aplatira

du côté où a lieu le contact. Cette déformation se continuera jusqu'à ce que l'accélération imprimée aux premières molécules de B se soit transmise à toute la masse du corps, et jusqu'au moment où le ralentissement des molécules de A situées en avant se sera également communiqué à toute sa masse. Il arrivera ainsi un instant où les vitesses des deux corps seront devenues égales. Alors leur déformation s'arrêtera, et ils se mouvront ensemble sans se séparer. Ainsi, ce qui caractérise le c. des corps mous, c'est qu'*après le c.* de deux corps mous, les vitesses des parties en contact sont égales, ou du moins que les projections de ces vitesses sur la normale commune au point de contact sont égales.

Ce principe, combiné avec celui de la conservation de la quantité totale de mouvement, suffit à déterminer le mouvement des deux corps après le c. Soient par ex. deux corps se mouvant sur la ligne droite, m et m' leurs masses, v et v' leurs vitesses ; après le c., leurs vitesses se sont égalisées et sont devenues w. Les quantités de mouvement sont : Avant le c., $mv + m'v'$; après le c., $mw + m'w$, d'où l'équation :

$$mv + m'v' = (m + m')w,$$

d'où

$$w = \frac{mv + m'v'}{m + m'}$$

Si on particularise mv et $m'v'$ sont égaux et de signes contraires, c.-à-d. si les deux corps se meuvent en sens contraires, avec des quantités de mouvement égales, on aura $mv + m'v' = 0$, et la vitesse après le c., w sera nulle ; les deux corps seront en repos. C'est le cas de deux corps mous de masses égales qui se meuvent en sens contraires avec la même vitesse.

Les corps choqués étant supposés mous conservent après le c. la déformation qui s'est produite ; il en résulte que le c. est la cause d'un travail moléculaire qui a dû absorber de la force vive. Voy. TRAVAIL. Il y a intérêt à calculer la quantité de force vive perdue. On sait que la force vive est le produit de la masse par la somme de la vitesse. La force vive perdue est donc :

$$mv^2 + m'v'^2 - (m + m')w^2.$$

Si on tient compte de la valeur de w donnée plus haut, et qu'on fasse le calcul, on trouve :

$$\frac{m m' (v - v')^2}{m + m'}$$

Telle est l'expression qui mesure le travail moléculaire accompli.

Si le corps choqué est immobile, cette perte se réduit à

$$\frac{m m' v}{m + m'} \quad \text{ou} \quad \frac{mv}{1 + \frac{m}{m'}}$$

On voit d'après cette formule qu'on la diminuera en diminuant v, et en augmentant m de manière que le produit mv reste constant ; c'est ce qui explique pourquoi il est plus facile d'enfoncer un clou en le frappant à petits coups d'un gros marteau qu'on le frappant à grands coups d'un petit marteau. Dans le second cas, il y a une grande quantité de force vive perdue qui se traduit en travail moléculaire et tord le clou ou en écrase la tête. Inversement, lorsque l'effet utile est du travail moléculaire, il convient d'augmenter la vitesse et de diminuer la masse ; c'est pourquoi, pour river un clou ou écraser un clou, il vaut mieux employer un petit marteau et frapper un grand coup ; les mêmes considérations expliquent le fonctionnement des *broyeurs à la volée*, machines où des marteaux de petite taille, mais animés d'une grande vitesse, broient rapidement des pierres ou des morceaux de coke. — Il ne faut pas oublier que dans les formules précédentes les lettres v et v' représentent les vitesses *avec leurs signes*, de sorte que l'expression $v - v'$ qui figure dans l'expression de la force vive perdue, représentera en réalité la somme des vitesses, si celles-ci sont de sens contraires. On en conclut que l'effet de destruction du c. de deux mobiles qui se meuvent en sens inverses ne dépend que de la somme des vitesses et est par conséquent le même que si l'un

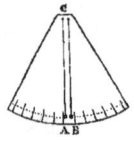

Fig. 2.

des corps était immobile, l'autre se mouvant avec une vitesse égale à la somme des deux vitesses.

Les résultats que nous venons d'énoncer peuvent être vérifiés de la manière suivante : on prend deux balles A et B formées d'argile molle ou de toute autre substance non élastique, on les suspend l'une près de l'autre à des fils de même longueur fixés près du centre C d'un arc gradué (Fig. 2) devant lequel elles peuvent osciller. Si l'on écarte l'une d'elles de sa position d'équilibre, elle viendra choquer l'autre avec une vitesse sensiblement proportionnelle au nombre de degrés de l'arc qu'elle décrit, et toutes deux se mouvront ensemble de l'autre côté de la verticale avec une vitesse que l'on pourra mesurer par le nombre de degrés dont elles s'en seront écartées. C'est sur ce même principe qu'est fondée la construction du *Pendule balistique*, qui sert à déterminer la vitesse des projectiles de l'artillerie et que nous avons décrit au mot Balistique.

II. *Corps parfaitement élastiques.* — Supposons qu'une bille d'ivoire A en heurte une autre B, qui se meut dans la même direction AC (Fig. 1), mais avec une vitesse moindre. Comme dans le premier cas, le premier effet du choc est de produire une union momentanée des deux billes et de comprimer ou d'aplatir les surfaces heurtées. Mais bientôt, en vertu de leur élasticité, les deux corps s'efforcent de reprendre leur première forme, et les surfaces comprimées se rétablissent sous l'action de forces qui produisent ainsi le même effet qu'une répulsion des deux corps l'un par l'autre. Si ceux-ci sont, comme on l'a supposé, parfaitement élastiques, ils reprennent exactement leur forme primitive et il n'y a après le choc aucun travail moléculaire, par conséquent aucune variation de force vive, en négligeant toutefois, comme on a le droit de le faire, la très petite variation de force vive produite par les forces extérieures pendant la durée très courte du choc. Il en résulte que ce qui caractérise le choc des deux corps parfaitement élastiques, c'est que, *pendant le choc de deux corps parfaitement élastiques la somme des forces vives des deux corps reste invariable*. Cette condition, jointe au principe de la conservation de la quantité de mouvement totale, suffit à déterminer les vitesses après le choc. Soient des corps de masses m et m' se mouvant sur la même ligne droite avec des vitesses v et v'; soient w et w' leurs vitesses après le choc. La conservation des forces vives donne :

$$mv^2 + m'v'^2 = mw^2 + m'w'^2$$

et celle des quantités de mouvement :

$$mv + mv' = mw + m'w'$$

ce qui fait deux équations d'où l'on déduira w et w'.

On peut vérifier cette théorie au moyen de billes d'ivoire, ces billes possédant un grand degré d'élasticité. Si l'on suspend deux billes égales à côté l'une de l'autre et qu'on écarte l'une d'elles de sa position d'équilibre (Fig. 2), cette bille A en retombant vient choquer l'autre bille B. Dès que le choc est produit, A demeure immobile et B monte à une hauteur égale à celle dont on a laissé tomber la bille A. Bientôt la bille B redescend; elle vient choquer A; alors celle-ci s'arrête, et la bille A remonte jusqu'au point d'où on l'avait laissée tomber d'abord. Le mouvement se continue ainsi indéfiniment, jusqu'à ce qu'il soit détruit et par le frottement au point de suspension et par la résistance de l'air. Si, au lieu de deux billes, on en suspend un plus grand nombre et qu'on écarte la première, celle-ci choquera la seconde, lui transmettra son mouvement et restera immobile. La seconde transmettra de même son mouvement à la troisième, celle-ci à la quatrième, et ainsi de suite; toutes resteront immobiles, sauf la dernière qui, ne rencontrant plus d'obstacle, se mouvra seule en tournant autour de son point de suspension. Dans cette expérience, les deux billes extrêmes sont les seules qui se meuvent : les billes intermédiaires restent immobiles, car elles ne servent qu'à transmettre le mouvement. Si on écarte les billes extrêmes et qu'on les laisse tomber en même temps de la même hauteur, elles rebondissent à la même hauteur.

Si les deux corps ont la même masse, les équations se réduisent à

$$w^2 + w'^2 = v^2 + v'^2$$
$$w + w' = v + v'$$

qui admettent deux solutions

$$w = v \quad \text{et} \quad w = v'$$
$$w' = v' \quad \text{et} \quad w' = v;$$

la première est impossible, car les corps ne peuvent se traverser; on ne doit donc retenir que la seconde, c'est-à-dire que *deux corps parfaitement élastiques de même masse qui se choquent en se mouvant sur la même ligne droite échangent simplement leurs vitesses*. Si en particulier l'un d'eux est au repos, le corps choquant demeure au repos après le choc et communique toute sa vitesse au corps choqué; s'ils se meuvent en sens inverses avec des vitesses égales, ils rebondissent l'un sur l'autre et s'éloignent avec des vitesses égales à leur vitesse primitive.

Nous n'avons parlé jusqu'ici que du *choc direct* dans lequel les deux corps se meuvent sur la même ligne droite, mais le choc peut aussi être oblique. Si, par ex., la première bille, supposée parfaitement élastique, en parcourant le chemin CA rencontre la seconde supposée immobile de côté (Fig. 3), la vitesse AD de la première bille A se décomposera en deux vitesses AE et AF dont l'une est dirigée sui-

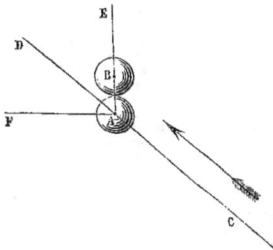

Fig. 3.

vant la ligne des centres des billes, et l'autre suivant une perpendiculaire à cette ligne. Après le choc, la bille A aura cédé à B la vitesse AE, et ne possédera plus que la vitesse AF dans la direction de laquelle elle se mouvra. — Supposons maintenant un autre cas. Si une bille A, en suivant la direction CA (Fig. 4), vient à rencontrer une surface fixe, on décomposera de même sa vitesse en deux composantes,

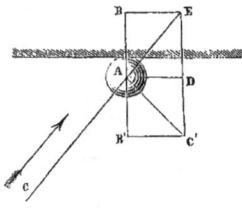

Fig. 4.

l'une AB perpendiculaire à la surface, et l'autre AD perpendiculaire à la ligne AB, et, par conséquent, parallèle à cette surface. La vitesse AB sera détruite pendant la première partie du choc et la bille tendra à reprendre en sens contraire une vitesse AB' égale à la précédente. Pour trouver son mouvement véritable, il faut prendre la résultante des deux vitesses AB et AB', et l'on trouvera la vitesse AC dont la bille A sera définitivement animée. Mais les deux angles EAB et C'AB' sont égaux, d'après l'égalité des triangles BAE et B'AC'; donc les angles CAB' et B'AC' sont égaux : ce qu'on exprime par cette formule : *L'angle d'incidence est égal à l'angle de réflexion.* — Supposons maintenant que, par l'effet du choc, la déformation dépasse la limite de l'élasticité. Si le choc n'est pas très violent, le mouvement a le temps de se communiquer à une plus grande surface, de sorte que le corps heurté est brisé à l'endroit du choc et fendu tout autour de la partie enlevée. Si, au contraire, le choc est très violent, les molécules heurtées prendront une telle vitesse qu'elles s'éloigneront des molécules voisines avant que le mouvement ait pu se communiquer à celles-ci. Ainsi par ex., quand une balle de plomb est lancée contre une vitre avec la main, elle traverse le carreau en déterminant un grand nombre de fentes qui rayonnent autour du trou qu'elle a fait; mais quand elle est lancée par un pistolet, elle ne produit qu'un trou rond et le reste du carreau demeure intact.

En général, le problème complet du choc se traite de la manière suivante. On s'appuie sur ce principe de mécanique que la variation de la quantité de mouvement d'un corps solide, représentée par un segment de droite, fait équilibre à l'*impulsion* des forces qui agissent sur ce corps pendant le temps considéré. Voy. Impulsion. Pour appliquer ce principe au choc, on remarque d'abord que, sur la très courte durée du choc, il suffit de considérer l'impulsion des forces moléculaires mises en jeu par le choc. Celles-ci sont dirigées suivant la normale au point de contact, et celles qui agissent sur les deux corps sont égales et de sens contraires d'après le principe de Newton sur l'égalité de l'action et de la réaction. Soit I la valeur commune de leur impulsion pendant la durée du choc, laquelle est dirigée, pour chaque corps, vers l'intérieur. On écrira que pour chaque corps les projections de la variation de la quantité de mouvement sur trois axes rectangulaires sont respectivement égales aux projections de l'impulsion sur les mêmes axes, et que les moments des variations des quantités de mouvement par rapport aux mêmes axes sont respectivement égaux aux moments de l'impulsion par rapport aux mêmes axes. On aura ainsi 12 équations auxquelles on en joindra une treizième qui dépend du degré d'élasticité des corps; si ceux-ci sont mous, on écrira que les projections de la vitesse des points choqués sur la normale commune au point de contact sont égales; s'ils sont parfaitement élastiques, on écrira que la somme des forces vives n'a pas subi de variation. On aura ainsi un système de 13 équations pour déterminer les 13 inconnues du problème qui sont les trois composantes de la translation, les trois composantes de la rotation pour chacun des deux corps, et enfin l'impulsion I. Si l'on veut tenir compte du frottement, on remarquera que celui-ci est égal à la réaction des deux corps multipliée par le coefficient *f* qui dépend de la nature des surfaces, et qu'il constitue une force dirigée tangentiellement aux deux surfaces, en sens inverse du mouvement. L'impulsion du frottement sera donc *f*I, et il suffira d'introduire ce terme dans les équations en tenant compte de la direction du frottement.

Biblig. — Consulter les traités classiques de Mécanique rationnelle, et particulièrement la *Mécanique générale* de M. Résal, où l'on trouvera une théorie complète des effets du jeu du billard dans laquelle il fait entrer la considération de la rotation des billes et de leur frottement sur le tapis et sur les bandes.

CHOCARD ou **CHOQUARD**. s. m. T. Ornith. Genre de passereaux. Voy. Corbeau.

CHOCOLAT. s. m. (Mexic. *chocolatl*, m. s. de *tchoco*, bruit, et *latté*, eau, parce que l'on préparait le chocolat par une violente ébullition). Pâte alimentaire dont le cacao forme la base. || Boisson faite avec cette pâte dissoute dans de l'eau ou dans du lait. *Une tasse de ch. au lait.* || *Couleur ch.*, Couleur semblable à celle du ch., qui est le brun-rouge foncé.

Techn. — Le c. est un aliment de premier ordre consistant en un mélange de *cacao*, ou graines de cacoyer torréfiées et pilées, de sucre et d'aromates. L'usage du c. existait depuis longtemps au Mexique lors de la conquête de ce pays par Fernand Cortez. Les conquérants tinrent assez longtemps secrète la découverte de cet aliment, afin de s'en réserver l'usage auquel ils attribuaient des propriétés réparatrices considérables. Le cacao fut ensuite introduit en Espagne; il ne paraît en France qu'en 1651. Son prix, à cette époque, était extrêmement élevé : les grandes fortunes seules pouvaient se permettre cette dépense. Au commencement de ce siècle, la fabrication du c. se faisait encore entièrement à bras d'hommes. Le cacao et le sucre étaient broyés dans un mortier; puis la masse était étendue sur une pierre et mélangée à l'aide d'un rouleau. Enfin la pâte, ramollie par une chaleur modérée, était roulée en bondin dans du papier; elle se durcissait par le refroidissement et était livrée au commerce dans cet état.

Aujourd'hui, le c. a considérablement baissé de prix par suite de l'extension de la culture du cacaoyer dans un très grand nombre de pays tropicaux, et sa fabrication constitue une industrie importante. Le c. est généralement parfumé à la vanille à laquelle on substitue souvent la vanilline artificielle, ou à la cannelle. Le c. à la cannelle est peu usité en France; il l'est beaucoup plus en Espagne. — A leur arrivée à l'usine les graines de cacao sont d'abord *triées*, opération qui a pour but de les séparer des matières étrangères et de les classer par ordre de grosseur. Ce triage se fait au moyen d'un appareil qu'on peut faire mouvoir à la main et à la machine et qui se compose essentiellement d'un crible cylindrique horizontal tournant dont la surface est formée d'une sorte de grillage; ce qui sort du grillage tombe dans une auge divisée par des trémies qui achèvent le triage. Les poussières, débris de bois, etc.,

sont jetés; les diverses sortes de graines séparées par le triage sont employées à des chocolats de qualités différentes. — Les graines sont alors *torréfiées* dans une sorte de chaudière sphérique en tôle, engagée jusqu'à sa moitié dans un fourneau de briques, et dont la partie supérieure porte une petite cheminée servant à l'échappement des vapeurs. Le fourneau est chauffé au coke, et le brûloir tourne autour d'un axe vertical à raison de 30 à 35 tours par minute. Cet appareil peut torréfier en une fois 50 kilogrammes de cacao. La maison Potin possède un torréfacteur du même genre qui permet de brûler 100 kilogrammes en une fois. — Après la torréfaction, le *cacao* est concassé et trié de nouveau pour séparer le grain de la coque qui le recouvre et du *germe*, sorte de petit prisme très dur à broyer. Le concassage se fait au moyen d'un moulin analogue aux moulins à café, et le triage est un véritable vannage; la machine généralement employée rappelle les machines usitées en agriculture pour vanner les céréales, sauf qu'elle est surmontée du moulin. Dans les grandes usines on emploie des machines plus grandes et mieux comprises dites *trieurs-ventilateurs*. — Le cacao concassé doit être broyé et mélangé avec le sucre et les aromates. Cette opération se fait en deux phases; dans la première les graines reçoivent un premier broyage en même temps qu'elles sont mêlées au sucre, le tout sous l'action d'une chaleur modérée qui réduit la masse en pâte fluide par la fusion de la matière grasse contenue dans les graines, laquelle est connue sous le nom de beurre de cacao. Ce résultat est atteint par des machines de formes diverses. Dans l'usine Menier on emploie des meules plates comme celles d'un moulin à farine. Chez M. Lombart on emploie un moulin en granit formé de deux cônes de granit, l'un creux et fixe, l'autre plein et mobile s'engageant dans le premier, le tout disposé la pointe en haut. On introduit les grains et le sucre par le haut entre les deux cônes; la chaleur dégagée par le frottement suffit à amollir la pâte. Dans la plupart des autres chocolateries on emploie le *mélangeur à table tournante* en granit (Fig. 1), qui se compose d'une aire circulaire en granit, chauffée à 35° ou 40° par un courant de vapeur inférieur

Fig. 1.

ou par des chaufferettes appelées *cagniards*. Cette aire est animée d'un mouvement de rotation au-dessous de deux lourds galets de granit mobiles autour d'axes horizontaux. La matière est broyée et mélangée par ces galets avec une grande perfection, parce que la vitesse en chaque point de l'aire dépend de sa distance au centre, tandis que la vitesse de la circonférence des galets est partout la même, d'où résulte que la pâte est tiraillée dans tous les sens. Un rebord circulaire métallique s'oppose à la projection du chocolat en dehors. D'autres mélangeurs sont formés d'une sole dormante parcourue par trois galets-cylindres situés à des distances inégales du centre, afin de balayer toutes les surfaces. Cette disposition ne vaut pas la précédente. Au sortir du mélangeur la pâte est portée dans des *broyeurs* à cylindre qui achèvent de pulvériser les graines et le sucre et de rendre la pâte bien homogène. Les broyeurs sont formés de deux ou trois cylindres en granit animés de vitesses différentes autour d'axes horizontaux, et entre lesquels circule la matière qui doit être passée cinq ou six fois au broyeur. — La pâte ainsi préparée ne possède plus le liant nécessaire pour se prêter au moulage ; il faut qu'elle soit réchauffée à la température d'environ 50°, triturée à nouveau dans le mélangeur à galets et comprimée fortement pour en expulser les bulles d'air qu'elle peut contenir. Cette compression s'opère à l'aide d'un appareil fort ingénieux, imaginé par *Devinck*, qui repose sur l'emploi d'une vis d'Archimède et qui a reçu le nom de *boudineur*. Il se compose (Fig. 2) d'une caisse pyramidale dans laquelle on introduit la pâte, et dans le fond de laquelle se trouve la vis

Fig. 2.

horizontale. Celle-ci, en tournant, entraîne la pâte et la pousse dans un cylindre terminé par un tronc de cône ; il sort de ce tronc de cône un boudin fortement comprimé qu'on coupe en morceaux pesant environ 250 grammes. On règle ensuite à la balance le poids de ces morceaux et on les place dans les moules sur une table animée d'un mouvement oscillatoire de bas en haut : c'est le *tapotage* nécessaire pour faire pénétrer la pâte dans les moules. Pour démouler le c., il faut le refroidir brusquement afin de déterminer une contraction qui détruit l'adhérence de la matière avec le moule. Généralement, il suffit de transporter rapidement les moules pleins dans le sous-sol qui possède une fraîcheur suffisante ; mais si la fabrication est très importante, la température du sous-sol s'élève rapidement, et il faut recourir à une production de froid artificiel, soit en ventilant de l'air froid puisé dans les sous-sols voisins, soit en faisant vaporiser de l'eau, soit en utilisant les machines réfrigérantes. Au sortir du moule les tablettes de c. sont terminées ; il ne reste plus qu'à les envelopper dans des feuilles d'étain laminé pour les préserver de l'humidité, puis dans du papier, et à les mettre en vente.

Les proportions de sucre et de cacao varient suivant les fabricants et la qualité du produit. En général les chocolats bon marché renferment plus de sucre, parce que cette substance est moins chère que le cacao ; aussi, pour ces qualités inférieures choisit-on des cacaos plus riches en matière grasse. Le c. est aussi l'objet de nombreuses falsifications qui consistent surtout dans l'introduction de farine ou de fécule, de matières grasses d'origine variée : huile d'amandes douces, suif, oléo-margarine, etc., et de matières colorantes telles que les ocres ou les terres ferrugineuses. On y ajoute aussi des amandes torréfiées, les coques des amandes de cacao et diverses espèces de gommes. La farine et la fécule forment avec l'eau chaude une sorte d'empois qui rend le c. plus épais, ce qui le fait passer, aux yeux de beaucoup de personnes, pour être de qualité supérieure. Pour reconnaître les falsifications on traite le c. par l'éther, qui dissout les matières grasses. Après évaporation de l'éther on compare le résidu gras au beurre de cacao sous le rapport de sa consistance et de son point de fusion. Le résidu de l'action de l'éther est traité par l'eau qui dissout le sucre, la gomme, la dextrine, etc. ; on évapore jusqu'à consistance sirupeuse, on laisse refroidir, et on reprend par l'alcool qui ne dissout que le sucre, de sorte qu'un c. de bon aloi ne doit laisser aucun résidu. Ce qui

n'est dissous ni par l'éther ni par l'eau est examiné au microscope qui décèle parfaitement les grains de fécule ou d'amidon ainsi que les substances minérales (Fig. 3, Chocolat

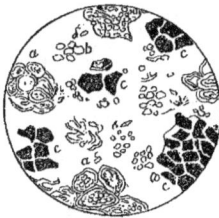

Fig. 3.

pur vu au microscope : *a* fragment du tissu cellulaire, *b* fécule de cacaoyer, *c* fragments de la fève. — Fig. 4, Chocolat falsifié vu au microscope : *a* pellicule de la fève, *b* fragments de la fève, *c* grains de fécule de pomme de terre).

On fabrique aussi du c. sans sucre, par les mêmes opérations que le c. ordinaire. Cette préparation, peu estimée en France, est consommée en Hollande en grande quantité. Enfin le commerce livre aussi du cacao simplement torréfié et pulvérisé que beaucoup de personnes préfèrent au c. pour la consommation en boisson dans l'eau chaude ou le lait : elles ajoutent elles-mêmes la quantité de sucre qu'elles désirent. Bien

Fig. 4.

souvent, le cacao ainsi préparé a été dépouillé par compression d'une partie de son beurre, ce qui rend la pulvérisation plus facile. Le beurre de cacao ainsi recueilli est vendu aux confiseurs qui l'ajoutent dans la fabrication des bonbons au c. pour donner plus de moelleux à la pâte, et aux fabricants de c. à bon marché qui l'incorporent à leur pâte pour lui faire absorber plus de sucre.

Méd. — Le c. constitue un aliment presque complet et très réparateur. Le c. de bonne qualité contient le quart de son poids de matière grasse facilement assimilable, la moitié de sucre, un quarantième de matières azotées et le reste d'une fécule de grains très petits. On l'a classé parmi les aliments respiratoires à cause de sa richesse en matières grasses. Il contient aussi un principe spécial, la *théobromine*, qui passe aux yeux de certains médecins pour lui donner la qualité d'un aliment d'épargne, c.-à-d. la propriété de ralentir la dénutrition ou destruction des tissus. Quoi qu'il en soit, le c. est un aliment réparateur qui convient parfaitement aux convalescents et aux sujets amaigris. Le c. à l'eau se digère plus facilement que le c. au lait. Dans tous les cas, il est essentiel qu'il soit de bonne qualité, et sa qualité dépend surtout, en laissant à part les falsifications, de celle des grains qui ont servi à le préparer. Il y a en effet un grand choix à faire parmi les grains de cacao, et l'opération du *triage* est la plus importante et la plus délicate pour la fabrication du c. — On se sert quelquefois du c. comme véhicule pour certains médicaments. C'est ainsi qu'on trouve dans les pharmacies divers chocolats purgatifs.

CHOCOLATERIE. s. f. Usine où l'on fabrique le chocolat ; magasin où on le vend.

CHOCOLATIER, IÈRE. s. Celui, celle qui fait ou vend du chocolat.

CHOCOLATIÈRE. s. f. Vase d'argent, de cuivre, de terre, etc., pour faire fondre et bouillir le chocolat, lorsqu'on le veut prendre en boisson. — Machine avec laquelle on prépare le chocolat.

CHOCOTTE. s. f. (Dimin.). Un des noms vulgaires du choucas, espèce de corbeau.

CHOCZIM, v. de Russie, sur le Dniester, près de laquelle Jean Sobieski remporta une victoire sur les Turcs en 1673; 13,000 hab.

CHODORLAHOMOR, roi des Élamites, fut vaincu par Abraham.

CHODZKO, historien polonais (1800-1871).

CHOÉPHORE. s. 2 g. [Pr. ko...] (gr. χοή, libation; φορὸς, qui porte). Celui, celle qui, chez les Grecs, portait les offrandes destinées aux morts. — Une tragédie d'Eschyle a pour titre : les Choéphores.

CHŒROPOTAME. (gr. χοῖρος, pourceau, et ποταμὸς, fleuve). T. Paléont. Genre de cochon fossile trouvé dans les gypses de Montmartre.

CHŒUR. s. m. [Pr. kœur] (lat. chorus; du gr. χορός). Dans l'antiquité, troupe de chanteurs et de danseurs qui prenaient part au culte de quelque divinité. || Dans les pièces dramatiques des anciens, se disait de plusieurs personnes qui prenaient part à l'action, comme un seul personnage, et remplissaient un rôle dans la pièce. — Par ext., Les paroles que disait ou chantait le chœur. — Par anal., Certains intermèdes lyriques insérés dans quelques tragédies modernes. Les chœurs d'Athalie. || Réunion d'individus qui chantent ensemble. Les chœurs de l'Opéra. Le c. a fort bien chanté ce morceau. En c., En chantant tous ensemble. — Chacune des grandes subdivisions de l'orchestre : Le c. des cuivres. — Morceau de musique à plusieurs parties qui est chanté par le c. Il y a deux beaux chœurs dans cet opéra. || T. Théol. Les neuf chœurs des anges, Les neuf ordres des anges. Voy. ANGE. || La partie supérieure de la nef d'une église destinée à recevoir le clergé et à la célébration des offices. Il est entré dans le c. On a fermé le c. — Les prêtres du c., Ceux qui chantent au c. Maître de c., Chantre qui dirige le chant de l'office. Après que le célébrant a fini, le c. répond. Enfants de c., Enfants qui chantent au c. Habit de c., Vêtement que les célébrants portent au c. pour les offices. — Dans les monastères de femmes, Religieuses de c. ou Dames de c., Les religieuses proprement dites, pour les distinguer des sœurs converses.

Antiq. — Dans l'antiquité grecque, le terme Chœur servait à désigner une troupe de chanteurs et de danseurs engagés au culte public de quelque divinité. Le mot grec χορὸς se rattache aux mots χῶρος et χὼρα, qui signifiaient proprement la place du marché où le c. se réunissait, explication importante, parce qu'elle se lie à l'idée du c. primitif, lequel comprenait toute la population d'une ville qui se réunissait sur la place publique pour offrir des actions de grâces à la divinité du pays, en chantant des hymnes et en exécutant des danses religieuses. Cependant l'hymne n'était pas chanté par le c., mais simplement par un poète ou par un musicien, et les danseurs qui formaient le c. réglaient leur mouvement sur le poème ou sur le rythme.

Le c. reçut, pour la première fois, son plein développement dans les États doriens, où il se liait à l'organisation militaire. Le c. dorien était composé des individus qui combattaient au même rang. Les meilleurs danseurs et les meilleurs guerriers étaient désignés par le même nom, πρυλέες; les rangs inférieurs, à la danse comme à l'armée, étaient appelés ψιλεῖς, et les figures de la danse recevaient les mêmes dénominations que les évolutions militaires. La divinité dorienne était Apollon; aussi voyons-nous le c. dorien, qui était toujours accompagné par la lyre et qui donna naissance à la poésie lyrique grecque, intimement uni au culte d'Apollon, l'inventeur de la lyre. Plus tard, le c. fut introduit dans le culte de Bacchus. C'est l'introduction de la coutume de faire chanter l'hymne non plus par le poète ou le c. seul (ἔξαρχος) seul, mais par le c. tout entier, qui paraît avoir donné lieu à la division du c. en Strophes et Antistrophes,

division que Stésichore améliora en y ajoutant l'Épode, rompant ainsi par l'insertion d'une stance de mesure différente l'alternance monotone de la strophe et de l'antistrophe.

L'événement le plus important de l'histoire de la poésie chorale, en Grèce, fut l'adaptation du Dithyrambe, ou vieux chant bachique, au système des chœurs doriens, car c'est à lui que nous devons le drame attique. — A l'origine, le dithyrambe était chanté par une troupe d'individus avec accompagnement de flûte. Au temps d'Archiloque, le dithyrambe était dirigé par un chef. — Arion, le célèbre joueur de lyre, fut le premier qui fit exécuter le dithyrambe par un c. régulier en l'accompagnant avec la cithare. Cette innovation eut lieu dans une cité dorienne, à Corinthe. Le dithyrambe était dansé, autour d'un autel allumé, par un c. de 50 hommes ou jeunes garçons; de là le nom de c. circulaire, κύκλιος χορός, qu'on lui donnait. — Aristote nous dit que la tragédie naquit des récits faits par les conducteurs de dithyrambes, et Suidas affirme qu'Arion fut l'inventeur du style tragique. Thespis, chef du c. dithyrambique, introduisit dans le dithyrambe de longs récits épiques en forme de discours, ou se mit à converser avec son c. Eschyle introduisit un dialogue entre deux chefs de c. ou exarques, qui devinrent ainsi des acteurs. Au temps d'Eschyle, le c. dithyrambique de 50 personnes fut remplacé par un c. tragique de 48 personnes et par 2 acteurs.

Comme le c., ainsi qu'on vient de le voir, faisait partie du culte public, tout ce qui le concernait était réglé par la loi. A Athènes, le poète qui avait composé un c. dramatique et désirait le faire exécuter aux Lénéennes, s'adressait à l'archonte-roi, et, s'il le destinait aux Grandes Dionysiaques, à l'archonte-éponyme. Ce magistrat, après avoir examiné la pièce, accordait ou refusait l'autorisation. Le poète qui obtenait « recevait le c. », suivant l'expression consacrée; de là aussi la locution « donner le c. », pour dire « louer ou approuver un poète ». — A l'origine, le c., comme nous l'avons dit, comprenait tous les habitants de la cité; mais bientôt les progrès de l'art musical et de la danse amenèrent naturellement la séparation des citoyens en exécutants, ou acteurs, et en simples spectateurs. Plus tard encore, certaines personnes ayant fait de ces deux arts une véritable profession, il fallut, en les engageant pour le service du culte, leur attribuer un salaire. Dès lors les dépenses auxquelles donnaient lieu les cérémonies religieuses furent mises à la charge des citoyens riches. Voy. LITURGIE. Celui qui était chargé par sa tribu de pourvoir aux

dépenses d'une Choragie, c.-à-d. de l'exécution d'un c. ou d'une pièce de théâtre, recevait le titre de Chorège. Non seulement il devait payer les maîtres qui dressaient les choristes, mais encore les nourrir à ses frais. Au reste, les chorèges, en général, tenaient à honneur de faire les choses grandement : car c'était pour eux un moyen infaillible de se rendre populaires. Le chorège dont la troupe avait le mieux chanté ou le mieux joué recevait pour prix un trépied, qu'il consacrait ensuite à ses frais. Quelquefois il avait aussi à faire bâtir une colonne ou un édicule en forme de temple, au sommet duquel on posait ce trépied. Il y avait, à Athènes, une rue entière composée de ces monuments choragiques; aussi l'appelait-on la Voie des Trépieds. La Fig. ci-contre représente l'un de ces édifices; il fut érigé par Lysicrate vers l'an 330 avant J.-C. C'est une rotonde élevée sur un socle, décorée de six colonnes engagées d'ordre corinthien et dont la couverture est formée par une seule pierre.

Archit. — Dans l'architecture religieuse, on nomme Chœur la partie de l'église où se tiennent les clercs qui chantent l'office divin. Suivant l'abbé Bourassé, dans les anciennes basiliques, le c. consistait simplement en une clôture, placée en avant du transept, qui s'avançait plus ou moins dans la grande nef. On ne commença à lui donner une délimitation bien marquée qu'après la conversion de Constantin. L'étendue du c. fut généralement très restreinte jusqu'au XIe siècle; mais à partir du siècle suivant elle se développa au point d'occuper le tiers de la longueur totale de l'édifice, ce qui est la proportion généralement adoptée depuis par les architectes. Dans les églises romano-byzantines, le toit du c. présente souvent une hauteur moindre que celle de la nef, particularité qui ne se rencontre pas dans les monuments de la période ogivale, à moins que, dans ces derniers, la nef et le c. n'aient été bâtis à des époques différentes. Dans beaucoup d'églises, le sol du c. est exhaussé au-dessus de celui de la nef et des collatéraux; néanmoins cette disposition n'a pas le caractère de généralité qu'on lui a quelquefois attribué. Enfin, quelques églises présentent la singularité, encore inexpliquée, d'avoir deux chœurs, un à chaque extrémité de la nef centrale.

CHOGRAMME. s. m. T. Techn. Sorte de serrure à combinaisons secrètes.

CHOIN. s. m. T. Bot. Genre de plantes (*Schœnus*) de la famille des *Cypéracées.* Voy. ce mot.

CHOIN (M°°°), favorite du dauphin, fils de Louis XIV, modeste, affectueuse et désintéressée. Paraît avoir été épousée par lui morganatiquement.

CHOIR. v. n. (lat. *cadere,* tomber). Tomber en vertu de son propre poids ou par suite d'une impulsion reçue. *Se laisser c. Ce coup le fit c.* = CHU, UE. part. — Victor Hugo a singulièrement qualifié le général Trochu, qui joua un si triste rôle comme gouverneur de Paris pendant la guerre de 1870 : « Participe passé du verbe *trop choir!* »

Obs. gram. — Le v. *Choir* ne s'emploie guère aujourd'hui qu'à l'infinitif et au participe passé. Néanmoins, dans la poésie badine, on fait encore quelquefois usage des formes : *il chut, il est chu, il cherra, il cherrait, qu'il chût.* Au lieu de *Chue,* au participe passé féminin, on disait autrefois *Chute,* d'où le mot *Chape-chute.* Voy. CHAPE.

CHOISEUL, nom d'une famille française importante dont le berceau est le village de Choiseul (Haute-Marne), et qui paraît issue des anciens comtes de Langres. Ses personnages les plus célèbres ont été le maréchal de CHOISEUL, sous Louis XIII et Louis XIV (1598-1675), et le duc de CHOISEUL, ministre de Louis XV en 1758, disgracié en 1770, l'un des auteurs du *Pacte de famine* (1719-1785).

CHOISIR. v. a. (anc. all. *chiosan,* voir, choisir). Préférer une personne ou une chose à une ou plusieurs autres. *Je l'ai choisi entre mille. Le roi l'a choisi pour être gouverneur de telle place. Il sait c. ses amis. Se c. une compagne. C. des fruits, des étoffes. C. une profession.* || S'emploie absol. *Il y a chez ce marchand de quoi c. Choisissez des deux. Il n'y a point à c. Je vous donne à c.* = CHOISI, IE. part. *Une société choisie. Termes choisis. Œuvres choisies.* || Subst. et fam., *C'est du choisi,* C'est ce qu'il y a de mieux, de meilleur.

Syn. — *Faire choix, Élire.* — *Choisir* se dit ordinairement des choses dont on veut faire usage; *faire choix* se dit proprement des personnes qu'on veut élever à quelque dignité, charge ou emploi. *Élire* renferme dans sa signification l'idée d'un choix; mais il se dit exclusivement en parlant de l'élévation d'une personne à un emploi, à une dignité. Sous un rapport, il se rapproche de l'expression *faire choix;* mais, tandis que celle-ci ne se dit que du supérieur relativement à un inférieur, *élire* se dit du peuple ou d'un certain nombre d'individus qui portent, par leurs suffrages, un citoyen à une fonction quelconque. — *Préférer.* On ne *choisit* pas toujours ce qu'on *préfère;* mais on *préfère* toujours ce qu'on *choisit. Choisir,* c'est se déterminer en faveur de la chose par le mérite qu'elle a ou l'estime qu'on en fait; *préférer,* c'est se déterminer en sa faveur par quelque motif que ce soit. L'esprit fait le *choix,* le cœur donne la *préférence.* On *choisit* ce qu'on connaît; on *préfère* ce que l'on aime.

CHOISISSABLE. adj. Qu'on peut choisir; qui est digne d'être choisi.

CHOISISSEUSE. s. f. (R. choisir). T. Techn. Femme employée au découpage des chiffons dans une fabrique de papier

CHOISY-LE-ROI, c. de la Seine, arr. de Sceaux, sur la Seine; fabrique de faïence; 9,000 hab. Restes d'un château royal (d'où ce village reçut son surnom) bâti par Mansard et habité par M°° de Montpensier, et devenu plus tard la propriété de Louis XV Rouget de Lisle, l'auteur de la *Marseillaise,* vécut à Choisy-le-Roy et y est enterré.

CHOISY (L'abbé de), écrivain français, auteur d'une *Histoire de l'Église,* membre de l'Académie française, vécut pendant toute sa jeunesse habillé en femme, dans une vie légère et galante, qui paraît avoir servi de type à l'auteur de *Faublas* (1644-1724).

CHOIX. s. m. (R. *choisir*). Préférence volontairement donnée à une personne ou à une chose sur une ou plusieurs autres. *Faire un bon, un mauvais c. Faire c. de quelqu'un ou de quelque chose. J'approuve votre c. Il ne veut épouser que la femme de son c. Il m'en rapporte à son c. Sur qui est tombé son c.? Chacun peut, à son c., partir ou rester.* || Le pouvoir, la faculté de choisir. *On lui a donné, laissé le c. Vous aurez le c.* || Ce qu'il y a de meilleur dans des choses d'un même genre. *Il a eu le c. de cette marchandise. Marchandise de c. C. de poésies.*

CHOLAGOGUE. adj. 2 g. [Pr *kolagogue*] (gr. χολή, bile; ἄγω, je chasse). T. Méd. Se dit des médicaments qu'on administre pour évacuer la bile, tels que l'aloès, la scammonée, les savons, etc. Vx et peu us.

CHOLALIQUE. adj. [Pr. *ko...*] (gr. χολή, bile). T. Chim. L'acide c. est un produit de dédoublement des acides biliaires (voy. CHOLIQUE) ; il n'existe pas dans la bile fraîche, mais il peut se former pendant la putréfaction ou dans le canal digestif. Soumis à l'action des oxydants, il donne naissance aux acides *déhydrocholalique* et *biliaïque.*

CHOLAS. s. m. [Pr. *kolasse*] (gr. χολὰς, m. s.) T. Anat. Cavité des hypocondres. Peu usité.

CHOLÉCYSTE. s. f [Pr. *kolécyste*] (gr. χολή, bile; κύστις, vessie). T. Anat. Vésicule de la bile.

CHOLÉCYSTECTASIE. s. f. [Pr. *kol...*] (R. *cholécyste,* et gr. ἔκτασις, extension). T. Pathol. Distension et tuméfaction de la vésicule biliaire.

CHOLÉCYSTOTOMIE. s. f. [Pr. *kol...*] (R. *cholécyste,* et gr. τομή, action de couper). T. Chir. Ouverture de la vésicule biliaire.

CHOLÉDOCITE. s. f. [Pr. *kol...*] T. Méd. Inflammation du canal cholédoque.

CHOLÉDOLOGIE. s. f. [Pr. *kol...*] (gr. χολλήδόχος, *cholédoque;* λόγος, discours). Partie de la médecine qui traite de la bile. Inus.

CHOLÉDOQUE. adj. m. [Pr. *kol...*] (gr. χολή, bile; δοχός, qui contient). T. Anat. Se dit du canal qui conduit la bile au duodénum. Voy. FOIE.

CHOLÉINE. s. f. [Pr. *kol...*] (gr. χολή, bile). T. Méd. Produit graisseux et coloré retiré de la bile.

CHOLÉIQUE. adj. [Pr. *ko...*] (gr. χολή, bile). T. Chim. L'acide c. se produit, en même temps que l'acide chlolalique, dans la saponification de la bile sous l'action des alcalis. Les agents oxydants le transforment en acide *déhydrocholéique* et acide *cholanique.*

CHOLÉLITHE. s. m. [Pr. *kol...*] (gr. χολή, bile; λίθος, pierre). T. Méd. Calcul biliaire.

CHOLÉLOGIE. s. f. [Pr. *kol...*] (gr. χολή, bile; λόγος, discours). T. Méd. Traité de la bile. Inus.

CHOLÉMÈSE. s. f. [Pr. *kol...*] (gr. χολή, et ἔμεσις, vomissement). T Méd, Vomissement de bile. Inus.

CHOLÉMIE. s. f. [Pr. *kol...*] (gr. χολή, et αἷμα, sang).T. Méd. Passage dans le sang des principes constituants de la bile.

CHOLÉPOIÈSE. s. f. [Pr. *kol...*] (gr. χολή, et ποίησις, action de faire). T. Physiol. Élaboration par laquelle le corps vivant fait la bile.

CHOLÉPOIÉTIQUE. adj. [Pr. *kol...*] (gr. χολή, et ποιητής, qui fait) T. Physiol. Qui favorise la sécrétion de la bile.

CHOLÉPYRE. s. f. [Pr. *kol...*] (gr. χολή, et πῦρ, feu). T. Pathol. Fièvre bilieuse. Inus.

CHOLÉRA ou **CHOLÉRA-MORBUS**. s. m. [Pr. *koléra-morbus*] (gr. χολέρα, évacuation et gouttière, parce que les matières fluent comme par une gouttière. Les latins avaient le mot *cholericus*, qui signifie bilieux, de χολή, bile; lat. *morbus*, maladie).

Méd. — Le *Choléra* ou *Choléra-morbus* est une maladie caractérisée par des vomissements violents et des déjections alvines abondantes, accompagnés de douleur, de faiblesse et de refroidissement des extrémités. Il est sporadique ou épidémique.

I. **CHOLÉRA SPORADIQUE.** — Cette maladie, appelée aussi *C. nostras, Trousse-galant, Passio cholerica*, est connue dès la plus haute antiquité. Ainsi que l'indique son nom, les anciens l'attribuaient à l'excès et à l'âcreté de la bile. Elle est très commune à la fin de l'été ou au commencement de l'automne. Elle paraît fréquemment être déterminée par l'action du froid, par la suppression de la transpiration; souvent elle apparaît après l'usage de certains aliments, tels que la chair salée ou faisandée, les œufs de barbeau ou de brochet, le melon, les prunes, ou après l'ingestion exagérée de boissons froides, de lait frelaté, etc. — Habituellement, le c. sporadique commence d'une manière subite. L'absence de prodromes se remarque surtout lorsque la maladie se développe sous l'influence de la constitution estivale. Alors, la scène s'ouvre d'emblée par les déjections et les vomissements. Au reste, les prodromes consistent simplement dans les symptômes de fluxion et de congestion vers l'appareil sécréteur du tube digestif, et principalement vers le foie, le ventricule et le duodénum. Il s'y joint aussi ces phénomènes sympathiques qui précèdent ordinairement les affections aiguës : de l'anorexie, de la pesanteur, de la douleur à l'épigastre, des borborygmes, des coliques obtuses, devenant bientôt plus fatigantes et provoquant la diarrhée, des nausées, des éructations acides ou nidoreuses, de la soif, de la courbature, de la céphalalgie et une lassitude extrême qui force le patient à s'aliter. Quelquefois l'invasion est précédée par un frisson général fébrile. Les matières vomies sont d'abord aqueuses et quelquefois mêlées d'aliments; elles sont sans odeur, aigres ou acidos; les premières déjections alvines sont stercorales, elles amènent ensuite une quantité considérable de mucus ou de matières glaireuses plus ou moins épaisses. Les douleurs se montrent bientôt, surtout pendant les vomissements; dans les intervalles, le malade éprouve des borborygmes, des épreintes, une chaleur brûlante dans le trajet que les matières parcourent. Quelques heures à peine s'écoulent, et la soif devient ardente; une cardialgie intolérable se fait sentir; les mouvements de l'appareil digestif et des muscles abdominaux sont convulsifs et très douloureux; l'anxiété est extrême. Pendant que les douleurs suivent une marche croissante, les matières des déjections changent de nature; elles deviennent éruginouses ou porracées, brunes, noirâtres; leur odeur est fétide; elles peuvent même offrir d'autres caractères qui rappellent ceux des évacuations observées dans le c. épidémique. Aux matières bilieuses succèdent l'excrétion de liquides ténus, quelquefois semblables à de la lavure de chair, et même des évacuations blanchâtres. L'abdomen est souvent très distendu par des gaz, et des émissions de ces fluides accompagnent alors les vomissements et les excrétions intestinales. Il est rare que la sécrétion urinaire soit supprimée : ce signe a servi à distinguer cette forme de c. de la forme épidémique. Au bout de cinq ou six heures de souffrances, les traits s'altèrent et deviennent méconnaissables; la respiration devient accélérée, courte et suspirieuse; le pouls petit, irrégulier, presque insensible; le hoquet est fréquent; des contractions involontaires agitent les membres; le malade se plaint de crampes très douloureuses dans les mollets et dans les bras; l'abattement moral est extrême; cependant, on observe le plus souvent que les fonctions intellectuelles ne sont pas troublées. La terminaison fatale du c. sporadique n'est pas rare. Suivant Fréd. Hoffmann, elle est même tellement fréquente qu'il déclare cette maladie plus meurtrière que la peste. La mort arrive très promptement, ordinairement le troisième ou le quatrième jour, rarement le septième. On a vu des malades mourir en vingt-quatre heures et même en douze heures. La mort résulte, dans cette maladie, soit de l'extrême intensité des douleurs, soit de l'abondance des déperditions, soit de quelque phlegmasie métastatique consécutive à la congestion sécrétoire, soit de la gangrène d'une portion de l'intestin. — Le traitement le plus efficace consiste dans l'emploi de boissons émollientes et acidules, de glace ou de liquides gazeux, comme la potion de Rivière ou l'eau de Seltz pour arrêter les vomissements, des opiacés administrés en pilules et en lavements, des frictions chaudes pour calmer les dou-

leurs, et, dans certains cas, des toniques stimulants pour relever les forces du malade.

On a distingué plusieurs variétés de c. sporadique, notamment le *C. sec* et le *C. humide*, le *C. bilieux* et le *C. flatulent*. Le *C. sec* serait celui dans lequel le produit de l'excrétion morbide est retenu dans le tube digestif. Il présente, comme symptôme dominant, une angoisse épigastrique excessive. Les autres variétés sont fondées sur la plus grande prédominance des matières bilieuses ou des produits gazeux.

II. **CHOLÉRA ÉPIDÉMIQUE ou ASIATIQUE.** — Le c. épidémique, appelé également *C. asiatique*, a été observé dans l'Inde depuis près d'un siècle, en 1773, 1774, 1775, 1781, 1787, etc.; mais c'est seulement depuis le premier tiers du XIXᵉ siècle qu'il a été l'objet d'études multipliées et approfondies, lors de la terrible épidémie qui ravagea, pour ainsi dire, le globe entier. Cette épidémie fit son apparition, au mois d'août 1817, à Jessore, ville du Bengale située à environ 40 lieues de Calcutta. De là elle s'étendit promptement à Dacca, à Dinapore et à Calcutta. L'année suivante, elle gagna Bombay et Madras, et, en 1819, elle atteignit les îles de Ceylan, de Maurice et de Bourbon. En 1820 et 1821, les côtes et les principales villes du golfe Persique furent envahies à leur tour; on l'observa successivement à Schiras, à Ispahan, à Téhéran et dans toute l'Arménie. En 1822, le c. remonta le long des rives du Tigre et de l'Euphrate, et se montra à Alep. Enfin, en 1823, il se présenta aux portes de la Russie, dans les gouvernements de la Nouvelle-Géorgie et du Caucase; mais, à cette époque, par des causes tout à fait inconnues, il n'étendit pas plus loin ses progrès vers l'Europe. Il y a dans sa marche une pause qui dure plusieurs années, et ce n'est qu'en 1829 qu'il est signalé d'abord à Tiflis, puis à Astrakan. Alors sa marche devient plus rapide. Il éclate à Orenbourg et à Moscou, en 1830; en 1831, il apparaît à Saint-Pétersbourg, à Varsovie (mai), à Berlin, Hambourg et Sunderland (octobre). En 1832, Londres et Paris sont atteints à leur tour. L'année suivante, il sévissait au Mexique et dans plusieurs autres contrées de l'Amérique, avec les mêmes caractères et la même fureur que dans les Indes ou dans les grandes villes de l'Europe. Il avait ainsi mis seize ans à s'étendre de l'est à l'ouest, sans rien perdre de sa force et de sa nature primitive. Depuis cette époque, ce terrible fléau a reparu en Europe pendant les années 1849, 1853, 1865, 1873, 1885, etc. Mais ces manifestations dernières sont notablement moins graves que celles de 1832, 1849 et 1853.

On jugera de la première par de l'intensité relative des quatre épidémies principales de c. à Paris (1832, 1849, 1854 et 1865-66) par les diagrammes ci-contre, et les différences sont d'autant plus grandes que la population était environ du double supérieure en 1866 qu'en 1832. Les épidémies diminuent d'intensité, mais durent plus longtemps Il y a, de temps en temps, de légers retours à Paris et dans les grandes agglomérations; mais ils paraissent avoir perdu la gravité qui rendait jadis les épidémies si terrifiantes.

La marche de l'affection cholérique peut se partager en trois périodes : période des prodromes, période algide et période de réaction.

1º *Prodromes.* — Le plus souvent, l'invasion du c. asiatique est précédée de prodromes suffisants pour avertir l'homme de l'art et le sujet lui-même. Ces phénomènes sont d'autant plus significatifs, s'il existe alors une épidémie déclarée. Assez fréquemment, l'approche de la maladie est signalée par un embarras gastrique, un état suburral qui dure quelques jours. Dans une foule de cas, les phénomènes prodromiques sont les suivants : malaise indéfinissable et chute rapide des forces; transpirations faciles et débilitantes; sensation pénible vers l'épigastre et dans tout l'abdomen; digestion longue et difficile; tension abdominale, borborygmes, diarrhée qui cède et se reproduit souvent; coliques, nausées, hoquets et enfin vomissements. Toutefois, ces derniers sont rares et ne coïncident guère avec les déjections. On observe aussi de la soif avec désir de boissons acidulées, des appétits bizarres, des vertiges, de l'insomnie, de la tendance à la syncope. Quand la maladie se borne là, la convalescence est lente et la rechute est facile. Enfin, au moindre excès, il y a invasion brusque de tout l'appareil des symptômes cholériques.

2º *Période algide ou de cyanose.* — Soit après les symptômes ci-dessus, soit après une diarrhée longtemps prolongée, soit après un excès quelconque, et quelquefois sans la moindre circonstance de ce genre, le c. proprement dit se déclare par un malaise subit, accompagné de syncopes, coïncidant avec les vomissements et les premières évacuations alvines, qui se succèdent d'abord avec beaucoup de rapidité. Les matières rendues ressemblent à du petit-lait mal clarifié ou à une décoction de riz; elles sont formées d'un liquide

Fig. 1.

Épidémie de 1832.
Total des décès : 18.406.

Fig. 2.

Épidémie de 1849. — Total des décès : 46.465.

900 800 700 600 500 400 300 200 100 0
Mars | Avril | Mai | Juin | Juillet | Août | Sept. | Oct.

700 600 500 400 300 200 100 0
Mars | Avril | Mai | Juin | Juillet | Août | Sept. | Oct.

Fig. 3. — Épidémie de 1853-1854. — Total des décès : 9.219.

100 50 30 20 0
Nov. | Déc. | Janv. | Fév. | Mars | Avril | Mai | Juin | Juillet | Août | Sept. | Oct. | Nov. | Déc.

Fig. 4. — Épidémie de 1865-66. — Total approximatif des décès . 12.000.

264 200 100 50 40 20 0
Sept. | Oct. | Nov. | Déc. | Janv. | Fév. | Mars | Avril | Mai | Juin | Juillet | Août | Sept. | Oct. | Nov. | Déc. | Janv.1867

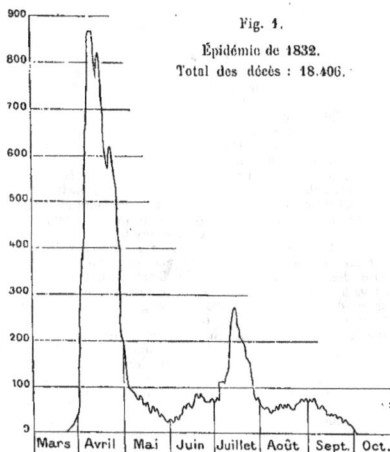

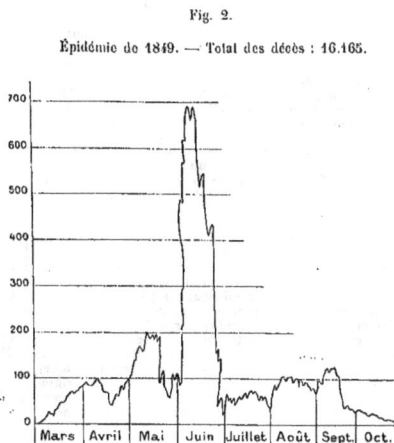

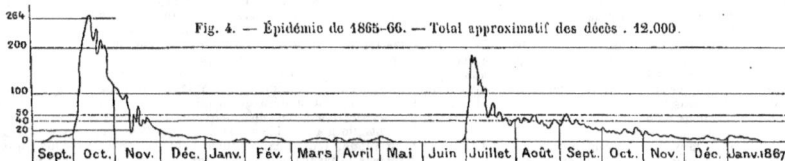

séreux dans lequel nagent des flocons d'albumine coagulée. Bientôt après surviennent des crampes douloureuses dans les muscles des extrémités, surtout aux mollets, et qui s'étendent ensuite à l'abdomen. Le malade accuse de violentes souffrances, une vive ardeur à la région épigastrique, une pesanteur intolérable autour du cœur, une soif vive. L'anxiété est extrême, la voix tremble, les paroles du patient sont plaintives et saccadées. Les sécrétions de l'urine, de la bile, de la salive, se suspendent entièrement ; les évacuations deviennent très fétides, et la sueur prend cette odeur singulière qui annonce les approches de la mort. En même temps, la chaleur se supprime. A mesure que le pouls se ralentit, une teinte bleuâtre ou violacée (cyanose), qui a commencé aux extrémités, s'étend par plaques marbrées à toute la surface du corps. Les ongles sont livides, presque noirs ; la peau des doigts se ride et s'applique sur le corps des phalanges ; l'amaigrissement est bientôt tel que le malade devient méconnaissable. En même temps, l'œil semble fixé au fond de l'orbite et la paupière supérieure n'en laisse voir qu'une partie. La conjonctive est sale et pulvérulente ; la cornée est terne et plissée comme sur un œil vide. Une turgescence plombée envahit la face ; les lèvres grossissent et s'écartent ; l'haleine et la langue sont froides, et le nez est si froid qu'il tombe quelquefois en gangrène. A la fin de cette horrible scène, la respiration se ralentit, les tendons des muscles s'agitent, la cyanose a envahi tout le corps, le malade ne peut plus avaler, et après un ou deux mouvements convulsifs il meurt. Jusqu'à la fin ses facultés

intellectuelles sont conservées ; cependant, il tombe habituellement dans une apathie extrême, et semble désirer qu'on l'abandonne à son sort. Les attaques de ce genre sont généralement fatales dans l'espace de quatre à huit heures. — Dans les formes moins graves que celle-ci, on observe le même cortège général de symptômes, mais ils sont moins rapides dans leur succession, et on a plus de temps pour les combattre. L'accès commence par les vomissements et les diarrhées, puis viennent le malaise et l'ardeur vers le creux de l'estomac ; les matières rendues prennent peu à peu l'apparence de l'eau de riz, la physionomie se grippe, le thorax se resserre, les crampes et les spasmes sont intolérables, la peau perd tout ressort ; pincée, elle conserve le pli qu'on lui fait ; piquée, elle ne donne plus de sang, et en 24 ou 36 heures le malade tout bleu, froid et sans pouls expire dans le coma. — Cette période, comme on le voit, a été nommée période algide (c.-à-d. de froid), et période de cyanose, des deux phénomènes si remarquables qui la caractérisent. La première dénomination est préférable, car il est des cas, rares il est vrai, où les douleurs et les évacuations tuent le malade avant que la coloration violacée de la peau ait ou le temps de se manifester.

3° Période de réaction. — Lorsque le malade a échappé aux dangers de la période précédente, on voit les symptômes les plus graves perdre de leur intensité : les spasmes et la dyspnée diminuent, la chaleur naturelle du corps revient peu à peu, le pouls reprend progressivement son rythme naturel.

Enfin, les évacuations se suspendent, tandis que les sécrétions normales, qui étaient supprimées, reparaissent. Les traits s'améliorent, le malade prend quelques instants de repos et entre en convalescence. — Malgré ces signes favorables, il faut se tenir sur ses gardes : la réaction peut ou avorter, ou donner lieu à quelque affection inflammatoire grave. Parfois le cholérique est alors emporté par une congestion cérébrale, ou par quelque inflammation des voies respiratoires. Plus souvent, il survient une fièvre lente ou continue, avec accélération du pouls et congestion de la face. Le malade tombe dans l'assoupissement et la stupeur; la bouche devient mauvaise; il y a des vomissements bilieux; enfin, la maladie se termine fatalement du quatrième au huitième jour, rarement plus tard, par une affection typhoïde.

Pronostic. — Nous n'avons pas besoin d'insister sur la gravité du c. épidémique. On sait trop quels ravages il a exercés dans tous les pays qu'il a visités. Mais un fait important à noter, c'est que dans les lieux où l'épidémie a été courte, et dans ceux même où elle n'a attaqué que peu de personnes, la mortalité a été proportionnellement plus considérable. On a également remarqué que, au commencement de l'épidémie, la mortalité est bien plus forte qu'à la fin. Mais ces observations s'expliquent en partie par ce fait que le fléau attaque plus promptement et emporte presque inévitablement les individus prédisposés à l'invasion, et rendus moins capables de résister par une cause débilitante quelconque, comme la vieillesse, les excès, etc. — Quant au pronostic à porter sur la maladie dans chaque cas individuel, il varie tellement selon la période où se trouve le cholérique, et selon une foule de circonstances variées, qu'il est impossible de rien dire de général à ce sujet. Seulement, on ne saurait trop recommander, dans les cas d'épidémie, de traiter comme chose sérieuse les moindres dérangements qui peuvent survenir du côté des voies digestives. L'habitude où sont une foule de personnes de négliger ces dérangements, continuée en temps d'épidémie, a été fatale à un grand nombre.

Anatomie pathologique. — Après la mort, le visage garde l'aspect qu'il avait pendant la vie, en grande partie du moins, et la rigidité cadavérique a lieu très promptement. Avant la manifestation de ce phénomène, on a observé plusieurs fois des mouvements spontanés dus à la contraction des muscles du tronc et des extrémités. Lorsque la mort a lieu promptement, dans la période algide, on rencontre quelquefois aussi une chaleur remarquable sur le cadavre, au lieu du froid qui avait été constaté pendant la vie. A l'autopsie, les principales altérations qu'on a observées sont les suivantes : Les veines sont gorgées d'un sang noir et épais. Cette injection est très marquée dans les trois cavités splanchniques. Les sinus de la dure-mère, les veines de la pie-mère forment à la surface du cerveau de longs rubans noirâtres, et le sang vient sourdre à la surface des incisions qu'on pratique sur le cerveau. On a même rencontré sur le cervelet de véritables ecchymoses. Les veines du cou et de la poitrine offrent la même disposition. Le cœur présente quelques ecchymoses, et la masse du paquet des intestins est d'un rouge foncé. Les muqueuses sont très injectées, surtout celles des bronches et de l'œsophage. Les parenchymes du foie, des reins et de la rate sont aussi quelquefois engorgés, et dans les membres la substance spongieuse des os est presque noire par la plénitude du système veineux. A côté de cette disposition si remarquable des veines, les artères sont vides et revenues sur elles-mêmes; à peine trouve-t-on quelques caillots dans l'aorte et dans les cavités gauches du cœur. Sur les muqueuses, dans la vessie, dans le bassinet des reins et même à la surface de l'arachnoïde, on a trouvé une matière blanche particulière, la même que celle des vomissements et des selles. Elle se compose d'un liquide séreux trouble, semblable à du petit-lait non filtré ou mêlé à un peu de riz crevé par l'ébullition. Il existe aussi à la surface des membranes séreuses une substance analogue à la glu. Cette matière s'observe principalement à la surface du péritoine, où elle forme une couche assez mince pour être difficilement aperçue. La vessie est vide et contractée. La bile est épaisse, abondante, filante et noirâtre. Le sang offre des altérations remarquables. Il est très noir, et a un éclat brillant qui ne lui est pas habituel; il est, en outre, plus épais, plus visqueux qu'à l'ordinaire, et semblable à du raisiné. Il rougit moins vite à l'air. L'analyse chimique a fait reconnaître que le sang des cholériques contient moins d'eau et de substances salines que le sang normal, et qu'il renferme une plus grande proportion d'albumine. — Dans la seconde période du c., les altérations qui viennent d'être énumérées disparaissent et font place à d'autres qui n'ont plus la même

importance, puisque ce ne sont plus que des congestions ou des inflammations secondaires.

Causes du choléra. — Les causes premières du développement du c. ont longtemps échappé à toutes les recherches de la science. Il n'est pas une seule circonstance atmosphérique ou climatérique dans laquelle ce fléau ne se soit pas montré. Il a semblé négliger sur sa route certaines populations et est venu frapper au loin des villes, des bourgs ou des maisons isolées. Quant à ses causes prédisposantes, elles ont été étudiées avec plus de succès. On place au premier rang les grands rassemblements d'hommes, l'action des matières en putréfaction, surtout lorsqu'elles sont suspendues dans l'atmosphère, l'habitation dans des lieux bas et humides et dans des demeures mal aérées, la misère, les excès en tout genre et particulièrement les écarts de régime, la faiblesse de la constitution, la terreur même de la maladie et toutes les influences morales déprimantes. Cependant, quoique la question soit encore controversée, tous les travaux modernes tendent à établir que la cause du c. est un bacille, le *bacille-virgule* (*kommabacille*) découvert par Koch en 1883 dans l'intestin des cholériques de l'Inde. C'est un bâtonnet court de 1,5 μ à 3 μ sur 0,5 μ plus ou moins recourbé en arc de cercle, d'où le nom de bacille-virgule. Dans les selles il est en général isolé. Mais dans les bouillons de culture les articles s'unissent bout à bout pour former de longs filaments spiralés. Ils sont très mobiles, surtout entre 25°-30°, grâce à des cils vibratiles. Ils se reproduisent par scissiparité; la formation de spores ou d'arthrospores n'est pas bien certaine. Les couleurs d'aniline l'imprègnent bien. Il pousse bien sur les milieux de culture habituels, et très rapidement de 18° à 20° dans la gélatine qu'il liquéfie bientôt, dans le bouillon, etc.; au bout de quelque temps les bacilles des cultures ont des formes dégénérées (spirilles à bouts renflés, en tonneau). La Fig. 5 montre l'aspect de ces *spirilles*. Il est très sensible aux agents physico-chimiques, la dessication pendant une demi-heure, une température de 50° pendant 10 minutes, les acides très dilués (acide chlorhydrique à 1/1000°), les antiseptiques vrais mais très dilués le tuent rapidement. Il se cultive bien à l'abri de l'air quand le milieu

Fig. 5.

est très nutritif. Mais il pullule d'autant plus que l'accès de l'air est plus facile. Il pullule et reste vivant dans les eaux d'égout pendant 5-6 jours, tandis que l'eau pure lui est défavorable. Dans les fosses d'aisances il meurt en 4-5 jours. Plus les liquides où il se trouve sont chargés de microbes étrangers, plus vite il disparaît par concurrence vitale. On n'a réussi à donner le choléra au cobaye que par des artifices d'expérience, et bien qu'à l'autopsie des animaux ce soient les lésions du choléra qu'on ait vues, les symptômes, sauf la diarrhée, n'ont pas été complets. En dehors de l'organisme, ce bacille n'a été découvert que dans l'eau des lacs et étangs de l'Inde. C'est l'eau souillée par des déjections cholériques ou par le lavage des linges des malades qui semble être le mode de transport de la maladie. Il faut que la souillure des eaux soit continue pour qu'il y ait épidémie. Aussi la constatation des premiers cas et leur isolement avec désinfection paraît-elle le moyen le plus sûr d'éviter les épidémies. Dans les cultures surtout anciennes en bouillon, et dans le contenu intestinal des cholériques, on a trouvé des poisons variés qui sont extrêmement actifs et qui paraissent être la cause immédiate de la maladie; un des expérimentateurs, M. Pouchet, a failli mourir avec tous les symptômes du choléra rien qu'en respirant le poison qu'il avait tiré des déjections cholériques. En quelques minutes les cobayes ont été tués.

Une fois le bacille pénétré dans le canal intestinal par l'eau, les légumes et fruits crus, la souillure des aliments pris avec des mains contaminées, le choléra ne se déclare pas forcément : il faut pour cela que l'intestin et l'organisme soient en mauvais état. Grâce à la biologie connue du bacille, la prophylaxie générale dépend de l'examen bactériologique qui en moins de 48 heures éclaire sur la nature de la maladie; la prophylaxie individuelle dépend de l'ébullition de l'eau de boisson, de la cuisson complète de tous les aliments, de la désinfection des mains, des linges, et de tout ce qui est touché ou rejeté par le malade avec des solutions de sublimé au 1/2000 ou d'acide phénique à 2/100. En outre l'ingestion de salol, à raison de 2-4-6 grammes par jour pour désinfecter l'intestin, serait une bonne précaution.

Traitement. — Un reproche vulgaire adressé à l'art médical, c'est de n'avoir pas découvert de remède contre le c. Si le reproche est fondé pour le c., il l'est également *pour toutes* les *maladies*, si l'on excepte trois ou quatre maladies spécifiques. En effet, la médecine n'a pas un remède particulier pour chaque maladie particulière. Elle possède seulement des moyens généraux dont elle varie l'application selon les maladies et selon les cas. Si le public lui-même a remarqué avec raison l'infinie variété des moyens thérapeutiques employés contre le c., c'est que la gravité et la rapidité terribles de cette affection ont engagé les hommes de l'art à tout tenter, à tout expérimenter. Nous n'entrerons pas, à ce sujet, dans des détails techniques qui seraient déplacés dans ce livre. Nous nous contenterons de dire que, dans le traitement rationnel du c., les moyens doivent nécessairement varier selon la période de la maladie, selon les modifications particulières que présente celle-ci, et enfin selon les résultats que le médecin obtient successivement. Cependant, parmi les trop nombreux modes de traitement qui ont été préconisés contre le c. asiatique, nous citerons celui qui consiste à injecter dans les veines une solution composée de 5 gr. 48 de chlorure de soude et de 2 gr. 60 de carbonate de soude pour 1 kil. 866 gr. d'eau. On la porte à la température de 42° du thermomètre centigrade. La quantité de solution saline qu'ont ainsi injectée certains praticiens est énorme. Dans un cas, on injecta en une seule fois 3 kil. 732 gr., et dans l'espace de 12 heures on introduisit dans les veines 10 kil. 264 gr. Dans un autre cas, la quantité de dissolution injectée fut portée à 11 kil. 655 gr. dans l'espace de 53 heures. Enfin, dans un troisième cas, on injecta, dans l'espace de 24 heures, 14 kil. 929 gr. Sur cette quantité, 4 kil. 95 gr furent injectés dans les deux premières heures ! L'auteur de ce mode de traitement se proposait de faire disparaître la viscosité du sang des cholériques, et de lui restituer les sels qu'il perd dans cette maladie. Dans la plupart des cas, les effets immédiats de ces injections étaient véritablement surprenants. La circulation se ranimait, le pouls devenait plein et fréquent, la respiration s'améliorait ; le faciès cadavéreux disparaissait, le cholérique recouvrait la voix et accusait un sentiment de bien-être ; mais hélas ! presque toujours ces phénomènes merveilleux n'étaient que temporaires, et ils étaient plus ou moins promptement suivis par un nouveau collapsus et par la mort. Le traitement du c. repose sur la médecine des symptômes. Les médicaments qui réussissent le mieux, au cours des épidémies contemporaines, sont, d'après le récent formulaire du Dr Monin : le rhum, l'esprit de Mindereus, l'élixir parégorique, les lavements avec l'infusion d'armoise additionnée de dix gouttes de laudanum et dix d'acide phénique, la quinine à haute dose, les injections sous-cutanées de caféine, le tanin, le sublimé, la teinture d'iode, les inhalations d'oxygène et les applications de collodion sur l'abdomen.

Propagation et mesures prophylactiques. — De toutes les études qui ont été faites dans le courant du XIXe siècle sur la marche et le développement des épidémies de c., il résulte, comme un fait constant, que ces épidémies nous arrivent toujours de l'Inde et de l'Extrême-Orient, le plus souvent par la voie de l'Égypte. L'un des éléments les plus actifs de la propagation du c. est constitué par les pèlerinages de musulmans qui, pour obéir à l'un des préceptes de leur religion, se rendent tous les ans à la Mecque. La plupart de ces pèlerins se rassemblent en Égypte où des vaisseaux les conduisent, par le canal de Suez et la mer Rouge, à proximité de la Mecque. Du rivage, ils se rendent par caravanes à la Mecque et reviennent par le même chemin. D'autre part, les musulmans de l'Inde arrivent de l'Est à la Mecque, venant de régions où le c. est endémique. Comme tous ces voyages s'accomplissent dans des conditions de malpropreté et d'insalubrité à peine concevables, on comprend que les musulmans indiens entretiennent à la Mecque un foyer permanent d'infection cholérique dont les musulmans occidentaux sont les premières victimes. Aussi la mortalité de ces pèlerins est-elle effroyable, et dans tous les cas les malades ne peuvent manquer d'apporter la maladie en Occident. Depuis plusieurs années, les gouvernements se sont émus de cette situation déplorable, et, en 1893, un congrès international tenu en Égypte a édicté un certain nombre de mesures préventives dans le détail desquelles nous ne pouvons entrer, mais qui ont pour effet d'améliorer les conditions sanitaires des pèlerinages et des caravanes, de détruire le foyer cholérique de la Mecque, et, il faut l'espérer, d'empêcher ou tout au moins d'arrêter la marche des épidémies vers l'Occident. Voy. QUARANTAINE.

III. CHOLÉRINE. — On nomme ainsi la forme la plus bénigne du c. Cette forme, dont les symptômes sont identiques avec ceux que nous avons décrits comme constituant les prodromes ordinaires du c. asiatique, a été observée dans toutes les épidémies cholériques. Elle est alors sous la dépendance de la constitution épidémique régnante. Mais, depuis 1832, elle se rencontre chaque année plus ou moins fréquemment, sous forme sporadique. Elle apparaît surtout aux deux époques où le c. sporadique proprement dit se développe de préférence, c.-à-d. au commencement de l'automne et au printemps.

IV. CHOLÉRA INFANTILE. — Ce nom a été consacré par l'usage pour désigner une maladie grave qui, pendant la saison estivale, sévit sur les jeunes enfants en dehors de toute épidémie. Cette maladie, qui est une forme grave d'entérite, s'attaque aux enfants surtout au moment du sevrage : elle est caractérisée par des selles et des vomissements continuels, et est souvent suivie d'une réaction inflammatoire ou typhique. On la combat par des boissons féculentes ou albumineuses, ipécacuanha à faibles doses, décoction blanche de Sydenham, viande crue, bains sinapisés.

Méd. vét. — *Choléra des poules* (Peste, typhus des volailles). — Cette maladie atteint tous les oiseaux de basse-cour, les oiseaux de luxe, les oiseaux en liberté, le lapin, la souris blanche et les spermophyles, petits rongeurs de Russie, et sévit en France depuis 1825 souvent en épidémie. Elle est répandue dans toute l'Europe actuellement. On connaissait tous les détails de la maladie sauf la cause qui, en 1878 et en 1879, fut trouvée par Rivolta en Italie et Toussaint en France. C'est un microbe que Toussaint réussit à cultiver et qu'ils prenaient tous deux pour un micrococcus, parce qu'ils ne se servaient que des objectifs microscopiques à sec. Pasteur étudia le microbe, reproduisit la maladie expérimentalement et en obtint la prophylaxie par la vaccination. C'est la première maladie dont l'immunité fut acquise par vaccins microbiens. — Le microbe du c. des poules vu aux objectifs à immersion est un très petit bacille long de 1 μ,2, large de 0 μ,25, à bouts arrondis, étranglé en son milieu, de façon à simuler deux micrococcus accolés (fig. 6). — Il pousse très bien dans du bouillon (surtout de poules) entre 30° et 40° quand l'accès de l'air est très facile ; il pousse moins bien dans les autres milieux de culture ; mais alors les microbes perdent peu à peu leur virulence. Au bout de

Fig. 6.

15 jours de culture, les microbes inoculés tuent toutes les poules ; au bout de 3 mois, aucune poule ne meurt. C'est ce qu'on appelle un virus atténué. Au contraire, dès que la culture est privée d'air, les microbes cessent de pulluler. Ils conservent intégralement la virulence qu'ils possédaient au moment où on les a privés d'air et si on inocule au bout de six mois, un an et plus des cultures privées d'air, le quinzième jour, toutes les poules meurent ; de même, une culture privée d'air au troisième mois agit comme une culture de trois mois qui n'a pas été privée d'air, et cela au bout d'une année et plus. Mais les microbes dont la virulence a été ainsi atténuée peuvent redevenir très virulents ; il suffit qu'on puisse tuer un premier lapin avec des microbes affaiblis ; le sang de ce premier inoculé à un deuxième lapin, et ainsi de suite, rendra aux microbes une virulence très grande au bout du cinquième ou sixième lapin tué. Les inoculations des cultures virulentes tuent les animaux sensibles en moins de douze heures avec tous les signes de la maladie. La sensibilité du c. des poules décroît de la souris aux gallinacés en passant par le spermophyle, les petits oiseaux, le lapin (que Pasteur avait proposé de détruire en Australie par des cultures répandues dans les champs dévastés), le pigeon.

Les inoculations des cultures atténuées proportionnellement à la sensibilité des animaux les rend à peine malades, et si quelques jours après cette inoculation de microbes atténués on les inocule avec des microbes très virulents, les animaux non seulement ne meurent pas, mais même n'éprouvent aucun malaise. Ils sont vaccinés pour un temps assez long, c'est-à-dire qu'ils ont acquis l'immunité contre le c. des poules. Il ne se fait qu'un abcès au point d'inoculation, aux dépens du muscle atteint qui gonfle, durcit, devient lardacé et se résorbe lentement. C'est justement ce qui arrive au cobaye, mouton, cheval, quand on les inocule tout d'abord avec des cultures virulentes. Ces animaux ne meurent pas ; ils sont réfractaires ; ils ont l'immunité naturelle contre le c. des poules. Le chien et le chat sont encore plus réfractaires ; ils mangent les cadavres des animaux morts du c. sans en souffrir. L'homme aussi est réfractaire ; cependant on est parvenu à provoquer des abcès sur des blessures frottées avec le microbe. La vie de ce bacille est très fragile ; la dessiccation, une température humide de 45° à 50° pendant une heure, de 55° pendant quelques minutes, l'eau bouillante, les solutions de sublimé à 1 p. 1000, d'acide phénique à 5 p. 100, les vapeurs sulfureuses le tuent aisément; le froid, au contraire, ne l'affaiblit pas, et sa résistance aux agents précédents augmente par son mélange avec d'autres microbes inoffensifs.

La maladie est souvent épidémique dans les basses-cours; un animal malade est introduit récemment au milieu d'animaux sains, des pigeons malades dont les déjections tombent dans la basse-cour d'un pigeonnier placé au voisinage, le sol ou les murailles mal désinfectés après une précédente épidémie, une infection sous-cutanée chez un cobaye vivant avec des volailles et qui a passé inaperçue amènent l'explosion de la maladie. — Les animaux alors s'infectent à qui mieux mieux, en picorant dans les déjections de ceux qui sont malades ou en buvant des boissons souillées, ou encore en dévorant les détritus d'animaux morts.

Rien ne fait prévoir l'épidémie, et la mort est souvent si rapide que le matin, en entrant dans le poulailler, on trouve 6, 8, 10 bêtes mortes. La maladie peut cependant durer plus longtemps, 2, 3 jours, plus rarement une semaine et plus (c'est alors une autre maladie très semblable au c. des poules et encore peu connue qui en est cause). Les poules sont tristes, elles s'isolent, leurs plumes se hérissent, leurs ailes et leurs têts sont pendantes, elles se mettent en boule; elles sont si somnolentes qu'il faut de forts bruits pour les réveiller. (Cette somnolence a été reproduite par Pasteur en inoculant aux poules des liquides filtrés de cultures du c. des poules; mais il n'y a pas eu d'immunité contre la maladie.) Elles ont de la fièvre; la diarrhée survient de plus en plus liquide, verte, fétide, la respiration est anxieuse; les animaux tombent pour ne plus se relever et meurent dans la torpeur ou après quelques convulsions.

Si on autopsie le poulet mort, on trouve l'intestin rempli du liquide de la diarrhée, ses parois sont sanguinolentes et même ulcérées; il y a des suffusions sanguines dans presque toutes les séreuses, à la base du cœur, au cerveau; le péricarde contient du liquide, la rate et le foie sont gros, le sang est noir, poisseux. Le lapin a en outre une pleurésie double. Tous les liquides, tous les organes, contiennent le microbe coupable.

La chair des animaux foudroyés par le mal est d'apparence normale. Celle des animaux morts lentement est grisâtre, comme lardacée. Cette maladie, à mortalité de 90 et 100 p. 100, est si caractérisée par son invasion brusque, sa rapidité, sa diarrhée, qu'on ne peut la confondre avec la diphtérie. Seul, un empoisonnement aigu et de plusieurs bêtes peut en imposer; mais l'absence du microbe à l'autopsie enlève le doute.

On ne peut traiter les animaux malades avec quelques chances de succès à cause de la brusquerie de l'infection; cependant, préventivement ou comme traitement, les injections d'eau phéniquée à 5 p. 100 sous la peau, et des liquides de boisson contenant du tanin, à raison de 1 p. 100 et du sulfate de fer à 1/2 p. 100 peuvent être utiles. Rien ne vaut cependant les mesures prophylactiques, la désinfection de la basse-cour, sol, murs, perchoirs, mangeoires, vasos à boisson avec de l'eau bouillante ou une solution de sublimé à 1 p. 1000 ou d'acide phénique à 5 p. 100; puis, la fumigation avec des vapeurs sulfureuses, la combustion des cadavres et des déjections des animaux morts ou malades, empêchent tout retour du mal. Il faut, au préalable, éloigner les animaux sains de la basse-cour; l'isolement des animaux sains est une mesure excellente.

En France, nous acceptons en outre comme moyen préventif la méthode de vaccination due à Pasteur; pour la faire, on choisit deux cultures, telles que l'une d'elles, la plus faible, tue tout au plus un moineau, et l'autre plus forte un lapin. — On inocule la première à l'aileron droit, par exemple, et la deuxième, douze jours après, à l'aileron gauche.

À l'étranger, cette méthode est peu ou pas suivie.

Choléra du porc. Voy. PNEUMO-ENTÉRITE DU PORC.

CHOLÉRIFORME. adj. 2 g. [Pr. *ko...*] (R. *choléra*, et *forme*). T. Pathol. Qui a les apparences du choléra.

CHOLÉRINE s. f. [Pr. *ko...*]. Forme bénigne du choléra. T. Méd. Voy. CHOLÉRA.

CHOLÉRIQUE. adj. 2 g. [Pr. *ko...*]. T. Méd. Qui appartient au choléra. Qui est atteint du choléra. — Dans ce dernier sens, il s'emploie habituellement comme subst. *Soigner des cholériques.* || T. Physiol. *Tempérament c.,* Tempérament bilieux.

CHOLESTÉATOME. s. m. [Pr. *ko...*] (gr. χολή, bile;

στεάτωμα, tumeur). T. Art. vét. Tumeurs qui se montrent fréquemment autour du cerveau et du cervelet et qui renferment de la cholestérine.

CHOLESTÉRHÉMIE ou **CHOLESTÉRÉMIE.** s. f. [Pr. *ko..*] (*cholestérine*, et gr. αἷμα, sang). T. Méd. Accumulation de la cholestérine dans le sang, comme cela arrive dans la jaunisse.

CHOLESTÉRINE. s. f. **CHOLESTÉRIQUE.** adj. [Pr. *ko...*] (gr. χολή, bile; στερεός, solide). T. Chim. La *Cholestérine* est un corps solide qu'on rencontre dans différentes parties de l'organisme animal, mais surtout dans la bile. Les calculs biliaires qui en renferment sont presque entièrement formés de cette substance. On l'en extrait par dissolution dans l'alcool. La c. existe aussi dans beaucoup de végétaux et paraît identique avec l'hydrocarottine. Elle forme des lamelles nacrées, incolores, plus légères que l'eau, insolubles dans ce liquide. Elle fond à 137° et se sublime vers 350°. Elle se comporte comme un alcool vis-à-vis des acides organiques et forme avec eux des éthers. Sa formule est $C^{26}H^{44}O + H^2O$. Par oxydation, elle se transforme en *acide cholestérique* $C^8H^{10}O^5$.

CHOLESTROPHANE. s. f. [Pr. *kol...*] (gr. χολή, bile; στροφή,, action de tourner; φαίνω, je parais). T. Chim. Substance qui se produit lorsqu'on traite la caféine par le chlore et qui se présente en paillettes irisées facilement sublimables. La c. est de l'acide parabanique diméthylé et a pour formule $C^3O^3Az^2(CH^3)^2$.

CHOLET, ch.-l. d'arr. de Maine-et-Loire, à 58 kil. d'Angers; 17,000 hab. Toiles. Luttes sanglantes pendant les guerres de Vendée. == Nom des hab. : CHOLETAIS, AISE.

CHOLIAMBE. s. m. [Pr. *ko...*] (gr. χωλός, boiteux; ἴαμβος, iambe). T. Versif. anc. Voy. SCAZON.

CHOLINE. s. f. [Pr. *koline*] (gr. χολή, bile). T. Chim. Synonyme de *Névrine*.

CHOLINIQUE. adj. [Pr. *ko...*] (gr. χολή, bile). T. Chim. Se dit d'un acide obtenu par Berzélius en traitant la bile par l'acide chlorhydrique.

CHOLIQUE. adj. m. [Pr. *ko...*] (gr. χολή, bile). T. Chim. La bile se compose en grande partie d'acides spéciaux, azotés ou azoto-sulfurés, combinés avec la soude ou la potasse. Ces acides biliaires se rapportent à deux types : 1° L'acide *cholique* ou *glyco-cholique* $C^{26}H^{43}Az O^6$, bouilli avec les alcalis ou les acides étendus, fixe une molécule d'eau et se dédouble en acide cholalique et en glycocolle (sucre de gélatine). On le rencontre surtout dans la bile des herbivores. L'acide sulfurique le convertit en *acide cholonique*. — 2° L'acide *taurocholique* $C^{26}H^{45}Az O^7S$ se dédouble facilement, sous l'action des acides ou des alcalis, en acide cholalique et en taurine. Il se trouve en grande quantité dans la bile humaine et dans celle des carnivores. — Les biles de porc, d'oie, de poisson, contiennent des acides analogues; on appelle hyoglycocholique et hyotaurocholique ceux de la bile de porc, chénoglycocholique et chénotaurocholique ceux de la bile d'oie, etc.

Les acides biliaires sont antiseptiques et empêchent la putréfaction des substances alimentaires dans le tube digestif.

CHOLOLIQUE. adj. [Pr. *ko...*] (gr. χολή, bile). T. Chim. Se dit d'un acide qui se produit dans la bile par la fermentation.

CHOLON, v. de la Cochinchine française, à 6 kil. S. de Saïgon; 40,000 hab.

CHOLORRHÉE. s. f. [Pr. *ko...*] (gr. χολή, bile; ῥέω, je coule). T. Méd. Déjection abondante de la bile. Peu usité.

CHOLOSE. s. f. [Pr. *ko...*] (gr. χολή, bile). T. Pathol. Maladie bilieuse en général. Peu usité.

CHÔMABLE. adj. 2 g. Qu'on doit chômer. Il ne se dit que des jours de fêtes. *Jour c. Fête c.*

CHÔMAGE. s. m. L'espace de temps qu'on est sans travailler. *On ne paye point aux ouvriers les jours de c.* Par anal., on dit, *Le c. d'un moulin, d'un canal.*

CHOMAR ou **CHOMARD**. s. m. Voy. Chaumard.

CHOMEL (P.-J.-B.), médecin et botaniste français (1671-1740).

CHÔMER. v. n. (celt. *chom*, s'arrêter, demeurer ?). Ne rien faire, faute d'avoir à travailler. Se dit, au propre, des ouvriers et des gens qui travaillent pour vivre. *Voilà un mois que les tisserands chôment.* — Par anal., on dit qu'*un atelier chôme*, lorsqu'on n'y travaille pas; qu'*un moulin chôme*, lorsqu'il ne moud pas; qu'*une terre chôme*, ou qu'on *laisse* c. *une terre*, lorsqu'on la laisse reposer, lorsqu'on ne l'ensemence point; qu'*un canal chôme*, quand la navigation y est arrêtée soit par manque d'eau, soit pour y faire des travaux. || *C. de besogne*, Manquer de travail. — Par ext. et fam., *C. de quelque chose*, Manquer de quelque chose. *Je chôme de livres. On ne vous laissera pas c. de bois.* == Chômer. v. a. Fêter, solenniser un jour en cessant de travailler. *C. une fête. On a ordonné de c. ce jour-là.* — Fig. et prov., *Il ne faut point c. les fêtes avant qu'elles ne soient venues*, Il ne faut ni se réjouir ni s'affliger pour une chose qui n'est pas encore arrivée. *C'est un saint qu'on ne chôme point*, se dit d'un homme dont on ne fait nul cas. == Chômé, ée. part.

CHOMÉRAC, ch.-l. de c. (Ardèche), arr. de Privas, 2,400 hab.

CHOMET. s. m. Voy. Chaumeret.

CHÔMEUR. s. m. Ouvrier qui chôme.

CHONDODENDRON. s. m. [Pr. kondr...]. T. Bot. Genre de plantes de la famille des *Ménispermacées*. Voy. ce mot.

CHONDRACANTHE. s. m. [Pr. *kon-dracante*] (gr. χόνδρος, cartilage; ἄκανθα, épine). T. Hist. nat. Qui a des os cartilagineux ou des épines cartilagineuses.

CHONDRILLE. s. f. [Pr. *kondrille*, *ll* mouillées] (gr. χόνδρος, grumeau). T. Bot. Genre de plantes de la famille des *Composées*. Voy. ce mot.

CHONDRINE. s. f. [Pr. kond...] (gr. χόνδρος, cartilage). T. Chim. La *Chondrine* est le produit de l'action de l'eau bouillante sur les cartilages. C'est une masse diaphane, dure et cornée, qui se ramollit dans l'eau froide et s'y prend en gelée; elle est insoluble dans l'alcool et dans l'éther; mais l'eau bouillante la dissout et peut même, à la longue, la convertir en une substance soluble dans l'eau froide. Les acides les plus faibles précipitent la c. de sa solution; l'alun et les sels d'alumine, l'acétate de plomb, le sulfate ferreux la précipitent également, mais elle se redissout dans un excès de ces réactifs. Bouillie avec l'acide sulfurique étendu, elle se convertit en leucine. Les autres propriétés de la c. sont les mêmes que celles de la gélatine. D'après les travaux les plus récents, la c. n'est autre chose que de la gélatine ordinaire combinée avec de l'acide chondroïtique.

CHONDRINOGÈNE. adj. [Pr. kondr...] (R. chondrine, et γεννάω, j'engendre). T. Hist. nat. Se dit des tissus qui fournissent de la chondrine.

CHONDRITE. s. f. [Pr. kondrite] (R. Chondrus). T. Pathol. Inflammation des cartilages.

CHONDRITE. s. m. [Pr. kon...] (gr. χόνδρος, cartilage). T. Paléont. végét. Genre d'Algues fossiles des terrains primaires.

CHONDROCÈLE. s. f. [Pr. kondr...] (gr. χόνδρος, cartilage; κήλη, tumeur). T. Méd. Tumeur cartilagineuse.

CHONDRODITE. s. f. [Pr. kondr...] (gr. χόνδρος, cartilage). T. Minér. Fluosilicate de magnésie naturel.

CHONDROGÈNE. s. m. [Pr. kondr.] (gr. χόνδρος, et γεννάω, j'engendre). T. Chim. Substance renfermée dans les cartilages et donnant naissance à la chondrine, sous l'action prolongée de l'eau bouillante. Le c. ne diffère de la substance collagène du tissu osseux que parce qu'il est associé à diverses combinaisons de l'acide chondroïtique avec les matières albuminoïdes.

CHONDROGENÈSE. s. f. [Pr. kondr...]. T. Physiol. Formation des cartilages.

CHONDROGLOSSE. adj. [Pr. kondr...] (gr. χόνδρος, et γλῶσσα, langue). Se dit d'un muscle qui s'étend de la petite corne de l'os hyoïde à la langue.

CHONDROGRAPHIE. s. f. [Pr. kondr...] (gr. χόνδρος, et γράφω, je décris). T. Anat. Description des cartilages. Peu us.

CHONDROÏDE. adj. [Pr. kondr...] (gr. χόνδρος, et εἶδος, forme). T. Anat. Qui ressemble aux cartilages. *Tumeur c.* Voy. Chondrome.

CHONDROÏTIQUE. adj. m. T. Chim. *L'acide c.* ou *chondroïtine sulfurique* est un acide azoté et sulfoconjugué qu'on extrait des cartilages et qui répond à la formule $C^{18}H^{27}AzSO^{17}$. Il se combine facilement aux matières albuminoïdes et c'est à sa présence dans les cartilages qu'il faut attribuer les propriétés spéciales du chondrogène et de la chondrine.

CHONDROLOGIE. s. f. [Pr. kondr...] (gr. χόνδρος, et λόγος, traité). Partie de l'anatomie qui traite des cartilages. Peu us.

CHONDROMALACIE. s. f. [Pr. kondr...] (gr. χόνδρος, et μαλακός, mou). T. Pathol. Ramollissement des cartilages.

CHONDROME. s. m. [Pr. kon-drome] (gr. χόνδρος, cartilage). T. Chir. Tumeur chondroïde, c.-à-d. formée par la production accidentelle de tissu cartilagineux. Les chondromes se rencontrent dans les os et dans les parties molles, mais surtout dans les os. L'extirpation est le seul traitement convenable.

CHONDROMÈTRE. s. m. [Pr. kondr...]. (gr. χόνδρος, grain; μέτρον, mesure). Instrument servant à connaître, à vérifier le poids des grains et des farines.

CHONDROPHYTE. s. m. [Pr. kondr...] (gr. χόνδρος, et φυτόν, plante). T. Méd. Nom par lequel on a désigné une tumeur cartilagineuse.

CHONDROPTÉRYGIENS. s. m. pl. [Pr. kondr...] (gr. χόνδρος, et πτέρυγον, nageoire). T. Ichth. Ordre de poissons qui ont le squelette cartilagineux. Les squales ou requins, les raies, etc., par ex., sont dans ce cas. Voy. Poisson.

CHONDROSE. s. f. [Pr. kondr...] (gr. χόνδρος, cartilage). T. Physiol. Formation du cartilage.

CHONDROSYNDESME. s. m. [Pr. kondr...] (gr. χόνδρος, cartilage; σύν, avec; δεσμός, lien). T. Anat. Union de deux os par un cartilage.

CHONDROTOMIE. s. f. [Pr. kondr...] (gr. χόνδρος, cartilage; τομή, action de couper). T. Anat. Dissection des cartilages.

CHONDRUS. s. m. [Pr. kon-drus] (gr. χόνδρος, cartilage). Genre d'Algues de la famille des *Gigartinacées*. Voy. ce mot.

CHONICRITE ou **CHONIKRITE**. s. f. [Pr. konikrite] (gr. χωνεία, fusion des métaux; κριτός, choisi). T. Minér. Minéral blanc, compact, translucide, qui contient de la silice, de l'alumine, de la magnésie et de la chaux.

CHOPE. s. f. (all. schoppen, puiser). Sorte de gobelet évasé dont on se sert pour boire la bière et qui contient environ une chopine.

CHOPÉE. adj. f. *Monnaie chopée*, Monnaie altérée, par défaut de poids.

CHOPIN, célèbre pianiste et compositeur polonais. Vécut surtout à Paris (1810-1849).

CHOPINE. s. f. (R. chope). Ancienne mesure pour les liquides, contenant 46,5 centilitres. || Nom donné de nos jours par le peuple au demi-litre. || La quantité de liquide contenue dans une c. *Ce verre tient c. Il a bu une c. de vin. Payer c.*

— Prov., *Mettre pinte sur c.*, Faire débauche de vin. ‖ T. Techn. Boîte cylindrique percée de trous et placée au-dessous du piston ou de la buse d'une pompe. On dit aussi *Chopinette.*

CHOPINER. v. n. Boire du vin fréquemment, boire chopine à chopine. *Il s'amuse à c.* Pop.

CHOPINETTE. s. f. [Pr. *cho-pi-nète*]. Dimin. V. CHOPINE.

CHOPPER. v. n. [Pr *cho-per*] (anc. fr. *chope*, souche). Faire un faux pas en heurtant du pied contre quelque chose. *J'ai choppé contre une pierre qui a failli me faire tomber.* ‖ Fig. et fam., *Il a choppé lourdement*, se dit d'un homme qui a fait une faute grossière. Vx. ‖ T. Man. Se dit d'un cheval qui cède d'une jambe de l'avant-main.

CHOQUANT, ANTE. adj. Qui choque, offensant, désagréable, déplaisant. *Il a un air c. Homme c. Paroles choquantes. Manières choquantes.* — Par ext., Mal conçu, mal combiné. *Un désaccord c. Une figure c.*

CHOQUARD. s. m. Voy. CHOCARD.

CHOQUE. s. m. T. Chapellerie. Outil pour donner la forme au chapeau.

CHOQUER v. a (It. *choc*). Donner un choc, heurter. *Si ce vaisseau vient à c. cette barque, il la brisera. C. les verres à table l'un contre l'autre*, ou simplement, *C. le verre* ‖ Fig., Offenser, déplaire. *Il en agit ainsi pour me c. Vous choquerez sa vanité. Cela me choqua. Ce qui me choque en lui, c'est... C. la vue, l'oreille. Ce mot me choque.* ‖ Fig., en parlant des choses, Être en opposition. *Cela choque le bon sens, la bienséance, l'honneur, les mœurs, les usages reçus. Cette idée choque les lois de la physique.* ‖ T. Mar. *C. le cabestan.* = CABESTAN. == SE CHOQUER, v. pron. Se dit de deux corps en mouvement qui se rencontrent. *Les deux billes se sont choquées.* — Par ext., se dit de la rencontre et du combat de deux corps de troupes. *Quand les deux armées vinrent à se c.* ‖ S'offenser. *C'est un homme qui se choque de la moindre chose.* == CHOQUÉ, ÉE. part.

CHOQUETAGE. s. m. T. Eaux et forêts. Coup de marteau pour marquer une souche. On dit aussi *Souquetage.*

CHOQUETTE. s. f. T. Comm. Cocon de ver à soie de qualité inférieure. ‖ Soie de ces cocons.

CHORAGIQUE. adj. 2 g. [Pr. *ko...*] (gr. χοραγικὸς, m. s.). T. Antiq. Qui appartient au chorège. *Monument c.*, Monument construit par un chorège. Voy. CHOEUR. — On dit aussi *Chorégique*, du grec χορηγικὸς, m. s., qui est même plus usité que χοραγικὸς.

CHORAÏQUE. adj. m. [Pr. *ko...*]. Syn. de TROCHAÏQUE.

CHORAL. s. m. [Pr. *koral*] (R. *chœur*). T. Mus. Sorte de chant d'église qui était chanté par tous les assistants. ‖ Ensemble de chantres qui composent le chœur d'une église. == CHORAL, ALE adj. Qui forme un chœur, qui chante en chœur. *Société c.*

CHORÉE. s. f. [Pr. *korée*] (gr. χορεία, danse). T. Méd. La Chorée est une maladie caractérisée par des mouvements musculaires désordonnés, involontaires, partiels ou généraux, qui s'observent principalement dans les membres. Naguère on l'appelait et on la nomme encore vulgairement *Danse de Saint-Guy* ou de *Saint-Wit.* Le Dr Bouteille, auquel on doit une bonne monographie de cette affection, et qui lui a donné le nom sous lequel on la désigne actuellement, s'exprime ainsi : « Tout est extraordinaire dans cette maladie; son nom est ridicule, ses symptômes singuliers, son caractère équivoque, sa cause inconnue et son traitement incertain. » — La c. est très rare après l'âge de 20 ans, et c'est de 6 à 15 qu'elle s'observe le plus fréquemment. Les jeunes filles y sont beaucoup plus sujettes que les garçons; mais sa cause est ignorée. Une santé frêle et délicate, le tempérament nerveux et surtout rhumatismal (Sée) semblent y prédisposer. On la voit le plus souvent survenir à la suite d'une frayeur, d'un dérangement dans la menstruation, d'une grande contrariété, etc. La présence d'un grand nombre d'ascarides

lombricoïdes a paru la déterminer dans quelques cas. Enfin, plusieurs faits prouvent qu'elle peut résulter de l'imitation, principalement chez les enfants. — Au début, les malades sont abattus et ont une grande susceptibilité nerveuse; ils se montrent irascibles, capricieux. Après deux ou trois jours, les mouvements deviennent incertains et un peu d'agitation se manifeste dans l'un des membres supérieurs, et le plus souvent à gauche. Ce sont d'abord de légers trémoussements, tantôt bornés aux doigts et tantôt étendus à toute la longueur du bras. D'autres fois ce sont des grimaces passagères qui dérangent l'harmonie des traits Mais bientôt la marche devient difficile, l'enfant traîne la jambe, ou bien il marche en fauchant. Ce désordre des mouvements, primitivement borné à l'un des côtés du corps, s'étend ensuite à l'autre au bout d'un temps variable. Plus tard, et par une gradation insensible, les muscles de la langue sont atteints et la parole s'embarrasse. Lorsque l'affection est arrivée à sa période d'état, les jeunes malades offrent l'aspect le plus étrange. Les membres s'agitent d'une manière désordonnée, les doigts se fléchissent et s'étendent à plusieurs reprises; les bras se tournent subitement et sans motif dans une forte pronation, ou bien exécutent, à plusieurs reprises, des mouvements de flexion et d'extension. Les mains saisissent difficilement les objets qu'on leur présente et les laissent souvent échapper. Lorsque le malade veut porter un verre à la bouche, il ne peut l'y porter en ligne droite, parce que sa main est écartée par la convulsion; il le tourne de côté et d'autre jusqu'à ce que ses lèvres se trouvent près du verre, et alors il boit tout d'un trait. Dans les membres inférieurs, le désordre est en général moins intense. La marche est sautillante, irrégulière, en zigzag, par saccades, et fait à chaque instant craindre une chute. Au lit, ces mouvements sont plus marqués que dans la position verticale. Les muscles de la face participent à l'agitation générale; le visage grimace d'une manière étrange; les commissures sont tirées en dehors; le strabisme est continuel; le clignotement des paupières est fréquent; la langue sort subitement de la bouche; la mâchoire inférieure est agitée de mouvements de latéralité; la parole est embarrassée et il y a un véritable bégaiement. Les mouvements de la tête ne sont pas moins remarquables : tantôt elle se penche en avant, tantôt en arrière, tantôt elle subit un mouvement de rotation presque continuel. Il est rare que le tronc participe à cette agitation musculaire. Quelquefois cependant le malade fait des inclinaisons et des révérences forcées, et on est obligé de l'attacher dans son lit pour l'empêcher de se jeter par terre. Telle est la c. dans sa forme la plus générale et la plus grave. Mais le plus souvent elle est partielle, elle est ordinairement réduite à la figure, même aux paupières, à un côté de la bouche ou à un côté de la langue. Quant aux phénomènes généraux, ils sont très légers. La fièvre est nulle, l'appétit est conservé, mais la difficulté qu'éprouve le malade à porter les aliments à sa bouche lui dégoûte de manger. L'intelligence est conservée, la mémoire est parfaite; parfois, cependant, le malade est sujet à des idées fixes et devient singulièrement pusillanime. La moindre contrariété agite vivement les *choréiques*; souvent même il suffit de les regarder pour accroître le désordre de leurs mouvements. — La marche de cette maladie est continue, rémittente, ou irrégulièrement intermittente; sa durée est très variable. Dans de trois semaines au moins, et quelquefois de trois et de quatre mois, la c. diminue d'intensité et se termine par la guérison. Dans quelques cas fort rares, la maladie est incurable et entraîne la mort Malgré cela, le pronostic en est peu grave; seulement, les récidives ne sont pas rares; elles sont ordinairement amenées par des frayeurs inexpliquées. Les lésions que la c. laisse après elle ont été rarement observées. Celles qu'on a trouvées sont tellement disparates, qu'on doit les regarder comme le résultat de simples coïncidences ou de complications accidentelles. — Les moyens de traitement employés contre la c. sont très nombreux. L'emploi des antispasmodiques combinés avec les purgatifs a produit souvent d'excellents effets. On a également obtenu de brillants succès par l'usage des bains sulfureux et des moyens qui stimulent d'une manière générale la surface cutanée. Les applications métalliques et les courants induits réussissent mieux que les pulvérisations d'éther sur le rachis. L'arsenic, les bromures alcalins et au besoin le chloral sont ordinairement employés dans les formes graves. En même temps on proscrit une alimentation conforme à l'état de santé générale du patient S'il est robuste et sanguin, on supprime tous les aliments excitants; s'il est, au contraire, débile, ou seconde le traitement par un régime tonique approprié. Dans le but de prévenir les récidives, on conseille le séjour à la campagne, les exercices gymnastiques, la natation, les bains frais, une alimentation réparatrice et la cessation de tout travail intellectuel.

Méd. vét. — CHORÉE CHEZ LES ANIMAUX. — Sauf pour le chien, elle est exceptionnelle dans les autres espèces. Ce que l'on désigne souvent ainsi appartient aux tics, à l'épilepsie, à l'éclampsie. Ce sont les jeunes animaux, surtout après la maladie du jeune âge, qui en sont atteints. Tous les muscles de la vie de relation peuvent être pris. La c. est ainsi plus ou moins généralisée et les symptômes sont les mêmes que pour l'homme. La marche est lente et la guérison peut tarder plus d'un an. Le pronostic est d'ailleurs peu grave. La médication est la même que pour l'espèce humaine : hydrate de chloral, bromure de potassium, bains froids répétés cinq ou six fois par jour.

CHORÉE. s. m. [Pr. *korée*] (gr. χορεία, danse). T. Versific. anc. Pied de vers grec ou latin, le même que le *Trochée*. Voy. ce mot. || T. Antiq. Danse en chœur.

CHORÈGE. s. m. [Pr. *ko...*] (gr. χορός, chœur; ἄγω, je conduis). T. Archéol. Administrateur de théâtre grec. || Musicien chargé de diriger les chœurs. Voy. CHŒUR.

CHORÉGIE. s. f. [Pr. *ko...*]. T. Antiq. gr. Fonctions de chorège. || T. Pathol. Mouvement intérieur qui provoque une maladie.

CHORÉGIQUE. adj. Voy. CHORAGIQUE.

CHORÉGRAPHE. s. m. [Pr. *ko...*]. Celui qui connaît la chorégraphie, qui s'occupe de chorégraphie.

CHORÉGRAPHIE. s. f. [Pr. *ko...*] (gr. χορεία, danse; γράφω, j'écris). La C., à proprement parler, est l'art de noter les pas et les figures de danse; mais, par ext., on l'applique aussi à l'art de composer les ballets. La c., prise dans la première acception, est née au XVI⁰ siècle, c.-à-d. à l'époque de l'introduction des ballets sur la scène française. Le premier essai du traité des figures de danse parut en 1588. Il avait pour auteur un chanoine de Langres, nommé Jehan Tabourot; mais il était très incomplet. Il consistait simplement à tracer l'air sur des lignes de musique et à écrire le nom des pas au-dessus des notes correspondantes. Au XVII⁰ siècle, Beauchamps, compositeur de ballets et maître de danse de Louis XIV, essaya, mais sans succès, de perfectionner l'œuvre de Tabourot. Un autre compositeur de ballets, qui vivait au commencement du XVIII⁰ siècle, Feuillet, fut plus heureux. La méthode qu'il publia en 1701, est devenue la base de la c. moderne. Toutefois, le système actuellement usité présente encore des lacunes très importantes que n'ont pu faire disparaître les recherches de Dupré, de Noverre et de plusieurs autres maîtres de ballet. — Les signes chorégraphiques sont peu compliqués, mais assez nombreux. Les uns sont simplement destinés à indiquer la position des pieds : ainsi, par ex., un petit rond marque la place du talon, et un trait qui en part, la direction du pied. D'autres font connaître les pas : dans ce cas, un point noir désigne le talon; une ligne, droite, courbe ou tortillée, la route du pied sur le parquet, et un petit crochet à l'extrémité de cette ligne marque la direction de la pointe du pied. Ces signes sont, en outre, munis d'appendices relatifs aux divers mouvements que le danseur doit exécuter. Un trait horizontal signifie qu'il faut *élever*; un trait incliné, qu'il faut *plier*; un demi-cercle, qu'il faut *tourner demi-tour*, etc. — Pour écrire les figures, il suffit de combiner les différentes classes de signes. La place des exécutants se marque, savoir : celle des hommes par une barre et un demi-rond; celle des femmes, par une barre et deux demi-ronds. Des lignes qui partent de ces demi-ronds tracent la route que doivent suivre les danseurs. On indique les mesures par des barres transversales, et l'on fixe aux points convenables les signes des pas, etc. — On voit que ce système est beaucoup trop compliqué, et cependant, malgré le grand nombre de signes qu'elle emploie, la c. n'en possède pas assez pour indiquer tous les mouvements que réclame l'exécution des ballets. Elle marque bien, par ex., l'action des bras, mais elle ne dit rien des contours et des positions qu'ils doivent avoir; elle ne parle pas des attitudes du corps, des oppositions de la tête, etc. En attendant que ces lacunes disparaissent, les compositeurs actuels se contentent d'écrire le plan géométral et les figures principales de leurs tableaux. Ils laissent de côté les signes accessoires, en se réservant de donner de vive voix aux exécutants les instructions que n'indique pas l'écriture chorégraphique.

CHORÉGRAPHIQUE. adj. 2 g. [Pr. *ko...*]. Qui appartient à la chorégraphie. *Un ballet est une composition c.*

CHORÉIQUE. adj. 2 g. [Pr. *ko-ré-ike*]. T. Méd. Qui a rapport à la chorée. || Qui est atteint de la chorée.

CHORÉVÊQUE. s. m. [Pr. *ko...*]. T. Hist. relig. Voy. ÉVÊQUE.

CHORGES, ch.-l. de c. (Hautes-Alpes), arr. d'Embrun, sur le torrent des Moulettes, affluent de la Durance; 1,500 hab.

CHORIAMBE. s. m. [Pr. *ko...*] (gr. χορεία, danse; ἴαμβος, iambe . T. Versific. anc. On nomme ainsi un pied composé d'un *chorée* ou *trochée* et d'un *iambe* (‒◡◡‒), et l'on appelle *vers choriambique* celui où ce mètre est employé. — On distingue quatre sortes de vers choriambiques : il suffira de donner un exemple de chacun d'eux. 1° Le *Choriambique dimètre* :

Lȳdĭă, dīc | pĕr ōmnes. II.,

peut se scander autrement :

Lȳdĭă | dīc pĕr | ōmnes,

et alors il reçoit le nom de vers *Aristophanien*.
2° Le *Choriambique trimètre* :

Sīc tē | dīvă pŏtēns | Cȳpri. II.,

qu'on appelle aussi vers *Glyconique*, en le scandant ainsi :

Sīc tē | dīvă pŏ | tēns Cȳpri.
Le *Choriambique trimètre catalectique*

Crās dō | nābĕris hā | dŏ. II.,

est identique avec le vers dit *Phérécratien*; seulement ce dernier se scande comme la deuxième moitié de l'hexamètre,

Crās dō | nābĕris | hædo.
3° Le *Choriambique tétramètre*, ou *Choriambique* proprement dit, se compose de trois choriambes et d'un *bacchius* ou *bachique* (◡‒‒) :

Nōtō mīnōr | mē līmĕāt | dēsplĕīāt | quĕ mājor. Aus.
4° Enfin, le *Choriambique tétramètre* est identique avec le grand asclépiade; ma s on le scande ainsi :

Tū mĕ | quæsĭĕris | scīrē nĕfās | quĕm mĭhī, quĕm | Tĭbī. II.

CHORION. s. m [Pr. *ko...*] (gr. χόριον, enveloppe). T. Anat. Nom que l'on donne à la plus extérieure des enveloppes du fœtus. Voy. PEAU et FŒTUS.

CHORIONITIS. s. f. [Pr. *ko-ri-o-nitis*]. T. Pathol. Inflammation du chorion.

CHORIONNAIRE. adj. [Pr. *ko-ri-o-nère*] (R. chorion). T. Anat. Qui a rapport au chorion. *Membrane c.*

CHORISTE. s. m. [Pr. *ko...*] (gr. χορός, chœur). Chantre du chœur. *Une antienne chantée par deux choristes.* || Celui qui chante dans les chœurs, au théâtre. On dit aussi, au fém., *Une c.* || T. Chorégr. Artiste qui prend part aux danses d'ensemble.

CHORO. s. m. [Pr. *cho...*]. Mamm. Espèce de singe d'Amérique appartenant au genre alouate ou hurleur.

CHOROGRAPHE. s. m. [Pr. *ko...*]. T. Didact. Celui qui s'occupe de travaux chorographiques.

CHOROGRAPHIE. s. f. [Pr. *ko...*] (gr. χῶρος, contrée; γράφω, je décris). Description, représentation graphique d'un pays. Voy. CARTE, GÉOGRAPHIE.

CHOROGRAPHIQUE. adj. 2 g. [Pr. *ko...*]. Qui appartient à la chorographie. *Description c. Carte c.* Voy. CARTE.

CHOROÏDE. s. et adj. 2 g. [Pr. *ko...*] (gr. χόριον, cuir; εἶδος, forme). T. Anat. Membrane mince située dans l'œil entre la sclérotique et la rétine. *Membrane c.* Voy. ŒIL. || *Plexus c.*, Repli membraneux formé par la pie-mère dans les ventricules latéraux du cerveau. Voy. ENCÉPHALE.

CHOROÏDIEN, ENNE. adj. [Pr. *ko...*]. Qui a rapport à la choroïde.

CHOROÏDITE. s. f. [Pr. *ko...*]. T. Méd. Inflammation de la choroïde.

CHOROK. s. m. [Pr. *cho...*]. Nom russe de la marte de Sibérie.

CHORON, mathématicien et musicien français (1772-1834).

CHORTONOMIE. s. f. [Pr. kor...] (gr. χόρτον, herbe; νόμος, loi). Art de faire les herbiers.

CHORUS. s. m. [Pr. ko-rus]. Mot latin, qui sign. chœur et qui n'est usité que dans cette phrase, Faire c., en parlant de plusieurs personnes qui chantent à table, et qui répètent en chœur à l'unisson ce qu'une d'elles vient de chanter. || Fig. et fam., Faire c., se dit de plusieurs personnes qui donnent leur assentiment à ce que l'une d'elles vient de dire. Il vanta beaucoup votre mérite, et tout le monde fit c.

CHOSE s. f. (lat. causa, cause, employé dans le sens de chose dès le Vᵉ siècle). Ce mot, pris dans sa sign. la plus générale, se dit de tout ce qui est, de tout ce qui existe, excepté de Dieu. Dieu a créé toutes choses. L'univers est une c. admirable. La belle c.!

Si l'amour ne s'en mêlait pas,
On verrait périr toutes choses.

Mᵐᵉ DESHOULIÈRES.

Dans un sens moins étendu, on désigne par ce mot tout être inanimé, soit réel, soit idéal, tout ce qu'on dit ou que l'on peut dire, tout ce que l'on fait ou que l'on peut faire. Les personnes et les choses. Faire de belles choses, de grandes choses. Les plus grandes choses n'ont besoin que d'être dites simplement. La c. du monde que je crains le plus. C'est une c. sans exemple. Toutes choses égales d'ailleurs. L'état des choses. L'ordre, la marche, le cours, la force des choses. Toutes choses cessantes. Faites cela sur toute c., avant toute c., sur toutes choses, avant toutes choses. Quelque c. que je lui aie dite, quelques choses que je lui aie dites, je n'ai pu vaincre son obstination. La c. a changé de face. Voici bien autre c. Il a très bien pris la c. Le bon de la c. est que... C'est absolument la même c. Ce n'est pas c. facile. Il ne fait autre c. que manger. De deux choses l'une : ou vous voulez, ou vous ne voulez pas. — Aller au fond des choses, Ne pas s'arrêter à un examen superficiel. — Prov., A c. faite, conseil pris, Il n'est plus temps de demander conseil, quand la c. sur laquelle on devait délibérer est faite. || Se dit des objets qui intéressent l'homme, qui ont quelque rapport avec lui. Les choses humaines. Les choses de ce monde. C. frivole, sérieuse. Il y a une grande différence entre le prix que l'opinion donne aux choses, et celui qu'elles ont réellement. Il manque des choses les plus nécessaires. Un véritable ami est une chose bien précieuse. Il y a de fort jolies choses dans cet ouvrage. Il lui a dit cent choses obligeantes. Ce n'est pas grand'c. C'est pour le bien de la c.

Vis sans cœur, sans pensée et sans foi;
Vis pour l'or, chose vile, et l'orgueil, chose vaine.

V. HUGO.

— La c. publique, L'État. || Se dit pour objet, réalité, fait, et en ce sens s'oppose à : mot, apparence, etc. Nous ne nous contenterons pas de mots, il nous faut des choses. Le mot et la c. Le nom épouvante plus que la c. Ce ne sont que des apparences; pour nous persuader, il nous faudrait des choses. — Ouvrage, style fort de choses, Plein de faits, d'idées. On dit dans un sens contraire, Ouvrage, style vide de choses. || C., se dit fam., dans le sens de bien, possession. Soigner sa c. Veiller à sa c. — T. Jurisp. Tout ce qui est distinct des personnes et des actions. Choses corporelles, Celles qui ont un corps matériel, comme fruits, grains, bestiaux, etc. Choses incorporelles, Celles qui ne tombent point sous les sens, comme les droits d'usage, les servitudes. Choses communes, Celles qui ne peuvent être appropriées, comme l'air, l'eau de la mer, des fleuves, etc. Choses sacrées, Celles qui ont été consacrées au culte, avec les solennités requises, comme les églises, les vases, etc. — C. jugée. Voy. JUGER. — QUELQUE CHOSE, s'emploie souvent subst., et alors se met toujours au masc. S'il vous manque quelque c., faites-le-moi savoir. On croit que c'est quelque c., et ce n'est rien. J'ai lu quelque c. qui m'a paru fort bon. Lorsque Quelque c. est suivi d'un complément qui n'est pas exprimé par un relatif, ce complément se lie au moyen de la prép. de. S'il y a quelque c. de nouveau, écrivez-le-moi. Il est arrivé quelque c. d'assez plaisant. Il me paraît avoir quelque c. de votre caractère. — Lorsque Quelque c. signifie : quelle que soit la c., le mot C. conserve le genre fém. Quelque c. qu'il me dise, je ne la croirai pas. = AUTRE CHOSE. S'emploie aussi au masc., quand on en fait usage dans le sens absolu. Quelque c. est promis, autre c. est accordé.

CHOSROÈS Iᵉʳ, le Grand, de la race des Sassanides, roi de Perse, de 531 à 579, lutta avec succès contre les empereurs Justinien, Justin II et Tibère II. || CHOSROÈS II, roi de Perse de 590 à 628, ravagea l'empire grec, puis fut battu par Héraclius.

CHOTT. s. m. (Ar. chatt, rive d'un fleuve). Nom donné, en Algérie, à de vastes dépressions du sol dont le fond est occupé d'ordinaire, en hiver, par des eaux salées. D'après l'ingénieur Roudaire, ces chotts ont leur fond inférieur de 27 à 40 mètres au niveau de la mer et pourraient recevoir les eaux de la Méditerranée.

CHOU. s. m. (lat. caulis, m. s.). Plante potagère de la famille des Crucifères. Planter des choux. Soupe aux choux. Mettre des choux dans le pot. — Fam., Il en fait comme des choux dans son jardin, Il en dispose comme d'une chose qui lui appartient. — Prov., Cela ne vaut pas un trognon de c., Ne vaut absolument rien.—Feuille de c., Journal insignifiant. || Fig. et prov., Il est allé planter ses choux, se dit d'un homme qui se retire à la campagne, après avoir vécu dans le monde, après avoir exercé des emplois. On l'a envoyé planter ses choux, On lui a ôté sa place ou son emploi; il n'a plus qu'à se retirer chez lui. — C. pour c., Aubervilliers vaut bien Paris, Chaque chose est recommandable par quelque endroit. On dit aussi, C. pour c., lorsqu'on veut indiquer une parfaite égalité entre deux personnes, entre deux choses. C. pour c., ce chapeau-là vaut bien l'autre. — Faire ses choux gras de quelque c., En faire ses délices, en faire son profit. Faites-en des choux, des raves, Faites-en ce que vous voudrez. || S'entendre à quelque c., comme à ramer des choux, Ne s'y entendre nullement, car les choux ne se rament pas. || Fam., Mon c., mon chou-chou, Mots de tendresse qu'on n'emploie guère qu'en parlant aux enfants. || C. à la crème, ou Petit-c., Sorte de pâtisserie. || T. Chasse. C., c.-là! se dit pour exciter un chien à quêter; et C.-pille, pour exciter le chien à se précipiter sur le gibier. — C.-pille, se dit subst. d'un chien qui ne quête que sous le fusil. || T. Jeu de quilles. Faire c.-blanc, Ne rien abattre. Cette loc. s'emploie fam. dans la conversation, et signifie alors échouer complétement dans une affaire. || T. Techn. Nœud que forme le tapissier en haut d'une draperie. — Bouffette, coque de rubans employée dans les ajustements de mode.

Bot. — Le Chou (Brassica) est un des genres les plus intéressants de la famille des Crucifères; car les diverses espèces et variétés qu'il renferme servent soit à notre nourriture, soit à celle de nos animaux domestiques, et leurs graines contiennent une quantité considérable d'huile qui est surtout em-

ployée pour l'éclairage. Ce genre est caractérisé par son calice à sépales presque dressés, ses pétales obovés, sa silique grêle et effilée à son extrémité, et ses graines arrondies et unisériées. Il renferme 15 à 17 espèces, dont les plus importantes sont : le C. commun ou C. proprement dit, le Colza, la Rave, le Navet, la Navette et le C. chinois.

1. C. commun (Brassica oleracea). — C'est une plante herbacée annuelle ou bisannuelle, à feuilles en général charnues, glauques, ondulées, lobées, ou parfois lyrées (Fig.). Ses fleurs sont d'un jaune pâle, et sa racine est fibreuse. — Les nombreuses variétés que nous présente cette espèce peuvent se ranger en quatre groupes, qui sont les Choux verts, les Choux pommés, les Choux-fleurs et les Choux-raves. Au reste, elles paraissent toutes provenir du C. sauvage (Br. ol. sylvestris) qui croît spontanément sur les bords de la mer, en

France, en Angleterre et dans l'Europe septentrionale. Cette espèce présente une tige assez élevée et rameuse, et des feuilles glauques, lobées et un peu charnues.

1° Les *Choux verts* (*Br. ol. acephala*) ont la tige cylindrique et élancée; leurs feuilles, en général vertes, ne se réunissent jamais de manière à former cette tête globuleuse qu'en horticulture on appelle *Pomme*. Nous en distinguerons trois variétés principales, le *C. vert à larges côtes*, le *C. cavalier* et le *C. palmier*. — Le premier comprend comme sous-variétés le *C. blond* et le *C. crépu*. — Le *C. cavalier*, appelé aussi *C. à vache*, *C. en arbre*, etc., se distingue également par la hauteur de sa tige, qui dépasse quelquefois 2 mètres, et par l'ampleur des feuilles qui en sortent. Ses principales sous-variétés sont le *C. caulet*, le *C. moellier*, le *C. de Daubenton*, improprement nommé *C. vivace* parce que ses branches pendantes peuvent se marcotter, le *C. à faucher*, qui est acaule, et le *C. branchu du Poitou* ou *C. à mille têtes*, remarquable par les ramifications qui sortent de l'aisselle de chaque feuille et forment une sorte de buisson. — Le *C. palmier* se distingue par ses feuilles palmées et réunies au sommet d'une tige droite et élevée. — Les variétés et sous-variétés de ce groupe peuvent servir à l'alimentation de l'homme; mais comme elles sont moins délicates que celles qui sont comprises dans les trois groupes suivants, on les emploie plus spécialement pour la nourriture des bestiaux. Elles constituent donc les variétés *fourragères* du genre C.

2° Les *Choux pommés* (*Br. ol. capitata*) se caractérisent par leurs feuilles concaves qui se recouvrent les unes les autres en formant une tête sphérique plus ou moins allongée. — On les distingue en *Choux cabus* ou *pommés proprement dits*, en *Choux frisés* et en *Choux rouges*. — Les principales variétés des *Choux cabus* sont le *C. quintal* ou *C. d'Alsace*, le *C. de Hollande à pied court*, le *C. pin* ou *Cœur de bœuf*, le *C. pain de sucre* et le *C. d'York*. Cette dernière sous-variété, peu cultivée en France, parce qu'étant peu volumineuse elle est moins avantageuse pour la vente, est cependant la plus délicate de toutes. C'est surtout le *C. quintal* qui sert, en Allemagne, à faire le *Choucroute*, quoique toutes les espèces de choux cabus y soient également propres. Tout le monde sait que la *Choucroute* (de l'allemand *sauer*, aigre, et *kraut*, chou) se prépare avec des choux grossièrement hachés, coupés au rabot, auxquels on a fait subir un commencement de fermentation, et auxquels on ajoute une certaine quantité de sel et de genièvre. Cet aliment est sain, la digestion un peu lourde, comme presque tous les choux, d'ailleurs, et passe pour un excellent antiscorbutique. — Les *Choux frisés* ou *Choux de Milan* forment des pommes beaucoup moins serrées que les choux cabus: en outre, leurs feuilles sont crépues et frisées. Parmi les sous-variétés de *Choux frisés* nous citerons seulement le *Milan des Vertus*, le *Milan doré*, le *C. pancalier* et le *C. à jets*, vulgairement appelé *C. de Bruxelles*, qui produit dans l'aisselle de ses feuilles de petites têtes vertes, grosses comme une noix et fort recherchées des gourmets. Sa tige, qui est longue de 60 à 90 centim., se termine par une pomme peu volumineuse. — Les *Choux rouges* se mangent surtout en salade ou confits. Plusieurs personnes les croient plus nourrissants que les autres espèces de choux. Jadis ils étaient réputés excellents pour les inflammations chroniques du poumon; parfois encore on les emploie en médecine sous forme de sirop.

3° Dans les *Choux-fleurs* (*Br. oler. botrytis*) les inflorescences s'hypertrophient et forment une masse charnue, grenue et blanche, qui est recherchée comme légume. Les choux-fleurs se divisent en *durs*, *demi-durs* et *tendres*, d'après le plus ou moins de fermeté de la tête. Aux environs de Paris, les plus estimés sont nommés par les maraîchers *Petit-Salomon* et *Grand-Salomon*; ils appartiennent à la série des demi-durs. C'est dans la même catégorie que l'on place l'énorme chou appelé *C.-fleur Lenormand*. Les *Brocolis* sont surtout cultivés en Italie et dans nos départements du Midi. Ils ne diffèrent de nos *Choux-fleurs* que par leurs feuilles ondulées, par leurs dimensions plus grandes et par leurs couleurs. Il y en a de blancs, de violets et de jaunes.

4° Les *Choux-raves* (*Br. oler. caulo-rapa*) se distinguent de toutes les autres variétés en ce que la racine et le premier entre-nœud de la tige forment un renflement charnu volumineux. C'est ce renflement qui se mange: il constitue un excellent légume quand on le récolte avant qu'il ait acquis toute sa grosseur.

II. *Colza* (*Br. campestris oleifera*). — Cette espèce est fort branchue; ses feuilles radicales sont lyrées et subhispides; les caulinaires sont cordiformes, glabres et amplexicaules. On la cultive dans certains pays comme fourrage d'hiver,

mais plus ordinairement pour extraire l'huile abondante que contient sa graine. C'est même de là que vient son nom, *Coolsaat*, en hollandais, signifiant graine de chou. Cette huile est surtout employée pour l'éclairage: on s'en sert aussi pour la fabrication des savons mous, ainsi que pour préparer le cuir et les laines. Le marc se donne aux bestiaux. Les deux principales sous-variétés de Colza sont le *C. de Mars*, dont les fleurs sont blanches, et le *C. d'hiver*, dont les fleurs sont jaunes. Ce dernier est plus productif que le premier; son rendement est d'environ 38 hectolitres de graines par hectare, tandis que celui du c. de mars est seulement de 26. — On rapporte encore au *Br. campestris* deux variétés à racine charnue, le *C.-navet de Laponie* et le *C.-navet de Suède* ou *Rutabaga* (*Br. napobrassica*), qui sont devenus aussi des objets de grande culture, mais qui servent exclusivement à la nourriture et à l'engraissement des bestiaux.

III. La *Rave* (*Br. rapa*), appelée aussi *Rabioule*, *Turnep*, se distingue par son calice étalé, ses feuilles vertes, hispides et sa racine charnue. On la cultive depuis fort longtemps surtout pour la nourriture des bestiaux, qui ne recherchent pas moins ses feuilles que sa racine. En Angleterre, le turnep constitue l'une des bases de la grande culture. La racine de cette espèce est aussi employée dans divers pays à l'alimentation de l'homme. Les nombreuses variétés de la rave rangées par les auteurs en deux groupes, selon que la racine présente une forme allongée ou aplatie. Le *Rabette* (*Br. rapa oleifera*), encore nommée *Rabette* et *Navette dauphinoise*, est cultivée non seulement comme plante fourragère, mais encore comme plante oléagineuse. L'huile qu'elle fournit est désignée dans le commerce sous le nom d'*Huile de rabette*: elle possède les mêmes propriétés que celle que produit la Navette proprement dite.

IV. *Navet* (*Br. Napus*). — Le *Navet* a les feuilles glabres et vertes; les inférieures sont lyrées et dentées, et les supérieures sont lancéolées et cordiformes à leur base; les siliques sont divariquées; la racine est fibreuse et charnue. Les diverses variétés du navet se classent en *Navets secs*, *Navets tendres* et *Navets demi-tendres*. Les plus estimés à Paris sont le *N. de Freneuse*, le *N. des Sablons* et surtout le *N. de Marlot*. Les navets proprement dits ne sont guère employés que pour la nourriture de l'homme. — La *Navette d'hiver* (*Br. Napus oleifera*) est principalement cultivée comme plante oléagineuse. Elle est moins productive que le Colza, mais elle est moins difficile pour le choix du terrain. Elle donne à peu près 25 hectol. de graines par hectare. La Navette est encore utile comme fourrage.

V. *Navette proprement dite* (*Br. præcox*). — Cette espèce, appelée aussi *Navette d'été* et *Navette quarantaine*, se distingue par ses feuilles glabres et glauques; les inférieures sont lyrées, les supérieures cordées-lancéolées, crénelées; les siliques sont dressées. Ses graines, plus petites que celles de la Navette d'hiver, produisent une moindre proportion d'huile. L'hectare ne donne en moyenne que 18 hectol. de graines.

VI. *C. chinois* (*Br. sinensis*). — Le C. chinois, ou *Pe-tsaï*, par ses feuilles blondes et à nervures larges et blanches, ressemble plutôt à une romaine qu'à un chou. C'est un légume sain, agréable et de facile digestion dont la culture tend à se répandre.

Nous ne parlerons pas de la culture des diverses espèces de choux; car nous n'aurions rien à apprendre à ce sujet aux personnes que la chose intéresse. Nous ferons seulement observer que ces plantes ont besoin d'engrais riches en sels alcalins, en sels calcaires et en phosphates. D'après Müller, les cendres qu'elles fournissent se composent ainsi: Potasse, 21,34; Soude, 5,36; Chaux, 14,63; Magnésie, 41,86; Peroxyde de fer, 2,84; Acide phosphorique, 41,88; Acide sulfurique, 0,77; Silice, 1,32. À l'état normal, les feuilles de c. cabus renferment 0,20 p. 100 d'azote, et, à l'état sec, 3,70. — Les insectes qui attaquent les choux sont assez nombreux. Nous citerons d'abord les Limaces; la chenille de l'Hadena brassicaria, qui est vert foncé ou brunâtre avec des lignes ou des marbrures noires; et la chenille de la Piéride du c., qui est très poilue et jaunâtre, avec trois bandes noires. On réussit assez bien à détruire les Limaces et les larves de Papillons, en faisant passer sur le champ attaqué un rouleau très pesant; mais ce moyen est insuffisant pour détruire l'Altise, le fléau le plus redoutable de ce genre de récolte. L'Altise bleue, appelée vulgairement *Tiquet* et *Puce de terre*, très petit insecte de l'ordre des Coléoptères et de la famille des Cycliques, dévore les plantations de c. lorsqu'elles ne font que de naître, et anéantit ainsi des récoltes entières. Comme on pense que cet insecte fixe ses œufs sur les graines mûres, et qu'on le propage en semant ces graines, on a proposé de soumettre ces dernières à une sorte de chaulage. Girardin et Du Breuil disent qu'en Belgique on a employé une forte saumure qui a donné de bons résultats.

Le nom de *C.* a encore été appliqué à des Crucifères appartenant à d'autres genres, et même à des plantes qui font partie de familles différentes. Ainsi l'on a appelé *C. bâtard*, l'Arabette, voy. CRUCIFÈRES; *C. caraïbe*, la Colocasie comestible et le Xanthosome à feuilles de flèche, voy. AROÏDÉES; *C. de chien*, la Mercuriale, voy. EUPHORBIACÉES; *C. marin* et *C. de mer*, le Crambe maritime, voy. CRUCIFÈRES, et la Soldanelle, voy. CONVOLVULACÉES; *C. palmiste*, le Bourgeon terminal de l'Arec et d'autres espèces de PALMIERS (voy. ce mot), et *C. poivré*, le Gouet commun, voy. AROÏDÉES.

CHOUAN. s. m. Nom pharmaceutique des sommités de *l'Anabasis tamariscifolia* de la famille des *Chénopodiacées*.

CHOUAN. s. m. T. Hist. Le mot *Chouan* a d'abord servi à désigner les paysans bas-bretons insurgés contre la République; on l'a ensuite donné indistinctement à tous les insurgés royalistes des départements de l'Ouest. Les Chouans devaient leur nom à leurs premiers chefs, les frères Cotterau, vulgairement appelés les *Frères Chouan*, qui se tenaient eux-mêmes de leur aïeul paternel surnommé *Chouan* (*chat-huant*), à cause de sa taciturnité et de son caractère morose. Les Chouans, proprement dits, combattaient ordinairement en bandes de 25 à 50 hommes, 100 au plus, et ne faisaient que la guerre d'embuscades. C'est à cette circonstance que nous devons le verbe *chouanner*, qui non seulement se dit des Chouans en lutte contre le gouvernement, mais qui signifie encore, dans un sens absolu, guerroyer à la manière des Chouans, c.-à-d. en guérillas, et le subst. *Chouannerie*, qui désigne la guerre ou l'insurrection des Chouans.

CHOUANNER. v. n. [Pr. *chou-a-ner*]. Guerroyer à la manière des Chouans.

CHOUANNERIE. s. f. [Pr. *chou-a-nerie*]. Guerre ou insurrection des Chouans.

CHOUANNISME. s. m. [Pr. *chou-a-nisme*]. L'ensemble des Chouans.

CHOUBE. s. f. T. Agric. Paille de seigle avec laquelle on lie la vigne.

CHOUC. s. m. (anc. *choc*, *cowe*, *kauwe*, suivant les idiomes, tous mots dérivés du sanscrit *kâga*, corbeau). T. Ornith. Choucas noir.

CHOUCARI. s. m. T. Ornith. Genre d'oiseaux des Indes et de l'Australie. Voy. PIE-GRIÈCHE.

CHOUCAS. s. m. (R. *chouc*). T. Ornith. Nom vulgaire de la petite corneille des clochers. Voy. CORBEAU.

CHOUCROUTE. s. f. (all. *sauer kraut*, de *sauer*, aigre, et *kraut*, chou). T. Cuisine. Aliment formé de choux hachés, ou plutôt coupés au rabot et fermentés. Voy. CHOU.

CHOUETTE. s. f. (Dim. de l'ancienne forme *choue*, dérivée de l'anc. all. *chouch*, hibou, chouette). Oiseau de proie nocturne. || T. Jeu. Sorte de jeu analogue au jeu d'oie. *Faire la c.*, Jouer seul contre deux ou plusieurs personnes. || Sorte de coiffure au XVIIe siècle.

Ornith. — On désigne vulgairement, sous la dénomination générique de *Chouettes*, tous les rapaces nocturnes, c.-à-d. les oiseaux de proie qui chassent la nuit. Linné avait compris tous ces oiseaux dans son grand genre *Strix*, que les ornithologistes contemporains ont érigé en famille sous le nom de *Strigidées*.

Les rapaces nocturnes ont la tête grosse, plate, lisse dans certaines espèces et munie de deux aigrettes dans quelques autres. Leurs yeux sont fort grands, dirigés en avant, et remarquables par leur pupille énorme. De plus, ils sont entourés d'un cercle de plumes effilées qui forment un *disque* ou cercle plus ou moins complet. Les plumes antérieures recouvrent la cire du bec, les postérieures l'ouverture de l'oreille. Leur crâne épais, mais d'une substance très spongieuse, renferme de grandes cavités qui communiquent avec l'oreille, et qui servent sans doute à augmenter la puissance de l'ouïe, si remarquable en effet chez ces oiseaux. Leur bec est court et crochu; leurs ongles sont forts et aigus. Le doigt externe de leur pied se dirige à volonté en avant ou en arrière. Leur plumage est très moelleux; il est irrégulièrement parsemé de taches, de stries, de lignes, de bandes, et sa texture douce et soyeuse ainsi que la distribution de ses couleurs rappellent celui des engoulevents, autres oiseaux nocturnes d'un ordre différent, ou l'état des jeunes oiseaux en général qui n'ont point éprouvé dans le nid les effets puissants de la lumière. L'appareil du vol a peu de force chez les rapaces nocturnes, et leurs premières pennes alaires n'offrent au ne résistance à l'air par leur bord; aussi ils ne font aucun bruit en volant, et surprennent aisément leur proie endormie. Leur gésier est assez musculeux, quoique leur nourriture soit tout animale; mais il est précédé d'un grand jabot. La plupart des oiseaux de cette famille engloutissent leur proie entière sans la dépecer; puis, après la digestion, ils rejettent sous forme de pelote les os, les poils, les plumes, les élytres des animaux dont ils se sont nourris. Quelques espèces, cependant, dépècent leur proie. La chevêche, entre autres, sait fort bien plumer les petits oiseaux qu'elle a pris. « La nidification des chouettes, dit Gérard (*Dict. d'hist. nat.*, par Ch. d'Orbigny), ne leur coûte pas grand apprêt. La femelle pond de 2 à 4 œufs, quelquefois 5, d'un blanc le plus souvent pur, et approchant en général de la forme sphérique. Elle les dépose dans des trous de mur ou de rocher, dans le creux des arbres, sous les toits des grands édifices, ou bien, comme la hulotte et le moyen-duc, dans les nids abandonnés des pies, des corbeaux et même des écureuils. La grande-chevêche construit un nid à terre sur une éminence, ou bien dans les hautes herbes des marais. Parmi les espèces exotiques, il y en a qui nichent dans des terriers dont elles s'emparent en chassant le légitime propriétaire. Le mâle et la femelle se partagent les soins et les fatigues de la couvaison. Certaines espèces seulement, telles que le scops, vivent en couple toute l'année; les autres ne se réunissent que pour l'éducation des petits : passé cette époque, elles vivent solitaires. Les petits sont nourris par leurs parents avec beaucoup de sollicitude, et ne quittent le nid que lorsqu'ils sont en état de pourvoir à leur subsistance. »

La grandeur singulière de la pupille des strigidées fait que ces oiseaux sont éblouis par la lumière du soleil. Aussi la plupart restent-ils cachés, durant le jour, dans des trous d'arbre ou de masure, ou dans des fourrés fort épais. Quelques espèces, surtout celles qui ont la queue étagée et longue, peuvent cependant supporter l'éclat du jour. Mais, en général, ce n'est guère qu'au crépuscule et au clair de la lune qu'ils prennent leur vol et vont à la recherche de leur proie. Les grandes espèces, telles que le harfang, le grand-duc, etc., chassent les lièvres, les lapins, les lagopèdes, etc., et quand ce gibier manque, se rabattent sur les taupes, les rats et même les insectes. Les petites espèces se contentent de petits rongeurs, de petits passereaux, de chauves-souris, de grenouilles, de lézards et d'insectes. Tous les oiseaux, et plus particulièrement les corneilles, ont pour les chouettes une antipathie incroyable. Lorsqu'une de ces dernières a le malheur de s'aventurer en plein jour, elle est assaillie par les passereaux de toutes sortes qui se trouvent dans le voisinage. Les pies, les geais, les merles, les grives, les mésanges, les plus petits oiseaux entourent, criaillant, l'ennemi commun. La pauvre c., effrayée par l'éclat de la lumière, ne répond que par des gestes risibles à ces insultes et à ces attaques. Elle remue la tête dans tous les sens, à la manière du torcol, ou fait entendre, comme le perroquet, une sorte de craquement du bec; enfin, la trépidation de ses pieds représente une sorte de danse. C'est alors à qui la harcèlera, l'assaillira, et les oiseaux les plus faibles se montrent comme les plus acharnés. On met à profit cette haine universelle pour prendre les petits oiseaux *à la pipée*. Pour cela, on attache une c. au milieu d'un fourré que l'on a préalablement garni de gluaux. Aux cris de l'oiseau nocturne, on voit aussitôt accourir de toutes parts une multitude de passereaux de tout genre qui viennent s'empêtrer et se prendre au piège qu'on leur a dressé. Cette chasse se fait ordinairement une heure avant la fin du jour.

Cette haine des oiseaux pour les rapaces nocturnes est jusqu'à un certain point justifiée : car les chouettes sont des ennemis pour la plupart d'entre eux; mais l'antipathie que l'homme lui témoigne sottement, n'a pas de raison d'être. En effet, les rapaces nocturnes, et particulièrement les petites espèces, rendent de grands services à nos campagnes en détruisant une foule de petits rongeurs et d'insectes nuisibles. Au lieu de les proscrire, il serait plus sage de favoriser la multiplication de ces oiseaux utiles. — L'aversion de nos populations rurales pour les chouettes est un reste des antiques superstitions gréco-romaines, où elles étaient considérées comme des oiseaux de mauvais augure, soit à cause de leurs habitudes nocturnes, soit à cause de leur cri habituel qui, en général, ressemble assez à un gémissement.

Le nombre des espèces qui composent la famille des *Rapaces nocturnes* ou des *Strigidées* est assez nombreux. Nous en avons en Europe 14 espèces, qui se retrouvent aussi dans d'autres contrées. L'Amérique du Nord en possède à peu près autant; celle du Sud en compte plus de 20. On en rencontre un assez grand nombre en Asie et dans le grand archipel de la Malaisie; mais il y en a peu en Afrique et en Australie. Les différences que présentent ces diverses espèces, soit sous le rapport de la conformation, soit sous celui du plumage, sont si peu tranchées et si peu importantes que les ornithologistes n'ont encore pu s'entendre sur la classification de ces oiseaux. Nous suivrons ici celle qui a été proposée par le prince Ch. Bonaparte, avec les modifications introduites par G.-R. Gray. Le savant naturaliste français divise les strigidées en 4 sousfamilles : les *Surninées*, les *Buboninées*, les *Ululinées* et les *Striginées*. Nous ne citerons que les espèces les plus intéressantes.

I. *Surninées.* — Les oiseaux qui composent cette sousfamille font le passage des rapaces diurnes aux rapaces nocturnes. Ils ont la tête arrondie, sans conque évasée, sans aigrettes; les tarses et les doigts sont, dans la plupart des espèces, emplumés jusqu'aux ongles. Les deux premières espèces citées ci-dessous sont appelées vulgairement *Chouettes épervières*, parce qu'elles chassent même pendant le jour. — La *Surnine caparacoch* (*Surnia nisoria*), appelée par Buffon *C. à longue queue de Sibérie* [Fig. 1], est de la taille de

Fig. 1.

l'épervier; sa queue a 18 à 20 centim. de longueur. Son plumage est brun noir en dessus, tacheté et rayé de blanc. Elle vit dans tout le nord du globe, et ne se montre que rarement en Allemagne et en France. — Le *Harfang* (*Sur. nyctea*) égale presque le grand-duc pour la taille. Son plumage, d'un blanc de neige, est bigarré de taches noires qui disparaissent dans la vieillesse. Il habite le nord des deux continents. — La *Chevêche commune* ou *Noctuelle* (*Athene passerina*) est de la taille d'un merle. Elle a les parties supérieures d'un gris brun, avec de grandes taches blanches de forme irrégulière, la poitrine d'un blanc pur et les parties inférieures d'un blanc roussâtre, avec des taches d'un brun cendré. Cette espèce est très répandue en France et presque dans toute l'Europe. La *Chevêchette* (*Ath. acadica*) est la plus petite de toutes les chouettes. Sa taille surpasse à peine celle du moineau. Elle se rencontre dans tout le Nord du globe, et se nourrit de souris, de sauterelles, de coléoptères et de lépidoptères nocturnes.

II. *Buboninées.* — Les buboninées ont la tête aplatie,

ornée de plumes formant deux aigrettes latérales; le disque est peu large. — Le type de cette sous-famille est le *Grand-Duc d'Europe* (*Bubo*) [Fig. 2]. C'est le plus grand des rapaces nocturnes; sa longueur varie de 60 à 70 centim. Son plumage est fauve, avec une mèche et deux pointillures latérales brunes sur chaque plume; le brun est plus abondant dessus, le fauve dessous. La tête est ornée d'aigrettes presque toutes noires. Cet oiseau habite la France, l'Allemagne, la Hongrie, la Russie, l'Italie, etc. Son nom de *Bubo*, prononcé à la ma-

Fig. 2.

nière des anciens, est une onomatopée qui représente son cri. — Le *Scops d'Europe* (*Scops*), vulgairement appelé *Petit-Duc*, est de la grosseur du merle. C'est une jolie espèce, à plumage brun cendré en dessus, mêlé de roux en dessous, et agréablement varié de petites mèches longitudinales noires étroites, avec des lignes transversales vermiculaires grises et des taches blanchâtres aux scapulaires. Elle a 6 à 8 plumes à chaque aigrette. Elle est commune partout. Elle fait la guerre aux mulots, aux chenilles et aux coléoptères lamellicornes. Son départ a régulièrement lieu en septembre, et son retour au printemps. Il est probable qu'elle passe l'hiver en Afrique et en Asie. — Nous ne ferons que nommer le *Ketupu* de l'archipel de la Malaisie, qui est remarquable par ses huppes rousses et brunes. — Le *Hibou commun* (*Otus*), appelé *Moyen-Duc* est fauve, avec des taches longitudinales brunes sur le corps et dessous, et vermiculé de brun sur les ailes et le dos. Il a 8 ou 9 bandes brunes sur la queue, et des aigrettes longues comme la moitié de la tête. Cette espèce est très répandue en France; son cri de chasse, pendant la nuit, peut se rendre par les syllabes *cowl, cloud*. C'est surtout de cet oiseau que l'on se sert pour la chasse à la pipée. — Le *Hibou brachyote* (*Otus brachyotos*), appelé vulgairement *Chouette* et parfois *Grande-Chevêche*, est de la taille du précédent. Son plumage est de couleur de rouille, flammé de brun au centre; sa queue rousse est rayée de brun. Les aigrettes sont très petites et manquent chez la femelle. Cet oiseau est de passage en France dans les mois d'octobre et de novembre.

III. *Ululinées.* — Les ululinées, dont le genre *Chouette* (*Ulula*) est le type, ont la tête arrondie, sans aigrette; le disque est largement développé et complet; la conque, qui n'occupe en général que la moitié de la hauteur du crâne, est réduite à une cavité ovalaire. — L'espèce la plus commune chez nous est le *Chat-Huant Hulotte* (*Syrnium aluco*) [Fig. 3]. Sa longueur est de 40 centim. Le fond du plumage est grisâtre dans le mâle, roussâtre dans la femelle. Il est couvert partout de taches longitudinales brunes, déchirées sur les côtés en dentelures transversales, avec des taches blanches aux scapulaires et, vers le bord antérieur de l'aile. Ses tarses sont emplumés jusqu'aux ongles. Cet oiseau habite les grandes forêts de l'Europe. Le cri du mâle est *hou hou hou*, et celui de la femelle, plus clair, peut être rendu par les syllabes *hoho hoho*. — Dans le genre *C.* proprement dit (*Ulula*), nous signalerons la *Grande-C.* grise de Laponie, qui atteint presque la taille du grand-duc, et la *C. grise du Canada* (*Ulula nebulosa*). Son cri est un *waah, waahha*, que l'on pourrait, dit Audubon, comparer au rire affecté d'un dandy. — La *C. de Tengmalm* (*Nyctale Tengmalmi*), appelée vulgairement *Chevêche à pieds emplumés*, atteint à peine la grosseur d'un merle. Elle a le dos brun semé de gouttes blanches, le dessous plus pâle, à taches blanches plus larges, avec quatre lignes blanches en travers de la queue. La pré-

Fig. 3.

tendue *Chevêche rousse* est sa femelle. Cette espèce habite le nord de l'Europe, mais elle se trouve quelquefois en France, dans les Vosges et dans le Dauphiné.

IV. *Striginées* — Les striginées n'ont point d'aigrette; le disque facial est très marqué et complet; la conque auditive est évasée et munie d'un large opercule. — L'*Effraie commune* (*Strix flammea*), nommée vulgairement *C. des clochers* et *Frésaie* (Fig. 4), est répandue sur tout le globe et commune en France. Elle a la face grise; son plumage est gris de lin glacé, pointillé de blanc et de noir, et fauve en

Fig. 4.

dessous sans taches; l'abdomen est quelquefois d'un blanc pur; la queue est légèrement barrée de brun. Le cri lugubre *gret, grê, crei*, et les soufflements *che, chei, cheu, chithou*, que cet oiseau fait entendre dans le silence de la nuit, lui ont sans doute valu le nom significatif par lequel on le désigne. Ce bruit, joint au voisinage des cimetières et des églises,

dont il fréquente les tours, inspire de l'horreur et de la crainte aux enfants et aux femmes. Dans nos campagnes, lorsque l'effraie se fait entendre au voisinage d'une maison où il y a un malade, les paysans croient fermement qu'elle annonce la mort prochaine du patient. Nous citerons encore dans cette sous-famille le *Calong* (*Phodilus* de Java), dont le plumage est brun châtain très pur et légèrement doré en dessus, avec des points bruns encadrés de noir.

CHOUETTE. adj. 2 g. T. Pop. Bien réussi. *C'est c. Elle avait une robe c.*

CHOUF. s. m. Voy. CHAUF.

CHOU-FLEUR. s. m. T. Hortic. Espèce de chou dont les inflorescences hypertrophiées sont comestibles. Voy. CHOU.

CHOUGUET. s. m. (R. *chouquet*). T. Techn. Billot sur lequel le tréfileur rabat les filières. On dit aussi *Chouquet*.

CHOUMLA, v. de Bulgarie, 23,000 hab.

CHOUQUET. s. m. (Dimin. du vx fr. *choque*, souche). Billot de bois servant autrefois au bourreau pour achever de couper les têtes. || T. Techn. Voy. CHOUGUET. || T. Mar. Large pièce de bois ou de fer qui sert à assembler un mât inférieur avec un mât supérieur.

CHOURTKA. s. m. T. Ornith. Espèce d'oiseau de l'ordre des *Gallinacés*. Voy. PERDRIX.

CHOYER. v. a. (Origine inconnue; l'ital. dit *soiare*, ce qui semble indiquer une analogie avec notre mot *soin*. On peut en rapprocher aussi les racines sansc. *sv.*, gr. εὖ, bien, agréablement; gaël. *sugach*; wolche, *cheveg*). Soigner quelqu'un avec des précautions minutieuses, avec une tendresse exagérée; avoir les plus grands égards, les plus grandes prévenances pour quelqu'un. *Cette mère choie trop ses enfants. Ce vieillard est c. par ses neveux.* Fam. || Se dit quelquefois en parlant des choses. *C. des meubles.* = se CHOYER, v. pron. Avoir grand soin de sa propre personne. *Ne vous inquiétez pas de lui; il aime à se c.* = CHOYÉ, ÉE, part. = Conjug. Voy. EMPLOYER.

CHRAMNE, fils de Clotaire Ier, s'allia avec Conobre, roi de Bretagne, contre son père, qui le vainquit et le fit étrangler et brûler.

CHRÉMATISTICIEN. s. m. [Pr. *kré*...]. T. Didact. Celui qui s'occupe de chrématistique.

CHRÉMATISTIQUE. s. f. [Pr. *kré*...] (gr. χρῆμα, richesse). Science de la production des richesses. || Adj. 2 g. Qui a rapport à la production des richesses. Voy. ÉCONOMIE POLITIQUE.

CHRÉMATOLOGIE. s. f. [Pr. *kré*...] (gr. χρῆμα, richesse; λόγος, traité). T. Didact. Traité des richesses.

CHRÉMATOLOGIQUE. adj. 2 g. [Pr. *kré*...]. T. Didact. Qui concerne la chrématologie.

CHRÉMATONOMIE. s. f. [Pr. *kré*...] (gr. χρῆμα, richesse; νόμος, loi). T. Didact. Lois naturelles de la production et de la répartition des richesses.

CHRÉMATONOMIQUE. adj. [Pr. *kré*...] T. Didact. Qui concerne la chrématonomie.

CHRÊME. s. m. [Pr. *kré*...] (gr. χρίσμα, onguent). T. Liturgie. — Sous le nom de *Chrême*, plusieurs liturgistes comprennent toutes les *Huiles saintes*, et c'est dans ce sens que nous le prenons ici. On distingue trois huiles saintes : — 1° Le *Saint Chrême* ou *C. proprement dit*, est un mélange d'huile d'olive et de baume. On l'emploie dans la consécration des évêques et dans celle du calice et de la patène, dans l'administration des sacrements du baptême et de la confirmation, dans la bénédiction des cloches, la dédicace des églises, etc. — 2° L'*Huile des catéchumènes* est de l'huile d'olive pure. On s'en sert dans les cérémonies du baptême, la bénédiction des cloches et des fonts baptismaux, la consécration des autels fixes et portatifs, l'ordination des prêtres, le sacre des rois et des reines. — 3° L'*Huile des infirmes*, qui est également de l'huile d'olive pure, constitue la matière de l'extrême-onction. On en fait également usage pour la bénédiction des cloches. — Toutes ces huiles saintes sont consacrées et bénites par l'évêque le jeudi saint de chaque année; néanmoins leur consécration serait valide en tout autre temps. Elles sont ensuite distribuées aux curés ou desservants. Les saintes huiles ne peuvent être renfermées que dans des vases d'argent ou du moins d'étain. On doit les garder non dans le tabernacle avec le saint-sacrement, comme cela arrive abusivement quelquefois, mais dans les fonts baptismaux. L'huile de l'extrême-onction peut cependant être déposée dans la sacristie en un lieu décent. Voy. CONFIRMATION, EXTRÊME-ONCTION, ORDRE, etc.

CHRÊMEAU. s. m. [Pr. *kremo*] (R. *chrème*). Sorte de petit bonnet de toile blanche qu'on met sur la tête de l'enfant, dans la cérémonie du baptême, après l'onction du saint chrème. || Linge avec lequel l'évêque essuie le front de ceux qu'il confirme. || Toile cirée dont on couvre un autel nouvellement consacré.

CHRESTIEN DE TROYES, poète français, mort en 1191, auteur de romans de chevalerie : *le Chevalier au Lion*, *Lancelot du Lac*, etc.

CHRESTIEN (JEAN-ANDRÉ), célèbre médecin de Montpellier (1758-1840).

CHRESTOMATHIE. s. f. [D'après la dernière édition du Dictionnaire de l'Académie (1877) ce mot doit se prononcer *krestomacie*. C'est évidemment une erreur : jamais *th* ne se prononce comme *c*. Il faudrait prononcer *krestomatti*] (gr. χρηστομάθεια, étude des choses utiles; de χρηστός, utile; μάθειν, étudier). Nom donné à certains recueils publiés sur divers objets d'instruction. — Se dit particulièrement d'un choix de morceaux tirés d'auteurs réputés classiques, dans une langue morte ou étrangère. *C. grecque*, *latine*, *arabe*, *allemande*.

CHRÉTIEN, IENNE. adj. [Pr. *kréti-in*, *kréti-ène*] (lat. *christianus*, m. s.). Qui est baptisé et qui fait profession de la foi de JÉSUS-CHRIST. *Les peuples chrétiens*. *Le monde c.* *Le roi Très C.*, *Sa Majesté Très Chrétienne*, Le roi de France. — Dans ce sens, *C.* s'emploie substantiv. *Les chrétiens*. *Une jeune chrétienne*. *Mourir en c.* Voy. CHRISTIANISME. || Qui appartient aux chrétiens, qui est particulier aux chrétiens. — *La religion*, *la foi*, *la charité*, *l'humilité chrétiennes*. — Par ext., on dit fig. et fam., *Cela n'est pas c.*, Cela n'est pas conforme à la justice, à la morale. — Fig. et prov., *Parler c.*, Parler clairement. Vx. || T. Hortic. *Bon-c.*, Voy. POIRIER.

CHRÉTIENNEMENT. adv. [Pr. *kréti-è-nement*]. D'une manière chrétienne. *Vivre*, *mourir c.*

CHRÉTIENTÉ. s. f. [Pr. *kréti-inté*]. L'ensemble des nations chrétiennes, ou des pays où domine la religion chrétienne. *Les infidèles menaçaient la c.* || Communauté c. en un pays qui n'est pas chrétien. || Fig. et pop., *Marcher sur la c.*, Avoir des souliers et des bas usés et percés.

CHRIE. s. f. [Pr. *kri*] (gr. χρεία, m. s.). T. Rhét. Dans l'ancienne Université, on appelait ainsi une sorte d'amplification qu'on donnait à faire aux écoliers sur un mot ou un fait mémorable.

CHRISMATINE. s. f. [Pr. *'kris...*] (gr. χρῖσμα, onguent). T. Minér. Substance formée de carbone et d'hydrogène, qui appartient aux minéraux combustibles appelés *suifs de montagne*.

CHRISMATION. s. f. [Pr. *krisma-sion*] (gr. χρῖσμα, onguent). T. Liturg. Onction faite avec le saint chrème.

CHRISMATOIRE. s. m. [Pr. *kris...*] (gr. χρῖσμα, onguent). T. Liturg. Vase dans lequel on conserve le saint chrème.

CHRISME. s. m. [Pr. *krisme*]. T. Archéol. Nom donné au monogramme de JÉSUS-CHRIST. Il est formé d'un P (le ρ des Grecs) avec un X ou croix de Saint-André dessous. On écrit aussi XPS, XPI, etc., par abréviation pour *Christus*, *Christi*, etc.

CHRIST. s. m. [Pr. *krist*, en faisant sentir l's et le *t* quand le mot est seul; Pr. *kri* dans *Jésus-Christ*; les pasteurs

protestants prononcent cependant *Jézukrist*] (gr. χριστός, oint). On ne se sert jamais de ce mot que pour désigner Jésus, nom dont on le fait généralement précéder, et alors il ne prend point l'article. *Notre-Seigneur* JÉSUS-CHRIST. *Nous avons été rachetés par le sang de* JÉSUS-CHRIST. — On dit aussi *le Christ*. Les Protestants disent *Christ*, sans l'article. Souvent, par abrév., on se contente d'écrire les initiales J. C. *Cent ans avant J. C.* || Par ext., se dit d'une figure de Jésus attaché à la croix. *Un c. d'ivoire*. *Baiser le c.* || *Ordre du C.*, voy. CHEVALERIE.

Théol. — Le nom de *Christ*, ainsi que nous venons de le dire, signifiait en grec *oint* (χριστός), et désignait chez les Juifs toute personne consacrée par une onction sainte; il était synonyme de l'hébreu Messie. On l'appliquait aux rois, aux prêtres et aux prophètes, c.-à-d. à ceux que l'on destinait à quelque fonction sacrée, parce qu'on répandait sur leur tête, sur leur barbe, sur leurs vêtements, des huiles ou des essences parfumées. Les effusions de liquides odoriférants devinrent ainsi un symbole de consécration, un emblème de la royauté, et, dans l'Ancien Testament, *oindre* quelqu'un pour quelque chose, veut toujours dire le destiner, le consacrer à cette chose. — C'est du nom même du *Christ* qu'est dérivé le nom des chrétiens (χριστιανοί, *christiani*), qui sert aujourd'hui à désigner les hommes qui font profession de croire en J. C. Toutefois les disciples du Christ ne furent pas d'abord appelés de ce nom. Ils le reçurent, pour la première fois, dans la ville d'Antioche, vers l'an 41 de notre ère. On les confondit d'abord avec les Juifs; puis on les appela *Nazaréens*, *Élus*, *Frères*, *Saints*, *Croyants*, *Fidèles*, *Esséniens*, *Jesséens*, *Gnostiques*, etc. Ces diverses dénominations furent même en usage concurremment avec celle de *Chrétiens*; mais enfin celle-ci prévalut complètement.

Les quatre Évangiles renferment l'histoire la plus détaillée de la vie de J. C., ainsi que l'exposition complète de sa doctrine. La vie de Jésus-Christ a donné lieu à de nombreux travaux de critique historique, d'autant plus difficiles qu'en dehors des évangiles, les documents sont très rares. La *Vie de Jésus*, de Renan, est le plus connu de ce genre d'ouvrages. En 1889, le Père Didon a fait paraître une *Biographie du Christ*, en deux volumes, dans laquelle il s'efforce de démontrer, par la critique historique, l'exactitude des faits relatés dans les évangiles. Le plan de ce Dictionnaire ne nous permet pas de donner ici la biographie proprement dite du Christ; mais au mot JÉSUS cette biographie sera résumée, et, aux articles TRINITÉ, INCARNATION, EUCHARISTIE, RÉSURRECTION et RÉDEMPTION, nous exposerons les dogmes de la religion chrétienne qui concernent plus particulièrement le Christ.

CHRISTADELPHE. s. m. [Pr. *kri...*] (gr. χριστός, christ; ἀδελφός, frère). Membre d'une secte protestante des États-Unis, très peu nombreuse (25,000 environ), mais remarquable par l'opinion qu'elle professe, que l'immortalité de l'âme ne sera pas accordée à tous les hommes, mais seulement à ceux qui auront connaissance de l'Évangile et auront vécu dans la foi et la vertu.

CHRISTE-MARINE. s. f. [Pr. *kriste*] (gr. χρηθμον, fenouil de mer). T. Bot. Nom vulgaire du *Crithmum maritimum*, plante de la famille des *Ombellifères*. Voy. ce mot.

CHRISTIAN Ier, roi de Danemark en 1448, de Norvège en 1450, et de Suède en 1456, mort en 1481. || CHRISTIAN II *le Cruel*, petit-fils du précédent. Roi de Danemark et de Norvège en 1512, de Suède en 1520, mais il enlève la Suède par Gustave Wasa, en 1522, le Danemark par Frédéric Ier, en 1523, et mourut après dix-sept ans de captivité (1480-1559). || CHRISTIAN III, roi de Danemark et de Norvège, fils de Frédéric Ier, né en 1502, roi en 1534, établit la religion réformée dans ses États. || CHRISTIAN IV (1588-1648), intervint dans la guerre de Trente ans. || CHRISTIAN V, roi de Danemark et de Norvège (1670-1699). || CHRISTIAN VI, roi de Danemark et de Norvège (1730-1746). || CHRISTIAN VII (1766-1808), sous le nom duquel Struensée opéra d'utiles réformes. || CHRISTIAN VIII, roi de Danemark (1839-1848). Il avait d'abord régné sur la Norvège, que la Sainte-Alliance lui enleva en 1814. || CHRISTIAN IX de Glucksbourg, roi de Danemark depuis 1863.

CHRISTIANIA, cap. de la Norvège, au fond de la baie de Christiania, sur le Skager Rack; 130,000 hab.

CHRISTIANISER. v. a. [Pr. *kris-ti-ani-zer*] R. *christ*). Rendre chrétien. || Donner, inspirer des sentiments chrétiens. || Prendre des idées chrétiennes, des sentiments chrétiens.

CHRISTIANISME. s. m. [Pr. *kris-ti-anisme*] (R. *christ*). Religion qui s'est établie dans le monde à la suite des prédications de Jésus-Christ et de ses apôtres. *Embrasser le c.*

Hist. relig. — Le *C.* est la religion que J. C. a établie, celle qui le reconnaît comme Fils de Dieu et Rédempteur des hommes. Les théologiens professent l'identité du c. avec les révélations antérieures, et affirment qu'il n'y eut qu'une seule et même religion pour les patriarches, les Hébreux et les chrétiens, comprenant la révélation primitive, la révélation mosaïque et la révélation évangélique, qui correspondent aux différents âges du genre humain, et qu'avant comme après son avènement J. C. a été dans tous les temps l'espérance des hommes.

Les théologiens donnent comme preuve de la mission de Jésus-Christ : 1° les prophéties relatives au Messie rédempteur qui ont été accomplies dans la personne de Jésus-Christ; 2° l'accomplissement des prophéties faites par Jésus-Christ lui-même; 3° les miracles accomplis par Jésus-Christ, et particulièrement sa résurrection; 4° la propagation rapide et générale de l'Évangile; 5° la sublimité de la doctrine chrétienne.

Nous ne discuterons pas ici la plus ou moins grande valeur de ces preuves, et nous nous bornerons à quelques indications sur l'histoire et l'état actuel du c. Ces questions ont donné lieu à de nombreux travaux critiques, aussi bien de la part des écrivains religieux catholiques et protestants, que de la part des libres-penseurs et des adversaires de toute idée de divinité. Nous devons faire remarquer que tous ces ouvrages, dont quelques-uns sont extrêmement remarquables, paraissent néanmoins présenter d'importantes lacunes, et qu'il reste encore beaucoup à faire pour arriver à concevoir exactement l'action si considérable qu'ont jouée dans le monde Jésus-Christ et ses apôtres. D'une part, les écrivains religieux, à quelque secte qu'ils appartiennent, se sont trouvés enfermés dans la nécessité de respecter les dogmes établis, et d'admettre l'infaillibilité des ouvrages composant l'Ancien et le Nouveau Testament : ils étaient évidemment placés sur un terrain qui ne leur permettait aucune critique sérieuse et approfondie. D'autre part, les écrivains libres-penseurs, et même ceux qui appartiennent à la catégorie des protestants libéraux, ont nié systématiquement tout ce qui, dans l'histoire du c., leur a paru entaché de surnaturel. Les miracles, les prophéties, etc., ont été traités d'impostures par les uns, d'illusions involontaires et répandues de bonne foi, par les plus bienveillants. Cette méthode, par trop simple, d'écarter sans examen ce qui paraît inacceptable, ne semble plus suffisante, aujourd'hui qu'une foule de faits qualifiés surnaturels font l'objet des études d'un grand nombre d'esprits sérieux. Il est certain que la notion du surnaturel ou du merveilleux subit actuellement dans la pensée moderne une transformation radicale. Il n'y a pas bien longtemps que le surnaturel ne pouvait être conçu que comme une dérogation volontaire de la Providence aux lois établies par elle-même : aussi était-il rejeté et nié systématiquement par tous les esprits qui posent en principe l'immutabilité des lois naturelles. Mais les progrès de la science et de la philosophie ont rendu la génération actuelle beaucoup plus réservée en ce qui concerne l'affirmation des lois naturelles immuables et ne comportant jamais d'exception. L'hypnotisme révèle des faits qui auraient été qualifiés de miraculeux au commencement du siècle, uniquement parce qu'ils sont contraires à ce que l'on croyait alors être les lois immuables. Dès lors, une sérieuse réserve se manifeste dans les esprits : on ne se croit plus capable de fixer des limites au possible, et tout en n'acceptant qu'avec difficulté des faits incontestablement extraordinaires, on ne se croit plus autorisé à les nier systématiquement, sous prétexte qu'ils sont contraires aux lois démontrées par la science. En un mot, le « surnaturel » est devenu le domaine de faits qui s'accomplissent, rarement sans doute, parce que les circonstances nécessaires à leur production se trouvent rarement réunies, et qui dépendent de lois tout aussi naturelles que les autres, mais aujourd'hui inconnues ou très mal connues. En tout cas, la négation systématique de semblables faits ne paraît plus conforme à la saine critique. On sent que le mot *Surnaturel* doit simplement faire place au mot *Inconnu*. Ce que l'on sait avec certitude qu'il ne peut de chose en comparaison de ce que l'on ignore. Voy. HYPNOTISME, MERVEILLEUX, OCCULTISME, SPIRITISME.

Le rôle de la critique moderne n'en est du reste que plus difficile, car il faut nécessairement faire la part des exagérations inévitables dans des récits qui se sont propagés par tradition orale avant d'être fixés par l'écriture, dans un pays aussi crédule et aussi porté au merveilleux que l'était l'Orient au début de l'Empire romain. Il serait à souhaiter qu'une histoire des origines et des débuts du c. pût être écrite dans cet ordre d'idées; malheureusement les études de cette nature sont encore trop peu avancées : il faut attendre que la lumière soit faite sur une foule de graves questions, et la réserve extrême qu'il convient d'apporter dans des recherches aussi épineuses ne permet pas d'espérer que ce soit avant de nombreuses années.

Quelle que soit, du reste, l'opinion que l'on se fasse de la mission et de la nature humaine ou divine du Christ, il est un point parfaitement établi par la critique historique : c'est qu'au commencement de l'Empire romain, l'état politique et philosophique du monde civilisé se prêtait admirablement à une révolution religieuse et que même cette révolution était inévitable. L'ancien polythéisme grec et romain fondé sur le culte des ancêtres et la subordination absolue de l'individu à la cité, ne pouvait plus subsister après l'immense centralisation accomplie par les Romains, qui avait fait disparaître tout esprit de patriotisme local. Les diverses doctrines philosophiques émanées du génie grec, si élevées qu'elles fussent, principalement le stoïcisme, étaient sans action sur les masses parce qu'elles se présentaient sous une forme trop abstraite, et qu'elles s'adressaient à la raison, non au cœur. Il fallait une formule nouvelle pour donner satisfaction à l'idéal d'espérance qui gisait au cœur des millions d'esclaves et de déshérités que comptait l'immense Empire. La parole de Jésus était admirablement appropriée à ce but, et la Judée, surtout la Galilée, opprimée depuis des siècles, attendant, sur la foi d'anciennes prophéties, un Messie qui devait la délivrer de ses misères actuelles, était bien le terrain propice à la révolution qui se préparait. Jésus prêchait une morale simple et naïve, à la portée de toutes les intelligences : il mettait l'intention au-dessus de l'action et la charité au-dessus des vaines pratiques. C'est par là qu'il séduisait les simples et les humbles, en attendant que la doctrine élaborée sous son nom vînt subjuguer les intelligences élevées, fatiguées de la corruption qui les entourait et de la variété des systèmes philosophiques. On a dit, peut-être avec assez de raison, que Jésus n'avait rien appris de nouveau au monde, que tous ses principes de morale avaient déjà été formulés par les philosophes grecs, et qu'en somme le C. n'est que le développement de la pensée hellénique. Il est certain que le monothéisme ou métaphysique, la charité en morale, se rencontraient dans les écrits de certains philosophes; mais ces écrits ne s'adressaient qu'aux lettrés, ils étaient inconnus des masses. La mission de Jésus fut de mettre ces doctrines à la portée des plus humbles, de les présenter sous une forme simple et séduisante et d'apporter d'immenses trésors d'espérance et de consolation à tous ceux qui souffraient de l'état social ou des misères inhérentes à la nature humaine. C'est ainsi qu'il a pu créer une religion véritablement universelle, qui s'est étendue des dernières classes de la société jusqu'aux plus élevées, apportant à chacun des règles de morale qui s'appliquaient facilement à toutes les conditions.

Les dogmes de la religion chrétienne se sont développés peu à peu, à mesure que des esprits cultivés embrassaient la nouvelle religion et discutaient ses principes métaphysiques, avec l'esprit philosophique qui caractérisait la race hellénique. Ce n'est qu'en cherchant dans les textes un sens allégorique que l'Église a pu affirmer plus tard que tous ses dogmes sont contenus dans les Évangiles, et encore, il est permis de douter que les auteurs de ces petits livres n'aient pas ajouté leurs conceptions propres à celles qu'ils tenaient de Jésus. A la vérité, il n'y a guère de doctrine métaphysique dans les trois premiers Évangiles. Ce n'est que dans l'Évangile de saint Jean que l'on trouve la théorie du *Verbe* ou *Logos* (en gr. Λόγος), d'après laquelle Jésus est le Fils de Dieu incarné et fait homme pour souffrir des malheurs humains et racheter ainsi les péchés du monde; mais l'Évangile de saint Jean n'apparut qu'au commencement du II° siècle. D'après certains auteurs, entre autres Ernest de Bunsen, l'enseignement de Jésus aurait été double. Au peuple, il aurait simplement prêché des principes de morale enveloppés dans des paraboles naïves et poétiques; mais à quelques disciples préférés il aurait ouvert toute sa pensée, leur recommandant la discrétion afin que la doctrine métaphysique ne pût nuire à la propagation de la doctrine morale. L'Évangile de saint Jean serait le résumé de cet enseignement secret resté caché pendant plus de cent ans, et publié à une époque où la nouvelle religion était assez répandue pour n'avoir rien à craindre des conceptions métaphysiques les plus abstraites et où, au contraire, la publication de cette métaphysique était devenue nécessaire à cause de l'esprit philosophique de certains adeptes qui, à défaut d'enseignement de cette nature, forgeaient d'eux-mêmes une doctrine, au risque d'anéantir l'Église naissante par sa division en une foule de sectes. Les occultistes modernes vont encore plus loin. Ils prétendent qu'il y avait un troisième enseignement du Christ plus élevé encore que les deux autres, et destiné à n'être jamais répandu dans le vulgaire, mais à se conserver par la tradition dans des sociétés d'initiés soigneusement triés. C'est ce qu'ils appellent l'enseignement *ésotérique* du Christ, lequel ne serait que la continuation et le développement des doctrines ésotériques de l'Inde, de l'Égypte et de la Grèce, conservées dans le secret des sanctuaires et dont les Esséniens, l'un des trois grands partis religieux de la Judée à l'époque du Christ, se trouvaient dépositaires. Cet enseignement ésotérique se serait transmis jusqu'au moyen âge par les *Gnostiques*, les *Templiers*, les *Rose-Croix* et les premiers *Francs-Maçons*. Nous ne savons sur quels documents les occultistes appuient leur thèse; mais elle nous a paru assez originale pour être signalée. Voy. Ésotérisme, Occultisme.

À l'époque où prêchait Jésus-Christ, les Juifs étaient divisés en trois partis : 1° les *Pharisiens*, fermement attachés au patriotisme israélite, et rigoureux observateurs des règles extérieures de leur religion; 2° les *Saducéens*, sorte d'épicuriens s'accommodant assez bien de la domination étrangère, rejetant en religion les traditions orales, et ne conservant que les doctrines formellement énoncées dans l'Écriture; 3° les *Esséniens*, sur lesquels on sait peu de chose et qui demeuraient retirés dans le désert, vivant en commun dans les solitudes à l'ouest de la mer Morte, occupés de méditations pieuses et de pratiques ascétiques. Ils s'entouraient de mystère, initiaient par degrés leurs adeptes, et cachaient avec soin leurs doctrines aux profanes. C'est de l'essénisme que sortit Jean-Baptiste, le précurseur de Jésus, et c'est vraisemblablement parmi eux que Jésus trouva ses premiers disciples. Certainement les Esséniens ont beaucoup contribué à la propagation de l'Évangile. Tel était le milieu dans lequel apparut le Christ. Dès le début, celui-ci se sépara nettement des Pharisiens et des Saducéens, méprisant à la fois le rigorisme stérile et hypocrite des premiers, et l'indifférence égoïste des autres. On sent qu'il prêche pour l'humanité et non pour un peuple. Les Juifs attendaient un Messie qui leur rendit le royaume de David et la suprématie temporelle Il ne leur parle que du royaume des Cieux où les justes seuls sont admis. Il combat vigoureusement les préjugés de race et d'aristocratie, faisant reposer toute supériorité dans la morale et la charité, et annonçant hardiment que dans le royaume de Dieu les premiers seront les derniers. On conçoit la fois quelle action devait avoir cet enseignement sur le peuple naïf qui souffrait, et quelles haines il devait exciter chez les puissants. Ceux-ci le condamnèrent à mort; mais à peine a-t-il disparu que ses apôtres se répandent d'abord en Judée, puis dans le monde païen, faisant partout de nombreux prosélytes. A cette époque la doctrine se réduit à peu de chose : c'est l'idée du règne paternel de Dieu sur les consciences et sur les cœurs, la supériorité de la morale et de la charité sur toutes choses, l'espérance d'une vie meilleure, d'un royaume du Ciel où chacun sera traité suivant ses œuvres, en attendant qu'arrive sur la terre même le *royaume de Dieu*, où régneront le bonheur et la justice. Les rites se réduisent au *baptême*, symbole de la purification par le repentir et le pardon, et la *cène*, symbole de l'union permanente des disciples avec le maître, de Dieu avec la créature. Tel paraît être ce résumé de l'enseignement populaire de Jésus. Les apôtres y ajoutèrent naturellement que le Messie était le Messie attendu par les Juifs. A son origine cette religion chrétienne ne se distingue pas essentiellement de la religion juive, et les pa ens étaient dans le vrai en n'y voyant qu'une secte juive. Le monument le plus clair de cette phase du christianisme est l'épître de saint Jacques. Il est probable que si le christianisme en était resté là, il aurait peu à peu disparu dans d'autres sectes juives; mais alors parut un homme d'une activité surprenante qui fut le véritable fondateur du christianisme dans le monde païen : c'est *Saint Paul*, qui rompt définitivement toute attache avec le judaïsme. Il proclame que tous les rites, toutes les pratiques extérieures, si chers à l'esprit juif, ne sont rien sans la foi et la charité. L'homme ne peut être sauvé que par sa foi dans le Christ qui est venu racheter les péchés du monde, et cette foi ne peut s'acquérir que par la grâce que Dieu distribue à son gré sans distinction d'origine et de condition.

Il y eut certes des luttes entre les partisans du Judéo-christianisme de saint Jacques et ceux du Christianisme hellénique de saint Paul; et la victoire n'appartint ni à l'un ni à l'autre, mais à une sorte de doctrine moyenne prêchée par saint Pierre, dont les disciples jetèrent les fondements de

l'Église catholique. On décida que la circoncision ne serait plus imposée aux nouveaux chrétiens et qu'on exigerait seulement d'eux un ensemble de pratiques tirées des lois juives, mais extrêmement simplifiées. On atteignit ainsi la fin du premier siècle, et les chrétiens étaient déjà nombreux dans toutes les parties de l'Empire.

C'est alors que parut l'Évangile de saint Jean, apportant la théorie du *Verbe* incarné dans Jésus-Christ et celle de l'Esprit-Saint ou *Paraclet* que Jésus laissa sur la terre pour achever son œuvre. Cette théorie devint l'origine de la doctrine de la Trinité divine, telle que la conçoivent les chrétiens; car il ne faut pas oublier que la doctrine du *Ternaire* appliquée à la Divinité faisait déjà partie de la religion indienne et de l'enseignement ésotérique des temples égyptiens. Alors aussi la division se manifesta parmi les partisans de la nouvelle religion, qui se partagent entre plusieurs sectes. L'Église se régularise, établit sa hiérarchie, et de temps en temps les évêques se réunissent en *synodes* ou en *conciles* pour discuter les points du dogme et s'efforcer d'établir l'unité dans les croyances. La masse, partagée entre toutes les idées qui naissaient ou se précisaient peu à peu, ne pouvait trouver d'autorité pour diriger sa foi que dans le consentement de la majorité. Ainsi s'établit peu à peu la règle de fixer l'orthodoxie par les décisions des synodes ou conciles : l'universalité, ou *catholicité* (du gr. καθολικὸς, universel), devint le criterium de la vérité théologique, et les doctrines condamnées reçurent le nom d'*hérésies* (du gr. αἵρεσις, choix).

Celles-ci furent nombreuses au début; nous nous contenterons de citer le *Gnosticisme* dont nous avons déjà parlé, qui personnifiait sous le nom d'*éons* les attributs de Dieu; le *Manichéisme*, qui reconnaissait deux principes divins, le principe du bien et celui du mal; le *Marcionisme*, qui admet trois principes : le *Dieu bon*, le *Démiurge* ou créateur du monde, et le *Malin*, roi de la matière; le *Montanisme*, prêché par un certain *Montanus* qui se prétendait une incarnation du Saint-Esprit; le *Sabellianisme*, qui voyait dans les trois personnes de la Trinité non pas trois personnes distinctes, mais trois aspects d'une même personne divine, et fut condamné par un synode réuni à Alexandrie en 261; le *Samosatinisme*, prêché par Paul de Samosate qui soutenait que Jésus-Christ n'était pas Dieu, mais un homme divinisé, et condamné par le synode d'Antioche en 261, et enfin la grande hérésie d'*Arius* ou *Arianisme*, qui n'allait à rien moins qu'à détruire le dogme de la Trinité divine et qui divisa le c. pendant si longtemps. Cependant le c. avait rapidement progressé pendant ces trois siècles, malgré les nombreuses persécutions que les chrétiens avaient eu à subir sous les bons comme sous les mauvais empereurs.

Dès le IIIe siècle, l'Évangile avait pénétré dans toutes les parties du monde civilisé, et un siècle plus tard les chrétiens étaient devenus si nombreux qu'ils constituaient une puissance avec laquelle il fallait compter. L'empereur Constantin manifesta hautement sa sympathie pour eux et autorisa enfin leur culte par l'édit de Milan (313), et peu après se déclara chrétien; mais il ne se fit baptiser qu'à son lit de mort en 337. L'ère des persécutions était terminée, le c. allait devenir le culte officiel de l'Empire; mais il était troublé par la grande dispute d'Arius et d'Alexandre, à laquelle l'Empereur résolut de mettre fin par la convocation d'un concile général et œcuménique qui se réunit à Nicée en 323. Après de longs débats la doctrine d'Arius fut condamnée et le Fils fut déclaré consubstantiel (en gr. ὁμοούσιος) et coéternel au Père. Mais cette décision n'étouffa pas la doctrine d'Arius, qui continua à se propager et qui devint plus tard la religion des Visigoths convertis au c. Voy. Arianisme, Hérésie.

Cependant, le concile de Nicée avait profité de sa réunion pour régler une foule de points importants. Il rédigea un *symbole* connu sous le nom de *Symbole de Nicée* qui renferme le résumé des croyances orthodoxes, et qui est resté la base du dogme chrétien; puis, il régla la discipline ecclésiastique, la date de la célébration des fêtes, etc.

Le concile de Nicée marque une date capitale dans l'histoire du c. Désormais, le dogme est fixé, la religion devient officielle et possède une règle écrite à la place de traditions plus ou moins vagues. A partir de cette époque, l'histoire du c. se lie intimement à l'histoire générale du monde; de nouveaux conciles viendront tour à tour fixer les points de doctrine que le concile de Nicée avait laissés de côté; des hérésies et des schismes se manifesteront; mais il nous est impossible d'exposer une aussi longue histoire, d'autant plus que chaque hérésie est dans ce dictionnaire l'objet d'un article spécial. Nous avons voulu seulement montrer comment le c. s'est formé, et nous sommes arrivés au point où il est définitivement constitué. Nous signalerons cependant le schisme grec, qui se produisit en 867 à la suite d'une querelle touchant l'origine du Saint-Esprit, l'Église latine ayant affirmé ce qu'a confirmé plus tard un concile de œcuménique, que le Saint-Esprit procède à la fois du Père et du Fils, tandis que l'Église d'Orient, s'en tenant aux termes mêmes du symbole de Nicée, affirmait qu'il procède du Père seul. Ce schisme eut pour conséquence de fortifier, en Occident, l'autorité de l'évêque de Rome ou pape (voy. Schisme). Mais l'autorité du pape ne put se conserver intacte sans une opposition plus ou moins vive, et, finalement, au XVIᵉ siècle, la Réforme ou Réformation a séparé de l'Église catholique la moitié de la chrétienté, et donné naissance aux diverses églises protestantes. Voy. Réforme.

Aujourd'hui, le mot Christianisme embrasse toutes les sectes religieuses qui se recommandent de Jésus-Christ, et qui sont devenues extrêmement nombreuses dans les pays protestants. Autrefois, on n'appelait chrétiens que ceux qui croyaient à la divinité de Jésus-Christ et à la rédemption des hommes par le sacrifice de Jésus; mais, s'il fallait s'en tenir à cette définition, quelques sectes protestantes ne devraient pas être comprises dans la dénomination de chrétiens. Ainsi, les protestants libéraux nient la divinité de Jésus-Christ et les miracles; leur doctrine est plutôt une philosophie qu'une religion, ils sont disciples du Christ comme un cartésien est disciple de Descartes. Les principales religions chrétiennes actuellement suivies sont : le Catholicisme, le Rite grec, l'Anglicanisme, le Calvinisme, le Luthérianisme, et le Protestantisme libéral.

Bibliog. — Parmi les ouvrages écrits par des écrivains religieux, nous citerons : Locke, Le Christianisme raisonnable (Londres, 1695); De Maistre, Soirées de Saint-Pétersbourg; Lamennais, Essai sur l'Indifférence; Docteur Doellinger, Les origines du Christianisme, traduit en français en 1842; Abbé Sénac, Christianisme et Civilisation (1837); Auguste Nicolas, Études philosophiques sur le Christianisme (1845); Athanase Coquerel, pasteur de l'Église réformée, Le Christianisme expérimental (1847); F. Fluet, Le règne social du Christianisme (1853); Abbé Lavinon, Le Christianisme jugé par ses œuvres (1855); Père Didon, Jésus-Christ (2 vol. 1889), — et parmi les ouvrages de critique ou de polémique : Edgard Quinet, Le Christianisme et la Révolution française (1845); A. Stap, Études historiques et critiques sur les origines du Christianisme (1864); Minon, Examen du Christianisme (1865); Ernest Renan, Les origines du Christianisme: t. Iᵉʳ, Vie de Jésus; t. II, Les Apôtres; t. III, Saint Paul; Ernest Havet, Le Christianisme et ses origines (4 vol. 1872-1884).

CHRISTIANITE. s. f. [Pr. kris-ti-anit] (R. Christian, nom d'homme). T. Minér. Silicate hydraté d'alumine, de chaux et de potasse. || Syn. d'Anorthite.

CHRISTIANSAND, v. de Norvège, 13,000 hab. Port sur le Skager-Rack.

CHRISTINE (Sainte), vierge et martyre sous Dioclétien. Fête le 24 juillet.

CHRISTINE DE PISAN, née à Venise en 1363, morte en 1431, vécut en France; auteur de poésies et d'ouvrages en prose, en autres le Livre des faits et bonnes mœurs de Charles V.

CHRISTINE DE FRANCE, fille de Henri IV et de Marie de Médicis, épousa Victor-Amédée Iᵉʳ, duc de Savoie, fut régente pendant la minorité de ses deux fils, François-Hyacinthe et Charles-Emmanuel, et conserva le pouvoir jusqu'à sa mort (1606-1663).

CHRISTINE DE SUÈDE, fille de Gustave-Adolphe, née en 1626, succéda à son père en 1632, termina à son avantage la guerre de Trente ans par le traité de Westphalie, abdiqua en faveur de son cousin Charles-Gustave (1654), et après avoir parcouru l'Europe se fixa à Rome, où elle mourut en 1689. Elle protégea les arts et les sciences, mais se déshonora par ses désordres et par le meurtre de son amant Monaldeschi, qu'elle fit tuer sous ses yeux à Fontainebleau.

CHRISTOFLE, industriel français, propagea en France les procédés d'argenture et de dorure galvanique (1805-1863).

CHRISTOLOGIE. s. f. (gr. Χριστός, Christ; λόγος, traité). T. Théol. Traité du Christ ou de sa doctrine.

CHRISTOLOGIQUE. adj. Qui a rapport à la christologie.

CHRISTOLYTE. s. m. (gr. χριστός, Christ; λύω, je délie). T. Hist. relig. Nom donné à d'anciens hérétiques qui admettaient deux personnes en Jésus-Christ, une divine et une humaine.

CHRISTOPHE (Saint), martyr sous Décius (250). On le représente sous la forme d'un géant portant le Christ sur ses épaules. Fête le 9 mai ou le 25 juillet. Son nom vient du gr. χριστοφόρος, qui porte le Christ, allusion à un trait miraculeux de la vie de ce saint.

CHRISTOPHE Iᵉʳ, roi de Danemark de 1252 à 1259. || Christophe II, roi de Danemark de 1319 à 1333. || Christophe III, roi de Danemark, de Suède et de Norvège, de 1439 à 1448.

CHRISTOPHE COLOMB. Voy. Colomb.

CHRISTOPHE (Henri), nègre né à la Grenade, devint roi d'Haïti de 1811 à 1820. Se tua à la suite d'une insurrection.

CHROMAMÈTRE. s. m. [Pr. kro...] (gr. χρῶμα, couleur, nuance; μέτρον, mesure). T. Mus. On nomme ainsi un instrument composé d'un petit corps sonore avec un long manche divisé par demi-tons, et monté d'une corde sur laquelle on fait glisser un sillet mobile qui fait varier les intonations selon la division du manche à laquelle il correspond. Une touche de clavier ordinaire fait mouvoir un marteau qui frappe la corde et la fait résonner. Cet ingénieux instrument est destiné à faciliter l'accord du piano aux personnes qui n'en ont pas l'habitude. Il a été inventé, en 1827, par Roller, fabricant de pianos.

CHROMATE. s. m. [Pr. kro...]. T. Chim. Nom générique des sels formés par l'acide chromique. Voy. Chrome.

CHROMATEUR. s. m. [Pr. kro...]. Ouvrier travaillant dans les fabriques où l'on emploie les chromates.

CHROMATINE. s. f. [Pr. kro...] (gr. χρῶμα, couleur). T. Hist. nat. Nom donné à la portion du filament nucléaire qui possède la propriété de fixer les réactifs colorants du noyau de la cellule.

CHROMATIQUE. adj. 2 g. [Pr. kro...] (gr. χρῶμα, couleur, nuance). T. Mus. Qui procède par plusieurs demi-tons de suite. Genre c. Gamme c. Voy. Gamme et Musique. — S'emploie substan. au masc. Il y a du c. dans cette musique. || T. Didact. Qui a rapport aux couleurs, qui définit et compare toutes les couleurs.

CHROMATIQUEMENT. adv. [Pr. kro...]. T. Mus. D'une manière chromatique, par demi-tons.

CHROMATISER. v. a. [Pr. kro...] (gr. χρῶμα, couleur). Donner une teinte irisée. || T. Mus. Rendre chromatique.

CHROMATISME. s. m. [Pr. kro...] (gr. χρῶμα, couleur). Coloration. Voy. Dispersion.

CHROMATOMÈTRE. s. m. [Pr. kro...] (gr. χρῶμα, ατος; μέτρον, mesure). T. Chim. Appareil destiné à apprécier, avec exactitude, la couleur des vins, et, en général, celle des liquides colorés.

CHROMATOPHORE. adj. 2 g. [Pr. kro...] (gr. χρῶμα, ατος; φορός, qui porte). T. Anat. Qui porte la couleur, la coloration. — Se dit des organes cutanés de certains animaux vertébrés ou invertébrés leur permettant des changements de couleur.

CHROMATOPTOMÈTRE. s. m. [Pr. kro...] (gr. χρῶμα, ατος; ὀπτομαι, je vois; μέτρον, mesure). Appareil servant à constater l'infirmité appelée Daltonisme.

CHROMATOSCOPE. s. m. [Pr. kro...] (gr. χρῶμα, ατος, couleur; σκοπέω, j'examine). T. Phys. Instrument imaginé par M. Pellat pour déterminer, par comparaison avec une teinte donnée, l'éclat d'une couleur simple. Il se compose essentiellement d'un prisme et d'une lentille destinés à produire un spectre réel; mais les rayons qui ont formé ce spectre, continuant à diverger, s'entrecroisent de manière à reproduire le blanc sur une surface à peu près plane. Des écrans sont disposés de manière à intercepter telle ou telle partie du spectre, de sorte que, par le jeu de ces écrans, on peut ne laisser passer que les couleurs simples que l'on désire combiner. On observe l'effet produit dans une lunette dans le champ de laquelle on fait arriver en même temps, par l'intermédiaire d'un prisme à réflexion totale, l'image de la teinte qui sert de comparaison.

CHROMATOSCOPIE. s. f. [Pr. *kro...*] (gr. χρῶμα; σκοπέω, j'examine). La vision, la vue des couleurs.

CHROMATROPE. s. m. [Pr. *kro...*] (gr. χρῶμα; τροπή, action de tourner). Tourniquet, sorte de toton peint de diverses couleurs qui ne produisent que la sensation d'une surface blanche quand il est en mouvement, les impressions de toutes les couleurs se mélangeant sur la rétine.

CHROMATURIE. s. m. [Pr. *kro...*] (gr. χρῶμα, ατος; οὖρον, urine). T. Méd. Émission d'une urine colorée d'une manière anormale.

CHROME. s. m. [Pr. *krôme*] (gr. χρῶμα, couleur). T. Chim. Le *Chrome* est un corps simple métallique, qui a été découvert par Vauquelin en 1797. On l'obtient en réduisant, à une haute température, le sesquioxyde de c. par le charbon. Il est gris, et, quoique fragile, on peut le polir et lui donner un bel éclat. Il est très dur et raye le verre. Sa densité est 6. C'est un des métaux les moins fusibles. Il est magnétique vers — 45°. Il ne s'oxyde pas à l'air sec à la température ordinaire, mais il s'oxyde facilement quand on le chauffe au rouge sombre. Chauffé au rouge, il décompose l'eau; il la décompose aussi à froid, mais en présence d'un acide. C'est cette propriété qui a fait ranger le c. dans la troisième section des métaux qui se trouve le fer, avec lequel il a d'assez grandes analogies. Il est attaqué par l'acide sulfurique étendu et par l'acide chlorhydrique : il se forme alors un sel de c. et il se dégage de l'hydrogène. L'acide azotique ne l'attaque pas. Le symbole du c. est Cr, et son poids atomique, 52.

Combinaisons du chrome avec l'oxygène. — Le *Protoxyde* de c. ou *Oxyde chromeux* CrO est inconnu à l'état anhydre; son hydrate CrOH²O se présente sous la forme d'une poudre brun foncé, qu'on obtient en versant de la potasse caustique dans une dissolution bleue de protochlorure de c. Il a une telle affinité pour l'oxygène, qu'il décompose l'eau dès qu'il est en liberté; de l'hydrogène se dégage, et il se forme l'*Oxyde intermédiaire* Cr³O³. Celui-ci a la couleur du tabac d'Espagne; on peut le regarder comme un chromite de c. CrO Cr²O³. — Le *Sesquioxyde* ou *Oxyde chromique* Cr²O³ est pulvérulent, d'un vert foncé, insoluble dans l'eau et dans les alcalis, et soluble dans les acides. C'est un oxyde indifférent, c.-à-d. qu'il peut jouer le rôle d'acide à l'égard des bases puissantes, comme le font le sesquioxyde de fer et l'alumine. Lorsqu'il est cristallisé, ou lorsque l'oxyde amorphe a été chauffé au rouge, les acides ne le dissolvent plus. Il est très stable, et n'est décomposé ni par la chaleur ni par l'hydrogène. On le réduit par le charbon à la chaleur blanche, et c'est par ce moyen qu'on obtient le c. Lorsqu'on le chauffe au rouge avec de la potasse au contact de l'air, ou avec du salpêtre, il se change en chromate de potasse. Le soufre en vapeur n'exerce pas sur lui d'action à la chaleur blanche, mais le sulfure de carbone le décompose à cette température et le transforme en sulfure de c. Les combinaisons où le sesquioxyde de c. joue le rôle d'acide se nomment *Chromites*. La plus importante se rencontre dans la nature et porte le nom de *Fer chromé*; c'est un chromite de fer FeO, Cr²O³. — On prépare le sesquioxyde de diverses manières. Pour l'avoir à l'état pulvérulent, on chauffe ensemble, dans un creuset, du soufre et du bichromate de potasse. Il se forme du sulfate de potasse et du sesquioxyde, qu'on isole en dissolvant dans l'eau le sulfate de potasse. Pour l'avoir cristallisé, on décompose par un courant de chlore le chromate neutre de potasse chauffé au rouge. Il se forme du chlorure de potassium, de l'oxygène très pur et du sesquioxyde. On dissout le chlorure dans l'eau, l'oxygène se dégage, et le sesquioxyde cristallisé est mis en liberté. On obtient cet oxyde hydraté en traitant un *sel chromique* ou le sesquichlorure de c. par l'ammoniaque. Avec les sels chromiques verts, on obtient un hydrate bleu verdâtre; avec les sels chromiques violets, un hydrate violacé, soluble en rouge vineux dans l'ammoniaque. Ces hydrates sont solubles dans les alcalis et ils

perdent leur eau vers 200°. Le sesquioxyde colore en vert les fondants vitreux. Il est aussi employé dans la peinture à l'huile, dans la peinture sur verre et sur porcelaine. L'hydrate qui a pour formule Cr²O³, 2H²O constitue le *Vert Guignet*, couleur très stable, qui conserve sa nuance à la lumière artificielle. Il sert à l'impression des tissus et des papiers peints. On le prépare en chauffant à 800° une bouillie épaisse de bichromate de potasse et d'acide borique avec de l'eau; il se forme un borate double de c. et de potassium, qu'on décompose par l'eau bouillante.

L'*Acide chromique* anhydre CrO³ est d'un beau rouge à la température ordinaire et devient presque noir quand on le chauffe. Il est solide et cristallise en aiguilles allongées, dont la densité est 2,78. Il est très soluble et déliquescent; sa dissolution est jaune orangé. Il fond à 193°; à 250° il se décompose en sesquioxyde de c. et en oxygène. L'alcool le décompose aussi en sesquioxyde et avec une telle production de chaleur, que souvent ce liquide s'enflamme. Traité à chaud par l'acide sulfurique concentré, il est décomposé et l'on obtient de l'oxygène et un sulfate de sesquioxyde. Il est aussi décomposé par l'acide chlorhydrique, du chlore se dégage et il reste du sesquichlorure de c. Enfin, il se combine avec les bases pour former des sels qui ont une belle coloration jaune. On prépare cet acide en ajoutant à une dissolution saturée de bichromate de potasse une fois et demie son volume d'acide sulfurique. Il se forme une dissolution de bisulfate de potasse et il se dépose au fond du vase pendant le refroidissement des cristaux allongés d'acide chromique. La solution aqueuse ou acétique d'acide chromique est souvent employée comme oxydant. — Le deuxième *Oxyde intermédiaire* CrO², ou plutôt Cr²O², Cr³O³, peut être regardé comme du chromate de c. C'est une poudre noire qui est décomposée à la longue par l'eau chaude en acide chromique et en hydrate de sesquioxyde de c. On l'obtient en décomposant l'azotate de c. par une douce chaleur. — Quant à l'*Acide perchromique* qui aurait pour formule CrO⁴H, son existence ne paraît pas suffisamment démontrée.

Combinaisons du chrome avec les métalloïdes. — Le c. se combine avec le soufre, avec l'azote et avec le bore. Ses combinaisons avec le chlore sont les seules qui présentent de l'intérêt. Le *Protochlorure* ou *Chlorure chromeux* CrCl² est blanc et soluble dans l'eau. Cette dissolution, qui offre une belle coloration bleue, absorbe promptement l'oxygène de l'air, prend une couleur verte, et le protochlorure se change alors en un oxychlorure; comme les autres sels chromeux, elle absorbe le bioxyde d'azote. Le protochlorure de c. se prépare en faisant passer un courant d'hydrogène sur du sesquichlorure de c. chauffé au rouge. — Le *Sesquichlorure* ou *Chlorure chromique* Cr²Cl⁶ se présente sous la forme de petites paillettes fleur de pêcher. Il se dissout à la longue dans de l'eau bouillante en donnant une dissolution verte. Il est insoluble dans l'eau froide; mais si l'on ajoute à celle-ci du protochlorure de c., même en très petite quantité (1/10000), il se dissout immédiatement avec dégagement de chaleur, et en donnant au liquide une coloration verte. Comme tous les sels chromiques, le sesquichlorure hydraté se présente sous deux modifications d'une couleur, l'autre violette. Le *Sesquichlorure vert*, traité par l'azotate d'argent, ne précipite immédiatement à froid que les 2/3 du chlore, tandis que le *Sesquichlorure violet* le précipite immédiatement en totalité à la température de l'ébullition. Le sesquichlorure de c. se prépare en faisant passer un courant de chlore sec dans un mélange chauffé de charbon et de sesquioxyde de c. — L'*Oxychlorure* de c. (*Chlorure de chromyle*, *Acide chlorochromique*) a pour formule CrO²Cl². C'est un liquide rouge foncé, fumant à l'air; il bout à 118°; sa vapeur est orangée. L'eau le décompose vivement en donnant de l'acide chromique et de l'acide chlorhydrique. Il jouit de propriétés oxydantes et chlorurantes très énergiques : il enflamme l'alcool, détone avec le phosphore et réagit vivement sur la plupart des matières organiques. On le prépare en faisant agir l'acide sulfurique sur un mélange de chlorure de sodium et de bichromate de potasse.

Sels de chrome. — Ces sels sont formés par la combinaison du protoxyde ou du sesquioxyde de c. avec les acides. Les *Sels de protoxyde* ou *Sels chromeux* n'offrent aucun intérêt. Traités par les réactifs oxydants, tels que le chlore, l'acide azotique, etc., ils sont transformés immédiatement en sels de sesquioxyde. Comme les sels ferreux, ils absorbent le bioxyde d'azote. Les *Sels de sesquioxyde* ou *Sels chromiques* peuvent exister sous deux modifications différentes, qui se distinguent par leur couleur : préparés à froid, ils sont violets; préparés à 100°, ils sont verts. Ces sels ne sont pas précipités par l'acide sulf-hydrique; ils le sont en vert par les carbonates alcalins, et le précipité se redissout dans un excès de réactif. Fondus avec du borax, ils produisent un verre d'une couleur verte carac-téristique. Fondus avec les azotates ou avec les carbonates alcalins, ils forment des chromates alcalins, reconnaissables à leur belle coloration jaune. De tous ces sels, le *Sulfate de sesquioxyde de c.* est le plus important. Étant isomorphe avec le sulfate d'alumine, il peut remplacer ce dernier sel dans les aluns, et forme ainsi les *Aluns de c.* On connaît plusieurs de ces aluns, mais jusqu'ici un seul a été employé dans la teinture : c'est l'*Alun de c. potassique*, vulgairement appelé *Alun de c.* Cet alun est rouge foncé et cristallise sous la forme d'octaèdres réguliers. Sa formule est (SO⁴)³ Cr² K² + 24 H² O. On le prépare en chauffant le bichromate de potasse avec l'acide sulfurique. — L'acide chromique se com-bine avec presque toutes les bases, et forme avec elles deux séries de sels : les *Chromates* et les *Bichromates*; il existe aussi des chromates basiques et des chromates doubles. Tous ces sels sont colorés : les bichromates sont rouge orangé et les chromates sont jaune clair. Tous sont décomposés par la chaleur et par les corps réducteurs. On reconnaît les chro-mates solubles à leur coloration très prononcée, même dans les dissolutions très étendues, et aux couleurs caractéristiques de leurs précipités quand on les traite par divers sels métal-liques. Ainsi ils précipitent en jaune les sels de plomb et de bismuth, en rouge clair les sels de mercure, en rouge cra-moisi les sels d'argent. Chauffés avec de l'acide chlorhydrique concentré, ils donnent une dissolution verte de sesquichlorure de c. Les sels de c. solubles sont vénéneux; on les range dans la classe des poisons irritants. Le *Bichromate de potasse* K²O (CrO³)² est le plus important des composés du c.; il sert à préparer les autres. On l'obtient dans l'industrie en chauf-fant, dans la flamme oxydante d'un four à réverbère, un mélange de fer chromé et de chaux potassée. L'action oxy-dante de l'air produit du chromate de calcium, que l'on traite ensuite par une solution de sulfate de potasse. Il se forme du chromate de potasse qu'on transforme en bichromate au moyen de l'acide sulfurique. Le bichromate de potasse forme de beaux cristaux anhydres d'un rouge orangé, solubles dans l'eau. Chauffé au rouge blanc, il se décompose en chromate neutre, sesquioxyde de c. et oxygène. Avec l'acide sulfurique, il forme un mélange qui se décompose facilement en oxygène et alun de c., et qui est fréquemment employé comme oxydant; on s'en sert dans les piles électriques dites au bichromate. On consomme de grandes quantités de bichromate de potasse dans la teinture et l'impression. La gélatine imprégnée de ce sel et exposée à la lumière devient insoluble dans l'eau; cette réaction est utilisée pour la photographie au charbon. — Le *Chromate neutre de potasse* K²O CrO⁴ s'obtient en saturant le bichro-mate par du carbonate de potasse, puis faisant cristalliser. Il se dépose en prismes orthorhombiques jaunes; sa solution possède un pouvoir colorant intense. Il sert aux mêmes usages que le bichromate. Il donne avec les sels de plomb un précipité jaune de *Chromate de plomb* PbO CrO³. Ce précipité est employé comme couleur sous le nom de *Jaune de c.*; mé-langé à du sulfate du chaux et à du sulfate de plomb, il constitue le *Jaune de Cologne*; bouilli avec un excès de chromate de potasse, il fournit un chromate basique de plomb appelé *Rouge de c.* L'*Orangé de c.* est un mélange du jaune et du rouge de c. Le chromate rouge de baryte et celui de cadmium sont également employés comme couleurs.

Minér. — Le minerai ordinaire du c. le *Fer chromé* appelé aussi *Chromite de fer* et *Sidérochrome*. Cette combi-naison se rencontre quelquefois sous forme d'octaèdres régu-liers, mais le plus souvent elle forme des masses compactes d'un gris foncé et d'un éclat gras. Ses gisements sont sem-blables à ceux de l'oxyde de fer magnétique. On trouve le fer chromé en Suède, en Russie, aux États-Unis et en France, dans le département du Var. La *Crocoïsite* ou *Plomb rouge de Sibérie* est du chromate rouge de plomb, cristallisé en prismes clinorhombiques d'un rouge hyacinthe. La *Phénicite* est un chromate de plomb basique.

CHROMEUX. s. f. [Pr. *kro*...]. adj. m. T. Chim. Voy. Chrome.

CHROMIDROSE. s. f. [Pr. *kro*...] (gr. χρῶμα, couleur; ἱδρώς, sueur). T. Pathol. Nom donné à certaines exsudations colorées en bleu, noir, vert, brun, rouge ou rose.

CHROMIFÈRE. adj. [Pr. *kro*...] (R. *chrome*, et lat. *fero*, je porte). Qui contient du chrome.

CHROMIQUE. adj. m. [Pr. *kro*...] T. Chim. *Acide c.* Voy. Chrome. || *Mélange c.*, Mélange d'acide sulfurique et de bichromate de potasse employé fréquemment comme oxydant.

CHROMIS. s. m. [Pr. *kro-miss*]. T. Icht. Genre de pois-sons Acanthoptérygiens de l'ordre des Acanthoptères et du groupe des Pharyngognathes.

CHROMITE. s. m. [Pr. *kro*...]. T. Minér. Voy. Chrome.

CHROMO. s. f. [Pr. *kro*...]. Abréviation de chromo-litho-graphie.

CHROMOCLHORITE. s. m. [Pr. *kro*...] (gr. χρῶμα, et χλωρός, vert). T. Minér. Silicate d'alumine d'une coloration verte.

CHROMOCRE. s. m. [Pr. *kro*...]. T. Minér. Oxyde de chrome naturel, ordinairement mélangé d'argile.

CHROMOGÈNE. s. m. et adj. 2 g. [Pr. *kro*...] (gr. χρῶμα, et γεννάω, j'engendre). T. Chim. Se dit des composés suscep-tibles de fournir des matières colorantes, grâce à la présence d'un groupe chromophore. Voy. la fin de l'article Colorantes.

CHROMOGRAPHE. s. m. [Pr. *kro*...] (gr. χρῶμα, cou-leur; γράφω, j'écris). Instrument destiné à imprimer plusieurs exemplaires d'une lettre, d'un dessin, etc., et qu'on nomme aussi *Polycopiste*. Voy. ce mot.

CHROMOGRAVURE. s. f. [Pr. *kro*...]. Gravure en cou-leurs.

CHROMOLEUCITE. s. m. [Pr. *kro*...] (gr. χρῶμα, cou-leur, et *leucite*). T. Bot. Nom donné par certains botanistes au leucite imprégné d'un pigment coloré. Voy. Leucite.

CHROMOLITHE. s. m. [Pr. *kro*...] (gr. χρῶμα, couleur; λίθος, pierre). Procédé pour donner à la pierre neuve une teinte ancienne quand on restaure les vieux monuments.

CHROMOLITHOGRAPHE. s. m. [Pr. *kro*...]. Celui qui pratique la chromolithographie.

CHROMOLITHOGRAPHIE. s. f. [Pr. *kro*...] (gr. χρῶμα, couleur, et *lithographie*). Impression lithographique à plusieurs couleurs. Voy. Lithographie.

CHROMOPHORE. s. m. et adj. [Pr. *kro-mo-fore*] (gr. χρῶμα, couleur; φορός, qui porte). T. Chim. Se dit de cer-tains groupes chimiques dont la présence dans un composé rend celui-ci apte à donner des matières colorantes. Voy. la fin de l'article Colorantes.

CHROMOPSIE. s. f. [Pr. *kro*...] (gr. χρῶμα, et ὄψ, œil). T. Pathol. Affection de la vue qui fait percevoir comme colorés les objets incolores.

CHROMOSPHÈRE. s. f. [Pr. *kro*...] (gr. χρῶμα, et σφαῖρα, sphère). Nom donné par M. Lockyer à l'atmosphère hy-drogénée du soleil, qui recouvre immédiatement la photo-sphère, et dans laquelle s'accomplissent les phénomènes des protubérances et des éruptions. Voy. Soleil.

CHROMOSPHÉRIQUE. adj. [Pr. *kro*...]. Qui a rapport à la chromosphère.

CHROMOTYPOGRAPHIE. s. f. [Pr. *kro*...] (gr. χρῶμα, couleur, et *typographie*). Impression typographique en couleurs. Ce genre d'impression date des premiers temps de la décou-verte de l'imprimerie; les Chinois le connaissaient depuis un temps immémorial. Le procédé consiste à se procurer plu-sieurs clichés dont chacun contient seulement les parties du dessin qui doivent recevoir une coloration particulière. L'é-preuve passe successivement sur tous ces clichés qui sont imprimés chacun avec la couleur correspondante. C'est, en somme, le même principe que celui de la *Chromolitho-graphie*. Voy. Lithographie. Malheureusement, la nécessité de faire passer la feuille sur plusieurs clichés, les incertitudes du repérage et l'impression du texte créaient dans la pratique de la typographie des difficultés qui, sans être insurmontables, augmentaient considérablement le prix de revient de l'ouvrage et restreignaient considérablement l'emploi de ce procédé, qui n'était guère employé que pour les titres avec lettres et vignettes de plusieurs couleurs, et n'a servi autrefois que fort rarement à l'illustration d'ouvrages de luxe par des estampes en plusieurs couleurs. Nous citerons seulement quelques publications de M. Henri Plon, et le *Livre des Rois*, imprimé par l'Imprimerie Nationale et exposé à l'Exposition universelle de 1878. Depuis cette époque, grâce aux progrès de la photogravure et à l'invention de nouvelles presses mécaniques, le problème de l'illustration des livres en couleurs peut être considéré comme résolu, aussi bien pour les éditions de grand luxe que pour les ouvrages à bon marché. La c. possède sur la chromolithographie de nombreux avantages, dont le principal est que l'impression se fait avec les mêmes presses et, pour ainsi dire, en même temps que le texte, ce qui permet de placer les gravures dans le texte même au lieu de les tirer sur des feuilles séparées qui doivent être ensuite encartées dans le volume. De plus, les épreuves sont tirées avec des encres de même espèce que l'encre noire des typographes. Ces encres, plus ou moins transparentes, permettent, mieux que les encres lithographiques opaques, la fusion et le mélange des couleurs superposées. Il en résulte que les épreuves ont un cachet tout particulier qui rappelle l'aspect de l'aquarelle dans les ouvrages bien réussis. Mais le plus grand avantage de cette transparence des couleurs, c'est qu'on peut obtenir, par le mélange des teintes, une grande variété de tons avec un très petit nombre de couleurs. L'imprimeur peut se proposer soit de reproduire une aquarelle ou une peinture déjà existante, soit de reproduire une estampe spécialement destinée à la publication. Dans le second cas, on commande généralement à l'artiste : 1° un dessin au trait; 2° une aquarelle du même sujet pour laquelle il lui est recommandé d'employer le moins de couleurs possible. Le dessin au trait, une fois imprimé en noir, sert à arrêter les contours et à faciliter le modelé, mais il n'est pas indispensable. La préparation des clichés est fondée sur l'emploi du bitume de Judée, qui possède la propriété de perdre sa solubilité dans l'essence de térébenthine quand il a été impressionné par la lumière. On photographie le dessin au trait, on y a son défaut, l'aquarelle elle-même, et on en tire une épreuve positive sur une plaque de zinc recouverte de bitume de Judée. On lave à l'essence de térébenthine et on fait mordre à l'acide nitrique. Les parties noires, protégées par le bitume impressionné, restent intactes; les régions claires s'attaquent et se creusent, et l'on obtient ainsi un premier cliché qui fournira le fond du dessin et sera tiré ou noir, en gris foncé, ou en bistre. On prépare ensuite autant d'épreuves photographiques sur zinc qu'il y aura de clichés en couleurs et l'on détermine sur chacune d'elles les parties qui devront être imprimées avec la couleur correspondant au cliché : ces parties sont recouvertes de vernis; on lave à la benzine pour enlever le bitume impressionné, et l'on attaque à l'acide nitrique, qui respecte les parties protégées par le vernis. On a eu soin d'atténuer ainsi le grain d'un grain de résine, les parties qui ne doivent pas venir à plat, et de proportionner la finesse de ce grain à l'intensité du ton qu'on veut obtenir.

Les clichés ainsi préparés, on fait passer la feuille sur chacun d'eux en commençant par les couleurs les plus opaques, afin que la fusion des couleurs s'opère convenablement dans les parties qui reçoivent l'impression de plusieurs couleurs. S'il y a un cliché au trait, c'est par lui qu'on finit. On obtient des résultats très satisfaisants à l'aide de quatre clichés seulement : noir, bleu, rouge, jaune; car on a remarqué depuis longtemps que le mélange des trois couleurs jaune, rouge, bleu, en proportions convenables, pouvait reproduire presque tous les tons composés. Cependant, pour obtenir de belles épreuves, il convient de multiplier les couleurs principales. Six couleurs : bistre, gris, bleu, rouge, rose et gris, suffisent pour obtenir des effets remarquables. La question du repérage est de la plus haute importance, afin que certaines parties du dessin ne se trouvent pas dédoublées; elle présentait au début des difficultés particulières que peuvent cependant surmonter des ouvriers adroits. Pour les ouvrages à bon marché, elle est complètement résolue par les nouvelles presses rotatives qui opèrent le repérage automatiquement. Nous citerons entre autres la presse rotative Marinoni, qui sert à l'impression du supplément du *Petit Journal*, et qui est disposée de manière que la feuille ne passe qu'une seule fois dans la machine. C'est une machine à papier continu, qui imprime un côté du journal en noir, et l'autre côté successivement en quatre teintes : bleu, rouge, jaune et noir. La même machine peut, d'ailleurs, s'appliquer à un plus grand nombre de couleurs, en augmentant le nombre des jeux de cylindres et d'appareils d'encrage. Cette belle machine est appelée à faire une

sorte de révolution dans l'impression des ouvrages illustrés, en raison du bon marché qu'elle permet d'atteindre. Le seul reproche qu'on lui puisse adresser, c'est qu'elle exige que toutes les illustrations en couleurs se trouvent d'un même côté de la feuille; elle ne pourrait servir à l'impression d'un livre où l'on voudrait une vignette polychrome à chaque page; mais il ne serait certainement pas difficile de la modifier pour cet objet, soit en doublant les jeux de cylindres, soit en faisant passer la feuille deux fois dans la machine.

CHROMULINE. s. f. [Pr. *kro...*] (gr. χεῖυμα, couleur). Genre d'Algues appartenant à la famille des *Cryptomonadacées.* Voy. ce mot.

CHROMULINÉES. s. f. pl. [Pr. *kro...*]. T. Bot. Tribu d'Algues appartenant à la famille des *Cryptomonadacées.* Voy. ce mot.

CHRONHYOMÈTRE s. m. [Pr. *kro...*] (gr. χρόνος, temps; ὕειν, pleuvoir; μέτρον, mesure). T. Phys. Instrument à l'aide duquel on se rend compte du temps qu'a duré la pluie.

CHRONICITÉ. s. f. [Pr. *kro...*]. T. Méd. Qualité de ce qui est chronique. *Maladie passée à l'état de c.*

CHRONIQUE. s. f. [Pr. *kro...*] (gr. χρόνος, temps). Histoire rédigée suivant l'ordre des temps. Ne se dit guère que de certaines histoires écrites anciennement. *Une ancienne c. Les chroniques de Saint-Denis.* || Fig. et fam., *La c. scandaleuse*, Les mauvais bruits, les discours médisants. || T. Litt. Article de journal où se trouvent les nouvelles du jour, les faits politiques, etc. — Synon. Voy. ANNALES.

CHRONIQUE. adj. 2 g. [Pr. *kro...*] (gr. χρόνος, temps). T. Méd. Se dit des maladies qui progressent lentement et durent longtemps. Voy. MALADIE.

CHRONIQUEUR. s. m. [Pr. *kro...*]. Auteur de chroniques.

CHRONOGRAMME. s. m. [Pr. *kro...*] (gr. χρόνος, temps; γράμμα, lettre). Inscription en prose ou en vers, dont certaines lettres, considérées comme chiffres romains, donnent la date de l'événement auquel se rapporte l'inscription elle-même. Il nous suffira d'en citer deux exemples. Le premier est une inscription qui était jadis gravée sur la façade d'un ancien hôtel de la Cité, à Paris :

aV teMps dV roI CharLes Le hVIt
CestVI hosteL sI fVt ConstrVit.

En additionnant les lettres numérales, qui sont toujours de plus grandes dimensions, afin de les rendre plus faciles à distinguer, on trouve 1484 pour l'année de la construction du susdit hôtel. Nous citerons comme second exemple la médaille frappée en l'honneur de Gustave-Adolphe et de sa victoire à Lutzen :

ChrIstVs DVX ergo trIVMphVs.

Les lettres numérales donnent la date de 1632, où eut lieu cette bataille célèbre dans laquelle Gustave-Adolphe fut vainqueur, mais périt en triomphant. — L'usage des chronogrammes était déjà connu dans le XIe siècle, mais il ne devint commun qu'au XVIe et au XVIIe. Ils sont encore aujourd'hui fort du goût des Orientaux, surtout des Turcs et des Persans.

CHRONOGRAPHE. s. m. [Pr. *kro...*] (gr. χρόνος, temps; γράφω, j'écris). T. Phys. Instrument destiné à enregistrer, avec une très grande précision, le moment précis d'une observation ou d'un fait. Le c. se compose essentiellement de deux plumes ou styles actionnés par des électro-aimants qui viennent appuyer à chaque passage, ou mieux à chaque rupture du courant, sur un cylindre animé d'un mouvement de rotation uniforme. Souvent on remplace le cylindre par une bande de papier qui se déroule d'un mouvement uniforme, comme dans le télégraphe Morse. L'une des plumes est en relation avec un courant électrique, qui est rompu à chaque seconde par une horloge bien réglée : elle laisse ainsi sur le papier une trace qui se reproduit de seconde en seconde et sert à marquer le temps. L'autre plume dépend d'un courant qui est rompu, soit par l'événement à observer lui-même, soit par un commutateur que presse un observateur au moment de l'observation. La trace qu'elle laisse sur le papier détermine par sa position l'époque exacte du phénomène, à un dixième de seconde près, car cette trace se trouve entre deux marques de secondes et la distance qui la sépare de l'une d'elles indique très exactement la fraction de seconde. L'emploi de lames vibrantes ou de diapasons rendant un son déterminé et dont la vibration est entretenue électriquement, permet d'inscrire sur le cylindre mobile, non seulement les secondes, mais les dixièmes de seconde, et même des fractions plus petites, ce qui permet d'obtenir encore plus de précision. Le c. sert aux observations astronomiques et aux transmissions de signaux dans la détermination des longitudes. Regnault s'en est servi pour la mesure de la vitesse du son. La physiologie expérimentale en fait un grand usage; on l'a aussi employé à déterminer la vitesse des projectiles, la loi de leur mouvement, celle du recul des canons, etc.

CHRONOGRAPHIE. s. f. [Pr. *kro-nogra-fî*] (gr. χρόνος, temps; γράφω, j'écris). T. Phys. Ensemble des méthodes et des appareils qui servent à déterminer et à inscrire, avec une grande précision, l'instant exact d'une observation ou d'un fait. Voy. CHRONOGRAPHE.

CHRONOLOGIE. s. f. (gr. χρόνος, temps, λόγος, science). La *Chr.* est la science des temps; elle s'occupe des différentes divisions du temps, de la durée et de l'ordre successif des événements.

I. Les auteurs distinguent la *Chr. mathématique*, qui étudie, à un point de vue absolument abstrait, les divisions de la durée; la *Chr. technique*, qui traite des périodes adoptées par les divers peuples pour la supputation des événements, et la *Chr. historique* ou *Chr. proprement dite*, qui a spécialement pour objet de déterminer la succession des événements. La première est une branche de l'astronomie, aussi n'avons-nous pas à nous en occuper ici. Voy. ASTRONOMIE, ANNÉE, JOUR, MOIS, etc. On trouvera aux mots CALENDRIER, COMPUT, CYCLE, ÈRE, PÂQUES, tout ce qu'il importe de savoir sur la seconde. C'est donc la troisième seule que cet article sera consacré.

II. Pour fixer la date d'un événement, il faut nécessairement posséder deux éléments : un point de départ, c.-à-d. une époque fixe à laquelle on puisse rapporter toutes les autres, soit postérieures, soit antérieures, et une mesure ou portion quelconque de la durée qui puisse servir à calculer le temps qui sépare ce point de départ de l'événement qu'on a vu. Or, de ces deux éléments le premier est tout à fait arbitraire, et le second lui-même l'est aussi, du moins jusqu'à un certain point. Quoique le retour de divers phénomènes naturels nous fournisse plusieurs périodes parfaitement régulières, il faut choisir parmi ces phénomènes, et ici encore le choix est libre. C'est ce qui explique l'origine de cette multitude de chronologies particulières en usage chez les différents peuples. Chacun d'eux a pris pour Ère, c.-à-d. pour point de départ, un fait, vrai ou supposé, de ses propres annales, et a procédé, dans la supputation des événements avec une indépendance absolue, sans chercher à raccorder sa série chronologique avec celle des nations voisines. Une autre cause est venue ensuite augmenter le désordre : c'est que, dans le même pays, l'ère nationale a été plusieurs fois changée. Chez certaines nations, on a même fait simultanément usage d'ères très différentes. Mais ce n'est pas tout. Les périodes qui servaient à mesurer le temps variaient non seulement d'un pays à l'autre, mais encore elles étaient plus ou moins souvent modifiées dans le même pays, au fur et à mesure des progrès de la science astronomique. D'autres fois, les périodes employées par les historiens n'avaient point de signification arrêtée. C'est ce qui avait lieu, par ex., lorsqu'ils comptaient par générations ou par règnes de rois. En résumé, les difficultés que présentent ces différents systèmes chronologiques, jointes à l'absence de documents positifs à ce sujet, sont telles qu'elles ont fait échouer jusqu'à ce jour les tentatives faites par l'érudition moderne pour faire concorder ensemble les chronologies particulières des peuples anciens.

La c., lorsqu'elle s'applique à l'histoire ancienne, en dehors des documents fournis par les Livres saints, est appelée *Chr. profane*, par opposition à la *Chr. sacrée*, qui tire tous ses principes des livres de l'Ancien Testament. Les trois textes principaux dans lesquels ces livres nous sont parvenus, c.-à-d. le texte hébreu, le texte samaritain et le texte grec, présentent encore eux-mêmes de grandes difficultés en ce qui concerne la supputation des temps, et les commentateurs ne sont guère parvenus à s'accorder, même sur les dates principales.

III. Malgré les difficultés trop souvent insurmontables que présente la c., cette science n'est cependant pas dépourvue de certitude. En ce qui concerne la c. particulière que chaque peuple s'est faite, on peut la diviser en *temps incertains* et en *temps certains :* ceux-ci commencent lorsque leur époque concorde avec celle qui est reconnue aussi pour certaine à l'égard d'un ou plusieurs autres peuples. La certitude, pour une portion de cette c., commence aussi quand des monuments qui subsistent encore ou qui, quoique n'existant plus, ont été vus par des personnes dignes de foi, s'accordent par leur témoignage évident avec le système chronologique de ce peuple : c'est ce qui arrive, par ex., pour l'Égypte. Les *monuments* sont toujours la pierre de touche des systèmes et des explications chronologiques; mais ici, par monuments, il faut entendre les inscriptions, les monnaies et médailles, les peintures, et généralement tout ce qui offre un fait écrit, public ou privé, tracé sur la pierre, le bois, les métaux, etc. Chacun d'eux est un contemporain désintéressé, jusqu'à preuve du contraire, dans l'énonciation du fait qu'il rappelle. Les historiens sont rarement les témoins des événements qu'ils rapportent. Quand ils le sont, leur témoignage est plus qu'une demi-preuve. Pour que la preuve soit complète, il suffit qu'ils ne soient pas formellement contredits ou que les motifs de cette contradiction ne soient pas évidents. Quand plusieurs écrivains rapportent un fait à une même date, cette date doit être tenue pour certaine, si toutefois ils ne se sont pas copiés l'un l'autre. La certitude résultant de leur accord est d'autant plus complète que ces écrivains ont eu moins se connaître, moins se copier, et ont écrit dans des vues ou dans des intérêts opposés. L'astronomie ancienne fournit aussi des secours inappréciables à la c., et rien, on peut le dire, ne peut surpasser leur certitude. Ptolémée, par ex., mentionne un grand nombre d'observations astronomiques, en les rapportant à une année quelconque du règne d'un roi connu dans l'histoire. Or, quelques-unes de ces observations, les éclipses entre autres, sont de telle nature que l'instant même du phénomène observé peut être déterminé avec une rigoureuse exactitude, et être rapporté à tel instant de tel jour, de tel mois et de telle année, avant ou après l'ère chrétienne. Il devient dès lors évident que l'année du règne du roi nommé à la date de l'éclipse correspondra exactement à cette année.

IV. Beaucoup de chronologistes ont cherché à préciser la date de la création du Monde, ou mieux de la création de l'homme, telle qu'on pouvait la tirer de la Bible. De pareilles recherches sont absolument illusoires, les découvertes géologiques ayant montré que l'homme a vécu sur la planète pendant une période de temps incalculable avant de pouvoir posséder et de laisser un document ressemblant à celui d'une date. Voy. PRÉHISTOIRE.

V. On partageait autrefois l'histoire universelle en *sacrée* et en *profane* pour les temps anciens, puis en *ecclésiastique* et en *laïque* pour les temps modernes. Aujourd'hui l'on n'admet plus que trois grandes divisions : l'*Histoire ancienne*, qui comprend les temps écoulés jusqu'à la mort de Théodose en l'an 395 de notre ère; l'*Histoire du Moyen Age*, qui embrasse une période de 1058 ans, de l'an 395 jusqu'à la prise de Constantinople par les Turcs en l'an 1453, et l'*Histoire moderne*, qui étudie les faits postérieurs à cette dernière date. La première se subdivise en *Histoire ancienne proprement dite*, dans laquelle l'*Histoire du peuple juif* est habituellement traitée à part, et en *Histoire romaine*.

VI. Nous croyons être utile à nos lecteurs en donnant ici, non point un traité de c., mais simplement les dates les plus importantes de l'histoire du monde, c.-à-d. celles que l'on peut avoir à consulter à chaque instant. Dans le tableau qui suit, toutes les dates sont rapportées à l'ère chrétienne. Mais il est essentiel de remarquer que le début de cette ère ne coïncide pas exactement avec la naissance de Jésus-Christ. La date de la naissance du Christ est encore incertaine; cependant les travaux de c. les plus récents semblent la fixer trois ans avant le début de l'ère chrétienne.

L'histoire de la civilisation chinoise est en dehors de cette c. classique des peuples d'où nous descendons, physiquement ou intellectuellement. Elle est toujours restée étrangère à l'Europe. Elle paraît aussi ancienne que celle d'Égypte.

HISTOIRE ANCIENNE. — 5000 av. J.-C., Fondation de la Monarchie Égyptienne par Ménès. — 5000 à 3000, Ancien Empire d'Égypte comprenant les 10 premières dynasties. — 4000 env. Règnes de Chéops et Chéphren en Égypte (IVe dynastie), Construction des grandes pyramides. — 3000 à 1703, Moyen Empire d'Égypte comprenant 7 dynasties. — 2514, Règne de Tchaou-Hiu en Chine, commencement des certitudes historiques dans ce pays, suivant les écrivains nationaux. — 2357, Yao, empereur chinois. — 2272, Osymandyas, premier roi de la XVIe dynastie égyptienne. — 2151, Bélus, roi d'Assyrie. — 2144, Naissance d'Abraham. — 2086, Ninus succède à Bélus. — 2082, Invasion des Pasteurs ou Hyksos en Égypte.

1984, Naissance de Jacob. — 1861, Joseph, premier ministre du roi d'Égypte. — 1845, Fondation présumée de Sparte. — 1796, Déluge d'Ogygès, en Béotie. — 1784, Servitude des Israélites. — 1718, Naissance de Moïse. — 1703, Expulsion des Pasteurs ou Hyksos de l'Égypte par Amhès Ier fondateur de la XVIIIe dynastie et du Nouvel Empire. — 1657, Colonie de Cécrops à Athènes.

1652, Sortie des Israélites de l'Égypte sous la conduite de Moïse. — 1594, Colonie de Cadmus à Thèbes en Béotie. — 1586, Colonie de Danaüs à Argos. — 1580, Déluge de Deucalion, en Thessalie. — 1473, Règne de Sésostris ou Rhamsès le Grand, en Égypte. — 1423, Arrivée de Pélops en Grèce. — 1360, Expédition des Argonautes; Orphée fleurit vers ce temps. — 1330, Colonie d'Évandre en Italie. — 1329, Première guerre de Thèbes, entre les fils d'Œdipe. — 1319, Deuxième guerre, dite des *Épigones*. — 1297, Règne d'Agamemnon à Argos. — 1280, Prise et destruction de Troie. — 1270, Époque présumée de l'arrivée d'Énée en Italie. — 1202, Retour des Héraclides dans le Péloponèse. — 1180, Époque d'Homère, suivant Ératosthènes. — 1137, Fondation présumée de Carthage. — 1072, Mort de Codrus, roi d'Athènes; établissement dans cette ville du gouvernement des Archontes.

1080, Élection de Saül, premier roi des Juifs. — 1076, Passage des Ioniens dans l'Asie Mineure. — 1006, Salomon commence la construction du temple de Jérusalem. — 971, Sesonchis ou Sésac, Ier roi de la XXIIe dynastie égyptienne. — 965, Mort de Salomon; schisme des dix tribus. — 947, Fondation de Samos et de Smyrne. — 907, Époque d'Homère, suivant la chronique de Paros. — 884, Rétablissement des jeux Olympiques par Lycurgue à Lacédémone, par Iphitus en Élide, et par Cléosthènes à Pise (quelques historiens se sont servis de l'*Ère des Olympiades d'Iphitus*). — 841, Mort de Lycurgue. — 820, Arbace, après avoir détruit l'empire d'Assyrie, se fait roi des Mèdes. — 776, Commencement de l'*Ère des Olympiades de Corœbus* (au mois de juillet). — 760, Le roi Théopompe institue les Éphores à Sparte. — 753 (21 avril), Commencement de l'*Ère de la fondation de Rome*, époque voisine de la date réelle de la fondation de Rome par Romulus. — 747 (26 février), Commencement de l'*Ère de Nabonassar*, roi de Babylone. — 743, Première guerre de Messénie. — 734, Des Doriens de Corinthe fondent Syracuse en Sicile. — 721, Prise de Samarie par Salmanasar, roi d'Assyrie, qui emmène en captivité à Ninive le peuple des dix tribus; fin du royaume d'Israël. Observation d'une éclipse à Babylone (19-20 mars). — 718, L'Éthiopien Sabacon s'empare de l'Égypte; il est le chef de la XXVe dynastie égyptienne. — 715, Numa Pompilius succède à Romulus. — 685, Deuxième guerre de Messénie; époque du poète Tyrtée. — 683, A Athènes, les Archontes deviennent annuels. — 674, Tullus Hostilius, roi de Rome. — 670, Psammétichus, un des douze princes qui, suivant Hérodote et Diodore, se partageaient l'Égypte, règne sur une partie du Delta. — 668, Fin de la seconde guerre de Messénie. — 665, Époque des poètes Archiloque de Paros et Simonide d'Amorgos. — 658, Fondation de Byzance par les Mégariens. — 640, Naissance de Thalès. — 638, Naissance de Solon. — 630, Psamméticus, seul roi d'Égypte depuis 650, ouvre son royaume au commerce grec. — 634, Législation de Dracon. — 616, Tarquin l'Ancien, roi de Rome. — 606, Prise et destruction de Ninive par Nabopolassar, qui met fin au second empire d'Assyrie; Nabuchodonosor, son fils, s'empare de Jérusalem et emmène une partie du peuple en captivité à Babylone: cette captivité dure 70 ans. — 600, Des Grecs de Phocée, dans l'Asie Mineure, fondent Marseille; commencement de la construction du temple de Diane à Éphèse par l'architecte Chersiphron; naissance du Chinois Lao-Tseu, fondateur de la secte du Tao. — 597, Éclipse de soleil prédite par Thalès. — 594, Législation de Solon. — 587, Les Assyriens prennent d'assaut Jérusalem; la ville est détruite, le roi Sédécias est emmené en captivité à Babylone avec presque tout le peuple; fin du royaume de Juda. — 582, Servius Tullius succède à Tarquin au trône de Rome. — 560, Tyrannie de Pisistrate; Crésus, roi de Lydie.

559, Cyrus monte sur le trône de Perse; commencement de la monarchie médo-perse. — 551, Confucius en Chine. — 548, Incendie du temple de Delphes; Tarquin le Superbe, roi de Rome. — 538, Cyrus s'empare de Babylone; fin du troisième empire d'Assyrie. — 537, Pisistrate fait recueillir les œuvres d'Homère. — 536, Cyrus permet aux Juifs de rentrer dans leur pays; fin de la captivité. — 535, Premières représentations dramatiques de Thespis à Athènes; Commencement de la reconstruction du temple de Jérusalem. — 532, Polycrate, tyran de Samos; époque de Pythagore et d'Anacréon. — 529, Mort de Cyrus; avènement de son fils Cambyse. — 525, Les Perses s'emparent de l'Égypte. — 521, Darius, fils d'Hystaspes, devient roi de Perse.

510, Expulsion d'Hippias, fils de Pisistrate, par les Athéniens. — 509, Abolition de la royauté à Rome; établissement du gouvernement consulaire. — 501, Révolte des Grecs d'Ionie contre les Perses. — 499, Eschyle commence à faire représenter ses tragédies. — 498, Création de la Dictature à Rome. — 493, Retraite du peuple romain sur le mont Aventin; institution du Tribunal. — 492, Commencement de la première guerre médique. — 490, Bataille de Marathon (sept.). — 486, La première loi agraire est présentée à Rome par Spurius Cassius. — 485, Mort de Darius; avènement de Xerxès. — 480, Époque de Pindare; deuxième guerre médique; combat des Thermopyles (août); bataille de Salamine (oct.). — 464, Artaxerxès Longue-Main succède à Xerxès. — 452, Première tragédie d'Euripide. — 450, Création du Décemvirat à Rome; loi des Douze Tables. — 449, Paix de Cimon entre les Perses et les Grecs; fin de la guerre médique. — 444, Hérodote lit son Histoire aux Jeux Olympiques; Périclès gouverne Athènes par son influence; création de la Censure à Rome. — 436, Époque la plus brillante de l'art grec; construction du Parthénon et des Propylées d'Athènes. — 452, Réforme du calendrier grec par Méton. — 431, Commencement de la guerre du Péloponèse; peste d'Athènes. — 429, Mort de Périclès. — 428, Naissance de Platon. — 423, Aristophane fait représenter sa comédie des *Nuées*. — 421, Paix de Nicias entre Sparte et Athènes. — 416, Les Athéniens entreprennent l'expédition de Sicile; Alcibiade; renouvellement de la guerre du Péloponèse. — 413, Défaite des Athéniens en Sicile. — 410, Annibal, fils de Giscon, débarque en Sicile avec 100,000 hommes. — 406, Denys l'Ancien, tyran à Syracuse. — 404, Les Athéniens perdent la bataille navale d'Ægos Potamos; Commencement du siège de Véies, par les Romains. — 404, Prise d'Athènes; fin de la guerre du Péloponèse; les Trente Tyrans. — 402, Rétablissement de la démocratie à Athènes. — 400, Retraite des Dix mille. — 399, Mort de Socrate (fin de juin). — 396, Expédition d'Agésilas, roi de Sparte, en Asie; Les Romains s'emparent de Véies. — 391, Invasion des Gaulois en Italie; bataille d'Allia; prise de Rome. — 387, Paix d'Antalcidas entre les Grecs et les Perses. — 382, Naissance de Démosthène. — 371, Bataille de Leuctres (8 juillet). — 362, Bataille de Mantinée et mort d'Épaminondas.

360, Avènement de Philippe, roi de Macédoine. — 356, Première guerre Sacrée; Naissance d'Alexandre le Grand; Érostrate brûle le temple d'Éphèse. — 352, Mort de Mausole, roi de Carie; première *Philippique* de Démosthène. — 346, Philippe est reçu membre du conseil amphictyonique, et obtient l'intendance du temple de Delphes. — 342, Aristote est chargé de l'éducation d'Alexandre. — 338, Deuxième guerre Sacrée; bataille de Chéronée; le congrès de Corinthe proclame Philippe généralissime des Grecs contre les Perses. — 336, Mort de Philippe; Alexandre, roi de Macédoine; Darius III, roi de Perse; voyage d'Hannon jusqu'au cap Blanc et au cap des Trois-Pointes. — 334, Bataille du Granique. — 333, Bataille d'Issus. — 332, Prise de Tyr; Alexandre entre à Jérusalem; Conquête de l'Égypte. — 331, Fondation d'Alexandrie; Bataille d'Arbèles. — 330, Mort de Darius; Voyage du Marseillais Pythéas jusqu'à Thulé. — 327, Défaite de Porus. — 323, Mort d'Alexandre à Babylone (28 avril); dissolution de l'empire d'Alexandre. — 321, Les consuls romains passent sous les Fourches caudines. — 312, Commencement de l'ère des Séleucides, rois de Syrie. — 310, Agathocle commence son expédition d'Afrique. — 301, Bataille d'Ipsus en Phrygie. — 283, Ptolémée Philadelphe, roi d'Égypte. — 280, Constitution de la Ligue achéenne. — 279, Expédition des Gaulois en Grèce, leur destruction à Delphes; Bérose, prêtre de Bélus à Babylone, écrit une histoire de la Chaldée; Pyrrhus, roi d'Épire, bat les Romains à Asculum. — 276, Traduction grecque des livres hébreux (version dite des Septante). — 275, Pyrrhus, vaincu à Bénévent, quitte l'Italie. — 272, Théocrite de Syracuse écrit ses *Bucoliques*. — 269, Première monnaie d'argent fabriquée à Rome. — 268, L'Égyptien Manéthon, garde des archives sacrées du temple d'Héliopolis, écrit une histoire de l'Égypte. — 264, Premiers combats de gladiateurs; Commencement des guerres puniques. — 260, Le consul Duilius bat les Carthaginois à la bataille navale de Myles. — 255, L'empereur chinois Chi-Hoang-Ti fait construire la grande muraille; Défaite de Régulus. — 241, Victoire des Romains aux îles Ægates; fin de la première guerre punique. — 240, Livius Andronicus: premières représentations dramatiques à

Rome. — 238, Hamilcar Barca passe en Espagne, où il emmène son fils Annibal. — 222, L'astronome Ératosthènes de Cyrène fleurit à la cour des Lagides. — 221, Annibal remplace Asdrubal, son beau-frère, dans le commandement des troupes carthaginoises d'Espagne. — 219, Prise de Sagonte. — 218, Annibal pénètre en Italie; deuxième guerre punique. — 216, Bataille de Cannes. — 215, Alliance d'Annibal et de Philippe, roi de Macédoine. — 212, Prise de Syracuse par les Romains; mort d'Archimède. — 207, Bataille du Métaure. — 204, Les Romains passent en Afrique; Annibal quitte l'Italie. — 202, Bataille de Zama. — 201, Fin de la seconde guerre punique. — 197, Bataille de Cynocéphales, gagnée par les Romains sur Philippe de Macédoine. — 196, Annibal se réfugie auprès d'Antiochus, roi de Syrie; Aux jeux Isthmiques, les Romains proclament l'indépendance de la Grèce. — 191, Antiochus est battu aux Thermopyles par le consul M. Acilius Glabrion. — 190, Les Romains pénètrent, pour la première fois, en Asie; bataille de Magnésie, gagnée sur Antiochus le Grand, roi de Syrie. — 184, Mort du poète comique Plaute. — 183, Mort de Philopœmen. — 182, Mort d'Annibal. — 169, Prise de Jérusalem par Antiochus IV, dit Épiphanes, fils d'Antiochus le Grand; martyre des Macchabées. — 168, Conquête de la Macédoine par les Romains. — 167, Le Grec Polybe passe à Rome. — 166, Mathathias, prêtre de Jérusalem, se met à la tête des Juifs révoltés contre Antiochus; Térence fait représenter sa comédie de l'Andrienne. — 154, Les Romains interviennent, pour la première fois, dans la Gaule transalpine comme alliés de Marseille. — 150, Le Lusitanien Viriathe se révolte contre les Romains; Troisième guerre punique. — 146, Prise et destruction de Carthage; Anéantissement de la ligue achéenne; destruction de Corinthe. — 143, La Macédoine devient une province romaine. — 134, Commencement de la guerre des esclaves en Sicile. — 133, Tribunat de Tiberius Sempronius Gracchus; prise de Numance; Rome devient héritière du royaume de Pergame. — 132, Fin de la guerre des esclaves. — 129, Formation de la province romaine d'Asie. — 125, Commencement des guerres des Romains contre les Gaulois transalpins. — 123, Premier tribunat de Caius Gracchus. — 122, Rétablissement de Carthage; fondation d'Aix, première colonie romaine dans la Gaule. — 120, Avènement de Mithridate VI Eupator, surnommé le Grand. — 111, Guerre contre Jugurtha. — 107, Aristobule, fils de Jean Hyrcan, rétablit la royauté chez les Juifs. — 106, Fin de la guerre de Numidie. — 102, Marius défait les Teutons dans les environs d'Aix. — 101, Destruction des Cimbres à Verceil. — 97, Un sénatus-consulte interdit les sacrifices humains. — 96, Ptolémée Apion, roi de Cyrène, lègue ses États aux Romains. — 92, Premières relations de Rome avec les Parthes. — 90, Guerre sociale. — 88, Marius à Minturnes; Guerre de Mithridate contre les rois alliés de Rome. — 87, Proscriptions de Marius. — 82, Dictature de Sylla. — 78, Guerre de Sertorius en Espagne. — 73, Spartacus. — 70, Affaire de Verrès, ancien préteur en Sicile. — 67, Pompée détruit les pirates de la Méditerranée. — 63, Conjuration de Catilina; les Romains pénètrent en Judée; Mort de Mithridate. — 60, Formation du premier triumvirat : Pompée, Crassus et César. — 59, Naissance de l'historien Tite-Live à Padoue. — 58, César part pour la conquête des Gaules. — Virgile prend la robe virile. — 53, Défaite de Crassus par les Parthes à la bataille de Carrhes. — 51, Commencement du règne de Cléopâtre, la dernière des Lagides; Prise d'Alésia par César. — 49, César passe le Rubicon. — 48, Pompée, vaincu à Pharsale, se réfugie en Égypte, où il est assassiné. — 46, Dictature de César. — 44, Réformation du Calendrier romain; année de confusion; ère julienne; Assassinat du J. César; Triumvirat d'Antoine, Octave et Lépide; meurtre de Cicéron. — 42, Bataille de Philippes. — 31, Bataille d'Actium (2 septembre). — 30, Mort d'Antoine et de Cléopâtre; réduction de l'Égypte en province romaine.

29 av. J.-C., Octave imperator est seul maître du pouvoir; il ferme le temple de Janus. — 27, Le nom d'Auguste est déféré par le sénat à César-Octave. — 24, Virgile, déjà connu par ses Bucoliques et ses Géorgiques, commence à écrire l'Énéide. — 17, Jeux séculaires pour lesquels Horace compose son Carmen seculare. — 8, Le mois Sextilis reçoit le nom d'Auguste.

An 1er de l'ère chrétienne, Naissance de Jésus-Christ, selon Josèphe. Ainsi que nous le verrons au mot Ère, l'époque précise de la naissance de J.-C. est très controversée. L'opinion vulgairement admise la fixe au 25 décembre 753 de Rome. Cette date est un arrière de quelques années sur la véritable; on la conserve cependant afin de ne pas bouleverser toute la série des dates historiques. — 5 ans ap. J.-C., Mort d'Hérode,

roi des Juifs. — 9, Défaite de Varus. — 14, Auguste fait recenser la population de l'empire; sa mort; avènement de Tibère. — 18, Mort de Tite-Live et de Strabon. — 27, Ponce Pilate est nommé procurateur de la Judée. — 30, Baptême de J.-C. par saint Jean-Baptiste et commencement de ses prédications. — 31, J.-C. choisit ses apôtres. — 33, Sa passion et sa mort. — 36, Saint Pierre fonde l'Église d'Antioche, où les disciples de J.-C. commencent à être appelés Chrétiens. — 37, Saint Paul va conférer avec saint Pierre à Jérusalem; mort de Tibère; Caligula. — 41, Claude. — 42, Saint Pierre vient à Rome, où il établit le siège de l'Église catholique. — 50, Premier concile chrétien tenu à Jérusalem. — 54, Néron. 62, Saint Marc, fondateur de l'Église d'Alexandrie, souffre le martyre. — 64, Néron met le feu à plusieurs quartiers de Rome et en accuse les chrétiens; première persécution générale. — 66, Martyre de saint Pierre et de saint Paul, à Rome; Révolte de la Judée. — 68, Galba. — 69, Othon, Vitellius, Vespasien. — 70, Prise et destruction de Jérusalem par Titus. — 79, Titus; Éruption du Vésuve qui détruit Herculanum, Pompéi, Stabies; mort de Pline le Naturaliste. — 81, Domitien. — 93, Seconde persécution générale des chrétiens. — 95, Les premiers prédicateurs de l'Évangile paraissent vers ce temps dans la Gaule; Exil de l'apôtre saint Jean à Patmos. — 96, Nerva. — 98, Trajan.

107, Troisième persécution; Trajan ne prend aucune mesure nouvelle contre les chrétiens, mais laisse exécuter les édits de ses prédécesseurs. — 117, Adrien. — 120, Plutarque écrit la vie des grands hommes de l'antiquité. — 130, Adrien rétablit Jérusalem sous le nom d'Ælia Capitolina. — 135, Révolte des Juifs; 582,000 individus périssent; dispersion finale du reste; mort de l'historien Tacite. — 138, Antonin. — 161, Marc-Aurèle et Vérus. — 163, Édit de Marc-Aurèle contre les chrétiens, 4e persécution. — 180, Commode. — 193, Pertinax, Didius Julianus, Albinus, Niger, Septime Sévère. — 199, Tertullien publie son Apologétique.

202, Un édit de Septime Sévère commence la 5e persécution des chrétiens. — 211, Caracalla et Géta. — 212, Constitution de Caracalla, qui accorde le titre et les droits de citoyen romain à tous les hommes libres de l'empire. — 217, Macrin. — 218, Héliogabale. — 222, Alexandre-Sévère. — 223, Ardschir ou Artaxerxès, fils de Sassan, fonde l'empire des Perses Sassanides. — 235, Maximin Ier, 6e persécution générale des chrétiens. — 237, Les deux Gordien, Maxime, Balbin. — 238, Gordien III, dit le Pieux. — 241, Première apparition des Francs sur les terres de l'empire; ils sont battus près de Mayence par le tribun Aurélien. — 244, Philippe. 249, Décius; 7e persécution des chrétiens. — 251, Gallus et Volusien. — 252, Novatien, prêtre de Rome, se met en opposition avec le pape Corneille; c'est le premier antipape. — 253, Émilien, Valérien; Concile de Carthage, qui constate la nécessité du baptême pour les enfants. — 257, 8e édit de persécution contre les chrétiens. — 260, Gallien; les 30 Tyrans (260-268). — 268, Claude II; les Gaulois proclament Tétricus empereur, et se déclarent indépendants. — 270, Quintillus, Aurélien. — 273, Mort du Perse Manès, fondateur de la secte des Manichéens; 9e persécution contre les chrétiens; Défaite de Tétricus; soumission de la Gaule; Ruine de Palmyre. — 276, Tacite, Florien, Probus. — 277, Les Francs obtiennent de Probus des établissements dans la Gaule. — 282, Carus. — 283, Carin et Numérien. — 284, Dioclétien. — 285, Insurrection des Bagaudes dans les Gaules. — 286, Maximien Hercule associé avec Dioclétien.

303, 10e et dernière persécution générale contre les chrétiens, ordonnée par Dioclétien. — 305, Constance Chlore et Galérius. — 306, Maxence et Maximien, Sévère III, Constantin Ier, Maximin Daia, Licinius. — 312, Victoire de Constantin sur Maxence. — 319, Arius, prêtre d'Alexandrie, commence à troubler l'Église. — 321, Constantin fonde la puissance civile de l'Église en lui accordant la faculté de recevoir des legs et des donations avec le droit de possession à perpétuité, etc. — 325. Concile de Nicée, qui condamne l'hérésie d'Arius, et règle la discipline de l'Église. — 329, Constantin transporte le siège de l'empire à Byzance, qui prend le nom de Constantinople. — 337, Constantin II, Constant Ier, Constance. — 360, Julien dit l'Apostat, est nommé empereur, à Paris, où il tenait ses quartiers d'hiver depuis trois ans (au palais des Thermes). — 363, Julien entreprend vainement de relever le temple de Jérusalem. — 364, Le territoire de l'empire romain est divisé en deux parties : l'empire d'Orient, cap. Constantinople, et l'empire d'Occident, cap. Rome; Valentinien Ier, en Occident; Valens, en Orient. — 376, Commencement des grandes invasions des Barbares; les Goths, refoulés par les Huns, se présentent aux frontières de l'empire d'Orient. — 375, Gratien et Valentinien II, en Occident. — 378, Bataille d'Andrinople, qui est gagnée par les Goths. — 379, Théodose Iᵉʳ, en Orient. — 383, Maxime, en Occident. — 390, Massacre de Thessalonique et pénitence publique de l'empereur Théodose. — 392, Eugène le Rhéteur, en Gaule et en Italie. — 394, Théodose, en Orient et en Occident ; suppression des Jeux Olympiques et de l'ère des Olympiades.

Histoire du moyen age. — 395, Mort de Théodose ; nouveau partage de l'empire : Honorius, en Occident ; Arcadius, en Orient ; 1ʳᵉ invasion d'Alaric, roi des Goths, en Italie. — 397, Saint Jean Chrysostome, évêque de Constantinople.

403, Abolition des combats de gladiateurs. — 406, Invasion de la Gaule par les Bourguignons, les Alains, les Vandales et les Suèves. — 409, Prise de Rome par Alaric. — 411, Les Vandales et les Suèves se partagent l'Espagne. — 413, Les Bourguignons s'établissent dans la Grande-Séquanaise, qui leur est abandonnée par le gouvernement romain ; les Wisigoths, sous leur roi Ataulf, s'emparent de Toulouse, qui devient la capitale de leur royaume. — 415, Conquête de l'Espagne par les Visigoths. — 418, Commencement de la domination des Francs dans la Gaule. — 421, Mort de saint Jérôme. — 423, Jean, le Secrétaire, en Occident. — 425, Valentinien III, en Occident. — 428, Clodion, chef des Francs. — 429, Invasion des Vandales en Afrique sous leur roi Genséric. — 430, Mort de saint Augustin, évêque d'Hippone. — 438, L'empereur d'Orient, Théodose II, publie le Code théodosien. — 445, Clodion, vainqueur des Romains, s'établit à Amiens. — 448, Avénement de Mérovée, chef des Francs. — 449. Pour la première fois, les Saxons débarquent dans la Grande-Bretagne. — 451, Concile de Chalcédoine, qui condamne l'hérésie d'Eutychès ; Attila, roi des Huns, pénètre en Gaule, d'où il est chassé par les Romains réunis aux Francs et aux Visigoths. — 452, Invasion d'Attila en Italie ; le pape saint Léon sauve Rome ; fondation de Venise. — 455, Pétrone Maxime et Avitus, en Occident ; fondation du royaume anglo-saxon de Kent ; sac de Rome par Genséric, roi des Vandales. — 457, Childéric Iᵉʳ succède à Mérovée ; Majorien, empereur d'Occident. — 461, Libérius Sévère, en Occident. — 467, Anthémius, en Occident. — 472, Olybrius et Glycérius, en Occident. — 474, Julius Népos, en Occident. — 475, Romulus Augustule, dernier empereur d'Occident. — 476, Odoacre, roi des Hérules, met fin à l'empire d'Occident. — 481, Clovis, fils de Childéric. — 486, Clovis, chef des Francs saliens, bat les Romains à Soissons ; fin de la domination romaine dans les Gaules. — 489, Théodoric, roi des Ostrogoths, commence la conquête de l'Italie. — 493, Clovis épouse Clotilde. — Théodoric, vainqueur d'Odoacre, fonde le royaume des Ostrogoths, et choisit Ravenne pour capitale. — 496, Bataille de Tolbiac et conversion des Francs.

500, Clovis envahit le royaume des Bourguignons, qu'il sont battus près de Dijon. — 507, Les Francs battent les Visigoths à Vouillé, près de Poitiers. — 511, Mort de Clovis et partage de ses États entre ses fils : Thierry Iᵉʳ, à Metz ; Clodomir, à Orléans ; Childebert Iᵉʳ, à Paris, et Clotaire Iᵉʳ, à Soissons. — 527, Justinien, empereur d'Orient. — 529, Première publication du Code Justinien. — 533, Justinien publie le Digeste et les Institutes. — 534, Les rois francs Childebert, Clotaire et Théodebert, fils de Thierry, détruisent le royaume des Bourguignons ; Bélisaire, envoyé en Afrique par Justinien, met fin à l'empire des Vandales. — 537, Dédicace de l'église de Sainte-Sophie à Constantinople. — 541, Abolition du consulat par Justinien. — 550, Vers ce temps florissait Lech, que les Slaves Polonais regardent comme le fondateur de leur monarchie. — 552, Fin de la domination des Ostrogoths en Italie ; elle est remplacée par celle de Justinien. — 558, Clotaire Iᵉʳ, seul roi des Francs. — 561, Mort de Clotaire Iᵉʳ, et partage de ses États entre ses fils : Caribert, à Paris ; Gontran, à Orléans ; Sigebert, à Metz ; Chilpéric, à Soissons. — 568, Les Lombards passent de la Pannonie en Italie, où ils fondent un royaume. — 570, Naissance de Mahomet à la Mecque. — 573, Guerre entre les rois francs ; rivalité des reines Frédégonde et Brunehaut. — 575, Childebert II, fils de Sigebert, roi de Metz ou d'Austrasie. — 585, Concile de Mâcon qui enjoint, sous peine d'excommunication, de payer la dîme au clergé. — 587, Conférence et traité d'Andelot entre les princes francs. — 590, Exaltation de saint Grégoire le Grand. — 596, Mort de Childebert II ; ses enfants Thierry II et Théodebert II se partagent ses États.

610, Mahomet commence ses prédications. — 613, Clotaire II, fils de Chilpéric, réunit toute la monarchie des Francs ; le pape Boniface IV emploie pour la première fois

l'Ère chrétienne. — 622, Fuite de Mahomet de la Mecque à Médine ; commencement de l'Hégire ou ère des Mahométans. — 628, Dagobert Iᵉʳ, roi ; Caribert en Aquitaine. — 630, Dagobert fait reviser les lois des Francs ; première rédaction de Capitulaires. — 632, Abou-Bekr, premier calife, publie le Coran et commence la guerre sainte contre les infidèles ; Iesdegerde III, roi de Perse, dernier prince de la dynastie des Sassanides, monte sur le trône ; commencement de l'ère qui porte son nom. — 638, Mort de Dagobert Iᵉʳ ; Sigebert II, roi d'Austrasie ; Clovis II, roi de Neustrie et de Bourgogne, prise de Jérusalem par les Arabes. — 640, Conquête de l'Égypte par les Musulmans, qui détruisent les restes de la Bibliothèque d'Alexandrie. — 656, Childéric II, roi d'Austrasie, et Clotaire III, roi de Neustrie et de Bourgogne. — 670, Thierry III, roi de Neustrie et de Bourgogne. — 672, Attaque de Constantinople par les Arabes ; premier emploi en Europe du feu grégeois. — 674, Dagobert II, dernier roi d'Austrasie (après sa mort, ce pays est gouverné par des ducs jusqu'à la fin de la race mérovingienne). — 680, Schisme des Alides chez les Musulmans. — 687, Pépin d'Héristal, duc d'Austrasie, fonde la puissance de sa maison et détruit de fait l'autorité des princes mérovingiens. — 691, Clovis III, roi de Neustrie et de Bourgogne. — 695, Childebert III succède à Clovis III. — 697, Paul Anafesto, premier doge de Venise. — 698, Carthage est détruite à jamais par les Arabes ; fin de la domination romaine en Afrique.

711, Dagobert III succède à Childebert III. — 711, Les Arabes battent Rodrigue, roi des Visigoths, à Xérès de la Frontera ; cette victoire leur livre l'Espagne. — 715, Chilpéric II succède à Dagobert III ; mort de Pépin d'Héristal ; Charles Martel, son fils naturel, est élu chef par les Francs austrasiens. — 717, Clotaire IV, roi d'Austrasie. — 719, Pélage Iᵉʳ, roi des Asturies, commence contre les Maures la lutte qui se terminera par l'expulsion de ces derniers du sol de l'Espagne. — 720, Thierry IV succède à Chilpéric II ; premières invasions des Arabes dans le midi de la Gaule. — 726, Léon III, dit l'Isaurien, empereur d'Orient, interdit le culte des images ; commencement des querelles des Iconoclastes. — 732, Bataille de Poitiers, où Charles Martel arrête les invasions arabes. — 742, Childéric III succède à Thierry IV.

752, Pépin le Bref, fils de Charles Martel, fait déposer Childéric III, dernier prince de la race de Mérovée, et se fait sacrer roi des Francs par saint Boniface, archevêque de Mayence ; avénement de Dagobert III ; 755, Abdérame fonde le califat de Cordoue ; Commencement de la puissance temporelle des Papes. — 768, Mort de Pépin ; ses fils Carloman et Charlemagne lui succèdent. — 772, Charlemagne, seul roi depuis l'année précédente, commence ses grandes guerres contre les Saxons. — 774, Expédition des Francs en Italie ; destruction du royaume des Lombards. — 778, Campagne de Charlemagne en Espagne ; bataille de Roncevaux. — 785, Fin de la guerre des Saxons ; Witikind se soumet et reçoit le baptême. — 786, Haroun-al-Raschid, calife de Bagdad.

800, Charlemagne proclamé à Rome Empereur d'Occident. — 809, Concile d'Aix-la-Chapelle. — 814, Mort de Charlemagne à Aix-la-Chapelle (28 janv.) ; Louis le Débonnaire. — 833, Louis le Débonnaire est dégradé par ses fils, qui l'enferment dans un monastère. — 834, Il est rétabli sur le trône. — 837, Les Normands s'emparent de l'île de Walcheren. — 838, Hastings, un de leurs chefs, les conduit dans le bassin de la Loire qui est pillé jusqu'à Tours. — 840, Mort de Louis le Débonnaire ; Charles II, dit le Chauve, roi. — 841, Guerre entre ce prince et ses frères. — 843, Traité de Verdun, qui termine cette guerre et partage l'empire de Charlemagne en trois États distincts : royaume de France, à Charles le Chauve ; royaume d'Allemagne, à Louis le Germanique ; royaume de Lorraine et d'Italie, à Lothaire. — 845, Les Normands pénètrent jusqu'aux portes de Paris, où ils pillent l'abbaye de Saint-Germain-des-Prés. — 847, La faiblesse du pouvoir central favorise la formation du système féodal, qui est déjà en train de s'organiser. — 847, Nomenoé, duc des Bretons, se fait proclamer roi de Bretagne, et sépare cette province du royaume de France. — 861, Robert le Fort obtient du Chauve le duché de France à titre héréditaire. — 864, Assemblée de Pistes, qui ordonne aux seigneurs de démolir leurs châteaux forts. — 865, Rurik fortifie Novogorod, où il établit sa résidence ; c'est le fondateur de l'empire russe. — 866, Eudes succède à son père Robert le Fort. — 875, Charles le Chauve, empereur. — 877, Capitulaire de Kiersy-sur-Oise, qui consacre l'hérédité des fiefs ; mort de Charles le Chauve ; Louis II, dit le Bègue, roi. — 878, Alfred le Grand, roi de la Grande-Bretagne. — 879, Louis III, roi de France ; Boson, comte de

Provence, prend le titre de roi d'Arles et de Provence. — 884, CHARLES, dit le Gros, empereur. — 885, Les Normands attaquent Paris, qui doit son salut à l'évêque Gozlin et au comte Eudes. — 887, Déposition de Charles le Gros à la diète de Tribur en Souabe; EUDES, élu roi de France. — 893, CHARLES le Simple, roi de France.

909. Élévation, par Obeïdallah, des Fatimites au califat d'Afrique. — 911, Par le traité de Saint-Clair-sur-Epte, Rollon, chef des Normands, obtient de Charles le Simple l'autorisation de s'établir, avec ses compagnons, dans la partie de la Neustrie qui, du nom de sa nation, a été depuis appelée Normandie; fin des ravages des Normands. — 922, ROBERT, frère d'Eudes, roi de France. — 923, RAOUL ou RODOLPHE, duc de Bourgogne, lui succède. — 924, Avénement d'Athelstan, qui, le premier, prendra le titre de roi d'Angleterre. — 936, LOUIS IV, dit d'Outremer, fils de Charles le Simple, roi. — 954, LOTHAIRE, fils de Louis d'Outremer. — 959, Mort de l'empereur grec Constantin Porphyrogénète. — 962, L'empire d'Occident passe aux princes allemands par Othon Ier; origine de l'empire d'Allemagne. — 969, Fondation du Caire. — 982, Fondation d'une colonie islandaise au Groënland. — 986, LOUIS V, dit le Fainéant, dernier roi de la deuxième race. — 987, HUGUES CAPET, duc de France et comte de Paris, est proclamé roi et sacré à Reims. — 989, Conversion des Russes au christianisme. — 991, Avénement de la dynastie des Gaznévides en Orient. — 993, Les Papes s'attribuent le droit exclusif de canonisation. — 994, Un concile propose la Trêve de Dieu. — 996, ROBERT II, dit le Pieux, succède à son père Hugues Capet. — 998, Excommunication de Robert, dont le mariage avec Berthe, sa cousine, est dissous; la France est, pour la première fois, mise en interdit. — 999, Gerbert, 1er pape français sous le nom de Silvestre II.

1000, Étienne, premier roi de Hongrie; Époque du poëte persan Ferdoucy. — 1001, L'Islandais Biorn découvre l'Amérique du Nord. — 1016, Premières expéditions des Normands en Italie. — 1020, Introduction du christianisme en Norvège. — 1028, Guido d'Arezzo substitue les notes aux lettres pour écrire la musique. — 1030, Horrible famine en France. — 1031, Mort de Robert (20 juillet), et avénement de son fils HENRI Ier; Démembrement du califat d'Espagne. — 1041, Plusieurs conciles sont tenus en France pour établir la Trêve de Dieu. — 1054, Consommation définitive du schisme qui a séparé les Grecs de l'Église catholique. — 1059, Nicolas II règle l'élection des papes; il reçoit pour vassaux les Normands de la Pouille; origine du royaume de Naples. — 1060, Mort de Henri Ier (4 août); son fils PHILIPPE Ier lui succède. — 1066, Bataille d'Hastings (14 octobre), où est tué Harold, roi d'Angleterre et successeur d'Édouard le Confesseur; conquête de l'Angleterre par Guillaume le Bâtard, duc de Normandie.

1073, Élection du pape Grégoire VII; Établissement d'une commune au Mans. — 1075, Commencement de l'Ère persane dite Djélaléenne ou Malakéenne. — 1076, Grégoire VII excommunie et dépose Henri IV, empereur d'Allemagne. — 1078, Nestor, moine de Kief, écrit sa Chronique, premier monument de l'histoire de Russie. — 1087, Guillaume le Conquérant attaque la France; sa mort. — 1090, Fondation de la secte des Assassins, en Orient. — 1094, Excommunication de Philippe, à cause de son mariage avec Bertrade, femme du comte d'Anjou. — 1095, Conciles de Plaisance et de Clermont en Auvergne; le pape Urbain II y prêche la première croisade. — 1096, Massacre des Juifs; départ des Croisés. — 1099, Prise de Jérusalem (15 juillet); fondation du royaume latin de Jérusalem; rédaction du code dit des Assises de Jérusalem.

1100, Création de l'ordre des Hospitaliers de Saint-Jean-de-Jérusalem. — 1108, Mort de Philippe Ier (3 août); son fils LOUIS VI, dit le Gros, lui succède. — 1111, Établissement des communes de Laon et d'Amiens; nouvelles hostilités entre les rois de France et d'Angleterre. — 1118, Fondation de l'ordre des Chevaliers du Temple. — 1137, Mort de Louis le Gros (1er août); avénement de Louis VII, dit le Jeune. — 1138, Commencement de la rivalité des Guelfes et des Gibelins. — 1146, Assemblée de Vézelay, où la 2e croisade est résolue; départ de saint Louis. — 1147, Départ de Louis VII pour la croisade. — 1148, Défaite des croisés à Laodicée; destruction de l'armée française à Satalie. — 1150, Retour de Louis VII. — 1152, Divorce de Louis VII et d'Éléonore de Guyenne, qui épouse Henri Plantagenet, duc de Normandie et futur roi d'Angleterre. — 1153, Mort de saint Bernard. — 1171, 1re invasion de l'Irlande par les Anglais; Fondation de la banque de Venise. — 1173, Saladin se fait sultan d'Égypte. — 1178, Couronnement de l'empereur Frédéric Barberousse à Arles et à Vienne. — 1180, Mort de Louis VII (18 sept.); PHILIPPE II, dit Auguste, roi

de France. — 1183, Expulsion des Juifs. — 1184, Guerre entre Philippe-Auguste et le comte de Flandre, qui lui cède le Vermandois. — 1187, Saladin bat les chrétiens à Tibériade, et s'empare de Jérusalem. — 1188, Philippe-Auguste lève la dîme saladine pour la guerre sainte. — 1190, Traité entre Philippe-Auguste et Richard Cœur de Lion, roi d'Angleterre; les deux princes partent pour la 3e croisade: Création de l'Ordre Teutonique. — 1191, Prise de Saint-Jean-d'Acre par les deux rois; Philippe revient en France. — 1192, Captivité de Richard en Allemagne. — 1193, Philippe-Auguste divorce avec sa femme Ingelburge. — 1194, Il crée le dépôt des Archives. — 1196, Il épouse Agnès de Méranie. — 1198, Prémislas, 1er roi de Bohême. — 1199, Mort de Richard; avénement de Jean sans Terre au trône d'Angleterre.

1200, Le pape Innocent III met la France en interdit; Philippe reprend Ingelburge et le pape lève l'interdit. — 1201, Quatrième croisade. — 1204, Prise de Constantinople par les croisés (mars); Baudouin, comte de Flandre, est élu empereur de Constantinople; Conquête de la Normandie et du Poitou par Philippe-Auguste. — 1208, Assassinat de Pierre de Castelnau, légat d'Innocent III, par des chevaliers de la suite de Raymond VI, comte de Toulouse; il est le prétexte de la prédication de la croisade dite des Albigeois, contre ce prince. — 1209, Sac de Béziers par les croisés. — 1213, Bataille de Muret et victoire de Simon de Montfort; les croisés, vainqueurs, font la conquête de presque tout le midi de la France. — 1214, Philippe-Auguste bat à Bouvines les armées réunies de l'empereur d'Allemagne Othon IV et des comtes de Flandre et de Boulogne (27 août). — 1215, Les barons anglais forcent le roi Jean à signer la Grande Charte; Gengis-Khan s'empare de Pékin; 4e concile de Latran. — 1222, Mort de Philippe-Auguste (14 juill.); LOUIS VIII, dit le Lion, roi de France. — 1226, Louis VIII assiége et prend Avignon; sa mort (8 nov.); avénement de LOUIS IX, le Saint. — 1227, Mort de Gengis-Khan et partage du vaste empire mongol. — 1229, Établissement de l'Inquisition à Toulouse. — 1230, Par le traité de Paris, Raymond VII, comte de Toulouse, cède la Provence à Louis IX et prépare, par le mariage de sa fille avec Alphonse, frère du roi, la réunion du Languedoc à la couronne; Réunion des royaumes de Léon et de Castille. — 1233, Hermann de Salza, grand maître de l'Ordre Teutonique, donne à la Prusse ses premières lois. — 1235, Famine et épidémie (mal des ardents); Invasion et ravage de la Russie par les Mongols, sous leur chef Batou-Khan. — 1241, L'invasion mongole atteint la Hongrie et la Silésie. — 1242, Victoires de saint Louis à Taillebourg et à Saintes, sur le comte de la Marche et Henri III, roi d'Angleterre. — 1245, Concile de Lyon présidé par Innocent IV. — 1248, Départ de saint Louis pour la croisade (12 juin). — 1249, Prise de Damiette. — 1250, Défaite des croisés à Mansourah; captivité du roi de France. — 1251, Soulèvement des Pastoureaux. — 1253, Robert Sorbon fonde la Sorbonne. — 1254, Retour de saint Louis en France; ordonnance pour la réformation de la justice. — 1257, Saint Louis réprime l'usage des guerres privées en établissant la quarantaine-le-roi. — 1260, Étienne Boileau, prévôt des marchands à Paris, fait rédiger les statuts des corporations de cette ville. — 1261, Prise de Constantinople sur les Latins par les Grecs. — 1264, Le pape donne la couronne de Sicile à Charles d'Anjou. — 1266, Conquête des Deux-Siciles. — 1270, Croisade de Tunis; mort de saint Louis (25 août); son fils, PHILIPPE III, dit le Hardi, lui succède.

1271, Le Vénitien Marco Polo part pour son voyage de Tartarie, de Chine, etc.; mort d'Alphonse, comte de Toulouse; réunion du Languedoc à la couronne. — 1273, Cession du comtat Venaissin au pape; Persécution des Vaudois; Avénement de la maison de Habsbourg à l'empire d'Allemagne. — 1274, Second concile œcuménique de Lyon. — 1282, Massacre des Français en Sicile, dit Vêpres siciliennes. — 1285, Mort de Philippe III (6 oct.); avénement de PHILIPPE IV, dit le Bel. — 1291, Organisation du parlement de Paris; Prise de Saint-Jean-d'Acre; le sultan d'Égypte met fin à la domination des chrétiens en Palestine. — 1297, Canonisation de Philippe le Bel avec le pape Boniface VIII. — 1297, Canonisation de saint Louis.

1300, Dante Alighieri achève son poëme de la Divine Comédie. — 1302, États généraux à Paris, au sujet des démêlés avec le pape. — 1304, Nouvelle assemblée des États généraux. — 1307, Révolte de la Suisse contre l'empereur Albert; conspiration du Greutli; Arrestation des Templiers de France. — 1308, États généraux de Tours. — 1309, Clément V transporte le siège de la Papauté à Avignon. — 1312, Concile général de Vienne; abolition de l'ordre du Temple. — 1314, Supplice de Jacques Molay, grand maître des Templiers; États généraux à Paris; Mort de Philippe le Bel (27 nov.); avènement de Louis X, dit *le Hutin*.

1316, Mort de Louis le Hutin (5 juin); interprétation de la loi salique : les filles sont déclarées exclues de la couronne de France; avènement de PHILIPPE V, dit *le Long*. — 1320, Wladislas Lokelek prend le titre de roi de Pologne. — 1321, États généraux à Poitiers. — 1322, Mort de Philippe V (3 janv.), son frère CHARLES IV, dit *le Bel*, lui succède. — 1325, Première mention authentique de l'emploi de la poudre à canon (titre florentin du 11 fév.). — 1328, Mort de Charles IV (31 janv.); PHILIPPE VI, le premier des Valois, est proclamé roi par les États (1er avril). — 1233, Les Turcs s'emparent de Nicée. — 1338, Premier emploi de la poudre à canon en France au siège de Puy-Guillaume. — 1339, Édouard III, roi d'Angleterre, prend le titre de roi de France; commencement de la guerre de Cent ans. — 1343, Établissement de la gabelle sur le sel. — 1345, Découverte des îles Canaries. —1346, Bataille de Crécy; premier emploi de l'artillerie à feu sur les champs de bataille (26 août). — 1348, Ravages de la peste, dite *Peste de Florence*. — 1349, Cession du Dauphiné et de la seigneurie de Montpellier à la couronne. — 1350, Mort de Philippe de Valois (22 août), et avènement de JEAN, dit *le Bon*. — 1351, États généraux à Paris. — 1356, L'empereur Charles IV publie la *Bulle d'or*; Bataille de Poitiers (19 sept.) et captivité du roi Jean. — 1357, Nouvelles assemblées des États généraux. — 1359, La *Jacquerie*. — 1360, Traité de Brétigny qui met momentanément fin à la guerre entre la France et l'Angleterre. — 1361, Réunion de la Bourgogne et de la Champagne au domaine royal. — 1363, Tamerlan devient Khan des Mongols. — 1364, Mort du roi Jean, en Angleterre (8 av.), son fils CHARLES V, dit *le Sage*, lui succède. — 1369, États généraux à Paris; reprise de la guerre avec les Anglais. — 1372, Conquête de l'Aunis et de la Saintonge sur les Anglais, à la suite des victoires de Duguesclin. — 1374, Réunion du duché d'Orléans à la couronne. — 1377, Grégoire XI reporte le siège de la papauté à Rome. — 1378, *Schisme d'Occident*, qui doit durer 40 ans. — 1380. Mort de Charles V (16 sept.), avènement de CHARLES VI, États généraux et soulèvement à Paris. — 1385, Mariage de Charles VI avec Isabeau de Bavière. — 1392, Expédition contre le duc de Bretagne, pendant laquelle le roi tombe en démence. — 1395, Premier concile national tenu à Paris; Gênes se donne à la France; Bataille de Nicopoli, en Hongrie, contre Bajazet 1er, où périt la fleur de la noblesse française. — 1397, Union de Calmar qui prononce la réunion des trois royaumes scandinaves.

1407, Le duc de Bourgogne Jean sans Peur fait assassiner le duc d'Orléans, frère du roi. — 1410, Gênes reprend son indépendance; Guerre civile en France. — 1413, Concile de Constance. — 1415, Descente d'Henri V, roi d'Angleterre, en France; désastre d'Azincourt (25 oct.); Jean Huss brûlé à Constance. — 1417, Les Portugais découvrent les îles de Madère. — 1420, Traité de Troyes (21 mai) par lequel Charles VI déshérite son fils au profit de Henri V, roi d'Angleterre, et donne à ce dernier sa fille en mariage; ce traité est ratifié par les États généraux, entrée de Henri V à Paris. — 1422, Mort de Henri V (31 août) et de Charles VI (21 oct.). CHARLES VII et Henri VI sont proclamés rois de France. — 1428, Siège d'Orléans par les Anglais. — 1429, Jeanne d'Arc délivre Orléans (13 mai); sacre de Charles VII à Reims (17 juill.). — 1430, Jeanne d'Arc est prise par les Bourguignons et vendue aux Anglais — 1431, Jeanne d'Arc est brûlée vive (30 mai). — 1436, Charles VII reprend Paris aux Anglais. — 1438, Assemblée de Bourges, où se rédige la *Pragmatique Sanction* qui porte le nom de cette ville. — 1444, Traité d'Ensisheim entre la France et les Ligues suisses. — 1445, Nouvelle organisation de l'armée. — 1448, Découverte des îles Açores. — 1450, Les Anglais sont chassés de la Normandie; Maso Finiguerra, orfèvre à Florence, trouve le secret de la gravure en taille-douce; Invention de l'imprimerie : Guttenberg, Jean Fust et Pierre Schœffer publient à Mayence la première édition de la *Bible*, dite sans date, imprimée en caractères mobiles; Découverte des îles du Cap-Vert. — 1453, Condamnation et exil de Jacques Cœur; Défaite des Anglais à Castillon, près de Bordeaux; elle met un terme à la domination anglaise en France; Prise de Constantinople par Mahomet II, empereur des Turcs (29 mai).

HISTOIRE MODERNE. — 1454, Charles VII fait commencer la rédaction des Coutumes de France. — 1455, Commencement de la guerre des *Deux-Roses* en Angleterre. — Réunion du Dauphiné à la France (8 avril); Descente des Français en Angleterre; Fust et Schœffer impriment à Mayence une édition du Psautier; c'est le premier livre imprimé qui porte une date.

— 1461, Mort de Charles VII (22 juill.); son fils Louis XI lui succède; il révoque la *Pragmatique Sanction*. — 1463, Cession du Roussillon et de la Cerdagne à la France. — 1465, La noblesse de France forme contre Louis XI la *Ligue* dite *du Bien public*. — 1470, L'imprimerie s'introduit à Paris sous Louis XI, qui établit en même temps à Tours les premières fabriques de soieries qu'ait eues la France. — 1472, Réunion de la Guienne à la France. —1476, Charles le Téméraire, duc de Bourgogne, est vaincu à Granson et à Morat par les Suisses.— 1477, Réunion de la Bourgogne à la France après la mort de Charles le Téméraire, au siège de Nancy. — 1480, Établissement de la poste aux lettres en France. — 1481, Réunion de la Provence à la couronne; mort de Louis XI (30 août), son fils CHARLES VIII lui succède. — 1484, États généraux de Tours. — 1486, Découverte du cap de Bonne-Espérance par le Portugais Barthélemy Diaz. —1487, Fin du royaume franc de Chypre par la cession de cette île aux Vénitiens. — 1491, Mariage de Charles VIII avec Anne de Bretagne; réunion de la Bretagne à la France. — 1492, Prise de Grenade par Ferdinand le Catholique et Isabelle de Castille, et fin de la domination des Maures en Espagne; Christophe Colomb commence ses grandes découvertes pour le compte et au nom des mêmes princes : parti le 3 août du port de Palos en Andalousie, il aborde le 12 octobre suivant à Guanahani, l'une des îles Lucayes ou Bahama, qu'il appelle San-Salvador; l'Amérique est découverte. — 1494, Charles VIII passe les Alpes; commencement des guerres d'Italie. — 1496, Sébastien Cabot découvre l'île de Terre-Neuve. — 1497, Améric Vespuce, Florentin au service de l'Espagne, reconnaît une partie des côtes du Nord-Ouest de l'Amérique méridionale; le Portugais Vasco de Gama double le cap de Bonne-Espérance et découvre la route de l'Inde. — 1498, Mort de Charles VIII (7 av.); Louis XII lui succède. — 1499, Son mariage avec Anne de Bretagne; expédition en Italie.

1500, Le Portugais Alvarez Cabral découvre le Brésil. — 1503, Les Français abandonnent Naples, qui reste à la maison d'Aragon. — 1506, Le pape Jules II pose la première pierre de Saint-Pierre de Rome; Découverte des îles de Madagascar et de Ceylan. — 1508, *Ligue de Cambrai* contre Venise. — 1510, *Sainte Ligue* contre la France. — 1511, Découverte des îles de la Sonde et des Moluques; Conquête du grand Albuquerque dans l'Inde; il soumet Malacca à la domination portugaise. — 1513, L'espagnol Nunez de Balboa traverse le premier l'isthme de Panama et découvre le Grand Océan; Avènement du pape Jean de Médicis, sous le nom de Léon X. — 1515, Mort de Louis XII (1er juin); avènement de FRANÇOIS 1er. — 1516, Concordat entre François 1er et Léon X; Découverte du Pérou.

1517, Premières prédications de Martin Luther; Découverte du Mexique et de la Chine. — 1518, Diète d'Augsbourg; Réunion de l'Égypte à l'empire Ottoman. — 1519, Élection de Charles-Quint à l'empire; Invasion du Mexique par Fernand Cortès. — 1520, Luther brûle publiquement à Wittemberg la bulle lancée contre lui par le pape; Entrevue du *Camp du Drap d'or* entre François 1er et Henri VIII; Magellan découvre le détroit qui porte son nom et traverse le premier le Grand Océan. — 1521, Commencement des guerres de la France avec la maison d'Autriche. — 1522, Siège de Rhodes par les Turcs; Création des premières rentes perpétuelles sur l'Hôtel de ville (27 sept.). — 1525, Bataille de Pavie et captivité de François 1er. — 1526, Traité de Madrid. — 1527, Réunion du duché de Bourbon à la couronne. — 1529, L'Espagnol François Pizarro entreprend la conquête du Pérou; Siège de Vienne par les Turcs. — 1530, Diète d'Augsbourg; Charles-Quint donne l'île de Malte aux chevaliers de Saint-Jean-de-Jérusalem; François 1er fonde le *Collège de France* et l'*Imprimerie Nationale*. — 1531, Henri VIII est reconnu chef de l'Église d'Angleterre par le Parlement. — 1532, Réunion définitive de la Bretagne à la couronne; Henri d'Orléans, fils de François 1er, épouse Catherine de Médicis, nièce du pape Clément VII. — 1534, Ignace de Loyola fonde la compagnie de Jésus. — 1535, Calvin commence à répandre ses doctrines. — 1537, Alliance de François 1er avec le sultan Soliman II. 1539, Ordonnance de Villers-Cotterets qui prescrit l'usage exclusif de la langue française dans les cours et tribunaux. — 1540, Le Pape Paul III approuve les statuts des Jésuites. — 1541, Expédition désastreuse de Charles-Quint contre Alger. — 1542, Découverte du Japon par le Portugais Antoine de Mota. — 1543, Copernic publie le célèbre ouvrage où est exposé le véritable système du monde; mort de Copernic. — 1545, Ouverture du concile de Trente; Massacre des Vaudois à Mérindol, Cabrières et La Coste; Ivan IV, empereur de Russie, prend le titre de Czar ou Tzar, que ses successeurs ne quitteront plus. — 1547, Conspiration de Fiesque à Gênes (1er janv.); Mort de Henri VIII d'Angleterre (29 janv.); son successeur, Édouard VI, traite avec la France; Mort de François Ier (31 mars); son fils Henri II lui succède. — 1549, Plusieurs protestants périssent sur le bûcher à Paris. — 1552, Représentation de la 1re tragédie française, la Cléopâtre, de Jodelle; Édit donné à Châteaubriant contre les protestants; Invasion de la Hongrie par Soliman II. — 1553, Calvin fait brûler Michel Servet à Genève. — 1555, Première église protestante à Paris. — 1556, Abdication de Charles-Quint; avènement de Philippe II. — 1558, Le duc de Guise enlève Calais aux Anglais; Mort de Marie Tudor, reine d'Angleterre; Élisabeth lui succède. — 1559, Paix de Câteau-Cambrésis; Le parlement anglais proscrit la religion catholique; Mort de Henri II, blessé dans un tournoi; François II lui succède; Poursuites contre les protestants; supplice d'Anne Dubourg conseiller au Parlement de Paris. — 1560, Conjuration d'Amboise par les protestants; mort de François II (5 déc.); avènement de Charles IX, sous la régence de Catherine de Médicis; États généraux à Orléans. — 1561, Colloque de Poissy. — 1562, Massacre de Vassy; commencement des guerres de religion. — 1563, Clôture du concile de Trente. — 1564, Édit de Roussillon par lequel Charles IX fixe au 1er janv. le commencement de l'année. — 1565, Siège de Malte. — 1566, Ordonnance de Moulins sur l'administration de la justice; réformes du chancelier de l'Hôpital; Révolte des Pays-Bas contre l'Espagne. — 1569, Henri de Béarn, fils de Jeanne d'Albret, est reconnu chef des protestants de France. — 1571, Bataille de Lépante. — 1572, Mariage du roi de Navarre (Henri IV) avec Marguerite de Valois (18 août); massacre de la Saint-Barthélemy (24 août). — 1573, Mort de Charles IX (30 mai); son frère Henri III lui succède. — 1575, Torquato Tasso achève le poème de la Jérusalem délivrée. — 1576, Institution de la Ligue, dont le premier formulaire est signé à Péronne; États généraux à Blois. — 1577, L'Anglais Drake exécute son voyage autour du monde et découvre le cap Horn. — 1579, Les Provinces Bataves se constituent en république sous l'administration d'un stathouder. — 1580, Premier emploi des Pétards au siège de Cahors par Henri de Navarre. — 1582, Fondation, à Florence, de l'Académie de la Crusca; Grégoire XIII réforme le calendrier. — 1584, Premier établissement des Anglais en Amérique. — 1585, Institution du conseil des Seize, à Paris. — 1587, Supplice de Marie Stuart. — 1588, Journée des Barricades, Henri III chassé de Paris; États de Blois; Assassinat du duc de Guise. — 1589, Assassinat de Henri III par Jacques Clément; avènement de Henri IV, 1er roi de la maison de Bourbon; bataille d'Arques. — 1593, Abjuration de Henri IV (25 juil.). — 1594, Entrée de Henri IV à Paris. — 1597, Découverte du Spitzberg. — 1598, Paix de Vervins entre la France et l'Espagne; Henri IV publie l'Édit de Nantes. — 1599, Sully, surintendant des finances.

1600, Création de la compagnie des Indes-Orientales en Angleterre. — 1601, Acquisition de la Bresse et du Bugey; Mariage de Henri IV avec Marie de Médicis. — 1603, Avènement des Stuarts au trône d'Angleterre par Jacques Ier; Mort du Français Viète, créateur de l'algèbre moderne — 1604, Introduction du ver à soie et du mûrier en France; 1re colonie française au Canada. — 1605, Création du Mercure de France, le plus ancien journal publié en France. — 1606, Invention de la lunette d'approche par le Hollandais Lippershey. — 1609, Alliance de Henri IV avec les protestants d'Allemagne; Expulsion définitive des Maures de l'Espagne entière; Galilée construit sa lunette astronomique. — 1610, Assassinat de Henri IV par Ravaillac (14 mai); avènement de Louis XIII, sous la régence de Marie de Médicis. — 1613, Avènement de la maison de Romanow au trône de Russie. — 1614, Dernière réunion des États généraux à Paris avant 1789. — 1618, La maison de Brandebourg obtient le duché de Prusse; Commencement des colonies de l'Angleterre dans l'Amérique du Nord. — 1620, Réunion du Béarn et de la Basse-Navarre à la couronne. — 1621, Guerre de religion en France. — 1622, Pacification et confirmation de l'édit de Nantes. — 1624, Le cardinal de Richelieu entre au conseil de Louis XIII. — 1625, Charles Ier, roi d'Angleterre. — 1628, Prise de La Rochelle. — 1630, Commencement de la période suédoise de la Guerre de Trente ans — 1633, Procès et condamnation de Galilée. — 1635, Institution de l'Académie française et du Jardin des Plantes, à Paris; Commencement de la période française de la guerre de Trente ans. — 1636, 1re représentation du Cid de P. Corneille. — 1637, Publication du Discours de la méthode de Descartes. — 1639, Établissement de la Bourse de commerce de Paris. — 1640, Le Portugal secoue le joug de l'Espagne; la maison de Bragance parvient au trône. — 1642, Charles Ier, roi d'Angleterre, sort de Londres; commencement de la guerre entre ce prince et le Parlement. — 1642, Découverte de la Terre de Van-Diémen, par le Hollandais Tasman; Mort de Richelieu (4 déc.); entrée de Mazarin au conseil. — 1643, Mort de Louis XIII (14 mai), et avènement de Louis XIV, dit le Grand, sous la régence d'Anne d'Autriche; Bataille de Rocroi gagnée par le grand Condé sur les Espagnols; Mazarin, premier ministre. — 1647, Révolte des Napolitains, sous Thomas Aniello ou Masaniello, contre le gouvernement espagnol. — 1648, Paix de Westphalie, qui met fin à la Guerre de Trente ans; les Provinces-Unies sont reconnues indépendantes; l'Alsace est réunie à la France; affaiblissement de la maison d'Autriche.

1649, Exécution de Charles Ier, roi d'Angleterre; abolition de la royauté par le parlement qui nomme Cromwell généralissime; Troubles de la Fronde en France. — 1653, Cromwell élu Protecteur d'Angleterre; Condamnation, par Innocent X, des cinq propositions de Jansénius, évêque d'Ypres, sur la grâce et le libre arbitre. — 1654, La reine Christine de Suède abdique. — 1657, Alliance de Louis XIV avec Cromwell. — 1658, Mort de Cromwell; son fils Richard lui succède. — 1659, Paix des Pyrénées entre la France et l'Espagne. — 1660, Rétablissement de la royauté en Angleterre, et avènement de Charles II; Révolution en Danemark, qui confère au roi un pouvoir absolu. — 1661, Mort de Mazarin; Colbert, contrôleur général des finances. — 1662, Le duc de Lorraine cède au roi les duchés de Lorraine et de Bar. — 1663, Fondation de l'Académie des inscriptions et belles-lettres. — 1664, Ouverture des travaux du canal du Languedoc; Première carte géologique publiée par l'abbé Coulon. — 1665, Création du Journal des savants, par Denys de Sallo, conseiller au parlement de Paris; Commencement de la colonnade du Louvre, par Claude Perrault; Établissement de la manufacture de glaces de Saint-Gobain. — 1666, Un incendie détruit une grande partie de Londres; Établissement de l'Académie des sciences de Paris; Paix de Bréda. — 1667, Mort de Philippe IV, roi d'Espagne. — 1668, Conquête de la Franche-Comté; traité d'Aix-la-Chapelle entre la France et l'Espagne. — 1669, Prise de Candie, par les Turcs. — 1671, Fondation de l'Académie d'architecture. — 1672, Guerre de la France avec la Hollande, qui nomme Guillaume d'Orange stathouder; Fondation de l'Académie nationale de musique, par Lulli. — 1673, 1re exposition publique des Beaux-Arts à Paris. — 1674, Jean Sobieski est élu roi de Pologne. — 1675, Mort de Turenne à Saltzbach; Vitesse de la lumière déterminée par Roemer. — 1678, Paix de Nimègue, qui termine la guerre de la France avec la Hollande. — 1679, Le parlement anglais arrache au roi le bill de l'Habeas corpus, qui interdit tout emprisonnement arbitraire. — 1680, Chambre ardente pour les affaires d'empoisonnement (11 janv.); Premiers actes du roi d'Angleterre contre les protestants. — 1682, Assemblée du clergé de France, qui arrête les quatre propositions dites de l'Église gallicane; Bombardement d'Alger, par Duquesne; Pierre Ier, dit le Grand, parvient au trône de Russie. — 1683, Siège de Vienne par les Turcs, qui sont défaits par Jean Sobieski, roi de Pologne; Mort de Colbert; Déclaration de guerre de l'Espagne. — 1685, Avènement de Jacques II, roi d'Angleterre; Révocation de l'Édit de Nantes. — 1686, Ligue d'Augsbourg contre la France. — 1687, Newton publie ses Principes mathématiques; La couronne de Hongrie passe à l'Autriche. — 1688, Descente de Guillaume, prince d'Orange et stathouder, en Angleterre, et expulsion du roi Jacques II. — 1689, Élection de Guillaume III au trône de la Grande-Bretagne; il signe la Déclaration des droits; Sac du Palatinat ordonné par Louvois; Pierre Ier, seul czar de toutes les Russies. — 1692, Défaite de la flotte française à la Hougue; Victoire de Steinkerque. — 1693, Victoires de Nerwinde et de Marsaille. — 1694, Création de la Banque de Londres. — 1697, Paix de Ryswick entre la Hollande, l'Angleterre, l'Espagne et la France. — 1699, Paix de Carlowitz entre la Turquie, la Russie, la Pologne et la République de Venise.

1700, Mort de Charles II, roi d'Espagne, qui institue pour son successeur Philippe d'Anjou, second fils du dauphin; ce prince est proclamé sous le nom de Philippe V. — 1701, Guerre de la succession d'Espagne entre la France et l'Autriche, à laquelle toute l'Europe ne tarde pas à prendre part; Frédéric III, électeur de Brandebourg, se déclare roi de Prusse, et prend solennellement la couronne à Kœnigsberg. — 1702, Commencement de la révolte des Camisards dans les Cévennes. — 1703, Fondation de Saint-Pétersbourg, par Pierre le Grand. — 1704, Mort de Bossuet; Prise de Gibraltar par les Anglais; Stanislas Leczinski, roi de Pologne. — 1705, Acte d'union de l'Angleterre et de l'Écosse. — 1708, Prise de Lille par le prince Eugène. — 1709, Défaite de Charles XII, roi de Suède, par les Russes, à Pultawa; Mauvais état des affaires de Louis XIV. — 1710, Continuation des succès des puissances coalisées contre la France; Victoire de Vendôme à Villaviciosa (10 déc.). — 1711, Mort du dauphin. — 1712, Mort de la duchesse et du duc de Bourgogne; Victoire de Villars à Denain (24 juil.). — 1713, Paix d'Utrecht; Découverte d'Herculanum, l'une des villes englouties par le Vésuve, l'an 79; Avènement de Frédéric Ier le Grand, roi de Prusse. — 1714, Traité de Rastadt; fin de la guerre de la succession; Avènement de la maison de Hanovre au trône d'Angleterre. — 1715, Mort de Louis XIV (1er sept.); son arrière-petit-fils, Louis XV, lui succède; le parlement donne la régence au duc d'Orléans. — 1716, Banque de Law. — 1717, Traité de la triple alliance, entre la France, l'Angleterre et la Hollande; Voyage du czar Pierre à Paris; Victoire de Belgrade remportée par le prince Eugène sur les Turcs. — 1718, Traité de la quadruple alliance entre la France, l'Angleterre, l'empereur et la Hollande; Traité de Passarowitz entre l'Autriche, Venise et la Turquie; Conspiration de Cellamare. — 1719, Les états de Suède élisent Ulrique après la mort de Charles XII. — 1720, Frédéric Ier, l'époux d'Ulrique est associé au trône; Law, contrôleur général des finances; Peste de Marseille. — 1721, Banqueroute publique; Le czar se déclare chef suprême de la religion dans ses États. — 1725, Mort de Pierre le Grand, et avènement de sa veuve, Catherine Ire. — 1729, Naissance du dauphin, père de Louis XVI, de Louis XVIII et de Charles X. — 1730, La constitution Unigenitus est déclarée loi de l'Église et de l'État; Les Corses s'insurgent contre Gènes. — 1731, Un bill du parlement d'Angleterre introduit la langue nationale dans les tribunaux, où on n'avait jusqu'alors fait usage que du latin. — 1736, Guerre de la Russie contre la Porte; Des astronomes français, Clairaut, Outhier et Maupertuis, sont envoyés dans le nord de l'Europe, et d'autres, Bouguer et de La Condamine, au Pérou pour mesurer un arc du méridien, afin de déterminer la forme de la terre. — 1737, Établissement de la Loterie royale; La maison de Lorraine est appelée au trône de Toscane. — 1738, Traité de Vienne qui termine la guerre de la Succession de Pologne, et cède la Lorraine à la France. — 1739, Guerre entre l'Espagne et l'Angleterre; Paix de Belgrade entre l'empereur, la Russie et la Porte. — 1740, Mort de l'empereur Charles VI; guerre dite de la Succession d'Autriche contre Marie-Thérèse. — 1745, Victoire de Fontenoy sur les Anglais; Expédition de Charles-Édouard en Écosse. — 1746, Gênes s'érige en république après avoir chassé les Autrichiens; Défaite du prétendant à Culloden. — 1748, Traité d'Aix-la-Chapelle, qui termine la guerre de la succession d'Autriche. — 1751, La maison de Holstein-Gottorp est appelée au trône de Suède; Fondation de l'École militaire et du Corps des Ponts et Chaussées. — 1755, Découverte de Pompéi, l'une des villes englouties par le Vésuve en 79; Tremblement de terre de Lisbonne. — 1756, Prise de Port-Mahon sur les Anglais; Commencement de la Guerre de sept ans. — 1757, Prise de Chandernagor par les Anglais; fondation de la puissance anglaise dans les Indes; William Pitt devient ministre du roi Georges II. — 1758, Entrée du duc de Choiseul au ministère. — 1761, Traité, dit Pacte de famille, entre les divers souverains de la maison de Bourbon. — 1762, Pierre III, czar, détrôné bientôt après par Catherine II; Arrêt du Parlement contre les jésuites. — 1763, Traités de Paris et d'Hubertsbourg, qui mettent fin à la guerre de Sept ans. — 1764, Édit de Louis XV qui supprime les jésuites. — 1766, Réunion de la Lorraine à la couronne. — 1767, Invention de la machine à filer (spinning-jenny) par Hargreaves, et du métier à tisser, dit métier continu, par Richard Arkwright. — 1768, Réunion de la Corse à la France; Maupeou devient chancelier; Découverte de l'archipel des Navigateurs et de celui de la Louisiade, par Bougainville; Départ du capitaine Cook pour son premier voyage. — 1769, James Watt obtient un brevet pour ses inventions de la machine à vapeur; Naissance de Napoléon, de Wellington, de G. Cuvier, de Chateaubriand et de Soult. — 1770, Suppression de la compagnie française des Indes; Exil du duc de Choiseul. — 1771, Exil du parlement; création du parlement Maupeou. — 1772, Premier démembrement de la Pologne. — 1773, Révolte des colonies anglaises d'Amérique contre la métropole; Clément XIV supprime la compagnie de Jésus. — 1774, Mort de Louis XV (20 mai), et avènement de Louis XVI; Affranchissement des serfs des terres domaniales; Turgot fait établir la liberté du commerce des grains. — 1775, Invention de la mull-jenny, par Samuel Crompton. — 1776, Le congrès de Philadelphie proclame l'indépendance des États-

Unis; Abolition de la corvée, ainsi que des maîtrises et jurandes; révocation de ces édits et renvoi de Turgot; Necker directeur général des finances; Fondation de la Société royale de médecine de Paris. — 1778, La France vient au secours des colonies anglaises d'Amérique; Mort de Voltaire et de J.-J. Rousseau. — 1780, Mort de Marie-Thérèse; Joseph II, empereur; Abolition de la Question préparatoire en France. — 1781, Victoires des Franco-Américains aux États-Unis. — 1782, Victoire du bailli de Suffren dans l'Inde; Tippoo-Saëb, roi de Mysore. — 1783, Traité de Paris; l'Angleterre reconnaît l'indépendance des États-Unis; Les frères Montgolfier font connaître publiquement leur invention des Aérostats (5 juin); La Russie prend possession de la Crimée. — 1785, La machine à filer le coton, inventée par Arkwright, tombe dans le domaine public; Affaire du collier; Départ de La Pérouse pour son voyage autour du monde; Alliance de la France avec la Hollande; Philippe Lebon imagine d'employer à l'éclairage le gaz provenant de la distillation du bois. — 1787, Fondation de la colonie pénitentiaire de Botany-Bay; Assemblée des notables à Versailles; Convocation des États généraux; nouvelle nomenclature chimique. — 1788, Premières agitations en France; Necker, ministre.

1789, Ouverture des États généraux à Versailles (4 et 5 mai); les députés se constituent en ASSEMBLÉE NATIONALE (17 juin); serment du Jeu de Paume (20 juin); exil de Necker (11 juillet); prise de la Bastille (14 juillet); retour de Necker, qui est créé premier ministre; abolition des privilèges (4 août); journées d'octobre (5 et 6); l'Assemblée nationale vient siéger à Paris (12 oct.); première création d'assignats. — 1790, Division de la France en 83 départements (4 mars); constitution civile du clergé (12 juillet); fête de la Fédération (14 juillet); décret de l'Assemblée constituante ordonnant qu'un système uniforme de poids et mesures sera établi pour toute la France, et chargeant l'Académie des sciences de nommer une commission à cet effet; découverte par Galvani de l'électricité galvanique ou galvanisme. — 1791, Commencement de l'émigration (5 janv.); suppression des maîtrises et des jurandes (15 fév.); sacre des premiers évêques constitutionnels à Paris, par Talleyrand, évêque d'Autun (25 fév.); mort de Mirabeau, (2 avril); droits civils accordés aux mulâtres des colonies (15 mai); adoption de la guillotine et abolition de la torture (31 mai); fuite du roi, et son arrestation à Varennes (20 juin); insurrection du Champ de Mars (17 juillet); Congrès de Pilnitz (27 août); Louis XVI signe la constitution et en jure le maintien (14 sept.); Réunion d'Avignon et du comtat Venaissin à la France (23 sept.); Clôture de l'Assemblée constituante (30 sept.).

Ouverture de l'ASSEMBLÉE LÉGISLATIVE (1er oct.); décret prononçant la peine de mort contre les émigrés (8 nov.). — 1792, La France déclare la guerre à l'Autriche (20 avril); décret sur la déportation des ecclésiastiques non assermentés (26 mai); décret proclamant que la patrie est en danger (11 juillet); manifeste du duc de Brunswick, général en chef des armées ennemies (25 juillet); Journée du 10 août; les pouvoirs de Louis XVI sont suspendus; établissement d'un tribunal criminel extraordinaire (18 août); prise de Longwy par les Prussiens (23 août); reddition de Verdun (2 sept.); massacres de septembre (du 2 au 5); victoire de Valmy, par Kellermann (20 sept.).

Ouverture de la CONVENTION NATIONALE, qui abolit la royauté dans sa première séance (21 sept.); proclamation de l'unité et de l'indivisibilité de la République (25 sept.); le territoire français est évacué par les Prussiens (22 oct.); victoire de Jemmapes, gagnée par Dumouriez (6 nov.); incorporation de la Savoie à la France (24 nov.); la Convention décrète le jugement de Louis XVI (3 déc.); Louis XVI mandé à la barre de la Convention (11 déc.); décret qui expulse les Bourbons : les prisonniers du Temple et le duc d'Orléans sont exceptés (16 déc.); Louis XVI est amené à la barre avec ses défenseurs (16 déc.). — 1793, Condamnation de Louis XVI (19 janv.); son exécution (21 janv.), et commencement du régime de la Terreur; le comté de Nice est réuni à la France; l'Europe entière se coalise contre la France (7 mars); l'évêché de Bâle est réuni à la France (23 mars); établissement du comité de sûreté générale (26 mars), et du tribunal révolutionnaire (28 mars); Dumouriez passe à l'ennemi (3 avril); création du Comité de Salut public (6 avril); lutte des Girondins et des Montagnards; journées du 31 mai et du 2 juin, fatales aux Girondins, qui sont suivies d'insurrections à Lyon, dans la Vendée, en Normandie et ailleurs; publication de la constitution de 1793 (24 juin); Traité de Grodno, par lequel les Polonais cèdent à la Russie une moitié de la Lithuanie, second démembrement de la Pologne; Marat est tué par Charlotte Corday (13 juillet); ouverture des tombeaux des rois à Saint-Denis (1er août); décret qui met en réquisition tous les hommes de 18 à 25 ans (23 août); Toulon livré aux Anglais (27 août); application de la loi des suspects (21 sept.); loi du maximum (27 sept.); décret qui établit le calendrier républicain, fixe l'*Ère des Français* au 22 sept. 1792 (5 oct.); prise de Lyon (9 oct.); condamnation de Marie-Antoinette (16 oct.); condamnation à mort et exécution de 21 membres de la Convention; établissement du culte de la Raison (10 nov.); inauguration du calendrier républicain (24 nov.); reprise de Toulon (19 déc.). — 1794, La Convention décrète la liberté des nègres et abolit l'esclavage dans les colonies (4 fév.); exécution des Hébertistes (24 fév.); décret qui supprime le *Conseil exécutif* (1er avril); exécution de Danton, Camille Desmoulins, etc. (5 avril); Robespierre fait proclamer l'existence d'un Être suprême et l'immortalité de l'âme (7 mai); exécution de madame Élisabeth (10 mai); fête en l'honneur de l'Être suprême (8 juin); loi du 22 prairial (10 juin) et redoublement de la Terreur; 1re bataille de Fleurus (16 juin); 2e bataille de Fleurus (26 juin); journée du 9 thermidor (27 juillet); décret qui modifie le tribunal révolutionnaire (10 août); réorganisation des Comités de Salut public et de Sûreté générale (24 août), et fin du règne de la Terreur; institution du *Conservatoire des arts et métiers* (10 oct.); institution de l'*École normale* (30 oct.); inauguration du télégraphe aérien à l'occasion de la prise de Condé (30 nov.); rentrée à la Convention des proscrits du 31 mai (8 déc.); exécution de Carrier (16 déc.); abolition de toutes les lois du maximum (24 déc.). — 1795, Occupation d'Amsterdam qui achève la conquête de la Hollande (19 janv.); première pacification de la Vendée conclue à la Jaunais (15 fév.); formation et mise en activité de l'*École polytechnique* sous le nom d'École centrale des travaux publics (21 mars); paix de Bâle conclue avec la Prusse (5 avril); décret qui établit l'uniformité des poids et mesures suivant le système décimal (7 avril); *journée du 1er prairial*, insurrection des faubourgs contre la Convention (20 mai); suppression du tribunal révolutionnaire (31 mai); mort de Louis XVII (8 juin); catastrophe de Quiberon (21 juillet); paix de Bâle avec l'Espagne (22 juillet); création du *Conservatoire de musique* (3 août); proclamation de la *Constitution dite de l'an III* (23 sept.); réunion à la France de la Belgique, qui est divisée en 9 départements (1er oct.); *journée du 13 vendémiaire* (5 oct.); Traité de Saint-Pétersbourg entre la Russie, la Prusse et l'Autriche, qui détermine le troisième et dernier partage de la Pologne (24 oct.); Décret de formation de l'*Institut* (25 oct.); Dernière séance de la Convention (26 oct.). Première séance du *Conseil des Anciens* et du *Conseil des Cinq-Cents* (28 oct.). — 1796, Formation du Directoire (1er nov.); Bonaparte commandant en chef de l'armée d'Italie (23 fév.); fin de la guerre de Vendée; exécution de Charette (29 mars); victoires de Bonaparte à Montenotte, à Millesimo, à Dego, à Mondovi (11 au 22 avril); victoire de Lodi (10 mai); conspiration des *Égaux*, arrestation de Babeuf, etc. (12 mai); traité de Paris avec la Sardaigne (15 mai), avec la Hollande (16 mai); traité de Berlin avec le roi de Prusse (5 août); pacification définitive de la Vendée par le général Hoche (15 août); alliance offensive et défensive avec l'Espagne (18 août); traité de paix avec les Deux-Siciles (10 oct.); retraite de Moreau (oct.); *journées d'Arcole* (15-17 nov.). — 1797, Victoire de Rivoli (14-16 janv.); traité de paix de Tolentino avec le pape (19 fév.); préliminaires de Léoben (18 avril); Destruction de la République de Venise (20 mai); création de la *République Ligurienne*, à Gênes (14 juin); proclamation de la *République Cisalpine* (6 juillet); *Journée du 18 fructidor*, coup d'État du Directoire contre les royalistes (4 sept.); Traité de Campo-Formio avec l'Autriche (17 oct.); Ouverture du congrès de Rastadt (9 déc.). — 1798, Réunion de Mulhouse à la France (28 janv.); Établissement de la *République Romaine* (15 fév.); abolition de l'ancienne ligue suisse, et établissement de la *République Helvétique* (12 avril); Réunion de Genève à la France (26 avril); départ d'une armée française pour l'Égypte (19 mai); prise de Malte (10 à 13 juin); débarquement en Égypte (1er juillet); bataille des Pyramides (21 juillet); désastre naval d'Aboukir (1er et 2 août); loi portant établissement d'une conscription militaire (5 sept.); 1re *exposition des produits de l'industrie française* (1er sept.); occupation de Turin par Joubert (9 déc.), et de Rome par Championnet (15 déc.). — 1799, Traité d'alliance offensive et défensive de l'Angleterre et de la Russie contre la France (5 janv.); Traité entre la Porte et les Deux-Siciles contre la France (21 janv.); Championnet s'empare de Naples et établit la *République Parthénopéenne* (23 janv.);

Marche de l'armée d'Égypte sur la Syrie (10 fév.); Arrestation du pape Pie VI par ordre du Directoire (27 mars); Bataille du mont Thabor (16 avril); Assassinat des plénipotentiaires français à Rastadt (28 avril); loi du 22 floréal (11 mai) contre les élections patriotes; l'armée d'Orient lève le siège d'Acre (21 mai); *Journée dite du 30 prairial* (18 juin); loi du 4 messidor établissant le système indélible (22 juin); changement dans le Directoire; Bonaparte quitte l'Égypte pour revenir en Europe (22 août); bataille de Zurich, gagnée par Masséna sur les Austro-Russes (25 sept. et jours suiv.); arrivée de Bonaparte à Paris (16 oct.); Brune fait capituler l'armée anglo-russe à Alkmaar; *Journée du 18 brumaire*, abolition du Directoire, création du Consulat (9 nov.); proclamation de la *Constitution dite de l'an VIII*; BONAPARTE, premier consul (24 déc.).

1800, Installation du *Corps législatif* et du *Tribunat* (1er janv.); la Banque de France entre en exercice (11 fév.); loi sur la division du territoire en préfectures et sous-préfectures (17 fév.); victoire d'Héliopolis (20 mars); passage du Rhin par Moreau (25 à 30 avril); bataille de Biberach (9 mai); passage du Saint-Bernard (23 mai); mort subite du czar Paul 1er (23 mars); bataille de Marengo; assassinat de Kléber au Caire (14 juin); incorporation de l'Irlande à l'Angleterre (2 juillet); victoire de Hohenlinden, par Moreau (3 déc.). — 1801, Traité de paix de Lunéville (9 fév.); Concordat entre le premier consul et le pape Pie VII (15 juillet); évacuation de l'Égypte (2 sept.); traité de paix entre la France et la Russie (8 oct.); expédition de Saint-Domingue (14 déc.); Jacquard prend un brevet pour son métier à tisser (23 déc.). — 1802, Paix d'Amiens, qui met fin aux hostilités (25 mars); création des écoles primaires et secondaires, et des écoles spéciales (1er mai); institution de la *Légion d'honneur* (19 mai); traité de paix avec la Turquie (25 mars); Napoléon Bonaparte proclamé par le Sénat *Consul à vie* (2 août); réunion du Piémont à la France (11 septembre); Commencement de l'insurrection des noirs à Saint-Domingue (14 sept.). — 1803, Création des sénatoreries (4 janv.); traité avec les États-Unis auxquels la Louisiane est cédée moyennant 75 millions (30 avril); reprise des hostilités contre l'Angleterre; projet de descente; premiers préparatifs du camp de Boulogne (mai); expériences de Fulton sur la Seine (9 août). — 1804, Conspiration et arrestation de Cadoudal (15 fév.); loi qui établit les *Droits réunis* (25 fév.); exécution du duc d'Enghien (21 mars); Motion faite au Tribunat de créer l'empire (30 avril); l'empire héréditaire est voté par le Sénat et le Corps législatif.

NAPOLÉON EMPEREUR (18 mai); Création de 18 maréchaux (19 mai); Ascension aérostatique de Biot et Gay-Lussac (20 août); Couronnement et sacre, à Notre-Dame de Paris, de Napoléon 1er et de l'impératrice Joséphine par le pape Pie VII (2 déc.). — 1805, Napoléon proclamé roi d'Italie. L'Angleterre organise la troisième coalition contre la France; Traité d'alliance avec la Russie (8 avril); Napoléon 1er, couronné roi d'Italie à Milan (26 mai); Réunion du territoire génois à l'empire (4 juin); L'Autriche se joint à la coalition (9 août); Décret portant suppression du calendrier républicain (9 sept.); Départ de Napoléon pour l'armée d'Allemagne (24 sept.); capitulation du général autrichien Mack, à Ulm (14 oct.); Désastre naval de Trafalgar (21 oct.); Convention de Potsdam entre la Russie et la Prusse contre la France (3 nov.); occupation de Vienne (13 nov.); bataille d'Austerlitz (2 déc.); Traité de Presbourg (26 déc.). — 1806, Adoption par Napoléon d'Eugène Beauharnais (12 janv.); Mort du ministre anglais William Pitt (23 janv.); Joseph Napoléon proclamé roi des Deux-Siciles (30 mars); Création de l'*Université impériale* (10 mai); Louis Bonaparte donné pour roi à la Hollande (5 juin); Organisation de la Confédération du Rhin (12 juillet), et fin de l'empire d'Allemagne (6 août); Quatrième coalition contre la France, dirigée par la Prusse (6 oct.); victoires d'Iéna et d'Auerstaedt (14 oct.); occupation de Berlin (25 oct.); Décret daté de Berlin qui établit le *blocus continental* (21 nov.); Déclaration de guerre à la Russie (26 nov.). — 1807, Victoire d'Eylau (8 fév.); prise de Dantzick (20 mai); victoire de Friedland (14 juin); traité de Tilsitt, qui met fin à la guerre avec la Russie et la Prusse (7 et 9 juillet); Bombardement de Copenhague par les Anglais (2 et 4 sept.); Expédition en Portugal (17 oct.); Installation de la Cour des comptes (5 nov.); Création du royaume de Westphalie, donné par Napoléon à son frère Jérôme (15 nov.). — 1808, Sénatus-consulte portant institution de majorats et de titres honorifiques héréditaires (11 mars); Abdication du roi d'Espagne Charles IV (19 mars); Occupation de Madrid par une armée française (23 mars); Traité de Bayonne, par lequel Charles IV cède tous ses droits sur l'Espagne à Napoléon (5 mai); Réunion à l'empire des

duchés de Parme, de Plaisance et de Toscane (24 mai);
Joseph Bonaparte, roi de Naples, est créé roi d'Espagne et des
Indes (6 juin); Joachim Murat est créé roi de Naples (15 juil.);
Capitulation du général Dupont à Baylen (22 juill.); Débarquement d'une armée anglaise en Portugal pour soutenir
l'insurrection de la Péninsule (31 juill.); Entrevue d'Erfurth
(24 sept.). — 1809, Capitulation de Saragosse (21 fév.); Cin-
quième coalition contre la France : la guerre est déclarée par
l'Autriche (9 av.); prise de Vienne (13 mai); Réunion des
États romains à l'empire (17 mai); Bataille d'Essling où Lannes
est tué (22 mai); bataille de Wagram (6 juill.); armistice de
Znaïm (11 juill); traité de paix signé à Vienne (14 oct.);
Divorce de Napoléon (16 déc.). — 1810, Traité de Paris avec
la Suède (6 janv.); Réunion du Brabant hollandais, de la
Zélande et d'une partie de la Gueldre à l'empire (16 mars);
Mariage de Napoléon avec Marie-Louise d'Autriche (1ᵉʳ avr.);
Abdication de Louis-Napoléon, roi de Hollande (3 juill.), et
réunion de ce pays à l'empire (9 juill.); Les États de Suède
proclament le général français Bernadotte prince royal
(21 août); Réunion du Valais à la France (12 nov.); Les villes
Hanséatiques, le Lauenbourg, etc., sont aussi réunis à l'empire; Déclaration d'indépendance des provinces argentines;
Fondation à Londres de la première usine pour la fabrication
publique du gaz d'éclairage. — 1811, Naissance du roi de
Rome (20 mars); Ouverture d'un concile national à Paris
(11 juin); En Égypte, Méhémet-Ali fait massacrer tous les
beys mamelucks (1ᵉʳ mars). — 1812, Les cortès de Cadix publient la Constitution espagnole dite de 1812 (19 mars); Les
États-Unis déclarent la guerre à l'Angleterre (18 juin);
Déclaration de guerre de la France à la Russie (22 juin);
Bataille des Arapiles ou de Salamanque (22 juill.); Bataille
et prise de Smolensk (17 août); victoire de la Moskowa
(7 sept.); occupation de Moscou (14 sept.); commencement de
la retraite de Moscou (19 oct.); Conspiration du général
Mallet (23 oct.); Passage de la Bérésina (26-28 nov.); l'armée
française évacue entièrement le sol de la Russie (16 déc.).
— 1813, Concordat de Fontainebleau entre Napoléon et Pie VII
(25 janv.); Sixième coalition contre la France : elle est organisée à la fin de mars; Journées de Lutzen (2 mai) et de
Bautzen (19 mai); Bataille de Vittoria (21 juin); Congrès
ouvert à Prague (5 juill.); Bataille de Dresde (26-27 août);
Triple alliance signée à Tœplitz entre l'Autriche, la Prusse et
la Russie (9 sept.); Bataille de Leipsick (18-19 oct.); victoire
du Hanau (30 oct.); Traité de Valençay entre Napoléon et
Ferdinand VII (11 déc.); Passage du Rhin par six divisions
ennemies (21 déc.). — 1814, Capitulation de Dantzick
(1ᵉʳ janv.); Traité d'alliance entre l'Autriche et Murat, roi de
Naples (11 janv.); Combats de Brienne (29 janv.), et de la
Rothière (1ᵉʳ fév.); Ouverture du congrès de Châtillon
(5 fév.); Batailles de Champaubert (10 fév.), de Montmirail
(11 fév.), de Vauchamp (14 fév.), de Nangis (17 fév.); de
Montereau (18 fév.); combats de Méry-sur-Seine (21 fév.),
de Troyes (23 fév.), de Bar et de la Ferté-sur-Aube (27 et
28 fév.); traité de Chaumont (1ᵉʳ mars); victoire de Napoléon
à Craonne sur les Prussiens (7 mars); entrée du duc d'Angoulême à Bordeaux (12 mars); rupture du congrès de
Châtillon (19 mars); combat d'Arcis-sur-Aube (21 mars), de
la Fère-Champenoise (25 mars); victoire de Napoléon sur les
Russes à Saint-Dizier (16 mars); bataille de Paris (30 mars);
capitulation de Paris (31 mars); acte du sénat instituant un
gouvernement provisoire (1ᵉʳ avril); abdication de Napoléon
(6 avril); bataille de Toulouse (10 avril); le comte d'Artois
prend possession des Tuileries comme lieutenant général du
royaume (12 avril); traité de Paris accordant la souveraineté
de l'île d'Elbe à Napoléon (27 avril); départ de Napoléon pour
l'île d'Elbe (20 avril); déclaration de Saint-Ouen (2 mai).
Entrée de Louis XVII à Paris (3 mai); Traité de paix de
Paris entre la France et les puissances coalisées (30 mai);
Louis XVIII octroie la Charte constitutionnelle (4 juin); Rétablissement de la compagnie de Jésus, par Pie VII (7 août);
Ouverture du congrès de Vienne (1ᵉʳ nov.). — 1815, Débarquement de Napoléon au golfe Juan, près de Cannes (1ᵉʳ mars);
entrée de Napoléon à Lyon (10 mars), à Paris (20 mars); les
puissances alliées déclarent Napoléon ennemi et perturbateur
du monde (13 mars); occupation de la Belgique par les Anglais
(5 avr.); Acte additionnel aux Constitutions de l'Empire (22 avr.);
assemblée dite du Champ de Mai (1ᵉʳ juin); ouverture des
Chambres (7 juin); Traité de Vienne (9 juin); Bataille de
Waterloo (18 juin); deuxième abdication de Napoléon (22 juin);
seconde capitulation de Paris (3 juill.); Rentrée de Louis XVIII
à Paris (8 juill.); licenciement de l'ancienne armée (16 juill.);
Traité de la Sainte-Alliance (26 sept.); traité de Paris
(20 nov.); Exécution du maréchal Ney (7 déc.). — 1816, Loi

dite d'amnistie (12 janv.); réorganisation de l'Institut royal
(21 mars); loi électorale (27 avril). — 1817, Lois sur la
presse. — 1818, Loi sur le recrutement (10 mars); Congrès
d'Aix-la-Chapelle (30 sept. 22 nov.); évacuation du territoire
français par les armées coalisées (30 nov.). — 1819, Assassinat de Kotzebue (23 mars). — 1820, Révolte d'une armée à
Cadix et commencement de la révolution d'Espagne (5 janv.);
assassinat du duc de Berry (13 fév.); loi dite du double vote
(9 juin); Révolution dans les Deux-Siciles (1ᵉʳ juill.); révolution
(24 août); ouverture du congrès de Troppau
(31 août); Naissance du duc de Bordeaux (29 sept.). — 1821,
Révolution en Piémont (13 mars); Mort de Napoléon à Sainte-
Hélène (5 mai); clôture du congrès de Laybach (12 mai);
Conspiration du Saumur (déc.); Commencement de l'insurrection de la Grèce contre la Turquie. — 1822, Conspiration
à Belfort (1ᵉʳ janv.); tentative du général Berton sur Saumur
(24 fév.); complot de la Rochelle (17 mars); Conspiration de
Caron (13 juill.); Séparation du Brésil de la couronne de
Portugal et proclamation de son indépendance (1ᵉʳ août);
Congrès de Vérone (20 sept.-14 déc.). — 1823, Manuel est
expulsé de la Chambre (4 mars); entrée de l'armée française
en Espagne (7 avril); prise du Trocadéro (31 juillet); ordonnance d'Andujar (8 août); capitulation de Cadix (3 oct.);
entrée de Ferdinand VII à Madrid et fin de la révolution
espagnole (13 nov.). — 1824, Mort de lord Byron à Missolonghi (19 avr.); Ouverture des travaux du tunnel de la
Tamise (6 juill.).
Mort de Louis XVIII et avènement de son frère CHARLES X
(16 sept.). — 1825, Vote de la loi d'indemnité pour les anciens émigrés (27 mars); loi sur le sacrilège (15 avril); la
France reconnaît l'indépendance d'Haïti (17 avril); La Bolivie
se sépare du Pérou (6 août); Le Pérou se constitue en république (16 juin); Le Portugal reconnaît l'indépendance du
Brésil (7 sept.); Mort d'Alexandre Paulowitch, empereur de
Russie (1ᵉʳ déc.); insurrection militaire à Saint-Pétersbourg
(26 déc.). — 1826, Prise de Missolonghi par les Turcs
(22 avril); destruction des janissaires à Constantinople
(29 mai); Déclaration de la France, de l'Angleterre et de la
Russie au sujet de la guerre des Grecs contre les Turcs
(6 juill.); Rupture de la France avec le dey d'Alger (4 oct.);
Combat naval de Navarin (20 oct.). — 1828, Renversement
du ministère Villèle (4 janv.); Établissement des Omnibus à
Paris (11 avr.); Don Miguel proclamé roi de Portugal (25 avril);
La Russie déclare la guerre à la Turquie (26 avr.); Départ
d'une expédition française pour la Morée (17 août). — 1829,
Convention de Londres au sujet de la Grèce (22 mars); Création du ministère Polignac (8 août); Traité d'Andrinople
entre les Russes et les Turcs (14 sept.); Concours de locomotives à Liverpool; apparition de la locomotive à chaudière
tubulaire avec tirage par un jet de vapeur, de Georges Stephenson (6 oct.); Niepce et Daguerre s'associent pour l'exploitation des procédés photographiques découverts par chacun
d'eux séparément depuis plusieurs années (14 déc.). — 1830,
Vote de l'adresse dite des 221 (16 mars); dissolution de la
Chambre (16 mai); Départ de l'expédition d'Alger (25 mai);
prise d'Alger (5 juill.); Ordonnances royales qui suppriment
la liberté de la presse, dissolvent la nouvelle Chambre et
modifient la loi électorale (25 juill.); commencement de l'insurrection (27 juill.); organisation d'un gouvernement provisoire (29 juill.); Louis-Philippe, duc d'Orléans, est proclamé
lieutenant général du royaume (31 juill.); abdication de
Charles X et du Dauphin en faveur du duc de Bordeaux
(2 août); la Chambre des députés déclare le trône vacant et
y appelle le duc d'Orléans (7 août).
Louis-Philippe Iᵉʳ, roi des Français, prête serment (9 août);
Révolution à Bruxelles (25 août); inauguration du chemin de
fer de Manchester à Liverpool, le premier railway à voyageurs
qui ait existé (15 sept.); Le choléra à Moscou (28 sept.);
Déclaration d'indépendance de la Belgique (5 oct.); Révolution à Varsovie (29 nov.); diète de Varsovie qui donne la
dictature à Chlopicki (19 déc.). — 1831, Entrée d'une armée
russe en Pologne (7 fév.); Troubles à Paris; destruction de
l'archevêché (14 fév.); Révolution du Brésil; abdication de
don Pedro et avènement de son fils don Pedro II (7 avr.);
Léopold, prince de Saxe-Cobourg, est élu roi des Belges (4 juin);
L'amiral Roussin force l'entrée du Tage (11 juill.); Prise de
Varsovie par les Russes (6 et 7 sept.); Conférence de Londres
qui fixe les limites de la Belgique (15 oct.); Première insurrection de Lyon (22 nov.). — 1832, Expédition d'Ancône
(22 fév.); Réunion de la Pologne à l'empire russe (25 fév.);
Othon, second fils du roi de Bavière, proclamé roi de la
Grèce (fév.); Apparition du choléra-morbus à Paris (22 mars);
Mort de G. Cuvier (13 mai); Adoption par le Parlement

anglais du bill de réforme parlementaire (4 juin); Insurrection à Paris (5 et 6 juin); Arrestation de la duchesse de Berry (6 nov.); Bataille de Konieh gagnée par Ibrahim-Pacha, fils de Méhémet-Ali, qui marche sur Constantinople (21 déc.); Prise d'Anvers par l'armée française (23 déc.). — 1833, Convention au sujet du droit de visite entre la France et l'Angleterre (22 mars); Traité d'Unkiar-Skelessi entre la Russie et la Porte (26 juin); Loi sur l'instruction primaire (28 juin); Mort de Ferdinand VII, roi d'Espagne (29 sept.); Commencement de la guerre civile en Espagne (oct.). — 1834, Seconde insurrection de Lyon (9 et 12 avr.); insurrection à Paris (13 et 14 avr.); Traité de la quadruple alliance entre la France, l'Angleterre, l'Espagne et le Portugal (22 avril). — 1835, Attentat de Fieschi (28 juill.); Expédition de Mascara (26 nov.). — 1836, Occupation de Cracovie par les troupes russes, autrichiennes et prussiennes (17 fév.); Traité entre la Turquie et la Russie (8 avr.); Inauguration de l'arc de triomphe de l'Étoile (28 juill.); Insurrection de la Granja en Espagne (12 août); Affaire de Strasbourg (30 oct.); Mort de Charles X à Goritz (6 nov.); Premier siège de Constantine (8-30 nov.). — 1837, Traité de la Tafna (30 mai); Avènement de la reine Victoria au trône d'Angleterre (20 juin); Premières expériences de télégraphie électrique exécutées aux États-Unis par Th. Morse (2 sept.); Prise de Constantine (13 oct.). — 1838, Bill sur le paupérisme irlandais (30 avr.); Naissance du comte de Paris (24 août); Évacuation d'Ancône (15 oct.); une escadre française s'empare de Saint-Jean-d'Ulloa (27 nov.), 1839, Arago signale à l'Académie des sciences et à la Chambre des députés la découverte de la photographie par Daguerre et Niepce; Insurrection à Paris (12 mai); Rupture de l'Angleterre avec la Chine au sujet du commerce de l'opium (7 juin); Bataille de Nézib (27 juin); mort du sultan Mahmoud (30 juin); avènement d'Abd-ul-Medjid (21 juillet); Convention de Vergara qui met fin à la guerre civile d'Espagne (31 août). — 1840, Loi relative à la translation des cendres de Napoléon Ier (12 mai); Traité de la quadruple alliance entre l'Angleterre, l'Autriche, la Prusse et la Russie, à l'exclusion de la France, au sujet des affaires d'Orient (15 juill.); Affaire de Boulogne (6 août); Bombardement de Beyrouth (11 sept.); Ordonnance royale relative aux fortifications de Paris (13 sept.); Abdication de la régente d'Espagne Marie-Christine (12 oct.); Soumission de Méhémet-Ali au traité du 15 juillet (27 nov.); Arrivée des cendres de Napoléon aux Invalides (15 déc.). — 1841, Destruction d'une armée anglaise à Caboul (5 janv.); Solution de la question d'Orient (13 févr.); Traité sur le droit de visite signé à Londres entre les cinq grandes puissances (23 déc.). — 1842, Prise de possession par la France des îles Marquises (1er mai); Incendie de Hambourg (5 mai); Catastrophe du chemin de fer de Versailles (8 mai); Mort du duc d'Orléans (13 juill.); Traité de Nankin qui met fin à la guerre entre la Chine et l'Angleterre (29 août); Vote de la loi sur la régence (30 août). — 1843, Prise de la Smala d'Abd-el-Kader (16 mai); Traité qui ouvre à la Chine au commerce européen sans privilège pour aucune nation (27 juill.); Occupation de Taïti par l'amiral Dupetit-Thouars (5 nov.). — 1844, Affaire Pritchard (févr.); Envahissement de l'Algérie par les troupes marocaines (30 mai); bombardement de Tanger (6 août); bataille d'Isly (14 août); bombardement de Mogador (15 août); Voyage de Louis-Philippe en Angleterre (12 sept.); Convention de Tanger (20 sept.); Traité de commerce entre la France et la Chine (24 oct.); Première crèche en France (nov.). — 1845, Troubles en Suisse; affaire des corps francs (mars); Concordat entre l'Espagne et le saint-siège (7 juin); Affaire des Grottes du Dahra en Algérie (20 juin); combat de Sidi-Ibrahim (22 sept.). — 1846, Abolition des lois sur les céréales et réforme du tarif des douanes en Angleterre (25 juin); Guerre des États-Unis avec le Mexique; bataille de Matamoras, perdue par les Mexicains (9 mai); Louis-Napoléon s'évade du fort de Ham (25 mai); Mort du pape Grégoire XVI (1er juin); élection de Pie IX (16 juin); Découverte de la planète Neptune, dont la position avait été indiquée par les calculs de Le Verrier (23 sept.); Découverte du coton-poudre par Schœnbein (5 oct.); Incorporation de la république de Cracovie à l'empire d'Autriche (11 nov.). — 1847, Cherté des subsistances; émeute de Buzançais (13 janv.); Prise de Mexico par l'armée des États-Unis (15 sept.); Abd-el-Kader est forcé de se constituer prisonnier (23 nov.). — 1848, Insurrection de la Sicile (6 janv.); Paix entre le Mexique et les États-Unis, qui acquièrent les territoires du Nouveau-Mexique et de la Nouvelle-Californie (2 fév.); découverte des gisements d'or de la Californie (fév.); Projets de banquets de l'opposition auxquels le ministère annonce la résolution de s'opposer (18 fév.);

commencement des troubles à Paris (22 fév.); abdication de Louis-Philippe en faveur de son petit-fils; fuite du roi; gouvernement provisoire (24 fév.)

Proclamation de la RÉPUBLIQUE à l'Hôtel de Ville (25 février); abolition de la peine de mort pour crimes politiques (26 fév.); création des ateliers dits nationaux (27 fév.); Décret qui établit le suffrage universel en France (5 mars); Révolution à Vienne, en Autriche; chute du ministère Metternich (13 mars); Constitution donnée par le pape Pie IX à ses sujets (15 mars); Impôt des 45 c. additionnels (16 mars); Révolution à Berlin; insurrection à Milan (18 mars); gouvernement provisoire à Venise (22 mars); Révolution dans le Slesvig et le Holstein en faveur de l'unité des duchés (24 mars); Gouvernements provisoires à Modène, à Reggio (9 avril) et à Parme (11 avril); le parlement insurrectionnel de Sicile décrète la déchéance du roi de Naples (13 avril); Manifestation socialiste à Paris qui est refoulée par la garde nationale (16 avril); Acte de constitution octroyé par l'empereur d'Autriche à ses peuples (25 avril); Décret qui abolit l'esclavage dans les colonies françaises (27 avril); Ouverture de l'Assemblée nationale constituante à Paris (4 mai); envahissement de l'Assemblée à Paris par les partis socialistes; Émeute à Vienne, en Autriche; insurrection à Naples, qui est réprimée (15 mai); fuite de l'empereur d'Autriche à Inspruck (17 mai); Le général Cavaignac, ministre de la guerre; Réunion de l'Assemblée constituante germanique à Francfort-sur-le-Mein (18 mai); gouvernement provisoire en Bohême (29 mai); ouverture du congrès slave de Prague (2 juin); Ouverture d'une Assemblée dite constituante à Rome (4 juin); Charles-Albert signe l'acte de réunion de la Lombardie à la Sardaigne (10 juin); Dissolution des ateliers nationaux (23 juin); formidable insurrection à Paris; démission de la commission exécutive; le général Cavaignac est chargé de pleins pouvoirs par l'Assemblée; mort de l'archevêque de Paris (23-26 juin); Cavaignac chef du pouvoir exécutif; décret contre les clubs (28 juin); L'archiduc Jean élu vicaire de l'Empire germanique par l'Assemblée constituante de Francfort (29 juin); Ouverture du parlement de Naples (1er juillet); Venise vote son incorporation à la Sardaigne; Mort de Chateaubriand (4 juillet); Ouverture de l'Assemblée nationale de Hongrie, à Pesth, par l'archiduc Étienne (5 juillet); ouverture d'une Assemblée constituante à Vienne (22 juil.); Défaite des Piémontais à San-Donato (4 août); capitulation de Milan (5 août); Loi sur la presse en France (9 août); Venise se proclame en république (10 août); Troubles à Francfort (16 août); l'Assemblée constituante de Vienne supprime toutes les sujétions payées sans à l'égard des seigneurs (31 août); Nouvelle constitution fédérale votée par les cantons suisses (1er sept.); Soulèvement à Livourne contre le grand-duc de Toscane (4 oct.); Nouvelle révolution à Vienne (6 oct.); Le roi de Hollande sanctionne la nouvelle constitution délibérée pour ses États (13 oct.); Ouverture d'un Congrès démocratique à Berlin (26 oct.); Le pape quitte Rome et se réfugie à Gaète (24 nov.); bombardement et prise de Vienne (31 nov.); abdication de l'empereur Ferdinand Ier en faveur de son neveu François-Joseph (2 déc.); dissolution du congrès démocratique de Berlin et octroi d'une nouvelle constitution par Frédéric-Guillaume (5 déc.); commencement des hostilités contre la Hongrie, qui s'est séparée de l'Autriche (7 déc.)

Louis-Napoléon élu président de la République française (10 déc. 1848). — 1849, Windischgrätz entre à Bude, en Hongrie (5 janv.); Les Russes appelés au secours de l'Autriche contre l'insurrection hongroise entrent à Kronstadt en Transylvanie (1er fév.); Proclamation de la République à Rome (9 fév.) et à Florence (18 fév.); l'empereur d'Autriche dissout la diète de Kremsier et octroie une nouvelle constitution, qui embrasse tous les peuples de la monarchie (4 mars); Le maréchal Radetzky défait à Novare l'armée sarde commandée par Charles-Albert (23 mars), qui abdique en faveur de son fils Victor-Emmanuel; Les Anglais annexent le Pundjab à leurs domaines de l'Inde (29 mars); hostilités des Danois contre les Allemands auxiliaires de l'insurrection du Slesvig-Holstein (4 avril); Les Autrichiens occupent le duché de Parme et y rétablissent le gouvernement de Charles III (6 avr.); ils occupent Florence et rétablissent le gouvernement du grand-duc Léopold II (12 avr.); La diète hongroise proclame l'indépendance de la Hongrie et la déchéance de la maison de Habsbourg; Kossuth gouverneur (14 avr.); Débarquement d'une armée française à Civita-Vecchia pour rétablir le gouvernement du pape (25 avr.); Convention de Balta-Liman entre la Turquie et la Russie au sujet des principautés danubiennes (30 avr.); L'Assemblée constituante française se sépare (26 mai); ouverture de l'Assemblée législative (28 mai); Nou-

velle loi électorale donnée par le roi de Prusse (30 mai);
Mort du maréchal Bugeaud (10 juin) emporté par le choléra; Dissolution de la Constituante germanique de Francfort, qui s'était transférée à Stuttgard (18 juin); Loi qui supprime les clubs en France (19 juin); Achèvement du fameux pont tubulaire de Menai par Rob. Stephenson (20 juin); L'armée française occupe Rome (3 juill.); Traité de paix entre la Sardaigne et l'Autriche (6 août); Capitulation de Gœrgey (14 août); Venise se soumet aux Autrichiens (22 août); Une commission administrative s'établit au nom du roi de Danemark à Flensbourg dans le Slesvig; Soulouque se fait nommer empereur à Haïti (25 août); Reddition de Komorn et fin de la guerre de Hongrie (27 sept.); La Suisse adopte le système métrique des poids et mesures (nov.). — 1850, Révocation, en Angleterre, de l'acte prohibitif de navigation de 1651 (1er janv.); Le pape rentre à Rome (12 avr.); Rétablissement de l'ancienne Diète germanique de Francfort (10 mai); Loi qui restreint le suffrage universel en France (31 mai); Mort de Robert Peel; Paix de Berlin entre la Prusse et le Danemark (2 juill.); Nouvelle loi sur la presse en France (16 juill.); Télégraphe sousmarin de Douvres à Calais (29 août); Édit de Pie IX qui rétablit la hiérarchie catholique en Angleterre (24 et 29 sept.). — 1851, Cessation de la résistance armée du Slesvig-Holstein contre le Danemark (janv.); Ouverture de la première Exposition universelle de l'industrie à Londres (1er mai); Découverte de nombreux gisements d'or dans l'Australie (juill.); En Autriche, abolition de la constitution du 4 mars 1849 (29 août); Coup d'État du 2 décembre : Décrets présidentiels par lesquels l'Assemblée législative est dissoute, le suffrage universel est rétabli, les départements compris dans la 1re division militaire sont mis en état de siège, et le peuple est convoqué dans ses comices pour conférer au prince Louis-Napoléon, président de la République, le pouvoir de faire une nouvelle constitution; vote par le plébiscite du 2 déc. (20 et 21 déc.); Louis-Napoléon est élu président pour dix années par 7,500,000 suffrages. — 1852, 1er décrets de l'empereur d'Autriche destinés à remplacer définitivement la constitution du 4 mars 1849; Décrets de transportation et d'expulsion définitive ou de bannissement temporaire contre 79 anciens représentants (9 janv.); publication de la Constitution napoléonienne (14 janv.); décret qui réunit au domaine de la couronne les biens de la maison d'Orléans, dont Louis-Philippe avait fait donation à ses enfants à son avènement au trône (22 janv.); décret relatif à l'organisation du Crédit foncier (28 fév.); Ouverture de la session législative française (19 mars); Mise en liberté d'Abd-el-Kader (15 oct.); Sénatus-consulte qui rétablit l'empire (7 nov.); Formation du ministère Cavour, dans les États sardes (19 nov.); Décret instituant, en France, la société du Crédit mobilier (20 nov.); Vote sur le sénatus-consulte qui rétablit l'empire : NAPOLÉON III proclamé empereur (2 déc.).
1853, Mariage de Napoléon III avec Eugénie de Montijo, comtesse de Téba (29 janv.); Invasion des principautés danubiennes par la Turquie (3 juill.); Occupation de la Nouvelle-Calédonie. — 1854, Alliance de la France et de l'Angleterre avec la Turquie contre la Russie (12 mars et 10 avril); Déclaration de Nantes; Guerre de Crimée; Bataille de l'Alma (20 sept.). — 1855, Mort de l'empereur de Russie Nicolas; Avènement de son fils Alexandre (2 mars); Prise de Sébastopol (8 sept.); Exposition universelle, à Paris (avril-oct.). — 1856, Congrès de Paris (fév.-mars); Traité de Paris qui met fin à la guerre de Crimée (30 mars). — 1857, Révolte des cipayes dans l'Inde anglaise; massacres; lutte sanglante (11 sept.); guerre entre les Perses et les Afghans, puis entre les Perses et les Anglais; Guerre de Chine; Prise de Canton par la France et l'Angleterre (29 déc.); Fin de la conquête de l'Algérie; soumission de la Kabylie. — 1858, Attentat d'Orsini et de Piétri; Traités de Tien-Tsin, qui ouvrent la Chine aux Européens; Réunion de la Moldavie et de la Valachie sous le nom de Principauté de Roumanie (19 août). — 1859, Invasion du Piémont par les Autrichiens (29 avril); Guerre d'Italie; Combat de Palestro (30 mai); Bataille de Magenta (4 juin); Entrée des Français à Milan (8 juin); Bataille de Solférino (24 juin); Traité de Zurich qui met fin à la guerre d'Italie et cède la Lombardie au roi de Sardaigne Victor-Emmanuel; Victoire définitive de sir Colin Campbell sur les cipayes révoltés; Suppression de la Compagnie des Indes et réunion de l'Inde à la couronne d'Angleterre; Violation des traités de Tien-Tsin; Grande expédition anglo-française en Chine; Guerre des Espagnols au Maroc. — 1860, Traité de commerce entre la France et l'Angleterre consacrant le principe de la liberté commerciale (22 janv.); Réunion de Nice et de la Savoie à la France (juin); Insurrection en Sicile; Chute du roi de Naples François II (6 sept.); Entrée de Gari-

baldi à Naples (7 sept.); Invasion par les Piémontais des États pontificaux défendus par les Français (sept.); Entrée de Victor-Emmanuel à Naples (7 nov.), Massacre des chrétiens en Syrie; Expédition des Français en Syrie; En Chine : Bataille de Palikao (20 sept.); Entrée des Anglo-Français à Pékin; Aux États-Unis d'Amérique • Élection du président Lincoln (nov.); séparation de la Caroline du Sud, qui ouvre la guerre de sécession (9 déc.); Confédération des États du Sud. — 1861, Suppression de l'échelle mobile (29 mai); Affranchissement des serfs en Russie (3 mars); siège de Gaëte par les Piémontais (sept.); Capitulation de François II (13 fév.); Victor-Emmanuel proclamé roi d'Italie (18 fév.); Guerre de Cochinchine. — 1862, La Cochinchine déclarée colonie française; Campagnes de l'amiral Jaurien de la Gravière et du général Lorencez au Mexique; Révolution en Grèce; le prince Georges de Danemark, roi de Grèce (14 nov.); Aux États-Unis : Bataille de Pittsburg (6 et 7 avril); Prise de la Nouvelle-Orléans par le général Butler (26 avril); Bataille de Sharpsburg (16 et 17 sept.). — 1863, Insurrection de la Pologne; Campagne du général Forey au Mexique; Prise de Puebla (17 mai); Fondation de l'empire du Mexique au profit de l'archiduc Maximilien; Aux États-Unis : Prise de Wicksburg, par le général Grant, chef des armées des États du Nord (4 juill.); Victoires de Grant à Chattanooga (25-28 nov.); Dost-Mohammed, émir de Caboul, s'empare de Hérat. — 1864, Guerre de Danemark; Invasion du Slesvig par la Prusse et l'Autriche (16 janv.); Traité de Vienne qui détache de la monarchie danoise les duchés de Slesvig et d'Holstein; Bombardement de Simaraki, au Japon; Publication de l'Encyclique et du Syllabus du Pie IX (8 déc.). — 1865, Convention de Gastein-Salzbourg, qui donne le Holstein à l'Autriche et le Slesvig à la Prusse; Ouverture des ports du Japon aux Européens; Aux États-Unis, bataille de Pétersburg (2 avril); Prise de Richmond (6 avril); Fin de la guerre de sécession; triomphe des États du Nord; Abolition de l'esclavage; Assassinat du président Lincoln (14 avril); Guerre contre le Brésil et le Paraguay; Guerre du Pérou et du Chili contre l'Espagne. — 1866, Guerre entre la Prusse et l'Autriche; Écrasement de l'Autriche à Sadowa (3 juill.); L'Autriche cède la Vénétie à la France, qui la recède à l'Italie (5 juillet); Traité de Prague qui dissout la Confédération germanique, consacre les agrandissements de la Prusse et organise la Confédération de l'Allemagne du Nord (23 août); Rappel en France de l'armée restée au Mexique pour soutenir Maximilien, sous les ordres du maréchal Bazaine; Insurrection de Candie. — 1867, Réformes libérales; Exposition universelle à Paris; Visite des souverains à Paris; Question du Luxembourg; Évacuation de ce pays par la Prusse (11 mai); Invasion des États Pontificaux par Garibaldi; Expédition française à Rome; Bataille de Mentana (3 nov.); L'empereur d'Autriche François-Joseph est couronné roi de Hongrie (8 juin); Mort de Maximilien, fusillé à Querétaro, par ordre de Juarez (19 juin); Acquisition de l'Amérique Russe par les États-Unis (mars). — 1868, Loi sur l'organisation de l'armée (1er fév.); Révolution d'Espagne; Chute d'Isabelle II (29 sept.); Fin de la guerre contre le Pérou et le Chili; Révolution de Cuba. — 1869, Nouvelles réformes libérales en France. Ouverture du chemin de fer de New-York à San-Francisco (8 mai); Révolution au Japon; ouverture du pays aux Européens.
1870, Ministère Émile Ollivier (2 janv.); Nouvelles réformes libérales (avril); Plébiscite du 8 mai consacrant les modifications à apporter à la Constitution de l'empire; Candidature du prince de Hohenzollern au trône d'Espagne; Déclaration de guerre de la France à la Prusse (15 juil.); Le Concile du Vatican proclame l'infaillibilité du Pape (18 juill.); Bataille de Wissembourg (4 août), de Werth (6 août), de Forbach (6 août), de Metz (16 août), de Borny et de Rezonville (16 août), de Saint-Privat (18 août), de Bazeilles (31 août); Désastre et capitulation de Sedan (1er et 2 sept.); Bataille de Sedan; Chute de l'empire; Déchéance à Paris, gouvernement de la Défense nationale (4 sept.); Investissement de Paris (19 sept.); Capitulation de Toul et de Strasbourg (23 et 27 sept.); Capitulation de Bazaine à Metz (27 oct.); Armée de la Loire : succès de Coulmiers (9 nov.); Batailles de Champigny (20 nov.-2 déc.); Batailles d'Orléans (2, 3, 4 déc.); Retraite du général Chanzy (déc.); Victor-Emmanuel s'empare de Rome (20 sept.); Rome capitale du royaume d'Italie (23 déc.); La couronne d'Espagne est décernée au prince Amédée, 2e fils de Victor-Emmanuel; Assassinat du général Prim (30 déc.). — 1871, Bombardement de Paris; sortie de Buzenval (19 janv.), Bataille du Mans (11 janv.); Retraite de l'armée de l'Est, qui passe en Suisse (21 janv.); Campagne du Nord : Batailles de Bapaume (3 janv.), et de Saint-Quentin (19 janv.); Le roi de Prusse proclamé empereur d'Allemagne, à Versailles, sous le nom de Guillaume Ier

(18 janv.); Capitulation de Paris, armistice (18 janv.); L'Assemblée nationale de Bordeaux (13 fév.); Thiers, chef du pouvoir exécutif (18 fév.); Insurrection de Paris dite de la Commune (18 mars); Siège de Paris par l'armée française (avril-mai 1871); Traité de Francfort qui livre l'Alsace-Lorraine à la Prusse (10 mai): Fin de la guerre civile (28 mai); Thiers, président de la République (31 août); En Italie, *loi des garanties*, qui règle la situation du Pape (mai); Conférence de Londres, qui modifie le traité de Paris et donne toute liberté à la Russie dans la mer Noire (mars); Insurrection en Algérie. — 1872, Loi militaire qui déclare le service obligatoire pour tous les Français (27 juil.); Stanley retrouve Livingstone sur les bords du lac Tanganyika. — 1873, Mort de Napoléon III (9 janv.); Chute de Thiers (23 mai); Présidence du maréchal de Mac-Mahon (24 mai); le septennat (20 nov.); Abdication du roi d'Espagne Amédée; Proclamation de la République en Espagne (11 fév.); Fin de l'occupation prussienne en France; Guerre des Anglais contre les Ashantis, en Afrique; Voyage de Cameron dans l'Afrique centrale. — 1874, Restauration d'Alphonse XII, fils d'Isabelle, sur le trône d'Espagne (30 déc.); Nouveau voyage de Stanley dans l'Afrique centrale. — 1875, Vote de la Constitution républicaine (25 fév.); Soulèvement de l'Herzégovine et de la Bosnie; Exploration de M. de Brazza au Congo. — 1876, Succès des républicains aux élections; Ministère Jules Simon (13 déc.); Banqueroute de la Turquie; Déposition et mort du sultan Abdul-Aziz (29 mai); Guerre de la Turquie contre la Serbie et le Monténégro (juil.). — 1877, Question religieuse, démission du ministère Jules Simon, et constitution d'un ministère de droite (16 mai); Ordre du jour de défiance voté par 363 députés (18 juin); Dissolution de la Chambre (22 juin); Mort de Thiers (3 sept.); Élections favorables aux républicains (14 oct.); Ministère dit d'affaires (24 nov.); Mac-Mahon cède à l'opinion et constitue un ministère parlementaire (14 déc.); Guerre entre la Russie et la Turquie (14 avril); Bataille de Plewna (10 déc.); Invention du téléphone par l'Américain Bell. — 1878, Exposition universelle à Paris; Mort du pape Pie IX (7 fév.); Avènement de Léon XIII; Annexion de Chypre par l'Angleterre (1er juin); Insurrection des Canaques en Nouvelle-Calédonie (30 juin); Traité de San-Stefano entre la Russie et la Turquie; Constitution de la principauté de Bulgarie (3 mars); Congrès et traité de Berlin (juin), Occupation de la Bosnie et de l'Herzégovine par l'Autriche; Guerre des Anglais contre les Afghans (nov.-déc.). — 1879, Démission du maréchal de Mac-Mahon; Jules Grévy, président de la République, pour sept ans (30 janv.); Inauguration du gouvernement civil en Algérie (16 fév.); Guerre des Anglais au Sud de l'Afrique; mort du prince Louis-Napoléon, fils de Napoléon III, tué dans cette guerre, par les Zoulous (1er juin); Loi d'amnistie pour les condamnations relatives à l'insurrection de 1871 (10 juil.); Le 14 Juillet déclaré fête nationale; Annexion de Tahiti et des îles de la Société (août); Agitation en Irlande; Guerre du Chili contre le Pérou et la Bolivie. — 1880, Décrets contre les congrégations religieuses non autorisées (29 mars); Guerre du Transwaal dans l'Afrique Australe. — 1881, Expédition de Tunis (avril); Les nihilistes en Russie; Assassinat du czar Alexandre II (14 avril); Alexandre III; La Roumanie érigée en royaume (26 mars); Ministère Gambetta (14 nov.); Insurrection de Bou-Amena dans le Sud-Oranais. — 1882, Chute du ministère Gambetta (25 janv.); La Serbie érigée en royaume (mars); Défaite de Bou-Amena (2 avril); Mort de Garibaldi (3 juin); Mort de Gambetta (31 déc.); Expédition du commandant Rivière au Tonkin; Occupation de l'Égypte par les Anglais, bombardement d'Alexandrie (13 juil.). — 1883, Ministère Jules Ferry (21 fév.); Triple alliance entre l'Allemagne, l'Autriche et l'Italie (fév.); Mort du commandant Rivière (19 mai); Catastrophe d'Ischia (28 juillet); Mort du comte de Chambord (24 août); Éruption du Krakatoa (25-26 août); Conquête du Tonkin; Expédition de Madagascar; Révolte du Mahdi en Égypte. — 1884, Affaire Pel-Lé (23 juin); Guerre avec la Chine; Traité de Tien-Tsin avec la Chine; Traité de Valparaiso entre le Chili et la Bolivie, triomphe du Chili (4 avril); Bombardement de Fou-Tchéou (23 août); Guerre des Anglais dans le Soudan égyptien; Prise de Karthoum par le Mahdi; Prise de Lang-Son, au Tonkin (13 fév.); Retraite de Lang-Son (28 mars). — 1885, Chute du ministère Ferry (30 mars); Mort de Victor Hugo (21 mai); Nouveau traité de Tien-Tsin avec la Chine (9 juin); Révolution en Roumélie; Guerre entre la Serbie et la Bulgarie; Mort d'Alphonse XII, roi d'Espagne; Régence de sa veuve pendant la minorité d'Alphonse XIII (25 nov.); Insurrection au Canada; Expédition des Anglais en Birmanie; Traité de Berlin constituant l'État libre du Congo;

Convention de Londres réglant les affaires d'Égypte (18 mars); Les Italiens à Massouah. — 1886, Le général Boulanger, ministre de la guerre (7 janv.); Expulsion des princes (juin); Chute du ministère (3 déc.). — 1887, Surtaxe des grains (10 mars); Mesures de rigueur en Alsace-Lorraine; Affaire de Pagny-sur-Moselle (avril); Affaire des décorations (oct.); Démission de Grévy (2 déc.); Carnot, président de la République (3 déc.). — 1888, Procès Wilson (fév.-mars); Publication du traité d'alliance austro-allemande (3 fév.); Mort de l'empereur Guillaume (9 mars); Ministère Floquet (4 avril); Mort de l'empereur d'Allemagne, Frédéric III, successeur de Guillaume Ier; Avènement de son fils, Guillaume II (15 juin); Abolissement de l'esclavage au Brésil (mai); Inauguration du chemin de fer Transcaspien jusqu'à Samarkand (mai). — 1889, Chute du ministère Floquet (14 fév.); Procès et condamnation du général Boulanger devant la Haute Cour (21 avril-14 août); Exposition universelle à Paris; Nouvelle loi militaire (15 juil.); Révolution au Brésil, proclamation de la République (15-16 nov.); Conflit anglo-portugais au sujet des possessions d'Afrique. — 1890, Les comptes de l'Exposition se soldent par un bénéfice de 9 millions (19 fév.); Chute de Bismarck (mars); Le commandant Archinard s'empare de Segou-Sikoro au Soudan (15 avril); Combat de Porto-Novo au Dahomey (mai); Le commandant Fournier bombarde Wydah (3 mai); Vote d'un impôt de 3 fr. 20 p. 100 sur la propriété batie (15 juil.); L'amiral Cavelier de Cuverville signe la paix avec le roi du Dahomey (9 oct.). — 1891, M. Lippmann annonce à l'Académie des sciences sa découverte de la photographie des couleurs (2 fév.); Mort du prince Napoléon; Création d'un conseil supérieur du travail; Vote des nouveaux tarifs de douane; Entrevue de Cronstadt; Renouvellement de la triple alliance; Suppression des passeports en Alsace-Lorraine; Mort du feld-maréchal de Moltke; Mort de Parnell; Mort de Guillaume III, souverain de la Hollande et grand-duc de Luxembourg; Mort du général Boulanger. — 1892, Affaires du canal de Panama; Élection de M. Cleveland à la présidence des États-Unis; Révolution au Venezuela; Troubles dans la République argentine et au Brésil; Campagne du général Dodds au Dahomey; Explosion du restaurant Véry; Procès Ravachol; Centenaire de la proclamation de la République (22 sept.). — 1893, M. Casimir-Perier est élu président de la Chambre (10 janv.); M. Jules Ferry est élu président du Sénat (26 fév.); M. Challemel-Lacour est élu président du Sénat, en remplacement de Jules Ferry, décédé (27 mars); Formation du cabinet Dupuy (4 avril); Fermeture de la Bourse du Travail (6 juill.); Élections générales; Visite de l'escadre russe en France; Mort du maréchal de Mac-Mahon; Mort de Gounod; Attentat Vaillant à la Chambre des députés; Exposition de Chicago. — 1894, Le colonel Bonnier s'empare de Timbouctou; Le président Carnot est assassiné à l'Exposition de Lyon (24 juin); M. Jean Casimir-Perier est élu président (27 juin); Mort du comte de Paris, représentant la dynastie d'Orléans, petit-fils de Louis-Philippe (8 sept.); Guerre de Corée entre le Japon et la Chine; Suffrage universel en Belgique (première application le 14 oct.).

CHRONOLOGIQUE. adj. 2 g. [Pr. kro...]. Qui appartient, qui a rapport à la chronologie. *Abrégé c. Table c. Recherches chronologiques.*

CHRONOLOGIQUEMENT. adv. [Pr. kro...]. Suivant l'ordre du temps.

CHRONOLOGISTE. s. m. [Pr. kro...]. Celui qui s'occupe de travaux de chronologie. Anciennement on disait *Chronologue.*

CHRONOMÉRISTE. s. m. [Pr. kro...] (gr. χρόνος, temps; μεριστής, diviseur). T. Mus. Tableau contenant toutes les décompositions possibles de la mesure. Voy. MÉLOPLASTE.

CHRONOMÈTRE. s. m. [Pr. kro...] (gr. χρόνος, μέτρον, mesure). Appareil servant à mesurer le temps, mû par un ressort et réglé par les oscillations d'un ressort en forme d'hélice. Voy. HORLOGERIE.

CHRONOMÉTRIE. s. f. [Pr. kro...] (gr. χρόνος, μέτρον, mesure). L'art de mesurer le temps.

CHRONOMÉTRIQUE. adj. 2 g. [Pr. kro...]. Qui a rapport à la chronométrie.

CHRONOPHOTOGRAPHIE. s. f. [Pr. kro-no-to-fo-grafi] (gr. χρόνος, temps, et *photographie*). Ensemble des dispositions adoptées pour photographier un objet ou un animal mobile, à des intervalles de temps régulièrement espacés et aussi rapprochés qu'on veut. Ces dispositions, imaginées pour la plupart par le docteur Marey, consistent essentiellement dans l'emploi d'un appareil photographique muni d'un obturateur très rapide qu'on fait fonctionner à intervalles réguliers en visant l'objet observé. Pour faciliter la formation des images, cet objet est mis en mouvement devant un fond blanc, s'il est de couleur sombre, devant un fond noir, s'il est de couleur claire. Pour rendre les épreuves plus significatives, on marque sur l'objet, en traits noirs ou blancs, les parties les plus importantes. Par ex., si l'on veut reproduire les attitudes d'un coureur, on l'habillera de vêtements sur lesquels les projections des parties importantes du squelette seront représentées par des bandes noires ou blanches, suivant qu'on opérera sur fond blanc ou noir. Si l'on rassemble ensuite les images obtenues, qu'on les dispose à la suite les unes des autres sur une bande de papier, et qu'on place cette bande dans un zootrope en mouvement, on obtient une représentation saisissante du mouvement de l'objet. Entre les mains de M. Marey, la c. est devenue un puissant instrument d'étude. M. Marey s'est surtout attaché à étudier par ce procédé les mouvements de l'homme et des animaux, et il a pu obtenir des résultats du plus haut intérêt relativement au vol des oiseaux et des insectes. On a beaucoup admiré, à l'Exposition universelle de 1889, une série de modèles en bronze représentant les attitudes successives d'un pigeon pendant une période complète du vol de cet oiseau. Cette intéressante méthode constitue, dans nos procédés d'investigation scientifique, un progrès qui intéresse autant le physicien que le naturaliste et le physiologiste.

CHRONOPHOTOGRAPHIQUE. adj. 2 g. [Pr. *kro...*]. Qui a rapport à la chronophotographie. *Épreuves chronophotographiques.*

CHRONOSCOPE. s. m [Pr. *kro...*] (gr. χρόνος; σκοπέω, j'examine). T. Phys. Instrument pour mesurer le temps.

CHRONOTACHYMÈTRE. s. m. [Pr. *kro-no-ta-kimètre*]. (gr. χρόνος, temps, et *tachymètre*). T. Chem. de fer. Appareil servant à enregistrer la vitesse et le sens du mouvement d'un véhicule.

CHRONOTÉLÉMÈTRE. s. m. [Pr. *kro...*] (gr. χρόνος, temps, et *télémètre*). T. Art milit. Instrument servant à mesurer le temps nécessaire à un mobile ou au son pour la franchir.

CHROOCOCCÉES. s. f. pl. [Pr. *kro-o-cok-sé*] (R. *Chroococcus*). T. Bot. Tribu d'Algues appartenant à la famille des *Nostoccacées.* Voy. ce mot.

CHROOCOCCUS. s. m. [Pr. *kro-o-cok-kus*] (gr. χρόος, peau; κόκκος, grain). T. Bot. Genre d'Algues de la famille des *Nostoccacées.* Voy. ce mot.

CHROZOPHORA ou **CROZOPHORA.** s. m. [Pr. *kro-zo-fora*] (gr. χρῶζω, teindre; φορός, qui porte). T. Bot. Genre de plantes appartenant à la famille des *Euphorbiacées.* Voy. ce mot.

CHRYSALIDAIRE. adj. T. Hist. nat. Qui a rapport aux chrysalides.

CHRYSALIDE. s. f. [Pr. *kri-zalide*] (gr. χρυσαλλίς, m. s., de χρυσός, or). T. Entom. La chenille avant de devenir papillon, c.-à-d. insecte parfait, passe par l'état de chrysalide. Voy. LÉPIDOPTÈRES. Avant de s'endormir à l'état de c., la chenille se suspend généralement comme on le voit sur les spécimens ci-contre et subit pendant le sommeil sa curieuse métamorphose.

CHRYSALIDER (SE). v. réfl. [Pr. *kri...*]. Se transformer en chrysalide.

CHRYSAMIQUE. adj. [Pr. *kri...*] (gr. χρυσός, or, et

amique). T. Chim. L'*acide c.* ($C^{14}H^4(AzO^2)^4O^4$, qui se forme par l'action de l'acide nitrique fumant sur la chrysazine, est un dérivé tétranitré de cette substance. On le prépare en traitant l'aloès par l'acide azotique; ou ajoute de l'eau qui dissout l'acide aloétique formé en même temps et précipite l'acide c. Celui-ci, purifié par cristallisation dans l'alcool, se présente en paillettes clinorhombiques d'un jaune d'or, détonant sous l'action de la chaleur. Peu soluble dans l'eau, il se dissout facilement dans l'alcool et l'éther, qu'il colore en rouge. Ses sels, les *chrysamates*, sont colorés; ils détonent quand on les chauffe. Les sulfures alcalins réduisent l'acide c. et le transforment en *Hydrochrysamide* $C^{14}H^5(AzH^2)^2O^4$ ou tétramidochrysazine, qui, traitée par l'acide azoteux et l'alcool, donne de la chrysazine. — L'acide c. et les chrysamates servent à teindre la laine en brun.

CHRYSAMINE. s. f. [Pr. *kri...*] (gr. χρυσός, or, et *amine*). T. Chim. On a donné le nom de chrysamines à plusieurs matières colorantes jaunes, qui sont des dérivés tétrazoïques de la benzidine ou de la toluidine.

CHRYSANILINE. s. f. [Pr. *kri...*] (gr. χρυσός, et *aniline*). T. Chim. La c. est une matière colorante jaune qu'on obtient en traitant par l'aniline les résidus de la préparation de la fuchsine. On la prépare aussi en chauffant de l'arséniate de toluidine avec de la toluidine; elle prend alors le nom de *chrysotoluidine.* Comme elle est peu soluble dans l'eau, on emploie son azotate ou son chlorhydrate, connu dans le commerce sous le nom de *phosphine.* Avec l'acide sulfurique elle donne un dérivé sulfonique dont le sel de soude constitue une matière colorante orangée très recherchée.

CHRYSANILIQUE. adj. (gr. χρυσός, et esp. *anil*, indigo). Acide qui résulte de l'action de la potasse aqueuse sur l'indigo.

CHRYSANTHÈME. s. m. [Pr. *krizantème*] (gr. χρυσός, or; ἄνθεμον, petite fleur). T. Bot. Genre de plantes d'ornement appartenant à la famille des *Composées.* Voy. ce mot.

CHRYSAROBINE. s. f. [Pr. *kri...*] (gr. χρυσός, et *araroba*, arbre du Brésil). T. Chim. La poudre de Goa ou d'*Araroba*, introduite en Europe en 1875, contient un principe appelé *Chrysarobine*, qu'on en extrait au moyen de la benzine bouillante. La c. dont la formule est $C^{30}H^{20}O^7$ forme des lamelles jaunes; elle est insoluble dans l'eau, soluble dans les alcalis, avec lesquels elle donne des dissolutions jaunes à fluorescence verte. Traitée par la poudre de zinc, elle donne une grande quantité de méthylanthracène. Dissoute dans la potasse et oxydée par un courant d'air, elle se transforme en acide chrysophanique et peut servir à préparer ce corps. On l'emploie dans le traitement des affections cutanées, en particulier du psoriasis.

CHRYSAZINE. s. f. [Pr. *kri...*] (gr. χρυσός, or; ἰζα, suie). T. Chim. La *Chrysazine* $C^{14}H^8O^4$ est une dioxyanthraquinone isomère de l'alizarine. On la prépare au moyen de l'hydrochrysamide (voy. CHRYSAMIQUE); on peut aussi l'obtenir synthétiquement en partant de l'anthracène et en passant par le chrysazol. Voy. CHRYSAZOL. La c. forme des lamelles jaunes, fusibles à 191°, sublimables; elle se dissout à froid dans les alcalis et à chaud dans les carbonates alcalins. L'acide azotique la transforme en acide chrysamique; la poudre de zinc, en anthracène. Fondue avec la potasse caustique, la c. se convertit en *oxychrysazine* $C^{14}H^8O^5$, qui est une trioxyanthraquinone isomère de la purpurine, et qui donne sur les tissus des nuances intermédiaires entre celles de la purpurine et de l'alizarine.

CHRYSAZOL. s. m. [Pr. *kri...*] (de *chrysazine* et suff. *ol*). Le *Chrysazol* $C^{14}H^8(OH)^2$ est un des dioxyanthracènes qui se produisent lorsqu'on transforme l'anthracène en dérivés disulfoniques à l'aide de l'acide sulfurique fumant et que l'on chauffe ces dérivés avec de la potasse caustique. La c. cristallise en aiguilles jaunes, qui se décompose sans fondre vers 200°. Il est assez soluble dans l'alcool, avec lequel il forme la dissolution jaune à fluorescence bleue. Il possède les propriétés d'un phénol anthracénique : il se dissout à froid dans les alcalis, à chaud dans les carbonates alcalins, et s'oxyde facilement pour donner de la chrysazine, qui est la dioxyanthraquinone correspondante.

CHRYSÉIS, fille de Chrysès, prêtre d'Apollon, devenue esclave d'Agamemnon.

CHRYSÈNE. s. m. [Pr. *kri*..) (gr. χρυσὸς, or). T. Chim.
Le *Chrysène* $C^{18}H^{12}$ est un hydrocarbure contenu dans les
portions les moins volatiles du goudron de houille. On l'en
extrait au moyen du sulfure de carbone, qui dissout les
autres carbures, en laissant le chrysène insoluble. On peut
aussi le retirer de l'anthracène brut. Purifié par cristallisation dans le xylène, le c. conserve encore une coloration
jaune qui lui a fait donner son nom (χρυσὸς, or), mais qui
ne lui est pas propre; on le décolore en le chauffant avec de
l'alcool additionné d'acide azotique. Pur, il forme de grandes
lames incolores à fluorescence rouge. Il fond et se sublime à
250°, et distille au-dessus de 360°. Il est soluble dans le
xylène et le cumène bouillants. Avec l'acide picrique il forme
un picrate rouge peu soluble; avec le chlore, du chrysène
dichloré fusible à 267°; avec le brome, du chrysène dibromé
fusible à 273°. L'acide azotique donne des dérivés nitrés.
Quand on fait bouillir le c. avec une solution acétique d'acide
chromique, il s'oxyde et se transforme en *Chrysène-quinone*
$C^{18}H^{10}O^2$. Cette substance, appelée aussi *Chrysoquinone*, forme
des aiguilles jaunes qui fondent à 220°; elle se dissout dans
l'acide sulfurique qu'elle colore en bleu; oxydée par le permanganate de potasse, elle se convertit en acide phtalique;
traitée par l'acide sulfureux, elle se transforme en *Chry-
sène-hydroquinone* $C^{18}H^{10}(OH)^2$.

La constitution du c. est représentée
par la formule $\begin{matrix} CH—C^6H^4 \\ \| \quad \| \\ CH—C^{10}H^6 \end{matrix}$

CHRYSÉNIQUE. adj. T. Chim. L'*acide c.* s'obtient en
fondant la chrysoquinone ou la chrysocétone avec la potasse
caustique. Il cristallise en lamelles argentées, fusibles à 186°.
Sa formule est $C^{10}H^7.C^6H^4.CO^2H$.

CHRYSINE. s. f. T. Chim. Matière colorante jaune contenue dans les bourgeons du Peuplier.

CHRYSIPPE, philosophe grec, fondateur du stoïcisme (280-
207 av. J.-C.).

CHRYSIS. s. f. [Pr. *krizis*] (gr. χρυσὸς, or). T. Entom.
Genre d'hyménoptères qui donnent leur nom à une famille du
sous-ordre des *Porte-aiguillons*. Ils sont remarquables par
leur couleur métallique rouge, verte ou bleue. Voy. PUPIVORES.

CHRYSO... [Pr. *kri-zo*...] (gr. χρυσὸς, or). Préfixe employé
dans un grand nombre de mots scientifiques et signifiant qui
contient de l'or, qui ressemble à l'or ou qui a la couleur de l'or.

CHRYSOBALAN. s. m. [Pr. *kri*...] (gr. χρυσὸς; βάλανος,
gland). T. Bot. Genre de plantes de la famille des *Rosacées*.
Voy. ce mot.

CHRYSOBALANÉES. s. f. pl. [Pr. *kri*...] (R. *Chrysobalan*).
T. Bot. Tribu de végétaux de la famille des *Rosacées*. Voy. ce mot.

CHRYSOBÉRYL. s. m. [Pr. *kri-zo-béril*] (gr. χρυσὸς, et *béryl*). T. Minér. Béryl pâle qui a parfois des reflets dorés. On
l'appelle aussi *Cymophane*. Voy. SPINELLE.

CHRYSOBULLE. s. m. [Pr. *kri-zo-bule*] (gr. χρυσὸς, et
bulle). Diplôme scellé avec une bulle d'or.

CHRYSOCALE. s. m. [Pr. *kri*...] (gr. χρυσὸς, et χάλος, beau).
T. Techn. Alliage qui imite l'or et qui est généralement com-
posé de 92 parties de cuivre, 6 de zinc et 6 d'étain. || T. Min.
Variété de silicate hydraté du cuivre, appelée aussi *Chrysocolle*.

CHRYSOCÉTONE. s. f. T. Chim. Cétone obtenue en distillant la chrysoquinone avec de la litharge. Elle forme des
aiguilles rouges ou de petits cristaux jaunes, fusibles à 132°.

Elle a pour formule $\left. \begin{matrix} C^6H^4 \\ C^{10}H^6 \end{matrix} \right\rangle CO$.

Chauffée à 150° avec l'acide iodhydrique et le phosphore,
elle donne un hydrocarbure solide, en lamelles argentées,
fusible à 186°; c'est le *chrysofluorène* $\left. \begin{matrix} C^6H^4 \\ C^{10}H^6 \end{matrix} \right\rangle CH^2$.

Réduite par le zinc et l'acide chlorhydrique, la c. se transforme en *alcool chrysofluorénique*, solide, fusible à 167°,
répondant à la formule $\left. \begin{matrix} C^6H^4 \\ C^{10}H^6 \end{matrix} \right\rangle CHOH$.

CHRYSOCHALQUE. s. m. [Pr. *kri*...] (gr. χρυσὸς, et χαλκὸς,
cuivre). Alliage de cuivre et d'or.

CHRYSOCHLORE. s. m. [Pr. *kri-zo-klore*] (gr. χρυσὸς, et
χλωρὸς, vert). T. Mamm. Genre de petits insectivores qui
ressemblent beaucoup aux taupes, mais dont les poils ont des
reflets métalliques. Voy. TAUPE.

CHRYSOCOLLE. s. f. [Pr. *kri*...] (gr. χρυσὸς, or; κόλλα,
colle). T. Minér. Voy. CHRYSOCALE.

CHRYSOCOME. s. f. [Pr. *kri*...] (gr. χρυσὸς, et κομὴ, chevelure). T. Bot. Genre de plantes de la famille des *Composées*.
Voy. ce mot.

CHRYSOFLUORÈNE. s. m. T. Chim. Voy. CHRYSOCÉTONE.

CHRYSOGLYPHIE. s. f. [Pr. *kri*...] (gr. χρυσὸς, or;
γλυφὴ, gravure). Procédé qui permet de transformer en
planche typographique en relief une planche gravée en taille-
douce et qui consiste à faire pénétrer dans les creux de la
planche gravée un mastic inattaquable aux acides et à faire
mordre à l'eau-forte, de sorte que les creux protégés par le
mastic finissent par se trouver en relief. Le nom de ce procédé vient de ce qu'avant d'appliquer le mastic, il convient de
recouvrir la planche d'une feuille d'or.

CHRYSOÏDINE. s. f. [Pr. *kri*...] (gr. χρυσὸς, et εἶδος, apparence). T. Chim. La *Chrysoïdine* ou *Diamidoazobenzène*
$C^6H^5.Az^2.C^6H^3(Az^2H^2)^2$ est une matière colorante azotique qui
se produit par l'action de la métaphénylène-diamine sur les
sels de diazobenzène. Elle forme des aiguilles jaunes, fusibles
à 117°,5, peu solubles dans l'eau, solubles dans l'alcool et
dans le benzène. C'est une base qui se dissout dans les acides
en formant des sels neutres et des sels basiques; les derniers,
seuls sont stables. Son chlorhydrate, qui constitue la c. commerciale, est rouge et soluble dans l'eau; il teint directement la laine et la soie en jaune; on la prépare en diazotant
le chlorhydrate d'aniline au moyen de l'azotite de soude, et
en traitant le produit par la métaphénylène-diamine. Comme
il absorbe énergiquement les rayons chimiques, il peut servir
à colorer les fenêtres des laboratoires photographiques.

CHRYSOLITHE. s. f. [Pr. *kri*...] (gr. χρυσὸς, or, et λίθος,
pierre). T. Min. Nom appliqué par les lapidaires à plusieurs
pierres de nature différente, mais toutes de couleur jaune.
C. orientale ou *chatoyante*, La cymophane. Voy. SPINELLE.
C. de Saxe. Voy. TOPAZE. *C. du Vésuve*, L'idocrase. Voy. ce
mot. *C. des volcans*, Le péridot. Voy. SILICE.

CHRYSOLORAS, savant grec du bas-empire, fut un des
restaurateurs de lettres en Italie au XIVe siècle.

CHRYSOMÈLE. s. f. [Pr. *kri*...] (gr. χρυσὸς, et μέλ, miel).
T. Entom. Les *Chrysomèles* donnent leur nom à l'une des
familles des *Coléoptères cryptopentamères*. Leur corps est
ovale, allongé; les antennes sont filiformes, la tête est recouverte par le prothorax jusqu'aux yeux. Les parties latérales
du prothorax, souvent épaissies, forment bourrelet. Les pattes
sont terminées par une brosse et des griffes simples. Les
chrysomèles sont, pour la plupart, ornées de belles couleurs; malheureusement, beaucoup sont nuisibles : par ex.,
le *Doryphora* (*C. decemlineata*) dont les larves et l'insecte
à l'état parfait mangent les feuilles des pommes de terre.

La tribu des doryphores vivait peu nombreuse sur le
Solanum rostratum, au pied des montagnes Rocheuses,
lorsque les défrichements des Américains lui apportèrent les
fanes de la pomme de terre (*Solanum tuberosum*). Cette
nourriture nouvelle eut pour singulier effet de doter l'insecte
d'une fécondité extraordinaire. Les doryphores pullulèrent donc
prodigieusement; ils envahirent tout le continent américain
dans l'espace de quelques années, indiquant chacune de leurs
étapes par l'anéantissement de la pomme de terre. On crut
qu'il faudrait renoncer à cette culture, lorsque certaines
observations firent comprendre que l'étrange excitation produite sur l'insecte par sa nouvelle nourriture pourrait bien
être suivie d'une réaction aussi énergique, pouvant aller jusqu'à la stérilité, après un certain nombre de générations. Ils
arrachèrent donc tous les pieds de *S. rostratum* qu'ils purent
trouver et d'où partaient incessamment quelques insectes
régénérés qui perpétuaient le désastre. Le résultat ne se fit
pas attendre. L'insecte a disparu, et aujourd'hui les collec-
tionneurs se procurent difficilement des doryphores. Ce-

épisode de la vie des insectes peut expliquer un grand nombre de leurs invasions subites ou les disparitions brusques de leurs légions qui sont toujours des sujets d'étonnement pour l'observateur. Une invasion de doryphores en Europe s'est produite vers 1878 et a fait d'assez grands ravages dans les cultures de pommes de terre. Il est certain que l'insecte avait été importé d'Amérique sur des tubercules ou des plants de pommes de terre; mais il a disparu au bout de peu d'années, sans doute pour les mêmes causes qu'en Amérique.

Le genre c. est représenté en France par de nombreuses espèces, dont quelques-unes ont des couleurs métalliques flamboyantes du plus heureux effet. On trouve sur les menthes le C. violacea, d'un beau bleu d'acier, et le C. menthastri, d'un magnifique vert doré. La C. cerealis, jaune doré, rayé de bleu, vit de maigre gazon. Le C. graminis, vert émeraude, se tient sur le Tanacetum vulgare, etc.

CHRYSOMÉLIDES. s. m. pl. [Pr. kri-zo-mélide] (R. chrysomèle). T. Entom. Famille de Coléoptères du groupe des Cryptopentamères, caractérisée par un corps ramassé, court, arrondi et bombé, dont le prothorax embrasse une partie de la tête. Les antennes, courtes, filiformes, cylindriques, sont composées en général de 11 articles. Les mandibules sont d'ordinaire à pointe bifide. L'abdomen a 5 anneaux. Adultes, ils sont doués d'un éclat remarquable presque tous; à l'état de larves, ils nuisent pour la plupart aux feuilles des plantes. Nous citerons les genres Cassida, Hispa, Cryptocephalus, Timarcha, Galeruca, Haltica (vulg. Altise), Lina, Chrysomela (ces quatre derniers sont souvent fort nuisibles); Crioceris, dont une espèce vit sur les asperges, une autre sur les lis; Donacia, que l'on rencontre sur les plantes au bord des eaux.

CHRYSOMYXA. s. m. [Pr. kri...] (gr. χρυσός; μύξα, mucosité). T. Bot. Genre de Champignons de la famille des Urédinées. Voy. ce mot.

CHRYSOPALE. s. f. [Pr. kri...] (gr. χρυσός, et pâle). T. Min. Variété de cymophane d'un vert jaunâtre très clair. Voy. SPINELLE.

CHRYSOPHANE. s. m. T. Chim. Glucoside amer contenu dans l'extrait aqueux de rhubarbe. C'est une poudre rouge orangé que les acides dédoublent en glucose et acide chrysophanique.

CHRYSOPHANIQUE. adj. 2 g. [Pr. kri...] (gr. χρυσός, or; φαίνω, je parais). T. Chim. L'acide chrysophanique C¹⁵H¹⁰O¹ constitue la matière colorante jaune et l'un des principes actifs de la rhubarbe; il se trouve aussi dans le séné. On le prépare, soit en oxydant la chrysarobine (voy. ce mot), soit en traitant par le benzène bouillant le résidu insoluble qu'on obtient dans la préparation de la teinture de rhubarbe. L'acide c. forme des tables hexagonales jaunes, fusibles à 162°, insolubles dans l'eau, solubles dans le benzène. C'est une dioxyanthraquinone méthylée, isomère de la méthylalizarine; chauffé avec de la poudre de zinc, il donne du méthylanthracène. Il joue le rôle d'un acide très faible, incapable de déplacer l'acide carbonique des carbonates alcalins. Ses solutions alcalines jouissent de propriétés tinctoriales qu'on n'a pas utilisées. En médecine, on l'a employé à l'extérieur pour le traitement des maladies cutanées.

CHRYSOPHÉNINE. s. f. [Pr. kri...] (gr. χρυσός, et phénol). T. Chim. Matière colorante d'un beau jaune, employée pour la teinture du coton; c'est un dérivé tétrazoïque du diamidostilbène.

CHRYSOPHYLLUM. s. m. [Pr. kri...] (gr. χρυσός, et φύλλον, feuille). T. Bot. Genre d'arbres de la famille des Sapotacées. Voy. ce mot.

CHRYSOPRASE. s. f. [Pr. kri-zo-praze] (gr. χρυσός, et πράσον, poireau). T. Min. Agate verte. Voy. AGATE.

CHRYSOQUINONE. s. f. [Pr. kri...] (gr. χρυσός, et quinone). T. Chim. Voy. CHRYSÈNE.

CHRYSORINE. s. f. [Pr. kri-zo-rine] (gr. χρυσός, or). Laiton d'un jaune d'or, obtenu par la fusion, sous une couche de borax, de 100 parties de cuivre et de 51 parties d'étain.

CHRYSORRHOAS (Saint JEAN), appelé aussi saint JEAN DAMASCÈNE ou de DAMAS, Père de l'Église grecque, né à Damas vers 675, mort vers 760.

CHRYSOSPLENIUM. s. m. [Pr. kri...] (gr. χρυσός, et πλήν, rate). T. Bot. Genre de plantes (Dorine) de la famille des Saxifragacées. Voy. ce mot.

CHRYSOSTOME (Saint JEAN), Père de l'Église grecque, né à Antioche en 347, mérita par son éloquence le surnom de Chrysostome, c.-à-d. en grec bouche d'or (χρυσός, or; στόμα, bouche). Nommé par Arcadius évêque de Constantinople, il déplut à l'impératrice Eudoxie, fut traîné en exil et mourut de fatigue (407).

CHRYSOTILE. s. f. [Pr. kri...] (gr. χρυσός, or; τιλή, débris de laine). T. Minér. Variété fibreuse de serpentine.

CHRYSOTOLUIDINE. s. f. [Pr. kri...] (gr. χρυσός, et toluidine). T. Chim. Voy. CHRYSANILINE.

CHTONIEN, ENNE. adj. [Pr. kto-ni-in] (gr. χθών, terre). T. Myth. Nom donné aux dieux qui résident dans l'intérieur de la Terre : Pluton, Proserpine, Mercure, etc.

CHUCHOTEMENT. s. m. Action de chuchoter.

CHUCHOTER. v. n. (Onomatopée ?). Parler bas à l'oreille de quelqu'un, pour n'être pas entendu d'autres personnes. Elles ne font que c. entre elles. || S'emploie activ. Il lui chuchota quelques mots à l'oreille.

CHUCHOTERIE. s. f. Entretien de personnes qui se parlent à l'oreille, pour n'être pas entendues des autres. Pourquoi ces chuchoteries ? La distinction entre chuchotement et chuchoterie est que le premier mot indique l'action même de chuchoter, le bruit qui en résulte, tandis que le second indique le discours que l'on tient. Le chuchotement fatigue, agace; la c. intrigue.

CHUCHOTEUR, EUSE. s. Celui, celle qui a coutume de chuchoter.

CHUCUITO (Lac) ou **TITICACA**, grand lac de la Bolivie (Amérique du Sud).

CHUINTANT, ANTE. adj. T. Gram. Se dit de certaines consonnes dont la prononciation figure une sorte de sifflement accompagné d'une aspiration, telles sont: le ch, le j, le g doux.

CHUINTER. v. n. (Onomatopée ?) Se dit du cri de la chouette. || T. Gram. Donner à une lettre un son chuintant qu'elle ne doit pas avoir, et aussi en parlant de la lettre même, avoir un son chuintant.

CHULON. s. m. T. Mam. Espèce de lynx de la taille d'un loup. Voy. LYNX.

CHUN, empereur chinois, astronome. Auteur d'une sphère qui porte son nom; 2285-2205 av. J.-C.

CHUNDA-KOUR, reine de Lahore, belle, galante, ambitieuse et cruelle, morte à Londres en 1863.

CHUQUISACA ou **LA PLATA**, aujourd'hui SUCRE, cap. de la Bolivie, 12,000 hab.

CHURCHILL, poète satirique anglais (1731-1764).

CHURCHITE. s. f. (R. Church, nom d'homme). T. Minér. Phosphate hydraté de cérium et de calcium.

CHUSAN ou **CHOUSAN**, archipel de la Chine situé dans la mer Bleue.

CHUT. [Pr. le t]. Mot dont on se sert pour ordonner de faire silence. Une femme âgée de 90 ans disait à Fontenelle, âgé de 95 : « La mort nous a oubliés. — Chut ! » lui répliqua Fontenelle, en mettant le doigt sur la bouche.

CHUTE. s. f. (fém. de l'anc. part. pas. cheût, du verbe choir, aujourd'hui chu, choir). Mouvement d'une chose qui tombe. Il a fait une lourde c. Il est incommodé d'une c. de cheval. La c. des eaux. La c. des corps graves. C. d'eau,

Masse d'eau qui se précipite d'une certaine hauteur. *La c. du Niagara. Les chutes d'eau sont souvent employées comme force motrice.* Voy. Hydraulique. — *La c. des feuilles*, La saison où les feuilles tombent. *Il mourut à la c. des feuilles. La c. du jour*, Le moment où la nuit arrive. || T. Théât. *La c. du rideau*, Le mouvement du rideau lorsqu'on le baisse, pour cacher la scène aux spectateurs. || T. Méd. Se dit des parties du corps qui s'en détachent et qui tombent, *La c. des cheveux, des dents, d'un ongle*, etc. — Par ext., s'applique au simple déplacement de certains organes qui abandonnent leur position naturelle. *C. de la luette, du rectum, de l'utérus.* On dit aussi *Prolapsus*. — *C. des reins*, Bas du dos. || Fig., Disgrâce, malheur, catastrophe; passage d'un état supérieur à un état inférieur et mauvais. *Ce ministre entraîna dans sa c. toutes ses créatures. Hâter sa c. La c. d'un empire, d'un trône. — La c. d'une pièce de théâtre*, Son insuccès, son échec. S'est dit quelquefois plaisamment :

C'est ce petit rimeur, de tant de prix enflé,
Qui, sifflé pour ses vers, pour sa prose sifflé,
Tout meurtri des faux pas de sa muse tragique,
Tomba de *chute* en *chute* au trône académique.
Gilbert.

T. Morale. Se dit figur. de l'action de commettre une faute par faiblesse. *La c. du premier homme, des mauvais anges. Se relever de ses chutes.* || T. Littérat. Se dit fig. de la pensée qui termine une petite pièce de poésie, comme une épigramme, un couplet de chanson, etc. *La chute de ce madrigal est heureuse. La chute en est jolie, amoureuse, adorable.* (Molière.) — *La chute d'une période*, La fin, le dernier membre d'une période. || T. Mécan. Espace parcouru par une roue pendant qu'une de ses dents se dégage du pignon ou des palettes d'un système d'échappement. || T. Hydraul. *C. disponible*, C. d'eau que l'on peut utiliser pour l'établissement d'un moteur hydraul. || T. Fin. *C. de la rente*, Baisse considérable du cours de rentes. || T. Hortic. Raccordement de deux terrains qui ne sont pas de niveau. || T. Pêche. Hauteur d'un filet quand il est tendu. || T. Mar. Hauteur verticale d'une voile tendue. || T. Ponts et Chaussées. Différence entre les niveaux de deux biefs. || *Mur de c.*, Mur que l'on construit en aval des portes d'amont d'une écluse à sas. || T. Archit. *C. de festons et d'ornements*, Bouquets pendants de fleurs ou de fruits. — *C. d'un toit*, Sa pente. || T. Mus. Façon de terminer une phrase musicale. || Art vétér. Renversement du rectum ou de la matrice. Voy. Utérus. *C. du membre*, Maladie du cheval et de quelques autres animaux, qui consiste en ce que les muscles qui retiennent la verge s'étant relâchés, cet organe pend au dehors.

Phys. — *Chute des corps*. — Tous les corps abandonnés à eux-mêmes tombent vers le sol. Ce phénomène général constitue la *Pesanteur* et n'est qu'un cas particulier de l'*Attraction* ou *Gravitation universelle*, d'après laquelle toutes les particules de matière répandues dans l'espace s'attirent en raison directe du produit de leurs masses, et en raison inverse du carré de leur distance. Voy. Attraction, Gravitation. La chute des corps est due à l'attraction que le globe terrestre exerce sur eux; mais dans ce mouvement intervient une cause retardatrice qui est la résistance de l'air. Aussi, pour étudier la loi de la chute des corps, il convient de s'en affranchir par des procédés divers. On ne peut songer à opérer dans le vide, parce qu'il faudrait faire le vide dans de trop grands espaces. On peut seulement constater, en faisant le vide dans un tube à l'intérieur duquel on a placé des barbes de plume, des feuilles de papier, des grains de plomb, etc., que, *dans le vide*, tous les corps tombent avec la même vitesse. Cette expérience confirme ce que faisait déjà prévoir l'observation la plus vulgaire, à savoir que la résistance de l'air agit davantage sur les corps légers que sur les corps très denses; elle dépend, en effet, de la surface des corps. Une autre remarque faite depuis longtemps, c'est que la résistance de l'air augmente avec la vitesse des corps mobiles, et beaucoup plus vite que cette vitesse, de sorte que l'on arrivera à s'en affranchir presque complètement si l'on opère avec des corps très denses ayant peu de vitesse. La diminution de la vitesse a encore l'avantage de rendre le mouvement plus facilement observable en diminuant sa rapidité. C'est ainsi que Galilée, à qui l'on doit les premières expériences sur la c. des corps, faisait glisser un corps pesant sur un plan incliné. Pour diminuer le frottement autant que possible, son plan incliné était constitué par un gros fil de fer tendu obliquement d'un mur à un autre, et le corps pesant était supporté par une poulie roulant sur le fil. Il était alors facile de suivre le mouvement sur un écran placé derrière le fil. Plus tard, un physicien anglais, Atwood, eut l'idée de ralentir le mouvement en plaçant deux poids égaux aux deux

extrémités d'un fil supporté par une poulie; le mouvement était déterminé par une surcharge placée sur l'un des deux poids, et le ralentissement résultait de ce que la masse additionnelle devait, en tombant, faire mouvoir les deux masses égales en sens inverse. La machine d'Atwood, qui sera décrite au mot Pesanteur, est un admirable appareil de démonstration; mais, comme le plan incliné de Galilée, elle a l'inconvénient de modifier le mouvement qu'il s'agit d'observer. Il est vrai que le mouvement ralenti est en tout semblable au mouvement réel d'un corps tombant en c. libre. C'est ce qu'a réalisé le général Morin au moyen d'un appareil célèbre dans lequel un corps pesant, muni d'un crayon, tombe devant un cylindre animé d'un mouvement de rotation uniforme. La courbe que trace le crayon sur le cylindre est la représentation graphique exacte du mouvement. Comme le poids est très massif et qu'on n'utilise que les premiers instants de la c., alors que la vitesse n'est pas assez considérable, on peut négliger l'influence retardatrice de la résistance de l'air. Par ces divers procédés, on a pu démontrer expérimentalement les trois lois suivantes :

1° *Tous les corps tombent dans le vide avec la même vitesse;*

2° *La vitesse que possède un corps tombant librement dans le vide, à un instant quelconque de sa c., est proportionnelle au temps écoulé depuis l'origine de la c.;*

3° *L'espace parcouru par un corps tombant librement dans le vide est proportionnel au carré du temps écoulé depuis l'origine de la c.*

Le détail des expériences et les conséquences de ces lois seront développés au mot Pesanteur.

CHUTER. v. n. (R. *chute*). Tomber. Se dit d'une pièce de théâtre qui n'a pas réussi. || v. a. Huer, siffler. *C. une pièce, un acteur.*

CHYLE. s. m. [Pr. *chile*] (gr. χυλὸς, suc). T. Physiol. Liquide extrait dans l'intestin de la masse des aliments digérés et qui est transporté dans le sang par les *vaisseaux chylifères*. Voy. Digestion.

CHYLIFÈRE. adj. 2 g. (de *chyle*, et du lat. *fero*, je porte). T. Anat. Se dit des vaisseaux qui transportent le chyle de l'intestin dans le sang.

CHYLIFICATION. s. f. T. Physiol. Élaboration du chyle dans l'intestin. Voy. Digestion.

CHYLIFIER (Se). v. pron. Se transformer en chyle.

CHYLURIE. s. f. [Pr. *chiluri*] (R. *chyle*, et gr. οὖρον, urine). T. Pathol. Affection dans laquelle les urines contiennent de la graisse.

CHYME. s. m. [Pr. *chime*] (gr. χυμὸς, suc). T. Physiol. Pâte homogène en laquelle les aliments sont transformés dans l'estomac.

CHYMIFICATION. s. f. [Pr. *chi-mifica-sion*] (R. *chyme*, et le suffixe *fication*, du lat. *facere*, faire). T. Physiol. Transformation des aliments en chyme. Voy. Digestion.

CHYMIFIER (Se). v. pr. [Pr. *chi...*] (R. *chyme*, et lat. *fieri*, devenir). Se transformer en chyme.

CHYMOCARPUS. s. m. [Pr. *chimocar-puss*] (gr. χυμὸς, suc; χαρπὸς, fruit). T. Bot. Genre de plantes grimpantes de la famille des *Géraniacées*. Voy. ce mot.

CHYPRE. s. m. Vin que l'on récolte dans l'île de Chypre.

CHYPRE ou **CYPRE**, île de la Méditerranée, entre l'Asie Mineure et la Syrie, fut cédée aux Anglais par les Turcs en 1878; pop. 186,000 hab. ; ch.-l. Nicosie ou Levcosia. Nom des hab. : Chypriote ou Cypriote.

CHYTRIDIACÉES. s. f. pl. [Pr. *kitri-dia-cés*] (R. *Chytridium*). T. Bot. Famille de Champignons de l'ordre des Oomycètes, ayant pour caractères d'avoir des œufs formés par isogamie et des zoospores ne se fusionnant pas.
Caract. bot.: Les C. vivent en parasites, le plus souvent sur des plantes aquatiques, sur des Infusoires ou des Anguillules, plus rarement sur des végétaux terrestres. Il y a des espèces

qui vivent sur la vigne dont elles compromettent la récolte. Les spores sont mobiles, sphériques ou ovales, pourvues d'un long cil attaché en arrière (Fig. B, *d*). Arrivée au contact de la plante nourricière, la zoospore perce la membrane ou un point convenable, et tantôt le corps de la zoospore demeure en dehors, tantôt pénètre tout entier à l'intérieur de la cellule nourricière. Dans le premier cas, la zoospore, s'entourant d'une membrane de cellulose, pousse à travers l'orifice, tantôt un tube qui s'allonge dans le corps de l'hôte, tantôt un simple suçoir. L'ampoule extérieure grandit, son contenu se divise en un certain nombre de zoospores, et elle devient ainsi un zoosporange, d'où les zoospores s'échappent par un orifice pratiqué au sommet ou latéralement (Fig. A), ou par une fente circulaire. Dans les *Zygochytrium*, l'ampoule externe s'allonge ou un tube qui se divise en quatre branches (Fig. B, *a*). Deux de ces branches se renflent au sommet en zoosporanges, tandis que les deux autres demeurent stériles. Quand la zoospore pénètre à l'intérieur de l'hôte, elle s'y développe de deux façons. En premier lieu (*Cladochytrium*), ou s'entoure de cellulose, envoie dans toutes les directions des tubes rameux, qui se renflent çà et là en sphères, formant autant de zoosporanges. En second lieu (*Olpidium*), la zoospore grandit d'abord dans la cellule nourricière, puis s'entoure tardivement de cellulose, tout en

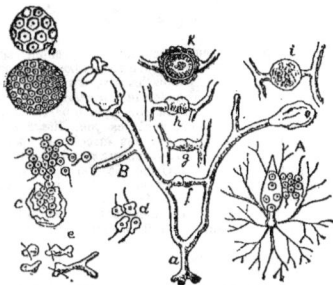

absorbant le contenu de la cellule. Puis, finalement, le contenu se divise en zoospores qui sont mises en liberté par un tube que le zoosporange pousse au dehors en perforant la membrane.

La formation des œufs n'a été observée que dans un petit nombre de genres de Chytridiacées. Elle s'y opère toujours par isogamie, mais d'une façon un peu différente (Fig. B, *f-k*).

[Fig. A. *Obelidium mucronatum* : thalle avec son sporange laissant échapper ses spores par une ouverture latérale. — Fig. B. *Zygochytrium aurantiacum* : *a*, plante portant deux sporanges vides et se disposant à produire un œuf en *f* ; *b*, formation des spores ; *c*, émission des zoospores ; *d*, zoospores ; *e*, germination des zoospores à la surface de la plante nourricière ; *f, g, h, i*, divers stades de la formation de l'œuf ; *k*, embryon ou zygospore.]

On divise les Chytridiacées en deux tribus :

Tribu I. — *Chytridiées*. — Zoosporange extérieur (*Rhizidium, Obelidium, Zygochytrium, Polyphagus*, etc.).

Tribu II. — *Olpidiées*. — Zoosporange intérieur (*Olpidium, Olpidiopsis, Cladochytrium, Ancylistes, Plasmodiophora*, etc.).

CHYTRIDIÉES. s. f. pl. (Pr. *kitri-di-é*) (R. *Chytridium*). T. Bot. Tribu de Champignons de la famille des *Chytridiacées*. Voy. ce mot.

CHYTRIDIUM. s. m. (Pr. *kitri-di-ome*) (gr. χυτρίδιον, petite marmite). T. Bot. Genre de Champignons de la famille des *Chytridiacées*. Voy. ce mot.

CI. adv. de lieu (abréviat. de *ici*). Sert à désigner l'endroit où est celui qui parle, ou du moins un lieu qui est proche de lui, ou bien encore une chose présente, et se lie toujours par un trait d'union au mot qu'il modifie. *Ce* ; mais il se met toujours après ce subs., à la condition que ce dernier soit précédé de l'adjectif démonstr. *Ce* ; mais il se met toujours après ce subs., et s'y lie par un trait d'union. *Cette chambre-ci. Ce monde-ci. Ces gens-ci. Ce livre-ci. Ce temps-ci.* || 2° Il se joint de

même au pron. démonstr *Celui*, etc. *Celui-ci. Celle-ci. Ceux-ci. Celles-ci.* Voy. Celui. || 3° Joint à un verbe, il se place devant ; mais nous n'en avons d'exemple que dans la loc. *Ci-gît un tel*, pour *tel repose, ici est enterré un tel.* || 4° Joint à un adj. ou à un participe, il se met devant lui. *Les témoins ci-présents. La lettre ci-jointe. Vous recevrez ci-inclus copie de...* || 5° Il se place devant les prépositions *Après, Contre, Dessous, Dessus, Devant*, pour former des loc. adverb. *Ci-après, Ci-contre*, etc. Voy. Après, etc. — Se met encore après la prép. *Entre*, et marque le moment où l'on parle. *Entre ci et demain il peut arriver bien des choses. Entre ci et là il y a loin.* Ces loc. proverbiales ont vieilli. || Il se joint également aux prépositions *De* et *Par* dans ces loc. adv. *Deci, delà ; Par-ci, par-là, De côté et d'autre*, en divers endroits. || 6° Enfin, il se joint à la loc. adv. *Qu'est-ce ? Qu'est-ce ci ?* — Toutes les fois que *Ci* est opposé à l'adv. *Là*, ce dernier indique que la chose dont on parle est plus éloignée. || Dans les comptes, *Ci* se met très souvent avant le chiffre qui indique le montant de chaque article. *Cinq mètres de drap à douze francs*, ci. . . 60 fr.

CIBAIRE. adj. 2 g. (lat. *cibus*, nourriture). T. Entom. *Appareil cibaire*, Appareil de manducation des insectes.

CIBAUDIÈRE. s. f. T. Pêch. Sorte de filet appelé aussi *Folle*.

CIBLE. s. f. (all. *scheibe*, disque). Disque ou plaque servant de but pour le tir de l'arc ou des armes à feu. *Tirer à la cible.* || Fig. Point de mire. *Servir de c. à quelqu'un*, Être en but à ses moqueries. || T. Verrerie. Nom donné à des pièces rondes en verre.

CIBOIRE. s. m. (lat. *ciborium*, vase où l'on conserve les provisions, du gr. κιϐώριον, gousse de fève d'Égypte). T. Liturg. — On donnait autrefois le nom de *Ciboire* à une espèce de petit dôme, de forme variée, ordinairement supporté par quatre colonnes, qui servait à couvrir et à protéger l'autel. Il se surmontait d'une croix, souvent du saint, car ce n'est qu'assez tard que la croix fut placée sur l'autel lui-même. On y fixait les rideaux ou courtines qui, dans les premiers temps, enveloppaient l'autel. Enfin, on y suspendait, au centre, une boîte ou *pyxide*, qui était destinée à renfermer les hosties, et à laquelle on donnait ordinairement la forme d'une colombe ou d'une tour. Par la suite, cette pyxide elle-même fut appelée c., et c'est dans ce sens qu'aujourd'hui on prend habituellement ce terme.

CIBOTIUM. s. m. (Pr. *cibo-ti-ome*). T. Bot. Genre de Fougères de la famille des *Cyathéacées*. Voy. ce mot.

CIBOULE. s. f. (ital. *cipolla*, oignon). T. Bot. et Horlic. Nom vulgaire d'une espèce du genre *Allium* (ail), dont la tige est fort employée en cuisine. Voy. Ail.

CIBOULETTE. s. f. Dimin. Nom vulgaire d'une espèce du genre *Allium* (ail) qu'on appelle autrement *Civette*, ou *Appétit*. Sa tige et ses feuilles, plus fines que celles de la ciboule, sont employées comme condiment.

CIBRARIO, historien et homme d'État italien (1802-1870).

CICADAIRES. s. m. pl. (lat. *cicada*, cigale). T. Entom — On nomme ainsi une famille d'Insectes qui appartient à l'ordre des Hémiptères et à la section des Homoptères. Cette famille se distingue des deux autres familles qui, avec elle, composent le sous-ordre des Homoptères, par ses tarses formés de 3 articles, et par ses antennes ordinairement très petites, coniques ou subuliformes, qui sont composées de 3 à 6 pièces, y compris une soie très fine qui les termine. — Les C. se divisent en 3 tribus ,dont la plus remarquable est celle des Cigales.

1. Les *Cigales* (*Cicada*) sont pourvues de trois yeux lisses et de six articles aux antennes ; leurs élytres sont presque toujours transparents et veinés. Quelques-unes ont les ailes agréablement colorées. Leurs pattes sont grêles et ne leur permettent pas de sauter. Leur tête élargie offre en avant une pièce fortement striée transversalement. Leur bouche est formée par des pièces très allongées qui constituent un bec ou suçoir. L'addomen est épais, et, à sa base, les mâles portent de chaque côté un organe particulier, à l'aide duquel ils produisent le bruit monotone qu'on appelle vulgairement *chant de la C.* Cet organe est recouvert par une plaque cartilagi-

neuse en forme de volet dont la dimension varie suivant les espèces : l'intérieur est divisé en deux loges par une cloison écailleuse et triangulaire : dans chaque loge existent, en avant une membrane plissée, et au-dessous une autre membrane mince et transparente appelée *miroir;* de chaque côté, on remarque encore une membrane plissée appelée *Timbale* qui est mise en mouvement par le jeu des muscles. Ceux-ci, en se contractant avec force, frappent sur les timbales et produisent les sons. — Les femelles sont dépourvues de cet organe sonore; mais elles sont munies d'un appareil pour perforer les branches d'arbre jusqu'à la moelle, afin d'y déposer leurs œufs. Ce dernier se compose de trois pièces écailleuses, étroites, allongées, dont les deux latérales sont terminées en forme de lime. On croit que les pièces latérales sont les organes perforants, et que la pièce médiane leur sert simplement de support. La femelle produit de 500 à 600 œufs. Elle effectue son dépôt sur des branches mortes, en y faisant plusieurs trous dont la place est indiquée à l'extérieur par autant d'élévations. Les jeunes larves qui, par leur forme générale, ressemblent assez à des puces, quittent bientôt les loges où elles sont nées pour s'enfoncer dans la terre, quelquefois à une profondeur de 60 centim. à 1 m. Elles y croissent et s'y métamorphosent en nymphes. Elles sont pourvues de six pattes; la paire antérieure est courte, épaisse et armée de dents propres à creuser la terre. Au printemps, ces nymphes paraissent à la lumière; leur peau se fend sur le dos, et l'insecte prend son essor, en abandonnant sa dépouille desséchée. — La c., à l'état d'insecte parfait, vit pendant les mois les plus chauds de l'année et ne cesse de faire entendre son bruit de crécelle, strident, monotone et fatigant. Elle se tient sur les arbres, dont elle suce la sève, et s'envole au moindre bruit. Cet insecte est très commun dans le midi de la France et

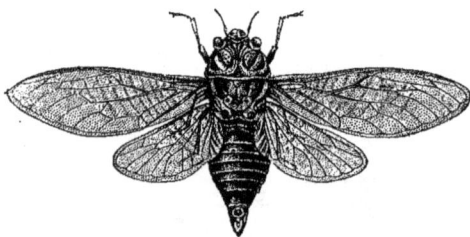

Fig. 1.

dans toute l'Europe méridionale. Les espèces les plus connues du genre *Cig.* sont : la *Cig. commune (Cic. plebeia)* [Fig. 1], la plus grande de nos espèces, qui est noire, avec plusieurs taches sur le premier segment du tronc, et la *Cig. de l'orne (Cic. orni)* qui est longue de 25 millim., jaunâtre pâle en dessous, et mélangée de cette couleur et de noir en dessus. Elle présente deux rangées de points noirâtres sur les élytres. Elle habite le midi de la France et l'Italie. C'est elle qui, en piquant l'orne, fait écouler de cet arbre le suc mielleux et purgatif appelé *Manne.*

II. Les autres insectes de la famille des Cicadaires n'ont que trois articles distincts aux antennes et deux yeux lisses. Leurs pieds sont propres au saut, et aucun des sexes n'est pourvu d'organes sonores. Ils se subdivisent en deux tribus principales : les *Fulgorides* et les *Cicadelles.*

1° Les *Fulgorides* ont les antennes insérées immédiatement sous les yeux, et leur front est souvent prolongé en forme de museau. Le genre le plus remarquable de cette division est celui des *Fulgores (Fulgora),* qui ont la tête assez grande et vésiculeuse, des couleurs vives, et atteignent une taille considérable. L'espèce type est la *Fulg. Porte-Lanterne (F. laternaria)* [Fig. 2] qui est propre à l'Amérique méridionale. Elle est agréablement variée de jaune et de roux, avec une grande tache en forme d'œil sur les deux ailes. Son nom lui vient de ce que, suivant quelques observateurs, elle répand par la tête une lumière phosphorescente fort vive. D'autres, cependant, n'ont pu constater ce phénomène de phosphorescence ; mais il est vraisemblable que les Fulgores ne jouissent de cette propriété lumineuse que pendant un

temps de leur vie, sans doute à l'époque des amours, et qu'elles la perdent ensuite. Le midi de l'Europe nous offre une petite espèce du même genre, c'est la *Fulg. européenne,* verte, à front conique et à ailes transparentes. — Nous citerons encore parmi les Fulgorides, les genres suivants : Les *Asiraques (Asiraca)* n'ont pas d'yeux lisses. Leurs antennes ont la longueur de la tête et du thorax, et elles sont insérées dans

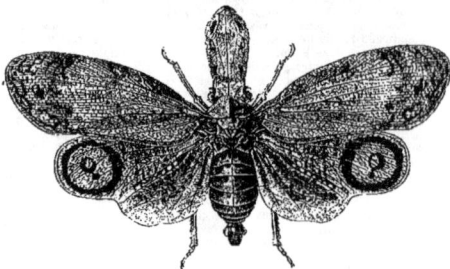

Fig. 2.

une échancrure inférieure des yeux. Le premier article est plus long que le second. Ce genre se compose d'un petit nombre d'espèces répandues dans les diverses parties du monde, et dont le type est l'*As. à antennes en massue (A. clavicornis)* qu'on rencontre dans la plus grande partie de l'Europe. — Le g. *Delphax,* dont les yeux lisses sont apparents, ne renferme que des insectes de petite taille. Deux espèces, le *D. flavescens* et le *D. marginata,* se trouvent aux environs de Paris. — Les *Lystres (Lystra)* ont le corps et les élytres allongés. Elles portent à l'extrémité de l'abdomen le produit d'une sécrétion cireuse, extrêmement blanche et floconneuse. Le type du genre est le *L. pulvérulente,* très commune dans l'Amérique méridionale. — Les *Cixies (Cixia)* ressemblent aux lystres ; leur front est étroit et leurs élytres sont linéaires, sans nervures transversales. L'espèce la plus connue est la *C. nervosa,* qui est assez répandue dans une grande partie de l'Europe. — Le genre *Issus* a les antennes aussi longues que la tête. Une de ses espèces habite l'Europe : c'est l'*I. coleoptratus.* — Les *Tettigomètres (Tettigometra)* ont le front confondu avec les parties latérales de la tête, et les jambes inermes. La seule espèce de ce g. qui se trouve dans nos contrées est le *Tett. pirescens.*

2° Les *Cicadelles* ont la tête inclinée ou rabattue par devant, prolongée sous forme de pointe ou de chaperon demi-circulaire. Les antennes sont très petites et insérées sous les bords de la tête. Ces insectes forment des genres nombreux ; nous nommerons seulement les plus intéressants. — Les *Bocydies (Bocydium)* sont de jolis petits insectes dont les élytres sont presque entièrement découverts. Leur prothorax n'a pas de prolongement postérieur ; seulement, près de son bord externe, il

Fig. 3.   Fig. 4.

existe un petit tube qui supporte à son extrémité plusieurs vésicules arrondies, avec une longue épine en arrière. La plus belle espèce du genre est la *Bocydie globulaire* [Fig. 3, grossie], originaire du Brésil. — Les *Membraces (Membracis)* présentent des formes extrêmement bizarres. Leur corselet forme des expansions qui ressemblent tantôt à des membranes foliacées, tantôt à des vésicules, tantôt à des pointes; leur prothorax est élevé et comprimé latéralement; leurs jambes sont aplaties. Leurs couleurs sont vives et variées. Toutes sont propres au Nouveau Monde. Le type du genre est la *Mem. foliacée* (*M. foliacea*)(Fig. 4, grossie) qui n'est pas rare au Brésil. — Les *Centrotes* (*Centrotus*) ont l'écusson découvert, du moins en partie; leurs élytres sont libres, leurs jambes élargies. Ils sautent principalement à l'aide de leurs jambes postérieures. On en rencontre deux espèces aux environs de Paris. Le *Petit Diable* (*Cent. cornutus*) a une corne de chaque côté du corselet. Il vit dans les endroits humides et dans les bois, sur les fougères. Le *Demi-Diable* (*C. genistæ*) est de moitié plus petit que le précédent; il se trouve sur le genêt. — Les *Cercopes* (*Cercopis*) se rencontrent dans les diverses parties du monde; ces insectes sucent la sève des végétaux en les piquant avec leur bec. Leur corps

Fig. 5.

est assez massif, leur taille est moyenne, leurs couleurs sont vives. Le *Cerc. ensanglanté* (*C. sanguinolenta*)(Fig. 5, un peu grossie) est noir, avec six taches rouges sur les élus. Il est assez commun aux environs de Paris, et se trouve dans les bois. Le *Cerc. écumeux* (*C. spumaria*) est brun, avec deux taches blanches sur les élytres. Il est également indigène; sa larve vit sur les feuilles dans une liqueur blanche semblable à de l'écume, que l'on nomme *Crachat de grenouille* ou *Écume printanière*. — Les *Ledres* (*Ledra*) ont la tête très large, avancée et arrondie, et les jambes postérieures très comprimées. La *Cigale Grand Diable* (*Ledra aurita*), qui se trouve en France, sur les chênes, les coudriers, etc., appartient à ce genre. — Les *Dornis* habitent l'Amérique méridionale. Leur prothorax énorme qui enveloppe le corps et cache presque entièrement les élytres, leur donne une physionomie singulière. — Les *Eulopes* (*Eulopa*) ont les ailes nulles et les élytres voûtées. Le type du genre est l'*E. obtecta* qui habite une grande partie de l'Europe et qu'on a rencontrée sur les bruyères, aux environs de Versailles. Elle est longue de 25 millim., rougeâtre et tachetée de blanc, avec deux bandes obliques de cette couleur. — Les *Jasses* (*Jassus*) ont la tête large et arrondie par devant, les jambes épaisses et garnies d'épines aiguës. Leur taille est médiocre, leur couleur est grise ou brunâtre. Plusieurs espèces sont européennes, et parmi elles nous citerons le *J. atomarius* qui vit sur l'osier. — Les *Tettigones* (*Tettigonia*) ont la tête triangulaire et sont d'ailleurs très voisines des jasses. La seule espèce indigène est la *T. viridis*. — Les *Eupelix* ont la tête très allongée et très aplatie. La seule espèce d'Europe est la *Cicada cuspidata*, qui est jaunâtre et tachée de brun. Elle habite l'Angleterre et l'Allemagne, mais très rarement la France. — Les *Penthimies* (*Penthimia*) ont, au premier abord, quelque ressemblance avec les cercopes. Leur corps est court; leur tête est arrondie : vue en dessus, elle paraît demi-circulaire; leurs jambes postérieures sont arquées, longues, ciliées, épineuses. Il existe en France une espèce de ce genre, la *P. atra* qui est noire, plus ou moins variée de rouge, et très nuisible aux vignes.

CICADELLES. s. f. (Dimin. du lat. *cicada*, cigale). T. Ent. Tribu d'insectes hémiptères. Voy. CICADAIRES.

CICATRICE. s. f. (lat. *cicatrix*, m. s.). T. Méd. et Chir. Tissu nouveau qui unit deux portions d'un même tissu préalablement séparées par une violence extérieure, ou par un état morbide particulier, tel que l'ulcération, la gangrène. *Une glorieuse c. C. honorable. Il est couvert de cicatrices.* || Fig., au sens moral, se dit de tout ce qui affecte profondément notre âme. *Quand on a reçu quelque grand affront, la c. en demeure longtemps.* Se dit aussi des atteintes portées à l'honneur, à la réputation. *Les atteintes de la calomnie laissent souvent des cicatrices.* || T. Bot. Marque que laissent, après leur chute, les différentes parties articulées d'un végétal. — *C. carpique*, Tache moins colorée qu'on remarque

à la base de certains fruits, tels que le gland, la noisette, la châtaigne.

Méd. — On donne le nom de *Cicatrice* à un tissu nouveau, dense, solide et peu vasculaire, qui réunit les solutions de continuité de divers systèmes organiques tant animaux que végétaux. Quelles que soient les parties divisées, le mode de formation de la c. est le même, excepté cependant pour les os dont la c. a reçu le nom de *Cal*. Voy. ce mot.

I. — Quand il existe une solution de continuité, deux cas se présentent : ou ses bords sont rapprochés, ou ils restent écartés l'un de l'autre. Dans le premier cas, une certaine quantité de lymphe plastique s'épanche entre les bords de la plaie, s'organise entre eux, et les réunit immédiatement sans qu'il y ait suppuration; c'est ce qu'on appelle réunion par *première intention*. Alors la c. est linéaire et peu apparente. Dans le second cas, si les bords de la plaie n'ont pas été rapprochés, soit par impossibilité, soit par tout autre motif, la lymphe plastique est encore versée à la surface de celle-ci. Cette lymphe s'épaissit bientôt, s'organise, et avec le développement de vaisseaux dans son intérieur coïncide l'apparition de saillies mamelonnées appelées *Bourgeons charnus*, qui donnent à la surface un aspect granulé. Ces petites saillies exhalent du pus; la lymphe plastique, qui prend alors le nom de *Membrane granuleuse*, se rétracte, revient sur elle-même, rapproche les bords de la plaie dans le sens suivant lequel ils sont le moins écartés, ou dans tous les sens, en allant vers le centre, quand la plaie est arrondie. Bientôt celle-ci est entièrement recouverte par une pellicule blanchâtre sous laquelle les bourgeons charnus s'effacent et disparaissent. Pendant ce travail, cette pellicule perd une grande partie de sa vascularité, se dessèche, prend de la consistance et constitue la c. proprement dite.

II. — Les cicatrices ont l'apparence de plaques qui se continuent avec la peau, mais elles se distinguent de celle-ci par leur couleur. Parfois elles sont livides, rouges ou violacées; mais, en général, elles ont une teinte blanche ou jaune, et un aspect luisant. Ordinairement, elles sont surtout lisses et unies; néanmoins, dans quelques cas, elles sont sillonnées par des crêtes irrégulières, et boursouflées en divers sens. Tantôt elles sont doublées d'un tissu cellulaire qui leur permet de glisser facilement sur les parties sous-jacentes; tantôt, au contraire, elles adhèrent aux aponévroses, aux tendons, aux muscles, même aux os, et alors elles sont plus ou moins enfoncées. Le tissu dont elles sont formées, appelé *Tissu de c.* par Dupuytren, et *Inodule* ou *Tissu inodulaire* par Delpech, est d'un blanc sale, très solide, très résistant, et composé de fibres qui s'entrecroisent dans tous les sens. Il se rapproche ainsi du tissu fibreux plus que de tous les autres tissus normaux de l'économie. Il est couvert d'une mince couche épidermique; son réseau vasculaire, peu développé, se continue avec les vaisseaux des parties environnantes; peut-être contient-il des vaisseaux lymphatiques. Mais on ne trouve dans son épaisseur ni nerfs, ni bulbes pileux, ni glandes sébacées, ni organes destinés à la transpiration cutanée ou à la sécrétion pigmentaire. Il en résulte que les cicatrices sont peu sensibles, qu'elles sont dépourvues de poils, qu'elles manquent de souplesse, qu'elles ont toujours une couleur différente de celle de la peau, et qu'elles restent habituellement sèches ou tandis que tout le corps est couvert de sueur. — La propriété la plus remarquable du tissu inodulaire est sa rétractilité. En vertu de cette force, la c. attire incessamment à elle les parties voisines en se contractant elle-même, en s'épaississant et en diminuant graduellement d'étendue. Cette propriété singulière est d'autant plus prononcée que la suppuration a été plus longue, la plaie plus grande et la perte de substance plus considérable.

III. — Les difformités qui succèdent aux solutions de continuité siègent souvent dans la c. elle-même; d'autres fois, elles résultent de quelque changement survenu dans la direction, l'arrangement ou les rapports naturels des parties voisines. Toutes les cicatrices sont désagréables à la vue par leur couleur et leur aspect; mais il en est qui sont rendues hideuses par une modification extraordinaire dans leur couleur, ou l'enfoncement au-dessous des téguments, ou par la saillie plus ou moins considérable qu'elles présentent. Les colorations anormales sont surtout produites par l'explosion de la poudre à canon. Les grains de poudre pénètrent dans les chairs, s'y incrustent, et la c. reste marquetée de points noirs ou bleuâtres. Le même phénomène s'observe à la suite des plaies pansées avec le taffetas noir d'Angleterre. Le moyen de remédier à cette difformité est d'enlever les petits corps étrangers avec la portion correspondante de la c. Les cicatrices enfoncées s'observent à la suite des plaies d'armes à feu, de la la carie et de la nécrose. La dépression est due à des adhérences contractées avec les parties profondes, particulièrement avec les os. Il n'y a rien à faire en pareil cas. Les cicatrices saillantes, qui sont beaucoup plus fréquentes, sont causées par l'exubérance des bourgeons charnus que l'on n'a pas eu le soin de réprimer par des cautérisations convenables. La saillie qu'elles forment les exposant en outre à être froissées et meurtries, elles sont très sujettes aux excoriations et aux ulcérations. On y remédie en excisant les parties saillantes, et en surveillant avec attention la guérison de la nouvelle plaie. Les cicatrices sont sujettes à des maladies, à des tumeurs que l'on nomme *Chéloïdes* ou *Kéloïdes* et qui sont d'une thérapeutique assez délicate, comme tout ce qui concerne l'hygiène de la beauté. L'électrolyse bien maniée est encore ce qui semble le mieux modifier les kéloïdes. — Les difformités causées par les cicatrices sont de plusieurs sortes. Cette cause réside tantôt dans la force de rétraction inhérente au tissu modulaire, tantôt dans la faculté que possèdent les bourgeons charnus de contracter entre eux des adhérences définitives. On conçoit aisément que le tissu modulaire se rétractant incessamment, la c. attire à elle les parties voisines, les dévie, change leurs rapports et leur direction. C'est ainsi que les paupières se renversent en dehors, que les lèvres ou les joues descendent vers le cou, que la tête est inclinée d'un côté ou de l'autre, et que les membres restent fixés dans l'extension ou dans la flexion. De même, si les bourgeons charnus sont mis en contact, ils s'agglutinent entre eux et établissent des adhérences vicieuses entre des parties primitivement distinctes qui n'auraient jamais dû se continuer. C'est ainsi que les doigts sont réunis en une masse commune, que le bras se trouve collé au tronc, que le pavillon de l'oreille se confond avec la peau du crâne, etc. Il est parfois assez facile de remédier à ces inconvénients au moyen d'opérations chirurgicales ; mais, dans certains cas, les difformités sont tout à fait au-dessus des ressources de l'art. — Voy. INFLAMMATION,

CICATRICULE. s. f. (Dimin. de *cicatrice*). T. Ornith. Marque blanche qu'on voit sur le jaune de l'œuf et qui marque la place du germe, que celui-ci existe ou non. Semence des femelles ovipares contenue dans une petite partie de l'œuf || T. Bot. Syn. de *Hile* et *Ombilic*. Voy. GRAINE.

CICATRISABLE. adj. 2 g. Qui peut se cicatriser.

CICATRISANT, ANTE. adj. Qui favorise la cicatrisation. *Remède c.*

CICATRISATION. s. f. T. Méd. Formation d'une cicatrice. Voy. CICATRICE.

CICATRISER. v. a. Se dit des remèdes qui favorisent la formation d'une cicatrice. *Ce médicament cicatrise la plaie.* || Faire des cicatrices. *La petite vérole lui a cicatrisé le visage.* = SE CICATRISER. v. pr. Se dit d'une plaie presque guérie, qui commence à se former. *Sa blessure se cicatrise.* || Fig. Se guérir de quelque douleur morale. = CICATRISÉ, ÉE, part.

CICCA. s. m. T. Bot. Genre de plantes de la famille des *Euphorbiacées.* Voy. ce mot.

CICENDIA. s. f. T. Bot. Genre de plantes de la famille des *Gentianées.* Voy. ce mot.

CICER. s. m. (lat. *cicer*, m. s.). T. Bot. Nom scientifique du genre *Chiche* ou *Pois chiche*, de la famille des *Légumineuses.* Voy. ce mot.

CICÉRO. s. m. T Typogr. Caractère qui a onze points. Voy. CARACTÈRE.

CICEROLE. s. f. T. Bot. Syn. de *Cicer* ou *Pois chiche.* Voy. LÉGUMINEUSES.

CICÉRON (MARCUS TULLIUS), le plus célèbre des avocats et orateurs romains (107-43 av. J.-C.) ; consul l'an 63, étouffa la conjuration de Catilina ; dans la guerre entre Pompée et César, il prit parti pour Pompée ; néanmoins il rentra en grâce auprès de César dictateur, après la bataille de Pharsale. Dans la guerre qui suivit la mort de César, il se prononça contre Antoine, qui le fit proscrire et assassiner. Outre ses nombreux discours et plaidoyers, il a laissé plusieurs ouvrages philosophiques : *De Amicitia; De Officiis; De Se-*

nectute. etc. || Son frère Quintus fut un des lieutenants de César.

CICERONE. s. m. invar. [Pr. *Chichéroné* ou mieux *Tchitchéroné*] (Mot emprunté de l'italien et dérivé du nom du célèbre orateur latin, à cause des abondantes paroles de ces gens). Celui qui, moyennant salaire, montre aux étrangers les curiosités d'une ville. *Plusieurs cicerone vinrent nous proposer leurs services.*

CICÉRONIEN, IENNE. adj. Qui est imité de Cicéron Se dit du style, des phrases, etc. *Style c. Période cicéronienne*

CICHORIUM. s. m. [Pr. *si-kori-ome*]. T. Bot. Nom scientifique du genre *Chicorée*, de la famille des *Composées.* Voy. ce mot.

CICINDÈLE. s. f. (lat *cicindela*, ver luisant). T. Entom. Genre d'insectes coléoptères pentamères. Voy. CICINDÉLIDES.

CICINDÉLIDES. s. m. pl. T. Entom. Latreille désigne sous ce nom la première tribu de sa famille des *Carnassiers*, dans l'ordre des *Coléoptères Pentamères.* — Les insectes qui composent cette tribu ont pour caractère général d'avoir, au bout des mâchoires, un onglet qui s'articule par la base avec elles. Leur tête est forte, avec de gros yeux et des mandibules très avancées et très dentées ; leur languette est courte, et leurs palpes labiaux offrent quatre articles libres. Leurs formes gracieuses et leurs vives couleurs placent les c. au nombre des plus jolis coléoptères. Nous nous contenterons de citer les genres les plus intéressants de la tribu.

Les *Cicindèles* (*Cicindela*) ont les palpes labiaux tout au plus de la longueur des maxillaires externes, avec le dernier article plus long, et aussi épais que le précédent ; dans les mâles, les trois premiers articles des tarses antérieurs sont fort allongés, plus fortement ciliés au côté interne qu'à l'opposé, et sans carène en dessus. Leur corps est ordinairement d'un vert plus ou moins foncé, mélangé de couleurs métalliques et brillantes, avec des taches blanches sur les étuis ; il est long et étroit, avec le corcelet allongé en forme de nœud. En général, ces insectes aiment les lieux secs, volent pendant la plus grande ardeur du soleil, courent très vite, s'envolent dès qu'on les approche, et prennent terre à peu de distance. A l'état de larves, ils se creusent dans la terre un trou cylindrique assez profond qu'ils déblayent en chargeant le dessus de leur tête des particules de terre qu'ils ont détachées et en rejetant leur fardeau dès qu'ils arrivent à l'orifice du trou.

Fig. 1.

Quand ces larves sont en embuscade, elles ferment exactement avec leur tête l'entrée de leur cellule, et attendent patiemment leur proie qu'elles saisissent avec une promptitude extrême. Leur voracité s'étend jusqu'aux autres larves de leur propre espèce. Lorsqu'elles doivent se métamorphoser en nymphes, elles bouchent l'ouverture de leur trou. Nous citerons quelques espèces européennes de ce genre. La *C. champêtre* (Fig. 1) est très commune chez nous au printemps. Elle est longue d'environ 14 mill., de couleur vert pré en dessus, avec cinq taches et cinq points blancs sur chaque élytre, Elle se tient parmi les herbes, dans les endroits humides. La *C. hybride* a sur chaque élytre deux taches en croissant et une bande blanche, une de ces taches est située à la base extérieure et l'autre au bout ; la suture est cuivreuse, Cette espèce rechercho les endroits sablonneux, et ne se mêle pas avec le précédente. La *C. germanique* a une forme plus étroite et plus allongée. Quand on veut la saisir, elle s'échappe en courant très vite, tandis que les deux premières espèces s'envolent. Toutes répandent dans l'air une forte odeur de rose. — Les autres genres de cette tribu sont tous exotiques, et appartiennent aux régions chaudes des deux continents. Nous nommerons

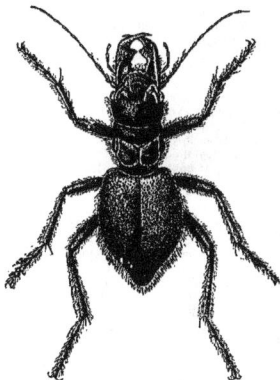

Fig. 2.

seulement parmi eux le genre *Manticore*, propre à l'Afrique australe, et qui renferme les plus grands insectes de la tribu (Fig. 2. *Mant. à tubercules*), et le genre *Tricondyle*, dont toutes les espèces sont aptères. Ces dernières se trouvent dans l'Archipel de la Malaisie.

CICIPA. s. m. Aliment fourni par le manioc.

CICISBÉE. s. m. Voy. Sigisbée.

CICLAMOR. T. Blas. Bordure de l'écu ou de ses pièces. On dit plus souvent *Orle*.

CICOGNARA (Comte), écrivain italien, auteur d'une *Histoire de la Sculpture* (1767-1834).

CICONIEN, ENNE. adj. (lat. *ciconia*, cigogne). T. Ornith. Qui ressemble à la cigogne.

CICURATION. s. f. [Pr. *sicu-ra-sion*] (lat. *cicur*, apprivoisé). T. Didact. Action d'apprivoiser.

CICUTAIRE. s. f. (lat. *cicuta*, ciguë). T. Bot. Genre de plantes de la famille des *Ombellifères*. Voy. ce mot et Ciguë.

CICUTÈNE. s. m. (lat. *cicuta*, ciguë). T. Chim. La C. C[10]H[16] est un hydrocarbure terpénique, qui existe en petite quantité dans la racine de ciguë. Il est dextrogyre, bout à 166°, et forme avec l'eau un hydrate solide.

CICUTINE. s. f. T. Chim. Alcaloïde très vénéneux qui se trouve dans la *Grande Ciguë* et dans quelques espèces voisines et qui se présente sous la forme d'une huile jaunâtre. On l'appelle aussi *Conicine*. Voy. Ciguë et Conicine.

CID (Mot arabe qui veut dire *Seigneur*). Ruy Diaz de Bivar dit le Cid Campeador, héros espagnol, né vers 1030, mort à Valence en 1099, se signala au XI° siècle dans les guerres contre les Maures. Le *Cid* a fourni à Corneille le sujet d'une admirable tragédie (Le Cid 1636).

CIDARIFORME. adj. (lat. *cidaris*, bonnet, *forma*, forme). T. Didact. Qui a la forme d'un bonnet.

CIDRE. s. m. Le c. ou *pomme* et le *poiré* sont obtenus par la fermentation des jus sucrés extraits, le premier des pommes, le second des poires. Le c. est une vieille boisson; les Hébreux en ont bu; les Égyptiens, les Grecs, les Romains avaient des vins de pommes et de poires. Les contemporains de Pline et de Diodore de Sicile faisaient grand cas des pommes récoltées dans les Gaules. L'introduction de ce fruit dans notre pays ne peut donc être attribuée ni aux Navarrais, ni aux Normands, comme l'ont annoncé quelques chroniqueurs. Nos aïeux fabriquaient du c. et du poiré dès les premiers âges de l'ère chrétienne. Sainte Radegonde, reine de France, qui vivait à la fin du VI° siècle, tenait l'une et l'autre boisson en haute estime. On doit cependant aux Biscayens la connaissance de quelques variétés précieuses de pommes qui ont amélioré le jus et propagé son usage. C'est à partir du XIII° siècle, seulement, que le c., devenu populaire en Normandie, s'est répandu dans la Bretagne, la Picardie et les Flandres, puis en Allemagne, en Russie et en Angleterre.

En France, la fabrication du c. s'opère sur une grande échelle dans les départements normands et bretons, dans la Somme, l'Oise, l'Aisne, les Ardennes, la Sarthe et la Mayenne.

La petite ville de Vimoutiers (Orne) peut être considérée comme le centre d'une circonférence, ayant un rayon d'une vingtaine de lieues, où l'on récolte le cidre le plus renommé. Les communes de ce canton brassent le pommé le plus alcoolique, le plus haut en couleur. Les territoires de Planches et de quelques localités des environs fabriquent les plus délicats; enfin la côte de Beaufai est le Clos-Vougeot des pays où les vendanges se font à coups de gaule.

Le pommier est, pour ces contrées, la poule aux œufs d'or, quand elle veut bien pondre; car la récolte du fruit est incertaine, plus capricieuse encore que la vendange au vignoble.

Heureusement, le paysan normand, patient et philosophe à ses heures, sait attendre. D'ailleurs, il a plus d'un atout dans son jeu; il est sûr, au moins, de ne perdre ni son temps ni ses frais, n'ayant rien risqué, rien dépensé. La quantité fait-elle défaut : la cueillette, du moins, suffira pour la boisson de la famille. Mais le terrain, tenu par une autre récolte, produira. L'année suivante, ce sera comme une bénédiction. La pomme, en effet, donne quelquefois en si grande abondance qu'elle suffit pour payer le loyer de gros fermages.

Le pommier se plaît dans les terrains accidentés et fertiles, de consistance moyenne; c'est un grand dépensier de potasse et de phosphate de chaux. Il préfère les pentes orientées vers le levant. Ses produits sont plus abondants, de qualité supérieure dans les climats humides et brumeux des zones tempérées. En Normandie, certains vents du Nord-Ouest, quand ils viennent à souffler, font le plus grand mal aux pommiers. Ils font couler la floraison, et tourmentent, à l'automne, les arbres chargés de fruits.

La récolte des pommes est à peu près nulle en plaine. Aussi la chaîne de collines qui traverse le département de l'Orne et pousse ses ramifications dans le Calvados peut-elle considérée comme le parterre du pommier. Les vallées profondes de ce grand pays de bocage sont parées, en tout temps, de la riche verdure des gras pâturages; les flancs des coteaux disparaissent abrités par les gros pommiers, roses au printemps, rougis à l'automne sous la charge des fruits.

Le trafic des pommes enrichit la culture normande de 40 millions par année. C'est tout bénéfice, une grosse somme à empocher. Les bons cidres atteignent une valeur moyenne de 20 francs l'hectolitre.

Faire du c. est une besogne très facile, mais qui demande un soin qu'on n'apporte à peu près nulle part. Les méthodes en usage ont besoin de modifications profondes, si l'on veut bénéficier de l'écoulement par l'exportation. Ces réserves faites, la qualité de la liqueur dépend de la nature du fruit qu'on emploie. Les pommes *acides*, bonnes pour la table, sont à rejeter. Elles produisent un c. clair, peu coloré, mais sans force, d'une saveur peu agréable, sujet à noircir, à *se tuer*, et fatiguant certains estomacs à la façon du poiré et des vins blancs.

Les pommes *douces* fournissent peu de jus, mais rendent une boisson d'abord agréable, puis sucrée, mais peu alcoolique et tournant à l'amertume. La culture délaisse ces espèces qui sont toutes précoces, pour ne s'occuper que des suivantes :

Les pommes *sucrées*, ou de demi-saison, offrent un cidre ayant de la tenue, fort, mais sans couleur.

Les pommes *amères* et *âcres* sont les plus tardives; on les cueille à la fin d'octobre; elles ne sont arrivées à maturité, pour le pressurage, qu'en janvier. Elles donnent un jus très doux, coloré, qui fermente longtemps et produit un c. généreux, apte à se conserver pendant plusieurs années.

Les mélanges de pommes sucrées et de pommes amères font des cidres supérieurs. Voici la densité des jus à l'aréomètre Baumé : pommes acides, on de 1re saison : 4 à 5°; pommes douces, ou de 2e saison : 7°; pommes tardives : 9 à 12°.

La cueillette doit se faire, autant que possible, par un temps sec. On réunit les fruits en tas, proprement, sur de la paille fraîche, à l'abri de la pluie et des grandes gelées, dans un lieu aéré. La maturité se complète ainsi, pendant un temps indéterminé, selon les espèces, et fournit un moût plus abondant et plus sucré. Il est nécessaire de séparer les fruits qui doivent arriver à point à des époques différentes, et de ne pas faire les tas trop gros, afin d'éviter la fermentation dans la masse et le *blettissement* qui tend à faire disparaître le principe sucré.

Si la force du cidre dépend de l'état de conservation des fruits et du choix des espèces, la délicatesse et la tenue viennent surtout du soin qu'on apporte dans sa fabrication et son gouvernement. Il ne faut broyer les pommes ni avant ni après maturité, puisque dans les deux cas la quantité de sucre, et par conséquent d'alcool, est moindre. Avant maturité, les pommes conservent encore beaucoup de gomme et de ligneux qui se seraient convertis en matières saccharines. Plus tard, le sucre tend à diminuer pour disparaître tout à fait, lorsque la pomme est pourrie. Il y a eu dégagement lent, mais continu, d'acide carbonique et production d'alcool qui s'est évaporé. Voici la moyenne de la richesse en sucre des pommes à cidre : Vertes : 4,90 p. 100. Mûres : 14,0. Blettes : 7,95.

Il est évident qu'il faut attendre que le fruit soit mûr et ne pas tarder au delà. Il importe surtout de rejeter avec soin les pommes pourries. Loin d'améliorer la qualité du c., comme on le croit à tort dans les campagnes, elles ne peuvent fournir qu'un jus plat, décoloré, qui passe rapidement à l'aigre et communique à la masse un goût repoussant. Ce dernier vice ne peut disparaître ni par la fermentation ni par le temps.

L'écrasement des fruits pour en obtenir le jus, est connu sous le nom de *pilage*. Les instruments en usage pour pratiquer cette opération diffèrent selon la fortune des cultivateurs et l'importance de l'exploitation. Ces instruments sont : l'auge à pilon, l'auge circulaire à meule et divers moulins à cylindres ou à noix.

Dans les contrées où le cidre est naturellement fort et coloré, on extrait le jus du marc en le portant, sans perte de temps, sur le pressoir la pulpe réduite en pâte fine. Dans d'autres pays, on laisse macérer les fruits écrasés dans de grands cuviers et pendant trois ou quatre jours. C'est une imitation de la méthode du vignoble, où le jus cuve avec la pellicule des raisins noirs qui renferme la couleur et le bouquet du vin. Cette coutume doit être suivie dans les crus où le c. est pâle et sans saveur. Lorsque le jus est très dense et chargé de couleur, la séparation du moût doit être opérée immédiatement. Le contact prolongé n'offrirait aucun avantage. Il présenterait les inconvénients d'entraîner dans le premier jus un excès de mucilage, de sels, de principes amers et de ferments qui seront utiles plus tard, pour les produits exprimés des deuxième et troisième cuvées.

La presse dont on fait généralement usage en Normandie est un énorme instrument à vis et à levier, très primitif, qui coûte fort cher à établir et très encombrant. Son plus grand défaut est de remplir fort mal son emploi, puisqu'il n'extrait d'un hectolitre de pommes que 30 à 35 litres de jus, tandis qu'une presse hydraulique en ferait sortir de 75 à 80 litres.

Le jus exprimé s'est écoulé dans le réservoir, ou *ballon*, d'où on l'a puisé pour le verser dans les cuves de fermentation ou dans de grandes futailles. A ce moment commence la série des opérations délicates qui ne peuvent être négligées, si l'on veut obtenir une boisson moelleuse, agréable, ayant toutes les qualités requises pour satisfaire aux lois de l'hygiène, supporter de longs voyages et figurer avec honneur sur les tables où l'on se pique de bien boire.

Le moût introduit dans des vaisseaux, cuves ou fûts, ne tarde pas à fermenter.

Les tonneaux remplis, on attend qu'il plaise à la fermentation de commencer son œuvre, sans se préoccuper de la température de la cave. Parfois, on veut bien s'apercevoir que le c. ne bout pas. Alors sans rechercher la cause due, le plus souvent, à un courant d'air froid, ou à la pauvreté du jus en matières saccharines, on se contente, par une habitude vicieuse, d'ajouter des *cendres chaudes* ou de la craie. Ces additions vont droit à l'opposé du but. On obtient ainsi des cidres peu agréables, qui se clarifient mal, ou pas du tout, et durcissent

promptement. Il y a désorganisation des éléments essentiels de la liqueur et production de composés nuisibles, tels que des malates, des acétates, etc. Lorsqu'un moût n'entre pas en fermentation, les remèdes les plus prudents peuvent se résumer en ceux-ci : Élever la température de la cave au moyen de braseros ; réchauffer le liquide par l'addition de quelques seaux de moût enrichis de matières sucrées, portés jusqu'à l'ébullition et réduits en consistance de sirop. A l'occasion, ajouter un peu de levure de bière. Le défaut opposé peut se présenter : la fermentation est trop active. Les praticiens savent qu'il importe d'arrêter net cet état très préjudiciable à une bonne fabrication. On y parvient aisément par le soutirage dans une futaille fortement *méchée* ou *soufrée*, par l'addition de quelques litres d'alcool pour *muter* la liqueur; par l'abaissement de la température de la cave.

A Jersey, où l'on apporte des soins intelligents à la fabrication du c., l'exportation est une source de bénéfices considérables, bien que les crus de cette île soient fort au-dessous des qualités normandes. Voici la méthode que les Jersyais emploient généralement ; nous la recommandons comme excellente. — On verse le jus de pommes exprimé dans de larges cuves, peu profondes, installées dans des celliers dont la température se maintienne entre 12 et 15° au plus. Une assez grande surface de jus se trouvant en contact avec l'air, la fermentation ne tarde pas à se développer; des matières se précipitent; d'autres s'accumulent à la surface du liquide, où elles forment ce qu'on appelle le *chapeau*. Au bout de 4 à 5 jours, une semaine au plus, la fermentation tumultueuse a cessé. On enlève le chapeau et la liqueur est entonnée dans des futailles bien propres et *soufrées*, où la fermentation lente continue. On fait le plein des fûts à mesure qu'il s'opère un vide, et lorsque la flamme d'une bougie présentée près de la bonde s'éteint, signe d'une fermentation trop active, on se hâte de faire passer le liquide dans une autre futaille préalablement soufrée, comme la première. Cet essai de la bougie et les soutirages successifs sont continués jusqu'à la fin de toute fermentation sensible.

Le c. ainsi traité se conserve pendant longtemps, six ou huit années; il possède une douceur, un moelleux, une saveur piquante très agréables qu'on rencontre rarement dans les cidres de Normandie. Toute la lie fine et les ferments ont été évincés. Il reste une liqueur claire, de bonne tenue, non sujette aux maladies et supportant bien les voyages en mer. Ce sont, du reste, les procédés usités de temps immémorial pour le vin, sauf quelques détails, et qui ont acquis aux bières de Bavière et de Vienne les suffrages des consommateurs.

La méthode de Jersey pourrait être modifiée en ce sens qu'il serait inutile d'opérer la fermentation tumultueuse dans des cuves ouvertes. Alors le premier soutirage devrait être effectué lorsque la lie est *montée* et le jus débarrassé des parties les plus grossières.

Il y a peu d'années, la croyance était généralement répandue que le c. maintenu sur la lie se conservait mieux. L'expérience a prouvé précisément le contraire. Le c. qui n'a pas été clarifié retient les lies fines en suspension; ces matières rendent la digestion plus laborieuse et impressionnent désagréablement le goût du consommateur qui n'a pas l'habitude de ces arômes étranges. En outre, les résidus non éliminés provoquent des fermentations secondaires, des maladies ayant pour effet de *durcir* le c., une partie de l'alcool étant passée à l'état de vinaigre, et de donner naissance à des produits nauséabonds, tels que l'*acide butyrique*.

Le collage du cidre est un expédient impraticable dans un liquide aussi chargé de mucilages et pauvre en tanin. L'opération aurait encore pour résultat d'entraîner une partie de la couleur, qui n'est jamais en excès. La clarification ne peut être obtenue que par des soutirages.

Le marc de pommes, après l'expression du premier jus, se prête très bien à une seconde, même à une troisième fabrication de c. constituant une excellente boisson. A cet effet, on le délaie dans de l'eau; on le passe plusieurs fois au grugeoir, on le jette dans une grande cuve ouverte, où l'on introduit, en outre : 1° une quantité d'eau représentant le volume du premier jus exprimé; 2° autant de fois 1k,384 de sucre par hectolitre que l'on veut obtenir de degrés d'alcool, observant toutefois que les matières saccharines restées dans le marc peuvent être comptées pour 2°. On décuve après la fermentation tumultueuse et le jus est mis en tonneau. Le marc pressé est repris une seconde fois, même une troisième, repassé au grugeoir après chaque opération. Cependant, il est nécessaire d'incorporer au deuxième jus et aux suivants les ingrédients ci-après dosés pour 1 hectolitre :

Crème de tartre. . . . .   15 grammes
Levure de bière. . . . . .   300 —
Cachou dissous dans suffi-
    sante quantité d'alcool. .   250 —
     Sucre ou glucose : Quantité suffisante.

La levure de bière est le ferment; le cachou représente le principe tannique qui fait alors défaut. La crème de tartre nourrit le ferment et procure de la tenue au liquide.

Moyens d'améliorer les cidres. — On emploie, pour rehausser la couleur des cidres pâles, certaines matières colorantes qui ne sauraient tromper un palais délicat et un œil exercé. D'ailleurs l'introduction de ces substances, caramel, cochenille, baies diverses, est facile à déceler et constitue une fraude répréhensible. La couleur naturelle du cidre est produite par le contact avec l'air de la pulpe écrasée du fruit. Mais la chair des diverses variétés de pommes ne se colore pas également, et parmi ces variétés il en est dont la substance colorante est plus ou moins soluble. Il suffirait donc, pour atteindre le plus souvent le but cherché, de différer seulement de 24 heures le pressurage de la pulpe, en ayant soin de remuer la masse de temps en temps, afin de présenter de nouvelles surfaces à l'oxydation de l'air.

Une autre méthode excellente, parce que, tout en satisfaisant l'œil, elle bonifie la liqueur, consiste dans la cuisson d'une certaine quantité de pommes au four, jusqu'à l'état voisin de la caramélisation. On obtient ainsi une substance colorante très dense, de bon aloi, une matière sucrée pour augmenter la force du c., enfin des principes aromatiques développés par la chaleur et la torréfaction.

On emploie souvent, avec avantage, pour donner bon goût et rehausser la robe des cidres, des copeaux frais et minces des bois de hêtre et d'aulne introduits dans le moût pendant la fermentation tumultueuse et retirés au moment du premier soutirage.

Les gros bonnets du pays bas-normand fabriquent avec des soins spéciaux, mystérieusement, une liqueur destinée à figurer sur leurs tables aux grands jours de gala. Voici la recette de ce fameux *cidre royal.* On serre au fruitier des pommes de choix que le soleil a bien mûries, triées parmi les espèces les plus renommées, moitié fruits amers, moitié doux. Lorsque la seconde maturité est là point, on brasse après avoir rejeté les pommes légèrement piquées ou attaquées de pourriture. 10 litres, jusqu'à 20, d'excellent miel sont introduits, par hectolitre de moût, avant la première fermentation. On soutire fréquemment, comme nous l'avons indiqué. Le c., ainsi préparé, ne garde du miel qu'un arome plus développé, se confondant avec celui du fruit, une force alcoolique plus élevée, du moelleux, rien d'écœurant ni de sucré, rien qui puisse rappeler le produit des abeilles. C'est une liqueur très appréciée des Normands, mais traîtresse, sous son apparence veloutée, qui roule lestement sous la table. On met en bouteilles en avril suivant.

Maladies du cidre. — Pendant et après sa fabrication, le c. subit quelquefois des altérations ayant pour conséquence d'apporter des changements dans les proportions de ses éléments et de produire des décompositions qui nuisent à ses qualités. On a donné à ces accidents le nom de maladies. Les principales sont : la *pousse*, la *graisse*, l'*acidité*, le *noir* (cidre qui se tue), le *goût de fût.* — *La pousse* est une fermentation anormale qui se développe au printemps, surtout dans le cidre faible. Le goût devient fade et la couleur brunit. On y remédie en soutirant le c. dans une futaille soufrée et en ajoutant quelques grammes d'acide tartrique par hectolitre. L'essai par la dégustation indique la dose suffisante. — *La graisse* est caractérisée par une viscosité telle, que le cidre épais file comme un mucilage de graine de lin; elle peut être accompagnée d'un goût infect. Le remède consiste dans l'emploi de 250 à 300 gr. de cachou dissous dans 3 litres d'alcool pour 700 à 800 litres de c. On se sert encore avec succès de sorbes concassées. On les emploie avant maturité. Dose 200 gr. par hectolitre. On soutire et l'on fouette vigoureusement. Lorsque le cidre est faible, on peut provoquer une nouvelle fermentation et ajouter par hectol. : sirop de glucose, 3 à 5 kilogr.; levure de bière, 50 gr.; crème de tartre, 30 gr. On soutire après fermentation. — *L'acidité* disparaît par une addition de 150 à 300 gr. de *tartrate neutre de potasse* par hectol. de c., suivant l'état de la boisson. On soutire 8 jours après. L'emploi de la cendre ou de la chaux, pour arriver au même but, aurait l'inconvénient d'introduire dans le liquide un sel calcaire qui le gâterait. L'acidité ayant été produite aux dépens de l'alcool, le c. reste plat après l'opération. Alors on provoque une fermentation alcoolique secondaire, comme il a été dit plus haut. Le moelleux peut se donner par addition

de 1 litre, et au delà, de *glycérine pure*, par hectol. de c. On a l'habitude, en Normandie, de tirer journellement aux tonneaux d'une grande capacité, pour les besoins de la consommation. Le liquide reste donc en vidange pendant longtemps, et son principe spiritueux se convertit insensiblement en acides acétique et butyrique. Cette acidité ne se développerait pas, si l'on versait par la bonde, dès qu'on entame le tonneau, une quantité d'huile suffisante pour couvrir le liquide d'une couche épaisse de 2 à 3 millim. seulement. — Le c. qui *noircit*, ou *se tue*, tient ce défaut du cru dans le cas où les pommiers végètent dans un terrain profond, riche en *acide humique.* Quelquefois ce vice provient de futailles neuves ou malpropres. On y remédie en ajoutant 30 gr. d'acide tartrique par hectol. de boisson. — *Le goût de fût* peut être atténué par le soutirage. On introduit, dans la futaille de rechange, d'abord quelques hectolitres de c.; puis autant de fois 2 litres d'huile fine qu'il y a d'hectolitres de liquide avarié. Ensuite on opère le soutirage du surplus. On remue vigoureusement la masse après l'introduction de chaque hectol. On laisse reposer pendant quelques jours. On soutire.

Falsifications. — Le c. est l'objet de nombreuses falsifications dont la plus innocente est le *mouillage* ou addition d'eau; quelquefois on y introduit de l'acide salicylique pour en assurer la conservation; d'autrefois c'est du sucre ou de l'alcool. Souvent on introduit des bases : chaux, soude, etc., pour neutraliser les acides d'un cidre qui commence à s'aigrir; d'autrefois on le colore artificiellement. La chimie donne des procédés pour déceler facilement toutes ces fraudes.

Contributions. — Le c. est soumis comme le vin à des droits de circulation, d'entrée et d'octroi qui sont assurément exagérés. À Paris, l'ensemble des droits dépasse notablement le prix de la marchandise. De plus, chose singulière, les tarifs de transport par chemins de fer sont plus élevés pour le c. que pour le vin. Il résulte de cette situation que du c. qui vaut en Normandie 0f,10 à 0f,15 le litre revient à Paris à 0f,50 à 0f,60. Cet état de choses est très préjudiciable à la fois aux consommateurs et aux producteurs. Il n'y a pas de doute qu'une révision intelligente des tarifs augmenterait considérablement la consommation du c., au grand avantage des cultivateurs d'un tiers de la France et aussi des consommateurs qui, depuis l'apparition des maladies de la vigne, sont le plus souvent condamnés à payer fort cher des vins frelatés, à la fois détestables et nuisibles à la santé.

Le *Poiré* est une liqueur tout à fait analogue au c., mais qui, ainsi que le dit son nom, se fait avec des poires. Il se fabrique absolument de la même manière que le c., mais il constitue une boisson moins agréable et peut-être moins salubre. — On peut extraire également du c. et du poiré une eau-de-vie passable. Mais l'eau-de-vie de c., à moins de précautions minutieuses dans la distillation, contracte souvent une saveur empyreumatique. On prépare encore d'excellent vinaigre, soit avec le c., soit avec le poiré; le dernier même, assurent plusieurs auteurs, est préférable.

CIDRERIE. s. f. Établissement où l'on fait du cidre.

CIEL. s. m. et **CIEUX**, au pl. (lat. *cælum* ou *cœlum*, du gr. χύλος, creux). L'espace indéfini dans lequel se meuvent tous les astres; la partie de cet espace que nous voyons au-dessus de nos têtes. Qu'il soit couvert de nuages ou complètement pur, le ciel a l'apparence d'une voûte, il a son nom. *Les étoiles du c. Lever les yeux, les mains au c. Tout ce qui est sous le c. L'immensité des cieux.*

     Que la terre est petite à qui la voit des cieux.
                            DELILLE.

Le ciel est le grand livre où tout homme doit lire.
                            ***

Mouvement diurne du c., Mouvement apparent de rotation du c. dû à la rotation de la Terre. Voy. CONSTELLATION. — Autrefois on disait, *Les cieux des planètes. Le c. empyrée. Le c. de la Lune. Le c. de Mars*, etc., parce qu'on croyait à l'existence de différents cieux ou sphères creuses formées d'une matière solide et transparente, un pour chaque planète. — Fig., *La voûte du c., des cieux. Le c., le ciel, le firmament.* — *Ces choses sont éloignées comme le c. et la terre*, Il y a entre elles une énorme différence. || Fig. et fam., *Être ravi au troisième c., au septième c.*, Éprouver une satisfaction très vive, une grande joie. — Fig. et fam., *Élever quelqu'un jusqu'au c., jusqu'au troisième c.*, Le louer extraordinairement. || Se prend quelquefois pour les astres, et dans ce sens on dit, *Les influences du c.*, Les prétendues influences des astres. || Air, atmosphère. *C. serein, clair, obscur, chargé de nuages, La rosée du c. L'état du c. L'azur du c. Le feu du c.*, La

foudre. — *Couleur bleu de c.*, Couleur d'un bleu tendre. ||
*Climat, pays. Un c. tempéré. Un beau c. Le c. de l'Italie.
Changer de c.* Dans ce sens, le pl. ne s'emploie guère qu'en
poésie : *Il vit sous des cieux étrangers.* || Se dit, tant au
sing. qu'au pl., pour le séjour des bienheureux, le paradis.
*Gagner le c. Le chemin du c. Le royaume des cieux.
Notre Père qui êtes aux cieux.* — Fig., *Voir les cieux
ouverts,* Avoir une grande joie, se trouver dans un grand
bonheur. || *Tomber du c.,* Arriver sans être attendu, inopiné-
ment mais à propos. || *Remuer c. et terre,* Mettre tout en
œuvre pour arriver à ce qu'on veut. || *Être entre c. et terre,*
Être dans l'air, en ballon, par exemple. || Se dit, par ext.,
pour la Divinité, la Providence. *Grâces au c. Invoquer le c.
Le c. irrité. C'est un arrêt du c. Le c. vous soit propice.
Ciel ! O ciel ! O juste ciel !* Dans ce sens le pl. n'est guère
usité qu'en poésie. — *Cela était écrit au c.,* La Providence
avait résolu que cela serait. On dit de même, *La destinée
des hommes est écrite au c.* == Ciel. s. m. Cieux, au pl.
La partie supérieure d'un lit. *Le c. de ce lit n'est pas assez
élevé.* || Le haut, le plafond d'une carrière de pierre. *Carrière
à c. ouvert,* Celle qui s'exploite sans puits ni souterrain.
|| T. Techn. *Ciel du foyer des chaudières à vapeur,* La
paroi supérieure de ce foyer, qui est le plus souvent plate,
mais souvent en forme de voûte. || T. Peint. La partie d'un
tableau qui représente l'air; toute décoration imitant le ciel.
*Les ciels de ce peintre sont légers, vaporeux. Faire
peindre un c. au plafond d'un cabinet.*

Parmi les hommes, ou du moins parmi les hommes
qui pensent et qui se sentent à certaines heures de la vie
animés du noble désir de connaître, il en est peu qui ne se
soient demandé avec une inquiète curiosité ce que c'est que le
c. dont notre habitation terrestre est couronnée. Soit au milieu
de la splendeur des jours, lorsque ce magnifique azur plane
glorieusement sur nos têtes et qu'à peine de légers flocons y
dessinent leur contraste; soit au recueillement du soir, quand
l'astre brûlant descend majestueux dans son lit de pourpre
aux franges d'or et que la lune rougissante s'élève lentement
à l'horizon; soit au sein des nuits silencieuses, lorsque les
étoiles scintillantes versent dans l'espace leur mélancolique
pluie de lumière : en ces instants de contemplation et d'entretien avec la nature, l'âme se sent anxieuse de sonder les
mystères de la création; elle reconnaît que l'ignorance est
un état inférieur, et qu'il doit être doux et satisfaisant de
savoir; elle demande à l'Être universel qui respire en toutes
choses la révélation de ses œuvres, et la curiosité devient
presque pour elle un énergique besoin de sortir des ténèbres
et de saisir dans sa grandeur l'ordre et le cours de l'immense
univers.

Les poètes de l'antiquité et des temps modernes se sont
imaginé que la fiction était plus belle et plus séduisante que
la réalité; ces poètes se sont trompés. Comme l'exprimait un
mathématicien profond, Euler : pour celui qui sait comprendre la science, la nature telle qu'elle est dépasse infiniment toutes les fables et toutes les créations humaines.

Nous allons l'apprécier en ce qui concerne le c. Notre vue
bornée à la sphère où nous sommes, nous montre au-dessus
de nos têtes un pavillon bleu, enrichi pendant les ténèbres
d'une multitude de points brillants. Nous sommes portés à
croire que c'est là une voûte surbaissée, formée d'une substance
aériforme, et enfermant la terre comme le ferait la coupole
d'une vaste cage. Tel est en esquisse le système des apparences. C'est celui que nous nous représentons lorsque, dans
les premières années de notre enfance, nous raisonnions
d'après la seule impression de nos sens. C'est celui que les
peuples enfants avaient adopté, car l'humanité est comme un
individu qui grandit successivement de la faiblesse ignorante
au jugement analysateur. C'est celui qu'un grand nombre
d'hommes gardent aujourd'hui même, parce qu'ils ne réfléchissent pas à sa naïveté et restent indifférents aux progrès
des sciences. Souvenons-nous des essais antiques de la pensée
humaine, depuis les anciens Aryas qui portèrent leurs tentes
de fleuve en fleuve au sein des vastes Indes, depuis les Égyptiens dont les sphinx muets et sévères regardent l'horizon
lointain des grands déserts, depuis les pasteurs chaldéens
veillant la nuit sur les montagnes, depuis les récits du
Pentateuque, jusqu'à la cosmogonie des Grecs, jusqu'aux
idées chancelantes de Rome et jusqu'aux craintes bizarres de
notre sombre moyen âge. Dans cet immense panorama ré-
trospectif de l'humanité, nous voyons dominer les idées
issues des apparences. Les systèmes astronomiques diffèrent,
il est vrai, dans leur forme, selon la méthode des raisonnements, selon la latitude des pays, selon le tempérament des
peuples selon le caractère des hommes, selon les croyances

religieuses et selon les gouvernements ou les dynasties
régnantes; mais au fond on distingue sans peine la charpente, le type que nous avons esquissé : la terre est une surface plane indéfinie, entourée au delà de ses limites inconnues par des abîmes de ténèbres, par le chaos de la matière
cosmique; le c. est un dôme au-dessus duquel les religions
ont généralement placé le séjour des récompenses après la
mort, comme elles ont placé le séjour des châtiments sous
les profondeurs du sol : *in Inferis.*

Mais néanmoins certaines questions avaient embarrassé les
chercheurs : la source étincelante de la lumière diurne; la
lune et les étoiles se lèvent généralement à l'opposé du point
où elles se couchent. Il fallait donc que ces astres passassent
sous la terre. Or, on croyait que celle-ci se continuait indéfiniment au-dessous de la surface. Le passage était difficile à
imaginer, d'autant plus que les astres ne se lèvent ni ne se
couchent pas deux jours de suite aux mêmes points. Les uns
continuaient de croire avec la tradition d'Homère qu'Apollon
et ses coursiers se plongeaient le soir dans l'Océan et répa-
raient dans la fraîcheur nocturne des eaux l'épuisement du
jour, après quoi ils se rendaient à l'Orient par des routes
inconnues aux mortels. Un voyageur égyptien, Cosmas,
dessina, au VIe siècle, une curieuse esquisse du monde dans
laquelle la terre était carrée, entourée de quatre murailles
cintrées par la voûte céleste. Une superbe montagne causait
par son jeu le lever et le coucher du soleil. Enfin vint le
baron de Fœneste, qui déclara que si l'on ne voit pas le soleil
quand il revient, « c'est qu'il revient de nuit ».

On voit que de proche en proche la gravité du sujet dégé-
nérait en plaisanterie. Nous n'en finirions pas si nous lais-
sions un libre cours à nos souvenirs, si nous consultions la
demeure olympique des dieux où se tenait le conseil général,
auquel on se rendait par la Voie lactée; si nous rappelions
que, en entassant quelques montagnes, les Titans croyaient
atteindre le c.; si nous établissions comment on s'aperçut que
les comètes erraient en des courses vagabondes, et que les
sept cieux eussent été de cristal, l'univers eût été littéralement cassé depuis longtemps. Mais les souvenirs précédents
suffisent d'autant mieux que nos lecteurs peuvent y broder
les leurs et les illustrer à leur aise, et qu'il est temps de
passer de l'apparence au réel, de l'erreur à la vérité.

Pour se former une juste idée du c., il faut d'abord s'en
former une précise du globe terrestre et se représenter ce
globe comme suspendu dans l'espace sans aucune espèce de
support, absolument comme le serait une bulle de savon
en l'air.

Encore est-il plus isolé que la bulle de savon même,
attendu que celle-ci repose en réalité sur les couches d'air
plus lourdes qu'elle, tandis que la terre ne repose sur aucun
fluide, sur aucune couche, et demeure indépendante de tout
espèce de point d'appui ou de suspension.

— Mais alors, objecte-t-on parfois, si elle est ainsi jetée
comme un boulet dans l'espace, pourquoi ne tombe-t-elle pas?

— En bas.

— Mais qu'est-ce que c'est que cette expression : *En bas ?*
C'est une idée purement relative. Si nous nous représentons
bien le globe terrestre, isolément suspendu dans l'étendue
infinie, nous ne tarderons pas à reconnaître qu'il n'y a ni
haut ni bas dans l'univers. Examinez en effet. Voilà ce globe
dans l'espace. Il mesure, comme vous savez, 12,742 kilomètres
de diamètre. Or supposons-nous marcher de ce globe,
en tous sens, comme le feraient des fourmis autour d'un
immense boulet. Ce globe est d'aimant, et c'est son attraction
qui nous attache invinciblement à sa surface.

Quel que soit le point du globe où nous marchions, nous
appellerons toujours bas la surface que nous avons sous les
pieds et haut l'espace situé au-dessus de notre tête. Nous
pouvons nous placer successivement en tous les points du
globe sans exception : tous ces points seront nécessairement
les uns bas, et le point correspondant de l'espace sur
notre tête sera de même toujours le haut. Ce n'est donc là
qu'une affaire de position par rapport à nous et non une
réalité absolue. Deux observateurs situés aux extrémités d'un
même diamètre auront la tête réciproquement opposé; deux
autres, placés à l'extrémité d'un second diamètre croisant le
premier à angle droit feront le haut en deux points perpendiculaires aux premiers. Et ainsi de suite. Si le globe entier
était couvert d'observateurs, chacun d'eux plaçant le haut
sur sa tête, il s'ensuivrait que l'espace environnant tout entier
serait le haut, le c. pour l'ensemble de la population du globe.

C'est là en réalité notre situation sur le globe. En quelque
point que nous habitions, nous appelons c. l'espace situé

au-dessus de notre tête. D'ailleurs, la terre fait un tour sur elle-même en 24 heures. À l'heure où vous lisez ces lignes, vous considérez comme le haut l'espace que vous regardez en levant la tête; dans 6 heures, par le même procédé, vous donnerez la même qualification à l'espace qui sera alors situé au-dessus de votre tête et qui maintenant forme un angle droit avec votre verticale; dans 12 heures, vous appellerez le haut l'espace qui actuellement s'étend sous vos pieds. Et ainsi de suite, quelle que soit la place où vous soyez sur le globe. Donc le c., c'est *l'espace entier qui nous environne de toutes parts* et à travers lequel la planète terrestre court du reste avec la vitesse magnifique de 106,000 kil. à l'heure.

Ainsi donc, il n'y a ni haut ni bas absolus dans l'univers; par conséquent, ni droite ni gauche, ni aucune position absolue. La terre est une sphère isolée dans l'espace, un astre comme Mars ou Vénus, et cet espace s'étend à l'infini dans tous les sens et tout autour d'elle.

Autour du globe terrestre repose un léger duvet, comme sur la tendre pêche qu'une main trop rude n'a pas encore effleurée. C'est l'atmosphère azurée dont la terre est environnée; les nuages sont bercés dans son sein à une faible hauteur; la forme concave que nous remarquons dans ce dôme apparent n'est qu'un résultat de la perspective. Nous vivons, petits êtres microscopiques, plus raisonneurs que raisonnables, au fond de cet océan aérien, et le bleu du c. n'est autre que cette atmosphère elle-même dont les particules réfléchissent de toutes parts les rayons bleus du spectre de la lumière. En s'élevant vers la partie supérieure, sur les montagnes ou en ballon, on perd cette nuance céleste et l'on reconnaît que l'espace est incolore. Un séjour de quelques instants à la surface de la lune convaincrait mieux encore que la couleur du c. terrestre est exclusivement due à cette atmosphère. L'astre glacé des nuits est en effet privé d'air, et pendant ses interminables journées (quinze fois plus longues que les nôtres), au lieu de ce beau pavillon, on est dominé par une immensité noire et lugubre, peuplée à la fois d'un astre brillant, le Soleil, d'une lune aux phases variables, la Terre, et de la multitude des étoiles.

La Terre fait partie d'un système de mondes dont le Soleil est le centre. Représentons-nous, à défaut de l'étendue, un boulet de canon. À différentes distances autour de ce boulet, quatre grains de plomb : Mercure, Vénus, la Terre et Mars. Plus loin, quatre balles : Jupiter, Saturne, Uranus et Neptune. Ces grains et ces balles tournent autour du boulet. Tel est, en résumé, le système planétaire. Seulement les quatre grains de plomb sont gros comme la Terre ou un peu moins; les balles sont de 100 à 1,400 fois plus grosses encore; et le boulet est un million et demi de fois plus volumineux que ladite terre.

Ce système est suspendu en équilibre dans l'espace, dans le c., et gravite vers la constellation d'Hercule. Toutes les étoiles, véritables soleils, planent à diverses distances dans l'espace, la plus proche est à 40 trillions de kilomètres d'ici. Elles se succèdent jusqu'à l'infini ...

Qui sondera des cieux l'insondable distance
Quand après l'infini, l'infini recommence?

***

Ainsi, le c., c'est tout ce qui existe, c'est l'espace immense qui renferme tout, c'est l'armée des étoiles, dont chacune est un soleil; c'est le système du monde : c'est Jupiter, Saturne, Mars; c'est l'étoile du Berger qui rayonne dans le crépuscule, c'est la Lune qui verse sa silencieuse lumière, c'est le Soleil qui illumine, échauffe et féconde les planètes; c'est la Terre elle-même, la Terre où nous sommes, car la Terre est une planète du système du monde, un astre du c., elle aussi.

Donc le c., c'est la création entière.

S'occuper du c., c'est s'occuper de la réalité absolue, de la Terre, du Soleil, des saisons, des climats, du calendrier, des jours et des nuits, des mois et des années, du présent et de l'avenir, car pour l'astronomie le temps n'existe pas : elle s'étend sur l'avenir aussi bien que sur le passé, elle tient dans ses mains le commencement et la fin du monde; elle est la science de l'infini et de l'éternité. Le CIEL, c'est tout, et l'astronomie est la science universelle.

CIERGE. s. m. (lat. *cereus*, de *cire*). Chandelle de cire à l'usage de l'Église. || T. Bot. Genre de plantes (*Cereus*) de la famille des *Cactées*. Voy. ce mot. — *C. amer* ou *laiteux*, l'Euphorbe des Canaries et des anciens. Voy. EUPHORBIACÉES. — *C. maudit* et *C. de Notre-Dame*, le *Verbascum nigrum* et le *Verb. thapsus*. Voy. SCROFULARIACÉES. || *Cierges d'eau*, Jets d'eau grêles placés sur la même ligne. || T. Min. Nom donné

dans les mines de houille à des empreintes végétales étroites et allongées.

On répète communément que l'origine de l'usage établi dans l'Église d'allumer des flambeaux pendant les offices provient du temps des persécutions où les offices étaient célébrés dans les catacombes. Il peut se faire que cela soit vrai; cependant, il convient de remarquer que les Hébreux allumaient des lampes autour de l'autel et que les Arabes, qui n'ont connu ni persécution ni catacombes, ont aussi l'usage des cierges. Quoi qu'il en soit, dans l'Église catholique, pour la messe, en particulier, on ne peut, pour aucun motif, se passer de luminaire. En règle générale même, le prêtre ne doit pas la célébrer sans avoir au moins deux cierges. — On donne le nom de *C. pascal* à un grand c. que l'on bénit le samedi saint et que l'on allume à tous les offices depuis ce jour jusqu'à la fin de l'office de la Pentecôte dans le rit de Paris, et seulement jusqu'à l'Ascension dans le rit Romain. — Autrefois le c. pascal avait la forme d'une colonne, et comme cette colonne était l'objet le plus apparent du chœur, on y gravait la liste des fêtes mobiles. Plus tard, on se contenta d'y suspendre une tablette sur laquelle ces mêmes fêtes étaient indiquées. Dans beaucoup d'églises, on y inscrivait l'état nominatif des dignitaires du chœur, ou bien on y suspendait une tablette enduite de cire sur laquelle se trouvait cette liste. Suivant tous les liturgistes, cet usage serait l'origine des mots CHKYECIER et PRIMICIER, par lesquels on désignait les premiers de ces dignitaires (*Caput in cera, Primus in cera*).

CIERGER. v. a. (R. *cierge*). T. Techn. Mettre de la cire liquide sur les bords d'une étoffe que l'on a coupée pour l'empêcher de s'effiler. On dit aussi *Bougier*.

CIERGIER. s. m. T. Mét. Celui qui fabrique ou vend des cierges.

CIGALE. s. f. (lat. *cicada*, m. s.). T. Entom. Genre d'insectes homoptères, vivant dans les pays chauds, et dont plusieurs espèces émettent un bruit strident produit par un organe particulier au mâle. Les anciens reconnaissaient déjà cette particularité sexuelle, car les Grecs avaient un proverbe : *Heureuses les cigales : leurs femelles sont privées de la voix.* Pour l'histoire naturelle de ces insectes, voy. le mot CICADAIRES. || T. Mar. Organeau d'une ancre ou d'un grappin.

CIGARE. s. m. (esp. *cigarro*). Rouleau de tabac à fumer formé de feuilles de tabac non hachées enroulées les unes sur les autres et enveloppées dans une feuille plus grande. V. TABAC.

CIGARETTE. s. f. [Pr. *cigarè-te*] (Dimin.). Sorte de petit cigare que le fumeur fait lui-même avec du tabac découpé et roulé dans un petit morceau de papier. Les manufactures de tabac fabriquent une très grande quantité de cigarettes de prix et de qualités différents, qui sont vendues par paquet de vingt. Voy. TABAC. — Il y a aussi des cigarettes avec de la belladone, de la jusquiame, etc.

CIGARETTEUSE. s. f. [Pr. *cigarè-teuse*]. Ouvrière faisant les cigarettes dans les manufactures de tabac.

CIGARIÈRE. s. f. Femme qui façonne le tabac en cigares. || Atelier où se font les cigares.

CIGARITOS. s. m. Cigarette recouverte d'une feuille de tabac et ayant l'aspect des cigares.

CIGOGNE. s. f. (lat. *ciconia*, m. s.). T. Ornith. Nom d'un oiseau. || T. Techn. Sorte de levier coudé. || T. Mar. Manivelle de la meule à aiguiser les outils à bord des bâtiments.

Ornith. — Le nom de *C.* désigne un grand genre ornithologique ou plutôt une tribu d'oiseaux qui appartiennent à l'ordre des *Échassiers* et à la famille des *Hérodiides* ou *Ardéides*.

1. Les *Cigognes* proprement dites ont un bec gros, médiocrement fendu, sans fosse ni sillon, où les narines sont percées vers le dos, près de la base. Leurs jambes sont réticulées, et leurs doigts antérieurs assez fortement palmés à leur base, surtout les externes. Leur langue est très courte, leur gésier peu musculeux et leurs cœcums si petits, qu'on les aperçoit à peine; enfin leur larynx inférieur n'est dépourvu de muscle propre.

Le genre *C.* (*Ciconia*) est caractérisé par un sac droit et une tête emplumée qui n'a de nu que le tour des yeux avec une petite partie de la face. On y compte cinq espèces. — La *C. blanche* (*Cic. alba*) [Fig. 1] doit son nom à la couleur générale de son plumage. Elle a la face emplumée; les pennes de ses ailes sont noires; son bec et ses pieds sont rouges. Elle est haute de 1 mètre à 1m20, sa longueur est de 1m10 depuis le bout du bec jusqu'à l'extrémité de la queue. Les plumes de la partie inférieure du cou sont longues, pendantes et pointues. Les femelles ressemblent aux mâles; les jeunes se reconnaissent à la teinte brune des ailes et au noir rougeâtre du bec. Cet oiseau essentiellement migrateur, et destiné à parcourir de grandes distances, est parfaitement organisé pour le vol. Tous les os des membres sont creux et

Fig. 1.

donnent accès à l'air. Cette espèce est la plus répandue. On la trouve dans la Sibérie méridionale, en Perse, au Japon, en Syrie, en Égypte, en Sénégambie et dans presque toute l'Europe : elle est surtout commune en Allemagne et en Hollande. Elle passe l'hiver en Afrique, d'où elle revient au printemps en Europe. Sa nourriture est essentiellement animale : elle mange des mollusques, des insectes de toutes sortes, des reptiles, des poissons, des oiseaux et même de petits mammifères. Ses mouvements sont lents, ses pas grands et mesurés; elle court rarement, porte le pied en avant en même temps que la jambe. Cette sorte de marche est due à un genre d'articulation particulière auquel la c. doit aussi la faculté de dormir sur une seule patte, en tenant l'autre fléchie et souvent suspendue à angle droit. Dans son vol, elle porte la tête roide en avant, et ses pattes étendues en arrière lui servent de gouvernail. Elle vole avec une facilité incroyable. En deux ou trois sauts, elle s'élance de terre, et s'élève en décrivant des spires qui vont toujours en grandissant. Elle semble privée de la voix ; le seul bruit qu'elle fasse entendre est le claquement qu'elle produit en frappant ses mandibules l'une contre l'autre. Quand elle est irritée ou agitée, elle renverse la tête de manière à coucher le bec presque parallèlement sur le dos, et elle commence son claquement; elle le ralentit à mesure que le cou se redresse, et l'arrête lorsqu'elle a repris sa position naturelle. Les anciens désignaient ce bruit par les noms imitatifs de glotterat, crepital. Le nid de la c. présente un diamètre qui varie de 60 cent. à 1 mètre : il est assez négligemment construit avec des branchages, des roseaux, du gazon, des herbes, des poils et des plumes; il est légèrement aplati, et il est souvent bordé de nids d'hirondelles ou de moineaux. Elle le bâtit sur les arbres élevés, sur les grands bâtiments et même sur les granges et les chaumières, et elle s'établit avec des signes de joie manifeste dans ceux que, dans certains pays, les habitants se plaisent à lui préparer. D'avril en mai, la femelle pond de 3 à 4 œufs, plus rarement 5, blancs, d'un grain très fin, un peu moins gros, mais plus allongés que ceux de l'oie. Elle quitte rarement son nid pendant la période d'incubation qui dure de 28 à 31 jours ; le mâle veille près d'elle, couve même en son absence et lui apporte sa nourri-

ture. Quand les œufs sont éclos, l'un d'eux se tient toujours en surveillance pour protéger les petits contre les mammifères carnassiers et les oiseaux de proie. La c. a une grande affection pour sa progéniture. Cependant elle abandonne ses œufs et elle tue même ses petits, quand on y touche. Cette circonstance ne l'empêche pas d'ailleurs de revenir au nid où elle a coutume de couver. C'est ordinairement en juillet ou en août qu'a lieu l'émigration. Il n'y a pas d'oiseaux que les divers peuples aient plus protégés que la c. La dureté et la mauvaise qualité de sa chair y sont peut-être pour quelque chose. Cependant les Grecs la considéraient comme le symbole de la reconnaissance et de la piété filiale. Sa tempérance, son amour maternel et sa fidélité conjugale lui avaient mérité chez les Égyptiens un culte particulier. Aujourd'hui encore, le peuple est persuadé qu'elle apporte le bonheur dans la maison où elle s'établit. Cet oiseau vit de 15 à 20 ans. — La C. noire (Cic. nigra) est noirâtre, à reflets pourprés sur la tête, le cou et les parties supérieures du corps, blanche sous le ventre et la poitrine; son bec et ses pieds sont d'un rouge foncé. Elle est de la grosseur d'un dindon femelle; elle a environ 1 mètre de longueur depuis le bout du bec jusqu'à l'extrémité des ongles, et 1m66 d'envergure. Elle n'a pas le naturel doux et sans défiance de la c. blanche; elle vit sauvage et solitaire dans les lieux écartés et les forêts profondes; elle est assez répandue en France. Elle se nourrit surtout de poissons qu'elle pêche avec beaucoup d'adresse. On la voit voler sur les eaux et même y plonger avec rapidité dès qu'elle aperçoit une proie. Elle niche sur les arbres élevés et pond 2 ou 3 œufs. Elle émigre aux mêmes époques que l'espèce précédente, va dans les mêmes contrées, mais ne se réunit jamais à elle. — Le Maguari (Cic. maguari) a la face nue; son bec est très volumineux, les plumes de son jabot sont en touffe; son plumage est blanc, avec les ailes et la queue noires. Quoiqu'il ait paru quelquefois en France, il est essentiellement américain : il vit au Paraguay, à la Guyane, au Brésil. Il est peu farouche et se familiarise au point de revenir constamment dans les habitations à l'heure où l'on a coutume de lui donner à manger. Les deux autres espèces de ce sous-genre sont : la C. violette (Cic. leucocephala), qui se trouve dans les Indes, et la petite C. noire de Nubie (Cic. Abdimii).

Le genre Marabout ou C. à sac (Leptopilos) a le bec quadrangulaire, pointu, en forme de coin et très volumineux; la tête et le cou sont nus; sous le milieu du cou pend un appendice ou sac semblable à un gros saucisson. On en connaît 3 espèces, dont la plus remarquable est le Marabout du

Fig. 2.

Bengale (Cic. Marabout). Cet oiseau est peu gracieux; son manteau est d'un brun verdâtre, ses ailes d'un gris cendré et son ventre blanc. Quelques-unes de ses plumes sont d'une finesse, d'une légèreté et d'une blancheur parfaites; dans l'Inde on en fait de précieux éventails; en Europe, on s'en sert pour orner les chapeaux des dames. Dans le commerce, on les désigne sous le nom d'*Esprits* ou de *Marabouts*. Cet oiseau se trouve dans les Indes, à Java, au Sénégal. Il n'a pas moins d'instinct que la c. blanche, et, comme elle, il se familiarise avec l'homme. A Calcutta, des bandes de ces marabouts viennent tous les jours se poser en rang, comme des soldats, devant la porte des casernes, pour recevoir les débris d'aliments qu'on leur jette. Ils sont si courageux que le vautour *Charngoam*, quoique plus fort et mieux armé, n'ose pas se mesurer avec eux. Ils justifient la vénération dont ils sont entourés en détruisant beaucoup d'animaux nuisibles et en se repaissant de débris corrompus. Les deux autres espèces de ce sous-genre sont la *C. chevelue* (*Cic. capillata*) et l'*Argala* (*Cic. argala*), qui habitent aussi les Indes.

Le genre *Jabiru* (*Mycteria*) se distingue uniquement par son bec légèrement recourbé vers le haut. Parmi les 12 es-pèces dont il se compose, nous ne citerons que le *Jab. du Sénégal* et le *Jab. d'Amérique*. Le premier (Fig. 2) a la tête et le cou emplumés et noirs, le bec noir au milieu, rouge à la pointe, le plumage du corps entièrement blanc, les jambes vertes avec les articulations noires. Sa taille ordinaire est de 1m50. Le second a la tête et le cou nus. Il est blanc, avec les grandes plumes des ailes noires, à reflets pourprés. Son bec et ses pieds sont noirs. Il habite les terres inondées de l'Amérique méridionale, surtout celles de la Guyane française. Il est farouche et vorace, et ne vit que de poissons et de reptiles. Il construit sur de grands arbres un nid spacieux dans lequel la femelle pond un ou deux œufs.

Les *Becs-Ouverts* (*Anastomus*) sont aussi caractérisés par leur bec, dont les deux mandibules ne se joignent que par la base et par la pointe, laissant dans le milieu de leurs bords un intervalle vide. Cette conformation singulière du bec s'explique par la manière de vivre de ces oiseaux. Comme ils se nourrissent de coquillages, la forme arquée de leurs mandibules, à bords émoussés et fibreux, leur donne le moyen de saisir et de retenir les coquilles ovalaires et glissantes.

Fig. 3.

Deux espèces de ce genre sont remarquables. Le *Bec-Ouvert de Coromandel* (*Anastomus Coromandelianus* (Fig. 3) est blanc, avec les pennes des ailes et la queue noires : il habite les Indes orientales. Le *Bec-Ouvert à lames* (*An. lamelligerus*) est noir irisé, et se distingue par les lamelles cornées et luisantes qui terminent chacune de ses plumes : il est propre à l'Afrique.

Les *Tantales* (*Tantalus*) ont le bec très long, droit, comprimés sur les côtés, à bords tranchants et à bout obtus et recourbé. Ces oiseaux habitent les contrées chaudes et marécageuses des deux continents, où ils se nourrissent de vers, de poissons, de reptiles. Quand ils sont repus, ils se retirent sur les arbres élevés et y demeurent des heures entières dans une immobilité complète, le bec appuyé sur la poitrine. Nous en

citerons 3 espèces. Le *Tant. de Ceylan* (*T. leucocephalus*) (Fig. 4) est le plus grand de tous et a le plus gros bec. Son plumage est blanc, avec une ceinture sur la poitrine et les

Fig. 4.

pennes noires. Les longues plumes de son croupion sont roses. Il est fort commun aux environs du Gange. Le *Tant. d'Afrique* (*T. Ibis*) qui est blanc, à face et pieds rouges, à rémiges noires, a été considéré pendant longtemps comme l'oiseau que vénéraient les Égyptiens sous le nom d'*Ibis*. On le trouve en Égypte et au Sénégal. Le *T. d'Amérique* (*T. loculator*) vit dans les deux Amériques.

CIGOGNEAU. s. m. (Dim.). Petit de la cigogne.

CIGUË. s. f. (lat. *cicuta*, m. s.). T. Bot. Genre de plantes (*Conium*) de la famille des *Ombellifères*. — Nom vulgaire de plusieurs plantes vénéneuses de la même famille. Voy. plus bas. ǁ Le poison qu'on en extrait. *Socrate fut condamné à boire la ciguë.*

Bot. — On désigne vulgairement sous ce nom diverses espèces de plantes de la famille des Ombellifères qui appartiennent, il est vrai, à des genres différents, mais qui toutes ont cela de commun de posséder des propriétés vénéneuses très prononcées. Comme ces diverses plantes se confondent aisément avec certains végétaux alimentaires, et donnent fréquemment lieu à des accidents graves et même mortels; comme en outre le traitement de l'empoisonnement par toutes les Ombellifères vénéneuses est identique, nous réunissons ici ces dernières sous leur dénomination vulgaire de *Ciguë*.

1. La *Grande Ciguë* (*Conium maculatum*), appelée aussi *C. commune, C. officinale, C. maculée, C. de Socrate*, est très commune en France dans les lieux incultes. Elle est bisannuelle; sa racine est fusiforme. Sa tige, qui est cylindrique et rameuse, et qui peut s'élever jusqu'à 2 mètres, est fistuleuse et marquée extérieurement de taches rougeâtres. Ce dernier caractère la distingue aisément de toutes les autres Ciguës dont la tige est entièrement verte. Ses feuilles sont alternes, très grandes, à trois divisions, d'un vert foncé, à folioles allongées et profondément dentées. Ses fleurs sont blanches, avec un involucre général très court et polyphylle, et des involucelles à trois folioles lancéolées. Ses fruits sont sphériques, offrant sur chaque moitié cinq côtes saillantes et crénelées, ce qui les fait paraître couverts de tubercules. Enfin, elle répand une odeur vireuse. (Fig. 1.—1. *Cig. officinale*; 2. Fleur grossie; 3. Fruit très grossi; 3'. Coupe du même.) On confond assez souvent cette plante dangereuse avec le Persil; cependant, elle s'en distingue aisément par son odeur désagréable, les taches de sa tige, la couleur de ses fleurs, la forme de son involucre et de ses graines; tandis que le Persil a une odeur aromatique et agréable, une tige sans taches, des fleurs jaunes verdâtres, un involucre monophylle, des graines ovales et presque lisses. — On a remarqué que la Grande C. est d'autant plus délétère que la saison a été plus chaude et plus sèche, et qu'elle est recueillie dans un climat plus chaud. Un botaniste russe, Steven, affirme qu'aux environs d'Odessa les paysans la mangent impunément après l'avoir fait bouillir dans plusieurs eaux.

II. L'*Æthuse* ou *Petite Ciguë* (*Æthusa Cynapium*),

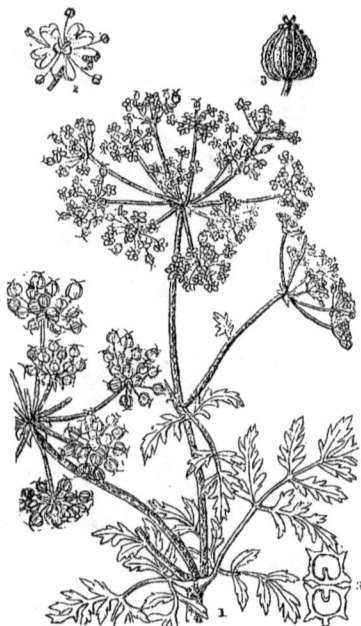

Fig. 1.

appelée aussi *C. des jardins*, *Faux Persil*, *Persil bâtard*, *P. de chien* et *P. de chat*, est une plante herbacée très commune dans les lieux cultivés, dans les jardins, etc. La ressemblance de cette plante avec le Persil est telle qu'elle donne lieu à de fréquentes et fatales méprises, surtout lorsque l'Æthuse n'est pas fleurie. En conséquence, nous donnerons minutieusement les caractères distinctifs des deux végétaux. La Petite C. a une odeur de souris. Sa tige est dressée, rameuse, cylindrique, légèrement striée, d'un vert glauque dans toute son étendue, rougeâtre intérieurement; ses feuilles, d'un vert foncé et trois fois divisées, ont les folioles étroites et aiguës; ses fleurs sont blanches, disposées en ombelles terminales, sans involucre général, mais avec des involucelles à 3-5 folioles linéaires, réfléchies et pendantes d'un seul côté; ses fruits sont globuleux, comprimés, d'un vert foncé, offrant sur chaque moitié 5 côtes saillantes et arrondies. (Fig. 2. — 4. *Æthuse;* 5. Fruit; 6. Portion d'ombelle pour montrer les longues bractées de l'involucelle.) — Le Persil a une odeur aromatique; sa tige, verte et cannelée, porte des feuilles dont les folioles sont larges et partagées en trois lobes, presque cunéiformes et dentés; ses fleurs sont d'un jaune verdâtre, avec un involucre général à 6 ou 8 folioles; ses fruits sont ovoïdes allongés, et marqués de lignes longitudinales à peine visibles. Le Cerfeuil diffère également de la Petite C. par son odeur aromatique particulière, par ses feuilles d'un vert clair, par l'involucre général dont ses fleurs sont entourées, et par ses fruits lisses et allongés.

III. La *C. vireuse* (*Cicuta virosa*), connue encore sous les noms de *C. d'eau*, *C. des marais*, *Cicutaire aquatique*, *Persil de chat*, *des crapauds* ou *des fous*, croît aux bords des mares et des ruisseaux. Sa tige dressée, rameuse, striée, glabre et verte, s'élève à près d'un mètre; ses feuilles inférieures sont très grandes, tripennées, à folioles lancéolées, aiguës, étroites, très profondément et irrégulièrement dentées, enfin assez souvent confluentes par leur base; les feuilles supérieures ont des folioles presque linéaires et dentées. Les ombelles sont composées de 10 à 15 rayons de fleurs petites, blanches, quelquefois munies d'un involucre à une seule foliole linéaire et d'involucelles à plusieurs folioles, souvent plus longues que les ombellules. Cette espèce ne peut guère se confondre avec les plantes alimentaires de la famille des Ombellifères; mais sa racine ressemble assez à celles de la Carotte et surtout du Panais pour occasionner parfois des erreurs funestes. La racine de la C. vireuse est grosse, charnue et blanchâtre; mais elle est fistuleuse et pleine d'un suc laiteux, jaunâtre et d'une saveur âcre.

IV. Le genre *Œnanthe* nous offre trois plantes fort répandues chez nous, et qui, toutes trois, sont éminemment vénéneuses pour l'homme, ainsi que pour les animaux domestiques. La première est l'*Œn. Phellandrie* ou *Phellandrie aquatique* (*Œn. Phellandrium*), appelée vulgairement Ciguë, Fenouil ou *Mille-feuille aquatique;* la deuxième est l'*Œnanthe safranée* (*Œn. crocata*), fort connue sous le nom de *Persil laiteux;* la troisième est l'*Œn. fistuleuse* (*Œn. fistulosa*), nommée quelquefois *Persil* et *Chervi des marais*. Ces trois espèces croissent abondamment dans les mares et sur les bords des étangs et des ruisseaux. — La *Phellandrie aquatique* atteint parfois la hauteur de 2 mètres. Sa tige est cylindrique, striée, creuse, noueuse inférieurement, ramifiée vers sa partie supérieure. Ses feuilles sont grandes et décomposées en une multitude de folioles finement découpées, glabres et d'un vert foncé. Les fleurs, petites et blanches, sont disposées en ombelles terminales dépourvues d'involucre; mais chaque ombelle a un involucre de 6 à 8 folioles étalées, plus courtes que les pédoncules. Les fruits sont ovoïdes,

Fig. 2.

allongés, prismatiques, striés et couronnés par les 5 petites dents du calice, ainsi que par les styles qui sont persistants. L'odeur des fruits et des feuilles de la Phellandrie a quelque analogie avec celle du Cerfeuil; mais là se borne la ressemblance. En effet, la tige de ce dernier n'est jamais renflée à sa base; ses feuilles radicales sont portées sur de longs pétioles, et sont d'un vert clair; ses fleurs sont blanches, mais entourées par un involucre général à 1 ou 2 folioles, et les involucelles sont composées de 3 ou 4 petites folioles seulement; ses fruits sont lisses et très allongés; enfin, sa racine est fusiforme, simple et blanche, tandis que, dans la Phellandre, les racines se composent de gros tubercules suspendus à des fibres longues et verticillées. — L'*OEnanthe safranée* (Fig. 3. — 7. *OEn. crocata;* 8. Fruit) se distingue aisément à sa racine, qui est composée de 5 à 6 tubercules napiformes réunis en faisceaux. Pressés entre les doigts, ces

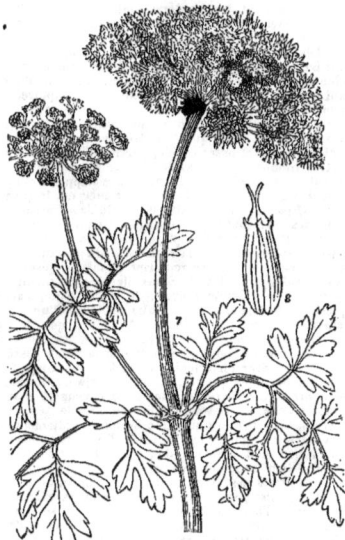

Fig. 3.

tubercules laissent échapper un suc jaune et nauséabond qui constitue un poison des plus actifs. — L'*OEn. fistuleuse* est suffisamment caractérisée par ses feuilles allongées et portées sur des pétioles fistuleux. En outre, ses fruits sont d'un vert roussâtre.

V. *Propriétés médicales.* — Les propriétés actives dont jouissent ces plantes les ont depuis longtemps signalées à la thérapeutique. L'*OEn. fistuleuse* a été jadis recommandée contre la gravelle et les scrofules. La racine râpée de l'*OEn. safranée* est encore un remède vulgaire contre les hémorroïdes, dans quelques départements de la Bretagne. Les fruits de la *Phellandrie aquatique* ont été vantés contre la phthisie et sont parfois usités en Allemagne comme fébrifuge. L'*Æthuse* et la *C. vireuse* ont été aussi employées comme fondants; mais aujourd'hui on ne fait guère usage que de la *C. officinale*. — C'est surtout pour résoudre les engorgements chroniques qu'elle est employée par les médecins actuels, ou bien encore pour calmer les douleurs lancinantes qui accompagnent le cancer. Dans ce dernier cas, la C. officinale agit simplement comme narcotique, à la façon de la Belladone. Mais, nonobstant les assertions de Storck, qui mit ce médicament en vogue au siècle dernier, il est absolument sans effet contre l'affection cancéreuse elle-même. Cette plante paraît avoir été administrée avec quelque succès dans la coqueluche et dans quelques affections du système nerveux. Soit qu'on l'applique à l'extérieur, soit qu'on l'administre à l'intérieur, la C. s'emploie le plus souvent sous forme d'extrait. On en fait plus rarement usage sous forme de suc exprimé ou sous celle de poudre.

VI. *Empoisonnement.* — Toutes les plantes que nous venons de décrire produisent des effets toxiques semblables, et sont rangées parmi les poisons narcotico-âcres. Le principe actif de la C. officinale (*Conium maculatum*) réside dans un alcaloïde particulier appelé **Conicine**, qui a été isolé par Geiger en 1831. Voy. CONICINE.

Les phénomènes principaux produits par l'ingestion de ces substances vénéneuses sont ceux d'une vive inflammation du tube digestif, auxquels succèdent bientôt les symptômes qui annoncent une action très vive sur le système nerveux, particulièrement le délire, des convulsions violentes et même le tétanos. L'empoisonnement par l'OEn. safranée est plus spécialement caractérisé par l'ardeur extrême de la gorge, le resserrement des mâchoires et l'apparition de taches rosées, de forme irrégulière, principalement au visage. A la mort, on trouve le canal intestinal enflammé et les poumons gorgés d'un sang noir. — Le traitement de ces empoisonnements est des plus simples. On se hâte d'administrer des vomitifs et des lavements purgatifs, afin d'évacuer le poison qui peut être contenu dans le tube digestif; mais comme alors l'estomac est souvent rebelle à l'action de l'émétique, il devient nécessaire d'irriter la luette avec une plume et de provoquer le vomissement par les moyens mécaniques. On a ensuite recours à la décoction concentrée de café, aux acidules et aux dérivatifs appliqués aux extrémités inférieures pour combattre l'influence du poison sur le système nerveux.

CIL. s. m. [Pr. *sil.* L'Académie dit qu'il faut mouiller l'*l*. Cependant l'usage général est contraire à cette indication] (lat. *cilium*, m. s.). Les poils qui garnissent le bord des paupières de l'homme et d'un grand nombre d'animaux. *De longs cils. Les cils des paupières. Il n'y a que l'homme et le singe qui aient des cils aux deux paupières* (BUFFON). *Les cils jouent un grand rôle dans l'expression du regard et dans la beauté d'une femme. Les cils ont pour fonction d'abriter l'œil et de le protéger.* Voy. OEIL. || T. Zool. Poils raides qui garnissent le corps de certains insectes. — *Cils vibratiles,* Sorte de poils mobiles qui servent d'organes de locomotion à divers animaux inférieurs. Voy. CIRCULATION et VIBRATILE. || T. Bot. Poils rigides insérés sur le bord d'une partie quelconque et rangés sur une seule ligne.

CILIAIRE. adj. m. (lat. *cilium*, cil). T. Anat. Qui appartient aux cils. *Corps c.* || *Procès ciliaires.* Replis saillants de la choroïde en arrière de l'iris. Voy. OEIL. || s. m. T. Icht. Genre de poissons de la famille des *Leptosomes*.

CILICE. s. m. (*Cilice,* nom de pays). Espèce de ceinture très large, faite de poil de chameau ou de crin de cheval, qu'on porte sur la peau par mortification. *Prendre le c. Se revêtir d'un c. Pleurer ses péchés dans le jeûne et dans le c.*

CILICIE, contrée de l'anc. Asie Mineure, aujourd'hui vilayet d'Adana.

CILIÉ, ÉE. adj. (lat. *cilium*, cil). T. Bot. Se dit des parties végétales qui sont bordées de poils rangés comme des cils. *Feuilles ciliées.* || T. Zool. Se dit également des animaux inférieurs qui sont munis de cils.

CILIFÈRE. adj. 2 g. (lat. *cilium*, cil; *fero*, je porte). T. Hist. nat. Qui est muni de cils.

CILIFORME. adj. 2 g. T. Hist. nat. Qui a la forme d'un cil.

CILIGÈRE. adj. 2 g. (lat. *cilium*, cil; *gero*, je porte). T. Hist. nat. Qui est muni de cils.

CILIOGRADE. adj. 2 g. (lat. *cilium*, cil; *gradior*, je marche). T. Zool. Qui marche à l'aide de cils.

CILIPÈDE. adj. 2 g. (lat. *cilium*, cil; *pes*, *pedis*, pied). T. Zool. Qui a les pieds garnis de cils.

CILLEMENT. s. m. [Pr. les *ll* mouillées]. Action de ciller. Ne se dit qu'en parlant des yeux et des paupières. *Il a un c. d'yeux continuel.*

CILLER. v. a. [Pr. les *ll* mouillées] (R. cil). Ne se dit qu'en parlant des yeux et des paupières, et signifie, Les fermer et les rouvrir instantanément. *Il ne fait que c. les yeux,* les paupières. — Absol., *On ne peut regarder le soleil sans c.* || Fig. et fam., *Personne n'ose c. devant lui,* Personne n'ose remuer. — CILLER. v. n. Se dit des chevaux. *Ce cheval commence à c.,* A avoir quelques poils blancs aux paupières, au-dessus des yeux. = CILLÉ, ÉE. part.

CILLOSE. s. f. [Pr. les *ll* mouillées] (R. *ciller*). T. Pathol. Tremblement convulsif chronique de la paupière supérieure.

CIMABUÉ (JEAN GUALTIERI), célèbre peintre de Florence (1240-1300).

CIMAISE. s. f. Voy. CYMAISE.

CIMAROSA, compositeur italien (1754-1801), auteur du *Mariage secret* (1792).

CIMBALAIRE. s. f. T. Bot. Voy. CYMBALAIRE.

CIMBER. Un des meurtriers de César.

CIMBEX. s. m. T. Entom. Genre d'insectes hyménoptères de la famille des *Tenthrédiniens*. Voy. PORTE-SCIE.

CIMBRES, peuple ayant habité le Jutland, probablement identique avec les Cimmérions du Pont-Euxin, et ayant peut-être une parenté avec les Belges ou Kymris. Quelques auteurs les rattachent à la grande famille germanique. Malgré l'incertitude qui reste sur leur histoire et leur origine, l'opinion la plus probable est qu'ils sont un des rameaux de la grande branche celtique, et qu'ils ont d'abord habité les bords de la mer Caspienne avant d'émigrer dans le Jutland, qui reçut d'eux le nom de *Chersonèse Cimbrique*. C'est là que les trouve l'histoire positive; c'est là que, chassés par une inondation de la mer Baltique, au II° siècle avant notre ère, ils descendirent avec les Teutons vers le sud de la Germanie et l'Helvétie; de là ils envahirent l'Espagne, puis revinrent sur l'Italie, où ils furent exterminés par Marius, d'abord à Pourrières (Var), où cent mille cadavres ensanglantèrent le sol; ensuite à Verceil (Italie), où le massacre ne fut pas moindre (101 av. J.-C.).

CIMBRIQUE (CHERSONÈSE), nom ancien du Jutland.

CIME. s. f. (lat. *cyma*, cœur de chou qui, dans les langues romanes, a pris le sens d'extrémité de la tige). Le sommet, la partie la plus haute d'une montagne, d'un rocher, d'un arbre. *La cime des Alpes est couverte de neige. La c. des arbres. La c. d'un clocher.* — Poétiq., *Le mont à double c.*, ou simplement, *La double c.*, Le Parnasse. *Les nymphes de la double c.*, Les Muses. || T. Bot. Voy. CYME.

CIMENT. s. m. (lat. *cæmentum*, moellon, de *cædere*, tailler). Toute matière tenace propre à lier et à faire tenir ensemble des pierres, des briques, etc. || Fig. et prop., *Cela est fait à chaux et à c.*, se dit d'une affaire qui est faite avec toutes les précautions et les formalités nécessaires.

Techn. — On désigne généralement sous le nom de *Ciment* tout mélange pâteux formé de chaux et d'une substance solide quelconque, propre à relier entre elles les assises d'une maçonnerie. Suivant leur composition, ces mélanges sont distingués en *Mortiers* et en *Ciments* proprement dits. — Il existe certaines constructions en maçonnerie dans lesquelles n'intervient ni mortier ni ciment d'aucune espèce. Ce système, dit à *pierres sèches*, ne s'emploie aujourd'hui que dans des cas fort rares; mais dans l'antiquité on a élevé de cette façon des constructions aussi remarquables par leur perfection que par leur solidité. — Voy. ARCHITECTURE *pélasgique* et PYRAMIDE.

I. *Mortiers.* — Le mortier est ordinairement un mélange de chaux et d'une matière inerte, comme le sable, ou d'une matière active, comme la brique pilée et la pouzzolane. Un bon mortier doit être, au bout de peu de temps, assez dur et assez adhérent pour résister au frottement, ne pas se détacher et n'être pas enlevé par les eaux. Tout le monde sait à quel haut degré de perfection les Romains avaient porté la fabrication de leurs mortiers. Cependant on aurait tort de croire qu'ils aient eu des procédés supérieurs aux nôtres. La dureté remarquable des mortiers employés dans les édifices antiques qui sont parvenus jusqu'à nous prouve simplement que, dans leurs constructions monumentales, ils déployaient toutes les ressources de l'art, tandis qu'ils n'apportaient pas le même soin dans l'érection des édifices ordinaires : aussi ceux-ci ont-ils disparu. Il n'est donc pas juste de comparer les monuments qui ont résisté à toutes les causes de destruction aux constructions vulgaires et médiocres de notre époque. D'ailleurs, il est dans la nature du mortier de durcir en vieillissant, quand il a pu résister à certaines influences à l'action desquelles il est soumis dans les premiers temps de son emploi. — En outre, on ne doit pas oublier que les architectes du moyen âge ont laissé des monuments au moins aussi solides que ceux des anciens, et que, depuis les découvertes de l'ingénieur Vicat, nous élevons des constructions qui acquièrent en deux ans plus de dureté que celles des Romains. — Suivant leurs qualités propres et leur destination, les mortiers se divisent en deux grandes classes, savoir : les *mortiers aériens*, destinés aux travaux exécutés en plein air et dans les lieux secs, et les *mortiers hydrauliques*, qu'on emploie pour les maçonneries construites sous l'eau ou dans les lieux humides.

1° Les *mortiers aériens*, qu'on appelle aussi *mortiers ordinaires*, sont des mélanges de chaux grasse éteinte et de sable quartzeux, gâchés avec de l'eau. Leur qualité varie suivant la nature du sable, la quantité d'eau employée et le soin apporté à leur préparation. Le sable doit être aussi pur que possible, et présenter des grains plutôt rugueux que lisses. Le meilleur est celui que l'on trouve dans le lit des rivières dont le cours est assez rapide, parce qu'il ne renferme pas de parties limoneuses. Le sable *fossile* ou *de mine*, que l'on extrait de lieux où ont jadis coulé des nappes d'eau, est également d'un bon usage. Le sable de mer est le plus mauvais de tous, parce qu'il est difficile de le débarrasser complètement des sels dont il est imprégné. Quant aux proportions de sable qu'il convient d'employer, elles sont déterminées par cette considération que la résistance du mortier va en croissant, lorsque le mélange renferme depuis 50 jusqu'à 240 parties de sable pour 100 de chaux éteinte; néanmoins, dans la pratique, on s'écarte souvent de cette règle, parce que la question d'économie est presque toujours d'une plus haute importance aux yeux des constructeurs que la résistance absolue des maçonneries. — Le rôle que les mortiers jouent dans les constructions tient à ce que la chaux possède la propriété d'adhérer fortement à la surface des corps solides sur lesquels on l'applique. Si, par ex., on place entre deux pierres bien dressées et poreuses une mince couche de chaux délayée avec de l'eau, la presque totalité du liquide pénètre dans les pierres, et la matière qui reste durcit en s'attachant fortement aux surfaces qui l'emprisonnent. Ce durcissement et cette adhérence ont d'autant plus complets que la disparition de l'eau a lieu avec plus de lenteur : c'est pour cela que les constructeurs mouillent les matériaux avant de les couvrir de mortier; c'est pour le même motif que les maçonneries élevées dans l'arrière-saison deviennent plus solides que celles qui sont élevées pendant l'été, parce qu'alors l'évaporation s'opère avec trop de rapidité. De plus, on a reconnu que l'adhérence de la chaux pour sa propre masse est bien moindre que pour la pierre. En conséquence, on emploie qu'on couches extrêmement minces. Enfin, l'utilité de l'introduction à ce que celle-ci exerce alors sur chacun des grains du premier une action analogue à celle qu'elle exerce sur la pierre. En outre, l'addition du sable empêche que le mortier ne prenne trop de retrait en séchant, ce qui donnerait lieu à des fendillements dans sa masse et le rendrait friable. Le sable ne joue aucun rôle chimique dans le mélange qui constitue le mortier : c'est une matière tout à fait inerte. Berthault a démontré qu'on peut retirer d'un mortier tous les grains quartzeux qu'il renferme, sans qu'ils aient perdu de leur poids, ni subi la moindre altération. Enfin, la solidification du mortier ne provient pas seulement de l'évaporation de l'eau; elle résulte encore de la combinaison de la chaux avec l'acide carbonique de l'air. Les parties en contact avec ce dernier se transforment entièrement en carbonate de chaux; mais il ne se forme dans les couches intérieures, sur lesquelles l'agent atmosphérique est à peu près sans action, qu'une simple combinaison de carbonate et d'hydrate de chaux, qui est extrêmement lente à durcir, et qui quelquefois même ne durcit jamais. Ainsi en 1822, à Strasbourg, lors de la démolition d'un bastion construit en 1666, on reconnut que le mortier des assises intérieures était aussi mou que si les maçons l'avaient placé depuis quelques jours seulement. Il faut donc se garder d'employer des mortiers ordinaires dans l'intérieur des maçonneries très épaisses.

2° Les mortiers ordinaires se délaient ou se dissolvent dans l'eau avec une telle promptitude, que toute tentative pour bâtir avec eux sous cet élément serait désastreuse. On doit alors avoir recours aux mortiers *hydrauliques*. Ces mortiers jouissent de la propriété de faire prise sous l'eau, non pas par dessication, comme les précédents, mais en vertu d'une action chimique particulière qu'ils doivent à la présence de l'argile. La chaux qui sert à les fabriquer est produite par la calcination d'un calcaire argileux; elle est composée de chaux causuque et de silicate d'alumine déshydraté par la cuisson. Au contact de l'eau, le silicate d'alumine tend non seulement à s'hydrater, mais à s'emparer de la chaux pour former soit un silicate double d'alumine et de chaux, soit un silicate et un aluminate de chaux; le tout devient insoluble et acquiert une forte cohésion. — L'expérience a montré qu'un mortier, pour être hydraulique, doit renfermer 9 à 10 p. 100 d'argile, au moins, et 35 au plus. Il faut ensuite que cette argile soit très divisée, et la combinaison de l'alumine et de la silice très peu intime. L'hydraulicité des chaux et, par conséquent, celle des mortiers, variant suivant la proportion d'argile qui y est contenue, on a distingué ceux-ci en mortiers *moyennement hydrauliques*, qui contiennent 9 à 10 p. 100 d'argile, mortiers *hydrauliques*, qui en renferment de 15 à 20 p. 100, et mortiers *éminemment hydrauliques*, qui en ont de 20 à 25. Les premiers font prise après 15 ou 20 jours d'immersion, mais n'atteignent jamais une grande dureté; les seconds prennent du 6e au 8e jour; ils continuent à durcir jusqu'au 12e mois, néanmoins après le 6e ils présentent déjà une résistance remarquable. Enfin, les mortiers de la troisième classe font prise du 2e au 4e jour d'immersion, et acquièrent au bout de 6 mois la dureté de la pierre. — Nous venons de dire que les chaux et les mortiers éminemment hydrauliques renferment 25 p. 100 au maximum de matière argileuse. Il existe cependant quelques calcaires dans lesquels l'argile se trouve dans la proportion de 25 à 35 p. 100. Ces calcaires ont reçu le nom de *ciments*; nous en parlerons bientôt.

Les chaux hydrauliques ont été fabriquées de tout temps; mais leur emploi était autrefois très limité, parce qu'on ne connaissait qu'un fort petit nombre de carrières propres à fournir le calcaire qui les produit. Les choses n'ont changé de face qu'à notre époque, grâce aux travaux persévérants de l'ingénieur Vicat. Après avoir découvert la composition de ces chaux remarquables, le savant ingénieur essaya de produire, au moyen de mélanges divers, des composés analogues: il réussit complètement et donna ainsi naissance à l'industrie des chaux hydrauliques *artificielles*. Ce point obtenu, il étudia les substances volcaniques, appelées *pouzzolanes*, dont les Romains se servaient pour durcir leurs mortiers, et reconnut bientôt que ce sont des argiles qui ont été calcinées par les feux souterrains, et qui possèdent la faculté, quand on les mélange avec de la chaux grasse ordinaire, de rendre celle-ci éminemment hydraulique. Il fit plus, il parcourut la France et signala plus de 300 carrières à calcaire propres à cet usage. Enfin en 1845 Arago déclara à la tribune que, depuis 1818, les découvertes de Vicat avaient procuré à l'État, dans l'exécution de ses travaux hydrauliques, une économie d'environ 200 millions. — Par suite de ces découvertes, on peut obtenir partout de la chaux hydraulique artificielle, par ex., en calcinant ensemble de l'argile plastique et du carbonate de chaux. Un procédé très économique, indiqué par Vicat lui-même et exploité en grand aux environs de Paris, consiste à délayer dans de l'eau 4 parties de craie de Meudon et 1 partie d'argile de Vaugirard. Quand on a obtenu une bouillie bien homogène, on l'introduit dans des bassins en maçonnerie. Le dépôt une fois devenu compact, on décante l'eau et, à l'aide d'une truelle à lame coudée, on façonne rapidement en briquettes la pâte consistante. On pose ces briquettes de champ sur un sol battu, où elles se dessèchent graduellement. Lorsqu'elles sont bien sèches, on les empile, puis on procède à leur cuisson ou calcination. — La *pouzzolane* ne se rencontrant que dans les pays volcaniques, particulièrement aux environs de Pouzzoles, d'où est venu le nom de cette roche, on peut en fabriquer d'artificielle qui jouit absolument des mêmes propriétés, en faisant calciner de l'argile plastique contenant environ deux centièmes de chaux, ou bien en faisant les tuiles ordinaires, les briques, la poterie commune, etc.

II. *Ciments.* — Le mot *Ciment* a aujourd'hui deux significations principales: 1° On l'emploie pour désigner des mortiers composés de chaux ordinaire et de briques ou tuiles pilées; ces mortiers sont naturellement hydrauliques, puisqu'ils renferment, en guise de sable, des substances naturellement argileuses; aussi s'en sert-on dans les circonstances où l'on craint l'action destructive de l'humidité. — 2° On fait encore usage du mot *Ciment* pour dénommer une variété de chaux hydraulique qui renferme de 25 à 35 p. 100 d'argile, et qui a la propriété de faire prise au bout de quelques heures, quelquefois même presque instantanément. Cette chaux est encore appelée *Ciment romain*, bien que les Romains ne l'aient jamais connue. Elle diffère des autres chaux hydrauliques, non seulement par son extrême *hydraulicité*, mais encore parce qu'elle a la propriété d'absorber l'eau presque sans s'échauffer ni augmenter de volume; elle peut, en outre, se gâcher et

s'employer à la truelle, absolument comme le plâtre, circonstance qui lui a encore valu la dénomination de *Plâtre-ciment*. Les chaux hydrauliques, au contraire, ne s'hydratent qu'en augmentant de volume dans la proportion de 10 à 16, et ne s'emploient généralement qu'après avoir été mélangées avec des matières étrangères. Le ciment romain se prépare avec un calcaire argileux, compact, à grains fins, dont les bancs ont été en partie disloqués, et dont les fragments, roulés par les eaux de la mer, ont pris, dans plusieurs contrées, la forme arrondie de galets. Il fait prise ordinairement au bout de 15 à 20 minutes, soit à l'air, soit sous l'eau. Pour la plupart des applications, on préfère les *Ciments à prise lente*, dits *Portland;* ceux-ci s'obtiennent en chauffant jusqu'au ramollissement un mélange naturel ou artificiel de 21 à 23 p. 100 d'argile et de 79 à 77 p. 100 de carbonate de chaux.

Parmi les ciments les plus renommés, nous citerons les ciments anglais de Parker et de Portland, et les ciments français de Vassy, de Boulogne, de Pouilly, de Moissac, de Grenoble, etc. Tous ces ciments se recommandent par des qualités spéciales qui les rendent propres à une infinité d'applications; mais ils sont surtout employés dans les travaux hydrauliques tels que ponts, aqueducs, canaux, môles, tunnels, etc. On en fait encore des pierres artificielles, des dallages, des marches d'escalier, etc. Les ciments à prise lente se prêtent facilement aux divers procédés de moulage, et servent à fabriquer une foule d'objets de sculpture monumentale. Enfin, un architecte nommé Coignet a eu l'idée ingénieuse de construire des maisons de ciment. Ces maisons se font à la manière du pisé et coûtent fort peu, tout en présentant des garanties suffisantes au point de vue de l'hygiène et de la solidité.

III. *Fabrication.* — Il existe plusieurs moyens de fabriquer les ciments et les mortiers. Le plus ancien consiste à nettoyer une pierre quelconque du sol et à opérer le mélange des matières en se servant d'un outil à main nommé *Rabot*, sorte de longue poche terminée à une de ses extrémités, celle qui est opposée au manche, par un morceau de bois de 15 à 20 centim. de longueur, qui y est fixé en forme de croix. L'ouvrier pousse l'instrument devant lui en appuyant sur la partie plate et le ramène de son côté en le dressant sur un de ses angles. Ce mouvement de va-et-vient suffit pour écraser la chaux et la mêler convenablement avec l'eau et les matières neutres ou actives. Ce procédé est le meilleur quand on ne doit fabriquer qu'une petite quantité de mortier; dans le cas contraire, il est trop dispendieux et on a alors recours à l'emploi de machines. Parmi ces dernières, les plus usitées sont le *Manège à roues* et le *Tonneau à mortier:* nous ne décrirons que le tonneau. Il consiste en un cylindre en fortes douves de chêne, solidement cerclé de fer et établi dans une position verticale. On lui donne 1m 25 environ de hauteur sur 70 à 80 centim. de diamètre. Dans l'axe de ce cylindre tourne un arbre vertical en fer, mû par des hommes ou par des chevaux, et armé, d'une extrémité à l'autre, de râteaux de fer qui, en tournant comme lui, mélangent les matières premières. Ces matières, il n'est pas besoin de le dire, s'introduisent par l'orifice supérieur du cylindre; mais nous ferons observer qu'une petite porte établie à la partie inférieure de l'appareil sert à faire sortir le mortier. Il faut avoir soin de jeter alternativement la chaux et le sable dans les proportions voulues. Sans cette précaution, la composition du mortier ne serait pas partout homogène. Comme cet appareil est d'un transport très facile, les entrepreneurs lui donnent la préférence quand ils ont à fabriquer successivement d'assez grandes masses de mortier sur les points éloignés les uns des autres.

CIMENTAGE. s. m. (R. *ciment*). T. Lapidaire. Opération qui consiste à fixer la pierre qui doit être travaillée sur un petit bâton.

CIMENTAIRE. adj. Qui appartient aux ciments.

CIMENTATION. s. f. Action de cimenter.

CIMENTER. v. a. Lier avec du ciment. *C. un bassin de fontaine.* || Fig., Confirmer, affermir. *C. la paix par des alliances. Les martyrs ont cimenté la foi par leur sang.* ⇒ CIMENTÉ, ÉE. part.

CIMENTIER. s. m. T. Mét. Ouvrier qui fait du ciment.

CIMETERRE. s. m. (pers. *chimchir*, m. s.). Sabre turc à lame très forte, tranchante des deux côtés et recourbée en arrière. Voy. SABRE.

CIMETIÈRE. s. m. (gr. κοιμητήριον, dortoir, de κοιμάω, je dors). Lieu où l'on enterre les morts. || Fig., *Ce pays est le c. des étrangers*, L'air de ce pays leur est mortel.

Les lieux de sépulture ont été, chez la plupart des peuples, l'objet d'une grande vénération, et presque partout ils ont été consacrés par les lois et par la religion. Les Hébreux établissaient leurs champs funéraires en dehors des villes, et l'on sait que leur premier soin, quand ils arrivaient dans un nouveau pays, était d'acheter un terrain pour leurs sépultures. L'un des plus anciens cimetières que l'on connaisse est celui de Memphis, en Égypte : il couvre la presque totalité d'une plaine circulaire de 16 kilom. de diamètre à laquelle son ancienne destination a fait donner le nom de *Plaine des momies*. — Dans les premiers temps de la Grèce chacun avait sa sépulture dans sa propriété, et l'on connaît une loi thébaine qui défendait de bâtir une maison sans réserver une place destinée à cet usage. Dans la suite, la sépulture dans l'enceinte des villes devint une sorte de récompense publique qui ne s'accordait que pour de grands services rendus à l'État ou pour des vertus éclatantes dont on voulait perpétuer le souvenir. C'est ainsi que les Magnésiens et les Corinthiens élevèrent un tombeau sur la place publique, les premiers à Thémistocle, les seconds à Euphron. En général, qu'ils fussent ensevelis ou incinérés, les corps ou les cendres étaient déposés pieusement en dehors des villes, de chaque côté de la route principale qui y aboutissait. Cet usage était général dans toute la Grèce, à l'exception de Sparte. Quant aux corps des esclaves, des suppliciés et des citoyens les plus pauvres, on les déposait pêle-mêle dans des espèces de fosses ou de dépôt communs. La violation de l'asile des morts était regardée comme un sacrilège, que le châtiment sévère du coupable pouvait seul expier. Ainsi que les Grecs, les Romains enterraient primitivement les morts. Plus tard, ils empruntèrent aux premiers l'usage de les brûler; néanmoins quelques familles (*gentes*) conservèrent l'ancienne coutume. Dans la *gens Cornélia*, par ex., le dictateur Sylla fut le premier dont on brûla le corps, afin de le soustraire aux profanations auxquelles il avait lui-même livré celui de Marius. On faisait encore exception pour les esclaves, les enfants morts avant d'avoir des dents, les personnes tuées par la foudre et les individus des basses classes : on enterrait leurs corps au lieu de les brûler. L'usage du bûcher ne fut abandonné que sous l'influence du christianisme, vers le IIIᵉ siècle de notre ère. — A Rome, et le même système était en vigueur dans tout l'empire romain, les lieux de sépulture étaient établis en dehors des villes, le long des chemins; de là les fréquentes inscriptions que portent les tombeaux : *Siste viator, Sta viator, Respice viator*, etc. Les tombeaux de la voie Appienne, à Rome, sont célèbres. On peut aussi signaler ceux des Aliscans (Champs-Élysées), à Arles. Ceux qui n'avaient pas été établis le long des routes appartenaient à des familles riches qui avaient tenu à conserver leurs morts dans leurs domaines, non loin des demeures où ils avaient vécu. Le Champ de Mars et le Champ Esquilin étaient ordinairement réservés à la sépulture des grands hommes; enfin, par une nouvelle exception à la loi commune, les tombeaux des Vestales étaient situés dans l'intérieur de la ville. Quelques personnages très illustres, tels que Fabricius et Publicola, obtinrent également cet honneur, qui passa même à leurs descendants; mais ceux-ci ne voulurent pas en profiter et se contentèrent, à la mort de chacun de leurs proches, de rappeler, par une sorte de cérémonie symbolique, l'existence de leur privilège. — Chaque famille avait sa sépulture particulière; mais les pauvres étaient déposés dans des fosses communes ou dans des carrières abandonnées (*puteolæ, puteoli*), qui étaient situées en dehors de la porte Esquiline.

Aux yeux des Romains, tout lieu où l'on déposait les restes d'un mort devenait consacré, et les lois punissaient avec rigueur la violation des sépultures. — Chez les Romains, comme chez les modernes, les riches se faisaient préparer des lieux de sépulture soit pour eux et leurs femmes, soit pour tous leurs descendants sans exception. Parfois ils prenaient le même soin pour leurs esclaves et leurs affranchis. Les sépultures particulières destinées à ces derniers étaient le plus ordinairement pratiquées sous terre, et consistaient en une ou plusieurs chambres dont les parois présentaient plusieurs étages de petites niches, dans lesquelles on conservait les urnes funéraires. La ressemblance qu'avaient ces niches avec les colombiers leur fit donner le nom de *columbaria*, au sing. *columbarium* (Fig. 1). Chaque niche renfermait une ou deux urnes. Les noms et prénoms des morts étaient gravés sur une petite plaque de marbre ou de pierre que l'on fixait au-dessus à l'aide de clous.

On fait remonter aux premières années du IIIᵉ siècle le plus ancien établissement des cimetières chrétiens. — Dans le principe, les cimetières chrétiens étaient situés en dehors des villes; mais, plus tard, les fidèles, par une piété mal entendue ou par une vanité déplacée, recherchèrent l'honneur d'être enterrés dans les églises. Un concile de Nantes de 600 rappelle des statuts qui déjà défendaient d'inhumer dans les

Fig. 1.

églises. Néanmoins on tint peu de compte de ces défenses, et enfin, au Xᵉ siècle, l'abus devint intolérable. Il a aujourd'hui complètement disparu, du moins en France. Toutefois les évêques sont habituellement inhumés dans leur cathédrale. Au moyen âge les populations allaient quelquefois se réfugier dans les cimetières, comme dans un asile inviolable, lorsque les troupes ennemies tenaient la campagne. Le c. de Paris n'était pas encore fermé au XIIIᵉ siècle. « Ce lieu, dit Guillaume le Breton, était ouvert à tout venant, même aux porcs, et rempli d'immondices, de pierres et de fumier. » Ce fut Philippe-Auguste qui le fit entourer de murailles.

La coutume de construire dans les cimetières des colonnes creuses, rondes ou carrées, au sommet desquelles on entre-

Fig. 2.

Fig. 3.

tenait des lampes allumées, est antérieure au XIIIᵉ siècle, mais elle se généralisa surtout à cette époque. Ces petits monuments ont reçu le nom de *lampiers*, de *fanaux* ou de *lanternes de c.* Suivant de Caumont, ils avaient à leur base un autel orienté où l'on disait la messe lors des inhumations.

La lampe servait à éclairer, la nuit, les convois mortuaires qui venaient de loin et qui pouvaient bien ne pas toujours arriver avant la fin du jour. Suivant d'autres, cette lampe était une sorte d'hommage rendu à la mémoire des morts, un signal qui rappelait aux passants la présence des trépassés et réclamait leurs prières pour eux (Fig. 2. Lampier du Falgoux, Puy-de-Dôme ; 3. Lampier du Fouioux, Charente-Inférieure). — Il existe aujourd'hui très peu de cimetières du moyen âge, dans les villes surtout. Le plus remarquable que cette époque nous ait transmis est le *Campo-Santo* de Pise, qui date du XIIIe siècle. Il consiste en une construction fermée à l'extérieur et présentant à l'intérieur une série de galeries ouvertes analogues à celles d'un cloître. Il fut conçu, en 1200, par l'archevêque Ubaldo, et élevé, de 1218 à 1283, par le célèbre architecte Jean de Pise. Sa forme est celle d'un rectangle d'environ 133 mètres de long sur 36 de large. La partie intérieure offre une vaste cour entourée de portiques formés par 62 arcades. Ces portiques renferment une immense quantité de tombeaux antiques mêlés aux monuments funéraires des Pisans illustres ; mais ce qui fait surtout leur beauté, ce sont les admirables peintures à fresque dont leurs murs sont couverts et parmi lesquelles on remarque surtout le *Triomphe de la Mort*, le *Jugement dernier* et l'*Enfer* d'Orcagna, la *Passion de J.-C.* attribuée à Buffaimaco, et l'histoire de Job, que l'on croit due au pinceau de Francesco de Volterra.

La plupart des grandes villes modernes possèdent des cimetières qui renferment souvent des monuments fort remarquables au point de vue de l'architecture et de la sculpture. L'Espagne fait exception ; mais on y trouve assez fréquemment des cimetières qui sont divisés en rues, de chaque côté desquelles s'élèvent des constructions pourvues de niches étagées les unes au-dessus des autres, qui rappellent les *Columbaria* romains. En France, le c. le plus curieux, sous le rapport de l'art, est celui du *Père-Lachaise*, à Paris. Ce champ funéraire, qui occupe l'emplacement d'une ancienne propriété de la société de Jésus, et qui doit son nom au célèbre confesseur de Louis XIV, date de 1804. Il est particulièrement affecté au service des 5e, 6e, 7e, 8e et 9e arrondissements ; néanmoins il reçoit les morts des autres parties de la ville si l'on fait les frais d'une concession à perpétuité. On y remarque plusieurs tombeaux qui sont de véritables monuments, et les sépultures plus ou moins modestes d'un grand nombre de personnages illustres à divers titres.

Les cimetières de Paris, établis dans le principe à l'extérieur de la ville, se sont trouvés peu à peu englobés dans les agrandissements de cette immense cité. Il est alors devenu impossible de les agrandir, et depuis quelques années, la place devenant insuffisante, on a dû établir de nouveaux cimetières extérieurs. Les anciens cimetières sont aujourd'hui réservés aux concessions à perpétuité, et les nouveaux aux concessions temporaires et aux inhumations gratuites.

Législ. — Le décret du 23 prairial an XII (12 juin 1804), encore en vigueur, défend toute inhumation dans les lieux consacrés aux divers cultes, ainsi que dans l'enceinte des bourgs, villes et villages ; tout c. devra être établi en dehors des centres d'habitation et à la distance de 35 mètres au moins de leur enceinte. De nombreuses dérogations ont été apportées dans la pratique au décret dont il s'agit, notamment en ce qui concerne la ville de Paris. Des concessions de terrains peuvent être faites dans les cimetières aux personnes qui désirent y posséder une place distincte. L'ordonnance du 6 décembre 1843 divise ces concessions en 3 classes : 1o concessions perpétuelles ; 2o concessions trentenaires ; 3o concessions temporaires de 15 ans au plus.

En vertu du décret de l'an XII, dans les communes où existaient plusieurs cultes, un c. séparé devait être affecté aux inhumations des membres de chacun de ces cultes. La loi du 14 novembre 1881, en abrogeant cette disposition, a pour ainsi dire *laïcisé* les cimetières.

Lorsqu'on c. vient à être fermé, il doit être maintenu pendant 5 ans dans l'état où il se trouve ; dans les 5 années qui suivent, le terrain peut être affermé par la commune, à condition de n'y faire ni fouilles ni fondations ; ce n'est que 10 ans après la fermeture que le terrain peut être l'objet d'une aliénation, vente ou échange.

CIMIER. s. m. T. Bouch. Pièce de bœuf charnue, prise sur le quartier de derrière. *Une pièce de c. Un c.* — On dit

aussi, *Un c. de cerf.* || T. Vénerie. Croupe du cheval et des bêtes fauves. || T. Sylvic. Partie supérieure d'un arbre.

CIMIER. s. m. (R. *cime*). On donne le nom de *C.* à l'ornement qui se place au sommet du casque. Son usage remonte à l'antiquité la plus reculée. Hérodote en attribue l'invention aux Cariens, qui les premiers portèrent des aigrettes et des plumes sur leurs casques. Minerve était représentée portant une chouette en c., Mars un lion, Jupiter Ammon un bélier. Les rois d'Égypte avaient pour cimiers des têtes de lion, de taureau ou de dragon. Alexandre le Grand portait un lion ; Pyrrhus, roi d'Épire, portait un grand panache entre deux cornes de bouc. Les chevaliers du moyen âge se gardèrent bien d'abandonner un usage antique aussi répandu chez toutes les nations ; mais les cimiers de plumes étaient plus fréquents que les autres, et le plus souvent ils étaient faits d'une masse de plumes d'autruche, de paon ou de héron. Ces touffes, dans les anciens tournois, étaient appelées *Plumails* ou *Plumarts*. Souvent le c. représentait quelque figure héraldique de l'écu, comme un aigle, un lion, une fleur de lis ; mais jamais on ne mettait en c. les pièces dites honorables, comme pals, fasces, bandes, etc. Parfois aussi le c. était de

fantaisie, sans avoir égard aux pièces des armoiries ; on en ajoutait même à volonté. Jadis le c. était une plus grande marque de noblesse que les armoiries, parce qu'on le portait aux tournois, où l'on ne pouvait être admis qu'après avoir fait preuve de noblesse. Le gentilhomme qui avait assisté deux fois à ces tournois était suffisamment blasonné et publié, c.-à-d. reconnu pour noble, et il portait deux trompes en c. sur son casque de tournoi. En Allemagne, la différence des cimiers distingue les branches d'une même famille, et sert de brisure. — La Fig. ci-dessus représente les armoiries de la famille Mac-Mahon de France, qui sont : D'argent à trois lions léopardés de gueules ; l'écu penché à l'antique ; timbre antique orné d'une couronne de marquis et d'un mantelet, avec un dextrochère armé, tenant une épée flamboyante pour cimier.

CIMMÉRIEN, ancien peuple des bords du Pont-Euxin.

CIMMÉRIENS (Monts), chaîne de montagnes de la Chersonèse Taurique.

CIMMÉRIUM, ville de la Scythie asiatique sur le Bosphore cimmérien. || Ville de l'ancienne Chersonèse Taurique.

CIMOLÉE. adj. f. (gr. Κιμωλία γῆ), terre de *Cimolus*, île de l'Archipel). *Terre c.,* syn. de *Cimolithe.* || *Matière c.* ou *Cimolie,* Dépôt qui se forme sur les meules à aiguiser.

CIMOLITHE. s. f. (R. *cimolée,* et gr. λίθος, pierre). T. Minér. Variété d'argile smectique. Voy. ARGILE.

CIMON, célèbre général athénien, fils de Miltiade, imposa au roi de Perse Artaxercès Longue-Main un traité qui termina les guerres médiques, en assurant la liberté des cités grecques de l'Asie Mineure (449 av. J.-C.).

171

CIMOSSE. s. f. T. Comm. Lisière d'une sorte de taffetas.

CINABARIN, INE. adj. Qui a la couleur rouge du cinabre.

CINABRE. s. m. (lat. *cinnabaris*, du gr. xıvváбapı, m. s.). T. Minér. Sulfure rouge de mercure exploité comme minerai. Voy. MERCURE, ‖ Ancien nom du minium ou oxyde rouge de plomb.

CINARA. s. m. (gr. xıvápz, artichaut). T. Bot. Nom scientifique du genre auquel appartiennent l'*Artichaut* et le *Cardon.* Voy. ces mots.

CINARÉES. s. f. pl. (gr. xıvápz, artichaut). T. Bot. Tribu de végétaux de la famille des *Composées*, désignée aujourd'hui sous le nom de *Tubuliflores*.

CINAROCÉPHALE. adj. 2 g. (gr. xıvápz, artichaut; xεpzλń, tête). T. Bot. Qui a des fleurs en tête, semblables à celles de l'artichaut.

CINCENELLE. s. f. Cordage pour haler les bateaux. ‖ *Cincenelle* ou *Cinquenelle*, Longs cordages employés dans l'artillerie.

CINCHÈNE. s. m. [Pr. *sinkène*] (R. *cinchona*). T. Chim. Le C. $C^{19}H^{20}Az^2$ est une base tertiaire cristallisée en paillettes fusibles à 124°. On l'obtient en partant de la *Cinchonine* ou de la *Cinchonidine*. Voy. ces mots. Chauffé avec l'acide chlorhydrique aqueux, il se transforme en *Apocinchène* $C^{19}H^{18}AzO$ qui cristallise en aiguilles fusibles à 209° et qui possède les propriétés d'un phénol.

CINCHOMÉRONIQUE. adj. m. [Pr. *sinko...*] (de *cinchonine*, et gr. μέρος, partie). T. Chim. L'*acide c.* $C^5H^3(CO^2H)^2Az$ est un acide pyridine-dicarbonique qui résulte de l'oxydation de la quinine ou de la cinchonine par l'acide azotique. Il fond à 250°; à une température plus élevée il se décompose en donnant de l'acide nicotinique. — L'oxydation de la lutidine fournit un isomère, l'*acide isocinchoméronique*, fusible à 236°.

CINCHON (Comtesse de), fausse orthographe. Voy. CHINCHON.

CINCHONA. s. m. [Pr. *sinkona*]. T. Bot. Nom scientifique latin donné par Linné au quinquina, en l'honneur de la comtesse de Chinchon, qui fit connaître cette écorce en Europe. — Il y a dans ce mot une faute d'orthographe consacrée par l'usage et qui se retrouve même dans les dictionnaires biographiques. Linné aurait dû appeler ce genre *Chinchona*.

CINCHONAMINE. s. f. T. Chim. Alcaloïde cristallisable contenu, en même temps que la cinchonine, dans l'écorce du *Remijia purdicana.* La c. a pour formule $C^{19}H^{24}Az^2O$; elle fond à 185° en se décomposant partiellement; elle est insoluble dans l'alcool bouillant. Elle se distingue des autres alcaloïdes de la série des quinquinas en ce qu'elle forme un nitrate insoluble dans l'eau acidulée; aussi peut-elle servir à déceler et à doser l'acide nitrique libre ou combiné. Son action physiologique n'est pas encore très bien connue; elle paraît analogue à celle de la quinine. En tout cas, la c. est le plus actif des alcaloïdes des quinquinas : à doses égales, elle agit avec une énergie 10 fois plus grande que la quinine; à la dose de 3 décigrammes elle serait déjà toxique pour l'homme.

CINCHONÉES. s. f. pl. [Pr. *sinkonées*] (R. *cinchona*). T. Bot. Tribu de plantes de la famille des *Rubiacées.* Voy. ce mot.

CINCHONICINE. s. f. [Pr. *sinko...*] (R. *cinchonine*). T. Chim. Base isomère de la cinchonicine et qui se produit par l'action de la chaleur sur ces corps. C'est un produit artificiel qui n'existe pas dans les quinquinas.

CINCHONIDINE. s. f. [Pr. *sinko...*] (R. *cinchonine*). T. Chim. La C. $C^{19}H^{22}Az^2O$ est une base isomère de la cinchonine, qu'elle accompagne dans la plupart des écorces de quinquinas, et qu'on obtient comme produit accessoire de la préparation du sulfate de quinine. Elle cristallise en prismes rhomboïdaux fusibles vers 175°, presque insolubles dans l'eau et dans l'éther, un peu solubles dans l'alcool. C'est une base tertiaire qui, par ses propriétés, est très analogue à la cinchonine. Ainsi avec les corps oxydants la c. donne de la cinchoténidine et de l'acide cinchoninique ; avec le perchlorure de phosphore on obtient un *chlorure de cinchonidine* $C^{19}H^{21}ClAz^2$, fusible à 108°, et qui, traité par la potasse, fournit le même cinchène que la cinchonine. Chauffée avec un alcali, la c. donne de la quinoléine.

La c. a été employée avec succès contre les fièvres palustres ; cependant elle ne peut remplacer la quinine comme antithermique, car elle exerce une action convulsivante, comme son isomère la cinchonine.

CINCHONINE. s. f. [Pr. *sinko...*] (R. *cinchona*, nom scientifique du quinquina). La C. $C^{19}H^{22}Az^2O$ est un des principaux alcaloïdes du quinquina; on la rencontre surtout dans certains quinquinas gris. On l'obtient comme produit accessoire de la préparation de la quinine; lorsqu'on a converti en sulfates les alcaloïdes du quinquina, le sulfate de quinine cristallise le premier; celui de c. se dépose ensuite; on le décompose par l'ammoniaque qui s'empare de l'acide sulfurique en laissant la c. insoluble. La c. forme des prismes quadratiques fusibles à 260°, sublimables dès 220°. Presque insoluble dans l'eau et dans l'éther, elle se dissout dans l'alcool et le chloroforme. C'est une base tertiaire; elle est diacide et peut former des sels neutres et des sels basiques; ces sels sont amers, cristallisables, assez analogues aux sels de quinine, mais plus solubles dans l'eau et dans l'alcool. La c. chauffée avec un alcali donne de la quinoléïne et des bases pyridiques. Traitée par les corps hydrogénants elle fixe de l'hydrogène et donne plusieurs *hydrocinchonines*. Chauffée avec l'acide sulfurique elle se transforme en plusieurs isomères; en même temps elle s'oxyde en donnant naissance à des *oxycinchonines* $C^{19}H^{22}Az^2O^2$. L'acide chlorhydrique étendu la transforme en *apocinchonine* $C^{19}H^{22}Az^2O$. L'action des corps oxydants fournit de nombreux produits d'oxydation ; le permanganate de potasse ou l'acide chromique donnent de la cinchoténine, de l'acide cinchoninique et une série d'acides azotés dérivant des bases pyridiques et quinoléïques; avec l'acide azotique on obtient de l'acide cinchoméronique. Le perchlorure et l'oxychlorure de phosphore transforment la c. en *chlorure de cinchonine* $C^{19}H^{21}ClAz^2$, qui, traité par la potasse alcoolique, donne le cinchène.

La c. possède des propriétés fébrifuges moins énergiques que la quinine, et son sulfate est employé en médecine ; mais elle a, en outre, une action spéciale différente de la quinine; aussi ne peut-elle pas, en général, être substituée à ce dernier médicament.

CINCHONINIQUE. adj. m. [Pr. *sinko...*] (R. *cinchonine*). T. Chim. L'*acide c.* $C^{10}H^7AzO^2$ est un acide quinoléïne-carbonique qui résulte de l'oxydation de la cinchonine ou de la cinchonidine par l'acide chromique. Il cristallise en aiguilles ou en tables contenant de l'eau de cristallisation ; il est peu soluble dans l'eau et dans l'alcool; chauffé, il ne fond qu'en se décomposant.

CINCHONIQUE. adj. m. T. Chim. L'*acide c.* se forme par l'action de l'amalgame de sodium sur l'acide cinchoméronique. Il est cristallisable et fond à 168°. Il possède à la fois les fonctions d'acide bibasique et de lactone. Sa formule est $C^7H^8O^5$.

CINCHOTÉNINE et **CINCHOTÉNIDINE.** s. f. [Pr. *sinko...*] (R. *cinchonine*). T. Chim. La C. $C^{18}H^{20}Az^2O^4$ est un alcaloïde qui se produit quand on oxyde la cinchonine par l'acide chromique ou le permanganate de potasse. — La *cinchoténidine* est un composé isomère du précédent et résultant de l'oxydation de la cinchonidine dans les mêmes circonstances.

CINCINNATI, v. de l'Ohio (États-Unis d'Amérique), port sur l'Ohio; 330,000 hab. Fondée en 1788. N'avait en 1800 que 400 hab., 2,540 en 1810, 24,850 en 1830, 115,436 en 1850.

CINCINNATUS, consul romain, deux fois dictateur, en 458 et 438 av. J.-C., quitta la charrue pour sauver son pays.

CINCLE. s. m. T. Ornith. On nomme ainsi un genre d'oiseaux qui appartient à l'ordre des *Passereaux dentirostres* et à la famille des *Merles.* Il a pour caractères : bec grêle, comprimé et arrondi à sa base, un peu déprimé, fléchi et échancré à son extrémité; narines couvertes d'une membrane; langue fourchue à la pointe; ailes courtes, arrondies, à penne bâtarde très courte; genoux nus, tarses longs et annelés; doigts robustes, l'intermédiaire totalement séparé de l'interne et réuni à sa base avec l'externe; ongles robustes, arqués, comprimés à leur base; queue courte, coupée carrément, à douze rectrices. — L'espèce type de ce genre, la seule que l'on ait connue pendant longtemps, est le *C. plongeur* ou *Merle d'eau* (*Sturnus cinclus*) [Fig. ci-dessous]. Le c. ne marche point au fond de l'eau, mais il nage parfaitement entre deux eaux, en se servant de ses ailes comme de nageoires. Il nage presque toujours contre le courant, le corps placé obliquement et la tête inclinée en bas. Destiné à ne trouver sa nourriture que dans l'eau, son plumage est enduit, comme celui du canard, d'une substance huileuse qui empêche l'eau de l'impré-

gner. Il vole fort vite, en droite ligne et en rasant la surface de l'eau, comme le martin-pêcheur, mais il ne marche jamais que quelques pas et en sautant. Dans son vol, il jette un petit cri, surtout au printemps. Le mâle est d'un naturel farouche, et la femelle cache son nid avec beaucoup de soin. Ce dernier est construit en forme de four avec de la mousse et des herbes entrelacées. Les œufs sont au nombre de 4 ou 5, d'un blanc laiteux, et terminés en pointe. Le merle d'eau se plaît auprès des torrents, et se tient habituellement sur la surface glissante des pierres et des rochers à fleur d'eau. On le rencontre dans les Pyrénées et dans les Alpes, dans les Cévennes, en Espagne, en Italie, en Angleterre, en Suède, en Hollande et en Russie. Il est à peu près de la grosseur d'un étourneau, et a 20 centim. de longueur totale. Son plumage est d'un brun noirâtre sur la tête, le cou et les épaules, d'un gris ardoisé sur la tête, le croupion, les ailes et la queue, et d'un blanc pur à la gorge et sous la poitrine. Son bec et ses pieds sont noirs.

On connaît d'autres espèces de ce genre qui diffèrent du *C. plongeur* par une coloration plus sombre ou plus uniforme. Nous citerons le *C. de Pallas*, qui habite l'Europe orientale, le *C. de l'Inde*, et le *C. du Mexique* ou *C. unicolore*.

CINCLOSOME. s. m. (R. *cincle*, et gr. σῶμα, corps). T. Ornith. Genre de *Merles*. Voy. ce mot.

CINDRE. s. m. T. Techn. Instrument de charpentier et de charron.

CINÉAS, ministre de Pyrrhus, roi d'Épire, fut envoyé à Rome pour traiter de la paix, et échoua dans le Sénat, qui lui parut une assemblée de rois (279 av. J.-C.).

CINÉMATIQUE. s. f. (gr. κίνημα, mouvement). Ce mot a été créé par Ampère, et est employé depuis lors pour désigner l'étude du mouvement, indépendamment des causes qui le produisent dans la nature. C'est une science purement abstraite, qu'on a trop longtemps considérée comme une branche de la mécanique, mais qui en est réellement distincte, la mécanique étant une science physique qui étudie les lois du mouvement

des corps sous l'action des causes naturelles qui le produisent ou plutôt les lois qui régissent ces causes elles-mêmes. En cinématique, les corps doivent être considérés comme des figures géométriques déformables suivant certaines conditions ou *liaisons*. Les questions qui y sont traitées peuvent être réparties dans les chapitres suivants : 1° *C. du point*; 2° *C. d'une figure plane invariable*; 3° *C. d'un solide invariable*; 4° *C. d'un système à liaisons*; 5° *Mouvement relatif*.

La c. du point comporte la définition de la vitesse et de l'accélération d'un point mobile et les règles pour composer les divers mouvements simultanés dont un point peut être animé, ou pour décomposer le mouvement en plusieurs autres. Voy. ACCÉLÉRATION, VITESSE, MOUVEMENT, RÉSULTANTE.

La c. d'une figure plane invariable étudie les propriétés du mouvement d'une figure plane assujettie à se déplacer dans son plan. Le mouvement d'une pareille figure est dit de *translation* s'il s'opère de manière que toute ligne droite tracée dans la figure mobile soit parallèle à elle-même dans le mouvement. Alors tous les points de la figure mobile décrivent des trajectoires égales avec la même vitesse. Si ces trajectoires sont des lignes droites, la translation est dite *rectiligne*. Le mouvement est dit de *rotation* si un point de la figure mobile reste invariable; alors tous les points de cette figure décrivent des cercles autour de ce point comme centre avec la même vitesse angulaire, mais avec des vitesses linéaires proportionnelles à leur distance au centre.

On démontre aisément qu'on peut toujours amener la figure plane d'une de ses positions à une autre, par une rotation autour d'un centre qui est le point d'intersection de perpendiculaires élevées au milieu des lignes droites qui joignent les points homologues, ou si ces perpendiculaires sont parallèles entre elles, par une translation rectiligne. Il résulte de là que, si l'on considère une suite de positions de la figure mobile aussi rapprochées qu'on voudra, on passera de l'une à l'autre par une suite de rotations autour de centres généralement différents. Si l'on imagine maintenant que la position n° 2 soit prise de plus en plus voisine de la position n° 1, le centre de rotation qui sert à passer de l'une à l'autre, tendra vers une position limite qui est le centre de rotation correspondant à deux positions infiniment voisines. Ce point limite s'appelle le *centre instantané de rotation* de la figure mobile. Dès lors, tout mouvement peut être considéré comme une suite continue de rotations infiniment petites autour de centres instantanés différents. La suite de ces centres instantanés forme dans la figure mobile, et dans le plan fixe, des *lieux* ou courbes qui sont constamment en contact et roulent l'une sur l'autre, de sorte que le mouvement le plus général d'une figure plane est celui d'une courbe mobile (roulette), qui roule sans glisser sur une courbe fixe (base), le centre instantané étant au point de contact : c'est le mouvement épicycloïdal. Puisqu'à un instant quelconque, le mouvement est une rotation, les normales aux trajectoires des différents points sont les rayons de cette rotation, et passant toutes par le centre instantané, et les vitesses des différents points sont à chaque instant proportionnelles aux distances de ces points au centre instantané. Ces propriétés sont fort importantes et reçoivent de fréquentes applications. Il y a aussi des théorèmes fort importants relatifs aux accélérations des points de la figure mobile. Une figure plane peut aussi être animée de plusieurs mouvements simultanés, qu'on a appris à les composer; mais puisque tout mouvement se ramène à une rotation ou à une translation rectiligne, il suffit de savoir composer les rotations et les translations rectilignes. Les mouvements résultants sont toujours des translations ou des rotations. Du reste, la translation n'est qu'un cas particulier de la rotation, celui où le centre de rotation est rejeté à l'infini.

Dans la c. d'un solide invariable, on distingue également les *translations* et les *rotations autour d'un axe*. Il convient d'examiner d'abord le cas où le solide est fixé en un point. Alors tous les points se meuvent sur des sphères concentriques autour du point fixe, et il suffit de connaître la position de deux d'entre eux pour déterminer celle du solide. La question se ramène alors à l'étude des mouvements d'une figure sphérique sur la surface d'une sphère, et l'on obtient une théorie toute semblable à la précédente; seulement la rotation s'effectuera autour d'un *axe* au lieu de s'effectuer autour d'un centre; au lieu d'un centre instantané, on aura un *axe instantané*; les courbes, base et roulette seront remplacées par deux cônes, il peut dire que le mouvement le plus général d'un solide fixé en un point est celui d'un cône mobile qui roule sur un cône fixe de même sommet, l'axe instantané étant la génératrice de contact. La théorie doit être complétée par celle de la composition des *rotations simultanées*, qui a été élucidée par Poinsot; les mouvements résultants sont toujours des rotations. Nous en dirons quelques mots à l'article ROTATION. — Quant au mouvement le plus général d'un solide invariable, on démontre qu'on peut le considérer comme résultant à chaque instant d'une rotation autour d'un certain axe et d'une translation rectiligne suivant cet axe qui reçoit en conséquence le nom d'*axe instantané de rotation et de glissement*. On peut aussi le considérer comme résultant, à chaque instant, de deux rotations instantanées autour de deux axes qui ne se rencontrent pas, et, cela d'une infinité de manières, l'un des deux axes pouvant être pris arbitrairement.

Le problème le plus général de la c. des systèmes à liaisons consiste à déterminer à chaque instant la vitesse et l'accélération de chaque point du système quand on connaît les vitesses et les accélérations d'un certain nombre de points suffisants pour déterminer le mouvement de tout le système. Il n'existe pas de règles fixes pour traiter ce problème dans toute sa généralité : il doit être traité spécialement dans chaque cas particulier, et ne relève en définitive que de la géométrie. On pourra donc l'aborder soit par les procédés de la géométrie pure, soit par les méthodes de calcul que fournit la géométrie analytique.

Pour le mouvement relatif, nous en dirons quelques mots à l'article MOUVEMENT.

La c. est féconde en applications de toutes sortes. Elle rend de grands services en géométrie. La théorie du centre instantané fournit une méthode très simple pour déterminer les tangentes aux courbes planes, parce que la normale à la trajectoire doit toujours passer par le centre instantané; elle permet aussi de déterminer les rayons de courbure par la méthode de Savary. La considération des deux droites conjuguées d'un solide mobile est la base d'une belle méthode de géométrie pure imaginée par M. Mannheim, pour l'étude des surfaces, et M. Darboux a montré tout le parti qu'on pouvait tirer de la considération du mouvement d'un trièdre mobile pour l'étude analytique des propriétés les plus générales et les plus cachées des courbes et des surfaces. Mais ce sont les nombreuses applications pratiques de la c. qui ont plus particulièrement attiré l'attention des géomètres et des ingénieurs. Dans un grand nombre de questions de mécanique pratique, on n'a pas à s'occuper des forces qui agissent sur la machine, et l'on ne demande qu'à connaître les relations entre les mouvements des différentes parties. Une machine est un système à liaison, et le problème pratique dont nous parlons consiste précisément à déterminer les vitesses de tous les points, connaissant celles d'un certain nombre d'entre eux : c'est le problème général de la c. Ainsi toute la partie de la mécanique pratique qui traite de la construction et de l'étude des organes de transmission de mouvement, n'est qu'une application de la c. Voy. MÉCANISME.

Enfin, l'étude de la c. est évidemment indispensable à celle de la mécanique, dont elle est pour ainsi dire la base. Dans un célèbre ouvrage sur la classification des sciences, Ampère a fait de la c. une science distincte qu'il plaçait entre la géométrie et la mécanique. Il la distinguait de la géométrie, parce qu'elle fait intervenir la notion de temps, qui est étrangère à la géométrie. Depuis, on a reconnu qu'Ampère s'était laissé induire en erreur. Ce n'est qu'en apparence que le temps, tel que nous le concevons, figure en c. En réalité, les théorèmes de la c. resteraient tous vrais, quelque irrégulière que fût la marche de l'horloge qui servirait à marquer le temps. C'est que dans cette étude abstraite du mouvement, on n'étudie en définitive que les *rapports* entre les déplacements des différentes parties de la figure, et le temps n'y joue que le rôle d'une variable arbitraire introduite pour simplifier les raisonnements et les équations. A tout prendre, la c. étudie que les relations entre les longueurs et des angles, et à ce titre, elle doit être considérée comme une branche de la géométrie.

Bibliographie. — RÉSAL, *Cinématique pure*. — Traités de Mécanique. Voy. MÉCANIQUE.

CINÉMATIQUEMENT. adv. Au point de vue cinématique.

CINÈNE. s. m. T. Chim. Hydrocarbure isomère de l'essence de térébenthine $C^{10}H^{16}$. On l'obtient en faisant passer un courant d'acide chlorhydrique dans le cinéol à chaud ou dans l'essence de semen-contra bouillante; on le rencontre aussi dans les produits de la distillation du caoutchouc. C'est un liquide huileux, à odeur agréable de citron; sa densité est 0,854, son point d'ébullition, 181°. Sous l'action de l'acide sulfurique concentré il se convertit en cymène. Avec le brome en solution alcoolique, il donne un tétrabromure fusible à 125°. En traitant l'essence de semen-contra par

l'acide bromhydrique, on obtient du dibromhydrate de c. $C^{10}H^{18}Br^2$, solide, fusible à 64°, que la poudre de zinc transforme en dihydrure de c. liquide, bouillant à 166°, répondant à la formule $C^{10}H^{18}$.

CINÉOL. s. m. T. Chim. Composé isomère des camphols $C^{10}H^{18}O$ et constituant la majeure partie de l'essence de semen-contra (*oleum cinæ*). On le rencontre encore dans beaucoup d'huiles essentielles, principalement dans les essences de cajeput et d'eucalyptus; de là les noms de cajeputol et d'eucalyptol qu'on lui a donnés. On l'obtient en soumettant ces huiles à la distillation fractionnée, ou en faisant passer un courant d'acide chlorhydrique dans l'essence de semen-contra rectifiée et refroidie. Le c. est un liquide mobile, d'une odeur camphrée, de densité 0,93; il cristallise à 0° et bout vers 176°. Il est sans action sur la lumière polarisée. Il forme des combinaisons peu stables avec le brome, l'iode, les acides chlorhydrique et bromhydrique. Traité à chaud par un courant d'acide chlorhydrique gazeux, il se transforme en cinène et en polymères du cinène. Oxydé par le permanganate de potasse, il se convertit en *acide cinéolique* $C^{10}H^{16}O^5$, solide cristallisable, qui fond vers 196° en se décomposant.

CINÉRAIRE. adj. (lat. *cinis, cineris*, cendre). Se dit d'une urne qui renferme les cendres d'un corps brûlé après la mort. *Urne c.*

CINÉRAIRE. s. f. (lat. *cinis, cineris*, cendre). T. Bot. Genre de plantes ornementales (*Cineraria*) appartenant à la famille des *Composées*. Voy. ce mot.

CINÉRATION. s. f. [Pr. *sinéra-sion*] (lat. *cinis*). Réduction d'un corps combustible en cendres par le feu. On dit plus souvent *incinération*.

CINÉRIFORME. adj. 2 g. (lat. *cinis*; *forma*, forme). T. Didact. Qui a l'aspect et la consistance de la cendre.

CINÉSIAS, poète grec, vers 400 ans av. J.-C.

CINÉTIQUE. adj. 2 g. (gr. κινητικός, qui agite, de κίνημα, mouvement). Qui appartient au mouvement. *Théorie c. de l'univers*, Doctrine philosophique dans laquelle on prétend expliquer tous les phénomènes du monde inanimé et du monde vivant par le simple mouvement des atomes : ce n'est en somme autre chose que l'atomisme ancien de Démocrite et d'Épicure, à peine modifié pour le mettre d'accord avec la physique moderne. Voy. MATÉRIALISME. — *Théorie c. des gaz*, Hypothèse de physique par laquelle on explique les phénomènes que présentent les gaz en les supposant formés de particules très fines animées de très grandes vitesses et sans action les unes sur les autres. Voy. GAZ, THERMODYNAMIQUE.

CINGALAIS, AISE. s. et adj. Habitant de l'île de Ceylan; appartenant à cette île.

CINGLAGE. s. m. (R. *cingler*). T. Mar. Le chemin qu'un bâtiment fait ou peut faire en vingt-quatre heures. Vieux. || T. Métall. Action de cingler le fer.

CINGLANT, ANTE. adj. Qui cingle, qui fouette.

CINGLER. v. a. (anc. all. *segelen*, faire voile). T. Mar. Naviguer. Ne se dit en ce sens qu'en parlant de la route sur laquelle on gouverne. *Nous cinglâmes à l'est*. || Fig., Voguer, progresser, *L'humanité cingle vers de plus hautes destinées*.

Obs. gram. — L'orthographe de ce mot est tout à fait vicieuse. D'après son étymologie, on devrait écrire *singler*, comme on l'a fait jusqu'au XVIe siècle, où la faute a commencé.

CINGLER. v. a. (lat. *cingulum*, sangle, ceinture). Frapper avec quelque chose de délié et de pliant. *C. le visage d'une cravache, d'un coup de fouet*. || Par anal., se dit aussi d'un vent froid et perçant, de la grêle, de la neige, de la pluie. *Le vent nous cinglait le visage*. — Dans ce sens, s'emploie aussi absol. *Le vent cinglait avec violence*. || Fig., Critiquer avec violence. || T. Métall. C. *le fer, l'acier*, Les battre à l'aide d'un marteau très lourd. || T. Techn. Marquer des lignes avec un cordeau tendu que l'on a blanchi ou noirci. = CINGLÉ, ÉE, part.

CINGLEUR. s. m. T. Forge. Marteau pour cingler le fer.

CINIXYS. [Pr. *si-nik-sis*] (gr. κινέω, je meus ; ἰξύς, rein). T. Zool. Genre de tortues terrestres, remarquable par la mobilité de la partie postérieure de leur carapace. Voy. CHÉLONIENS.

CINNA (LUCIUS CORNELIUS), consul romain, partisan de Marius dans la guerre civile, fut tué par un centurion (85 av. J.-C.).

CINNA (CNEIUS CORNELIUS), arrière-petit-fils de Pompée, à qui Auguste pardonna d'avoir conspiré contre ses jours. Sujet d'une tragédie de Corneille.

CINNAME. s. m. Voy. CINNAMOME.

CINNAMÉINE. s. f. [Pr. *sinn-namé-ine*] (R. *Cinnamome*). T. Chim. La C. $C^9H^7O^2C^7H^7$ est l'éther benzylique de l'acide cinnamique ; elle existe dans le styrax et dans le baume du Pérou. C'est un liquide huileux, d'une odeur aromatique, insoluble dans l'eau, soluble dans l'alcool et dans l'éther ; il bout à 305° et se solidifie à — 12°.

CINNAMÈNE. s. m. [Pr. *sinn-na-mène*] (R. *Cinnamome*). T. Chim. Le C. ou *Styrolène* C^8H^8 est un hydrocarbure non saturé qui doit être considéré comme du phényléthylène $C^6H^5CH : CH^2$. Il existe dans le styrax liquide et dans le baume du Pérou ; on peut l'extraire de ces substances par distillation. On le prépare ordinairement en distillant l'acide cinnamique avec un excès de chaux. Berthelot a réalisé sa synthèse en chauffant au rouge du benzène avec de l'éthylène ou de l'acétylène. C'est un liquide incolore d'une forte odeur aromatique ; il bout à 146° ; insoluble dans l'eau, il se dissout en toutes proportions dans l'alcool, l'éther, le sulfure de carbone. Il se polymérise facilement en donnant du *métacinnamène* ou *métastyrolène*, solide, très réfringent. Le c. étant un composé non saturé, peut se combiner directement au chlore, au brome, à l'hydrogène naissant. Il forme un grand nombre de dérivés de substitution chlorés, bromés, nitrés, etc.

CINNAMIQUE. adj. m. [Pr. *sinn-namike*] (R. *cinnamome*). T. Chim. L'alcool cinnamique ou *cinnylique* $C^9H^{10}O$, appelé aussi *styrone*, existe à l'état d'éther c. (styracine) dans le styrax liquide et dans le baume du Pérou. Pour le préparer, on fait bouillir le styrax avec une solution concentrée de carbonate de soude, qui s'empare de l'acide c. ; la partie insoluble contient la styracine, que l'on décompose par ébullition avec la potasse alcoolique ; on précipite l'alcool c. en ajoutant de l'eau à la solution et on le rectifie. L'alcool c. cristallise en aiguilles douées d'une odeur de jacinthe ; il est presque insoluble dans l'eau, facilement soluble dans l'alcool, l'éther, les huiles fixes ou volatiles. Il fond à 33° et distille vers 255°. L'hydrogène naissant le transforme en alcool phénylpropylique ; l'acide chlorhydrique en *chlorure de cinnyle* C^9H^9Cl.

L'aldéhyde c. ou *cinnylique* C^9H^8O est un des principes constituants des essences de cannelle et de cassia. C'est une huile incolore, plus dense que l'eau, insoluble dans c. liquide, soluble dans l'alcool et dans l'éther. Elle s'oxyde rapidement à l'air en donnant de l'acide c. Elle s'unit facilement aux bisulfites alcalins. On la prépare en agitant l'essence de cannelle avec du bisulfite de sodium ; il se forme une combinaison solide qu'on décompose par l'acide sulfurique dilué.

L'acide c. $C^9H^8O^2$ peut se retirer du baume de Tolu, du baume du Pérou et du styrax, liquide où il existe à l'état d'éthers. Il se produit par oxydation de l'essence de cannelle. Berthollot en a réalisé la synthèse en chauffant de l'aldéhyde benzylique avec du chlorure d'acétyle. On le prépare industriellement en chauffant vers 220° du chlorure de benzylidène avec de l'acétate de soude fondu. L'acide c. cristallise en gros prismes incolores, peu solubles dans l'eau, très solubles dans l'alcool et dans l'éther. Il fond à 137° et bout à 293° en se décomposant partiellement en acide carbonique et cinnamène. C'est un acide monobasique ; ses sels, les cinnamates, précipitent en jaune les sels ferriques. Avec les alcools il forme des éthers (appelés aussi cinnamates) qui possèdent une forte odeur aromatique ; plusieurs sont employés en parfumerie : le cinnamate de benzyle (*cinnaméine*) et celui de cinnyle (*styracine*) existent dans la nature. L'acide c. contient un noyau benzénique ; sa formule développée est $C^6H^5.CH : CH.CO^2H$. N'étant pas saturé, il fixe facilement deux atomes d'hydrogène en donnant un acide phénylpropionique appelé *acide hydrocinnamique* $C^9H^{10}O^2$, fusible à 40°, bouillant à 279°. De même il peut fixer deux atomes

de chlore ou de brome en donnant un *dichlorure* ou un *dibromure d'acide* c. Ce dernier composé, par exemple, a pour formule $C^9H^8Br^2O^2$; la potasse alcoolique le transforme d'abord en deux acides isomères C^9H^7BrO, puis en acide phénylpropiolique $C^9H^6O^2$. Le dichlorure se comporte de même. — Les *acides nitrocinnamiques* $C^6H^4(AzO^2).C^3H^3O^2$ résultent de l'action de l'acide azotique fumant sur l'acide c. ; on peut aussi les obtenir en traitant les aldéhydes nitrobenzyliques par l'anhydride acétique et l'acétate de sodium. Le plus important est l'acide orthonitrocinnamique ; traité par le sulfure d'ammonium en solution alcoolique, il se convertit en carbostyryle ; chauffé avec de la poudre de zinc il donne l'indol. Les acides nitrocinnamiques sont convertis par le brome en bromures ; ceux-ci, sous l'action de la potasse alcoolique, se transforment en *acides nitrophénylpropioliques* $C^6H^4(AzO^2).C^3HO^2$ dont l'un, l'acide orthonitré, peut servir à préparer artificiellement l'indigo. Voy. INDIGO. — Les *acides amidocinnamiques* $C^6H^4(AzH^2)C^3H^3O^2$ se forment par l'action de certains réducteurs sur les acides nitrocinnamiques.

Un certain nombre d'acides-phénols dérivent des acides c. et hydrocinnamique ; plusieurs d'entre eux se rencontrent dans la nature. Il existe trois acides *oxycinnamiques*, appelés *coumariques* $C^6H^4(OH).C^3H^3O^2$, et cinq acides *dioxycinnamiques* $C^6H^3(OH)^2.C^3H^3O^2$, entre autres les acides caféique et ombellique. Enfin, l'on connaît trois acides *oxyhydrocinnamiques* $C^6H^4(OH).C^3H^5O^2$; l'un d'eux est l'acide mélilotique qui accompagne la coumarine dans le mélilot officinal.

CINNAMODENDRON. s. m. [Pr. *sinn-namo-din-dron*] (gr. κιννάμον, sorte d'aromate ; δένδρον, arbre). T. Bot. Genre d'arbres du Brésil de la famille des *Bixacées*. Voy. ce mot.

CINNAMOME. s. m. [Pr. *sinn-namome*] (gr. κιννάμομον, même signif.). Sorte d'aromate, de parfum, fort usité dans l'antiquité. On croit communément que la cannelle est h c. des anciens. On dit aussi *Cinname*.

O myrrhe ! ô cinname !
Nard cher aux époux !   V. HUGO.

‖ T. Bot. Genre d'arbres (*Cannellier*) de la famille des *Lauracées*. Voy. ce mot.

CINNAMUS, historien byzantin du XIIe siècle, a écrit l'histoire de Jean Comnène et une partie de celle de Manuel Comnène.

CYNNAMYLE. s. m. [Pr. *sinn-namile*] (de *cinnamome*, et *amyle*). T. Chim. Radical univalent C^9H^7O contenu dans l'acide cinnamique et ses dérivés. L'hydrure de c. est l'aldéhyde cinnamique. Voy. CINNAMIQUE. — Le *chlorure de c.* C^9H^7OCl, liquide huileux, bouillant à 262°, résulte de l'action du perchlorure de phosphore sur l'acide cinnamique. Traité par l'alcool ordinaire, il donne le cinnamate d'éthyle. Chauffé avec du cinnamate de soude, il se transforme en *anhydride cinnamique* $(C^9H^7O)^2O$. Avec le gaz ammoniac, il donne de la *cinnamide* $C^9H^7O.AzH^2$.

CINNOR ou **KINNOR**. s. m. [Pr. *sinn-nor* ou *kinn-nor*] Instrument de musique des anciens Hébreux ; il était en bois, de forme triangulaire et monté de cordes à boyau en nombre variable.

CINNYLE. s. m. [Pr. *sinn-nile*] T. Chim. Radical univalent C^9H^9 contenu dans l'alcool cinnylique et ses dérivés. — Pour l'alcool et l'aldéhyde *cinnyliques*, voy. CINNAMIQUE.

CINQ. adj. numéral 2 g. [Pr. le *q* lorsque le mot *cinq* est suivi d'un repos quelconque ou que le mot suivant commence par une voyelle ou h muet : *Nous étions* c. C. *ans*. C. *hommes*. Si le mot suivant commence par une consonne ou h aspiré, on pr. *cin* : C. *tables*. C. *hameaux*] (lat. *quinque*). Se dit pour cinquième. *Tome* c. *Page* c. *Charles* C. On écrit ordinairement *Charles V*. — CINQ. s. m. Le nombre c. *Le produit de* c. *multiplié par trois*. *Le* c. *du mois*, ou simplement *le* c., Le cinquième jour du mois. ‖ Le chiffre qui sert à représenter le nombre c. *Le chiffre* c. (5). *Cinquante-c. s'écrit par deux* c. (55). On dit de même, *Le numéro* c. (N° 5). ‖ T. Jeu. Une carte qui a cinq marques. *Un* c. *de carreau*. *Le* c. *de trèfle. Le côté du dé qui est marqué de* c. *points*. *Amener un* c. *Amener deux* c.

CINQ-ARBRES, savant hébraïsant français, né à Aurillac, m. en 1587

CINQ-CENTS (Conseil des), l'un des deux conseils créés par la constitution de l'an III (1795), qui formait avec le Conseil des Anciens le Corps législatif.

CINQ-MARS (Henri, marquis de), favori de Louis XIII, conspira contre Richelieu et négocia avec les Espagnols pour le renverser; il fut arrêté, condamné à mort et exécuté avec son ami de Thou (1642). Il était âgé de 22 ans.

CINQ-SIX. s. m. T. Comm. Alcool de vin distillé à 60° de Gay-Lussac.

CINQUANTAIN, AINE. adj. Qui vient en cinquante jours environ.

CINQUANTAINE. s. f. coll. Nombre de cinquante ou environ. Il me doit une c. de francs. || Se dit absol. de l'âge de cinquante ans. Atteindre la c. Il a la c. — Se dit d'une espèce de fête à l'occasion d'une c. d'années écoulées dans l'état de mariage, dans l'exercice d'une place, etc. Ils ont fait la c. de leur mariage.

CINQUANTE. adj. numéral invar. (lat. quinquaginta, m. s.). Nombre composé de cinq dizaines; cinq fois dix. C. francs. C. hommes. C. fois. || Se dit aussi pour cinquantième. Page c. Article c. || Subst. et au masc., désigne le chiffre 50. Le numéro c. C. multiplié par six égale trois cents.

CINQUANTENAIRE. s. m. Anniversaire au bout de cinquante ans.

CINQUANTENIER. s. m. Celui qui commande cinquante hommes. Se disait anciennement en parlant de la milice et de la police des villes.

CINQUANTIÈME. adj. 2 g. Nombre ordinal de cinquante. Le c. chapitre. Vous êtes le c. sur la liste. Le c. régiment de ligne, ou ellipt., Le c. de ligne. || Le c., se dit subst. et au masc. pour désigner la c. partie d'un tout, c.-à-d. l'une des parties d'un tout qui est ou que l'on conçoit divisé en cinquante parties égales. Il aura le c. dans les bénéfices. Trois cinquantièmes.

CINQUIÈME. adj. 2 g. Nombre ordinal de cinq. La c. année. Le c. étage. Le c. régiment de ligne. Le c. jour du mois. — Se dit ellipt. au masc., Monter au c. Le c. de ligne. Le c. du mois. — Il est arrivé, il est venu lui c., Il est venu en compagnie de quatre autres. || Le c., se dit subst. et au masc. pour désigner la c. partie d'un tout, c.-à-d. l'une des parties d'un tout qui est ou que l'on conçoit divisé en cinq parties égales. Il en aura le c., les deux cinquièmes. — S'emploie encore subst., mais au fém., pour signifier la c. classe d'un collège. Un écolier de c., qui est en c. Ce professeur fait la c. On dit parfois d'un écolier de c., C'est un c.

CINQUIÈMEMENT. adv. En cinquième lieu.

CINTEGABELLE, ch.-l. de c. (Haute-Garonne), arr. de Muret, 2,626 hab.

CINTRA, v. de Portugal, à 20 kil. N.-E. de Lisbonne, 4,500 hab.

CINTRAGE. s. m. T. Tech. Opération de la pose d'un cintre en charpente. || Action de cintrer, de courber une plaque ou une barre de métal.

CINTRE. s. m. (lat. cinctura, ceinture). T. Archit. Courbure concave et continue d'une voûte ou d'un arc, soit en demi-cercle, soit sous une forme plus ou moins rapprochée de cette figure. Cette cave est en c. Plein c., Qui a la forme d'un demi-cercle régulier. C. surbaissé. Voy. Arc. || Appareil de charpente sur lequel on bâtit les voûtes de pierre. Poser un c. Oter, lever les cintres. || Dans les théâtres, Loges du c., Les loges les plus élevées, celles qui sont immédiatement sous le plafond.

CINTRER. v. a. Faire un cintre, bâtir un cintre, faire un ouvrage en cintre. C. une galerie. C. une porte. || T. Tech. Courber une pièce, une barre de métal. Machine à c. Machine destinée à cette opération, dont la disposition varie suivant

les pièces qu'elle doit travailler, mais qui se compose essentiellement de trois cylindres entre lesquels on fait passer la

pièce, ce qui la force à se recourber (Fig.). == Cintré, ée. part. Une porte cintrée.

CIONITE. s. f. (gr. κίων, luette). T. Méd. Inflammation de la luette. Inus.

CIOTAT (La), ch.-l. de c. (Bouches-du-Rhône), arr. de Marseille; 12,000 hab. Port sur la Méditerranée, chantiers, école d'hydrographie.

CIOUTAT. s. m. (R. La Ciotat, ville). T. Bot. Sorte de raisin assez semblable au chasselas. Voy. Vigne.

CIPAYE. s. m. [Pr. sipa-ye] (persan. sipahi, soldat). Nom donné dans l'Inde aux soldats hindous à la solde du gouvernement anglais. Révolte des Cipayes contre les Anglais (1857).

CIPO. s. m. Nom brésilien des lianes et plantes ligneuses.

CIPOLIN. s. m. (ital. cipollino, petit oignon). T. Minér. Variété de marbre marqué de larges bandes onduleuses blanches et vertes. Voy. Marbre.

CIPPE. s. m. (lat. cippus, tertre). T. Archit. Les Cippes sont de petites colonnes, quelquefois cylindriques, le plus souvent quadrangulaires, dont les anciens faisaient différents usages. On gravait parfois sur des cippes les décrets du sénat; on en plaçait dans les champs pour marquer les limites des propriétés; on les plantait sur le bord des routes pour servir de bornes milliaires et indiquer les distances, etc.; mais on les employait surtout comme monuments sépulcraux. Alors, le c. s'érigeait au lieu même où était déposée la dépouille du mort. Dans ce dernier cas, la face principale du c. portait une inscription qui indiquait le nom, les titres, la famille de la personne dont il ornait la sépulture. Les faces latérales étaient souvent enrichies d'ornements ou d'emblèmes faisant allusion au caractère et à la profession de celui qui n'était plus. La Fig. ci-après représente un magnifique c. sépulcral, en marbre pentélique, qui se voit au Musée du Louvre. Ainsi que nous l'apprend l'inscription qu'il est gravée, ce monument renfermait les cendres de P. Fundanius Velinus, riche Romain de la tribu Térentia; il a 1m14 de hauteur et 69 centim. de largeur. C'est un des cippes funéraires les plus complets qui nous soient parvenus : il a, en effet, une base, un dé et un chapiteau; la surface supérieure qui le termine est entièrement plane. D'autres monuments du même genre n'ont que le dé. Il en est dont le couronnement se compose d'un petit fronton entre deux oreilles ou de moulures plus ou moins saillantes diversement disposées. On en trouve aussi

quelques-uns dont la table est creusée en forme de coupe, et d'autres qui sont percés de haut en bas, afin que les libations puissent tomber dans les urnes placées à leur base.

CIRAGE. s. m. (R. *cire*). Action de cirer, ou le résultat de cette action. *Il a mis beaucoup de temps au c. de ce parquet.* || La cire appliquée sur quelque chose. *C. des toiles, du taffetas*, etc. — Composition qu'on applique sur les chaussures, les harnais, etc., pour les rendre brillants. || T. Peint. Tableau peint en camaïeu de couleur de cire jaune. Peu us.

Techn. — Le mot *Cirage* ne s'emploie guère aujourd'hui que pour désigner une composition destinée à noircir les chaussures et les harnais. Le c. le plus usité pour la chaussure est appelé *C. anglais*, parce qu'il a été primitivement fabriqué à Londres. c'est ordinairement un mélange de noir d'ivoire, de mélasse, d'eau, de gomme commune, de vinaigre, d'huile, d'acide sulfurique et d'acide chlorhydrique. En étendant une mince couche de ce mélange sur le cuir, et en frottant avec une brosse douce, on obtient un brillant qui est dû à l'action des acides sur les autres substances. Mais comme ces acides énergiques ont le défaut d'altérer le cuir, on a imaginé des cirages particuliers, dans la composition desquels ils n'entrent pas. L'un des meilleurs, parmi ces nouveaux mélanges, est entièrement formé de noir d'ivoire, de sucre candi, de vinaigre blanc et de mélasse. — Il convient de ranger dans la même catégorie les enduits graisseux contenant du noir et donnant un noir mat. Tel est le *noir chevreau*. — Le c. pour les harnais s'obtient de plusieurs manières. Le procédé le plus simple consiste à faire fondre une partie de cire à un feu doux, à retirer du feu et à verser dans le liquide quatre parties d'essence de térébenthine, une partie d'huile et un peu de noir d'ivoire. — Voy. VERNIS.

CIRCAÈTE. s. m. (gr. κίρκος, faucon, ἀετός, aigle). T. Ornith. Genre d'aigles voisin des harpies. Voy. AIGLE.

CIRCASSIE ou pays des Tcherkesses, contrée au N. du Caucase, appartenant à la Russie; 1 million d'hab. Nom des hab. : CIRCASSIEN, ENNE. *La beauté des Circassiennes est célèbre.*

CIRCASSIENNE. s. f. T. Comm. Étoffe de laine dont le tissu est croisé.

CIRCÉ, déesse et magicienne de l'Antiquité grecque, fille du Soleil et de Perséa. Dans l'*Odyssée* d'Homère, Circé change en pourceaux les compagnons d'Ulysse; mais celui-ci se fait aimer de la déesse et obtient qu'elle rende à ses marins leur forme primitive.

CIRCÉE. s. f. T. Bot. Genre de plantes (*Circæa*) de la famille des *Œnothéracées*. Voy. ce mot.

CIRCELLÉ, ÉE, adj. (lat. *circellus*, cercle). T. Didact. Qui est muni de cercles colorés.

CIRCINAL, ALE. adj. (lat. *circinus*, cercle). T. Bot. Se dit des parties végétales qui sont roulées sur elles-mêmes.

CIRCINÉ, ÉE, adj. (lat. *circinus*, cercle). T. Didact. Qui est roulé sur soi-même en manière de crosse.

CIRCOMMÉRIDIEN, IENNE, ou **CIRCUMMÉRIDIEN, IENNE.** adj. [Pr. *sircomm-méridien*] (lat. *circum*, autour, et *méridien*). Qui a lieu au voisinage du méridien.

CIRCOMPOLAIRE ou **CIRCUMPOLAIRE.** adj. 2 g. [Pr. *sircomm-polaire*] (lat. *circum*, autour; *polus*, pôle). Qui environne les pôles terrestres. *Les régions, les mers circompolaires.* || T. Astron. *Étoiles, constellations circompolaires, Étoiles*, constellations assez voisines du pôle pour rester toujours au-dessus ou au-dessous de l'horizon. Voy. CONSTELLATION.

CIRCONCIRE. v. a. (lat. *circumcidere*, m. s., de *circum*, autour, *cædere*, couper). Pratiquer l'opération de la circoncision. = CIRCONCIS, ISE. part. || Substant. Se dit quelquefois de celui qui a subi cette opération. *Un circoncis.*

Conj. — *Je circoncis, tu circoncis, il circoncit; nous circoncisons, vous circoncisez, ils circoncisent. Je circoncisais; nous circoncisions. Je circoncis; nous circoncîmes. J'ai circoncis. Je circoncirai. Je circoncirais. Circoncis; circoncisons. Que je circoncise; que nous circoncisions. Circoncis, circoncise.* Les temps omis ne sont pas usités.

CIRCONCISION. s. f. (lat. *circumcisio*, m. s.). T. Hist. relig. — La *Circoncision* est une opération qui consiste à retrancher la peau du prépuce. Les Juifs la pratiquent sur leurs enfants mâles, et sur les adultes qui se convertissent à leurs croyances. C'est pour eux un signe qui les distingue des autres peuples et une sorte de sacrement. Ils y soumettent leurs enfants huit jours après la naissance. *Pierre de c.,* Pierre taillée en couteau, dont les Juifs se servent pour circoncire.

Dans les temps anciens, les Égyptiens et les Éthiopiens ont également pratiqué la c. Aujourd'hui elle n'existe plus que chez les Juifs, qui, sous ce rapport, suivent rigoureusement la loi mosaïque, et chez les peuples musulmans. Chez les Arabes et chez les Turcs, les enfants sont généralement circoncis à l'âge de sept ans; mais les Persans attendent un peu plus tard, et préfèrent l'âge de treize à quatorze ans.

La Circoncision. — Fête que l'Église catholique célèbre le 1er janvier en souvenir de la c. de J.-C.

Chir. — La c. est pratiquée comme opération chirurgicale dans certains cas, surtout pour remédier au vice de conformation du prépuce connu sous le nom de *phimosis*. Voy. ce mot. Le procédé opératoire grossier des Juifs a subi, de la part des chirurgiens, de nombreux perfectionnements.

La c. est quelquefois appliquée aux femmes par l'ablation d'une partie des nymphes.

CIRCONDUIRE. v. a. (lat. *circum*, autour, *ducere*, conduire). *Développer une pensée,* Circonduire et allonger une période.

CIRCONFÉRENCE. s. f. lat. *circum*, autour; *fero*, je porte). Le contour d'un cercle. || Par ext., Une enceinte quelconque, quoiqu'elle ne soit pas nécessairement ronde. *Une vaste c. Cette ville enferme plusieurs jardins dans sa c.* || T. Physiol. La surface extérieure du corps. *Les artères portent le sang du centre à la c.* || T. Géom. Voy. CERCLE.

Syn. — *Tour, Circuit.* — *Circonférence* est un terme de géométrie qu'il conviendrait, même dans le langage usuel, de réserver le moins possible de sa signification propre : aussi se dit-il surtout de la limite extérieure d'un corps plus ou moins exactement circulaire, considéré relativement à son centre. L'emploi de *Circuit* est déjà moins borné : on le prend souvent pour synonyme d'enceinte, quelle que soit la figure de celle-ci. On fait le *circuit* d'une chose, d'une ville; et l'on dit aussi qu'une chose fait un *circuit. Tour* implique seulement qu'on revient au point de départ : on fait le *tour* d'une ville; mais on fait aussi un *tour* de promenade, quoique souvent on aille et on revienne toujours en ligne droite.

CIRCONFÉRENTIEL, ELLE. adj. [Pr. *sircon-féran-siel*]. Qui appartient à la circonférence.

CIRCONFLEXE. adj. (lat. *circumflexus*, courbé en arc). S'emploie surtout joint au mot *Accent*. *Dans la langue grecque, l'accent c. a la figure d'un s couché.* Voy. AccENT. || Se dit aussi des lettres mêmes qui portent un accent c. *Un à c. Un ô c.* || T. Gram. grecque. *Verbes circonflexes,* Verbes contractes. || T. Anat. Parties qui ont une forme sinueuse. *Artères circonflexes.* || Fam. Tortu, de travers. *La jambe, le nez c.*

CIRCONLOCUTION. s. f. [Pr. *sirconlocu-sion*] (lat. *circum,* autour, *loqui,* parler). Circuit de paroles, action de tourner les mots sans s'expliquer nettement. Voy. PÉRIPHRASE.

CIRCONSCISSILE. adj. [Pr. *sircon-sis-sile*] (lat. *circum,* autour; *scissile*). Qui s'ouvre par une scissure transversale circulaire.

CIRCONSCRIPTION. s. f. (lat. *circumscriptio,* m. s., de *circumscribere,* écrire autour). Ce qui borne, ce qui limite l'étendue d'un corps. || Se dit surtout des divisions d'un territoire sous le rapport administratif, militaire, ecclésiastique, judiciaire, électoral, etc. *Établir une nouvelle c. La c. des diocèses.* || T. Géom. Action de circonscrire une figure à une autre.

CIRCONSCRIRE. v. a. (lat. *circum,* autour; *scribere,* décrire). Donner des limites, mettre des bornes. S'emploie rarement au propre. *Dieu est un être infini qui ne se peut c., ni par les lieux, ni par les temps.* || T. Géom. *C. un polygone à un cercle,* Tracer un polygone dont les côtés touchent le cercle. On dit de même, *C. un cercle à un polygone,* Tracer un cercle qui passe par tous les sommets du polygone. Voy. CERCLE et POLYGONE. == CIRCONSCRIT, ITE. part. *Espace très circonscrit,* Espace très resserré, fort peu étendu. || T. Méd. *Tumeur circonscrite,* Tumeur bien distincte des parties contiguës. On dit dans un sens anal., *Inflammation circonscrite.* == Conj. Voy. ÉCRIRE.

CIRCONSPECT, ECTE. adj. [Pr. *sircon-spek*] (lat. *circum,* autour; *spectare,* regarder). Prudent, retenu, qui prend garde à ce qu'il fait, à ce qu'il dit, *C'est un homme c. dans ses actions et dans ses paroles.* || Se dit des choses qui témoignent de la circonspection de la part de celui qui les fait. *Conduite circonspecte. Langage c.*

CIRCONSPECTION. s. f. [Pr. *sircon-spek-sion*] (lat. *circumspectio,* m. s., de *circumspectare,* regarder autour). Prudence, retenue, discrétion. — *Il a mis, il a apporté beaucoup de c. dans cette affaire. Agir, parler avec c. User de c.*

Syn. — *Discrétion, Réserve, Retenue.* — La *circonspection* est inspirée par la crainte de laisser échapper dans sa conduite ou dans son langage quelque chose qui puisse déplaire à quelqu'un ou nous causer à nous-mêmes un préjudice quelconque : la *circonspection* accompagne fréquemment la dissimulation, ou bien elle est le résultat d'un calcul intéressé. Les mots *discrétion* et *réserve* se disent également d'une certaine prudence dans le langage et la conduite; mais ils se prennent en meilleure part. La *discrétion* provient du respect que l'on a pour soi-même, du sentiment de sa dignité personnelle. La *réserve* tient souvent à la froideur du caractère, quelquefois aussi à une certaine hauteur. La *retenue* est cette modération qui, dans les relations de la vie civile, ne vous laisse en aucun cas dépasser les justes bornes posées par les règles de la société : la *retenue* est aussi estimée que rare chez les jeunes gens.

CIRCONSTANCE. s. f. (lat. *circum,* autour; *stare,* être). Se dit de toute particularité qui accompagne un fait, une chose. *Une c. remarquable de ce fait, c'est que... Peser toutes les circonstances d'une action. Avoir égard aux circonstances. Il fallut pour cela un concours de circonstances extraordinaires. On nous a rapporté le fait jusqu'à la moindre c.* — T. Pratiq. *Circonstances et dépendances,* Tout ce qui dépend d'une terre, d'une maison, d'un procès. *Terre adjugée avec ses circonstances et dépendances. Procès renvoyé avec ses circonstances et dé-* *pendances.* || Se dit de l'état actuel et temporaire des choses. *La c. n'est pas favorable. Que feriez-vous en pareille circonstance? Se trouver dans les circonstances les plus difficiles. Il sait se plier aux circonstances. Se déterminer par c. Prendre les mesures qu'exige la c.* — *Pièce de c.,* Pièce de théâtre écrite à propos d'un fait actuel. On dit de même, *Loi de c., Ouvrage de c.,* Loi, Ouvrage inspiré par les circonstances. == Syn. Voy. Cas.

Législ. — En France, la législation criminelle distingue les *Circonstances aggravantes* et les *Circonstances atténuantes.*

Les premières, ainsi que l'exprime le mot *aggravantes,* sont celles qui rendent le délit ou le crime plus grave au point de vue moral, et qui, par suite, font encourir au coupable une pénalité plus forte. Par ex., le vol, qui par lui-même ne constitue qu'un délit, devient un crime lorsqu'au nombre des circonstances qui l'accompagnent se trouve ou l'effraction, ou l'escalade, ou l'emploi de fausses clefs. Il devient même un crime au premier chef, et est puni des travaux forcés à perpétuité lorsqu'il est accompagné des cinq circonstances que la loi énumère à l'art. 381 du C. pénal. Les circonstances aggravantes non mentionnées dans l'acte d'accusation peuvent faire l'objet d'une question spéciale adressée au jury (C. Inst. crim., 338).

Les *Circonstances atténuantes* sont celles qui diminuent la culpabilité de celui qui a commis un crime, et rendent moins sévère la peine qui lui est infligée. Ces circonstances, au reste, ne sont pas énumérées par la loi, mais laissées à l'appréciation des juges. — La loi pénale comprend et incrimine sous une même dénomination tous les faits qui ont entre eux une ressemblance extérieure et matérielle; elle peut très bien formuler les caractères d'un crime, mais elle ne peut classer et qualifier toutes les circonstances particulières qui en atténuent la gravité. Or, tout le monde sait que la position d'un accusé, son âge, sa profession, son éducation, ses préjugés, impriment à son action un caractère différent. — « Les circonstances atténuantes, dit avec raison l'exposé des motifs de la loi du 28 avril 1832, ne sont pas des circonstances du fait principal; elles sont une partie essentielle de ce fait lui-même, et elles atténuent son plus ou moins haut degré d'immoralité. Un vol est moins criminel lorsque le coupable n'a pas eu pleine conscience de son crime, lorsqu'il a été séduit, lorsqu'il a fait des aveux, témoigné du repentir, essayé une réparation; comment détacher du fait principal ces circonstances? Comment les préciser dans leur variabilité? » C'est donc pour remédier à l'impuissance des dispositions générales que le législateur a introduit, dans toute accusation, au reste, ce moyen d'atténuer le crime et la peine, et de rectifier ainsi, par l'appréciation de la conscience, l'appréciation générale de la loi.

La loi pénale de 1791 avait enlevé au juge la faculté de graduer et de modifier les peines portées contre les crimes en raison de la culpabilité du condamné. A chaque fait compris dans une même incrimination correspondait une peine uniforme et invariable. Pour ne rien abandonner à l'arbitraire de l'homme, on avait tout ramené à celui de la loi. Il résulta de là que, lorsque les jurés trouvèrent la peine décrétée par la loi hors de proportion avec la criminalité d'un acte, ils prirent le parti d'acquitter purement et simplement le coupable. Afin de corriger cet abus, qui était le négation de toute justice, le Code pénal de 1810 accorda aux juges une certaine latitude dans la fixation des peines. En déterminant un *maximum* et un *minimum,* il permit de graduer le châtiment entre ces deux limites extrêmes. Mais cette réforme se trouva insuffisante car le jury, au lieu de se borner à se prononcer sur la question de fait, persista à préjuger l'application de la pénalité. Survint la loi du 25 juin 1824 qui admit, pour la première fois, des circonstances atténuantes en matière criminelle, mais pour certains crimes seulement. Malheureusement, ce fut à la Cour, et non au jurés, qu'elle attribua la faculté de prononcer sur l'existence de ces circonstances. Là encore les jurés, ne pouvant savoir d'une manière certaine si la Cour accorderait à l'individu déclaré coupable le bénéfice des circonstances atténuantes, préférèrent souvent, au grand détriment de la répression pénale, déclarer les prévenus non coupables. En conséquence, le législateur se décida à introduire dans la loi une modification radicale, et la loi du 28 avril 1832 appliqua le principe des circonstances atténuantes à tous les faits déclarés crimes par la loi, et attribua au jury le droit de déclarer l'existence de ces circonstances. La déclaration par le jury qu'il existe des *Circonstances atténuantes,* a pour effet, en général, de faire abaisser d'un degré, au moins, de deux, au plus, la peine infligée au coupable.

Le tableau ci-dessous résume les effets de l'admission des circonstances atténuantes par le jury :

PEINE PRONONCÉE PAR LA LOI	PEINE SUBSTITUÉE PAR L'ADMISSION DES CIRCONSTANCES ATTÉNUANTES
1° La mort.	Les travaux forcés à perpétuité ou les travaux forcés à temps.
2° Les travaux forcés à perpétuité.	Les travaux forcés à temps ou la réclusion.
3° La déportation dans une enceinte fortifiée.	La déportation simple ou la détention ; mais dans les cas prévus par les art. 96, 97, 98 (Code pénal) (bandes séditieuses), la déportation simple sera seule appliquée.
4° La déportation simple.	La détention ou le bannissement.
5° Les travaux forcés à temps.	La réclusion ou l'emprisonnement de cinq à deux ans (art. 401).
6° La réclusion, la détention, le bannissement, la dégradation civique.	L'emprisonnement de cinq à un an.
7° Le maximum d'une peine afflictive.	Le minimum de la peine ou même la peine inférieure.

CIRCONSTANCIEL, ELLE. adj. T. Gram. Complément c., Complément qui exprime une circonstance de temps, de lieu, etc. Adjectif c. Voy. ADJECTIF.

CIRCONSTANCIER. v. a. Marquer, détailler les circonstances. C. une affaire. C. un fait. = CIRCONSTANCIÉ, ÉE. part. Relation bien circonstanciée.

CIRCONVALLATION. s. f. [Pr. sirconval-la-sion] (lat. circum, autour ; vallum, retranchement). T. Guerre. Voy. FORTIFICATION.

CIRCONVENIR. v. a. (lat. circum ; venire, venir). Employer des moyens artificieux auprès de quelqu'un pour le déterminer à faire ce qu'on souhaite de lui. Il croyait le c. par ses artifices. Il a circonvenu ses juges. Il s'est laissé c. = CIRCONVENU, UE. part. = Conj. Voy. VENIR.

CIRCONVENTION. s. f. (R. circonvenir). Tromperie artificieuse. Peu usité.

CIRCONVOISIN, INE. adj. (lat. circum ; vicinus, voisin). Ne s'emploie guère qu'au pl. et en parlant des lieux, des choses et des personnes, collectivement, qui sont près et autour de celles dont on parle. Lieux circonvoisins. Les provinces, les nations circonvoisines.

CIRCONVOLANT, ANTE. adj. Qui vole autour.

CIRCONVOLUTIF, IVE. adj. T. Anat. Qui a rapport aux circonvolutions du cerveau.

CIRCONVOLUTION. s. f. [Pr. sircon-volu-sion] (lat. circum ; volutare, tourner). Se dit de plusieurs tours faits autour d'un centre commun. || T. Anat. Se dit des contours que forment les intestins dans l'abdomen, et des saillies onduleuses que présente la surface de l'encéphale. || T. Archit. Chacun des tours de la colonne torse et de la volute ionique.

CIRCUIT. s. m. (lat. circuitus, m. s.). Enceinte, tour. Le c. de la ville, des murailles. || Détour. J'ai fait un grand c. pour rentrer chez moi. || T. Jurisp. C. d'actions. Série d'actions dirigées contre différentes personnes. || T. Phys. C. électrique, Voie suivie par un courant électrique qui circule le long d'un conducteur disposé à cet effet. — C. dérivé, Circuit qui prend son origine et qui a son extrémité

sur un autre circuit. Voy. COURANT, PILE, ÉLECTRICITÉ. || Fig., C. de paroles, Tout ce qu'on dit avant de venir au fait. = Syn. Voy. CIRCONFÉRENCE.

CIRCULAIRE. adj. 2 g. (lat. circulus, cercle). Qui a la forme ou qui décrit la figure d'un cercle. Forme, figure, ligne c. Mouvement c. || Lettre c., Lettre écrite dans les mêmes termes, et adressée à différentes personnes pour le même sujet. Écrire, envoyer, recevoir une lettre c. Dans ce sens, C. s'emploie aussi subst. au fém. Rédiger une c. Distribuer des circulaires. || T. Math. Fonction c. Voy. TRIGONOMÉTRIE. || T. Pathol. Folie c. Folie intermittente qui cesse et reprend. || Demi-c., Qui a la forme d'un demi-cercle. || T. Anat. Canaux demi-c., Petits canaux osseux situés en arrière du vestibule de l'oreille interne.

CIRCULAIREMENT. adv. D'une manière circulaire, en rond.

CIRCULANT, ANTE. adj. Qui est en circulation. Espèces circulantes. Billets circulants. Capital c. Voy. CAPITAL.

CIRCULARITÉ. s. f. (R. circulaire). Forme circulaire.

CIRCULATION. s. f. [Pr. sircula-sion]. Mouvement de ce qui circule. La c. du sang, de la sève. || Par anal., La faculté d'aller et de venir. Des barricades empêchaient la c. des voitures et même des personnes. La c. est fort active dans cette rue, il y passe une grande quantité de personnes. — On dit de même, La c. de l'air, en parlant du renouvellement de l'air dans un lieu. || Par ext., Mettre un écrit en c., Le répandre, le livrer au public. On dit aussi, Arrêter la c. d'un écrit, etc. — Fig., on dit encore, Mettre en c. des idées nouvelles, Les répandre dans le public.

Physiol. — Pris dans son acception la plus générale, le mot C. désigne tout mouvement progressif d'un liquide quelconque dans les vaisseaux qui le contiennent, lors même que ce liquide n'accomplit pas une révolution complète : dans ce sens, il se dit même des mouvements des fluides qui s'observent dans les végétaux. — Chez les animaux, le lait, la salive, l'urine, etc., qui sont sécrétés par des glandes spéciales, circulent en parcourant les conduits plus ou moins longs qui les portent de ces glandes au dehors. Le chyle passe également du tube digestif dans le sang au moyen de vaisseaux particuliers. Les vaisseaux lymphatiques constituent, chez un grand nombre d'animaux, un appareil circulatoire analogue au précédent. Voy. DIGESTION et LYMPHATIQUE. Mais, lorsqu'on parle de la c. purement et simplement, il s'agit toujours de la c. du sang. — Considérée et prise dans ce sens limité et spécial, la C. peut se définir « le mouvement propre du sang à l'intérieur des vaisseaux qui le distribuent dans les différentes parties de l'organisme animal ».

Le sang éprouve, dans certains organes particuliers (voy. RESPIRATION), divers changements organico-chimiques qui sont indispensables à l'accomplissement de ses fonctions. Or, comme les différentes parties de l'organisme ont constamment besoin de recevoir du sang qui ait subi ces modifications spéciales, il est absolument nécessaire que la c. de ce fluide nourricier se continue sans interruption. L'organe qui imprime au sang son mouvement rythmique a reçu le nom de Cœur. Il constitue la seule portion du système vasculaire qui possède la propriété de se contracter. Le reste de l'appareil circulatoire consiste, pour la plus grande partie du moins, en simples canaux membraneux absolument passifs sous le rapport du mouvement circulatoire. Le cœur est donc l'agent essentiel de cette fonction indispensable. Toutefois cette règle souffre quelques exceptions dans les êtres situés au degré le plus inférieur de la série animale.

1. Circulation chez l'Homme, chez les Mammifères et chez les Oiseaux. — La c. se fait de la même manière chez l'homme, chez les mammifères et chez les oiseaux. Dans tous, le cœur est séparé en deux par une cloison complète qui le partage en cœur gauche et en cœur droit, et chacun de ces cœurs est divisé en 2 cavités appelées, l'une oreillette, et l'autre ventricule. Le cœur gauche, par ses contractions, chasse le sang dans les artères. Celles-ci en distribuant dans tous les organes, où il traverse les vaisseaux capillaires et se transforme en sang veineux. Des veines, le sang passe dans le cœur droit, et de là dans les poumons, où il se vivifie pour revenir dans les cavités gauches. Pendant ce trajet, le sang ne se répand point librement dans la trame des tissus, car les artères sont continues avec les veines par l'intermédiaire du réseau capillaire. Il se meut donc dans un système

de canaux complètement fermé : c'est pourquoi on désigne souvent l'ensemble des canaux que parcourt le sang sous le nom de *Cercle circulatoire*. Mais ce cercle circulatoire peut être considéré comme divisé en deux cercles simultanés, dont

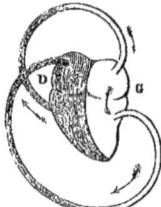

Fig. 1.

l'un commence au cœur gauche C (Fig. 1), traverse les organes et revient au cœur droit D, tandis que l'autre commence au cœur droit, traverse les poumons et revient au cœur gauche. Le premier cercle est plus étendu que le second, il porte le nom de *Grande c.* ou *C. générale*; le second est appelé *Petite C.* ou *C. pulmonaire*. Les animaux chez lesquels la fonction circulatoire s'opère au moyen de ce double mécanisme, sont dits *Animaux à double c.* Ces faits généraux étant exposés, nous allons entrer dans les détails de la fonction de la c. et étudier successivement le cours du sang dans

le cœur, dans les artères, dans les capillaires et dans les veines.

A. *Circulation dans le cœur.* — Le sang veineux afflue de toutes les parties du corps dans l'*oreillette droite*, où il est versé par les veines caves, supérieure et inférieure, deux gros troncs où aboutit le système veineux tout entier, ainsi que par les grandes *veines coronaires*, qui sont les veines propres de l'appareil cardiaque. En même temps que l'oreillette droite se remplit ainsi de sang veineux, l'oreillette gauche se remplit de sang artériel; celui-ci lui est amené par les *veines pulmonaires* après s'être vivifié dans les poumons. Lorsque les deux oreillettes se trouvent distendues par le sang, leurs parois réagissent; elles se contractent et le sang de chaque oreillette pénètre dans le *ventricule* qui lui correspond, en traversant les deux *orifices* dits *auriculo-ventriculaires*. Dans ce mouvement de contraction des oreillettes, le sang que contient chacune d'elles est empêché de refluer dans les vaisseaux qui l'ont apporté, soit par le mode même de contraction des oreillettes, laquelle est successive et vermiculaire, soit par la résistance de la colonne sanguine que les veines amènent incessamment aux oreillettes, et qui est animée d'une certaine quantité de mouvement. Il ne peut donc passer qu'il ne dilate aussitôt. Mais, à l'instant où la dilatation de ces deux cavités se trouve complète, les parois de chacune d'elles se contractent simultanément. Par cette contraction, le sang veineux contenu dans le *ventricule droit* est chassé dans l'artère pulmonaire qui va le porter aux poumons, où il se vivifiera sous l'influence de l'air, et le sang artériel du *ventricule gauche* est chassé dans l'aorte, qui le distribuera dans l'organisme tout entier. Les deux orifices qui font communiquer chaque ventricule avec l'artère qui lui correspond sont munis de *valvules* dites *sigmoïdes*; ces valvules s'effacent, en s'appliquant contre les parois artérielles au moment de la contraction des ventricules, et livrent au sang un libre passage; mais aussitôt que chaque ventricule a lancé le sang qu'il contenait, les valvules en question se redressent et empêchent que le sang lancé par les ventricules ne rétrograde et ne rentre dans leur cavité. Mais pendant que les valvules sigmoïdes s'effacent, puis se redressent pour permettre le passage et le cours du sang dans les artères, les valvules qui garnissent les orifices auriculo-ventriculaires exécutent précisément des mouvements opposés. Ces valvules s'étaient effacées lors de la contraction *auriculaire*, c.-à-d. des oreillettes, elles se redressent, au contraire, au moment de la contraction *ventriculaire* ou des ventricules, et opposent ainsi un obstacle insurmontable au retour du sang dans les oreillettes. — De cette façon, il n'y a de communication libre entre les oreillettes et les ventricules qu'au moment de la contraction des oreillettes, et il n'y a non plus de communication libre entre les artères et les ventricules qu'au moment de la contraction de ces derniers. Tel est le mécanisme de la c. du sang à travers les cavités du cœur. La cause du mouvement de ce liquide dans cet organe réside tout entière dans la contraction de ses parois musculaires; mais ce point intéressant de la physiologie sera plus convenablement traité ailleurs. Voy. Cœur.

B. *Circulation dans les artères.* — C'est aussi la contraction du cœur qui est l'agent essentiel du mouvement du sang dans les canaux artériels. A chaque contraction ventriculaire, une nouvelle colonne de sang est introduite par com-

pression dans les artères; celles-ci se distendent, et lorsque la contraction a cessé, elles reviennent sur elles-mêmes en vertu de leur élasticité. Le sang se trouve alors comprimé dans leur intérieur; il tend à s'échapper, et comme du côté du cœur les valvules sigmoïdes s'opposent à son mouvement rétrograde, il fuit dans la direction de la périphérie et va se distribuer à tous les organes.

1° *Distribution des artères.* — Au sortir du ventricule gauche, le sang artériel pénètre dans l'*aorte* et dans toutes les subdivisions de cette artère. Ces subdivisions sont : les *artères coronaires* qui se distribuent au cœur, le *tronc brachio-céphalique* lequel se subdivise en *carotide primitive* et en *sous-clavière* droites, la *sous-clavière* gauche et la *carotide primitive* gauche. (La Fig. 2 représente le cœur

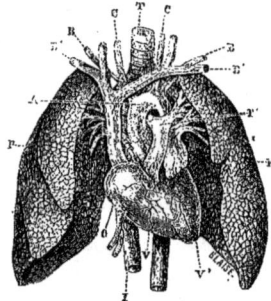

Fig. 2.

et les gros vaisseaux dans leur position normale. O, oreillette droite; V, ventricule droit; V', ventricule gauche; PP, poumons; A, aorte; P', art. pulmonaire; CC, carotides primitives; BB, artères sous-clavières; I, veine cave inférieure; B'B', veines sous-clavières dont la réunion forme la veine cave supérieure; T, trachée.) Au moyen des artères que nous venons d'énumérer, le sang se répand dans la tête et dans les membres supérieurs. En effet la *carotide primitive*, après avoir monté le long de la partie antérieure et latérale du cou, se divise au niveau du bord supérieur du cartilage thyroïde en *car. externe* et en *car. interne*. La carotide externe s'étend jusqu'au condyle du maxillaire inférieur et se divise à sa terminaison en artère *temporale* et en artère *maxillaire interne*, après avoir fourni des rameaux au larynx, à la face, à la langue, au pharynx et à l'oreille. La carotide interne monte le long de la colonne vertébrale, entre dans le crâne par le *canal carotidien*, fournit l'artère *ophtalmique* et se divise en diverses branches destinées au cerveau. La *sous-clavière* distribue le sang par ses subdivisions dans la région du cou, et arrive au creux de l'aisselle, où elle prend le nom d'*axillaire*. L'artère axillaire fournit plusieurs branches qui se répandent dans l'épaule et dans le sommet de la poitrine, et s'arrête au niveau de l'insertion du grand pectoral, où elle prend le nom d'artère *brachiale* ou *humérale*. Celle-ci distribue le sang dans le bras et se termine au pli du coude en se divisant en artère *radiale* et en artère *cubitale*. Ces deux artères descendent jusqu'à la paume de la main, la première en suivant le bord externe et antérieur de l'avant-bras, la seconde en suivant son bord interne. Arrivées dans la main, elles y forment les *arcades palmaires* superficielle et profonde dont les subdivisions se répandent dans les doigts. L'*aorte*, après avoir distribué le sang artériel à toutes les parties supérieures du corps, se recourbe sur elle-même et constitue l'*aorte descendante*. Elle fournit dans son trajet les artères qui alimentent le tronc et les membres inférieurs. Les principales d'entre ces artères sont : les *intercostales inférieures* qui se distribuent aux parois thoraciques, les *diaphragmatiques inférieures* qui se perdent dans le diaphragme, le *tronc cœliaque* qui se rend à l'estomac, au foie et à la rate, les *mésentériques supérieure* et *inférieure*, les *lombaires*, les *rénales* et les artères *iliaques primitives*, qui terminent en quelque sorte l'aorte et qui portent le sang aux membres inférieurs. L'*iliaque primitive* naît au niveau de la quatrième vertèbre lombaire et se divise en *iliaque interne* ou *hypogastrique* et en *iliaque externe*. L'artère hypogastrique se distribue dans le bassin et dans les organes qui le remplissent; l'iliaque externe, à son passage par l'arcade crurale, prend le nom d'*artère crurale*. Celle-ci se dirige obliquement en bas, en dehors et en arrière, en fournissant différentes branches, principalement aux muscles de la cuisse. Lorsqu'elle est arrivée au creux du jarret, elle prend le nom de *poplitée*. L'artère poplitée s'étend du tiers inférieur de la cuisse au quart supérieur de la jambe, fournit l'artère *tibiale antérieure*, puis se divise en *péronière* et en *tibiale postérieure*. L'artère péronière est située à la partie postérieure et profonde de la jambe, le long du bord et de la face interne du péroné. Près de la malléole externe, elle se divise en *pér. postérieure*, qui se distribue à la partie externe et supérieure du pied, et en *pér. antérieure* qui va s'anastomoser avec la *tibiale antérieure*, laquelle, née de la poplitée, comme on l'a vu, descend jusqu'au ligament annulaire inférieur, où elle prend le nom de *pédieuse*. La *tibiale postérieure* descend entre les deux plans des muscles postérieurs de la jambe jusque sous la voûte du calcanéum et se divise en deux branches appelées *plantaires*. Les noms mêmes donnés à la plupart des artères indiquent en général assez bien les parties auxquelles elles se distribuent, pour qu'il ne soit pas nécessaire d'entrer dans de plus longs détails.

Quant au sang veineux qui est chassé par le ventricule droit, lors de sa contraction, il passe dans l'*artère pulmonaire*, appelée autrefois *veine artérieuse*, parce que, contre la structure des artères et remplissant la fonction de ces dernières, qui est de porter le sang du cœur à la périphérie. Ce vaisseau se porte en haut et à gauche et se divise en deux troncs, un pour chaque poumon. Il conduit du cœur au poumon le sang qui doit être soumis à l'acte respiratoire.

2° *Causes accessoires de la circulation artérielle.* — Ce sont la contractilité et l'élasticité des artères. La contractilité de ces vaisseaux, au lieu de se manifester par des contractions brusques, agit graduellement, de sorte qu'il est difficile de la constater par l'observation directe. Elle est beaucoup plus prononcée dans les petites artères que les grandes, et va en augmentant à mesure qu'on s'approche des vaisseaux capillaires. Elle paraît être une des causes de la vacuité relative des artères après la mort; mais elle cesse avec la vie, et c'est pour cela que les vaisseaux présentent alors moins de résistance à la pénétration des liquides qu'on y injecte. — L'élasticité des artères est une propriété plus importante. C'est grâce à la tunique élastique des parois artérielles que le sang continue à se mouvoir dans les intervalles qui séparent les battements du cœur. Sans cela, la progression du sang n'aurait lieu que par saccades; il s'avancerait uniquement pour faire place à celui que le ventricule gauche lance dans l'aorte à chacune de ses contractions. Au reste, que le sang coule dans les artères d'une manière continue, comme on le voit lorsqu'on a divisé une artère, on observe qu'il s'accélère par saccades à chaque contraction du ventricule. C'est également à leur élasticité que les artères doivent de pouvoir se rétrécir dès qu'elles reçoivent moins de sang. Ainsi, par ex., lorsqu'une artère est divisée, on remarque que le jet va toujours en diminuant. Dans les maladies, plus les battements cardiaques sont faibles, plus l'élasticité artérielle résiste à l'impulsion sanguine. Dans ce cas, les artères sont moins distendues et contiennent moins de sang comparativement au système veineux. Ce phénomène devient surtout évident peu de temps avant la mort, et c'est encore l'une des causes de la vacuité des artères dans les cadavres.

3° *Tension du sang dans les artères.* — Cette tension ou, en d'autres termes, la pression à laquelle le sang est soumis dans les artères s'apprécie d'après la hauteur à laquelle il s'élève dans un tube que l'on met en communication avec une artère coupée en travers, ou moins d'après la hauteur d'une colonne de sang ou de mercure qui fait équilibre à cette pression. Pour résoudre expérimentalement le problème, Poiseuille a imaginé un appareil aussi simple qu'ingénieux, auquel il a donné le nom d'*Hémodynamomètre*. Cet appareil consiste en un tube en U, dont l'une des branches porte à son extrémité un ajutage horizontal muni d'un robinet. Cet ajutage est introduit dans le calibre d'une artère, et on lie celle-ci sur l'appareil. Cela fait, on verse du mercure dans le tube en U et on ouvre le robinet. Le sang entre dans l'appareil, presse sur le mercure, et l'élévation de la colonne métallique mesure la force dont le sang est animé. L'instrument de Poiseuille a été perfectionné par Ludwig, Sprengler et Valentin, de façon à fournir des indications plus

rigoureuses. On a reconnu que la pression à laquelle le sang est soumis fait équilibre, en moyenne, au poids d'une colonne de mercure haute de 15 centim.; peu importe que l'artère sur laquelle on expérimente soit plus rapprochée ou plus éloignée du cœur, pourvu toutefois qu'elle soit assez volumineuse. On a calculé, au moyen de ce procédé, que, pour pénétrer dans l'aorte, la colonne sanguine doit éprouver une tension capable de faire équilibre à un poids de 1 k. 750 gr. En outre, on a constaté que la force de l'impulsion du sang augmente durant l'expiration. En effet, pendant l'acte respiratoire, la poitrine se contracte et par conséquent les gros vaisseaux sont comprimés. En conséquence, la colonne de mercure s'élève un peu à chaque expiration et retombe au moment de l'inspiration. L'augmentation de l'impulsion du sang par l'expiration est si considérable, chez quelques personnes, que le pouls ou battement de l'artère radiale devient imperceptible, quand elles exécutent une très longue inspiration et retardent autant que possible le moment où elles sont forcées d'expirer. Ce phénomène, dit le prof. Müller, explique peut-être l'origine du conte populaire, d'après lequel certains individus jouissent du pouvoir de suspendre à volonté les battements de leur cœur.

4° *Obstacles au cours du sang dans les artères.* — Ce sont : le frottement du sang contre les parois artérielles, leur élongation au moment de la contraction ventriculaire, les courbures, les nombreuses ramifications et les anastomoses de ces vaisseaux, le refoulement des organes qui les entourent, et enfin la résistance passive qu'oppose à chaque nouvelle colonne de sang lancée par le ventricule la masse sanguine déjà introduite dans les artères par les contractions précédentes. Ces obstacles consomment une certaine quantité de la force d'impulsion que possède le sang; mais ils ont pour effet de concourir puissamment à régulariser le cours de ce liquide. En effet, ils contribuent, avec l'élasticité des artères, à transformer le cours intermittent du sang en un cours plus uniforme. En conséquence cette intermittence rythmique disparaît peu à peu à mesure qu'on s'éloigne du cœur et qu'on se rapproche du point où les vaisseaux plongent dans les organes à texture délicate, comme le système nerveux par ex.

C. *Circulation capillaire.* — La contraction des ventricules, aidée par l'élasticité et la contractilité des parois artérielles, chasse à chaque instant une certaine quantité de sang dans le système des vaisseaux capillaires. Ce liquide s'engage et circule dans ces vaisseaux en vertu de la force dont il est animé. En observant, à l'aide du microscope, certaines membranes sur les animaux vivants, on voit des globules du sang circuler dans ces tubes au milieu d'un liquide transparent. Ces globules roulent les uns sur les autres et se présentent sous toutes les faces, s'allongent, s'infléchissent dans les coudes des vaisseaux, et changent de direction dans les rameaux capillaires qui sont perpendiculaires aux branches d'entrée et aux branches de sortie. Dans les vaisseaux très fins, la c. est toujours plus lente que dans les autres. Les globules comprimés entre les parois cheminent avec lenteur et semblent ne se dégager qu'avec peine. Derrière eux, on aperçoit souvent les colonnes sanguines arrêtées; cependant elles finissent par être entraînées comme par une sorte de débâcle. Les capillaires jouissent d'un certain degré d'élasticité : c'est une cause de la c., du sang dans ces vaisseaux à ajouter à la contraction du cœur et à l'élasticité des artères. Les résistances que la masse sanguine éprouve dans les capillaires, sont dues à leur faible calibre qui multiplie beaucoup les frottements. Mais, le calibre additionné des capillaires l'emporte sur celui de l'arbre artériel et de l'arbre veineux. Il en résulte que le sang se meut dans un espace plus large, et que sa vitesse est moindre que dans les deux autres ordres de vaisseaux. Keill a calculé que la résistance éprouvée par le sang dans les capillaires neutralise les neuf dixièmes de la force avec laquelle le sang est artériel. Voy. CAPILLAIRE et TURGESCENCE.

D. *Circulation veineuse.* — Le sang, en sortant du réseau capillaire, pénètre dans les veines pour revenir aux oreillettes du cœur. — Celui que reçoit l'oreillette droite est amené, ainsi que nous l'avons déjà dit, de toutes les parties de l'organisme, les poumons exceptés. Les veines qui se rapportent au cœur suivent à peu près, quoique en sens inverse, le même trajet que les artères. Mais les vaisseaux veineux sont plus gros, plus nombreux, et, en général, situés plus superficiellement que les vaisseaux artériels. Un grand nombre de veines marchent sous la peau : d'autres accompagnent les artères; mais, en définitive, tous les canaux veineux se réunissent pour former deux gros troncs nommés *Veines caves supérieure* et *inférieure*, qui débouchent dans l'oreillette droite. La *Veine cave supérieure* ou *descendante* représente le tronc commun de toutes les veines susdiaphragmatiques, à l'exception des veines propres du cœur ou *veines coronaires*, lesquelles s'ouvrent directement dans la même oreillette. La *Veine cave inférieure* ou *ascendante* commence à l'angle de la réunion des deux veines iliaques primitives qui lui donnent naissance. Elle porte au cœur le sang veineux des membres inférieurs et de tous les organes de l'abdomen. C'est le plus gros vaisseau du corps humain.

Les veines qui portent le sang dans l'oreillette gauche ont reçu le nom de *Veines pulmonaires*. Elles naissent des vaisseaux capillaires dont les poumons sont si abondamment pourvus, se rassemblent en rameaux et en branches qui suivent le même trajet que les divisions de l'artère pulmonaire, et forment enfin quatre troncs qui aboutissent deux à deux chaque poumon et se rendent dans l'oreillette gauche. Bien qu'ils servent à transporter du sang artériel, ce vaisseaux sont de véritables veines : car ils ont la structure de ces dernières, et leur direction est de la périphérie au centre. Les veines pulmonaires ont longtemps été désignées sous le nom d'*Artères veineuses*.

La progression du sang dans les veines est déterminée par la force d'impulsion du cœur, et elle est facilitée par la présence des valvules qui font saillie à l'intérieur de la plupart de ces vaisseaux. Ces valvules sont, en effet, tellement disposées que toute compression qui agit d'une manière intermittente sur les veines, favorise le mouvement du liquide sanguin vers le cœur. Aussi de toutes les causes accessoires de la circ. veineuse, la plus importante est la contraction musculaire, ainsi qu'on le démontre expérimentalement au moyen de l'hémodynamomètre. L'aspiration de l'air dans la poitrine facilite également l'afflux du sang veineux dans les oreillettes. En effet, pendant que nous inspirons, c.-à-d. lorsque notre cage thoracique se dilate, il se forme dans cette cavité un vide partiel, et par conséquent les fluides tant extérieurs qu'intérieurs doivent tendre à remplir ce vide. Ainsi, d'un côté, l'air atmosphérique se précipite dans les poumons et les distend en proportion de la dilatation qu'éprouve le thorax; de l'autre, les liquides contenus dans les vaisseaux du corps doivent, par l'effet de la pression atmosphérique extérieure, se porter plus vivement vers la poitrine et distendre les troncs des gros vaisseaux. Lorsque les oreillettes se dilatent, le même phénomène se produit.

Les obstacles au cours du sang veineux sont analogues à ceux que nous avons énumérés à propos des artères. Il faut y joindre la pesanteur, dont l'action est nulle sur les artères, et qui peut ralentir et entraver la circ. veineuse dans les parties situées au-dessous du cœur : les valvules sont surtout destinées à lutter contre l'action de la pesanteur. Il y a encore d'autres obstacles, mais ils sont ou accidentels ou circonscrits. Telles sont l'immobilité prolongée et la vie sédentaire qui prédisposent aux hémorroïdes et aux infiltrations des membres; les pressions dues aux constrictions de toute espèce, qui, étant prolongées, amènent la dilatation des veines elles-mêmes; et enfin les efforts qui suspendent les mouvements respiratoires, et par suite l'influence accélératrice exercée par l'inspiration.

E. *Vitesse de la circulation.* — La vitesse du sang n'est pas la même dans tout le système circulatoire. Ce phénomène s'explique aisément quand on observe que le calibre additionnel de toutes les artères est plus petit que celui des veines et que la capacité artérielle va sans cesse en augmentant à mesure qu'on s'approche des capillaires qui forment la partie la plus spacieuse de tout le système. On peut donc dire que la capacité du système circulatoire va toujours en augmentant dans les artères, à partir du cœur vers les capillaires, et toujours en diminuant dans les veines, à partir des organes vers le cœur. Il résulte de là, du reste en général, que la vitesse qui anime le sang à sa sortie du cœur, diminue constamment jusqu'aux capillaires, et qu'elle augmente ensuite à partir des capillaires jusqu'au cœur. Les expériences de Volkmann, Lenz et Hering établissent qu'il faut en moyenne 1/2 minute pour que le sang exécute une révolution complète : il s'ensuit que, dans l'espace de 24 heures, il en exécute 2,880 fois sa révolution.

F. *Circulation fœtale.* Voy. EMBRYOGÉNIE et FŒTUS.

II. *Circulation chez les Reptiles.* — Le cœur ne présente que trois cavités, savoir : deux oreillettes et un seul ventricule. Le sang qui vient des différentes parties du corps est versé par l'oreillette droite dans le ventricule unique, lequel reçoit aussi le sang artériel qui provient des poumons et a été d'abord versé dans l'oreillette gauche. Une portion de ce mélange de sang artériel et de sang veineux retourne ensuite aux poumons, et le reste se rend par les artères aux organes qu'il

est destiné à nourrir. On voit par là que le liquide nourricier, dans ces reptiles, n'est que très imparfaitement revivifié (Fig. 3, représentant une vue schématique du cercle circulatoire chez ces animaux). Ce cercle est donc analogue à celui des mammifères et des oiseaux avant la naissance, c.-à-d. lorsque les deux moitiés du cœur communiquent entre elles. Voy. FŒTUS. — Il est encore à remarquer que, chez les

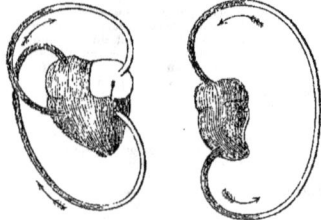

Fig. 3.   Fig. 4.

reptiles, il part du cœur deux aortes qui se dirigent l'une à droite, l'autre à gauche, et qui se réunissent ensuite pour constituer un tronc unique.

III. *Circulation chez les Batraciens.* — Un phénomène physiologique d'un haut intérêt, que présentent ces animaux, est celui de la métamorphose de la circ. respiratoire en circ. pulmonaire. Ceux qui subissent les métamorphoses les plus remarquables sous ce rapport sont les batraciens anoures. Lorsque ces animaux sont jeunes et respirent par des branchies seulement, le sang chassé du ventricule se distribue à ces organes, et de là se rend, pour la plus grande partie, dans une artère dorsale dont les branches vont ensuite se distribuer aux divers organes. Mais lorsque les poumons se développent, la disposition de l'appareil vasculaire change et devient telle que nous venons de la décrire chez les reptiles.

IV. *Circulation chez les Poissons.* — Chez ces animaux, l'appareil circulatoire se simplifie encore davantage. Le cœur se compose simplement d'une oreillette et d'un ventricule. La première reçoit le sang qui revient par les veines du corps, et le ventricule donne naissance au *tronc artériel*, lequel est pourvu d'un bulbe contractile et se divise pour produire les artères branchiales qui conduisent le sang dans les branchies. Il en ressort par les veines branchiales qui se réunissent ensuite pour former l'aorte abdominale, laquelle est située à la partie antérieure de la colonne vertébrale, et de laquelle naissent les artères qui distribuent le sang à tout le corps (Fig. 4). On voit que le sang, en parcourant ce cercle circulatoire, traverse en entier l'appareil de la respiration, comme chez les mammifères et les oiseaux, mais ne passe qu'une seule fois dans le cœur, ce qui rend sa marche plus lente. Enfin, le cœur lui-même correspond par ses fonctions à la moitié droite du même organe chez les vertébrés supérieurs, car il ne contient jamais que du sang veineux. Nonobstant cette disposition, les organes ne reçoivent que du sang artériel, attendu que tout le sang lancé par le cœur passe par l'appareil respiratoire avant d'aller se distribuer dans le corps. En ce sens, la circ. des poissons est supérieure à celle des reptiles.

V. *Circulation chez les Invertébrés.* — Elle diffère singulièrement selon la classe où on la considère.

A. *Mollusques.* — Les mollusques ont un véritable cœur. Deux grandes oreillettes reçoivent le sang qui revient des branchies et le versent dans un ventricule unique; puis celui-ci pousse le liquide dans une ou deux aortes qui se ramifient dans tous les organes. Les veines qui reviennent de ces parties recomposent un tronc qui se ramifie à la manière des artères dans l'organe respiratoire (poumon ou branchies). Cette partie de l'appareil circulatoire forme ce qu'on appelle les *Veines portes branchiales* et les *Artères pulmonaires*. Enfin, les veines qui représentent les veines pulmonaires des mammifères, ramènent le sang aux oreillettes et complètent ainsi le cercle dans lequel se meut le fluide sanguin. Toutefois, on observe, dans plusieurs ordres de mollusques, certaines dispositions spéciales qu'il est utile de connaître. Chez les céphalopodes, il y a sur les veines portes branchiales deux renflements musculaires contractiles dits *Cœurs branchiaux*. Il résulte de cette disposition qu'il y a chez eux un cœur avant l'organe respiratoire et un cœur après cet organe, comme chez les mammifères et les oiseaux, mais avec cette différence que ces cœurs sont séparés au lieu d'être soudés, comme dans les animaux supérieurs. Chez les mollusques lamellibranches, comme les huîtres et les moules, une partie du sang qui revient du corps arrive aux oreillettes sans avoir passé par l'organe respiratoire : telles sont les veines du manteau ; mais le manteau lui-même est le siège d'une sorte de respiration qui s'opère au contact de l'eau aérée.

B. *Crustacés.* — Les crustacés supérieurs présentent un cœur tubuleux à une seule cavité. Le sang est repris dans toutes les parties du corps par les veines qui le portent aux branchies ; puis les veines branchiales le ramènent au cœur, qui le distribue ensuite dans tout l'organisme. (Fig. 5, représentant la forme générale de la circ. chez ces animaux). Chez les crustacés inférieurs, il n'existe pas de circ. pulmonaire distincte de la circ. générale. Une partie du sang est aérée par les organes respiratoires, pendant que ce liquide traverse le système circulatoire général.

C. *Insectes.* — Chez les insectes, il existe un vaisseau contractile unique appelé vaisseau dorsal. Le sang décrit un simple cercle ; il est chassé par ce vaisseau dans la cavité générale du corps, se répand entre les organes, revient en suivant la direction opposée et rentre ensuite dans ce vaisseau. Les courants sont très simples et ne se ramifient pas.

Fig. 5.

D. *Annélides.* — Chez les annélides il n'existe pas non plus de distinction évidente entre les artères et les veines. On y trouve simplement un tronc vasculaire contractile, unique, double ou multiple, qui se remplit et se contracte alternativement, et qui, par ce dernier acte, chasse le sang dans les branches et les réseaux intermédiaires. Les contractions des troncs vasculaires s'opèrent progressivement dans une certaine direction, et poussent le sang dans les gros vaisseaux du corps en décrivant un cercle. Un phénomène fort remarquable qu'on observe chez la plupart de ces animaux, c'est l'alternance dans la direction de la contraction, de telle sorte qu'un seul et même cœur en forme de vaisseau se contracte quelque temps dans une direction, puis tout à coup se contracte dans la direction opposée.

E. *Zoophytes.* — Ici la circ. est encore plus imparfaite. Chez les échinodermes, le mouvement du sang est effectué par un, deux ou plusieurs troncs vasculaires contractiles. Ces troncs, qui ne sont, à proprement parler, ni artères ni veines, chassent le sang dans les branches intermédiaires. Dans les méduses, les fluides se distribuent par tout le corps au moyen des ramifications en forme de vaisseaux qui partent du sac digestif. Enfin, chez les animaux les plus inférieurs de cet embranchement, il n'existe pas de circ. proprement dite. On y trouve des petits courants circulaires de granules qui sont déterminés, non par la contraction d'une partie vasculaire quelconque, mais par le mouvement de cils vibratiles.

VI. *Histoire.* — La circ. est une de ces fonctions importantes qui ont le plus excité la curiosité des anatomistes et des physiologistes de tous les temps. Les anciens se représentaient en général le mouvement du sang comme une sorte de flux et de reflux. Proxagoras et, plus tard, Érasistrate distinguèrent les artères des veines. Arétée savait que les artères contenaient du sang, et Galien que ce sang diffère de celui que renferment les veines. Nonobstant ces observations, l'opinion vulgaire d'après laquelle les artères contenaient simplement de l'air ou bien un fluide subtil qu'on désigna sous le nom d'*esprits*, et plus tard d'*esprits animaux*, continua de régner jusqu'au XVIIe siècle. Déjà, vers 1559, Servet avait entrevu la petite circ., c.-à-d. la circ. pulmonaire, qui fut aussi l'objet des travaux de Columbus et de Césalpin. Enfin, vers 1600, Fabrice d'Aquapendente découvrit les valvules des veines. Cette découverte étant parvenue à la connaissance de l'Anglais Guill. Harvey, il consacra près de vingt années de recherches à l'étude des mouvements du cœur et du sang, et il eut la gloire d'attacher son nom à l'admirable découverte. Malgré les expériences décisives dont l'appuya ce grand observateur, la jalousie des anatomistes contemporains essaya d'abord de contester la réalité de sa découverte, puis, en désespoir de cause, de lui en ravir l'honneur. Mais la postérité a fait justice de ces critiques aussi fausses que malveillantes. Cependant l'illustre physiologiste anglais n'avait pu donner la démonstration directe du passage du sang des artères dans les veines. Cette démonstration, le microscope devait la fournir ; mais elle fut refusée à la vieillesse de Harvey, qui mourut avant d'en avoir été témoin. En 1661, Malpighi vit sur le mésentère, le poumon et la vessie urinaire des grenouilles le sang passer des artères dans les veines. Le fait fut plus nettement démontré par Leeuwenhoeck en 1688, et plus tard enfin par G. Cowper. — Depuis cette époque, la circ. a été l'objet d'un très grand nombre de travaux qui ont porté cette partie de la physiologie au plus haut degré d'exactitude et de précision. — Voy. ARTÈRE, CAPILLAIRE, VEINE, CŒUR, et RESPIRATION.

Écon. polit. — Le mot *Circulation*, pris dans son sens économique le plus général, comprend tous les phénomènes relatifs au mouvement de la richesse lorsqu'elle est transmise d'une personne à une autre, soit qu'elle passe des mains d'un producteur dans celles d'un autre producteur, soit qu'elle passe des mains du dernier producteur à celles du consommateur. Comme les produits ne changent guère de mains que pour recevoir une nouvelle façon, ou pour être rapprochés et mis à la portée du consommateur, ils acquièrent, du moins en général, une nouvelle valeur dans ces transmissions successives ou dans ce mouvement de circ. Il importe donc que cette circ. soit aussi rapide que possible. En effet, lorsque la circ. est très active, la portion de capital que représente chaque produit peut être aussitôt appliquée à un nouvel emploi productif, et par conséquent il en résulte une économie notable sur les frais de production. Mais cette question reviendra naturellement s'offrir à notre examen aux mots PRODUCTION, ÉCHANGE et COMMERCE.

Dans un sens plus limité et plus spécial, le terme de *C.* s'applique particulièrement au mouvement de la monnaie comme instrument des échanges, et des signes qui la représentent, c.-à-d. des effets de commerce et surtout des billets de banque. Les Anglais désignent cette fraction de la c. économique générale sous le nom de *Currency*. Comme nous n'avons pas de mot qui corresponde exactement à l'expression anglaise, nous sommes obligés de conserver, pour dénommer cette fonction spéciale, le terme de c. Michel Chevalier a proposé de lui substituer le terme de *Numéraire* ; mais ce dernier, suivant nous, s'il peut très bien servir à désigner collectivement la monnaie métallique et la monnaie fiduciaire, laisse trop en dehors l'idée de fonction, qui nous paraît ne devoir jamais être perdue de vue dans l'étude de cette question.

La fonction de la c., même en la considérant dans le sens spécial et limité attribué au mot *Currency*, est une des plus complexes que nous offre la science économique. Pour la comprendre, il est absolument indispensable de connaître parfaitement deux autres questions qui la dominent, c.-à-d. la question de la MONNAIE et celle du CRÉDIT. Nous supposerons donc, dans l'exposition qui va suivre, que le lecteur a étudié les principes fondamentaux de la science relatifs à ces deux grandes fonctions de l'organisme économique. — Pour mettre plus de clarté dans cet exposé, nous diviserons la question et nous considérerons les phénomènes de la c. dans deux cas : 1° d'une c. purement métallique ; 2° d'une c. mixte, c.-à-d. d'une c. composée à la fois de métaux monnayés et de papier convertible en espèces. Quant à la théorie d'une c. de papier non convertible, théorie qui, malgré son évidente absurdité, compte de nombreux partisans et a suggéré une foule de projets plus ou moins ridicules, nous en parlerons et nous la réfuterons à l'article PAPIER-MONNAIE.

1. *Circulation purement métallique.* — Lorsque les métaux précieux eurent été adoptés pour servir d'étalons ou de types de comparaison entre les différentes valeurs, dont qu'on les eut transformés en monnaies pour servir d'instruments intermédiaires entre les échanges, afin d'éviter les inconvénients du troc, tous les individus qui avaient des payements à effectuer, des transactions quelconques à faire, se virent obligés de s'approvisionner d'une certaine quantité d'espèces métalliques : cet approvisionnement dut être nécessairement en raison du nombre et de l'importance des transactions exécutées par chaque individu. Par conséquent, il fallut transformer en monnaie une certaine partie du capital existant dans chaque pays. Mais, comme la monnaie et les métaux précieux sont tout à fait improductifs par eux-mêmes, il importe que la portion du capital national employée comme intermédiaire dans les échanges soit aussi petite que possible.

Il est évident qu'en aucun pays la somme des espèces en c. n'est égale à la somme des produits mis en vente, car la masse totale des marchandises ne s'échange jamais d'un seul coup contre la masse totale de la monnaie. Les marchandises s'échangent par portions, souvent même par portions très minimes et à différentes époques dans le courant de l'année; par conséquent, la même pièce de monnaie qui a servi aujourd'hui à un échange peut servir demain à un autre échange. Une partie de la monnaie servira à effectuer un grand nombre d'échanges, une autre partie à un très petit nombre, et une autre enfin, qui sera entassée et mise en réserve, ne servira à aucun échange. Si nous supposons que, dans un même espace de temps, chaque pièce de monnaie serve à effectuer 10 achats dans le pays A, 20 achats dans le pays B, et 30 dans le pays C, il est clair que le premier de ces pays aura besoin d'une quantité d'espèces double et triple comparativement au second et au troisième. Par conséquent, la *rapidité de la c.* est un des éléments qui déterminent la quantité de métaux précieux ou de monnaie métallique dont a besoin un pays quelconque. Il en résulte qu'il est de l'intérêt de ce dernier, non pas de posséder une grande quantité d'espèces métalliques, mais d'avoir une c. aussi active que possible.

On aurait donc tort de croire, quoique ce préjugé soit encore fort répandu, qu'une grande abondance d'espèces métalliques constitue la richesse d'un pays, ou même soit un indice certain de sa prospérité. Loin de là, nous allons voir non seulement que l'augmentation de la monnaie au delà de la quantité indispensable au mouvement des transactions n'est point désirable, mais encore qu'une extrême abondance de métaux précieux peut coïncider avec une grande dépression de l'activité industrielle et commerciale d'une nation. (Ici nous employons comme synonymes les termes *monnaie* et *métaux précieux*, attendu que, dans un état de liberté, la valeur intrinsèque de la monnaie se règle sur celle du métal qu'elle contient, sauf les frais de monnayage.) — Si la masse des métaux précieux ou de la monnaie venait, par une cause imprévue, comme par ex. serait celle de la découverte d'un trésor immense, à doubler subitement, et si cette masse était tout entière affectée à la c., la masse des produits offerts ne se trouverait aucunement augmentée par cet événement. Il y aurait simplement changement dans la proportion relative de la monnaie et des marchandises, et il faudrait alors deux fois plus de monnaie pour acheter une même quantité de produits. Quelle que soit la proportion dans laquelle les espèces en c. dans un pays sont augmentées relativement aux marchandises, il s'ensuit une hausse dans le prix de celles-ci, ou en d'autres termes, une diminution dans la puissance d'acheter que possèdent les premières. Or, ce changement de rapport n'est en aucune façon utile à la société en général : il pourrait, à la vérité, être profitable aux débiteurs, mais il serait désavantageux aux créanciers : partant, il ne produirait aucun résultat économique avantageux.

L'hypothèse que nous venons de poser suffit pour faire comprendre qu'il doit exister entre la production d'un pays et la quantité de monnaie qu'il possède une certaine proportion, et qu'il n'est point utile que la première excède les besoins de la c. Quant à la quantité nécessaire à un pays quelconque, il est impossible de la déterminer *à priori*: on le comprendra aisément après ce que nous avons dit au sujet de la rapidité de la c. Supposons qu'un pays ait besoin de 500 millions en espèces métalliques pour effectuer toutes les transactions intérieures et qu'il ait précisément cette somme en c., il est certain que, s'il ne survient aucune circonstance qui modifie l'état actuel de l'industrie et du commerce dans ce pays, cette c. ne saurait tendre à s'accroître : car personne ne désirera se procurer une plus grande quantité de l'intermédiaire circulant pour le conserver improductif dans sa caisse. Il n'est pas non plus possible de diminuer artificiellement la quantité de la monnaie circulante, car alors les individus qui ont besoin d'espèces métalliques se les procurent soit en empruntant à ceux qui ont des accumulations et des réserves de numéraire, soit par le moyen du commerce extérieur. Au reste, dans l'hypothèse d'une c. exclusivement métallique, la quantité de métaux précieux nécessaire à un pays pour cette fonction varie naturellement selon l'état de son industrie et de son commerce.

Dans le cas d'un pays qui est lui-même producteur de métaux précieux, la valeur de ces métaux est réglée sur les lieux, ainsi que celle de tout autre produit, par leur coût de production, et la proportion des métaux employée comme intermédiaire circulant est déterminée par l'état actuel des transactions. Tout le reste est capital et destiné, pour la plus grande partie du moins, à l'exportation. Les pays, au contraire, qui, comme la France et l'Angleterre, sont dépourvus de mines d'or et d'argent, sont obligés de tirer ces métaux du dehors. Ceux-ci sont importés soit des pays de mines, comme produits exotiques et sous forme de lingots, soit d'un pays quelconque, comme solde de marchandises exportées et

sous forme d'espèces. Mais ici nous n'avons pas à considérer les questions relatives à ces deux voies d'importation; il nous suffit d'étudier l'influence que l'introduction d'une nouvelle quantité de métaux précieux exerce sur la c. du pays importateur.

Le commerce n'importe des métaux précieux de préférence à d'autres espèces de marchandises que lorsqu'il y trouve un profit plus considérable. Or, lorsque le besoin d'un accroissement dans la c. ne se fait pas sentir, les importateurs, bien loin d'acheter des lingots, préfèrent de la laine, de la soie, du suif, etc., ou tout autre produit demandé dans leur propre pays et qu'en conséquence ils pensent pouvoir y vendre avec bénéfice. On comprend que, pour le pays lui-même, l'importation de produits tels que la laine, le coton, etc., qui donnent toujours lieu à une série de travaux productifs et à une série de nouvelles transactions, doit être, en règle générale, plus avantageuse que l'importation de lingots. — Les choses se passent à peu près de la même manière dans le commerce avec les pays qui ne sont pas producteurs de métaux précieux, lorsque la balance du commerce se solde en espèces métalliques. Un négociant du Havre qui a exporté des marchandises françaises en Allemagne et les y a vendues avec bénéfice, aime mieux, si la chose lui est possible, y acheter à son tour des produits allemands pour les importer en France lorsqu'il pense pouvoir les vendre également avec profit. Il ne se fait donc solder en espèces que lorsqu'il ne peut pas mieux faire, c.-à-d. lorsque le marché national se trouve tellement approvisionné de marchandises étrangères, et lorsque les prix sont tellement bas qu'une nouvelle importation ne saurait donner de bénéfice. Le même phénomène se produit quand le commerce intérieur d'un pays éprouve une perturbation violente, comme à la suite d'une révolution. Prenons la France pour exemple. Personne n'ignore que, dans un pareil état de choses, la consommation diminue, les échanges et la production se ralentissent, les salaires s'abaissent, les prix s'avilissent et que les négociants, pour réaliser leurs marchandises, sont obligés de les exporter à tout prix. Mais, en même temps qu'ils exportent des produits nationaux, ils n'importent point de produits étrangers, attendu que, ceux-ci n'étant demandés ni pour la production industrielle ni pour la consommation du public, leur importation donnerait une perte. Dans les cas de ce genre, le change nous est, comme on dit, favorable, et il se fait alors une importation incessante de métaux précieux jusqu'à ce que la crise ait cessé. Néanmoins cette importation métallique n'agit pas plus sur la c. que si, au lieu d'or ou d'argent, on eût importé de la laine ou du coton. Bien loin d'augmenter, la quantité des espèces circulantes tend à diminuer. En effet, avec le ralentissement de la production et des échanges, la réduction des salaires, la baisse des prix, etc., qui sont la conséquence de l'état de choses que nous décrivons, la c. est moins active et réclame moins d'espèces. Ainsi donc c'est avec des importations considérables de métaux précieux ou de monnaies que l'on voit coïncider les plus fortes diminutions de la c. D'un autre côté, il est vrai, on voit augmenter les réserves et les dépôts métalliques; mais ceux-ci sont du capital et non de la c. Cependant, au bout d'un temps plus ou moins long, la scène change nécessairement. Les importateurs de lingots les font monnayer; les commerçants dont les exportations ont été soldées en monnaie lâchent de placer ce capital à intérêts, même en se contentant d'un taux peu élevé; l'exportation longtemps continue des produits nationaux amène une réaction dans les prix; les produits étrangers, devenus rares, sont vivement demandés; l'esprit d'entreprise, stimulé par l'espoir de profits plus élevés et aidé par la modicité du taux de l'intérêt, se ranime; la production reprend son essor; les matières premières étrangères haussent de prix, de telle sorte qu'il y a bénéfice à les importer plutôt qu'à importer des métaux précieux; les importations deviennent de jour en jour plus considérables, de façon à compenser à peu près les exportations; enfin, les prix en général se relèvent et la c. monétaire revient à son état normal.

Si la diminution de la c. peut coïncider, et coïncide en effet très fréquemment avec l'existence d'un approvisionnement considérable en monnaie et en lingots, elle peut également diminuer par insuffisance de métaux précieux, à la suite de certaines circonstances en général accidentelles. Cette diminution s'observe le plus souvent dans le cas où un pays se trouve tout à coup obligé d'importer des quantités énormes de céréales pour combler le déficit causé par une mauvaise récolte. Alors les dépôts et les réserves métalliques s'épuisent rapidement pour solder (car les exportations ordinaires de marchandises ne sauraient faire équilibre à cette importation extraordinaire) le prix des grains importés. En outre, comme malgré ces importations le prix des céréales se maintient constamment à un prix élevé à l'intérieur du pays, il en résulte que la quantité de l'intermédiaire circulant aurait besoin elle-même d'être notablement augmentée. Dans le cas d'une c. purement métallique, l'action de ces deux causes simultanées agissant en sens inverse est très grave et cause une perturbation considérable. Le seul moyen capable de prévenir une crise de ce genre serait l'existence dans le pays de réserves métalliques assez puissantes pour pouvoir faire face à toutes les éventualités possibles; mais alors quelle masse énorme de capital enlevée à la production! Quant aux moyens de remédier à la crise une fois déclarée, il n'en est qu'un seul, et il n'est guère moins ruineux : car il consiste à exporter les produits du pays pour recevoir des lingots ou des espèces en échange et à vendre les premiers à tout prix, afin d'en forcer l'écoulement.

Les fausses idées que l'on se fait en général sur la question qui nous occupe tiennent à ce que l'on ne distingue pas avec soin les deux fonctions que remplissent les métaux précieux, comme agents de la c. et comme *capital*. — Avant l'établissement des banques, tout commerçant et tout simple particulier, indépendamment de la monnaie dont il faisait usage à un moment donné, était obligé d'avoir, par devers lui, une certaine quantité de monnaie en réserve. Cette réserve devait être proportionnelle à l'importance de ses transactions, de quelque nature qu'elles fussent, afin de pouvoir faire face aux demandes accidentelles et à toute exigence imprévue. En conséquence, la somme de capital qui demeurait improductive, afin de servir à la c., était constamment supérieure à celle qu'exigeaient les besoins *actuels* de cette même c. La création des banques de dépôt vint parer à cet inconvénient et fut le premier pas fait pour économiser la monnaie comme instrument des échanges. En effet, il est évident que, pour leur moyen, une grande partie de la monnaie employée jusqu'alors comme instrument des échanges, ou, en d'autres termes, restituée au capital du pays et employée comme tel, c.-à-d. appliquée à la production. On voit, d'après cela, que le terme de c. doit s'appliquer exclusivement à cette partie des métaux monnayés qui, à un moment donné, se trouve entre les mains du public, afin de remplir la fonction d'agent des échanges, tandis que la partie de cette même monnaie qui est entre les mains des commerçants ou des banquiers attendant un placement doit se ranger dans la catégorie du *capital*. Ce capital peut être, en partie, retiré de la c., soit d'une manière permanente, soit seulement pour un temps, comme aux époques de l'année où la c. est moins active. La considération qu'habituellement ces derniers dépôts ont lieu pour fort peu de temps et sont toujours à la disposition des déposants ne fait rien à la question : car, si l'un de ces derniers retire ses fonds, un autre vient en déposer, de sorte que la quantité moyenne des dépôts varie assez peu. Leurs variations, au reste, résultent bien moins de changements survenus dans la c. elle-même que du placement des capitaux qui cherchent un emploi. Les rapports qui existent entre la monnaie-capital et la monnaie-circulation sont donc déterminés par l'état du commerce et de l'industrie; l'influence des banques est ici absolument nulle. En effet, si le commerce devient plus actif, si l'industrie occupe un plus grand nombre d'ouvriers, s'il y a plus de salaires à payer, si les marchandises haussent de prix, le public sera obligé d'avoir entre les mains une plus grande quantité de monnaie pour faire face à l'accroissement des transactions; par conséquent, la c. augmentera et les dépôts diminueront. Or, comme dans un pareil état de choses le capital disponible sera moins abondant, en même temps que le désir d'emprunter sera plus grand, il en résultera une hausse du taux de l'intérêt. L'inverse aurait imperturbablement lieu, si le commerce et la production venaient à diminuer, les prix à baisser, etc.; la quantité de monnaie exigée par la c. serait moindre, les capitaux se dégageraient et viendraient se placer en dépôts, enfin l'intérêt baisserait. Mais dans tout cela les banques sont des agents purement passifs, les métaux précieux qui sont entre leurs mains étant ou des dépôts qui attendent un placement, ou des réserves qui sont destinées à faire face aux cas de demandes extraordinaires. Ce n'est point la monnaie en c. qui est directement et primitivement affectée par l'importation ou par l'exportation des métaux précieux; ce sont seulement les réserves et les dépôts dont nous parlons, c.-à-d. la monnaie considérée comme capital. Il n'est donc pas vrai, comme on le suppose généralement, qu'une c. purement métallique se dilate ou se contracte exactement en proportion de l'importation ou de l'exportation des métaux

précieux : ces dernières n'influent immédiatement que sur les réserves et les dépôts. Ces dépôts et ces réserves peuvent même s'accroître ou diminuer dans des proportions considérables, sans que la c. proprement dite éprouve le moindre changement dans sa quantité. Les circonstances qui obligent les banques à augmenter leurs réserves ou qui leur permettent de les diminuer, n'agissant pas sur la c.; elles déterminent simplement la hausse ou la baisse du taux de l'intérêt. Ce n'est que consécutivement, et souvent longtemps après cette hausse ou cette baisse de l'intérêt, que la c. peut à la fin se trouver affectée. Si par ex. la diminution du taux de l'intérêt vient à stimuler la production, à donner de l'emploi à un plus grand nombre d'ouvriers et à jeter sur le marché une plus grande quantité de produits, il faudra que la quantité de la monnaie en c. augmente aussi dans une certaine proportion. Au contraire, si la hausse de l'intérêt vient à ralentir notablement la production et à faire diminuer la masse des produits mis en vente, la c. diminuera naturellement et une partie de la monnaie qui faisait la fonction d'intermédiaire circulant ira grossir les dépôts ou bien se convertir en titres portant intérêt, comme les fonds publics, etc. Mais ce qu'il importe de noter, c'est que, dans les deux cas, les changements qu'éprouve la c. sont l'*effet* (en général même assez éloigné) et non la *cause* des changements qui s'opèrent dans la quantité des métaux précieux qui se trouve entre les mains des banquiers.

En résumé, avec une c. purement métallique, ce n'est jamais qu'en dernier lieu, et comme conséquence indirecte d'autres causes, que la c. proprement dite peut être affectée, soit dans le cas d'importation, soit dans le cas d'exportation de métaux précieux. Au premier cas, c.-à-d. dans celui de change favorable qui détermine une importation abondante d'or et d'argent, les effets qui se produisent se manifestent dans l'ordre suivant : 1° les dépôts et les réserves s'accroissent; 2° une partie de ce nouveau capital se place en fonds publics et autres portant intérêt; cet intérêt est en général peu élevé, à cause de la hausse des fonds déterminée par le nombre des demandes. Quant à la c. elle-même, elle n'augmente pas, car cette augmentation n'a aucune raison d'être; parfois, au contraire, elle diminue, ainsi que nous l'avons vu plus haut, par suite de la diminution des transactions; 3° l'abaissement du taux de l'intérêt provoque une nouvelle activité dans les affaires : c'est alors que l'on voit fréquemment la c. s'accroître; mais cet accroissement est le résultat du mouvement plus énergique imprimé à toutes les affaires. — Dans le cas de change défavorable et d'exportation considérable des métaux précieux du pays, on observe les phénomènes successifs que voici : 1° les réserves métalliques des banques sont entamées, parce que ces dernières escomptent plus d'effets de commerce contre espèces; 2° la plus grande partie des dépôts sont retirés, et les fonds publics et autres titres de placement baissent par suite de l'accroissement du nombre des vendeurs; si la crise s'arrête là, il peut se faire que la c. n'éprouve pas d'altération sensible; 3° le commerce et la production se ralentissent et la c. diminue inévitablement. — Ainsi donc, ainsi que l'a établi Ch. Tooke, c'est sur les réserves des banques, puis sur les dépôts que se fait d'abord sentir l'influence de l'importation ou de l'exportation des métaux précieux. Dans ce dernier cas, lorsque l'exportation de l'or et de l'argent, comme on le voit à la suite d'une mauvaise récolte, est assez considérable pour faire retirer les dépôts, ce qui met les banques hors d'état de continuer leurs escomptes, il est évident que les classes commerçantes se trouvent dans une détresse inexprimable. Il n'y a alors d'autre ressource pour elles que d'exporter à tout prix les marchandises qu'elles ont en leur possession. Mais si leurs magasins ne sont pas abondamment fournis, ou si cette ressource vient à être insuffisante, il n'existe aucune espèce de remède. En effet, il ne faut pas oublier que, dans notre hypothèse, celle d'une c. purement métallique, les banques ne peuvent qu'escompter les effets de commerce contre espèces, n'en possédant pas la faculté des émissions de billets.

II. *Circulation mixte.*—Lorsque la c. d'un pays est exclusivement métallique, ce dernier perd absolument non seulement tout l'intérêt du capital qu'elle représente, mais encore une somme égale au *frai* ou à l'usure des espèces. Nous verrons au mot *Crédit* quels sont les divers moyens mis en usage pour économiser l'emploi de la monnaie, et nous montrerons que le billet à vue et au porteur, c.-à-d. remboursable à la volonté du possesseur, lorsqu'il a été émis par une maison ou un établissement offrant toutes les garanties nécessaires de solidité et de prudence, est infiniment plus apte que toutes les autres sortes d'effets de commerce à remplir dans un pays l'office de numéraire. Ces sortes de promesses sont appelées *Billets de banque*, parce qu'en général elles ne sont émises que par des banques et même, dans la plupart des pays, que par des banques privilégiées. Ce sont ces billets qui, dans les États civilisés, circulent concurremment avec les espèces métalliques. Par conséquent, lorsque nous parlerons d'une c. mixte, il s'agira uniquement d'une c. composée d'espèces métalliques et de billets de banque, en laissant de côté les autres sortes d'effets de commerce ou de promesses de payer, ces dernières ne pouvant remplir aussi convenablement les fonctions de la monnaie métallique.

Nous avons à établir qu'une c. mixte d'espèces métalliques et de papier convertible obéit aux mêmes lois générales qu'une c. purement métallique, et qu'il est impossible aux banques qui ont la faculté d'émettre du papier de produire artificiellement une augmentation ou une diminution quelconque dans la c. du pays. Il suffit pour cela de démontrer qu'un papier convertible n'est pas susceptible de dépréciation. — Un des hommes d'État les plus célèbres de l'Angleterre, sir Rob. Peel, disait : « Nous sommes convaincus que la libre compétition dans la production d'une marchandise quelconque nous doit fournir cette marchandise en aussi grande abondance et à aussi bas prix que possible. Mais nous n'avons pas besoin d'une semblable abondance de monnaie fiduciaire à bon marché. Nous avons seulement besoin d'une certaine quantité de papier, non pas exactement définie et limitée quant à son chiffre nominal, mais telle qu'elle reste toujours équivalente à la somme de monnaie métallique qu'elle représente. Si la valeur du papier tombe au-dessous de celle-ci, cela est un mal et non un bien. » — Cette opinion est parfaitement juste et nous l'adoptons entièrement, sauf un point. En effet, Rob. Peel suppose que le papier peut se déprécier relativement aux espèces : or, cela est inévitable s'il s'agit d'un papier non convertible, mais cela ne peut pas être quand le papier (billet de banque, et c'est de celui-ci seul que parlait l'éminent économiste) est remboursable au porteur, en espèces et à vue. Nous défions qui que ce soit d'imaginer un état de choses ou de circonstances qui pourrait déterminer les porteurs de billets à vue à garder leurs mains des signes inférieurs à la valeur qu'ils représentent et pour laquelle ils les ont reçus, quand il suffit d'aller à la banque et de les présenter au payement pour toucher immédiatement leur montant en espèces. On a allégué, il est vrai, quelques exemples de dépréciation du billet de banque; mais, en les vérifiant, on trouve que dans tous les cas cités, ou bien il y avait suspension des payements en espèces, ou bien la convertibilité immédiate, quoique nominale, n'existait pas réellement.

Maintenant les écrivains qui admettent cette prétendue possibilité de dépréciation du papier convertible, l'attribuent aux excès d'émissions. Or, nous pensons, avec la plupart des économistes qui ont étudié spécialement la question de la c., qu'il n'est au pouvoir d'aucune banque de porter ses émissions de billets au delà des besoins de la c. à un moment donné, aussi longtemps que ces billets sont convertibles en espèces. Nous avons déjà vu que l'introduction des billets de banque dans la c. d'un pays a pour effet de rendre disponible comme capital une plus ou moins grande partie des métaux précieux qui remplissaient auparavant la fonction d'intermédiaire circulant. Dans ce cas, il pourrait arriver que ces métaux, considérés comme marchandises, manifestassent, à cause de leur surabondance momentanée, une certaine tendance à la dépréciation comparativement aux autres marchandises; mais la facilité de transmettre à l'étranger l'or et l'argent qui se trouveraient alors sans emploi dans le pays, empêcherait même que cette tendance se réalisât d'une façon sensible. Il en est nécessairement de même du papier convertible. Une émission de billets de banque ne saurait jamais subir une dépréciation plus grande que celle qu'éprouveraient les métaux dans la circonstance dont il s'agit. En effet, quoique ces billets ne soient pas de nature à se déverser comme l'or et l'argent dans les pays étrangers, cependant comme ils sont convertibles en espèces, ils s'échangeront encore au pair contre elles, et l'exportation métallique s'arrêtera juste au moment où le commerce n'y trouvera plus de profit à réaliser. Par conséquent, le principe de la convertibilité suffit pour empêcher que le papier n'éprouve une dépréciation plus forte ou plus longue que celle des métaux précieux eux-mêmes. On voit, d'après cela, que la valeur ou la puissance d'achat du papier ne peut en aucun cas devenir inférieure à celle de l'or et de l'argent. Le papier convertible peut, il est vrai, se substituer aux espèces métalliques en proportion plus ou moins considérable, suivant l'état

du crédit dans un pays; mais il ne saurait faire émigrer la totalité de la monnaie, attendu qu'il en doit rester nécessairement une certaine quantité pour faire les appoints dans les paiements et surtout, attendu que les banques sont obligées de constituer des réserves plus ou moins fortes en métaux précieux, à cause de la convertibilité de leurs propres billets, sans compter les dépôts d'espèces monnayées ou de lingots qui sont mis entre leurs mains comme capital attendant une destination. Les choses étant ainsi, dès qu'une banque tenterait d'émettre une somme de billets supérieure à celle qu'exigent les besoins de la c., les billets en excès lui reviendraient immédiatement pour être échangés contre espèces, c.-à-d. pour se transformer en capital, de même que les espèces elles-mêmes, quand elles sont surabondantes, sortent, comme nous l'avons vu, de la c. pour reprendre la fonction de capital. Quant au simple fait que la c. de papier est beaucoup plus considérable, comparativement à celle des espèces, dans certains moments que dans d'autres, il serait aussi absurde de le considérer comme une preuve de la dépréciation des billets que de voir une preuve de la dépréciation des pièces d'or de 10 fr. dans ce fait qu'à un instant donné elles occupent, dans la c. métallique et relativement aux pièces d'or de 20 fr., une place plus grande qu'à un autre instant quelconque. Personne n'a encore démontré qu'un billet de banque se soit jamais vendu pour moins que sa valeur en espèces. Au reste, les conséquences logiques que l'on peut déduire du principe de la convertibilité du papier sont confirmées par la pratique. Dans une enquête que le Parlement anglais ouvrit à ce sujet, il fut établi par le témoignage unanime des banquiers de province que « la somme de leurs émissions est exclusivement réglée par les dépenses et par les affaires de commerce qui se font dans leurs localités respectives; qu'elle varie suivant la production et les prix, et qu'ils ne peuvent ni porter leurs émissions au delà du chiffre fixé par ces affaires et ces dépenses, sans voir leurs billets rentrer aussitôt, ni les diminuer sans voir aussitôt la même quantité qu'ils laissent se remplir de quelque autre manière ».

On a encore prétendu que la c. de papier, même lorsqu'il est convertible, peut agir sur les prix selon que les banques augmentent ou restreignent leurs émissions. On peut déjà conclure de ce qui précède, c.-à-d. de l'impossibilité où sont les banques d'accroître ou de diminuer à volonté la c. de papier, que l'assertion ci-dessus énoncée est inexacte. Néanmoins nous croyons utile de le démontrer plus en détail. — Lorsque les billets de banque chassent les métaux précieux de la c., ceux-ci se trouvent rejetés sur le marché général du monde en quantité correspondante à celle du papier qui a pris leur place. Dans ce cas, la valeur de l'or et de l'argent doit diminuer comme si les mines avaient jeté sur le marché une quantité de ces métaux égale à celle qui a été déplacée par le papier; par conséquent, la substitution d'une c. mixte à une c. purement métallique a pour effet d'augmenter les prix en général dans tous les pays où l'on fait usage de monnaie métallique, quoique ces mêmes prix demeurent respectivement les mêmes dans chaque pays. L'influence de cette substitution sur les prix se résout alors en une hausse purement nominale qui résulte de la dépréciation des métaux précieux, mais n'affecte pas les prix relatifs entre les différents pays, et qui n'agit pas même sur les changes, sauf au moment où le surplus de ces métaux va se distribuer chez les divers peuples. Mais ce n'est point le phénomène sur lequel on vue les auteurs qui admettent la possibilité d'agir arbitrairement sur les prix en augmentant ou en diminuant les émissions de billets de banque. La hausse ou la baisse des prix dont ils parlent n'est pas nominale : non seulement elle est réelle, mais encore elle constitue suivant eux une cause qui agit puissamment sur les importations et les exportations de marchandises. Or, la c. à l'intérieur, comme nous l'avons démontré, n'augmente jamais que dans le cas d'un accroissement dans les affaires. Admettre qu'elle puisse augmenter sans un mouvement correspondant dans l'activité des transactions commerciales, c'est supposer que les banques peuvent, à leur gré, maintenir dans la c. plus de papier qu'il ne comportent les besoins, et par conséquent y maintenir un papier qui, par cela seul, se déprécierait inévitablement. En outre, comme les banques n'émettent pas leurs billets sans se faire payer un intérêt, le public, quelque bas qu'on veuille supposer cet intérêt, ne demande aux banques et ne garde jamais entre ses mains que juste la quantité de papier absolument nécessaire à ses transactions quotidiennes. Ainsi donc, nous le répétons, tout papier convertible, quand ses émissions excèdent les besoins de la c., va immédiatement se présenter au remboursement.

Sans doute, et nous l'avons déjà établi, si l'activité industrielle et commerciale d'un pays vient à augmenter, ou si les prix des marchandises viennent à hausser, il faudra que l'intermédiaire des échanges, quel qu'il soit, augmente aussi dans une certaine proportion; mais, dans ce cas, ainsi que le font observer Ch. Tooke et J. Wilson, l'augmentation de la c. est l'effet et non la cause de la hausse des prix. On a objecté à cette observation le fait bien connu de la hausse générale des prix qui a eu lieu en Europe, il y a trois siècles, après la découverte des mines du nouveau continent. A cette époque, dit-on, la hausse des prix n'avait certes pas précédé l'invasion de l'or et de l'argent d'Amérique : elle en fut évidemment la conséquence. Assurément ce fait n'est pas contestable; mais nous nous contenterons de faire remarquer, avec Wilson, que cette objection est l'exemple le plus frappant de la confusion que font beaucoup de personnes entre la c. et le capital, c.-à-d. entre la monnaie considérée comme intermédiaire des échanges, et les métaux précieux considérés comme marchandises.

Quelques auteurs, sans commettre cette erreur grossière, pensent néanmoins que l'importation de lingots dans un pays donné produit un effet semblable, quoique local et limité, à l'effet général que détermine un accroissement dans la quantité des métaux précieux extraits des mines. Mais il existe entre ces deux choses une différence essentielle. Dans le cas où, par suite de l'état des changes, il se fait dans un pays une importation ordinaire d'or et d'argent, il n'y a rien de changé ni dans la quantité générale des métaux précieux, ni dans leur proportion avec les autres marchandises : il s'opère tout simplement une nouvelle distribution de la masse métallique déjà existante, distribution qui n'a rien de fixe et qui varie à chaque instant par l'effet même des relations commerciales des divers peuples. Au reste, nous avons déjà fait voir que l'importation des métaux précieux, dans le cas de change favorable, n'affectait pas directement la c., même dans l'hypothèse d'une c. purement métallique, et qu'au contraire on voyait souvent la c. diminuer en pareille occurrence.

La théorie qui admet : 1° que les banques peuvent émettre et maintenir plus de billets que n'en exigent les besoins actuels du commerce; 2° que cet excès dans les émissions détermine la dépréciation du papier, quoique convertible; 3° que cette dépréciation cause une hausse arbitraire dans le prix des marchandises; 4° que les banques ont également le pouvoir, en restreignant leurs émissions, de produire une baisse artificielle d'or et d'argent, comptait naguère, en Angleterre, un grand nombre de partisans. Ce qui précède suffit, à notre avis, pour démontrer que le principe qui constitue la base fondamentale de cette théorie est faux, et que les déductions logiques qui en ont été tirées sont nécessairement entachées du même vice. Aujourd'hui, cette doctrine a perdu beaucoup de terrain. Mais, un moment, ses partisans, que l'on a désignés sous le nom d'École métallique, ont eu assez d'influence pour faire prévaloir leur théorie au sein du Parlement. En 1844, sir Rob. Peel fit adopter par les Chambres un bill, connu généralement sous la dénomination d'Acte de Peel (Peel's Act), qui imposa une limite aux émissions, soit de la Banque d'Angleterre, soit des banques provinciales qui avaient la faculté d'émettre des billets. Il fut interdit à la Banque d'Angleterre de porter ses émissions sur valeurs au delà de la somme de 14 millions sterling (350 millions de francs) : tous les billets émis en sus ne durent être émis que contre espèces. Ainsi, pour toutes les émissions qui excèdent 14 millions st., la Banque n'est plus qu'un changeur pur et simple, ses fonctions consistant à échanger des billets contre de l'or et de l'or contre des billets, en tout temps et à toute personne. Cette réforme avait pour objet de permettre à la Banque d'étendre ses émissions lorsque le change serait en faveur de l'Angleterre, c.-à-d. lorsque l'or affluerait dans le pays, et de l'obliger à les restreindre lorsque le change serait contraire, c.-à-d. lorsqu'il y aurait exportation des espèces. Les promoteurs du bill supposaient que, grâce à ce mécanisme, la Banque pourrait corriger les changes. Suivant eux, dans le cas d'importation d'espèces, la Banque, en augmentant ses émissions, pourrait accroître la c. et déterminer ainsi une hausse dans le prix des marchandises, de façon à provoquer une plus grande importation de produits étrangers et à diminuer l'exportation des marchandises anglaises. Dans le cas de change défavorable, au contraire, elle pourrait, en ne faisant plus d'émissions que contre espèces, restreindre la c. et faire baisser le prix des marchandises, de manière à augmenter l'exportation des produits anglais, à diminuer l'importation des marchandises étrangères, et enfin à arrêter la sortie de l'or. Il suffit, pour écarter toutes ces hypothèses, de se rappeler que les banques sont dans l'impossibilité d'agir sur la

circulation, l'augmentation et la diminution de celle-ci étant toujours l'effet du mouvement commercial et de l'état des prix eux-mêmes. L'expérience d'ailleurs n'a pas répondu aux espérances des partisans de la réforme en question. En effet, trois années après l'adoption du bill de Peel, au moment d'une violente crise commerciale accompagnée d'une énorme exportation d'or anglais, le gouvernement se vit obligé de suspendre la loi et d'autoriser la Banque à émettre des billets sur valeurs bien au delà de la limite légale. — Ce serait sortir du cadre de notre livre que d'entrer dans de plus longs détails au sujet de cette mesure financière; nous nous contenterons d'avoir établi, aussi clairement qu'il nous a été possible, les principes qui dominent la matière. Toutefois, au mot CRÉDIT, nous verrons s'il peut exister quelque règle fixe pour l'émission d'un papier convertible.

En définitive, une c. mixte se comporte absolument comme une c. purement métallique : car le papier qui en fait partie étant convertible à volonté, il est soumis à toutes les influences qui agissent sur une c. exclusivement composée d'espèces. Wilson exprime énergiquement cette vérité, lorsqu'il dit : « Le mot *convertibilité* signifie identité complète sous tous les rapports avec la monnaie métallique, ou bien il ne signifie rien. » Dans une c. mixte, la somme totale des agents des échanges est affectée que dans les mêmes cas et de la manière que l'est une c. entièrement métallique, quoique la proportion relative du papier et des espèces puisse varier dans des limites fort étendues, comme l'établissent les comptes rendus des banques. Quoiqu'il soit difficile de déterminer quelle est la proportion moyenne qui existe dans une c. mixte entre les espèces circulantes et les billets de banque, il nous paraît fort vraisemblable que la quantité des premières éprouve des oscillations moins considérables que celle du papier, au moins dans les pays où le crédit a pris quelque développement.

Mais il faut se garder de confondre les émissions d'une banque avec la c. du papier. Les émissions de billets par suite d'escomptes peuvent augmenter dans une proportion énorme, et en même temps la c. de ces mêmes billets rester tout à fait stationnaire. C'est qu'en effet les émissions des banques sont bien loin d'avoir pour principal objet de fournir aux besoins de la c. Les banques sont surtout instituées pour servir d'intermédiaire entre le capital et le travail. Lorsque donc qu'une banque escompte un effet de commerce et en fournit la valeur en ses propres billets, ces derniers ne tardent pas à lui revenir aussitôt qu'ils ont servi à payer les achats pour lesquels seulement ils ont été demandés. En temps ordinaire, les billets reviennent pour solder les avances consenties par la banque, sans qu'il y ait eu de circulation métallique; mais à certaines époques de crise, les billets des banques ne leur rentrent que pour s'échanger contre des espèces métalliques, et alors il est évident que leurs émissions équivalent en définitive, quoiqu'elles consistent simplement en papier, à des avances faites sous forme de monnaie métallique. Si donc la situation est telle qu'il ne soit pas prudent à une banque de prêter des espèces (lesquelles constituent toujours une portion de son capital), il n'est pas moins imprudent pour elle de faire des avances sous forme de billets de banque, attendu que ces derniers lui reviendront presque immédiatement pour s'échanger contre de l'or et diminueront ainsi son capital.—Ceci démontre encore la vérité du principe que nous avons établi : c'est que, lors qu'elle a volonté augmenter ou diminuer ses avances de *capital*, une banque n'a ni le pouvoir d'augmenter sa sin gré la quantité de papier en c., ni même celui de la diminuer, du moins tant qu'elle a entre les mains des dépôts qui peuvent être retirés à volonté.

Cependant, nous reconnaissons que, dans certaines circonstances, notamment aux époques de spéculation, il se produit une augmentation dans la c., et cela par suite d'émissions de papier plus abondantes. Mais cet accroissement de la c. suit toujours la hausse des prix (hausse qui est le phénomène essentiel de toute période de spéculation) au lieu de la précéder; elle n'en est point la cause, elle en est l'effet. Malgré cela, comme cet accroissement est à son maximum au moment où éclatent les crises commerciales, on est assez généralement porté à supposer que ces crises sont le résultat d'un excès dans les émissions des banques; et c'est précisément cette terreur qui a égaré la plupart des auteurs et les promoteurs du bill de 1844. Les banques ne contribuent aux crises commerciales que d'une seule manière. Aux époques de spéculation, elles se laissent, en général, facilement entraîner à accorder des crédits plus considérables qu'elles ne le voudrait la prudence; puis, quand la réaction a lieu, elles les restreignent parfois plus brusquement qu'il ne conviendrait. Une conduite inverse serait plus sage et plus conforme aux principes de la science. Le premier devoir des banques est de résister aux entraînements de la spéculation, et de maintenir dans des limites assez étroites les crédits qu'elles accordent, afin de prévenir, autant qu'il est en elles, l'extension désordonnée des affaires. Mais, lorsque la crise est déclarée, elles doivent, au contraire, se montrer aussi larges que le permet le soin de leur propre sûreté, et soutenir de leur crédit toutes les maisons sur la solvabilité définitive desquelles elles n'ont pas de doute, afin que ces maisons ne soient pas entraînées par la débâcle, ce qui rendrait la crise encore plus désastreuse et multiplierait les ruines dans le pays. Dans ce dernier cas, les banques accroissent nécessairement leurs émissions de billets, pour combler le déficit causé par la crise. La plus grande partie de ces billets fait fonction de capital, et le reste celle de c., ou attendant, ce qui ne tarde jamais en circonstance pareille, que l'importation des espèces métalliques ait rétabli l'équilibre normal. Ce rôle des billets, au moment de la crise qui termine toute période de spéculation désordonnée, nous révèle une nouvelle face de la supériorité d'une c. mixte sur une c. purement métallique; mais ce point de vue se trouvera développé à l'article CRÉDIT.

CIRCULATOIRE. adj. 2 g. T. Physiol. Qui appartient, qui a rapport à la circulation des liquides chez les êtres vivants.

CIRCULER. v. n. (lat. *circulare*, tourner autour). Se mouvoir circulairement. Se dit des choses que leur mouvement ramène au point de départ, et principalement des liquides organiques, soit animaux, soit végétaux. *Le sang circule dans les veines. La sève circule dans les plantes.* — Fig., ou dit, *Un feu dévorant circule dans mes veines.* || *Aller çà et là, aller et venir. Les voitures circulent jour et nuit dans Paris. La rivière circule dans la prairie.* — Se dit aussi de l'air. *L'air circule facilement dans cette vallée.* || Fig., Passer, aller de main en main. *L'argent, les effets de commerce circulent. Faire c. des billets.* — Par ext., Se propager, se répandre. *Ce bruit circule depuis hier. Faire c. une nouvelle, un écrit.*

CIRCUMDUCTION. s. f. [Pr. sir-comm-duk-sion] (lat. *circum*, autour; *ducere*, conduire). Mouvement de rotation autour d'un axe ou d'un point central.

CIRCUMFUSA. s. m. pl. [Pr. sir-comm-fu-za]. T. Méd. Mot latin signifiant *les choses environnantes*, qui est employé dans le langage de l'hygiène pour désigner tout ce qui agit sur l'homme par une influence extérieure, comme le climat, l'atmosphère, la température, etc.

CIRCUMMÉRIDIEN, IENNE. adj. Voy. CIRCOMMÉRIDIEN.

CIRCUMNAVIGATEUR. s. m. [Pr. sir-comm-naviga-teur] (lat. *circum*, autour, et *navigateur*). Voyageur qui fait ou a fait le tour du monde.

CIRCUMNAVIGATION. s. f. [Pr. sir-comm-naviga-sion] (lat. *circum*, autour, et *navigation*). Voyage par mer autour du monde ou autour d'un continent. La première c. autour du monde a été celle du vaisseau de Magellan, 1519-1521.

CIRCUMNAVIGUER. v. n. [Pr. sir-comm-navi-guer]. Naviguer autour, faire une circumnavigation.

CIRCUMPOLAIRE. adj. 2 g. Voy. CIRCOMPOLAIRE.

CIRCUMSOLAIRE. adj. [Pr. sir-comm-solère] (lat. *circum*, autour, et *solaire*). T. Astr. Qui est autour du soleil.

CIRCUMTERRESTRE. adj. 2 g. [Pr. sir-comm-tè-restre] (lat. *circum*, autour, et *terre*). Qui entoure la terre.

CIRCUMZÉNITHAL, E. adj. [Pr. sir-comm-zénital]. Qui entoure le zénith.

CIRE. s. f. (lat. *cera*). Matière molle, très fusible et ordinairement jaunâtre, avec laquelle les abeilles construisent les gâteaux de leurs ruches. *Les anciens écrivaient sur des tablettes enduites de c.* — Fam., *Être jaune comme c.*, se dit d'une personne qui a la jaunisse ou qui a le teint très pâle. — Fig., *C'est une c. molle, on le manie comme de la c.*, se dit d'un enfant docile auquel on fait prendre telles inclinations qu'on veut, et de toute personne qui reçoit facilement les impressions qu'on lui donne. || La bougie qu'on brûle dans les appartements. *Dans cette maison on ne brûle que de la c.* Vx. || Le luminaire d'une église. *Les funérailles ont coûté tant pour la c.* || Se dit quelquefois pour *Cérumen.* Voy. ce mot. || T. Ornith. Membrane qui recouvre le bec de certains oiseaux. Voy. OISEAU.

Techn. — Le mot *Cire*, d'abord exclusivement employé pour désigner la matière grasse élaborée par les abeilles, s'applique également à diverses substances analogues d'origine soit animale, soit végétale. — Parmi les cires d'origine animale, nous citerons celle qui est produite par les différentes espèces du genre mélipone, qui appartient, comme l'abeille, à l'ordre des hyménoptères, et la *C. de Chine*, qui est produite par un insecte du même ordre, le *Coccus sinensis*. Quant aux *cires végétales*, elles sont plus nombreuses : celles qui proviennent du *Ceroxylon andicola* et du *Cer. carnauba* (voy. PALMIER), ainsi que des *Myrica cerifera*, *M. cordifolia*, etc. (voy. MYRICÉES), sont les seules dont on tire parti dans les pays où croissent ces végétaux.

La *C. proprement dite* ou la *C. d'abeilles* est la seule qui ait été étudiée avec soin au point de vue chimique. A l'état de pureté, elle est parfaitement blanche, insipide et presque inodore. Sa densité est de 0,960. La c. est dure et très cassante à 0°; mais elle se ramollit à 30°, et entre en fusion à 64°. Traitée par l'alcool bouillant, elle se sépare en trois substances distinctes : 1° La *Cérine* ou *Acide cérotique* (Voy. CÉROTIQUE) se dissout dans l'alcool bouillant, mais elle se dépose pendant le refroidissement, sous forme d'aiguilles cristallines; 2° la *Myricine* est presque insoluble dans l'alcool et dans l'éther, et fond à 72°; elle est constituée principalement par l'éther palmitique de l'alcool mélissique. En effet, quand on la chauffe avec une dissolution concentrée de potasse caustique, elle se décompose en *alcool mélissique* ou *Mélissine*, et en *acide palmitique*, qui reste combiné avec la potasse; 3° enfin, la *Céroléine* est une substance molle, fusible à 29°, qui rougit le tournesol et qui est très soluble dans l'alcool et dans l'éther à froid : aussi la trouve-t-on en dissolution dans la liqueur alcoolique froide qui a servi à traiter la c. Les proportions de ces trois substances sont très variables. La *Céroléine* n'est probablement qu'un mélange. La cire contient en outre : un mélange d'acides de la série oléique non isolés, à forte odeur de cire; de l'alcool cérylique et d'autres alcools encore mal connus; enfin, des hydrocarbures $C^{27}H^{56}$ et $C^{31}H^{65}$.

Tout le monde sait que la c. constitue la partie solide des alvéoles des abeilles. Quand on a extrait les gâteaux de la ruche, on en sépare le miel, puis on les coupe en petits fragments que l'on soumet à une compression assez forte pour chasser la matière visqueuse qu'ils contiennent encore. Cela fait, on met fondre la masse obtenue en y ajoutant un peu d'eau pour que l'action du feu ne puisse la brûler. La fusion terminée, on laisse refroidir lentement le liquide, ce qui permet aux impuretés les plus lourdes de se précipiter au fond du vase. La c. une fois figée, on en retranche la partie inférieure, c.-à-d. celle où les impuretés se sont réunies : cette partie porte le nom de *pied de c.* — La c. ainsi obtenue est dite *c. jaune*, à cause de sa couleur; elle a enfin un goût de miel plus ou moins prononcé. On la dépouille de cette couleur et de cette odeur au moyen de deux opérations subséquentes, la *purification* et le *blanchiment.* — On purifie la c. en la faisant fondre dans des chaudières chauffées au bain-marie. On l'abandonne quelques moments à elle-même, afin de donner aux matières étrangères le temps de se déposer, et on la fait écouler dans un réservoir où on la laisse de nouveau reposer pour obtenir un nouveau dépôt. On la décante une deuxième fois et on l'introduit dans des lingotières percées de trous à travers lesquels elle tombe en minces filets sur un cylindre de bois qui plonge en partie dans une cuve pleine d'eau fraîche. Quand la c. arrive à la surface de ce cylindre, on imprime à ce dernier un mouvement de rotation modéré. La c. se transforme ainsi en rubans qui se solidifient par suite de la fraîcheur de l'eau. On place ensuite ces rubans sur des toiles bien tendues et on les abandonne en plein air. L'action alternative de la rosée et des rayons solaires détruit les matières odorantes et colorantes, et l'on a de la *c. blanche*, qui est en même temps inodore. Enfin, on la fond encore une fois pour la couler en petits pains, qui l'on vend sous le nom de *C. vierge*. On a essayé bien souvent d'employer le chlore et les chlorures décolorants au blanchiment de la c.; mais on a été obligé de renoncer à ce procédé, parce que la cire devenait cassante et peu propre à la combustion. Du reste, le blanchiment à l'air rend aussi la c. sèche et cassante, quoique dans une moindre proportion. On remédie à cet inconvénient en ajoutant à la c. 5 p. 100 de suif qui lui donne du liant.

Soit seule, soit mélangée avec d'autres substances, la c. jaune sert à frotter les appartements. La c. blanche est principalement employée pour faire des cierges et des bougies; mais l'usage des bougies de c. a presque entièrement disparu depuis l'invention des bougies stéariques. Voy. BOUGIE. — Comme elle est très ductile et très susceptible de recevoir et de conserver les formes les plus diverses, les modeleurs en fabriquent des fleurs, des fruits, des pièces d'anatomie, etc. Voy. CÉROPLASTIQUE. — La c. est la base des cérats et de différentes préparations pharmaceutiques. Enfin, on en fait usage dans un genre de peinture dit peinture à l'encaustique. — La c. la plus estimée dans le commerce, celle qui donne le plus beau blanc, vient de Smyrne, dans l'Asie Mineure, et des départements de notre ancienne Bretagne. L'industrie en tire également de grandes quantités des États-Unis d'Amérique, de Russie, de Hambourg et du Sénégal.

Cire minérale ou fossile. — On trouve en Galicie et dans d'autres pays une substance nommée *ozocérite* qui, après fusion et traitement par l'acide sulfurique, fournit une matière blanche ayant des propriétés analogues à celle de la c. et qui est un mélange d'hydrocarbures ayant pour formule $C^{12}H^{24}$. On l'emploie pour fabriquer des bougies transparentes et pour falsifier la c. d'abeilles, fraude assez difficile à reconnaître. — M. Radziszewski, de l'Université de Louvain, a réussi à extraire de la paille une matière blanche qui fond à 40°, analogue à la c.

Cire à sceller. — On nomme ainsi un mélange de 4 parties de c. blanche et de 1 partie de térébenthine de Venise, que l'on colore en rose pâle avec du vermillon, et que l'on roule en cylindres. Ainsi que son nom l'indique, on s'en sert pour bouger des scellés. Quand on veut en faire usage, on la ramollit en la malaxant avec les doigts, puis on l'applique sur la matière, papier, parchemin, etc., et on la comprime fortement avec le sceau dont elle doit conserver l'empreinte.

Cire à cacheter. — Elle consiste simplement en un mélange de substances résineuses qui jouit de la double propriété d'être très fusible, et d'adhérer très fortement aux corps sur lesquels on l'applique. La c. à cacheter de première qualité se fait avec 4 parties de laque fine (stick-lack des Anglais) et 1 partie de térébenthine de Venise; on la colore ordinairement en rouge avec 3 parties de cinabre. On fond d'abord la laque dans un vase de fer placé sur un feu clair, puis on y introduit les deux autres substances en ayant soin d'agiter constamment avec une spatule. Quand le mélange est parfait, on le transforme en bâtons. Ainsi qu'on le voit, c'est fort improprement qu'on donne à ce mélange le nom de c. — On peut communiquer à cette substance l'odeur que l'on désire en y incorporant du musc, de l'ambre, du benjoin, de l'essence de citron, de rose, etc. On peut aussi la colorer à sa fantaisie, au moyen de couleurs soit minérales, soit végétales. La c. dorée doit sa coloration à des paillettes de mica jaune que l'on mêle à la pâte pendant qu'elle est liquide. Celle qui est marbrée n'est qu'un mélange de cires de diverses nuances qu'on réunit en une seule masse. Les cires de qualité moyenne ou inférieure se fabriquent absolument de la même manière; seulement, les matières employées sont plus ou moins communes. Ainsi, par ex., on remplace la térébenthine de Venise par celle de Bordeaux, la laque par un mélange de colophane et de craie, ou de plâtre pulvérisé. C'est ainsi qu'on prépare la c. à cacheter les bouteilles. On peut aussi substituer à la laque un mélange de colophane et de sous-chlorure de bismuth. La c. préparée avec cette dernière substance est la plus adhésive. — Autrefois, toute la c. à cacheter nous venait de l'Inde. Sa fabrication cependant s'introduisit d'abord à Venise, puis en Espagne, qui nous fournit pendant longtemps cet utile produit : c'est même de là que vient le nom de *C. d'Espagne*, sous lequel on la désigne encore fréquemment. Aujourd'hui, la c. à cacheter se fabrique partout, mais principalement en France et en Angleterre.

CIRER. v. a. Enduire ou frotter de cire. *C. du fil, de la toile, un parquet, un meuble.* || Mettre du cirage sur une chaussure. *C. des bottes, des souliers.* — CIRÉ, ÉE, part. *Taffetas ciré.*

CIREUX, EUSE. adj. Qui appartient à la cire.

CIREY, ch.-l. de c. (Meurthe-et-Moselle), arr. de Lunéville; 2,300 hab. Glaces.

CIREY-SUR-BLAISE ou CIREY-LE-CHÂTEAU, bourg du dép. de la Haute-Marne, arr. de Vassy, où Voltaire habita avec la marquise du Châtelet, de 1733 à 1740; 700 hab.

CIRIER. s. m. Celui qui travaille en cire, qui fait et vend toutes sortes de cierges et de bougies. || T. Bot. Nom vulgaire du *Myrica cerifera.* Voy. MYRICÉES.

CIRIÈRE. adj. f. T. Entom. *Abeille c.,* Nom qu'on a donné quelquefois aux abeilles ouvrières qui produisent la cire. La faculté de produire de la cire est naturelle à toutes les abeilles, mais se trouve surtout développée chez les jeunes pendant les quinze premiers jours de leur existence; les vieilles abeilles sont moins aptes à en fabriquer. Toutes ont été *cirières* au début de leur vie, elles deviennent butineuses par la suite. Voy. ABEILLE.

CIROËNE ou CÉROËNE. s. m. (gr. κηρός, cire; οἶνος, vin). T. Pharm. anc. Emplâtre de cire et de vin. Voy. EMPLÂTRE.

CIRON. s. m. (gr. κείρειν, ronger). T. Entom. Nom vulgaire donné à diverses arachnides remarquables par leur petitesse. Voy. HOLÉTRE. — Par ext. Le plus petit des animaux visibles à l'œil nu. Jusqu'au XVII° siècle, avant l'usage du microscope, le c. passa comme le symbole de ce qu'il y avait de plus petit au monde. — Par exag., on dit d'une chose extrêmement petite, *Cela n'est pas plus gros qu'un c.* — *L'homme ne saurait forger un c. et forge des dieux à douzaine.* MONTAIGNE. || La petite ampoule qu'un c. fait venir à la main ou ailleurs. *Percer des cirons.* Peu us.

CIRQUE. s. m. (lat. *circus,* cirenit). T. Archit. Lieu destiné chez les Romains à la célébration de certains jeux ou spectacles publics. Aujourd'hui, ce mot s'applique à une enceinte circulaire où l'on exécute des exercices d'équitation, d'adresse et de force. || T. Géol. Vallée qui affecte la forme circulaire ou elliptique d'un c. romain; enceinte de montagnes. || T. Astr. *Cirques lunaires,* Montagnes circulaires dont la surface de la Lune est presque entièrement parsemée et qui présentent à leur intérieur une grande plaine souvent plus basse que le sol environnant, et au centre de laquelle s'élèvent souvent un ou plusieurs pics coniques. Les dimensions de ces cirques sont très variables : quelques-uns atteignent une centaine de kilomètres de diamètre. Voy. LUNE.

Archéol. — 1. Le premier c. romain dont il soit fait mention dans l'histoire est le *Circus maximus,* qui remonte au temps de Tarquin l'Ancien, ou même à une époque antérieure d'après Varron. Il avait été installé pour y donner des spectacles de courses de chevaux et de pugilat. Ce monument fut agrandi à plusieurs reprises, en raison de l'accroissement de la population de Rome. On en trouve à peine quelques vestiges dans le lieu appelé aujourd'hui *Via de Cherchi;* cependant, l'emplacement qu'il occupait est encore reconnaissable. La Fig. 1 représente le plan du *Circus maximus* d'après la description

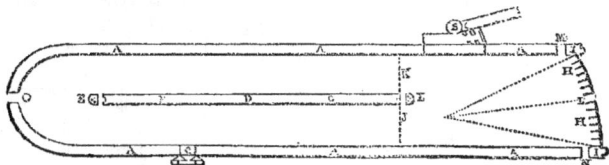

Fig. 1.

qu'en donne Denys d'Halicarnasse, et la Fig. 2 représente la vue perspective d'un c. restauré : à l'aide de ces deux croquis, il sera facile de comprendre la disposition de ce genre d'édifices.

Les sièges ou gradins AA portaient, comme dans les théâtres, les noms de *Gradus, Sedilia* et *Subsellia,* et leur ensemble était désigné sous celui de *Cavea*. La rangée de gradins la plus inférieure était séparée de la carrière ou de l'aire (*Area*) par le *Podium*. Au pied du *podium*, un canal rempli d'eau et appelé *Euripe* (*Euripus*) circonscrivait encore l'*area*. Ce canal avait été creusé par Jules César, afin de mettre les spectateurs à l'abri de tout danger dans les combats d'animaux. La *cavea* était divisée dans le sens de sa longueur par des séparations nommées *Précinctions* (*Prœcinctiones*); d'autres séparations diagonales la partageaient en compartiments nommés *Coins* (*Cunei*), ayant chacun son *Vomitoire* (*Vomitorium*), c.-à-d. sa porte de sortie. En face de la première borne et du côté droit du c., la ligne générale de la *cavea* était interrompue par la loge impériale B, appelée *Pulvinar* : cette loge occupait ainsi l'endroit le plus commode pour bien voir le commencement et la fin des courses. La ligne gauche de la *cavea* était également interrompue par une autre loge C, réservée probablement au personnage qui

Fig. 2.

faisait les frais des jeux (*Editor spectaculorum*). Enfin, la partie semi-circulaire où se réunissaient les deux lignes parallèles de gradins présentait aussi une interruption : c'est là qu'était la *Porte triomphale* (*Porta triumphalis* O par laquelle sortaient les vainqueurs. Un mur D, large d'environ 4 mètres, mais haut de 1m30 seulement, coupait le c. en deux moitiés latérales dans la plus grande partie de sa longueur : on l'appelait *Épine* (*Spina*). A chacune des extrémités de l'épine étaient placés sur une base EE trois cylindres de bois de forme conique qu'on appelait *Bornes* (*Metœ*). Parmi les objets disposés sur la longueur de l'épine, l'un des plus remarquables était une sorte de portique F formé de colonnes et soutenant sur son entablement 7 boules coniques appelées *Œufs* (*Ova*), à cause de leur forme. Ces œufs servaient à compter le nombre des effectués dans chaque course : à chaque tour, selon Varron, on enlevait un de ces œufs. L'œuf avait été adopté pour cet usage en l'honneur de Castor et de Pollux. Vers l'autre extrémité de l'épine, on voyait également un portique de même aspect G; mais son entablement portait 7 dauphins; aussi le nommait-on *Delphinæ* ou *Delphinarum columnæ*. Il ne paraît pas que ces figures de dauphins fussent destinées à être déplacées : elles étaient consacrées à Neptune. Ce portique servait sans doute, au point de vue architectural, à faire le pendant du premier. Quelques archéologues prétendent que les colonnes supportant les œufs et les dauphins constituaient les *Falæ* ou *Phalæ* dont parle Juvénal; mais les *phalæ* n'étaient pas des colonnes : c'étaient des tours qu'on élevait, dans certains cas, lorsqu'on représentait des combats simulés. Les autres ornements qui décoraient l'épine, tels que les statues, les obélisques, les autels, etc., ne paraissent pas avoir eu de place déterminée. L'*Épine* partageait l'*area* en deux moitiés; cependant elle n'était pas exactement parallèle aux deux côtés de l'édifice. Au contraire, elle obliquait légèrement de gauche à droite à partir de la première borne, de telle sorte que la largeur de la carrière allait toujours en se rétrécissant un peu de J à K. Cette disposition avait pour but de ménager l'espace, tout en laissant aux chars une largeur suffisante pour fournir leur course. En effet, au point de départ, il fallait que les chars pussent courir tous de front; mais comme au bout de quelque temps l'un des concurrents distançait plus ou moins les autres, il n'était plus nécessaire que la carrière offrît la même largeur. — Les remises pour les chevaux et pour les chars, appelées *Carceres* du temps de Varron, étaient situées à cette extrémité du c. où venaient aboutir les deux lignes ou *Cornes* (*Cornua*) de la *cavea*, et l'ensemble des constructions qui formaient ainsi le petit côté de l'édifice se nommait *Oppidum* (la ville), parce qu'avec ses

portes et ses deux tours Il il présentait, en effet, l'aspect d'une ville fortifiée. Il y avait habituellement 12 *carceres*, IIII, et parfois 8 seulement. — Outre la porte triomphale dont il a déjà été question, le grand c. avait encore trois autres portes : l'une, la *Porta pompæ*, L, au centre de l'*oppidum*; la deuxième, *Porta libitinensis*, M; et la troisième, *Porta lunævivaria*, N, sur les côtés et en avant de l'*oppidum*. La première était ainsi nommée parce qu'elle servait d'entrée à la procession (*Pompa circensis*) que l'on faisait en l'honneur des dieux avant le spectacle, et la dernière parce que c'était par là qu'on emportait les cadavres de ceux qui avaient péri dans les jeux. C'est au-dessus de la *porta pompæ* qu'était située la tribune (*Suggestus*) du personnage qui présidait aux jeux du c. — A l'entrée de la carrière, deux petits pilastres (*Hermuli*) placés de chaque côté du *podium*, dans la direction de la ligne JK, soutenaient les deux bouts d'une corde enduite de craie, nommée *Alba linea* (la ligne blanche), ou bien encore *Calx* (la chaux) et *Creta* (la craie). Elle servait à régulariser les départs. Lorsque les portes étaient ouvertes, s'il arrivait qu'un attelage plus ardent que les autres s'élançât en avant, il était arrêté par cette corde jusqu'à ce que le départ s'effectuât régulièrement au moment où la corde était retirée. Extérieurement, le Grand C. était entouré d'un portique, et, outre le portique et le mur du *podium*, il y avait plusieurs rangées de voûtes obscures qui supportaient les gradins de la *cavea*.

Le Grand C. (*Circus maximus*) pouvait contenir 150,000 spectateurs, suivant Denys d'Halicarnasse; 260,000, selon Pline; et 385,000, d'après Publius Victor. Ces divers chiffres sont sans doute exacts, car ils se rapportent évidemment à des époques différentes. Du temps de Jules César, il avait 3 stades de longueur et 1 de largeur, c.-à-d. environ 634 mètres sur 211. Selon Pline, la seule épaisseur des constructions avait 1 demi-stade ou plus de 100 mètres; mais cette épaisseur se trouve comprise dans la largeur assignée au c. par Denys d'Halicarnasse. En règle générale, la longueur d'un c. était égale à cinq fois sa largeur.

Rome possédait une douzaine de cirques. Nous mentionnerons les principaux : le *C. agonalis*, appelé aussi *C. Alexandrinus*, parce qu'il avait été agrandi et embelli par Alexandre Sévère, était situé près de l'endroit où est aujourd'hui la place Navone. Le *C. Flaminius* était bâti sur les terrains où se trouve l'église de San-Nicolao alle Calcare; on le nommait quelquefois *C. Apollinaire*, parce qu'on y célébrait les jeux en l'honneur d'Apollon. Le *C. de Flore* occupait l'emplacement de la place Grimana actuelle. Le *C. de Néron* occupait celui où s'élève actuellement la basilique de Saint-Pierre. Le *C. d'Héliogabale* ou d'*Aurélien* était situé près de la porte appelée aujourd'hui Porta Maggiore. Enfin, le *C. de Caracalla* était bâti près de la voie Appienne et de la porte Capène, aujourd'hui de Saint-Sébastien : c'est le mieux conservé de tous. Il avait environ 475 mètres de longueur sur 88 de large; l'épine était longue à peu près de 270 mètres. On a remarqué que, dans ce dernier c., l'architecte, pour alléger les voûtes qui supportaient les gradins, avait fait usage de poteries creuses. — A l'imitation de Rome, toutes les grandes villes de l'empire avaient aussi des cirques plus ou moins vastes et riches, suivant leur importance. Il reste à peine quelques vestiges de ces monuments; pour la France, nous citerons seulement les cirques d'Arles et de Vienne, dont on a pu constater l'emplacement et trouver quelques vestiges.

Ne pas confondre les cirques, destinés aux courses de chevaux, de chars, etc., avec les *arènes* destinées aux combats de *Gladiateurs*. Voy. ce mot.

II. Selon les légendes romaines, les jeux du c. furent institués par Romulus, lorsqu'il voulut attirer à Rome les Sabines, afin de procurer des épouses à ses compagnons. Comme ils furent d'abord célébrés en l'honneur du dieu Consus ou Neptune équestre, on les nomma *Ludi Consuales*. Après la construction du Grand C., on les appela indifféremment *Jeux du c.* (*Ludi Circenses*), *Jeux romains* (*L. Romani*) et *Grands Jeux* (*Magni*

Ludi). — Les cirques étaient spécialement affectés à six sortes de jeux ou de spectacles.

1° *Courses de chars* (*cursus*). — Les chars en usage dans les courses étaient attelés de 2 chevaux (*biga*) ou de 4 chevaux (*quadriga*). Quatre chars fournissaient ordinairement une course ensemble. Les cochers (*Aurigæ, Agitatores*) étaient partagés en quatre compagnies ou *Factions* (*factiones*) qui se distinguaient entre elles par la couleur de leur costume ; elles représentaient les quatre saisons de l'année. La faction verte (*Factio prasina*) représentait le printemps ; la rouge (*F. russata*), l'été, la bleue (*F. veneta*), l'automne ; et la blanche (*F. alba* ou *albata*), l'hiver. Le cocher se tenait debout dans son char, les rênes passées autour du corps, ce qui lui permettait, en cas de besoin, de peser de tout son poids sur les chevaux, en se penchant en arrière ; mais dans le cas où le char venait à verser, il risquait fort de mourir de la mort d'Hippolyte. Pour échapper à ce danger, l'*auriga* portait à sa ceinture un petit couteau fort tranchant, afin de couper les rênes en cas de nécessité : c'est ce qu'on voit sur plusieurs sculptures anciennes, particulièrement sur un fragment de statue de la villa Negroni (Fig. 3). — ce fragment donne aussi une idée du costume des cochers. — Les courses de chevaux montés par des cavaliers étaient soumises aux mêmes règles que les courses de chars. — La passion des Romains et, plus tard, celle des habitants de Constantinople pour les courses de chars et de chevaux allèrent jusqu'à l'extravagance. Des listes des chevaux (*Libelli*) avec leurs noms et leurs couleurs étaient colportées dans la foule ; des paris énormes s'engageaient pour ou contre chaque cocher. Quelquefois les disputes entre les factions dégénéraient en violences ouvertes et en rixes sanglantes. Sous Justinien, par exemple, il n'y eut pas moins de 40,000 hommes tués pour les factions verte et bleue. Après ce déplorable événement, la dénomination de faction, mais non la chose, disparut des jeux du c. Voy. STADE.

2° *Jeux Troyens* (*Ludi Trojæ*). — Ces jeux étaient une sorte de combat simulé qu'on prétendait avoir été inventé par Énée. Ils étaient exclusivement exécutés par des jeunes gens qui appartenaient aux premières familles de Rome, et qui combattaient à cheval. Auguste et les empereurs qui lui succédèrent se plaisaient beaucoup à ces jeux ; Virgile les a décrits dans le V° chant de son *Énéide*.

3° *Combats de cavalerie et d'infanterie* (*Pugna equestris et pedestris*). — Ces combats étaient la représentation fidèle d'une véritable bataille. À cette occasion, on établissait un camp dans l'intérieur même du c.

4° *Luttes gymnastiques* (*Certamen gymnicum*). — Il sera parlé ailleurs de ces sortes de jeux. Voy. ATHLÈTE, PUGILAT, etc.

5° *La Chasse* (*Venatio*). — Les Romains nommaient ainsi les exhibitions d'animaux sauvages que l'on faisait combattre soit entre eux, soit avec des hommes. Le plus souvent ces sortes de jeux se donnaient dans le c., cependant, ils avaient lieu dans les amphithéâtres. Les individus qui combattaient contre les animaux féroces étaient nommés *Bestiaires* : c'étaient tantôt des criminels condamnés à mort ou bien des prisonniers, tantôt des hommes qui faisaient de ce métier périlleux une véritable profession. Sous ce rapport ils se rapprochaient des gladiateurs ; aussi en parlerons-nous à ce mot. — La première *Venatio* dont les historiens fassent mention, eut lieu l'an 251 av. J.-C., lorsque L. Métellus fit paraître dans le c. 142 éléphants qu'il avait amenés de Sicile après sa victoire sur les Carthaginois : on les tua dans le c., parce qu'on ne savait qu'en faire. Dans les jeux que Jules César donna au peuple dans son troisième consulat (45 av. J.-C.), la *venatio* ne dura pas moins de 5 jours : ce fut alors que l'on vit à Rome, pour la première fois, des girafes ou caméléopards. Jules César introduisit également dans le c. les combats de taureaux : ces animaux étaient poursuivis dans le c. par des cavaliers thessaliens qui les fatiguaient d'abord, puis les saisissaient

par les cornes et les immolaient. L'empereur Auguste fit paraître (29 ans av. J.-C.) un hippopotame, un rhinocéros, un serpent long, dit-on, de 50 coudées, et 36 crocodiles. — La passion du peuple pour ce genre de spectacles allant toujours croissant, les empereurs s'efforçaient sans cesse de surpasser leurs prédécesseurs. Lors de la consécration de l'amphithéâtre de Titus (le Colisée), le nombre des animaux tués s'éleva à 9,000 ; il atteignit 11,000 dans les jeux célébrés par Trajan, après ses victoires sur les Daces. Sous les empereurs, on imagina une nouvelle espèce de *venatio*, dans laquelle les animaux n'étaient pas tués par des bestiaires, mais étaient abandonnés au peuple qui se précipitait dans l'*area*, chacun emportant ce qu'il pouvait saisir. Dans cette dernière sorte de jeux, on plantait de grands arbres par tout le c. afin de lui donner l'apparence d'une forêt, et on avait soin de n'y pas lancer des animaux féroces proprement dits. Probus donna une chasse de ce genre, dans laquelle il fit paraître 1,000 autruches, 1,000 cerfs, 1,000 sangliers, 1,000 daims et une multitude d'autres animaux sauvages. Le lendemain, il y eut, non plus dans le c., mais dans l'amphithéâtre, un autre spectacle où l'on tua 100 lions, 100 lionnes, 200 léopards et 300 ours. Voy. GLADIATEUR.

6° *La Naumachie* (*Naumachia*). Voy. ce mot.

Les jeux sanglants du c. disparurent lorsque le christianisme eut pris possession de l'empire romain. Constantin, après sa conversion, commença d'abord par abolir les processions (*Pompa circensis*) et les cérémonies religieuses qui précédaient la célébration des jeux. Les combats de gladiateurs furent supprimés par un édit d'Honorius (403 ap. J.-C.) ; cependant ce même empereur et Théodose rendirent une loi qui avait pour objet d'assurer les convois de bêtes destinées aux spectacles, et qui infligeait une amende de 5 livres d'or à quiconque leur ferait quelque mal. A Constantinople, on continua de faire paraître des animaux féroces dans les jeux jusqu'à l'époque de Justinien ; enfin, les courses de chars ne cessèrent dans cette dernière ville que lorsqu'elle fut prise par les croisés, en 1204.

III. Aujourd'hui, on donne encore le nom de *C.* à des enceintes circulaires et couvertes, destinées aux spectacles donnés par des écuyers. C'est aussi le lieu de spectacles divers, de tours d'adresse ou d'agilité, d'exhibitions militaires, etc. Ces édifices, par leur forme et leur disposition générale, mériteraient beaucoup mieux le nom d'*Amphithéâtres*.

Géol. — Les géographes et les géologues appliquent la dénomination de *C.* à de grands espaces plus ou moins régulièrement circulaires, dont la circonférence est formée par des rochers ou par des collines. Leur fond est, en général, plus ou moins irrégulier. Parfois encore, on désigne par le même nom certains cratères volcaniques de grandes dimensions, comme celui de l'Etna, par ex. ; mais, « pour éviter la confusion, il convient dit Rozet, de n'appliquer cette dénomination qu'aux espaces circulaires dont la formation n'est pas due à l'accumulation des matières rejetées par les volcans : ces derniers sont des *Cratères* ». Les chaînes de montagnes de la France nous offrent des cirques magnifiques : ils sont surtout communs dans les Pyrénées, où on les désigne sous le nom d'*Oule*. Le plus célèbre est le c. de Gavarnie, département des Hautes-Pyrénées, où l'on admire la cascade du gave de Pau, qui n'a pas moins de 405 mètres de chute.

CIRRATULE ou **CIRRHATULE**. s. f. [Pr. *sir-ra-tule*] (Dimin. de *cirre*). T. Zool. Genre d'annélides à sang rouge des mers du Nord. Voy. DORSIBRANCHES.

CIRRE ou **CIRRHE**. s. m. (lat. *cirrus*, filament). T. Bot. Appendice grêle, le plus souvent contourné en spirale, qui sert à certaines plantes grimpantes à s'attacher aux objets voisins. Voy. VRILLE. || T. Zool. Se dit de certaines plumes qui sont dépourvues de barbules ; des barbillons d'un grand nombre de poissons ; des espèces de petites lanières que présente le manteau de certains mollusques ; des appendices qui, chez beaucoup d'annélides et d'articulés, remplissent les fonctions d'organes tactiles. Voy. CIRRIPÈDES.

CIRRHIPÈDES. s. m. pl. Voy. CIRRIPÈDES.

CIRRHOBRANCHES. s. m. pl. (gr. *cirrus*, roux, et *branchies*). Nom que l'on avait donné autrefois aux mollusques du genre *Dentale*, qui forment une classe à part. Voy. SCAPHOPODES.

CIRRHODERMAIRES. s. m. pl. (gr. *cirrus*, roux ; *derma*, peau). T. Zool. Nom donné par de Blainville aux *Echino-dermes*. Voy. ce mot.

CIRRHOGRAPHIQUE. adj. T. Minér. Nom d'une variété de fer oxydé, la *terre d'ombre*, qui fournit une couleur bistre.

CIRRHONOSE. s. f. (gr. κιρρὸς, roux; νόσος, maladie). T. Pathol. Coloration jaune roussâtre de la plèvre, du péritoine, etc. Peu us.

CIRRHOPODES. s. m. pl. Voy. CIRRIPÈDES.

CIRRHOSE. s. f. (gr. κιρρὸς, roux). T. Méd. Granulation de couleur rousse que l'on trouve dans quelques affections du foie. Voy. FOIE.

CIRRIFÈRE. adj. 2 g. [Pr. *sir-rifère*] (de *cirre*, et lat. *fero*, je porte). T. Hist. nat. Qui est pourvu de *cirres*. Voy. ce mot.

CIRRIFORME. adj. 2 g. [Pr. *sir-riforme*] (de *cirre*, et lat. *forma*, forme). T. Bot. Qui a la forme d'un cirre ou d'une vrille.

CIRRIPÈDES ou **CIRRHIPÈDES.** s. m. pl. [Pr. *sir-ripèdes*] (lat. *cirrus*, boucle de cheveux; *pes*, *pedis*, pied. Ce mot doit s'écrire *cirripède*. Plusieurs naturalistes écrivent *cirrhipèdes* et *cirrhopodes* à la suite d'une erreur qui provient de ce qu'on a confondu le préfixe *cirri*, tiré du latin *cirrus*, avec le préfixe *cirrh*, qui vient du grec κιρρὸς, roux). Les C. constituent dans la classe des crustacés un ordre distinct. G. Cuvier avait rangé ces animaux parmi les mollusques. — Les animaux qui composent cet ordre nagent librement dans les premiers temps de la vie; mais bientôt après ils se fixent pour toujours. Ils changent alors complètement de forme, et ils se renferment dans une enveloppe nommée *Manteau*, qui présente des traces évidentes de divisions circulaires ou anneaux. Ils n'ont pas d'yeux. La bouche est composée de mâchoires latérales et de mandibules. La face abdominale du corps présente deux rangées de filets nommés *Cirres* et composés d'une multitude de petites articulations ciliées. Ces cirres représentent des espèces de pieds et de nageoires. Ils sont au nombre de 12 paires, recourbés sur eux-mêmes, et l'animal les fait constamment sortir et rentrer par l'orifice de sa gaîne. Les branchies sont situées sur les parties latérales du corps et fixées à la base des pieds. La circulation se fait dans des cavités sans parois distinctes; il n'y a point

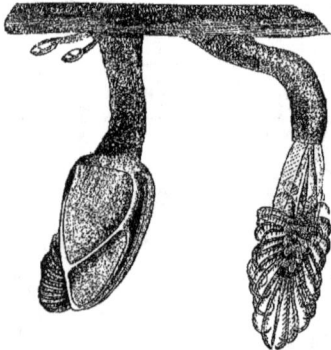

Fig. 1.

de cœur proprement dit. L'appareil nerveux se compose d'une double chaîne de ganglions symétriques. Enfin, chaque animal est hermaphrodite.

Les c. se divisent en deux familles : les *Anatifes*, qui sont fixées par un pédicule cylindrique, et les *Balanes* qui n'ont point de pédicule.

La première se compose de 3 genres. Le genre *Anatife* pro-prement dit (*Anatifa*) a pour caractères une coquille composée de 5 valves rapprochées en forme de cône aplati par une membrane, et supportées par un pédicule creux et contractile. Ce pédicule est toujours fixé aux rochers, à la quille des navires ou à des morceaux de bois flottants. L'espèce la plus répandue dans nos mers est l'*Anat. lisse* (*Anat. lævis* ou *Lepas anatifera*). [Fig. 1.] — Les *Pouce-pieds* ont 5 valves principales et plusieurs petites vers le pédicule. On trouve sur nos côtes plusieurs espèces de ce genre, dont la plus remarquable est le *P.-p. imbriqué* (*Polliceps imbricatus*) [Fig. 2].

Dans la famille des *Balanes*, les genres sont plus nombreux; mais le plus important est le genre *Balane proprement dit* (*Balanus*). Les animaux qui le composent sont contenus en entier dans une espèce de coquille conique et courte, fixée par la base et composée de plusieurs pans articulés entre eux. La fécondité de ces c. est prodigieuse; ils tapissent quelquefois les flancs des navires, en très grand nombre. Ils agitent continuellement leurs cirres dans l'eau avec une grande vitesse : avec ces plus longs ils établissent un tourbillon où s'engagent les animaux dont ils se nourrissent, et avec les

Fig. 2.

plus courts ils empêchent ces derniers de s'échapper. Au moindre danger, ils cessent de se mouvoir et ferment leurs opercules. Les balanes se trouvent dans toutes les mers. Les mêmes espèces se rencontrent dans des parages fort éloignés,

Fig. 3.

de sorte qu'il est difficile de dire si celles de nos côtes sont indigènes. On dit que l'espèce la plus répandue, le *Bal. Tulipe* (*B. tintinnabulum*) est regardée par les Chinois comme un mets délicat : ils l'apprêtent au sel et au vinaigre. Le *Bal. balanoïde* (*B. balanoïdes* ou *Lepas balanus*) [Fig. 3] est très répandu sur les côtes de France. Parmi les autres genres de cette famille nous citerons les *Acastes* qui, pour la plupart, vivent dans les éponges, les *Coronules*, les *Diadèmes* et les *Tubinicelles*, qui se fixent sur la peau des grands animaux marins et particulièrement des baleines.

CIRRO-CUMULUS. s. m. [Pr. *sir-ro-cumu-lus*]. T. Météor. Nuage pommelé. Voy. NUAGE.

CIRROÏDE. adj. 2 g. [Pr. *sir-ro-ide*] (R. *cirre*) Qui s'en-roule à la façon d'un cirre ou d'une vrille.

CIRROLITHE. [Pr. *sir-ro-lite*] (gr. κιρρὸς, roux; λίθος, pierre). T. Minér. Phosphate hydraté d'alumine et de chaux.

CIRRO-STRATUS. s. m. [Pr. *sir-ro-stra-tus*]. T. Météor. Nuage stratifié. Voy. NUAGE.

CIRRUS. s. m. [Pr. *sir-rus*] (lat. *cirrus*, boucle de cheveux, filament). T. Météor. Nuages très élevés formés d'aiguilles de glace et affectant la forme de filaments entrecroisés. L'apparition des cirrus ou des cirro-cumulus après une période de beau temps annonce l'approche du mauvais temps. Voy. NUAGE.

CIRSE. s. m. (gr. κίρσιον, sorte de chardon). T. Bot. Genre de plantes (*Cirsium*) de la famille des *Composées*. Voy. ce mot.

CIRSOCÈLE. s. m. (gr. κιρσὸς, varice; κήλη, tumeur). T. Méd. Tumeur variqueuse des veines spermatiques.

CIRSOÏDE. adj. 2 g. (gr. κιρσὸς, varice; εἶδος, forme). T. Méd. Variqueux. *Anévrysme c.*

CIRSOMPHALE. s. m. (gr. κιρσὸς, varice; ὀμφαλός, nombril). T. Chir. Dilatation variqueuse des veines de l'ombilic.

CIRSOPHTALMIE. s. f. (gr. κιρσὸς, varice, et *ophtalmie*). T. Méd. Ophtalmie variqueuse.

CIRSOTOMIE. s. f. (gr. κιρσὸς, varice; τομή, excision). T. Chir. Excision de varice.

CIRTA, anc. v. de Numidie, restaurée par Constantin, aujourd'hui Constantine. Deux conciles y furent tenus, en 305 et 342.

CIRURE. s. f. Enduire de cire préparée.

CIS. s. m. (gr. κίς, ver du bois). Genre d'insectes *Xylophages*. Voy. ce mot.

CISAILLE. s. f. [Pr. les *ll* mouillées] (R. *ciseaux*). Gros ciseaux et outils qui servent à couper des plaques ou des

J. Firou, Sc

feuilles de métal. || Rognures qui restent de la monnaie qu'on a fabriquée. Dans ce sens, on dit aussi au sing., *De la cisaille.*
Techn. — Il existe une très grande variété de cisailles, dont la forme et la disposition varient suivant l'usage auquel on les destine. On peut cependant les répartir en trois types : 1° La C. *à levier* affecte la forme d'une paire de ciseaux. Il y en a de toutes dimensions. Les grosses cisailles sont fixées à demeure par l'une de leurs branches, l'autre seule étant mobile. — 2° La C. *à guillotine* permet de

couper des tôles d'une épaisseur quelconque sur une longueur aussi grande qu'on veut : elle se compose de deux lames d'acier dont l'une est fixe, et dont l'autre peut s'approcher de la précédente sous l'action d'un mécanisme puissant (Fig.) Il suffit de placer la tôle entre les deux lames et de faire tourner la machine. A chaque coup de c., on avance la tôle d'une longueur égale à celle des lames. — 3° La C. *circulaire* se compose de deux disques d'acier tranchants maintenus presque en contact dans le même plan et animés d'un mouvement de rotation rapide. Il suffit de faire passer la tôle entre ces deux disques pour obtenir une coupure ayant la forme qu'on désire et dont le profil est d'une grande régularité. — Les cisailles à guillotine peuvent être mues à bras ou par une machine à vapeur; mais le moteur le plus avantageux est un moteur hydraulique. Voy. CHAUDRONNIER. — La c. circulaire est mue à la vapeur.

CISAILLEMENT. s. m. [Pr. les *ll* mouillées]. Action de cisailler. || Pénétration dans une matière plus ou moins dure d'un prisme terminé par une arête vive.

CISAILLER. v. a. [Pr. les *ll* mouillées] (R. *ciseau*). T. Techn. Couper avec des cisailles des pièces de monnaie fausses ou légères, ou des lames de métal quelconque. == CISAILLÉ, ÉE. part.

CISAILLEUR. s. m. Ouvrier qui coupe avec des cisailles.

CISALPIN, INE. adj. (lat. *cis*, en deçà; *Alpes*, Alpes). Qui est en deçà des Alpes par rapport à l'Italie. *Les peuples cisalpins. La Gaule cisalpine.* || *République Cisalpine*, organisée par Bonaparte en 1797, comprenait la Lombardie. Cap. Milan.

CISEAU. s. m. (lat. *cæsus*, coupé). Instrument plat qui est taillé en biseau à l'une de ses extrémités et dont on se sert pour travailler le bois, le fer, la pierre, etc. *C. de sculpteur, de maçon, de menuisier, d'orfèvre. Le manche d'un c.* — *Ouvrage de c.*, Ouvrage de sculpture. || *C. à froid*, C. en acier supérieur et d'une trempe excellente pour attaquer le fer à froid. || Fig., se dit de la manière et du style d'un sculpteur. *Ce sculpteur a le c. hardi, délicat*, etc.

CISEAUX. s. m. pl. (pl. de *ciseau*). Instrument de fer composé de deux branches mobiles tranchantes en dedans, et jointes ensemble par une vis ou par un clou. *Une paire de c. Mettre les c. dans une étoffe. C. de tailleur, de jardinier, de chirurgien.* — On dit quelquefois au sing., *Mettre le ciseau dans une étoffe. Le chirurgien lui a donné trois coups de ciseau.* || Poétiq., *Les ciseaux de la Parque, Le fatal ciseau.* Voy. PARQUE.

CISELER. v. a. (lat. *cædere*, couper). Travailler avec le ciseau. *C. de la vaisselle d'argent.* == CISELÉ, ÉE. part. *Velours ciselé.* Voy. VELOURS. == Conjug. V. GELER.

CISELET. s. m. (Dimin.) Petit ciseau dont se servent les orfèvres, les graveurs, etc.

CISELEUR. s. m. Celui dont le métier est de ciseler. Le *Ciseleur* est l'artiste qui sculpte les métaux et particulièrement le cuivre. On distingue trois sortes de ciselures :
1° La *ciselure sur pièce fondue* est la plus répandue. La pièce est d'abord coulée dans un moule en sable, et le c. n'a qu'à enlever les jets et vis les bavures et lui donner le fini nécessaire. C'est néanmoins un travail long et délicat. C'est ainsi que se font les objets de bronze . statuettes, vases, rinceaux, etc.
2° La ciselure repoussée consiste à tirer d'une feuille de métal un sujet en ronde bosse ou bas-relief. Elle se fait en or, argent et cuivre, en frappant la plaque au marteau sur un moule en plâtre approprié. Le ciseau et le ciselet n'interviennent que pour achever l'ouvrage. Le travail est donc improprement appelé ciselure : son vrai nom serait *chaudronnerie artistique*.
3° La ciselure *fine sur place* est une véritable sculpture exécutée dans un bloc de métal qu'on taille comme la pierre. Ce travail ne convient qu'aux métaux peu chers, durs et résistants comme le fer et l'acier. Le Musée de Cluny et le Musée d'artillerie de Paris contiennent un grand nombre d'armes, de serrures, de clefs, etc., décorés par ce procédé. — L'art de la ciselure a été pratiqué dès les temps les plus reculés; mais c'est surtout depuis la Renaissance qu'il a pro-

duit les œuvres les plus remarquables. Parmi les plus célèbres ciseleurs de cette époque, nous citerons le Florentin Benvenuto Cellini (le maître du genre), et les Français Jean Goujon et Pierre Germain.

Deux statuaires en bronze, MM. Crozatier et Willemsens, ont légué par testament : le premier 500 francs de rente, l'autre 300 francs, destinés à être distribués chaque année en prime à l'ouvrier c. qui aura exécuté avec le plus de perfection un objet de c. en bronze ou en argent.

CISELLERIE. s. f. Travail, produit du fabricant de ciseaux.

CISELURE. s. f. L'art de ciseler; le travail fait par le ciseleur. || T. Archit. Petit bord qu'on fait avec le ciseau au parement d'une pierre pour la dresser.

CISJURANE (Bourgogne), partie de la Bourgogne située en deçà du Jura, royaume fondé en 879 par Boson, beau-frère de Charles le Chauve, et qui fut réuni à la Bourgogne Transjurane en 928.

CISLEITHANIE, nom sous lequel on désigne l'Autriche proprement dite par opposition à la Hongrie appelée *Transleithanie*, la frontière des deux pays étant formée par la rivière *Leitha*.

CISOIR. s. m. Ciseau des orfèvres.

CISOIRES. s. f. pl. (R. *ciseaux*). Gros ciseaux dont le manche est attaché et monté sur un pied.

CISPADANE (Gaule), partie de la Gaule cisalpine qui est en deçà du Pô (par rapport à Rome). || *République Cispadane*, République italienne créée par Bonaparte en 1796, réunie en 1797 à la République Cisalpine.

CISSAMPÉLÉES. s. f. pl. (R. *cissampelos*). T. Bot. Tribu de végétaux de la famille des *Ménispermées*. Voy. ce mot.

CISSAMPÉLINE. s. f. T. Chim. Voy. Buxine.

CISSAMPELOS. s. m. (gr. κισσὸς, lierre; ἄμπελος, vigne). T. Bot. Genre de plantes grimpantes de la famille des *Ménispermées*. Voy. ce mot.

CISSE ou **CISSUS** s m. (gr. κισσὸς, lierre). T. Bot. Genre d'arbrisseaux grimpants de la famille des *Vitées*. Voy. ce mot.

CISSOÏDE. s. f. (gr. κίσσος, lierre). T. Géom. On nomme ainsi une courbe du troisième degré, qui a été inventée par Dioclès, pour résoudre le fameux problème de la *duplication du cube* ou de la construction de deux moyennes proportionnelles entre deux droites données. Son nom dérive d'un mot grec qui signifie *lierre*, parce que cette courbe monte le long de son asymptote comme le lierre grimpe sur le tronc d'un arbre élevé. Cette courbe se décrit de la manière suivante : De l'extrémité A du diamètre AB d'un cercle, on tire une ligne droite AC (Fig. ci-contre), qui va rencontrer la tangente CB menée à l'autre extrémité du diamètre AB; puis on prend CP égal à la corde AD; le point P sera un point de la cissoïde. En faisant tourner la droite AC autour du point A, le point P se déplace et décrit la courbe. Il résulte de là que la c. se compose de deux branches infinies qui s'approchent sans cesse et de plus en plus de la tangente CBC, sans jamais l'atteindre. Cette tangente est une asymptote de la c. Maintenant, si l'on prend le point A pour l'origine des coordonnées et le diamètre AB pour l'axe de l'abscisse, l'équation de la courbe est

$$x^3 = (a - x) y^2,$$

a étant le diamètre du cercle générateur.

Une des propriétés les plus remarquables de la c., c'est que l'aire totale comprise entre les deux branches de cette courbe et son asymptote est égale à trois fois la surface du cercle générateur. — On doit à Newton un procédé pour décrire cette courbe mécaniquement par le mouvement d'une règle rectangulaire.

CISSUS. s. m. Voy. Cisse.

CISTE. s. m. (gr. κιστὸς; m. s.). T. Bot. Genre de plantes (*Cistus*), type de la famille des *Cistées*. Voy. ce mot.

CISTE. s. f. (gr. κίστη, m. s.). T. Archéol. Sorte de corbeille. Voy. Cistophore.

CISTÉES. s. f. pl. (R. *ciste*). T. Bot. Famille de végétaux Dicotylédones de l'ordre des Dialypétales supérovariées méristémones à carpelles ouverts.

Caractères bot. : Plantes herbacées ou suffrutescentes, à rameaux souvent visqueux. Feuilles entières, opposées ou alternes, pourvues ou dépourvues de stipules, généralement penninervées, mais quelquefois à nervures disposées en éventail. Fleurs solitaires ou en cymes uniparés hélicoïdes, blanches, jaunes ou rouges et très peu durables. Sépales 3-5, continus avec le pédicelle, persistants, inégaux, les 3 intérieurs à estivation tordue. Pétales 5, très rarement 3, hypogynes, fugitifs, souvent chiffonnés dans l'estivation, et tordus en sens contraire de celui des sépales. Étamines en nombre défini ou indéfini, hypogynes, distinctes; anthères biloculaires, s'ouvrant longitudinalement. Pistil comprenant 3-5 carpelles concrescents en un ovaire uniloculaire à placentation pariétale; ovules orthotropes, très rarement anatropes; style unique; stigmate simple, rarement 3 stigmates. Capsule s'ouvrant en 3 ou 5 valves, quelquefois 10. Graines en nombre défini ou indéfini. Embryon renversé courbe ou en spirale,

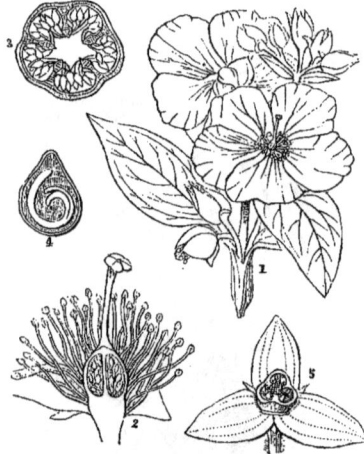

situé au milieu d'un albumen farineux ou quelque peu corné; radicule éloignée du hile [Fig. 1. *Cistus Berthelotianus*; 2. Coupe verticale de l'ovaire et du calice; 3. Coupe de l'ovaire seul; 4. Coupe d'une graine (l'extrémité pointue est le véritable sommet); 5. Coupe du calice et de l'ovaire de l'*Helianthemum canariense*.]

Cette famille comprend 4 genres et 60 espèces. Les espèces qu'elle renferme habitent surtout le midi de l'Europe et le nord de l'Afrique; elles sont rares dans l'Amérique et presque étrangères à l'Asie. — On ne leur connaît pas de propriétés très prononcées. C'est le *Ciste de Crète* (*Cistus creticus*) et quelques autres espèces du même genre qui produisent la substance résineuse et balsamique nommée *Ladanum*. Cette résine était autrefois très estimée comme tonique, stimulante et résolutive; on l'employait surtout dans les catarrhes chroniques. La récolte du ladanum se fait au moyen d'un fouet muni d'un long manche et formé de plusieurs courroies qu'on passe à plusieurs reprises sur les arbustes, et qui se chargent de la matière résineuse que sécrètent toutes les parties du végétal. — L'*Hélianthème commun* (*Helianthemum vulgare*), autrefois fort estimé comme vulnéraire, est aujourd'hui complètement oublié.

CISTÈLE. s. f. T. Entom. Genre d'insectes coléoptères. Voy. CISTÉLIDES.

CISTÉLIDES. s. m. pl. (R. *cistèle*). T. Entom. Famille de coléoptères du groupe des *Hétéromères*. Leur tête est inclinée et n'offre pas de rétrécissement en forme de cou. Les antennes ont 11 articles. Les branches antérieures se rejoignent et les griffes des pattes sont pectinées. Voy. STÉNÉLYTRES.

CISTINÉES. s. f. pl. Syn. peu usité de CISTÉES. Voy. ce mot.

CISTOPHORE. s. f. (gr. κίστη, corbeille; φορός, qui porte). T. Archéol. — s. m. T. Numism.

Archéol. — Les Grecs donnaient le nom de *Cistes* à des corbeilles mystiques que l'on portait dans les processions en l'honneur de Cérès et de Bacchus : elles étaient fermées et contenaient divers objets consacrés à ces divinités. Ces corbeilles étaient ordinairement en osier; quelquefois, cependant, elles étaient en métal, mais alors on leur conservait l'aspect d'un ouvrage de vannerie. Les personnes qui, dans les cérémonies religieuses, étaient chargées de porter ces corbeilles, s'appelaient *Cistophores*; c'étaient presque toujours des jeunes filles appartenant aux meilleures familles.

Numism. — Les numismates se servent du même mot pour désigner certaines monnaies grecques d'argent qui ont pour type principal une *ciste* à moitié ouverte, de laquelle sort un serpent, et qui offrent au revers des figures très variées. Les cistophores sont sortis des ateliers monétaires de Pergame, d'Éphèse, de Sardes, de Tralles, d'Apamée et de Laodicée. Ils étaient fort recherchés dans toute l'Asie occidentale à cause de l'élévation et de l'invariabilité de leur titre.

CISTUDE. s. f. T. Erpét. Genre de tortue des marais. Voy. CHÉLONIENS.

CISTULE. s. m. (lat. *cistula*, petite boîte). T. Bot. Sorte de conceptacle ou appareil de fructification des lichens.

CITABLE. adj. Qui mérite d'être cité.

CITADELLE. s. f. (R. *cité*). Forteresse qui commande une ville. Voy. FORTIFICATION.

CITADIN, INE. s. (R. *cité*). Se dit des habitants d'une ville, d'une cité, par opposition à ceux qui vivent habituellement dans la campagne. *Un honnête c.* || Se disait autrefois en parlant de certaines villes d'Italie, pour désigner les habitants qui n'appartenaient pas au corps de la noblesse. *Le chancelier de Venise était toujours du corps des citadins.*

CITATEUR. s. m. Celui qui cite habituellement dans sa conversation ou dans ses écrits. Peu us.

CITATION. s. f. (Pr. ...*sion*) (R. *citer*). Acte par lequel on appelle quelqu'un devant le magistrat. Dans ce sens, il ne s'employait guère autrefois qu'en matière ecclésiastique; aujourd'hui il se dit surtout en parlant de la justice de paix. — Il se dit aussi de l'acte par lequel on assigne un témoin. Voy. TÉMOIN. || L'ordre que, dans certaines circonstances, le grand maître de Malte envoyait à tous les chevaliers de se rendre dans cette île. || Allégation d'un passage, d'une autorité, soit qu'on rapporte le passage lui-même, soit qu'on se contente d'indiquer le lieu où il se trouve. *Il nous fit une longue c. de Cicéron. Une fausse c. Il multiplie trop les citations. Remplir un livre de citations.*

Légis. — Pris dans son acception étymologique, le mot *Citation* désigne tout acte de procédure par lequel une personne en appelle une autre en justice, c.-à-d. tout acte introductif d'instance : c'est dans ce sens que ce terme est souvent employé dans le langage vulgaire; il est alors un simple synonyme du mot *Assignation*. Mais, dans la langue juridique, on réserve le terme de c. pour désigner l'acte par lequel une personne est sommée de comparaître en justice de paix, ou bien devant un tribunal correctionnel ou de simple police, et l'on donne le nom d'*Exploit d'ajournement* à l'acte par lequel on appelle une partie devant un tribunal de pre-

mière instance ou de commerce. Enfin, ce dernier est nommé *Acte d'appel* lorsqu'on assigne à comparaître devant une cour d'appel, et *Acte de pourvoi* lorsqu'on introduit une instance devant la cour de cassation.

Tout ce qui concerne les actes introductifs d'instance est réglé par la loi. Nous ne parlerons pas ici de la question de compétence, c.-à-d. de la question de savoir devant quel tribunal il faut assigner selon les cas; nous nous contenterons d'indiquer brièvement les règles posées par le Code de procédure civile relativement à la forme de ces actes et à la manière dont ils doivent être notifiés.

De l'*ajournement*. — L'exploit d'ajournement doit contenir : 1° la date des jour, mois et an, les nom, profession et domicile du demandeur, la constitution de l'avoué qui occupera pour lui et chez lequel l'élection de domicile sera de droit, à moins d'une élection contraire par le même exploit; 2° les nom, demeure et immatricule de l'huissier, les nom et demeure du défendeur, et mention de la personne à laquelle copie de l'exploit sera laissée; 3° l'objet de la demande et l'exposé sommaire des moyens; 4° l'indication du tribunal qui doit connaître de la demande, et du délai pour comparaître, le tout à peine de nullité. Il doit aussi, à peine de nullité, être laissé copie de certaines pièces, et, en matière réelle et mixte, l'exploit doit indiquer la nature de l'héritage, la commune où il est situé et deux au moins des tenants et aboutissants, c.-à-d., des immeubles qui l'entourent. La loi veut, en outre, que l'exploit soit signifié par huissier à personne ou à domicile. Si l'huissier le trouve personne à domicile, il doit remettre immédiatement la copie à un voisin qui signe l'original. Enfin, si le voisin ne peut ou ne veut signer, l'huissier remet la copie au maire ou à l'adjoint de la commune, qui vise l'original sans frais. L'huissier doit faire mention de tout tant sur l'original que sur la copie. Il existe, en outre, certaines règles particulières qui doivent être observées sous peine de nullité, dans quelques cas particuliers, comme, par ex., lorsqu'il s'agit d'établissements publics, de communes, etc. D'un autre côté, la loi accorde au défendeur un délai de huitaine pour comparaître : ce délai est augmenté en raison des distances, à savoir d'un jour par 5 myriamètres, etc. On peut même assigner à bref délai, avec permission du juge. La loi pose également diverses règles qui concernent spécialement l'huissier. Celui-ci ne peut instrumenter ni pour ses parents et alliés, ni pour ceux de sa femme. Il est encore tenu de mettre à la fin de l'original et de la copie de l'exploit, le coût d'icelui p., à peine de 5 fr. d'amende. Dans le cas de transport d'un huissier, il ne doit lui être payé, pour tous frais de déplacement, qu'une journée au plus. Enfin, l'huissier est responsable. Quand son exploit est déclaré nul par son fait, il peut être condamné aux frais de l'exploit et à ceux de la procédure annulée, sans préjudice des dommages-intérêts, s'il y a lieu. Nous ferons observer aussi qu'aucun exploit ne peut être signifié un jour de fête légale, si ce n'est avec la permission du président. Les règles que nous venons d'exposer sont applicables en matière commerciale. La loi permet seulement de réduire à un jour le délai donné au défendeur, et même de l'assigner de jour à jour et d'heure à heure, et de laisser les effets mobiliers. En matière de simple police, le délai pour comparaître est au moins de 24 heures, plus un jour par 3 myriamètres. Il est de 3 jours, plus un jour par myriamètre, en matière correctionnelle. — L'*Acte d'appel* est également soumis à ces règles, quant à sa forme et à la manière de le notifier; néanmoins, il n'est pas nécessaire qu'il contienne les griefs que l'appelant impute au jugement qu'il veut attaquer.

De la *citation*. — La c. n'est pas soumise à des règles aussi rigoureuses que l'exploit d'ajournement. — La c. devant le juge de paix doit indiquer les nom, profession et domicile du demandeur; les nom, demeure et immatricule de l'huissier; les nom et demeure du défendeur; l'énonciation sommaire de l'objet et des moyens de la demande; le juge de paix qui doit connaître de la demande; enfin, le jour et l'heure de la comparution. Quoique la loi ne prescrive pas ces mentions sous peine de nullité, cependant le juge de paix peut considérer comme non avenue la c. où elles seraient omises. La c. devant le juge de paix doit aussi, tout comme l'exploit d'ajournement, être signifiée à la personne ou à domicile. Si l'huissier ne trouve personne, il doit, sans s'adresser au voisin, laisser la copie au maire ou à l'adjoint de la commune. Les délais accordés au défendeur sont moindres que pour l'ajournement. Dans les cas urgents, le juge peut encore donner une *Cédule* pour abréger le délai et permettre de citer le jour même, à l'heure indiquée. Enfin, à la différence de ce qui a lieu en matière civile où l'instance ne peut être introduite que par un exploit d'ajournement, les parties peuvent se présenter devant le juge de paix sans qu'aucune c. ait été donnée. Néanmoins, on ne doit pas confondre avec la c. l'*Avertissement* à se transporter devant le juge de paix qui, d'après la loi du 2 mai 1855, doit précéder tout acte introductif d'instance, afin de tâcher de concilier les parties. — Voy. *Justice de* paix.

CITÉ. s. f. (lat. *civitas*, l'ensemble des habitants d'une ville). Contrée ou portion de territoire dont les habitants se gouvernent par leurs propres lois. *Sous Tibère, on comptait 64 cités dans les Gaules.* — L'ensemble des citoyens d'un État libre. — *Droit de c.*, Aptitude à jouir des droits politiques attribués aux membres d'un État libre. *Accorder, obtenir le droit de c.* || Ville; grand nombre de maisons réunies sur un même point, et parfois enfermées de murailles. *Une grande, une belle c.* Ne s'emploie guère qu'en poésie et dans le style soutenu. — *La c. sainte,* Jérusalem ou Rome. — Fig., dans le langage de l'Écriture sainte, *La c. de Dieu, La c. céleste,* Le ciel, le séjour des bienheureux. || Dans quelques villes, la partie la plus ancienne de la ville, celle où se trouve l'église cathédrale ou principale. On divisait autrefois Paris en Ville, Cité et Université. La Cité était formée par l'île où s'élève Notre-Dame, île qui fut le berceau de Paris, et qui s'appela d'abord Lutèce. L'empereur Julien disait d'elle : « Ma chère Lutèce est entourée par les eaux de la Seine et forme une île que l'on aborde de deux côtés par des ponts de bois. » || *C. ouvrière,* Grand édifice partagé en un grand nombre de petits appartements exclusivement destinés à loger des ménages d'ouvriers, ou assemblage de petites maisons destinées aux ouvriers et où ils trouvent réunies diverses commodités qui manquent dans les maisons ordinaires. || *C. lacustre.* T. Archéol. préhist. Nom donné à des groupes d'habitations sur pilotis construites à une époque préhistorique au milieu des lacs et sur des îles artificielles. Voy. LACUSTRE.

Syn. — *Ville.* — *Ville* se dit de l'ensemble des maisons et des édifices ordinaires renfermés dans une enceinte; *c.* se dit surtout de la réunion des citoyens, des habitants de la *ville.* La *ville* est à la *c.* ce que la maison est à la famille dans le sens propre et naturel.

Hist. — 1. Dans le troisième livre de sa *Politique,* Aristote commence ses recherches sur la nature des États par cette question : « Qu'est-ce qui constitue un *citoyen* (πολίτης)? » et il le définit « celui qui participe au pouvoir législatif et au pouvoir judiciaire ». Cette définition ne peut s'appliquer, il est vrai, aux différents États de la Grèce, ni même à un État quelconque considéré aux différentes époques de son histoire; mais elle résume avec précision les idées que l'on attache habituellement, aujourd'hui comme dans l'antiquité, au terme de *citoyen.*

À Athènes, la population formait trois classes : les citoyens (πολῖται), les étrangers fixés dans le pays (μέτοικοι), et les esclaves (δοῦλοι). — Les citoyens constituaient la classe supérieure. Ils occupaient seuls tous les emplois publics, et le pouvoir législatif et judiciaire était exclusivement entre leurs mains. Pour être citoyen de naissance, il fallait être né d'un citoyen et d'une femme libre, unis en légitime mariage.

Les résidents étrangers (μέτοικοι) furent toujours en grand nombre à Athènes. Lors du recensement fait par Démétrius de Phalère (309 av. J.-C.), on n'en comptait pas moins de 10,000, y compris les femmes et les enfants. Ils venaient de toutes les parties de la Grèce, et même des pays barbares, et ils étaient attirés à Athènes, soit par les ressources qu'offrait cette ville pour les plaisirs et pour l'instruction, soit par les facilités qu'on y trouvait pour se livrer au commerce. Parmi ces résidents, il y avait aussi un bon nombre d'affranchis de citoyens athéniens. Les étrangers ainsi fixés à Athènes ne pouvaient y acquérir de propriétés foncières. Comme, en outre, ils ne faisaient pas partie de la c., et que cependant ils étaient sans cesse en relations d'affaires avec ses membres, tout résident étranger devait choisir pour patron (προστάτης) un citoyen qui lui servait d'intermédiaire dans toutes ses affaires, et qui de plus répondait de sa conduite. Chaque famille d'étrangers payait une taxe annuelle de 12 drachmes, qui se réduisait à 6 quand son chef était une femme veuve. Les μέτοικοι étaient encore soumis, du reste, à plusieurs charges diverses tant ordinaires qu'extraordinaires qui pesaient sur les citoyens. Ils étaient même obligés, tout comme ces derniers, de servir dans l'armée ou sur la flotte, soit à l'intérieur, soit à l'extérieur, pour la défense de la c. En revanche, l'État leur permettait de se livrer librement à leur commerce ou à leur industrie, et leur assurait une protection efficace.

Les droits du citoyen comprenaient la faculté de prendre part aux assemblées populaires, celle de voter les lois, celle de concourir à l'élection des magistrats, celle de participer au pouvoir judiciaire, et enfin celle d'être admissible à tous les emplois publics. Mais pour posséder ces droits dans toute leur plénitude, il fallait être ἐπίτιμος, ou, en d'autres termes, n'avoir encouru aucune sorte d'*Atimie* (ἀτιμία), c.-à-d. d'incapacité légale. On distinguait deux espèces d'*atimie,* l'atimie partielle et l'atimie totale. Dans le premier cas, le citoyen perdait l'exercice de ses droits, soit pendant un certain espace de temps, soit pour certains actes particuliers, comme lorsqu'un débiteur du trésor public était privé de la faculté d'assister aux assemblées du peuple et de remplir aucune fonction judiciaire, ou lorsqu'un individu qui avait intenté une poursuite contre quelqu'un et qui n'avait pas obtenu le cinquième des votes de l'assemblée, était privé du droit d'intenter certaines poursuites. L'atimie totale était encourue par ceux qui avaient commis les crimes les plus odieux, tels que la concussion, le parjure, etc.

II. Chez les Romains, le mot *C.* s'appliquait à une communauté politique, souveraine et indépendante : en conséquence, il est défini par Cicéron « la réunion et l'assemblée d'hommes associés par le droit ». Il est encore fréquemment employé par les écrivains pour exprimer l'ensemble des droits qui étaient propres au citoyen romain (*civis*), comme dans ces phrases : *Donner la cité; Usurper la cité,* etc. « Sous la République, dit le savant historien du droit romain Savigny, il existait deux classes de citoyens romains, l'une qui participait au pouvoir souverain, et l'autre qui était privée de cette participation (*optimo jure, non optimo jure cives*). Ce qui distinguait particulièrement la première classe, c'était le droit de voter par tribus (*jus suffragii*), et la capacité d'exercer les magistratures (*jus honorum*). » Le droit de cité proprement dit (*jus civitatis*) comprenait ce que les Romains appelaient le *Droit public* (*jus publicum*) et le *Droit privé* (*jus privatum*), mais plus particulièrement ce dernier. Le droit privé comprenait le *Droit de mariage* (*jus connubii*) et le *Droit de commerce* (*jus commercii*), et les individus qui ne possédaient pas ces droits n'étaient pas citoyens. Ceux qui jouissaient du droit de suffrage et du droit d'honneurs étaient des citoyens complets, ou, en d'autres termes, ils étaient citoyens *optimo jure.* Quant à ceux qui avaient le droit *privé,* mais non le droit *public,* ils étaient bien citoyens, mais citoyens d'un ordre inférieur. Le terme de *Droit privé* semble avoir été le synonyme de celui de *Droit quiritaire* (*jus Quiritium*), et l'expression de *Droit de cité romaine* avoir été l'équivalent de celle de *Droit public.* C'est pour cela que l'on trouve quelquefois dans les écrivains romains, tels que Pline et Ulpien, le *Droit quiritaire* opposé à la *C. romaine.* D'autre part Tite-Live dit que, jusqu'à l'an 566 de Rome, les habitants de Formies, de Fundi et d'Arpinum eurent le droit de cité sans avoir le droit de suffrage.

Ulpien a établi avec beaucoup de clarté une distinction qui existait de son temps parmi les individus libres répandus dans la vaste étendue de l'empire romain, mais qui était bien antérieure à lui, et qui très certainement existait au moins à l'époque de Cicéron. D'après ce grand jurisconsulte romain, il y avait trois classes de personnes libres, savoir : les *citoyens* (*cives*), les *Latins* (*Latini*) et les *étrangers* (*peregrini*). Gaïus indique la même division, lorsqu'il dit qu'un esclave, quand il a reçu la liberté, peut devenir ou citoyen romain ou latin, ou bien peut entrer dans la catégorie des *peregrini dediticii,* suivant les circonstances. Le *civis,* d'après Ulpien, était celui qui possédait les droits complets du citoyen romain. Le *peregrinus* était incapable d'exercer les droits de *commerce* et de *mariage,* qui étaient caractéristiques du citoyen romain; mais il était capable de tous les genres de contrats qu'autorisait le droit des gens (*jus gentium*). Le *Latin* était dans un état intermédiaire. Il n'avait pas le droit de mariage, et par conséquent il ne possédait ni la puissance paternelle (*patria potestas*), ni les droits d'agnation; mais il jouissait du droit de *commerce* (*jus commercii*), c'est-à-dire du droit d'acquérir la propriété quiritaire, et, par suite, il était capable de tous les actes qui pouvaient dériver de ce genre de propriété, comme la revendication (*vindicatio*), la cession en droit (*cessio in jure*), la mancipation (*mancipatio*), la *factio testamenti,* laquelle comprenait le pouvoir de faire un testament dans la forme romaine, et de devenir héritier par la volonté d'autrui, c.-à-d. héritier testamentaire. — Toutefois, un Latin ou un *peregrinus* pouvait obtenir, par faveur spéciale, certains droits qu'il ne possédait pas en vertu de sa condition. Le Latin, par ex., pouvait obtenir l'*hérédité légitime,* qui n'était pas comprise dans la *factio testamenti,* car l'hérédité légitime présupposait l'agnation, et celle-ci présupposait le mariage (*connubium*).

Les droits de citoyen romain pouvaient s'acquérir de plusieurs manières. Tout individu né de parents citoyens romains était citoyen de droit. Ainsi, un père de famille, un fils de famille, une mère de famille, et une fille de famille, prenaient également le titre de citoyens romains, quoique le père de famille seul fût *sui juris*. Lorsqu'un citoyen romain épousait une Latine ou une *peregrina*, la croyant citoyenne romaine, il n'avait pas la puissance paternelle sur l'enfant né de cette union, attendu que ce dernier n'était pas citoyen romain et suivait la condition de sa mère. Aucun enfant ne suivait la condition de son père, à moins que son père et sa mère ne possédassent le *jus connubii*, c.-à-d. ne fussent tous deux citoyens. Un sénatus-consulte autorisa les parents à prouver leur méprise. Cette preuve faite, la mère et l'enfant devenaient citoyens, et, comme conséquence, tous deux se trouvaient soumis à la puissance paternelle. Au reste, par la suite des temps, l'admissibilité aux droits de c. romaine devint graduellement plus facile.

Parmi les droits dont jouissait le citoyen romain, il en est plusieurs qui méritent d'être signalés particulièrement. Le *Droit de suffrage* (*jus suffragii*) était le droit de concourir au vote des lois et à l'élection des magistrats; le *Droit aux honneurs* (*jus honorum*) était l'aptitude à être élevé aux magistratures. Il fallait être âgé de 17 ans pour exercer le premier, et avoir 20 ans accomplis pour pouvoir briguer les magistratures inférieures. Quant aux magistratures supérieures, on exigeait un âge plus élevé, selon leur importance. Le *Droit de milice* (*jus militiæ*) consistait dans le droit, nous dirions actuellement dans l'obligation de faire partie des légions romaines, celui qui n'était pas citoyen ne pouvant servir que dans les corps auxiliaires. Tout citoyen pouvait être appelé sous les drapeaux depuis l'âge de 17 ans jusqu'à celui de 45. Le *Droit de liberté* (*jus libertatis*) consistait dans l'inviolabilité de la personne. Un citoyen romain ne pouvait ni être battu de verges, ni réduit en esclavage, ni mis à mort. Cependant, lorsque les crimes ou les délits ne pouvaient être punis que par la perte de la vie ou de la liberté du coupable, cette inviolabilité devenait tout à fait fictive. Un Romain, par ex., refusait-il de partir pour l'armée, on le vendait immédiatement comme esclave : on supposait que celui qui craignait de s'exposer au péril pour conserver sa liberté, ne pouvait pas être un homme libre. C'est encore au moyen de fictions analogues qu'on avait trouvé le moyen de bannir un citoyen, de le priver du droit de c., et même de lui faire subir la peine de mort. Le droit de liberté n'était véritablement respecté que pour le peuple considéré comme la collection des membres de la c. Ainsi une armée ne pouvait entrer dans Rome sans une autorisation expresse des comices.

Le droit de c. romaine était exclusif de tout autre droit de c., c.-à-d. qu'un Romain qui se faisait recevoir citoyen dans une autre ville, perdait par cela même son titre de citoyen et jusqu'au droit de porter la toge. Hors les cas de condamnation à mort, au bannissement ou à la déportation, nul ne pouvait être privé, malgré lui, de son droit de c. Le citoyen qui le perdait momentanément par un cas de force majeure non légale, comme par ex. lorsqu'il était fait prisonnier de guerre, le recouvrait sans peine à son retour de captivité, en vertu d'un droit particulier que l'on appelait *Droit de retour* (*jus postliminii*).

Un esclave pouvait obtenir le droit de c. par l'affranchissement (*vindicta*), par le cens et par testament, s'il n'y avait pas d'empêchement légal; mais, selon les circonstances, il passait dans les rangs des citoyens ou des Latins, ou seulement dans la classe des *peregrini*. Voy. Esclavage.

Avec l'établissement du pouvoir impérial, les droits politiques des citoyens romains furent à peu près réduits à néant; cependant le droit de c. conserva encore un assez haute importance au point de vue du droit civil. La constitution de Caracalla, qui accorda le droit de c. à tout le monde romain, s'appliquait seulement aux communautés et aux individus; son effet fut d'élever toutes les villes de l'empire au rang de *municipes*, et d'élever tous les Latins au rang de citoyens. Dès lors la distinction de citoyens et de Latins ne s'appliqua plus qu'à certains individus, à savoir aux affranchis et à leurs enfants. La *pérégrinité* cessa également d'être applicable aux communautés, et ne s'appliqua plus qu'aux individus qui formaient la classe des *dediticii*. Enfin, la législation de Justinien supprima tout ce qui subsistait encore de cette ancienne division des personnes en classes diverses; la seule distinction qu'on voit alors est celle-ci : sujets de César et esclaves.

III. Chez les peuples modernes, *Droit de cité*, plus souvent appelé *Droit de bourgeoisie*, est tantôt un titre d'adoption, tantôt un titre purement honorifique. Dans le premier cas seulement il confère une sorte de naturalisation et donne à celui

qui l'a obtenu les privilèges politiques ou municipaux attribués aux habitants indigènes de la ville.

Écon. soc. — *Cités ouvrières.* — La question des habitations des ouvriers est une celles qui méritent le plus de fixer l'attention des économistes et des hygiénistes. Dans les grandes villes, et surtout à Paris, les ouvriers sont entassés dans des logements insalubres et incommodes au grand détriment de l'hygiène et de la morale. On a cherché à remédier à cet état de choses, tantôt en construisant de grands édifices divisés en logements spécialement aménagés en vue de leur destination; mais la meilleure solution, malheureusement inapplicable à Paris, tant qu'il n'y existera pas un système de transports commodes permettant d'amener rapidement et à peu de frais les ouvriers de la banlieue sur le lieu de leur travail, consiste dans la construction de maisons isolées avec jardin, qu'on peut arriver à louer à des prix très médiocres. Des combinaisons financières bien comprises permettent même au locataire de devenir au bout d'un certain temps propriétaire de son habitation moyennant un léger supplément de loyer. La première tentative sérieuse qui ait été faite dans cette voie a été couronnée d'un succès complet. Elle date de 1853 et est due à l'initiative de Jean Dolfus, alors maire de Mulhouse, qui décida plusieurs industriels de la localité à fonder une société pour l'achat des terrains et la construction des maisons. Aujourd'hui, la Société des cités ouvrières de Mulhouse est en pleine prospérité. La cité mulhousienne comprend plus de 1000 maisons ouvrières. Elle renferme boulangerie, boucherie, épicerie, bains, lavoir public, restaurant à bon marché, salle de lecture et salle d'asile pour les enfants. Les aliments, les vêtements, etc., sont achetés en gros par la Société qui les revend à des prix très modiques. Le combustible est livré à l'ouvrier au prix coûtant. Dans le département de l'Aisne, Godin a créé sous le nom de *Familistère* un établissement de même genre; mais les maisons sont à trois étages et divisées en plusieurs logements séparés. A Paris, de nombreux essais ont été tentés, mais sans grand succès. On peut citer aussi la c. ouvrière de Noisiel construite par Menier sur les bords de la Marne pour loger les ouvriers de son usine de chocolat et de produits chimiques. Partout où ce système a pu être appliqué, il a donné les meilleurs résultats. L'ouvrier bien logé s'intéresse à sa demeure, il prend plaisir à y apporter quelques améliorations : la vie de famille se resserre et le niveau moral s'élève en même temps que l'état sanitaire du personnel devient plus satisfaisant.

CÎTEAUX, hameau de France, dép. de la Côte-d'Or, arr. de Beaune, où était située la principale maison de l'ordre des Bernardins, et où se trouve aujourd'hui une colonie agricole de jeunes détenus.

CITER. v. a. (lat. *citare*). Appeler pour comparaître devant le magistrat. Dans ce sens, il ne s'employait guère autrefois qu'en matière ecclésiastique. Aujourd'hui il se dit surtout quand il s'agit de comparaître devant le juge de paix, ou devant un tribunal correctionnel ou de police. — S'emploie aussi en parlant des témoins. || Se disait encore autrefois de la sommation de se rendre à Malte que le grand maître de l'ordre adressait à tous les chevaliers, dans certaines occasions. || Alléguer, rapporter. *C. une loi, un passage, un exemple. C. les auteurs anciens. C. des faits.* — *C. son auteur,* c. *quelqu'un.* Nommer celui de qui l'on tient une nouvelle ou quelque chose de semblable. *Je vous prie, ne me citez pas. Ne citez personne.* || Signaler, indiquer une personne ou une chose qui mérite d'être remarquée. *Il est cité pour sa bravoure. C. quelqu'un pour exemple. On ne peut c. tous ceux qui se distinguèrent. Les connaisseurs citent principalement ce tableau. On cite de lui plusieurs traits fort honorables.* — CITÉ, ÉE. part. — Syn. voy. ALLÉGUER.

CITÉRIEUR, EURE. adj. (lat. *citerior*, de *cis*, en deçà). T. Géogr. Qui est situé en deçà d'une rivière ou d'une chaîne de montagnes. Voy. ULTÉRIEUR.

CITERNE. s. f. (lat. *cisterna*. m. s.) T. Archit. Réservoir d'eau pluviale. || T. Anat. *C. lombaire.* Dilatation du canal thoracique dans la région lombaire.

Les citernes sont des réservoirs destinés à recueillir et conserver de l'eau, principalement de l'eau pluviale. On les divise habituellement en deux chambres de grandeur inégale : le *citerneau*, où les eaux se réunissent et déposent les matières qui les troublent, et la *citerne* proprement dite où elles se conservent. En général, ces réservoirs sont souterrains et situés à l'ombre pour que l'évaporation soit moins rapide. C'est pour la même raison que leur porte est en général tournée vers le nord. L'usage des citernes remonte à la plus haute antiquité. Il y a même des pays qui, soit à cause de l'absence de sources naturelles, soit à cause de la nature marécageuse des eaux provenant des sols, seraient inhabitables sans le secours des citernes où l'on recueille les eaux pluviales. Les Romains en ont laissé plusieurs de fort belles, parmi lesquelles nous citerons celle de Pouzzoles; mais la plus remarquable de toutes celles qui existent à cette heure est la grande c. de Constantinople; 424 piliers disposés sur deux rangs en soutiennent la voûte. — Dans certains pays chauds, on construit des *citernes-filtres* disposées de manière à filtrer l'eau qu'elles conservent. Le réservoir creusé dans la terre et bétonné présente dans son milieu un *puisard*, sorte de cheminée dont la partie inférieure est construite en matériaux poreux. L'espace compris entre le bord de la citerne et le puisard est rempli de blocs de pierre non jointifs surmontés de gravier et enfin de sable sur lequel on sème du gazon. L'eau de pluie qui tombe sur la cuvette formée par ce gazon filtre à l'intérieur du sable et des matériaux perméables et pénètre dans le puisard où on la puise. Ces citernes peuvent contenir une centaine de mètres cubes d'eau.

CITERNÉ, ÉE. adj. Qui est en forme de citerne.

CITERNEAU. s. m. Petite chambre qui précède une citerne et qui sert à la clarification des eaux pluviales. Voy. CITERNE.

CITHARE. s. f. (gr. κιθάρα, m. s.). Sorte de *lyre* très en faveur dans l'antiquité grecque. Voy. LYRE. Elle eut d'abord 3 cordes, puis 4, puis 5, 6, 7, 8 et 12. On en joua jusqu'au XIVe siècle. ‖ Instrument moderne composé d'un grand nombre de cordes, que l'on pose horizontalement sur une table et dont on pince les cordes avec les doigts. Entre les mains d'un artiste habile, la musique en est d'une grande suavité.

CITHARÈDE. s. m. (gr. κιθάρα, cithare; ἀείδω, je chante). T. Antiq. Chanteur qui s'accompagne en jouant de la cithare.

CITHARÉDIQUE. adj. T. Antiq. Qui a rapport aux citharèdes.

CITHÉRON, montagne sur la frontière de l'Attique et de la Béotie.

CITOLE. s. f. Nom qu'on donnait au moyen âge à la cithare.

CITOYEN, ENNE. s. (R. *cité*). Membre d'une cité, habitant d'un État libre qui a droit de suffrage dans les assemblées publiques. *Être privé des droits de c. La qualité de c.* — *C. français*, Celui qui jouit en France des droits politiques, tels que le droit de concourir à l'élection du corps législatif, celui de siéger comme juré, etc. — Bon c., Celui qui est zélé pour les intérêts de son pays. *Il s'est conduit en bon c.* On dit dans un sens anal. *Un grand c.*, et dans un sens contraire, *Un mauvais c.*, etc. ‖ Habitant d'une ville, d'une cité. *Les plus riches citoyens de la ville. Un simple c. Le domicile des citoyens doit être inviolable.* ‖ S'emploie adj., dans le sens de bon c. *Un ministre c. Un soldat c.*

Sous la Révolution, la qualification de *monsieur* et de *madame* fut remplacée par celle de *citoyen* et *citoyenne*. C'était un crime de lèse-patrie que d'oublier ce titre. Cependant dès le Consulat on cessa d'employer la qualification au féminin, surtout parce qu'elle n'indiquait pas si la personne désignée était dame ou demoiselle. Le mot *citoyen* disparut des actes publics en 1803, et ce retour aux anciens usages ne se fit pas sans soulever quelques orages. Le poète Andrieux trancha la question par une pièce de vers spirituelle, dont la conclusion était :

Appelons-nous messieurs, et soyons citoyens.

Légis. — D'après la loi qui nous régit, tout Français de naissance, c.-à-d. né en France ou à l'étranger d'un père français, est *citoyen* de plein droit à l'âge de 21 ans. Les droits qui constituent le c. se distinguent en droits *civils*, droits *civiques* et droits *politiques*.

Les *droits civils* sont les droits d'aller et de venir, d'exercer librement son industrie ou son commerce, de posséder, de disposer de ses biens, d'établir domicile, de constituer une famille civile par le mariage, d'être tuteur, curateur, etc. Le Code détermine les droits et les conditions requises pour en jouir. Les droits civils appartiennent à tous les Français sans exception, même aux mineurs, aux interdits et aux femmes mariées; néanmoins, ces derniers ne peuvent les exercer que par l'entremise de leurs tuteurs, curateurs,

ou maris. La loi française accorde à l'étranger la jouissance des mêmes droits civils que ceux qui sont accordés aux Français par les traités de la nation à laquelle cet étranger appartient (C. civ. 11). L'étranger domicilié en France avec l'autorisation du chef du gouvernement, y jouit de tous les droits civils, tant qu'il continue d'y résider (C. civ. 13). — Les *droits politiques* proprement dits consistent dans le droit de vote, d'élection et d'éligibilité, ainsi que dans celui d'être juré. Comme on le voit, ils sont relatifs au pouvoir de faire la loi et de rendre la justice, et correspondent ainsi aux droits de cité tels que les comprenait l'antiquité. — Les *droits civiques* ont une grande affinité avec les droits politiques. Ce sont le droit de voter dans les élections municipales et autres, quand il s'agit de l'administration locale de la commune, de l'arrondissement et du département, celui de port d'armes, celui de servir dans l'armée, l'admissibilité aux fonctions et aux emplois publics, etc. Ces droits, ainsi que les droits précédents, sont réglés par la loi constitutionnelle du pays. Fort souvent on confond les droits civiques avec les droits politiques : notre législation elle-même ne distingue pas toujours ces deux catégories de droits : mais toutes les fois que la loi punit un c. par la privation de ses droits civiques, les droits politiques sont nécessairement compris dans cette interdiction.

La qualité de c. se perd : 1° par la naturalisation en pays étranger; 2° par l'acceptation, non autorisée par le chef du pouvoir exécutif, de fonctions ou de pensions offertes par un gouvernement étranger; 3° par l'acceptation, non autorisée, du service militaire à l'étranger; 4° par la condamnation à des peines afflictives ou infamantes. — On peut aussi encourir la privation de tous les droits civiques et politiques, et même d'une partie des droits civils. Cette privation, qui constitue une peine infamante, est appelée *Dégradation civique*. Elle consiste : 1 dans la destitution et l'exclusion des condamnés de toutes fonctions, emplois ou offices publics; 2° dans la privation du droit de vote, d'élection, d'éligibilité, et en général de tous les droits civiques et politiques; 3° dans l'incapacité d'être juré et expert, d'être employé comme témoin dans les actes, et de déposer en justice autrement que pour y donner de simples renseignements; 4° dans l'incapacité de faire partie d'aucun conseil de famille ou d'être tuteur, curateur, subrogé-tuteur ou conseil judiciaire, si ce n'est de ses propres enfants et sur l'avis conforme de la famille; 5° dans la privation du droit de port d'armes, du droit de servir dans les armées françaises, de tenir école ou d'enseigner et d'être employé dans aucun établissement d'instruction. — Quoique les peines correctionnelles n'emportent pas, en général, la privation des droits politiques, cependant il est quelquefois laissé à la prudence des tribunaux de prononcer l'interdiction totale ou partielle des droits de vote, d'élection, d'éligibilité, et d'être nommé aux fonctions de juré et autres fonctions publiques. Cette interdiction ne peut avoir lieu que dans les cas prévus par la loi. Enfin, les droits civiques et politiques sont suspendus par l'interdiction judiciaire, ainsi que par l'état de débiteur failli non rétabli.

Lorsqu'un individu a perdu ses droits de c. comme conséquence de la perte de la qualité de Français même, il lui suffit de recouvrer celle-ci pour rentrer dans ses droits. « Le Français qui aura perdu sa qualité de Français, » dit l'art. 18 de la loi du 26 juin 1889, « peut la recouvrer pourvu qu'il réside en France, en obtenant sa réintégration par décret. » Cependant, si l'individu en question a perdu sa qualité de Français en prenant, sans autorisation, du service militaire à l'étranger, il est traité avec plus de sévérité : il ne peut la recouvrer qu'en remplissant les conditions imposées à l'étranger lui-même pour devenir c. La réhabilitation rend également les droits de c. au Français qui les a perdus par suite d'une condamnation judiciaire. Voy. NATURALISATION.

CITRACONIQUE. adj. m. (R. *citrique*, et *aconique*). T. Chim. L'*acide citraconique* $C^5H^6O^4$ est un acide bibasique qui se produit dans la distillation sèche de l'acide citrique. Il cristallise en feuilles quadratiques fusibles à 80°, très solubles dans l'eau. C'est un composé non saturé correspondant à l'acide pyrotartrique $C^5H^8O^4$: il reproduit ce corps sous l'action de l'hydrogène naissant; il s'unit directement au brome et aux acides chlorhydrique et bromhydrique en donnant les dérivés chlorés ou bromés de l'acide pyrotartrique. Par la distillation sèche, l'acide citraconique perd une molécule d'eau et se transforme en *anhydride citraconique* $C^5H^4O^3$ qui bout à 212°. Chauffé avec de l'acide nitrique ou de l'acide chlorhydrique il se convertit en acide mésaconique, son isomère. Traité par l'acide hypochloreux, il fixe ce corps et donne de l'*acide chlorocitramalique* $C^5H^7ClO^5$; celui-ci, sous l'action du zinc et de l'acide chlorhydrique, se transforme en *acide citramalique* $C^5H^8O^5$, bibasique, fusible à 119°.

CITRAMALIQUE. adj. m. (R. *citrique*, et *malique*). T. Chim. Voy. CITRACONIQUE.

CITRATE. s. m. (lat. *citrus*, citronnier). T. Chim. Nom générique des sels formés par l'acide citrique. Voy. CITRIQUE.

CITRAZINIQUE. adj. (R. *citrique*, et *azote*). T. Chim. L'acide c. s'obtient en chauffant de l'acide sulfurique avec le triamide de l'acide citrique. Il est solide, insoluble dans l'eau même à chaud, et ne se décompose qu'au-dessus de 300° sans fondre. C'est un acide dioxynicotianique dont la formule est $C^5H^6AzO^4$.

CITRÉES. s. f. pl. (lat. *citrus*, citronnier). T. Bot. Groupe de plantes constituant autrefois la famille des Aurantiacées, et formant aujourd'hui une des nombreuses tribus de la famille des *Rutacées*. Voy. ce mot.

CITRÈNE. s. m. (lat. *citrus*, citronnier). T. Chim. Le *Citrène* $C^{10}H^{16}$ est un hydrocarbure terpénique qui constitue la majeure partie de l'essence de citron. Il est liquide, dextrogyre, et bout à 175°. Il forme un hydrate de terpine et s'unit à l'acide chlorhydrique en donnant un dichlorhydrate.

CITRIN, INE. adj. (lat. *citrinus*, m. s., de *citrus*, citronnier). Qui est de couleur de citron.

CITRIQUE. adj. m. (lat. *citrus*, citronnier). T. Chim. L'*Acide c.* $C^6H^8O^7$ existe dans un grand nombre de fruits acides, tels que les citrons, les oranges, les tamarins, les groseilles communes, etc. On l'extrait ordinairement des citrons, parce qu'il s'y trouve en plus grande abondance, et c'est à cette circonstance qu'il doit le nom sous lequel il est connu. Pour l'obtenir, on abandonne, pendant quelque temps, le jus de citron à sa fermentation spontanée; il s'en sépare des matières mucilagineuses et on filtre le jus pour les en séparer. Cela fait, on le sature en y introduisant par petites portions de la craie en poudre fine et on porte le mélange à l'ébullition. Il se forme ainsi un *citrate de chaux* insoluble, qui se précipite. On jette ce sel sur une toile, on le lave à l'eau chaude, on le décompose en le mettant en contact avec de l'acide sulfurique légèrement en excès; puis on sépare le sulfate de chaux par la filtration, et on évapore avec précaution la liqueur acide jusqu'à ce qu'on voie se produire à sa surface une croûte cristalline. Alors, on l'abandonne à elle-même, et l'acide c. se dépose sous forme de gros cristaux. — L'acide c. a une saveur agréable et fort acide. On le distingue de l'acide tartrique, avec lequel il a une grande ressemblance, en ce qu'il ne précipite pas la potasse, et ne forme de précipité dans l'eau de chaux que lorsqu'on soumet la liqueur à l'ébullition. Cet acide se dissout dans la moitié de son poids d'eau froide et dans les 3/4 son poids d'eau bouillante. Il cristallise en prismes orthorhombiques très solubles dans l'eau, l'alcool et l'éther. Chauffé, il se décompose vers 165° en eau et en acide *aconitique* $C^6H^6O^6$; à une température plus élevée, il perd de l'acide carbonique et donne les acides *itaconique* et *citraconique*, qui sont isomères entre eux $C^5H^6O^4$. Chauffé avec l'acide sulfurique concentré, il donne de l'acétone. Sa solution abandonnée à l'air se couvre de moisissures en formant de l'acide acétique.

L'acide c. est un acide tribasique susceptible de former trois séries de sels nommés *Citrates*, dont les plus importants sont ceux de soude, de potasse, de chaux, de plomb, d'argent, de magnésie, de fer et de zinc. Les citrates alcalins sont très solubles dans l'eau; il en est de même de ceux de magnésie, de fer, de zinc, de cobalt, etc. Les citrates neutres de chaux, de strontiane et de baryte y sont, au contraire, fort peu solubles. Le citrate d'éthyle, traité par l'ammoniaque, donne naissance à la *citramide* $C^6H^8O^4(AzH^2)^3$, que l'on peut transformer en un composé à chaîne fermée, l'acide *citrazinique*. Voy. ce mot.

L'acide c. a été découvert par Scheele en 1784. Grimaux et Adam en ont réalisé la synthèse au moyen de la dichloracétone. On l'emploie comme rongeant dans les fabriques de toiles peintes. On s'en sert aussi pour enlever les taches de rouille et pour préparer une dissolution de fer avec laquelle les relieurs donnent à la peau de mouton une apparence marbrée. Enfin, mélangé avec du sucre et des matières aromatiques, il fournit plusieurs variétés de limonades estimées. La limonade sèche, si utile aux voyageurs, se prépare en aromatisant avec quelques gouttes d'essence de citron 500 grammes de sucre et 16 grammes d'acide c. L'acide c., de même que le suc de citron, agit comme tempérant et rafraîchissant; c'est un préservatif du scorbut, et l'on en fait grand usage à bord des navires. Les citrates de fer, de bismuth, de quinine, de caféine, etc., sont employés en médecine. Le citrate de magnésie est un purgatif très doux, exempt de saveur désagréable: c'est la base de la limonade purgative et de la poudre Rogé. Dans la photographie au prussiate de fer, on emploie le citrate de fer ammoniacal, préparé au moyen du citrate d'ammoniaque et du peroxyde de fer hydraté.

CITRON. s. m. (lat. *citrus*, citronnier; gr. κιτρον, citron). Nom par lequel on désigne habituellement le fruit du *Limonier* (*Citrus Limonium*). Voy. CITRONNIER et RUTACÉES. Son origine est l'Assyrie, d'où il fut importé en Grèce, en Égypte et à Rome. Il a été, dès l'antiquité, employé dans l'art culinaire et en médecine pour ses propriétés rafraîchissantes. Il sert à préparer une boisson rafraîchissante, appelée *Limonade* ou *Citronade*. || Par ellipse, s'emploie adjectiv., en parlant des choses qui sont de la couleur jaune pâle du c. *Un ruban c. Une robe c.* || Nom d'un papillon diurne, le *Rhodocera Rhamni*.

CITRONINE. s. f. T. Chim. Matière colorante azoïque jaune extraite des goudrons de houille et appelée improprement *jaune indien*. Voy. COLORANTES.

CITRONNADE. s. f. [Pr. *sitro-nade*]. Boisson préparée avec le jus de c. et appelée aussi limonade.

CITRONNAT. s. m. [Pr. *sitro-na*]. Conserve de citron. || Espèce de dragée contenant de l'écorce de citron.

CITRONNÉ, ÉE. adj. [Pr. *sitro-né*]. Qui sent le citron, où l'on a mis du jus de citron. *Tisane citronnée.*

CITRONNELLE ou **CITRONELLE.** s. f. [Pr. *sitro-nèle*] (Dimin. de *citron*). Nom vulgaire donné à différentes plantes qui exhalent une odeur de citron. Telles sont la *Mélisse officinale* (Labiées), la *Verveine odorante* (Verbénacées), l'*Aurone des jardins* (Composées), et le *Goyavier* (Myrtacées) qu'on appelle *C. de la Guyane*.

CITRONNIER. s. m. [Pr. *sitro-nié*] (R. *citron*). T. Bot. Genre de plantes (*Citrus*) de la famille des *Rutacées*. Voy. ce mot. || Le vulgaire emploie fréquemment ce nom pour désigner une espèce de ce genre, le *Limonier* (*Citrus Limonium*), dont les fruits sont recherchés pour leur acidité. On le cultive en pleine terre dans les pays chauds. Algérie, Espagne, Italie; en France, sa culture n'est satisfaisante que de Menton à Nice et Hyères. Son climat est à peu près celui de l'Oranger, un peu plus chaud encore.

CITROUILLE. s. f. [Pr. les *ll* mouillées] (lat. *citrus*, citronnier, à cause de la couleur jaune de ce fruit). T. Bot. Genre de plantes (*Citrullus*) de la famille des *Cucurbitacées*. Voy. ce mot et COURGE.

CITTERS, homme d'État hollandais (1633-1696).

CIUDAD-BOLIVAR, ville du Venezuela, ch.-l. de l'État de Guyana, sur l'Orénoque; 10,000 hab.

CIUDAD-REAL, v. d'Espagne, capitale de la province de même nom; 11,000 hab. La province compte 28,000 hab.

CIUDAD-RODRIGO, v. d'Espagne (Salamanque), 8,000 hab. Place forte.

CIVADIÈRE. s. f. T. Mar. Voile carrée du mât de beaupré dont l'usage est à peu près abandonné aujourd'hui.

CIVE. s. f. T. Bot. Voy. CIVETTE.

CIVET. s. m. (lat. *cœpa*, oignon). T. Cuisine. Sorte de ragoût fait de chair de lièvre cuite dans du vin, et où la civette entre habituellement comme assaisonnement. *Un c. de lièvre. Manger un c.*

CIVETTE ou **CIVE.** s. f. (lat. *cœpa*, oignon). T. Bot. Nom vulgaire d'une espèce d'*Allium* (*A. Schœnoprasum*) appelée aussi *ciboulette*.

CIVETTE. s. f. (ar. *zabâd*, la substance onctueuse que fournit cet animal ; de *zabad*, écume). T. Mamm. La C. est le type d'une famille de la section des carnivores à laquelle on a donné le nom de *Viverridés*. Les animaux qui composent cette famille sont plantigrades ou demi-digitigrades ; leurs membres sont courts, leurs doigts ne sont pas profondément divisés, leur corps est allongé ; ils ont deux dents tuberculeuses en haut et une seule en bas de chaque côté. On les divise en deux groupes : dans le premier, la plante des pieds est velue ; dans le second, elle est nue.

I. Le premier groupe comprend 6 genres. Les 5 premiers ont 5 doigts à chaque pied ; mais le 6ᵉ n'en a que 4 aux membres postérieurs. — 1° Le g. C. (*Viverra*) est caractérisé par des pouces postérieurs courts et par l'existence d'une poche profonde divisée en deux sacs, située chez les deux sexes au-dessous de l'anus, et tapissée par un appareil glandulaire qui sécrète une substance odorante et très pénétrante, qu'on nomme c., et qui est fort analogue au musc et au castoréum. Cette substance est demi-fluide, onctueuse et jaunâtre ; mais elle devient brune et s'épaissit à l'air. On la recueille en vidant la poche qui la contient avec une petite cuiller, puis on la renferme immédiatement dans un vaso que l'on tient exactement bouché. On l'obtient en plus grande abondance si l'on a soin d'agacer l'animal. Le plus souvent, quand on la retire, on la mélange à des substances onctueuses et à des sucs végétaux, de sorte que la c. du commerce est presque toujours falsifiée. Ce produit peut être rangé parmi les substances stimulantes et antispasmodiques ; mais aujourd'hui on ne l'emploie guère que dans la parfumerie. L'odeur qu'il exhale est tellement persistante, qu'il est impossible d'en débarrasser la peau et même le squelette de l'animal qui la sécrète. Le g. c. comprend 2 espèces : la *C. d'Afrique* et le *Zibeth*. La *C. d'Afrique* (*Viv. civetta*) [Fig. 1] est de couleur cendrée, tachetée de noir et inégalement barrée. Deux bandes noires entourent son cou, et une autre entoure la face ; sa queue,

Fig. 1.

plus petite que le corps, est noire au bout, avec 4 ou 5 anneaux vers la base. Elle porte une crinière susceptible de se relever tout le long du dos et de la queue. Sa taille est d'environ 66 cent. Cet animal habite les contrées les plus chaudes de l'Afrique. Il supporte la captivité, mais son caractère farouche et irascible ne lui permet pas de s'apprivoiser. Quand il est irrité, il répand une odeur très forte. — Le *Zibeth* (*Viv. Zibetha*) n'a point de crinière ; son pelage est cendré et ponctué de noir ; 8 ou 10 anneaux couvrent sa queue. Il y a sur les côtés du cou 4 bandes noires sur un fond blanc. Sa taille est moins élevée que celle de la c. Il habite l'archipel Indien, les Philippines et l'Inde continentale. Il a les mêmes mœurs et les mêmes propriétés que la c. — 2° Les *Genettes* (*Genetta*) diffèrent des civettes en ce qu'elles n'ont pas de poche véritable. Celle-ci se réduit à un enfoncement léger, dont l'excrétion n'est pas sensible, quoiqu'il y ait une odeur manifeste. Le type du g. est la *Gen. commune* (*Viv. Genetta*), qui est répandue dans le midi de l'Europe et commune dans plusieurs parties méridionales de la France. Son pelage, qui forme un article assez important de pelleterie, est gris, tacheté de brun ou de noir ; il est noirâtre au museau, taché de blanc au sourcil, aux joues, sur les côtés du nez, à anneaux noirs et blancs sur la queue, qui est aussi longue que le corps. Cet animal vit le long des ruisseaux et près des sources. Parmi les autres espèces du g. nous citerons la *Fossane* (*Gen. fossa*) de Madagascar, la *Gen. panthérine* (*G. parlina*) du Sénégal, et la *Gen. de Barbarie* (*Gen. Afra*). — 3° Le g. *Bassaride* (*Bassaris*) ne renferme qu'une seule espèce, appelée *Bas. rusée*

(*Bas. astuta*), qui est propre à l'Amérique méridionale et représente dans le nouveau continent la famille des *Viverridés*. Son pelage est gris fauve uniforme, et sa queue a 8 anneaux noirâtres incomplets en dessous. — 4° Le g. *Ichneumie* (*Ichneumia*) a les pouces postérieurs très courts, le nez prolongé et la queue très longue, mais non préhensile. Les animaux qui le composent se trouvent en Afrique, vivent dans les terriers et sont à la fois insectivores et carnivores. L'espèce type est l'*Ich. à queue blanche* du Sénégal. Son pelage est fauve cendré en dessus et noir en dessous. — 5° Le g. *Ailure* ou *Panda* (*Ailurus*) a les pouces postérieurs très développés, la tête allongée, le nez mobile. On n'en connaît qu'une seule espèce, le *Panda éclatant* (*Ail. refulgens*). Cet animal a une longueur de 1 mètre, y compris la queue, qui est longue de 30 centim environ ; ses formes sont massives, son cou est court ; sa fourrure se compose de poils longs, très doux, laineux à la base, brun fauve et à reflets dorés sur les parties supérieures, blancs sur la face, le museau et les oreilles, noirs sous l'abdomen et aux extrémités. Une bande brune passe derrière les yeux et va s'unir sur le cou à celle du côté opposé. La queue, qui se termine en pointe, est noire à son extrémité et annelée de jaune et de brun dans le reste de son étendue. Le panda n'a été trouvé que dans la chaîne de l'Himalaya. Il fréquente le bord des torrents, se plaît dans les arbres, vit d'oiseaux et de petits mammifères. — 6° Le g. *Cynictis* ou *Cynopus* a été ainsi nommé parce que ses pieds postérieurs n'ont que 4 doigts, comme ceux des chiens. Il est propre à l'Afrique australe. L'espèce la mieux connue est le *Cyn. de Stedmann* (*Herpestes penicillatus* de Cuvier). Cet animal est de la taille de la fouine ; il est assez élégant ; son pelage est fauve, sauf à la queue, qui est de couleur isabelle.

II. Le deuxième groupe des viverridés comprend 9 genres. Huit d'entre eux ont 5 doigts partout ; un seul, le dernier, a 4 doigts seulement à chaque pied. — 1° Le genre *Mangouste* (*Herpestes*) a les pouces postérieurs, les ongles antérieurs obtus et la tête allongée. Les espèces dont il se compose ont une taille moyenne, la tête petite et terminée par un museau fin pourvu de moustaches, la queue longue, grosse à la base et non prenante, le pelage assez dur, la poche anale simple et volumineuse. Elles sont douces, intelligentes, et peuvent vivre en domesticité. Elles habitent les contrées chaudes de l'ancien continent dans les endroits secs et découverts et ont un grand instinct pour chasser les reptiles. La *Mang. d'Égypte* ou *Rat de Pharaon*, l'*Ichneumon* des anciens (*Viv. Ichneumon, Herpestes Pharaonis*), est à peu près de la taille du chat. Elle est grise, à queue longue terminée par un flocon noir. Elle chasse les rats, les oiseaux, les petits reptiles dont elle détruit les œufs, et fait un dégât considérable dans les poulaillers où elle pénètre. Sa démarche est très circonspecte ; au moindre bruit elle s'arrête et rétrograde. Elle était adorée par les Égyptiens, sans doute parce qu'elle détruit un grand nombre de reptiles. Les anciens prétendaient même qu'elle se jetait dans le corps des crocodiles pour les tuer : nous n'avons pas besoin de dire que c'est là une pure fable. Il est facile d'apprivoiser cet animal ; en captivité, ses allures sont analogues à celles de nos chats. — La *Mang. des Indes* ou *Mang. à bandes* (*Viv. mungos, Herp. fasciatus*)

Fig. 2.

[Fig. 2] est plus petite que la précédente. Elle est brune ; le dos et les flancs sont recouverts de longs poils blanchâtres terminés de roux et marqués de brun dans leur milieu. Elle habite les Indes orientales, où elle est célèbre par les combats acharnés qu'elle livre aux reptiles et aux serpents venimeux. Les habitants du pays affirment qu'elle se guérit de la morsure de ces derniers en mangeant la racine de l'*Ophiorhiza mungos*. Les autres espèces de mangoustes sont peu connues :

nous nommerons seulement la *Mang. numidique* (*Herp. numidicus*) qui habite l'Algérie. — 2° Le genre *Crossarque* ou *Mangue* (*Crossarchus*) diffère des mangoustes par son museau qui jouit d'une grande mobilité, et qui est terminé par un mufle sur le bord duquel s'ouvrent les narines. On n'en connaît qu'une seule espèce, la *Mangue obscure* (*Cr. obscurus*). Sa longueur est de 40 centim. depuis le bout du museau jusqu'à l'extrémité de la queue; son pelage est gris brun, excepté sur les joues, qui sont plus pâles; sa queue est très fournie. La poche anale sécrète une matière onctueuse très puante dont l'animal se débarrasse en se frottant contre un corps dur. La mangue habite l'Afrique occidentale. — 3° et 4°. Les genres *Galidie* et *Galidictis* ont les pouces postérieurs courts comme les précédents, mais leurs ongles antérieurs sont allongés et comprimés. — 5° Le genre *Ictide* (*Ictides*) a les pouces postérieurs bien développés; sa palmature est à peine marquée; ses mâchelières sont très épaisses; son corps est trapu, sa tête grosse, et sa queue prenante. Il comprend 2 espèces. Le *Benturong* (*Ict. albifrons*) [Fig. 3] a une longueur totale de 65 centim. environ; sa couleur est gris noirâtre. Le *Bent. noir* (*Ict. ater*) est plus grand que le précédent et a le pelage

Fig. 3.

noir. Tous les deux ont été trouvés à Malacca et dans les îles de Java et de Sumatra. — 6° Le genre *Paradoxure* (*Paradoxurus*) a les mâchelières beaucoup moins épaisses que l'ictide. Sa queue est droite, non prenante, légèrement contournée et s'enroule sur elle-même : c'est ce dernier caractère qui lui a valu son nom. Parmi les nombreuses espèces de ce genre, la plus remarquable est le *Par. type* (*Par. typus*), appelé aussi *Pougoné* ou *Martre des Palmiers*. Le pougoné est brun jaunâtre avec quelques mouchetures plus brunes, les pieds, le museau, une partie de la queue noirâtres, un sourcil blanc et une tache blanche sous l'œil. Il a 1 mètre de longueur totale, et sa queue a 45 centim. environ. Il habite Malacca, Java, Pondichéry, et se plaît dans les lieux boisés. — 7° Le g. *Hémigale* (*Hemigalus*) diffère surtout du précédent par sa queue, qui n'est pas susceptible de s'enrouler sur elle-même. L'*H. zébré* (*H. zebra*) est long d'environ 90 centim. Son poil est court, lisse, alternativement blanc et brun fauve, de manière à former une série de bandes blanches et brunes qui couvrent les épaules, les hanches, le dos et la base de la queue. Cet animal habite l'Inde. Il est à la fois insectivore et frugivore. — 8° Le g. *Cynogale* (*Cynogalus*) a les pouces postérieurs bien développés comme les trois genres précédents, mais sa palmature est incomplète. Le *Cynog. de Bennet* est de la taille du zibeth, vit dans les lieux humides et cherche sa nourriture dans les ruisseaux et les fleuves : c'est le plus aquatique des viverridés. On le trouve à Bornéo, à Malacca, à Sumatra. — 9° Le g. *Suricate* (*Suricata*) est le seul de ce groupe qui ait quatre doigts à tous les pieds. On n'en connaît qu'une espèce, le *Sur. du Cap* ou *Sur. viverrin*.

CIVIALE, médecin français, le premier qui ait pratiqué avec succès l'opération de la lithotritie (1792-1867).

CIVIÈRE. s. f. (bas-lat. *cæno-vehum*, de *cœnum*, boue, et *vehere*, porter). Espèce de brancard sur lequel on porte à bras de la pierre, du fumier et toutes sortes de fardeaux.

CIVIL, ILE. adj. (lat. *civilis*). Qui regarde et qui concerne les citoyens. *La vie civile. La société civile. La guerre civile. Troubles civils. Lois civiles. Code c.* Voy. CODE. *Droit c.* Voy. DROIT. *Droits civils.* Voy. CITOYEN. *État c.* Voy. ÉTAT. *Jour c.* Voy. JOUR. *Liste c.* Voy. LISTE. ‖ T. Jurispr. Se dit par opposit. à criminel. *Code c. Matière civile. Affaire civile. Procédure civile. Tribunal*

c. Les effets civils d'un jugement. On dit dans ce sens, *Le c. et le criminel.* — *Intérêts civils.* Voy. INTÉRÊT. *Mort civile.* Voy. MORT. *Partie civile.* Voy. PARTIE. *Requête civile.* Voy. CASSATION. *Responsabilité civile.* Voy. RESPONSABILITÉ. ‖ Se dit aussi par oppos. à militaire, et quelquefois à ecclésiastique. *Le courage c. Un emploi c. Les autorités civiles et militaires. Les autorités civiles et les autorités ecclésiastiques. Fonctionnaire c.* On dit subst., *Le c. et le militaire* ‖ T. Astron. *Année civile.* Voy. ANNÉE. ‖ Courtois, honnête, poli, bien élevé. *Un homme fort c. Il est c. à l'égard de tout le monde, envers tout le monde. Il m'a reçu d'une manière fort civile.* = Syn Voy. AFFABLE.

CIVILEMENT. adv. En matière civile, en droit civil. *Procéder, juger, poursuivre c.* — *Être mort c.*, Être frappé de mort civile. — *Être c. responsable.* Voy. RESPONSABILITÉ. ‖ Honnêtement, avec politesse. *Vivre c. avec quelqu'un. Agir, parler c. Recevoir, traiter c. quelqu'un.*

CIVILIS, chef des Bataves, résista aux Romains, et obtint la paix de Cérialis, lieutenant de Vespasien (70 av. J.-C.).

CIVILISABLE. adj. 2 g. Susceptible d'être civilisé. *Aucun peuple sauvage ne s'est montré aussi c. que les indigènes de la Nouvelle-Zélande.*

CIVILISATEUR, TRICE. adj. Qui civilise, qui favorise le progrès de la civilisation. *L'influence civilisatrice de la religion.*

CIVILISATION. s. f. Action de civiliser, ou état de ce qui est civilisé. *C. avancée. Les progrès de la c.*

Le mot c. est l'un des plus généraux et par cela même des plus difficiles à définir. Il comprend les relations sociales, l'état matériel, l'état intellectuel et moral, le degré de liberté accordé à chaque citoyen, les services publics, l'industrie, l'art, la science, la religion, etc., en un mot, tout ce qui, dans la vie d'un peuple, est susceptible de s'élargir et de s'améliorer. Aussi, faire l'histoire de la civilisation, ce serait faire l'histoire du genre humain tout entier. L'état de c. semble être l'état normal vers lequel tend l'évolution de la race humaine : il se modifie et s'enrichit d'éléments nouveaux à mesure que cette évolution se continue, et les modifications incessantes, cette introduction continuelle d'occupations et de préoccupations nouvelles qui constituent le progrès. La c. s'est développée d'une manière continue depuis l'apparition de l'homme préhistorique, presque semblable aux bêtes des forêts; mais cette évolution ne s'est pas toujours faite dans le même sens et avec la même régularité dans tous les pays et tous les temps. Il y a eu des éclipses passagères, des retours au moins apparents à un état de barbarie antérieure. En même temps, la c. s'est déplacée sur le globe. Certains pays, comme l'Égypte et la Chaldée, sièges autrefois d'une c. avancée, ont vu disparaître peu à peu les monuments de cet état florissant, et sont aujourd'hui bien arriérés par rapport à des contrées qui, comme l'Europe occidentale, étaient alors plongées dans la barbarie. Enfin, le développement de la c. a suivi des voies bien différentes suivant les races et les contrées. Quoi de plus dissemblable que la c. de la Chine et celle de l'Occident? La marche du progrès présente aussi, suivant les contrées, des différences bien remarquables. Tandis que l'Occident, entré assez tard dans la voie de la c., n'a, pour ainsi dire, jamais cessé de développer son état social et ses institutions, présentant l'aspect d'une modification incessante, la Chine, arrivée de très bonne heure à une c. avancée, n'y a presque rien changé depuis dix ou vingt siècles. D'autre part, certaines civilisations américaines, comme celles des Mexicains et des Péruviens, ont été détruites par les Espagnols après la découverte de l'Amérique et n'ont laissé presque aucune trace. Leur influence sur le développement ultérieur de la civilisation en Amérique peut être considérée comme nulle.

La c. occidentale actuelle est le résultat d'une évolution graduelle qui s'est continuée régulièrement depuis l'époque de la Grèce antique jusqu'à nos jours et dont les principaux éléments modificateurs ont été, dans l'ordre intellectuel, le développement de la philosophie grecque et du christianisme qui s'y rattache plus intimement qu'on ne le croit généralement, le réveil de l'esprit philosophique aux XVI° et XVII° siècles, les progrès de la science et ceux de l'industrie qui en sont la conséquence; et dans l'ordre matériel, la conquête du monde occidental par les Romains, les invasions des barbares, la prise de Constantinople par les Turcs et la Révolution française. Les principales différences amenées par cette longue suite d'événements entre la c. antique et la c. moderne sont, d'une part, l'importance considérable que jouent la science et l'industrie dans nos sociétés, et, par suite, la facilité de se procurer une foule d'objets commodes ou agréables inconnus des anciens et aussi la facilité des communications; d'autre part, le développement de l'instruction, la sécurité personnelle, le respect de la personnalité humaine, la tendance à l'égalité et surtout la disparition de l'esclavage.

Un des caractères les plus frappants de la c. moderne occidentale, c'est la tendance à l'uniformité dans les mœurs, malgré les différences inévitables de race et de climat. On peut dire qu'aujourd'hui l'humanité civilisée est partagée en trois fractions : 1° le monde chrétien comprenant l'Europe, une partie de l'Afrique du Nord et l'Amérique tout entière; 2° le monde musulman, réparti en Afrique et en Asie; 3° le monde chinois comprenant tout l'orient de l'Asie. Il est probable que ces trois civilisations ne subsisteront pas éternellement côte à côte avec leurs divergences caractéristiques à l'heure actuelle. D'une part, la civilisation musulmane est en pleine décadence; les plus avancés des peuples musulmans, les Turcs et les Égyptiens, adoptent de plus en plus les mœurs occidentales, et l'on peut prévoir une époque où l'ancienne civilisation musulmane aura complètement cédé devant les progrès des idées et des coutumes occidentales. Quant au monde chinois, il convient de remarquer que le Japon a déjà commencé à s'en détacher en adoptant en partie les mœurs et les méthodes de gouvernement de l'Europe, et cela au grand détriment de son originalité, surtout de son originalité artistique. Restent donc en présence, d'une part, la civilisation occidentale qui représente le progrès incessant ou du moins l'évolution continuelle, le besoin ou le désir d'améliorer sans cesse l'état présent, et, d'autre part, la Chine, figée dans son immobilité séculaire, haïssant les nouveautés et s'attachant désespérément aux traditions du passé. Il est certes difficile de prévoir l'avenir; cependant il paraît presque certain que ces deux manières si différentes de comprendre la vie sociale entreront un jour en conflit, et qu'une des deux civilisations, probablement la civilisation occidentale, plus ardente et plus jeune, finira par étouffer l'autre. Quant au développement ultérieur du monde civilisé, il est impossible de prévoir ce qu'il peut être : cela dépendra surtout des progrès de la science qui peuvent s'étendre pour ainsi dire à l'infini et créer, par leur application industrielle, des conditions d'existence qu'il nous est aussi impossible de concevoir qu'il l'eût été à un Romain du siècle d'Auguste de prévoir les chemins de fer et le téléphone. Cela dépendra aussi du développement des idées philosophiques et morales qui, suivant le sens de leur évolution, peuvent amener la paix entre les nations et les individus, ou, au contraire, semer la haine et la discorde, et préparer à l'humanité des luttes terribles, aussi stériles que sanglantes.

La c. ancienne s'est étendue par la guerre; la c. moderne ne peut se développer que par la paix : c'est encore là un des grands caractères qui différencient les temps modernes et les temps anciens, et dont l'explication réside entièrement dans les facilités actuelles de communications, et la diffusion de la c. sur une grande partie de la surface du globe. Autrefois, alors que les communications étaient rares et difficiles, et que les routes n'étaient parcourues que par de rares caravanes de marchands, la guerre était le seul moyen de mettre en présence les hommes de pays différents, de faire connaître aux uns et aux autres les mœurs des étrangers, et de faire profiter les deux adversaires d'un échange d'idées qui ne se serait jamais fait autrement. Aussi l'on peut dire que, malgré les calamités qu'elles ont traînées à leur suite, les guerres des Grecs et des Perses, celles d'Alexandre, les guerres des Romains dans le monde entier, les croisades au moyen âge ont bien servi la cause de la civilisation. Aujourd'hui, au contraire, les peuples civilisés, si l'on en excepte la Chine, n'ont plus rien à s'apprendre les uns aux autres : outre qu'ils diffèrent peu les uns des autres, ils se connaissent très bien par d'incessantes fréquentations que les chemins de fer, les bateaux à vapeur, le télégraphe et le téléphone ont multipliées à un degré vraiment extraordinaire. La guerre ne pourrait que les affaiblir et les ruiner sans leur apporter la moindre idée nouvelle. Aussi ne saurait-on s'élever avec trop d'énergie contre de pareilles guerres. Quoi qu'en aient dit certains apologistes de la guerre, leurs arguments ne s'appliquent pas à l'époque présente. Les temps sont changés, et les guerres entre peuples civilisés doivent être condamnées à la fois au point de vue de la morale et à celui de l'intérêt

du genre humain. Ce sont de véritables guerres civiles suivies de ruines, de massacres et de carnages, sans aucune compensation pour l'humanité. L'extension même de la civilisation dans les pays habités par les sauvages peut se faire sans guerre avec l'adresse et de la diplomatie, et les opérations militaires dans ces pays peuvent se réduire à de simples opérations de gendarmerie. La véritable lutte qui menace sérieusement l'humanité, c'est la lutte contre la Chine. Sera-t-elle pacifique ou sanglante? Mystère. Quant à l'état de militarisme, l'état de paix armée sous lequel vit actuellement l'Europe, n'en disons rien, sinon qu'il ruinera l'Europe et sera la honte des temps présents. Quoi qu'il en soit, il semble probable que la tendance à l'uniformité ira toujours en s'accentuant à mesure que les communications deviendront de plus en plus faciles; il semble probable que la race blanche conservera son rôle et restera à la tête du mouvement de progrès qui s'accomplira sans relâche. Il est vrai que les mélanges de cette race avec les races indigènes deviendront nécessaires pour peupler les pays tropicaux de métis capables à la fois de résister au climat et de s'assimiler la c. occidentale. Celle-ci finira sans doute par s'étendre ainsi sur toute la surface du globe. Peut-être alors les distinctions de race s'étant effacées par le mélange des peuples, les distinctions de nations s'effaceront-elles aussi, et l'humanité tout entière ne formera-t-elle plus qu'une seule nation ou une fédération sous un seul gouvernement central. Mais que de temps, que de siècles pour en arriver là !

CIVILISER. v. a. (R. *civil*). Se disait autrefois pour rendre civile une matière criminelle, réduire une cause criminelle à une procédure ordinaire et civile. *C. un procès, une cause criminelle.* || Se dit aujourd'hui pour rendre civil et sociable; polir les mœurs; améliorer l'état intellectuel, moral et matériel d'un peuple, d'un pays. *Le christianisme a civilisé les barbares. Le commerce concourt activement à c. les peuples.* — SE CIVILISER. v. pron. Devenir civil et sociable; se développer sous le rapport intellectuel, moral et physique. *Ces peuples se civilisent lentement.* — Fam., *Il se civilise*, se d'un homme qui prend des manières plus douces, plus affables, qui s'habitue au monde. = CIVILISÉ, ÉE. part.

CIVILITÉ. s. f. (lat. *civilitas*). Honnêteté, courtoisie, manière honnête de vivre et de converser dans le monde. *Un homme plein de c. Il manque de c. Les règles de la c.* || Se dit des actions, des paroles civiles, des compliments et de tout autre témoignage semblable de bienveillance ou d'égard. *Faire c. à quelqu'un.* Faire des civilités. *Mes civilités à monsieur votre père.* — La *C. puérile et honnête,* Titre d'un vieux livre de Jean-Baptiste de la Salle (1713), fait pour apprendre la c. aux enfants. Par allusion à ce livre, on dit fam. et par plaisant., d'un homme qui manque aux devoirs ordinaires de la c., *Il n'a pas lu la C. puérile et honnête.* || T. Impr. *Caractères de c.,* Caractères reproduisant à peu près l'écriture ronde, cursive, avec lesquels on a imprimé la *C. puérile et honnête.*

Syn. — *Politesse.* — La c. est réglée par l'usage; c'est un cérémonial qui est imposé par la coutume. La *politesse* est plus que la c.; elle suppose toujours celle-ci : c'est la c. modifiée par la bienveillance ou par la délicatesse des manières. Un homme du peuple, un simple paysan, peuvent être *civils*; il n'y a qu'un homme du monde qui puisse être *poli*. La c. est souvent trop cérémonieuse et par là fatigante; la *politesse* est exempte de cet excès. La c. évite tout ce qui pourrait blesser quelqu'un; la *politesse* veut davantage, elle s'attache à être agréable. Malheureusement elle est quelquefois le vernis qui sert à cacher l'absence des vertus sociales.

CIVIQUE. adj. 2 g. Qui concerne le citoyen. *Droits civiques. Dégradation c.* Voy. CITOYEN. || Qui est d'un bon citoyen; patriotique. *Les vertus civiques. Un chant c.* — *Couronne c.* Voy. COURONNE.

CIVISME. s. m. Réunion des qualités qui font le bon citoyen; zèle pour les intérêts de son pays. *Il a donné des preuves de c. Certificat de c.* Voy. CERTIFICAT.

Syn. — *Patriotisme.* — Par le *patriotisme*, on aime, on fait profession d'aimer sa patrie. Par le *civisme*, on se conduit à sa patrie, à ses concitoyens; on le sort de tous les moyens que l'on a en son pouvoir. Le *civisme* est la conduite d'un bon citoyen, le zèle à en remplir tous les devoirs; le *patriotisme* est le sentiment dont tout bon citoyen est animé, pour les avantages et le bonheur de sa patrie.

CIVITA-VECCHIA, v. de la prov. de Rome (Italie), à 74 k. de Rome; beau port sur la Méditerranée; 12,000 hab.

CIVRAY, ch.-l. d'arr. de la Vienne, sur la Charente, à 51 k. de Poitiers; 2,000 hab.

CIXIE. s. f. T. Entom. Genre d'insectes hémiptères. Voy. CICADAIRES.

CLABAUD. s. m. (anc. all. *klappen*, bavarder, faire du bruit). Se dit d'un chien de chasse qui donne de la voix sans être sur les traces de la bête. || Par ext., à cause des oreilles pendantes des chiens clabauds, se dit d'une chose pendante. *Chapeau clabaud* (J.-J. ROUSSEAU).

CLABAUDAGE. s. m. Le bruit que font plusieurs chiens qui clabaudent, qui donnent de la voix.

CLABAUDER. v. n. (R. *clabaud*). Aboyer fréquemment. Ne se dit au propre que d'un chien de chasse qui aboie ordinairement sans être sur les voies de la bête. || Fig. et fam., Crier, faire du bruit mal à propos, sans sujet, et en général avec malignité. *Cet homme ne fait que c. Il n'a fait que c. contre nous.*

CLABAUDERIE. s. f. (R. *clabauder*). Criaillerie importune, sans sujet, et en général avec une intention de dénigrement. *Il nous étourdit par ses clabauderies.* Fam.

CLACKMANNANN, le plus petit des comtés d'Écosse; 21,000 hab.

CLADION. s. m. (gr. κλάδος, rameau). T. Bot. Genre de plantes de la famille des Cypéracées, tribu des Schœnées. Voy. CYPÉRACÉES.

CLADOBATE. s. m. (gr. κλάδος, rameau; βαίνω, je marche). T. Mamm. Genre d'insectivores. Ces animaux grimpent aux arbres et rappellent absolument les Écureuils parmi les les Rongeurs. Voy. INSECTIVORES.

CLADOCÈRES. s. m. pl. (gr. κλάδος, rameau; κέρας, corne). T. Ent. Famille de petits crustacés Phyllopodes à corps comprimé latéralement, entouré le plus souvent, à l'exception de la tête, par un test ou carapace bivalve, munis de grandes antennes natatoires et de quatre à six paires de rames.

C'est dans ce sous-ordre des C. que prennent place les *Daphnies* que l'on voit si souvent dans nos eaux douces stagnantes.

Les *Daphnies* (Fig. 1. Daphnie puce, de grandeur naturelle; 2. La même, très grossie) ont pour caractères distinctifs un œil unique et 5 paires de branchies dont la première seulement (quelques auteurs la considèrent comme une antenne) contribue à la natation. Celle-ci s'opère par suite de sauts que l'animal exécute à l'aide de sa première

Fig. 1.

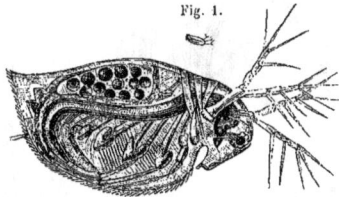

Fig. 2.

paire de pattes. A l'entrée de l'hiver, elles s'enterrent dans la vase pour n'en sortir qu'au printemps. Les daphnies, quant à la rapidité et au mode [de leur reproduction, offrent les mêmes phénomènes que les pucerons : de là, une multiplication parfois prodigieuse. La D. puce (*D. pulex*), dont la couleur est rouge, se trouve quelquefois en si grand nombre dans une mare, qu'il semblerait que l'eau a été changée en

sang. — Le g. *Polyphème*, dont la seule espèce connue est le *Pol. pou* (*Pol. pediculus*) est surtout remarquable par un œil énorme, qui constitue presque à lui seul toute la tête. Ce crustacé, dont la longueur ne dépasse pas 1 1/2 millim., habite les eaux douces stagnantes de l'Europe centrale; il est très commun aux environs de Genève.

CLADODE. s. m. (gr. κλάδος, rameau). T. Bot. Organe de nature caulinaire qui a l'apparence d'une feuille.

CLADONIA. s. m. (gr. κλάδος, rameau). T. Bot. Genre de végétaux cryptogames de la famille des *Lichens*. Voy. ce mot.

CLADOPHORE. s. f. (gr. κλάδος, rameau; φορὸς, qui porte). T. Bot. Genre d'Algues de la famille des *Confervacées*. Voy. ce mot.

CLADOPHORÉES. s. f. pl. T. Bot. Tribu d'Algues de la famille des *Confervacées*. Voy. ce mot.

CLADOTHRIX. s. m. (gr. κλάδος, rameau; θρίξ, cheveu). T. Bot. Genre d'Algues de la famille des *Bactériacées*.

CLAIE. s. f. (gr. κλείω, je ferme). Ouvrage à claire-voie en forme de rectangle, et fait de brins d'osier ou de branches d'arbres entrelacés. *Une c. à passer du sable. Une c. à faire sécher des prunes. A la guerre, on se sert de claies pour construire des retranchements.* Jadis on traînait sur la c. les cadavres de ceux qui avaient été tués en duel ou qui s'étaient suicidés. || Treillage en bois ou en fer servant de clôture ou d'abri. || Faux plancher que l'on met dans les ateliers où l'on travaille les métaux précieux, afin de recevoir les parcelles de ces métaux tombant pendant le travail. || Table à claire-voie où l'on étend la laine. || T. Pêc. Synonyme de nasse.

CLAIN, riv. de France, affluent de la Vienne, arrose Poitiers; 125 kil.

CLAIN. s. m. T. Mar. *Construction à clain*, Construction avec imbrication. || Chanfrein ou biseau que forme le tonnelier sur l'épaisseur des douves.

CLAIR, AIRE. adj. (lat. *clarus*). Éclatant, lumineux, qui répand de la lumière. *La lune est claire. Le feu est c. de sa nature. Ce bois fait un feu très c.* || Subst., Le c. de la lune ou *C. de lune*, La lumière, la clarté de la lune. *Au c. de la lune. Il fait c. de lune.* — En T. Peint., on appelle *C. de lune*, Un tableau qui représente un paysage éclairé par la lune. = Qui reçoit beaucoup de jour, de lumière. *Cette église est trop claire. Cette chambre, cette galerie est fort claire.* On dit dans ce sens, *Il fait bien c. dans cette chambre*, etc. — Absol., *Il fait c., Il fait jour. Il ne faisait pas encore c. quand nous partîmes.* Cela s'entend aussi quelquefois du c. de la lune. = Luisant, poli. *Cette vaisselle est fort claire. Un plancher net et bien frotté.* — Teint c., Teint vif et uni. = En parlant des couleurs, signifie, Moins foncé, plus lumineux, ou plus mêlé de blanc. *Vert c. Rouge c. C. brun.* — *Cheveux clair brun*, Cheveux d'un brun peu foncé. *Cette dame est clair-brune*, Elle a les cheveux clair brun. || T. Peint. Se dit substantiv., et le plus souvent au pl., des couleurs qui représentent les jours, les parties les plus éclairées. *Les clairs de ce tableau sont bien entendus.* — T. Tapisserie. Se dit encore des laines et des soies teintes en couleurs claires qui servent à rehausser l'ouvrage. *Cette tapisserie sera bientôt terminée, il n'y manque plus que les clairs.* = Transparent, qui laisse passer librement la lumière, en sorte que l'on peut voir au travers. *Des vitres bien claires. C. comme un cristal de roche.* — *Le temps est c., le ciel est c.*, Il n'y a aucun nuage dans l'air. = Substantiv., *Tirer du vin au c.*, Le mettre en bouteilles quand il a été bien reposé. — Fig., *Tirer au c. une difficulté, un fait*, Le dégager de tout ce qu'il présente d'obscur, de difficile. = Qui a peu de consistance. Dans ce sens, il est opposé à épais, et il ne se dit proprement que des choses liquides. *Ce sirop est trop c. Cette bouillie est trop claire. Lait c.* — Lait c., se dit quelquefois pour petit-lait. || Signifie aussi qui n'est pas bien serré, dont les parties ne sont pas très rapprochées. *Toile claire. Il a les cheveux bien clairs. Les blés sont clairs.* || Se dit en outre de la voix, et signifie net, aigu. *Cet enfant a la voix claire. Les voix de femmes sont plus claires que les voix d'hommes.* || Fig., Intelligible, aisé à comprendre. *Idée claire. Une expression claire. Style c. Son discours était très c. Ses vers ne sont pas clairs. Il est c. que... Cela est c. et net.* — *Méthode claire*, Qui rend la chose à laquelle elle s'applique plus aisée à comprendre. *Un commentaire bien c.*, Qui résout bien les obscurités, les difficultés d'un texte, d'un ouvrage. || Se dit aussi des personnes. *Cet auteur n'est pas c. Cette homme a l'esprit c.*, Il saisit les choses avec facilité et netteté, il a le jugement net. || Évident, manifeste. Qui ne peut donner lieu à incertitude, à équivoque. *Votre droit est c. comme le jour. La raison, la conséquence en est claire. Ce procédé, cette conduite, ces discours ne sont pas clairs. Cette affaire n'est pas claire*, Elle est embrouillée. — *Clairs deniers, argent c.*, L'argent, les deniers qu'on peut toucher quand on veut, qu'on peut recevoir aisément. *Il s'est payé tes plus clairs deniers de la recette. C'est de l'argent c.* On dit substantiv., *Il a dépensé le plus c. de son bien.* = CLAIR. adv. D'une manière claire, distincte. *Voir c. Entendre c.* || Fig. et fam. *Voir c., voir fort c.*, Avoir l'esprit pénétrant. *Il n'est pas facile de le tromper, il voit fort c. Voir c. dans une affaire*, La bien connaître. *Avant de signer, je veux y voir c.*, à équivoque. — Fig. et fam., *Entendre c.*, A demi-mot. *Il ne faut pas beaucoup d'explications avec lui, il entend fort clair.* || *Parler c.*, Parler avec une voix claire et aiguë. — Fig. *Parler c. et net*, Franchement, nettement, sans ménagements, sans détours. On dit de même, *Il s'en est expliqué haut et c.* || *C. et net*, signifie quelquefois tous frais déduits. *Il gagne c. et net mille francs dans cette affaire.* || *Semer c.*, Répandre la graine de loin en loin, et en moindre quantité qu'à l'ordinaire.

CLAIRAC, petite ville de France, c. de Tonneins, arr. de Marmande (Lot-et-Garonne) ; 3,600 hab. Vins blancs.

CLAIRAMBAUT, érudit français, réunit un grand nombre de manuscrits aujourd'hui déposés à la Bibliothèque nationale (1651-1740).

CLAIRAUT (ALEXIS-CLAUDE), savant mathématicien et astronome français, célèbre par sa *Théorie de la figure de la Terre* et par la mesure d'un arc du méridien qu'il alla faire au Pérou, en compagnie de Maupertuis, en 1741 (1713-1765).

CLAIRÇAGE. s. m. T. Techn. Opération qui consiste à décolorer le sucre brut en le faisant dissoudre dans un sirop de sucre blanc appelé *clairce*. Voy. SUCRE.

CLAIRCE. s. f. Sirop de sucre blanc destiné au clairçage. Voy. SUCRE.

CLAIRCER. v. a. Soumettre le sucre à l'opération du clairçage.

CLAIRCIÈRE. s. f. Défaut qui se produit dans un tissu, lorsque l'écartement des duites est trop prononcé.

CLAIRE s. f. T. Techn. Les cendres lavées ou les os calcinés dont on se sert pour faire les coupelles. || Claire ou parc à eau. Bassin de peu de profondeur disposé de manière à retenir l'eau à marée basse, afin de protéger les huîtres qu'on y parque. || Chaudière à raffiner le sucre.

CLAIRE (SAINTE), née à Assise, fondatrice des religieuses dites Clarisses (1193-1253). Fête le 12 août.

CLAIREMENT. adv. D'une manière claire, nettement, distinctement. *De cette hauteur on distingue c. sa maison. J'ai distingué c. sa voix.* || Évidemment, manifestement. *Démontrer c. une proposition. Il prouve c. tout ce qu'il dit. Je vois c. qu'il vous trompe.*
> Ce que l'on conçoit bien s'énonce clairement,
> Et les mots pour le dire arrivent aisément.
>   BOILEAU.

Fig., D'une manière intelligible, ou franchement, sans détour. *Parler, s'exprimer c. Expliquer c. un passage. Expliquez-vous c.*

CLAIRE-SOUDURE. s. f. Alliage composé de plomb et d'étain.

CLAIRET. adj. (Dimin. de *clair*). *Vin c.*, Vin léger et de couleur claire— Substantiv., *Boire du c.*

> Quand j'ai bu du vin clairet
> Tout tourne, tout tourne,
> Quand j'ai bu du vin clairet
> Tout tourne au cabaret.
>   *Chanson bachique.*

CLAIRET. s. m. Infusion de plantes aquatiques dans du vin, édulcorée avec du miel ou du sucre. || T. Joaillier. Pierre dont la couleur est trop faible.

CLAIR-ÉTAGE. s. m. T. Archit. — On désigne sous ce nom, et quelquefois même sous celui de *Clerestory* usité chez les Anglais, cette série de hautes fenêtres qui, dans les églises du moyen âge et particulièrement dans celles d'architecture ogivale, sont destinées à éclairer la grande nef de l'édifice. Le cl.-ét. est toujours situé au-dessus des arcades du rez-de-chaussée de la nef, et une fenêtre correspond à chacune de ces dernières. Néanmoins, dans la plupart des grands édifices religieux construits au XII° siècle, et jusqu'à la fin de la période ogivale, il existe entre les arcades du rez-de-chaussée et le cl.-ét., une galerie étroite qui est ménagée dans l'épaisseur du mur, et qui circule, en général, tout autour de la nef centrale. Cette galerie s'ouvre sur la nef par une série d'ouvertures en plein cintre ou en ogive, suivant l'époque de sa construction. Chaque ouverture est ordinairement divisée en trois parties (*tres fores*) par deux colonnettes, disposition qui a fait donner à la galerie tout entière le nom de *Trifo-*

Fig. 1.   Fig. 2.

rium. Le plus souvent, et cette particularité s'observe principalement dans les églises antérieures à la fin du XIII° siècle, le triforium ne tire son jour que de l'intérieur de la nef elle-même, et, par conséquent, il est toujours plus ou moins obscur. Mais, au XIV° siècle, on voit, dans un certain nombre d'églises, le triforium devenir transparent. Pour cela, il fallut introduire deux modifications nouvelles dans la construction de l'édifice : 1° abaisser le comble des nefs latérales au-dessous de la ligne occupée par cette galerie elle-même ; 2° percer de part en part le grand mur de la nef dans l'épaisseur duquel était pratiqué le triforium. Dans ce dernier cas, une claire-voie garnie de vitraux remplace la paroi de maçonnerie qui formait extérieurement le triforium. La galerie ainsi nommée a toujours eu très peu de profondeur. Cependant on peut remarquer qu'elle devient de plus en plus étroite à mesure qu'on approche de la fin de la période ogivale, où elle ne représente plus qu'une série de petites arcades destinées uniquement à servir de décoration. La Fig. 1 représente une travée de la grande nef de Notre-Dame de Paris, et la Fig. 2 une travée de Saint-Ouen à Rouen : A indique l'arcade du rez-de-chaussée, B le triforium, et C le clair-étage. On remarquera qu'à Notre-Dame la partie du triforium comprise dans chaque travée ne présente que deux colonnettes et trois ouvertures, tandis qu'à Saint-Ouen, les colonnettes et les ouvertures se sont multipliées. — C'est à tort que quelques archéologues donnent le nom de triforium aux tribunes qui se voient dans quelques grandes basiliques, comme celle de Saint-Paul hors les murs à Rome. V. BASILIQUE, Fig. 3. Ces tribunes, en effet, ne sont point pratiquées dans l'épaisseur du mur seulement : elles sont établies au-dessus des nefs latérales. Il fallait d'ailleurs qu'elles fussent spacieuses, puisqu'à l'origine elles étaient destinées, celle de gauche aux veuves, et celle de droite aux vierges consacrées à Dieu.

CLAIRETTE. s. f. T. Bot. Variété de raisin blanc très répandue dans le Midi. On l'appelle aussi *Blanquette*. || Vin blanc que l'on fabrique avec ce raisin. Voy. VIGNE. || Espèce de plantes de la famille des *Valérianées*. Voy. ce mot. || T. Mar. Brosse à l'usage des peintres en bâtiment.

CLAIRE-VOIE. s. f. Ouverture faite à rez-de-chaussée, dans le mur d'un parc ou d'un jardin, et qui n'est fermée que par une grille, ou par une espèce de fossé appelé *Saut-de-loup*. *Des claires-voies*. — A CLAIRE-VOIE. Loc. adv. qui s'emploie en parlant de tout ouvrage de charpente, de menuiserie ou de vannerie, dont les pièces laissent du jour entre elles. — *Porte à c.-voie. Panier à c.-voie.* — Par ext., se dit d'un tissu qui n'est pas serré. *Cette toile est faite à c.-voie.* || T. Agric. *Semer à c.-voie.* Répandre de la semence sur la terre de façon que les grains laissent entre eux de grands intervalles vides. || T. Mar. Sorte de panneau servant de toit pour favoriser l'écoulement des eaux.

CLAIRIÈRE. s. f. (R. *clair*). Endroit d'une forêt tout à fait dégarni d'arbres. *Se promener dans une c.* || T. Techn. Endroit d'une toile qui est plus clair que le reste.

CLAIRIÉRÉ, ÉE. adj. T. Forestier. Disposé en clairière.

CLAIR-OBSCUR. s. m. T. Peint. Imitation des effets de contraste qui se produisent lorsque certaines parties d'un lieu reçoivent une vive lumière pendant que les autres restent dans une obscurité plus ou moins profonde. *La science du cl.-ob.* Rembrandt *entendait admirablement le cl.-ob.* || Se dit quelquefois des effets de la lumière sur les corps qu'elle frappe. *Un architecte doit connaître les effets du c.-ob.* || *Dessin, peinture du c.-ob.*, ou en *c.-ob.*, Dessin, peinture où l'on n'emploie que du blanc et du noir, ou du blanc avec quelque autre couleur brune.

CLAIRON. s. m. (R. *clair*). T. Mus. Trompette de cuivre, courbe, le son clair, aigu et perçant, employée surtout par les armées. *Le c. sonne l'appel.* Le c. a été connu des anciens sous le nom de *Lituus* (BACHELET). Voy. TROMPETTE. || Celui qui joue du clairon. || Nom du second registre de la clarinette, entre le chalumeau et les sons aigus. || T. Ent. Genre d'insectes coléoptères : le c. des abeilles. Voy. MALACODERMES. || T. Mar. Partie du ciel qui paraît dans une nuit obscure.

CLAIRON (Mlle), artiste célèbre de la Comédie française (1723-1803).

CLAIRSEMÉ, ÉE. adj. Se dit des végétaux qui ne sont pas bien serrés, qui sont séparés les uns des autres par des intervalles plus grands qu'à l'ordinaire. *Du blé clairs, De l'avoine clairs. Des arbres clairs.* || Fig., *La population est très clairs, sur les bords du Missouri. Les beautés sont clairs. dans ce poème.* — Prov. *L'argent est clairs. chez lui*, Il en a fort peu.

CLAIRVAUX, ch.-l. de c. (Jura), arr. de Lons-le-Saulnier ; 1,000 hab.

CLAIRVAUX (lat. *Clara vallis*, claire vallée), village de France, commune de Ville-sous-la-Ferté, c. de Bar-sur-Aube (Aube). Célèbre abbaye de l'ordre de Cîteaux, fondée en 1115 par saint Bernard ; aujourd'hui maison de détention.

CLAIRVILLE, auteur dramatique des plus féconds, né à Lyon (1811-1879).

CLAIRVOYANCE. s. f. [Pr. *cler-vo-ian-se*] (R. *clair-voyant*). Sagacité et pénétration dans les affaires. *Rien n'échappe à sa cl.* Syn. Voy. PERSPICACITÉ.

CLAIRVOYANT, ANTE. adj. [Pr. *cler-vo-ian*] (R. *clair* et *royant*). Qui a de la clairvoyance. *Esprit cl. Une femme très clairvoyante.*

CLAIRVURE. s. f. T. Techn. Endroit d'une étoffe de laine où les fils ne joignent pas bien.

CLAMART, c. de la Seine, arr. de Sceaux, au sortir de Paris sur la ligne de l'O. ; 5,500 hab.

CLAMART, nom d'un ancien cimetière de Paris, situé non loin de la Pitié, où l'on enterrait principalement les cadavres provenant des hôpitaux. Ce cimetière ayant été désaffecté en 1814, on construisit à un amphithéâtre d'anatomie qui a conservé le même nom.

CLAMEAUX. s. m. pl. T. Techn. Clous ou crampons à deux pointes coudées pour constructions provisoires.

CLAMECY, ch.-l. d'arr. de la Nièvre, à 73 k. de Nevers, au confluent de l'Yonne et du Beuvron ; 5,300 hab. Commerce important de bois flottés.

CLAMER. v. a. (lat. *clamare*, m. s.). Appeler.

CLAMEUR. s. f. (lat. *clamor*, m. s.). Grand cri. Se dit ordinairement des cris confus de plusieurs personnes réunies *Cl. tumultueuse. Une grande cl. Cela excita les clameurs de l'assemblée. Il s'éleva une clameur universelle.* || Fig. Injure, outrage. *Braver les clameurs des sots. Il se laissa intimider par leurs clameurs.* || T. Poét. Bruit, fracas quelconque. *Les clameurs du vent, de l'orage*, etc. — *La cl. publique*, L'indignation publique, ou quelque manière qu'elle se manifeste.

Hist. — Dans la coutume de Normandie, on nommait *Clameur de haro* un usage en vertu duquel on pouvait, sans aucun mandement ni permission de justice, faire comparaître sur-le-champ devant le juge la partie dont on avait à se plaindre. Selon la tradition, le terme de *haro* est une invocation du nom de Raoul ou Rollo Ier, duc de Normandie. Selon l'ancien coutumier de Normandie, le *haro* ne pouvait être interjeté que pour cause criminelle, comme pour feu, larcin, homicide ou autre péril évident.

CLAMORGAN ou **GLAMORGAN**, comté du pays de Galles (Grande-Bretagne) ; 400,000 hab.

CLAMP. s. m. T. Chir. Instrument en forme de compas d'épaisseur, dont on se sert dans l'ovariotomie, pour comprimer et retenir hors de l'incision abdominale le pédicule du kyste qu'on veut opérer. || T. Mar. Pièce de bois pour soutenir un mât.

CLAMPE. s. f. T. Charp. Sorte de crampon ou d'emboîture.

CLAMPIN. s. m. T. Milit. Soldat retardataire, traînard. || Pop. *Clampin, clampine*, Fainéant, fainéante.

CLAMPONNIER. s. m. [Pr. *clan-po-nié*]. T. Manège. Cheval long et jointé ou qui a les pâturons longs, effilés et trop pliants : *Cheval cl.*

CLAN. s. m. (autre forme de *clamp*). T. Techn. Morceau de bois destiné à arrêter sur la herse les peaux qui doivent être travaillées en parchemin. || T. Mar. Mortaise pratiquée dans un endroit du navire pour tenir lieu de poulie.

CLAN. s. m. (gaélique, *clann*, race). T. Hist. Ce mot a été généralisé et sign. réunion, groupe. *Un c. de montagnards. Chef de c. Ils forment un c. à part.*

Hist. — Dans l'histoire d'Écosse, le mot *clan* sert à désigner des agglomérations de familles qui portent des dénominations communes et qui toutes, à en croire la tradition, descendraient d'une souche unique. Mais cette communauté d'origine est loin d'être démontrée. Il est plus probable que les clans se sont formés de la réunion de différentes familles, dont les moins importantes se trouvaient, vis-à-vis des autres, dans un état de sujétion analogue à celui des clients de l'ancienne Rome relativement à leurs patrons : ces familles vassales auraient ensuite pris peu à peu le nom de la famille dominante. Les clans occupent le nord, l'ouest et une partie du centre de l'Écosse. Plusieurs sont divisés en branches qui se distinguent par des noms particuliers. Chacun a un chef dont le pouvoir se transmet régulièrement à ses descendants mâles; mais, dans les anciens temps, l'ordre de succession n'était pas nettement fixé. Suivant un manuscrit gaélique récemment découvert et que l'on suppose écrit vers 1440, la formation des clans remonterait à une époque bien plus ancienne qu'on ne l'a cru jusqu'à présent.

CLANCHE. s. m. Organe du métier à filer servant à enrayer le fonctionnement d'un ressort.

CLANCHE. s. f. Voy. CLENCHE.

CLANDESTIN, INE. adj. (lat. *clandestinus*, m. s., de *clam*, en cachette). Qui se fait en cachette, et ordinairement contre les lois ou la morale. *Mariage cl. Relations clandestines. Assemblée clandestine. Écrit cl. Démarches clandestines.*

CLANDESTINE. s. f. T. Bot. Plante de la famille des *Gesnéracées.* Voy. ce mot.

CLANDESTINEMENT. adv. D'une manière clandestine, en cachette. *Se marier cl. Ils se réunirent cl.*

CLANDESTINITÉ. s. f. T. Jurisp. Le vice d'une chose faite en secret et contre la loi. *La cl. est une cause de nullité pour le mariage; elle vicie la possession et empêche la prescription.*

CLAOXYLON. s. m. (gr. κλάω, je casse; ξύλον, bois). T. Bot. Genre d'arbrisseaux de la famille des *Euphorbiacées.* Voy. ce mot.

CLAPARÈDE (MICHEL), général français né à Gignac (1774-1841).

CLAPEAU s. m. Voy. CLAPOT.

CLAPÉE. s. f. T. Maçon. Action d'appliquer, par jets, du mortier.

CLAPET. s. m. (lat. *clavis*, clef). T. Méc. Sorte de petite soupape qui se lève et se baisse. Le c. est l'organe essentiel de la plupart des pompes à mouvement rectiligne alternatif. Les formes des clapets sont très variables : ils sont rectangulaires, carrés, circulaires, annulaires, sphériques, à boucle, à butoir, à charnière, etc. Dans tous les cas, ils sont disposés de manière à s'ouvrir librement quand ils sont pressés dans un sens, et à se refermer quand ils sont pressés dans l'autre. Ainsi un clapet circulaire placé au-dessus d'une ouverture s'ouvrira de bas en haut et se fermera de haut en bas. Voy. POMPES, SOUPAPES.

CLAPIER. s. m. Nom que l'on donne aux petits trous creusés exprès dans les garennes et où les lapins se retirent. || Anciennement, Lieu de prostitution. || Par ext., Cage de bois où l'on nourrit les lapins domestiques. — *Lapins de cl.,* ou simplement *Clapiers,* Lapins élevés dans ces sortes de cages. || T. Chir. Se dit d'un abcès profondément situé ou à trajet sinueux d'où le pus s'écoule difficilement.

CLAPIR (SE). v. pron. (R. *clapier*). Se blottir, se cacher dans un trou. Se dit particulièrement des lapins. || CLAPI, IE. part.

CLAPIS. s. m. (allem. *klaffen*, être ouvert). Grand éclat fait maladroitement en taillant le marbre.

CLAPISSON, musicien français (1808-1866).

CLAPOT ou **CLAPEAU.** s. m. T. Techn. Appareil destiné à laver les étoffes avant de les teindre; il se compose en principe de deux cylindres unis placés l'un sur l'autre. L'étoffe imbibée d'eau passe entre ces deux cylindres et subit une pression qui fait rejaillir le liquide et opère ainsi le nettoyage.

CLAPOTAGE ou **CLAPOTIS.** s. m. T. Mar. Agitation légère des vagues qui se croisent et s'entrechoquent dans tous les sens.

CLAPOTER. v. n. (*onomatopée*). T. Mar. Éprouver l'agitation qu'on nomme clapotage. *La mer clapote.*

CLAPOTEUSE. adj. f. T. Mar. On dit que *la mer est cl.,* lorsqu'elle est agitée par de petites lames courtes qui se succèdent rapidement en venant de plusieurs côtés.

CLAPOTIS. s. m. Voy. CLAPOTAGE.

CLAPPERTON, voyageur écossais, a exploré le Soudan (1788-1827).

CLAQUE. s. f. (Onomatopée; haut-all. *kloc*, m. s.). Coup donné du plat de la main, soufflet. || T. Théâtre. Se dit d'un certain nombre d'individus qui, moyennant salaire, applaudissent une pièce, un acteur, ce qui est assez enfantin : on suppose par là que les spectateurs ne sont pas capables de juger eux-mêmes. || Espèce de soulier qu'on met par-dessus la chaussure ordinaire pour se garantir de l'humidité et de la boue. || Chapeau d'homme qui s'aplatit ou se relève à volonté, au moyen d'un ressort. On l'appelle aussi *Chapeau mécanique* et *Gibus.* Voy. CHAPELLERIE. || Nom de certains chapeaux d'uniforme qui présentent deux cornes allongées. Voy. COIFFURE.

CLAQUEBOIS. s. m. (R. *claquer*, et *bois*). T. Mus. Sorte d'harmonica de bois composé d'un série de morceaux de bois durs et sonores, qui vont en diminuant de longueur, et dont chacun fait entendre le son d'une des notes de la gamme, quand on les frappe avec un marteau ou avec une baguette.

CLAQUEDENT. s. m. (R. *claquer*, et *dent*). T. de mépris, qui se dit d'un pauvre misérable qui tremble de froid. Pop. || Se dit encore d'un homme qui parle beaucoup de lui avec jactance, et souvent contre la vérité. Fam. et peu us.

CLAQUEMENT. s. m. (R. *claquer*). Bruit que font des choses frappées l'une contre l'autre, ou les unes contre les autres. *Un cl. de mains, de dents. Le cl. du bec de la cigogne. Des claquements de fouet.*

CLAQUEMURER. v. a. (R. *claque*, et *mur*). Renfermer dans une étroite prison. *On le claquemura à la Bastille.* — Par ext., Tenir quelqu'un renfermé. *Elle claquemure sa fille dans sa chambre et s'en va au bal.* — SE CLAQUEMURER, v. pron. Se tenir renfermé. *Il se claquemure dans sa chambre et ne voit personne.* Fam. || Fig. Se borner exclusivement à une chose. *Il se claquemure dans sa spécialité.*

CLAQUER. v. n. (R. *claque*). Faire un certain bruit aigu et éclatant. *Cl. des mains. Voilà un fouet qui claque bien.* — On dit de quelqu'un qu'*il claque des dents,* lorsque ses dents se choquent par un tremblement que cause le froid, la peur, etc. — CLAQUER, v. a. *Cl. quelqu'un,* Lui donner une claque, des claques. — Fig., L'applaudir. — Au dernier sens, ne se dit que d'un acteur dramatique ou d'un auteur. *Ses amis l'ont claqué.* — CLAQUÉ, ÉE. part.

CLAQUET. s. m. (R. *claquer*). Petite latte qui est sur la trémie d'un moulin, et qui bat continuellement avec bruit. — Pop., on dit d'une personne qui parle beaucoup, *La langue lui va comme un cl. de moulin.*

CLAQUETTE. s. f. [Pr. *clakète*] (Dimin. de *claque*). Sorte de crécelle formée de deux lames de bois reliées par une charnière et qu'on fait claquer l'une contre l'autre. || T. Musiq. mil. Instrument imitant le bruit du fouet.

CLAQUEUR. s. m. (R. *claquer*). T. Théâtre. Applaudisseur à gages; individu payé pour applaudir les pièces ou les acteurs. Se dit fam. et par mépris.

CLARE, comté d'Irlande, prov. de Munster, 142,000 hab. Ch.-l. *Ennis*, 8,000 hab.

CLAREMONT, château à 23 kil. de Londres, où mourut Louis-Philippe Ier, en 1850.

CLARENCE. s. f. T. Cordonnier. Sorte de chaussure sans derrière.

CLARENCE (Duc de), frère d'Édouard IV d'Angleterre, fut condamné à mort par les intrigues du duc de Glocester et noyé dans un tonneau de vin de Malvoisie, genre de mort que, dit-on, il avait choisi lui-même (1449-1478).

CLARENDON, village d'Angleterre où le roi Henri II proclama en 1614 les *Constitutions de Clarendon*, contre les usurpations du clergé.

CLARENDON (Hyde, comte de), homme d'État et historien anglais (1608-1674), père d'Anne Hyde, qui épousa le duc d'York, plus tard Jacques II, et fut la mère des reines Marie et Anne.

CLARENS, village de Suisse, sur le lac de Genève, célébré par J.-J. Rousseau.

CLAREQUET. s. m. Conserve transparente de fruits.

CLARICORDE. s. m. (It. *clair* et *corde*). T. Musiq. Ancien instrument à cordes, dit aussi Manicorde.

CLARIÈRE. s. f. (R. *clair*). T. Mar. Passage entre les banquises et les gros amas de glace.

CLARIFICATEUR, TRICE. adj. Qui sert à clarifier, à filtrer. *Filtre c.*

CLARIFICATION. s. f. [Pr. ... *sion*] (lat. *clarus*, clair, et le suffixe *fication*, de *facere*, faire).—T. Techn. La C. est l'opération par laquelle on sépare d'un liquide les matières étrangères qui troublent sa transparence. Les procédés employés varient suivant la nature du liquide et celle des substances dont on veut le débarrasser. — Dans une foule de cas, surtout lorsqu'il s'agit de matières solides en suspension dans un liquide, il suffit d'abandonner celui-ci à lui-même pour que les molécules solides gagnent le fond du vase. Le dépôt opéré, on n'a qu'à enlever le liquide au moyen d'un siphon ou par simple décantation. Ce procédé de c. a reçu le nom de *Dépuration*. — Lorsqu'il est insuffisant, on a recours à la *Filtration*. Celle-ci s'opère en introduisant le liquide à clarifier dans un appareil appelé *filtre*, dont les pores laissent passer les parties fluides, tandis qu'ils retiennent les molécules solides. Voy. FILTRE. — Enfin dans un assez grand nombre de cas on emploie le procédé de la *Coagulation*. Lorsque le liquide à clarifier contient de l'albumine, on coagule celle-ci soit à l'aide de la chaleur, soit à l'aide des acides. Ainsi, par ex., quand un pharmacien veut clarifier le suc vert extrait d'une plante qui contient de l'albumine, il suffit de chauffer ce suc: bientôt on voit une matière blanche nager dans la liqueur. Cette matière est l'albumine coagulée, qui a entraîné avec elle la chlorophylle et les portions de fibres divisées qui troublaient sa transparence. Au bout d'un certain temps, l'albumine se dépose au fond du vase avec toutes les impuretés, et le liquide qui surnage reste parfaitement clair. On voit par là que l'albumine possède la propriété d'emprisonner dans ses mailles, au moment même où elle se coagule, les substances étrangères contenues dans les liquides et de les précipiter avec elle en se déposant au fond du vase. C'est sur cette propriété qu'est fondé le procédé de *Coagulation par intermède*. Dans ce mode, tantôt on emploie la chaleur, tantôt on opère à froid. L'emploi de la chaleur est indispensable quand le liquide à clarifier ne contient pas de principe astringent. C'est ainsi qu'on ajoute pour clarifier les sirops et le sucre: on ajoute aux premiers du blanc d'œuf qui est de l'albumine presque pure, et aux seconds du sang d'animal, dont le sérum contient une forte proportion d'albumine, puis on les soumet à l'action de la chaleur. On opère à froid, au contraire, quand il s'agit de clarifier des liqueurs qui renferment un principe astringent. Tels sont le vin, la bière, le cidre, qui, d'ailleurs, seraient altérés par la chaleur. Dans ce cas, on ajoute sim-

plement de l'albumine au liquide à clarifier, et celle-ci est coagulée par les acides et par l'alcool que contiennent ces liqueurs. L'opération de la clarification des vins et autres liqueurs spiritueuses est plus souvent désignée sous le nom de *Collage*, parce qu'à l'albumine on substitue de la colle ou *gélatine*, qui jouit de la même propriété. C'est uniquement par motif d'économie qu'on donne la préférence à la gélatine. — Quelquefois, l'ébullition plus ou moins prolongée suffit pour clarifier un liquide en facilitant l'agglomération des matières solides en suspension; les grains plus gros se précipitent alors facilement. — Dans l'industrie du sucre, on s'est longtemps servi, pour clarifier les sirops, de sang mêlé à du noir animal; mais ce procédé présente des inconvénients qui lui ont fait substituer, dans plusieurs raffineries, les réactifs minéraux, tels que la baryte et les phosphates d'ammoniaque et de chaux qui absorbent ou précipitent les impuretés et les matières colorantes.

CLARIFIER. v. a. (lat. *clarus*, clair; *fieri*, devenir). Rendre claire une liqueur qui est trouble. *C. du vin.* ‖ Par ext. Purifier une substance fluide quelconque. *C. un sirop. C. du sucre.* = SE CLARIFIER, v. pron. Devenir clair, Se purifier. *Cette eau commence à se c. Ce sirop se clarifie.* = CLARIFIÉ, ÉE. part. *Petit-lait c.*

CLARINE. s. f. (lat. *clarus*). Sonnette pendue au cou des animaux qu'on fait paître dans les forêts.

CLARINETTE. s. f. [Pr. *clarinète*] (Dimin. de *clarine*). Instrument à vent, à anche garni de clefs, ordinairement en ébène ou en buis. Cet instrument a été introduit dans les orchestres français en 1757. Il avait été inventé en 1690, à Nuremberg, par Jean-Christophe Denner. Voy. HAUTBOIS. ‖ Celui qui joue de cet instrument. *Il est première c. à l'Opéra.* On dit aussi *Clarinettiste*.

CLARKE (Samuel), philosophe anglais, auteur d'un *Traité de l'existence et des attributs de Dieu* (1675-1729).

CLARKE, duc de Feltre, ministre de la guerre sous Napoléon Ier, puis sous Louis XVIII, et maréchal de France (1765-1818).

CLARKSON, philosophe anglais, zélé partisan de l'abolition de la traite des noirs et de l'esclavage (1761-1846).

CLAROS, anc. v. de l'Ionie, célèbre par son oracle d'Apollon.

CLARTÉ. s. f. (lat. *claritas*). Lumière, lueur, splendeur. *La c. du jour. La c. du soleil, de la lune, des étoiles. Lire à la c. du feu, des flambeaux. Une trop grande c. éblouit.* En ce sens, s'emploie guère au pl. qu'en poésie.— Poétiq., *Jouir de la c. du jour, de la c. du jour,* Vivre. On dit de même : *Revoir la c. du jour, revoir la c., Revivre; Perdre la c. du jour, perdre la c.*, Mourir. ‖ Fig., dans le style oratoire et poétique, *Les saintes clartés du christianisme. De fausses clartés les égarent.* En ce sens, s'emploie le plus souvent au pl. = Transparence. *La c. du verre, de l'eau.* ‖ Fig., Qualité des idées, du discours, du style, qui les rend propres à être facilement compris. *Parler, écrire avec c. Expliquer une chose avec c. Il faut de la c. dans le style. Avoir de la c. dans l'esprit, dans les idées,* Avoir des idées saines, claires et nettes. On dit dans ce sens, *C. d'esprit.*

Syn. — *Lumière, Lueur, Éclat, Splendeur.* — La *lumière* est ce qui fait que les objets sont visibles : c'est un terme général, et l'autres mots n'expriment que des gradations de la *lumière*. La *lueur* est une lumière faible, un commencement de *clarté*; la *clarté* est le plus souvent passagère et fugitive. Un feu follet jette une *lueur*; une *lueur* d'espérance ne se soutient pas; cependant une *lueur* peut être quelquefois durable. La *clarté* est une *lumière* suffisante, un jour pur et qui chasse les ombres : comme la *clarté*, elle peut fort bien n'être pas durable. Un éclair produit une très vive *clarté* qui vous laisse à l'instant suivant dans une obscurité profonde. *Éclat* désigne une grande *lumière*, ainsi qu'un grand bruit; l'éclat est une forte et très brillante *lumière*, une *clarté* aussi abondante que vive. La *splendeur* est la plus grande *lumière*, un éclat éblouissant, la plénitude de la *lumière* et de l'*éclat*. Ce mot se dit au propre, et particulièrement du soleil et des astres, qui renferment la plénitude de la *lumière*. Au figuré, il est synonyme de pompe, de magnificence, etc. Ainsi donc la *lueur* est une *lumière* faible et légère; la *clarté*, une *lumière* assez vive et plus ou moins pure; l'*éclat* une *lumière* brillante ou une vive *clarté*; la *splendeur*, la plus grande *lumière* et le plus vif *éclat*. On a pu associer, non sans une certaine exactitude, le mot *obscur* au mot *clarté* :

Cette obscure clarté qui tombe des étoiles.

CORNEILLE.

CLARY, ch.-l. de c. (Nord), arr. de Cambrai; 2,600 hab.

CLASSE. s. f. (lat. *classis*, de *calare*, appeler). L'ordre suivant lequel on range diverses personnes, ou distribue diverses choses. *Cet ordre de chevalerie renferme trois classes de membres. Il y a trois classes de grands d'Espagne. Un grand de la première c. Les naturalistes ont divisé chaque règne en classes, et les classes en ordres et en familles. Pour le cadastre, on établit différentes classes de terres.* || Se dit des rangs que la diversité et l'inégalité des conditions établissent parmi les hommes réunis en société. *Les diverses classes de la société. La c. moyenne. La c. laborieuse. Les classes inférieures. Les hautes classes, les basses classes. Toutes les classes de citoyens.* || Par ext., se dit encore des personnes ou des choses qui ont entre elles une certaine conformité, qui sont de même nature, etc. *Il appartient à cette c. d'hommes sans mœurs qui... Ces objets forment une c. à part. — C'est un savant, un artiste de la première c., Du premier mérite. — Fam., C'est un fripon, un menteur, etc., de la première c., C'est un fripon fieffé, un grand menteur, etc.* || Dans les collèges, désigne les divisions entre lesquelles on répartit les élèves, selon leur degré d'instruction. *C. de rhétorique, d'histoire, de quatrième. En quelle c. êtes-vous? Nous sommes dans la même c. Ce professeur fait la troisième c. En ce sens, au lieu de Seconde c., Troisième c., etc., on dit absolument Seconde, etc. Il est en cinquième. Ce professeur est chargé de la quatrième. Basses classes,* Celles par où commencent les écoliers jusqu'à la quatrième inclusivement. *Faire ses classes,* Faire ses études. — S'emploie dans un sens analogue dans quelques autres établissements d'instruction publique. *Les classes du Conservatoire. C. de solfège.* || Se dit des écoliers qui sont d'une même c. *Cette c. est forte. Toute la c. a eu congé.* || Par ext., se dit des salles où les écoliers de chaque c. s'assemblent pour recevoir les leçons de leur professeur. *Les élèves entrent en c. Au sortir de la c. On l'a mis à la porte de la c.* || Le temps que les écoliers sont assemblés pour prendre la leçon. *Au commencement, à la fin de la c. Entre la c. du matin et celle du soir. — La rentrée des classes.* Le temps où les élèves reprennent leurs études, après les vacances. On dit aussi, *L'ouverture des classes. — Ouvrir une c.,* Commencer à faire des leçons dans un lieu où il ne s'en faisait pas encore. || T. Milit. Ensemble de jeunes gens appelés chaque année au service militaire. Voy. RECRUTEMENT. || T. Mar. Répartition des hommes qui doivent le service dans la marine de l'État. Voy. MARITIME, *Inscription maritime.*

CLASSEMENT. s. m. Action de classer, de mettre dans un certain ordre. *Le c. de ces papiers sera fort long.* || Résultat de cette action, de ce travail. *Le c. de ces matières est fort bien fait.*

CLASSER. v. a. Ranger, distribuer par classes. *C. des plantes. C. une collection minéralogique.* — Assigner la classe à laquelle une chose appartient ou doit appartenir. *Cet oiseau est classé parmi les échassiers.* — Mettre dans un certain ordre. *C. des papiers. C. des livres par ordre de matières.* || Attribuer un certain rang parmi des choses de même genre. *On classe l'opium au premier rang des narcotiques.* — Se dit aussi des personnes. *On classe Rubens parmi les plus grands coloristes.* = SE CLASSER, v. pron. S'emploie dans tous les sens du v. a., mais avec la signification passive. *Les caractères de ces plantes sont bien tranchés, aussi se classent-elles fort aisément. Ce poisson se classe dans la famille des scombéroïdes. Dans beaucoup de bibliothèques, les livres se classent par ordre de formats. Par ce tableau, je peindre s'est classé parmi les grands artistes de notre époque.* = CLASSÉ, ÉE. part.

CLASSEUR. s. m. Appareil dont on se sert dans les mines pour diviser le minerai broyé et le séparer suivant la grosseur des grains. || Portefeuille à compartiments, petit meuble, objet d'ébénisterie où l'on classe des papiers par ordre, par date, par dimensions, etc.

CLASSIFICATEUR. s. m. Se dit des savants qui s'occupent surtout de classification, particulièrement dans les sciences naturelles.

CLASSIFICATION. s. f. [Pr. *kla-si-fica-sion*] (R. *classe,* et le suffixe *fication,* du lat. *facere,* faire). Distribution régulière de diverses choses suivant un plan quelconque. *Bonne, mauvaise c. C. naturelle, artificielle. Buffon dédaignait les classifications. C. des minéraux, des végétaux. La c. des lois.* || Action de classer.

Philos. — « Aussitôt que l'homme, dit A. M. Ampère, a acquis un certain nombre de notions sur quelque objet que ce soit, il est porté naturellement à les disposer dans un ordre déterminé, pour les mieux posséder, les retrouver, et les communiquer au besoin. Telle est l'origine des classifications, qui non seulement procurent à l'homme les avantages dont nous venons de parler, mais encore contribuent à augmenter la somme de ses connaissances relatives à chacun des objets dont il s'occupe, en l'obligeant à considérer cet objet sous différentes faces, et en lui faisant découvrir de nouveaux rapports que, sans cela, il aurait pu ne pas apercevoir. »

On distingue généralement deux sortes de classifications : les *naturelles* et les *artificielles*. Dans ces dernières, quelques caractères, ordinairement aussi apparents que possible, mais toutefois choisis arbitrairement, servent à déterminer la place de chaque objet. On y fait abstraction des autres caractères, de sorte que les objets se trouvent par là même rapprochés ou éloignés d'une manière souvent fort bizarre. Dans les classifications naturelles, au contraire, on emploie concurremment tous les caractères essentiels aux objets dont on s'occupe, mais en discutant l'importance de chacun d'eux. Les résultats de ce travail ne sont adoptés qu'autant que les objets qui présentent le plus d'analogie se trouvent toujours les plus rapprochés, et que les groupes des divers ordres qui en sont formés se trouvent aussi d'autant plus voisins qu'ils offrent des caractères plus semblables, de telle manière qu'il y ait toujours une sorte de passage plus ou moins marqué de chaque groupe au groupe qui le suit.

Par cela même que les classifications artificielles reposent sur des caractères dont le choix est arbitraire, on peut en imaginer à volonté. Mais ces différents systèmes qui en général vivent peu et ne tardent pas à se supplanter l'un l'autre, loin de contribuer au progrès des sciences, ne servent trop souvent qu'à y porter une confusion fâcheuse. Au contraire, les classifications naturelles, précisément parce qu'elles emploient tous les caractères qu'offrent les objets, exigent qu'on les considère sous toutes les faces, qu'on en étudie tous les rapports, et conduisent ainsi à la connaissance la plus complète qu'il soit donné à l'homme d'atteindre. — Mais cette nécessité même d'étudier à fond les objets dont on s'occupe, fait qu'à mesure qu'on découvre de nouveaux rapports, il faut modifier les classifications. Grâce à ces modifications, elles tendent de plus en plus à se rapprocher de la perfection, sans cependant pouvoir jamais y parvenir : car, pour cela, il faudrait que l'homme n'ignorât absolument rien de tout ce qui est relatif aux objets classés, et encore resterait-il toujours dans ces classifications quelque chose d'arbitraire, car ce qu'on entend par l'*importance* d'un caractère n'est pas une chose absolue et dépend essentiellement du point de vue sous lequel on considère les objets classés.

L'importance d'une bonne c. dans une science quelconque est considérable ; néanmoins il ne faut pas se l'exagérer. Il ne faut pas surtout se figurer que l'on puisse jamais parvenir, même dans une étude circonscrite, en zoologie par ex., à construire une c. qui exprime complètement tous les rapports des objets que l'on étudie. Comme nous ne pouvons exposer les choses que successivement, nous sommes obligés, dans toute c., d'adopter une *série linéaire*. Or, dans la nature, il n'existe pas de série de cette sorte. Tel genre est placé à la fin d'une famille, parce qu'il sert de passage à la famille suivante, peut avoir des analogies très évidentes qui tendraient à le faire ranger ailleurs : or, nous ne pouvons le placer dans deux endroits à la fois. Il y a donc nécessité de négliger les rapports les moins importants pour tenir compte des caractères prédominants. Ce principe, désigné par Cuvier sous le nom de *subordination des caractères*, est indispensable dans toute c. des objets naturels : on peut critiquer telle ou telle application de ce principe ; mais il est impossible de ne pas le reconnaître et de ne pas s'y soumettre.

A l'idée de c. se rattache intimement celle de *Nomenclature*. Une nomenclature bien faite est assurément une des parties les plus utiles d'une bonne c. ; mais on oublie trop souvent qu'une nomenclature n'a qu'un objet, celui de soulager la mémoire. Les termes déjà passés en usage doivent, autant que possible, être conservés, sauf à restreindre ou à augmenter leur signification. Est-on obligé de forger des mots nouveaux, il est absurde de croire qu'il soit possible d'exprimer en un seul mot tous les rapports que présente l'objet à dénommer. Cette prétention a fait imaginer par plusieurs auteurs une foule de termes aussi hétéroclites au point de vue philosophique qu'au point de vue euphonique. Par ex., dans un essai de c. générale des sciences publié en Angleterre, nous trouvons le nom de *Paronophytologie mérizoscopique* pour désigner la *Géographie botanique*, celui d'*Idiorthologie optosymboloscopique* pour désigner l'*Orthographe* et celui d'*Anoopneumatologie thélématoscopique* pour remplacer les termes d'*Éthique* et de *Morale*.

Les sciences dites naturelles, ainsi que nous l'avons déjà observé, sont les premières dans lesquelles on ait établi des classifications à peu près satisfaisantes. Les difficultés que présentait un pareil travail, quoique très grandes, attendu l'énorme quantité de faits qu'il avait fallu recueillir avant de pouvoir parvenir à un résultat quelconque, n'étaient cependant pas insurmontables ; car, dans ces classifications, on n'a égard qu'à la nature des objets. Pour les sciences qui sont purement abstraites, comme les mathématiques, les difficultés sont bien moindres encore. Mais il en est tout autrement de celles que présente la c. de l'ensemble des connaissances humaines. Assurément, une semblable c. serait une œuvre des plus brillantes : bien des tentatives ont été faites à ce sujet depuis l'antiquité jusqu'à ce jour ; mais toutes sont sujettes à de nombreuses critiques, quoique quelques-unes, entre autres celles d'Ampère, d'Auguste Comte et d'Herbert Spencer présentent de réels mérites. Nous parlerons au mot SCIENCE de ces classifications générales des connaissances humaines. Pour les classifications relatives à chaque science particulière, voy. BOTANIQUE, ZOOLOGIE, MINÉRALOGIE, CHIMIE, etc.

CLASSIFICATOIRE. adj. 2 g. Qui se rapporte à la classification.

CLASSIFIER. v. a. (R. *classe*, et lat. *fieri*, devenir dans le sens de *faire*). Ranger suivant un ordre de valeur ou de temps.

CLASSIQUE. adj. 2 g. (lat. *classicus*, nom donné par les anciens grammairiens aux auteurs qu'on étudiait dans la première classe). Se dit des auteurs soit anciens, soit modernes, qui peuvent être proposés pour modèles dans leur langue. *Homère, Platon, Démosthène, Cicéron, Virgile, etc., sont des auteurs classiques. Ouvrage c. Les auteurs classiques français.* Par ellipse, on dit substantiv. *Les classiques français*, etc. ‖ S'est dit, par opposit. à *Romantique* en parlant des écrivains qui suivent les règles de composition et de style établies par les auteurs classiques. S'est dit aussi des ouvrages de ces écrivains. *Auteur c., écrivain c. Poésie, poème c. — Le genre c.*, ou simplement *Le c.*, Le genre des écrivains classiques. — Substantiv., *Les classiques et les romantiques*, Les partisans du genre c. et ceux du genre romantique. ‖ Dans les Beaux-Arts, se dit de ce qui rappelle la manière des anciens, de ce qui est conforme aux règles qu'ils ont eux-mêmes observées. *L'architecture c. Les ouvrages de ce sculpteur se distinguent par leur pureté c. Les traditions classiques.* ‖ *Terre c., sol c.*, Pays qui fut habité dans les temps anciens par quelqu'un des peuples célèbres dont la littérature et les arts nous ont servi de modèles. *La Grèce est la terre c. de la poésie et des beaux-arts.* — Par anal., on dit *La terre c. de la liberté*, en parlant d'un pays que l'on se figure, à tort ou à raison, jouir ou avoir joui de la plus grande somme de liberté. Se dit encore des choses qui ont rapport aux classes des collèges. *Études classiques. Exercice c. Livres classiques*, Qui servent aux aux leçons dans les classes. — Par ext., s'applique aussi aux auteurs, aux ouvrages qui peuvent servir à l'enseignement et qui font autorité en quelque matière que ce soit. *L'ouvrage de ce jurisconsulte est devenu c. Ce traité d'astronomie, de chimie, est maintenant c.* ‖ Fam., Qui est consacré par les mœurs. ‖ Qui est conforme à la règle, aux principes. ‖ Qui est d'une régularité absolue. ‖ T. Comm. Se dit d'une espèce de soie.

CLASSIQUEMENT. adv. D'une façon classique.

CLASTIQUE. adj. 2 g. (gr. κλαστὸς, brisé). T. Géol. Se dit de certaines roches qui présentent des traces de fracture.

‖ T. Anat. Se dit de certaines pièces anatomiques artificielles, le plus souvent en cire, qu'on peut démonter à volonté. Voy. CÉROPLASTIQUE.

CLATHRE. s. m. (lat. *clathrus*, grillage). T. Bot. Genre de *Champignons*, de la famille des *Gastromycètes*. Voy. ce mot.

CLATIR. v. n. T. Chasse. Se dit d'un chien qui redouble son cri, en poursuivant le gibier. Peu us.

CLAUDE. s. et adj. (lat. *Claudius*, nom d'un empereur romain). Par allusion à ce personnage, se dit pour sot, imbécile. *Il n'est pas si c. qu'on le croit.* Fam.

CLAUDE (TIBERIUS DRUSUS), empereur romain, fils de Drusus, né à Lyon, succéda à son neveu Caligula (41 ap. J.-C.), eut de Messaline Britannicus, puis épousa sa nièce Agrippine, mère de Néron. Pour assurer le trône à son fils, celle-ci éloigna Britannicus et empoisonna Claude (54).

CLAUDE II, empereur romain (268-270), battit les Goths à Naïssus (Mésie).

CLAUDE (JEAN), célèbre ministre protestant, antagoniste de Bossuet (1619-1687).

CLAUDE (SAINT), évêque de Besançon, mort en 697. Fête le 6 juin.

CLAUDE DE FRANCE, fille de Louis XII et d'Anne de Bretagne, épousa François d'Angoulême, qui devint François Ier. Mourut à 25 ans après avoir donné sept enfants à son mari (1499-1524).

CLAUDE LORRAIN. Voy. LORRAIN.

CLAUDÉE. s. f. T. Bot. Genre d'Algues de l'ordre des *Floridées*.

CLAUDICANT, ANTE. adj. Qui boite, qui est affecté de claudication.

CLAUDICATION. s. f. (lat. *claudicare*, boiter). Action de boiter.

CLAUDIEN, poète latin de la fin du IVe siècle de l'ère chrétienne ; protégé par Stilicon, il célébra ses victoires sur les Goths.

CLAUDIUS (APPIUS), l'un des décemvirs à Rome (451-449 av. J.-C.). Il fut la cause du meurtre de Virginie, tuée par son père, parce que le décemvir la réclamait comme esclave. Jeté en prison, pour cet abus de pouvoir, il s'y donna la mort.

CLAUDIUS (APPIUS CÆCUS), censeur (312 av. J.-C.), fit construire la voie *Appienne*. Voy. ce mot.

CLAUDIUS PULCHER, consul romain ; fit jeter à la mer les poulets sacrés et fut battu sur mer par Asdrubal, à Drépane (249 av. J.-C.).

CLAUSE. s. f. (lat. *clausum*, ce qui est conclu). Disposition particulière faisant partie d'un traité, d'un édit, d'un contrat ou tout autre acte, soit public, soit particulier, etc. *C. expresse, conditionnelle, dérogatoire. Mettre, insérer, glisser une c. dans un acte, dans un contrat. Satisfaire aux clauses. Il y a une c. qui porte... C. résolutoire*, Celle qui, par son accomplissement, opère la résolution de l'acte et remet les choses dans le même état que s'il n'y avait point eu de convention. *C. pénale*, Celle qui, pour assurer l'exécution d'une obligation, impose une peine à quelqu'un au cas où il ne ferait pas la chose à laquelle il s'est obligé, ou ne la ferait pas dans le temps voulu. *C. codicillaire.* Voy. CODICILLAIRE. — *C. de six mois*, Celle qui porte le pouvoir réciproque de résilier le bail d'une maison, en avertissant six mois auparavant. On nomme *Bail sans c.*, Un bail où cette c. n'existe pas. — *Clauses de style*, Celles qui s'insèrent habituellement dans les contrats de même genre.

CLAUSEL, maréchal de France (1772-1842), gouverneur

de l'Algérie, prit Mascara, mais échoua devant Constantine en 1836.

CLAUSILIA (lat. *clausus*, fermé). T. Zool. et Paléont. Genre de mollusques gastéropodes de la famille des *Hélicides*. Voy. ce mot. La coquille est longue, fusiforme, senestre, à ouverture ovale, piriforme et à lèvre interne marquée de deux plis. L'ouverture peut se fermer par une lame calcaire, nommée *Clausilium*. Il y a un grand nombre d'espèces de ce genre dans la nature actuelle, mais elles ne sont pas très abondantes dans les tertiaires.

CLAUSOIR. s. m. T. Const. Dernière pierre d'une voûte.

CLAUSTHALITE. s. m. (R. *Clausthal*, ville du Hanovre). T. Minér. Séléniure de plomb naturel d'un gris clair.

CLAUSTRAL, ALE. adj. (lat. *claustrum*, cloître). Qui appartient au cloître ou au monastère. *La discipline claustrale. Offices claustraux.* Voy. OFFICE. — *Prieur c.* Voy. ABBAYE.

CLAUSTRATION. s. f. [Pr. *clô-stra-sion*] (lat. *claustrum*, barrière). Néologisme. Action d'enfermer dans un lieu étroit.

CLAUSTRE ou CLOSTRE. s. m. (lat. *claustrum*, barrière). T. Archit. Demi-cylindres creux de poterie employés à garnir une balustrade.

CLAVAGELLE. s. f. Genre de mollusques acéphales comprenant plusieurs espèces fossiles et 4 vivantes.

CLAVAI. s. m. T. Exploit. houil. Psommite de l'étage houiller dont les grains siliceux sont réunis par de la sidérose en masse dure et tenace.

CLAVAIRE. s. f. (lat. *clava*, massue). T. Bot. Genre de Champignons comestibles (*Clavaria*) de la famille des *Hyménomycètes*. Voy. ce mot.

CLAVALIER. s. m. (lat. *clava*, massue). T. Bot. Genre d'arbres (*Zanthoxylum*) de la famille des *Rutacées*. Voy. ce mot.

CLAVARIÉES. s. f. pl. (R. *clavaire*). T. Bot. Groupe de Champignons formant une tribu de la famille des *Hyménomycètes*. Voy. ce mot.

CLAVE. s. m. (lat. *clavus*, clou). T. Antiq. Nœud de pourpre ou d'or fait en forme de clou, que portaient sur leurs robes les sénateurs et chevaliers romains.

CLAVEAU. s. m. (lat. *clavus*, clou). T. Archit. Pierre taillée en forme de coin qui sert à fermer une plate-bande. Voy. ARCADE. ‖ T. Art vétér. syn. de *Clavelée*. Voy. ce mot.

CLAVECIN. s. m. (lat. *clavicymbalum*, de *clavis*, clef, et *cymbalum*, cymbale). T. Mus. Instrument à cordes et à touches, inventé en Italie vers l'an 1500, remplacé aujourd'hui par le piano. Voy. PIANO.

CLAVEL, général français (1773-1843).

CLAVELÉ, ÉE. adj. Qui a la clavelée.

CLAVELÉE. s. f. (lat. *clavellus*, petit clou, par similitude avec la pustule). Maladie du mouton n'est autre chose qu'une variole ayant beaucoup de ressemblance avec celle de l'homme. Comme la variole humaine, elle est très contagieuse. Elle règne surtout à l'état d'épizootie, à marche lente ou rapide; bénigne (mortalité 10-20 p. 100) ou maligne (mortalité 50 et plus p. 100). La cause de la c. est aussi ignorée que celle des autres varioles; on sait seulement que la maladie atteint presque tous les animaux de la région envahie (à peine 2-3 p. 100 d'épargnés), qu'elle se propage par tout ce qui a touché un animal malade et par l'introduction, dans un troupeau ou une bergerie, d'un animal malade, clavelisé (inoculation préventive ou en temps d'épizootie) ou convalescent, la durée de l'état contagieux d'un animal étant de six semaines après le début de la maladie. L'élément infectieux a une grande résistance aux actions atmosphériques; des bergeries étaient encore virulentes au bout de cinq et six mois. Des doses faibles d'antiseptique l'annihilent rapidement. La c. n'est pas contagieuse seulement pour les moutons; les autres animaux et même l'homme peuvent être atteints. Après une incubation qui ne dépasse pas une semaine, l'animal est pris de fièvre pouvant atteindre 42° et même 43°; en même temps, il est abattu, la respiration et la circulation sont accélérées; un ou deux jours après ce début, l'animal continuant à avoir de la fièvre, un piqueté rouge devenu bientôt papuleux apparaît sur les régions découvertes ou peu couvertes de laine. Au bout de cinq jours, ces papules rouges pâlissent au centre, celui-ci se transforme en vésicule entourée d'une zone rouge, à contenu limpide, jaunâtre, et rarement ombiliquée. La peau du voisinage se tuméfie considérablement. Au sixième ou septième jour, le liquide des vésicules devient de plus en plus purulent, puis les pustules éclatent après l'éruption. C'est à ce moment que la fièvre qui avait baissé redouble et que se montrent des symptômes d'infection générale due à la suppuration; en même temps, les muqueuses des voies aériennes s'enflamment, il y a des sécrétions muco-purulentes aux yeux et aux naseaux, de la toux, de la dysphagie. Les animaux exhalent une odeur fétide causée par la sécrétion purulente des pustules. Enfin, les pustules se dessèchent, les croûtes jaunes deviennent brunes, tombent et laissent des cicatrices qui se recouvrent ou non de peu de laine. Mais les formes anormales de la c. sont aussi nombreuses que la forme normale. Il est des clavelées bénignes ou avortées dans lesquelles les vésicules et pustules sont rares et la fièvre peu marquée. D'autres fois, la c. est grave, soit par l'abondance et la confluence de l'éruption, d'où larges surfaces suppurantes, gangrène de la peau, fièvre et abattement intenses, c. des muqueuses, et enfin les signes de l'infection purulente ou de la septicémie, soit par l'exsudation sanguine qui l'accompagne (c. hémorragique). La durée de la c. normale est de trois semaines environ; celle des clavelées graves est variable, mais en général plus longue quand la guérison doit avoir lieu, ce qui est rare et au prix d'une grande déchéance, de la perte des yeux, de boiteries, etc. Le pronostic de la c. est très fâcheux, étant données sa propagation à tous les individus et son aggravation facile par toutes les mauvaises conditions où peuvent se trouver les moutons. Cette maladie est très onéreuse pour l'agriculture, car elle déprécie beaucoup les animaux qui survivent par la chute de la laine, le maigreur, l'avortement fréquent qu'elle provoque. Le traitement de la maladie est illusoire. Il faut nourrir les malades comme pendant la fièvre aphteuse. Les mesures de police sanitaire et l'inoculation peuvent seules arrêter l'épizootie ou en atténuer les effets. Comme pour la fièvre aphteuse, l'inoculation préventive ou clavelisation, si en honneur jusque vers le milieu de ce siècle, est dangereuse, en ce que l'on crée ainsi des foyers de contagion; on ne doit la pratiquer dans une région que si la région immédiatement voisine est atteinte de c. Mais en temps d'épizootie l'inoculation est à recommander, parce qu'elle abrège la durée de l'épizootie et rend la maladie plus bénigne; souvent même la mortalité est nulle. Voir pour la pratique des inoculations au mot INOCULATION.

CLAVELISATEUR. s. m. Celui qui pratique l'inoculation de la clavelée.

CLAVELISATION. s. f. [Pr. ...*sion*]. T. Méd. vét. Inoculation du virus claveleux pour préserver les animaux de la clavelée.

CLAVELISER. v. a. T. Méd. vét. Inoculer préventivement les moutons contre la clavelée. = CLAVELISÉ, ÉE. part.

CLAVET. s. m. T. Mar. Fer de calfat ou calfat double.

CLAVETÉ, ÉE. adj. Muni de clavettes.

CLAVETTE. s. f. [Pr. *clavète*] (Dimin. du lat. *clavus*, clou). Espèce de clou plat qu'on passe dans l'ouverture faite au bout d'une cheville, d'un boulon, etc., pour les arrêter.

CLAVICEPS. s. m. T. Bot. (lat. *clava*, massue ; *caput*, tête). Genre de Champignons de la famille des *Pyrénomycètes*; le sclérote du *C. purpurea* constitue l'ergot de Seigle.

CLAVICORDE. s. m. (lat. *clavis*, clef, et *corde*). T. Mus. Ancienne sorte de clavecin. Voy. PIANO.

CLAVICORNES. s. m. pl. (lat. *clava*, massue ; *cornu*, corne, antenne). T. Entom.

Les insectes classés sous cette dénomination constituaient, dans la méthode de Latreille, l'une des principales familles de l'ordre des *Coléoptères* : c'était la 4ᵉ de la division des *Pentamères*. Le caractère essentiel de cette famille est d'avoir les antennes presque toujours plus grosses vers leur extrémité et souvent terminées en massue. Elles sont plus longues que les palpes maxillaires, avec la base nue ou à peine recouverte. Les pieds sont impropres à la natation, et les articles des tarses, du moins ceux des postérieurs, sont ordinairement entiers. Tous les c. se nourrissent, au moins à l'état de larves, de matières animales. Les entomologistes n'ont pas maintenu cette famille et l'ont séparée en plusieurs groupes distincts. · Voy. DERMESTIDES, ÉROTYLIDES, HISTÉRIDES, NITIDULIDES, SCYDMÉNIDES, SILPHIDES.

CLAVICULAIRE. adj. T. Anat. Qui a rapport à la clavicule. ‖ T. Entom. Qui a le réceptacle tuberculeux sublenticulaire. ‖ s. m. pl. Tribu d'insectes hyménoptères. Voy. ce mot.

CLAVICULE. s. f. (lat. *clavicula*, petite clef). T. Anat. Os pair qui s'articule avec le sternum et avec l'omoplate, et qui sert d'arc-boutant à l'épaule. C'est la partie antérieure de la demi-ceinture osseuse représentée par l'épaule. V. SQUELETTE.

CLAVICULÉ, ÉE. adj. T. Zool. Pourvu de clavicules. *Les rongeurs claviculés.*

CLAVICYLINDRE. s. m. (lat. *clavis*, clef, et *cylindre*). T. Mus. Instrument à touches qui a été imaginé en 1808 par le physicien Chladni. Il avait à peu près la forme d'un piano, mais il était plus petit. Le corps sonore consistait en un cylindre de verre qui était installé dans l'intérieur de la caisse, et qu'on faisait tourner au moyen d'une manivelle à pédale, munie d'un volant. Pour jouer de cet instrument on abaissait les touches, comme fait un pianiste, et celles-ci mettaient en mouvement des baguettes qui produisaient les sons par leur frottement contre le cylindre. Le c. avait, quant à la qualité et au timbre du son, une grande analogie avec l'*harmonica* ; mais il l'emportait sur ce dernier en ce qu'il donnait des sons filés qu'on pouvait graduer à volonté en pressant plus ou moins les touches.

CLAVIER. s. m. (lat. *clavis*, clef). Chaîne ou cercle d'acier ou d'argent servant à tenir plusieurs clefs ensemble. *C. d'argent, d'acier.* — **Mus.** — Le mot *Clavier* a d'abord été employé pour désigner l'ensemble des *touches* de l'orgue, c.-à-d. des petits leviers qui servent à ouvrir et à fermer les tuyaux de cet instrument. Par analogie, on a ensuite donné le même nom à la rangée des leviers qui, dans certains instruments à cordes, frappent celles-ci pour les faire résonner. Dès lors, on a appelé *instruments à clavier* tous les appareils de musique qui présentent ce mécanisme. L'*Orgue* est le plus ancien de tous ces instruments et le type de ceux où le son est produit par l'action de l'air ; une de ses variétés, qui est d'origine moderne, porte le nom d'*Orgue expressif*. La famille des instruments à cordes et à c. est très nombreuse : nous citerons seulement le *Clavichterium*, en usage au XVᵉ siècle ; le *Clavecin*, l'*Épinette*, le *Clavicorde*, qui remontent à une époque bien moins reculée ; le *Piano*, qui ne date que de la fin du XVIIIᵉ siècle ; le *Claviharpe* et le *Clavilyre*. Le *Clavicylindre*, dont nous venons de parler, appartient à une troisième famille d'instruments à c. On dit habituellement, en parlant de ces instruments, *Présenter quelqu'un au c.*, *lui mettre les doigts sur le c.*, pour : lui donner les premières leçons de piano, d'orgue, etc. *Posséder son c.*, signifie encore : être familiarisé avec ce système de touches.

CLAVIER (ÉTIENNE), savant helléniste français, né à Lyon (1762-1817).

CLAVIÈRE (ÉT.), ami de Mirabeau et ministre des finances après Necker, né à Genève en 1735 ; il se tua en 1793.

CLAVIFORME. adj. 2 g. (lat. *clava*, massue ; *forma*, forme). T. Bot. et Zool. Qui est en forme de massue.

CLAVIGÈRE. s. m. (lat. *clava*, massue ; *gero*, je porte). T. Entom. Genre d'insectes coléoptères de la famille des *Psélaphidæ*. Ils sont de très petite taille et vivent dans les fourmilières.

CLAVIHARPE. s. m. (lat. *clavis*, clef, et *harpe*). T. Mus.

Instrument du genre de la harpe et à cordes verticales que l'on fait résonner au moyen d'un clavier. *Le c. a été inventé en 1812 par Dietz.*

CLAVIJA. s. m. (R. *Clavijo Pajardo*, n. d'un botaniste espagnol). T. Bot. Genre d'arbrisseaux de la famille des *Myrsinées*. Voy. ce mot.

CLAVILYRE. s. m. (lat. *clavis*, clef, et *lyre*). T. Mus. Instrument presque semblable au claviharpe, qui a été inventé en 1820 par l'Anglais Bateman.

CLAVIPALPES. s. m. pl. (lat. *clava*, massue, et fr. *palpe*). T. Entom. Les *Coléoptères* ainsi nommés par Latreille constituaient pour cet auteur l'une des familles des *Tétramères*. — Cette division n'est plus adoptée, car elle renfermait des types très différents en réalité les uns des autres, tels que les *Érotylides*, les *Langurides*, etc. Voy. ces mots.

CLAVIUS (CHRISTOPHE), mathématicien et astronome, né à Bamberg en 1537, mort à Rome en 1612.

CLAY (HENRI), homme d'État américain (1777-1852).

CLAYE-SOUILLY, ch.-l. de c. (Seine-et-Oise), arr. de Meaux, 1,900 hab.

CLAYER. s. m. [Pr. klé-ié] (R. claie). Grosse claie.

CLAYÈRE. s. f. [Pr. klé-ière] (R. claie). Grands marais remplis d'eau de mer et dans lesquels on jette les huîtres après les avoir pêchées pour les nourrir et engraisser.

CLAYETTE. s. f. [Pr. klé-iète] (Dimin. de claie). T. Comm. Nom donné à l'assemblage de vingt-quatre maniveaux de champignons.

CLAYETTE (LA), ch.-l. de c. (Saône-et-Loire), arr. de Charolles, 1,700 hab.

CLAYMORE. s. f. (mot celt., contraction du gaël : *claidheamh*, épée ; *mor*, grand). Épée écossaise à lame longue et large.

CLAYON. s. m. [Pr. klé-ion] (R. claie). Petite claie sur laquelle on fait ordinairement égoutter les fromages. — Claie ronde sur laquelle les pâtissiers portent divers pâtisseries.

CLAYONNAGE. s. m. [Pr. klé-io-naje] (R. clayon). Assemblage fait avec des pieux et des branches d'arbres pour soutenir des terres et les empêcher de s'ébouler.

CLAYONNER. v. a. [Pr. klé-io-ner]. Garnir de clayonnage.

CLAYTONIE. s. f. (R. Clayton, n. d'un botaniste anglais). T. Bot. Genre de plantes de la famille des *Portulacées*. Voy. ce mot.

CLÉ. s. m. Voy. CLEF.

CLÉANTHE, philosophe stoïcien grec (IIIᵉ siècle av. J.-C.).

CLÉARQUE, général spartiate ; exilé de son pays, il se mit à la solde de Cyrus le Jeune, et fut assassiné en trahison par Tissapherne, après la bataille de Cunaxa.

CLÉCHÉ, ÉE. adj. (bas-lat. *clavicatus*, de clavis, clef). T. Blas. Se dit d'une pièce ouverte à jour qui laisse voir le champ de l'écu. *Croix cléchée.* Voy CROIX.

CLEF. s. f. [On prononce toujours *Clé*, et plusieurs l'écrivent de cette façon]. Instrument fait ordinairement de fer ou d'acier, qui sert à ouvrir et à fermer une serrure. *Forcer, frapper une c. Il tient tout sous c. Fermer une porte à c. Donner un tour de c. Fausse c., C. qu'on garde furtivement pour en faire un mauvais usage.* — Fig. et prov., *Mettre la c. sous la porte*, Quitter furtivement sa maison, parce qu'on a de mauvaises affaires. *Mettre les clefs sur la fosse*, Renoncer à la succession ou à la communauté d'une personne décédée. — *Avoir la c. des champs*, Avoir la liberté d'aller où l'on veut. On dit de même, *Donner la c. des champs*, Mettre en liberté. *On a donné la c. des champs à ces écoliers, à ces oiseaux.* On dit encore,

176

Prendre la c. des champs, S'en aller, s'enfuir. || Fig., *Les clefs de Saint-Pierre*, L'autorité du saint-siège. *Les clefs des trésors de l'Église*, Le pouvoir d'accorder des indulgences. *Les clefs du paradis, du royaume des cieux*. || Fig., se dit de certaines places fortes de la frontière, des endroits dont la possession procure une entrée facile dans le pays. *Belfort est une des clefs de la France. Les Thermopyles étaient la c. de la Grèce*. || Fig., se dit d'une science qui prépare à l'étude d'une autre science, qui sert d'introduction à celle-ci. *L'anatomie et la physiologie sont les clefs de la médecine*. || Fig., on parlant de certains ouvrages où les noms sont déguisés, ou qui sont écrits d'une manière énigmatique, se dit de l'explication des noms supposés ou des termes obscurs. *J'ai la c. de cette satire. La c. de la cabale.* — *La c. d'un ouvrage, la c. d'un système*, Ce qui est nécessaire pour l'intelligence d'un ouvrage, d'un système. On dit dans ce sens abst., *La c. d'une affaire*, etc., Ce qui met à même d'en pénétrer le secret, de la bien connaître. — *C. de chiffre*, L'alphabet dont on est convenu et qui sert à chiffrer ou à déchiffrer en grande partie les dépêches secrètes. || T. Mus. Voy. Notation. = Dans une foule d'arts et de métiers, on donne le nom de *Clef* à un outil, à une partie d'appareil qui sert à ouvrir ou à fermer, à monter ou à démonter, à tendre et à détendre, à serrer et à maintenir certaines choses. *La c. d'un robinet*, La pièce mobile qui, selon la position qu'on lui donne, retient ou laisse échapper le fluide que renferme le vaisseau auquel le robinet est adapté. *La c. d'un poêle*, Sorte de petite bascule placée dans le tuyau à une certaine hauteur, et au moyen de laquelle on suspend, ou on modère le tirage, en ouvrant plus ou moins ou en fermant le tuyau. — *Les clefs d'un instrument à vent*, Les petites soupapes au moyen desquelles le musicien ferme et ouvre l'instrument. — *C. de piano, de harpe*, etc., Outil qui sert à tourner les chevilles d'un piano, etc., pour tendre ou pour relâcher les cordes. *C. de pendule, de montre, de lampe*, etc., Outil qui sert à monter une montre, etc. — *C. de pistolet, de carabine, d'arquebuse*, L'instrument avec lequel on bandait autrefois ces armes. — *C. de pressoir*, Vis qui sert à serrer ou à lâcher un pressoir. — *C. anglaise*, Sorte de pince à deux mâchoires dont une est mobile et qui sert à dévisser des écrous. — *C. parisienne, C. rethéloise, C. du Nord*, Outils analogues au précédent. || T. Mécan. Petite pièce de fer qui, avec la contre-c., traverse une bielle et sa chape pour les maintenir réunies. || T. Const. *C. ou Tampon*, Pierre mobile placée sur la voûte d'une fosse d'aisances. — *C. de relevée*, Tige à anneau servant de tête de sonde dans un forage des puits artésiens. — *C. de retenue*, Canal où glisse une tête de sonde pour le même genre de travail. || T. Chir. Se dit de plusieurs instruments dont les dentistes se servent pour arracher les dents. *C. de Garengeot. C. à noix*. || T. Archit. *C. de voûte*, le voussoir supérieur qui ferme une voûte. Voy. Arcade et Voûte. || T. Charp. Espèce de coin qui passe dans une mortaise à l'extrémité d'une tierne et qui sert à empêcher l'écartement des pièces de bois. || T. Vén. *C. de meute*. Voy. Meute.

Techn. — I. Une *Clef* comprend trois parties essentielles : l'*Anneau*, qui sert à la saisir ; la *Tige*, qui en est comme le corps, et le *Panneton*, qui entre dans la serrure et en fait fonctionner le mécanisme. Cette dernière partie est presque

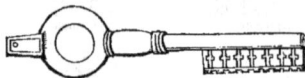

Fig. 1.

toujours fondue ou percée de mille manières suivant la disposition des gardes de la serrure. On appelle *C. forée* celle dont la tige est creuse, et *C. bénarde* celle qui est pleine et terminée par un bouton. — Les anciens avaient des clefs fort semblables aux nôtres. Il est vraisemblable que leur usage fut introduit de l'Égypte dans la Grèce, bien qu'Eustathe attribue l'invention de cet instrument aux Lacédémoniens, et Pline l'Ancien à Théodore de Samos, qui, suivant Pausanias, inventa l'art de fondre le fer et le bronze. On ne sait pas positivement avec quelle matière les Grecs faisaient leurs clefs ; quant aux Romains, ils préféraient le fer pour les plus grosses, et pour les autres ils employaient le bronze,

l'or et même le bois, comme nous l'apprend saint Augustin. La plupart de celles qui ont été trouvées à Pompéi et ailleurs sont de bronze. Telle est celle que représente la Fig. 1, et qui était une c. de porte d'entrée. La languette fixée au bout de l'anneau est percée d'un trou pour y passer un cordon par lequel le portier (*janitor*) suspendait cette sorte de c. à sa ceinture. Quant aux clefs des appartements intérieurs, elles étaient confiées aux esclaves attachés au service de ces mêmes appartements. Lorsqu'une jeune Romaine entrait pour la première fois dans la maison de son mari, on lui remettait les clefs des chambres où étaient renfermées les provisions ; de même, on les lui retirait dans le cas de divorce. Outre les clefs ordinaires, les Romains en avaient d'autres qu'ils appelaient *Clefs laconiennes* (*clavis laconica*), dont on ne connaît pas bien la destination ; il paraît cependant qu'avec cette sorte de c., on ne pouvait ouvrir une porte que de l'intérieur (Fig. 2). — En France, les clefs étaient très grossièrement faites pendant le moyen âge ; mais, à partir du XVᵉ siècle, les anneaux et les pannetons se couvrirent de fines

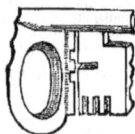

Fig. 2.

Fig. 3.

Fig. 4.

ciselures qui en firent de véritables bijoux. Les Fig. 3 et 4 représentent des anneaux de clef dessinés par Mathurin Jousse, au XVIIᵉ siècle. Les Fig. 5 et 6 montrent des clefs

Fig. 5.

Fig. 6.

complètes avec des motifs de décoration plus simples et d'un usage plus courant.

Les clefs modernes ne se recommandent pas en général par la richesse de leur décoration ; on se contente de les faire sûres et commodes. Voy. Serrurerie.

II. Les clefs employées pour serrer les écrous présentent

les formes les plus variables (Fig. 7 et 8). On en a construit qui permettent de serrer des écrous de diamètre variable. A

Fig. 7.    Fig. 8.   Fig. 9.   Fig. 10.

cet effet, les deux mâchoires de la c. peuvent s'écarter ou se rapprocher à l'aide de vis : telles sont la c. anglaise (Fig. 9) et la c. en S (Fig. 10). Quelquefois les écrous sont percés de deux trous dans lesquels on engage les deux saillies d'une c.

Fig. 11.

spéciale dite *C. à goujon*. Pour visser les tuyaux, on emploie des clefs dont les mâchoires sont circulaires et garnies de dents (Fig. 11).

III. La *C. de Garengeot*, ainsi nommée du nom de son

Fig. 12.

inventeur, a longtemps servi à l'extraction des dents : elle est aujourd'hui remplacée par des *daviers* de différentes formes. Elle se composait d'un manche, d'une tige rectiligne terminée à sa partie inférieure par une pièce élargie nommée *panneton*, et enfin d'un crochet couché en demi-cercle d'une grandeur proportionnée à la dent qu'on veut enlever (Fig. 12). On appuie le panneton sur la gencive et l'on saisit la dent dans le crochet. Un mouvement de rotation imprimé au manche entraîne la dent et l'arrache.

CLÉGUEREC, ch.-l. de c. (Morbihan), arr. de Pontivy, 3,600 hab.

CLÉIDO-COSTAL, ALE. adj. (gr. κλεὶς, κλειδὸς, clef, et lat. *costa*, côte). T. Anat. Qui a rapport à la clavicule et aux côtes. || s. m. Ligament qui unit la première côte à la clavicule.

CLÉIDOMANCIE ou mieux **CLIDOMANCIE**. s. f. (gr. κλεὶς, κλειδὸς, clef; μαντεία, divination). Divination pratiquée avec une clef attachée à une Bible.

CLEISTOGAME. adj. 2 g. (gr. κλειστὸς, fermé ; γάμος, mariage). *Fleurs cl*. On désigne ainsi les fleurs dont le périanthe ne s'épanouit pas, formant ainsi une cavité close renfermant l'androcée et le pistil.

CLÉLIE, jeune Romaine qui traversa le Tibre à la nage pour échapper à Porsenna (507 av. J.-C.).

CLÉMATÈRE. s. m. (gr. κληματήριον, m. s., de κλῆμα,

sarment de vigne). T. Ant. gr. Petit vase à boire sans pied.

CLÉMATITE. s. f. (lat. *clematis*, m. s.). T. Bot. Genre de plantes de la famille des *Renonculacées*. Voy. ce mot.

Ce genre d'arbrisseaux grimpants renferme environ 150 espèces. Toutes les parties de ces végétaux sont âcres, caustiques, vésicantes, mais leurs propriétés actives et irritantes, très énergiques à l'état frais, diminuent beaucoup par la dessiccation. L'espèce la plus connue est la Clématite des haies (*Clematis vitalba*), vulgairement nommée vigne blanche, viorne, herbe aux gueux, etc. Cette plante est répandue dans toutes les régions centrales et boréales de l'ancien continent ; mais elle peut croître aussi et se naturalise aisément dans les zones tempérées. C'est un arbrisseau dont les tiges anguleuses, sarmenteuses, grimpantes, atteignent de 2 à 4 mètres de hauteur, portent des feuilles ailées, à pétiole enroulé en vrille, à

grandes folioles ovales fortement dentées ou presque lobées. Ce feuillage, amplement étoffé d'un beau vert brillant, forme une masse épaisse de verdure sur laquelle se détachent, en été, des panicules de fleurs blanches, un peu odorantes, et, plus tard, des bouquets de fruits aux longues aigrettes soyeuses et nacrées. Cette C. se trouve communément dans les bois, les buissons et les haies ; elle s'accroche et s'enroule autour des arbres et des arbrisseaux, souvent avec une telle force qu'elle finit par les étouffer et les faire périr. Voy. la Fig.

La C. odorante (*Clematis flammula*) diffère de la précédente par ses folioles plus petites et ses fleurs, dont l'odeur agréable est très développée. Elle croît dans les haies du midi de l'Europe. Ses propriétés, analogues à celles de la C. des haies, paraissent être encore plus énergiques. Dans le Midi, on récolte ses rameaux, garnis de feuilles, pour les donner aux bestiaux comme fourrage sec. Elle se plaît dans les parcs et jardins, et son parfum est des plus agréables.

CLÉMATITÉES. s. f. pl. T. Bot. Tribu de plantes de la famille des *Renonculacées*. Voy. ce mot.

CLÉMENCE. s. f. (lat. *clementia*, m. s.). Vertu qui consiste à pardonner les offenses, et à modérer les châtiments. Il ne se dit proprement que de Dieu, des souverains, et de ceux qui sont dépositaires de leur autorité. La *c. divine*. La *c. est la vertu des rois*. User de *c. Traiter avec c. Il n'espère que dans la c. royale*. || Par ext., L'indulgence d'un père pour ses enfants.

CLÉMENCE ISAURE, fondatrice des jeux floraux. Voy. ISAURE.

CLÉMENCET (Dom CHARLES), bénédictin de la congrégation de Saint-Maur (1703-1778), auteur de *l'Art de vérifier les dates*.

CLÉMENT, ENTE. adj. Qui a la vertu de clémence. *Dieu est c. et miséricordieux. Prince, juge, père c.*

CLÉMENT, nom de 14 papes, dont les principaux sont : CLÉMENT Ier (91-100). || CLÉMENT V, premier pape d'Avignon

(1305-1314), abolit les Templiers en 1310. || Clément VI (1342-1352). || Clément VII, excommunia Henri VIII (1523-1544). || Clément XI (1700-1720), publia en 1713 la fameuse bulle *Unigenitus*, contre les Jansénistes. || Clément XIV (1769-1774), abolit l'ordre des Jésuites en 1773.

CLÉMENT D'ALEXANDRIE (Saint), Père de l'Église grecque (IIe siècle).

CLÉMENT (Jacques), moine dominicain, fanatique, assassin de Henri III en 1589.

CLÉMENT (Dom F.), savant bénédictin et historien français (1714-1793).

CLÉMENT, né à Dijon, Critique acerbe surnommé par Voltaire *l'Inclément* (1742-1812).

CLÉMENT DE RIS, homme politique français (1750-1827).

CLÉMENT, industriel et physicien français; a écrit, en collaboration avec son beau-père *Desormes*, un mémoire célèbre sur la chaleur spécifique des gaz.

CLÉMENTIN, INE. adj. Qui a rapport à l'un des papes du nom de Clément. *Musée c. Ligue clémentine.*

CLÉMENTINES. s. f. pl. *Les C.*, Recueil de décrétales de Clément V, fait par Jean XXII. || Recueil de pièces faussement attribuées à saint Clément d'Alexandrie.

CLENCHE. s. f. (all. *klinke*, loquet). Pièce principale d'un loquet, laquelle tient la porte fermée. On dit aussi *Clenchette* et *clinche, clinchette.*

CLÉOBIS et **BITON**, frères argiens, fils de Cydippe, prêtresse de Junon, se distinguèrent par leur amour filial.

CLÉOBULE, un des sept sages de la Grèce (VIe siècle av. J.-C.).

CLÉODORE. s. m. T. Zool. Genre de mollusques de l'ordre des thécosomes, de la famille des *Hyaleidæ*, ayant une coquille pyramidale à trois faces; à face dorsale carénée; à ouverture simple, triangulaire; à sommet aigu.

CLÉOMBROTE, nom de trois rois de Sparte.

CLÉOME. s. f. (gr. κλεομή, nom d'une plante). T. Bot. Genre de plantes de la famille des *Capparidées*. Voy. ce mot.

CLÉOMÈDE, astronome grec du IIIe siècle avant notre ère.

CLÉOMÉES. s. f. pl. T. Bot. Tribu de plantes de la famille des *Capparidées*. Voy. ce mot.

CLÉOMÈNE, nom de trois rois de Sparte (519-490 ; 370-309 ; 236-223 av. J.-C.).

CLÉOMÈNE, statuaire athénien, auteur de la *Vénus* dite de *Médicis*, vers l'an 220 av. J.-C.

CLÉON, démagogue athénien, souvent mis en scène par Aristophane, fut vaincu par Brasidas à Amphipolis, et périt dans la bataille (422 av. J.-C.).

CLÉOPÂTRE, reine d'Égypte, fille de Ptolémée Aulète, célèbre par sa beauté et ses amours avec César, puis avec Marc-Antoine, fut vaincue par Octave à la bataille navale d'Actium, et se donna la mort en se faisant piquer au sein par un serpent (69-30 av. J.-C.).

CLÉOSTRATE, astronome grec du Ve siècle avant notre ère.

CLEPHTE ou **KLEPHTE.** s. m. (gr. mod. κλέφθης; voleur, du gr. anc. κλέπτης, m. s.). Nom qui a été donné aux montagnards libres de l'Olympe, du Pinde, etc., parce qu'ils faisaient fréquemment des descentes à main armée sur les terres cultivées et dans les villes soumises à la domination des Turcs.

CLEPHTINE. s. f. (gr. mod. κλέφθης, voleur, du gr. anc. κλέπτης, m. s.). Petit bâtiment grec armé en course.

CLEPSINE. s. f. (gr. κλεψίνοος, fourbe). T. Zool. Genre d'annélides de la sous-classe des hirudinées et de la famille des *Rhynchobdellides*, c'est-à-dire des sangsues à trompe. Voy. Hirudinées.

CLEPSYDRE. s. f. (gr. κλέπτω, je cache ; ὕδωρ, eau). La C. est peut-être le premier instrument qu'on ait inventé pour mesurer le temps. Elle consistait primitivement en un vase d'argile, de métal ou de verre, à l'extrémité inférieure duquel se trouvait un tuyau étroit, par lequel l'eau s'échappait goutte à goutte et venait tomber dans un récipient sur lequel une échelle graduée marquait les heures. Parfois c'était le réservoir lui-même qui portait l'échelle graduée. L'eau, en atteignant successivement chacune de ses divisions, marquait les différentes parties du jour et de la nuit. On voit sur le champ qu'un appareil de ce genre n'était pas susceptible de donner des indications bien exactes, attendu que la vitesse de l'écoulement diminuant avec la hauteur de la colonne liquide, il ne pouvait pas sortir du vase des quantités égales d'eau dans des temps égaux. Malgré ce défaut, la c. était en usage chez tous les peuples de l'antiquité, particulièrement en Égypte,

Fig. 1.

en Phénicie, en Grèce, en Chaldée, etc. Les prêtres égyptiens s'en servaient pour leurs observations astronomiques. Les Grecs l'employaient dans les tribunaux, pour mesurer la longueur des plaidoiries. C'est par allusion à cet usage que les orateurs exprimaient par le mot ὕδωρ (eau) le temps pendant lequel il leur était permis de parler. Afin de prévenir toute supercherie, un officier, appelé ἐφύδωρ, était chargé de la surveillance de la c. On suspendait l'écoulement du liquide pendant la lecture des lois et des décrets, ainsi que pendant la déposition des témoins. Le temps, et par conséquent la quantité d'eau accordée aux orateurs, variant suivant l'importance des causes; il y avait même des cas où on laissait toute latitude à ces derniers: c'est ce qui faisait donner le nom de δίκαι πρὸς ὕδωρ, *procès à l'eau*, aux affaires de la première espèce, et celui de δίκαι ἄνευ ὕδατος, *procès sans eau*, à celles de la deuxième.

Fig. 2.

L'inexactitude des indications fournies par la c. donna lieu à diverses tentatives pour perfectionner cet appareil.

Parmi ceux qui se livrèrent à ces recherches, on cite surtout Ctésibius, célèbre mathématicien d'Alexandrie, qui vivait 135 ans environ av. J.-C. Il donna à sa nouvelle c. le nom d'*Horloge hydraulique*. L'eau tombait sur des roues dentées qu'elle faisait tourner. Le mouvement régulier de ces roues se communiquait à une petite statue qui tenait à la main une baguette. Cette statuette s'élevait peu à peu à côté d'une colonne sur laquelle étaient gravées les heures (Fig. 1). Suivant la hauteur à laquelle elle se trouvait, la baguette indicatrice de la statue correspondait avec l'heure du jour. Les anciens avaient encore imaginé d'autres espèces de clepsydres où l'heure était indiquée par une aiguille mobile qui marchait sur un cadran semblable à nos cadrans d'horloge (Fig. 2). Dans cet appareil, l'aiguille était portée par un axe mobile A, autour duquel s'enroulait une chaîne aux deux extrémités de laquelle étaient suspendus, d'un côté un flotteur F, et de l'autre un contrepoids P, un peu plus léger que le flotteur. A mesure que le récipient se remplissait, le flotteur était

Fig. 3.

soulevé, le contrepoids descendait, la chaîne faisait tourner l'axe mobile, et l'aiguille qui était attachée à ce dernier marquait l'heure sur le cadran. Mais le perfectionnement le plus important apporté à la c. par Ctésibius consistait à rendre uniforme la vitesse d'écoulement du liquide. Pour y arriver, il fallait que le niveau du réservoir restât invariable. Il résolut le problème en alimentant le réservoir avec un courant fournissant plus d'eau qu'il n'en tombait dans le vase inférieur. Le trop-plein s'écoulait par une ouverture ménagée à la partie supérieure (Fig. 3). Cette solution simple et ingénieuse est encore employée de nos jours pour obtenir un écoulement uniforme, quoiqu'on lui préfère souvent l'emploi du vase de Mariotte. Voy. MARIOTTE. On trouve quelquefois encore aujourd'hui en Normandie des clepsydres formées d'un cylindre d'étain partagé en cloisons percées d'un trou : l'eau, en s'écoulant d'une cloison à l'autre, fait tourner le cylindre.

CLEPTOMANIE. s. f. (gr. κλέπτω, je vole; μανία, folie). T. Méd. Genre de folie qui pousse au vol. On dit aussi *Clépémanie*.

CLERC. s. m. [Le c final ne se prononce point, excepté dans la loc. *De clerc à maître*] (lat. *clericus*, m. s.). Celui qui est entré dans l'état ecclésiastique en recevant la tonsure. En ce sens, il est opposé à laïque. *Autrefois il était défendu de mettre la main sur les prêtres ou sur les clercs.* Au moyen âge, le titre de C. se donnait à tout individu gradué ou tout au moins lettré, parce qu'alors il n'y avait que les membres du clergé qui eussent de l'instruction. De là sont venues les phrases proverbiales : *Il est habile homme et grand c. Les plus grands clercs ne sont pas les plus fins.* || Dans les parlements, on appelait *Conseiller c.,* Un conseiller qui était pourvu d'une charge affectée aux ecclésiastiques. — *C. de chapelle*, chez le roi, etc., Officier de la chapelle, qui est employé à certaines fonctions ecclésiastiques, sous les aumôniers. — *C. de la chambre*, à Rome, Prélat officier de la chambre apostolique. — *C. du secret*, Titre qu'on donnait anciennement aux fonctionnaires appelés plus tard *Secrétaires d'État*. || *C. de notaire, d'avoué, d'huissier*, etc., Celui qui travaille dans l'étude d'un notaire, d'un avoué, d'un huissier, etc., et y fait son apprentissage, d'où la

loc., *Pas de c.*, Faute commise dans une affaire par ignorance, inexpérience ou imprudence. *Il fait souvent des pas de c.* Autrefois on disait de même *C. de procureur, de rapporteur*, etc. *Maître c.,* Le premier des clercs qui travaillent dans une étude. On dit aussi *Principal c.* et *Premier c.* — Fam., *Vice de c.,* Faute qui se trouve dans une pièce par l'ignorance ou l'inadvertance d'un c. Vx. || Dans les anciens corps de marchands ou de métiers, et dans quelques communautés, celui qui portait les billets et qui faisait les autres commissions pour les affaires de ces corps. *Il était c. des drapiers.* — Dans les paroisses, *C. de l'œuvre*, Celui qui a soin de certaines choses qui concernent l'œuvre de la paroisse. — *C. d'office*, chez le roi, et dans la maison de quelques grands princes, Officier qui avait autrefois la charge de contrôler ce qu'on livrait pour la bouche du prince. || Fig. et prov., *Compter de c. à maître*, Ne rendre compte que de la recette et de la dépense, sans être tenu d'aucune responsabilité particulière. || T. Mar. *C. du guet*, Officier autrefois chargé d'assembler le guet dans les ports et sur les côtes.

CLERCK-MAXWELL (JAMES), physicien anglais, célèbre par ses travaux sur le magnétisme et l'électricité (1831-1879).

CLERFAYT (Comte de), général autrichien, se distingua pendant la guerre de Sept ans (1733-1798).

CLERGÉ. s. m. (R. *clerc*). Le corps des ecclésiastiques. Se prend dans un sens plus ou moins étendu. *Le c. catholique. Le c. était autrefois le premier ordre du royaume. Convoquer, assembler le c., les membres du c.*
On distingue le *C. catholique* en *C. séculier* et en *C. régulier*. Le premier se compose des ecclésiastiques qui vivent dans le monde (*in sæculo*), tels que les évêques, les curés, etc., et qui sont spécialement chargés de diriger les consciences des fidèles et de leur procurer les secours et les sacrements de la religion. Le second comprend les religieux et les religieuses appartenant aux différents ordres monastiques; en un mot, tous les ecclésiastiques qui vivent sous une *règle* (*regula*) particulière. Avant 1789, le c. était reconnu comme le premier corps de l'État, ayant droit de préséance dans les assemblées politiques; non seulement il exerçait sur chacun de ses membres une juridiction exclusive dont ceux-ci ne pouvaient être distraits que dans certains cas déterminés; mais encore ses tribunaux connaissaient de certaines causes entre les laïques, telles que les procès concernant les mariages, les accusations d'usure, etc., etc. En outre, le c. possédait des biens propres qui étaient exempts d'impôts. Tous ces privilèges ont disparu à la Révolution. A cette époque, l'autorité civile prit sur elle de réorganiser le clergé ecclésiastique et promulgua la *Constitution civile du c.* qui, entre autres obligations, astreignait les prêtres à prêter serment de fidélité aux lois et aux institutions nouvelles. De là le nom de *C. constitutionnel* ou *assermenté* donné à l'ensemble des prêtres qui acceptèrent le nouvel état de choses, et celui de *C. réfractaire*, sous lequel on désigna les ecclésiastiques qui refusèrent de se soumettre à l'autorité civile. — La situation du c. français fut définitivement réglée par Bonaparte, alors premier consul, d'accord avec le pape Pie VII, par le Concordat de 1801, qui est encore aujourd'hui la règle des rapports de l'autorité civile et de l'autorité ecclésiastique. Voy. CONCORDAT, ECCLÉSIASTIQUE, etc.
D'une statistique publiée en 1887 par le ministère des cultes, il résulte que le c. séculier français se subdivise ainsi :

Archevêques	18
Évêques	69
Vicaires généraux titulaires	182
Chanoines titulaires	729
Secrétaires d'évêchés	130
Curés	3,397
Desservants	29,732
Vicaires	10,796
Prêtres auxiliaires	4,617
Supérieurs, directeurs et professeurs de grands séminaires	703
Directeurs et professeurs d'écoles secondaires ecclésiastiques	3,101

Les aumôniers ont été presque entièrement supprimés, et les chanoines ne sont plus remplacés.

CLERGIE. s. f. (R. *clerc*). *Bénéfice de c.,* Privilège établi autrefois en faveur de quiconque avait reçu les premiers éléments des lettres. *Grâce au bénéfice de c.,* un condamné à mort, par le seul fait qu'il savait lire, ne pouvait être exécuté.

CLERGYMAN. s. m. (angl. clergy, clergé; man, homme). Ministre anglican. || Plur. Clergymen.

CLÉRICAL, ALE. adj. (lat. clericalis, de clericus, clerc). Qui appartient au clergé, qui concerne les ecclésiastiques. Les fonctions cléricales. Les privilèges cléricaux. — Titre c., Le revenu dont chaque clerc devait autrefois faire preuve avant d'être ordonné. || s. m. Partisan du clergé.

CLÉRICALEMENT. adv. D'une manière cléricale.

CLÉRICALISATION. s. f. [Pr. ...sion]. Action de cléricaliser, d'inspirer l'esprit clérical.

CLÉRICALISER. v. a. Inspirer l'esprit de cléricalisme.

CLÉRICALISME. s. m. On a donné ce nom à une politique trop souvent pratiquée par le haut clergé catholique dans certains pays et à certaines époques, et qui consiste dans l'attribution au pouvoir religieux d'une part de plus en plus grande de l'autorité civile, de sorte que la tendance ultime de cette politique est de viser à la domination universelle et de réduire tous les gouvernements sous la tutelle d'une vaste théocratie ayant à sa tête le pape, et pour agents principaux les cardinaux et les évèques. Ce système a été presque réalisé aux XIe et XIIe siècles, époque où les rois tremblaient devant une menace d'excommunication et étaient quelquefois déposés par les papes, non sans de terribles et sanglantes luttes. Toute l'histoire du moyen âge pivote autour des luttes entre l'autorité civile des rois et l'autorité supérieure que les papes prétendaient exercer. Le pieux roi saint Louis fut lui-même obligé de résister aux empiétements du clergé. Tout le monde connait les célèbres démêlés du roi Philippe le Bel et du pape Boniface VIII, qui se terminèrent par la victoire de l'autorité civile et l'établissement d'une sorte d'indépendance vis-à-vis du saint-siège accordée au clergé français. Les longues luttes des Guelfes, partisans des papes, et des Gibelins, partisans de l'empereur d'Allemagne, ont ensanglanté pendant des siècles l'Allemagne et l'Italie. A l'époque de la Renaissance, la question cléricale finit par se résoudre définitivement pour le Nord de l'Europe par le triomphe de la Réforme, qui sépara complètement ces pays de l'influence du Saint-Siège. En France, la même question reçut une solution suffisante par le développement d'un système dit Gallicanisme inauguré par Philippe le Bel, qui donnait au clergé français une indépendance complète vis-à-vis du Saint-Siège pour tout ce qui concernait ses rapports avec l'autorité civile. Louis XIV et Bossuet marquent la belle époque du gallicanisme. Malheureusement les papes, sous l'influence des jésuites, ne considérèrent jamais le système gallican comme définitif, et les luttes se réveillèrent entre les Gallicans et les Ultramontains, créant de nombreux embarras aux gouvernements du XVIIIe siècle.

La Révolution française fit disparaître le gallicanisme, d'abord en persécutant les prêtres, puis en les obligeant à prêter un serment qui répugnait à leur conscience; elle détruisit complètement le système qui reposait entièrement sur l'organisation de l'ancien régime et l'appui mutuel que se prêtaient le pouvoir civil et l'autorité religieuse. Aussi, le clergé fut-il obligé de se rapprocher de Rome, et la distinction entre le Gallicanisme et l'Ultramontanisme n'eut plus aucune raison d'être, le clergé assermenté, qui seul aurait pu être appelé gallican, n'ayant jamais eu d'influence réelle et ayant toujours été déconsidéré dans l'opinion des catholiques. Le Concordat de 1801 vint régulariser la situation et rétablir le calme dans les rapports entre le pouvoir et la religion; mais, quoiqu'il date déjà de près d'un siècle, il ne peut être considéré comme une solution définitive et ne constitue qu'une sorte de compromis provisoire. C'est que la Révolution française, en établissant la société moderne sur des bases entièrement rationnelles et laïques, a créé un état de choses absolument contraire aux opinions traditionnelles du clergé, et inauguré la lutte inévitable entre l'esprit moderne et l'esprit clérical. Aussi, cette lutte a-t-elle pris un caractère tout différent de celui qu'elle avait dans les siècles passés. Il ne s'agit plus seulement d'une dispute de pouvoirs entre les gouvernements civils et l'autorité du Saint-Siège : c'est la lutte entre deux tendances opposées de l'esprit humain. D'une part, la société civile qui représente l'évolution dans le sens d'une liberté toujours plus grande accordée à l'individu et du res-

pect de la pensée humaine dans toutes ses manifestations, sans distinction de vérité et d'erreur; d'autre part, l'esprit clérical, qui représente la tradition des siècles, l'attachement à ce qui est supposé être une vérité absolue et la haine des doctrines opposées, qualifiées naturellement d'erreurs, avec les efforts pour en empêcher la propagation par tous les moyens. Ces deux tendances sont également respectables. D'un côté, la pensée humaine doit être libre dans toutes ses manifestations : c'est la condition essentielle du progrès des sciences et de la philosophie. En même temps, tout homme sincère à le devoir de combattre ce qu'il croit l'erreur et se sent invinciblement porté à défendre et à propager ses idées. Enfin, la majorité composée d'esprits indécis et peu éclairés s'accommode mal des discussions philosophiques et demande une règle fixe qui sépare avec précision la vérité de l'erreur, et qu'elle ne peut trouver que dans les traditions d'une religion positive. Malheureusement, il arrive souvent que le c. demande plus qu'une simple autorité morale. Malgré toutes les concessions qu'il a été obligé de faire à l'esprit moderne, et qu'il a faites le plus souvent, il faut le reconnaître, de parfaite bonne foi, son idéal est, au fond, resté le même qu'au temps de Philippe le Bel, peut-être même sans que les grandes intelligences qui sont à la tête du mouvement catholique se rendent bien compte des conséquences inévitables de leurs doctrines et de leurs traditions qui les conduisent fatalement à réclamer de plus en plus d'autorité, tendance inéluctable qui ne peut être satisfaite que par la réalisation du rêve des papes du moyen âge : la théocratie universelle. Aussi, avec toutes les armes que lui donnent la chaire, le confessionnal et l'influence dont il jouit dans le monde, on a vu le clergé catholique combattre les gouvernements qui prétendaient se séparer de lui et faire une guerre implacable aux institutions modernes, aux idées de progrès, d'indépendance et de liberté; aussi, à tout ce qui suppose la liberté de la pensée, la critique indépendante, le libre examen, l'usage libre de la raison et de la discussion. Depuis un siècle, il n'a vécu en paix qu'avec le gouvernement de la Restauration, parce que celui-ci consentait à subir son influence et à son tour ses lois, et encore cette paix n'a-t-elle pas été sans orages. Aujourd'hui (1894), il est vrai, une sorte de détente semble se produire en France dans les relations de l'autorité civile et de l'autorité ecclésiastique; mais il ne faut pas oublier que cette détente tient en grande partie à ce que le clergé renonce à combattre pour rétablir la monarchie en France, et accepte sincèrement la forme républicaine du gouvernement. D'autre part, le développement des idées socialistes et anarchistes impose à tous les hommes qui ont une part dans l'autorité morale et matérielle, de faire trève à leurs dissentiments pour combattre un état des esprits qui peut amener les plus grandes catastrophes. Aussi, la durée de l'accord qui semble se manifester aujourd'hui est-elle entièrement subordonnée aux circonstances, et le fait de cet accord ne modifie en rien les idées générales qui dominent l'un et l'autre parti, et qui sont les véritables causes d'une querelle qui dure depuis le moyen âge et dont il impossible de prévoir la fin.

Sans doute, il y a une distinction profonde et nécessaire entre l'esprit clérical et l'esprit religieux. Le c. n'est pas la même chose que le catholicisme, et, heureusement, il ne manque pas dans notre pays d'excellents catholiques qui ne se laissent pas entraîner aux exagérations du c. et qui ne demandent aux pouvoirs civils que le libre exercice de leurs pratiques religieuses : en quoi ils ont absolument raison. Malheureusement, si les fidèles peuvent se désintéresser et se désintéressent volontiers des questions politiques, il n'en est pas de même des membres du haut clergé, qui dépendent d'un pouvoir étranger à leur pays et qui se trouvent à chaque instant gênés par la double obligation d'obéir, en qualité de citoyens, au pouvoir civil, et, en qualité de prêtres, à leur supérieur de Rome. Enfin, la question est encore plus complexe et plus difficile qu'on ne le croit généralement. On a quelquefois défini le c. une usurpation de l'autorité religieuse sur l'autorité civile, une confusion désastreuse entre le pouvoir spirituel et le pouvoir temporel. Il parait en effet naturel de distinguer les deux pouvoirs et d'assigner à chacun sa sphère d'action. Le tout serait en paix si tout le monde consentait à rester dans ses attributions; mais cette distinction est dans la pratique illusoire et impossible à établir. Il est déjà difficile de fixer les limites du pouvoir civil; on dira aisément que son autorité s'arrête au seuil de la conscience; mais s'il édicte des lois qui blessent la conscience de quelques citoyens ? Que dire d'un soldat qui refuserait de marcher à la bataille parce que sa conscience lui défend de verser le sang? Bien autrement difficile, impossible même, est la limitation de l'autorité religieuse, parce que la religion est pour le fidèle la base de toute la morale et, par suite, le mobile suprême de toutes les actions humaines. Aussi, pour tout homme religieux, convaincu et réfléchi, la loi religieuse sera toujours au-dessus de la loi civile : *Il vaut mieux obéir à Dieu qu'aux hommes.* La question du c. semble donc actuellement insoluble, et ce qui l'aggrave encore, c'est le passé et la tradition de l'Église catholique qui l'enchaîne elle-même dans un réseau de conséquences inéluctables. Il faut se garder de traiter à la légère des questions de cette importance et ne pas croire qu'il suffirait d'un pape intelligent comprenant bien la situation pour imprimer à l'esprit du clergé une autre direction. Tous les actes de l'Église se sont succédé depuis Constantin sous l'empire d'une logique qui les amenait nécessairement, et le mal dont a souffert le moyen âge et dont nous souffrons actuellement, ne doit pas être imputé aux hommes souvent supérieurs qui ont, à diverses époques, dirigé le mouvement religieux, mais à la fausse direction qu'a prise d'elle-même et dès l'origine la révolution chrétienne. Une religion qui impose la foi comme condition essentielle du salut éternel, et qui, par la notion de la charité étendue à tout le genre humain, fait du prosélytisme un devoir strict, ne peut pas être une religion tolérante, malgré les efforts très louables d'esprits supérieurs pour concilier le zèle catholique avec le principe moderne de la liberté de conscience. En fait, la religion catholique se montre tolérante là où elle se sent en minorité ; elle cesse fatalement de l'être dès qu'elle se sent en possession de la majorité des esprits. Le principe : *Hors de la foi, point de salut,* impose nécessairement à ceux qui ont la charge de diriger les consciences le devoir de combattre et d'étouffer l'hérésie par tous les moyens imaginables, même par la destruction sanglante des hérétiques : il faut sacrifier les brebis galeuses pour sauver le reste du troupeau. Mais, pour atteindre ce but, il faut disposer de la force et du pouvoir civil et militaire. Ainsi s'expliquent les actes les plus extraordinaires de l'autorité religieuse et la tendance à la théocratie absolue qui est nécessairement l'idéal de la religion catholique. De là vient aussi l'antagonisme complet entre l'esprit clérical et l'esprit moderne. Celui-ci repose tout entier sur la liberté de conscience et la tolérance, deux choses qui ne peuvent s'accorder avec le principe fondamental de la foi nécessaire. Enfin, il faut bien ajouter que les défenseurs de la Libre-Pensée ont été souvent et sont encore, dans bien des cas, très éloignés des véritables principes de tolérance qui devraient être cependant à la base de leurs revendications. Bien souvent, sous prétexte de combattre le c. qui est un parti politique, ils ont fait la guerre aux idées religieuses elles-mêmes, et l'on a vu bien des fois, dans ces dernières années, des hommes molestés par des autorités subalternes parce qu'ils ne cachaient pas leur attachement à la religion catholique, quoiqu'ils remplissent exactement les fonctions de leur état et leurs devoirs de citoyens. Cela c'est du c. à rebours, aussi dangereux que l'autre, et bien plus méprisable, parce qu'il ne repose pas sur une tradition de vingt siècles et sur un idéal supérieur aux instincts et aux intérêts humains. Il faut bien reconnaître que cette intolérance d'un parti spécial est devenue assez générale dans certains milieux, et la preuve en est dans la dénaturation du sens du mot *Libre-Penseur* qui signifie communément aujourd'hui *Athée* et *Matérialiste,* et qui, devant par lui-même désigner ceux qui ne veulent faire dépendre leurs opinions d'aucune influence d'école ou de religion, est devenu pour ainsi dire le nom d'un parti philosophique et politique.

Nous venons d'exposer aussi clairement qu'il nous a été possible, les origines et la nature d'un mal dont souffrent les sociétés modernes ; la tâche était relativement facile. Si l'on nous demande maintenant d'indiquer le remède, nous avouerons toute notre impuissance. La solution qui paraît la plus simple aux esprits superficiels, c'est évidemment la subordination complète d'un des pouvoirs à l'autre ; mais qui voudrait accepter aujourd'hui la domination du clergé avec toutes ses conséquences renouvelées du moyen âge ? Et d'autre part, le clergé ne se résignera jamais ni ne peut se résigner à renier l'autorité du souverain pontife pour obéir exclusivement au gouvernement civil. Il protesterait sans cesse contre une pareille situation qu'il traiterait de persécution, non sans de justes raisons. Les matérialistes se plaisent parfois à entrevoir une autre solution plus radicale, qui serait l'anéantissement progressif de toute foi religieuse. Sans doute, la foi n'a plus de notre temps la vigueur qu'elle manifestait aux siècles passés, et cette tiédeur générale est le plus grand obstacle que rencontrent les cléricaux dans leurs tentatives de domination.

Cependant, nous ne croyons pas que le sentiment religieux puisse disparaître de l'humanité : il fait partie de l'âme humaine au même titre que tous les autres sentiments affectifs ; il est la base de la morale et l'un des plus puissants facteurs qui permettent à l'homme de supporter ses misères et de dompter ses instincts. Malheureusement, malgré l'espèce d'évolution que fait en ce moment le clergé catholique, et dont nous avons parlé plus haut, l'idéal religieux, tel qu'il est défini par le catholicisme, reste en opposition avec l'idéal humanitaire que nous ont donné les progrès des sciences, de l'industrie et de l'état social. Il n'y aura de paix pour l'humanité que lorsque ces deux formes d'idéal se retrouveront d'accord ; mais comment s'accomplira cette révolution nécessaire ? Il nous est impossible même de l'entrevoir : c'est le secret des siècles à venir.

CLÉRICAT. s. m. Office de clerc de la chambre apostolique.

CLÉRICATURE. s. f. L'état ou la condition du clerc, de l'ecclésiastique. *Droit de c. Privilèges de c.*

CLÉRIDES. s. m. pl. (R. *Clerus,* un des genres de la famille). T. Entom. Famille de coléoptères du groupe des *Pentamères,* c.-à-d. pourvus d'ordinaire de cinq articles. Ils sont grêles, velus, à antennes de onze articles souvent dentées. Leurs élytres sont cylindriques ; les tarses ont quatre ou cinq articles, offrant une surface terminale large, spongieuse et des appendices semblables à des lèvres ; le pénultième article est bilobé. Nous citerons les genres *Clerus, Corynetes* et *Trichodes.* Dans ce dernier genre, la larve vit en parasite dans les ruches.

CLERMONT, ch.-l. d'arr. (Oise), 5,600 hab.

CLERMONT (ROBERT, comte de), sixième fils de saint Louis, chef de la maison de Bourbon.

CLERMONT-EN-ARGONNE, ch.-l. de c. (Meuse), arr. de Verdun ; 1,300 hab.

CLERMONT-FERRAND (*Augustonemetum-Arvernia*), ch.-l. du dép. de Puy-de-Dôme ; au pied de cette montagne, une des plus anciennes villes de France existait déjà avant la conquête romaine sous le nom de *Nemetum.* Après la conquête, elle hérita de la grandeur de sa voisine *Gergovie,* détruite par les Romains. Clermont-Ferrand est à 383 kilom. de Paris et compte 50,400 hab. On y remarque : la cathédrale fondée au IX° siècle et reconstruite au X°, puis au XIII°, et les églises de Saint-Eutrope, Notre-Dame du Port et des Carmes ; la préfecture, installée dans un ancien couvent de Cordeliers fondé en 1250 ; la maison où est né Blaise Pascal et le cours des Sablons avec la fontaine de Jacques d'Amboise. — Fruits, pâtes alimentaires. — Évêché très ancien. Sidoine Apollinaire fut évêque de Clermont. — Patrie de Grégoire de Tours, de Blaise Pascal, du chevalier d'Assas, etc. — Siège d'un concile où fut résolue la première croisade en 1095. — Nom des hab. : CLERMONTOIS, OISE.

CLERMONT-L'HÉRAULT, ch.-l. de c. (Hérault), arr. de Lodève ; 5,100 hab.

CLERMONT-TONNERRE, nom d'une illustre famille du Dauphiné, dont le membre le plus connu fut le marquis de Clermont-Tonnerre, ministre de la marine, puis de la guerre sous Louis XVIII.

CLÉROCRATIE. s. f. (gr. κλῆρος, clergé ; κρατέω, je commande). T. Néol. Domination politique du clergé.

CLÉRODENDRON. T. Bot. [Pr. *klé-ro-din-dron*] (gr. κλῆρος, choix ; δένδρον, arbre). Genre de plantes ornementales de la famille des *Verbénacées.* Voy. ce mot.

CLÉROMANCIE. s. f. (gr. κλῆρος, sort ; μαντεία, divination). Divination à l'aide d'objets tirés au sort.

CLÉROMANCIEN. s. m. Celui qui pratique la cléromancie.

CLÉRONOMIE. s. f. T. Antique gr. Partage des biens par le sort.

CLERVAL, ch.-l. de c. (Doubs), arr. de Baume-les-Dames ; 1,250 hab.

CLÉRY, ch.-l. de c. (Loiret), arr. d'Orléans ; 3,000 hab.

CLÉRY, valet de chambre de Louis XVI, célèbre par son dévouement pour ce prince prisonnier au Temple (1759-1809).

CLÉSINGER, sculpteur français né à Besançon, à qui l'on doit la statue de Marceau (1814-1883).

CLET (SAINT), pape de 77 à 93 ; martyr.

CLÉTIER, s. m. T. Mét. Ouvrier qui fait les clefs d'instruments de musique à vent.

CLEVELAND, v. des États-Unis d'Amérique (Ohio), sur le lac Érié ; 275,000 hab.

CLÈVES, v. d'Allemagne (Prusse rhénane), anc. cap. d'un duché du même nom.

CLIBANE. s. m. T. Tech. Four portatif dont on se sert dans les opérations chimiques.

CLIC-CLAC. s. m. Claquement du fouet.

CLICHAGE. s. m. T. Typogr. et Gravure. Fabrication des clichés. ‖ T. Min. Appareil qui maintient les cages en place pendant la manœuvre du changement de berlines.
Typogr. — Le mot *Clichage* est le nom moderne de l'opération typographique appelée autrefois *Stéréotypie*. Cette opération consiste à transformer en *Cliché*, c.-à-d. en une masse solide et unique, une page composée en caractères mobiles. Le c. offre aux éditeurs des avantages précieux : 1° quand un éditeur a écoulé une édition d'un ouvrage et qu'il en veut donner une seconde, il n'a pas besoin de faire les frais d'une composition nouvelle ; 2° quand il pense que son livre se vendra à un très grand nombre d'exemplaires, mais dans un laps de temps peu long, il n'est pas obligé de tirer immédiatement le nombre d'exemplaires qu'il croit pouvoir vendre, et d'immobiliser pendant longtemps les caractères mobiles : les clichés une fois faits, il rentre en possession des caractères mobiles et peut ne tirer les exemplaires qu'au fur et à mesure des besoins de la vente ; 3° un ouvrage de longue haleine et de grandes dimensions, comme le présent *Dictionnaire*, absorbe une quantité énorme de caractères mobiles : le c. permet de réaliser sur ceux-ci une économie considérable, car en clichant les pages à mesure qu'elles sont composées et corrigées, les caractères deviennent libres pour les pages suivantes et cela sans avoir subi d'usure appréciable, puisqu'ils n'ont servi qu'au tirage des épreuves, et non des exemplaires mis en vente ; 4° il facilite singulièrement la correction des textes, parce qu'on peut introduire dans un cliché des corrections jugées nécessaires, sans courir le risque de faire de nouvelles fautes, comme il arrive lorsqu'on est forcé de recourir à une nouvelle composition.
Les premiers essais de c. appartiennent au XVIIᵉ siècle : toutefois, c'est seulement à la fin du siècle suivant que l'invention commença à donner des résultats satisfaisants. Alors parurent les procédés de Firmin Didot et d'Herhan, qui furent exploités jusqu'à la découverte des moyens plus simples et plus économiques actuellement en usage. Aujourd'hui, le c. s'opère de plusieurs manières : les procédés les plus usités sont connus sous les noms de *C. au plâtre*, de *C. au papier* et de *C. galvanique*. — 1° *C. au plâtre*. Chaque forme étant placée dans un châssis de fer, on l'enduit d'un corps gras, puis on étend sur sa surface, avec un pinceau, une bouillie bien claire de plâtre très fin ; on fait pénétrer la bouillie dans les interstices des caractères en la frappant à petits coups avec une brosse ; puis sur cette première couche, on en étend une seconde dont l'épaisseur est réglée par un deuxième châssis placé sur le premier. Lorsque le plâtre est durci, il se détache sans peine de la forme, grâce à l'enduit dont celle-ci a été revêtue, et l'on obtient ainsi un moule qui présente en creux tous les reliefs de la feuille composée en caractères mobiles, et dans lequel on coule le même alliage métallique qu'emploient les fondeurs en caractères, ou quelquefois, suivant les besoins, un alliage plus dur ou plus fusible. Après refroidissement, on obtient une planche en relief, appelée *Cliché*, qui est la reproduction exacte de la forme en caractères mobiles. Il ne reste plus qu'à débarrasser le cliché du plâtre qui peut encore y adhérer. Ce genre de c. est maintenant à peu près abandonné. — 2° Le *C. au papier* ou au *flan* est en général préféré au procédé qui vient

d'être décrit, parce qu'il est plus simple et plus économique ; mais il donne des résultats moins satisfaisants quand les lettres ou dessins présentent des parties très délicates. Pour prendre l'empreinte de la lettre, on couvre une feuille de papier fin d'une couche de céruse ou d'une bouillie épaisse faite de blanc d'Espagne finement pulvérisé et tamisé, délayé dans de la colle de pâte additionnée d'un peu de colle forte, et on l'applique sur les pages ; puis on la frappe avec une brosse à longs poils afin de la faire pénétrer dans toutes les parties de celles-ci. Sur cette feuille on en étend une seconde, puis une troisième, et l'on continue ainsi jusqu'à ce qu'on obtienne une espèce de carton d'une certaine épaisseur. Lorsque toutes les feuilles sont bien battues, on met le tout en presse, forme et papier, et l'on fait sécher à une vive chaleur. La dessiccation terminée, on possède un moule en creux, appelé *flan*, semblable à celui que donne le procédé au plâtre. Alors on enferme ce moule dans une boîte de fonte, qui est munie à sa partie supérieure d'une espèce de petit entonnoir par lequel on verse l'alliage métallique. L'opération se termine comme dans le c. au plâtre. Le c. au flan est le seul employé pour les ouvrages à grand tirage, comme les journaux qui doivent être tirés sur les presses rotatives, parce que le flan est assez souple pour être cintré, de manière à pouvoir prendre la forme du cylindre de la presse. Le cliché fait avec ce moule aura nécessairement la même forme. — 3° Le *C. galvanique* est employé spécialement pour les gravures sur bois qui illustrent les livres et pour les pages typographiques des ouvrages de luxe qui exigent une grande finesse. Après avoir enduit le bois gravé ou la page composée d'une fine couche de plombagine, on s'en sert pour préparer par pression un moule de cire ou de gutta-percha. Celui-ci, enduit à son tour de plombagine, pour que ses surfaces deviennent conductrices, est plongé dans un bain galvanique contenant des sels de cuivre. Sous l'action du courant, le cuivre se dépose dans tous les interstices du moule (voy. GALVANO-PLASTIE), et au bout d'un certain temps on obtient une empreinte faite d'une même plaque de cuivre qui reçoit le nom de *coquille*. Celle-ci est étamée à l'intérieur, c.-à-d. sur la face qui ne contient pas les caractères ou le dessin ; puis on la double ou coulant du métal typographique jusqu'à une certaine épaisseur, et enfin on la fixe sur un bloc de bois ou de métal. — La galvanoplastie est aussi employée pour donner plus de résistance aux clichés obtenus par les deux premiers procédés : elle permet, en effet, d'*aciérer* ou de *cuivrer* ces clichés, opération après laquelle ils peuvent tirer jusqu'à 100,000 exemplaires.
On emploie aussi depuis quelque temps comme matière plastique, servant à la confection des clichés, le celluloïd qui, grâce à sa flexibilité, se roule facilement pour servir dans les presses rotatives. Mais les clichés de cuivre sont maintenant employés presque partout.
Le c. s'emploie également pour les gravures sur cuivre que l'on intercale dans le texte. Les procédés sont les mêmes, sauf certaines précautions qui ont pour objet de ménager les finesses du burin, et quelques modifications dans la composition de la matière, à laquelle on donne un peu plus de consistance. Enfin, on se sert encore du c. pour certaines impressions lithographiques qui exigent des tirages considérables. Dans ce cas, la pierre, après avoir reçu le dessin ou l'écriture, est couverte d'un acide qui en ronge le grain, excepté aux endroits où l'encre la protège. On a ainsi une empreinte en relief sur laquelle on coule du plâtre. Cette dernière opération produit une nouvelle empreinte, qui est en creux, et qui sert de moule pour obtenir un cliché pouvant s'imprimer par la presse typographique. Le même procédé permet aussi d'obtenir des clichés à l'aide des gravures sur pierre, sans qu'il soit alors utile de ronger la pierre à l'acide. Enfin, le c. est aussi employé dans les procédés de *Photogravure*. Voy. ce mot.
Pour faire des corrections sur un cliché, on entaille le cliché à l'endroit où se trouve le mot ou la phrase à corriger ; on enlève le texte défectueux et le remplace par un nouveau texte composé en caractères mobiles, que l'on réunit, à l'aide d'une soudure, aux parties du cliché qui sont en contact avec eux ou par un petit cliché préparé spécialement et soudé de la même manière. Voy. STÉRÉOTYPIE, GALVANOPLASTIE, GRAVURE, etc.

CLICHÉ. s. m. (part. passé de *clicher*). T. Typogr. et Grav. Empreinte métallique servant à tirer les exemplaires. Voy. CLICHAGE et GRAVURE. ‖ T. Photogr. Plaque impressionnée par la lumière et servant au tirage des épreuves. ‖ *Cliché phonographique*, Cylindre d'une matière spéciale entaillée par le style du phonographe et servant à reproduire les sons autant de fois qu'on le désire. || Fig. Phrase toute faite et devenue banale qu'on répète dans les livres ou la conversation. || T. Graveur en médailles. Empreinte prise dans l'étain en fusion pour juger du degré d'avancement du travail.

CLICHER. v. a. (peut-être le vx fr. *cliquer*, dans le sens de fixer, lequel se rattache à l'allemand *klinke*, loquet). T. Typogr. Faire des clichés. = CLICHÉ, ÉE. part.

CLICHERIE. s. f. Endroit où sont fabriqués les clichés; nom de cette industrie.

CLICHEUR. s. m. Ouvrier qui fait des clichés. || T. Minér. Ouvrier attaché au service du clichage des puits.

CLICHY-LA-GARENNE, comm. du dép. de la Seine, arr. de Saint-Denis; 30,700 hab.

CLIDE. s. f. Art milit. anc. Machine employée au moyen âge pour lancer des pierres.

CLIDOMANCIE. s. f. Voy. CLEIDOMANCIE.

CLIENT, ENTE. s. (lat. *cliens*, m. s.). Chez les anciens Romains, ceux qui se mettaient sous la protection des plus puissants citoyens. Dans ce sens, n'est usité qu'au masc. Voy. PATRON. || Par ext., Celui ou celle qui charge de la défense ou de la conservation de ses droits un avocat, un avoué, un notaire, etc. *Cet avocat a beaucoup de clients. Recevoir ses clients.* — Se dit aussi des parties à l'égard de leurs juges. || Par anal., Se dit également de celui ou de celle qui confie à un médecin, à un chirurgien, etc., le soin de sa santé. || Par ext., Pratique, personne habituée à prendre les marchandises de quelqu'un ou à recevoir ses bons offices.

CLIENTÈLE. s. f. coll. (lat. *clientela*, m. s.). Se disait, chez les anciens Romains, de tous les clients d'un patron. *Il avait assemblé toute sa c.* — La protection que le patron accordait à ses clients. *Il était sous la c. de Scipion.* || Par ext., Se dit de tous les clients d'un avocat, d'un avoué, d'un notaire, d'un médecin et même d'un commerçant. *Il a une nombreuse c.* || Se dit de l'habitude qu'on a de s'adresser à un médecin, à un commerçant, etc. *Ce médecin, cet avocat n'aura plus ma c.*

CLIFFORD, comte de Cumberland, l'un des favoris de la reine Élisabeth (1558-1605).

CLIFOIRE. s. f. Espèce de seringue que font les enfants avec un bâton de sureau.

CLIFTON, v. d'Angleterre, comté de Glocester, 13,000 hab.

CLIGNANCOURT. anc. hameau de la banlieue de Paris, sur le versant nord de la butte Montmartre, incorporé dans la ville de Paris en même temps que la commune de Montmartre (1859).

CLIGNEMENT. s. m. Action de cligner les yeux. *Que signifient ces clignements d'yeux?* — Se dit ordinairement d'une mauvaise habitude de cligner les yeux. *Il a un c. perpétuel.*

CLIGNE-MUSETTE. s. f. Jeu d'enfants dans lequel tous les joueurs se cachent en divers endroits, à l'exception d'un seul qui cherche à découvrir leur cachette. Syn. de cache-cache. *Jouer à la c.-mus., à c.-mus.*

CLIGNER. v. a. (lat. *clinare*, baisser, incliner). N'est usité que dans ces phrases : *C. l'œil, c. les yeux*, Fermer les yeux à demi. — On dit aussi neutral., *C. de l'œil ou des yeux.* = CLIGNÉ, ÉE. part. *Tenir les yeux clignés.*

CLIGNOTANT, ANTE. adj. Qui clignote. *Des yeux clignotants.* || T. Anat. *Membrane clignotante,* Membrane demi-transparente placée sous la paupière des oiseaux, qui peut, à la volonté de l'animal, recouvrir tout le globe oculaire pour le garantir d'une lumière trop vive ou chasser les corps étrangers. Voy. ŒIL et OISEAU.

CLIGNOTEMENT. s. m. Mouvement spasmodique et involontaire des paupières.

CLIGNOTER. v. n. (Fréquentatif de *cligner*). Remuer fréquemment les paupières par un mouvement involontaire et spasmodique. *Une lumière trop vive fait c. les yeux.* On dit aussi activ., *C. les yeux.*

CLIMAQUE (SAINT JEAN), docteur de l'Église, disciple de saint Grégoire de Nazianze (525-605).

CLIMAT. s. m. (gr. κλίμα, inclinaison). T. Géogr. Ce terme se prend dans deux significations très différentes. Dans l'une, qui est la signification primitive, il s'applique à une division systématique du globe; dans l'autre, qui est dérivée de la première, il désigne l'ensemble des phénomènes météorologiques dont un lieu déterminé est habituellement le théâtre. C'est ainsi qu'on dit : *Le climat de Paris est plus sec et plus chaud que celui de Londres.* De là, la distinction des *climats astronomiques* et des *climats physiques.*

I. *Climats astronomiques.* — Les géographes anciens employaient le mot *Climat* pour désigner l'inclinaison de l'horizon sur l'équateur, qui est la cause de l'inégalité du jour et de la nuit. Ils avaient partagé l'espace compris entre l'équateur et le pôle en 30 parties ou zones parallèles, distinguées les unes des autres par la durée de leur plus long jour au solstice d'été; de là le nom d'*inclinaisons* qu'ils leur donnaient. C'est au moyen de ces climats qu'on déterminait la situation des lieux à la surface de la terre, avant qu'on eût imaginé d'employer les latitudes. Sur ces 30 climats, 24 étaient situés entre l'équateur et le cercle polaire, et 6 entre ce dernier et le pôle même. Les premiers étaient appelés *Climats de demi-heure* ou *Climats horaires,* parce que, de l'un à l'autre, le plus long jour croît d'une demi-heure. Les seconds étaient nommés *Climats de mois,* parce que, passé le cercle polaire, le plus long jour de chacun de ces climats surpasse d'un mois celui du précédent. Cette division n'étant plus usitée, nous n'y insisterons pas davantage.

II. *Climats physiques.* — « Le mot *Climat,* dit Alex. de Humboldt, embrasse, dans son acception la plus générale, toutes les modifications atmosphériques dont nos organes sont affectés d'une manière sensible, telles que la température, l'humidité, les variations barométriques, le calme de l'atmosphère ou les effets des vents, l'intensité de la pression électrique, la pureté de l'air, ses mélanges avec des émanations gazeuses plus ou moins salubres, le degré de diaphanéité habituelle, cette sérénité du ciel si importante par l'influence qu'elle exerce non seulement sur le rayonnement du sol, sur le développement des tissus organiques dans les végétaux et la maturité des fruits, mais aussi par l'ensemble des sensations morales que l'homme éprouve dans les zones diverses. »

Il y a deux causes générales dont le c. de chaque pays dépend surtout : 1° sa distance de l'équateur ou sa *Situation géographique;* 2° sa hauteur au-dessus du niveau de la mer ou son *Altitude.* Mais l'effet de cette double cause est généralement modifié par diverses circonstances qui exercent sur chaque localité une influence plus ou moins considérable. Parmi ces circonstances, nous signalerons la configuration et l'étendue des pays, la pente générale des terrains et leur exposition locale, la direction des chaînes de montagnes qui le partagent ou qui l'avoisinent, la nature du sol qui est plus ou moins favorable au rayonnement et à l'évaporation, la proximité ou la distance des vents, l'action des vents qui mélangent les températures des différentes latitudes, et même les changements qui résultent de la culture. L'étude de ces diverses causes et des effets complexes qu'elles produisent en se combinant entre elles, constitue la science nommée *Climatologie.*

A. *Influence de la latitude.* — La température de chaque pays dépend, en majeure partie, de la chaleur qu'il reçoit directement du soleil. En estimant la somme de chaleur solaire reçue par un espace donné à la surface du globe dans le cours d'une année, nous pouvons supposer que le soleil reste constamment à l'équateur, parce que l'excès de chaleur au-dessus de la moyenne en été est exactement balancé par l'abaissement au-dessous de la moyenne en hiver. L'effet produit sur une surface donnée dépend du nombre de rayons qui tombent sur cette surface, et de l'obliquité de leur direction relativement à elle. Or, le nombre de rayons qui tombent sur une zone d'une largeur donnée, sur une surface d'un degré, par ex., est proportionnel au cosinus de la latitude, et l'effet d'un rayon oblique diminue également proportionnellement au cosinus de la latitude; par conséquent, la diminution de la température moyenne, en allant de l'équateur aux pôles, doit être proportionnelle au carré du cosinus de la latitude. Il suit de là que les variations de la température moyenne doivent être à leur maximum vers la latitude moyenne de 45°. Les résultats tirés de l'observation confirment complètement les conclusions déduites de la théorie. Sous la zone tempérée, le caractère du c. change rapidement. Ainsi, par ex., dans le midi de la France et en Italie, presque sous le 45° parallèle, la région de la vigne se trouve contiguë à celle de l'olivier et du figuier. D'autre part, on n'observe qu'un très faible accroissement de chaleur en allant du tropique à l'équateur. De même, à l'autre extrémité de l'hémisphère, c.-à-d. en allant du cercle arctique à la plus haute latitude connue, l'intensité du froid n'éprouve qu'un accroissement peu considérable. La loi du carré du cosinus donne seulement une variation d'environ 4°,5 de l'échelle centigrade du cercle polaire au pôle même. Mais, ainsi que nous le verrons plus loin, les autres circonstances font tellement varier la température moyenne que des pays situés à la même latitude ont des climats fort différents, de sorte que la loi du carré du cosinus ne peut donner aucune indication précise. Voy. TEMPÉRATURE, TERRE, SOLEIL et SAISONS.

B. Influence de l'altitude. — Le froid augmente dans une progression très rapide à mesure qu'on s'élève au-dessus du niveau de la mer. La neige, qui sous toutes les latitudes couvre le sommet des montagnes très élevées, en est déjà une preuve certaine. On a fait un grand nombre d'observations qui établissent non seulement le décroissement constant et régulier de la température à mesure qu'on s'élève au-dessus du niveau de la mer, mais encore donnent la loi suivant laquelle a lieu ce décroissement. D'après la théorie, ce dernier doit suivre la même progression que le décroissement de la densité; mais cette loi est troublée par les particularités locales. La température d'un corps en présence d'une source chaude dépend de l'équilibre qui s'établit entre la quantité de chaleur qu'il reçoit de la source et celle qu'il perd par rayonnement. Ainsi la température, à une hauteur quelconque, résulte de l'effet simultané de deux causes inverses : 1° l'absorption des rayons solaires par l'atmosphère et par le sol; 2° le rayonnement de la chaleur de l'air et du sol vers les espaces célestes. Or, l'atmosphère terrestre possède cette singulière propriété d'être beaucoup plus facilement traversée par les rayons chauds qui viennent du soleil que par les rayons froids qui rayonnent du sol, ou des parties inférieures de l'atmosphère elle-même. Il en résulte que, plus l'atmosphère est épaisse, plus la quantité de chaleur reçue du soleil l'emporte sur la chaleur perdue par rayonnement, et plus la température est élevée, ce qui explique le refroidissement avec l'altitude. De plus, cette propriété conservatrice de la chaleur est due en grande partie à la vapeur d'eau contenue dans l'air, ce qui explique la plus haute température des climats humides. Du reste, toute circonstance qui modifie l'absorption de chaleur par le sol doit aussi modifier la loi qui exprime le décroissement de la température résultant de l'élévation seule. Ce décroissement sera plus lent au-dessus de la surface de la mer, ou d'un pays couvert de neige, qu'au-dessus d'une surface sablonneuse ou d'un désert dépourvu de toute végétation. Il sera, au contraire, plus rapide sur les flancs inclinés d'une montagne conique que sur une cordillère qui présente des plaines d'une grande étendue s'élevant en étages les unes au-dessus des autres. Néanmoins, à de grandes élévations, l'influence perturbatrice de ces causes devient insensible. Sous la zone torride, Humboldt a trouvé que, entre les altitudes de 3,000 à 5,800 mètres, un accroissement de 191[m]4 dans l'élévation correspondait à un abaissement de 1° du thermomètre centigr. Mais, à mesure que l'on s'élève, le décroissement de la température devient de plus en plus rapide. Voy. ATMOSPHÈRE.

C. Influence de la configuration du sol. — La configuration du sol exerce sur la température et toutes les circonstances météorologiques d'un pays une influence considérable, et qu'il importe de signaler avec quelques détails.

1° Configuration horizontale. — La configuration que présente toute grande étendue de terre, ou tout ce que cette configuration est déterminée par le contact de l'Océan, c.-à-d. la plus ou moins grande étendue de côtes que possède un pays comparativement à sa superficie, modifie d'une manière extraordinaire les effets de la latitude. On sait que l'eau est de tous les corps usuels celui qui possède la plus grande chaleur spécifique, c.-à-d. qui exige le plus de chaleur pour s'échauffer d'un même nombre de degrés ou qui doit en perdre le plus pour se refroidir d'un même nombre de degrés. Il en résulte que l'Océan n'éprouve que de légères variations dans sa température propre; le voisinage de l'eau modère donc les températures extrêmes et tend à égaliser la distribution périodique de la chaleur dans les différentes saisons de l'année, et

par conséquent à élever la moyenne hibernale ainsi qu'à abaisser la moyenne estivale. De là, le contraste qui existe entre le c. des îles et des côtes et le c. intérieur des continents, et la distinction universellement admise des *climats maritimes* et des *climats continentaux*. Les premiers sont plus chauds à latitude égale et plus modérés que les seconds. Pour une même température moyenne, les climats marins auront des hivers supportables et des étés tièdes, tandis que les climats continentaux subiront des hivers rigoureux et des étés brûlants. De là l'heureux c. de certaines îles, par ex., celle de Madère, où la température ne varie que de quelques degrés dans tout le cours de l'année. L'Europe présente un remarquable exemple de ce contraste. D'Orléans et de Paris à Londres, à Dublin, à Édimbourg, et même plus au nord, la température moyenne de l'année décroît très peu, nonobstant l'accroissement de la latitude; tandis que, dans la partie orientale du continent, chaque degré de latitude, suivant Humboldt, produit une variation de 0°,61 du thermomètre centigr. dans la température moyenne. La moyenne hibernale de Paris est 3°,3; celle d'Édimbourg, 3°,5; celle de l'île de Man, 5°,6; celle de l'île d'Unst (Shetland), 4°; et celle des îles Feröe, 3°,9. D'autre part, on voit la température moyenne diminuer considérablement depuis les côtes occidentales de l'Europe jusqu'au delà du méridien de la mer Caspienne. Les villes d'Amsterdam et de Varsovie sont situées presque sous le même parallèle, la latitude de la première étant 52° 22', et celle de la seconde 52° 14'; cependant, la température moyenne annuelle d'Amsterdam est d'environ 11°,7 centigr., et celle de Varsovie de 7°,5 seulement. La latitude de Copenhague est de 55° 41' et celle de Kazan 55° 48'; malgré cela, la température moyenne de Copenhague est 8°,2, et celle de Kazan 2°,2. Voy. MER.

2° Configuration verticale. — Le c. d'un pays n'est pas influencé uniquement par sa configuration horizontale, il l'est aussi par le *relief* du sol, c.-à-d. par sa configuration verticale. Les montagnes agissent de plusieurs manières sur le c. des plaines adjacentes : leurs rochers, quand ils sont nus, réverbèrent la chaleur; elles abritent la contrée qu'elles dominent contre certains vents plus ou moins dominants; elles donnent naissance à des courants d'air froid qui descendent des régions supérieures de l'atmosphère, et qui sont déterminés par la perturbation que cause dans l'équilibre de la chaleur le rayonnement de leurs flancs et de leurs cimes. Une circonstance qui exerce encore une puissante influence sur la température moyenne annuelle et qui se rapporte à la configuration verticale du sol, car elle résulte le plus ordinairement de la position des chaînes de montagnes, c'est l'*exposition* d'un pays, ou son inclinaison relativement à l'équateur, c.-à-d. soit vers cette ligne, soit dans un sens opposé. Néanmoins, on doit distinguer de l'exposition générale l'exposition *locale.* — La France occidentale, par ex., a l'exposition générale vers le coucher d'équinoxe : cependant, la vallée de l'Allier est exposée au nord; celle du Rhône au sud; celle de l'Oust, en Bretagne, au sud-est. Ainsi, la pente générale d'une grande contrée n'exclut aucune des pentes locales les plus opposées. Néanmoins, on peut admettre comme principe général, mais en l'appliquant seulement à de grandes étendues, comme au bassin total d'un fleuve, que la somme positive de toutes les expositions locales est dans le même sens que l'exposition générale.

Tout le monde sait de quel effet, pour la température, est l'exposition d'un terrain relativement au soleil. Un coteau incliné de 45° vers le midi reçoit, quand le soleil se trouve élevé de 45°, les rayons solaires perpendiculairement à sa surface, tandis que, sur une plaine, ces mêmes rayons frappent le sol sous un angle plus obtus de 45°, c.-à-d. avec un quart de moins d'énergie; enfin, le coteau incliné au nord de 45° sera frappé des rayons solaires sous un angle de 90°, c'est-à-dire dans une direction telle qu'ils glisseront le long de la surface. Ces différences, déjà sensibles dans un pays de collines, deviennent énormes dans les contrées couvertes de hautes montagnes. C'est ainsi que, dans le Valais, on voit les Alpes d'un côté couvertes de glaces éternelles, tandis que les vergers et les vignobles ornent les coteaux opposés et reçoivent les charmes de la fécondité. Il y a encore une autre circonstance à observer. L'angle d'incidence des rayons solaires est bien déterminé, pour un moment donné du jour, par l'exposition d'un terrain; mais il varie aussi avec la marche diurne du soleil. Le coteau qui le matin reçoit les rayons solaires sous un angle direct, le reçoit déjà plus obliquement à midi, et peut-être les rayons de l'après-midi ne feront-ils que glisser sur la surface de ce terrain. Il arrive précisément le contraire pour les coteaux exposés au couchant. Il résulte de là que toute *exposition occidentale* (depuis le sud-ouest jusqu'au nord-ouest) doit être plus chaude que l'exposition orientale correspondante, toutes choses étant égales d'ailleurs. « En effet, dit Malte-Brun, les rayons du matin, qui frappent directement les coteaux exposés au levant, ont à combattre le froid qui s'y est rassemblé pendant la nuit. Lorsque l'atmosphère, dans l'après-midi, sera à son plus haut degré d'échauffement, le rayon solaire ne viendra plus concentrer cette masse de chaleur sur les terrains en exposition orientale, car il n'y tombera qu'obliquement. Au contraire, les coteaux qui penchent vers le couchant se sont déjà pourvus de chaleur pendant toute la matinée ; et lorsque le rayon solaire viendra les frapper directement, rien ne viendra contrarier son action. Ainsi donc, en vertu de ce principe, les expositions *Sud-Sud-Est* et *Sud-Ouest* sont les plus chaudes de toutes, tandis que, par contre-coup, les expositions *Nord-Nord-Est* et *Nord-Est* sont les plus froides. » Nous n'avons pas besoin de dire qu'il n'est ici question que de l'hémisphère boréal, et que nous faisons abstraction d'une foule de circonstances locales et temporaires.

3° *Influence de la nature du sol.* — La nature du sol doit influer sur les climats de plusieurs manières. Tous les terrains ne s'échauffent pas avec le même degré de promptitude ; tel sol perd vite la chaleur acquise, tel autre la conserve longtemps. Les exhalaisons qui diffèrent selon la nature du sol, s'élèvent dans l'atmosphère et s'identifient avec elle. Les terrains argileux et ceux qui sont imprégnés de sel refroidissent l'atmosphère ; les amas de sable, lorsqu'ils sont secs, augmentent la chaleur. On croit en général que le grand froid et l'air malsain des gouvernements d'Astrakan et d'Orenbourg sont en partie dus à la nature saline du sol, tandis que plusieurs provinces de la France doivent en partie leur température sèche et salubre à ce que leur sol est sablonneux, calcaire, et en général léger. Les terrains rocailleux et arides fournissent le moins de vapeurs. Le contraire se dire des terrains marécageux ; ces terrains, et même les sables constamment imprégnés d'humidité, diminuent la chaleur, et comme les eaux y sont en général stagnantes, la durée des gelées s'y prolonge, tandis que pour cela elles amènent un ciel serein et exempt de brouillards insalubres. Voilà pourquoi l'hiver de la Hollande, sous 52° de latitude, est souvent plus désagréable que celui des îles danoises, sous le 55° parallèle. L'effet des marécages dans les régions chaudes est encore plus funeste, à cause des miasmes putrides et délétères qui s'en élèvent.

4° *Influence de la culture.* — L'homme influe lentement, mais néanmoins avec puissance, sur le c. d'un pays. Sans la culture, il n'y aurait pas de climats salubres et agréables. Les fleuves, avant que l'homme les ait domptés, exercent des ravages périodiques : lorsqu'ils débordent, leurs eaux forment des marais pestilentiels. Un labyrinthe de buissons et de ronces couvre les plus fertiles coteaux ; les forêts deviennent impénétrables aux rayons solaires ; aucun vent ne vient disperser les exhalaisons putrides qui résultent de la décomposition des végétaux. Mais le travail et l'industrie changent la face de la terre : les marais sont desséchés, les rivières coulent dans leurs lits déblayés et régularisés ; le feu et la hache éclaircissent les forêts ; la terre, sillonnée par la charrue, s'ouvre aux rayons solaires, au souffle des vents ; l'air, le sol et les eaux prennent peu à peu un caractère de salubrité, et la nature vaincue cède son empire à l'homme, qui s'est créé une patrie. Cependant il importe que l'homme agisse avec prévoyance. La destruction des végétaux arborescents poussée trop loin amène de fatales conséquences funestes. Les arbres maintiennent sur le sol une dose d'humidité nécessaire à la modération de la chaleur du c. Leur disparition amène le dessèchement du pays et la transformation du c. sous des climats extrêmes ou continentaux ; les racines ne retiennent plus les eaux pluviales, et il en résulte des torrents et des inondations. Dans les îles du Cap-Vert, l'incendie général des forêts a desséché les sources et l'atmosphère. La Perse, l'Italie, la Grèce et bien d'autres contrées ont en partie perdu de cette manière leur heureux c. Quant à la température, les changements qu'y peut produire la culture sont fort difficiles à déterminer ; cependant on admet généralement que celle-ci a pour effet de diminuer la rigueur des hivers, et peut-être aussi de rendre les étés un peu moins chauds.

5° *Influence des hydrométéores.* — Il est aisé de comprendre que l'état habituel de l'atmosphère doit exercer une influence considérable sur le c. d'une région donnée. Les nuages arrêtent la chaleur du soleil ; mais ils s'opposent aussi au rayonnement du sol et réfléchissent même sur le sol une partie de la chaleur rayonnante. Lorsque la quantité de chaleur reçue du soleil est plus grande que la chaleur perdue par rayonnement, les nuages amènent un refroidissement ; au contraire, ils s'opposeront à l'abaissement de température lorsque la chaleur rayonnante l'emporte sur la chaleur solaire. C'est pourquoi, en été, les jours sereins sont en général plus chauds que les jours à ciel couvert, tandis qu'en hiver, au contraire, le thermomètre monte quand le ciel se couvre et baisse quand les nuages se dissipent. « Ajoutez à cela, dit Kæmtz, que les vapeurs précipitées pendant l'hiver sont à une hauteur bien moindre qu'en été, et que la chaleur latente qui devient libre au moment de leur condensation peut agir sur le sol. »

L'abaissement de température qu'on remarque en été par un temps couvert est encore plus considérable quand il pleut. Non seulement les masses d'eau qui se précipitent des régions supérieures et froides de l'atmosphère, abaissent notablement la température en vertu de leur grande capacité pour le calorique, mais encore cette eau en s'évaporant absorbe une quantité considérable de chaleur aux dépens de la terre et des couches atmosphériques qui sont en contact avec le sol. De là le refroidissement qui s'observe après les pluies d'orage. — C'est entre les tropiques que l'influence de l'état du ciel sur la température est surtout remarquable. La hauteur méridienne du soleil variant peu dans ces régions, ce sont surtout les pluies qui règlent la marche de la température, marche totalement différente de ce qu'elle est dans nos contrées et variable, du reste, suivant les contrées. En général, tandis que dans nos régions la température présente un seul *maximum* et un seul *minimum* par année, elle offre deux *maxima* et deux *minima* dans les pays intertropicaux. Les deux derniers sont l'un au milieu de la saison sèche, et l'autre au milieu de la saison humide, lorsque la distance zénithale du soleil de midi est aussi grande que possible ; les deux maxima surviennent au commencement et à la fin de la saison humide. Voy. NUAGES, PLUIE, etc.

6° *Influence des vents.* — Les vents qui règnent dans chaque contrée modifient singulièrement l'action réunie de tous les éléments qui constituent le c. physique et que nous venons d'examiner, car ils sont la cause la plus puissante des ruptures d'équilibre dans la température. Mais leur nature, leur direction et leur intensité dépendent elles-mêmes de causes multiples et fort diverses, telles que le voisinage des mers, l'élévation des montagnes, l'exposition générale et locale, etc. Toutes les variations des vents résultant de modifications survenues dans l'équilibre de l'atmosphère, il s'ensuit que la chaleur d'un c. et le froid d'un autre exercent l'une sur l'autre une influence continuelle. Les parties septentrionales d'un grand continent enverront quelquefois leur air froid vers les parties méridionales, et réciproquement. Mais la grande mobilité de l'atmosphère ne permet pas qu'on borne ces faits à des localités ; toute la masse de chaleur et de froid qui entoure le globe est dans un flux et un reflux continuel et universel. Tout vent dans la zone tempérée, venant du pôle voisin, est froid, et tout vent équatorial est chaud, sauf les exceptions déterminées par les localités. Le vent du sud, par ex., rafraîchit les environs du cap de Bonne-Espérance, tandis que le vent du nord a le même effet pour l'Europe. Un vent de terre, s'il vient par-dessus des plaines très élevées et ouvertes, est presque toujours froid et sec dans les zones tempérées. Mais, entre les tropiques, s'il passe par des plaines peu élevées, couvertes de sables brûlants, il doit être sec et chaud. Les vents qui prennent naissance sur les montagnes ne se plient pas non plus absolument à une règle générale ; car il y a des montagnes couvertes de glaces, et d'autres où il règne une humidité singulière ; les vents y prennent donc des caractères différents. Quant aux vents de mer, ils sont, presque sans exception, humides, chargés de brouillards et de vapeurs salines. L'air qu'ils amènent est plus chaud en hiver, et plus froid en été que l'air de terre, d'où il résulte qu'ils occasionnent presque toujours des variations de température suivies d'une grande condensation de vapeur d'eau et, par suite, de la pluie. Il s'ensuit que tout pays de la zone tempérée, qui n'est séparé de l'équateur que par une grande étendue de pays contigus, a nécessairement l'air plus habituellement chaud que tel pays qui voit entre lui et la zone torride de vastes mers. Par contre-coup, les pays des zones tempérées, qui ont entre eux et le pôle voisin beaucoup de terres, et qui sont séparés de l'équateur par des mers, auront le c. habituellement plus froid que d'autres pays situés sous la même latitude, mais sous une autre combinaison de localités. Les mêmes considérations s'appliquent également aux contrées de la zone torride. Les vents alizés, en soufflant continuellement de l'est par-dessus la mer, contribuent à rendre toutes les côtes maritimes orientales moins chaudes que celles qui sont exposées au couchant. D'un autre côté, plus un continent est large de l'est à l'ouest, plus ces vents s'échauffent en passant par-dessus des terres brûlées par le soleil. C'est par ce motif que les Antilles jouissent d'une température modérée, comparativement à la Sénégambie, que le Congo est plus chaud que le Zanguebar, etc. Si le Pérou jouit d'u. c. moins chaud que le Brésil, c'est que l'élévation de l'immense plateau des Cordillères où toute autre circonstance locale exerce une influence capable d'anéantir l'effet d'une cause générale. Dans les latitudes moyennes, le vent souffle le plus souvent de l'ouest, amenant avec lui le c. des régions qu'il vient de parcourir. Il en résulte que les côtes occidentales, comme celles de l'Europe sur l'Atlantique, ou de l'Amérique sur le Pacifique, jouissent d'un c. marin relativement chaud et modéré, tandis que les côtes orientales, comme la Chine et les régions des États-Unis et du Canada voisines de l'océan Atlantique, subissent les rigueurs du froid et des variations extrêmes de température qui caractérisent les climats continentaux.

F. *Influence des courants marins.* — Les grands courants maritimes, amenant d'immenses masses d'eau d'une région dans une autre, apportent en même temps sur les côtes qu'ils viennent frapper la température d'où ils sont partis. L'exemple le plus remarquable de cette influence est fourni par le *Gulf-stream*, immense fleuve d'eau salée, coulant au milieu de l'océan Atlantique. Ce grand courant le plus important de tous ceux du globe, prend naissance dans le golfe du Mexique, remonte à travers l'Atlantique vers les latitudes boréales, passe non loin des côtes de France, envoie une branche vers la Bretagne, et continuant sa marche, passe à l'ouest de l'Islande et de l'Écosse, et vient mourir dans les régions septentrionales entre l'Islande et la Norvège. Son influence sur le c. de l'Europe occidentale est considérable ; comme il vient des régions équatoriales, c'est un courant d'eau chaude qui nous apporte une prodigieuse quantité de chaleur et élève d'une manière notable la température moyenne de toute l'Europe occidentale. Grâce à lui, la côte sud de la Bretagne jouit d'un c. exceptionnellement chaud pour sa latitude, et l'Islande et la Norvège, qui sans lui seraient inhabitables, sont à l'abri des hivers rigoureux qui sévissent à la même latitude dans d'autres régions du globe. C'est à l'influence des courants maritimes qu'il semble qu'on doit attribuer ce fait bien connu, qu'à latitude égale il fait plus froid dans l'hémisphère sud que dans l'hémisphère nord, Voy. plus loin

G. *Résumé.* — Il y a lieu de distinguer dans un c. : d'une part, la température moyenne ; d'autre part, les écarts de température. Les climats continentaux sont des climats extrêmes, à grande variation de température ; les climats marins, des climats modérés à faible variation, ce qui tient à la grande capacité calorifique de l'eau. D'autre part, toutes choses égales d'ailleurs, les climats marins, plus humides, sont aussi plus chauds que les climats continentaux dans les régions tempérées et froides, parce que la vapeur d'eau atmosphérique est le grand agent qui permet l'emmagasinement de la chaleur solaire. Dans les régions tropicales ils sont, au contraire, plus frais, à cause de la grande capacité calorifique de l'eau. Les vents qui règnent habituellement transportent avec eux le c. d'un pays sur un autre ; comme dans les régions tempérées ils soufflent le plus souvent de l'ouest, les côtes exposées à l'orient ont un c. continental comme la côte des États-Unis sur l'Atlantique et la côte de la Chine, sur le Pacifique ; tandis que les côtes exposées à l'occident ont un c. marin comme les côtes d'Europe et de Californie. Enfin, les courants marins jouent un rôle considérable, et le *Gulf-stream*, en particulier, réchauffe toute l'Europe occidentale.

H. *Lignes isochimènes, isothères et isothermes.* — D'après ce qui précède, on voit que les climats astronomiques, c.-à-d. les zones géographiques formées par les parallèles de latitude, sont bien loin de correspondre aux climats physiques. En conséquence, les physiciens ont imaginé de tracer sur la mappemonde, d'après les résultats fournis par l'observation directe, d'autres séries de lignes qui servent à indiquer les températures des lieux par lesquels elles passent. Ces lignes ont reçu de Humboldt le nom d'*Isochimènes*, d'*Isothères* et d'*Isothermes*, dénominations qui sont tirées du grec ἴσος, égal ; χειμών, hiver ; θέρος, été, et θερμός, chaleur. Ainsi que l'expriment leurs noms, les lignes isothermes joignent les points qui ont la même température moyenne, les lignes isochimènes ceux qui ont la même température moyenne en hiver, et les lignes isothères ceux qui ont la même température moyenne d'été. Toutes ces lignes, loin de coïncider avec les parallèles qui joignent les points situés à la même distance de l'équateur, présentent, au contraire, les formes les plus variées, et en apparence les plus capricieuses. La Fig. 1 repré-

sente les lignes isothermes sur l'ensemble du globe, et la Fig. 2 les mêmes lignes sur l'Europe, l'ouest de l'Asie et l'Afrique.

1° Les *Isochimènes* s'abaissent vers le sud à mesure qu'on s'éloigne des côtes occidentales de l'Europe en marchant vers l'orient, parce que les pays situés vers l'est ont des hivers beaucoup plus rigoureux que ceux qui sont à l'ouest. On a trouvé que les lieux qui présentent la même température moyenne d'hiver peuvent différer entre eux de 18 et même de 20 degrés en latitude. L'hiver de l'Écosse est aussi doux que celui de Milan ; dans l'île d'Unst, l'une des Shetland, située par 60° 52′ de latitude nord, la moyenne hivernale est la même qu'à Trieste, par 45° 39′ : elle est 4°,0.

2° Les *isothères*, au contraire, s'élèvent vers le pôle quand on marche d'occident en orient, et c'est seulement dans l'intérieur du continent qu'à latitude égale les moyennes estivales sont les mêmes. Ainsi, à Tubingue (lat. 48° 31′), à Dunkerque (51° 2′), à Wilna (54° 41′), à Iakoutsk, en Sibérie (62° 1′), la moyenne estivale est d'environ 17° ; car elle est respectivement pour chacun de ces lieux, 17°,01 ; 17°,68 ; 17°,06 et 17°,20. — Dans l'Amérique du Nord, on observe quelque chose de semblable ; car, à distance égale de l'équateur, les lieux situés à l'ouest des monts Alleghanys ont des hivers plus froids et des étés plus chauds que ceux qui sont situés au bord de la mer.

3° Il est aisé de comprendre que ces conditions climatologiques doivent avoir une influence considérable sur la distribution géographique des êtres organisés. Beaucoup d'animaux, particulièrement les mammifères, qui ne peuvent pas faire d'aussi grandes migrations que les oiseaux, évitent les climats extrêmes. Si donc on trace une ligne par les points qui limitent au nord l'espace habité par ces animaux, cette ligne coïncidera presque avec une isochimène. Ainsi, par ex., en Suède, l'élan se rencontre encore sous le 63° lat. ; mais, en Asie, il ne dépasse pas le 55°. — Les mêmes observations s'appliquent à la distribution climatologique des végétaux. Néanmoins, il importe de distinguer les végétaux arborescents de ceux qui ne sont qu'annuels. Les arbres ne résistent pas aussi énergiquement aux rigueurs de l'hiver que les végétaux herbacés vivaces. Malgré cela, si leur période de floraison et de fructification n'est pas longue, ils s'élèvent le long des côtes de l'Océan jusqu'à de hautes latitudes, tandis qu'ils s'arrêtent beaucoup plus au sud dans l'intérieur du continent. Ainsi, aux environs de Penzance, sur la côte méridionale de l'Angleterre, les myrtes, les camélias, les fuchsias, etc., passent tout l'hiver en plein air, quoique leurs fruits ne mûrissent pas en été. Les côtes méridionales de notre Bretagne présentent le même phénomène. Le hêtre s'étend en Norvège jusqu'au 60° degré. Sur la côte occidentale de la Suède, sa limite extrême est sous le 58° ; elle est par 57° dans le Smoland et sur la côte orientale dans le voisinage de Kalmar. En Lithuanie, elle se trouve entre 54° et 55° ; dans les Karpathes, aux environs du 49°, et, dans les montagnes de la Crimée, vers 45°. Le houx, qui s'avance jusqu'en Écosse et en Norvège, gèle quelquefois aux environs de Halle et de Berlin. Diverses espèces de bruyères, l'aune, le peuplier noir, le lierre, le gui, le lilas, l'épine-vinette, le myrtil, ont une distribution géographique analogue. — Les végétaux annuels, et surtout les céréales, se comportent d'une manière différente. La durée et la rigueur de l'hiver ne leur importent pour ainsi dire point, puisqu'à cette époque le végétal est mort et qu'il n'en reste que la graine ; la chose essentielle pour eux, c'est la période pendant laquelle ils se développent. En Norvège, on cultive encore de l'orge dans quelques lieux situés sous le 70°. En allant à l'est, sa limite s'abaisse vers le sud, et, en Sibérie, on ne trouve pas de céréales au delà du 60°. La limite septentrionale du maïs, en France, est déterminée par les mêmes lois. Sur les bords de l'Atlantique, elle est au sud de la Rochelle par 45° 30′ ; mais, sur le Rhin, elle se trouve entre Mannheim et Strasbourg par 49° latitude. — Les végétaux arborescents peu sensibles au froid de l'hiver, mais qui exigent des étés chauds, ont, sur la côte ouest de l'Europe, une limite dépendant de la courbe des isothères. Ainsi la vigne n'est plus cultivée avec avantage sur nos côtes au delà de 47° 30′. Dans l'intérieur du pays, elle s'élève vers le 49°, et vient border le Rhin à Coblentz par 50° 20′. En Allemagne, elle ne dépasse pas le 51°, auquel elle reste sensiblement parallèle dans l'est du continent européen.

4° Les *lignes isothermes* (voy. les Fig. 1 et 2), ainsi que nous l'avons dit, sont celles qui passent par les points de la surface du globe où la température moyenne annuelle est la même. Berghaus a donné le nom d'*Équateur de chaleur* à l'isotherme qui passe par les points où l'on a constaté la moyenne la plus élevée. Cette ligne suit à peu près l'équateur terrestre, sauf certaines in-

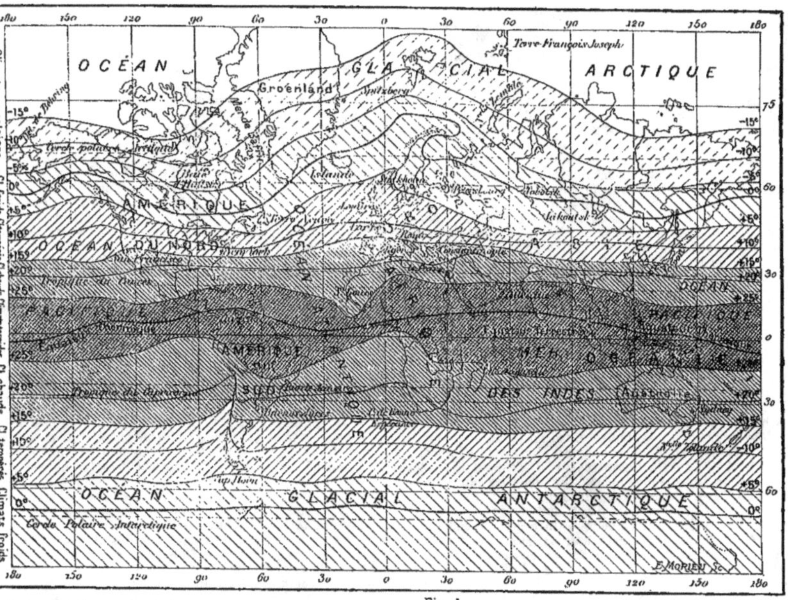

Fig. 1.

flexions au nord ou au sud de ce dernier, qui sont déterminées par les circonstances locales. Humboldt a fixé approximativement à 27°,5 la température moyenne de l'équateur, et en effet, si l'on examine la température de différents points situés près de la ligne équinoxiale, on trouve pour moyenne 27°,53, ce qui confirme singulièrement le résultat donné par l'illustre voyageur. Toutefois ceci n'est vrai que des côtes, la température dans l'intérieur de l'Afrique et de l'Amérique étant plus élevée qu'au bord de la mer. — L'Isotherme de 25° passe un peu au nord d'Acapulco, par la Vera-Cruz, puis un peu au nord de la Havane, coupe la côte occidentale d'Afrique entre l'embouchure du Sénégal et le cap Blanc. De là elle s'élève brusquement au nord, passe au nord de la mer Rouge ainsi que par Aboucheher, sur le golfe Persique, et enfin descend au sud et coupe le groupe des Philippines en traversant l'île de Luçon dans sa partie boréale. — L'Isotherme de 20° coupe la côte ouest de l'Amérique vers le milieu de la presqu'île de la Californie, se porte vers la côte orientale du nouveau continent dans la Caroline du Sud (par 32° lat.), passe entre Madère et Ténériffe, traverse le Maroc, passe au sud d'Alger et de Tunis, puis entre le Caire et l'île de Candie, s'élève vers le nord dans l'intérieur de

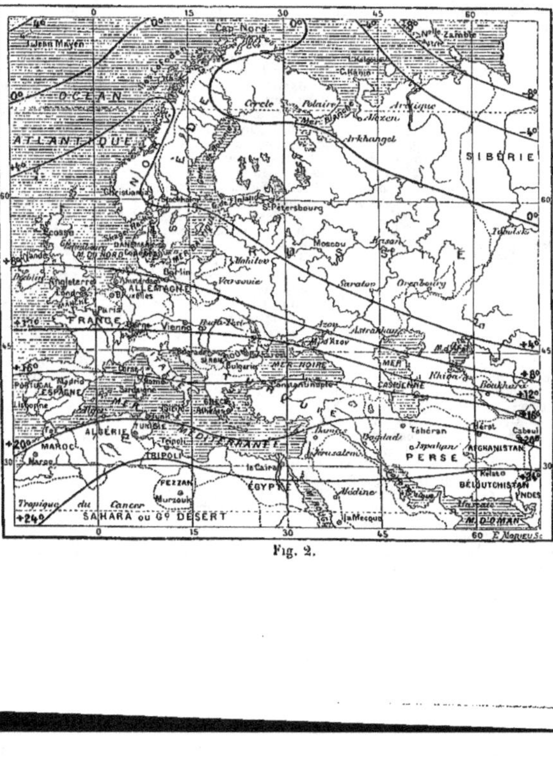

Fig. 2.

l'Asie, et descend ensuite vers la côte orientale qu'elle coupe dans le voisinage de Formose. — L'*Isotherme de 15°* passe près de San-Francisco (Nouvelle-Californie), près de Nashville et de Raleigh, dans la Caroline du Nord. En Europe, elle suit la frontière qui sépare au nord le Portugal de l'Espagne, passe entre Rome et Florence, traverse la partie septentrionale de la Turquie, et atteint enfin la côte orientale de l'Asie, dans la partie méridionale de la Corée et du Japon. — L'*Isotherme de 10°* passe par l'embouchure de la Colombie, puis à très peu de distance de New-York, de Dublin, de Londres, de Dresde, de Prague, de Sébastopol, et coupe la côte est de l'Asie au nord de l'île de Nipon. — L'*Isotherme de 5°* coupe l'île de Sitka, le lac Michigan, passe un peu au nord d'Halifax, traverse la partie méridionale de Terre-Neuve, passe au nord des îles Feröé, un peu au sud de Drontheim, puis un peu au nord de Christiania et de Stockholm, au sud de Moscou et de Kazan, et enfin atteint la côte est d'Asie au milieu de la chaîne des îles Kouriles. — L'*Isotherme de 0°* coupe la partie méridionale du lac Winipeg, la baie de la Table sur la côte du Labrador, touche le cap Nord en Laponie, passe un peu au nord d'Ulcaborg, de Kazan, de Slatoust, de Bernaul, et atteint la côte orientale de l'Asie vers le 56° parallèle au milieu du Kamtchatka.

La température moyenne du c. de Paris (campagne) est de 9°,9. Celle de la grande capitale est un plus élevée (10°,6), à cause des cheminées et de l'agglomération des êtres vivants.

On ne connaît pas encore la température des pôles, car les expéditions les plus courageuses n'ont encore pu atteindre ni le pôle Nord ni le Sud. Le lieu du globe où la température la plus basse a été observée est le village de Verchoïansk, dans la Sibérie orientale : la température moyenne de l'année est de 19°,3 au-dessous de zéro et l'on y éprouve en janvier des froids de 60°. Le pôle terrestre boréal n'est point le lieu le plus froid de notre hémisphère. Les lieux les plus froids de cet hémisphère, ou les *pôles du froid*, sont situés au nord des deux continents : l'un paraît se trouver au nord du détroit de Barrow, en Amérique, et l'autre près du cap Taïmura, en Sibérie. On ne peut guère leur assigner une température moyenne supérieure à 20° ou 25° au-dessous de 0°. Le zéro absolu, le froid de l'espace, paraît être de 273° au-dessous de zéro.

I. *Climats des diverses parties du globe.* — 1° *Europe.* Quand on la considère d'une manière générale, on peut regarder l'Europe comme un prolongement péninsulaire de l'ancien continent, interrompu et entrecoupé par de nombreux bras de l'Océan et par des mers intérieures. Les vents qui y dominent sont ceux d'ouest. Pour toute la partie occidentale de cette grande région, ces vents viennent de la mer et s'adoucissent beaucoup en passant sur une immense étendue d'eau, dont la température superficielle, même au mois de janvier, sous les parallèles de 45° et de 50°, ne tombe jamais au-dessous de 8°,89 et de 10°,56 centigr. En outre, l'Europe est située directement au nord d'une immense étendue de terres tropicales (l'Afrique et l'Arabie) qui, par son rayonnement diurne, contribue puissamment à augmenter la température. Du côté du nord, le froid qui est propre aux latitudes élevées est mitigé par de nombreuses circonstances favorables. L'Europe n'a qu'une très minime portion de terre qui soit située sous le cercle polaire ; ses côtes septentrionales sont séparées des glaces polaires par une large ceinture de mer ouverte, dont la température se maintient à une élévation considérable par suite de sa communication avec l'océan Atlantique et de l'influence du *Gulf-stream*, dont nous avons déjà parlé. Toutes ces circonstances font de l'Europe un pays véritablement privilégié dont le climat est de beaucoup le plus doux et le plus modéré de tous ceux qui sont à la même latitude.

2° *Asie.* — Les circonstances qui contribuent à rendre le c. de l'Europe doux et tempéré sont presque toutes renversées en ce qui concerne l'Asie. La limite nord de cette dernière s'étend par delà le parallèle de 70°, et en quelques endroits atteint celui de 75°. Sur toute sa longueur elle touche presque aux glaces polaires, car, pendant le court été de ces hautes latitudes, il n'existe qu'une étroite zone d'eau entre ces glaces et la terre. Aucune chaîne de montagnes n'arrêtant les vents du nord, ceux-ci soufflent sur une plaine glacée, qui s'étend au nord vers le pôle terrestre et plus à l'est vers le pôle du froid. — L'influence réfrigérante de ces vents n'est pas contrebalancée par la présence de déserts brûlants dans la partie méridionale du continent. Du méridien des monts Ourals jusqu'à celui du cap Tchoukotski, dans une étendue de 140 degrés de longitude, il n'y a point de terre sous l'équateur,

excepté les portions peu considérables formées par les îles de Sumatra, de Bornéo, de Célèbes et de Gilolo ; par conséquent, les régions de l'Asie situées dans la zone tempérée ne sont pas échauffées par des courants ascendants d'air chaud, comme ceux qui s'élèvent des déserts de l'Afrique et qui sont si bienfaisants pour l'Europe. La disposition des grandes chaînes de montagnes et l'élévation générale du pays contribuent aussi puissamment à abaisser la température. L'Himalaya et le Kuen-lun présentent, sur une grande étendue du continent, une barrière infranchissable aux vents chauds qui viennent de l'équateur. Les plateaux élevés et les groupes de montagnes prodigieuses du Thibet, etc., accumulent et conservent la neige jusque fort avant dans l'été, et donnent ainsi naissance à des courants descendants d'air froid qui abaissent la température des contrées environnantes. Enfin, l'Asie étant limitée du côté de l'occident par l'Europe, les vents d'ouest sont, pour la plus grande partie du continent, des vents de terre, et leur rigueur est augmentée par le grand élargissement de la terre du côté du nord.

3° *Afrique.* — Par sa situation géographique et sa configuration, l'Afrique est nécessairement de toutes les parties du globe celle qui possède le c. le plus chaud. En effet, elle est presque tout entière comprise entre les deux tropiques ; d'immenses plaines de sable couvrent une partie de sa surface ; aucun bras de mer ne pénètre dans l'intérieur des terres afin d'en adoucir la température ; les parties les plus tempérées, celles qui avoisinent la Méditerranée, reçoivent à peine l'influence des vents du nord et du nord-est : car ceux-ci se sont réchauffés en passant sur le continent européen ou asiatique avant d'atteindre les côtes africaines. Enfin le système de plateaux qui existe dans l'intérieur de l'Afrique n'est point assez développé pour corriger les inconvénients de la position géographique. Il y a cependant en Afrique, surtout dans le sud, et dans le voisinage de la côte occidentale, de vastes régions qui jouissent d'un c. relativement modéré grâce à l'abondance des pluies ; malheureusement, cette quantité d'eau pluviale entretient, en certains endroits, des marécages qui sont des foyers d'infection pestilentielle.

4° *Amérique.* — Les deux moitiés du Nouveau Continent doivent être considérées indépendamment l'une de l'autre. Le c. de l'Amérique du Nord est analogue à celui de l'Europe, quoique plus froid et plus excessif. Après ce que nous avons dit des causes particulières qui donnent à l'Europe cette température supérieure dont elle jouit, on comprendra aisément que l'absence de ces circonstances doit abaisser celle de l'Amérique. L'étude des lignes isothermes montre que ces lignes s'abaissent en général vers le nord en dessous de la côte est à la côte ouest du Nouveau Continent : par conséquent la température moyenne annuelle sur les bords occidentaux de l'Amérique se rapproche beaucoup plus de celle qu'on observe sur les côtes occidentales de l'Europe, ce qui est conforme à ce que nous avons expliqué plus haut à propos des vents. L'Amérique méridionale offre, par sa situation géographique, une certaine analogie avec l'Afrique ; mais elle est beaucoup moins large que cette dernière, et, en outre, elle s'étend beaucoup plus du côté du pôle austral. Ses côtes doivent donc jouir, sauf certaines parties soumises à des conditions particulières, d'une température plus modérée. Quant à l'intérieur du continent, sa configuration verticale le place dans un cas tout exceptionnel. L'immense plateau des Cordillères contribue à abaisser la température sur toute l'étendue des côtes occidentales, et la modère également dans la vaste étendue de terres située entre lui et la côte orientale par les nombreux cours d'eau qu'il y verse.

5° *Hémisphère austral.* — Les terres situées dans l'hémisphère austral ont en général un c. moins chaud que celles qui sont situées aux latitudes correspondantes de l'hémisphère boréal. Cette circonstance remarquable est encore un sujet de contestation parmi les savants. On a mis en avant l'inégalité de durée des saisons qui résulte de l'excentricité de l'orbite terrestre. On sait que la terre est le plus près du soleil à peu près à l'époque du solstice d'hiver pour l'hémisphère boréal et que dans cet hémisphère l'ensemble des saisons estivales, printemps et été, présente une durée un peu plus grande que celle des saisons hivernales, automne et hiver. Voy. SAISONS. Cette circonstance devrait contribuer à modérer les climats de l'hémisphère boréal. L'hiver y est un peu moins froid et plus court, l'été un peu moins chaud et plus long que si la terre décrivait un cercle d'un mouvement uniforme autour du soleil. Dans l'hémisphère austral, au contraire, les saisons étant l'opposé des nôtres, l'hiver doit être, à latitude égale, plus froid et plus long, l'été plus court et plus chaud. Cependant, tout calcul fait, les deux hémisphères reçoivent annuellement la même quantité de chaleur; il se peut néanmoins que la différence dans la distribution de cette chaleur, distribution qui est moins irrégulière dans l'hémisphère boréal, ait quelque influence sur la température moyenne. Nous ne sachons pas que la question ait jamais été étudiée à ce point de vue. Il y aurait cependant un grand intérêt à faire cette étude, à la vérité très difficile; car, par suite des variations de l'excentricité de l'orbite terrestre et de la position du périhélie, il y a eu une époque, et il en reviendra une où les circonstances signalées plus haut seront renversées, et où l'hémisphère austral sera plus favorisé que l'autre, sous le rapport de la régularité dans la distribution de la chaleur solaire. C'est même de cette manière que certains géologues ont cherché à expliquer les périodes glaciaires qui ont sévi dans ces régions à l'époque quaternaire. Voy. Glaciaire. Cependant, un simple aperçu semble indiquer que cette explication n'est nullement satisfaisante. Si, en effet, l'inégalité dans la distribution de la chaleur reçue du soleil peut produire un effet de refroidissement, il importe de remarquer que ce ne peut être qu'à la condition que cette inégalité se traduise par une inégalité correspondante dans la température. Or, il y a tout lieu de supposer qu'au contraire, l'immense quantité d'eau que possède l'hémisphère austral agit pour donner à celui-ci un c. marin, c.-à-d. modéré, et cette cause puissante de modération du c. doit certainement l'emporter sur la petite différence dans la longueur des saisons et les variations de la distance du soleil. Dès lors, le c. de l'hémisphère austral étant plus régulier, devrait être, contrairement à ce qu'on observe, plus chaud que celui de l'hémisphère boréal.

On a cherché aussi, et d'une manière plus vraisemblable, à expliquer la différence de température des deux hémisphères par l'influence des courants maritimes. Dans l'hémisphère boréal, les courants équatoriaux sont poussés vers les hautes latitudes par les vents régnants du sud-ouest et par la configuration des côtes. Ils apportent ainsi aux latitudes moyennes et supérieures une partie de la chaleur des régions tropicales, Dans l'hémisphère austral, au contraire, le courant de la mer des Indes tourne au nord sur la côte occidentale de l'Afrique, et ne va point réchauffer les contrées qui entourent le pôle austral. Il paraît aussi qu'il n'y a point de courants allant du cap Horn au pôle sud.

6° Climat de la France. — Il est impossible de dire d'une manière générale quel est le c. moyen de la France. La différence de latitude de nos provinces, la configuration du sol, la présence de hautes montagnes toujours couvertes de neige, la pente différente des versants, l'élévation très variable des diverses contrées au-dessus du niveau de la mer, l'influence des vents, celle de la mer sur les nombreux départements qui l'avoisinent, déterminent, dans la climatologie de notre pays, des diversités trop considérables pour qu'on puisse tirer des observations une moyenne générale ayant une certaine valeur, même comme représentation approximative de l'état des choses. Il est donc indispensable de partager le territoire français en régions qui puissent faire l'objet d'observations ayant un caractère scientifique. — Dans un mémoire remarquable sur la météorologie de la France, mémoire qui fait partie de l'ouvrage intitulé *Patria*, Martins divise le territoire français en cinq régions climatologiques: 1° *Région Vosgienne* ou du *Nord-Est*, qui comprend l'espace situé entre le Rhin, la Côte-d'Or, les sources de la Saône et le plateau qui s'étend de Mézières à Auxerre; mais c'est dans la vallée du Rhin que ce climat s'observe avec ses caractères les plus tranchés; 2° *Région Séquanienne* ou du *Nord-Ouest*. Cette région embrasse toute la France septentrionale, en prenant pour sa limite, au sud, la ligne qui de Mézières passe par Auxerre, par Moulins, va joindre le Cher, suit cette rivière jusqu'à Tours à son arrivée à la Loire, et longe ensuite ce dernier fleuve jusqu'à son embouchure; 3° *Région Girondine* ou du *Sud-Ouest*. Elle s'étend depuis la Loire et le Cher jusqu'aux Pyrénées; mais sa limite à l'est n'est pas exactement déterminée, faute d'observations suffisantes. Toutefois Martins pense qu'elle doit comprendre le plateau central de l'Auvergne; 4° *Région Rhodanienne* ou du *Sud-Est*. Cette région a des limites naturelles bien tracées, car elle embrasse le bassin du Rhône tout entier, à l'exception de sa partie la plus méridionale, au-dessous de Viviers; 5° *Région Méditerranéenne* ou du *Sud*. A cette région appartiennent les départements du Var, des Bouches-du-Rhône, de Vaucluse, de l'Hérault, la partie méridionale des Basses-Alpes et du Gard, et enfin la partie orientale de l'Aude et des Pyrénées-Orientales.

Maintenant voici comment Martins résume les caractères propres à chacun des cinq climats qui correspondent à ces

régions. — *C. Vosgien.* La température moyenne est de 9° 6 centigr. environ. Les hivers sont plus rigoureux que dans les autres régions, leur moyenne ne dépassant pas 0° 6. D'autre part, les étés sont plus chauds à latitude égale que dans la partie occidentale de la France; l'été moyen est de 18° 6. Ainsi, la différence moyenne entre l'été et l'hiver est de 18°. Le nombre moyen annuel des jours de gelée est de 70. La quantité de pluie est plus considérable que dans les autres climats, à l'exception du c. Rhodanien: elle est en moyenne de 669 millim. par année. Les pluies d'été l'emportent sur celles d'automne; le nombre moyen des jours de pluie est de 137. Les vents régnants sont ceux du sud-ouest et du nord-est, qui soufflent à peu près aussi souvent l'un que l'autre. Les orages sont au nombre de 24 en moyenne chaque année, et plus fréquents en été qu'en automne. — *C. Séquanien.* La moyenne annuelle de la température est 10° 9. La moyenne de l'hiver est 3° 93; celle de l'été 17° 6. La différence entre les moyennes de l'hiver et de l'été est donc 13° 6. Le maximum de température observé à Paris a été 38° 4 (9 juillet (1874)), et le minimum — 23° 9 (10 déc. 1880), froid tout à fait exceptionnel. Le nombre annuel des jours de gelée est de 56 en moyenne. La quantité annuelle de pluie est de 546 millim. en moyenne à Paris. Elle augmente vers l'ouest et dans les presqu'îles de la Manche et de la Bretagne, où elle est vraisemblablement plus forte que dans la région Vosgienne, ce qui dépend de l'influence maritime. A l'est de Paris, la plus grande quantité de pluie tombe dans l'été; dans l'ouest, les pluies d'automne l'emportent. Le nombre moyen des jours pluvieux dans toute la région est de 140. Le vent dominant est celui de sud-ouest ou d'ouest; puis viennent les vents de nord-ouest et nord-est. La moyenne des orages est de 16 par année, plus de la moitié ont lieu en été. — *C. Girondin.* La température moyenne générale est 12° 7. La moyenne des hivers est 5° environ, celle des étés 20° 6, et la différence entre les moyennes de ces deux saisons est 15° 6. Le nombre moyen des jours de gelée est de 23 par année. La quantité moyenne de pluie est évaluée à 586 millim.; un tiers tombe en automne, un quart en été. La moyenne des jours pluvieux est de 130. Les vents du sud-ouest et du nord-est dominent dans la partie septentrionale de la région; dans la partie méridionale, ce sont, à cause de la chaîne des Pyrénées, ceux du nord-ouest ou du sud-est. Le nombre des orages est d'environ 18 par année; la plupart éclatent pendant l'été. — *C. Rhodanien.* La température moyenne de l'année est 11° environ; celle de l'hiver 2° 5; celle de l'été 21° 3, et la différence entre les moyennes de ces deux saisons 18° 8. La quantité de pluie qui tombe annuellement est de 946 mill. Sur cette quantité, un tiers tombe en automne et un quart en été. Le nombre moyen des jours de pluie est de 116. Les vents du nord et du sud dominent; les vents du nord-ouest et du sud-est soufflent encore assez souvent. On compte à peu près 28 jours d'orage par année. Enfin, on peut mettre, au nombre des caractères du c. Rhodanien, les tremblements de terre qui sont ici plus fréquents et plus violents que dans aucune autre région de la France. — *C. Méditerranéen.* Ce c., ainsi que l'observe Martins, est le plus nettement tranché de tous les climats de la France. La température moyenne est plus élevée, les hivers sont moins froids et les étés sont plus chauds. La moyenne annuelle de la température est 14° 8; la moyenne hivernale est 6° 5, et celle de l'été 22° 6. Ainsi, la différence de ces deux moyennes est d'environ 16°. Toutefois on a vu, en 1820, à Marseille, le thermomètre descendre à — 17° 5. Le nombre moyen des jours de gelée est, à Marseille, de 11 par année. La quantité moyenne annuelle de pluie est de 651 millim.; mais le nombre des jours de pluie n'est que de 53. Sur la quantité de pluie constatée, deux cinquièmes tombent en automne, un quart en hiver et un autre quart en été. Le vent dominant, comme force et comme fréquence, est le nord-ouest dans la moitié orientale, et l'ouest dans la moitié occidentale de la région méditerranéenne. Le premier, appelé *Mistral* par les habitants, est parfois d'une telle violence qu'il déracine les plus gros arbres et enlève les toitures les plus solides. Les orages, au nombre de 12 environ chaque année, ont lieu principalement en été; il en éclate aussi dans l'hiver.

J. Du climat dans ses rapports avec l'homme. — Le c. exerce sur l'homme physique, intellectuel et moral une influence incontestable, qui avait été déjà remarquée avec une sagacité singulière par l'un des plus grands observateurs de l'antiquité, Hippocrate. Cette influence est surtout manifeste quand on considère l'espèce humaine vivant sous des climats opposés. Tandis que l'habitant des pays intertropicaux peut presque se passer de vêtements, n'a besoin que d'une faible quantité d'aliments, et récolte presque sans aucune peine la somme de subsistances nécessaires à l'entretien de la vie, l'homme qui habite les pays froids est obligé de se livrer à un travail pénible et incessant pour se procurer les vêtements, l'abri et la nourriture substantielle qui sont indispensables à son bien-être. Rien donc ne stimule le premier à sortir de son inertie, tout, au contraire, excite le second à déployer constamment son activité et à en varier les manifestations de mille manières. Les besoins du premier restent presque stationnaires; ceux du second s'accroissent sans cesse. Le premier est imprévoyant et se laisse dominer par les passions du moment et par les plaisirs sensuels; le second songe au lendemain, acquiert plus aisément l'habitude de dominer ses passions, et cherche des plaisirs plus nobles et plus épurés. Sous le rapport de la vie intellectuelle, les habitants des pays froids et des pays chauds présentent encore une différence remarquable. Ceux-ci obéissent plus à l'imagination qu'à la raison, sont plus disposés à la contemplation proprement dite, et se laissent envahir par les superstitions les plus déplorables; ceux-là, habitués qu'ils sont à faire un usage régulier de leur faculté d'observation et de leur jugement, apportent cette même habitude dans leurs recherches intellectuelles et dans toutes les choses qui concernent la vie sociale. Cependant, malgré l'autorité de certains écrivains, entre autres Montesquieu, il ne faut pas exagérer cette influence du c. et croire que l'homme soit fatalement l'esclave de la température du pays qu'il habite. La raison, l'état social, la race et l'hérédité sont des facteurs qu'il convient de ne point négliger, et, si l'homme social subit nécessairement l'influence du c., il peut réagir contre cette influence et la dominer dans une certaine mesure. Vouloir expliquer l'histoire par les climats seuls est une tentative téméraire et démentie par les faits, puisque des pays comme l'Inde et l'Égypte, après avoir été, pendant de nombreux siècles, le siége d'une civilisation brillante, sont tombés dans un état de barbarie profonde d'où ils n'ont pu être tirés que par l'influence des civilisations occidentales.

1° *Climats chauds*. — Le tempérament bilioso-lymphatique prédomine dans les pays chauds. L'influence de la chaleur décolore la peau dans la race blanche. La circulation est plus active que dans les contrées tempérées. Cette circulation explique la tendance extrême aux hémorragies qui s'observe chez l'Européen pendant les premiers temps de son séjour dans les régions tropicales. Cependant l'appareil respiratoire fonctionne avec moins d'énergie, la proportion d'oxygène introduite dans le poumon et celle de l'acide carbonique exhalé étant moins considérables que sous tout autre c.; ce qui n'empêche pas que les organes de la respiration ne soient fréquemment attaqués par les affections les plus graves, à cause sans doute des brusques variations de la température. Enfin, la calorification y est plus faible, bien que la chaleur moyenne de l'homme soit plus élevée. Les forces musculaires sont peu développées dans les contrées tropicales; néanmoins, les indigènes qui sont obligés de vivre de leur travail, résistent beaucoup mieux à la fatigue que les Européens, dont ils sont loin d'avoir la force physique; mais aussi, quand ils sont atteints de quelque maladie, l'adynamie se manifeste presque aussitôt chez eux, même parmi ceux qui vivent avec le plus de sobriété. L'indolence dont on leur fait souvent un reproche, s'explique facilement quand on réfléchit que, sous la zone torride, le moindre mouvement que l'on fait à l'air, soit le matin, soit le soir, lorsque la chaleur est à son minimum, suffit pour exciter une transpiration copieuse. L'abondance de cette transpiration est le premier phénomène qui se manifeste chez les Européens transportés sous les tropiques; les Africains et les Asiatiques eux-mêmes, bien qu'habitués dès l'enfance aux chaleurs excessives de leurs climats respectifs, ne peuvent le prévenir qu'à l'aide d'onctions huileuses qui ont pour effet de ralentir l'évaporation. En même temps que la sécrétion cutanée prend d'énormes proportions, la sécrétion biliaire acquiert, de son côté, une activité prodigieuse. On pense généralement que le foie supplée alors le poumon, et opère, sous la forme de bile, la séparation de la portion de carbone qui, sous un c. froid, eût été entraînée par la respiration sous forme d'acide carbonique. Cette augmentation dans l'activité des fonctions du foie détermine si fréquemment des maladies des voies biliaires, que, suivant Levacher, il est peu d'habitants des Antilles qui ne soient plus ou moins affectés d'hypertrophie, de granulations ou de quelque état anormal de l'organe hépatique. D'un autre côté, la présence d'une grande quantité de bile dans les voies digestives et le reflux de ce fluide, produisent l'anorexie, des nausées, un état général d'affaiblissement de corps et d'esprit; la langue se couvre d'un enduit jaunâtre; les yeux et le teint se colorent en jaune; les urines sont rares, etc.

Tous ces phénomènes se montrent chez les Européens aussitôt après leur débarquement. Aussi, ne doit-on pas être surpris que les excès de table et l'abus d'une alimentation excitante soient les causes principales des maladies qui moissonnent des milliers de nouveaux arrivants dans les premiers temps de leur séjour. Chez les indigènes et les acclimatés, cette irritabilité des voies digestives est parvenue à un tel degré de chronicité, qu'ils peuvent presque impunément surcharger leur estomac de mets fortement épicés et de boissons alcooliques. Les climats chauds excitent le système nerveux à un degré dont on ne peut se faire une idée dans les pays tempérés, et qui se trouve encore augmenté par le repos absolu auquel l'homme est condamné par l'élévation de la température. C'est à cette excitation que l'on doit l'inégalité d'humeur, l'inconstance, le caractère fougueux et entreprenant, l'éloignement des plaisirs simples, la passion des distractions bruyantes et des émotions fortes qui caractérisent les populations des pays chauds. Bref, l'exaltation constante des fonctions cérébrales rend raison de la fréquence des maladies du système nerveux, qui sont, pour ainsi dire, endémiques sous les latitudes intertropicales. Au reste, selon les saisons, c'est telle ou telle catégorie de maladies qui prédominent. La saison la plus meurtrière est celle où l'action de l'humidité se combine avec celle de la chaleur excessive. L'air est alors corrompu par des miasmes délétères dont les effets sont si nuisibles que, suivant Annesley, plus des deux tiers des individus qui meurent dans les régions tropicales, succombent par l'influence des fièvres paludéennes ou des maladies analogues.

2° *Climats froids*. — Les peuples qui habitent les pays froids présentent entre eux de très grandes différences. Il y a loin, par ex., des Suédois et des Norvégiens, si remarquables par leur haute stature et leur constitution vigoureuse, aux Lapons et aux Esquimaux dont on connaît la petite taille et la difformité. Cependant, au point de vue physiologique, ces peuples offrent des ressemblances frappantes, qui proviennent de l'action des agents extérieurs. Ainsi, c'est le tempérament sanguin qui domine chez eux. La circulation est peu active; mais les organes respiratoires sont doués d'une activité singulière. La fonction calorifique est également remarquable par son énergie. Le capitaine Parry rapporte que les Esquimaux des environs de l'île Melville habitent dans des huttes construites par assises avec des blocs de neige durcie, artistement taillés et assemblés en forme de dôme régulier; une ouverture circulaire très basse leur sert d'entrée, et le sommet de ces étranges demeures livre passage à la lumière par un trou que l'on ferme à l'aide d'un fragment de glace bien diaphane: ils y vivent pendant l'hiver, par une température moyenne de — 25° à — 32°, qui descend quelquefois à — 46°. On trouve encore chez les habitants des régions arctiques l'appareil locomoteur fortement développé et l'usage, généralement répandu, des onctions huileuses sur la peau, afin de prévenir le fendillement de l'épiderme et les gerçures de la peau. Le refoulement des humeurs du dehors au dedans donne aux viscères intérieurs une activité inconnue dans les autres climats; par conséquent, l'appétit est plus vif, la digestion plus rapide. Il leur faut d'ailleurs des aliments éminemment réparateurs et surtout très carbonés, afin de compenser l'énorme déperdition de carbone qui s'opère par la voie respiratoire. Quant au système nerveux, c'est l'appareil dont l'activité est la moindre. La sensibilité est obtuse, et l'imagination fort peu développée. — Les maladies les plus communes dans les pays dont nous parlons sont dues à l'action directe du froid: c'est ainsi que la congélation entraîne souvent la perte des extrémités. L'ophtalmie y est endémique, surtout dans les régions arctiques, ce qui est dû à la congélation des larmes et à l'action d'une trop vive lumière par suite de la réverbération de la neige. Les congestions cérébrales ou encéphaliques sont assez fréquentes, mais la phtisie est rare. Quant aux affections de la peau, elles sont plus communes qu'on ne le croirait de prime abord: les plus ordinaires sont la gale, la variole et une espèce de lèpre tuberculeuse, appelée *Spedalskhed* en Norwège, qui attaque principalement les habitants des côtes et déforme le visage d'une manière hideuse. — Néanmoins les climats froids sont plus sains que les pays chauds, et l'acclimatement s'y opère avec beaucoup plus de facilité. Au reste, les ressources que l'homme trouve dans une civilisation avancée lui permettent de se soustraire aux conséquences fâcheuses d'une température beaucoup trop basse, tandis qu'il lui est impossible de se mettre à l'abri des atteintes d'une chaleur excessive. Voy. ALIMENT, CALORIFICATION, RESPIRATION, etc.

3° *Climats tempérés*. — Les habitants des zones tempérées n'éprouvent aucune de ces influences extrêmes qui exagèrent ou paralysent certaines fonctions aux dépens des fonctions antagonistes. L'équilibre est l'état habituel de l'organisme, sauf l'action passagère des froids les plus rigoureux de l'hiver et des chaleurs les plus ardentes de l'été, contre laquelle d'ailleurs il est possible et assez facile de se prémunir. L'habitant des climats tempérés, qu'on nous permette cette expression, est *l'homme normal*. Ses maladies ne présentent pas, du moins en général, ce caractère particulier qui résulte de la prédominance absolue d'un système organique sur un autre système.

Les saisons, il est vrai, déterminent bien la fréquence plus ou moins grande de certaines affections particulières, mais il est en général aisé de se soustraire à l'action de ces causes morbifiques spéciales. Loin de l'entraver en aucune manière, les pays tempérés favorisent l'essor de l'activité humaine dans toutes les directions : aussi sont-ils depuis trois mille ans le siège des civilisations les plus avancées, le berceau des sciences, des arts et de l'industrie.

K. *De la mutabilité des climats.* — La théorie des climats présente encore une dernière question : Doit-on admettre que la température du globe ait changé depuis les temps historiques ? Il est certain que la France, par ex., a subi pendant les périodes géologiques des variations de température considérables. A certaines époques, elle était habitée par une faune analogue à celle des pays les plus chauds, tandis qu'à d'autres le sol était presque entièrement recouvert de glace ; mais il ne s'agit ici que des périodes historiques. — Cette question est fort difficile à résoudre, car l'étude de la chaleur est une science tout à fait moderne, et dont l'origine est contemporaine de l'invention du thermomètre, c.-à-d. date seulement de 1690. En outre, les documents historiques qui pourraient aider à la solution du problème sont fort rares. Cependant ceux que nous possédons nous portent à croire que les pays habités par les peuples civilisés n'ont pas éprouvé, depuis près de 4,000 ans, de changement appréciable dans leur température. Le savant botaniste Schouw, par ex., a démontré que la température moyenne de la Palestine n'a pas changé : il s'appuie sur ce que le dattier et la vigne y croissaient du temps de Moïse, comme du temps de Théophraste, de Strabon, de Josèphe et de Pline, et comme aujourd'hui. Or, le dattier exige au moins 21° centigr. de température moyenne et la vigne au plus 22°, ce qui donne lieu de supposer qu'à l'époque dont nous parlons, la température moyenne de la Judée était de 21°,5 environ, ainsi qu'elle est encore à cette heure. D'après Strabon, les Cévennes étaient la limite septentrionale de l'olivier dans la Gaule ; il en est de même actuellement. Enfin, Théophraste nous apprend que le dattier apporté de Perse en Grèce n'y mûrit pas ; c'est ce qu'on observe également de nos jours. Des observations continuées pendant une longue suite d'années, pendant quelques siècles peut-être, permettront sans doute à nos neveux d'arriver à la solution positive de la question dont il s'agit. Arago s'exprime ainsi à ce sujet : « Qu'on se rappelle qu'entre les tropiques, en pleine mer, la température de l'Océan varie très peu ; que la moyenne température déduite de trois ou quatre passages de la ligne, que la moyenne déduite de dix, douze ou vingt observations analogues faites sans choix entre 10° de latitude nord et 10° de latitude sud, est partout la même, et l'on concevra qu'on puisse, par les éléments numériques obtenus dans le bassin pélagique, attaquer avec succès la question restée jusqu'ici indécise de la constance des températures terrestres, sans avoir à s'inquiéter des influences locales, naturellement fort circonscrites, provenant du déboisement des plaines et des montagnes, du dessèchement des lacs et des marais. » On a prétendu que le climat de la France s'était refroidi depuis quelques siècles, et on a donné comme preuve le recul vers le sud de la culture de la vigne et de l'olivier. Cette preuve est tout à fait insuffisante, car la température n'est pas seule en question dans la question de culture : il faut aussi tenir compte de l'état du commerce et des communications. A une époque où les communications étaient difficiles, sinon impossibles, il valait mieux planter des vignes qui ne produisaient qu'une année sur quatre ou cinq du vin de mauvaise qualité, que de manquer absolument de vin. Les grands propriétaires et les communautés religieuses tenaient aussi à posséder leurs vignes et leurs oliviers. Avec la facilité que présente la circulation moderne on abandonne nécessairement les cultures qui ne sont pas suffisamment rémunératrices sans qu'il en faille conclure que le climat s'est modifié. Il convient aussi d'ajouter, en ce qui concerne la vigne, l'influence des maladies parasitaires qui n'ont rien à voir avec le climat. Cependant la question n'est pas entièrement résolue, et si les probabilités sont en faveur d'une grande fixité dans le climat de la France, il serait téméraire de vouloir transformer cette probabilité en

DICTIONNAIRE ENCYCLOPÉDIQUE. — T. II.

une affirmation absolue : car les raisins ne mûrissent plus dans les contrées du nord de la France comme ils mûrissaient autrefois. Il doit se produire dans nos climats une lente variation de température depuis le milieu du XIIIᵉ siècle. Le solstice d'hiver et le périhélie ont coïncidé en l'an 1248. Alors nos étés, arrivant à l'aphélie, étaient les moins chauds qu'ils peuvent être, et nos hivers, arrivant au périhélie, les moins froids qu'ils peuvent être. Depuis cette époque, la ligne du grand axe de l'orbite terrestre tourne en éloignant le périhélie du solstice, car le périhélie n'arrive plus aujourd'hui que le 1ᵉʳ janvier au lieu du 21 décembre. Il arrivera ensuite le 2, le 3, etc., et fera un tour complet en 21,000 ans. Le résultat de ce mouvement sera de conduire, en 10,500 ans, le périhélie au solstice d'été. Alors nos étés seront les plus chauds qu'ils puissent être et nos hivers les plus froids possibles. Au XIIIᵉ siècle, les étés de notre hémisphère devaient être moins chauds que de nos jours et les hivers moins froids. La culture de la vigne paraissant indiquer que les étés actuels sont, au contraire, moins chauds, la variation serait plutôt de signe contraire et due à une autre cause, peut-être à un changement dans le régime des vents.

Quant au refroidissement séculaire du globe terrestre, qui s'effectue lentement, et pour lequel mille, deux mille ou même dix mille ans représentent une quantité insignifiante, c'est aux mots TERRE et GÉOLOGIE que nous aborderons ce grand problème. D'ailleurs, la température intérieure du globe n'a plus aucune action à la surface et ne joue aucun rôle dans les climats. — Voy. aussi l'art. GÉOGRAPHIE.

CLIMATÉRIQUE. adj. 2 g. et s. f. (gr. κλιματηρικὸς, de κλιματήρ, échelon). Les anciens donnaient le nom de *Climatériques* à certaines époques de la vie de l'homme qu'ils croyaient susceptibles d'exercer une influence considérable sur sa santé, sur sa position de fortune, etc. Cette croyance superstitieuse paraît tirer son origine de la théorie des nombres de Pythagore. Les années dont le chiffre est un multiple de 7, étaient des époques essentiellement climatériques. La quatorzième année (2×7) était considérée comme l'époque de la puberté, et la vingt et unième année (3×7), comme celle de la virilité. Aristote dit que la trente-cinquième année (5×7) est le temps où le corps est parvenu au plus haut degré de vigueur physique, et que la quarante-neuvième (7×7) marque le moment où l'intelligence a atteint son plus haut degré de développement. Mais la soixante-troisième année de la vie était *l'année cl.* par excellence : on l'appelait aussi la *grande cl.*, par l'unique motif que soixante-trois (9×7) est le multiple des deux nombres mystiques 7 et 9. Cette année était regardée comme très dangereuse pour la vie des hommes qui arrivaient à cet âge. Une lettre d'Auguste que nous a conservée Aulu-Gelle, et où il est fait mention de l'année cl. 63, nous montre combien cette superstition était accréditée chez les Romains.

CLIMATOLOGIE. s. f. (R. *climat*, et gr. λόγος, science). T. Géogr. phys. La science qui traite des climats. *Essais de cl. asiatique.* Voy. CLIMAT.

CLIMATOLOGIQUE. adj. 2 g. Qui a rapport à la climatologie. *Études climatologiques. Cette région cl.*

CLIMATOTHÉRAPIE. s. f. (fr. *climat*; gr. θεραπεύω, je soigne). T. Méd. Traitement des maladies par le changement de climat.

CLIMATURE. s. f. Nature, ensemble d'un climat.

CLIMAX. s. m. T. Rhét. Mot gr. κλίμαξ, qui signifie échelle, et qui s'emploie quelquefois pour désigner une suite de termes disposés graduellement du plus faible au plus fort. On dit ordinairement *Gradatim* || T. Mus. Trait où deux parties vont à la tierce en montant ou en descendant diatoniquement. — Trait de chant qui est répété plusieurs fois de suite, et toujours un ton plus haut.

CLIN. s. m. (lat. *clinare*, baisser, incliner). Mouvement très rapide de la paupière qu'on baisse et qu'on relève au même instant. Il se joint toujours au mot *Œil. Se faire obéir par un cl. d'œil. Faire un cl. d'œil à quelqu'un*, Lui faire un signe de l'œil. || Fam. *En un cl. d'œil, en moins d'un cl. d'œil*, En un moment, en fort peu de temps. *Cela fut fait en moins d'un cl. d'œil.* || T. Mar. Planches longues et étroites qui se recouvrent l'une l'autre à constituer le bordage d'une embarcation.

178

CLINAMEN. s. m. (lat. *clinamen*, m. s.) T. Philos. Dans le système d'Épicure, la déclinaison des atomes. Voy. MATÉRIALISME.

CLINANTHE. s. m. (gr. κλίνη, lit; ἄνθος, fleur). T. Bot. On désignait ainsi autrefois le réceptacle commun qui porte les fleurs d'un capitule. Voy. RÉCEPTACLE.

CLINCAILLE, CLINCAILLERIE, CLINCAILLIER, etc. Ancienne forme des mots QUINCAILLE, etc.

CLINCAR ou **CLINCART.** s. m. T. Mar. Navire caboteur à fond plat en usage sur la Baltique.

CLINCHE, CLINCHETTE s. f. Voy. CLENCHE.

CLINFOC. s. m. T. Mar. Foc léger au mât du beaupré.

CLINGSTONE. s. m. T. Minér. Espèce de phonolithe.

CLINICAT. s. m. T. Méd. Dignité de chef de clinique.

CLINICIEN. adj. m. *Médecin cl.,* Qui étudie plus au lit des malades que dans le cabinet.

CLINIQUE s. f. et adj. **2** g. (gr. κλίνη, lit.). T. Hist. rel. Voy. IIÉRÉSIE. || T. Méd. *Médecine cl.,* Celle qui s'occupe du traitement des maladies considérées individuellement. *Leçon cl.,* Celle qui est donnée par le professeur près du lit des malades. = CLINIQUE. s. f. L'enseignement qui se fait dans les hôpitaux auprès du lit des malades. *Cours de cl. Professeur de cl. Cl. médicale, chirurgicale,* etc.

CLINOCHLORE. s. m. [Pr. *klino-klore*] (gr. κλίνω, j'incline; χλωρὸς, vert). T. Minér. Silicate hydraté d'alumine et de magnésie, avec du fer et du chrome; se présente en grandes lames vertes, clivables comme le mica.

CLINOCLASE. s. f. (gr. κλίνω, j'incline; κλάσις, rupture). T. Minér. Syn. d'*Aphanèse.*

CLINOÏDE. adj. f. (gr. κλίνη, lit; εἶδος, aspect). T. Anat. Se dit de quatre apophyses de l'os sphénoïde.

CLINOMÈTRE. s. m. (gr. κλίνω, j'incline; μέτρον, mesure). Instrument pour mesurer l'inclinaison d'une droite ou d'un plan par rapport à un plan horizontal. || T. Mar. Instrument pour évaluer la différence du tirant d'eau d'un bâtiment à l'avant et à l'arrière || T. Min. Instrument pour mesurer l'épaisseur des couches. || On dit aussi *Cli noscope.*

CLINOSCOPE. s. m.(gr. κλίνω, j'incline; σκοπέω, j'examine). Voy. CLINOMÈTRE.

CLINOSTAT. s. m. (gr. κλίνω, j'incline; ἵστημι, je dresse). T. Bot. Appareil destiné à soustraire une plante en expérience à l'action fléchissante de la pesanteur et à celle de la radiation solaire.

CLINOTECHNIE. s. f. [Pr. *clino-tek-ni*, (gr. κλίνη, lit; τέχνη, art.). T. Techn. Art de fabriquer les lits.

CLINQUANT. s. m. (allem. *klingen,* résonner). Petite lame d'or ou d'argent qu'on met dans les broderies, les dentelles, etc. — Se dit plus ordinairement des petites lames ou feuilles de cuivre doré, argenté ou colorié, qui brillent beaucoup. *Les habits de théâtre sont souvent chargés de cl.* || Fig., en parlant des productions de l'esprit, se dit des fausses beautés d'un ouvrage, des pensées brillantes, mais sans solidité, etc.; ce qui, sous une apparence brillante, cache une nature défectueuse

CLINQUANT, ANTE. adj. Qui brille d'un faux éclat

CLINQUANTER. v. a. Garnir de clinquant.

CLINTON (Sir HENRY), général anglais, combattit en Amérique où il fut général en chef des armées anglaises, pendant la guerre d'Indépendance, mort en 1795.

CLINTON (GEORGES), vice-président des États-Unis en 1804 (1739-1812).

CLINTONITE. s. f. (R. *Clinton,* n. d'homme). T. Minér. Silicate hydraté d'alumine et de chaux naturel.

CLIO. (gr. κλέος gloire). Muse de l'histoire. Voy. MUSE.

CLIONE ou **CLIO.** s. m. (R. *Clio,* nom mythologique). T. Zool. Genre de mollusques ptéropodes, de l'ordre des *Gymnosomes.* Le corps est fusiforme; il n'y a pas de bras munis de ventouses. La tête a deux tentacules et trois paires d'appendices coniques protractiles.
La *Clione borealis* forme avec la *Limacina arctica* la principale nourriture des baleines. Voy. PTÉROPODES.

CLIPPER. s. m. [Pr. *kli-peur*] (mot angl.). T. Mar. Navire à voile, bon marcheur et de fort tonnage. Par ext. Canot de plaisance ou de course de formes très allongées.

CLIQUART. s. m. Sorte de pierre calcaire très estimée à Paris pour les constructions.

CLIQUE. s. f. (vx fr. *cliquer,* faire du bruit). Société de gens qui s'unissent dans un but de cabale, d'intrigue. *Ils sont de la même cl.* Très fam. || Objets de ménage. *Emporter ses cliques et ses claques.* Pop.

CLIQUET. s. m. (vx fr. *cliquer,* faire du bruit, et aussi fixer, assujettir). T. Méc. Petit appareil destiné à empêcher une roue de tourner dans un sens tout en lui permettant de tourner dans l'autre. Voy. ENCLIQUETAGE. || T. de Pêche. Voy. CLIQUETTE. || T. Orfèv. Partie supérieure de la brisure qui entre dans la charnière et qui en sort.

CLIQUETER. v. n. (Fréq. du vx fr. *cliquer,* faire du bruit). Faire un bruit en se choquant. = Conj. Voy. CAQUETER.

CLIQUETIS. s. m. (R. *cliqueter*). Proprement, le bruit que font les armes quand on les choque les unes contre les autres; et, par ext., le bruit à peu près semblable que font certains corps lorsqu'on les remue ou qu'on les choque. *Un cl. d'épées, de chaînes, de verres.* Très fam. || Fig. *Cl. d'antithèses,* se dit d'une suite d'antithèses où l'affectation est trop évidente. On dit de même, *Un cl. de mots, de phrases,* en parlant de mots et de phrases sonores qui n'ont guère de sens.

CLIQUETTE. s. f. (vx fr. *cliquer,* faire du bruit). Sorte d'instrument fait de deux os, de deux morceaux de bois, de deux tessons, qu'on met entre les doigts, et dont on tire quelque son mesuré, en les frappant l'un contre l'autre. *Les ordonnances obligeaient autrefois les lépreux à porter des cliquettes, afin qu'on se détournât de leur chemin.* || T. Pêc. Pierre trouée pour faire aller le filet au fond de l'eau. || Filet garni de morceaux de bois qui par leur choc rassemblent le poisson. On dit aussi *Cliquet.* || Nom, sur les côtes normandes, d'un petit poisson plat, carrelet ou limando.

CLISÉOMÈTRE. s. f. (gr. κλίσις, inclinaison; μέτρον). T. Obst. Appareil qui servait à mesurer l'inclinaison du bassin.

CLISIMÈTRE. s. m. (gr κλίσις, inclinaison; μέτρον, mesure). Appareil pour déterminer les différences de niveau à l'aide des mesures d'inclinaison.

CLISSAGE. s. m. Opération qui consiste à clisser un membre fracturé.

CLISSE. s. f. Clayon; espèce de petite claie faite d'osier, de jonc, qui sert à divers usages, et particulièrement à faire égoutter les fromages. || T. Chir. Morceau de bois long et étroit servant à maintenir les os fracturés. On dit mieux *Éclisse.* Voy. FRACTURE.

CLISSER. v. a. Garnir, envelopper de clisses. = CLISSÉ, ÉE. part.

CLISSON. s. m. Toile de lin qui se fait en Bretagne.

CLISSON, ch.-l. de c. (Loire-Inférieure), arr. de Nantes, 3,000 hab.

CLISSON (OLIVIER DE), connétable sous Charles VI (1326-1407).

CLISTER. v. a. T. Techn. Luter en parlant d'une poêle établie sur son fourneau dans les marais salants.

CLISTHÈNE, aïeul de Périclès, chassa Hippias d'Athènes, 510 av. J.-C., et institua l'ostracisme.

CLITELLUM. s. m. (lat. *clitella,* sangle). Ceinture glandulaire entourant certains anneaux des lombrics ou vers de terre.

CLITOGRAPHE. s. m. (gr. κλίτος, incliné; γράφω, je décris). Instrument servant à trouver les pentes des terrains.

CLITORIDECTOMIE. s. f. (gr. κλειτορίς, ίδος, clitoris; ἐκτομή, amputation). T. Chir. Amputation du clitoris.

CLITORIDIEN, IENNE. adj. T. Anat. Qui appartient au clitoris.

CLITORIS. s. m. (gr. κλειτορίς, m. s., de κλείω, je ferme). T. Anat. Petit organe érectile situé à la partie antérieure de l'appareil génital externe chez la femme.

CLITUS, général macédonien, tué dans un banquet par Alexandre le Grand, 328 av. J.-C.

CLIVAGE. s. m. T. Minér. Propriété que présentent la plupart des cristaux de se diviser facilement suivant certaines directions. — Action ou manière d'opérer cette division. Voy. CRISTALLOGRAPHIE. || T. Techn. Fissure à surface plane dans un diamant.

CLIVE (ROBERT), général anglais, adversaire de Dupleix et l'un des fondateurs de la puissance anglaise dans l'Hindoustan (1725-1774).

CLIVER. v. a. (lat. *kliben,* fendre). T. Lapidaire. *Cl. un diamant,* Le fendre, en profitant adroitement de ses divisions naturelles, pour enlever promptement les parties défectueuses et éviter ainsi du travail à la meule. || T. Minér. Par ext., Diviser un cristal suivant ses faces de clivage. = SE CLIVER. *Le sulfate de chaux se clive très facilement.* = CLIVÉ, ÉE. participe.

CLIVEUR. s. m Ouvrier qui opère le clivage.

CLIVINE. s. f. T. Entom. Genre d'insectes coléoptères. Voy CARABIQUES.

CLOAQUE. s. f. (lat. *cloaca,* m. s.). T. Archéol. Souterrain par lequel s'écoulaient les immondices des villes. Voy. ÉGOUT. = CLOAQUE. s. m. Lieu destiné à recevoir les immondices. *Tomber dans un cl.* — Par exagér., se dit d'un endroit malpropre, infect et malsain, et même d'une personne sale et puante. *Cette ville est un vrai cl.* || Fig., *C'est un cl. d'impureté, de toutes sortes de vices,* se dit d'une personne qui est souillée de toutes sortes d'impuretés, qui a toutes sortes de vices. *La littérature naturaliste de notre fin de siècle est un véritable cloaque.* || T. Anat. Réceptacle commun qui, chez un grand nombre d'animaux (les Monotrèmes, les Oiseaux, les Reptiles, etc.), est situé à l'extrémité du tube intestinal, et qui n'a qu'une seule issue pour les excrétions stercoraires et urinaires, ainsi que pour les produits de la génération.

CLOCHE. s. f. (R. *clocher,* à cause des mouvements de la c., ou haut-allemand *klochon,* battre). Instrument sonore fait de métal creux, ouvert, qui va en s'élargissant par en bas, et au milieu duquel est suspendu un battant pour le mettre en vibration. *Un bruit de cloches.* *Toutes les cloches sont en branle.* *Convoquer au son de la c. La c. annonce le baptême, le mariage et l'enterrement et s'associe aux trois grands faits de la vie. La c. de l'Angelus fait rêver au recueillement de la nature à la fin de chaque journée. Je n'entends jamais à la Malmaison la c. du village voisin sans être ému.* (NAPOLÉON.) Fam., *N'être pas sujet au coup de c.,* Être libre et maître de son temps. — Fig. et prov., *C'est le son des cloches auxquelles on fait dire tout ce qu'on veut,* C'est une chose à laquelle on peut donner telle explication que l'on voudra. *Qui n'entend qu'une c. n'entend qu'un son,* Pour prononcer dans une affaire il faut entendre les deux parties. *Faire sonner la grosse c.,* Faire parler ou agir celui qui a le plus de crédit dans une affaire. —

Déménager à la c. de bois, S'en aller sans payer et sans bruit. — *Gentilshommes de la c.,* Descendants des maires ou échevins dans les villes où ces charges anoblissaient. Voy. NOBLESSE. || T. Cuisine. Ustensile de fer, de cuivre ou de terre cuite, dont la forme se rapproche de celle d'une c., et qui sert à faire cuire des fruits et d'autres objets. — Ustensile de métal qui a à peu près la même forme qui sert à couvrir les mets, pour les empêcher de se refroidir. — Ustensile de verre dont on couvre le fromage pour le mieux conserver. || T. Hortic. Vase de terre qu'on met sur certaines plantes, telles que les melons, pour les garantir du froid ou accélérer leur végétation. || T. Chim. Vase de cristal ou de forme en général cylindrique dont on se sert pour recueillir les gaz, pour les mesurer, etc. || T. Techn. *Cl. de plongeur* ou *Cl. à plongeur,* Appareil en forme de cloche, à l'aide duquel on peut descendre travailler sous l'eau, en respirant l'air qu'il emprisonne. || T. Bot. *Fleurs en cl.,* Fleurs monopétales à bords unis et évasés. Voy. FLEUR. || T. Méd. Nom donné à toute boursouflure se formant sous la peau. Voy. AMPOULE. || T. Mar. Cylindre d'un cabestan. Voy. CABESTAN. || T. Art vétér. Nom vulgaire de la cachexie aqueuse des bêtes à laine. V. CACHEXIE.

Techn. — I. Quelques auteurs, le P. Kircher, entre autres, prétendent que l'invention des *Cloches* est due aux Égyptiens : cependant ils n'appuient leur assertion d'aucune preuve. Tout ce que l'on peut affirmer, c'est que les Grecs et les Romains s'en servaient pour divers usages. Suivant Aristophane, le soldat chargé des rondes de nuit dans les camps grecs portait une clochette, ce qui lui faisait donner le nom de *Codonophore* (κώδων, cloche, φέρειν, porter). Lucien nous apprend qu'à Rome, dans les grandes maisons, on réveillait les esclaves au son de la cl. Du temps de Martial, il existait aussi à Rome des cloches qui indiquaient l'heure de l'ouverture des bains publics. Mais les cloches, telles que les employaient les anciens, avaient des dimensions ordinairement très petites, et ces instruments ne sont devenus ce que nous les voyons aujourd'hui qu'après leur introduction dans les églises chrétiennes.

II. D'après Baronius, l'usage des cloches pour annoncer les offices aurait été adopté, dans l'Église d'Occident, aussitôt après le triomphe du christianisme, c.-à-d. au commencement du IVe siècle. Quoi qu'il en soit, il est certain que les cloches étaient généralement en usage au VIIIe siècle, peut-être même au VIIe. Quant à l'Église d'Orient, elle ne commença à s'en servir qu'au IXe siècle. Mais après la conquête de l'empire grec par les Turcs, ceux-ci frappèrent d'interdiction l'usage des cloches et ne les tolérèrent que dans un petit nombre de lieux, entre autres, au mont Athos. Les chrétiens orientaux qui habitaient l'empire ottoman, se servaient de lames ou de plaques de fer qu'ils suspendaient aux arbres voisins des églises ou aux côtés du parvis, et c'est quelles ils frappaient avec des marteaux. Ils emploient encore un instrument nommé le *grand signal,* qui consiste en une planche d'érable suspendue avec des chaînes de fer à la partie supérieure des tours de l'église, et sur laquelle ils carillonnent avec des marteaux de bois. Le *signal de main* ne diffère du précédent que par ses dimensions ; on le tient par le milieu avec la main gauche et on le frappe avec la main droite.

III. Les premières cloches n'avaient pas un grand volume. C'est seulement au XVe siècle que leur poids et leurs dimensions ont commencé à prendre des proportions considérables. Les grosses cloches, appelées *Bourdons,* de Reims et de Rouen datent du même siècle ; le premier pèse 11,250 kilogr. et le second 5,876. Cette dernière ville possédait autrefois une cl. célèbre appelée *George d'Amboise,* dont le nom du donateur. Elle avait été fondue en 1501 et pesait 17,800 kilogr. : on la brisa en 1793. Le bourdon de Notre-Dame de Paris est moins ancien : il pèse 15,664 kil. Mais la plus grosse cl. qui existe au monde est celle du Kremlin, à Moscou. Elle a été coulée en 1733 par Michel Motorine, et ne pèse pas moins de 196,464 kilogr. Son diamètre est de 7 m. 47, et sa hauteur, de 6 m. 82. Elle a été abandonnée pendant plus d'un siècle à l'endroit même où on l'avait fondue ; c'est seulement le 6 août 1836 qu'on l'a soulevée pour la placer sur un piédestal.

IV. Les différentes parties qui composent une cl. ont reçu des noms particuliers. On nomme *Patte* l'extrémité inférieure, qui se termine en angle aigu. Les *Faussures* sont l'espace de tore que le bord présente extérieurement. Le *Cerveau* est la partie supérieure de la cl. ; il est renforcé en dessus par l'*Oude* ou *Calotte.* Enfin, on appelle *Anses* les anneaux généralement au nombre de sept, à l'aide desquels la cl. est fixée au *Mouton,* c.-à-d. à la pièce de charpente mobile sur deux tourillons qui a pour destination de la soutenir en l'air.

— Quant aux proportions qui doivent exister entre les diverses parties d'une cl., on les détermine à l'aide d'un module spécial. Ce module, qu'on appelle *Bord*, est l'épaisseur du métal là où frappe le battant. Ainsi, on dit qu'une cl. est en 14, 15 ou 16 bords, suivant que son plus grand diamètre renferme 14, 15 ou 16 fois cette épaisseur. Quant à la hauteur d'une cl., il est établi en règle générale qu'elle doit être au plus grand diamètre comme 12 est à 15.

V. On a vu au mot *Bronze* que le métal des cloches est un alliage de cuivre et d'étain. La proportion des deux métaux que l'expérience a démontré être la plus convenable, est celle de 78 parties pour le premier et de 22 pour le second. — Les cloches sont ordinairement moulées dans la fosse où on les coule, et sur une base ou plate-forme en terre et en brique, que l'on appelle *Meule*. Le moule ne peut servir qu'une fois. Il se compose de deux parties principales, le *Noyau* et la *Chape* ou *Surtout*, entre lesquelles on ménage un espace vide, nommé *Modèle* ou *Fausse-cl.*, qui présente exactement les dimensions que doit avoir la cl. elle-même dans ses différentes parties. Le noyau est la partie intérieure du moule ; on le fait en briques, et l'on ménage dans son intérieur une cavité dans laquelle on fait du feu pour faciliter le séchage. La fausse cl. consiste en une épaisseur de terre séparée des autres parties par une couche de cendres qui l'empêche d'y adhérer et facilitent ensuite le démoulage. C'est sur sa face extérieure que les fondeurs disposent les inscriptions et les divers ornements dont les cloches sont ordinairement recouvertes. Ils exécutent ce travail au moyen d'empreintes obtenues avec un mélange de cire, de poix blanche, d'huile de pavot et de graisse. La chape est la partie extérieure du moule. La partie de la chape qui doit se trouver immédiatement en contact avec ces empreintes et les reproduire elle-même, se fait avec de la terre très fine mêlée avec de la fiente de vache. On emploie, pour le reste, la même terre, mais on substitue le crottin de cheval à la fiente. Le moule terminé, on le fait sécher en allumant du feu sous le noyau. On enlève ensuite la chape pour débarrasser la fausse-cl. de la terre qui la remplit. Cette opération achevée, il ne reste plus qu'à remettre cette même chape en place, à sa partie supérieure le moule des anses qui s'exécutent toujours à part, à fixer l'anneau, appelé *Bélière*, destiné à soutenir le battant, et à donner issue au métal en fusion. Ce dernier est introduit dans la fausse-cl. par une ouverture ménagée à côté des anses. Le battant est fabriqué en fer forgé ; son poids est le 20e environ de celui de la cl. ; cependant, pour les très grosses cloches, on le fait proportionnellement un peu moins lourd.

VI. La suspension des cloches présente des dispositions variables assez nombreuses. Dans tous les cas, la cl. est suspendue par l'intermédiaire d'une forte pièce en bois de chêne appelée *mouton* sur laquelle elle est fixée invariablement et qui est munie de deux tourillons. La disposition la plus simple consiste à faire reposer ces tourillons sur deux coussinets autour desquels tout le système peut osciller ; mais cette disposition, suffisante pour les cloches de petites dimensions, entraîne, pour les grosses cloches, une usure et une déformation rapides des pièces en contact. On a remédié à cet in-

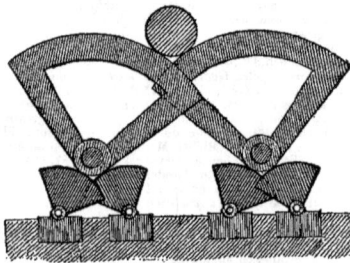

Fig. 1.

convénient en remplaçant le frottement de glissement par le frottement de roulement. A cet effet, chaque tourillon repose sur deux secteurs mobiles autour de leur centre ; de la sorte

les tourillons sont sur la surface convexe de ces secteurs qui sont eux-mêmes entraînés dans le mouvement, et il n'y a de glissement qu'aux axes des secteurs (Fig. 1). Ceux-ci peuvent même être soutenus de la même manière par d'autres secteurs analogues, ce qui diminue encore le travail du frottement. La disposition de ces secteurs peut varier à l'infini. La mise en branle s'effectue soit au moyen d'une corde attachée à une pièce fixée au mouton, soit au moyen de pédales. Ce dernier système est nécessaire pour toutes les cloches dont le poids dépasse 2,000 kilogr. Le bourdon de Notre-Dame est mis en branle par quatre systèmes de pédales actionnées par quatre hommes.

VII. Depuis 1855 on construit des cloches en acier fondu peu usitées en France, mais assez répandues en Angleterre et en Allemagne. A égalité d'intensité sonore, la cl. d'acier pèse moitié moins et coûte trois fois moins cher que la cl. de bronze. Mais elle présente deux sortes d'inconvénients, l'usure et l'oxydation. L'acier trempé trop fort est trop fragile et risque de se casser. L'acier trop mou s'use vite sous les coups du battant qui y creuse son empreinte. Enfin l'oxydation si facile de l'acier exige que la surface de la cl. soit constamment recouverte d'une couche de graisse.

VIII. Au point de vue de l'acoustique, le nombre des vibrations émises dans le même temps par des cloches de même forme est en raison inverse de leurs dimensions linéaires. Comme, pour une même substance, le poids est proportionnel au volume et par suite au *cube* des dimensions linéaires, on voit que le poids des cloches croît très vite avec la gravité du son. Ainsi une cloche de bronze donnant le *ré* grave du soprano, le quatrième *ré* d'un piano à sept octaves, pèse 180 kilogr. La c. émettant le *ré* de deux octaves au-dessous, c.-à-d. quatre fois moins de vibrations par seconde pèserait donc 64 fois plus ou 7,058 kilogrammes. Ces sons graves sont maintenant obtenus dans les théâtres par la c. de Saxe, feuille de laiton roulée, soudée et repoussée, qui ne pèse que 7 kilos au lieu de 7,000.

IX. Suivant plusieurs écrivains, la cérémonie de la *Bénédiction des cloches* aurait été introduite sous le pape Jean XIII, en 972 ; mais cette opinion est contraire aux anciens textes, particulièrement au témoignage d'Alcuin, qui parle de cette cérémonie comme étant en usage de son temps. Il est tout à fait probable que cet usage remonte à l'époque même où les cloches furent introduites dans le culte chrétien, car l'Église a toujours eu pour coutume de bénir tous les objets qui étaient employés au culte. Néanmoins c'est seulement au VIIIe siècle qu'on a donné à cette cérémonie un certain appareil. — Il n'appartient qu'à l'évêque de bénir les cloches, mais un simple prêtre peut y procéder avec son autorisation expresse. Cette bénédiction s'accompagne toujours d'une grande pompe. Parmi les cérémonies qui ont lieu dans cette circonstance, les plus remarquables sont l'ablution de la cl. par le célébrant avec de l'eau bénite mêlée de sel, et les onctions qu'il pratique sur elle avec l'huile des infirmes, ainsi qu'avec le saint chrême. C'est cette partie du cérémonial qui a valu à la *bénédiction des cloches* la dénomination vu vague et incorrecte de *Baptême*, sous lequel on la désigne habituellement. En outre, comme il est prescrit de mettre chaque cl. sous l'invocation de la Vierge ou de quelque saint, le vulgaire applique encore le titre de *Parrain* et de *Marraine* aux personnes qui sont chargées de désigner le nom du saint sous l'invocation duquel elles désirent que la c. soit placée, et qui sont ordinairement choisies parmi les habitants les plus considérables de la paroisse.

X. Une superstition longtemps acceptée par l'Église catholique faisait croire que le son des cloches bénies éloignait la foudre et les tempêtes. On lit sur un grand nombre de cloches la légende *A tempestate et fulgure defende* (ou *libera*) *nos, Domine*. C'était là, au contraire, une usage dangereux, l'ébranlement de l'air causé par le son de la c. favorisait plutôt la chute de la foudre, et les exemples de sonneurs foudroyés sont assez nombreux. Aujourd'hui, en cas d'orage, on reste tranquille, et c'est ce qu'on a de mieux à faire.

Législ. — La grande loi municipale du 5 avril 1884 a mis fin à tous les conflits qui pouvaient s'élever entre l'autorité civile et l'autorité religieuse au sujet de l'usage des cloches des églises, et de la garde de la clef du clocher. Aucun texte précis n'existait auparavant sur ces matières et les tribunaux étaient obligés de s'en référer aux avis du Conseil d'État en date des 21 juillet 1825 et 17 juin 1840.

« Les cloches des églises, dit la loi de 1884, sont spécialement affectées aux cérémonies du culte. Néanmoins, elles peuvent être employées ; dans les cas de péril commun qui exigent un prompt secours et dans les circonstances où cet emploi est prescrit par des dispositions de loi ou règlements, ou autorisé par les usages locaux. Les sonneries religieuses comme les sonneries civiles feront l'objet d'un règlement concerté entre l'évêque et le préfet, entre le préfet et les consistoires, et arrêté, en cas de désaccord, par le ministre des cultes.

« Une clef du clocher sera déposée entre les mains des titulaires ecclésiastiques, une autre entre les mains du maire, qui ne pourra en faire usage que dans les circonstances prévues par les lois ou règlements. Si l'entrée du clocher n'est pas indépendante de celle de l'église, une clef de la porte de l'église sera déposée entre les mains du maire. »

Hydr. — Les *Cloches à plongeur* doivent leur nom à leur forme primitive, qui rappelait celle d'une cl. Leur construction est basée sur ce principe, que si l'on plonge verticalement dans un liquide un vase renversé, ce liquide ne pénètre pas dans la partie supérieure de l'appareil à cause de l'air qui s'y trouve enfermé. L'idée des cloches de plongeur remonte à une époque très ancienne, car Aristote nous apprend que, de son temps, on procurait aux plongeurs la faculté de respirer dans l'eau, en les faisant descendre dans une chaudière ou cuve d'airain renversée. Cet appareil rudimentaire reçut ses premiers perfectionnements de l'illustre astronome Halley, vers 1710; cependant la cl. à plongeur ne devint une machine d'une utilité véritablement pratique qu'après avoir été transformée par l'Anglais Smeaton (1788), et améliorée par Rennie (1812). La cl. présente la forme d'un tronc de pyramide quadrangulaire (Fig. 2) ou d'un tronc de cône ayant sa grande base vers le bas. Elle est tout entière de fonte, et coulée d'un seul jet. L'intérieur est muni de deux bancs pouvant

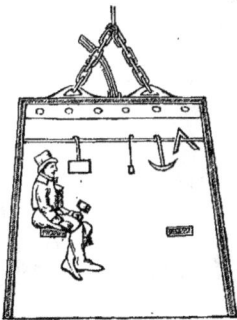

Fig. 2.

recevoir deux ouvriers chacun, de tablettes destinées à porter les outils, et d'un ou plusieurs anneaux fixés au sommet et dans lesquels on passe des cordes pour suspendre les objets qu'on peut avoir à soulever. Enfin, elle est éclairée au moyen d'épaisses lentilles de verre incrustées dans la partie supérieure, et qui donnent suffisamment de lumière pour permettre de se livrer, à une profondeur de 8 mèt., à des travaux qui demandent une certaine précision. La cl. est suspendue à une chaîne enroulée sur un cabestan qui est installé à bord d'un bateau convenablement disposé, et qui est mobile sur deux petits chemins de fer se croisant à angle droit, ce qui permet de mouvoir la machine dans tous les sens, soit verticalement, soit horizontalement. Une pompe foulante, placée sur le même bateau, sert à renouveler l'air de la cl. au moyen d'un long tuyau vissé au sommet de celle-ci.

On peut considérer comme une variété de cl. de plongeur l'appareil imaginé en 1856 par les Américains Hallet et Williamson, qui lui ont donné le nom de *Nautilus*. C'est une vaste cuve de fer, dont la calotte aplatie est munie de verres lenticulaires, et dont l'intérieur est divisé en plusieurs compartiments, l'un central, qui est muni d'un plancher mobile et dans lequel se placent les ouvriers, et les autres latéraux et plus petits, dans lesquels on peut, à volonté, faire pénétrer de l'air comprimé ou de l'eau. L'air est fourni par un réservoir placé sur un ponton et sur lequel il communique au moyen d'un tuyau. Le Nautilus n'est pas suspendu à un ponton, comme la cloche

ordinaire; il ne communique avec lui que par le tuyau à air. Aussitôt que les ouvriers sont entrés dans le compartiment central et que l'on a fermé le trou d'homme qui sert d'entrée, l'un d'eux tourne des robinets et fait pénétrer dans les compartiments latéraux une quantité d'eau suffisante pour que la machine puisse s'enfoncer : un manomètre indique à chaque instant la profondeur à laquelle on se trouve et permet de régler la vitesse de la descente en augmentant ou en diminuant le volume d'eau qui entre. Enfin, quand l'appareil est arrivé au fond de l'eau, on introduit, au moyen d'autres robinets, dans le compartiment des ouvriers, de l'air dont la pression est exactement égale à celle qui répond à la profondeur où l'on se trouve, ce que fait connaître un second manomètre. On peut alors, sans craindre de voir l'eau pénétrer dans la machine, enlever le plancher mobile et travailler sur le sol comme on le ferait à la surface de la terre. Le Nautilus est garanti de l'agitation de l'eau par trois ou quatre cordages attachés à des ancres ou à d'autres points fixes, et qui s'enroulent sur de petits treuils placés dans le compartiment central : de cette manière, les ouvriers peuvent se transp rter eux-mêmes dans toutes les directions.

L'ancienne c. à plongeur présentait de nombreux inconvénients, dont le plus grave était la nécessité de sortir la c. de l'eau pour renouveler les ouvriers fatigués à extraire les matériaux arrachés pendant le travail, ce qui rendait très coûteux les travaux exécutés à l'aide de ces grandes cloches nommées *Bateaux à air* et pouvant contenir jusqu'à 40 ouvriers. Aussi ces appareils ont-ils été longtemps abandonnés et remplacés avec avantage par les *Scaphandres*. Voy. ce mot. Mais depuis 1878 un perfectionnement capital a fait de la c. à plongeur un outil pratique et d'un usage courant. Ce perfectionnement imaginé par de Cavé consiste dans l'adjonction à la c. d'une large cheminée ouverte au-dessus de l'eau et communiquant avec la chambre de travail par une *écluse à air*, qui permet une communication continuelle avec l'extérieur. Dans la chambre de travail, l'air est comprimé par une machine à vapeur à la pression correspondant à la profondeur de l'eau, comme dans le Nautilus. L'air de la cheminée est à la pression extérieure. L'écluse à air consiste en une chambre fermée par des portes qui s'ouvrent du côté de la chambre de travail, afin que la pression les maintienne fermées, s'il y a lieu. Chaque porte est munie d'une ouverture fermée par une vanne ou un robinet, de sorte qu'on peut mettre l'écluse en communication soit avec la chambre de travail, soit avec la cheminée. Quand l'équilibre de pression est établi, on peut facilement ouvrir la porte correspondante. Ainsi, un ouvrier qui veut remonter à l'air libre mettra l'écluse en communication avec la chambre de travail; puis il ouvrira la porte, pénétrera dans l'écluse, refermera la porte et le robinet, et ouvrira, au contraire, le robinet qui communique avec la cheminée; alors il pourra ouvrir la porte correspondante et pénétrer dans la cheminée.

Les nouveaux appareils peuvent se répartir en deux classes suivant qu'ils sont descendus librement au fond de l'eau, ou établis au milieu d'un bateau porteur. Dans la première catégorie, nous signalerons la *C. plongeante à dérochement* de M. Berseul, qui a servi pour déraser des roches sous-marines dans les ports de Brest, Cherbourg, Lorient, Philippeville, etc., et qui se compose d'une grande caisse de 8 mètres de large sur 10 de long et 7 de haut, et d'une cheminée centrale de 2^{m}50 de diamètre et de hauteur indéterminée contenant un escalier tournant. La chambre de travail n'occupe que la partie inférieure de la caisse sur une hauteur de 2 mètres et sur toute la surface, la chambre s'arrêtant au plafond de cette chambre dont elle est séparée par plusieurs écluses. L'espace annulaire compris sur 5 mètres de hauteur au-dessus de la chambre de travail et autour de la cheminée constitue le *flotteur*. Suivant que cet espace sera rempli d'eau ou d'air, tout l'appareil se maintiendra au fond de l'eau ou flottera pour être déplacé. Les écluses qui ferment ces grandes caisses destinées à l'enlèvement des roches extraites; la plus petite sert pour les passages fréquents. Tout l'intérieur de l'appareil est éclairé par des lampes électriques à incandescence. — Parmi les appareils de la seconde catégorie, nous citerons le *Bateau à air* de Cavé qui a été employé pour la construction d'un barrage sur le Nil à une profondeur de 3^{m}50, et le *Bateau-c.* de M. Cheysson qui permet de descendre à 4 ou 10 ouvriers jusqu'à une profondeur de 4^{m}50, et qui rend de nombreux services pour l'entretien des écluses et barrages de la Seine. Ces deux appareils contiennent, comme la c. à dérochement, une chambre de travail, une écluse à air, et un flotteur destiné à l'immersion et à l'émersion de la c. suivant qu'on l'emplit d'eau ou d'air. La cheminée s'arrête au-dessus du l'écluse située au-dessous d'elle et au-dessus de la chambre de travail.

Hortic. — L'usage des cloches de verre pour hâter la maturité de certains fruits ou la pousse de certaines jeunes plantes venues de semis repose sur le même principe que celui des *châssis* et des *serres*. C'est que le verre se laisse facilement traverser par les rayons calorifiques émanés d'une source chaude, tandis qu'il arrête presque complètement les rayons venus d'une source froide. De la sorte, les cloches auxquelles on peut donner les formes les plus variées laissent arriver presque sans perte la chaleur du soleil, tandis qu'ils s'opposent au rayonnement des plantes et du sol, et entretiennent ainsi au-dessous d'elles une température relativement élevée.

CLOCHEMAN. s. m. (R. *cloche*). T. Écon. rur. Bélier qui porte une sonnette au cou et sert de guide au troupeau.

CLOCHEMENT. s. m. (R. *clocher*). Action de boiter.

CLOCHE-PIED (A). loc. adv. Sur un seul pied. *Sauter à c.-pied* ‖ T. Manuf. Sorte d'organsin qui n'a que trois brins de soie dont deux sont d'abord moulinés ensemble, puis avec le troisième.

CLOCHER. v. n. (lat. *claudicare*, ou *cloppicare*, boiter). Boiter en marchant. ‖ Fig. et fam., *Ce vers cloche*, La mesure n'y est pas. — *Dans cette affaire, dans ce raisonnement*, etc., *il y a quelque chose qui cloche*, Il y a quelque chose de défectueux. On dit de même : *Il n'y a point de comparaison qui ne cloche*.

CLOCHER. s. m. (R. *cloche*). Bâtiment de maçonnerie ou de charpente dans lequel sont suspendues les cloches et qui est ordinairement élevé au-dessus d'une église. ‖ Fig. et prov., *Il n'a jamais perdu de vue le c. de son village*, se dit d'un homme qui n'a jamais voyagé. On dit aussi : *Il n'a vu que le c. de son village*, Il est sans expérience, il ne connaît point le monde. *Il faut placer le c. au milieu de la paroisse*, Il faut mettre à la portée de tous une chose dont tous ont besoin. *Tirer du c.*, Employer de son mieux la dernière ressource qui reste. ‖ *Course au c.* Voy. COURSE. ‖ Par ext , se dit quelquefois pour paroisse. *Il y a tant de clochers en France*.

Archit. — Les *Clochers* les plus anciens ne paraissent pas antérieurs au VIIIᵉ siècle. Il en est fait mention pour la première fois par Anastase le Bibliothécaire, qui nous apprend que le pape Étienne II fit placer trois cloches dans une tour érigée sur la basilique de Saint-Pierre, à Rome. A mesure que l'usage des cloches se généralisa, on construisit des édifices spéciaux destinés à les recevoir. Ces édifices affectèrent tout d'abord la forme de tours, parfois rondes, mais le plus souvent carrées. Tantôt ces tours étaient isolées de l'église, on leur donnait alors le nom de *Campaniles;* tantôt, et c'était le cas le plus ordinaire, elles étaient annexées au temple lui-même et constituaient un de ses traits caractéristiques. Lorsqu'une église n'avait qu'un seul c., il était le plus ordinairement situé au-dessus de la façade principale, ou bien au-dessus du transept; quand elle en avait deux, ils occupaient les deux bras de ce dernier, ou les deux extrémités de la façade. — Avant l'introduction du style ogival, c.-à-d. pendant l'époque où dominèrent en Occident l'architecture romane et la byzantine (Xᵉ, XIᵉ et XIIᵉ siècles), les clochers présentèrent des formes très variées. Tantôt la tour était simplement surmontée d'une toiture à quatre pans (Fig. 1. C. byzantin de Saint-André-le-Bas, à Vienne;

Fig. 1.

XIIᵉ siècle); tantôt les pignons étaient au nombre de quatre, un pour chacune des faces de la tour; tantôt, et cette forme est une des plus fréquentes au XIᵉ siècle, la tour était couronnée par une pyramide à quatre faces en charpente ou en

pierre, ordinairement obtuse, mais parfois un peu élancée. Quelques clochers se terminaient par une plate-forme qu'on pouvait utiliser pour la défense. Un certain nombre d'églises, surtout celles des campagnes, étaient dépourvues de tours; alors au-dessus de la façade de l'édifice, on élevait une ou deux arcades à jour, où étaient suspendues les cloches. Ce genre de construction a reçu le nom de *C.-arcade*. — Au XIIᵉ siècle, où l'on voit se faire la transition de l'architecture romane et byzantine à l'architecture ogivale, les clochers tendent à s'élever de plus en plus. Dans les grands édifices, la *tour* proprement dite est couronnée par une pyramide polygonale, le plus souvent à six ou à huit faces, qui atteint parfois une grande hauteur. Dès lors le c. se compose de deux parties principales, la *Tour* et la *Pyramide*, appelée ordinairement *Flèche* ou *Aiguille*. Mais, afin de ménager la transition entre la forme carrée de la tour et la forme polygonale de la flèche, on construisit des clochetons plus ou moins élégants sur les angles de la première. C'est aussi à la même époque que l'on commença à admettre des imbrica-

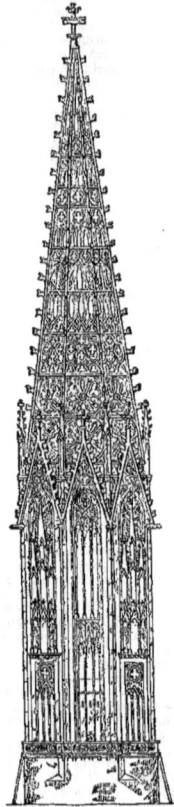

Fig. 2.

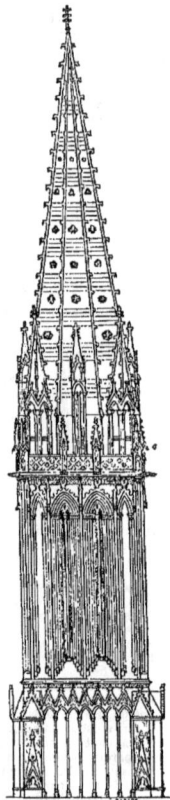

Fig. 3.

tions dans la décoration des flèches. — Dans la période ogivale, la figure des clochers reste essentiellement la même. Cette partie de l'église se compose toujours d'une tour et d'une flèche; seulement la forme des fenêtres et le genre de décoration varient en raison des modifications que subit alors l'art architectural. Le plus souvent, lorsque la flèche manque, ou bien lorsqu'elle est tronquée, c'est tout simplement que les clochers n'ont pas été terminés. Ces derniers sont toujours au nombre de deux et situés sur les côtés de la façade principale. Quelquefois une troisième tour en forme de dôme s'élève à l'intersection du transept, sans cependant rappeler la forme de la coupole byzantine. Dans quelques églises encore on voit deux tours carrées aux extrémités du transept; mais celles-ci sont presque toujours restées inachevées. A la fin du XIII° siècle et au XIV°, c.-à-d. à l'époque la plus brillante de l'art ogival, on commença à bâtir les flèches un peu en retraite des murs des tours qui les supportaient, et à établir autour de la base de ces mêmes flèches de petites galeries munies de balustrades à jour (Fig. 2. C. de Saint-Pierre, à Caen, fin du XIII° siècle). En même temps les flèches reçurent de nouveaux ornements; les trèfles, les quatre-feuilles et les rosaces à jour furent entremêlés aux imbrications, et les crochets se multiplièrent le long des arêtes. A la fin du XIV° siècle et au commencement du XV°, la décoration des clochers devint vraiment exubérante. Les flèches sont découpées à jour, et surchargées d'ornements; mais elles étonnent par leur hardiesse et par leur légèreté (Fig. 3. Flèche de Fribourg en Brisgau). Au XVI° siècle, l'art ogival est à son déclin; il exagère le défaut du siècle précédent, l'excès de l'ornementation; puis il disparaît brusquement. Aussi beaucoup d'églises construites vers la fin de cette grande époque architecturale n'ont point été achevées, et les tours n'ont point reçu leur couronnement ordinaire, la flèche qui s'élançait dans le ciel. — Après la chute de l'art ogival, on construit bien encore des tours tantôt rondes, tantôt carrées, pour y suspendre les cloches; on les orne d'ordres superposés, etc.; mais ces clochers, comme d'ailleurs les églises elles-mêmes, cessent de présenter le caractère religieux des cathédrales du moyen âge : l'art disparaît avec la foi ardente et naïve qui l'inspirait.

Le plus ordinairement, les deux clochers qui décorent la façade de nos grandes cathédrales gothiques sont de hauteur inégale. On croit généralement que les églises métropolitaines avaient seules le droit d'avoir deux tours de même hauteur, et que l'inégalité des clochers était prescrite aux églises suffragantes comme un signe de vassalité ou de dépendance. Mais cette opinion ne s'appuie sur aucun document. En effet, ainsi que le remarque Batissier, « plusieurs églises cathédrales, celles de Toul, de Coutances, d'Angers, de Paris, par ex., qui étaient soumises à une juridiction supérieure (Paris n'a un archevêché que depuis Louis XIII), ont deux tours semblables; tandis qu'il y a des métropoles qui ont des tours inégales : nous citerons Bourges, Sens, Rouen, etc. ». On remarquera que, l'usage des cloches n'ayant été que temporaire en Orient, la forme symbolique de l'Église d'Orient, c'est la *coupole*, comme celle de l'Église d'Occident est le *c.* Voy. les mots ARCHITECTURE et CAMPANILE.

CLOCHETON. s. m. (Dimin. de *cloche*). T. Archit. Le *C.* est une sorte de petite tourelle que les architectes du moyen âge ont fréquemment employée, surtout à partir du XII° siècle, pour flanquer les gables, surmonter les contreforts, garnir les flèches à leur point de départ. Le c. n'est pas toujours un simple ornement; il sert encore, principalement sur les contreforts, à augmenter, par son poids, la solidité de la construction. On confond assez souvent le c. avec le *pinacle*, et la plupart des archéologues avouent même qu'il n'est pas toujours facile de distinguer l'un de l'autre. Cependant ils s'accordent généralement à donner le nom de pinacles aux couronnements qui ne ressemblent ni à une petite flèche ni à un petit clocher.

CLOCHETTE. s. f. [Pr. *cloche-te*] (Dimin.). Petite cloche ou sonnette qu'on peut porter à la main. *Sonner une c.* || T. Bot. Nom vulgaire donné à diverses plantes, telles que les campanules, les liserons, les muguets, etc., dont les corolles imitent la forme d'une cloche. || T. Arch. Petits ornements de forme conique dans l'ordre dorique.

CLOCTER. v. a. Donner les dimensions nécessaires aux carreaux de pierre destinés à la fabrication des meules de moulin.

CLOCTEUR. s. m. Ouvrier chargé de clocter les carreaux.

CLODÉINE. s. f. (lat. *claudere*, fermer). Liquide faisant

prise rapidement avec la terre, dont on se sert pour boucher les trous de mine.

CLODION *le Chevelu*, chef d'une tribu de Francs Saliens qui envahit la Gaule vers l'an 430. Fut battu par Aétius, mais resta maître du nord-est de la France.

CLODION (CLAUDE-MICHEL, dit), sculpteur français (1738-1814).

CLODIUS, tribun du peuple à Rome, tué par Milon (52 av. J.-C.).

CLODOMIR, fils aîné de Clovis et de Clotilde, roi d'Orléans en 511, tué à la bataille de Véséronce (524).

CLOËZ (FRANÇOIS-STANISLAS), chimiste français (1817-1883).

CLOISON. s. f. (lat. *clausus*, fermé). Espèce de petit mur peu épais, fait de bois ou de maçonnerie, et qui sépare les diverses pièces d'un appartement. *Leurs chambres sont séparées par une c. de briques.* — On dit quelquefois en Archit., *Mur de c.*, par opposit. à *Gros mur* et à *Mur de refend.* || T. Bot. Se dit des lames qui séparent en plusieurs loges la cavité de l'ovaire ou du fruit. || T. Anat. Toute partie qui divise en deux une cavité ou qui sépare une cavité d'une autre cavité. *La c. des ventricules du cœur. La c. des fosses nasales.* || Pièce de tôle réunissant le palastre et la couverture d'une serrure. || T. Exploit. min. *C. d'aérage*, Cloison établie dans une galerie pour diriger la circulation de l'air.

CLOISONNAGE. s. m. [Pr. *cloi-zo-naje*]. Tout ouvrage de cloison. || Se dit particulièrement d'une cloison de bois.

CLOISONNÉ, ÉE. adj. [Pr. *cloi-zo-né*]. T. Hist. nat. Qui a une ou plusieurs séparations dans son intérieur. *Coquillage cl. Tube cl. Filament cl.* || T. Techn. Se dit des objets émaillés dans lesquels les dessins sont formés par des bandelettes de métal soudées de champ sur le fond. || T. Miné. Se dit d'un terrain séparé en compartiments.

CLOISONNEMENT. s. m. [Pr. *cloi-zo-neman*]. T. Anat. État d'un organe creux partagé en deux parties par une cloison.

CLOISONNER. v. a. [Pr. *cloi-zo-ner*]. Séparer à l'aide de cloisons.

CLOÎTRE. s. m. (lat. *claustrum*, clôture). La partie d'un monastère où sont les cellules, et qui est faite en forme de galerie en carré, avec un jardin ou une cour appelée *Préau*, au milieu. — Par ext., se dit souvent pour monastère. *Se retirer dans un cl.* Voy. ABBAYE. || Enceinte de maisons où logeaient autrefois les chanoines des églises cathédrales ou collégiales. *Le cl. de Notre-Dame.* || T. Jardin. Espace carré bordé d'arbres ou de charmilles taillées en arcades et imitant un cl.

CLOÎTRER. v. a. (R. *cloître*). Contraindre à entrer dans un monastère, et à y prendre l'habit. *Il résolut de cl. sa fille.* || Par ext., Tenir enfermé. = SE CLOÎTRER. v. pron. Se retirer dans un couvent; et Fig. Se tenir renfermé chez soi. = CLOÎTRÉ, ÉE. part. *Religieuses cloîtrées*, Religieuses auxquelles il est interdit de sortir de l'enceinte de leur couvent.

CLOÎTRIER, ÈRE. s. (R. *cloître*). Religieux, religieuse fixés dans le monastère, à la différence de ceux qui ne font que passer, ou qui ont ailleurs un bénéfice où ils sont domiciliés.

CLONIQUE. adj. 2 g. (gr. χλόνος, agitation). T. Méd. Se dit des mouvements convulsifs. Voy. CONVULSION.

CLONISME. s. m. (gr. χλόνος, agitation). T. Méd. Mouvement convulsif.

CLOOTZ (ANACHARSIS), révolutionnaire français, d'origine prussienne, conventionnel, l'un des fondateurs du *Culte de la Raison*, périt sur l'échafaud (1755-1794).

CLOPÉE. s. f. T. Vétér. Maladie du mouton. On dit aussi *Clopin*.

CLOPÉMANIE. s. f. (gr. χλοπή, vol, larcin; μανία, folie). T. Méd. Penchant irrésistible à voler. On dit aussi *Cleptomanie*.

CLOPEUR. s. m. Outil de raffineur de sucre. On dit aussi *Clopeux*.

CLOPIN-CLOPANT. loc. adv. et fam. En clopinant.

CLOPINER. v. n. (bas-lat. *cloppus*, boiteux, du lat. *claudipes*, m. s.; ou du gr. χωλόπους, m. s.) Marcher avec peine et en clochant un peu. Fam.

CLOPINEUX, EUSE adj. Qui boite, qui clopine.

CLOPORTE. s. m. (lat. *claudere*, fermer, et *porc*, parce que ces animaux vivent dans des endroits fermés, et qu'on les nomme généralement d'un nom qui signifie *cochon :* ital. *porceletto;* normand, *truie*, c.-à-d. *truie*). T. Zool. Nom d'un crustacé isopode du genre *oniscus* (O. *Asellus*), vivant sous les pierres et dans les lieux humides. Voy. Isopodes. || Pop. Concierge, portier (clôt-porte).

CLOQUAGE. s. m. (R. *cloche*, ampoule). Se dit d'une boufissure qui se produit dans une couche de peinture.

CLOQUE. s. f. (même mot que *cloche*, dans le sens d'ampoule). T. Hortic. Espèce de maladie qui attaque les feuilles du pêcher, et qui est produite par l'*Exoascus deformans*, champignon Ascomycète de la famille des *Discomycètes. Les feuilles attaquées de la cl. ou, comme disent les jardiniers, cloquées, se replient sur elles-mêmes, se froncent, se rident, changent de couleur et forment une touffe de figure indéterminée.* || Nom donné chez les blanchisseurs de cire à un ruban de cire qui se forme en boudin, lorsque le cylindre n'est pas partout également chargé d'eau.

CLOQUER. v. n. (R. *cloche*, ampoule). Se boursoufler, en parlant des couches de peinture

CLOQUETIER. v. n. T. Tech. Morceau de bois avec lequel le briquetier attache l'archet qui lui sert à couper la terre.

CLORE. v. a. (lat. *claudere*). Fermer, faire que ce qui était ouvert ne le soit plus. *Cl. les passages. Cl. les yeux d'un homme mort ou mourant.* || Fig. *Cl. l'œil*, Dormir. *Cl. la bouche à quelqu'un*, L'empêcher de parler, ou le réduire à ne pouvoir répondre. == Enfermer et entourer, environner de haies, de murs, de fossés, etc. *Cl. un jardin, une ville. Cl. de haies, de murailles*, etc. || Fig. Arrêter, terminer. *Cl. un traité, un inventaire.* — Dans le langage des assemblées délibérantes, Déclarer terminé. *Cl. une discussion. Cl. un concile. Cl. une séance.* — Dans les tournois et les joutes, *Cl. le pas* signifiait : terminer le tournoi, de même que *Ouvrir le pas* signifiait : commencer le tournoi. == Clore. v. n. Se dit quelquefois à la troisième personne : pour fermer, faire que ce qui était ouvert ne le soit plus. *Cette porte ne clôt pas bien.* == Clos, ose. part. *J'ai trouvé porte close. Ville close.* || Fig., *Avoir les yeux clos*, Être mort. *Il n'eut pas sitôt les yeux clos que...* — *Un propriétaire est obligé de tenir son locataire clos et couvert*, Il est obligé d'entretenir son logement en bon état de clôture et de couverture. *Se tenir clos et couvert*, Se tenir en lieu de sûreté de peur d'être pris; se dit aussi pour être peu communicatif, cacher ses pensées et ses desseins. — *Nuit close*, Le moment où il commence à faire tout à fait nuit. *Nous arrivâmes à nuit close, à la nuit close.* || T. Tech. *Cl. une corbeille*, En serrer l'osier avec un outil spécial à cet usage. || T. Man. *Cheval cl. de derrière*, Cheval dont les jarrets sont trop rapprochés.

Conjug. — Le verbe *Clore* n'est usité, dit l'Académie, qu'aux 3 personnes du sing. du présent de l'ind., *Je clos, tu clos, il clôt;* au futur de l'indic., *Je clorai*, etc.; au condit., *Je clorais*, etc.; ainsi qu'aux temps composés : *J'ai clos, J'avais clos, J'aurai clos, J'aurais clos, Que j'aie clos, Que j'eusse clos.* Nous pensons, avec plusieurs grammairiens, que l'emploi de ce verbe aux autres personnes et autres temps n'aurait rien de choquant, et que, par conséquent, l'on pourrait dire : *Nous closons, je closais. Clos ce verger; Il faut que tu closes ton jardin.* Il est même regrettable que l'usage abandonne ces formes qui n'ont rien d'étrange.

Syn. — Fermer. — *Clore* indique quelque chose de plus vaste que *fermer.* Une ville est *close* de murailles, un jardin est *clos* de mur, un champ est *clos* de haies; un passage est *fermé*, des portes sont *fermées*, une trappe est *fermée*. On *ferme* ce qui est couvert ou creux. On *clôt* ce qui était tout découvert et sans enceinte. *Clore* indique quelque chose de plus rigoureux. Une fenêtre *fermée* peut n'être pas bien *close*. Le propriétaire d'une maison est obligé de tenir le locataire *clos* et couvert, c.-à-d. bien fermé de toutes parts. Quand on *ferme* la bouche à quelqu'un, il ne dit plus rien; quand on la lui *clôt*, il n'a plus rien à dire, il ne peut plus rien dire.

CLOS. s. m. (Part. passé du verbe *clore*, pour un espace *clos*). Espace de terre cultivé et fermé de murailles ou de haies, de fossés, etc.

CLOSEAU. s. m. (Dimin. de *clos*). Petit jardin de paysan, clos de haies.

CLOSERIE. s. f. (Dimin. de *clos*). Dans certaines provinces, petite exploitation rurale close, dont le tenant ne possède pas de bœufs de labour. || T. Tech. Petit ouvrage de vannerie.

CLOSET. s. m. (R. *clos*). Sorte de petit parc pour la pêche.

CLOSOIR. s. m. Outil de vannier. || Une des planches dont se compose le moule à construire en pisé.

CLOSSEMENT, CLOSSER. Voy. Gloussement, Glousser.

CLOSTERCAMP. Voy. Klostercamp.

CLOSTÈRE. s. m. (gr. χλωστήρ, fil, peloton). T. Bot. Genre d'Algues de la famille des *Conjuguées.* Voy. ce mot.

CLOSTRE. s. m. (lat. *claustrum*, cloison). T. Arch. Tuile demi-cylindrique dont on se sert pour remplir les balustrades.

CLOS-VOUGEOT, un des meilleurs vignobles de la Bourgogne, arr. de Beaune (Côte-d'Or).

CLOTAIRE Ier, 4e fils de Clovis, roi de Soissons (511), resta seul maître de tous les États francs en 558, et mourut en 561. || Clotaire II, fils de Chilpéric Ier et de Frédégonde, roi de Neustrie en 584, d'Austrasie en 613, mort en 628. || Clotaire III, fils aîné de Clovis II, roi de Neustrie en 656, mort en 670. || Clotaire IV, roi d'Austrasie de 717 à 720, sous la tutelle de Charles Martel.

CLOTHO. s. f. T. Mythol. La plus jeune des trois Parques, celle qui file le fil de la vie des hommes. Voy. Parque. || T. Zool. Genre d'*Araignées.* Voy. ce mot.

CLOTILDE (Sainte), fille de Chilpéric, roi des Burgondes, épousa Clovis Ier en 493, et mourut dans la retraite en l'année 545.

CLÔTURE. s. f. (lat. *claustrum*, m. s.). Enceinte de murailles, de haies, etc. *Faire une c. autour d'un parc. Mur de c.* || Fig., L'obligation où sont les religieuses de ne point sortir de leur couvent. *Faire vœu de c.* || Fig. Action d'arrêter, de terminer une chose, ou de déclarer qu'elle est terminée. *La c. d'un compte, d'un procès-verbal. La c. d'une assemblée, d'une discussion*, ou simplement, *La c.* || T. Féod. *Droit de c.*, Droit qu'avait le seigneur de faire clore ses vignes pour les faire entretenir par ses vassaux.

Légist. — Le Code civil, dans son article 647, reconnaît au propriétaire « le droit de clore son héritage ». Cette disposition n'était pas inutile en 1804, étant donné qu'avant la Révolution le droit de c. se trouvait entravé par suite du droit de chasse seigneurial, et des droits de « parcours » ou « vaine pâture ». Le droit de chasse a disparu avec les autres droits seigneuriaux; les droits de parcours ont été maintenus par notre code, dans le cas où ils sont fondés sur un titre ou un usage local immémorial ; dans ce cas, « le propriétaire qui veut se clore, perd son droit au parcours ou vaine pâture, en proportion du terrain qu'il y soustrait ». Il est bien entendu que le propriétaire, tout en exerçant son droit de clôture, doit respecter les servitudes légales ou conventionnelles établies sur son fonds, notamment les servitudes de passage, ou encore les servitudes spéciales établies dans les zones militaires

Mais le fait de se clore n'est pas seulement considéré par la loi comme une faculté pour le propriétaire : il peut devenir pour lui une obligation dans les deux cas suivants : 1° quand il s'agit de clôtures faisant séparation entre maisons, cours et jardins, dans les villes et faubourgs, chacun peut contraindre son voisin à contribuer aux constructions et réparations qu'elles entraînent (voy. Mur *mitoyen*); 2° en vertu du droit de police que leur confère la loi du 24 août 1790, les maires peuvent ordonner, dans l'intérieur des agglomérations, la clôture des terrains bordant la voie publique; d'autre part, quand une propriété sans clôture est susceptible de servir de refuge aux malfaiteurs, les magistrats de police ont le droit de forcer le propriétaire à se clore, ou de faire faire d'office la clôture à ses frais.

La loi réprime très sévèrement toute atteinte portée au droit de c.; le fait de détruire une c. quelconque entraîne une amende de 50 francs au moins et un emprisonnement de un mois à un an. De plus, le bris, la dégradation ou l'escalade de clôtures constituent, en cas de vol, des circonstances aggravantes et sont de nature à transformer en *crime*, aux yeux de la loi, un simple *délit*.

CLÔTURER. v. a. (R. *clôture*). Arrêter un compte, un inventaire. En style parlementaire, *C. les débats.* || Fermer, entourer de clôtures.

CLÔTURIER. s. m. Vannier qui ne fait que de l'ouvrage battu.

CLOU. s. m. (lat. *clavus*, m. s.). Petit morceau de fer ou d'autre métal, qui a une pointe et ordinairement une tête, et qui sert à attacher ou à pendre quelque chose. *Attacher avec des clous. Ficher, cogner, enfoncer un c. River, rabattre un c. — Cela ne tient ni à fer ni à c.*, Cela est mal attaché, se dit aussi d'une chose qui sert à meubler une maison, mais qui n'est point scellée dans la muraille. Fig. et fam., on dit aussi, *Cette affaire ne tient ni à fer ni à c.*, Elle n'est pas solidement faite. — *Il ne manque pas un c. à cette maison*, Il n'y manque rien. — *Cela ne vaut pas un c. à souffler*, Cela n'a aucune espèce de valeur. || Fig. et prov., *Compter les clous de la porte*, Attendre longtemps à une porte. *Être gras comme un cent de clous*, Être fort maigre. *Un c. chasse l'autre*, Une nouvelle passion, un nouveau goût en fait oublier un autre; se dit aussi des personnes. *Cet intrigant a obtenu la place de son protecteur : un c. chasse l'autre.* || T. Mar. *Clous à manger*, Clous dont on garnissait un navire pour le cuirasser. || T. Min. Amas de pierres dans une veine de charbon de terre. || T. Typog. *Têtes de clous*, Mauvais caractère d'imprimerie. || T. Pharm. *C. fumant*, Préparation résineuse que l'on fait brûler auprès des malades. || T. Techn. *Clous à river*, Gros clous sans pointe dont se servent les chaudronniers. || Argot de théâtre. La scène à effet. || T. Bot. *C. de Girofle*, Bouton à fleur du Giroflier employé comme arome en cuisine. Voy. Myrtacées. || T. Méd. Sorte d'abcès. Voy. Furoncle. — *C. hystérique*, Douleur vive en un point circonscrit de la tête. Voy. Hystérie. || T. Art vétér. *C. de rue*, Sorte d'abcès qui survient chez les chevaux, les bœufs, etc., lorsqu'on le leur a percé le pied. *Mon cheval a pris un c. de rue*, ou simplement *un c.* || T. Pharm. *C. fumant*, Préparation à base de charbon, de benjoin et d'autres essences, qu'on emploie pour faire des fumigations aromatiques ou désinfectantes.

Techn. — Les clous, suivant l'usage auquel on les destine, varient singulièrement de forme et de dimensions. Ainsi l'on distingue les clous à bateaux, les clous à tapissiers, les clous à souliers, les clous à ardoises, les clous à lattes, les clous à roues, etc. Il y a aussi des clous rivets, des clous sans tête, des clous à vis, etc. En général, tous se font avec du fer; mais on les divise encore, d'après le procédé employé pour leur fabrication, en clous forgés, clous d'épingle ou pointes, clous découpés et clous fondus.

Les *Clous forgés* se fabriquent avec du fer en verge, c.-à-d. avec des baguettes de fer de première qualité. La forge est établie au milieu de l'atelier et disposée de manière que plusieurs ouvriers puissent se placer autour d'elle. Chacun d'eux a toujours plusieurs verges à sa disposition, afin que les autres chauffent pendant qu'il en travaille une. Quand la verge est chauffée à blanc, il la saisit avec la main gauche, et façonne rapidement la pointe, à l'aide d'un marteau, sur une petite enclume appelée *Tas* ; puis il étire la tige, et la coupe en la plaçant sur un ciseau fixé au tas et en frappant dessus, mais de manière à ne pas la séparer entièrement de la verge. Alors il introduit le c. à demi façonné dans une sorte de moule ou de calibre en fer aciéré, que l'on appelle *Clouière* ou *Cloutière*. Ce moule est percé d'un trou en rapport avec l'espèce de c. que l'on veut obtenir, et son épaisseur totale est moindre que la longueur du c., afin que la pointe de celui-ci dépasse toujours un peu en dessous. Aussitôt que le c. est introduit dans la cloutière, l'ouvrier le détache de la verge en imprimant à cette dernière un simple mouvement de torsion, et il termine l'opération en façonnant la tête à coups de marteau.

Le c. achevé, il le fait sortir de la cloutière en lui donnant un léger coup de bas en haut, et aussitôt il en commence un autre. Un bon cloutier fait ordinairement 4 ou 2 clous par chaude, c.-à-d. 45 et 20 par minute, suivant la grosseur. Il existe aujourd'hui un assez grand nombre de machines de dispositions diverses qui effectuent rapidement et automatiquement toutes ces opérations. La verge chaude est placée par l'ouvrier sur une glissière animée d'un mouvement de va-et-vient, qui l'entraîne d'abord vers un outil tranchant qui la sépare en deux, et ensuite vers les appareils compresseurs, sortes de *sonnettes*, qui façonnent la pointe ou la tête d'un seul coup. — Les clous employés dans le ferrage des chevaux présentent une forme particulière, qui a rendu assez difficile l'établissement des machines destinées à les confectionner. Cependant, ces machines existent et peuvent débiter jusqu'à 12,000 clous à l'heure.

Les *Clous d'épingles*, appelés vulgairement *Pointes de Paris*, se font à la mécanique ou à la main; le premier procédé est de beaucoup le plus employé. Le second comprend quatre opérations : 1° on coupe les fils de fer en bouts de 6 à 7 décim. de longueur, c.-à-d. on les dresse au marteau ; 2° on les aiguise par leurs extrémités sur une meule pour former les pointes; 3° on les coupe par leur milieu à l'aide d'une cisaille, de façon que chaque morceau de fil de fer forme deux clous; 4° on fait les têtes. Pour cela, on place les clous ébauchés dans un étau au-dessus duquel on laisse dépasser une longueur de fer suffisante, puis, d'un seul coup de marteau, on rabat et on aplatit cette extrémité. — Les machines qui servent à fabriquer les pointes effectuent toutes ces opérations avec une grande régularité. La pointe est formée par deux couteaux mus par des excentriques, qui coupent le fil de fer sous un angle très aigu en même temps qu'une étampe vient former la tête par refoulement. On est arrivé ainsi à fabriquer très économiquement des clous de modèles très variés, d'une exécution parfaite, qui remplacent, avec avantage, les petits clous forgés d'autrefois.

Les *Clous découpés* se font avec de la tôle douce d'épaisseur convenable. On divise cette tôle en bandes parallèles d'une largeur égale à celle des clous. Ensuite, au moyen d'une machine appropriée, consistant principalement en deux cylindres roulants, qui amènent la tôle au-dessous de découpoirs et qui sont mus par des excentriques, on découpe ces bandes en petits coins qui ont alternativement leur pointe d'un côté, puis de l'autre. D'autres découpoirs perpendiculaires aux premiers, enlèvent les bavures. Les clous sont achevés à la lime et, enfin, on les introduit, avec du grès et du gravier, dans un tonneau auquel on imprime un mouvement de rotation très rapide, ce qui fait disparaître une partie des aspérités produites par le découpage.

Les *Clous en fonte de fer* se moulent dans le sable d'après les procédés en usage pour les autres produits des fonderies. Comme ils sont très cassants au sortir du moule, on les fait recuire. On les polit ensuite au moyen du tonneau dont nous venons de parler. Enfin, on les blanchit en les jetant dans un bain d'étain. Cette sorte de clous est très peu répandue chez nous, parce que la matière première y est trop chère. Il en est autrement en Angleterre, où l'on a trouvé le moyen de faire des clous en fonte tellement douce, qu'on peut les plier en tous sens sans les rompre.

Clous des tapissiers. — Ces clous, à tête sphérique, étaient autrefois fabriqués en cuivre et fondus. Aujourd'hui ils sont fabriqués à froid par une machine qui ajoute une pointe en fer à une tête hémisphérique en cuivre. L'opération se fait en deux phases, de sorte que la machine se compose en réalité de deux machines distinctes. D'abord les fils de fer sont introduits dans une espèce de laiton qui est ensuite découpé en même temps que les découpoirs façonnent la pointe du c., puis le laiton est découpé. Ensuite, chaque morceau de laiton, muni de sa pointe, passe sous un estampoir spécial, qui l'emboutit en lui donnant la forme sphérique, et achève de sortir le fer dans la tête.

Clous en laiton, en cuivre. — Ces clous sont fabriqués à peu près comme les pointes de Paris; ils sont employés dans quelques travaux de tapisserie, gainerie, etc., et dans la construction des embarcations de luxe, les clous en fer ayant l'inconvénient de se rouiller à l'humidité et de déterminer ainsi la pourriture du bois.

CLOUAGE. s. m. Action ou manière de clouer.

CLOUD (Saint) ou **CLODOALD**, petit-fils de Clovis, se retira en 551 dans un couvent.

CLOUÉ, vice-amiral français (1817-1892).

CLOUER. v. a. Attacher avec un clou, avec des clous. *C. une caisse. C. des planches, des ardoises.* — Par ext., Maintenir une chose dans une certaine position, d'une manière quelconque. *Il le saisit à la gorge et le tint cloué contre la muraille.* || Fig. et fam., Obliger quelqu'un à rester dans un lieu, dans une certaine position. *Son emploi le cloue à Paris. Ma maladie me cloua dans mon lit.* || T. Mar. *C. son pavillon,* Le fixer au mât du navire. == Cloué, ée. part. || Fig. et fam., on dit qu'*Un homme est cloué dans une maison, auprès de quelqu'un,* etc., pour dire qu'il n'en bouge pas; qu'*Il est cloué sur sa besogne, sur ses livres, à son bureau,* etc., pour dire qu'il est toujours à travailler; qu'*Il est cloué sur son cheval,* pour dire qu'il s'y tient très ferme et ne quitte point la selle.

CLOUÈRE. s. f. Voy. CLOUTIÈRE.

CLOUET. s. m. T. Techn. Petit ciseau de tonnelier.

CLOUET (Jean), peintre du roi François Ier, m. en 1541. || Son fils François, dit Jehannet, fut peintre de François Ier et de ses trois successeurs. Il mourut vers 1572.

CLOUIÈRE. s. f. Voy. CLOUTIÈRE.

CLOUTER. v. a. Garnir de clous. Se dit seulement en parlant de ces petits clous d'or ou d'argent dont on orne les boîtes, les tabatières, etc. — *C. un carrosse,* Garnir l'impériale d'un carrosse de plusieurs rangs de gros clous bronzés, pour un deuil de cour. *Il n'y a que le roi et la famille royale qui fassent c. leurs carrosses.* == Clouté, ée, part.

CLOUTÈRE. s. f. Voy. CLOUTIÈRE.

CLOUTERIE. s. f. Fabrique de clous; commerce de clous.

CLOUTIER. s. m. Celui qui fait ou vend des clous.

CLOUTIÈRE. s. f. T. Techn. Sorte de moule en fer servant à la fabrication des clous. On dit aussi *clouère, clouière, clouère, clouvière.* Voy. CLOU.

CLOUURE. s. f. Endroit où un clou est enfoncé. Emploi des clous.

CLOUVIÈRE. s. f. Voy. CLOUTIÈRE.

CLOVIS Ier ou **HLODWIG**, fils de Childéric Ier et de Basine, roi des Francs Saliens de Tournai, en 481, vainquit près de Soissons le général romain Syagrius (486), épousa Clotilde, remporta sur les Alamans la victoire de Tolbiac (496), se convertit au christianisme, vainquit et tua Alaric II, roi des Visigoths, à Vouillé (507), et fonda le royaume des Francs; mort en 511. == Clovis II, fils de Dagobert, roi de Neustrie en 638, d'Austrasie en 650, mort en 656. == Clovis III, fils de Thierry III, régna sous le maire Pépin d'Héristal, de 691 à 695.

CLOVISSE. s. f. T. Zool. Nom donné en Provence à la *Venus virginea,* et à la *Venus decussata,* coquillages comestibles très abondants et fort estimés.

CLOWN. s. m. [Pr. cloun]. Mot anglais qui sign. bouffon, paillasse, et qui est usité en français dans le même sens.

CLOYÈRE. s. f. (R. *claie,* autrefois *cloie*). Espèce de panier dans lequel on apporte les huîtres. || Le nombre d'huîtres que contient un de ces paniers.

CLOYES, ch.-l. de c. (Eure-et-Loir), arr. de Châteaudun, 2,400 habitants.

CLUB. s. m. [Pr. *clube,* le mot étant francisé] (angl. *club,* m. s.). Association de personnes qui s'assemblent régulièrement dans un lieu fixe. *Le c. des échecs, le Jockey-C.,* le *C. Alpin.* Voy. CERCLE. — S'est dit, surtout pendant la Révolution, des sociétés qui se réunissent pour discuter sur les affaires publiques. *Le c. de la Réforme. Le c. des Jacobins, des Feuillants,* etc.

CLUBIONE. s. f. T. Zool. Genre d'aranéides, du sous-ordre des dipneumes, tribu des *Tubitelariæ,* famille des *Drassides.* Les clubiones ont huit yeux; ceux du milieu sont les plus grands; les quatre postérieurs sont plus rapprochés. Les pattes antérieures sont plus longues que les autres. V. ARAIGNÉES.

CLUBIQUE. adj. 2 g. Qui a rapport aux clubs.

CLUBISTE. s. m. Membre d'un club politique. Ne se dit guère qu'en mauvaise part.

CLUDEN. s. m. [Pr. *klu-dènn*] T. Antiq. Poignard employé par les anciens sur le théâtre, et dont la lame rentrait dans le manche par la pression sur la pointe.

CLUNACULUM. s. m. (Mot latin). T. Antiq. rom. Poignard employé par les soldats romains.

CLUNÉSIE. s. f. T. Méd. (lat. *clunis,* fesse). Abcès à la fesse. Phlegmon à l'anus. Ious.

CLUNIPÈDE. s. m. (lat. *clunis,* fesse; *pes,* pied). T. Ornith. Nom donné aux oiseaux qui, comme les plongeurs, ont les pieds en arrière du corps.

CLUNY, ch.-l. de c. (Saône-et-Loire), arr. de Mâcon, 4,100 hab. Ancienne abbaye célèbre de Bénédictins fondée en 910, par Guillaume, comte d'Auvergne. == Nom des hab. : CLUNISOIS, OISE.

CLUNY (Musée de), beau musée de Paris établi dans l'ancienne abbaye des religieux de Cluny, où l'on conserve de remarquables collections d'objets de toutes sortes : armes, meubles, poteries, vêtements, etc., appartenant surtout aux XIVe, XVe et XVIe siècles, quoiqu'il y en ait de plus anciens et de plus récents. Ce musée comprend les ruines d'un ancien palais romain, connu sous le nom de palais des Thermes de l'empereur Julien.

CLUPES. s. m. pl. (lat. *clupea,* alose). T. Icht. Le genre Clupe (*Clupea*) est le type de la famille des clupéides, du groupe des physostomes abdominaux, de la sous-classe des poissons osseux téléostéens; c'est dans cette famille que prend place le hareng (*Clupea harengus*). D'une part les clupes se distinguent des salmonides par l'absence de nageoire adipeuse; de l'autre, ils diffèrent des cyprinoïdes, des ésoces et des siluroïdes par leur mâchoire supérieure, qui est formée, comme chez les saumons, par de petits intermaxillaires sans pédicule, et sur les côtés par des maxillaires. En outre, leur corps est comprimé et très écailleux, avec des écailles grandes et généralement peu adhérentes; le ventre est souvent tranchant; la vessie natatoire manque rarement; l'estomac est allongé, et le pylore entouré d'un grand nombre de cæcums. Cette famille comprend un assez grand nombre de genres dont les plus intéressants sont le genre *Hareng* et le genre *Anchois.* Mais ces deux genres étant, à cause de leur importance, l'objet d'articles spéciaux, nous ne parlerons ici que de quelques autres.

Le genre *Notoptère* (*Notopterus*) longtemps placé parmi les gymnotes, ne renferme qu'une espèce, le *Notop. Kapirat,* qu'on trouve aux Indes, dans les étangs d'eau douce. — Les *Thrysses* (*Thryssa*) n'ont été encore rencontrés qu'aux Indes orientales. — Les *Mégalopes* (*Megalops*) ressemblent aux harengs par leur forme générale, mais leur ventre n'est point tranchant, leur corps n'est pas comprimé; enfin, le dernier rayon de leur dorsale, même de leur anale, se prolonge en filet. On en connaît trois espèces : le *Még. filament* ou *filamenteux,* appelé aussi *Cailleu-tassart;* le *Még. nasique,* qui tous deux habitent les Indes orientales, et le *Még. gigantesque,* qui habite l'Amérique. Ce dernier, qu'on désigne vulgairement sous les noms de *Savalle* ou d'*Apalike,* atteint jusqu'à 4 mètres de longueur. Sa chair est grasse, pesante et de difficile digestion. — Les *Elopes* (*Elops*) et les *Butyrins* (*Butyrinus*) ont le corps long et arrondi, et la bouche peu fendue : ils ne diffèrent que par le nombre des rayons à la membrane des ouïes ; les premiers en ont jusqu'à 30, et les seconds 12 ou 13. Les élopes et les butyrins habitent les deux Océans. Ils sont argentés, assez grands, et donnent de bon bouillon. — Le genre *Chirocentre* (*Chirocentrus*) a été créé pour une seule espèce, l'*Esoce chirocentre*, remarquable par son corps long et comprimé, son ventre tranchant et non dentelé, et ses pectorales longues et pointues que soutient un rayon externe très dur. Ce poisson est commun dans toutes les mers des Indes. Sur les marchés de l'île Maurice, on lui donne les noms de *Sabre* et de *Sabran*. Le genre *Alose* (*Alosa*) est caractérisé par la mâchoire supérieure qui seule est garnie de dents fines et pointues. Les intermaxillaires sont profondément incisés. Le bord neutral tranchant est denté en scie. L'alose vulgaire quitte la mer à l'époque du frai et remonte les fleuves. Elle peut atteindre jusqu'à trois pieds de long.

CLUSE. s. f. T. Fauconn. Cri employé par le fauconnier pour faire agir les chiens quand la perdrix se cache dans un buisson. || Porte fortifiée qui ferme un défilé.

CLUSER. v. a. T. Vèner. *C. la perdrix*, Exciter les chiens à la faire sortir du buisson.

CLUSES, ch.-l. de c. (Haute-Savoie), arr. de Bonneville. 2,100 hab.

CLUSIA. s. m. (R. *de l'Écluse*, nom d'un botaniste français plus connu sous le nom de *Clusius*). Genre de plantes de la famille des *Clusiacées*. Voy. ce mot.

CLUSIACÉES. s. f. pl. (R. *clusia*). T. Bot. Famille de végétaux Dicotylédones de l'ordre des Dialypétales supérovariées méristémones à carpelles clos.

Caract. bot. : Arbres ou arbustes quelquefois parasites, exsudant un latex résineux ou gommeux, souvent jaune. Feuilles dépourvues de stipules, opposées, coriaces, entières, avec la nervure médiane très prononcée. Fleurs ordinairement nombreuses, axillaires ou terminales, blanches, roses ou d'un rouge foncé, articulées avec leur pédoncule, hermaphrodites ou le plus souvent unisexuées par avortement. Sépales au nombre de 2, 4, 5, 6 ou 8, imbriqués par paires alternes, ordinairement persistants, arrondis, membraneux, souvent inégaux et colorés comme les pétales. Pétales hypogynes, égaux en nombre aux sépales, passant quelquefois aux sépales par une transition insensible. Étamines nombreuses, tantôt distinctes, tantôt réunies en un ou plusieurs faisceaux, hypogynes, rarement en nombre déterminé. Filets de longueurs différentes ; anthères adnées, introrses ou extrorses, s'ouvrant quelquefois transversalement ou par un pore au sommet, parfois très petites, parfois même plongées dans un réceptacle charnu. Disque charnu, quelquefois à 5 lobes. Ovaire supère, à un ou plusieurs loges ; ovules solitaires, orthotropes ou anatropes, droits ou ascendants, ou bien nombreux et attachés au placenta central ; style nul ou très court ; stigmate pelté ou rayonné. Le fruit est une baie, une drupe, ou une capsule septicide. Graines fréquemment logées dans une pulpe, revêtues d'une peau mince et membraneuse, toujours dépourvues d'ailes, très souvent munies d'un arille ; albumen nul ; embryon droit ; cotylédons épais, non séparables ; radicule tournée vers le hile, ou bien en sens contraire. (Fig 1. *Arrudea clusioides*. — 2. *Garcinia Morella*. Fleur femelle avec les étamines stériles entourant le pistil ; 3. Fleur mâle ; 4. Anthère à déhiscence transversale ; 5. Ovaire coupé transversalement.)

La famille des *Clusiacées*, que beaucoup de botanistes désignent sous le nom de *Guttifères*, comprend 24 genres et 230 espèces, dont la plupart appartiennent à l'Amérique méridionale ; toutes sont essentiellement propres à la flore des tropiques. On en rencontre quelques-unes à Madagascar et sur le continent africain. Elles croissent habituellement dans des lieux à la fois humides et excessivement chauds.

Les différentes espèces de Cl. sécrètent une gomme-résine, jaune, âcre et purgative. L'une de ces sécrétions est connue dans le commerce sous le nom de *Gomme-gutte* ; on s'en sert dans la peinture ainsi qu'en médecine. A dose un peu élevée, elle est un purgatif violent et dangereux. La meilleure gomme-gutte vient de Siam ; on nous l'apporte sous forme de bâtons. On sait aujourd'hui qu'elle provient du *Garcinia Morella*, var. *pedicellata*. On trouve encore dans le commerce la *Gomme-gutte de Ceylan* rapportée au *Garcinia Cambogia* et la *Gomme-gutte du Mysore* fournie

par le *Garc. pictoria*. Quant au suc que fournit le *Xanthochymus pictorius*, il est de qualité tout à fait inférieure. — On extrait une huile grasse des graines du *Calophylle inophylle* (*Calophyllum inophyllum*), et ses racines exsudent une oléo-résine regardée, par quelques auteurs, comme identique avec la résine *Tacamaque de Bourbon*. La vraie

Tacamaque des Indes orientales provient du *Caloph Calaba*, qui fournit aussi la résine *Maynas*. Selon Martius, le *Caloph. du Brésil* donne également une résine âcre, mais aromatique, qui a une odeur de citron. L'arbre qui produit la *Gomme à cochon* de la Jamaïque est, d'après Bancroft, une Clusiacée voisine des genres *Ochrocarpus* et *Garcinia*. C'est une substance résineuse qui brûle avec fumée, en répandant une odeur aromatique agréable. Macfagden la croit identique avec celle qu'on nomme au Brésil *Mani* ou *Canari*, et en conséquence il pense qu'elle provient du *Moronobea coccinea*, qui produit cette dernière sorte de résine. Aux Indes occidentales, où l'on en fait une grande consommation, on l'emploie aux mêmes usages que la poix. On l'administre quelquefois sous forme de pilules, comme succédanée du baume de Copahu. Endlicher, au contraire, croit que la Gomme à cochon de la Jamaïque est fournie par le *Clusia flava*. Le *Baume de Marie* est produit par le *Verticillaria acuminata*. Un grand nombre d'autres espèces de la famille, telles que le *Brindonier* (*Brindonia indica*), le *Rheedia lateriflora*, etc., donnent des substances résineuses analogues. Aux Antilles, le suc du *Mammea americana*, appelé vulgairement *Abricotier d'Amérique* ou de *Saint-Domingue*, est employé pour détruire les Chiques (*Pulex penetrans*). C'est encore à la famille des Clusiacées qu'appartient l'*Arbre à beurre* ou *Arbre à suif* de Sierra-Leone (*Pentadesma butyracea*), qui doit son nom au suc jaune et graisseux qui sort du fruit lorsqu'il est coupé et que l'on nomme *Beurre de Kanya*. La fleur du *Clusia insignis* laisse écouler de son disque et de ses étamines une quantité considérable de résine, à tel point que Martius dit avoir obtenu de deux fleurs seulement trente grammes de cette substance. Les femmes, au Brésil, emploient cette résine, broyée avec du beurre de cacao, comme un topique efficace contre les gerçures du sein. Quelques arbres de la famille sont précieux pour la qualité de leur bois. C'est encore le *Calophyllum angustifolium* qui fournit ces espars droits appelés *Péon* à Pinang et dans les îles à l'est du golfe de Bengale. Le bois des arbres du genre *Mesua* est remarquable par son extrême dureté : aussi lui donne-t-on vulgairement le nom de *Bois de fer*. Les racines et l'écorce des *Mesua* sont amères, aromatiques et douées de propriétés sudorifiques prononcées; leurs feuilles sont mucilagineuses; leur fruit, avant sa maturité, est aromatique, âcre et purgatif; enfin les boutons de fleur du *Mesua ferrea* se vendent sur les marchés de l'Inde, sous le nom de *Naghesur*. Ils sont recherchés pour leur odeur aromatique, et on leur attribue aussi des propriétés médicinales. Un petit nombre de *Clusiacées* produisent des fruits délicieux et figurent avec honneur au dessert sous les latitudes tropicales. La *Pomme Mammi* ou *Abricot sauvage* de l'Amérique du Sud, qui est le fruit du *Mammea Americana*, rivalise, dit-on, avec la *Mangouste*; ses graines sont vermifuges; ses fleurs donnent, par distillation, une liqueur spiritueuse aromatique, nommée aux Antilles *Eau de Créole*. La sève fermentée du même végétal constitue une liqueur vineuse agréable. Les baies volumineuses du *Platonia insignis*, appelé *Pacoury-uva* par les Brésiliens, sont douces et excellentes; les graines qu'elles renferment ont la saveur de l'amande. La *Mangouste* elle-même est le fruit du *Mangoustan (Garcinia Mangostana)*, arbre commun dans les Moluques et dans les contrées voisines du détroit de Malacca. Elle a la réputation d'être le plus délicieux de tous les fruits; elle ressemble à une Orange de moyenne grosseur; son péricarpe forme une sorte d'écorce spongieuse qu'on regarde comme astringente et vermifuge, et qu'on emploie, dans la Chine, pour la teinture en noir. La chair renfermée sous cette écorce est blanche, molle et très fondante, d'une saveur sucrée, accompagnée d'une légère acidité et d'une odeur qui rappelle celle de la Framboise. On croit généralement que le *Garc. Mangostana* ne peut pas croître hors d'une atmosphère à la fois très chaude et très humide; toutefois, d'après le docteur Wight, elle aurait été introduite dans les jardins de Courtallum, où elle aurait commencé à porter fruit en 1840. Le fruit du *Garc. pedunculata* se rapproche, dit-on, de celui du *Garc. Mangostana*; mais ceux du *Garc. Kydiana* et du *Garc. cornea* sont bien inférieurs. Le bois de ce dernier est appelé *Bois de corne*, à cause de sa dureté et de sa transparence. Le fruit rouge et épineux du *Brindonier*, réduit en gelée ou en sirop, est fort recherché dans l'Inde; on l'emploie avec succès dans les fièvres aiguës.— Comme plantes d'ornement, on cultive, dans les serres chaudes d'Europe, plusieurs espèces de *Clusiacées*, mais surtout la *Clusia rosea*, appelé vulgairement *Figuier maudit* à Saint-Domingue, qui est remarquable par ses grandes et belles fleurs roses.

CLUSIUM, v. de l'Italie ancienne (Étrurie), aujourd'hui *Chiusi*.

CLUTE. s. m. T. Minér. Houille belge de qualité inférieure.

CLUYTEA. s. f. T. Bot. Genre de plantes de la famille des *Euphorbiacées*. Voy. ce mot.

CLYDE, rivière d'Écosse, arrose Glasgow, 160 kil.

CLYDONITIDES. (gr. κλυδώνιον, petite vague). T. Paléont. Zool. Groupe de mollusques céphalopodes de la famille des *Ammonites* (voy. ce mot), caractérisés par une chambre d'habitation courte, à ligne suturale ondulée, à lobes et selles simples, dentés très faiblement ou même pas du tout.

Ces ammonites étaient surtout abondantes à l'époque triasique. Le genre *Rhabdoceras* dont on ne connaît qu'une espèce du Trias des Alpes était remarquable par sa coquille allongée, cylindrique, annelée obliquement.

CLYMÉNIIDES. (R. *Clymène*, nom myth.). T. Paléont. Zool. Mollusques céphalopodes de la famille des *Ammonitides* (Voy. ce mot), caractérisés par une coquille discoïde, à siphon étroit, interne. Les espèces du genre *Clymenia* sont spéciales au dévonien et caractérisent même une couche du dévonien supérieur qu'on nomme calcaire à *Clymenia*.

CLYPÉASTROÏDES. s. m. pl. (lat. *clypeus*, bouclier; *aster*, étoile). T. Zool. Ordre d'oursins irréguliers et déprimés, en forme de bouclier, à bouche centrale, pourvue d'un appareil dentaire, à rosette ambulacraire à cinq pétales autour du pôle apical et à anus excentrique. Voy. ÉCHINODERMES.

CLYPÉIFORME. (lat. *clypeus*, bouclier; *forma*, forme). T. Hist. nat. Qui a la forme d'un bouclier.

CLYPÉOLE. s. f. (lat. *clypeolum*, petit bouclier, dimin.

de *clypeus*). T. Bot. Genre de plantes de la famille des *Crucifères*.

CLYPTACE. adj. (lat. *clypeus*, bouclier). T. Hist. nat. Garni d'une pièce en forme de bouclier.

CLYSMIEN, ENNE. adj. (gr. κλυσμός, lavage). T. Géol. Qui est le produit d'un transport opéré par les eaux.

CLYSO-INJECTEUR. s. m. Sorte de clysoir pour injections.

CLYSOIR. s. m. (gr. κλύζω, je lave). T. Méd. Le *Clysoir* est un instrument destiné, comme la seringue, à administrer des lavements. Il consiste en un simple tube flexible et imperméable, long de 1 mètre environ. Son extrémité supérieure est évasée en forme d'entonnoir, tandis que l'autre se termine par une canule. Pour s'en servir on le dispose de façon que l'orifice évasé se trouve à une certaine hauteur au-dessus du malade, et le liquide versé dans cet orifice pénètre dans les intestins en vertu de la même loi qui fait monter l'eau dans les jets d'eau. Le clysoir proprement dit est, comme la seringue, presque entièrement abandonné aujourd'hui; on lui préfère l'*irrigateur* et les *injecteurs*. Voy. ces mots. Cependant l'appareil dont on se sert pour le lavage de l'estomac est un véritable *clysoir*.

CLYSOPOMPE. s. m. (gr. κλύζω, je lave, et *pompe*). T. Méd. Appareil destiné à administrer les lavements. Il consiste essentiellement en un petit corps de pompe aspirante et foulante, qui s'adapte à un vase dans lequel on verse le liquide à injecter. A ce corps de pompe, qui est habituellement en étain, est ajusté un tuyau de caoutchouc que termine une canule. Quand on veut en faire usage, on soulève le piston qui fait entrer le liquide dans le corps de pompe, puis on l'abaisse, ce qui le refoule dans le tube de caoutchouc. Comme la seringue et le clysoir, le clysopompe est avantageusement remplacé par les *injecteurs* et les *irrigateurs*. Voy. ces mots.

CLYSTÈRE. s. m. (lat. *clyster*; gr. κλυστήρ, m. s., de κλύζω, je lave.). Injection dans le rectum d'eau chargée ou non d'un médicament. Voy. LAVEMENT.

CLYSTÉRISATION. s. f. [Pr. ...sion]. Action de clystériser. Peu us.

CLYSTÉRISER. v. a. Administrer un clystère. Peu us.

CLYTEMNESTRE, fille de Tyndare et de Léda, épouse d'Agamemnon, mère d'Oreste, d'Électre et d'Iphigénie, assassina son époux à l'instigation d'Égisthe, et fut tuée par son fils Oreste.

CLYTIE, nymphe, fille de l'Océan et de Thétys (Myth.).

CLYTIE. s. f. T. Entom. Genre d'insectes Diptères que l'on rencontre en été sur les fleurs des Ombellifères.

CLYTUS. s. m. (gr. κλυτός, retentissant). T. Entom. Genre de coléoptères du groupe des cryptopentamères et de la famille des cérambicydes. Les antennes, au lieu d'être longues comme dans la plupart des autres genres de cette famille, qui, à cause de ce caractère, porte aussi le nom de famille des Longicornes, sont remarquablement courtes; elles dépassent rarement la moitié de la longueur du corps. Le prothorax, globuleux, est élargi sur les côtés, sans toutefois présenter d'épines ou de tubercules. Les cuisses sont légèrement renflées en massue, et les postérieures sont plus longues que les autres. Ce genre est très répandu, et si les espèces qui le composent offrent peu de variété dans leur coloration, elles ont cependant un nombre considérable de variations dans les dessins qui ornent les élytres, le prothorax et la tête. Ces insectes produisent un cri particulier par le frottement du prothorax.

CNAZON. s. m. (lat. *cnazo*, m. s.). T. Ant. rom. Aiguille dont les femmes se servaient pour démêler leurs cheveux.

CNEF. s. m. Nom d'un dieu créateur chez les Égyptiens : il portait dans la bouche un œuf symbolisant le monde.

CNÉMIDE. s. f. (gr. κνημίς, κνημῖδος, m. s.). T. Antiq. Bottine défensive portée par les soldats grecs.

CNÉMIDOSTACHYS. s. m. [Pr. *knémido-sta-kis*] (gr. κνημίς, bottine; στάχος, épi). T. Bot. Genre de plantes de la famille des *Euphorbiacées*. Voy. ce mot.

CNEORUM. s. m. [Pr. *kné-ô-rome*] (gr. κνέωρος, m. s.). T. Bot. Genre de plantes de la famille des *Rutacées*. Voy. ce mot.

CNESTIS. s. m. (gr. κνεστιάω, je démange). T. Bot. Genre d'arbrisseaux de la famille des *Connarées*. Voy. ce mot.

CNICUS. s. m. (gr. κνῆκος, chardon). T. Bot. Genre de plantes de la famille des *Composées*, tribu des *Liguliflores*, dont la principale espèce est connue sous le nom de *Chardon bénit*. Voy. COMPOSÉES.

CNIDAIRES. s. m. pl. (gr. κνίδη, ortie; ἄκρος, pointu). T. Zool. Les c. forment le deuxième sous-embranchement des *Cœlentérés*. Voy. ce mot. Ce sont en somme les cœlentérés proprement dits. Leur corps est constitué par un tissu cellulaire consistant; ils ont une cavité centrale digestive en cul-de-sac s'ouvrant au dehors par un orifice ou bouche, servant en même temps d'anus. Il n'y a pas de pores pour l'introduction de l'eau comme chez les spongiaires. Il existe des membres souvent réduits à leur extrême simplicité. On trouve dans les téguments des organes urticants appelés cnidoblastes ou nématocystes, constitués par une vésicule terminée par un long filament à la base duquel se voient de petits crochets. A la volonté de l'animal, la vésicule peut se gonfler; le filament devient rigide, et peut s'enfoncer dans les téguments de la victime en y versant une goutte d'un liquide vénéneux. On les divise en deux grandes classes : les CORALLIAIRES et les HYDROMÉDUSES. Voy. ces mots.

CNIDE, v. anc. de Carie (Asie Mineure).

CNIDOBLASTE. s. m. (gr. κνίδη, ortie; βλάστη, bourgeon). T. Zool. Cellule urticante située dans l'ectoderme des cœlentérés.

CNIDOSCOLUS. s. m. (gr. κνίδη, ortie; σκόλοψ, pointe). T. Bot. Genre de plantes de la famille des *Euphorbiacées*. Voy. ce mot.

CNIDOSE. s. f. (gr. κνίδωσις, urtication, de κνίδη, ortie). T. Méd. Prurit comparé à celui que cause l'ortie. — Un des noms de l'Urticaire. Peu us.

CO. Préfixe, dérivé du latin *cum* (avec), qui entre dans la composition d'un grand nombre de mots; il exprime concours, union, simultanéité d'action; on le trouve sous les formes : *co*, *com*, *con*, et il détermine souvent le redoublement de la première consonne du radical. *Coaccusé*, *Codemandeur*, *Codirecteur*, *Comminatoire*, *Comparaître*, *Compère*, *Conjuré*, *Connexité*, *Conspiration*, *Correspondre*, etc.

COACCUSÉ, ÉE. s. 2 g. T. Jurisp. crim. Celui qui est accusé avec un ou plusieurs autres.

COACHER. s. m. Outil du batteur d'or.

COACQUÉREUR, EUSE ou **ESSE.** s. Celui ou celle avec qui on acquiert en commun.

COACQUISITION. s. f. Action d'acquérir en commun.

COACTIF, IVE. adj. (R. *coaction*). Qui a droit ou pouvoir de contraindre. *Puissance coactive.*

COACTION. s. f. (lat. *coactio*, m. s., de *coagere*, contraindre; de *cum*, avec, et *agere*, pousser). T. Morale et Jurisp. Contrainte, violence qui ôte la liberté du choix.

COACTIVITÉ. s. f. Qualité d'une force coactive.

COADJUTEUR. s. m. (lat. *cum*, avec; *adjutorium*, aide, secours). Celui qui est adjoint à un prélat pour l'aider à remplir ses fonctions; il est dit : *avec succession future*, lorsqu'il est destiné à lui succéder après sa mort. *C. d'un évêque.* Le c. jouit *des mêmes prérogatives que le titulaire.* || Parmi les religieux, se dit de certains pères ou frères qui ont différentes fonctions, selon la différence des ordres. = COADJUTRICE, au fém., se dit d'une religieuse adjointe à une abbesse pour les fonctions de sa place, et qui est ordinairement destinée à lui succéder après sa mort.

COADJUTORERIE. s. f. La charge et dignité de coadjuteur ou de coadjutrice.

COADMINISTRATEUR. s. m. Celui qui administre avec un ou plusieurs autres.

COADNATION. s. f. T. Bot. État des feuilles coadnées.

COADNÉE, ÉE. adj. (lat. *cum*, avec; *ad*, auprès; *natus*, né). T. Bot. Se dit des parties soudées entre elles, principalement à leur base.

COAGE. s. m. T. Anc. Cout. Entretien des quais et des pavés.

COAGULABILITÉ. s. f. Propriété qu'ont certains liquides de se coaguler.

COAGULABLE. adj. 2 g. Qui peut se coaguler.

COAGULATEUR, TRICE. adj. Qui produit la coagulation.

COAGULATION. s. f. L'état d'une chose coagulée, ou l'action par laquelle elle se coagule.

COAGULER. v. a. (lat. *coagulare*, m. s.). Cailler, figer, faire qu'une substance liquide prenne une certaine consistance. *La présure coagule le lait.* = se COAGULER. v. pron. *L'albumine se coagule par la chaleur.* = COAGULÉ, ÉE. part.

COAGULUM. s. m. [Pr. *co-agu-lome*] (mot lat.). Caillot, partie caillée d'un liquide. || Ce qui coagule. *La présure est un c.*

COAILLE. s. f. [Pr. *couaill*, *ll* mouillées] (Vx fr. *coc*, queue). T. Comm. Mauvaise laine, celle de la queue.

COAILLER. v. n. [Pr. *coua-iller*, *ll* mouillées] (Vx fr. *coc*, queue). T. Chasse. Se dit d'un chien qui tient la queue haute en quêtant.

COALESCENCE. s. f. (lat. *coalescere*, se souder; de *cum*, avec, et *alescere*, croître). T. Didact. Soudure spontanée de deux parties auparavant séparées.

COALESCENT, ENTE. adj. Se dit d'une partie qui est soudée avec une autre.

COALISATION. s. f. Action de coaliser ou de se coaliser.

COALISER. v. a. (lat. *coalescere*, s'unir). Liguer, engager dans une coalition. = COALISÉ, ÉE. part. = se COALISER. v. pron. Se liguer, former une coalition. *Ces deux partis se sont coalisés.*

COALITION. s. f. [Pr. *...sion*] (lat. *coalescere*, s'unir). Réunion de différents partis, ligue de plusieurs puissances. *Former une c.* Voy. ALLIANCE. || Concert de mesures pratiqué par plusieurs personnes, dans la vue de nuire à d'autres ou à l'État.

Droit. — On appelle *Coalition* tout accord fait entre ouvriers pour obtenir une augmentation de salaire, et entre patrons pour abaisser ce même salaire ou pour fixer le prix des marchandises. Les coalitions d'ouvriers se manifestent d'abord par la suspension des travaux. En France, on donne à cette suspension le nom de *Grève*, parce que c'est sur la place de Grève, à Paris, que, de temps immémorial, se sont réunis les ouvriers sans ouvrage. On se sert des expressions *Faire grève*, *Se mettre en grève*, pour dire qu'une catégorie d'ouvriers abandonne ses ateliers en attendant le redressement de ses griefs, qui se résument ordinairement par une demande d'augmentation de salaire. — L'historique de la législation de notre siècle sur le droit de c. des patrons ou des ouvriers offre un intérêt tout particulier; nous allons l'esquisser à grands traits. La Révolution avait sans doute favorisé la liberté du travail en supprimant les entraves qu'y apportaient les corporations, mais elle n'avait pas été jusqu'à autoriser les coalitions, par peur des grèves; ni les associations permanentes, par peur des corporations anciennes. Aussi, le Code pénal de 1808 établit-il des peines très sévères contre les patrons ou ouvriers qui se *concerteraient*, sans d'ailleurs faire appel à la violence, dans le but de fixer les conditions du salaire et de sanctionner leurs réclamations par la suspension des travaux. Les mesures restrictives du Code pénal eurent un déplorable effet pendant la première moitié de notre siècle; d'abord, les associations ouvrières subsistèrent en secret sous la forme de *compagnonnages*; de plus, au lieu de produire de bons résultats, ces associations ne servirent qu'à fomenter des grèves qui souvent tournaient à la ruine des ouvriers des diverses industries.

La loi sage et équitable du 25 mai 1864 vint rendre aux ouvriers le droit de c.; elle ne maintint les peines édictées par le Code que pour les cas de violences, voies de fait, manœuvres frauduleuses, menaces, portant atteinte à la liberté du travail. L'œuvre d'émancipation commencée en 1864 a reçu son plein développement grâce à la loi du 21 mars 1884 sur les *syndicats professionnels*, loi qui donne à la classe ouvrière, en France, la pleine liberté d'association. Voy. au mot *Syndicats professionnels*.

Le Code pénal, dans ses articles 419 et 420, prévoit et punit un autre genre de coalitions; ce sont celles qui seraient formées par les principaux détenteurs d'une denrée ou marchandise, en vue d'opérer la hausse ou la baisse des prix, au-dessus ou au-dessous du taux qu'aurait déterminé la concurrence naturelle et libre du commerce.

Signalons enfin les mesures répressives prises par le Code pénal dans ses articles 123 et 126, contre tout concert de mesures contraires aux lois pratiqué par des fonctionnaires publics.

COALTAR. s. m. [Pr. *coltar*] (angl. *coal*, charbon; *tar*, goudron). Goudron que l'on tire de la houille. Désinfectant. Sert à divers usages pharmaceutiques.

COALTARISER ou **COALTARER.** v. a. ou tr. Enduire de coaltar.

COALTERNE. adj. 2 g. (lat. *cum*, avec; *alternus*, alterne). T. Pathol. Se dit des fièvres dont les accès se renouvellent avant la fin de l'accès précédent.

COAPTATION. s. f. [Pr. ...*sion*] (lat. *cum*, avec; *aptare*, ajuster). T. Chir. Action d'adapter ensemble les deux bouts d'un os fracturé, ou de remettre à sa place un os luxé.

COARCTATION. s. f. [Pr. ...*sion*] (lat. *cum*; *arctare*, rétrécir). T. Physiol. Rétrécissement d'une cavité, d'un conduit.

COARCTOTOMIE. s. f. (lat. *coarctare*, rétrécir; gr. τομή, section). T. Chir. Section du rétrécissement.

COASSEMENT. s. m. (R. *coasser*). Le cri des grenouilles et de quelques espèces de crapauds.

COASSER. v. n. (gr. κοάξ, grenouille). Crier. Il ne se dit qu'en parlant des grenouilles et de quelques espèces de crapauds. Il ne faut pas confondre c. avec *croasser*, qui est le cri du corbeau. Cette confusion a été faite par La Fontaine (*Fables*, II, 4), et par Voltaire, *Ep. à d'Alembert* et *Stances au roi de Prusse*.

COASSOCIÉ. s. m. T. Comm. Celui qui est associé avec d'autres. || On dit aussi au fém. COASSOCIÉE.

COASSURANCE. s. f. Assurance dans laquelle les assurés s'assurent mutuellement.

COATI. s. m. T. Mamm. On nomme *Coati* (*Nasua*) (Fig.) un genre de mammifères qui appartient à l'ordre des *Carnivores* et à la section des *Plantigrades*. Les caractères qui distinguent ce genre sont : corps allongé; tête étroite; nez très long et très mobile; yeux petits; langue douce et extensible; dents au nombre de 40, dont 6 incisives, 2 canines et 12 molaires à chaque mâchoire; mamelles au nombre de 6 abdominales; pieds tous munis de 5 doigts à demi-palmés et armés d'ongles puissants qui servent à fouir; queue très longue, poilue, mais non prenante. — Nous citerons deux espèces : l'une appelée *C. brun* ou *C. solitaire* (*Solitaria nasua*); et l'autre, *C. roux* ou *C. social* (*Nasua rufa*). On les trouve

au Mexique, dans la Colombie, à la Guyane, au Brésil et au Paraguay. Leur taille est à peu près celle de l'état domestique; mais ils ont des proportions différentes et leurs mouvements sont moins gracieux. Leur robe se compose de poils assez durs variés de roux et de brun. Ils ont trois taches blanches à l'œil, le museau brun ou sillonné d'une ligne blanche, la queue avec ou sans anneaux bruns. Leur longueur totale est de 75 à 80 centimètres. Ces animaux sont nocturnes, et habitent constamment dans les bois. Comme ils

grimpent aisément, leur vie presque entière se passe sur les arbres. Ils sont omnivores, et, suivant les circonstances, se nourrissent d'insectes, de vers, d'oiseaux, d'œufs et de petits mammifères. Ils boivent en lapant. Ils se servent de leur nez long et mobile pour palper et flairer les objets, ainsi que pour fouiller dans la terre; mais ils ne se creusent point de terrier, comme le dit Buffon. Ils ont l'odorat très délicat, quoiqu'ils répandent eux-mêmes une odeur désagréable. Ils vivent seuls ou réunis par paires, et ne sont point naturellement défiants; on les apprivoise sans peine.

CO-AUTEUR. s. m. Auteur qui travaille avec un autre à un même ouvrage.

COBÆA. s. f. (R. *Cobo*, nom d'un naturaliste espagnol). T. Bot. Genre de plantes grimpantes de la famille des *Polémoniées*. Voy. ce mot.

COBALT. s. m. (all. *kobalt*, m. s.). T. Chim. Le *Cobalt* Co est un métal d'un gris d'acier clair, semblable au platine quand il est poli; il est très dur et très tenace, malléable quand il est exempt de soufre et d'arsenic. Sa densité est 8,6. — Le c. entre en fusion à peu près à la même température que le fer. Mais, de même que ce dernier, il n'est pas volatilisé par la chaleur de nos fourneaux les plus ardents. Il est magnétique au même degré à peu près que le fer, avec lequel il présente, comme on le voit, d'assez nombreuses analogies. Lorsqu'il n'est point poreux, et lors même que, par des moyens mécaniques, on l'a réduit en poudre extrêmement ténue, il ne s'altère point à la température ordinaire en présence de l'oxygène de l'air : il faut le chauffer au rouge pour qu'il s'oxyde lentement; à une température très élevée, il brûle avec une flamme rouge; mais quand il provient de la réduction de son oxyde par l'hydrogène, il forme une masse grise et poreuse qui peut s'enflammer spontanément au contact de l'air. Le c. décompose la vapeur d'eau au rouge. L'humidité de l'atmosphère a sur lui moins d'action que sur le fer. Toutefois, à la longue, elle produit à sa surface une couche de rouille d'un brun noir. Le c. est attaqué et dissous par l'acide chlorhydrique. L'acide sulfurique le dissout également, et cette réaction est accompagnée, comme avec le fer et le zinc, d'un dégagement de gaz hydrogène. L'acide azotique étendu dissout rapidement le c.; concentré, il le rend passif. — Le symbole du c. est Co; son poids atomique est 58,6. — Dans les laboratoires, on prépare le c. en réduisant les oxydes de ce métal à l'aide du charbon par voie de cémentation; mais alors on a une véritable *fonte de c.*, c.-à-dire du *c. carburé*. On peut encore l'obtenir en réduisant ces oxydes par l'hydrogène; dans ce cas, le métal est sous la forme d'une poudre grise qui est pyrophorique, comme nous l'avons dit plus haut : c'est une sorte d'*éponge de c.* Le meilleur procédé pour se procurer ce métal parfaitement pur consiste à calciner l'oxalate de c. pur sous une couche de fondant. Le c. ainsi obtenu, chauffé dans un creuset de chaux au feu de forge le plus violent, donne un culot métallique.

Combinaisons du c. avec l'oxygène. — On en connaît deux bien définies : le *Protoxyde* CoO, le *Sesquioxyde* Co²O³ et des oxydes intermédiaires Co³O⁴ et Co⁶O⁷. Le protoxyde s'obtient à l'état d'hydrate, en traitant par la potasse la solution d'un sel de c., de l'azotate ou du sulfate, par exemple. La potasse s'empare de l'acide et met en liberté le protoxyde, lequel se sépare sous forme d'un précipité bleu gélatineux. Ce précipité lavé, puis séché et calciné à l'abri du contact de l'air, se présente sous forme d'une poudre gris cendré. C'est une base assez énergique qui a beaucoup d'affinité pour les acides, et donne naissance à des sels rouges isomorphes avec ceux de fer et des autres protoxydes de même formule. A chaud, le protoxyde de c. se combine avec divers oxydes métalliques en donnant des produits colorés ; la combinaison avec l'oxyde de zinc constitue le vert de Rinmann. Chauffé au contact de l'air, le protoxyde de c. se suroxyde partiellement et se change en un oxyde Co³O⁴ qui ressemble, par sa composition et ses propriétés, à l'oxyde de fer magnétique. — Le sesquioxyde s'obtient par la calcination ménagée de l'azotate de c. C'est une poudre brune, difficilement soluble dans les acides. Il exerce une action catalytique sur les hypochlorites qu'il décompose avec dégagement d'oxygène.

Combinaisons du c. avec les métalloïdes. — Parmi ces combinaisons, il n'en est qu'une qui mérite de nous arrêter : c'est le *Chlorure* Co Cl². On prépare ce chlorure en faisant dissoudre de l'oxyde de c. dans de l'acide chlorhydrique. La dissolution étendue est de couleur rose pâle ; elle devient bleue lorsqu'elle est concentrée ou qu'on élève sa température. Les cristaux de chlorure de c. changent aussi de couleur en même temps que la température s'élève. Roses à froid, ils deviennent d'un beau bleu lorsqu'on les chauffe légèrement. En refroidissant, ils reprennent leur coloration rose primitive. Cette propriété remarquable permet d'employer le chlorure de c. comme *Encre sympathique*. Les caractères tracés avec la dissolution froide cessent d'être visibles dès qu'ils sont secs : ils apparaissent en bleu quand on approche le papier du feu, puis ils disparaissent de nouveau par le refroidissement. Un tissu imprégné de chlorure de c. présente une couleur qui varie suivant l'état hygrométrique de l'atmosphère : bleu dans l'air sec, il devient rose dans l'air humide.

Sels de c. — Les sels de sesquioxyde de c. ou sels cobaltiques sont peu connus ; très instables, ils se transforment facilement en sels cobalteux. — Les sels de protoxyde de c., ou sels cobalteux, sont presque tous d'une couleur rouge groseille au fleur de pêcher qu'ils communiquent aussi à leurs dissolutions ; mais quelques-unes d'entre elles changent de couleur, par suite d'une modification isomérique, ou d'une déshydratation, lorsque la liqueur est très concentrée ou que la température est très élevée. La couleur rouge ou rose se change en un bleu plus ou moins intense. Les sels de sesquioxyde de chrome jouissent également de la propriété de prendre deux couleurs différentes ; mais ces couleurs sont le violet et le vert. Les dissolutions de sels de c., traitées par la potasse, laissent précipiter le protoxyde qui est bleu lavande, tandis que le même réactif précipite les sels de chrome en gris bleuâtre et ceux de nickel en une substance gélatineuse couleur vert pomme. Les carbonates alcalins précipitent les sels de c. en rose, et en vert ceux de chrome et de nickel. L'azotite de potasse, dans une dissolution de c. acidulée à l'acide acétique, donne un précipité d'un beau jaune (*jaune de c.*) ; cette réaction permet de séparer le c. du nickel. Chauffés avec le borax au chalumeau, les sels de c. donnent une perle bleue caractéristique.

Les solutions ammoniacales des sels cobalteux cristallisent à l'abri de l'air en donnant des composés renfermant plusieurs molécules d'ammoniaque. Au contact de l'air, elles s'oxydent et se transforment en sels cobaltiques ammoniés ; ceux-ci sont fort nombreux et présentent une composition très complexe. Voy. COBALTAMINES.

Applications industrielles du c. — L'oxyde et l'arséniate de c. ont la propriété de se combiner facilement avec les matières vitrifiables, telles que le borax et les silicates, et de leur communiquer une coloration bleue très belle et très intense, ce qui a fait dire aux fabricants d'émaux que la couleur du c. *mange* toutes les autres. Cette propriété est fort utilisée dans l'industrie pour colorer en bleu les porcelaines et le verre, et pour fabriquer des couleurs également bleues très employées en peinture. — Il a été parlé du *Smalt* ou *Bleu d'azur* au mot AZUR. Quant au *Bleu de c.* ou *Bleu*

Thénard, il se prépare de la manière suivante : on précipite, d'une part, une dissolution d'alun par du carbonate de soude, et, d'autre part, une dissolution d'azotate ou du sulfate de c. par du phosphate de potasse. On obtient ainsi deux précipités gélatineux d'alumine et de phosphate de c. qu'on mélange dans la proportion de 3 parties en volume du second, pour 42 ou 45 p. du premier. On dessèche ce mélange ; on le calcine dans un creuset avec un peu d'oxyde de mercure, afin de produire un dégagement d'oxygène qui empêche l'oxyde de c. d'être réduit par les vapeurs combustibles du foyer, et l'on a, après l'opération, une poudre d'un bleu magnifique, très propre aux usages de la peinture et tout à fait inaltérable. — La *Cœruléine*, couleur bleu clair, constituée par du stannate de c., le *Vert de Rinmann* et le *Jaune de c.* dont il a été question plus haut, sont également employés en peinture. Enfin, l'oxyde de c. est employé en céramique pour obtenir de belles colorations bleues et sert à préparer les sels solubles destinés à l'opération du *Cobaltage* (voy. ce mot). Quant au c. métallique lui-même, il est utilisé pour la préparation de l'acier cobalteux et de divers alliages avec le cuivre.

Minér. — Le c. n'est pas fort répandu dans la nature, et bien qu'on connaisse cinq ou six espèces minérales qui contiennent ce métal, il n'y en a que deux qui soient exploitées. Le minéral le plus abondant est le *C. arsenical*, appelé aussi *Arséniure de c.* et *Smaltine*. On le trouve à Allemont, dans le Dauphiné ; à Sainte-Marie-aux-Mines, Vosges ; à Schneeberg, en Saxe ; à Riegelsdorff, dans la Hesse, etc. Le c. arsenical de Riegelsdorff contient, suivant Stromeyer : arsenic, 74,22 ; cobalt, 20,31 ; fer, 3,42 ; cuivre, 0,16 ; soufre, 0,89. — L'*Arsénio-sulfure de c.*, qu'on désigne encore sous les noms de *C. gris*, de *C. éclatant* et de *Cobaltine*, est plus rare que le précédent, mais il est plus riche en métal. La cobaltine exploitée à Skutterud, en Norwège, et à Tunaberg, en Suède, est ainsi composée : soufre, 20,08 ; arsenic, 43,47 ; cobalt, 33,10 ; fer, 3,23. — L'*Asbolane* ou *C. oxydé noir*, est un oxyde de c. hydraté qui est toujours accompagné d'une forte proportion d'oxydes de manganèse et de fer hydratés. En Nouvelle-Calédonie, on a rencontré un gisement important ; le minerai, qu'on n'y exploite que depuis quelques années, contient en moyenne 3 à 4 p. 100 d'oxyde de cobalt, avec 1 d'oxyde de nickel, 20 d'oxyde de manganèse, 30 de peroxyde de fer, 30 d'eau, et des silicates alumineux. Les autres espèces minérales sont la *Koboldine* ou *Sulfure de c.*, l'*Arséniate de c.* ou *Érythrine*, le *Sulfate de c.* ou *Rhodalose* ; elles ne sont pas exploitées. — Dès l'an 1540, le minerai de c. grillé était employé pour colorer le verre en bleu ; mais ce fut seulement en 1733 que le c. lui-même fut isolé par Brandt.

Extraction du c. — Nous venons de voir que les deux minerais de c. qu'on exploite contiennent encore des proportions plus ou moins considérables d'arsenic, de soufre et de fer. Quand on veut préparer le smalt, on emploie généralement la cobaltine ou sulfo-arséniure de c. Ce minerai pulvérisé est soumis au grillage, c.-à-d., chauffé dans un courant d'air. Le soufre et une partie de l'arsenic sont brûlés et se dégagent sous forme d'acides sulfureux et arsénieux. Le reste de l'arsenic se métamorphose en acide arsénique et demeure combiné avec le c. oxydé, de manière à constituer de l'arséniate de c. Cet arséniate impur constitue le *Safre* du commerce. Ce produit est ensuite fondu avec du sable quartzeux et du carbonate de potasse ; l'oxyde de c. se dissout dans le fondant et vient former à la partie supérieure une scorie qui, refroidie et pulvérisée, constituera le *Smalt*, tandis que la partie inférieure, appelée *Speiss*, forme une masse métallique qui servira à l'extraction du nickel. — Pour les autres usages industriels, on préfère préparer l'oxyde de c. ; pour cela, le minerai grillé est dissous dans l'acide chlorhydrique avec addition de chlorure de chaux ; on précipite l'arséniate de fer par de la chaux et les autres métaux par de l'hydrogène sulfuré ; enfin, l'oxyde de c. est précipité par un excès de chlorure de chaux. — Quant aux minerais de la Nouvelle-Calédonie, on les chauffe avec un minerai de cuivre siliceux ; le fer, le manganèse et l'alumine sont entraînés à l'état de silicates par les scories, tandis que le cobalt, le nickel et le cuivre restent à l'état de sulfures. On grille ces sulfures de façon à les transformer en sulfates, d'où l'on extrait ensuite le cobalt par voie humide, à l'état d'oxyde ou de sulfure. — La préparation du c. métallique, telle qu'on la pratique dans les laboratoires, a été indiquée plus haut. Dans l'industrie on réduit l'oxyde de c. par le carbone à 1,200° ; on obtient une fonte de c., qu'on décarbure en la chauffant vers 2,000° avec du borax et de l'oxyde de cobalt.

COBALTAGE. s. m. T Chim. Application du cobalt sur d'autres métaux. On dit aussi *Cobaltisage*. Cette opération se fait par voie électrolytique à la manière de l'argenture galvanique; on se sert, à cet effet, du chlorure double de cobalt et d'ammoniaque que l'on prépare en mélangeant des dissolutions de chlorure de cobalt et de chlorhydrate d'ammoniaque. On fait aussi du c. au trempé en immergeant les objets dans une solution d'un sel de cobalt. Le c. a pour effet de recouvrir les métaux d'une couche protectrice de cobalt, très dure et peu altérable à l'air. On traite ainsi les clichés typographiques et les planches de gravure en taille-douce.

COBALTAMINE. s. f. (R. cobalt, et amine). T. Chim. Les solutions ammoniacales des sels cobalteux s'oxydent à l'air et donnent des sels cobaltiques ammoniés, dans lesquels on admet la présence de bases ammoniaco-cobaltiques appelées *Cobaltamines*. Ces bases diffèrent les unes des autres par leur teneur en ammoniaque et par la couleur de leurs sels. Nous donnons ici les formules des principaux sels de cobaltamines, en désignant par X un atome de chlore ou un résidu monoatomique d'acide.

Sels *dichrocobaltiques* $Co^2 X^6$, $6 Az H^3$ dichroïques.
— *praséocobaltiques* $Co^2 X^6$, $8 Az H^3$ verts.
— *fuscocobaltiques* $Co^2 O X^4$, $8 Az H^3$ bruns.
— *purpuréocobaltiques* $Co^2 X^6$, $10 Az H^3$ violets ou pourpres.
— *roséocobaltiques* $Co^2 X^6$, $10 Az H^3 + n H^2 O$ roses.
— *lutéocobaltiques* $Co^2 X^6$, $12 Az H^3$ jaunes.

Par l'action des azotites sur les solutions ammoniacales de cobalt on obtient des sels de nitrocobaltamines renfermant le groupe $Az O^2$.

Sels *crococobaltiques* $Co^2 (Az O^2)^4 X^2$, $8 Az H^3$ jaune orange.
— *xanthocobaltiques* $Co^2 (Az O^2)^2 X^4$, $10 Az H^3$ jaunes.
— *flavocobaltiques* $Co^2 (Az O^2)^4 X^2$, $10 Az H^3$ jaunes.

Ces différents sels sont aussi appelés *hexammoniés*, *octammoniés*, *décammoniés* ou *dodécammoniés*, suivant qu'ils renferment 6, 8, 10 ou 12 molécules d'ammoniaque.

COBALTIDES. s. m. pl. T. Min. Famille de minéraux comprenant le cobalt et ses composés.

COBALTIFÈRE. adj. 2 g. (de *cobalt*, et lat. *fero*, je porte). T. Min. Qui contient du cobalt.

COBALTINE. s. f. T. Minér. Sulfo-arséniure de cobalt, constituant l'un des principaux minerais de cobalt.

COBALTIQUE. adj. 2 g. T. Chim. Se dit des composés du *cobalt*. Voy. ce mot.

COBALTISAGE. s. m. Voy. COBALTAGE.

COBALTISER. v. a. Recouvrir d'une couche de cobalt.

COBAYE. s. m. [Pr. *co-ba-ie*]. T. Mamm. Genre de rongeurs désigné vulgairement sous le nom de *Cochons d'Inde*. Voy. CABIAI.

COBDEN (RICHARD), économiste anglais, propagateur des idées libre-échangistes (1804-1865).

COBÉA. s. m. Mauvaise orthographe. Voy. COBÆA.

COBENTZEL (Comte de), diplomate autrichien, né à Bruxelles, négocia les traités de Campo-Formio et de Lunéville (1753-1808).

COBIER. s. m. T. Techn. Réservoir divisé en compartiments faisant suite à la vasière dans certains marais salants.

COBLENTZ, ville forte de la Prusse rhénane, au confluent du Rhin et de la Moselle, 31,700 hab.

COBOLT. s. m. (all. *kobolt*, m. s.). T. Comm. Arsenic réduit en poudre et qui a subi un commencement d'oxydation par son exposition à l'air.

COBOURG. s. m. (Nom géogr.). T. Comm. Étoffe croisée d'un seul côté, dont la trame est de mérinos peigné et la chaîne de soie grège ou de coton.

COBOURG, cap du duché de Cobourg, 15,791 hab.

COBOURG (Prince de **SAXE-**), feld-maréchal d'Autriche (1737-1815), battit les Français à Nerwinde (1793). Son nom fut associé à celui de Pitt dans les haines populaires.

COBOURGEOIS. s. m. Celui qui a un intérêt commun avec d'autres sur un navire de commerce.

COBRE. s. f. T. Papet. Pâte que l'on garde après qu'elle a été effiloquée.

COCA. s. f. (Mot indien). T. Bot. La C. (*Erythroxylon Coca*) est un petit arbuste de la famille des Linacées, de $0^m 50$ à $1^m 50$ de hauteur (Fig. 1). Les feuilles sont alternes, pétiolées,

Fig. 1.

ovales, entières, de 5 à 7 centimètres de longueur, sur 2 à 3 de largeur; elles sont membraneuses, avec une nervure médiane saillante, et de fines nervures secondaires nombreuses et anastomosées. Ces feuilles sont nettement caractérisées par deux lignes qui partent de la base, s'infléchissent un peu vers les bords et vont se rejoindre au sommet en figurant, par leur ensemble, une sorte de fuseau (Fig. 2). Fleurs hermaphrodites, régulières. Calice à 5 sépales. Corolle à 5 pétales, doublés chacun à l'intérieur d'un appendice en forme de cuiller. Étamines 10, soudées à la base. Ovaire libre, à

Fig. 2.

3 loges, mais uniloculaire par avortement; ovules 2. Fruit drupacé; graine albuminée.

La C. est cultivée depuis longtemps dans les Andes du Pérou, de la Bolivie, de la Nouvelle-Grenade, au Brésil, etc. Les feuilles sont les seules parties usitées; elles se détérioreraient rapidement et seraient, paraît-il, hors d'usage au bout de six mois. La plante se multiplie par graines et repiquage au bout d'un an. La cueillette des feuilles se fait trois fois par an. Les feuilles de C. doivent leurs propriétés à l'alcaloïde qu'elles renferment, la *Cocaïne*. Jusqu'à ces derniers temps, la C. était regardée comme un succédané du café, de l'alcool, et passait pour un médicament tonique antidéperditeur. Cette opinion était fondée sur l'usage quotidien que font de ces feuilles les Indiens du sud de l'Amérique pour s'entraîner à de grandes marches; ils mâchent ces feuilles et avalent la salive. Au bout de quelques instants, sous l'influence de la cocaïne, les parois de la bouche et la langue sont anesthésiées pour quelques heures, et ainsi disparaît la sensation désagréable de la faim ou de la soif. Les feuilles de C. ne s'emploient plus guère que comme aromatique calmant sous forme d'infusion, de vin ou d'élixir. Voy. COCAÏNE.

COCAGNE. s. f. (lat. *coquere*, cuire). Ce mot est surtout usité dans cette loc. prov. et figurée, *Pays de c.*, Pays où l'on a tout à souhait et en abondance. *Le véritable pays de c. est dans le royaume des fées.* || Par allusion à cette fable, on appelait autrefois C., une fête donnée au peuple, où il y avait des distributions de comestibles et des fontaines de vin. — *Mât de c.*, Espèce de mât rond et lisse, planté en terre, au haut duquel sont suspendus des prix qu'il faut aller détacher en grimpant sans aucun secours. — Pain de pastel de forme conique. Voy. PASTEL.

COCAÏNE. s. f. (R. *coca*). T. Chim. La *Cocaïne* $C^{17}H^{21}Az O^4$ est un alcaloïde contenu dans les feuilles de Coca (*Erythroxylon Coca*). Pour l'extraire, on épuise ces feuilles par l'eau chaude et on précipite la solution par l'acétate de plomb; la liqueur, débarrassée de l'excès de plomb par un carbonate de soude, est ensuite agitée avec de l'éther qui dissout l'alcaloïde. La c. cristallise en prismes clinorhombiques, d'une saveur légèrement amère, peu solubles dans l'eau, assez solubles dans l'alcool et dans l'éther; elle fond à 98° et se décompose quand on cherche à la volatiliser en élevant la température. Elle possède une réaction fortement alcaline et s'unit aux acides en formant des sels difficilement cristallisables; c'est le chlorhydrate qui cristallise le mieux et qu'on emploie de préférence en médecine. Chauffée en tubes scellés avec de l'acide chlorhydrique concentré ou de l'acide sulfurique étendu, elle fixe de l'eau et se dédouble en donnant de l'alcool méthylique, de l'acide benzoïque et une nouvelle base appelée *Ecgonine*, dont la formule est $C^9 H^{15} Az O^3$. Inversement, on a pu réaliser la synthèse de la c. en chauffant un mélange d'ecgonine, d'anhydride benzoïque et d'iodure de méthyle. Bien que la c. soit connue depuis 1860, ses propriétés analgésiques n'ont été signalées et appliquées qu'à partir de 1884. Elle fut d'abord employée par les oculistes pour rendre la muqueuse conjonctivale insensible à la douleur. Bientôt on reconnut qu'elle exerce la même action sur toutes les muqueuses, et son emploi se généralisa. L'injection sous-cutanée d'une solution de c. produit, en quelques minutes, une analgésie complète dans la région imprégnée, et permet, dans bien des cas, de pratiquer des opérations chirurgicales sans recourir à l'éther ou au chloroforme. Les dentistes, par ex., en font un usage fréquent pour l'extraction des dents. Dans le coryza aigu, on badigeonne les fosses nasales avec une solution de c. On emploie aussi la c. à l'intérieur contre les douleurs gastralgiques. A forte dose, elle produit une action générale analogue à celle de la strychnine, et elle peut amener des convulsions et même la mort.

COCAÏNOMANIE. s. f. (de *cocaïne*, et *manie*, folie). T. Méd. Abus de la cocaïne.

COCAL. s. m. T. Agric. Terre où l'on cultive la coca.

COCALON. s. m. T. Comm. Cocon de ver à soie de deuxième qualité.

COCARDE. s. f. (anc. *coquarde*, de *coq*). Insigne de forme circulaire que l'on distingue, suivant ses couleurs, différentes nationalités, ou différents partis.

Hist. — L'emploi de la C. dérive de l'usage où l'on était autrefois de se distinguer, dans les combats, particulièrement dans les guerres civiles, en attachant, soit à la coiffure, soit à quelque autre partie du vêtement ou même de l'armure, un signe quelconque de reconnaissance. Ainsi, au massacre de la Saint-Barthélemy, les massacreurs portaient une croix de papier au chapeau. Pendant les troubles de la Fronde, les partisans des princes se reconnaissaient à un bouquet de paille, et ceux du roi à un morceau de papier qu'ils portaient, les

uns et les autres, fixé à la coiffure. La c. n'a véritablement commencé à faire partie du costume militaire que dans les dix premières années du XVIIIe siècle, c.-à-d. à l'époque de la suppression assez générale de l'aiguillette et des nœuds d'épaule; cependant sa forme et sa couleur restèrent indéterminées jusqu'en 1767. A cette époque, un règlement adopta la couleur blanche pour les soldats; mais il ne s'appliqua aux officiers qu'à partir de 1776. Néanmoins ces derniers n'étaient tenus de prendre la c. officielle que lors des jours d'armes, et on leur permettait de porter, en dehors du service, des touffes ou rosaces de ruban noir. La c. n'était encore qu'un insigne purement militaire, lorsqu'en 1789 on lui attacha une signification politique. Le 12 juillet, les Parisiens adoptèrent, comme signe de l'insurrection qui se préparait, une c. verte, après le discours de Camille Desmoulins au Palais-Royal, qu'il avait terminé en attachant à son chapeau une feuille verte, « couleur de l'espérance ». Mais, le lendemain, on avait préféré les couleurs bleue et rouge, armoiries de la ville de Paris Le blanc n'y fut introduit que le 31 juillet, sur la proposition de La Fayette. La c. tricolore devint dès lors la c. nationale de la France, et, depuis cette époque, elle n'a pas cessé de l'être, sauf pendant les quinze années de la Restauration, où elle fut remplacée par la c. blanche de 1767.

COCARDEAU. s. m. (vx fr. *cocard*, coq). Jeune homme qui fait le beau.

COCARDIER. s. m. Soldat ardent pour le métier des armes.

COCASSE. adj. 2 g. (vx mot qui a signifié *coquille*). Plaisant, risible, mais avec quelque trivialité. Se dit des personnes et des choses. Très fam.

COCASSERIE. s. f. Caractère de ce qui est cocasse ou bouffon, chose ridicule.

COCÂTRE. s. m. T. Écon. rur. Coq auquel on a retranché un testicule.

COCCÉRINE. s. f. [Pr. *kok-sérine*] (lat. *coccus*, grain rouge). T. Chim. Substance cristallisée, fusible à 106°, peu soluble, extraite de la cochenille à l'aide du benzène bouillant. La potasse alcoolique la dédouble lentement à l'ébullition en *alcool coccérylique* $C^{30}H^{62}O^3$, solide, fusible à 104, et en *acide coccérique* $C^{31}H^{62}O^3$, poudre cristalline blanche, fusible à 93°.

COCCIDES. s. f. pl. [Pr. *kok-side*] (lat. *coccus*, grain rouge). Famille d'insectes coléoptères. Voy. COCHENILLE.

COCCIDIE. s. f. [Pr. *kok-si-di*] (lat. *coccus*, graine). T. Zool. appliqué par Leuckart à une espèce de *Grégarine* ou de *Sporozoaire* (voy. ces mots), dont on connaît deux espèces principales, le *Coccidium oviforme*, vivant dans le *foie* du lapin, de l'homme, et le *Coccidium perforans*, vivant dans l'épithélium de l'*intestin* du chien, du chat, du lapin, de l'homme. Ce sont, dans leur jeune âge, des parasites sans enveloppe, des cellules épithéliales. Devenus adultes, ils acquièrent une coque solide, quittent leur hôte par l'intermédiaire des déjections, et se développent lentement à la faveur de l'humidité et de l'obscurité. Leur contenu se transforme alors en 8 bâtonnets clairs en forme de C. ou de faux, d'où leur nom de corpuscules *falciformes*, disposés deux à deux tête-bêche. La c. ainsi remplie de ces spores est avalée avec l'eau, les liqueurs, les fruits, etc., par un animal; sa cuticule est dissoute par le suc stomacal et les spores devenus libres, transformés presque de suite en une cellule amiboïde une très petite, s'introduisent dans les cellules épithéliales de l'intestin ou des canaux biliaires pour y vivre dès lors vivant un certain temps pour recommencer le cycle précédent. — Ces parasites, qui produisent la *coccidiose* du lapin, la *stomatite diphtéritique* des oiseaux, ont pris dans ces derniers temps une importance considérable dans la pathologie. Plusieurs savants ont cru voir en eux la cause même du *cancer* et d'autres tumeurs malignes. Comme la question est encore en suspens, nous renvoyons au mot SPOROZOAIRES.

COCCIDIOSE. s. f. [Pr. *kok-si-dio-ze*]. T. Vét. C'est la maladie produite par les coccidies, principalement chez le lapin. Ces parasites s'attaquent aussi aux autres animaux, mammifères et volatiles. Chez les oiseaux, ils déterminent sur les muqueuses du b c une sorte de diphtérie. Chez le lapin, ils envahissent surtout le foie, qu'ils farcissent de tubercules blanchâtres pouvant être de la grosseur d'une noisette; ils existent aussi dans les cellules épithéliales de l'intestin, où ils vivent par groupes formant de petites taches blanches. Leur présence altère profondément les fonctions du foie et amène la destruction de l'épithélium intestinal. La c. peut sévir en épidémie. Les symptômes sont ceux de l'anémie et de l'ictère, mais ils ne sont pas constants. La mort peut survenir par invasion trop considérable. C'est le microscope qui décide de la cause de la maladie. Quand un lapin malade meurt au milieu d'autres, il faut séparer les animaux sains et désinfecter les locaux.

COCCIFÈRE. adj. 2 g. [Pr kok-si-fère] (lat. coccus, grain rouge, fero, je porte). T. Hist. nat. Qui porte des grains rouges.

COCCINE. s. f. [Pr. kok-sine] (lat. coccus, grain rouge). Matière colorante de la cochenille. Syn. de Carmine. Voy. CARMINIQUE (Acide).

COCCINÉLIDES. s. m. [Pr. kok-si...] (R. coccinelle). T. Entom. Famille d'insectes coléoptères Cryptotétramères. Voy. ce mot.

COCCINELLE. s. f. [Pr. kok-si-nèle] (lat. coccus, grain rouge). T. Ent. Genre d'insectes coléoptères nommés vulgairement Bêtes à bon Dieu. Les coccinelles avaient été rangées, par Latreille, parmi les trimères, mais, en réalité, elles ont quatre articles aux tarses dont un reste rudimentaire. Voy. CRYPTOTÉTRAMÈRES.

COCCININE. s. f. [Pr. kok-sinine] (lat. coccus, grain rouge). T. Chim. Matière cristallisée jaune dérivée du carmin. Voy. CARMINIQUE.

COCCOBRYON. s. m. [Pr. kok-ko-bri-on] (gr. κόκκος, grain; βρύον, mousse). T. Bot. Genre de plantes de la famille des Pipéracées. Voy. ce mot.

COCCOLITHE. s. m. [Pr kok-kolite] (gr κόκκος, petite graine, λίθος, pierre). T. Zool. Dans la gelée que Huxley a nommée Bathybius, on trouve des corpuscules arrondis ou cylindriques, indistincts aux plus forts grossissements; on y trouve aussi des corps visibles avec un grossissement de 800 à 1,000 fois, d'une forme constante et régulière, les Coccolithes, composés de carbonate de chaux imprégné de substance organique, et solubles dans les acides. En s'unissant, ils forment des masses arrondies qu'on a désignées sous le nom de Coccosphères. || T. Minér. Variété de pyroxène en grains verdâtres brillants.

COCCOLOBA. s. m. [Pr. kok-ko-loba] (gr. κόκκος, graine; λοβός, cosse). T. Bot. Genre de plantes de la famille des Polygonacées. Voy. ce mot.

COCCOLOBÉES. s. f. pl. [Pr. kok-ko-..] (R. coccoloba). T. Bot. Tribu de plantes de la famille des Polygonacées. Voy. ce mot.

COCCONÉIDÉES. s. f. pl. [Pr. kok-ko-né-idé] (gr. κόκκος, graine; εἶδος, forme). T. Bot. Tribu d'Algues de la famille des Diatomacées. Voy. ce mot.

COCCOSPHÈRE. s. f. [Pr. kok-ko-sfère] (gr. κόκκος, petite graine; σφαῖρα, sphère). T. Zool. Assemblage de Coccolithes. Voy. ce mot.

COCCULÉES. s. f. pl. [Pr. kok-kulé] (R. cocculus). T. Bot. Tribu de végétaux de la famille des Ménispermées. Voy. ce mot.

COCCULUS. s. m. [Pr. kok-ku-luss] (Dimin. du lat. coccus, graine). T. Bot. Genre de plantes de la famille des Ménispermées. Voy. ce mot.

COCCUS. s. m. [Pr kok-kus] (lat. coccus, grain rouge). Nom scientifique de la cochenille.

COCCYGIEN, IENNE. adj. [Pr. kok-si-ji-in]. Qui a rapport au coccyx.

COCCYGIO-ANAL. adj. m. [Pr. kok-si-jio-anal]. Se dit d'un muscle commun au coccyx et à l'anus.

COCCYX. s. m. [Pr. kok-sis]. T. Anat. Réunion de petites

vertèbres atrophiées situées à la partie postérieure du bassin; portion terminale de la colonne vertébrale. Voy. SQUELETTE.

COCHABAMBA, ville de la Bolivie, ch.-l. de département; 14,500 hab.

COCHE. s. m. (allem. kutsche, voiture couverte; coche, bateau, vient du lat. concha, écaille, coquille. Les deux mots, venus en français par des voies différentes, se sont ensuite confondus). Se disait autrefois d'une espèce de chariot couvert, dont le corps n'était pas suspendu et dans lequel on voyageait. Aller en c., par le c. Prendre le c. — Fig. et fam., Donner des arrhes au c., Prendre quelque engagement dans une affaire. Manquer le c., Laisser échapper une occasion favorable. || S'est dit des personnes qui étaient dans le c. Le c. dîna dans telle hôtellerie. || C. d'eau, se disait de certains bateaux couverts établis pour transporter d'une ville à une autre les voyageurs et les marchandises. Le c. de Melun. || Il est à peine utile de dire que les chemins de fer ont fait disparaître les coches.

COCHE. s. f. (celt. houch, hoch, cochon, qui a donné l'anglais hog). Truie. Une grosse c.

COCHE. s. f. (celt. sgoch, coch, entaille ?) Peut-être aussi ce mot a-t-il la même origine que coche, bateau, les deux mots venant d'un radical qui signifierait creux). Entaille faite à un corps solide. — La c. d'une arbalète, L'entaille qui est sur le fût, et qui sert pour arrêter la corde quand on bande l'arbalète. La c. d'une flèche, L'entaille qui est au gros bout de la flèche, et dans laquelle on fait entrer la corde de l'arc. || Entaille qu'on fait sur un morceau de bois, pour tenir le compte du pain, du vin, de la viande, etc., qu'on prend à crédit. || Cour appelée aussi voirie, qui se trouve dans les abattoirs et qui est destinée à recevoir les déjections des estomacs des animaux et leurs intestins. || T. Techn. Morceau de bois dont se sert le chapelier pour faire agir la corde de l'arçon.

COCHELET. s. m. (Dimin.). Petit cochet, très petit coq.

COCHENILLAGE. s. m. [Pr. les ll mouillées]. Décoction faite avec la cochenille, pour teindre en écarlate.

COCHENILLE. s. f. [Pr. les ll mouillées] (lat. coccineus, écarlate). T. Ent. On nomme ainsi un genre d'insectes qui appartient à l'ordre des Hémiptères, et qui rentre dans la famille des Coccides. Ces insectes ont beaucoup d'analogie avec les pucerons; mais ils s'en distinguent par leurs tarses, qui sont composés d'un seul article distinct que termine un crochet unique. Les mâles ont l'abdomen terminé par deux soies et sont pourvus de deux ailes qui se recouvrent horizontalement, tandis que les femelles sont toujours aptères. Mais la bouche de celles-ci est munie d'un bec ou suçoir, qui manque chez les mâles. Les antennes sont en forme de fil ou de soie, et offrent le plus souvent onze articles. Les œufs sont pondus sous la femelle dont le corps desséché les protège : tantôt ils sont fécondés (Coccus); tantôt ils se développent par Parthénogénèse. Voy. ce mot. Un grand nombre de ces coccides causent de grands dégâts dans les serres; d'autres, comme les cochenilles, qui produisent une matière colorante rouge, nommée carmin, sont une source de richesses pour l'industrie; d'autres, par leur piqûre, produisent l'écoulement de certains sucs végétaux, séchés et utilisés ensuite dans l'industrie (gomme laque, manne).

1° La plus intéressante de toutes les espèces est la C. du Nopal (Coccus Cacti), qu'on désigne encore sous le simple nom de Cochenille et qui fournit les plus belles variétés de carmin. Le mâle est très petit; il a le corps allongé et de couleur rouge foncé avec les ailes blanches (Fig. 1, très grossie). La femelle est beaucoup plus grande, et, lorsque sa croissance est ter-

Fig. 1.

minée, elle est longue d'environ 2 millimètres et grosse comme un petit pois : son corps est brun foncé et recouvert d'une poussière blanchâtre (Fig. 2, très grossie). Cet insecte est

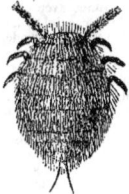

Fig. 2.

originaire du Mexique, dont il constituait l'une des principales richesses. Sa découverte date de 1518 et son importation en Europe de 1523. Les Mexicains cultivaient, pour le nourrir, d'immenses champs de l'espèce de Cactus appelée *Nopal*, d'où le nom de *Nopaleries* donné à ces cultures (Fig. 3. Insectes sur un nopal, *Opuntia coccinilifera*). Ces insectes donnent jusqu'à 6 générations par an, ce qui permettrait d'obtenir autant de récoltes, sans la saison des pluies. En général, on en a trois chaque année. Lorsqu'on veut faire une éducation, on choisit un certain nombre de femelles très grosses et on les

place sur les nopals les plus vigoureux. Celles-ci pondent leurs œufs, et la reproduction a lieu avec une telle rapidité, qu'en peu de temps les plantes sont couvertes d'insectes. Comme les cochenilles renferment plus de matière colorante lorsqu'elles sont pleines, on les récolte au

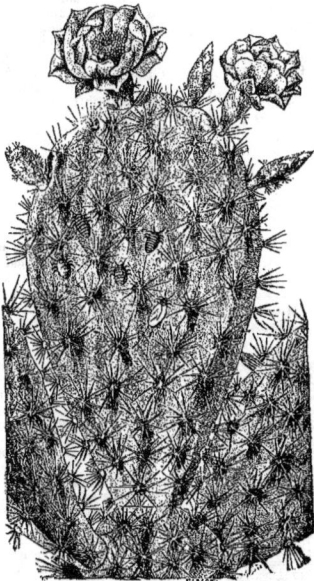

Fig. 3.

moment où elles vont pondre, c'est-à-dire dès qu'on aperçoit sur les nopals quelques insectes nouvellement nés. On recueille ces hémiptères au moyen d'un panier de paille ou d'un bassin de fer-blanc échancré sur un de ses bords. On engage dans cette échancrure la partie étroite des articles du nopal, on fait tomber les cochenilles en raclant la surface du végétal avec un couteau à tranchant émoussé. Ensuite on plonge quelques instants les insectes dans l'eau bouillante pour les faire périr, et on termine en les faisant sécher soit au soleil, soit dans une étuve, soit sur une plaque métallique chauffée. La dessiccation opérée, les cochenilles ont l'aspect de petites graines ridées et d'un gris pourpré, mais dont cependant la nuance varie suivant le procédé employé pour les dessécher. Ces variétés constituent autant de sortes commerciales que les marchands désignent sous les noms de *C. rouge*, *C. jaspée* ou *argentée*, *C. noire*.

La c. fine se cultive surtout en Amérique, dans les provinces mexicaines de Tlascala, d'Oaxaca, de Guatemala, et dans le Honduras. D'après Al. de Humboldt, le Mexique, au commencement de ce siècle, récoltait chaque année 880,000 livres (environ 400,000 kilogr.) de c. fine, chaque livre contenant environ 70,000 insectes. Depuis que cette substance est exploitée par l'industrie européenne, on a cherché à acclimater dans divers pays l'hémiptère qui la produit. Les essais ont parfaitement réussi aux Antilles, aux Canaries, dans la partie méridionale de l'Espagne, en Algérie, enfin partout où les cactus croissent spontanément. Le commerce tire aujourd'hui de ces différentes contrées une partie des approvisionnements dont le Mexique avait autrefois le monopole. Cependant la découverte des couleurs dérivées de l'aniline a fait perdre presque toute son importance à l'élevage des cochenilles, et cette industrie, si prospère autrefois, est à peu près abandonnée aujourd'hui.

2° La *C. sylvestre* (*Coccus sylvestris*) vit également au Mexique; elle est un peu plus petite que la c. fine, et se recouvre d'une matière cotonneuse très abondante. Elle fournit une couleur moins belle, aussi sa valeur commerciale est inférieure. Comme sa culture exige moins de soins et moins de frais, ce sont surtout les habitants pauvres qui s'y livrent. Cette espèce reçoit, dans le commerce, le nom de *C. sauvage*, tandis que la précédente est appelée *C. mestèque*.

3° La *C. laque* (*Coccus lacca*) est particulière à l'Hindoustan, où elle vit sur plusieurs variétés de figuiers (*Ficus indica*, *religiosa*, etc.). Elle est rougeâtre, de forme ovalaire, et l'abdomen terminé par des soies presque aussi longues que le corps. Cette espèce fournit la gomme laque, et donne deux récoltes par an, février et août.

4° La *C. de Pologne* (*C. polonicus*), dont on a fait un nouveau genre sous le nom de *Porphyrophora*, est très répandue dans le nord de l'Europe, particulièrement dans les provinces polonaises. Elle vit sur les racines du *Scleranthus perennis*. C'est la moins globuleuse de toutes les cochenilles. Elle a des antennes à 8 articles et un bouquet de poils à l'extrémité de l'abdomen. Son éducation, autrefois très active, a beaucoup perdu de son importance depuis l'introduction de la c. fine, et a presque entièrement disparu depuis l'usage des couleurs dérivées de l'aniline. Une espèce du même genre, le *Porphyrophora d'Arménie*, est commune dans la partie de l'Asie qui lui donne son nom.

5° La *C. du Chêne vert* (*Coccus ilicis*), que l'on nomme habituellement *Kermès*, et qui a été érigée en genre sous le nom de *Lecanium*, se trouve sur le chêne vert dans toutes les parties de l'Europe méridionale. Cet insecte est gros comme un petit pois, et d'une couleur violacée. On s'en servait autrefois pour la teinture en cramoisi; mais elle n'est plus utilisée aujourd'hui que dans quelques manufactures orientales.

6° La *C. des serres* (*C. adonidum*) est rosée et de forme elliptique. Sa couleur ne paraît pas propre à la teinture. Cette espèce est fort multipliée dans nos serres, où elle cause de grands ravages.

COCHENILLER. v. a. [Pr. les *ll* mouillées]. Teindre une étoffe dans un bain fait avec de la cochenille. == COCHENILLÉ, ÉE. part.

COCHER. s. m. (R. *coche*.). Celui qui mène un carrosse ou toute autre voiture. — *C. du corps*, Le c. qui menait le carrosse où était ordinairement la personne du roi, de la reine, du dauphin, etc. || T. Astron. Constellation de l'hémisphère boréal. Voy. CONSTELLATION.

COCHER. v. a. (R. *coche*). Faire une coche, une entaille.

COCHER. v. a. (R. *coq*.). Se dit du coq quand il couvre la poule; et, par ext., des autres oiseaux quand ils couvrent leurs femelles. == COCHÉ, ÉE. part.

COCHÈRE. adj. f. (R. *cocher*). Porte c., Porte par laquelle passent les voitures pour entrer dans la cour d'une maison, d'un hôtel.

COCHEREL, village à 13 kil. d'Évreux, célèbre par la victoire de du Guesclin sur les troupes de Charles le Mauvais (1364).

COCHET. s. m. (Dimin. de *coq*). Petit coq; poulet à qui la crête vient et qui commence à chanter.

COCHEVIS. s. m. [Pr. *kochevi*] (R. coq, avec une terminaison germanique, sign. alouette; anglo-saxon *lawert*, holl. *leuwerik*, ou cell. *kodioch*, alouette). T. Ornith. Espèce d'alouette, alouette huppée. Voy. ALOUETTE.

COCHILE. s. f. T. Bouch. Fagoue de cochon.

COCHIN, v. de l'Inde anglaise (Madras) sur la côte de Malabar, 30,000 hab.

COCHIN, célèbre avocat français, né à Paris (1687-1747).

COCHIN, curé de Paris, philanthrope, fondateur de l'hospice qui porte son nom, rue du faubourg Saint-Jacques, à Paris (1727-1783).

COCHINCHINE. — Une des quatre provinces de notre empire indo-chinois. Elle est située entre 102° et 105° de longitude Est et 8° et 11° 30' de latitude Nord. Sa superficie est d'environ 60,000 kilomètres carrés et sa population de

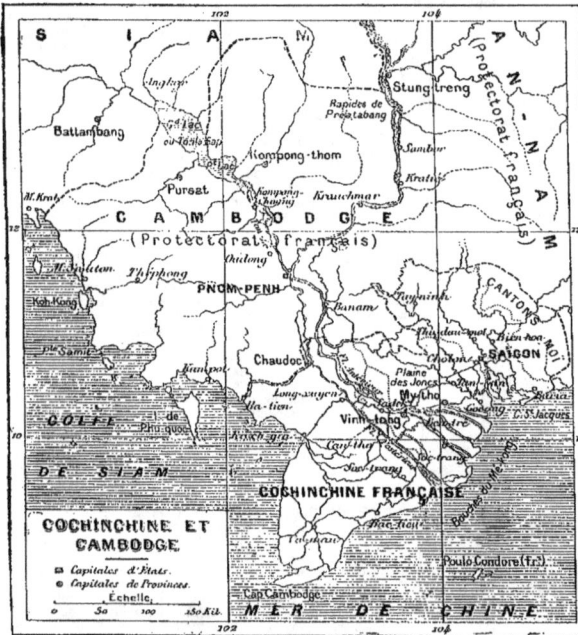

COCHINCHINE ET CAMBODGE
Capitales d'États.
Capitales de Provinces.
Échelle.

1,850,000 habitants. Elle s'avance comme une pointe dans la mer entre le golfe de Siam à l'Ouest et la mer de Chine à l'Est.

Les côtes sont en général basses et couvertes de palétuviers; le pays lui-même est plat et presque entièrement formé d'alluvions. Les plus hautes terres sont au Nord et atteignent 880 mètres. Deux fleuves traversent le pays : le Donnaï et le Mékong. Le Donnaï n'est navigable que dans son cours inférieur; il reçoit alors la rivière de Saigon, accessible aux gros navires. Le Mékong descend du Cambodge et se jette dans la mer par un vaste delta qui ne comprend pas moins de neuf embouchures. Comme ces communications naturelles ne suffisent pas, les habitants ont encore creusé un grand nombre

de canaux dits *arroyos*, qui forment un réseau fluvial de plus de 200,000 kilomètres. Au moment des grandes crues, tout le pays se trouve inondé.

Le climat de la Cochinchine est chaud, humide et anémiant. Cependant, les travaux exécutés depuis la conquête ont bien assaini le pays. Deux saisons se partagent l'année avec plus ou moins de régularité : la saison sèche du 15 octobre au 15 avril, et la saison des pluies le reste du temps. La période qui s'écoule entre le 15 avril et le 15 juin est la plus mauvaise; le thermomètre monte jusqu'à 35° et ne descend pas au-dessous de 30°, même la nuit. En décembre et en janvier, le thermomètre descend parfois à 16° le matin. Les maladies les plus redoutables pour l'Européen sont les affections du foie, les fièvres paludéennes et surtout la dysenterie.

Aussi loin qu'on peut remonter dans l'histoire, la Cochinchine a commencé par faire partie du Cambodge, puis de l'Annam, à partir de 1658. A la suite de difficultés avec cet empire, la France se trouva amenée à lui faire la guerre en 1859 et lui prit dans le Sud de ses États les trois provinces de Bien-Hoa, Saigon et Mytho, dont le traité de 1862 nous reconnut la possession. Des révoltes continuelles décidèrent l'amiral La Grandière à étendre ce territoire par l'adjonction de trois nouvelles provinces : Vinh-Long, Chaudoc et Hatien (1868). Jusqu'à la conquête du Tonkin en 1885, la Cochinchine a formé un gouvernement spécial; fondue ensuite dans l'unité indo-chinoise, elle a néanmoins gardé son autonomie administrative et son budget.

Aujourd'hui, le pays se divise en 4 circonscriptions : Saigon, Mytho, Vinh-Long et Baria, lesquelles se subdivisent en 21 arrondissements, comprenant 207 cantons et 2,425 communes. Un lieutenant-gouverneur, subordonné au gouverneur de l'Indo-Chine, réside à Saigon et administre le pays.

Les deux principales villes de Cochinchine sont Saigon et Cholon. *Saigon*, la capitale, est située sur le Donnaï. La ville est bornée au nord par la plaine des Tombeaux, au sud par le Donnaï, à l'ouest par l'Arroyo Chinois et à l'est par celui de l'Avalanche. Deux grands quais, le quai de l'Arroyo Chinois et celui du Commerce ont une étendue de 1,200 mètres. *Cholon*, à 6 kil. de Saigon, est la seconde ville de la Cochinchine, comme commerce et comme population. C'est un des grands marchés de riz du pays; presque toute la population est chinoise. Le nombre des Européens habitant ces deux villes ne dépasse pas un millier.

La Cochinchine est d'une grande richesse. Les principales productions sont le riz, la canne à sucre, le coton, le tabac, le maïs, le chanvre, l'indigo, la vanille, le thé vert ordinaire, les bois, le bambou, le palmier, la soie, etc. Les minerais sont en petite quantité : on ne peut guère citer que la pierre dure de Bien-Hoa, le granit du cap Saint-Jacques et le jais de Phu-Quoq. Le commerce et l'industrie sont généralement aux mains des Chinois qui, vivant de peu et travaillant beaucoup, donnent à bon marché un grand nombre de produits. L'industrie porte surtout sur la pêche, l'huile de coco, les briqueteries et poteries, la préparation de la soie, la fabrication des nattes et des éventails, l'orfèvrerie et l'incrustation. L'importation s'élève annuellement à près de 10 millions de piastres et l'exportation à plus de 12 millions, dont près de 9 millions pour le riz. L'importation porte surtout sur les vins et spiritueux, le café, la houille, les cordages, le bœuf et le lard salés, les conserves, les tissus de France et d'Angleterre, les toiles à voiles, etc.

COCHLÉAIRE. adj. [Pr. *koklé-aire*] (lat. *cochlea*, limaçon). T. Hist. nat. Qui a la forme d'un limaçon.

COCHLÉAR. s. m. [Pr. *ko-klé-ar*] (lat. *cochlear*, cuiller.) T. Antiq. rom. Mesure de capacité pour les liquides valant le quart du cyathe.

COCHLEARIA. s. m. [Pr. *ko-kléaria*] (lat. *cochlear*, cuiller). T. Bot. Genre de plantes de la famille des *Crucifères*. Voy. ce mot.

COCHLÉARIFORME. adj. 2 g. [Pr. *koklén...*] (lat. *cochlear*, cuiller; *forma*, forme). T. Hist. nat. Qui a la forme d'une cuiller.

COCHLÉIFORME. adj 2 g. [Pr. *koklé-i-forme*] (lat. *cochlea*, limaçon; *forma*, forme). T. Hist. nat. Qui a la forme d'un limaçon.

COCHLOSPERMUM. s. m. [Pr. *koklo-sper-mome*] (gr. κόχλος, limaçon; σπέρμα, graine). T. Bot. Genre de plantes de la famille des *Cistées*. Voy. ce mot.

COCHOIR. s. m. Sorte de hache de tonnelier. || T. Mar. Morceau de bois d'orme pour le commettage de cordages.

COCHOIS. s. m. Outil de buis pour les ciriers.

COCHON. s. m. (coll. *houch* et *hoch*, m. s., d'où l'anglais *hog*, m. s.). Porc, pourceau. Fam., *Sale comme un c.*, *gras comme un c.*, Très sale, très gras. || Figur. et fam., *Avoir des yeux de c.*, Avoir de très petits yeux. *C'est un c.*, *un vilain c.*, se dit d'un homme qui ne fait que manger et dormir, et d'un homme malpropre ou qui fait quelque chose d'inconvenant. || Prov. et bass., *Camarades*, *amis comme cochons*, se dit de deux personnes qui mènent ensemble une vie crapuleuse. *Il semble que nous ayons gardé les cochons ensemble*, se dit pour faire sentir à un inférieur qu'il s'oublie et qu'il en use avec trop de familiarité. || T. Métall. Mélange impur de métal et de scories, qui bouche quelquefois les fourneaux où l'on fond les métaux. — Dans l'affinage, se dit du gonflement ou du soulèvement des cendres dans la coupelle.

Mamm. — La dénomination de *Cochon* (*Sus*) ne s'applique pas uniquement à ces variétés domestiques du genre sanglier que tout le monde connaît et désigne sous ce nom. Les naturalistes l'appliquent encore au genre *Sanglier* lui-même, ainsi qu'à tout le groupe mammalogique dont le sanglier est le type. Ce groupe, qui appartient à l'ordre des *Pachydermes*, a été érigé en famille sous le titre de *Suidés* ou *Suilliens*. — Cette famille se distingue par les caractères suivants : Pieds fourchus, avec deux doigts mitoyens grands, munis de sabots forts et aplatis en dedans, et deux extérieurs plus courts et ne touchant presque pas la terre; dents incisives au nombre variable, dont les inférieures sont toujours couchées en avant; canines sortant de la bouche et se recourbant (les inférieures surtout) vers le haut; museau terminé par un *Boutoir* ou *Groin* propre à fouiller la terre. Ce boutoir est l'organe le plus singulier dans ces animaux : il a assez de force pour soulever et retourner la terre comme le soc d'une charrue. A ces caractères ajoutons encore la présence entre la peau et les muscles d'une épaisse couche de graisse appelée *Lard*, qu'on ne retrouve que chez les cétacés et les phoques, le peu de développement de la cavité cérébrale, le développement énorme de la face et particulièrement du nez, la finesse extrême de l'odorat, la faiblesse des sens de l'ouïe et surtout de la vue, et nous aurons l'ensemble des traits qui constituent la physionomie commune de cette famille. Les suidés comprennent quatre genres : le *Cochon proprement dit* ou *Sanglier*, le *Babiroussa*, le *Phacochère* et le *Pécari*.

1. Le *Sanglier* (*Sus scrofa*) a 44 dents, savoir : 6 incisives en haut et 6 en bas, dépourvues de racines proprement dites et croissant pendant toute la vie de l'animal, 2 canines à chaque mâchoire, recourbées ordinairement vers le haut et latéralement, 14 molaires supérieures et 14 inférieures, dont les postérieures sont tuberculeuses. En outre, ils ont à tous les pieds quatre doigts, dont les deux mitoyens seuls reposent sur la terre. Ce genre se compose de plusieurs espèces, dont la plus répandue est le *Sang. commun* ou *Sang. d'Europe*.

Le *Sanglier commun* (*Sus scrofa*) [Fig. 1] est d'un noir brunâtre sur tout le corps; ses soies sont roides et dures, particulièrement le long de l'épine, où elles forment une sorte de crinière hérissée quand l'animal est irrité; ses défenses sont prismatiques, recourbées en dehors et un peu vers

le haut; ses oreilles sont droites, courtes et fort mobiles; ses yeux sont très petits; ses membres sont robustes et son corps est gros et trapu. Cet animal a la vue faible, l'ouïe est assez fine, et l'odorat extrêmement développé. Le mâle atteint ordinairement la taille de nos plus grands cochons; la femelle, appelée *Laie*, est un peu plus petite et moins bien armée. Les petits, nommés *Marcassins*, sont rayés de blanc et de noir et sont très recherchés pour la table. Le sang. habite les grandes

Fig. 1.

forêts de l'Europe, de l'Asie et de l'Afrique, dans les climats chauds et tempérés. Il n'a pas été trouvé en Amérique. Il se retire dans les fourrés les plus épais, où il se choisit une retraite appelée *Bauge*, d'où il ne sort qu'à la dernière extrémité quand il est attaqué. Il se réunit ordinairement à sa femelle en décembre ou en janvier : celle-ci, après 120 jours de portée, met bas 6 à 8 petits, qu'elle cache dans des fourrés épais pour les soustraire non seulement à la voracité des loups, mais encore à celle des mâles de son espèce. Le sanglier acquiert tout son développement dans l'espace de 5 ou 6 ans. Sa vie est de 20 ans. Lorsqu'il est vieux, il vit ordinairement seul. Les femelles se réunissent en troupes avec leurs portées de 2 à 3 ans; elles se défendent mutuellement et deviennent furieuses quand leurs petits sont menacés. La chasse au sanglier est très dangereuse. La grande force de cet animal et ses puissantes défenses le rendent redoutable aux chiens et aux chasseurs. Lorsqu'on est parvenu à lui faire quitter sa bauge, il fuit d'abord sans trop se presser, se retourne souvent quand il est serré de trop près, et estropie les chiens assez hardis pour l'approcher. Mais quand il est effrayé par le bruit de la chasse et par la détonation des armes à feu, il fuit avec une rapidité surprenante, marche droit devant lui, renverse et déchire tout ce qu'il rencontre. S'il est blessé, il se retourne et perce droit à travers la meute pour se venger de celui qui l'a frappé. Enfin, lorsqu'il est épuisé par la perte de son sang et que les forces lui manquent, il s'accule contre un arbre et vend encore chèrement sa vie. Il éventre tous les chiens qui arrivent à sa portée, et n'est généralement vaincu que par le chien assez adroit pour le *coiffer*, c.-à-d. pour le saisir par l'oreille et ne plus le lâcher. Les sangliers de 4 ans sont les plus difficiles à chasser, parce qu'ils courent très longtemps, et qu'à cet âge leurs défenses, plus droites et plus tranchantes, font des blessures plus profondes. C'est le soir que le sanglier va chercher sa nourriture; il fait alors de grands ravages dans les champs cultivés au bord des forêts. Il vit de racines, de grains et de fruits; il dévore aussi les reptiles, les œufs d'oiseaux, et avec son boutoir il fouille la terre pour y chercher des vers et des larves de hannetons; il déterre aussi les mulots, les taupes et les jeunes lapins. Cet animal est la souche des cochons domestiques : nous parlerons plus bas de ces derniers.

Le *Sanglier à masque* (*Sus larvatus*) doit son nom à la présence, de chaque côté du museau et près de la défense, d'un gros tubercule charnu et velu. Ces tubercules sont soutenus par une proéminence osseuse, et ils s'unissent l'un à l'autre le long de la ligne médiane du museau, de manière à figurer une sorte de masque dans lequel l'animal aurait la moitié de la tête enfoncée : aussi a-t-il un aspect véritablement hideux. Le sanglier à masque est de la taille du sanglier commun; mais il a le garrot plus élevé et le train de derrière plus bas, ce qui lui donne quelque analogie avec la hyène. Cet animal se trouve dans l'Afrique australe et à Madagascar; il est extrêmement farouche et dangereux. — Le *Rène* ou *Sanglier des Papous* (*Sus papuensis*) est de petite taille, à soies rousses, fauves et courtes, celles de la région dorsale hérissées. Les canines sont très petites et de même forme que les incisives. Cet animal a été trouvé dans l'archipel des Papous et à la Nouvelle-Guinée, où il habite dans les marécages et dans les forêts qui avoisinent la mer. Comme sa chair est excellente, les naturels lui font vivement la chasse. Pris jeune, le bête se soumet aisément. C'est sans doute de cette espèce que dérivent les cochons domestiques répandus dans diverses îles de l'Océanie.

II. Les *Phacochères* (*Phacochœrus*) se distinguent essentiellement des sangliers par la structure de leurs molaires qui sont composées de cylindres unis par de la substance corticale, et qui se poussent d'avant en arrière à peu près comme celles de l'éléphant. Ils en diffèrent encore par leurs formes extérieures plus lourdes et plus trapues; leur crâne est très élargi; leur groin offre un grand aplatissement; leurs yeux sont placés très près des oreilles, et en outre disposés de telle sorte que ces animaux ne voient presque que de face. De chaque côté des joues, il leur pend un gros lobe charnu qui achève de rendre leur figure hideuse, et qui leur a valu le nom de *Cochons à verrues*. Leurs défenses sont arrondies; leur pelage ne se compose que de soies dures et rares, produites par une peau épaisse et rugueuse. Durant leurs pre-

Fig. 2.

mières années, ils montrent de la gaieté et s'apprivoisent même jusqu'à un certain point; mais bientôt tous ces signes de douceur s'effacent, et quand leur développement est complet, ils deviennent féroces et indomptables. Ils se nourrissent essentiellement de matières végétales, et ils fouissent pour découvrir les bulbes et les racines. Ce genre renferme deux espèces bien distinctes. Le *Phacochère d'Afrique* (*Phac. africanus*) [Fig. 2], appelé aussi *Sang. du Cap-Vert*, *Ph. à incisives*, a environ 1m35 de longueur depuis le bout du museau jusqu'à la naissance de la queue; sa hauteur entre les épaules est de 90 centim.; sa queue a 45 à 46 centim. de longueur; son corps est couvert de soies noirâtres, longues et fines, surtout aux épaules, au ventre et aux cuisses. Cet animal est pourvu de deux incisives à la mâchoire supérieure, et de six à l'inférieure. Le nombre total de ses dents est de 24. Cette espèce a été trouvée aux îles du Cap-Vert. — Le *Ph. d'Éthiopie* (*Ph. æthiopicus*), *Ph. du Cap*, *Ph. édenté*, est de la taille du précédent. Il s'en distingue principalement parce qu'il manque d'incisives, non seulement dans les vieux individus, mais aussi dans les jeunes. En outre, il a les yeux garnis en dessous de lambeaux charnus. Les épaules et le cou sont pourvus d'une crinière longue et épaisse formée de poils gris et brun obscur. La tête est noirâtre et le reste du corps d'un gris roux. Il ne se trouve pas en Éthiopie, comme son nom pourrait le faire croire, mais au cap de Bonne-Espérance.

III. Le genre *Babiroussa* ayant été l'objet d'un article spécial, nous nous contentons de le mentionner ici.

IV. Le genre *Pécari* (*Dicotyle*) se distingue par ses canines qui ne sortent pas de la bouche, par l'absence de doigt externe aux pieds de derrière, par la présence sur la région des lombes d'un organe glanduleux qui produit une matière odorante, et par le manque presque complet de queue. Les pécaris sont propres à l'Amérique méridionale, où ils vivent dans les forêts par troupes fort nombreuses. Il paraît que leur chair est très bonne lorsqu'on les prend jeunes. Ce genre comprend deux espèces, appelées vulgairement *Cochons d'Amérique*, le *Péc. à collier* ou *Patira* (*Dic. torquatus*), et le *Tajassou* (*Dic. labiatus*) — Le premier (Fig. 3) a toutes les apparences d'un jeune sanglier; ses dimensions sont celles d'un chien de moyenne taille; ses poils sont épais et roides, et son pelage forme des anneaux larges, alternativement blancs et noirs. La matière sécrétée par la glande dorsale du

pécari a une odeur fétide, qui approche celle de l'ail. Elle sort en plus grande abondance quand l'animal est en colère. — Le *Tajassou* est plus grand que le précédent; sa couleur est généralement noire; la matière produite par la glande

Fig. 3.

dorsale est inodore, selon Fréd. Cuvier. — Ces deux espèces sont l'objet d'une chasse fort active de la part des habitants du pays, qui regardent le pécari comme un excellent gibier. Toutes deux sont faciles à apprivoiser et se reproduisent très bien en captivité.

V. Le *C. domestique*, appelé aussi *Porc* ou *Pourceau*, a conservé, malgré l'ancienneté de son esclavage, les mœurs du sanglier commun dont il dérive. Il n'a rien perdu de la brutalité de son caractère et de la rusticité de ses mœurs. Cependant il reconnaît ceux qui le soignent et le suit à la voix. Il sait encore se défendre contre les loups : on a vu des troupeaux de cochons se réunir en cercle quand ils étaient attaqués et présenter le boutoir de toutes parts. — Le porc est surtout élevé comme producteur de viande et de graisse. La *Truie* (on nomme ainsi la femelle du porc domestique, tandis que le mâle reçoit le nom de *Verrat*) est remarquable par son extrême fécondité. Elle fait deux et même trois portées par an, et, quoiqu'elle n'ait que 42 mamelles, elle fait jusqu'à 47 petits à la fois. Vauban a calculé qu'après dix générations, les descendants d'une seule truie pourraient être au nombre de 6,434,838. La durée de la gestation varie entre 100 et 120 jours. Les jeunes, que l'on désigne sous le nom de *Cochonnets*, de *Porcelets*, de *Gorets*, se sèvrent à l'âge de six semaines. L'époque du sevrage est critique pour eux : il faut avoir soin alors de leur donner du lait et de la farine, de les faire jouir du grand air, de les préserver de la pluie et du froid, et de les tenir chaudement dans une loge propre et bien aérée. Les porcelets que l'on destine à la boucherie et qu'on nomme *Cochons de lait*, se portent au marché lorsqu'ils ont 20 à 30 jours. Le c. grandit jusqu'à 5 ou 6 ans et peut vivre jusqu'à 20. — On considère le c. comme recherchant par goût la malpropreté; mais en cela on interprète mal son instinct. En effet il est le seul de nos animaux domestiques qui ne dépose ses excréments ni sur sa litière ni dans son habitation : c'est le besoin de nettoyer sa peau qui le porte à se vautrer quelquefois dans la boue. En conséquence, on doit veiller à ce que l'habitation du porc soit tenue dans un grand état de propreté. Il convient également qu'elle soit à proximité d'une mare pour que l'animal puisse s'y plonger et s'y laver. On peut nourrir les porcs soit avec des substances végétales, soit avec toute sorte de débris animaux; mais presque partout on les nourrit exclusivement de matières végétales. En général, on se trouve bien de faire subir aux divers produits végétaux qu'on leur destine certaines préparations : la cuisson, la fermentation ou même le simple mélange rendent le trèfle et la luzerne plus alimentaires et plus salubres. Mais quand on fait ces diverses préparations, il faut avoir soin d'enlever les plantes nuisibles, telles que les pavots, la morelle, la mercuriale et la jusquiame, plantes que le c. distingue fort bien et refuse de manger quand elles sont crues, mais qu'il ne reconnaît plus après la cuisson, et avec lesquelles il s'empoisonne. Il n'est pas vrai que l'emploi des substances animales rende le porc plus vorace et plus féroce; mais il est probable que les exemples de voracité observés assez fréquemment chez ces animaux proviennent de ce que trop souvent ils ne reçoivent qu'une alimentation insuffisante. Le régime du pâturage leur est aussi très avantageux, et un enfant peut les conduire avec la plus grande facilité dans les bois, dans les prés et même dans les marais, qui n'exercent sur eux aucune influence pernicieuse. Ces animaux, étant exclusivement destinés à donner des produits en graisse et en viande, sont mis à l'engrais. Le temps le plus favorable pour l'engraissement est l'automne ou le commencement de l'hiver, parce qu'alors les aliments sont plus abondants. Ceux-ci doivent être distribués régulièrement et par petites rations; ils doivent être aussi variés que possible. Comme le sommeil favorise l'engraissement des porcs, on ajoute souvent à leur ration une certaine quantité de laitue. — Tout le monde sait quelle énorme consommation il se fait de chair de porc, et combien cette viande est précieuse pour l'alimentation des classes pauvres. Toutes les parties de cet utile animal sont livrées à la consommation : la tête, les pieds, les intestins, le sang, etc., et le déchet n'est réellement que de 5 à 6 p. 100. Ses soies elles-mêmes sont recherchées pour la fabrication des brosses, des balais, etc. Un c. de moyenne taille en fournit à peu près 500 grammes.

Le c. domestique forme de nombreuses variétés. Celles de nos contrées dérivent du sanglier commun et diffèrent essentiellement des variétés exotiques, qui paraissent dériver du sanglier des Papous. Cependant, les unes et les autres se reproduisent ensemble et donnent naissance à des produits féconds. Ces variétés sont généralement distribuées par les naturalistes dans deux catégories, appelées l'une *Petite race*, et l'autre *Grande race*. En outre, le croisement de ces deux races prétendues a donné naissance à de nouvelles variétés.

La *Petite race* se compose d'animaux qui sont tous de petite taille et qui paraissent particuliers à l'Asie et à l'Afrique, quoiqu'ils soient maintenant assez répandus en Europe et en Amérique. Ils sont très prolifiques, s'engraissent facilement et ont été avantageusement employés pour améliorer nos cochons indigènes. Comme cette race comprend de nombreuses variétés, nous nous contenterons de citer les deux principales. — Le *C. de la Chine*, que l'on confond fort souvent avec le c. de Siam, a le corps épais, le museau court et concave en dessus, le front bombé. Il est couvert de soies noires, roides, frisées sur les joues et à la mâchoire inférieure. — Le *C. de Siam* ou *C. du Tonkin*, appelé encore *C. de Chine* ou *C. du Cap* (Fig. 4), est répandu dans tout

Fig. 4.

le midi de l'Afrique et de l'Asie, et dans quelques îles de la mer du Sud. Ses oreilles sont droites; son ventre est très bas; sa queue pendante se termine par un flocon soyeux; ses soies sont noires ou marron foncé.

La *Grande race* appartient exclusivement à l'Europe. Elle est beaucoup plus grande que l'autre, et ses oreilles sont plus ou moins pendantes. Le *C. à grandes oreilles* est le plus grand de tous. Son corps est efflanqué, et ses oreilles très amples lui masquent les yeux. Il est plus rare en France qu'en Angleterre et en Allemagne. Il n'est ni robuste ni fécond et sa chair est grossière. — Le *C. anglais* et le *C. commun* dérivent du précédent. Ils lui ressemblent aux formes; mais leur chair est meilleure, et le dernier a surtout l'avantage de s'engraisser plus facilement et plus promptement. Le c. commun a été modifié diversement par l'influence du climat, des soins et de la nourriture, soit dans sa couleur, soit dans ses formes. Quoique sa couleur la plus commune soit le blanc sale, il est tantôt noir, tantôt roux; mais ses soies sont constamment faibles et rares. Parmi les nombreuses sous-variétés qu'il a fournies, nous citerons seulement les plus intéressantes. Le *C. du Jutland* a le corps allongé, les oreilles pendantes, le dos courbé et les jambes longues. Engraissé à l'âge de deux ans, il peut fournir 400 à 450 kilogr. de lard. Le *C. de Zélande*, plus petit que le précédent, a les

oreilles relevées et le dos fortement garni de soies : il donne aussi beaucoup de lard. Le *C. noir à jambes courtes* a la tête petite, des plis au-dessus des yeux, les mâchoires épaisses, le cou peu étendu, les oreilles droites, le corps allongé : il est propre au midi de l'Europe. — Les *Cochons de France* présentent des différences très nombreuses dans la nuance, les formes, la grosseur du poil, l'ampleur des oreilles et le volume de la tête. On peut les réunir sous deux types principaux. L'un est à poil blanc, à taille élevée, à corps long, à oreilles pendantes, à membres forts, et se trouve dans la Normandie, l'Anjou, le Poitou, l'Auvergne et la Lorraine. L'autre est toujours pie ou presque noir. Il est plus trapu et plus court; il a les membres plus fins, les oreilles droites ou presque droites. Sa chair est plus ferme, plus fine et plus estimée. Ce type est surtout répandu dans le Limousin, le Querey, la Bresse, le Charolais, le Dauphiné, les Pyrénées, etc. Au reste, les marchands distinguent, dans chacun de ces types, une foule de *sortes* ou d'espèces qu'il est difficile de caractériser.

Races mixtes. — Le croisement de la grande race avec la petite a fourni une race mixte qui se compose de plusieurs variétés. Le *C. de Guinée* a les oreilles allongées, une queue

Fig. 5.

qui descend jusqu'à terre, un pelage doux et frisé et d'un roux un peu vif; sa tête est assez mince. Cette variété est très commune au Brésil. — Le *C. nain* ou *à jambes courtes* est le plus petit de tous. Il est ordinairement d'un blanc jaunâtre. Il est assez répandu en France, en Savoie, en Calabre et en Espagne. — Le *C. de Pologne* ou *de Russie* est jaune tirant sur le roux. — Le *C. croisé anglais* est de toutes ces variétés la plus remarquable. Les Anglais, ayant eu des relations fréquentes avec l'Asie, ont importé les cochons de la race du Sud avec plus de suite que les autres peuples de l'Europe et ont ainsi créé des races qui, par leurs formes et leurs qualités, se rapprochent des races d'Orient, tandis que, par leur taille et leur force, elles ressemblent aux anciennes races anglaises. Depuis longtemps ils fournissent des types destinés à améliorer les races de l'Allemagne, de la Belgique et de la France. Ces races nouvelles sont rousses, noires, pies ou blanches. Le *C. du Berkshire* est roussâtre, à corps épais et trapu, à oreilles dressées; sa tête est fine et ses os sont grêles en proportion du poids du corps. Le *C. du Hampshire* ressemble au précédent. Il est plus fort de taille, à côte plus plate, et exige moins de soins pour se développer. Le *C. d'Essex* (Fig. 5) est petit plutôt que grand, à corps épais, à dos légèrement convexe, à cou court, à membres grêles, à tête fine, au museau pointu. Ce dernier est d'un entretien facile, et possède une grande aptitude à prendre de la graisse : il n'existe pas de variété plus estimée. Le *C. d'York* ou *C. de Lincoln* a le dos horizontal, les côtes rondes, les os plus fins, le poil blanc. Le *C. de Leicester* est également blanc : il est très bas sur jambes et susceptible de prendre beaucoup de graisse. Ces races perfectionnées peuvent servir à améliorer nos races françaises, en augmentant leur facilité d'engraissement et en diminuant le poids des parties du corps qui ont le moins de valeur. Pour croiser les races blanches, on conseille particulièrement le c. de Leicester, et pour les races noires ou pies celui du Hampshire ou d'Essex.

VI. On appelle encore *C. de blé*, le Hamster; *C. de Barbarie* et *C. d'Inde*, le cavia apéréa (voy. CABIAI); *C. de mer*, le marsouin (voy. DAUPHIN), et *C. de terre*, l'oryctérope. Voy. ÉDENTÉS.

COCHONNAILLE et COCHONNADE. s. f. [Pr. *kochonalle*, ll mouillées, et *kocho-nade*]. Viande de cochon, porc frais, charcuterie.

COCHONNÉE. s. f. [Pr. *kocho-né*]. Ce qu'une truie fait de petits cochons en une portée.

COCHONNER. v. n. [Pr. *kocho-ner*]. Se dit d'une truie qui met bas. == COCHONNER. v. a. Faire salement ou grossièrement un ouvrage. *Il cochonne la besogne.* Fam. == COCHONNÉ, ÉE. part.

COCHONNERIE. s. f. [Pr. *kocho-neri*]. Extrême malpropreté. Fam. || Par ext., se dit des choses sales, gâtées ou sans valeur. *Que voulez-vous faire de ces cochonneries ?* Fam. || Fig., se dit, soit des actions obscènes ou dégoûtantes, soit de propos de même genre. *Dire des cochonneries.* Pop.

COCHONNET. s. m. [Pr. *kocho-nè*]. Sorte de boule à douze faces, marquées chacune de points ou de chiffres, depuis un jusqu'à douze. *Jouer au c.* || Petite boule ou objet quelconque que des gens qui jouent à la boule ou au palet jettent devant eux pour leur servir de but.

COCHRANE, amiral anglais (1748-1832). || Son neveu, THOMAS, fut également un des plus célèbres amiraux de l'Angleterre (1775-1860).

COCINYLÈNE. s. m. (R. *coco*). T. Chim. Hydrocarbure répondant à la formule $C^{13}H^{26}$, liquide bouillant à 230°, retiré de l'huile minérale de Birma.

COCKBURN (Terre de), partie N.-O. de la terre de Baffin.

COCLÈS (HORATIUS), c.-à-d. le *Borgne*. Romain ainsi surnommé parce qu'il perdit un œil en défendant seul contre l'armée de Porsenna le pont sur le Tibre qui donnait accès dans Rome (507 av. J.-C.).

COCLUCHE. s. f. T. Techn. Manière particulière de disposer les écheveaux de coton dans les teintureries.

COCO. s. m. (gr. κόχχος, mot désignant toute sorte de graine, ou bien ce fruit est ainsi nommé à cause de sa ressemblance avec le singe nommé par les Portugais *macoco*, mot d'origine indienne). Le fruit du Cocotier. || Boisson rafraîchissante faite avec de l'eau et du bois de réglisse. *Marchand de c. Boire du c.* Pop. || Terme de caresse qu'on adresse aux enfants. — Se dit des hommes ironiquement, *Un joli c., un vilain c.*, Fam.

COCON. s. m. (R. *coque*). L'enveloppe soyeuse et ordinairement ovoïde que se filent un grand nombre de chenilles pour s'y transformer en chrysalides. — Pris absol., il ne se dit que du cocon du ver à soie. || Par ext., Petit sac soyeux dans lequel certaines araignées renferment leurs œufs.

COCONAS (ANNIBAL), gentilhomme piémontais, se signala par ses cruautés pendant la Saint-Barthélemy et fut décapité en 1574, avec son ami La Mole, pour avoir conspiré contre Henri III en faveur du duc d'Alençon.

COCONILLE. s. f. [Pr. *koco-ni-lle*, ll mouillées]. Soie que fournissent les cocons.

COCONNAGE. s. m. [Pr. *koco-naje*]. Formation des cocons dans les magnaneries.

COCONNER. v. n. [Pr. *koco-ner*]. Faire son cocon, faire un cocon.

COCONNIER, IÈRE. adj. [Pr. *koco-nié*]. Qui a rapport aux cocons de soie. *Claies coconnières.*

COCONNIÈRE. s. f. [Pr. *koco-nière*]. Bruyères, dans une magnanerie, disposées pour les cocons.

COCONTRACTANT, ANTE. s. m. et f. Celui, celle avec qui l'on contracte.

COCORICO. s. m. Onomatopée imitant le chant du coq.

COCOSÉES. s. f. pl. (R. *coco*). T. Bot. Tribu de plantes de la famille des *Palmiers*. Voy. ce mot.

COCOTE ou **COCOTTE.** s. f. (R. *coque*, récipient, ou lat. *coquere*, cuire). Casserole en fonte.

COCOTE ou **COCOTTE.** s. f. (R. *coq*). T. Enfantin. Poule. || Mot d'amitié. || Carré de papier plié en forme de poule. || Fille de mœurs légères. || T. Pathol. Légère inflammation du bord des paupières. || T. Vét. Maladie des animaux.

Vét. — La *C.*, appelée aussi *Fièvre aphteuse*, est une maladie contagieuse, épizootique, caractérisée par l'apparition sur la muqueuse buccale et la peau des onglons, de vésicules, qui s'ulcèrent. Elle atteint surtout les ruminants, moutons, porcs, chèvres, bœufs, mais les autres animaux de la ferme n'en sont pas à l'abri, de même que l'homme, le daim, le cerf, etc., peut-être aussi les oiseaux de basse-cour. Comme toutes les maladies infectieuses, elle débute assez brusquement par de la fièvre, des frissons, la perte d'appétit, la diminution de la sécrétion lactée; la muqueuse buccale est rouge et la salive diminuée. La marche est gênée. Au bout de deux ou trois jours apparaissent des vésicules blanchâtres, grosses comme un grain de chènevis, sur toute la surface de la bouche et au mufle, sur les mamelles, au niveau des trayons et des onglons; les vésicules grossissent jusqu'à atteindre le diamètre d'une pièce de 5 francs. Leur contenu est limpide, puis purulent; alors elles éclatent au bout de vingt-quatre heures après leur apparition, qui coïncide avec l'abaissement de la température. Elles forment des érosions, souvent confluentes, sur les muqueuses et les régions humides de la peau, érosions qui arrivent facilement à l'ulcération et à la suppuration, surtout aux onglons dans l'espace interdigité. A la suite de ces abcès et de ces ulcérations, les animaux boitent beaucoup, ce qui est le mode de transmission de la maladie. Le plus souvent, ils ne peuvent manger, d'où maigreur rapide; le lait est de mauvaise qualité, on ne peut en faire ni beurre ni fromage, les vaches avortent fréquemment; les cornes peuvent tomber quand l'éruption a atteint leurs matrices; enfin, la marche est raide, boitante, et les animaux restent continuellement couchés. Au bout de huit à dix jours, la cicatrisation commence et tout rentre peu à peu dans l'ordre : appétit, rumination, marche. Mais les complications ne sont pas rares : du côté de la bouche, des voies digestives et respiratoires, l'angine, la bronchite, le coryza aphteux, et aussi une gastro-entérite grave; du côté des pattes, la chute des onglons, à la suite de mouvements un peu brusques, les panaris, arthrites suppurées, nécrose des os, et même infection purulente, qui surviennent surtout chez les moutons installés dans les bergeries humides, malpropres, ou bien fatigués par des marches. Ce dernier symptôme a fait désigner cet ensemble de complications sous le nom de *Piétin infectieux, Maladie maligne des onglons*, qu'il ne faut pas confondre avec une autre maladie contagieuse appelée aussi *Piétin*, mais qui est d'une autre nature. Les mamelles s'abcèdent, puis se durcissent, et donnent difficilement du lait plus tard.

La maladie affecte les animaux d'une façon spéciale à chacun d'eux; le bœuf est atteint à la bouche, aux mamelles et aux onglons; le mouton et le porc le sont presque exclusivement aux onglons; le cheval, à la bouche; le chien, le chat et les gallinacés, à la bouche et aux pattes; l'homme et surtout les enfants, qui sont contaminés par le lait qui n'a pas ou qui a insuffisamment bouilli, surtout à la bouche et au pharynx; chez les individus qui soignent ou traient les animaux, aux mains. Les épizooties sont très variables en gravité, suivant leur virulence et suivant l'état des animaux atteints. Certaines ne produisent aucune mortalité et d'autres tuent de 50 à 80 p. 100 du bétail, surtout les nouveau-nés, les jeunes, les affaiblis et mal nourris, par ex , en France, où en 1871, 700,000 bêtes furent atteintes et 14,000 tuées, occasionnant une perte de 37 millions de francs. En outre, elles produisent une perte souvent considérable par la dépréciation des animaux guéris qui ont maigri, donnent un mauvais lait et avortent. La maladie chez l'individu dure de 2 à 3 semaines, et, dans l'étable ou la bergerie, où elle se transmet plus ou moins rapidement, de 4 à 6 semaines. — La fièvre aphteuse est assez facile à reconnaître, et peu de maladies peuvent être confondues avec elle. — Le traitement de cette maladie est surtout préventif. Il faut isoler les animaux malades et désinfecter soigneusement les lieux où ils ont séjourné (voy. DÉSINFECTION) et proscrire l'entrée du pays aux animaux provenant des régions infectées. Si la maladie est bénigne, il suffit de nourrir ces animaux avec des aliments faciles, barbotage de farine, de son, eau propre. Les ulcérations de la bouche sont traitées par des lotions astringentes et désinfectantes : vinaigre, alun, borax; celles des onglons, par les pansements antiseptiques phéniqués, crésylés, au sulfate de cuivre, celles des mamelles par la vaseline salicylée ou boriquée.

Le lait ne doit être utilisé qu'après une ébullition de dix minutes et la viande doit être parfaitement cuite. On a songé à pratiquer l'inoculation de la maladie, non pour en prévenir l'atteinte, puisque la maladie étant récidivante ce serait le meilleur moyen de la propager et de la perpétuer, mais pour en atténuer la gravité et éviter les complications. C'est dire que c'est une *maladie microbienne;* malheureusement, malgré bien des recherches, on n'est pas fixé sur l'espèce de microbe, que l'on croit cependant être un micrococcus ou chaînette ou formant des couples. En tous cas, le microbe est contenu uniquement dans les vésicules, et c'est par auto-inoculation qu'il se propage chez le même individu. En temps d'épidémie, c'est justement la connaissance de la virulence du contenu des vésicules et de la salive qui fait prendre la salive comme matière d'inoculation, et la bouche, la peau, les oreilles, le groin (porc), comme lieux d'inoculation faite par frictions ou par la lancette. La maladie ainsi inoculée à tous les animaux d'une étable infectée évolue en dix jours, est bénigne et reste localisée.

COCOTIER. s. m. [Pr. *koco-tié*] (R. coco). T. Bot. Genre d'arbres (*Cocos*) de la famille des *Palmiers.* Voy. ce mot.

COCOURRIER. s. m. [Pr. *ko-cou-rié*]. Papier que les enfants enfilent dans la corde d'un cerf-volant et qui monte vers lui.

COCRÉANCIER. s. m. Celui qui est créancier d'une personne avec d'autres.

COCTION. s. f. [Pr. *kok-sion*] (lat. *coctio*, m. s., de *coquere,* cuire). T. Didact. Action soutenue de la chaleur sur les matières animales ou végétales, et l'effet de cette action. — Se dit surtout en parlant d'une chose que l'on fait cuire dans l'eau bouillante ou dans un autre liquide. ‖ T. Physiol. et Méd. anciennes. Digestion des aliments; épaississement des humeurs qui les rend propres à être expulsés. Voy. DIGESTION et HUMEUR.

COCU. s. et adj. m. (R. *coucou,* parce que cet oiseau pond ses œufs dans le nid d'autrui. Le terme a été détourné de son sens et est contradictoire). Celui dont la femme manque à la fidélité conjugale. S'emploie toujours par dérision. Pop. et fam.

COCUAGE. s. m. L'état d'un homme qui est cocu. Pop. et fam. Ne se dit que par dérision.

COCUFIER. v. a. Faire cocu.

COCYTE, fleuve des Enfers (Myth.). == s. m. Par extens., Marais ou autre lieu bourbeux. ‖ T. Pathol. Douleur causée par l'introduction d'un animalcule venimeux sous la peau.

CODA. s. f. T. Mus. Mot ital. qui sign. *Queue* et qui sert à désigner un certain nombre de mesures ajoutées à un morceau pour le terminer d'une façon plus brillante.

CODARIUM. s. m. [Pr. *koda-ri-ome*] (gr. κωδάριον, toison). T. Bot. Genre de plantes de la famille des *Légumineuses.* Voy. ce mot.

CODE. s. m. (lat. *codex,* m. s.). Recueil, compilation de lois, constitutions, rescrits, etc., faits par ordre des empereurs romains. C. *Théodosien.* C. *de Justinien.* — Se dit aussi de quelques compilations des ordonnances des rois de France, et même de quelques ordonnances particulières. Le c. *de la marine.* Le c. *noir.* — Aujourd'hui, Recueil ou corps de tout corps de lois renfermant un système complet de législation sur une matière déterminée. C. *civil.* C. *de commerce.* C. *pénal,* etc. Voy. DROIT. ‖ Par ext., plusieurs auteurs ont donné le titre de C. à des ouvrages de droit traitant d'une matière spéciale. C. *des chasses.* C. *des cultes.* C. *des propriétaires et des locataires,* etc. — Se dit encore d'un ouvrage qui renferme un corps de doctrine, un ensemble de préceptes relatifs à une matière quelconque. *Ce livre est un c. de morale.* ‖ Fig., Le c. *de la morale, de l'honneur,* Les préceptes de la morale, etc. ‖ En Pharm. Recueil de formules pour la préparation des médicaments. On dit mieux *Codex.* Voy. PHARMACOPÉE.

Législ. — Les seuls corps de lois auxquels en France s'applique régulièrement le nom de *Codes* sont les suivants : C. *civil* (1804), C. *de procédure civile* (1806), C. *de commerce* (1807), C. *d'instruction criminelle* (1808), C. *pénal* (1810), C. *forestier* (1827), C. *de justice militaire pour l'armée de terre* (1857) *et pour l'armée de mer* (1858). On nomme encore C. *rural,* le décret de l'Assemblée constituante du 28 septembre 1791, sur les biens et usages ruraux et la police rurale. Depuis longtemps, on réclame la confection d'un nouveau C. rural. Cette œuvre, entreprise en 1881, n'est pas encore achevée. — C. *de signaux,* Ensemble de signaux à la mer convenus entre les nations maritimes.

CODÉBITEUR. s. m. T. Jurispr. Celui qui a contracté une dette conjointement avec un autre.

CODÉCIMATEUR. s. m. T. Anc. Jurisp. Celui qui percevait les dîmes avec un autre décimateur.

CODÉINE. s. f. (gr. κώδεια, tête de pavot). T. Chim. La C $C^{18}H^{21}AzO^3$ est, après la morphine, l'alcaloïde le plus important de l'opium. Dans la préparation de la morphine, le chlorhydrate de cette base se dépose en même temps que celui de c.; on redissout ces cristaux dans l'eau bouillante et on ajoute un excès d'ammoniaque qui précipite la morphine et laisse la c. en solution. Il suffit d'évaporer la liqueur pour obtenir la codéine, qu'on purifie ensuite par cristallisation dans l'éther. Elle se présente en octaèdres orthorhombiques fusibles à 150°, peu solubles dans l'eau, solubles dans l'éther et le chloroforme; ses solutions dévient à gauche le plan de polarisation de la lumière. C'est une base tertiaire qui, avec les acides, forme des sels bien définis et cristallisés. Avec le chlore, le brome, le cyanogène, l'acide nitrique, elle donne des produits de substitution. Chauffée à 150° avec l'acide chlorhydrique concentré, elle se convertit en apomorphine. Le chlorure de zinc lui enlève de l'eau et la transforme en une autre base, l'*apocodéine,* dont la formule est $C^{18}H^{19}AzO^2$. La c. doit être envisagée comme un dérivé méthylique de la morphine; elle se forme, en effet, quand on traite cette base par l'iodure de méthyle et la potasse. Elle se distingue de la morphine en ce qu'elle ne réduit ni l'acide iodique ni les sels d'or ou d'argent, et qu'elle ne donne pas de coloration bleue avec le chlorure ferrique.

La c. est employée en médecine, principalement sous forme de sirop; elle possède les propriétés spécifiques de la morphine, mais à un degré plus faible; elle passe pour procurer un sommeil plus calme, qui n'est pas suivi de pesanteurs de tête.

CODEMANDEUR. s. m. T. Jurisp. Celui qui, conjointement avec un autre, forme une demande en justice.

CODÉTENTEUR, TRICE. s. T. Jurisp. Celui ou celle qui retient avec une autre personne une somme, une succession, un héritage.

CODÉTENU, UE. s. T. Jurisp. crim. Celui ou celle qui est détenu conjointement avec d'autres personnes.

CODÉTHYLINE. s. f. (R. *codéine,* et *éthyle*). T. Chim. Base cristallisable, fusible à 83°, très toxique, obtenue en chauffant la morphine avec l'éthylate de sodium et l'iodure de méthyle. La c. est l'éther éthylique de la morphine, tandis que la codéine en est l'éther méthylique.

CODEX. s. m. (mot lat. sign. *Code*). Recueil des formules de médicaments adoptées par la faculté de médecine de Paris. Voy. PHARMACOPÉE.

CODIÆUM. s. m. (forme latinisée du mot malais *codiho,* m. s.). T. Bot. Genre de plantes de la famille des *Euphorbiacées.* Voy. ce mot.

CODICILLAIRE. adj. 2 g. [Pr. *codi-sil-lère*]. Qui est contenu dans un codicille. — *Clause codicillaire,* Clause d'un testament par laquelle le testateur déclare que, si son testament ne peut valoir comme tel, il entend qu'il vaille comme codicille.

CODICILLANT. s. m. [Pr. *codi-sil-lan*]. Celui qui fait un codicille.

CODICILLE. s. m. [Pr. *codi-silc*] (lat. *codicillus,* dimin.

de *codex*, code). T. Droit. Disposition ajoutée à un testament pour le modifier.

CODIÉES. s. f. pl. (R. *Codium*). T. Bot. Tribu d'Algues de la famille des *Siphonées*. Voy. ce mot.

CODIFICATEUR. s. m. (de *code*, et lat. *facio*, je fais). Auteur d'un code.

CODIFICATION. s. f. [Pr. ...*sion*]. Rédaction d'un corps de lois d'après un plan systématique.

CODIFIER. v. a. (R. *code*, et lat. *ficare*, pour *facere*, faire). Rédiger un corps de lois systématiquement coordonnées. = CODIFIÉ, ÉE.

CODILLE. s. m. [Pr. les *ll* mouillées]. T. Jeu de l'hombre, du tri, du quadrille. *Faire ou gagner c.*, Gagner sans avoir fait jouer.

CODIRECTEUR, TRICE. s. Personne dirigeant avec une ou plusieurs autres.

CODIRECTION. s. f. [Pr. ...*sion*]. Direction exercée simultanément avec d'autres personnes.

CODIUM. s. m. [Pr. *kodi-ome*] (gr. κώδεια, petite boule). T. Bot. Genre d'Algues de la famille des *Siphonées*. Voy. ce mot.

CODONATAIRE. adj. 2 g. Associé, conjoint avec un autre dans une même donation.

CODRE. s. f. T. Agric. Tige de châtaignier préparée pour faire des cercles.

CODRINGTON, amiral anglais qui commandait à la bataille de Navarin en 1827 (1770-1851).

CODRUS, dernier roi d'Athènes, se dévoua pour sauver son pays (XIIe s. av. J.-C.).

CŒCILIA. s. f. Voy. CÉCILE.

CŒCUM. s. m. [Pr. *sé-come*] (Fausse orthographe de *Cæcum*, du lat. *cæcus*, aveugle). T. Anat. La première partie du gros intestin, formant une sorte de dilatation entre l'intestin grêle et le côlon, et portant un appendice en forme de cul de sac, nommé *appendice cæcal* ou mieux *cæcal*.

COÉDUCATION. s. f. Éducation en commun.

COÊF. s. m T. Techn. Nom des conduits pratiqués dans l'épaisseur des chaussées qui entourent une saline.

COEFFETEAU (NICOLAS), évêque de Marseille et célèbre prédicateur.

COEFFICIENT. s. m. (lat. *cum*, avec; *efficiens*, qui fait, part. présent de *efficere*, faire). T. Mathém. En algèbre, on appelle *Coefficient* toute quantité, numérique ou littérale, qui on multiplie une autre. Ainsi dans 3*a*, 3 est le c. de *a*. Dans *ax*, *a* est le c. de *x*, ou *x* celui de *a*. Lorsqu'un seul des facteurs est une quantité numérique, c'est ordinairement lui qu'on regarde comme le c. des autres. Dans tous les cas, on peut toujours supposer une expression algébrique quelconque affectée du c. 1, parce que *m* est la même chose que 1×*m*, ou 1 m. — Dans un polynôme ordonné par rapport à une ou plusieurs lettres principales, les coefficients sont les quantités numériques ou littérales qui dans chaque terme multiplient les puissances ou les produits des lettres principales. De même, dans une équation, les coefficients sont les quantités numériques ou littérales qui multiplient dans chaque terme les puissances ou les produits des inconnues. — Dans tous les cas, le signe qui précède chaque terme doit être considéré comme faisant partie du c., et si ce signe n'est pas écrit, il est le signe + sous-entendu. Ainsi, dans l'équation : $3y^2 - 2axy + 4 = 0$, les coefficients sont + 3, — 2*a*, + 4. ‖*Coefficient différentiel*, synonyme de *Dérivée*. Voy. ce mot. ‖ T. Phys. Le mot C. désigne en physique un nombre qui marque à quel degré un corps ou un système de corps possède une propriété susceptible d'être évaluée numériquement. *C. de dilatation, d'élasticité, de compression; coefficients thermiques. C. de frottement*, etc. Il est clair que

chaque espèce de c. a besoin d'être définie d'une manière spéciale. Voy. les mots correspondants.

COÉGAL, ALE. adj. T. Théol. Se dit des trois personnes de la Trinité qui sont parfaitement égales en perfection et en puissance.

COÉGALITÉ. s. f. T. Théol. Qualité des personnes coégales de la Trinité. Les Ariens niaient la c. du Fils et du Saint-Esprit avec le Père.

CŒLAPHLÉBITE. s. f. (gr. κοῖλος, creux, et *phlébite*). T. Pathol. Inflammation de la veine cave inférieure. Inus.

CŒLENTÉRÉS. s. m. pl. (gr. κοῖλος, creux; ἔντερον, intestin). T. Zool. Cuvier avait divisé le règne animal en quatre embranchements : les Vertébrés, les Mollusques, les Annelés et les Rayonnés. Cette classification a été modifiée par les naturalistes actuels, et ils ont reconnu neuf types principaux, neuf embranchements, neuf divisions d'égale valeur auxquelles ils ont donné des noms. En réalité dans la nature il n'y a pas de ces barrières infranchissables que semblent créer les naturalistes; il ne faut pas oublier que les classifications n'ont pour but que de permettre de s'y reconnaître au milieu du nombre immense des êtres. Dans la méthode de Cuvier, les Cœlentérés rentraient dans l'embranchement des Zoophytes. De nos jours, les Zoophytes ont été subdivisés en trois embranchements, Protozoaires, Cœlentérés, Échinodermes. Nous renvoyons aux mots PROTOZOAIRES et ÉCHINODERMES, et dans cet article nous ne parlerons que des *Cœlentérés*.

Les animaux qui rentrent dans ce grand embranchement sont constitués par une substance cellulaire différenciée; leurs organes, si l'on peut dire, sont disposés suivant une symétrie rayonnée; ils sont pourvus d'une cavité presque toujours terminée en cul-de-sac, c.-à-d. qu'ils n'ont qu'une seule ouverture, une bouche et pas d'anus, ou, si l'on préfère, une bouche-anus, une ouverture par où sont ingérés les aliments et par laquelle, après leur digestion, les matières excrémentitielles sont expulsées. Les c. ont un système de canaux périphériques. En réalité, il n'y a ni cavité viscérale, ni tube digestif, ni vaisseaux sanguins. La cavité du corps, appelée cavité *gastro-vasculaire*, sert à la digestion, à la nutrition et à faire circuler le liquide nourricier dans les différentes parties du corps.

Ce grand embranchement a été lui-même subdivisé en trois sous-embranchements, celui des *Éponges* ou *Spongiaires*, celui des *Cœlentérés* proprement dits ou *Cnidaires*, et enfin celui des *Cténophores*. Voy. ces mots.

CŒLÉSYRIE (Κοίλη Συρία, Syrie Creuse). La partie de la Syrie comprise entre le Liban et l'Anti-Liban; v. pr. *Héliopolis*.

CŒLIAQUE. adj. 2 g. (gr. κοιλία, ventre). T. Anat. Qui a rapport aux intestins. *Artère c.*, Tronc commun de trois artères qui vont à l'estomac, au foie et à la rate. — On écrit aussi *Céliaque*.

CŒLIUS, l'une des sept collines de Rome, au S. du Capitole.

CŒLOME. s. m. (gr. κοίλωμα, cavité). T. d'Embryologie. C'est la cavité pleuro-péritonéale comprise entre la lame externe (*Somatopleure*) et la lame interne (*Splanchnopleure*) du feuillet moyen du blastoderme. ‖ T. Chir. Ulcère de la cornée transparente.

CŒLORRHIZE. adj. 2 g. [Pr. *sélo-rize*] (gr. κοῖλος, creux; ῥίζα, racine). T. Anat. Se dit des dents qui ont des racines creuses. Inus.

CŒLOSTOMIE. s. f. (gr. κοῖλος, creux; στόμα, bouche). T. Pathol. Altération d'une voix devenue caverneuse. Inus.

COEMPTION. s. f. [Pr. *ko-an-psion*] (lat. *cum*, avec; *emptio*, achat). T. Droit romain. Achat réciproque. Une des trois sortes de mariage chez les Romains. Voy. MARIAGE.

CŒNADELPHE. adj. 2 g. (gr. κοινὸς, commun; ἀδελφός, frère). T. Térat. Monstre double composé de deux corps ayant en commun un ou plusieurs organes essentiels.

COENDOU. s. m (mot indien). T. Mamm. Genre de Rongeurs, Porc-Épic d'Amérique. Voy. Porc-Épic et Cercolabes.

CŒNISME. s. m. (gr. κοίνισμός). T. Rhétor Vice d'élocution qui consiste dans le mélange de plusieurs dialectes.

CŒNOLOGIE. s. f. (gr. κοινὸς, commun; λόγος, discours). Conférence entre plusieurs individus. — Consultation entre plusieurs médecins. Inus.

CŒNURE. s. m. (gr. κοινὸς, commun; οὐρὰ, queue). T. Zool. Espèce du genre Tœnia (T. cœnurus), qui vit à l'état de ver dans le tube digestif du chien de berger, et à l'état vésiculaire est représenté par le Cœnurus cerebralis dans le cerveau des moutons d'un an. On a aussi constaté la présence du c. dans d'autres endroits, notamment dans la cavité viscérale du lapin. Voy. Tœnia.

COÉQUATION. s. f. (R. co, préf., et équation). Répartition qui règle ce que chaque contribuable doit payer d'impôts.

COERCIBILITÉ. s. f. Qualité de ce qui est coercible.

COERCIBLE. adj. 2 g. (lat. coercere, resserrer). T. Phys. Qui peut être resserré dans un moindre espace. Voy. Gaz.

COERCITIF, IVE. adj. T. Jurisp. Qui possède le droit de coercition. Puissance coercitive. || T. Phys. Force coercitive. Voy. Aimant, Magnétisme.

COERCITION. s. f. [Pr. ko-ersi-sion] (lat. coercitio, m. s.; de coercere, comprimer, retenir). T. Jurisp. Droit qu'on a de contraindre quelqu'un à obéir à la loi.

CŒRE, ville étrusque près Rome.

CŒRULÉINE. s. f. (lat. cœruleus, bleu). T. Chim. Stannate de cobalt. Voy. Cobalt.

COÉTAT. s. m. État qui partage avec un autre la souveraineté d'un pays. Peu us.

COÊTE. s. f. T. Techn. Chantier sur lequel on dépose une glace au sortir du four.

COÉTENDU, UE. adj. (R. co, préf., et étendu). Qui a une étendue commune et égale.

COÉTERNEL, ELLE. adj. (R. co, préf., et éternel). Qui existe de toute éternité avec un autre. Plusieurs philosophes considèrent la matière comme coéternelle à Dieu.

COÉTERNITÉ. s. f. Qualité de ce qui est coéternel.

COÉTLOGON (Alaire-Emmanuel, marquis de), vice-amiral et maréchal de France (1646-1730).

CŒUR. s. m. (lat. cor, m. s.). Organe creux et musculaire qui est le principal agent de la circulation du sang et qui est situé dans la poitrine. Le mouvement, les pulsations du c. Palpitations du c. Maladie du c. || Par ext.. La partie de la poitrine où les battements du c. se font sentir. Il le pressa tendrement contre son c., sur son c. La main sur son c. = Se prend quelquefois abusivement pour l'estomac. Mal de c. Il a le c. barbouillé. Le c. lui fait mal. — Fig. en fam., Cela lui fait mal au c., il en a mal au c., Il ne voit cela qu'avec déplaisir, il en est choqué. Ce vin va au c., Il réjouit, il excite agréablement. On dit de même, Cette liqueur, cette eau-de-vie va au c. = Se dit, dans un sens particulier, du c. considéré relativement aux modifications qu'il éprouve sous l'influence des passions. Le c. lui bat. Son c. palpite. Le chagrin resserre le c. Il a le c. serré, oppressé de douleur. || Fig., se dit du c. considéré comme le siège des passions et l'organe de la sensibilité morale. C'est par le c. que les hommes sont ce qu'ils sont (Rollin). Les grandes pensées viennent du c. (Vauvenargues). Avoir le c. navré de douleur, de tristesse. Avoir le désespoir dans le c. Toucher le c. de quelqu'un. Le c. lui saigne. Ces paroles lui pénètrent le c. Mon c. s'ouvre à l'espérance. Les plaisirs, les peines du c. — Cela va au c., Cela touche, émeut. Se ronger le c., Ronger son c., S'affliger, se chagriner, se tourmenter. Avoir quelque chose sur le c., En avoir du ressentiment. On dit de même, Cela lui tient au c. — Prov., Je veux en avoir le c. net, Je veux savoir

ce qui en est, je veux me délivrer de mes doutes à ce sujet || Se dit plus particulièrement de cette faculté de l'âme qui nous rend capables d'amour, d'amitié, etc. Régner sur les cœurs. Se concilier tous les cœurs. Élever son c. à Dieu. Il a le c. porté à cela. Je l'aime de tout mon c. Un c. de père. L'amour est le tyran des cœurs. Donner son c. La paix du c. Il sut trouver le chemin de mon c. L'union des cœurs. Quel autre m'a ravi, dérobé ton c.?

On n'a reçu du ciel un cœur que pour aimer.
Racine.

L'ami, l'amie du c., Celui, celle que l'on aime le plus tendrement. — Fig. et fam., Son c. commence à parler, son c. a parlé, se dit d'une jeune personne qui éprouve les premiers sentiments de tendresse, de préférence pour quelqu'un. Ces deux personnes ne sont qu'un corps et qu'une âme, ce n'est qu'un c., Elles s'aiment beaucoup l'une l'autre. — Prendre une chose à c., S'en affecter, y être vivement sensible. Vous prenez cela trop à c. On dit de même, Cette affaire lui tient au c., Il s'y intéresse fort. — Fam., Avoir c., avoir le c. au métier, Travailler avec zèle, avec ardeur; affectionner ce qu'on fait, ce qu'on doit faire. — De bon c., de grand c., de tout son c., Volontiers, avec plaisir. A contre-c., Avec répugnance, malgré soi. — Prov. et pop., Prendre son c. par autrui, Se mettre en la place de quelqu'un, agir à son égard comme en pareil cas nous voudrions qu'on agît au nôtre. Vx. || Se dit en parlant des inclinations morales considérées en général. C'est un bon c., un mauvais c. Avoir bon c., mauvais c. C. compatissant. Être doux et humble de c. Régler les mouvements de son c. — Fig., N'avoir point de c., Être dépourvu de toute sensibilité, de toute bonne inclination; n'avoir aucune générosité dans les sentiments. C'est un c. d'or, se dit fam. de quelqu'un qui a beaucoup de sensibilité, d'heureuses inclinations. Être tout c., Être très généreux, très bienfaisant. Avoir un c. de tigre, Être d'une extrême cruauté. Cet homme a le c. endurci, Il est tellement opiniâtre dans ce qu'on ne peut le fléchir; et, en langage de dévotion, il est extrêmement obstiné dans le péché. Avoir le c. ou un c. de roche, un c. de marbre, un c. de diamant, etc., Avoir l'âme dure, insensible. = Se dit quelquefois par oppos. à l'esprit, dans les divers sens figurés qui précédent. Ce sermon plaît à l'esprit et ne touche pas le c. Former l'esprit et le c. des enfants. == Prov., Le c. haut et la fortune basse, se dit de quelqu'un qui a plus de courage ou d'orgueil que de fortune. — Fig. et fam., Mettre, remettre le c. au ventre à quelqu'un, Lui donner, lui redonner du courage. Faire contre fortune, contre mauvaise fortune bon c., Ne pas se laisser abattre par la contradiction, par les échecs, par les revers. — Ce malade a le c. bon, Son courage se soutient, on il a encore des forces. Avoir le c. mort, Se sentir très faible, épuisé, abattu. || La pensée intime, les dispositions secrètes de l'âme. Descendre dans son c. Son c. démentait sa bouche.

Dieu tient le cœur des rois entre ses mains puissantes.
Racine.

Il tourne leurs volontés comme il lui plaît. Se parler c. à c., Se parler avec une entière franchise, sans aucune réserve. — Prov., Il dit cela de bouche, mais ce n'y touche, Il parle contre sa pensée. Dans un sens analogue, Il le dit des lèvres, mais le c. n'y est pas. — Fig., Avoir le c. sur les lèvres, Être franc et sincère. On dit dans le même sens, Avoir le c. sur la main. = Se dit de certains bijoux, ornements, etc., qui ont à peu près la forme d'un c. Une croix d'or surmontée d'un c. || En Bot., on dit, dans le même sens, Une feuille en c., des pétales en c., etc. = Une des quatre couleurs du jeu de cartes, dont les points sont figurés par des cœurs. Roi de c. Dix de c. Il a quatre cœurs dans son jeu. Son point est en c. == Par anal., Le milieu de quelque chose, particulièrement d'un État ou d'une ville. Le c. de la ville, du royaume. L'ennemi était au c. de l'Allemagne. — Au c. de l'hiver, au c. de l'été, Au plus fort de l'hiver ou de l'été, par le plus grand froid ou par le plus grand chaud. — C. de cheminée, Le milieu de la cheminée où est ordinairement une plaque. == La partie intérieure du tronc d'un arbre. Une table faite de c. de noyer. || Se dit du milieu d'un fruit, particulièrement d'une pomme et d'une poire. Cette pomme, cette poire est gâtée dans le c. — Par anal., Le c. d'une laitue, d'un chou, etc. == Par cœur, loc. adv. De mémoire. Apprendre, savoir une chose par c. || Fig. et fam., Savoir un homme par c., Connaître parfaitement son caractère et ses habitudes. — Fig. et prov., Dîner par c., Se passer de dîner involontairement. || **T.** Zool. Nom vulg. des coquilles du genre *Bucarde.* Voy. CARDIACÉS. || **T.** Bot. *C. de bœuf.* Nom vulg. du fruit de l'*Anone écailleuse.* Voy. ANONACÉES. — Variété de chou. || **T.** Astron. *C. du Scorpion,* L'étoile *Antarès* ou α du Scorpion. — *C. du Lion,* L'étoile *Régulus* ou α du Lion. — *C. de l'Hydre,* L'étoile *Alphard* ou α de l'Hydre. — *C. de Charles,* Petite constellation boréale introduite par quelques astronomes et supprimée depuis. Voy. CONSTELLATION. || **T.** Méd. *Courbe en c.,* Excentrique qui a la forme d'un c. || **T.** Chem. de fer. Pointe que forment les rails aux croisements de voie. || **T** Techn. Pièce d'horlogerie qui dégage la détente de la sonnerie. — Milieu d'une verge de plomb dans un vitrage. — Laine provenant des mèches ayant subi l'opération du peignage. ||**T.** Blas. Milieu de l'écu.

Syn. — Voy. COURAGE.

Hist. nat. — Le *Cœur* est un muscle creux, une sorte de pompe aspirante et foulante, qui, par sa contraction rythmique, détermine la progression du sang dans les vaisseaux.

I. *Anatomie.* — Chez l'homme et chez les mammifères, le C. se compose de deux conduits ou sacs musculaires étroitement unis et situés, l'un sur le trajet du sang noir pour le chasser vers les poumons, l'autre sur le trajet du sang rouge pour le projeter dans toutes les parties du corps. Ces deux conduits musculaires sont séparés uniquement par une cloison ; mais, malgré leur union intime, ils sont parfaitement indépendants l'un de l'autre, de sorte qu'on peut considérer chacun d'eux comme formant un organe distinct : l'un, le *C. droit* ou *pulmonaire,* affecté à la circulation du sang veineux ; l'autre, le *C. gauche* ou *aortique,* affecté à la circulation du sang artériel. Chacun de ces cœurs est étranglé à sa partie moyenne, et cet étranglement simulant une cloison incomplète, il en résulte que tout l'organe se trouve divisé en quatre cavités par deux cloisons qui sont perpendiculaires l'une à l'autre : l'une dirigée suivant son axe, complète ; l'autre perpendiculaire à cet axe et incomplète. Les deux cavités supérieures sont les *Oreillettes,* les deux inférieures sont les *Ventricules.* Chaque oreillette communique avec le ventricule du même côté, mais les cavités droites ne communiquent pas avec les cavités gauches.

Le c. est situé dans la partie de la poitrine qu'on appelle le *Médiastin,* entre les poumons, au-devant de l'aorte, de l'œsophage et de la colonne vertébrale, derrière le sternum qui le protège antérieurement, et au-dessus du diaphragme qui le sépare des organes contenus dans l'abdomen. Il est maintenu dans sa position par les gros vaisseaux auxquels il est suspendu, et par une membrane fibro-séreuse, appelée *Péricarde,* qui l'entoure sans le contenir. Sa forme est celle d'un cône à surface légèrement comprimée, dont l'axe est dirigé en bas, à gauche et en avant. Son volume est très variable suivant les individus. En général, cet organe est plus petit chez la femme que chez l'homme. On peut évaluer sa longueur, de la base au sommet, à 128 millim., sa plus grande largeur à 95 millim., et sa plus grande épaisseur à 68 millim. Son poids augmente non seulement jusqu'à l'époque du complet développement, mais encore jusqu'à la soixantième année, âge auquel celui de tous les autres organes a coutume de diminuer : ainsi son poids moyen est de 260 gram. de quinze à trente ans, de 290 de trente à cinquante, et de plus de 300 à soixante. Ce poids moyen est à celui du corps comme 1 est à 158, chez l'homme, et comme 1 est à 149 chez la femme.

Les cavités du c. sont lisses, polies et tapissées par une membrane fine, très adhérente au tissu musculaire ; mais elles offrent des anfractuosités qui sont formées par des faisceaux plus ou moins saillants de ce tissu. Les oreillettes présentent, à leur partie supérieure, un petit prolongement aplati et creux, nommé *Appendice auriculaire* ou *Auricule,* et une cavité principale appelée *Sinus.* Dans le sinus de l'oreillette droite s'abouchent, en haut, la veine cave supérieure ; au-dessous et plus en arrière, la veine cave inférieure, qui est pourvue d'une valvule appelée *Valvule d'Eustachi,* au-dessous de laquelle on trouve l'orifice des veines coronaires et cardiaques. Dans l'oreillette gauche s'abouchent postérieurement les veines pulmonaires droites, et, sur le côté externe, les veines pulmonaires gauches. La cloison qui sépare les oreillettes, et qui ne laisse entre elles aucune communication, présente inférieurement, du côté de l'oreillette droite, une dépression superficielle, appelée *Fosse ovale,* et dans l'oreillette gauche un petit repli semi-lunaire. Dans chaque oreillette, l'orifice auriculo-ventriculaire, c.-à-d. l'ouverture qui établit la communication entre l'oreillette et le ventricule correspondant, est garni d'une valvule ; celle de l'orifice auriculo-ventriculaire droit, qui est munie de trois dentelures, est appelée *Valvule triglochine* ou *tricuspide ;* celle de l'orifice auriculo-ventriculaire gauche, qui

n'a que deux dentelures, est la *Valvule mitrale.* Dans la cavité des ventricules, un grand nombre de faisceaux musculaires, connus sous le nom de *Colonnes charnues, Piliers,* soulèvent la membrane interne, ou ne tiennent à la substance de l'organe que par leurs extrémités ; quelques-unes donnent naissance à une multitude de petits tendons qui se fixent au bord de la valvule placée à l'orifice auriculo-ventriculaire correspondant. Près de cet orifice, on voit, dans le ventricule droit, l'embouchure de l'artère pulmonaire ; dans le gauche, celle de l'aorte. Chacune de ces artères est pourvue, à son origine, de trois valvules appelées, à cause de leur forme, *Valvules sigmoïdes* ou *semi-lunaires,* dont le bord libre présente dans son milieu un petit tubercule, de consistance semi-cartilagineuse, nommé *Tubercule d'Aransi :* ces valvules ont pour usage de fermer complètement l'ouverture artérielle lorsqu'elles sont abaissées.

Chez le fœtus, les deux oreillettes sont confondues en une seule, dans les premiers temps de la conception ; et, quand se forme leur cloison, il reste encore une ouverture de communication, à laquelle on a donné le nom de *Trou ovale* ou *Trou de Botal,* parce qu'on en attribue la découverte à l'Italien Léonard Botal (en 1562), quoique Galien et Vésale en aient parlé avant lui. Ce trou occupe la place où sera plus tard la *Fosse ovale,* et ne commence à se fermer que dans le troisième mois, par le développement d'une espèce de valvule composée d'un double feuillet membraneux, et qui n'est complète qu'au dixième mois. Il ne reste alors qu'un canal oblique, qui s'oblitère lui-même peu à peu. La cloison des ventricules présente aussi, pendant les six premières semaines, une ouverture d'autant plus grande qu'on l'examine à une époque moins éloignée de la conception.

La texture du c. est principalement musculaire ; néanmoins, dans cet organe comme dans tous les autres, la fibre rouge et contractile emprunte un point d'appui à des tissus plus résistants qu'elle. C'est ainsi que l'on présente des anneaux fibreux qui servent, pour ainsi dire, de charpente à son tissu musculaire. Ces anneaux fibreux, appelés aussi *Zones fibreuses,* couronnent les orifices placés à la base des ventricules et envoient des prolongements dans l'épaisseur des valvules correspondantes : les plus caractérisés sont ceux des orifices artériels. — Les fibres musculaires sont de deux ordres : les unes sont communes aux deux ventricules ou aux deux oreillettes ; les autres sont propres à chaque sac musculeux. Les fibres communes ou *unitives* recouvrent les fibres propres et forment une sorte d'aponévrose contractile qui enchaîne le c. droit au c. gauche. Les fibres *propres* des ventricules composent par leur ensemble deux cylindres creux, parallèles et adossés l'un à l'autre. Par leur extrémité supérieure, ces cylindres répondent aux orifices auriculo-ventriculaires, et, par leur extrémité inférieure, ils regardent la pointe du c. Les fibres propres des deux oreillettes s'insèrent aux zones auriculo-ventriculaires. — Les artères du c. sont au nombre de deux, et correspondent, l'une au sillon ventriculaire et l'autre au sillon auriculo-ventriculaire, qu'on observe à la face externe de cet organe. Leur trajet les a fait comparer à une couronne, d'où le nom d'*artères coronaires* qu'on leur a donné. Les veines du c. sont la grande veine coronaire et les veines de Galien ; ces dernières sont très petites et rampent au-devant du ventricule droit. Les vaisseaux lymphatiques suivent la grande veine coronaire. Les nerfs viennent de plusieurs sources. Les uns naissent des ganglions cervicaux du grand sympathique, d'autres proviennent des pneumogastriques, d'autres encore, des ganglions propres du c. Enfin, il existe à la surface externe du c., dans le sillon des oreillettes et des ventricules, une très petite quantité de tissu cellulaire.

Les membranes séreuses du c. sont au nombre de trois. L'une entoure cet organe ; la seconde tapisse les cavités droites ; la troisième tapisse les cavités gauches. La première s'appelle *Péricarde* et les deux autres *Endocardes.* Les *Endocardes* sont unis, très minces et transparents ; ils se confondent sans ligne de démarcation évidente, le gauche avec la tunique interne des veines pulmonaires et de l'aorte, le droit avec la membrane interne des veines caves et de l'artère pulmonaire. Le *Péricarde* est une membrane mixte composée d'un feuillet fibreux qui constitue pour le c. un moyen de fixité et d'un feuillet séreux qui facilite le glissement de cet organe, et qui est intimement uni au feuillet fibreux dans une grande partie de son étendue. Ces deux feuillets constituent une seule et même membrane, qui représente un sac sans ouverture, enveloppant le c. et l'origine des gros vaisseaux. Le feuillet fibreux a la forme d'un cône dont la base regarde en bas et le sommet en haut ; il adhère au feuillet séreux par sa face interne.

II. *Physiologie*. — Les *mouvements propres du c.* ont reçu des noms particuliers; celui de contraction est appelé *Systole*; celui de repos ou de relâchement est appelé *Diastole*. La systole est un état actif; la diastole, au contraire, est un état passif : elle correspond au repos des fibres musculaires. Lorsque le c. se contracte, ses quatre cavités n'entrent pas simultanément en jeu. Les deux oreillettes se contractent ensemble; il en est de même des deux ventricules. La contraction du c. est successive; elle a lieu des oreillettes vers les ventricules. Ainsi, pendant que les oreillettes sont en systole, les ventricules sont en diastole, et *vice versa*. Il est facile de constater ces phénomènes en ouvrant un animal vivant. Alors on observe, en outre, que les oreillettes et les ventricules se durcissent et se raccourcissent en tous sens, au moment de leur contraction. La systole ventriculaire détermine encore un phénomène particulier, appelé *Pulsation du c.* : c'est le choc ou le battement de l'extrémité inférieure et antérieure de cet organe contre les parois de la poitrine. L'explication la plus satisfaisante de ce phénomène est due à Sénac. Lorsque les ventricules projettent l'ondée sanguine dans les courbures des gros vaisseaux, ceux-ci, en vertu de leur élasticité, tendent à se redresser comme un ressort, et ce mouvement de redressement se communique à l'extrémité du resso.t qui est représenté par la partie *libre* du c., c.-à-d. par sa pointe. — Nous venons de dire que la systole et la diastole ventriculaires alternent avec la systole et la diastole auriculaires; mais cette alternance offre un rythme particulier. En effet, la contraction des ventricules suit immédiatement celle des oreillettes; puis, il y a un intervalle de repos entre la contraction des ventricules et celle des oreillettes. Si, par ex., dit Béclard, on suppose qu'une contraction complète du c. ait une durée représentée par le chiffre 3, l'observation montre que la contraction des oreillettes peut être, à peu de chose près, évaluée à 1, celle des ventricules à 1, et l'intervalle à 1 également. Dans le premier moment, les oreillettes sont en systole et les ventricules en diastole; dans le second, les oreillettes sont en diastole et les ventricules en systole; dans le troisième, les ventricules et les oreillettes sont en diastole.

Lorsqu'on applique l'oreille sur la poitrine d'un homme, dans la région précordiale, on entend deux *Bruits* qui se succèdent presque sans intervalle; puis survient un intervalle ou un moment de silence; puis de nouveau les deux bruits, et ainsi de suite. Le premier de ces bruits est sourd, profond; le second est plus clair et dure un peu moins longtemps que le premier. Le maximum d'intensité du premier bruit s'observe vers le cinquième espace intercostal gauche, un peu au-dessous ou en dehors du mamelon, et celui du second un peu plus haut, c.-à-d. dans le troisième espace intercostal et près du bord droit du sternum. En outre, on remarque que le premier bruit coïncide avec le pouls, et par conséquent avec la contraction ventriculaire, tandis que le second suit immédiatement cette contraction; mais, comme il y a repos du c. après la systole des ventricules, il en résulte que le second bruit coïncide avec cet intervalle de repos. En comparant donc le rythme des bruits avec celui des contractions auriculaires et ventriculaires du c., on trouve que le premier bruit correspond à la systole des ventricules, le second au temps de repos de l'organe, et le silence à la systole des oreillettes Ces faits bien établis nous conduisent directement à l'explication de ce curieux phénomène sonore : en effet, il réside dans le choc du sang contre les valvules cardiaques. Le premier bruit, qui coïncide avec la contraction des ventricules, a lieu à l'instant où l'ondée sanguine, qui tend à s'échapper par les orifices auriculo-ventriculaires, détermine subitement la tension des valvules qui ferment ces orifices et empêchent que le sang ne rétrograde dans les oreillettes. Le second bruit, qui a lieu immédiatement après le premier et coïncide avec le moment du c., coïncide exactement avec le moment où les valvules sigmoïdes, un instant appliquées contre les parois artérielles pour laisser passer le sang chassé par les ventricules, reviennent fermer les orifices artériels, sous la pression en retour des colonnes sanguines. Le premier bruit est sourd, parce que les valvules auriculo-ventriculaires sont fixées à des anneaux profonds, entourées de parois charnues et épaisses; le second bruit est plus clair, parce que les valvules sigmoïdes sont attachées aux tuniques artérielles, c.-à-d. à des parois membraneuses libres. Le maximum du premier bruit s'entend plus bas que le second et plus en dehors, parce que les valvules tricuspide et mitrale se prolongent dans la direction de l'axe du cœur, et par en bas l'intérieur même des ventricules. Le maximum du second bruit s'entend plus haut et plus en dedans, c.-à-d. au point où correspond précisément l'insertion des valvules sigmoïdes dans l'aorte et dans l'artère pulmonaire.

Cette explication des bruits du c. est à la fois la plus simple et la plus satisfaisante : elle est due au docteur Rouannet qui la proposa dès 1832. De nombreuses expériences et une foule d'observations pathologiques sont venues confirmer son exactitude : aussi est-elle aujourd'hui généralement adoptée. Au reste, on comprendra aisément que notre cadre ne nous permet pas d'exposer, et encore moins de discuter, les nombreuses théories que cette question a fait naître. Nous laisserons de côté les modifications qu'éprouvent ces bruits physiologiques dans le cas d'altérations des valvules et des orifices du c., et les bruits anormaux qui, dans certaines maladies, se produisent à la périphérie de cet organe, ce que nous en avons dit ailleurs étant suffisant. Voy. AUSCULTATION.

La *force de contraction* du c., c.-à-d. l'énergie avec laquelle il se contracte dans la systole ventriculaire, s'évalue en mesurant la tension qu'éprouve la colonne sanguine dans les canaux artériels. Nous avons donné ce calcul dans notre article CIRCULATION. C'est au même mot que nous avons indiqué la vitesse avec laquelle le sang parcourt le cercle circulatoire tout entier; c'est au mot POULS que nous étudierons le système et le nombre des battements du c. et des artères : il ne nous reste donc plus qu'à dire ici quelques mots des causes mêmes qui déterminent les mouvements de l'organe central de la circulation.

La cause des mouvements du c. a été longtemps un sujet de controverse parmi les physiologistes, et reste encore aujourd'hui très mal connue. Ce qui paraît certain, c'est que la propriété de se contracter rhythmiquement est inhérente au muscle lui-même. On sait qu'un c. d'animal complètement détaché de la poitrine continue de battre pendant longtemps sur la table d'expérience, expérience qui prouve que la cause des contractions ne réside ni dans le nerf pneumogastrique, ni dans le système du grand sympathique. Il est vrai que le c. renferme dans son intérieur des amas de cellules nerveuses; Vulpian avait pensé que ces ganglions pouvaient être le siège de décharges nerveuses produisant le battement rhythmique; mais des expériences plus récentes ont montré que des fragments du muscle cardiaque continuent à se contracter sous l'influence d'excitations artificielles qui remplacent le contact de l'ondée sanguine, laquelle semble être la cause immédiate des contractions physiologiques du c. Ainsi les nerfs qui aboutissent au c. n'auraient qu'une action régulatrice et modératrice. Quoi qu'il en soit, il est également certain que les mouvements du c. dépendent à la fois et de la respiration et du système nerveux. L'influence de la respiration sur les contractions cardiaques se démontre expérimentalement. Ainsi, lorsque par une lésion du cerveau ou de la moelle allongée on abolit les mouvements respiratoires chez un animal à sang chaud, il suffit de rétablir artificiellement la respiration pour réveiller les contractions du c. et les voir persister pendant quelques heures. L'influence du système nerveux se manifeste de la manière la plus évidente par les modifications que les passions, la fatigue et les autres affections du système nerveux impriment aux battements du c.

L'étude des mouvements du c. a été singulièrement facilitée par l'invention qu'ont faite MM. Marey et Chauveau, de l'appareil enregistreur nommé *cardiographe*. Cet appareil se compose de deux parties : la première comporte une ampoule de caoutchouc communiquant avec un long tube flexible aboutissant de l'autre côté à un tambour recouvert d'une membrane flexible. L'ampoule a une forme appropriée pour être introduite dans la poitrine de l'animal en expérience et mise en contact avec le c. Les mouvements de cet organe déterminent une série de compressions et de dilatations de l'air de l'ampoule, lesquelles se transmettent au tambour et en soulèvent et abaissent alternativement la membrane. La seconde partie de l'appareil a pour objet d'enregistrer les mouvements de la membrane. A cet effet, elle est composée d'un long levier terminé, d'une part par une pointe qui s'appuie sur la membrane, et, de l'autre, par un style traceur qui se meut devant un cylindre tournant sur lequel est enroulé le papier. On conçoit que si le levier était immobile, le style tracerait, sur le papier qui se déroule devant lui, une simple ligne droite; mais, grâce aux mouvements de la membrane qui se transmettent à l'autre extrémité du levier, le style s'élève et s'abaisse alternativement et trace sur le papier une ligne onduleuse qui est la traduction exacte de tous les mouvements du c. M. Marey a apporté à cet instrument d'importants perfectionnements de détail; en réalité, il emploie trois cardiographes, l'un pour enregistrer le mouvement d'un ventricule, un autre pour les mouvements de la respiration, et le troisième qu'on applique à la paroi thoracique pour enregistrer les mouvements produits par le choc de la pointe du c. contre cette paroi. Les diagrammes obtenus par cette ingénieuse méthode ont rendu les plus grands services à la physiologie, en permettant d'étudier les variations que subit le rythme du c. sous les influences les plus variées.

III. *Pathologie.* — Malgré sa situation dans la cage thoracique, où il semble protégé de toutes parts contre l'action des causes morbifiques, le c. est très fréquemment le siège de maladies plus ou moins graves. — Nous ne parlerons pas des maladies chirurgicales du c., c.-à-d. des plaies pénétrantes et non pénétrantes de cet organe, non plus que de la présence dans ses cavités ou dans l'épaisseur de ses parois de corps étrangers venus du dehors. On sait que ces affections sont presque nécessairement mortelles. Cependant, sur le grand nombre de cas de plaies pénétrantes du c. qui ont été observées, on a quelques exemples de guérison : la guérison est un peu moins rare, lorsqu'il s'agit d'une plaie non pénétrante.

Parmi les maladies proprement dites du c., l'une des plus importantes est l'*Inflammation*. Celle-ci peut affecter le péricarde (*Péricardite*) ou l'endocarde (*Endocardite*), ou ces deux membranes simultanément (*Endo-péricardite*), ou la substance charnue elle-même (*Cardite*). Les trois premières, et surtout la péricardite, sont des affections fréquentes. Dans quelques cas de cardite, on a trouvé une infiltration de pus ou un abcès dans l'épaisseur du tissu musculaire. Le plus souvent, cette dernière maladie s'accompagne d'endocardite et de péricardite. On a aussi rencontré des cas d'*Ulcération* et de *Ramollissement* de la substance du c. qu'on pense être le résultat de l'inflammation de cet organe : ces lésions peuvent encore déterminer une *rupture* des parois cardiaques qui est inévitablement fatale.

L'*Hypertrophie* du c. est une maladie dont la fréquence est bien connue. Le terme d'hypertrophie signifie simplement augmentation d'épaisseur des parois du c.; mais l'hypertrophie s'accompagne presque toujours de *Dilatation*, c'est-à-dire d'un accroissement de la capacité des cavités cardiaques. On a vu, dans certains cas d'hypertrophie de ce genre, le poids du c. atteindre et même dépasser 2 kilogrammes.

L'hypertrophie du c. est rarement une maladie primitive; elle n'est ordinairement qu'une conséquence d'une affection plus locale et plus circonscrite : nous voulons parler des *altérations des valvules et des orifices du c.* Les valvules sont le plus souvent affectées d'*Indurations* (*Athéromes*) soit cartilagineuses, soit osseuses, soit calcaires. Parfois encore elles offrent des *végétations* assez semblables à des verrues. Les lésions de ce genre déterminent un rétrécissement de l'orifice affecté et une gêne correspondante de la circulation, le sang n'arrivant plus qu'en quantité moindre dans la cavité du vaisseau où il doit passer. Il en résulte que le c., pour vaincre l'obstacle opposé au passage du sang, redouble pour ainsi dire d'efforts; il s'hypertrophie et ses cavités se dilatent. Dans d'autres cas, l'un des appareils valvulaires, sans qu'il y ait rétrécissement de l'orifice, est affecté de telle façon qu'il ne peut plus remplir exactement l'office de soupape auquel il est destiné. La circulation est encore troublée, mais d'une manière différente du cas précédent; car alors le sang reflue dans la cavité, oreillette ou ventricule, dont il vient de sortir : c'est ce qu'on appelle *Insuffisance des valvules*. Ici, encore, il se produit une hypertrophie des parois de la cavité dans laquelle reflue le sang; mais cette hypertrophie se développe moins vite et à moins d'inconvénients, parce que le c. a seulement à lutter contre le surcroît de travail que lui donne la régurgitation. Enfin, les deux états dont il s'agit peuvent se combiner, c.-à-d. qu'il peut y avoir à la fois rétrécissement d'un orifice et insuffisance des valvules qui lui appartiennent. On conçoit qu'avec cette double altération l'hypertrophie du c. doit devenir plus considérable : car elle n'est autre chose que l'effort de l'économie pour satisfaire aux besoins de la circulation. D'après ce qui précède, il est facile de comprendre comment certaines altérations organiques et physiologiques du c. se lient ensemble et déterminent les unes les autres; mais il reste à savoir quelle est la cause primordiale qui agit sur les valvules et les orifices eux-mêmes. Cette question, longtemps controversée, paraît avoir été résolue par les recherches de Bouillaud, du moins pour l'immense majorité des cas. Pour lui, ces altérations des valvules et des orifices sont la conséquence de l'endocardite.

Bien que les phlegmasies et l'hypertrophie soient les maladies du c. qui s'observent le plus fréquemment, cet organe est encore susceptible de devenir le siège d'autres affections de nature fort diverse. Ainsi, on a observé quelques cas d'*Induration* du c., mais coïncidant en général avec une hypertrophie. Ce viscère peut aussi être affecté de *Dégéné-*

rescence, soit *graisseuse*, soit *fibreuse*, soit *cartilagineuse*. Le *Ramollissement gélatiniforme*, rencontré chez quelques vieillards, est assurément une forme spéciale de dégénérescence. Ses parois peuvent devenir le siège de *Concrétions ossiformes et calcaires; des Concrétions polypiformes*, remarquables par leur adhérence avec la tunique interne du c., peuvent se former dans les cavités de cet organe; la présence de *Kystes* et d'*Hydatides* a été constatée dans l'épaisseur des parois et dans l'intérieur des cavités cardiaques; enfin, quoique ces cas soient rares, on a observé quelques exemples de cœurs affectés d'altération *tuberculeuse* et *squirrheuse* ou *cancéreuse*.

Pour terminer cette nomenclature pathologique, nous mentionnerons les *Affections nerveuses* du c., c.-à-d. celles qui ne présentent pas de lésions matérielles appréciables, ou qui, du moins, ne s'accompagnent pas de lésions qu'on puisse rattacher directement aux phénomènes morbides. Ces affections sont au nombre de deux : les *Palpitations* et l'*Angine de poitrine* (voy. ANGINE et PALPITATION). Les auteurs rapportent encore aux affections nerveuses du c. certains phénomènes pathologiques qui offrent une singulière analogie avec les névralgies.

Les causes des maladies du c. n'offrent rien de spécial : ce sont les mêmes qui, dans d'autres circonstances, déterminent d'autres affections. C'est peut-être l'action des agents atmosphériques et les germes infectieux qui occasionnent le plus ordinairement les maladies de l'organe central de la circulation. La coïncidence générale de la phlegmasie des membranes interne et externe du c. avec le rhumatisme, et particulièrement avec le rhumatisme articulaire aigu, est un des faits pathologiques les plus importants et les mieux démontrés, ainsi qu'il résulte des travaux du professeur Bouillaud. La plupart des autres causes morbifiques agissent sur le c. soit directement, soit indirectement. Parmi les premières, nous citerons tous les efforts violents qui entravent l'acte respiratoire, tels que les cris, la course, l'usage des instruments à vent, etc., les excès alcooliques, l'exercice de professions insalubres, les coups et les violences extérieures sur la région précordiale, etc. Parmi les dernières, nous citerons toutes celles qui altèrent le sang dans sa composition ou dans ses propriétés, comme la chlorose, le scorbut, la pléthore, la goutte, etc. Les maladies du poumon retentissent souvent sur le c., dont les fonctions sont si intimement liées aux siennes propres. Certaines affections du système nerveux central sont dans le même cas. Quant aux causes prédisposantes, les auteurs mentionnent l'hérédité. Un fait bien constaté, c'est que les hommes y sont plus sujets que les femmes, sans doute à cause de leur genre de vie. Enfin, on a encore noté que les cavités gauches du c. sont plus fréquemment que les droites le siège de lésions valvulaires, d'hypertrophies et de dilatations.

Les maladies du c. présentent deux ordres de *symptômes*. Les uns sont généraux et dérivent du trouble de la circulation; les autres sont particuliers, résident dans le c. lui-même, et dépendent de l'altération spéciale dont cet organe est affecté. Le plus constant et le premier des symptômes généraux est la dyspnée. C'est même la chose digne de remarque qu'elle soit plus vive dans les maladies du c. que dans celles du poumon. En même temps il existe un sentiment d'angoisse et une tendance remarquable aux syncopes. Le malade se ressent de cet état de souffrance perpétuelle et de l'anxiété qui en résulte : aussi est-il généralement triste et abattu. La circulation se faisant mal, les extrémités deviennent plus froides; il survient de l'œdème aux membres inférieurs, puis de l'ascite; plus tard, l'infiltration séreuse gagne les membres supérieurs et la face. La figure acquiert un aspect facile à reconnaître; elle est bouffie, tantôt pâle et tantôt violacée. Enfin, la tendance aux hémorragies est commune : il semble que ce soit un moyen dont se sert la nature pour soulager la circulation. Ces écoulements de sang ont lieu en général par les poumons ou par les narines. Les phénomènes généraux présentent d'assez notables différences, selon que la maladie siège dans le c. droit ou dans le c. gauche; mais nous ne pouvons les exposer ici. Nous ne décrirons pas non plus les signes particuliers qui permettent d'arriver à un diagnostic plus précis, et de dire, dans certains cas, quelle est la nature et l'étendue de l'altération dont le c. est affecté. Les principaux phénomènes sur lesquels le médecin fonde son diagnostic spécial sont la douleur précordiale, la matité ou la sonorité de la région du c. à la percussion, le frémissement que la main y perçoit, la force et la faiblesse de l'impulsion, les modifications que présentent les bruits du c. et que nous révèle l'auscultation, les pulsations veineuses et les changements qui s'observent dans le pouls artériel. Depuis l'admirable découverte de l'auscultation par Laënnec, le diagnostic des maladies du c. a fait des progrès inouïs, grâce aux travaux d'une foule de médecins, parmi lesquels nous citerons pour la France Andral, Chomel, Bouillaud, Rostan, Goudrin, Michel Peter, G. Sée et surtout M. Potain. Cependant, ce perfectionnement du diagnostic n'est relatif qu'aux phlegmasies du c., ainsi qu'aux hypertrophies de cet organe et aux altérations des orifices et des valvules. Quant aux autres affections morbides de ce viscère que nous avons mentionnées, on arrive tout au plus à soupçonner leur existence.

La *pronostic* des maladies du cœur est toujours grave, ce qui dépend de l'importance de l'organe affecté; en outre, la nature de la lésion et la médiocrité des ressources dont la thérapeutique dispose dans ces maladies, peuvent encore ajouter à la gravité du jugement qu'on porte le médecin. Malgré cela, comme les affections du c. ne produisent que peu de réaction dans l'économie, il en résulte qu'elles ont pour la plupart une longue durée. Il faut en excepter les inflammations aiguës, qui ont toujours une marche très rapide et dont la gravité est extrême. — Les indications générales du traitement se tirent de la nature même de la maladie et des fonctions que remplit le cœur. Toute inflammation de cet organe ou de ses membranes doit être traitée par les moyens les plus énergiques que possède la médication antiphlogistique. Quant aux lésions organiques, le traitement qu'elles réclament n'est pas toujours le même. Comme le plus souvent il s'agit de faciliter la circulation qui se trouve gênée par un obstacle mécanique, tel qu'un rétrécissement, une hypertrophie, etc., on a recours aux saignées, à la diète, aux diurétiques et aux divers agents qui exercent sur le c. une action sédative spéciale. Mais si, au contraire, la gêne de la circulation résulte de l'incomplète occlusion des orifices qui permet le retour du sang dans les cavités cardiaques, il est évident que les moyens utiles dans le cas précédent sont insuffisants, car alors l'hypertrophie du c. devient salutaire. Il faut donc, dans ce dernier cas, entretenir les forces du c. au lieu de les diminuer. La digitale, la caféine, le convallaria et le strophantus sont les principaux toniques de la fibre cardiaque. Les bromures et les iodures, l'opium et le chloral sont, inversement, ceux auxquels il faut avoir recours en cas d'hypertrophie et de tension exagérée du c.

CŒUR (JACQUES), commerçant célèbre, argentier de Charles VII, à qui il fournit les ressources nécessaires pour chasser les Anglais du territoire de la France. Il fut injustement banni par ce roi ingrat, à la suite d'un odieux procès (1453), et mourut à Chio. Sa mémoire fut réhabilitée sous Louis XI (1400-1453).

CŒUR (SACRÉ) de Jésus. Culte moderne fondé au XVIIe siècle par le P. de la Colombière et Marie Alacoque, religieuse du couvent de Paray-le-Monial, mystique et visionnaire.

COÉVÊQUE. s. m. Collègue dans l'épiscopat.

COEXISTANT, ANTE. adj. Qui coexiste.

COEXISTENCE. s. f. Simultanéité; état de plusieurs choses qui existent dans le même temps.

COEXISTER. v. n. (R. *co*, préf., et *exister*). Exister ensemble, simultanément. *Dans l'esprit, chaque pensée est composée de plusieurs idées qui coexistent* (CONDILLAC). *Les Luthériens soutiennent que le pain et le vin coexistent dans l'eucharistie avec le corps et le sang de J.-C.* (Acad.).

COFFEA. s. m. T. Bot. Nom scientifique du genre *Café*. Voy. ce mot.

COFFERDAM. s. m. T. Mar. Double coque dont on entoure un navire pour empêcher l'eau d'entrer après le passage des projectiles.

COFFIN. s. m. [Pr. *ko-fin*] (lat. *cophinus*, corbeille). Étui plein d'eau où est une pierre à aiguiser et que le faucheur porte à sa ceinture. || T. Tech. Petit panier à mettre les fruits. || T. Art milit. anc. Étui contenant une charge de mousquet.

COFFINÉ. s. f. [Pr. *ko-finé*] (R. *coffin*). Espèce d'ardoise commune.

COFFINER. v. a. [Pr. *ko-finer*] (R. *coffin*). Courber, plier en voûte.

COFFINET. s. m. [Pr. *ko-finè*] (Dimin. de *coffin*). Petit coffre, petit panier.

COFFLE. s. f. Nom des caravanes dans l'intérieur de l'Afrique.

COFFRAGE. s. m. [Pr. *ko-fraje*] (R. *coffre*). T. Art milit. Charpente du coffre d'une mine de guerre. || Pose dans les fouilles de coffres de bois.

COFFRE. s. m. [Pr. *kofre*] (bas-lat. *cofferum*, du germain *koffer*). Sorte de meuble propre à serrer des hardes, de l'argent, etc., et qu'on ouvre en levant le couvercle. — Fig. et prov., *Rire comme un c.*, Rire à gorge déployée. — Prov., *Cette fille est belle au c.*, se dit d'une fille qui n'est pas belle, mais qui a beaucoup d'argent en mariage — Fig., *Les coffres du roi*, se disait autrefois pour le trésor royal. On dit dans un sens analogue, *Les coffres de l'État*. || *Coffre-fort*, Armoire qui est ordinairement de fer, qui se ferme avec des serrures très solides, présentant généralement des combinaisons connues du seul propriétaire, et dans laquelle on sert son argent et ce qu'on a de plus précieux. Pl. *Des coffres-forts*. || *C. d'autel*, La table d'un autel, avec l'armoire qui est au-dessous. || *Le c. d'un carrosse*, La partie d'un carrosse sur laquelle on met les coussins pour s'asseoir, et qui a un couvercle qui se lève et s'abaisse comme celui d'un coffre. = La capacité de la cage thoracique, l'espace qui est enfermé sous les côtes. *Il a reçu un coup d'épée dans le c.* Ce sens a vieilli excepté dans cette phrase famil., *Avoir le c. bon, avoir un bon c.*, Avoir un bon estomac, une bonne poitrine. — Par ext. on dit, *Cette jument a un grand c., un bon c.*, Elle a les flancs fort larges et propres à porter des poulains. — Les chasseurs emploient aussi ce mot pour désigner le corps de la bête fauve. *Le c. du cerf*. || T. Mar. Espace qui sépare sur le pont les murailles d'un navire. || T. Art milit. Charpente soutenant les terres dans une mine de guerre. || T. Icht. Genre de poissons. Voy. SCLÉRODERMES.

COFFRER. v. a. [Pr. *ko-frer*]. Mettre dans un coffre. Inusité au propre. || Fig. et fam., Emprisonner. *Il a fait c. son débiteur.* = COFFRÉ, ÉE. part.

COFFRET. s. m. [Pr. *kofrè*]. Petit coffre.

COFFRETERIE. s. f. [Pr. *ko-frèterie*]. Commerce du coffretier.

COFFRETIER. s. m. [Pr. *ko-fre-tié*]. Ouvrier qui fait des coffres.

COFIDÉJUSSEUR. s. m. (R. *co*, préf., et *fidéjusseur*). T. Jurisp. Chacun de ceux qui ont cautionné un même débiteur pour une même dette.

COFONDATEUR. s. m. Celui qui est fondateur avec d'autres.

COGENT, ENTE. adj. (lat. *cogens*, part. présent de *cogere*, forcer). T. Philos. Qui contraint.

COGÉRANCE. s. f. Gérance exercée en commun.

COGITABILITÉ. s. f. (lat. *cogitare*, penser). T. Philos. Faculté de réfléchir sur soi-même.

COGITATIF, IVE. adj. Qui a rapport à la cogitation.

COGITATION. s. f. [Pr. ...*sion*] (lat. *cogitare*, penser). T. Philos. Action de fixer la pensée sur un objet.

COGITO, ERGO SUM. Je pense, donc je suis. Axiome philosophique posé par Descartes comme base de la recherche de la vérité.

COGNAC. ch.-l. de c. (Charente), fameux par ses eaux-de-vie, 15,200 hab. = Nom des hab.: COGNACAIS, AISE. = COGNAC. s. m. Eau-de-vie de Cognac, eau-de-vie obtenue par la distillation du vin blanc des vignes des arrondissements de Cognac, Angoulême, Barbezieux et environs. *Un baril de c. Du vieux c.*

COGNASSE. s. f. (R. *coing*). Coing sauvage, moins gros et moins jaune que l'autre.

COGNASSIER. s. m. (R. *coing*). T. Bot. Arbre fruitier qui produit le coing. Appartient à la famille des *Rosacées*. Voy. ce mot.

COGNAT. s. m. **COGNATION.** s. f. [Pr. *kog-na*] (lat. *cum*, avec; *natus*, né). T. Jurisp. Parent par alliance. Voy. AGNAT.

COGNÉE. s. f. (lat. *cuneus*, coin). Outil de fer en forme de hache, qui sert à couper du gros bois. *La c. d'un bûcheron*. || Fig. et prov., *Mettre la c. à l'arbre*, Commencer une entreprise. *Aller au bois sans c.*, Entreprendre quelque chose sans se munir de ce qui est nécessaire pour réussir. *Jeter le manche après la c.*, Se rebuter, abandonner totalement une affaire, une entreprise, par dégoût, par découragement, au lieu de songer à y porter remède.

COGNE-FÉTU. s. m. Fig. et prov., on appelle ainsi un homme qui se donne bien de la peine pour ne rien faire. *C'est un vrai c.-fétu*. On dit aussi pop., *Il ressemble à cogne-fétu, il se tue et ne fait rien*.

COGNER. v. a. (lat. *cuneus*, coin). Frapper fort sur une chose pour la faire entrer, ou pour la faire joindre avec une autre. *C. un clou. C. une cheville*. || Frapper. *Il s'est cogné la tête contre la muraille*. — Fig., Se c. la tête contre un mur, Entreprendre une chose impossible ou dont on n'est pas capable. || Pop., Battre, rosser. *Il s'est fait c. comme il faut*. || S'emploie neutralement dans le sens de heurter. Cogner à la porte, sur le plancher, à la fenêtre. = SE COGNER. v. pron. Se frapper, *Il s'est cogné contre l'angle de la porte*. = COGNÉ, ÉE. part.

COGNEUX. s. m. (R. *cogner*). Outil avec lequel le fondeur bat le sable dans le moule.

COGNIARD (Les frères), auteurs dramatiques (1806, 1807 — 1872, 1882).

COGNIET (LÉON), peintre français né à Paris, auteur du *Tintoret peignant sa fille morte* (1794-1880).

COGNITIF, IVE. adj. [Pr. *kog-ni-tif*] (lat. *cognitio*). T. Philos. Qui est relatif à la connaissance. Qui est capable de connaître.

COGNITION. s. f. [Pr. *kog-ni-sion*] (lat. *cognitio*, m. s. de *cognoscere*, connaître). Acte intellectuel par lequel on acquiert une connaissance.

COGNOIR. s. m. (R. *cogner*). T. Typogr. Morceau de bois dur en forme de sifflet dont les compositeurs se servent pour serrer et desserrer les formes.

COGNOSCO. s. m. [Pr. *kog-nos-ko*]. Mastic pour remplir les gélivures du bois.

COGRAINS. s. m. pl. T. Métall. Parcelles de fer qui s'attachent à la filière.

COHABITANT, ANTE. adj. Qui a une habitation commune avec d'autres personnes.

COHABITATION. s. f. [Pr. *...sion*] T. Jurisp. L'état de deux personnes qui habitent ensemble. || Plus particul., État d'un mari et d'une femme qui vivent ensemble, en remplissant les devoirs du mariage. || Par ext., se dit du commerce charnel de deux personnes libres.

COHABITER. v. n. T. Jurisp. Vivre ensemble comme mari et femme. — *C. avec une personne*, Avoir avec elle un commerce charnel.

COHÉRENCE. s. f. (lat. *cum*, avec; *hærere*, être fixé). T. Didact. Liaison, union, connexion d'une chose avec une autre.

COHÉRENT, ENTE. adj. (lat. *cum*, avec; *hærere*, être fixé). Se dit des parties d'un tout qui sont liées entre elles, et du tout lui-même relativement à la liaison de ses parties.

S'emploie surtout au fig. *L'empire ottoman n'est pas formé de parties cohérentes. Ce raisonnement est c. dans toutes ses parties*.

COHÉRITER. v. n. Hériter ensemble.

COHÉRITIER, IÈRE. adj. T. Jurisp. Celui, celle qui hérite avec un autre. *Partage entre cohéritiers*.

COHÉSIF, IVE. adj. (lat. *cohæsum*, sup. de *cohærere*, être uni ensemble). Qui unit, qui joint, qui resserre.

COHÉSION. s. f. (lat. *cohæsio*, m. s. de *cohærere*, être uni ensemble). T. Phys. La C. est la force en vertu de laquelle les particules des corps homogènes sont maintenues réunies, ou en vertu de laquelle elles résistent à l'effort fait pour les séparer. Elle diffère de l'*adhésion* en ce que celle-ci est la force qui maintient réunis deux corps hétérogènes mis en contact, comme une goutte d'eau sur une lame de verre, ou deux corps de même matière, comme deux masses de plomb, lorsque leurs surfaces lisses ont été pressées l'une contre l'autre. — Les trois états sous lesquels se présentent les corps sont déterminés par le degré de c. qui existe entre leurs molécules. Cette force est très grande dans les solides, faible dans les liquides, et nulle dans les gaz. Elle ne varie pas seulement avec la nature des corps, mais encore suivant l'arrangement de leurs molécules, comme on le voit dans la trempe de l'acier et la cuisson des argiles. Quant à son intensité, nous ne connaissons pas la loi de son accroissement et de son décroissement; nous savons seulement qu'elle décroît rapidement à mesure que la distance des molécules augmente et même que la c. devient absolument nulle, aussitôt que cette distance devient appréciable aux sens. La c. décroît aussi à mesure que la température s'élève. — Dans les liquides pris par grandes masses, la c. est toujours plus faible que la pesanteur : aussi obéissent-ils alors à cette dernière force. C'est pour cela qu'ils n'affectent aucune forme particulière, mais prennent celle des vases qui les renferment. Au contraire, lorsqu'ils se présentent sous de petites masses, c'est la c. qui l'emporte, et ils prennent une forme sphéroïdale; les gouttes de rosée qui sont suspendues le matin aux feuilles des arbres, présentent un exemple de ce phénomène. On observe le même fait quand on répand du mercure sur une surface plane ou simplement de l'eau sur une surface plane recouverte d'une légère couche de poussière, noir de fumée, sciure de bois, etc. La c. des liquides, jointe à leur adhésion pour les corps solides est la cause des phénomènes capillaires. Voy. CAPILLARITÉ.

La détermination numérique de la c. des solides revient en pratique à la détermination de leur résistance à la traction, à la flexion ou à la compression. Voy. ADHÉSION et RÉSISTANCE.

COHÉSIVEMENT. adv. D'une manière cohésive.

COHIBITION. s. f. [Pr. *...sion*] (lat. *cohibere*, empêcher). Contrainte par laquelle on empêche quelqu'un d'agir.

COHOBATEUR. adj. m. T. Chim. Qui sert à opérer la cohobation.

COHOBATION. s. f. [Pr. *...sion*] (R. *cohober*). T. Chim. Action de cohober. Voy. DISTILLATION.

COHOBER. v. a. (arabe, *cohbet* ou *cohhé*, couleur brune ou noirâtre). T. Chim. Distiller une seconde fois = COHOBÉ, ÉE. part.

COHORN, ingénieur hollandais, surnommé le *Vauban de la Hollande*, s'empara de Bonn et de Huy (1641-1704).

COHORTE. s. f. (lat. *cohors*, m. s.). Corps d'infanterie chez les Romains. Voy. LÉGION. — Dans le style oratoire ou poétique, se dit de toutes sortes de troupes. *Il rallia ses cohortes*. S'emploie surtout au plur || Par ext. et fam., se dit d'une troupe de gens quelconques. *Le prévôt s'y transporta avec toute sa c.*

COHUE. s. f. (R. *co*, préf., sign. *avec*, et *huer*). Se disait autrefois du lieu où se tenaient les petites justices. || Ne s'emploie aujourd'hui qu'au fig, pour désigner une réunion de personnes où règnent le tumulte et la confusion. *Ce n'était* *point une assemblée, c'était une c. Il y avait trop de c. à ce bal.*

COI, TE. adj. (lat. *quietus*, m. s.). Tranquille, calme, paisible. N'est guère usité que dans ces locut. famil. : *Se tenir c., Demeurer c., Rester c.* || *Chambre coite,* Chambre bien fermée et bien chaude. Vx. || s. m. T. Navig. Temps d'arrêt des chevaux de halage.

COI. s. m. Conduit en bois servant à vider un marais salant pour le nettoyer.

COIFFE. s. f. [Pr. *kouèfe*] (bas-lat. *coffia*; du haut all. *kuppha*, mitre, à rapprocher de *kopf*, tête). Sorte de vêtement de tête. Se dit principalement d'un ajustement de tête qui est propre aux femmes et qui est fait de quelque tissu léger. *Une c. de taffetas, de dentelle.* Anciennement, s'employait au plur. pour désigner les voiles qu'on attachait à la c. elle-même. *Attacher, lever, baisser, ôter ses coiffes.* — *C. de nuit* ou *de bonnet de nuit,* C. de toile que les hommes mettent quelquefois dans leur bonnet de nuit. — *C. de chapeau,* C. de taffetas ou de toile dont on garnit le dedans des chapeaux. || T. Anat. Nom que l'on donne vulgairement à la portion des membranes fœtales qui recouvre quelquefois la tête de l'enfant au moment de la naissance. || T. Pêche. Filet à grandes mailles qui se place à l'entrée d'un filet à manche. || T. Mar. Toile supérieure d'une chèvre. || T. Mar. Toile goudronnée dont on se sert pour garantir les objets de l'eau. || T. Bot. Organe qui recouvre l'extrémité de la racine. On donne aussi ce nom à un organe qui recouvre le sporogone des Mousses et des Hépatiques. Voy. Muscinées.

COIFFER. v. a. [Pr. *kouè-fer*] (R. *coiffe*). Couvrir la tête. *Il me coiffa d'un grand chapeau.* — Fam. et par plaisanterie, *C. quelqu'un de quelque chose,* Le lui jeter, le lui appliquer sur la tête. *Il la coiffa d'un seau d'eau.* || Fig. et fam., *Cette femme coiffe son mari,* Elle lui est infidèle. — *C. quelqu'un d'une opinion,* La lui faire embrasser. Se dit par dénigr. — *Il ne faut qu'un verre de vin pour le c.,* Pour l'enivrer. On dit de même, *Se c. le cerveau.* || *Orner,* parer la tête avec ce qui sert à la couvrir, ou arranger, friser les cheveux. *On la coiffa de fleurs, de plumes, etc., avec un bonnet, en cheveux.* — Absol., *Savez-vous c.? Savez-vous ajuster les coiffures, arranger les cheveux ? C. bien, c. mal,* Ajuster les coiffures, les cheveux avec goût et élégance, ou sans goût ni grâce. *Ce bonnet, ces plumes coiffent bien,* Font une coiffure élégante. — Prendre pour coiffure. *C. la tiare.* || *C. une bouteille,* Mettre une enveloppe par-dessus le bouchon pour empêcher que le vin ne s'évente. || T. Vénerie. *Les chiens ont coiffé le sanglier,* Ils l'ont pris aux oreilles. || T. Mar. On dit de *Un bâtiment coiffe,* Lorsque, par une fausse manœuvre ou par un changement de vent subit, le vent frappe sur l'avant des voiles. — *se coiffer.* v. pron. Se couvrir la tête. *Les Turcs se coiffent d'un turban.* || Fig., *Se c. de quelqu'un,* S'engouer de quelqu'un. *Se c. d'une opinion,* Adopter une opinion et s'y tenir avec entêtement. *Se c. le cerveau,* ou simplement, *Se c.,* S'enivrer. || *Se c.* s'emploie absol. en parlant des personnes qui ajustent elles-mêmes leur coiffure ou leurs cheveux. *Je me suis coiffée moi-même.* — On dit de même d'une personne qui est habituellement coiffée avec goût, *Elle se coiffe bien, Elle se coiffe à merveille,* etc. — *coiffé, ée.* part. *Une femme coiffée en paysanne.* || *Être bien coiffé,* Avoir une parure de tête, une perruque, un chapeau, un bonnet qui sied bien, et, par ext., Avoir les cheveux bien plantés. || *Cet enfant est né coiffé,* Il est venu au monde la tête recouverte de la membrane qu'on appelle *Coiffe.* Mais, comme ce phénomène fort simple est considéré, dans l'opinion populaire, comme un présage de bonheur, on dit fig. d'un homme heureux, qu'*Il est né coiffé.* || *Ce chien est bien coiffé,* Il a les oreilles longues et pendantes. || T. d'échecs. *Un pion coiffé,* Pion désigné d'avance, distingué par un signe particulier et qui doit faire échec et mat.

COIFFEUR, EUSE. s. (R. *koiffer*). Celui, celle qui fait métier de couper, de friser, d'arranger les cheveux.

COIFFURE. s. f. [Pr. *kouè-fure*] (R. *coiffe*). Vêtement qui couvre ou orne la tête. *Le turban est la c. des Turcs. Une c. de femme.* || Manière d'arranger et de disposer les cheveux suivant le pays et la mode. *C. à boucles, à la Ninon, à la chinoise.*

Une idée superstitieuse a été attachée à la chevelure

par tous les peuples anciens, et c'est ce qui explique les soins et les honneurs dont elle a été constamment l'objet parmi eux. Une longue chevelure était considérée comme un signe de force; elle constituait l'une des parties caractéristiques du costume du héros, du brave par excellence, et, par suite, de l'homme libre. Une courte chevelure impliquait, au contraire, une idée de faiblesse, de sujétion et de dégradation. Les Indiens, les Égyptiens, les Hébreux, les Perses, les Grecs, les Germains, les Gaulois et les Goths portaient les cheveux longs. Les Romains, durant les quatre premiers siècles de leur histoire, portèrent également les cheveux longs; quant aux esclaves, soit chez les Grecs, soit chez les Romains, ils avaient la tête rasée, ce qui les distinguait suffisamment des hommes libres.

Les cheveux courts étant considérés comme un signe de dégradation, on en vint, par une analogie assez naturelle, à les regarder également comme un témoignage de douleur et d'affliction profonde. En conséquence, les Hébreux et les Grecs livraient aux ciseaux leur longue chevelure dans le cas de deuil privé ou de quelque grande calamité publique. Cette coutume persista même chez les femmes grecques lorsque les hommes se mirent à porter les cheveux courts; mais alors ceux-ci laissèrent leur chevelure inculte et l'abandonnèrent à elle-même. Il en était de même chez les Romains. Chez ces deux peuples, les marins qui avaient échappé à un naufrage se rasaient la tête et consacraient leur chevelure à quelque divinité.

Dans la Grèce, ainsi qu'à Rome, lorsque régna la coutume des cheveux courts, les jeunes garçons continuèrent de porter leur chevelure entière jusqu'à l'âge de la puberté. Alors ils la coupaient et la consacraient aux dieux. A Rome, les Vestales faisaient le sacrifice de leur chevelure lorsqu'elles prononçaient leurs vœux.

Hérodote rapporte que les Égyptiens allaient ordinairement la tête nue; cependant, les personnages représentés sur les peintures hiéroglyphiques portent très souvent une c. qui consiste en un bonnet juste à la tête, mais diversement orné. Les Perses s'enveloppaient la tête d'une sorte de capuchon, D'autres fois, ils portaient un chapeau cylindrique avec ou sans rebord. C'est pourquoi Strabon l'appelle πλημα πυργωτον, c.-à-d. feutre en forme de tour. Souvent, ce feutre était enveloppé d'une étoffe (Figure 1. Tête d'un guerrier romain, d'après la mosaïque de Pompéi représentant la bataille d'Issus). Quant aux Hébreux, il n'y a, dans leur langue, aucun mot qui signifie bonnet ou chapeau; aussi présume-t-on qu'ils allaient nu-tête comme les Égyptiens. Les Indiens ont porté des chapeaux de très bonne heure, mais ce vêtement de tête semble avoir été généralement réservé aux prêtres. On sait, du moins, que les prêtres et les moines de l'Inde et du Thibet se sont, de tout temps, distingués entre eux par la couleur de leurs chapeaux. Aujourd'hui encore, le chapeau

Fig. 1.   Fig. 2.

jaune est la marque distinctive de certaines classes de prêtres thibétains, tandis que le Grand Lama se distingue par un immense chapeau rouge. La c. désignée vulgairement sous le nom de *Bonnet phrygien* n'était pas seulement en usage dans la Phrygie, mais dans l'Asie Mineure tout entière (Figure 2. Tête de Priam, d'après une urne sépulcrale du musée Capitolin, à Rome). Les anciens l'attribuaient également aux amazones. Voy. Canquois, Fig. 2.

Les Grecs nommaient *corymbe,* κόρυμβος, une certaine manière d'arranger les cheveux dont la Fig. 3, qui représente la tête d'une statue de Diane qui se trouve au musée Britannique, donne une idée exacte. Les cheveux étaient retenus, tantôt par un bandeau, tantôt par une longue épingle à la tête de laquelle les Athéniennes aimaient à donner la forme d'une cigale, afin de rappeler qu'elles appartenaient à une nation autochtone. Appliqué aux hommes, le genre de c. se nommait κρωβυλος. Le mot μαλλός, qui veut dire laine, s'appliquait à une chevelure courte et crépue, assez semblable à une toison. On en trouve des exemples dans quelques sculptures grecques fort anciennes, particulièrement sur des têtes d'Hercule (Fig. 4. Tête d'Hercule du musée de Londres). On donnait le nom de χέρας à une sorte de c. dans laquelle les cheveux étaient relevés sur les tempes de manière à figurer des cornes : elle se voit fréquemment sur les têtes de faunes

Fig 3.   Fig. 4.

et de satyres. Enfin, les termes χίχιννος, πλόχμος, πλόχαμος, χλιδαί et βόστρυχος désignaient une chevelure tombant en anneaux, soit naturels, soit artificiels. Ces trois termes semblent s'appliquer plus particulièrement au genre de c., commun aux deux sexes, que présentent les monuments étrusques et les plus anciens produits de l'art grec. La Fig. 5, qui représente la tête de l'Apollon du Belvédère, donne une idée d'un genre de χίχιννος.

Chez les Romains, *capillus* désignait l'ensemble de la che-

Fig. 5.   Fig. 6.

velure ; *crinis*, une chevelure disposée avec soin ; *cincinnus*, du grec χίχιννος, une c. formée de tresses mises en rond (Fig. 6, représentant une tête de femme faisant partie d'un groupe trouvé à Apt, dans le Midi de la France), telle que la portent encore les femmes de Mola di Gaëta, dans le royaume de Naples. *Cæsaries*, de *cædo*, couper, s'appliquait exclusivement à la chevelure des hommes, qui était courte, par opposition à celle des femmes qui était longue. Enfin, on nommait *cirrus* toute mèche de cheveux bouclés ; *capronæ*, les mèches qui tombaient sur le front, et *antiæ*, celles qui descendaient des tempes sur les oreilles. Ces deux dernières espèces de mèches sont très bien

Fig 7.

indiquées sur la tête d'une statue de Cupidon (Fig. 7) qui appartient au musée de Londres.

Les artistes grecs ont toujours attribué à chaque divinité une c. caractéristique qui, malgré quelques légères modifications, suivant les temps et les lieux, conservait néanmoins le type primitif et consacré.

La tête du lion est le type de celle de Jupiter, surtout quant à la disposition des cheveux, qui sont relevés à la partie supérieure du front et retombent en formant sur chaque joue des boucles nombreuses qui vont se confondre avec la barbe

(Fig. 8. Tête de lion qui fait partie du musée Britannique ; 9. Tête d'une statue qui se voit au Vatican, et qu'on suppose

Fig. 8.   Fig. 9.

être une copie du Jupiter Olympien de Phidias). Le même genre d'arrangement de la chevelure se retrouve dans tous les descendants réels ou prétendus de Jupiter, tels qu'Esculape, Alexandre, etc. — Pluton ou Sérapis avait les cheveux plus longs, un peu plats, et descendant plus bas sur le front afin de rendre son aspect plus sombre et plus sévère. Souvent encore, il portait sur la tête le boisseau (*modius*) symbolique

Fig. 10.   Fig. 11.

décoré d'un rameau d'olivier (Fig. 10. Tête du musée Britannique). — La chevelure de Neptune est moins longue et moins ondoyante que celle de Jupiter. Elle est relevée sur le front et retombe en boucles qui semblent humides (Fig. 11, au musée Britannique). — Apollon est ordinairement représenté avec le χίχιννος (Fig. 5) ; mais lorsque sa chevelure n'est pas attachée

Fig. 12.   Fig. 13.

sur le sommet de la tête, elle est toujours longue et flottante sur le cou et sur les épaules, ainsi qu'on le voit sur une très belle et très ancienne statue grecque qui est aujourd'hui à Londres (Fig. 12). — Bacchus porte également sa chevelure entière ; car, ainsi qu'Apollon, il est le type de la jeunesse perpétuelle. A l'époque de sa plus grande splendeur, l'art grec donnait à Mercure une chevelure courte et bouclée (Fig. 13. Statue du Vatican, que l'on a prise, pendant longtemps, pour un Antinoüs); mais dans les temps primitifs, il le représentait avec des cheveux tressés dans le style étrusque, liés autour de la tête par une bandelette, et accompagnés d'une barbe entière disposée en pointe. — La chevelure d'Hercule était courte, frisée, et présentait une grande analogie avec les flocons de poils qui pendent entre les cornes du taureau. Cet

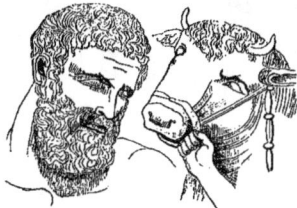

Fig. 14.   Fig. 15.

animal lui a évidemment servi de type (Fig. 14. Tête de l'Hercule Farnèse; 15. Tête d'un taureau qui fait partie d'un bas-relief antique conservé à Rome). — Junon (Fig. 16) a

Fig. 16.

les cheveux partagés sur le front. Elle porte constamment une sorte de diadème appelé en latin corona, et en grec σφενδόνη (fronde), à cause de son analogie avec une fronde, la partie supérieure du diadème figurant la partie la plus large de cet instrument, tandis que les cordes de ce dernier représentent le bandeau qui entoure la tête. — Pallas est presque toujours armée d'un casque; mais lorsqu'elle n'en a pas, ses cheveux sont noués au sommet de la tête, d'où ils retombent ensuite en longs anneaux parallèles. — Vénus et Diane portent quelquefois la c. appelée corymbe (Fig. 3); mais le plus souvent, on représente ces deux divinités coiffées comme les jeunes filles grecques, c.-à-d. avec les cheveux séparés sur le front, ramenés en arrière de façon à cacher la partie supérieure des

Fig. 17.   Fig. 18.

oreilles, puis liés et formant un chignon sur la nuque (Fig. 17. Une fille de Niobé). Quelquefois ces cheveux sont réunis et liés tout à fait au sommet de la tête (Fig. 18. D'après un bas-relief antique, à Rome). Voy. aussi les mots MITRE, RÉSILLE, etc.

Dans les premiers temps, les Romains portaient les cheveux longs, ainsi qu'on le voyait dans les statues antiques qui subsistaient à l'époque de Varron; mais cet usage était abandonné vers l'an 300 avant notre ère : aussi, les Romains du siècle d'Auguste qualifiaient-ils leurs ancêtres de capillati, intonsi, c.-à-d. chevelus. Quant aux Romaines, elles disposèrent d'abord leurs cheveux avec une grande simplicité, vraisemblablement comme les Grecques; mais, dès le commencement de l'empire, elles imaginèrent une variété presque infinie de coiffures, dont plusieurs sont décrites par Ovide. Les Fig. 19

à 22 représentent quatre de ces coiffures; elles appartien-

Fig. 19.   Fig. 20.

nent à différentes époques (Fig. 19. Buste d'Octavie, nièce d'Auguste, au musée Capitolin; 20. Messaline, cinquième

Fig. 21.   Fig. 22.

femme de l'empereur Claude; 21. Sabine, femme d'Adrien; 22. Plautille, femme de Caracalla).

Les Grecs et les Romains ne portaient de c. qu'à la cam-

Fig. 23.

pagne ou en voyage. A la ville ils allaient la tête nue, ou se la couvraient avec un pan de leur manteau. On peut distinguer

chez eux deux catégories de coiffures, le *pileus* ou *pileolus*, πῖλος, πιλίδιον, πίλημα, qui était généralement dépourvu de bords, et le *petasus*, πέτασος, πέταλον, qui était muni de bords assez larges. Le *pileus* était une espèce de calotte de feutre qui s'adaptait exactement à la forme de la tête. C'était la coiffure de prédilection des matelots et des pêcheurs. Les artistes l'attribuaient habituellement à Ulysse, à Énée, et même aux Dioscures (Fig. 23. Statue antique représentant Ulysse offrant du vin au cyclope Polyphème). Les laboureurs ajoutaient souvent à cette calotte un léger rebord, qui cependant n'était guère propre à garantir leur visage de l'ardeur du soleil (Fig. 24. Ancien bronze étrusque représentant un laboureur). Les individus des classes inférieures portaient fréquemment un pileus dont la partie supérieure avait la forme d'un cône plus ou moins aigu (Fig. 25. Peinture trouvée à Pompéi et représentant une taverne (*caupona*). Vul-

Fig. 24.

Fig. 25.

cain et le nocher des enfers, Caron, sont fréquemment représentés coiffés du pileus conique. Les Sarmates portaient un pileus tronqué. Voy. Braie, Fig. Chez les Romains, le *pileus* était le signe de l'affranchissement, le symbole de la liberté. De là l'expression *Vocare ad pileum*, admettre à l'honneur du pileus, voulait dire affranchir.

Le *pétase* (*petasus*), dont le nom dérive du grec πετάννυμι, étendre, était surtout usité par les voyageurs et par les bergers. Les représentations figurées de l'antiquité nous en font connaître un assez grand nombre de variétés qui différaient entre elles soit par la hauteur de la forme, soit par la disposition des bords (Fig. 26. Soldat grec coiffé du pétase, d'après un vase point antique). Le pétase thessalien (Fig. 27, d'après un vase point) était muni d'une espèce d'oreille; il était de couleur blanche, et porté indistinctement par les deux sexes. La Fig. 28 représente également, d'après un vase point, le pétase à bords relevés supérieurement, qui était particulièrement en usage chez les Macédoniens, les Étoliens, les Illyriens, etc. On l'appelait *causia*, et Hérodion rapporte que ce chapeau fut adopté par l'empereur Caracalla, pour imiter Alexandre le Grand, que l'on voit, en effet, figuré avec cette c. sur plusieurs médailles. Souvent le pétase s'attachait sous le menton à l'aide de deux courroies. Quand on voulait se découvrir la tête, on le rejetait en arrière et on le laissait pendre derrière l'épaule. Le bas-relief d'Antiope, Zéthus et Amphion, au Musée du Louvre, présente un exemple de cet usage.

Les Gaulois et les Germains portaient les cheveux longs, et, dans la plupart de leurs tribus, cette longue chevelure était le seul signe extérieur qui distinguât l'homme libre. Après la conquête de la Gaule méridionale par les Romains, la mode romaine de porter les cheveux courts s'étant introduite avec les autres usages de Rome dans les provinces du Midi, les

Fig. 27.

Fig. 26.   Fig. 28.

Romains prirent de là occasion d'appeler *Gallia comata*, c.-à-d. *Gaule chevelue*, cette partie du pays que leurs armes n'avaient pas encore soumise, tandis que leur conquête ou la province Narbonnaise était appelée *Gallia braccata* ou *Gaule en pantalons*, et que le nord de l'Italie (ou Gaule cisalpine), qui était occupé par des peuples celtiques devenus tout à fait Romains, était surnommé *Gallia togata*, c.-à-d. *Gaule en toge*.

L'idée d'une supériorité sociale était si bien attachée à une longue chevelure, chez les peuples germains, qu'en France, sous les deux premières races, quand on déposait un prince ou qu'on voulait rendre son héritier légitime inhabile à lui succéder, on se contentait de leur raser la tête. A cette époque, le clergé avait conservé la coutume romaine d'avoir les cheveux courts, en signe de la servitude spirituelle à laquelle il se vouait volontairement, et n'en conservait même qu'une étroite couronne. La mode des longs cheveux persista pendant une partie du moyen âge. Mais peu à peu l'idée de prérogative qu'on attachait à une longue chevelure s'amoindrit, puis disparut tout à fait. Déjà sous Charles le Chauve l'usage était venu, sans doute pour plaire au roi, de se raser presque entièrement la tête. Cette mode, qui eut pour conséquence celle de se couvrir de bonnets fourrés, disparut pendant les règnes suivants, où reparurent les cheveux plus ou moins longs malgré les anathèmes du clergé, qui ne cessait de protester contre une habitude qu'il trouvait *efféminée*.

Le XIIe siècle vit paraître la mode assez extravagante de se raser le sommet de la tête, pendant qu'on laissait tomber les cheveux en longues boucles derrière la tête (Fig. 29) : c'est à peu près le genre de c. dit aujourd'hui *aux Enfants d'Édouard*. C'est alors que les classes nobles commencèrent à se distinguer par des mortiers et des bonnets de drap ou de velours ayant une pointe terminée par une longue queue et ornés de galons d'or ou d'argent. Pour garantir cette c. du mauvais temps, on la couvrait d'un *chaperon*, ornement commun aux deux sexes, et d'autant plus ample, d'autant plus orné que la personne qui le portait occupait un rang plus élevé. Les bourgeois, les légistes et les savants adoptèrent, de leur côté, des coiffures particulières, presque toujours d'étoffe, et dont il serait difficile de déterminer rigoureusement la forme. Au XIIIe siècle, les prêtres de la Bretagne portaient déjà des bonnets carrés de feutre ou de laine. On commença peu avant Philippe de Valois à se servir à la campagne de coiffures de la même matière. Sous Jean le Bon, on en porta dans les villes, d'abord en temps de pluie, puis en tout temps. Le

Fig. 29.

chapeau rond fit son apparition au commencement du XIVe siècle. Charles le Bel en portait un à forme basse et à bords horizontaux, le jour de l'entrée à Paris de sa sœur Isabeau, femme d'Édouard II, roi d'Angleterre. Charles VII passe pour avoir possédé le premier chapeau de castor fabriqué en France. Il le portait en 1438. Ce chapeau était pointu, doublé de velours incarnat, et muni au sommet d'une houppe de fils d'or. Cette forme fut adoptée par les courtisans, mais la mode en dura peu. On revint, sous Louis XI, aux formes basses et aux bords étroits.

La c. des femmes subit, à cette époque, des modifications profondes. Vers la fin du XIVe siècle le chaperon est abandonné et les cheveux sont disposés en nattes ou en touffes sur les côtés de la tête; puis la *C. en largeur* fait place à la *C. en hauteur* et la tête se charge de *coiffes à cornes* de formes et de dimensions extravagantes (Fig. 30). Puis vers 1428 apparaît le *hennin*, long bonnet pointu fait d'étoffe légère et empesée, et accompagné d'un voile (Fig. 31). Les hennins prirent bientôt des dimensions gigantesques. Ils atteignaient quel-

Fig. 30.   Fig. 31

quefois jusqu'à 1 mètre de hauteur, et l'on fut obligé d'élever les portes des appartements. Le voile traînait à terre pour les princesses, descendait aux talons pour les dames nobles et s'arrêtait à la ceinture pour les bourgeoises. Malgré les efforts des prêtres, qui n'avaient cessé de tonner en chaire contre les cornes, les coiffes, les hennins et autres ridicules atours, cette mode ne disparut qu'avec le siècle. Alors revint la c. en largeur et en cheveux, et bientôt le règne de François Ier ramène des modes élégantes et gracieuses.

Depuis François Ier jusqu'à Louis XIII, les hommes ne portèrent plus que les cheveux courts. Pendant une très grande partie du XVIe siècle, la toque unie ou cannelée, avec ou sans plumes, fut la c. des gens de cour. Le chapeau reprit le dessus sous Henri III, et la mode le plia si bien à ses caprices, qu'il s'en fit, au dire de Vigenère, plus de 200 espèces en moins de 15 à 16 ans. Sous Louis XIII, les cheveux longs reparurent encore, et ceux qui trouvèrent insuffisants les leurs, y suppléèrent au moyen de perruques qui, très modestes d'abord, acquièrent, sous Louis XIV, des dimensions formidables (Fig. 32). Le chapeau à larges ailes domina au XVIIe siècle. Les seigneurs de la cour de Louis XIII le portaient orné de plumes gigantesques. Sous Louis XIV, on releva quelque-

Fig. 32.

fois les ailes, en les rattachant à la forme, soit sur les deux côtés à la fois, soit sur un seul côté. En relevant les ailes sur les trois côtés, on créa, sous Louis XV, le *Tricorne* ou chapeau à trois cornes.

La c. des femmes reste basse jusqu'à la fin du XVIIe siècle.

En 1680, parut la mode des *fontanges*, née d'un incident de cour. Dans une chasse à Fontainebleau, un coup de vent ayant éparpillé les cheveux de Mme de Fontanges, celle-ci les rattacha avec un ruban dont les deux bouts lui tombaient sur le front. Le lendemain, toutes les dames de la cour eurent des rubans semblables et bientôt les *fontanges* prirent des proportions exagérées aussi ridi-

Fig. 33.

cules que celles des anciens hennins. Une fontange se composait d'un carcan en fils de laitons de 0m40 à 1 mètre de hauteur et même plus, sur lequel on appliquait toutes sortes d'ornements et qu'on portait au-dessus du front en avant de la chevelure (Fig. 33). Cette mode ne survécut pas à celle qui lui avait donné son nom et fut remplacée, sous le règne austère et prude de Mme de Maintenon, par celle des coiffes noires qui emprisonnaient la chevelure. On sait que la mort du grand roi fut un soulagement pour le monde élégant et avide de plaisir. Alors, les coiffures des femmes reprirent de la grâce et de l'élégance; mais en même temps se répandit l'usage singulier de se couvrir les cheveux de poudre d'amidon, lequel persista jusqu'à la Révolution, malgré les nombreuses modifications que subit la disposition des cheveux. Vers 1740, on portait de petits bonnets de tulle ou de dentelles, qui disparurent en 1750.

Le règne de Louis XVI ramena les coiffures hautes et bientôt l'extravagance ne connut plus de bornes. La mode vint alors de fixer dans les cheveux des objets de mille espèces qui transformaient la tête des élégantes en un parterre ou en une boutique de curiosités. Nous citerons, comme une des coiffures les plus singulières de la fin du XVIIIe siècle, la c. à *la Belle-Poule*, qui fut créée à l'occasion du combat brillant que la frégate de ce nom livra aux Anglais en 1778, et qui consistait en une petite frégate armée en guerre, qu'on ajustait, au moyen d'une armature en fil de fer, au-dessus d'un échafaudage de boucles et de nattes qui figuraient les flots ! (Fig. 34). Un jour, Marie-Antoinette ayant perdu ses cheveux à la suite d'une couche, la c. s'abaissa subitement; mais on remplaça les échafaudages de cheveux

Fig. 34.

par des chapeaux non moins extravagants, et, en 1785, les modistes fabriquaient encore des *chapeaux-frégates*. Pour les hommes, les perruques subsistèrent après Louis XIV; mais elles changèrent de forme et reprirent des dimensions modestes, si bien que beaucoup purent s'en passer. Dans tous les cas, cheveux naturels ou perruques étant frisés et poudrés, tout le XVIIIe siècle eut la tête blanche. Les élégants emprisonnèrent leurs cheveux dans une bourse de soie ou de velours qui pendait sur le collet de l'habit (Fig. 35), tandis que les bourgeois et les gens du commun les nouaient derrière la tête de manière à en faire une espèce de chignon relevé appelé *Catogan*, ou bien les attachaient avec un ruban et en faisaient une espèce de queue qui descendait quelquefois jusqu'aux reins.

Fig. 35.

En 1777, parut le *Ch. à claque*, que sa forme excessivement plate ne permettait pas de mettre sur la tête, et qui se portait sous le bras! On imagina ensuite le *Ch. à l'androsmane*, dont le bord postérieur se relevait d'une seule pièce tandis que le bord antérieur exécutait le même mouvement, mais en deux parties, de manière à présenter une corne au milieu; le *Ch. à la jockey*, à forme basse et à bords étroits et un peu retroussés; le *Ch. hollandais* et le *Ch. anglo-américain*, le premier à larges ailes repliées sur un seul côté, le second à bords rabattus par devant et relevés par derrière, etc.

La Révolution fit disparaître la poudre et les perruques; mais après une courte période de simplicité, arriva sous le Directoire le temps des *Incroyables* et des *Merveilleuses*, qui fut celui des modes excentriques et des costumes extraordinaires. Les femmes se couvrirent la tête d'un grand luxe de

Fig. 36.   Fig. 37.

nœuds et de rubans (Fig. 36), les hommes portèrent les cheveux longs sous des chapeaux à cornes ou en pain de sucre (Fig. 37).

L'Empire ramena un peu de simplicité. La *queue* ne disparut complètement que sous la Restauration, et, depuis lors, malgré quelques exagérations passagères, comme du temps de Louis-Philippe, le *toupet* chez les hommes, et chez les femmes l'abus des *bandeaux* et des *anglaises*, sorte de tire-bouchons couvrant les joues, la disposition des cheveux est restée suffisamment naturelle et éloignée de toute excentricité. On n'en saurait dire autant des *chapeaux*. Ceux des femmes ont reçu les formes les plus variées et souvent les plus ridicules. Le règne de Louis-Philippe, qui marque dans l'histoire du costume une belle époque de mauvais goût, eut l'honneur d'inventer le *chapeau à bavolet*, cette affreuse carcasse qui emprisonnait la tête et le cou dans une espèce de cage. Le second Empire vit tour à tour des chapeaux aussi ridicules par leur exiguïté que par leur ampleur. Depuis 1880, la mode a tellement varié, et elle permet des chapeaux de formes si différentes, qu'il est impossible de donner une idée générale de ce qu'est, à la fin du XIXᵉ siècle, un chapeau de femme. Il y en a de grands, de petits, de ronds, d'ovales, de pointus, de hauts, de bas, etc. Il n'y en a peut-être pas deux qui se ressemblent; les uns se portent en avant, d'autres en arrière; il y en a qui ne couvrent que le front, d'autres qui ne couvrent que le chignon: autant de femmes autant de chapeaux. Les ornements, ou *garnitures*, ne sont pas moins variables que la forme; on y accumule des nœuds, des rubans, des fleurs artificielles, des fruits en cire, des plumes, et jusqu'à des oiseaux empaillés. Cette dernière mode doit être sévèrement condamnée, non seulement au point de vue du goût, mais surtout parce qu'elle a pour conséquence la destruction d'un nombre considérable d'oiseaux, ornements de la campagne et auxiliaires utiles de l'agriculture. Les chapeaux des hommes sont loin d'offrir la même variété. Il n'y en a qu'un que puisse porter un homme correctement habillé: c'est le chapeau de soie noir, cylindrique, dit *haut de forme* et vulgairement *tuyau de poêle*. Il date du commencement du siècle et n'a subi que des variations de forme peu importantes quoique suffisantes pour que, à quelques années d'intervalle, la mode surannée paraisse absolument ridicule. Cela tient, sans doute, au manque total d'élégance qui caractérise cette singulière c. et qui nous la ferait trouver grotesque si nous n'y étions aussi complètement habitués. Malgré son caractère anti-esthétique, le chapeau haut de forme a résisté à toutes les attaques des élégants et des artistes; il s'est répandu dans le monde entier et est devenu la c. officielle de tous les pays civi-

lisés. Son succès persistant ne peut être attribué qu'à son prix peu élevé relativement à sa durée, et à la tendance qu'ont les hommes de ce siècle à adopter un costume uniforme qui les dispense de toute recherche de toilette et leur donne à peu de frais, et sans effort d'imagination, un air de *correction* et de *bonne tenue* qui remplace aujourd'hui l'élégance. Pour les soirées et réceptions, le chapeau n'est plus en peluche de soie, il est de satin monté sur un carcan mécanique qui lui permet de s'aplatir comme une galette. Cette variété est encore plus laide et plus incommode que l'autre; mais le chapeau de soirée est fait pour être porté sous le bras et non sur la tête!

Outre le chapeau haut de forme, les hommes portent aussi, en costume négligé, des chapeaux de feutre ou de paille, dont les formes sont assez variables et trop connues pour que nous insistions. Voy. CHAPEAU. Ces formes ont, du reste, peu varié depuis le commencement du siècle. Les hommes du peuple portent des chapeaux de feutre et surtout des *casquettes*. Les enfants ont une grande variété de coiffures: chapeaux de paille ou de feutre, bérets, toques, etc., où la fantaisie se donne libre carrière.

L'espace nous manque pour parler des coiffures des peuples étrangers. Disons seulement que les Persans et les Arméniens portent le bonnet d'astrakan, de forme haute; les Turcs et les Arabes, le *fez*, espèce de calotte rouge tronconique, surmontée d'un gland, et le *turban*. Voy. ce mot. Mais le turban est réservé aux hommes mariés: les célibataires n'ont pas le droit de le porter. Dans les campagnes de la France, les paysans portent la casquette ou le chapeau de feutre; les femmes ont des bonnets de formes diverses suivant les provinces. Ces bonnets, faits de mousseline empesée, atteignent souvent de très grandes dimensions qui n'excluent pas une certaine élégance pittoresque. Du reste, toutes ces coiffures provinciales tendent à disparaître, et le temps n'est pas éloigné où le costume des paysans sera devenu uniforme dans toute la France. Il en est de même des costumes étrangers, au moins dans les pays chrétiens. Les Musulmans tiennent à leur c. par des motifs religieux, et si les plus civilisés d'entre eux en ont fait le sacrifice pour adopter notre uniforme occidental, ils ont du moins reculé devant le chapeau haut de forme.

Coiffure militaire. — La c. militaire a pour double objet de protéger la tête de l'homme à la fois contre les rayons du soleil ou les intempéries et contre les coups de l'ennemi. Les anciens portaient des casques de formes diverses. Voy. CASQUE. Le casque resta l'unique c. militaire jusqu'au XIIᵉ siècle, qui vit paraître une autre armure de tête: le capuchon en mailles de fer, nommé *capeline* ou *camail*. Cependant, le casque continua à être porté, sa forme varia de diverses manières qui lui valurent les noms de: *heaume*, *salade*, *bicoque*, *chapeau de Montauban*, *bourguignotte*, *bassinet*, *morion*, etc. A partir de François Iᵉʳ, les coiffures de métal furent peu à peu abandonnées et remplacées par des chapeaux de formes variées. Seules les troupes de cavalerie, plus exposées aux coups de sabre, ont conservé le casque de métal. Les troupes françaises ont longtemps porté le chapeau relevé autour de la forme, de manière à présenter trois ou quatre angles qui portaient le nom de *cornes*, tandis que les parties relevées s'appelaient les *ailes*. « Au lieu de chapeaux, disait le maréchal de Saxe, je voudrais des casques à la romaine: ils ne pèsent pas plus, ne sont point du tout incommodes, garantissent des coups de sabre et font un très bel ornement. » L'armée prussienne a réalisé le vœu du maréchal de Saxe, avec ses casques en cuir bouilli; mais l'armée française a conservé le chapeau à trois cornes jusqu'à la Révolution, où il fut remplacé par le *schako*. Le célèbre bonnet à poils des grenadiers apparut en 1730. Malgré son incommodité et sa cherté, il résista jusqu'en 1870, quoique son usage devînt de plus en plus restreint. Il fut la c. des gardes nationaux sous Louis-Philippe et des sapeurs sous le second Empire. Le schako est une c. rigide cylindrique ou tronconique et munie d'une visière. Sa hauteur et sa largeur ont peu à peu diminué: c'était jusque vers 1885 la c. de l'infanterie en grande tenue. En petite tenue, les troupes portaient le bonnet de police sous le schako; mais on eut l'idée, vers 1848, ou eut l'idée de munir ce bonnet d'une visière et l'on imagina ainsi le *képi*, qui devint la c. de petite tenue; le bonnet de police était cependant conservé pour l'intérieur du quartier. Aujourd'hui, l'usage du schako a été beaucoup réduit et se trouve réservé à quelques corps spéciaux. Le képi, plus ou moins rigide, est devenu, en 1885, la c. générale de l'armée française. Le casque existe encore dans la cavalerie, et le chapeau à deux cornes, orné de plumes, est resté la c. des officiers généraux.

Nous signalerons pour finir la *shapska*, sorte de bonnet terminé à la partie supérieure par une plaque carrée, qui était, jusqu'en 1870, la c. des lanciers. Voy. COSTUME.

Bibliogr. — ADRIANUS JULIEN, *De Coma*, Bâle, 1556; LE GROS, *L'art de la coëffure des dames*, avec 33 planches, Paris, 1768; MOTTELEY, *Histoire des révolutions de la barbe des Français*, Paris, 1826; P. LACROIX, A. DUCHESNE et F. SERRÉ, *Histoire de la coiffure*, etc., Paris, 1858.

COIGNAGE. s. m. [Pr *kouè-gnaje*]. T. Techn. Partie de la maçonnerie d'un fourneau de grosse forge.

COIGNET. s. m. [Pr *kouè-gnè*]. T. Mar. Petit coin.

COIGNEUX. s. m. [Pr. *kouè-gneu*]. Balte employée dans la fonte des monnaies pour comprimer le sable des moules.

COIGNY, maréchal de France, vainqueur à Guastalla (1670-1759). = Mᵐᵉ DE COIGNY, nièce de son petit-fils, a été immortalisée par A. Chénier sous le nom de la *Jeune captive*.

COILANAGLYPHE. s. m. (gr. κοιλαίνω, je creuse; γλυφή, sculpture). Ouvrage de sculpture dans lequel les figures sont saillantes dans le renfoncement de la pierre. — Ce mot est barbare et mal formé : il faudrait écrire *Cœlænoglyphe*.

COÏMBRE, v. de Portugal, cap. de la prov. de Beïra, 13,100 hab. Ancienne université. Observatoire.

COIN. s. m. (lat. *cuneus*). Angle, endroit où se fait la rencontre de deux lignes ou de deux surfaces, soit en dedans, soit en dehors. *Le c. d'une rue, d'une maison, d'une cheminée, d'un jardin. Serrer quelque chose dans un c. Les coins d'un mouchoir, d'une nappe*, etc. — Absol. et fam., se dit quelquefois pour le c. de la rue où l'on se trouve, où l'on habite. *L'épicier du c.* — *Les coins de la bouche, Les commissures des lèvres.* On dit de même, *Le c. de l'œil. Regarder, observer du c. de l'œil*, Regarder, observer à la dérobée. On dit aussi, *Faire signe du c. de l'œil*, Faire signe de façon à n'être aperçu que de la personne à laquelle on s'adresse. ‖ Fig., *Les quatre coins de la terre, du monde, de la France, de la ville*, etc., Les extrémités de la terre, de la France, etc., les plus éloignées entre elles. *Les quatre coins et le milieu d'un pays, d'un bois*, etc., Tout ce qui est contenu dans l'espace d'un pays, etc. *J'ai couru les quatre coins et le milieu du bois.* — *Les quatre coins*, Jeu d'enfants dans lequel quatre d'entre eux vont d'un c. à un autre d'un espace carré, tandis qu'un cinquième, placé au milieu, tâche de s'emparer de l'un des coins au moment où il est vide. *Jouer aux quatre coins.* ‖ Fig., *Mourir au c. d'un bois, d'une haie*, Mourir sans secours et sans assistance. — Prov., *Cet homme a la mine de demander l'aumône au c. d'un bois*, se dit d'un homme de mauvaise mine, qui a plutôt l'air d'un voleur que d'un mendiant. ‖ *Le c. du feu*, L'un des côtés de la cheminée où l'on se place ordinairement pour se chauffer. — Fig. et fam., *Ne bouger pas du c. du feu, du c. de son feu*, Garder presque toujours le logis. *N'aimer que le c. de son feu*, Aimer la vie retirée. *Les plaisirs du c. du feu*, Les plaisirs de la vie domestique. *Il n'a jamais quitté le c. de son feu*, Il n'a jamais voyagé, ou il n'a jamais vu le monde. *Allez lui dire cela au c. de son feu, Allez lui dire cela et vous chauffer au c. de son feu*, Vous ne seriez pas bien venu à lui tenir ce langage dans un endroit où il serait le maître. — T. Jeu. Au tric trac, *Grand c.*, ou simplement *C.*, La dernière case à la droite du joueur. *Prendre son c. Battre le c. de son adversaire.* On dit aussi, *C. bourgeois*, La dernière case du petit jan. — A la paume, *Tenir son c.*, se dit lorsque deux joueurs, qui jouent partie contre deux autres, défendent chacun leur côté. — Fig. et fam., *Tenir son c.*, tenir bien son c. *dans une compagnie*, S'y faire estimer, s'y faire distinguer. = T. Menuiserie. Se dit de certains meubles en forme de petites armoires qui se placent dans les angles d'une chambre, d'un salon, etc. = Petite partie ou portion d'une maison ou d'un appartement. *Il ne me faut qu'un c. où je puisse m'établir avec quelques livres.* Dans un sens anal., on dit, *Un petit c. de terre*, Un petit espace de terrain. ‖ Endroit qui n'est pas exposé à la vue. *Jetez cela dans un c.* — Par ext., se dit d'un endroit quelconque, mais plus ordinairement d'un lieu retiré et peu fréquenté. *Il s'est logé dans un c. du faubourg.* ‖ T. Mécan. Pièce de fer ou de bois en forme de prisme, dont on se sert ordinairement pour fendre du bois. — Fig. et prov., *Faire c. de même bois*, Se servir, pour mettre

une chose en œuvre, d'une partie de cette même chose. ‖ T. Artill. *C. de mire.* Voy. TIR. ‖ T. Art milit. chez les anciens. Troupe d'infanterie formant un bataillon triangulaire, dont l'angle principal était tourné vers l'ennemi. ‖ La partie d'un bas dessinée en pointe et dont l'extrémité inférieure répond à la cheville du pied. *Ces bas ont des coins à jour.* ‖ T. Art vét. Se dit de certaines dents du cheval. Voy. CHEVAL. ‖ T. Techn. Pièce d'acier gravé en creux, qui sert à frapper la monnaie, des médailles. *Le c. du roi. Cette monnaie est à tel c., marquée au c. de...* Voy. MONNAIE. On dit d'une médaille parfaitement conservée, qu'*Elle est à fleur de c.* — *Le poinçon qui sert à marquer la vaisselle. De la vaisselle marquée au c. de Paris.* — Fig., *Cela est frappé, est marqué à tel c.*, Cela porte tel cachet, on y reconnaît tel caractère. *Ces vers sont frappés au bon c. Cet ouvrage est marqué au bon c.*, Ces vers sont parfaitement faits; cet ouvrage est un des meilleurs dans son genre. ‖ Ornement sur les coins ou la couture d'un livre; outil qui sert à le produire.

Méc. — *Le Coin* est un prisme triangulaire de fer, d'acier ou de bois, qu'on emploie quelquefois pour soulever les corps, mais dont on se sert le plus souvent pour les fendre ou les diviser. — On distingue deux sortes de coins, le *c. simple* et le *c. double.* Le c. simple est un prisme triangulaire qui a pour profil un triangle rectangle ABC (Fig. 1); le plus grand des deux côtés AB est la *hauteur* du c., le plus petit BC est

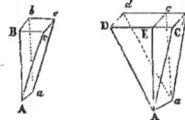

Fig. 1.   Fig. 2.

la *largeur* de sa *base*, qu'on nomme habituellement *tête*; l'hypoténuse AC est sa *longueur*; l'arête Aa est le *tranchant*. Le c. double (Fig. 2) est un prisme dont la section est un triangle isocèle qu'on peut considérer comme composé de deux prismes triangulaires rectangles ADEeda, AECcea, accolés suivant leur hauteur AE.

En général, on classe le c. au nombre des machines simples dans lesquelles on peut décomposer toutes les machines, si compliquées qu'elles soient.

Il est clair qu'on peut ne considérer qu'une section droite

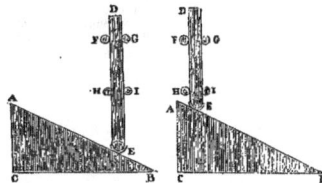

Fig. 3.   Fig. 4.

du plan, ce qui ramène la théorie du c. à un problème de mécanique plane. Soit DE un arbre (Fig. 3) assujetti par des guides FG, HI, qui lui permettent de se mouvoir verticalement de bas en haut ou du haut en bas, mais non latéralement. Si l'on fait mouvoir dans le sens CB le c. ACB, on fera prendre à l'arbre la position indiquée sur la Fig. 4. Ainsi, pendant que le c. avance horizontalement d'une quantité CB, l'arbre s'élève d'une quantité CA. Si l'on fait abstraction du frottement, les deux seules forces qui agissent sont : 1° la *puissance* P appliquée sur la face AC et agissant dans la direction de CB; 2° la *résistance* R qui est la pression verticale de l'arbre. Les déplacements respectifs des points d'application de ces deux forces sont donc proportionnels à CB et AC, et les travaux moteurs et résistants à

$$P \times CB \text{ et } R \times AC.$$

Le théorème du travail virtuel qui exige que ces travaux soient égaux pour qu'il y ait équilibre, donnera donc :

$$R \times AC = P \times CB$$

ou

$$P = R \times \frac{AC}{CB}$$

On voit déjà que la puissance sera d'autant plus faible pour vaincre une même résistance que le rapport $\frac{AC}{CB}$ sera lui-même plus petit, c.-à-d. que l'angle du c. sera plus aigu. Si l'on désigne cet angle ABC par α, on remarquera que $\frac{AC}{CB}$ est égal à sa tangente, d'où la formule du c. simple :

$$P = R\,tg\alpha \text{ ou } R = \frac{P}{tg\alpha}.$$

Si l'on veut tenir compte du frottement, ce qui est indispensable dans la pratique, soit f le coefficient de frottement. Voy. Frottement. La résistance R étant verticale, la pression de l'arbre sur le c. sera la composante normale de cette résistance, c.-à-d. la projection de cette résistance sur une perpendiculaire à l'arête AB (Fig. 3) : elle sera donc égale à R cos α. Alors, la force de frottement sera fR cos α et le déplacement de son point d'application sera proportionnel à l'hypoténuse AB. La pression du c. sur le plan d'appui est égale à R, en négligeant le poids du c. Le frottement est donc fR et le déplacement correspondant est proportionnel à CB. L'équation d'équilibre devient alors :

$$P \times CB = R \times AC + R\cos\alpha \times AB + fR \times CB.$$

Or,

$$CB = AB\cos\alpha \text{ et } AC = AB\sin\alpha.$$

En remplaçant et divisant par AB, il vient :

$$P\cos\alpha = R\sin\alpha + 2R f\cos\alpha,$$

d'où

$$P = R\,tg\alpha + 2Rf.$$

Le c. employé pour diviser la matière est rectangle ou isocèle. S'il est rectangle, la formule précédente s'applique sans changement. S'il est isocèle, il y a lieu de tenir compte des résistances qui pressent les deux faces du c. et qui agissent de même. Il faut donc doubler les termes relatifs à la face AB, en revanche, le terme relatif à la face CB disparaît. On arrive ainsi, en désignant par α l'angle au sommet, ou $\frac{\alpha}{2}$ le demi-angle au sommet :

$$P = 2R\,tg\frac{\alpha}{2} + 2Rf.$$

Il importe, en général, que le c. ne puisse pas sortir de lui-même de l'entaille qu'il a faite. Il faut pour cela que le frottement soit plus grand que la composante de la pression qui tend à le faire sortir, ou, ce qui revient au même, que le travail de la première force soit supérieur à celui de la seconde, ce qui conduit à la condition suivante :

Pour le c. rectangulaire :

$$R\sin\alpha < 2R f\cos\alpha \text{ ou } tg\alpha < 2f,$$

et pour le c. isocèle :

$$R\sin\frac{\alpha}{2} < R\cos\alpha \text{ ou } tg\frac{\alpha}{2} < f.$$

Si l'on appelle φ l'angle de frottement, on a $f = tg\varphi$, et les formules précédentes deviennent :

$$tg\alpha < 2tg\varphi \text{ et } \alpha < 2\varphi.$$

Dans la pratique, les règles qu'on pourrait déduire des formules précédentes sont peu applicables, parce que la théorie est incomplète. L'ébranlement produit par la percussion modifie le frottement qu'éprouvent les côtés du c. et augmente singulièrement son effet de pénétration. De plus, lorsque le c. est employé à fendre du bois ou d'autres substances, les parties du bloc se séparent en général bien en avant du tranchant du c., comme on le voit dans la Fig. 5. Dans ce cas, le c. agit à peu près comme un levier, la puissance étant appliquée à la partie supérieure du bloc en contact avec les côtés du c., et la résistance se trouvant à l'endroit où les fibres commencent à se séparer. — Dans les arts, on emploie le c. lorsqu'il s'agit d'appliquer une force énorme sur un très petit espace. C'est ainsi qu'il sert à fendre les bois de charpente et les blocs de pierre, à redresser les murs qui penchent

Fig. 5.

et à élever les vaisseaux dans les chantiers. Dans ces deux derniers cas, on place les coins sous le corps que l'on veut soulever et on les chasse avec violence. Les coins sont encore usités dans les moulins à huile. Des graines oléagineuses sont renfermées dans des sacs de crin que l'on place entre des planches épaisses de bois dur. On fait pénétrer des coins entre ces planches; puis on fait tomber des pilons sur la tête de ces coins. On obtient ainsi une pression telle que les graines se prennent en masses presque aussi solides que du bois. Tel est le principe de la Presse à c., à laquelle on peut donner diverses formes, mais dont le fonctionnement est suffisamment expliqué par ce qui précède.

Tous les instruments tranchants et piquants, tels que haches, couteaux, canifs, rasoirs, ciseaux, aiguilles, forets, rabots, dents de scie, aspérités de la lime, etc., agissent à la manière du c.; mais l'angle de ce dernier est plus ou moins aigu, selon la destination de l'instrument. Plus on fait cet angle aigu, plus on accroît sa puissance mécanique; mais en revanche la solidité de l'instrument diminue et le tranchant risque de se casser. Il a donc fallu, dans la pratique, établir une limite à l'acuité de l'angle. On le fait, en général, de 30° dans les outils à couper le bois; pour les métaux, on emploie un angle de 50° à 90°. Les outils qui doivent agir par pression peuvent être plus aigus que ceux qui sont destinés à agir par percussion; et, en général, l'angle peut être d'autant plus aigu que la matière à diviser est moins dure.

Le c. est souvent employé pour effectuer le serrage de deux pièces. La condition qu'il doit remplir pour ne pas se desserrer de lui-même est celle que nous avons indiquée plus haut pour qu'un c. ne sorte pas de son entaille; elle revient en définitive à ce qu'il soit suffisamment aigu. Dans les chemins de fer, on appelle C. une pièce de forme tronconique qui sert à maintenir dans leurs coussinets les rails à double champignon et à opérer entre une ou deux pièces un serrage énergique. Voy. Chemins de fer et Rail. Dans l'artillerie, le C. d'arrêt est un c. de bois qui sert à caler les roues des affûts. — Le typographe fait aussi usage de coins de bois pour serrer les formes et assujettir les caractères.

COINÇAGE. s. m. T. Techn. Action de serrer avec des coins.

COINCEMENT. s. m. (R. coincer). T. Techn. État d'une pièce de machine prise comme dans un coin et ne pouvant plus fonctionner.

COINCER. v. a. (R. koin). Enfoncer des coins. = SE COINCER. v. pr. Se dit de deux parties d'un mécanisme qui s'arcboutent l'une contre l'autre et empêchent le mouvement.

COÏNCIDENCE. s. f. T. Géom. État de deux choses qui occupent la même portion de l'espace. La c. de deux lignes, de deux surfaces. || Se dit aussi en parlant d'événements qui arrivent en même temps; synonyme de Simultanéité.

COÏNCIDENT, ENTE. adj. T. Géom. Qui coïncide. Lignes, figures coïncidentes. || T. Méd. Symptômes coïncidents, Ceux qui se montrent simultanément. On dit ordinairement Symptômes concomitants.

COÏNCIDER. v. n. (lat. cum, avec; incidere, tomber). T. Géom. Occuper la même portion de l'espace. On dit que Deux lignes, deux surfaces coïncident, lorsque, étant appliquées l'une sur l'autre, elles se correspondent et se confondent absolument. || Arriver en même temps. Ces deux événements coïncidèrent.

COÏNDICATION. s. f. [Pr. ko-in-dica-sion]. Indication unique résultant de données diverses.

COÏNDIQUER. v. n. Donner, fournir une même indication.

COING. s. m. [Pr. koin] (lat. cydonium, du gr. Κυδώνιον, Cydon, v. de Crète). Fruit du Cognassier. Voy. Rosacées. Ce fruit, en forme de grosse poire, jaune, d'un parfum pénétrant, plus agréable de loin que de près, et d'un goût âpre, était connu des anciens. Son meilleur emploi est d'être transformé en confitures ou en pâte.

COÏNTÉRESSÉ, ÉE. s. Celui ou celle qui a avec un autre quelque intérêt commun dans une affaire, dans une entreprise.

COÏNTÉRESSER. v. a. Donner un intérêt commun à quelqu'un.

COÏON. s. m. (ital. *coglione*, du lat. *coleus*, testicule). Poltron, lâche, qui a le cœur bas, qui est capable de souffrir lâchement des indignités. Mot bas et libre. || Ce mot et les trois suivants ne s'écrivent plus. On les prononce *cou-ion*, etc.

COÏONNADE. s. f. [Pr. *cou-io-nade*]. Acte ou propos de coïon. Bas et libre.

COÏONNER. v. a. [Pr. *cou-io-ner*]. Traiter quelqu'un de coïon; ou se moquer de quelqu'un, lui faire de mauvaises plaisanteries. *Il n'est pas homme à se laisser c.* = COÏONNER. v. n. Faire ou dire de mauvaises plaisanteries. *Il ne fait que c.* = COÏONNÉ, ÉE. part. Bas et libre.

COÏONNERIE. s. f. [Pr. *cou-io-nerie*]. Bassesse de cœur, lâcheté, indignité. *Faire des coïonneries. Il a fait voir en cette occasion toute sa c.* || Sottise, impertinence, plaisanterie libre. *A-t-on jamais ouï parler d'une pareille c.? Il nous a dit cent coïonneries.* Bas et libre.

COIR. s. m. T. Techn. Enveloppe filamenteuse des noix de coco.

COIRE, v. de Suisse, la *Curia Rhætorum* des Romains, ch.-l. du canton des Grisons, au confluent du Rhin et de la Plessur, 9,000 hab.

COIRON, montagne de l'Ardèche, contrefort oriental des Cévennes.

COISLIN, pays de Bretagne (Loire-Inférieure), nom d'une famille célèbre.

COÏT. s. m. [Pr. *ko-it*] (lat. *coitus*, m. s., de *cum*, avec; *ire*, aller). Rapprochement des sexes pour la reproduction de l'espèce. N'est guère usité qu'en parlant de l'espèce humaine. Pour les animaux, on dit *accouplement* ou *copulation*.

COÏTAL, ALE. adj. Qui a rapport au coït.

COITE. s. f. Voy. COUETTE.

COÏTER. v. n. S'accoupler. Surtout en parlant de l'homme et de la femme.

COITIER (JACQUES), médecin de Louis XI, mort vers 1505.

COIX. s. m. T. Bot. Genre de plantes (*Larmille*) de la famille des *Graminées*. Voy. ce mot.

COJOUISSANCE. s. f. T. Jurisp. Se dit en parlant d'une chose dont la jouissance est commune à deux ou plusieurs personnes.

COKE. s. m. (mot anglais). T. Techn. Produit de la carbonisation de la houille. Voy. CHARBON, HOUILLE.

On fabrique le coke suivant plusieurs procédés qui peuvent se réduire à trois principaux. Le premier, qui a lieu en plein air et dans le voisinage des mines, consiste à brûler la houille en tas coniques, prismatiques ou rectangulaires. On place les gros morceaux à l'intérieur, les plus petits à l'extérieur, et l'on recouvre le tout d'une couche de poussière ou de cendres provenant des opérations précédentes. Des canaux et des cheminées verticales ménagés dans la masse facilitent la circulation de l'air. Quand les tas sont terminés, on y met le feu, puis, aussitôt que la combustion est arrivée au degré voulu, on l'éteint avec de l'eau.—Dans le second procédé, on carbonise la houille dans des fours de forme appropriée. Enfin, le troisième, qui est celui des usines à gaz, consiste à chauffer la houille dans des cylindres de fonte. Le produit principal obtenu par cette méthode est le bicarbure d'hydrogène qui sert à l'éclairage, et le c. reste dans les cornues. Voy. ÉCLAIRAGE. —Suivant la nature de la houille employée, le c. est tantôt pulvérulent (*houille sèche*), tantôt en masses frittées ou en morceaux poreux, caverneux et boursouflés (*houille grasse*). Il ne brûle qu'en grandes masses, à l'aide d'un fort courant d'air, et donne alors une flamme; mais comme sa densité est très grande, il développe une température élevée et continue. Cette dernière propriété lui permet de lutter avec avantage avec le charbon de bois dans une foule de circonstances; il est en outre meilleur marché. Ces deux motifs l'ont fait adopter dans les usines métallurgiques, dans les chemins de fer pour les locomotives, et dans plusieurs autres industries. Cependant, dans beaucoup de circonstances, et notamment sur les chemins de fer, l'industrie a substitué au coke, depuis plusieurs années, les briquettes de charbon aggloméré. Voy. AGGLOMÉRÉ. Appliqué à l'économie domestique, il a l'avantage de produire très peu de fumée et d'odeur, mais il a l'inconvénient de brûler difficilement et sans cette flamme vive et pétillante que donne la houille. Au reste, suivant que c'est le gaz d'éclairage ou le c. qui est considéré comme produit principal, l'industrie fait choix de variétés de houilles particulières.

Les chemins de fer ont besoin d'un c. d'une grande pureté relative. Pour obtenir cette pureté, on fait subir à la houille diverses manipulations qui ont pour objet de l'épurer. D'abord tentée sur des charbons pyriteux des Vosges, pratiquée en 1840 dans l'Allier sur les charbons de Commentry, essayée en 1846 par des fabricants de c. de Valenciennes, l'*épuration de la houille* est devenue depuis 1848, époque à laquelle elle a été adoptée en Belgique, une opération commune. Cette opération se compose essentiellement de triages, de lavages et de criblages, comme dans la préparation des minerais métalliques, et elle est fondée sur ce que les matières étrangères qui accompagnent la houille ont toutes une pesanteur supérieure à celle de cette dernière. Depuis qu'on est parvenu par ce procédé à débarrasser les houilles des matières étrangères qui les souillent, les menus ont acquis une valeur plus grande et l'on perd beaucoup moins du précieux minéral. Ces menus épurés servent à la fabrication du c. En outre, les hauts fourneaux ont trouvé dans l'emploi de la houille épurée des avantages incontestables. Leur allure est plus facile, plus régulière et plus économique, et la qualité des fontes y a gagné. Il en est de même pour les fourneaux de seconde fusion.

COKE (ÉDOUARD), jurisconsulte et homme politique anglais (1549-1634).

COKETIER. s. m. Celui qui vend ou fabrique du coke.

COL. s. m. (lat. *collum*, cou). La partie du corps qui joint la tête aux épaules. Il est vieux en ce sens, et ne se dit plus guère que par euphonie. Voy. COU. == Se dit de différentes choses offrant quelque analogie avec la partie du corps humain ainsi nommée. || T. Anat. *Le c. du fémur, de l'humérus*, etc. La partie rétrécie qui se voit au-dessous de la tête de ces os. *Le c. de la matrice, de la vessie*, la partie inférieure et la plus étroite de ces organes. || *Le c. d'une bouteille, d'un matras*, etc. Voy. COU. || *C. de chemise*, La partie de la chemise qui entoure le cou. On disait autrefois dans un sens analogue, *C. de rabat, c. de pourpoint. Faux c., C. de chemise rapporté*, qui se fixe autour du cou au moyen de cordons, de boutons, etc. — Ornement de lingerie que les femmes se mettent autour du cou et qui retombe sur les épaules. — Espèce de cravate qui s'attache derrière le cou avec une boucle. *Un c. de satin.* — *C. de cravate*, Ce qu'on met dans une cravate pour lui donner de la fermeté. || T. Géogr. Passage étroit entre deux montagnes. *Le c. de Tende.* Voy. MONTAGNE. || T. Topog. et Géom. Point d'une surface topographique où le plan tangent est horizontal et traverse la surface. Voy. TOPOGRAPHIE. || T. Maç. *C. de cygne*, Bosse en fer servant à retenir les câbles-chaînes. || T. Serrur. Tringle courbée en arc.

COLA. s. f. T. Icht. Nom donné à l'alose dans les provinces du Midi.

COLACHAU. s. m. Huile qui est employée en médecine comme succédané de l'huile de foie de morue et qui provient d'un poisson analogue au hareng, habitant le voisinage de la Colombie anglaise et des îles Vancouver. Ce poisson est tellement gras que, desséché, il est employé comme flambeau.

COLAMINEUR. s. m. T. Tech. Machine à laminer.

COLAO. s. m. Ministre d'État à la Chine.

COLARDEAU, poète français (1732-1776).

COLARIN. s. m. T. Archit. L'astragale qui, dans la colonne toscane et dans la dorique romaine, se remarque à la partie supérieure du fût.

COLAS. Abrév. de Nicolas. = s. m. Syn. de stupide. ‖ Un des noms du Corbeau. = *La vache à Colas*, chanson de l'an 1605 dirigée contre les protestants.

COLATEUR. s. m. (lat. *colare*, couler). T. Agric. Canal servant à recevoir et à faire couler les eaux surabondantes.

COLATITUDE. s. f. T. Astron. Distance angulaire du zénith d'un lieu au pôle, ou distance angulaire d'une étoile au pôle de l'écliptique. C'est le complément de la latitude, d'où son nom. ‖ T. Agric. Superflu des irrigations recueillies dans les colateurs.

COLATURE. s. f. (lat. *colare*, couler). T. Pharm. Sorte de filtration dans laquelle on fait passer un liquide à l'étamine pour le débarrasser de quelques impuretés. ‖ Le liquide qui a été soumis à cette opération.

COLBACK. s. m. (turc, *kalpach*). Sorte de coiffure. Grand bonnet noir en peau de mouton que portent les Arméniens, les Grecs et certains Turcs. ‖ Coiffure militaire consistant en un vaste bonnet à long poil muni d'une poche. — Le C. a été introduit dans l'armée française par les chasseurs à cheval de la garde consulaire, qui en avaient trouvé le modèle en Égypte. Il consiste en un bonnet à poil, ordinairement de peau d'ours, qui a la forme d'un cône tronqué. Ce fut, chez nous, une coiffure exclusivement militaire, en usage dans divers corps de cavalerie légère, hussards, chasseurs et guides. Le c. est depuis longtemps complètement abandonné.

COLBERT (Jean-Baptiste), ministre de Louis XIV, l'un des plus grands hommes d'État français (1619-1683). Colbert réforma les impôts, protégea l'agriculture, le commerce, l'industrie, les arts et les lettres; il réorganisa notre marine et fut un des bienfaiteurs de la France. On lui doit, entre autres réformes, la disparition d'un certain nombre de douanes intérieures et la fameuse ordonnance de 1673 qui est un véritable *Code de commerce*. Il voulait que la France se suffit à elle-même et achetât le moins possible à l'étranger, ce qui est encore l'idéal des partisans du *Système protecteur*. Voy. Commerce, Douanes.

COLBERT (Édouard), général français né à Paris (1774-1854).

COLBERT (Auguste), général français né à Paris en 1779; tué en Espagne en 1809.

COLBERTISME. s. m. Système économique de Colbert : à peu près le même qui est désigné aujourd'hui sous le nom de *Protectionnisme*. Voy. Commerce, Douanes.

COLCHESTER. v. d'Angleterre, comté d'Essex, 26,300 hab.

COLCHICÉES. s. f. pl. (R. *colchique*). T. Bot. Tribu de végétaux de la famille des *Liliacées*. Voy. ce mot.

COLCHICINE. s. f. (R. *colchique*). T. Chim. La *Colchicine*, principe actif du colchique d'automne, s'extrait des semences de cette plante au moyen de l'alcool bouillant. Convenablement purifiée, elle se présente sous forme d'une poudre jaunâtre, d'une saveur amère, soluble dans l'eau et dans l'alcool. Elle n'est pas volatile; chauffée au-dessus de 140° elle fond, puis se décompose. Elle est faiblement alcaline et forme avec les acides des sels solubles et cristallisables. Ses solutions sont assez instables et se transforment facilement en colchicéine, substance bien moins vénéneuse, fusible vers 155°, non volatile, soluble dans les lessives alcalines et dans l'ammoniaque.

La c. est analogue à la vératrine; elle agit surtout sur le tube digestif et sur les reins. A la dose de quelques milligrammes, elle est diurétique et purgative; elle diminue la quantité d'acide urique contenue dans le sang. Elle forme la base de la plupart des médicaments employés contre la goutte et le rhumatisme. Comme elle ne s'élimine que très lentement, elle peut facilement s'accumuler dans l'organisme, ce qui rend son emploi dangereux. La c. sert quelquefois à falsifier la bière, où elle est destinée à remplacer le houblon; cette fraude dangereuse est assez difficile à reconnaître.

COLCHIDE. ancien pays d'Asie Mineure, où la mythologie plaçait la Toison d'or.

COLCHIQUE. s. m. (lat. *colchicum*, gr. κολχικὸν, m. s. ainsi dit de la Colchide, pays de l'empoisonneuse Médée). T. Bot. Genre de plantes de la famille des *Liliacées*. Voy. ce mot.

COLCOTAR. s. m. (Ce mot paraît avoir été inventé par l'alchimiste Paracelse). T. Chim. Sesquioxyde de fer anhydre obtenu artificiellement. Voy. Fer.

COLD-CREAM. s. m. [Pr. *kol-krèm*] (mots anglais signif. *froide crème*). Espèce de pâte très douce employée dans la toilette et la pharmacie, composée d'huile d'amandes douces, de cire blanche et de quelques autres substances oléagineuses ou parfumées en proportions variées.

COLÉA ou **KOLÉA**, ville d'Algérie, à 39 kil. d'Alger, 4,000 hab.

COLEBROOKE, célèbre orientaliste anglais (?1765-1837).

COLÉGATAIRE. s. 2 g. T. Jurisp. Celui ou celle qui est légataire avec un ou plusieurs autres individus.

COLÉMANITE. s. f. T. Minér. Borate de chaux hydraté.

COLÉOCÈLE. s. f. (gr. κολεὸς, gaine; κήλη, tumeur). Hernie du vagin. Peu us.

COLÉOCHÈTE. s. m. [Pr. *ko-léo-kè-te*] (gr. κολεὸς, étui; χαῖτε, crinière). T. Bot. Genre d'Algues de la famille des *Confervacées*. Voy. ce mot.

COLÉODERME. adj. 2 g. (gr. κολεὸς, étui; δέρμα, peau). T. Zool. Couvert d'une enveloppe en forme de sac.

COLEONI (Bartholomeo), célèbre condottiere italien, mort en 1475.

COLÉOPHYLLE. s. f. (gr. κολεὸς, étui; φύλλον, feuille). T. Bot. Gaine membraneuse à la base de la gemmule. Peu us.

COLÉOPODE. adj. 2 g. (gr. κολεὸς, étui; πούς, ποδὸς, pied). T. Zool. Qui a les pattes cachées dans un étui.

COLÉOPTÈRE. adj. et s. m. (gr. κολεὸς, étui; πτερὸν, aile). T. Entom. On comprend sous le nom de *Coléoptères* (*Coleoptera*) un des ordres principaux de la classe des insectes. Il comprend tous ceux qui ont quatre ailes, dont les deux supérieures, plus solides, et désignées sous le nom d'*Élytres* (du grec ἔλυτρον, étui), recouvrent comme des étuis les inférieures, qui sont membraneuses et se plient sous les premières à l'état de repos. Si nous résumons les caractères généraux des coléoptères, nous dirons que ce sont des insectes à pièces buccales conformées pour broyer, à ailes antérieures cornées (élytres), à prothorax libre et à métamorphoses complètes. Les insectes qui composent cet ordre, sont les plus nombreux et les plus connus. Ils ont particulièrement fixé l'attention des naturalistes par leurs formes singulières, leurs couleurs brillantes ou agréables, et la consistance de leurs téguments qui rend leur conservation plus facile.

Le *Corps* ou *Tronc* est composé de trois parties principales : la *Tête*, le *Thorax* et l'*Abdomen*.

Dans la *Tête* on distingue le crâne, la bouche, les yeux et les antennes. — Le *Crâne* s'articule en arrière avec le thorax. Tantôt l'axe de sa plus grande longueur est parallèle à celui du corps, tantôt il forme un angle avec lui. — La *Bouche* se compose généralement des parties suivantes : du *Labre* ou lèvre supérieure, pièce mobile, impaire, transversale, qui est attaché en dessous du chaperon; de deux *Mandibules* ou mâchoires supérieures, pièces solides, tranchantes et dentelées, qui sont destinées à saisir ainsi qu'à briser les aliments solides, de deux *Mâchoires* proprement dites qui sont plus grêles, modifiées diversement suivant la nature des aliments, et dont chacune est munie en dehors d'un ou de deux appendices articulés appelés *Palpes maxillaires* ou *supérieurs*; de la *Lèvre inférieure*, appelée simplement *Lèvre* par opposition à *Labre*. Elle porte deux palpes appelés *Palpes labiaux* ou *inférieurs*. Toutes ces parties varient dans leurs formes et leurs proportions suivant les familles et les genres. — Les *Yeux* sont au nombre de deux. Leur situation varie beaucoup relativement aux autres parties. Ils sont à facettes, et jamais lisses, si ce n'est peut-être dans quelques Brachélytres. Ils sont en outre arrondis, ovales et à surface chagrinée. Quelques coléoptères aquatiques et quelques longicornes sembient avoir quatre yeux; mais cela tient à ce que chaque œil est divisé en deux parties, l'une supérieure, l'autre inférieure. — Les *Antennes* sont au nombre de deux, elles présentent des formes variées, et sont souvent plus longues et plus robustes dans les mâles. Le nombre de leurs articles est presque toujours de onze.

Le *Thorax* ou *Corselet* se divise en 3 segments nommés : *Prothorax*, *Mésothorax* et *Métathorax*. — Le *Prothorax* supporte la première paire de pattes; il a des mouvements assez étendus. — Le *Mésothorax* est très étroit et semble comprimé par les deux autres segments qui sont beaucoup plus développés. Il supporte la seconde paire de pattes et les élytres; l'*Ecusson*, pièce plus ou moins triangulaire se voit entre celles-ci. Il présente antérieurement un rétrécissement formant un court pédicule qui s'emboîte dans la cavité postérieure du prothorax. Il n'est pas toujours visible. — Le *Métathorax* supporte la troisième paire de pattes et les ailes membraneuses. Ces deux derniers segments sont soudés ensemble par leurs bords.

L'*Abdomen* est sessile, c.-à-d. uni au thorax par sa plus grande largeur. Il se compose de six ou sept anneaux presque toujours membraneux en dessus et plus chitineux et plus résistants en dessous. A son extrémité libre se trouve placé le cloaque ou l'anus, lequel est fendu transversalement. Enfin, sur les côtés, chaque anneau présente une petite ouverture appelée *Stigmate*, qui n'est autre chose que l'orifice des trachées.

Dans les membres, nous avons à considérer les *Élytres*, les *Ailes* membraneuses et les *Pattes*. — Les *Élytres* ne peuvent s'écarter du corps qu'à angle droit, elles ne frappent pas l'air dans le vol, et une fois étendues elles restent fixes. Leur écartement précède nécessairement le développement des ailes membraneuses. Leur forme, leur consistance et leur couleur sont très variables. A l'état de repos, elles se joignent l'une contre l'autre par leur bord interne, et présentent sur le dos une ligne médiane appelée *Suture*. Quelquefois elles se soudent par la suture, d'où résulte comme conséquence l'absence d'ailes membraneuses. Chez certains coléoptères elles ne sont pas assez développées pour cacher complètement les ailes, et alors elles ne recouvrent pas entièrement l'abdomen. — Les *Ailes* proprement dites sont membraneuses, insérées en dedans des élytres et parcourues par des nervures plus ou moins divisées. Nous renvoyons pour ce qui a trait à la nervation, à l'article NERVATION. Elles se coudent sur leur bord externe et forment ainsi une articulation angulaire qui leur permet de se replier en travers et de se cacher entièrement sous les élytres, quoiqu'elles aient une longueur à peu près double de ces dernières. Un ligament élastique les ramène à l'état de flexion ou d'extension. — Il y a trois paires de pattes, et chaque patte se compose de parties appelées *Hanche* ou *Trochanter*, *Cuisse*, *Jambe* et *Tarse*. — Les pattes sont variables dans leur conformation. Elles ont le plus souvent un tarse à cinq articles, plus rarement à quatre. Les deux paires de pattes antérieures se terminent quelquefois par des tarses à quatre articles, c'est rare qu'il y ait moins d'articles, par ex. 3, 2 ou 1.

Nous ne parlerons point ici de la structure interne des coléoptères, attendu que, sous ce rapport, ils diffèrent peu des autres *Insectes*, et que nous exposerons, à ce mot, les faits les plus importants relatifs à l'anatomie de cette grande classe d'animaux. — Les *Sexes* se distinguent à l'extérieur par des différences qui résident surtout dans les antennes et dans les pattes. L'accouplement est unique et dure depuis quelques heures jusqu'à un ou deux jours. L'accouplement terminé, le mâle meurt, et la femelle meurt immédiatement après la ponte. Les *Œufs* sont globuleux, ovales, oblongs, de couleur variable. Ils sont déposés soit dans les eaux tranquilles, soit sur certaines plantes, soit dans l'intérieur du bois, soit dans la terre, soit sur les matières végétales ou animales en décomposition. Les *Larves* qui en naissent sont ordinairement molles, à six pattes écailleuses, à tête coriacée ou lisse, sans yeux distincts, avec des mandibules d'antennes, des mandibules et des mâchoires plus ou moins développées suivant la nature de leurs aliments. L'abdomen est plus ou moins allongé ou courbé sur lui-même, et composé de douze ou treize anneaux dont neuf portent des stigmates sur les côtés. Elles changent plusieurs fois de peau, et restent très longtemps, quelquefois même trois ou quatre années, avant de se transformer en nymphes. Leur croissance, du reste, est d'autant plus prompte que leur nourriture est plus abondante et la température plus élevée. A l'état de *Nymphes*, les coléoptères ne prennent plus de nourriture. Ils sont inactifs, immobiles, quoique toutes leurs parties soient distinctes. Ces nymphes sont d'un blanc plus ou moins transparent ou jaunâtre et dans un état de

mollesse extrême. La plupart se tapissent dans des cavités dont elles ont consolidé les parois pour en faire une espèce de coque. C'est en général sous la forme de larves que les coléoptères font le plus de tort à l'agriculture et à l'industrie. Tout le monde connaît les ravages des Bruches, des Charançons, des Calandres, des Anthrènes, des Dermestes, des Hannetons, etc.

Les coléoptères sont répandus dans toutes les contrées du globe. Parmi ces insectes, les uns sont aquatiques, les autres sont terrestres et ont les habitudes les plus variées. Les uns sont diurnes, les autres nocturnes. Ils vivent soit de proie vivante, soit de matières animales ou végétales putréfiées ou desséchées, soit du crottin des animaux herbivores, soit des parties ligneuses des végétaux, soit des feuilles, soit des fleurs, soit des fruits. Il est à remarquer qu'aucun d'eux n'est venimeux. Quelques-uns seulement, qui sont armés de fortes mandibules comme les scarites, les capricornes, les cerfs-volants, mordent ou pincent fortement quand on les saisit sans précaution. — Il n'y en a pas non plus qui soient employés dans l'industrie. Les cantharidiens seuls, par suite de leur propriété vésicante, sont utiles en médecine.

Les coléoptères se divisent en quatre grandes sections, d'après le nombre des articles de leurs tarses :

I. *Pentamères.* Cinq articles d'ordinaire à tous les tarses.

II. *Hétéromères.* Cinq articles aux quatre tarses antérieurs.

III. *Cryptopentamères.* Cinq articles aux tarses, dont un est atrophié ou caché.

IV. *Cryptotétramères.* Quatre articles aux tarses, dont un reste rudimentaire.

Chacune de ces sections se subdivise en un plus ou moins grand nombre de familles. — Les *Pentamères* comprennent 22 familles, savoir : les CICINDÉLIDES, les CARABIDES ou CARABIQUES, les GYRINIDES, les DYTISCIDES, les HYDROPHILIDES, les STAPHYLINIDES ou BRACHÉLYTRES, les PSÉLAPHIDES, les SILPHIDES, les TRICHOPTÉRYGIDES, les HISTÉRIDES, les NITIDULIDES, les CUCULIDES, les COLYDIIDES, les CRYPTOPHAGIDES, les DERMESTIDES, les BYRRHIDES, les LAMELLICORNES, les BUPRESTIDES, les ÉLATÉRIDES, les MALACODERMES, les CLÉRIDES et les XYLOPHAGES.

Les *Hétéromères* se composent de 9 familles : les PIMÉLIDES, les TÉNÉBRIONIDES, les MÉLANDRYIDES, les PYROCHROIDES, les MORDELLIDES, les RHIPIPHORIDES, les MÉLOIDES ou CANTHARIDIENS ou CANTHARIDIENS et les ŒDÉMÉRIDES.

Les *Cryptopentamères* forment 5 familles : les BRUCHIDES, les CURCULIONIDES, les BOSTRICHIDES, les CÉRAMBYCIDES ou LONGICORNES et les CHRYSOMÉLIDES.

Quant aux *Cryptotétramères*, ils sont divisés en 2 familles : les ENDOMYCHIDES et les COCCINÉLIDES. Voy. tous ces noms de familles.

Paléont. — Les coléoptères ont été rencontrés dès les terrains secondaires, dans le lias de Schambelen, dans l'oolithe de Stonesfield, dans les schistes de Solenhofen. Mais c'est surtout dans les terrains tertiaires qu'on a trouvé leurs empreintes en grandes quantités. Oswald Heer, puis MM. Oustalet en France et Scudder en Amérique en ont fait connaître un nombre considérable d'espèces, différant peu des types actuels. Buckland avait décrit des coléoptères prétendus provenant des terrains carbonifères, mais on a reconnu qu'ils devaient être rangés parmi les arachnides. M. Charles Brongniart a décrit des perforations dans des bois silicifiés du terrain houiller et qu'il considéra comme ayant été faites par des coléoptères du genre *Hylesinus*; mais jusqu'ici aucune empreinte n'est venue confirmer cette opinion.

COLÉORAMPHE. s. m. (gr. κολεός, fourreau; ῥάμφος, bec). T. Ornith. Voy. CHIONIS.

COLÉORHIZE. s. f. (gr. κολεός, gaine; ῥίζα, racine). T. Bot. Sorte d'étui que l'on trouve à la base des jeunes racines des Monocotylédones. Voy. GRAINE.

COLÉORHIZÉ, ÉE. adj. T. Bot. Qui est muni d'une coléorhize.

COLÉOSPORE. s. m. (gr. κολεός, étui, et *spore*). T. Bot. Genre de Champignons parasites de la famille des *Urédinées*. Voy. ce mot.

COLÉOSPORIÉES. s. f. pl. (R. *coléospore*). T. Bot. Tribu de Champignons de la famille des *Urédinées*. Voy. ce mot.

COLÉOSTÉGNOSE. s. f. (gr. κολεός, gaine; στέγνωσις, rétrécissement). Rétrécissement du vagin. Inus.

COLÉRA. s. m. Fausse orthographe. Voy. Choléra.

COLÈRE. s. f. (gr. χολέρα, maladie noire; de χολή, bile). Mouvement désordonné de l'âme par lequel nous sommes vivement excités contre ce qui nous blesse. *Grande, violente c. Noble, sainte, juste c. Les effets de la c. Transport de c. Les premiers bouillons de la c. Entrer dans une grande c. Être en c. Se mettre en c. Réprimer, réfréner, calmer la c. de quelqu'un. Attirer sur soi la c. de quelqu'un. C'est la c. qui lui a fait dire ou faire cela.* — Fig., *La c. de Dieu, la c. du ciel.* || Se dit, dans un sens anal., en parlant des animaux. *La c. du lion. Le chien est en c.* || Fig., *La mer est en c.,* Elle est fort agitée.

« La colère, dit le chancelier Bacon, est une passion basse et qui dénote la faiblesse. C'est de quoi l'on peut se convaincre en considérant que les êtres les plus colériques sont les femmes, les enfants, les malades et les vieillards. » On a parfois, cependant, des motifs réels d'être entraîné à ce mouvement, provoqué par des causes déterminantes qui irritent à juste titre l'esprit le plus droit et le meilleur. Mais bien souvent la colère est l'indice de l'absence de bonnes raisons à opposer à l'attaque.

Syn. — *Courroux, Emportement.* — Ces trois mots désignent une émotion violente contre quelqu'un qui nous résiste, qui nous offense, etc.; mais la c. dit une passion plus intérieure et de plus de durée, qui dissimule quelquefois et dont il faut se défier. Le *courroux* enferme dans son idée quelque chose qui tient de la supériorité, et qui respire hautement la vengeance ou la punition : ce terme du reste est en général du style emphatique. L'*emportement* n'exprime qu'un mouvement extérieur qui éclate et fait beaucoup de bruit, mais qui passe promptement. Il n'est le plus souvent que la manifestation de la c.

COLÈRE. adj. 2 g. Qui est sujet à se mettre en c. *Un homme très c.*

Syn. — *Colérique.* — L'adjectif *colère* indique un caractère établi, une passion passée à l'état d'habitude. *Colérique* exprime seulement une disposition, une tendance. L'homme c. s'abandonne à sa passion sans mesure ou sans réserve; il a perdu tout empire sur elle. L'homme *colérique* y résiste : il peut même arriver que personne ne se doute de sa tendance à la colère.

COLÉRER (Se). v. pr. Se mettre en colère. Vx.
Ne te colère pas contre mon insolence.
　　　　　　　　　　　　　　　CORNEILLE.

COLERET ou **COLLERET**. s. m. (R. *collier*). T. Pêc. Filet à mailles étroites que l'on traîne dans les eaux peu profondes.

COLERIDGE (Samuel Taylor), poète anglais, auteur de *Ballades lyriques* (1772-1834).

COLÉRIQUE. adj. 2 g. Enclin à la colère. *Homme c.* Voy. Colère. || Fausse orthographe de *Cholérique.* Voy. ce mot.

COLET (Louise), femme de lettres française, née à Aix, a écrit de nombreux ouvrages pour la jeunesse (1808-1876).

COLETTA, historien italien (1776-1831).

COLETTE (Sainte), réformatrice de l'ordre de Sainte-Claire (1634-1681), fête le 6 mars.

COLETTE. s. f. Religieuse de sainte Claire, non cloîtrée.

COLÉUS. s. m. (gr. χολεὸς, gaine). T. Bot. Genre de plantes ornementales de la famille des *Labiées*. Voy. ce mot. Plusieurs sont fort remarquables par la belle coloration de leur feuillage.

COLI. s. m. Officier de police chinois. Voy. Colin.

COLIADE. s. f. T. Ent. Voy. Colias.

COLIART. s. m. T. Icht. Nom vulgaire d'une espèce de raie blanche. Voy. Raie.

COLIAS. s. m. T. Entom. Genre d'insectes lépidoptères diurnes de la famille des *Piérides*. Les ailes antérieures ont le bord arrondi, sont parcourues par onze nervures. La face supérieure varie du jaune orangé au blanc verdâtre; le bord est large, brun, noirâtre, souvent tacheté. Les ailes postérieures ont une tache médiane, jaune.

COLIBRI. s. m. T. Ornith. Les charmants oiseaux désignés communément sous le nom de *Colibris* et d'*Oiseaux-Mouches* appartiennent à l'ordre des *Passereaux* et à la section des *Ténuirostres*. Ils constituent une tribu fort nombreuse en espèces, qui a été érigée en famille sous le nom de *Trochilidés*. — Ces oiseaux ont pour caractères communs : bec plus long que la tête; les deux mandibules de même longueur : la supérieure élargie à la base, carénée en dessus, l'inférieure logée dans la supérieure; langue extensible, cylindrique à la base et bifide à l'extrémité; ailes étroites et très allongées; tarses très grêles et très courts; pieds impropres à la marche, à trois doigts devant et un derrière.

Les *Trochilidés*, à deux ou trois exceptions près, sont les plus petits de tous les oiseaux et ceux dont les formes sont le plus gracieuses. Ils ont toujours excité l'admiration par le luxe de leur plumage tout resplendissant de l'éclat des saphirs, des rubis et des émeraudes. Les Indiens, frappés de leurs magnifiques couleurs, les nommaient *Rayons* ou *Cheveux du soleil*. La forme de leurs ailes, jointe à la brièveté de l'humérus et au défaut d'échancrure du sternum, les rend propres au vol continu, comme les martinets, et leurs rectrices largement développées leur servent admirablement à se diriger dans les airs. Grâce à ces dispositions, ces oiseaux voltigent sans cesse avec un battement d'ailes si rapide qu'elles semblent immobiles. On les voit s'arrêter quelques instants près d'une fleur, la sonder avec leur langue effilée, puis partir comme un trait pour en chercher une autre, se jeter à droite, à gauche, par saccades aussi vives que brusques, s'arrêter, se retourner subitement, et déployer une activité vraiment merveilleuse. Leur voix est un cri aigu représenté par *tère, tère*. Ils ne chantent jamais, et quand ils volent, ils font entendre un bourdonnement semblable à celui des guêpes ou au ronflement du rouet. Ils vivent tantôt solitaires, tantôt réunis en grand nombre dans les lieux où se trouvent des arbres en fleur. Ils se retirent à l'ombre des forêts pendant la chaleur du jour, sans pour cela garder le repos, qui n'est pas dans leur nature active. Leur pétulance se traduit d'ailleurs dans toutes leurs actions : à la vue d'un obstacle, ils crient, s'acharnent et s'irritent. Dans leur dépit, ils déchirent les fleurs à coups de bec et dispersent au loin leurs pétales avec colère. En les voyant voler de fleur en fleur, et plonger leur petite langue au sein des corolles, on a cru longtemps que la substance mielleuse des nectaires était leur nourriture exclusive; mais on a trouvé dans leur gésier de petits coléoptères et même des araignées, et il est incontestable aujourd'hui que, si les petites espèces vivent plus spécialement du miel des fleurs, les grosses sont en outre insectivores. Les femelles font deux pontes par an, et pondent chaque fois deux œufs blancs, allongés, et à peu près de la grosseur d'un petit pois. Le nid destiné à les recevoir est gros comme une coquille de noix ou comme la moitié d'un œuf de poule. Il est fortement tissé, recouvert à l'extérieur de lichens, de mousses ou d'écorces, et à l'intérieur de filaments soyeux ou du duvet de l'asclépias. Il est attaché indifféremment à une branche d'arbre, à la tige d'une herbe sauvage, à une feuille d'ananas ou d'aloès. Le mâle et la femelle concourent ordinairement à la confection de leur nid. La mère couve alternativement avec le mâle pendant dix ou douze jours. Les petits, au sortir de l'œuf, sont gros comme des mouches. Ils sont nourris avec tendresse par leurs parents pendant une vingtaine de jours. La mère, d'après Dutertre, leur fait sucer sa langue couverte du suc emmiellé des fleurs. Le père et la mère les défendent courageusement contre d'autres oiseaux bien plus forts qu'eux, et ne s'inquiètent alors d'aucun péril. C'est ainsi qu'ils s'attachent aux pas de ceux qui leur enlèvent leurs petits, qu'ils s'établissent pour les nourrir dans les cages où ils sont enfermés, et on a même vu qui suivirent leur progéniture sur les vaisseaux et qui continuèrent leurs soins assidus pendant toute la traversée. Si les adultes brillent d'un plumage richement orné, les jeunes ont le plus souvent une livrée sombre, et c'est seulement vers la troisième année qu'ils acquièrent la parure qu'ils garderont toute leur vie. Les femelles ont aussi une livrée plus terne que les mâles et sont généralement plus petites.

Ces oiseaux ont des ennemis redoutables. Les reptiles, les petits mammifères grimpeurs leur font une guerre incessante; mais de tous leurs adversaires le plus dangereux est la grosse espèce d'araignée appelée *Mygale aviculaire*. Elle tend ses rets autour du nid de ces frêles oiseaux et les dévore, dit-on, eux, leurs œufs et leurs petits. Ces oiseaux se laissent facilement approcher : on peut les prendre en se plaçant dans un buisson fleuri, avec une verge enduite de glu, dont on les frappe lorsqu'ils bourdonnent près d'une fleur; mais cette méthode a l'inconvénient de gâter leur plumage. Le plus souvent on les étourdit en leur lançant du sable avec une sarbacane, ou du l'eau avec une seringue, ou bien encore on les chasse, comme les papillons, avec un filet de gaze verte. Mais l'on ne peut guère s'en emparer dans l'espoir de les conserver. Accoutumés à une vie active et vagabonde, ils ne peuvent supporter la captivité et ne tardent pas à succomber à l'ennui. Il est, en outre, fort difficile de leur donner une nourriture convenable. On est cependant parvenu à les conserver quelques mois en les nourrissant de sirop, de biscuit et de miel. Les Péruviens et les Mexicains savent composer, avec les plumes des trochilidés, des ornements dont on vante la fraîcheur et la délicatesse, et jadis les Indiennes portaient des pendants d'oreilles formés de leur corps desséchés.

Les *Trochilidés* comprennent plusieurs genres : le g. *Colibri* (*Trochilus*), le g. *Oiseau-Mouche* (*Ornismya*) ; le premier est caractérisé par son bec arqué, tandis que le second a le bec droit. Les oiseaux-mouches sont en général plus petits que les colibris. — Ces deux genres sont exclusivement propres au nouveau monde. Les colibris proprement dits paraissent craindre davantage le froid : ils habitent le Brésil, la Guyane, la partie septentrionale du Paraguay et les Antilles. Les oiseaux-mouches ont une distribution géographique moins restreinte. On les rencontre au nord jusqu'à la Nouvelle-Écosse, et au sud jusqu'au détroit de Magellan. Quelques espèces même paraissent avoir l'habitude des migrations. — Nous citerons comme type du genre c. l'une des espèces les plus remarquables par l'éclat de son plumage. C'est le *C.-Topaze* (*Troch. pella*) [Fig. 1], dont le corps est marron pourpré, la tête noire, et dont la gorge jaune topaze chan-

Fig. 1.

géant en vert est encadrée de noir. Il a 16 centim. de longueur depuis la pointe du bec jusqu'à l'extrémité de la queue, sans y comprendre les deux longs brins. Le croisement de ces brins a fait aussi donner à cette espèce le nom de *C. à queue fourchue*. Cet oiseau habite la Guyane française, dans le voisinage des fleuves et des rivières.

Dans le genre *Oiseau-Mouche*, nous mentionnerons les

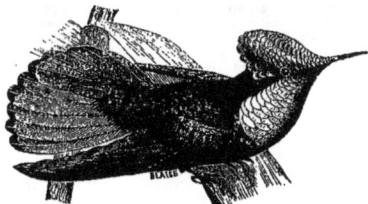

Fig. 2.

espèces suivantes : l'*Ois.-M. géant* (*Orn. gigantea*) est ainsi nommé parce que sa taille atteint celle d'une hirondelle de cheminée. Le *plus petit des Oiseaux-Mouches* (*Orn. minima*) est de la grosseur d'une abeille et d'un beau gris violet. Le *Rubis-Topaze* (*Orn. moschita*) [Fig. 2] est très commun au Brésil et à la Guyane. Son corps est brun; mais

le dessus de sa tête éclate comme un rubis, et sa gorge brille du plus beau jaune de topaze. L'*Ois.-M. Huppe-Col* (*Orn. ornata*) [Fig. 3] est l'une des plus petites espèces du genre. Il a le dos brun, son ventre présente quelques reflets dorés ; sa tête porte une longue huppe d'un beau rouge ; enfin, de chaque côté de son cou, il y a quatorze plumes longues et rousses, vertes seulement à leur extrémité, et qu'il étale comme des panaches. Cette petite espèce se trouve à Cayenne.

Nous rapprocherons des colibris le genre *Soui-Manga* (*Cinnyris*) qui offre les plus grandes analogies avec eux, et que l'on peut considérer comme représentant dans l'ancien continent la famille des Trochilidés, car il habite l'Afrique, l'Inde et le grand archipel Indien. Les soui-mangas ont le bec long et très grêle (tantôt droit et tantôt arqué), avec le bord des deux mandibules finement dentelé en scie, leur langue, qui peut s'allonger hors du bec, se termine en une

Fig. 3.

petite fourche. Ce sont aussi de petits oiseaux dont les mâles, au temps des amours, brillent de couleurs métalliques et approchent de l'éclat des colibris. Ils vivent sur les fleurs dont ils pompent le suc ; leur naturel est gai et leur chant assez agréable. Leur beauté en a fait apporter beaucoup dans nos cabinets zoologiques ; mais le plumage des femelles et celui des mâles hors la saison des amours étant tout différent de leur plumage brillant, on a peine, dit Cuvier, à bien caractériser les espèces. Nous donnons ici comme type du genre le *Soui-Manga à poitrine rouge* (*Cin. senegalensis*) [Fig. 4]. Il a 12 centim. de longueur. Un vert doré éclatant couvre le

Fig. 4.

sommet de la tête et le gosier ; la gorge et la poitrine sont variées de bleu, de violet, de vert et de rouge, changeant en brun ou en rouge uniforme, suivant les reflets de la lumière. Un brun vineux velouté colore le reste du corps.

COLICITANT, ANTE. s. (lat. *cum*, avec; *licitans*, qui enchérit). T. Prat. Se dit de deux ou plusieurs cohéritiers ou copropriétaires au nom desquels se fait une vente par licitation. N'est guère usité qu'au pluriel.

COLIFICHET. s. m. (R. *coller* et *ficher*, ce qui est le premier sens du mot ; *colifichet*, sign. autrefois un petit morceau de papier découpé qu'on collait sur du drap, du velours, etc.). Babiole, bagatelle, petit objet de fantaisie, sans utilité réelle. || Ajustement de femmes qui ne sert qu'à la parure. || Petit ornement non motivé et qui ne convient point au lieu où il est placé. *Cette église est surchargée de colifichets.* — Fig., Tout ornement placé mal à propos dans quelque ouvrage d'esprit. *Cette pièce est pleine de traits d'esprit, mais ce ne sont que des colifichets.* — Par anal., se dit des ornements du chant, lorsqu'ils sont mal placés ou trop répétés. || Sorte de pâtisserie sèche et légère, faite sans beurre et sans sel, qu'on donne à manger aux oiseaux. || T. Monnaie. Petite machine dont se servaient les ajusteurs pour réduire les espèces au poids légal. || T. Techn. Petite pièce du bâti d'un parquet.

COLIGNY, ch.-l. de c. (Ain), arr. de Bourg; 1,700 hab.

COLIGNY (GASPARD DE), amiral de France, se couvrit de gloire au malheureux siège de Saint-Quentin (1557); chef du parti des calvinistes, fut assassiné à la Saint-Barthélemy (1517-1572). || COLIGNY (ODET DE), dit le cardinal de Châtillon, frère du précédent, embrassa la Réforme (1515-1571).

COLIMA, v. du Mexique, ch.-l. de dép., 31,000 hab. sur le grand Océan.

COLIMAÇON. s. m. (R. *limaçon*, avec une particule *co* qui no paraît pas avoir de sens). T. Zool. Voy. LIMAÇON. *J'ai coupé la tête à des colimaçons*, dit Voltaire, *et cette tête est revenue au bout de quinze jours.* || Fig. Rampe, escalier tournant en hélice.

COLIN. s. m. (R. *Colin*, abrév. de *Nicolas*, nom d'homme donné à un animal). T. Ornith. Oiseau du genre *Perdrix* || T. Icht. Nom vulgaire d'un poisson du genre *Gade*, nommé aussi *Merlan noir*, *Morue noire* et *Charbonnier*. Voy. GADOÏDES. || T. Théâtre. Berger jeune et amoureux. *Cet acteur joue les colins.*

Ornith. — Les *Colins* (*Ortyx*) forment la troisième tribu du grand genre *Perdrix* ou de la famille des *Perdicinées*. Ces oiseaux sont les représentants des perdrix et des cailles dans le nouveau continent. Leurs caractères sont : bec gros et court, bombé et plus haut que large; tête entièrement emplumée; tarses lisses; queue en général plus longue que chez les perdrix propres. — Cette tribu peut se diviser en deux groupes, selon que la tête de l'oiseau est pourvue ou dépourvue d'ornements. Dans le premier, nous citerons le *C. de Sonnini*, qui habite l'Amérique méridionale; le *C. Zonécolin*, décrit par Buffon sous le nom de *Caille huppée du Mexique*, qui se trouve dans ce pays et dans le Guyano; le *C. peint* et le *C. à grande queue du Mexique*; le *C. de Douglas*, le *C. coquet* et le *C. à aigrette*, qui tous trois habitent la Californie. Ce dernier est le type du genre *Lophortyx* établi par le prince Ch. Bonaparte. Il est de la taille d'une perdrix. Il a la gorge noire encadrée de blanc, les côtés du cou perlés, le ventre et les flancs maillés de noir et de bleu; sa huppe est formée de plumes noires recourbées. — Le second groupe comprend le *C. tocro*, appelé aussi *Perdrix de la Guyane*, le *C. de Virginie* ou *Perdrix boréale* de Vieillot, et le *C. des Malouines*. Le tocro se distingue par son bec robuste dont la mandibule supérieure est munie à son milieu de deux fortes dents. Le *C. de Virginie* est extrêmement répandu dans tout le territoire des États-Unis. Depuis une vingtaine d'années, il a été acclimaté en Angleterre où il vit et se multiplie en liberté. Il ne serait pas d'une grande difficulté de naturaliser en France cet oiseau, non plus que les élégantes espèces propres à la Californie. — Les colins ont en général les mœurs et les habitudes des perdrix. Cependant, lorsqu'ils sont trop vivement poursuivis, ils cherchent leur sûreté sur les arbres, où ils se blottissent et restent immobiles, perchés sur les plus grosses branches. Quand ils ont été dispersés, ils se rappellent comme les cailles et les perdrix. Le *C. de Virginie* fait alors entendre une espèce de sifflement que Vieillot exprime par les syllabes *ho-oui*. Cette espèce est très recherchée aux États-Unis comme gibier, et on la chasse activement. Voy. PERDRIX.

COLIN-MAILLARD. s. m. Sorte de jeu où l'un des joueurs que l'on appelle c.-m., a les yeux bandés et poursuit les autres à tâtons, jusqu'à ce qu'il en ait saisi un dont il est obligé de dire le nom, sans défaire son bandeau, et qui alors prend sa place. *Jouer à c.-m.*, *au c.-m.* *Les jeunes filles connaissent les supercheries du c.-m.* (GEORGE SAND). Le jeu de c.-m. a, dit-on, été ainsi nommé par allusion à un guerrier appelé Colin et surnommé Maillard à cause du maillet qui était son arme; dans une bataille, Colin, ayant eu les yeux

crevés, se fit guider par ses écuyers et n'en continua pas moins de combattre.

COLINS (JEAN-GUILLAUME-CÉSAR-ALEXANDRE-HIPPOLYTE, baron de), philosophe socialiste né à Bruxelles (1783-1859).

COLIN-TAMPON. s. m. (R. *Colin*, nom d'homme, et *tampon*). Batterie des tambours suisses de l'ancienne garde. Expression fam. et pop. qui se dit de quelque chose dont on ne fait aucun cas. *Je m'en soucie comme de Colin-Tampon.*

COLIOU. s. m. T. Ornith. — Les oiseaux ainsi nommés forment un genre bien limité qui appartient à l'ordre des *Grimpeurs*, famille des *Musophagides*. Ses caractères sont : Bec court, épais, conique, un peu comprimé, à mandibule supérieure un peu arquée, couvrant les bords de l'inférieure, qui est plus courte et droite; tarses nus et annelés; doigts totalement séparés, pouce court; ongles très arqués, le postérieur le plus court de tous; ailes courtes; queue très longue, conique et à douze pennes.

Les Colious (*Colius*) sont exclusivement propres à l'Afrique. On les trouve depuis le Cap jusqu'au Sénégal, et même en Abyssinie. Ils ont des plumes fines et soyeuses à teintes généralement cendrées. Leur tête est ornée d'une huppe. Ils sont de la grosseur du bruant, mais d'une forme plus allongée. Ils aiment à vivre en société : ils se divisent en petites troupes de 15 à 20, nichent ensemble dans les mêmes buissons, et y dorment pressés les uns contre les autres. Il paraît que leur sommeil ils se tiennent suspendus la tête en bas. Leur marche est fort lente; ils se traînent en quelque sorte sur le ventre; ils grimpent avec difficulté, la tête en bas,

avec leurs deux pieds successivement en s'aidant du bec, à la manière des perroquets; leur vol est lourd et peu soutenu. Leur voix est un cri monotone et triste qu'ils répètent plusieurs fois de suite. Leur nourriture consiste en bourgeons, en fruits et en pousses de graines potagères : aussi sont-ils le fléau des jardins dans les lieux habités. En revanche, ils sont bien fournis en chair et très bons à manger. — Ce genre comprend six espèces, dont le type est le *C. à dos blanc* (*C. leuconothus*) (Fig. ci-dessus). Cet oiseau a 17 centim. de longueur depuis le bout du bec jusqu'à celui de la queue; sa huppe est très rabattue; il a le cou, les scapulaires, les couvertures des ailes et de la queue gris perlé avec une teinte vineuse sur la poitrine; il a le ventre d'un blanc rougeâtre; mais ce qui le distingue surtout, c'est une bande blanche sur un fond noirâtre qui s'étend depuis le milieu du dos jusqu'au croupion. Il forme des troupes nombreuses dans la Cafrerie et aux environs du Cap.

COLIQUE. s. f. (gr. κῶλον, bas-ventre). T. Méd. Se dit de toute douleur plus ou moins vive qui a son siège dans la cavité abdominale, et qui redouble par intervalles.

Pathol. — I. Ainsi que l'exprime la définition ci-dessus, le terme C., malgré son étymologie, ne s'applique pas seulement à une douleur qui a son siège dans l'intestin côlon; il se dit encore des douleurs qui affectent les autres viscères contenus dans l'abdomen. Ainsi, on appelle *C. d'estomac*, celle qui a son siège dans cet organe (voy. GASTRALGIE); *C. hépatique*, celle qui a son siège à la région du foie, et principalement vers la vésicule biliaire (voy. FOIE); *C. néphrétique*, celle dont la cause réside dans les reins ou dans les canaux excréteurs (voy. REIN); *C. utérine*, celle dont l'organe utérin est le siège. Voy. UTÉRUS.

II. Quant aux coliques qui ont leur siège dans le tube intestinal lui-même, on les distingue en *Coliques symptomatiques* et en *Coliques idiopathiques*. Au nombre des premières nous nommerons la *C. inflammatoire*, qui est un des phénomènes constants de l'entérite ou de la colite, c.-à-d. de la phlegmasie de l'intestin grêle ou du côlon (voy. INTESTIN); la *C. vermineuse*, qui est causée par la présence d'helminthes ou vers dans les intestins; la *C. de miséréré*, autrement appelée *iléus*, mais qui doit son nom vulgaire aux angoisses extrêmes que le malade éprouve; la *C. stercorale*, qu'on attribue à la rétention des matières fécales dans les intestins, rétention qui peut elle-même dépendre de la même cause que les douleurs de c.; la *C. bilieuse*, ainsi nommée parce qu'on l'attribuait jadis à la surabondance de la bile, mais qui est simplement l'une des formes de l'entérite; la *C. hémorroïdale*, qui est causée par la suppression du flux hémorroïdal et la métastase de la congestion sanguine sur l'intestin (voy. HÉMORROÏDES); la *C. menstruelle*, qui est due à une congestion sanguine intestinale, et qui tantôt précède ou accompagne l'évacuation menstruelle, tantôt résulte de la suppression de cette évacuation (voy. MENSTRUATION); la *C. métallique*, appelée encore *C. des peintres*, *C. de plomb*, *C. saturnine*, qui est l'un des phénomènes caractéristiques de l'intoxication par le plomb (voy. PLOMB); la *C. de cuivre*, qui résulte de l'intoxication par le cuivre. Cette dernière reçoit aussi le nom de *C. métallique*. Voy. CUIVRE. Enfin, la c. se montre comme phénomène constant dans la péritonite, dans le choléra, dans la fièvre jaune, etc.

III. La *C. idiopathique* ou *essentielle* est dite encore *C. nerveuse*, *spasmodique* ou *convulsive*. Cette affection devient d'autant plus rare que le diagnostic devient plus précis, et que le médecin met plus de soin à explorer toutes les fonctions et tous les organes. La c. spasmodique survient quelquefois sans cause connue; parfois elle est produite par une vive émotion de plaisir ou de peine. Plus fréquemment, disent les auteurs, elle succède à l'impression du froid ou à la suppression d'une évacuation accoutumée; mais alors comment qualifier de nerveuse une c. qui est nécessairement précédée d'une congestion vers l'intestin? — L'invasion est en général soudaine; la douleur est intense et s'accompagne de contractions spasmodiques des parois abdominales, de borborygmes, parfois de vomissements, de constipation et d'anxiété générale. La pâleur de la face, l'altération de la physionomie, l'anxiété morale et physique, la petitesse et parfois l'inégalité du pouls, les sueurs froides et même les défaillances sont les principaux symptômes qui accompagnent la douleur. — La durée de cette affection est ordinairement courte, d'une à quelques heures seulement. Sa terminaison est toujours heureuse; néanmoins les secours de l'art ne sont pas inutiles, ne fût-ce que pour abréger et diminuer les souffrances du malade. — Les moyens usités en pareil cas sont les narcotiques et les antispasmodiques combinés, les boissons légèrement aromatiques et les bains. — La *C. flatulente* ou *venteuse* nous paraît n'être qu'une forme particulière de la c. idiopathique : ce qui la caractérise, c'est le développement des gaz dans le tube intestinal. On lui oppose habituellement les substances dites carminatives (menthe, badiane).

IV. On désigne sous le nom de *Coliques végétales* des affections longtemps fort mal déterminées, qui présentent pour symptôme principal des douleurs intestinales d'une grande intensité. Cette catégorie comprend la *C. de Madrid*, dite aussi *C. d'Espagne* et *Mal de Galice*, et la *C. de Poitou*. Toutes ces coliques sont aujourd'hui rangées parmi les cas de saturnisme épidémique : ce sont des *coliques de plomb* méconnues jusqu'au jour où l'on sut apprécier les dangers protéiformes de ce métal, « qui nous entoure de toute part, et nous enveloppe, pour ainsi dire, d'un danger permanent » (MONN. *Hyg. du Travail*.)

Méd. vét. — Chez nos mammifères domestiques les coliques priment, pour ainsi dire, presque toutes les autres maladies par leur fréquence et par la gravité des complications. C'est le cheval qui en est surtout atteint. — Chez le cheval les coliques sont dues aux causes suivantes : la disposition anatomique de l'estomac qui rend le vomissement presque impossible, et celle de l'intestin dont la grande mobilité favorise les changements de place des viscères abdominaux et l'accumulation des matières alimentaires dans les différentes portions du tube intestinal, dans la sensibilité exquise des filets terminaux des nerfs viscéraux. Ce sont là des causes prédisposantes; mais les causes efficientes sont : 1° le *froid* sous forme de température humide, au moment de la mue ou après des courses vives, l'ingestion de boissons, d'aliments gelés. Les chevaux bien soignés y sont les plus exposés; 2° la *surcharge alimentaire*, par l'alimentation trop rapide, grossière et lourde : seigle, paille hachée menu, foin et avoine de l'année, pommes de terre crues, travail aussitôt après l'alimentation. Elle peut se compliquer de : *a*) vomissements de matière verdâtre par le nez ou la bouche, avec sueur et tremblement; ce signe indique une surcharge excessive; *b*) rupture de l'estomac et de l'intestin, avec syncope, cessation des coliques, température et sueurs froides, tous symptômes de rupture viscérale. La mort est la terminaison ordinaire, elle survient rapidement ou au bout de trois ou quatre jours; *c*) rupture du diaphragme due à la distension stomacale, avec dyspnée intense et agitations violentes, toux abortive; si l'intestin a pénétré dans le thorax, la percussion donne une sonorité exagérée, et l'auscultation fait percevoir des borborygmes à la place du murmure doux de la respiration. La mort est rapide par asphyxie. Si la rupture est petite, la mort n'a lieu qu'après un certain temps; 3° les aliments altérés par la vase, les poussières et les moisissures; 4° la production abondante des gaz ou météorisation stomacale et intestinale par les aliments trop fermentescibles : grains nouveaux, fourrages verts, herbe humide des prairies, luzerne, sainfoin, trèfle rouge, navets, etc., suivis de l'absorption d'une trop grande quantité d'eau. Dans les coliques ainsi produites le ballonnement est rapide; surviennent : l'anxiété, les palpitations du cœur, et le malade meurt s'il n'a pas évacué ses gaz; 5° l'occlusion intestinale amenée elle-même par différentes causes : *a*) durcissement des matières accumulées dans le gros intestin. Cet accident se produit quand l'alimentation est faite de substances pauvres en éléments nutritifs (fourrages ligneux), de paille hachée courte, d'aliments secs (farine, avoine concassée, son); d'aliments peu excitants et aussi quand l'inaction est prolongée ou qu'il y a parésie ou paralysie de l'intestin. Souvent, les tout jeunes poulains présentent des coliques dues à l'accumulation des matières fécales dans l'intestin; *b*) calculs et concrétions dans l'estomac et l'intestin (sable et terre avalés par mégarde ou grâce aux aliments donnés, ou par inanition provoquant à elle seule des coliques (chevaux en campagne) ou par tic (voy. *Calculs intestinaux*); *c*) vers intestinaux, en amas ou pelotes (vers ronds, ténias (voy. *Helminthiase intestinale* vét.); *d*) les changements de rapports de l'intestin : *Torsion* ou *Volvulus*, *Invagination*, *Étranglements* (voy. ces mots); *e*) les rétrécissements cicatriciels ou par néoformation.

Symptômes en général. — Leur apparition est brusque le plus souvent. Les chevaux atteints de coliques pendant l'action ralentissent le pas, chancellent, sont inquiets et se couchent à terre si on ne les empêche pas; au repos, ils s'agitent, trépignent, regardent le flanc, portent les membres postérieurs contre le ventre, et après quelques mouvements qui ont pour signification la douleur, se couchent avec précaution en fléchissant les membres antérieurs et portant les postérieurs sous eux. Quelquefois ils se relèvent pour se recoucher; tantôt ils sont somnolents, abattus; tantôt ils ont des mouvements violents; quand les douleurs cessent, l'animal se remet debout et cherche à manger; puis il recommence à s'agiter, se tourmente dès que les douleurs reparaissent. La température du corps est irrégulière, les extrémités sont refroidies, il y a des sueurs froides ou chaudes, le ventre est souvent ballonné, les mouvements et les bruits intestinaux sont abolis; quelquefois on entend des bruits à timbre métallique. La défécation est rare, il y a même légère constipation. Le crottin est dur, sec, couvert de mucus ou d'un enduit sanguinolent. Les gaz s'échappent par le rectum. L'urine n'est émise qu'en petite quantité, et chaque fois que l'animal se campe, ce qui est fréquent, elle est claire ou colorée et peut contenir des sédiments ou des calculs (fausses coliques par lithiase rénale). La respiration est anxieuse et le pouls est rapide et petit. Quand les coliques sont très douloureuses, les animaux ont des mouvements d'une extrême violence, accès rabiformes, et des attitudes bizarres : à genoux, en sphinx, en chien assis; puis, épuisés par leur agitation, la douleur et aussi les désordres dus à la cause des coliques, ils se calment, sont plongés dans la plus profonde prostration; la température s'abaisse, le pouls et la respiration deviennent de moins en moins perceptibles et les animaux meurent. La marche est d'ordinaire suraiguë, elle dure de quelques minutes à plusieurs heures. Quand la durée des coliques dépasse 24 à 36 heures, elles ont le plus souvent une issue fatale. Mais les coliques chroniques ne sont pas rares, surtout celles de constipation, qui peuvent durer plusieurs jours et même plusieurs semaines avec des rémissions. Les complications les plus fréquentes des coliques sont les différents traumatismes amenés par la violence des mouvements, et les accidents dus à l'administration des breuvages ou à l'exploration rectale. Vu la gravité des coliques, la mortalité par c. étant de 40 p. 100 de la mortalité générale, on doit être très réservé sur leur terminaison. Quand celle-ci doit être favorable, la douleur diminue, la température du corps devient régulière, la fièvre diminue, il y a émission abondante de matières et de gaz, avec réapparition des mouvements intestinaux. En même temps toute l'attitude du cheval reprend peu à peu son aspect normal.—Le *diagnostic* de la cause des coliques est très difficile; souvent on ne fait que celui des coliques qui est assez simple, bien qu'on ne puisse confondre les coliques vraies avec la douleur de la grossesse, de la rétention d'urine, de la cystite, des changements de position de l'utérus, des hernies étranglées, de la péritonite, de la néphrite, de l'hépatite, etc. Il ne faut pas oublier que les coliques guérissent souvent sans aucune intervention, ce qui ne veut pas dire que le vétérinaire soit inutile; au contraire, *pour tout cheval atteint de c., même légère, il faut appeler le vétérinaire* qui saura à quel genre de c. on a affaire, et traitera en conséquence. Cependant, il faut placer le cheval sur une bonne litière dans un espace clos, spacieux, aménagé de façon à éviter les traumatismes graves, si l'animal vient à avoir des mouvements désordonnés, lui faire des frictions sèches avec un bouchon de paille sur le ventre, le promener au pas si le temps le permet et pendant les coliques chroniques surtout. Les coliques devenant plus vives, on lui fait des frictions d'essence de térébenthine sur les reins, les épaules, la croupe. Le vétérinaire fait l'exploration rectale, tant pour retirer à l'aide d'une cuillère *ad hoc* les matières concrétées, les calculs, etc., que pour reconnaître la cause des coliques. Il administre des lavements d'eau froide ou savonneuse; si les mouvements sont violents, une injection sous-cutanée de morphine les calme; une saignée assez copieuse est quelquefois utile; on donne le sulfate de soude, l'aloès, le calomel, l'huile de ricin, l'émétique sous forme de bol et d'électuaire présentant moins de danger d'asphyxie par corps étranger. Quand les coliques ont cessé, il faut laisser l'animal quelques jours au repos, avec alimentation légère et rafraichissante. Il faut maintenant recommander les mesures propres à éviter le plus possible les coliques chez le cheval. Les fourrages ne doivent être consommés qu'après avoir *jeté leur feu*; on ne donnera au cheval l'avoine nouvelle que graduellement et mélangée aux barbotages; on ne fera pas boire le cheval après une longue course, et les fourrages noircis ou moisis seront arrosés d'eau salée.

Le bœuf, le porc, le chien ont aussi des coliques. Celles du bœuf sont dues principalement à l'invagination et à l'étranglement de l'intestin; celui-ci survenant surtout après la castration. Elles sont mortelles d'ordinaire. Les coliques bénignes se traitent comme celles du cheval. Voy. MÉTÉORISATION. — Le chien a des coliques par surcharge alimentaire, de même que le porc, et aussi par corps étranger, par invagination, etc. On calme les coliques du chien avec une potion gommeuse au laudanum et on les fait cesser avec des lavements. Si la c. est due à une invagination, le mieux est de la réduire après laparotomie.

COLIQUE. adj. 2 g. (R. *côlon*). T. Anat. Qui a rapport à côlon.

COLIQUIDATEUR. s. m. (R. *co*, préf., et *liquidateur*). T. Jurisp. Personne associée à une autre pour opérer une liquidation.

COLIR ou **COLI.** s. m. Officier de la Chine, qui est une sorte de censeur universel, et qui a le droit d'entrer dans les maisons pour s'instruire de ce qui s'y passe.

COLIS. s. m. [Pr. *koli*]. T. Comm. Caisse, balle de marchandises, ballot. *J'ai expédié aujourd'hui vingt colis.* || *Colis postal*, Petit colis transporté par les chemins de fer en grande vitesse sous le contrôle de l'administration des postes. Le service des colis postaux existe en France depuis 1881. Ces colis ne doivent pas peser plus de 3 ou de 5 kilogrammes. Ils doivent être déposés dans une gare de chemin de fer. Le prix uniforme pour toute la France est de 0f,60 ou 0f,85, pour les colis pesant jusqu'à 3 kilogr. inclusivement, et de 0f,80 ou 1f,05 pour les colis de 3 à 5 kilogr. suivant que le colis est livrable en gare ou à domicile. La perte ou l'avarie donne lieu à une indemnité qui ne peut dépasser 15 francs. Il existe aussi un service de colis postaux entre la France et les pays étrangers.

COLISA. s. m. T. Icht. Genre de poissons pharyngiens, qui

habitent les eaux douces du Gange. Une curieuse espèce, le c. arc-en-ciel, a pu être acclimaté dans nos aquariums. Le mâle construit un nid dans lequel il couve les œufs.

COLISÉE. s. m. Ancien amphithéâtre romain dont il reste des ruines grandioses. Son nom paraît avoir pour origine ses dimensions colossales. Voy. AMPHITHÉÂTRE. || Nom donné à d'anciens monuments, qui sont des théâtres ou des amphithéâtres.

COLISSE. s. f. Chacune des mailles entre lesquelles passent les fils de la chaîne d'une étoffe.

COLITE. s. f. T. Méd. Inflammation de l'intestin côlon.

COLITIGANT, ANTE. adj. T. Jurisp. *Parties colitigantes,* Parties qui plaident l'une contre l'autre.

COLLABORATEUR, TRICE. s. [Pr. *kol-la...*] (lat. *cum*, avec; *laborare*, travailler). Celui, celle qui travaille de concert avec un autre, qui l'aide dans ses fonctions, dans l'exercice de son emploi. || Se dit le plus souvent en parlant des œuvres littéraires. *Il a deux collaborateurs. Une collaboratrice.*

COLLABORATION. s. f. [Pr. *kol-la-bora-sion*]. Action de collaborer, de travailler ensemble, en commun, à une même œuvre. Ne se dit guère que des œuvres littéraires. *Il n'écrit qu'en c. avec un tel. Il a touché mille francs pour sa part de c.* || T. Jurisp. Travaux communs au mari et à la femme.

COLLABORER. v. n. [Pr. *kol-la-borer*] (lat. *cum*, avec; *laborare*, travailler). Travailler plusieurs à un ouvrage d'esprit.

COLLADON (DANIEL), savant suisse (1802-1892).

COLLAGE. s. m. [Pr. *kolage*]. Action de coller, de faire adhérer plusieurs objets à l'aide d'une colle. || T. Papeterie. Incorporation de colle ou d'autre matière dans la substance du papier pour l'empêcher d'absorber l'encre. Voy. PAPIER. || L'action de coller du papier de tenture dans les appartements. || *Collage des liquides*, Clarification du vin et des autres liquides à l'aide de colle de poisson ou de blanc d'œuf. Voy. CLARIFICATION.

COLLAGÈNE. adj. 2 g. [Pr. *kol-lagène*] (gr. κόλλα, colle; γεννάω, je produis). T. Chim. On a donné le nom de *matières collagènes* à des principes azotés insolubles que l'eau bouillante transforme lentement en corps solubles possédant l'aspect et les propriétés de la gélatine. Les substances collagènes sont très analogues aux albuminoïdes, avec lesquels on les a souvent confondues; elles en diffèrent néanmoins par leur composition. On ne les a rencontrées jusqu'ici que dans le règne animal. Les principales sont l'osséine contenue dans les os, le chondrogène des cartilages, l'épidermose de la peau; une ébullition prolongée avec l'eau transforme ces matières en gélatine ou en chondrine.

COLLANT, ANTE. adj. [Pr. *kolan*]. Qui colle. S'emploie surtout dans la loc., *Pantalon c.* Pantalon fort juste qui dessine les formes.

COLLAPSUS. s. m. [Pr. *kol-lap-suss*] (lat. *collabi*, tomber). T. Méd. On désigne en général sous ce nom une diminution subite et générale de l'énergie du système nerveux et de toutes les fonctions qui en dépendent. Le c. ne diffère guère de l'adynamie que par la promptitude avec laquelle il survient.

COLLATAIRE. s. m. [Pr. *kol-la...*] (R. *collation*). Celui à qui on a conféré un bénéfice.

COLLATÉRAL, ALE. adj. [Pr. *kol-la...*] (lat. *cum*, avec ; *latus, lateris*, côté). T. Jurisp. N'est guère d'usage qu'en parlant de parenté et de succession hors de la ligne droite, soit descendante, soit ascendante. *Parents collatéraux*, Les oncles, les frères, les sœurs, les cousins germains, etc. *Ligne collatérale*, Celle que forment les parents collatéraux. — *Succession collatérale*, Celle qu'on recueille d'un parent en ligne collatérale. On dit de même, *Héritier c.*, Celui qui hérite d'un parent en ligne collatérale. || T. Archit. *Nef collatérale*, Nef des bas-côtés d'une église. || T. Géogr. *Points collatéraux*, Les points qui sont au milieu de deux points cardinaux.

Le nord-est, le nord-ouest, le sud-est et le sud-ouest, sont les quatre points collatéraux. == COLLATÉRAL. s. m. Parent c. *Il n'a que des collatéraux pour héritiers.*

COLLATÉRALITÉ. s . f. [Pr. kol-la...]. Qualité de ce qui est collatéral.

COLLATEUR. s. m. [Pr. kol-la...]. Celui qui a droit de conférer un bénéfice. — *C. ordinaire*, ou simplem., *Ordinaire*, Celui qui de droit commun conférait le bénéfice.

COLLATIF, IVE. adj. [Pr. kol-la...]. Qui se confère. N'est usité qu'en matières bénéficiales. *Bénéfice c. Dignité collative.*

COLLATIN, l'une des sept collines de Rome.

COLLATIN (LUCIUS TARQUINIUS), petit-neveu de Tarquin l'Ancien, époux de Lucrèce, consul avec Brutus, en 509 av. J.-C.

COLLATION. s. f. [Pr. kol-la-sion] (lat. *collatio*; de *conferre*, accorder). Droit de conférer un bénéfice. Lettres par lesquelles le collateur conférait le bénéfice. || *C. des grades*, Action d'une faculté qui confère les grades de bachelier, licencié, docteur, etc., à ceux qui en ont été reconnus dignes après examen. || Action par laquelle on compare la copie d'un écrit avec l'original, ou deux écrits ensemble, pour s'assurer de leur conformité. *J'ai fait la c. de cette copie avec l'original, sur l'original.*

COLLATION. s. f. [Pr. ko-la-sion] (lat. *collatio*, conférence). Repas léger que les catholiques font les jours de jeûne, au lieu de souper. *Faire c. Ce repas est nommé c. parce que, dans les monastères, on lisait pendant ce temps les conférences* (collationes) *des saints Pères.* || Tout repas fait dans l'après-dîner ou la nuit. *Il y a eu bal et c.*

COLLATIONNER. v. a. [Pr. kol-la-sio-ner]. Conférer un écrit avec son original, ou conférer deux écrits ensemble, afin de vérifier s'il y a quelque chose de plus ou de moins dans l'un que dans l'autre. *C. sur l'original, à l'original. C. sur les registres.* || T. Librairie. Examiner un livre feuillet par feuillet. Voy. BROCHAGE. || T. Télégr. *C. une dépêche*, La répéter pour s'assurer qu'il n'y a pas de fausse interprétation. == COLLATIONNÉ, ÉE. *Copie collationnée à l'original. Extrait c.* On met au bas de certains actes, *Collationné à l'original par...*

COLLATIONNER. v. n. [Pr. ko-la-sio-ner]. Faire le repas qu'on appelle collation.

COLLE. s. f. [Pr. kole] (lat. *colla*, m. s.). Matière gluante et tenace dont on se sert pour joindre deux choses et pour faire qu'elles tiennent ensemble. — *Chambre de c.*, Atelier où se font les opérations du collage du papier à la main. || T. Pop. Bourde, menterie, controuvée à plaisir. *Voilà une bonne c. Il lui a donné une c.* || Dans l'argot des écoles, interrogation faite par un professeur à un élève pour juger sa force, ou question spécieuse et délicate faite pour juger sa sagacité.

Techn. — On peut répartir les diverses colles qu'emploie l'industrie en trois catégories : les colles formées de matières animales, mais presque exclusivement composées de gélatine, les colles d'origine végétale et les matières collantes diverses.

I. *Colles d'origine animale.* — Elles comprennent la c. forte, avec ses diverses variétés, et la *c. de poisson* ou *Ichtyocolle*.

Colle forte. — On peut obtenir de la c. forte avec tous les tissus d'animaux qui renferment de la gélatine. On emploie surtout les os et les peaux : rognures des mégissiers et des tanneurs, peaux de lapin et de lièvre épilées et même les tendons et les intestins des bœufs et des chevaux, etc. — Les colles bien fabriquées sont peu ou point colorées, assez claires, à cassure conchoïde. Leurs feuilles ont les bords un peu dentelés; plongées dans l'eau froide, elles gonflent beaucoup sans se dissoudre. — La fabrication de la c. au moyen des os peut s'opérer par deux procédés : le premier qui remonte à Papin, consiste à soumettre les os en vase clos à l'action de la vapeur d'eau à haute pression; il a été perfectionné par d'Auch, qui l'a rendu pratique en substituant à la marmite de Papin un appareil où la vapeur est produite par un générateur indépendant. Ce procédé ne donne que des colles de qualité infé-

rieure solubles dans l'eau froide. Au contraire, la méthode imaginée par d'Auch fournit le meilleur de toutes les colles fortes. Elle consiste à faire macérer les os dans un bain d'acide chlorhydrique à 70° Baumé, jusqu'à ce que les os soient complètement ramollis, après quoi ceux-ci sont neutralisés dans un bain de chaux, et on en extrait la gélatine par l'eau bouillante. Voy. GÉLATINE. — Les substances molles sont, autant que possible, manipulées à l'état frais. Quand on ne peut pas s'en servir immédiatement, on les préserve de la fermentation en les faisant macérer dans un lait de chaux, qui dissout le sang et les parties molles putrescibles; ensuite on les égoutte et on les fait sécher en plein air. — Lorsqu'on veut en faire usage, on les plonge de nouveau dans un lait de chaux, on les rince et on les met à égoutter sur des claies, afin de transformer en carbonate la chaux dont elles sont imprégnées. Les matières ainsi préparées sont introduites dans une chaudière avec de l'eau qu'on fait bouillir jusqu'à ce qu'une petite quantité de liquide, puisée dans la masse et refroidie, puisse se prendre en gelée. Alors on fait passer le liquide dans une seconde chaudière, chauffée à 100°, où on le laisse séjourner quatre ou cinq heures, jusqu'à ce que les impuretés qu'il tient en suspension tombent au fond de l'appareil. Cette opération s'effectue le plus souvent à l'aide de l'appareil représenté par la Fig. Les matières collantes sont introduites dans la chaudière A alimentée par l'eau de la chaudière C. D est la chau-

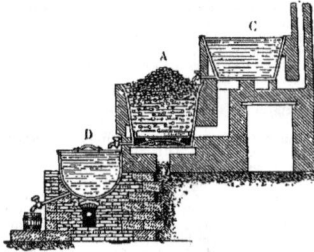

dière de concentration. Un seul foyer suffit pour chauffer les trois chaudières. On obtient les meilleurs produits en soutirant, à plusieurs reprises, le liquide gélatineux, afin de soustraire la gélatine à l'action de la chaleur qui l'altère rapidement. Les premiers soutirages donnent une solution qui se clarifie d'elle-même et fournira de belle c. peu colorée; les derniers devront être clarifiés à l'albumine ou à l'eau. Voy. CLARIFICATION. — Les colles d'os ou de matières molles sont moulées de la même manière : on coule le liquide dans des moules de bois, où il se prend en gelée après douze ou dix-huit heures. Une fois prise, on détache la c. du moule avec une lame de couteau mouillée, on la renverse sur une table également mouillée, où on la divise en plaques ou feuilles. On fait sécher ces dernières et, enfin, on les lustre, en les plongeant dans un bain d'eau chaude et en les frottant avec une brosse humide. — Les emplois de la c. forte sont trop connus pour que nous ayons à les énumérer; nous dirons seulement qu'elle est très employée dans la reli re et les cartonnages, parce qu'elle permet de coller les papiers décorés sans altérer les vernis albumineux dont ces papiers sont recouverts ou les gaufrures qui les ornent, résultat qu'on ne pourrait obtenir avec les colles végétales.

La c. *des chapeliers* est une c. forte préparée comme on vient de l'expliquer, mais sans soutirage, avec des abats, des tendons et autres débris d'animaux qu'on fait bouillir jusqu'à leur épuisement complet. C'est une c. inférieure, très brune et toujours molle.

La c. *de peau* ou *c. au baquet* est très employée dans la peinture à la détrempe : on la fabrique avec des rognures de peau, de vieux gants, etc., qu'on a soin d'enfermer dans un sac métallique, pour éviter leur contact avec la chaudière. Il en existe une variété faite avec des rognures de parchemin, qui est très blanche, et sert pour les travaux délicats. C'est avec la c. de parchemin qu'on *encolle* les estampes destinées à être vernies, pour éviter que le vernis ne pénètre dans le papier et le rende transparent.

La c. *forte liquide* s'obtient en ajoutant environ 12 p. 100

184

d'acide azotique à une solution de c. forte dans l'eau chaude. On peut remplacer l'acide azotique par l'acide chlorhydrique ou l'acide acétique auquel on ajoute un peu d'alcool et d'alun.

La c. à bouche est surtout usitée pour réunir plusieurs feuilles de papier les unes à la suite des autres ou pour coller le papier sur les planches à dessiner. C'est tout simplement de bonne c. forte de Flandre qu'on a aromatisée avec de l'essence de citron et à laquelle on a ajouté 10 p. 100 de son poids de sucre blanc en poudre.

La c. de poisson ou ichtyocolle se fabrique surtout en Russie avec les vessies natatoires de quelques espèces d'esturgeons, particulièrement avec celles de l'Acipenser Huso, qui est extrêmement commun dans la mer Caspienne et dans tous les fleuves qui s'y jettent. On trempe ces vessies dans l'eau; on les dépouille avec soin de leur membrane extérieure et du sang qui les salit; on les comprime dans des sacs de chanvre; on les ramollit avec les mains et on les roule en cordons auxquels on donne la forme d'une lyre. On termine l'opération en les faisant sécher au soleil, et quelquefois en les blanchissant au soufre. — Dans quelques pays, on ajoute aux vessies natatoires la peau, l'estomac et les intestins des esturgeons. On coupe ces matières en morceaux et on les fait dissoudre dans de l'eau bouillante, mais la c. obtenue par ce procédé est loin de valoir la précédente. — On fabrique aussi des colles inférieures, dites colles factices, avec toutes sortes de débris d'animaux marins. L'Islande et l'Amérique fabriquent de grandes quantités d'ichtyocolle avec la vessie natatoire de la morue. En France on en fait à Lyon avec des écailles de carpe, et à Marseille avec de gros animaux marins; cette dernière est la première qualité. — L'ichtyocolle sert à fabriquer le taffetas d'Angleterre, à donner l'apprêt à plusieurs tissus, elle entre aussi dans la confection de gelées alimentaires fort agréables au goût, mais son usage le plus important est la clarification des sirops, du vin, et surtout de la bière.

On vend dans le commerce, sous le nom de Seccotine, une c. très tenace qui paraît être de la c. forte maintenue à l'état pâteux par un acide. L'originalité de l'invention consiste en ce que cette c. est livrée dans des tubes en plomb, comme les couleurs pour la peinture à l'huile, ce qui en rend l'usage très commode pour coller de petits objets. Comme cette c. est très pâteuse, elle détermine une adhérence presque immédiate, mais elle a l'inconvénient d'être assez longue à durcir complètement et d'être soluble à l'eau froide.

II. Colles d'origine végétale. — Il nous suffira de citer la solution de gomme arabique, employée presque exclusivement par les écrivains et les hommes de bureau, et pour former l'enduit collant des timbres-poste et timbres de quittance.

La dissolution de dextrine fournit aussi une bonne colle de bureau pouvant remplacer la gomme arabique, et qu'on a quelquefois substituée à la gomme pour former l'enduit collant des timbres. Voy. Dextrine.

Toutes les autres colles végétales se fabriquent avec des matières amylacées. On sait que l'amidon, mis au contact de l'eau chaude à 75° environ, se gonfle et forme une masse pâteuse, connue sous le nom d'empois, qui constitue une véritable c. A une température plus élevée, l'empois devient gommeux et l'amidon se transforme en dextrine, matière soluble dans l'eau formant une c. adhésive employée en chirurgie pour faire adhérer les pièces d'un bandage et, par certains photographes, pour coller les épreuves sur les cartons.

La c. de pâte est formée de farine de blé ou de seigle délayée dans l'eau et chauffée jusqu'à ébullition. Le liquide s'épaissit peu à peu par l'effet de la chaleur, et se transforme, par le refroidissement, en une gelée légèrement tremblante. Quelques bouillons suffisent pour terminer l'opération. La c. de pâte ne peut guère servir que pour le papier. Elle est employée par les cartonniers, les relieurs, les colleurs d'affiches et de papiers peints, etc.

On peut remplacer la farine par la fécule de froment, de seigle, de pommes de terre, de marron d'Inde, etc. — Avec l'amidon pur on obtient une c. plus fine qu'on additionne souvent d'alun, pour en assurer la conservation.

La c. pour tissage est destinée à enduire les fils de coton de la chaîne afin d'en coucher le duvet, d'en lisser la surface et de leur donner en même temps la consistance nécessaire au travail du tissage. Cette c. se fabrique suivant diverses recettes, avec de l'eau, de la fécule, du suif, du savon ou du carbonate de soude, du sulfate de zinc et quelquefois de la glycérine, le tout cuit à feu doux; la cuisson doit être conduite avec soin, car c'est surtout de cette opération que dépend la qualité du produit. — La c. dite minérale se compose de

chlorure de calcium et de sulfate d'alumine associés avec d'autres produits chimiques, suivant diverses recettes, et additionnés de fécule de pomme de terre. Elle devient très dure en se desséchant, et possède l'avantage d'être inodore. — Les fils de laine sont généralement encollés avec de la gélatine.

Toutes les colles qu'on conserve à l'état liquide ou pâteux sont sujettes à s'altérer rapidement, et à contracter une odeur nauséabonde due à la putréfaction des matières organiques. On remédie à cet inconvénient en introduisant dans la c. une matière antiseptique. Le sublimé corrosif et l'acide phénique à petite dose sont les plus efficaces; malheureusement, le premier est un poison violent et le second possède une odeur désagréable. L'acide borique n'a pas ces inconvénients et suffit à assurer la conservation de la c. pendant un temps très long; comme il est très peu soluble, il est inutile de forcer la dose. Une petite pincée dans un flacon de c. ordinaire est largement suffisante.

III. Colles diverses. — La c. de caséine s'obtient en traitant le lait par le sulfate de magnésie et en reprenant la caséine précipitée par l'eau, l'acide acétique et finalement par une dissolution de borax qui la dissout. Elle est presque aussi adhésive que la c. forte.

La c. au caoutchouc est un mélange de caoutchouc et de gutta-percha dissous dans divers liquides volatils tels que l'éther, le sulfure de carbone, etc. Elle sert à divers usages, notamment au collage des cuirs. On peut aussi dissoudre le caoutchouc dans une solution de gomme laque dans un acide concentré. Le mélange de caoutchouc avec la c. forte augmente la puissance adhésive de celle-ci.

C. céramique pour la porcelaine, la faïence, le verre, le marbre, etc. — Il en existe une grande variété. Voici quelques recettes assez simples : 1° Faites une bouillie épaisse avec 200 grammes d'amidon ; ajoutez 50 gr. de c. forte dissoute dans l'eau chaude et 50 gr. d'essence de térébenthine ; 2° délayez du fromage frais dans l'eau bouillante et ajoutez-y ou proportions variables de la chaux et de la brique ou du quartz pilés ; 3° faites une bouillie avec du blanc d'œuf et de la craie ou du blanc d'Espagne pulvérisé ; 4° préparez, au moment de l'utiliser, une bouillie faite de craie pilée ou de blanc d'Espagne délayé dans une solution de silicate de potasse. Cette bouillie se prend très vite en une masse d'abord gélatineuse et ensuite très dure. Cette c. est insoluble dans l'eau froide et résiste assez bien à la chaleur. La même bouillie, un peu plus épaisse, peut même être employée pour refaire les morceaux qui manquent dans une pièce céramique. Le morceau restauré devient très dur et est susceptible d'un beau poli; malheureusement, cette préparation est hygrométrique et la peinture à l'huile n'y adhère pas; mais elle peut recevoir la peinture à la gomme pourvu que la pièce restaurée ne soit pas exposée à l'humidité.

COLLÉ (Charles), poète comique et chansonnier français, auteur de la Partie de chasse de Henri IV (1709-1783)

COLLECTAIRE. s. m. [Pr. kolect... de préférence à kol-lect...]. T. Liturg. Livre qui renferme toutes les collectes de l'année.

COLLECTE. s. f. [Pr. kolec... de préférence à kollec...] (lat. collecta, choses recueillies, de colligere, recueillir). Se disait autrefois de la levée des deniers, de la taille et autres impositions qui se faisait par assiette. Faire la c. — Le temps pendant lequel un collecteur était en fonctions. Pendant sa c. Du temps de sa c. || Quête faite pour une œuvre de charité ou pour un objet d'intérêt commun. La c. a produit tant. || T. Lit. Oraison que le prêtre dit à la messe avant l'épître. Voy. Messe.

COLLECTER. v. a. [Pr. kolec... de préférence à kol-lec...]. Recueillir, réunir en collection. Quêter, faire une collecte.

COLLECTEUR. s. m. [Pr. kolec... de préférence à kol-lec...]. Celui qui était nommé, dans une paroisse, pour recueillir les tailles ou quelque autre imposition levée par assiette. || T. Phys. C. d'électricité. Plateau supérieur de l'électrophore. — Toute disposition qui sert à recueillir les courants d'une machine magnéto-électrique, et plus spécialement l'ensemble des lames de cuivre qui recueillent les courants de la machine Gramme et des autres machines à anneaux. Voy. Électrique (Machine électrique). || [Nom des engins qui servent à recueillir et à nourrir le naissain des huîtres.

COLLECTEUR, TRICE. adj. [Pr. kolec... de préférence à

kol-lec...]. Qui recueille. *Égout c.*, Égout qui reçoit les eaux de plusieurs égouts.

COLLECTIF, IVE. adj. [Pr. *kolec...* de préférence à *kol-lec...*] (lat. *collectivus*, m. s.). T. Gram. Se dit de tout mot au singulier qui désigne plusieurs personnes ou plusieurs choses. *Peuple, multitude, armée, sont des termes collectifs. Un nom c.* On dit quelquefois substantivement, *Un c. Les collectifs.* — *Sens c., valeur collective*, Le sens, la valeur que prend un mot au singulier qui n'est point c. de sa nature, lorsqu'il sert à désigner une réunion, une classe entière d'objets. *Dans cette phrase, Le lion est courageux, le mot lion a une valeur collective. Employer un mot dans un sens c.* || Qui renferme, qui embrasse plusieurs personnes ou plusieurs choses. *Un être c. Un tout c.* — *D'une manière collective*, En considérant les objets dont on parle comme ne formant qu'un tout.

Obs. gram. — I. On distingue deux sortes de *noms collectifs*, les collectifs *généraux*, et les collectifs *partitifs*. — Les premiers expriment la totalité ou une quantité déterminée des personnes ou des choses dont on parle; c'est sur eux que se porte surtout l'attention : *La totalité des hommes. La moitié des navires. Une armée de sauvages.* — Les seconds désignent seulement une partie des personnes ou des choses dont il est question; ils expriment une quantité vague et indéterminée, et l'attention se porte principalement sur leur complément : *La plupart des enfants. Une quantité de poires. Une masse d'hommes armés.* — Au reste, les noms collectifs ont par eux-mêmes une signification déterminée, peuvent devenir généraux ou partitifs, suivant l'idée qu'on y attache. Ainsi, dans l'exemple précédent, *Une masse d'hommes armés*, le mot *masse* sera un c. général ou partitif suivant qu'on attachera l'attention à l'idée de masse ou à celle des hommes armés. Un c. partitif peut toujours être remplacé par un adjectif, tel que *quelques, plusieurs*.

Cette remarque est importante au sujet de l'accord qu'il faut donner aux verbes, adjectifs, pronoms ou participes, qui se rapportent aux noms collectifs. La règle générale est la suivante : 1° Quand les noms sont des collectifs généraux, c'est avec ces noms que l'accord a lieu, parce qu'il exprime une idée totale, indépendante des termes subséquents, et qu'ils représentent l'idée générale sur laquelle s'arrête l'esprit : *L'armée des infidèles fut entièrement défaite. La pluralité des maîtres n'est pas bonne. Il a fourni le nombre d'exemplaires demandé;* 2° lorsque les noms sont des collectifs partitifs, c'est avec leur complément que l'accord se fait, parce que c'est ce complément qui exprime l'idée principale : *Une infinité de jeunes gens se perdent par orgueil. Une vingtaine d'hommes ont péri. Il trouva une partie du pain mangé, une partie des citrons gâtés, une partie des liqueurs bues.* Cette règle ne souffre pas d'exception, pourvu qu'on fasse attention à la distinction des collectifs en généraux et partitifs n'est pas absolue et dépend surtout du sens de la phrase. Ainsi il est très correct de dire avec Fénelon : *Une* NUÉE *de traits* OBSCURCIT *l'air*, et *Une* NUÉE *de sauterelles* ONT *anéanti mes récoltes en un jour*.

COLLECTION. s. f. [Pr. *ko-lec-sion* de préférence à *kol-lec-sion*] (lat. *collectio*, m. s., de *colligere*, rassembler, recueillir). Réunion de plusieurs objets qui ont ensemble quelque rapport. *Une c. de tableaux, de livres, de curiosités. C. botanique, archéologique, etc.* || Recueil, compilation de plusieurs ouvrages sur une même matière, qui appartiennent à un même genre. *C. des conciles, des canons. C. des économistes français.* || Recueil de passages sur une ou plusieurs matières, tirés d'un ou plusieurs auteurs. || T. Méd. Amas de pus, de sang, qui se fait dans une cavité naturelle ou artificielle. *C. de pus, de sang. C. sanguine, purulente.*

Syn. — *Recueil*. — *Collection* exprime l'action de rassembler plusieurs choses; *recueil* signifie l'amas de ces choses : c'est par là c. qu'on forme le recueil. — *Recueil* exprime l'idée de ranger ce qui est ramassé; c. n'exprime que l'idée de mettre ensemble : ainsi le recueil n'est pas une simple c. D'un recueil de pensées vous faites un livre; avec une c. de livres vous composez une bibliothèque. — On appelle plutôt *recueil* une petite c., et c. un grand *recueil*. On publie un *recueil* de pièces fugitives, de pensées choisies, de quelques œuvres d'un auteur; on édite la c. des historiens, des œuvres complètes d'un auteur ou des ouvrages de divers auteurs qui ont travaillé dans le même genre.

COLLECTIONNEMENT. s. m. [Pr. *ko-lec-sio-neman* de

préférence à *kol-lec-sio-neman*]. Action de collectionner, de mettre en collection.

COLLECTIONNER. v. a. [Pr. *ko-lec-sio-ner* de préférence à *kol-lec-sio-ner*]. Recueillir diverses choses, peu à peu et successivement. *Il a collectionné une foule de livres rares.* := COLLECTIONNÉ, ÉE. part.

COLLECTIONNEUR, EUSE. s. m. et f. [Pr. *ko-lec-sio-neur* de préférence à *kol-lec-sio-neur*]. Celui ou celle qui collectionne.

COLLECTIVEMENT. adv. [Pr. *ko-lec...* de préférence à *kol-lec...*]. D'une manière collective. *L'homme, c'est-à-dire tous les hommes, pris c.* || T. Gram. Dans un sens collectif.

COLLECTIVISME. s. m. [Pr. *ko-lec...* de préférence à *kol-lec...*]. Théorie sociale supprimant la propriété individuelle des terres et des capitaux, et la remettant tout entière entre les mains de l'État. Voy. SOCIALISME.

COLLECTIVISTE. s. m. [Pr. *ko-lec...* de préférence à *kol-lec...*]. Celui qui est partisan de la possession collective de la propriété.

COLLECTIVITÉ. s. f. [Pr. *ko-lec...* de préférence à *kol-lec...*]. Qualité, caractère de ce qui est collectif.

COLLÈGE. s. m. [Pr. *kolège*] (lat. *collegium*, de *colligere*, choisir ensemble). Corps ou compagnie de personnes notables qui sont revêtues d'une même dignité. *Il y avait, dans l'ancienne Rome, un c. des augures, un c. des pontifes, etc. Le c. des cardinaux* ou *Le sacré c.* — *C. électoral*, Assemblée d'électeurs convoqués pour élire des députés. *Président d'un c. électoral. Le bureau du c.* || Établissement public d'enseignement secondaire. Voir plus bas. — Par ext., La réunion des écoliers qui sont en pension dans un c. *Tout le c. est à la promenade.* — Fam., *Cela sent le c.*, Cela a un air de pédanterie. *Il sent encore son c.*, se dit d'un jeune homme qui conserve encore dans le monde les manières d'un écolier, ou d'un ancien professeur qui a l'air pédant.

Collège des Quatre-Nations. — Collège fondé par Mazarin dans les bâtiments où se trouve aujourd'hui l'Institut.

Collège de France. — Établissement d'enseignement supérieur fondé à Paris, en 1530, par le roi François 1er. Les professeurs chargés des cours portaient jadis le titre de *Lecteurs royaux.* Dans le principe, le C. de France ne possédait que deux chaires, l'une de grec et l'autre d'hébreu. Mais le succès qu'obtint la nouvelle institution engagea bientôt François 1er à lui donner de plus grands développements. C'est ainsi qu'il y créa une chaire de mathématiques en 1532, une chaire de langue et de littérature latines en 1534, une chaire de médecine et une autre de philosophie en 1542. Ce prince prit en même temps des mesures pour assurer aux professeurs une position indépendante : il leur accorda un traitement annuel, les exemptions d'impôts et subsides, et les déclara justiciables des seuls parlements. Le C. de France reçut, sous les successeurs de ce roi, des modifications qui accrurent son personnel et changèrent plusieurs fois son organisation intérieure. A la Révolution, il ne fut pas supprimé comme les autres institutions monarchiques; mais il fut placé sous la direction du ministre de l'Intérieur. Une ordonnance royale du 11 octobre 1832 le fit passer dans les attributions du ministre de l'instruction publique, tout en le laissant en dehors de l'administration universitaire. Au reste, l'historique des modifications qu'a éprouvées le C. de France n'offrant qu'un médiocre intérêt, nous nous bornerons à ce que nous venons de dire. Quant à la manière dont se recrute le corps des professeurs, elle a plusieurs fois varié. Aujourd'hui, lorsqu'une chaire devient vacante, deux listes de candidatures dressées, l'une par les professeurs du C., l'autre par les membres de la section correspondante de l'Institut, sont présentées au ministre de l'instruction publique (qui le juge à propos, peut lui-même présenter un autre candidat au choix du chef de l'État. — Le C. de France est placé à la tête de l'enseignement public, bien au-dessus des Facultés qui sont spécialement destinées à compléter l'instruction classique, tandis que sa mission consiste à ouvrir de nouvelles voies à la science et à populariser toutes les découvertes scientifiques de quelque importance. Aujourd'hui le nombre des chaires que possède le C. de France s'élève à 40; en voici les titres : Mécanique céleste, Mathématiques, Physique générale et expérimentale, Chimie minérale, Chimie organique, Médecine, Histoire naturelle des corps inorganiques, Histoire naturelle des corps organisés, Embryogénie comparée, Anatomie générale, Psychologie expérimentale et comparée, Histoire des législations comparées, Économie politique, Géographie, Histoire et statistique économiques, Histoire et morale, Histoire des religions, Esthétique et histoire de l'art, Épigraphie et antiquités romaines, Épigraphie et antiquités grecques, Philologie et archéologie égyptiennes, Philologie et archéologie assyriennes, Langues et littératures hébraïques, chaldaïques et syriaques, Langue et littérature arabes, Langue et littérature de la Perse, Épigraphie et antiquités sémitiques, Langue et littérature chinoises et tartares-mandchoues, Langue et littérature sanscrites, Langue et littérature grecques, Philologie latine, Histoire de la littérature latine, Philosophie grecque et latine, Philosophie moderne, Langue et littérature françaises du moyen âge, Langue et littérature françaises modernes, Langues et littératures d'origine germanique, Langues et littératures de l'Europe méridionale, Langue et littérature celtiques, Langues et littératures d'origine slave, Grammaire comparée.

Collèges communaux. — On appelle ainsi les établissements publics d'enseignement secondaire fondés et entretenus par les communes; ils diffèrent des lycées en ce que ceux-ci sont à la charge de l'État, avec ou sans le concours financier des villes ou des départements. A la tête de chaque c., se trouve un fonctionnaire nommé par le ministère de l'Instruction publique et qui a le titre de *Principal.*

Les collèges communaux peuvent être considérés à deux points de vue différents :

1° Au point de vue administratif :

Ils se divisent en collèges *au compte du principal*, et collèges *en régie ou au compte des villes.* Quand l'établissement est au compte du principal, c'est ce dernier qui en a la gestion financière à ses risques et périls, mais même dans ce cas la ville répond, vis-à-vis de l'État, de tout déficit survenu dans l'entretien de son c. Le plus souvent, un traité intervient entre le principal et la municipalité dont celui-ci est, pour ainsi dire, le *gérant.* Si nous poursuivons cette dernière comparaison, nous assimilerons la ville au *propriétaire* d'un établissement commercial, dont l'État aurait fait une partie des avances en qualité de *bailleur de fonds.* On verra par là que l'État a recours contre la ville, en cas de déficit, ce que la ville à son tour peut se retourner contre le principal, son gérant, vis-à-vis duquel l'État ne saurait avoir aucun recours direct. — Tout autre est le système des collèges communaux en régie. C'est la ville dans ce cas qui gère directement l'établissement, fait face à toutes les dépenses, et encaisse, s'il y a lieu, tous les bénéfices; dans ces établissements, le principal, chargé de la direction, et l'économe, chargé de la gestion économique, sont des fonctionnaires à appointements fixes: le premier nommé par l'État, le second désigné par la municipalité et agréé par le ministre de l'Instruction publique.

Les professeurs des collèges communaux soit en régie, soit au compte du principal, sont fonctionnaires de l'État et subissent sur leur traitement la retenue pour le service des pensions civiles.

2° Au point de vue de l'enseignement :

On distingue les collèges communaux de *plein exercice*, c.-à-d. ceux où l'enseignement est organisé d'une façon complète et ceux où l'enseignement ne comporte pas toutes les classes.

En 1894, le nombre des collèges communaux en France en en Algérie s'élève à 226, savoir : 36 en régie, 190 au compte du principal.

Le nombre des élèves présents dans les collèges communaux au 1er novembre 1893 était de 32,709, soit 12,373 internes et 20,336 externes, répartis ainsi qu'il suit : 12,269 dans l'enseignement secondaire classique, 15,093 dans l'enseignement secondaire moderne et 5,347 dans les classes primaires.

D'après la loi du 15 mars 1850 (art. 74), pour établir un c. communal, toute ville devait s'engager à garantir, pendant cinq ans au moins, le traitement fixe du principal et des professeurs. Depuis cette époque, l'État a été amené progressivement à intervenir dans l'organisation et l'administration économique de ces établissements, et à exiger des villes, en retour des sacrifices très larges faits par le Trésor, des garanties plus étendues en faveur des collèges communaux. La plupart des engagements souscrits par les communes pour l'entretien de leur collège étant expirés en 1891, l'administration supérieure de l'Instruction publique a exigé des villes la signature de *Traités constitutifs* par lesquels elles s'enga-

gent à prendre à leur charge, en dehors des dépenses d'entretien des bâtiments et du matériel, le minimum réglementaire des traitements du personnel, l'État accordant de son côté à chacun des collèges une subvention annuelle fixée à forfait, et continuant à payer, comme par le passé, les compléments de traitement alloués aux professeurs pour promotions. La dépense faite par l'État pour l'entretien des collèges communaux, s'élève à 3,512,950 francs, d'après le budget de 1894.

Les traitements des professeurs des collèges ont été fixés par le décret du 11 août 1887 : ils varient d'après les grades des professeurs, et non plus comme autrefois d'après la nature de l'enseignement qui leur est confié. Ces fonctionnaires sont divisés à ce point de vue en trois ordres comportant chacun quatre classes : le premier comprend les licenciés ou professeurs pourvus de grades assimilables à la licence, tels que les certificats d'aptitude à l'enseignement des langues vivantes; le second ordre, les bacheliers; le troisième, les professeurs pourvus d'un des brevets primaires. Le traitement minimum des professeurs de collège est de 1,600 fr., le traitement maximum, de 3,400 fr.

Collèges de jeunes filles. — Voy. Lycées de jeunes filles.

COLLÉGIALE, ALE. adj. [Pr. *kolé...*]. Ne se dit guère qu'au fém. et dans cette loc., *Église collégiale*, Église sans siège épiscopal, et qui néanmoins avait un chapitre de chanoines. On dit aussi subst., *Une collégiale.* Voy. Chanoine.

COLLÉGIEN. s. m. [Pr. *kolé...*]. Celui qui étudie au collège.

COLLÉGIEN, IENNE. adj. [Pr. *kolé...*]. Qui a rapport aux collégiens, qui est dans les mœurs du collégien. *La gent collégienne.*

COLLÈGUE. s. m. [Pr. *kol-lègue*] (lat. *collega*, m. s.). Se dit ordinairement de ceux qui sont revêtus des mêmes fonctions ou de la même mission. *Le consul envoya de secrets avis à son c. Il était mon c.* à la Chambre des députés. *On lui donna pour collègues tels et tels.*

Syn. — *Confrère.* — Deux personnes sont des *confrères*, quand elles exercent la même profession ou appartiennent à la même société, à la même corporation; elles sont des *collègues*, lorsqu'elles remplissent la même mission ou sont investies des mêmes fonctions. Les avocats sont *confrères*; il en est de même des notaires entre eux, des médecins entre eux, des membres d'une académie, etc. Les consuls romains étaient *collègues*, les ministres sont *collègues.* Les membres de la Chambre, du Sénat, etc., sont *collègues.* Les membres d'un même parquet sont encore *collègues.* Deux personnes peuvent être *collègues* ou *confrères*, comme aussi elles peuvent être *collègues* et *confrères* tout à la fois. Un médecin et un avocat sont deux membres d'une même Académie sont *confrères*, mais ne sont pas *collègues.* Un général et un ingénieur, tous deux ministres, sont *collègues*, mais ne sont pas *confrères.* Les chirurgiens militaires sont en même temps *collègues* et *confrères.* On peut être *collègue* au conseil d'État, à la Chambre, et *confrère* au barreau, à l'Académie.

COLLÉMA. s. m. [Pr. *kol-léma*] (R. *colle*). T. Bot. Genre de végétaux Cryptogames appartenant à la famille des *Lichens.* Voy. ce mot.

COLLEMENT. s. m. [Pr. *ko-leman*] (R. *colle*). Adhérence de deux objets ensemble. *Le c. de paupières.*

COLLENCHYME. s. m. [Pr. *kol-lan-chime*] (gr. κόλλα, colle; ἐν, dans; χυμός, suc). Tissu de soutien des végétaux formé de cellules épaissies par des dépôts de cellulose pure.

COLLER. v. a. [Pr. *kolér*] (R. *colle*). Joindre et faire tenir deux choses ensemble avec de la colle. *C. du papier. C. une feuille d'acajou sur d'autre bois. C. deux choses ensemble.* || Par ext., se dit en parlant de choses qui sont fortement unies entre elles et à d'autres. *Cette pommade a collé ses cheveux. Le sang avait collé sa chemise sur la peau.* — Fig. et fam., *Être collé sur son cheval, collé sur la selle*, Être ferme et inébranlable sur son cheval. *Avoir les yeux collés sur quelqu'un, sur quelque chose*, Regarder attentivement et longtemps quelqu'un, etc. *Avoir la bouche collée, les lèvres collées sur quelque chose*, Les y tenir longtemps appliquées. || Enduire, imprégner de colle. *C. de la toile, du papier.* || *C. du vin*, Y verser de l'albumine ou quelque substance gélatineuse pour le clarifier. Voy. CLARIFICATION. || T. Jeu de billard. On dit fig., *C. une bille sous bande*, ou simplement, *C. une bille*, Pousser une bille de telle manière qu'elle s'arrête fort près de la bande. Par ellipse, on dit. *C. son adversaire, Le c. sous bande. Vous êtes collé.* || Dans l'argot des écoles, poser à un élève une question à laquelle il ne peut répondre, *Je me suis laissé c. à mon dernier examen;* — dans une discussion, réduire son adversaire à ne pouvoir répondre aux arguments qu'on lui offre. *Ce dernier raisonnement vous a collé.* = COL-LER. v. n. Se dit d'une chose qui s'applique très exactement sur une autre. *Cet habit est collé, semble collé sur le corps.* = SE COLLER. v. pron. Se dit d'une chose qui adhère à une autre. *Ses cheveux se sont collés ensemble.* || Fig. et fam., *Se c. contre une chose, à une chose, sur une chose*, Se tenir appliqué contre une chose. — Par exagér., on dit encore, *Se c. contre un mur, se c. contre la fenêtre*, etc., pour se tenir constamment auprès du mur, de la fenêtre, etc. — Dans ces deux sens, on dit également, *Être collé, se tenir collé contre une chose.* || T. Jeu de billard. *Se c.*, Pousser sa propre bille tout auprès de la bande. || Dans l'argot des écoles, ne pouvoir achever l'explication ou le raisonnement qu'on a commencé. *Le professeur s'est collé deux fois dans la dernière leçon.* == COLLÉ, ÉE. part.

COLLERET. s. m. |Pr. *koleret*]. T. Pêche. Voy. CO-LERET.

COLLERETTE. s. f. [Pr. *ko-lerète*]. Sorte de petit collet de linge dont les femmes se servent quelquefois pour se couvrir la gorge et les épaules. || T. Bot. L'involucre des ombelles, dans les plantes de la famille des *Ombellifères*. Peu us. || T. Péc. Nom donné aux courtines volantes avec lesquelles on forme un parc.

COLLERIE. s. f. [Pr. *ko-leri*]. Atelier où l'on encolle les fils destinés au tissage.

COLLET. s. m. [Pr. *kolè*]. Cette partie de l'habillement qui est autour du cou. *C. d'habit. C. droit, montant, ra-battu.* — Par ext., Morceau de drap ou d'étoffe, ordinairement taillé en rond, qui est cousu à la partie supérieure de certains vêtements, et qui tombe de manière à couvrir les épaules. *C. de manteau. Redingote à c., à plusieurs collets.* || Pièce de toile fine qu'on mettait autrefois autour du cou par ornement, et qui s'appelait autrement *Rabat. C. de toile, à dentelle. 'Grand c. Petit c.* — Fig. et fam., *Les gens à petit c.*, ou les *Petits collets*, se disait autrefois des ecclésiastiques. On disait encore, *Le petit c.*, pour désigner la profession ecclésiastique. *Prendre, quitter le petit c.* || Fig. et fam., *C'est un c. monté*, se dit d'une personne qui affecte la prudérie ou une gravité outrée. *Cela est c. monté, est bien c. monté*, Cela est antique, ou cela a un air contraint et guindé. || *Sauter au c. de quelqu'un*, Le prendre, le saisir au c.*, Le saisir au cou pour lui faire violence. — Par ext., *Prendre, saisir quelqu'un au c.*, lui mettre la main sur le c.*, L'arrêter et le faire prisonnier. — Fig. et fam., *Prendre quelqu'un au c.*, Le forcer de vous écouter. *C'est un profit qui vous saute au c.*, C'est un profit qui vous arrive inopinément. — Fam., *Prêter le c. à quelqu'un*, Se présenter pour lutter ou combattre corps à corps avec lui; et Fig., *Être prêt à lui tenir tête, à disputer contre lui. Je suis aussi fort que lui; je lui prêterai le c. quand il voudra.* || Par ext., *C. de buffle*, Sorte de pourpoint fait de peau de buffle, qui était à grandes basques et sans manches. || T. Bou-cherie. *C. de mouton, C. de veau*, La pièce, la partie du cou de ces animaux qui reste après qu'on en a ôté le bout le plus proche de la tête. — T. Chasse. Sorte de lacs à prendre des lièvres, des lapins, etc. *Tendre un c. Prendre des per-drix au c.* || T. Anat. Partie de la dent entre la couronne et la racine. Voy. DENT. || T. Bot. Plan idéal qui sépare la tige de la racine. Voy. RACINE, TIGE. || T. Constr. Partie la plus étroite d'une marche tournante dans un escalier à vis. || T. Techn. Dans l'industrie des tissus, ficelle doublée, munie d'un petit crochet formant ressort et servant à supporter les arcades. — Bois d'une raquette à l'endroit où elle est garnie de cordes à boyau. — Rebord de la chaudière du distillateur. — Partie d'un clou la plus rapprochée de la tête.

COLLETAGE. s. m. [Pr. *koletage*]. T. Tissage. Action d'accrocher les arcades aux collets. Voy. ARCADE, COLLET.

COLLÈTE. s. f. [Pr. *kolète*] (gr. κολλητὴς, colleur). T. Entom. Genre d'insectes *Hyménoptères* de la famille des *Mellifères*. Voy. ANDRÉNÈTES.

COLLETER. v. a. [Pr. *koleter*]. Prendre quelqu'un au collet pour lui faire violence. *Il le colleta et voulut le jeter par terre.* — Dans un sens anal., se dit aussi des animaux. *Le dogue colleta le loup.* || T. Agric. *C. les ceps*, Les atta-cher à l'échalas pour les empêcher d'être décollés par le vent. || T. Techn. *C. une chandelle*, La plonger dans le suif jus-qu'au collet. == SE COLLETER. v. pron. Se dit de deux indi-vidus qui se prennent au collet. *Ils se sont colletés.* == COLLETER. v. n. Tendre des collets pour prendre des lièvres, des lapins, des perdrix, etc. *Il passe son temps à c.* == COLLETÉ, ÉE. part. || T. Blas. Se dit d'un animal qui a un collier d'un émail ou d'une couleur différente de celle du corps : *Levrette de sable colletée d'argent.* — Conjug. Voy. CAQUETER,

COLLETET (GUILLAUME), poète français, un des fonda-teurs de l'Académie française (1598-1659).

COLLETEUR. s. m. [Pr. *ko-leteur*]. T. Chasse. Celui qui tend des collets.

COLLETIER. s. m. [Pr. *ko-letié*]. Fabricant de collets

COLLÉTIQUE. adj. [Pr. *kol-letike*] (gr. κολλητικὸς, qui sert à coller, de κόλλα, colle). T. Méd. *Médicaments colle-tiques*, servant à rejoindre les parties séparées d'une plaie ou d'un ulcère.

COLLETTE. s. f. [Pr. *ko-lète*] (R. *colle*). Petit seau de brasseur contenant ce qui sert à coller la bière. || Espèce de colle employée dans les brasseries.

COLLEUR. s. m. [Pr. *koleur*]. En général celui qui colle. Celui qui fait des cartons. Vx; on dit aujourd'hui, *Carton-nier.* || Celui qui colle du papier peint sur les murs d'un appartement. || Dans l'argot des écoles, examinateur.

COLLIDINE. s. f. [Pr. *kol-lidine*] (gr. κόλλα, colle; εἶδος, apparence). T. Chim. On désigne sous le nom de *Colli-dines* les bases de la série pyridique qui répondent à la for-mule brute $C^8H^{11}Az$. Elles sont deux isomériques avec les xylidines, mais elles en diffèrent considérablement par leur constitution chimique et leurs propriétés. Ce sont des alca-loïdes tertiaires qui dérivent de la pyridine par substitution de radicaux alcooliques à l'hydrogène de ce corps. Elles pos-sèdent les propriétés générales des bases pyridiques. Plusieurs d'entre elles se rencontrent dans l'huile animale de Dippel, dans les goudrons de houille, dans les produits de la distil-lation sèche de certains alcaloïdes naturels; quelques-unes ont été obtenues par synthèse. La théorie prévoit l'existence de 22 collidines qui se répartissent en quatre classes, et dont un certain nombre sont encore inconnues :

1° *Propylpyridines* $C^8H^3(C^3H^7)Az$. La plus importante est la *conyrine* qui se produit quand on distille la conicine (alcaloïde de la ciguë) avec la poudre de zinc. Elle bout à 160° et régénère facilement la conicine sous l'influence des agents d'hydrogénation.

2° *Isopropylpyridines* $C^8H^4(C^3H^7)Az$. On en connaît deux qu'on a obtenues en chauffant la pyridine avec de l'iodure de propyle; leurs points d'ébullition sont 166° et 158°. La troisième correspondrait à un acide pyridine-lactique qui se forme dans le dédoublement de la pilocarpine.

3° *Méthyléthylpyridines* $C^5H^2(CH^3)(C^2H^5)Az$. L'une d'elles, qui bout à 196°, se produit dans la distillation sèche de la cinchonine et de la brucine. Par oxydation elle se transforme en acide homonicotianique, puis en acide cinchoméronique. — Une autre, l'*aldéhydine*, a été obtenue par synthèse, en chauffant l'aldéhydate d'ammoniaque avec l'urée ou avec l'al-cool; elle se forme dans la décomposition de l'aldol-ammo-niaque par la chaleur. Elle bout à 178°. L'oxydation la convertit en un acide picoline-carbonique, puis en acide iso cinchoméronique.

4° *Triméthylpyridines* $C^5H^2(CH^3)^3Az$. L'éther acétylacé-tique forme avec l'aldéhyde-ammoniaque un produit de condensation qui peut servir à préparer la triméthylpyri-dine symétrique, bouillant à 172°.

COLLIER. s. m. [Pr. *kolié*] (lat. *collare*, m. s., de *collum*, cou). Ornement de cou en forme de chaîne ou de chapelet. *C. de perles, de pierreries, d'or*, etc. || La chaîne d'or que portent les chevaliers de certains ordres les jours de cérémonie, et à laquelle est suspendu le signe de l'ordre. *Il portait le c. de l'ordre du Saint-Esprit. Le roi lui envoya le c. de tel ordre.* On dit par ellipse, *Le c. du Saint-Esprit, de la Toison d'or*, etc. — Fig. et prov., *C'est un des grands colliers, un des gros colliers de sa compagnie*, Il a une grande influence, une grande autorité dans sa compagnie. On dit dans le même sens, *C'est un chien au grand c.* || Cercle de fer, d'argent, de cuir, ou de quelque autre matière, que l'on met autour du cou de certains animaux. — *C. de force, C.* garni de pointes tournées en dedans, dont on se sert pour dresser les chiens d'arrêt. || La partie du harnais des chevaux de charrette ou de labour qui est faite de bois et rembourrée, et à laquelle les traits sont attachés. — Fig. et fam., *C. de misère*, se dit d'un travail pénible qu'on ne peut interrompre que pour le reprendre bientôt. *Voilà les vacances finies, il faut reprendre le c. de misère.* — *Cheval de c.*, Cheval propre à tirer. *Cheval franc du c.*, Cheval qui tire de lui-même, sans qu'il soit besoin de lui donner de coups de fouet. Fig. et prov., *Être franc du c.*, se dit de celui qui est toujours prêt à faire les choses que son devoir, son honneur, etc., exigent de lui; et, d'un homme courageux qui est toujours prêt à marcher au combat. || T. Zool. Par anal., Marque naturelle en forme de cercle, qui se voit quelquefois autour du cou des mammifères ou des oiseaux, et qui diffère par sa couleur du reste de leur poil ou de leur plumage. || T. Archit. Astragale taillé en perles, en olives ou en chapelet. || T. Techn. Se dit souvent pour désigner un cercle de fer qui sert à consolider une pièce, à maintenir plusieurs pièces ensemble. — Arc de l'éperon qui embrasse le talon du cavalier || T. Pêch. Corde qui tient le bout du verveux. || T. Pathol. Éruption dartreuse autour du cou. || T. Navig. Corde servant à amarrer les bateaux. || T. Techn. *Collier d'excentrique*, Le cercle creux dans lequel se meut l'excentrique. Voy. Excentrique.

Achéol. — Le *Collier* figure comme objet de toilette dans l'histoire de la vie privée de la plupart des nations. Chez certains peuples, les Persans, par ex., les hommes le portaient aussi habituellement que les femmes. Ainsi, dans la fameuse mosaïque qu'on croit représenter la bataille d'Issus, on voit plusieurs guerriers persans décorés de colliers d'or. De semblables représentations ne sont pas rares sur les monuments égyptiens. Le c. était d'un grand usage chez les Bretons, qui l'appelaient *Torc*, d'où dérive sans doute le latin *torques* ou *torquis* qui a la même signification. Il en était de même chez les Gaulois, et l'on sait que le Romain Manlius *Torquatus* dut ce surnom à ce qu'il tua, dans un combat singulier, un chef de cette nation et s'empara du c. que portait ce dernier. A Rome, cet ornement figurait parmi les récompenses qu'on donnait aux soldats. Il consistait habituellement en deux fils métalliques roulés en spirale. On voit dans les musées de ces colliers de ce genre qui ont près de 1 mètre 1/2 de longueur. Certaines classes d'officiers, tels que les *Dragonnaires (Draconarii)* qui portaient l'enseigne particulière de chaque cohorte, avaient des colliers d'une forme spéciale qui servaient à les faire reconnaître. Quant aux colliers à l'usage des femmes, ils présentaient les formes les plus variées. Une inscription trouvée à Riez mentionne un c. dédié à Esculape, qui était formé de deux serpents dont l'un autour de l'autre. — Au moyen âge, quand se formèrent les ordres de chevalerie, les membres de ces associations adoptèrent le c. comme marque distinctive; néanmoins l'ancienne coutume de le donner comme récompense à ceux qui avaient fait preuve de bravoure ne disparut pas tout à fait : seulement, on donna le nom de *Chaîne* à ce qu'on avait primitivement appelé c. Louis XI en fit notamment plusieurs distributions. — Depuis le XVᵉ siècle, le c. a cessé de faire partie des récompenses militaires pour devenir exclusivement une parure de femme ou le signe distinctif de quelques agents subalternes, tels que les huissiers des palais nationaux, des ministères, etc. Dans ce cas, on lui donne simplement le nom de *Chaîne.* D'ailleurs, cette sorte de c. se compose, comme une chaîne proprement dite, d'anneaux engagés les uns dans les autres.

Phys. — *Collier à gorge*, Appareil imaginé par Regnault pour fixer bout à bout deux tubes et assurer l'étanchéité du joint, et qui a servi notamment dans les célèbres expériences entreprises par ce physicien pour vérifier la loi de Mariotte. Les deux bouts du tube se terminent par des épaulements tronconiques et sont séparés par une rondelle de cuir. Autour de ces épaulements on applique une bague de cuivre dont le profil intérieur a la forme d'un trapèze et qui est formée de

deux pièces assemblées par une charnière et pouvant être

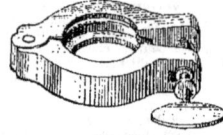

Fig. 1.

serrées par une vis. Le serrage de cette vis a pour effet de presser les deux bouts des tuyaux en comprimant le cuir et

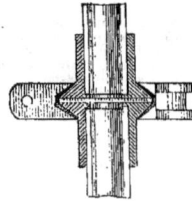

Fig. 2.

d'empêcher ainsi la possibilité des fuites. La Fig. 1 montre le c. à gorge, et la Fig. 2 la coupe de deux tubes assemblés.

COLLIÈRE. s. f. [Pr. *ko-lière*]. Perche qui fait la buse d'un train de bois.

COLLIGER. v. a. [Pr. *kol-liger*] (lat. *colligere*, réunir). Faire des collections des endroits notables d'un livre. = Colligé, ée. part. = Conj. Voy. Manger.

COLLIMATION. s. f. [Pr. *kol-li-ma-sion*] (lat. *collimare*, viser). T. Astr. et Phys. Ce mot qui signifie au propre : *action de viser*, s'emploie dans des sens assez divers. On appelle *ligne de c.*, la ligne de visée d'un instrument à mesurer les angles, c.-à-d. la droite qui passe par les pinnules d'un graphomètre, ou bien l'axe optique de la lunette, c.-à-d. la droite qui passe par le centre optique de l'objectif et le centre du réticule. — On appelle *C. au zénith* d'un cercle vertical, théodolite ou cercle méridien, le nombre qu'on lirait sur le limbe divisé soit derrière l'index, soit en faisant la moyenne des lectures des microscopes si la lunette de l'instrument était dirigée vers le zénith. De même la *C. polaire* est la lecture qu'on obtiendrait si la lunette était pointée sur le pôle céleste. — Enfin, on appelle *erreur de c.*, dans la lunette méridienne, le petit angle que fait l'axe optique de la lunette avec le plan perpendiculaire à l'axe de rotation de l'appareil. Cet angle devrait être nul; mais il est impossible de le réduire en pratique à zéro, et on doit le déterminer pour faire subir aux observations la correction nécessaire qui résulte de son existence. Voy. Cercle méridien. — Dans divers instruments, notamment dans le sextant, on appelle aussi *erreur de c.*, une erreur qui résulte d'un défaut de réglage de l'appareil et surtout d'une fausse position du zéro. Voy. Sextant.

COLLIMATEUR. s. m. [Pr. *kol-li-...*] (lat. *collimare*, viser). T. Phys. Instrument destiné à envoyer un faisceau de rayons lumineux parallèles dans une direction déterminée, et qui se compose essentiellement d'une lentille convergente, au foyer de laquelle on place une source lumineuse de très petite dimension. Une lunette ordinaire, éclairée par l'oculaire, fournit un bon c. si l'on a soin de régler la position de l'oculaire, de telle sorte que les rayons sortant de l'objectif soient bien parallèles. — Le c. constitue une mire excellente si l'on a soin de placer un réticule au foyer. Il est très souvent employé pour cet objet en astronomie, notamment pour la vérification de l'axe optique des lunettes méridiennes, dans le cas où l'on ne peut disposer d'une mire lointaine. Le c. est également employé dans un grand nombre d'expériences de physique, notamment dans les études de spectroscopie où l'ouverture du c. qui reçoit la lumière solaire ou artificielle et qui constitue en réalité la source de lumière, a la forme d'une fente étroite. C'est l'image de cette fente, élargie et colorée par la dispersion, qui constitue le spectre. Voy. Spectroscope.

COLLIN D'HARLEVILLE, poète comique français, auteur du *Vieux célibataire* (1755-1806).

COLLINAIRE. adj. 2 g. [Pr. *ko-linère*] (R. *colline*). T. Bot. Qui croît sur les collines.

COLLINE. s. f. [Pr. *koline*] (lat. *collis*, m s.). Petit monticule qui s'élève en pente douce au-dessus de la plaine. *Le haut, le pied, le bas de la c. C. plantée de vignes.* Poét. *La double c.*, Le Parnasse.

COLLINÉATION s. f. [Pr. *kol-linéa-sion*] (lat. *cum*, avec; *linea*, ligne). T. Géom. Ensemble de lignes dépendant de deux paramètres, c.-à-d. tel qu'il faille se donner deux conditions pour définir l'une des lignes de l'ensemble. — *C. linéaire*, C. formée de lignes droites. *Les normales à une surface forment une c. linéaire.* On dit plutôt *Congruence*. Voy. ce mot.

COLLINGWOOD, amiral anglais (1750-1810).

COLLINS (Jean-Antoine), philosophe anglais (1676-1729).

COLLIOURE, v. de l'arr. de Céret (Pyrénées-Orientales), 3,400 hab. Port sur la Méditerranée.

COLLIQUATIF, IVE. adj. 2 g. [Pr. *kol-li-coua-tif* (R. *colliquation*). T. Méd. Qui se résout en liquides; qui épuise par la production abondante de sécrétions liquides. *Les sueurs colliquatives des phthisiques. Diarrhée colliquative.*

COLLIQUATION. s. f. [Pr. *kol-li-coua-sion*] (lat. *colliquescere*, fondre). T. Méd. Symptôme morbide caractérisé par l'hypersécrétion des liquides et s'accompagnant de consomption, qu'on expliquait autrefois en admettant que la substance même du corps se convertissait en liquides expulsés ensuite sous forme de sueurs, de flux diarrhéique, d'écoulement abondant de pus, d'urine, etc. Il y a peut-être du vrai dans cette ancienne explication, notamment en ce qui concerne le tissu adipeux.

COLLIQUE. adj. 2 g. [Pr. *kol-lique*...] (R. *colle*). T. Chim. L'*acide collique* C⁶H¹O² est l'un des produits qui se forment quand un oxyde des substances albuminoïdes ou la gélatine par le bichromate de potasse et l'acide sulfurique. Il est solide, peu soluble dans l'eau, fusible à 97°. C'est un acide assez énergique qui décompose facilement les carbonates.

COLLISION. s. f. [Pr. *kol-li-zion*] (lat. *collisio*, m.s.). T. Didact. Choc de deux corps. || Fig., Lutte violente entre plusieurs personnes appartenant à des partis opposés. *Les groupes étaient exaspérés; une c. paraissait imminente.*

COLLO, v. maritime de l'Algérie, à 62 kil. de Constantine; 2,200 hab.

COLLOBRIÈRES, ch.-l. de c. (Var), arr. de Toulon; 2,200 hab.

COLLOCATION. s. f. [Pr. *kol-lo-ca-sion*] (lat. *collocatio*, de *collocare*, placer). T. Prat. Action par laquelle on range des créanciers dans l'ordre suivant lequel ils doivent être payés. *On a fait la c. de ses créanciers.* || L'ordre, le rang dans lequel chaque créancier est placé. *Bordereau de c. Il a été payé suivant sa c.* — *C. utile*, Celle pour le payement de laquelle il y a suffisamment de deniers. Voy. Hypothèque. || La somme qui revient [à un créancier suivant son rang. *Recevoir le montant de sa c.* || *C. de l'argent*, L'emploi qu'on fait de l'argent en le plaçant à intérêt.

COLLODION. s. m. [Pr. *kol-lodion*] (R. *colle*). T. Chim. Solution de fulmicoton ou de pyroxyline dans un mélange d'alcool et d'éther. Voy. Cellulose. — Le collodion a rendu les plus grands services à la *Photographie*. Voy. ce mot.

COLLODIONNER. v. a. [Pr. *kol-lo-dio-ner*]. T. Photogr. Couvrir d'une couche de collodion.

COLLOÏDAL. ALE. adj. [Pr. *kol-lo-ï-dal*]. Qui est de la nature des colloïdes.

COLLOÏDE. adj. 2 g. et s. m. [Pr. *kol-lo-ïde*] (gr. κόλλα, colle; εἶδος, apparence). T. Chim. Se dit de certaines substances susceptibles de former avec les liquides des gelées plus ou moins compactes. || T. Méd. Affection caractérisée par la production d'une matière gélatineuse renfermée dans une trame aréolaire. Voy. Cancer.

Chim. — Au point de vue de leur diffusibilité dans les liquides, on peut partager les corps en deux classes : les *cristalloïdes*, facilement diffusibles, tels que les substances salines, le sucre, etc., et les *colloïdes*, dont la vitesse de diffusion est très faible ou nulle. La gélatine, les gommes, les matières albuminoïdes et la plupart des substances qui forment les tissus vivants sont des colloïdes; certains composés minéraux tels que l'acide silicique, l'alumine, l'hydrate ferrique, etc., peuvent aussi être amenés à l'état colloïdal. Ces corps sont généralement amorphes, incristallisables et présentent l'aspect de la gélatine. Beaucoup de colloïdes peuvent être obtenus à l'état de solution dans l'eau. Mais ces solutions, qui différent à plusieurs égards de celles des cristalloïdes, sont ordinairement très instables : une légère élévation de température, la présence de l'acide carbonique, l'addition d'une trace d'un corps étranger tel qu'un acide, un sel, de l'alcool, etc., suffisent souvent pour transformer ces solutions en gelées ou flocons insolubles; on dit alors que le c. a passé de l'état *soluble* à l'état *pecteux* ou *coagulé*. Cette coagulation peut même s'opérer spontanément au bout d'un temps plus ou moins long. Dans certains cas, le coagulum est susceptible de se redissoudre dans l'eau, comme cela a lieu pour la gélatine; mais le plus souvent il reste insoluble et ne fait que s'imbiber de liquide. On peut donc diviser les colloïdes en trois classes: 1° colloïdes solubles donnant des gelées liquéfiables par la chaleur : gélatine, chondrine, acide lungstique colloïdal, etc.; 2° colloïdes solubles qui se coagulent facilement par l'action de la chaleur ou sous l'influence des acides, des sels, etc., en donnant des gelées insolubles : albumine, acide silicique, hydrate ferrique; 3° colloïdes insolubles: albumine coagulée, caséine précipitée, fibrine, etc. La plupart des tissus de l'organisme appartiennent à cette dernière catégorie et constituent des milieux insolubles où l'eau et les cristalloïdes se diffusent avec une grande énergie; c'est ainsi que les tissus de l'organisme peuvent être baignés et pénétrés par des liquides sans s'y dissoudre. — Tous les colloïdes, et en particulier les membranes animales, se prêtent ainsi à la diffusion des cristalloïdes et se laissent traverser par leurs solutions ainsi que par l'eau; mais ils restent imperméables vis-à-vis des colloïdes. Cette propriété est utilisée dans l'opération appelée dialyse, qui permet d'effectuer la séparation des cristalloïdes et des colloïdes, et de préparer ces derniers à l'état de pureté. Voy. Dialyse.

C'est le chimiste anglais Graham qui établit la distinction entre les colloïdes et les cristalloïdes, imagina la dialyse et publia les travaux les plus importants sur les substances colloïdales. De nos jours, M. Grimaux a expliqué le phénomène de la coagulation par une série de polymérisations : les molécules d'un c. en solution s'uniraient deux à deux, en perdant de l'eau, pour former des molécules plus complexes; celles-ci, à leur tour, s'uniraient de même entre elles, et ces condensations successives, en se continuant, finiraient par amener l'état pecteux. Les grandes dimensions des molécules polymérisées et leur poids moléculaire élevé permettraient de rendre compte des propriétés des colloïdes.

COLLOÏDINE. s. f. [Pr. *kol-lo-ï-dine*] (R. *colloïde*). T. Chim. Substance azotée, ressemblant à la gomme arabique par son aspect et sa solubilité dans l'eau, contenue dans les kystes ovariens gélatineux et dans les tumeurs dites *Colloïdes*.

COLLONGES, ch.-l. de c. (Ain), arr. de Gex, 1,100 hab.

COLLOPHORA. s. m. [Pr. *kol-lo*...] (gr. κόλλα, colle; φορός, qui porte). T. Bot. Genre de plantes de la famille des *Apocynées*. Voy. ce mot.

COLLOQUE. s. m. [Pr. *kol-loque*] (lat. *colloqui*, parler ensemble). Dialogue, entretien de deux ou de plusieurs personnes. Fam. || *un tout ensemble de fréquents colloques*. Fam. — *Le c. de Poissy*, Conférence célèbre qui fut tenue à Poissy, en 1561, entre les catholiques et les protestants. ═ **Colloques**, s m pl. Titre de certains ouvrages qui contiennent des dialogues sur diverses matières. *Les Colloques d'Érasme.*

COLLOQUER. v. a. [Pr. *kol-lo...*] (lat. *collocare*, placer). Placer, mettre quelqu'un en une place. *Ils m'ont assez mal colloqué.* Fam. || Donner, livrer pour se débarrasser. Pop. || T. Prat. Ranger des créanciers dans l'ordre suivant lequel ils doivent être payés sur le prix provenant de la vente judiciaire d'un objet appartenant à leur débiteur commun. = COLLOQUÉ, ÉE. part. = COLLOQUER. v. n. Causer ensemble.

COLLOT D'HERBOIS, membre de la Convention et du Comité de salut public, mourut déporté à Cayenne (1750-1796).

COLLOTYPIE. s. f. [Pr. *kol-to...*] (de *colle* et *type*). T. Tech. Procédé de photogravure fournissant des clichés en gélatine bichromatée. Voy. PHOTOGRAVURE.

COLLOXYLINE. s. f. [Pr. *kol-lok-siline*] (gr. χόλλα, colle; ξύλον, bois). T. Chim. Nom donné aux fulmicotons ou pyroxylines peu explosibles employés pour la fabrication du collodion. Ce sont des mélanges en proportions variables de celluloses tétra- et pentanitrées.

COLLUDER. v. n. [Pr. *kol-luder*] (lat. *cum*, avec; *ludere*, jouer). T. Palais. S'entendre avec sa partie adverse au préjudice d'un tiers.

COLLURE. s. f. [Pr. *ko-lure*] T. Techn. Action de coller.

COLLUSION. s. f. [Pr. *kol-lu-zion*]. Intelligence secrète entre deux ou plusieurs parties au préjudice d'un tiers. *C. secrète, visible, manifeste.* || Toute intelligence secrète dans les affaires pour tromper un tiers.

COLLUSOIRE. adj. 2 g. [Pr. *kol-lu-zoire*] T. Palais. Qui se fait par collusion. *Acte c. Arrêt c.*

COLLUSOIREMENT. adv. [Pr. *kol-lu-zoireman*]. D'une façon collusoire.

COLLUTOIRE. s. m. [Pr. *kol-lu...*] (lat. *colluere*, laver). T. Méd. Remède destiné à agir sur les gencives et sur les muqueuses des joues. Voy. GARGARISME.

COLLUVIAIRE. s. m. [Pr. *kol-lu-vière*] (lat. *colluviarium*, m. s., de *colluere*, laver). Puits pratiqué de distance en distance dans la voûte d'un aqueduc, afin de pouvoir le visiter.

COLLYRE. s. m. [Pr. *kol-lire*] (lat. *collyrium*; gr. κολλύριον, de κολλύρα, pâte de farine). T. Méd. On désigne sous ce nom toute espèce de médicament tonique qu'on applique sur l'œil ou plutôt sur la conjonctive. On distingue les *Collyres secs*, qui consistent en des poudres qu'on insuffle dans l'œil au moyen d'un tuyau de plume; les *Collyres mous*, qui sont des onguents ou des pommades, et les *Collyres liquides*, qui se préparent avec des eaux distillées, des infusions ou décoctions de plantes, auxquelles on ajoute diverses substances médicamenteuses d'origine végétale ou minérale.

On a beaucoup délaissé l'usage de ces préparations métalliques qui, introduites dans l'œil, ne sont point sans dangers pour la cornée. Aujourd'hui, les collyres les plus employés sont à base de sulfate d'atropine ou d'ésérine, pour dilater ou resserrer la pupille et les préparations de strychnine, pilocarpine, pour modifier l'influx nerveux. Nous ne parlons pas des antiseptiques (acides borique, phénique, salicylique, etc.), qui sont devenus la base de l'oculistique, comme de toute la chirurgie contemporaine.

COLLYRITE. s. f. [Pr. *kol-lirite*] (gr. κολλύριον, argile blanche). T. Minér. Hydrosilicate d'alumine naturel.

COLMAN, poète dramatique anglais, auteur de *John Bull* (1762-1836).

COLMAR, anc. ch.-l. du dép. du Haut-Rhin, à 450 kil. de Paris, 29,600 hab (à l'Allemagne depuis 1871). || Espèce de poire, *Poire de Colmar,* ou simplement *Colmar.*

COLMATAGE. s. m. T. Agric. Action de colmater. Voy. DESSÉCHEMENT.

COLMATE. s. f. T. Agric. Terrement, résultat du colmatage.

COLMATER. v. a. (ital. *colmare*, combler, du lat. *cumulare*, m. s.). T. Agric. Exhausser ou fertiliser artificiellement les terrains bas ou stériles au moyen de dépôts vaseux retirés des fleuves.

COLOBE. s. m. (gr. χολοβός, tronqué). T. Mamm. Genre de singes africains, caractérisé par l'absence ou l'atrophie des pouces aux mains antérieures. Voy. SEMNOPITHÈQUE.

COLOBOME. s. m. (gr. χολοβωμα, mutilation). T. Chir. Ce qui a été raccourci par mutilation. || Vice de conformation de l'œil, consistant en une fissure de cet organe. Le c. inté-

resse le plus souvent l'iris et le corps vitré. Quand il n'atteint pas la rétine, il ne s'accompagne d'aucun trouble de la vision. La Fig. représente un c. de l'iris. — On dit aussi COLOBOMA.

COLOCASE ou **COLOCASIE** s. f. (gr. χολοχασία, m. s.). T. Bot. Genre de plantes (*Colocasia*) de la famille des *Aroïdées*. Voy. ce mot.

COLOCATAIRE. s. m. Celui qui est locataire avec d'autres dans la même maison.

COLOCOTRONIS, patriote grec, s'illustra pendant la guerre de l'Indépendance (1770-1843).

COLOCYNTHINE. s. f. (R. *coloquinte*). T. Chim. Substance non azotée, très amère, contenue dans le fruit de la coloquinte. C'est un purgatif drastique violent.

COLOGNE (EAU DE). s. f. Eau spiritueuse, aussi appelée *Alcoolat de citron composé,* fort employée en parfumerie. Fabriquée à Cologne dès le XVIIe siècle.

COLOGNE (En allemand *Köln,* pr. *keuln*), ville d'Allemagne (Prusse Rhénane), sur la rive gauche du Rhin, 282,500 hab., admirable cathédrale gothique commencée en 1248, achevée seulement en 1882. Les tours atteignent, avec les flèches, 156 mètres de hauteur. Cette ville est l'ancienne *Colonia Agrippina* des Romains, et son nom français rappelle mieux son origine que son nom allemand. L'impératrice Agrippine, mère de Néron, y naquit en l'an 14.

COLOMB (CHRISTOPHE), illustre navigateur né à Gênes en 1440, mort à Valladolid en 1506. Considérant la sphéricité de la Terre, il était persuadé qu'il était possible d'aller aux Indes et à la Chine en naviguant vers l'ouest. Il fit partager sa conviction aux souverains de l'Espagne, Ferdinand II et Isabelle. Il découvrit ainsi, sans s'en douter, le 12 octobre 1492, l'Amérique, qu'il prit toujours, d'ailleurs, pour la côte orientale des Indes. Après quatre voyages successifs, il fut abandonné par Ferdinand, et mourut dans la misère.

COLOMBA s. f. (*columna,* colonne). T. Techn. Grosse solive posée à plomb pour faire des édifices de charpente. || Sorte de grande varlope renversée. || Billot de bois carré sur lequel les tonneliers joignent et rabotent les fonds.

COLOMBAIRE. s. m. (lat. *columbarium*). T. Archéol. Nom donné chez les Romains aux caveaux mortuaires. Voy. CIMETIÈRE. || Fig. Amas inutile. || T. Minér. Se dit des grains d'une *roche* lorsqu'ils sont de la grosseur d'un œuf de pigeon.

COLOMBAN (SAINT), fondateur des monastères de Luxeuil et de Bobbio (540-615).

COLOMBE. s. f. (lat. *columba*). Nom poétique du pigeon, et plus spécialement des variétés blanches. *La c. était l'oi-*

seau de Vénus. || S'emploie également, au lieu de pigeon, dans toutes les phrases tirées ou imitées de l'Écriture sainte. *Le Saint-Esprit descendit en forme de c. sur Jésus-Christ. La simplicité de la c.* || T. Ornith. Genre d'oiseaux de la famille des *Colombines.* Voy. PIGEON.

COLOMBE (SAINTE), fut martyrisée à Sens (Yonne), sous Aurélien (III° siècle). Fête le 31 décembre.

COLOMBELLE. s. f. T.Typog. Filet qui sépare deux colonnes.

COLOMBES, commune du dép. de la Seine, cant. de Courbevoie, arr. de Saint-Denis ; 10,000 hab.

COLOMBIE, anc. rép. de l'Amérique méridionale, fondée par Bolivar, en 1821, divisée depuis 1831 en trois États : la Nouvelle-Grenade, aujourd'hui république de Colombie, le Vénézuéla et l'Équateur. || District fédéral des États-Unis. Voy. COLUMBIA.

Géogr. — La république actuelle de Colombie occupe l'extrémité nord-ouest de l'Amérique du Sud ; elle s'appela d'abord Nouvelle-Grenade, nom qui lui fut donné en 1538 par le conquérant Quesada, en raison d'une ressemblance plus ou moins lointaine entre les environs de Grenade et ceux de Bogota. Ce nom a cessé d'être officiellement employé en 1861.

Le développement des côtes est de 2.390 kilom. sur le Pacifique et 2.250 sur l'Atlantique. La mer des Antilles d'un côté y forme le golfe de Darien ; le Grand Océan de l'autre forme les golfes de Panama et de San-Miguel, puis la baie de Choco, au sud du cap Corrientes. — Le système orographique se rattache tout entier à la chaîne des Andes, qui parcourt toute

que sur les hauteurs de 1.500 mètres au moins. La fièvre jaune règne au contraire en permanence sur les côtes, notamment dans les territoires de Panama, de Choco, de Bolivar et de Magdalena. La température moyenne est de 27° sur le littoral de l'Atlantique ; sur les plateaux elle varie entre 25° et 10°.

Les plus anciennes populations sont les *Muyscas* et les *Gonjiros,* qui sont encore près de 500.000. On trouve encore trois groupes d'habitants bien distincts : la race blanche espagnole (environ 450.000 individus) ; la race mulâtre (500.000) et la race métisse (1.500.000). L'ensemble forme un total approximatif de 3.300.000 habitants.

La constitution actuelle de la Colombie date du 5 août 1886 ; à la suite de la guerre civile de 1884-1885, la république, qui était autrefois fédérative, s'est constituée en État centralisé et unitaire. La superficie du territoire se divise en neuf États, subdivisés en provinces et districts. La capitale, Bogota, appartient à un district neutre. Les neuf États sont :

	POPULATION	VILLES PRINCIPALES
Panama	230.000	Panama.
Cauca	435.000	Papayan.
Antioquia	365.000	Antioquia, Medellin.
Bolivar	245.000	Carthagène.
Magdalena	100.000	Santa-Marta.
Santander	435.000	Bucaramanga.
Boyaca	510.000	Tunja.
Cundinamarca	410.000	Funza.
Tolima	235.000	Hugue.

Les principales villes sont *Bogota,* sur un plateau de 2.600 mètres d'altitude. Il n'y a aucune grande industrie, mais seulement de petites fabriques de meubles et d'objets d'utilité commune. Université et observatoire astronomique. — *Baranquilla,* à l'embouchure de la Magdalena, entrepôt des marchandises de ou pour l'intérieur. — *Sainte-Marthe,* sur la mer, au milieu d'une nature enchanteresse, mais la ville elle-même n'offre aucun intérêt. — *Panama,* petit port sur la rade de ce nom (Grand Océan). — *Colon-Aspinwall,* bâti sur pilotis, de l'autre côté de l'isthme, est en relations avec les ports d'Europe. — *Chagres* et *Porto-Bello* sont de petits ports sur la mer des Antilles.

Les productions du sol sont peu exploitées. L'or provient des mines et lavages d'Antioquia, Cauca, Choco, etc. ; depuis l'origine, ces mines ont rapporté près de 500 millions. L'argent est exploité à Santa-Anna et les émeraudes à Muzo. Les principales cultures sont celles du cacao, du thé, de la canne à sucre, du coton, du café, du quinquina ; enfin les forêts donnent des palmiers, cèdres, bois d'acajou et tous les bois de teinture et d'ébénisterie. — L'industrie est nulle ; on ne fabrique guère que des chapeaux de paille dits de Panama, des objets en nacre et en corail. L'industrie, comme l'agriculture sont d'ailleurs entravées par l'absence de routes et la hauteur des montagnes ; le transport des marchandises s'effectue par des routes muletières. Les articles d'exportation les plus importants sont le quinquina, le café, le cacao, les

MER DES ANTILLES
COLOMBIE
Échelle
Limites d'États
de Gouvernements
OCÉAN PACIFIQUE
VÉNÉZUÉLA
BOLIVAR
ANTIOQUIA SANTANDER
BOYACA
CUNDINAMARCA
TOLIMA
Territoire du Caqueta
Équateur
ÉQUATEUR
BRÉSIL
PÉROU

l'Amérique du Sud. La Colombie est très montagneuse et de la chaîne occidentale, la principale, la *chaîne du Choco,* se détachent, au nœud de Pasto, deux autres chaînes fort élevées : l'une à l'est, la *Summa Paz,* l'autre au centre, le *Quindiu.* Les plus hauts points sont couverts de neige et de glaciers (5.993 mèt.). — Dans l'isthme de Panama, l'altitude n'est que de 90 à 100 mètres. Les principaux cours d'eau sont le *Rio Chagres,* l'*Atrato* et la *Magdalena.*

Le pays est encore parcouru par des affluents de l'Orénoque et de l'Amazone. Le climat, fort chaud, n'est guère salubre

bois de teinture ; ensuite viennent les produits animaux et minéraux.

COLOMBIE BRITANNIQUE, province de l'Amérique du Nord (Dominion of Canada), ch.-l. Victoria, 49,500 hab.

COLOMBIENNE. s. f. T. Typogr. Presse d'imprimerie en fonte.

COLOMBIER. s. m. Bâtiment qui est le plus souvent en

forme de tour et dans lequel on loge des pigeons. *C. à pied,* C. qui a des boulins depuis le sommet jusqu'au rez-de-chaussée. *Autrefois il n'était permis qu'aux seigneurs hauts justiciers d'avoir des colombiers à pied.* || Fig. et prov., *Faire venir, attirer les pigeons au c.,* Attirer des chalands, des personnes qui apportent du profit; et, dans le sens contraire, *Chasser les pigeons du c.* || T. Papeterie. Papier grand format. Voy. PAPIER. || T. Mar. Forte épontelle faisant partie du bec et qu'on place sous la carène d'un bâtiment en construction. || T. Typ. Espace trop grand entre les mots.

COLOMBIN. s. m. T. Peint. Espèce de laque. || T. Minér. Nom de l'un des minerais d'où l'on tire le plomb. || T. Constr. Cloison ménagée au pourtour des carreaux de poêle ou de garniture de cheminée. || T. Techn. Bassin dans lequel le faïencier met la composition de la fritte. — Cylindre de pâte servant à former certaines poteries.

COLOMBIN, INE. adj. Qui est d'une couleur mélangée entre le rouge et le violet, approchant du gris de lin. *Taffetas c. Couleur colombine.* Vx. On dit aujourd'hui, *Gorge de pigeon.*

COLOMBINE. s. f. (R. *colombe*). T. Agric. La fiente de pigeon. Par ext., Celle des volailles Voy. ENGRAIS. || T. Chim. Principe actif de la racine du colombo. On l'extrait au moyen de l'alcool. Elle cristallise en prismes orthorhombiques, incolores, inodores, très amers, solubles dans l'alcool bouillant, dans l'acide acétique et dans la potasse. — L'extrait alcoolique de la racine de colombo, traité par l'eau de chaux, puis par l'acide chlorhydrique, laisse déposer de l'*acide colombique* en flocons blancs, très acides, solubles dans l'alcool.

COLOMBINE. Personnage de la Comédie italienne, amoureuse d'Arlequin ou de Pierrot.

COLOMBINES. s. f. pl. T. Ornith. Sous-genre de pigeons. Voy. PIGEON.

COLOMBI-TURTURES. s. f. pl. T. Ornith. Sous-genre de pigeons. Voy. PIGEON.

COLOMBITE. s. f. T. Minér. Mélange isomorphe de niobate et de tantalate ferreux et manganeux.

COLOMBIUM ou **COLUMBIUM.** s. m. [Pr. *colon-biome*] (R. *Christophe Colomb*). T. Chim. Métal rare, confondu autrefois avec le tantale. Il est identique avec le *Niobium.* Voy ce mot.

COLOMBO ou **COLUMBO.** s. m. (R. *Colombo,* nom de ville). T. Bot. Plante de la famille des *Ménispermacées.* Voy. ce mot.

COLOMBO, capitale de l'île de Ceylan (Hindoustan), 100,000 hab.

COLOMBOPHILE. adj. 2 g. (de *colombe,* et gr. φιλέω, j'aime). Qui se plait à élever les pigeons voyageurs. *Société colombophile.*

COLOMINE. s. f. Variété talqueuse d'argile à poterie.

COLOMNAIRE. adj. (lat. *columna,* colonne). T. Didact. Qui a la forme d'une colonne.

COLOMNÉE. s. f. (lat. *columna,* colonne). T. Bot. Genre de plantes (*Columna*) de la famille des *Gesnéracées.* Voy. ce mot.

COLOMNIFÈRE. adj. (lat. *columna,* colonne; *fero,* je porte). T. Archit. Qui porte une colonne.

COLON. s. m. (lat. *colonus,* m. s.). Sous l'empire romain et pendant la première partie du moyen âge, celui qui cultivait la terre pour son compte en payant une redevance au propriétaire. Il était attaché à la terre, vendu avec elle, et soumis aux châtiments corporels. Voy. SERVAGE. || Celui qui cultive une terre, dans quelque pays que ce soit. *Le pays manque de colons.* — *C. partiaire.* Voy. FERMAGE. = Plus ordinairement celui qui fait partie d'une colonie, qui habite une colonie. *Un riche c. De nombreux colons.* Voy. COLONIE.

CÔLON s. m. (gr. χῶλον). T. Anat. Partie du gros intestin qui fait suite au cæcum et se termine au rectum. Voy. INTESTIN.

COLON, v. de Colombie, au nord de l'isthme de Panama, port sur l'Atlantique, 5,000 hab. Voy. COLOMBIE.

COLONAGE. s. m. Exploitation par un colon partiaire.

COLONAILLE. s. f. [Pr. les *ll* mouillées]. T. Techn. Brin d'osier plus grand que les autres dans un ouvrage de vannerie.

COLONAT. s. m. T. Hist. État de colon. Voy. SERVAGE. || T. Législ. *C. partiaire.* Voy. FERMAGE.

COLONE, bourg de l'anc. Grèce (Attique), patrie de Sophocle.

COLONEL. s. m. (R. *colonne*). T. Hist. milit. Le titre de *Colonel* a paru, pour la première fois, dans l'armée française sous le règne de Louis XII. Alors il servait à désigner les capitaines ou chefs des bandes d'infanterie. Lorsque François 1er créa ses légions, il attribua ce titre au chef de chacun de ces corps. Au retour de l'ancienne organisation, c.-à-d. lorsqu'on abandonna le système des légions pour reprendre celui des bandes, les chefs des nouvelles troupes continuèrent à être appelés colonels, et ils conservèrent ce titre jusqu'en 1544, où l'on créa la charge bien supérieure de *C. général,* donnée au commandant de toutes les troupes d'une même arme et qui ne disparut complètement qu'en 1830. Les chefs des divers corps militaires, qui eux-mêmes reçurent bientôt (1558) le nom de *Régiments,* s'appelèrent alors *Mestres de camp.* Ils reprirent leur ancien titre en 1661, redevinrent *mestres de camp* en 1780, et enfin colonels en 1788. Cette dernière dénomination fut supprimée en 1793 et remplacée par celle de *Chef de brigade,* qui disparut à son tour en 1803, où l'on revint à l'ancienne. Depuis cette époque, tout chef qui commande un régiment porte le titre de c., et l'on appelle *Lieutenant-colonel* l'officier supérieur qui vient immédiatement après le c. et le remplace en cas d'absence. — Le titre de *C.* est encore attribué à des officiers qui, sans avoir de troupes sous leurs ordres, ont le grade et portent les insignes de c. — Hors de son régiment, le c. peut être chargé du commandement des places fortes et remplir les fonctions de chef d'état-major des divisions territoriales et des divisions de l'armée. Dans son régiment, son autorité embrasse toutes les parties du service. Il est responsable de la discipline, de l'instruction, de la tenue et de la police des sous-officiers. Il dirige l'administration du corps, de concert avec le *conseil d'administration,* et veille à ce que les officiers et les sous-officiers ne s'écartent pas des limites de leurs attributions. De plus, il a le droit de nommer aux grades de caporal et de sous-officier. Les insignes principaux de son grade consistent généralement en cinq galons d'or ou d'argent cousus sur les manches de la tunique ou du dolman.

COLONELLAT. s. m. [Pr. *kolonè-la*]. Titre, emploi du colonel.

COLONELLE. adj. et s. Nom donné sous l'ancien régime à la première compagnie de chaque régiment. || Femme d'un colonel.

COLONIAIRE. adj. 2 g. Qui a rapport à une colonie.

COLONIAL, ALE. adj. Qui est relatif aux colonies, qui vient des colonies. *Régime c. Denrées coloniales.* — *Système c.* T. Écon. pol. Système de législation particulier qui limite le commerce d'une colonie aux relations avec la métropole ou avec une compagnie jouissant d'un monopole. Voy. COLONIE.

COLONIE. s. f. (lat. *colonia*). Réunion d'hommes sortis d'un pays pour aller en habiter un autre; et, par ext., la population qui s'est formée et qui se perpétue dans le lieu de leur établissement. || Lieu, pays habité par une c. *Marseille était une colonie de Phocéens. La Martinique est une c. française. Le gouverneur d'une c.* || Absol., Les colonies françaises. *Il est mort dans les colonies, aux colonies.*

On désigne sous le nom de colonies l'ensemble des possessions et territoires qui s'ajoutent au domaine d'un pays, en dehors de l'agglomération principale qui constitue son unité politique. L'idée originaire de la colonie est le besoin pour un peuple puissant de procurer des débouchés nouveaux à son commerce et des terres nouvelles à ses habitants. Sur cette conception générale, les systèmes les plus divers ont été mis en pratique.

Certains peuples, tant dans l'antiquité que dans les temps modernes, n'ont considéré leurs possessions lointaines que comme des champs d'exploitation, d'où il fallait retirer dans le moins de temps possible le maximum de revenus. Ce fut la conception des Phéniciens, celle des Hollandais dans les îles de la Sonde, des Espagnols en Amérique et c'est encore aujourd'hui celle du peuple anglais. Dans ce système, les peuples soumis sont considérés par leurs vainqueurs comme appartenant à des races inférieures, avec lesquelles il est bon de n'avoir aucun contact, aucun mélange. Les peuples qui ont pu s'en tenir à cette intransigeance, ont en général prospéré et leurs colonies, loin de leur coûter, ont été pour eux une source de richesses; mais presque toujours, avec les années ou avec les siècles, les races se sont fondues et ont donné naissance à des populations mixtes, qui, n'ayant plus les vertus des races primitives, ont en général réuni leurs défauts et précipité la ruine des pays qu'elles occupaient.

D'autres peuples, en prenant possession de territoires lointains, se sont surtout préoccupés d'étendre leur influence politique et de propager leur race. Ainsi ont calculé les Grecs de l'antiquité en s'étendant dans le bassin de la Méditerranée. Nous n'avons pas obéi à d'autres sentiments en prenant l'Algérie. Cette conception coloniale, dans l'ensemble de l'histoire, est beaucoup plus rare que la précédente : elle a produit des œuvres plus fortes, mais non plus durables. Après quelques siècles, les peuples créés ont revendiqué leur autonomie et constitué des nationalités indépendantes. Tel l'exemple des États-Unis.

Il est enfin d'autres peuples — et ils sont les plus nombreux — qui, en cherchant au loin fortune et succès, n'ont eu d'autre but que de trouver un dérivatif à des compétitions intérieures trop violentes ou mieux encore ont cédé à de simples considérations d'amour-propre et de vanité. La colonisation contemporaine en offre de ruineux et lamentables exemples.

Cependant la politique coloniale est un besoin pour les peuples, comme la lutte est la condition même de l'existence pour les individus. Dans la vie momentanée qui est dévolue à chacun, l'avenir est aux organismes jeunes ou rajeunis. La mort, c.-à-d. la ruine de tous les efforts, n'importe pas aux générations qui passent; elles ont besoin d'agir, de lutter et de grandir. Aussi les échecs que l'histoire enregistre ne sont qu'un point dans les siècles; mais la vie des peuples eux-mêmes n'est-elle pas éphémère? Où sont les peuples de l'antiquité, qui ont fondé de si riches et si puissantes colonies? Que sont devenues Tyr et Sidon, les métropoles de Carthage? Qu'est devenue la puissance grecque, qui trouva en elle assez de vitalité pour coloniser et peupler les côtes d'Asie Mineure, la Cyrénaïque, la Sicile et l'Italie méridionale? Qu'est devenue Rome enfin, qui régnait le monde entier? Les colonies de ces peuples ne sont plus; ces peuples eux-mêmes se sont renouvelés et modifiés dans un perpétuel va-et-vient d'invasions et de barbares.

Un tel spectacle serait de nature à décourager les hommes ou les peuples qui ne voudraient envisager que le but final des choses; mais puisque, par un effet de la nature, l'illusion est le guide de l'humanité et que les rivalités en sont la conséquence, la politique coloniale durera autant que l'humanité elle-même.

Les peuples les plus primitifs l'ont pratiquée. Jason allant à la recherche de la Toison d'or est un des premiers coloniaux. Dans ces époques reculées, trois peuples ont joué une action particulièrement décisive :

1° Les Phéniciens, qui ont fondé Carthage et créé des établissements sur toutes les côtes d'Espagne;

2° Les Grecs, dont l'*Iliade* et l'*Odyssée* nous représentent les premiers exploits aventureux;

3° Les Romains, dont le génie a été fait d'une longue patience et qui ont fait accepter partout leur domination, en respectant les mœurs et les usages des peuples vaincus.

Les invasions barbares, celles des Arabes, celles des Tartares et des Mongols, les Croisades, ne sont que des formes variées à l'infini de la politique d'expansion; mais la politique coloniale, au sens propre qui est attribué à ce mot, ne commence réellement qu'à la fin du XVe siècle avec la découverte de l'Amérique. Alors trois peuples européens donnent le signal des conquêtes lointaines :

1° Les Espagnols, qui conquièrent la majeure partie de l'Amérique du Sud et toute l'Amérique centrale;

2° Les Portugais, qui s'établissent au Brésil et dans l'Inde;

3° Enfin les Hollandais, qui occupent les îles de la Sonde.

Ces premiers essais de colonisation ont été en général l'exploitation éhontée des pays soumis; les souvenirs de la barbarie la plus atroce y restent attachés.

Ces colonies étaient déjà nombreuses et momentanément prospères que l'Angleterre ni la France n'avaient encore fait au dehors aucun établissement sérieux. Le XVIIe siècle voit l'origine de leurs efforts, et le XVIIIe leur antagonisme. La France succombe dans la lutte et l'Angleterre reste maîtresse de l'Inde presque tout entière et de toute l'Amérique du Nord. En même temps, les Espagnols et les Portugais, malgré leurs vastes possessions, perdent leur autorité et leur puissance : une exploitation déraisonnable et maladroite en est la cause principale.

Au début du XIXe siècle, une des contrées du monde, l'Afrique, restait encore en majeure partie fermée à l'activité européenne; les Anglais prennent le Cap en 1800 et les Français Alger en 1830. Le reste du continent est partagé entre ces deux peuples, auxquels se joignent les Allemands, après la guerre de 1870.

Aujourd'hui les principales colonies européennes sont réparties de la façon suivante :

Aux Français : l'Algérie, la Tunisie, Madagascar, le Congo, le Dahomey, le Soudan occidental, le Sénégal, une partie de la Guyane, la Martinique, la Guadeloupe, Saint-Pierre et Miquelon, Taïti, les Marquises, la Nouvelle-Calédonie, l'Indo-Chine, quelques établissements dans l'Inde.

Aux Anglais : la Gambie, Sierra-Leone, la Côte d'Or, les bouches du Niger, le Cap, Natal, l'Afrique orientale, Maurice, l'Hindoustan, la Birmanie, Hong-Kong, une partie de Bornéo et de la Nouvelle-Guinée, l'Australie, la Nouvelle-Zélande, le Canada, une partie de la Guyane, quelques Antilles, etc.

Aux Allemands : Togo, le Cameroun, une partie de l'Afrique orientale, le territoire Sud-Africain.

Aux Espagnols : Madère, les îles Philippines, Cuba.

Aux Portugais : les Canaries, une partie de la Gambie, la côte de Benguela, Mozambique.

Aux Hollandais : Sumatra, Java, une partie de Bornéo, la majeure partie des îles de la Sonde, une partie de la Guyane.

Aux Italiens : Massouah et le protectorat de l'Erythrée.

Il ne nous appartient pas de dire ici lesquelles de ces colonies sont florissantes et celles qui périclitent. Nous constaterons seulement, pour celles qui souffrent, les deux causes principales de malaise : l'une est l'habitude assez générale de leur donner de fortes subventions; ces subventions détruisent en elles le sentiment de la responsabilité et l'amour du travail; l'autre est l'inintelligence trop commune des mœurs et coutumes indigènes. La plupart des administrateurs procèdent par une série d'expériences contradictoires qui remettent perpétuellement en question l'œuvre commencée.

Il en résulte de fréquents mécomptes : il appartiendrait, par une méthode plus régulière, de tirer un réel profit des possessions lointaines, aujourd'hui si mal réparties sur tous les points du globe. Il ne faut pas désespérer que ce résultat sera atteint : les colonies sont de jour en jour mieux connues et les considérations sentimentales qui, dans notre siècle surtout, ont présidé à leur fondation tendent à faire place à une conception plus rationnelle des divers intérêts engagés.

COLONIES ANIMALES. s. f. pl. Certains animaux vivent en colonies; tels sont les hydres, les coralliaires; quelques-uns, comme les siphonophores, forment des colonies qui tendent à prendre une réelle individualité. Mais nous pouvons dire plus loin et dire avec Ed. Perrier : « Tout animal est un être collectif. » Henri Milne-Edwards a écrit : « Le corps d'un animal, de même que le corps d'une plante, est une association de parties qui ont chacune leur vie propre, qui sont à leur tour autant d'associations d'éléments organisés et qui constituent ce qu'on appelle des *organites*. Ce sont des individus physiologiques unis entre eux pour constituer l'individu zoologique ou botanique, mais ayant une indépendance plus ou moins grande, une sorte de personnalité. »

En quoi consiste l'individualité? que sont ces individus? Si nous considérons l'homme, qui peut être désigné comme le plus élevé des organismes, nous savons que son corps est formé d'éléments anatomiques appelés *plastides, cellules* ou *organites*, qui ont en quelque sorte une vie propre, qui ont des propriétés particulières, qui remplissont des fonctions spéciales, qui peuvent vivre quelque temps séparés des éléments voisins, et qui peuvent souvent disparaître, *mourir*, sans que ceux-ci en souffrent, ni même s'en aperçoivent.

Donc toute cellule jouit d'une certaine individualité, et ces cellules, ces éléments se groupent de façon à former ce qu'on appelle des tissus qui eux-mêmes, par leur réunion, constituent un organe.

Ces tissus ont des propriétés diverses et de leur association résulte quelque chose formant un tout, jouissant au sein de l'être vivant d'une certaine autonomie, pouvant, dans une mesure quelquefois assez étendue, acquérir une véritable indépendance; et à ce sujet M. Perrier, dans son magnifique livre intitulé : « *Les Colonies animales* » cite : un cœur de tortue arraché de la poitrine de l'animal, et qui peut vivre pendant plusieurs heures encore; les glandes qui, quelque temps encore après la mort, peuvent sécréter leur produit habituel.

Ne peut-on supprimer d'ailleurs certains organes sans que d'autres ressentent en quoi que ce soit les effets de l'opération? ne peut-on même enlever à un individu un organe, le greffer, comme l'a montré Paul Bert, sur un autre individu, chez lequel il continue à vivre comme par le passé? « L'organe, dit M. Perrier, n'est donc pas lié nécessairement à l'organisme dont il fait partie; il mène en cet organisme une vie qui lui est propre et l'on peut en conséquence le considérer lui aussi comme un véritable individu ».

Les siphonophores sont des colonies de polypes hydraires dans lesquelles chaque polype conserve une grande indépendance et peut même se séparer de la colonie pour vivre isolé pendant quelque temps, sauf à reconstituer ensuite peu à peu un nouveau siphonophore. Chacun des polypes de la colonie joue un rôle spécial; les uns sont nourriciers, d'autres protecteurs ou reproducteurs, etc.; et, en somme, on peut les considérer comme des organes. La Fig. ci-contre représente le *Physophora hydrostatica*. Les Tuniciers vivent aussi en colonies fort nombreuses. Voy. TUNICIERS.

Mais si les éléments se groupent pour former des tissus, si ces tissus se réunissent pour constituer des organes, les organes eux-mêmes, par leur groupement, forment des systèmes (s. nerveux, vasculaire, etc.); ou même si des organes de nature différente se groupent, ils forment des appareils (a. digestif, respiratoire, circulatoire, etc.); dans le premier cas ce sont, pour employer l'expression de M. Perrier, des individualités homoplastiques, c.-à-d. de formes semblables; dans le second cas, des individualités morphologiques comprenant les individus véritablement constitutifs des organismes, « auxquels, dit M. E. Perrier, nous avons été conduits à donner les noms de *plastides*, *mérides*, *zoïdes* et *dèmes* ».

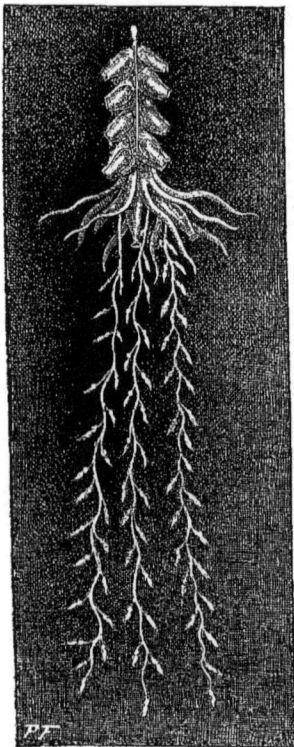

L'individu animal ou végétal peut être défini : *une association de parties combinées de manière à former un tout capable de vivre par lui-même, sans aucun secours physiologique, et de reproduire des associations semblables à elle-même*. Une telle association comprend bien des degrés, depuis l'état rudimentaire que l'on désigne habituellement sous le nom de *colonie*, jusqu'à l'état de remarquable coordination, d'étroite alliance des parties que présentent les animaux supérieurs. Voy. INDIVIDU.

COLONISABLE. adj. 2 g. Qui peut être colonisé.

COLONISATEUR, TRICE. adj. Qui colonise, qui a la colonisation pour but.

COLONISER. v. a. Peupler un pays par une colonie. *Les Grecs colonisèrent le sud de l'Italie.* = SE COLONISER. v. pron. Devenir colonisé. = COLONISÉ, ÉE. part.

COLONISTE. adj. 2 g. Qui est partisan de l'établissement ou de la conservation des colonies.

COLONNA, puissante famille romaine, qui a fourni des papes, des cardinaux, des généraux, etc.

COLONNADE. s. f. [Pr. *kolo-nade*] (R. colonne). T. Archit. On désigne sous ce nom une série de colonnes disposées symétriquement en galerie ou en circuit, soit autour, soit sur un des côtés seulement d'un édifice, à l'intérieur ou à l'extérieur pour servir de décoration ou de promenade. Quand elles forment seulement l'entrée d'un édifice, comme au Panthéon de Rome et de Paris, elles constituent un *Péristyle*. Les anciens ont laissé plusieurs exemples très remarquables de constructions de ce genre. Nous nous contenterons seulement de citer les nombreuses colonnades dont le sol de l'Égypte est en quelque sorte couvert, et les colonnades, plus magnifiques encore, que nous présentent les ruines de Baalbeck et de Palmyre, dans le désert de Syrie (Fig. Ruines de Palmyre). Parmi les colonnades modernes, nous nommerons d'abord les deux colonnades dont

le Bernin a entouré la place circulaire en face de la basilique de Saint-Pierre de Rome, et qui ont été commencées en 1661, sous le pape Alexandre VII. Chacune d'elles présente quatre rangs de colonnes doriques formant trois allées, dont une, celle du milieu, est assez large pour que deux voitures y puissent passer de front. Chaque rang comprend 24 pilastres et 140 colonnes. Ces colonnes sont monolithes, en pierre de travertin, et hautes de 28m60, y compris la base et le chapiteau. L'entablement qu'elles supportent est surmonté d'une balustrade, au-dessus de laquelle se voient 192 statues de 3m55 de haut. Paris possède également plusieurs colonnades qui méritent d'être citées. Indépendamment de la magnifique col. du Louvre, qui sera décrite ailleurs (voy. LOUVRE), nous mentionnerons celles qui décorent les bâtiments de la place de la Concorde, par Gabriel; celle qui entoure l'église de la Madeleine, due à Vignon; et enfin, celle de la Bourse, érigée sur les dessins d'Alexandre Brongniart. Voy. BOURSE.

COLONNE. s. f. [Pr. *colo-ne*] (lat. *columna*, m. s.). Sorte de pilier circulaire qui sert ordinairement destiné à soutenir un entablement ou à décorer les édifices. — Fig., *Les colonnes de l'État, de l'Église,* Ceux qui en sont les plus fermes soutiens. On le dit quelquefois des choses. *La justice et la paix sont les colonnes d'un empire.* || Fig., *Les colonnes d'Hercule,* Les deux montagnes du détroit de Gibraltar. || *Les colonnes d'un lit*, Les piliers qui soutiennent le ciel des lits à l'ancienne mode. On dit aussi, *Un lit à colonnes*. || T. Anat. C *verté-brale*. Voy. VERTÈBRE et SQUELETTE. || Dans un livre, dans un écrit, etc., dont les pages sont divisées, de haut en bas, en deux ou plusieurs parties, chacune des divisions ou des compartiments de la page s'appelle c. *Il y a trois colonnes à la page. Ce journal est imprimé par colonnes, à deux, à trois colonnes. Le Dictionnaire Encyclopédique est imprimé à deux colonnes. — Une colonne de chiffres,* Plusieurs chiffres placés les uns au-dessous des autres. *La colonne des unités, des dizaines,* etc. || T. Art milit. Corps de troupes disposé, en marchant, dans un ordre qui a peu de front et beaucoup de profondeur. *Passer de l'ordre en bataille à l'ordre en c. Serrer, déployer la c. La tête d'une c.* Se dit aussi dans la tactique navale. — *C. d'attaque,* Celle qui est chargée de commencer l'attaque. *C. mobile,* Corps de troupes destiné à parcourir un pays, en différents sens, pour y maintenir la tranquillité ou en chasser les partis ennemis. || T. Phys. Se dit d'une quantité de matière fluide de figure cylindrique, qui a une hauteur et une base déterminées réellement ou par la pensée. *C. d'eau. Il y a une c. d'air qui pèse sur la c. de mercure contenue dans le baromètre.* || T. Mécan. *Machine à c. d'eau.* Voy. HYDRAULIQUE. || T. Tech. Genre de chaîne en or ayant quelque rapport de forme avec une c. || T. Constr. Pièce de bois posée à plomb, pour soutenir le faîtage d'un bâtiment. || T. Techn. *C. montante,* Tuyau à gaz d'éclairage s'élevant dans la cage d'escalier d'une maison, sur lequel on branche les tuyaux qui amènent le gaz dans les divers appartements.

Archit. — La *Colonne* se compose de trois parties principales : le *Fût* ou corps, qui en est l'élément principal et essentiel ; le *Chapiteau* ou tête, dont l'emploi a dû être suggéré par la nécessité de donner à l'entablement ou aux poutres transversales une assiette plus large et plus stable, et la *Base* ou pied, qui supporte le fût et repose sur le sol ; mais ce dernier membre n'est pas tellement indispensable qu'on ne puisse le supprimer quelquefois.

I. — La c. se rencontre dans l'architecture de tous les peuples ; mais elle présente une variété infinie, non seulement sous le rapport de la matière dont elle est composée et du mode de construction, mais encore et surtout sous celui de sa décoration et de sa disposition. Ces différences ont donné naissance à diverses expressions techniques.

1° Sous le rapport de la matière, on distingue : la c. *diaphane,* qui est faite d'une substance transparente : telles étaient les colonnes de cristal du théâtre Scaurus ; la c. *fusible,* qui se compose de divers métaux et aux autres matières fondues ou vitrifiées ; la c. *métallique,* qui est de métal fondu ou frappé ; la c. *moulée,* qui est composée de cailloux liés avec un ciment susceptible de se polir comme le marbre : telles sont les colonnes de l'ancienne Julia Cæsarea, découvertes à Alger ; la c. *de pierre,* la c. *de marbre,* et enfin la c. *de bois,* qui a servi de prototype à toutes les autres, au moins en Occident. Voy. ARCHITECTURE grecque.

2° Considérée sous le rapport de la construction, l'on appelle c. *d'assemblage,* celle qui est formée de membrures de bois assemblées ; c. *incrustée,* celle qui est faite de plaques de marbre appliquées et mastiquées sur un noyau de pierre, de brique, etc. ; c. *jumelée* ou *gémellée,* celle dont le fût est formé de trois morceaux de pierre posés en délit et liés ensemble par des crampons ; c. *de maçonnerie,* celle qui est construite en moellons revêtus de plâtre ou de stuc ; c. *en tambours,* celle dont le fût est de trois ou quatre morceaux qui ont plus de hauteur que de diamètre ; c. *annelée,* celle où les lignes qui séparent les tronçons ou les tambours sont masquées au moyen d'espèces d'anneaux, et c. *variée,* celle qui est ornée de bronze doré, ou composée de diverses matières disposées par tambours de différentes hauteurs et de différentes couleurs.

3° La colonne des colonnes présente des variétés nombreuses : nous ne nommerons que les principales. La c. *cylindrique* a le même diamètre dans toute sa hauteur. La c. *diminuée* offre, depuis la base jusqu'à la naissance du chapiteau, une diminution de diamètre continue et progressive. La c. *fuselée* a la forme générale d'un fuseau. La c. *renflée,* tout en allant en diminuant de diamètre de la base au chapiteau, éprouve un léger renflement vers le tiers de sa hauteur. La c. *poly-gonale* est taillée à pans ou à facettes. La c. *en balustre* a la forme du membre architectural de ce nom (voy. BALUSTRE). La c. *cannelée* a le fût couvert de cannelures, c.-à-d. de petits canaux semi-cylindriques ou à peu près, qui se dirigent généralement en droite ligne de bas en haut, mais qui parfois

s'élèvent en décrivant une spirale. La c. *à cannelure lisse* est celle qui n'admet aucun ornement dans les cannelures. La c. *rudentée* est celle dont les cannelures sont remplies par des *rudentures,* c.-à-d. par des bâtons, des roseaux ou des câbles. La c. *cannelée rudentée* n'offre de rudentures que dans sa partie inférieure. La c. *ornée* présente, dans toute la longueur de son fût, ou par intervalles, ou enfin depuis le tiers inférieur, soit de petites branches ou bouquets de laurier, de lierre, de chêne, etc., soit des fleurons et autres ornements qui sortent le plus souvent des bâtons ou roseaux formant la rudenture. La c. *godronnée* est l'opposé de la c. cannelée : elle porte des demi-cylindres en saillie. La c. *bandée* a des bandes unies ou sculptées qui excèdent le nu du son fût cannelé. La c. *rustique* est ornée de bossages. La c. *coloritique* est décorée de feuillages ou de fleurs disposées en spirale autour de son fût. La c. *feuillée* a le fût taillé en feuilles. La c. *menue* est ornée de coquillages. La c. *pasto-rale* a le fût semblable à un tronc d'arbre revêtu de son écorce et pourvu de ses nœuds. La c. *serpentine* est formée de plusieurs serpents entortillés, dont les têtes servent de chapiteau : il existe une c. de ce genre en bronze à Constantinople, dans la place de l'At-Meidan, qui était autrefois l'hippodrome. La c. *torse* a son fût tout entier contourné en spirale. La c. *ovale* est celle dont le fût est aplati et dont le plan est ovale. Enfin, on donne généralement le nom de c. *composée* à celle dont les ornements sortent de la forme ordinaire et des usages reçus, et celui de c. *irrégulière* à celle qui sort des proportions des cinq ordres et des règles communes.

4° Sous le rapport de la disposition, on appelle c. *adossée* ou *engagée* celle qui tient au mur ; *angulaire,* celle qui occupe l'angle d'une construction ; *flanquée,* celle qui est engagée de la moitié ou d'un tiers de son diamètre entre deux demi-pilastres ; *liée,* celle qui est attachée à une autre par un corps. Les colonnes *cantonnées* sont engagées dans les encoignures d'un pilier carré. Deux colonnes sont dites *accouplées,* lorsqu'elles sont placées l'une à côté de l'autre, de façon à presque se toucher, comme à la colonnade du Louvre. On nomme *groupées* les colonnes placées 3 à 3 ou 4 à 4 sur un même socle ou piédestal. On appelle *médianes* les deux colonnes du milieu d'un porche, qui ont leur entre-colonnement plus large que les autres. On appelle *rares* les colonnes dont les entre-colonnements sont très larges, et *serrées* celles qui, au contraire, ne sont pas séparées par des intervalles considérables.

II. — La forme de la c. et la décoration de son chapiteau a servi à distinguer, dans l'art grec et romain, les *ordres d'architecture.* Cette question importante sera traitée au mot ORDRE. Nous allons donner ici un aperçu des formes qu'a reçues la c. chez les autres nations de l'antiquité et aux différentes époques.

1° *Inde.* — L'architecture indienne a fait de la c. un usage qui a été quelquefois poussé jusqu'à la profusion. Dans presque tous les monuments parvenus jusqu'à nous, les colonnes sont très massives et surchargées d'ornements. Voy. ARCHITECTURE, Fig. 15, 16 et 18. Les chapiteaux ont très souvent une forme sphéroïdale aplatie et sont couverts de cannelures verticales. D'autres fois ils manquent totalement et sont remplacés par des lions, des taureaux, des éléphants ou des animaux fantastiques. Le fût est tantôt cylindrique, tantôt carré ou polygonal. Il admet une ornementation très variée, et offre souvent de grandes sculptures en ronde bosse, représentant des personnages ou des figures symboliques. *Ib.* Fig. 18. La base n'est pas sans quelque analogie avec celle de la c. hellénique.

2° *Égypte.* — Les monuments de l'ancienne Égypte n'ont de colonnes que dans les cours, qui en forment les portiques, ou dans des salles, dont elles soutiennent le plafond. On n'y remarque aucune proportion rigoureuse entre leur diamètre et leur élévation. En outre, elles ont presque toujours une apparence de lourdeur que l'on a essayé de racheter en les allongeant au moyen d'une pierre cubique placée immédiatement sur le chapiteau. Les colonnes égyptiennes sont de plusieurs espèces. Les unes sont parfaitement cylindriques et reposent sur une base de même forme, mais un peu plus large que le fût. Dans les autres, qui sont en bien plus grand nombre, le diamètre diminue de hauteur de la base au sommet. Parmi ces dernières, il en est qui ont une ressemblance frappante avec le tronc du palmier. Elles sont un peu renflées à leur partie inférieure, et ornées de sculptures qui figurent assez bien les tuniques engainantes qu'on remarque à la naissance des plantes bulbeuses. Leur fût est conique dans le reste de la hauteur, et sa partie supérieure paraît quelquefois composée d'un faisceau de tiges reliées par des anneaux. Les fûts sont tantôt lisses, tantôt chargés d'ornements peints ou sculptés. Voy. ARCHITECTURE, Fig. 5, 6, 7 et 8. Les chapiteaux sont généralement évasés en calice, et simulent la fleur du lotus, suivant les uns, ou celle du papyrus, selon les autres.

Ib. Fig. 8. D'autres fois ils sont roulés par le bas, rétrécis par le haut, et ressemblent assez volontiers à la graine ou au bouton de la même plante (Fig. 1. C. du temple de Karnac). Un autre chapiteau, bien plus gracieux que les précédents, est formé de feuilles de palmier. Voy. ACANTHE, Fig. 2, et ARCHITECTURE, Fig. 7. Il est peu de portiques où il ne se trouve, ce qui fait présumer qu'il

Fig. 1.

Fig. 3.   Fig. 2.

tenait à un usage religieux. Certains chapiteaux consistent en un massif rectangulaire, orné, sur chacune de ses faces, d'une tête d'Isis que surmonte un dé carré sur lequel est représentée, tantôt une porte pyramidale, tantôt une espèce de portique (Fig. 2. C. du temple de Dendérah). Enfin, on trouve des chapiteaux, assez rares d'ailleurs, qui sont constitués par un simple tailloir. Voy. ARCHITECTURE, Fig. 21. Ils font partie de colonnes cylindriques, portant 12 à 16 cannelures longitudinales. Quant aux bases des colonnes égyptiennes, elles sont toujours d'une grande simplicité : les unes consistent en un disque circulaire sans ornement; les autres, en une section cylindrique arrondie à sa partie supérieure, décorée ou non de sculptures ou de peintures (Fig. 3).

3° *Assyrie.*—Les Assyriens ne paraissent pas avoir employé la c. pour supporter les plafonds des salles. D'après les bas-reliefs qu'on a retrouvés en si grand nombre dans les fouilles de Ninive et de Babylone, il semble que chez eux la c. servait

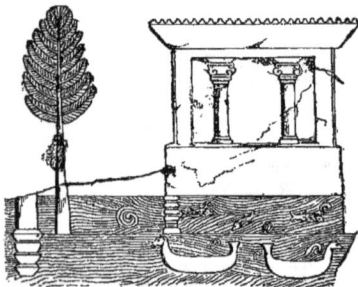

Fig. 4.

surtout de motif d'ornementation encastré dans les murs, et quelquefois de support à une sorte de galerie étroite placée en avant de la façade. La base était petite et peu élevée, et le chapiteau portait des ornements assez lourds qui paraissent être l'origine rudimentaire des volutes ioniennes. La Fig. 4 représente la façade d'un petit temple, d'après un bas-relief de Khorsabad. Quelquefois le chapiteau portait des têtes de taureau.

4° *Perse.*—Les Perses ont fait un grand usage des colonnes; les ruines du palais de Darius à Persépolis contiennent, outre de nombreux débris, quinze colonnes encore debout. Voy. ARCHITECTURE, Fig. 13. La hauteur totale des plus élevées est d'un

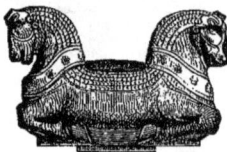

Fig. 5.

peu plus de 18 mètres, et leur diamètre dépasse 1ᵐ30. Le fût va en diminuant de bas en haut; il est décoré de cannelures. Le chapiteau se compose de deux demi-taureaux adossés de manière que leur dos présente un vide carré, destiné à recevoir une poutre. Quelquefois il repose directement sur le fût (Fig. 5); le plus souvent il est raccordé avec le fût par une

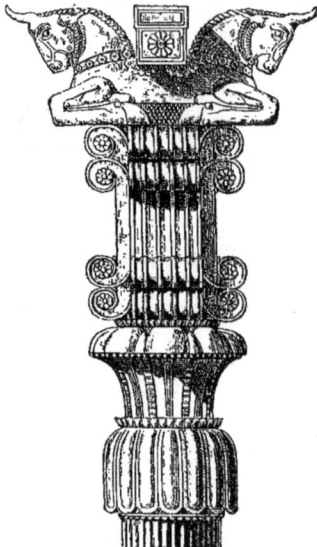

Fig. 6.

longue série d'ornements comprenant des volutes et des feuilles de lotus (Fig. 6). Le piédestal est assez bas et a la forme d'un lotus renversé (Fig. 7). Avec sa grande hauteur, ses longs chapi-

Fig. 7.

teaux et ses ornements variés empruntés à l'art égyptien et

à l'art assyrien, la c. persane est une des plus gracieuses qui aient jamais existé.

5° *Art byzantin.* — La c. byzantine dérive de la c. gréco-romaine, particulièrement de la c. composite. Elle est surtout caractérisée par la forme du chapiteau, qui est cubique. Les feuilles d'acanthe sont remplacées par des feuillages et des entrelacs enroulés de diverses manières, ou par d'autres ornements ressemblant quelquefois à des fleurons, et offrant presque toujours très peu de saillie (Fig. 8).

6° *Art arabe.* — Les Arabes peuplèrent d'abord leurs palais

Fig. 8.   Fig. 9.

et leurs mosquées de colonnes enlevées aux monuments grecs ou romains. Ce n'est guère qu'à partir du X° siècle que l'architecture arabe se constitua, en Espagne surtout, dans toute son originalité. A partir de cette époque, les colonnes sont presque toujours remarquables par une grande légèreté; elles sont souvent cannelées, et supportent des chapiteaux de formes très variées et ornés avec beaucoup de goût de palmettes, d'entrelacs et de rinceaux à feuilles de lotus. Le plus souvent

Fig. 10.   Fig. 11.

ils présentent l'aspect d'un vase cubique arrondi par le bas. D'autres fois, ils sont composés de plusieurs rangs de petites niches placées en encorbellement (Fig. 9, 10, et 11. C. de l'Alhambra).

7° *Art roman.* — Dans la plupart des édifices qui appartiennent à la première époque de l'architecture romane, c.-à-d. qui ont été élevés du V° au XI° siècle, la c. a toujours une base et un chapiteau; mais il n'y a aucune proportion entre ses différentes parties. Le chapiteau est une imitation, presque toujours grossière, du chapiteau composite. Les archéologues appellent *piliers-colonnes* des supports à fût gros et court que l'on rencontre fréquemment dans les cryptes et les parties basses des églises. Ils sont bâtis en massifs de pierres ou de moellons, et non formés de tronçons ou de tambours. Quelques moulures simples remplacent ordinairement le chapiteau et une plinthe tient lieu de base. Dès le XI° siècle, on voit s'opérer un changement important. Sans revenir aux proportions établies par les anciens, la c. prend une forme élancée et élégante. Les colonnes cantonnées commencent à se montrer; elles se placent ordinairement sur les faces d'un pilier carré et rarement sur les angles. Le chapiteau affecte déjà les formes les plus variées; néanmoins il se compose toujours d'une corbeille et d'un tailloir. Cette dernière partie offre des moulures plus nombreuses que dans le chapiteau antique; elle est en même temps plus large que le

chapiteau lui-même (Fig. 12. C. de l'église souterraine de Jouarre). La corbeille est quelquefois, surtout dans les pays

Fig. 12.

méridionaux, une imitation de la corbeille composite ou de la corbeille corinthienne (Fig. 13. Cathédrale de Soissons); mais la forme dominante est celle d'un cube dont les faces sont chargées d'ornements sculptés de peu de relief, quelquefois même de simples peintures. Toutefois cette forme a reçu,

Fig. 13.

selon les temps, les lieux, le génie ou le goût des architectes, une multitude infinie de modifications qui ont donné naissance à autant d'espèces de chapiteaux. Les Figures suivantes indiquent les plus importantes de ces formes : *Chapiteau*

 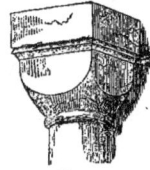

Fig. 14.   Fig. 15.

cylindrique (Fig. 14. Saint-Germain-des-Prés); *Ch. cubique* (Fig. 15. Saint-Remi de Reims); *Ch. conique* (Fig. 16. Cathédrale du Puy); *Ch. cordé* (Fig. 17. Saint-Géréon, à Cologne); *Ch. pyramidal* (Fig. 18. Église de Ratisbonne); *Ch. campanulé* (Fig. 19. Palais ducal à Venise); *Ch. infundibuliforme*, qui présente la forme d'un entonnoir ou d'une corbeille proprement dite, à bords plus ou moins évasés (Fig. 20. Saint-Nicolas de Caen, et Fig. 21); *Ch. godronné* (Fig. 22).

Mais ce qui, plus encore que sa forme, caractérise le chapiteau roman à partir du XI° siècle, c'est la décoration iconographique dont il est souvent revêtu. Les sculptures qui ornent ce chapiteau représentent fréquemment des êtres fantastiques ou réels, tels que des monstres, des chimères, des sirènes, des centaures, des serpents enlacés, des oiseaux becquetant des fruits, des colombes buvant dans un calice, etc. D'autres fois, l'artiste a reproduit des traits de l'histoire de l'Ancien ou du Nouveau Testament. Les chapiteaux à sujets

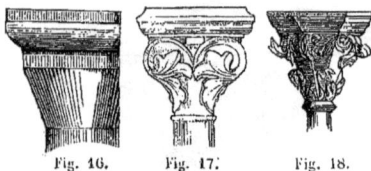

Fig. 16.   Fig. 17.   Fig. 18.

sont dits *historiés*; on les appelle *symboliques*, lorsque l'image annonce une intention symbolique. Plus on approche de l'ère ogivale, plus l'ornementation du chapiteau devient

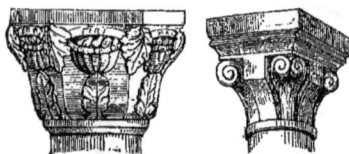

Fig. 19.   Fig. 20.

surchargée. Les représentations végétales, les enroulements et les galons perlés s'emploient avec profusion.

Lisses au commencement de la période romane, les fûts deviennent, dès le XIe siècle, aussi variés que les chapiteaux. Ils sont rarement monolithes, du moins pour les grandes colonnes, et on dissimule les tambours au moyen d'annelets

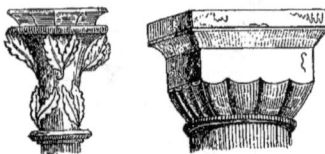

Fig. 21.   Fig. 22.

placés à différentes hauteurs. Leur forme générale est cylindrique, mais on en trouve souvent qui sont en balustre, fuselés, renflés, coniques, etc. Au XIIe siècle, lorsque l'art

Fig. 23.   Fig. 24.   Fig. 25.   Fig. 26.

ogival va paraître, ils se recouvrent d'ornements excessivement variés. Les Fig. 23 à 30 peuvent donner une idée de ce qu'on appelle fûts *en spirale*, 23; *losangés*, 24; *gaufrés*, 25;

imbriqués, 26; *chevronnés*, 27 et 28; *contre-chevronnés*, 29; *étoilés*, 30. A la même époque, les fûts des colonnettes et ceux des colonnes de décoration prennent des

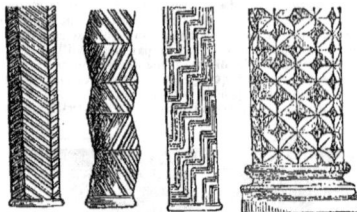

Fig. 27.   Fig. 28.   Fig. 29.   Fig. 30.

formes extraordinaires : deux fûts, par ex., se tordent ensemble comme un câble, se nouent, s'entrelacent, se plient en zigzags (Fig. 31 à 34); mais ces formes ne sont jamais

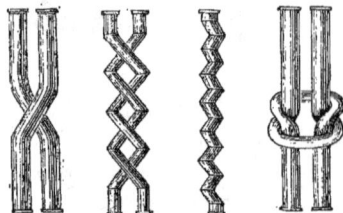

Fig. 31.   Fig. 32.   Fig. 33.   Fig. 34.

données aux colonnes véritables, c.-à-d. à celles qui supportent réellement une partie quelconque de la construction.

Durant la période de l'architecture romane, la base de la c. n'est pas moins variée que le fût et le chapiteau. On y remarque fréquemment des réminiscences plus ou moins heureuses des ordres antiques, et surtout de la base attique.

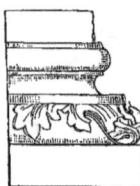 

Fig. 35.   Fig. 36.

A partir de la fin du XIe siècle, elle se couvre souvent d'une riche décoration. Les feuillages qui ornent fréquemment le tore inférieur forment une *patte* ou *griffe* sur les quatre angles de la plinthe ou du socle (Fig. 35. Saint-Bénigne, à Dijon). D'autres fois, ces angles sont rachetés au moyen de fleurons, de masques, ou de quelque autre figure. Il n'est pas rare de voir, aux portails des églises, les bases remplacées par des représentations d'animaux, et surtout par des lions, sur lesquels reposent les colonnes (Fig. 36. Église de Saint-Denis). Il arrive même quelquefois que les colonnes s'appuient sur les épaules de personnages renversés.

8° *Art ogival*. — Les colonnes de la période ogivale offrent les mêmes dispositions générales que celles de la précédente; mais leur emploi est beaucoup plus rare. En effet, à la c. proprement dite se substitue le *pilier* qui, il est vrai, est lui-même formé de colonnes engagées les unes avec les autres, ou décoré sur ses faces de colonnettes offrant les dispositions les plus variées Voy. PILIER. Le chapiteau ogival est infiniment plus élégant que celui de l'époque romane. Comme ce dernier, il est assez souvent, au XIII° siècle, cubique, conique, cylindrique, etc.; mais, en général, c'est la forme d'une corbeille évasée qu'il affecte de préférence. En outre, son ornementation est caractéristique; elle devient purement végétale. Mais l'artiste du moyen âge fait de larges emprunts à la flore indigène. Il aime surtout les feuilles de renoncule, de fraisier, de chêne, de laurier, de rosier, de vigne, de persil, de nénuphar, de roseau, auxquelles le XIV° siècle et le XV° ajoutent successivement la mauve frisée, le chou, la chicorée et l'acanthe épineuse. Ces feuilles sont disposées sur un ou plusieurs rangs superposés. Le chapiteau du XIII° siècle, en particulier, est habituellement décoré de *feuilles à crochets*, sorte de feuille de fantaisie qui s'enroule en volute à l'une de ses extrémités d'une façon assez gracieuse. Le sommet des crochets porte un bouquet de feuilles ou une fleur à cinq lobes, quelquefois même une tête d'homme ou d'animal (Fig. 37. Chapiteau à crochets : Saint-Nicolas, à Blois). — Au XIV° siècle, les crochets disparaissent; le tailloir passe de la forme carrée

Fig. 37.

à la forme octogone; les feuilles qui décorent le chapiteau forment souvent deux groupes distincts situés l'un au-dessus de l'autre; de plus, ces feuilles s'infléchissent sur le chapiteau, qui commence à ne plus se distinguer aussi complètement du fût de la c. — Au XV° siècle paraissent les feuillages frisés et galbés. Souvent alors, au lieu de chapiteau, on ne trouve qu'une espèce de corniche qui court autour des colonnettes, et sous laquelle ces feuillages rampent et s'entrelacent (Fig. 38). Parfois, au lieu d'ornements végétaux, on voit des figures représentant des traits d'histoire ou des personnages célèbres. À la fin du XV° siècle et au commencement du XVI°, le chapiteau manque assez souvent. Dans ce cas, les nervures des

Fig. 38.   Fig. 39.

piliers se prolongent sans interruption et vont se joindre aux arceaux ramifiés de la voûte. — Nous ferons remarquer que, partout où le style ogival a régné, la forme et l'ornementation du chapiteau ont été les mêmes. L'Angleterre seule fait exception; les chapiteaux y sont ordinairement composés de moulures superposées, plus ou moins saillantes, plus ou moins nombreuses, et très fréquemment unies (Fig. 39. Cathédrale d'Hereford, XIII° siècle); quelques-unes seulement offrent une décoration végétale dont le caractère accuse une importation étrangère.

9° *Renaissance.* — Les artistes de cette époque reviennent

peu à peu aux colonnes antiques; néanmoins, avant d'adopter franchement les traditions gréco-romaines, ils font différentes tentatives pour créer des types originaux. Certains chapiteaux de cette période sont surtout remarquables sous ce rapport. On y trouve des combinaisons parfois très gracieuses d'ornements végétaux, d'arabesques et de figures humaines ou fantastiques : tel est le chapiteau représenté Fig. 40.

10° *Colonnes en fonte.* — De nos jours, la fonte est fréquemment employée pour remplacer la maçonnerie ou la pierre dans la construction des supports. Les colonnes en fonte sont pleines ou creuses; leur section est carrée, polygonale, circulaire ou en forme de croix. Les supports creux sont plus économiques, parce qu'ils offrent plus de résistance pour un même poids de matière : ils sont à la fois plus

Fig. 40.

légers et plus larges, ce qui fait qu'ils ne présentent pas l'aspect si grêle des supports pleins. La forme circulaire ou de c. proprement dite est celle qui convient le mieux aux supports creux. Les colonnes de fonte se prêtent certainement moins que celles de pierre à la décoration. Néanmoins, on peut obtenir avec un peu de goût et quelques dépenses peu élevées des effets

Fig. 41.

qui ne manquent pas d'élégance, surtout dans les constructions tout en métal. Du reste, les constructions métalliques ont été jusqu'ici, sauf quelques exceptions dont l'Exposition universelle de 1889 est la plus remarquable, exclusivement réservées à des établissements d'un caractère industriel où la nécessité du bon marché empêchait la recherche de la décoration, de sorte que les artistes se sont peu occupés de ce genre de construction. Il n'est pas douteux qu'avec le temps et la généralisation de plus en plus grande de l'emploi du métal, la question artistique finira par s'imposer et qu'on trouvera la formule décorative qui convient à ce mode de construction.

III. — Les colonnes solitaires reçoivent différentes dénominations suivant l'usage auquel elles sont destinées. On a donné le nom de *C. astronomique* à une c. dont le tailloir est disposé en plate-forme pour servir d'observatoire, et que l'on voit à Paris près de la Bourse du Commerce (Fig. 41). Ce monument a été érigé par Catherine de Médicis sur les dessins de J. Bullant pour des observations astrologiques, et faisait partie de l'hôtel de Soissons, résidence de Catherine de Médicis de 1572 à 1589. La reine y montait quelquefois en compagnie de ses astrologues. Lorsqu'on démolit l'hôtel de Soissons, en 1749, et qu'on construisit la Halle aux Blés sur son emplacement (1762), on conserva cette c., qui fut menacée de nouveau en 1887, lorsqu'on transforma ce vieux quartier pour y installer la Bourse du Commerce; mais on a eu le bon goût de la conserver. Cette c. est d'ordre dorique, haute de 30 mètres, et porte un gnomon qui a été établi par Pingré. Un escalier à vis construit à l'intérieur conduit à la plate-forme, sur laquelle on voit encore une sorte de sphère armillaire astrologique en fer forgé.

Diverses dénominations distinguent aussi certaines colonnes solitaires : la *C. crucifère* porte une croix; la *C. funéraire*, une urne; la *C. statuaire*, une statue, etc.

Les colonnes érigées pour conserver le souvenir de quelque événement remarquable et le plus souvent pour célébrer une guerre heureuse ou pour honorer un prince plus ou moins digne de mémoire, sont appelées colonnes *historiques* ou *mémoriales*, mais plus habituellement colonnes *monumentales*. C'est l'architecture romaine qui a érigé les plus anciennes colonnes de ce genre qui soient parvenues jusqu'à nous. La plus antique est celle qui fut élevée sur le Forum pour rappeler la victoire navale remportée par le consul Caïus Duilius sur les Carthaginois, l'an 261 av. J.-C. Cette c. (Fig. 42), que l'on conserve aujourd'hui au Musée du Capitole, est en marbre blanc et ornée de proues de navires (*rostra*), d'où le nom de c. *rostrale* qu'on lui donna et qu'on donne encore à cette heure aux colonnes destinées à célébrer une victoire navale. — La *C. Trajane*, ainsi nommée de l'empereur en l'honneur duquel elle fut élevée, est le plus remarquable des monuments antiques de ce genre. Elle est d'ordre dorique, construite en marbre blanc, et revêtue de bas-reliefs de bronze qui représentent les victoires de Trajan

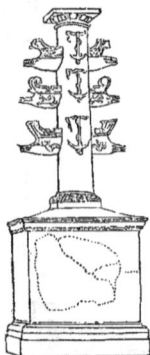

Fig. 42.

sur les Daces. Ces bas-reliefs sont disposés en spirale et font 23 tours : on n'y compte pas moins de 2,550 figures humaines, outre une multitude d'animaux, de machines de guerre, etc. Un escalier de 185 marches conduit au sommet de la c., qui jadis était ornée de la statue de Trajan, et qui porte aujourd'hui celle de saint Pierre. Cette c., œuvre du célèbre architecte Apollodore de Damas, a 3m93 de diamètre, et 39m60 de hauteur de la base du piédestal au tailloir. — La *C. Antonine*, qu'on pense généralement avoir été érigée en l'honneur de l'empereur Marc-Aurèle Antonin, est bien inférieure, sous le rapport de l'art, à la précédente. Elle est également d'ordre dorique, construite de marbre blanc et entourée de bas-reliefs de bronze formant 20 spirales. Ces bas-reliefs figurent les victoires de Marc-Aurèle sur les Marcomans. Cette c. a 37m70 de haut depuis le pavé jusqu'au sommet, lequel est, en outre, surmonté d'une statue de saint Paul, qui, avec son piédestal propre, a 7m80. Le diamètre du fût est de 3m57. L'escalier intérieur a 400 marches. — Une autre c. antique fort célèbre est celle qu'on voit près d'Alexandrie, en Égypte, et qu'on désigne vulg sous le nom de *C. de Pompée*. C'est une magnifique c. monolithe, de granit rose, qui a 28m75 de hauteur et 3 mètres de diamètre. Le chapiteau qui la termine est d'ordre corinthien. Il paraît avoir été autrefois surmonté d'une statue colossale en porphyre. On a longtemps ignoré l'origine de ce monument; mais on sait aujourd'hui qu'il a été érigé en l'honneur de Dioclétien par un gouverneur d'Égypte nommé Pompeius ou Pompeianus. Le nom de ce gouverneur explique la tradition erronée qui veut que cette c. ait été élevée à la mémoire du grand Pompée.

À l'imitation des anciens, les modernes ont également érigé des colonnes monumentales. Paris en possède deux extrêmement remarquables : la *C. Vendôme* et la *C. de Juillet*. La première est ainsi appelée du nom de la place où elle s'élève. Elle a été érigée pour célébrer la mémorable campagne de 1805, et construite par les architectes Lepère et Gondoin, sous la direction du savant Denon. Comme la c. Trajane, dont elle est une imitation exacte, son fût est recouvert de bas-reliefs en spirale, modelés sur les dessins de Bergeret et représentant la série chronologique des principaux faits accomplis depuis le départ du camp de Boulogne jusqu'à la bataille d'Austerlitz. Le bronze qui a servi à fondre ces bas-reliefs, ainsi que les divers ornements du piédestal, a été fourni par 1,200 pièces d'artillerie prises à l'ennemi pendant la campagne. Cette c. a 43m55 de hauteur y compris son piédestal : le diamètre du fût est de 3m90 à la base. Le chapiteau est surmonté d'une plate-forme à laquelle conduit un escalier intérieur de 176 marches. Sur cette plate-forme est une statue en bronze de Napoléon en costume d'empereur romain; mais ce n'est pas celle qui y avait été placée dans l'origine et qui était due au sculpteur Chaudet. Celle-ci fut fondue sous la Restauration et rem-

Fig. 43.

placée, en 1832, par une statue représentant Napoléon en redingote, dans son costume militaire habituel. Puis, en 1864, la statue de Seurre fut remplacée à son tour par celle qu'on y voit aujourd'hui (1894) et qui est due à Dumont (Fig. 43). Pendant l'insurrection de 1871, la c. Vendôme fut abattue par les énergumènes de la Commune, au nombre desquels on est surpris de voir le nom du sculpteur Courbet. Elle a été rééditée en 1875. — La *C. de Juillet* (Fig. 44) est située sur la place de la Bastille, et a été élevée en commémoration de la Révolution de 1830. Elle est toute en bronze, et haute de 50 mètres y compris son piédestal et la statue, représentant le Génie de la Liberté, qui la couronne. Cette c. a été construite sur les plans des architectes Alavoine et Duc. — La *C. de la Victoire*, qui orne la place du Châtelet, est consacrée à la gloire des armées de la République et de l'Empire. Elle a été élevée en 1808, sur les dessins de Braîle et est surmontée d'une Renommée, par Bosio.

Fig. 44.

Fig. 45.

Quoique pesant 24,000 kilos, elle a été déplacée en 1858, transportée à 12 mètres de distance et posée sur un piédestal plus élevé (Fig. 45).

Parmi les colonnes historiques que l'on remarque à l'étranger, nous citerons celle qui a été élevée à Londres par le célèbre architecte Christophe Wren, en mémoire du terrible incendie de 1666. Les Anglais l'appellent le *Monument*. C'est une belle c. dorique en pierre de Portland qui a 64 mètres de haut, et dont le sommet offre pour amortissement une urne d'où s'échappent des flammes. La face orientale du piédestal offre une sculpture de Gabriel Cibber, qui représente Londres, sous la figure d'une femme couchée sur des ruines, au milieu des flammes, et sauvée par le Roi, la Liberté, le Génie et la Science. L'Angleterre possède encore une c. de 40m90, qui a été élevée par ordre du Parlement, devant la façade du château de Blenheim, en l'honneur des victoires du duc de Marlborough. Elle est couronnée par la statue de ce général. — Enfin, on remarque à Saint-Pétersbourg une fort belle c., qu'on désigne sous le nom de *Monument d'Alexandre*, et qui a été érigée, en 1830, par l'empereur Nicolas à la mémoire de son frère Alexandre Ier. Quoique ce monument soit peu original sous le rapport de la conception, il est cependant remarquable par les dimensions de son fût, qui est formé d'un seul bloc de granit de 26m64 de longueur. La c. est d'ordre dorique, et sa hauteur totale n'a pas moins de 47 mètres, y compris la base, le chapiteau et la statue de bronze doré qui la surmonte : celle-ci représente un ange sous la figure d'Alexandre tenant la croix. Après la c. de Pompée, c'est le plus grand monolithe qui existe.

COLONNES D'HERCULE, nom donné par les Anciens aux monts Calpé et Abyla, situés au sud et au nord du détroit de Gibraltar.

COLONNETTE. s. f. [Pr. *kolo-nète*]. Dimin. Petite colonne.

COLOPHANE. s. f. (gr. κολοφώνια, qui vient de *Colophon*, ville d'Asie Mineure; résine de Colophon). T. Chim. Résidu solide de la distillation de la térébenthine. C'est une résine amorphe, jaune ou brunâtre, à cassure conchoïde, soluble dans l'alcool, l'éther, les huiles fixes et volatiles. Elle se ramollit à 70° et fond à 135°. Soumise à la distillation sèche, elle donne à 450° des hydrocarbures gazeux (méthane, éthylène, butylène, etc.), et des hydrocarbures liquides dont le mélange constitue l'huile de résine. La c. est constituée par un mélange d'acides pinique et sylvique; quand on la traite par des lessives alcalines bouillantes, ces acides donnent des savons solubles dans l'eau. — La c. sert à la fabrication des vernis, de la cire à cacheter, du noir de fumée; elle entre dans la composition de plusieurs emplâtres et onguents. Elle sert à fabriquer les allume-feux et les bûches résineuses. Les musiciens frottent de c. le crin de l'archet pour le faire mordre sur les cordes. Les savons résineux sont employés à l'état de mélange avec d'autres savons. L'huile de résine, convenablement épurée, est utilisée pour l'éclairage sous le nom de soléine.

COLOPHÈNE. s. m. T. Chim. Polymère du térébène. On l'obtient en distillant l'essence de térébenthine additionnée d'acide sulfurique. C'est un liquide huileux, incolore, à fluorescence bleue; il bout à 318°. Sa formule est $C^{20}H^{32}$. Il absorbe l'acide chlorhydrique en se colorant en bleu. Il fixe directement le chlore en donnant un tétrachlorure cristallisé.

COLOPHON. s. m. (gr. κολοφών, fin). Note finale d'un livre reproduisant et complétant les indications du titre.

COLOPHON, cité ionienne de l'Asie Mineure, l'une des patries présumées d'Homère.

COLOPHONITE. s. f. T. Minér. Variété jaunâtre de grenat mélanite.

COLOPHONONE. s. f. T. Chim. Liquide incolore, mobile, bouillant à 97°, contenu dans les produits de la distillation sèche de la colophane.

COLOQUINELLE. s. f. (Dimin. irrég. de *Coloquinte*). Un des noms vulgaires du *Cucurbita Pepo*. Voy. COUGE.

COLOQUINTE. s. f. (gr. κολοκύνθη, citrouille, mot médique, d'après Suidas). T. Bot. Plante à fruit purgatif de la famille des *Cucurbitacées*. Voy. ce mot.

COLORABLE. adj. 2 g. Qui peut être coloré.

COLORADO s. m. T. Zool. Nom donné à un insecte destructeur de la pomme de terre, aperçu pour la première fois en Amérique (*Doryphora decemlineata*). Voy. Chrysomèle.

COLORADO (Rio), nom de trois fleuves d'Amérique, tributaires : l'un du golfe de Californie, 1,700 kil. ; un autre du golfe du Mexique, 1,400 kil. ; et le troisième de l'océan Atlantique, 1,200 kil. || Un des États-Unis d'Amérique (centre), dans la contrée appelée Far-West par les Américains, compris entre 105° et 110° de long. O. et entre 37° et 47° de lat. N. ; pop. 412,000 hab. Cap. *Denver*.

COLORAGE. s. m. T. Techn. Travail du confiseur qui colore les bonbons.

COLORANT, ANTE. adj. Qui colore, qui donne de la couleur. *Matière colorante.*

COLORATEUR, TRICE. adj. Qui produit la coloration.

COLORANTES (Matières). — Les colorations que présentent la plupart des objets lorsqu'ils sont éclairés par de la lumière blanche proviennent, comme on le verra au mot Dispersion, des modifications que ces corps font subir aux rayons lumineux avant de les renvoyer à notre œil. Dans certains cas, la coloration est accidentelle et due uniquement à une particularité de structure physique ; il ne peut être alors question de matière colorante, car la couleur disparaît en même temps que la structure, par ex. lorsque le corps est réduit en poudre ou mis en dissolution ; c'est ce qui a lieu pour les lames minces, les bulles de savon, la nacre, etc. Mais le plus souvent la coloration est une propriété inhérente à une substance déterminée et ne dépend pas de la structure ; cette substance, si elle fait partie d'un mélange, pourra être isolée avec sa couleur propre ; si elle est transportée sur une surface ou fixée sur un tissu, elle leur communiquera sa coloration. C'est à de pareils corps qu'on donne les noms de *couleur matérielle*, de *colorant* ou de *matière colorante*. Dans un sens plus restreint, le nom de *couleur* s'applique ordinairement aux produits employés dans les différents genres de peinture ; la plupart de ces couleurs sont des composés minéraux ; un petit nombre seulement sont d'origine végétale ou animale. Les mots *colorant* et *matière colorante* s'emploient surtout lorsqu'il s'agit de composés organiques qu'on extrait des végétaux ou de certains animaux, ou qu'on fabrique à l'aide des goudrons de houille. Souvent aussi on appelle *matières colorantes* toutes les couleurs, soit minérales, soit organiques, qui servent à la teinture et à l'impression des tissus. Enfin la dénomination de *couleur matérielle* s'emploie toutes les fois qu'on veut éviter la confusion entre les différentes substances colorantes dont il vient d'être question et les lumières colorées émises par les corps incandescents ou fournies par le prisme. — Nous considérerons ici toutes les substances colorantes pouvant recevoir des applications dans les arts de la peinture ou dans l'industrie du teinturier et nous examinerons successivement : 1° celles d'origine et de composition inorganiques, que nous nommerons *couleurs minérales* ; 2° les composés organiques, que nous appellerons *matières colorantes* et que nous diviserons d'après leur origine en matières colorantes *naturelles* et *artificielles*.

I. Couleurs minérales. — Les couleurs plus ou moins intenses que présentent la plupart des corps simples n'ont guère reçu d'applications. Le charbon, à l'état de noir de fumée ou de charbon animal, sert à la fabrication de couleurs et d'encres noires. L'or, l'argent, l'étain, appliqués en feuilles minces sur le bois, le papier et même sur les tissus, y transportent leur couleur et leur éclat caractéristiques. Sous le nom de *bronzes-couleurs*, on fait servir à un usage analogue : l'étain, le cuivre et divers alliages, après les avoir réduits en poussières lamelluires. Mais la plupart des substances colorées employées en peinture sont des corps composés, tels que des oxydes, des sulfures et des sels métalliques. Parmi les *oxydes* ainsi utilisés nous citerons ceux de fer (colcothar et ocres), de plomb (minium), qui sont rouges, l'oxyde de zinc, qui est blanc, le vert de chrome. Les principaux *sulfures* sont ceux de mercure (cinabre, vermillon), rouges ; d'arsenic (orpiment), jaune ; de cadmium, jaune. On emploie aussi les *oxysulfures* d'antimoine (vermillon et safran d'antimoine) et des *oxychlorures* de plomb (jaunes de Cassel et de Vérone). Le bleu de Prusse et les couleurs qui en dérivent appartiennent à la classe des *cyanures*. Un

assez grand nombre d'*oxysels* sont utilisés : les carbonates de cuivre (vert minéral), de plomb (céruse), de chaux (blanc de Troyes, blanc de Meudon) ; les chromates de plomb (jaune de chrome), de mercure, de cadmium ; l'acétate, l'arsénite et l'acéto-arsénite de cuivre (verdet, verts de Scheele et de Schweinfurth) ; l'antimoniate de plomb (jaune de Naples). Enfin quelques couleurs sont de composition plus complexe : les cendres bleues sont un sulfate double de cuivre et de chaux ; le bleu Thénard, un phosphate de cobalt et d'alumine ; l'azur ou smalt, un silicate de cobalt et de potassium.

La plupart de ces couleurs sont inaltérables à la lumière ou n'éprouvent sous son action que des modifications presque insensibles ; quelques-unes cependant se décolorent plus ou moins, en particulier le bleu de Prusse. Les émanations d'acide sulfhydrique et le gaz d'éclairage noircissent les composés de plomb, de bismuth et, à un moindre degré, ceux de cuivre. Beaucoup de couleurs minérales, surtout celles qui renferment du plomb, du cuivre, du mercure ou de l'arsenic, sont vénéneuses et leur emploi pour les substances alimentaires est formellement prohibé.

Les couleurs minérales servent presque exclusivement à la peinture. Quelques-unes cependant sont employées comme matières colorantes pour la teinture et l'impression des tissus, et la plupart de celles-ci, à l'exception de certains sels de fer anciennement employés pour le noir, la rouille et le chamois, sont des acquisitions modernes. Nous nommerons, entre autres : l'arsénite de cuivre, découvert par Scheele ; le bleu de Prusse, si heureusement appliqué par Raymond, en 1811 ; les sulfures d'arsenic, utilisés par Braconnot, en 1819, et par Labillardière, en 1828 ; le chromate de plomb, indiqué par Lassaigne, en 1820 ; les sels de manganèse, etc.

Pour plus de détails sur les couleurs minérales, voy. le mot Couleur, où sont réunies toutes les substances colorantes employées dans la peinture artistique et la peinture en bâtiments.

Couleurs vitrifiables. — Pour la décoration de la faïence ou de la porcelaine et pour la fabrication des émaux et des verres colorés, on a besoin de substances qui puissent fondre sans se décomposer à une température élevée, en donnant un enduit vitreux coloré, insoluble et adhérant fortement aux objets. Ces couleurs, dites vitrifiables, sont préparées à l'aide d'oxydes ou de sels métalliques. Pour les jaunes on emploie l'oxyde d'urane, le chromate et l'antimoniate de plomb. Pour les rouges, le peroxyde de fer, les ocres, l'oxyde cuivreux. Le pourpre de Cassius donne des carmins et des violets. La base des couleurs bleues est l'oxyde de cobalt. Celle des couleurs vertes est l'oxyde de chrome ; on emploie aussi l'oxyde cuivrique ou des mélanges de jaunes et de bleus. Les violets s'obtiennent à l'aide de l'oxyde de manganèse ou du pourpre de Cassius. Pour les blancs, on se sert d'émail ordinaire, c.-à-d. d'un verre à base de plomb qu'on a rendu opaque par le bioxyde d'étain ou par la cendre d'os. Enfin, pour les gris et les noirs, on mélange les oxydes de fer et de cobalt, auxquels on peut encore associer les oxydes de cuivre ou de manganèse. — Ces substances sont toujours mélangées à un fondant, qui est généralement composé de minium, de silice et d'acide borique ou d'un borate. Le fondant sert à rendre la matière plus fusible ; souvent aussi il concourt à la production de la couleur : ainsi les belles colorations fournies par les oxydes de cobalt ou de cuivre, ne se produisent que lorsque ces corps se combinent avec la silice du fondant. — Suivant la chaleur que peuvent supporter les couleurs vitrifiables, on distingue les *couleurs grand feu*, qui peuvent être cuites au plus hautes températures des fours à porcelaine, et les *couleurs de moufle*, moins résistantes, dont la cuisson exige des précautions spéciales. Les couleurs grand feu, en nombre très restreint, sont fournies principalement par les oxydes de cobalt, de chrome et de manganèse.

II. Matières colorantes en général. — Les substances colorantes de composition organique ont trouvé leurs principales applications dans les industries de la teinture, et c'est surtout à ce point de vue que nous les envisagerons. Elles pourraient également être employées en peinture, car toute substance colorée peut servir à cet usage, pourvu qu'elle résiste suffisamment à l'action de la lumière et aux agents atmosphériques ; il suffit qu'elle soit appliquée à l'aide d'agglutinants convenables sur une surface quelconque ; dans ce cas, la coloration n'est que superficielle et on peut l'enlever par un lavage ou un grattage. C'est au mot Couleur que sont mentionnées les substances organiques, peu nombreuses, qu'on utilise en peinture, généralement à l'état de laques insolubles. Ici nous examinerons seulement les matières colorantes destinées à teindre les fibres végétales ou animales, les tissus, le cuir, les peaux, la pâte à papier, etc. Une pareille substance doit posséder des qualités spéciales : elle doit faire corps avec l'objet à teindre, l'imprégner dans toute son épaisseur et former avec lui une sorte de combinaison assez stable pour pouvoir résister, dans une certaine mesure, au lavage, au foulonnage et à l'action du savon. Certaines matières colorantes, en solution acide, neutre ou alcaline, se combinent directement avec les fibres animales ou végétales ; elles sont dites *substantives*. Les autres, appelées *adjectives*, n'ont aucune affinité pour la fibre, mais s'y fixent par l'intermédiaire d'un troisième corps appelé mordant. Ce mordant, qui est généralement un sel métallique, forme avec la matière colorante un composé insoluble appelé laque ; d'autre part, il est susceptible de s'unir à la fibre ; lorsque les trois corps sont en présence, il se forme une sorte de combinaison complexe, insoluble, qui retient la couleur sur le tissu. Enfin, certains pigments, tels que les isomères de l'alizarine, ne peuvent se fixer d'aucune façon sur les tissus et sont impropres à la teinture. Le rocou, le curcuma, le cachou, les safranines, les chrysoïdines, sont des couleurs substantives ; l'alizarine et la plupart des matières colorantes naturelles sont adjectives. On appelle *monogénétiques*, les colorants qui ne donnent jamais qu'une seule teinte ; ce sont les couleurs substantives. Les adjectives, au contraire, donnent généralement des teintes qui varient avec la nature du mordant employé ; elles sont dites *polygénétiques ;* ainsi l'alizarine donne des nuances rouges avec les mordants d'alumine, violettes ou noires avec ceux de fer, orangées avec ceux d'étain, etc. On voit que les mordants, bien qu'ils soient le plus souvent incolores, contribuent autant que la matière colorante elle-même à la nuance de la teinture. Mordants et colorants peuvent être réunis sous la dénomination commune de matières tinctoriales ; il faut y adjoindre les substances incolores, telles que l'indigo blanc et les principes immédiats des lichens tinctoriaux, qui se transforment facilement en matières colorantes utilisées par le teinturier.

La classification en colorants adjectifs et substantifs n'a pas une valeur absolue ; beaucoup de couleurs sont, par ex., substantives vis-à-vis de la laine et de la soie et ne teignent le coton qu'avec l'aide d'un mordant. Une autre classification repose sur le caractère acide ou basique de la matière colorante. Les éosines, les dérivés nitrés, les acides sulfoniques sont des colorants *acides ;* on les emploie à l'état de sels alcalins. Ils se fixent sans mordant sur les fibres animales, à la condition que le bain soit acide, de manière à mettre en liberté l'acide colorant. Avec les fibres végétales, ils exigent des mordants basiques, c.-à-d. des sels métalliques. Toutefois les dérivés azoïques de la benzidine et les couleurs analogues se fixent directement sur le coton. Les colorants *basiques* comprennent la fuchsine, les couleurs de rosaniline et, en général, toutes les bases colorées ; ils s'emploient à l'état de chlorhydrates, de chlorozincates, ou encore à l'état libre. Ils exigent des mordants acides tels que le tanin ou les acides oxyoléiques dits sulfolétates. Ils peuvent teindre sans mordant la soie et souvent la laine qui fonctionnent alors comme mordants basiques. Enfin, l'alizarine et la plupart des matières colorantes végétales, forment une troisième catégorie : ces colorants, appelés *phénoliques* ou *faiblement acides*, ne se fixent généralement qu'à l'aide de mordants métalliques.

III. MATIÈRES COLORANTES NATURELLES. — Le règne animal ne fournit à l'industrie qu'un très petit nombre de matières colorantes. Les anciens employaient la *pourpre*, extraite de certains coquillages ; plus tard, la cochenille et le kermès fournirent des couleurs analogues. — Dans le règne végétal la matière colorante la plus répandue est la chlorophylle, mais on n'est jamais parvenu à l'utiliser en teinture. Il en est de même pour la plupart des substances colorantes des fleurs ; ces couleurs dont nous admirons la richesse et la variété sont généralement trop altérables à la lumière pour qu'elles puissent servir à teindre les tissus ; si elles paraissent persister dans les plantes exposées au soleil, c'est parce qu'elles s'y reforment sans cesse tant que dure la vie de la fleur. On n'a guère employé en teinture que les fleurs du Carthame et de la Gaude. C'est surtout dans les autres parties des végétaux que l'on rencontre les principes colorants susceptibles d'être utilisés : la garance et le curcuma sont extraits de la racine et du rhizome des végétaux de ce nom ; les matières colorantes des bois de Campêche et de Fernambouc proviennent des tiges de grands arbres de la famille des Légumineuses ; les fruits des Nerprunus donnent le jaune d'Avignon et le vert de Chine ; l'indigo et le pastel sont extraits des feuilles de l'Indigotier et de l'*Isatis tinctoria*. Il existe des couleurs végétales de toutes nuances, mais les plus communes sont les rouges, les bleues, les jaunes et les vertes. Certaines matières colorantes sont le résultat de la réaction de l'oxygène sur des principes incolores. Ainsi, par ex., les feuilles fraîches de l'Indigotier et les racines fraîches de la Garance, qui sont à peine colorées à l'état de vie, deviennent promptement, au contact de l'air, les premières bleues, les secondes d'un rouge foncé. Néanmoins l'oxygène en excès détruit ces mêmes matières colorantes. Ainsi, le chlore humide détruit toutes les matières colorantes organiques, en exerçant sur elles une action oxydante énergique, due à la décomposition de l'eau. Voy. CHLORE. Il en est de même des acides du chlore, de l'azote, du chrome, du manganèse, etc., qui cèdent facilement tout ou partie de l'oxygène qu'ils contiennent. Ils détruisent les matières colorantes en portant sur elles une masse d'oxygène qui les brûle immédiatement. L'acide sulfureux les décolore également, mais tantôt en leur enlevant de l'oxygène, tantôt en se combinant avec la matière sans l'altérer, et en formant avec elle des combinaisons incolores. Un grand nombre de corps réducteurs produisent aussi la décoloration des matières tinctoriales, en y fixant de l'hydrogène, ou en leur enlevant de l'oxygène : tels sont l'hydrogène naissant, l'acide sulfhydrique, les sulfures alcalins, les protoxydes de fer et de manganèse hydratés, etc. Le plus souvent les composés incolores ainsi formés régénèrent facilement la substance colorante primitive, soit sous l'action des oxydants, soit par une simple exposition à l'air comme cela a lieu pour l'indigo. Les acides et les alcalis concentrés décolorent et décomposent presque toutes les couleurs végétales. Employés avec précaution, ils se bornent ordinairement à modifier la teinte : ainsi sous l'action des alcalis étendus, le tournesol rouge devient bleu, le curcuma brunit, le sirop de violettes devient vert ; l'addition d'un acide étendu ramène la teinte primitive. Toutes les couleurs végétales ou animales sont détruites par la chaleur. Sous l'influence des rayons solaires, elles se décolorent peu à peu ; quelques-unes même, comme le rose de carthame, sont si sensibles à l'action de la lumière qu'un rayon de soleil les détruit instantanément. — Certains agents chimiques, employés convenablement, peuvent quelquefois servir au développement des couleurs et à leur fixation. C'est ainsi que la plupart des substances colorantes acquièrent de l'intensité et de la solidité quand on les traite au moyen du bichromate de potasse. Ce sont ces modifications de couleurs, produites après coup sur les tissus, que l'on appelle *couleurs de conversion*. D'autres corps, notamment le charbon et le noir animal, absorbent les matières colorantes sans les altérer. Enfin, la plupart des oxydes et sous-sels insolubles ont la propriété d'enlever les matières colorantes à leurs dissolvants et de former avec elles des combinaisons insolubles qu'on désigne sous le nom de *Laques*. Ainsi, quand on ajoute de l'alun à une dissolution colorée, et qu'on ajoute au mélange du carbonate de soude en quantité suffisante, l'alumine se précipite en entraînant la matière colorante, et, après quelques instants de repos, on trouve un précipité volumineux et fortement coloré sur lequel surnage un liquide tout à fait incolore.

Les matières colorantes employées en teinture sont généralement solubles dans l'eau : cependant il en est qui ne s'y dissolvent pas, tandis qu'elles se dissolvent dans l'alcool, l'éther, les essences et les liquides alcalins. En général, on parvient à dissoudre ces dernières en acidulant ou en alcalisant l'eau assez légèrement pour ne point détruire la substance colorante. Lorsqu'on emploie un acide, la matière colorante se combine quelquefois avec lui et forme ainsi un acide double. Quand c'est un alcali, la matière colorante se comporte à son égard comme un acide faible. Les substances tinctoriales, ainsi que nous venons de le dire, renferment souvent plusieurs principes colorants associés ensemble, et, en outre, mêlés avec d'autres principes immédiats non colorés. Il faut, pour les séparer, employer des dissolvants appropriés à la nature de ces divers principes. Toutefois Preisser a imaginé une méthode fort simple qui peut s'appliquer à toutes les matières tinctoriales. Elle consiste à faire digérer la substance tinctoriale dans l'eau, puis à décanter la liqueur et à y ajouter une certaine quantité d'oxyde de plomb hydraté, qui se combine avec le principe colorant en formant une laque insoluble. Cela fait, on décompose la laque au moyen d'un excès d'acide sulfhydrique qui précipite le plomb et met le principe colorant en liberté, mais à l'état incolore, à cause de l'action désoxygénante de l'acide sulfhydrique. Enfin, on évapore la liqueur, et l'on obtient des cristaux incolores, lesquels, au contact de l'air, reprennent la coloration qui leur est propre. — Les principes colorants présentent une composition analogue à celle des autres principes immédiats organiques : beaucoup se composent uniquement de carbone, d'hydrogène et d'oxygène ; d'autres, tels que l'indigotine et l'orcéine, renferment de l'azote. Tous ou presque tous ont été isolés et analysés, et leurs formules brutes sont bien connues; mais il n'en est pas de même de leur constitution intime et il est impossible actuellement de donner une classification rationnelle basée sur la constitution chimique des principes colorants. Aussi les grouperons-nous simplement d'après les nuances qu'ils donnent en teinture.

A. Au premier rang des couleurs *rouges* se placent celles qui sont fournies par la *Cochenille*, le *Kermès* et la *Garance :* il en est parlé aux mots Cochenille et Garance. Le *Bois de Campêche*, appelé aussi *Bois d'Inde* et *Bois de la Jamaïque*, provient de l'*Hæmatoxylon campechianum*. Il nous arrive en bûches plus ou moins volumineuses. On en extrait la matière colorante en faisant bouillir le bois préalablement pulvérisé. Si l'on évapore la liqueur à siccité, et qu'on traite le résidu par l'alcool, on obtient un principe particulier appelé *Hématoxyline*, qui se dépose sous forme de cristaux, lesquels paraissent plus ou moins foncés suivant leur grosseur, mais donnent une poussière jaune. La dissolution aqueuse d'hématoxyline ne se colore pas à l'air, mais si l'on y ajoute de l'ammoniaque, elle se teint bientôt en rouge intense. Dans cette réaction, il se produit une substance grenue, cristalline, d'un noir violacé, qui varient depuis le noir d'*Hématéine*, et qui, en se dissolvant dans l'eau, la colore en pourpre foncé. Le *Bois de Brésil* ou de *Fernambouc*, appelé aussi *Brésillet*, est fourni par diverses espèces du genre *Cæsalpinia*, et surtout par le *Cæs. echinata*. C'est également la décoction de ce bois qui s'emploie dans la teinture. Sa matière colorante, qu'on a nommée *Brésiline*, a été obtenue par Chevreul en petites aiguilles cristallines orangées et très solubles dans l'eau, même teinte froide, qu'elle colore en rouge vif. Les acides font virer au jaune la décoction du brésillet, et les alcalis lui donnent une teinte pourprée, ce qui permet de distinguer ce bois du campêche, dont la décoction devient rouge par les acides et bleue par les alcalis. Les fleurs du *Carthame* donnent des couleurs qui varient depuis le rose tendre jusqu'au ponceau. Quand on épuise ces fleurs au moyen de l'eau, elles cèdent une matière colorante jaune, soluble dans l'eau froide, mais sans emploi. Mais si l'on traite par une dissolution de carbonate de soude ces mêmes fleurs épuisées par l'eau froide, on obtient une liqueur d'un beau rouge. Alors on neutralise celle-ci par l'acide acétique, et l'on y plonge du coton sur lequel se précipite un principe colorant rouge appelé *Carthamine*. Cela fait, on retire le coton et on le traite par de l'eau contenant un vingtième de carbonate de soude : la carthamine se dissout, et, si l'on verse dans la liqueur de l'acide citrique, elle se précipite sous forme de flocons cramoisis. C'est ce dernier principe qui sert à donner à la soie et au coton les nuances les plus vives de rose, cerise, ponceau, couleur de chair, malheureusement très fugaces. On donne dans le commerce le nom d'*Orseille* à une pâte molle d'un rouge violet très foncé qu'on obtient en soumettant certains Lichens incolores, préalablement écrasés et réduits en poudre, à l'action de l'air et d'un liquide ammoniacal, de l'urine par exemple. Au bout de quelques mois, il se développe une matière colorante fort riche. Le principe colorant de l'Orseille a reçu les noms d'*Orcine* et d'*Orcéine*. Il est très soluble dans l'eau, et donne, avec la soude ou la potasse, des dissolutions d'un rouge violacé, et d'une belle couleur pensée avec l'ammoniaque. Le principe colorant de l'*Orcanette* (*Anchusa tinctoria*) paraît tenir de la nature des résines. On l'appelle *Anchusine :* insoluble dans l'eau, il ne se dissout que dans l'esprit-de-vin. On s'en sert pour teindre en violet et en lilas. Le bois de *Santal rouge*, pulvérisé et traité par l'alcool, donne une dissolution rouge jaunâtre qui, après évaporation, laisse une matière colorante résinoïde rouge, appelée *Santaline*. Cette matière, insoluble dans l'eau, se dissout très bien dans l'alcool, ainsi que dans les acides et alcalis faibles, qui se colorent en rouge plus ou moins violet. Le *Rocou* est la pulpe qui entoure les graines du *Bixa Orellana*, famille des *Bixacées*. Cette substance qui nous arrive de la Guyane sous la forme de pains de 5 à 8 kilogr., contient deux principes colorants : l'un est jaune et soluble dans l'eau, sans usage; l'autre, nommé *Bixine*, est rouge, peu soluble dans l'eau, mais très soluble dans l'alcool et dans l'éther. C'est ce dernier qui s'emploie dans la teinture, mais il manque de solidité.

B. La matière colorante jaune la plus usitée est la *Gaude*, que l'on retire du *Reseda luteola*. C'est surtout dans les dernières feuilles et dans les enveloppes du fruit que réside son principe colorant. Ce principe, appelé *Lutéoline*, s'extrait en traitant la gaude par l'eau bouillante. Il est très peu soluble dans l'eau; néanmoins le peu qui se dissout suffit

pour donner de belles teintures, remarquables par leur solidité. Les rhizomes du *Curcuma longa*, de la famille des Zingibéracées, donnent, quand on les épuise par l'alcool bouillant, un principe jaune fort abondant, la *Curcumine; malheureusement il est très peu solide. Le *Fustet* ou *Fustic* est le bois du *Rhus Cotinus*, de la famille des Anacardiacées; il donne une matière colorante d'un beau jaune (*Fustine*), soluble dans l'eau, mais que les alcalis font passer immédiatement au rouge brun. On désigne également sous le nom de *Fustet*, ainsi que sous celui de *Bois jaune*, le bois du *Mûrier des teinturiers* (*Morus tinctoria*), dont la matière colorante, appelée *Morin*, s'emploie surtout pour teindre les laines en jaune. Le morin s'obtient en épuisant le bois jaune par l'eau bouillante, et en évaporant la liqueur jusqu'à ce qu'elle dépose des cristaux par le refroidissement. Il est peu soluble dans l'eau, mais très soluble dans l'éther; l'acide sulfurique et les alcalis augmentent l'intensité de sa couleur jaune. Il nous vient de la Chine et des Indes une matière tinctoriale naguère fort employée dans la teinture. On la désigne sous les noms de *Purrée* ou *Pioury*, et de *Jaune indien*. Elle doit ses propriétés à un principe colorant appelé *Acide purrhéique* ou *Acide euxanthique*, qu'on en sépare sous forme cristalline en dissolvant la purrhée dans de l'eau acidulée par l'acide chlorhydrique. Les *Graines de Perse*, d'*Avignon*, etc., sont tout simplement les drupes de diverses espèces du genre *Nerprun :* elles ne donnent que des couleurs peu solides. Nous avons parlé ailleurs du *Quercitron* (voy. Chêne); nous n'avons donc pas à y revenir.

C. Les matières colorantes végétales bleues sont principalement fournies par l'*Indigo* et le *Pastel*, auxquels nous consacrerons des articles particuliers. Mentionnons encore la *Renouée tinctoriale*, de la famille des Polygonacées.

D. Les couleurs *vertes* sont généralement obtenues par l'action réciproque de matières colorantes jaunes et bleues. Cependant on a employé, avec succès, une matière colorante verte qui s'extrait de l'écorce d'une espèce de Nerprun, le *Rhamnus sinensis*. Cette substance qu'on appelle *Vert de Chine*, parce qu'elle nous vient de ce pays, ou *Lokao*, du nom que lui donnent les Chinois, est remarquable par la beauté de la couleur verte qu'elle communique aux tissus, et par l'éclat extraordinaire que cette couleur acquiert à la lumière artificielle. En 1856, A.-F. Michel, de Lyon, a découvert l'existence de cette substance dans l'écorce des nerpruns indigènes, et, en 1860, Charvin est parvenu à l'obtenir en assez grande quantité pour le livrer au commerce.

E. Les teintes *violettes, orangées*, etc., s'obtiennent, dans l'art de la teinture, au moyen de bains composés ou de plusieurs teintures successives.

F. Enfin, les couleurs *noires* et *brunes* s'obtiennent par l'action des *tanins* ou de l'*acide gallique* sur différents sels métalliques, avec lesquels ils se combinent en formant des composés colorés et solides. Dans la teinture, on n'emploie pas ces composés à l'état pur; on se sert de substances astringentes où ils sont contenus en plus ou moins grande quantité, et particulièrement des différentes sortes de *Noix de galle*, du *Brou de noix*, du *Cachou* et du *Sumac*. La noix de galle sert principalement à teindre en noir et en gris avec les sels de fer et de cuivre. Avec les sels de fer, le brou de noix sert à teindre les laines en rouge brun. Le cachou colore le coton et la laine en brun; mais, en y associant différents sels, on obtient une grande variété de teintes. Ainsi il donne, avec le vert de gris et le sel ammoniac, des carmélites et des couleurs bois plus ou moins foncées; avec les sels de fer et de cuivre, des gris, des olives et des bruns; avec les sels d'étain, des jaunes chamois; avec l'écorce de saule et le bichromate de potasse, des rouges et des rouges bruns. Le sumac sert à remplacer la noix de galle; mais, comme il est bien moins riche en tanin, il faut l'employer à doses plus considérables.

Tels sont les principaux colorants d'origine végétale ou animale qui ont trouvé des applications industrielles. Quelques-uns, comme la garance et l'indigo ou le pastel, ont servi à la teinture dès les temps les plus reculés. Le kermès fut apporté en Europe au XIIIe siècle par les Arabes. Les couleurs d'orseille ne furent connues qu'au XIVe siècle. La découverte de l'Amérique et celle de la route du cap de Bonne-Espérance amenèrent chez nous les bois colorants de l'Amérique méridionale, la cochenille, originaire du Mexique, et l'indigo des Indes, dont l'importation fit peu à peu abandonner la culture du pastel autrefois très florissante. Le cachou ne fut introduit en Europe qu'au commencement du XIXe siècle. La découverte de Chine est d'importation encore plus récente. Aujourd'hui, devant l'invasion croissante des colorants artificiels tirés du goudron, les applications des matières colorantes naturelles deviennent de plus en plus restreintes; plusieurs de ces couleurs sont même complètement abandonnées : les unes, comme le carthame et le curcuma, parce qu'elles sont trop fugaces; les autres, comme la garance et le vert de Chine, à cause de leur prix élevé. Parmi celles qui ont le mieux résisté à la concurrence redoutable des nouveaux produits, nous citerons les bois de teinture, le cachou et surtout l'indigo.

IV. Matières colorantes artificielles — C'est par milliers que l'on compte les matières colorantes fabriquées à l'aide des *goudrons de houille;* dans la pratique on en utilise actuellement plusieurs centaines, choisies parmi les plus belles et les plus solides. Cependant, l'industrie des colorants artificiels est de date récente et remonte à peine à une quarantaine d'années. La muréxide et l'acide picrique, dont l'emploi en teinture précéda de peu de temps les couleurs d'aniline, n'eurent qu'un succès éphémère. C'est l'apparition de la mauvéine en 1856, et de la fuchsine en 1859, qui inaugure une ère nouvelle dans l'industrie des matières colorantes. Dans l'espace de quelques années, on découvrit les principales couleurs de la série du triphénylméthane : le bleu de Lyon, le violet de Paris, etc. Les matières premières pour toutes ces substances proviennent des huiles légères du goudron : ce sont le benzène et le toluène, avec leurs dérivés immédiats : l'aniline, la toluidine et le phénol. En 1869, l'anthracène, autre hydrocarbure contenu dans les goudrons, fut utilisé à son tour : l'alizarine artificielle remplaça la garance et devint le point de départ d'une nouvelle série de matières colorantes, peu nombreuses, mais d'une grande valeur. Avec l'éosine et les diverses phtaléines, en 1874, un troisième groupe vint s'ajouter aux précédents. Enfin, en 1878, parut la série la plus importante, celle des couleurs azoïques : ici c'est le naphtalène, autrefois sans valeur, qui joue le rôle prépondérant. En même temps on utilisait le xylène, le cumène et de nombreux dérivés du benzène. Un nouveau progrès s'accomplit en 1883 : les dérivés tétrazoïques de la benzidine et des diamines analogues vinrent révolutionner la teinture du coton, en fournissant des substances qui teignent sans mordant les fibres végétales. Bientôt le nombre toujours croissant des couleurs azoïques dépassa celui de toutes les autres matières colorantes réunies; la cochenille et l'orseille furent supplantées et la plupart des autres couleurs végétales finirent par être abandonnées. Aux dernières années les découvertes se sont succédé sans interruption, ajoutant de nouveaux termes aux séries déjà connues, ou créant de nouveaux groupes de matières colorantes : eurhodines, rhodamines, indamines et indophénols, primulines et thioflavines, etc. Cependant on n'a guère mis en œuvre, jusqu'à présent, qu'une faible fraction du goudron de houille : un dixième à peine, constitué principalement par les huiles légères. Sans doute les huiles lourdes, mieux étudiées, fourniront un jour des dérivés nombreux et importants qui viendront encore ajouter aux richesses acquises.

L'étonnante rapidité avec laquelle s'est développée cette industrie, paraîtrait inexplicable si l'on ne tenait compte du haut degré de perfection qu'a atteint de nos jours la chimie. L'industrie a trouvé un terrain tout préparé par les travaux théoriques des savants, et, si les premières découvertes dans le domaine des matières colorantes furent purement empiriques, elles ne devinrent fécondes que grâce à l'aide de toutes les ressources de la science. C'est la chimie pure qu'ont été empruntées les méthodes propres à transformer les composés organiques à l'aide du chlore, du brome, des acides sulfurique, nitreux et nitrique, et à compliquer l'édifice moléculaire d'une substance par l'introduction de radicaux alcooliques ou aromatiques. Les méthodes de synthèse chimique par condensation et par transposition moléculaire ont permis de fabriquer des matières très complexes à l'aide de composés plus simples ou plus faciles à obtenir. Enfin, c'est à des travaux purement théoriques que nous devons, par ex., les premiers colorants azoïques, les phtaléines, l'alizarine et l'indigo artificiels. En revanche, les applications industrielles ont exercé la plus heureuse influence sur les progrès de la chimie; chaque découverte empirique provoquait chez les savants d'actives recherches destinées à étudier la constitution des nouvelles substances et à expliquer leurs réactions; c'est ainsi qu'est née toute la théorie des dérivés du triphénylméthane; c'est là aussi qu'il faut chercher l'origine de beaucoup de travaux sur les quinones, les diamines, les composés aziniques, les dérivés de l'acridine et de la quinoléine, etc. Grâce à ces travaux, les connaissances qu'on possède sur les matières colorantes artificielles sont aujourd'hui très avancées, et nous pouvons ici classer ces colorants d'après leur constitution chimique.

1. Les *colorants nitrés* ont généralement une constitution très simple; ce sont des phénols ou des amines dans la molécule desquels on introduit le groupe nitryle AzO^2. Cette nitration s'effectue à l'aide d'un mélange d'acide azotique et d'acide sulfurique. On obtient ainsi des substances jaunes ou orangées qui teignent directement la laine et la soie, mais qui ne se fixent pas sur le coton; leur pouvoir tinctorial est d'autant plus grand qu'elles contiennent un plus grand nombre de groupes nitryles. L'*acide picrique* (dérivé trinitré du phénol), découvert déjà en 1788 par Hausmann, fut appliqué à la teinture quelques années avant la découverte des couleurs d'aniline; il donne des nuances peu stables et n'est plus guère employé comme matière colorante; mais il a trouvé des applications importantes dans l'industrie des explosifs. Le *jaune de naphtol* est un naphtol dinitré; on l'emploie aujourd'hui à l'état de dérivé sulfonique. L'*aurantia* (diphénylamine hexanitrée) sert à la teinture des peaux. — La nitration s'applique aussi aux matières colorantes des autres classes, pour modifier leur nuance ou leurs propriétés tinctoriales.

2. *Oxyquinones et oxycétones.* — Les oxyanthraquinones (voy. Anthraquinone) comprennent un certain nombre de colorants dont le plus important est l'alizarine. La préparation de ce corps et ses applications sont indiquées au mot Alizarine. Nous ne parlerons ici que des couleurs qui en dérivent. Le dérivé sulfonique, obtenu par l'action de l'acide sulfurique sur l'alizarine, est employé sous le nom de *rouge d'alizarine* S pour la teinture de la laine. Le dérivé amidé, appelé *marron d'alizarine*, teint en grenat le coton mordancé à l'alumine. Le dérivé nitré ou *orangé d'alizarine* s'obtient à l'aide de l'acide nitreux; il donne un orangé très vif et très solide avec les mordants d'alumine. En le traitant par la glycérine en présence de l'acide sulfurique fumant, on introduit dans la molécule de l'alizarine un noyau de quinoléine; on obtient ainsi le *bleu d'anthracène* qui fournit des nuances indigo résistant bien à la lumière, au savon et au chlore. Le *vert d'alizarine* est le dérivé trisulfoné de ce bleu; il teint en vert bleuâtre la laine mordancée au chrome.

Parmi les autres oxyanthraquinones, un petit nombre seulement se prêtent à la teinture. Tels sont : l'*anthragallol* et le *rufigallol* (voy. ces mots). Le *bordeaux d'alizarine* est une tétra-oxyanthraquinone qu'on obtient par l'action de l'acide sulfurique fumant sur l'alizarine et qui teint en rouge vineux la laine mordancée à l'alumine. Par l'oxydation de ce bordeaux, on prépare une penta-oxyanthraquinone; c'est l'*alizarine-cyanine* qui donne sur laine des nuances bleues tirant sur le vert ou sur le violet, suivant le mordant employé.

La naphtoquinone peut aussi fournir des matières colorantes. Sous le nom impropre de *noir d'alizarine* on emploie la dioxynaphtoquinone combinée avec le bisulfite de sodium; ce colorant donne un noir très solide sur la laine mordancée au chrome.

Les oxycétones ont donné lieu à quelques applications industrielles. La trioxybenzophénone, obtenue en faisant agir le chlorure de zinc sur un mélange de pyrogallol et d'acide benzoïque, donne des nuances jaunes ou brunes très stables sur le coton mordancé. La gallacétophénone se prépare de même en remplaçant l'acide benzoïque par l'acide acétique. Ces deux substances sont connues dans le commerce sous le nom de *jaunes d'alizarine*. — La *galloflavine*, qui résulte de l'oxydation des gallates et qui teint en un beau jaune la laine mordancée au chrome, paraît dériver de la xanthone ou oxyde de biphénylène-cétone; par ses propriétés elle se rapproche de plusieurs colorants naturels que l'on rencontre dans le jaune indien, dans le quercitron, dans les nerpruns, etc., et qui, selon toute probabilité, dérivent aussi de la xanthone.

3. Les *dérivés du triphénylméthane* forment l'une des plus importantes séries de matières colorantes. Ils ont pour substances mères le triphénylméthane $CH(C^6H^5)^3$ ou le triphénylcarbinol $COH(C^6H^5)^3$ et, suivant qu'ils se rapportent aux dérivés amidés ou aux dérivés oxydrilés de ces substances, ils se rangent dans deux familles distinctes. Celle des composés amidés est la plus nombreuse et comprend elle-même plusieurs catégories. Ainsi, le *vert malachite*, le *vert brillant* et les couleurs analogues dérivent du triphénylméthane diamidé $CH \begin{smallmatrix} —C^6H^5 \\ —C^6H^4.AzH^2 \\ —C^6H^4.AzH^2 \end{smallmatrix}$ par la substitution des radicaux éthyle ou méthyle dans les groupes AzH^2; on peut y rattacher le *bleu breveté* obtenu par l'oxydation d'une base ana-

logue à celle du vert malachite. De la pararosaniline ou triamido-triphénylméthane CH $\begin{cases} C^6H^4.Az H^2 \\ C^6H^4.Az H^2 \\ C^6H^4.Az H^2 \end{cases}$ dérivent de la même manière les *violets cristallisés* et le *bleu Victoria*. Enfin, la rosaniline ordinaire et son chlorhydrate, la *fuchsine*, correspondent au type CH $\begin{cases} C^6H^4.Az H^2 \\ C^6H^4.Az H^2 \\ C^6H^3(CH^3).Az H^2 \end{cases}$ qui représente l'homologue supérieur de la pararosaniline. Le *bleu de Lyon*, le *bleu de diphénylamine*, les *violets de Paris* ne diffèrent de la fuchsine que par des substitutions dans les groupes $Az H^2$. — Quant aux dérivés oxhydrilés du triphénylméthane, ils donnent naissance aux matières colorantes contenues dans les *coralline*. Ainsi, l'*aurine* est l'anhydride du trioxy-triphénylcarbinol $COH (C^6H^4 OH)^3$. A ce type se rapporte également le *violet chromique* $COH (C^6H^3 OH . CO^2 Na)^3$ qu'on obtient en faisant agir l'aldéhyde méthylique sur l'acide salicylique en présence de l'acide sulfurique concentré. L'*acide rosolique* est l'homologue supérieur de l'aurine.

Dans l'industrie, aucune de ces couleurs ne se prépare directement en partant du triphénylméthane ; on les obtient en général par voie de condensation, c.-à-d. qu'on soude ensemble, par leurs atomes de carbone, plusieurs molécules de corps plus simples, tels que l'aniline, la toluidine, la diméthylaniline, la diphénylamine, l'aldéhyde benzylique, etc. Pour plus de détails sur les colorants de cette série, nous renverrons aux mots ANILINE, CORALLINE, TRIPHÉNYLMÉTHANE, etc. Nous nous bornerons ici à quelques renseignements historiques. La première de ces couleurs qu'on ait fabriquée industriellement est la fuchsine obtenue en 1859 par Verguin. L'année suivante, Girard et de Laire découvrirent le bleu, de Lyon, dont l'importance s'accrut encore lorsque Nickolson parvint à le transformer en bleus solubles. Le violet de Paris fut obtenu en 1866 par Lauth, en oxydant la diméthylaniline. Le vert malachite fut introduit qu'en 1878. Enfin, parmi les découvertes de ces dernières années nous citerons celle du bleu breveté (1888).

4. Les *phtaléines*, découvertes par Baeyer en 1871, se rattachent à la série précédente : car elles peuvent être considérées comme les anhydrides de l'acide triphénylméthanecarbonique et de ses dérivés. Elles résultent de l'action de l'anhydride phtalique sur les phénols et renferment le groupement caractéristique $CO \begin{cases} C^6H^4 \\ O \end{cases} C =$. La plus importante est la phtaléine de la résorcine ; elle a reçu le nom de *fluorescéine*, en raison de sa belle fluorescence verte. Les *éosines*, le *rose bengale*, l'*érythrosine*, la *primerose*, la *phloxine* sont ses dérivés bromés, iodés, chlorés, éthylés, etc. La *galléine* ou phtaléine du pyrogallol sert surtout à préparer la *céruléine*, fort employée en impression pour teindre le coton en vert olive. — Tous ces colorants sont de nature acide ou phénolique. On obtient, au contraire, des colorants basiques, appelés *rhodamines*, quand on combine l'anhydride phtalique avec les dérivés alcooliques des méta-amidophénols. Ainsi, la *rhodamine* B, qui donne en teinture de belles nuances rouge violacé, se prépare en chauffant l'anhydride phtalique avec le dérivé diéthylique du méta-amidophénol. La *rhodamine* S, où l'anhydride phtalique est remplacé par l'acide succinique, jouit de la propriété de teindre le coton sans mordant.

5. Les *dérivés du diphénylméthane* se rapportent au type $CH^2 (C^6H^5)^2$; ils n'ont fourni jusqu'à présent, à l'industrie, qu'un très petit nombre de matières colorantes. L'*auramine*, qu'on obtient en partant de la benzophénone, sert à la teinture du coton en jaune. Les *pyronines* se préparent en traitant les dérivés diéthylique ou diméthylique du méta-amidophénol par le chlorure de méthylène ou par l'aldéhyde méthylique ; elles teignent le coton, la laine et la soie en nuances rouge carmin.

6. Les *matières colorantes azoïques* constituent la famille la plus importante, grâce à leur nombre, à leur variété de teintes et à leurs applications multiples. On trouve actuellement dans le commerce plus de 200 couleurs appartenant à cette série et présentant toutes les nuances possibles, sauf le vert pur. Au point de vue de la constitution chimique les colorants azoïques sont caractérisés par le groupement — $Az = Az$ — unissant deux noyaux aromatiques. Ce groupe peut se répéter dans la molécule : il est contenu deux fois dans les substances appelées *tétrazoïques* ou *bisazoïques*, 3 fois dans les *hexazoïques* ou *trisazoïques*, etc. C'est à la présence de ce groupe qu'il faut attribuer la coloration de la substance ; le benzène et le naphtalène, par ex., sont incolores, tandis que l'azobenzène et les azonaphtalènes sont

colorés. De plus, pour qu'un composé azoïque possède la propriété tinctoriale, c.-à-d. pour qu'il soit apte à se fixer sur les fibres textiles, il faut que sa molécule contienne le groupe amidogène $Az H^2$ ou le groupe oxhydrile OH; de là, la division des colorants azoïques en deux grandes classes : les *amidoazoïques* et les *oxyazoïques*. — La préparation de ces colorants est généralement assez simple. On commence par *diazoter* une amine aromatique, c.-à-d. par y introduire le groupement — $Az = Az$ — en la traitant par l'acide nitreux. On obtient ainsi un dérivé diazoïque que l'on fait réagir soit sur un phénol, soit sur une amine aromatique ou sur leurs dérivés. Le corps azoïque qui prend naissance constitue la matière colorante. Si c'est un amidoazoïque, on le dissout dans un acide ; si c'est un oxyazoïque, il est généralement insoluble dans l'eau et même dans les alcalis ; dans ce cas, on lui communique la solubilité en le *sulfonant*, c.-à-d. on y introduisant le groupe $SO^3 H$ par un traitement à l'acide sulfurique fumant. Cette sulfonation, du reste, peut être effectuée avant la diazotation. Dans certains cas, au lieu du dérivé sulfonique, on forme un dérivé carboxylique. Toutes les amines basiques pouvant être diazotées, et les dérivés ainsi obtenus pouvant être combinés avec la plupart des amines et des phénols, on voit qu'il est possible de préparer un nombre incalculable de matières colorantes azoïques ; on en connaît déjà plusieurs milliers. Aussi n'est-il pas inutile de les classer en différentes catégories.

Considérons d'abord les composés qui ne contiennent qu'une fois le groupe — $Az = Az$ — ; on peut les partager en amidoazoïques et en oxyazoïques : 1° Les amidoazoïques renferment un radical d'amine aromatique uni au corps diazoïque, et se divisent eux-mêmes en deux groupes suivant qu'ils sont sulfonés ou non. Le dernier groupe se compose d'un petit nombre de matières colorantes jaunes ou brunes : les *chrysoïdines*, le *jaune d'aniline*, le *brun de phénylène*; elles servent principalement à préparer des couleurs plus complexes. Les amidoazoïques sulfonés comprennent : les *jaunes solides*, les *substituts d'orseille*, les *orangés* III et IV, la *citronine* appelée improprement *jaune indien*. — 2° Les oxyazoïques renferment un radical phénolique. Comme ils sont par eux-mêmes insolubles dans l'eau, on ne les emploie en teinture qu'à l'état de dérivés sulfoniques. Ces derniers sont très nombreux et comprennent la plupart des *ponceaux* et des *écarlates*, divers *orangés*, les *tropéolines*, la *roccelline*, etc. On les prépare en diazotant l'aniline, la toluidine, la xylidine, la cumidine ou leurs dérivés sulfonés, et en unissant le diazoïque ainsi obtenu avec les naphtols ou les acides naphtolsulfoniques. Quant aux oxyazoïques non sulfonés, tels que les *soudans* I et II, le *carminaphte*, le *jaune pour beurre*, ils ne sont solubles que dans l'alcool ou dans les graisses et servent à colorer les vernis, les cires et les corps gras.

Parmi les composés contenant plusieurs fois le groupe — $Az = Az$ —, l'industrie utilise surtout les *tétrazoïques* (ou *bisazoïques*). Ceux-ci se partagent en deux catégories bien distinctes au point de vue des applications. La première comprend les tétrazoïques obtenus par l'action d'un phénol ou d'une amine (ordinairement sulfonés) sur les dérivés amidoazoïques du benzène, du toluène, du xylène, etc. Ce sont des couleurs employées presque exclusivement pour la laine. La première en date fut l'*écarlate de Biebrich* ; les autres sont les *rouges pour drap*, les *crocéines*, les *bordeaux*, les *noirs de naphtol*, etc. — Les tétrazoïques de la seconde catégorie s'obtiennent en partant de certaines diamines et sont beaucoup plus importants : car ils jouissent de la propriété précieuse de teindre directement le coton sans mordant, à la façon de certains colorants végétaux. Ces *couleurs directes pour coton* se préparent en diazotant une diamine telle que la benzidine et en faisant réagir le dérivé tétrazoïque ainsi obtenu sur les phénols et les amines ou sur leurs dérivés sulfonés et carboxylés. Elles présentent toutes les nuances depuis le jaune jusqu'au bleu indigo. Elles se subdivisent elles-mêmes en plusieurs groupes d'après la nature de la diamine qui sert de point de départ : 1° Les couleurs de benzidine comprennent les *congos*, matières rouges ou violacées, le *jaune congo*, l'*écarlate de diamine*, l'*azoorseilline*, le *noir* et le *violet de diamine*. On peut y rattacher quelques substances hexazoïques et octazoïques dérivées de la benzidine, entre autres le *vert diamine*, qui est actuellement le seul vert de nature purement azoïque. 2° Avec la toluidine on prépare les *benzopurpurines*, les *deltapurprines*, la *rosazurine*, couleurs rouges ; les *orangés de toluylène* et l'*orangé congo*, et des couleurs violettes : *bleu azoïque*, *benzobleu noir*. 3° Le diamidostilbène fournit le jaune, le *violet* et les *pourpres de Hesse*, le *rouge de stilbène*, le *jaune brillant*. 4° Les couleurs de dianisidino, remarquables par la vivacité de leurs nuances, nous offrent de beaux bleus appelés *benzoazurines*, l'*héliotrope*, matière colorante violette, et le *violet azoïque*. 5° L'éthoxybenzidine sert à préparer la plupart des couleurs dites diamine : *rouge, jaune, bleu* et *noir diamine*. 6° Enfin, un petit nombre de couleurs ont été obtenues, dans ces dernières années, à l'aide de diverses autres bases. La méthylbenzidine a fourni le *jaune* et le *rouge directs*. L'amido-acétanilide a donné le *rouge saumon* et le *jaune coton*. Citons encore le *jaune de curbazol*, le *rouge de naphtylène*, dérivé de la naphtylène-diamine, le *bordeaux coton*, dérivé de la biphénylène-cétone.

Comme on a pu le voir dans l'énumération précédente, les matières colorantes azoïques présentent toute la gamme des couleurs ; toutefois, les rouges sont de beaucoup les plus nombreux ; puis viennent les orangés et les jaunes ; les bleus sont relativement en petit nombre et le vert n'a encore qu'un ou deux représentants. Les nuances obtenues en teinture, en particulier les bleus et les violets, sont plus ternes que celles des couleurs du triphénylméthane. En général elles résistent assez bien à la lumière et au foulon, tout en restant inférieures, sous ce rapport, à l'alizarine et aux autres couleurs d'anthracène. La plupart des colorants azoïques sont de nature acide ou phénolique, grâce à la présence des phénols ou des naphtols et surtout du groupe SO³H qu'elles renferment ordinairement à l'état de combinaison avec le sodium.

Les travaux de Griess sur les composés azoïques remontent à 1858. Le jaune d'aniline, qu'il avait découvert en 1859, fut fabriqué industriellement par Mène, en 1861 ; le brun Bismarck (brun de phénylène) par Martius, en 1867 ; la chrysoïdine, par Will, en 1875. Mais l'industrie des matières colorantes azoïques ne prit son essor qu'en 1878, lorsque Roussin se servit des naphtols pour les combiner avec les diazoïques de Griess et obtenir des couleurs sulfonées. Presque en même temps que ces orangés de Roussin, parut le premier rouge azoïque (rouge solide ou roccelline), dû à Caro ; puis vinrent les bordeaux et les ponceaux de Baum. La première couleur tétrazoïque fabriquée industriellement fut l'écarlate de Bicbrich, découvert par Nietzki ; mais ce n'est qu'en 1883, que Bœttiger appliqua à la teinture directe du coton les tétrazoïques dérivés des diamines.

A cette grande famille des colorants azoïques, on peut rattacher le petit nombre des couleurs *Azoxiques* (voy. ce mot), et les couleurs dérivées de l'hydrazine, dont une seule, la *tartrazine*, est actuellement employée dans l'industrie.

7. *Matières colorantes nitrosées.* — En faisant agir l'acide nitreux sur les phénols en solution acide, on introduit dans leur molécule le groupe nitrosyle AzO. Les nitrosophénols ainsi obtenus doivent être considérés comme des quinono-oximes. La plupart sont des colorants substantifs jaunes qui, par eux-mêmes, n'auraient aucun intérêt pratique, mais qui forment avec les sels métalliques des laques insolubles, très stables, pouvant être fixées sur les fibres animales et sur le coton mordancé. En particulier, les laques ferriques donnent des nuances d'un vert intense qui sont remarquables par leur résistance aux lavages et à la lumière. C'est ainsi que la *dinitroso-résorcine*, les *gambines* ou nitroso-naphtols, le *vert de naphtol*, dérivé nitrosé de l'acide naphtolsulfonique, et la *dioxine*, dérivé de la dioxynaphtaline, servent à teindre en vert les tissus mordancés au fer. Les gambines sont surtout employées pour le coton ; le vert de naphtol pour la laine.

Les amines aromatiques peuvent être nitrosées comme les phénols. La *nitroso-diméthylaniline*, qu'on obtient en faisant réagir le nitrite de sodium sur le chlorhydrate de diméthylaniline, est utilisée comme produit intermédiaire pour fabriquer divers colorants que nous rencontrerons plus loin : eurhodines, safranines, indophénols, etc.

8. Les *azines* aromatiques comprennent un certain nombre de matières colorantes qu'on peut diviser en trois catégories : les eurhodines, les safranines et les indulines.

Les *eurhodines* sont constituées par deux noyaux aromatiques R et R′ réunis par deux atomes d'azote suivant le schéma

R $\underset{Az}{\overset{Az}{|}}$ R′. Elles comprennent le *rouge de toluylène* et les

couleurs analogues dites *neutres*, qu'on prépare en traitant la nitroso-diméthylaniline par une diamine telle que la métaphénylène ou la métacrésylène-diamine. Leurs applications industrielles sont assez restreintes.

Les *safranines* appartiennent au type R $\underset{Az}{\overset{Az}{\bigotimes}}$ R′ où

Cl R″

R, R′, R″ désignent des radicaux aromatiques. La *safranine* ordinaire fut préparée dès 1868 par Perkin, à l'aide des résidus de la fabrication de la fuchsine. En faisant agir le chlorhydrate de nitroso-diméthylaniline sur diverses diamines, on obtient plusieurs autres couleurs de cette classe ; tels sont le *bleu de Bâle*, le *violet de méthylène*, le *vert d'azine*, qui servent à la teinture du coton.

Les *indulines* répondent à la formule R $(AzH)\underset{Az}{\overset{Az}{\bigotimes}}$ C⁶H⁴

C⁶H⁵

où R représente un radical benzénique ou naphtalénique, et où l'hydrogène du groupe AzH peut être lui-même remplacé par un radical aromatique. L'*induline* ordinaire ou *bleu Coupier* fut obtenu par Coupier, en chauffant un mélange de nitrobenzène et d'aniline pure en présence du fer et de l'acide chlorhydrique. Les *nigrosines* se préparent de la même façon. Un procédé plus général, dû à Dale et Caro, consiste à chauffer de l'aniline avec de l'amido-azobenzène en présence du chlorhydrate d'aniline. En prolongeant plus ou moins l'action de l'aniline, on obtient diverses *indulines* plus ou moins phénylées. Si, dans cette préparation, on remplace l'aniline par des diamines, on obtient les *bleus de phénylène* et de crésylène. Toutes ces indulines servent principalement à la teinture et à l'impression du coton ; elles donnent des nuances bleues, grises et noires, extrêmement solides. Elles sont insolubles dans l'eau ; mais on les solubilise en les sulfonant. On a reconnu récemment que la première des couleurs d'aniline, la *mauvéine*, découverte par Perkin, en 1856, appartient aussi à la classe des indulines. Les *rosindulines* sont roses ou rouges et diffèrent des indulines en ce que le radical benzénique R de celles-ci est remplacé par un radical naphtalénique. Le dérivé sulfoné de la phénylrosinduline est l'*azocarmin*, qui teint la laine en rouge vif.

9. *Oxazines* et *thiazines*. — Les oxazines sont constituées par deux noyaux aromatiques unis à la fois par un atome d'azote et un atome d'oxygène ; elles peuvent être re-

présentées par le schéma R $\underset{O}{\overset{Az}{\bigotimes}}$ R′. La *gallocyanine* ré-

sulte de l'action de l'acide gallique sur la nitroso-diméthyl-aniline. Avec le gallate de méthyle on obtient le *prune* ; avec l'acide gallanique, le *bleu de gallamine* ; avec le β-naphtol, le *bleu Meldola* ; avec le dioxynaphtaline, la *muscarine*. Ce sont des couleurs bleues assez solides, présentant un caractère basique plus ou moins accentué ; elles servent principalement à teindre le coton sur mordant. La plus belle des matières colorantes de cette classe est le *bleu Nil*, remarquable par l'éclat des nuances qu'il donne en teinture ; on le prépare en faisant agir le chlorhydrate de l'Az-naphtylamine sur le dérivé nitrosé du diméthylamidophénol.

Les *thiazines* ne diffèrent des oxazines que par la substi-

tution du soufre à l'oxygène et se rapportent au type R $\underset{S}{\overset{Az}{\bigotimes}}$ R′.

La plus ancienne est le *violet de Lauth* ou *thionine*, obtenu par Lauth en faisant réagir successivement l'hydrogène sulfuré et le chlorure ferrique sur la phénylène-diamine. La plus importante est le *bleu méthylène*, fort employé pour la teinture et l'impression du coton, il donne des nuances remarquables par leur beauté et leur solidité. On l'a préparé d'abord en appliquant la réaction de Lauth à l'amido-diméthylaniline ; aujourd'hui l'on préfère oxyder cette base en présence de l'hyposulfite de sodium, de façon à obtenir un acide thiosulfonique qu'on oxyde ensuite par le bichromate de potassium en présence de la diméthylaniline. Le *bleu de toluidine*, le *bleu thionine*, etc., s'obtiennent de même en remplaçant la diméthylaniline par une base analogue. Quant au *vert méthylène*, c'est un dérivé nitré du bleu méthylène ; il reçoit les mêmes applications que ce dernier.

10. Les *indophénols* résultent de l'action des sels alcalins des phénols sur les dérivés nitrosés des amines aromatiques tertiaires en présence d'un corps réducteur. Un seul de ces colorants est employé dans l'industrie ; on l'obtient en particulier de la nitroso-diméthylaniline. Il s'emploie en teinture à la façon de l'indigo, et donne des nuances bleues, très solides à l'air et à la lumière ; malheureusement celles-ci n'offrent

aucune résistance à l'action des acides et cet inconvénient se reproduit pour tous les colorants de la même famille.

11. Les *dérivés de la quinoléine* fournissent quelques matières colorantes de peu d'importance au point de vue industriel et dont la constitution n'est pas encore complètement éclaircie. Telles sont : la *cyanine*, matière colorante bleue, le *rouge de quinoléine*, employé en photographie, et le *jaune de quinoléine* ou *quinophtalone* servant à la teinture de la soie en jaune verdâtre.

On peut ranger dans la même classe les *dérivés de l'acridine*, parmi lesquels on distingue deux belles matières colorantes jaunes : le *jaune d'acridine* et la *benzoflavine*, qui sont les dérivés diamidés de l'acridine et de la phénylacridine. La *phosphine* ou *chrysaniline*, qu'on extrait des résidus de la préparation de la fuchsine, est un isomère de la benzoflavine et fournit une matière colorante orangée très recherchée.

12. La *primuline*, obtenue par Green en 1887, est le premier représentant d'un groupe de matières colorantes sulfurées, qui possèdent la propriété importante de teindre le coton sans mordant. En chauffant la toluidine avec du soufre à 180° on obtient d'abord la déhydrothiotoluidine. Par l'action d'un excès de soufre et d'une température plus élevée, cette substance se polymérise et donne la primuline et des produits de plus en plus condensés. Tous ces corps, ou plutôt leurs dérivés sulfonés, teignent directement le coton en jaune clair. On peut préparer, à l'aide du nitrite de sodium, leurs dérivés diazoïques et combiner ceux-ci avec des amines ou des phénols de manière à former des colorants diazoïques offrant diverses nuances jaunes, brunes, rouges, etc. : tels sont le *jaune oriol*, le *brun alcalin* et le *jaune de chloramine*, remarquable par sa résistance au chlore. Ce qu'il y a de plus intéressant, c'est qu'on peut former ces couleurs sur le tissu même, au lieu de les préparer à l'avance ; car les primulines possèdent la propriété singulière de pouvoir être *diazotées sur fibre*. Pour cela, le coton teint en primuline est passé dans un bain de nitrite de sodium, puis dans un bain acide ; le dérivé diazoïque se forme ainsi dans la fibre même de l'étoffe. Ensuite, un passage dans une solution alcaline de naphtol, par ex., donnera une couleur azoïque rouge, résistant au lavage. — Les homologues de la primuline s'obtiennent en remplaçant dans sa préparation la toluidine par la xylidine, la cumidine, etc. Dans cette catégorie, rentre l'*erika*, colorant azoïque et sulfuré dérivant de la xylidine, et servant à teindre la soie et le coton non mordancé en rouge vif très solide.

La primuline et ses homologues ne donnent que des nuances claires. Mais si l'on introduit dans leur molécule des radicaux alcooliques, on obtient des colorants appelés *thioflavines*, qui fournissent des jaunes beaucoup plus intenses. Ces couleurs, de même que les primulines, teignent directement le coton sans mordant. La thioflavine ordinaire se prépare en méthylant la déhydrothiotoluidine à l'aide du chlorure de méthyle ; elle sert à teindre la soie et le coton en jaune verdâtre.

13. L'*indigo* peut aujourd'hui prendre place parmi les colorants artificiels, grâce aux travaux de Baeyer, qui a déterminé sa constitution et qui a réalisé sa synthèse par différentes méthodes. Voy. INDIGO. Mais l'indigo artificiel, tout en provoquant une baisse considérable sur le prix de l'indigo naturel, n'a pas pu supplanter ce produit et n'a trouvé jusqu'à présent qu'un emploi très restreint.

14. Les matières colorantes artificielles dont la constitution est encore inconnue sont en très petit nombre. Les plus importantes sont le *Noir d'aniline*, découvert par Lightfoot en 1863 (voy. ANILINE), et le *Cachou de Laval* (voy. CACHOU).

Propriétés générales des matières colorantes artificielles. — Tous ces colorants sont solides, la plupart amorphes ; quelques-uns, comme la fuchsine, les violets cristallisés, le vert brillant, sont obtenus à l'état cristallisé. Tels qu'ils sont livrés à l'industrie, ils sont presque tous solubles dans l'eau ; car les matières insolubles sont généralement transformées, à l'aide de l'acide sulfurique, en dérivés sulfonés que l'eau peut dissoudre ; toutefois, un très petit nombre de couleurs ne peuvent être employées en teinture qu'en dissolution dans l'alcool. Les matières colorantes artificielles, de même que les matières colorantes végétales ou animales, sont plus ou moins altérables à la lumière et sont toutes décomposées par la chaleur. Sous l'action de l'hydrogène naissant ou des corps réducteurs, elles fixent de l'hydrogène et se transforment en composés incolores, appelés *leucodérivés* ou *leucobases*, qui reproduisent facilement par oxydation la matière colorante primitive. Les colorants azoïques font exception à cette règle ;

la réduction les scinde complètement en composés plus simples, correspondant aux radicaux qui étaient réunis par le groupe $-Az=Az-$. De plus, les colorants azoïques se distinguent par leurs propriétés explosives ; quelques-uns détonent même avec tant de facilité qu'ils ne peuvent être livrés qu'en pâte. Les couleurs nitrées sont aussi explosives, en particulier l'acide picrique. Enfin, un grand nombre de colorants artificiels sont vénéneux, tandis que les couleurs végétales sont inoffensives.

Pour terminer cet article, nous résumons ici les recherches récentes sur les *relations qui existent entre la composition chimique et les propriétés colorantes des corps organiques*. La plupart des matières colorantes organiques appartiennent à la série aromatique ou à la série pyridique ; toutes ou presque toutes contiennent au moins un noyau cyclique, c.-à-d. un noyau où l'échange des atomicités produit une chaîne fermée. Mais il ne faudrait pas croire que réciproquement tous les composés pyridiques ou aromatiques soient des matières colorantes. Au contraire, tous les hydrocarbures, pris à l'état de pureté, sont incolores et la plupart de leurs dérivés le sont également : par ex., les dérivés chlorés, amidés, oxhydrylés, carboxyliques. Pour que ces composés incolores acquièrent la propriété de fournir des colorants, il faut introduire dans leur molécule certains groupes que Witt a appelés *chromophores*. Les principaux chromophores sont : le groupe $-AzO^2$ dans les composés nitrés tels que l'acide picrique, le groupe $-Az=Az-$ dans les composés azoïques,

le groupe $\overset{\displaystyle CO}{\underset{\displaystyle CO}{<}}$ dans les dérivés de l'anthraquinone, tels

que l'alizarine, le groupe $CO<\overset{\displaystyle C^6H^5}{\underset{\displaystyle O}{}}>C=$ dans les phta-

léines, le groupe $\overset{\displaystyle Az}{\underset{\displaystyle Az}{<}}$ dans les azines, et le groupe con-

tenu dans les rosanilines, auquel on attribue l'une des formules $-C-C^6H^5.AzH^2$ ou $=C-C^6H^5.AzH^2$. L'introduc-

tion d'un de ces groupes dans la molécule d'un composé rend celui-ci *chromogène*, c.-à-d. susceptible de fournir des colorants. Mais les chromogènes ne sont pas par eux-mêmes de véritables matières colorantes ; ils sont en général peu colorés et impropres à la teinture. Il faut encore introduire dans leur molécule un groupe salifiable, soit l'oxhydryle OH, soit l'amidogène AzH^2 ; le premier donne au composé un caractère acide ou phénolique, le second un caractère basique. Tous deux communiquent au chromogène la propriété de se combiner avec les fibres textiles, en même temps qu'ils augmentent l'intensité de la couleur ; de là le nom d'*auxochrome* qu'on a donné à ces groupes (gr. αὔξειν, augmenter ; χρῶμα, couleur). Le groupe SO^3H, qui caractérise les dérivés sulfonés, n'est pas lui-même auxochrome ; il sert surtout à rendre les composés solubles dans l'eau. Pour appliquer cette théorie à un exemple très simple, nous partirons du benzène C^6H^6, qui est incolore. En unissant deux molécules de benzène par le groupe chromophore $-Az=Az-$ on obtient un chromogène qui est l'azobenzène $C^6H^5-Az=Az-C^6H^5$. Ce corps est assez fortement coloré, mais n'a pas encore d'affinité pour les fibres textiles. Pour le rendre apte à la teinture, il faut y introduire des groupes auxochromes, ce qui donne par ex. la chrysoïdine $C^6H^5-Az=Az-C^6H^2(AzH^2)^2$ et la chrysoïne $C^6H^5(SO^3H)-Az=Az-C^6H^3(OH)^2$.

Les propriétés tinctoriales dépendent non seulement de la nature de ces groupes, mais souvent aussi de leur arrangement dans la molécule. C'est le cas des dérivés oxhydrylés de l'anthraquinone ; ceux qui possèdent comme l'alizarine deux oxhydryles en position ortho ou voisine, sont les seuls qu'on puisse utiliser en teinture. Ce fait a été généralisé et l'on a reconnu que tous les colorants qui possèdent deux oxhydryles voisins (c.-à-d. en position ortho), sont capables de se fixer sur les tissus mordancés. La nature et la disposition des groupes chromophores ou auxochromes, exercent aussi sur la nuance de la couleur une influence déterminée. La connaissance de toutes ces relations est d'une grande importance, car elle permet de prévoir les propriétés d'une foule de matières colorantes qu'on n'a pas encore examinées, et que les méthodes chimiques nous mettraient à même de préparer.

Les considérations qui précèdent ne s'appliquent pas actuellement aux colorants végétaux, dont l'étude chimique est peu avancée et dont la constitution est encore inconnue. Mais dans les cas, malheureusement peu nombreux, où cette constitution a été complètement élucidée, on a pu reproduire artificiellement les matières colorantes naturelles et l'on a reconnu qu'elles possèdent les propriétés générales que nous venons d'énumérer. Il est donc permis de croire qu'il n'existe aucune différence essentielle entre les colorants élaborés par les végétaux ou les animaux et ceux que l'industrie, aidée par la science, a créés de toutes pièces.

COLORATION. s. f. [Pr. ...sion] (R. colorer). Effet que produisent les couleurs. La c. de la peau devient plus intense sous l'influence des rayons solaires.
Coloration des bois. — On peut l'obtenir de trois manières : 1° par une teinture superficielle, à l'aide de matières colorantes ; 2° par des procédés chimiques où l'on emploie, non des matières colorantes, mais des acides qui exaltent la couleur naturelle des bois et font ressortir les veines. On emploie surtout le vinaigre et le fer qui donnent de l'acétate de fer et l'eau-forte colorée par le cuivre. Le procédé repose sur la différence de perméabilité du bois suivant le sens des fibres ; 3° par infiltration, en faisant pénétrer un liquide coloré dans la mousse même du bois. On peut opérer sur l'arbre vivant, en profitant de l'ascension de la sève, ou sur l'arbre abattu, en ayant recours à une pression artificielle : hauteur du liquide, pompe, etc.
C. des étoffes. Voy. IMPRESSION SUR ÉTOFFES, TEINTURE.

COLOREMENT. s. m. T. Dessin. Manière d'ombrer d'après les teintes du modèle.

COLORER. v. a. (lat. colorare). Donner la couleur, de la couleur. Le soleil colore les fleurs et les fruits. Les nuages étaient colorés par le soleil couchant. Un vif incarnat colorait son visage. L'Orient se colore. || Fig., Donner une belle apparence à quelque chose de mauvais. C. une injustice. C. un mensonge. ⸗ SE COLORER. v. pron. Prendre une couleur qu'on n'avait pas. Ces pêches commencent à se c. A ces paroles, son visage se colora d'une aimable rougeur. ⸗ Colorer, ÉE. part. Le télescope montre de belles étoiles doubles colorées. Vin coloré, Vin d'une couleur rouge un peu foncée. Avoir le teint coloré. Avoir le teint rouge, vermeil. Il n'a pas même un titre coloré, Un titre apparent. — Style coloré, Plein d'images et animé. || T. Bot. Se dit des parties d'une plante qui ont une autre couleur que celle qui leur est ordinaire. Feuille colorée.

COLORIAGE. s. m. Action de colorier, image coloriée. Syn. d'Enluminure.

COLORIER. v. a. Appliquer les couleurs convenables sur une estampe, un dessin, etc. C. une photographie, un dessin, une statue.. || Se dit absol. de l'emploi des couleurs dans la peinture. Ce peintre colorie mieux qu'il ne dessine. Peu us. ⸗ COLORIÉ, ÉE. part. Figures coloriées. planche coloriée.
Conj. — Prend deux i de suite aux deux premières pers. pl. de l'imparfait de l'indic. et du prés. du subj. : Nous coloriions, que vous coloriiez.
Syn. — Colorer. — Ce mot désigne une action naturelle, colorier une action artificielle. Cependant on dit colorer le verre, parce qu'on suppose que toute la substance du verre est imprégnée de la couleur. On peut colorier un verre coloré.

COLORIEUR. adj. m. Rouleau qui applique les couleurs sur les étoffes.

COLORIGÈNE. adj. 2 g. (lat. color; gr. γεννάω, j'engendre). Qui produit une couleur.

COLORIGRADE. s. m. (lat. color, couleur; gradus, degré). Instrument pour déterminer le degré de coloration d'un corps.

COLORIMÈTRE. s. m. (lat. color; gr. μέτρον, mesure). T. Phys. Appareil servant à déterminer le pouvoir colorant de certaines matières : garance, indigo, etc. Le principe de ces appareils consiste à déterminer la longueur qu'on doit donner à une teinte contenant une solution colorée pour obtenir une nuance type.

COLORIMÉTRIQUE. adj. Qui a rapport à la mesure de l'intensité des couleurs.

COLORINE. s. f. (lat. color). Nom donné à diverses matières colorantes jaunes et rouges.

COLORIS. s. m. (lat. color, coloris, couleur). L'effet qui résulte du mélange et de l'emploi des couleurs dans les tableaux, principalement pour les figures humaines. C. frais, vigoureux, tendre, vif. Le c. d'un tableau. Le c. de tel peintre est excellent. — Par ext., Un beau c., Un teint frais et vermeil. Se dit aussi des fruits. Voilà des pêches d'un beau c. || S'emploie en parlant du style et des pensées, Manquer de c. Revêtir ses pensées d'un c. gracieux.
Syn. — Couleur. — Les couleurs sont les impressions primitives que fait sur l'œil la lumière réfléchie par les diverses surfaces des corps. Le c. est l'effet qui résulte de l'ensemble et de l'assortiment des couleurs, naturelles de chaque objet, relativement à la position de la lumière, des corps environnants et de l'œil du spectateur. La couleur se considère plutôt comme cause d'impression, et le c. comme un effet résultant d'un mélange de couleurs. Les tableaux du Titien excellent par la beauté du c.; et l'on dit qu'ils en sont redevables à l'art tout particulier que ce peintre avait de préparer et d'employer ses couleurs.

COLORISATION. s. f. [Pr. ...sion]. T. Phys. Apparition d'une couleur quelconque. || T. Pharm. Changement de couleur des substances en diverses opérations. || Action d'appliquer des couleurs. C. électro-magnétique.

COLORISTE. s. m. T. Peint. Artiste qui excelle par le coloris, par l'habile emploi des couleurs. Rubens est un des plus grands coloristes. — Par anal., se dit quelquefois d'un écrivain. Jean-Jacques Rousseau est un c. || Celui qui colorie des estampes, des gravures. Dans ce sens, s'emploie aussi au fém. Une habile c. — Dans ce sens, c. est syn. d'enlumineur.

COLORITIQUE. adj. 2 g. T. Archit. Se dit d'une colonne décorée de fleurs ou de feuillages disposés en spirale autour du fût.

COLOSSAL, ALE. adj. D'une grandeur extraordinaire. Monument c. Des statues colossales. Proportions colossales. Les monuments colossaux de l'antique Égypte. || Fig., se dit de certaines choses qui ont une étendue ou une force extraordinaire. Empire c. Puissance colossale.
Obs. gram. — L'Académie dit qu'au plur., c. n'est usité qu'au fém. Cet arrêt n'est pas valable, et il n'y a aucune raison, dit Littré, pour interdire Colossaux.

COLOSSE. s. m. (lat. colossus; du gr. κολοσσός, m. s.). Statue d'une grandeur extraordinaire. || Fig., Un c., Un homme de fort grande stature. — Se dit aussi des animaux. Ce cheval est un c. || Fig., se dit d'un empire, d'un souverain très puissant. La chute de ce c. était prévue depuis longtemps.
Les Grecs et les Romains désignaient sous ce nom, dont l'étymologie est inconnue, toute statue qui dépassait les dimensions naturelles.
Suivant le prophète Daniel et l'historien grec Diodore de Sicile, les temples de Babylone renfermaient des statues d'une grandeur extraordinaire, et, entre autres, une image du dieu Baal qui avait 13 mètres de hauteur. Les temples souterrains de Salcette et d'Ellora, dans l'Inde, sont encore décorés d'une multitude de statues colossales de dieux et de déesses qui remontent à une époque très reculée, et dont les moindres dépassent 4 mètres. En Égypte, des colosses, toujours monolithes, en granit de Syène ou en brèche agatifère, faisaient nécessairement partie de la décoration des temples et des palais. On les plaçait dans l'intérieur des cours, de chaque côté des portes principales, ou bien on en formait des rangées d'avenues qui conduisaient à ces édifices. Les deux colosses qui subsistent encore près du tombeau d'Osymandias, au milieu des ruines de Thèbes, n'ont pas moins de 19^m,82 chacun, et cependant ils sont assis. L'un d'eux paraît être la célèbre statue de Memnon, dont, au dire des anciens, la bouche émettait des sons harmonieux dès que les premiers rayons du soleil levant venaient la frapper. Ce c. est, dit-on, le portrait d'Aménophis III, qui régnait vers l'an 1680 avant notre ère. La tête de l'autre statue, dite du jeune Memnon, pèse 12,000 kilogrammes. Elle passe pour le chef-d'œuvre de la sculpture égyptienne, et orne, à cette heure, le musée de Londres. Nous nommerons encore la statue gigantesque du Sphinx, qui se voit à 300 pas de la seconde pyramide, dans la Moyenne Égypte. Cette sculpture colossale a 45^m,48 de longueur; la tête et le cou, les seules parties qui ne soient pas enfouies dans les sables, ont ensemble 8^m,77 de hauteur.

L'art grec a produit aussi un certain nombre de colosses; mais aucun d'eux n'est parvenu jusqu'à nous. Les statues de la Minerve d'Athènes et du Jupiter d'Olympie, toutes deux dues à Phidias, étaient des statues colossales. La hauteur totale de la Minerve atteignait 12 mètres; mais la déesse était représentée debout. Le Jupiter, au contraire, était représenté assis; néanmoins il était haut de 11 mètres. Sa hauteur aurait atteint 15 mètres, s'il eût été debout. Toutefois, le c. le plus célèbre de l'antiquité grecque est sans contredit celui de Rhodes, que les anciens avaient mis au nombre des sept merveilles du monde. C'était une statue creuse de bronze consacrée au soleil. Commencée par Charès de Linde, élève de Lysippe, elle fut terminée douze ans plus tard, en 280 av. J.-C., par Lachès, et coûta 300 talents (1,650,000 fr.). Sa hauteur, mal déterminée par les témoignages peu concordants des anciens, dépassait sûrement 30 mètres. Le c. était placé, non à l'entrée du port comme on l'a souvent répété, mais au fond. Le passage des vaisseaux entre ses jambes est une invention de Vigenère. Il fut renversé par un tremblement de terre, 56 ans après son érection. — Rome posséda également plusieurs colosses. Le premier fut sans doute la statue de Jupiter, que Sp. Carvilius fit élever au Capitole avec les armures conquises sur les Samnites : ses dimensions étaient telles qu'on l'apercevait du mont Albain. Mais le plus célèbre des colosses élevés à Rome était la statue de Néron, haute de 33 à 37 mètres, que cet empereur avait fait ériger devant son fameux palais doré (domus aurea). Elle était de marbre et due au Gaulois Zénodore. Quelques années après, Vespasien la consacra au soleil. — Au moyen âge et dans les temps modernes, le goût des colosses a presque entièrement disparu; on ne les a plus employés que dans quelques circonstances exceptionnelles, où l'éloignement du point de vue obligeait de donner aux statues des proportions exceptionnelles. Parmi ces colosses, nous citerons le Jupiter Fluvius, de Jean de Bologne, qu'on voit à la villa Pratolino, près de Florence. Il a au moins 21 mètres de hauteur; sa tête est un belvédère auquel les yeux servent de fenêtres. La statue de saint Charles Borromée qu'on voit sur la hauteur d'Arona, près de Milan, est haute de 21m,76, sans son piédestal, qui a lui-même près de 15 mètres. Elle est en cuivre battu. La statue colossale de la Bavière placée, vers 1850, au-devant du Walhalla bavarois, près de Munich, a 22 mètres de haut, y compris le piédestal, qui a 7 mètres. Elle est de bronze et due au célèbre sculpteur Schwanthaler. La Germania, érigée en 1883 sur la rive droite du Rhin, sur le Niederwald, construite par Schilling, de Dresde, se compose d'un soubassement de 25 mètres et d'une statue de 10m,50. Enfin, nous signalerons la statue de la Liberté éclairant le Monde qui orne le port de New-York. Elle est formée de 300 plaques de cuivre martelé pesant ensemble 80,000 kilogrammes. Elle mesure 46 mètres de hauteur et est placée sur un soubassement de 25 mètres, ce qui lui donne une élévation totale de 71 mètres. La Liberté a le bras droit levé et porte un flambeau. Un phare est placé dans sa tête. Cette statue colossale d'un caractère artistique très remarquable est l'œuvre du sculpteur français Bartholdi. Elle est érigée sur l'île Bedloë, au milieu de la rade de New-York, et fut inaugurée le 28 octobre 1886.

COLOSSES, v. de l'anc. Asie Mineure, dans la Phrygie. Théâtre des premières prédications de saint Paul.

COLOSTRATION. s. f. [Pr. ...sion]. T. Médec. anc. Maladie des nouveau-nés qu'on supposait produite par le colostrum.

COLOSTRUM. s. m. [Pr. colostrome] (mot lat.). T. Physiol. Premier lait des femmes après l'accouchement. Voy. LAIT et ALLAITEMENT.

COLOT. Nom d'une famille de chirurgiens français qui se sont illustrés par l'opération de la taille au XVIe et au XVIIe siècle.

CÔLOTOMIE. s. f. (gr. κῶλον, côlon; τομή, section). T. Chir. Section pratiquée au côlon pour former un anus artificiel.

COLOUGLI. Nom que l'on donnait, avant la conquête de l'Algérie, aux habitants d'Alger issus de l'alliance des soldats turcs avec les femmes indigènes. Ce mot signifie, en turc, fils de soldat.

COLPOCÈLE. s. f. (gr. κόλπος, vagin; κήλη, tumeur). T. Chir. Hernie du vagin.

COLPORRHAGIE. s. f. (gr. κόλπος, ῥαγή, rupture). T. Méd. Hémorragie du vagin.

COLPORTAGE. s. m. L'action de colporter, ou la profession de colporteur. Faire le c.

COLPORTER. v. a. (lat. collo portare, porter sur le cou). Faire le métier de colporteur; porter, dans les rues et par les campagnes, des marchandises, des livres, des papiers publics, etc., pour les vendre. C. des livres, des toiles, etc. — C. une nouvelle, une histoire scandaleuse, etc., La répandre en la racontant dans les diverses maisons où l'on va. = COLPORTÉ, ÉE. part.

COLPORTEUR, EUSE. s. Marchand ambulant qui porte ses marchandises avec lui et va les offrir à domicile. || Fig., Celui qui se plaît à raconter des nouvelles, des bruits scandaleux partout où il va. C'est un c. de scandales.

Législ. — La loi du 29 juillet 1881 a établi, dans son article 18, la liberté du colportage, comme elle avait établi, dans son article 1er, celle de l'imprimerie et de la librairie. Plus besoin d'autorisation préalable pour l'exercice de cette profession : il suffit, désormais, d'une déclaration à la préfecture du département où l'on a son domicile. Toutefois, cette déclaration est nécessaire, et si l'on néglige cette formalité, on s'expose à l'amende et à la prison. Notons que les colporteurs, comme tous les vendeurs, peuvent être poursuivis pour délits de presse, à défaut d'autres personnes responsables (gérants, auteurs, imprimeurs). Les colporteurs sont en outre poursuivis conformément au droit commun, s'ils vendent sciemment des écrits ou dessins présentant un caractère délictueux. En ce qui touche l'outrage aux bonnes mœurs, les colporteurs sont soumis aux mêmes pénalités que les gérants, auteurs ou imprimeurs; les exemplaires incriminés peuvent d'ailleurs être saisis entre leurs mains. Ajoutons enfin que le décret du 1er mars 1854 a confié spécialement à la gendarmerie la mission de surveiller les colporteurs.

COLPOSE. s. f. (gr. κόλπος, vagin). T. Pathol. Inflammation du vagin. Inus.

COLPOTOMIE. s. f. (gr. κόλπος; τομή, action de couper). T. Chir. Incision du vagin.

COLSUN. s. m. (nom indien du chien). T. Mamm. Chien sauvage de l'Inde.

COLTIN. s. m. (R. col). Chapeau de cuir à large bord descendant sur les épaules, à l'usage des portefaix pour porter des fardeaux sur les épaules en faisant participer la tête à l'effort nécessaire.

COLTINAGE. s. m. Transport des fardeaux à l'aide du coltin.

COLTINER. v. a. Porter à l'aide d'un coltin. — Par ext., Traîner une charrette à l'aide d'un licol.

COLTINEUR. s. m. Ouvrier qui décharge le charbon de terre à l'aide du coltin. — Ouvrier qui traîne une charrette à l'aide d'un licol.

COLTIS. s. m. T. Mar. Couple qui correspond aux points où commence la saillie des bossoirs.

COLUBER. s. m. (lat. coluber, couleuvre). T. Zool. Genre de reptiles ophidiens connu sous le nom de Couleuvre. Voy. ce mot.

COLUBRINE. s. f. (lat. coluber, couleuvre). T. Bot. Plante de la famille des Rhamnées. Voy. ce mot.

COLUM. s. m. [Pr. kolome] (mot lat.). T. Antiq. Passoire d'osier dont on se servait pour l'huile et le vin nouveau. — Panier pour prendre le poisson.

COLUMBARIUM. s. m. [Pr. ko-lon-bari-ome] (Mot lat.). T. Antiq. Nom donné par les Romains à leurs caveaux mortuaires. Voy. CIMETIÈRE.

COLUMBELLA [Pr. kolon-bel-la] (Dimin. du lat. columba, colombe). T. Zool. et Paléont. Genre de mollusques gastéropodes de la famille des Columbellides (voy. ce mot).

caractérisés par une coquille pointue à spire courte, à ouverture longue et étroite, surtout vers le milieu, à lèvre externe épaissie, dentée intérieurement, à lèvre interne entaillée ou dentée, et à échancrure courte. Les espèces de ce genre existent de nos jours et ont été rencontrées dans les terrains tertiaires.

COLUMBELLIDES [Pr. *kolon-bel-lide*] (R. *Columbella*). T. Zool. et Paléont. Famille de mollusques gastéropodes Cténobranches (voy. ce mot), caractérisés par une coquille ovoïde, à échancrure courte, à lèvre externe épaissie, dentée à l'intérieur, à lèvre interne granuleuse ou dentée. Les genres de cette famille se rencontrent dans les terrains crétacés et tertiaires.

COLUMBIA, l'un des États de l'Union américaine, 250,000 h. Ch.-l. Washington.

COLUMBIDES (lat. *columba*, colombe, pigeon). T. Zool. et Paléont. On désigne sous ce nom les pigeons au sens restreint du mot. Ils ont des pattes courtes, de longues rémiges et sont d'excellents voiliers. On les range dans le groupe des *Gyrantides* (voy. ce mot) à côté de deux autres familles, les *Didunculides* et les *Didides* ou *Ineptæ*.
On a trouvé des restes du genre *Columba* dans des alluvions récentes et dans les cavernes.

COLUMBIUM. s. m. Voy. COLOMBIUM.

COLUMBO. s. m. Voy. COLOMBO.

COLUMBUS. v. des États-Unis (Ohio), 51,647 hab.

COLUMELLE. s. f. [Pr. *kolumè-le*] (lat. *columella*, dimin. de *columna*, colonne). T. Zool. Axe solide de la spirale d'un grand nombre de coquilles univalves. Voy. CONCHYLIOLOGIE. || T. Bot. Colonne cylindrique, conique ou prismatique constituée par un prolongement de l'axe de la fleur, au delà du niveau duquel sont insérés les carpelles et qui persiste au centre de certains fruits après la séparation des valves (*Malvacées, Euphorbiacées*). Souvent elle se fend en deux moitiés longitudinales au sommet desquelles les fruits restent suspendus (*Ombellifères*). || Petit axe creux et fibreux qui occupe le centre de l'urne dans les Mousses. Voy. MOUSSE.

COLUMELLE, agronome latin (Ier siècle ap. J.-C.), auteur d'un traité *sur l'Agriculture*.

COLUMELLIE. s. f. [Pr. *kolumel-li*] (lat. *columella*, m. s.). T. Bot. Genre de plantes de la famille des *Gesnéracées*. Voy. ce mot.

COLUMELLIÉES. s. f. pl. [Pr. *kolumel-lié*] (R. *columellie*). T. Bot. Tribu de végétaux de la famille des *Gesnéracées*. Voy. ce mot.

COLUMNARIUM. s. m. [Pr. *kolom-nari-ome*] (mot lat., de *columna*, colonne). T. Antiq. Taxe levée sur les propriétaires proportionnellement au nombre de colonnes entrant dans la construction de leurs habitations.

COLUMNÉA. s. f. [Pr. *kolom-né-a*] (lat. *columna*, petite colonne). T. Bot. Genre de plantes de la famille des *Gesnéracées*. Voy. ce mot.

COLURE. s. m. (gr. *χόλουρος*, même sens, sign. au propre *tronqué*, parce que ces cercles ne sont pas tout entiers au-dessus de l'horizon). T. Astr. Grands cercles de la sphère céleste qui, passant l'un et l'autre par les deux pôles, traversent, le premier les équinoxes et l'autre les solstices. On distingue ainsi le *C. des équinoxes* ou *C. équinoxial*, et le *C. des solstices*. Les plans de ces deux cercles sont perpendiculaires l'un sur l'autre.

COLUTEA. s. m. [Pr. *kolu-té-a*]. T. Bot. Nom scientifique du genre *Baguenaudier* de la famille des *Légumineuses*. Voy. ce mot.

COLUTHUS, poète grec d'Égypte, du Ve siècle de notre ère.

COLYDIIDES. s. m. pl. T. Entom. Famille de *Coléoptères* du groupe des *Pentamères*. Le corps est d'ordinaire allongé. Les articles sont formés de 8 à 11 articles, très rarement de 4.

Les pieds ont 4 articles simples. Les hanches antérieures sont sphériques. Les pattes postérieures sont insérées obliquement. Voy. COLÉOPTÈRES.

COLYMBÉTÈS. s. m. [Pr. *kolin-bé-tès*] (gr. *χολυμβητής*, plongeur). T. Entom. Genre de coléoptères. Voy. HYDROCANTHARES.

COLYMBIDÉS. s. m. pl. (gr. *χολυμβάω*, je plonge). T. Ornith. Famille d'*Oiseaux palmipèdes*. Voy. BRACHYPTÈRES.

COLZA. s. m. (holland. *koolzaad*, graine de chou). T. Bot. Plante oléagineuse appartenant au genre Chou, de la famille des *Crucifères*. Voy. CHOU et CRUCIFÈRES.

COMA. s. m. (gr. *χῶμα*, sommeil profond). T. Méd. Dans un assez grand nombre de maladies, on observe un assoupissement plus ou moins prononcé qui a reçu le nom *d'État soporeux* et qui peut offrir tous les degrés possibles. La simple *Somnolence*, appelée aussi *Sopor*, est le premier de ces degrés : c'est un état intermédiaire entre le sommeil et la veille, mais qui est pénible et insurmontable. Le *Coma*, qu'on désignait aussi sous le nom de *Cataphora*, est un assoupissement plus profond, un sommeil lourd et pesant, dans lequel tombe le malade aussitôt qu'il cesse d'être excité. C'est ordinairement le symptôme d'une congestion sanguine ou d'un épanchement dans l'intérieur du crâne, ou bien d'un empoisonnement portant principalement son effet sur la substance cérébrale : urémie, opium, chloroforme, paludine, etc. On en distinguait deux variétés. Dans l'une, appelée *C. vigil*, le sommeil est accompagné de rêvasserie, de demi-délire. Le malade a les yeux fermés, mais il les ouvre aussitôt qu'on l'appelle et les referme aussitôt ; il parle seul et change fréquemment de position. Dans l'autre forme, dite *C. somnolentum*, le malade est profondément assoupi ; mais il reste immobile et on n'observe point de signes d'agitation. On peut le réveiller, mais il retombe dans son état comateux après avoir à peine ouvert les yeux et dit quelques paroles. Le troisième degré de l'état soporeux est la *Léthargie*. Ici, le sommeil est plus profond encore et continuel. On a la plus grande peine à en tirer le malade, et quand on l'a réveillé, ses idées sont sans suite, ses réponses incohérentes, et il retombe dans son état habituel. Dans le cas qui nous occupe, le mot *Léthargie* a une signification différente de celle qu'on lui donne vulgairement quand on le fait synonyme de *Mort apparente*. Enfin, on appelle *Carus* l'état soporeux porté au plus haut degré. Il est caractérisé par l'insensibilité à l'action des stimulants les plus énergiques.
Le marteau de Mayor et les injections sous-cutanées d'éther sulfurique sont les deux moyens thérapeutiques les plus puissants à diriger contre le c. — Le c. disparaît avec la cause qui le produit. Le traitement doit donc être dirigé contre la maladie causale qui doit être bien diagnostiquée.

COMACCHIO, v. forte d'Italie, prov. de Ferrare, près l'Adriatique, 8,500 hab.

COMAGÈNE, ancien petit État indépendant du N.-E. de la Syrie, réduit en province romaine sous Vespasien. Cap. Samosate. — Nom des hab. : COMAGÉNIEN, ENNE.

COMALE. s. f. T. Techn. Plaque de fer sur laquelle on fait cuire des gâteaux de maïs.

COMALIS, peuple d'Afrique habitant au Sud du golfe d'Aden.

COMANCHES, anc. tribu d'Indiens de l'Amérique du Nord, sur les frontières du Mexique et du Texas.

COMANDANT. s. m. Celui qui donne un mandat conjointement avec une ou plusieurs personnes.

COMANDATAIRE. s. Celui ou celle qui est chargé d'un mandat conjointement avec une ou plusieurs personnes.

COMANDRA. s. m. (gr. *χόμη*, chevelure ; *ἀνήρ, ἀνδρός*, homme, mâle). T. Bot. Genre de plantes de la famille des *Santalacées*. Voy. ce mot.

COMANIQUE. adj. 2 g. (modification de *coménique*). T. Chim. L'*acide comanique* ou pyrone carbonique $C^5H^3O^2CO^2H$ se forme quand on chauffe à 225° l'acide chélidonique. On l'obtient aussi en chauffant l'acide coménique avec du perchlorure et de l'oxychlorure de phosphore et en réduisant l'acide chlorocomanique qui se forme dans cette réaction. L'acide c. cristallise en prismes qui fondent vers 250° et se décomposent en acide carbonique et en pyromé.

COMANS ou **COMANIENS**, peuple d'origine turque, soumis par les Mongols au XIII° siècle.

COMARET. s. m. (gr. κόμαρον, arbouse). T. Bot. Genre de plantes (*Comarum*) de la famille des *Rosacées*. Voy. ce mot.

COMARON. s. m. T. Min. Variété de charbon de terre du bassin du Pas-de-Calais, qui est sans éclat, s'écrase facilement sous les doigts et se trouve à l'affleurement des veines d'une roche verdâtre, appelée *Tourtia*, qui surmonte la houille.

COMARQUE. s. m. (gr. κώμαρχος, de κώμη, village, et ἄρχειν, commander). T. Antiq. grecque. Gouverneur d'un village.

COMATEUX, EUSE. adj. T. Méd. Qui concerne le coma, qui y est analogue. *Sommeil c.*

COMATULE. s. f. T. Zool. Genre d'*Échinodermes* qui appartient à l'ordre des articulés et au genre *Antedon*. L'animal est pédonculé seulement pendant le jeune âge et est alors conformé comme un *pentacrinus*. À l'état adulte, il nage librement, mais se fixe au moyen des cirros qui sont situés sur la large plaque contro-dorsale qui recouvre les basales.

COMBAT. s. m. Action par laquelle on attaque ou l'on se défend. *C. d'homme à homme. C. singulier. C. à outrance. Appeler quelqu'un au c. C. sur terre, sur mer. C. naval. Au fort, dans la chaleur du c. Se retirer du c. Le c. fut rude, sanglant, opiniâtre.* — *C. judiciaire*, voy. ORDALIE. — Action des animaux qui se battent ou que l'on fait battre les uns contre les autres. *C. d'animaux, de coqs, de taureaux.* — Au prop. et au fig., on dit, *Être hors de c., Mettre quelqu'un hors de c.*, N'être plus en état, mettre hors-d'état de combattre. ‖ Poétiq. et dans le style élevé, s'emploie souvent au plur. pour désigner la guerre. *Le Dieu des combats. L'art, le destin des combats.* ‖ Se dit aussi de certains jeux publics des anciens, où l'on disputait de force et d'adresse dans les différents exercices du corps. *Combats gymniques. C. à la course, à la lutte. C. du ceste*, etc. *Les combats du cirque.* ‖ Fig., Toute sorte de contestation, de débat, de lutte. *C. d'esprit, d'esprit, de générosité. C. littéraire.* ‖ Au sens physique et au sens moral, l'opposition et la contrariété de certaines choses entre elles. *Le c. des éléments. Le c. des vents. Le c. des préjugés contre les lumières.* — Fig., La lutte des sentiments intérieurs, des mouvements opposés que l'âme éprouve. *Il faut soutenir bien des combats pour vaincre ses passions.* Se dit aussi de certains états d'agitation, de trouble et de souffrance. *La vie de l'homme est un c. perpétuel.* Voy. BATAILLE.

COMBATIVITÉ ou **COMBATTIVITÉ.** s. f. T. Physiol. Penchant que l'homme et les animaux paraissent avoir pour le combat. Voy. PHRÉNOLOGIE.

COMBATTANT. s. m. Homme de guerre marchant en campagne sous les ordres d'un chef. *Une armée de vingt mille combattants.* — Se dit plus ordinairement de ceux qui prennent actuellement part à un combat. *La nuit vint séparer les combattants.* ‖ Chacun des soutenants ou des assaillants d'un tournoi. *Quand les deux combattants furent en présence.*

Ornith. — Le *Combattant* (*Machetes pugnax*) est un oiseau qui constitue, dans l'ordre des *Échassiers* et dans la famille des *Longirostres*, un genre distinct que Cuvier place entre les maubèches et les chevaliers. Il se rapproche des maubèches par le port et par le bec, et des chevaliers par la palmure entre les doigts extérieurs et par la longueur des jambes. Ce genre ne comprend qu'une seule espèce; mais les variations de son plumage, suivant l'âge et le sexe, ont fait créer par les naturalistes plusieurs espèces imaginaires, telles que le *Tringa variegata*, le *T. littorea*, le *T. equestris*, le *Totanus cinereus*, etc. Le C., appelé aussi *Paon de mer* (Fig. ci-après), est plus petit qu'une bécassine. Il est célèbre par les combats furieux que les mâles se livrent au printemps pour la possession des femelles. À cette époque, il

porte autour du cou une épaisse collerette de plumes qui présentent des arrangements si bizarres et des couleurs si variées, dans chaque individu, que jamais on n'en trouve deux semblables. Cet oiseau est très commun dans le nord de l'Europe, particulièrement en Hollande. Il vit en société, habite les marais voisins des lacs et des rivières et se répand en automne sur les bords de la mer. Sa femelle niche dans les herbes, où elle pond quatre ou cinq œufs pointus, d'un vert clair taché de brun. Le C. vient aussi sur nos côtes, au printemps; mais il n'y niche pas.

COMBATTRE. v. a. Attaquer son ennemi, ou le soutenir, en repoussant l'attaque. On fait souvent ellipse du régime. *C. les ennemis, les bêtes féroces. C. vaillamment. C. de près, de loin, corps à corps, à pied, à cheval, en champ clos, à l'épée, au pistolet.* — Dans une acception plus étendue, Faire la guerre. *C. les ennemis de son pays. C. pour son pays, pour un principe*, etc. ‖ Fig., se dit tant au sens physique que au sens moral. *Il a combattu les philosophes avec leurs propres armes. C. les difficultés. C. les vices, les préjugés, l'erreur.* — Dans le style soutenu, *C. les vents, la faim*, etc. Lutter contre les vents, etc. — *C. une maladie*, Employer les remèdes que l'on croit propres à la faire cesser. Se dit aussi de l'action même des remèdes. *Ce remède pourra c. le mal avec succès. C. ses passions, sa paresse, sa colère, la volupté*, etc., Y résister. S'emploie absol., lorsque le sens indique suffisamment de quel penchant il s'agit. *Combien n'ai-je pas combattu pour vaincre cet amour!* — COMBATTRE. v. n. Au prop., *C. contre les ennemis de son pays. C. contre quelqu'un.* — Au fig., *C. contre les préjugés, contre l'erreur, contre l'injustice*, Lutter contre les préjugés, etc. — *C. contre ses passions, contre les tentations*, Faire effort pour y résister. ‖ *C. en soi-même*, Ne savoir quelle détermination prendre, pour les raisons pour le contre, en sorte qu'il y a incertitude dans l'esprit. ‖ *C. de civilité, de politesse, de générosité*, etc. On dit aussi, *C. de civilité*, etc., avec quelqu'un. = SE COMBATTRE. v. pron. Lutter ensemble. *Ces raisons se combattaient dans son esprit.* = COMBATTU, UE. part. *Opinion combattue. Sentiments combattus. Un homme c. en lui-même.* = Conjug. Voy. BATTRE.

COMBE. s. f. (gr. κύμβος, enfoncement). Vallon, ravin. N'est usité que dans les provinces du Midi. ‖ Art milit. Esplanade peu étendue; penchant d'un coteau.

COMBE (LA GRAND'). ch.-l. de c. (Gard) arr. d'Alais, 13,100 hab. Mines de houille.

COMBES-DOUNOUS, homme politique français, né à Montauban; membre du conseil des Cinq-Cents (1758-1820).

COMBIEN. adv. relatif, de quantité (lat. *quantum*). Quelle quantité, quel nombre. *C. y a-t-il de personnes? C. de fois est-il venu? C. de temps avez-vous mis pour faire ce voyage? De c. de jours se compose ce mois-ci? À c. de tentations n'est-il pas exposé? Pour c. voulez-vous de cette marchandise?* ‖ *C.*, sert souvent à lier deux propositions, et alors, il joue le rôle d'une véritable conjonction. Dans ce cas, il signifie tantôt quel nombre, quelle quantité; tantôt à quel degré, et alors il s'applique à un verbe ou à un adjectif. *Dites-moi c. vous étiez à cette réunion. Vous voyez c. il vous aime.*

Vois donc combien c'est peu que la gloire ici-bas.
MUSSET.

Tu sais combien terrible en ses soudains transports,
De nos desseins souvent il rompt tous les ressorts.
RACINE.

|| S'emploie souvent absol., lorsque le sens permet de suppléer aisément le subst. auquel il se rapporte, et joue tantôt le rôle d'un adverbe interrogatif ou exclamatif, tantôt celui d'une conjonction. *C. avez-vous dans votre bourse? C. avez-vous mis pour ce trajet? De c. le surpasse-t-il en hauteur? C. voudraient être à votre place! On ne saurait croire c. cet auteur a écrit.* — Se dit pour: à quel prix? *C. voulez-vous de ce volume. C. vaut cela? Dites-moi c. vous avez payé ce meuble?* — Se dit également pour à quel point. *Si vous saviez c. il vous aime. C. il m'est pénible de vous parler ainsi!* || Subst. *Il veut me vendre sa charge, nous en sommes sur le c.* Très fam.

Obs. gram. — Tous les grammairiens rangent le mot *Combien* parmi les adverbes. En réalité, ce mot joue dans le discours un rôle complexe: il remplace l'assemblage d'un adverbe de quantité et d'une conjonction, et peut prendre le sens interrogatif ou exclamatif, comme les pronoms et les adjectifs relatifs, *qui, quel, quelle.* De même, ces derniers jouent le rôle d'une conjonction réunie à un adjectif déterminatif. Les phrases, *Dites-moi c. vous êtes, C. êtes-vous? C. vous êtes!* sont absolument synonymes des suivantes: *Dites-moi quelle quantité vous êtes, Quelle quantité êtes-vous? Quelle quantité vous êtes!* Les mots c. et *quel* remplissent donc entre les propositions la même fonction de liaison, qui est le propre des conjonctions. Le vrai rôle du mot c. serait bien défini par un *adverbe relatif de quantité,* de même que *quel, quelle,* est un *adjectif relatif de détermination,* et *où* un *adverbe relatif de lieu.*

COMBINABLE. adj. Qui est susceptible d'être combiné.

COMBINAISON. s. f. Assemblage de plusieurs choses disposées deux à deux; et, par ext., assemblage de plusieurs choses disposées ensemble dans un certain ordre. Se dit tant au sens physique qu'au sens moral. *La c. des lettres. C. de lettres, de chiffres, de couleurs,* etc. *Ce drame offre la plus singulière c. d'incidents qu'on puisse imaginer.* || Fig., se dit des mesures, des calculs par lesquels on prépare le succès de quelque affaire. *Les combinaisons de la politique. De sages, de fausses combinaisons.* || T. Chim. Action mutuelle de deux ou plusieurs corps qui s'unissent de manière à former un *composé* dont les propriétés diffèrent plus ou moins de celles des *composants.* — Se dit aussi du composé qui résulte de cette action. Voy. CHIMIE. || T. Math. Assemblage de plusieurs objets dans lequel on envisage seulement la nature de ces objets sans avoir égard à l'ordre dans lequel on les dispose. Voy. COMBINATOIRE.

COMBINATEUR, TRICE. s. m. et f. Celui, celle qui combine, qui est habile à trouver des combinaisons.

COMBINATOIRE. adj. 2 g. Qui a rapport aux combinaisons, qui en produit. || T. Math. *Analyse c.,* Étude des diverses manières de combiner plusieurs objets suivant des règles déterminées et calcul du nombre des résultats.

Math. — Étant donnés un certain nombre d'objets, on peut les répartir par groupes suivant des conditions imposées à l'avance. Ces conditions peuvent varier à l'infini. Les plus importantes, celles qu'on rencontre le plus souvent dans les applications, ont donné lieu aux théories des *arrangements,* des *permutations* et des *combinaisons.*

I. *Arrangements.* — Ce mot désigne tous les groupes que l'on puisse en disposant à la suite les uns des autres, et dans tous les ordres possibles, un nombre déterminé d'objets choisis parmi un certain nombre d'objets donnés, *de manière que le même objet n'entre qu'une fois dans chaque groupe.* Les arrangements diffèrent donc entre eux par l'ordre et par la nature des objets qui les composent.

Les arrangements qu'on peut former en choisissant *n* objets parmi *m* donnés s'appellent les *arrangements de m objets pris n à n,* et nous représenterons leur nombre par A_m^n.

Pour trouver ce nombre, nous remarquerons que si l'on suppose formés tous les arrangements de *m* objets pris 1 à 1 à *n* — 1,

il suffira, pour former ceux de *m* objets pris *n* à *n,* d'introduire à la suite de chacun des précédents successivement chacun des objets qui n'y figurent pas. Or ceux-ci sont au nombre de $m - (n-1) = m - n + 1$. Le deuxième nombre sera donc égal au précédent multiplié par $m - n + 1$, ce qui se traduit par l'égalité:

$$A_m^n = A_m^{n-1} (m - n + 1).$$

Or les arrangements de *m* objets pris un à un sont évidemment en nombre égal à celui des objets eux-mêmes, soit *m.* Le nombre des arrangements pris deux à deux s'obtiendra en multipliant le nombre précédent par *m* — 1, soit $m(m-1)$. On aura le nombre des arrangements trois à trois en multipliant le nombre précédent par *m* — 2, et ainsi de suite. En général, on aura donc:

$$A_m^n = (m-1)(m-2) \ldots (m-n+2)(m-n+1),$$

c'est-à-dire que *le nombre des arrangements de m objets pris n à n est égal au produit de n facteurs décroissants d'une unité, à partir de m.* Par exemple, le nombre des arrangements de 25 objets pris 5 à 5 sera:

$$A_{25}^5 = 25.24.23.22.21 = 6.375.600.$$

II. *Permutations.* — On appelle *permutation* d'un certain nombre d'objets les différentes manières de ranger tous ces objets sur une ligne. Les permutations d'un même nombre d'objets ne diffèrent donc que par l'ordre des objets. On remarquera que les permutations de *m* objets ne sont autre chose que les arrangements de ces *m* objets pris *m* à *m.* Leur nombre qu'on représente par P_m sera donc égal au produit de *m* facteurs décroissants à partir de *m;* mais le dernier de ces facteurs sera 1. Donc: *le nombre des permutations de m objets est égal au produit des m premiers nombres:*

$$P_m = 1.2.3.4 \ldots (m-1) \, m.$$

Par exemple, le nombre des permutations de 12 objets est:
$$P_{12} = 1.2.3.4.5.6.7.8.9.10.11.12 = 479.001.600.$$

Tel est le nombre des manières différentes de ranger 12 personnes autour d'une table. Si l'on suppose qu'il faille 10 secondes pour opérer le déplacement et passer d'une permutation à une autre, on en conclut qu'il faudrait plus de 151 ans pour réaliser matériellement toutes les permutations, en travaillant jour et nuit sans interruption.

III. *Combinaisons.* — On appelle combinaisons de *m* objets pris *n* à *n* tous les groupes qu'on peut former en choisissant *n* objets parmi les *m* donnés sans avoir égard à l'ordre dans lequel on les place. Les combinaisons diffèrent seulement par la nature des objets qui les composent. Il est clair qu'en permutant de toutes les manières possibles les *n* objets qui entrent dans chaque combinaison, on reproduit tous les arrangements de *m* objets pris *n* à *n,* de sorte que le nombre des arrangements A_m^n est égal à celui des combinaisons, C_m^n, multiplié par celui des permutations P_m. Le nombre C_m^n est donc le quotient des deux autres:

$$C_m^n = \frac{A_m^n}{P_n} = \frac{m(m-1)(m-2) \ldots (m-n+1)}{1.2.3 \ldots (n-1) \, n}.$$

Par exemple, le nombre des combinaisons de 28 objets pris 7 à 7 sera:

$$C_{28}^7 = \frac{28.27.26.25.24.23.22}{1.2.3.4.5.6.7} = 1.184.040.$$

C'est le nombre des jeux différents qu'on peut recevoir au jeu de dominos en tirant 7 dés parmi les 28 qui composent le jeu complet.

Les nombres de combinaisons jouissent de propriétés importantes dont voici les deux principales:

1° Le nombre des combinaisons de *m* objets pris *n* à *n* est égal au nombre de combinaisons des *m* objets pris *m* — *n* à *m* — *n,* car si l'on suppose les objets placés dans une urne, chaque fois qu'on en extrait une combinaison de *n,* il en reste dans l'urne une combinaison de *m* — *n.* On peut le voir encore en remarquant que si l'on multiplie les deux termes de la formule par le produit des *m* — *n* premiers nombres, elle prend la forme:

$$C_m^n = \frac{P_m}{P_n . P_{m-n}},$$

qui ne change pas quand on change *n* en *m* — *n.*

2° Le nombre des combinaisons de m objets n à n est la somme des nombres de combinaisons de $m-1$ objets n à n et $n-1$ à $n-1$:

$$C_m^n = C_{m-1}^n + C_{m-1}^{n-1}.$$

On le vérifie soit sur les formules, soit à priori, en remarquant que C_{m-1}^n représente le nombre des combinaisons qui ne renferment pas un objet déterminé a, tandis que C_{m-1}^{n-1} est le nombre de celles qui le renferment : car, si on le supprime partout où il se trouve, il reste une combinaison de $m-1$ objets $n-1$ à $n-1$. Cette égalité permet de calculer par de simples additions tous les nombres de combinaisons de m objets quand on connaît le nombre de celles de $m-1$ objets. En partant des combinaisons de deux objets qui donnent $C_2^1 = 2$ et $C_2^2 = 1$, on peut, par de simples additions, calculer de proche en proche tous les nombres des combinaisons possibles. Cette remarque est la base de la construction du triangle arithmétique de Pascal. Voy. TRIANGLE.

Comme la formule des combinaisons représente nécessairement un nombre entier, elle conduit à ce théorème d'arithmétique : *Le produit de n nombres consécutifs est toujours divisible par le produit des n premiers nombres.*

IV. *Arrangements complets ou avec répétition.* — Ce sont les arrangements qu'on peut former en s'accordant la liberté de répéter le même objet autant de fois qu'on veut. Si on suppose formés tous les arrangements complets de m objets $n-1$ à $n-1$, on formera ceux de n à n en introduisant successivement à la suite de chacun des précédents chacun des m objets donnés; le nombre total sera ainsi multiplié par m. Le nombre des arrangements complets de m objets 1 à 1 étant m, celui des arrangements 2 à 2 sera m^1, celui des arrangements 3 à 3, m^3, et ainsi de suite. En général, le nombre B_m^n des arrangements complets de m objets n à n sera m^n.

$$B_m^n = m^n.$$

V. *Permutation avec répétition.* — Ce sont les diverses manières de ranger sur une ligne m objets donnés parmi lesquels il y en a qui ne se distinguent pas entre eux et sont considérés comme identiques. Soit α, β, γ... les nombres des objets identiques de chaque groupe, de telle sorte que $\alpha + \beta + \gamma + \dots = m$. Si on introduit des signes de distinction et que dans chaque permutation on permute de toutes les manières les α objets du premier groupe, le nombre des permutations sera multiplié par P_α. En opérant de même sur le second groupe, le nombre des permutations sera multiplié par P_β et ainsi de suite; mais alors on aura reproduit le nombre des permutations de m objets distincts : P_m. On aura donc le nombre cherché en divisant le résultat P_m par les facteurs introduits :

$$\frac{P_m}{P_\alpha P_\beta P_\gamma \dots}$$

VI. *Combinaisons complètes ou avec répétition.* — Ce sont les combinaisons qu'on peut former en prenant n objets parmi m donnés avec la faculté de prendre plusieurs fois le même objet. Le nombre D_m^n des combinaisons complètes de m objets pris n à n peut s'obtenir par la méthode suivante:

Évaluons de deux manières différentes le nombre de fois que figure un objet déterminé a dans le tableau de toutes les combinaisons considérées. Chaque combinaison contenant n objets, le nombre total des objets inscrits dans le tableau est $n D_m^n$; mais chacun des m objets y figurent nécessairement le même nombre de fois, ce nombre est $\frac{n}{m} D_m^n$. D'autre part, partout où figure l'objet a, supprimons-le : il nous restera des combinaisons des objets $n-1$ à $n-1$ seulement dont le nombre est D_m^{n-1} et qui, d'après ce qui précède, contiennent l'objet a un nombre de fois égal à $\frac{n-1}{m} D_m^{n-1}$. De plus cet objet a été supprimé D_m^{n-1} fois; il figurait donc un

nombre de fois égal à

$$\frac{n-1}{m} D_m^{n-1} + D_m^{n-1} = \frac{m+n-1}{m} D_m^{n-1}.$$

Nous égalerons les deux nombres ainsi obtenus, et dans cette égalité nous remplacerons successivement n par $n-1$, $n-2$, etc.; nous aurons la suite d'égalités :

$$D_m^n = \frac{m+n-1}{m} D_m^{n-1}$$

$$D_m^{n-1} = \frac{m+n-2}{m} D_m^{n-2}$$

$$D_m^{n-2} = \frac{m+n-3}{m} D_m^{n-3}$$

$$\vdots$$

$$D_m^2 = \frac{m+1}{m} D_m^1$$

Si on multiplie membre à membre, en remarquant que tous les nombres de combinaisons intermédiaires disparaissent et que $D_m^1 = m$, on obtient la formule cherchée :

$$D_m^n = \frac{m(m+1)(m+2) \dots (m+n-2)(m+n-1)}{1.2.3 \dots (n-1)n}.$$

Les résultats de l'analyse combinatoire et les formules précédentes sont souvent appliquées en algèbre : ils servent à établir le calcul de la puissance $m^{ième}$ d'un binôme ou d'un polynôme, et sont d'un usage fréquent dans la théorie des probabilités. Voy. PROBABILITÉ.

COMBINER. v. a. (lat. *cum*, avec; *binare*, accoupler). Assembler plusieurs choses ou les disposant deux à deux; et, par ext., les arranger, les disposer entre elles dans un certain ordre. Se dit, tant au sens phys. qu'au sens moral. *C. des nombres. C. des lettres*, etc. *C. des raisonnements, des preuves. Il ne sait pas c. ses idées*, Les coordonner pour les exposer clairement. || Fig., se dit en parlant des dispositions, des moyens que l'on prend, des calculs que l'on fait pour parvenir à un certain résultat. *C. un plan. Il a combiné sa marche avec celle du premier corps d'armée.* || T. Chim. Unir deux ou plusieurs corps de manière qu'ils n'en forment qu'un seul. = SE COMBINER. v. pron. S'arranger, se disposer. Ces figures se combinent ainsi. Nos idées se *combinent de mille manières.* || T. Chim. S'unir de manière à former un nouveau corps. *L'hydrogène se combine aisément avec le chlore.* = COMBINÉ, ÉE. part. *Des opérations mal combinées. Un plan sagement combiné.* — *Armée combinée*, Armée composée de troupes appartenant à deux ou à plusieurs puissances alliées. De même, *Flotte combinée.* = COMBINÉ. s. m. T. Chim. Tout corps qui est le résultat d'une combinaison. *Un combiné.* Peu us. On dit plutôt *composé.*

COMBINEUR. s. m. T. Techn. Appareil qui sert à la distillation continue des liquides spiritueux.

COMBLE. s. m. (lat. *culmen*, sommet). Toute construction de bois, de fer ou de maçonnerie placée au-dessus d'un édifice, pour en soutenir la couverture. || *Ruiner, détruire un édifice de fond en c.*, Le ruiner entièrement, depuis le toit jusqu'au faîte. Par ext., on dit aussi d'une ville, *Les ennemis la ravagèrent de fond en c.* — Fig. et fam., *Ruiner une doctrine, un système de fond en c.*, En démontrer complètement l'erreur ou la fausseté. || Fig., Le plus haut degré de quelque chose, particulièrement de l'honneur, de la joie, des désirs, de l'affliction, des maux, des vices, etc. *Parvenir, arriver au c. des honneurs, de la fortune. Il a mis le c. à ma félicité, à ma douleur. C'est un c. C'est excessif.* || T. Techn. Intervalle qui sépare les têtes d'un ouvrage de vannerie. = POUR COMBLE. loc. prépositive. Pour dernier surcroît. *Il tomba malade et pour c. de malheur, pour c. de disgrâce*, ou simplement *pour c.*, il perdit sa fortune.

Archit. — On appelle *Comble* tout assemblage de pièces de bois ou de fer destinées à soutenir la couverture d'un édifice. — Les combles reçoivent des dénominations particulières suivant leur forme et leurs dispositions; mais, en général, on les divise en deux classes principales, suivant qu'ils sont composés de surfaces planes ou de surfaces courbes. Dans la première catégorie, on donne indifféremment à ces surfaces les noms de *Pans*, d'*Égouts*, de *Versants* et de *Rampants*;

dans la seconde, on les nomme simplement *Égouts*. — La hauteur qu'il convient de donner à un c., relativement à sa base, se détermine surtout d'après l'espèce et le poids de la couverture qu'il doit supporter. Dans les contrées où les neiges et les pluies sont abondantes, il est de règle de faire les combles plus élevés que dans les pays méridionaux, afin que la toiture ait une plus forte inclinaison.

I. — Les *Combles à surfaces planes* peuvent se combiner d'une infinité de manières : nous ne parlerons ici que des plus usités, c.-à-d. des *Combles simples*, des *Combles brisés* ou *à la Mansard* et des *Combles pyramidaux*.

1° Les *Combles simples* peuvent n'avoir qu'un égout. Dans ce cas, on les dit en *appentis*, ou on les appelle simplement *Appentis*. Ces combles s'emploient surtout pour couvrir les bâtiments qui, comme les hangars, sont adossés à d'autres bâtiments ou à des murs isolés. Les combles qui n'ont que deux égouts sont formés par deux versants inclinés en sens contraires et formant un angle à leur sommet. Leurs extrémités se terminent par des murs triangulaires qu'on appelle *Pignons*. — La partie principale d'un c. se nomme *Ferme*; c'est une espèce de cadre vertical, qui se dresse transversalement au droit de chaque point résistant de la construction. Elle est dite *en équerre*, lorsque sa hauteur est égale à la moitié de sa largeur; elle est *surhaussée*, quand sa hauteur est supérieure à la moitié de sa largeur, et *surbaissée*, quand sa hauteur est moindre. Il y a beaucoup d'autres variétés de fermes; mais celles que nous venons de nommer sont les plus usitées. Enfin, on appelle *Travée*, la distance qui sépare deux fermes.

Dans sa combinaison la plus simple (Fig. 1), une *Ferme* se compose de quatre pièces principales, savoir : deux *arbalétriers*, *aa*, qui forment les côtés d'un angle plus ou moins aigu ou obtus; un *entrait* ou *tirant*, *bb*, pièce horizontale

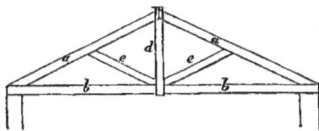

Fig. 1.

qui relie les arbalétriers par le pied pour contenir leur écartement, et un *poinçon*, *d*, qui descend du sommet de l'angle sur le milieu de l'entrait, relie ces deux parties l'une à l'autre, et s'oppose à la flexion qui pourrait résulter du propre poids de la dernière pièce. Habituellement deux nouvelles pièces, *ee*, appelées *contre-fiches*, unissent le poinçon aux arbalétriers et ont pour destination de les maintenir dans leurs positions respectives. Fort souvent aussi, au lieu de s'assembler avec l'entrait, le poinçon repose sur une autre pièce *c* (Fig. 2), nommée *faux entrait*, laquelle peut encore elle-même être

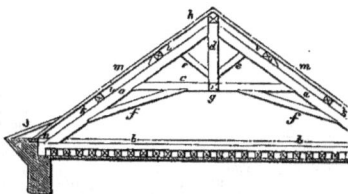

Fig. 2.

fortifiée par deux *aisseliers* ou *esseliers*, *ff*. — Les pièces que nous venons de nommer ne constituent qu'un simple support : nous allons maintenant passer en revue celles qui y prennent leur point d'appui. Le *Sous-faite*, vu en coupe en *g*, s'assemble dans le faux entrait, afin d'augmenter la stabilité des fermes. Le *Faîtage*, vu en coupe en *h*, qui forme le *Faîte* ou *Sommet* du c., s'étend sur toute la longueur de la construction. Dans les grands édifices, il se compose de plusieurs pièces placées bout à bout à la suite les unes des autres; il est porté par tous le poinçons des fermes, et ses extrémités s'appuient

sur le point culminant des pignons. Les *Pannes*, *i*, s'appuient également sur les pignons et sur les arbalétriers; elles sont maintenues sur ceux-ci au moyen de petits morceaux de bois appelés *Tasseaux* ou *Chantignoles*, *k*, assemblés ou cloués sur ces derniers. C'est sur les pannes que portent les *Chevrons*, *m*, c.-à-d. les pièces sur lesquelles se clouent les *Lattes* destinées à recevoir les tuiles ou les voliges des couvertures en ardoises. L'ensemble des chevrons forme ce qu'on appelle le *Lattis*. On les place sur les pannes dans le sens de la pente du toit, à 44 centim. environ du milieu de l'une à celui de l'autre, et l'on chevillo leur extrémité supérieure avec le faîtage, tandis que leur extrémité inférieure est assemblée dans une pièce nommée *Sablière* ou *Plate-forme*, *n*, qui a toujours moins d'épaisseur que de largeur et se pose en général sur les murs; quelquefois, cependant, on la fait porter sur les extrémités des entraits. Les *Coyaux*, *o*, sont des espèces de petits chevrons qui s'appuient à la fois sur les grands chevrons et sur la plate-forme ou sur l'entablement de l'édifice, afin de rejeter les eaux au delà des murs. On n'en fait usage que lorsque l'inclinaison des rampants est très prononcée, et lorsque les chevrons portent sur la plate-forme. Quand les murs ont beaucoup d'épaisseur, on forme la sablière de deux pièces, dont l'une reçoit les chevrons, et l'autre les coyaux; on a alors ce qu'on appelle une *double plate-forme*. De petites pièces appelées *Entretoises* sont placées entre les deux parties des doubles plates-formes pour les *entretenir*, c.-à-d. pour les relier de manière à empêcher leur écartement. Enfin, on nomme *Blochet* et *Chanlatte* deux pièces qui servent, la première à tenir lieu d'entrait dans certains combles, la seconde à recevoir les tuiles ou ardoises afin de faire tomber les eaux pluviales au delà du pied des murs.

Nous avons dit que les combles simples se terminent ordinairement par des pignons en maçonnerie; souvent on supprime ces pignons et on établit à leur place des pentes triangulaires formant égout. Ces pentes s'appellent *Croupes*. Les grandes faces reçoivent alors le nom de *Longs-pans*, et les angles qui résultent de la rencontre des croupes et des longs-pans, celui d'*angles d'arêtiers*. Les croupes sont formées par des *demi-fermes*, au nombre de trois, lorsque le c. a une grande largeur, et de deux seulement dans le cas contraire. La demi-ferme qui est placée dans le prolongement du faîtage est appelée *demi-ferme de croupe*; les deux autres, qui vont du milieu de la ferme la plus voisine de l'extrémité du c. aux angles du bâtiment, sont nommées *demi-fermes d'arêtiers*. On nomme *Empanons* les pièces qui remplissent les fonctions de chevrons. Elles s'appuient, d'un côté, sur les plates-formes et, de l'autre, sur les arêtiers où elles sont assemblées. On conçoit que les empanons doivent être nécessairement d'inégale longueur.

2° Les *Combles brisés*, que l'on appelle aussi *combles à la Mansard* ou *Mansardes*, parce que c'est l'architecte Jules Mansard qui leur a donné leur disposition actuelle, se composent de quatre plans inclinés deux à deux en sens contraire (Fig. 3). Les faces inférieures, *aa*, qui sont très inclinées (de 64° à 66°), forment le *vrai c.*, et les faces supérieures, *bb*, qui le sont très peu (de 24° à 26°), constituent le *Faux c.* On nomme *Brisis* l'angle que forme de chaque côté la jonction du vrai et du faux c., et *Arête de brisis* l'arête horizontale qui en résulte. Les combles

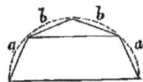

Fig. 3.

brisés, de même que les combles simples, se terminent à leurs extrémités, par des pignons ou par des croupes; ils s'exécutent aussi par travées, et se composent à peu près des mêmes pièces. Néanmoins, on n'admet dans leur partie inférieure (Fig. 4) que des *jambes de force*, *a*, qui s'assemblent par le pied dans l'entrait, *b*, et par le haut dans le faux entrait, *c*, qui soutient la *panne de brisis*, *d*. Ce genre de c. a été imaginé pour obvier aux inconvénients qu'offrent les combles simples dont les rampants ont beaucoup de hauteur. Ils présentent, en outre, cet avantage qu'on peut pratiquer dans leur partie inférieure, c.-à-d. dans le vrai c., des logements plus habitables et plus commodes que ceux qui sont établis dans les combles ordinaires.

3° Les *Combles pyramidaux* ou de *forme pyramidale* sont employés pour les édifices dont le plan est formé par un polygone régulier; ils présentent autant de versants triangulaires que le polygone a de côtés. On les appelle aussi *Pavillons*, et on les distingue les uns des autres en indiquant le nombre de leurs faces. Ainsi, un pavillon est dit carré, pentagonal, hexagonal, octogonal, etc., selon qu'il a quatre versants, ou cinq, six, etc. La hauteur des combles pyramidaux est très variable; cependant elle est rarement inférieure au tiers de la largeur des bâtiments, et elle n'excède pas, du moins en général, le double de cette même largeur.

II. — Les *Combles formés de surfaces courbes* sont ceux dont la construction demande peut-être le plus de soin. Il en

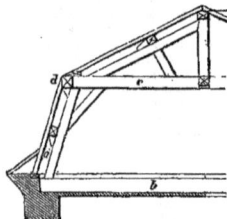

Fig. 4.   Fig. 5.

existe un grand nombre d'espèces. — Le *C. conique* est celui dont la base est circulaire. La forme de ce c. ne permettant pas de conduire tous les chevrons de la base au sommet, on limite ordinairement à 4 ou 8, suivant la hauteur de la construction, le nombre de ceux auxquels on conserve cette disposition (Fig. 5). Ces chevrons sont dits *principaux* ou *jointifs;* ils forment avec le poinçon le sommet du c. A l'endroit où ils sont séparés par un intervalle de 40 à 50 centim., on les réunit par des entretoises *circulaires* ou *Liernes.* C'est en outre à ces liernes que vient se fixer l'extrémité supérieure des chevrons intermédiaires et plus petits dont le bout opposé repose sur la plate-forme.

On entend par *C. en dôme* celui dont la surface extérieure a la forme d'une calotte sphérique ou elliptique. La charpente d'un c. de ce genre se compose en général de deux maîtresses-fermes courbes, qui se croisent à angle droit. Dans l'intervalle qui sépare chaque demi-ferme de l'autre, on établit 8, 10 et jusqu'à 12 demi-fermes de moyenne grandeur, ainsi qu'un pareil nombre d'autres fermes plus petites encore. Mais les extrémités supérieures de ces fermes secondaires s'assemblent dans les liernes, comme on l'a vu pour les combles coniques. Quelquefois, au lieu d'assembler ces différentes fermes dans le poinçon ou dans les liernes, on les fait toutes ou presque toutes aboutir à une plate-forme circulaire qui sert en même temps de base à la petite construction appelée *Lanterne,* qu'on établit souvent au sommet de ces édifices. Les Fig. 6 (élévation) et 7 (plan) donnent une idée suffisante de la disposition que l'on donne à la charpente d'un dôme. Cette charpente, d'ailleurs, est susceptible d'une infinité de combinaisons dans l'exposé desquelles il nous est impossible

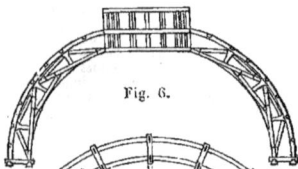

Fig. 6.

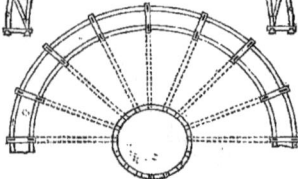

Fig. 7.

d'entrer. Nous dirons seulement qu'on la formait autrefois de pièces de bois d'un très fort équarrissage, qui avaient, entre

autres défauts, celui de charger outre mesure la maçonnerie, tandis qu'on la compose aujourd'hui de pièces bien plus légères, sans compromettre pour cela la solidité de l'édifice.

Cette amélioration est due à Philibert Delorme (1561). Elle consiste à composer les combles qui peuvent être circulaires, demi-circulaires, elliptiques, en ogive, etc., de fermes courbes faites de planches posées de champ, les unes à côté des autres, et solidement reliées entre elles au moyen de boulons (Fig. 9). On laisse entre elles une distance de 66 centim. à 1 mètre, et on les relie par des entretoises ou liernes *b* chevillées avec soin. Ces liernes réunissent trois fermes, et leur ensemble offre l'aspect d'une série d'échelons. Les fermes s'assemblent par le pied dans une plate-forme placée en retraite sur la moitié des murs, et on complète la surface extérieure du c. au moyen de planches qui tiennent lieu de coyaux, et que supporte une petite sablière reposant elle-même sur la corniche. Le sommet du c. se recouvre avec des espèces de chevrons formés de planches jointives, comme le reste de la construction. C'est sur ces chevrons que l'on fait porter le lattis destiné à recevoir la toiture. Aux liernes qui traversent les fermes, Rondelet a substitué des liernes continus entaillés à mi-bois et placés à l'intérieur du c. (Fig. 8). Les combles à la Philibert sont bien plus légers et bien plus économiques que les combles ordinaires. Leur supériorité a été rendue évidente par la comparaison qu'a faite Rondelet du dôme des Invalides, à Paris, établi à l'ancienne manière, avec le dôme *Della Salute,* à Venise, construit à la Philibert. Néanmoins, la multiplicité des joints rend ce système encore

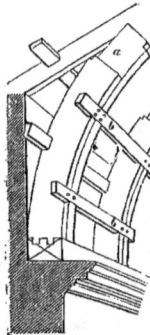
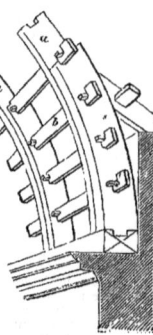

Fig. 8.   Fig. 9.

assez coûteux. Le colonel Emy a imaginé de former les arcs de madriers longs et étroits, superposés les uns aux autres, comme les feuillets d'un ressort de voiture, et courbés sur leur plat par leur flexibilité seule : ce mode de construction, très économique, est aujourd'hui très employé.

III. — Nous terminerons ce que nous avons à dire des combles par quelques mots sur les ouvertures qu'on y pratique ordinairement. Ces ouvertures sont de deux sortes : les *Trémies* destinées à donner passage aux tuyaux de cheminée, les *Lucarnes* destinées à faire pénétrer la lumière dans les greniers et les mansardes. — Les *Trémies* se placent ordinairement entre deux chevrons. Lorsque la cheminée est plus large que l'intervalle de ces deux pièces, le chevron que l'on est obligé de couper s'assemble dans une petite pièce transversale portée par les chevrons adjacents. — Les *Lucarnes* sont de petites fenêtres qu'on élève sur le lattis des longs-pans et des croupes. La lucarne est dite *carrée,* lorsqu'elle est formée carrément; *ronde,* lorsque l'ouverture en baie est circulaire; *bombée,* quand sa partie supérieure est une portion de cercle; *à la capucine,* lorsqu'elle est couverte en croupe de c. ; *à la demoiselle,* lorsqu'elle est portée sur les chevrons et couverte en contre-auvent ou en triangle; et enfin, *à la flamande,* quand elle est construite en maçonnerie, couronnée d'un fronton et posée sur l'entablement.

IV. — Au mot CHARPENTERIE, nous avons déjà parlé de la substitution du fer au bois pour les travaux de charpente. Aujourd'hui cette substitution est générale lorsqu'il s'agit de construire des combles d'une grande portée. On peut voir de belles applications de ce système à la rotonde de la Bourse du commerce, au palais de l'Industrie, aux Halles centrales, à Paris; à toutes les gares un peu importantes des lignes de chemins de fer, et surtout aux immenses galeries qui ont été construites au Champ de Mars, à Paris, pour l'Exposition universelle de 1889. Voy. CONSTRUCTIONS MÉTALLIQUES.

COMBLE. s. m. (lat. *cumulus*, excédent). Ce qui peut tenir au-dessus des bords d'une mesure, d'un vaisseau déjà plein. *Le c. d'un boisseau, d'une mesure.*

COMBLE. adj. 2 g. Qui est rempli jusque par-dessus les bords. *Voilà un boisseau c., tout c.* || Fig., se dit d'un lieu rempli de monde. *Nous ne pûmes entrer au spectacle, la salle était c.*

COMBLEMENT. s. m. Action de combler un creux, un vide. Peu us.

COMBLER. v. a. (lat. *cumulare*, m. s.). Remplir une mesure, un vase jusque par-dessus les bords. *C. un boisseau. C. une mesure, la mesure.* || Fig., *C. une personne de biens*, Lui faire de grands biens. On dit dans le même sens: *C. de bienfaits, de présents, de bénédictions, de gloire, de joie,* etc.

> Tu trahis mes bienfaits, je les veux redoubler;
> Je t'en avais comblé, je t'en veux accabler.
> CORNEILLE.

Par ellipse, s'emploie quelquefois absol. dans le langage fam. *Vous me comblez.* — Mettre le comble à quelque chose, la rendre complète. *Il a comblé sa perfidie.* || Remplir un creux, un vide. *C. un fossé, une vallée.*

> Amour, ambition, réalités ou rêves,
> Tombent dans notre cœur sans pouvoir le combler.
> H. CANTEL.

|| Faire disparaître, supprimer. *C. un déficit*, Faire en sorte qu'il cesse d'exister. = SE COMBLER. v. pron. Se remplir. Se dit d'une cavité. *Cette vallée s'est comblée par suite de l'éboulement des terres supérieures.* = COMBLÉ, ÉE. part.

COMBLES, ch.-l. de c. (Somme), arr. de Péronne; 1,600 hab.

COMBLÈTE. s. f. T. Vén. Fente qui est au milieu du pied du cerf.

COMBOURG, ch.-l. de c. (Ille-et-Vilaine), arr. de Saint-Malo; 5,600 hab.

COMBOURGEOIS, OISE. s. (lat. *cum*, avec, et fr. *bourgeois*). Celui, celle qui est de la même ville et qui y a droit de bourgeoisie.

COMBOURGEOISIE. s. f. Qualité de combourgeois.

COMBRÉTACÉES. s. f. pl. (R. *Combrète*, plante de cette famille). T. Bot. Famille de végétaux Dicotylédones de l'ordre des Dialypétales inférovariées.
Caract. bot.: Arbres ou arbustes parfois volubiles ou grimpants, à feuilles alternes ou opposées, entières et sans stipules. Pétiole portant souvent deux glandes à son extrémité. Fleurs hermaphrodites, ou unisexuées par avortement. Calice à 4 ou 5 lobes, caduc, parfois persistant et même accrescent. Pétales partant de l'orifice du calice et alternant avec ses lobes; ils manquent fréquemment. Étamines naissant du même point, en nombre double de celui des segments du calice; très rarement en nombre égal ou un nombre triple; filets distincts, subulés; anthères à 4 loges, s'ouvrant longitudinalement ou par des valves recourbées. Ovaire uniloculaire, à 2 ou 4 ovules suspendus par des funicules au sommet de la cavité; style unique; stigmate entier. Fruit drupacé, ou un akène, souvent ailé. Graines pendantes, sans albumen: embryon avec la radicule tournée vers le hile; gemmule peu apparente; cotylédons foliacés, ordinairement convolutés, quelquefois plissés. [Fig. 1. *Combretum purpureum*; 2. Fleur coupée et ouverte; 3. Coupe de l'ovaire. — 4. Fruit de *Terminalia*; 5. Coupe transversale de l'embryon.] Cette famille comprend 22 genres et 200 espèces, qui toutes habitent les contrées tropicales de l'Asie, de l'Afrique et de l'Amérique. On n'en trouve aucune en dehors des tropiques. On la divise en 2 tribus:

Tribu I. — Combrétées. — Anthères s'ouvrant en long, plusieurs ovules (*Terminalia, Combretum, Quisqualis*, etc.).
Ces plantes ont presque toutes des propriétés astringentes. L'écorce du *Bucida Buceras* est employée par la tannerie. Les tanneurs de Rio-Janeiro font une grande consommation de l'écorce du *Conocarpus erectus*, l'une des plantes que les Brésiliens désignent sous le nom vulgaire de *Manglier Flibustier*. Les fruits du *Terminalier bélerin* (*Terminalia belerica*), appelés dans le commerce *Myrobalans bélerins*, sont astringents et toniques. L'amande de ces fruits se mange

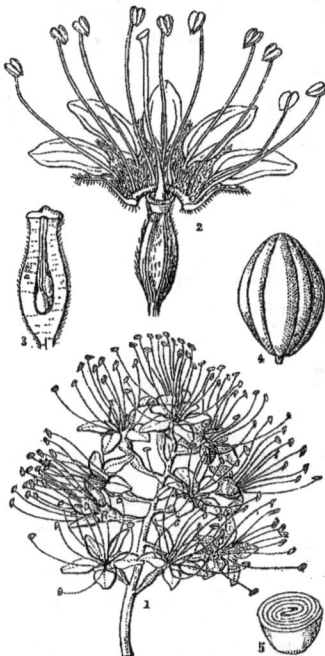

dans l'Inde, et passe pour être enivrante. L'écorce contient en abondance une gomme assez semblable à la gomme arabique, qui est soluble dans l'eau et qui brûle sans résidu dans la flamme d'une bougie. Le *Chigomier* ou *Combrète à feuilles alternes* (*Combretum alternifolium*) donne par exsudation une gomme de même nature. L'écorce du *Terminalia alata* est astringente et fébrifuge. Les fruits du *T. Chebula* qui portent le nom de *Myrobalans Chébules* sont très astringents, de même que les galles produites par ce végétal: aussi les teinturiers en font grand cas. Ces deux substances associées à l'alun donnent une couleur jaune très solide, et avec un sel de fer elles donnent un noir excellent. Les *Myrobalans citrins* sont fournis par le *T. citrina*. A la Jamaïque, la racine du *T. latifolia* s'administre contre la diarrhée. Diverses espèces appartenant aux genres *Terminalia, Conocarpus* et *Pentaptera*, fournissent de très bon bois de charpente. On mange les amandes du *Badamier* (*T. Catappa*) et de quelques autres; elles ont un goût fort agréable. Celles du *T. citrina* sont d'un usage fréquent comme purgatif doux, dans la médecine indienne. Le *T. Benzoin* donne, par incision, un suc laiteux qui contracte, en séchant, l'odeur du benjoin; on s'en sert, en guise d'encens, dans les églises de l'île Maurice. D'après Martius, le *T. argentea* du Brésil donne une résine douée de propriétés purgatives actives.

L'*Alangium decapetalum* et l'*A. hexapetalum* possèdent des propriétés purgatives; leurs racines sont aromatiques; leur bois est estimé. Le fruit du *Nyssa capitata* et du *N. la candicans* est de grosseur d'une olive. Sa saveur est aigrelette et l'on s'en sert quelquefois pour remplacer le citron. Le bois de l'espèce du *Nyssa* appelée *Tupelo* est fort difficile à fendre, parce que ses fibres sont entrelacées; néanmoins il est de peu de valeur.

En Europe, les plus belles espèces du genre *Combretum* sont fort recherchées comme plantes d'ornement; mais elles ne peuvent être cultivées que dans la serre chaude.

Tribu II. — *Gyrocarpées.* — Anthères s'ouvrant par des clapets, un seul ovule (*Gyrocarpus, Illigera*, etc.).

COMBRET, s. m., ou **COMBRÈTE**, s. f. (lat. *combretum*, m. s.). T. Bot. Genre de plantes de la famille des *Combrétacées*. Voy. ce mot.

COMBRÉTÉES, s. f. pl. (R. *Combrète*, plante). T. Bot. Tribu de plantes de la famille des *Combrétacées*. Voy. ce mot.

COMBRIÈRE, s. f. (d'un rad. *comb*, courbe : prov. *comb*, courbe; esp. *combar*, courber). T. Pêche. Filet propre à prendre des thons et autres grands poissons.

COMBRONDE, ch.-l. de c. (Puy-de-Dôme), arr. de Riom, 2,000 hab.

COMBUGER. v. a. (peut-être du lat. *cum*, avec, et fr. *buée*). C. *des futailles*, Les remplir d'eau pour les imbiber avant de les employer. = COMBUGÉ, ÉE. part.

COMBURANT, ANTE. adj. (lat. *comburere*, brûler, de *cum*, avec, et *burere*, brûler). T. Chim. Se dit de tout corps simple électro-négatif, comme l'oxygène, le soufre, le chlore, etc., qui donne lieu au phénomène de la combustion, en se combinant avec un corps électro-positif, lequel reçoit le nom de combustible, comme le charbon, le phosphore, l'hydrogène, les métaux, etc. Se dit aussi des corps composés qui renferment de l'oxygène ou un autre corps simple comburant qu'ils cèdent facilement : tels sont le protoxyde d'azote, le bioxyde de manganèse, etc. Voy. COMBUSTION. || T. Méd. Se dit de tout agent qui peut déterminer la brûlure. || S'emploie subst. au masc. *Le soufre est un c.*

COMBUSTIBILITÉ. s. f. Propriété des corps combustibles.

COMBUSTIBLE. adj. 2 g. (lat. *comburere*, brûler). Qui a la propriété de brûler. *Le goudron, le soufre, le bois sec, etc., sont des matières très combustibles.* = COMBUSTIBLE. s. m. Toute matière avec laquelle on peut faire du feu. *Le c. enchérit tous les jours. La rareté des combustibles. Cette matière est un excellent c.* || Fig. Ardent, inflammable. *Vous avez le cœur c.* || T. Géol. Nom générique des roches formées des débris de végétaux.

On peut classer les combustibles usuels de la manière suivante : 1° les *bois* tendres et durs; 2° la *tourbe*; 3° les *combustibles fossiles*, comprenant les *lignites*, les *houilles* maigres et grasses et l'*anthracite*; 4° les *produits de carbonisation* : charbon de bois et de tourbe, coke; 5° les *agglomérés*, qui sont des mélanges de combustibles divers; 6° les *combustibles liquides* : pétroles, alcool, esprit de bois, etc.; 7° les *combustibles gazeux* : oxyde de carbone, hydrogène, hydrocarbures, gaz d'éclairage qui est un mélange de gaz divers où dominent l'hydrogène et le protocarbure d'hydrogène. Voy. ces différents mots et CHAUFFAGE.

COMBUSTION. s. f. [Pr. *kon-bus-tion*] (lat. *combustio*; de *comburere*, brûler entièrement). Action de brûler entièrement; entière décomposition d'une chose par l'action du feu. *La c. du diamant. La c. des cadavres.* || Fig., Grand désordre, grand tumulte qui s'élève soudainement dans une nation, dans une assemblée, etc. *Ce fut une c. générale.* — Dans ce sens, *Combustion* s'emploie ordinair. avec la prép. *En. Toute l'Europe était alors en c. Cela mit le royaume en c.*

Chim. — Dans le langage ordinaire, le mot *Combustion* exprime l'idée d'un corps qui se dissipe en produisant de la chaleur et de la lumière; mais, dans le langage scientifique, il se dit aujourd'hui de la combinaison de deux ou plusieurs corps lorsqu'elle s'accomplit avec dégagement de chaleur et de lumière. Nous avons exposé, au mot CHIMIE, la théorie de la c. imaginée par Stahl, l'inventeur du phlogistique. Lavoisier, en

renversant ce système imaginaire, fit voir que, dans les cas alors connus, la c. résultait de l'union d'un corps avec l'oxygène de l'air. Il distingua deux sortes de c., qu'il désigna par les épithètes de *lente* et *rapide*. La première s'effectuait lentement, sans phénomènes calorifiques et lumineux apparents; l'autre s'opérait avec rapidité et avec dégagement de chaleur et de lumière. Cette théorie avait deux défauts. 1° Elle faisait du mot *Combustion* synonyme de *Combinaison avec l'oxygène*; or, c'était enlever au premier de ces termes la signification qui lui est propre, conformément à son étymologie; 2° elle supposait que l'oxygène est le seul principe comburant; or, il peut y avoir c. proprement dite sans la présence de ce gaz. Ainsi, par ex. : l'antimoine brûle dans le chlore gazeux et se combine avec lui à la température ordinaire; le fer brûle dans la vapeur de soufre fortement échauffée, etc. En conséquence, le terme de *Combustion* doit s'appliquer à une combinaison quelconque, pourvu qu'il y ait en même temps un abondant dégagement de chaleur et de lumière. L'*ignition* consiste également en un dégagement de chaleur et de lumière; mais ici il n'y a point de combinaison : le corps en ignition n'éprouve même aucune espèce d'altération chimique. Si, par ex., l'on frappe vivement un morceau de fer avec un marteau, il dégage de la chaleur et de la lumière, sans changer par cela de nature. Le mot *Incandescence* se dit de tout corps qui, en dégageant une quantité considérable de chaleur, prend une couleur blanche éclatante.

Le phénomène de la combustion est influencé par plusieurs circonstances extérieures. Il est clair que le dégagement de chaleur est d'autant plus abondant, dans un temps donné, que la combustion est plus rapide, c.-à-d. qu'une plus grande quantité de combustible se combine dans le même temps avec l'oxygène de l'air. La température des gaz et produits de la combustion s'élèvera d'autant plus que la combustion sera plus rapide. Quant à l'intensité de la lumière dégagée, elle est entièrement subordonnée à la présence de corps solides incandescents, les gaz incandescents n'émettant qu'une lueur très pâle; la lumière est, du reste, d'autant plus vive que les particules solides sont élevées à une plus haute température. C'est pourquoi, si l'on veut une grande lumière, il faut introduire dans une flamme très chaude des matières solides réfractaires, charbon, chaux, etc. Voy. FLAMME. — Il résulte de ce qui précède qu'un plus grand afflux d'oxygène favorise la rapidité de la combustion et élève la température. Dans l'oxygène pur les combustions sont incomparablement plus actives que dans l'air : le fer et d'autres corps incombustibles à l'air y brûlent comme de l'amadou. Tel est le principe du chalumeau à gaz oxygène et hydrogène pour l'obtention de températures très élevées. — Un simple courant d'air active le plus souvent la c., parce qu'il entraîne les produits de celle-ci et renouvelle constamment l'oxygène en contact avec le combustible. Ce courant d'air peut être produit par l'élévation naturelle des gaz chauds provenant de la c. : c'est le principe du tirage des cheminées, aussi bien des cheminées d'usine et d'appartement que des cheminées de lampes. Si le courant produit par le tirage est insuffisant, on peut l'augmenter par une insufflation directe ou indirecte. C'est ainsi que, dans les locomotives, on fait échapper la vapeur du cylindre dans la cheminée; ce mouvement de la vapeur entraîne une certaine quantité d'air qui augmente ainsi le tirage dans des proportions considérables. D'autres fois, comme dans les hauts fourneaux, de puissantes souffleries insufflent de l'air dans le foyer. Enfin c'est encore sur le même principe qu'est fondé l'emploi du chalumeau ordinaire. Voy. CHALUMEAU. — Il y a des corps qui ne brûlent guère qu'après s'être vaporisés ou après avoir été décomposés par la chaleur en produits volatils, de telle sorte que la vapeur seule brûle. Tel est le cas des chandelles, bougies, huile, pétrole, etc. Le pouvoir éclairant des flammes produites par la c. de ces substances est dû au dépôt de charbon incandescent qui accompagne la réaction chimique, et qui ne brûle que dans la partie supérieure de la flamme. Dans ces conditions, un courant d'air un peu violent entraîne à la fois les gaz comburants et combustibles, pour ne laisser en présence que le corps solide ou liquide et de l'air froid : la c. s'arrête. C'est ainsi qu'on éteint une flamme en soufflant dessus. On peut même éteindre de la même manière la flamme du gaz d'éclairage. — La rapidité de la c. dépend encore de la nature du combustible. Outre son affinité pour l'hydrogène, il faut considérer la facilité qu'il a d'émettre des substances volatiles, sa densité et sa conductibilité calorifique. Les corps qui émettent facilement des vapeurs, soit directement, soit par décomposition, sont très faciles à allumer et brûlent rapidement. Tels sont les essences de pétrole, les corps résineux, les charbons gras, etc. Toutes choses égales d'ailleurs, les combustibles légers et poreux brûlent mieux que ceux qui sont denses et compacts : ceci se remarque très bien pour les bois, les houilles et les charbons. Enfin la conductibilité pour la chaleur rend l'allumage difficile, parce que la chaleur communiquée en un point du combustible se répand dans toute la masse et l'échauffe à peine, tandis que si le combustible est mauvais conducteur, le point échauffé ne tarde pas à entrer en ignition. C'est pourquoi le graphite et le charbon des cornues, quoique formés de carbone presque pur, mais très denses et bons conducteurs de la chaleur, sont si difficiles à faire brûler, tandis que les charbons légers, comme la braise de boulanger, s'allument avec une grande facilité.

Méd. — *Combustion humaine spontanée.* — On a admis pendant trop longtemps que des individus fortement chargés d'embonpoint et livrés à l'ivrognerie invétérée pouvaient prendre feu et flamber comme une vulgaire lampe à alcool. Les littérateurs se sont faits malheureusement les propagateurs de ces hypothèses, *dont il n'existe pas encore aujourd'hui un seul fait scientifiquement observé*, malgré les nombreux récits d'accidents de ce genre publiés, à diverses époques, par certains journaux médicaux, sous le nom de *C. spontanée.* Cependant cette question a longtemps préoccupé les médecins et donné lieu à de nombreuses discussions. L'opinion médicale contemporaine a été résumée ainsi par Tourdes et paraît scientifiquement définitive : Le corps humain ne peut s'enflammer spontanément, ni brûler sans combustible. Il n'est pas prouvé que l'usage de l'alcool augmente la combustibilité du corps. La combustion dite spontanée (qui s'était imposée durant près de 200 ans aux théories médicales) n'a plus qu'un intérêt historique, médico-légal, celui de la combustibilité du corps humain, l'étude des conditions extérieures ou intérieures capables d'augmenter ou de diminuer cette combustibilité.

CÔME, v. d'Italie, sur le lac du même nom, au nord de Milan, 25,600 hab. Patrie des deux Pline, de Volta, de Canova, des papes Clément XIII et Innocent IX. — Le charmant lac de Côme mesure 56 kil. de Riva à Côme ; sa plus grande largeur ne dépasse pas 4 kil. ; sa superficie est de 156 kil. c. ; sa plus grande profondeur atteint 558ᵐ ; son altitude est de 198ᵐ.

COMÉDIATEUR, TRICE. s. Personne agissant comme médiateur dans une affaire, avec une ou plusieurs autres.

COMÉDIE. s. f. (lat. *comœdia*, du gr. κωμῳδία, m. s., de κῶμος, festin, réunion joyeuse, et ᾠδή, chant). Poème dramatique, pièce de théâtre où l'on représente une action de la vie commune, qu'on suppose ordinairement s'être passée entre des personnes de condition privée, et où l'on se propose de peindre d'une manière plaisante les mœurs, les défauts ou les ridicules des hommes. *Le sujet, le nœud, le dénouement d'une comédie. C. en vers, en prose. C. française, anglaise, etc. Faire, composer, jouer, représenter une c.* — *Les comédies d'Aristophane, de Plaute, de Molière, etc.*, Les comédies composées par ces auteurs. *La c. de l'Avare, du Misanthrope, du Joueur, etc.*, La c. qui porte ce titre, et dont un avare, un misanthrope, un joueur, etc., est le principal personnage. ‖ Par ext., se dit de la représentation d'une pièce de théâtre quelconque. *Il est à la c. Jouer, représenter, donner la c. Il y eut bal et c.* ‖ L'art de composer des comédies. *Il entend bien la c.* ‖ Le lieu où l'on joue la c. pour le public. *Il loge vis-à-vis de la c.* — On nommait autrefois, *Portier de c.*, Celui qui se tenait à la porte du théâtre pour recevoir l'argent du public. ‖ La troupe des acteurs attachés à un même théâtre. *La troupe de l'Opéra-Comique s'appelait autrefois la C. italienne.* ‖ Fig., on dit d'une aventure risible, *C'est une c., une vraie c.* — Se dit aussi des actions qui ont quelque chose de plaisant. *Je crois que ces messieurs jouent la c., nous donnent la c.* — *Donner la c. au public*, Tenir une conduite scandaleuse ou extravagante qui attire l'attention du public. *Donner la c.*, Se faire remarquer de ses manières ridicules. *Partout où il va, il donne la c.* — Se dit aussi pour feinte. *Tout cela n'est qu'une pure c. La vie de cet homme n'a été qu'une longue comédie.*

Hist. — **I.** — Ainsi que la tragédie, la comédie grecque naquit du culte de Bacchus ; mais celle-ci dut son origine à une partie plus ancienne et plus pure du culte de ce dieu. Une troupe d'individus célébrant Bacchus forma un *comus* (κῶμος), et leur chant ou hymne constitua la *Comédie* proprement dite (κωμῳδία) ou chant du *comus*; tandis que ce fut seulement à une époque comparativement plus récente que le dithyrambe, ou ode bachique, fut exécuté par un chœur régulier. La tragédie grecque sortit de ce dernier; mais c'est au vieux *comus* des chanteurs bachiques que se rapporte l'origine de la c. De même que la tragédie naquit des récits introduits dans le dithyrambe par le chef du chœur dithyrambique, de même la c., comme branche de la poésie dramatique, naquit des improvisations analogues de ceux qui conduisaient le *comus* bachique.

Cette branche du drame grec fut d'abord cultivée par les Icariens, habitants d'un petit village de l'Attique, qui prétendaient avoir reçu, les premiers, le culte de Bacchus dans cette partie de la Grèce. Susarion, natif de Tripodiscus, dans la Mégaride, fut le premier qui gagna le prix (lequel consistait en une corbeille de figues et une jarre de vin) comme conducteur d'un *comus* de τραγῳδοί icariens, c.-à-d. de chanteurs qui avaient le visage barbouillé de lie, grossier déguisement que l'on substitua quelquefois aux masques portés par les chanteurs du *comus*, lorsque plus tard ils prirent la forme d'un chœur régulier. Susarion florissait au temps de Solon, un peu avant Thespis; mais il paraît n'avoir pas eu d'imitateurs. En effet, il n'est pas vraisemblable que la c., avec son esprit hardi de satire et de caricature, eût pu prospérer sous le despotisme des Pisistratides. Les mêmes causes qui engagèrent Pisistrate à encourager la tragédie, devaient le rendre hostile à la c. En conséquence, la c. ne s'établit solidement à Athènes que lorsque l'élément démocratique eut complètement prévalu sur l'élément aristocratique, c.-à-d. à l'époque de Périclès.

Les premiers auteurs comiques de l'Attique, Chionides, Ecphantides et Magnes, florissaient au temps de la guerre médique; mais, trente ans après, parurent Cratinus, Eupolis et Aristophane, qu'Horace, dans ses satires, proclame comme les plus grands écrivains de la *C. satirique.* Cette sorte de c., qu'on distingue par le nom de *C. ancienne*, fut celle que Aristophane, dont les dernières productions sont au reste très différentes des premières, se rapprochent assez de la *C. moyenne.* Celle-ci n'est qu'un affaiblissement de l'ancienne : elle se produisit lorsque le libre esprit démocratique fut étouffé par les événements qui suivirent la guerre du Péloponèse. La c. moyenne, au lieu de se livrer à la satire violente et personnelle, ce qui était le propre de l'ancienne, se proposa plutôt de tourner en ridicule les prétentions philosophiques et littéraires des individus, et de critiquer les faiblesses et les sottises des diverses classes de la société. La c. moyenne fleurit entre l'an 380 av. J.-C. et le temps d'Alexandre le Grand, époque où naquit un troisième genre de c. qui fut porté à la perfection par Ménandre et Philémon. La c. de ces écrivains, nommée aussi la *C. nouvelle*, fit un pas de plus que celle qui l'avait immédiatement précédée. Au lieu de critiquer une classe d'individus, elle prit pour sujet le genre humain en général; elle devint un en un mot une c. de mœurs et de caractère. Représenter aussi exactement que possible, au moyen d'une intrigue habilement conduite et de situations bien dessinées, la vie des Athéniens comme il la voyait chaque jour autour de lui, tel fut dès lors le but du poète.

La danse du chœur comique était nommée *Cordace* (κόρδαξ) : elle était singulièrement licencieuse. Les attitudes, les gestes, et même les costumes des danseurs étaient d'une telle indécence, que les Athéniens eux-mêmes ne les toléraient qu'aux fêtes de Bacchus, où il était permis à tout le monde de s'enivrer en l'honneur du dieu. Un citoyen qui aurait dansé la cordace sans être ivre et sans masque, eût été regardé comme le plus méprisable des hommes.

Le chœur comique se composait de 24 individus; il était donc moitié moins nombreux que le chœur tragique complet; mais il paraissait tout entier sur la scène, de sorte que, sous ce rapport, la c. avait un avantage considérable sur la tragédie. Le chœur entrait en scène par rang de six personnes, en chantant le *parodos* (l'entrée) comme dans la tragédie; mais le *parodos* était généralement peu étendu, et le *stasima* (la pause) était encore plus court. Le rôle le plus important du chœur dans l'ancienne c. consistait à débiter la *parabase* (digression), c.-à-d. l'adresse aux spectateurs, contenant le plus souvent des plaisanteries dirigées contre un individu ou même contre le public en général. Quoique fort épurée par le bon goût d'Aristophane, la parabase rappelait encore par les invectives grossières que le poète s'y permettait, le vieux *comus* rustique qui donna naissance à la c.

II. — Les premières traces de la c. en Italie peuvent se rapporter aux grossières tentatives du *comus* des Doriens de la Sicile. Dans son histoire de la littérature grecque, Müller a démontré que les farces osques elles-mêmes, qui furent introduites de la Campanie à Rome sous le nom d'*Atellanes* (fa-

bulæ atellanæ), sont véritablement d'origine dorienne. Mais Épicharme, en donnant un développement plus complet à la c. sicilienne, fraya aussi la voie à l'établissement d'un drame comique plus régulier en Italie. Les imitations d'Épicharme paraissent avoir été communes dans les cités de la Grande-Grèce ; et dès l'an 240 av. J.-C., Livius Andronicus fit jouer à Rome des traductions et des imitations des comédies grecques, dans lesquelles il n'essaya aucunement d'effacer les caractères qui accusaient leur origine hellénique. Loin de là, à aucune époque la c. latine ne dissimula son défaut d'originalité. Les imitateurs latins des comédies grecques, quoique plusieurs d'entre eux fussent des hommes de génie, n'hésitaient pas à dire d'eux-mêmes qu'ils étaient des *barbares* (*barbari*) en comparaison de leurs maîtres grecs. Les comiques latins dont nous pouvons juger par nous-mêmes, comme Plaute et Térence, prirent surtout leurs modèles dans la nouvelle c. grecque. Ce dernier même n'imita jamais qu'elle. Quant à Plaute, quoique imitant surtout les poètes de la moyenne ou de la nouvelle c., il se rapproche quelquefois davantage de la c. sicilienne d'Épicharme, ou de l'Ίλαροτραγῳδία de Rhinthon et autres.

Quoique la c. romaine, à en juger du moins par ce qui en est arrivé jusqu'à nous, soit entièrement jetée dans le moule grec, cependant plusieurs comiques latins s'efforcèrent de donner à leurs pièces un costume plutôt romain que grec. Ces comédies furent appelées *fabulæ togatæ* du nom du manteau romain, la toge, que les acteurs y portaient, et par opposition aux *fabulæ palliatæ*, c.-à-d. aux comédies qui se représentaient avec le manteau grec ou *pallium*. Assurément les auteurs de ces comédies, comme Plaute et Térence, ne traduisaient pas absolument Ménandre ou Philémon ; mais ils prenaient leur sujet dans la vie et les mœurs romaines, puis il le traitaient en suivant le plan et la méthode des comiques grecs.

La *fabula prætextata* avait un fondement historique. « La *fabula prætextata*, dit Niebuhr, était quelque chose d'analogue à la tragédie : elle représentait les actions des rois et des généraux romains. D'après cela, il est évident qu'elle n'offrait pas l'unité de temps de la tragédie grecque, et ressemblait à un drame historique traité à la manière de Shakespeare. » Les grammairiens parlent quelquefois de la *fable prétexte* comme d'une espèce de c., ce qui certainement est inexact.

Au reste, le sujet de la c. latine est entouré d'une obscurité presque impénétrable : ce qui tient, d'une part, à l'absence de matériaux suffisants, et, de l'autre, aux contradictions et aux confusions des grammairiens et des scholiastes.

On sait que le goût des œuvres dramatiques se perdit pendant les derniers siècles de l'Empire romain : le peuple ne se plaisait plus qu'aux jeux du cirque. Aussi la c. disparut-elle complètement ne reparaître que plus tard en Italie et en Espagne, d'où elle se répandit dans tout le monde civilisé. Mais dans les temps modernes l'histoire de la c. étant inséparable de celle de la tragédie, cette question sera traitée au mot *Dramatique*. Voy. aussi CHŒUR, BACCHANALES, TRAGÉDIE et THÉÂTRE.

COMÉDIEN, ENNE. s. Celui, celle dont la profession est de jouer la comédie, ou toute autre pièce dramatique, sur un théâtre public. || Fig., se dit d'un homme hypocrite, dissimulé, et de celui qui, dans des vues intéressées, feint des passions et des sentiments qu'il n'a pas, ou cherche à donner aux autres une fausse opinion de son mérite. *Méfiez-vous de lui. ç'est un grand c.* = Syn. Voy. ACTEUR.

COMÉDON. s. m. (lat. *comedere*, manger). T. Anat. Cylindre vermiforme de matière sébacée, jaunâtre et noirâtre au sommet, que l'on fait sortir de la peau du nez, des joues et du front de certaines personnes et qui contient assez souvent un parasite : le *Demodex folliculorum*. Voy. DEMODEX.

COMÉNAMIQUE. adj. 2 g. T. Chim. Voy. COMÉNIQUE.

COMÉNIQUE. adj. 2 g. (Anagramme de *méconique*). T. Chim. L'*acide c.* C⁶H⁴O⁵, dérivé oxygéné de l'acide comanique, se produit par l'ébullition prolongée de l'acide méconique qu'on rencontre dans l'opium. Il cristallise en petits prismes anhydres, assez solubles dans l'eau bouillante, insolubles dans l'alcool absolu. C'est un acide-phénol qui peut former avec les bases deux sortes de sels ; les plus stables sont les sels acides. Le coménate acide d'ammoniaque, on se déshydratant sous l'action de la chaleur, donne de l'*acide coménamique* C⁶H⁵AzO⁴, qui cristallise en tables incolores,

solubles dans l'alcool ordinaire bouillant, et qui peut se combiner avec les acides et avec les bases.

COMESTIBILITÉ. s. f. Qualité de ce qui est comestible.

COMESTIBLE. adj. 2 g. et s. m. (lat. *comedere*, manger). Qui peut se manger. Ne se dit que de ce qui convient à la nourriture de l'homme. || Adjectiv., ne s'emploie guère que par opposition aux choses qui ne peuvent pas servir d'aliments. *Dans cette armoire sont les viandes et autres choses comestibles. Ce champignon est c., cet autre est vénéneux.* || Substantiv., s'emploie surtout pour désigner certaines denrées alimentaires d'un usage moins vulgaire, certains mets de prix, soit frais, soit cuits, etc. *Distribution de comestibles. Boutique de comestibles.* Ne se dit guère qu'au plur.

COMÉTAIRE. adj. 2 g. Qui a rapport aux comètes.

COMÈTE. s. f. (gr. κομήτης, chevelu). Nom de certains astres qui se meuvent autour du Soleil, dans des orbites généralement très allongées. — *Vin de la c.*, Vin de 1811, dont l'excellente qualité a été associée à la grande c. de cette année-là || T. Blason. Étoile à queue ondoyante, qu'on représente avec huit rayons. || T. Artificier. Fusée dont la tête et la queue sont lumineuses. Voy. PYROTECHNIE. || Sorte de jeu qui se joue avec des cartes, dont une porte particulièrement le nom de c. || T. Mercerie. Espèce de ruban étroit et satiné qui a ordinairement beaucoup d'apprêt. || Se dit parfois dans le langage populaire d'un petit cercueil d'enfant, le bébé n'ayant fait que passer comme une c. fugitive.

Astr. — Une *Comète* est un astre qui n'est visible pour la Terre que dans une partie de son cours, et qui se meut en décrivant une orbite souvent très excentrique ou même une orbite non fermée, parabole ou hyperbole, dont le Soleil occupe l'un des foyers. Elle offre en outre, du moins assez souvent, un aspect particulier qui suffit pour la faire distinguer des planètes. — Le nombre des comètes qui ont été astronomiquement observées, ou dont il est fait mention dans les annales historiques, est très considérable et s'élève à plusieurs centaines ; mais si nous considérons que, dans les premiers siècles de l'astronomie, et même à des époques plus récentes, avant l'invention des télescopes, on ne faisait attention qu'à celles qui étaient remarquables par leur grandeur et leur éclat, et que, depuis que l'on observe le ciel régulièrement à l'aide des instruments d'optique, à peine s'est-il passé une année sans que l'on ait découvert, au moins, trois ou quatre de ces corps, et que souvent deux et même trois ont paru à la fois, on admettra sans peine qu'il doit en exister des milliers, des myriades. Un grand nombre doivent naturellement échapper à toute observation, soit parce qu'elles ne s'approchent pas assez de nous pour devenir visibles, soit parce que, pendant leur période de visibilité, elles ne sont au-dessus de l'horizon que pendant le jour. Dans ce cas, elles ne pourraient devenir visibles que par la rare coïncidence d'une éclipse totale de Soleil, cas qui s'est présenté, suivant Sénèque, 60 ans av. J.-C., époque où une grande c. se montra en effet très près de cet astre. Un phénomène analogue s'est reproduit en 1882. Pendant l'éclipse de soleil du 17 mai de cette année, qui était totale pour l'Égypte, une comète visible à l'œil nu s'est montrée à moins du un degré de distance du disque solaire. On en cite encore quelques-unes qui ont eu assez d'éclat pour être vues pendant le jour, même à midi, par un beau soleil.

1. ASPECT DES COMÈTES. — Une c. consiste généralement en un point plus ou moins brillant, entouré d'une nébulosité lumineuse, qu'accompagne une traînée également lumineuse (Fig. 1). Le point central s'appelle *Noyau*; la nébulosité se nomme *Chevelure*; la traînée lumineuse portait autrefois le nom de *Barbe*, quand elle précédait l'astre dans son mouvement, et celui de *Queue*, quand elle le suivait. Aujourd'hui, on lui applique invariablement cette dernière dénomination, quelle que soit sa direction. Enfin, on appelle *Tête de la c.* la chevelure et le noyau réunis.

Cependant, ces astres offrent souvent des caractères extérieurs fort différents. Les plus petites comètes, c.-à-d. celles qui ne peuvent être aperçues qu'à l'aide du télescope, ne présentent ordinairement aucune apparence de queue, et ne se montrent que comme des masses vaporeuses rondes ou un peu ovales. Leur partie centrale est plus dense, mais sans cependant laisser voir un noyau distinct, ni rien que l'on puisse regarder comme un corps solide. Il y a des comètes qui manquent entièrement de chevelure et ressemblent si bien à des planètes que la planète Uranus, découverte par Herschel en 1781, a été longtemps prise pour une c. D'autres ont une chevelure et sont dépourvues de queue. Il en est qui offrent plusieurs queues. Enfin, il n'est pas rare d'en rencontrer qui changent de forme dans des espaces de temps parfois très limités. Les comètes ne peuvent donc pas toujours être reconnues d'après leur aspect seul, attendu que cet aspect est extrêmement variable. En résumé, une c. est un astre qui circule autour du Soleil dans une orbite ouverte ou très excentrique et souvent très inclinée sur le plan de l'écliptique. C'est donc le mouvement

Fig. 1.

de la c. qui la distingue à la fois des étoiles et des planètes.

II. Mouvement et orbites des Comètes. — On a longtemps regardé les comètes comme des météores engendrés dans l'atmosphère. Apollonius de Mynde fut le premier qui soupçonna qu'elles sont des corps permanents, des astres véritables, et ce fut Tycho-Brahé qui le premier constata qu'elles ont une marche régulière, malgré l'apparence capricieuse de leurs mouvements. La c. de 1472 décrivit, dans l'espace d'un seul jour, un arc céleste équivalent à 40° d'un grand cercle. La marche apparente des comètes est tantôt directe, tantôt rétrograde ; mais il en est de même des planètes, la marche apparente étant le résultat du mouvement réel de l'astre dans l'espace et de celui de la Terre. Seulement, le mouvement apparent des comètes est souvent plus rapide et plus irrégulier que celui des planètes. D'autre part, les comètes se montrent dans toutes les régions du ciel, tandis que les planètes restent confinées dans la même zone zodiacale, à l'exception de quelques-unes des petites planètes qui circulent entre Mars et Jupiter. La variation des dimensions apparentes des comètes et leurs changements d'aspect ne sont pas moins remarquables que leurs variations de vitesse. Quelquefois elles font leur première apparition comme des corps doués d'un mou-

vement faible et lent, avec peu ou point de queue ; mais progressivement elles accélèrent leur mouvement, agrandissent et étendent au loin cet appendice, qui augmente en longueur et en éclat jusqu'à ce qu'elles approchent du Soleil et disparaissent dans ses rayons. Au bout de quelque temps, elles reparaissent de l'autre côté, on s'éloignant du Soleil avec une vitesse d'abord considérable, mais qui diminue peu à peu. A mesure qu'elles continuent à s'éloigner de l'astre radieux, leur mouvement se ralentit, et la queue s'éteint ou est absorbée dans la tête, qui s'affaiblit elle-même graduellement, et se dérobe enfin tout à fait à la vue, pour le plus souvent ne jamais reparaître à nos yeux.

La théorie de la gravitation universelle découverte par Newton explique très simplement toutes les particularités du mouvement des comètes. La grande c. de 1680, l'une des plus remarquables dont l'histoire fasse mention, fournit à Newton une heureuse occasion de mettre sa théorie à l'épreuve. Le succès couronna entièrement son attente. Il s'assura que cette c. décrivait, autour du Soleil comme foyer, une ellipse d'une si grande excentricité qu'on ne pouvait guère la distinguer d'une parabole, et que les aires décrites par le rayon vecteur autour du Soleil étaient dans cette orbite, comme dans les ellipses planétaires, proportionnelles aux temps. Dès ce moment, on admit que les mouvements des comètes sont réglés comme ceux des planètes par la loi de la gravitation, et que les comètes décrivent autour du Soleil des sections coniques, ellipses, paraboles ou hyperboles, dont le Soleil occupe un des foyers. Les différences entre les comètes et les planètes au point de vue de leur mouvement consistent en ce que : 1° les orbites des comètes peuvent affecter toutes les formes des sections coniques, tandis que celles des planètes ne diffèrent jamais beaucoup de la forme circulaire ; 2° les orbites des comètes peuvent se trouver dans tous les plans passant par le Soleil, tandis que celles des planètes sont dans des plans peu inclinés les uns sur les autres, de manière que leur ensemble forme un système à peu près plat : la plus grande inclinaison d'orbite planétaire connue est celle de Pallas, qui est inclinée de 34° 44′ sur le plan de l'écliptique ; mais ce chiffre est tout à fait exceptionnel. Pour les grosses planètes, la plus forte inclinaison, celle de Mercure, n'est que de 7° ; 3° les comètes se meuvent sur leur orbite les unes dans le sens direct, les autres dans le sens rétrograde, tandis que toutes les planètes se meuvent dans le sens direct. — Dans la plupart des cas, on trouve que les mouvements des comètes peuvent être assez bien représentés par des orbites paraboliques. Il ne faut pas oublier qu'une ellipse très allongée et une hyperbole dont les asymptotes forment un angle très aigu diffèrent très peu d'une parabole dans la région voisine du foyer. Or, c'est justement cette seule région de l'orbite d'une c. qu'il nous soit presque toujours donné de connaître, parce que la c. n'est visible que quand elle est près du Soleil (périhélie). Il en résulte que, quelle que soit la forme réelle de l'orbite, pourvu qu'elle rentre dans un des deux cas précédents, on ne commettra pas d'erreur sensible en assimilant l'arc d'orbite observé à un arc de parabole. Enfin, il convient d'ajouter qu'une c. qui décrit une ellipse reparaît périodiquement dans le voisinage du Soleil, puisque l'ellipse est une courbe fermée ; tandis qu'une c. qui décrirait une parabole ou une hyperbole, courbes indéfinies dans les deux sens, arriverait des profondeurs de l'espace pour s'enfuir indéfiniment après son passage. Il n'est point impossible qu'il existe des comètes décrivant des orbites paraboliques ou hyperboliques ; mais nous n'avons aucune certitude à ce sujet. On peut assurer qu'il existe des comètes qui circulent dans des ellipses, puisqu'on a pu calculer leurs retours avec assez de précision, tandis qu'on n'a pas les mêmes raisons pour soutenir qu'il en est qui décrivent, soit des paraboles, soit des hyperboles, car, lorsqu'une ellipse est très excentrique, il est facile de confondre ses arcs avec ceux de ces dernières courbes. La c. de 1723, calculée par Burckhardt, celle de 1771, calculée par le même par Encke, et la seconde c. de 1818, calculée par Rosenberg et Schwabe, sont regardées provisoirement comme ayant des orbites hyperboliques.

Lorsque les astronomes veulent déterminer l'orbite d'une c., ils commencent par lui supposer un mouvement parabolique. Cette hypothèse simplifie les opérations, parce qu'il est plus facile de calculer une parabole qu'une ellipse. — Trois positions d'une c. suffisent pour déterminer toutes les circonstances de son mouvement, pour trouver ce qu'on appelle ses éléments paraboliques. Ces éléments sont au nombre de cinq : — 1° Le premier est l'Inclinaison de l'orbite sur le plan de l'écliptique. — 2° En allant du midi au nord, la c.

rencontre le plan de l'écliptique en un point qu'on appelle le *Nœud ascendant*. Ce point, *ce nœud*, est fixé de position par sa longitude. Le nœud et le centre du Soleil déterminent la ligne droite suivant laquelle le plan de l'orbite cométaire coupe le plan de l'orbite terrestre. La *Longitude du nœud ascendant* est donc l'angle que l'intersection du plan de l'orbite cométaire avec le plan de l'écliptique, ou *ligne des nœuds*, fait avec une parallèle à la ligne des équinoxes menée par le centre du Soleil. — 3° Il faut fixer la position de l'orbite dans son plan; pour y arriver, il suffit de connaître l'angle de la ligne des nœuds avec la ligne qui joint le Soleil au périhélie. Les astronomes appellent *Longitude du périhélie* cet angle compté dans le sens du mouvement de la comète depuis le nœud ascendant jusqu'au périhélie, augmenté de la longitude du nœud. — 4° La *Distance périhélie*, ou la distance du sommet de la parabole cométaire au centre du Soleil, s'évalue en prenant pour unité la moyenne distance de la Terre au Soleil. La valeur de cette distance périhélie distinguera l'orbite parabolique de la c. de toute autre courbe de même nature qui, contenue dans le même plan, pourrait avoir le même axe et son foyer au centre du Soleil. — 5° L'instant précis du *Passage* de la c. au périhélie. — Enfin, l'on a soin d'observer si le mouvement de la c. est *direct* ou *rétrograde*. Sur 296 comètes dont les orbites étaient plus ou moins bien déterminées en 1881, il y en avait 146 dont le mouvement était direct, c.-à-d. avait lieu d'occident en orient, et 150 pour lesquelles il était rétrograde, ou se faisait d'orient en occident. — Si les éléments paraboliques ne suffisent pas à représenter les observations, si l'on a pu constater le retour de la c. à deux époques éloignées, il faut alors déterminer une *orbite elliptique*. Trois observations suffisent aussi à la rigueur à cette détermination beaucoup plus compliquée. Il y a un élément de plus à calculer : c'est l'*excentricité*, qui détermine la forme de l'ellipse et fait par conséquent connaître la plus grande distance de l'astre au soleil ou distance *aphélie*, quand on connaît la distance périhélie.

III. Comètes périodiques. — Nous avons déjà dit que les comètes ne sont observables que lorsqu'elles passent dans le voisinage du Soleil. Il en résulte que, si une c. décrit une orbite elliptique, il ne sera pas possible de la suivre tout le long de son orbite, et la preuve expérimentale de sa périodicité ne pourra être donnée que par les retours de son apparition dans le voisinage du périhélie. Malheureusement, il n'est pas facile de reconnaître si une c. observée à une certaine époque est identique avec une autre c. observée à une époque antérieure. Les caractères physiques doivent être absolument laissés de côté, à cause des variations incessantes qu'ils présentent pendant le cours d'une même apparition et qui doivent nécessairement s'accentuer d'une apparition à une autre. Aussi ne doit-on s'attacher qu'à la forme et aux dimensions de l'orbite, c.-à-d. aux valeurs numériques des éléments de l'orbite. « Mais, dit Arago, l'identité de deux comètes apparues à des époques différentes sera-t-elle toujours infailliblement démontrée par ce moyen? Si les éléments paraboliques de deux comètes sont différents, il ne faudra pas s'empresser de conclure que ce sont deux astres distincts; car, en passant près d'une planète, une c. peut éprouver une perturbation telle que sa courbe, après ce dérangement, soit entièrement changée. Que si, au contraire, les deux astres que l'on compare ont à peu près les mêmes éléments paraboliques, leur identité sera très probable ; cependant il ne serait pas impossible que deux comètes différentes décrivissent deux courbes semblables de forme et de position. » Aussi, la question demande un examen approfondi dans lequel il faut tenir compte des perturbations produites par les planètes près desquelles la c. a pu passer : car c'est aujourd'hui un fait constant que beaucoup de comètes périodiques, certainement distinctes, ont des orbites très peu différentes. Pour faciliter les recherches des astronomes, on a dressé des catalogues contenant les éléments des comètes observées. Dans *les Étoiles* de M. Camille Flammarion, on trouvera un catalogue de ce genre contenant toutes les comètes observées depuis les temps les plus reculés jusqu'en 1881, au nombre de 296. D'autre part, l'*Annuaire du Bureau des Longitudes* a publié dans les années 1883 à 1894 la liste de toutes les comètes observées de 1801 à 1892 dont les éléments ont pu être déterminés avec quelque précision, avec les valeurs de ces éléments. Cette liste contient plus de 230 comètes, et le nombre s'en accroît tous les ans. Dans le nombre, il y en a environ 60 dont les orbites sont sûrement elliptiques et qui circulent autour du Soleil dans des périodes variant de 5 à 2,000 ans; annuaire indique même 79 comètes périodiques;

mais parmi celles-ci il n'y en a que 15 dont le retour ait été observé. Les autres n'ont été vues qu'une seule fois, quoiqu'il s'en trouve plusieurs, parmi elles, qui auraient dû reparaître plusieurs fois depuis leur découverte : telle est la fameuse c. de Lexell, observée en 1770 et dont l'orbite, calculée par Le Verrier, d'après les observations de Lexell, accuse une révolution de 5 ans 1/2. Ce fait remarquable de la disparition d'une c. peut s'expliquer de plusieurs manières. D'abord, il est certain que la matière d'une c. se dissémine peu à peu dans l'espace le long de son orbite, de sorte qu'au bout d'un certain temps, il ne reste plus qu'une traînée elliptique de poussières invisibles et un noyau nébuleux trop petit pour être aperçu; on s'explique ainsi la disparition de certaines comètes qui, déjà difficiles à voir avec le télescope, deviennent tout à fait invisibles à leur retour. Tel fut le sort de la c. de Biéla, dont nous reparlerons plus loin. En second lieu, les comètes sont des astres vaporeux et mal définis. Il est impossible, en général, de distinguer un point précis. Aussi, la position d'une c. est-elle quelque chose d'assez vague, et cette incertitude dans les observations entraîne nécessairement, dans les éléments de l'orbite, des erreurs qui masquent l'identité des orbites et font croire à deux comètes distinctes là où il n'y en a en réalité qu'une seule. Ensuite, les comètes subissent, par l'effet de l'attraction des planètes, des perturbations souvent considérables qui altèrent entièrement les valeurs des éléments. Si l'on a négligé de calculer ces perturbations, ou si ce calcul n'a pas été fait avec assez de précision, on pourra prendre pour une c. nouvelle la réapparition d'une ancienne, qu'alors on croira nécessairement perdue. Enfin, il peut arriver que la c. passe tellement près d'une grosse planète, qu'elle subisse une perturbation assez forte pour changer son orbite elliptique en une orbite hyperbolique et la faire à jamais dans les profondeurs de l'espace, ou tout au moins en une ellipse extrêmement allongée qui ne lui permette de reparaître qu'après plusieurs siècles, ou bien encore que la distance périgée devienne assez grande pour que la c., tout en continuant à faire partie du système solaire, ne soit plus jamais visible. C'est à une circonstance de ce genre qu'on doit attribuer à la fois l'apparition et la perte de la c. de Lexell. Cette c. décrivait autrefois une ellipse très allongée ; quand elle vint à passer très près de Jupiter, l'attraction considérable de cette grosse planète lui fit alors décrire une ellipse beaucoup plus petite, qu'elle ne parcourut qu'une seule fois entièrement. Apparue en 1770, elle a dû revenir en 1776, quoique ce retour n'ait pas été observé ; puis, en 1779, elle est passée de nouveau très près du système des satellites de Jupiter, et depuis on ne l'a plus revue. Les calculs des astronomes qui ont cherché à évaluer les perturbations qu'elle a subies et à déterminer sa nouvelle orbite sont restés impuissants à la faire retrouver, quoique M. Chandler ait cru pouvoir identifier avec elle la c. de 1889 (Brooks), dont nous reparlerons plus loin. La c. de Brorsen, qui circule aussi en 5 ans 1/2, passe tous les 95 ans environ très près de Jupiter. A chaque fois son orbite se modifie, et il n'est pas impossible qu'un jour l'orbite devienne hyperbolique ; la c. alors sera perdue.

On comprend que, si les perturbations planétaires peuvent faire perdre des comètes périodiques, inversement elles peuvent rendre périodiques des comètes qui ne l'étaient primitivement pas, ou dont la période était extrêmement longue. Le cas s'est présenté, comme on vient de le voir, pour la c. de Lexell et pour quelques autres ; mais il y a plus : on a remarqué que les comètes à orbites elliptiques ont, en général, leur *aphélie*, c.-à-d. le point de leur orbite le plus éloigné du Soleil, peu éloigné de l'orbite d'une grande planète et au delà de cette orbite. Cette remarque suggère naturellement l'idée que la forme de l'orbite cométaire a subi quelque perturbation subie autrefois par la c. à une époque où elle serait passée très près de la planète correspondante. D'après cette théorie, qui a reçu le nom de théorie de la *capture des comètes*, toutes les comètes auraient été primitivement hyperboliques, ou du moins se seraient mues suivant des courbes extrêmement allongées, et les formes elliptiques actuelles des orbites seraient dues exclusivement à l'attraction perturbatrice des grosses planètes. On a pu ainsi répartir les comètes périodiques en groupes, suivant la planète qui les aurait *capturées*.

Dans la première édition de son *Astronomie populaire*, publiée au mois de novembre 1879, et dans *La Nature* du 3 janvier 1880, M. Flammarion a signalé, à propos de cette théorie de la capture des comètes, l'existence de cinq groupes de comètes dont les aphélies correspondent : 1° à l'orbite de Jupiter ; 2° à celle de Saturne ; 3° à Uranus ; 4° à Neptune ; et 5° à une planète transneptunienne encore inconnue et qui doit être située à la distance 48, le rayon de l'orbite terrestre étant pris pour unité. Voici un extrait de cette étude, développée dans la revue *l'Astronomie* de mars 1884.

La nature nébuleuse des comètes, les orbites hyperboliques qu'elles décrivent en général et qui les renvoient dans l'infini d'où elles étaient venues, la grande excentricité, l'allongement considérable des ellipses décrites par les périodiques, l'inclinaison de leur cours sur le plan général du système solaire, inclinaison sans règle et parfois si élevée qu'elles se précipitent des hauteurs de l'espace perpendiculairement à ce plan, le sens de leurs mouvements, aussi bien rétrograde que direct, tout concorde pour nous montrer dans ces astres encore si mystérieux, dans ces éternelles voyageuses du ciel, des nébulosités étrangères à notre système, qui circulent à travers l'immensité en errant de systèmes en systèmes.

Lançons, par la pensée, un projectile quelconque, dans une direction quelconque et avec une vitesse quelconque, à travers le vide infini. Supposons qu'il n'y ait ni soleils, ni planètes pour l'attirer, pour l'influencer. Ce projectile une fois parti ne s'arrêtera plus. Il marchera, toujours en ligne droite, sans jamais dévier de sa route, sans se ralentir, toujours, éternellement, en ligne droite. Les siècles ajoutés aux siècles le verront continuer aveuglément son cours sans qu'après mille ou dix mille siècles de marche ce mouvement ait varié d'un iota.

Ainsi, mais moins aveugles et moins insensibles, circulent les comètes dans l'immensité de l'espace. Lorsqu'elles arrivent en vue d'un soleil, au lieu de continuer leur route en ligne droite, elles sentent de loin son attraction et courbent bientôt vers lui leur trajectoire. Graduellement, elles s'approchent de ses feux comme si elles désiraient y ranimer une vie que semblait éteinte dans le froid et l'obscurité des espaces interplanétaires, et elles se précipitent vers l'astre, grandissant avec une ardeur qui se développe à mesure qu'elles s'en approchent davantage; mais, comme elles possèdent une vitesse initiale personnelle, étrangère à celle que l'attraction solaire leur imprime, elles ne tombent pas dans ses flammes, conservent une sorte d'individualité, et après avoir contourné l'astro brillant dans l'éphémère journée d'été de leur périhélie, elles continuent leur cours parabolique ou hyperbolique qui les éloigne graduellement dans le crépuscule de l'automne, et dans la longue nuit de leur noir hiver.

Rejetées de soleil en soleil comme des phalènes qui flotteraient d'un bec de gaz à l'autre des illuminations de nos nuits parisiennes, elles errent ainsi sans se fixer, à moins d'une circonstance exceptionnelle.

Cette circonstance exceptionnelle leur est quelquefois fournie par la présence d'une planète non loin de la trajectoire qu'elles décrivent en s'approchant du Soleil ou en s'en éloignant.

En effet, si l'une de ces vagabondes du ciel passe à proximité d'une planète, elle se trouve déviée de sa trajectoire primitive; elle est saisie au passage par une attraction nouvelle; elle ne s'arrête pas, il est vrai, elle continue sa course vers le Soleil; mais elle garde désormais dans son sein l'influence ressentie, et, lorsqu'elle aura fait le tour du Soleil, elle sera forcée de revenir précisément au point où elle a subi cette influence: la parabole est devenue ellipse; c'est désormais une courbe fermée, et la prisonnière y circulera sans pouvoir s'en échapper.

Sans pouvoir s'en échapper, à moins que la planète qui l'a capturée, ou une autre, ne la mette en liberté en produisant sur elle une perturbation contraire à la première, comme Jupiter l'a fait pour la comète de Lexell. Elle peut encore s'en échapper, autrement, il est vrai, *en mourant*, en se dissolvant en étoiles filantes, comme l'a fait récemment la comète de Biéla; mais c'est un moyen désespéré et qui n'est employé qu'à la dernière extrémité.

Il est possible aussi, comme nous le verrons plus loin (§ 5), que les comètes aient pris naissance aux confins de la nébuleuse solaire. Quoi qu'il en soit, telle est l'origine

des comètes périodiques. Entrons maintenant dans quelques détails.

Le résultat des observations s'accorde complètement avec la théorie. Toutes les comètes périodiques dont le retour a été observé ont leur aphélie situé vers l'orbite d'une grosse planète, et montrent ainsi que leur introduction dans le système solaire est due à l'influence de la planète voisine de leur aphélie. Le tableau suivant des comètes périodiques dont le retour a été observé, ou dont les éléments sont sûrement déterminés, montre que, parmi ces comètes, Jupiter en a conquis 9, Saturne 1, Uranus 2, Neptune 8. Entre le voisinage de Jupiter et celui de Saturne, on n'en rencontre pas, ni entre Saturne et Uranus, ni entre Uranus et Neptune. L'origine est flagrante.

COMÈTES PÉRIODIQUES ET PLANÈTES

(La distance de la Terre au Soleil étant 1)

	Distances DES PLANÈTES et aphélies DES COMÈTES.
PREMIER GROUPE	
Orbite de JUPITER	= 4,9 à 5,3
Comète d'Encke	= 4,1
Tempel, 1873	= 4,7
Tempel, 1867	= 4,8
Tempel-Swift	= 5,1
Brorsen	= 5,6
Winnecke	= 5,6
D'Arrest	= 5,8
Faye	= 5,9
Biéla (détruite)	= 6,2

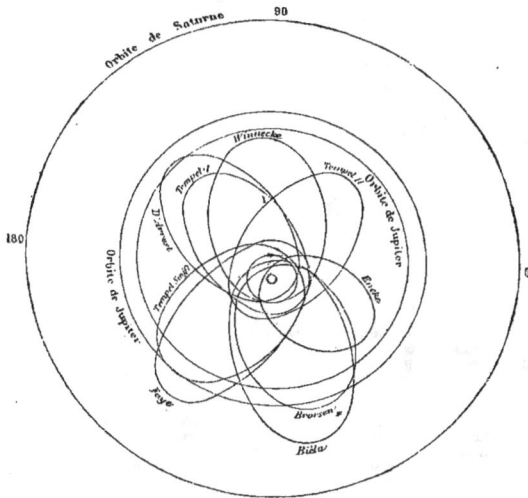

Fig. 2.

DEUXIÈME GROUPE	
Orbite de SATURNE	= 9,0 à 10,1
Comète de Tuttle	= 10,5
TROISIÈME GROUPE	
Orbite d'URANUS	= 18,3 à 20,1
Comète de 1866 et étoiles filantes du 13 novembre	= 19,7
Comète 1, 1867	= 19,3

	Distances DES PLANÈTES et aphélies
QUATRIÈME GROUPE	DES COMÈTES.
Orbite de NEPTUNE	= 29,8 à 30,2
Comète I 1846	= 28
II 1852	= 29
II 1852	= 32
Comète de Pons, 1812-1883 . . .	= 33
III 1846	= 34
1815	= 34
V 1847	= 35
Comète de Halley	= 35

CINQUIÈME GROUPE

Planète transneptunienne. . .	= 47 à 48
Comète III, 1862, et étoiles	
filantes du 10 août	= 49
Comète de 1532 et 1661.	= 48

Afin de rendre mieux compte encore de cet état de choses, l'auteur a tracé (Fig. 2. Orbites des neuf comètes capturées par Jupiter) sur un même diagramme : 1° l'orbite actuelle de Jupiter marquée par deux cercles, l'un à la distance du périhélie, l'autre à celle de l'aphélie (le grand axe se déplace de siècle en siècle dans l'espace et la valeur de l'excentricité varie elle-même, de sorte que la zone balayée par le corps

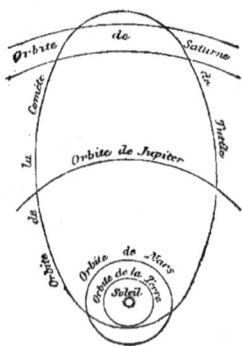

Fig. 3.

même de Jupiter est plus large encore); 2° les orbites actuelles des neuf comètes capturées par ce géant du système solaire (nous disons *actuelles*, parce que ces orbites varient elles-mêmes de siècle en siècle, par suite des perturbations planétaires); les aphélies ont été placés à leur situation actuelle. L'échelle adoptée est de 5ᵐᵐ pour un rayon de l'orbite terrestre.

Il a été fait de même pour Saturne et la comète de Tuttle (Fig. 3); pour Uranus avec la comète de 1866 et l'essaim d'étoiles filantes du 13 novembre (Fig. 4); pour Neptune avec les comètes de Pons et de Halley réunies, pour plus de facilité, dans la même section de l'orbite (Fig. 5), en un mot, pour chacun des groupes.

Ici, nous arrivons à notre planète transneptunienne.

De temps immémorial, on observe, pendant la nuit du 10 août, des chutes d'étoiles filantes que nos pères appelaient « larmes de saint Laurent », parce que la fête de saint Laurent arrive ce jour-là. (Remarquons, par parenthèse, que cette désignation nous montre qu'elle n'est pas antérieure à la réforme du calendrier (1582), puisque, au delà de cette époque, il y avait une différence de dix jours entre la nature et la manière de compter, et que la chute des étoiles filantes arrivait alors non pas le 10 août, mais le 31 juillet : on les eût probablement appelées « les larmes de saint Pierre ». Le nom légendaire est resté dans la science et cet essaim d'étoiles filantes s'appelle encore aujourd'hui le « courant de Laurentius ».) On donne aussi aux étoiles filantes de ce courant le nom de *Perséides*, parce que le point radiant d'où

elles semblent arriver est situé dans la constellation de Persée, par 43° d'ascension droite et + 57° de déclinaison.

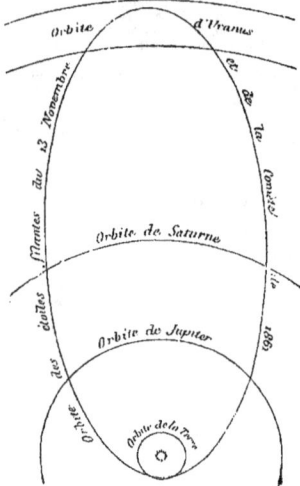

Fig. 4.

La belle comète de 1862 décrit une orbite *elliptique* dont

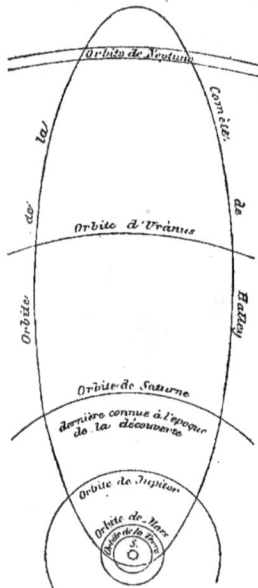

Fig. 5.

l'aphélie se ferme fort au delà des frontières jusqu'à présent reconnues au système planétaire, à la distance 49, Neptune gravitant à la distance 30.

M. Schiaparelli a démontré l'identité de cette orbite avec celle de l'essaim des étoiles filantes du 10 août. Dans son nœud descendant, la comète passe à la faible distance de 0,005 de l'orbite terrestre, c.-à-d. à 740,000 kilomètres seulement de l'endroit où la Terre passe annuellement vers le 10 août. Si la comète y passait à cette date, la Terre et la Lune seraient certainement immergées en plein dans sa chevelure. D'après la théorie, devenue aujourd'hui classique, de M. Schiaparelli, la zone céleste renfermant la trajectoire de la comète est peuplée de corpuscules provenant de la désagrégation de l'astre, et, la Terre la rencontrant le 10 août, il en résulte les chutes de météores observées annuellement. Précisément le 10 août 1863, à peine une année après le passage de la comète au périhélie, une véritable pluie d'étoiles filantes est venue confirmer la nouvelle théorie.

La comète de 1862 et l'essaim des étoiles filantes du 10 août suivent dans l'espace l'orbite suivante :

Passage au périhélie	$T = 1862$, août 22, 91842.
Longitude du périhélie	$\pi = 290°12'47''8$
Longitude du nœud	$\Omega = 137\ 27\ 10\ 0$
Inclinaison	$i = 113\ 34\ 12\ 2$
Excentricité	$e = 0,960759$
Distance périhélie	$q = 0,96264$
Durée de la révolution	$R = 121^{ans},502$.

Cette orbite est déterminée avec autant de précision que celles de toutes les comètes périodiques dont le retour a été observé, et il en est de même de celle de la comète de 1866, I, qui correspond aux étoiles filantes du 13 novembre, dont la durée de révolution est de 33 ans, et qui appartient au groupe d'Uranus.

A l'aide des éléments qui précèdent, si l'on trace une orbite, comme on l'a fait pour les autres comètes périodiques, on verra où l'aphélie sera porté. Comme première approximation, sur une ligne de 100^{mm}, représentant le demi-grand axe, plaçons le foyer à 96^{mm} d'une extrémité de cette ligne ; rien n'est plus simple, comme on le voit, et pourtant l'ellipse tracée sur cette base est exactement celle de la comète, qui a pour éléments géométriques :

Demi-grand axe	$a = 1$
Excentricité	$e = 0,96076$
Dist. périhélie	$q = 1 - 0,96076 = 0,03924$

Si l'on veut transformer ces éléments en parties du demi-diamètre de l'orbite terrestre pris pour unité, il suffit d'écrire :

$$q = 0,96264$$

$$a = \frac{0,96264}{0,03924} = 24,532$$

Distance aphélie $= 2\ a - q = 49,064 - 0,963 = 48,101$.

Cette orbite s'étend à 48 fois le demi-diamètre de l'orbite terrestre. Elle est extrêmement allongée, comme on peut s'en rendre compte sur la Fig. 6, construite à l'échelle de 0^{m},01 pour 4 rayons de l'orbite terrestre. On *voit* qu'elle s'étend fort au delà de l'orbite de Neptune.

Ainsi d'après les principes exposés plus haut sur l'origine de l'introduction des comètes périodiques dans notre système solaire, cette comète de 1862 et le courant des étoiles filantes du 10 août nous montrent comme du doigt la planète invisible à laquelle ils doivent leur introduction dans notre famille et leurs droits de citoyens dans la cité du Soleil. Nous pouvons dire aujourd'hui avec certitude : *il y a une planète au delà de Neptune.*

Nous pouvons même aller un peu plus loin et nous demander à quelle distance elle gravite. L'aphélie même de l'ellipse que nous venons de tracer nous l'indique : elle est *vers* la distance 48, pouvant d'ailleurs être à 47 aussi bien qu'à 49, et plutôt au-dessous dudit aphélie qu'au delà, comme le montrent les combinaisons d'orbites précédentes.

Cette planète transneptunienne, dont l'existence est presque aussi certaine que si on l'avait déjà découverte, est-elle la seule qui existe dans ces profondeurs de l'espace ? Probablement non. De ce que nous sommes nés dans le voisinage du Soleil, cela ne prouve rien. De Neptune à notre soleil voisin α du Centaure il y a 7.400 fois la distance de Neptune au Soleil. Cet immense espace n'est sans doute pas vide de mondes. On remarque d'autres groupes d'aphélies cométaires aux distances 70, 107 et au delà ; mais nul n'ignore que plus l'aphélie d'une

ellipse est éloigné, plus l'ellipse se rapproche de la parabole et moins l'orbite est sûre. On ne sait pas, réellement, où ces orbites allongées peuvent se fermer, ni même si elles se ferment du tout, tandis qu'il est *absolument certain* que l'orbite des étoiles filantes d'août est fermée vers la distance 48. Aussi arrêtons-nous nos conclusions à la première des planètes transneptuniennes.

A ce même groupe appartient encore, outre la comète de 1862, celle de 1532, qui est revenue en 4661, mais qui n'a pas été revue en 1789 (sans doute à cause de son passage en

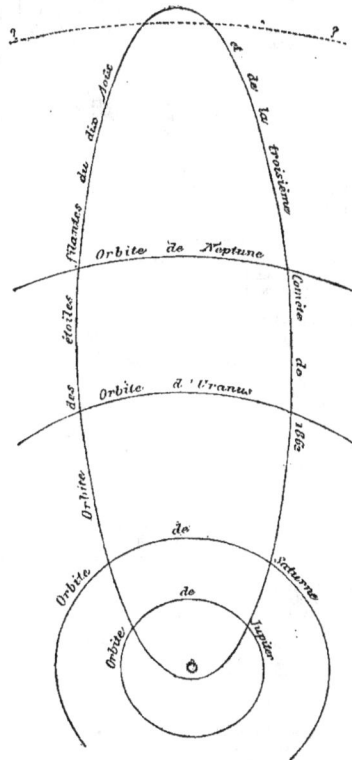

Fig. 6.

juillet en de mauvaises conditions d'observation — mauvaises de toutes façons au point de vue astronomique : 14 juillet 1789), et que nos successeurs verront probablement revenir en 1919.

Bien des années s'écouleront sans doute avant que cette lointaine planète ne soit observée et suivie dans le champ télescopique, quoiqu'elle soit probablement de 12e grandeur (Neptune est de 8e) et accessible aux instruments actuels des observatoires. Mais nous avons dès maintenant la certitude qu'*elle existe* et que, dans ces profondeurs ultimes du système du monde, gravite à pas lents une île céleste extraneptunienne, plongée dans un perpétuel crépuscule, en des conditions d'existence absolument différentes de celles qui régissent la vie des mondes voisins du Soleil.

Depuis l'époque de la recherche précédente, on a observé un plus grand nombre encore de retours de comètes périodiques. Nous avons réuni au petit tableau suivant toutes les comètes périodiques dont le retour a été observé au moins une fois.

Tableau des Comètes périodiques dont le retour a été observé.

N^{os}	NOMS	DURÉE des révolutions sidérales.	ÉPOQUE des passages au périhélie.	INCLINAISONS	L'UNITÉ est le rayon de l'orbite terrestre.		REMARQUES
					DISTANCE périhélie.	DISTANCE aphélie.	
		ANS					
1	Encke	3,303	1895, févr. 5	13°	0,340	4,095	
2	Tempel.	5,211	1889, févr. 2	13°	1,387	4,665	
3	Brorsen·.	5,456	1890, févr. 24	29°	0,588	5,610	
4	Tempel-Swift. . .	5,534	1891, nov. 15	5°	1,087	5,471	Capturées par Jupiter, dont la distance au Soleil est 5,203.
5	Winnecke.	5,818	1892, juill. 1	15°	0,886	5,583	
6	Tempel.	6,507	1885, sept. 26	11°	2,073	4,897	Les comètes n° 1, 2, 4, 6 auront été rapprochées ultérieurement par les perturbations de Mars, Terre et Vénus.
	Biéla 1	6,587	1852, sept. 24	13°	0,860	6,167	
7	Biéla 2	6,629	1852, sept. 23	13°	0,864	6,197	
8	Finlay	6,622	1893, juill. 12	3°	0,989	6,064	
9	D'Arrest.	6,691	1890, sept. 17	16°	1,324	5,778	
10	Wolf	6,821	1891, sept. 3	25°	1,593	5,601	
11	Faye	7,566	1881, janv. 23	11°	1,738	5,970	Capturée par Saturne, dont la distance est 9,539.
12	Tuttle	13,760	1885, sept. 11	55°	1,025	10,460	
13	Pons-Brooks. . .	71,48	1884, janv. 26	74°	0,775	33,671	Capturées par Neptune, dont la distance est 30,055.
14	Olbers.	72,73	1887, oct. 8	45°	1,200	33,616	
15	Halley	76,37	1835, nov. 15	162°	0,589	35,411	

Toutes ces comètes se meuvent dans le sens direct, sauf la dernière dont le sens est rétrograde. Elles portent le nom de l'astronome qui les a découvertes ou qui a calculé leur orbite.

Voici maintenant quelques documents sur les plus importantes de ces comètes, présentées dans l'ordre de leur importance :

1° *C. de Halley*. — C'est la plus ancienne c. périodique connue. Edm. Halley ayant calculé ses éléments d'après son passage au périhélie en 1682, époque où elle parut avec un grand éclat et avec une queue de 30° de longueur, fut amené à conclure l'identité de cet astre avec les grandes comètes de 1531 et de 1607, dont il avait déterminé aussi les éléments. Les intervalles de ces apparitions étant de 75 à 76 ans, Halley fut encouragé à prédire le retour de cette c. pour 1757. Cependant l'apparition de l'astre n'eut pas lieu. Alors Clairaut, reprenant les calculs de l'astronome anglais, trouva que Saturne devait retarder le retour de la c. de 100 jours et Jupiter de 518, faisant en tout un retard de 618 jours, et annonça qu'on verrait la c. vers le milieu d'avril 1759. Il prévint, toutefois, qu'il pourrait y avoir une erreur de 30 jours, en plus ou en moins. Sa prédiction se réalisa, car la c. passa au périhélie le 12 mars de cette année. — La c. de Halley a paru pour la dernière fois en 1835. En dirigeant leur télescope vers le point de la sphère céleste où les calculs de Damoiseau, Rosenberg et Pontécoulant plaçaient la c., le 5 août 1835, Dumouchel et Vico l'aperçurent de l'observatoire de Rome. Elle continua d'être observée par J. Herschel, au Cap de Bonne-Espérance, jusqu'à la fin de mars 1836, où sa distance à la Terre, augmentant de plus en plus, la rendit invisible.

En remontant à des époques antérieures à 1531, on trouve que la c. de Halley se montra en Europe en 1456. A cette époque, elle passa près de la Terre, et se montra avec une queue qui occupait près de 60° du ciel et avait la forme d'un grand sabre. Cette apparition, arrivant au moment où Mahomet II venait de s'emparer de Constantinople, produisit une consternation universelle dans les pays chrétiens. « Les mathématiciens pronostiquèrent une peste terrible, des récoltes insuffisantes, des combats meurtriers, etc. ; on sut que le pape Calixte III ordonna, l'année suivante, à tous les fidèles d'implorer chaque jour au son de la cloche, à midi, le secours du ciel contre les Turcs, dont les armes menaçaient l'Occident. » La c. de Halley est encore, à ce qu'on suppose, la même que celles de l'an 134 et de l'an 52 av. J.-C., et que celles de 400, 855, 930, 1066, 1234, 1305 et 1380 ; mais cette identité n'est pas prouvée. Les astronomes anglais, qui partagent cette opinion, la nomment *C. de la conquête*, parce que l'apparition de 1066 eut lieu à l'époque même où Guillaume le Conquérant, duc de Normandie, s'empara de l'Angleterre.

2° *C. d'Encke*. — Cette c. qu'on appelle aussi quelquefois *C. à courte période* ou *C. de 1200 jours*, fut découverte à Marseille, le 26 nov. 1818, par Pons, concierge de l'observatoire de cette ville. Ses éléments paraboliques furent calculés par Bouvard, qui les présenta au Bureau des longitudes le 13 janv. de l'année suivante, et il fut reconnu qu'elle était la même que celle de 1805. Enfin, Encke, de Berlin, démontra

qu'elle exécutait sa révolution en 1211 jours ou 3 ans 1/2 environ, et il annonça qu'elle serait visible dans l'hémisphère austral au mois de juin 1822, prédiction qui se réalisa complètement. La première apparition connue est celle de 1786, dans laquelle elle fut découverte par Méchain. Elle a été observée à toutes ses apparitions. Son orbite est entièrement comprise dans celle de Jupiter ; à périhélie, elle est plus près du Soleil que Mercure. — En comparant les intervalles entre les passages successifs de cette c. au périhélie, après avoir tenu rigoureusement compte de toutes les perturbations dues à l'action des planètes, il s'est révélé ce fait singulier, que ses périodes vont sans cesse en diminuant ; d'où il suit, d'après la troisième loi de Képler, que la moyenne distance de l'astre au Soleil va toujours en décroissant : la c. se rapproche du Soleil. C'est exactement l'effet que produirait la résistance d'un milieu résistant qui, en diminuant la vitesse de l'astre, diminuerait aussi la force centrifuge, et donnerait au Soleil plus de prise pour l'attirer à lui. Telle est, pour expliquer ce phénomène, la solution proposée par Encke. On a élevé contre cette hypothèse l'objection que les autres comètes périodiques ne manifestent aucune accélération analogue. Il faudrait en conclure que le milieu résistant n'existe que dans le voisinage du Soleil, la c. d'Encke étant, des 15 comètes périodiques, celle qui se rapproche le plus de cet astre. M. Faye explique l'accélération de la c. d'Encke par une force répulsive émanée du Soleil, qui serait aussi la cause de la production des queues de c. Suivant l'éminent astronome, tout corps incandescent exercerait une répulsion sur les corps environnants, et l'effet de cette répulsion, insensible sur le mouvement des autres comètes périodiques, deviendrait assez considérable sur la c. d'Encke, à cause de la proximité du Soleil. Quoi qu'il en soit, il paraît certain que cette c. finira par tomber sur le Soleil, à moins qu'elle ne se soit entièrement disséminée auparavant, car on a constaté qu'à chaque apparition elle perd de son éclat.

3° *C. de Biéla*. — Cet astre a été découvert le 27 fév. 1826 par l'ingénieur autrichien dont elle porte le nom, à Josephstadt, près de Prague, en Bohême. Gambart, qui l'aperçut le 9 mars suivant à Marseille, détermina ses éléments paraboliques, reconnut qu'elle avait déjà été observée en 1805, 1795, 1789 et 1772, et lui attribua une révolution de 2410 jours ou d'environ 6 ans 3/4. Cette c. était petite, dépourvue de noyau, et ne présentait aucune apparence de noyau solide. La matière lumineuse était seulement un peu plus épaisse vers le centre, mais pas assez néanmoins pour empêcher de voir les étoiles au travers. Par une coïncidence singulière, son orbite coupe à peu près celle de la Terre, en un point que la Terre traverse le 27 novembre de chaque année. Cette c. reparut en 1831 ; à son retour de 1839, elle se présenta en été dans de trop mauvaises conditions pour être observée. On la revit en 1845, le 28 novembre, à la place que lui assignait le calcul ; mais quel ne fut pas l'étonnement des astronomes quand on vit la c. se *dédoubler* le 13 janvier 1846. Les deux comètes, munies chacune d'une queue, suivirent leur route parallèlement en s'écartant quelque peu l'une de l'autre. A leur retour, en 1852, elles étaient distantes de 500,000 lieues, et depuis cette époque la c. n'a pas reparu; on l'a cherchée en vain en 1859, 1866, 1872 et 1877; mais un phénomène d'un autre genre est venu la remplacer. Il existe un essaim d'étoiles filantes que la Terre traverse périodiquement vers la fin de novembre. Or, le 29 nov. 1872 et le 27 nov. 1877, la pluie d'étoiles filantes fut particulièrement abondante. La direction de ces météores et leur position en cet endroit de l'orbite terrestre ont permis aux astronomes de démontrer, d'une manière certaine, qu'ils ne sont autre chose que les débris de la c. de Biéla, qui continuent leur route en s'éparpillant le long de l'orbite. Il y a plus encore: M. Klinkerfues, frappé de l'abondance des météores de 1872, pensa qu'il devait y avoir dans le voisinage un fragment cométaire, et sur ses indications M. Pogson découvrit en effet à Madras, le 2 décembre 1872, une c. assez belle accompagnée d'une queue de 8°; seulement, il est impossible d'identifier cette c. avec l'une des deux comètes de Biéla. Enfin, en fouillant les chroniques du passé, M. Klinkerfues a retrouvé des indications sur l'apparition simultanée d'un nombre notable de comètes et de météores manifestant la même périodicité. Il paraît à peu près certain que la c. de Biéla, celle de M. Klinkerfues, d'autres encore, et les météores du 27 nov. qu'on observe depuis des siècles ont une origine commune: ils sont vraisemblablement les débris d'une grande c. désagrégée et dont la dissémination finale s'est accomplie sous nos yeux. Pendant quelques révolutions, les météores du 27 novembre paraîtront plus nombreux tous les 6 ou 7 ans, parce que les débris de la c. de Biéla formeront encore une masse plus ou moins compacte; mais, peu à peu, ces fragments se dissémineront tout le long de l'orbite, et la pluie d'étoiles filantes du 27 novembre reprendra toute sa régularité.

Le partage d'une c. en deux ou plusieurs parties, quoique rare, n'est pas unique dans l'histoire. L'historien grec Éphore rapporte un fait de ce genre en 374 av. J.-C.; Képler, un autre en 1618. Dans plusieurs comètes, notamment celle de 1652, celle de Brorsen en 1868, celle de 1860 et la superbe c. de 1882, le noyau se partagea en plusieurs centres de condensation nettement distincts. Schmidt, directeur de l'observatoire d'Athènes, a même observé qu'une petite c. s'était détachée de la grande c. de 1882.

4° *C. de Faye*, découverte le 22 nov. 1843, à l'observatoire de Paris, par M. Faye. — On n'a pas retrouvé d'observations se rattachant à des apparitions antérieures. Elle a été régulièrement revue aux passages suivants qui se succèdent tous les 7 ans 1/2.

5° *C. de Brorsen*. — Cet astre a été découvert le 26 fév. 1846 par l'astronome de ce nom, 4 ans après avoir subi de la part de Jupiter une forte perturbation qui lui donna l'orbite actuelle. Nous avons déjà dit que cette c. était remarquable par ce fait qu'elle s'approche très près de Jupiter tous les 95 ans.

6° *C. Pons-Brooks*, découverte par Pons, à Marseille, le 20 juillet 1812. — Encke reconnut l'ellipticité de son orbite et lui assigna une période de 70 ans. Elle fut retrouvée par M. Brooks, à Phelps (États-Unis), le 1ᵉʳ septembre 1883. Dans cette apparition elle se montra très remarquable par ses rapides variations d'aspect. M. Kirkwood a calculé, en s'appuyant, il est vrai, sur des bases hypothétiques, que cette c. avait dû être capturée par Neptune en 696 av. J.-C, en même temps que la c. 1846, IV, dont les éléments offrent de grandes ressemblances avec les siens.

7° *C. Winnecke*, découverte en 1858 par Winnecke; elle fut revue en 1869 et en 1875 — Oppolzer, qui a fait la théorie de son mouvement, trouva que, comme la c. d'Encke, elle subit une action qui accélère son mouvement.

8° *C. d'Olbers*, découverte par Olbers en 1815. — Bessel calcula son orbite, qui est d'environ 73 ans. M. Brooks la retrouva le 24 août 1887.

Parmi les comètes dont on a pu déterminer les éléments elliptiques, il en est beaucoup dont la période est trop longue pour qu'on ait pu déjà observer leur retour. Nous citerons en particulier la belle c. de 1843, dont la période est de 533 ans, et la magnifique c. de 1882, qui se meut autour du Soleil en 772 ans. La *C.* de 1680 a été étudiée par Newton, qui lui a attribué une période de 575 ans. Ce serait, selon lui, la même qui aurait été vue en 1106, 531 de notre ère, et 43 et 619 av. J.-C. Nous nommerons encore la *C.* de 1556, que l'on appelle quelquefois *C. de Charles-Quint*, parce que son apparition n'aurait pas été, dit-on, sans influence sur l'abdication de ce prince.

IV. CONSTITUTION DES COMÈTES. — *Noyau.* — Parmi les comètes, il y en a qui ont des noyaux et d'autres qui en sont

dépourvues. Les petites comètes, qui ne sont guère visibles qu'à l'aide du télescope, et ce sont de beaucoup les plus nombreuses, ne paraissent que comme des masses rondes ou un peu ovales, plus denses vers le centre, où cependant on n'aperçoit aucun noyau distinct, ni rien qu'on puisse être fondé à regarder comme un corps solide. Quant aux grandes comètes, il n'y a que fort peu de probabilité pour que le noyau soit solide; on doit plutôt le considérer comme une masse gazeuse plus condensée que le reste. « Toutes les fois, dit sir J. Herschel, que de puissants télescopes ont été dirigés sur ces astres, ils n'ont pas manqué de dissiper l'illusion qui attribue de la solidité à la partie la plus condensée de la tête. » Ce qui confirme cette manière de voir, c'est que le noyau d'aucune c. n'a présenté de phase.

Les noyaux sont ordinairement très petits; quelquefois ils sont remarquables par leurs dimensions et par leur éclat. Arago cite le noyau de la c. de 1798, qui avait 11 lieues de diamètre; celui de la c. de 1799, qui en avait 154; celui de la c. de 1807, qui en avait 222; celui de la seconde c. de 1811, qui en avait 1,089, celui de la grande c. de 1843, 2,000 lieues, et enfin celui de la troisième c. de 1845, 3,200 lieues. Relativement à l'éclat, nous mentionnerons les grandes comètes de 1843 et de 1882, qui ont été aperçues par beaucoup de personnes à l'œil nu en plein midi, à une très petite distance du Soleil, ainsi que les comètes de 1744, de 1532, de 1402, et celle qui parut un peu avant l'assassinat de Jules César, et qu'après l'événement on supposa avoir pronostiqué sa mort. Le noyau de ces astres magnifiques présente vraisemblablement une condensation importante. Roche a évalué la densité du noyau de la c. de Donati (1858) au huitième de la densité de l'eau. La plupart des comètes les noyaux sont formés de matières gazeuses, diaphanes, à travers lesquelles se voient les étoiles de 5°, de 6°, du 7° et même de 11° grandeur. Suivant sir John Herschel, les nuages les plus légers qui flottent dans les plus hautes régions de notre atmosphère, doivent être regardés comme des corps denses et massifs en comparaison de ces matières, et le brouillard le plus faible qui s'élève parfois à la surface de la terre présente au passage de la lumière une barrière bien supérieure à celle qui peut résulter de la condensation d'un noyau de c.

Tête des comètes. — La nébulosité qui accompagne ordinairement le noyau, ou qui constitue à elle seule la tête entière des comètes sans noyau, est si rare et si transparente que, malgré son énorme épaisseur, elle laisse passer les lumières les plus faibles, on a vu à travers sa masse les étoiles de 10° et de 11° grandeur, et même au-dessous, sont vues sans nulle déperdition de leur éclat. On doit donc la considérer comme un brouillard excessivement léger, sujet à subir, sous la moindre influence, les changements de forme considérables qu'éprouvent les comètes dans des intervalles de temps parfois très rapprochés. Les modifications singulières subies par la c. de Halley en 1835, en sont un exemple remarquable. Nous allons rapporter la description qu'en fait sir J. Herschel.

« Lorsqu'on l'aperçut pour la première fois à une distance encore très considérable du Soleil, son aspect était celui d'une petite nébulosité ronde ou légèrement ovale, tout à fait dépourvue de queue, et avec un petit point de lumière plus concentré situé dans la nébulosité, mais excentriquement. Ce fut seulement le 2 octobre que la queue commença à se développer, et dès ce moment elle s'accrut avec assez de rapidité, car le 5 elle était déjà longue de 4° ou 5°. Elle atteignit sa plus grande longueur apparente (environ 20°) le 15 octobre. A partir de ce jour, comme la c. ne fut pas encore arrivée à son périhélie, sa queue diminua avec une telle rapidité, qu'elle était déjà réduite à 3° le 29 oct., et à 2° 1/2 le 5 nov. Il y a tout lieu de croire qu'avant le périhélie elle avait complètement perdu sa queue. En effet, quoique, à Poulkova, la c. ait été encore vue le jour même de son passage au périhélie, Struve ne fait pas mention de la queue. — Mais les phénomènes les plus extraordinaires qu'ait présentés cette c., dans cette partie de sa carrière, sont ceux qui se manifestèrent au moment où sa queue commença de paraître et qui se lièrent à la formation de cet appendice singulier. Le jour même où l'on aperçut le premier rudiment de queue, le 2 octobre, ainsi que nous l'avons dit, le noyau, qui jusqu'alors avait été petit et peu brillant, acquit subitement un éclat beaucoup plus considérable, et sur la partie antérieure, c.-à-d. de celle qui était tournée *du côté* du Soleil, un jet ou un torrent de lumière. Cette émission, après s'être arrêtée quelques jours, recommença le 8 avec une intensité apparente beaucoup plus grande, puis continua, sauf quelques intermittences de temps à autre, tant que la queue elle-même demeura visible. La forme de cette éruption lumineuse et la direction dans laquelle elle s'échappait du noyau, subirent au reste, pendant ce temps, des modifications singulières et capricieuses dont les différentes phases se succédaient les unes aux autres avec une telle rapidité que jamais la c. n'offrit le même aspect deux nuits de suite. (La Fig. 7, n°s 1, 2, 3 et 4, représente, à un fort grossissement, l'aspect du noyau avec ses jets de lumière, le 8, le 9, le 10 et le 12 octobre. L'échelle de cette Fig. n'a pas permis de repro-

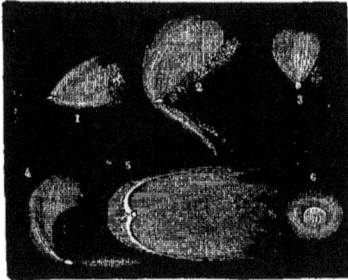

Fig. 7.

duire la tête elle-même; mais dans les quatre dessins la partie antérieure de cette tête est supposée dirigée vers le haut de la gravure. Le n° 5 représente la tête et le noyau tels qu'on les voyait le 9 octobre.) La direction du jet principal oscillait des deux côtés d'une ligne qui aurait joint le Soleil au noyau, à la manière d'une aiguille aimantée qui oscille autour d'une position moyenne : son changement de direction était apparent même d'heure en heure. Ces jets, quoique très brillants à l'endroit même où ils sortaient du noyau, s'évanouissaient rapidement et devenaient diffus à mesure qu'ils s'avançaient dans la chevelure. En même temps, ils se courbaient en arrière, comme le fait un jet de vapeur ou de fumée, lorsque, après s'être échappé d'un orifice étroit, il est repoussé plus ou moins obliquement par un vent puissant. — Après le passage au périhélie, on perdit de vue la c. pendant plus de deux mois, et, lorsqu'on la revit (le 24 janv. 1836), elle présenta un aspect totalement différent, comme si elle avait éprouvé dans l'intervalle quelque grand changement physique. Ainsi elle n'offrait plus aucun vestige de queue, mais apparaissait à l'œil nu comme une étoile brumeuse de 4° ou de 5° grandeur, et, dans les télescopes puissants, comme un petit disque rond, bien limité, d'un peu plus de 2″ de diamètre, et entouré d'une nébulosité ou chevelure d'une étendue beaucoup plus grande. A l'intérieur du disque, quoique dans une situation un peu excentrique, on voyait un noyau petit, mais brillant, d'où un rayon lumineux vif, mais court, s'étendait vers le bord postérieur du disque, c.-à-d. vers le bord le plus éloigné du Soleil (Fig. 7, n° 6). A mesure que la c. s'éloigna du Soleil, la chevelure disparut bientôt, comme si elle était absorbée dans le disque, lequel, d'autre part, ne cessa d'acquérir des dimensions plus considérables, et cela avec une telle rapidité, qu'en une semaine (du 25 janv. au 1er fév.) le volume actuel de l'espace illuminé s'était dilaté dans le rapport de plus de 1 à 40. La c. continua ainsi de croître en dimensions avec la même rapidité jusqu'au moment où elle cessa d'être visible, par suite de cet accroissement lui-même, sa lumière s'affaiblissant à mesure que sa grandeur augmentait. Pendant que se produisait cette augmentation dans les dimensions de la c., la forme du disque, par suite de l'accroissement graduel de sa longueur dans la direction opposée au Soleil, passa à celle d'une paraboloïde (Fig. 8) dont la portion antérieure présentait seule une limite nette semblable à celle qu'offre le bord des planètes, tandis que la base était diffuse et mal définie. Enfin, tandis que l'enveloppe parabolique allait sans cesse se dilatant et perdant de sa netteté, le noyau lui-même éprouva peu de changements. Quant au rayon lumineux qui partait de ce noyau, il augmenta en grandeur et même comparativement en éclat, conserva constamment sa direction dans l'axe du paraboloïde, et n'offrit aucun de ces phénomènes irréguliers et fantastiques qui caractérisaient les jets de

lumière émis par la partie antérieure du noyau avant le périhélie. Si l'office de ces jets était d'alimenter la queue, il semblerait que ce rayon ait eu l'office inverse de ramener successivement au noyau la matière de la queue quand celle-ci se condensait de nouveau. A la fin, ce rayon lui-même s'évanouit à son tour, et, au dernier moment, la c. présenta

Fig. 8.

exactement le même aspect qu'on lui avait vu à sa première apparition en août 1835, c.-à-d. celui d'une petite nébulosité arrondie avec un point brillant près de son centre. »

La c. de 1843 nous offre encore un exemple de ces changements : ce dernier est surtout remarquable par sa rapidité. Cet astre apparut tout à coup en plein jour, le 28 février,

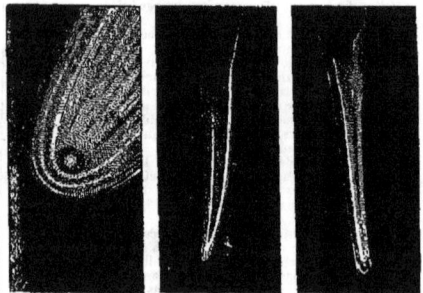

Fig. 9.

dans une région du ciel où on n'avait rien vu la veille. Cependant il était orné d'une queue immense qui sous-tendait

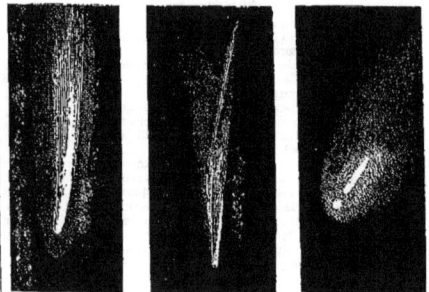

Fig. 10.

un arc de plusieurs degrés. Il est peu probable que la c. aurait pu surprendre ainsi à l'improviste les astronomes du monde entier si, les jours précédents, elle avait présenté les mêmes circonstances de grandeur et d'éclat. Le 28 mars, le rayon de sa tête (de ce qu'on appelle la nébulosité) était de 19,000 lieues, et sa queue avait 60 millions de lieues de longueur, avec une largeur de 1,320,000.

La c. de 1882, découverte le 1er septembre, au matin, et observée jusqu'au mois d'avril suivant, a subi des modifications d'aspect non moins remarquables dont les Fig. 9 et 10 peuvent donner une idée (Fig. 9 : A, la tête à la fin de sept., d'après M. Bulard, à Alger ; B, dessin de M. Ricco, à Palerme, le 11 oct. ; C, de M. Gonessiat, à Lyon, le 12 oct. ; Fig. 10 : A, de M. Thollon, à Nice, le 16 oct. ; B, de M. Herschel, à Collingwod, le 23 oct. ; C, la tête observée à Washington, le 21 nov.).

Un autre point paraît hors de doute : c'est que la chevelure augmente de grandeur réelle à mesure que la c. s'éloigne du Soleil. Cette découverte est due à Hévélius. Elle a d'abord rencontré une très vive opposition, car on ne pouvait comprendre qu'une masse gazeuse pût se dilater à mesure qu'elle se transportait dans des régions plus froides, où, au contraire, elle eût dû se condenser. La c. de Encke a prouvé l'exactitude de cette observation. Le 28 octobre 1828, elle était trois fois plus loin que le 24 déc., et cependant, à la première de ces deux époques, le diamètre de sa nébulosité était 25 fois plus grand qu'à la seconde. « Il est très possible, dit J. Herschel, que ce changement ne provienne d'aucune expansion ou condensation réelle de volume, mais qu'il indique plutôt le passage alternatif des matières évaporées des régions supérieures d'une atmosphère transparente, tantôt à l'état de nuage visible, tantôt à l'état de gaz invisible, par les seuls effets du froid et de la chaleur ».

Dans les comètes à noyau, les parties de la chevelure qui avoisinent ce point central sont rares, diaphanes et peu lumineuses ; mais, à une certaine distance, la matière nébuleuse s'éclaire subitement et forme autour de l'astre comme une espèce d'anneau lumineux. Toutefois, ce qui paraît un anneau circulaire en projection doit être en réalité une enveloppe sphérique. Ces anneaux sont quelquefois au nombre de deux et même de trois. L'anneau de la c. de 1811 avait 10,000 lieues d'épaisseur, et l'intervalle qui le séparait du noyau était de 12,000 lieues. Les comètes de 1799 et de 1807 montraient également des anneaux de 8,000 et de 12,000 lieues d'épaisseur. La c. de 1882 a présenté très nettement au début des anneaux de cette nature (Fig. 9, A). Lorsque la c. est pourvue d'une queue, les anneaux ne représentent que des demi-cercles dont la convexité fait face au soleil, et les extrémités desquels partent les rayons les plus divergents de la queue.

Queue. — La *queue* n'est point un attribut essentiel des comètes. Ainsi les comètes télescopiques n'offrent aucune apparence de cet appendice. Parmi les plus brillantes même, il y en a qui en sont aussi totalement dépourvues, et d'autres qui n'ont que des queues très courtes et très faibles. Les comètes de 1585 et de 1763, par ex., n'offrirent aucun vestige

Fig. 11.

de queue, et Cassini dit que celle de 1682 était aussi ronde, aussi nette et aussi claire que Jupiter. D'autre part, nous avons beaucoup d'exemples de comètes pourvues de queues ayant une longueur prodigieuse. Ainsi la c. de 1680, avec une tête qui ne surpassait pas en éclat une étoile de 2e grandeur, couvrit de sa queue une étendue céleste de 90°, et celle de 1769 un espace de 97°. Enfin, la fameuse c. de 1811 sous-

tendait un arc de 23°. On a évalué les longueurs respectives de ces queues à 41 millions, 16 millions et 36 millions de lieues. Nous avons cité tout à l'heure les 60 millions de lieues de la c. de 1843. La queue de la c. de 1882 s'est étendue jusqu'à 30°, ce qui lui assure, d'après la position relative de l'astre et de la Terre, une longueur minimum de 30 millions de lieues. M. Schiaparelli affirme que c'est la plus longue queue qui ait jamais été observée ; si elle a paru inférieure à certaines autres, c'est qu'on la voyait très obliquement, en raccourci. Parfois même les queues des comètes sont multiples. La petite c. de 1823 en avait deux faisant entre elles un angle d'environ 180°, dont la plus brillante était, comme à l'ordinaire, opposée au Soleil, et dont l'autre, plus faible, était presque dirigée vers cet astre. Mais la c. la plus remarquable sous ce rapport est celle de 1744 (Fig. 11), qui n'avait pas moins de 6 queues, étalées comme un immense éventail, s'étendant à une distance de près de 30° en longueur.

— Au reste, une c. paraît n'avoir jamais de queue lorsqu'elle est loin du Soleil ; mais dès qu'elle en est à environ 50 millions de kilomètres, cet appendice commence à se montrer, croît de mélange tant qu'elle se rapproche de cet astre, et acquiert en général son plus grand développement peu après le périhélie. Ensuite, à mesure que la c. s'éloigne du Soleil, la queue diminue graduellement et cesse d'être perceptible.

La queue d'une c. est toujours *opposée* au Soleil, c.-à-d. qu'elle se trouve sur le prolongement de la ligne qui joint le Soleil et le centre de la nébulosité. Le plus souvent elle se recourbe en arrière du mouvement, suivant une ligne plus ou moins infléchie ; mais toujours l'origine de cette ligne en partant du noyau est dirigée à l'opposé du Soleil ; quand il y a plusieurs queues, elles se raccordent au noyau en devenant toutes tangentes entre elles suivant cette direction. Il y a cependant des queues rectilignes comme celles de 1680 et de 1843 ; mais cette apparence rectiligne est, comme nous le verrons plus loin, due à un effet de perspective.

On a encore remarqué que la partie centrale de la queue est presque toujours occupée par une bande obscure, de sorte que ses bords paraissent bien plus brillants que le centre.

On admet généralement que la structure d'une c., vue en section dans le sens de sa longueur, doit être celle d'une enveloppe creuse, de forme parabolique, renfermant près de son sommet le noyau et la tête, à peu près comme la représente la Fig. 12. Cette forme expliquerait la division apparente de la queue en deux branches latérales principales, l'enveloppe pré-

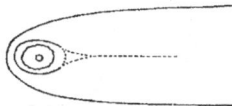

Fig. 12.

sentant ses bords obliquement à la ligne visuelle et offrant ainsi au regard une plus grande épaisseur de matière illuminée.

Toutes les observations prouvent que le Soleil exerce sur ces astres errants une action considérable, surtout quant à la formation de leur queue, bien que nous ne puissions pas nous rendre compte de tous les détails du phénomène. D'ailleurs, comment une c., quelles que soient sa nature et sa constitution physique, ne serait-elle pas prodigieusement modifiée par cette puissante source de chaleur, à mesure qu'elle s'en approche ? Nous avons déjà vu que la distance de la c. d'Encke au Soleil à son périhélie est seulement le tiers du rayon de l'orbite terrestre. Mais d'autres comètes s'en rapprochent bien davantage. Ainsi la c. de 1680, à son périhélie, était 166 fois plus proche du Soleil que notre globe. La chaleur qu'elle en reçut dut être, selon le calcul de Newton, 28,000 fois plus grande que celle que nous recevons nous-mêmes du Soleil. La c. de 1843 s'est encore plus rapprochée du Soleil que la précédente, car la plus courte distance de son noyau à la surface de cet astre a été seulement de 128,000 kilomètres. J. Herschel évalue la chaleur qu'elle dut recevoir du Soleil à celle que verserait sur la Terre une collection de 47,000 soleils. Mais il fait observer que la c. ne resta que fort peu de temps exposée à cette prodigieuse source de chaleur, car sa vitesse au périhélie était de 60,000 kilomètres par seconde. La c. de 1882 a présenté une circonstance analogue : elle s'est approchée de la surface du Soleil à moins de 400,000 kilomètres. Il est remarquable que dans les cas de ce genre, les orbites calculées à l'aide des observations faites avant ou après le passage au périhélie, donnent à très peu près les mêmes résultats, ce qui prouve que même à cette faible distance du Soleil il n'existe pas de matières capables de produire des perturbations de quelque importance.

Masse des c. — La masse des c. est assurément très faible : car jamais ces astres n'ont produit la moindre perturbation sur les planètes près desquelles ils ont passé. De nombreuses comètes ont passé à diverses époques dans le voisinage immédiat de Jupiter ; la c. de Lexell s'en est approchée deux fois au siècle dernier, à quelques années d'intervalle, au point de pénétrer presque dans le système des satellites, et cependant jamais le mouvement de ces petits corps n'a été dérangé en quoi que ce soit par ces visites cométaires. D'un autre côté, on a constaté à diverses reprises que les chevelures et les queues des comètes sont presque absolument transparentes : on a vu souvent au travers des étoiles très faibles, des étoiles de 11e grandeur. En 1828, une étoile de 20e grandeur a été vue au travers d'une tête de c. : l'épaisseur de nébulosité traversée était d'au moins 500,000 kilomètres. Ce fait suffit à faire juger de la ténuité extrême du nuage cométaire. En s'appuyant sur cette prodigieuse transparence, Babinet a calculé que la densité de cette partie de la tête devait être inférieure à celle de l'atmosphère divisée par le nombre énorme de 45 *millions de milliards*. A ce taux, la masse totale de la c. d'Encke ne serait que de 30 tonnes. Cependant, il convient de remarquer que ce calcul ne saurait s'appliquer au noyau, qui est beaucoup plus brillant. Nous connaissons pourtant trois observations d'occultation d'une étoile de 9e grandeur par le noyau d'une c. : M. Barnard, le 21 oct. 1881 ; M. Vimont, le 15 mai 1882, et M. Denning, le 24 juillet 1890. Dans les trois cas, l'étoile est restée visible : dans la première observation, elle n'a paru subir aucune diminution d'éclat ; dans la troisième, elle s'est montrée un peu affaiblie. (Voy. *l'Astronomie*, revue mensuelle.)

D'autres considérations basées sur les transformations des atmosphères cométaires ont conduit Roche à attribuer aux c. de Donati et d'Encke des masses respectivement égales à 1/20000 et 1/1000 de celle de la Terre. La densité se déduit ensuite des dimensions du noyau qu'il est à la vérité bien difficile de déterminer, soit en négligeant complètement la masse de la queue, soit en lui attribuant les densités prodigieusement faibles trouvées par Babinet, et en évaluant un peu arbitrairement la densité de la chevelure. C'est ainsi que Roche a trouvé pour le noyau de la c. de Donati la densité égale à 1/8 de celle de l'eau, résultat que nous avons déjà cité. Quoi qu'il en soit, relativement à ces calculs nécessairement très hypothétiques, il n'en est pas moins certain que les comètes sont des astres renfermant une très petite quantité de matière disséminée sur un espace énorme, de manière à former une sorte de brouillard d'une ténuité telle qu'il nous est impossible de nous en faire une idée.

Lumière et composition chimique. — On croyait autrefois que les comètes étaient des corps sans éclat propre et ne brillant, comme les planètes, que par la lumière qu'ils reçoivent du Soleil et réfléchissent vers cette lumière. L'analyse spectrale n'a pas entièrement confirmé cette opinion. En 1819, Arago avait constaté que la lumière des comètes était partiellement polarisée, d'où il avait conclu qu'une partie de cette lumière était réfléchie et venait du Soleil ; mais il était impossible d'étendre cette conclusion à la totalité de la lumière émise par l'astre.

L'analyse spectrale a parfaitement démontré l'existence de la lumière propre des comètes. On sait que le spectre solaire est continu. Il doit en être de même du spectre de tout corps éclairé par le Soleil. Or le spectre des comètes se montre composé de deux spectres superposés : 1° le spectre solaire continu, mais très faible, et où il est très difficile de retrouver les lignes noires du spectre solaire direct ; 2° un spectre beaucoup plus brillant, composé de bandes brillantes : celui-là ne peut provenir que de la lumière propre de la c., et son étude nous fournira des renseignements sur la composition chimique. Nous devons signaler aussi l'observation remarquable du passage de la c. de 1819 devant le Soleil. Chose remarquable, au lieu d'apparaître comme une tache obscure, la c. s'est montrée sous la forme d'un petit nuage *plus brillant que la surface solaire*, apparence qui semble prouver suffisamment l'existence d'une lumière propre. En tout cas, les renseignements fournis par le spectroscope

sont sans réplique. Les spectres des comètes sont tous semblables : ils se composent principalement, outre le spectre continu qui fait souvent défaut, de trois bandes lumineuses situées dans l'orangé, le vert et le bleu, et qu'on retrouve dans le spectre de tous les hydrocarbures : ces bandes caractérisent le *carbone* (Fig. 13). Dans la c. de 1882 et dans quelques autres comètes postérieures, on a trouvé les raies jaunes brillantes de sodium, nettement dédoublées ; mais en

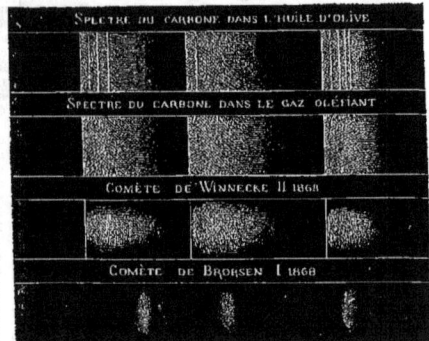

Fig. 13.

1882, ces bandes ont disparu peu après le passage de la c. au périhélie, sans doute parce que les vapeurs de sodium se sont condensées. Ainsi toutes les comètes renferment une forte proportion de carbone ; quelques-unes contiennent du sodium et sans doute d'autres métaux, quelque ceux-ci ne se révèlent pas au spectroscope. Il est remarquable que le spectre des comètes ressemble beaucoup à celui d'un grand nombre de nébuleuses dans lesquelles on retrouve également les bandes du carbone.

Théorie de la figure des comètes. — La formation des immenses appendices qui accompagnent les comètes, a de tout temps exercé la sagacité des philosophes et des astronomes. Aujourd'hui, la plupart des astronomes expliquent leur formation par une émission continuelle de matières qui s'échappent du noyau, sous l'influence d'une force répulsive émanée du Soleil, à peu près comme la cheminée d'un bateau à vapeur émet au-dessus d'elle un immense panache de fumée. Cette théorie a été développée par Képler, Newton, Olbers, Bessel, Roche, Brédichin, etc.; elle a été magistralement exposée par M. Faye, dans la Notice de l'*Annuaire du Bureau des longitudes* pour 1883.

Elle est du reste assez facile à comprendre.

On sait que les marées que produit l'attraction solaire sur un globe privé de satellites ont pour effet d'allonger le diamètre de ce globe qui regarde le Soleil, et de diminuer le poids des matériaux qui composent les protubérances ainsi formées alors. Cet allongement est limité par l'attraction du globe sur les parties qui le composent ; si le globe a très peu de masse, son attraction sera très faible et l'allongement pourra devenir énorme ; le poids des protubérances pourra s'annuler tout à fait : alors les extrémités de ces protubérances cesseront de faire partie du globe, tout en continuant à suivre son mouvement en vertu de la vitesse acquise, le long d'orbites voisines et à peu près parallèles. Le globe allongé fusera par ses deux pointes et les matériaux ainsi rejetés se dissémineront peu à peu le long de l'orbite. Si l'on applique ces considérations à une c., on devrait lui voir deux queues dirigées le long de son orbite, l'une en avant, l'autre en arrière du mouvement. Au contraire, la queue ou les queues, s'il y en a plusieurs, sont dirigées juste à l'opposé du Soleil, c'est-à-dire en dehors du Soleil. Il faut donc que les matériaux rejetés soient éloignés par une force répulsive émanée du Soleil. Alors voici comment les choses se passent. Chaque bouffée émise par le noyau est projetée en dehors de l'orbite, et elle continue son mouvement suivant la loi des aires, tout en se diffusant dans l'espace, de telle sorte que quand la c. arrive en E (Fig. 14), les bouffées émises successivement en A, B, C, D, sont arrivées respectivement en *a*, *b*, *c*, *d* ; c'est leur ensemble qui constitue la queue. Mais il faut que les aires des secteurs A*S*a et A*S*E soient égales puisqu'elles sont parcourues dans le même temps ; la queue n'est donc pas rectiligne : elle est *toujours recourbée en arrière du mouvement*, comme le montre l'observation. A mesure que la c. avance, la queue se dissipe par son extrémité, tandis qu'elle se reforme sans cesse dans le voisinage du noyau : la queue n'est pas un appendice que la c. traîne avec elle : c'est une fumée qui se forme à chaque instant comme celle d'un bateau à vapeur, et cette remarque répond, suivant M. Faye, à l'objection qu'on a basée sur la rapidité du mouvement de rotation qu'il faudrait imprimer à la queue pour

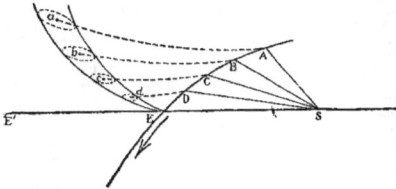

Fig. 14.

lui faire suivre la c. quand celle-ci vient tourner autour du Soleil dans son passage au périhélie. Quant à la nature de la force répulsive, on a fait pour l'expliquer diverses hypothèses. Newton la trouvait dans un milieu gazeux plus dense que la matière de la queue et sans lequel celle-ci s'élèverait à la manière d'un aérostat. John Herschel y voit une action électrique, Bessel une action analogue au magnétisme. Pour M. Faye, elle est due à l'incandescence du Soleil et s'exerce proportionnellement aux surfaces et non aux masses des corpuscules qui reçoivent les rayons du Soleil. Il en résulte que les matériaux en subiront l'effet avec d'autant plus d'intensité qu'ils seront plus légers. D'un autre côté, il est bien clair que la queue sera d'autant moins courbe que la force répulsive sera plus considérable. Il en résulte que cette action répulsive triera les matériaux de la c., à peu près comme le vapeur sépare le grain de ses enveloppes. Ainsi s'explique la formation des queues multiples, chaque branche correspondant à des matériaux de densités différentes, et la moins courbe contenant les matériaux les plus légers. Cette théorie rend parfaitement compte de la plupart des phénomènes observés ; elle explique les aigrettes de la tête, l'élargissement de la queue, les enveloppes du noyau, etc. Elle ne souffre qu'une seule difficulté, c'est qu'elle proscrit absolument les *queues rectilignes*. On répond qu'une queue de c. n'est jamais rectiligne et que si elle paraît telle, c'est que l'observateur la voit de face au lieu de la voir de profil. Seulement, pour voir la queue de face, il faut être dans le plan de l'orbite, c'est-à-dire que la Terre doit être dans le voisinage du nœud : c'est précisément ce qui est arrivé pour les queues rectilignes de 1680 et de 1843. Pour la c. de 1882, la Terre avait dépassé le nœud de 15° au moment du passage au périhélie : on a vu la courbure de la queue s'accentuer à mesure qu'on s'éloignait du nœud. Ainsi la théorie sort victorieuse de cette épreuve. Ajoutons qu'elle a le double avantage de rendre parfaitement compte de la dissémination des comètes, fait incontestable, et que, par la force répulsive, elle explique aussi l'accélération de la c. d'Encke.

Cependant cette théorie n'est pas universellement admise. Plusieurs astronomes, frappés de l'immense longueur des queues cométaires et de la rapidité extraordinaire avec laquelle les matériaux devraient s'échapper du noyau pour produire les queues presque rectilignes qui ont été observées quelquefois, se refusent à admettre que ces appendices soient réellement matériels. Ils y voient une simple apparence plus ou moins analogue à la ligne lumineuse que projette un phare électrique dans l'atmosphère et qui est produite par l'illumination des particules que l'air tient en suspension. Cette opinion, qui assimile la c. à une sorte de lentille projetant derrière elle un faisceau de lumière solaire, est loin d'être nouvelle : elle remonte à Cardan ; seulement, la difficulté consiste à expliquer comment un faisceau lumineux peut éclairer un espace que toutes les observations font supposer vide de matière. M. Tyndall a proposé une *théorie actinique* d'après laquelle la lumière solaire décomposerait des gaz très subtils contenus

dans l'espace et y déterminerait des précipités de matière solide formant un *nuage actinique*. M. Schwedoff admet que le noyau de la c. agit en comprimant l'éther lumineux et devient le centre d'un ébranlement qui se propage suivant l'axe de la queue de la c. en donnant naissance à des ondes visibles. Il a fait la théorie mathématique de son hypothèse qui, d'après lui, reproduit exactement la figure de la c. de 1882. M. Flammarion admet lui aussi que la c. détermine à l'opposé du Soleil, par des phénomènes encore inexpliqués, mais dans lesquels l'électricité doit jouer le rôle principal, des radiations de l'éther qui rendent visible le chemin suivi par cette propagation de mouvement. Ce problème des longues queues cométaires, surtout lorsqu'il s'agit d'expliquer l'immense balaiement de l'espace qu'elles font en tournant autour du Soleil à leur passage au périhélie, présente, comme on le voit, plus d'une difficulté.

V. Origine et destinée des comètes. — La théorie de la capture des comètes dont nous avons déjà parlé à propos des comètes périodiques paraît s'imposer de plus en plus. On en a conclu que les comètes sont, dans l'origine, étrangères au système solaire. Ce seraient des corps voyageant dans les espaces intersidéraux, en ligne presque droite, à cause de la faiblesse de l'attraction des soleils éloignés. Lorsqu'une s. c. se rapproche du Soleil par l'effet combiné de son mouvement et du mouvement propre du Soleil, l'attraction de celui-ci devient sensible et la trajectoire devient hyperbolique. Si de plus, la c. passe près d'une planète, l'attraction de celle-ci pourra devenir assez forte pour changer l'orbite hyperbolique en orbite elliptique, et la c. devenue périodique fera désormais partie du système solaire. Il faut nécessairement admettre, comme corollaire, que les comètes invisibles circulant dans l'espace interstellaire sont en quantité innombrable pour que le Soleil en rencontre incessamment sur sa route ; mais cela n'est pas une difficulté. Une objection bien plus grave, c'est qu'on n'a jamais observé de c. dont l'orbite soit nettement hyperbolique, quoique d'après la théorie précédente celles-ci devraient former la majorité. Toutes les comètes connues ont une orbite elliptique ou parabolique ; quand par hasard on trouve une hyperbole, ce qui est très rare, cette hyperbole ressemble tellement à une parabole, qu'on peut attribuer la différence à l'incertitude des observations ; on en vient ainsi à penser qu'il n'y a pas plus de comètes paraboliques que de comètes hyperboliques, et que si l'on trouve tant de paraboles, c'est uniquement parce qu'en général les ellipses sont tellement allongées que le petit arc observable, voisin du périhélie, se confond avec un arc de parabole dans les limites de précision des observations. Cet argument a paru irrésistible à de nombreux astronomes qui affirment en conséquence que toutes les comètes font partie du système solaire.

Il nous semble qu'on peut aisément concilier cette opinion avec le fait incontestable de la capture. Le système solaire provient d'une masse nébuleuse dont les dimensions s'étendaient dans l'origine au delà de l'orbite de Neptune, peut-être des millions de fois plus loin, peut-être plus encore, et qui s'est condensée peu à peu en formant des anneaux dont la matière agglomérée plus tard a constitué les planètes, tandis que la nébuleuse elle-même est devenue le Soleil. Il est possible qu'à côté des grands courants circulaires qui ont donné naissance aux planètes, il se soit produit au sein de la nébuleuse primitive des courants de matière dirigés à peu près vers le centre : c'étaient des particules qui, pour une raison ou une autre, échappant au mouvement circulaire, tombaient vers le centre ; comme ils ne passaient pas exactement au centre, ils s'éloignaient de celui-ci après l'avoir contourné de très près et continuaient à circuler dans des orbites fermées qui restaient à peu près invariables, tandis que la nébuleuse se condensait. Un moment est venu où la dimension de la nébuleuse est devenue plus petite que celle de l'orbite : alors, les masses dont nous parlons ont cessé de faire partie de la masse générale. Plus tard, la condensation se poursuivant, ces petites masses ont acquis définitivement des orbites elliptiques avec leur foyer au centre de la nébuleuse ; seulement, ces orbites étaient extrêmement allongées et s'étendaient presque jusqu'aux confins de l'étendue occupée primitivement par la nébuleuse. Les masses parcourant ces orbites allongées sont devenues les comètes dites paraboliques. Dans la suite des temps, il est arrivé qu'un certain nombre d'entre elles ont été capturées par des planètes et sont devenues périodiques. Dans cette hypothèse, les comètes seraient le résidu de la matière de la nébuleuse solaire ayant échappé à la condensation centrale et à la condensation par anneaux. Nous devons cependant ajouter qu'on a cité, en faveur de l'hypothèse extra-solaire des comètes, le fait des aphélies des orbites sont un peu plus nombreuses dans la direction d'Arcturus et de la constellation d'Hercule, qui est précisément celle du mouvement propre du système solaire : les comètes seraient plus nombreuses dans cette direction parce que nous allons au-devant d'elles.

Quelle que soit la théorie qu'on adopte pour l'origine des comètes, il est un fait constant : c'est que beaucoup de comètes voyagent par groupes le long d'orbites peu différentes; telles sont : les comètes de 1843, 1880 et 1882 qui sont certainement différentes; celles de 1812 et 1846 qui, d'après Kirkwood, auraient été capturées par Neptune l'an 695 de notre ère. Tel est encore le groupe formé par la c. 1889, V (Brooks), et les quatre compagnons que lui a découverts M. Barnard. Ces groupes ou familles de comètes peuvent reconnaître deux causes : les comètes d'un même groupe peuvent provenir d'une même traînée de matériaux qui, dès l'origine, se seraient suivis sur la même orbite et qui se seraient condensés par la suite des temps en plusieurs centres distincts; elles peuvent aussi provenir de la division d'une c. unique sous l'action du Soleil, comme il est arrivé sous nos yeux à la c. de Biéla. C'est qu'en effet chaque passage d'une c. au périhélie est pour elle une cause puissante de destruction. Quand même on se refuserait à croire à la matérialité des queues et à la grande dissémination de matière qui résulte de leur production, il est impossible de ne pas admettre que la c. perd de sa substance par les gigantesques marées que détermine sur elle l'attraction du Soleil, ainsi que nous l'avons expliqué plus haut. Dès lors, la matière de la c. se dissémine peu à peu le long de l'orbite : les matériaux expulsés par la protubérance qui regarde le Soleil se meuvent plus vite dans une orbite un peu intérieure; ceux qui sont expulsés à l'opposé du Soleil se meuvent, au contraire, moins vite; de sorte qu'avec le temps, les débris de la c. se séparent les uns des autres et finissent par former tout le long de l'orbite un anneau plus ou moins régulier tendant à se répartir d'une manière plus uniforme. Ces anneaux de débris cosmiques sont évidemment invisibles à cause de la petitesse de leurs éléments; ils se révèlent pourtant à l'observateur par un phénomène bien remarquable. Quand la Terre vient à traverser l'un de ces anneaux, les débris qu'elle rencontre pénètrent dans son atmosphère, s'échauffent jusqu'à devenir incandescents par l'effet de la résistance de l'air, et produisent ces points lumineux si rapidement mobiles et si connus sous le nom d'*étoiles filantes*. Il existe un assez grand nombre d'anneaux de cette nature qui rencontrent l'orbite de la Terre, et que celle-ci vient, par conséquent, traverser aux mêmes dates de l'année. De là, la périodicité du phénomène. Or, le fait particulièrement remarquable mis en évidence par M. Schiaparelli, c'est que la plupart des anneaux coïncident avec les orbites de certaines comètes. C'est ainsi que les météores de la fin de novembre appartiennent à l'orbite de la c. de Biéla, aujourd'hui détruite (voy. plus haut), et les étoiles filantes du 24 nov., dites *Léonides*, appartiennent à l'orbite de la c. 1866, I (Tempel). Ainsi, la destinée des comètes n'est pas douteuse; elles se désagrègent petit à petit, se disséminant peu à peu tout le long de leur orbite, et si cette orbite rencontre celle de la Terre, elles deviennent des *étoiles filantes*. Voy. ÉTOILES FILANTES.

VI. INFLUENCES COMÉTAIRES. — L'apparition des comètes a dans tous les temps et dans tous les pays vivement frappé l'imagination des hommes. On leur a attribué toutes sortes d'influences; mais, en général, le sentiment qu'elles ont inspiré est celui de la terreur, et l'on s'est plu à voir en elles des présages sinistres. La science moderne, en expliquant d'une manière suffisante la nature et l'origine de ces astres, a fait justice de ces écarts d'une imagination terrifiée. Il ne reste plus qu'à examiner avec les ressources de nos connaissances si les comètes peuvent exercer quelque influence mécanique ou physique sur les phénomènes terrestres. Il est d'abord certain qu'en raison de la petitesse si bien constatée de leur masse, les comètes ne peuvent exercer aucune action sur les mouvements et l'équilibre de l'atmosphère, et sont, par conséquent, sans influence aucune sur la météorologie. L'opinion vulgaire qui attribue aux froids ou aux chaleurs exceptionnelles de quelques années est dénuée de tout fondement et détruite d'ailleurs par une statistique sérieuse.

Il n'est qu'un seul cas où une c. pourrait intervenir dans les affaires de la Terre : c'est le cas d'un choc. Sous ce rapport, il convient d'examiner séparément ce qui pourrait arriver suivant que ce serait le noyau, la chevelure ou la queue qui viendrait à nous rencontrer. Il est probable que la rencontre d'un noyau de c. ne passerait pas inaperçue : si le noyau contient des fragments solides, ceux-ci constitueraient

des bolides gigantesques, capables de déformer des continents tout entiers, ou tout au moins d'anéantir des provinces entières. Si l'on suppose les fragments très divisés, il n'en résulterait pas moins pour le point de contact un bombardement très réussi; mais le reste de la Terre n'en serait que médiocrement influencé, vu la petitesse relative de la masse projetée : rappelons-nous qu'on a évalué la masse de la c. de Donati au $\frac{1}{700000}$ de celle de la Terre. Si le noyau est entièrement gazeux, il nous apporterait des gaz étrangers qui pourraient détruire toute vie organique dans le voisinage du point de contact; mais il est peu probable que l'atmosphère entière de la Terre s'en ressentît. Quoi qu'il en soit, la probabilité d'une telle rencontre est tellement faible, qu'il est inutile d'y attacher son attention : Arago l'évalue à 1 chance contre 281 millions.

La tête étant beaucoup plus volumineuse que le noyau, il y a quelques chances de plus pour qu'une rencontre se produise. Il est alors vraisemblable que les effets se réduiraient à fort peu de chose : une grande illumination du ciel, des crépuscules extraordinaires, des pluies d'étoiles filantes, un bombardement de bolides, peut-être des odeurs étranges, et ce serait tout. Quant à la queue, il y a des chances sérieuses pour que nous pénétrions un jour dans l'une de ces appendices qui occupent des espaces considérables. Mais alors il y a tout lieu de croire que le phénomène passerait entièrement inaperçu, si ce n'est des astronomes. Il parait, du reste, que la chose est arrivée le 30 juin 1861 : d'après les calculs des astronomes, la Terre a traversé ce jour-là l'extrémité d'une queue de c. qui mesurait plus d'un million de lieues. Personne ne s'en est aperçu, sauf un Anglais qui, s'étant levé de bonne heure, inscrivit sur son registre d'observations : « Lueurs étranges, jaunes, phosphorescentes, que je prendrais pour une aurore boréale s'il ne faisait pas déjà si jour. »

Bibliogr. — ARAGO, *Astronomie populaire*, *Notice sur les Comètes* dans l'*Annuaire du Bureau des Longitudes pour* 1836; FAYE, *Notice sur la figure des Comètes* dans l'*Annuaire du Bureau des Longitudes pour* 1883; FLAMMARION, *Astronomie populaire*; GUILLEMIN, *Le Ciel*. — *Les Comètes*, *Annuaire du Bureau des Longitudes à partir de* 1883. — *Comptes rendus de l'Académie des sciences*. — *Bulletin astronomique*. — *L'Astronomie*, *Revue mensuelle*. — Pour ces trois périodiques, consulter les *Tables analytiques des Matières* au mot COMÈTE.

COMÉTOCORE. s. f. (de *comète*, et gr. χόρη, pupille). T. Chir. Pupille qui, par suite de la division de l'iris, présente l'apparence d'une comète. C'est un coloboma de l'iris. Voy. COLOBOMA.

COMÉTOGRAPHE. s. m. (de *comète*, et gr. γράφω, j'écris). Astronome qui a spécialement traité des comètes.

COMÉTOGRAPHIE. s. f. Science qui traite des comètes.

COMFORT. s. m. Voy. CONFORT.

COMFORTABLE. adj. 2 g. Voy. CONFORTABLE.

COMICES. s. m. pl. T. Hist. rom. Assemblées du peuple romain, pour élire des magistrats ou pour traiter des affaires importantes de la République. || Par anal., Réunion des électeurs pour nommer les membres des assemblées délibérantes. — Par ext., Réunion formée dans un but quelconque. — S'emploie au sing. dans la loc., *Comice agricole*.

Hist. — Le terme de *Comices*, dérivé du *comeo* pour *co-eo*, se réunir, servait à désigner les assemblées publiques du peuple romain où se décidaient les affaires les plus importantes de l'État, telles que l'élection des magistrats, le vote des lois, les déclarations de guerre, les traités de paix, et, dans quelques cas, le jugement des individus accusés de crimes publics. On distinguait trois sortes de c., conformément aux trois divisions du peuple romain : 1° les *C. par curies*, ou l'assemblée des curies, dont on rapportait l'établissement à Romulus; 2° les *C. par centuries*, ou l'assemblée des centuries, dans lesquels le peuple votait conformément à la classification établie par Servius Tullius; 3° les *C. par tribus*, où l'assemblée du peuple votait conformément à sa division en tribus locales. Les deux premières sortes de c. ne pouvaient avoir lieu que par l'autorité du sénat, et il fallait en outre prendre les auspices; les c. des tribus n'exigeaient pas ces formalités.

Les c. par curies, qui étaient ouverts aux seuls citoyens primitifs de l'ancienne Rome, avaient principalement pour objet de confirmer les décrets du sénat : un sénatus-consulte en était le préliminaire indispensable, et, relativement aux élections et aux lois, ces c. avaient simplement le pouvoir de confirmer ou de rejeter ce que le sénat avait déjà décrété. Les objets principaux pour lesquels on convoquait les c. par curies étaient les suivants : 1° le vote de la loi dite *lex curiata de imperio*. Cette loi, qui était la même que l'*auctoritas patrum*, était nécessaire pour conférer au dictateur, aux consuls et aux autres magistrats l'*imperium* ou le commandement militaire; sans cela, ils avaient seulement la *potestas*, c.-à-d. l'autorité civile, et n'avaient pas le droit de se mêler des affaires militaires. 2° On convoquait encore les c. par curies pour sanctionner la forme particulière d'adoption appelée *adrogation*, pour confirmer les testaments et pour la cérémonie nommée *detestatio sacrorum*. — Les principales attributions des c. par centuries étaient les suivantes : élection des magistrats supérieurs, consuls, censeurs, préteurs, etc.; — vote des lois; — jugement des causes capitales intéressant la sûreté de l'État. — Enfin, les c. par tribus s'occupaient surtout des affaires intérieures et des questions intéressant les droits du peuple; ils avaient seulement le droit d'élire aux magistratures mineures (*minores*). Les décisions prises par les tribus, et portant le nom de *plébiscites*, ne furent d'abord obligatoires que pour les plébéiens; la loi Hortensia (286 av. J.-C.) les rendit obligatoires pour tous les citoyens, en les assimilant complètement aux lois proprement dites.

Législ. — *Comices agricoles.* — On nomme ainsi des associations libres formées dans le but de favoriser l'amélioration des procédés agricoles et des races les plus utiles d'animaux domestiques. Ils différent des *Sociétés d'agriculture* en ce que celles-ci s'occupent de préférence de la discussion des théories agricoles, tandis que les c. ont surtout pour mission de faire passer ces théories dans la pratique, quand l'expérience en a démontré l'utilité. Les c. se composent en général de praticiens plus ou moins habiles, et, bien que leur influence n'ait pas encore produit, du moins en France, tous les résultats qu'on en peut espérer, c'est cependant à leurs efforts que notre agriculture doit les principaux progrès qu'elle a accomplis dans le cours du XIXᵉ siècle, tels que l'introduction des prairies artificielles, la pratique d'assolements plus rationnels, l'emploi d'instruments perfectionnés, l'usage des engrais chimiques, l'amélioration des races indigènes, le drainage, etc.

L'origine des c. agricoles est antérieure à la Révolution de 1789; mais ces institutions étaient alors peu nombreuses et n'eurent pas le temps de porter leurs fruits, car elles ne tardèrent pas à disparaître avec la monarchie. Quelques c. créés pendant la période révolutionnaire n'eurent pas un meilleur succès. L'institution attira de nouveau l'attention du gouvernement après la chute de l'empire, et une circulaire ministérielle du 22 mai 1820 prescrivit aux préfets d'organiser des c. dans chaque département. Les populations furent assez longtemps à apprécier les avantages que pouvaient produire ces associations; cependant, une fois l'élan donné, celles-ci se propagèrent avec assez de rapidité, et il n'y a aujourd'hui aucun de nos départements qui n'en possède plusieurs. On en compte aujourd'hui plus de 500 en France. Ces diverses associations reçoivent de l'État et des départements des subventions qui leur servent à établir des concours de machines agricoles et d'animaux domestiques, et à distribuer des primes d'encouragement aux agriculteurs et à leurs coopérateurs, c.-à-d. aux ouvriers agricoles eux-mêmes.

Les c. agricoles sont actuellement régis par la loi du 20 mars 1851. Aux termes de cette loi, il doit être établi un ou plusieurs comices par arrondissement ; les propriétaires, fermiers et colons de la circonscription peuvent en faire partie s'ils ont 21 ans au moins. On peut aussi y admettre d'autres personnes, mais seulement dans la proportion du dixième des membres. Les c. doivent être chargés du jugement des concours et de la distribution des primes. C'est aux préfets qu'appartient le droit d'approuver leurs règlements et aux conseils généraux celui de déterminer leurs circonscriptions.

COMINES. Voy. Commines.

COMINES, v. du dép. du Nord, arr. de Lille, 7,400 hab.

COMINGE. s. f. Voy. Cominge.

COMIQUE. adj. 2 g. (lat. *comicus*, m. s.). Qui appartient à la comédie proprement dite. *Pièce c. Poète c. Le genre c.* — *Troupe c.*, Troupe de comédiens. || Plaisant, propre à faire rire. *Visage, air c. Aventure c.*

COMIQUE. s. m. *Le genre c.*, la comédie. *Cet acteur*

n'est bon que dans le c. Le haut c. Le bas c. Le c. de caractère, de situation.* — Fig., *Avoir du c. dans la figure*, Avoir une physionomie qui provoque le rire. *Avoir du c. dans l'esprit*, Avoir une disposition à saisir et à rendre le ridicule. || Auteur c. *Molière est notre premier c.* || Comédien qui est habituellement chargé de représenter les personnages plaisants ou bouffons. *C'est un excellent c.* || Fig. et fam., *C'est le c. de la troupe*, se dit d'une personne qui, dans une société, amuse ordinairement les autres par ses bouffonneries.

COMIQUEMENT. adv. D'une manière comique.

COMITE. s. m. (lat. *comitari*, accompagner). Officier préposé pour faire travailler la chiourme d'une galère.

COMITÉ. s. m. (lat. *comitatus*, réunion). Réunion de personnes commises par une autorité quelconque, par une assemblée, etc., pour la discussion de certaines affaires, de certains objets. *Nommer un c. Il s'est tenu plusieurs comités sur cette affaire.* || *C. secret*, se dit en parlant des assemblées dont les séances sont généralement publiques, lorsqu'elles excluent le public de leur salle, pour délibérer en secret. *La Chambre s'est formée en c. secret. Examiner, discuter une proposition en c. secret. Après la lecture de la correspondance, l'Académie s'est formée en c. secret.* — *C. de Salut public*, créé par la Convention, exerça la dictature du 6 avril 1793 au 28 juillet 1794; fut remplacé par le Directoire. || Fam., Société limitée à un petit nombre de personnes entre lesquelles règne une certaine familiarité. *Nous souperons ce soir en petit c.*

COMITIUM. s. m. [Pr. *comi-si-ome*] (mot latin). T. Antiq. Endroit du Forum où se tenaient les comices.

COMMA. s. m. [Pr. *com-ma*] (gr. κόμμα, segment). T. Mus. Neuvième de ton. Voy. Intervalle. || T. Impr. Caractère de deux points l'un au-dessus de l'autre; c'est dit aussi pour la virgule. Voy. Ponctuation.

COMMAND. s. m. [Pr. *ko-man*]. T. Jurisp. La personne que l'avoué ou tout autre mandataire qui se porte acquéreur d'un bien s'est réservé de nommer ultérieurement et pour laquelle il déclare avoir acquis. || Déclaration par laquelle on fait connaître le véritable acquéreur. *Déclaration de c.*

COMMANDANT. adj. et s. m. [Pr. *ko-mandan*]. Celui qui commande dans une place, ou qui commande des troupes, une troupe, ou qui, dans la marine, commande à plusieurs bâtiments. *Capitaine c. Les officiers commandants. Cela regarde le c.* — S'emploie quelquefois comme participe présent avec un complément. *Le général c. l'École polytechnique.* || S'emploie plus particulièrement pour désigner les chefs de bataillon ou d'escadron, ainsi que l'officier qui commande en chef dans une place. Celui-ci reçoit le nom de *C. de place.*

COMMANDANTE. s. f. [Pr. *ko-man...*]. La femme du commandant.

COMMANDATAIRE. Fausse orthographe de Commendataire.

COMMANDE. s. f. [Pr. *ko-mande*]. Ordre donné à un fabricant, à un ouvrier de faire un certain ouvrage, qui doit ordinairement être achevé dans un temps prescrit. *Il a reçu une forte c. On lui a fait plusieurs commandes.* — *Ouvrage de c.*, Tout ouvrage que l'on fait exprès pour la personne qui a donné l'ordre. || T. Navig. Corde qui unit au bateau conducteur ceux qui marchent en train. || T. Tech., Bout de corde pour fixer un hâton ou un filet. || Fig. et fam., *Maladie de c., joie de c., douleur de c.*, etc., Maladie, joie, douleur, etc., feintes et supposées.

COMMANDEMENT. s. m. [Pr. *ko-mandeman*]. Ordre que donne celui qui commande, qui a pouvoir de commander. *C. verbal, par écrit. Il a fait cela par écrit.* En ce sens, on dit par excellence : *Les commandements de Dieu et de l'Église. Observer les commandements.* — *Secrétaires des commandements*, Les principaux secrétaires des princes et des princesses de la famille régnante. *Secrétaire d'État des commandements*, Qualité que les secrétaires d'État prenaient autrefois dans leurs titres. *Lettres signées* en c., Lettres ou arrêtés qui étaient signés par un secrétaire d'État. || Autorité, pouvoir de commander. *Avoir c. sur quelqu'un. Avoir le c. des troupes, d'une armée. Aspirer au c. — Avoir le c. d'une province, d'une place,* Y avoir la qualité, la place de gouverneur, de commandant. || T. Guerre et Mar. So dit, dans un sens particulier, de tout ordre bref qu'on donne à haute voix pour faire exécuter certains mouvements, certaines manœuvres. *Au c. de... vous ferez telle chose.* || So dit quelquefois, en général, de l'action de commander et de la manière de commander. *Avoir le c. doux, rude, dur. Il a l'habitude du c. — Il a le c. beau,* se disait autrefois d'un officier qui commandait de bonne grâce. Il se dit encore, mais ironiquement, d'un homme qui donne des ordres impossibles ou très difficiles à exécuter, ou bien qui prétend commander, quoiqu'il n'ait point d'autorité. — *Avoir quelque chose à son c.,* Pouvoir s'en servir à sa volonté. *Il a les voitures de ses amis à son c. — Avoir une chose à c.,* L'avoir en main, pouvoir facilement en disposer. *Il a tout à c., l'argent,* etc. — Fig. *Avoir la parole à c., avoir l'anglais à c.,* etc., S'énoncer, parler anglais, etc., avec une grande facilité. || T. Mar. Bâtiment que l'on commande. || T. Artill. Manière d'être commandé, battu par le canon. || T. Fort. *C. d'un ouvrage,* Hauteur de la crête de son parapet au-dessus du sol.

Législ. — On désigne ainsi l'injonction faite par ministère d'huissier d'avoir à s'acquitter d'une dette pour laquelle il existe un titre exécutoire ou un jugement.

Aux termes du code de procédure civile, la saisie-exécution doit être précédée d'un c.; entre la saisie et le c. il doit s'écouler au moins un jour franc. De même, il faut un c. pour pouvoir procéder à une saisie immobilière; dans ce cas, l'intervalle entre le c. et la saisie doit être de trente à quatre-vingt-dix jours.

Pour les différences entre le c. et la sommation, également notifiée par voie d'huissier, voir au mot SOMMATION.

Syn. — *Ordre, Injonction, Précepte.* — *L'ordre* émane de l'autorité, le *commandement* du pouvoir. — Habituellement, le *commandement* est fait directement à la personne qui doit obéir; fort souvent, l'*ordre* est transmis à celui qui doit l'exécuter. Le *commandement* est la notification de l'*ordre*. L'*injonction* est la sommation d'obtempérer à une ordonnance ou à une décision de l'autorité. *Précepte* se dit de quelque chose de moral qu'on est obligé de suivre; il marque particulièrement l'empire sur les consciences.

COMMANDER. v. a. [Pr. *ko-mander*] (lat. *commendare*, donner mandat, confier). Ordonner, enjoindre quelque chose à quelqu'un. *Dieu nous commande de l'aimer. Commandez qu'il parte sur-le-champ.* Par civilité, on dit : *N'avez-vous rien à me c.?* || Fig., au sens moral. *L'honneur vous commande ce sacrifice.* — Fig. *C. le respect, l'estime, l'admiration,* etc., Inspirer un respect, une estime, etc., dont il est impossible de se défendre. || *C. quelque chose à un ouvrier,* Lui donner ordre de faire quelque chose de son métier. *C. un dîner, une tourte, à un traiteur. Il a commandé un habit, des souliers,* etc. || Avoir le commandement, l'autorité. *C. une armée, un régiment,* etc. *C. un vaisseau, une armée navale. — C. une expédition, une attaque, un siège,* etc., Être chargé de diriger une expédition, une attaque, un siège, etc. On dit de même, *C. la manœuvre.* || Dans un sens particulier, à la guerre on dit *C. une troupe dont on a le commandement. Dans cette campagne, il commandait les dragons.* — En parlant des choses, Dominer par son élévation. *Cette éminence commande la plaine. La ville est commandée au nord par deux collines élevées.* — Dans l'art militaire, se dit particulièrement d'un lieu élevé d'où l'on peut attaquer et battre une position inférieure en tirant du haut en bas : *La citadelle commande la ville.* = COMMANDER. v. n. Avoir droit et puissance de c., avoir autorité; donner des ordres. *Le père commande à ses enfants, le maître à ses domestiques, le capitaine à ses soldats,* etc. *C. sur mer. C. en maître, en roi. Il faut savoir obéir pour savoir bien c.* Par civilité, on dit : *Vous n'avez qu'à c.* — Prov., *Commandez à vos valets,* se dit à une personne qui donne trop impérieusement ses ordres à des gens qui ne dépendent point d'elle. || Fig., *C. à ses passions, se c. à soi-même,* Maîtriser, réprimer ses passions. *Je ne pouvais à mon impatience. Il n'a jamais su se c.* (se pour à soi). — Fig., *Cette place forte commande à tout le pays,* Elle le tient en respect. = SE COMMANDER. v. pron. Être susceptible d'être enseigné, d'être imposé. *Ces choses-là ne se commandent pas.* — On dit encore, *Ce sentiment ne se commande point,* Ne dépend pas de notre volonté. —

S'ouvrir l'une sur l'autre, communiquer l'une avec l'autre en parlant des pièces d'un appartement. = COMMANDÉ, ÉE. part.

Syn. — *Ordonner.* — Celui qui gouverne *ordonne;* celui qui fait exécuter *commande.* On *ordonne,* en vertu de l'autorité, à celui qui doit obéir; on *commande,* en vertu d'un pouvoir, à celui qui doit exécuter. Il faut le droit pour *ordonner,* il ne faut que la force pour *commander.* Le magistrat, la justice *ordonnent,* la loi en main; un officier, un général, *commandent,* en vertu de leur grade, une troupe, une armée. Un général *ordonne* un assaut à des troupes; un officier supérieur le *commande* ou le conduit.

COMMANDERIE. s. f. [Pr. *ko-man...*]. Bénéfice affecté à l'ordre de Malte ou à quelque autre ordre militaire.

COMMANDEUR. s. m. [Pr. *ko-man...*]. Chevalier d'un ordre militaire ou hospitalier, pourvu d'une commanderie. *C. de Malte, de Saint-Lazare, de l'ordre Teutonique.* || Dans plusieurs ordres militaires et autres, se dit d'un grade plus ou moins élevé. *Dans l'ordre de la Légion d'honneur,* le grade de c. est le troisième. — *Commandeurs de l'ordre,* Ecclésiastiques qui avaient l'ordre du Saint-Esprit. || *C. des croyants,* Titre que prenaient les califes.

COMMANDITAIRE. s. m. [Pr. *ko-man...*]. T. Dr. et Comm. Simple bailleur de fonds dans une société en commandite. — Fig., Celui ou celle qui fournit des fonds. Voy. SOCIÉTÉ.

COMMANDITE. s. f. [Pr. *ko-man...*]. Société dans laquelle les bailleurs de fonds n'ont ni fonction ni responsabilité. Voy. SOCIÉTÉ. — Par ext., Fonds versés par chaque associé d'une société en c. — Fig., Délégation. || T. Typogr. Société d'ouvriers travaillant en commun.

COMMANDITER. v. a. [Pr. *ko-man...*] (R. *commander,* dans le sens de *confier*). Verser des fonds dans une société en commandite. *C. un négociant, une maison de commerce.* = COMMANDITÉ, ÉE. part.

COMME. adv. (lat. *quomodo,* comment). Comment, de quelle manière. *Vous savez c. il s'est conduit envers moi.* En ce sens, il se dit aussi par exclamation. *C. vous voilà fait! C. vous me traitez! — C. quoi,* Comment. *C. quoi avez-vous fait cela?* Peu us. — A quel point, combien. *C. il est changé! Vous voyez c. il travaille.* || En qualité de... en tant que... *Le pape peut être considéré c. chef de l'Église, en c. prince temporel. Je vous dis cela c. votre ami* ou *c. ami. Cette plante s'emploie c. vermifuge.* On *le regarde c. le plus grand écrivain de ce siècle. Cette mesure fut rejetée c. trop violente.* || En quelque façon, en quelque sorte. *La lumière est c. l'âme des couleurs. Il me fait tant de bien qu'il est c. mon père.* Par exemple. *Les grands écrivains du XVIIe siècle, c. Bossuet, Fénelon, Corneille, Racine,* etc. *Les mots français en* al, *c. Hôpital, animal,* etc., *font leur pluriel en* aux. || *Autant que. Rien n'anime nos soldats c. l'espoir d'obtenir la croix.* = COMME. conj. explicative. De même que, ainsi que. *Ils sont faits l'un c. l'autre. Il est hardi c. un lion. Faites c. lui, c. cela. C. l'on dit. C. vous voyez. Je regarde cette affaire c. manquée. Je l'ai reçu c. vous-même. C. il avait fait le mal involontairement, il voulut aussi le réparer.* — Par exagér., *C. il est insensé. Cela est fait.* — Fig. et prov., *C. on fait son lit on se couche,* On doit s'attendre à éprouver les conséquences de sa bonne ou de sa mauvaise conduite, de son habileté ou de son impéritie, etc. — *Un homme c. lui,* Un homme de sa probité, de son intelligence, de son rang, etc. *Un homme c. vous est au-dessus de la calomnie.* On dit de même, *Une âme, une vertu c. la sienne,* etc. — Fam., *C. cela,* Ni bien, ni mal. *Il se porte c. cela.* — Fam., *Il est c. cela,* C'est son caractère, sa manière d'être, etc. || *C. si,* De même que si. *Il me voulait engager dans cette affaire, c. si elle eût été juste. Il traite ses domestiques c. s'ils étaient ses esclaves.* || *Attendu que, parce que. C. il aimait le bien public, il a toujours éloigné de lui les intrigants.* — Est quelquefois suivi de la conj. *aussi. C. il entreprend trop de choses à la fois, aussi le voit-on toujours échouer.* Peu us. || *Lorsque,* dans le temps, dans le moment où. *C. nous abordions, nous fûmes entourés d'une multitude d'hommes.* || Dans les loc. conjonctives, *C. aussi* et *C. en effet,* Comme est purement explétif et représente à peu près la conj. Et. *S'il est homme de bien, c. en effet il l'est, il dira que...* Le con-

rat porte que... C. aussi que... Cette dernière loc., qui appartient à la style de la prat., est aujourd'hui peu usitée. = COMME QUE. loc. conj. De quelque manière que... *C. que tout aille. C. que vous fassiez, vous n'y parviendrez jamais.* Vx. = COMME AINSI SOIT QUE. loc. conj. Attendu que, vu que. Vx.

Obs. gram. — Voy. AINSI. — Tous les grammairiens rangent le mot *Comme* parmi les adverbes, au moins pour une partie de ses sens. On voit cependant, en comparant les exemples que nous avons rapportés, que le mot *Comme* sert toujours à lier deux propositions ou deux substantifs, ou un verbe à un substantif, à moins qu'il ne soit pris dans le sens interrogatif ou explicatif ; il joue donc le rôle d'une véritable conjonction jointe à un adverbe exprimant l'idée de similitude ou de manière, au moins toutes les fois qu'on peut le remplacer par l'une des locutions *de même que* (de même, adverbe ; *que*, conjonction), *tel que, de quelle manière*. La véritable fonction de ce mot, au moins dans la plupart de ces sens, serait donc bien définie par *adverbe relatif*, comme les mots *quel, quelle*, qui prennent aussi le sens interrogatif ou exclamatif sont des *adjectifs relatifs. Comme* est tantôt adverbe relatif de manière : *Voyez c. il est fait*, tantôt un adverbe relatif de quantité : *Voyez c. il est beau.* Dans les phrases telles que *Je l'ai traité c. mon fils*, le mot *c.* pourrait être appelé préposition, car quoique le sens ne soit pas le même, il joue le même rôle que *avec* dans la phrase : *Je l'ai traité avec mon fils.* Cependant, même dans ce sens, *c.*, pouvant être remplacé par *de même que*, reste aussi un adverbe relatif. Enfin, *c.* signifiant *lorsque* est une véritable conjonction. Ces remarques, analogues à celles que nous avons faites à propos du mot *Combien*, montrent à quel point est parfois subtile et arbitraire la classification des fonctions des mots connue sous le nom des *dix parties du discours*. Voy. MOT.

COMMÉLINACÉES. s. f. pl. [Pr. *ko-mélinacées*] (R. *Com-méline*). T. Bot. Famille de végétaux Monocotylédones de l'ordre des Liliacées.

Caract. bot. : Plantes herbacées. Feuilles planes, étroites, ordinairement engaînantes à la base. Sépales 3, distincts des pétales, herbacés. Pétales colorés, parfois soudés à leur base. Étamines 6, ou en nombre moindre, quelques-unes étant stériles ou même avortées, hypogynes ; anthères biloculaires, introrses. Pistil formé de 3 carpelles soudés en un ovaire à 3 loges pauciovulées ; style unique avec un seul stigmate. Capsule loculicide, quelquefois akène ou baie. Graines souvent jumelles, insérées par la totalité de leur surface latérale sur l'angle interne de la loge ; hile linéaire, avec une papille qui recouvre l'embryon ; embryon en forme de poulie, antitrope,

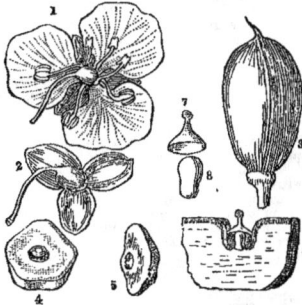

à moitié enseve'i dans une cavité de l'albumen éloignée du hile ; albumen épais et amylacé (Fig. 1. *Ancilema crispatum*, Fleur ; 2. Calice et pistil ; 3. Capsule ; 4 et 5. Graines ; 6. Coupe d'une graine pour montrer l'embryon ; 7. La papille ; 8. L'embryon.)

La famille des *C.* contient 25 genres et 300 espèces, qui sont principalement répandues dans les Indes Orientales et Occidentales, dans l'Australie et dans l'Afrique. On en trouve quelques-unes dans l'Amérique du Nord ; mais aucune espèce n'est indigène ni de l'Europe ni de l'Asie septentrionale. On la divise en trois tribus :

TRIBU I. — *Polliées.* — Fruit sec ou charnu, indéhiscent (*Pollia, Athyrocarpus*, etc.).

TRIBU II. — *Commélinées.* — Capsule loculicide, 3 étamines fertiles (*Commelina*, etc.). — On peut manger cuits, en raison de la fécule abondante qu'ils contiennent, les rhizomes charnus des espèces de *Commelina* appelées *cælestis, angustifolia, tuberosa* et *striata*. Les Chinois emploient ceux de la *C. medica* comme remède contre la toux, l'asthme, la strangurie et une foule de maladies. La *Commelina Rhumphii* est regardée dans l'Inde comme emménagogue

TRIBU III. — *Tradescantiées.* — Capsule loculicide, 6 étamines fertiles (*Cyanotis, Tradescantia, Zebrina*, etc.). — Le genre *Tradescantia*, qui compte à lui seul une quarantaine d'espèces, contient de fort belles plantes d'ornement. A ce titre on cultive en pleine terre, dans tous les parterres des pays tempérés d'Europe, la *Tradescantia Virginica*, très connue sous le nom vulgaire d'*Éphémère de Virginie.* Les fleurs des deux variétés, l'une bleue, l'autre blanche, de cette jolie plante, ne durent individuellement que quelques heures ; mais elles se succèdent en grand nombre pendant toute la belle saison. Au Brésil, on se sert en pharmacie de la *Tradescantia diuretica*, qui est douée des propriétés indiquées par son qualificatif. Aux Indes Orientales, on administre dans les coliques flatulentes la décoction du *Cyanotis axillaris.* Dans le même pays, la *Tradesc. malabarica*, bouillie dans l'huile, est usitée contre la gale et la lèpre. Boyle mentionne la *Murdannia scapiflora* comme jouissant de quelque réputation dans la matière médicale des Hindous.

COMMÉLINE. s. f. [Pr. *ko-méline*] (R. *Comelin*, nom d'un botaniste hollandais). Genre de plantes de la famille des *Commélinacées.* Voy. ce mot.

COMMÉLINÉES. s. f. pl. [Pr. *ko-mé...*]. T. Bot. Tribu de végétaux de la famille des *Commélinacées.* Voy. ce mot.

COMMÉMORAISON. s. f. [Pr. *kom-mé...*]. Voy. COMMÉMORATION.

COMMÉMORATIF, IVE. adj. [Pr. *kom-mé...*]. (R. *commémoration*). Qui rappelle quelque chose à la mémoire, qui rappelle un souvenir. *Fête commémorative.* ‖ T. Méd Signes *commémoratifs*, Les traces que porte un malade d'une affection ancienne et qui servent à éclairer le diagnostic actuel. Circonstances *commémoratives*, Circonstances passées à la connaissance desquelles on arrive, soit par les signes commémoratifs, soit par les déclarations du malade ou d'autres personnes.

COMMÉMORATION. s. f. [Pr. *kom-mémora-sion*] (lat. *commemoratio*, m. s., de *cum*, avec, et *memoria*, mémoire). Action de rappeler à la mémoire. *On a chanté un Te Deum en c. de cette victoire.* — Fam., *Faire c. de quelqu'un*, En parler, en faire mention. ‖ T. Liturg. Mention que l'Église fait d'un saint ou d'une sainte, le jour qu'on célèbre une autre fête. — *C. des morts*, La mention que le prêtre fait des trépassés, à l'endroit du canon de la messe appelé *Memento*, et la fête que l'Église célèbre le 2 novembre, le *Jour des Morts.* Dans le langage liturgique, on dit aussi *Commémoraison.*

COMMÉMORER. v. a. [Pr. *kom-mémorer*]. Rappeler le souvenir de.

COMMENÇANT, ANTE. adj. [Pr. *ko-man-san*]. Qui commence, qui débute *Une révolution commençante.* ‖ s. m. et f. Personne qui commence, *Ce livre est trop difficile pour un c., pour des commençants.*

COMMENCEMENT. s. m. [Pr. *ko-man-se-man*] (R. *commencer*). Le premier moment de l'existence d'une chose. *Le c. du monde. Depuis le c. de la monarchie. Dès le c. Donner c. à quelque chose.* — *Prendre c., prendre son c.*, Commencer. *Cette monarchie a pris son c. dans tel siècle.* — Absol., *Au c.*, se dit pour au c. du monde. *Au c. Dieu créa le ciel et la terre.* ‖ Ce par quoi une chose commence ; la première partie d'une chose qui doit avoir une suite, un accroissement, etc. *Bon, heureux, mauvais c. Le c. de l'année. Le c. d'un livre, d'un ouvrage. Cette action fut le c. de sa fortune.* ‖ Principe, cause première.

Dieu est le c. et la fin de toutes choses. || T. Jurisp. *C. de preuve*, se dit de ce qui fournit quelque présomption de la vérité d'une promesse ou d'un fait, sans en établir la certitude. *C. de preuve par écrit.* == COMMENCEMENTS. s. m. pl. Les premières leçons, les premières instructions dans un art, dans une science. *Il a de bons commencements dans la peinture*, etc. *Les commencements de cette science sont assez difficiles.*

COMMENCER. v. a. [Pr. *ko-man-ser*] (ital. *cominciare*, m. s., du lat. *cum*, avec, et *initiare*, commencer). Faire, produire le commencement d'une chose, donner à une chose un commencement d'existence. *C. un bâtiment, un ouvrage, une affaire. C. la guerre, le combat.* || *C. un métier*, S'y appliquer pour la première fois ou depuis peu de temps. || *C. l'année, la journée*, Être encore dans les premiers temps de l'année, dans les premières heures de la journée, etc. *C. l'année, la journée*, etc., par telle ou telle chose, *par faire telle ou telle chose*, se dit en parlant de la première chose qu'on fait au commencement de l'année, de la journée, etc. On dit à peu près dans le même sens : *Ce prince commença son règne par rétablir l'ordre dans les finances.* || *C. quelqu'un*, Lui donner les premières leçons de quelque science, de quelque art. *Ce maître n'est bon qu'à c. les enfants. C'est cet écuyer qui l'a commencé. — C. un cheval*, Lui donner les premières leçons de manège. || S'emploie souvent absol. *Je n'avais pas commencé qu'il arriva. Quand commencez-vous? Je commencerai par vous dire que... S'il continue comme il a commencé, il ira loin.* Prov., *N'a pas fait qui commence. Il commence par où les autres finissent*, A ses premiers débuts, il fait aussi bien, il se comporte aussi bien que ceux qui exercent le métier ou la profession depuis longtemps. == COMMENCER. v. n. *L'année commençait. Ce livre commence bien. La dispute a commencé par... Le spectacle commence à telle heure. La forêt commence à cet endroit.* || S'emploie quelquefois impersonn. *Il commence déjà à faire jour. Il commençait à pleuvoir.* == COMMENCÉ, ÉE. part. == Conj. Voy. AVANCER.

Obs. gram. — *C. de, C. à, C. par.* — Certains grammairiens ont essayé de distinguer les locutions *C. à* et *C de*. D'après eux, *C. de*, se dirait lorsqu'il s'agit d'une chose qui aura de la durée, et *C. à*, d'une action qu'on ne fait encore qu'imparfaitement, mais qui est susceptible d'accroissement, d'amélioration, de développement. *Un enfant commence à parler*, lorsqu'il ne prononce encore que quelques mots et d'une manière imparfaite, et *un orateur commence de parler*, lorsqu'il prononce les premières phrases de son discours. Cette prétendue distinction n'est qu'une subtilité qui n'est pas justifiée par les textes des auteurs. — *C. par*, signifie en général, faire au commencement une chose préférablement à une autre. *C. par une chose pour parvenir à une autre. Il faut c. par un bout et finir par l'autre.* Il s'emploie aussi dans le sens d'éprouver quelque chose au commencement. *Cette armée commença par des défaites et finit par des victoires.*

COMMENDATAIRE. adj. 2 g. [Pr. *kom-man...*] (lat. *commendare*, confier). Qui tient un bénéfice en commande. Voy. ABBAYE.

COMMENDE. s. f. [Pr. *ko-mande*] (lat. *commendare*, confier). Bénéfice, abbaye, prieuré. Voy. ABBAYE. — Par ext., Usufruit. || T. Pêc. Bout de corde servant à attacher un filet.

COMMENDER. v. a. [Pr. *ko-mander*] (lat. *commendare*, confier). Donner en commande.

COMMENSAL, ALE. s. [Pr. *kom-mansal*] (lat. *cum*, avec; *mensa*, table). Celui ou celle qui mange habituellement avec quelqu'un à la même table. *C'est mon c. Nous sommes commensaux.* — Par ext., *Être c. d'une maison*, se dit de quelqu'un qui la fréquente beaucoup et y mange fort souvent. || Se disait autrefois des officiers et de la maison du roi qui avaient bouche à la cour, pendant qu'ils étaient de service. || T. Hist. nat. Se dit d'êtres vivants qui habitent et se nourrissent ensemble, sans se nuire l'un à l'autre.

COMMENSALISME. s. m. [Pr. *kom-man...*]. T. Hist. nat. Condition d'êtres vivants qui habitent et se nourrissent ensemble.

COMMENSALITÉ. s. f. [Pr. *kom-man...*]. Droit des com-

mensaux de la maison du roi. *L'Académie française jouissait du droit de c.*

COMMENSURABILITÉ. s. f. [Pr. *kom-man...*]. T. Math. Qualité d'être commensurable.

COMMENSURABLE. adj. 2 g. [Pr. *kom-man...*] (lat. *cum*, avec; *mensura*, mesure). T. Math. On dit que deux grandeurs de même espèce sont *commensurables* entre elles, quand elles admettent une partie aliquote commune, c.-à-d., quand il existe une grandeur de même espèce qui est contenue un nombre exact de fois dans chacune d'elles. Voy. INCOMMENSURABLE.

COMMENSURATION. s. f. [Pr. *kom-man-su-ra-sion*]. T. Math. Recherche d'une partie aliquote commune entre deux grandeurs.

COMMENT. adv. relatif. [Pr. *koman*] (lat. *quomodo mente*, dans quelle intention, dans quel but, ou plutôt *quomodo*, de quelle manière et *inde*, d'où, ce qui paraît plus conforme au sens des anciens textes, et aussi à ce fait qu'on ne trouve jamais *commentmeant* qu'aurait dû donner *quomodo mente*). De quelle façon, de quelle manière. *Je vous dirai c. la chose s'est passée. Voyons c. il s'en tirera. Il a, je ne sais c., échappé à toutes les recherches. C. se porte-t-il? C. faire? C. cela?* || Pourquoi ? d'où vient que ? *C. ne m'avez-vous pas averti? C. vous êtes-vous avisé de venir ici?* — Substant., *J'aime à savoir le pourquoi et le c. d'une chose.* Ne s'emploie guère que fam. || S'emploie quelquefois par exclamation et pour marquer la surprise où l'on est de quelque chose. *Comment! vous voilà! C.! est-il donc vrai qu'il soit mort?*

Obs. gram. — Pour les raisons que nous avons expliquées aux mots COMBIEN et COMME, c. ayant le même sens que la locution *de quelle manière* ou *de la manière que*, doit être appelé un *adverbe relatif de manière.*

COMMENTAIRE. s. m. [Pr. *kom-mantère*] (lat. *commentarium*, m. s., de *commentari*, commenter). Notes, éclaircissements, observations et remarques sur un livre, sur un texte, pour en faciliter l'intelligence. *Un ample et savant c. C. sur Aristote, sur Hippocrate. Faire un c., des commentaires.* — Fig. et fam., *Cela n'a pas besoin de c.*, se dit d'une chose qui est très claire et n'a pas besoin d'être expliquée. *Point de c.*, se dit pour imposer silence à un inférieur qui prend la liberté de faire des observations sur les ordres qu'on lui donne. || Interprétation maligne qu'on donne aux discours ou aux actions de quelqu'un. *Il fait des commentaires sur les actions de tout le monde. Voilà comme je l'ai ouï conter; mais le c. ajoute que...* == COMMENTAIRES. s. m. pl. Titre donné à certains mémoires historiques écrits par ceux qui ont la plus grande part aux événements qui y sont rapportés. *Les Commentaires de César.*

COMMENTATEUR, TRICE. s. m. et f. [Pr. *kom-man...*]. Celui ou celle qui fait un commentaire, des commentaires.

COMMENTER. v. a. [Pr. *kom-man...*] (lat. *commentari*, m. s., propr. méditer, de *cum*, avec, et *mens*, *mentis*, esprit). Faire un commentaire, des commentaires. *C. la Bible. Plusieurs savants ont commenté Homère.* || Absol. Ajouter malignement à la vérité de la chose. *Il en dit plus qu'il n'y en a, il commente un peu.* == COMMENTER. v. n. Tourner en mauvaise part, interpréter malignement. *Il commente sur tout. Je ne crains pas que l'on commente sur mes actions. Il n'y a point à c. là-dessus.* == COMMENTÉ, ÉE. part.

COMMENTRY. ch.-l. de c. (Allier), arr. de Montluçon; 12,600 hab. Forges importantes.

COMMER. v. n. [Pr. *ko-mé*] (R. *comme*). Faire des comparaisons, dire qu'une chose est comme une autre. *Il ne fallait pas c. si désobligeamment.* Vx et inus.

COMMÉRAGE. s. m. [Pr. *ko-mérage*]. Propos, conduite de commère. Fam.

COMMERÇABLE. adj. 2 g. [Pr. *ko-mer-sable*]. Qui peut être négocié. Ne se dit que des effets publics, des lettres de change, etc. *Effets commerçables.* On dit aujourd'hui, *Négociable.*

COMMERÇANT, ANTE. adj. 2 g. [Pr. *ko-mer-san*]. Qui fait du commerce, qui s'y adonne, qui en fait beaucoup. *Une ville commerçante. Les Phéniciens et, après eux, les Carthaginois, furent les seuls peuples vraiment commerçants de l'antiquité classique.* ∥ s. 2 g. Homme ou femme qui vit du commerce, dont la profession est d'en faire. *Un riche c Les femmes de la classe moyenne sont souvent à Paris d'habiles commerçantes.*

Légis. — L'art. 1ᵉʳ du Code de commerce est ainsi conçu : « Sont *commerçants* ceux qui exercent des actes de c. et en font leur profession habituelle. » Ainsi, pour avoir la qualité de c , il faut remplir deux conditions : 1° faire des actes de commerce; 2° en faire sa profession habituelle.

La loi répute *actes de commerce* « tout achat de denrées et marchandises pour les revendre, soit en nature, soit après les avoir travaillées et mises en œuvre, ou même pour en louer simplement l'usage; toute entreprise de manufactures, de commission, de transport par terre ou par eau; toute entreprise de fournitures, d'agences, bureaux d'affaires, établissements de vente à l'encan, de spectacles publics; toute opération de change, banque et courtage; toutes les opérations des banques publiques; toutes obligations entre négociants, marchands et banquiers; entre toutes personnes, les lettres de change ou remises d'argent faites de place en place » (C. Com. 632). La loi répute pareillement actes de commerce « toute entreprise de construction, et tous achats, ventes et reventes de bâtiments pour la navigation intérieure et extérieure; toutes expéditions maritimes, etc. » (*ib.* 633).
— Ainsi qu'il résulte de cette énumération, les choses mobilières sont seules susceptibles de faire l'objet d'actes de commerce. Par conséquent, l'acquisition de biens-fonds ou immeubles, même dans le but de les revendre en détail et de tirer profit de cette opération, ne constitue point un acte commercial aux termes de la loi.

Quant à la seconde condition indispensable pour caractériser le c , c.-à-d. la *profession habituelle*, on doit entendre par là un exercice assez fréquent et assez suivi pour constituer en quelque sorte une existence sociale. Ainsi quelques actes isolés de commerce ne suffisent pas pour faire attribuer la qualité de c. à celui qui les a faits, quoique ces actes puissent le soumettre momentanément à la juridiction commerciale (C. Com., 631). Selon quelques jurisconsultes il est certains faits qui établissent par eux-mêmes la qualité de c. et qui rendent inutile toute recherche ultérieure : tels sont, par ex., l'ouverture d'un magasin, l'apposition d'enseignes ou d'affiches, l'autorisation obtenue pour un commerce soumis à la formalité préalable de l'autorisation, le payement des patentes ou autres impôts spéciaux auxquels les commerçants sont soumis, et enfin le titre de c. pris dans les actes ou extraits.

Dans notre législation, la qualité de c. produit certains effets légaux qui placent l'individu auquel elle appartient dans une position particulière. Ainsi, les commerçants sont soumis à la juridiction spéciale des tribunaux de commerce (C. Com., 631); ils peuvent seuls être déclarés en faillite (437 et suiv.); ils sont soumis à l'impôt de la patente; ils sont en outre obligés à tenir une comptabilité régulière, à faire des inventaires annuels, etc. Enfin, le Code prescrit certaines règles de publicité concernant leur contrat de mariage ou les jugements de séparation de corps et de biens qui les intéressent.
— En France, la profession commerciale est ouverte à tout le monde, aux étrangers comme aux nationaux : il suffit qu'ils soient capables de contracter. Les femmes mariées et les mineurs peuvent également faire le commerce sous certaines conditions. La femme, pour être marchande publique, a besoin du consentement de son mari (C. Com., 4) ; c'est une conséquence de la position que la loi civile (C. C., 220) fait à la femme dans le mariage. Quant aux mineurs, le Code de commerce s'exprime ainsi à leur égard : « Tout mineur émancipé de l'un et de l'autre sexe, âgé de 18 ans accomplis, qui voudra profiter de la faculté que lui accorde l'art. 487 du C. C. de faire du commerce, ne pourra en commencer les opérations ni être réputé majeur quant aux engagements par lui contractés pour faits de commerce : 1° s'il n'a été préalablement autorisé par son père ou par sa mère, en cas de décès, interdiction ou absence du père, ou, à défaut du père et de la mère, par une délibération du conseil de famille, homologuée par le tribunal civil ; 2° si, en outre, l'acte d'autorisation n'a été enregistré et affiché au tribunal de commerce du lieu où le mineur veut établir son domicile »

(C. Com. 2). Enfin, il y a certaines personnes auxquelles l'exercice du commerce est interdit. Ce sont : les ecclésiastiques (Décret de Gratien, Corps du droit canonique, 1ʳᵉ part., dist. 88) ; les magistrats (Ord. de 1560, art. 109); les avocats, les avoués, les notaires, les huissiers; les consuls en pays étrangers, élèves-consuls et chanceliers; les agents de change et courtiers; les officiers et administrateurs de la marine et différents fonctionnaires publics. Au reste, bien que l'exercice du commerce soit interdit à toutes ces personnes, si de fait cependant et par infraction à leur devoir elles se livraient à des actes de commerce, elles acquerraient par là la qualité de c. et seraient soumises à toutes les conséquences qui en résultent. Voy. COMMERCE, VENTE, etc.

COMMERCE. s. m. [Pr. *ko-merse*] (lat. *commercium;* de *cum,* avec, et *merx,* marchandise). Signifie rigoureusement échange de marchandises, ou plus généralement de valeurs contre valeurs. — Dans un sens plus restreint, il désigne la fonction industrielle qui a pour objet de transporter les produits de tout genre et de les mettre à la disposition du producteur et du consommateur. — Enfin, on lui donne encore une signification plus étendue, mais aussi beaucoup plus vague, en comprenant, sous la dénomination de *Commerce,* l'ensemble des industries manufacturière, commerciale et voiturière. Ce dernier sens est abusif. *Établir, favoriser, protéger, entraver, interdire le c. La paix entretient, fait fleurir le c. La guerre paralyse le c. Le c. va bien, va mal. C. maritime. C. des colonies. Le c. de la Russie avec la Chine. Le c: français. Faire o. de toutes sortes de marchandises. Affaires, entreprises de c. Villes de c. Maisons de c. Effets de c. Branche de c. C. en gros, en détail. Société de c. Traité de c. Code de c. Tribunal de c. Le ministère du c. et des travaux publics.* — Fig., *Faire un mauvais, un vilain c., un honteux, un infâme c.,* Se mêler de quelque pratique ou de quelque intrigue qui n'est pas honnête. ∥ Par ext., Le corps des commerçants et négociants. *Cette loi a mécontenté le c. Le haut c. Le petit c.* = Fig., se dit des relations, des communications, des liaisons que les hommes ont les uns avec les autres, pour quelque objet que ce soit. *Dans le c. de la vie, du monde. Avoir, entretenir c. d'amitié avec quelqu'un. Il a rompu tout c. avec eux. Ils entretiennent c. de lettres ou par lettres. C. innocent, suspect, scandaleux. C. charnel.* — *Il est d'un c. agréable, d'un bon c., Il est facile de vivre avec lui, il est d'agréable société. Il est d'un c. sûr,* Il est discret, on peut se fier à lui. — *Avoir c., être en c. avec...,* se dit, en mauvaise part, d'une liaison illicite entre deux personnes de sexe différent. ∥ *Jeu de c.,* Jeu de cartes qui se joue entre trois, quatre, jusqu'à neuf personnes.

Syn. — *Négoce, Trafic.* Le mot *Commerce* signifie échange de valeurs. Toutes les fois qu'on fait un échange, on fait un acte de c. ; mais on n'est pas pour cela *commerçant* ou *négociant*. Ces deux derniers termes impliquent une idée de profession; mais *négociant* a un sens plus vague et plus étendu que *commerçant* : il en est de même du mot *négoce* relativement au mot *c.,* ainsi qu'il résulte de l'étymologie du premier (*negotium,* affaire). *Trafic* dérive de *traficum,* mot de la basse latinité, composé de *trans,* au delà, et de *facere,* faire. D'après cela, il désigne proprement l'industrie qui consiste à acheter une marchandise dans un lieu pour la revendre dans un autre. *Trafic* ne s'emploie guère seul; on désigne ordinairement le genre de marchandises sur lequel il opère : *Trafic d'argent, de grains,* etc. Ces expressions sont encore usitées dans le langage figuré; mais tandis que c. se dit rarement en mauvaise part, *négoce* et *trafic* se prennent toujours dans un sens défavorable. *On ne sait quel négoce font ces gens-là. La traite des nègres est le plus infâme des trafics.*

Écon. polit. — I. *Idée et définition du commerce.* — Le terme de *Commerce,* pris dans son sens propre, désigne cette fonction économique qui a pour objet d'effectuer entre les divers producteurs , ainsi qu'entre les producteurs et les consommateurs, l'échange des produits. Considéré à ce point de vue, le c. ne saurait constituer une industrie spéciale. En effet, ainsi que le remarque Dunoyer, « nous faisons tous des *échanges* dans la société, nous sommes tous *marchands* de quelque chose, nous sommes tous *commerçants;* mais *commercer, vendre, acheter, échanger,* n'est proprement un métier pour personne ». Il en eût été ainsi à l'origine de la société, et même encore à l'époque où la division du travail commença à s'établir, lorsque les hommes, obéissant à la diversité de leurs aptitudes et de leurs goûts, commencèrent à se consacrer de préférence et plus ou moins exclusivement à des occupations diverses. Alors chacun d'eux fut obligé de troquer ou d'échanger ceux de ses propres produits qu'il ne voulait pas consommer lui-même, contre les objets produits par d'autres travailleurs et que ces derniers désiraient également échanger. Plus tard, lorsque cette même division du travail eut décuplé la puissance productive des travailleurs, multiplié proportionnellement la quantité de produits, et augmenté dans la même progression le nombre des échanges, il devint nécessaire que certains individus s'occupassent spécialement de mettre les produits de toutes les catégories de travailleurs à la portée et à la disposition de ceux qui en avaient besoin. Dès lors, le c., pris dans son acception commune, fut constitué. Le c. est donc une conséquence de la division du travail, et celle-ci ne saurait guère subsister sans lui. La division du travail et le c. réagissent constamment l'un sur l'autre. Toute nouvelle subdivision du premier provoque un nouveau développement du second; réciproquement, celui-ci ne peut pas s'étendre sans provoquer une nouvelle division du travail et un meilleur emploi des agents de la production.

Le c., considéré dans le sens plus limité que nous venons d'indiquer, est donc une branche particulière du travail, et constitue une industrie distincte. On le définit généralement, avec J.-B. Say, « l'industrie qui met un produit à la portée de celui qui doit le consommer ». On a critiqué cette définition sous prétexte qu'elle confondait deux fonctions distinctes: l'échange et le transport des produits. Cependant, ce n'est pas l'échange qui caractérise le c. Si j'achète un tableau au peintre qui l'a fait, il y a échange et non c. Le c. suppose nécessairement un intermédiaire entre le producteur et le consommateur, et doit être défini par la fonction que remplit cet intermédiaire qui seul mérite le nom de commerçant, sinon au point de vue légal, du moins au point de vue de la science et de l'analyse économiques. Or, il est manifeste que si les consommateurs s'adressent à l'intermédiaire plutôt qu'au producteur lui-même, c'est qu'ils savent trouver facilement chez lui ou par son entremise les choses dont ils ont besoin, tandis qu'ils ne sauraient s'adresser commodément au producteur ou aux divers producteurs des objets similaires. Si je veux acheter un tableau pour orner mon salon, je puis le commander à un peintre dont on m'a parlé, mais alors je suis à sa merci et il peut me livrer une peinture qui me déplait; je puis aller chez le peintre et choisir dans son atelier, mais le choix sera restreint. Plutôt que de courir chez plusieurs peintres, perdre ainsi mon temps, et leur faire perdre le leur, je préfère aller chez le marchand de tableaux, où je trouve un choix considérable; si même il n'y a dans le magasin rien qui me plaise, le marchand, d'après mes indications, fera venir d'autres tableaux parmi lesquels je trouverai sans doute mon affaire. Au procédé tout le monde a gagné, le marchand d'abord, puis le peintre qui travaille au lieu de recevoir des visites oiseuses ou d'aller montrer ses tableaux aux clients; enfin, moi-même, qui ai économisé mon temps et mes peines. Le bénéfice du marchand est le juste salaire du service qu'il nous a rendu à tous deux. Or, ce service, en quoi consiste-t-il sinon d'avoir mis à ma portée des produits primitivement disséminés et auxquels je n'aurais pu atteindre que difficilement? La définition de J.-B. Say nous paraît donc parfaitement correcte. Elle revient à dire que *la fonction du c. est d'épargner aux producteurs et aux consommateurs les démarches qu'ils seraient obligés de faire pour arriver à s'entendre.* Quelques économistes sont même allés plus loin que J.-B. Say: « Le c., dit Verri, c'est cependant, il peut y avoir c. sans aucun déplacement de marchandises. La chose est évidente pour certains genres de c. tels que celui des immeubles, celui des fonds de c., etc.; mais, dans le cas même d'une vente de marchandises, la fonction inhérente au c. peut être remplie sans que le commerçant ait déplacé aucune marchandise. Je veux faire faire mon portrait; je vais chez un marchand de tableaux, et je demande à voir des portraits faits par différents peintres et à connaître le prix qu'exige chacun d'eux. Mon choix fait, le marchand me donne l'adresse du peintre et prélèvera sa commission sur le prix de ma commande. C'est là un véritable fait de c., au sens économique du mot, et cependant il n'y a aucun déplacement de marchandises. Des circonstances analogues peuvent se présenter dans les ventes de marchandises sur échantillon, et réduire à très peu de choses le déplacement de ces marchandises. Par exemple, un commissionnaire en soies peut très bien, à Paris même, vendre sur échantillons à un client de Lyon des soies fabriquées à Lyon. Les deux personnes peuvent demeurer porte à porte et le déplacement se réduit à transporter la soie

d'une maison dans l'autre sur l'ordre du commissionnaire. On croit assez communément que l'essence même du c. est d'acheter et de revendre, d'où la boutade bien connue : Le c. est l'art d'acheter 3 fr. ce qui en vaut 6 et de vendre 6 fr. ce qui en vaut 3. Il est certain que le c. procède le plus souvent par achat et revente, et que tout commerçant s'ingénie à acheter bon marché et à vendre cher. Cependant, la fonction commerciale peut être remplie sans achat ni vente de la part du l'intermédiaire, le rôle du commerçant se bornant alors soit à mettre en rapport le producteur et le consommateur, soit à donner l'ordre au producteur de livrer au consommateur la marchandise demandée, soit à demander lui-même la marchandise pour la livrer lui-même. Dans ce cas, le commerçant n'a pas de marchandises en magasin; il n'a que des *échantillons* pour servir au choix des clients, et il est rémunéré par une *remise* ou *commission* que lui paye le producteur au prorata des commandes qu'il lui fait. Les commerçants qui effectuent ce genre de trafic s'appellent des *commissionnaires.*

II. *Utilité du c.* — Cette utilité ressort suffisamment de la définition même et de l'analyse que nous venons de faire de la fonction commerciale. « Dans le commerce, dit J.-B. Say, il y a production véritable, parce qu'il y a une modification productive d'utilité et de valeur. Le marchand, après avoir acheté une denrée à son prix de revient, la revend à son prix courant; mais ce dernier prix est supérieur au premier, parce que le marchand a mis la denrée dans une situation qui a réellement augmenté son prix, et la société est enrichie par cette augmentation. » On vient de voir qu'en facilitant les échanges le c. permet à chacun d'appliquer tout son temps et toute son activité à un travail spécial et, par là, détermine un accroissement illimité dans la production des objets de tout genre qui peuvent servir à la satisfaction de l'infinie variété des besoins de l'homme.

S'il n'y avait pas de marchands, un fermier qui voudrait vendre sa récolte, se verrait d'abord obligé de chercher des acheteurs et de disposer de son blé par portions correspondantes aux demandes des divers individus disposés à l'acheter; puis, après en avoir reçu le prix, il serait forcé d'envoyer ses gens en dix ou vingt endroits différents, peut-être fort éloignés les uns des autres, pour se procurer avec cet argent les objets dont il aurait besoin. Ainsi, outre qu'il serait exposé à une multitude d'embarras et d'inconvénients, son attention serait continuellement détournée des travaux de sa ferme au grand détriment de la production agricole. Dans un pareil état de choses, l'œuvre de la production dans ses différentes branches serait perpétuellement interrompue, et beaucoup d'industries que l'on exerce avec succès dans un pays commerçant ne pourraient être pratiquées. Au contraire, dans un pays où le c. est largement développé, chacun peut écouler facilement ses produits et aller s'approvisionner sans obstacle ni perte de temps, et même à meilleur marché qu'il ne le pourrait faire autrement, de tout ce dont il a besoin. N'ayant plus à chercher ni acheteurs pour leurs propres produits, ni vendeurs pour les articles dont ils ont besoin, l'agriculteur et le manufacturier peuvent améliorer leurs industries respectives et y apporter tous les perfectionnements dont elles sont susceptibles. Le c. permet aux habitants de chaque contrée de s'appliquer spécialement à la nature de travaux et au genre de production pour lesquels le sol qu'ils possèdent est le mieux approprié et présente quelque avantage particulier, ce qui est une autre forme de la division du travail. Ajoutons que le c. en facilitant les échanges permet de pousser très loin la division du travail, qui est, comme on sait, le principal ressort de la production avantageuse. Sans lui, par exemple, un fabricant d'étoffes serait obligé, pour assurer l'écoulement de ses produits, de fabriquer des étoffes variées, tandis qu'avec un c. bien développé il peut se consacrer à la fabrication d'une seule catégorie d'étoffes, voire même d'une étoffe toujours identique à elle-même comme matière première, qualité et dessins.

III. *Des classes commerçantes.* — Les individus qui se livrent au c. sont généralement divisés en deux classes : les *marchands en gros* et les *marchands en détail*. Cette division, comme d'ailleurs tous les autres genres de division du travail, s'est opérée à cause de son utilité manifeste. Les marchands en gros achètent de première main ou aux producteurs leurs produits spéciaux et aux lieux mêmes de production; mais, au lieu de mettre ces produits immédiatement à la disposition des consommateurs, ils les revendent aux marchands au détail et aux débitants qui les détaillent et les distribuent au public dans la mesure et de la façon qui lui est la plus commode. Chacune des parties intéressées trouve son compte à cette division. Si le marchand en gros prétendait aussi vendre ses denrées en détail, il serait incapable de donner à chacune des parties de son travail cette attention exclusive si essentielle au succès de toute opération industrielle. Un détaillant doit être constamment à sa boutique, non seulement pour répondre aux demandes qui lui arrivent à chaque instant, mais encore pour se renseigner sur tout ce qui concerne ses chalands, sur leur situation, leurs besoins, etc. Le marchand en gros, au contraire, obligé qu'il est de s'informer de ce qui se passe dans différents lieux à la fois et dans des contrées souvent fort éloignées, ne peut pas donner cette attention minutieuse à ce qui se passe dans son voisinage. Les deux genres de commerçants remplissent des fonctions différentes, qui représentent les deux phases de l'opération commerciale. Le marchand en gros est surtout en rapport avec les producteurs : il recueille et rassemble les produits d'une même catégorie. Le marchand en détail est surtout en rapport avec les consommateurs, il leur distribue, au fur et à mesure de leurs besoins, les produits rassemblés par son confrère en gros. Il est clair que les deux fonctions pourraient être remplies par le même industriel ; mais il lui faudrait plus de capitaux et un plus nombreux personnel. Y aurait-il économie et le travail serait-il mieux fait ? Il est permis d'en douter. Ici encore la division du travail paraît s'imposer.

Il n'est pas rare d'entendre des gens déblatérer contre le c. et les classes marchandes. Le c., à les en croire, consiste uniquement dans l'art d'acheter à bon marché et de vendre cher, et le marchand est un parasite qui exploite, c.-à-d. pressure à la fois le producteur et le consommateur. Ce qui précède suffit, ce nous semble, pour démontrer combien cette classe intermédiaire est utile et indispensable au développement du travail et de la production, ainsi qu'à l'accroissement du bien-être des consommateurs ; néanmoins, nous ajouterons encore quelques mots à ce sujet. Il est très vrai que le commerçant vend parfois fort cher ce qu'il a acheté à fort bon marché ; mais il faut observer que le travail du commerçant est souvent bien supérieur à celui de l'individu que l'on veut gratifier exclusivement du titre de producteur. « Le travail et les dépenses, dit Mac'Culloch, qu'exige l'extraction d'une certaine quantité de houille du fond de la mine ne surpassent pas ceux que nécessite son transport de Newcastle à Londres, et il est beaucoup plus difficile et plus dispendieux de transporter une pièce de bois du Canada en Angleterre que d'abattre l'arbre. » Le profit du commerçant est la juste rémunération du double service qu'il rend aux producteurs et aux consommateurs, et, du reste, ce profit ne saurait excéder celui que donne toute autre espèce d'entreprise industrielle, car la concurrence est là pour y mettre ordre. Les profits supérieurs que donnent certains genres de c. résultent généralement des risques que l'on y doit courir, ou bien encore de la quantité considérable de capitaux qu'ils exigent, ou enfin du génie commercial du marchand qui a su faire connaître au public un produit utile ou agréable et est ainsi parvenu à le vendre en grande quantité, au grand avantage du producteur. Toutes ces conditions se retrouvent également dans toutes les entreprises agricoles ou manufacturières. Il est bien entendu que nous ne considérons pas ici les espèces de c., qui, sous un prétexte ou un autre, ont été érigées en monopoles ; car, dans ce cas, la concurrence, dont l'un des rôles essentiels et de niveler les profits, ne peut faire sentir sa bienfaisante influence, et alors les marchands peuvent véritablement faire la loi aux producteurs et aux consommateurs.

On peut cependant se demander si la fonction commerciale est actuellement remplie avec toute l'économie désirable, et si le nombre des intermédiaires qui vivent de la transmission de la marchandise du producteur au consommateur n'est pas plus grand qu'il ne serait désirable. Il est certain qu'à cet égard les mœurs commerciales sont susceptibles d'amélioration. Tel tissu fabriqué à Rouen ou à Sedan passe quelquefois dans cinq ou six maisons de c. avant d'arriver à la couturière qui doit l'utiliser. Un seul intermédiaire, deux au plus auraient suffi. Les commerçants en détail ne s'adressent que rarement aux manufactures ; ils recourent presque toujours à l'intermédiaire du marchand en gros, même quand ils savent très bien où se fabrique le produit qu'ils désirent : la manufacture refuserait de le leur vendre ou le leur vendrait aussi cher que le marchand en gros. Enfin, dans bien des cas, certaines manufactures, celles de porcelaine et de faïence, par exemple, pourraient presque sans frais ouvrir dans leurs dépôts un magasin de vente au détail. Elles ne le font pas, et obligent le consommateur à passer par l'intermédiaire du marchand. Il est dans les mœurs que le fabricant ne doit pas faire concurrence au marchand. C'est là une idée fausse et

anti-économique, un reste de l'ancienne organisation des corporations de métiers. Le rôle du commerçant n'est utile que s'il peut amener la marchandise entre les mains du consommateur à meilleur marché que ne le ferait le fabricant, ce qui est le cas général. Quand il n'en est pas ainsi, le marchand n'est qu'un parasite. — Une autre plaie du c. actuel, c'est l'abus de la publicité, et l'habitude déplorable d'aller offrir la marchandise à domicile. Cette course acharnée au client est devenue une nécessité du c. moderne, au grand détriment du consommateur. Elle grève la marchandise de frais considérables et entretient toute une armée d'agents de publicité, imprimeurs de prospectus et de catalogues, courtiers, etc., qui ne rendent en réalité aucun service à la société. C'est le mauvais côté de la concurrence.

IV. *C. intérieur.* — Le c. *intérieur*, c.-à-d. celui qui se fait entre tous les habitants d'un même pays, permet aux habitants des différentes parties de ce pays de donner à leur travail la direction qui peut être la plus productive selon la nature du sol, du climat et des productions naturelles des différentes provinces. Il rend possible cette *division territoriale du travail,* laquelle n'est pas moins avantageuse à la société que la division du travail entre les individus. S'il n'y avait pas de c., les habitants des différentes provinces, réduits forcément aux ressources de leurs territoires respectifs, manqueraient d'une foule de choses nécessaires, tandis qu'ils pourraient en avoir d'autres en abondance ; mais ils cesseraient de produire celles-ci, puisqu'ils ne pourraient les échanger contre d'autres. C'est ce qui explique pourquoi les habitants des contrées les plus vastes et les plus riches de la terre, mais qui n'ont pas entre eux des relations commerciales étendues, sont nécessairement pauvres et misérables. Cette adjonction de la division du travail entre les différentes parties d'un même pays à la division du travail entre individus, rend les forces productives de l'industrie incomparablement plus grandes, et augmente non seulement la masse des choses nécessaires à l'existence, mais aussi celle des commodités et des jouissances à un degré dont il est difficile de se rendre compte, et qui ne saurait être surpassé que par les effets du c. *étranger.*

Sous un autre rapport, le c. intérieur n'est pas moins avantageux au pays. Il crée entre les diverses parties du pays le plus vaste, pourvu que celui-ci possède les voies de communication indispensables au développement des relations commerciales, un intérêt commun. Les différentes parties de ce territoire s'approvisionnent réciproquement ; les habitants de chaque province sont, au point de vue de la production, de l'échange et de la consommation, dans une dépendance mutuelle. Aucune de ces provinces ne peut souffrir sans que les autres n'en éprouvent le contre-coup ; aucune d'elles ne prospère sans que les autres ne s'en ressentent également. Il règne entre elles toutes une solidarité et une communauté d'intérêts qui déterminent l'unité matérielle de l'État, de même que l'unité morale de ce dernier résulte de la communauté d'idées, de langue, de mœurs et de traditions.

V. *C. extérieur.* — Ce que le c. intérieur est, de province à province, le c. *extérieur* ou *étranger* l'est à l'égard des contrées du globe les plus distantes les unes des autres. En effet, les différentes contrées ne produisent chacune que certaines denrées particulières : *Non omnis fert omnia tellus.* Il y a assurément une différence bien moindre entre les produits des diverses provinces d'un pays, même très étendu, qu'entre les produits de contrées fort éloignées les unes des autres et situées sous des climats différents. Or, sans le c. étranger, non seulement les nations ne pourraient jouir des produits utiles ou agréables que leur sol ne donne pas, mais encore plusieurs d'entre elles demeureraient complètement isolée, et n'auraient aucune occasion d'entretenir avec les autres ces communications pacifiques qui concourent si activement au progrès de la civilisation.

Pour apprécier complètement les avantages du c. étranger, il convient de le considérer sous ses divers aspects, et d'examiner successivement : 1° son utilité pour nous approvisionner de denrées et d'articles dont, sans lui, nous serions totalement privés ; 2° son influence sur la multiplication et l'abaissement du prix des productions particulières à notre pays ; 3° l'influence qu'il exerce sur nous en nous faisant connaître les découvertes et les inventions étrangères, et en stimulant notre esprit d'invention ; 4° l'action indirecte qu'il exerce sur l'industrie en augmentant à la fois nos besoins et les sources de notre bien-être.

1° En ce qui concerne l'utilité du c. extérieur considéré comme ayant pour effet de procurer à chaque nation les denrées et les produits dont sans lui elle serait privée, cette utilité est trop évidente et trop palpable pour avoir besoin d'explications plus longues après ce que nous avons déjà dit. La France, comme la plupart des autres pays de l'Europe, est abondamment pourvue de produits indigènes, et cependant c'est de l'étranger que nous sommes obligés de tirer le coton qu'emploient nos manufactures, les bois de teinture et d'ébénisterie, le café, le thé, les épices, le cuivre, l'étain, l'or et l'argent, et une multitude d'autres articles plus ou moins importants. Or, si ces importations venaient à cesser, il est facile de concevoir quelle prodigieuse réduction nous éprouverions aussitôt, non seulement dans nos jouissances et nos commodités, mais encore dans nos moyens d'entretenir et d'occuper nos propres travailleurs. Le c. étranger n'aurait-il pour effet que de nous approvisionner de cette variété infinie de produits exotiques, on ne saurait estimer trop haut son utilité et son importance.

2° Mais telle est la bienfaisante influence du c. que, en même temps qu'il nous procure une multitude de productions nouvelles, il multiplie et rend moins chères celles qui sont propres à chaque pays. Il agit ainsi en permettant à chaque peuple de se livrer spécialement aux genres de travaux pour lesquels il possède quelque avantage naturel ou acquis, et en ouvrant à ses produits le marché du monde entier. L'Angleterre, par ex., ne saurait produire du vin comme celui de Bordeaux : cela pourtant ne fait pas renoncer les Anglais au plaisir d'user de cette délicieuse boisson. Pour se la procurer, ils n'ont autre chose à faire qu'à expédier pour la France ou pour quelque pays créancier de la France certains articles dans la production desquels ils ont la supériorité, et ils obtiennent du vin de Bordeaux en échange, au prix que ce dernier coûte à produire dans les circonstances les plus favorables.

Lorque la demande d'un article est limitée à un pays particulier, aussitôt que celui-ci est approvisionné, l'industrie qui le produit reste stationnaire : car c'est, on peut le dire, l'étendue du marché qui détermine la division du travail et le perfectionnement de l'industrie. Adam Smith a montré que, grâce à l'extrême division du travail dans une manufacture d'épingles occupant dix ouvriers, on peut fabriquer 48,000 épingles par jour, et depuis l'époque où il écrivait, ce nombre a quadruplé. Mais si la demande n'avait pas suffi pour enlever cette quantité d'épingles, on n'aurait songé ni à diviser ainsi le travail ni à perfectionner les machines; en conséquence, le prix des épingles serait infiniment plus élevé. Ce principe est d'une application universelle. La fabrication du coton est assurément l'industrie manufacturière qui, en Angleterre, occupe le plus de bras et emploie le plus de capitaux. Eh bien ! l'immense développement qu'elle a pris est entièrement dû au c. En effet, en supposant même que le coton en laine fût un produit indigène de la Grande-Bretagne, les Anglais n'auraient jamais pu faire des progrès si prodigieux dans cette fabrication si elle n'avait pas eu accès sur les marchés étrangers. L'étendue illimitée de ces marchés a provoqué une émulation générale parmi les manufacturiers, a suscité l'invention de machines merveilleuses destinées à économiser la main-d'œuvre, et, comme conséquence toute naturelle, a réduit le prix des tissus de coton a moins d'un quart de ce qu'il eût été si ces produits n'avaient eu pour débouché que le seul marché indigène. La plupart des grandes industries manufacturières, soit en Angleterre, soit en France, soit en Allemagne, nous fourniraient des exemples semblables. C'est l'accès des marchés étrangers qui a permis aux divers peuples d'accroître leur production en l'améliorant. Ainsi donc, comme nous l'avons dit plus haut, non seulement le c. approvisionne tous les pays d'une grande variété d'articles nouveaux et utiles, mais encore il abaisse le prix des principaux produits de chacun de ces pays, et rend ces produits accessibles à une multitude d'individus qui auparavant n'y pouvaient atteindre.

3° L'influence qu'exerce le c. en faisant connaître aux habitants de chaque pays les inventions et les découvertes étrangères, et en stimulant leurs efforts par la concurrence qu'il établit entre eux et les étrangers, n'a besoin que d'être signalée, tant elle est évidente. Ainsi donc, le c. distribue entre les divers peuples les productions de la science et de l'art, aussi bien que celles de la nature. Il est le grand instrument au moyen duquel les bienfaits de la civilisation se répandent dans le monde. Aussitôt qu'un perfectionnement un peu considérable se produit dans un art important, fût-ce à la Chine ou au Pérou, il ne tarde pas à être connu et pratiqué en France, en Angleterre, etc. Il n'est plus possible aujourd'hui de monopoliser une invention. Les relations incessantes que le c. établit entre tous les peuples, font de toute découverte, quelle qu'elle soit, un bienfait commun à l'humanité tout entière. Ainsi, l'ingénieuse machine inventée par Whitney, des États-Unis, pour séparer le coton des capsules qui le renferment, n'a pas été moins avantageuse à tous les peuples qui emploient cette matière première qu'aux Américains qui la produisent. Les admirables inventions de la machine à vapeur de Watt et de la machine à filer d'Arkwright n'ont pas moins contribué à accroître le bien-être des habitants du Brésil et de la Sibérie que celui des Anglais eux-mêmes. Il est de la nature du c. de détruire tous les genres de monopoles. Par lui, chaque pays profite de la fécondité des autres et de l'habileté acquise par les producteurs étrangers, et, réciproquement, il les fait lui-même profiter de tous les avantages qu'il peut posséder exclusivement. De cette manière, les intérêts des différents peuples se rapprochent et se confondent. Ceux-ci se communiquent mutuellement leurs produits, leurs arts et leurs sciences. Où en seraient aujourd'hui les nations les plus civilisées, si chacune d'elles fût demeurée enfermée dans ses étroites limites et privée de toute communication avec l'étranger? Sans nul doute, nous aurions nous-mêmes inventé quelques-unes des machines ou des industries que nous avons introduites chez nous du dehors; mais il serait ridicule de prétendre que nous les eussions toutes inventées. De plus, sans l'exemple et la concurrence des peuples étrangers, il est probable que ces inventions seraient restées à l'état presque rudimentaire et n'auraient point été portées au degré de perfection où elles sont déjà parvenues.

4° L'influence que le c. exerce sur l'industrie en augmentant indéfiniment le nombre des articles propres à satisfaire quelqu'un de nos besoins, n'est pas moins puissante et avantageuse que les influences dont nous venons de parler, quoiqu'elle ne soit pas tout à fait aussi manifeste. Chez les tribus barbares et sauvages où l'homme se contente de calmer sa faim et de s'abriter contre le froid par les moyens les plus grossiers, l'industrie est, pour ainsi dire, nulle. Dans cet état, si la douceur du climat rend le vêtement et le logement une chose de peu d'importance, si la terre produit spontanément une assez grande quantité de fruits, comme on le voit dans les pays tropicaux, les habitants restent plongés dans l'indolence et semblent mettre leur bonheur à s'affranchir de tout travail. Aussi a-t-on remarqué depuis longtemps que les peuples qui habitent des contrées moins favorisées de la nature, sont ceux qui ont fait les plus rapides progrès dans l'industrie et dans les arts. En outre, dans les sociétés civilisées et commerçantes, l'introduction incessante de nouveaux produits utiles ou agréables stimule constamment l'activité humaine et provoque des efforts continuels de la part des individus qui désirent se procurer la satisfaction à laquelle répondent ces articles nouveaux. Les besoins de l'homme civilisé, loin d'être une quantité fixe et limitée, sont essentiellement progressifs et indéfinis. Ils s'accroissent sans cesse à mesure qu'augmentent les moyens de les satisfaire. A peine un désir est-il satisfait, qu'un autre surgit et nous excite à de nouveaux efforts, à de nouveaux travaux. Le travail est la condition de l'homme sur la terre, et le désir est l'aiguillon qui le force à travailler sans relâche; tandis que le c. est à la fois le moyen de satisfaire par l'échange la plus grande partie de ses désirs, et l'agent le plus efficace pour en créer de nouveaux.

L'importance du rôle que joue le c. extérieur dans la vie des peuples est encore démontrée par un événement considérable de notre propre histoire. On sait que Napoléon, dans le but de ruiner l'industrie, le c. et la navigation de l'Angleterre, interdit, par les fameux décrets de Berlin (21 nov. 1806) et de Milan (17 déc. 1807), l'introduction de toutes les marchandises anglaises dans les divers pays soumis à son empire ou dépendant de ses alliés, c.-à-dire dans l'Europe entière. Ce système d'interdiction générale et absolue qu'on désigne habituellement sous le nom de *Blocus continental*, fit plus de mal à l'industrie et au c. de la France et des nations qui furent contraintes d'entrer dans cette fatale coalition qu'à ceux de la Grande-Bretagne. Sans doute, les fabricants anglais eurent d'abord à souffrir de la prohibition qui fermait la plus grande partie de l'Europe à leurs produits; mais, grâce à la puissance de ses forces navales, le gouvernement britannique eut bientôt ouvert dans toutes les autres parties du monde de nouveaux et considérables débouchés à ses nationaux. Il s'empara de la plupart des colonies françaises, danoises, hollandaises, et de quelques-unes des colonies espagnoles. Le pavillon anglais supplanta dans toutes les mers les pavillons européens; les marchandises anglaises furent les seules pour lesquelles la mer resta libre et sans dangers. Le prodigieux accroissement que prirent, pendant la période impériale, l'industrie et le c. anglais, est la preuve la plus incontestable de l'inanité du système gigantesque si vivement poursuivi par Napoléon, comme devant ruiner son implacable ennemie. Mais, tandis que l'Angleterre, grâce à l'absence de toute concurrence commerciale, croissait en puissance et en prospérité, les États du continent souffraient cruellement, d'une part, de la perte des débouchés que la Grande-Bretagne offrait naguère à leurs produits agricoles et manufacturiers, et d'autre part, du renchérissement inouï des denrées coloniales dont l'usage était devenu pour les consommateurs un besoin de première nécessité, ainsi que des matières exotiques indispensables à certaines industries, telles que le coton, l'indigo, les bois de teinture, etc. Si les encouragements que Napoléon donna à l'industrie nationale atténuèrent un peu les souffrances du pays, il n'en fut pas de même pour l'Allemagne, la Russie et les contrées agricoles du centre de l'Europe. L'Angleterre avait été jusqu'alors leur marché principal. Ce marché fermé par le blocus continental, elles ne trouvaient ni à écouler les produits de leur sol, ni à acheter, sinon à des prix exorbitants, les articles manufacturés auxquels elles étaient accoutumées. Ce système aliéna à la France tous les peuples qui y étaient soumis, et fut une des causes principales de la facilité avec laquelle l'Angleterre réussit plus tard à les coaliser tous, sans exception, contre notre pays et contre Napoléon. L'empereur n'avait pas réfléchi que l'Angleterre était plus nécessaire encore aux peuples européens comme acheteur de leurs propres produits, qu'ils ne lui étaient eux-mêmes nécessaires comme acheteurs des produits de l'industrie britannique. On peut donc dire, sans exagération, qu'une erreur économique sur la nature du c. a été l'une des principales causes de la chute déplorable de Napoléon et de la ruine du premier empire français.

VI. *Balance du commerce.* — C'est le terme dont on se sert communément pour exprimer la différence qui existe entre la valeur des *exportations* d'un pays et celle des *importations* dans ce même pays. On dit que la balance est *favorable*, lorsque la valeur des exportations dépasse celle des importations, et *défavorable*, lorsque la valeur des importations dépasse celle des exportations. Pendant longtemps on a cru qu'il était de l'intérêt des nations d'avoir une balance *favorable*, c.-à-d. d'exporter plus de marchandises que d'en importer, et l'on estimait leur prospérité d'après l'état de cette balance, parce que la différence des exportations sur les importations était supposée se solder en espèces métalliques et que ces dernières étaient considérées comme constituant la richesse par excellence. Dans cette théorie, le c. extérieur était considéré comme la branche de travail la plus productive pour une nation, et comme la seule qui pût l'enrichir, en attirant du dehors au dedans la plus grande quantité possible de métaux précieux. De là le nom de *système mercantile*, par lequel on désigne souvent la théorie de la balance du c. Malgré sa longue domination, et le nombre considérable de partisans, avoués ou non, qu'il conserve encore, ce système est radicalement faux: car il procède d'une notion erronée du rôle de la monnaie dans les échanges, et d'une conception également erronée relativement à la nature du commerce.

A. — La monnaie étant une marchandise comme toute autre denrée ou tout autre produit de l'industrie, il est absurde de considérer les métaux précieux comme l'unique ou même comme la principale richesse. Les pays producteurs de métaux précieux exportent ces métaux comme nous-mêmes nous exportons nos vins et nos soieries et pour le même motif, c.-à-d. pour recevoir en échange les articles dont ils ont besoin. Il suivrait de la doctrine mercantile que plus le Mexique exporterait d'argent, plus il se ruinerait; et cependant les propriétaires de mines de ce pays croient s'enrichir lorsqu'ils tombent sur des filons abondants et peuvent exporter de plus grandes quantités d'espèces métalliques. Quant aux pays qui n'ont pas de mines, une fois qu'ils sont suffisamment approvisionnés de métaux précieux, soit pour leur circulation en espèces, soit pour les besoins de certaines industries (bijoutiers, orfèvres, doreurs, etc), ils ne tiennent aucunement à importer de numéraire en échange de leurs marchandises, mais à importer, soit les matières premières nécessaires à leurs fabriques, soit les articles de consommation qu'ils ne produisent pas eux-mêmes ou qu'ils ne pourraient produire qu'à plus de frais. Serait-ce donc qu'un négociant ne sait pas calculer et ne connaît pas ses véritables intérêts lorsque, par ex., après avoir expédié des soieries au Brésil et les y avoir vendues avec bénéfice, il aime mieux, au lieu de rapporter le numéraire avec lequel on l'a payé, acheter au même endroit des cafés qu'il importe en France et qu'il revend ensuite avec un nouveau bénéfice? — Nous avons déjà vu au mot CIRCULATION : 1° que la quantité d'espèces dont un pays a besoin pour effectuer ses échanges est limitée par le nombre même de ces échanges; 2° qu'il y a économie et avantage pour un pays à réduire autant que possible la somme des métaux employés comme espèces circulantes; 3° que l'accroissement de la quantité des métaux précieux dans un pays, si ces derniers ne pouvaient se déverser au dehors, déterminerait une diminution dans leur valeur, c.-à-d. dans leur puissance d'achat. Or, de ces démonstrations, sur lesquelles il est inutile de revenir, il résulte évidemment et nécessairement que la fonction spéciale du numéraire est celle d'agent des échanges, et que son abondance, loin d'être le signe infaillible de la prospérité d'un pays, est généralement une preuve ou de sa pauvreté, ou au moins d'une détresse temporaire. C'est ainsi qu'un pays peu industrieux et où il se fait peu d'échanges a besoin, pour effectuer un petit nombre de transactions, d'une somme en numéraire comparativement très supérieure à celle d'un pays où fleurissent l'industrie et le c.: l'Espagne et l'Angleterre nous fournissent un exemple de ce contraste. Comme exemples du second cas, nous rappellerons la situation où s'est trouvée la France après la révolution de 1830 et celle de 1848. A chacune de ces deux époques le crédit commercial, aussi bien que le crédit public, profondément atteint par ces commotions soudaines, avait complètement disparu. Il en était résulté que les échanges ne s'effectuaient plus qu'argent comptant, et que malgré la diminution trop réelle de la somme totale des échanges, les besoins en numéraire étaient devenus immédiatement plus forts. Or, la vente des marchandises étant devenue par cela même plus difficile au dedans, on fut obligé de faire des efforts plus qu'ordinaires pour leur procurer, même au prix de sacrifices considérables, c.-à-d. au moyen de ventes à perte, de plus larges débouchés au dehors. De là un accroissement notable dans les exportations et une énorme diminution dans les importations. Par conséquent, dans ces deux périodes, la balance du c. nous fut incomparablement plus favorable qu'aux époques qui les avaient précédées ou qui les suivirent. Les partisans de la balance du c. doivent donc en conclure que la France jouissait, au milieu de ces deux crises, d'une prospérité sans exemple.

B. — Il résulte de ce qui précède, qu'à moins de circonstances exceptionnelles, comme celles où se trouva la France après 1830 et 1848, et en mettant à part les pays producteurs de métaux précieux, les produits importés ne peuvent, en définitive, s'échanger que contre d'autres produits : toute vente implique un achat, et la prétention de vendre sans acheter est tout aussi ridicule que celle d'acheter sans vendre. La Suède, par ex., paie en fers nos vins de Bordeaux; les États-Unis échangent leurs cotons contre nos soieries; la Russie envoie à l'Angleterre ses goudrons et ses chanvres en échange des tissus de coton, des draps et de la quincaillerie qu'elle en reçoit; le Brésil paie en sucre et cafés, en bois de teinture et en cuirs, les tissus de tout genre, les savons, les vins, en un mot, tous les articles européens. C'est uniquement avec ce qu'il produit qu'un peuple peut acheter ce qu'il ne produit pas, et à la rigueur on pourrait, dans ces échanges, se passer d'espèces métalliques. D'ailleurs, il est de l'intérêt des commerçants, ainsi que nous l'avons établi à l'article CHANGE, d'opérer leurs transactions avec le moins de numéraire possible, en évitant les soldes et les transports d'espèces. Or, ce qui est avantageux à chacun des négociants d'un pays considérés individuellement, ne saurait être désavantageux pour ces mêmes commerçants pris ensemble. Aussi est-ce précisément de la même manière que s'opère l'immense majorité des transactions commerciales faites entre les divers pays.

On demandera peut-être en quoi consistent les bénéfices des nations, si ce n'est pas dans la balance du c., c.-à-d. dans l'excédent des exportations sur les importations. La réponse est facile. Deux peuples peuvent bénéficier à la fois sur leurs importations respectives, et cela, sans que le numéraire ait figuré dans leurs transactions. Si, par ex., un commerçant français expédie 100 pièces de soie en Suède, où elles lui sont payées par 200 tonnes de fer, il peut réaliser, au moyen du fer vendu en France, le bénéfice de son exportation de soieries en Suède. De même, le négociant suédois pourra faire, en Suède, sur les soieries qu'il a achetées avec ses fers, un bénéfice précisément égal à celui que le Français a fait lui-même. Nos deux négociants auront donc gagné, sans que la balance du c. ait rien à y voir, par cette simple raison que chacun d'eux a acheté, avec un article qui dans son pays représentait, par ex., 1,000 francs de production, un autre article qui lui aurait coûté 1,400 de frais de production s'il avait voulu le produire lui-même. Le bénéfice du commerçant consiste donc dans la différence de valeur d'une même denrée, dans les lieux où elle surabonde et où il l'achète, et dans ceux où elle manque et où il la vend. Le bénéfice du peuple en général consiste en ce que la marchandise importée est vendue moins cher que s'il avait fallu la produire dans le pays même.

La fausseté du système mercantile se démontre aussi très bien par cela même. Il suffit pour cela de tirer de cette théorie les conséquences extrêmes qu'elle renferme. Un membre de l'Assemblée législative ayant fait à la tribune l'apologie de cette doctrine surannée, Fréd. Bastiat, dans une vive et spirituelle brochure intitulée *Spoliation et Loi*, lui répondit en ces termes : « Permettez-moi d'apprécier le mérite de la règle selon laquelle les partisans de la balance calculent les profits et les pertes. Je le ferai en racontant deux opérations commerciales que j'ai eu l'occasion de faire. J'étais à Bordeaux. J'avais une pièce de vin qui valait 50 francs ; je l'envoyai à Liverpool, et la douane constata sur ses registres une *exportation de 50 francs*. Arrivé à Liverpool, le vin se vendit 70 fr. Mon correspondant convertit les 70 fr. en houille, laquelle se trouva valoir, sur la place de Bordeaux, 90 fr. La douane se hâta d'enregistrer une *importation de 90 fr.* Balance du c. en excédent de l'exportation, 40 fr. Ces 40 fr., j'ai toujours cru, sur la foi de mes livres, que je les avais gagnés. M. M... m'apprend que je les ai perdus, et que la France les a perdus en ma personne. Ma seconde opération eut une issue bien différente. J'avais fait venir du Périgord des truffes qui me coûtaient 100 fr. Elles étaient destinées à deux célèbres ministériels anglais qui devaient me les payer à un très haut prix que je me proposais de convertir en livres. Hélas ! j'aurais mieux fait de les dévorer moi-même (je parle des truffes, non des livres ni des lords). Tout n'eût pas été perdu comme il arriva, car le navire qui les emportait périt à la sortie du port. La douane, qui avait constaté à cette occasion une sortie de 100 fr., n'a jamais eu aucune rentrée à inscrire en regard. Donc, dira M. M..., la France a gagné 100 fr. ; car c'est bien de cette somme que, grâce au naufrage, l'exportation surpasse l'importation. Si l'affaire eût autrement tourné, s'il m'était arrivé pour 200 ou 300 fr. de livres, c'est alors que la balance du c. eût été défavorable et que la France eût été en perte ! »

C. — Il y a plus d'un siècle que le système mercantile a été ruiné de fond en comble par les travaux de Turgot et d'Adam Smith. Néanmoins, il conserve encore un si grand empire sur une foule d'esprits qui n'ont jamais porté une attention réfléchie sur les fonctions de la vie économique des nations, que nous avons cru devoir, à l'exemple de tous les économistes contemporains, étudier avec soin cette question. La même cause qui a engendré la déplorable théorie de la balance du c. subsiste encore aujourd'hui : c'est une confusion née et entretenue par un vice du langage vulgaire, le mot *Argent* est pris constamment comme expression de richesse. « La double fonction que remplit l'argent, dit Adam Smith, et comme instrument de c. et comme mesure de valeur, a donné naturellement lieu à cette idée populaire que l'argent fait la richesse, ou que la richesse consiste dans l'abondance de l'or ou de l'argent. L'argent servant d'instrument de c., quand nous avons de l'argent, nous pouvons bien plutôt nous procurer toutes les choses dont nous avons besoin, que nous ne pourrions le faire par le moyen de toute autre marchandise. Nous trouvons à tout moment que la grande affaire, c'est d'avoir de l'argent : quand une fois on en a, les autres achats ne souffrent pas la moindre difficulté. D'un autre côté, l'argent servant de mesure des valeurs, nous évaluons toutes les autres marchandises par la quantité d'argent contre laquelle elles peuvent s'échanger. Nous disons d'un homme riche qu'il a beaucoup d'argent, et d'un homme pauvre qu'il n'a pas d'argent, etc. S'enrichir, c'est acquérir de l'argent. En un mot, dans le langage ordinaire, richesse et argent sont regardés absolument comme synonymes. » — Pour se mettre à l'abri de cette confusion qui se présente à l'esprit comme une cause d'erreur perpétuelle chez toutes les personnes qui ne sont pas familières avec les considérations économiques, ajouterons-nous, il n'existe qu'un seul moyen : c'est de regarder toujours ce qui est caché derrière l'argent, derrière la monnaie métallique, et de faire abstraction de celle-ci toutes les fois que sa fonction se réduit à celle d'intermédiaire. Essayons d'appliquer cette méthode à l'analyse des faits que présente le c. extérieur.

1° Tout d'abord, les statistiques douanières de l'exportation et l'importation présentent nécessairement des lacunes très graves qui faussent la comparaison. Ainsi ne figurent pas sur la liste des exportations tous les objets emportés par les étrangers venus en France, tels que les articles de Paris,

les articles de luxe en général, ni à plus forte raison toutes les marchandises consommées par ces étrangers pendant leur séjour en France, toutes dépenses que l'on peut estimer à plusieurs centaines de millions. D'autre part, la douane estime les produits importés à leur valeur à l'entrée en France, c.-à-d. y compris les frais de transport, assurance, courtage, etc. ; tandis qu'elle évalue les produits exportés à leur valeur au départ, c.-à-d. sans y comprendre les frais de toute sorte dont nous venons de parler ; il résulte naturellement de ce fait une majoration apparente du chiffre des exportations. Comme il résulte du passage de Bastiat cité plus haut, une marchandise valant 1,000 fr. au Havre expédiée à l'étranger et échangée contre une autre marchandise qui ramenée au Havre y vaut 1,500 fr. donnera lieu, sur les statistiques, à une exportation de 1,000 fr. et une importation de 1,500 fr. La différence est bien 500 fr. de bénéfice et le système mercantile transforme ce bénéfice en perte !

2° « La théorie de la balance du commerce, dit M. Beauregard (*Précis d'économie politique*), a le tort grave de ne tenir compte, pour dresser le tableau des créances et des dettes d'un pays vis-à-vis de l'étranger, que de l'importation et l'exportation des marchandises. Bien d'autres causes pourtant agissent, qui peuvent aider à équilibrer les chiffres. — Certains peuples, par ex., réalisent dans le c. extérieur des bénéfices dont le tableau des exportations ne saurait faire mention. C'est ainsi que l'Angleterre, dont la marine marchande est si développée, opère une foule de transports pour le compte des autres pays. — Mais, surtout, les nations les plus riches (et ce sont précisément celles-là chez qui les importations dépassent le plus les exportations) ont prêté à d'autres des capitaux dont l'intérêt leur est dû. Les Anglais, par ex., en souscrivant aux emprunts des États étrangers, en achetant des titres de sociétés importantes qui fonctionnent dans les divers pays, en faisant des avances considérables à leurs colonies, sont devenus créanciers d'un revenu annuel qui atteint près de trois milliards. La France retire chaque année d'opérations analogues près d'un milliard et demi. Or, une grande partie de ces intérêts sont payés aux particuliers qui y ont droit, non pas en numéraire, mais en produits qu'ils se font expédier. Ces produits à leur entrée sont évalués par la douane et viennent augmenter la liste des importations, tandis que rien n'indique au tableau des exportations les contre-valeurs avec lesquelles on les a payés. »

3° « En réfléchissant à la nature des échanges, dit Joseph Garnier, on ne laisse pas à s'apercevoir que c'est seulement par exception, c.-à-d. dans les cas de ruse, de dol ou d'ignorance, que l'une des parties contractantes peut se trouver lésée. En général, dans ces opérations, les intérêts se balancent, les valeurs s'équilibrent. Il est en effet difficile qu'une nation, qui est la collection d'un grand nombre d'individus travaillant chacun dans leur intérêt particulier, cède la masse de ses produits pour des produits de valeur inférieure, de sorte que les relevés administratifs, qui indiquent les importations d'un pays, ne devraient, en prenant la moyenne de quelques années seulement, présenter aucune différence notable entre les exportations de cette nation pour tous les pays et les importations de tous les pays au sein de cette nation. *Il semble même que la différence, s'il devait y en avoir une, devrait être forcément en faveur des importations* ; car, enfin, les raisons qui portent à l'échange sont qu'on a plus besoin des produits que l'on reçoit que de ceux que l'on donne, et que l'on accorde, par conséquent, moins de valeur à ceux-ci qu'à ceux-là. » Le même écrivain fait spirituellement remarquer que jadis tous les tableaux officiels dressés chez tous les peuples commerçants, par leurs administrations respectives, constataient, pour chacun d'eux, un excédent de ses exportations sur ses importations.

4° En accordant même toute confiance aux statistiques des douanes, comment peut-on concevoir que soit soldé l'excès d'importation qu'elles accusent invariablement, au moins pour la France ? Il est impossible d'imaginer d'autre réponse que l'une des suivantes :

L'excès des importations peut être soldé : 1° en espèces métalliques ; 2° par l'excès de valeur que présente sur le marché français la marchandise importée sur la marchandise exportée en échange, excès qui représente les frais de transports et le bénéfice du négociant ; 3° par les marchandises que les voyageurs étrangers consomment sur le territoire français ou emportent avec eux dans leur pays ; 4° par les créances que possèdent certains français sur les pays étrangers à titre d'intérêt des capitaux qu'ils ont prêtés aux gouvernements, soit aux industriels étrangers ; 5° par des valeurs françaises, c.-à-d. par l'acquisition que feraient les étrangers de terres ou d'immeubles français, d'actions ou d'obligations d'entreprises industrielles françaises, ou même d'actions ou d'obligations étrangères appartenant à des Français, en un mot par la transmission d'une partie du capital de la France entre des mains étrangères. — La première solution doit être rejetée, d'abord parce qu'il est démontré que la valeur des espèces métalliques circulant en France est à peu de chose près invariable, et, d'autre part, par cet argument de fait que si la solution était juste, depuis des siècles que les exportations dépassent les importations, il ne resterait plus actuellement un seul gramme d'or ou d'argent en France. — La cinquième solution doit être rejetée pour le même motif. L'expérience ne montre pas que nos immeubles ou notre outillage industriel passent entre des mains étrangères. Nos créances à l'étranger ne diminuent pas non plus ; toutes les statistiques s'accordent à démontrer que l'épargne de la France, loin de diminuer, s'accroît de plus en plus. Il suffit, pour s'en convaincre, de constater la marche ascensionnelle des dépôts d'argent de toute nature : Caisses d'épargnes, sociétés de crédits, etc., et l'empressement avec lequel sont souscrits tous les emprunts nouveaux, même ceux qui ne présentent que peu ou point de garanties. — Il ne reste donc plus que les autres solutions, parmi lesquelles la deuxième paraît jouer le rôle le plus important ; mais alors les circonstances n'ont plus rien de défavorable à la France, au contraire, et l'on est bien obligé de conclure que la doctrine mercantile est erronée et que les statistiques des douanes n'ont pas la valeur qu'on leur attribue trop communément.

En définitive, l'excès des importations est la règle pour un pays dont les affaires prospèrent, et si l'on voulait tirer quelques indications du mouvement d'entrée et de sortie des marchandises, ce serait, au contraire, un excès des exportations qui devrait être considéré comme un mauvais symptôme.

VII. *Restrictions apportées au commerce.* — Nous avons vu plus haut qu'il est impossible d'établir une distinction entre les effets salutaires du c. intérieur et ceux du c. extérieur. On s'accorde généralement à reconnaître que le c. intérieur d'un pays doit jouir d'une entière liberté, et cependant, quand il s'agit du c. extérieur, on rencontre une foule de bons esprits qui repoussent bien loin cette liberté et pensent qu'un gouvernement aurait le droit de la limiter à son gré. On peut même dire que c'est là l'opinion la plus générale, et en fait, tous les gouvernements pratiquent cette limitation dans des mesures plus ou moins larges. La limitation du c. extérieur s'opère généralement, soit en interdisant l'importation de certains produits étrangers ou l'exportation de certains produits nationaux, soit en soumettant l'importation de ces mêmes produits étrangers à des droits de douane élevés, qui ont pour effet de faire monter artificiellement le prix de ces derniers, ce qui oblige le consommateur à acheter de préférence les produits indigènes similaires. La première de ces mesures constitue la *Prohibition; la* seconde a reçu le nom de *Protection douanière* ou simplement de *Protection.* Nous allons examiner cette question, d'abord au point de vue théorique, c.-à-d. scientifique, et ensuite au point de vue pratique, c.-à-d. au point de vue de l'application.

A. — Nous avons vu que, dans toute opération commerciale, il y a échange de deux produits, et que les deux parties contractantes ne font cet échange que parce que chacune d'elles y trouve ou pense y trouver un bénéfice. En matière d'industrie et de c., le meilleur guide de chaque individu est son propre intérêt. « Nul seulement dans l'homme, dit avec raison J.-B. Say, ne tient son intelligence éveillée autant que l'intérêt personnel : il donne de l'esprit aux plus simples. » Sans doute, ce guide n'est pas toujours infaillible pour nous diriger dans ces sortes d'affaires ; mais il est incomparablement meilleur qu'aucun autre. Si le trafic avec un pays ou sur un article quelconque donne de la perte, ou est seulement moins profitable que d'autres, il sera bientôt abandonné, sans qu'il soit besoin d'aucune intervention du législateur. Il est tout aussi peu nécessaire de rendre un décret pour l'empêcher qu'il le serait d'intervenir pour empêcher les particuliers de livrer leur travail ou leurs marchandises au-dessous du cours. Tout règlement qui porte atteinte à la liberté du c., comme de toute autre branche d'industrie, est inutile ou pernicieux. Il est inutile quand il a pour objet de protéger l'intérêt des particuliers en les empêchant de s'engager dans des entreprises désavantageuses, et il est pernicieux quand il les empêche de se livrer à des opérations qui leur seraient profitables.

Il est vrai que, lorsque le législateur intervient dans l'ordre de choses dont nous parlons, il n'affiche pas la prétention de diriger la conduite particulière des individus ; il veut simplement, dans l'intérêt de la nation tout entière, protéger telle ou telle branche de l'agriculture, telle ou telle espèce d'industrie. C'est là une illusion complètement chimérique. Et d'abord, une protection spéciale accordée à une branche particulière quelconque du travail national ne peut avoir lieu qu'au détriment de toutes les autres classes. En effet, la prohibition d'un article quelconque importé de l'étranger, afin d'encourager dans le pays la fabrication de ce même article, a pour résultat immédiat d'élever le prix de ce dernier. Cette hausse de prix est assurément un bénéfice pour les individus qui se livrent à ce genre de production ; mais il nous est impossible d'imaginer quel peut être le bénéfice tiré de cette mesure par les autres habitants du pays, à moins qu'ils ne regardent comme un profit l'avantage de payer plus cher l'article en question. — On ne manque pas d'alléguer que, dans ce cas, l'entrave ainsi mise à l'entrée de l'article étranger aura pour effet d'augmenter la demande de l'article similaire produit dans le pays, par conséquent d'augmenter la demande du travail national, et qu'ainsi il y aura compensation. Mais, ici encore, on ne fait pas attention que, si le consommateur est obligé d'acheter plus cher l'article protégé, il sera forcé de restreindre ses achats d'autres produits : donc, si l'industrie protégée vend davantage, les industries non protégées vendront moins (et cela exactement dans la même proportion), et le travail de celles-ci diminuera d'autant. Les restrictions apportées au c. extérieur peuvent donc, selon l'espèce d'article que le législateur croit devoir protéger, favoriser la production de cet article; mais elles n'agissent ainsi qu'aux dépens de quelque autre genre de production. Elles ne sauraient d'ailleurs accroître en aucune façon la quantité totale du travail dans un pays. Tout ce que l'interdiction des marchandises étrangères peut opérer, c'est de substituer une espèce de demande à une autre. Prenons l'Angleterre pour exemple. On a dit aux Anglais que, lorsqu'ils buvaient du vin de Bordeaux ou du porter, ils consommaient des produits de l'industrie anglaise, tandis que, quand ils buvaient du porto ou du bordeaux, ils consommaient les produits de l'industrie des Portugais ou des Français. Mais, au fond, il n'y a aucune différence réelle entre les deux cas. En effet, qu'est-ce qui engage les étrangers à fournir leurs vins aux Anglais? C'est que ceux-ci envoient directement ou indirectement en Portugal ou en France une masse équivalente de produits anglais avec lesquels ils paient les vins. L'Angleterre ne reçoit rien gratis de l'étranger, car le c. ne vit pas de libéralités. Il est clair comme le jour que l'Anglais qui ne boit que du vin de France, qui ne mange que du pain fait avec du blé de Pologne, qui ne porte que des vêtements faits avec du drap de Saxe, etc., occasionne, par . . . . . même, une exportation équivalente de cotonnades, de quincailleries, de cuirs et d'autres produits de l'industrie anglaise. Par conséquent, il encourage autant cette industrie que s'il consommait exclusivement des produits anglais.

Toutefois il arrive rarement que les restrictions à l'importation des articles étrangers bornent leur effet à substituer une sorte d'emploi à une autre. Le plus souvent elles ont pour résultat de changer la distribution des capitaux et du travail dans le pays, en les poussant à s'engager dans des voies moins productives, et d'élever le prix des marchandises. Un pays importe rarement de l'étranger un article qu'il peut produire à aussi bon marché. Dans la très grande majorité des cas, les articles importés ne pourraient être produits dans le pays qu'avec des frais de production de beaucoup supérieurs. Supposons, par ex., que nous importions pour 1 million de francs d'un article, que l'importation de cet article vienne à être prohibée et que la même quantité que nous en importions ne puisse être produite chez nous pour moins de 1,500,000 fr. C'est pour les consommateurs la même chose que si l'article en question eût été frappé d'une taxe particulière de 500,000 fr.; mais pour l'État, c'est tout autre chose: car, dans le cas d'une taxe, ce que les consommateurs auraient perdu serait entré dans ses coffres, tandis que, dans le cas d'une prohibition, l'élévation de prix causée par une plus grande difficulté de production ne profite absolument à personne.

Ainsi que nous l'avons vu, le plus souvent la prohibition ou les droits élevés mis à l'importation permettent aux entrepreneurs de l'industrie protégée de faire des bénéfices extraordinaires aux dépens des consommateurs et au détriment des industries non protégées. Ainsi, par ex., si l'Angleterre venait à prohiber les soieries étrangères, cette circonstance, en diminuant la masse des soieries sur le marché anglais et en les faisant hausser de prix, serait fort avantageuse dans le premier moment aux fabricants anglais, car elle élèverait leurs profits au-dessus du taux ordinaire; mais cette faveur légale, nous ne dirons pas légitime, ne procurerait cependant à ces fabricants qu'une prospérité momentanée. La conséquence prochaine de la prohibition serait que les personnes engagées dans ce genre de fabrication se mettraient aussitôt à étendre leurs opérations, en même temps que beaucoup de personnes qui se livraient à d'autres entreprises y renonceraient pour s'appliquer à une branche d'industrie placée dans une position si favorable. Ce transport des capitaux et du travail à l'industrie privilégiée ne s'arrêterait que lorsque les profits se trouveraient ramenés au taux commun. Si l'on fait attention aux divers phénomènes qui se passent dans ce cas, on voit qu'il y a nécessairement perte pour le pays. Comme les capitaux ne s'improvisent pas, ils quittent, pour s'engager dans une industrie plus ou moins artificielle (car elle a besoin de protection), des industries naturelles et vraiment nationales (car celles-ci n'avaient pas besoin de protection). De plus, comme, lorsque les capitaux voient s'ouvrir devant eux une carrière où il y a chance de bénéfices plus considérables, ils s'y précipitent souvent avec une ardeur mal calculée, il arrive fréquemment qu'il y a excès de production de l'article favorisé, lequel est bientôt suivi d'une réaction qui détermine une baisse des prix et des salaires au-dessous du niveau ordinaire. — Il n'existe qu'un cas où l'avantage d'un profit plus élevé soit permanent, c.-à-d. dure autant que la mesure protectionniste : c'est celui de l'industrie agricole; car alors, la culture se portant sur des terres de qualité inférieure, il en résulte une hausse dans la rente des bonnes terres; mais cette hausse, il importe de le noter, ne profite ni aux fermiers, ni aux travailleurs agricoles : le propriétaire foncier en recueille seul tout le bénéfice.

Ce n'est pas tout. — Une interdiction d'acheter au meilleur marché possible est également une interdiction de vendre le plus cher possible. Le haut ou le bas prix d'un article ne s'établit et ne peut se reconnaître que par la quantité d'autres produits contre lesquels il s'échange. Supposons, en prenant toujours l'Angleterre pour ex., qu'en expédiant une certaine quantité de cotonnades au Brésil, on pût obtenir en échange 150 boucauts de sucre, tandis que la même quantité, expédiée à la Jamaïque, ne s'y échangerait que contre 100 boucauts; il est évident qu'en prohibant l'importation du sucre du Brésil, on force les négociants à vendre leurs marchandises aux deux tiers du prix qu'ils en auraient pu tirer. Supposer qu'un système qui produit de pareils résultats puisse être un moyen d'augmenter la richesse nationale, c'est supposer une chose évidemment absurde.

Enfin, tandis que la liberté du c. stimule, par l'effet de la concurrence extérieure, les industriels non protégés à améliorer leurs instruments et leurs produits, les industriels protégés, qui sont maîtres du marché intérieur, cèdent presque inévitablement à cette tendance si naturelle à l'homme, l'indolence et l'indifférence. Ils dorment volontiers sur le doux oreiller du privilège. « Pourquoi, disait un de ces heureux du jour, ferais-je les frais de machines perfectionnées? Ne suis-je pas protégé! »

Nous terminerons ces considérations par quelques mots sur un argument philanthropique à l'usage des adversaires quand même de la liberté commerciale. Lorsque la protection du gouvernement est réclamée en faveur d'une industrie quelconque, on ne manque jamais de la mettre en avant l'intérêt des classes laborieuses, en affirmant que cette industrie leur fournira de nouveaux moyens d'existence. Ceux qui invoquent cet argument commettent une étrange erreur. Nous avons vu plus haut que la protection n'a pas d'autre effet que de déplacer les capitaux et le travail déjà occupés ailleurs; par conséquent, elle ne saurait être d'aucun avantage aux ouvriers. Si la prohibition a pour effet de faire produire dans le pays un article qui se tirait auparavant du dehors, cela même ne crée pas de nouveaux emplois pour le travail, puisqu'elle a pour résultat nécessaire de restreindre la production nationale des articles avec lesquels on achetait l'article étranger actuellement prohibé. Donc, ici encore, il n'y a nulle création nouvelle de travail pour les classes salariées. Loin de là, les industries privilégiées ne pouvant produire qu'avec des frais supérieurs les articles qu'elles fournissent, s'adressent à une classe de consommateurs d'autant plus limitée que le renchérissement de ces articles est plus grand. En conséquence, leur production est nécessairement plus restreinte, et partant elles doivent occuper un nombre d'ouvriers proportionnellement moindre. En ce sens, la protection serait donc plutôt préjudiciable aux classes ouvrières.

Nous croyons avoir démontré péremptoirement les inconvé-

nients des restrictions apportées dans une foule de pays à la liberté de l'échange ou du c.; nous aurons peu de chose à dire sur leur injustice, car elle est palpable. Lorsque le système restrictif permet à une catégorie d'industriels d'élever leurs prix, évidemment c'est aux dépens des consommateurs forcés de l'article protégé, lesquels sont obligés de payer plus cher. Cette protection, lors même qu'elle s'étend à un certain nombre d'industries, afin d'amoindrir l'inégalité de leur position, est encore injuste relativement : car il n'est pas possible au législateur d'accorder à toutes les industries privilégiées la faveur d'un renchérissement de leurs produits exactement proportionnel. « Mais que dire, observe Joseph Garnier, des nombreux services humains qui payent tribut et ne reçoivent, ne sont pas même susceptibles de recevoir aucune compensation par l'action des tarifs de douanes? Ces services sont si nombreux qu'ils occupent la masse même de la population. Pour qu'un service puisse recevoir la protection douanière, il faut que le travail auquel il donne lieu s'incorpore dans un objet matériel susceptible de passer la frontière: car ce n'est que sous cette forme que le produit similaire étranger peut être repoussé ou grevé d'une taxe. Or, il est un produit extrêmement précieux, la sécurité, qui n'est pas dans ce cas. Ce service absorbe les fonctions d'une multitude de personnes, depuis les ministres jusqu'aux gardes champêtres : tels sont les magistrats, les militaires, les collecteurs de taxes, etc. Une autre classe qui ne peut pas être protégée, c'est celle qui rend des services immatériels : professeurs, médecins, avocats, avoués, notaires, auteurs, artistes, etc., etc. Une troisième classe est celle qui s'occupe exclusivement de distribuer les produits : banquiers, négociants, marchands en gros et en détail, courtiers, assureurs, voituriers, etc. Une quatrième se compose de tous ceux qui font un travail se consommant sur place et à mesure qu'il se produit : tailleurs, cordonniers, menuisiers, maçons, charpentiers, forgerons, jardiniers, etc. Une cinquième comprend tous les ouvriers salariés, puisque les ouvriers étrangers sont admis à la douane sans droits protecteurs », — et, ajouterons-nous, puisque les salaires ne sont pas plus élevés dans les industries privilégiées elles-mêmes que dans les autres, car la protection n'exerce aucune influence favorable sur la rémunération des ouvriers. — « Enfin, il faut compter comme radicalement exclus des faveurs de la protection tous ceux qui cultivent ou fabriquent des choses qui ne redoutent en aucune manière la concurrence étrangère. »

Il est cependant une circonstance qui est de nature à compliquer la question et qui paraît avoir échappé aux anciens économistes : c'est la question de la main-d'œuvre. Il est des pays, et la France est du nombre, où le prix de la main-d'œuvre est notablement plus élevé que dans la moyenne du reste du monde civilisé. Ce haut prix de la main-d'œuvre reconnaît pour cause, d'abord l'exagération des impôts, ensuite et surtout, les mœurs qui ont habitué les ouvriers, à la suite d'une longue période de prospérité, à consommer davantage pour les besoins de leur existence. Or, il est clair que ce taux relativement élevé des salaires se répercute sur le prix des denrées et marchandises de toutes sortes, de manière que les pays où les ouvriers se contentent de moins arrivent à livrer les mêmes produits à un prix moindre. L'effet de la liberté absolue du c. serait donc de niveler les salaires dans le monde entier, au taux inférieur, et de donner l'avantage économique aux nations que, pour abréger, nous appellerons les plus sobres. Personne en France ne désire voir le taux des salaires s'abaisser; mais la protection est-elle un remède? Il faut bien répondre non. D'abord, en élevant le prix des marchandises, elle contribue à rendre la vie plus difficile, et rend illusoire, au moins en partie, le plus haut prix des salaires. D'autre part, cette supériorité du prix de la main-d'œuvre attire, en France même, une multitude d'ouvriers étrangers qui y viennent offrir leur travail au rabais. La concurrence, au lieu de s'exercer de loin, par le libre jeu des lois économiques, vient éclater avec toute son âpreté sur les chantiers et dans les usines, suivie de querelles et de rixes quotidiennes entre les ouvriers nationaux et étrangers, et cause éternelle d'animosité et de haine entre les nations. On l'a vu malheureusement par des exemples récents. Le système protecteur, pour être logique, doit se compléter par un impôt élevé sur les étrangers séjournant en France, ou même, quand la disproportion des prix de main-d'œuvre est trop grande, par l'interdiction même absolue faite à certaines catégories de personnes d'entrer sur le territoire national, fait que s'est produit aux États-Unis dont le territoire est interdit aux Chinois. Mais alors que deviennent les traditions de liberté et d'hospitalité?! Il faut bien reconnaître que, comme l'a très bien vu Bastiat, le système protecteur n'est pas un système de paix et de bonne entente entre les nations. La guerre des tarifs conduit presque fatalement à la véritable guerre.

Malheureusement, nous sommes obligés d'avouer que la solution de ces difficiles questions est extrêmement obscure. Il s'agit en dernière analyse d'une lutte entre les plus sobres et les moins sobres. Et ici *plus sobre* n'indique pas nécessairement une qualité morale; cela signifie souvent un état de choses où la richesse est plus mal distribuée, les ouvriers étant plus pauvres et les capitalistes plus riches. La liberté du c. paraît être encore le meilleur remède, sinon pour l'époque présente, au moins pour l'avenir, parce qu'en laissant chaque individu et chaque peuple se consacrer au genre de travail pour lequel il est le plus propre, elle augmente la somme des richesses et permet plus facilement aux plus actifs et aux plus intelligents d'améliorer leur condition et de donner ainsi un exemple salutaire qui ne peut que contribuer à une meilleure distribution de la richesse publique dans tous les pays. Le système protecteur ne peut être considéré que comme un palliatif momentané, dont les conséquences seront terribles, et qui hâtera la ruine de ceux qui refusent de se soumettre à la concurrence universelle.

B. — Les principes que nous venons d'établir au sujet de la liberté commerciale ne sauraient être contestés au point de vue théorique, c.-à-d. au point de vue de la science pure. Ils découlent, en effet, comme des conséquences nécessaires de cette vérité aussi évidente qu'un axiome de géométrie : *On n'achète des produits qu'avec des produits.* Mais, de même que les formules de la mécanique pure ne peuvent, dans l'application pratique, se réaliser toute leur rigueur mathématique, de même les formules abstraites de la science économique ne peuvent pas toujours s'appliquer dans toute leur pureté. « Il existe, dit Rossi, des circonstances de temps et d'espace, des besoins particuliers dérivant de la nationalité, qui peuvent modifier dans la pratique l'application de la règle, sans que ces exceptions soient une raison pour révoquer en doute les déductions de la science, en tant que déductions scientifiques. »

Le premier cas d'exception à la règle doit, suivant nous, se tirer de la nationalité. Avant de savoir si un peuple sera plus ou moins riche, il s'agit pour lui de conserver son indépendance politique. C'est à l'homme d'État d'examiner si, en cas de guerre avec les peuples voisins, la France, par ex., pourrait se trouver au dépourvu de fer, d'armes, de munitions, de chevaux, etc. Dans le cas où la réponse serait affirmative, il serait évidemment indispensable d'encourager chez nous la production de ces articles. Mais cette exception doit être renfermée dans des limites aussi étroites que possible. En effet, il serait ridicule, comme le fait bien observer Rossi, de craindre, en cas de guerre, une disette de sucre, de café, de cannelle, de châles, de mousseline, de soieries, etc., car nous pourrions nous en passer à la rigueur; et, s'il nous plaît de recevoir ces denrées et ces articles, l'ennemi lui-même nous les apportera moyennant une prime. Or, il vaut mieux courir le risque de payer une prime à un moment donné, et pendant un temps limité, que de payer à perpétuité un prix trop élevé à une certaine catégorie d'industriels pour des objets que le c. libre nous fournirait à meilleur marché.

— Cet argument de l'indépendance et de la sûreté d'un peuple cesse donc d'être valable dès qu'il s'agit de produits qui ne sont pas indispensables à l'exercice et à la continuation de la guerre.

La seconde exception est relative à la création de certaines industries qu'il importe à un peuple de naturaliser chez lui. Pour nous, cette exception rentre dans la première. Ainsi, par ex., nous croyons qu'il a été utile à la France de protéger la fabrication des machines à vapeur, car cet objet touche aussi à la question de la défense territoriale. L'importation libre des machines étrangères eût vraisemblablement retardé chez nous la fondation d'usines capables de les produire. Or, comme une pareille industrie, qui exige un immense outillage et l'emploi d'une foule d'ouvriers tout fait spéciaux, ne s'improvise pas, l'interruption de l'importation de cet article eût pu entraîner, dans telle ou telle circonstance qu'il est aisé de prévoir, de très graves inconvénients. Toutefois il est juste que la protection de l'État, attendu qu'elle impose un sacrifice aux consommateurs, ne dure que précisément le temps nécessaire. Mais ce n'est point la science économique qui peut fixer la durée de cette protection; c'est là une question pratique qui est du ressort de l'administration. Malheureusement les industries protégées tiennent à leurs privilèges, et il est rare que ceux-ci ne soient pas prolongés bien au-delà du temps nécessaire.

La troisième exception est relative aux faits accomplis.

Lorsqu'une industrie, quelque artificielle qu'elle puisse être, s'est établie dans un pays sous la sanction et avec la protection même abusive du législateur, elle ne peut être condamnée brutalement à disparaître par l'effet de la concurrence étrangère. S'il y a eu erreur de la part des individus qui se sont engagés dans la voie d'industries non viables sans l'assistance de la protection et du privilège, elle n'est pas imputable à eux seuls, car le gouvernement et la masse de la nation partageaient cette erreur. Ils ne peuvent donc pas en être seuls responsables, et leurs intérêts méritent d'être ménagés avec une extrême sollicitude. Encore faut-il que la protection qu'on leur accorde ne soit que temporaire et qu'on ne cherche pas à éterniser de pareilles industries.

C. — Terminons en donnant quelques indications sur l'état actuel de la question du libre-échange et de la protection en Europe et aux États-Unis d'Amérique.

Dès 1846, l'Angleterre est entrée nettement dans la voie du libre-échange. Quelques années plus tard, en dépit de la majorité protectionniste du Parlement, le gouvernement impérial, en France, usant de son droit propre, fit un pas décisif vers le libre-échange, en signant avec l'Angleterre, le 23 janvier 1860, un traité de c. abaissant sensiblement les tarifs de douanes. Un grand nombre d'États européens suivirent l'exemple de la France, tandis que les États-Unis d'Amérique continuaient à pratiquer le système de prohibition dont ils ne se sont d'ailleurs jamais départis.

Seule, l'Angleterre est restée fidèle au système libéral. Au contraire, depuis 1860, la plupart des pays de l'Europe se sont empressés, à l'expiration des traités de c., de revenir au système protecteur. Aujourd'hui même, en France, après l'expiration des traités de c. souscrits avec les autres nations européennes, le vote des nouveaux tarifs de douanes vient de démontrer que la majorité des deux Assemblées parlementaires est nettement hostile au libre-échange (1893). On verra quelles en seront les conséquences. On peut dès maintenant affirmer que l'Italie qui nous a devancés dans l'application du système protecteur, n'a pas lieu de se féliciter de cette évolution économique, et que les mesures ultra-protectionnistes prises récemment aux États-Unis dans la loi connue sous le nom de bill Mac-Kinley, ont été suivies très peu de temps après d'une très vive réaction d'opinion qui malheureusement n'a pu recevoir encore d'autre sanction que la nomination du nouveau président, favorable à une plus grande liberté du c.

Pour plus de détails sur les questions relatives au c. tant intérieur qu'extérieur, nous renverrons au *Dictionnaire du Commerce*, par Mac'Culloch, auquel nous avons fait de larges emprunts; au *Dictionnaire d'Économie politique* de M. Léon Say, et à tous les traités généraux d'économie politique. Voy. aussi les articles Change, Circulation, Concurrence, Débouchés, Industrie, Douane, Échange, Prime, Production, Salaire, etc.

Admin. — *Conseil supérieur du Commerce et de l'Industrie.* — Le conseil supérieur du c. et de l'industrie a été réorganisé par décret du 13 octobre 1882. Présidé par le ministre, il comprend, en dehors des membres de droit, vingt-quatre membres choisis parmi les sénateurs ou députés, les présidents des chambres de c., les industriels, commerçants ou financiers. Il se divise en deux sections, celle du c. et celle de l'industrie.

Son rôle est purement consultatif : il consiste à donner un avis éclairé sur les affaires intéressant le c. ou l'industrie nationale, telles que les projets de lois concernant les tarifs de douanes, les traités de c. ou de navigation, la législation industrielle ou commerciale, les questions de colonisation, les encouragements aux grandes pêches maritimes et à la marine marchande.

Chambres de commerce. — On appelle ainsi des assemblées de négociants ou d'anciens négociants appelées à servir au c. d'organes officiels auprès du gouvernement, et à donner à celui-ci des avis éclairés sur toutes les questions qui se rattachent au c. ou à l'industrie.

Ce fut à Marseille, vers la fin du XIVe siècle, que les commerçants eurent la première idée de se réunir pour administrer en commun leurs intérêts : ces négociants se groupèrent spontanément à la maison commune, sans organisation officielle; ils continuèrent à se réunir à intervalles irréguliers, chaque fois qu'ils avaient besoin de s'entendre au sujet des intérêts généraux du c. marseillais. En 1650, le conseil de la maison commune fonda une *chambre de c.* permanente, composée d'élus du c. et de notables commerçants.

Il existe aujourd'hui en France cent quatre chambres de c., dans les villes ci-après désignées : Abbeville, Agen, Albi, Alençon, Alger, Amiens, Angers, Angoulême, Annonay, Ar-

...montières, Arras, Aubenas, Auxerre, Avesnes, Avignon, Bar-le-Duc, Bastia, Bayonne, Beaune, Beauvais, Besançon, Béthune, Bolbec, Bône, Bordeaux, Boulogne-sur-Mer, Bourges, Brest, Caen, Calais, Cambrai, Carcassonne, Castres, Cette, Chalon-sur-Saône, Chambéry, Cherbourg, Clermont-Ferrand, Cognac, Constantine, Dieppe, Dijon, Douai, Dunkerque, Elbeuf, Épinal, Fécamp, Flers, Fougères, Granville, Gray, Grenoble, le Havre, Honfleur, Laval, Lille, Limoges, Lons-le-Saunier, Lorient, Lyon, Mâcon, le Mans, Marseille, Montauban, Montpellier, Morlaix, Nancy, Nantes, Narbonne, Nice, Nîmes, Oran, Orléans, Paris, Perpignan, Philippeville, Quimper, Reims, Rennes, Rochefort, la Rochelle, Roanne, Roubaix, Rouen, Saint-Brieuc, Saint-Dizier, Saint-Étienne, Saint-Malo, Saint-Nazaire, Saint-Omer, Saint-Quentin, Sedan, Sens, Tarare, Thiers, Toulon, Toulouse, Tourcoing, Tours, le Tréport, Troyes, Valence, Valenciennes, Vienne.

Les chambres de c. sont actuellement réglementées par les décrets des 3 septembre 1851 et 30 août 1852. Pour créer une chambre de c., il faut un décret rendu en la forme des règlements d'administration publique; cette institution entraînant pour le c. local de lourdes charges pécuniaires, le gouvernement ne consent à créer de nouvelles chambres qu'autant que le besoin s'en fait absolument sentir. — Les membres des chambres de c. sont nommés à l'élection; sont électeurs les notables commerçants de la circonscription. Voy. No-TABLES. Sont éligibles : 1° les commerçants âgés de trente ans au moins et exerçant le c. ou une industrie manufacturière depuis 5 ans au moins, et 2°, les anciens négociants ou manufacturiers domiciliés dans la circonscription; la première catégorie doit toujours composer les deux tiers au moins des élus.

Les attributions des chambres de c. sont de deux sortes : 1° elles constituent un organe officiel de représentation du c. auprès du gouvernement. En cette qualité, d'une part, elles ont le droit d'adresser spontanément aux pouvoirs publics des projets de réforme, des vues générales sur les améliorations à introduire dans le régime du c. ou de l'industrie; d'autre part, elles sont consultées par le gouvernement sur les questions touchant aux intérêts industriels ou commerciaux, sur les réformes de législation, sur les usages commerciaux, sur l'établissement de bourses, de banques, de tribunaux de c., sur la création d'agents de change, de courtiers, etc. — 2° elles sont chargées de l'administration et de la gestion financière des bourses et autres établissements destinés à favoriser le c., tels que les entrepôts, les magasins généraux, etc.

Les chambres de c. relèvent directement du Ministère du C. et de l'Industrie; elles ont la personnalité civile et constituent des établissements d'utilité publique. Elles prennent rang, dans les cérémonies, immédiatement après les tribunaux de c.

COMMERCER. v. n. [Pr. ko-merser]. Faire le commerce. *C. dans le Levant, dans les colonies. Cette nation commerce avec tous les autres peuples de la terre.* || Fig. Faire échange. Être en relations.

COMMERCIAL, ALE. adj. [Pr. ko-mersial]. Qui appartient, qui est relatif au commerce. *Industrie commerciale. Opérations, entreprises commerciales. Agents commerciaux.*

COMMERCIALEMENT. adv. [Pr. ko-mer...]. Au point de vue du commerce.

COMMERCY, v. de France, sur la rive gauche de la Meuse, ch.-l. d'arr. (Meuse). Château embelli par le roi de Pologne Stanislas. Pâtisseries renommées (madeleines); 7,500 hab.

COMMÈRE. s. f. [Pr. ko-mère] (lat. cum, avec, et fr. mère). Celle qui a tenu un enfant sur les fonts baptismaux. On lui donne ce nom tant à l'égard du parrain qu'à l'égard du père et de la mère de l'enfant. *C'est ma c.* || Fam., se dit d'une femme curieuse et bavarde, qui veut savoir toutes les nouvelles du quartier et qui parle à tort et à travers. *C'est une franche c.* Se dit quelquefois des personnes de l'autre sexe. *Cet homme est une vraie c.* — Fam., *C'est une bonne c., une fine c., une maîtresse c.,* C'est une femme qui a de la tête, qui est entreprenante et rusée.

COMMERSON, écrivain français, auteur jovial (1802-1879).

COMMETTAGE. s. m. [Pr. ko-metaje] (R. commettre). T. Techn. Opération qui consiste à réunir plusieurs fils déjà tordus pour en faire un câble. Voy. CORDERIE.

COMMETTANT. s. m. [Pr. ko-mètan] (R. commettre, confier). Celui qui charge un autre du soin de quelque affaire d'intérêt. *Son c. lui a donné des instructions fort étendues.* || Se dit aussi d'affaires publiques. *Tous les mois, ce député rendait compte de ses votes à ses commettants.*

COMMETTEUR. s. m. [ko-mè-teur]. Ouvrier chargé du commettage.

COMMETTRE. v. a. [Pr. ko-mètre] (lat. committere, de cum, avec, et mittere, envoyer). Faire. Dans ce sens, ne se dit qu'en parlant de ce qui est péché, crime ou faute. *C. un péché, un crime, une faute. Ils commirent de grands excès.* = Préposer à une chose, charger de faire une chose. En ce sens, ne se dit que des personnes. *C. un homme à un emploi, à l'exercice d'une charge. On les a commis exprès pour cela.* — T. Prat. *C. un rapporteur,* Nommer un juge pour être rapporteur dans une affaire. || Confier. *J'ai commis cela à vos soins.* = Compromettre, exposer mal à propos à quelque danger, à quelque chose de désagréable. *Je ne veux point que vous me commettiez là-dedans. C. sa réputation.* — *C. deux personnes l'une avec l'autre,* Les mettre dans le cas de se brouiller ensemble. || T. Techn. *C. un cordage,* Tordre ensemble plusieurs torons pour en former un cordage. = SE COMMETTRE. v. pron. Se compromettre, s'exposer mal à propos à quelque danger, à quelque chose de désagréable. *Un ambassadeur se commet quand il excède ses pouvoirs.* || *Se c. avec quelqu'un,* S'exposer, se mettre au hasard d'avoir une affaire, un démêlé avec lui. *Vous ferez bien de ne vous pas c. avec lui, c'est un homme dangereux.* = COMMIS, ISE. part. = Conj. Voy. METTRE.

COMMIA. s. m. [Pr. kom-mia] (gr. κόμμι, gomme). T. Bot. Genre de plantes de la famille des EUPHORBIACÉES. Voy. ce mot.

COMMINATION. s. f. [Pr. kom-mi...]. Dénonciation de la colère céleste. || Fig. de rhétorique qui consiste en ce que l'orateur cherche à intimider son auditoire.

COMMINATOIRE. adj. 2 g. [Pr. kom-mi...] (lat. comminari, menacer). T. Jurispr. Se dit d'une clause, d'une disposition légale, d'un jugement, etc., qui renferme quelque menace en cas de contravention. *Les peines comminatoires ne sont point encourues de plein droit, et peuvent n'être pas infligées.* || Par ext., Qui tient de la menace, qui est destiné à intimider. *Parler sur un ton comminatoire.*

COMMINES (PHILIPPE DE), historien français, auteur de *Mémoires* (1445-1509).

COMMINGE. s. f. [Pr. ko-min-je] (R. le comte de Comminges, aide de camp de Louis XIV, qui était très gros). T. Artill. anc. Espèce de grosse bombe. || Le mortier avec lequel on la lançait.

COMMINGES, anc. pays de France ayant le titre de comté, cap. Saint-Bertrand (dép. de la Haute-Garonne, de l'Ariège et du Gers).

COMMINUTIF, IVE. adj. [Pr. kom-mi...] (lat. comminuere, briser; cum, avec, et minuere, diminuer). T. Chir. Qui réduit en fragments. *Fracture comminutive,* Celle qui réduit les os en petits fragments.

COMMINUTION. s. f. [Pr. kom-mi-nu-sion]. Réduction en petits fragments.

COMMIRE (LE PÈRE), jésuite français, auteur de *Poésies latines* (1625-1702).

COMMIS. s. m. [Pr. komi] (lat. commissus, de cum, avec, missus, envoyé). Celui qui est chargé par un autre de quelque emploi, de quelque fonction dont il doit lui rendre compte. Se dit surtout de ceux qui sont employés dans les bureaux d'une administration, soit publique, soit privée. *C. au ministère. C. de bureau. C. des douanes. Les commis d'un négociant, d'un banquier. Il est c. d'un tel, chez un tel.* — *C. d'ordre,* Celui qui, dans une grande administration, enregistre les pièces à leur arrivée. *C. voyageur,* C. qui voyage pour les affaires d'une maison de commerce.

Syn. — *Employé.* — Le *commis* a une mission, une

commission; il a ses instructions et agit en vertu de ses pouvoirs. *L'employé a une tâche; il reçoit les ordres de son chef et les exécute sous sa direction.*

COMMISE. s. f. [Pr. *ko-mize*] (R. *commettre*). T. Jurispr. féod. Confiscation d'un fief au profit d'un seigneur, faute de devoirs rendus par le vassal. *Fief tombé en c.*

COMMISÉRATION. s. f. [Pr. *kom-mi-zé-ra-sion*] (lat. *commiseratio*, m. s., de *cum*, avec, et *miser*, malheureux). Pitié, compassion. *Exciter la c. publique.*

Syn. — *Compassion, Pitié.* — La *compassion* proprement dite est ce sentiment de peine et de douleur, que nous éprouvons à la vue de la douleur ou de la souffrance d'autrui. *Commisération* exprime encore le même sentiment, mais avec quelque chose de moins passif. La *compassion* est souvent stérile; la *commisération* se traduit par quelque acte qui a pour but de soulager l'être souffrant ou malheureux. *Pitié* a aujourd'hui un sens bien vague. En général, on fait ce mot synonyme de *compassion* : il en différerait cependant beaucoup, si, conformément à son étymologie (*pietas*, piété), il s'y rattachait une idée religieuse.

COMMISSAIRE. s. m. [Pr. *ko-mi-sère*] (lat. *commissus*, délégué, de *cum*, avec, et *mittere*, envoyer). Celui qui est commis pour remplir des fonctions ordinairement temporaires et relatives à un objet particulier. *Des com. furent nommés de part et d'autre, pour fixer les limites. Rapport des com. chargés par l'Académie des sciences d'assister aux expériences de... — Les com. d'un bal, d'une fête, d'un banquet,* Ceux qui doivent les diriger. || *Com. de police,* Fonctionnaire chargé d'assurer le service de la police. Voy. POLICE. || *Com.-priseur,* officier ministériel chargé de diriger les ventes publiques d'objets mobiliers. Voy. ENCHÈRES.

Hist. et Droit. — Le mot *Commissaire* (*Commissarius*), que l'on trouve employé, pour la première fois, dans une ordonnance de saint Louis, à la date de 1254, désigne, dans notre nomenclature administrative, certains fonctionnaires de l'ordre judiciaire, militaire ou civil, qui sont chargés, soit temporairement, soit d'une manière permanente, d'une mission particulière ou de fonctions spéciales.

Ainsi, sous l'ancienne monarchie, on donnait le nom de *Commissaires* aux membres de ces tribunaux d'exception auxquels le gouvernement renvoyait les affaires qu'il voulait soustraire aux tribunaux ordinaires. On appelait encore *C. de la cour,* tout membre du parlement ou de quelque autre cour supérieure qui était délégué par ses collègues pour procéder à certaines opérations. On disait alors : *Travailler de grands commissaires,* lorsqu'un certain nombre de conseillers, avec le président, travaillaient extraordinairement, dans le palais même, à l'examen d'une affaire; et *Travailler de petits commissaires,* lorsque c'était chez le président que ces conseillers s'assemblaient pour le même objet. — Aujourd'hui, dans les tribunaux, on appelle *C.* ou *Juge-commissaire,* un juge délégué par le tribunal auquel il appartient, pour remplir une mission temporaire et faire son rapport, s'il y a lieu.

Dans la hiérarchie militaire, on donnait autrefois le nom de *Commissaires* à des officiers chargés de la partie administrative du service de l'armée. Ces officiers avaient été créés en 1355 sous le nom de *Conducteurs de gens de guerre.* Un arrêté du 29 janv. 1800 partagea leurs attributions entre deux corps distincts et indépendants l'un de l'autre : le premier, sous le titre d'*Inspecteurs aux revues;* le second, sous celui de *Commissaires des guerres.* Les *Inspecteurs* furent chargés de la levée, de l'organisation, du licenciement, de la solde et de la comptabilité des corps, de la tenue des contrôles et de la formation des revues. Les *Commissaires* eurent dans leurs attributions la surveillance des approvisionnements en tout genre, la levée des contributions en pays ennemi, la police des étapes et convois militaires, de l'artillerie, des ambulances et des hôpitaux, des prisons, des corps de garde et de tous les autres établissements militaires; les distributions de vivres et de fourrages, le chauffage, l'habillement et l'équipement; enfin, la vérification de toutes les autres dépenses, la solde exceptée. Le commissariat des guerres et l'inspection aux revues ayant été supprimés par ordonnance du 29 juill. 1817, on les remplaça par le *Corps de l'intendance militaire.* — Avant 1789, on appelait *C. d'artillerie* un officier qui était spécialement commis pour surveiller le matériel de l'artillerie. — A la même époque, on donnait le nom de *C. général de la cavalerie* à un officier supérieur qui commandait la cavalerie légère sous l'autorité du colonel général et du mestre de camp général, ou en leur absence.

Enfin, par extension, son régiment recevait aussi le nom de *C. général.*

Dans l'administration maritime, on appelle *Commissaires* les fonctionnaires qui remplissent, à l'égard des troupes de marine et des équipages embarqués, les mêmes fonctions que l'intendance militaire dans le département de la guerre. Ces fonctionnaires font établir les clauses des adjudications et des marchés, contrôlent les recettes et les dépenses de la caisse des invalides de la marine et les liquidations des bris et naufrages : ils surveillent le service de l'inscription maritime, et administrent, sous les ordres du préfet maritime, les dépenses relatives au personnel et au matériel de la flotte à terre ou à la mer. Le corps du commissariat de la marine comprend : 1° les commissaires généraux; 2° les commissaires; 3° les commissaires adjoints; 4° les aides-commissaires.

Sous l'ancien régime, le titre de *c.* était encore attribué à certains fonctionnaires appartenant à l'administration civile. Ainsi, on nommait *C. départi* un intendant de province, et *C. des pauvres,* la personne qui, dans une paroisse, était chargée de recueillir la taxe qu'on y avait établie pour les pauvres. Sous le gouvernement conventionnel, on donna le nom de *Commissaires de la Convention* aux représentants du peuple envoyés en mission dans les départements et aux armées. En 1848, on a qualifié de *Commissaires* et de *Sous-commissaires du gouvernement* les individus qui furent chargés pour remplir provisoirement les fonctions de préfet et de sous-préfet. Cette expression, *C. du gouvernement,* s'emploie encore aujourd'hui dans plusieurs significations. On désigne ainsi : 1° un officier chargé, dans les conseils de guerre, de remplir, de concert avec le rapporteur, les mêmes fonctions que le procureur de la République dans les tribunaux civils; 2° un orateur choisi par le gouvernement pour soutenir un projet de loi devant les Assemblées délibérantes; 3° un fonctionnaire délégué par le gouvernement auprès des grandes entreprises industrielles pour en surveiller les opérations. — Les dénominations de *C. de police* et de *C.-priseur* sont attribuées, la première à un ordre particulier de fonctionnaires publics, et la seconde à une certaine classe d'officiers ministériels. Voy. POLICE et ENCHÈRES. — On donne le nom de *Commissaires-experts* à trois fonctionnaires attachés à l'administration centrale des douanes, pour vérifier, en cas de doute ou de contestation, l'espèce, la qualité ou l'origine des marchandises présentées à l'importation ou à l'exportation. — Enfin, signalons les *Commissaires de surveillance administrative,* agents assermentés placés dans les gares pour veiller à l'exécution des règlements et recevoir les plaintes des voyageurs. Ces fonctionnaires relèvent du Ministère des Travaux publics, et sont recrutés par la voie du concours. Ils sont divisés en trois classes, suivant lesquelles le traitement varie de 2,000 à 3,000 francs.

COMMISSARIAT. s. m. [Pr. *ko-mi-saria*]. La fonction, l'emploi de commissaire. *Il a obtenu un c.* || *La durée des fonctions d'un commissaire. Il s'est absenté tout le temps de son c.* || *Le bureau d'un c. Je vais au c.* || *Corps administratif de la marine.*

COMMISSION. s. f. [Pr. *ko-mi-sion*] (lat. *commissio*, action de déléguer, de *cum*, avec, et *mittere*, envoyer). Fait, action, chose commise. — On n'emploie guère ce mot dans cette loc., *Péché de c.,* par opposition à *Péché d'omission.* — Charge qu'on donne à quelqu'un de faire quelque chose. *C. honorable, pénible, fâcheuse. Donner à quelqu'un c. de faire quelque chose, lui donner une c., le charger d'une c. S'acquitter de sa c. Révoquer une c. Les envoyés ayant exposé leur c. Il a reçu c. d'aller en tel lieu.* || Message dont on charge un domestique, un subalterne, un commissionnaire. *Il est allé, on l'a envoyé en c. On lui a donné plusieurs commissions.* || T. Comm. Profession de celui qui fait habituellement des actes de commerce pour le compte d'autrui. *Maison de c. Il fait aujourd'hui la c.* — Ce qu'un commissionnaire perçoit pour son salaire. *Il lui en a coûté trois pour cent de c. sur ces marchandises.* || Mandement du prince, ordonnance du magistrat ou de quelque autre personne ayant autorité de commettre, de député. *C. verbale, par écrit. Expédier, sceller une c. Il exerce cette charge en vertu de la c. qu'il a obtenue, en vertu de sa c., par sa c. Faire enregistrer une c. Quand ils furent rassemblés, il leur exposa la teneur de sa c. Délivrer, expédier des commissions pour la levée des impôts.* Peu usité aujourd'hui dans ce sens. *C. rogatoire,* voy. ROGATOIRE. || Emploi qu'on exerce comme y ayant été commis pour un temps. Ce sens, peu usité aujourd'hui, se disait autrefois par oppos. à office ou charge. *Ce n'est pas une charge, ce n'est qu'une simple c. Le temps de sa c. expire bientôt. Il est hors de c. On l'a continué dans sa c.* || T. Mar. *Lettre de marque. Un navire ne peut aller en course sans être pourvu d'une c. de son gouvernement.* || *Ce vaisseau est en c., il est en armement.* = Réunion de personnes chargées de quelque fonction spéciale, de quelque travail, de l'examen de quelque affaire. *La c. du sceau. C. d'enquête. La chambre a nommé la c. qui doit être chargée de l'examen du projet de loi. Amendements proposés par la c. C. du budget, des pétitions, etc. L'Académie a nommé une c. qui devra s'occuper de cet objet.* || Se dit aussi de certains tribunaux d'exception. *C. militaire. Une c. fut établie pour faire le procès aux rebelles.*

Hist. — *Commissions mixtes.* — On désigne sous ce nom les tribunaux spéciaux institués par le gouvernement issu du 2 déc. 1851 en vue de juger le plus rapidement possible tous les individus arrêtés dans les mouvements insurrectionnels. Composées du commandant de la division militaire, du préfet et d'un membre du parquet, les commissions mixtes ont du 8 au 29 février 1852 prononcé plus de quarante mille condamnations, sans interroger ni même voir les accusés, sur de simples rapports fournis par la police. Voici, à titre d'exemples, quelques motifs invoqués à l'appui des sentences de condamnation : « .... n'était pas dans l'émeute parce qu'il était en prison. S'il eût été libre, on l'aurait vu en tête du désordre. » — « Il a eu des rapports avec la famille Carnot. » — Ou encore, « .... socialiste ardent, donne du travail à ses acolytes. » Outre les peines déjà existantes, la transportation, la mise sous la surveillance de la police, ces tribunaux avaient le droit de prononcer deux peines non prévues par le Code, *l'internement* et *l'exil*.

La loi du 30 août 1883, dans son article 11, a donné satisfaction à l'opinion publique en décidant que tout magistrat qui aurait fait partie des commissions mixtes serait exclu de la magistrature comme indigne d'exercer aucune fonction judiciaire.

COMMISSIONNAIRE. s. m. [Pr. *komi-sio-nère*]. Celui qui est chargé d'une commission pour quelque particulier. || Celui dont le métier est de faire des messages, de porter des fardeaux par la ville. *A Paris, les commissionnaires doivent être autorisés par la préfecture de police qui leur délivre une médaille.* || T. Comm. Négociant qui fait des opérations pour le compte d'autrui.

Législ. — En matière commerciale, on appelle *Commissionnaire*, selon la définition de la loi, celui qui agit en son propre nom, ou sous un nom social, pour le compte d'un commettant (C. Com. 91). Ainsi le c. diffère du mandataire ordinaire, en ce que le c. dernier agit au nom de son mandant (C. 1984), tandis que le c. agit en son nom personnel et s'engage personnellement vis-à-vis des tiers avec lesquels il contracte pour le compte de son commettant. Au reste, le mandat commercial ou, en d'autres termes, le *Contrat de commission* produit les mêmes effets que le mandat ordinaire (C. 1984).

Le Code de Commerce distingue deux sortes de *Com.*, les *Com. en marchandises* et les *Com. pour les transports.* — La profession des premiers consiste à vendre ou à acheter pour le compte d'autrui toutes sortes de marchandises, moyennant un salaire qu'on appelle *Commission.*

« Tout c. a privilège sur la valeur des marchandises à lui expédiées, déposées ou consignées, par le fait seul de l'expédition, du dépôt ou de la consignation, pour tous les prêts, avances ou paiements faits par lui, soit avant la réception des marchandises, soit pendant le temps qu'elles sont en sa possession. Dans la créance privilégiée du c. sont compris, avec le principal, les intérêts, commissions et frais. Si les marchandises ont été vendues et livrées pour le compte du commettant, le c. se rembourse sur le produit de la vente du montant de sa créance, par préférence aux créanciers du commettant. » (Titre VI du livre Ier du Code de Commerce, modifié par la loi du 23 mai 1863.)

Le c. qui a reçu des marchandises pour les vendre peut aussi se rendre garant du payement desdites marchandises au moyen d'une convention particulière qui prend, en droit, le nom de convention *del credere*. Dans ce cas, à la commission ordinaire on ajoute habituellement un droit particulier auquel on donne le nom de *Ducroire*, traduction barbare de l'expression italienne *del credere*. Ce ducroire n'est qu'une prime d'assurance que le vendeur paie à son c. Le montant en est égal au droit de commission.

Les *Com. de transport* ou *de roulage*, appelés aussi quelquefois *Com. chargeurs*, sont ceux à qui l'on confie, moyen-

nant un droit de commission, le transport des marchandises. Ce que nous avons à en dire sera mieux placé au mot TRANSPORT.

COMMISSIONNER. v. a. [Pr. *ko-mi-sio-ner*]. Délivrer à quelqu'un une commission par laquelle on l'autorise à faire quelque chose. *Il était commissionné par son gouvernement.* = COMMISSIONNÉ, ÉE. part.

COMMISSOIRE. adj. 2 g. [Pr. *kom-mi-soire*] (lat. *commissorius*, de *committere*, commettre). T. Jurisp. Se dit d'un pacte, d'une clause dont l'inexécution opère la nullité d'un contrat.

COMMISSURAL, ALE. adj. [Pr. *ko-mi-sural*]. Qui a rapport à la commissure.

COMMISSURANT, ANTE. adj. [Pr. *ko-mi-suran*]. T. Anat. Qui produit l'union par des commissures. *Fibres c. du cerveau.*

COMMISSURE. s. f. [Pr. *ko-mi-sure*] (lat. *commissura*, de *committere*, commettre). T. Anat. Point où deux parties se réunissent. *La c. des lèvres, des paupières, des nerfs optiques.* || T. Archit. Joint des pierres.

COMMITTIMUS. s. m. [Pr. *ko-mit-timus*] (mot latin qui sign. *Nous commettons*). On appelait autrefois *C.* ou *Lettres de c.*, des lettres de chancellerie par lesquelles les causes qu'une personne avait, tant en demandant qu'en défendant, étaient commises en première instance aux requêtes du palais ou aux requêtes de l'hôtel. *Faire expédier, faire signifier un C. Tous les commensaux de la maison du roi avaient droit de C. — C. du grand sceau*, Lettres qu'on obtenait pour les causes qui étaient hors du ressort de Paris. *C. du petit sceau*, Celles qui n'étaient valables que dans l'étendue d'un parlement. || Le droit de C. *On ôta le C. à plusieurs communautés.*

COMMITTITUR. s. m. [Pr. *ko-mit-titur*] (Mot latin qui signifie. *Il est commis*). T. anc. Prat. Se disait d'une ordonnance par laquelle le président d'un tribunal commettait un juge pour faire quelque instruction. *Requête de C. Mettre le C. au bas d'une requête.*

COMMIXTION. s. f. [Pr. *ko-mik-si-on*] (lat. *cum*, avec, *mixtio*, mélange). Mélange de choses diverses.

COMMODAT. s. m. [Pr. *kom-moda*] (lat. *commodatum*, prêt). T. Droit. Prêt gratuit d'une chose qui doit être remboursée en nature. *C'est le prêt à usage.* Voy. PRÊT.

COMMODATAIRE. adj. 2 g. [Pr. *kom-mo-...*] T. Jurisp. Qui a rapport au commodat. = s. m. Personne à qui l'on prête par commodat.

COMMODE. adj. 2 g. [Pr. *komode*] (lat. *commodus*, de *cum*, avec et *modus*, mesure). En parlant des choses, qui est aisé, convenable, dont l'usage est utile et agréable. *Habit c. Maison c. C'est une chose bien c. que de... Cela est c. pour la ville, pour la campagne. Cela est très c à un individu qui voyage. — Vie c.*, Vie agréable et tranquille. || En parl. des personnes, signif. doux, facile, indulgent. *C'est un homme fort c.* Dans le sens contraire, on dit d'un homme sévère, chagrin, exigeant, avec lequel on ne peut pas plaisanter, *C'est un homme qui n'est pas c.* Fam. — *Être c. dans la société, être c. à vivre*, Être d'une société douce et aisée, d'un commerce facile. On dit dans le même sens, *Avoir l'humeur c., l'esprit c.* — *C'est un maître c.*, Qui ne rudoie pas ses domestiques, qui ne les charge pas trop de travail. || Se dit aussi de quelqu'un qui pousse l'indulgence jusqu'à la faiblesse. Ainsi, on dit d'un mari qui ferme les yeux sur la mauvaise conduite de sa femme, d'une mère qui donne trop de liberté à sa fille, *C'est un mari c., une mère c.* || T. Morale. Relâché. *Avoir une dévotion, une morale c.* || Fam. et ironiq., on dit de ce qui est contraire à la politesse, à l'usage, ou même à l'équité et à la morale, *Voilà qui est c. Au lieu de s'excuser, il a mieux aimé tout nier, c'est c.*

COMMODE. s. f. [Pr. *komode*]. Espèce d'armoire plus large que haute, garnie de tiroirs où l'on serre du linge, des habits, etc. *Une c. d'acajou.*

COMMODE, empereur romain, fils de Marc-Aurèle, tyran cruel et imbécile, mourut empoisonné et étranglé (161-192).

COMMODÉMENT. adv. [Pr. *ko-modéman*]. Avec commodité, d'une manière commode. *Être logé c. Vous pouvez faire cela commodément.*

COMMODIEN, poète latin, le plus ancien poète chrétien (IIIe siècle).

COMMODITÉ. s. f. [Pr. *ko-modité*]. Chose commode; état, situation commode; moyen commode. *Les dégagements font toute la c. d'une maison. Se mettre à sa c. Pour plus de c. Les commodités de la vie.* Prov., *On n'a pas toutes ses commodités en ce monde.* — *Prendre ses commodités où on les trouve,* Prendre ses aises dès qu'on en trouve l'occasion. || Le temps convenable, l'occasion. *Il faut prendre la c. des gens. Faites cela à votre c.* || La facilité de jouir d'une chose. *Avoir une chose à sa c. Le voisinage du parc nous procure la c. de la promenade.* || Se dit, dans un sens particulier, d'un moyen de transport pour aller d'un lieu dans un autre. *J'ai pris la c. du coche, du bateau, des petites voitures. Avez-vous une c. pour aller là?* == COMMODITÉS. s. f. pl. Les lieux d'aisances d'une maison.

COMMODO [Pr. *kom-modo*] (mot lat., ablatif de *commodus,* commode); usité seulement dans l'expression : *Enquête de c. et incommodo,* Enquête qui doit être faite, d'après la loi, avant le commencement de certains travaux pour en déterminer les avantages et les inconvénients.

COMMODORE. s. m. [Pr. *kom-modore*] (esp. *comendador,* commandeur). T. Mar. Titre que l'on donne en Angleterre, en Hollande et aux États-Unis de l'Amérique du Nord à un capitaine de vaisseau qui est chargé temporairement du commandement d'une division de bâtiments de guerre.

COMMONITOIRE. s. m. [Pr. *kom-mo...*] (lat. *cum,* avec; *monitus,* averti. T. Hist. Mandement des empereurs romains. || Instruction donnée par un prince à un légat devant le représenter.

COMMOTION. s. f. [Pr. *kom-mo-si-on*] (lat. *commotio,* secousse, de *cum,* avec, et *movere,* mouvoir). Secousse, ébranlement plus ou moins violent. *La c. du tremblement de terre s'est fait sentir jusqu'à... Les commotions se succédaient rapidement. La c. électrique,* Celle qui est causée par une décharge électrique. — Fig., *Les grandes commotions qui bouleversent les empires.* || Fig., Agitation subite excitée dans les esprits. *Cette nouvelle causa une grande c. parmi le peuple.* || T. Chir. Ébranlement produit dans l'organisme.

Méd. — Dans le langage médical, on appelle *Commotion* la secousse imprimée à un organe par un coup ou par une chute sur une partie plus ou moins éloignée de cet organe; tel est l'ébranlement du cerveau causé par une chute sur les pieds. Ce qui caractérise la c. considérée comme maladie, c'est l'altération, la suspension ou l'abolition des fonctions de l'organe affecté, sans lésion apparente de son tissu. Ce sont surtout les centres nerveux, et principalement le cerveau, qui présentent ce phénomène. Les effets que produit la c. varient nécessairement selon l'organe qui en est atteint : ils peuvent, d'ailleurs, s'accompagner de lésions diverses dans d'autres parties. La mort peut être causée par la simple c. du cerveau; d'autres fois, cette c. ne détermine qu'un étourdissement passager. Le pronostic et le traitement de la c. different selon la nature de l'organe ébranlé, selon le degré de son intensité et selon les circonstances qui l'accompagnent. Pour la c. du cerveau, qui est la plus fréquente et la plus grave, il faut d'abord ranimer les fonctions cérébrales au moyen de stimulants diffusibles et de cordiaux. L'emploi intempestif de la méthode antiphlogistique peut être, dans certains cas, fatal au malade. Au contraire, cette médication devient indispensable lorsqu'à la période de collapsus succède une réaction vive qui annonce une congestion inflammatoire. Les révulsifs sont également fort avantageux dans ce dernier cas. Lorsque c'est un autre organe, le foie, par ex., qui a été atteint par la c., il est aisé de concevoir qu'on ne saurait lui appliquer les mêmes règles : alors le plus souvent c'est à la méthode antiphlogistique qu'il convient de recourir immédiatement.

COMMOTIQUE. adj. 2 g. [Pr. *kom-mo...*] (gr. κομμόω, je pare). Qui a rapport à l'art de conserver la beauté.

COMMUABILITÉ. s. f. [Pr. *kom-mu...*]. T. Didact. Qualité de ce qui peut être commué.

COMMUABLE. adj. 2 g. [Pr. *kom-mu...*]. T. Jurisp. Qui peut être commué. *Peine commuée.*

COMMUER. v. a. [Pr. *kom-mu...*] (lat. *commutare,* changer). Changer. Ne se dit guère que dans cette phrase : *C. une peine,* La changer en une peine moindre. *Il était condamné à mort, mais sa peine fut commuée en celle des travaux forcés à perpétuité.* On dit à peu près dans le même sens, *C. un vœu.* == COMMUÉ, ÉE. part.

COMMUN, UNE. adj. [Pr. *ko-mun*] (lat. *communis,* m. s., de *cum,* avec, et *mœne* ou *munus,* mur). Dans son acception la plus générale, se dit des choses auxquelles tout le monde participe, ou a droit de participer. *Le soleil et l'air sont communs. La lumière est commune à tous les hommes.* — Dans un sens plus restreint, se dit des choses dont l'usage appartient à plusieurs. *Une cour commune. Cela est c. à tout le bourg. Maison commune,* Maison où se trouvent les archives d'une commune et où s'assemblent les conseillers municipaux. Voy. MAISON. == Qui appartient à différents sujets. *Le boire et le manger sont communs à l'homme et aux animaux. La vie végétative est commune aux animaux et aux plantes. Ami, ennemi c. Intérêt c. Je n'ai rien de c. avec lui.* — Sens c. Voy. SENS. || Se dit des choses auxquelles plusieurs personnes contribuent. *Voyager, entreprendre une chose à frais communs. Faire vie commune, Vivre à frais communs.* — *Vie commune,* se dit aussi en parlant des religieux ou des religieuses qui vivent en communauté. == Général. *Le bruit c. La commune façon de parler. Erreur commune. Le bien c. La langue commune,* La langue qui est généralement parlée dans un pays. *La voix commune,* L'opinion générale. — *D'une commune voix,* À l'unanimité. *D'un c. accord,* De concert. || Ordinaire, qui se pratique habituellement. *L'usage en est fort c. Il n'y a rien de si c., rien n'est plus c. Il est assez c. de voir...* — *Les mots, les termes communs de la langue,* Les mots, les termes ordinaires de la langue, par oppos. à ceux qui ne sont usités que dans les arts et dans les sciences. — *Année commune,* Année qui n'est pas bissextile. Voy. ANNÉE. — *Vie commune,* Les événements ordinaires de la vie; les mœurs communes d'un peuple. *Ce romancier choisit ses sujets dans la vie commune.* || Vulgaire, bas, par opposit. à noble, distingué. *Il a l'air c.,* la figure commune, des manières communes.* || Qui se trouve en abondance. *Les abricots sont fort communs cette année.* — *Qui est grossier et à bas prix, Il n'achète que des viandes les plus communes. Il se contente des vêtements les plus communs, d'une nourriture commune.* || Médiocre, peu estimable dans son genre. *Il a fait un discours très c. C'est un orateur fort c. Une idée, une pensée commune. Rien de plus c.* == T. Jurisp. *Époux communs en biens,* Entre lesquels il y a communauté de biens. Se dit quelquefois, au sing., de l'un des époux entre lesquels il y a communauté. *L'époux c. ne biens peut... — Le droit c.,* La loi reçue dans un État, l'usage qui y est généralement établi. — *Délit c.,* se disait autrefois, par opposition à *Cas privilégié,* d'un délit qui avait été commis par un ecclésiastique, et qui était de la compétence du juge ecclésiastique. || T. Droit can. Dans le style de la chancellerie romaine, *Expédier en forme commune,* signifie, expédier sans grâce, sans remise. — Fig., on dit d'un homme à qui on a gagné tout son argent au peu de temps, ou d'un homme mort au peu de temps entre les mains de plusieurs médecins, *On l'a expédié en forme commune.* || T. Gram. *Nom c.* Voy. NOM. *Genre c.* Voy. GENRE. || T. Rhét. *Lieux communs,* Sources générales d'où un orateur peut tirer ses arguments et ses moyens. Voy. LIEU. — Par ext., on appelle aussi *Lieux communs,* Des réflexions ou des idées triviales et rebattues. *Tout son livre est rempli de lieux communs.* || T. Prosodie. *Syllabe commune,* Syllabe qui est tantôt brève et tantôt longue. == COMMUN. s. m. Se dit d'une société formée entre deux ou plusieurs personnes. *Il faut prendre cette dépense sur le c. Ils ont mis leur bien en c.* — On dit qu'*Un homme vit sur le c.,* Lorsqu'il vit aux dépens tantôt de celui-ci, tantôt de celui-là. — Fig. et prov., *Il n'y a point d'âne si mal bâté que celui du c.,* Les affaires d'une société sont souvent en fort mauvais état, parce que, chacun des autres, personne n'en prend soin. || Le plus grand nombre; ceux qui se distinguent de la masse par aucune sorte de supériorité. *Le c. des hommes, des philosophes, des lecteurs. Cette* personne est du c. Sa charge le tire du c. — Une personne du c., se dit quelquefois pour une personne du peuple. || T. Lit. Le C. des apôtres, des martyrs, des confesseurs, des vierges, etc., L'office général des apôtres, des martyrs, etc., pour lesquels l'Église n'a point réglé d'office particulier. — Fig. et prov., on dit d'un homme médiocre dans son genre, ou qui ne se distingue par aucune qualité éminente. Il est du c. des martyrs. = Se dit encore des domestiques inférieurs dans les grandes maisons; et, par ext., du bâtiment où ils logent. C'est du vin du c., ou pour le c. La salle du c. — Grand c., Les offices destinées à la nourriture de la plupart des officiers de la maison du roi. Petit c., Certaines offices détachées du grand c. pour la nourriture de quelques officiers privilégiés. Grand c., se dit aussi du lieu où ces officiers travaillent, et qui est destiné à les loger. || Dans les grandes maisons, se dit au plur. des bâtiments consacrés aux cuisines, aux remises, aux écuries, en un mot aux différentes parties du service. Cet hôtel a des communs très vastes.

Syn. — Ordinaire, Vulgaire, Trivial. — Le fréquent usage rend les choses ordinaires, communes, vulgaires et triviales; mais il y a à cet égard un ordre de gradation entre ces mots, celui dans lequel ils viennent d'être écrits, le mot trivial étant le plus bas. En outre, ordinaire désigne plutôt la répétition des actions, et c. la multitude des objets, tandis que vulgaire s'applique à la connaissance des faits, et trivial à la tournure du discours. Enfin, ces mots se disent souvent par rapport au peu de mérite des choses. Ce qui est ordinaire n'a rien de distingué; ce qui est c. n'a rien de recherché, ce qui est vulgaire n'a rien de noble; ce qui est trivial a quelque chose de bas et de ridicule.

COMMUNAL, ALE, adj. [Pr. ko-munal]. Qui concerne une commune ou les communes; qui appartient à une commune. Arrondissement c. Fête communale.

Communaux (Biens). — Parmi les biens appartenant aux communes, on réserve plus spécialement le titre de communaux à ceux dont la jouissance en nature est laissée aux habitants (bois, pâturages, etc.). C'est au conseil municipal qu'appartient le droit de régler le mode de jouissance des biens dont il s'agit. En principe, sont seuls admis à cette jouissance les individus français, domiciliés dans la commune et qui y ont un feu distinct. La répartition des fruits des biens communaux est également faite par le conseil municipal; il en est ainsi des sablières ou carrières qui ne comportent pas facilement un mode de jouissance individuelle. — Les réclamations soulevées à propos de la jouissance ou de la répartition des fruits sont réglées par les tribunaux ordinaires, s'il s'agit de questions concernant l'état des personnes (nationalité, domicile, etc.); par le conseil de préfecture, si l'on conteste uniquement les règles établies pour le partage (loi du 4 avril 1884, art. 61 et suiv.).

COMMUNALISTE. s. m. [Pr. ko-mu...]. Prêtre habitué ou adjoint dans certains diocèses.

COMMUNARD, ARDE. adj. et s. [Pr. ko-munar]. Celui qui est partisan des idées que voulait faire triompher la Commune de Paris en 1871. Fam.

COMMUNAUTAIRE. adj. 2 g. [Pr. ko-munôtèr]. Qui a rapport au système économique de la communauté des biens. = s. m. Partisan de la communauté des biens.

COMMUNAUTÉ. s. f. [Pr. ko-mu...]. Société de plusieurs personnes qui vivent ensemble sous certaines règles. Une c. de religieux, de religieuses, de femmes. Les règlements d'une c. La c. de Saint-Sulpice. Vivre en c. — Dîner à la c., Dîner au réfectoire avec les autres. || Par ext., Maison religieuse où l'on vit en c. Le jardin de la c. Nous visitâmes toute la c. || Se disait autrefois de certains corps laïques qui faisaient une société pour leurs intérêts communs. La c. des procureurs, des notaires. Les communautés d'arts et métiers. || Se disait aussi du corps des habitants d'une ville, d'un bourg, d'un village. Toutes les communautés de la province. || S'emploie quelquefois en parlant de deux ou de plusieurs personnes auxquelles certaines choses sont communes. Ils sont unis par une rare c. de sentiments. Il y a entre les diverses classes de la société une certaine c. de biens et de maux.

Législ. — I. Nous faisons voir au mot MARIAGE que notre législation, en matière de conventions matrimoniales, admet deux types principaux, le Régime de la c. et le Régime dotal, celui-ci emprunté au droit romain, et celui-là emprunté à notre ancien droit national, c.-à-d. au droit coutumier. La c. est un régime dans lequel les époux mettent en commun, c.-à-d. en société, tout ou partie, soit de leurs biens, soit des profits qu'ils feront pendant le mariage. A la différence du régime dotal, le régime de c. est vu avec faveur par les rédacteurs du Code, d'où cette conséquence que la c., telle que la définit et la règle le C. civ., régit les époux à défaut de contrat de mariage. C'est ce qu'on appelle la régime de la C. légale. En outre, si les parties, ainsi qu'elles en ont la faculté, ont jugé à propos de modifier sur certains points, par leur contrat de mariage, les règles spéciales établies pour la c. légale, celles-ci reprennent leur empire pour tous les points où il n'y a pas eu dérogation expresse ou implicite.

La C. est légale ou conventionnelle. Elle est dite légale, lorsqu'elle est exclusivement réglée par le C. civ.; elle est dite, au contraire, conventionnelle, lorsque les règles de la c. légale ont été modifiées par les conventions des parties. — Au reste, qu'elle soit légale ou conventionnelle, la c. commence du jour du mariage contracté devant l'officier de l'état civil : on ne peut stipuler qu'elle commencera à une autre époque.

II. Communauté légale. — Nous commençons naturellement par exposer les règles qui sont propres à ce régime. En conséquence, nous traiterons successivement de la formation de la c., de son administration et de sa dissolution.

A. Formation de la communauté. — Le législateur, en créant un intérêt commun entre les époux, a néanmoins conservé à chacun un intérêt propre et distinct. En conséquence, ce système d'association matrimoniale nous offre à considérer trois masses distinctes de biens, et pour ainsi dire trois patrimoines différents : 1° celui du mari; 2° celui de la femme; 3° celui de la c. On donne le nom de Biens communs aux biens de celle-ci. Ceux de ces biens qui sont acquis postérieurement à la célébration du mariage, prennent encore le nom de Conquêts ou Acquêts. Enfin, les biens personnels de chacun des époux sont appelés Propres de c. ou simplement Propres.

Voyons maintenant quels biens sont communs et quels autres sont propres, ou, en d'autres termes, quels sont les biens qui entrent dans la c., et quels sont ceux qui n'y entrent pas. — En thèse générale, la loi fait entrer dans la c. les biens meubles : quant aux immeubles, ceux-là seuls y entrent qui ont été acquis pendant le mariage. Ainsi donc l'actif de la c. comprend : 1° tous les biens meubles que possédaient les époux en se mariant et ceux qui leur échoient pendant le mariage même par succession ou donation (à moins, dans ce dernier cas, que le donateur n'ait exprimé l'intention contraire); 2° tous les fruits des biens qui restent propres aux époux; 3° les biens immeubles acquis pendant le mariage. Au reste, c'est la qualité de bien commun qui se présume, et tout immeuble est réputé acquêt de c., s'il n'est prouvé qu'il est des époux en avait la propriété ou la possession légale antérieurement au mariage, ou qu'il lui est échu depuis à titre de succession ou donation. En outre, la loi considère comme propres les immeubles qui sont arrivés aux époux pendant le mariage et dans certaines circonstances spéciales qu'elle détermine aux articles 1405 et suivants. Nous citerons pour exemple l'immeuble acquis pendant le mariage à titre d'échange contre l'immeuble appartenant à l'un des deux époux.

Il existe une corrélation parfaite entre le passif et l'actif de la c. Sont considérées comme dettes de c., et par conséquent peuvent être poursuivies, non seulement contre l'époux qui les a contractées, mais encore contre la c. : 1° les dettes mobilières dont les époux étaient grevés au moment de la célébration du mariage (il n'est pas besoin de dire que ces dettes doivent résulter d'un acte authentique antérieur au mariage ou avoir reçu avant la même époque une date certaine); 2° les dettes, tant en capitaux qu'arrérages ou intérêts, contractées par le mari pendant la c., ou par la femme du consentement du mari (mais si ces dettes ont été faites dans l'intérêt exclusif de l'époux qui les a contractées, celui-ci doit en indemniser la c.); 3° les arrérages et intérêts seulement des rentes ou dettes passives qui sont personnelles aux deux époux; 4° les réparations usufructuaires des immeubles qui n'entrent point en c.; 5° les aliments des époux, l'éducation des enfants et toute autre charge du mariage. On comprend qu'il en doit être ainsi, puisque la c. prend tous les revenus actifs des époux, qu'elle a la jouissance de leurs propres et qu'elle garde tout le produit de leur travail. La loi met aussi à la charge de la c. les dettes mobilières dont peuvent se trouver grevées les successions et donations qui échoient aux époux pendant le mariage, sauf la récompense pour celles qui sont relatives aux immeubles propres à l'un ou à l'autre des époux.

B. *Administration de la communauté*. — Le mari administre seul les biens de la c. Il jouit à cet égard de pouvoirs bien autrement étendus que ceux d'un administrateur ordinaire, car il peut vendre ces biens, les aliéner et les hypothéquer sans le concours de la femme. Cependant, il ne peut disposer entre vifs à titre gratuit ni des immeubles de la c., ni de l'universalité ou d'une quotité du mobilier, si ce n'est pour l'établissement des enfants communs. Il peut néanmoins disposer de tel ou tel effet mobilier spécifié à titre gratuit et particulier au profit de toutes personnes, pourvu qu'il ne s'en réserve pas l'usufruit. Malgré ce que nous venons de dire au sujet des donations de biens communs faites indûment par le mari, la nullité de ces donations n'est pas absolue, car elle n'existe que dans l'intérêt de sa femme, si cette dernière accepte la c. après la dissolution de celle-ci. En conséquence, tant que la c. dure, la donation s'exécute, et si après la dissolution la femme renonce à la c., tous les biens communs devenant par là biens personnels du mari, celui-ci se trouve n'avoir disposé que de sa chose et la donation reste valable. Dans le cas, au contraire, où la femme accepte la c., le partage des biens communs se fait comme si la donation n'avait pas eu lieu, et alors la femme prend chez le donataire, s'ils s'y trouvent, les biens qui échoient à son lot, sauf au donataire à reprendre sur les biens du mari ce qu'il aura restitué à la femme. Quant à la donation testamentaire faite par le mari, elle ne peut excéder sa part dans la c.

La loi confie également au mari, sous sa responsabilité personnelle, l'administration de tous les biens personnels de la femme. Mais ici son mandat se borne à la perception des fruits et à l'exercice des actions mobilières et possessoires. Il ne peut aliéner les immeubles personnels de sa femme sans son consentement, il a seulement le droit de les louer. Toutefois, de crainte qu'il n'en abuse, au préjudice soit de sa femme, soit de ses héritiers, la loi le soumet, sous ce rapport, aux règles établies pour les tuteurs et les usufruitiers, c.-à-d. que les baux qu'il a passés pour un temps excédant 9 années ne sont obligatoires que pour la période de 9 ans commencée.

En un mot, le mari est le chef de la c.; ses dettes sont celles de la c. et réciproquement; il s'ensuit que les biens communs se trouvent engagés par tous actes obligatoires du mari, aussi bien par ses actes illicites que par ses contrats ou ses quasi-contrats. Aussi les amendes encourues par lui peuvent-elles se poursuivre sur les biens de la c. Il n'en est pas de même de la femme : tant que dure la c., les amendes encourues par la femme ne peuvent s'exécuter que sur la nue propriété de ses biens personnels. En principe, la femme ne peut engager les biens de la c. qu'avec le consentement exprès ou tacite du mari; mais alors elle oblige non seulement la c., mais encore le mari. C'est en vertu de cette règle que la femme marchande publique engage et son mari et la c. par les actes qu'elle fait pour son commerce. Quant aux dépenses faites pour l'entretien du ménage, la femme doit être considérée comme ayant l'autorisation de son mari, et, par conséquent, ces dépenses sont à la charge de la c. et du mari. Bien plus, si la femme, en contractant avec le consentement du mari, a agi, non pas en son nom, mais comme mandataire du mari et en exécutant la procuration expresse ou tacite de celui-ci, elle oblige le mari et la c. sans s'obliger elle-même. On voit ainsi que, sans le consentement du mari, les actes de la femme, en général, n'obligent ni la c. ni le mari, et ne peuvent être poursuivis que sur la nue propriété de ses biens personnels, puisque les revenus de ces mêmes biens sont aliénés à la c. pendant le mariage. La femme n'oblige la c. et le mari, sans le consentement de celui-ci, que lorsqu'il s'agit : 1° de rendre ou de conserver au mari sa liberté; 2° d'établir un enfant par mariage ou autrement en l'absence du mari; néanmoins, dans ces deux cas, elle doit être autorisée par justice. Notons que le premier de ces deux cas, faisant allusion à l'emprisonnement pour dettes, a perdu presque tout son intérêt depuis que la contrainte par corps a été abolie en matière civile, commerciale et contre les étrangers, par la loi du 22 juillet 1867. Telles sont les positions respectives que la

loi fait au mari et à la femme sous le régime de la c. légale.

Comme on le voit, le rôle de la femme est presque complètement passif; mais pour prévenir les abus que le chef de la c. et de la société matrimoniale pourrait faire de son pouvoir, la loi accorde à la femme certaines prérogatives. Ainsi, par ex., elle peut demander la séparation de biens, renoncer à la c., et même n'accepter celle-ci que sous bénéfice d'inventaire. Elle peut encore stipuler qu'en cas de renonciation à la c., elle retirera son apport franc et quitte. Enfin, elle a une hypothèque légale sur les biens de son mari.

Nous venons de voir, d'une part, que les actes du mari engagent toujours la c., et par conséquent, peuvent porter préjudice à la femme appelée à la partager; et, d'autre part, que, dans certains cas, les actes de la femme engagent non seulement la c., mais encore le mari. Or, toutes les fois qu'une opération faite dans le cours de la société conjugale a procuré un bénéfice à l'un des époux, soit aux dépens de l'autre, soit aux dépens de la c., il en doit être fait *récompense* ou indemnité, après la dissolution de la c., par l'époux qui a recueilli le bénéfice. Réciproquement, si c'est la c. qui a recueilli un profit au détriment du patrimoine d'un époux, récompense est due à ce dernier sur les biens communs. Le Code civ. s'occupe d'abord des récompenses dues à un époux, soit par l'un des conjoints, soit par la c. (1431-1436), puis de celles qui sont dues à la c. par l'un des époux (1437).

C. *Dissolution de la c.* — Les causes qui entraînent la dissolution de la c. sont : 1° la mort de l'un des époux; 2° le divorce; 3° la séparation de corps; 4° la séparation de biens. Cette énumération n'est pas complète, car il faut y joindre le jugement en nullité de mariage putatif, et dans certaines circonstances la déclaration d'absence.

Autrefois, le défaut d'inventaire de la part du survivant des époux communs en biens avait pour effet d'empêcher la dissolution de la c. et de faire continuer cette c. entre le survivant et les héritiers du prédécédé. Il n'en est plus de même aujourd'hui; mais le défaut d'inventaire expose l'époux survivant aux poursuites des parties intéressées, relativement à la consistance des biens et effets communs, dont la preuve peut être faite tant par titres que par la commune renommée. En outre, s'il y a des enfants mineurs, le défaut d'inventaire fait perdre au survivant la jouissance de leurs revenus; et même le subrogé-tuteur qui n'a point obligé celui-ci à faire inventaire, est solidairement tenu de toutes les condamnations qui peuvent être prononcées au profit des mineurs.

De quelque manière que la c. se dissolve, la femme, et ce droit appartient également à ses héritiers et ayants cause, a le choix d'accepter cette c. ou d'y renoncer. C'est là une disposition d'ordre public, et toute convention par laquelle la femme se dépouillerait à l'avance de cette faculté, serait nulle et non avenue. Ce droit d'option n'appartient du reste jamais au mari, et cela est de toute justice, car il doit accepter les suites de sa bonne ou de sa mauvaise administration.

L'*Acceptation* de la femme peut être *expresse* ou *tacite*. Elle est expresse lorsque la femme a pris dans un acte la qualité de commune. Dans ce cas, elle ne peut plus renoncer à moins qu'il n'y ait eu dol de la part des héritiers du mari ou qu'étant mineure, les formalités que sa minorité rendaient nécessaires n'aient pas été accomplies. L'acceptation est tacite lorsqu'elle a fait un acte qui implique la volonté d'être commune. En outre, la veuve qui a diverti ou recélé quelques effets de la c. est déclarée commune, malgré sa renonciation, et il en est de même pour ses héritiers. Si la femme commettait ce détournement après avoir renoncé, l'irrévocabilité de la renonciation lui permettrait plus de la déclarer acceptante, elle se rendrait coupable de vol.

La *Renonciation* se fait par une déclaration passée au greffe du tribunal de première instance dans l'arrondissement duquel le mari avait son domicile, et inscrite sur le registre des renonciations à succession. Au reste, les créanciers de la femme peuvent attaquer la renonciation qui aurait été faite par elle ou par ses héritiers en fraude de leurs créances et accepter de leur chef la c. Lorsque c'est par la mort naturelle du mari que la c. se dissout, comme la femme se trouve en possession des biens de la c. et qu'elle pourrait facilement en détourner une partie, la loi veut que dans les trois mois du jour du décès du mari, la femme fasse dresser un inventaire fidèle et régulier qu'elle devra affirmer sincère et véritable lors de sa clôture. À défaut par elle d'avoir fait dresser cet inventaire dans le délai légal, la femme est déchue du droit de renoncer et reste définitivement acceptante. En outre, la femme doit faire sa renonciation dans les trois mois et quarante jours après le décès du mari. La femme qui n'a pas fait sa renonciation dans le délai prescrit, n'est pas pour cela déchue de la faculté de renoncer, si toutefois elle a fait inventaire et ne s'est point immiscée dans les biens de la communauté ; mais elle peut être poursuivie comme commune jusqu'à ce qu'elle ait renoncé. Si, sur ces poursuites, elle ne renonce pas et se laisse condamner comme commune, elle est irrévocablement acceptante. Enfin, si elle meurt avant d'avoir opté, étant encore, soit dans le délai de l'inventaire, soit dans le délai pour délibérer, la loi accorde un nouveau délai à ses héritiers. Lorsque la dissolution de la c. arrive par la séparation de biens et de corps ou le divorce, la femme qui n'a pas, dans les trois mois et quarante jours après la séparation ou le divorce, définitivement prononcé, accepté la c. est censée y avoir renoncé. Enfin, soit qu'elle accepte, soit qu'elle répudie la c. dissoute par le décès de son mari, la veuve a le droit de prendre sur les biens communs : 1° son deuil et celui de ses domestiques, eu égard à la position sociale et à la fortune de son mari ; 2° le logement et la nourriture pour elle et ses domestiques également, pendant tout le temps que lui accorde la loi pour faire inventaire et délibérer. Ce droit lui est absolument personnel et ne passe pas à ses héritiers. Dans le cas de dissolution de la c. par la mort de la femme, ses héritiers sont tenus, s'ils veulent renoncer à la c., de faire leur renonciation dans les délais et dans les formes que la loi est prescrit à la femme survivante.

L'acceptation confirme chez la femme sa qualité de commune, de copropriétaire des biens, et dès lors elle lui donne droit de prendre sa part de l'actif de la c., comme elle la soumet réciproquement à l'obligation de supporter aussi sa part dans les contributions au passif et dans le paiement à faire aux créanciers. La loi exige d'abord, comme préliminaire du partage, qu'il soit procédé au *rapport* de tout ce dont les époux sont débiteurs envers la c. Ensuite, chacun d'eux exerce ses reprises sur la masse totale des biens. La masse des biens dont parle le Code, n'est pas seulement l'ensemble des biens communs, mais l'ensemble des biens quelconques existant dans la maison et que la loi considère comme formant une seule masse, parce que tous, même les propres des époux, étaient réunis sous l'administration du mari et sous le droit de la c. usufruitière de ces propres. Chacun des époux prélève : 1° les biens personnels qui ne sont point entrés en c., s'ils existent en nature, ou ceux qui ont été acquis en remploi ; 2° le prix de ses immeubles qui ont été aliénés pendant la c. et dont il n'a point été fait remploi ; 3° les indemnités qui lui sont dues par la c. Les prélèvements de la femme s'exercent avant ceux du mari. Ils s'exercent, pour les biens qui n'existent plus en nature, d'abord sur l'argent comptant, ensuite sur le mobilier, et subsidiairement sur les immeubles de la c. ; dans ce dernier cas, le choix des immeubles est accordé à la femme. De plus, en cas d'insuffisance de la c., la femme ou ses héritiers exercent leurs reprises sur les biens personnels du mari. Ce dernier, au contraire, ne peut exercer ses reprises que sur les biens de la c. Une fois les rapports faits et les reprises prélevées, l'actif de la c. se partage par moitié entre le mari et la femme.

Relativement au passif de la c., passif qui comprend, indépendamment de ce qui est dû par elle au moment de la dissolution, tous les frais faits pour les actes qui préparent, accompagnent ou consomment le partage, il faut distinguer la part que chacun des époux prend dans les dettes de la quotité pour laquelle chacun d'eux doit répondre aux poursuites des créanciers, sauf recours contre son conjoint. Entre les époux, les dettes se partagent par moitié, sauf convention contraire. Cette règle reçoit une exception dans le cas où la femme, ayant fait bon et fidèle inventaire, n'est tenue que jusqu'à concurrence de son *émolument* : c'est là le bénéfice d'inventaire dont jouit la femme commune. L'*émolument* en proportion duquel la femme doit être tenue des dettes, comprend tout l'avantage qu'elle a retiré de la c., mais non pas, bien entendu, les sommes dont elle qu'elle a prélevés pour les récompenses à elles dues par la c., puisque ce n'était là que reprendre ce qui lui appartenait. Quant au droit de poursuite des créanciers, ils peuvent l'exercer contre le mari pour la totalité des dettes de la c. par lui contractées, sauf son recours contre la femme ou ses héritiers pour la moitié desdites dettes ; mais le mari n'est tenu que pour moitié de celles qui sont personnelles à sa femme et qui étaient tombées à la charge de la c. La femme, de son côté, peut être poursuivie pour la totalité des dettes qui procédaient de son chef et étaient entrées dans la c., sauf son recours contre le mari ou ses héritiers pour la moitié desdites dettes. Dans le cas où elle s'est obligée personnellement pour une dette de la c., elle ne peut être poursuivie que pour la moitié de cette dette, à moins que l'obliga-

tion ne soit solidaire. Elle peut d'ailleurs opposer aux créanciers comme au mari son bénéfice d'inventaire. Néanmoins ce bénéfice n'est opposable aux créanciers que pour les dettes dont la femme est tenue comme commune seulement et sans être personnellement obligée, tandis qu'il est opposable au mari pour tout le passif de la c., sans exception ni distinction. Lorsque la femme oppose au créancier son bénéfice d'inventaire, le mari est tenu pour le surplus. Enfin, quand l'un des époux a payé aux créanciers au delà de la portion dont il était tenu, il est présumé avoir voulu libérer son conjoint, et il n'a droit à aucune répétition contre eux, sauf le cas où la quittance porte que la somme a été payée par l'époux pour la part dont il est tenu ; mais il a son recours contre son conjoint pour ce qu'il a payé en trop. — Toutes les règles qui précèdent sont applicables aux héritiers du mari et de la femme respectivement, car les héritiers exercent les mêmes droits et sont soumis aux mêmes actions que le conjoint qu'ils représentent.

Les effets de la renonciation sont faciles à comprendre. Cet acte rendant la femme complètement étrangère à la c., elle n'a aucun droit sur les biens communs qui dès lors deviennent la propriété exclusive du mari. Elle reprend simplement tout ce qu'elle prélèverait *avant partage* si elle avait accepté. Toutefois elle ne peut plus ici, comme en cas d'acceptation, se payer de ses indemnités par l'appropriation en nature de biens de la c. En effet, comme dans le cas de renonciation, elle n'est plus qu'une simple créancière, elle n'a droit qu'à un paiement en argent, qu'elle peut poursuivre sur tous les biens du mari. Cependant elle est encore autorisée à enlever tout ce qui est vêtement ou linge à son usage particulier ; mais cette faveur lui étant personnelle, elle ne peut jamais être exercée par ses héritiers. D'un autre côté, la femme renonçante n'a rien à supporter dans les dettes de la c., et si elle se trouvait obligée d'en payer quelqu'une, non comme commune, car elle ne peut être poursuivie à ce titre, mais comme s'étant engagée personnellement, elle aurait son recours pour le tout contre son mari.

Indépendamment de la *séparation de corps* qui entraîne nécessairement la *séparation de biens*, une seule cause permet à la femme, mais lui permet toujours d'obtenir celle-ci : c'est un dérangement tel dans les affaires du mari qu'il y ait danger pour la femme de perdre tout ou partie de ses biens présents ou futurs. Nous ferons remarquer en passant que la séparation judiciaire peut être obtenue par la femme, non pas seulement sous le régime de la c. est légale, soit conventionnelle, mais encore sous tous les autres régimes, même sous le régime dotal. — Toute séparation volontaire est nulle. Bien plus, cette séparation, quoique prononcée en justice, est également nulle, si elle n'a point été exécutée par le paiement réel des droits et reprises de la femme effectué par acte authentique, jusqu'à concurrence des biens du mari, ou au moins par des poursuites commencées dans la quinzaine qui a suivi le jugement et non interrompues depuis. Le jugement qui prononce la séparation de biens doit être affiché dans certains lieux désignés par le Code. Quant à ses effets, il remonte au jour de la demande. Les créanciers personnels de la femme ne peuvent, sans son consentement, demander la séparation de biens. Ceux du mari, au contraire, peuvent se pourvoir contre la séparation prononcée et même exécutée en fraude de leurs droits : ils peuvent encore intervenir dans l'instance en séparation pour la contester. Quoique le consentement des époux ne puisse pas établir entre eux la séparation de biens pendant le mariage, il suffit cependant pour la faire cesser, à la seule condition qu'il soit constaté par acte authentique et public. Alors la c. est rétablie et reprend son effet, du jour du mariage, comme si elle n'avait jamais éprouvé d'interruption. Néanmoins demeurent valables les actes qui, dans cet intervalle, ont pu être faits par la femme dans la limite des pouvoirs que lui conféraient les articles 1449 et 1450 du C. c. Nous verrons plus loin, quand nous parlerons de la séparation de biens contractuelle, les effets de la séparation de biens judiciaire.

III. *De la c. conventionnelle.* — Les époux étant libres de modifier la c. légale par toute espèce de conventions, pourvu que celles-ci ne soient contraires ni aux bonnes mœurs, ni à l'ordre public, il était impossible au législateur de prévoir toutes les sortes de stipulations qui peuvent être introduites dans les contrats de mariage. Cependant il a cru devoir donner certaines règles relatives aux conventions particulières qui se rencontrent le plus fréquemment. Les modifications énumérées et prévues par le Code sont au nombre de huit (Art. 1497) ; mais on peut les réduire et on les réduit habituellement sous les cinq chefs suivants : 1° restriction de la c. légale ; 2° extension de cette c.; 3° paiement séparé des dettes des époux; 4° réserve de l'apport de la femme; 5° modification des règles ordinaires relatives au partage de la c.

1° *Clauses restrictives de la c.* — Les époux peuvent restreindre l'étendue que la loi donne à la c. ordinaire, soit en stipulant une simple c. d'acquêts, soit en excluant de la c. tout ou partie de leur mobilier.

A. *C. réduite aux acquêts.* — La c. d'acquêts ne comprend dans son actif que les gains provenant, pendant le mariage, de l'industrie des époux, et les fruits ou revenus de leurs biens, perçus ou échus pendant le mariage. Par conséquent, elle leur laisse en propre tous les biens tant meubles qu'immeubles qui leur appartiennent au jour de la célébration, et tous ceux qui leur arrivent pendant le mariage autrement que comme résultat de leur industrie. Réciproquement, le passif comprend seulement les dettes contractées pendant le mariage pour la société conjugale, les intérêts ou arrérages des dettes personnelles aux époux, et les charges usufructuaires de leurs biens. Toutes les dettes existant lors de la célébration, et celles dont sont grevées les successions ou donations mobilières qui échoient pendant le mariage à l'un des époux, lui restent personnelles. Dans la c. d'acquêts, comme sous la c. légale, tout bien est réputé commun jusqu'à preuve contraire par l'époux qui le réclame comme propre. Relativement au mobilier, soit existant au moment du mariage, soit échu depuis, la loi, sans distinguer entre le mari et la femme, exige un inventaire en bonne forme. Toutefois, lorsqu'il s'agit du mobilier échu à la femme pendant le mariage, comme on ne peut pas la rendre responsable de la négligence ou peut-être de la fraude du mari, la loi permet à la femme, ainsi qu'à ses héritiers à défaut de cet acte, de prouver par témoins et même par commune renommée la consistance du mobilier à elle échu.

B. *Exclusion totale ou partielle des biens meubles.* — Un époux peut exclure de la c. tout ou partie de son mobilier, soit présent, soit futur, soit présent et futur. Cette exclusion peut avoir lieu de quatre manières: 1° quand l'époux déclare exclure la totalité ou telle partie de ses meubles; 2° quand il déclare mettre telle partie en c., ce qui exclut le reste virtuellement; 3° quand il stipule que telle partie de son mobilier ou une certaine somme à prendre sur ce mobilier sera employée en acquisition d'immeubles qui lui seront propres, cas auquel la stipulation reçoit le nom particulier de *Clause d'emploi*; 4° quand il ne met son mobilier en c. que jusqu'à concurrence de telle somme, ce qui en exclut l'excédent. On donne généralement le nom d'*Immobilisation* ou de *Réalisation* à la clause d'exclusion du mobilier, parce qu'elle assimile à des immeubles et réalise au profit de l'époux, en la lui constituant propre, la totalité ou une partie de sa fortune mobilière. Le terme de *Réalisation* s'applique aussi, dans un sens plus restreint, aux trois premiers cas ci-dessus, par opposition à la dernière stipulation qui prend alors le nom particulier de *Clause d'apport.*

Clause de réalisation. — Quand un époux se réserve tout ou partie de son mobilier d'une des trois premières manières indiquées plus haut, il supporte proportionnellement ses dettes mobilières. Si donc l'époux réalise tous ses meubles présents, il supporte toutes ses dettes actuelles; s'il réalise ceux qui sont à échoir par succession ou donation, il supporte les dettes de ces successions ou donations; s'il ne réserve enfin qu'une quote-part des uns et des autres, il supporte dans les dettes une part proportionnelle; mais s'il ne se réserve qu'un ou plusieurs meubles déterminés, il n'a aucune dette à sa charge, de même qu'il les a toutes si c'est seulement sur un ou plusieurs meubles déterminés que porte sa mise en communauté.

Clause d'apport. — La clause d'apport diffère de la clause de réalisation en ce qu'elle ne produit pas toujours la réalisation, ou ne la produit que d'une manière imparfaite. En effet, il n'y a d'exclu de la c. que ce dont le mobilier de l'époux dépasse la somme par lui promise. Or, il se peut que ce mobilier n'excède pas la somme ou même ne l'atteigne pas. Quand il y a excédent, cet excédent n'est pas rigoureusement propre à l'époux, il appartient à la c., laquelle en est simplement débitrice. L'époux a en réalité donné son mobilier en paiement de la dette qu'il avait contractée vis-à-vis de la c., et celle-ci a acquis, sauf à compter, la propriété de tous les meubles. Au reste, c'est à l'époux débiteur de l'apport à prouver, lors de la dissolution de la c., qu'il a payé sa dette en entier par le mobilier provenu de son chef. La preuve de la consistance de ce mobilier est soumise à des règles différentes, selon qu'il a été apporté lors de la célébration, ou acquis pendant le mariage. Dans le premier cas, l'apport est suffisamment justifié quant au mari par la déclaration portée au contrat que son mobilier

est de telle valeur, et à l'égard de la femme par la quittance que le mari donne à celle-ci ou à ceux qui l'ont dotée. Dans le second cas, la preuve se fait conformément aux règles exposées plus haut pour la c. d'acquêts. Nous ajouterons que l'époux est garant envers la c. des meubles qu'il lui donne en paiement (C. c. 1500 et suiv.).

2° *Clauses extensives de la c.* — De même que les époux peuvent exclure de leur société de biens tout ou partie de leurs meubles, de même ils peuvent y faire entrer tout ou partie de leurs immeubles. Toute clause ayant cet objet se nomme *Clause d'ameublissement.*

A. L'*Ameublissement* est en outre *déterminé* ou *indéterminé*: il est déterminé lorsque l'époux a déclaré ameublir et mettre en c. tel immeuble en tout ou jusqu'à concurrence d'une certaine somme; il est indéterminé quand l'époux a simplement déclaré apporter en c. ses immeubles jusqu'à concurrence d'une certaine somme. Dans le premier cas, la c. est propriétaire des immeubles, et le chef de cette c. peut dès lors les aliéner comme les *conquêts* immobiliers. L'ameublissement indéterminé, au contraire, ne donne à la c. qu'une créance qui frappe sur les immeubles jusqu'à concurrence de la somme pour laquelle ils sont ameublis; aussi la c., bien qu'elle n'en soit pas propriétaire, peut-elle les hypothéquer jusqu'à concurrence de cette somme (C. c. 1505 et s.).

B. *C. à titre universel.* — Les époux peuvent aussi établir, par leur contrat de mariage une c. universelle de leurs biens tant immeubles qu'immeubles, soit présents, soit à venir seulement, soit présents et à venir à la fois.

3° *Séparation des dettes.* — On peut stipuler, soit pour les deux époux, soit pour l'un d'eux, que les dettes qui de droit commun doivent entrer dans la c. en seront exclues. Cette exclusion est expresse ou virtuelle. Elle est expresse quand il est dit au contrat que l'un des époux ou chacun d'eux supportera seul ses dettes; elle est virtuelle, quand l'un ou chacun d'eux se réserve en propre l'universalité de ses meubles, soit qu'il ne fasse aucun apport, soit qu'il n'apporte qu'une certaine somme ou bien des objets particuliers. C'est une conséquence de ce principe de notre vieux droit français admis par le Code, que les dettes mobilières sont partout à la charge de l'actif mobilier. Entre les époux, l'effet de la séparation des dettes consiste en ce que les dettes exclues de la c. ne sont acquittées par celle-ci qu'à la charge, par l'époux qu'elles concernent, d'en payer récompense lors de la dissolution. Cette obligation subsiste, soit qu'il y ait eu, soit qu'il n'y ait pas eu inventaire. A l'égard des créanciers, l'effet de la séparation est subordonné à la condition que le mobilier entré dans la c. du chef de leur débiteur ait été constaté par un inventaire ou état en bonne forme. Si le mobilier apporté par l'époux n'a pas été constaté par un inventaire, les créanciers de l'un et l'autre des époux peuvent poursuivre leur paiement sur le mobilier non inventorié comme sur tous les autres biens de la c. (C. c. 1510).

Il faut distinguer de la séparation de dettes la clause de *Franc et quitte*, c.-à-d. la clause qui déclare l'un des époux franc et libre de toutes dettes antérieures au mariage. Dans ce cas, l'époux déclaré quitte et dont la c. a néanmoins payé des dettes antérieures au mariage, doit récompense de la totalité de la somme payée et de tous les intérêts de cette somme depuis le jour du paiement jusqu'au jour de la dissolution. D'un autre côté, la clause de *franc et quitte* n'empêche pas les créanciers de l'époux de poursuivre pour leur paiement sur tous les biens communs (C. c. 1511 et s.).

4° *Réserve de l'apport de la femme.* — La femme peut se réserver le droit de reprendre, en renonçant à la c., tout ou partie des biens meubles provenant de son chef. La loi fait cet avantage à la femme, en compensation du rôle en quelque sorte passif qu'elle lui donne dans la c. On doit, dans l'interprétation de cette clause, s'en tenir aux termes stricts du contrat. Cette convention permettant en effet à la femme d'être associée pour le profit sans l'être pour la perte, apporte une grave dérogation aux principes consacrés par le Code en matière de société ou de c. D'ailleurs, il est bien entendu que les apports ne peuvent être repris que déduction faite des dettes personnelles à la femme, qui auraient été acquittées par la c. (C. c. 1514).

5° *Modification des règles ordinaires relatives au partage de la c.* — Nous avons vu, dans la c. légale, les dettes devaient se partager par moitié. Cette règle peut être modifiée de quatre manières différentes: 1° On peut convenir qu'avant de procéder au partage, d'ailleurs égal, l'un des époux aura droit à un *préciput*. Ce préciput auquel la mort naturelle seule donne ouverture, n'est pas considéré comme un avantage sujet aux formalités des donations. S'il est fait à la femme, cette dernière ne peut exercer son prélèvement que lorsqu'elle accepte la c., à moins que le contrat de mariage ne lui ait réservé ce droit, même en cas de renonciation. Hors ce dernier cas, le préciput se prélève seulement sur la masse partageable, et non sur les biens personnels de l'époux prédécédé (C. c. 1515 et s.). — 2° Le partage de la c. peut se faire par portions inégales. Alors l'époux survivant qui se trouve réduit à une part inférieure à la moitié, ou ses héritiers, ne supportent qu'une part proportionnelle dans les dettes de la c. : toute convention contraire est nulle. — 3° L'un des époux peut ne recevoir qu'une somme fixe pour tout droit de c. Dans ce cas, la clause constitue un forfait qui prend le nom de *Forfait de c.* Cette clause oblige l'autre époux à payer la somme convenue, que la c. soit bonne ou mauvaise, suffisante ou insuffisante. Il est en outre obligé à payer toutes les dettes de celle-ci. Toutefois, si c'est la femme survivante qui a, moyennant une somme convenue, le droit de retenir toute la c., elle a le choix ou de payer cette somme en demeurant obligée à toutes les dettes et en gardant toute la c., ou de renoncer à la c. — 4° Enfin, la totalité de la c. peut être attribuée soit au mari, soit à la femme, soit au survivant des deux époux. Dans ce cas, les héritiers de l'autre époux font la reprise des apports et capitaux tombés dans la c. du chef de leur auteur. Cette stipulation n'est point réputée un avantage sujet aux règles relatives aux donations, soit quant au fond, soit quant à la forme, mais simplement une convention de mariage et entre associés (C. c. 1520 et s.).

Relativement aux différentes modifications que les époux peuvent apporter à la c. légale, nous ferons encore une observation. Lorsqu'il y a des enfants issus d'un précédent mariage, toute convention qui aurait pour résultat de donner à l'un des époux au delà de la portion fixée par l'art. 1098 (c.-à-d. plus qu'une part d'enfant légitime le moins prenant), est sans effet pour tout ce qui excède cette portion. Néanmoins les simples bénéfices résultant des travaux communs et des économies faites sur les revenus respectifs, quoique inégaux, des deux époux, ne sont pas considérés comme un avantage fait au préjudice des enfants du premier lit. (C. c. 1527).

Le Code range encore sous la rubrique de la c. deux régimes particuliers qui pourraient exclure complètement toute espèce de c.; ils ne sont classés ainsi que par opposition au régime dotal, dont ils diffèrent essentiellement en ce qu'ils ne permettent pas de stipuler l'inaliénabilité des immeubles de la femme.

III. *Régime exclusif de c.* — Lorsque les époux se marient sous ce régime, le mari conserve l'administration des biens meubles et immeubles de la femme : il a par conséquent le droit de percevoir les fruits desdits biens, et de toucher que celle-ci apporte en dot ou qui lui échoit pendant le mariage, à charge de le restituer après la dissolution du mariage ou après la séparation de biens. Dans le cas où ce mobilier comprend des choses dont on ne peut faire usage sans les consommer, il doit en être joint un état estimatif au contrat de mariage, ou il doit en être fait inventaire lors de l'échéance, et le mari en doit rendre le prix d'après l'estimation. Le mari est d'ailleurs tenu de toutes les charges de l'usufruitier. Quoique les fruits des biens de la femme soient perçus par le mari et censés lui être apportés pour soutenir les charges du mariage, il peut être convenu que la femme touchera annuellement, sur ses seules quittances, certaines portions de ses revenus pour son entretien et ses besoins personnels. Quant aux immeubles que la femme s'est constitués en dot, ils ne sont point inaliénables ; néanmoins ils ne peuvent être aliénés sans le consentement du mari ou, à son refus, sans l'autorisation de la justice (C. c. 1530 à 35).

IV. *Régime de la séparation de biens.* — La séparation de biens qui résulte du contrat de mariage prend le nom de séparation *contractuelle* ou *conventionnelle*, pour la distinguer de la séparation de biens judiciaire dont il a été question plus haut. Au reste, leurs effets sont en général les mêmes. Ainsi dans l'une et l'autre espèce de séparation, la femme a l'entière administration de ses biens et la jouissance libre de ses revenus; mais elle ne peut aliéner ses immeubles sans le consentement spécial de son mari ou, à son refus, sans y être autorisée par justice, toute autorisation générale d'aliéner ses immeubles donnée à la femme, soit par contrat de mariage, soit depuis la célébration, étant nulle. Quant à ses biens meubles, la femme a encore le droit de les aliéner ; toutefois elle ne peut le faire que pour ses besoins et dans la limite des besoins de sa famille : hors cette conséquence qu'elle ne peut jamais en disposer qu'à titre onéreux. La séparation contractuelle ne diffère de la séparation judiciaire qu'en un seul point. Dans la première, la femme, à défaut de stipulations

particulières, ne contribue aux charges du mariage que jusqu'à concurrence du tiers de ses revenus, tandis que, dans la seconde, comme les circonstances font présumer qu'en général le mari aura peu de ressources, et que d'ailleurs les revenus des biens dont la femme reprend la jouissance devaient, d'après le contrat primitif, être affectés aux charges du mariage pour la totalité, la femme y contribue proportionnellement à ses facultés et à celles du mari. Dans les deux cas, elle doit supporter entièrement ces frais, s'il ne reste rien à ce dernier. Enfin, lorsque la femme séparée a laissé la jouissance de ses biens à son mari, celui-ci n'est tenu, soit sur la demande que sa femme pourrait lui faire, soit à la dissolution du mariage, qu'à la représentation des fruits existants, et il n'est point comptable de ceux qui sont consommés jusqu'alors. (C. c. 1536 à 1539). — Voy. MARIAGE ET DOT.

COMMUNAUX. s. m. pl. |Pr. *ko-mu-nô*]. Biens communaux, biens des communes. Voy. BIEN et COMMUNAL.

COMMUNE. s. f. [Pr. *ko-mune*]. Se disait autrefois du corps des bourgeois d'une ville ou des habitants d'un bourg, d'un village. La c. *de tel lieu prit les armes. L'affranchissement, les privilèges des communes.* — Se disait aussi, mais au plur., des milices bourgeoises et des habitants de la campagne en général. *L'arrêt enjoignit aux communes de lui courir sus. On assembla les communes.* || En Angleterre, *La Chambre des communes*, ou simplement, *Les Communes*, La seconde des deux Chambres du Parlement d'Angleterre, qui est composée des députés des comtés et des villes du royaume. = Division territoriale administrée par un maire. *C. rurale.* || *Collectiv.*, Ceux qui habitent une c., en tant qu'ils ont des intérêts et des droits communs. *Ces biens ont été achetés par la c. La c. s'est imposée extraordinairement.* || Le corps des officiers municipaux d'une ville, d'une c. *La c. de Lyon prit un arrêté.* || Par ext., L'hôtel où s'assemblent les officiers municipaux. *Il se rendit à la c.* || Autrefois, se disait au plur., dans le sens de *Biens communaux. Mener paître les troupeaux dans les communes.*

Législ. — Une loi du 5 avril 1884 a réglé l'administration des communes, confiée à un corps municipal composé d'un maire, d'un ou plusieurs adjoints et de conseillers municipaux. Le conseil municipal se compose de 10 membres dans les communes de 500 habitants et au-dessous,

De 12 dans celles de	501 à 1,500 hab.
16 —	1,501 à 2,500 —
21 —	2,501 à 3,500 —
23 —	3,501 à 10,000 —
27 —	10,001 à 30,000 —
30 —	30,001 à 40,000 —
32 —	40,001 à 50,000 —
34 —	50,001 à 60,000 —
36 —	60,001 et au-dessus.

Dans les villes divisées en plusieurs mairies, le nombre des conseillers est augmenté de trois par mairie.

Les conseils municipaux sont nommés pour quatre ans et renouvelés intégralement le premier dimanche de mai, dans toute la France. Le conseil municipal nomme le maire et les adjoints. Les communes dont la population est de 2,500 et au-dessous, n'ont qu'un adjoint. Celles qui comptent de 2,500 à 10,000 hab. en ont deux et les communes plus peuplées ont un adjoint de plus par fraction de 25,000 hab. sans que ce nombre puisse être supérieur à douze. Les fonctions sont gratuites. Voy. MUNICIPAL.

Hist. et Droit adm. — 1. Le terme de *Commune*, qui aujourd'hui n'exprime plus dans notre langue qu'une division du territoire envisagée au point de vue de l'administration civile, servait, il y a sept cents ans, à désigner une ville qui était affranchie du joug féodal, qui se gouvernait elle-même au moyen d'une magistrature élective, qui avait le droit de faire des statuts en matière civile, commerciale, judiciaire et de police, qui parfois jouissait du droit de paix et de guerre, qui possédait en un mot la plupart des prérogatives des cités ou républiques de l'antiquité.

A l'époque de l'établissement du régime féodal, quelques grandes villes, grâce au nombre et à la richesse de leurs habitants, avaient seules réussi à se mettre à l'abri de la plupart des vexations imposées à la population des campagnes et des localités de peu d'importance. Plusieurs fois, les abus odieux qui résultaient inévitablement du système féodal, de cette anarchie organisée, si l'on peut parler ainsi, provoquèrent des réactions violentes. Les serfs se soulevèrent tumultueusement et furent écrasés. Les villes « machinèrent aussi la guerre »; mais elles agirent avec prudence et conquirent une liberté plus ou moins complète. Les unes devinrent des *Bourgeoisies*, les autres s'érigèrent en *Communes*; d'autres obtinrent des chartes qui, sans les constituer soit en communes soit en bourgeoisies, leur assurèrent néanmoins la jouissance de privilèges suffisamment étendus.

Les villes de *bourgeoisie* jouissaient de droits et de privilèges qui avaient pour but de mettre les biens et la personne des citoyens sous la sauvegarde des lois; mais elles différaient des communes en ce qu'elles ne pouvaient s'administrer elles-mêmes et en ce que leurs habitants ne formaient pas une association jurée. Elles avaient, comme les communes, des magistrats municipaux; mais ces magistrats étaient placés sous la surveillance d'un officier royal ou seigneurial, et elles recevaient leurs lois et leurs règlements du suzerain dont elles dépendaient. Une c., au contraire, était, ainsi que nous l'avons dit, une espèce de petite république indépendante (*respublica*). Ses habitants formaient une espèce d'association mutuelle. Lorsqu'ils avaient payé à leur ancien seigneur la redevance convenue pour le prix de leur liberté, ils formaient les portes de leur ville et s'organisaient comme ils l'entendaient. « *Commune*, dit un écrivain du XII° siècle, est un mot nouveau et détestable, et voici ce qu'on entend par ce mot : les gens taillables ne paient plus qu'une fois l'an à leur seigneur la rente qu'ils lui doivent; s'ils commettent quelque délit, ils en sont quittes pour une amende légalement fixée; et quant aux levées d'argent qu'on a coutume d'infliger aux serfs, ils en sont entièrement exempts. » Le régime communal faisait donc succéder au règne de la force le règne de la loi votée par les habitants mêmes de la cité. Ainsi donc, comme le fait très justement observer Augustin Thierry, « le mot de c. exprimait, il y a sept cents ans, un système de garanties analogue, pour l'époque, à ce qu'aujourd'hui nous comprenons sous le mot *Constitution*. »

II. — La question de l'origine des communes a été fort controversée entre les érudits. Aujourd'hui cependant on s'accorde généralement à admettre que cette origine est multiple. Parmi ces petites républiques, les unes n'étaient que la continuation des municipes romains; les autres devaient leur affranchissement à la révolte ou à une concession volontaire de la part de leur seigneur. Les premières existaient presque toutes dans les provinces méridionales de l'ancienne Gaule; les autres, et c'est à elles qu'appartient à proprement parler la dénomination de *communes*, étaient disséminées dans les provinces du centre et du nord de la France.

Nous venons de parler de la perpétuité du système municipal romain dans le Midi. Il est établi, en effet, que la plupart des villes du Languedoc et de la Provence avaient conservé sans interruption, sous la suzeraineté de leurs évêques ou de leurs comtes, la jouissance d'une partie des privilèges municipaux qu'elles tenaient de l'administration romaine. Quelques grandes cités des autres provinces de la Gaule se trouvaient dans le même cas, mais leur régime constituait une exception, tandis qu'il était la règle générale sur les bords de la Méditerranée, c.-à-d. dans les pays où la domination romaine avait duré le plus longtemps, et où les invasions des peuples germaniques avaient été incomplètes ou passagères. Toutefois, même dans les villes les plus favorisées, les libertés municipales avaient été profondément modifiées et altérées; mais le souvenir d'un meilleur état de choses vivait encore dans les esprits, et il ne fallait qu'une occasion pour provoquer un nouveau mouvement. Cette impulsion vint du dehors. Pendant la première moitié du XI° siècle, la célèbre querelle des investitures ranima dans toutes les villes du nord de l'Italie l'indépendance municipale. Gênes et Milan, Pise et Florence, libres des entraves féodales, adoptèrent le consulat des villes de la Romagne, mais en donnant à cette magistrature une extension inconnue dans cette contrée. En effet, les consuls ne furent pas seulement investis de l'autorité judiciaire comme dans l'État de l'Église; on leur confia encore le pouvoir exécutif avec ses attributions les plus importantes, telles que le droit de faire la paix et la guerre. Le contre-coup de cette révolution politique se fit si rapidement sentir au delà des Alpes, qu'en moins d'un quart de siècle les villes du midi de la France adoptèrent le consulat des cités italiennes, et les seigneurs, voyant qu'il y aurait impossibilité de leur part à prétendre arrêter ce mouvement, s'empressèrent de reconnaître le nouvel état de choses qui en était résulté, les uns gratuitement, les autres moyennant certaines redevances. A partir de ce moment, les évêques et les comtes du Languedoc et de la Provence ne conservèrent plus sur leurs villes qu'une suzeraineté nominale et quelques droits

purement honorifiques. Libres dans leur administration intérieure, ne reconnaissant d'autre juridiction que celle de leurs propres magistrats qui rendaient la justice, non d'après les coutumes féodales, mais d'après la loi écrite, c.-à-d. la loi romaine, protégées enfin contre tout mauvais vouloir seigneurial, moins encore par leurs chartes que par la force de leurs murailles et la bravoure de leurs milices, ces villes purent se livrer en toute sécurité à l'industrie et au commerce, et elles arrivèrent en peu de temps au plus haut point de prospérité. On vit, pendant tout le XII° siècle, non seulement traiter sur le pied d'une parfaite égalité avec leurs suzerains, mais encore conclure des alliances avec l'étranger; et il fallut, pour amener leur décadence, cette furieuse guerre des Albigeois qui, pendant vingt ans, ravagea nos provinces méridionales.

Suivant Aug. Thierry, une ligne tirée de l'ouest à l'est, et passant au sud du Poitou, au nord du Limousin, de l'Auvergne et du Lyonnais, marque la limite où s'arrêta ce qu'on peut appeler la réforme consulaire. Au delà de cette limite, le mouvement révolutionnaire changea de caractère et produisit un état de choses qui, bien qu'analogue au fond, différa essentiellement par la forme de celui qui s'était établi au sud de la Loire. Dans les villes du nord et du centre, où le régime féodal avait entièrement altéré le système romain et sur lesquelles il pesait de tout son poids, l'exemple des cités lombardes et provençales ne pouvait être un mobile suffisant de rénovation. Il fallut qu'un élément germanique, la *ghilde*, vînt se joindre à cette impulsion étrangère. — Qu'était-ce que la *ghilde*? « Dans l'ancienne Scandinavie, dit Aug. Thierry, ceux qui se réunissaient aux époques solennelles pour sacrifier ensemble, terminaient la cérémonie par un festin religieux. Assis autour du feu et de la chaudière du sacrifice, ils buvaient à la ronde et vidaient successivement trois cornes remplies de bière, l'une pour les dieux, l'autre pour les braves du vieux temps, la troisième pour les parents et les amis dont les tombes, marquées par des monticules de gazon, se voyaient çà et là dans la plaine; on appelait celle-ci la coupe de l'amitié. Le nom d'*amitié* (*minne*) se donnait aussi quelquefois à la réunion de ceux qui offraient en commun le sacrifice, et, d'ordinaire, cette réunion était appelée *ghilde*, c.-à-d. *banquet à frais communs*; mot qui signifiait aussi association ou confrérie, parce que tous les cosacrifiants promettaient par serment de se défendre l'un l'autre et de s'entr'aider comme des frères. Cette promesse de secours comprenait tous les périls, tous les grands accidents de la vie; il y avait assurance mutuelle contre les voies de fait et les injures, contre l'incendie et le naufrage, et aussi contre les poursuites légales encourues pour des crimes et des délits, même avérés. Chacune de ces associations était mise sous le patronage d'un dieu ou d'un héros dont le nom servait à la désigner; chacune avait des chefs pris dans son sein, un trésor commun alimenté par des contributions annuelles, et des statuts obligatoires pour tous ses membres; elle formait ainsi une société à part au milieu de la nation ou de la tribu. La société de la ghilde ne se bornait pas, comme celle de la tribu ou du canton germanique, à un territoire déterminé; elle était sans limites d'aucun genre; elle se propageait au loin et réunissait toute espèce de personnes, depuis le prince et le noble jusqu'au laboureur et à l'artisan libre. C'était une sorte de communion païenne qui entretenait, par de grossiers symboles et par la foi du serment, des liens de charité exclusive, hostile même à l'égard de ceux qui, restés en dehors de l'association, ne pouvaient prendre les titres de *convive*, *conjuré*, *frère du banquet*. » Cette institution fut apportée dans la Gaule par les conquérants germains, et elle se conserva encore après leur conversion au christianisme; mais alors, au lieu de la placer sous le patronage d'un dieu ou d'un héros, ils la mirent sous l'invocation d'un saint. A la longue, le banquet fraternel tomba en désuétude; néanmoins l'association jurée, le serment d'assistance réciproque et l'espèce de police domestique que les associés exerçaient entre eux, se maintinrent dans toute leur force. On voit, par divers capitulaires, que ces *ghildes* étaient fréquentes, non seulement parmi les hommes de race franque, mais parmi les habitants de toute espèce et de toute condition, même parmi les serfs de la glèbe. Les écrivains du temps leur donnent le nom de *conjurations*, à cause du serment de mutuelle assistance que prêtaient tous les membres de l'association.

Les ghildes offraient un moyen trop puissant d'opposition pour que les mécontents ou les opprimés ne fussent pas tentés d'y avoir recours contre leurs ennemis. Aussi est-ce par des associations de ce genre que commença la réaction contre la féodalité. La grande association des paysans de la Normandie

contre leurs seigneurs pendant la minorité du duc Richard II
en est une preuve frappante, mais non pas unique. Chaque
conventicule ou ghilde particulière nomma deux députés
pour former une assemblée générale et centrale, afin qu'une
sanction commune et publique régularisât les délibérations
des ghildes particulières. Cette assemblée générale eut lieu, et
l'on y prêta le serment de se défendre contre les seigneurs.
On connaît le résultat de cette tentative d'affranchissement.
Les révoltés furent attaqués par la noblesse normande avant
qu'ils eussent eu le temps de s'organiser, et l'on punit avec la
dernière rigueur tous ceux qui ne trouvèrent pas la mort sur
les champs de bataille. Les tentatives de ce genre réussirent
mieux dans les villes où la ghilde constituait déjà un commencement et un type d'organisation. La ville de Cambrai,
soulevée contre son évêque, qui était en même temps son seigneur féodal, fut la première qui s'avisa de former une association, non personnelle comme les ghildes primitives, mais
purement locale et comprenant tous les habitants de la cité.
« Les bourgeois, dit un contemporain, se prêtèrent le serment, sur les choses saintes, de se donner les uns aux autres
foi, force et aide. » La révolte commença en 957, mais ce ne
fut qu'en 1076 que la c. fut définitivement constituée. De
Cambrai, le mouvement, gagnant de proche en proche, s'é-
tendit vers le sud comme la propagande italienne marchait, à
la même époque, du sud au nord. Noyon, Beauvais, Saint-
Quentin, obtinrent des chartes au commencement du XII° siècle;
Laon acheta d'abord la sienne, mais elle eut ensuite à lutter
contre son seigneur, qui essaya de lui ravir ses libertés. Les
communes d'Amiens, de Sens, de Reims, de Vézelai vinrent
ensuite. En moins de quarante ans, et malgré
la vive résistance que leur opposèrent les intéressés, toutes
ces communes se constituèrent en vertu du même principe et
d'après le même type, savoir : la ghilde unie à ce qu'elles
conservaient encore du régime municipal romain. Depuis lors,
le mot *Commune*, qui, jusqu'à cette époque n'avait eu que
le sens vague de compagnie, réunion, jouissance en commun,
désigna spécialement *la municipalité constituée par association mutuelle sous la foi du serment* ».

Le mouvement communal fut loin d'être systématique. Il
n'y eut jamais ou presque jamais d'alliance entre les villes
pour obtenir plus facilement leur affranchissement ; chacune
d'elles agit isolément, travailla pour son compte : aussi ce
fut pour la plupart une rude tâche, sujette à de nombreuses
vicissitudes. Il ne suffisait pas, en effet, à une ville d'arracher
à son seigneur telles ou telles libertés ; il lui fallait encore
pouvoir les défendre; ou les modifia, ou les détruisit, on les
rétablit, on les dépassa. Parmi les communes, les unes conquirent leurs libertés à main armée; les autres, et c'est le
plus grand nombre, les achetèrent à leurs seigneurs en
consentant à payer à ces derniers des redevances plus ou
moins considérables, à leur rendre des services plus ou moins
onéreux. Cette acquisition des libertés communales à beaux
deniers comptants fut particulièrement fréquente à l'époque
des Croisades, les seigneurs cherchant alors tous les moyens
de se procurer de l'argent, pour préparer leur voyage en
Terre Sainte. En général, voici comment se formait une c. Les
habitants se réunissaient dans une église ou sur la place publique de leur ville et après s'être juré assistance réciproque,
ils dressaient l'état des griefs dont ils demandaient le redressement, et celui des franchises dont ils désiraient la jouissance. Cette *conjuration* ou association par serment était
l'acte fondamental de la c.; mais, tant que cette confédération
n'était pas reconnue par le seigneur, on la disait *en état de
tolérance* ou *de souffrance*; enfin, on l'appelait encore
turbulenta conjuratio. Si le seigneur ne voulait pas la
reconnaître, la guerre commençait entre lui et les bourgeois;
dans le cas contraire, les parties contractantes stipulaient
dans un acte spécial les conditions de leur accord, le nombre,
la nature et l'étendue de leurs concessions réciproques, et
c'est cet acte, appelé *Charte de c.*, qui donnait à la c. le
caractère de légalité qui la constituait définitivement. De cette
manière, « les bourgeois entraient dans l'ordre social; ils
avaient, comme les nobles, la liberté féodale, le droit de se
payer que les services qu'ils savaient librement consentis, et,
pour conséquence, le droit de résister à toute taxe, à toute
charge qu'on voudrait leur imposer illégalement ».

Quelques auteurs ont attribué à Louis le Gros l'affranchissement des communes. C'est une erreur évidente, car la
révolution communale est antérieure au règne de ce prince :
mais on ne peut sans injustice lui refuser l'honneur d'avoir
reconnu l'importance de ce mouvement et de l'avoir favorisé.
Il comprit qu'il trouverait dans les communes des auxiliaires
fidèles et non moins désireux que la royauté elle-même de

ruiner le régime féodal. D'ailleurs, la protection que la
royauté accorda aux communes fut toujours payée à beaux
deniers comptants. Il y avait pour les rois double bénéfice
dans cet affranchissement des villes, car ils se fortifiaient
également de ce qu'ils donnaient à celles-ci et de ce qu'ils
ôtaient aux seigneurs. Au reste, l'intervention des rois fut
primitivement provoquée par les villes elles-mêmes, qui,
suspectant la bonne foi de leurs seigneurs, se mirent sous la
protection de l'autorité royale, et les rois ne manquèrent pas
de saisir avec empressement cette occasion d'étendre leur
autorité et d'accorder leur patronage à ceux qui s'étaient
soustraits à la suzeraineté seigneuriale. Ils firent même plus :
ils finirent, au XIV° siècle, par déclarer qu'à eux seuls appartenait le droit d'établir des communes. Enfin, il faut reconnaître que si Louis le Gros et les rois qui lui succédèrent favo-
risèrent l'établissement des communes sur les domaines de
leurs vassaux, ils s'y opposèrent presque absolument sur leur
propre domaine, ce qui montre bien qu'ils étaient exclusivement
guidés dans toute cette affaire par l'intérêt de la puissance
royale.

III. —L'organisation des communes était assez simple. Dans
chacune de ces petites républiques, le pouvoir exécutif était
confié à des magistrats électifs nommés *Maires*, *Majeurs*,
Échevins ou *Jurés*, dans le Nord ; *Syndics*, *Consuls*, *Jurats*
ou *Capitouls*, dans le Midi. Ces magistrats étaient assistés
d'un conseil également électif, au sein duquel on appelait,
dans les circonstances importantes, les habitants les plus notables. Dans plusieurs villes, un second conseil était chargé
d'examiner une deuxième fois les questions déjà discutées
dans le premier. Enfin, dans quelques cités du Midi, à Toulouse, par ex., les affaires d'une importance capitale étaient
soumises aux délibérations d'une assemblée générale de tous
les bourgeois. Chaque c. avait un édifice spécial (*Hôtel de
ville*) pour les réunions des magistrats et des divers conseils,
un sceau particulier, des armoiries particulières, ainsi qu'un
beffroi qui renfermait la cloche municipale. Cette cloche servait à divers usages : elle avertissait de l'approche de l'ennemi,
appelait aux assemblées, sonnait le couvre-feu, etc. On la
considérait comme le symbole de l'indépendance de la cité :
en conséquence, lorsqu'on dépouillait une ville de sa charte
communale, on lui enlevait en même temps son beffroi.

Outre la juridiction municipale, les villes communales jouissaient de plusieurs privilèges qui n'étaient en grande partie
que la conséquence du recouvrement de leur liberté. Ces privilèges variaient d'une ville à l'autre, quant à l'étendue ; mais
en général ils consistaient dans l'exemption à perpétuité de
tous droits de prise, tailles injustes, prêts forcés, et de toutes
exactions déraisonnables. De plus, les chartes communales
rendaient aux veuves la libre disposition d'elles-mêmes, que la
tyrannie féodale leur avait enlevée, et aux pères le droit de
marier leurs filles, de faire entrer leurs fils dans les ordres
sacrés sans avoir besoin d'en acheter la permission, de retenir
leurs enfants mineurs sous leur tutelle, et d'emporter en
mourant l'espoir que leurs dispositions testamentaires seraient
exécutées. En général, les communes avaient le droit de
guerre, c.-à-d. qu'elles pouvaient défendre, au besoin, par la
force de leurs intérêts compromis. Indépendamment
de ces privilèges généraux, chaque c. en possédait encore un
certain nombre d'autres qui lui étaient particuliers et qui variaient suivant les circonstances locales.

IV. —L'organisation communale était à peine dans toute sa
force qu'elle entra en pleine décadence. Plusieurs communes,
jugeant trop pesantes les charges auxquelles les assujettissait
la jouissance des privilèges communaux, demandèrent elles-
mêmes la suppression de leurs chartes. D'autres, en très
grand nombre, fatiguées des dissensions intestines causées
par les coteries qui se disputaient les magistratures, renoncè-
rent au droit de se gouverner elles-mêmes, dans l'espoir de
trouver, sous la domination royale, plus d'ordre et de repos.
Enfin, beaucoup d'autres ne purent résister à l'ascendant du
protecteur tout-puissant, dont elles avaient d'abord recherché l'appui dans leur lutte contre les seigneurs, mais dont
le patronage n'avait pas tardé à mettre leur indépendance en
danger. Telles furent les causes générales du dépérissement
des communes. Ce dépérissement commença dans les dernières
années du XIII° siècle, et ses progrès furent si rapides qu'il
n'existait peut-être aucune c. véritable à la fin du siècle suivant. Toutefois, les communes ne disparurent pas sans laisser
de traces de leur existence, sans avoir exercé sur l'avenir de
la société une utile et durable influence. Elles initièrent les
grandes villes à la connaissance des travaux publics, à la répartition des impôts, à la comptabilité régulière, etc. En un
mot, elles mirent en vigueur ces deux grands principes des

peuples modernes, le vote de la loi et celui de l'impôt par les citoyens. — V. Guizot, *Histoire de la civilisation en France;* Aug. Thierry, *Lettres sur l'histoire de France* et *Récits des temps mérovingiens;* Henri Martin, *Histoire de France;* Michelet, *Histoire de France;* Lavisse et Rambaud, *Histoire générale,* etc.

Commune de Paris. — I. — Sous la Révolution, après la prise de la Bastille (14 juillet 1789), l'ancien conseil de la ville fut remplacé par un comité permanent, élu le 25 juin précédent par une réunion d'électeurs parisiens.

Ce comité siégea désormais à l'Hôtel de ville, sous la présidence du maire Pétion. Le décret du 21 mai 1791, qui divisait Paris en 48 sections, avec un maire, 16 administrateurs, un conseil municipal de 32 membres, un conseil général de 96 notables, un procureur syndic et deux substituts, organisait une *Commune légale.* Bailly fut élu maire et La Fayette commandant de la garde nationale. A cette commune légale succéda, en août 1792, une *Commune révolutionnaire,* qui, sous l'inspiration de Pétion, Manuel, Danton, membre de l'ancien comité, Hébert, Robespierre, Billaud-Varennes, etc., arracha à l'Assemblée législative concessions sur concessions et mit la haute main sur la police et la sûreté générale, au moyen de l'institution d'un comité de surveillance. Après une série de luttes intestines, qui se terminèrent par la défaite successive des différents partis qui la composaient (hébertistes, dantonistes), la C. révolutionnaire, qui était demeurée fidèle à Robespierre, périt avec lui (27 juillet 1794).

II. — En 1871 s'organisa la seconde C. de Paris, dont nous résumerons l'histoire en peu de mots. Le 18 mars, le gouvernement ayant voulu procéder au désarmement des gardes nationaux et à la reprise des canons que ceux-ci avaient enlevés des fortifications et transportés dans les camps retranchés de Montmartre et de Belleville, une formidable insurrection éclata, et la troupe, levant la crosse en l'air, fraternisa avec les insurgés. Abandonnés par leurs hommes, les généraux Lecomte et Clément Thomas furent fusillés séance tenante. Le même jour, à minuit, s'installait à l'Hôtel de ville le Comité central de la fédération des gardes nationales, formé en février 1871 au moyen des délégués de tous les bataillons et dont les statuts avaient été adoptés le 4 mars suivant, dans une grande réunion tenue au Waux-Hall. Le Comité central fit occuper tous les ministères par des délégués; il fit mettre en liberté tous les détenus politiques des prisons de Paris (20 mars). Pendant les premiers jours, les maires et les adjoints dans chaque arrondissement continuèrent à exercer leurs fonctions.

A la suite des élections municipales, décrétées le 19 mars, et dont le résultat fut proclamé le 28, la nouvelle municipalité s'installa à l'Hôtel de ville. Le Comité central envoya aussitôt au *Conseil communal* des délégués pour déposer ses pouvoirs entre les mains de ladite assemblée, non sans l'arrière-pensée de conserver son autorité sur les troupes. Ce gouvernement de Paris, dans lequel il y avait quelques honnêtes républicains, mais beaucoup de coquins, se signala d'ailleurs par les actes les plus incohérents : suppression du drapeau tricolore remplacé par le drapeau rouge sang; abolition de l'armée permanente et incorporation de tous les citoyens valides dans la garde nationale; remise aux locataires des termes d'octobre 1870, de janvier et avril 1871; rétablissement du calendrier révolutionnaire; suspension de la vente et dégagement gratuit des objets mis en gage au Mont-de-piété; laïcisation des hôpitaux et des écoles; suppression des charges de notaires et huissiers qui, désormais, devaient être assimilés aux fonctionnaires publics à appointements fixes; suppression des retenues faites sur les salaires; suppression du travail de nuit; ateliers coopératifs; création d'une école municipale professionnelle; abattement de la colonne Vendôme; fêtes populaires aux Tuileries; condamnations à mort; massacre des otages.

Il semble que le gouvernement de M. Thiers, qui avait fui Paris et abandonné la capitale à l'insurrection, ait voulu accroître la guerre civile au lieu de l'arrêter dès ses débuts. On laissa la C. jouer son funeste jeu pendant deux mois entiers. Enfin, dans une lutte lentement préparée et effroyable, les troupes reprirent Paris (22-29 mai); la C. sombra dans une orgie de feu et de sang. Elle avait duré un peu plus de deux mois.

Communes de France. — Pour ce qui concerne l'organisation actuelle des communes, voy. Municipal.

COMMUNÉMENT. adv. [Pr. *ko-munéman*]. Ordinairement, généralement. *On dit* c. Cela se pratique *c.* — *A parler c.; C. parlant,* Selon l'opinion commune, selon la façon de parler ordinaire.

COMMUNIANT, ANTE. s. m. et f. [Pr. *ko-munian*]. Celui, celle qui communie. *Il y a eu deux mille communiants à Pâques à Notre-Dame.* — *Premiers communiants,* Ceux qui vont faire ou qui viennent de faire leur première communion. On dit de même, au fém., *Premières communiantes.*

COMMUNICABILITÉ. s. f. [Pr. *ko-mu*...]. Qualité de ce qui peut se communiquer.

COMMUNICABLE. adj. 2 g. [Pr. *ko-mu*...]. Qui se peut communiquer, dont on peut faire part. *Ce droit n'est point c.* — *Ces deux rivières sont communicables,* Elles peuvent être jointes par un canal. *Ces deux appartements sont communicables,* On peut établir une communication de l'un à l'autre.

COMMUNICANT, ANTE. adj. [Pr. *ko-mu*...]. Qui communique. *Vases communicants,* Vases qui communiquent entre eux et servent à des expériences de physique. Voy. Hydrostatique. || Qui établit une communication. *Artères communicantes.*

COMMUNICATEUR, TRICE. s. m. [Pr. *ko-mu*...]. T. Didact. Ce qui sert à mettre en communication. || T. Méc. Appareil servant à transmettre le mouvement.

COMMUNICATIF, IVE. adj. [Pr. *ko-mu*...]. Qui se communique facilement. *Le bien est de soi c. Cet homme a une gaieté communicative.* || Se dit plus ordinairement des personnes, et sign., Qui aime à faire part aux autres de ses pensées, de ses connaissances, de ses sentiments. *C'est un homme peu c. Cette femme est très communicative.* || *Encre communicative,* Encre qui se décalque facilement pour des copies.

COMMUNICATION. s. f. [Pr. *ko-mu-nika-sion*] (lat. *communicatio,* m. s.). Action de communiquer. Effet de cette action. *La c. du mouvement, de l'électricité. La c. d'une maladie. La c. des idées.* || Se dit particulièrement des informations que l'on donne à quelqu'un de la connaissance que l'on a obtenue de quelque chose. *J'ai une c. à vous faire. Avoir, donner c. d'une chose à quelqu'un.* — T. Procéd. *C. de pièces,* Exhibition qu'une partie fait à l'autre des pièces sur lesquelles elle fonde sa demande. *La c. se fait d'avoué à avoué.* On dit en ce sens, *Donner, recevoir* une c. — *C. au ministère public, au parquet,* Remise que l'on fait au parquet de toutes les pièces, dans les causes où le ministère public doit ou veut être entendu. || Commerce, relation, *Ils entretiennent c. de pensées et de sentiments. Je n'ai plus avec lui aucune c. Ils ont rompu, on leur a interdit toute c. Établir des communications entre deux personnes, entre deux villages, entre deux villes,* etc. || Le moyen par lequel deux choses communiquent entre elles. *C. d'une chambre, d'un corps de logis à l'autre. Porte, escalier de c. Le détroit de Gibraltar fait la c. de l'Océan et de la Méditerranée. Voies de c.,* Les routes, chemins de fer, canaux, fleuves et rivières navigables. Voy. Voie. || T. Art milit. *Lignes de c.,* Ensemble des moyens échelonnés pour établir des relations entre divers points stratégiques.

Rhét. — On donne le nom de *Communication* : 1° à une figure de pensée; 2° à une figure de mot. — Par la première, l'orateur, convaincu de la bonté de sa cause ou feignant de l'être, semble s'en rapporter en quelque point à la décision des juges, des auditeurs, ou de son adversaire même : *Qu'eussiez-vous fait dans une circonstance aussi difficile, vous qui prîtes lâchement la fuite?... Quelle autorité auriez-vous respectée?* (Cicéron.) — La *C. dans les paroles* est une espèce de trope qui consiste à rendre commun à plusieurs personnes ce qui ne se dit que d'une seule. Lorsque, par ex., un avocat s'identifie avec son client de manière à s'appliquer à lui-même ce qui n'appartient qu'à ce dernier, il emploie la figure appelée *c.*

De vol, de brigandage, on *nous* déclare auteurs;
On *nous* traîne, on *nous* livre à *nos* accusateurs.

                        Racine, *Les Plaideurs.*

COMMUNIER. v. n. [Pr. *ko-mu*...] (lat. *communicare,* communiquer). Recevoir le sacrement de l'eucharistie. *C. à Pâques. C. toutes les bonnes fêtes.* || Être en communauté d'idées. *Tous les êtres communient dans le désir de l'immortalité.* == Communier. v. a. Administrer à quelqu'un le sacrement de l'eucharistie. *C'est son curé qui l'a commu-*

nié. == COMMUNIÉ, ÉE. part. Qui a reçu l'eucharistie. *Il est mort confessé et communié.*

COMMUNIER. s. m. [Pr. *ko-mu...*] (R. *commune*). Personne faisant partie des bourgeois d'une commune.

COMMUNION. s. f. [Pr. *ko-mu...*] (lat. *communio*, m. s., de *communis*, commun). Union de plusieurs personnes dans une même foi. *Les diverses communions chrétiennes. La c. des fidèles. La c. de l'Église. La c. des saints.* Voy. ÉGLISE. = La réception du sacrement de l'eucharistie. *La sainte c. Aller à la c. Se préparer, se présenter à la c. Faire sa première c.* Voy. EUCHARISTIE. || Par ext., L'antienne, le verset que le chœur chante pendant que le prêtre communie.

COMMUNIQUÉ. s. m. [Pr. *ko-mu...*] Avis officiellement transmis par l'autorité à un journal, en réponse à un article de ce journal, et que celui-ci était obligé d'insérer quelle que fût sa longueur. *Le régime des communiqués est né avec le second Empire et a disparu avec lui.*

COMMUNIQUER. v. a. [Pr. *ko-mu...*] (lat. *communicare*, de *communis*, commun). Au propre, rendre commun. Faire part de, transmettre. Au sens physique, *Un corps qui communique son mouvement à un autre. Le feu communique sa chaleur. Il lui communiqua sa maladie.* — Au sens moral : *C. son savoir, ses lumières, ses vertus à quelqu'un. Il communique sa joie, sa douleur à tout le monde.* || Donner connaissance, informer de quelque chose, exhiber. *C. ses affaires à un ami. Il ne m'en a rien communiqué. Des renseignements fort exacts m'ont été communiqués. On lui a communiqué les titres. C. les pièces d'un procès.* == COMMUNIQUER. v. n. Donner connaissance, informer de quelque chose. *J'ai communiqué de cette affaire avec lui. Il en faut c. à un homme intelligent.* || Être en relation, en correspondance. *C. avec les savants. C. avec les ennemis. Nous ne pûmes longtemps c. ensemble.* || En parlant de quelque partie d'un bâtiment, d'une route, d'un fleuve, etc. Être en rapport, conduire, aboutir. *Cette chambre communique à ou avec telle autre par un corridor. Ce canal communique à tel fleuve ou avec tel fleuve.* == SE COMMUNIQUER. v pron. Se transmettre. *Le mouvement d'un corps se communique à un autre. La joie et la douleur se communiquent peu à peu.* || Être de facile abord, se rendre familier. *Les princes d'Orient se communiquent rarement à leurs sujets. Vous vous communiquez trop aisément.* || Être en rapport, conduire, aboutir. *Ces deux appartements se communiquent par un corridor. Ces deux fleuves se communiquent.* == COMMUNIQUÉ, ÉE. part.

COMMUNISME. s. m. [Pr. *ko-munisme*]. Théorie sociale qui comporte la suppression de la propriété et la mise en commun de tous les biens et de tous les produits de la terre et de l'industrie. Voy. SOCIALISME.

COMMUNISTE. adj. 2 g. [Pr. *ko-muniste*]. Qui a rapport à la doctrine du communisme. *Les rêveries communistes de Platon.* || Subst. Partisan du communisme.

COMMUTATEUR. s. m. [Pr. *kom-mu...*] (lat. *commutare*, changer, de *cum*, avec, et *mutare*, changer). T. Phys. Appareil servant à ouvrir et à fermer un courant électrique, ou

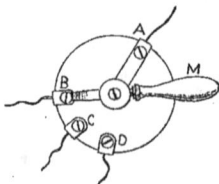

Fig. 1.

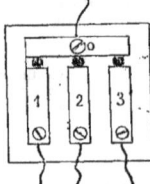

Fig. 2.

à en changer le sens. Il en existe de formes très variées : le plus commun est le c. rond (Fig. 1) dans lequel une lame de cuivre mobile autour d'un axe relié au fil A, et manœuvrée par une poi-

gnée, permet de faire communiquer à volonté ce fil avec les fils B, C, D en établissant le contact de cette lame avec les boutons qui terminent ces fils. Dans le c. à chevilles, dont on peut varier à l'infini la disposition, les fils sont reliés à des plaques de cuivre séparées par des chevilles isolantes (Fig. 2). En enlevant l'une de ces chevilles, on établit la communication grâce à un ressort que la cheville maintenait écarté, et qui vient porter sur les deux plaques. Une autre disposition est celle qui est représentée Fig. 3. Si on laisse les deux blocs de cuivre isolés, le courant passe nécessairement par le fil de ligne ; mais si on les réunit par une cheville métallique placée dans la cavité réservée pour cet usage, le courant passe en

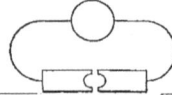

Fig. 3.

court circuit dans les deux blocs qui n'offrent qu'une résistance presque nulle. Dans les grands bureaux télégraphiques et téléphoniques, les fils conducteurs recouverts d'enveloppes isolantes pénètrent sous forme de câble au centre d'une rosace où ils s'épanouissent ; la seconde série de conducteurs s'épanouit de même sur une rosace concentrique, et il est alors facile de faire communiquer ceux des fils qu'on désire : c'est le *C.* à rosace. On nomme *Commutateurs inverseurs*, ceux qui ont pour objet de changer le sens du courant dans un conducteur. L'un des plus simples est l'inverseur circulaire à chevilles qui se compose de plusieurs secteurs communiquant avec différents fils. En retirant des chevilles convenables, on peut à volonté mettre le fil de ligne ou le fil de terre en communication avec le zinc ou le cuivre de la pile. Les machines magnéto- et dynamo-électriques sont munies de commutateurs inverseurs qui fonctionnent automatiquement pour transformer les courants alternatifs en un courant continu. Voy. ÉLECTRIQUE (*Machines électriques*).

COMMUTATIF, IVE. adj. [Pr. *kom-mu...*] (lat. *commutare*, changer). Qui est relatif à un échange, aux échanges. Ne se dit guère que dans ces deux locut., *Contrat c.*, et *Justice commutative.* Voy. CONTRAT et JUSTICE.

COMMUTATION. s. f. [Pr. *kom-mu...*] (lat. *commutatio*, changement, de *commutare*, changer, de *cum*, avec, et *mutare*, changer). N'est usité qu'en matière criminelle, dans cette locut., *C. de peine*, Changement de peine en une autre moins grave. || T. Astron. *Angle de c.*, Angle formé par les droites qui joignent le centre du Soleil aux centres de la Terre et d'une autre planète.

COMNÈNE. dynastie de six empereurs d'Orient. Le premier, *Isaac Comnène*, régna de 1057 à 1059 ; le deuxième fut son neveu *Alexis Iᵉʳ Comnène*, qui régna de 1081 à 1118 et fut contemporain de la 1ʳᵉ croisade ; les suivants furent *Jean* (1118-1143) ; *Manuel* (1143-1180) ; *Alexis II* (1180-1183) ; *Andronic* (1183-1185). || *Alexis Comnène*, d'une branche cadette, fonda l'empire de Trébizonde.

COMOCLADIA. s. m. (gr. κόμη, feuillage touffu ; κλάδος, rameau). T. Bot. Genre de végétaux appartenant à la famille des *Anacardiacées.* Voy. ce mot.

COMOPHORE. adj. Qui a des cheveux, qui porte une chevelure.

COMORES. archipel au nord du canal de Mozambique, comprenant Mayotte qui nous appartient depuis 1863. Les autres îles principales, la *Grande Comore*, *Mohélie* et *Anjouan*, sont sous le protectorat de la France depuis 1886.

COMORIN (CAP), au sud de l'Hindoustan.

COMPACITÉ. s. f. T. Phys. Qualité de ce qui est compact. *Il n'y a point de c. absolue, toute matière étant poreuse.*

COMPACT, E. adj. (lat. *compactus*, lié ensemble). T. Phys. Qui est condensé, dont les molécules sont fort serrées. *Sub-*

stance c. *Les métaux les plus compacts sont les plus pesants.* || Fig., *Une foule compacte*, Foule nombreuse où l'on est très pressé. || T. Librairie. *Édition compacte*, Édition dont chaque volume renferme la matière de plusieurs volumes des éditions ordinaires. || T. Typogr. *Caractères compacts*, Caractères dont l'œil est fort unis dont les queues sont courtes. || T. Minér. *Cassure compacte*, Celle dont l'aspect est homogène. || T. Agric. *Terrain c.*, Terrain lourd et tenace contenant de l'argile. || On écrivait autrefois *Compacte* aux deux genres.

COMPAGNE. s. f. (R. *compagnon*). Au propre, se dit d'une femme par rapport à son mari. *Se choisir une c.* — Par ext., La femme ou la fille qui partage le sort de quelqu'un. *Elle voulut être la c. de sa captivité.* — Par une ext. plus grande, Fille ou femme qui a quelque liaison d'amitié, de familiarité, avec une autre fille ou femme de même condition, ou qui sert avec elle dans la même maison et dans le même emploi. *C'est la c. de sa fille.* || Se dit quelquefois en parlant des animaux, et surtout des tourterelles. *La tourterelle gémit quand elle a perdu sa c.* || Est encore usité en parlant des choses qui vont ordinairement ensemble. *Les infirmités, compagnes de la vieillesse. La médiocrité, c. du repos.* || T. Mar. Chambre occupée par le majordome sur un galère.

COMPAGNIE. s. f. (même origine que *compagnon*). Se dit d'une personne ou de plusieurs personnes qui sont auprès d'une autre pour l'assister, pour la garantir de l'ennui. *Il a toujours besoin d'une c. Sa fille lui tient c., lui fait c. Elle est sortie en c. de son frère. Ma mère a pris une dame, une demoiselle de c.* — *Être bonne c., mauvaise c.*, Être d'une société agréable, amusante, ou d'une humeur triste, maussade. *Être en c.*, Être occupé avec une ou plusieurs personnes. *Aller de c.*, faire quelque chose de c.*, Aller, faire quelque chose ensemble. — Fig., *Aller de c.*, se dit de personnes de même mérite, de mêmes qualités, de même habitudes. S'emploie surtout par dénigrement. *Ces [deux auteurs vont de c. Ils sont bien faits pour aller de c.* || Se dit quelquefois en parlant des animaux pour l'homme a auprès de lui. *Son chien est sa seule c.* || Assemblée de plusieurs personnes réunies pour le plaisir d'être ensemble, ou pour des agréments de la société. *Bonne, mauvaise c. C. nombreuse, choisie. Recevoir c. chez soi. Introduire quelqu'un dans une c. Les mauvaises compagnies l'ont perdu.* Prov., *Il vaut mieux être seul qu'en mauvaise c.*, et *Il n'y a si bonne c. qui ne se sépare.* || En parlant des personnes considérées individuellement et relativement aux qualités, c.-à-d. à la politesse, au ton, aux manières, qui les rendent plus ou moins propres à l'espèce de société qu'on appelle c., on dit, *Cet homme ou Cette femme est de bonne c., de mauvaise c.*, ou par ellipse, *est bonne c., mauvaise c.* || Se dit des sociétés commerciales et surtout de celles qui ont pour objet de très grandes opérations et dont les membres sont ordinairement en grand nombre. *Former, faire, fonder une c. L'administration, les actionnaires d'une c. Les compagnies de chemins de fer.* — *Un tel et c.*, Un tel et ses associés. Par abrév., on écrit ordinairement, *Un tel et Cⁱᵉ.* Voy. Société. || Réunion de personnes formant un corps, une assemblée, telles que des magistrats, des religieux, des savants, des gens de lettres, etc. Autrefois, il se disait principalement des grands corps de magistrature. *Les compagnies supérieures, souveraines. La savante c.* — La c. de Jésus, Nom que prend la c. des Jésuites. || *C.*, se dit d'un certain nombre de gens de guerre commandés par un capitaine; mais aujourd'hui il signifie spécialement une subdivision du bataillon ou de l'escadron. *C. d'infanterie, de cavalerie. Les compagnies de tant de compagnies. Lever, commander, casser, licencier une c. La tête, la queue de la c. Les lieutenants, les sous-lieutenants d'une c.* — *Vendre une c.*, signifie, en Angleterre et dans les autres pays où cette espèce de transaction est permise, se démettre en faveur d'un autre, pour une certaine somme, du droit qu'on a de commander une c. On dit de même : *Acheter une c. Se défaire d'une c.*, etc. — Autrefois, on appelait *C. franche*, une troupe irrégulière qui n'était incorporée dans aucun régiment. *Compagnies d'ordonnance*, les premières compagnies de cavalerie régulière qui aient été créées en France. *Grandes compagnies*, Bandes d'aventuriers qui désolèrent la France au XIVᵉ siècle, et que Duguesclin réussit à conduire en Espagne, en 1364. || T. Chasse. *Une c. de perdrix, de perdreaux, de faisandeaux*, Une bande de perdrix, etc. || T. Vén. On appelle *Bêtes de c.*, Les jeunes sangliers qui vont encore par troupes.

— Fig. et prov., et par plaisant., *Être bête de c.*, Aimer la société, et se laisser facilement mener où les autres veulent. *Il fera ce que vous voudrez, il est bête de c.*

Syn. — *Troupe, Bande.* — La *troupe* est la réunion purement locale de plusieurs individus pour aller ensemble : la *bande* est, ou une portion détachée d'un plus grand nombre, ou une *troupe* dont les individus se suivent; une *c.* est la réunion de plusieurs individus liés ensemble par un rapport moral, par l'identité de l'occupation, de l'emploi, de l'intérêt ou de l'attachement. = *Société.* — Les personnes qui composent une *c.* se connaissent les unes les autres, et ont entre elles une certaine familiarité; une *société* réunit des personnes qui le plus souvent sont inconnues les unes aux autres, et ne se trouvent rassemblées que par une circonstance particulière, comme un bal, un concert, etc.

Comm. — En présence des difficultés de toute nature que rencontrait au début des temps modernes le développement du commerce européen dans les pays lointains : insécurité des mers par suite de la fréquence des guerres et des incursions de pirates, barbarie des populations indigènes, etc., l'idée était venue aux commerçants des différentes nations de mettre en commun leur activité et leurs capitaux pour constituer des associations ou « compagnies » à qui ils donnaient le plus souvent le nom du pays qu'ils voulaient exploiter. Les différents États accordaient ordinairement à chacune des compagnies formées par leurs nationaux un privilège exclusif destiné à faciliter leur établissement et l'extension de leurs opérations. Des motifs analogues avaient justifié au moyen âge en Europe l'institution des corporations de métiers, qui jouissaient, elles aussi, de monopoles à l'intérieur du pays. Tout en appréciant les services rendus au début de leur existence par ces deux sortes d'associations, il faut bien reconnaître que les nombreux abus auxquels donnaient lieu leurs privilèges ne tardèrent pas à exercer une influence néfaste sur le développement même de l'industrie et du commerce qu'elles avaient pour but de protéger, en étouffant l'initiative privée et la concurrence, cette « âme du commerce ». Aussi les corporations, du moins en France, ont-elles été supprimées par la Révolution; quant aux compagnies privilégiées, celles qui à peu disparu et les compagnies modernes qui leur ont succédé ne sauraient plus prétendre à un monopole exclusif.

Les compagnies françaises les plus anciennes ne remontent guère au delà du XVIᵉ siècle; nous citerons les principales : C. d'Afrique (1560), créée en vue d'exploiter la pêche du corail sur les côtes des États barbaresques; C. du Levant (1670), C. du Sénégal (1673), C. de Guinée (1685), C. de la Chine (1685), C. de Saint-Christophe (1626), devenue plus tard la C. des îles de l'Amérique (1635); C. de la Nouvelle-France (1628), concessionnaire du Canada; C. d'Orient ou des Indes Orientales (1642), C. de Cayenne ou de la France équinoxiale (1651), C. des Indes Occidentales (1664), C. des Indes Orientales (1664). La réunion de ces deux dernières compagnies forma, en 1717, celle du Mississipi ou des Indes.

A l'étranger, nous citerons : en Hollande, la C. des Indes Orientales (1594), la C. des Indes Occidentales (1621), la C. d'Ostende; en Angleterre, la C. de Hambourg (1406), la C. de Moscovie (1566), la C. de l'Est ou du Nord fondée sous le règne d'Élisabeth, la C. du Levant, dissoute en 1826, la C. d'Afrique (1661), la C. de la baie d'Hudson (1670), enfin la C. des Indes.

Le développement de cette dernière C. a joué un tel rôle dans l'histoire de l'empire colonial de l'Angleterre que nous devons nous y arrêter un moment. Ce fut en 1599 qu'une association de commerçants anglais, ayant pour capital une somme de 1,800,000 francs, obtint de la reine Élisabeth le premier privilège pour faire le commerce des Indes. Pendant un siècle et demi, la C. n'étendit sa souveraineté qu'à quelques ports; mais après cette période de tâtonnements ses progrès devinrent rapides : les intrigues de ses chefs, notamment de lord Clive, les conquêtes successives faites par ses armées ne tardèrent pas à établir sa prépondérance sur presque tout l'Hindoustan et sur les côtes occidentales de l'Indo-Chine. Le système de la C. consistait à mettre à profit la faiblesse des princes indigènes pour s'immiscer dans l'administration du pays, et à force d'oppressions et d'exactions de toute sorte, on leur arrachait la concession de leur souveraineté moyennant une pension annuelle que l'on ne se faisait pas faute de réduire par la suite : c'est ainsi que furent cédées en toute propriété à la C. les provinces du Bengale, du Bahar et d'Orissa. Aussi dès 1773, la C. des Indes fut-elle organisée comme une véritable puissance territoriale : un gouvernement général fut installé à Calcutta avec un conseil supérieur. Le gouverneur général faisait les lois, concluait les traités, négociait les alliances, avait le droit de déclarer la guerre; la C. avait quarante millions de sujets et pouvait disposer d'un revenu de 60 millions. Les conquêtes d'Hastings et de ses successeurs achevèrent d'établir la domination de la C. dans les Indes. De 1806 à 1814, les Indes jouirent d'une paix à peu près complète; de 1815 à 1836, la C. étendit encore ses conquêtes; en 1841, éclata une insurrection assez vite réprimée. Mais quelques années plus tard, en mai 1857, une nouvelle insurrection, bien plus terrible que la première, partie des anciennes provinces d'Oude, de Delhy et d'Agra, menaça l'existence même de la C., qui finit par la vaincre, non sans de terribles massacres, à la suite desquels dut intervenir le gouvernement anglais; la C. fut dès lors abolie et le gouvernement de l'Inde fut attribué à la couronne (septembre 1858).

Art milit. — La c. est une troupe à pied commandée par un capitaine. Avant la réorganisation de l'armée en 1873, les bataillons d'infanterie se divisaient en six et même huit compagnies de cent hommes chacune. Depuis, le nombre des compagnies a été réduit à quatre; mais l'effectif, qui sur le pied de paix atteint à peine ce chiffre de cent hommes, est porté sur le pied de guerre à deux cent cinquante. La c. se subdivisait autrefois en deux sections; on la divise aujourd'hui en quatre, en tête desquelles se placent le capitaine, le lieutenant, le sous-lieutenant et l'adjudant.

Math. — La *règle de c. ou de société* a pour objet de partager entre plusieurs associés le bénéfice ou la perte résultant d'une affaire commerciale proportionnellement aux mises que chaque associé a engagées dans l'affaire. C'est un simple *partage proportionnel*: on divise la somme à partager par la somme des mises et on multiplie successivement le quotient par chaque mise. Voy. PARTAGE PROPORTIONNEL. — On trouve dans quelques ouvrages d'arithmétique, sous le nom de *règle de c.* ou *de société composée*, la solution d'un problème qui consiste à partager le bénéfice ou la perte proportionnellement à la fois aux mises et au temps pendant lequel chaque associé s'est intéressé dans l'entreprise. C'est là un problème de fantaisie qu'on ne saurait rencontrer dans la pratique: car il serait absurde de faire participer un associé aux bénéfices et aux risques des opérations entreprises à une époque où il ne faisait pas encore ou ne faisait plus partie de la société. Chaque fois qu'un nouvel associé entre dans l'affaire ou qu'un ancien se retire, on doit établir le compte de chacun, de manière que chacun ne participe qu'aux opérations faites pendant sa présence dans la société.

COMPAGNON. s. m. (vx fr., *compaing;* du lat. *cum,* avec, ensemble, et *panis,* pain). Camarade, associé, qui est habituellement avec un autre, qui fait avec lui la même chose. *C'est son fidèle c. On lui a donné un tel pour c. C. d'école, d'étude, de voyage, de gloire, d'infortune,* etc. — *C. d'armes,* Celui qui a fait la guerre avec un autre. Se disait jadis de deux chevaliers qui avaient fait serment d'amitié et qui ne se quittaient pas. — Prov., *Qui a c. a maître,* On est souvent obligé de céder aux volontés de ses associés, des personnes avec qui l'on vit. — Fam., *Traiter de pair à c.,* Traiter d'égal à égal. || S'emploie quelquefois en parlant des animaux. *Le chien est le plus fidèle c. du malheureux.* || Fam., On dit d'un homme qui est plein d'entrain, de gaieté, d'activité, *C'est un c., un bon c., un joyeux c.* — *C'est un gentil c., un hardi c.,* C'est un homme déterminé, un homme d'exécution. On dit, au contraire, d'un homme qui est capable de faire de mauvais tours, *C'est un dangereux c.* || Celui qui a fait son apprentissage en quelque métier, mais qui travaille encore pour le compte d'un maître. *C. tailleur, C. cordonnier. Ce tailleur avait tant de compagnons.* On dit plus souvent aujourd'hui *Ouvrier* ou *Garçon.* — Fig. et fam., *C'est un homme qui ne peut souffrir ni c. ni maître,* Qui ne peut souffrir ni égal ni supérieur. || Artisan qui fait partie d'une société de compagnonnage. Il s'élève de fréquentes querelles entre les compagnons de sociétés différentes. — Fam., *Faire le c.,* Faire l'entendu. — Fam., *C'est un petit c.,* C'est un homme pauvre et de naissance commune. || T. Bot. *C. blanc,* nom vulgaire du *Lychnis dioica; C. rouge,* nom vulgaire du *Lychnis sylvestris,* famille des *Caryophyllées.* Voy. ce mot.

COMPAGNONNAGE. s. m. [Pr. *kon-pa-gno-naje*] (R. *compagnon*). Temps pendant lequel un compagnon devait travailler chez son maître après son apprentissage. || Association entre compagnons, entre ouvriers du même métier.

Hist. — Dès le XIV° siècle, on France, les corporations d'ouvriers étaient devenues très puissantes; en même temps, une distinction s'était établie en fait entre les chefs de ces corporations, les *patrons,* et les simples ouvriers, les *compagnons.* Les premiers, tenant le pouvoir et la richesse, réussirent peu à peu à créer en leur faveur une série de privilèges, et à écarter les compagnons de la maîtrise par des conditions très rigoureuses. C'est alors que ceux-ci, pour se soustraire à leur oppression, formèrent entre eux de vastes associations qui, sous le nom de *compagnonnages* ou de *devoirs,* réunirent les ouvriers d'une même profession. Le but des compagnonnages était de procurer aux affiliés du travail et de leur permettre de s'instruire en voyageant, en faisant leur *tour de France.* Jusqu'en 1789, les corporations essayèrent en vain de détruire le compagnonnage: il subsista malgré toutes les interdictions, mais à l'état de sociétés secrètes; de là, les pratiques mystérieuses adoptées par les compagnons pour se reconnaître entre eux et les épreuves bizarres imposées aux initiés pour leur inspirer la fidélité et la discrétion absolue.

Nous avons vu au mot COALITION ce que devint le droit d'association des ouvriers sous la Révolution et pendant la première moitié de notre siècle. Tombant sous le coup de la loi pénale, le compagnonnage dut rester secret, et il ne subsista que grâce à la tolérance du gouvernement.

La liberté d'association ayant été accordée dans une mesure très large aux ouvriers par la loi sur les associations syndicales de 1884, le c. n'a plus de raison d'être aujourd'hui, et il n'en subsiste que quelques vestiges.

Il n'en est pas de même en Allemagne et en Italie, où ces associations ont encore une très grande puissance; il est vrai que chez ces deux pays les compagnonnages sont devenus de véritables sociétés de secours mutuels ou encore des associations d'enseignement professionnel. Voy. CORPORATION.

COMPARABILITÉ. s. f. Qualité des choses comparables entre elles.

COMPARABLE. adj. 2 g. Qui peut être mis en comparaison. *Un homme c. aux plus grands hommes de l'antiquité. Y a-t-il rien de c. à cela?* On dit, *C.* avec, lorsque le sens est négatif, et qu'on parle de choses qui sont de nature absolument différente. *L'esprit n'est pas c. avec la matière.* || T. Phys. Se dit des instruments gradués dont les échelles sont entre elles dans un rapport connu. || T. Math. *Grandeurs comparables,* Celles dont on peut déterminer le rapport, parce qu'elles sont de même espèce. — *Quantités comparables,* Celles dont le rapport n'est ni trop grand ni trop petit. Voy. RAPPORT.

COMPARAISON. s. f. (lat. *comparatio,* m. s.). Action de comparer, de chercher les ressemblances ou les différences qui peuvent exister entre deux personnes ou entre deux choses. *Faire la c., faire c. d'une chose avec une autre. Faire c. de deux personnes ou entre deux choses. Ce poème ne soutient pas la c. avec cet autre. Cette personne ne peut être en c. avec telle autre. Prendre une chose pour terme de c. Il n'y a point de c. avec cela,* ou, *d'un tel avec un tel, entre un tel et un tel, de telle chose à telle chose. Cette chose est hors de c.* — T. Prat. *C. d'écritures,* Vérification que l'on fait de deux écritures, pour juger si elles sont de la même main. *Pièce de c.,* Pièce d'écriture dont l'auteur est connu et que l'on compare à celle dont on le soupçonne d'être également l'auteur. — Par ext., *Pièce de c.,* Se dit de tout ce qui peut servir de type pour juger de la qualité ou du mérite d'autres objets de même nature. || Discours par lequel on indique les ressemblances ou les différences qui existent ou que l'on croit apercevoir entre deux choses, entre deux personnes. *C. des hommes illustres grecs et romains. En faisant une telle c., je n'ai point eu dessein de vous offenser. Belle c.! Quelle sotte c.!* Prov.. *C. n'est pas raison,* Une c. ne prouve rien. *Toute c. cloche,* Il n'y a point de c. qui soit exacte en tout. *Toute c. est odieuse,* Il est dangereux de comparer deux personnes ensemble, parce que l'une d'elles peut s'en offenser, et parfois même toutes les deux. — On dit encore: *Trêve de c.,* ou *Point de c., s'il vous plaît,* Pour faire sentir à un inférieur qu'il ne doit pas traiter d'égal à égal avec ceux qui sont au-dessus de lui, ou qu'il ne doit pas s'autoriser de leur exemple. = EN COMPARAISON DE. loc. prép. Au prix de, à l'égard de. *Ce n'est qu'un ignorant en c. d'un tel.* = PAR COMPARAISON. loc. adv. et prép. Relativement, par rapport. *Beaucoup de choses ne sont bonnes ou mauvaises que par c. Ce livre n'est amusant que par c. à tel autre.* = SANS COMPA-

RAISON. loc. adv. Se dit d'une personne ou d'une chose avec laquelle aucune autre ne peut être comparée. *Il est sans c. le plus savant de tous nos professeurs. Cette chose est sans c.*, Elle est sans pareille. — Se dit encore pour atténuer ce qu'une c. pourrait avoir de blessant pour quelqu'un. *Il a fait, sans c., comme le valet de la comédie.*

Syn. — *Similitude, Métaphore.* — La *similitude* n'exige, selon l'étymologie du mot, que de la ressemblance entre les objets; la *c.* établit une sorte de parité entre eux. La *similitude*, purement pittoresque, se borne à indiquer les apparences semblables, les traits communs aux choses; la *c.* recherche les qualités réelles et considère leur égalité dans les objets. Aussi on *compare* surtout des objets du même genre ou de la même qualité, tandis qu'on assimile plutôt des objets étrangers l'un à l'autre. La *métaphore* est une figure de rhétorique qui consiste à exprimer une *c.* comme si les objets comparés étaient identiques: on ne se borne pas à indiquer une ressemblance ou à chercher des caractères semblables à des objets différents, on proclame l'identité de ces objets. La *similitude* et la *c.* appartiennent à tous les styles. La *métaphore* est l'essence de toute poésie. Si je dis: *Achille est semblable à un lion*, c'est une *similitude*; je désigne seulement l'espèce de courage ou de furie qu'il fait éclater. Mais quand je dis: *Achille est tel qu'un lion*, c'est une *c.*, car je lui attribue les mêmes qualités et au même degré qu'au lion. Si je dis: *Achille est un lion*, c'est une métaphore.

Philos. — La *Comparaison* est l'acte par lequel l'esprit cherche à découvrir les rapports qui existent entre deux ou plusieurs objets, entre deux ou plusieurs idées. Ces rapports peuvent se présenter, pour ainsi dire, d'eux-mêmes à l'esprit. Mais ordinairement il n'en est point ainsi: il nous faut, pour découvrir un rapport, employer toute notre attention. C'est donc par l'attention, c'est en la dirigeant successivement sur les choses entre lesquelles nous supposons l'existence possible d'un rapport, que nous parvenons à découvrir ce dernier. Trop souvent, cependant, malgré l'effort le plus intense et le plus soutenu, ce rapport nous échappe, et nous avons comparé sans résultat. On doit se garder de confondre la *c.* avec la perception même du rapport découvert. Celle-ci n'est point un acte libre: elle est un simple résultat qui s'impose souvent à notre esprit comme malgré lui. La *c.*, au contraire, est toujours un acte libre, qui n'a d'autre cause déterminante que la volonté. — « La *c.*, dit C. Jourdain, exerce une influence notable sur la formation de la pensée. Elle engendre la plupart de nos idées de rapports, et contribue à les éclaircir toutes. Elle devient par la condition de celles de nos idées générales qui sont dérivées de l'expérience. » Aussi, est-ce surtout dans l'étude des sciences physiques et naturelles qu'éclatent l'importance et la nécessité de la *c.*; ces sciences lui doivent, à proprement parler, leur existence, car sans la *c.* l'observation resterait complètement stérile.

Rhét. — En littérature, la *Comparaison* se définit une figure de pensée par laquelle l'écrivain rapproche deux choses qui se ressemblent, soit par certains côtés, soit par un seul. L'effet de cette figure est de donner au discours plus de grâce, ou plus de force et de clarté. Dans l'art oratoire, la *c.* ne doit pas être un simple ornement du discours; il faut qu'elle rende plus sensible l'idée que l'on veut exprimer. Le langage philosophique peut, dans certains cas, faire un heureux usage de la *c.* Le style scientifique lui-même, surtout dans les ouvrages de vulgarisation: cours, conférences, etc., peut tirer de grands avantages d'un emploi judicieux de la *c.* pour éclaircir certaines explications. C'est ainsi qu'un rayon de lumière polarisée peut être comparé à une file de soldats dont chacun oscille à droite et à gauche de l'alignement, de manière que l'ensemble affecte à chaque instant une forme ondulée; que le courant électrique qui circule dans un câble sous-marin est comparé à un courant de liquide dans un tuyau, courant qui ne commence à se manifester à l'extrémité qu'après que le tuyau est rempli; que le potentiel électrique est comparé à la température, la couleur à la hauteur du son, etc. Mais c'est surtout en poésie que la *c.* se rencontre le plus fréquemment: alors, elle a surtout pour objet de faire image, c.-à-d. de rendre sensibles et pour ainsi dire concrets les idées et les sentiments abstraits. Les anciens poètes épiques, Homère, Virgile, etc., en faisaient un très grand usage: aussi en trouve-t-on de nombreuses, souvent fort belles, dans les écrivains qui se sont le plus inspirés de l'antiquité; les comparaisons abondent dans le *Télémaque* de Fénelon et dans les œuvres de Chateaubriand. Les poètes modernes préfèrent en général à la *c.* la *métaphore*, qui donne plus de rapidité au langage, plus de puissance à l'image, et

plus d'énergie à l'expression de la passion. Voy. MÉTAPHORE et plus haut *Syn.*

L'abus des comparaisons fatigue et devient insupportable, d'autant plus qu'il est plus difficile qu'on ne pense de bien manier cette figure. Pour n'être point choquante, une *c.* doit être amenée naturellement; il faut qu'elle semble s'imposer et n'apparaisse point comme l'effet d'une recherche arbitraire et pénible; il faut, de plus, qu'elle soit soutenue jusqu'à la fin de la période et que les expressions employées s'appliquent également bien aux deux termes comparés. Aussi les belles comparaisons sont-elles relativement rares. Les auteurs les plus renommés n'ont pas toujours évité les défauts que nous venons de signaler; nous citerons seulement comme exemple deux passages de Boileau, qu'il est de tradition de faire admirer aux élèves de rhétorique, malgré leur imperfection manifeste:

> Telle qu'une bergère, aux plus beaux jours de fête,
> De superbes rubis ne charge point sa tête;
> Et, sans mêler à l'or l'éclat des diamants,
> Cueille en un champ voisin ses plus beaux ornements:
> Telle, aimable en son air, mais humble dans son style,
> Doit éclater sans pompe une élégante idylle.

Les cinq premiers vers constituent un modèle de *c.* fort gracieux où il n'y a rien à reprendre, et qui mérite entièrement la renommée qu'on lui a faite; mais celui qui termine la période est absolument choquant. Le verbe *éclater* exprime une idée tout à fait contraire à celle qu'on attend, surtout quand on le rapproche de l'*éclat des diamants*; l'adjectif *élégant* indique aussi une recherche contradictoire avec le premier terme de la *c.* Enfin, pour suivre la *c.* de l'auteur, il faudrait se représenter la bergère *éclatant sans pompe!* — L'autre exemple est encore plus défectueux:

> L'honneur est comme une île escarpée et sans bords:
> On n'y peut plus rentrer dès qu'on en est dehors.

Le second vers est très discutable. Pour rentrer, il faut être sorti, et être hors d'un endroit ne signifie pas qu'on ait jamais été dedans. Quant au premier vers, il faut bien reconnaître qu'une île sans bords est une conception impossible et que l'escarpement de cette île sans bords est un comble d'absurdité. Il eût été si simple de mettre *sans ports*. — En revanche, voici une comparaison fort heureuse de Victor Hugo. Hernani, le bandit, s'adresse au roi d'Espagne qui va sans doute être nommé empereur d'Allemagne:

> Ne me rappelle pas, futur César romain,
> Que je t'ai là, chétif et petit, dans ma main,
> Et que, si je serrais cette main trop loyale,
> J'écraserais dans l'œuf ton aigle impériale.

On sait que l'aigle était l'emblème des empereurs; mais Don Carlos n'est pas encore empereur; il est tout naturel de dire que son aigle est encore dans l'œuf.

En voici encore une autre fort gracieuse, du même poète:

> A voir sur son beau front s'arrondir ses bras blancs,
> On croirait voir de loin dans nos temples croulants
> Une amphore aux anses d'albâtre.

Philol. — La *c.* a joué et joue encore un rôle considérable dans la formation des mots qui composent les langues. Tous les mots qui expriment des idées intellectuelles et morales non perçues directement par les sens, dérivent par *c.* de mots exprimant des idées sensibles plus ou moins analogues à celles qu'on veut exprimer. La signification de ces mots a été généralisée ou même complètement détournée, et souvent, il faut recourir à l'étymologie et aux langues primitives pour retrouver le sens sensible qui a complètement disparu devant le sens abstrait, rationnel ou moral. C'est ainsi que le mot *vertu* vient d'un radical aryen qui signifiait force et qu'on retrouve dans les mots latins *vis*, force, et *vir*, homme considéré dans sa puissance génératrice, et, par ext., dans sa vigueur physique et morale. Le mot *comparer*, lui-même, veut dire *rendre égal* (lat. *cum*, avec; *parare*, rendre égal, de *par*, égal). Les mots *supposition* et *hypothèse* signifient tous deux, le premier en latin, le second en grec, l'action de placer une chose sous une autre (lat. *sub*, *ponere*; gr. ὑπό, τίθημι, sous, placer). Tous les mots pris au figuré ne prennent ce sens figuré que par suite d'une *c.* avec le sens propre. Le langage scientifique emploie le même procédé: les noms de plantes, d'animaux, d'organes, de maladies, d'appareils, etc., sont très souvent tirés du latin ou du grec, quelquefois du français, pour exprimer une ressemblance plus ou moins précise de l'objet qu'on veut définir avec quelque objet plus vulgaire ou plus connu. Tous les philologues s'accordent pour affirmer que la c. est le procédé le plus général, sinon le seul, qui permette aux langues d'exprimer les idées nouvelles à mesure qu'elles se développent dans l'esprit des hommes par les progrès naturels de la connaissance et de la pensée. Sans la c. la formation et le développement de la langue seraient impossibles. Il suffit de feuilleter le présent dictionnaire et de faire attention aux étymologies indiquées, pour se convaincre de la vérité de cette assertion.

Gram. — Les qualités exprimées par les adjectifs et les adverbes peuvent être modifiées en plus ou en moins, ce qui a donné lieu à diverses formes de langage nommées, par les grammairiens, *Degrés de qualification* ou *Degrés de signification*, ou encore *Degrés de comparaison*. La première de ces dénominations est préférable aux deux autres; mais la dernière est la plus usitée. Parmi ces degrés, les uns expriment la qualité d'une manière absolue : *Un enfant sage, peu sage, très sage;* tandis que les autres ne l'expriment que d'une manière relative : *César fut aussi grand capitaine qu'Alexandre. Cet ouvrier est plus habile, moins habile que cet autre. Archimède fut le plus remarquable des géomètres de l'antiquité.* De là, la distinction des degrés de qualification en *relatifs* et *absolus*. De plus, les différents degrés de qualification ou de c. ont été réduits à trois, qui ont reçu les noms de *Positif,* de *Comparatif* et de *Superlatif,* et qui constituent respectivement le *premier,* le *second* et le *troisième* degré de c.

I. *Positif.* — Le *Positif* est l'adjectif dans sa simple signification : il exprime la qualité d'une manière absolue : *Les enfants sages sont chéris de leurs parents.*

II. *Comparatif.* — Le *Comparatif* exprime une c. Or, comme il peut y avoir entre les objets comparés un rapport de *supériorité,* d'*infériorité,* ou d'*égalité,* on distingue trois sortes de *comparatifs* : de *supériorité,* d'*infériorité,* et d'*égalité.*

A. Le *Comparatif de supériorité* s'exprime en français par les adverbes *plus, mieux* : *Paul est plus savant que Pierre; il est bien de prier, mais il est mieux d'assister les pauvres.* Dans plusieurs langues, notamment en grec, en latin, en anglais, en allemand, le comparatif de supériorité est représenté par une désinence spéciale de l'adjectif : lat. *sapiens,* sage; *sapient-ior,* plus sage; anglais, *handsome,* beau; *handsomer,* plus beau. Quelquefois, le comparatif dérive d'un autre radical que le positif. Ainsi en latin *bonus,* bon, *melior,* plus bon, d'où le français *meilleur.* Les comparatifs français *moindre,* pour plus petit, et *pire,* pour plus mauvais, ont une origine analogue. Ces trois mots sont les seuls comparatifs français en un seul mot.

B. Le *Comparatif d'infériorité* s'exprime par l'adverbe *moins* : *Le naufrage et la mort sont moins funestes que les plaisirs qui attaquent la vertu.* Ce mode de formation s'observe dans le grec et le latin, ainsi que dans les diverses langues modernes.

C. Le *Comparatif d'égalité* s'exprime par l'adverbe *aussi* et *que* après : *Aux solstices, les nuits sont aussi longues que les jours.*

III. *Superlatif.* — Le *Superlatif* exprime la qualité portée à un très haut degré, ou au plus haut degré, soit en plus, soit en moins. On le nomme *Superlatif absolu,* quand il indique cette qualité sans aucune c. avec d'autres objets de même espèce; et *Superlatif relatif,* lorsqu'il exprime cette même qualité par c. à une autre chose.

A. Le *Superlatif absolu* s'exprime en français par les adverbes *très, fort, extrêmement,* etc. : *Le style de Fénelon est très riche, fort coulant et infiniment doux, mais il est quelquefois prolixe; celui de Bossuet est extrêmement élevé, mais il est quelquefois dur et rude.* Dans beaucoup de langues la c se forme comme le comparatif au moyen d'un suffixe spécial : lat. *prudens,* prudent; *prudentissimus,* très prudent. L'ancien français employait un grand nombre de superlatifs simples tirés du latin, tels que: *altisme, saintisme, pesme,* etc., qui venaient d'*altissimus, sanctissimus, pessimus,* etc. La langue actuelle n'a conservé qu'un fort petit nombre de ces formes latines : telles sont les superlatifs *sérénissime, éminentissime, illustrissime.* Les auteurs comiques jouissent encore du privilège de pouvoir forger, selon l'occasion, des superlatifs de cette forme; c'est ainsi que Molière a dit :

Mascarille est un fourbe, et fourbe *fourbissime.*

B. Le *Superlatif relatif* n'est en réalité qu'un comparatif étendu à toutes les choses semblables. Il s'exprime en français en faisant précéder le comparatif d'un mot déterminatif,

article, adjectif possessif, etc. *La prospérité est la plus forte épreuve de la sagesse; Vous êtes mon plus fidèle ami, le plus fidèle de mes amis; Il est de la pire espèce; C'est son moindre défaut.* Cette formation du superlatif au moyen de l'article est regardée comme particulière aux langues modernes; cependant elle n'était pas tout à fait inconnue à la langue grecque. Dans les langues à flexions, le superlatif relatif se forme au moyen du même suffixe que le superlatif absolu. Le superlatif relatif est même la véritable signification de ce suffixe qui n'est employé que par extension dans l'autre sens (lat. *prudentissimus,* le plus prudent). Dans certaines langues, notamment en anglais, le suffixe n'est jamais employé pour le superlatif absolu, qui s'exprime par un adverbe : *handsome,* beau; *the handsomest,* le plus beau; *very handsome,* très beau.

IV. *Obs. gram.* — L'emploi des adjectifs soit au comparatif, soit au superlatif, donne fréquemment lieu à certaines difficultés grammaticales dont nous allons parler.

A. Commençons par les *comparatifs.* — 1° Dans les comparatifs d'égalité, le *que* qui précède le verbe n'est jamais suivi de la négation *ne* : *Il est aussi heureux,* ou *il n'est pas aussi heureux que vous le pensez.* Le contraire a lieu pour les comparatifs de supériorité et d'infériorité : *Il est plus grand que vous ne croyez; je le crois moins heureux qu'il ne l'était.* Cependant, on supprime la négation lorsque le verbe est construit avec une des conjonctions *quand, lorsque* : *Il est plus vertueux que lorsque vous l'avez connu; Elle est moins malade que quand vous l'avez vue.* — 2° En général, il faut que la construction du second membre de la c. suive le même ordre que celle du premier. En conséquence, la phrase : *On voit plus de personnes être victimes d'un excès de joie que de tristesse,* est vicieuse; il faut dire, *que d'un excès de tristesse.*

B. La difficulté principale qui se présente au sujet des superlatifs, c'est l'emploi de l'article devant les adverbes *plus, moins* et *mieux.* Dans quels cas l'article doit-il rester invariable, et dans quels cas doit-il s'accorder avec le substantif?

1° Lorsque la qualité exprimée par l'adjectif est accompagnée d'une idée de relation avec des objets exprimés dans la phrase, l'article conserve sa nature propre et s'accorde en genre et en nombre avec le nom auquel il se rapporte. Par conséquent, on dira : *De toutes ces jeunes filles celle-ci est la plus laborieuse; Ces jeunes gens sont les plus forts de leur classe; Ces pommes étaient les moins mûres de toutes; Cette maison est la moins solide du quartier,* parce que, dans toutes ces phrases, on indique, il est vrai, une qualité portée au plus haut degré; mais en même temps il y a c. avec d'autres objets de la même espèce;

2° Lorsque l'adjectif exprime la qualité à son plus haut degré, d'une manière absolue, c.-à-d. sans aucune relation avec un autre terme exprimé dans la phrase, l'article ne correspond point au substantif, mais seulement à l'adjectif. Il est alors pris adverbialement, et par conséquent, ne peut être susceptible des modifications de genre et de nombre : *Cette scène est une de celles qui furent le plus applaudies; Il s'est baigné dans l'endroit où les eaux sont le moins rapides; Les objets qui lui étaient le plus agréables étaient ceux dont la figure était régulière.* C'est comme si l'on disait : *Cette scène est une de celles qui furent applaudies le plus; Il s'est baigné dans l'endroit où les eaux sont rapides au moindre degré,* etc.

Cependant cette règle n'est pas absolue et l'on peut faire accorder l'article si l'on veut indiquer une comparaison avec des objets semblables quoique ceux-ci ne soient pas exprimés. On le laissera invariable, au contraire, si l'on veut faire porter la comparaison sur les circonstances de temps, de lieu, etc. Ainsi l'on peut dire indifféremment : *les opinions les plus suivies,* ou *le plus suivies.* Dans le premier cas, on établit la comparaison avec les autres opinions, quoiqu'on n'en parle pas; dans le second cas, on n'attache aucune importance à la c., avec les autres opinions et l'on appelle l'attention sur le fait que les opinions en question sont très suivies. De même on dira d'une femme : *Elle était la plus belle du bal; mais c'est dans son négligé qu'elle est le plus belle.* Dans le premier cas, on la compare avec les autres femmes du bal; dans le second, on la compare avec elle-même suivant les circonstances. De même encore : *Le sanglier est un des animaux qui ont la peau la plus dure; c'est sur le dos que le sanglier a la peau le plus dure.* C'est aujourd'hui que nos leçons ont été le mieux apprises; il y aura un prix pour les leçons *les mieux apprises dans l'année.*

Nous ferons cependant remarquer qu'il faut éviter la locution *le plus* suivie d'un adjectif au féminin ; quoique correcte, cette manière de parler paraît toujours un peu choquante, et il vaut mieux tourner la phrase autrement : *C'est dans son négligé qu'elle a le plus de beauté ; c'est sur le dos que la peau de sanglier a le plus de dureté.*

Les adverbes ont, comme les adjectifs, un comparatif et un superlatif. Dans les langues à flexion, ces degrés de comparaison se forment avec des désinences spéciales. En français, on emploie les adverbes *plus, moins, très, le plus*, etc. Les adverbes *mieux*, comparatif de *bien*, et *pire*, comparatif de *mal*, font exception ; les superlatifs correspondants sont *le mieux* et *le pire*. L'accord de l'article dans les superlatifs des adverbes donne lieu aux mêmes remarques que dans le cas des adjectifs.

COMPARAÎTRE. v. n. (préf. *com*, du lat. *cum*, avec, et *paraître*). Paraître devant un juge, se présenter en justice. *Il a comparu devant le tribunal. C. en jugement, en justice. C. en personne, personnellement, par procureur.* — *On comparaît aussi devant un notaire*, pour faire une déclaration, passer un contrat, etc. = Conjug. Voy. PARAÎTRE.

COMPARANT, ANTE. adj. T. Prat. Qui comparaît devant un juge, devant un notaire, etc. *Tels et tels comparants en leurs personnes. Ladite dame comparante.* || Substantiv., *Le c., la comparante a déclaré... Les non-comparants.*

COMPARATEUR. s. m. (R. *comparer*). T. Phys. Instrument qui a pour objet de mesurer les très petites différences de longueur qui peuvent exister entre deux règles devant servir à mesurer des longueurs. On distingue le *C. à bouts*, imaginé par Fortin, et le *C. à traits.* Le premier sert à comparer les longueurs des deux règles de bout en bout ; il se compose essentiellement d'un levier coudé dont la petite branche vient s'appuyer sur l'un des bouts de la règle, tandis que la grande branche portant un vernier se meut sur un arc divisé. Il peut rendre sensible le 1/400 de millimètre. Le c. à trait sert à comparer les longueurs marquées sur les règles entre deux traits ; il se compose essentiellement d'un chariot portant un microscope muni d'un réticule mobile sur une vis micrométrique. On amène le chariot au-dessus du trait jusqu'à ce que le trait de la règle soit dans le microscope derrière la croisée des fils du réticule. Le moindre déplacement du chariot, et, par suite, la moindre variation dans la position du trait se décèle et se mesure par la rotation de la vis. C'est le même principe que celui de la machine à diviser. Le c. à traits est plus précis que l'autre et peut mesurer le 1/4000 de millimètre et même moins.

Les comparateurs construits récemment se composent de deux microscopes fixés à une distance variable et permettant de viser simultanément les deux extrémités d'une règle à bouts ou à traits. Les comparaisons se font en amenant successivement plusieurs règles dans le champ des microscopes. L'instrument peut aussi servir à mesurer les dilatations ; il suffit pour cela d'amener la règle à étudier à diverses températures, une règle maintenue à température constante servant de longueur de repère. La précision dépend de la finesse des traits que l'on vise, du grossissement des microscopes et de la constance de la température ; dans de bonnes conditions, on peut répondre du 1/3000 de millimètre. Voy. MICROMÉTRIQUE, DIVISER *(Machine à)*.

COMPARATIF, IVE. adj. (lat. *comparativus*, m. s.). Qui met en comparaison. Ne se dit que des choses. *Tableau c. des forces militaires de deux États. État c.* — *Anatomie comparative*, on plutôt anatomie comparée. || T. Gram. Qui sert à établir une comparaison. *Adjectifs comparatifs.* || T. Philos. *Faculté c.*, Faculté de comparer. = s. m. T. Gram. Le second degré de comparaison des adjectifs et des adverbes. *Meilleur, moindre, pire, mieux, sont des comparatifs.* Voy. COMPARAISON.

COMPARATIVEMENT. adv. Par comparaison à quelque chose. *Ces choses-là ne sont bonnes ou mauvaises que comparativement.*

COMPARER. v. a. (lat. *comparare*, m. s., de *cum*, avec, et *par*, égal). Examiner les rapports, les ressemblances et les différences qu'il y a entre une chose et une autre, entre une personne et une autre. *C. Virgile et Homère. C. une traduction avec l'original. Quand je compare mon sort à celui de ces infortunés.* || Égaler, juger égal. *On ne saurait c. Lucain à Virgile.* || T. Littéral. Marquer les rapports de ressemblance entre des choses ou des personnes qui sont de

nature ou d'espèce différente. *Homère compare Diomède, au milieu des Troyens, à un lion au milieu d'une bergerie. Boileau compare l'idylle à une bergère.* Voy. COMPARAISON. || T. Pratiq. *C. des écritures*, Les confronter, et examiner si elles sont de la même main. = SE COMPARER. v. pron. Chercher les rapports qui existent entre soi-même et une autre personne. *On est forcé d'être modeste, quand on se compare avec lui.* || Être comparé. *Les longueurs et les surfaces ne sauraient se c.* || S'égaler à. *Osez-vous bien vous c. à un si grand écrivain ?* = COMPARÉ, ÉE. part. *Anatomie comparée*, Étude comparative des organes chez l'homme et les divers animaux.

Obs. gram. — On dit correctement *comparer à* et *comparer avec*, mais avec des sens différents. *C. à*, indique une ressemblance antérieurement reconnue sur laquelle on appelle l'attention ; *c. avec*, indique seulement qu'on met les deux choses en parallèle pour découvrir leurs ressemblances ou leurs différences. *C. Newton à Archimède*, c'est dire que Newton était un géomètre aussi grand, un génie aussi profond qu'Archimède. *C. Newton avec Archimède*, c'est mettre leurs œuvres et leurs méthodes en parallèle, pour examiner ce qu'elles ont de semblable et en quoi elles diffèrent. De même on dira : *Comparer la vertu avec le vice*, tandis qu'il serait incorrect de dire : *Comparer la vertu au vice. Comparons*, dit Buffon, *les œuvres de la nature aux ouvrages de l'art. Que l'on compare*, dit le même écrivain, *la docilité du chien avec la fierté du tigre.*

COMPAROIR. v. n. (lat. *comparere*, paraître, de *cum*, avec, et *parere*, paraître). T. Pratiq. N'est guère usité qu'à l'infinitif et dans quelques phrases, *Être assigné à c.*, À se présenter en justice. Vx ; on dit, *Comparaître.*

COMPARSE. s. f. (ital. *comparsa*, action de paraître et personnage muet, du lat. *comparere*, paraître). Autrefois signifiait l'entrée des quadrilles dans un carrousel. = COMPARSE, s. 2 g. T. Théât. Se dit des personnages muets qui ne servent qu'à figurer. — Par ext. Personne qui ne cause pas en société.

COMPARTIMENT. s. f. (lat. *compartiri*, partager, de *cum*, avec, et *pars*, part). Case, division. *Cherchez dans le troisième c. du tiroir. Boîte à compartiments. Les compartiments d'un wagon.* || Assemblage de plusieurs figures, de plusieurs choses disposées avec symétrie. *Les compartiments d'un tapis, d'une broderie. C. de plafond.* || T. Relieur. Se dit de certaines dorures à petits fers qui se mettent sur le dos ou le plat des livres. *Livre doré à compartiments.* || T. Min. Saucissons pour enflammer simultanément les fourneaux.

COMPARTITEUR. s. m. (lat. *compartiri*, partager). T. Palais. Signifiait autrefois celui des juges qui avait ouvert un avis contraire à celui du rapporteur, et sur l'avis duquel la compagnie s'était partagée.

COMPARUTION. s. f. T. Palais. Action de comparaître devant le juge. *Faire acte de c. C. personnelle. Mandat de c. En cas de non-comparution.*

COMPAS. s. m. (lat. *cum*, avec ; *passus*, pas). Instrument mathématique dont on se sert pour tracer des longueurs, tracer des circonférences, etc. *C. à pointes sèches, à crayon, à encre. C. d'épaisseur, C. à branches courbes.* || Fig. et fam., *Faire toutes choses par règle et par c.*, ou bien *par c. et par mesure*, Avec une grande exactitude, une grande circonspection. — *Avoir le c. dans l'œil*, Mesurer presque aussi juste à la simple vue qu'on pourrait le faire avec un c. || T. Mar. *C. de route.* Voy. BOUSSOLE. || T. Manège. Écartement des jambes du cheval.

Le *Compas* est un instrument en usage pour relever les longueurs et décrire des arcs de cercle. Les poètes grecs en attribuent l'invention à Talaüs, neveu de Dédale ; mais il remonte certainement à une époque bien plus ancienne. Dans sa forme la plus simple, le c. se compose de deux branches triangulaires appelées *jambes*, qui sont très pointues à l'une de leurs extrémités et jointes ensemble, au moyen d'une charnière dont la vis ou l'écrou peut se serrer à volonté, lorsque le jeu de celle-ci est trop libre. Les menuisiers, charpentiers, maçons, etc., emploient des compas en fer ; mais ceux qui servent à dessiner se font ordinairement en cuivre, à l'exception des pointes pour lesquelles on préfère l'acier trempé. L'instrument ainsi disposé est appelé *C. à pointes sèches* (Fig. 1). On l'emploie principalement pour relever les longueurs. Quand on veut s'en servir pour *tracer* des arcs de cercle sur le papier, on remplace une des pointes par un *tire-ligne* ou par un *porte-crayon*, que l'on fixe, au moyen d'une vis de pression, dans un petit canal creusé dans

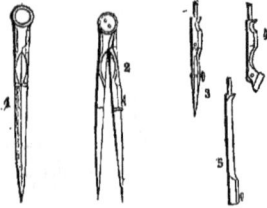

l'une des jambes. Le c. ainsi modifié est appelé *C. changeant de pointes.* Enfin, si l'on veut décrire des arcs d'un plus grand rayon que ne le comporteraient les jambes simples, on augmente la longueur de la jambe à tire-ligne par l'addition de pièces particulières nommées *Rallonges* (Fig. 2. C. changeant de pointes; 3. Tire-ligne; 4. Porte-crayon; 5. Rallonge).

Le *C. à balustre* sert à décrire de très petits cercles : on l'appelle ainsi parce que sa tête est surmontée d'un petit prolongement en cuivre dont la forme offre une certaine analogie avec le membre d'architecture dont il porte le nom. C'est par ce prolongement qu'on tient le c. entre le pouce et l'index quand on veut s'en servir. L'une des branches est reliée au balustre par un ressort d'acier qui tend à l'écarter, tandis qu'une vis maintient cette branche à la distance nécessaire. On peut lui donner diverses formes : la plus usuelle est représentée Fig. 6. — Le *C. à trois* branches est un c. ordinaire à la tête duquel est fixée une troisième branche.

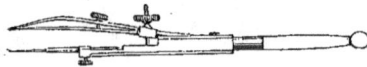

Fig. 6.

Cette branche additionnelle a une charnière particulière et peut se mouvoir indépendamment des deux autres. Avec cet instrument, on peut prendre trois points à la fois, et par conséquent transporter d'un seul coup un triangle d'un dessin sur un autre. — Le *C. à verge* (Fig. 7), destiné à tracer des cercles de grand rayon, se compose de deux pièces dont l'une

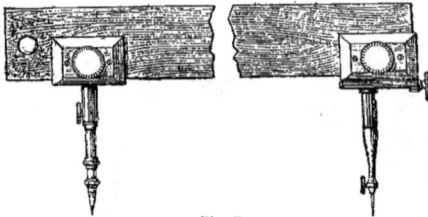

Fig. 7.

porte la pointe et l'autre le crayon ou le tire-ligne et qui se fixent à l'aide de vis de pression le long d'une règle, à peu près à la distance nécessaire. De plus, l'une des pièces, sinon toutes deux, porte une vis de rappel dont la rotation déplace légèrement la pointe correspondante, de manière qu'on puisse par un mouvement doux obtenir exactement la longueur du rayon. — On construit aussi, pour le dessin des figures au tableau noir, des *Compas en bois*, dont l'une des branches se termine par une pointe d'acier, tandis que l'autre peut rece-

voir un morceau de craie. — Le *C. d'arpenteur* s'emploie pour exécuter sur le terrain les mêmes opérations qui s'exécutent sur le papier avec le c. ordinaire. Il ne diffère de ce dernier que par les dimensions. On le fait généralement en bois, et on lui donne environ 2 mètres de longueur. Un appareil particulier maintient ses branches à la distance nécessaire.

Le *C. d'épaisseur* s'emploie pour relever l'épaisseur d'un objet et pour tracer des cercles sur une sphère solide. C'est tout simplement un c. à branches courbes. Souvent, les branches sont prolongées en forme d'S au delà de la charnière (Fig. 8). Comme ces branches ont la même forme et sont aussi égales que possible, l'arc formé de chaque côté par leurs extrémités est exactement le même. Si donc on saisit un corps

Fig. 8.   Fig. 9.

avec deux de ces pointes, l'écartement des deux autres indique l'épaisseur de ce corps. Les ouvriers donnent le nom de *Maître à danser* (Fig. 9) à une variété du c. d'épaisseur dont ils se servent pour mesurer le diamètre intérieur des objets creux. — La construction du *C. de réduction* est basée sur ce principe, que les triangles semblables ont leurs côtés homologues proportionnels. Il se compose (Fig. 10) de deux doubles branches réunies à coulisse au moyen d'un bouton à vis que l'on peut serrer à volonté, et autour duquel elles tournent.

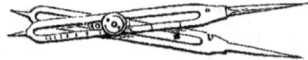

Fig. 10.

nent. Ces branches sont graduées de telle sorte qu'on peut, en faisant glisser le bouton dans la coulisse, modifier la longueur des branches dans la proportion que l'on désire. Ainsi, la distance des deux pointes les plus rapprochées est, à volonté, la moitié, le tiers, le quart, etc., de la distance des deux pointes opposées. On se sert de ce c. pour réduire les dimensions d'un dessin dans un rapport donné. L'invention de cet ingénieux instrument est communément attribuée à Just Byrge, en 1603; mais elle remonte à une époque plus reculée, puisqu'il en est question dans le *Théâtre des machines* du Dauphinois Jacques Bresson, dont les planches ont été dessinées en 1569. — On a construit un c. de réduction à trois branches, très ingénieux, qui permet de réduire très rapidement à une autre échelle un dessin, un plan, une carte, etc.

Enfin, on donne le nom de *C. de proportion* à un instrument qui n'a rien de c. proprement dit, car il n'a pas même de pointes. Il se compose simplement de deux règles de cuivre réunies par une charnière, de façon à pouvoir s'ouvrir comme notre ancien pied de roi. La construction de cet instrument repose sur le même principe que celle du c. de réduction. Sur les deux faces des règles qui forment le c. de proportion sont tracées différentes échelles dont les principales sont celles des parties égales, des cordes, des polygones, des plans, des solides, etc. On emploie cet instrument pour diviser une droite, un angle ou un arc en plusieurs parties égales, pour mesurer les angles tracés sur le papier, pour inscrire des polygones dans un cercle, pour construire des figures dans un rapport donné avec d'autres figures, pour trouver les côtés de solides multiples les uns des autres, etc., en un mot, pour résoudre les problèmes géométriques en nombre si considérable qu'ils ont fourni la matière d'un volume auquel nous renverrons le lecteur : *Usage du c. de proportion*, par Ozanam. L'invention de cet instrument a été disputée à Galilée par Balthazar

Capra, l'un de ses élèves. — On a aussi construit un instrument du même genre, sur lequel étaient tracées les longueurs des sinus, des sécantes, des tangentes, etc., et qui servait à résoudre graphiquement tous les problèmes de la trigonométrie rectiligne.

Aujourd'hui, ces instruments sont presque entièrement abandonnés. On préfère à leur usage les constructions géométriques ordinaires.

COMPASSAGE. s. m. T. Techn. Division ou mesurage au compas. || Classement des cartes à jouer par ordre.

COMPASSEMENT. s. m. Action de compasser, ou le résultat de cette action. Ne s'emploie guère qu'au fig., pour désigner une régularité froide et affectée. *Le c. de son discours, de ses actions.* Peu us.

COMPASSER. v. a. Mesurer avec le compas. *C. les degrés, les distances sur une carte.* || Disposer avec une exacte symétrie. *Il a bien compassé ses allées.* — Fig., *C. ses actions, ses démarches,* Les bien régler. || T. Guerre. *C. les jeux,* Les disposer de manière qu'ils fassent tous leur effet en même temps. || T. Mar. *C. une carte,* Y pointer la position actuelle du navire. || T. Relieur. *C. un livre,* Le mesurer avant d'en rogner la tranche. = COMPASSÉ, ÉE. part. || Fig., *Être compassé dans ses discours, dans son style, dans ses actions,* etc., Y mettre une régularité, une exactitude poussées jusqu'à l'affectation. On dit de même, absol., *Être compassé, être extrêmement compassé.* = Syn. Voy. AFFECTÉ.

COMPASSEUR. s. m. Celui qui parle d'une manière compassée.

COMPASSIER. s. m. T. Mét. Ouvrier qui fabrique des compas et autres instruments de mathématiques.

COMPASSION. s. f. (lat. *compassio,* m. s., de *cum,* avec, et *passio,* souffrance). Pitié, mouvement de l'âme qui nous rend sensibles aux maux d'autrui. *Avoir c. de la misère d'autrui. Avoir pitié et c. Être touché, ému de c. L'état de ces pauvres gens fait c.* || Fig., *Faire c.,* se dit, par mépris, en parlant de certaines choses qu'on trouve ridicules ou absurdes. *Voilà un raisonnement qui fait c. Ce que vous dites là fait c.* = Syn. Voy. COMMISÉRATION.

COMPATERNITÉ. s. f. (lat. *cum,* avec, *paternitas,* paternité). Alliance spirituelle contractée entre les parents d'un enfant d'une part, et son parrain et sa marraine d'autre part. On dit aussi *copaternité.*

COMPATIBILITÉ. s. f. (R. *compatible*). Se dit des qualités qui peuvent se concilier, s'accorder ensemble, et surtout en parlant des caractères et de l'esprit. *Il y a une grande c. d'humeur entre ces deux personnes. Il n'y a guère de c. d'esprit entre elles.* S'emploie le plus souvent avec la négation. || Se dit de deux charges, de deux fonctions qui peuvent être exercées en même temps par la même personne. — *Lettres de c.,* Lettres patentes par lesquelles le prince permettait de posséder en même temps deux charges qui ne pouvaient, suivant la règle commune, être exercées par une même personne.

COMPATIBLE. adj. 2 g. (R. *compatir*). Qui peut exister, s'accorder avec une autre. Se dit des choses physiques et morales. *Les propriétés qu'on attribue à cette substance ne sont pas compatibles entre elles. Ces deux caractères, ces deux esprits-là ne sont pas compatibles.* || Se dit aussi en parlant d'une charge, d'une fonction qui peut être exercée en même temps qu'une autre. *Les fonctions de ministre et celles de député n'étaient pas compatibles.* || T. Alg. Se dit de plusieurs équations qui admettent une ou plusieurs solutions communes.

COMPATIR. v. n. (lat. *cum,* avec; *pati,* souffrir). Être touché de compassion pour les maux d'autrui. *Je compatis à votre douleur, à votre affliction.* — Tolérer avec indulgence les faiblesses de son prochain. *Il faut c. aux infirmités de son prochain, à la faiblesse humaine.* || S'accorder, aller ensemble. Se dit des personnes et des choses, mais ne s'emploie guère qu'avec la négation. *Ils ne sont pas d'humeur* ou *d'une humeur à c. ensemble.*

COMPATISSANCE. s. f. Disposition à compatir.

COMPATISSANT, ANTE. adj. Qui compatit, qui prend part aux maux d'autrui. *Cœur c. Ame compatissante.* || Qui exprime la compassion. *Jeter un regard c. Soins compatissants.*

COMPATRIOTE. s. 2 g. (lat. *cum,* avec; *patria,* patrie). Celui ou celle qui est de même patrie, de même pays qu'une autre personne. *C'est mon c. Sa c. est arrivée.* — En France, les natifs d'un même village sont compatriotes. Pour l'Europe, les Français sont compatriotes. Pour un nègre africain ou un indigène de la Terre de Feu, les Européens, qu'ils soient Français, Anglais ou Allemands sont compatriotes. Pour un habitant de Mars, les habitants de la Terre seraient tous compatriotes.

COMPATRIOTIQUE. adj. 2 g. Qui appartient à un compatriote, aux compatriotes.

COMPATRIOTISME. s. m. Qualité de compatriote.

COMPELLATIF. s. m. [Pr. *kompel-latif*] (lat. *compellare,* apostropher, de *cum,* avec, et l'inus. *pellare* qu'on retrouve dans *appellare,* appeler). T. Gram. Le mot d'une phrase par lequel on appelle la personne à laquelle on s'adresse. = COMPELLATIF, IVE. adj. *Mot c., phrase compellative,* Par laquelle on interpelle une ou plusieurs personnes.

COMPENDIEUSEMENT. adv. [Pr. *kon-pan...*] (lat. *compendium,* abrégé). En abrégé.

COMPENDIEUX, EUSE. adj. [Pr. *kon-pan...*] Qui est abrégé, sommaire.

COMPENDIUM. s. m. [Pr. *kon-pindi-ome*]. Mot emprunté du latin, qui signifie abrégé, *C. de philosophie, de médecine,* etc. || T. Techn. Armoire où l'on renferme les différents objets devant servir de texte aux leçons de choses dans les écoles.

COMPÉNÉTRATION. s. f. [Pr. *...sion*] (R. *com,* préf., et *pénétration*). Pénétration mutuelle.

COMPENSABLE. adj. Qui peut être compensé.

COMPENSATEUR. s. m. Qui donne, qui produit une compensation. || T. Phys. *C. magnétique,* Appareil destiné à neutraliser les effets produits sur la boussole par les masses de fer qui entrent dans la construction du navire et corriger ainsi les erreurs du compas. *Les divers compensateurs qu'on a imaginés ne peuvent produire la compensation que pour une seule position du navire.* Voy. BOUSSOLE. || T. Chem. de fer. Appareil destiné à corriger les variations de longueur que subissent, par l'effet de la température, les appareils de transmission, fils, câbles, tiges, etc., qui servent à manœuvrer les signaux. Voy. SIGNAL.

COMPENSATEUR, TRICE. adj. Propre à compenser. *Moyens compensateurs.* || T. Phys. *Pendule, balancier c.,* Pendule ou balancier dont les oscillations conservent la même durée malgré les variations de température. Voy. PENDULE et HORLOGERIE.

Fin. — *Droits compensateurs.* — On a donné ce nom à des droits de douane établis à l'entrée de certaines marchandises qui paient un impôt quand elles sont fabriquées dans l'intérieur du pays, de manière que les marchandises importées ne soient pas exemptes de cet impôt, ce qui créerait aux producteurs étrangers une situation avantageuse au détriment des producteurs nationaux. Ces droits sont parfaitement légitimes et n'ont rien à voir avec la question du libre-échange et de la protection, pourvu cependant qu'ils se bornent à *compenser* l'impôt dont sont frappées les marchandises indigènes similaires; malheureusement, on établit souvent, sous le nom de *droits compensateurs,* des droits beaucoup trop élevés qui constituent alors une véritable protection déguisée. C'est ce qui arrive en particulier toutes les fois qu'on prétend *compenser* par les tarifs de douane d'autres frais que ceux qui résultent de l'impôt, comme ceux qui proviennent d'une infériorité dans les conditions naturelles de production, d'une différence dans les tarifs de transport, etc. Alors même que le droit est strictement compensateur, si la marchandise est aussi imposée dans le pays d'origine, le droit compensateur, quoique légitime aux yeux du fisc, joue le même rôle qu'un droit protecteur et produit les mêmes effets, puisque la marchandise importée paye double droit, un dans chaque pays. Aussi le droit ne mérite le titre de C. que s'il est strictement égal à l'excès de l'impôt indigène sur l'impôt étranger. Voy. DOUANE, COMMERCE.

COMPENSATIF, IVE. adj. Qui produit la compensation. Qui a le caractère de la compensation.

COMPENSATION. s. f. [Pr. kon-pen-sa-sion]. Action de compenser. *Faire c. d'une chose avec une autre.* — Résultat de cette action. *C. équitable. C. de dépens.* || Se dit d'un certain équilibre entre les choses, du dédommagement d'un mal par un bien, d'une perte par un profit, d'un inconvénient par un avantage, d'une valeur moindre par un supplément. *Il y a c. Il y eut tant par c. Cela doit entrer en c. de la perte qu'il a faite. En comparant ensemble les diverses conditions des hommes, on y remarque une espèce de c. de bien et de mal, qui tend à rétablir entre elles l'égalité.* || T. Droit. Voy. CONTRAT. || T. Fin. C. par les droits de douanes. Voy. COMPENSATEUR.

Philos. — *Système des compensations,* Théorie philosophique développée par Azaïs en 1809 pour chercher à démontrer que le bien et le mal se compensent et pour justifier l'ordre naturel des choses.

Banque. — Pour permettre la liquidation en masse des opérations financières effectuées entre commerçants ou industriels, sans avoir besoin de recourir aux paiements en espèces, on a institué à Paris, vers 1872, une *Chambre de c.,* à l'instar de celle qui fonctionnait depuis longtemps à Londres. La Chambre de c. de cette ville, qui porte le nom de *Clearing house,* a rendu d'immenses services au commerce de l'Angleterre, grâce à l'usage très répandu des chèques dans ce pays : à Londres, en effet, les commerçants particuliers se dispensent d'entretenir une caisse chez eux; ils ont l'habitude de régler leurs opérations par chèques délivrés sur leurs banquiers; ceux-ci, aux mains de qui sont centralisés tous les effets de commerce à la fin de chaque jour, se réunissent au Clearing house; chacun dresse la liste des sommes qu'il doit payer ou recevoir, et c'est seulement la différence entre ces sommes qu'il débourse ou encaisse. Le plus souvent même, le règlement s'opère encore plus simplement : comme, en général, les banquiers de Londres ont un compte ouvert à la Banque d'Angleterre, au lieu de payer en numéraire quand ils sont débiteurs, ils se contentent de délivrer un ordre de virement pour ladite banque au profit de celui qui est leur créancier. C'est ainsi que le Clearing house permet la c. de 140 à 150 milliards par an sans circulation monétaire.

L'idée primitive du système du Clearing house, dont la fondation remonte à 1780, a été émise par les négociants et industriels de la ville de Lyon, dès le XVIIe siècle; c'est d'abord une association privée, qui, plus tard, reçut la consécration légale par l'ordonnance du 2 juin 1667.

La Chambre de c. actuelle de Paris ne fut fondée qu'en 1872, quelques années après l'introduction du chèque en France, par la loi de 1865 : dès 1887, elle comprenait douze grandes maisons de crédit, au nombre desquelles figure la Banque de France. Ses opérations annuelles ne dépassent pas 10 à 12 milliards, au lieu des 140 milliards que compense le Clearing house; de là provient l'exagération de notre stock métallique de monnaie qui s'élève au triple de celui de l'Angleterre.

Des chambres de c. ont été instituées à l'étranger, à Vienne, en 1872, dans neuf villes d'Allemagne et dans treize villes d'Italie, en 1887.

COMPENSATIONNISTE. s. m. [Pr. kon-pan-sa-sio-niste]. Celui qui est partisan des compensations en matière de droits de douane.

COMPENSATIVEMENT. adv. D'une manière qui compense.

COMPENSATOIRE. adj. Qui établit une compensation.

COMPENSER. v. a. (lat. *compensare,* de *cum,* avec, et *pensare,* peser, apprécier). S'emploie en parlant soit des choses, soit des personnes, et se dit des avantages et des désavantages, du bien et du mal, des qualités et des défauts, etc., dont les uns balancent les autres. *Les bonnes récoltes compensent les mauvaises. Cet homme a des défauts, mais il les compense par ses bonnes qualités.* || Établir une compensation, faire une compensation. *Il a compensé ce que je lui devais avec ce qu'il me doit.* — T. Prat. *C. les dépens,* Ordonner, par jugement, que chaque partie supportera les frais qu'elle a faits dans un procès. = SE COMPENSER. v. pron. *Les deux années se compensent. Ses défauts et ses qualités se compensent.* = COMPENSÉ, ÉE. part. *Dépens compensés.*

COMPÉRAGE. s. m. (R. *compère*). Relation entre deux personnes qui ont tenu ensemble un enfant sur les fonts baptismaux. — Celle qui existe entre le parrain ou la marraine et la mère ou le père de l'enfant. Voy. MARIAGE.

COMPÈRE. s. m. (lat. *cum,* avec, et fr. *père*). Relation d'un homme qui a tenu un enfant sur les fonts baptismaux avec le père et la mère de l'enfant, et avec la marraine de ce dernier. *C'est mon c.,* car il a tenu un de mes enfants, ou j'ai tenu un de ses enfants, ou j'ai tenu un enfant avec lui. || Fig. et prov., *Tout se fait, tout va par c. et par commère,* Tout se fait par faveur et par protection. — Fig. et fam., *C'est un bon c.,* C'est un homme gaillard et de bonne humeur. *C'est un rusé c.,* ou simplement, *C'est un c.,* C'est un homme adroit, fin et qui ne perd jamais de vue ses intérêts. || Celui qui est secrètement d'intelligence avec un escamoteur, avec un charlatan, pour l'aider à faire ses tours, à abuser le public; et, par ext., celui qui seconde une personne quelconque pour quelque supercherie.

COMPÈRE-LORIOT. s. m. T. Ornith. Nom vulgaire du loriot commun. || T. Méd. Petit abcès qui se forme sur le fond de la paupière et que les médecins nomment *Orgelet.* Voy. ce mot.

COMPÉTEMMENT. adv. [Pr. kon-péta-man]. D'une manière compétente, convenablement. Peu us.

COMPÉTENCE. s. f. (R. *compétent*). T. Jurisp. Le droit qu'un tribunal, qu'un juge a de connaître de telle matière et de telle ou telle affaire. *Cette affaire est de la c. du juge de paix. Décliner la c. d'un tribunal. Question de c. Organisation* JUDICIAIRE, *Juge de* PAIX, etc. — Par ext., en parlant d'une personne quelconque, capacité de juger d'un ouvrage, de parler sciemment sur une matière, etc. *Cette question est hors de sa c.*

COMPÉTENT, ENTE. adj. (R. *compéter*). T. Jurispr. Qui appartient, qui est dû. Ne se dit en ce sens que d'une portion de quelque bien, de quelque héritage. *Le père a donné à chacun de ses enfants la portion compétente.* Peu. us. || Se dit encore d'un tribunal, d'un juge qui a droit de connaître de telle ou telle affaire. *Il n'est pas juge c. de cette matière. Le tribunal a été déclaré c.* On dit, dans un sens anal., *Autorité compétente.* — Par ext., en parlant d'une personne quelconque, celui qui est capable de donner son avis sur une chose, sur une matière, qui peut bien juger. *Vous n'êtes pas c. pour cela.* || T. Prat. *Partie compétente,* Celui qui a qualité pour contester en justice, pour être partie au procès. *Il est partie compétente en cette affaire.* || Convenable, suffisant, requis. *Il n'a pas l'âge c. pour être député.*

COMPÉTER. v. n. (lat. *competere,* convenir, appartenir, de *cum,* et *petere,* désir). T. Jurisp. Appartenir de certains droits. *Ce qui lui peut c. et appartenir dans la succession de son père.* || Être de la compétence. *Cette affaire ne compète point à tel tribunal.* = Conj. Voy. APPÉTER.

COMPÉTITEUR, TRICE. s. m. et f. (lat. *competitor,* m. s., de *cum,* avec, et *petere,* demander, rechercher). Concurrent concurrente, celui, celle qui prétend à la même dignité, au même emploi, ou au même avantage que veut obtenir une autre personne. *C'est son c. Ils étaient compétiteurs au consulat.*

COMPÉTITION. s. f. [Pr. ...sion] (lat. *competitio,* m. s., de *cum,* avec, et *petere,* demander). Concurrence, rivalité.

COMPIÈGNE, ch.-l. d'arr. (Oise), à 60 kil. E. de Beauvais; 14,500 hab. Beau château construit sous Louis XV, restauré par Napoléon Ier, renfermant le musée khmer (curiosités du Cambodge). Vaste et magnifique forêt. — *Concile de Compiègne,* où fut déposé Louis le Débonnaire en 833. — Siège de Compiègne (1430), tristement célèbre, où Jeanne Darc fut prise.

COMPILATEUR. s. m. Celui qui compile.

COMPILATION. s. f. [Pr. ...*sion*]. Action de compiler. || Recueil formé de morceaux pris çà et là, dans un seul ou dans plusieurs auteurs. *Son livre n'est qu'une c., mais c'est une c. utile.*

COMPILER. v. a. (lat. *compilare*, m. s., de *cum*, avec, et *pilare*, piller). Faire un recueil de documents pris un peu partout. *Il compila ce qu'il avait trouvé de plus intéressant dans les auteurs sur telle matière. Passer sa vie à c.* = COMPILÉ, ÉE. part.

COMPITALES. s. f. pl. (lat. *compitalia*, m. s., de *compitum*, carrefour). Fêtes que les Romains célébraient chaque année en l'honneur des dieux Lares. *Les c. avaient toujours lieu en hiver : on offrait alors aux dieux Lares des sacrifices dans les carrefours.*

COMPITUM. s. m. [Pr. *konpi-tome*] (mot lat.). T. Antiq. Carrefour, croisement de plusieurs routes. || Temple élevé en cet endroit.

COMPLAIGNANT, ANTE. adj. (R. com, préf., et *plaignant*). Qui se plaint en justice de quelque tort qu'il prétend qu'on lui a fait. *La partie complaignante.* — Subst., *Le c. La complaignante. Les complaignants.* Peu us.

COMPLAINTE. s. f. (R. com, préf., et *plainte*). T. Prat. Plainte en justice, ou action qu'on intente soit pour être conservé dans sa possession, soit pour y être réintégré. *C. en réintégrande. Être demandeur en c.* Voy. PÉTITOIRE. || Au plur., se dit quelquefois, dans le langage fam., pour lamentations. *A quoi servent toutes ces complaintes ?* || Chanson populaire sur un sujet tragique ou pieux. *La c. du Juif errant. On a fait une c. sur cet assassin.*

COMPLAIRE. v. n. (lat. *cumplacere*, de *cum*, avec, et *placere*, plaire). S'accommoder, se conformer au sentiment, au goût, à l'humeur de quelqu'un pour lui plaire, acquiescer à ce qu'il souhaite. *Je veux bien lui c. en cela. Ce que j'en fais n'est que pour vous c.* = SE COMPLAIRE. v. pron. Prendre plaisir. *Il se complait toujours à rendre service.* || Se plaire, se délecter en soi-même, en ses productions, en ses ouvrages, y mettre sa satisfaction, son plaisir. *Il se complait en lui-même, en sa personne.* Se dit presque toujours par ironie. = Conj. Voy. PLAIRE.

Syn. — *Plaire.* — *Plaire* marque un fait tout simple; pour *c.* il faut s'en donner la peine. On *plait* au premier abord, par les agréments attachés à sa personne et souvent sans être disposé à *c.* On ne *complait* que par les soins, les attentions, les *complaisances*, en s'accommodant à l'humeur, aux sentiments, aux goûts, aux caprices même de celui auquel on veut être agréable, souvent en faisant usage de la flatterie. Aussi, le verbe *complaire* a-t-il souvent une signification à double face. — On se *plait* à une chose, et on se *complait dans* une chose. Dans le premier cas, c'est aimer une chose, y avoir goût; dans le second, c'est l'aimer avec excès, la savourer, y être obstinément attaché.

COMPLAISAMMENT. adv. [Pr. *konplèza-man*]. Avec complaisance.

COMPLAISANCE. s. f. (R. *complaisant*). Douceur et facilité de caractère qui fait qu'on se conforme aux goûts, aux sentiments, qu'on acquiesce aux désirs, aux volontés d'autrui. *La c. doit être réciproque. Il n'a de c. pour personne. Faire une chose par c. Avoir une c. aveugle pour quelqu'un.* || *Acte de c. C'est là une c. délicate. Avoir de grandes complaisances pour quelqu'un.* — Se prend souvent en mauvaise part. *Complaisances coupables, honteuses.*

De cette complaisance on voit l'injuste excès
Pour le franc scélérat avec qui j'ai procès.
MOLIÈRE.

Plaisir, satisfaction. Se dit en parlant des personnes qu'on estime, qu'on aime ou des choses dans lesquelles on se complait. *Parler d'une personne ou d'une chose avec c. Regarder avec c., avec un œil de c. — Se regarder avec c., avoir une grande c. pour tout ce qu'on fait, Être fort satisfait de sa personne, de son mérite, avoir beaucoup d'amour-propre.* || T. Comm. *Billet de c.,* Billet souscrit sans cause réelle et sans remise de valeurs pour aider celui en faveur de qui il est souscrit à se procurer de l'argent. = COM-

PLAISANCES. s. f. pl. T. Écriture sainte. Amour, affection. *Dieu dit dans l'Évangile : C'est ici mon Fils bien-aimé, en qui j'ai mis toutes mes complaisances.*

Législ. — *Effets de c.* — On appelle ainsi, des effets de commerce qui ne sont pas le résultat d'une opération réelle et dont les fonds sont fournis, à l'échéance, au moyen de nouveaux effets souscrits dans les mêmes conditions : un négociant gêné peut ainsi se procurer un crédit fictif et dissimuler pendant un certain temps l'état de ses affaires. Ce procédé constitue un véritable *abus de confiance* à l'égard duquel les tribunaux se montrent, en général, trop indulgents. De plus, l'usage d'effets destinés à procurer à un commerçant des fonds, dans l'intention de retarder sa faillite, est de nature à entraîner la banqueroute simple, aux termes de l'art. 585 du Code de commerce.

Syn. — *Condescendance, Déférence.* — La *Complaisance* est le soin, le désir de complaire, de faire ce qui plaît aux autres. La *Déférence* est la disposition à acquiescer aux sentiments, aux volontés d'un autre. La *condescendance* nous fait descendre volontiers, quitter notre supériorité ou notre autorité, pour nous prêter à la satisfaction des autres. Avec de la *c.*, on est d'un commerce doux; avec de la *déférence*, on est d'un commerce honnête; avec de la *condescendance*, on est d'un commerce commode. Il faut de la *c.* pour tous; de la *déférence* pour ceux qui ont sur nous une sorte de supériorité soit par l'âge, soit pour toute autre cause; de la *condescendance* pour nos subordonnés, pour les faibles et pour ceux qui sont malheureux.

COMPLAISANT, ANTE. adj. Qui a de la complaisance pour les autres. *Un homme, un esprit doux et c. Humeur complaisante.*

Les Dieux à nos désirs toujours si complaisants.
RACINE.

Se prend souvent en mauvaise part. *Mari c.,* Celui qui ferme les yeux sur les fautes de sa femme, ou même les favorise. = COMPLAISANT, ANTE. s. Se dit d'une personne qui a beaucoup de déférence pour un autre, qui est fort assidue auprès d'elle, et qui s'attache à lui plaire dans quelque vue d'intérêt. *Je n'aime pas les complaisants. C'est la complaisante, une des complaisantes de telle dame.* || Dans un sens particulier, se dit d'une personne qui favorise les galanteries d'une autre. *Il ne se doute guère qu'il est le c. de sa femme.*

COMPLANT. s. m. (R. com, préf., et *plant*). T. Agric. Plant de vigne composé de plusieurs pièces de terre. || T. Féod. Part du seigneur sur les vignes plantées avec son autorisation.

COMPLANTER. v. a. (R. com, préf., et *planter*). Couvrir de plantation.

COMPLÉMENT. s. m. (lat. *complementum*, de *complere*, remplir). Ce qui s'ajoute ou doit s'ajouter à une chose pour la rendre entière, complète. *Le c. d'une somme. Cette loi sert de c. à telle autre. Ce volume forme le c. de l'ouvrage.* || T. Théol. *C. de béatitude,* Le comble de la béatitude. *La résurrection des corps sera le c. de la béatitude des saints.* || T. Géom. *C. d'un angle,* Angle qu'il ajouté au premier, donne pour somme un angle droit. Voy. ANGLE. *C. arithmétique,* La différence entre un nombre et la première puissance de 10 qui le suit : 325 est le *c.* arithmétique de 675, parce que 675 + 325 = 1000. *Pour calculer le c. arithmétique,* on retranche tous les chiffres de ce nombre de 9 en commençant par la gauche, excepté le dernier chiffre significatif qu'on retranche de 10. Voy. LOGARITHME. || T. Gram. Mot ajouté à un autre pour en compléter le sens. Voy. RÉGIME.

Syn. — *Supplément.* — Le *complément* est ce qui manque à une chose pour la rendre complète, entière ; le *supplément* est ce qui s'ajoute à une chose déjà complète.

COMPLÉMENTAIRE. adj. 2 g. (R. *complément*). Qui sert à compléter. || T. Géom. *Angles, arcs complémentaires* ou dont la somme est égale à l'angle droit ou au quadrant. Voy. ANGLE. || *Jours complémentaires,* Jours ajoutés, à certaines années, dans certains calendriers, pour compléter la durée moyenne de l'année et ramener les équinoxes aux mêmes dates. *Le 29 février des années bissextiles est le seul jour c. du calendrier grégorien.* Voy. CALENDRIER. || T. Phys. *Couleurs complémentaires,* Couleurs donnant le blanc en se combinant. Voy. COULEUR, DISPERSION, SPECTRE.

COMPLET, ÈTE. adj. (lat. *completus*, rempli). Entier, achevé, parfait, à quoi il ne manque aucune des parties nécessaires. *Œuvres complètes. Succès c. Victoire complète. Énumération complète. On ne peut avoir une idée complète de la Divinité.* || Fig., *Un homme c.*, Auquel il ne manque aucune des qualités requises pour constituer un grand homme, un génie supérieur. — *Une journée complète*, Une journée bien remplie, bien occupée. || T. Bot. *Fleur complète.* Voy. Fleur. || On dit substant., *Le c. d'un régiment.* Ce régiment est au c., au grand c., excède le c. Ne se dit guère que dans ces phrases et d'autres semblables.

Syn. — *Entier.* — Une chose est *entière*, lorsqu'elle n'est ni mutilée, ni brisée, ni partagée, et que ses parties sont jointes ou assemblées de la façon dont elles doivent l'être ; elle est *complète*, lorsqu'il n'y manque rien et qu'elle a tout ce qui lui convient pour l'usage qu'elle doit remplir. *Entier* a plus de rapport à l'intégrité de la chose, et *complet* à sa perfection relative.

COMPLÈTEMENT. s. m. Action de rendre complet. *Le c. des hommes de ce régiment.*

COMPLÈTEMENT. adv. D'une manière complète. *L'ouvrage est c. achevé. Cela est c. absurde.*

COMPLÉTER. v. a. Rendre complet. *C. un nombre, une somme, un régiment. C. un ouvrage dépareillé. L'homme complète la nature.* = SE COMPLÉTER, v. pron. *L'homme et la femme doivent se c. l'un par l'autre.* = COMPLÉTÉ, ÉE. part. = Conj. Voy. ALLÉCHER.

COMPLÉTIF, IVE. adj. T. Gram. Qui sert de complément. *Mot c. Phrase complétive.* Peu us.

COMPLEXE. adj. 2 g. (lat. *complexus*, entrelacé, de *cum*, avec, et *plectere*, plier). T. Didact., qui s'emploie par oppos. à *Simple*. Qui embrasse plusieurs choses. *Idée c. Terme c. L'action de ce drame est si c. qu'il est difficile d'y rien comprendre.* || T. Minér. *Cristal c.*, Celui dont la structure n'appartient pas à un seul système. || T. Gram. *Sujet c., Attribut c.*, Sujet, attribut, composé de plusieurs mots. Voy. ANALYSE.

Arith. — On appelle *Nombres complexes* ceux qui renferment des unités d'une certaine nature réunies à une ou plusieurs subdivisions non décimales de cette unité. Ainsi, les nombres qui contiennent à la fois des *toises, pieds, pouces, lignes* et *points*; des *livres* (monnaie), *sous* et *deniers*; des *livres* (poids), *onces, gros* et *grains*; des *jours, heures, minutes* et *secondes*, etc., sont des nombres *complexes*. Le calcul des nombres complexes occupait une grande place dans les anciennes arithmétiques; les progrès du système métrique ont beaucoup diminué l'importance de ce sujet, qui n'a plus guère d'intérêt que pour le calcul des angles et des durées et qui, du reste, peut être exposé très simplement. — Pour l'addition, on commence par ajouter les unités les plus petites; on extrait du résultat les unités de l'ordre immédiatement supérieur pour les ajouter à celles de même ordre qu'on a déjà dans les termes de la somme, tandis qu'on conserve le résidu irréductible, et on continue de la même manière. Pour les degrés, minutes et secondes qui procèdent par divisions en 60 parties, l'extraction des unités de l'ordre supérieur se fait très simplement en divisant par 6 la somme des dizaines; on écrit le quotient et on retient les dizaines. Ex. :

$$38° \ 53' \ 45'',75$$
$$27° \ 47' \ 45'',28$$
$$138° \ 56' \ 23'',47$$
$$\overline{205° \ 37' \ 24'',50}$$

A la fin de la quatrième colonne, je dirai : en 8 je pose 2 et je retiens 1 ; à la fin de la sixième : en 15 je pose 3 et je retiens 2. S'il s'agit d'heures à convertir en jours, on divisera le nombre d'heures par 24.

La soustraction s'opère d'une manière analogue en retranchant successivement les unités de même espèce; si l'une des soustractions partielles est impossible, on ajoute au plus petit nombre le nombre d'unités que contient l'unité de l'ordre suivant, et, pour une compensation, on ajoute une unité de cet ordre au nombre à retrancher. Ex. :

$$3^h \ 12^m \ 46^s \ 23'',17$$
$$2^h \ 15^h \ 58^m \ 47^s,23$$
$$\overline{20^h \ 47^m \ 35'',94}$$

La soustraction des secondes étant impossible, j'ajouterai 60'' au premier nombre et 1' au second ; je dirai donc, à la quatrième colonne, 5 de 8 reste 3 et je retiens 1 ; puis 9 de 46 reste 7, etc. Arrivé aux heures j'ajouterai 24 à 12, ce qui fera 36, d'où je retrancherai les 16 heures provenant du nombre donné et de la retenue des minutes.

La multiplication d'un nombre c. par un nombre d'un seul chiffre s'opère exactement comme l'addition. Si le multiplicateur a plusieurs chiffres, on calcule séparément les produits partiels et on les ajoute ; si le multiplicateur est un nombre décimal fractionnaire, le mieux est de multiplier séparément chaque espèce d'unité par le multiplicateur et de faire ensuite les extractions d'unités plus grandes dans les résultats obtenus. Enfin, la multiplication de deux nombres complexes se ramène facilement à une multiplication de fractions, en convertissant les deux nombres à une seule unité. Ex. : un cercle tourne de 3° 28' 35'',6 par jour; de quel angle aura-t-il tourné en $4^h \ 5^h \ 3^m \ 15'',4$. Je convertirai l'angle en secondes,

et le temps en secondes qui sont $\dfrac{1}{86400}$ de jour ; on trouve

ainsi 12515'',6 à multiplier par $\dfrac{363795,4}{86400}$. Le résultat exprimé

en secondes sera donc $\dfrac{12515,6 \times 363795,4}{86400}$. Il suffit de faire

ce calcul et d'extraire ensuite les minutes et les degrés. On trouve 52698'',12 qui font 14° 38' 18'',12.

Pour diviser un nombre c. par un nombre entier, on commence par les plus hautes unités ; on convertit le reste en unités de l'ordre immédiatement inférieur, qu'on ajoute à celles de cet ordre qu'on a déjà, et l'on continue de la même manière. Ex. :

$$\dfrac{178° \ 23' \ 45'',28}{4} = 44° \ 35' \ 56'',32.$$

A la fin des degrés, il en reste 2 qui font 120 minutes ; je dirai donc 12 et 2 = 14 dont le quart est 3, etc.

Si l'on a à diviser deux nombres complexes, le mieux est de les convertir dans les plus petites unités, et l'on est ainsi ramené à diviser deux nombres décimaux ou deux fractions. Ex. :

1° Trouver le rapport des deux arcs : 43° 28' 52'',75 et 17° 45' 27'',87. On réduit tout en secondes et l'on a :

$$\dfrac{156532,75}{63927,87} = 2,45 \text{ à 1 centième près.}$$

2° Un corps a tourné de 15 tours 23° 48' 75'' ou $2^h \ 17^m \ 28'' \ 52''$. Quelle est sa vitesse par heure ? Je convertis l'angle en se-

condes et le temps en secondes qui sont $\dfrac{1}{3600}$ d'heure ; je

trouve ainsi 19525755'',parcourues pendant $\dfrac{235732}{3600}$ d'heure.

Je divise le nombre de secondes par cette fraction, ce qui

équivaut à la multiplier par la fraction renversée $\dfrac{3600}{235732}$.

Je trouve 298189'' ou 82° 49' 49'' pour l'angle parcouru en une heure.

Alg. — On appelle quantités complexes des quantités formées de l'assemblage de plusieurs nombres positifs ou négatifs et qui sont soumises à des règles particulières de calcul. La plus simple des quantités complexes est la quantité imaginaire $a + b\sqrt{-1}$, qui ne se compose que de deux nombres et qui joue un si grand rôle dans l'analyse mathématique. Voy. IMAGINAIRE.

Les *quaternions*, inventés par Hamilton, sont des quantités complexes de quatre nombres qui permettent de résoudre facilement un grand nombre de problèmes de géométrie dans l'espace. Voy. QUATERNION.

Le géomètre américain Sylvester s'est beaucoup occupé de la théorie des quantités complexes en général. Nous ne pouvons que renvoyer le lecteur à ses nombreux mémoires publiés dans divers recueils américains et dans les *Comptes rendus de l'Académie des sciences*.

COMPLEXE. s. m. T. Géom. Nom imaginé par Plücker et adopté par les géomètres pour désigner un système de droites de l'espace défini par une seule condition entre les paramètres qui figurent dans les équations d'une droite. On sait qu'il faut deux points pour définir une droite. Exprimer qu'une droite passe par deux points, c'est écrire que les deux équations de la droite sont vérifiées par les coordonnées de ces deux points, ce qui fait quatre conditions. La définition du c. ne donne qu'une condition : il en faut donc trois nouvelles pour définir chaque droite du c. Si l'on exprime qu'une droite du c. passe par un point fixe, on aura une infinité de droites passant par un point fixe et satisfaisant de plus à une condition, lesquelles formeront un cône. Ainsi, les droites du c. qui passent par un point fixe forment un cône, qui est nommé le *cône du c.* Le lieu des points pour lesquels le cône du c. se dédouble en un plan et un autre cône est la *surface singulière du c.* Par exemple, les tangentes à une surface forment un c.; le cône de ce c., correspondant à un point donné, est le cône circonscrit à la surface qui a son sommet au point donné; enfin, la surface singulière du c. est la surface donnée, parce qu'en chacun des points le cône du c. comprend le plan tangent à la surface.

COMPLEXION. s. f. (lat. *complexio*, entrelacement, assemblage). Tempérament, constitution du corps. *Bonne, mauvaise c. C. robuste, délicate, faible, forte.* || Inclination, disposition du caractère, penchant. *C. triste, gaie. C. amoureuse.*

Et nous pourrions avoir telles complexions,
Que tous deux du marché nous nous repentirions.
MOLIÈRE.

Syn. — *Constitution, Tempérament.* — *Complexion* désigne la réunion des conditions physiques extérieures et sensibles propres à tel ou tel individu, et constituant son état de santé. Le mot *Constitution* est à peu près synonyme du précédent, mais il est plus usité dans le langage de la physiologie. *Tempérament* se dit surtout pour indiquer l'état et la disposition des organes relativement à la prédominance que les uns peuvent avoir sur les autres, et à certaines tendances physiques ou morales que l'on croit en résulter naturellement, notamment la disposition à contracter certaines maladies.

COMPLEXITÉ. s. f. T. Didact. Qualité de ce qui est complexe. *La c. d'une proposition.*

COMPLEXUS. s. m. [Pr. *kon-plek-sus*] (lat. *complexus*, entrelacé). T. Anat. Nom donné à deux paires de muscles qui sont situés dans la région cervicale et contribuent au mouvement de rotation de la tête. *Le grand c. Le petit c.*

COMPLICATIF, IVE. adj. Qui complique.

COMPLICATION. s. f. [Pr ...*sion*] (lat. *complicatio*, m. s., de *complicare*, compliquer). Assemblage, concours de causes, d'effets ou de circonstances tellement liés les uns aux autres qu'il est difficile d'en saisir tous les rapports. *Ce qui fait la difficulté des sciences sociales, c'est cette c. infinie de causes et d'effets qui agissent et réagissent sans cesse les uns sur les autres.* — Se dit particulièrement en Méd. *C. de maladies, de symptômes.* || Se dit encore d'un tout dont les diverses parties sont tellement nombreuses ou tellement agencées entre elles, qu'il est malaisé d'en apercevoir les rapports. *La c. de cette machine fait qu'elle se dérange promptement.* || Concours de diverses choses différentes. Ne se dit guère qu'en parlant de choses fâcheuses. *C. de malheurs, d'accidents,* etc. — T. Jurisp. On dit *qu'il y a c. de crimes*, lorsqu'un accusé est prévenu de plusieurs crimes.

COMPLICE. adj. 2 g. (lat. *complex*, m. s., de *cum*, avec, et *plex*, lié). Qui a pris part à un délit, à un crime. *Il n'est point c. de ce crime.* || Qui aide, favorise ou coopère. || Fig., *La vanité est c. de l'ignorance.* = COMPLICE. s. 2 g. *Nommer, déclarer ses complices. Elle devint sa c.* || Fig. *Il en fit la c. de sa haine.*

COMPLICITÉ. s. f. (R. *complice*). Participation au crime d'un autre. *Ils étaient liés par la c. du même crime.* || Fig. Connivence, Action commune.

Législ. — On entend par *Complicité* toute participation à un acte condamnable dont une autre personne est l'auteur. A Rome, les complices étaient frappés de la même peine que les auteurs principaux du crime. Ce principe de la législation romaine a toujours subsisté chez nous. On le retrouve dans les *Établissements* de saint Louis (liv. V, § 32), ainsi que dans l'Ordonn. de 1670 (Tit. 16, art. 4). Enfin il a été sanctionné par l'Assemblée constituante (Loi du 25 sept.-6 oct. 1791) et par les rédacteurs de la loi pénale qui nous régit actuellement « Les complices d'un crime ou d'un délit seront punis de la même peine que les auteurs mêmes de ce crime, sauf les cas où la loi en aurait disposé autrement » (C. P. 59). La loi considère comme complices ceux qui par dons, promesses, menaces, abus d'autorité ou de pouvoir, machinations ou artifices coupables, auront provoqué le crime ou le délit, ou donné des instructions pour le commettre; ceux qui auront procuré des armes, des instruments ou tout autre moyen qui aura servi à l'action, sachant qu'ils devaient y servir; ceux qui auront, avec connaissance, aidé ou assisté l'auteur ou les auteurs du crime ou du délit dans les faits qui l'auront préparé ou facilité, ou dans ceux qui l'auront consommé (C. P. 60). Sont en outre assimilés aux complices ceux qui, connaissant la conduite criminelle des malfaiteurs exerçant des brigandages ou des violences contre la sûreté de l'État, la paix publique, les personnes ou les propriétés, leur fournissent habituellement logement, lieu de retraite ou de réunion; et ceux qui sciemment auront recélé des choses enlevées, détournées ou obtenues à l'aide d'un crime ou d'un délit (C. P. 61, 62). — Il existe toutefois, en faveur des *recéleurs*, une double exception à la règle qui veut que les complices soient punis de la même peine que les auteurs principaux. Dans le cas où la peine de mort est applicable aux auteurs principaux, cette peine est remplacée, pour les recéleurs, par celle des travaux forcés à perpétuité. En outre, quand la peine des travaux forcés ou celle de la déportation est applicable aux recéleurs, elle ne peut être prononcée contre eux que lorsqu'ils sont convaincus d'avoir eu, au temps du recel, connaissance des circonstances auxquelles la loi attache les peines de mort, des travaux forcés à perpétuité ou de la déportation ; sinon ils ne subissent que la peine des travaux forcés à temps (C. P. 63).

Les rédacteurs de notre Code pénal ont été vivement blâmés par un grand nombre de criminalistes pour avoir admis l'ancien principe romain sur la c., et pour n'avoir pas distingué les complices en diverses catégories suivant leur degré de culpabilité, ainsi que cela a lieu dans la plupart des législations modernes. Cette critique n'est fondée qu'en partie. En effet : 1° le C. pénal lui-même établit une distinction à l'égard des recéleurs; 2° en disant que « les complices seront punis de la *même peine* que les auteurs mêmes, » l'art. 59 n'entend pas une peine *identique* ou *d'une durée égale*, mais simplement une peine de *même nature*; 3° la faculté que possède le juge de graduer la durée de la peine en raison de la culpabilité des condamnés, et celle qu'a le jury d'admettre des circonstances atténuantes, corrigent dans la pratique ce que le texte de la loi paraît avoir de trop rigoureux.

La loi française ne punit la c. que lorsqu'il s'agit de crimes et de délits; ainsi elle ne l'admet pas en matière de contravention. Nous ferons observer que l'accusation de c. cesse en général avec l'accusation principale. En conséquence, lorsqu'un délit a été effacé par une amnistie, les complices ne peuvent plus être poursuivis. Il peut arriver cependant que l'accusé principal soit mis hors de cause, et que les complices soient punis. C'est ce qui a lieu, par ex., lorsque le prévenu a été contraint, lorsqu'il a agi sans discernement (C. P. 64, 66), lorsqu'il s'agit d'un vol commis par l'un des époux au préjudice de l'autre (C. P. 380), etc. Dans tous les cas, en effet, l'accusé jouit d'une exception qui lui est absolument personnelle, et le crime ou le délit n'en existe pas moins pour ses complices. Enfin, nous rappellerons que, si la loi punit comme complices ceux qui donnent refuge aux malfaiteurs pendant le cours de leurs méfaits, elle ne punit pas le fait de donner asile à un individu qui se cache après avoir commis un crime, que si ce crime est de nature à entraîner une peine infamante. En outre, lorsqu'un criminel a été recélé par ses ascendants ou descendants, par un époux, même divorcé, par un frère ou une sœur, ou par ses alliés au même degré, la loi déclare cet acte non punissable (C. P. 248).

COMPLIES. s. f. pl. T. Lit. Dernière des heures de l'office canonial. Voy. BRÉVIAIRE.

COMPLIMENT. s. m. (lat. *complementum*, ce qui complète). Paroles civiles, obligeantes, par lesquelles on témoigne à quelqu'un le respect, l'affection, l'estime qu'on a pour lui, ou la part que l'on prend à ce qui lui arrive d'agréable ou de fâcheux. *C. sincère, affectueux. C. de félicitation, de condoléance. C. bien tourné, mal tourné. Il ne reçoit point de c. là-dessus. Il m'a chargé de vous faire ses compliments. La conversation se passa en compliments. Lettre de c., pleine de compliments.* — Fam. et ironiq., on dit à quelqu'un qui a fait une faute, une maladresse : *Je vous en* *fais mon c.* — Fig. et fam., *Rengainer son c.*, Ne pas achever ce que l'on voulait dire. || Se dit quelquefois dans un sens opposé à l'acception précédente; mais il est alors accompagné d'une épithète qui indique ce sens : *Vous lui avez fait là un fort mauvais c. Voilà un fâcheux c.* — On dit encore, par ironie, *Voilà un joli c.*, *un c. très flatteur pour lui.* || Se prend aussi pour cérémonies, civilités. *Ne faisons point de compliments; Trêve de compliments; Sans c. s'il vous plait; Point de c.*, etc. || Éloges, louanges. *Les femmes aiment les compliments.*

> Je veux que l'on soit homme et qu'en toute rencontre
> Le fond de notre cœur dans nos discours se montre;
> Que ce soit lui qui parle, et que nos sentiments
> Ne se masquent jamais sous de vains compliments.
>   MOLIÈRE.

Sans c., Franchement, cordialement, sans flatterie. || Se dit quelquefois par opp. à l'intention réelle, aux promesses effectives. *Il vous a fait des offres de service, c'est par pur c.* | Discours solennel adressé à une personne revêtue de quelque dignité. *Toutes les compagnies allèrent faire c. au gouverneur* — Petit discours en vers ou en prose qu'un enfant adresse à son père, à sa mère, ou à quelque autre personne, le jour de leur fête ou le premier jour de l'an. *Il a fort bien récité son c.*

COMPLIMENTER. v. a. Faire compliment, faire des compliments. *C. quelqu'un. Je l'ai complimenté sur son mariage.* || Absol., Faire des civilités. *C'est trop c. Ne perdons point de temps à c.* = COMPLIMENTÉ, ÉE. part.

Obs. gram. — On ne doit pas employer indifféremment les expressions *complimenter quelqu'un* et *faire compliment à quelqu'un.* Toutefois la nuance qui existe entre elles est plus facile à saisir qu'à définir. *On complimente les rois dans certaines circonstances; on leur adresse un compliment,* mais *on ne leur fait pas un compliment ni des compliments. Faire compliment,* c'est féliciter; *faire des compliments ou un compliment,* c'est faire des politesses ou adresser des éloges.

COMPLIMENTEUR, EUSE. adj. Qui fait trop de compliments. *C'est un personnage fort c.* — Subst. *Un c. éternel. Une complimenteuse insupportable.*

COMPLIQUER. v. a. (lat. *complicare,* plier, envelopper; de *cum,* avec, et *plicare,* plier). Faire un ouvrage, un tout dont les parties sont ou trop nombreuses ou tellement agencées qu'il est difficile d'en saisir les rapports. *L'inventeur a trop compliqué sa machine.* || Rendre confus, difficile à démêler, à éclaircir. *Vous avez trop compliqué l'action de votre drame. Ceci complique la question, le problème,* etc. = SE COMPLIQUER. v. pron. *L'action, le problème se complique. Cette maladie se complique de telle autre, une nouvelle maladie vient s'y joindre et l'aggraver.* = COMPLIQUÉ, ÉE. part. *Une machine compliquée. Des lois compliquées. Le sujet de cette pièce est bien c., trop c.*

Syn. — *Impliquer* — Conformément à leur étymologie, *impliquer* signifie plier, envelopper dans; *compliquer,* plier, envelopper avec. Le premier ne présente que l'idée de contenance ou d'insertion; le second présente l'idée d'une multiplicité d'objets indistincts, confondus, embrouillés. On *implique* quelqu'un dans un complot en l'y faisant participer; on *complique* une affaire en l'entremêlant d'une foule de circonstances qui la rendent embarrassée. *Impliqué* se dit des personnes et des choses; *compliqué* ne se dit que des choses.

COMPLOT. s. m. (angl. *plot,* intrigue?). Dessein criminel concerté secrètement entre deux ou plusieurs personnes. *Un c. dangereux. Un infâme, un horrible c. Faire, former, tramer un c., des complots. Ils avaient fait c. de le tuer. Il était de c. avec un tel. On déjoua tous leurs complots.* || Fig. et par ext., Intrigue, cabale. *Ils avaient fait c. de faire tomber la pièce.*

Légis. — La loi pénale donne les noms de *Complot* et d'*Attentat* au crime qui a pour but de détruire ou de changer le gouvernement; mais elle établit une distinction entre le c. et l'attentat. Le c. n'est qu'une résolution concertée et arrêtée entre deux ou plusieurs personnes; l'attentat est une résolution qui a été exécutée ou qui a reçu un commencement d'exécution (C. P. 88, 89). Pour bien saisir la différence qui existe entre le c. et l'attentat, il faut distinguer avec soin les *actes préparatoires* et les *actes d'exécution.* Ainsi, par ex. l'achat de munitions ou d'armes est un acte préparatoire; l'ac-

tion de se mettre en marche en armes constitue un acte d'exécution. Il existe encore une autre différence entre le c. et l'attentat : c'est que le premier suppose nécessairement le concours de plusieurs personnes, tandis que le dernier peut être l'œuvre d'un seul individu.

À la différence des infractions ordinaires qui ne sont qualifiées *crimes* que lorsqu'elles se sont manifestées par un acte matériel, par un commencement d'exécution (C. P. 2), la simple résolution concertée et arrêtée de c. est punie par la loi. Cette exception, qui est fondée sur des motifs politiques, a été consacrée dans tous les temps et chez tous les peuples. À Rome, le c. était puni du dernier supplice, à moins que le coupable ne s'exilât volontairement. Notre ancienne législation rangeait le c. contre le roi ou contre le gouvernement parmi les crimes de lèse-majesté au premier chef, et la législation de 1791 lui appliquait la peine de mort. Le C. pénal de 1810 assimilait au parricide le c. contre la vie ou la personne du souverain, et frappait de la même peine le c. et l'attentat. C'est la loi de 1832 qui la première a établi la distinction que nous avons mentionnée entre le c. et l'attentat. Enfin, une loi de février 1848 a aboli la peine de mort en matière politique.

L'attentat est puni de la peine de la déportation dans une enceinte fortifiée. — Quant au c. proprement dit, il entraîne la peine de la déportation, lorsqu'il a été suivi d'un acte commis ou commencé pour en préparer l'exécution; dans le cas contraire, la peine est seulement la détention. Mais la loi ne punit pas seulement le c., elle punit encore la proposition faite et non agréée de former un c. pour arriver aux crimes ci-dessus mentionnés. La peine est alors celle de l'emprisonnement (C. P. 89). Enfin, la simple résolution formée par un seul individu de commettre l'un des crimes dont nous venons de parler, si toutefois il y a eu un acte préparatoire quelconque, est punie de la peine de la détention (C. P. 90). — Le C. pénal de 1810 prononçait certaines peines contre la non-révélation d'un c. par celui qui en avait connaissance, et en même temps il affranchissait de toute peine celui qui, après avoir pris part à un c., l'avait révélé. La première de ces dispositions a été abrogée par la loi de 1832; la seconde subsiste encore aujourd'hui (C. P. 108).

COMPLOTER. v. a. Faire un complot. *Ils ont comploté sa perte, sa ruine, sa mort. Ils avaient comploté de le voler.* || Absol. *Ils avaient comploté ensemble, entre eux. Il complotait avec un tel.* = COMPLOTÉ, ÉE. p.

COMPLOTEUR. s. m. Celui qui complote.

COMPLUVIUM. s. m. [Pr. *kon-pluviome*] (mot lat. de *cum,* avec, et *pluvia,* pluie). T. Antiq. Petit bassin carré situé au milieu de l'atrium, et où se réunissaient les eaux pluviales.

COMPON. s. m. (lat. *componere,* composer). T. Blas. Division de forme carrée. Voy. COMPONÉ.

COMPONCTION. s. f. (lat. *compunctio,* m. s. : de *cum,* avec et *pungere,* piquer). Douleur, regret d'avoir offensé Dieu. *Une c. véritable. La c. de cœur est nécessaire pour la véritable pénitence.* || Par ext., Regret, repentir.

COMPONÉ. ÉE. adj. (lat. *componere,* composer, de *cum, ponere, placer*). T. Blas. Dans le langage héraldique, ce terme se dit d'une bordure, d'un pal, d'une bande, d'une fasce, d'une croix ou d'un sautoir, quand cette pièce se compose de morceaux carrés d'émaux alternés à la manière d'un échiquier : ces morceaux carrés se nomment : *Compons.* Les armes de la ville

Fig. 1.   Fig. 2.

d'ANGOULÊME sont : *D'azur semé de France, à la bande componée d'argent et de gueules* (Fig. 1). Les héraldistes appellent encore *Contre-componée* une bordure componée, lorsque les compons font opposition à d'autres pièces également alternes. DE SÈVE porte : *Fascé d'or et de sable à la bordure contre-componée de même* (Fig. 2). Ici, en effet, les compons d'or de la bordure répondent aux fasces de sable, et ceux de sable aux fasces d'or.

COMPONENDE. s. f. (lat. *componere*, composer). Composition qui se fait sur les droits dus à la cour de Rome, quand on veut obtenir quelque dispense, ou les provisions de quelque bénéfice.

COMPONENT, ENTE. adj. (lat. *componere*. composer). T. Géol. Se dit des matières dans lesquelles on trouve des vestiges de corps hétérogènes.

COMPONG-CHUANG, COMPONG-THOM et **COMPONG-THIAM,** nom de trois provinces du Cambodge.

COMPONIUM. s. m. [Pr. *kon-po-ni-ome*] (lat. *componere*, composer). Appareil qui, appliqué sur un orgue mécanique, en varie automatiquement les airs.

COMPONURE. s. f. (R. *compon*). T. Blas. Disposition d'une pièce par carrés égaux.

COMPORTEMENT. s. m. Manière d'agir, de vivre, de se comporter. *Il n'est pas bien réglé dans ses comportements.* Vx et inus.

COMPORTER. v. a. (lat. *cum*, avec ; *portare*, porter). Être en proportion, avoir de la convenance avec, admettre. *Son revenu ne comporte pas la dépense qu'il fait. Le lieu ne comporte pas un plus long entretien sur ce sujet.* == SE COMPORTER. v. pron. Se conduire et en user d'une certaine manière. *Il s'est bien comporté, mal comporté dans cette affaire. Il s'est comporté en véritable ami,* etc. || T. Mar. On dit d'un bâtiment qu'*Il se comporte bien à la mer,* lorsque ses mouvements sont doux, et que, par un mauvais temps, il ne fatigue ni dans sa coque, ni dans ses agrès. || T. Prat., *Vendre un immeuble ainsi ou tel qu'il se poursuit et comporte,* Le vendre dans l'état où il se trouve. == COMPORTÉ, ÉE, p.

COMPOSANT, ANTE. adj. T. Chim. Se dit des corps qui servent à en composer d'autres. *Les corps composants.* || Subst. *La chimie retrouve les composants dans les composés.* || T. Méc. *Forces composantes, Vitesses, Forces,* etc. *composantes, Vitesses, forces,* etc., qui se composent pour former un résultat. Voy. FORCE, MOUVEMENT, VITESSE, RÉSULTANTE, etc.

COMPOSÉ. s. m. (part. passé de *composer*). Un tout formé de deux ou de plusieurs parties. Se dit des choses physiques et des choses morales. *L'homme est un c. de corps et d'âme. Ce médicament est un c. de plusieurs substances.* || Se dit des mots composés en particulièrement, en versification, des mots qui ont la même terminaison que ceux dont ils sont formés. *Complaire est un c. de plaire. La rime du simple avec le c.,* ou des composés entre eux, *n'est pas reçue.*

COMPOSÉES. s. f. pl. (R. *composer*). T. Bot. Famille de végétaux Dicotylédones de l'ordre des Gamopétales inférovariées.
Caract. bot. : Plantes herbacées, très rarement suffrutescentes. Feuilles alternes ou opposées, sans stipules, ordinairement simples, mais assez souvent très divisées. Fleurs unisexuées ou hermaphrodites, réunies en capitules, et insérées sur un réceptacle commun qu'entoure un involucre. Bractées, quand elles existent, situées à la base des fleurs, et appelées parfois *Paillettes du réceptacle.* Calice tubuleux, intimement soudé à l'ovaire, à limbe nul ou membraneux et divisé en écailles ou formé de soies lisses ou plumeuses. Corolle insérée au sommet du tube du calice, gamopétale, ordinairement déciduc, tantôt régulière et tubuleuse, avec un limbe divisé en 4 ou 5 lobes ; tantôt irrégulière, et alors bilabiée, ou ligulée à 5 dents, ou tubuleuse irrégulière, ou encore ligulée à 3 dents. Tantôt le capitule ne renferme que des fleurs d'une seule sorte : tubuleuses régulières, ligulées à 5 dents, bilabiées ; tantôt il contient 2 sortes de fleurs : au centre, des fleurs tubuleuses régulières ; à la périphérie des fleurs ligulées à 3 dents. Étamines insérées sur le tube de la corolle, en nombre égal à celui de ses divisions et alternes avec elles ; anthères introrses, soudées entre elles et formant un cylindre que traverse le style. Pistil formé de 2 carpelles soudés en un ovaire infère, uniloculaire, à ovule anatrope unique et dressé ; style unique, filiforme ; stigmates 2, distincts ou cohérents. Fruit constitué par un akène prolongé ou non en bec supérieurement, nu au

sommet, ou couronné par le limbe du calice, développé en aigrette. Graine unique, dressée ; embryon droit ; radicule dirigée vers le hile, albumen nul. (Fig. — 1. *Chrysanthemum leucanthemum;* 2. Anthères de la *Centaurea Cyanus;* 3. Fruit mûr de la même ; 4. Coupe perpendiculaire d'un jeune fruit ; 5. Akène et aigrette du *Taraxacum dens Leonis ;* 6. Style de l'*Albertinia erythrocarpa;* 7. Style de l'*Anisochæta mikanioides;* 8. Style de *Blumea senecioïdes;* 9. Style du *Mendezia bicolor;* 10. Style du *Lipochæta umbellata;* 11. Style de l'*Aplotaxis nepalensis;* 12. Style de la *Leucomeris spectabilis;* 13. Style du *Leuceria tenuis;* 14. Fleur tubuleuse de la *Webbia aristata,* avec double ai-

grette ; 15. Fleur tubuleuse d'*Anisochæta mikanioides,* avec aigrette de quatre soies ; 16. Fleur tubuleuse de *Berthelotia lanceolata,* avec une aigrette soyeuse ; 17. Fleur ligulée de

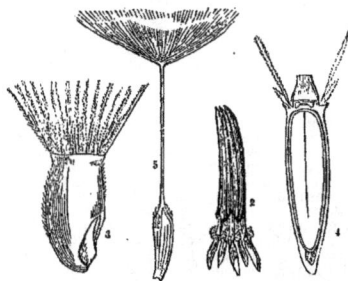

Lipochæta umbellata, avec aigrette formée de deux paillettes ailées inégales ; 18. Fleur tubuleuse, avec un renflement à la gorge, de l'*Aplotaxis nepalensis;* 19. Fleur bilabiée d'*Orcoseris lanuginosa;* 20. Fleur ligulée de *Brachyramphus obtusus.*
La famille des *Composés* est ainsi appelée à cause de ses capitules qui sont vulgairement désignés sous le nom de

195

fleurs, quelquefois sous celui de *fleurs composées* et qui sont en réalité constitués par une réunion ordinairement fort nombreuse de petites fleurs insérées sur un réceptacle commun. On la désigne quelquefois aussi sous le nom de *Synanthérées*.

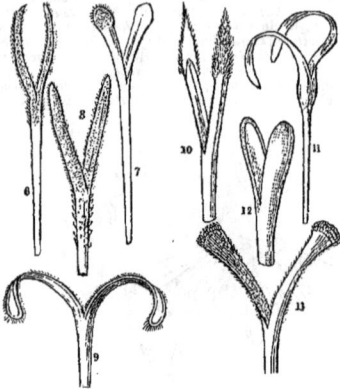

à cause de l'union presque constante des anthères. Cette union se manifeste aussi dans les Calycérées, qui se distinguent cependant des C. par leur ovule pendant.

Les C. constituent la famille la plus nombreuse non seulement

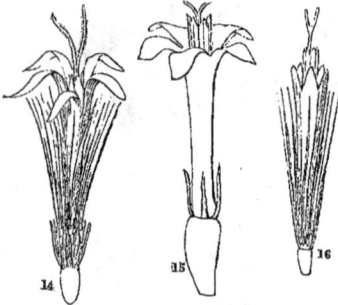

des plantes phanérogames, mais encore du règne végétal tout entier. En effet, elles comprennent plus de 1,000 genres et de 10,000 espèces. On les rencontre dans toutes les parties du monde, mais surtout dans les climats tempérés subtropicaux. D'après les calculs de Humboldt, elles forment 1/7 des plantes phanérogames de la France, 1/8 de celles de l'Allemagne, 1/15 de celles de la Laponie ; dans l'Amérique septentrionale, elles sont dans la proportion de 1/8, mais elles constituent la *moitié* de la végétation phanérogame de l'Amérique tropicale. Elles ne forment, selon Brown, que 1/16 de la flore du nord de l'Australie : elles n'excèdent pas 1/23 parmi les plantes recueillies par Smith au Congo, sur la côte occidentale du continent africain. En Sicile, leur proportion est d'un peu plus de la moitié ; il en est de même aux îles Baléares. A l'île Melville, cette proportion n'est pas de plus de 1/16, à peu près comme dans les parties tropicales de la Nouvelle-Hollande. Jusqu'ici il ne paraît pas que la distribution géographique des C., considérées comme famille, soit soumise à une loi fixe d'augmentation ou de décroissement de nombre relativement à la latitude. Cependant il est certain que les *Liguliflores* sont principalement répandues dans les pays froids, et les *Radiées* dans les pays chauds. De plus, tandis que dans les régions septentrionales les C. sont, en général, des plantes herbacées, elles deviennent frutescentes et même arborescentes à mesure qu'on se rapproche de l'équateur. La plupart des espèces qui habitent le Chili sont des arbustes, et plusieurs de celles qu'on rencontre à Sainte-Hélène sont des arbres, dont quelques-uns dépassent 8 mètres. De Candolle avait déjà signalé ce fait remarquable que, dans les îles éloignées du continent, les végétaux ligneux sont beaucoup plus communs que les végétaux herbacés. Les C. confirment cette observation. En effet, si l'on compare le nombre des C. arborescentes

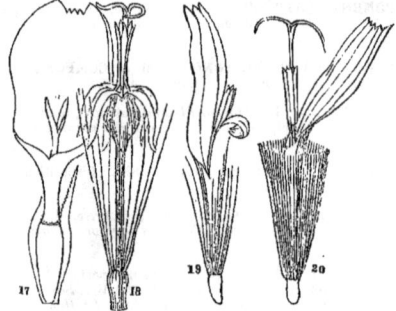

dans les îles éloignées et dans les continents, on trouve qu'elles sont dix fois plus nombreuses dans les premières que dans les seconds. Les genres de la tribu des *Labialiflores* appartiennent presque tous aux parties de l'Amérique méridionale situées au delà des tropiques. On en connaît 27 espèces fossiles toutes tertiaires.

On divise cette famille en 4 grandes tribus :

Tribu I. — *Tubuliflores.* — Fleurs d'une seule sorte, tubuleuses (*Vernonia, Eupatorium, Ageratum, Echinops, Carlina, Carduus, Cnicus, Cinara, Centaurea, Carthamus, Serratula,* etc.).

Les espèces de cette tribu sont, en général, caractérisées par une amertume très prononcée. Un grand nombre passent pour toniques, diaphorétiques, diurétiques, etc. La racine de quelques-unes fournit une gomme-résine assez abondante. Les feuilles et les fleurs de quelques autres sont employées dans la teinture. Enfin certaines espèces contiennent une huile fixe, plus ou moins purgative, et ne présentent aucune trace de l'odeur aromatique qui est si générale dans la famille des C. ; quelques rares espèces sont alimentaires. — La *Grande Centaurée* (*Centaurea Centaurium*) est souvent employée comme tonique amer ; on la dit aussi sudorifique. Le *Behen blanc* ou *Cent. Behen* (*Cent. Behen*), du mont Liban, est employé par les Arabes comme tonique et aphrodisiaque. La *Jacée* (*Cent. Jacea*) est amère et légèrement astringente : elle abonde dans nos prés, et on la regarde comme un excellent fourrage. La *Chausse-trape* ou *Chardon étoilé* (*Cent. Calcitrapa*) a été préconisée comme succédané du quinquina, et sa racine passe pour un excellent diurétique. La *Centaurea Cyanus*, qui est si répandue dans nos champs de céréales, et qu'on désigne sous les noms de *Bleuet, Bluet, Barbeau, Aubifoin, Blavelle,* etc., passait jadis pour être douée de vertus ophtalmiques : aussi l'appelait-on vulgairement *Casse-lunettes*. La *Vernonie anthelminthique* (*Vernonia anthelminthica*), nommée *Ascaricide de l'Inde* par H. Cassini, est fort usitée dans l'Hindoustan, où on l'appelle *Calageri*. La poudre de ses graines s'administre comme vermifuge, et l'infusion de la plante entière s'emploie dans les affections goutteuses et rhumatismales. Le *Chardon bénit* (*Cnicus benedictus*) doit son nom aux merveilleuses propriétés qu'on lui attribuait comme tonique, amer, diaphorétique et fébrifuge. Le *Chardon-Marie* (*Silybum Marianum*), appelé aussi *Ch. Notre-Dame* et *Ch. argenté*, passe aussi pour apéritif, sudorifique et diurétique. Dans le midi de la France, on mange ses jeunes pousses en salade et en friture. Le *Cirse des champs* (*Cirsium arvense*) était nommé *Chardon hémorroïdal,* parce qu'on le regardait comme un spécifique contre les hémorroïdes. Cette plante est souvent couverte de galles provenant de la piqûre d'un insecte ; c'est sans doute cette analogie bien éloignée qui lui a fait attribuer cette propriété. Les racines du *faux Rhapontic* (*Rhaponticum scariosum*), qui croît dans les Alpes, passent pour être utiles dans le scorbut. Celles du *R. acaule* de la Barbarie sont bonnes à manger. Les habitants se servent en outre de cette plante pour écarter les teignes des vêtements. Les *Bardanes*, la *grande* et la *petite* (*Lappa major* et *minor*), ont longtemps joui, ainsi que plusieurs autres espèces appartenant aux genres voisins, d'une grande réputation, comme toniques, apéritives, sudorifiques, diurétiques, etc. On faisait jadis beaucoup d'usage de la *grande Bardane*, vulgairement nommée *Glouteron*, *Herbe aux teigneux*, dans les affections rhumatismales et dans les maladies de la peau. On l'a également vantée comme un excellent succédané de la salsepareille. Enfin, son fruit amer et légèrement âcre a été employé comme diurétique. Les espèces du genre *Eupatoire* (*Eupatorium*) et des genres voisins n'ont parfois que les propriétés stimulantes et aromatiques communes aux Tubuliflores; mais souvent elles sont astringentes, et quelques espèces sont émétiques et purgatives. Ces dernières propriétés sont surtout prononcées dans les racines de l'*Eupatoire d'Avicenne* ou *Chanvrine* (*Eupatorium cannabinum*), plante fort commune dans tous les marais de l'Europe; ses racines sont apéritives et détersives. L'*Ayapana* (*Eup. Ayapana*) est un sudorifique puissant. Ses feuilles fournissent une infusion très agréable qui se rapproche beaucoup du thé. Cette plante, qui est indigène du Brésil, est regardée dans le pays comme un excellent antidote contre la morsure des serpents venimeux. Après avoir scarifié la blessure, on y applique des feuilles broyées d'Ayapana, en ayant soin de les renouveler fréquemment. En même temps on administre au malade quelques cuillerées du suc exprimé de la même plante, jusqu'à ce que tous les symptômes aient disparu. L'*Eup. perfoliatum* jouit de propriétés analogues. L'*Eup. purpureum*, appelé vulgairement *Herbe à la gravelle*, a été préconisé contre la gravelle et les catarrhes chroniques de la vessie. L'*Eup. aromatisans*, de Cuba, donne des feuilles qui servent, dit-on, à parfumer les cigares de la Havane. Aux États-Unis, on emploie les feuilles de l'*Eup. teucriifolium* comme sudorifiques et diurétiques. Les feuilles de l'*Eup. glutinosum* sont employées à Quito, sous le nom de *Matico*, aux mêmes usages que le Matico vrai. La *Mikania opifera* est employée, de même que l'Ayapana, dans les cas de morsure par les serpents venimeux. L'action de la *Mik. officinalis* est semblable à celle de la Cascarille. D'après Alex. de Humboldt, la *Mikania Guaco* est nommée *Vejuco del Guaco*, c.-à-d. *Liane du Guaco* dans toute l'Amérique espagnole, où elle est considérée comme un remède extrêmement précieux contre la morsure des serpents venimeux. L'écorce de la *Carline acaule* (*Carlina acaulis*), plante qui croît dans nos prairies et qui était jadis employée dans les opérations magiques, contient en abondance une matière résineuse et une huile amère, âcre et d'une odeur forte, qui agit comme purgatif drastique. L'*Atractyle gommeuse* (*Atractylis gummifera*) est usitée de temps immémorial pour ses propriétés vermifuges : c'est le *Chaméléon blanc* des anciens. Sa grosse racine charnue et ses capitules très développés de ses fleurs laissent écouler une gomme-résine qui se durcit sous forme de larmes comme le Mastic, d'où le nom de *Chardon à glu* que l'on donne souvent à cette plante. La racine à l'état frais est très dangereuse pour l'homme et pour les bestiaux, et les Arabes l'emploient, paraît-il, souvent dans un but criminel. Le réceptacle charnu de deux autres espèces, *Carlina subacaulis* et *C. acanthifolia*, se mange également en guise d'Artichaut. On attribue à la racine d'une plante d'Arabie qui se vend chez les droguistes d'Europe, sous le nom de *Costus arabicus*, des propriétés analogues à celles qui distinguent la racine de l'*Atractylis gommeuse*. On suppose généralement que le Costus est une espèce voisine du *Cardopathium corymbosum;* mais Falconer a constaté que le *Costus* des anciens était la racine de l'*Aucklandie* (*Aucklandia Costus*), plante qui habite les pentes humides dont environne la vallée de Cachemire, à une hauteur de 2,500 à 3,000 mètres au-dessus du niveau de la mer. La racine de cette plante possède une odeur aromatique pénétrante; on la considère comme douée de propriétés aphrodisiaques, et on la brûle dans les temples en guise d'encens. Au Cachemire, on n'en fait guère usage en médecine; mais on s'en sert principalement pour éloigner les insectes des ballots renfermant les précieux châles de ce pays. Quant au *Cardopathium corymbosum*, il donne le *Chaméléon noir* des anciens. Les Arabes modernes estiment comme apéritive la racine de l'Artichaut (*Cinara Scolymus*) ; ils nomment *Kunkirzid* la gomme qu'on extrait de cette racine, et l'emploient comme vomitif. Quelques plantes des genres voisins sont utilisées comme tinctoriales. La fleur sèche du *Carthame* (*Carthamus tinctorius*), connue sous les noms vulgaires de *Safran d'Allemagne*, de *faux Safran* et de *Safran bâtard* donne une teinture rouge très vive, mais très fugace. Mêlée avec du talc, elle constitue le fard nommé

Rouge végétal, *R. d'Espagne*, ainsi que la magnifique couleur rouge connue sous le nom de *Rouge en assiette*. Ses graines, appelées *Graines de perroquet*, sont violemment purgatives pour l'homme, et nutritives pour les perroquets : on les employait jadis contre l'hydropisie. La *Serratule*, *Sarrette* ou *Serrette tinctoriale* (*Serratula tinctoria*) donne une teinture jaune qu'on dit plus solide que celle de la Gaude. D'après le colonel Sykes, la graine du *Carthame de Perse* (*Carth. persicus*) donne une huile mangeable lorsqu'elle est récente; on en fait usage faute d'autre ; les feuilles de la plante sont aussi mangées en guise de légumes. Le même auteur assure que le tourteau de ces graines est très nourrissant pour les vaches laitières. Les graines de l'*Onoporde* (*Onopordon Acanthium*), vulg. appelé *Pet-d'âne* et *Chardon aux ânes*, renferment une quantité d'huile fixe considérable qui est propre à l'éclairage. Murray dit que chaque pied peut donner 6 kilog. de graines et que ces 6 kilog. fournissent 1 kilog. 1/2 d'huile. On prétend encore que le réceptacle de cette espèce, si on l'améliorait par la culture, pourrait devenir comestible et suppléer avantageusement l'Artichaut. Le *Cinara Cardunculus* ou *Cardon*, originaire de la Barbarie, a été d'abord introduit en Espagne, d'où il s'est répandu par toute l'Europe. A l'état sauvage, on l'appelle *Cardonnette* ou *Chardonnette*. Lorsqu'il n'a point encore été amélioré par la culture, ses côtes, c.-à-d. les nervures médianes de ses feuilles (ce sont les seules parties de la plante qui se mangent), sont peu développées, coriaces et d'une amertume très désagréable. On en cultive quatre sortes : le *Cardon d'Espagne*, armé de toutes parts d'aiguillons pointus; c'est la variété la plus rapprochée de l'état de nature et par conséquent la moins délicate; le *Cardon de Tours*, dont les épines sont moins nombreuses et moins fortes; le *Cardon plein*, qui est dépourvu d'épines, et le *Cardon à côtes rouges*, également sans épines. Les cardons sont sensibles aux gelées; on les sème par couches en janvier, et en avril on les lie et on les butte pour faire blanchir les feuilles intérieures. Soustraites ainsi à l'action de la lumière, les côtes, ainsi que celles appelées *Cardes* par les jardiniers, s'étiolent, c.-à-d. blanchissent et deviennent plus tendres. Au bout de trois semaines à un mois, elles sont bonnes à manger. Il faut encore citer l'*Artichaut* (*Cinara Scolymus*). Voy. ARTICHAUT.

TRIBU II. — *Liguliflores.* — Fleurs d'une seule sorte, ligulées à 5 dents (*Scolymus*, *Cichorium*, *Hyoseris*, *Lampsana*, *Picris*, *Hieracium*, *Leontodon*, *Lactuca*, *Sonchus*, etc.

Cette tribu contient un plus grand nombre de végétaux utiles que la précédente. La plupart des plantes qui la composent contiennent un suc lactescent, amer, astringent ou narcotique. Parmi celles qui sont usitées comme amères, toniques et apéritives, nous nommerons les diverses espèces du genre *Chicorée* (*Cichorium*) et la *Dent-de-Lion* ou *Pissenlit* (*Taraxacum dens Leonis*). L'infusion de la racine de cette dernière plante s'administre tous les jours comme apéritive et diurétique. On emploie la plante entière comme amer et antiscorbutique ; enfin, on l'a vantée fort utile dans les cas de diarrhée chronique. Les racines du *Salsifis sauvage* (*Tragopogon pratensis*) passent également pour être apéritives et diurétiques. Deux espèces du genre *Hieracium*, appelées vulg. *Épervière des murs* (*H. murorum*) et *Piloselle* (*H. Pilosella*), étaient jadis estimées comme toniques, apéritives et astringentes. La première était même regardée comme un remède souverain contre les affections du poumon, et cela à cause des taches qui marquent ses feuilles. On attribuait aussi des propriétés apéritives et diurétiques à la *Cupidone* ou *Chicorée bâtarde* (*Catananche cærulea*) et à diverses espèces du genre *Laiteron* ou *Laitron* (*Sonchus*), aujourd'hui inusitées. Enfin, la *Lampsane commune* (*Lampsana communis*) s'employait autrefois en topique et comme émolliente dans les gerçures et les excoriations du mamelon; d'où son nom vulg. d'*Herbe aux mamelles*. Toutes les espèces du genre *Laitue* (*Lactuca*) sont tempérantes et un peu laxatives, et renferment un principe narcotique jouissant de propriétés analogues à celles de l'opium, qui a reçu les noms de *Lactucarium* et de *Thridace*. On prépare habituellement ces extraits avec la *L. des jardins* (*L. sativa*) ; mais, suivant Aubergier, le meilleur lactucarium s'obtient de la *L. altissima*. Dans l'île de Lemnos, on prépare avec la *Chondrille jonciforme* (*Chondrilla juncea*) un extrait analogue à la thridace, et appelé *Colla* par les habitants. Le *Mulgedium floridanum*, plante remarquable par son amertume qui lui a valu le nom de *Fiel-de-terre*, est employé dans la Floride contre la morsure des serpents à sonnettes. Les racines du *Nabalus serpentaria* et du *N. albus* donnent un suc très amer et lactescent, qui est également fort réputé, dans l'Amérique du Nord, dans les cas de morsure par des serpents venimeux.

Quelques espèces de Liguliflores sont encore remarquables par l'âcreté de leur suc. Ainsi la *Zacynthe à verrues* (*Zacyntha verrucosa*) est usitée comme caustique dans les régions qui forment le littoral méditerranéen. Enfin, la *Crépide lacérée* (*Crepis lacera*) est regardée, dans le royaume de Naples, comme une plante vénéneuse.

Cette tribu fournit le plus grand nombre d'espèces utiles au point de vue de l'alimentation de l'homme. Tout le monde connaît les usages des diverses espèces du genre *Cichorium* et du genre *Lactuca*. Voy. CHICORÉE et LAITUE. Les racines de la *Scorsonère* (*Scorzonera hispanica*) et celles du *Salsifis* (*Tragopogon porrifolius*) forment un aliment aussi sain qu'agréable. La *Sc. glastifolia* n'est guère inférieure à la *Sc. hispanica*. A Palerme, on cultive surtout la *Sc. deliciosa*. Enfin, les Kalmouks mangent la racine gommeuse de la *Sc. tuberosa*. Les racines du *Tragopogon pratensis* et celles du *Myscolus* (*Scolymus hispanicus*), appelées *Cardouilles* et *Cardousses* dans le midi de la France, se mangent lorsqu'elles sont jeunes, et ressemblent alors beaucoup à celles du Salsifis et de la Scorsonère; mais on prétend que celles du *Myscolus* sont diurétiques. On mange encore, dans la Grèce, les racines et les feuilles de l'*Helminthie vipérine* (*H. echioides*). Dans le Levant et dans le midi de la France, on mange en salade la *Picride commune* (*Picridium vulgare*), appelée encore *Terre crépie*. Chez nous, on mange également, dans quelques localités, les feuilles et les racines d'une espèce de *Laiteron* (*Sonchus oleraceus*). Enfin, dans beaucoup d'endroits, les jeunes pousses du *Pissenlit* (*Taraxacum dens Leonis*) sont assez estimées en salade.

TRIBU III. — *Labiatiflores.* — Fleurs bilabiées (*Nassauvia, Barnadesia, Mutisia, Trixis, Leuceria*, etc.

La tribu des *Labiatiflores* renferme peu de plantes d'une grande utilité. Au cap de Bonne-Espérance, les feuilles de la *Printzia aromatica* s'emploient aux mêmes usages que le thé. A la Chine, les feuilles de l'*Anandrie discoïde* (*Anandria discoidea*) sont employées dans les cas de catarrhe chronique et de dyspnée, comme béchiques. La décoction de la *Trixis brasiliensis* s'administre, dit-on, avec succès comme astringent dans les cas où le flux menstruel est trop abondant. La *Moscharia pinnatifida* exhale une odeur de musc, et le *Flotovia diacanthoides* fournit un bois blanc très dur.

TRIBU IV. — *Radiées.* — Fleurs de 2 sortes, tubuleuses au centre, ligulées à 3 dents à la périphérie (*Solidago, Bellis, Aster, Erigeron, Conyza, Blumea, Gnaphalium, Helichrysum, Inula, Zinnia, Helianthus, Anthemis, Chrysanthemum, Artemisia, Arnica, Dahlia, Senecio, Calendula, Matricaria, Coreopsis*, etc.

Les plantes de cette tribu sont généralement caractérisées par la présence d'un principe amer, combiné avec un principe astringent, une substance résineuse, âcre et une certaine quantité d'huile essentielle; enfin, les racines de quelques espèces renferment de la fécule. Par suite de la présence de ces éléments, et suivant la prédominance particulière de l'un ou de l'autre, elles jouissent de propriétés tantôt toniques, tantôt stimulantes et tantôt astringentes. Parmi celles qui possèdent des propriétés amères, toniques et aromatiques, nous pouvons placer en première ligne les diverses espèces du genre *Armoise* (*Artemisia*) qui de tout temps ont été employées en médecine. La plus connue est assurément l'*Arm. Absinthe* ou *grande Absinthe* (*Art. Absinthium*), dont l'amertume est passée en proverbe, et dont nous avons déjà parlé. Voy. ABSINTHE. Cette espèce, ainsi que la *petite Absinthe* ou *Abs. romaine* (*Art. pontica*), sont de toute antiquité usitées comme vermifuges. Les feuilles et les sommités fleuries de l'*Art. maritima* ou *Abs. maritime*, espèce très commune sur les plages sablonneuses de l'Europe, sont employées comme vermifuges à la dose de 4 à 15 grammes en infusion. L'*Art. Abrotanum* est cultivé comme plante d'agrément, à cause de son odeur agréable et de la propriété qu'on lui attribue d'éloigner les insectes nuisibles à la conservation du linge et des vêtements; elle est très connue sous les noms vulgaires d'*Aurone mâle*, de *Citronnelle* et de *Garderobe*; elle peut servir à fabriquer une espèce de bière aromatique, et on l'a proposée pour remplacer le thé. L'*Estragon* (*Art. Dracunculus*) appelé aussi *Serpentine* par les jardiniers, doit ses différents noms aux formes flexueuses de ses racines; ses feuilles fraîches servent comme fourniture de salade; on en prépare un vinaigre aromatique; c'est l'assaisonnement habituel des cornichons. L'*Art. glacialis* (*Génépi* ou *Génipi vrai*) fait la base du Vulnéraire suisse. L'*Art. mutellina* (*Gén. blanc*) et l'*Art. spicata* (*Gén. noir*), plantes fort communes dans les Alpes, entrent l'une

et l'autre dans la préparation de la liqueur amère et aromatique appelée *Crème d'Absinthe*. L'*Art. aectica*, usitée en Perse et aux Indes contre diverses maladies, exhale, suivant Jacquemont, une forte odeur de vinaigre, origine de son nom spécifique. L'*Art. Chinensis*, ou *Armoise au moxa*, est couverte d'un duvet cotonneux que les Chinois emploient pour préparer les moxas. Les médecins hindous font grand cas des feuilles de l'*Art. Maderaspatano* comme stomachique; ils les emploient aussi en topiques antiseptiques et en fomentations anodines. L'*Art. indica* est regardée dans tout l'Hindoustan comme désobstruante et antispasmodique. On connaît en Europe, sous les noms de *Semen Cinæ* (vulgairement *Semencine*), de *Semen contra vermes*, et par abréviation, de *Semen-contra*, un médicament actuellement peu usité, mais autrefois fort employé en qualité de vermifuge. Ce médicament n'est point, ainsi que semble l'indiquer son nom, une graine ou une réunion de graines; un examen attentif permet d'y reconnaître les capitules desséchés de plusieurs espèces d'Armoises, telles que l'*Art. Cina*, l'*Art. pauciflora*, etc. Les sommités fleuries de l'*Art. Vahliana* sont également usitées comme anthelminthiques, sous le nom de *Semen Cinæ levanticum* ou *Semen Cinæ in granis*; on les récolte dans les provinces du nord-est de la Perse. Les bestiaux des Tartares Kirghiz et des Kalmouks ont pour principale nourriture l'*Art. herba alba* et quelques autres espèces qui sont fort répandues sur l'immense plateau de la Tartarie; les sommités fleuries de cette plante constituent le *Semen-contra de Barbarie*. Les sommités fleuries de l'*Art. cærulescens*, qui croît dans les provinces méditerranéennes de l'Europe, fournissent un médicament vermifuge désigné sous les noms de *Semen Scriphii* et de *Barbotine*. Les mêmes propriétés se retrouvent dans l'*Art. camphorata* et l'*Art. Gallica*, nommées dans quelques localités, en France, *Sanguené* ou *Sanguénita*. Enfin, l'*Arm. commune* (*Art. vulgaris*), qui est avidement recherchée par les bêtes ovines, est d'un usage vulgaire comme emménagogue. Cette plante est appelée dans nos campagnes *Herbe* ou *Fleur de Saint-Jean*, et assez souvent *Remise*, altération de son vrai nom d'*Artémise*. La *Tanaisie* (*Tanacetum vulgare*), genre voisin des Armoises, possède des propriétés vermifuges actives: dans certaines localités, on l'appelle *Barbotine*, dans d'autres *Baume des jardins*. La *Balsamite* (*Balsamita suaveolens*) est cultivée dans nos jardins à cause de son odeur forte et agréable. Ses noms vulgaires sont nombreux : *Grand Baume, Baume des jardins, Coq des jardins, Menthe-Coq, Menthe à bouquets, Menthe romaine, Menthe Notre-Dame, Herbe de Sainte-Marie*, etc. Sa saveur est chaude et amère. C'est un stimulant assez énergique qu'on employait autrefois comme vermifuge, mais surtout comme antispasmodique. Les fleurs du *Souci official* (*Calendula officinalis*), appelé encore *Souci des jardins* et *Fleur de tous les mois*, sont quelquefois mêlées frauduleusement à celles du Carthame. On les employait autrefois comme apéritives et sudorifiques, mais elles sont aujourd'hui presque inusitées. On s'en sert fréquemment pour colorer le beurre. Les espèces du genre *Buphthalme* (*Buphthalmum*) sont aromatiques et légèrement toniques. Le *B. à feuilles de saule* (*B. salicifolium*) et le *B. à grandes fleurs* (*B. grandiflorum*) ou *Œil-de-Bœuf* du midi de la France donnent une boisson théiforme agréable. Dans le genre *Solidage* (*Solidago*), on remarque la *Solid. des bois* ou *Verge-d'Or* (*Sol. virga aurea*), qui était jadis fort estimée comme sudorifique et vulnéraire, et la *Sol. odorante* qui s'emploie aux États-Unis comme astringente, particulièrement dans la dysenterie. A la Louisiane, la racine du *Silphium à feuilles en cœur* (*Sil. terebinthinaceum*) s'administre comme chez nous la rhubarbe : aussi l'appelle-t-on *Rhubarbe de la Louisiane*. Dans l'Inde, la poudre et l'écorce du *Sphéranthe* (*Sphæranthus indicus*) sont usitées comme toniques, astringentes et fébrifuges. Parmi les 600 espèces environ que renferme le genre *Seneçon* ou *Séneçon* (*Senecio*), nous ne mentionnerons seulement que le *Sen. vulgaire* (*Sen. communis*) dont les feuilles sont employées dans nos campagnes en guise de topiques émollients et résolutifs sur les tumeurs inflammatoires, et le *Jacobée* (*Sen. Jacobæa*), appelé vulgairement *Herbe* ou *Fleur de Saint-Jacques* et *Jonc à mouches*, à laquelle on attribue à peu près les mêmes propriétés. La *Lampourde commune* (*Xanthium strumarium*) était autrefois usitée dans les maladies de la peau : de là l'épithète de *strumarium* et le nom populaire d'*Herbe aux écrouelles* qu'elle a reçu. La *Lampourde épineuse* (*Xanthium spinosum*) est préconisée contre la rage. Les feuilles des diverses espèces du genre *Achillée* (*Achillea*) contiennent une huile essentielle et un principe amer, résineux et astringent. La

Mille-feuille commune (*Ach. Millefolium*) a la réputation d'être un excellent astringent. Les montagnards de l'Écosse en préparent un onguent qui guérit promptement les coupures. Chez nous, elle porte les noms vulgaires de *Saignenez*, *Herbe de Saint-Jean*, *Herbe aux charpentiers*, *Herbe aux coupures* et *Herbe militaire*. L'*Ach. setacea*, l'*Ach. nobilis*, et quelques autres espèces, sont légèrement toniques et stimulantes. L'*Ach. Ageratum*, qui croît dans le midi de la France et de l'Europe, jouit de propriétés stimulantes prononcées. On la désigne vulgairement sous le nom d'*Eupatoire de Mésué*, bien qu'elle n'appartienne point au genre *Eupatorium*. Les espèces du genre *Ambrosia* ou *Ambroisie* (*Ambrosia*) ont une odeur aromatique et une saveur un peu amère; elles passent pour stomachiques et résolutives. On emploie aussi chez nous l'*Amb. maritime*, appelée communément *Herbe vineuse*, parce qu'on la fait infuser dans du vin. Le genre *Ptarmique* (*Ptarmica*), établi aux dépens du genre *Achillea*, possède des propriétés médicales analogues. Dans les Alpes suisses, l'infusion des sommités fleuries des *Ptarmica nana*, *atra* et *moschata* se prend en guise de thé. La dernière est le principal ingrédient de la liqueur spiritueuse et aromatique nommée *Eau d'Iva*. Toutes les parties de la *Pt. commune* (*Pt. vulgaris*) sont douées d'une saveur piquante qui provoque la salivation; ses feuilles desséchées sont parfois employées comme sternutatoires, mais leur action sur la muqueuse nasale doit être attribuée aux dents qui garnissent leurs bords. Cette plante figure dans nos jardins sous le nom de *Bouton d'argent*; on la nomme aussi dans quelques lieux *Lin sauvage*, à cause de la ténacité des fibres de sa tige; sa racine est aromatique.

L'huile essentielle que contiennent généralement les plantes de la tribu des Radiées c'est tantôt âcre et tantôt amère. Elle est surtout sécrétée par les sommités fleuries; aussi, dans plusieurs espèces, ces sommités sont-elles très usitées en médecine. L'espèce la plus précieuse sous ce rapport est l'*Anthemis nobilis*, plus connue sous son nom vulgaire de *Camomille romaine*; on la cultive fréquemment dans les jardins comme plante d'ornement; l'infusion chaude des capitules de la Camomille est extrêmement usitée comme stimulante et antispasmodique. Les mêmes propriétés se retrouvent dans la *Matricaire camomille* (*Matricaria Chamomilla*), appelée vulgairement *Cam. commune* ou *Cam. d'Allemagne*. Les capitules desséchés de la *Santoline odorante* (*Santolina odoratissima*) ont une odeur très forte; on les vend au Caire comme succédané de la *Cam. romaine*, sous les noms de *Bahouny* et de *Zeysoum*. D'après Forskahl, le suc de la plante s'emploie en manière de collyre contre les maladies des yeux. Le *Pyrèthre matricaire* (*Pyrethrum Parthenium*), connu sous les noms vulgaires de *Matricaire* et d'*Espargoutte*, doit à son odeur forte et aromatique, et à sa saveur chaude et amère d'être employé comme tonique excitant et antispasmodique. On en faisait autrefois grand usage dans les cas d'aménorrhée ou de menstruation difficile; de là son nom de *Parthenium*. On prétend que les abeilles redoutent particulièrement l'odeur de cette plante, et qu'il suffit pour les écarter de tenir à la main quelques fleurs de *Pyr. Parthenium*. Quelques C. de la même section paraissent être redoutées par d'autres animaux. Ainsi, la *poudre de pyrèthre* ou *poudre insecticide* est constituée par les fleurs pulvérisées de trois espèces de *Pyrethrum* : le *P. caucasicum*, le *P. roseum* et le *P. carneum*. On assure que la jolie plante si connue sous les noms de *Marguerite des prés*, de *grande Marguerite* et de *grande Pâquerette* (*Chrysanthemum leucanthemum*), a la propriété de chasser les puces. Les Bosniaques la mêlent dans la litière de leurs bestiaux et les insectes sont détruits en fort peu de temps. Dans quelques espèces, l'action stimulante est singulièrement énergique. Toutes les parties de la plante herbacée appelée *Marute* (*Anthemis Cotula*) et vulgairement *Maroute* ou *Camomille puante* sont douées d'une odeur fétide, et possèdent une telle âcreté, qu'elles déterminent la vésication de la peau lorsqu'on les manie beaucoup. La décoction de la Maroute, prise à la dose d'une tasse à thé, provoque le vomissement et des sueurs abondantes. On observe des propriétés analogues dans l'*Anthemis tinctoria*, vulgairement *Camomille jaune*, et dans la *Santoline* (*Santolina Chamæcyparissus*), appelée *petit Cyprès*, *Aurone femelle*, etc. Chez certaines Radiées, l'huile essentielle qui leur est propre devient remarquable par sa saveur chaude et piquante. C'est ce qu'on observe dans l'*Anacycle Pyrèthre* (*Anacyclus Pyrethrum*), nommé en France *Pyrèthre* et *Pariétaire d'Espagne*. Sa racine charnue fait éprouver aux mains de ceux qui la récoltent la sensation d'un froid très vif, suivi bientôt d'une chaleur brûlante. Elle est douée d'une saveur

chaude, âcre, persistante. Elle est surtout usitée comme masticatoire dans certaines affections de la bouche, mais on peut encore l'employer comme rubéfiant. Il en est de même d'une espèce voisine : l'*Anacyclus officinarum* qui fournit le *Pyrèthre d'Allemagne*. Plusieurs espèces du genre *Spilanthe* (*Spilanthes*), notamment le *Sp. acmelle* (*Sp. Acmella*), le *Sp. brun* (*Sp. fusca*) et le *Cresson de Para* (*Sp. oleracea*) si usité comme antiscorbutique, le *Bident trifolié* (*Bidens tripartita*), vulgairement appelé *Chanvre d'eau* ou *Ch. aquatique*, la *Tanaisie* et quelques autres possèdent les mêmes propriétés, mais à un degré moins élevé. L'*Arnica montana*, plante très répandue dans les parties montueuses de la France, est communément désignée sous les noms vulgaires de *Panacée des chutes* et de *Tabac de montagne* ou *des Vosges*. Ces dénominations disent assez les usages auxquels on l'emploie. Cette plante a été en outre prônée dans les cas de fièvres putrides et aiguës, de paralysie et d'amaurose; mais on a fort exagéré ses vertus. Suivant Versman, le principe actif de l'Arnica est une résine d'une excessive âcreté, et non point un alcaloïde, ainsi que l'avait prétendu Thomson. Les mêmes propriétés ou au moins des propriétés fort analogues subsistent dans le *Doronicum pardalianches* (*Doronic. pardalianche* ou *Dor. romain*), ainsi que dans plusieurs espèces du genre *Inule*, *Aunée* ou *Aulnée* (*Inula*). La plus remarquable parmi ces dernières est l'*Inula Helenium*, appelée dans les officines *Enula campana*, et connue vulgairement sous le nom de *Panacée de Chiron*. Sa racine contient une poudre blanche amylacée, nommée *Inuline*, une huile volatile, une résine âcre et un principe extractif amer. Cette racine est tonique, diaphorétique, diurétique; elle était jadis fort usitée dans les cas de dyspepsie, d'affections pulmonaires, etc.; c'est avec elle qu'on prépare le *Vin d'Aunée* des anciennes pharmacopées. L'écorce de la *Schizogyne soyeuse* (*Sch. sericea*) est employée aux Canaries comme anti-odontalgique.

A la Guyane, on se sert des rameaux de la *Baillière rude* (*Baillieria aspera*) pour enivrer le poisson. Nous pourrions ajouter aux espèces médicinales que nous venons de citer une longue liste d'autres plantes appartenant aux genres *Baccharis*, *Acanthospermum*, *Tagetes*, *Conyza*, *Elephantopus*, *Blumea*, etc., toutes plus ou moins utilisées dans différents pays; mais ce serait entrer dans des détails vraiment dénués d'intérêt.

Quelques C. de la même tribu sont ou pourraient être employées comme plantes tinctoriales. On extrait des corolles du *Dahlia* (*D. mexicana*) un très beau carmin; au Brésil, les femmes se servent de l'*Eclipta erecta* pour teindre leurs cheveux en noir, de même que les Romains se servaient du *Xanthium strumarium* (*Lampourde*) pour teindre les cheveux en jaune. L'*Anthemis tinctoria* donne une teinture jaune citron fort solide. Le *Ceradia furcata*, plante d'une consistance analogue à celle des plantes grasses, qu'on trouve dans les parties les plus stériles du sud-ouest de l'Afrique, fournit une substance résineuse qui brûle en répandant une odeur assez agréable et qu'on a nommé pour cette raison *Bdellium d'Afrique*; l'*Erigeron canadensis*, vulgairement *Vergerette* ou *Queue-de-renard*, donne par incinération une grande quantité de carbonate de potasse, le cinquième de son poids environ.

Les graines d'un très grand nombre de Radiées contiennent une huile douce abondante. Les plus remarquables sous ce rapport sont : la *Guizotia oleifera*, appelée autrefois *Verbésine cultivée* (*Verbesina sativa*), et qui se cultive sur une très grande échelle dans l'Inde, où on la nomme *Ram-til*; l'*Hélianthe annuel* (*Helianthus annuus*), appelé aussi *Soleil* ou *Tournesol des jardins*, dont les graines ont une saveur de noisette assez agréable, et le *Madia sativa*, plante originaire du Chili. Il y a beaucoup à rabattre sur ce qu'ont avancé certains agronomes au sujet des qualités et de l'abondance de l'huile de Madia. Cette huile a une odeur forte et une âcreté qui ne permettent de l'employer que dans la savonnerie. Aussi, après quelques essais, a-t-on généralement abandonné la culture de cette plante, quoiqu'elle puisse réussir dans les contrées les plus sèches de l'Europe. Le genre *Helianthus* fournit à l'agriculture une espèce des plus précieuses : c'est l'*Hélianthe tubéreux* (*Hel. tuberosus*), vulgairement appelé *Topinambour*, *Poire de terre* et *Artichaut d'hiver*. Cette plante, qui paraît être originaire du Mexique, produit des tubercules assez semblables à ceux d'une Pomme de terre allongée. Leur peau est brune; leur chair est blanche et d'une contexture analogue à celle de la Rave; leur saveur se rapproche de celle des Artichauts. On les mange assaisonnés de diverses manières; mais ils sont surtout usités pour la nourriture des bestiaux. Ils conviennent particulièrement aux moutons et aux vaches; les chevaux eux-mêmes s'en accommodent fort bien; mais il faut toujours, à quelque espèce de bestiaux qu'on les donne, y joindre une certaine quantité de fourrage sec. Les feuilles, vertes ou sèches, présentent une utilité presque aussi grande que les tubercules, avantage que ne présente pas la Pomme de terre; elles constituent un bon fourrage. Enfin, les tiges forment un excellent combustible pour chauffer le four. Vilmorin a obtenu une variété de Topinambour à tubercules jaunes; mais ses qualités ne diffèrent en rien de celles de l'espèce commune. Enfin, l'un des plus précieux avantages de cette plante, c'est qu'elle ne redoute pas le froid et qu'elle donne des produits dans des terrains secs et stériles, impropres à toute autre culture. Le *Dahlia* produit aussi des tubercules que les Mexicains, dit-on, mangent cuits sous la cendre; mais ils ont une saveur empyreumatique telle que le palais européen ne pourraient s'y habituer, à moins de nécessité absolue. On peut toutefois s'en servir pour engraisser la volaille.

Cette tribu renferme un grand nombre de plantes ornementales. Au premier rang vient se placer le *Dahlia variabilis* dont la culture a su obtenir près de 2,000 variétés de toutes couleurs et de toutes nuances, sauf la couleur bleue. Après le Dahlia, nous citerons les plantes cultivées dans nos jardins sous le nom de *Chrysanthèmes*; mais les plus belles sont classées par les botanistes dans le genre *Pyrèthre*, comme le *Chr. de la Chine* et le *Chr. de l'Inde* (*Pyrethrum sinense* et *indicum*). La *Reine-Marguerite* (*Callistephus sinensis*) ne leur cède guère en beauté. La *grande Marguerite*, *Marg. des près* (*Chr. leucanthemum*), quoique indigène, est presque leur rivale. La *Pâquerette* (*Bellis perennis*), ou *petite Marguerite*, vient spontanément embellir toutes nos pelouses. Dans le genre *Aster*, nous mentionnerons le joli *Aster amellus*, vulgairement *OEil-de-Christ*. Le genre *Solidage* (*Solidago*) nous offre la *Sol. du Canada*, plus connue sous le nom de *Gerbe d'or*, ainsi que les espèces appelées *Sol. altissima* et *bicolor*. Nous nous contenterons de mentionner les fleurs élégantes que nous fournissent les genres *Coreopsis*, *Calliopsis*, *Tagetes* (vulgairement *OEillet* ou *Rose d'Inde*), *Rudbeckia*, *Chrysocome*, *Cinéraire*, *Cacalia*, *Érythrée*, *Gazania*, *Gaillardia*, *Cladanthe*, *Souci*, *Zinnia*, etc. Les genres *Gnaphalium*, *Helichrysum* et *Xeranthemum* nous donnent ces fleurs que l'on désigne communément sous le nom d'*Immortelles*, parce que les bractées scarieuses de leur involucre se conservent plusieurs années avec leur couleur, pourvu qu'on ait le soin de les cueillir encore fraîches et de les mettre à sécher un peu renversées. C'est avec l'*Hélichryse d'Orient*, appelé vulgairement *Immortelle jaune*, qu'on fait les couronnes dont nous aimons à orner les tombeaux de ceux qui nous furent chers.

Erratum. — C'est par erreur que le genre *Azalée* a été rapporté dans le premier volume à la famille des *Composées*. Il faut lire *Ericacées*. Voy. ce mot.

COMPOSER. v. a. (lat. *componere*, mettre ensemble, de *cum*, avec, et *ponere*, placer). Former, faire un tout de l'assemblage de plusieurs parties. Se dit des choses physiques ou des choses morales. *Dieu a composé l'homme d'un corps et d'une âme. Le spectacle sera composé de trois pièces. Il s'était composé un petit cercle d'amis. Les fidèles sous un même chef composent l'Église.* || Faire ou produire quelque ouvrage d'esprit, un quelque œuvre d'art. *C. un livre, un discours, un poème, un drame, des vers.* — *C. la musique d'un opéra. C. un opéra, un air, un chœur, une symphonie, une contre-danse, un motet, une messe.* — Se dit absol. dans ce sens. *Il a besoin d'être seul quand il compose. C. de tête. C'est un malheureux obligé de c. pour vivre. Il apprend à c. sur le piano, Se servir du piano pour c. de la musique.* || Absol., dans les écoles, les concours, les examens, se dit des élèves d'une classe ou d'une division qui font un devoir sur un sujet donné, pour que tous ces devoirs soient classés par ordre de mérite. *Les écoliers composent aujourd'hui pour les prix. C. en grec, en thème,* etc. *Les candidats à l'École polytechnique ont composé hier en dessin, en géométrie descriptive,* etc. || *C. son visage, sa mine, sa contenance, son geste, ses actions,* etc., Arranger, accommoder son visage, son geste, etc., selon l'état où l'on veut paraître, selon l'effet qu'on veut produire. || T. Impr. Assembler des caractères sur le compositeur pour former une page d'impression. Voy. TYPOGRAPHIE. || T. Méc. *C. des forces, des vitesses,* etc., Chercher leur résultante. — **SE COMPOSER.** v. pron. Être composé. *L'édifice entier se compose de trois bâtiments principaux. Notre entendement se compose de plusieurs facultés.*

= **COMPOSER.** v. n. S'accommoder, s'accorder sur quelque différend, en traiter à l'amiable. *C. à l'amiable avec ses créanciers. C. d'une somme qui est due. Vous me devez tant, composons. Ils ont composé ensemble.* || Capituler, convenir que l'on se rendra, que l'on rendra une place, un poste sous certaines conditions. *Le gouverneur se pressa trop de c., de demander à c. Les ennemis ne voulurent c. qu'à telle condition.* Dans ce sens, on dit plus ordinairement *Capituler.* || Fig., *On ne compose point avec sa conscience. Il est quelquefois permis de c. avec les préjugés de son temps.* = **COMPOSÉ, ÉE.** part. *Un corps, un être c.,* voy. **COMPOSÉ**, subst. — *Machine composée, fort composée,* Machine dans la construction de laquelle il entre beaucoup de pièces différentes. — *Mot c.,* formé de deux ou de plusieurs mots joints ensemble. *Passe-temps, soutenir, inconvenant, sont des mots composés. Verbe c. Substantif c.* — *Être c., Avoir l'air c., Avoir,* ou *affecter d'avoir un air grave, un air sérieux et modeste. Cet homme est toujours guindé, toujours c.* || T. Arith. *Raison composée,* Proportion qui dépend de plusieurs quantités. Voy. PROPORTION. *Nombre composé,* Nombre qui n'est pas premier, c.-à-d. qui admet d'autres diviseurs que lui-même et l'unité. Voy. NOMBRE. || T. Bot. *Fleur composée,* Inflorescence formée de l'assemblage d'un grand nombre de fleurs sur un réceptacle commun. Voy. FLEUR et COMPOSÉES. *Feuille composée,* Celle qui est formée de plusieurs folioles distinctes. Voy. FEUILLE. *Fruit composé.* Voy. FRUIT. || T. Mus. *Intervalle composé,* dont les deux termes ne sont pas contenus dans la même octave. Voy. INTERVALLE. || T. Minér. *Cristaux composés.* Se dit de ceux appartenant à plusieurs systèmes de formation. || T. Chim. *Corps composé,* Corps résultant de la combinaison de deux ou plusieurs autres.

COMPOSEUSE. s. f. T. Typogr. Machine à composer. Voy. TYPOGRAPHIE. || Organe de la machine pour ramener les caractères et les assembler dans un compositeur.

COMPOSITE. adj. 2 g. L'un des cinq ordres d'architecture. — S'emploie aussi subst. pour désigner cet ordre. *Le c. participe de l'ionique et du corinthien.* Voy. ORDRE.

COMPOSITEUR, TRICE. s. m. et f. Celui, celle qui compose une œuvre d'art et de littérature. *Un bon, un savant, un grand c.* Se dit surtout des musiciens, des auteurs d'opéras. || T. Jurisp. *Amiable c.* Voy. AMIABLE. || s. m. T. Typogr. Celui qui assemble les caractères d'imprimerie pour en former des mots, des lignes, des pages.

COMPOSITION. s. f. [Pr. *kon-pozi-sion*] (lat. *compositio*). Action de composer quelque chose, de former un tout, soit par l'arrangement de plusieurs parties, soit par le mélange ou la combinaison de plusieurs choses. *Il est occupé à la c. d'une machine nouvelle. La c. des mots. Procéder à la c. des lots dans un partage. Notre esprit fait sans cesse des compositions et des décompositions.* || Résultat de l'action de composer, de l'arrangement de plusieurs parties, du mélange ou de la combinaison de plusieurs choses. *Les ressorts qui entrent dans la c. d'une machine. La c. du spectacle était assez piquante. La c. de ce spécifique est encore un secret. Le siras est une c. qui imite le diamant.* || Action de composer un ouvrage d'esprit. *La c. de cette histoire lui a coûté beaucoup de recherches. Il est occupé à la c. d'une nouvelle comédie. Cet ouvrage est d'une c. pénible.* — S'emploie, dans un sens anal., en parlant de musique, de peinture, etc. *Ce pianiste a exécuté un morceau de sa c. Ce ballet est de la c. d'un tel. La c. d'un tableau, d'un plan.* || T. Mus. L'art d'inventer et d'écrire de la musique suivant les règles. *Apprendre, savoir la c. Il excelle dans la c.* || T. Peint. L'ordonnance générale d'un tableau, la disposition des divers personnages ou des divers objets qu'il représente. *Un tableau d'une savante c. La c. en est belle, hardie, gracieuse.* — Se dit aussi en parlant des œuvres de la sculpture. *Ce bas-relief pèche par la c.* || Se dit des ouvrages d'un écrivain ou d'un artiste. *Achever une c. Une belle, une savante c. Une c. froide, ridicule, extravagante.* || Les devoirs que font les élèves d'une classe, les concurrents dans un concours, les candidats à un grade universitaire, etc., sur un sujet donné, et qui sont destinés à être classés par ordre de mérite. *Une c. sans faute. Juger les compositions.* = T. Imprim. Assemblage des caractères pour former la page d'impression. Voy. TYPOGRAPHIE. = Accommodement dans lequel l'une des deux parties, ou toutes les deux ensemble, se relâchent plus ou moins de leurs préten-

lions. *Venir à c. Entrer en c. Venir à une c. amiable.*
|| Fig., *C'est un homme de c.*, *de bonne, de facile c.*, C'est
un homme d'accommodement, un homme à qui il est aisé de
faire faire ce qu'on veut. *Il est de difficile c.*, Il est malaisé
de le réduire au point où l'on veut. = T. Guerre. Convention
que fait une place qui se rend. *C. honorable, avantageuse.
Recevoir à c. Cette place s'est rendue par c.* On emploie
plus ordin. le mot *Capitulation.* || T. Chim. Détail des corps
simples qui entrent dans un corps composé et de leurs proportions. *La c. de l'alcool est représentée par la formule* C^4H^6O.
|| T. Mar. Rançon payée pour un navire capturé. || T. Mécan.
C. des forces, du mouvement, des vitesses, etc., Détermination de leur *résultante.* Voy. FORCE, MOUVEMENT, VITESSE,
RÉSULTANTE, etc.

Hist. — On donne le nom de *Composition* ou de *Prix du
sang* à une sorte de dommages-intérêts que, chez les peuples
sémitiques et chez les Germains, l'auteur d'un meurtre ou
d'une blessure était tenu de payer aux parents de la victime
ou à la victime elle-même, si elle avait survécu aux violences
dont elle avait été l'objet. C'était une véritable rançon moyennant laquelle l'agresseur se mettait à l'abri de la vengeance et
des poursuites personnelles de l'offensé ou de ses proches.
Cet usage, qui nous paraît si singulier, avait été imaginé pour
diminuer la fréquence des guerres privées. Il subsiste encore
chez les Arabes du désert; mais, chez les Israélites, peuple du
même race, il avait été aboli par la législation mosaïque, pour
les cas d'homicide volontaire : car la loi de Moïse avait en
même temps organisé une justice régulière, forte et égale pour
tous. Lorsque les premières lueurs d'une civilisation naissante
commencèrent à poindre chez les peuplades germaniques, le
rachat du sang ne fut pas aboli; mais, au lieu de laisser les
familles de l'offenseur et de l'offensé débattre entre elles le
prix de la c., la loi intervint pour le fixer, et elle le gradua en
raison de la qualité des personnes et de la gravité du dommage causé. — La c. portait, chez les Germains, le nom de
Wehrgeld, qui paraît formé de deux radicaux, *where*, valeur,
et *geld*, or. Il signifierait, suivant Adelung, *l'argent qui vaut
un homme*, et selon Campe, *argent qui garantit la vie
d'un homme*. Le taux de cette c. varie dans les divers codes
des peuplades germaniques. Le chiffre le plus élevé auquel il
se trouve fixé ne dépasse pas 1,800 sous d'or, et le plus bas
descend jusqu'à 20. La première c. se payait, chez les Franks
Saliens, pour le meurtre d'un homme libre, compagnon du
roi, attaqué et tué dans sa maison par une bande armée. La
seconde s'appliquait à la mort de l'esclave chez les Bavarois.
Entre ces deux limites existait une échelle dont les degrés
n'étaient pas toujours les mêmes chez les différentes tribus.
Ainsi, par ex., la mort de l'évêque était estimée 960 sous chez
les Allemands, 900 chez les Franks Ripuaires. Pour un diacre,
on payait 500 sous chez ceux-ci, 400 chez ceux-là, et 200
seulement chez les Bavarois. Chez les Bourguignons, la vie
d'un esclave bon ouvrier en or valait 150 sous, autant que
celle d'un grand (*Optimas*), lorsque toutefois ce dernier avait
été l'agresseur, et beaucoup plus que celle de l'homme libre
de condition moyenne, qui n'équivalait qu'à 100 sous. En
général, chez les peuplades germaniques, l'origine et la condition des personnes étaient le principal élément du wehrgeld ;
cependant, ainsi que le montre ce dernier ex., les circonstances
du délit, la rareté ou l'utilité de l'homme tué étaient également prises en considération.

COMPOSITUM. s. m. [Pr. *kon-pozi-tome*] (mot lat. sign. ce
qui est composé). T. Mus. Ensemble des moyens d'un chanteur.

COMPOST. s. m. (lat. *compositum*, composé). T. Agric.
On donne ce nom à des mélanges artificiels de matières organiques et minérales de toutes sortes, qu'on forme en établissant, l'une sur l'autre, des couches de substances de natures
diverses, et on s'étudiant à corriger les vices des unes par les
qualités des autres. Le but à atteindre est de donner à la
masse les propriétés convenables au terrain que l'on veut
améliorer ou engraisser. C'est ainsi que, pour les composts
destinés aux terres argileuses et compactes, on stratifie des lits
de plâtre ou morceaux, de gravois ou de mortiers de démolition, avec des lits de fumier de mouton ou de cheval, de
balayures de cour, de marne maigre ou de limon
vaseux, de matières fécales, de débris de foin ou paille, de
mauvaises herbes. On laisse fermenter en tas, on arrosant
avec le jus qui découle par le bas; puis, on mélange toutes
les matières; on les réunit de nouveau, on continue l'arrosage
de temps en temps, jusqu'à ce que les matières végétales, les
graines et les tiges des mauvaises herbes soient bien désa-
grégées; alors on porte le tout sur le champ à fumer. Dans

les composts destinés aux terres légères, poreuses ou calcaires, on fait prédominer les principes argileux, les substances compactes, les fumiers froids, et l'on pousse la fermentation jusqu'à ce que les matières organiques soient
complètement décomposées.

Dans une forme bien administrée, tout doit être utilisé
pour faire des composts; car tout peut servir à suppléer à la
disette des fumiers, à engraisser la terre et surtout à amender
la nature des sols. Ainsi la tourbe, le tan, le bois pourri, les
feuilles des arbres, les mauvaises herbes, les poussières des
greniers, le marc des pommes à cidre, des raisins, etc. ; tous
les liquides chargés ou de matières salines ou de matières
organiques, tels que : les urines, les eaux grasses, les eaux de
savon, celles des rouloirs, des mares dans lesquelles on a lavé les
moutons ou leurs laines, etc. ; toutes les terres, les sables de
route, les cendres du foyer, les suies, les débris animaux, les
os, les chiffons de laine, cheveux, plumes, râpures de corne,
issues et vidanges, etc. ; tout cela peut servir à la fabrication
des composts, et le cultivateur trouve sous la main, dans toutes
les positions, dans toutes les localités, d'immenses ressources
pour augmenter la provision d'engrais de son exploitation.

La chaux convient très bien pour aider à la désagrégation
des parties ligneuses, des herbes sèches, des feuilles, et
activer la maturité des composts dans lesquels il entre beaucoup de matières organiques qui résistent à la putréfaction ;
mais il faut avoir l'attention de ne jamais ajouter la chaux
aux matières fécales, au purin, aux urines, aux fumiers animaux : car cette matière alcaline, en chassant l'ammoniaque,
causerait une perte considérable du principe azoté si utile à
l'engrais. On peut tourner la difficulté et faire servir la chaux
à la production du salpêtre (azotate de potasse), qui possède
une grande puissance fertilisante; pour atteindre ce but, on
modifie la composition du c. et on le traite par l'une des méthodes suivantes :

Premier moyen. — La plupart des plantes qui infectent
nos jardins, le mercuriale, par exemple, les débris de plantes
cultivées pour l'agrément, le grand soleil, entre autres, les
mauvaises herbes qui croissent autour des bâtiments, les
orties, les bardanes, sont très riches en potasse. On réserve
un emplacement où sont accumulés tous ces débris avec les
boues ramassées dans les chemins, du plâtre, de la chaux
éteinte, des marnes et les résidus de toute nature. On divise
le tout par lits minces pour que l'air puisse pénétrer dans
l'intérieur, au moyen des tiges de colza et de topinambours,
des ronces des fossés, des débris des haies taillées, d'épines,
même de claies, si l'on n'a pas autre chose. On verse le
tout, pour entretenir une humidité convenable, les eaux ménagères, celles des lessives, et à leur défaut, de l'eau ordinaire.
Enfin, si l'on abrite l'emplacement par un hangar, ou système
de claies qui amortisse la violence du vent et du froid, on
aura construit une nitrière qui contiendra, au bout d'un an,
jusqu'à 10 grammes d'azotate ou nitrate de potasse par kilogramme de c. C'est à peu près la dose extraite des plus riches
terrains exploités spécialement pour obtenir ce sel.

Deuxième moyen. — Dans le Midi, on recouvre tous les
huit jours le sol des bergeries avec de la terre calcaire qu'on
arrose, pour que la poussière n'incommode pas les moutons.
Au bout d'un mois on possède un excellent terreau, d'autant
plus fertile qu'il contient peu d'argile. Si, retournant ce terreau sur place, on le laissait quelques jours plus tard, on
aurait les éléments d'une nitrière très féconde. A cet effet, on
construit à l'abri des courants d'air, dans un milieu humide,
de petits murs minces avec de la terre légère de la bergerie. On
gâche avec de la charrée, de la paille et autres substances
poreuses. Ces murs sont recouverts d'un toit et arrosés de
temps en temps. Au bout d'une année, tous ces matériaux
sont riches en salpêtre. On les réduit en poudre pour les
utiliser. — Si l'on veut donner une direction convenable aux
travaux de nitrification, il ne faut pas oublier que, suivant
les expériences de MM. Schlœsing et Müntz, la combinaison
de la potasse avec l'azote de l'air ne se produit qu'au moyen
de microbes ou ferments qui ne peuvent agir qu'en présence
de la chaux et sous les influences de l'humidité, d'une température modérée et d'un sol suffisamment aéré.

COMPOSTELLE (SAINT-JACQUES-DE-), ville d'Espagne. Voy.
SANTIAGO.

COMPOSTER. v. a. T. Agric. Amender une terre avec du compost.

COMPOSTEUR. s. m. (R. *composer*). T. Imprim. Règle
sur laquelle on assemble les caractères destinés à l'impression. Voy. TYPOGRAPHIE.

COMPOSTO. s. m. (mot ital.). Enduit tenant lieu de pavage et composé de pouzzolane, de chaux et de débris de marbre.

COMPOTE. s. f. (lat. *compositus*, composé). Espèce de confiture qu'on fait avec du fruit et du sucre, et qui est moins cuite que les confitures faites pour être gardées. *C. de poires, d'abricots, de cerises*, etc. || Se dit aussi d'une certaine manière d'accommoder les pigeons. *Une c. de pigeons. Mettre des pigeonneaux en c.* || Fig. et pop., *Avoir les yeux, la tête*, etc., *à la c.*, en c., Avoir les yeux, etc., tout meurtris.

COMPOTIER. s. m. Plat creux dans lequel on sert des compotes de fruits.

COMPOUND. adj. (mot angl. sign. *composé*). T. Techn. Mot servant à désigner certains appareils faits de plusieurs matières associées. || T. Élect. *Fil c.*, Conducteur électrique formé d'une âme d'acier recouverte d'une enveloppe de cuivre. — *Enroulement c.*, Mode d'enroulement des fils inducteurs dans les machines dynamo-électriques destiné à assurer aux deux bornes une différence de potentiel constante, malgré les variations de la résistance du circuit. — *Dynamo c.*, Machine dynamo-électrique à enroulement c. || T. Méc. *Machine c.*, Machine à vapeur dans laquelle la vapeur se détend en passant d'un cylindre dans un autre, et qui est munie d'un réservoir entre les deux cylindres. Voy. MOTEUR. || T. Art milit. *Plaques c.*, Blindage composé de plaques de fer et d'acier superposées et soudées. Voy. CUIRASSE.

COMPRÉHENSEUR. s. m. (lat. *comprehensor*, m. s., de *comprehendere*, comprendre). T. Théol. Celui qui jouit de la vision béatifique.

COMPRÉHENSIBILITÉ. s. f. État de ce qui est compréhensible.

COMPRÉHENSIBLE. adj. 2 g. (lat. *comprehensum*, sup. de *comprehendere*, comprendre). Concevable, intelligible, qui peut être compris. *Ce raisonnement n'est pas c. Voilà qui est c.*

COMPRÉHENSIF, IVE. adj. (lat. *comprehensum*, sup. de *comprehendere*, comprendre). T. Philos. Qui embrasse, qui enferme une idée. || Qui a de la faculté de concevoir.

COMPRÉHENSION. s. f. (lat. *comprehensio*, m. s., de *comprehendere*, comprendre). Faculté de comprendre, de concevoir. *Avoir la c. aisée, facile. Il est de dure c.* || Connaissance entière, parfaite. *La c. des mystères est réservée à l'autre vie.*

Philos. — En logique, ce mot sert à désigner l'un des deux points de vue généraux sous lesquels les idées générales peuvent être considérées. En effet, dans chacune de ces idées nous pouvons envisager : 1° ses éléments constitutifs, ou, en d'autres termes, les attributs qui la composent et sans lesquels elle ne pourrait exister; 2° le nombre plus ou moins grand d'objets auxquels cette idée s'applique, et dont elle est le type commun. — Ainsi, dans l'idée de *mammifère* nous trouvons les divers caractères qui appartiennent aux animaux ainsi nommés : forme du squelette, respiration exclusivement pulmonaire, cœur à quatre compartiments, circulation double, peau couverte de poils, reproduction vivipare et allaitement des petits : c'est l'ensemble de tous ces caractères qui constitue la *Compréhension*. D'un autre côté, l'idée de mammifère s'applique à un grand nombre d'espèces animales : chien, chat, bœuf, cheval, lapin, baleine, etc. Cet assemblage d'espèces constitue l'*Extension*. On ne peut rien changer à la c. sans détruire l'idée générale elle-même, tandis que l'extension de l'idée peut être augmentée ou diminuée sans rien changer à sa nature. Il résulte même de là qu'il y a antagonisme entre la c. et l'extension d'une idée quelconque : plus une idée a de c., moins elle a d'extension, et *vice versâ*. C'est ainsi, par ex., que l'idée d'*être* est de toutes nos idées celle qui a le plus d'extension, parce qu'elle a le moins de c.; c'est ainsi encore que l'idée d'*insecte* a plus de c. que celle d'*animal*, car elle a une extension bien moins grande.

COMPRENDRE. v. a. (lat. *comprehendere*, prendre ensemble, embrasser; de *cum*, avec; *prehendere*, saisir). Contenir en soi, renfermer en soi plusieurs choses distinctes. Se dit des choses physiques et morales. *L'univers comprend tout ce qui est. La France comprend quatre-vingt-six*

départements. La philosophie comprend la logique, la morale et la métaphysique. Par l'espace, dit Pascal, *l'univers me comprend et m'engloutit comme un point; par la pensée, je le comprends.* || Faire entrer une partie dans un tout, mettre ensemble dans une même catégorie. *Il a tant de revenu, sans y c. ce que rend sa place. Dans tout ce que je dis là, je ne comprends pas telle et telle chose. C. plusieurs choses sous une même dénomination.* = Avoir l'intelligence d'une chose, en saisir, en pénétrer le sens. *Je comprends parfaitement bien ce que vous me dites. Cela est difficile à comprendre.* — *C. quelqu'un,* Avoir l'intelligence, pénétrer le sens de ce que dit quelqu'un, de ses explications, etc. *Il faut que vous n'ayez pas compris ou que que vous ayez mal compris votre professeur.* || Se dit, dans un sens particulier, de l'intelligence des langues, des mots, etc. *Comprenez-vous l'anglais? Il comprend cette langue. Je ne comprends pas ces deux mots. Cet étranger a beaucoup de peine à se faire c.* || Se faire d'une chose une juste idée, une idée conforme à sa nature. *Je compris alors toute la grandeur du péril. Il sut c. ses devoirs. Pour bien vous faire c. l'état de la question.* || Se rendre raison d'une chose, en découvrir le motif. *Je ne comprends pas sa conduite. Je ne comprends pas qu'on puisse être fâché de cela.* — *C. quelqu'un,* Se rendre raison de sa conduite, de ses discours, etc. *Il tient une conduite si bizarre, que je ne le comprends pas. Comprenez-vous cette femme avec ses caprices?* ou encore reconnaître ses mérites, pénétrer sa manière de penser. *Cet artiste n'a jamais été compris de sa famille.* || *C.* s'emploie quelquefois absol. dans les quatre acceptions qui précèdent. *Je vois que vous n'avez pas compris. Comprenez-vous maintenant?* = SE COMPRENDRE. v. pron. *Il ne se comprend pas lui-même,* Il ne se rend pas compte de ce qu'il dit, il n'en a pas l'intelligence complète. Dans le sens contraire, on dit, *Il se comprend très bien.* — *Ces deux individus ne se comprennent pas entre eux,* Aucun d'eux ne saisit ce que lui dit l'autre, soit parce qu'ils ne parlent pas la même langue, soit parce qu'ils n'attachent pas à certains mots la même signification. || En parlant des choses, *Se c.*, se dit quelquefois pour être compris. *Cela se comprend aisément. Une pareille conduite ne se comprend pas.* = COMPRIS, ISE. part. *Le pays compris entre le Rhône et les Alpes.* — *Y compris,* En y comprenant; et *Non compris,* Sans y c. *Il a dix mille francs de revenu, y compris les profits de sa place, non compris le loyer de la maison où il loge.* On dit également, en faisant accorder : *Les profits de sa place y c. La maison où il loge non comprise.* = COMPRIS. Voy. PRENDRE.

Syn. — *Entendre, Concevoir.* — Dans le langage ordinaire, ces trois verbes signifient se faire des idées conformes aux objets; mais *entendre* se rapporte plutôt à la valeur des termes dont on se sert; c. répond plus directement à la nature des choses complexes dont on saisit les éléments dans leurs relations mutuelles, et *concevoir*, c'est se faire une idée nette d'une chose qui n'est pas directement sensible. Ainsi on *entend* les langues, on c. les sciences, on *conçoit* les idées générales. Il est difficile d'*entendre* ce qui est énigmatique, de c. ce qui est compliqué, et de *concevoir* ce qui abstrait. La facilité d'*entendre* indique un esprit fin; celle de c. est propre à un esprit pénétrant; celle de *concevoir* désigne un esprit réfléchi et porté à la méditation.

COMPRESSE. s. f. (lat. *compressum*, ce qui est comprimé, de *comprimere*, comprimer). T. Chir. On nomme ainsi une pièce de linge fin ou de coton, sans ourlets ni lisières, ordinairement repliée plusieurs fois sur elle-même, qu'on applique sur les plaies et qui sert à maintenir des substances médicamenteuses, à exercer une compression convenable, etc. On donne aux compresses des formes et des dimensions différentes suivant les circonstances et selon les parties sur lesquelles on les applique. Une c. dite *fenestrée*, lorsque, dans un point de son étendue, elle est percée d'une ouverture plus ou moins grande; elle est dite *découpée*, quand ses bords sont plus ou moins profondément divisés. Une c. *en croix de Malte* est une c. carrée et fendue également aux quatre angles. On emploie aussi des compresses *graduées*, soit pour rapprocher par une compression méthodique les bords d'une plaie, soit pour tenir écartées des parties qui tendent à se rapprocher plus qu'il ne convient. La c. *graduée régulière* se fait avec un morceau de linge replié plusieurs fois sur lui-même, de façon que les replis aient tous une largeur égale et se recouvrent régulièrement. Dans la c. *graduée prismatique*, les replis doivent être de plus en plus étroits, de telle sorte que leur ensemble présente la forme d'un prisme triangulaire. Enfin, on traverse tous les replis avec quelques points de suture pour les maintenir dans la forme voulue. — Voy. Bandage.

COMPRESSEUR. s. m. (lat. *compressum*, sup. de *comprimere*, comprimer). Appareil servant à comprimer. *C. de l'air.* Voy. Comprimer, *Air comprimé.* || adj. *Appareil c.*

Chir. — Le nom de *C.* a été donné à divers instruments destinés à exercer une compression plus ou moins forte sur des vaisseaux, pour arrêter les hémorragies et faciliter les opérations chirurgicales; sur des nerfs, pour amortir la sensibilité des parties; sur un canal, pour empêcher un écoulement incommode, comme l'incontinence d'urine, etc.; mais c'est sur les vaisseaux artériels que l'on appliquait le plus souvent les instruments de ce genre. Le *C. de Dupuytren*, qui est destiné à la compression des artères, consiste essentiellement en un demi-cercle d'acier présentant à l'une de ses extrémités une pelote qui sert de point d'appui, et traversé à l'autre par une vis de pression supportant une seconde pelote mobile qu'on serre sur l'artère au moyen de la vis. Ces instruments font aujourd'hui partie de l'ancien arsenal de la chirurgie, où ils ont été relégués par les progrès de l'hémostase (pinces hémostatiques, bande d'Esmarch).

COMPRESSIBILITÉ. s. f. T. Phys. La propriété que possèdent certains corps de se réduire à un moindre volume sous l'action d'une cause extérieure. *Coefficient de c.*, Diminution qu'éprouve un volume d'un corps égal à l'unité de volume quand on le soumet à l'unité de pression. Si V est le volume initial, v le volume final, et p la pression, le coefficient de c. μ sera: $\mu = \dfrac{V - v}{p\,V}$, en admettant toutefois que la diminution de pression est proportionnelle à la pression, ce qui n'est pas rigoureusement exact. Il est plus correct de définir le coefficient de c. par un quotient d'infiniment petits : $\mu = -\dfrac{1}{V}\dfrac{dV}{dp}$, V étant le volume, dV et dp les accroissements de volume et de pression. Ainsi défini, le coefficient de c. est la dérivée du volume par rapport à la pression divisée par le volume et changée de signe. Il varie avec la pression. Voy. Corps, Solide, Liquide, Gaz, Élasticité.

Phys. — Tous les corps sont plus ou moins compressibles. Les gaz le sont au plus haut point, puisqu'une masse gazeuse déterminée n'a pas de volume propre et occupe tout l'espace compris entre les parois du vase qui la renferme. Voy. Gaz.

La c. des solides est mise en évidence par les expériences les plus simples. Voy. Élasticité.

Quant aux liquides, leur c. a été longtemps niée. On sait aujourd'hui, depuis les expériences d'OErsted, que les liquides sont compressibles, quoique à un moindre degré que les solides, c.-à-d. que leur volume ne diminue que très peu sous l'action des plus fortes pressions. La Fig. ci-contre représente l'appareil au moyen duquel OErsted a observé la c. des liquides. Il se compose essentiellement d'un réservoir de compression *cc* fait en verre épais, et d'un réservoir intérieur *zz* terminé par un tube capillaire *tt'*, que le savant physicien danois a nommé *Piézomètre*. OErsted donne à peu près au piézomètre la forme et les dimensions d'un gros thermomètre cylindrique; seulement le tube reste ouvert et se termine supérieurement par un entonnoir *t'*. Un point important pour l'exactitude de l'instrument est de graduer ce tube *tt'* en parties bien égales, dont la capacité soit une fraction connue de la capacité du cylindre *zz*. Pour cela, on détermine le poids du mercure contenu dans le cylindre qui sera, par ex., de 1,000 grammes, et le poids du mercure contenu dans une longueur donnée du tube qui sera, par ex., de 2 décigrammes pour une longueur de 100 millimètres. Alors il est évident que la capacité correspondante à 1 millim. du tube (supposé bien calibré) sera 0,000002 de la capacité du cylindre, et, comme on peut lire aisément les demi-millimètres, soit sur le tube lui-même

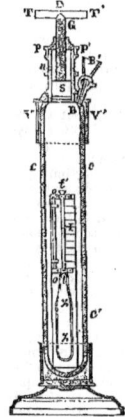

divisé au diamant, soit sur une échelle qui lui est adaptée, on pourra observer les millionièmes du volume primitif. — Supposons maintenant qu'on veuille employer ce piézomètre à déterminer la c. de l'eau; on le remplit de ce liquide bien purgé d'air, et, par de légères variations de la chaleur, on fait pénétrer dans le tube une petite colonne d'air 1, de mercure ou de sulfure de carbone, qui sépare et limite le volume d'eau sur lequel on veut opérer. Le piézomètre ainsi ajusté, on adapte à son échelle un petit manomètre à air, c.-à-d. un tube cylindrique *oo'* de 10 à 15 millim. de diamètre et de 15 à 20 centim. de longueur, fermé en haut et ouvert en bas. Il reste à comprimer la grande masse d'eau du réservoir *cc'*, afin qu'elle transmette sa pression au liquide contenu dans le piézomètre au moyen de l'ouverture de l'entonnoir *t'*. Pour cela, on visse l'appareil DPP' sur la forte virole en métal VV' qui termine le réservoir en verre. On voit en BB' un tube par lequel on verse de l'eau jusqu'au piston S, et que l'on ferme ensuite; pendant qu'on verse cette eau, on tient le piston S élevé au-dessus du trou latéral *n*; afin que l'air s'échappe par cette ouverture latérale *n*; ensuite on abaisse ce piston jusqu'à ce qu'il ferme ou laisse au-dessus de lui cette même ouverture. Enfin, cela fait, il suffit de tourner la traverse TT' pour faire descendre la vis GS qui pousse le piston devant elle, et la pression que l'on fait exercer sur l'eau qui remplit le réservoir se communique au liquide du piézomètre et à l'air du manomètre. Alors on voit l'index 1 descendre, et en même temps l'eau monter dans le manomètre *oo'* dont elle réduit ainsi l'air à un volume de plus en plus petit. En examinant combien de fois ce volume est plus petit, on a le nombre de fois que la pression exercée par le piston vaut la pression atmosphérique. Si, par ex., le volume d'air a été réduit au dixième de sa valeur primitive, il résulte de la loi de Mariotte que la pression était de 10 atmosphères. Ainsi, on observe en même temps le manomètre *oo'*, pour avoir la mesure de la pression, et l'index du piézomètre, pour avoir la diminution de volume correspondant à cette pression.

OErsted, dans ses expériences, avait supposé que la capacité du piézomètre *zz* demeurait invariable; mais les recherches de Poisson, de Sturm, de Colladon et de Wertheim ont démontré qu'elle diminue par suite de la pression éprouvée par ses parois. En introduisant cette correction dans leurs recherches, Colladon et Sturm ont trouvé que la c. des liquides, évaluée en millionièmes de leur volume primitif était, par chaque atmosphère, égale à 3,38 pour le mercure; 30,35 p. l'acide sulfurique; 30,55 p. l'acide nitrique; 33,05 p. l'ammoniaque; 40,55 p. l'acide acétique; 47,85 p. l'eau non privée d'air; 49,65 p. l'eau privée d'air; 69,85 p. l'éther nitrique; 74,35 p. l'essence de térébenthine; 77,65 p. l'éther acétique; 82,43 (moyenne) p. l'éther chlorhydrique; 91,40 (moyenne) p. l'alcool; 127,55 (moyenne) p. l'éther sulfurique.

Les expériences de M. Amagat, qui a opéré entre des limites très étendues de température et de pression, montrent que la compressibilité des liquides décroît quand la pression augmente, puis augmente avec la température. (L'eau fait exception à cette dernière règle.) M. Amagat a fait voir qu'1 volume d'eau à 0° et sous la pression de 1 atmosphère est réduit à 0vol,8983 sous une pression de 3000 atmosphères.

La chaleur dégagée par la compression a été mesurée par Joule. En exerçant brusquement une pression de 14 kilog. par centimètre carré sur de l'eau à 40°, il a observé un accroissement de température de 0°,0476. La thermodynamique prévoit, dans ce cas, un accroissement de 0°,0450. On voit que l'accord du calcul et de l'observation est très satisfaisant.

COMPRESSIBLE. adj. 2 g. (même étym. que le précédent). T. Phys. Qui peut être comprimé, réduit à un moindre volume par la pression. Voy. Compressibilité.

COMPRESSIF, IVE. adj. (même étym. que *compresseur*). T. Chir. Qui sert à comprimer. *Bandage c. Appareil c.*

COMPRESSIMÈTRE. s. m. (fr. *compression* ; gr. μέτρον, mesure). T. Chir. Ruban appliqué sur le corps au-dessous d'un bandage pour s'assurer du degré de compression.

COMPRESSION. s. f. (lat. *compressio*. m. s., de *comprimere*, comprimer). Action de comprimer; effet produit dans le corps comprimé. *La c. de l'air. Une forte c.* || Fig., Contrainte. *La c. des idées n'a d'autre effet que d'empêcher leur manifestation.* || T. Art milit. Disposition de l'infanterie qui réduit l'espace qu'elle occupe. || T. Phys. *Coefficient de c.* ou de *Compressibilité.* Voy. ce mot. — *Machine de c., Pompe de c.,* Machine à comprimer les gaz, Voy. POMPE.

COMPRÊTRE. s. m. (R. *com,* préf., et *prêtre*). Collègue dans le sacerdoce.

COMPRIMABLE. adj. Qui peut être comprimé.

COMPRIMANT, ANTE. adj. T. Phys. Qui comprime, qui exerce une compression. *Force comprimante.*

COMPRIMER. v. a. (lat. *comprimere;* de *cum,* avec, et *premere,* presser). Agir sur un corps par la pression, de manière à le réduire à un moindre volume. *On comprime l'air dans un fusil à vent. C. le bras avec un bandage.* || Fig., Empêcher d'agir, d'éclater, de se manifester. *C. les passions. C un parti. C. les idées.* = SE COMPRIMER. v. pron. Être comprimé. *L'eau se comprime très difficilement.* = COMPRIMÉ, ÉE. part. || T. Hist. nat. S'emploie adjectiv. pour désigner un corps dont la forme semble avoir été modifiée ou déterminée par une pression latérale. *Le corps de beaucoup de poissons est c. La gousse de l'arbre de Judée est comprimée.*

Méc. — *Air comprimé.* — L'air comprimé est employé dans l'industrie comme moteur, ou plus exactement comme moyen de transmettre et d'emmagasiner le travail moteur. Si, en effet, on a comprimé de l'air dans un réservoir relié à un cylindre moteur, il suffira d'ouvrir le robinet de communication pour que l'air, en se dilatant, pousse le piston et mette la machine en mouvement. Le réservoir d'air comprimé est ainsi un véritable réservoir de travail qu'on pourra utiliser au fur et à mesure des besoins jusqu'à ce que la pression y soit descendue à la pression atmosphérique. Ce système est surtout employé dans les mines, la perforation des tunnels et autres travaux souterrains, où l'usage des moteurs à feu est proscrit par les inconvénients que présenterait l'accumulation de la fumée et de la vapeur. On s'en est aussi servi pour la propulsion des tramways et la manœuvre de certains freins dits *freins à air comprimé;* enfin, on emploie l'air comprimé pour transmettre des signaux à petite distance, faire marcher des sonneries, assurer la marche concordante de plusieurs horloges, etc. Une installation complète d'air comprimé comprend : 1° une machine motrice quelconque, sur laquelle nous ne nous arrêterons pas ; 2° un *compresseur,* ou machine à comprimer l'air; 3° un réservoir fixe ou mobile; 4° des tuyaux de distribution pour amener l'air du compresseur dans le réservoir et de celui-ci dans les appareils où il doit être utilisé ; 5° la machine motrice qui reçoit le mouvement de l'air comprimé ou les appareils divers qui sont actionnés par cet air comprimé suivant l'usage qu'on veut faire.

L'air comprimé ne restitue jamais sur la machine qu'il actionne la totalité du travail qu'il a fallu dépenser pour le comprimer. Le rapport entre le travail restitué et le travail dépensé s'appelle le *rendement.* La théorie mécanique de la chaleur permet facilement de calculer un maximum que ce rendement ne peut jamais dépasser, même en faisant abstraction des résistances passives dues aux organes de transmission. La perte inévitable de travail est due aux phénomènes thermiques qui accompagnent nécessairement la compression et la dilatation du gaz, production de chaleur pendant la compression, refroidissement pendant la dilatation. L'air s'échauffera donc pendant la compression et la chaleur ainsi produite se dissipera rapidement en pure perte. Lorsque le gaz se dilatera pour produire du travail, il se refroidira, d'où résultera une contraction qui l'empêchera de reprendre son volume primitif. Pour arriver à lui donner ce volume, il faudrait maintenir sa température constante, et pour cela lui restituer toute la chaleur produite par la compression; mais celle-ci est à jamais perdue et elle représente par conséquent l'équivalent du travail perdu. Il suit de là qu'il y a avantage à diminuer le plus possible la chaleur produite par la compression. On obtient le minimum de chaleur en refroidissant l'air à l'aide d'un courant d'eau froide, on lui enlevant pour ainsi dire la chaleur au fur et à mesure qu'elle se produit. Supposons, en effet, qu'on veuille comprimer une masse d'air du volume V au volume V_1. Si on refroidit l'air au fur et à mesure qu'il tend à s'échauffer, de manière que sa température reste invariable, on pourra appliquer la loi de Mariotte, et l'air aura finalement une certaine pression P_1. Si, au contraire, on laisse le gaz s'échauffer, la pression finale sera plus forte que P_1, et, par suite, le travail nécessaire à la compression

sera plus considérable. Par ce refroidissement ultérieur, la pression redescendra à P_1 et l'on aura obtenu le même résultat avec une plus forte dépense de travail. Quant au travail restitué, il tend vers un maximum qu'il ne dépasse jamais, quelle que soit la pression à laquelle on ait comprimé l'air. Soit V le volume d'air sur lequel on opère, et P la pression atmosphérique. On le comprimera ou le refroidissant de manière que sa température reste constante jusqu'à une pression P_1 et un volume V_1. On a, d'après la loi de Mariotte : $P_1 V_1 = P V$. Dans l'utilisation de cet air, celui-ci se dilate jusqu'à ce qu'il soit revenu à la pression atmosphérique; mais comme il se refroidit, il prend un volume V_2 plus petit que V. On démontre aisément, par le calcul intégral, que le travail produit pendant cette dilatation est égal à $k (P_1 V_1 - P V_2)$ (voy. THERMODYNAMIQUE), k étant une constante numérique égale environ à 2,4. En tenant compte de l'égalité précédente, ce travail est aussi $k P (V - V_2)$, d'où il suit que le travail restitué ne dépasse jamais $k P V$. Comme, au contraire, le travail nécessaire à la compression, qui est représenté par

$$P V \log. \frac{V}{V_1} = P V \log. \frac{P_1}{P}$$

(voy. THERMODYNAMIQUE), augmente indéfiniment avec la pression finale, on voit que le rendement est d'autant plus mauvais qu'on a poussé plus loin la compression. Le rendement maximum théorique qui est de 0,72 pour une compression à deux atmosphères, descend à 0,54 par une compression à 4 atmosphères et à 0,42 pour 8 atmosphères. Il y a donc avantage à n'employer que de faibles pressions; malheureusement, plus on diminue la pression, plus il faut augmenter les dimensions du réservoir, et plus l'installation devient encombrante.

Il existe une assez grande variété de compresseurs usités dans l'industrie; ils diffèrent surtout par le moyen employé pour prévenir l'échauffement de l'air. Dans tous les cas, l'organe principal est un cylindre ou corps de pompe avec piston plein et deux soupapes, l'une pour l'entrée de l'air puisé dans l'atmosphère, l'autre pour la sortie de l'air comprimé : c'est une véritable *pompe foulante.* Voy. POMPE. On emploie le refroidissement extérieur, le refroidissement hydraulique, et le refroidissement par injection d'eau dans l'air comprimé. Dans le premier système, le corps de pompe est plongé dans une bâche remplie d'eau froide constamment renouvelée. Dans le second système, au lieu de faire agir le piston directement sur l'air, on fait agir celui-ci sur une masse d'eau qui refoule l'air dans le cylindre : c'est cette masse d'eau qui forme le véritable piston. Ces deux procédés sont peu efficaces. Le troisième est de beaucoup supérieur. On injecte dans le cylindre de très petits filets d'eau qui se pulvérisent à l'intérieur.

Les réservoirs sont des appareils métalliques assez semblables aux chaudières, construits étanches et capables de résister à la pression intérieure. Ils sont pourvus de trou d'homme, de manomètre, de soupape de sûreté et de robinets purgeurs avec tube indicateur pour l'eau qui s'y dépose.

Les appareils à utiliser l'air comprimé se composent essentiellement d'un cylindre à piston avec tiroir, analogue au cylindre des machines à vapeur. Il convient d'observer que, à cause de l'emploi de l'eau pour prévenir l'échauffement pendant la compression, l'air arrive saturé dans ce cylindre; la présence de la vapeur d'eau a pour effet d'augmenter un peu le rendement; mais elle a l'inconvénient de donner une condensation d'eau qui peut arriver à se congeler par le froid que produit la détente. On prévient cet inconvénient, soit en modérant la détente, c.-à-d. en ne faisant pas descendre la pression de l'air jusqu'à la pression atmosphérique, soit en réchauffant le cylindre par une source extérieure de chaleur, courant d'air chaud ou de vapeur; mais alors il faut disposer d'un foyer, ce que l'emploi de l'air comprimé avait précisément pour but d'éviter.

Si l'on réfléchit à la grandeur des réservoirs et à l'encombrement qui en résulte, au prix élevé des tuyaux de distribution, au faible rendement par les grandes pressions, et à l'inconvénient qui résulte de la congélation, on voit que l'emploi de l'air comprimé constitue une assez médiocre solution du problème de la transmission et du transport de la force motrice. Il n'est réellement avantageux que pour les installations fixes et les transmissions à petite distance. Dans tous les autres cas, la transmission par câbles télédynamiques ou par l'électricité est beaucoup préférable. Il est même probable que l'emploi de l'électricité n'a pas dit son dernier mot et finira par fournir une solution vraiment pratique du problème.

COMPRIMEUR. s. m. (R. *comprimer*). T. Mécan. Appareil employé dans quelques moulins pour préparer le grain avant l'action des meules.

COMPROMETTANT, ANTE. adj. [Pr. *konpromè-tan*]. Qui compromet, qui peut compromettre. *Un homme très c. Parole compromettante.*

COMPROMETTRE. v. n. (lat. *cum*, avec ; *promittere*, promettre). Consentir réciproquement, par acte, de se rapporter sur les différends, sur les procès qu'on a ensemble, au jugement d'un ou plusieurs arbitres. *Ils ont compromis de toutes leurs affaires entre les mains d'un tel. Je lui ai offert de c. là-dessus, s'il voulait.* = COMPROMETTRE. v. a. Exposer quelqu'un à se trouver dans quelque péril, dans quelque difficulté, à recevoir quelque chagrin, quelque dégoût, soit en se servant de son nom sans son aveu, soit en l'embarrassant dans des démêlés, dans des affaires. *Je ménagerai si bien les choses, que je ne vous compromettrai pas.* On dit aussi dans un sens anal., *C. sa dignité, son autorité, sa fortune, sa réputation,* etc., Exposer sa dignité, son autorité, sa fortune, etc., à recevoir quelque atteinte ; et *C. la dignité, les intérêts,* etc., *de quelqu'un.* = SE COMPROMETTRE. v. pron. Exposer son honneur, sa dignité, son autorité, sa fortune, à quelque atteinte. *Il s'est gravement compromis dans cette affaire.* = COMPROMIS, ISE. part. = Conjug. Voy. METTRE.

COMPROMIS. s. m. (R. *compromettre*). T. Jurisp. Acte par lequel deux ou plusieurs personnes s'engagent à s'en rapporter pour quelque différend au jugement d'un ou de plusieurs arbitres. *Faire passer, dresser, signer un c. Ce n'est pas là une chose que l'on doive mettre en c.* Voy. ARBITRE. || Fig., *Mettre quelqu'un en c. avec un autre,* L'exposer à quelque embarras. *Mettre la dignité, l'autorité de quelqu'un en c.,* L'exposer à quelque atteinte. || S'emploie dans le langage ordinaire avec le sens de transaction, d'accord, dans lequel on se fait des concessions mutuelles.
Législ. — Le c. est une convention par laquelle les parties soumettent à des arbitres leur contestation. *C.* et *transaction* ne sont pas deux termes synonymes : dans le c., les parties s'en remettent à l'*arbitrage* des tiers ; dans la transaction, elles tranchent elles-mêmes leur différend par des concessions réciproques. — Le c. désigne les noms des arbitres, ainsi que l'objet du litige, le tout à peine de nullité de l'acte. Les parties peuvent fixer un délai pour que les arbitres rendent leur sentence ; à défaut de cette fixation, la loi établit un délai de trois mois. On peut rédiger le c. par acte sous seing privé, mais dans ce cas on doit faire autant d'originaux qu'il y a de parties ayant un intérêt distinct. Toute personne capable de contracter et d'aliéner peut faire un c., pourvu qu'elle ait la libre disposition du droit qui en fait l'objet. On peut compromettre sur tout ce qui est matière à convention entre particuliers, sauf pour toutes les affaires intéressant l'ordre public, dont l'article 1004 du Code de procédure civile donne l'énumération. Le c. cesse par le décès d'un des arbitres, ou par l'expiration du délai fixé par les parties ou par la loi. — Les compromis sont soumis au droit fixe d'enregistrement de 3 fr. 75.

COMPROMISSAIRE. s. m. T. Jurisp. Arbitre choisi à la suite d'un compromis.

COMPROMISSION. s. f. Action, parole par laquelle on se compromet.

COMPROMISSIONNAIRE. adj. [Pr. *konpromi-sio-nère*]. Acte fait par compromis. *Arbitre c.,* Arbitre choisi par compromis.

COMPROMISSOIRE. adj. 2 g. T. Jurisp. Qui concerne le compromis.

COMPSOGNATHUS. s. m. [Pr. *kon-psog-na-tuss*] (gr. χομψός, élégant ; γνάθος, mâchoire). T. Paléont. Zool. Le genre *C.* ou *Compsognate* a été créé pour un curieux reptile fossile dont une empreinte n'a été jusqu'à ce jour trouvée que dans les schistes de Kelheim, du terrain jurassique.
Cet animal, de la taille d'un rat, était remarquable par son long cou, ses membres antérieurs petits, tandis que les postérieurs étaient très développés. Le bassin et les membres postérieurs le rapprochaient du type oiseau. Il devait progresser en sautant comme les kangourous, au moyen de ses pattes de derrière, et se soutenant à l'aide de sa longue queue.

COMPTABILIAIRE. adj. 2 g. Qui a rapport à la comptabilité. *Erreur c.*

COMPTABILIAIREMENT. adv. Relativement à la comptabilité.

COMPTABILITÉ. s. f. [Pr. *kon-tabilité*] (R. *comptable*). Obligation de rendre compte. Peu us. || L'action, la manière de rendre et d'établir des comptes. *Il a mis beaucoup d'ordre dans sa c. Être chargé de la c. Bureau de la c.*
Admin. — On appelle *C. publique* l'ensemble des opérations financières que comporte la gestion des deniers appartenant à l'État, aux départements, aux communes, aux établissements publics et de bienfaisance. Les règles de la c. publique se trouvent contenues dans le décret du 31 mai 1862, surnommé le « Code des comptables », et dans les règlements ou instructions publiés par les divers ministères et les grands services financiers de l'État. Nous donnerons une idée très sommaire de l'organisation de cette c.
Chaque année, on dresse pour l'année suivante un état des prévisions de recettes ou de dépenses qui constitue le *budget ;* les sommes mises par le budget à la disposition de l'administrateur, en vue d'effectuer les dépenses, sont divisées en *crédits,* qui ont chacun une affectation spéciale et bien déterminée ; le fait de détourner une partie ou la totalité des sommes formant un crédit pour les employer à un autre usage que celui qui est prévu par le budget, constitue un *virement ;* les crédits se subdivisent en chapitres et les chapitres en articles. La durée des opérations se rapportant à un même budget se nomme *exercice ;* comme il est très difficile, quelquefois impossible, à l'administrateur d'achever le règlement de toutes les recettes et dépenses au 31 décembre pour l'année courante, on a ajouté au délai d'un an des mois de tolérance pendant lesquels peuvent être terminées les opérations financières de l'année précédente. Cette période supplémentaire écoulée, l'exercice est *clos :* le comptable dresse alors un état des recettes restant à recouvrer et un état des dépenses restant à effectuer, qui constituent une sorte de renouvellement du budget et qui permettent de reculer jusqu'à la clôture de l'exercice du nouveau budget les opérations inachevées du précédent.
Un des principes essentiels de la c. publique consiste dans l'incompatibilité des fonctions d'*ordonnateur* des dépenses et de celles du *comptable.* L'ordonnateur est celui qui donne au détenteur des deniers l'ordre écrit ou *mandat* de payer ; le *comptable* est celui qui a le maniement des deniers, mais qui n'en a pas pour ainsi dire la disposition, étant donné qu'il ne peut payer que sur le vu du mandat émis par l'ordonnateur.
A la différence du budget, qui n'est qu'un état de prévisions, le *compte* est l'état réel des recettes et des dépenses afférentes à une année ; on distingue le *compte de gestion* dressé par le comptable du *compte administratif* établi par l'ordonnateur. Les comptes se soldent en *déficit* ou en *boni,* suivant que les dépenses excèdent les recettes ou réciproquement.
A côté de la comptabilité en deniers, il existe, pour certaines branches de l'administration, une *comptabilité-matières,* où les matières elles-mêmes figurent par quantités, en recettes et en dépenses. C'est ainsi qu'une comptabilité-matières existe pour la guerre, la marine, les hospices.
Les comptes de gestion qui concernent l'État, les départements, les communes ou les établissements publics dont le revenu annuel dépasse 30,000 francs sont soumis au jugement de la *cour des comptes ;* ceux qui se rapportent aux établissements publics dont le revenu ordinaire est inférieur à ce chiffre sont apurés par les conseils de préfecture, sauf appel devant la cour des comptes. Quant aux comptes administratifs, ils sont soumis au contrôle et à l'approbation du Parlement, du président de la République, de l'autorité préfectorale, suivant qu'ils émanent des ministres, des préfets, des maires et des ordonnateurs des établissements publics et de bienfaisance.
Enfin, on nomme *C. occulte* l'immixtion d'une personne n'ayant pas la qualité de comptable dans une gestion financière et la c. irrégulière qui résulte de ce fait. En matière de c. publique toute c. occulte est interdite, quand bien même elle ne serait pas dissimulée, contrairement au sens que ces mots paraissent offrir. La sanction de cette interdiction consiste en ce que celui qui l'enfreint est réputé par la loi

comptable de fait, et soumis comme tel dans sa personne et ses biens à toutes les charges et obligations qu'entraîne cette qualité. Voy. COMPTABLE.

Écon. comm. — La c. d'une entreprise commerciale ou industrielle doit être établie de manière qu'elle permette à chaque instant de se rendre compte de l'état de l'entreprise, des dettes et créances, des marchandises ou matières premières en magasin, etc. On arrive à ce résultat en inscrivant sur des livres spéciaux toutes les opérations de l'entreprise. La c. est l'art d'établir les comptes concernant toutes les opérations de l'entreprise, de les diviser par catégories, de les comparer entre eux, etc.; la *tenue des livres* est l'art d'inscrire les comptes en ordre sur les livres. Ces deux expressions sont généralement employées comme synonymes, quoiqu'à la vérité un même système de comptabilité puisse être réalisé par diverses dispositions d'écritures; mais il faut reconnaître que cette distinction est assez subtile. On remarquera cependant qu'un bon comptable doit être capable d'organiser la c. d'une entreprise nouvelle, en tenant compte de toutes les variétés d'opérations et de toutes les nécessités pratiques, et de modifier au besoin son système en présence de l'extension du genre d'affaires, tandis qu'on ne demande à un bon teneur de livres que d'inscrire régulièrement et correctement sur les livres les divers articles d'une c. qu'il n'a pas imaginée et dont on lui a expliqué le mécanisme.

Aux termes de l'art. 8 du Code de commerce tout commerçant est obligé de tenir : un *Livre-journal* sur lequel il doit inscrire, jour par jour, ses dettes actives et passives, les opérations de son commerce, ses négociations, acceptations ou endossements d'effets, et généralement toutes ses recettes ou payements, et mentionner, mois par mois, les sommes employées à la dépense de sa maison; un *Livre des inventaires* sur lequel il doit transcrire, année par année, l'inventaire de ses effets mobiliers et immobiliers, et l'état de ses dettes actives et passives; et un *Livre de copie de lettres* sur lequel il doit copier toutes les lettres qu'il écrit, pendant que, d'un autre côté, il conserve et met en liasse toutes celles qu'il reçoit. Ces trois livres doivent être tenus par ordre de dates, sans blancs, ni lacunes, ni transports en marge. Ils doivent encore être cotés, paraphés et visés, soit par un des juges du tribunal de commerce, soit par le maire ou l'adjoint. Enfin, outre le visa, le livre-journal et celui des inventaires sont soumis à une seconde formalité du même genre qui a lieu une fois chaque année. — Les livres de commerce doivent être conservés pendant dix ans. Quand ils sont tenus régulièrement, ils peuvent être admis par le juge pour faire preuve entre commerçants pour faits de commerce; mais ils ne font point, contre les personnes non marchandes, preuve des fournitures qui y sont consignées. Toutefois, dans ce dernier cas, le juge peut, suivant plusieurs auteurs, déférer le serment au marchand.

Outre les livres qui précèdent, il en existe encore d'autres qui ne sont point prescrits par la loi, mais dont l'emploi est cependant généralement indispensable pour la régularité des écritures. Le nombre de ces *livres auxiliaires* est subordonné au genre d'affaires de chaque négociant. Les principaux sont : le *Grand-livre*, appelé autrefois *Livre de raison*, sur lequel on transcrit, dans un ordre méthodique, les affaires portées sur le journal, où elles se trouvent trop pêle-mêle pour qu'on puisse les y examiner avec facilité; le *Livre de caisse*, sur lequel on inscrit toutes les recettes et dépenses en numéraire; le *Magasinier*, destiné à constater l'entrée et la sortie des marchandises; le *Rencontre* ou *Livre des effets à payer et à recevoir*, qui rend, pour les effets de commerce, les mêmes services que le livre de caisse pour le numéraire et le magasinier pour les marchandises; le *Livre des comptes courants*, qui présente toujours l'état de ce que l'on doit aux correspondants, ou de ce qui est dû par eux; le *Livre des échéances*, qui indique jour par jour les recettes ou les payements à faire; enfin, le *Brouillard*, appelé aussi *Mémorial* ou *Main courante*, sur lequel on inscrit le détail des affaires au fur et à mesure qu'elles sont conclues, pour les mettre ensuite au net sur le journal et les autres livres qui doivent les recevoir. Enfin, dans beaucoup de maisons, on établit encore d'autres livres auxiliaires, selon la nature des opérations et les détails particuliers de l'administration.

La loi ne contient aucune prescription relativement à la manière dont un commerçant doit tenir sa comptabilité. En conséquence, il peut choisir entre les deux méthodes qu'on désigne sous les noms de c. *en partie simple* et c. *en partie double*.

Dans la *comptabilité en partie simple*, le journal et le grand-livre sont les seuls registres dont la tenue soit soumise à des formes et à des règles dont on ne s'écarte point. On ne passe au journal que les articles relatifs aux affaires faites à terme, et la rédaction de ces articles ne présente aucune difficulté. On inscrit simplement, à la date du jour, le nom de la personne avec laquelle on a traité, en la *débitant* ou en la *créditant*, selon que cet article la rend débitrice ou créancière du commerçant. Pour *débiter* la personne qui doit, on emploie cette formule : Doit un tel pour tel objet, et l'on ajoute l'explication nécessaire. Pour *créditer*, au contraire, on écrit : Avoir un tel pour tel objet, et l'on explique l'opération. Ainsi, le nom du débiteur est précédé du mot *Doit*, et celui du créancier du mot *Avoir*. Pour établir le grand-livre, on ouvre un compte particulier à chacune des personnes qui sont débitées ou créditées au journal. Chaque compte particulier se compose de deux parties, l'une surmontée du mot *Doit*, pour toutes les sommes que doit l'individu nommé : c'est le côté du *débit*; l'autre, surmontée du mot *Avoir*, pour les sommes qu'il a payées ou qui lui sont dues : c'est le côté du *crédit*. Il résulte de là que toute valeur qui figure au débit est *entrée* chez le correspondant, et que toute valeur qui est inscrite au crédit est *sortie* de chez lui. Ainsi, les expressions *Doit*, *Débit*, *Entrée*, chez le titulaire du compte; *Avoir*, *Crédit* ou *Sortie* de chez le titulaire, s'expliquent l'une par l'autre. La différence qui existe entre le débit et le crédit se nomme *Solde*. Ce solde est *débiteur* quand le débit surpasse le crédit, et *créditeur* dans le cas contraire. *Solder un compte*, c'est en prendre ou en payer le solde. Le *balancer*, c'est porter le solde du côté le plus faible, afin d'obtenir une somme égale des deux côtés. Nous venons de dire que l'on établit un compte pour chaque débiteur ou créancier; toutefois il ne s'agit ordinairement ainsi que pour ceux avec lesquels on fait des affaires à terme assez importantes pour qu'il soit nécessaire de les classer séparément. Quant aux personnes auxquelles on ne croit pas devoir ouvrir un compte particulier, on les réunit en un seul compte collectif, sous ce titre *Divers*. — Dans la c. partie simple, on n'inscrit au journal ni les achats et ventes au comptant, ni les payements d'effets, etc. Ces choses se portent seulement au livre de caisse, au livre d'échéances, au livre de marchandises, etc. — Cette méthode a été appelée c. *en partie simple* parce que les articles ou *parties* du journal ne sont inscrites qu'une seule fois sur le grand-livre. Elle occasionne peu de travail, mais elle a le défaut de ne pas présenter d'un seul coup l'ensemble des opérations et de leur résultat. Bien plus, comme les notes sont disséminées dans les divers livres, elle rend les recherches et les vérifications longues et difficiles.

La c. *en partie double* ne diffère réellement de la précédente qu'en ce qu'elle est complète; c'est la seule qu'il convienne d'employer dans une c. sérieuse, la seule qui remplisse toutes les conditions d'une bonne c. Dans la méthode en partie simple, on constate seulement le *débit* du *débiteur*, c.-à-d. de celui qui reçoit, et le *crédit* du *créditeur* ou créancier, c.-à-d. de celui qui donne. Mais, comme toute opération commerciale a toujours lieu entre deux personnes, et que tout débiteur suppose nécessairement un créditeur, et réciproquement, la partie simple n'exprime que la moitié de la c. partie complexe. Dans la méthode en partie double, au contraire, on indique en même temps au journal le débiteur et le créditeur, et, en vertu de cette double indication, on inscrit deux fois (de là le nom donné à la méthode) toutes les sommes sur le journal, savoir : au *débit* du compte *débiteur* et au *crédit* du compte *créditeur*. Il est donc de principe que le commerçant se débite ou se crédite lui-même, suivant qu'il reçoit ou qu'il donne des marchandises, de l'argent ou toute autre valeur. Toutefois le commerçant ne se débite ou ne se crédite jamais sous son nom sur ses propres livres, parce qu'il est toujours représenté, ou par sa caisse, ou par ses marchandises, ou par son capital, ou par ses profits et pertes; ce sont ces divers objets qu'il débite ou crédite et auxquels, par conséquent, il ouvrira des comptes spéciaux. La c. est établie comme si les marchandises, les effets, le capital, la caisse, etc., étaient confiés à des agents spéciaux qui devraient en rendre compte et qui seraient par suite débités de tout ce qui leur est confié, et crédités de tout ce qu'ils sortent de leur magasin, de leur portefeuille, de leur caisse, etc. On leur ouvrira donc des comptes. — Les choses qui font l'objet des opérations commerciales sont au nombre de quatre : les marchandises, les effets, les valeurs en papier dont on doit recevoir le montant, les valeurs en papier dont on doit payer le montant, et les espèces métalliques. Les comptes correspondants sont : celui de *Marchandises générales*, qui doit être débité du prix coûtant de toutes les marchandises qu'on achète ou qu'on reçoit, et crédité du prix de vente de toutes celles qu'on vend ou que l'on fournit et du prix coûtant de celles qui se trouveraient perdues par une raison quelconque ; celui des *Effets à recevoir*, appelé aussi *Traites et remises*, qui doit être débité de toutes les lettres de change, billets ou mandats qu'on prend ou qu'on reçoit, et crédité de ces mêmes effets quand on les négocie ou quand on les donne en payement ; celui des *Effets à payer*, qui doit être crédité de tous les effets que consent le commerçant et de toutes les lettres de change ou mandats qu'on tire sur lui et qu'il accepte, et débité de ces mêmes effets quand ils rentrent dans les mains du commerçant ; enfin, celui de *Caisse*, qui doit être débité de tout l'argent que l'on reçoit et crédité de celui que l'on donne. Mais ce n'est pas tout. Le commerçant fait des pertes et des bénéfices, et il faut en tenir compte. En conséquence, on ouvre un cinquième compte intitulé *Profits et pertes* ou mieux *Pertes et profits*, et l'on y débite toutes les pertes qu'on éprouve, tandis qu'on y crédite tous les bénéfices que l'on fait. C'est le véritable compte du propriétaire ou des actionnaires de l'entreprise à qui les agents de l'exploitation doivent verser les bénéfices et dont ils doivent recevoir l'équivalent des pertes. Ces cinq comptes sont dits *Comptes généraux*, par opposition aux comptes particuliers qui sont ouverts aux personnes. Ceux-ci se tiennent de la même manière que les précédents. On y porte au débit de la personne nommée tout ce qu'elle reçoit ou ce qu'on paye pour elle, et à son crédit tout ce qu'elle donne ou ce que l'on reçoit pour elle. En résumé, le compte d'une personne doit être débité de tout ce qu'elle doit et crédité de ce qu'elle a payé.

D'après ce système, chaque opération doit être inscrite au moins deux fois, une fois au crédit d'un certain compte, une autre fois au débit d'un autre compte. Par ex., si l'on achète 100 fr. de marchandises au comptant, on débitera de 100 fr. *Marchandises générales*, puisque la marchandise sera entrée, et l'on créditera la *Caisse* de 100 fr., puisque celle-ci aura payé 100 fr. Si l'achat est à terme, au lieu de créditer la *Caisse*, on créditera le compte du vendeur, puisqu'on lui doit 100 fr., et lorsqu'on paiera cette dette, on débitera le vendeur et l'on créditera la caisse. Plus tard, la marchandise est vendue 120 fr. au comptant. On pourrait créditer de 100 fr. les *Marchandises générales* qui ont livré la marchandise, débiter de 120 fr. la caisse qui a reçu cette somme, et enfin créditer de 20 fr. le compte profits et pertes. L'usage a fait prévaloir, pour l'inscription des bénéfices, une marche un peu plus compliquée qui consiste à inscrire au compte *Marchandises générales*, non seulement l'entrée et la sortie des marchandises évaluées au prix coûtant, mais encore les bénéfices réalisés sur ces marchandises, comme si l'agent fictif chargé de la garde de ces marchandises avait aussi celle des bénéfices. A cet effet, dans l'exemple précédent, on créditera les *Marchandises générales* de 120 fr. pour la vente, et on les débitera de 20 fr. pour le bénéfice, en écrivant :

AVOIR par *Caisse* pour vente de marchandises, 120 fr. ;
DOIT à *Profits et pertes* pour bénéfices sur ces marchandises, 20 fr.

A *Caisse* on écrira :
DOIT à *Marchandises générales*, 120 fr. ;
et à *Profits et pertes* :
AVOIR par *Marchandises générales* pour bénéfice, 20 fr.

Si la marchandise est vendue à perte, soit 90 fr., on créditera deux fois les *Marchandises générales*, savoir : 90 fr. par *Caisse* pour vente, et 10 fr. par *Profits et pertes* pour perte, on débitera la *Caisse* de 90 fr. et les *Profits et pertes* de 10 fr. Les opérations qui se font à terme par l'intermédiaire d'effets sont un peu plus compliquées et exigent quelquefois qu'on *passe* plusieurs articles à plusieurs comptes ; mais ce que nous venons de dire suffit pour faire comprendre le mécanisme de ces écritures multiples. La règle absolue est que, dans tous les cas, le total des sommes inscrites aux débits des divers comptes doit être égal au total de celles qui sont inscrites au crédit d'autres comptes.

Au début de l'entreprise, le commerçant est obligé de faire diverses dépenses, d'acheter des marchandises avec des sommes qui n'ont encore participé à aucune opération, et qui constituent le capital engagé dans l'entreprise. Il faut tenir un compte de ce capital, quoiqu'à la rigueur le nouveau compte intitulé *Capital* ne soit pas indispensable à la régularité de la c. des opérations. Ce compte est tenu comme si le propriétaire ou les actionnaires étaient créanciers de leur capital vis-à-vis de l'ensemble de l'exploitation. Par conséquent, dès le début des opérations on inscrit à *l'avoir du*

capital toutes les dépenses d'installation, d'achats de marchandises, d'argent mis en caisse et les valeurs destinées à constituer une réserve pour parer à l'éventualité d'une mauvaise période à traverser. On débite en même temps de sommes égales les comptes correspondants : *Immeubles, Caisse, Matériel, Marchandises, Réserve*, etc. Les achats de marchandises et l'argent mis en caisse sont balancés par le débit d'une somme égale à *Marchandises générales* et à *Caisse*. Quant aux dépenses d'installation et de réserve, elles sont équilibrées par des comptes spéciaux, tels que *Immeubles, Mobilier, Machines, Réserves*, etc., qu'on débite de toutes les dépenses correspondantes. Pendant la durée de l'exploitation, l'usure du matériel et les dépréciations d'immeubles constatées à chaque inventaire seront, d'une part, créditées aux comptes correspondants ; d'autre part, débitées soit à *Capital*, soit à *Profits et pertes*. Si une partie des bénéfices réalisés est mise en réserve, ou employée à étendre les opérations, elle est débitée aux profits et pertes et créditée au *Capital*, puis débitée au capital et créditée au compte qui correspond à son emploi. En définitive, le compte *Capital* est à peu près de la même nature que celui des profits et pertes, et pourrait être supprimé et confondu avec lui : car tous les deux représentent l'état des créances du propriétaire ou des actionnaires vis-à-vis de l'ensemble de l'entreprise.

Enfin, dans une exploitation importante, il convient d'ouvrir un compte particulier à chaque entreprise particulière. On agit comme si l'entreprise était confiée à un agent qui serait débiteur de toutes les sommes dépensées pour cette entreprise et créancier de toutes les sommes qu'elle rapporte. Ainsi, l'éditeur du présent dictionnaire a dû ouvrir un compte spécial où sont inscrites les dépenses qu'entraîne cette publication et toutes les recettes qui résultent de la vente des livraisons et volumes, sans préjudice des écritures que nécessitent les mêmes opérations sur les livres de sa comptabilité générale.

On voit qu'avec une comptabilité tenue régulièrement d'après cette méthode, tous les détails des opérations se trouvent enregistrés sur des livres spéciaux, et qu'on peut, à une époque quelconque, par de simples additions et soustractions qui n'exigent aucune recherche, se rendre compte de l'état exact de telle ou telle partie de l'entreprise et du chiffre total des bénéfices ou des pertes. Les inventaires eux-mêmes deviennent à la rigueur inutiles, puisque toutes les marchandises et matières premières, les espèces, les valeurs mobilières et immobilières, etc., sont toutes inscrites sur les livres. L'inventaire est cependant nécessaire de temps à autre, soit par mesure de vérification, soit pour s'assurer de l'état des marchandises, mobilier et matières, et évaluer leur dépréciation inévitable par usure, avarie, changement de modes, etc., cette dépréciation devant être portée au débit des *Profits et pertes*, comme nous l'avons expliqué plus haut, sous peine de laisser le propriétaire dans une illusion dangereuse sur l'état de ses affaires.

Au reste, nous devons reconnaître que bien peu de maisons, même parmi les plus importantes, s'astreignent à une c. aussi régulière qui exige à la vérité beaucoup de temps et une attention de tous les instants. Le compte *Marchandises générales* est le plus souvent sacrifié, et il faut bien avouer qu'il serait très difficile de tenir au courant dans un commerce de détail, par exemple, où l'on vend journellement, par petites portions, un nombre considérable d'objets de peu de valeur. On se contente alors de tenir régulièrement la c. du numéraire, du capital et des effets, et c'est l'inventaire annuel ou trimestriel, devenu alors d'une absolue nécessité, qui renseigne le commerçant sur la quantité et la véritable valeur des marchandises qu'il possède en magasin. C'est ainsi que la plupart des commerçants sont incapables de se rendre compte habituellement de l'état de leurs affaires, et obligés d'attendre l'inventaire pour connaître le chiffre de leurs bénéfices, quelquefois même pour savoir si leurs opérations se soldent en bénéfice ou en perte. On ne saurait trop s'élever contre ce genre particulier de désordre, si propre à entretenir des illusions dangereuses, ni trop recommander l'usage d'une c. complète, y compris les comptes de matières premières et de marchandises générales, tenues au moins d'une manière approximative, s'il est impossible de les établir rigoureusement.

Bibliog. — EUGÈNE LÉAUTEY et ADOLPHE GUILBAUT, *La Science des comptes mise à la portée de tous.*

COMPTABLE. adj. 2 g. [Pr. *kon-table*] (R. *compter*). Qui est assujetti à rendre compte. *Officier, agent c. Les receveurs sont comptables.* — Fig., *Il n'est c. à personne de ses actions. Nous sommes comptables de nos talents à la patrie.* || Qui impose l'obligation de rendre compte. *Il ne veut point d'emploi c.* — *Quittance c.*, Qui est revêtue des formes nécessaires pour être allouée par qui il appartient.

COMPTABLE. s. m. [Pr. *kon-table*] (R. *compter*). Dans le langage des administrations publiques on appelle *c.* l'agent qui, ayant la garde et le maniement d'espèces, de valeurs, ou de matières quelconques, est tenu d'en rendre compte. || Dans le commerce et l'industrie on appelle *c.* celui qui fait profession de tenir la comptabilité et d'inscrire les comptes sur les livres. — Il est d'une bonne administration que le *c.* n'ait pas le maniement des espèces, valeurs et marchandises. — On remarquera que la seconde acception est très différente de la première et lui est, pour ainsi dire, contradictoire.

Législ. — La loi a pris les comptables de l'État, des communes et des établissements publics un certain nombre de précautions en vue de garantir les intérêts des personnes morales dont ils gèrent les ressources. Les biens des comptables sont d'abord frappés d'hypothèque légale; de plus, un privilège spécial existe sur leur cautionnement et sur les immeubles acquis à titre onéreux par eux ou par leurs femmes depuis le jour où ils ont pris possession de leurs fonctions.

D'autre part, le Code pénal édicte des peines très rigoureuses contre les comptables qui se rendraient coupables de détournement de deniers, d'effets mobiliers, de valeurs quelconques confiées à leur garde, savoir : *les travaux forcés à temps* si la chose soustraite a une valeur de plus de 3,000 fr., ou si, étant de moindre valeur, elle égale ou excède néanmoins soit le tiers de la recette ou du dépôt, soit le cautionnement, soit le tiers du produit commun de la recette pendant un mois; — la peine de *l'emprisonnement* quand ces conditions ne sont pas réalisées. Dans tous les cas, il est toujours prononcé contre le condamné une amende dont le maximum est le quart et le minimum le douzième des restitutions qui peuvent être exigées du lui (C. pénal, art. 169 à 172.).

COMPTAGE. s. m. [Pr. *kon-taje*]. Action de compter.

COMPTANT. adj. m. [Pr. *kon-tan*] (R. *compter*). Ne se dit guère que dans ces loc., *Argent c., Deniers comptants,* Argent un en espèces compté sur-le-champ. *Il a tant en argent c. Payer argent c.,* en beaux deniers comptants — Fig. et fam., *C'est de l'argent c.,* se dit d'une chose promise et qui ne peut manquer. *Prendre quelque chose pour argent c.,* Croire trop aisément à ce qu'on dit; s'en trop rapporter à de simples apparences. *Avoir de l'esprit argent c.,* Avoir la repartie prompte, briller dans la conversation. = COMPTANT. s. m. Se dit pour argent c. *Avoir du c. Voilà tout mon c. Acheter, vendre au c.* Fam. || Autrefois, au trésor royal, on appelait *Petit c.* le bureau où l'on payait les sommes au-dessous de mille livres, et *Grand c.,* celui où l'on payait les sommes supérieures. = COMPTANT. adv. *Vendre, acheter, payer c.* — Fig. et fam., *Payer c.,* Rendre sur-le-champ les bons ou les mauvais offices qu'on a reçus. Se dit surtout dans ce dernier cas. *Il m'a joué un tour, mais je l'ai payé c.*

COMPTE. s. m. [Pr. *konte*] (lat. *computus*, m. s.). Calcul, nombre total de choses qui ont été ou doivent avoir été comptées. Énumération. *Il sait le c. de son argent. J'ai trouvé cent vingt francs dans le sac, c'est le c. Le c. n'y est pas. On lui a donné l'argenterie en c. Sans c. ni mesure. Monnaie de c.* Voy. CHANGE. Fam., *Cela n'est pas de c.,* Cela ne doit pas être compté. *De c. fait,* En comptant bien. || Fam., *C. rond,* se dit d'un nombre composé de dizaines, de centaines ou de milliers sans fraction. *Donnez-moi encore deux francs, cela fera vingt francs, cela fera un c. rond.* — Par opposit. à *C. rond,* on dit quelquefois *Mauvais c.* ou *C. borgne.* *Quatre francs quatre-vingt-cinq centimes font un mauvais c., un c. borgne.* || Prov., *Erreur n'est pas c.,* On peut toujours revenir sur une erreur de calcul. *A tout bon c. revenir,* On doit toujours être reçu à recommencer un calcul,

pour s'assurer de son exactitude. || Fig. et famil., *Faire son c., trouver son c.,* Trouver du profit et de l'avantage. *Il a bien fait son c. dans cette recette. Ne plaisantez pas cet homme-là, vous n'y trouveriez pas votre c.* — *Faire son c.,* signifie encore se proposer, s'attendre à, espérer que, etc. *Il fait son c. de partir demain.* Au lieu de *Faire son c.,* on dit aujourd'hui *Compter.* — *Avoir son c.,* Avoir ce qu'on espérait, ce qu'on désirait; être bien dans ses affaires. *Avoir son c.,* entendre bien son c.. Entendre bien ses intérêts, et n'être pas facile à duper. — *Être loin de c.,* loin de son c., Être loin de ce que l'on espère, de ce que l'on désire, se tromper dans ses prévisions, dans ses prétentions, etc. — *Être loin de c.,* se dit aussi de deux personnes qui étant en marché, en négociation, sont encore bien éloignées de pouvoir tomber d'accord. *Ils sont encore loin de c.* || *A ce c.-là,* Selon cette manière de voir, selon cette supposition. *A ce c.-là, je vois qu'il n'a pas tort.* On dit de même, *A votre c., il n'y aurait rien à reprendre.* — *Au bout du c.,* loc. fam. dont on se sert en terminant un raisonnement, un discours, etc., et qui sign., Tout bien considéré, après tout. *Au bout du c., je ne crains rien.* = *C.,* se dit encore quelquefois d'un certain nombre de choses que l'on prend successivement dans la main, et qui, étant plusieurs fois répété, fait la somme ou le total que l'on demande. *A compter cinq à cinq, il faut vingt comptes pour faire cent.* = État de ce qu'on a dépensé, de ce qu'on doit, de ce qu'on a à recevoir ou de ce qu'on a à payer. *Vous avez dépensé cent francs à l'hôtel, voilà votre c. J'ai dépensé pour vous deux cents francs, en voilà le c. Voilà le compte de ce que je dois recevoir cette semaine.* || *Donner à un ouvrier son c.,* Lui payer ce qui lui est dû. *Faire le c. d'un domestique,* lui donner son c., Le renvoyer en le payant ce qu'on lui doit de ses gages. — Fig., *Donner à quelqu'un son c.,* Le traiter comme il l'a mérité. Ne se dit qu'en mauvaise part. = T. Comm. et Admin. État calculé ou non calculé d'effets possédés, administrés, acquis, reçus, dus ou dépensés. *Établir, dresser, rendre, voir, revoir un c. Arrêté de c. Reliquat de c. Livres de comptes,* Les registres et journaux sur lesquels les commerçants, banquiers, etc., portent leur avoir, leurs dettes, leurs recettes et leurs dépenses. || *C. de capital,* C. qui évalue tout ce que possède un négociant, tant en immeubles qu'en effets mobiliers de toute nature, déchargés de toutes hypothèques et de toutes dettes. *C. de profits et pertes,* Celui par lequel un négociant établit la balance des profits et pertes qu'il a pu faire. *C. de bilan,* Celui qu'on ouvre au grand-livre pour la clôture des livres. *Bordereau de c.,* Relevé détaillé des diverses espèces de valeurs qui entrent dans un c. particulier. *Débet de c.,* La somme dont la recette excède la dépense. *Solde de c.,* La somme dont le débit excède le crédit, ou dont le crédit excède le débit, lorsque la balance a été faite et vérifiée. *C. courant,* Le c. particulier que tient un négociant en rapport d'affaires avec un autre, afin de savoir constamment sa position à l'égard de ce dernier. *Lorsque deux négociants tiennent chacun un c. courant pour les affaires qu'ils font ensemble, le débit du c. de l'un constitue le crédit du c. de l'autre et réciproquement. C. courant,* se dit encore de tout crédit ouvert par un banquier à un particulier pour toutes les diverses courantes de celui-ci. *C. de retour.* Voy. CHANGE. || *Ouvrir un c.,* Le placer dans la première fois dans le grand-livre, ce qui se fait en écrivant en gros caractères le nom, prénoms et demeure de celui avec qui l'on entre en compte ouvert. *Apostiller un c.,* Mettre des notes et des apostilles à côté de chaque article, une ou plusieurs pour les allouer, aux autres pour les débattre. *Vérifier un c.,* L'examiner pour s'assurer qu'il ne s'y est point glissé d'erreur. *Clore un c.,* L'arrêter et en fixer le reliquat. *Coucher une somme sur un c.,* Enregistrer sur un grand-livre, soit au débit, soit au crédit, les parties dont les particuliers deviennent débiteurs ou créditeurs. *Pointer les parties d'un c.,* Mettre un point à côté de chaque partie que le comptable vérifie, pour justifier que la rencontre est juste. *Solder un c.,* Le calculer, le régler, l'arrêter, en faire la balance. *Passer en c.,* Tenir c. à quelqu'un d'une somme qu'on a reçue de lui ou pour lui. *Assurer un c.,* En juger tous les débats, et en faire lever toutes les souffrances et apostilles mises en marge. *Affirmer un c.,* Jurer et assurer qu'il est véritable. *Débattre un c.,* Faire des remarques sur divers articles d'un c., soit pour augmenter la recette, soit pour en faire diminuer la dépense. *Être de c. à demi avec quelqu'un,* Être en société d'intérêt avec quelqu'un, et partager par moitié les bénéfices et les pertes. == Se dit particulièrement de l'état de recette et de dépense des choses dont on a eu l'administration. *C. de gestion,* Celui qui est rendu par un comptable, et où il est justifié de la régularité des recettes et des dépenses. *C. de deniers*, Celui où il est justifié de l'emploi des fonds. *C. de matières*, Celui qui est basé sur des inventaires, sur les procès-verbaux ou sur les visa d'entrée et de sortie. *C. d'administration*, Exposé sommaire présenté par une administration aux personnes intéressées, et indiquant les résultats généraux obtenus pendant une certaine période de temps. — *C. de tutelle*, C. de la gestion qu'a faite un tuteur des biens de son pupille mineur. Voy. Tutelle. — *Avoir une chose en c.*, Être chargé de l'administrer, à la charge de justifier de sa gestion à qui de droit. || *Être de bon c.*, Être fidèle dans les comptes que l'on rend; et fig. et fam., parler avec sincérité, avec franchise. *Soyez de bon c., et avouez que la chose ne vous plaît pas.* || Fig. et fam., *Son c. est bon*, On lui fera un mauvais parti, ou il sait la peine, le châtiment qui l'attend. On dit dans un sens anal., *Son c. sera bientôt réglé*, etc. — *Faire c., tenir c. de quelqu'un ou de quelque chose*, L'estimer, l'avoir en considération. *J'en fais grand c. Il n'a tenu aucun c. de mes observations.* — On dit quelquefois d'une femme qui néglige les soins de sa personne, de son ajustement, ou qui a peu de soin de sa réputation, qu'*Elle ne tient pas c. d'elle.* — *Tenir c. à quelqu'un d'une chose*, Lui en savoir gré, lui en avoir de la reconnaissance. *Je lui tiens c. de sa bonne volonté.* On dit dans un sens anal. *Mettre c. à quelqu'un, faire, entrer en ligne de c.,* *Dieu nous tiendra c. des moindres actes de charité,* Nous en récompensera. || On dit d'une chose qu'une personne a ou aura à payer, qu'*Elle est à son c., sur son c. Les frais de voyage sont à mon c.* — *Prendre sur son c.,* Se charger de quelque chose, en prendre la responsabilité. *Faites ce que je vous dis, je prends tout sur mon c.* — *Sur le c. de quelqu'un,* Sur ce qui le concerne. *On m'a donné sur son compte des renseignements peu favorables.* — *Mettre une aventure, faire courir une histoire sur le c. de quelqu'un,* Faire croire qu'elle lui est arrivée. || *Pour le c. de quelqu'un.* En vertu du mandat qu'on a reçu de lui. *Vendre, négocier, acheter, etc., pour le c. de quelqu'un.* On dit par opposit., *Vendre, négocier, etc., pour son propre c., sur son c.* — Fig. et fam., *Il en a pour son c.,* se dit d'un homme à qui il arrive quelque malheur, comme d'être blessé, d'être maltraité, ou de faire quelque perte. — *Pour mon c., pour son c.,* Pour ce qui me concerne, quant à lui. *Je n'ai, pour mon c., rien à me reprocher. Il a, pour son c., fait les plus grands efforts possibles.* — *Pour le compte de quelqu'un,* A son adresse. *Les applaudissements étaient pour le c. de l'auteur, pour son c., et les sifflets pour celui de l'acteur.* || Action de rapporter ce qu'on a fait, ce qu'on a vu, etc., d'en rendre raison, *Rendre c. de ses actions, de sa conduite. Dieu nous demandera c. de toutes nos actions. Vous me rendrez bon compte d'une telle conduite, Je saurai bien vous en punir, vous en faire repentir. Rendre c. d'une séance de la Chambre,* etc., Analyser et apprécier les discours qui y ont été prononcés, rapporter les incidents qui se sont produits. — *Rendre c. d'un ouvrage dans un journal,* etc., Analyser un ouvrage, en faire connaître les qualités et les défauts. — *Se rendre c. de quelque chose,* Se l'expliquer, le comprendre. *Je ne pouvais me rendre c. de ce que j'éprouvais, de ce que je voyais.* — *C. rendu,* Exposé, récit de quelque fait particulier. *C. rendu de l'état des finances, de l'administration des douanes.* On dit aussi, *Le c. rendu d'un ouvrage, d'un drame,* etc., L'analyse critique d'un ouvrage, etc. *Comptes rendus,* Titres de plusieurs recueils périodiques publiés par des académies, des sociétés, etc. *Les comptes rendus des séances de l'Académie des sciences sont hebdomadaires.* || *C.* se prend encore pour marché. *Avoir à bon c., faire bon c.,* Avoir à bon marché, faire bon marché. *Il a eu cela à bon c. Ce marchand vous fera bon c., vous fera meilleur c., vous vendra à meilleur c. que qui que ce soit.* On dit de même, *Vivre à bon c.,* Vivre à bon marché. — Prov. et fam., *Boire, manger à bon c.,* Manger et boire sans se mettre en peine de savoir ce qu'il en coûtera, ou qui le payera. On dit aussi fig., *Boire, manger, rire, se divertir à bon c.,* Sans s'embarrasser de ce qui en coûtera, ni de ce qui peut arriver. = *A compte.* Manière de parler abrégée pour dire qu'on a donné ou reçu quelque chose sur la somme due. *Il a donné cent écus à c.* — S'emploie substantiv. dans le même sens, mais alors on joint les deux mots en un seul. *Il n'a reçu qu'un ac. Il a donné des acomptes.* || T. Com. *Bois de c.,* Bois coupé régulièrement dont on compte les bûches au lieu de les peser.

Droit administ. — *Cour des Comptes.* — Ainsi que nous l'avons déjà dit au mot Budget, un certain nombre de personnes se figurent encore que l'administration des deniers publics est

dépourvue de contrôle, et que les malversations sont chose facile et fréquente de la part des hommes qui ont le maniement de ces deniers. C'est là une erreur des plus grossières. L'emploi de tous les fonds qui constituent le budget de l'État, des départements, des communes, des établissements de bienfaisance, etc., est assuré par des règlements aussi simples que sévères. Toutes les opérations de la comptabilité publique sont régies par des règlements spéciaux. Enfin, leurs résultats, après avoir été soumis à l'examen des administrations centrales dont dépendent les fonctionnaires qui ont un maniement de fonds, sont portés chaque année à la *Cour des Comptes,* juridiction spéciale chargée d'exercer un contrôle sévère sur tous les comptables des deniers publics. Une institution analogue existait en France longtemps avant la Révolution, sous le nom de *Chambres des Comptes.* Mais ces chambres, au nombre de 12, établies l'une à Paris et les autres auprès des pays d'états, n'avaient aucune relation entre elles. En outre, comme elles étaient placées sous la dépendance immédiate de l'administration qu'elles étaient chargées de contrôler, leur censure ne pouvait être très efficace. Aussi furent-elles toutes supprimées par l'Assemblée constituante, qui, pour les remplacer, créa (par la loi du 17 sept. 1791) un *Bureau de Comptabilité nationale,* dont les membres furent nommés par elle et placés sous sa surveillance immédiate. Bientôt une loi du 24 juin 1793 transforma le Bureau de Comptabilité en *Commission de Comptabilité nationale.* Cette commission fut organisée sur des bases nouvelles et composée de fonctionnaires responsables qui devaient fournir un cautionnement, et qui étaient placés sous la surveillance du Corps législatif. Cependant elle ne fonctionna jamais qu'imparfaitement, et il devint bientôt nécessaire de remédier à un état de choses qui compromettait tout à la fois les intérêts des comptables et ceux de l'État. Ce fut Mollien, ministre du Trésor, qui, en 1807, conçut la pensée de conférer le jugement des comptes à une magistrature spéciale d'un ordre élevé. A cette époque, l'ancienne institution des Chambres des comptes fut régénérée sous le nom de *Cour des Comptes,* tous les comptables de deniers publics furent sans exception placés sous sa juridiction, avec cette distinction toutefois qu'elle ne connaîtrait des comptes des communes et établissements de bienfaisance que lorsque les revenus de ces communes ou établissements serait supérieurs à 30,000 fr. Ce chiffre a été depuis élevé à 50,000 fr. pour l'Algérie.

Tribunal administratif, la Cour des Comptes est chargée de la vérification et du jugement des comptes en deniers. Mais strictement limitée aux faits de comptabilité, sa juridiction ne s'étend pas aux crimes de concussion ou de faux que ses investigations peuvent établir à la charge des comptables. La Cour des Comptes est également appelée à connaître des comptes de matières. Mais les comptabilités de l'espèce ressortissant aux diverses administrations de l'État (contributions, postes, etc.), sont l'objet d'arrêts rendus dans la même forme que ceux qui sont relatifs aux comptes en deniers. Au contraire, les comptes-matières relatifs aux matières de consommation *appartiennent à l'État* et ne sont soumis qu'au contrôle de la Cour.

La juridiction de la Cour ne s'étend pas aux ordonnateurs; mais lorsque l'examen des comptes révèle de graves irrégularités à leur charge, elle a le devoir de les signaler au ministre compétent.

Les séances de la Cour ne sont pas publiques. Elle statue toujours en dernier ressort et en général comme unique degré de juridiction, sauf lorsqu'elle est saisie sur appel des arrêtés des conseils de préfecture en matière de comptabilité des communes et établissements de bienfaisance dont les revenus n'excédent pas 30,000 fr. pour la métropole et 50,000 fr. pour l'Algérie.

Les comptables de deniers publics sont tenus de déposer leurs comptes au greffe de la Cour dans un délai prescrit. En cas de retard de leur part, celle-ci prononce les peines fixées par les lois et règlements. Les voies d'exécution auxquelles elle peut avoir recours consistent en amendes, séquestres, vente de biens et emprisonnement. — Lorsqu'un ministre ou un agent comptable quelconque se croit fondé à attaquer un arrêt de la Cour pour violation de formes ou de fond, il peut se pourvoir dans les trois mois devant le Conseil d'État, section du contentieux. En cas de cassation d'un arrêt de la Cour des Comptes, l'affaire est renvoyée devant l'une des chambres de la même Cour qui n'en a pas connu. Quant aux erreurs de fait ou matérielles, elles donnent lieu à une *revision* qui se fait suivant les formes ordinaires : les demandes en revision ne sont soumises à aucun délai. Chaque année, la Cour, en assemblée générale, fait un rapport adressé au chef de l'État et aux

Chambres sur les réformes et les améliorations qui lui paraissent devoir être introduites dans l'administration financière, et tous les trois mois le premier président adresse au ministre de la justice l'état de situation du travail de la Cour.

Aujourd'hui la Cour des Comptes est ainsi composée : 1 premier président, 3 présidents, 18 conseillers-maîtres des comptes, 26 conseillers référendaires de première classe, 60 référendaires de seconde classe, 25 auditeurs de première et seconde classe, 1 procureur général, 1 avocat général choisi parmi les référendaires de première classe, 1 greffier en chef. Les maîtres des comptes sont divisés en trois chambres composées chacune d'un président et de 6 maîtres des comptes ; les référendaires sont chargés de faire les rapports, mais ils n'ont pas voix délibérative. Les décisions doivent être prises dans chaque chambre à la majorité des voix, et en cas de partage la voix du président est prépondérante. Chaque chambre ne peut juger qu'avec cinq membres au moins. Les membres de la Cour sont nommés à vie, l'inamovibilité étant la condition indispensable de l'indépendance de juges chargés de contrôler les ministres et les fonctionnaires de l'ordre le plus élevé. Les présidents peuvent être changés chaque année.

Les présidents et conseillers-maîtres sont retraités à 75 ans, et les référendaires à 70 ans.

Le palais de la Cour des Comptes et du Conseil d'État, à Paris, sur le quai d'Orsay, bâti en 1842, a été incendié en même temps que les Tuileries, l'Hôtel de Ville, etc., par les vandales de la Commune de 1871 et a offert au philosophe le curieux spectacle de ruines au centre de Paris rapidement envahies par une forêt vierge proclamant le triomphe de la nature sur les œuvres humaines. Ces ruines grandioses et solitaires sont beaucoup plus belles que n'a jamais été le bâtiment au temps de son activité administrative et mondaine. Il semble, en parcourant ces salles désertes et silencieuses, que l'on se trouve soudain transporté dans les ruines du Colisée de Rome ou du forum de Pompéi. Le vent, la pluie, le soleil, se sont mis à l'œuvre. Les voûtes se sont effondrées, le bitume s'est crevassé, les escaliers se sont disloqués, les oiseaux ont apporté des graines, bâti des nids ; portés sur les ailes du vent, des semences lointaines se sont arrêtées là, et bientôt le tombeau de la civilisation humaine est devenu le berceau d'un nouveau monde. Il y a là une forêt inextricable en certains points. On y trouve des platanes, des érables, des saules, des bouleaux, des sureaux, des figuiers, des pêchers, des framboisiers, de la vigne vierge, des fougères, de la clématite, du lierre, des orties, du trèfle, des asperges, du plantain, du mouron, des ronces, des chardons. On y a compté 158 espèces végétales, qui n'ont été ni semées, ni plantées, mais apportées par le vent ou par les oiseaux. La nature a repris tous ses droits. Certains arbres mesuraient actuellement (1894) 17 à 20 mètres de hauteur et de 53 à 60 centimètres de circonférence ; cette forêt vierge dans les ruines a déjà 23 ans d'âge. Un quart de siècle suffirait pour couvrir ainsi Paris abandonné. Il est probable que ce palais de la Cour des Comptes sera rebâti, en 1895 ou 1896. C'est dommage au point de vue philosophique. Un Marc-Aurèle aurait pu le conserver avec une inscription rappelant l'heure de folie qui a causé ces ruines et qui montre combien l'espèce humaine est encore sauvage, malgré le vernis de la civilisation.

COMPTE-FILS. s. m. [Pr. *konte-fil*] T. Techn. Instrument dont on se sert pour mesurer la finesse d'une étoffe et qui consiste simplement en une loupe ajustée invariablement au-dessus d'une lame de cuivre, laquelle est percée d'un trou carré. En appliquant cette lame sur l'étoffe, on compte, à l'aide de la loupe, le nombre de fils que contiennent soit la chaîne, soit la trame, dans cet espace carré, ce qui donne, de la manière la plus exacte, le degré de finesse du tissu. = Pl. *Des compte-fils*.

COMPTE-GOUTTES. s. m. [Pr. *konte-goute*]. Nom d'un petit instrument formé d'un tube de verre effilé, terminé à l'autre extrémité par un bout de caoutchouc et destiné à doser les gouttes médicamenteuses. On presse le caoutchouc et on introduit la partie inférieure du tube dans le liquide. En lâchant le caoutchouc, celui-ci s'élargit en produisant un vide partiel ; le liquide monte dans le tube sous l'action de la pression atmosphérique quand on retire le tube. Une légère pression sur le caoutchouc fait alors écouler ce liquide goutte à goutte. == Pl. *Des comptes-gouttes*.

COMPTE-PAS. s. m. [Pr. *konte-pâ*]. T. Mécan. Instrument servant à compter les pas de celui qui le porte. Voy. Odomètre. == Pl. *Des compte-pas*.

COMPTER. v. n. [Pr. *kon-ter*] (lat. *computare*, m. s.). Nombrer, calculer, comprendre dans un compte, dans une énumération. *C. l'heure. C. des pauses, des silences. Les peuples musulmans comptent les années à partir de l'hégire. Nous étions vingt, en comptant les enfants. C. la dépense. Sans c. tout ce que je lui ai donné. Il faut c. que vous serez logé et nourri. C. un à un, deux à deux, quatre à quatre.* — *C. une somme à quelqu'un,* La lui payer. *Je lui ai compté six cents francs.* || *C. tant d'années, d'hivers, de printemps,* etc., Être âgé de tant d'années. Ne se dit guère que dans le style poétique. — *C. tant d'années de service, d'emploi,* etc., Avoir servi, avoir rempli un emploi pendant tant d'années. *Ce prince comptait déjà vingt ans de règne.* On dit de même, en parlant des monuments, des peuples, des institutions, etc., *C. tant d'années d'existence.* — Fig., *C. les jours, les heures, les moments,* etc., se dit pour exprimer l'impatience, l'inquiétude, les tourments que l'on éprouve en attendant une personne ou par suite de son absence. — Fig., et dans le style élevé, on dit, *C. ses jours par ses bienfaits; C. ses années par ses triomphes,* etc., pour signifier que chacun des jours de quelqu'un est marqué par quelque bienfait, etc. || *C. une chose à quelqu'un,* Lui en tenir compte. *Dieu nous comptera la moindre de nos aumônes.* — Fig., *C. les morceaux à quelqu'un,* Ne lui donner que le strict nécessaire. *C. les morceaux de quelqu'un,* Tenir compte de ce qu'il mange, être, par ext., tenir compte de ses moindres dépenses. || Fig. et fam., *C. ses pas,* Marcher lentement. *C. les pas de quelqu'un,* L'observer de fort près, surveiller attentivement ses démarches, sa conduite. || *C. parmi, C. au nombre de...,* etc., Avoir au nombre de, ranger une personne ou une chose au nombre de... *Il compte des rois parmi ses aïeux. On le compte parmi les hommes les plus savants de notre époque. Il comptait ce tableau parmi les richesses les plus précieuses du Musée.* || *C. pour,* Réputer, estimer. *On peut le c. pour mort. Je compte cela pour beaucoup.*

Quoi, lorsque vous voyez périr votre patrie,
Pour quelque chose, Esther, vous comptez votre vie!

RACINE.

On dit aussi quelquefois dans le même sens, *C. comme... Nous devons c. comme un par néant tout ce qui finit.* || *C. signifie encore,* Calculer, supputer, venir à compte; et alors il s'emploie d'ordinaire absol. *Il sait lire, écrire et c. Ce n'est pas le tout que de c., il faut payer. Il ne veut ni c. ni payer. C. de clerc à maître.* || Fig., *C. avec soi-même,* Se rendre compte de ses actions. — *C. avec une personne, avec une chose,* La prendre en considération. *C'est un homme avec lequel il faut c., si vous voulez réussir. Il faut c. avec les obstacles.* || Sign. aussi, Rendre compte; et alors se met avec la prépos. *de. J'ai compté de la dépense et de la recette. Il a touché ces fonds, et en a compté à la Cour des Comptes.* || *C. par tête, C. par pièce,* se dit, dans les hôtelleries, etc., quand la dépense de bouche se paie à un prix fixé par personne, ou quand elle est en raison du nombre de pièces qu'on a demandées. || Fig et prov., *Qui compte sans son hôte, compte deux fois,* On se trompe ordinairement quand on compte sans celui qui a intérêt à l'affaire, quand on espère ou qu'on promet une chose qui ne dépend pas absolument de nous. On dit de même, *Il a compté sans son hôte.* || T. Comm. *C. par bref, C.* sommairement sur de simples mémoires. || T. Mus. Passer des mesures sans chanter ni jouer. *Ici la basse compte trois mesures et reprend avec le chant.* — COMPTER. v. n. Être compté. *Cela ne compte pas, ne doit pas c. Il a cessé de c. parmi les vivants.* || Avoir l'intention, se proposer de. *Il compte partir demain.* || *C. sur,* Faire fond, avoir confiance. *On a tort de trop c. sur ses amis. Il compte sur le crédit de son oncle. Il ne faut pas c. sur ses promesses. Comptez que vous me trouverez toujours prêt à vous servir.* — *A c. de...,* loc. prépos. A partir de, à dater de... *A c. de demain, on battra le rappel à sept heures.* == SE COMPTER. v. pron. *Vous pouvez vous c. parmi les invités. Pensez-vous qu'il se compte pour rien? Cela se compte, doit se c.* — COMPTÉ, ÉE. part. *Nos jours sont comptés.* Fam., *Il a douze enfants bien comptés. J'ai cinquante ans bien comptés.* — Prov., *Tout c., tout rabattu,* ou *Tout bien c. et rabattu,* Tout bien considéré. == Syn. Voy. CALCULER.

COMPTEUR. s. m. [Pr. *kon-teur*]. Celui qui compte. ‖ T. Mus. Partie d'un orgue. ‖ T. Arith. Machine à calculer ‖ T. Horlog. Montre ou horloge à secondes. — Cadran généralement muni d'une aiguille à secondes, et dont les aiguilles reçoivent le mouvement d'un mécanisme central par l'intermédiaire d'un courant électrique, ou par tout autre procédé de transmission.

Méc. — Instrument qui sert à compter le nombre de révolutions d'un axe tournant ou celui des excursions alternatives d'une tige accomplies dans un temps donné. Il se compose ordinairement d'une série de rouages qui offrent la plus grande analogie avec ceux des montres, et qui font également mouvoir des aiguilles sur un cadran gradué. Le mouvement de l'appareil dont on veut compter les révolutions ou les excursions se communique à l'axe principal du c., au moyen de mécanismes divers.

Compteur à gaz. — Cet appareil est destiné à mesurer le volume de gaz d'éclairage qui passe dans une conduite, soit pour évaluer dans l'usine la quantité produite, soit pour déterminer celle qui a été brûlée par un consommateur. Il y a donc un c. général à l'usine, à l'entrée des tuyaux de distribution, et des compteurs particuliers entre la conduite de canalisation générale et les tuyaux qui amènent le gaz dans les becs où il sera consommé. C'est d'après les indications de ce c. particulier que la dépense de chaque abonné est réglée tous les mois et payée à la compagnie. Le c. à gaz se compose essentiellement d'une espèce de roue à augets de tôle galvanisée nommée *tambour*, placée dans un cylindre horizontal rempli d'eau jusqu'à un niveau convenable. (La Fig. 1 représente la coupe d'un c. perpendiculairement à l'axe.) Le tuyau qui amène le gaz pénètre dans le cylindre par le haut de l'une de ses extrémités et vient déboucher dans

Fig. 1.

l'axe de l'appareil en c. Le gaz en arrivant presse la palette *a* de l'auget A qu'il remplit et fait tourner la roue. Sitôt qu'un auget est plein, mais seulement alors, il vient verser son gaz dans la partie supérieure du cylindre-enveloppe, où se trouve le tuyau qui le conduit aux becs d'éclairage. A peine le premier auget a-t-il vidé son contenu, qu'un second auget s'emplit et s'élève de la même manière, et le mouvement se poursuit d'une manière continue tant qu'un seul bec reste ouvert. Comme tout le gaz est obligé de passer par ces augets, il est facile de comprendre que, connaissant leur capacité et le nombre de tours qu'a faits la roue, on a la quantité de gaz consommé. Les aiguilles de trois cadrans fixés sur le devant du c. que le tambour met en mouvement par l'intermédiaire d'une vis sans fin placée sur son axe et de roues d'engrenage convenablement disposées indiquent : l'une, les mètres cubes; l'autre, les dizaines, et la troisième, les centaines. Les grands modèles contiennent un quatrième cadran pour les mille; enfin, l'axe vertical du rouage porte un tambour divisé qui donne les fractions de mètre cube et les litres. — L'exactitude des indications du c. est subordonnée à l'invariabilité du niveau de l'eau, car si celui-ci s'abaisse, la capacité des augets augmente et la compagnie est lésée. C'est le contraire si le niveau s'élève. Il importe donc, pour éviter les fraudes, que personne ne puisse modifier le niveau de l'eau. A cet effet, le c. est muni de plusieurs organes accessoires situés dans une boîte carrée placée en avant du tambour et représentée Fig. 2. Ce sont : le *flotteur* F qui ferme la soupape S quand le niveau descend trop bas, et empêche ainsi l'introduction du gaz par le tube d'adduction E; le *tube de vidange* N qui communique avec une orifice fermé par une vis B et permet d'enlever toute l'eau en excès au-dessus du niveau de ce tube; le *siphon* G, qui est un tube recourbé dont la petite branche

est ouverte à sa partie inférieure au niveau que l'eau ne doit pas dépasser et qui communique avec une troisième branche aboutissant dans la calotte sphérique centrale du tambour.

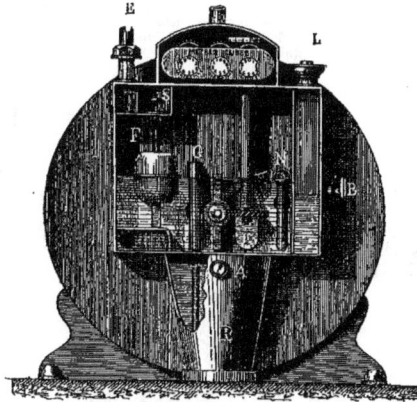

Fig. 2.

C'est par le siphon que le gaz passe de la caisse rectangulaire dans le tambour; si le niveau de l'eau s'élève trop haut, la petite branche est obstruée et l'écoulement du gaz est arrêté. La branche inférieure du siphon descend dans la cavité R appelée *garde-eau* hydraulique qui ne communique avec l'extérieur que par l'orifice A, placé trop haut pour qu'on puisse puiser par le siphon du gaz qui n'aurait pas actionné le c. Il arrive quelquefois que le siphon contient un peu d'eau, en quantité insuffisante pour arrêter complètement l'écoulement du gaz; les mouvements de cette eau produisent dans le courant gazeux des intermittences qui se traduisent par des fluctuations de la lumière. On fait cesser cet effet désagréable en ouvrant l'orifice A qui laisse écouler un peu d'eau et purge ainsi le siphon. Un cliquet d'arrêt vient buter sur un rochet placé sur l'axe du tambour et empêche qu'on puisse faire rétrograder de force les aiguilles. On règle le c. en introduisant l'eau par l'ouverture L jusqu'à ce qu'elle vienne s'écouler goutte à goutte par l'orifice B. Les compteurs à gaz avant d'être mis en service sont vérifiés et poinçonnés par la Préfecture de police.

Il y a deux causes qui contribuent à faire varier en sens inverse le niveau de l'eau dans le c., ce sont : 1° la condensation de la vapeur d'eau que peut contenir le gaz; 2° l'évaporation; celle-ci est généralement prépondérante. Sans doute, la construction même de l'appareil empêche que ces variations dépassent certaines limites sans qu'on en soit averti; mais, outre l'inconvénient qu'il y a à régler son c. fréquemment, sous peine d'être privé de gaz, les variations du niveau, dans les limites mêmes où elles sont possibles, faussent les indications du c. On a remédié à ce défaut de deux manières : l'une, très précise, consiste dans l'emploi d'un volant d'une forme un peu compliquée et disposé de manière que le gaz passe d'un compartiment dans l'autre de telle sorte que le volume de gaz expulsé du c. est indépendant du niveau de l'eau ; ce genre de c. est nommé *C. à mesure invariable.* L'autre solution, qui est celle des compteurs à niveau constant, consiste à mettre le gaz en contact avec de l'eau avant de l'amener dans la chambre du c. De la sorte il arrive saturé à la température même de l'eau du c., et il ne peut se produire ni condensation ni évaporation.

Il arrive quelquefois, l'hiver, que l'eau du c. vient à geler. Alors le gaz ne peut s'écouler. On remédie à cet inconvénient en mêlant à l'eau du c. de l'alcool et de la glycérine, ce qui retarde la congélation.

On a construit aussi des compteurs secs qui reposent sur l'emploi de compartiments à membranes flexibles, qui s'emplissent et se vident à la manière d'un soufflet. Ces compteurs, assez usités en Angleterre, sont à peu près inconnus en France.

Compteur à eau. — La distribution et la vente de l'eau à domicile dans les villes munies d'une canalisation spéciale se fait d'après trois systèmes : 1° *l'abonnement à robinet libre* qui n'a pour base que des évaluations approximatives reposant sur le nombre de personnes habitant la maison, le nombre des animaux : chevaux, bestiaux, etc., celui des voitures et la nature des occupations des habitants ; 2° *l'abonnement avec robinet de jauge*, qui ne laisse écouler qu'une quantité d'eau déterminée par 24 heures et qui exige l'emploi de réser-

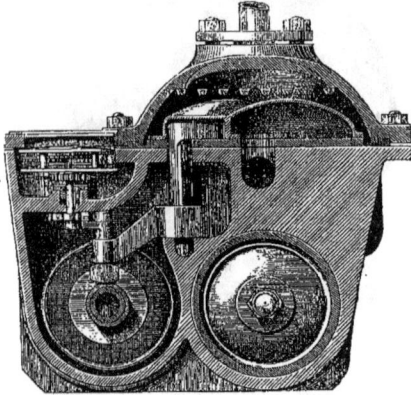

Fig. 3.

voirs pour emmagasiner l'eau et l'utiliser au fur et à mesure des besoins ; 3° *l'abonnement au c.*, qui est le seul procédé rationnel offrant des garanties sérieuses à la fois à la compagnie et à l'abonné, celui-ci payant exactement d'après le volume d'eau consommé. Il existe un grand nombre de systèmes de compteurs d'eau. On peut les répartir en trois catégories :

1° Les *Compteurs à mouvement rotatif*, dont l'organe

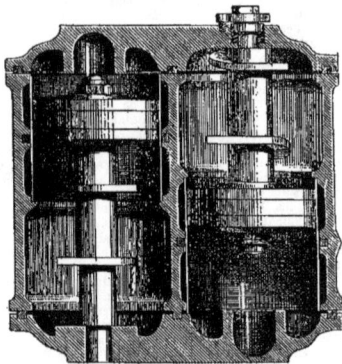

Fig. 4.

essentiel est une sorte de petite turbine ou d'hélice que l'écoulement de l'eau met en mouvement. Un système de rouages communique le mouvement aux cadrans enregistreurs, de sorte que le nombre de tours de la turbine fait connaître le volume d'eau écoulé. Ces compteurs présentent, pour la plupart, un grave inconvénient : lorsque l'eau se meut trop lentement, elle n'a pas la force nécessaire pour faire

tourner la turbine et elle s'écoule sans être mesurée ou ne l'est qu'imparfaitement. Nous citerons cependant le *C. Nash*, appelé aussi *Crown-meter*, dont l'organe principal est une sorte de pignon denté tournant entre deux plateaux munis d'orifices en spirale, qui fonctionne sous de très faibles pressions et peut mesurer les plus petits débits.

2° Les *Compteurs à compartiments extensibles*, qui nécessitent l'emploi de membranes flexibles en cuir ou en caoutchouc, assez promptes à se détériorer.

3° Les *compteurs à pistons mobiles dans un cylindre*, qui sont les plus parfaits et les plus employés. L'eau s'introduit successivement en avant et en arrière du piston par un jeu de tiroirs ou de soupapes, et chaque oscillation du piston laisse écouler un volume d'eau bien déterminé, de sorte qu'il suffit de compter les coups de piston ou de faire commander les organes enregistreurs par le mouvement alternatif du piston. Les Fig. 3 et 4 représentent en coupe verticale et horizontale le *C. Frager*, qui est le plus répandu, et qui se compose essentiellement de deux cylindres horizontaux dans lesquels se meuvent les pistons : chaque piston se meut alternativement pendant que l'autre reste immobile. L'eau arrive et s'écoule par chaque extrémité du cylindre qui communique alternativement avec le tuyau d'adduction et avec le tuyau de décharge. Lorsqu'un piston arrive à l'extrémité de sa course, un heurtoir que porte sa tige change la disposition des tiroirs et l'autre piston se met en mouvement. De plus, la tige d'un des pistons porte un rochet qui, à chaque oscillation, fait avancer d'une dent une roue qui commande le rouage des aiguilles. Le nombre des dents des diverses roues de ce rouage est réglé de façon que les aiguilles indiquent le volume écoulé en litres et en mètres cubes. On emploie aussi le *C. Samain* à 4 cylindres et le *C. Mathelin* à 3 cylindres. En Angleterre on fait un grand usage du *C. Kennedy*, qui ne comporte qu'un seul cylindre avec des conduits s'ouvrant : l'un dans la partie supérieure, et l'autre dans la partie inférieure, et qui viennent aboutir dans la chambre de distribution. L'organe de distribution est une sorte de clef ou robinet actionné par le piston et qui fait communiquer alternativement l'un de ces conduits avec le tuyau d'arrivée, l'autre avec le tuyau de décharge. Nous signalerons aussi le *C. Schmidt* à 2 cylindres verticaux employé pour l'alimentation des chaudières à vapeur.

Compteur d'électricité. — Le développement des distributions d'électricité pour l'éclairage, la galvanoplastie, la force motrice, etc., a rendu nécessaire la création d'appareils propres à mesurer la dépense effectuée par l'abonné. Ce que doit payer celui-ci, c'est la quantité de *travail* ou d'*énergie électrique* qu'il consomme. D'après la théorie des courants électriques, si on désigne par E la différence de potentiel ou force *électromotrice* entre les points extrêmes du circuit et par I l'intensité du courant, l'énergie est à chaque instant proportionnelle à ces deux quantités ; de sorte que la quantité d'énergie consommée pendant un temps donné est représentée par l'intégrale $\int E I dt$. Si la différence de potentiel E et l'intensité I restaient constantes, il suffirait de mesurer le temps pendant lequel le courant passe ; si l'un des deux facteurs reste constant, il suffira de mesurer $\int E dt$ ou $\int I dt$. Les *Compteurs de force électromotrice* qui mesurent $\int E dt$ sont aussi appelés *Voltmètres*. Il n'en existe pas de réellement pratique. Les *Compteurs de quantité* qui mesurent $\int I dt$ sont nommés *Coulombs-mètres ;* il en existe de nombreux systèmes qui sont basés, les uns sur l'*électrolyse*, les autres sur les actions électro-magnétiques. Les premiers consistent à mesurer la quantité d'eau ou d'un sel quelconque décomposé par un courant placé en dérivation pendant un temps donné, quantité qui est proportionnelle à $\int I dt$. L'inconvénient du système saute aux yeux : la dérivation n'est qu'une faible fraction du courant total, de sorte que les moindres erreurs sur l'évaluation de ce faible courant entraînent des erreurs considérables sur celles du courant total. Les autres consistent essentiellement dans un galvanomètre ou ampèremètre combiné avec un chronomètre et un appareil totalisateur. L'ampèremètre donne à chaque instant la valeur de I, le chronomètre mesure le temps et le totalisateur calcule mécaniquement le produit EI dt et l'intégrale $\int I dt$. Les *Compteurs d'énergie* qui mesurent $\int E I dt$ portent le nom de *Watt-mètres ;* il en existe de nombreux systèmes. Ceux de *Marcel Deprez*, de *Vernon-Boys*, *Ayrton*, *Siemens*, reposent sur l'emploi de deux circuits ayant des résistances très différentes, ce qui permet de déterminer le produit EI. Un chronomètre et un totalisateur complètent l'appareil. Le c. du Dr Aron ou *C. à retardation* repose sur l'emploi de pendules synchrones dont l'un est retardé par l'action d'une bobine dans laquelle passe le courant, retard à peu près proportionnel à l'énergie électrique. Il suffit de totaliser ces retards, ce qui se fait de soi-même par la comparaison des rouages qui comptent les oscillations des pendules.

On appelle *Échelle de travail* d'un c., le rapport entre le débit maximum et le débit minimum que peut enregistrer le c. avec exactitude. Un c. est d'autant plus parfait que son échelle de travail est plus étendue : car les trop petits débits ne sont pas enregistrés et constituent une perte pour le producteur. Cette qualité, qui est acquise à un très haut degré par les compteurs à gaz, l'est beaucoup moins par les compteurs d'électricité, qui sont des appareils beaucoup plus délicats.

Quel que soit le principe de l'appareil, il convient de distinguer les *Compteurs à intégration continue* qui déterminent à chaque instant la valeur de l'intégrale par un mécanisme approprié, et les *Compteurs à intégration discontinue* qui mesurent la valeur de la quantité qu'on veut enregistrer à des intervalles de temps égaux et font la somme des mesures, ce qui revient à supposer que cette quantité reste invariable pendant chaque intervalle de temps. Voy. TOTALISATEUR.

Compteur kilométrique. — Ce sont des appareils destinés à mesurer le chemin parcouru par une voiture. Il suffit de compter les tours de roues et de disposer des rouages convenables eu égard au diamètre de la roue pour actionner les aiguilles des cadrans indicateurs. Il en existe de nombreux systèmes ; mais aucun n'avait montré, jusqu'en 1892, des qualités assez pratiques pour qu'on pût faire la base d'une tarification de louage des voitures publiques. On a expérimenté au commencement de 1892, sur les *Petites voitures de Paris*, ce système de c. horo-kilométrique qui indique automatiquement le trajet parcouru, la durée de ce trajet et le prix dû par le voyageur suivant qu'il a accepté le tarif à l'heure ou le tarif au kilomètre. On peut adjoindre à cet appareil un appareil totalisateur qui totalise toutes les sommes reçues par le cocher et pourrait servir de contrôle à la compagnie dans le cas où l'on abandonnerait définitivement le tarif à la course pour ne conserver que le tarif à l'heure ou au kilomètre. Voy. VOITURES (*Petites*).

Bibliog. — LAMI, *Dictionnaire de l'industrie et des arts industriels*; E. HOSPITALIER, *Les Compteurs d'énergie électrique*, 1889 ; les diverses Revues d'Électricité.

COMPTEUSE. s. f. [Pr. *kon-teuze*] (R. *compter*). Celle qui arrange les mains de papier.

COMPTOIR. s. m. [Pr. *kon-toir*] (R. *compter*). Chez les marchands, sorte de bureau ou de table longue et étroite sur laquelle on étale la marchandise que l'acheteur demande. *Demoiselle de c.*, Demoiselle employée à la vente. || Dans les maisons de commerce et de banque, le lieu où travaillent les commis, où se font et se reçoivent les paiements, etc. *Le c. d'un négociant.* On dit plus ordinairement, *Bureau.* || Fig., se dit des établissements commerciaux d'une nation à l'étranger. *Les Hollandais ont plusieurs comptoirs dans les Indes.* || *C. d'escompte.* Voy. ESCOMPTE. || T. Techn. Lieu d'une fabrique de tissus où sont disposées les matières premières prêtes à être distribuées aux ouvriers.

COMPTONIA. s. m. [Pr. *kon-pto-nia*] (R. *Compton*, nom d'un évêque anglais). T. Bot. Genre de plantes de la famille des *Myricées*. Voy. ce mot.

COMPTORISTE. s. m. [Pr. *kon-toriste*] Celui qui tient un comptoir.

COMPULSATION. s. f. [Pr. *... sion*]. Action de compulser.

COMPULSER. v. a. (lat. *compulsare*, pousser). T. Jurisp. Prendre communication des registres, des minutes d'un officier public, en vertu de l'ordonnance du juge. || Par ext., Examiner des papiers, des livres, etc. *Il compulsa tous les auteurs qui s'étaient occupés de la matière.* = COMPULSÉ, ÉE. part.

COMPULSEUR. s. m. Celui qui compulse.

COMPULSIF, IVE. adj. (lat. *compulsare*, pousser). Qui contraint, qui oblige. *Une force compulsive.*

COMPULSION. s. f. (lat. *compulsare*, pousser). T. Didact. Contrainte, force qui contraint. || Action de compulser.

COMPULSOIRE. s. m. (R. *compulser*). T. Prat. Action de prendre communication des registres, des minutes d'un officier public, en vertu de l'ordonnance du juge.

COMPUT. s. m. [Pr. *kon-put*] (lat. *computare*, calculer). T. Chron. Le mot *C.*, qui signifie proprement calcul, ne s'emploie qu'en parlant des calculs qui servent à régler le calendrier ecclésiastique, et l'on donne le nom de *Computistes* à ceux qui s'occupent de ces calculs Le *C. ecclésiastique*, ou simplement le *C.*, a principalement pour objet de déterminer l'époque de la fête de Pâques. Ses éléments principaux sont les *Lettres dominicales*, le *Nombre d'or* et l'*Épacte*.

1. *Lettres dominicales.* — On a joint de bonne heure aux livres d'église ou de prières un *Calendrier perpétuel*, c.-à-d. pouvant servir pour toutes les années. Ce calendrier présente un certain nombre de colonnes verticales dans lesquelles figurent les jours de chaque mois suivant leur ordre numérique : 1, 2, 3, 4, 5, etc. — D'autres colonnes renferment les fêtes fixes, c.-à-d. celles qui se célèbrent invariablement à des jours déterminés de l'année. On voulut encore indiquer les jours de la semaine correspondant aux jours du mois, et surtout faire connaître à quels quantièmes ou jours de chaque mois tombaient les dimanches, qui sont véritablement des fêtes mobiles. Si l'année se composait exactement de 52 semaines, toutes les années commenceraient par un jour de même nom. Mais 7 fois 52 ne font que 364 et non 365. Une année commune se compose donc de 52 semaines plus 1 jour, et une année bissextile, de 52 semaines plus 2 jours. Une année commune finit, par conséquent, avec le même jour qui l'a commencée et une année bissextile avec le jour suivant, d'où il suit que d'une année à l'autre les mêmes dates ne se retrouvent pas aux mêmes jours de la semaine. Pour faciliter la détermination du jour de la semaine qui correspond à une date donnée, on a imaginé de remplacer les noms des jours de la semaine par les 7 premières lettres de l'alphabet : A, B, C, D, E, F, G. Ces lettres furent appelées *Dominicales*, parce qu'elles indiquent les jours de l'année où tombent les dimanches (*dies dominicalis* ou *dominica*). A désigne invariablement le premier jour de l'année, B le deuxième, C le troisième, D le quatrième, et ainsi des autres jusqu'à G qui correspond au septième. Puis, la série recommençant dans le même ordre, et l'on place A en regard du huitième jour, B en regard du neuvième, etc. D'après cela, si l'année commence un dimanche, A sera la lettre dominicale de cette année, et partout où l'on trouvera A sur le calendrier, le quantième du mois sera un dimanche. Si l'année commence un jeudi, le premier dimanche sera le 4e jour et sera représenté par D. D sera la lettre dominicale, et tous les jours de l'année marqués de cette lettre seront des dimanches. On voit ainsi que dès qu'on connaît la lettre dominicale d'une année, on peut trouver facilement les dimanches, et, par suite, tous les autres jours de la semaine. Les années bissextiles compliquent un peu le calcul à cause du 29 février intercalaire qui ne figure pas sur le calendrier perpétuel.

Pour éviter cette erreur, on a donné aux années bissextiles deux lettres dominicales, la première pour les deux mois de janvier et février, et la seconde pour mars et le reste de l'année. Il est facile de se rendre compte que la seconde de ces deux lettres est celle qui précède la première. De même, quand on passe d'une année à la suivante, la lettre dominicale rétrograde d'un jour, de sorte que ces lettres se suivent périodiquement dans l'ordre alphabétique inverse : G, F, E, D, C, B, A, G, etc.

Lorsqu'on sait par quel jour de la semaine commence une année et qu'on veut trouver la lettre dominicale de cette année, il suffit de se rappeler que le 1er janvier est toujours affecté de la lettre A et de chercher la lettre correspondant au 1er dimanche. Ainsi, 1895 commençant un mardi, on aura : *Mardi* A, *Mercredi* B, *Jeudi* C, etc. *Dimanche* F. La lettre dominicale de 1895 est donc F.

Si l'on ne connaît pas le premier jour de l'année, on peut employer la règle suivante : *Divisez le millésime par 4 et ajoutez le quotient au dividende, puis divisez la somme par 7.* Le reste vous donne le rang qu'occupe la lettre dominicale dans la suite G, F, E, D, C, B, A, la lettre G *correspondant au reste 1 et la lettre* A *au reste* 7 ou 6. Si l'année est bissextile, ce que l'on reconnaît à ce que son millésime est divisible par 4, la lettre ainsi trouvée est celle qui se rapporte à la seconde partie de l'année ; celle qui se rapporte au début de l'année est la précédente dans la suite considérée, ou la suivante dans l'ordre alphabétique. On simplifie un peu en faisant usage des deux tableaux suivants qui conviennent le premier aux années communes, le second aux

G	F	E	D	C	B	A
1	2	3	4	5	6	7

années bissextiles. Ainsi, pour trouver la lettre dominicale de 1892, je divise 1892 par 4, ce qui donne exactement 473 ; 1892 + 473 = 2.365, qui, divisé par 7, donne le reste 6. 1892 étant bissextile, je me sers du second tableau, où je trouve en regard du chiffre 6 les lettres CB.

AG	GF	FE	ED	DC	CB	BA
1	2	3	4	5	6	7

Cette règle est basée sur l'hypothèse que les années bissextiles se reproduisent exactement de 4 en 4, le quotient par 4 ayant précisément pour but de tenir compte de ces années qui modifient de deux unités au lieu d'une, le rang de la lettre dominicale. Comme, d'après le calendrier grégorien, l'année 1900 ne sera pas bissextile, il faudra dans le XXᵉ siècle diminuer d'une unité le reste de la division par 7. Ainsi pour 1915, on trouve le quotient par 4 égal à 478 ; 1915 + 478 = 2,393, dont le reste par 7 est 6. Il faudra prendre 5 au lieu de 6, ce qui correspond à la lettre C.

II. *Nombre d'or.* — On appelle *Cycle lunaire* une période de 19 années solaires après laquelle les nouvelles lunes ou *néoménies* reviennent à très peu près aux mêmes quantièmes des mois. Ce cycle ayant été inventé par Méton, célèbre astronome d'Athènes, qui vivait vers l'an 432 avant notre ère, on le nomme très souvent *Cycle métonique* ou *Cycle de Méton*. Le cycle imaginé par l'astronome grec contenait exactement 6,940 jours. Or, d'une part, ce nombre excède d'environ 9 heures et demie la véritable longueur de 19 années solaires, et d'autre part il excède de 7 heures et demie la durée de 235 lunaisons. En conséquence, un siècle après Méton un autre astronome grec, Calippe, proposa la réforme de ce cycle. Il commença d'abord par le quadrupler, ce qui fit une nouvelle période de 76 ans, au bout de laquelle on devait retrancher un jour, en changeant l'un des mois lunaires de 30 jours en mois de 29 jours. En d'autres termes, la *Période calippique* se composait de quatre cycles métoniques, dont les trois premiers étaient de 6,940 jours, et dont le quatrième n'avait que 6,939 jours ; la longueur moyenne du cycle de Méton se trouva ainsi réduite à 6,939 jours 3/4. Ce fut avec cette modification que ce dernier fut adopté par les computistes, attendu que le cycle lunaire de 6,939 jours 3/4 s'accordait parfaitement avec le système d'intercalation du calendrier julien. D'après ce que nous venons de dire, il est aisé de comprendre l'utilité de ce cycle. Il suffit, en effet, de savoir à quelles dates tombent les néoménies dans chaque année du cycle, pour retrouver immédiatement les mêmes dates dans une année quelconque, pourvu qu'on connaisse le numéro du rang qu'occupe cette année dans le cycle. Le nombre dont on se sert pour marquer chaque année du cycle lunaire est appelé *Nombre d'or*, soit parce que les Grecs l'inscrivaient en lettres d'or dans leurs temples, soit parce qu'on le marquait ainsi dans les calendriers pour le rendre plus apparent. C'est le moine Denys le Petit (540 ap. J.-C.) qui introduisit le cycle lunaire dans la chronologie sacrée. Comme on suppose vulgairement que l'an qui précéda la 1ʳᵉ année de notre ère fut la 1ʳᵉ du cycle, l'année suivante est la 2ᵉ, l'an 3 fut la 3ᵉ, et la période recommença l'an 19. En conséquence, pour trouver le rang qu'occupe une année quelconque dans le cycle, c.-à-d. le nombre d'or de cette année, voici la règle que l'on doit suivre : *On ajoute 1 au millésime de l'année et on divise par 19 ; le quotient représente le nombre de cycles écoulés, et le reste indique l'année du cycle, c.-à-d. est le nombre d'or demandé.* En prenant pour exemple l'année 1893, on a 1893 + 1 = 1894 qui, divisé par 19, donne 99 pour quotient et 13 pour reste. Ce quotient montre que 99 cycles lunaires se sont écoulés depuis l'an 1 av. J.-C., et le reste 13, qui est le nombre d'or, nous apprend que 1893 est la 13ᵉ année du 100ᵉ cycle.

III. *Épactes.* — On appelle ainsi l'âge de la lune au 1ᵉʳ janv. de chaque année, c.-à-d. le nombre de jours dont la dernière nouvelle lune a précédé le commencement de l'année. Ce nom d'*Épacte* vient du grec ἐπακτός, qui signifie *ajouté*. L'année solaire commune se composant de 365 jours, et l'année lu-

naire de 354 jours, la différence des deux années est donc de 11 jours, de sorte que l'épacte augmente chaque année de 11 unités ; mais, comme le mois lunaire n'excède jamais 30 jours, il faut retrancher 30 dès que le nombre ainsi calculé dépasse 30. Il est tenu compte des années bissextiles par l'addition d'un *jour à tout mois lunaire* dans lequel se trouve le 29 février. En conséquence, si l'on suppose, comme cela est effectivement vrai, que la première année du cycle commence par une néoménie, les épactes des 19 années dont le cycle se compose seront comme il suit :

N. d'or	I.	II.	III.	IV.	V.	VI.	VII.	VIII.	IX.	X.
Épacte	0.	11.	22.	3.	14.	25.	6.	17.	28.	9.

N. d'or	XI.	XII.	XIII.	XIV.	XV.	XVI.	XVII.	XVIII.	XIX.
Épacte	20.	1.	12.	23.	4.	15.	26.	7.	18.

Mais l'ordre s'interrompt à la fin du cycle, car si on veut former de la même manière l'épacte de l'année d'après, on trouvera 18 + 11 = 29, tandis qu'on doit avoir 0 pour retrouver les néoménies aux mêmes dates pendant le cycle suivant. Cette anomalie s'explique par la formation même du cycle lunaire du calendrier ecclésiastique. On suppose que les mois lunaires ont alternativement 29 et 30 jours, ou que l'année lunaire commune est de 354 jours ; de plus, afin de faire correspondre la période lunaire avec celle de 19 années solaires, on insère 6 mois embolismiques ou intercalaires de 30 jours chacun dans le cours du cycle, et un autre mois de 29 jours à la fin. Il résulte de la qu'après avoir, d'après l'hypothèse précédente, ajouté 11 à l'épacte de la 19ᵉ année du cycle, on doit retrancher 29 au lieu de 30 pour avoir l'épacte de l'année suivante, c.-à-d. de la première année du cycle suivant. Cette méthode de formation des épactes s'adapte parfaitement au calendrier julien, et on pourrait l'employer indéfiniment, si l'intercalation julienne n'éprouvait pas d'interruption, et si le cycle lunaire, tel que nous l'avons exposé, correspondait exactement aux mouvements vrais de la lune. Mais il n'en est point ainsi : l'intercalation julienne est modifiée dans les années séculaires, et le cycle, comme nous l'avons déjà vu, n'est pas rigoureusement exact. En conséquence, il faut ajuster les épactes de temps en temps, et cette correction se fait la dernière année de chaque siècle.

La table de correspondance entre les épactes et les nombres d'or que nous avons donnée plus haut, n'est donc exacte que pour le siècle où nous sommes. Elle doit changer avec les siècles. De 1900 à 2100, il faudra ôter 1 à chaque épacte.

IV. *Pâques.* — On sait que la date des fêtes mobiles se règle d'après la date de la fête de Pâques. Voy. Fête. Le concile de Nicée décida, en 325, que *la fête de Pâques serait célébrée le premier dimanche après la pleine lune qui suit le 20 mars.* On croyait alors que les durées des révolutions de la lune et du soleil étaient connues exactement, on supposait qu'il suffirait d'intercaler un jour tous les quatre ans pour que l'équinoxe du printemps arrivât toujours le 21 mars. Mais nous avons exposé au mot Année les conséquences de cette erreur astronomique, qui, au XVIᵉ siècle, déterminèrent le pape Grégoire XIII à entreprendre la réforme du calendrier julien, réforme qui porte son nom, et qui a pour objet de ramener l'équinoxe toujours au 21 mars. — Maintenant, en supposant que l'équinoxe arrive toujours le 21 mars, on cherche le jour de la nouvelle lune en mars, et on compte 13 jours après pour avoir le jour de la pleine lune. Si ce jour est le 21 mars ou un dimanche, le dimanche suivant sera le dimanche de Pâques ; mais si ce jour est avant le 21 mars, cette lune n'est pas pascale, et il faut avoir recours à la lune suivante, pour laquelle on opère de la même manière. Il faut observer que si la pleine lune tombe le 21 mars, et que le lendemain, 22, soit un dimanche, ce dimanche sera la fête de Pâques, qui se présente ainsi le plus tôt qu'elle puisse arriver. D'un autre côté, si la pleine lune a lieu le 20 mars, auquel cas elle n'est point pascale, comme nous venons de le voir, la pleine lune suivante arrive le 18 avril, et si ce jour est un dimanche, la fête de Pâques se célèbre le dimanche suivant, 25 avril ; c'est le plus tard qu'elle puisse venir.

Nous venons de voir le rôle que la lune joue dans la fixation de la fête de Pâques. Mais cette lune n'est pas la lune vraie ou astronomique, telle qu'elle résulte des observations et des tables ; c'est une lune fictive, moyenne, qui peut arriver à d'autres époques que la véritable lune. En 1798, la fête de Pâques aurait dû être célébrée, d'après la marche réelle de notre satellite, le dimanche 1ᵉʳ avril ; elle ne le fut que le dimanche d'après. Pareille chose arriva en 1818, où, suivant la lune vraie, la fête de Pâques aurait dû être célébrée le 29 mars ; cependant elle le fut le 22, en prenant pour régulateur la lune fictive. « On se demande souvent, dit Arago, s'il n'eût pas été plus naturel de prendre pour guide la lune vraie au lieu de lune moyenne appelée *Lune ecclésiastique*, pour régler la fête de Pâques. »

Parmi les diverses méthodes imaginées pour trouver la fête de Pâques pour une année quelconque, celle qui suit est la

DIAGRAMME CHRONOLOGIQUE DES FÊTES DE PÂQUES

Pendant 618 ans, de 1583 à 2200.

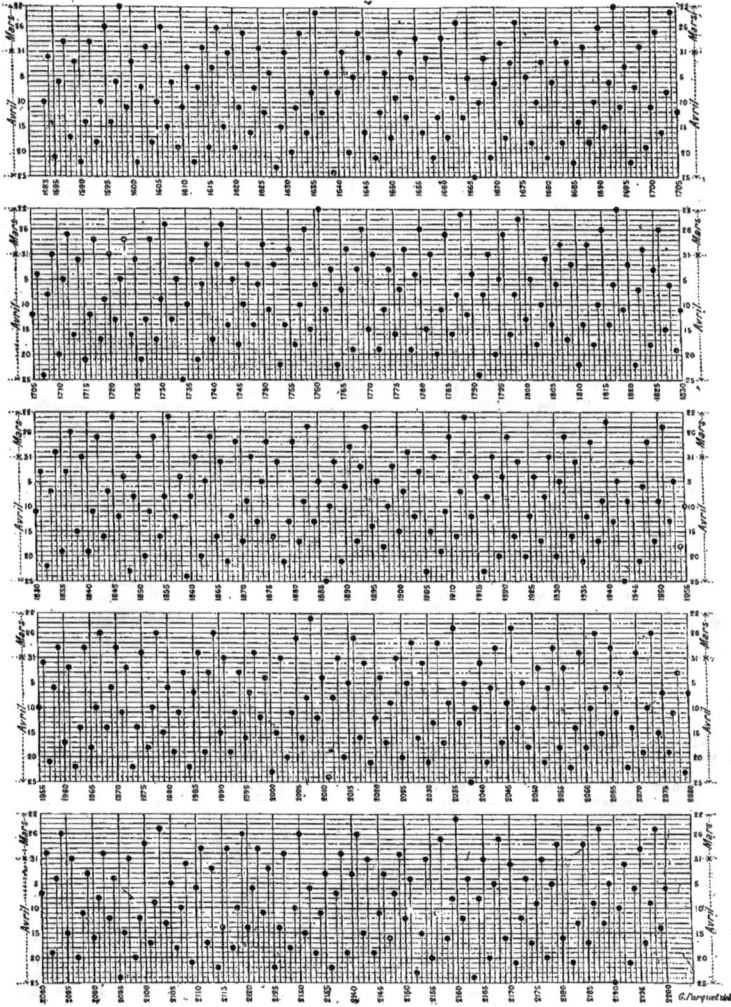

G. Turquet del.

la lune moyenne. Examinons cette question. Le temps théorique où la lune vraie est nouvelle, dépend des Tables astronomiques employées qui vont sans cesse en se perfectionnant. Or, le résultat annoncé sur certaines Tables eût pu être démenti par des Tables nouvelles ; l'époque de la célébration de Pâques n'aurait donc pas été déterminée à l'avance avec certitude. Cet inconvénient légitime complètement le choix qu'on a fait d'une

plus simple. On cherche, en se conformant aux règles que nous avons établies plus haut : 1° le nombre d'or; 2° l'épacte. Ensuite, on distingue trois cas : 1° si l'épacte est plus petite que 24, la pleine lune pascale tombera au mois de mars, et on trouvera le jour en retranchant l'épacte du nombre 44 ; 2° si l'épacte est plus grande que 24, la pleine lune pascale arrivera en avril, et on la trouvera en retranchant l'épacte de 43 ; 3° si l'épacte est 24, on la change en 25; et si elle est 25, avec le nombre d'or plus grand que 11, on change 25 en 26, et on pratique la règle précédente. Enfin, le dimanche qui suit cette lune étant celui de Pâques, la lettre dominicale fait connaître ce jour en consultant le calendrier perpétuel. — Nous signalerons aussi la règle donnée par Gauss, qui dispense de l'emploi des épactes et des lettres dominicales : Soient a, b, c, les restes respectifs des divisions du millésime de l'année par 19, 4 et 7; m et n, deux nombres qui varient de siècle en siècle suivant le tableau suivant :

	m	n
De 1582 à 1700	22	3
— 1700 à 1799	23	3
— 1800 à 1899	23	4
— 1900 à 1999	24	5
— 2000 à 2099	24	5
— 2100 à 2199	24	6
— 2200 à 2299	25	0
— 2300 à 2399	26	1
— 2400 à 2499	25	1

On divise $19\,a + m$ par 30; soit d le reste; on divise $2b + 4c + 6d + n$ par 7; soit e le reste. La date du jour de Pâques sera donnée par l'une ou l'autre des formules :

$$22 + d + e \text{ Mars,}$$

ou

$$d + e - 9 \text{ Avril.}$$

Comme exemple, calculons la date de la fête de Pâques pour 1898 :

En divisant 1898 par 19 on trouve : $a = 17$;
     —   4   — $b = 2$;
     —   7   — $c = 1$.
$19\,a + m = 346$, qui, divisé par 30, donne : $d = 16$;
$2b + 4c + 6d + n = 4 + 4 + 96 + 4 = 108$, qui, divisé par 7, donne le reste : $e = 3$;
$$22 + d + e = 22 + 16 + 3 = 41.$$

Pâques tombera donc, en 1898, le 41° jour de mars, ou en retranchant les 31 jours du mois, le 10 avril, comme l'indiquerait, du reste, l'autre formule :
$$d + e - 9 = 16 + 3 - 9 = 10.$$

Le diagramme (p. 717) représente un tableau graphique de toutes les fêtes de Pâques depuis l'année de la réforme du calendrier (1582) jusqu'à l'an 2200, c'est-à-dire pendant plus de six cents ans.

COMPUTATION. s. f. [Pr. ...sion]. Supputation de temps relative au calendrier. || T. Jurisp. Fixation précise d'un délai.

COMPUTISTE. s. m. Individu qui travaille à dresser le calendrier ecclésiastique. Voy. Comput.

COMTAL, ALE. adj. Qui appartient à un comte. Couronne c.

COMTAT. s. m. Comté. Ne s'emploie guère que dans ces dénominations : Le c. Venaissin et Le c. d'Avignon, territoires enclavés dans la Provence, qui appartenaient autrefois au pape. Carpentras était la capitale du c. Venaissin. Le c. d'Avignon ne comprenait que la ville d'Avignon et sa banlieue. — Les deux comtats réunis à la France en 1791 ont formé le département de Vaucluse.

COMTE. s. m. [lat. comes, compagnon]. T. Hist. Dans les derniers temps de la République romaine, on appelait quelquefois du nom de Comes, comitis, compagnon, d'où est venu notre mot Comte, les individus qui formaient la suite de certains magistrats et particulièrement des gouverneurs de provinces. Mais ce mot ne servait nullement à désigner une fonction spéciale. Sous les empereurs, il devint le titre des personnes qui formaient leur cortège habituel et une marque de domesticité ; puis on l'attribua à certains officiers du palais impérial et même aux gouverneurs des provinces (Comites palatini, C. provinciales). Enfin, vers l'époque de Constantin, il s'appliqua à presque tous les grands officiers et fonctionnaires de l'empire. En conséquence, ce prince les divisa en trois classes, Comites illustres, C. clarissimi et C. perfecti. Au IVe siècle et au suivant, on voit ce titre devenir encore d'un usage plus général : on ent le Comes Orientalis, le C. Africæ, le C. Ægypti, le C. rei militaris, le C. portuum, le C. equitum, le C. stabuli, le C. clibanarius, etc. Les chefs barbares qui se partagèrent les lambeaux de l'empire romain, conservèrent le titre de Comites aux gouverneurs des diocèses et des villes. Sous les deux premières races, ainsi que nous le voyons par Grégoire de Tours et les autres écrivains du temps, les attributions de ces comtes étaient à la fois civiles, militaires et judiciaires. Ces officiers surveillaient la rentrée des impôts, conduisaient à l'armée les hommes de guerre de leur circonscription, présidaient les assemblées judiciaires, prononçaient et faisaient exécuter les jugements. Leur autorité s'étendait sur tous les habitants de leur ressort, à l'exception toutefois des leudes, des évêques, des abbés et de leurs avoués, qui jouissaient de privilèges particuliers. Ils se faisaient suppléer dans les villes et bourgs éloignés de leur résidence par des officiers nommés Vicaires, Viguiers ou Vicomtes. Les comtes ne furent d'abord que les délégués de l'autorité royale; mais après la mort de Charlemagne ils parvinrent, comme tous les autres grands officiers de l'État, à se rendre indépendants du pouvoir central et à rendre leurs offices héréditaires, de telle sorte que leurs anciens administrés devinrent leurs sujets. Cette révolution était consommée dès le règne de Charles le Chauve, car ce prince fut obligé de la sanctionner par le fameux capitulaire de 877, qui reconnaissait l'hérédité des comtés. Après l'abolition du régime féodal, le titre de c. ne

Fig. 1.

fut plus qu'une qualification héréditaire purement honorifique. Les titulaires de cette distinction prenaient rang après les marquis et avant les vicomtes. La couronne comtale, c.-à-d. celle dont les comtes surmontent leurs armoiries, consiste en un cercle d'or, à pointes surmontées de perles (Fig. 1). — Nous avons déjà mentionné le titre de Vicomte, dérivé du latin vice comitis qui signifie en remplacement du c. Il est

Fig. 2.

moins ancien que ce dernier, car on ne le voit apparaître que sous les rois de la première race. Dans la hiérarchie nobiliaire, les vicomtes prenaient rang après les comtes et avant les barons. Ils timbraient leurs armoiries d'une couronne d'or formée d'un cercle rehaussé de quatre pointes dont chacune porte une grosse perle (Fig. 2).

COMTE (Charles), publiciste et homme politique français (1782-1837).

COMTE (Auguste), philosophe et mathématicien français, fondateur de la « philosophie positiviste », né à Montpellier le 19 janvier 1798; mort à Paris le 5 septembre 1857.

COMTE (Apollinaire), prestidigitateur et ventriloque français (1788-1859).

COMTÉ. s. m. Titre d'une terre en vertu duquel le seigneur de la terre porte le titre de comte. Il y avait autrefois un c. de Champagne, un c. d'Artois. Châlons était c.-pairie. L'Angleterre est divisée en comtés. || Autrefois C. était fém., et il l'est encore dans ce nom de l'une de nos anciennes provinces, La Franche-Comté.

COMTÉ (FRANCHE-). Voy. Franche-Comté.

COMTESSE. s. f. La femme d'un comte, ou celle qui, par elle-même ou de son chef, possède un comté.

COMTOIS, OISE. s. et adj. Habitant de la Franche-Comté, qui appartient à ce pays.

COMUS. [Pr. *co-mu-ce*]. Dieu de la joie (Myth.),

CON. prép. (mot ital. dérivé du lat. *cum*, m. s.). T. Mus. Avec. *C. brio*, Avec éclat. = Con. Préfixe. Voy. Co.

CONAK. s. m. Nom que donnent les Turcs au sérail.

CONAKJI. s. m. Officier turc précédant en voyage les grands de l'empire.

CONAN. nom de plusieurs comtes ou ducs de Bretagne (aux X°-XII° siècles).

CONANTHÉRÉES. s. f. pl. (R. *cône*, et *anthère*). T. Bot. Tribu de végétaux de la famille des *Hémodoracées*. Voy. ce mot.

CONARIUM. s. m. [Pr. *konari-ome*] (gr. κωνάριον, dimin. de κῶνος, cône). T. Anat. Ancien nom de la glande pinéale.

CONASSIÈRE. s. f. T. Mar. Grosse penture s'étendant sur les bordages.

CONCAMÉRATION. s. f. [Pr. ...*sion*] (lat. *concameratio*, m. s., de *cum*, avec, et *camera*, chambre). T. Archit. Cintre d'une voûte. || *Demi-c.*, Forme d'une voûte qui s'arrête à la moitié de la courbe. || T. Phys. Courbure de chaque onde sonore. — Chacune des divisions d'un diagramme.

CONCARNEAU (Anc. *Vorganium*), ch. de c., (Finistère), arr. de Quimper; 6,000 hab. Port sur l'Océan.

CONCASSAGE. s. m. Action de concasser.

CONCASSATION. s. f. [Pr. *kon-ka-sa-sion*]. Action de concasser. Opération qui a pour but de réduire en fragments les corps trop durs ou trop gros.

CONCASSEMENT. s. m. Concassage excessif, pulvérisation

CONCASSER. v. a. (lat. *conquassare*, rompre, de *cum*, avec, et *quassare*, secouer). Briser et réduire en fragments plus ou moins menus avec le marteau ou le pilon quelque matière dure, comme le sucre, le poivre, etc. *C. des cailloux. C. du poivre, de la cannelle.* = Concassé, ée. part.

CONCASSEUR. s. m. T. Agric. Instrument à broyer les grains pour la nourriture des bestiaux.

CONCATÉNATION. s. f. [Pr. ...*sion*] (lat. *cum*, avec ; *catena*, chaîne). T Philos. Enchaînement de plusieurs choses ensemble.

CONCAVATION. s. f. [Pr. ...*sion*] (R. *concave*). T. Chir. Gibbosité antérieure de la poitrine.

CONCAVE. adj. 2 g. (lat. *concavus*, m. s., de *cum*, avec, et *cavus*, creux). Se dit, par opposit. à *Convexe*, d'une surface creuse. *Surface c. Le ciel nous semble c. Verre c. Miroir c.* (Fig.). — On dit dans un sens anal., *Le côté c. d'une ligne courbe.* Voy. Lentille, Miroir. || Autrefois, on disait substant. et au masc., *Le c. d'un globe.*

CONCAVITÉ. s. f. Une surface concave. *La c. d'un globe, d'un miroir.* — Par anal., *La c. d'une ligne courbe,* Son côté concave. || Par ext., Cavité, creux, excavation. *Les concavités d'une montagne, d'un rocher, de la terre. Les concavités du crâne.*

Géom. — Tout arc d'une courbe plane partage en deux régions la portion du plan sur lequel il est tracé. Celle de ces régions qui contient la tangente s'appelle la *Convexité*, l'autre la *Concavité*. La courbe étant définie par son équation, nous remarquerons que si elle tourne sa c. vers les y positifs, elle est au-dessus de sa tangente ; l'ordonnée de la courbe croît donc plus vite que celle de la tangente ; donc, le rapport $\frac{dy}{dx}$ qui est constant sur la tangente doit augmenter sur la courbe, d'où il résulte que la dérivée seconde de l'ordonnée $y'' = \frac{d y'}{d x^2}$ est positive. Ce serait le contraire si

la c. était tournée en sens inverse. Ainsi, la *courbe tourne sa c. vers les y positifs ou les y négatifs, suivant que la dérivée seconde de l'ordonnée par rapport à l'abscisse est positive ou négative.* La c. change de sens aux points où la tangente traverse la courbe, points dits d'*inflexion.* Il résulte de ce qui précède que les points d'*inflexion* sont ceux où la dérivée seconde y'' est nulle et change de signe. Voy. Inflexion.

CONCAVO-CONCAVE. adj. T., Didact. Qui est concave sur les deux faces.

CONCAVO-CONVEXE. adj. T. Didact. Qui est concave d'un côté et convexe de l'autre.

CONCÉDER. v. a. (lat. *concedere*, m. s., de *cum*, avec, et *cedere*, céder). Accorder, octroyer. Ne se dit guère qu'en parlant de grâces, de droits, de privilèges, etc. *Le roi avait concédé de grands privilèges à cette ville. On vous concédera cette autorisation.* = se Concéder. v. pron. Être accordé. *Cette faculté se concède aisément.* = Concédé, ée. part. = Conjug. Voy Céder.

CONCÉDON. s. m. T. Féod. Deuxième chambre d'une bourdigne.

CONCÉLÉBRER. v. a. (R. *con.* préf., et *célébrer*). Célébrer avec, dire la messe ensemble. *Le nouveau prêtre et l'évêque concélébrent la messe.*

CONCENTRABLE. adj. Qui peut être concentré. *Un liquide c.*

CONCENTRALISATION. s. f. [Pr. ...*sion*] (R. *con*, préf., et *centralisation*). Centralisation complète.

CONCENTRATEUR. adj. Appareil qui sert à concentrer les liquides, les sirops.

CONCENTRATION. s. f. [Pr. *kon-santra-sion*]. T. Phys. L'action de concentrer, ou l'état de ce qui est concentré. *La c. de la chaleur. La c. des rayons solaires au foyer d'une lentille.* — Fig., *La c. du pouvoir dans les mains d'un seul conduit au despotisme.* || T. Pathol. *C. du pouls,* État du pouls dont les battements sont peu sensibles. || T. Philos. Acte de la volonté par lequel nous appliquons à un objet déterminé l'énergie d'une de nos facultés. || T. Chim. et Pharm. On donne le nom de c. à l'opération qui consiste à rapprocher les molécules d'un corps, en diminuant, par l'application de la chaleur ou de l'évaporation, ou par tout autre procédé, la proportion du liquide dans lequel elles sont dissoutes. C'est ainsi qu'on concentre un acide, en enlevant une partie de l'eau qui le tient en dissolution, soit au moyen de l'évaporation, soit au moyen du froid qui en congèle la partie aqueuse. Ce dernier procédé est également employé pour concentrer l'alcool. De là les expressions d'*alcool concentré, d'acide très concentré,* etc., alcool, acide qui contient peu, très peu d'eau, etc. — On emploie aussi le terme de c. dans un sens analogue à celui de densité. Quand on considère, par exemple, un mélange homogène de plusieurs substances, on appelle c. de chacune d'elles le quotient de son poids (ou de sa masse) par le volume total ; en d'autres termes, la c. de chaque composant est le poids de ce corps contenu dans l'unité de volume du mélange. La somme de ces concentrations est donc égale à la densité du mélange ; et, dans le cas où le nombre des composants se réduirait à un, la c. se confondrait avec la densité. De même, la c. d'un corps dissous est le quotient de son poids par le volume de la dissolution ; ou, ce qui revient au même, c'est le poids dissous dans l'unité de volume.

CONCENTREMENT. s. m. État de ce qui est concentré.

CONCENTRER. v. a. (lat. *cum*, avec ; *centrum*, centre). T. Phys. Réunir en un centre. *C. les rayons solaires.* || T. Chim. *C. un liquide,* Rapprocher les molécules d'un corps en dissolution. Voy. Concentration. = Fig., *C. toutes ses affections sur quelqu'un, dans un seul objet.* — *C. sa fureur, sa haine,* etc., Contenir, dissimuler sa fureur, sa haine, etc. || T. Guerre. *C. ses forces,* Rassembler, réunir toutes ses troupes sur un même point. = se Concentrer. v. pron. Se dit soit au propre, soit au fig. *Les rayons du soleil se concentrent au foyer d'un miroir ardent. Toutes*

mes idées se concentrèrent sur ce seul objet. = Con-
centré, ée. part. Acide c. Voy. Concentration. || Fig., Cha-
grin c. Fureur concentrée. — On dit aussi d'un homme qui
ne se communique point, qui ne laisse rien apercevoir de ce
qu'il a dans l'âme, qu'Il est c. en lui-même. || T. Méd.
Pouls c. Voy. Concentration et Pouls.

CONCENTRIQUE. adj. 2 g. T. Géom. Se dit des cercles
ou des courbes qui ont un même centre. Ces deux cercles
sont concentriques.

CONCEPCION (LA), v. du Chili, ch.-l. de la prov. de ce
nom ; 19,000 hab. Port sur le Pacifique.

CONCEPT. s. m. [Pr. kon-sept] (lat. conceptum, chose
conçue, part. passif de concipere). T. Philos. Dans le langage
philosophique ordinaire, le mot Concept désigne une simple
vue de l'esprit, la simple appréhension d'un objet, sans
affirmation ni négation de notre part; mais on l'a spécialement employé pour traduire le mot Begriff de la philosophie
de Kant qui présente une signification particulière. Kant réserve le nom d'idée aux données absolues de la raison, et
celui d'intuition aux notions que nous devons aux sens, et
désigne par Begriff les notions générales qui ne sont pas
absolues, parce que, dans ce genre de notions, nous réunissons plusieurs objets ou plusieurs attributs sous un type
commun. D'après lui, il existe trois sortes de concepts : 1° les
Concepts purs qui n'empruntent rien de l'expérience : telles
sont la notion de cause et celle de temps ou d'espace ; 2° les
Concepts empiriques, dont l'expérience est la source unique,
comme l'idée abstraite de couleur, de plaisir; 3° les Concepts
mixtes, qui procèdent à la fois des données de l'expérience
et de celles de l'entendement pur : telles sont les idées de
durée et d'étendue. Voy. Criticisme.

CONCEPTACLE. s. m. (lat. conceptaculum, réservoir).
T. Bot. On donne ce nom à des sortes de cavités de forme
variable, creusées dans l'épaisseur des tissus et renferment
les organes reproducteurs de certaines plantes Cryptogames.
Ces cavités s'ouvrent le plus souvent, à l'extérieur, par un
étroit orifice.

CONCEPTIBILITÉ. s. f. T. Philos. Qualité de ce qui est
conceptible.

CONCEPTIBLE. adj. T. Phil. Qui est propre à être
conçu.

CONCEPTIF, IVE. adj. T. Phil. Qui est propre à concevoir. Faculté conceptive.

CONCEPTION. s. f. [Pr. kon-sep-sion] (lat. conceptio).
Phénomène physiologique par lequel un nouvel être se produit
dans le sein maternel. || Fig., La faculté de saisir, de conce-
voir, de comprendre les choses. Il a la c. vive, facile, dure.
Cet enfant n'a pas de c. — Se dit aussi de nos pensées en
général, et particulièrement des produits de notre imagination. Rare, grande, admirable c. C. hardie, originale. Cet
ouvrage est l'une des plus belles conceptions de l'esprit
humain.
Théol. — Le dogme de l'Immaculée conception de la
Vierge consiste en ce que la Vierge Marie choisie pour devenir Mère de Dieu a été exempte de la souillure du péché
originel. Tel est le sens de la phrase : « Seule entre toutes
les femmes, elle a été conçue sans péché. » Cette pieuse
croyance fut encouragée par tous les conciles depuis le
XVe siècle, sans qu'aucun d'eux la proclamât article de foi
obligatoire. Ce n'est que dans la bulle du pape Pie IX, publiée le 8 décembre 1854, qu'elle fut érigée en dogme formel.
La fête de l'Immaculée C. se célèbre le 8 décembre.

CONCEPTIONNEL, ELLE. adj. [Pr. kon-sep-sio-nel]. Qui
a rapport aux conceptions.

CONCEPTIVITÉ. s. f. Faculté de concevoir, d'être fécondée.

CONCEPTUALISME. s. m. T. Philos. scolast. Doctrine
philosophique d'Abailard qui niait la réalité des idées générales, comme les nominaux, mais y reconnaissait cependant
la réalité d'une idée particulière dépendant de l'idée générale.

CONCEPTUALISTE. s. m. Partisan du conceptualisme.

CONCEPTUEL, ELLE. adj. T. Physiol. Relatif à la con-
ception. Acte c. || T. Philos. Relatif au conceptualisme

CONCEPTUS. s. m. [Pr. kon-sep-tuss]. T. Physiol. Rudiment de fœtus dans le temps qui suit la conception.

CONCERNANT. part. prés. du v. Concerner. S'emploie
comme prép. dans le sens de: touchant, relativement à... J'ai
quelque chose à vous dire c. cette affaire-là. Une loi c.
telle chose.

CONCERNER. v. a. (lat. concernere, voir distinctement,
de cum, avec, et cernere, voir, propr. trier). Regarder,
avoir rapport à... Cela concerne vos intérêts et ceci votre
honneur Voilà pour ce qui vous concerne. Cela concerne
sa charge. = Concerné, ée. part.
Obs. gram. — Comme ce verbe ne se dit jamais que des
choses, il ne s'emploie qu'aux troisièmes personnes du sing.
et du plur. de ses divers temps. En outre, il n'est pas usité à
la voix passive. Mais cette absence de passif n'empêche pas
que, dans les temps composés de l'actif, le part. concerné ne
s'accorde en genre et en nombre avec son régime. Par conséquent, des femmes disent : Cette affaire nous aurait con-
cernées, s'il n'était venu.
Syn. — Regarder, Toucher. — Concerner dit plus que
regarder, et toucher renchérit encore sur c. Beaucoup de
gens s'inquiètent mal à propos de ce qui ne les regarde pas,
se mêlent de ce qui ne les concerne point, et négligent ce qui
les touche de près.

CONCERT, s. m. (ital. concerto, m. s.; du lat. concertare, rivaliser, de cum, avec, et certare, lutter). Harmonie
formée par plusieurs voix ou par plusieurs instruments,
ou par une réunion de voix et d'instruments. C. d'amateurs. C. spirituel. Donner un c. Salle de c. Chanter
dans un c. Il a c. chez lui toutes les semaines. Café c.,
Café où l'on donne des concerts. || Par ext., se dit de plu-
sieurs sons ou bruits qui se font entendre à la fois. Les
concerts des oiseaux. Le bruit des vents et celui des
flots formaient un sauvage c. || Un c. de louanges, se dit
de louanges données en même temps par plusieurs personnes.
|| Poétiq., se dit au plur., pour les vers, les chants d'un
poète. Prêtez l'oreille à mes concerts. || Fig., Accord,
union de plusieurs personnes qui tendent à une même fin. C. d'opinions. Comme ils avaient agi sans
aucun c., comme ils n'avaient pas mis assez de c. dans
leurs opérations, ils échouèrent. = De concert. loc. adv.
D'intelligence. Ils étaient de c. ensemble. Agir de c. avec
quelqu'un.
A Paris, les concerts du Conservatoire ont été fondés
en 1801; mais ils sont réservés à un très petit nombre
d'élus. En 1861, Pasdeloup a eu l'excellente idée de fonder
les concerts populaires qui, développés depuis par Colonne et
par Lamoureux, ont considérablement servi à l'éducation musicale de nos contemporains.

CONCERTANT, ANTE. s. (R. concert). Celui, celle qui
chante ou joue sa partie dans un concert. — On dit aujour-
d'hui Concertiste. = Concertant, ante. adj. T. Mus.
Symphonie concertante. Celle dans laquelle deux ou trois
instruments, ou même davantage, exécutent alternativement
la partie principale, pendant que les autres font entendre de
simples accompagnements. Duo c., Celui dans lequel l'un des
deux instruments répète les passages que l'autre vient d'exé-
cuter. Nouveau c., Nouveau finale d'un opéra. || s. f. Mor-
ceau de musique concertante.

CONCERTER. v. a. (lat. concertare, rivaliser, de cum,
avec, et certare, lutter). Répéter ensemble une pièce de
musique, pour la bien exécuter quand il en sera temps. C'est
une pièce de musique qu'ils ont concertée ensemble. Vx et
inus. || Fig., Conférer ensemble pour préparer l'exécution
d'un dessein, pour convenir des moyens de faire réussir une
affaire, une intrigue. C. un dessein, une entreprise. C. l'exécution d'une affaire. = Concerter. v. n. Faire un concert.
On concerte souvent chez un tel. Vx. || T. Mus. Se dit de
deux ou plusieurs instruments ou voix qui exécutent alternativement la partie principale. Dans l'adagio de la symphonie, le hautbois et la flûte concertent ensemble. =
se Concerter. v. pron. Se dit de personnes qui confèrent
ensemble pour préparer l'exécution d'un dessein, etc. Nous
nous concerterons sur les moyens à prendre. Il faut
vous c. avec lui. = Concerté, ée. part. Une entreprise

bien concertée. Des mesures bien concertées. || *Ajusté, composé, trop étudié, affecté. Cet homme-là est fort c. Prendre, avoir un air c.* Peu usité.

CONCERTINA. s. m. T. Mus. Instrument tenant de l'accordéon et du mélodium.

CONCERTINO. s. m. T. Mus. Petit concerto.

CONCERTISTE. s. m. T. Mus. Musicien prenant part à l'exécution d'un morceau.

CONCERTO. s. m. T. Mus., emprunté de l'italien. Pièce de musique qui sert à faire briller le talent d'un instrumentiste, pendant que plusieurs autres l'accompagnent. *Jouer, exécuter un c. Il y a des concertos de violon, de piano,* etc.

CONCESSEUR. s. m. Celui qui concède.

CONCESSIBLE. adj. Qui peut être concédé, accordé.

CONCESSION. s. f. (lat. *concessio,* m. s., de *concedere,* concéder). Le don et l'octroi qu'un souverain ou un seigneur fait de quelque privilège, de quelque droit, de quelque grâce, etc. *Ce privilège est une c. de tel roi. Ils ont eu ce droit par la c. de tel prince.* — Se dit des terres que l'État donne aux particuliers dans une nouvelle colonie, à la condition de les défricher et cultiver. *Il a obtenu une c. à la Guyane.* || T. Adm. Se dit de ce qui est accordé à un particulier ou à une société, soit à titre gratuit, soit à titre onéreux, par l'État, par une commune, etc. *Cette compagnie a obtenu la c. de tel mine, de tel chemin de fer. C. d'un terrain. C. temporaire. C. perpétuelle* ou *à perpétuité.* || Par ext., Ce que l'on accorde à quelqu'un dans une contestation, dans un débat. *Faire des concessions à son adversaire. Obtenir de grandes concessions.* — Fig., *Cette loi fut une c. faite à l'esprit du temps.* || T. Blas. *Armes de c.* Voy. Armoiries.

Rhét. — On donne le nom de *Concession* à une figure de pensée par laquelle on accorde à son adversaire ce qu'on pourrait lui disputer, mais pour en tirer sur-le-champ avantage contre lui. Boileau dans sa satire sur la Noblesse, nous en présente un exemple parfait :

Je veux que la valeur de ses aïeux antiques
Ait fourni de matière aux plus vieilles chroniques,
Et que l'un des Capets, pour honorer son nom,
Ait de trois fleurs de lis doté leur écusson :
Que sert ce vain amas d'une inutile gloire,
Si, de tant de héros célèbres dans l'histoire,
Il ne peut rien offrir aux yeux de l'univers
Que de vieux parchemins qu'ont épargnés les vers?
Si, tout sorti qu'il est d'une source divine,
Son cœur dément en lui sa superbe origine,
Et n'ayant rien de grand qu'une sotte fierté,
S'endort dans une lâche et molle oisiveté ?

CONCESSIONNAIRE. s. 2 g. [Pr. *kon-sè-sio-nère*]. Celui ou celle qui a obtenu une concession.

CONCETTI. s. m. pl. [Pr. *kon-set-ti*]. Mot emprunté de l'italien. Se dit des pensées brillantes, mais dépourvues de justesse. *Ouvrage rempli de c.* || Se dit quelquefois, mais abus., au sing., *Cette pensée n'est qu'un c.*

CONCEVABILITÉ. s. f. Qualité de ce qui est concevable.

CONCEVABLE. adj. 2 g. Qui se peut concevoir, comprendre. *Cela est très c. Ces choses-là ne sont pas concevables.*

CONCEVOIR. v. a. (lat. *concipere,* m. s.; de *cum,* avec, et *capere,* prendre). Devenir enceinte, être fécondée. *Le sein qui vous a conçu.* || Fig., se dit de l'opération par laquelle l'esprit crée, invente, imagine. *C. une idée, un projet, une entreprise, un plan.* || Se dit de même en parlant des passions, des sentiments, des mouvements de l'âme. *C. de l'espérance, de la crainte. C. de l'horreur, du dépit, de la haine. C. de l'amour, de l'estime, du mépris pour quelqu'un.* || Saisir, comprendre une chose, en avoir une juste idée. *Je ne conçois pas qu'un homme sage puisse s'oublier à ce point. Je ne conçois pas comment il s'est pu tirer*

d'un si mauvais pas. — Absol., *Il a l'esprit vif, il conçoit très facilement.*

Ce que l'on conçoit bien s'énonce clairement
Et les mots pour le dire arrivent aisément.
                                Boileau.

|| Exprimer en certains termes. *Il fallait c. cette clause, cette condition en termes plus précis.* Dans ce sens, s'emploie surtout au participe. = SE CONCEVOIR. v. pron. Être compris, saisi par l'intelligence. *Ce raisonnement se conçoit aisément. Une pareille conduite ne peut se c.* = Conçu, ue. part. *Ouvrage bien c. — Cet article était conçu en termes obscurs. Son discours était conçu en ces termes.* = Syn. Voy. COMPRENDRE.

CONCHAIRAMIDINE et **CONCHAIRAMINE.** s. f. [Pr. *konkè...*] (R. con, préf., et *chairamine*). T. Chim. Alcaloïdes oxygénés solides, isomériques avec la chairamine, qu'ils accompagnent dans l'écorce de *Remigia purdieana.*

CONCHE. s. f. T. Techn. Le deuxième réservoir dans les marais salants.

CONCHES, ch.-l. de c. (Eure), arrondissement d'Évreux, 2,200 hab. Eaux minérales, forges et fonderies.

CONCHICOLE. adj. 2 g. [Pr. *konki...*] (lat. *concha,* coquille: *colere,* habiter). T. Zool. Qui vit dans une coquille bivalve.

CONCHIFÈRE. adj. et s. m. [Pr. *konkifère*] (lat. *concha,* conque; *fero,* je porte). T. Zool. Qui porte une coquille. Voy. MOLLUSQUE et CONCHYLIOLOGIE.

CONCHIOLINE. s. f. [Pr. *kon-kioline*] (lat. *concha,* coquille). T. Chim. Substance ressemblant à l'épiderme et contenue dans la coquille de certains mollusques. Elle ne donne pas de gélatine par ébullition avec l'eau, même sous pression. Les acides et les alcalis concentrés ne la dissolvent que très lentement.

CONCHITE. s. f. [Pr. *konkite*] (gr. κόγχος, coquille). T. Minér. Pierre qui se forme dans une coquille.

CONCHO-ANTHÉLIX. s. m. [Pr. *konko...*] (lat. *concha,* coquille; *ante,* avant; *helix,* hélice). T. Anat. Petit muscle de l'oreille externe.

CONCHO-HÉLIX. s. m. [Pr. *konko...*] (lat. *concha,* coquille; *helix,* hélice). T. Anat. Muscle de l'oreille externe allant de la conque à l'hélix.

CONCHOÏDAL, ALE. adj. [Pr. *konko...*] (gr. κόγχος, coquille; εἶδος, aspect). T. Didact. Qui ressemble à une coquille. || T. Géom. Qui a rapport, qui appartient à la conchoïde.

CONCHOÏDE. s. f. [Pr. *konko...*] (gr. κόγχος, coquille ; εἶδος, forme).

Géom. — On appelle ainsi une courbe inventée par un ma-

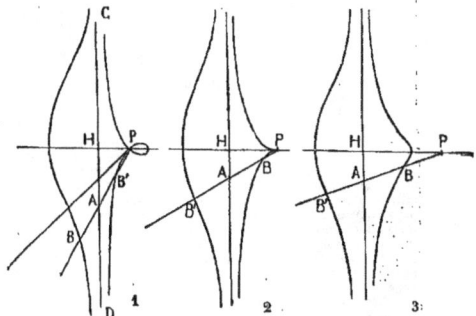

thématicien grec, Nicodème, pour résoudre les deux problèmes.

198

CON

si célèbres dans l'antiquité de la duplication du cube et de la trisection de l'angle. Elle est définie de la manière suivante : D'un point donné P (Fig. 1), on mène une ligne droite qui va couper en A une droite donnée CD. A partir du point A, on porte sur la sécante PA, dans les deux sens des longueurs AB, AB', égales à une longueur donnée k. La c. est le lieu des points B et B' quand la sécante tourne autour de P. Cette courbe présente des formes différentes suivant les différentes positions du point B par rapport au pôle P et à la ligne droite donnée CD. Elle présente une boucle avec un point double en P si la distance de P à la droite est inférieure à k (Fig. 1); il y aura un point de rebroussement en P si cette distance est égale à k (Fig. 2), et, enfin, la courbe ne passera pas en P si cette distance est supérieure à P (Fig. 3). La c. est une courbe du quatrième ordre, dont l'équation rapportée à CD par axe des y et à la perpendiculaire PH pour axe des x, est

$$x^2 y^2 = (a^2 - x^2)(b^2 + x^2)$$

a désignant la longueur constante k, et b la distance PH.

On a généralisé la définition de la c. de Nicodème en remplaçant la droite CD par une courbe quelconque. La courbe précédente est une c. de droite. Le limaçon de Pascal est une c. de cercle. Voy. LIMAÇON.

Minér. — Adj. Se dit d'un genre de cassure auquel se prêtent certains minéraux, et dans lequel la surface des fragments est marquée de stries concentriques, comme celles que présentent les valves de beaucoup de coquilles. On dit aussi *cassure conchoïdale*.

CONCHYLIEN, IENNE. adj. [Pr. *konki*...] (gr. κογχύλιον, coquille). T. Hist. nat. Qui contient des coquilles. — *Terrain c.*; Formation supérieure au grès bigarré, composé de couches calcaires et marneuses du terrain triasique.

CONCHYLIOÏDE. adj. 2 g. [Pr. *konki*...] (gr. κογχύλιον, coquille ; εἶδος, forme). T. Hist. nat. En forme de coquille.

CONCHYLIOLOGIE. s. f. (gr. κογχύλιον, coquille ; λόγος, science). T. Hist. nat.

I. — Dans le langage ordinaire, on appelle *Coquille* le test calcaire qui recouvre en totalité ou en partie le corps de certains mollusques, comme les limaçons, les huîtres, ou de certains animaux inférieurs, tels que les oursins et les entomostracés. Le mot *Conchyliologie*, qui signifie littéralement la science des coquilles, n'est autre chose qu'une branche de la science des mollusques, appelée aujourd'hui *Malacologie*.

Chez les mollusques, la coquille consiste en un dépôt de carbonate de chaux plus ou moins combiné avec une matière albumineuse. Cette substance crétacée est sécrétée par la peau, et n'est qu'un simple appendice du système cutané, système qui, dans toutes les classes d'animaux, est celui qui offre les dispositions les plus variables. Aussi, dans les classes les plus élevées comme dans les classes les plus inférieures de l'embranchement des mollusques, observe-t-on des différences considérables, sous le rapport de la coquille, chez les genres les plus étroitement unis. L'argonaute, le poulpe, le calmar et la seiche, par ex., possèdent tous la même organisation qui a fait ranger dans le même groupe, celui des céphalopodes, et cependant leurs coquilles diffèrent par les caractères les plus tranchés. Voy. CÉPHALOPODES. Si donc on se fût contenté d'étudier leur coquille pour classer ces animaux, on les aurait distribués dans des groupes fort différents les uns des autres. Il en aurait été de même de la limace et du limaçon : car celui-ci est pourvu d'une large coquille en spirale, tandis que celle-là n'a qu'une lame mince cachée dans l'épaisseur du manteau.

II. — La formation de la coquille commence par l'exsudation de couches d'albumine à la surface externe du manteau ou de la peau de l'embryon. Bientôt à cette exsudation viennent, en général, se joindre de petits cristaux rhomboédriques ou prismatiques de carbonate de chaux. Cette première coquille de l'embryon constitue le noyau de la coquille du mollusque parfait. Il se forme souvent ce moyau avant que l'embryon quitte les enveloppes de l'œuf, mais il ne se forme jamais en même temps que les premiers rudiments de l'animal lui-même : son apparition est toujours précédée par plusieurs phases distinctes du développement de l'embryon. L'accroissement subséquent de la coquille dépend du dépôt de nouvelles couches à la surface interne de la circonférence des couches déjà formées, et c'est leur extension au delà de celles-ci qui détermine la figure de la future coquille. — Dans certains cas, le bord du manteau qui sécrète la matière calcaire, s'étend en dehors en formant un angle droit ou obtus avec le bord de la coquille qui a été produit en dernier lieu, et après

avoir déposé une lame calcaire dans cette position, il se rétracte, est résorbé et disparaît pour se prolonger et s'étendre encore de la même façon quelque temps après; mais, pendant l'intervalle, la coquille continue de s'accroître à la manière ordinaire. C'est à ce développement périodique du manteau et à la congestion pléthorique des vaisseaux qui sécrètent la substance calcaire, que sont dues les crêtes qu'on remarque à la face externe de la coquille dans la Vénérupe crénelée, parmi les bivalves, et dans la Scalaire couronnée parmi les univalves. Si le manteau, au lieu de s'étendre d'une manière uniforme, envoie simplement au dehors un certain nombre de prolongements tentaculiformes détachés, la sécrétion déposée par ces prolongements représentera une rangée d'éminences dont la longueur et l'épaisseur seront déterminées par les parties molles mêmes qui leur ont servi de moule. Or, comme les prolongements du manteau dont nous parlons continuent de sécréter de la matière crétacée jusqu'à ce qu'ils aient été résorbés, les épines, qui d'abord étaient creuses, deviennent solides et se soudent au bord de la coquille. Ce développement du manteau sous forme de filaments sécréteurs qui produisent les épines, peut également alterner avec des périodes de formation ordinaire de la coquille. Alors la surface externe de celle-ci se trouve hérissée de rangées régulières d'épines, comme dans le Spondyle safrané et dans certaines espèces du genre Rocher. Ces éminences sont appelées *Épines* lorsqu'elles ont la forme aciculaire, *Stries d'accroissement* lorsqu'elles forment, comme dans le genre Scalaire, des bourrelets successifs qui ordinairement sont presque perpendiculaires aux tours de spire, et *Varices* lorsqu'elles représentent des nodosités ou des feuillets saillants comme dans les Rochers.

III. — La forme conique est la plus simple de celles qu'affectent les coquilles; mais le cône qu'elles représentent peut être très déprimé, comme dans le genre ombrelle, ou extrêmement élevé et contracté, comme dans le *Dentale* (Voy. ce mot), ou de proportions plus ordinaires, comme dans les patelles. Le sommet du cône est oblique, excentrique et dirigé, dans les patelles, l'argonaute et le nautile, vers la tête, mais dans la plupart des autres mollusques, vers l'extrémité opposée du corps. Une coquille peut se composer d'une seule pièce, comme dans les *Univalves non operculés*, ou de deux pièces, comme dans les *Univalves operculés* et la plupart des *Bivalves*; de trois pièces, comme dans les *Térébratules*, ou de quatre pièces et davantage, comme dans quelques espèces du genre *Pholade* et dans les *Oscabrions* ou *Multivalves* proprement dits. Quant à l'opercule, cette partie est quelquefois calcaire; mais très souvent elle consiste simplement en une membrane albumineuse; on dit alors qu'elle est *cornée*. Dans ce dernier cas, elle représente exactement l'état où nous voyons la coquille univalve elle-même dans les genres *Aplysie*, *Calmar*, etc.

A. Les *Coquilles univalves coniques* sont généralement enroulées en spirale. Parfois, comme dans les ammonites proprement dites et dans le genre Planorbe, l'enroulement a lieu dans le même plan : ces coquilles sont appelées *Discoïdes* ou simplement *Enroulées*; mais le plus ordinairement l'enroulement affecte une direction oblique : on dit alors que la coquille est *turbinée* ou *spirivalve*. Ainsi, les univalves coniques représentent fort bien un cône plus ou moins allongé, flexible, et susceptible de se contourner dans différents sens. On donne le nom de *Spire* à toute cette partie d'une coquille qui est formée par l'enroulement d'un cône spiral, et celui de *Tour de spire* ou de *Circonvolution* à chaque révolution complète de ce cône (Fig. 1. *Pleurotome tour de Babel*). Quelquefois le haut de chaque tour enveloppe les tours précédents : dans ce cas, la *spire* est *cachée*. En règle générale, une coquille univalve turbinée, quand on la regarde dans la position qu'elle aurait si l'animal qui l'habite mar-

Fig. 1.

chait en face de l'observateur, mais en s'éloignant de lui, s'enroule du *sommet* à la *base*, c.-à-d. de la pointe vers l'ouverture, et de gauche à droite : en d'autres termes, les tours de spire se dirigent obliquement du côté droit (Fig. 1). Chez certains mollusques, cependant, le cône spiral de la coquille se contourne en sens opposé : la coquille est dite alors *perverse* ou *sénestre*. C'est ce qu'on observe, par ex., dans diverses espèces terrestres appartenant aux genres Clausilie ou Nompareille, Physe, Maillot, etc. Un petit nombre de coquilles marines, telles que le *Fusus sinistrorsus*, présentent également cette disposition.

La partie sur laquelle s'enroule le cône spiral se nomme *Columelle*. Elle est tantôt *pleine* et tantôt *creuse*. Dans le premier cas, la coquille offre un axe réel, dans le second l'axe est fictif. La columelle pleine ou solide est tantôt *lisse*, comme dans l'*Agathine zèbre* (Fig. 2), et tantôt *plissée*, comme dans la *Volute musique* (Fig. 3) : ces deux coquilles sont sciées pour montrer la disposition de l'axe). Lorsque la colu-

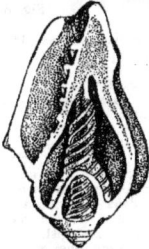

Fig. 2.   Fig. 3.

melle est creuse, l'ouverture que l'on aperçoit à la place de l'axe solide a reçu le nom d'*Ombilic* (Fig. 1. *f*). L'ouverture qui forme la base des coquilles univalves spirales est limitée par deux *lèvres* : l'une (Fig. 1. *a*) est appelée *Lèvre droite* ou *externe*, l'autre (Fig. 1. *d*) est appelée *Lèvre gauche* ou *interne*, ou *Lèvre columellaire*. Celle-ci offre une surface convexe lisse sur laquelle glisse le pied ou disque locomoteur du mollusque, lorsque ce dernier veut atteindre le sol.

Dans un grand nombre d'univalves, l'*ouverture* de la coquille est entière ; dans d'autres, elle présente une échancrure ou bien est percée d'un ou de plusieurs trous. Quelquefois une partie du bord de l'ouverture se prolonge en formant une sorte de gouttière que l'on appelle *Canal* ou *Siphon* (Fig. 1. *c*). Chez certaines coquilles, l'ouverture présente encore une échancrure paléale opposée au siphon : cette échancrure (Fig. 1. *b*) est en général désignée par le nom de *Sinus*. Ces modifications de l'ouverture sont importantes à considérer, parce qu'elles ont un rapport constant avec certaines conditions de l'appareil respiratoire. Ainsi, en groupant ensemble toutes les coquilles univalves spirales qui ont une partie de leur bord échancrée ou prolongée en siphon canulé, on arrive à former une tribu de mollusques parfaitement naturelle. En effet, elle ne comprend que des espèces aquatiques, marines ou fluviatiles, et respirant au moyen de deux branchies pectinées qui reçoivent l'eau par l'intermédiaire d'un tube charnu et contractile. De Blainville a donné à ce groupe de mollusques le nom de *Siphonostomes* ou *Canalifères*.

La partie appelée *Opercule*, qui se rencontre chez certains mollusques univalves, est une plaque composée de couches d'albumine qui tantôt offrent simplement une consistance cornée, et tantôt sont pénétrées de sels calcaires ; cet opercule est fixé à la partie postérieure du pied (Fig. 4. *Cyclostome jaune*, avec son opercule), et, lorsque l'animal a rentré ce dernier dans sa coquille, l'opercule ferme plus ou moins exactement l'orifice de celle-ci. — Certains opercules s'accroissent par l'addition de nouvelle matière à leur circonférence tout entière : ils sont alors *concentriques*, comme dans le genre ampullaire et la plupart des pectinibranches. D'autres opercules s'accroissent par l'addition de nouvelle matière à une partie seulement de leur circonférence : ceux-ci sont ou *spiraux* ou *imbriqués* ; dans ce dernier cas, les couches d'accroissement se succèdent en séries linéaires. Aucun opercule n'offre la structure annulaire. — La structure de l'opercule varie quelquefois dans les espèces du même genre, du genre Vermet, par exemple. Bien plus, tantôt il existe, tantôt il manque

dans les espèces qui appartiennent non seulement à la même famille, mais encore au même genre : c'est ce que l'on observe dans les genres volute, cône, mitre et olive. D'après cela, il est facile de comprendre que les caractères tirés de l'opercule ne sauraient avoir qu'une importance fort secondaire dans une classification scientifique des mollusques univalves. — Quel-

Fig. 4.

quefois, au lieu de l'opercule dont nous venons de parler, on trouve, chez certains mollusques, au commencement de l'hiver, une espèce de membrane ou de feuillet qui ferme la coquille jusqu'au printemps, pendant que l'animal reste engourdi : ce feuillet a reçu les noms de *Faux opercule* et d'*Épiphragme*.

B. Les *Coquilles bivalves* vraies appartiennent exclusivement à la classe des lamellibranches, et tous les lamellibranches testacés, sans exception, possèdent deux valves ; bien que, dans quelques cas, ces valves soient trop petites pour recouvrir tout le corps de l'animal. Chez les tarets même, ce sont les valves qui constituent les petits instruments dont ces animaux se servent pour creuser dans le bois les trous dans lesquels ils font leur habitation, et elles ne paraissent pas avoir d'autre fonction. Au reste, tous les bivalves chez lesquels la coquille est insuffisante pour protéger le corps tout entier, creusent dans le sable, la pierre ou le bois un trou qu'ils habitent constamment. En outre, ils le tapissent ordinairement d'une couche de matière calcaire lisse et compacte, qui forme un véritable tube. Parfois ce tube calcaire est d'une longueur et d'une épaisseur considérables : tel est celui que se fabrique le taret gigantesque ou cloisonnaire. Dans le genre clavagelle, l'une des valves est soudée à ce tube, et, dans le genre arrosoir, elles le sont toutes les deux. Dans ce dernier genre, le bout le plus large du tube représente un disque percé d'un grand nombre de petits trous qui lui donnent l'aspect d'une pomme d'arrosoir. Il n'existe pas deux coquilles qui présentent un plus grand contraste que celles de la placune et de l'arrosoir ; cependant l'organisation respective des animaux qui les ont fabriquées est essentiellement la même. Dans une classification uniquement fondée sur la considération des coquilles, on réunirait inévitablement dans un même groupe les tubes calcaires formés par les dentales, les arrosoirs, les vermets et les serpules ; cependant les trois premiers appartiennent à des classes différentes de mollusques, et les derniers même appartiennent à un autre embranchement du règne animal : nouvelle preuve que la z. ne saurait exister comme science, si on la sépare de la malacologie.

Relativement à la structure et aux relations physiologiques des coquilles bivalves, nous ferons d'abord observer que dans tous les *Lamellibranches*, c.-à-d. dans tous les mollusques acéphales qui respirent par des branchies lamelleuses bien développées, l'une des valves correspond au côté gauche, et l'autre au côté droit de l'animal. Ensuite, dans tous les bivalves lamellibranches qui sont libres, les deux valves sont symétriques, et la coquille est nommée *équivalve* ; mais dans tous ceux qui s'attachent aux corps étrangers par une de leurs valves, cette valve est plus épaisse et plus large que l'autre : en conséquence, les coquilles de cette catégorie sont dites *inéquivalves*. Parmi les acéphales qui s'attachent aux corps étrangers au moyen d'un byssus, les uns, comme les Tridacnes, sont équivalves : alors leurs deux valves sont échancrées pour fournir un passage au byssus ; les autres, comme les Peignes, les Avicules et les Houlettes, sont inéquivalves : dans ce cas, le byssus passe par une gouttière creusée dans la valve droite.

La surface tant externe qu'interne des coquilles bivalves présente divers points qui méritent d'être étudiés. Si, par ex., on examine la coquille de la *Bucarde Cœur de Diane* (Fig. 5. Les deux valves réunies vues en avant), on remarque que chaque valve à sa partie supérieure forme une protubérance conique recourbée vers la partie par laquelle les deux valves sont unies, et venant presque la rencontrer. Ces proéminences ont reçu le nom de *Crochets* (*Umbo*). Le *Sommet* (*Apex*) ou le bec du crochet correspond au sommet de la coquille univalve : c'est le point où commence le développement de la coquille bivalve. Lorsque ce sommet est dirigé dans le plan transversal de la coquille, et se trouve placé de telle manière qu'une ligne abaissée du sommet sur le bord inférieur de chaque valve la divise en deux parties égales, la coquille est dite *équilatérale;* les coquilles du genre Peigne

Fig. 5.

nous en offrent un exemple. Lorsque, en partageant ainsi chacune des valves, on observe une légère inégalité dans les deux moitiés, la coquille est appelée *subéquilatérale.* Enfin, lorsque la différence est bien marquée, on la nomme *inéquilatérale.* Lorsque le sommet, ainsi qu'on l'observe le plus ordinairement, se recourbe en dehors du plan transversal, il est toujours plus ou moins dirigé vers la partie antérieure de la coquille. Ainsi, lorsque l'observateur considère une coquille bivalve, une Cythérée ou une Isocarde, par ex., avec la charnière en haut et les crochets dirigés en avant, c.-à-d. précisément dans la position qu'elle occuperait si l'animal vivant rampait en face de l'observateur, en s'éloignant de lui, la valve droite correspond à sa droite et la valve gauche à sa gauche. La Fig. 6 représente la valve gauche d'une Cythérée : *a* est le bord supérieur ou dorsal, *b* le bord inférieur ou ventral, *c* le bord antérieur, *d* le bord postérieur, *e* le sommet du crochet, *f* la lunule; enfin, la hauteur de la valve ou de la coquille se prend de *a* à *b,* et sa longueur de *c* à *d.* Or, si l'on place dans la position ci-dessus indiqué un bivalve dans lequel les sommets affectent un enroulement en spirale, comme par ex. une isocarde, et qu'on la compare avec la coquille univalve d'une pourpre, on remarquera que la valve gauche correspond à une coquille turbinée ordinaire, c.-à-d. dextre, et que la valve droite correspond à une univalve perverse ou sénestre. On a, il est vrai, rencontré quelques cas anormaux dans lesquels les caractères des valves des bivalves étaient renversés; mais ces exceptions sont analogues à celles que nous présentent, ainsi que nous l'avons dit plus haut, les univalves sénestres.

Lorsque la circonférence ou le bord d'une valve s'adapte exactement avec celle qui l'accompagne, on dit qu'elle est *régulière* ou *entière;* mais si elle est échancrée en quelque point de manière à ce que cet endroit ne se trouve pas en contact avec la partie correspondante de la valve opposée, elle est dite *irrégulière* ou *émargée.*

Nous venons de définir certaines parties de la surface externe des coquilles bivalves, à savoir les crochets, les sommets et les bords; mais ce n'est pas tout. En continuant l'examen de cette surface extérieure, on trouve ordinairement, en avant des sommets, une dépression d'une étendue et d'une profondeur variables : c'est la *Lunule* (Fig. 6 et 7. *f*): elle peut être ovale, oblongue, lancéolée, cordiforme ou en forme de croissant, comme dans la Fig. 5, etc. En arrière des sommets il existe une autre dépression, plus longue et plus étroite que la lunule : on la nomme en général *Écusson* ou *Corselet* (Fig. 7. *b*) et ses bords reçoivent le nom de *Lèvres.* Derrière l'écusson on observe encore quelquefois une petite dépression appelée *Suture* (Fig. 7. *c*). La surface plus ou moins convexe de chaque valve est désignée sous le nom de *Ventre;* elle est terminée par le *Bord,* qui n'est autre chose que la rencontre des deux surfaces interne et externe. Enfin, la ligne *b d* représente l'épaisseur de la coquille.

La partie la plus importante de cette coquille forme l'articulation ou la charnière au moyen de laquelle se ferment et s'ouvrent les deux valves. Cette partie, qu'on nomme *Bord*

cardinal, présente généralement certaines éminences et certaines dépressions, qui s'engrènent avec les dépressions et les

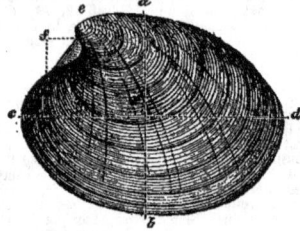

Fig. 6.

éminences correspondantes de l'autre valve. Ces proéminences, qu'on appelle *Dents,* et ces dépressions, qu'on nomme *Fossettes cardinales,* affectent une régularité et une constance remarquables dans chaque genre et dans chaque espèce de bivalve. En outre, on a remarqué que toute modification dans la structure de la charnière coïncide ordinairement avec quelque différence plus ou moins importante dans l'organisation des parties molles de l'animal, de sorte que les zoologistes ont attaché avec raison une grande valeur aux caractères tirés de la charnière, particulièrement au point de vue de la classification. Les *Dents* qui sont situées audessous du sommet ou du centre de la charnière sont appelées *Dents cardinales;* celles au contraire qui en sont éloignées sont nommées *Dents latérales.* Lorsqu'il n'existe que deux dents, l'une est appelée *Dent antérieure* et l'autre *Dent postérieure;* et lorsqu'elles sont au nombre de 3, on les distingue par les noms d'*antérieure,* de *médiane* et de *postérieure* (Fig. 8, *b, a, c;* fossette *d;* lunule *g*). Enfin, quand la charnière se compose d'un grand nombre de dents, on les appelle *Dents sériales,* comme dans le genre arche, par ex. Le moyen direct d'union des deux valves consiste en un *Ligament,* ordinairement de couleur

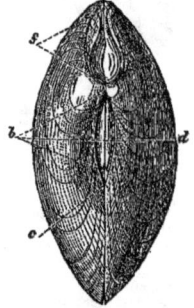

Fig. 7.

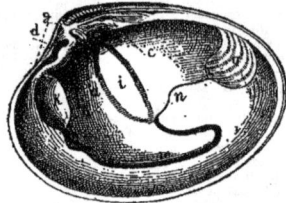

Fig. 8.

brune et composé de fibres élastiques qui sont attachées par leurs extrémités aux deux valves, et s'insèrent en général dans une dépression particulière destinée à les recevoir. Ce ligament constitue un véritable ressort. Il est tantôt intérieur, comme chez les Peignes et les Mactres, et alors il agit par un simple effet de gonflement pour écarter les valves quand le muscle d'attache cesse d'être tendu; tantôt il est extérieur, comme celui des Vénus et des Bucardes : dans ce cas, au lieu d'être comprimé par la contraction des muscles d'attache, il est distendu, et c'est en reprenant son état normal qu'il fait ouvrir la coquille quand les muscles se relâchent. Parfois, il y a en même temps un ligament interne et un ligament externe; enfin, certains mollusques, comme les pernes, ont une série de ligaments particls.

Les modifications que présente la surface interne des coquilles bivalves sont peut-être plus importantes encore à considérer, attendu qu'il existe entre elles et la structure des parties molles de l'animal un rapport immédiat, et qu'ainsi elles suffisent pour nous faire connaître certains traits généraux de l'organisation des mollusques qui les ont sécrétées. — Les muscles adducteurs laissent des impressions bien marquées sur la face interne des valves. Lorsque celle-ci ne présente qu'une seule de ces *impressions musculaires*, la coquille appartient nécessairement à un conchifère *monomyaire*, c.-à-d. à un mollusque bivalve *unimusculaire*, ou n'ayant qu'un seul muscle d'attache. Si, dans ce cas, il s'agit d'une coquille fossile dont aucune des valves ne porte le caractère qui indique qu'elle a été attachée immédiatement à un corps étranger, on est légitimement autorisé à conclure que l'animal qui a fabriqué cette coquille possédait un byssus et l'organe musculaire appelé pied, mais que ce pied était uniquement propre à servir d'instrument pour diriger les fibres du byssus et en coller les extrémités. Lorsque chaque valve, au contraire, présente deux impressions musculaires, cela prouve que l'animal qui a produit la coquille appartient à la catégorie des conchifères *dimyaires*, c.-à-d. *bimusculaires* ou pourvus de deux muscles d'attache (Fig. 8. *k* impression musculaire antérieure; *o* impression postérieure). Maintenant, si l'on observe encore au-dessous de la charnière une troisième impression musculaire, petite et profonde (ib. *i*), cela nous indique que l'animal possédait un large pied, organisé pour servir d'organe locomoteur ou d'instrument pour creuser les corps étrangers; car le muscle rétractile de ce pied s'insérait dans cette troisième dépression. La ligne *m* qui unit les impressions des deux muscles adducteurs, indique, par sa profondeur et sa largeur, le développement du bord musculaire du manteau; en conséquence, elle a reçu le nom d'*impression palléale*. Quand cette ligne se continue sans interruption, parallèlement avec le bord de la valve, nous pouvons être assurés que l'animal était dépourvu de siphons, ou que ces organes étaient très peu développés. Mais, lorsque la ligne palléale est interrompue par une échancrure angulaire (*n*) avant sa jonction avec l'impression musculaire postérieure, on peut en inférer avec certitude que l'animal avait des siphons ou tubes musculaires respiratoires bien développés, et une organisation générale en rapport avec cet appareil. Ainsi donc, de même que l'examen du squelette fossile d'un vertébré nous permet de le déterminer la classe, l'ordre et le genre auxquels l'animal vivant, de même l'étude de la coquille d'un mollusque dont l'espèce est éteinte, nous apprend quelles étaient l'organisation générale et la manière de vivre de l'animal qui l'a produite. Nous pouvons déterminer ainsi dans quelle classe il doit être placé. Quant aux affinités plus immédiates des bivalves qui déterminent leur classement comme genre et comme espèce, ce sont les modifications de la charnière qui nous les révèlent. Cependant il arrive quelquefois que toute la couche interne et nacrée de la coquille fossile d'un bivalve est détruite, surtout si elle était enfouie dans de la craie poreuse. Dans ce cas, comme les impressions musculaires et la structure articulaire de la charnière sont exclusivement formées par la couche la plus interne de la coquille, nous n'avons aucun moyen de déterminer la nature et les affinités de l'animal, à moins de connaître la texture et la structure de la coquille : car sans cela nous courrions le risque de prendre la partie d'un bivalve décomposé pour quelque espèce d'*Acarde* (on nomme ainsi les bivalves chez lesquels la charnière manque naturellement) non décrite jusqu'ici.

IV. — La valve d'une coquille bivalve se compose de deux couches parfaitement distinctes par leur texture ainsi que par leurs organes de formation. La couche interne est sécrétée sous forme de lamelles presque parallèles par les parties centrale et postérieure du manteau : elle constitue la *Nacre*, c.-à-d. la substance lisse et irisée qui revêt l'intérieur de la coquille. La couche extérieure, appelée *Têt*, est sécrétée par le bord épais et glanduleux du manteau, et se compose de fibres coniques qui reposent obliquement par leurs sommets, c.-à-d. par leur extrémité la plus étroite, sur les lamelles nacrées. L'épaisseur des deux couches de la coquille est toujours en raison inverse l'une de l'autre : c'est au sommet que la couche extérieure est le plus mince, et c'est au bord qu'elle a le plus d'épaisseur. L'inverse a lieu pour la couche intérieure. L'analyse chimique d'une coquille d'huître a donné : carbonate de chaux, 98,3; phosphate de chaux, 1,2; matière

animale insoluble, 0,5; total : 100. La plupart des coquilles univalves sont composées de trois couches qui consistent en séries de cristaux rhomboédriques ou prismatiques arrangées différemment dans les couches contiguës. La principale différence de structure dépend des proportions relatives de la matière animale et des parties terreuses qui constituent la coquille. — La plupart des coquilles marines, quand elles sont externes ou directement en contact avec l'eau, et quelques coquilles d'eau douce, comme les moules, sont revêtues d'un épiderme corné brunâtre, vulgairement appelé *Drap marin*, qui masque leur couleur : aussi, dans les collections, est-on obligé de les dépouiller de cet épiderme et de les polir artificiellement. Quelquefois même on use ou on dissout, au moyen d'un acide, toute la couche externe et calcaire de la coquille pour mettre en évidence la nacre qui tapisse uniquement, ainsi que nous venons de le dire, la surface interne de celle-ci. Quant à la nacre elle-même, elle doit à un simple jeu de lumière ou, pour parler plus correctement, à un phénomène d'*interférence*, ses nuances irisées ou son *orient*, comme on dit en parlant des perles qui sont des productions isolées ou maladives de la nacre. Voy. NACRE. Les couleurs variées du têt dépendent du pigment que sécrètent les bords du manteau; mais leur teinte est modifiée par l'influence de la lumière. On remarque, en effet, que la partie de la coquille qui est tournée vers la terre est généralement plus pâle. Chez les bivalves qui s'attachent aux rochers, comme les peignes, etc., l'action des rayons lumineux se manifeste par la coloration plus foncée de la valve supérieure.

Hunter a découvert que les mollusques conchifères avaient la faculté d'absorber une partie de leur coquille précédemment formée. Ce fait, qui a été confirmé par des observations subséquentes, donne lieu, chez certaines espèces, à de singulières modifications dans la forme et la structure de la coquille à mesure que celle-ci se développe. Un autre changement de forme résulte de la décomposition physique ou de la destruction matérielle d'une partie de la coquille : c'est ainsi qu'on voit disparaître le sommet de certaines univalves lorsque cette partie a été évacuée par l'animal, obligé d'élargir et d'agrandir son habitation en raison de l'accroissement de son propre volume. Les coquilles ainsi tronquées sont dites *décollées* : telles sont le Cérithe décollé, l'Hélice décollée, etc. On observe constamment une décomposition partielle analogue dans beaucoup de mulettes et d'anodontes, dont les sommets sont dits *décortiqués*; dans ce cas, la lame extérieure ou colorée se trouve détruite. Il n'y a ni loi générale ni uniformité dans la manière dont les habitants des coquilles, soit univalves, soit bivalves, disposent de cette partie de leur habitation calcaire qu'ils abandonnent à mesure qu'il grossissent eux-mêmes. Dans les coquilles décollées, la spire évacuée est séparée par une cloison qui consiste en une mince lame de nacre et, comme les parois de cette spire sont minces et fragiles, elles se brisent ainsi que nous venons de le dire. Dans le vermet géant, les portions évacuées du tube sont successivement formées par une cloison à surface concave, de façon à représenter une série de *Loges* ou de *Cellules*, appelées aussi *Chambres* et *Concamérations*, sans communication entre elles; mais la portion de la coquille qui renferme ces chambres n'est pas détruite, comme dans le cas des coquilles décollées. Les coquilles ainsi cloisonnées sont dites *multiloculaires* ou *polythalames*, par opposition aux autres coquilles qui sont *uniloculaires* ou *monothalames*. Le Spondyle varié, parmi les bivalves, offre une structure analogue. Dans le genre nautile, la partie évacuée de la

Fig. 9.

coquille représente une série de chambres remarquables par leur régularité (Fig. 9). Mais ici les cloisons calcaires qui forment les parois successives des chambres sont percées d'un trou qui livre passage à un tube membraneux appelé *Siphon*, dont nous avons déjà décrit la fonction. Voy. CÉPHALOPODES. La même structure, sauf quelques modifications, se retrouve dans le groupe nombreux, mais aujourd'hui presque entièrement éteint, des céphalopodes siphonifères. Dans l'argonaute, la spire évacuée de la coquille n'est pas cloisonnée : elle reste complètement en communication avec la partie habitée par l'animal, et joue un rôle dans la fonction reproductive de l'espèce. Dans le magilo antique, la partie postérieure de la coquille, à mesure qu'elle est abandonnée, se remplit peu à peu d'une matière solide cristalline et demi-transparente qui n'est autre chose que du carbonate de chaux. Chez quelques espèces appartenant aux genres casque, mitre, triton, etc., on observe un dépôt semblable de matière calcaire, mais moins épais, dans la partie de la coquille que l'animal a cessé d'habiter. Le même phénomène a lieu dans les longues coquilles turriculées des genres vis, cérithe, etc.; dans ce dernier cas, ce dépôt a pour effet d'empêcher la décollation de la coquille.

V. — La recherche des coquilles, pour former des collections, doit se faire, pour les espèces fluviatiles, en automne pendant les basses eaux, et au commencement du printemps, quand le soleil engage les mollusques à sortir de leurs retraites. Un râteau à dents longues et serrées peut aider à les retirer de la vase. Quant aux coquilles marines, elles se trouvent en toutes saisons. On doit surtout explorer le rivage après une une tempête ou un vent du large; on est à peu près certain de trouver quelques espèces jetées par les lames sur le sable. A la marée basse, on trouve les coquilles littorales enfoncées dans la vase, où leur présence est indiquée par un petit trou en entonnoir ou par des bulles d'air; mais il faut avoir soin de leur couper la retraite en enfonçant de biais une bêche un peu au-dessous de ce trou; sans cela leur fuite rapide nous les déroberait souvent. Certaines espèces, les patelles, les haliotides, les oscabrions, restent adhérentes aux rochers que la marée laisse à découvert; d'autres, comme les huîtres, les spondyles, les moules, les arches, etc., malgré la plus basse marée, sont encore couvertes d'un peu d'eau; les moules, les jambonneaux, etc., tiennent aux rochers à l'aide d'un byssus que l'on détache. Lorsqu'on veut conserver l'animal d'une coquille rare, il suffit de la plonger dans de l'alcool à 25 degrés. — Il nous resterait encore à parler de l'utilité dont les coquilles peuvent être pour l'homme, soit sous le rapport alimentaire, soit sous le rapport industriel; mais comme à mesure que nous rencontrons des espèces utiles, nous mentionnons ces détails dans les articles consacrés aux différentes familles de mollusques, nous ne voulons pas faire double emploi. — Voy. MOLLUSQUES, etc. Consultez aussi les ouvrages de BLAINVILLE, DESHAYES, CHENU, WOODWARD, FISCHER, etc.

CONCHYLIOLOGISTE. s. m. [Pr. kon-ki...]. Celui qui s'occupe de conchyliologie, qui est savant en conchyliologie.

CONCHYLIOTYPOLITHE. s. f. [Pr. kun-ki...] (gr. κογχύλιον, coquille; τύπος, empreinte; λιθος, pierre). T. Minér. Empreinte d'une coquille fossile.

CONCHYTE. s. f. [Pr. kon-kite] (gr. κόγχος, coquille). Coquille fossile appartenant à la famille des Brachiopodes, et voisine du genre Cranie.

CONCIERGE. s. 2 g. (bas-lat. conservius, serviteur, de cum, avec, et servus, esclave). Celui ou celle qui a la garde d'un hôtel, d'une maison, d'un château, d'un palais ou d'une prison. Parlez au c., à la c.

CONCIERGERIE. s. f. (R. concierge). La charge et commission de garder un château, un palais, une maison, un hôtel. — Le logement d'un concierge. || Se dit, dans quelques villes, de certaines prisons qui étaient autrefois celles où les parlements tenaient leurs prisonniers. On le conduisit à la Conciergerie.

Hist. — A Paris, la C. est une dépendance du Palais de justice, qui fut, comme on sait, la résidence des rois de France depuis saint Louis jusqu'à Charles V. La C. devint spécialement une prison quand Charles V eut quitté le Palais de justice pour l'hôtel Saint-Paul. Les cachots construits au niveau de la Seine étaient obscurs et malsains, le jour n'y pénétrait jamais. Sous la Terreur, la C. devint, pour ainsi dire, l'antichambre de l'échafaud. Le nombre des prisonniers qui s'y trouvaient entassés s'éleva parfois jusqu'à 1,200. Des travaux considérables ont assaini cette prison, qui fait aujourd'hui partie du Dépôt de la Préfecture de police où sont enfermées provisoirement les personnes arrêtées. La C. a aujourd'hui deux entrées, l'une sur le quai de l'Horloge, l'autre dans la grande cour du Palais de justice, à droite du grand escalier.

CONCILE. s. m. (lat. concilium, assemblée). Ce terme n'est usité que dans la langue ecclésiastique.

Théol. — Un Concile est une assemblée de pasteurs légitimes de l'Église pour régler les affaires qui concernent la foi, les mœurs et la discipline ecclésiastique. On distingue deux sortes de conciles, les Conciles généraux et les Conciles particuliers. — Les Conciles généraux, appelés aussi Conciles œcuméniques (du grec οἰκουμενικός, qui concerne toute la terre), sont ceux qui représentent l'Église universelle; ils se composent d'évêques et de docteurs accourus, en plus ou moins grand nombre, sur la convocation du pape, de toutes les parties du monde chrétien. — Les Conciles particuliers ne représentent, au contraire, qu'une partie de la chrétienté, et leurs membres appartiennent à un ou plusieurs pays particuliers. Dans cette dernière classe, on distingue : les Conciles nationaux, qui sont formés par le haut clergé d'une nation tout entière, et les Conciles provinciaux, composés des évêques d'une province ecclésiastique seulement. Enfin, on appelle quelquefois, mais improprement, C. diocésain ou épiscopal, l'assemblée dans laquelle un évêque, entouré de son clergé, règle les affaires de son diocèse. La dénomination propre de cette dernière assemblée est Synode.

1. Conciles œcuméniques. — Les canonistes ne sont pas absolument d'accord sur le nombre des conciles œcuméniques. Les uns en admettent 22, d'autres en comptent 21, et d'autres 19 seulement : en résumé, il y en a 18 dont le caractère œcuménique est unanimement reconnu. Nous allons donner la liste des 22 conciles regardés comme généraux par certains docteurs, en ayant le soin d'imprimer en majuscules les noms de ceux sur lesquels il ne s'élève aucune contestation. Les huit premiers se sont tenus en Orient, et les autres en Occident.

1º C. DE NICÉE (1er), tenu en 325, sous le pape saint Sylvestre et le règne de Constantin, au sujet de l'hérésie d'Arius. Les Pères condamnèrent les doctrines de cet hérésiarque, déclarèrent J. C. fils de Dieu et consubstantiel à son Père, et rédigèrent la célèbre profession de foi connue sous le nom de Symbole de Nicée. Ils firent encore divers canons pour conserver l'ancienne discipline et pour fixer l'époque de la célébration de la fête de Pâques. — 2º C. DE CONSTANTINOPLE (1er), réuni en 381, sous le pontificat de saint Damase et sous le règne de Théodose, à l'occasion de diverses hérésies, et particulièrement de celle du Macédonius, qui niait la divinité du Saint-Esprit et qui fut anathématisé. — 3º C. d'ÉPHÈSE, tenu en 431, saint Célestin étant pape et Théodose le Jeune empereur. Il condamna l'hérésie de Nestorius, qui admettait deux personnes en J. C., décida que Marie est Mère de Dieu, et confirma la condamnation des Pélagiens prononcée par le pape Zozime. — 4º C. DE CHALCÉDOINE, réuni en 451, sous saint Léon. Il confirma l'anathème lancé à Éphèse contre Nestorius et condamna Eutychès, qui soutenait qu'il n'y a qu'une seule nature en J. C. — 5º C. DE CONSTANTINOPLE (2e), tenu en 553, sous le pape Vigile et l'empereur Justinien, à l'occasion des Trois Chapitres, c.-à-d. de trois écrits qui favorisaient l'hérésie de Nestorius. Il les condamna et prononça également l'anathème contre les erreurs d'Origène. — 6º C. DE CONSTANTINOPLE (3e), tenu en 680, sous le pape Agathon, contre l'hérésie des Monothélites, qui n'admettaient qu'une seule volonté dans J. C. — 7º C. DE NICÉE (2e), tenu en 787, sous Adrien 1er, condamnant les Iconoclastes ou briseurs d'images. — 8º C. DE CONSTANTINOPLE (4e), tenu en 869, Adrien II étant pape. Photius, patriarche intrus de Constantinople, y est déposé et anathématisé : ce fut l'origine du schisme des Grecs. — 9º C. DE LATRAN (1er), tenu en 1123, sous Calixte II. Il ne fait que des canons de discipline. — 10º C. DE LATRAN (2e), tenu en 1139, sous Innocent II. Il condamna l'hérésie manichéenne d'Arnaud de Brescia et de Pierre de Bruis, et publia un grand nombre de canons sur la discipline. — 11º C. DE LATRAN (3e), réuni en 1179, sous Alexandre III, pour condamner les Vaudois et rétablir la discipline que plusieurs années de schisme avaient beaucoup relâchée. Le premier canon de ce c. déclare que si, dans l'élection d'un pape, les cardinaux se ne trouvent pas d'un sentiment unanime, on ne devra reconnaître pour pape que celui qui aura obtenu les deux tiers des voix. Parmi les autres canons portés par ce c., nous citerons ceux qui fixent à 30 ans accomplis l'âge minimum des évêques, mettent les lépreux sous la protection spéciale de l'Église, ordonnent l'établissement d'écoles gratuites auprès des églises et monastères, défendent les tournois, prescrivent l'observation de la trève de Dieu, etc. — 12º C. DE LATRAN (4e), tenu en 1215, sous Innocent III. Il fait une exposition de la doctrine catholique contre les Albigeois et les Vaudois. — 13º C.

DE LYON (1er), tenu en 1245, sous Innocent IV, à l'occasion de l'invasion des Tartares, du schisme des Grecs, des hérésies et des embarras suscités au saint-siège par l'empereur Frédéric II. Le canon le plus important est celui qui condamne, excommunie et dépose ce prince. — 14° C. DE LYON (2°), tenu en 1274, sous Grégoire X, pour réformer les mœurs, faire un règlement pour l'élection des papes, essayer de réunir l'Église grecque à l'Église latine; il avise aux moyens de secourir les chrétiens de la Terre sainte. — 15° C. DE VIENNE, tenu en 1311 et 1312, sous Clément V. Il prononça la suppression de l'ordre des Templiers, et condamna les erreurs de divers hérétiques, tels que les Fratricelles et les Begghards. — 16° C. de Pise, tenu en 1409, pour mettre fin au schisme qui déchirait l'Église d'Occident depuis l'an 1377. Il avait été convoqué par les cardinaux de Grégoire XII et de Benoît XIII; mais aucun des deux prétendants à la papauté n'ayant comparu devant le c., ils furent déclarés déchus de leur dignité et séparés de l'Église. Alors les cardinaux, au nombre de 24, qui faisaient partie du c., élurent pape le cardinal Pierre de Candie, qui prit le nom d'Alexandre V. — 17° C. de Constance, tenu de 1414 à 1418. L'un de ses principaux objets fut le schisme d'Occident, auquel n'avait pu mettre fin le c. de Pise. Le c. fut ouvert par Jean XXIII, auquel le siège pontifical était disputé par Grégoire XII et Benoît XIII. Jean XXIII et Grégoire XII ayant abdiqué la papauté, mais Benoît XIII s'étant opiniâtrement refusé à faire ce sacrifice à la paix de l'Église, le c. déclara schismatique et le déposa comme ayant été illégitimement élu. Après quoi, les cardinaux élurent Martin Colonna, qui prit le nom de Martin V (en 1417): cette élection mit un terme au schisme. Ce c. est encore célèbre par la condamnation qu'il prononça des erreurs de Jean Huss et de Jérôme de Prague, qui prétendaient que la communion sous une seule espèce était abusive et illégitime. Les deux hérésiarques furent ensuite livrés aux magistrats de la ville de Constance, qui les condamnèrent à être brûlés vifs. — 18° C. de Bâle, tenu de 1431 à 1439 sous Eugène IV, pour la réunion de l'Église grecque et de l'Église romaine. Les Pères du c. se séparèrent sans avoir pu remplir l'objet de leur réunion. — 19° C. DE FLORENCE, réuni en 1439 par le pape Eugène IV, pour aviser aux moyens de réunir les deux Églises grecque et latine; mais il ne fut pas plus heureux que les précédents. — 20° C. de Latran (5°), tenu de 1512 à 1517, sous les papes Jules II et Léon X. L'affaire la plus importante discutée dans ce c. fut celle de la Pragmatique Sanction, qui y fut condamnée à l'unanimité moins une voix. Le c. reconnut l'utilité des monts-de-piété et soumit l'impression des livres à l'examen préalable des évêques. Il fit en outre plusieurs canons pour la réforme du clergé et ordonna une imposition particulière pour être employée à la guerre contre les Turcs. — 21° C. DE TRENTE, tenu de 1545 à 1563, sous les papes Paul III, Jules III, Marcel II et Pie IV, contre les erreurs de Luther, de Zwingle, de Calvin, etc., et pour la réformation de la discipline et des mœurs. Ce c. constata définitivement la foi de l'Église catholique dont chacun des dogmes avait été attaqué par quelqu'une des sectes protestantes, et anathématisa les hérésies des novateurs. Il prit, en outre, un grand nombre de mesures importantes en matière de discipline et fit rédiger le célèbre catéchisme qui porte son nom. — 22° C. DU VATICAN, tenu en 1869 et 1870 et terminé, sans avoir épuisé les questions qui lui étaient soumises, par les événements politiques qui enlevèrent Rome au pape pour en faire la capitale du royaume d'Italie. On y a décrété que Dieu peut être connu avec certitude par les lumières naturelles de la raison humaine et proclamé le dogme de l'Infaillibilité du Pape. Seulement, aux termes de la constitution du c., le pape n'est infaillible que quand, parlant ex cathedra, c.-à-d. en vertu de sa suprême autorité apostolique, il définit une doctrine de foi ou de morale. Enfin, le même concile a déclaré que le pape est investi d'une autorité qui s'étend sur tous les autres successeurs des apôtres, soit séparés, soit réunis, et constitua un tribunal supérieur duquel il n'est point permis d'appeler au c. œcuménique.

II. Conciles tenus en France. — Il a été tenu, dans les divers pays de l'univers catholique, une multitude de conciles particuliers, dont plusieurs, surtout parmi les anciens, jouissent de la plus grande autorité. Dans l'impossibilité où nous sommes de les citer, nous nous bornerons à mentionner les plus importants parmi ceux qui ont été tenus en France avant le c. de Trente. — Lyon : c'est le premier c. tenu dans l'ancienne Gaule, sous saint Irénée, évêque de Lyon, contre le pape Victor pour l'exhorter à ne point rompre la communion avec les Asiatiques quartodécimans. — 441, Orange : il y est fait défense de livrer les serfs réfugiés dans les églises, et or-

dre est donné de les protéger. — 505, Agde : on y abolit la superstition connue sous le nom de Sort des saints. Le 22° canon permet aux prêtres et aux clercs de retenir les biens de l'Église, avec la permission de l'évêque, sans pouvoir néanmoins les vendre ni les donner : c'est l'origine des bénéfices. — 529, Orange : on y souscrit plusieurs articles envoyés par le saint-siège, touchant la chute, la grâce et le libre arbitre. — 530, Valence : contre les semi-pélagiens. — 583, Lyon : il ordonne de bâtir dans toutes les villes un asile pour les lépreux, qui y seront nourris aux frais de l'Église. — 585, Mâcon : il défend de travailler et plaider le dimanche, et ordonne de payer la dîme à l'Église, sous peine d'excommunication. — 615, Paris : on y décide que les donations des évêques et des clercs en faveur de l'Église auront leur effet, indépendamment des formalités. — 660, Nantes : on y défend d'inhumer les morts dans l'intérieur des églises. — 822, Attigny : Louis le Débonnaire y fait pénitence publique. — 829, Worms : un décret de cette assemblée défend l'épreuve de l'eau froide. — 849, Redon : Noménoé y est proclamé roi de Bretagne. — 879, Mantaille : le duc Boson y reçoit le titre de roi de Provence. — 992, Aix-la-Chapelle : on y défend les noces pendant l'Avent, depuis la Septuagésime jusqu'à Pâques, et pendant les quatorze jours avant la Saint-Jean. — 1022, Orléans : il condamne les erreurs des Manichéens. — 1041 : il se tint cette année plusieurs conciles pour établir la Trêve de Dieu. — 1050, Tours, Brionne et Paris : contre l'hérésie naissante de Bérenger, qui niait la présence réelle. — 1055, Tours, Angers et Rouen : contre Bérenger ; le c. de Rouen anathématise ceux qui refuseraient de croire que, dans la consécration, le pain et le vin sont changés au corps et au sang de J. C. — 1094, Autun : on excommunie le roi Philippe Ier. — 1095, Clermont en Auvergne : le pape Urbain II le préside lui-même, et y fait décider la première croisade. — 1100, Anse : on y excommunie ceux qui, ayant pris la croix, refusent d'accomplir leur vœu. — 1104, Paris : Philippe Ier y est relevé de l'excommunication prononcée contre lui. — 1122, Soissons : Abailard est condamné à brûler lui-même son traité de la Trinité. — 1127, Nantes : on y condamne le droit de bris. — 1128, Troyes : on y décide de donner une règle écrite et un habit blanc aux Templiers. — 1131, Reims : on y condamne l'usage des tournois. — 1140, Sens : les doctrines d'Abailard sont condamnées de nouveau. — 1146, Vézelai : Louis VII y prend la croix. — 1152, Beaugency : il annule le mariage de Louis VII avec Éléonore de Guyenne. — 1172, Avranches : Henri III, roi d'Angleterre, y est absous de l'assassinat de Thomas Becket, archevêque de Cantorbéry. — 1188, Le Mans et Paris : on y établit la Dîme saladine. — 1193, Compiègne : le mariage de Philippe Ier avec Ingeburge est déclaré nul. — 1200, Vienne : le légat du pape Innocent III met la France en interdit. — 1209, Valence : Raymond VI, comte de Toulouse, y fait sa soumission à l'Église. — 1209, Saint-Gilles : le même prince y reçoit l'absolution. — 1210, Paris : on y anathémise les erreurs d'Amaury, on y condamne au feu la Métaphysique d'Aristote et on défend de la transcrire, de la lire, et même de la garder sous peine d'excommunication. — 1213, Paris : Robert de Courçon, légat du pape, y fait rédiger un règlement pour l'école de Paris ; c'est le plus ancien règlement connu. — 1229, Paris : Raymond VI, comte de Toulouse, y fait sa paix avec l'Église et avec le roi. — 1229, Toulouse : il est interdit aux laïques d'avoir les livres de l'Ancien et du Nouveau Testament, hors le Psautier. — 1236, Tours : défendu aux curés et aux autres chrétiens de tuer ou battre les Juifs, de leur ôter leurs biens, ou de leur faire quelque autre tort. — 1240, Senlis : on accorde au pape le vingtième des revenus ecclésiastiques. — 1263, Paris : le légat du pape réclame le centième des revenus du clergé de France pendant 5 ans, pour les besoins de la Terre sainte. — 1302, Paris : on y délibère sur la bulle Ausculta fili. — 1310, Paris : on y condamne cinquante-neuf Templiers à la peine du feu comme hérétiques relaps. — 1320, Sens : c'est dans ce c. qu'il est fait mention pour la première fois de l'exposition et de la procession du Saint-Sacrement. — 1395, 1398, 1406 et 1408, Paris : tous ces conciles ont pour objet de délibérer sur les moyens de faire cesser le schisme d'Occident. — 1429, Paris : la Fête des fous est supprimée. — 1528, Paris : on y condamne les erreurs de Luther et des nouveaux hérétiques. — 1528, Bourges et Lyon : même objet. — Après le c. de Trente, les conciles particuliers deviennent beaucoup moins nombreux, et l'utilité de ces assemblées semble bien moins considérable. Cela tient à ce que le c. de Trente avait défini si explicitement tout ce qui concerne le dogme et réglé si complètement ce qui regarde les mœurs et la discipline, qu'il ne restait qu'une chose à faire aux conciles particuliers : en mettre en pratique les décisions.

III. — Le terme de *Concile* se prend encore quelquefois pour désigner les décrets et les canons faits dans un c. : c'est en ce sens que l'on dit : *Tel c. n'est pas reçu; Recueil des conciles.* — Les principales collections générales des conciles sont : celle dite du Louvre, Paris, **1644**, en 37 vol. in-fol. ; celle des PP. Labbe et Cossart, Paris, **1672**, en 17 vol. in-fol. ; celle du P. Hardouin, **1715**, en 12 vol. in-fol.; celle du P. Mansi, Venise, **1728** à **1732**, en 21 vol. in-fol.; réimprimée à Lucques et à Venise, en 26 et en 31 vol. in-fol. — Outre ces immenses compilations, on ne fait d'autres qui ne se composent que des conciles particuliers à un pays ; nous citerons, pour la France, la collection du P. Sirmond, Paris, **1629**, 4 vol. in-fol. Voir aussi l'*Histoire des Conciles d'après les documents originaux*, par Hefele, trad. par l'abbé Delarc. 11 vol., **1869-1876**.

CONCILIABLE. adj. 2 g. Se dit des choses qui peuvent se concilier. *Ces sentiments sont fort conciliables. Ces deux passages me semblent conciliables.*

CONCILIABULE. s. m. (lat. *conciliabulum*, m. s., de *conciliare*, rapprocher). Assemblée de prélats hérétiques, schismatiques ou illégitimement convoqués. || Par ext., Réunion secrète d'individus qui ont ou auxquels on suppose des desseins coupables. *Il se trouva à ce c. Ils tinrent plusieurs conciliabules.*

CONCILIAIRE. adj. Qui appartient aux conciles.

CONCILIANT, ANTE. adj. Qui est disposé, qui est propre à concilier les esprits, les gens d'intérêts opposés. *Homme, esprit, caractère c. Des mesures conciliantes.*

CONCILIATEUR, TRICE. s. Celui, celle qui concilie, ou qui s'efforce de concilier, *Faire office de c.,* S'interposer comme c. entre des personnes. *Saint Louis était le c. des princes chrétiens.* || Fig. Moyen de conciliation. || Adjectiv. *Esprit c. — Dispositions, mesures conciliatrices.*

CONCILIATION. s. f. [Pr. ...*sion*]. Action de concilier. *Travailler à la c. des esprits. Il eut recours aux voies de c.* || T. Droit. L'accord que le juge de paix cherche à amener entre deux individus qui ont un différend. *Essai de c. Appeler, citer en c. Procès-verbal de non-c.* Voy. Paix, *Juge de paix.* || Action de faire concorder des textes ou des lois qui paraissent en opposition. *La c. des passages d'un auteur. La c. de certaines lois entre elles est chose impossible.*

CONCILIATOIRE. adj. Qui a pour but de concilier. *Procédure, conférences conciliatrices.*

CONCILIER. v. a. (lat. *conciliare*, rapprocher, de *cum*, avec, et *cillere*, mouvoir, presser). Accorder ensemble des personnes divisées d'opinion, d'intérêt, ou des choses qui sont ou qui semblent être contraires. *On a vainement tenté de les c. C. les esprits, les volontés, les cœurs. C. son intérêt et son devoir. C. des lois. C. un auteur avec un autre.* || Attirer, gagner à soi, acquérir. *Ne se dit qu'en parlant de la disposition favorable des esprits. Sa douceur lui a concilié la bienveillance de tous. Il sut se c. la faveur du prince. Se c. les esprits. Se c. l'attention des auditeurs.* == Se Concilier. v. pron. *Se mettre d'accord. Il faudrait tâcher de se c. Leurs goûts ne se concilient pas ensemble,* == Concilié, ée. part. == Conjug. Voy. Prier. == Syn. Voy. Accorder.

CONCINI, maréchal d'Ancre, favori et premier ministre de la régente Marie de Médicis, mère de Louis XIII, fut, à l'instigation du duc de Luynes, tué par le capitaine des gardes du roi, Vitry (1617).

CONCIS, ISE. adj. (lat. *concisus*, coupé) Qui est court, resserré; qui fait entendre beaucoup de choses en peu de mots. Ne se dit qu'en parlant du style. *Écrire en style c, d'un style c. Écrivain c.*

Syn. — *Précis, Laconique.* — On est *précis* quand on ne dit rien de superflu et qu'on dit exactement ce qu'on veut dire; on est *concis* quand on dit beaucoup de choses en peu de mots : le premier va droit au fait, mais le second abrège encore le chemin. L'opposé de *précis* est prolixe ou vague, et

celui de *concis*, diffus. Si l'on ajoute au *précis*, on tombe dans la prolixité; si l'on retranche au *concis*, on devient obscur. De même que *concis*, le mot *laconique* suppose le moins de paroles possible ; mais ce dernier implique une sorte d'affectation et peut devenir un défaut. Enfin, *précis* et *concis* ne se disent que des choses, et principalement du style ; *laconique*, au contraire, se dit également fort bien des personnes.

CONCISION. s. f. Qualité de ce qui est concis. *La c. du style. Tacite est un modèle de c.*

CONCITOYEN, ENNE. s. [Pr. *konsitoi-i-in*] (R. con, préf., et *citoyen*). Citoyen de la même ville, du même état qu'un autre individu. *C'est mon c. Vos concitoyens.* || Fig. Qui a les mêmes sentiments qu'une autre personne.

CONCITOYENNETÉ. s. f. [Pr. *konsitoi-iè-neté*] (R. *concitoyen*). Relation existant entre plusieurs personnes du même pays.

CONCLAMATION. s. f. [Pr. ... *sion*] (lat. *conclamatio*). T. Antiq. rom. Acclamation de l'empereur ou d'un général par l'armée. || Rite funéraire consistant à appeler à grands cris un homme agonisant pour arrêter son âme fugitive. || Cérémonie consistant à annoncer pendant huit jours consécutifs, au son de la trompette, la mort d'un grand personnage.

CONCLAVE. s. m. (lat. *cum*, avec; *clavis*, clef : propr. endroit fermé à clef). T. Droit can. On appelle C. le lieu où s'assemblent les cardinaux pour l'élection d'un pape, et la réunion même des cardinaux assemblés à cet effet. — Dans les premiers siècles de l'Église, l'élection du pape était faite, comme celle des évêques, par le clergé et par les fidèles. Aussi longtemps que l'Église fut persécutée, ce mode d'élection n'entraîna nul inconvénient, car alors la ferveur des chrétiens ne se ralentissait pas. Mais, après Constantin, il cessa d'en être de même. En conséquence, dès la fin du Vᵉ siècle, le pape Symmaque essaya de mettre un terme aux intrigues et aux abus auxquels donnait lieu chaque élection au suprême pontificat. Il défendit aux clercs, sous peine de déposition, de promettre leurs suffrages, du vivant du pape, pour l'élection future; il menaça de la privation du sacerdoce celui qui, lié par des promesses antérieures, ne voterait pas selon sa conscience; enfin, il décréta qu'après la mort du pape, celui-là seul serait élevé sur la chaire de saint Pierre qui aurait réuni au moins la majorité des suffrages de tous les ordres ecclésiastiques. Ces mesures furent peu efficaces. En outre, un nouvel élément de trouble vint encore au VIᵉ siècle s'introduire dans les élections pontificales : nous voulons parler de l'influence abusive des empereurs, et du droit qu'ils s'arrogèrent de confirmer le choix fait par le clergé et le peuple romain. En 1059, le pape Nicolas II statua qu'à l'avenir l'élection du pape serait faite par les cardinaux seuls, sauf l'approbation du peuple et du clergé inférieur; mais cette constitution, qui diminuait l'influence exercée jusqu'alors par les empereurs sur l'élection pontificale, fut violemment attaquée par eux et donna naissance à des troubles graves. Ces troubles ne cessèrent que sous le pontificat de Grégoire VII, qui, vers la fin du XIᵉ siècle, parvint à affranchir l'Église de Rome de toute influence étrangère. A cette époque, le clergé et le peuple donnaient encore leur assentiment à l'élection des cardinaux. Alexandre III décréta en 1179, dans le 3ᵉ concile de Latran, que ces derniers éliraient seuls le pape à l'exclusion absolue de toute autre personne, et que l'élection ne serait valide qu'autant que le nouvel élu aurait réuni les deux tiers des suffrages. Cette forme d'élection, qui se pratique encore aujourd'hui, fut réglementée en détail par la constitution promulguée en 1274 au second concile général de Lyon, par Grégoire X. Cette constitution porte en substance qu'après la mort du pape, les cardinaux présents doivent attendre pendant dix jours seulement ceux qui sont absents, et se réunir aussitôt après pour l'élection. Cette réunion doit avoir lieu dans le palais même où est mort le pape, si cet événement est arrivé à Rome, et dans le palais épiscopal de la circonscription ou dans tout autre édifice désigné *ad hoc*, si la vacance du saint-siège est arrivée dans quelque autre partie de la chrétienté. Les cardinaux sont tenus de vivre en commun dans une même salle, sans divisions formées par des rideaux ou autrement, et ne communiquer avec l'extérieur que par une ouverture juste assez grande pour laisser passer les vivres. Il leur est défendu, sous peine d'excommunication, d'avoir des relations avec le dehors; ils doivent, sauf le cas de danger ou de nécessité évidente, s'occuper exclusivement de l'objet de leur réunion, et tout accord fait en vue de l'élection est frappé de nullité. Si, trois jours après leur entrée au c., un nouveau pape n'est pas élu, on réduira leur repas à un seul plat, et si, cinq jours après, l'élection n'est pas terminée, on ne leur servira que du pain, du vin et de l'eau. (Cet usage est aujourd'hui tombé en désuétude.) Les dispositions du concile de Lyon furent approuvées, sous Clément V, par le concile général de Vienne, tenu en 1312, puis successivement par les papes Clément VII (1529), Paul IV (1562), Grégoire XV (1621), Urbain VIII (1625) et Clément XII (1732), qui en modifièrent plusieurs parties secondaires.

CONCLAVISTE. s. m. Ecclésiastique s'enfermant au conclave avec un cardinal pour le servir.

CONCLUANT, ANTE. adj. Qui conclut, qui prouve bien ce qu'on veut prouver. *Argument c. Raison, preuve concluante.*

CONCLUDE. s. f. T. Fauconn. Pâtée donnée aux oiseaux pour les exciter à la chasse.

CONCLURE. v. a. (lat. *concludere*, achever, de *cum*, avec, et *claudere*, fermer). Achever, arrêter définitivement. *C. une affaire, un traité, un marché. C. la paix. Les arrangements qui ont été conclus entre nous.* — Absol., *C'est assez délibéré, il faut c. Il a conclu en disant... Il ne conclut jamais.* || *C. un mariage,* Convenir d'un mariage, en arrêter les conditions. || Tirer une conséquence, et inférer une chose d'une autre. *Il conclut de là que... J'en conclus la nécessité de... Cet argument conclut bien,* La conclusion découle nécessairement des propositions précédentes. On dit, dans le cas contraire, *Cet argument ne conclut pas.* — On dit encore, *Cette pièce, cette allégation conclut,* ou *ne conclut pas, ne conclut rien,* Prouve bien ou ne prouve nullement la chose que l'on veut prouver. = Conclure. v. n. T. Procéd. Proposer les fins de sa demande, après avoir déduit la fait et les raisons. *L'avocat conclut à ce que... Le procureur général a conclu à la peine de mort, à la mort. Cet avocat plaide longuement et ne sait pas c.* || Opiner. *Plusieurs des juges ont conclu à la peine de mort.* = Conclu, ue. part.

Conjug. — *Je conclus, tu conclus, il conclut; nous concluons, vous concluez, ils concluent. Je concluais; nous concluions. Je conclus; nous conclûmes. Je conclurai; nous conclurons. Je conclurais; nous conclurions. Conclus; concluons. Que je conclue; que nous concluions. Que je conclusse; que nous conclussions. Concluant.*

Syn. — *Inférer, Induire.* — Ces trois termes se rapportent au raisonnement. *Conclure,* c'est descendre du général au particulier; *induire,* c'est s'élever du particulier au général; *inférer,* c'est affirmer une proposition en se fondant sur les rapports qu'on aperçoit ou qu'on croit apercevoir avec quelque autre proposition acceptée ou reconnue pour vraie. Le premier de ces termes est l'antithèse absolue du second; *conclure,* c'est raisonner par *déduction; induire,* c'est raisonner par *induction;* pour ce qui est d'*inférer,* on se fonde sur l'analogie. Voy. Déduction, Induction, Logique, etc.

CONCLUSIF, IVE. adj. (R. *conclure*). T. Gram. Qui marque induction, conclusion. *Le mot* donc *est une conjonction conclusive.*

CONCLUSION. s. f. (lat. *conclusio,* m. s., de *concludere,* conclure). La fin d'une affaire, d'une négociation, d'un discours, etc. *La c. d'un traité. La c. d'un mariage. Il faut en venir à la c. La c. de son discours fit beaucoup d'impression.* — Fam., *Cet homme est ennemi de la c.,* Il est difficile de faire une affaire avec lui. || La décision prise à la suite d'une délibération. *La c. fut qu'on prendrait telle et telle mesure.* || La conséquence que l'on tire de quelque considération. Voy. Syllogisme. || Par ellipse, s'emploie fam., dans le sens de : en un mot, bref. *C., je n'en ferai rien.*

Syn. — *Conséquence.* — Ces deux termes sont synonymes en ce qu'ils désignent également des idées dépendantes de quelques autres idées. Dans un raisonnement, la *conclusion* est la proposition qui suit celles qu'on y a développées comme principes et que l'on nomme prémisses; la *conséquence* est la liaison de la *conclusion* avec les prémisses. Une *conclu-*

sion peut être vraie, quoique la *conséquence* soit fausse : il suffit, pour l'une, qu'elle énonce une vérité réelle; et, pour l'autre, qu'elle n'ait aucune liaison avec les prémisses. Au contraire, une *conclusion* peut être fausse, quoique la *conséquence* soit juste; dans ce cas, elle énonce un jugement faux, qui a une liaison nécessaire avec les prémisses, dont l'une, au moins, est elle-même fausse.

Droit. — En termes de pratique, on appelle *Conclusions* l'exposé sommaire des demandes qu'une partie forme contre sa partie adverse, et des motifs qui établissent la justice de ces demandes. Les conclusions ne peuvent pas être présentées oralement; elles doivent être écrites, rédigées d'une manière précise et succincte, et signées par les avoués. Autrefois même ces officiers pouvaient seuls en donner lecture à l'audience; mais, depuis le XVIIe siècle, l'usage s'est établi de laisser ce soin aux avocats. On distingue plusieurs espèces de c. Les *Conclusions principales* sont celles que prend d'abord une partie, et qu'elle demande qu'on lui adjuge par préférence. Les *Conclusions subsidiaires* sont celles qu'elle présente pour le cas où le juge ne lui accorderait pas les principales. Les *Conclusions au fond* sont relatives à la contestation en elle-même, comme, par ex., quand on demande qu'une obligation soit annulée comme étant le résultat d'une erreur. Les *Conclusions exceptionnelles* ont lieu lorsque, sans examiner si les prétentions de l'adversaire sont fondées ou non, le défendeur demande une mesure préjudicielle ou incidente telle que la nullité d'une citation ou une déclaration d'incompétence. Les *Conclusions rectificatives* ou *additionnelles* ont pour objet de faire des modifications aux conclusions déjà prises, sans pour cela changer la nature de la demande. Enfin, les *Conclusions motivées* indiquent les divers moyens de la demande, lorsqu'elles doivent tenir lieu de requête dans les affaires à juger sommairement et à peu de frais. — On donne encore le nom de *Conclusions* à l'opinion émise à l'audience du globe, par le membre du parquet qui remplit les fonctions du ministère public. Toutefois ce terme ne s'emploie proprement qu'en matière civile; en matière criminelle, on se sert du mot *Réquisitoire.*

CONCLUSUM. s. m. [Pr. *konclu-zome*] (mot lat. sign. *chose conclue*). Résolution d'une assemblée quelconque.

CONCOCTEUR, TRICE. adj. (lat. *cum,* avec; *coquere,* cuire). T. Méd. Qui procure la digestion.

CONCOCTION. s. f. (lat. *concoctio;* de *cum,* avec, et *coction,* cuisson). T. Physiol. anc. La digestion des aliments. Inus.

CONCOLORE. adj. (lat. *cum,* avec; *color,* couleur). T. Didact. Qui est partout de même couleur.

CONCOMBRE. s. m. (lat. *cucumis, cucumeris,* m. s.). T. Bot. Le *Concombre* (*Cucumis*) est un des genres les plus intéressants de la famille des *Cucurbitacées.* Les espèces qui le composent sont des plantes herbacées annuelles, rampantes, à feuilles alternes, pétiolées, cordées, entières ou lobées, à pédoncules axillaires uniflores, à fleurs jaunes monoïques ou hermaphrodites. Ces plantes sont originaires des parties tropicales et tempérées du continent asiatique; mais on les cultive aujourd'hui dans tous les climats tempérés du globe. — Ce genre comprend un assez grand nombre d'espèces, dont quelques-unes, principalement le *C. cultivé* (*Cucumis sativus*) et le *C. Melon* (*C. Melo*) sont fréquemment cultivées en Europe. Voy. Melon.

Le *C. cultivé* (*Cuc. sativus*) offre une tige grêle, rameuse et hérissée de soies piquantes, qui porte des fruits généralement allongés, à chair blanche ou verdâtre, aqueuse et d'une saveur fade. Les variétés les plus répandues sont : le *C. jaune,* de moyenne grosseur, long et très productif; le *C. blanc de Bonneuil,* le plus gros de tous; le *C. blanc hâtif,* le *C. jaune hâtif,* le *C. blanc de Hollande,* de grosseur moyenne et particulièrement propre à la culture sous châssis. Les fruits de toutes ces variétés entrent dans l'alimentation de l'homme; on les mange cuits, ou en salade, ou confits au vinaigre. Quand ils sont jeunes, on les fait confire au vinaigre, et on les emploie comme condiment, sous le nom de *Cornichons;* cependant on destine surtout à cet usage les fruits de la variété appelée *Petit vert.* Nous citerons encore le *C. prophète,* à fruits globuleux, hérissés, blanchâtres; et de la grosseur d'une cerise seulement; le *C. chate,* le *C. dudaïm,* à chair très odorante, mais insipide, et le *C. serpent* (*Cuc. flexuosus*), qui doit son nom à la forme flexueuse et très allongée de son fruit (il atteint parfois un mètre de longueur). Cette dernière espèce se cultive surtout comme plante d'agrément. Quelquefois pour donner à son fruit un aspect plus semblable à celui du serpent, on implante à l'une de ses extrémités deux graines rouges de Jéquirity pour simuler les yeux, et un morceau bifurqué d'étoffe rouge pour représenter la langue. — En médecine, on emploie la pulpe récente du C. pour faire des applications rafraîchissantes. On la fait également entrer dans une pommade qui porte son nom, et dont on se sert pour adoucir la peau et en faire disparaître les petites efflorescences. Enfin, le suc de C., appliqué sur les dartres, diminue, par sa fraîcheur et ses qualités émollientes, les démangeaisons qui surviennent après les bains sulfureux. Les semences de C. font partie des *quatre semences froides*. — Les Concombres ne viennent bien en pleine terre que dans les pays chauds; partout ailleurs ils demandent de grands ménagements. || *C. d'Ane, C. sauvage* ou *Giclet*, Noms vulgaires de l'*Ecbalium Elaterium*. Voy. CUCURBITACÉES.

CONCOMITANCE. s. f. (R. *concomitant*). Coexistence, simultanéité de deux ou de plusieurs choses. *La c. de ces deux symptômes dans une pareille maladie est bien fâcheuse. La c. des sons.*

CONCOMITANT, ANTE. adj. (lat. *concomitari*, accompagner, de *cum*, avec, et *comitari*, accompagner, de *comes*, compagnon). Se dit de la chose ou des choses qui en accompagnent une autre, celle-ci étant considérée comme principale. *Symptôme c. Signes concomitants* || T. Théol. *Grâce concomitante*, Grâce divine accompagnant toutes les actions. Voy. GRACE.

CONCORDANCE. s. f. Convenance, accord. *La c. des divers témoignages ne laisse aucun doute sur la vérité du fait.* || T. Gram. Accord des mots les uns avec les autres, suivant les règles propres à chaque langue. Voy. GENRE, NOMBRE, etc.

Hist. relig. — On appelle *Concordance de la Bible* une sorte de dictionnaire ou d'index qui renferme, par ordre alphabétique, tous les mots de l'Écriture sainte avec l'indication du livre, du chapitre et du verset où ils se trouvent. Ces dictionnaires facilitent singulièrement toutes les recherches qu'on peut avoir à faire quand on étudie les Livres saints. L'un des plus précieux avantages qu'ils présentent, c'est de permettre au lecteur de s'assurer de la véritable signification d'un passage quelconque par la comparaison des autres passages où les mêmes mots sont employés. — Il existe des concordances en latin, en grec et en hébreu. La c. latine la plus ancienne remonte au XIIIe siècle. Elle est due au Frère franciscain saint Antoine de Padoue. Presque à la même époque, le dominicain Hugues de Saint-Cher, vulgairement appelé le cardinal Hugues, en composa une autre beaucoup plus complète, à la préparation de laquelle il employa cinq cents moines de son ordre. C'est à cette c. que nous devons la division de la Bible en chapitres. Elle fut successivement améliorée par le franciscain Ariot Thuseus et le dominicain Conrad Halberstado, qui vivaient également au XIIIe siècle. Nous citerons ensuite les concordances de Jean de Ségovie, archevêque de Tolède (XVe siècle), de Gaspard de Zamora et de Franço Lucas ou Luc de Bruges (XVIIe siècle), etc. Mais tous ces ouvrages se trouvent aujourd'hui bien dépassés par la nouvelle c. publiée à Paris, en 1838, par M. Dutripon. — La première c. hébraïque a été faite, de 1438 à 1445, par le rabbin Mardochée Nathan, qui adopta la division par chapitres du cardinal Hugues, et qui créa la subdivision par versets. La meilleure édition a été publiée à Bâle, en 1632, par Buxtorf le fils. Le franciscain Marius de Calasio y a introduit de nombreuses améliorations (Rome, 1621; Londres, 1747). — Il n'existe pas de véritable c. grecque pour l'Ancien Testament, mais on en possède deux pour le Nouveau; celle de Xiste Betulius (1546), qui fut revue et complétée par Henry Estienne (Genève, 1600, 1624); et celle d'Érasme Schmid, professeur de langue grecque à Wittemberg (1638).

CONCORDANT. s. m. (R. *concorde*). T. Mus. Voy. Voix. || T. Poésie. *Vers concordants*, Vers qui ont plusieurs mots communs et qui cependant présentent un sens opposé. Les vers concordants ne sont guère usités que dans les scènes d'opéra où plusieurs personnes chantent ensemble. En voici un exemple :

> Dieu puissant que j'implore,
> Seconde mon
> Seconde son   } dessein.
> Renverse son }

CONCORDANTIEL, ELLE. adj. [Pr. *konkordan-si-el*]. T. Didact. Qui établit la concordance entre des textes, des calendriers, etc.

CONCORDAT. s. m. (bas-lat. *concordatum*, m. s., de *concordare*, concorder). Transaction, accord, convention. || T. Comm. Accord entre un commerçant failli et ses créanciers pour le règlement définitif de la faillite.

Hist. relig. — Dans les premiers temps du christianisme, on donnait le nom de *Concordats* aux conventions qui réglaient les différends des évêques, des supérieurs de monastères et des maisons religieuses; mais aujourd'hui on l'emploie exclusivement pour désigner les transactions intervenues entre les papes et les gouvernements, afin de déterminer les droits respectifs des uns et des autres, en ce qui concerne non point les questions de foi qui évidemment ne sauraient être l'objet d'un compromis, mais simplement les questions de discipline ecclésiastique et l'organisation du clergé. Ainsi, les concordats sont des actes diplomatiques qui, d'un côté, touchent aux intérêts religieux, et, de l'autre, aux intérêts politiques; ce sont les compromis entre les deux puissances spirituelle et temporelle, qui stipulent sur un terrain mixte, et cherchent à éviter toute cause de froissement en réglant à l'amiable leurs attributions respectives. L'Église a signé un grand nombre de concordats avec les différents États européens; mais nous ne parlerons ici que de ceux qui sont particuliers à la France. Ces traités sont au nombre de quatre et ont été conclus en 1516, 1801, 1813 et 1817.

I. — Le C. de 1516 eut pour objet de terminer les contestations qu'avait fait naître l'acte connu dans l'histoire sous le nom de *Pragmatique Sanction de Bourges*. On appelait ainsi un édit rendu, en 1438, dans la Sainte-Chapelle de Bourges, par le roi Charles VII, de concert avec une assemblée de prélats et de grands du royaume. Cet édit avait prétendu consacrer trois choses : 1° la supériorité, en matière de foi, des conciles généraux sur le pape, qui devait être tenu de les assembler au moins une fois tous les dix ans; 2° le droit d'élection aux évêchés et aux autres grands bénéfices par les églises et les chapitres exclusivement; 3° la réforme de certains abus qu'on imputait à la cour de Rome et particulièrement des taxes auxquelles elle avait assujetti le clergé de France. Comme cette Pragmatique statuait, au nom du pouvoir temporel exclusivement, sur des questions qui, de toute évidence, sont hors de son domaine (nous voulons parler des deux premières); comme, en outre, elle était jugée par le saint-siège attentatoire à ses droits et à sa dignité, Eugène IV en demanda avec insistance l'abolition à Charles VII; mais il ne put l'obtenir. Pie II fut plus heureux auprès de Louis XI. En effet, par des lettres patentes en date du 27 novembre 1461, ce prince supprima l'ordonnance de son père. Mais cette suppression excita un si grand mécontentement dans les Parlements, que Louis XII, en 1499, se vit obligé de déclarer que la Pragmatique aurait de nouveau force de loi. Toutefois, la papauté revint à la charge et finit par triompher. Le chancelier Duprat et les cardinaux d'Ancône et de Sanctiquarto, stipulant, celui-là au nom de François Ier, et ceux-ci au nom de Léon X, signèrent, en 1516, un traité qui termina définitivement la querelle. C'est ce traité que l'on appelle *C. de Bologne*, parce que les bases en furent arrêtées dans la ville de ce nom. Le roi abandonna la prétention de subordonner le pape au concile et renonça par conséquent à la tenue décennale de ce dernier; mais il se fit conférer le droit de nommer aux évêchés et à tous autres grands bénéfices ecclésiastiques, sauf l'institution canonique qui ne peut émaner que du pouvoir spirituel. D'un autre côté, il laissa au pape les annates à la condition toutefois de renoncer à quelques-unes des perceptions qui mécontentaient le plus les populations. La publication de ce c. souleva une très vive opposition de la part des Parlements et d'une partie du clergé; cependant il n'en fut pas moins exécuté, et il a régi l'Église de France jusqu'à la Révolution de 1789.

II. — Le c. actuellement encore en vigueur est celui qui fut passé, le 26 messidor an IX (15 juillet 1801), entre le gouvernement français et le saint-siège pour le rétablissement du culte catholique en France. Ce traité célèbre fut signé à Paris par Joseph Bonaparte, Crétet, conseiller d'État, et Bernier, docteur en théologie, au nom du premier consul Napoléon Bonaparte, et au nom du pape Pie VII, par le cardinal Consalvi, Mgr Spina, archevêque de Corinthe, et le Père Caselli, théologien. Il fut échangé le 10 septembre de la même année (23 fructidor) et promulgué le 8 avril 1802 (18 germinal an X). Ce document est tellement important que nous croyons devoir le publier textuellement.

« Le gouvernement de la République française reconnaît que la religion catholique, apostolique et romaine est la religion de la grande majorité des citoyens français. Sa Sainteté reconnaît également que cette même religion a retiré et attend encore en ce moment le plus grand bien et le plus grand éclat de l'établissement du culte catholique en France, et de la profession particulière qu'en font les consuls de la République. En conséquence, d'après cette reconnaissance mutuelle tant pour le bien de la religion que pour le maintien de la tranquillité intérieure, ils sont convenus de ce qui suit : 1° la religion catholique, apostolique et romaine sera librement exercée en France; son culte sera public, en se conformant aux règlements de police que le gouvernement jugera nécessaires pour la tranquillité publique. — 2° Il sera fait par le saint-siège, de concert avec le gouvernement, une nouvelle circonscription des diocèses français. — 3° Sa Sainteté déclarera aux titulaires des évêchés français qu'elle attend d'eux avec une ferme confiance, pour le bien de la paix et de l'unité, toute espèce de sacrifices, même celui de leurs sièges. D'après cette exhortation, s'ils se refusent à ce sacrifice commandé par le bien de l'Église (refus néanmoins auquel Sa Sainteté ne s'attend pas), il sera pourvu par de nouveaux titulaires au gouvernement des évêchés de la circonscription nouvelle, de la manière suivante. — 4° Le premier consul de la République nommera, dans les trois mois qui suivront la publication de la bulle de Sa Sainteté, aux archevêchés et évêchés de la circonscription nouvelle. Sa Sainteté conférera l'institution canonique, suivant les formes établies par rapport à la France avant le changement de gouvernement. — 5° Les nominations aux évêchés qui vaqueront dans la suite seront également faites par le premier consul, et l'institution canonique sera donnée par le saint-siège, en conformité de l'article précédent. — 6° Les évêques, avant d'entrer en fonctions, prêteront directement, entre les mains du premier consul, le serment de fidélité qui était en usage avant le changement de gouvernement, exprimé dans les termes suivants : « Je jure et je promets à Dieu, sur les saints Évangiles, de garder obéissance et fidélité au gouvernement établi par la constitution de la République française; je promets aussi de n'avoir aucune intelligence, de n'assister à aucun conseil, de n'entretenir aucune ligue, soit au dedans, soit au dehors, qui soit contraire à la tranquillité publique; et si dans mon diocèse ou ailleurs j'apprends qu'il se trame quelque chose au préjudice de l'État, je le ferai savoir au gouvernement. » — 8° La formule de prière suivante sera récitée à la fin de l'office divin dans toutes les églises catholiques de France : Domine, salvam fac rempublicam; Domine, salvos fac consules. — 9° Les évêques feront une nouvelle circonscription des paroisses de leurs diocèses, qui n'aura d'effet qu'après le consentement du gouvernement. — 10° Les évêques pourront avoir un chapitre dans leur cathédrale et un séminaire pour leur diocèse, sans que le gouvernement s'oblige à les doter. — 12° Toutes les églises métropolitaines, cathédrales, paroissiales et autres non aliénées, nécessaires au culte, seront remises à la disposition des évêques. — 13° Sa Sainteté, pour le bien de la paix et l'heureux rétablissement de la religion catholique, déclare que ni elle ni ses successeurs ne troubleront en aucune manière les acquéreurs des biens ecclésiastiques aliénés, et qu'en conséquence la propriété de ces mêmes biens, les droits et revenus y attachés, demeureront incommutables entre leurs mains ou celles de leurs ayants cause. — 14° Le gouvernement assurera un traitement convenable aux évêques et aux curés dont les diocèses et les paroisses seront compris dans la circonscription nouvelle. — 15° Le gouvernement prendra également des mesures pour que les catholiques français puissent, s'ils le veulent, faire des fondations en faveur des églises. — 16° Sa Sainteté reconnaît au premier consul de la République française les mêmes droits et prérogatives dont jouissait près d'elle l'ancien gouvernement. — 17° Il est convenu entre les parties contractantes que, dans le cas où quelqu'un des successeurs du premier consul actuel ne serait pas catholique, les droits et prérogatives mentionnés dans l'article ci-dessus, et la nomination aux évêchés seront réglés par rapport à lui par une nouvelle convention. » — A l'occasion du c., le souverain pontife publia deux bulles : l'une pour le ratifier; l'autre pour faire connaître la nouvelle circonscription ecclésiastique de la France en 10 archevêchés et 50 évêchés. Un bref spécial investit en même temps le cardinal Caprara, légat a latere auprès du gouvernement français, du pouvoir d'instituer les nouveaux prélats.

Le c. éprouva à son apparition de très vives oppositions, soit de la part des laïques, qui n'en comprirent pas d'abord le but et la portée, soit de la part de certains évêques. En effet, plusieurs de ceux qui étaient réfugiés à l'étranger, et qui par cela même étaient hors d'état d'apprécier la situation réelle des choses en France, refusèrent de se démettre de leurs sièges, malgré les instantes prières de Pie VII. Comme le souverain pontife se vit obligé de passer outre, de les dépouiller de toute juridiction et de déclarer leurs sièges vacants, ils se prétendirent lésés dans leurs droits, persistèrent dans leur opposition et formèrent, avec un certain nombre d'individus plus exaltés qu'éclairés, le schisme connu sous le nom de Petite Église. La publication des articles organiques, qui fut faite simultanément avec celle du c., comme s'ils en eussent fait partie intégrante, vint augmenter encore les contrariétés du saint-siège. On nomme ainsi une loi du 8 avril 1802 (18 germinal an X), par laquelle le gouvernement français tenta de régler, conformément à l'art. 1er du c., non seulement la police du culte catholique, mais encore celle des autres cultes reconnus par l'État. Cette loi ne comprend pas moins de 121 articles, dont 77 concernent le culte catholique. Nous nous contenterons de citer les plus importants parmi ces derniers. D'après l'art. 1er, aucune bulle, bref, rescrit, mandat, provision, signature servant de provision, ni autres expéditions de la cour de Rome, même ne concernant que les particuliers, ne pourront être reçus, publiés, imprimés, ni autrement mis à exécution, sans l'autorisation du gouvernement. L'art. 2 porte qu'aucun individu se disant nonce, légat ou commissaire apostolique, ou se prévalant de toute autre dénomination, ne pourra, sans la même autorisation, exercer sur le sol français ni ailleurs aucune fonction relative aux affaires de l'Église gallicane. L'art. 3 déclare que les décrets des synodes étrangers, même ceux des conciles généraux, ne pourront être publiés en France avant que le gouvernement en ait examiné la forme, ainsi que la conformité avec les lois, droits et franchises de la République française. L'art. 4 défend de tenir aucun concile national ou métropolitain, aucun synode diocésain, aucune assemblée délibérante sans la permission expresse du gouvernement. Les art. 41 et 45 interdisent, l'un l'établissement d'aucune fête, à l'exception du dimanche, sans la permission du gouvernement; l'autre la célébration de toute cérémonie religieuse, hors des églises, dans les lieux où il y a des temples destinés à différents cultes. L'art. 54 défend aux curés de donner la bénédiction nuptiale à ceux qui ne justifieront pas, en bonne et due forme, avoir contracté mariage par-devant l'officier de l'état civil. Le saint-siège protesta contre les articles organiques et demanda la suppression; mais le gouvernement français ne crut pas pouvoir faire droit à ses réclamations. « Les articles organiques, dit un canoniste moderne, peuvent être considérés sous deux points de vue différents : 1° Si on les regarde comme ne faisant qu'une seule et même chose avec le c. de 1801, dont ils seraient une suite nécessaire et indispensable, il est évident que dans ce cas ils sont radicalement nuls sous le rapport canonique, puisqu'ils n'émanent pas des deux parties contractantes, mais d'une seule, de la puissance civile, qui les a publiés à l'insu et contre la volonté de la puissance ecclésiastique; 2° si, au contraire, on les considère comme une loi purement civile ayant pour objet de régler les rapports qui existent naturellement entre l'Église et l'État, on peut et on doit les admettre avec certaines modifications. C'est ce qu'a fait, dans sa sagesse, l'épiscopat français tout entier. »

III. — Le 25 janvier 1813, un nouveau c. fut signé à Fontainebleau par Napoléon et Pie VII, alors captif; mais le souverain pontife ayant aussitôt protesté contre la concession qu'il venait de faire, ce c. ne put être appliqué. Nous en dirons autant de celui qui fut conclu à Rome, le 11 juin 1817, entre le même pontife et Louis XVIII. Comme il fut repoussé par les Chambres, il n'a jamais eu force de loi. En conséquence, c'est le c. de 1801 qui seul est en vigueur aujourd'hui et qui régit les rapports de la France avec le Saint-Siège.

CONCORDATAIRE, CONCORDATISTE. adj. Se dit des ecclésiastiques qui approuvèrent le concordat de 1801. || T. Comm. Failli qui a obtenu un concordat.

CONCORDE. s. f. (lat. concordia, de cum, avec, et cor cordis, cœur). Union de cœurs et de volontés, bonne intelligence entre des personnes. Les liens de la c. Entretenir, maintenir, rétablir la c. Cela pourrait altérer la c. qui règne entre eux. || T. Hist. relig. Ouvrage où l'on cherche à montrer la conformité des faits rapportés par les quatre évangélistes et où l'on s'efforce de concilier les contradictions apparentes ou réelles que l'on y rencontre. = *Place de la C.*, à Paris, l'une des plus belles places du monde, surtout à cause de la perspective des Champs-Élysées et de l'Arc-de-Triomphe, et si magnifiquement encadrée; cette place fut terminée en 1852 par le comblement des fossés qui l'entouraient. Elle s'appela d'abord place Louis XV, puis place de la Révolution (Louis XVI y fut guillotiné), et reçut son nom actuel par décret du Directoire du 26 octobre 1795. L'obélisque de Louqsor y fut érigé en 1836.

CONCORDER. v. n. (lat. *concordare*, m. s., de *cum*, avec, et *cor, cordis*, cœur). Vivre en bonne intelligence. *Ces deux hommes ne pourront jamais c.* Peu us. || Fig., Être d'accord. *Leurs témoignages ne concordent guère.* *Cela ne concorde pas avec ce que vous aviez dit.*

CONCOURANT, ANTE. adj. Qui concourt. On appelle en géométrie *Droites c.* des lignes qui passent par un même point. || T. Méc. *Forces c.*, Forces dont les directions passent par un même point.

CONCOURIR. v. n. (lat. *concurrere*, m. s., de *cum*, avec, et *currere*, courir). Coopérer, contribuer à produire un effet conjointement avec un ou plusieurs autres agents. *Il concourut avec moi au succès de cette affaire. C. au bonheur, au malheur, à la ruine de quelqu'un. C. à une même fin.* || T. Phys. et Géom. Se rencontrer. *Deux lignes qui concourent en un point.* || Fig., Être en concurrence, en rivalité pour obtenir un prix, un emploi, un titre, etc. — Subir les épreuves d'un concours. *C. pour le prix d'éloquence, de peinture,* etc. *C. pour une chaire de droit, de médecine,* etc. — Ainsi., *Nous concourûmes la même année.* — Se dit quelquefois des ouvrages faits par les concurrents. *Les mémoires envoyés après telle époque ne pourront c.* = Conj. Voy. Courir.

CONCOURME. s. f. (Corruption de *curcuma*). T. Comm. Drogue qui sert à teindre en jaune. Voy. Curcuma.

CONCOURS. s. m. (lat. *concursus*, m. s., de *cum*, avec, et *cursus*, course). Action de concourir, de coopérer. *Dieu prête son c. aux hommes. Rien ne favorise autant la végétation que le c. de l'humidité et de la chaleur. Se prêter un c. mutuel.* || Réunion, rencontre. *Selon Épicure, l'univers a été formé par le c. fortuit des atomes. Le c. des voyelles produit les hiatus.* — Affluence de la population en quelque endroit. *Grand c. de peuple, de monde. Un immense c. de spectateurs.* || Lutte, concurrence, rivalité de personnes qui se disputent un prix, une chaire, une place, etc., et sont, pour cet objet, soumises à certaines épreuves. *Ouvrir un c. de peinture. Mettre une chaire au c. Se présenter, être admis au c. Le programme du c. Le c. sera fermé à telle époque.* On dit dans un sens analogue, *Mettre au c. l'exécution d'un monument, d'une statue, d'un tableau,* etc. || T. Jurisp. Prétention au même droit. || T. Géom. Direction vers un même point. — *Point de c.*, Point de rencontre de plusieurs droites.

Hist. — L'origine des concours remonte au moins à l'époque de la Grèce héroïque; mais, dans ces temps primitifs, ils n'eurent pour objet que le développement de l'homme physique et n'en prix était adjugé à celui qui avait déployé le plus de force et d'adresse. Après Solon, Athènes offrit un plus vaste champ à ces luttes pacifiques; la poésie et l'art dramatique eurent aussi leurs concours, et, dans les grandes solennités nationales, les Athéniens honorèrent les poètes qui avaient remporté les prix, à l'égal des athlètes vainqueurs dans les luttes gymnastiques. Les différentes cités de la Grèce imitèrent plus ou moins Athènes; toutefois il faut en excepter Sparte, qui ne vécut jamais que de la guerre. Rome ne connut guère que de nom ces luttes de l'intelligence. Qu'étaient en effet, auprès des admirables concours d'Athènes, ces concours de poésie établis sous les empereurs pour faire briller les beaux esprits du temps? Après la chute de l'empire toute institution littéraire disparut pendant plusieurs siècles; mais enfin la chevalerie vint, avec ses joutes et ses tournois, faire revivre, en les transformant, les exercices du stade, et les troubadours du XIVe siècle jetèrent les fondements des concours littéraires modernes. Aujourd'hui, les luttes purement physiques sont abandonnées à peu près partout; mais celles de l'intelligence sont en faveur dans toutes les parties du monde civilisé.

En France, et il en est de même dans l'Europe tout entière, les académies ouvrent chaque année diverses espèces de concours. Chez nous, l'Académie française couronne des poèmes et des éloges; l'Académie des beaux-arts ouvre des concours de peinture, de sculpture, de gravure et d'architecture; l'Académie des inscriptions et belles-lettres, celle des sciences et celle des sciences morales et politiques mettent au c. des questions d'érudition et la solution de différents problèmes scientifiques. Les concours ouverts par l'Académie des sciences sont généralement utiles aux progrès de la science. Il serait difficile d'approuver aveuglément tous les autres. Un jour, l'Académie française préféra à une ode de Voltaire celle d'un certain abbé de Jarri, fort médiocre, et dans laquelle brillait entre autres ce vers étonnant :

Et du pôle brûlant jusqu'au pôle glacé.

Les concours sont encore la voie par laquelle on entre dans certaines écoles, telles que les écoles polytechnique, navale, militaire, centrale, etc., par laquelle on est admis à faire partie du service de santé des hôpitaux, etc. C'est encore par le c. que l'on arrive à certains emplois, que l'on obtient certains grades, particulièrement dans l'instruction publique : tels sont les concours d'agrégation. — Souvent aussi, à l'exemple de ce qui se pratiquait à Athènes au siècle de Périclès, à Rome et dans toute l'Italie au siècle de Léon X, l'on met au c. les œuvres d'art et les monuments qui doivent être exécutés aux frais de l'État.

Les concours ont leurs avantages et leurs inconvénients. Assurément, ils ont pour effet d'écarter des grades et des emplois les individus absolument ineptes, mais souvent aussi ils éloignent les hommes les plus capables, qui ne veulent pas compromettre une réputation justement acquise, dans une lutte de quelques instants avec des concurrents qui de longue main se destinent exclusivement à ces épreuves et savent étaler bruyamment des connaissances parfois très superficielles. L'expérience a montré que trop souvent dans les concours, soit par le vice propre du système, soit par le mode de composition des jurys, le prix de la lutte est attribué à des hommes d'une médiocrité notoire et incapables de porter ombrage aux juges qui les ont préférés. Dans les concours relatifs à l'exécution d'une œuvre d'art, il est indispensable que le public lui-même soit admis à exprimer son propre jugement et à corriger ainsi les entraînements de système et d'école qui caractérisent, en fait de beaux-arts, les jurys spéciaux. — Parmi les concours qui ont pour objet d'encourager les études de la jeunesse, nous devons une mention particulière au *C. général.* On nomme ainsi l'Université le c. qui a lieu chaque année entre les élèves les plus distingués des lycées de Paris et du lycée de Versailles, depuis la classe de philosophie jusqu'à la troisième inclusivement, y compris les classes de mathématiques spéciales et de mathématiques élémentaires. Ce c. remonte à l'année 1746. Il y a autant de prix que de facultés; mais on désigne sous le nom de *Prix d'honneur* le premier prix de dissertation philosophique en français, le premier prix de discours français et le premier prix de mathématiques spéciales.

Enfin, le prodigieux développement industriel qui s'est manifesté chez nous depuis le commencement de ce siècle a donné lieu à des concours d'un nouveau genre. Nous voulons parler de ces expositions des produits, soit manufacturiers, soit agricoles, à la suite desquels des récompenses honorifiques ou autres sont accordées à ceux qui se sont le plus distingués. On ne saurait contester l'utilité de ces sortes de concours : car prix stimulant vivement l'esprit d'invention et répandent avec rapidité dans le monde industriel les perfectionnements apportés dans chaque spécialité de travaux. Il en est de même des concours d'ordre inférieur qui s'ouvrent de temps à autre dans nos provinces, et qui ont principalement pour objet de faire connaître et de répandre les meilleurs instruments d'agriculture, d'encourager le perfectionnement de nos races d'animaux domestiques, et de vaincre les habitudes routinières si difficiles à déraciner chez les habitants de nos campagnes.

Nous ne pouvons non plus passer sous silence les divers concours dont l'utilité est plus contestable, par ex. les *Concours de rosières* (voy. Rosière), les *Concours de beauté*, si à la mode dans certains pays, et les *Concours de bébés*, dont nous avons eu quelques exemples en France même.

CONCRAIRE. v. a. Former un tout concret.

CONCRÉFIER. v. a. Rendre concret.

CONCRESCENCE. s. f. [Pr. *kon-krès-sanse*] (lat. *concrescere*, croître ensemble, de *cum*, avec, et *crescere*, croître). T. Bot. Union ou soudure de parties contiguës. La c. est une des causes de la grande diversité d'aspect que présentent les organes des plantes. Ainsi, deux feuilles opposées se soudent et croissent ensemble, de manière à paraître n'en former qu'une seule qui est traversée par la tige. Plusieurs feuilles s'unissent en verticille et forment un involucre; un certain nombre de pétales adhèrent entre eux de manière à constituer une corolle monopétale.

CONCRESCENT, ENTE. adj. [Pr. *kon-krès-san*]. adj. T. Bot. Se dit des parties qui sont unies par *Concrescence*. Voy. ce mot.

CONCRESCIBILITÉ. s. f. [Pr. *konkrès-sibilité*]. Qualité de ce qui est concrescible.

CONCRESCIBLE. adj. (lat. *concrescere*, croître ensemble). T. Didact. Qui peut prendre une consistance concrète.

CONCRET, ÈTE. adj. (lat. *concretus*, de *concrescere*, croître ensemble). Épais, condensé. || T. Logiq. Déterminé, précisé. *Terme c.*, Qui exprime un objet déterminé et individuel, par opposition à *abstrait*. Voy. ABSTRAIT. || T. Arith. *Nombre c.*, Nombre suivi de l'indication d'une grandeur : *huit mètres, quatorze minutes*. Voy. NOMBRE. || T. Chim. Se dit des substances qui ont une consistance plus ou moins solide, par oppos. à celles de même nature qui sont fluides. *Le camphre est une huile volatile concrète.* || s. m. Objet c., État de ce qui est c. || T. Tech. Nom donné à un espèce de béton.

CONCRÉTER. v. a. Réunir en un tout concret, donner un caractère concret.

CONCRÉTION. s. f. [Pr. *konkré-sion*]. Action de s'épaissir. *La c. de l'huile, du lait.* Peu us. || Fig. Manifestation, traduction matérielle.
Ce terme n'est guère employé qu'en minéralogie et en médecine. — En minéralogie, il sert à désigner les substances qui se présentent sous forme de mamelons irréguliers accolés les uns aux autres. — En médecine, le mot c. est à peu près synonyme de *Calcul*; cependant il a une signification plus étendue; c'est ainsi qu'on nomme *Concrétions osseuses* ou *tophacées* les ossifications osseuses ou les dépôts de phosphate calcaire qui se forment à l'intérieur de certains organes. Voy. CALCUL.

CONCRÉTIONNAIRE. adj. 2 g. [Pr. *konkré-sio-nère*]. T. Géol. Disposé en masses. *Roches concrétionnaires.*

CONCRÉTIONNER (SE). v. pr. [Pr. *konkré-sio-ner*]. T. Didact. Se former en concrétion.

CONCUBIN, INE. s. et adj. Qui vit en concubinage, qui a rapport au concubinage. *Union concubine.*

CONCUBINAGE. s. m. (R. *concubine*). Commerce d'un homme et d'une femme qui ne sont point mariés, et qui vivent ensemble comme s'ils l'étaient.

CONCUBINAIRE. s. m. Celui qui entretient une concubine. || adj. 2 g. Qui a rapport au concubinage.

CONCUBINAT. s. m. (R. *concubine*). État d'un homme et d'une femme vivant ensemble sans être mariés.

CONCUBINE. s. f. (lat. *cum*, ensemble; *cubare*, coucher). Celle qui n'étant point mariée avec un homme vit avec lui comme si elle était sa femme. *Entretenir une c.*

CONCUPISCENCE. s. f. [Pr. *konku-pis-sance*] (lat. *concupiscere*, désirer ardemment, de *cum*, avec, et *cupere*, désirer). Penchant très vif à jouir des plaisirs sensuels. *La c., de la chair. La c. des yeux.* || Par ext. Ardeur, passion. || T. Théol. Attrait naturel pour les biens sensibles.

CONCUPISCENT, ENTE. adj. [Pr. *konku-pis-san*]. Qui a de la concupiscence.

CONCUPISCIBLE. adj. 2 g. [Pr. *konku-pis-sible*]. T. Philos. scolastique. Qui est inspiré par le désir de la possession. *Appétit c.* Voy. APPÉTIT.

CONCURREMMENT. adv. [Pr. *concur-ra-man*]. En rivalité, en concurrence. *Ils briguaient c. cette charge.* || Conjointement, ensemble. *Nous pouvons agir c.* || T. Prat. *Ces créanciers viennent en ordre c.*, Ils sont en même rang.

CONCURRENCE. s. f. [Pr. *kon-kur-ranse*] (R. *concurrent*). Compétition de plusieurs personnes qui prétendent à un même avantage. *Entrer en c. avec quelqu'un. Il y a c., une grande c. La c. l'oblige à diminuer ses prix. La c. tourne au profit des consommateurs.* — Par ext., se dit des entreprises, des marchandises, etc. *Cette entreprise ne pourra point soutenir la c. avec telle autre. Les soieries de Lyon défient toute c.* || T. Jurisp. Égalité de rang, de droit, entre plusieurs personnes, sur une même chose. *Exercer une hypothèque en c.* || *Jusqu'à c., jusqu'à la c. de...*, Jusqu'à ce qu'une certaine somme soit atteinte, soit entièrement acquittée. *Il sera obligé de rapporter jusqu'à c. de ce qu'il a reçu.* On dit de même, *Jusqu'à due c.*

Écon. polit. — Ce mot n'a pas une signification différente de celle qui lui est attribuée dans le langage ordinaire; c'est la compétition de deux ou de plusieurs individus qui aspirent au même avantage et s'efforcent à l'envi de l'obtenir. La c. est la conséquence, le résultat nécessaire de la liberté dans l'ordre économique. Pour détruire la c., il faudrait anéantir la liberté du travail, la liberté des échanges et même la liberté de la consommation. Elle est en même temps le stimulant le plus énergique de l'activité humaine, et c'est à elle que la société, ou, en d'autres termes, que l'espèce humaine est presque exclusivement redevable de tous les progrès qu'elle a accomplis.

I. *Influence de la concurrence sur la production.* — L'intérêt personnel est le mobile de l'homme dans l'ordre économique: l'homme cherche sans cesse à améliorer sa condition, et de ces millions d'efforts individuels où chacun n'a en vue que sa propre personne, naît le progrès de la société. Tous les industriels, tous les travailleurs, quelle que soit la nature de leurs occupations, sont obligés par la c. qui s'établit entre chacun d'eux et ses rivaux, d'appliquer constamment leur intelligence et leurs efforts à perfectionner leurs produits ou à les faire à moins de frais, ce qui est aussi un perfectionnement. « Celui-ci, dit Coquelin, invente une machine qui doit abréger le travail et diminuer les frais de production; celui-là, une combinaison chimique qui doit améliorer la qualité de ses produits; un troisième, une nouvelle forme de la division du travail qui doit en simplifier le jeu; un quatrième, une marche plus expéditive ou plus heureuse pour le transport et la distribution des produits, etc.: c'est à qui surpassera ses rivaux par l'abondance et la fécondité de ses innovations. » Maintenant, supprimons un instant, par la pensée, cette c. universelle: nous verrons bientôt disparaître toute émulation pour mieux faire, le mouvement se ralentir, le progrès s'arrêter. Et ceci n'est point une hypothèse imaginaire. Il suffit de considérer les industries qui sont constituées en monopole. Là, le producteur ne songe jamais à améliorer ses produits, car il n'a point de rivaux. Tout au plus fait-il, et la chose est rare, quelque effort pour diminuer ses frais de production, quand il pense pouvoir accroître notablement ses bénéfices. Jetons aussi un coup d'œil sur le passé, et comparons les progrès vraiment gigantesques que l'industrie a accomplis depuis cinquante ans, avec ceux qu'elle avait faits pendant les deux siècles précédents. Cette différence prodigieuse que l'on remarque dans les résultats de ces deux périodes, tient presque uniquement à ce que sous l'ancien régime le travail était réglementé, tandis qu'aujourd'hui il est, sauf quelques exceptions plus ou moins fâcheuses, à peu près affranchi de toute entrave. Ainsi, la liberté du travail ou, en d'autres termes, la c. dans la fonction de la production a pour effet de rendre celle-ci plus active, plus prompte, plus parfaite et plus économique.
Mais ce n'est pas seulement au point de vue de l'*utilité*, c.-à-d. sous le rapport matériel, que la liberté est indispensable au travail; elle l'est encore sous le rapport moral ou au point de vue de la *justice*. En supposant même qu'elle ne fût pas complètement inapplicable, serait-elle conforme aux notions les plus élémentaires de la justice, une loi qui prétendrait assigner à chaque travailleur tel travail plutôt que tel autre, qui ferait violence à ses goûts, qui contrarierait ses aptitudes, qui lui interdirait d'appliquer ses forces et son intelligence au genre de travail qu'il croit devoir être le plus lucratif pour lui-même? « L'État, dit un philosophe, est avant tout la justice organisée; sa fonction première, son devoir le plus étroit est d'assurer la liberté. Et quelle liberté y a-t-il dans une société où n'est pas la liberté du travail? »
Nous faisions tout à l'heure allusion aux progrès immenses que l'industrie a accomplis depuis un siècle. Ces progrès se

sont surtout manifestés par l'invention d'une multitude de procédés, d'instruments et de machines qui ont eu pour effet ou d'abréger le travail, ou de diminuer les frais de production, ou de créer des produits auparavant inconnus, ou tout au moins de faire certains articles mieux qu'on ne le pouvait faire au moyen des anciens procédés ou des anciens instruments. Toute invention industrielle, consistant en réalité à substituer du travail exécuté par les forces naturelles à une certaine quantité de travail humain, diminue la peine de l'homme et en même temps augmente la somme de ses satisfactions. Or, c'est surtout sous le régime de la liberté du travail, sous l'influence de la c. qui stimule incessamment l'activité physique et intellectuelle du producteur que les découvertes industrielles sont nombreuses et fécondes. Il est vrai qu'une invention nouvelle n'est point, à de rares exceptions près, mise immédiatement à la disposition de la société. La justice le veut ainsi, car il faut que l'effort fait par l'inventeur reçoive sa rémunération. S'il s'agit d'un procédé susceptible d'être tenu secret, l'auteur de cette découverte ou la nature peut à volonté s'en réserver le monopole; dans le cas contraire, il prend les mesures qu'exige la législation (voy. INVENTION) pour s'en assurer la propriété et l'usage exclusif, au moins pendant un certain laps de temps. Durant cette première période, il exploite donc le procédé ou l'instrument à son seul profit. Les consommateurs y gagnent fort peu de chose: car en général l'inventeur, nonobstant la réduction de ses frais de production, exige des acheteurs à peu près le même prix qui est demandé par les producteurs obligés de s'en tenir à l'ancienne méthode. Mais au bout de quelques années, le procédé se répand, la c. intervient, et la rémunération extraordinaire que percevait l'inventeur va toujours en décroissant, jusqu'au moment où la méthode nouvelle, l'instrument nouveau sont connus de tous les producteurs du même article. Alors, le monopole a cessé d'exister. Par conséquent, si l'invention dont il s'agit épargne la moitié de la peine ou diminue de moitié les frais nécessaires pour produire un certain objet, les consommateurs font, dès ce moment, une économie de moitié sur le prix de ce dernier. En d'autres termes, ils obtiennent la même satisfaction qu'auparavant pour une peine moitié moindre, ou bien, pour la même peine, ils obtiennent deux satisfactions au lieu d'une seule. Ainsi donc, c'est la c. qui d'abord a provoqué l'invention, et plus tard, par l'essor qu'elle lui a donné, d'en gratifier la société tout entière.

La c. ne s'exerce pas seulement entre les producteurs: elle se manifeste aussi entre les capitalistes et entre les travailleurs.

Le capital est un des éléments essentiels de toute production. Mais le capital est le résultat d'un travail antérieur; c'est un produit épargné et appliqué à une nouvelle production. Donc, tout ce qui tend à accroître et à favoriser la production, tend à accroître le capital et favorise sa formation. Il suit de là que la liberté du travail ou la c. est l'agent le plus efficace de la multiplication du capital. Lorsque le capital s'accroît plus vite que ne l'exigent les besoins actuels de l'industrie, la c. que se font les capitalistes et qui résulte de ce qu'aucun d'eux ne veut laisser son capital inactif ou improductif a pour conséquence nécessaire la baisse du taux de l'intérêt. Il s'ensuit que le producteur, qui paie alors une rémunération moindre au capitaliste, est obligé par la c. des producteurs d'abaisser le prix de ses propres produits: d'où résulte un avantage pour tous les consommateurs sans exception, et par conséquent pour les travailleurs considérés comme consommateurs. De plus, les produits devenant plus accessibles laissent à chacun un reliquat de ressources qui est employé en partie à l'achat de nouveaux produits, ce qui augmente l'activité de l'industrie en élargissant ses débouchés, en partie à la constitution d'un nouveau capital. Il peut même arriver que le bénéfice provenant de la diminution de la rétribution affectée au capitaliste se partage en deux fractions: l'une allant aux consommateurs par la diminution des prix, et l'autre aux travailleurs, sous forme d'augmentation de salaires. Dans ce dernier cas, qui se présente lorsque le capital s'accroît plus rapidement que le nombre des travailleurs, il y a double avantage pour ces derniers, considérés, d'une part, comme travailleurs, et, d'autre part, comme consommateurs.

L'une des formes les plus importantes qu'affecte le capital est celle d'instruments de travail ou de machines: on peut déjà, d'après ce que nous venons de dire, comprendre l'utilité générale de leur introduction dans l'organisme industriel et concevoir que ce sont elles qui sont appelées à donner une nouvelle face à la société, en augmentant indéfiniment la somme de satisfactions que chaque homme pourra obtenir pour une même somme d'efforts. Au reste, cette question sera traitée plus amplement dans un autre endroit de ce livre. Voy. MACHINE.

II. *Rôle de la concurrence dans l'échange.* — « C'est la c., écrivait Montesquieu en 1748, qui met un juste prix aux marchandises; » il aurait dû ajouter: « ainsi qu'à tous les services que les hommes se rendent réciproquement. » Nous n'avons pas besoin de démontrer de nouveau ici que les produits s'échangent contre des produits ou contre des services et que ces derniers s'échangent pareillement entre eux. Voy. COMMERCE, DÉBOUCHÉ, ÉCHANGE. D'ailleurs, tout le monde comprend que lorsqu'un homme nous épargne une peine, nous devons lui en épargner une à notre tour. Il nous confère une satisfaction, résultat de son effort: nous devons faire de même pour lui. Mais qui fera la comparaison? Pour ne parler que des produits matériels qui se trouvent dans le commerce, ne semble-t-il pas que ce soit un problème insoluble que de déterminer le prix de chacun d'eux? En effet, ce prix doit représenter exactement les frais de production qu'a coûtés chaque objet, y compris les profits nécessaires de tous ceux qui ont concouru à cette production. Or, chacun des produits qui viennent chaque jour sur le marché pour s'offrir à l'échange, en général, subi tant de manipulations diverses et passé par tant de mains, qui toutes y ont successivement incorporé une certaine quantité de travail et ont droit à une part de sa valeur, que le vendeur lui-même est hors d'état de calculer exactement ce qu'il a coûté avant d'arriver en sa possession. Eh bien! ce que ne peuvent pas faire les producteurs eux-mêmes, « la c., dit Coquelin, le fait si bien, suivant des principes si sûrs, et avec une précision si infaillible, qu'il n'y a pas, partout où elle agit dans toute sa plénitude, un seul produit qui se vende couramment ni au-dessus ni au-dessous de ce qu'il a réellement coûté depuis sa première formation jusqu'à son entier achèvement. » C'est que si un produit quelconque se vendait au-dessous de son prix de revient, il cesserait à l'instant d'être produit; c'est que si ce même produit se vendait beaucoup au-dessus de ce prix, d'autres travailleurs se porteraient immédiatement du côté de cette industrie, jusqu'à ce qu'elle ne rendît que les profits ordinaires. Il en est encore ainsi des innombrables services qui ne se réalisent pas sous une forme matérielle.

III. *De la concurrence comme distributive du travail et des capitaux.* — La c. n'est pas seulement chargée d'établir la valeur relative des produits et des services échangés, mais elle a encore pour mission de distribuer le travail et les capitaux dans l'atelier social, c.-à-d. entre les millions d'industries disparsées à la surface du globe tout entier. « Si, dans le monde industriel, dit Ch. Coquelin, les produits sont innombrables et d'ailleurs infiniment variés, les divers genres de travaux qui concourent à la confection de ces produits ne sont ni moins variés, ni moins nombreux. Tous ces travaux d'ailleurs sont nécessaires à peu près au même degré. La dépendance où ils sont les uns à l'égard des autres fait en outre que pas un d'eux ne peut être négligé sans que tout le reste n'en souffre. Comment le boulanger, par ex., fabriquerait-il son pain si le meunier avait oublié de moudre? Et celui-ci, comment livrerait-il au boulanger la farine, si le cultivateur avait oublié de semer, de récolter ou de battre son grain? Le cultivateur, à son tour, comment livrerait-il son grain, si le charron et le forgeron n'avaient pris soin de façonner en temps utile les instruments nécessaires au labourage, à la récolte et au battage? Le travail du forgeron n'est pas moins dépendant de celui du mineur qui extrait le fer de la mine que celui du laboureur ne l'est du sien. Tous sont, en outre, également dépendants du travail du voiturier, qui opère les transports de leurs produits respectifs, aussi bien que des services rendus par les agents de la force publique qui pourvoient à la sûreté de ces transports. C'est comme une chaîne immense dont tous les anneaux se tiennent; qu'un seul de ces anneaux vienne à se rompre, et à l'instant toute la chaîne s'affaisse. Il faut donc qu'il soit pourvu à ce que chacun de ces travaux ne soit jamais abandonné ni omis, à ce qu'ils s'accomplissent tous exactement, à leur heure et dans la mesure des besoins de tous les jours. Qui, dans la société, est chargé de pourvoir à un tel besoin? Personne; et il faut se hâter de dire aussi qu'il n'y a aucun pouvoir humain capable, soit de prévoir et de connaître tous les travaux qui doivent s'accomplir dans les différentes directions de l'industrie, soit de pourvoir à leur exécution. Qui donc le fera? Ce sera cette même puissance mystérieuse et souveraine qui a déjà réglé la valeur des services échangeables, la c., puissance bien autrement éclairée, bien autrement active et vigilante que ne peut l'être aucune de celles auxquelles le soin des intérêts publics est ordinairement confié. — Les moyens qu'elle y emploie sont d'ailleurs fort simples. Le premier, c'est de tenir tous les intérêts particuliers constamment en éveil, en n'accordant en toutes choses les faveurs de la fortune qu'aux plus vigilants, aux plus adroits, aux plus habiles. Le second, c'est de diriger l'intérêt particulier de chaque homme vers la satisfaction des besoins des autres. Tant que la c. agit seule et que la violence ou la fraude ne se mettent point de la partie, l'unique moyen pour chacun de l'emporter sur ses rivaux, c'est de prévoir mieux qu'eux, de satisfaire d'une manière plus prompte, plus convenable et plus complète les besoins qui se révèlent autour de lui. Ainsi, grâce à la c., s'il y a dans la société un million de besoins divers, il y a aussi plusieurs millions d'yeux incessamment ouverts sur ces besoins, plusieurs millions d'intelligences incessamment occupées à les deviner et à les comprendre, plusieurs millions de bras toujours ardents à les servir. Il n'y a pas de danger qu'un seul emploi nécessaire ou seulement utile échappe à cette vigilance active et générale; à peine s'en trouve-t-il un qui chôme et qui languisse, qu'il se présente une foule de concurrents pour le remplir. Voilà comment dans cette immense chaîne de l'industrie qui se replie sur elle-même en mille sens divers et qui se compose d'innombrables anneaux, il n'y a jamais nulle part ni vide ni lacune. Voilà comment ce prodige incroyable, devant lequel la raison humaine doit s'incliner, se trouve accompli d'une manière si naturelle et si simple qu'on n'en est plus même frappé. — Mais il ne suffit pas encore que tous les emplois de l'industrie soient occupés sans solution de continuité et sans lacune. Il faut de plus qu'ils le soient dans la mesure convenable, c.-à-d. que le nombre des hommes qui les remplissent et la somme des forces ou des capitaux qu'on y consacre soient toujours proportionnés à l'étendue réelle des travaux à faire. Ici encore nous devons nous faire cette éternelle question : Qui dans le monde serait capable de fournir cette juste mesure? et nous sommes forcés de répondre encore une fois : Personne, non pas même le producteur. La c. seule peut le faire et seule le fait; c'est elle seule qui instruit à cet égard tout le monde, à commencer par les travailleurs eux-mêmes, qui sans elle ne seraient pas en état de déterminer la somme de travail nécessaire même dans la branche spéciale de production dont ils s'occupent. Et comment la c. les instruit-elle? Elle les instruit en augmentant ou en diminuant les bénéfices moyens dans chaque branche de la production, selon que le travail qui s'y applique répond plus ou moins bien à l'étendue des besoins. Y a-t-il trop de travail appliqué à telle production particulière : aussitôt, par l'effet de la c., les bénéfices déclinent et les travailleurs sont avertis par là d'avoir à se porter ailleurs. Y a-t-il au contraire trop peu, les bénéfices s'élèvent, et c'est un avertissement à ceux qui sont engagés ailleurs d'avoir à se porter là en plus grand nombre. C'est ainsi que, par la seule influence de la hausse ou de la baisse des profits à faire, les travailleurs et les capitaux sont distribués et répartis avec une précision presque infaillible dans les divers emplois de la production, selon la mesure des besoins, et que l'équilibre se maintient toujours entre les fonctions à remplir et le travail qu'on y consacre. »

IV. *De la concurrence dans ses rapports avec la consommation.* — Quoique tous les hommes ne soient pas producteurs, la plupart le sont à des titres différents; mais tous, sans exception, sont pareillement consommateurs. De tout ce que nous avons dit plus haut sur la c., il ressort nécessairement cette vérité qu'elle est un bienfait pour tous les consommateurs, et par conséquent pour l'espèce humaine tout entière. En effet, si elle provoque et stimule l'activité industrielle dans toutes les directions, c'est pour accroître la somme des produits destinés à l'échange, et par suite à la consommation; si elle améliore la qualité des produits, c'est pour mieux servir le consommateur; si elle s'efforce d'en abaisser le prix, c'est pour les rendre accessibles à un nombre toujours plus considérable d'individus. Il y a aujourd'hui chez les peuples civilisés, ainsi que le fait si bien observer Bastiat, une disproportion évidente entre nos consommations et notre travail. *La somme des satisfactions qui aboutit à chaque membre de la société est de beaucoup supérieure à celle qu'il pourrait se procurer par ses propres efforts.* Le moindre artisan détruit, c.-à-d. consomme en un jour plus qu'il ne saurait créer en une année. Nous n'avons qu'à tourner un instant les yeux sur nous-mêmes, considérer chacune des parties de notre vêtement, chacun des aliments que nous consommons dans une seule journée, chacun des meubles ou objets divers dont nous nous servons pour notre utilité ou pour notre agrément, et

nous serons convaincus de la vérité de cette assertion, qui semble au premier abord paradoxale. — La c. ne règne pas seulement entre les habitants d'une même localité ou d'un même pays; elle étend son influence sur tout le monde civilisé, rend tous les hommes solidaires et les fait tous participer aux avantages naturels de certaines contrées et aux progrès industriels réalisés par quelques inventeurs.

Chaque progrès qui se fait à l'Orient est une richesse pour l'Occident. Du combustible découvert dans le Midi, c'est du froid épargné aux hommes du Nord. La Grande-Bretagne a beau faire faire des progrès à ses filateurs, ce ne sont pas ses capitalistes qui en recueillent le bienfait, car l'intérêt de l'argent ne hausse pas; ce ne sont pas ses ouvriers, car le salaire reste le même; mais à la longue c'est le Russe, c'est le Français, c'est l'Espagnol, c'est l'humanité en un mot qui obtient des satisfactions égales avec moins de peine, ou, ce qui revient au même, des satisfactions supérieures à peine égale. — Je n'ai parlé que des biens; j'aurais pu en dire autant des maux qui frappent certains peuples ou certaines régions. L'action propre de la c. est de rendre général ce qui était particulier. Un fléau ravage-t-il les terres des agriculteurs, ce sont les mangeurs de pain qui en souffrent. Un impôt injuste atteint-il la vigne en France, il se traduit en cherté du vin pour tous les buveurs de la terre. Nuire à autrui, c'est se nuire à soi-même; semer des obstacles dans la voie des autres, tarifs, coalitions ou guerres, c'est embarrasser sa propre voie. Dès lors, les passions mauvaises ont leur châtiment comme les sentiments généreux ont leur récompense.

V. *Inconvénients de la concurrence.* — Les avantages de la c., tels que nous venons de les signaler rapidement sont reconnus par tous les économistes. Cependant il s'est trouvé et il se trouve encore aujourd'hui des écrivains de très bonne foi et de grand talent qui ont attaqué la c. et l'ont accusée d'engendrer des maux sans nombre. C'est que d'une part, à côté d'avantages incontestables, la c. présente des inconvénients très réels, et que d'autre part il faut, pour qu'elle produise ses heureux effets, qu'elle soit libre, exempte de fraudes, et que son jeu naturel ne soit entravé ni par la nature des choses, ni par les mesures législatives, ni par l'intervention des intéressés sous forme de coalition. La question de la c. se lie intimement à celle de la liberté et se confond véritablement avec elle. Aussi les adversaires de la c. n'ont-ils pu trouver de moyens de la restreindre ou de la détruire que dans l'action coercitive de l'État. Cette idée de l'intervention continuelle de l'État en matière économique est énergiquement repoussée par les économistes de l'école dite *orthodoxe*, et constitue au contraire la base des divers systèmes *socialistes*.

Nous en parlerons longuement au mot SOCIALISME. Nous nous bornerons à faire remarquer ici que le principe de la liberté industrielle est tout nouveau et constitue l'une des plus grandes conquêtes de la Révolution française. Ni les civilisations anciennes de l'Inde, de l'Égypte, pays de castes où chacun était enchaîné de père en fils à la même profession, ni les sociétés gréco-latines avec leurs esclaves, ni l'ancien régime avec ses corporations, n'ont connu la liberté commerciale avec la c. qui en est la conséquence. Le principe de la liberté est trop conforme à nos mœurs et à notre idéal de progrès et de dignité pour qu'on puisse le rayer de nos codes. Aussi les socialistes les plus intelligents demandent-ils seulement une intervention très modérée ou partielle de l'État, dans le but unique de corriger certains effets très réels et très fâcheux de la liberté illimitée; mais la question est si complexe, les mesures proposées par chacun sont tellement contradictoires, et leur efficacité si douteuse qu'il est permis de se demander si la liberté illimitée, même avec ses abus, ne vaut pas encore mieux. Voy. SOCIALISME.

On a accusé la c. d'immoralité en ce sens qu'elle développerait les sentiments d'égoïsme aux dépens de l'esprit de solidarité. Il est vrai que la c. est dans le commerce et l'industrie la lutte pour la vie, et que chacun s'inquiète peu de ruiner son concurrent; mais n'est-ce pas là une des conditions même de l'existence sociale? Et n'est-ce qu'en matière commerciale ou industrielle que cet égoïsme se manifeste? Le fonctionnaire qui sollicite une place s'inquiète-t-il de ceux qui la sollicitent aussi? Sous le régime des corporations, les maîtres privilégiés s'inquiétaient-ils des compagnons souvent plus habiles qu'eux, condamnés à végéter dans une condition inférieure? Et ces compagnons s'inquiétaient-ils des apprentis qui restaient dans cet état jusqu'à un âge avancé? Bien au contraire, la c. loyalement pratiquée relève le sentiment de la dignité en habituant chacun à ne compter que sur ses forces et ses talents, en donnant l'espérance à ceux qui ne sont pas encore arrivés et en maintenant toujours en éveil ceux qui ont à conserver une position difficilement acquise. La lutte est souvent dure et cruelle, mais elle n'empêche ni la justice et la loyauté de part et d'autre, ni le respect et l'assistance qu'on doit aux vaincus. Le régime des corporations développait chez les artisans l'esprit de corps avec toutes ses qualités et tous ses défauts : d'une part la solidarité et le respect de son œuvre ; mais d'autre part l'orgueil sans motif et les rivalités, même les haines entre corporations. Ces petites sociétés toujours en lutte et souvent en état de guerre déclarée pour les motifs les plus futiles, sont absolument contraires à notre idéal social moderne.

Parmi les abus que l'on reproche à la c., on a souvent insisté sur les fraudes qui se pratiquent dans le commerce. Ces fraudes, nous ne le contesterons pas, sont aujourd'hui devenues trop fréquentes. Mais est-ce que par hasard l'abolition de la c., en la supposant possible, aurait pour effet de supprimer la cupidité et la déloyauté du cœur de l'homme ? Il est vrai que sous l'ancien régime la dignité des corporations les portait à surveiller le travail et à réprimer sévèrement toutes les fraudes ; mais était-ce là une garantie plus réelle que celle de la c. elle-même, qui fait déserter inévitablement la boutique du fraudeur dès que celui-ci est reconnu. Le grand développement qu'ont pris les fraudes commerciales provient, non de la liberté, mais des progrès industriels eux-mêmes qui rendent la fraude plus facile à pratiquer et plus difficile à reconnaître.

Au reste, la science économique condamne toute fraude, comme toute spoliation, comme toute violence ; elle abandonne à la justice pénale les producteurs qui trompent sciemment sur la qualité ou la quantité de la chose vendue par eux. Le vol n'est point l'œuvre de la liberté, mais de la cupidité : c'est une affaire de police.

Le véritable inconvénient de la c. provient de son influence sur la distribution des richesses. Toute l'École orthodoxe a été beaucoup plus préoccupée de la production que de la distribution des richesses. Les conclusions auxquelles elle est parvenue sur le premier point sont inattaquables et définitivement acquises à la science ; mais sur le second, beaucoup plus difficile du reste, son œuvre est encore bien imparfaite, et c'est par là qu'elle donne prise aux attaques du socialisme et de la nouvelle École qui est une sorte de socialisme mitigé. Voy. ÉCONOMIE POLITIQUE. Dans tous les cas l'influence de la liberté ne paraît pas sous ce rapport aussi favorable que sous celui de la production. La c. des travailleurs produit incontestablement des résultats fâcheux en abaissant le prix des salaires toutes les fois qu'il y a disproportion entre la quantité de capital disponible en salaires et le nombre des hommes appelés à partager cette somme.

Sans aller jusqu'à prétendre avec Ricardo que le travailleur ne gagne jamais plus que ce qui lui est strictement nécessaire pour ne pas mourir, il est incontestable que dans un pays dont la population s'accroît plus vite que les ressources, les ouvriers qui n'auront pas trouvé d'emploi viendront s'offrir au rabais et feront aux autres une c. dont l'effet nécessaire sera un abaissement des salaires qui ne s'arrêtera que quand tout le monde aura trouvé à s'employer. Certains socialistes, se basant sur la *loi d'airain* de Ricardo, ont même affirmé que l'augmentation du capital ne profitait jamais aux ouvriers, et que la misère du plus grand nombre s'accroissait fatalement en même temps que l'opulence de quelques privilégiés de la fortune. Cette opinion paraît difficile à soutenir ; elle est du reste démentie par les faits. La moyenne du bien-être n'a pas cessé de s'accroître, et sauf quelques courtes périodes de perturbation causées par les révolutions, la condition des classes laborieuses n'a pas cessé de s'améliorer. La durée de la vie moyenne a augmenté de plusieurs années ; enfin, le loyer des capitaux n'a pas discontinué de s'abaisser, prouve évident que leur accroissement a été plus rapide que la demande, en, en d'autres termes, que les progrès de la population. Ce phénomène est surtout évident pour la France, où celle-ci est presque stationnaire. Il est bon de remarquer que ce capital n'est pas centralisé entre quelques mains. Il n'y a pas de pays au monde où la propriété foncière et mobilière soit plus divisée qu'en France.

Mais si l'observation, d'accord avec les raisonnements de la science, permet de conclure à une amélioration générale et progressive du sort des travailleurs, il n'en est pas moins vrai que le cas d'une baisse des salaires dans quelqu'une des nombreuses catégories du travail industriel est malheureusement fréquent. Les salaires baissent alors soit par une diminution du capital destiné à payer le travail, soit par l'augmentation des travailleurs dans telle ou telle industrie. Quoique, ainsi que nous venons de le dire, dans l'état actuel de la civilisation, le capital pris absolument s'accroisse plus rapidement

que la population, il arrive parfois qu'il diminue dans une industrie donnée : c'est ce qu'on observe soit dans certains moments de stagnation des affaires, résultat d'un engorgement partiel, soit lorsque l'industrie en question se trouve dans une période de déclin, ce qui se voit surtout dans certaines industries de luxe et de mode, parce qu'alors les profits baissant, les capitaux se portent ailleurs pour chercher un emploi plus lucratif. Il faut alors, ou bien congédier une partie des ouvriers, ou les garder tous et diminuer le prix de leur travail ; ou même en renvoyer un certain nombre et diminuer le salaire des autres. La même mesure devient indispensable lorsque quelque grand progrès, comme celui qu'amène l'invention d'une nouvelle machine en venant substituer le travail de la nature à celui de l'homme, s'accomplit brusquement dans une industrie quelconque : cette industrie éprouve alors une crise d'autant plus violente qu'elle occupe un plus grand nombre de bras, et les travailleurs congédiés de l'atelier, ou même ceux qui se contentent forcément d'un salaire inférieur à celui qui les rémunérait auparavant, sont condamnés à de cruelles souffrances.

La facilité des communications et l'extension des transactions entre les divers pays ont pour résultat d'établir la c. non seulement entre les travailleurs d'un même pays, mais entre ceux des pays les plus éloignés. Cette c. a pour effet nécessaire la tendance à l'abaissement des salaires au niveau du pays où les ouvriers se contentent de la moindre rétribution ; elle peut de reste se manifester de deux manières : 1° par l'abaissement du prix des marchandises qui reviennent évidemment moins cher là où la main-d'œuvre est le moins coûteuse ; le fabricant est alors obligé de moins payer ses ouvriers pour arriver à livrer ses produits aux prix que lui impose la c. étrangère ; 2° par l'immigration, les ouvriers abandonnant le pays où ils sont mal payés pour venir s'offrir au rabais là où le travail est mieux rétribué. La France, qui est l'un des pays du monde où la main-d'œuvre est le plus chère, est particulièrement soumise à ces deux influences fâcheuses. Contre la première, les gouvernements cherchent à réagir par les tarifs de douanes qui, imposant les marchandises étrangères, rétablissent l'équilibre entre le prix de revient ; mais c'est là un remède pire que le mal. Si les tarifs protègent le commerce intérieur, ils ruinent le commerce extérieur ; et il y a plus d'autre que dans l'interdiction de l'immigration ou l'établissement d'une taxe sur les étrangers. C'est ainsi que cette question, si contraire à nos principes de liberté, revient cependant périodiquement devant nos assemblées législatives ; c'est ainsi que les Américains ont pris le parti radical d'interdire leur territoire aux Chinois qui, par leur sobriété extrême, faisaient aux ouvriers du pays une c. terrible.

La c. ne s'exerce pas toujours avec la liberté nécessaire à son entier fonctionnement ; elle peut être entravée par l'action législative, par l'action des intéressés et par la nature des choses.

Nous ne citerons que pour mémoire les monopoles que s'attribue l'État dans un but exclusivement fiscal, comme le monopole du tabac et celui des allumettes, ou dans un but de sûreté et de défense nationale, comme celui de la poudre à tirer. — Considérée en général, l'action législative est rarement favorable aux progrès économiques. Les législateurs sont toujours plus frappés des inconvénients qu'ils veulent supprimer que des conséquences souvent désastreuses, mais non encore sensibles, des lois qu'ils édictent. Il est certain que les lois peuvent beaucoup pour entraver le développement de la richesse ; elles ne peuvent presque rien pour le favoriser. Il semble que le moins de réglementation possible serait le meilleur ; les lois sont faites pour assurer la justice et la loyauté dans les transactions. En règle générale, l'État ne doit intervenir que là où la c. libre et loyale est devenue impossible, par suite des deux autres causes qui nous reste à examiner.

L'action des intéressés se manifeste par des coalitions et des accaparements. Il est clair que si tous les bouchers d'une grande ville se concertent pour adopter un tarif commun, ils seront les maîtres du marché et vendront la viande le prix qu'ils voudront. La c. sera détruite en fait et remplacée par un véritable monopole. Et quand ne dise pas qu'il s'en trouvera toujours quelques-uns pour résister aux injonctions de l'association ; celle-ci disposera d'assez de moyens pour les forcer à la soumission : elle pourra les ruiner en abaissant momentanément les prix, elle pourra faire défense aux marchands en gros de leur vendre, si ce n'est à des prix exorbitants, et ceux-ci obéiront sûrement pour conserver la clientèle de la majorité. La tendance aux associations et aux syndicats est trop marquée à notre époque pour qu'on puisse traiter ce danger de chimérique. A défaut d'association formelle, une simple entente vague, une coutume suffit. Le fait existe assurément à Paris pour le commerce de la boucherie, au moins en ce qui concerne la viande de première qualité, et la preuve en est, d'abord dans le prix élevé qu'atteignent les fonds de ce genre de commerce, et ensuite dans ce fait que certains consommateurs qui font venir leur viande de campagnes un peu éloignées, réalisent ainsi une économie bien supérieure à celle qui représenterait le bénéfice d'un commerçant assuré d'un fort chiffre d'affaires.

Les coalitions d'ouvriers, syndicats, associations de grévistes, etc., ont eu pour effet d'entraver la c. des travailleurs; mais on ne saurait en aucune façon les assimiler aux concurrences des marchands ou des producteurs : car l'association est pour l'ouvrier le seul moyen qu'il ait de défendre ses intérêts, l'ouvrier isolé étant dans la plupart des cas à la merci du capitaliste. Celui-ci n'a qu'à attendre que le travailleur ait épuisé ses ressources pour le voir accepter les conditions les plus dures. Si les coalitions de cette nature entravent sous un certain rapport la liberté du travail, elles sont cependant justifiées par ce fait qu'elles tendent à rendre véritable et réelle la liberté de l'ouvrier vis-à-vis du patron, liberté qui sans elles se réduirait à la liberté de mourir de faim. Voy. SALAIRE.

Les accaparements sont devenus aujourd'hui extrêmement difficiles à pratiquer, à cause de la somme considérable de marchandises qu'il y faudrait accumuler et des énormes capitaux qu'il faudrait consacrer à l'entreprise. On a vu cependant, en 1890, une société se fonder pour accaparer les cuivres des mines du monde entier, et devenir pendant quelque temps souveraine maîtresse du marché. Cependant l'affaire était trop considérable, et une double erreur de spéculation — d'une part, elle avait négligé ou avait été incapable d'accaparer les vieux cuivres; et d'autre part, elle ne put trouver de débouchés assez rapides — entraîna sa ruine et en même temps celle du Comptoir d'Escompte de Paris. Cet exemple, aujourd'hui célèbre, semble démontrer que l'accaparement au sens propre du mot est devenu impossible.

Il n'en est pas de même d'un phénomène économique qui tient à la nature des choses et qui est capable de produire les mêmes effets : nous voulons parler de la *centralisation du Commerce et de l'Industrie*. Les socialistes ont accusé la c. d'aboutir au monopole et par suite de se détruire elle-même. Le reproche est exagéré, mais n'est pas absolument dénué de fondement. Il est certain que les grandes entreprises montées avec de gros capitaux, capables d'appliquer tous les perfectionnements de l'industrie, de mieux utiliser le travail de leur personnel et de réduire par cela même les proportions de leurs frais généraux, sont en état de livrer leurs produits à meilleur marché que les petites entreprises péniblement conduites avec de rares capitaux. L'acheteur déserte celles-ci pour s'adresser à celles-là où il trouve, en dehors du bon marché supposé ou réel, un plus grand choix de marchandises et une plus grande facilité de transaction. Ce phénomène se manifeste dans toutes les branches du commerce et de l'industrie; les petites maisons disparaissent peu à peu, tandis que s'élève la fortune de ces grandes compagnies industrielles et de ces immenses bazars qui vendent parfois pour plus d'un million de marchandises dans une seule journée. Il y a là une évolution économique dont il faut prendre son parti, et qui n'est pas dangereuse qu'on veut bien le dire: car ces immenses entreprises font vivre largement une foule d'employés de toutes catégories, qui se verraient peut-être ruinés s'ils eussent travaillé à leur compte; mais au point de vue de la c., il est permis de se demander ce qui arrivera le jour où les établissements similaires, réduits à un petit nombre, s'entendront entre eux pour devenir les maîtres du marché. On ne peut répondre que la petite industrie se reformerait, car les grandes maisons ne manqueront pas d'abaisser leurs prix et de faire au besoin quelques sacrifices qui leur coûteraient peu jusqu'à ce qu'elles eussent ruiné l'audacieux qui aurait essayé de leur tenir tête. Le fait s'est passé exactement, mais avant la construction de nos grandes lignes du chemin de fer. Le service des transports était alors monopolisé de fait entre les mains de deux puissantes compagnies qui s'entendaient secrètement. Toutes les entreprises particulières qui ont essayé de leur faire c. sur de petits parcours ont été impitoyablement ruinées par un abaissement considérable de

DICTIONNAIRE ENCYCLOPÉDIQUE. — T. II.

tarif sur ce parcours. La compagnie n'y perdait rien, car elle élevait en même temps ses prix sur quelque autre ligne. La centralisation s'accomplit du reste avec plus ou moins de rapidité suivant la nature des industries. C'est ainsi que l'industrie des chemins de fer s'est trouvée partout, dès le début, monopolisée entre les mains d'un petit nombre de compagnies et que la c. ne peut s'y exercer que sur quelques rares trajets dont les extrémités sont communes à deux compagnies. Les petites compagnies qui exploitent de petites étendues de territoire finissent inévitablement par être absorbées par les grandes. L'industrie du gaz d'éclairage est aujourd'hui constituée partout en monopole, et quand même la loi rétablirait la liberté, qui donc aurait l'audace de faire les frais d'une usine et d'une canalisation nouvelles? La c. est, en cette matière, tellement impossible que plusieurs villes d'Amérique se sont bien trouvées de faire de l'éclairage public un service public dirigé par la municipalité. C'est qu'en effet, dès que la c. devient impossible, l'intervention de l'État s'impose pour protéger les consommateurs contre les rigueurs des producteurs. Cette intervention peut s'exercer soit au moyen de l'exploitation directe par l'État, comme pour les postes, les chemins de fer dans certains pays et même en France, soit par le contrôle qu'exerce l'État sur une compagnie concessionnaire, comme c'est le cas pour les Chemins de fer français, pour les Omnibus et le Gaz de Paris. Voy. MONOPOLE.

En résumé, la c. est l'âme et la règle ordinaire des transactions : c'est elle qui règle la production et la distribution des richesses, et les économistes ont absolument eu raison de prétendre qu'elle constitue un meilleur agent de répartition que toutes les réglementations possibles, mais la situation actuelle de l'industrie, et à plus forte raison celle qui semble présager l'évolution économique qui s'accomplit sous nos yeux, réduit continuellement le domaine où elle peut s'exercer librement. Là où la c. ne s'exerce plus, les conclusions de l'économiste orthodoxe cessent de s'appliquer : la liberté des monopoleurs peut devenir un danger social, et l'intervention de l'État paraît alors s'imposer. La centralisation industrielle et commerciale explique ainsi l'espèce d'évolution qui se fait actuellement dans la science économique, et sans aller aussi loin que la nouvelle École, on peut affirmer que le principe fondamental de la liberté absolue, qui est celui de l'Économie orthodoxe, ne peut suffire à la bonne marche de nos sociétés modernes. Nous expliquerons au mot ÉCONOMIE POLITIQUE quelles sont les tendances de la nouvelle École, et comment les principes qu'elle revendique, convenablement énoncés et sagement interprétés, ne sont nullement en contradiction avec les beaux travaux des grands économistes du commencement et du milieu de ce siècle.

Bibliog. — Ch. COQUELIN, *Dictionnaire de l'Économie politique*, publié par Guillaumin. — BASTIAT, *Harmonies économiques*. — J.-B. SAY, *Traité d'Économie politique*. — LÉON SAY, *Dictionnaire d'Économie politique*.

Hist. nat. — *Concurrence vitale*. Voy. SÉLECTION, TRANSFORMISME.

CONCURRENCER. v. a. Faire concurrence à quelqu'un ou à quelque chose.

CONCURRENT, ENTE. s. (lat. *concurrens*, m. s., de *concurrere*, concourir). Compétiteur, qui poursuit une même chose en même temps qu'un autre. *Il a éloigné, écarté tous ses concurrents. Il ne peut souffrir de concurrents*. || T. Comm. Commerçant faisant concurrence à ceux de la même profession.

CONCURRENTIEL, ELLE. adj. [Pr. konkur-ran-siel]. Qui fait concurrence.

CONCUSCONINE. s. f. (R. con, préf., et *cusconine*). T. Chim. Alcaloïde cristallisable, contenu avec la chairamine et plusieurs autres bases dans l'écorce du *Remigia purdieana*. La c. fond à 207° lorsqu'elle est anhydre. Les sels qu'elle forme avec les acides sont amers, la plupart gélatineux. Sa formule est $C^{23}H^{26}Az^2O^4$.

CONCUSSION. s. f. Malversation dans l'exercice d'une fonction publique et particulièrement dans l'administration des deniers publics. Voy. CORRUPTION.

CONCUSSIONNAIRE. s. m. [Pr. konku-sio-nère]. Celui qui fait des concussions. *C'est un c.* — Adject., *Un ministre c.*

CONDAMINE (LA). Voy. LA CONDAMINE.

CONDAMINÉA. s. f. (R. *La Condamine*, nom d'un savant français). **T.** Bot. Genre d'arbrisseaux de la famille des *Rubiacées.* Voy. ce mot.

CONDAMNABLE. adj. 2 g. [Pr. *konda-nable*]. Qui mérite d'être condamné. *Action, conduite, maxime, opinion c. Il est c. dans sa conduite.*

CONDAMNATION. s. f. [Pr. *konda-nasion*] (lat. *condemnatio*, de *condemnare*, condamner). Jugement par lequel on condamne, ou par lequel on est condamné. *Il y a eu c. contre lui. Prononcer c. C. à mort, à une peine infamante.* || *Passer c.*, Consentir que la partie adverse obtienne jugement à son avantage; et fig., Avouer qu'on a tort. *Je passe c. là-dessus.* || *Subir c.*, Acquiescer à un jugement dont on pourrait appeler. — *Subir sa c.*, Subir la peine à laquelle on a été condamné. || *Fig.*, blâme, critique. *Sa conduite est la c. de la vôtre.* || *Condamnations*, au pl., se dit quelquefois des amendes et des dommages-intérêts auxquels on a été condamné. *Payer le montant des condamnations.*

CONDAMNATOIRE. adj. [Pr. *konda-natoire*]. Portant condamnation. *Sentence c.*

CONDAMNÉ. s. m. [Pr. *konda-né*]. Celui contre lequel a été prononcée une peine afflictive ou infamante. *Le c. s'est pourvu en cassation. Les condamnés à mort.*

CONDAMNER. v. a. [Pr. *konda-ner*] (lat. *condemnare*, de *cum*, avec, et *damnare*, condamner). Prononcer un jugement contre quelqu'un. *C. un criminel. C. quelqu'un à mort, aux travaux forcés, à la réclusion, au bannissement, à l'amende, aux dépens* — Fig., *Voilà des preuves qui vous condamnent. Les grands sont condamnés à tous les ennuis de l'étiquette. C. un ouvrage à l'oubli.* || Par anal., *C. un malade*, Déclarer que sa maladie est mortelle. || *Blâmer, désapprouver, rejeter. Il condamne tout ce que les autres font. Son livre fut condamné par la Sorbonne. Cette maxime est condamnée de tout homme sage.* || *C. une porte, une fenêtre*, etc., Fermer une porte, etc., de telle sorte qu'elle ne puisse plus s'ouvrir, afin d'en interdire l'usage. || **T.** Mar. Déclarer hors de service en parlant d'un navire. == **SE CONDAMNER.** v. pron. S'imposer l'obligation de faire ou de ne pas faire. *Se c. à des travaux pénibles. Se c. à un silence absolu.* || Reconnaître qu'on a tort. *Il se condamna lui-même en avouant ses torts.* == **CONDAMNÉ, ÉE.** part.

CONDÉ-SUR-ESCAUT, ch.-l. de c. (Nord), arr. de Valenciennes; 4,800 hab. Place forte.

CONDÉ-SUR-NOIREAU, ch.-l. de c. (Calvados), arr. de Vire, 7,300 hab.

CONDÉ, branche collatérale de la maison de Bourbon, eut pour chef Louis 1er de Bourbon, prince de Condé, 5e fils de Charles de Bourbon, duc de Vendôme, né en 1530; il porta le titre de duc d'Enghien jusqu'à la mort de son père arrivée en 1537; il se signala à la tête des réformés dans les guerres de religion, et fut assassiné à la bataille de Jarnac, en 1569. Le plus illustre des membres de cette famille est Louis II, prince de Condé, surnommé le *Grand* (1621-1686), vainqueur des Espagnols à Rocroi et à Lens, des impériaux à Fribourg et à Nordlingen, et de Guillaume d'Orange à Senef. Il a terni sa gloire par sa révolte au temps de la Fronde et la campagne qu'il dirigea en Flandre à la tête des Espagnols contre sa propre patrie (1658). Il rentra en grâce après la paix des Pyrénées. Son fils, **HENRI-JULES** (1643-1709), joua tout enfant un rôle dans la Fronde, combattit avec son père dans les rangs des Espagnols et mourut fou. **LOUIS-HENRI,** duc de Bourbon, arrière-petit fils du grand Condé, fut ministre de Louis XV, de 1723 à 1726. Son fils, **LOUIS-JOSEPH** (1736-1818), fit construire le Palais-Bourbon à Paris, et lorsque la Révolution éclata, il fut le chef de l'armée des émigrés, dite armée de Condé. Le dernier prince de cette famille fut **LOUIS-HENRI-JOSEPH,** qui fut trouvé pendu dans son château en 1830.

Son fils, **LOUIS-ANTOINE,** plus connu sous le nom de duc d'Enghien, fut fusillé par ordre de Bonaparte dans les fossés de Vincennes en 1804.

CONDÉISTE. s. m. Partisan de Condé du temps de la Fronde.

CONDEMNADE. s. f. [Pr. *kon-dèm-nade*]. Ancien jeu de cartes à trois personnes.

CONDENSANT, ANTE. adj. **T.** Phys. Qui condense. || **T.** Médec. *Hypertrophie c.*, Augmentation du volume d'un os.

CONDENSATEUR. s. m. **T.** Phys. Appareil destiné à condenser de l'électricité à très forte tension sur la surface d'un conducteur. Il se compose essentiellement de deux surfaces conductrices séparées par une lame isolante. *La bouteille de Leyde, les batteries électriques sont des condensateurs.* Voy. **ÉLECTRICITÉ.**

CONDENSATIF, IVE. adj. Qui a la propriété de condenser.

CONDENSATION. s. f. [Pr. *...sion*]. **T.** Phys. Se dit par opposit. à *Raréfaction*, et sign., L'action par laquelle un corps qui occupe actuellement un certain espace, est réduit à un moindre volume, et par conséquent augmente de densité. Le terme de *c.* s'emploie surtout en parlant de la liquéfaction des gaz ou des vapeurs. Voy. **ÉVAPORATION.** *C. électrique*, Accumulation d'électricité sur un conducteur séparé d'un autre par une lame isolante. Voy. **ÉLECTRICITÉ.** || Fig., Énergique concision. || **T.** Art milit. *C. de colonne*, Mouvement pour réduire le plus possible l'espace occupé par la colonne.

CONDENSER. v. a. (lat. *condensare*, m. s., de *cum*, avec, et *densus*, épais). Resserrer dans un moindre espace. *Le froid condense les corps. C. l'air.* || Fig., Exprimer d'une manière concise. == **SE CONDENSER.** v. pron. Augmenter de densité en diminuant de volume. *Des vapeurs qui se condensent.* || Fig., Se concentrer, accroître son action. == **CONDENSÉ, ÉE.** part.

CONDENSEUR. s. m. **T.** Phys. et Techn. Se dit de certains appareils destinés à recevoir des liquides ou des gaz. Techn. — Le c. d'une machine à vapeur est une capacité close et privée d'air placée dans le voisinage du cylindre et dans laquelle se rend la vapeur d'échappement pour y être condensée par une action réfrigérante. En général, on détermine la condensation en injectant de l'eau froide dans le c.; mais il existe des condenseurs à air qui se composent d'une série de tubes dans lesquels circule la vapeur, pendant qu'un courant d'air humide, produit par un ventilateur, vient refroidir ces tubes. Voy. **MOTEUR A VAPEUR.**

CONDENSEUSE. s. f. Machine à condenser.

CONDESCENDANCE. s. f. [Pr. *kondès-sandanse*] (R. *condescendant*). Complaisance qui fait qu'on se rend aux sentiments, aux volontés de quelqu'un. *Lâche, molle c. Sage c.* == Syn. **COMPLAISANCE.**

CONDESCENDANT, ANTE. adj. [Pr. *kondès-sandant*]. Qui condescend aux volontés de quelqu'un. *Caractère c. Peu c.*

CONDESCENDRE. v. n. [Pr. *kondès-sandre*] (lat. *condescendere*, m. s., de *cum*, avec, et *descendere*, descendre). Se rendre, céder avec complaisance aux sentiments, à la volonté, aux goûts, aux désirs de quelqu'un. *Je ne puis c. à ce que vous souhaitez.* || *C. aux faiblesses de quelqu'un*, Accorder quelque chose à ses faiblesses, etc. *Une mère condescend souvent aux fantaisies de ses enfants.*

CONDIGNITÉ. s. f. (lat. *cum*, avec; *dignus*, digne). **T.** Théol. Exacte proportionnalité du mérite à la récompense ou de la satisfaction à la faute.

CONDILLAC, philosophe français, chef de l'école sensualiste (1715-1780).

CONDIMENT. s. m. (lat. *condimentum*, m. s., de *condire*, assaisonner). Syn. d'assaisonnement. Ce dernier terme est le plus général. || Fig., Objet donnant un attrait quelconque.

CONDIMENTAIRE. adj. Qui est relatif aux condiments. *Propriétés condimentaires.*

CONDIMENTEUX, EUSE. Qui est de la nature des condiments. *Suc c.*

CONDISCIPLE. s. m. [Pr. *kondi-siple*]. Compagnon d'étude, celui avec qui on étudie dans la même école, dans la même classe. *Il a été mon c. Nous étions condisciples.*

CONDIT. s. m. (lat. *conditum*, part. pass. de *condire*, assaisonner). T. Pharm. et Confiserie. Se dit d'une substance végétale pénétrée et recouverte de sucre cristallisé. *Les tiges d'angélique se mangent à l'état de condits.*

CONDITION. s. f. [Pr. *kondi-sion*] (lat. *conditio*, m. s., de *condere*, fixer, établir; de *cum*, avec, et *dare*, donner). La nature, l'état et la qualité d'une chose ou d'une personne. *La c. des princes les oblige à plus de devoirs que les autres hommes. La c. humaine. Améliorer sa c.* || État d'une personne considérée par rapport à sa naissance; en ce sens, s'emploie ordin. avec la prép. *De. Être de grande, de médiocre c., de c. relevée, servile,* etc. *Cela est au-dessus de sa c. Il est de c. à pouvoir aspirer à cette charge. L'inégalité des conditions.* — On dit absol., *C'est une personne de c. Il est homme de c.,* De naissance élevée. *Il sent bien son homme de c.* — *N'être pas de pire c. qu'un autre,* Être en droit de prétendre les mêmes choses ou d'être traité aussi favorablement que lui. || La profession, l'état dont on est. *Chacun vit selon sa c.* — Dans un sens particulier, se prend pour domesticité, et se dit souvent absolument. *Bonne, mauvaise c. Il est en c. Entrer en c. Ce domestique est hors de c.* || Se dit de la situation d'une personne ou d'une chose, des avantages ou des désavantages qu'on fait à quelqu'un, des circonstances favorables ou défavorables dans lesquelles se trouve une chose. *C. avantageuse. Je vous ferai votre c. si bonne, que... Il est en meilleure, en pire c. Cette usine est placée dans d'excellentes conditions, dans de fort mauvaises conditions.* || Se dit particulièrement des qualités exigées d'un objet par rapport à sa destination. *Cet ouvrage n'a pas les conditions requises, exigées, demandées.* — En géom. Propriété imposée à une figure et pouvant être traduite par une équation. *Il faut trois conditions pour déterminer un point dans l'espace.* || Se dit de toute circonstance qui limite un droit, ou qui peut exercer une influence quelconque sur une disposition légale, sur une convention, une obligation, etc. *C. expresse, tacite, légale, potestative, suspensive, résolutoire. C. avantageuse, impossible. Accorder, accepter, obtenir des conditions. Faire ses conditions. Cahier des charges, clauses et conditions auxquelles aura lieu la vente de... Les conditions d'une capitulation. Les conditions du programme d'un concours. Apposer une c. à un contrat, à un marché. Je ferai ce que vous me demandez, mais à une c., c'est que...* — Par ellipse, *Vendre une chose sous c., la donner sous c. ou à c.,* La garantir, s'engager à la reprendre, si elle n'est pas de la qualité qu'il faut. || *Baptiser sous c.,* se dit de la réserve qu'on fait en administrant le baptême à un enfant, lorsqu'on doute s'il a été baptisé validement, s'il est vivant, ou lorsque sa conformation est tellement anormale qu'on ne sait pas s'il est homme. — Fig., fam. et par plaisanterie, on dit d'un homme extrêmement laid ou dépourvu d'esprit, qu'*Il a été baptisé sous c.* || *C. sine quâ non,* Formule latine qui sign., C. sans laquelle non, et qui se dit d'une c. sans laquelle une ne se fera ou ne sera considéré comme ayant été fait. *C'est là une c. sine quâ non.* = A CONDITION QUE. loc. conj. Pourvu que. *Je vous prêterai dix mille francs à c. que vous me les garantirez.* || T. Techn. *C. des soies,* Séchage des soies. Voy. SOIE. = Syn. Voy. ÉTAT.

CONDITIONNALISME. s. m. [Pr. *kondi-sio-nalisme*]. T. Philos. Doctrine philosophique d'après laquelle l'immortalité de la personne humaine serait *conditionnelle,* et ne serait accordée qu'à ceux qui ont fait un bon usage de la vie terrestre. Cette doctrine paraît avoir été assez répandue dans les premiers temps du Christianisme. Elle a été défendue par Spinoza, J.-J. Rousseau, et de notre temps par M. Ch. Lambert, qui y voit une application du procédé général de sélection qu'emploie la nature pour éliminer une infinité de

germes, d'agents et d'êtres demeurés pour ainsi dire en arrière et inutiles à son développement. Voy. IMMORTALITÉ.

CONDITIONNALISTE. adj. 2 g. [Pr. *kondi-sio-naliste*]. T. Philos. Qui a rapport au conditionnalisme. *Doctrine c.* || s. m. Partisan du conditionnalisme.

CONDITIONNALITÉ. s. f. [Pr. *kondi-sio-nalité*]. État de ce qui est conditionnel.

CONDITIONNEL, ELLE. adj. [Pr. *kondi-sio-nel*]. Soumis à certaines conditions, subordonné à quelque événement incertain. *Cette promesse n'est que conditionnelle. Clause conditionnelle.* || T. Gram. et Log. Qui marque ou exprime une condition. *Conjonction conditionnelle. Proposition conditionnelle.* || T. Jurisp. Se dit d'une disposition dont l'accomplissement dépend d'un événement incertain. *Donation conditionnelle.* = CONDITIONNEL. s. m. T. Gram. Voy. MODE et TEMPS.

CONDITIONNELLEMENT. adv. [Pr. *kondi-sionè-leman*]. A certaines conditions, à la charge de... *Je ne vous ai promis cela que c.*

CONDITIONNEMENT. s. m. [*kondi-sio-neman*]. Action de conditionner. || T. Techn. Action de dessécher la soie écrue.

CONDITIONNER. v. a. [Pr. *kondi-sio-ner*]. Donner à une chose les qualités requises. — Par ext. Faire, fabriquer. *Je vous recommande de bien c. cet ouvrage.* || T. Techn. Soumettre les soies à la dessication. = CONDITIONNÉ, ÉE. part. *Marchandises bien conditionnées. Livres bien conditionnés.* || Fig. et fam., *Il est bien c.,* se dit d'un homme tout à fait ivre. *Voilà une sottise, une étourderie, bien conditionnées,* Voilà une grosse sottise, une grande étourderie, etc.

CONDOLÉANCE. s. f. (R. *condouloir*). Compliment de c. *Lettre de c.,* Qui a pour objet de témoigner la part qu'on prend à la douleur de quelqu'un.

CONDOM. s. m. [Pr. *kon-dome*] (nom de l'inventeur). Espèce de sac en baudruche, qui sert à mettre les hommes à l'abri de la contagion des maladies vénériennes.

CONDOM. ch.-l. d'arr. (Gers), 7,400 hab.

CONDOMINIUM. s. m. [Pr. *condominiome*] (lat. *cum,* avec ; *dominium,* possession). Possession simultanée d'un même pays par deux puissances.

CONDOR. s. m. T. Ornith. Espèce de grand vautour de l'Amérique du Sud. Voy. VAUTOUR.

CONDORCET (Marquis de), mathématicien, économiste et philosophe français, né en 1743, à Ribemont, près Saint-Quentin ; s'empoisonna en 1794, à Bourg-la-Reine, pour échapper à la guillotine. Il était républicain sincère, mais il flétrit les excès de la Convention et la condamnation des Girondins. En économie, il est de l'école des physiocrates, et en philosophie il est entièrement sceptique. Son principal ouvrage est le *Tableau des progrès de l'Esprit humain.*

CONDORMITION. s. f. [Pr. *kondormi-sion*] (lat. *cum,* avec ; *dormire,* dormir). T. Théol. Union charnelle de l'homme et de la femme.

CONDORTES. s. f. pl. T. Pêc. Faisceau de roseaux pour la construction des bourdigues.

CONDOTTIERI. s. m. pl. [Pr. *kondo-tieri*] (ital. *condottiere ;* du lat. *conductus,* loué). Nom sous lequel on désignait les capitaines d'aventuriers qui, au XIII° siècle et dans les deux siècles suivants, se mettaient à la solde des différents princes ; et quelquefois même les troupes que commandaient ces chefs mercenaires. — On dit aussi au sing. *Un condottiere.*

CONDOULOIR (SE). v. pron. (lat. *cum,* ensemble ; *dolere,* se plaindre). Participer à la douleur de quelqu'un, témoigner qu'on y prend part. *Se c. avec quelqu'un.* Ne se dit qu'à l'infinitif. Vx.

CONDRIEU, ch.-l. de c. (Rhône), arr. de Lyon ; 2,100 hab. Patrie du maréchal de Villars.

CONDUCTEUR, TRICE. s. Celui, celle qui conduit. *Moïse était le c. du peuple hébreu. C. de la jeunesse. Le c. d'une barque, d'une diligence,* Employé chargé des rapports avec les voyageurs dans une voiture publique. || T. Constr. *C. des travaux,* Sorte de contremaître. || T. Ponts et Chauss. Employé qui dirige le travail des piqueurs. || T. Typogr. *C. de presse,* Celui qui s'occupe d'une presse mécanique. || T. Phys. Se dit des divers corps de la nature, en tant qu'ils sont plus ou moins propres à transmettre la chaleur, l'électricité, etc. Voy. CONDUCTIBILITÉ, ÉLECTRICITÉ, PILE. = S'emploie adject. *Un fil c. Les substances conductrices de l'électricité.* || T. Impr. *Points conducteurs.* Voy. PONCTUATION.

CONDUCTIBILITÉ. s. f. T. Phys. Le terme de *Conductibilité* s'emploie pour désigner la propriété dont jouissent les corps à divers degrés de propager soit la chaleur, soit l'électricité, dans leur masse ou à leur surface, et de la communiquer aux corps voisins. Dans cet article, nous considérerons uniquement la c. des corps pour la chaleur, et nous renverrons au mot ÉLECTRICITÉ l'étude de la c. électrique.

1. *Conductibilité des solides.* — Lorsqu'on plonge, par l'une de ses extrémités, une barre métallique dans le feu d'une forge, on sait que la chaleur, gagnant de proche en proche, se transmet vers l'autre extrémité. Or, il est facile de se rendre compte de la manière dont s'opère ce phénomène. Qu'on se figure cette barre divisée en un grand nombre de sections transversales, assez minces pour que tous les points de chacune d'elles puissent être censés avoir à chaque instant une température commune : si la première section est en contact avec une source constante qui agisse immédiatement sur elle seule, cette section atteindra d'abord la température de la source, puis, rayonnant vers la seconde, lui donnera une température égale à la sienne ; la seconde section produira le même effet sur la troisième, et ainsi de suite. S'il n'y avait aucune déperdition de chaleur, il est certain que chaque section s'échaufferait successivement jusqu'à ce que la barre tout entière eût atteint la température de la source. Mais, dans la réalité, le rayonnement extérieur modifie ce résultat ; car, dès que chaque élément de la barre est échauffé au-dessus de la température de l'air ambiant, il émet dans l'atmosphère, par tous les points de sa surface, plus de chaleur qu'il n'en reçoit du dehors en temps égal. Cette cause produit à chaque instant, dans chaque section transversale, un refroidissement proportionnel à l'excès de sa température actuelle sur celle de l'air. Il en résulte nécessairement que la température de chaque point de la barre va en diminuant à partir de celui qui reçoit directement la chaleur de la source. Enfin, elle cesse même de s'accroître, lorsque l'excès de chaleur qui est communiqué a un élément par celui qui précède, ne fait plus que compenser exactement la chaleur qu'il perd dans le même temps par le contact de l'élément suivant et par le rayonnement dans l'air.

L'expérience de chaque jour prouve que, sous le rapport de la c., il y a de grandes différences entre les diverses substances. Ainsi, on peut tenir entre les doigts, sans se brûler, un morceau de bois très court, dont une extrémité est enflammée, tandis qu'on ne saisirait pas impunément une barre de fer de même dimension dont un bout serait chauffé jusqu'au rouge. En conséquence, on a distingué les corps en corps *bons conducteurs,* qui transmettent rapidement la chaleur, les métaux par ex.; et en corps *mauvais conducteurs,* qui semblent résister à sa propagation, comme le verre, le charbon, les résines, les bois, et surtout les liquides et les gaz. On peut, en général, distinguer les bons et les mauvais conducteurs au simple toucher par l'impression plus ou moins vive de froid qu'ils font éprouver. Néanmoins dans ce cas-ci le phénomène est complexe. En effet, le corps que nous touchons peut nous enlever beaucoup de calorique, non seulement parce que les molécules de sa surface le transmettent rapidement aux autres, mais encore parce que ces molécules ont une capacité calorifique considérable. Voilà pourquoi le marbre paraît aussi froid qu'un métal, quoiqu'il conduise fort mal la chaleur.

Pour comparer le pouvoir conducteur des solides, un méde-

cin hollandais de la fin du dernier siècle, Ingenhouz, a imaginé un petit appareil très simple qui porte son nom. C'est une caisse rectangulaire en laiton (Fig. 1) sur une des faces de laquelle on fixe des tiges de fer, de cuivre, de bois, de verre, etc., qui pénètrent d'une quantité égale dans l'intérieur. Alors, on recouvre la partie extérieure de chaque tige avec une couche mince de cire (on sait que cette substance fond à 63°); puis l'on verse de l'eau bouillante dans la caisse. Les baguettes s'échauffent en raison de leur c., et, à un même moment, la cire déposée à la surface de chacune d'elles est fondue sur une longueur d'autant plus grande que la matière qui forme la verge conduit mieux le calorique. Ainsi, l'on trouve que la cire qui enduisait la baguette de fer est fondue sur presque toute sa longueur, tandis que celle de la baguette de verre présente à peine quelques traces de fusion. — Un instrument imaginé par Fourier, et appelé *Thermomètre de contact,* permet d'apprécier l'ordre de c. des substances en lames minces, des étoffes, par ex. On étend l'étoffe sur un support chauffé par avance. On pose l'instrument par-dessus, et l'on note le temps nécessaire pour que le thermomètre monte d'un certain nombre de degrés. En répétant l'expérience avec une autre étoffe sur le même support et dans les mêmes circonstances, on détermine facilement quelle est celle des deux qui conduit le mieux la chaleur. On a constaté de la sorte qu'à égalité d'épaisseur, les tissus végétaux, comme le lin, le coton, etc., transmettent la chaleur plus vite que la soie ou la laine. On a reconnu aussi que les substances composées de filaments très fins ou de petites parcelles, telles que le cuir, le coton cardé, la laine en flocons, le tan, la sciure de bois, etc., sont très peu conductrices. Cela peut tenir à ce que les parcelles qui composent ces substances étant fort petites et séparées, il se fait entre elles de nombreuses réflexions, ou plutôt à ce qu'elles retiennent, comme emprisonné dans les cellules qu'elles forment, une certaine quantité d'air, qui est, comme on sait, un fort mauvais conducteur.

En admettant quelques hypothèses simples, Fourier a fait une théorie de la chaleur. Il considère d'abord un mur indéfini dont deux faces seraient à des températures différentes. Il fait voir que quand le régime permanent est établi, les températures décroissent proportionnellement à la distance de la face la plus chaude. La quantité de chaleur qui traverse le

$$Q = k \frac{t_1 - t_2}{e}$$

mur pendant l'unité de temps par unité de surface est t_1 et t_2 étant les températures des deux faces du mur, e son épaisseur. k est ce qu'on appelle le coefficient de conductibilité.

La mesure directe de ce coefficient est très difficile. Despretz a mesuré les pouvoirs conducteurs des solides par un procédé moins direct. Son appareil (Fig. 2) consiste simplement en une barre prismatique dans laquelle sont creusées, de décimètre

Fig. 2.

en décimètre, de petites cavités que l'on remplit de mercure et où l'on fait plonger des thermomètres. Si l'on expose l'une des extrémités de cette barre à la flamme d'une lampe, on voit bientôt les thermomètres s'élever l'un après l'autre, puis se maintenir à des températures fixes, mais décroissantes d'un thermomètre à l'autre à partir de la source de chaleur. Le même appareil a servi au savant physicien pour vérifier la théorie de Fourier qui fait prévoir que : les distances à la source croissant en progression arithmétique, les excès de température sur l'air ambiant décroissent en progression géométrique. Toutefois, cette loi ne se vérifie exactement que pour les métaux très bons conducteurs. Approuvée seulement à partir du fer, elle n'est point applicable aux substances non métalliques.

Wiedemann et Franz ont également fait de nouvelles recherches sur la c. des corps solides, mais en évitant de pratiquer aucune entaille sur les barres en expérimentation. Ils observaient les températures au moyen de pinces thermo-électri-

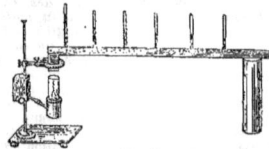

Fig. 1.

ques ajustées avec les précautions convenables. Le tableau suivant indique comparativement les résultats obtenus par Despretz et par les nouveaux expérimentateurs : ces derniers nous paraissent mériter plus de confiance.

	D.	W. F.		D.	W. F.
Or	1,000,0	1,000	Zinc	363,0	»
Platine..	981,0	158	Étain ...	303,9	273
Argent...	973,0	1,880	Plomb ...	179,5	160
Cuivre...	898,2	1,383	Marbre ..	23,6	»
Laiton...	748,6	444	Porcelaine	12,2	»
Fonte...	561,5	»	Terre cuite	11,4	»
Fer	374,3	224	Palladium.	»	118
Acier....	»	218	Bismuth ..	»	34

Nous ne ferons que mentionner ici les remarquables expériences de Sénarmont sur la c. des corps cristallisés, et celles de Delarive sur la c. des substances organiques. Tout le monde sait que ces dernières conduisent très mal la chaleur. Les cristaux ne conduisent pas également la chaleur dans toutes les directions. De Sénarmont couvrait de cire des lames cristallines et les échauffait par un point. Il constata que la cire fondait autour de ce point suivant des ellipses. En répétant l'expérience avec des lames taillées dans différentes directions, il démontra que les surfaces isothermes, c.-à-d. celles où la température est la même, sont dans les cristaux des ellipsoïdes. (L'ellipsoïde peut être de révolution. Il se réduit même à une sphère dans les cristaux du système cubique.)

II. *C. des liquides et des gaz.* — La c. des liquides n'est point nulle, que plusieurs physiciens l'ont prétendu ; mais elle est extrêmement faible. Ainsi, on peut chauffer la partie supérieure d'une masse d'eau jusqu'à 85 et 90°, sans qu'un thermomètre placé au fond du vase varie d'une manière sensible. Une autre expérience très simple consiste à fixer un morceau de glace au fond d'un vase plein d'eau froide, et à verser par-dessus une couche d'alcool qu'on enflamme. Lorsque la combustion est terminée, on remarque à peine quelques traces de fusion sur les aspérités de la glace. Il est vrai que lorsqu'on chauffe la partie inférieure d'un liquide, la chaleur se propage rapidement dans toute la masse ; mais cette propagation n'est pas le résultat de la c. ; elle résulte de courants ascendants et descendants qui s'établissent par suite de la dilatation des couches inférieures directement influencées par le foyer. Voy. ÉBULLITION. Le mercure est le seul liquide qui soit bon conducteur du calorique ; on sait, il est vrai, que c'est un véritable métal. — Les gaz, de même que les liquides, s'échauffent très vite quand on les expose à une source de chaleur ; mais alors, comme pour les liquides, c'est par des courants que la chaleur se transmet du point échauffé dans toute la masse gazeuse. Quand on vient à gêner les courants, on reconnaît que les substances gazeuses sont de fort mauvais conducteurs.

III. *Applications.* — La facilité plus ou moins grande avec laquelle les corps transmettent la chaleur à travers leur masse est susceptible de nombreuses applications. Nous avons déjà vu au mot CHAUFFAGE de quelle importance est la considération de la c. si différente des métaux et des matières terreuses, briques, faïence, etc., pour la construction des appareils de chauffage. De même il importe d'étudier à ce point de vue les diverses substances qui servent à la fabrication de nos vêtements. En effet, les tissus dont nous nous revêtons ne sont ni chauds ni froids par eux-mêmes, ils ne sont, en aucune façon, une source de chaleur ; mais ils se conduisent plus ou moins bien et, par là, ils laissent perdre ou conservent le calorique que développe en nous l'action de la vie. En conséquence, toutes choses égales d'ailleurs, les substances les moins conductrices fournissent les vêtements les plus chauds : la laine les fourrures, les étoffes ouatées en sont des exemples. Il faut remarquer que les mêmes enveloppes qui empêchent un corps de se refroidir l'empêchent aussi de s'échauffer quand le milieu où il se trouve possède une température supérieure à la sienne propre. Ainsi donc, c'est avec de la laine qu'on enveloppe un vase où l'on veut conserver de l'eau longtemps chaude, et c'est encore avec de la laine qu'on entoure un vase qui renferme de la glace qu'on veut empêcher de fondre. On transporte actuellement de grandes quantités de glace des États-Unis dans l'Inde à travers les mers les plus chaudes du globe. Pour cela, on la taille en blocs réguliers et on l'isole en l'entourant de substances peu conductrices. Si la glace se conserve longtemps dans nos glacières, cela n'est pas dû seulement à l'énorme quantité de calorique nécessaire pour fondre un poids considérable de glace, cela tient principalement à la difficulté avec laquelle la chaleur du dehors se transmet à travers la terre et les pierres qui forment les parois de l'enceinte. Le peu de c. des gaz explique l'effet des édredons, et, en général, l'utilité des couches d'air interposées entre les vêtements pour maintenir la chaleur. Dans une fourrure, dans les étoffes ouatées, dans le plumage des oiseaux, il faut tenir compte de l'air interposé comme faisant partie de l'enveloppe ; car il forme une couche isolante qui ajoute à l'effet de la substance solide, mauvaise conductrice de la chaleur.

CONDUCTION. s. f. [Pr. *konduk-sion*] (lat. *conductio*, m. s., de *conducere*, conduire). T. Droit romain. Action de prendre à loyer. || T. Phys. Action de conduire l'électricité ou la chaleur.

CONDUIRE. v. a. (lat. *conducere*, m. s., de *cum*, avec, et *ducere*, mener). 1° En parlant des personnes, mener, guider, faire aller. *C. un aveugle. C. des voyageurs. Il se laissa c. en prison. C. une armée par des défilés.* Poét., *C. une femme à l'autel,* L'épouser. — *C. les pas de quelqu'un,* Diriger sa marche. *Lorsqu'au trône il* (Dieu) *conduisit vos pas* (RACINE). *C. la main de quelqu'un, à quelqu'un,* Lui tenir la main pour lui faire tracer des caractères d'écriture, un dessin, etc. || Fig., *Ses traces nous conduisirent jusqu'au lieu où il s'était caché. La raison le conduit. Cela me conduisit à l'entretenir de votre affaire. — Une aveugle fureur conduisait son bras.* || Commander, régir, gouverner. *C. une armée, des troupes. C. des ouvriers. Il conduit très bien sa famille. Se laisser c. par quelqu'un.* — Par méton., *C. une flotte, un vaisseau. C. une orchestre.* || Accompagner quelqu'un par honneur, par politesse, ou pour sa sûreté. *L'ambassadeur fut conduit à l'audience par le premier ministre. Mes domestiques vous conduiront. Il avait peur d'être attaqué, et se fit c. par ses gens.* = 2° En parlant des animaux. Mener, faire aller, diriger. *C. des chevaux. Les troupes de chevaux sauvages sont conduites par les individus les plus forts et les plus expérimentés de la bande.* = 3° En parlant des choses. Mener, faire aller. — *C. une charrette, une voiture, une barque. C. la diligence. C. du vin, des vivres, des marchandises.* — *C. l'eau,* La faire aller d'un endroit à un autre par des canaux, des rigoles, etc. — *C. une ligne,* La faire passer par différents points donnés. || Fig., *C. une chose à sa fin, à son terme,* Y travailler jusqu'à son complet achèvement. *L'ouvrage fut conduit jusqu'au quatrième volume, et en resta là.* — *C. un ouvrage à sa perfection,* Le rendre accompli, aussi parfait que possible. — *C. un État à sa ruine.* || Diriger, régir, administrer. *C. une construction, une entreprise. C. un dessein, une affaire. C'est lui qui a tout conduit. Il a fort bien conduit sa fortune, mais fort mal conduit les finances de l'État.* || Accompagner, escorter, pour faire honneur ou par mesure de sûreté. *Un détachement de troupes conduisit le convoi jusqu'à l'entrée de la ville.* || Aboutir. *Ce chemin conduit au château.* — Fig., *Une semblable doctrine conduit à l'athéisme.* || T. Com. *C. l'étoffe bois à bois,* La tendre sans l'étiver, en la mesurant. || T. Techn. *C. la pierre,* L'amener sur des rouleaux jusqu'à l'entrée de la carrière. = SE CONDUIRE. v. pron. Se comporter ; avoir telle ou telle conduite. *Il se conduit fort mal. Cette femme s'est toujours bien conduite.* || Se laisser diriger. *La plupart des femmes se conduisent par le cœur.* = CONDUIT, ITE. part. *Une pièce de théâtre, une intrigue bien conduite,* dont les incidents sont bien amenés.

Syn. — *Guider, Mener.* — *Guider,* c'est faire voir, enseigner, tracer la voie ; *conduire,* c'est montrer le chemin, diriger la marche, être à la tête, commander ; *mener,* c'est conduire par la main ou comme par la main, faire aller. La boussole *guide* le navigateur ; le pilote *conduit* le vaisseau, et les vents le *mènent* ; on *guide* un voyageur, un écolier, un apprenti, en leur montrant la route qu'ils doivent suivre ; on *conduit* un étranger, un ami, etc., en l'aidant de ses lumières, de ses conseils ; mais on *conduit* aussi des troupes, des travailleurs, des animaux, en ordonnant, en commandant ; enfin, on *mène* des enfants, des aveugles, des prisonniers, etc., en les tenant, en les faisant aller de gré ou de force.

CONDUIT. s. m. (R. *conduire*). Tuyau, canal par lequel coule et passe quelque chose de liquide, de fluide, de l'air, etc. *C. de pierre, de plomb. C. souterrain. Faire passer par un c. Les conduits de la bile. Le c. auditif. Les conduits nourriciers des os.* || T. Mar. Poulie, cosse, servant de passage à une manœuvre. || T. Techn. Appui d'outil. Tube pour recevoir le fil de fer d'une sonnette.

CONDUITE. s. f. Action de conduire, de mener, de guider. *Être chargé de la c. d'un aveugle, d'un troupeau, d'un convoi.* || La direction d'un ouvrage, d'un projet, d'une affaire. *Avoir la c. d'un bâtiment, d'un travail, d'une tranchée. Se charger de la c. d'une affaire, d'un procès.* — *La conduite d'un poème, d'un drame, d'un roman,* etc., La manière dont les événements, les incidents y sont disposés et amenés. || Se dit encore du commandement sur les peuples, et du gouvernement, soit politique, soit militaire, soit ecclésiastique. *Être chargé de la c. d'un grand État. Avoir la c. d'une armée, d'un régiment.* || L'inspection qu'on a sur les mœurs, sur les actions de quelqu'un. *Être chargé de la c. d'une jeune personne. Ce jeune homme est sous ma c.* || La manière d'agir, de se comporter. *Avoir une bonne, une mauvaise c. C. régulière, imprudente, équivoque, déplacée, déplorable. La c. de cette femme a toujours été sage. Blâmer la c. de quelqu'un. Sa c. à votre égard ne mérite que des éloges.* — *Absol., Avoir de la c.,* Avoir une bonne c., une c. sage et prudente. *N'avoir point de c., être sans c., manquer de c.,* Se conduire mal, agir imprudemment en toutes choses. || *Être chargé de la c. d'un ambassadeur,* Être chargé de l'aller recevoir à la frontière, ou de l'y accompagner. — Popul., *Faire la c. à quelqu'un,* L'accompagner lorsqu'il part pour un voyage, jusqu'au lieu de l'embarquement ou à quelque distance. || T. Techn. Suite de tuyaux qui portent et conduisent dans quelque lieu les eaux d'une source, d'une rivière, le gaz destiné à l'éclairage, ou tout autre fluide. *Cette c. a six cents mètres de longueur.* || T. Mar. Frais de route qu'on paie aux marins pour se rendre au lieu d'embarquement.

CONDUPLICATION. s. f. [Pr. ...*sion*] (R. *con*, préf., et *duplication*). T. Rhét. Figure qui consiste à répéter un mot au commencement et à la fin d'une phrase.

CONDUPLIQUÉ, ÉE. adj. (lat. *cum*, avec; *duplicatus*, plié, articulé). T. Bot. Qui est plié en double dans le sens longitudinal.

CONDURANGO. s. m. (Mot péruvien : *Condur-Angu*, Liane du Condor). T. Bot. Nom vulg. d'une liane du Pérou et de la Colombie, le *Gonolobus Condurango*, de la famille des Asclépiadées, dont la racine est employée en médecine. Voy. ASCLÉPIADÉES. — On a retiré de cette racine plusieurs glucosides, appelés *Condurangines*, qui se dédoublent facilement en glucose et en un corps résineux, rouge brun, la *Condurangétine*.

CONDYLE. s. m. (gr. κόνδυλος). T. Anat. Éminence articulaire. *Les condyles de la mâchoire, du fémur.*

CONDYLIEN, IENNE. adj. T. Anat. Qui a rapport aux condyles.

CONDYLOÏDE. adj. (R. *condyle*, et gr. εἶδος, aspect). T. Anat. Qui a la forme d'un condyle.

CONDYLOÏDIEN, IENNE. adj. T. Anat. Qui est placé près d'un condyle.

CONDYLOME. s. m. (gr. κονδύλωμα, excroissance de chair). T. Méd. Se dit de certaines excroissances charnues qui résultent de la syphilis.

CONDYLOPHORE. adj. (gr. κόνδυλος, articulation; φορός, qui porte). T. Hist. nat. Qui porte des nœuds.

CONDYLURE. s. m. (gr. κόνδυλος, articulation; οὐρά, queue). T. Mam. Genre de mammifères de la famille des Talpidés et propre à l'Amérique du Sud. Le *Condylura cristata* a 43 dents et les lobules cartilagineux réunis en une couronne étoilée à l'extrémité du museau. Voy. TAUPE.

CÔNE. s. m. (gr. κῶνος; lat. *conus*, m. s.). T. Géom. Solide dont la base est un cercle ou une autre courbe et qui se termine supérieurement par une pointe qu'on appelle *sommet.* || Par anal., se dit de tout ce qui présente la figure d'un c. || T. Astron. *C. d'ombre, de pénombre,* Cône circonscrit à une planète et au Soleil : le premier, extérieurement ; le second, intérieurement. Le premier limite au

delà de la planète la région qui ne reçoit aucun rayon du Soleil, le second la région qui ne reçoit qu'une partie des rayons solaires. || T. Phys. *C. de lumière,* Faisceau de rayons lumineux qui divergent à partir de leur source. || T. Métall. Moule de fer fondu, de forme conique, dans lequel on verse les métaux en fusion, pour séparer les parties métalliques des scories. || T. Bot. Espèce de fruit particulier aux Conifères. Voy. FRUIT et CONIFÈRES. || T. Géol. Élévation conique placée au centre de la plupart des cratères. Voy. VOLCAN. || T. Zool. et Paléont. Genre très nombreux de *Mollusques gastéropodes cténobranches.* Voy. ces mots et CONUS.

Géom. — On appelle *cône* ou *surface conique,* la surface engendrée par une droite qui se meut suivant une loi déterminée en passant toujours par un point fixe appelé *sommet.* Les diverses positions de cette droite mobile sont les *génératrices.* Le cône se compose de deux nappes infinies qui se croisent au sommet. Le déplacement de la génératrice peut être défini par la condition qu'elle rencontre toujours une ligne fixe qui reçoit le nom de *directrice.* On considère souvent aussi le c. formé par les tangentes menées d'un point fixe à une surface. Ce c. porte le nom de *circonscrit.* Le c. admet en chaque point un plan tangent qui est la position limite du plan passant par deux génératrices infiniment voisines et qui touche la surface tout le long de la *génératrice de contact.* En géométrie analytique, l'équation d'un c. se reconnaît à ce qu'elle est homogène, par rapport à trois fonctions linéaires des coordonnées qui, égalées à 0, fournissent les équations de trois plans passant par le sommet. Si le c. a son sommet à l'origine, l'équation sera homogène par rapport aux trois coordonnées. Il résulte de là que l'équation la plus générale d'un cône est :

$$f\left(\frac{P}{R}, \frac{Q}{R}\right) = 0.$$

P, Q et R étant trois fonctions linéaires des coordonnées, ou, en mettant en évidence les coordonnées du sommet, a, b, c :

$$f\left(\frac{x-a}{z-c}, \frac{y-b}{z-c}\right) = 0.$$

On appelle aussi c. le solide compris entre une surface conique limitée à son sommet et un plan qui coupe toutes les génératrices d'un même côté du sommet. La section déterminée par ce plan est la *base* du c. Ce solide peut être considéré comme la limite d'une pyramide de même sommet, ayant pour base un polygone inscrit dans la base du c., et dont les côtés deviennent infiniment petits. Il en résulte que *le volume du c. est égal,* comme celui de la pyramide au tiers du *produit de la surface de base par la hauteur.* La hauteur est la distance du sommet à la base.

Parmi les cônes il convient de distinguer le c. *de révolution* ou c. *droit à base circulaire* (Fig. 1), qui peut être considéré comme engendré par un triangle rectangle tournant

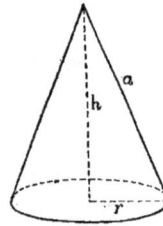 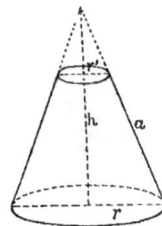

Fig. 1.　　　　Fig. 2.

autour d'un des côtés de l'angle droit. Si r désigne le rayon de la base, et h, la hauteur, la surface de la base sera πr^2, et le volume du c. sera donné par la formule :

$$V = \frac{1}{3}\pi r^2 h.$$

La surface latérale d'un c. droit à base circulaire est la limite de la surface latérale d'une pyramide régulière inscrite dans le c., dont le nombre des faces augmente indéfiniment. Or, cette dernière est une somme de triangles ayant pour bases les côtés du polygone, et, pour hauteur commune, l'apothòme de la pyramide. A la limite, celui-ci devient la génératrice du c. et le périmètre du polygone devient le cercle de base. Donc *la surface latérale d'un c. droit à base circulaire est égale au demi-produit de la circonférence de base par la génératrice.* Si on désigne celle-ci par a, on aura donc la formule :

$$S = \pi \, r a.$$

On obtient la surface totale S' en ajoutant la surface de la base $\pi \, r^2$:

$$S' = \pi \, r (a + r).$$

Le *tronc de c. circulaire droit à bases parallèles* (Fig. 2), est la limite d'un tronc de pyramide régulière inscrit dans le tronc de c. dont le nombre des faces augmente indéfiniment. On peut donc, par le raisonnement précédent, étendre à ce solide les formules relatives au tronc de pyramide (voy. Pyramide), et l'on obtient les théorèmes suivants :

Le volume d'un tronc de c. circulaire droit à bases parallèles, est égal à la somme de trois cônes ayant pour hauteur commune la hauteur du tronc, et pour bases respectives les deux bases du tronc, et une moyenne proportionnelle entre les deux bases, ce qui conduit à la formule :

$$V = \frac{1}{3} \pi \, h \, (r^2 + r'^2 + rr').$$

La surface latérale d'un tronc de c. circulaire droit à bases parallèles est égale au produit de la demi-somme des circonférences de bases par l'apothème :
$$S = \pi \, a \, (r + r').$$

On peut remplacer la demi-somme des circonférences de bases par la circonférence moyenne de rayon $r'' = \dfrac{r + r'}{2}$:

$$S = \pi \, a r''.$$

En ajoutant les surfaces des deux bases, on a la surface totale :

$$S = \pi \, (ar + r^2 + r'^2).$$

Section antiparallèle du cône oblique. — On sait que les surfaces de second ordre admettent des systèmes de sections circulaires parallèles qui sont perpendiculaires à un plan principal. Les deux systèmes de sections circulaires d'un c. de second ordre ont leurs traces sur le plan principal antiparallèles par rapport aux génératrices contenues dans ce plan. Le c. pouvant être considéré comme ayant pour plan l'une des sections circulaires, tout c. de second ordre est un c. *oblique à base circulaire,* et l'on obtient le théorème suivant, qui se démontre aisément par la géométrie élémentaire.

Dans un c. oblique à base circulaire, on considère le plan qui passe par le sommet S (Fig. 3), le centre de la base O, et qui est perpendiculaire au plan de la base. Ce plan coupe le c.

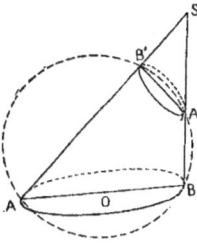

Fig. 3.

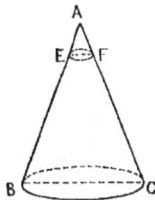

Fig. 4.

suivant deux génératrices SA, SB. On mène dans ce plan une droite A'B', antiparallèle du diamètre AB par rapport à l'angle S, c.-à-d. telle que l'angle SA'B' soit égal à l'angle SAB. Si l'on coupe le c. par un plan perpendiculaire au plan SAB et passant par A'B', la section sera un cercle.

La manière la plus rapide de démontrer ce théorème consiste à remarquer qu'en raison des angles égaux, le quadrilatère ABA'B' est inscriptible. Si on considère la sphère qui a pour grand cercle le cercle circonscrit au quadrilatère, on reconnaît immédiatement que les deux sections sont deux figures inverses par rapport au point S; l'une étant un cercle,

il en est de même de l'autre. Voy. Inversion. On démontre aussi que toute autre section circulaire est parallèle à l'une des deux précédentes, et il résulte du raisonnement précédent que deux sections circulaires non parallèles sont toujours sur une même sphère, propriété qui appartient, du reste, à toutes les surfaces du second ordre.

Développement du cône. — Les surfaces coniques possèdent la propriété de se développer sur un plan, sans déchirure ni duplicature. S'il s'agit d'un c. droit à base circulaire, le développement est un secteur dont le rayon est l'apothème du c. et dont l'arc est égal à la circonférence de base (Fig. 4 et 5). Cette propriété est utilisée dans les arts (construction des abat-jour, des tuyaux coniques, etc.), et dans la construction

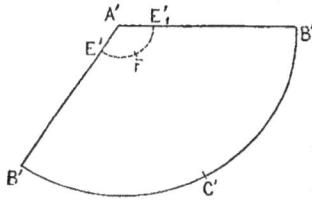

Fig. 5.

des cartes géographiques, par le système du développement conique. Voy. Projection.

Cône asymptote. — On désigne ainsi le c. formé en menant par le centre d'un hyperboloïde des parallèles à ses génératrices. Voy. Hyperboloïde.

Méc. — Les surfaces coniques sont utilisées par divers organes de transmission. C. *de friction.* Voy. Embrayage. C. *poulie, Roues coniques,* etc. Voy. Engrenage, Transmission et Tour.

CÔNE-ANCRE. s. m. T. Techn. Sac conique servant d'ancre aux aérostats dans les ascensions au-dessus de la mer.

CONEGLIANO, v. forte d'Italie (Vénétie), 7,500 hab.

CONEJARA, l'une des îles Baléares.

CONESSINE. s. f. T. Chim. Nom donné par Haines à un alcaloïde contenu dans l'écorce de *Wrightia* (*Nerium*) *antidysenterica,* de la famille des Apocynées, connue dans le commerce sous le nom de *Cortex Conessi* ou de *Codagapala.* La c. cristallise en aiguilles soyeuses, fusibles à 122°, sublimables, répondant à la formule $C^{24} H^{40} Az^2$; elle forme avec les acides des sels cristallisables.

CONFABULATEUR. s. m. Causeur, celui qui confabule.

CONFABULATION. s. f. [Pr. ...*sion*] (lat. *confabulatio*). Entretien familier. *Ils étaient en c.* Vx. == Confabuler. v. n. S'entretenir familièrement. *Ils confabulaient ensemble.* Vx.

CONFARRÉATION. s. f. [Pr. *konfar-ré-a-sion*] (lat. *conforreatio,* m. s., de *cum,* avec, et *far,* farine ; au propre : partage du pain). T. Hist. Mariage romain de la forme la plus solennelle. Voy. Mariage.

CONFECTION. s. f. (lat. *confectio* ; de *conficere,* exécuter, de *cum,* avec, et *facere,* faire). L'action par laquelle on fait, on fabrique, on exécute quelque chose. *La c. d'un bâtiment, d'un canal, d'un chemin. La c. d'un habit, d'un pantalon. La c. des listes électorales, des rôles de contribution.* — Se dit quelquefois dans le sens d'achèvement. *Jusqu'à parfaite et entière c.* || T. Techn. Fabrication en grand d'objets non commandés et prêts à servir. — Se dit encore des vêtements et des articles de lingerie qu'on vend tout faits, au lieu de les exécuter sur mesure. *Magasin de c. Il fait la c.* || T. Pharm. Ce mot, peu employé, sert à désigner certains électuaires assez compliqués, tels que la *confection d'hyacinthe* ou de *safran composée,* la c. *aromatique,* les *confections d'alkermès, de casse,* etc. Voy. Électuaire.

CONFECTIONNER. v. a. [Pr. *kon-fek-sio-ner*] (R. *con-*

fection). Faire, fabriquer, exécuter. N'est d'usage qu'en parlant de certains travaux manuels. *C. une machine, un habillement, des souliers*, etc. = CONFECTIONNÉ, ÉE. part.

CONFECTIONNEUR, EUSE. s. [Pr. *kon-fek-sio-neur*]. Celui, celle qui confectionne certains ouvrages. *Un c. d'habillements. Une confectionneuse de manteaux de femme.*

CONFÉDÉRATEUR, TRICE. s. m. et f. Celui, celle qui organise une confédération.

CONFÉDÉRATIF, IVE. adj. Qui concerne, qui présente une confédération. *Un traité c. Une forme de gouvernement confédérative.* Peu us.

CONFÉDÉRATION. s. f. [Pr. ...*sion*] (lat. *cum*, avec; *fœdus, fœderis*, alliance). T. Polit. et Hist.

Polit. — Dans le langage politique moderne, le terme de *C.* s'emploie exclusivement pour désigner une réunion de plusieurs États souverains qui sont liés entre eux par un pacte commun pour toutes les mesures d'intérêt général, mais qui d'ailleurs conservent leur indépendance propre pour tout ce qui regarde leur gouvernement intérieur. Il n'est pas nécessaire, pour qu'une c. puisse se former sur des bases solides, que les divers États qui la composent aient une même forme de gouvernement : en effet, la *C. Germanique* nous présentait autrefois des monarchies plus ou moins absolues, des États où le régime représentatif fonctionnait plus ou moins régulièrement, et des villes libres soumises au régime républicain. Les confédérations aujourd'hui existantes sont : en Europe, la *C. Suisse* ou *C. Helvétique*; et en Amérique, la *C. des États-Unis* du Nord et la *C. Argentine* ou *du Rio-de-la-Plata.*

Hist. — I. *Confédération Germanique.* — Après avoir détruit l'ancien empire d'Allemagne, Napoléon, pour briser plus complètement la puissance de l'Autriche et de la Prusse, songea à réunir en c. les petits États qui composaient auparavant l'empire germanique. Le 12 juillet 1806, à la suite de négociations tenues secrètes jusqu'à ce jour, les ambassadeurs et fondés de pouvoirs de 16 princes allemands signèrent à Paris, avec le ministre de France, un traité en vertu duquel ils brisaient tout lien qui les rattachait à l'empire germanique, et formaient, sous le protectorat de Napoléon, une c. sous le nom d'*États confédérés du Rhin.* Chacun des membres de la c. était investi d'une souveraineté entière; néanmoins aucun d'eux ne pouvait conclure d'alliance avec l'étranger. En outre, les affaires communes devaient être réglées par une Diète présidée par un prince primat, et divisée en deux collèges, celui des rois et celui des princes. Napoléon, comme protecteur de la c., se réservait le droit de décider de la paix ou de la guerre. La c. devait, dans ses propres guerres, être appuyée par un protecteur avec 200,000 hommes; et elle-même s'engageait à lui fournir, dans toutes les guerres de la France, une armée de 63,000 hommes, chiffre qui pouvait être augmenté selon les circonstances. Plusieurs États qui n'avaient pas signé le traité du 12 juillet 1806, y accédèrent ultérieurement, et en 1811, la *C. du Rhin* comprenait 36 États.

Lorsque les événements de 1814 eurent amené la chute de Napoléon et de l'empire français, la c. du Rhin était déjà dissoute ; mais il fut stipulé, dans le traité de Paris, que les États de l'Allemagne seraient de nouveau unis par un lien fédératif, pour assurer l'indépendance de la patrie commune, et maintenir l'inviolabilité et la sécurité intérieure de chacun des États confédérés. L'acte qui organisait la nouvelle c. sous le nom de *C. Germanique*, fut signé le 8 janvier 1815. La c. était représentée par une assemblée appelée *Diète*, qui se composait de plénipotentiaires nommés par les États confédérés. La Diète siégeait à Francfort-sur-le-Mein, qui était ainsi la capitale de la C. Germanique. Le nombre de votes attribués à chaque État était peu près en raison de son étendue et de sa puissance. — Dans le *Plenum*, c.-à-d. dans l'*Assemblée générale* de tous les plénipotentiaires, on comptait 70 voix qui étaient réparties de la manière suivante : *États ayant chacun 4 voix* : Empire d'Autriche (pour l'archiduché d'Autriche, le duché de Saltzbourg, la Styrie, la Carinthie, la Carniole, le Frioul, Trieste, le Tyrol, la Bohême, la Moravie et la Silésie autrichienne); Royaume de Prusse (pour le Brandebourg, la Poméranie, la Silésie prussienne, la Saxe prussienne, la Westphalie et la province Rhénane); R. de Saxe: R. de Bavière; R. de Hanovre; R. de Wurtemberg. — *États ayant chacun 3 voix* : Grand-duché de Bade; Grand-duché de Hesse-Darmstadt ; Électorat de Hesse-Cassel; R. de Dane-

mark (pour les duchés de Holstein et de Lauenbourg); R. de Hollande (pour le grand-duché de Luxembourg). — *États ayant chacun 2 voix* : Grand-duché de Mecklembourg-Schwerin ; Duché de Brunswick ; Duché de Nassau. — *États n'ayant chacun que 1 voix* : Grand-duché de Saxe-Weimar ; Duché de Saxe-Cobourg-Gotha ; D. de Saxe-Meiningen-Hildburghausen ; D. de Saxe-Altenbourg; Gr.-d. de Holstein-Oldenbourg; Gr.-d. de Mecklembourg-Strelitz; D. d'Anhalt-Dessau; D. d'Anhalt-Kœthen ; D. d'Anhalt-Bernbourg ; Principauté de Schwartzbourg-Rudolstadt; Pr. de Schwartzbourg-Sondershausen; Pr. de Hohenzollern-Hechingen ; Pr. de Hohenzollern-Sigmaringen ; Pr. de Lichtenstein; Pr. de Waldeck ; Pr. de Reuss-Greitz; Pr. de Reuss-Schleitz et de Reuss-Lobenstein-Ebersdorf; Pr. de Lippe-Schauenbourg; Pr. de Lippe-Detmold ; Ville libre de Lubeck ; V. libre de Francfort-sur-le-Mein ; V. libre de Brême ; V. libre de Hambourg. — Ce tableau met sous nos yeux la liste des États qui faisaient partie de la C. Germanique.

En 1866, la C. Germanique fut dissoute par la Prusse, et remplacée par la c. des États de l'Allemagne du Nord. Cette nouvelle union comprenait une population de 28 à 29 millions d'habitants, et se composait des États suivants : Prusse, Hanovre, Hesse électorale, Holstein, Nassau, Francfort, Saxe: grands-duchés, duchés et principautés de Lauenbourg, Mecklembourg-Schwerin, Saxe-Weimar, Mecklembourg-Strelitz, Oldenbourg, Brunswick, Saxe-Meiningen, Saxe-Altenbourg, Saxe-Cobourg-Gotha, Anhalt, Schwartzbourg - Sondershausen, Waldeck, Reuss ligne aînée, Reuss ligne cadette, Schauenbourg-Lippe, Lippe-Detmold, la partie du grand-duché de Hesse située au nord du Mein, et les villes libres de Lubeck, Brême et Hambourg.

Chacun des États confédérés avait le droit de législation, mais subordonné au droit de législation fédérale qui pouvait s'exercer sur un très grand nombre de matières, telles que l'état civil, la propriété intellectuelle, les postes et télégraphes, les chemins de fer, etc. Les lois fédérales étaient votées par deux assemblées : le *Conseil fédéral*, nommé par les États souverains, et le *Reichstag*, ou parlement, élu par les populations au suffrage universel et direct. La présidence de la c. appartenait à la couronne de Prusse; en cette qualité, le c. à l'étranger, déclarait la guerre, concluait la paix, faisait des traités d'alliance, accréditait et recevait des agents diplomatiques. De plus, en qualité de président de la c., le roi de Prusse convoquait le Conseil fédéral et le Reichstag, en faisait l'ouverture, les prorogeait ou en prononçait la clôture.

Grâce à la constitution de 1866, la Prusse s'était réservé la prépondérance dans les assemblées fédérales. Si l'on ajoute que son roi avait le commandement en chef de l'armée fédérale, on verra combien les petits États étaient à la discrétion de la Prusse, bien qu'en apparence chacun d'eux eût conservé une certaine autonomie aux termes de la constitution.

Dès cette époque, des traités d'alliance offensive et défensive avaient été souscrits par la c. avec trois États du sud : Bavière, Würtemberg et grand-duché de Bade. Ce dernier État entra même dans la c. de l'Allemagne du Nord, en 1867.

Le 16 avril 1871, la constitution, organisant l'empire d'Allemagne, remplaça celle de 1866. Cet empire se compose : 1° de tous les États et pays de l'ancienne C. des États de l'Allemagne du Nord, avec les provinces prussiennes, Prusse de l'Est, Prusse de l'Ouest, Posen et Stesvig; 2° des quatre États de l'Allemagne du Sud, Bavière, Würtemberg, Bade et Hesse; 3° de l'Alsace-Lorraine.

II. *Confédération Suisse ou Helvétique.* — La Suisse est une c. de 22 États, appelés *Cantons*, qui sont beaucoup plus étroitement unis que les États allemands, car tous ont une forme analogue de gouvernement, et il n'y a point entre eux d'opposition réelle d'intérêts. Les 22 cantons qui composent la c., sont : Bâle, Soleure, Argovie, Zurich, Schaffhouse, Thurgovie, Saint-Gall, Appenzell, Grisons, Tessin, Valais, Genève, Vaud, Neuchâtel, Fribourg, Berne, Lucerne, Zug, Schwytz, Uri, Unterwalden et Glaris. Ces cantons sont souverains et parfaitement indépendants les uns des autres pour tout ce qui concerne leur gouvernement intérieur. Quelques-uns d'entre eux sont eux-mêmes de petites confédérations; d'autres sont partagés en deux ou trois petites républiques distinctes; toutefois, ils ne figurent à l'assemblée nationale que comme un seul État. D'après les dispositions principales de la constitution du 19 avril 1874, la c. a pour but d'assurer l'indépendance de la patrie, de maintenir l'ordre et la tranquillité à l'intérieur, de protéger la liberté et les droits des confédérés, et d'accroître la prospérité commune. Le pouvoir fédéral est composé de deux assemblées et du pouvoir exécutif. Les deux assemblées sont le *Conseil national* et le *Conseil des États*. Le premier est formé de députés nommés par les citoyens des cantons à raison d'un député pour 20,000 habitants. Le second se compose de 44 membres, soit 2 représentants par canton. Le *Conseil fédéral*, auquel est confié le pouvoir exécutif, est composé de 7 membres élus par l'Assemblée fédérale, et choisis dans les citoyens éligibles au conseil national. Parmi ces membres, l'Assemblée fédérale élit un président, qui devient président de la Confédération, et un vice-président. Les deux conseils ont de multiples attributions : vote du budget annuel de la Confédération, déclarations de guerre, traités d'alliance, mesures d'ordre intérieures et extérieures. Aucune loi, décret, arrêté relatifs à la Confédération ne sont valables sans le consentement des deux conseils. D'autre part, sur la demande de huit cantons, ou de 30,000 électeurs, on soumet les lois fédérales au vote du peuple, sauf le cas d'urgence. C'est ce qu'on nomme, en langage parlementaire, le « referendum ». — La population de la C. Helvétique est d'environ 2,950,000 habitants. Il n'existe pas, à proprement parler, d'armée permanente; mais, en cas de nécessité, tout citoyen suisse doit prendre les armes. — La ville de Berne est le siège du gouvernement. — L'origine de la C. Helvétique remonte à l'année 1308, où trois cantons se soulevèrent contre l'empereur d'Allemagne, et s'unirent entre eux par un lien fédéral. Plusieurs États entrèrent successivement dans cette alliance, et le traité de Westphalie, en 1648, reconnut la République des 13 cantons. À partir de 1798, l'organisation de la Suisse a été plusieurs fois modifiée. La constitution actuelle, datant du 19 avril 1874, a succédé à celle du 12 septembre 1848, qui n'avait fait que réformer le pacte du 7 août 1815. Il ne faut pas oublier qu'en tout temps la Constitution suisse est susceptible d'être revisée sur la demande d'une partie de l'Assemblée fédérale ou de 50,000 électeurs.

III. *Confédération des États-Unis.* — Les États-Unis de l'Amérique du Nord forment une République fédérative. Les États qui la composent, tout en conservant leur indépendance pour tout ce qui concerne les relations civiles et municipales, ont constitué une puissance centrale dont les décrets et les lois sont supérieurs à l'autorité particulière de chaque État de la c. et obligatoires pour tous. Dans le gouvernement fédéral, on doit distinguer le pouvoir exécutif, le pouvoir législatif et le pouvoir judiciaire. Le pouvoir exécutif appartient à un *Président* élu pour quatre années, qui a le commandement en chef des forces de terre et de mer, et qui nomme les ministres, ambassadeurs ou autres agents politiques. Le pouvoir législatif est exercé par un *Congrès* composé d'un *Sénat* et d'une *Chambre des représentants*. Chaque État envoie deux membres au Sénat; mais il est représenté dans la Chambre en raison de sa population. Le Congrès a dans ses attributions l'impôt, la dette nationale, le vote des lois qui ont pour objet les relations commerciales des divers États, soit entre eux, soit avec les nations étrangères, la monnaie, les poids et mesures, les postes et les routes postales, les offenses contre la c., les déclarations de guerre, la fixation du chiffre de l'armée et de la marine militaire, l'appel de la milice pour faire exécuter les lois de l'Union, etc. Le pouvoir judiciaire comprend différentes Cours qui toutes relèvent d'une Cour suprême. Ces Cours étendent leur juridiction sur la c. tout entière.

La c. des États-Unis se forma, en 1777, par l'union des 13 colonies anglaises insurgées contre la métropole, et dont l'indépendance fut reconnue, en 1783, par celle-ci, comme elle l'avait déjà été par la France et l'Espagne. Tout le monde connaît les progrès extraordinaires faits par l'Union américaine. Actuellement, sa population dépasse 50 millions d'habitants répandus sur l'immense territoire qui s'étend de l'Océan Atlantique à l'Océan Pacifique, et de la région des grands lacs de l'Amérique septentrionale au golfe du Mexique. La c. comprend actuellement 38 *États* et 10 *Territoires* (on nomme territoires les pays qui sont régis immédiatement par le gouvernement fédéral; mais, aussitôt qu'un territoire possède une population de 60.000 âmes, il a le droit de prendre rang parmi les États). Voici la liste des 38 États : Maine, New-Hampshire, Vermont, Massachusetts, Rhode-Island, Connecticut (ces six États sont souvent désignés sous le nom collectif de *Nouvelle-Angleterre*), New-York, New-Jersey, Pennsylvanie, Delaware, Maryland, Virginie, Caroline du Nord, Caroline du Sud, Géorgie, Floride, Alabama, Kentucky, Tennessee, Ohio, Illinois, Michigan, Indiana, Arkansas, Mississipi, Missouri, Wisconsin, Iowa, Louisiane, Texas, Californie, Minnesota, Kansas, West-Virginia, Nebraska, Nevada, Colorado et Orégon. Enfin, aux États et territoires il convient d'ajouter le *District fédéral* de Columbia, où s'élève Washington,

qui est le siège du Président, du Congrès et de la Cour suprême de l'Union. Au point de vue financier, la situation des États-Unis est très prospère. Chose inconnue actuellement chez les nations européennes, le budget de la Confédération s'est soldé pendant plusieurs années en excédant de recettes. Nous mentionnerons, à titre d'exemple, les trois suivantes :

57,000,000 dollars en	1884
40,000,000 —	1885
51,000,000 —	1886

IV. — Dans l'Amérique du Sud, la république de Colombie est devenue, de république fédérative qu'elle était, une république unitaire, depuis la constitution de 1866. Les neuf États qui la composaient forment aujourd'hui neuf départements administrés par un agent du pouvoir central. La capitale de la nouvelle république est Bogota.

V. — Le terme de *Confédération* se disait autrefois, en Pologne, des ligues que formait la noblesse, sans l'aveu du roi et souvent même malgré lui, sous le prétexte réel ou supposé, de maintenir la constitution de l'État. La plus célèbre de ces ligues est la *C. de Bar* (1769), qui se forma contre l'influence russe et contre le roi que Catherine II avait imposé par la force à la Pologne. La défaite des confédérés donna lieu au premier démembrement du pays. Quelques années après, les Polonais, instruits par l'expérience, ayant réformé leur constitution anarchique, aboli l'absurde *liberum veto* et donné plus de pouvoir à la royauté (1791), la Russie, qui voulait une Pologne livrée à l'anarchie pour ne faire plus aisément sa proie, suscita la *C. de Targowicz*, qui prit les armes sous le prétexte de défendre les anciens privilèges de la noblesse. À la faveur de ces dissensions, la Russie procéda, avec la Prusse, à un second démembrement de la Pologne (1793), bientôt suivi d'un troisième (1795) qui anéantit la nationalité polonaise.

CONFÉDÉRER. v. a. Réunir en confédération, liguer. = Se confédérer. v. pron. Se liguer ensemble, s'unir par confédération. *Se c. avec quelqu'un. Ils se sont confédérés.* = Confédéré, ée, partic. *Les États, les princes confédérés. Les nations confédérées.* || S'emploie substantiv. au masc. Secourir ses confédérés. *Les confédérés de Bar.*

CONFÉRENCE. s. f. (lat. *conferentia*, comparaison, de *conferre*, comparer). Rapprochement que l'on fait de deux ou de plusieurs choses, pour voir en quoi elles s'accordent et en quoi elles diffèrent. *La c. des ordonnances. C. des temps. C. des textes.* || Entretien que deux ou plusieurs personnes ont ensemble sur quelque affaire ou matière sérieuse. *Nouer une c. Entrer en c. avec quelqu'un. Conférences philosophiques.* — *C. diplomatique,* Réunion de diplomates pour conférer ensemble. *La c. de Londres a décidé que...* || Réunion de jeunes avocats et d'étudiants, dans laquelle on discute des questions de droit, pour s'exercer à la plaidoirie. *Former une c. Faire partie d'une c.* || Discours prononcé en chaire, dans lequel on examine quelque point de doctrine, de morale religieuse ou de discipline ecclésiastique. *Les conférences de Massillon. Il y a ce soir c. à Notre-Dame. Assister à une c.* — Instruction religieuse que se fait à deux et dans laquelle celui qui pose les objections s'appelle l'avocat du diable. || Discours fait en public sur un sujet littéraire ou scientifique et sous une forme populaire. Il a beaucoup répandu dans le public des gens du monde la connaissance de l'astronomie, par ses *conférences d'astronomie populaire.* || Dans les écoles, leçon supplémentaire faite pour éclaircir certains points du cours principal. — *Maître de conférences,* Titre que portent les professeurs à l'École normale supérieure, parce que les élèves suivent les cours de la Sorbonne et reçoivent à l'intérieur de l'École un enseignement supplémentaire.

Les conférences littéraires et scientifiques ont été établies à Paris pour la première fois en 1860, dans une salle de la rue de la Paix, par Lissagaray : on y entendit Babinet, Legouvé, Eugène Pelletan, Laurent Pichat, Samson, etc. En 1865, elles furent transportées rue Scribe, dans la salle de l'Athénée que venait de faire construire M. Bischoffsheim, et l'on y avait ajouté des concerts, pour lesquels les frais dépassèrent les recettes. Les principaux conférenciers étaient : MM. Sarcey, Flammarion, la Pommeraye, F. Hément, Chavée, Simonin. Le directeur des conférences de l'Athénée, Yves Henry, se joignit à eux pour fonder la salle du boulevard des Capucines, qui fut le véritable siège des conférences de Paris depuis 1866 jusqu'en 1890. Depuis, cette salle a été transformée en un petit théâtre, et les conférences scientifiques et littéraires se tiennent surtout à l'Hôtel des Sociétés savantes, rue Serpente, fondé en 1887.

CONFÉRENCE (Archipel de la). Groupe de petites îles sur la côte occidentale de la Corée.

CONFÉRENCIER, IÈRE. s. m et f. Celui, celle qui fait une conférence.

CONFÉRER. v. a (lat. *conferre*, m. s., de *cum*, avec, et *ferre*, porter). Rapprocher deux choses pour juger en quoi elles s'accordent, et en quoi elles diffèrent. Se dit particul. des lois, ordonnances, coutumes, matières de littérature, arts libéraux, etc. *C. la coutume de Paris avec le Code Napoléon. C. un auteur avec un autre. C. deux manuscrits.* || Donner, accorder. *C. des honneurs, des dignités, des charges. C. des privilèges à une ville. C. un bénéfice.* Accorder à quelqu'un un bénéfice vacant. — En parlant des choses saintes, on dit : *C. les ordres sacrés. C. le baptême. Les sacrements confèrent la grâce*, etc. || T. Typog. *C. des épreuves*, Les comparer pour voir si les corrections ont été faites. = CONFÉRER. v. n. Parler ensemble, traiter de quelque affaire. *Nous avons conféré ensemble. Les ambassadeurs conférèrent pour la paix.* = CONFÉRÉ, ÉE. part.

Syn. — *Déférer.* — Ces deux verbes se disent des honneurs, des dignités, etc., que l'on donne à quelqu'un. Mais *conférer* s'emploie plutôt en parlant des charges et des privilèges régulièrement accordés à qui de droit; *déférer* est surtout usité en parlant d'honneurs extraordinaires, de dignités accordées à quelqu'un avec quelque circonstance particulière. Le consulat était annuel et *conféré* par le peuple romain assemblé dans ses comices. Les Romains *déféraient* les honneurs divins aux plus détestables de leurs empereurs.

CONFERVACÉES. s. f. pl. (R. *conferve*). T. Bot. Famille d'Algues de l'ordre des Chlorophycées.

Caract. bot. : Ce sont des plantes cloisonnées, se présentant tantôt en filaments simples ou ramifiés, libres ou fixés à leur base par un crampon, tantôt en lames membraneuses. La plupart des Confervacées habitent les eaux douces, quelques-unes la mer, ou la terre et les rochers humides. Dans ce dernier cas, la matière verte est masquée par une huile rouge ou brune (*Trentepohlia*); cette huile est quelquefois odorante comme dans la *Trentepohlia Iolithus*. Plusieurs sont parasites, comme les *Entocladia*, *Cephaleuros*, *Phycopeltis*, qui vivent sur divers végétaux ; les *Trichophilus* viennent sur les poils des Paresseux, les *Dermatophyton* sur la carapace des Tortues, les *Gomontia* dans les coquilles des Mollusques qu'elles perforent, etc.

[Fig. 1. Zoospores de Confervacées. — Fig. 2. *OEdogonium vesicatum*. A, portion du filament cellulaire; B, déboîtement

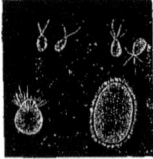

Fig. 1.

circulaire des cellules pour émettre la zoospore; Z, Z, zoospores libres avec leur couronne de cils; C, zoospore fixée ; D, germination : 1 et 2, formation du crampon; 3, premier cloisonnement.— Fig. 3. *OEdogonium tumidulum* : formation de l'œuf ; A, sortie des anthérozoïdes et pénétration d'un anthérozoïde par l'oscille de l'oogone : B, anthérozoïde plus fortement grossi; C, œuf contracté à l'intérieur de l'oogone].

La multiplication du thalle a lieu par des zoospores qui portent en avant 2 ou 4 cils, ou toute une couronne de cils (Fig. 1). Leur formation a lieu dans les cellules végétatives par divers procédés; ces zoospores sont mises en liberté par un orifice latéral ou par un déboîtement circulaire de la membrane (Fig. 2, B). Après avoir nagé, elles se fixent par leur extrémité antérieure (Fig. 2, C), et développent un thalle nouveau (Fig. 2, D, 1, 2, 3).

La formation des œufs a lieu tantôt par isogamie avec gamètes mobiles, tantôt par hétérogamie avec anthérozoïde et oosphère.

Les Confervacées isogames, en outre des zoospores, produisent des gamètes pourvus le plus souvent de 2 cils vibratiles ; ces gamètes se fusionnent 2 par 2 pour former des œufs qui se meuvent encore quelque temps avec leurs 4 cils, puis s'entourent d'une membrane et restent à l'état de vie latente. Au bout d'un certain temps, ces œufs augmentent de volume et

donnent, par division de leur contenu, des zoospores en tout semblables aux zoospores ordinaires.

Dans les Confervacées hétérogames, on peut considérer plusieurs types. Chez les *OEdogonium*, une cellule du filament se renfle considérablement et devient un oogone pendant que

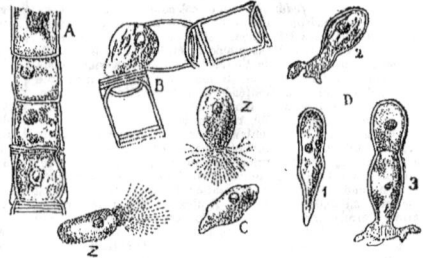

Fig. 2.

son protoplasme forme l'oosphère unique. La déhiscence de l'oogone a lieu par une ouverture latérale (Fig. 3. A, en bas) ou par une fente circulaire qui détache une sorte de couvercle ; puis celui-ci se soulève en rejetant un peu latéralement la partie supérieure du filament. L'anthéridie est une cellule semblable aux autres cellules du filament : elle se divise en 2 cellules et chacune d'elles produit un anthérozoïde semblable à la zoospore, mais plus petit : il peut y avoir plusieurs anthéridies l'une au-dessous de l'autre (Fig. 3, A, partie supérieure du filament). Anthéridies et oogones peuvent être sur le même filament ou sur des filaments différents, de sorte que la plante peut être monoïque ou dioïque. L'anthérozoïde mis en liberté nage dans le liquide et pénètre jusqu'à l'oosphère par l'ouverture de l'oogone. L'œuf ainsi formé se recouvre d'une membrane qui s'épaissit et il passe à l'état de vie latente. Il germe en laissant échapper son protoplasme, qui se divise en 4 zoospores donnant autant de thalles nouveaux.

Dans certaines espèces de *Coleochæte*, aussitôt après la fécondation, la cellule qui porte l'oogone se ramifie, de sorte que finalement l'oogone se trouve enveloppé d'une assise de cellules polyédriques.

Dans la *Sphæroplea annulina*, les cellules du filament deviennent toutes sans se modifier des anthéridies ou des oogones. Dans les anthéridies, le protoplasme se partage en un grand nombre d'anthérozoïdes à 2 cils. Dans les oogones, le protoplasme produit plusieurs oosphères arrondies; puis, la paroi se perfore et par ces ouvertures pénètrent les anthérozoïdes. Les œufs germent ensuite en donnant de 2 à 8 zoospores à 2 cils qui donnent chacune un nouveau thalle.

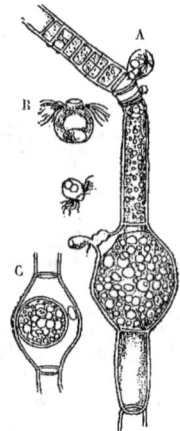

Fig. 3.

On peut grouper les principaux genres de cette famille en 4 tribus :

TRIBU I. — *Cladophorées.* — Thalle formé d'articles et isogame (*Cladophora, Chætomorpha, Siphonocladus, Gomontia*, etc.).

TRIBU II. — *Sphéroplées.* — Thalle formé d'articles et hétérogame (*Sphæroplea*).

TRIBU III. — *Confervées.* — Thalle cellulaire et isogame (*Schizogonium, Conferva, Chætophora, Trentepohlia, Ulva, Enteromorpha*, etc.

TRIBU IV. — *OEdogoniées.* — Thalle cellulaire et hétérogame (*OEdogonium, Coleochæte*, etc.).

Les Confervacées ne renferment qu'un fort petit nombre d'espèces dont l'homme puisse tirer parti. En Angleterre, on fait cuire à l'étuvée l'*Ulva latissima*, qu'on appelle *Green-Laver*. L'*Ulva compressa*, très commune sur nos côtes, est mangée par les habitants des îles Sandwich. L'*Ulva lactuca* s'emploie quelquefois dans les affections scrofuleuses ; les anciens s'en servaient contre les inflammations et les affections goutteuses. Son goût est tellement amer et salé, qu'on l'administre mêlée à du jus de citron.

CONFERVE. s. f. (lat. *conferva*, m. s., de *confervere*, souder). T. Bot. Genre d'Algues (*Conferva*) de la famille des *Confervacées*. Voy. ce mot. Très fréquemment, le vulgaire désigne par ce mot la plupart des Algues filamenteuses.

CONFERVÉES. s. f. pl. (R. *conferve*). T. Bot. Tribu d'Algues de la famille des *Confervacées*. Voy. ce mot.

CONFESSE. s. f. La confession qu'on fait au prêtre. N'admet pas l'article, et suit toujours un verbe avec l'une des préps. *à* ou *de*. *Aller à c. Être à c. Il vient de c. Elle va à confesse tous les samedis. Une jeune fille étant à confesse s'accusait d'avoir... estimé... un jeune homme. — Estimé! répliqua le prêtre. Combien de fois?*

CONFESSER. v. a. (lat. *confiteri*, avouer, sup. *confessum*, de *cum*, avec, et *fateri*, avouer). Avouer, demeurer d'accord. *C. la vérité. C. sa faute. Confessez ce qui en est. Tu as tort, je le confesse. Se confesse vaincu.* || *C. Jésus-Christ. C. la foi de Jésus-Christ.* Faire profession publique de la foi de Jésus-Christ, jusqu'à s'exposer aux persécutions. — Absol., *C. de cœur et de bouche, ou de cœur comme de bouche.* || Déclarer ses péchés, soit au prêtre dans le sacrement de la pénitence, soit à Dieu seul, dans quelque prière particulière. *C. ses péchés.* || Ouïr un pénitent en confession. *Le prêtre qui l'a confessé. Un prêtre qui confesse un grand nombre de pénitents.* Et absol., *Ce prêtre n'a pas les pouvoirs pour c.* — Fig. et prov., *C'est le diable à c.,* se dit en parlant d'un aveu difficile à faire. == SE CONFESSER. v. pron. Déclarer ses péchés, soit au prêtre dans le sacrement de pénitence, soit à Dieu seul dans quelque prière particulière. *Se c. à un prêtre. Vous avez fait telle faute, vous en êtes-vous confessé?* — Absol., *Se c.,* se dit toujours de la confession sacramentelle. *Il est allé se c.* || Fig. et prov., *Se c. au renard,* Confier son secret à un homme qui est intéressé à en tirer avantage. == CONFESSÉ, ÉE. part. *Une faute confessée est à demi pardonnée.* Une faute qu'on avoue on devient plus pardonnable. == SE CONFESSER. Faire l'aveu de ses fautes pour en recevoir l'absolution. — Se reconnaître soi-même coupable. *Se c. coupable.*

CONFESSEUR. s. m. Chrétien qui a confessé sa foi au péril de sa vie et qui est rangé au nombre des saints. Le c. diffère du martyr en ce qu'il a survécu à la persécution tandis que le martyr a péri. || Le prêtre qui a le pouvoir d'ouïr en confession et d'absoudre.

CONFESSION. s. f. (lat. *confessio*, m. s., de *confiteri*, avouer). Aveu, déclaration que l'on fait de quelque chose. *C. sincère, franche, extorquée. C. d'un criminel.* On ne doit pas diviser la c., On ne doit pas prendre en partie des aveux favorables pour tirer avantage contre lui, et en même temps rejeter l'autre. || Déclaration que le pénitent fait de ses péchés à un prêtre, pour en recevoir l'absolution. *La c. a quelquefois fait réparer des délits.* — *La c. est l'un des grands pouvoirs du clergé,* celui qui le met dans la confidence et dans la direction des familles. — *Billet de c.,* Attestation donnée par le prêtre à celui qu'il vient d'entendre en c. — Prov., *On lui donnerait le bon Dieu sans c.,* se dit d'un hypocrite dont l'extérieur semble annoncer beaucoup de douceur et de simplicité. || Fig., *Confier quelque chose à quelqu'un sous le sceau de la c.,* A la condition que le secret sera inviolablement gardé. || *Confessions,* au plur., a été donné quelquefois pour titre à des mémoires contenant l'histoire de la vie, des erreurs et des fautes de l'auteur. *Les Confessions de saint Augustin, de Jean-Jacques Rousseau.* || T. Théol. *C. de foi,* ou simplement *Confession,* Déclaration publique et par écrit de la croyance religieuse que l'on professe. Se dit surtout en parlant des différentes expositions de leur croyance faites par les sectes protestantes. *La plus célèbre de ces confessions est celle qui fut présentée à Charles-Quint,*

à la diète d'*Augsbourg, en 1530, par les luthériens de l'Allemagne.* || T. Lit. Le lieu, dans les églises, où reposent les corps des martyrs ou des confesseurs. *La c. est ordinairement placée sous le maître-autel.*

Les anecdotes abondent sur la c. Nous n'en citerons qu'une, qui ne manque pas de piquant. Une coquette sur le retour, voulant mettre sa conscience en règle, se présente chez un bon curé de campagne : « Voyons, ma fille, lui dit le prêtre, commencez. — Je n'ai point volé, je n'ai point prêté à usure, je n'ai point médit de mon prochain. — Mais alors ? — Hélas, j'ai eu quelques faiblesses. — Ah ! et sont-elles nombreuses ? — Mon Dieu ! on ne tient pas un compte par doit et avoir de ces fantaisies-là ! — Eh bien ! ma fille, tâchez de vous rappeler par à peu près, et, pour chaque faiblesse, mettez un cierge brûler devant l'autel des âmes en peine. » Le lendemain, le bon curé sortait de son presbytère, lorsqu'il rencontre sa pénitente portant une caisse de cierges sur sa tête et une autre sous son bras. « Oh ! fit-il. — Il n'y a pas de oh, il n'y a pas de ah, monsieur le curé ; j'en ai encore trois caisses à la maison. »

CONFESSIONNAL. s. m. [Pr. *konfè-sio-nal*]. Espèce de niche en boiserie où se met le prêtre pour entendre les confessions. *Il y a plusieurs confessionnaux dans cette église.* || Par ext. Grand fauteuil pour les malades.

CONFESSIONNALISME. s. m. [Pr. *konfè-sio-nalisme*]. Attachement étroit à la confession religieuse.

CONFESSIONNEL, ELLE. adj. [Pr. *konfè-sio-nel*]. Qui a rapport à la confession de foi. *Symbole c.*

CONFETTI. s. m. pl. [Pr. *con-fet-ti*] (mot ital.). Petits morceaux de sucre ou plus souvent de plâtre qu'on se jette des voitures et des balcons pendant le carnaval, dans les villes italiennes. || Petits morceaux de papier qu'on se jette les uns aux autres, depuis quelques années, à Paris et ailleurs, pendant le carnaval et le jour de la Mi-Carême.

Techn. — C'est par tonnes qu'on compte la quantité de confetti jetés pendant la journée de la Mi-Carême de l'année 1894, de sorte que la fabrication de ces petits ronds de papier est devenue une véritable industrie. On les fabrique avec du papier d'affiche très mince et de couleurs variées ; on superpose ces feuilles de papier sur une épaisseur d'environ 1 centimètre, et le paquet ainsi formé est glissé entre deux tables en acier perforées de trous très rapprochés, bien en regard les uns des autres, et dont le diamètre varie de 5 à 8 millim. Un emporte-pièce en acier constitué par une plaque portant des cylindres pleins de même diamètre que les trous et en nombre égal, et manœuvré par une presse mécanique découpe le papier et le pousse dans les trous. Chaque opération, qui dure à peine une seconde, peut détacher jusqu'à 10,000 confetti. Les déchets qui ne constituent que 25 à 30 p. 100 du papier total peuvent servir à fabriquer d'autre papier.

CONFIABLE. adj. Qui peut être confié. *Secret c.*

CONFIANCE. s. f. (R. *confiant*). Espérance ferme en quelqu'un ou en quelque chose. *Avoir c., grande c., une entière c., une aveugle c. en quelqu'un. Mettre sa c. en Dieu, en soi-même, en ses propres forces. Prendre c. dans l'avenir.* || Assurance qu'on prend sur la probité ou sur la disposition de quelqu'un. *Prendre c. en quelqu'un, lui donner sa c., lui parler avec c. Il a abusé de ma c. Donner des marques de c., témoigner une grande c. à quelqu'un. Il est honoré de la c. du prince.* — *Acheter de c.,* Acheter quelque chose sur la foi de la probité du vendeur. *Je ne me connais pas en diamants, aussi ai-je acheté ceux-ci de c.* On dit de même, *Marchandises de c.* — *Homme de c.,* Celui qu'on emploie dans les affaires les plus délicates et les plus secrètes. *Une personne de c. Une personne à qui l'on peut se confier. Je lui ferai parler par une personne de c.* — *Place de c.,* Place qui exige une probité ou une discrétion éprouvée. — Par antiphrase, on dit, *Endormir la c. de quelqu'un,* pour : endormir sa défiance. || Assurance, hardiesse. *Il parle en public avec une grande c. Il manque de c. Je puis dire c. que...* — *Donner, ranimer la c. de quelqu'un.* — Se prend aussi dans le sens de présomption, suffisance. *Se donner des airs de c. Être plein de c.*

Droit. — *Abus de c.* — Dans le langage ordinaire, le terme *Abus de c.* s'emploie en parlant de tous les cas où la confiance de quelqu'un a été trompée ; mais, dans le langage juridique, il a une signification beaucoup plus limitée. Selon le Code pénal

(406-409), on se rend coupable de ce délit : 1° lorsqu'on abuse des besoins, des faiblesses ou des passions d'un mineur, pour lui faire souscrire, à son préjudice, des obligations, quittances, décharges, etc.; 2° lorsqu'on abuse d'un blanc-seing; 3° lorsqu'on détourne, au préjudice du propriétaire, des effets, deniers, marchandises, quittances, etc., qui n'ont été remis qu'à titre de dépôt, ou à la charge d'en faire un emploi déterminé; 4° lorsqu'on soustrait quelque titre, pièce ou mémoire qui a été produit dans une contestation judiciaire. Des peines graduées sont infligées aux coupables de ces délits, indépendamment des dommages-intérêts auxquels ils peuvent être condamnés.

CONFIANT, ANTE. adj. (R. *confier*). Disposé à la confiance. *C'est un homme trop c.* || Présomptueux, suffisant. *Il a l'air c. et plein de lui-même.* || Subst. Personne confiante.

CONFIDEMMENT. adv. [Pr. *konfi-da-man*]. En confidence.
Syn. — *Confidentiellement.* — Ces deux adverbes s'emploient en parlant d'une chose qu'on ne veut pas voir divulguée; mais *confidentiellement* a moins de force que *confidemment.* Le premier est opposé à officiellement; on veut simplement que la chose dite *confidentiellement* ne soit pas publiée; *confidemment* signifie au contraire qu'elle doit rester absolument secrète.

CONFIDENCE. s. f. (lat. *confidentia*, m. s., de *confidens*, confiant). Confiance qui porte quelqu'un à initier une autre personne à ses affaires, à ses pensées les plus secrètes. *Entrer, être, se conserver dans la c. de quelqu'un. Il est très avant dans la c. du prince.* || Communication qu'on donne ou qu'on reçoit d'un secret. *Recevoir une c. Faire c. de quelque chose à quelqu'un. Faire un échange de confidences.*

Ne fais point confidence avec toute personne;
Regarde où tu répands les secrets de ton cœur.
CORNEILLE.
— Absol., *Être dans la confidence*, Être dans le secret, au courant d'une affaire. On dit de même, *Mettre quelqu'un dans la c.* — *Faire une fausse c. à quelqu'un*, Lui dire quelque chose de faux, mais en secret, afin de lui faire prendre le change. || T. Droit can. Convention secrète et illicite par laquelle quelqu'un donne ou fait donner un bénéfice à un autre, à la condition que ce dernier lui abandonnera la totalité ou une partie des revenus. *Tenir un bénéfice en*, par c. = EN CONFIDENCE. loc. adv. Secrètement, sous le sceau du secret. *Parler en c. Je vous le dis en c.*

CONFIDENT, ENTE. s. (lat. *confidens*, part. prés. de *confidere*, se fier). Celui ou celle à qui l'on confie ses actes et ses pensées les plus intimes. *C'est son c., sa confidente. Il était le c. de toute l'intrigue.* || Fig. et poét., se dit quelquefois en parlant des objets inanimés. *Rochers confidents de mes peines.* || Personnage subalterne, dans les tragédies classiques, auquel le poète donne plus ou moins de part à l'action et au dialogue, et qui en général est chargé des récits. *Il joue les confidents.* || S'employait autrefois adject., *Ses amis les plus confidents.*

CONFIDENTIAIRE. s. m. [Pr. *konfi-dan-sière*]. Qui tient un bénéfice par confidence.

CONFIDENTIEL, ELLE. adj. [Pr. *konfi-dan-siel*]. Qui se dit, s'écrit ou se fait en confidence. Se dit surtout par oppos. à *Officiel. Avis c. Note confidentielle.*

CONFIDENTIELLEMENT. adv. [Pr. *konfi-dan-siè-leman*]. D'une manière confidentielle, en confidence. *Cela m'a été dit c.* Se dit en gén. par opp. à *Officiellement.* Syn. V. CONFIDEMMENT.

CONFIER. v. a. (lat. *confidere*, se fier, de *cum*, avec, et *fides*, foi). Commettre quelque chose à la probité, au soin, au talent, à la discrétion de quelqu'un. *C. un dépôt. Elle a confié sa fille à une de ses amis. Le roi lui confia l'administration des finances. Vous pouvez lui c. vos intérêts, vos projets, vos craintes, vos peines. Ils se sont confié leurs secrets.* — Par anal., *C. une chose à sa mémoire.* || Se dit des choses qu'on expose à des chances heureuses ou malheureuses. *C. des semences à la terre. C. sa fortune, sa destinée au hasard.* = SE CONFIER, v. pron. Avoir de la confiance, prendre confiance. *Il se confie trop à ses prétendus amis. Se confier en Dieu. Se c. en soi-même, en ses forces. Se c. au hasard.* || Faire des confidences, *Il s'est confié à un intrigant qui a abusé de ses confidences.* = CONFIÉ, ÉE. part.

Syn. — *Se Confier, Se Fier.* — Le premier de ces verbes a une signification plus étendue que le second. On *se confie* sans restriction et pour toutes choses; on ne *se fie* que sous un certain rapport et pour une affaire particulière. On *se fie* à quelqu'un pour des intérêts peu importants ; on *se confie* à un ami dans les choses qui vous touchent le plus.

CONFIGURATION. s. f. [Pr. *...sion*] (R. *configurer*). Forme extérieure d'un corps; surface qui le borne et lui donne la figure qui lui est propre. *Les cristaux affectent, dans les différents sels, des configurations particulières. La c. des terrains.* || Astron. Situation relative des corps planétaires.

CONFIGURER. v. a. (lat. *configurare*, m. s., de *cum*, avec, et *figurare*, figurer). Figurer l'ensemble d'un corps quelconque. = CONFIGURÉ, ÉE. part. — Peu us.

CONFINEMENT. s. m. (R. *confiner*). T. Droit pénal. Isolement des prisonniers. Voy. *Système* PÉNITENTIAIRE.

CONFINER. v. n. (R. *confins*). Toucher aux limites d'un pays, d'une terre. *La France confine avec l'Espagne. La prairie qui confine à la forêt.* = CONFINER. v. a. Reléguer dans un certain lieu. *On le confina dans une île, dans un monastère, dans une prison.* Fig. || Resserrer dans d'étroites limites. *C. son génie.* = SE CONFINER. v. pron. Se retirer volontairement dans un lieu quelconque. *Il s'est confiné dans sa province, dans une de ses terres, dans la solitude.* = CONFINÉ, ÉE. part.

CONFINITÉ. s. f. (R. *confiner*). Condition de deux pays qui se touchent.

CONFINS. s. m. pl. (lat. *confinis*, qui a la même limite, de *cum*, avec, et *finis*, fin). Les limites, les extrémités d'un pays, d'une terre, etc. *Les c. d'un royaume, d'une province, d'un diocèse. Il habite sur les c. du département.* — Par méton., *Les c. d'une juridiction.* || Fig. *Les c., les derniers c. de la terre*, Les lieux les plus éloignés de celui où l'on se trouve.

CONFIRE. v. a. (lat. *conficere*, parfaire, de *cum*, avec, et *facere*, faire). Préparer des fruits, des écorces, des tiges de plantes, etc., en les faisant cuire avec du sucre, ou en les tenant plongés dans quelque liqueur qui les pénètre et les conserve. *C. au sucre, au miel, au vin cuit. C. à l'eau-de-vie, au vinaigre. C. des groseilles, des cornichons.* || T. Tech. *C. des peaux*, Les tremper dans le confit pour le chamoiser. = SE CONFIRE, Être confit. *Les c. d'un royaume ordinairement au sucre ou à l'eau-de-vie.* = CONFIT, ITE. part. *Des marrons confits. Des pêches confites.* — Par anal., *Fruits confits sur l'arbre*, se dit de certains fruits, comme les abricots, lorsqu'ils sont bien mûrs, et, pour ainsi dire, cuits par le soleil. || Fig. et ironiq., on dit d'une personne qui est adonnée avec exagération aux pratiques de dévotion, qu'*Elle est toute confite en dévotion.*
Conjug. — *Je confis, tu confis, il confit; nous confisons, vous confisez, ils confisent. Je confisais; nous confisions. Je confis; nous confîmes. Je confirai; nous confirons. Je confirais; nous confirions.* — *Confis; confisons.* — *Que je confise; que nous confisions. Que je confisse, que nous confissions.* — *Confire. Confisant.*

CONFIRMATEUR. s. m. Celui qui confirme. *C. d'une nouvelle.*

CONFIRMATIF, IVE. adj. Qui confirme. *La cour a rendu un arrêt c. de la sentence des premiers juges.*

CONFIRMATION. s. f. [Pr. *...sion*]. Action de confirmer, de garantir, d'assurer une chose). *La c. d'une sentence, d'un arrêt. C. de privilège, de prérogatives.* || Nouvelle et plus expresse assurance d'une chose qui déjà avait été donnée pour vraie. *On m'a dit telle chose, j'en ai eu la c. de tel endroit. On attend la c. de cette nouvelle. Le courrier en a apporté la c.* || T. Théol. Un des sacrements.
Théol. La *confirmation* est un sacrement qui communique

la plénitude des dons du Saint-Esprit, rend parfait chrétien et donne la force de confesser la foi de J.-C., même au péril de la vie. Les Pères de la primitive Église l'appellent *Imposition des mains, Onction, Chrême du salut, Sceau de la vie éternelle, Consommation du chrétien*, etc. La c. a été établie par les catholiques en souvenir de la promesse que Jésus avait faite à ses apôtres de leur envoyer l'Esprit de vérité, promesse qui fut réalisée cinquante jours après la résurrection. La fête de la Pentecôte a été instituée pour célébrer cet événement.

Les protestants ont supprimé le sacrement de la c. en prétendant que l'onction et l'imposition des mains dont parlent les Écritures étaient de simples cérémonies qui accompagnaient le baptême. Les catholiques prétendent de leur côté que, dès le temps de Tertullien, qui écrivait vers 210, la distinction entre le baptême et la c. était nettement établie et appuient leur opinion sur le texte suivant : « Au sortir des fonts baptismaux, dit Tertullien, nous recevons l'onction d'une huile bénie, suivant l'ancien usage de consacrer les prêtres par une onction ; cette onction ne touche que la chair, mais elle opère un effet spirituel. Ensuite on nous impose les mains, en invoquant, par une bénédiction, le Saint-Esprit. »

Certains passages de saint Cyprien et de saint Jérôme témoignent que, suivant la coutume traditionnelle de l'Église, le sacrement de la c. était administré par les seuls évêques. Le concile de Trente s'est donc conformé à la tradition constante de l'Église universelle lorsqu'il établit que l'évêque seul est le ministre ordinaire de la sainte c., et lorsqu'il déclare que cette proposition est de foi. — Mais ce mot *ordinaire* implique qu'il peut y avoir un ministre *extraordinaire* de la c. En effet, un simple prêtre peut être délégué pour remplir cette sainte fonction ; mais l'évêque lui-même n'a pas le droit de donner cette délégation, elle doit, de l'avis unanime des théologiens, émaner du Saint-Siège. Bien plus, le prêtre délégué par le pape ne peut confirmer qu'avec du saint chrême bénit par l'évêque, la faculté de conférer la c. n'emportant pas par elle-même celle de consacrer les saintes huiles.

La matière de la c. consiste dans l'onction du saint chrême et dans l'imposition des mains de l'évêque. Le saint chrême est un mélange d'huile d'olive et de baume ; mais il faut qu'il ait été bénit par l'évêque. L'onction doit être faite sur le front en forme de croix, et par l'évêque lui-même, qui se sert du pouce de la main droite. En aucun cas, le saint chrême ne peut être appliqué à l'aide d'un instrument, car il est indispensable qu'il y ait imposition de la main.

La forme de la c. consiste dans les paroles que prononce l'évêque en même temps qu'il fait l'onction du saint chrême : « Je te marque par le signe de la croix, et je te confirme par le chrême du salut, au nom du Père, du Fils, et du Saint-Esprit. » Ensuite l'évêque donne un petit soufflet au *confirmand*, c'est-à-dire à celui qu'il confirme, pour lui apprendre qu'il doit être prêt à subir toutes sortes d'humiliations pour confesser sa foi. Autrefois aussi on donnait des parrains et des marraines aux confirmands ; mais cette coutume est également tombée en désuétude. Le parrain et la marraine contractaient soit avec le confirmé, soit avec son père et sa mère, la même affinité que dans le baptême. Il n'y a que ceux qui sont baptisés qui soient capables de recevoir la c. ; mais toute personne baptisée peut, quel que soit son âge, être confirmée. Néanmoins, dans l'Église latine, il est d'usage de n'admettre à la c. que ceux qui ont l'âge de raison, c.-à-d. qui ont au moins sept ans révolus. Quant aux adultes, ils peuvent être confirmés à tout âge. Il faut que celui qui reçoit la c. soit instruit des premiers éléments de la foi chrétienne, et connaisse les plus importantes obligations du chrétien ; il doit être en état de grâce. La c., étant un des trois sacrements qui impriment dans l'âme un caractère ineffaçable, ne peut être reçue qu'une fois.

Rhétor. — Les rhéteurs donnent le nom de *Confirmation* ou de *Preuve* à cette partie du discours où l'orateur développe les moyens par lesquels il s'efforce de démontrer la vérité énoncée dans la *Proposition*. La c. est donc la partie la plus essentielle du discours, et toutes les autres lui sont subordonnées. Lorsque l'orateur est bien maître de son sujet, il lui est facile de *choisir*, de *disposer* et de *traiter* ses preuves, comme il convient à la question qu'il se propose de discuter. — Les preuves doivent évidemment sortir de la nature même du sujet ; elles sont plus ou moins fortes, selon que la proposition à démontrer est complètement vraie ou ne contient qu'une portion de vérité. Lorsque la proposition, au contraire, est tout à fait fausse, l'orateur est obligé de recourir exclusivement aux sophismes ; c'est malheureusement ce qui se

voit chaque jour dans les débats législatifs et judiciaires. Quand les bonnes raisons sont nombreuses, il est inutile de les présenter toutes ; il faut choisir les plus solides, les plus frappantes, celles qui contiennent virtuellement les autres. « Dans le choix des preuves, dit Cicéron, je m'occupe moins de les compter que de les peser. » Lorsqu'on a à défendre une cause douteuse, le choix des raisons est souvent difficile. Alors il importe surtout d'éviter les arguments dont l'adversaire peut tirer quelque avantage. — L'ordre dans lequel les preuves doivent être présentées est d'une grande importance. La plupart des rhéteurs conseillent de commencer par les plus faibles pour s'élever successivement aux plus fortes, selon ce précepte : *Semper augeatur et crescat oratio*. Cicéron veut que l'orateur débute par des arguments solides qui fassent immédiatement impression sur l'auditeur, qu'on place ensuite les preuves médiocres, et qu'on réserve les raisons les plus décisives pour la fin du discours. Quintilien donne à cette dernière méthode le nom de disposition *homérique*, parce que, dans l'*Iliade*, Nestor range ses troupes d'une façon analogue, en plaçant au centre ses soldats les plus médiocres. Au reste, il est impossible de formuler de précepte absolu sur ce point, car l'orateur doit tenir compte d'une foule de circonstances extérieures qu'on ne peut prévoir. « Les meilleurs moyens, dit avec raison Leclerc, ne sont pas toujours ceux qui par eux-mêmes sont les plus forts, mais ceux qui, relativement aux temps, aux lieux, aux événements, aux opinions même et aux préjugés, peuvent frapper davantage et pénétrer plus avant dans l'esprit. » — A ce prix est-il besoin de dire que l'orateur doit insister sur les preuves les plus solides et les plus puissantes, en les développant séparément, tandis qu'il doit grouper ensemble les raisons médiocres ; car alors celles-ci peuvent encore faire impression par leur nombre et par l'art avec lequel elles sont liées entre elles. Les développements dans lesquels entre l'orateur pour faire ressortir toute la puissance d'une preuve, ont reçu des rhéteurs le nom d'*Amplification oratoire*. Mais il y a ici un écueil à éviter. C'est la multitude des paroles. Celui qui insiste trop longuement sur une preuve lui enlève sa vigueur, l'énerve et l'use pour ainsi dire. Il importe aussi que l'orateur évite l'abus des antithèses et ces jeux de l'esprit qui ne contribuent ni à la force ni à la grâce du discours. Enfin, il est même des matières où la plus grande sobriété doit être recommandée. Dans les débats judiciaires et parlementaires, la clarté et la précision sont, du moins en général, les seuls ornements du discours. Il est aussi des sujets pathétiques qui repoussent tout ornement. En prétendant les embellir, on affaiblirait l'impression qu'ils doivent naturellement produire. — La liaison des preuves peut être considérée comme appartenant à leur disposition. Lorsque celle-ci est bien faite, les transitions au moyen desquelles on s'enchaîne ensemble viennent tout naturellement à l'esprit. En conséquence, la rhétorique n'a point de règles à poser à ce sujet.

CONFIRMEMENT. s. m. [Pr. *konfir-me-man*]. État de ce qui est confirmé.

CONFIRMER. v. a. (lat. *confirmare*, affermir, de *cum*, avec, et *firmare*, rendre ferme). Rendre plus ferme, plus stable, plus assuré ; affermir davantage. Ne s'emploie qu'en parlant des personnes et des choses morales. *Cela m'a confirmé dans mon opinion, dans ma résolution, dans mon dessein. Le temps ne fera que c. le succès de cet ouvrage. Les persécutions n'eurent d'autre résultat que de c. l'Église naissante.* || En parlant de droits, de privilèges, etc., accordés par un État, par un prince, etc., se dit des nouveaux actes par lesquels ils sont maintenus. *Le roi confirma les droits et franchises de cette ville. Cette prérogative lui fut confirmée par lettres patentes.* || Sanctionner, ratifier. *C. une loi, un décret, une ordonnance.* — *C. une sentence, un jugement*, se dit d'un tribunal supérieur qui déclare le bien jugé d'un tribunal inférieur. — *C. un acte*, se dit d'un tribunal qui déclare qu'un acte est valable et en ordonne l'exécution. || Appuyer par de nouvelles preuves ce qui a déjà été solidement établi. *Son témoignage confirme le vôtre. L'expérience a confirmé cette théorie. Les apôtres confirmèrent leur mission par des miracles.* || Assurer par de nouveaux rapports la vérité d'une chose qui a déjà été donnée pour vraie. *Des lettres de Vienne confirment chaque jour cette nouvelle.* || T. Théol. Administrer le sacrement de la confirmation. *C'est tel évêque qui m'a confirmé.* — Absol., *Il n'appartient qu'aux évêques de c.* — Fig. et fam., par allusion à l'une des cérémonies de la confirmation, *C. quelqu'un*, signifie lui donner un soufflet. — *Dieu* *confirme en grâce*, lorsqu'il accorde une surabondance de grâce qui met en état de persévérer dans la justice. == SE Confirmer. v. pron. En parlant des personnes, s'affermir. *Il se confirma dans cette résolution, en voyant .. Je me confirme chaque jour dans l'idée que... — Ce malade pourra en réchapper si le mieux se confirme*, Si son état continue de s'améliorer. || En parlant de certaines choses morales, devenir certaines, acquérir une plus grande présomption de certitude. *Ce bruit se confirme. Mes soupçons se confirmèrent encore.* == Confirmé, ée. p. == Syn. Voy. Affirmer.

CONFISCABLE. adj. 2 gr. Qui est sujet à confiscation. *Toute marchandise de contrebande est c.*

CONFISCANT, ANTE. adj. T. Jurisp. féod. Sur qui il pouvait échoir confiscation.

CONFISCATEUR. s. m. Celui qui confisque.

CONFISCATION. s. f. [Pr. ...sion]. Action de confisquer. Adjudication au fisc. || Se dit aussi des choses confisquées. *Le roi donna aux commissaires la c. de l'homme qu'ils avaient condamné.* — Par ext. Bien confisqué.

Légis. — I. — La peine de la *Confiscation*, c.-à-d. l'adjudication des biens d'un condamné au fisc, remonte à la plus haute antiquité et se retrouve chez toutes les nations. Cette peine qui, dans nos mœurs, nous semble si injuste, parce qu'elle frappe le coupable dans la personne de ses enfants et de ses descendants, paraissait toute naturelle aux peuples des temps primitifs, où le principe de la solidarité de la famille était admis d'une manière absolue. Nous trouvons plusieurs exemples de c. dans la Bible. Ainsi David confisque les biens de Miphiboseth, qui avait suivi Absalon dans sa révolte contre son père, et en donne la moitié à Siba, celui-là même qui lui avait apporté la nouvelle de cette défection. La c. était usitée chez tous les peuples de race hellénique. A Rome, la loi prononçait la c. des biens du condamné qui s'était soustrait par le suicide à la peine prononcée contre lui. Mais, au temps des proscriptions de Sylla, cette peine devint d'une application générale. La loi dite *Valeria de proscriptis*, qui fut proposée par l'interrex L. Valerius Flaccus, sur l'ordre exprès du dictateur (82 av. J. C.), établit vingt catégories de condamnés dont les biens devaient appartenir au fisc, et l'élasticité de ses dispositions enleva en quelque sorte toute sécurité à la propriété individuelle. Cette loi infâme, que l'on appelle aussi loi *Cornelia*, du nom du dictateur lui-même, couvrit à cette époque sanglante la plupart des empereurs s'en servirent comme le moyen le plus simple de remplir leurs coffres ou d'enrichir leurs courtisans : ils condamnaient à mort, sous un prétexte quelconque, les citoyens qui se distinguaient par leur fortune afin de pouvoir les confisquer. Cependant, Trajan refusa la c. des biens des condamnés. D'autres, tels qu'Antonin le Pieux et Marc-Aurèle, firent remise aux enfants des condamnés d'une partie ou même de la totalité des biens de leurs pères. Théodose le Grand étendit cette remise jusqu'aux petits-enfants, et, à défaut de descendants, il en accorda le tiers aux ascendants. Enfin, Justinien abolit la c. pour tous les crimes, à l'exception de celui de lèse-majesté.

La c. a existé en France au moins depuis le VIIe siècle. On la trouve mentionnée dans un édit de l'an 630, rendu par Dagobert Ier sur l'observation du dimanche. Aux termes de cet édit, il était défendu de faire des charrois le jour consacré au repos, sous peine de la c. du bœuf attelé au côté droit. Toutefois, jusqu'au XIIe siècle, l'application de la c. ne fut guère qu'accidentelle, et il faut arriver au règne de Philippe-Auguste pour la trouver définitivement établie. A partir du règne de ce prince, ce fut l'une des peines le plus fréquemment usitées. Toutefois, on observe à ce sujet des variations importantes. Ainsi, par ex., dans les pays de droit écrit, elle n'était, en général, prononcée que pour crime de lèse-majesté divine et humaine. Dans les pays de droit coutumier, au contraire, les biens de tout individu condamné à mort, ou à toute autre peine emportant mort civile, étaient confisqués : *celui qui confisque le corps, confisque les biens*, disait la coutume de Paris, ainsi que la plupart des autres coutumes. La c. subsiste encore aujourd'hui dans la législation de tous les peuples orientaux et même de plusieurs des nations européennes, par ex., en Russie, en Autriche et même en Angleterre. La c. a été abolie une première fois en 1790, par l'Assemblée nationale. Rétablie de nouveau, mais seulement pour les attentats contre la sûreté de l'État et le crime de fausse monnaie, par les lois du 30 août 1792, etc., elle a été définitivement supprimée par la Charte de 1814.

II. — Tout ce que nous venons de dire concerne la c. *générale*. Quant à la c. *spéciale*, elle existe toujours dans notre législation. Cette dernière s'applique dans certains cas de délit ou de contravention. Elle frappe tantôt le corps du délit, quand il appartient à l'accusé, tantôt les choses produites par le délit, tantôt enfin les instruments qui ont servi ou qui ont été destinés à commettre le délit. Ainsi, par ex., le gibier tué en temps prohibé est confisqué ; il en est de même des marchandises qui ont été introduites en contrebande, des produits de la contrefaçon tant extérieur qu'intérieure, etc. On confisque également les engins de pêche ou de chasse prohibés par la loi, etc. En général, c'est au profit de l'État que la c. est prononcée ; quelquefois, au profit des hospices ; dans d'autres cas, quand le délit a causé quelque préjudice à un particulier, elle peut avoir lieu au profit de ce dernier. C'est ce qui se pratique, par ex., en matière de contrefaçon ; aux termes de l'article 49 de la loi du 5 juillet 1844, sur les brevets d'invention, les objets reconnus contrefaits, ainsi que les instruments ayant servi à leur fabrication sont remis au propriétaire du brevet.

CONFISERIE. s. f. (R. *confire*). Lieu où l'on fait et où l'on vend des confitures, dragées, etc. || Art de fabriquer ces sortes d'aliments.

Techn. — Autrefois, le confiseur préparait lui-même tous les produits qu'il mettait en vente. Aujourd'hui, les nécessités de la concurrence et la division du travail ont eu pour effet de faire fabriquer en grand, dans des usines spéciales, les produits les plus faciles à conserver et les moins sujets aux variations de la mode. Le confiseur n'est plus qu'un simple marchand de ces produits courants et fabrique seulement les bonbons de fantaisie et les produits pour lesquels il a une spécialité. Les progrès de la chimie ont d'une part, facilité la fabrication des produits de c., et, d'autre part, ouvert la voie à une multitude de fraudes. Tous les produits communs sont parfumés avec des essences chimiques. Nous donnons quelques-unes de ces fraudes au mot Confiture ; mais on les retrouve dans toutes les autres branches de la confiserie. Voy. Confiture, Dragée, Nougat, Praline, Sucre d'orge, Sirop, etc.

CONFISEUR, EUSE. s. (R. *confire*). Celui, celle qui fait ou qui vend des confitures, des dragées, ainsi que toutes sortes de sucreries.

CONFISQUER. v. a. (lat. *confiscare*, m. s., de *cum*, avec, et *fiscus*, fisc). Adjuger au fisc par suite d'un crime ou d'une contravention aux lois, aux ordonnances, etc. *On confisqua tous ses biens*, etc. Voy. Confiscation. — Par anal., *Son professeur lui a confisqué un mauvais livre.* || T. Jurisp. comm. Se dit abusiv. en parlant des choses saisies à un individu pour être adjugées à un autre. == Confisqué, ée. part. || Fig. et fam. *C'est un homme confisqué*, C'est un homme de la vie duquel on désespère ou dont la fortune est ruinée. C'est une expression dont on se sert rarement.

CONFIT. s. m. (R. *confire*).T. Techn. Bain d'eau contenant du son et de la farine d'orge dans lequel on met les peaux pour les dilater et les ramollir. — Immersion des peaux dans ce bain. — Cuve contenant ce bain. || T. Écon. rur. Pâte d'eau et de son pour les porcs et les volailles. || Préparation culinaire usitée surtout dans le midi de la France et composée de viandes, surtout de volailles, cuites et conservées dans la gelée.

CONFITEOR. s. m. [On pron. *Confitéor*] (mot lat. qui sign. *Je l'avoue*). Prière qui commence par ce mot et qui se dit avant la confession, à la messe et dans diverses autres circonstances. *Dire son c. Il doit réciter vingt confiteor.* — Fam. *Dire son c.*, Faire l'aveu de sa faute.

CONFITURE. s. f. (R. *confit*, part. pass. de *confire*). Fruits, écorces, racines, etc., qu'on a confits au sucre, au miel, etc. *L'abricot fait une excellente c. Des confitures sèches, liquides. Une boîte, un pot de confitures.*

Techn. — On nomme confitures, des aliments de luxe, de consistance de miel, ou de gelée, qui sont préparés ordinairement avec des fruits et du sucre. Nous n'enseignerons pas aux ménagères à fabriquer ces friandises ; c'est affaire de la cuisine bourgeoise et des manuels spéciaux. Nous les mettrons seulement on garde contre les fraudes éhontées qui se pratiquent chez certains fabricants.

On trouve dans le commerce de la gelée de groseille qui ne renferme pas un atome de ce fruit. Couleur, arome et masse consistante sont produits artificiellement. Le *patiron*, les *navets* et la *pectine* aromatisés, selon les circonstances, forment quelquefois la base des gelées, marmelades et confitures de coings, d'oranges, d'abricots et autres fruits. — La pectine joue un trop grand rôle dans ces falsifications pour que nous n'en disions pas un mot. C'est une substance que l'on obtient facilement par l'ébullition des pulpes de carottes ou de navets avec une liqueur faiblement acidulée; on ajoutant de l'alcool en quantité suffisante, on précipite la pectine en gelée, parce qu'elle est insoluble dans cette liqueur. C'est un corps blanc, incristallisable, soluble dans l'eau.

Pour faire la gelée de groseilles, on colore la *pectine* avec du *jus de betteraves;* on solidifie en incorporant à la masse une quantité suffisante de *gélatine;* on aromatise avec une essence ainsi composée en volume : Aldéhyde, 1 ; acétate d'éthyle. 5; benzoate d'éthyle, 1; œnanthylate d'éthyle, 1; acide tartrique, 5; acide succinique, 3; glycérine, 10; alcool, 77. — On fait la gelée de coings en changeant le principe colorant de la betterave par une teinture de bois des Indes, et aromatisant avec de l'essence de *rue* oxydée par 2 fois son poids d'acide azotique très étendu, et chauffant le mélange jusqu'à l'ébullition. Il se forme deux couches; on décante l'un férieure, on l'éthérifie en la faisant longtemps digérer par l'alcool à une douce chaleur. L'éther obtenu possède au plus haut degré l'odeur du coing. — Des confitures dites d'abricots ont été confectionnées avec de la chair de *citrouilles,* puis édulcorées avec la liqueur suivante : Chloroforme, 1; butyrate d'éthyle, 10; valérianate d'éthyle, 5; salicylate de méthyle, 2 : butyrate d'amyle, 1; acide tartrique, 1; alcool, 80. — Les Anglaises sont très friandes de marmelades d'oranges; on fabrique celles-ci avec des *navets* aromatisés avec du chloroforme et des acétates d'éthyle et d'amyle. (*Hassal,* commission d'enquête.)

Ces falsifications sont faciles à reconnaître. La carbonisation d'une petite quantité de gelée répandrait l'odeur particulière qui caractérise la gélatine. L'examen à la loupe de la texture des pulpes apporterait une autre certitude.

CONFITURERIE. s. f. Lieu où l'on fait les confitures, où on les conserve.

CONFITURIER, IÈRE. s. Celui, celle qui prépare ou vend des confitures. Peu us.

CONFLAGRATION. s. f. [Pr. ...*sion*] (lat. *conflagratio,* m. s., de *conflagrare,* brûler ensemble, de *cum,* avec, et *flagrare,* brûler). Embrasement universel. *Il a été prédit que le monde finira par une c. universelle.* || Fig., Révolution, agitation violente et générale des esprits. *Bientôt la c. devint universelle.*

CONFLANS, village de France, au confluent de la Marne et de la Seine (Seine), où fut signé, en 1645, un traité humiliant pour le roi Louis XI, qui mit fin à la Ligue dite du Bien public et servit néanmoins les intérêts de la couronne en divisant ses adversaires.

CONFLE. s m. T. Comm. Balle de poivre lourd.

CONFLIT. s. m. (lat. *conflictus,* part. pass. de *confligere,* heurter; de *cum,* avec, et *fligere,* heurter). Choc. *Le c. fut sanglant. Le c. de deux armées.* || Fig., Lutte des esprits, des sentiments, des intérêts. *Le c. des intérêts, des passions, des opinions.* — Action de se disputer un droit. *C. de préséance, de pouvoirs.*

Législ. — On donne le nom de *Conflit* à la lutte s'élevant entre deux tribunaux qui tous deux revendiquent ou repoussent la même affaire : le c. est appelé *positif,* dans le premier cas, et *négatif* dans le second. On distingue encore le c. de *juridiction* et le c. *d'attribution :* le premier a lieu lorsque la lutte s'établit entre deux autorités revêtues des mêmes attributions, par ex., lorsque deux tribunaux de première instance; et le second, lorsque la lutte s'élève entre les tribunaux et l'autorité administrative.

I. *Conflit de juridiction.* —En matière civile, le c. de juridiction se vide par voie de *règlement de juges.* Si un différend est porté à deux ou plusieurs tribunaux de paix ressortissant au même tribunal, le règlement de juges est porté à ce dernier; mais si ces justices de paix relèvent de tribunaux

différents, le règlement est porté à la cour d'appel, et si elles ne ressortissent pas à la même cour d'appel, il est porté à la cour de cassation. De la même manière, si un différend est porté à deux ou à plusieurs tribunaux de première instance ressortissant à la même cour, le règlement de juges est porté à cette cour; dans le cas contraire, il est porté à la cour de cassation; enfin, c'est toujours cette dernière qui prononce, lorsque le c. existe entre deux ou plusieurs cours d'appel. (C. Proc. civ. 363). — Le même principe s'applique en matière criminelle, correctionnelle et de simple police. Dans le cas où les tribunaux entre lesquels existe le c. ressortissent à un même tribunal supérieur, c'est ce dernier qui prononce le règlement de juges. (C. Inst. crim. 539-541); mais lorsque ces tribunaux ne ressortissent point les uns aux autres, c'est par la cour de cassation qu'est fait le règlement de juges. C'est également la cour suprême qui prononce, lorsqu'un tribunal militaire civil lesquels existe le c. ressortissent à un même tribunal supérieur, c'est ce dernier qui prononce le règlement de juges. (C. Inst. crim. 539-541); mais lorsque ces tribunaux ne ressortissent point les uns aux autres, c'est par la cour de cassation qu'est fait le règlement de juges. C'est également la cour suprême qui prononce, lorsqu'un tribunal militaire d'une part, une cour d'appel ou d'assises, un tribunal jugeant correctionnellement, un tribunal de police ou un juge d'instruction, d'autre part, sont saisis de la connaissance du même délit ou des délits connexes ou de la même contravention. (C. Inst. 526-527). — En matière administrative, c'est au conseil d'État qu'il appartient de résoudre les questions de compétence qui s'élèvent entre les tribunaux administratifs.

II. *Conflit d'attribution.* — La séparation des fonctions administratives et des fonctions judiciaires, sans laquelle il n'y a d'indépendance possible ni pour le pouvoir judiciaire ni pour le pouvoir exécutif, constitue l'une des bases essentielles du droit public moderne. Il était donc de la plus haute importance de tracer une ligne de démarcation aussi précise que possible entre les attributions des deux pouvoirs, et de déterminer la manière dont seraient réglés les conflits qui peuvent s'élever entre l'autorité administrative et l'autorité judiciaire. Parmi les contestations dont la décision est réservée à la première, les principales sont celles qui naissent en matière « de contributions directes, de marchés et entreprises de travaux publics, de règlement des indemnités dues à des particuliers pour terrains pris ou fouillés dans l'intérêt public, de grande voirie, de ventes de biens appartenant à l'État, etc. » Aux termes de l'article 25 de la loi du 24 mai 1872, sur le conseil d'État, les conflits d'attribution entre l'autorité administrative et judiciaire sont réglés par un tribunal spécial, dit *Tribunal des conflits,* qui se compose : 1° du garde des sceaux, président; 2° de trois conseillers d'État en service ordinaire, élus par les conseillers en service ordinaire; 3° de trois conseillers à la cour de cassation, nommés par leurs collègues; 4° de deux membres et de deux suppléants qui sont élus par la majorité des autres juges désignés aux paragraphes précédents.

C'est au préfet qu'appartient le droit d'élever le c., toutes les fois qu'il le juge convenable. La loi exige seulement qu'auparavant il revendique la cause devant le tribunal qui en a été saisi, on en d'autres termes, qu'il propose un *Déclinatoire.* Par conséquent, le tribunal est toujours appelé à prononcer sur sa propre compétence. Ce débat sur la question de compétence qui précède nécessairement le c., offre un double avantage : si le déclinatoire est fondé, le tribunal le reconnaît presque toujours, se dessaisit lui-même, renvoie l'affaire devant qui de droit, et il n'y a pas lieu à c. ; s'il ne l'est pas, le mémoire présenté par le préfet d'une part, et les motifs sur lesquels le tribunal appuie son jugement de rejet, d'autre part, servent à éclairer l'administration. De plus, la nécessité de motiver le déclinatoire sur une disposition législative est de nature à ce que des conflits soient élevés inconsidérément et comme moyen d'entraver la marche d'une affaire. Lorsque néanmoins le déclinatoire opposé par le préfet est repoussé, ce dernier doit, sous peine de déchéance, élever le c. dans le délai de quinzaine après le jugement. Dans tous les cas, l'arrêté de c. a pour résultat, non pas de dessaisir de l'affaire le tribunal, mais de renvoyer le jugement de la question de compétence par-devant le tribunal des conflits, et d'obliger le tribunal à surseoir jusqu'après la décision de celui-ci. En cas de c. négatif, c'est aux intéressés qu'il appartient de provoquer une décision du tribunal des conflits, en portant directement devant lui leur recours, à l'aide d'une requête signée d'un avocat au conseil d'État et à la Cour de cassation.

Conflits budgétaires. — On appelle ainsi des conflits qui s'élèvent entre la Chambre des députés et le Sénat, à l'occasion du vote du budget. Ces conflits se produisent sur l'interprétation de l'article 8 de la loi du 24 février 1875, qui règle le rôle de chacune des deux assemblées dans la confection des lois. L'égalité d'attributions existe-t-elle entre les deux

Chambres en matière de vote des lois de finances? Telle est la question qui a donné lieu au c., la Chambre refusant au Sénat le droit de rétablir un crédit supprimé par elle. Voy. SÉNAT.

CONFLUENCE. s. f. (R. *confluent*). T. Pathol. Rapprochement des pustules dans les maladies éruptives.

CONFLUENT. s. m. (R. *confluer*). T. Géog. Lieu où deux cours d'eau viennent se réunir pour couler dans le même lit. *Cette ville est bâtie au c. de deux rivières. Le c. du Rhône et de la Saône.* || T. Anat. Point de rencontre de deux tuyaux soudés l'un à l'autre.

CONFLUENT, ENTE. adj. (R. *confluer*). T. Méd. En parlant des affections éruptives, se dit des pustules, des taches, etc., quand elles sont abondantes au point de se toucher et de se confondre. *Petite vérole confluente. Phlyctènes confluentes.* || T. Bot. *Feuilles confluentes.* Voy. FEUILLES.

CONFLUER. v. n. (lat. *confluere*, couler ensemble, de *cum*, avec, et *fluere*, couler). Se dit de la réunion de deux grands cours d'eau. *La Dordogne conflue avec la Garonne. Ces deux rivières confluent au-dessous de telle ville.* Peu us. — Par ext. Se diriger ensemble vers le même point. — Fig. Tendre vers le même but.

CONFOLENS, ch.-l. d'arr. (Charente), au confluent du Goire et de la Vienne; 3,200 hab.

CONFONDANT, ANTE. adj. Qui confond, trouble profondément.

CONFONDRE. v. a. (lat. *confundere*, m. s., de *cum*, avec, et *fundere*, verser). Mêler, brouiller ensemble plusieurs choses différentes. *Dans le chaos, tous les éléments étaient confondus. Il était confondu dans la foule. La mort confond tous les rangs.* || Mêler ensemble des choses de même nature, de manière qu'elles semblent n'en plus faire qu'une. *A la longue, le temps finit par c. en un seul le peuple vainqueur et le peuple vaincu.* — Fig. *Nous confondîmes nos pleurs, nos regrets, nos espérances.* || Ne pas distinguer, prendre une personne ou une chose pour une autre. *La ressemblance des deux frères est telle qu'il m'arrive souvent de les c., de c. l'un avec l'autre. Il ne faut pas c. l'innocent et le coupable ou avec le coupable. Vous confondez Aristote avec Platon.* || Mettre en désordre, déconcerter, troubler, *Cette interruption confondit toutes ses idées, et il fut hors d'état de continuer son discours. A cette insolence, il resta confondu.* || Humilier, couvrir de honte. *Dieu confond l'orgueil des superbes. C. un menteur, un imposteur un calomniateur,* Le démasquer, montrer qu'il en a imposé.

Et confonds tous ces dieux qui ne furent jamais.
RACINE.

|| Fig., par civilité et pour se défendre de louanges excessives, on dit : *Vos louanges me confondent; vous me confondez par vos louanges.* On dit de même, *Vos politesses, Vos bontés me confondent.* || Dans la discussion, réduire quelqu'un à ne savoir que répondre, et de façon à l'humilier un peu. *Voilà un argument propre à le c. Cette déposition confondit l'accusé.* — Fig., *C. l'erreur, l'hérésie, le mensonge.* = SE CONFONDRE. v. pron. Se mêler. *Il échappa de mes mains et se confondit dans la foule. Les deux lignes se confondent. Cette nuance se confond presque avec l'autre. Nos pleurs et nos voix se confondaient.* || Être pris l'un pour l'autre. *Ces dates se confondent aisément.* || Être troublé, déconcerté. *Dès la première question, il parut se c. Plus j'y réfléchis, plus mes idées se confondent. Quand nous considérons l'infini, notre intelligence se confond.* = CONFONDU, UE. part. — Syn. Voy. CONFUS.

CONFORMATEUR. s. m. (R. *conformer*). Instrument qui sert à donner aux chapeaux la forme de la tête.

CONFORMATION. s. f. [Pr ...sion]. T. Méd. anc. Manière dont un corps organisé est conformé; la manière dont les parties qui le composent sont disposées entre elles. *La c. de ses jambes est vicieuse.* — Fig. Ensemble de penchants. || T. Pathol. *Vice de c.* Voy. ORTHOPÉDIE et TÉRATOLOGIE. || T. Chir. Réduction des os fracturés.

CONFORME. adj. 2 g. (lat. *conformis*, m. s., de *cum* avec, et *forma*, forme). Qui a la même forme, qui est semblable. *La copie est c. à l'original. Ces écritures sont conformes.* — *Pour copie c.,* Formule par laquelle celui qui délivre une copie reconnaît qu'elle est semblable à l'original. || Fig., Qui convient, qui s'accorde. *Mener une vie c. à sa profession. Ce plan est assez c. à mes vues. Son humeur est c. à la vôtre.*

CONFORMÉMENT. adv. D'une manière conforme. *On procéda c. à la loi. C. au conseil du médecin, je le conduisis aux eaux de Vichy.*

CONFORMER. v. a. Rendre conforme. *C. sa vie, ses actions à la doctrine de l'Évangile. C. ses sentiments à ceux de quelqu'un.* = SE CONFORMER, v. pron. S'accommoder, agir conformément à. *Il faut se c. à l'humeur des gens avec lesquels on est obligé de vivre. Il sait se c. aux circonstances.* = CONFORMÉ, ÉE. part. || Est souvent usité adjectiv., en parlant de la conformation des corps organisés. *Cet animal paraît d'abord bizarrement conformé. Voilà une fleur mal conformée.*

CONFORMISTE. s. 2 g. (R. *conformer*). Celui ou celle qui professe la religion dominante en Angleterre. Par opposit., on appelle *Non-Conformistes,* Tous ceux qui appartiennent à quelque autre secte protestante, et même à l'Église catholique.

CONFORMITÉ. s. f. (lat. *conformitas*, m. s., de *conformis*, conforme). Rapport qui existe entre les choses qui sont conformes; ressemblance. *C. d'esprit, de sentiments, de principes. Il y a entre ces deux choses une c. parfaite.* || *La c. à la volonté de Dieu,* La soumission, l'abandon total de sa volonté propre à celle de Dieu. = EN CONFORMITÉ DE. loc. adv. qui sign. Conformément à. *Vous m'aviez donné vos instructions, j'ai agi en c. En c. de tel décret, nous requérons,* etc.

CONFORT. s. m. (lat. *cum*, avec; *fortis*, fort). Assistance, secours, consolation. *Donner aide et c.* Vx et peu us.

CONFORT ou **COMFORT.** s. m. Bien-être matériel, aisances, commodités de la vie. *Je n'aime ni le luxe, ni les plaisirs du monde, mais je tiens au c.*

CONFORTABLE ou **COMFORTABLE.** adj. Qui a rapport, qui contribue au confort, au bien-être matériel. *Voilà un mobilier qui n'est pas riche; mais il est c.* = CONFORTABLE. subst. Confort. *Nous avons pris des Anglais le goût du c.* || Sorte de fauteuil.

CONFORTABLEMENT. adv. D'une manière confortable. *Il vit luxe, mais très c.*

CONFORTANT, ANTE ou **CONFORTATIF, IVE.** adj. T. Méd. anc. Fortifiant. *Remède c.* || Substantiv. *Vous avez besoin de confortants.* Peu us.

CONFORTATION. s. f. [Pr ...sion]. T. Méd. anc. Corroboration; action de fortifier; état de ce qui est fortifié. *Un estomac affaibli a besoin de c.* Inus. || T. P. et Chauss. Consolidation d'un édifice.

CONFORTER. v. a. (lat. *cum*, avec; *fortis*, fort). Fortifier, corroborer. *Cela conforte l'estomac.* Vx et peu us. || Fig., Encourager, consoler. *C. les affligés.* Vx et inus. = CONFORTÉ, ÉE. p.

CONFRATERNEL, ELLE. adj. (R. con, préf. et *fraternel*). De confrère; qui a rapport aux relations qui existent entre des confrères. *Les relations des médecins entre eux sont en général peu confraternelles.*

CONFRATERNITÉ. s. f. Relation qui unit des confrères. *Je l'ai bien reçu en considération de la c.*

CONFRÈRE. s. m. (R. con, préf. et *frère*). Chacun des membres qui constituent une compagnie, une association, un corps quelconque. *Ils sont confrères à l'Académie. Cet avocat est fort estimé de ses confrères du barreau.* || Dans un sens particulier, se dit de ceux qui forment une confrérie, une association pour quelque exercice de piété.

Les confrères du Saint-Sacrement. = Syn. Voy. Collègue.

CONFRÉRIE. s. f. (R. *confrère*). Association pieuse.
— Par ext. Corps d'individus unis par un lien quelconque.
On désigne sous ce nom certaines associations établies
dans un but de piété ou de bienfaisance. On peut diviser les
confréries en trois catégories : les *Confréries de pénitents,*
les *Confréries générales* et les *Confréries d'arts et métiers.*
Les *Confréries de pénitents* sont surtout répandues en
Italie et dans le midi de la France, et se composent exclusivement de personnes du même sexe. Les membres de ces associations sont nommés pénitents, parce que, dans leurs exercices religieux et dans les cérémonies publiques du culte, ils
portent, en signe d'humilité et de pénitence, un vêtement particulier, appelé *Cagoule,* qui a la forme d'un grand sac
muni de manches et d'un long capuchon qui couvre le visage.
et descend même sur la poitrine. Deux petites ouvertures,
pour les yeux, sont pratiquées à la partie supérieure; quelquefois, aussi, il y a une échancrure à la hauteur de la bouche
afin de laisser la respiration plus libre. Suivant la couleur de
leurs cagoules, les membres de ces confréries sont appelés
Pénitents blancs, P. *noirs,* P. *bleus* et P. *gris.* La première c. de ce genre dont l'histoire fasse mention, est celle
qui fut fondée à Rome, en 1264, sous l'invocation de Notre-
Dame de la Pitié. Henri III, roi de France, à son retour de
Pologne, en 1572, se fit agréger, à Avignon, à la c. des pénitents blancs et bleus, et quelques années après, en 1583, il
fonda, à Paris, une c. divisée en pénitents blancs, noirs et
bleus, dans laquelle il fit entrer les personnes les plus notables de la Cour, du Parlement, de la bourgeoisie et même de
l'armée.
Les *Confréries générales* sont composées de personnes des
deux sexes et de toutes conditions. Celles-ci sont uniquement
instituées dans un but de piété. — L'établissement de ces
confréries, ainsi que des confréries de pénitents, est un acte
de juridiction épiscopale, qui est entièrement réservé à l'ordinaire.
La troisième catégorie de confréries se confond avec les corporations de marchands, d'artisans et d'ouvriers. Au moyen
âge, lorsque les individus qui se livraient au commerce ou à
quelque art industriel s'organisèrent pour résister avec plus
d'efficacité à la tyrannie des seigneurs féodaux, chacune de
ces corporations se constitua en c. sous l'invocation et le
patronage d'un saint. On retrouve encore quelques traces de
ces anciennes confréries dans l'usage où sont les individus
qui appartiennent au même corps d'état, de célébrer, avec plus
ou moins de solennité, la fête du saint qu'elles avaient jadis
choisi pour patron. L'une de ces confréries, et la plus célèbre,
est la C. *de la Passion,* qui fut le berceau de l'art dramatique en France. Dans le principe, elle se composait de trouvères nomades qui, en 1398, représentèrent à Saint-Maur-
les-Fossés, le grand *Mystère de la Passion.* Ces trouvères
furent constitués en c. par lettres patentes de Charles VI, qui
leur permit d'avoir un théâtre à Paris et leur concéda divers
privilèges.

CONFRICATION. s. f. [Pr. ...sion] (lat. *cum,* avec; *fri-
care,* frotter). Action de réduire en poudre, par frottement
réciproque, deux fragments du même corps. Peu us.

CONFRONTATION. s. f. [Pr. ...sion]. T. Jurispr. crimin.
Action de confronter deux ou plusieurs personnes ensemble.
La c. des accusés. || Fig., Examen que l'on fait de deux
écritures que l'on compare ensemble, ou de différents personnages que l'on confère avec les autres. *La c. des
écritures fit reconnaître le faux. Par la c. des passages,
il vérifia que...*

CONFRONTER. v. a. (lat. *cum,* ensemble; *frons,* front).
T. Jurispr. crim. Faire comparaître les uns devant les autres
des accusés, ou des accusés avec des témoins, pour les interroger. *On a confronté les témoins à l'accusé, avec l'accusé.
Les accusés ont été confrontés.* || Par ext., se dit des per-
sonnes qu'on met en présence les unes des autres, pour arri-
ver à l'éclaircissement d'un fait. Peu us. || Fig., Conférer une
chose avec une autre, examiner deux choses en même temps
pour les comparer ensemble. *C. deux écritures ensemble.
C. la copie à l'original.* — Confronter (Se). Être confronté.

CONFUCIUS (*Khoung-Fou-Tseu*), célèbre philosophe et moraliste chinois (551-479 av. J.-C.). Les maximes de Confucius

prises isolément ont un caractère d'élévation et de bonté qu'on
ne rencontre pas dans ses théories d'ensemble. Comme philosophe il représente une tendance assez analogue au positivisme de nos jours, avec un respect exagéré pour la tradition
des récits passés. Lao-Tseu, qui vint après lui, fut au contraire un idéaliste, un mystique et un stoïcien. Confucius et
Lao-Tseu représentent en Chine les deux courants opposés de
la pensée philosophique qu'on retrouve chez tous les peuples
et dans tous les temps.

CONFUS, USE. adj. (lat. *confusus,* part. pass. de *confundere,* confondre). T. Jurispr. Confondu. *Ces deux droits
sont aujourd'hui confus en sa personne.* Vx. || Brouillé,
mêlé ensemble. *Le chaos n'était qu'un assemblage c. des
éléments. Un amas c. de livres, de papiers.* || En parlant
des impressions sensorielles, se dit de celles qui ne sont pas
distinctes, qui ne sont pas perçues avec netteté. *Des cris
confus ont frappé mon oreille. Un mélange de clameurs
confuses. Il n'éprouve que des sensations confuses.* —
Fig. *Bruit c.,* Nouvelle incertaine, sur laquelle on n'a aucun
détail précis. || Dans un sens anal., se dit de l'esprit, des
idées et des ouvrages d'esprit. *C'est un esprit c. Des idées
vagues et confuses. Son discours était si c. que j'ai eu
peine à l'entendre. Style c.* || En parlant des personnes,
sign., interdit, troublé, embarrassé, soit par modestie ou
timidité, soit par la honte provenant d'une faute commise. *Il
est c. de n'avoir pu répondre un seul mot. Il a été tout
c. quand on a reconnu qu'il avait fait un mensonge. —
Je suis c. de vos bontés.*
Syn. — *Confus.* — *Confus* et *Confondu* viennent tous
deux du même radical latin *confundere.* Toutefois, il y a
entre ces deux mots une différence sensible. Ce qui est *confus*
est tel de sa nature; ce qui est *confondu* a été fait tel. *Confus*
se dit du tout qui résulte de la réunion sans règle des parties; et *confondu* se dit des parties elles-mêmes. Le chaos
était un amas *confus* des éléments, et dans le chaos tous
les éléments étaient *confondus.* Au fig, *confus* montre le
sujet dans un tel état, et presque toujours en vertu d'une
cause qui lui est propre; *confondu* présente le même état
comme l'effet d'un coup frappé, de l'action d'une cause extérieure. On s'aperçoit à l'air *confus* de quelqu'un qu'il a
quelque reproche à se faire. A la vue d'une chose horrible, on
reste interdit, *confondu.*

CONFUSÉMENT. adv. D'une manière confuse.

CONFUSION. s. f. (lat. *confusio,* m. s., de *confusus,*
confus). T. Jurisp. *C. de droits,* La réunion en une seule
personne des droits actifs et passifs qui concernent un même
objet. *Il y a c. de droits lorsque le débiteur hérite du créan-
cier.* || Mélange confus, désordre. *Il a mis tout en c. dans sa bibliothèque. La c.
se mit dans les rangs de l'armée. La c. des langues. La c.
des pouvoirs, des attributions.* — Absol., *Dans ces temps
de trouble et de c. Il règne dans un esprit de
désordre et de c.* || Manque d'ordre et de clarté dans les
choses qui dépendent des opérations de l'esprit. *La c. des
idées. Il faut surtout éviter la c. quand on traite de
matières aussi difficiles à comprendre.* || L'action de prendre
une chose pour une autre. *Vous faites là une c. de dates.
Cette c. de noms lui a fait commettre une grossière bévue.*
|| T. Jurisp. *C. de part,* se dit lorsqu'une veuve s'étant re-
mariée avant le délai voulu par la loi, il y a incertitude sur
l'auteur de l'enfant. || Grande abondance de choses, grande
multitude de personnes. *Il y avait à ce repas une grande c.
de mets. Il y a une grande c. de monde sur la place.* Vx.
|| Embarras, humiliation, honte. *Vos louanges me donnent
de la c. Il a eu la c. de ne pouvoir répondre à cet argu-
ment.* || T. Chron. Année *de c.,* L'an 46 av. J.-C. qui fut
celui de la réformation julienne et auquel on donna 445 jours.
Voy. Calendrier. — En confusion. loc. adv. Sans ordre, d'une
manière confuse. *Les troupes surprises se battirent en c.
Marcher en c.* || En abondance. *Vous y trouverez de tout
en c.* Vx.

CONFUSIONNER. v. a. [Pr. *konfu-zio-ner*]. Rendre
confus. Pop.

CONFUTATION. s. f. [Pr. ...sion] (lat. *confutatio,* m. s.,
de *confutare,* réfuter). Réfutation. Voy. ce mot. — Vx.

CONGE. s. m. T. Métrol. Mesure de capacité pour les liquides
chez les Romains. Il valait environ 3l,24. || T. Techn. Vaisseau

pour mesurer le minerai. || **T**. Pêch. Vase où l'on met l'huile de morue dans les barques de pêcheurs. || **T**. Comm. Variété du thé.

CONGÉ. s. m. (étym. douteuse. Ital. *congedo*, m. s., que Littré fait venir du lat. *commeatus*, de *commeare*, s'en aller. Il faut admettre que l'*e* s'est changé en *i*, et l'*i* en *g*, comme dans *somniare* qui a donné *songe*; *serviens*, sergent, etc. — D'autres indiquent *congius*, congé, d'où *congiarium*, largesse faite au peuple, ce qui est encore moins vraisemblable). Permission qu'on accorde à quelqu'un de s'absenter, de se retirer. *Donner c. à un soldat. Il a obtenu un c. de semestre, un c. illimité. tre en c. Partir en c. L'ambassadeur a demandé un c. Son domestique lui a demandé c. pour huit jours.* Dans un sens particulier, on dit qu'*un domestique a demandé son c.*, lorsqu'il a annoncé à son maître qu'il veut quitter son service; et on dit qu'*un maître a donné à son domestique son c.*, quand il l'a renvoyé. || Dans les collèges, les écoles, etc., exemption qu'on donne aux élèves de venir à la classe. *Donner c. à des écoliers. Nous eûmes trois jours de c. Nous avons c. aujourd'hui.* || Fig. et fam., *Donner c. à quelqu'un*, lui *donner son c.*, Lui dire ou lui faire entendre qu'on ne le recevra plus dans une maison, dans une société, qu'il doit renoncer à certaines prétentions. *Il allait beaucoup dans cette maison, mais depuis peu on lui a donné son c.* — On dit aussi, *Prendre son c.*, Se retirer, se désister volontairement. *Quand j'ai mieux connu ces gens-là, j'ai pris mon c.* || *Prendre congé*, Aller, avant que de partir, saluer les personnes à qui l'on doit du respect, des égards, etc. *Il part pour l'armée, et il a pris c. de l'empereur, du ministre; ou simplement, Il a pris c.* — *Il a pris c. de ses parents, de ses amis,* Il leur a fait ses adieux. — *Audience de c.*, La dernière audience publique qu'avant de partir un ambassadeur demande et obtient du souverain auprès duquel il est accrédité. *C'est hier que l'ambassadeur de Perse a eu, a pris son audience de c.* || Permission, autorisation. *Il s'est marié sans le c. de ses parents. Enfin sa disgrâce eut un terme, et il obtint c. de revenir à la cour.* — Proverb., *Pour boire de l'eau et coucher dehors, on ne demande de c. à personne.* || **T**. Droit. En matière de louage, déclaration écrite ou verbale par laquelle l'une des parties signifie à l'autre qu'elle entend mettre fin, pour l'époque fixée par la loi ou par le consentement des parties, à la jouissance antérieurement convenue. *Donner c. verbalement, par écrit.* Signifier, accepter un c. *J'ai donné c. à mon hôte.* || **T**. Prat. *C. faute de plaider,* Défaut que le défendeur obtient à l'audience contre le demandeur qui ne s'est point présenté. || **T**. Admin. fin. Permission que donne la régie de transporter d'un lieu dans un autre des marchandises pour lesquelles les droits ont été payés. || **T**. Mar. Espèce de passeport que le commandant d'un navire est obligé de prendre lorsqu'il sort du port et met en mer. || **T**. Archit. Raccordement d'une moulure et d'un parement. Voy. Moulure. || **T**. Tech. Renfort évidé dans une pièce de serrurerie.

CONGEA. s. m. T. Bot. Genre d'arbrisseaux de la famille des *Verbénacées.* Voy. ce mot.

CONGÉABLE. adj. 2 g. T. Jurisp. *Terre c., domaine c.*, Domaine affermé pour un temps indéfini, mais dont le propriétaire peut toujours, quand il lui plaît, congédier le fermier. — À qui l'on peut donner congé. Peu us.

CONGÉDIABLE. adj. 2 g. Qui peut ou doit recevoir son congé.

CONGÉDIEMENT. s. m. [Pr. konjé-di-man]. Action de congédier. || **T**. Mar. Renvoi soit du capitaine ou des gens de l'équipage.

CONGÉDIER. v. a. (R. *congé*; anc. *congeier*). Renvoyer quelqu'un, lui donner ordre de se retirer. *C. un domestique. C. des troupes. C. un ambassadeur. C. une assemblée.* = CONGÉDIÉ, ÉE, part..

CONGÉLABILITÉ. s. f. Qualité de ce qui est congelable.

CONGELABLE. adj. Qui peut se congeler.

CONGÉLATEUR. s. m. Appareil pour congeler les liquides. Voy. GLACIÈRE.

CONGÉLATIF, IVE. adj. Qui produit la congélation.

CONGÉLATION. s. f. [Pr. ...sion] (R. *congeler*). Passage d'un corps de l'état liquide à l'état solide. — État d'un liquide solidifié. — Par ext. Désorganisation produite par un abaissement de température. *C. des plantes.* || **T**. Archit. Ornement imitant les stalactites.

Phys. — Tous les liquides peuvent passer à l'état solide quand on abaisse suffisamment leur température. On donne à ce phénomène le nom de *Congélation* ou *Solidification*, tandis qu'on désigne par *fusion*, la transformation inverse ou passage de l'état solide à l'état liquide. On emploie le mot *c.* quand il s'agit d'un corps qui, comme l'eau, est liquide à la température ordinaire, et celui de *solidification*, pour les corps solides à la température ordinaire. On dira donc la *c. du mercure* et la solidification du plomb fondu. Ce passage de l'état liquide à l'état solide a lieu à des températures qui varient suivant les corps. Il s'accompagne toujours d'un dégagement plus ou moins grand de chaleur. La même quantité de chaleur est absorbée quand le corps repasse à l'état liquide : c'est ce qu'on appelle la chaleur latente de fusion. Voy. FUSION. L'eau se congèle à 0°, l'huile d'olive à + 2°,2, le lait à + 1°,1, l'essence de térébenthine à – 10°, le mercure à – 40°, l'éther sulfurique vers – 44°, le cognac entre – 40° et – 50°, l'acide carbonique à – 90°, l'alcool à – 130°. Pour les corps dont la transformation s'effectue à des températures supérieures aux températures ordinaires, voy. FUSION. — Lorsque les liquides passent à l'état solide, on observe que la solidification s'opère à une température fixe, qui est aussi celle de la fusion. Certains liquides, cependant, peuvent être amenés à plusieurs degrés au-dessous de ce point sans que le phénomène de la *c.* se manifeste. C'est le phénomène de la *surfusion*. L'eau pure, par ex., peut, ainsi que Fahrenheit l'a observé le premier, en 1724, être soumise à une température de 10 à 12 degrés au-dessous de 0° sans se congeler. Ce phénomène se manifeste quelquefois à l'air libre; mais il se produit bien plus sûrement quand l'eau a été privée d'air par l'ébullition. Il suffit d'imprimer à la masse un léger ébranlement pour déterminer immédiatement une *c.* plus ou moins complète. En même temps, le thermomètre qui marquait l'abaissement de température remonte subitement jusqu'au point naturel du changement d'état du corps, parce que la chaleur latente des premières parties qui se congèlent se porte sur les parties voisines qui sont encore liquides, et les réchauffe. C'est à la surfusion qu'il faut attribuer le phénomène, si souvent observé en hiver, d'un bassin ou d'un canal gelé dont la surface est ondulée et comme couverte de petites vagues glacées. La température de l'eau s'est abaissée par un temps calme au-dessous de 0° sans que la *c.* se produise. Alors survient une brise qui ride la surface de l'eau, et détermine la *c.* par l'agitation. La glace formée subitement prend la forme de petites vagues. La *c.* d'un liquide surfondu s'opère encore très rapidement quand on projette dans le liquide un petit cristal du solide : celui-ci constitue un noyau autour duquel se forment très rapidement d'autres cristaux.

La plupart des liquides diminuent de volume en se coagulant; néanmoins, plusieurs liquides font exception, notamment l'eau. Celle-ci augmente d'abord de densité en se refroidissant, jusqu'à 4° au-dessus de zéro; mais, arrivée à ce point, elle se dilate de nouveau. Cette dilatation persiste et s'accroît encore au moment de la *c.* Ainsi, le volume de l'eau à + 4° étant 1, celui de la glace est 1,08. La densité de celle-ci n'est donc que 0,92 de celle de l'eau à + 4°. C'est pour ce dernier motif que les glaçons flottent à la surface de nos fleuves. L'augmentation de volume que prend la glace en se formant, est accompagnée d'une force expansive très considérable, comme Huyghens l'a démontré, pour la première fois, vers 1670. On prend un tube de fer de 1 mètre de longueur et de 3 centimètres de diamètre; on le remplit d'eau, et après avoir fermé à vis ses extrémités, on le place dans une caisse de bois très profonde. On détermine la *c.* du liquide en recouvrant le tube d'un mélange réfrigérant de sel et de glace pilée, et alors on ne tarde pas à entendre une explosion. On ouvre alors la caisse et on voit que ce tube qui aurait pu résister à des centaines d'atmosphères se trouve fendu dans toute sa longueur. Nous citerons encore, parmi les effets de la dilatation qui accompagne la *c.* de l'eau, le phénomène si connu des vases qui se brisent, pendant l'hiver, à l'époque des fortes gelées, et celui des pierres *gélives* qui se délitent parce que l'eau qui s'est glissée dans leurs pores a augmenté de volume en se solidifiant. C'est au même phénomène qu'il faut attribuer le fendillement pendant l'hiver des pierres dites *gélives*. Celles-ci sont poreuses et absorbent de l'eau qui, en se congelant, les fait éclater. Inversement, on peut liquéfier la glace en la comprimant fortement. On arrive ainsi à souder deux morceaux de glace parce que les surfaces en contact se liquéfient et se congèlent de nouveau quand la pression cesse. — Cette augmentation de volume d'un corps liquide qui se solidifie est plus générale qu'on ne le croyait autrefois. Beaucoup de liquides présentent la même propriété, notamment la fonte de fer qui fait éclater le moule dans lequel on la coule. Il en est encore de même du bismuth. Voy. Fusion, Liquide.

Lorsqu'un liquide tient en dissolution des substances étrangères, sa température de c. devient inférieure à celle du liquide pur. Cet abaissement du point de c. peut servir à déterminer le poids moléculaire de la substance dissoute. Voy. Cryoscopie.

La c. des boissons alcooliques faibles est devenue la base d'une méthode industrielle de concentration de ces liqueurs, l'eau se congelant en partie, tandis que la presque totalité de l'alcool se retrouve dans la portion restée liquide.

Pathol. — Bien que l'organisme jouisse de la propriété de conserver un degré de chaleur à peu près égal sous toutes les latitudes et au milieu des variations les plus fortes de la température atmosphérique (voy. Calorification), il ne laisse pas cependant d'éprouver des accidents plus ou moins fâcheux lorsque le froid agit d'une manière prolongée, ou bien lorsqu'il devient excessif. On donne le nom de *Congélation* aux phénomènes morbides déterminés par l'action du froid, quoique, dans la plupart des cas, il n'y ait ni solidification des fluides, ni désorganisation des tissus.

I. — L'application du froid aux corps vivants, lorsque l'abaissement de température n'est pas excessif, en leur enlevant une certaine quantité de chaleur, produit une sensation douloureuse plus ou moins vive, qui varie selon la sensibilité propre des parties affectées et suivant la constitution de l'individu lui-même. Il n'est pas besoin de dire que l'homme accoutumé au froid, d'un tempérament robuste, d'un caractère énergique, résiste mieux à l'influence d'une basse température que l'individu faible, épuisé par la fatigue ou la maladie et prompt à se démoraliser. On sait aussi que les corps extérieurs, en raison de la facilité plus ou moins grande avec laquelle ils conduisent le calorique, agissent sur nous d'une manière bien différente : les corps solides excessivement froids, l'acide carbonique solidifié, par ex., désorganisent les tissus comme le fait un charbon rouge. Tout le monde sait également, par son expérience personnelle, que l'action du froid atmosphérique est beaucoup plus puissante lorsque l'air est agité que lorsque ce dernier est immobile, ce qui tient au renouvellement continuel des couches réfrigérantes. Le froid humide exerce aussi une action plus pénétrante que le froid sec.

Les parties qui éprouvent le plus souvent l'action fâcheuse du froid, même modéré, sont les doigts, les orteils, les talons, le nez, les oreilles, les lèvres et les joues ; mais les individus qui offrent le plus de prise, sous ce rapport, présentent habituellement une constitution lymphatique prononcée : par conséquent on observe souvent chez eux plus que l'action du froid. La pâleur de la peau, la roideur et l'amincissement des parties, résultat évident du refoulement du sang, sont les premiers phénomènes que détermine l'influence du froid sur les parties saillantes et excentriques. Lorsque ce sont les doigts qui ont été ainsi exposés à l'action d'un froid vif, on éprouve souvent un engourdissement douloureux, avec impossibilité de mouvoir ces parties : c'est ce qu'on appelle l'*Onglée*. A ces premiers effets succèdent la tuméfaction et la coloration rouge ou bleue des téguments, qui proviennent de la stase sanguine dans les capillaires, et de l'obstacle que rencontre la circulation. Ces effets s'accompagnent de picotements, de fourmillements et ensuite d'élancements douloureux : c'est alors l'*Engelure* simple. Mais l'affection n'en reste pas toujours là. Fort souvent elle s'aggrave ; la partie tuméfiée se ramollit, la peau prend une couleur violacée, se couvre de phlyctènes remplies d'une sérosité roussâtre, qui s'ouvrent ensuite, et parfois se crevassent et se creusent de façon à former des ulcérations plus ou moins profondes, lesquelles pénètrent, dans quelques cas, jusqu'aux tendons, et même jusqu'aux os.

La c. complète des parties ne succède guère à la formation des engelures. En général, ce phénomène survient tout à coup sous l'influence d'un froid extrêmement vif. La peau de la partie frappée de c., particulièrement du nez ou des oreilles, blanchit subitement. Il est rare que les individus s'en aperçoivent eux-mêmes, car il y a plutôt absence de sensation dans l'organe affecté que sentiment du froid très marqué. Aussi, dans la désastreuse retraite de Moscou, nos soldats étaient-ils convenus entre eux de se surveiller et de s'avertir mutuellement lorsque cet accident surviendrait, à l'un d'eux. Au reste,

les parties congelées peuvent rester assez longtemps dans cet état ainsi qu'il y ait désorganisation des tissus, et on a pu les ranimer même après plusieurs jours de c.

Lorsque le froid agit sur l'ensemble de l'économie, il tend d'abord à provoquer une réaction générale, qui se manifeste aussitôt que l'individu est soustrait à son action (voy. Bain) ; mais lorsqu'il agit sans interruption, il brise les forces et détermine un engourdissement singulier avec une propension presque irrésistible au sommeil. Le pouls se concentre, devient un peu plus serré et parfois se ralentit. Le sang, refoulé de la périphérie vers les centres nerveux, les opprime, pour ainsi dire, et produit une sorte de stupéfaction, en même temps que l'action des nerfs périphériques est paralysée par l'absence du stimulus sanguin. L'homme saisi de cette manière par le froid succombe par les effets combinés de l'asphyxie et de la congestion apoplectiforme des centres nerveux. Lorsque le capitaine Cook était à l'ancre devant la Terre-de-Feu, Banks et le Dr Solander, suivis de quelques autres individus, allèrent sur le rivage pour explorer le pays ; mais ils s'avancèrent tellement dans l'intérieur qu'ils furent surpris par la nuit avant d'avoir pu regagner leur bâtiment. Le froid était devenu, vers le soir, d'une intensité extraordinaire, et il leur restait de vastes marais à traverser. Solander était né à Upsal, et il avait plusieurs fois traversé les Alpes scandinaves. Il savait qu'un froid aussi considérable, en agissant d'une manière aussi prolongée, amène une tendance presque invincible au sommeil, et que ceux qui s'y laissent aller succombent infailliblement. Il conjurait donc ses compagnons de marcher avec courage et de ne prendre aucun repos, car quiconque se reposera, disait-il, s'endormira, et quiconque s'endormira ne se réveillera plus. Cette envie de dormir sous l'influence du froid est telle, que Solander lui-même, le donneur de conseils, n'y put résister. Banks lui rappelait en vain ses paroles ; il s'étendit sur la terre couverte de neige, et ce fut à grand'peine qu'on le tint éveillé. Sur trois individus qui s'étaient reposés, un seul survécut, parce que l'idée du danger fut assez forte en lui pour le ramener vers ses camarades.

II. — Les engelures étant une affection généralement fort incommode, il convient de les prévenir autant que possible. Pour cela, il faut éviter les transitions brusques du froid au chaud, et avoir soin de ne pas approcher les mains du feu lorsqu'on rentre chez soi. Aux premiers jours de l'hiver, les individus sujets aux engelures réussissent parfois à les prévenir en se baignant plusieurs fois par jour les mains ou les pieds dans une décoction de tan à laquelle on ajoute de l'extrait de saturne. Ce bain doit être tiède pour les pieds, mais plutôt froid que tiède pour les mains. Lorsque les engelures sont médiocrement développées, on peut provoquer la résolution de l'engorgement en frottant les parties avec la neige, qui détermine une réaction fort utile ; mais il faut y recourir fréquemment. On emploie encore les frictions aromatiques, les lotions avec l'eau-de-vie camphrée, l'eau de Cologne, l'eau salée ; mais l'un des moyens les plus efficaces consiste dans les lotions avec de l'eau froide acidulée par l'acide chlorhydrique. Il est nuisible d'envelopper chaudement les parties après les avoir refroidies, et de même le couvrir de vêtements qui y entretiendront l'humidité. Quand les engelures sont très tendues et très douloureuses, on y applique de légers cataplasmes de farine de graine de lin froids et arrosés d'eau de Goulard. Enfin, lorsqu'elles sont ulcérées, on les panse avec l'onguent de styrax, le digestif animé, etc. ; on touche les chairs fongueuses avec la pierre infernale, et on seconde l'action de ces moyens par un bandage compressif. — Le Dr Monin donne, dans son *Hygiène de la beauté*, l'une des meilleures formules contre les engelures non ulcérées : badigeonnages, matin et soir, avec parties égales de teinture d'opium, de teinture d'iode et d'alcool camphré. Pour les engelures ulcérées il préconise les pansements pulvérulents, l'iodoforme et le salol surtout.

III. — Dans le cas de c. subite de quelque partie du corps, on essaie de la ranimer par l'application du froid, afin de provoquer la réaction vitale. On débute par des frictions avec de la neige ou de la glace pilée ; puis, lorsque la sensibilité commence à revenir, on emploie de l'eau très froide, dont on élève graduellement la température jusqu'à 10 et 15 degrés. On fait ensuite des frictions avec de la flanelle sèche. Lorsque c'est l'organisme tout entier qui a subi l'action du froid, on opère d'abord de la même manière ; on a recours ensuite au bain froid, etc. Lorsque le malade se trouve plongé dans un état d'engourdissement apoplectiforme, la saignée est d'un très utile secours. Enfin, on le place dans un lit chauffé, et on lui administre des boissons tièdes légèrement stimulantes. Dans tous les cas, il faut se garder de réchauffer brusquement les parties. L'application intempestive de la chaleur produit toujours les effets les plus fâcheux, car c'est elle qui détermine la désorganisation des tissus et le sphacèle des parties. Ainsi, par ex., Dubois d'Amiens a vu, en Russie, pendant l'hiver de 1822 à 1823, un voyageur qu'on avait imprudemment réchauffé près d'un vaste four : lorsqu'on voulut lui enlever ses bottes, on arracha en même temps presque toutes les parties molles des pieds et des jambes. Dans les cas de ce genre, qui ne sont point rares, la réaction inflammatoire amène sur-le-champ la gangrène.

CONGELER. v. a. (lat. *congelare*, m. s., de *cum*, avec, et *gelare*, geler). Faire passer un liquide à l'état solide, en lui enlevant sa chaleur. *Le froid congèle l'eau.* || Fig., Coaguler, figer. *On croyait jadis que certains poisons congelaient le sang.* == SE CONGELER. v. pron. Passer de l'état liquide à l'état solide. *L'eau se congèle par le froid.* Il suffirait, même au milieu de l'été, que le soleil restât dix jours au-dessous de l'horizon pour que tout se congelât à la surface de la terre (ARAGO). || Fig., Être coagulé. *Le bouillon de jarret de veau se congèle en un moment.* == CONGELÉ, ÉE. part. = Conj. Voy. GELER.

CONGÉNÈRE. adj. (lat. *congeneris*, m. s., de *cum*, avec, et *genus*, *generis*, genre). T. Hist. nat. Qui est de même genre, de même espèce; et par ext., qui se ressemble d'une manière quelconque. *Animaux, plantes congénères.* || T. Anat. *Muscles congénères,* Ceux qui concourent à produire le même effet. Se dit par opposit. à *Muscles antagonistes.* — Subst. Objet du même genre.

CONGÉNIAL, ALE. adj. (R. *con*, préf., et *génie*) Propre au génie, à la nature de quelqu'un.

CONGÉNIALITÉ. s. f. Caractère de ce qui est congénial.

CONGÉNITAL, ALE. adj. (lat. *cum*, avec; *genitus*, engendré). T. Physiol. Qui dépend de l'organisation primitive de l'individu; qui existe au moment de sa naissance. *Affections congénitales. Hernie congénitale. Aptitude congénitale.*

CONGESTIBLE. adj. Qui est susceptible de congestion.

CONGESTIF, IVE. adj. (R. *congestion*). T. Bot. *Préfoliation congestive,* celle où le limbe des feuilles est replié irrégulièrement sur lui-même. || T. Méd. Qui a rapport à la congestion.

CONGESTION. s. f. [Pr. *kon-jes-tion*] (lat. *congestio*, m. s., de *congerere*, amasser, de *cum*, avec, et *gerere*, porter). T. Physiol. et Méd. Afflux du sang ou d'un autre liquide dans une partie du corps. *C. au cerveau* ou *cérébrale. C. aux poumons* ou *pulmonaire.* La c. n'est pas déterminée par une augmentation dans l'activité de l'organe central de la circulation; elle est produite par l'influence d'un stimulus fixé sur l'organe ou une partie quelconque, et c'est seulement à la suite de la c. qu'on observe l'exagération de la force impulsive du cœur : *ubi stimulus, ibi fluxus,* dit l'adage hippocratique. La c. ne diffère donc pas essentiellement de la *Fluxion,* car elle ne saurait exister sans celle-ci. La fluxion est le mouvement du sang vers une partie quelconque, la c. est l'accumulation qui en résulte. On doit encore distinguer la *Turgescence* de la c. Suivant nous, on doit réserver ce terme pour désigner l'espèce de c. normale qui se manifeste soit à la périphérie cutanée, comme lorsqu'une personne rougit sous l'impression d'un sentiment de honte, de pudeur ou de quelque passion violente, soit dans certains tissus particuliers, tels que le mamelon, etc. Enfin, il faut se garder de confondre la c. avec l'*Engorgement.* Ce dernier mot a une signification plus vague ; il ne se dit pas seulement des vaisseaux sanguins, mais de tous les vaisseaux et de tous les canaux qu'on rencontre dans l'économie animale, et il s'applique surtout au cas de quelque obstacle à la circulation des fluides survenu à l'intérieur des conduits, obstacle qui résulte souvent d'une altération dans la fluidité des liquides eux-mêmes. La fluxion et la c. peuvent disparaître sans laisser aucune trace dans l'organe qui a été congestionné ; dans l'engorgement, au contraire, il y a toujours lésion anatomique, jusqu'à ce que l'action de la résorption l'ait fait disparaître. Trousseau a proposé de nommer *C. hypostatique* cette espèce de stase qui est la conséquence d'une diminution de l'influx nerveux, comme celle qu'on observe dans diverses affections

adynamiques ; mais nous ne voyons pas de motif pour distinguer cette sorte d'accumulation sanguine passive de celle qui résulte de la présence d'un obstacle mécanique. Au reste, les congestions, de même que les stases, lorsqu'elles ont une certaine durée, entraînent des phénomènes consécutifs plus ou moins graves ; à la c. succèdent l'inflammation, l'hypertrophie, le ramollissement ou diverses dégénérescences ; et la stase s'accompagne habituellement d'un épanchement de la partie séreuse du sang dans le tissu de l'organe affecté ou dans les parties voisines. — Voy. CIRCULATION, INFLAMMATION, HYDROPISIE, etc.

CONGESTIONNEL, ELLE. adj. [Pr. *kon-jes-tio-nel*]. T. Méd. Qui a rapport à la congestion, qui la produit.

CONGESTIONNER. v. a. [Pr. *kon-jes-tio-ner*]. T. Méd. Déterminer une congestion. *L'opium congestionne le cerveau.* == CONGESTIONNÉ, ÉE. part. || Adject. Qui est le siège d'une congestion. *La tête est encore un peu congestionnée.*

CONGIAIRE. s. m. T. Hist. romaine. Dans les premiers temps de la République romaine, on se servait du *conge* (*congius*) pour mesurer l'huile et le vin qu'on distribuait au peuple dans certaines occasions. Ces distributions durent à cette circonstance le nom de *Congiaire* (*congiarium*) qu'on leur donna. Cependant, par la suite, on continua de désigner ainsi toute espèce de distribution faite au peuple, et même les distributions de blé et d'argent. Celles qu'on faisait aux soldats étaient appelées *Donativum.* Enfin, on se servait également du mot *Congiarium* pour désigner les cadeaux que les personnes d'un rang élevé faisaient à leurs amis.

CONGLOBATION. s. f. [Pr. *...sion*] (R. *conglober*). T. Rhét. Accumulation de plusieurs preuves, de plusieurs arguments, pour démontrer une proposition.

CONGLOBÉ, ÉE. adj. (lat. *conglobatus*, part. pass. de *conglobare*, conglober). T. Anat. *Glandes conglobées.* V. GLANDE. || T. Bot. Se dit des parties rassemblées en boule.

CONGLOBER. (lat. *conglobare*, m. s., de *cum*, avec, et *globus*, globe). Réunir en globe. == SE CONGLOBER, v. pron. *La matière du soleil, longtemps écartée dans l'espace, s'est conglobée.* (VOLTAIRE.)

CONGLOMÉRAT. s. m. (lat. *conglomeratus*, congloméré). T. Minér. Agrégation de plusieurs substances en une seule masse.

CONGLOMÉRATION. s. f. [Pr. *...sion*]. Action de réunir des personnes nombreuses, des substances diverses.

CONGLOMÉRATIQUE. adj. T. Géol. Qui contient des conglomérats.

CONGLOMÉRER. v. a. (lat. *conglomerare*, m. s., de *cum*, avec; *glomerare*, mettre en peloton). T. Didact. Réunir en boule, en pelote. == CONGLOMÉRÉ, ÉE. part. || Adjectiv., T. Anat. *Glandes conglomérées.* Voy. GLANDE. — T. Bot. Syn. de *Conglobé.* == Conjug. Voy. CÉDER.

CONGLUTINANT, ANTE. adj. Propre à conglutiner. *Substance conglutinante.*

CONGLUTINATION. s. f. [Pr. *...sion*] (R. *conglutiner*). T. Méd. anc. Coagulation. || Réunion de plusieurs parties séparées, qui se fait par l'épanchement d'une lymphe plastique.

CONGLUTINE. s. f. (lat. *conglutinare*, coller). T. Chim. Caséine végétale contenue dans les semences du Lupin. C'est une masse glutineuse, jaunâtre, soluble dans l'eau salée; desséchée elle a un aspect vitreux. Les amandes et les noisettes contiennent des matières albuminoïdes très analogues à la c. et solubles comme elle dans l'eau salée.

CONGLUTINER. v. a. (lat. *conglutinare*, m. s., de *cum*, avec, et *gluten*, colle). Coaguler, rendre visqueux. *On croyait jadis que certains poisons conglutinaient le sang.* == CONGLUTINÉ, ÉE. part.

CONGLUTINEUX, EUSE. adj. *conglutinosus*, m. s., de *cum*, avec, et *gluten*, colle). T. Méd. Visqueux, gluant. *Humeurs conglutineuses.*

CONGNETTE. s. f. T. Vitic. Variété de raisin noir.

CONGO. s. m. (Nom géogr.). T. Chim. Les congos sont des matières colorantes rouges et violacées. Voy. COLORANTES.

CONGO, fleuve et contrée de l'Afrique. Le Congo qu'on nommait aussi autrefois *Zaïre*, est un vaste fleuve de l'Afrique équatoriale qui donne son nom aux immenses pays qu'il traverse. Depuis des siècles que l'Afrique était découverte, jusqu'à ces vingt dernières années, on ne connaissait de ce fleuve que son embouchure située sur la côte occidentale d'Afrique, vers le 7° degré de latitude australe et le 10° degré de longitude est. Comme région, on désignait seulement sous le nom de *Congo* la partie méridionale du golfe de Guinée comprise entre le Gabon, un peu au nord de l'équateur et du cap Lopez, et l'embouchure du Couanène ou Nourse, près du cap Negro, vers le 18° degré de latitude méridionale. Cette côte comprend, au nord de l'embouchure du Congo, le Gabon, le Loango et le Cacongo; au sud, le Congo proprement dit, l'Angola et le Benguela.

De ces pays qu'ils avaient découverts au XV° siècle, les Portugais n'avaient conservé que la région au sud du fleuve, San-Salvador, Saint-Paul-de-Loanda, capitale, Saint-Philippe-de-Benguela, et seulement le comptoir de Cabinda au nord. Ce n'est que vers le milieu du XIX° siècle que les Français qui possédaient aussi quelques comptoirs au nord, à Loango et à Malemba, créèrent au Gabon un poste officiel.

Au-dessus des bouches du fleuve, on ne connaissait que son affluent de gauche, le Kasaï, qui prend sa source au cœur du continent par 11° de latitude sud et 20° de longitude est, au lac Dilolo, d'où part, dans la direction opposée, un affluent du Zambèze, tributaire de l'Océan Indien.

Parmi les autres fleuves arrosant la côte du Congo, on connaissait, au moins par leurs estuaires, au nord l'Ogooué, au sud le Couanza et le Couanène.

Or, des voyageurs français, du Chaillu et Genoyer, vers 1855, Serval, en 1862, et, après eux, le commerçant anglais Walker, puis les officiers du *Pommier*, sous le commandement de l'amiral Fleuriot de l'Angle, explorèrent les premiers la région de l'Ogooué. Après 1870, des voyageurs anglais et allemands avaient proposé d'aller, par les deux côtés du continent africain, à la recherche des sources du Nil alors inconnues, du côté des Français, MM. Marche et le marquis de Compiègne, subventionnés par la Société de Géographie de Paris; en 1874, puis en 1875, M. Savorgnan de Brazza, accompagné de MM. Marche et Ballay, avec l'appui de M. l'amiral de Montaignac, ministre de la marine, pénétrèrent par la côte du Congo; mais, ne possédant que de faibles moyens, ils ne purent dépasser les hautes régions de l'Ogooué, non loin du Congo, mais sans pourtant l'atteindre.

Cependant l'Américain M. Stanley, parti en 1874 de *Bagomoyo*, sur la côte orientale, en face de *Zanzibar*, à la recherche de *Livingstone*, qui n'était pas revenu d'un voyage d'exploration aux sources du Nil, achevait en 1878, grâce aux ressources énormes dont il disposait, la traversée du continent africain jusqu'à l'Atlantique.

Le cours du Congo était découvert.

Ce fleuve, donc, prend sa source vers le 9° degré de latitude australe, dans les hautes régions du Continent noir, au lac *Moero*, le alimenté par le *Louapoula* qu'alimente à son tour le lac *Bangouelo*. Il coule d'abord dans la direction du N.-N.-E., traversant le *Kasango*, et reçoit, à gauche, le *Loukouga* qui sort du lac *Tanganika* ou *Udjiji*, vaste lac long de 600 kil., situé à 564 m. au-dessus du niveau de la mer. Suivant toujours la même direction, le Congo arrose les gros villages de *Nyangoué* et de *Riba-Riba*, puis, parvenu à l'Équateur, il est coupé par des chutes énormes qui rendent toute navigation impossible et auxquelles le hardi explorateur a donné son nom; les *Stanley-Falls*. Un peu au-dessous de

ce point, le grand fleuve, redevenu navigable, s'infléchit vers l'Ouest, reçoit le Lomani à gauche, l'Arrouimi à droite, coupe le 20° méridien oriental vers le 2° degré de latitude nord, et, décrivant une grande courbe, descend d'abord vers l'O.-S.-O., puis brusquement vers le S.-O.

Il reçoit à gauche le Maringa ou Loulongo et le Tchouapa, coupe une seconde fois l'Équateur en un point où s'élève aujourd'hui Équatorville, et, un peu au-dessous, reçoit son principal affluent de droite l'Oubangui, qui formé lui-même du M'Bomou et de l'Ouellé, coule au nord du Congo, d'abord de l'est à l'ouest, entre les 4° et 5° parallèles nord, puis fait un brusque coude vers le S.-S.-O. pour se jeter dans le fleuve. Grossi un peu plus bas de la Sanga qui descend également de droite, dans la direction N.-N.-E., S.-S.-O., le Congo longe d'assez près, de ce côté, la ligne de partage des eaux du bassin de l'Ogooué, puis reçoit sur sa rive gauche le Kasaï qui, avec ses nombreux et importants affluents, forme un vaste bassin. Un de ces affluents de droite, le Loukénié, est alimenté par le lac *Léopold*. Au-dessous du confluent du Kasaï, le Congo s'élargit tout à coup en un petit lac, auquel l'explorateur a encore donné son nom, le Stanley-Pool, et

qui est le port fluvial le plus important du Congo. À la sortie de ce lac, le fleuve n'est plus qu'une série de rapides se continuant jusqu'à la mer.

À l'annonce de cette merveilleuse découverte, une association internationale, fondée et dirigée par le roi des Belges, chargea M. Stanley de retourner au Congo et d'y fonder un vaste empire indépendant. En même temps, le gouvernement français, pour ne pas perdre le bénéfice des voyages de ses explorateurs, donnait en 1879 une nouvelle mission à M. Savorgnan de Brazza qui, assisté de MM. Ballay et Mizon, atteignit cette fois la rive droite du Congo; en 1881, il fonda Brazzaville sur le Stanley-Pool, et, en même temps que M. Stanley créait Léopoldville sur la rive opposée. M. de Brazza nommé gouverneur de la nouvelle colonie française. Le roi Léopold II devint le chef du nouvel État; l'un et l'autre ayant sous eux une hiérarchie de résidents et d'agents, avec des troupes européennes ou indigènes.

Après divers traités partiels avec les nations européennes, une convention signée le 5 février 1885, entre la République française et l'État Indépendant du Congo, établit, comme frontière entre les deux territoires, au nord du fleuve une ligne partant du Chiloango pour aboutir à la rive droite au-dessus de Léopoldville, puis le thalweg du fleuve jusqu'au 17° degré de longitude est. De plus, la conférence internationale réunie à Berlin créait par l'acte du 26 février 1885, en faveur de la France, un droit de préemption sur les territoires de l'État Indépendant.

Un peu plus tard, un protocole, en date du 24 décembre 1885, passé entre l'Allemagne et la France, établissait comme frontière entre la colonie allemande du Cameroun et le Congo français un parallèle situé un peu au nord du 2ᵉ degré boréal, depuis la rivière de Campo jusqu'à 12° 40′ de longitude est. La France avait ainsi 7 degrés de côtes sur l'Atlantique.

L'espace restant libre dans l'intérieur au delà de ce degré 12° 40′, des agents du Congo français, M. de Brazza d'abord, puis M. Cholet, M. Fourneau ensuite, explorèrent la Sanga jusqu'au 3ᵉ, jusqu'au 4ᵉ, enfin jusqu'au 7° degré, faisant ainsi pénétrer la zone d'influence française entre les territoires allemands et le Congo Indépendant.

A la suite de ces explorations, une convention conclue le 29 avril 1887 avec l'État Indépendant (appelé aussi Congo Belge, en raison de son chef le roi Léopold II) reconnaissait

ÉTAT INDÉPENDANT DU CONGO

à la France la rive droite de l'Oubangui, où M. Dolisie fonda le poste de Bangui.

De son côté, en outre des frontières du Congo français, l'État Indépendant avait pour limite : au nord, le 4ᵉ degré de latitude boréale ; à l'est, une ligne fictive passant par les lacs Albert-Edouard, Tanganika, Moero et Bangouolo ; au sud, le Congo portugais ou Lounda, depuis le lac Bangouolo jusqu'au Kouango, affluent de gauche du Kasaï, puis le cours de cette rivière, et enfin depuis cette rivière jusqu'à l'embouchure du Congo. Cette limite qui suivait tout le cours supérieur du Kouango fut reportée dernièrement, par les conventions du 25 mai 1891 et du 24 mars 1894, au cours supérieur du Kasaï beaucoup plus oriental, ne longeant plus le Kouango que dans sa partie moyenne et rendant ainsi au Portugal toute la région comprise entre les hauts cours de ces deux rivières. Du côté de l'Océan, le nouvel État avait seulement 300 mètres de côte à l'embouchure du fleuve entre les possessions portugaises.

Depuis la constitution de cet empire, M. Stanley, emmenant avec lui toute une armée, refit en 1887 une colossale traversée de l'Afrique, en suivant la vallée de l'Arrouimi, à la recherche d'Emin-Pacha, prisonnier des Musulmans dans son gouvernement des sources du Nil.

L'intrépide conquérant a tracé dans son gros livre : Dans les ténèbres de l'Afrique, un récit émouvant de son expédition qui émerveilla le monde civilisé. A la même époque, un capitaine au long cours, de Bordeaux, M. Trivier, faisait presque seul la même traversée, perdant, il est vrai, son com-

pagnon. Parti de Loango, il traversa le Congo français jusqu'au Stanley-Pool, remonta le Congo sur un vapeur hollandais jusqu'aux Stanley-Falls, et là, grâce au concours et à l'appui du grand potentat musulman de ces régions, Tippo-Tip, il put gagner le Tanganika et descendre vers l'Océan Indien par le bassin du Zambèze.

Puis d'intrépides pionniers français entreprirent de résoudre le difficile problème de la pénétration de la vallée du Chari et du bassin du lac Tchad, par l'Oubangui. En 1888, le malheureux Crampel avait déjà dépassé le 5ᵉ degré nord quand il fut massacré par les peuplades indigènes. MM. Dybowski et Nebout, partis à sa suite, atteignirent le 7ᵉ degré. D'un autre côté, M. le lieutenant Mizon, passant par le Niger et la Bénoué, en 1891, contournait la colonie allemande du Cameroun et descendait la cours de la Sanga jusqu'au Congo.

Ce dernier voyage, surtout, nécessita, entre l'Allemagne et la France, un traité de délimitation des régions nouvellement explorées. Une conférence ouverte en 1893 maintint à peu près la frontière par 12° 40′ de longitude est, sauf au sud du 10° parallèle nord une enclave du territoire français dans le territoire allemand dans la direction de la Bénoué, compensée, au nord du même parallèle, par une enclave égale du territoire allemand dans le territoire français, jusqu'à la rive gauche du Chari.

De son côté le Congo Indépendant prépara en avril 1894, avec l'Angleterre, un projet de traité par lequel il cédait à cette puissance, à titre de bail, une bande de terrain prise sur sa frontière orientale, en échange de la région du Bahr-el-Ghazal, au nord du N'Bomou, l'affluent de droite de l'Oubangui. Ce projet violant le droit de préemption accordé à la France, le gouvernement de la République, soutenu par les Chambres, fit valoir ses prétentions et le traité projeté fut annulé. Toutefois, une convention franco-congolaise, en date du 14 août 1894, reportait la frontière septentrionale du Congo belge du 4ᵉ degré boréal au thalweg du N'Bomou, d'un degré plus au nord. La limite du Congo français était reconnue s'étendre jusqu'au 27ᵉ degré de longitude orientale, à la crête de partage des eaux des bassins du Congo et du Bahr-el-Ghazal.

On s'est ainsi partagé de vastes territoires et, avant d'en avoir tiré parti, on les a prolongés indéfiniment, s'annexant des populations qui ne paraissent guère s'en douter et qui ne se gênent pas pour massacrer les visiteurs européens, sur le terrain même de ce qu'ils nomment leurs zones d'influence respectives. Mais tels qu'ils sont, le Congo français et le Congo Indépendant représentent ce qu'on a appelé des billets de loterie pour les âges futurs. Pendant des siècles, on a négligé de s'occuper de ces pays riches, mais inhospitaliers, insalubres, où le blanc ne peut vivre que peu de temps. Mais du jour où les Européens voulaient s'en emparer, il était de l'intérêt des autres nations de faire valoir leurs titres et de réserver leur part.

La France obtint tout d'abord à ce partage de l'Afrique équatoriale un pays plus grand que l'État Indépendant lui-même ; l'État Indépendant, une étendue quatre ou cinq fois plus considérable. Mais il faut reconnaître que la France ne pouvait réellement réclamer que les espaces découverts par ses explorateurs. Son lot était du reste le plus voisin de la mer, par conséquent le plus proche et le plus abordable, sur 7 degrés de côte, et en même temps le plus court chemin pour pénétrer même au Congo Indépendant, puisque le fleuve, avec ses rapides, n'est pas navigable dans son cours inférieur. En outre la conférence de Berlin ayant posé le principe de la liberté de la navigation sur le Congo, la France, dont les possessions suivent une bonne partie de la rive droite dans la partie navigable, notamment sur le Stanley-Pool, pouvait étendre son commerce bien au delà, sur tout le parcours du fleuve.

Enfin, depuis ce premier partage, elle a, gagnant de proche en proche, étendu ses possessions dans l'intérieur sur une étendue considérable, puisque sa frontière orientale fixée d'abord au 17° degré, atteint aujourd'hui le 27°, à la limite même de la vallée du Nil, c.-à-d. de la haute Égypte.

Les voies de pénétration qu'on a tenté d'utiliser, assez vainement jusqu'à présent, sont l'Ogooué, où l'on a fondé Lastourville et Franceville, et le Kouilou, qui se jette dans l'Océan près de Loango et qui est le plus court chemin de la côte au Stanley-Pool, point où le fleuve devient navigable. Mais ces voies françaises vont avoir une concurrence dans le chemin de fer que l'État du Congo est en train de construire sur la rive gauche pour relier Léopoldville à la mer.

Toutes ces régions sont extrêmement fertiles, à part les plaines de brousses. Les voyageurs nous représentent les côtes comme de verdoyantes prairies, très riches en gibier, les régions de l'intérieur comme couvertes d'abondantes et gigantesques forêts, coupées parfois de marais, d'autres fois de cours d'eau torrentueux. Le C. fournit surtout de l'ivoire et du caoutchouc, puis de l'huile de palme, des arachides, de l'ébène.

On pourrait aussi y cultiver la noix de kola, le copal, le chanvre, le maïs, le tabac, le manioc, les bananes, les ignames, la cire, le ricin, l'oranger, le café, le coton, la canne à sucre, le cacao, le riz. La faune comprend principalement dans les forêts les serpents et les singes, dans les fleuves les caïmans et les hippopotames.

Deux choses malheureusement entravent la colonisation du Congo : le climat, meurtrier aux Européens, qui ne permet pas d'en faire une colonie de peuplement, la paresse insurmontable des indigènes qui empêche d'en faire une colonie d'exploitation. Les seuls commerces auxquels ces peuplades se livrent volontiers sont celui de l'ivoire et celui du caoutchouc, qui ne leur donnent aucun mal, en raison des richesses accumulées sous ce double rapport pendant des siècles, dans un pays où l'Européen ne fait que de pénétrer.

Ces indigènes sont exclusivement, dans la partie occidentale et centrale, les nègres Pahouins ou M'fous, groupés par villages, principalement dans les forêts. Ceux de l'intérieur se nourrissent volontiers de chair humaine. Dans la partie orientale, ils sont dominés par un vaste empire arabe qui s'étend à cheval sur l'État Indépendant et sur l'Afrique Orientale (Anglaise et Allemande) et dont l'influence, suivant les appréciations des voyageurs, peut être fatale ou fort utile au développement des intérêts européens. M. Stanley a combattu ces musulmans ; M. Trivier, par contre, a dû à leur chef son salut et le succès de son entreprise. Ces peuples, au moins, ne sont ni idolâtres ni anthropophages, et, d'un niveau intellectuel supérieur à celui des nègres, ils sont plus capables d'apprécier notre civilisation.

CONGRATULATION. s. f. [Pr. ...sion]. Action de congratuler. *Compliment de c. Acceptez mes congratulations bien sincères.* Vx et ne s'emploie que très familièrement.

CONGRATULER. v. a. (lat. *congratulari*. m. s., de *cum* avec, et *gratulari*, féliciter, de *gratus*, agréable). Féliciter quelqu'un, se réjouir avec lui de quelque chose d'heureux qui lui est arrivé. *Il l'a congratulé sur son mariage.* Ne se dit guère que fam., et en plaisantant. = CONGRATULÉ, ÉE. part.

CONGRE. s. m. Garenne à poisson dans une rivière.

CONGRE. s. m. (lat. *conger*, m. s.). T. Icht. Le genre *Congre* (*conger*) appartient à la famille des Murænides dans l'ordre des Physostomes. Le corps est dépourvu d'écailles. Les ouvertures antérieures des narines sont placées dans des tubes courts, près du museau. La nageoire dorsale arrive tout près de la tête. La queue est très allongée et pointue. Les os intermaxillaires, dépourvus de dents, sont libres dans la peau molle du naseau. Le C. *vulgaire*, appelé aussi *Anguille de mer*, se trouve en Europe et jusque sur les côtes de l'Archipel Indien. Voy. ANGUILLE.

CONGRÉAGE. s. m. T. Mar. Action de congréer un cordage.

CONGRÉER. v. a. (lat. *congregare*, assembler). T. Mar. Entourer de fil un cordage, de manière à remplir les vides entre les torons.

CONGRÉGANISME. s. m. Système religieux et politique de la Congrégation sous la Restauration.

CONGRÉGANISTE. s. 2 g. Celui, celle qui est membre d'une congrégation laïque.

CONGRÉGATION. s. f. [Pr. ...sion] (lat. *congregatio*; de *cum*, avec, et *grex, gregis*, troupeau).

Hist. — Le terme de *Congrégation* se prend dans plusieurs sens différents.

I. — A Rome, on nomme ainsi les différents comités composés de cardinaux ou présidés par des cardinaux commis par le pape pour s'occuper de divers objets relatifs aux affaires ecclésiastiques. Ces congrégations sont au nombre de 17, parmi lesquelles nous citerons la *C. de l'Index*, ainsi nommée parce qu'elle est chargée de dresser, après examen, l'*Index librorum prohibitorum*, c'est-à-dire le catalogue des livres dont l'usage et la lecture sont interdits. La c. se compose d'un cardinal préfet, de plusieurs autres cardinaux, de consulteurs, au nombre desquels est le maître du sacré-palais, de l'ordre des Frères prêcheurs, et d'un secrétaire appartenant au même ordre. La c. ne condamne pas seulement les livres hérétiques, mais encore ceux qui attaquent plus ou moins directement la religion, ainsi que ceux qui sont contraires aux bonnes mœurs. Au reste, les livres qui ne sont pas écrits dans une intention hostile, ne sont condamnés que temporairement, c.-à-d. jusqu'à ce qu'ils soient corrigés ou expurgés. Ainsi, lorsque l'ouvrage a subi les corrections convenables, on peut obtenir la levée de la condamnation. De tout temps, l'Église a été dans l'usage de condamner les livres hérétiques, ainsi qu'on le voit par l'histoire même du premier concile de Nicée et des conciles subséquents. Mais ce fut en 1559 que le pape Paul IV, pour arrêter la propagande des sectes protestantes, ordonna à la c. du Saint-Office de dresser le catalogue des livres dangereux pour la foi, dont la lecture serait interdite aux fidèles. Le concile de Trente, en 1562, traça les règles à suivre pour l'examen des livres suspects. Enfin, après la séparation du concile, le pape Pie V, en 1565, créa la c. actuelle de l'Index, afin de soulager celle du Saint-Office. La c. publie à Rome le catalogue authentique des livres qui ont été condamnés et que pour cette raison on dit *mis à l'index*. L'*Index* est divisé en trois parties : la première contient les noms des auteurs, la seconde les titres des livres condamnés, et la troisième les ouvrages anonymes. Il y a excommunication *ipso facto* réservée au pape contre ceux qui sciemment impriment, vendent, retiennent, lisent ou défendent les livres des hérétiques qui contiennent quelque hérésie, ou qui, sans contenir aucune hérésie, traitent de la religion. Toutefois les évêques peuvent permettre à certaines personnes de lire et de garder les livres prohibés.

II. — On donne encore le nom de *Congrégation* à des sociétés de prêtres séculiers qui, sans faire de vœux, se sont réunis pour s'employer à des œuvres d'utilité publique et religieuse, telles que le soin des collèges et des séminaires, les missions de la ville et de la campagne, etc. Nous citerons les Eudistes, les Lazaristes, les Joséphistes, les Oratoriens et la c. de Saint-Sulpice.

III. — Certaines associations de religieux sont également désignées sous le nom de *Congrégation.* « Lorsque le relâchement, dit Bergier, se glissa dans les ordres monastiques, un certain nombre de religieux qui voulaient embrasser la réforme et revenir à la ferveur du premier institut, se séparèrent des autres, formèrent entre eux des sociétés nouvelles, et se donnèrent des supérieurs particuliers. » Tels furent les Bénédictins de la c. de Saint-Vannes, les Chanoines réguliers de la c. de France, les Dominicains de la c. de Saint-Louis, etc. Diverses communautés religieuses de femmes sont aussi désignées sous ce nom. En outre, c. est le terme appliqué par la loi civile à toutes les associations religieuses, tant ecclésiastiques que laïques, soit qu'elles vivent en communauté, sous une même règle, soit que leurs membres vivent dispersés, tout en relevant d'une autorité particulière : telle est la c. des Sœurs de Saint-Vincent de Paul.

IV. — Enfin, on distingue encore des *Congrégations* dites de *piété.* Ces congrégations sont de simples confréries, et il en existe de ce genre dans un très grand nombre de paroisses. Les personnes qui en font partie se réunissent à certains jours dans l'église pour y pratiquer ensemble des exercices pieux, y entendre les instructions de leur pasteur, et s'y encourager dans la piété.

V. — Sous la Restauration, on a désigné sous le nom de *C.* une sorte d'association politique et religieuse qui a joué un grand rôle dans les affaires de ce temps. Elle était hostile aux idées libérales de l'époque et passait pour être dirigée par les Jésuites.

Législ. — Les congrégations religieuses formant des sociétés perpétuelles pouvant, à un moment donné, acquérir par leurs richesses et l'affiliation de leurs membres une très grande puissance dans l'État, le législateur a été amené de tout temps et dans tout pays à réglementer ces associations d'une manière plus ou moins stricte.

En France, la législation sur les congrégations a varié suivant les époques : le droit public actuel distingue les congrégations d'hommes et celles de femmes.

Pour les congrégations de femmes, la loi du 24 mai 1825 décide qu'elles ne peuvent être créées qu'avec le consentement du pouvoir législatif, après approbation par l'évêque diocésain, vérification et enregistrement par le Conseil d'État des statuts destinés à les régir. D'autre part, en vertu du décret-loi de 1852, quand il s'agit de l'établissement d'une c. adoptant des statuts déjà approuvés dans les conditions ci-dessus indiquées, il suffit d'un décret pour leur conférer l'existence légale.

Tout autre est le droit public qui régit les congrégations d'hommes en France. Les lois des 13 février 1790 et décret du 3 messidor an XII, supprimant ces associations sont encore actuellement en vigueur; en conséquence, les congrégations d'hommes existant maintenant en France n'y subsistent que grâce à la tolérance du gouvernement qui, d'un moment à l'autre, peut en prononcer la dissolution par simple décret, usant ainsi d'un droit incontestable que lui confèrent les lois ci-dessus mentionnées. C'est ce qui arriva en 1880, lors des fameux décrets qui expulsèrent de France les Jésuites et forcèrent les autres congrégations à faire approuver dans les trois mois leurs règles et leurs statuts.

Par exception, certaines congrégations religieuses d'hommes, particulièrement vouées à l'enseignement primaire, ont été autorisées en France dès 1808, ex. : les Frères des Écoles chrétiennes. Les congrégations dont il s'agit ont une existence légale et elles sont soumises aux règles posées par la loi du 2 janvier 1817 touchant les acceptations de dons et legs ou acquisitions d'immeubles.

Les lois de finances de 1880 et 1884 ont établi sur les congrégations religieuses, autorisées ou non, deux sortes d'impôts : 1° un droit de 3 p. 100 sur leurs revenus calculés en principe sur la valeur brute des meubles ou immeubles possédés ou occupés par les congrégations; 2° un droit d'*accroissement*, consistant en une taxe perçue à l'occasion des accroissements dont profitent les membres subsistants de la c. par suite de clauses de réversion.

CONGRÈS. s. m. (lat. *congressus*, réunion, de *cum*, avec, et *gradi*, marcher). — Ce terme s'emploie habituellement pour désigner une réunion de plénipotentiaires appartenant à différentes puissances, qui a pour objet de résoudre pacifiquement les différends qui peuvent exister entre leurs gouvernements respectifs et concilier leurs intérêts opposés. Les envoyés à un c., n'étant point adressés à un souverain, ne sont pas munis de lettres de créance, mais de pleins pouvoirs qu'ils échangent et vérifient entre eux.

I. — Les réunions de ce genre appartiennent exclusivement à l'histoire moderne. La première réunion diplomatique à laquelle on accorde généralement le caractère de c. qui se tint en 1646 à Munster et à Osnabruck, et qui se termina par la conclusion du double traité de paix dit *Traité de Westphalie* (1648), lequel mit fin à la guerre de Trente ans. — D'autres congrès importants eurent lieu sous le règne de Louis XIV. Ce sont : le c. de *Bréda* (1667), qui mit un terme à la guerre de la France, des Pays-Bas et du Danemark avec l'Angleterre ; le c. d'*Aix-la-Chapelle* (1678), qui amena la fin de la guerre dite de *Dévolution* ; le c. de *Nimègue* (1678), à la suite duquel furent conclus les traités de Fontainebleau, de Saint-Germain, de Nimègue, etc. ; le c. de *Ryswik* (1697), qui donna naissance à la paix de même nom ; et le c. d'*Utrecht* (1712-1713), qui termina la guerre de la Succession d'Espagne. Sous le règne de Louis XV, nous citerons seulement le c. de *Cambrai* (1722), où, sous la médiation de la France et de l'Angleterre, eut lieu la conclusion de la paix entre l'Espagne et l'Autriche. De cette époque jusqu'à la Révolution, il se tint divers c., à *Soissons* (1728), à *Aix-la-Chapelle* (1748), à *Teschen* (1779); mais le plus célèbre est celui de *Paris* (1782), qui mit fin à la guerre entre la France et l'Angleterre, et aboutit à la reconnaissance par cette dernière de l'indépendance des États-Unis d'Amérique. — Pendant la période révolutionnaire, il suffira de nommer le c. de *Rastadt* (1797-1799),

qui se termina par le lâche assassinat des plénipotentiaires français. Sous le Consulat, le c. d'*Amiens* (1801-1802) amena le traité de paix de ce nom, qui interrompit un instant la guerre acharnée que l'Angleterre faisait à la France. L'empire nous montre le singulier spectacle du c. d'*Erfurth* (1808), auquel prirent part en personne les empereurs Napoléon et Alexandre, et le roi de Saxe, de Bavière, de Wurtemberg, et plus tard le c. de *Châtillon* (1814), où les puissances coalisées contre la France s'engagèrent à ne traiter séparément avec Napoléon. Au c. de *Vienne* (1814 et 1815) ces mêmes puissances firent un nouveau remaniement de l'Europe. Sous le gouvernement de la Restauration, nous voyons le c. d'*Aix-la-Chapelle* (1818), qui admit la France à faire partie de la Sainte-Alliance ; le c. de *Vérone* (1822), où fut résolue la guerre d'Espagne dite de 1823. Enfin, nous terminerons cette énumération par le c. de *Paris* (1855), qui a mis fin à la guerre d'Orient, et auquel ont pris part les représentants de la France, de l'Angleterre, de la Turquie, de la Russie, de l'Autriche, de la Prusse et du Piémont ; le c. international de *Bruxelles* (1874) tendant à codifier les lois et usages de l'état de guerre, et le c. de *Berlin* (1878), auquel furent soumises les clauses exorbitantes du traité de San-Stéphano, imposées par la Russie à la Turquie vaincue, clauses qui furent modifiées et qui devinrent le traité de Berlin, signé le 13 juillet 1878.

II. — Le terme de *Congrès* est encore usité dans le langage politique, mais dans une acception fort différente. Ainsi aux États-Unis de l'Amérique du Nord, on désigne sous le nom de C. les deux corps qui constituent la représentation nationale, c.-à-d. le Sénat et la Chambre des représentants ; et en Belgique, on donne le nom de C. *national* à l'assemblée des représentants du pays qui, après la révolution de 1830, rédigea la constitution encore actuellement en vigueur au moins dans son ensemble. En France, on désigne sous le nom de C. ou *Assemblée nationale*, la réunion de la Chambre des Députés et du Sénat en une seule Assemblée, ayant pour but de reviser les lois constitutionnelles ou de procéder à l'élection du Président de la République (article 8 de la loi des 20-25 février 1875, et article 2 de ladite loi). Depuis 1875, il y a eu six réunions du c. : la première, en janvier 1879, pour l'élection à la présidence de Jules Grévy ; la seconde, en juin 1879, pour transférer le siège du gouvernement à Paris ; la troisième en août 1884, en vue d'opérer une revision partielle de la Constitution (Inéligibilité à la présidence de la République des membres des familles ayant régné en France, suppression du caractère constitutionnel des articles de loi organisant le Sénat, etc.) ; la quatrième en décembre 1885, pour la réélection de Jules Grévy ; la cinquième, en décembre 1887, pour l'élection de Carnot comme Président de la République; la sixième pour l'élection de M. Casimir-Perier (Séance du mercredi 7 juin 1894).

III. — Enfin le titre de *Congrès* a été adopté par différentes réunions libres de savants, de publicistes, etc., appartenant à un même pays ou à pays divers. Ces réunions se tiennent en général tantôt dans une ville, tantôt dans une autre, à des époques fixées par avance. La plupart de ces c. ont pour objet de discuter quelque question scientifique d'une haute importance, et d'agir sur les esprits par une propagande pacifique ; nous donnerons pour exemples : la Ligue de la Paix et de la Liberté, la série des C. *Économiques*, le C. de *Vienne* pour les brevets, les C. *socialiste de Dresde*, les c. ouvriers de Paris. D'autres, tels que les C. *scientifiques*, ont pour objet de mettre en lumière les travaux des savants dispersés dans les diverses localités d'un même pays ou de pays différents.

La Suisse et l'Allemagne ont donné les premières l'exemple des réunions de ce genre. Cette institution a été importée chez nous par le comte de Caumont. C'est par les soins en effet que s'ouvrit à Caen, le 20 juillet 1833, le premier C. *scientifique* qui se soit assemblé en France. De nos jours, un c. dit des *Sociétés savantes* se réunit, chaque année, vers le mois de mai à Paris, sous les auspices du Ministère de l'Instruction publique.

CONGRÈS. s. m. (même mot que le précédent sign. ici coït). Épreuve qu'ordonnait autrefois la justice, lorsqu'une femme demandait l'annulation de son mariage pour cause d'impuissance du mari. Le c. a été aboli en 1667.

CONGRESSION. s. f. (lat. *congressio*, de *cum*, avec, et *gradi*, marcher). T. Hist. nat. Accouplement du mâle et de la femelle.

CONGRESSISTE. s. m. Membre d'un congrès.

CONGRÈVE, poète anglais (1670-1729.)

CONGRÈVE (Sir WILLIAM), officier anglais (1772-1828), inventeur des *fusées à la Congrève* Ce sont des fusées garnies d'une mèche inextinguible qui lance en éclatant d'autres petites fusées.

CONGRIER. s. m. Endroit d'une rivière entouré de pieux pour renfermer le poisson.

CONGRU, UE. adj. (lat. *congruus*, convenable). T. Théol. *Grâce congrue*, Grâce proportionnée à l'acte de vertu à accomplir. Voy. GRACE. ‖ T. Droit can. Se disait de la rétribution annuelle que les gros décimateurs étaient tenus de payer aux curés et vicaires qui remplissaient les fonctions du saint ministère en leur lieu et place. *Un édit du 13 mai 1768 avait fixé à 500 livres cette portion congrue.* — Fig. et fam., se dit d'appointements fort mesquins. *Il a mis ses employés à la portion congrue.* ‖ *Réponse congrue*, Réponse pertinente, précise. *Phrase congrue*, Phrase correcte. Vx et ne se dit qu'en manière de plaisanterie. ‖ T. Math. *Nombres c.*, Nombres qui donnent le même reste, quand on les divise par un certain diviseur. V. CONGRUENCE.

CONGRUENCE. s. f. (R. *congru*). Accord, convenance. T. Mathém. Le célèbre mathématicien Gauss a donné ce nom à la relation de deux nombres inégaux, dont la différence est multiple d'un nombre entier. Les nombres comparés sont dits *Congrus*, et l'on appelle *Module* le nombre entier qui divise exactement leur différence. Ainsi 16 et 10 sont congrus par rapport au module 3, parce que leur différence, qui est 6, est un multiple de 3, tandis qu'ils sont incongrus relativement à un autre module, au nombre 4, par ex. Lorsque deux nombres sont congrus, chacun d'eux prend, par rapport à l'autre, le nom de *Résidu*; dans le cas contraire, on lui donne celui de *Non-résidu*. Dans l'ex. qui précède, 16 est résidu de 10 relativement au nombre 3, et non-résidu par rapport au nombre 4. Le signe de la congruence de deux nombres consiste en trois traits horizontaux superposés. Ainsi, le symbole A≡B (*m, d*) veut dire que A est congru avec B, par rapport au module *d*, c.-à-d. que A-B est divisible par *d*. — On trouvera une exposition très claire des principes fondamentaux des congruences dans *l'Algèbre supérieure* de SERRET.

On appelle aussi *congruence* un système de courbes définies par des équations renfermant deux paramètres arbitraires, de sorte que par chaque point de l'espace on peut en général faire passer un nombre déterminé de ces courbes : car en écrivant que le point vérifie les deux équations, on a deux équations pour déterminer les paramètres. Comme ex. nous citerons les cercles qui passent par deux points, les droites qui rencontrent une courbe fixe et sont tangentes à une surface. Les c. de droites sont particulièrement intéressantes à cause de leur importance en optique. Les rayons émanés d'un point forment une c.; il en est de même des droites normales à une surface. — La théorie des c. est développée dans le 2e volume des *Leçons sur la Théorie des surfaces* par G. DARBOUX.

CONGRUISME. s. m. **CONGRUITÉ.** s. f. T. Théol. Voy. GRACE.

CONGRÛMENT. adv. D'une manière correcte ou pertinente. *Il ne parle point élégamment, mais il parle c.* Vx et ne se dit que par plaisanterie.

CONHYDRINE. s. f. (R. *conicine* et *hydrogène*) T. Chim. Alcaloïde oxygéné, solide et volatil qui existe en petite quantité dans la Ciguë (*Conium maculatum*), et il accompagne la conicine. On l'extrait des fleurs de cette plante. La c. a pour formule $C^8H^{17}AzO$. Elle est soluble dans l'eau, très soluble dans l'alcool et dans l'éther. Elle fond à 120° et bout à 224°. C'est une base assez énergique, qui bleuit le tournesol et qui déplace l'ammoniaque de ses combinaisons. Traitée par les agents de déshydratation, elle perd une molécule d'eau, et donne deux *conicéines* isomères de la conicine ; l'une de ces bases est un liquide extrêmement vénéneux qui bout à 158° ; l'autre, solide, fusible à 41°, est beaucoup moins toxique.

CONI. v. d'Italie (Piémont), 28,000 hab.

CONICALCITE. s. f. (gr. χόνις, qui sign. poussière et

chaux, et *calcium*). T. Min. Arsénio-phosphate de cuivre et de calcium.

CONICÉINE. s. f. (R. *conicine*). T. Chim. Voy. CONHYDRINE.

CONICHRITE. s. f. [Pr. *koni-krite*] (gr. χόνις, poussière ; χρίω, j'endors). T. Min. Hydrosilicate de manganèse naturel.

CONICINE. s. f. T. (gr. χώνειον, ciguë). T. Chim. La *conicine* $C^8H^{15}Az$, appelée aussi *conine* ou *cicutine*, est le principal alcaloïde de la Grande Ciguë (*Conium maculatum*), où elle est accompagnée de méthylconicine et de conhydrine. Pour la préparer on soumet à la distillation les fruits de Ciguë écrasés dans une solution étendue de soude ou de potasse ; le produit distillé est neutralisé par l'acide sulfurique et agité avec un mélange d'alcool et d'éther qui s'empare du sulfate de c. ; ce sulfate est ensuite décomposé par la potasse. Ladenburg a fait la synthèse de la c. en traitant l'α-picoline par le paraldéhyde à 260° ; il se forme de l'allytpyridine C^8H^9Az, qu'on soumet en solution alcoolique à l'action hydrogénante du sodium. La c. se présente sous forme d'un liquide huileux, incolore, d'odeur désagréable, bouillant à 166°, très soluble dans l'alcool. C'est une base secondaire qui en se combinant avec les iodures alcooliques donne des bases tertiaires telles que la méthylconicine. La c. est douée de propriétés basiques énergiques ; elle bleuit fortement le papier de tournesol rougi par un acide, et donne, comme l'ammoniaque, des fumées blanches en présence de l'acide chlorhydrique. Ses sels sont neutres et cristallisent difficilement. Traitée par le chlorure de zinc, elle se convertit en une base pyridique, la *conyrine*. Lorsqu'on soumet la c. à l'action des vapeurs nitreuses, elle donne de *l'azoconhydrine* $C^8H^{16}Az^2O$, liquide huileux, que l'anhydride phosphorique transforme en *conylène*; ce dernier est un hydrocarbure liquide qui bout à 126° et qui répond à la formule C^8H^{14}.

La *méthylconicine* $C^8H^{14}(CH^3)Az$, existe aussi dans la Ciguë, mais en petite quantité ; c'est un liquide incolore à réaction fortement alcaline, difficile à séparer de la c.

La c. est un poison très énergique qui agit principalement sur la moelle épinière en déterminant la paralysie des nerfs moteurs. C'est à elle que la Ciguë doit ses propriétés vénéneuses qui l'ont fait employer comme poison judiciaire chez les Athéniens ; on se rappelle que Socrate fut condamné à boire le suc de cette plante. Dans la dyspnée cardiaque, la toux spasmodique et les états congestifs du poumon, on fait respirer les vapeurs de la c.

CONICITÉ. s. f. Forme conique.

CONIDES. s. f. pl. (gr. χῶνος, cône ; εἶδος, apparence). T. Zool. et Paléont. On a réuni sous le nom de *Conides* des mollusques gastéropodes prosobranches (Voy. ce mot) qui ont une coquille enroulée subcylindrique ou conique, à spire ordinairement courte. L'ouverture est longue, échancrée inférieurement et arrondie en haut. L'opercule est corné. — Ces mollusques sont actuels et fossiles depuis le Crétacé.

CONIDIE. s. f. (gr. χόνις, poussière). T. Bot. Nom par lequel on désigne, dans tout appareil sporifère polymorphe, les spores qui peuvent manquer souvent et dont les caractères varient beaucoup dans les plantes voisines. On réserve alors le nom de spores à celles qui ne manquent jamais et qui conservent leurs caractères dans toute l'étendue de chaque division considérée.

CONIDIOBOLE. s. m. (R. *Conidie* et gr. βάλλω, je lance). T. Bot. Genre de Champignons (*Conidiobolus*) de la famille des *Entomophthoracées*. Voy. ce mot.

CONIFÈRES. s. f. pl. (lat. *conus*, cône ; *fero*, je porte) T. Bot. Famille de végétaux de la classe des Gymnospermes. *Caract. bot. :* Tige dressée et ligneuse croissant indéfiniment et pouvant atteindre 150 mètres de hauteur, se ramifiant abondamment ; à cette ramification, les *C.* doivent leur port spécial et leur beauté singulière. Rameaux souvent tous semblables (Sapin, If, Cyprès), ou de deux sortes, les uns longs, vigoureux, persistants, portant des bourgeons à l'aisselle des feuilles ; les autres, courts, caducs, à feuilles dépourvues de bourgeons axillaires (Pin, Mélèze, Cèdre). Feuilles tantôt toutes semblables et vertes (Sapin, Cyprès, If), tantôt de deux sortes, les rameaux longs portant seulement des petites écailles incolores, mais munies de bourgeons, tandis que

203

les feuilles vertes sont localisées sur les rameaux courts qui avortent après les avoir produits (Pin); le nombre de ces feuilles sur chaque rameau court peut être de 5 (Pin Cembro), 3 (P. à l'encens), 2 (P. sylvestre) ou même 1 (Pin monophylle). Les feuilles vertes sont ordinairement petites, sessiles, à limbe entier, uninerve, parfois même aciculaire (Pin, Épicéa), quelquefois plus élargi (Dammar), ou même avec un long pétiole portant un limbe largement étalé en éventail (Ginkgo); elles sont presque toujours persistantes et vivent plusieurs années (*arbres verts*); parfois elles tombent à chaque automne (Mélèze, Ginkgo, *Taxodium disticum*). Fleurs unisexuées, nues, avec monoecie ou diœcie. Fleurs mâles formées d'un grand nombre d'étamines disposées en spirale ou en verticille sur un axe court. L'étamine dont le limbe se dilate souvent à la base en forme d'écusson pelté porte des sacs polliniques à la face inférieure; le nombre de ceux-ci varie de 2 à 20. Déhiscence longitudinale ou transversale. Fleurs femelles naissant toujours à l'aisselle d'une bractée, le plus souvent écailleuse, rarement foliacée (Ginkgo). Presque toujours, les écailles ou bractées mères des fleurs sont insérées en plus ou moins grand nombre le long d'un court rameau, constituant une inflorescence en épi. Ailleurs, les bractées sont en petit nombre, ou une seule est fertile; l'inflorescence est solitaire (If). Entre ces deux cas, il existe bien des intermédiaires provenant de ce que le nombre total des bractées, principalement celui des bractées fertiles, diminue de plus en plus. Rameau floral ne produisant que deux feuilles et avortant au-dessus d'elles; ce sont deux carpelles formant le pistil de la fleur qui est dépourvue de style et de stigmate. Ces deux carpelles sont concrescents par leurs bords voisins dans toute leur longueur de manière à constituer une écaille unique. Le pistil est quelquefois complètement indépendant de la bractée mère ou seulement adhérent à la base de cette bractée. Mais, souvent, il se produit une concrescence entre ces deux organes, qui ne sont libres qu'à l'extrémité. Ovules orthotropes et unitégumentés portant quelquefois une ou deux ailes latérales. Tégument concrescent avec le nucelle à la région inférieure, se prolongeant plus ou moins longuement en tube au sommet du nucelle qui est creusé d'une chambre pollinique. Nombre des ovules variable: 1, 2, 3, quelquefois de 6 à 8, parfois même très nombreux; tantôt pendants, tantôt dressés; ils peuvent être insérés à la base du carpelle, ou au milieu, ou à l'extrémité. Péricarpe formé d'écailles plus ou moins développées, ordinairement ligneuses, portant autant de graines que le double carpelle avait d'ovules. Quelquefois le péricarpe est très court ou le fruit se réduit à une ou deux graines sessiles. Quand les fleurs sont solitaires ou bien lorsqu'elles sont groupées en épis pauciflores, les fruits sont isolés. Quand les fleurs sont groupées en épis multiflores, les péricarpes sont alors étroitement imbriqués (Sapin, Cèdre), souvent même soudés par leurs bords épaissis (Pin, Cyprès) et tous ensemble ils constituent un fruit composé, de forme conique ou globuleuse, qu'on appelle dans tous les cas un *cône*, caractère dont la famille a tiré son nom. Ce cône est en général de consistance ligneuse; celui des Genévriers est charnu et globuleux, simulant une baie ou une drupe. Graine à tégument ligneux ou membraneux, parfois muni d'une ou de deux ailes latérales; quelquefois la couche externe du tégument devient charnue, tandis que la couche interne est ligneuse, ce qui donne à la graine l'aspect d'une drupe (Ginkgo, *Cephalotaxus, Torreya*). Parfois la graine est entourée d'un arille formant autour d'elle une sorte de sac, qui peut être largement ouvert au sommet (If). Embryon droit situé au milieu d'un albumen charnu, huileux; cotylédons tantôt 2, tantôt de 3 à 15.

Les Conifères, qui comprennent 38 genres et 300 espèces, croissant spontanément dans des régions très diverses du globe, depuis la limite des neiges éternelles et les climats rigoureux de l'Amérique septentrionale, jusqu'aux contrées les plus chaudes de l'archipel Indien. La plupart se rencontrent dans les pays tempérés. Les espèces qui habitent l'Europe, la Sibérie, la Chine et les régions tempérées de l'Amérique du Nord, sont très répandues et ont un aspect très différent de celui que présentent celles de l'hémisphère austral. Les Pins, les Mélèzes, les Cèdres, les Sapins de l'hémisphère boréal sont remplacés, dans l'hémisphère austral, par les Araucarias, les Podocarpes, les Dammars et les *Dacrydium*. C'est en Afrique qu'elles sont le plus rares. Certains genres sont actuellement localisés: le Ginkgo et le Biota en Chine; le Sciadopitis et le Cryptomeria au Japon; le *Sequoia* et le *Taxodium* dans l'Amérique du Nord; le *Callitris* au nord-ouest de l'Afrique.

On divise cette famille en 3 tribus:

TRIBU I. — *Abiétinées*. — Un cône, pas d'arille; pistil indépendant de la bractée mère (*Pinus, Cedrus, Larix, Picea, Abies, Tsuga*, etc.) [Fig. 1. — 1. *Pinus Pinea*. — 2. Pi-

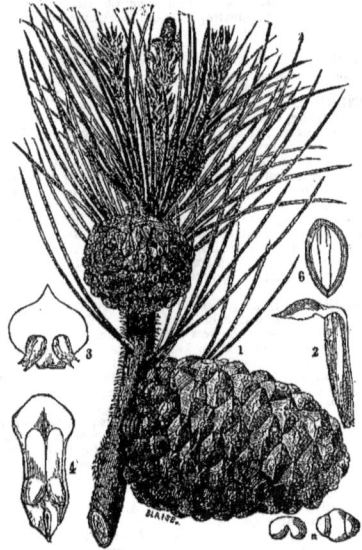

Fig. 1.

nus sylvestris : vue latérale d'une anthère; 3. Écaille carpellaire avec deux ovules renversés; 4. Intérieur d'une écaille parvenue à maturité et graines; 5. Pollen; 6. Coupe de la

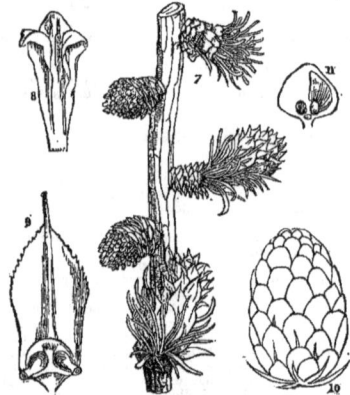

Fig. 2.

graine, moins l'aile de la base. — Fig. 2. — 7. *Larix europœa*, rameau; 8. Anthère; 9. Écaille femelle avec ovules;

10. Côno à maturité ; 11. Écaille de ce dernier avec une graine nue].

Les arbres que renferme cette tribu atteignent souvent une taille colossale, présentent le plus noble aspect et sont tous doués d'une constitution robuste, nonobstant la rapidité de leur croissance. Ils forment une portion considérable des plantations forestières dans les pays civilisés, et des forêts vierges dans les pays où la nature conserve encore son état sauvage. Leur bois est l'objet d'un commerce considérable. Les espèces les plus employées chez nous comme bois de charpente appartiennent aux genres *Sapin* (*Abies*), *Mélèze* (*Larix*) et *Pin* (*Pinus*). Nous nommerons parmi les espèces indigènes : l'*Épicéa* (*Picea excelsa*), appelé vulgairement *Sapin de Norvège* ; le *Sapin en peigne* ou *S. commun* (*Ab. pectinata*), nommé encore *S. argenté*, *S. blanc*, *S. à feuilles d'If* et *S. de Normandie* ; le *Mélèze d'Europe* (*Larix europæa*) ; le *Pin sylvestre* (*Pinus sylvestris*), non moins connu sous les dénominations de *Pin commun*, *P. de Riga*, *P. de Russie*, *P. de Genève* et *Pinasse* ; le *Pin maritime* (*P. maritima* ou *Pinaster*) appelé aussi *P. de Bordeaux*, *P. des Landes*, *P. pinastre* ; le *P. pinceau* ou *P. Nazaron* ou *P. des Pyrénées* (*P. pyrenaica*) ; le *P. nain* (*P. Pumilio*), vulgairement appelé *Mugho*, *Créon*, *Suffis*, *Torche-Pot*, *P. de Briançon*, etc. ; le *P. Cembro* (*P. Cembro*) et le *P. Laricio* ou *P. de Corse* (*P. Laricio*). On fait aussi un grand usage du bois que fournissent le *Pin d'Écosse* (*Pinus rubra*), qui est une variété du *P. sylvestre* ; le *Pin du Nord* ou *P. Weimouth* (*P. Strobus*), le *P. austral*, *P. de marais* ou *P. de Virginie* (*P. australis*), qui sont tous deux propres à l'Amérique septentrionale ; le *Sapin du Canada* (*Ab. canadensis*), le *Sap. noir* ou *Sapinette noire* (*Ab. nigra*), le *Sap. blanc* ou *Sapinette blanche* (*Ab. alba*), des régions boréales de l'Amérique. Les Grecs emploient beaucoup pour leurs constructions maritimes le *Pin d'Alep* (*Pinus Halepensis*) et le *P. Pignon* (*P. Pinea*), vulgairement appelé *P. cultivé*, *P. de pierre*, *P. doux* et *P. Pignon*. Il faut signaler ici les gigantesques Conifères de la côte nord-ouest d'Amérique, le *Pinus Lambertiana* et l'*Abies Douglasii*. Le premier s'élève jusqu'à 70 mètres, et le second dépasse même cette hauteur, et offre une circonférence de 17 m. à sa base. Le bois du *Sapin de Douglas* est préférable à celui du *Pin de Lambert* ; mais celui-ci est encore remarquable par le volume de ses cônes qui ont quelquefois 42 centim. de long.

La plupart des Abiétinées sécrètent des matières résineuses plus ou moins analogues, qui sont d'une grande utilité dans les arts, et même en médecine. Le *Picea excelsa* fournit l'oléo-résine appelée *poix de Bourgogne*. Le *Pinus maritima* donne la *térébenthine de Bordeaux* ; l'*Abies pectinata*, celle dite de *Strasbourg* ; le *Pinus australis*, celle dite de *Boston*, et le *Larix europæa*, celle dite de *Venise*. Les branches de ce dernier laissent encore exsuder une substance saccharine appelée *Manne de Briançon*. En Russie, lorsqu'un incendie se déclare dans les forêts de Mélèzes, il sort du tronc, pendant la combustion de l'arbre, une matière gommeuse appelée *Gomme d'Orenbourg*, qui est complètement soluble dans l'eau, comme la gomme arabique. Le *Pinus Pumilio* fournit la substance résineuse appelée *Baume de Hongrie*, et le *Pinus Pinea*, celle nommée *Baume des Carpathes* ; enfin l'*Abies balsamea*, appelée *Sapin baumier*, produit une espèce de térébenthine à odeur très suave, qu'on désigne communément sous le nom de *Baume de Canada*. Le *Pinus Tæda*, qui habite la Caroline, produit une résine odorante qu'on emploie en guise d'encens ; aussi le nomme-t-on *Pin à l'encens*. Les jeunes pousses de l'*Ab. canadensis*, de l'*Ab. nigra* et même quelquefois celles de l'*Ab. alba*, servent à préparer une liqueur antiscorbutique fort utile à bord des navires qui font des voyages de long cours. Cette liqueur que les Anglo-Américains nomment *Spruce beer*, c'est-à-dire *Bière de Sapin*, se prépare en faisant bouillir dans l'eau les jeunes pousses de l'arbre ; on ajoute au liquide de la mélasse ou du sucre d'Érable, puis on laisse fermenter le tout. L'écorce du *Mélèze* (*Larix europæa*) égale presque celle du Chêne pour le tannage des cuirs ; il en est de même de l'écorce de l'*Ab. canadensis*. Les jeunes pousses du *Pinus sylvestris* sont usitées dans les affections pulmonaires, chroniques et rhumatismales, sous le nom de *Bourgeons de Sapin*. On les administre alors sous forme d'infusion. On les fait encore macérer dans du vin ou de la bière (*sapinette*) ; ces boissons sont fort usitées comme antiscorbutiques. En outre, on les substitue quelquefois au Houblon dans la fabrication de la bière. La sève du *Pin maritime* a été préconisée à l'intérieur dans le traitement de la phtisie au début. Enfin, les graines de plusieurs espèces sont comesti-

bles. Celles du *Pin Pignon* (*Pinus Pinea*) sont grosses, et contiennent une amande d'un goût fort agréable, qu'on nomme *Pignon*, *Pignon doux*. Dans nos départements méridionaux et dans les autres pays où cet arbre est commun, on consomme une grande quantité de ces amandes, soit en les mangeant à la main, soit en les faisant entrer dans des préparations et friandises très recherchées, dont certaines leur empruntent leur nom (*Pignonat*). Autrefois, on s'en servait aussi fort souvent pour préparer des émulsions adoucissantes. On mange également les amandes du *Pinus Cembro*, du *P. Lambertiana* et du *P. Gerardiana*.

Tribu II. — *Cupressinées*. — Un cône ; pas d'arille ; pistil concrescent avec la bractée mère (*Araucaria*, *Dammara*, *Sequoia*, *Taxodium*, *Callitris*, *Cupressus*, *Biota*, *Thuia*, *Juniperus*, *Chamæcyparis*, etc.) [Fig. 3. — 12. *Cupressus sempervirens* ; 13. Écaille d'un cône mâle avec ses éta-

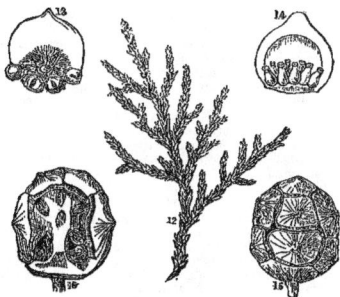

Fig. 3.

mines ; 14. Écaille d'un cône femelle avec ses ovules nus ; 15. Cône à maturité ; 16. Le même dont on a enlevé une des écailles. — Fig. 4. — 17. *Thuia orientalis*, fragment de rameau portant un cône de fleurs mâles (grossi) ; 18. Portion d'un rameau fe-

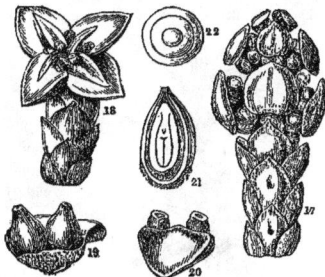

Fig. 4.

melle ; 19 et 20. Écailles avec leurs ovules nus ; 21. Coupe verticale d'une graine mûre. — 22. Pollen de *Juniperus virginiana*].

Le bois du *Cyprès toujours vert* (*Cupressus sempervirens*) possède des qualités remarquables. C'est en bois de Cyprès qu'étaient construites les fameuses portes de Constantinople qui durèrent, dit-on, environ onze siècles, c.-à-d. depuis l'époque de Constantin jusqu'au temps du pape Eugène IV. Il paraît que les anciens artistes grecs, pour fabriquer les images de leurs divinités, se servaient du bois du *Juniperus Oxycedrus*, qu'on désigne aussi sous les noms vulgaires de *Cade* et de *Cèdre piquant*. Le prétendu *Pin des îles Norfolk* (*Araucaria excelsa*) est remarquable par ses dimensions. Il en est de même du *Dammara australis* de la Nouvelle-Zélande, appelé *Kawrie* par les indigènes; il atteint une hauteur de 60 mètres : son bois compact, léger et dépourvu de nœuds, l'emporte sur tous les autres sans exception pour faire les mâts des navires. Mais ces deux espèces sont encore surpassées par le *Sequoia gigantea*, qui est le géant du règne végétal et dont la tige peut atteindre 150 mètres de hauteur.

Anciennement, on attribuait des propriétés astringentes et fébrifuges aux fruits du *Cupressus sempervirens* et du *C. pendula*. Sous le nom de *Noix de Cyprès*, on les emploie dans l'industrie du tannage des peaux. L'huile volatile et fétide que fournit par sa combustion le bois du *Juniperus Oxycedrus* est employée, dans la médecine vétérinaire, sous le nom d'*Huile de Cade*, pour guérir la gale des chevaux et des moutons. Elle est aussi diurétique et emménagogue. Les propriétés violemment emménagogues de la *Sabine* (*Juniperus Sabina*) ne sont que trop connues. Le *Thuia occidentalis* ou du *Canada*, vulgairement appelé *Cèdre blanc* par les Américains, *Arbre de vie* ou *Thuya thériacal*, à cause de sa forte odeur de thériaque, jouit de propriétés diurétiques. Il en est de même du *Genévrier commun* (*Juniperus communis*), du *Taxodium disticum*, nommé *Cyprès de la Louisiane* et *Cyprès chauve d'Amérique*, parce que ses feuilles tombent à l'automne. Tout le monde sait que les fruits du Genévrier, d'une saveur sucrée et aromatique, fournissent, par la fermentation, une liqueur spiritueuse appelée *Gin* ou *Genièvre*, et par la décoction, le *Rob de Genièvre*, usité comme tonique. Enfin, son bois est employé en fumigations aromatiques. La substance résineuse d'un blanc jaunâtre, cassante, inflammable, et d'une saveur aromatique âcre, qu'on appelle *Sandaraque*, exsude du *Callitris quadrivalvis* du Maroc. Le bois de ce dernier arbre est regardé comme indestructible par les Turcs, qui l'emploient pour faire les planchers et les plafonds de leurs mosquées sous le nom de *Bois de Cèdre*. L'*Araucaria brasiliensis* donne une résine dont l'odeur est très suave, et le *Dammara australis*, une résine dure et cassante, analogue au Copal, et qui sert aux mêmes usages, c.-à-d. à fabriquer des vernis. L'*Araucaria imbricata*, arbre extrêmement répandu dans le Chili, produit des cônes qui égalent presque la tête d'un enfant et dont chaque écaille renferme une graine cylindrique, plus grosse que celle du Pin Pignon, et contenant une amande très douce et de fort bon goût : aussi s'en fait-il une grande consommation dans le pays.

TRIBU III. — *Taxinées*. — Pas de cône; un arille; pistil indépendant de la bractée mère (*Podocarpus, Taxus, Ginkgo, Cephalotaxus*, etc.). [Fig. 5. — 1. *Taxus baccata*; rameau chargé de fleurs mâles; 2. Fleur mâle; 3. Anthère;

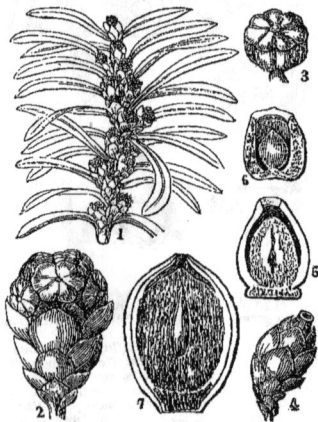

Fig. 5.

4. Fleur femelle; 5. Coupe verticale d'un ovule; 6. Coupe d'un fruit mûr; 7. Coupe d'une graine mûre pour montrer l'embryon.]

Le bois de l'*If commun* (*Taxus baccata*) est d'un blanc rouge veiné et le plus dense, après le Buis, de nos bois indigènes. Sa dureté, la finesse de son grain, son élasticité et son incorruptibilité le font rechercher des ébénistes, qui l'emploient surtout pour les ouvrages de tour et de tabletterie. Le *Podocarpe faux cyprès* (*Podocarpus cupressina*) est un des meilleurs bois de construction de Java, et le *Podoc. totarra* de la Nouvelle-Zélande n'est pas moins estimé pour cet objet. Dans cette même île, le *Dacrydium à feuilles d'if* (*Dacr. laxifolium*), appelé *Kakaterro* par les naturels, acquiert une hauteur de plus de 60 mètres. Avec ses jeunes rameaux, on fait une sorte de bière remarquable par ses propriétés antiscorbutiques. Les enfants mangent quelquefois les baies de l'*If commun*, vulgair. appelées *Morviaux* : elles sont laxatives, mais n'ont rien de dangereux. Les feuilles, au contraire, mangées en grande quantité par les chevaux ou les bœufs, paraissent vénéneuses. D'après un médecin italien, ces mêmes feuilles administrées à petite dose exercent sur la circulation une action sédative semblable à celle de la Digitale; mais à haute dose elles déterminent des phénomènes toxiques. Tout le monde sait quel rôle important joue l'If dans la décoration des jardins, grâce à son feuillage toujours vert et touffu. L'écorce du *Phyllocladus trichomanoides* donne une couleur rouge. Les graines du *Salisburia* ou *Ginkgo*, arbre d'une grande beauté, maintenant connu en Europe, ont à peu près la grosseur d'une prune de Damas, et renferment de l'acide butyrique. Les Japonais croient que leurs amandes activent la digestion. Les noix du *Caryotaxus* sont très astringentes : elles sont employées par les interprètes japonais « ad coercendam urinam » lorsqu'ils doivent être retenus longtemps dans la chambre du Conseil impérial.

CONIFÈRES FOSSILES. — Depuis l'époque houillère tout au moins, jusqu'à l'époque actuelle, les C. ont joué un rôle immense dans la végétation du globe; ce rôle paraît même avoir été beaucoup plus grand qu'aujourd'hui pendant la période triasique et au début de la période jurassique. A ces époques, en effet, la végétation forestière paraît avoir été formée à peu près exclusivement par les Conifères.

Dès le dévonien supérieur, on trouve des bois fossiles qu'on attribue à la famille des Conifères: *Aporoxylon primigenium*. D'autres bois appartenant exclusivement à des C. ont été rencontrés depuis le terrain houiller jusque dans le tertiaire; mais malgré les importants travaux exécutés par de nombreux savants, il n'a pas été possible de reconnaître les espèces ni même les genres au moyen de la structure du bois. On s'est borné à faire cinq types : 1º type des Abiétinées, *Cedroxylon*, depuis le houiller jusque dans le tertiaire; 2º type des Cupressinées, *Cupressoxylon*, depuis le crétacé jusque dans le tertiaire; 3º type des Taxinées, *Taxoxylon*, dans le tertiaire; 4º type des Araucariées, *Araucarioxylon*, depuis le terrain houiller jusque dans le tertiaire; 5º type des Abiétinées, *Pityoxylon*, exclusivement dans le tertiaire. Dans ce dernier groupe, il faut citer le *Pityoxylon succiniferum* dont la résine aurait formé l'*ambre* ou *succin*, si abondant sur les côtes de la Baltique que son exploitation pour le seul royaume de Prusse atteint chaque année le chiffre de cent mille kilogrammes, représentant environ quatre millions de francs.

Parmi les autres débris fossiles, rameaux feuillés, cônes, etc., les uns se rattachent aux genres actuellement vivants, les autres appartiennent à des genres éteints.

Le Pin est représenté par plus de cent espèces fossiles tertiaires ou quaternaires, le Cèdre par 3 espèces dans le crétacé, le Mélèze par 4 espèces dans le tertiaire, l'Épicéa par 11 espèces toutes tertiaires, le Sequoier par 14 espèces dans le crétacé et le tertiaire, le *Taxodium* par 5 espèces tertiaires. On connaît encore 8 Cyprès tertiaires, 4 Genévriers tertiaires, 6 *Araucaria* dans le jurassique et le crétacé, 9 Podocarpes, 2 Chamœcyparis, 6 Ifs et 3 Ginkgos, tous tertiaires.

Les C. fossiles qui ne se rattachent à aucun des genres vivants constituent plusieurs genres distincts: le genre *Walchia*, avec 8 espèces, est caractéristique de l'époque permienne; le genre *Ulmannia*, avec 3 espèces, se trouve aussi dans le permien, pendant la période du zechstein. Le genre *Woltzia*, voisin des *Araucaria*, comprend 6 espèces limitées à la partie inférieure et moyenne du trias. A signaler encore les genres *Palissia, Schizolepis, Frenelopsis*, etc., moins importants que les précédents.

CONIFÉRINE. s. f. T. Chim. La *Coniférine* est un glucoside qui se rencontre dans la sève des conifères. Traitée par une opération oxydante, telle que celle que nous allons indiquer, cette substance donne un produit à odeur de vanille très prononcée, présentant la même constitution chimique, la même forme cristalline que la vanilline du vanillier, mais se dédoublant et perdant son odeur et sa saveur, c.-à-d. une partie de sa valeur industrielle, en présence des sucres et des alcalins.

Pour extraire la C., on exprime au printemps le suc du cambium de diverses espèces de conifères. On coagule par la chaleur le corps albuminoïde qui s'y rencontre, et on évapore au cinquième de son volume le liquide filtré. Il se dépose alors des cristaux de c. que l'on purifie par le noir animal et des cristallisations répétées. On peut aussi se débarrasser des matières colorantes et résineuses en traitant la masse dissoute dans l'alcool par un peu d'ammoniaque et d'acétate de plomb. — La C. est insoluble dans l'éther, peu soluble dans l'eau froide, facilement soluble dans l'eau chaude et l'alcool. Elle cristallise en aiguilles satinées, groupées en rosettes, fondant à 185°, et possédant une saveur légèrement amère. Les acides étendus la dédoublent en glucose et en une résine blanche devenant jaune, puis rouge, par la dessication. L'acide sulfurique concentré la dissout en donnant une dissolution violette, puis rouge, d'où l'eau précipite une résine bleu indigo. Additionnée de phénol et d'acide chlorhydrique, elle se colore surtout au soleil, en bleu intense. C'est la c. que le bois de sapin doit la propriété de se colorer en bleu, sous l'influence de ces réactifs. Sa composition s'exprime par la formule $C^{10}H^{22}O^8 + 2H^2O$ (Demarcey).

Le procédé de préparation de la pseudo-vanilline ou aldéhyde coniférique, par la c., est fort simple: 10 parties dissoutes dans l'eau chaude sont versées en filet mince dans un mélange modérément chauffé de 10 parties de dichromate de potasse, 15 parties d'acide sulfurique et 80 parties d'eau. Le tout est soumis pendant 3 heures à l'ébullition, et l'aldéhyde coniférique formée est extraite par l'éther ou par distillation dans la vapeur d'eau. Si l'on se sert de l'éther, on introduit cette substance et la partie liquide de l'opération précédente dans une même cornue ou récipient quelconque; on agite vivement et à plusieurs reprises; l'éther s'empare de l'aldéhyde et la retient en dissolution. On décante; on chasse le dissolvant par évaporation. Additionnée de phénol et d'acide chlorhydrique, la C. se colore en bleu intense. Ses solutions sont lévogyres. En présence de l'émulsine, la C. fixe de l'eau et se dédouble en glucose et en alcool coniférylique; on peut recueillir ce dernier en agitant la solution avec de l'éther.

L'alcool coniférylique a pour formule $C^{10}H^{12}O^3$; il cristallise en prismes fusibles à 73°, peu solubles dans l'eau, très solubles dans l'éther. C'est l'éther méthylique d'un alcool dioxycinnamique; il est à la fois alcool, éther et phénol. L'hydrogène naissant le convertit en eugénol.

L'oxydation par l'acide chromique de l'alcool coniférylique le transforme en un isomère de la vanilline.

CONIFÉRYLIQUE. adj. T. Chim. Voy CONIFÉRINE.

CONIFLORE. adj. (lat. *conus*, cône; *flos*, *floris*, fleur). T. Bot. Qui a les fleurs en cône ou chaton.

CONIFORME. adj. En forme de cône.

CONIGÈNE. adj. (gr. χῶνος, cône; γενής, né, de γεννάω, j'engendre). T. Hist. nat. Qui naît ou vit sur les cônes du sapin.

CONILLE. s. f. [Pr. les *ll* mouillées]. T. Mar. Espace ménagé sur les côtés d'une galère.

CONINE. s. f. (gr. χώνειον, ciguë). T. Chim. Syn. de *Conicine*. Voy. ce mot.

CONIOMYCÈTES. s. f. pl. (gr. χόνις, poussière, et μύχης, champignon). T. Bot. Nom par lequel certains botanistes désignaient un groupe de champignons parasites des végétaux comprenant les *Urédinées* et les *Ustilaginées*.

CONIOTHÈQUE. s. m. (gr. χόνις, poussière, et θήκη, loge). T. Bot. Nom par lequel Hofmeister et certains botanistes désignaient le microsporange des Lycopodinées.

CONIQUE. adj. 2 g. Qui a la forme d'un cône. *Un moule c.* || Qui a rapport au cône. *Surface c. Sections coniques.* Voy. CÔNE, et plus bas. || T. Mécan. *Pendule c.*, Pendule qui oscille en tournant, de manière à décrire un cône; modérateur employé pour régler la distribution de la vapeur. = CONIQUE. s. f. T. Géom. Section conique.

Géom. — I. — On donne le nom de *Sections coniques* ou simplement *Coniques* aux lignes d'intersection d'un plan avec la surface d'un cône à base circulaire. Considérons d'abord un cône droit. Les sections planes de ce cône affectent des formes différentes, selon les différentes positions du plan. On peut les classer de la manière suivante:

a) Si le plan passe par le sommet du cône, il peut n'avoir avec la surface d'autre point commun que le sommet, ou bien couper le cône suivant, *deux droites distinctes*, ou enfin être tangent, et alors la section se réduit à la seule génératrice de contact qu'on peut considérer comme une *droite double*.

b) Si le plan ne passe pas par le sommet, considérons un plan parallèle mené par le sommet:

1° Si ce plan parallèle au plan sécant n'a d'autre point commun avec la surface que le sommet, le plan sécant coupera toutes les génératrices d'un même côté du sommet, et la section sera une courbe fermée qu'on appelle *ellipse* (C D) [Fig. 1]. Le cas d'un point isolé est donc un cas particulier de l'ellipse. Un autre cas intéressant est celui où le plan sécant est perpendiculaire à l'axe du cône. Alors la section est

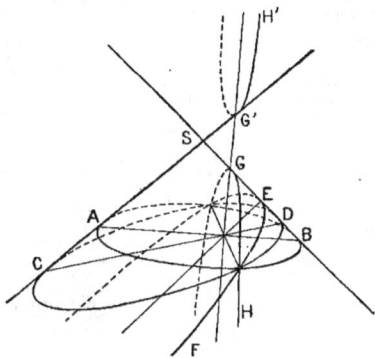

Fig. 1.

un *cercle* (A B), courbe qu'on doit, par conséquent, considérer comme un cas particulier de l'ellipse.

2° Si le plan parallèle au plan sécant coupe le cône suivant deux génératrices distinctes, il y a deux génératrices du cône parallèles au plan sécant, celui-ci coupera les deux nappes du cône, et la section se composera d'une courbe à deux branches infinies. On la nomme *hyperbole* (G H, G'H'). Le cas de deux droites distinctes est ainsi un cas particulier de l'hyperbole.

3° Si le plan parallèle au plan sécant est tangent au cône, il n'y a plus qu'une génératrice parallèle au plan sécant, celui-ci ne coupe qu'une des nappes du cône, mais suivant une courbe infinie qu'on nomme *parabole* (E F). Le cas de la droite double est un cas particulier de la parabole.

L'origine commune des trois courbes ainsi définies montre bien qu'elles doivent jouir de propriétés communes. On passe du reste facilement de l'une à l'autre d'une manière continue. Si l'on suppose le plan sécant d'abord perpendiculaire à l'axe du cône et l'on le fasse tourner autour d'une droite perpendiculaire à cet axe, la section, d'abord circulaire, prendra successivement toutes les formes possibles en passant par la parabole E F, et par le système de deux droites, lorsque le plan passera par le sommet S. La parabole est ainsi la forme intermédiaire entre celle des ellipses et des hyperboles. On peut remplacer le cône droit par un cône oblique à base circulaire. On obtient exactement les mêmes courbes dans les mêmes circonstances, sauf qu'il y a deux directions du plan sécant pour lesquelles la section est un cercle. Voy. CÔNE.

II. — Les géomètres de l'école de Platon sont les premiers qui aient étudié les sections coniques. Ils n'admettaient, il est vrai, dans leur géométrie que le cône droit, et ils supposaient la section formée par un plan perpendiculaire à son côté, les trois sections étant formées par des cônes d'ouverture différente, suivant que l'angle au sommet était droit, aigu ou obtus. Ainsi, la parabole était produite par un cône rectangulaire, l'ellipse par un cône acutangulaire, et l'hyperbole par un cône obtus. Euclide avait écrit un *Traité des sections coniques* qui est aujourd'hui perdu. Suivant Eutocius, Apollonius de Perge serait le premier qui ait démontré qu'on peut obtenir les trois sections avec tout cône droit ou oblique, et quel que soit l'angle de son sommet, l'espèce de la courbe étant déterminée seulement par les différences d'inclinaison du plan de la section relativement au cône lui-même. Néanmoins, il a été établi qu'Archimède, qui florissait 50 ans environ avant Apollonius, avait connaissance de ce fait qu'un même cône peut donner les trois sections coniques. Pappus attribue à Apollonius l'invention des noms qui servent à désigner ces courbes; cependant, il est certain que le terme de parabole se trouve déjà dans les écrits d'Archimède.

Les sections coniques, étant des courbes planes, sont susceptibles d'être définies directement par des constructions planes. Wallis et le célèbre Jean de Witt paraissent être les premiers qui aient adopté cette manière de voir.

On a proposé diverses définitions planes de ces courbes. On définit ordinairement la parabole par cette propriété, que la distance d'un point quelconque de la courbe à un point fixe appelé *foyer* est égale à sa distance à une droite fixe appelée *directrice*. Pour l'ellipse et l'hyperbole, on les définit le plus ordinairement par la propriété suivante: si l'on prend un point quelconque de la courbe, et qu'on le joigne à deux points fixes appelés *foyers*, la somme des droites ainsi obtenues, dans le cas d'une ellipse, ou leur différence, dans le cas d'une hyperbole, est une quantité constante. Le motif qui semble avoir déterminé le choix de cette propriété pour définir ces courbes, c'est uniquement la facilité avec laquelle on peut les décrire par des procédés mécaniques. Cette propriété, en effet, n'offre aucun avantage particulier pour la recherche des autres propriétés des courbes en question. Ainsi, par ex., non seulement elle n'indique point l'affinité qui existe entre les trois sections, mais encore elle n'est pas applicable à la parabole, qui n'a qu'un foyer. Aussi Boscovich a-t-il choisi une propriété commune aux trois courbes qui donne une définition applicable à ces trois sections, et au moyen de laquelle on peut, par une seule démonstration, établir les propriétés générales communes à ces courbes. Cette propriété s'énonce ainsi: Un point appelé *foyer* et une ligne droite appelée *directrice* étant donnés sur un plan, un autre point qui se meut dans le même plan, de telle façon que sa distance au foyer soit dans un rapport constant avec sa distance à la directrice, décrit une section conique. Lorsque le rapport constant, qui a reçu le nom d'*excentricité*, est égal à 1, la courbe est une *Parabole;* lorsque ce rapport est inférieur à 1, la courbe est une *Ellipse:* et quand il est supérieur à 1, une *Hyperbole.* Ainsi les points de la courbe sont plus près du foyer que de la directrice dans l'ellipse, plus loin dans l'hyperbole, et la parabole est le lieu des points équidistants du foyer et de la directrice. Pascal, qui écrivit à dix-huit ans un traité fort remarquable sur les sections coniques, avait choisi pour définition générale une propriété qu'il avait découverte et qui consiste en ce que *dans tout hexagone, convexe ou non, dont les six sommets sont sur une section conique, les côtés opposés se rencontrent en trois points situés sur une même ligne droite* (Fig. 2). Cette propriété fort importante permet de construire la courbe par points dès qu'on en connaît 5 points, car elle donne le moyen d'achever l'hexagone et de trouver le sixième sommet qu'on peut du reste faire varier à l'infini en le cherchant sur une droite quelconque passant par l'un des cinq points donnés, de sorte qu'on peut obtenir par ce moyen autant de points de la courbe qu'on le désire. Le théorème de Pascal permet également de construire la tangente en un point quelconque de la courbe.

Chasles, s'inspirant des travaux de Poncelet sur les propriétés projectives des figures, est parvenu à établir une théorie très complète de ces courbes, en prenant pour définition la propriété suivante: Une section conique est une courbe telle que si l'on y considère 4 points fixes et un cinquième point variable, le rapport anharmonique des 4 droites qui joignent le point mobile aux 4 points fixes reste égal à une quantité donnée. Voy. ANHARMONIQUE. Cette définition très générale et très simple permet de construire la courbe par points et de retrouver toutes les autres propriétés relatives aux tangentes, asymptotes, diamètres, foyers, directrices, etc. Une remarque importante qui ressort des travaux des géomètres du XIXe siècle, c'est que les théorèmes relatifs aux coniques, comme presque tous ceux de la géométrie, du reste, sont associés

par couples de deux, de manière à former des propositions dites *corrélatives* qui se déduisent l'une de l'autre par divers procédés de transformation, notamment par les transformations par pôles et polaires réciproques. Voy. POLAIRE. C'est ainsi que le théorème de Pascal a pour corrélatif un théorème dû à Brianchon et qui consiste en ce que *dans tout*

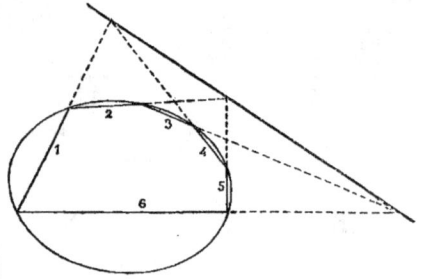

Fig. 2.

hexagone dont les six côtés sont tangents à une conique, les trois diagonales qui joignent les sommets opposés passent par un même point (Fig. 3). Ce théorème permet de construire autant de tangentes qu'on le désire, dès qu'on en connaît cinq, parce qu'il donne le moyen d'achever l'hexagone

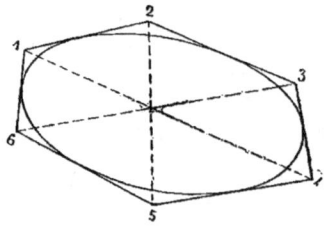

Fig. 3.

circonscrit. C'est ainsi encore que la proposition qui sert de définition dans la théorie de Chasles a pour corrélative: *Si l'on considère 4 tangentes fixes à une conique, et une cinquième tangente mobile, le rapport anharmonique des quatre points d'intersection de la tangente mobile avec les quatre tangentes fixes conserve une valeur invariable.* Cette remarque très générale constitue le *principe de dualité.* Voy. DUALITÉ.

Il résulte de la définition même des coniques que ces courbes sont les différentes formes que peut affecter la *perspective d'un cercle*, le point de vue étant placé au sommet du cône, et le plan du tableau étant le plan sécant. De là résulte également que toutes les propriétés du cercle qui sont conservées par la perspective appartiendront aussi aux coniques. Or, c'est ce qui a évidemment lieu pour les propriétés concernant des points en ligne droite et des droites concourantes, car des points en ligne droite et des droites concourantes ont pour perspective d'autres points en ligne droite et d'autres droites concourantes. Les rapports anharmoniques se conservent également dans les projections. Ces remarques qui ont fait la base des travaux de Poncelet sur les *Propriétés projectives des figures* ont été le point de départ des théories modernes sur les coniques. La propriété des cinq points qui sert de base à la théorie de Chasles est évidente dans le cercle, car les droites qui joignent un point mobile M à 4 points fixes A, B, C, D (Fig. 4), forment entre elles des angles invariables comme ayant même mesure, d'où il suit que le faisceau variable est toujours superposable à lui-même. L'invariabilité du rapport anharmonique, étant une propriété projective, appartiendra donc à toutes les coniques. L'idée ingénieuse de **Chasles** consiste à avoir pris cette propriété pour définition de ces courbes. D'autre part, la transformation par perspective équivaut à un mode de transformation particulière qui a reçu le nom de *transformation par homologie* et qui peut se réaliser entre deux figures tracées sur un même plan. Il en résulte qu'un cercle et une conique tra-

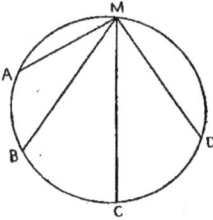

Fig. 4.

cés sur un même plan d'une manière quelconque sont des figures *homologiques*. Voy. HOMOLOGIE. On peut même généraliser. Tout cône qui a pour base une section conique est coupé par un plan quelconque suivant une autre conique, et l'on démontre également que deux coniques quelconques tracées sur un plan sont deux figures homologiques. Enfin, la transformation par homologie est un cas particulier d'une transformation plus générale dite *homographique*, qui conserve également les rapports anharmoniques d'où il suit que deux coniques quelconques tracées sur un même plan ou dans des plans différents peuvent être considérées d'une infinité de manières comme des figures homographiques. Voy. HOMOGRAPHIE.

III. — La théorie des coniques peut encore être établie par les procédés de la géométrie analytique, et c'est la marche qu'on suit habituellement dans l'enseignement. La théorie analytique de ces courbes et des surfaces qui en dérivent, est même la base du programme de la classe de mathématiques spéciales. En coordonnées cartésiennes (Voy. COORDONNÉES, *Géométrie analytique*), les coniques sont représentées par une équation du second degré :
$$ax^2 + 2bxy + cy^2 + 2dx + 2ey + f = 0,$$
et c'est cette équation qui constitue leur définition analytique. Si on coupe la courbe ainsi définie par une droite tirée de l'origine :
$$y = mx,$$
on obtiendra les points d'intersection en résolvant simultanément ces deux équations, de sorte que les abscisses des points d'intersection seront donnés par l'équation :
$$(a + 2bm + cm^2) x^2 + 2(d + em) x + f = 0.$$
L'un des points d'intersection s'éloignera à l'infini, si l'équation s'abaisse au premier degré, c.-à-d. si l'on a :
$$a + 2bm + cm^2 = 0.$$
Cette dernière équation détermine donc les directrices des *sécantes infinies*. Suivant qu'elle aura ses racines réelles et distinctes, confondues ou imaginaires, on aura deux, une ou zéro directions de sécantes infinies, c.-à-d. une hyperbole, une parabole ou une ellipse. Le genre des trois courbes est donc déterminé par le signe du binôme caractéristique :

Si $b^2 - 4ac > 0$, on aura une hyperbole,
$b^2 - 4ac = 0$, — parabole,
$b^2 - 4ac < 0$, — ellipse.

Pour que la courbe se réduise à deux droites distinctes ou confondues, il faut et il suffit que le premier membre de son équation puisse se décomposer en deux facteurs, ce qui s'exprime en égalant le *discriminant* (Voy. ce mot) à zéro :
$$\begin{vmatrix} a & b & d \\ b & c & e \\ d & e & f \end{vmatrix} = 0.$$
Pour que la courbe se réduise à une droite double, il faut et il suffit que le premier membre de l'équation soit un carré parfait, c.-à-d. que tous les mineurs du discriminant soient nuls.

Toutes les propriétés des trois courbes se déduisent aisément de l'équation ; mais nous ne pouvons même les énu-

mérer et nous sommes obligé de renvoyer le lecteur aux traités classiques de géométrie analytique.

IV. — La théorie des sections coniques n'est pas une pure spéculation abstraite, comme auraient pu le penser les anciens géomètres grecs qui n'en pouvaient deviner les applications. Ces applications se sont révélées considérables dans les sciences modernes, notamment dans la balistique et dans l'astronomie. Ce qui fait l'intérêt de ce genre de courbes en astronomie, c'est que, d'après la loi de la gravitation universelle de Newton, tous les astres qui circulent autour du Soleil, comètes et planètes, décrivent autour du Soleil des sections coniques dont le Soleil occupe un foyer, pourvu toutefois que l'on néglige les perturbations produites par les attractions mutuelles de ces astres et qu'on n'ait égard qu'à l'attraction du Soleil. Avant Newton, **Kepler** avait déjà démontré que les planètes décrivent des ellipses dont le Soleil occupe un foyer, mais sans pouvoir assigner à ce phénomène sa véritable cause qu'il était réservé à Newton de découvrir. A cet égard, on peut dire que les travaux purement abstraits des géomètres grecs ont ouvert la voie à Kepler et à Newton et ont ainsi préparé l'une des plus grandes découvertes de la science moderne. Voy. GRAVITATION. La théorie des sections coniques constitue ainsi un remarquable exemple de la nécessité qu'il y a à poursuivre les études théoriques qui se présentent à l'esprit des savants, sans se préoccuper des applications possibles. Il vient toujours un temps où ces applications apparaissent dans toute leur grandeur. Voy. ELLIPSE, HYPERBOLE, PARABOLE, DIAMÈTRE, FOYER, POLAIRE, etc.

Bibliogr. — BRIOT et BOUQUET, *Géométrie analytique;* SALMON, *Géométrie analytique;* PRUVOST, *Géométrie analytique;* PONCELET, *Traité des propriétés projectives des figures;* CHASLES, *Traité des sections coniques;* ROUCHÉ et COMBEROUSSE, *Traité de géométrie élémentaire*, etc.

CONIROSTRES. s. m. pl. (lat. *conus*, cône ; *rostrum*, bec). T. Ornith. Genre de *Passereaux*. Voy. ce mot.

CONITE. s. m. (R. *cône*). T. Minér. Nom de plusieurs variétés de calcaire magnésifère ou silicifère.

CONIUM. s. m. (Pr. *koni-ome*) (gr. κώνειον, ciguë). T. Bot. Nom scientifique du genre Ciguë. Voy. CIGUE et OMBELLIFÈRES.

CONIVALVE. adj. (R. *cône* et *valve*). T. Moll. Qui a une coquille conique.

CONJECTURAL, ALE. adj. Qui n'est fondé que sur des conjectures. *Un art c.* — Abusiv., *Une preuve conjecturale.* || Porté à faire des conjectures.

CONJECTURALEMENT. adv. Par conjecture. *Je n'en puis parler que c.*

CONJECTURE. s. f. (lat. *conjectura*, m. s., de *conjicere*, projeter ensemble, de *cum*, avec, et *jacere*, jeter). Opinion que l'on fonde, jugement que l'on forme sur des analogies, ou sur de simples apparences, relativement à une chose obscure, cachée ou inconnue. *C. trompeuse, bien fondée, hasardée. Tirer une c. de... Appuyer, fonder, former, faire des conjectures sur... Se perdre en conjectures.*

CONJECTURER. v. a. (R. *conjecture*). Inférer, porter un jugement en se fondant sur certaines apparences, certaines analogies. *De ces circonstances je conjecture qu'il pourrait bien être notre voleur. C. la perte de quelqu'un.* || Faire des conjectures. = CONJECTURÉ, ÉE. part.

CONJECTUREUR. s. m. Individu qui aime à se livrer à des conjectures.

CONJOINDRE. v. a. (lat. *conjungere*, m. s., de *cum*, avec, et *jungere*, joindre). Joindre, unir ensemble. Ne se dit guère qu'en parlant de mariage. *C. par mariage.* = CONJOINT, OINTE. part. || T. Jurispr. Se dit subst. et au masc. de l'un et de l'autre des époux. *Le c. survivant.* = Conj. Voy. JOINDRE.

CONJOINT, OINTE. adj. (R. *conjoindre*). Intimement lié. || T. Jurisp. Uni dans le même droit. *Légataires conjoints.* — Unis par mariage. — S'emploie subst. dans ce sens. *Le conjoint survivant. Les futurs conjoints.* || T. Minér. Adhérent dans le sens de la longueur. *Aragonite* conjointe. || T. Paléogr. *Lettres conjointes*, Lettres unies et formant ensemble un seul caractère. || T. Musiq. *Degré conjoint*, Degrés de la gamme qui se succèdent immédiatement comme *do, ré; ré; mi; mi, fa*, etc.

Arith. — *Règle conjointe.* — Opération arithmétique qui a pour objet de déterminer le rapport de deux quantités connaissant leurs rapports avec des quantités intermédiaires. Ex. : Sachant que 1 *mètre* 30 *cent.* = 4 *pieds* français, et que 27 *yards* anglais = 76 de ces *pieds*, on demande combien 60 *mètres* valent d'*yards*? Représentons par x le nombre d'yards que nous cherchons, et écrivons les équations qui résultent de l'énoncé, en représentant par les mots *mètre, yard, pied*, la longueur de ces mesures évaluées à l'aide d'une unité arbitraire, nous aurons :

$$1\text{m}.30 \quad = \quad 4 \text{ pieds.}$$
$$76 \text{ pieds} \quad = \quad 27 \text{ yards.}$$
$$x \text{ yards} \quad = \quad 60 \text{ mètres.}$$

Multiplions ces égalités membre à membre :

$$1,30 \times 76 \times x \times \text{m.} \times \text{p}^\text{d} \times \text{y}^\text{d} = 4 \times 27 \times 60 \times \text{p}^\text{d} \times \text{yard} \times \text{m.}$$

ou $1,30 \times 76 \times x = 4 \times 27 \times 60$

d'où :

$$x = \frac{4 \times 27 \times 60}{1,30 \times 76} = \frac{6480}{98,80} = 64,37.$$

Par conséquent, 60 mètres valent 64,37 yards, ou environ 64 yards et 2/5.

En général, soit à déterminer le rapport $\dfrac{A}{P}$ sachant que :

$$\frac{A}{B} = a, \frac{B}{C} = b, \frac{C}{P} = c.$$

Il suffira de multiplier tous les rapports entre eux, et l'on aura :

$$\frac{A}{B} \times \frac{B}{C} \times \frac{C}{P} = \frac{A}{P} = a\,b\,c.$$

Dans l'ex. précédent, on aurait :

$$\frac{1 \text{ mètre}}{1 \text{ yard}} = \frac{1 \text{ mètre}}{1 \text{ pied}} \times \frac{1 \text{ pied}}{1 \text{ yard}}.$$

Or, d'après l'énoncé : 1 m. 30 = 4 pieds ; d'où :

$$\frac{1 \text{ mètre}}{1 \text{ pied}} = \frac{4}{1,30}. \text{ De même } \frac{1 \text{ pied}}{1 \text{ yard}} = \frac{27}{76}.$$

Donc

$$\frac{1 \text{ mètre}}{1 \text{ yard}} = \frac{4}{1,30} \times \frac{27}{76} = \frac{4 \times 27}{1,30 \times 76}$$

et

$$60 \text{ mètres} = \frac{4 \times 27 \times 60}{1,30 \times 76} \text{ yards.}$$

En T. de Banque, on appelle *règle c.*, la détermination de la voie la plus favorable pour faire parvenir une somme d'argent d'une place à une autre, eu égard au change des places intermédiaires. Il suffit de calculer, d'après la valeur du change des diverses places ce que deviendra la somme envoyée par les diverses voies qu'on veut comparer, et à choisir celle qui donne le meilleur résultat. Voy. CHANGE.

Législ. — Le Code civil a réglé au chapitre VI du titre *du Mariage*, les droits et les devoirs des conjoints. En dehors de ces prescriptions générales, le législateur a édicté des dispositions spéciales visant les rapports des conjoints, en ce qui touche les soustractions commises par l'un aux dépens de l'autre (Code pénal, art. 380), l'incompatibilité entre la qualité d'époux et celle de témoin (art. 156 et 322 du Code d'instruction criminelle), et la compensation totale ou partielle des dépens, lorsque le procès a lieu entre conjoints (art. 131 du code de procédure civile).

Droits de succession du conjoint survivant. — Le Code civil n'accordait au c. survivant le droit de succéder qu'à défaut de parent au degré successible ou d'enfant naturel : c'est ainsi qu'on pouvait voir une veuve exclue de la succession de son c. prédécédé par un arrière-cousin, parent au douzième degré avec le défunt, presque un étranger ! La loi du 9 mars 1891 est venue réparer cette injustice criante en accordant en principe au c. survivant, en présence de parents ou d'enfants naturels, un droit d'usufruit égal au quart de la succession totale, à une part d'enfant légitime le moins prenant, à la moitié de la succession, suivant que le défunt laisse un ou plusieurs enfants issus du mariage, un ou plusieurs enfants issus d'un mariage précédent ou un héritier

quelconque, autre qu'un enfant légitime. La loi ajoute qu'en cas de nouveau mariage, le c. survivant perdra son droit d'usufruit, s'il existe des descendants du défunt. Enfin, dans son article 2, la nouvelle loi règle la pension alimentaire qui peut être due dans certains cas sur la succession du prédécédé.

CONJOINTEMENT. adv. (R. *conjoint*). Ensemble, de concert. *Agissons c. dans cette affaire.* || T. Jurisp. *Legs fait c.*, Legs commun à plusieurs légataires.

CONJONCTIF, IVE. adj. (lat. *conjunctivus*, de *conjungere*, joindre). Qui sert à unir. T. Gram. Qui sert à joindre, à unir. *Particule conjonctive.* — *Adjectif c., Pronom c.*, Adjectif ou pronom jouant le rôle de conjonction. — *Locution conjonctive*, Réunion de plusieurs mots ayant la valeur d'une conjonction. Voy. CONJONCTION. || T. Anat. *Tissu c.*, syn. de *Tissu cellulaire*. Voy. CELLULAIRE.

CONJONCTION. s. f. [Pr. ...sion] (lat. *conjunctio*, de *conjungere*, joindre). Union. Se dit particul. de l'union de l'homme et de la femme. *C. par mariage. C. illicite.* || T. Paléog. Réunion de plusieurs lettres en un seul caractère. || T. Astr. Situation relative de deux astres qui ont la même longitude. On dit absolument qu'un astre est en c. quand il est en c. avec le Soleil. *C. inférieure*, pour Mercure et Vénus, lorsque ces planètes passent entre le Soleil et la Terre; *C. supérieure*, lorsqu'elles sont au delà du Soleil. Voy. PLANÈTE, SATELLITE, LUNE. — On appelle aussi, par ext., c. de deux ou plusieurs astres, leur rapprochement apparent sur la sphère céleste : *Mars sera en c. avec la Lune, avec Jupiter, avec Aldébaran.* Les conjonctions de plusieurs brillantes planètes sont fort rares; cependant on peut voir dans l'*Astronomie populaire* de Flammarion que les planètes Mars, Jupiter, Saturne, Neptune, Mercure et Vénus, sont passées très près les unes des autres en 1881, et ont offert plusieurs conjonctions remarquables. || T. Gram. L'une des parties du discours.

Gram. — *Définition et usage des conjonctions.* — La *Conjonction* est cette partie du discours qui sert à lier ensemble deux propositions ou deux parties d'une même proposition. Dans les phrases : *Dieu a parlé et tout a été fait, Annibal fut heureux dans sa jeunesse, mais sa vieillesse fut en proie à de grandes tribulations, Je veux que vous partiez*, les mots *et, mais, que* sont des c. qui servent à lier les deux propositions *Dieu a parlé, Tout a été fait; Annibal fut heureux dans sa jeunesse, Sa vieillesse, etc.; Je veux, Vous partiez*, et qui n'appartiennent ni à l'une ni à l'autre. La phrase, *Je partirai demain si je serai malade, car mon voyage est indispensable*, renferme trois propositions réunies par les mots *ou, si*, qui exprime une alternative, et *car* qui indique une explication.

La c. se rencontre souvent entre deux mots qui appartiennent à la même proposition : *Antonin et Marc-Aurèle furent les deux plus grands hommes de leur siècle; Soyons sévères, mais justes; Nous devons aimer Dieu et le servir.* On peut aussi la rencontrer au début d'une phrase : *Si vous le voulez, tout ira bien.* Mais ce dernier ex. présente une véritable inversion ; c'est comme s'il y avait : *Tout ira bien, si vous le voulez.*

La c. est invariable, comme l'adverbe et la préposition : néanmoins elle se distingue aisément de ces deux parties du discours. D'un côté, elle ne sert jamais, comme l'adverbe, à modifier la signification d'un adjectif, d'un verbe ou d'un adverbe ; et de l'autre, elle n'exprime pas le rapport qu'une chose offre avec une autre, comme le fait la préposition.

Division des conjonctions. — Les grammairiens ont établi plusieurs divisions entre les conjonctions. — A. Considérées sous le rapport de leur forme, les conjonctions sont appelées *simples*, quand elles sont exprimées par un seul mot (*or, mais, que, car, puisque, comment, quoique*, etc.), et *composées*, lorsqu'elles sont formées par la réunion de plusieurs mots (*à moins que, parce que, pourvu que*, etc.). Les conjonctions de cette dernière espèce s'appellent aussi *Locutions conjonctives.* — B. Étudiées relativement à leur signification, les conjonctions sont classées en un certain nombre de catégories correspondant aux diverses opérations de l'esprit. La plupart des grammairiens admettent les divisions suivantes : 1° Les conjonctions *copulatives* sont celles qui se bornent à lier les propositions, sans ajouter aucune idée particulière à l'idée de liaison ; il y en a deux : *et, ni.* 2° Les conjonctions *augmentatives* expriment une idée accessoire d'accroissement et d'augmentation, et désignent une addition faite à quelque chose qui précède (*de plus, encore, comme, d'ail-*

leurs, au surplus, outre que). 3° Les conjonctions *alternatives* ou *disjonctives* marquent alternative ou distinction, dans le sens des choses dont on parle (*ou, ou bien, sinon, tantôt*). 4° Les conjonctions *hypothétiques* et *conditionnelles* opposent entre les deux propositions qu'elles unissent une condition sans laquelle ce qu'exprime la première ne saurait avoir lieu (*si, soit, à moins que, pourvu que, quand, bien entendu, à condition que*, etc.). 5° Les conjonctions *adversatives* expriment une opposition apparente ou réelle, une restriction avec ce qui précède et ce qui suit (*mais, quoique, combien que, encore que, au contraire, loin que, au moins, du moins, au lieu de*). 6° La c. purement *subjonctive* qui fait de la seconde proposition un complément essentiel de la première, sans établir entre les deux d'autres relations particulières : c'est la c. *que*. 7° Les conjonctions *périodiques*, appelées aussi conjonctions *de temps, d'ordre et de lieu*, marquent une circonstance de simultanéité, de relation, etc. (*quand, pendant que, durant que, tandis que, tant que, où*). 8° Les conjonctions *causatives* ou *de motif* expriment une idée de cause ou de finalité (*afin que, comme, car, aussi, de même que, de peur que*, etc.). 9° Les conjonctions *conclusives* servent à déduire une conséquence d'une proposition précédente (*donc, vu que, attendu que, ainsi, partant*, etc.). 10° Les conjonctions *explicatives* sont celles qui lient sous forme d'explication (*savoir, de sorte que, de manière que*, etc.). 11° Les conjonctions *circonstancielles* qui indiquent quelque circonstance de temps, de lieu, de nombre, de préférence, etc. (*après que, où, combien, plus que, plutôt que, comment*, etc.). 12° Les conjonctions *transitives* marquent un passage, une transition d'une chose à une autre (*or, au reste, du reste, après tout*, etc.). — C. En faisant la classification sous un tout autre rapport, certains grammairiens n'indiquent que deux espèces de conjonctions : des conjonctions *copulatives*, qui n'expriment qu'une liaison pure et simple (*et, ni, ou, car, donc*, etc.) ; et des conjonctions *subordonnantes* ou *subjonctives*, qui font de la proposition qu'elles précèdent la subordonnée de celle qu'elles suivent (*si, que, quoique, attendu que*, etc.).

Il y a lieu de remarquer qu'on bonne logique on ne devrait compter que *trois* c. : la c. copulative, *et*, la c. disjonctive, *ou*, et la c. subjonctive *que*. Toutes les autres sont des assemblages de l'une de ces trois-là avec un adverbe, ou avec un ensemble de mots formant un complément circonstanciel et jouant par conséquent le rôle d'un adverbe. *Mais* veut dire *et pourtant*, ou *et au contraire* ; *car, parce que*, signifient *à cause de cela que* ; *si, à condition que* ; *quand, dans le temps que* ; *où, dans le lieu que*, etc. Les adverbes tels que *comme, comment, combien*, ne jouent le rôle de c. que parce qu'ils renferment dans leur signification le sens du mot *que*. Les gens illettrés disent : *Je sais comment qu'il faut faire, Tu te rappelles combien que je t'en ai donné*. Les pronoms relatifs *qui, que, dont*, etc., doivent aussi être considérés comme résultant de la contraction d'un pronom ordinaire avec la subjonctive *que. L'homme qui a dit....* est pour *l'homme que il a dit....* Les mots qui renferment dans leur signification la c. subjonctive sont dits *relatifs*. Tels sont les pronoms relatifs *qui, que, dont*, et les adverbes relatifs de lieu *où*; de temps, *quand*; de quantité, *combien*; de manière, *comme, comment*, etc. Il faut reconnaître de la manière ordinaire de classer ces sortes de mots est très vicieuse. Ainsi, *quand* est habituellement classé parmi les conjonctions, *où* et *comment* parmi les adverbes. Il est cependant manifeste que tous ces mots remplissent la même fonction dans le discours : *quand*, signifiant *dans le temps que, où, dans le lieu que*, et *comment, dans la manière que*.

Observations sur l'emploi des conjonctions. — Nous venons de voir que la plupart des conjonctions indiquent la nature même du rapport qui existe entre deux propositions. Assez souvent, cependant, ce rapport se trouve encore exprimé par un changement dans la forme du verbe de la seconde proposition, quelquefois même dans celle des verbes des deux propositions à la fois. Ainsi, dans la phrase, *Les hommes seraient heureux s'ils le voulaient*, le rapport conditionnel que présentent ces deux propositions est indiqué, non seulement par la conjonction *si*, mais encore par la forme du verbe de la première proposition, *seraient*. Il en est de même quand on dit : *Je veux que vous veniez*, où l'idée de subordination qui existe entre les propositions est marquée à la fois par le mot *que* et par la forme du verbe *veniez*. Ces variations de formes sont ce qu'on appelle des *modes : indicatif, subjonctif, conditionnel*. Dans certaines langues, dans la langue grecque et dans la langue latine par ex., elles suffisent

quelquefois pour subordonner une proposition à une autre, sans qu'il soit nécessaire de recourir à l'emploi d'une c. Ainsi, en latin, les mots *Jubeo exeatis* ont un sens tout aussi clair que leurs équivalents français : *J'ordonne que vous sortiez*. Enfin, comme certaines conjonctions sont toujours suivies de l'emploi du même mode, on exprime cette espèce de coexistence en disant que telle c. *gouverne* ou *régit l'indicatif* ou le *subjonctif*, qu'elle *veut* le verbe à *l'indicatif* ou au *subjonctif*. Ainsi, les conjonctions *que, quoique*, gouvernent le subjonctif : *Je veux qu'il soit heureux, Il est heureux quoiqu'il soit pauvre.*

L'interrogation et l'exclamation s'expriment par la c. subjonctive, ou par un mot relatif qui la renferme implicitement placé au début de la phrase, usage qui peut s'expliquer par l'ellipse d'une proposition précédente : *Qui êtes-vous?* pour *Dites-moi qui vous êtes; D'où venez-vous?* pour *Dites-moi d'où vous venez.* — *Que vous êtes cruel!* pour *Je m'étonne que vous soyez cruel*, etc. — Tous les mots qui expriment l'interrogation ou l'exclamation, tels que *où, combien, comment*, etc., doivent donc être classés parmi les mots relatifs.

CONJONCTIONNEL, ELLE. adj. [Pr. *konjonk-sio-nel*]. T. Gram. Qui tient de la conjonction.

CONJONCTIONNELLEMENT. adv. [Pr. *konjonk-sio-nèleman*]. T. Gram. A la manière des conjonctions.

CONJONCTIVAL, ALE. adj. T. Anat. Qui a rapport à la conjonctive. *Membrane c.*

CONJONCTIVE. s. f. (R. *conjonctif*). T. Anat. Membrane muqueuse qui tapisse antérieurement le globe de l'œil qu'elle attache aux paupières. Voy. ŒIL.

CONJONCTIVEMENT. adv. D'une manière conjointe.

CONJONCTIVITE. s. f. T. Méd. Inflammation de la conjonctive. Voy. ŒIL.

CONJONCTURE. s. f. (lat. *cum*, avec; *junctura*, liaison). Situation, état quelconque, qui résulte d'un concours simultané d'événements, d'affaires, d'intérêts. *Dans cette fâcheuse c. Se plier aux conjonctures de la vie.* || Accord, concours. = Syn. Voy. CAS.

CONJOUIR (SE). v. pron. (R. *con*, préf. et *jouir*). Se réjouir avec quelqu'un de quelque chose d'heureux qui lui est arrivé.

CONJOUISSANCE. s. f. (R. *conjouir*). Témoignage de la part que l'on prend à la joie qu'éprouve une autre personne à la suite de quelque événement heureux. *Compliment. Lettre de c.*

CONJUGABLE. adj. 2 g. T. Gram. Qui peut être conjugué.

CONJUGAISON. s. f. (lat. *conjugatio*, m. s., de *cunjugare*, réunir ensemble). T. Gram. L'ensemble des formes que possède un verbe donné. || T. Anat. *C. des nerfs*, se dit de la réunion de certains nerfs. — *Trous de c.*, Ouvertures latérales de la colonne vertébrale donnant passage à des paires de nerfs. Voy. VERTÈBRE. || T. Hist. nat. Voy. plus loin.

Gram.—I.— Dans la plupart des langues, le verbe admet une très grande variété de formes grammaticales. Dans la nôtre, par ex., il indique au moyen de flexions particulières : 1° Les divers états de l'âme, comme l'assurance et l'affirmation par l'indicatif : *Je suis, Il m'aime*; la volonté, par l'impératif : *Sors, Frappe*; le vœu ou le désir, par le subjonctif : *Je souhaite que cela te réussisse; Puissé-je*, etc. C'est ce que les Latins appelaient *modus* (manière d'être), d'où est venu notre mot français *Mode*, qui a le même sens. — 2° La personne ou le sujet de la proposition : *Je pars, nous partons, vous partez, ils partent.* — 3° Le moment de la durée, ou le temps auquel se rapporte l'action : *Je lis, J'ai lu, Je lirai.* — 4° Le nombre, c.-à-d. si le sujet représente une seule personne ou une seule chose, plusieurs personnes ou plusieurs choses : *Je lis, nous lisons, ils lisent*; et même quelquefois le genre, comme dans le participe : *Aimé, aimée; aimés, aimées.* — 5° L'état du sujet, c.-à-d. s'il fait ou reçoit l'action, ou même s'il fait l'action et la reçoit en même temps : *Je frappe, je suis frappé, je me frappe.* Les for-

204

mes qui indiquent ces dernières circonstances sont désignées chez nous par le mot *Voix*. On distingue la *voix active*, *je frappe*; la *voix passive*, *je suis frappé*, et la *voix réfléchie*, *je me frappe*. — La réunion de toutes ces flexions ou variations, disposées selon un certain ordre, s'appelle *C.*, du latin *conjugatio*, qui veut dire réunion, accouplement ou arrangement symétrique.

Les grammairiens ont remarqué que, dans une même langue, certains verbes expriment les idées de mode, de temps, de nombre, de voix et de personne par certaines variations, tandis que d'autres verbes emploient, pour marquer ces mêmes idées, des terminaisons entièrement différentes. En conséquence, ils ont formé autant de groupes ou classes de verbes qu'ils ont trouvé de systèmes particuliers de flexions, et chacun de ces systèmes ou de ces groupes a reçu, par extension, le nom de *C.* Ainsi, on dit qu'une langue a quatre, cinq, six conjugaisons, pour exprimer que les flexions de ses verbes forment quatre, cinq, six catégories particulières. En outre, les grammairiens ont adopté pour chacune de ces catégories un *Paradigme* ou *Exemple*, c.-à-d. un modèle auquel on compare tous les verbes à flexions analogues. Ceux dont la c. est parfaitement conforme aux types choisis, sont dits *réguliers*, tandis qu'on appelle *irréguliers* ceux dont les variations s'écartent plus ou moins du modèle. Comme il y a aussi des verbes qui ne possèdent pas toutes les formes particulières aux mots de leur classe, on en a fait encore une catégorie particulière sous le nom de *verbes défectifs*. D'après cela, les expressions *C. régulière*, *C. irrégulière* et *C. défective* n'ont pas besoin d'être plus longuement définies. Enfin, l'on appelle *C. active* l'ensemble des formes que prend un verbe quand il exprime une action faite par le sujet, et *C. passive* l'ensemble des formes qu'il affecte lorsque l'action est soufferte par le sujet lui-même.

Le nombre des conjugaisons varie presque pour chaque langue. Bien plus, il arrive souvent que les grammairiens ne peuvent s'entendre sur le nombre des conjugaisons qu'il convient d'admettre dans une langue quelconque. Cette divergence s'explique aisément par ce fait que les auteurs ne se placent pas au même point de vue: les uns généralisant à l'excès, et les autres tendant trop à particulariser. Ainsi, en hébreu, les uns admettent huit conjugaisons, tandis que d'autres n'en reconnaissent que cinq, et que beaucoup même n'en admettent qu'une seule. Dans la langue turque, on établit, en général, deux conjugaisons, et, en réalité, il n'y en a qu'une. Il y a en grec deux conjugaisons qui se distinguent surtout par la terminaison de la première personne de l'indicatif présent: ce sont la c. en μι, la plus rapprochée du sanscrit et la plus ancienne, et la c. en ω, la plus commune. Seulement, ces deux conjugaisons sont susceptibles de recevoir des formes variées lorsque le radical se termine avec une voyelle, parce que cette voyelle se *contracte* avec la voyelle de la désinence suivant des règles fixes. De là les conjugaisons dits *conjugaisons contractes* pour les verbes en αω, εω, οω. On trouve quatre conjugaisons dans la langue latine. Ces conjugaisons se reconnaissent à la désinence de l'infinitif, qui est *are* pour la première, *ēre* pour la seconde, *ĕre* pour la troisième, et *ire* pour la quatrième. Elles ne sont qu'une imitation de la c. en ω. La troisième correspond à la c. en ω par; les trois autres, celles en *are*, *ēre*, *ire*, sont véritablement des conjugaisons contractes. — L'espagnol et l'italien ont trois conjugaisons qui se distinguent, comme dans les langues précédentes, par le présent de l'infinitif; ce temps est en *ar*, *er* et *ir*, pour le premier; et *are*, *ere*, *ire* pour le second. — En allemand et en anglais on distingue deux conjugaisons, la *forte* et la *faible*, qui sont caractérisées par la forme du passé défini. La c. forte modifie la voyelle du radical suivant des règles peu précises. Aussi, plusieurs grammairiens ont-ils classé tous les verbes forts parmi les verbes irréguliers, ne reconnaissant ainsi qu'une seule c.

Il convient de remarquer que dans toutes les langues indo-européennes on trouve des verbes qui modifient, à certains temps, la voyelle du radical; ces verbes sont généralement qualifiés *irréguliers*. Il est certain qu'il y avait, primitivement, deux types de c.: l'un, le plus ancien, qui modifie le radical suivant des règles autrefois précises, mais plus ou moins altérées par la suite, et qui a reçu le nom de *C. forte*; l'autre, plus récente, qui ne comporte que des flexions sans modification du radical et qui est devenue la *C. régulière*, appelée aussi *C. faible*.

Certains temps passés se forment, en français et dans les langues néo-latines, au moyen du participe passé joint à l'un des verbes dits *auxiliaires*: *Avoir* ou *Être*: *j'ai mangé*, *j'étais venu*. La voix passive tout entière est formée par le participe passé joint au verbe auxiliaire *Être*. Le grec et le latin ne connaissaient pas l'emploi des verbes auxiliaires, si ce n'est aux temps passés du passif. Vers la fin de l'Empire romain, la langue prit une tendance analytique, et l'emploi de l'auxiliaire *habere*, *avoir* se généralisa pour les temps passés de l'actif; du latin cet usage passa dans les langues romanes; on en trouve même des exemples, quoique rarement, dans les écrivains de la bonne époque. Ainsi, on lit dans Cicéron: *De Cæsare satis dictum habeo*, pour *satis dixi*: J'ai assez parlé de César. La signification passée du participe passif se perdit également vers la fin de l'empire, et ce participe put être employé au présent du passif, au lieu de la forme synthétique. Pour *amor*, je suis aimé, on se prit à dire *amatus sum*, locution qui au siècle d'Auguste signifiait: j'ai été aimé. — D'autres langues poussent plus loin l'usage des auxiliaires et les emploient pour le futur. L'allemand se sert du verbe *werden*, devenir, pour le futur et le passif: *Ich werde sterben*, je mourrai, mot à mot, *je deviens mourir*; *Ich werde gelobt*, je suis aimé, mot à mot, *je deviens aimé*. L'anglais forme le futur avec les auxiliaires *I shall*, je dois, ou *I will*, je veux; *I shall go* ou *I will go*, j'irai. — En français même, le verbe *aller* est souvent employé comme auxiliaire du futur, surtout du futur immédiat, c.-à-d. quand l'action exprimée par le verbe doit être accomplie très prochainement. *Je vais m'occuper de votre affaire.* On en arrive ainsi à dire très correctement: *Je vais aller chez vous*, à *Paris*, etc., locution qui, prise à la lettre, n'aurait aucun sens. Il pourra se faire que suivant la tendance qu'ont prise les langues à devenir de plus en plus analytiques, cette manière de parler se généralise et, dans un avenir plus ou moins éloigné, fasse perdre l'usage du futur tel que nous le connaissons aujourd'hui. Alors le futur sera devenu en français un temps composé, comme il l'est déjà dans tant d'autres langues. Au reste, le futur français dérive lui-même d'un futur composé. L'usage s'était établi, vers la fin de l'Empire romain, d'exprimer le futur par le verbe *avoir* qu'on plaçait après l'infinitif: *J'aimerai*, *Amare habeo*, mot à mot, *J'ai à aimer*, au lieu du futur classique *Amabo*. Dans le vieux français, cette locution est traduite par *Je aimer ai*, *il aimer a*, en trois mots qui ont été ensuite contractés en deux: *J'aimerai*, *il aimera*.

Les langues sémitiques: hébreu, arabe, etc., ont une c. bien plus riche que les langues indo-européennes. Les langues agglutinantes: basque, turc, magyar, etc., présentent encore une variété de formes beaucoup plus considérable, parce qu'elles font entrer dans les agglomérations de syllabes une foule d'idées étrangères au sens du radical. Ainsi, les propositions: *il écrit*, *il est écrit*, *il fait écrire*, *il peut écrire*, etc., constituent autant de modes spéciaux. Les langues monosyllabiques, comme le chinois, n'ont pas de c. proprement dite. Le verbe lui-même ne se distingue des autres mots que par sa place dans la phrase.

II. — Les grammairiens français reconnaissent quatre conjugaisons, distinguées par l'infinitif présent. Ainsi, les verbes en *er* sont dits de la *première* c.; ceux en *ir*, de la *seconde*; ceux en *oir*, de la *troisième*; et ceux en *re*, de la *quatrième*.

Les verbes français, sauf ceux en *er*, qui se conjuguent à peu près tous sur un type unique, présentent un grand nombre d'exceptions qui s'expliquent parfaitement d'après leur étymologie latine, par la loi d'après laquelle les syllabes qui suivaient la syllabe accentuée en latin ont disparu en français ou n'y sont plus représentées que par une syllabe muette, cette disparition ayant souvent entraîné une modification des syllabes antérieures. C'est ainsi que *venio* est devenu *je viens*; *veniebam*, *je venais*; *venire*, *venir*, etc. Ces irrégularités n'ont ont pas moins rendu assez difficile la classification des verbes français. La division en quatre conjugaisons caractérisées par les quatre formes de l'infinitif *er*, *ir*, *oir* et *re* est généralement adoptée, mais la seule voie rationnelle, pour bien apprendre nos verbes, c'est d'étudier les temps primitifs des verbes simples, puisque d'une part les autres temps se forment de ceux-là d'après des règles invariables, et que d'autre part les verbes composés se conjuguent comme les verbes simples.

Le tableau ci-après indique les inflexions que présentent les quatre conjugaisons régulières. Nous n'y joignons pas, comme cela se pratique habituellement dans les grammaires, la liste des modifications que peut offrir la c. des verbes irréguliers, parce que, dans les articles consacrés à chacun de ces derniers, nous avons soin d'indiquer exactement les formes particulières dont il est susceptible. Enfin, nous ne donnons pas non plus de modèle pour les conjugaisons dites *négative*, *interrogative*, et *négative et interrogative*, parce quelques

mots suffisent pour faire comprendre en quoi elles consistent.
1° Dans la c. négative, on place le temps variable du verbe entre *ne* et *pas* : *Je no viendrai pas*; *Il n'est pas venu*, etc.
2° On conjugue interrogativement en mettant le pronom après la forme variable du verbe : *Viendrez-vous ? Est-il venu?*
3° Enfin, dans la c. négative et interrogative, on procède comme dans la négative, mais en plaçant le pronom après la partie variable du verbe: *Ne viendras-tu pas ? Ne serait-il pas venu?*

Conj. en EN. | *Conj. en* IR. | *Conj. en* OIR. | *Conj. en* RE.

INDICATIF (1er MODE)

PRÉSENT ABSOLU

Je	chant e.	fin is.	reç ois	rend s.
Tu	— es.	— is.	— ois.	— s.
Il	— e.	— it.	— oit.	rend.
Nous	— ons.	— issons.	recev ons.	— ons.
Vous	— ez.	— issez.	recev ez.	— ez.
Ils	— ent.	— issent.	reç oivent.	— ent.

IMPARFAIT

Je	chant ais.	fin issais.	rec evais.	rend ais.
Tu	— ais.	— issais.	— evais.	— ais.
Il	— ait.	— issait.	— evait.	— ait.
Nous	— ions.	— issions.	— evions.	— ions.
Vous	— iez.	— issiez.	— eviez.	— iez.
Ils	— aient.	— issaient	— evaient.	— aient.

PASSÉ DÉFINI

Je	chant ai.	fin is.	reç us.	rend is.
Tu	— as.	— is.	— us.	— is.
Il	— a.	— it.	— ut.	— it.
Nous	— âmes.	— îmes.	— ûmes.	— îmes.
Vous	— âtes.	— îtes.	— ûtes.	— îtes.
Ils	— èrent.	— irent.	— urent.	— irent.

PASSÉ INDÉFINI

J'ai	chant é.	fin i.	reç u.	rend u.

PASSÉ ANTÉRIEUR

J'eus	chant é.	fin i.	reç u.	rend u.

PASSÉ ANTÉRIEUR SUB-COMPOSÉ

J'ai eu	chant é.	fin i.	reç u.	rend u.

PLUS-QUE-PARFAIT

J'avais	chant é.	fin i.	reç u.	rend u.

FUTUR

Je	chant erai.	fin irai.	rec evrai.	rend rai.
Tu	— eras.	— iras.	— evras.	— ras.
Il	— era.	— ira.	— evra.	— ra.
Nous	— erons.	— irons.	— evrons.	— rons.
Vous	— erez.	— irez.	— evrez.	— rez.
Ils	— eront.	— iront.	— evront.	— ront.

FUTUR PASSÉ OU ANTÉRIEUR

J'aurai	chant é	fin i	reç u.	rend u.

CONDITIONNEL (2e MODE)

PRÉSENT

Je	chant erais.	fin irais.	rec evrais.	rend rais.
Tu	— erais.	— irais.	— evrais.	— rais.
Il	— erait.	— irait.	— evrait.	— rait.
Nous	— erions.	— irions.	— evrions.	— rions.
Vous	— eriez.	— iriez.	— evriez.	— riez.
Ils	— eraient	— iraient	— evraient	— raient.

PASSÉ

J'aurais J'eusse	chant é.	fin i.	reç u.	rend u.

IMPÉRATIF (3e MODE)

PRÉSENT OU FUTUR

Chant e.	Fin is.	Reç ois.	Rend s.
— ons.	— issons.	rec evons.	— ons.
— ez.	— issez.	— evez.	— ez.

SUBJONCTIF (4e MODE)

PRÉSENT OU FUTUR

Que je	chant e.	fin isse.	reç oive.	rend e.
Tu	— es.	— isses.	— oives.	— es.
Il	— e.	— isse.	— oive.	— e.
Nous	— ions.	— issions.	rec evions.	— ions.
Vous	— iez.	— issiez.	— eviez.	— iez.
Ils	— ent.	— issent.	reç oivent.	— ent.

IMPARFAIT

Que je	chant asse.	fin isse.	reç usse.	rend isse.
Tu	— asses.	— inisses.	— usses.	— isses.
Il	— ât.	— it.	— ût.	— it.
Nous	— assions	— issions.	— ussions.	— issions
Vous	— assiez.	— issiez.	— ussiez.	— issiez.
Ils	— assent.	— issent.	— ussent.	— issent.

PASSÉ

Que j'aie	chant é.	fin i.	reç u.	rend u.

PLUS-QUE-PARFAIT

Que j'eusse	chant é.	fin i.	reç u.	rend u.

INFINITIF (5e MODE)

PRÉSENT

Chant er.	Fin ir.	Rec evoir.	Rend re.

PASSÉ

Avoir	chant é.	fin i.	reç u.	rend u.

PARTICIPE PRÉSENT

Chant ant.	Fin issant.	Rec evant.	Rend ant.

PARTICIPE PASSÉ

Chant é, ée.	Fin i, ie.	Reç u, ue.	Rend u, ue.

Hist. nat. — En zoologie et en botanique, on emploie l'expression de c. pour désigner le phénomène par lequel deux cellules nues s'unissent et se pénètrent, protoplasme à protoplasme et noyau à noyau, se fondant ainsi en une cellule unique, qui ne tarde pas à s'envelopper d'une membrane de cellulose. Cette fusion est toujours accompagnée d'une contraction indiquant une véritable combinaison entre les 2 protoplasmes et les 2 noyaux, combinaison qui fait apparaître de nouveaux caractères, qui en fait disparaître d'anciens et qui produit de la sorte une cellule réellement *nouvelle*. Dans les végétaux, c'est toujours par conjugaison que se forme l'œuf, c.-à-d. la cellule primordiale, la cellule mère de la plante, et c'est la seule cellule qui soit produite de cette façon. Le phénomène peut se produire entre deux cellules ne montrant aucune différence, ni dans la grandeur, ni dans la forme, ni dans le chemin parcouru; tantôt, au contraire, accusant une différence très nette à la fois dans la grandeur, la forme et le chemin parcouru. On donne aux deux cellules qui se conjuguent pour former l'œuf le nom de *gamètes;* dans le premier cas, les gamètes étant semblables, on dit que la conjugaison se fait par *isogamie;* dans le second cas, les gamètes étant dissemblables, on dit qu'il y a *hétérogamie.* Le gamète le plus petit est appelé mâle et porte le nom d'*anthérozoïde;* l'autre est dit femelle et porte le nom d'*oosphère;* il y a alors sexualité.

CONJUGAL, ALE. adj. (lat. *conjugium*, mariage). Qui concerne l'union du mari et de la femme. *Le lien c. L'amour c.*

CONJUGALEMENT. adv. Selon l'union qui doit être entre le mari et la femme. *Vivre c.*

CONJUGALITÉ. s. f. État conjugal

CONJUGATIF, IVE. adj. T. Gram. Qui a rapport à la conjugaison.

CONJUGATION. s. f. [Pr. ...sion]. T. Hist. nat. Voy. CONJUGAISON.

CONJUGUÉES. s. f. pl. (part. pass. du verbe *conjuguer*). T. Bot. Famille d'Algues de l'ordre des Chlorophycées.

Caract. bot. : Les C. sont des Algues d'eau douce; rarement elles vivent sur la terre humide (*Zygogonium*). Le thalle est un filament simple, transversalement cloisonné en cellules, s'allongeant indéfiniment par bipartition de ses cellules et par leur croissance intercalaire; parfois les cellules s'isolent aussitôt formées par gélification de la lamelle moyenne des cloisons.

Les C. n'ont pas de spores; leur reproduction s'opère par des œufs qui résultent de la conjugaison de 2 corps protoplasmiques semblables et immobiles. L'œuf ainsi formé, nommé souvent *zygospore*, passe à l'état de repos et ne germe qu'après un temps plus ou moins long. Il donne alors directement tantôt un seul thalle, tantôt 2 thalles semblables; de là, division de la famille en 2 tribus : les *Zygnémées* où les cellules qui se conjuguent font partie de filaments et où l'œuf ne produit qu'un seul thalle, et les *Desmidiées* où les cellules qui se conjuguent sont libres et où l'œuf produit 2 thalles jumeaux.

TRIBU I. — *Zygnémées*. — Œuf donnant un seul thalle (*Zygogonium, Zygnema, Spirogyra, Mesocarpus*, etc.) [Fig. 1. Une cellule de *Zignema cruciatum* avec ses deux

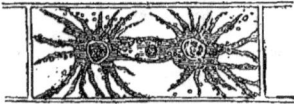

Fig. 1.

chloroleucites étoilés. — Fig. 2. Deux filaments rapprochés de *Spirogyra* montrant dans chaque cellule un chloroleucite en forme de ruban spiralé; la conjugaison se prépare en *a* et *b*.

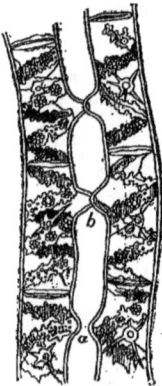

Le thalle forme un filament simple, cloisonné transversalement en cellules cylindriques; les chloroleucites y forment soit deux corps isolés suivant l'axe de la cellule (Fig. 1), soit un ou plusieurs rubans pariétaux enroulés en spirale (Fig. 2), soit une plaque axile. La formation des œufs s'opère ordinairement à la fois entre un grand nombre de cellules superposées de deux filaments voisins, qui s'envoient l'une vers l'autre des protubérances, bientôt anastomosées en canaux de conjugaison comme les barreaux d'une échelle (Fig. 2). Quand l'anastomose est faite, le corps protoplasmique se contracte de part et d'autre, et forme ainsi une cellule nouvelle qui va se réunir à sa congénère à travers le canal pour donner naissance à l'œuf. Dans les *Zygogonium*, les deux cellules font chacune pour s'unir la moitié du chemin; elles se fusionnent au

Fig. 2.

milieu du canal. Dans les *Spirogyra*, l'une des cellules se contracte la première et s'engage seule dans le canal qu'elle parcourt en entier, pour venir se fusionner avec l'autre qui demeure en place et se contracte plus tard. En même temps qu'il y a fusion, il se produit aussi une contraction nouvelle, si forte que l'œuf n'est pas plus gros que l'une des parties constituantes. L'œuf se revêt d'une membrane qui s'épaissit, se cutinise; il passe ainsi à l'état de vie latente et résiste à la dessiccation et au froid de l'hiver. Au printemps, l'œuf ainsi formé entre en germination et produit un thalle filamenteux semblable à l'ancien.

TRIBU II. — *Desmidiées*. — Œuf donnant 2 thalles (*Desmidium, Penium, Closterium, Cosmarium, Euastrum*, etc.). [Fig. 3. Formation de l'œuf du *Staurastrum dejectum:* *a*, cellule isolée; *b*, formation des deux protubérances; *c*, épanchement des deux corps protoplasmiques dans le canal; *d*, œuf séparé des cellules mères; *e*, œuf mûr avec son enveloppe externe munie de pointes].

Ces Algues habitent les eaux stagnantes et notamment les tourbières. Leurs cellules peuvent demeurer associées en filaments simples, mais le plus souvent elles s'isolent après chaque cloisonnement. Elles sont cylindriques, ou renflées au milieu en forme de tonneau, ou en forme de croissant, ou le

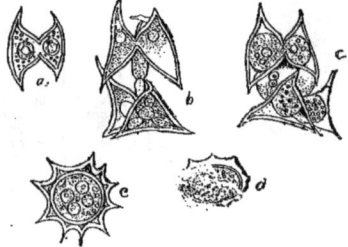

Fig. 3.

plus souvent étranglées au milieu et divisées par un isthme étroit en deux moitiés symétriques. Les cellules libres de ces plantes sont mobiles à divers degrés.

La formation de l'œuf se produit toujours entre cellules isolées, de sorte que dans les espèces à thalle associé et filamenteux une dissociation préalable est nécessaire. Les deux cellules se placent côte à côte dans une position déterminée, tantôt parallèlement, tantôt perpendiculairement. Il se forme une protubérance au milieu de chaque cellule; elles ne tardent pas à s'anastomoser au sommet, puis les deux corps protoplasmiques se fusionnent dans le canal et s'entourent d'une membrane de cellulose pour former l'œuf (Fig.3). Cet œuf germe après plusieurs mois de vie latente et donne naissance à 2 thalles jumeaux.

CONJUGUER. v. a. (lat. *conjugare*, de *cum*, avec, et *jugare*, attacher au joug, *jugum*). Unir. Peu us. dans ce sens, si ce n'est au part. pass. || Exprimer méthodiquement les différentes inflexions et terminaisons d'un verbe. *C. un verbe.* Absol., *Il sait décliner et c.* == SE CONJUGUER. v. pron. Être construit. *Ce verbe se conjugue avec l'auxiliaire Être.* || Être conjugué. *Le verbe Louer se conjugue comme le verbe Aimer.* || T. Astron. Se mettre en conjonction. == CONJUGUÉ, ÉE. part. Lié ensemble, relié par une propriété commune. || T. Bot. *Feuilles conjuguées*, Feuilles composées portant sur le pétiole commun une ou plusieurs paires de folioles opposées. On les nomme aussi *oppositipennées*. Voy. FEUILLE. || T. Méc. *Machines conjuguées*, Machines unies pour faire le même travail. || T. Phys. *Foyers conjugués d'une lentille ou d'un miroir*, Système de deux points, tels que les rayons émanés de l'un d'eux vont converger à l'autre. Voy. LENTILLE, MIROIR. || T. Anat. *Nerfs conjugués*, Ceux qui concourent à la même sensation. || T. Chim. *Acide conjugué*, Acide résultant de la combinaison de plusieurs autres en proportions définies. Cette expression a cessé d'être en usage, la classe des composés conjugués n'ayant aucune raison d'être. || T. Grav. *Pierre conjuguée*, Pierre sur laquelle sont gravés des profils parallèles et presque superposés.

Math. — Ce mot s'emploie dans plusieurs acceptions, mais toujours pour signaler une propriété symétrique à deux éléments, c.-à-d. une propriété dans laquelle les deux éléments jouent exactement le même rôle. — *Imaginaires conjuguées*, Quantités imaginaires qui ne diffèrent que par le signe de $\sqrt{-1}: a + b\sqrt{-1}$ et $a - b\sqrt{-1}$. Voy. IMAGINAIRE. — *Hyperboles conjuguées, hyperboloïdes conjugués*, Celles ou ceux qui ont les mêmes asymptotes ou le même cône asymptote, mais qui sont placés dans des régions différentes et qui satisfont de plus à certaines conditions métriques. Voy. HYPERBOLE, HYPERBOLOÏDE. — *Diamètres conjugués*, Système de deux diamètres dans une conique, tels que chacun d'eux divise en deux parties égales les cordes parallèles à l'autre. Voy. DIAMÈTRE.

— *Points conjugués, droites conjuguées harmoniquement.* Voy. HARMONIQUE. — *Points conjugués par rapport à une conique ou à une quadrique,* Système de deux points tels que la polaire ou le plan polaire de chacun passe par l'autre. — *Droites conjuguées par rapport à une conique,* Système de deux droites telles que le pôle de chacune d'elles se trouve sur l'autre. *Les plans conjugués par rapport à une quadrique* se définissent de même. — *Droites conjuguées par rapport à une quadrique,* Système de deux droites telles que le plan polaire de chaque point de l'une contient l'autre. Voy. POLAIRE. — *Tangentes conjuguées par rapport à une surface,* Système de deux tangentes menées en un même point d'une surface et telles que chacune est la position limite de la droite d'intersection de deux plans tangents à la surface qui se rapprochent infiniment, leurs points de contact se déplaçant sur une courbe tangente à l'autre direction. La considération des tangentes conjuguées a été introduite par Dupin, qui a démontré que deux tangentes conjuguées sont deux diamètres conjugués de l'indicatrice au point considéré. Voy. INDICATRICE.

CONJUNGO. s. m. (lat. *conjungo,* j'unis). Premier mot de la formule latine du mariage, qui se dit en plaisantant pour le mariage lui-même.

CONJURATEUR. s. m. Celui qui conjure, soi-disant magicien qui prétend, au moyen de certaines paroles, chasser les démons, détourner les maladies, les tempêtes, etc. *C. des tempêtes.* || Celui qui forme ou dirige une conjuration. Vx et inus.

CONJURATION. s. f. [Pr. ...*sion*] (R. *conjurer*). Association d'individus qui se sont engagés par serment à concourir à l'exécution d'un complot contre l'État, ou contre le souverain. *Faire, former, tramer une c. contre la république* La *c. de Catilina.* Voy. CATILINA. *La c. d'Amboise.* Voy. AMBOISE. || T. Théol. Paroles magiques dont on se sert pour conjurer. Voy. EXORCISME. — Par anal., Paroles, formules mystérieuses au moyen desquelles les soi-disant magiciens prétendent chasser les démons, détourner les maladies, les tempêtes, etc. Dans ce sens, il s'emploie le plus souvent au plur. *Il commença ses conjurations.* — Par ext., Prière très instante. *Il employa en vain pour le fléchir les prières, les conjurations.*

CONJURER. v. a. (lat. *cum,* avec, et *conjurare,* m. s., de *jurare,* jurer). Résoudre de concert de commettre quelque attentat. *Catilina et ses complices avaient conjuré la ruine de la République.* — Par ext., en parlant de simples particuliers, on dit, *C. la perte de quelqu'un.* || T. Théol. Exorciser. *Esprit immonde, je te conjure par le saint nom de Dieu.* — Par anal., Prononcer certaines formules au moyen desquelles de soi-disant magiciens prétendent chasser les démons, détourner les maladies, les tempêtes, etc. — Fig., *C. la tempête, c. l'orage,* Détourner par son adresse, par sa prudence, un malheur dont on est menacé. *C. la colère céleste,* S'efforcer par ses prières de calmer la colère céleste. || Par ext., Prier avec instance. *Je vous conjure de venir à mon aide. Je vous en conjure.* = CONJURER. v. n. Former, tramer une conjuration. *Cinna conjura contre Auguste.* — Absol., *Il y a des gens qui sont toujours prêts à c.* || Par ext., *C. contre quelqu'un,* Travailler de concert avec d'autres personnes contre les intérêts de quelqu'un. = SE CONJURER, v. pron. Se liguer par un complot. *Se c. contre l'État.* = CONJURÉ, ÉE. part. *Tout l'univers sembla conjuré contre lui.* || Subst., Celui qui est entré dans une conjuration. *On se saisit des conjurés.* Ne se dit guère qu'au plur.

CONLIE, ch-l. de c. (Sarthe), arr. du Mans; 1,700 hab.

CONNAISSABLE. adj. 2 g. [Pr. *ko-nè-sable*]. Qui peut être connu, ou qu'on peut reconnaître. Ne s'emploie guère qu'avec la négation, et se dit d'une personne ou d'une chose qui est tellement changée qu'on a peine à la reconnaître. *Il a tellement embelli sa maison qu'elle n'est plus c.* Peu us.

CONNAISSANCE. s. f. [Pr. *ko-nè-sance*] (R. *connaître*). Notion quelconque que l'on a d'une chose. Se dit de toute chose que l'on a vue ou dont on a entendu parler. *J'avais déjà c. de ce fait. Si j'en avais eu c., j'aurais agi autrement.* || Dans un sens plus limité, l'ensemble des notions conformes à la vérité que l'on a sur un objet quelconque. *Il a une profonde c. des hommes. La c. du bien et du mal. Cet ingénieur a une*

parfaite c. du pays. — *Avoir une grande c. des affaires,* S'entendre très bien en affaires, en avoir une grande habitude. *Avoir une grande c. des tableaux,* etc., Être capable de bien juger des tableaux, etc. — *Prendre c. d'une chose, d'une affaire, de ce qui s'est passé, de la conduite de quelqu'un,* Examiner une chose, s'en informer, s'en rendre compte ou s'en faire rendre compte. — *Parler, agir en c. de cause,* Parler de choses connues ou agir pour des motifs connus. || Au pl. et absol., *Connaissances,* se dit des notions acquises, des idées exactes que l'on a sur un sujet quelconque. *Il a beaucoup de connaissances, de grandes, de profondes, de vastes connaissances. Il possède des connaissances très variées. Il ne sait pas tirer parti de ses connaissances. De nouvelles découvertes viennent chaque jour agrandir le cercle de nos connaissances.* — *Faire c. avec quelqu'un,* Entrer en relation, se lier avec quelqu'un. *Nous fîmes c. sur le paquebot.* On dit aussi, *Faire la c. de quelqu'un. Je profitai de l'occasion pour renouveler c. avec lui.* || Se dit encore des personnes avec lesquelles on est en relation, que l'on voit habituellement. *Ce n'est pas un ami, c'est une c. On retrouve avec plaisir ses anciennes connaissances.* — On dit aussi, *Je n'aime pas à faire de nouvelles connaissances.* — Fam., *Faire une c.,* Nouer des relations avec une personne d'un autre sexe. || Fam. et prov., *Être, se trouver en pays de c.,* Se trouver au milieu de personnes que l'on connaît; et par ext., au milieu de choses que l'on connaît. *Dès qu'il est dans une bibliothèque, il se trouve en pays de c.* || Se dit de la conscience que nous avons de notre propre existence et de l'exercice de nos facultés intellectuelles. *Perdre c. Il est resté longtemps sans c. Je me suis trouvé mal, mais je n'ai pas perdu c.* — *Être en âge de c.,* Avoir atteint l'âge où l'on agit avec discernement, où l'on peut être responsable de ses actes. || T. Jurisp. Le droit de statuer sur une affaire. *Attribuer à un tribunal la c. de certaines affaires. La c. de cette cause appartient à tel tribunal.* || T. Mar. *Avoir c. d'un navire, avoir c. de terre,* Apercevoir un navire, la terre. || T. Vén. *Connaissances,* au pl., se dit de certaines marques imprimées par le pied de la bête, et auxquelles on reconnaît l'âge et la grosseur de celle-ci.

Astr. — *des Temps ou des Mouvements célestes,* Almanach astronomique à l'usage des astronomes et des navigateurs. Ce recueil, qui a été fondé par Picard, a paru pour la première fois en 1679, et sa publication annuelle n'a jamais souffert d'interruption, mais il a subi, à diverses époques, dans sa composition et son format, d'utiles modifications. Actuellement la *C. des Temps* contient le calendrier de l'année avec la concordance des calendriers grégorien, julien, républicain, israélite et musulman; les levers, couchers et coordonnées du Soleil et de la Lune; les éphémérides des planètes, les distances d'un très grand nombre d'étoiles à la lune, les éclipses de Soleil et de Lune, les phénomènes offerts par les satellites de Jupiter, les positions moyennes de 360 étoiles fondamentales, le tableau des plus grandes marées de l'année, des tables de réfraction, diverses autres tables numériques, beaucoup d'autres articles moins importants, et les explications détaillées pour l'usage de ces nombreux documents. Le volume se termine par une liste des positions géographiques d'un nombre considérable de lieux terrestres. Le volume pour 1897 contient plus de 700 pages, plus une planche consacrée à la table géographique. La *C. des Temps* est un recueil de documents d'un prix inestimable, indispensable aux études astronomiques et aux travaux des voyageurs qui doivent relever la position exacte des lieux qu'ils traversent. Elle sert aussi à la détermination des longitudes par les méthodes astronomiques. La *C. des Temps* est toujours publiée environ deux ans à l'avance.

Le volume pour 1897 a paru à la fin de 1894, afin que les voyageurs puissent se la procurer avant leur départ. Elle est rédigée par le *Bureau des Longitudes.* Voy. BUREAU.

CONNAISSANT. adj. m. [Pr *ko-nè-san*]. T. Prat. Qui se connaît, qui s'entend à quelque chose. Ne se dit guère qu'au pl. *Gens à ce connaissants.*

CONNAISSEMENT. s. m. [Pr. *ko-nè-seman*] (R. *connaître*). T. comm. Déclaration contenant un état des marchandises chargées sur un navire, le nom de ceux à qui elles appartiennent, l'indication des lieux où on les porte et le prix du fret. *Le c. peut être à ordre ou au porteur ou à une personne dénommée. Tous les connaissements doivent être signés par le capitaine et par le chargeur.*

CONNAISSEUR, EUSE. s. [Pr. *ko-nè-seur*]. Celui, celle qui se connaît à quelque chose. *C. en diamants, en tableaux,* *en peinture, en musique, en chevaux,* etc. *C'est une bonne connaisseuse en fait de toilette. Il fait le c.* || Adject., *Il porta un regard c. sur ce tableau.*

CONNAÎTRE. v. a. [Pr. *ko-nètre*] (lat. *cognoscere,* de *cum,* ensemble, et *noscere,* connaître, savoir). Avoir une notion quelconque d'une chose. *Je connais ce chemin. Je connais Bordeaux. Tout le monde connaîtra votre manière d'agir. Je ne connais rien de plus odieux que sa conduite. Je ne lui connais point de défaut. Alors seulement il connut le danger où il se trouvait.*

Le meunier, à ces mots, connaît son ignorance.
LA FONTAINE.

Faire c. son opinion, sa volonté. Donnez-lui à c. qu'il pourrait s'en repentir. — Fam., *Je ne connais que cela,* Se dit d'une chose dont il n'est pas permis de se dispenser ou que l'on ne doit pas hésiter à faire. *C'est un père qui commande; il faut obéir, je ne connais que cela.* On dit de même, *Je ne connais qu'une chose, c'est...* — *Ne c. que son devoir, que la loi, que la règle,* etc. Ne s'en écarter que pour aucun motif, *Ne c. que ses intérêts,* etc. Ne considérer que ses intérêts, etc. || Se dit aussi en parlant des animaux et de leur instinct. *Ce chien connaît bien son maître. Laissez aller votre cheval, il connaît le chemin.* || Se dit des choses dont on a des idées exactes, que l'on sait, dont on se rend compte, dont on a une grande pratique, *C. le bien et le mal. C. une science, un art, un métier, une langue,* etc. *C'est un homme qui connaît bien la guerre. C. à fond. Il ne parle que de ce qu'il connaît. C. les bons livres, les pierreries, les tableaux,* etc. *Je connais bien cet outil et la manière de s'en servir. Il y a des choses que l'expérience seule nous apprend à connaître, comme le monde, les hommes.* — Absolum., *Le désir de c.,* Le désir de s'instruire. || Se dit des personnes qui ne nous sont pas étrangères, avec lesquelles nous avons des relations. *Connaissez-vous monsieur un tel? Je le connais de vue, de réputation. Je ne connais personne dans cette ville. Je vous le ferai c. Je ne veux pas le c.* — Fam., on dit de quelqu'un que l'on connaît beaucoup. *Je ne connais autre,* et d'un individu qu'on ne connaît pas du tout, *Je ne le connais ni d'Adam ni d'Ève.* — Fig., *Ne point c., ne plus c. quelqu'un,* N'avoir nul égard, nulle considération pour quelqu'un. *Quand il s'agit de ses intérêts, il ne connaît ni parents ni amis, il ne connaît personne.* — Fam., *Ne c. ni Dieu ni diable,* N'avoir pas de religion. || T. Écrit. sainte. *C. une femme,* Avoir avec elle des relations charnelles. || Se dit des personnes dont on a pu apprécier le caractère, la moralité, le talent, la conduite, etc. *Je connais bien cet homme, je sais tout ce dont il est capable. Je saurai bien le démasquer et le faire c. Il gagne,* ou *Il ne gagne pas à être connu.*

Partout il est connu pour tout ce qu'il peut être.
MOLIÈRE.

Discerner les objets, les distinguer, les reconnaître. *Je ne l'ai vu qu'une fois, mais je le connaîtrais entre mille. Je le connus à sa voix. Son style est aisé à c.* || Sentir, éprouver, se dit soit au sens physique, soit au sens moral. *C'est à peine si l'on connaît l'hiver à Nice. Il ne connaît plus le sommeil. Son cœur n'a jamais connu la haine. Ce peuple n'a jamais connu l'esclavage.* || Pratiquer une chose, s'y soumettre. En ce sens, il se joint ordinairement à la négation. *Cet usage n'est pas connu en France. Son cœur ne connaît pas la trahison. Sa bonté ne connaît pas de bornes.* — Par anal., *Ce cheval connaît la bride, l'éperon,* etc., Il obéit à ce que son cavalier exige de lui. — *Ne point c. de maître, de supérieur,* N'avoir pas de maître, ne prétendre n'en point avoir et refuser d'obéir. On dit de même, *Je ne connais de maître que vous, que lui. Une liberté qui ne connaît aucune règle.* (BOSSUET.) — Enfin, on dit d'un homme tellement dominé par une passion que rien n'est capable de l'arrêter, qu'*Il ne connaît plus rien* = **CONNAÎTRE.** v. n. T. Jurisp. *C. de,* Avoir autorité pour statuer sur certaines affaires. *Ce tribunal connaissait des affaires civiles et criminelles. Il en connaît en première instance.* = **SE CONNAÎTRE.** v. pron. Avoir une juste notion de soi-même, de son caractère, etc. *Toute la sagesse humaine peut se réduire à cette maxime: Connais-toi toi-même. Je me connais et je sais ce que je puis faire.* — On dit de quelqu'un qui, par orgueil, oublie ce qu'il est, ce qu'il a été, ou bien qui est complétement dominé par quelque passion, *Il ne se connaît point,* ou *Il ne se connaît plus.*

|| S'emploie aussi en parlant des personnes qui se fréquentent, qui ont ensemble des relations plus ou moins habituelles. *Il y a longtemps que nous nous connaissons.* || Se c. à quelque chose, en quelque chose, Savoir bien en juger. *Il se connaît en poésie, en peinture, en pierreries, en chevaux. Vous connaissez-vous à cela? pour moi, je ne m'y connais point du tout.* || Se faire c., Dire son nom, sa qualité. *On lui refusa l'entrée, ce qui l'obligea à se faire connaître.* On dit de même, *Faire c. qui l'on est.* — *Se faire c.,* sign. aussi dire ou faire quelque chose qui décèle les qualités bonnes ou mauvaises que l'on a, se révéler, se faire remarquer. *Il s'est fait c. dans cette circonstance. Il s'est fait c. par ses prodigalités, par son amour pour l'étude, par sa charité,* etc.

Mes pareils à deux fois ne se font point connaître,
Et pour leurs coups d'essai, veulent des coups de maître.
CORNEILLE.

— *Se faire c.,* Se montrer, devenir connu, en parlant des choses.

Mais, si son amitié pour vous se fait connaître...
MOLIÈRE.

= **CONNU, UE.** part. *Le monde connu des anciens. Le plus grand des astres connus. Ce nom m'est connu.* || Subst. et absol., *Il faut aller du connu à l'inconnu,* De ce que l'on sait à ce que l'on ignore. = Conjug. Voy. PARAÎTRE.

CONNARE. s. m. (gr. κόνναρος, espèce d'arbrisseau épineux). T. Bot. Genre de plantes (*Connarus*) de la famille des *Connarées.* Voy. ce mot.

CONNARÉES. s. f. pl. [Pr. *ko-naré*] (*Connare*). T. Bot. Famille de végétaux Dicotylédones de l'ordre des Dialypétales supérovariées diplostémones.

Caract. bot.: Arbres ou arbrisseaux quelquefois grimpants. Feuilles composées pennées, alternes et sans stipules. Fleurs terminales et axillaires, en grappes simples ou composées, munies de bractées, hermaphrodites, rarement unisexuées par avortement. Calice à 5 divisions, régulier, persistant, à estivation imbriquée ou valvaire. Pétales au nombre de 5, insérés sur le calice, à estivation imbriquée, rarement valvaire. Étamines en nombre double de celui des pétales; celles qui sont opposées aux pétales, plus courtes que les autres, parfois avortées; filets ordinairement monadelphes. Pistil formé de cinq carpelles, ayant chacun un style et un stigmate distincts; parfois un seul carpelle; ovules 2, collatéraux, orthotropes, ascendants; styles terminaux; stigmates ordinairement dilatés. Fruit formé de 5 follicules; quand il n'y a qu'un carpelle, c'est une gousse. Graines dressées, disposées par paires, ou solitaires, avec ou sans albumen, souvent pourvues d'un arille comestible; radicule supère, à l'ex-

trémité opposée au hile; cotylédons épais dans les espèces dépourvues d'albumen, et foliacés chez celles qui en ont un. (Fig. *Connarus pinnatus.* — 1. Fleur; 2. Étamines et pistil; 3. Ovaire ouvert perpendiculairement; 4. Coupe transversale du même; 5. Un carpelle pour montrer la graine et l'arille; 6. Coupe transversale de l'embryon.)

Cette famille comprend **12** genres et **140** espèces, toutes propres aux contrées intertropicales, mais surtout répandues en Amérique. — L'arille de quelques espèces d'*Omphalobium* est comestible; les graines de ces espèces sont oléifères. Oxley considère comme un très bon fébrifuge l'*Eurycoma longifolia*, appelé *Punowur-pait* par les Malais. Le beau *bois de Zèbre* des ébénistes provient, selon Schomburgk, de l'*Omphalobium Lamberti* (*Connarus guianensis*) très bel arbre qui croît à la Guyane ; ce bois, à cause de sa rareté, se vend en Europe à des prix très élevés. Les fruits de plusieurs espèces du genre *Cnestis* sont couverts de poils qui excitent sur la peau de vives démangeaisons : aussi donne-t-on vulgairement à ces plantes le nom de *Grattelier*, et à leurs follicules celui de *Pois à gratter*. L'écorce astringente du *Connarus pinnatus* sert, dans l'Inde, pour guérir les aphtes; celle du *C. africanus* est utilisée dans le traitement des plaies et des brûlures. L'écorce du *Rourea hirsuta* est employée comme tonique à la Guyane. A Madagascar, les indigènes emploient comme vomitives les feuilles de l'*Agelœa emetica*, et comme antigonorrhéiques celles de l'*A. Lamurkii*; ces dernières sont aussi vantées comme efficaces dans la dysenterie.

CONNAUGHT, contrée occidentale de l'Irlande.

CONNÉ, ÉE. adj. [Pr. *konn-né*] (lat. *connatus*, né ensemble). T. Bot. Se dit des feuilles opposées qui sont soudées ensemble par leur base. Voy. FEUILLE.

CONNECTICULE. s. m. [Pr. *konn-nek-ticule*] (lat. *connectere*, lier ensemble). T. Bot. Nom donné par certains auteurs à l'*anneau du sporange des Fougères*. Voy. ce mot.

CONNECTICUT, un des États-Unis de l'Amérique du Nord, v. pr. *Hartford* et *New-Haven*. 750,000 hab. C'était l'un des 13 États primitifs de l'Amérique du Nord. Il est compris entre 74° 12' et 78° 61' de longitude à l'ouest de Paris, et de 40° 59' à 42° 2' de latitude.

CONNECTIF, IVE. adj. [Pr. *konn-nek-tif*] (lat. *connectere*, lier ensemble). Qui sert à unir. ‖ T. Anat. *Tissu c.*, syn. de *Tissu cellulaire*. Voy. CELLULAIRE. ‖ CONNECTIF, s. m. T. Bot. Portion de l'étamine faisant suite au filet et réunissant les sacs polliniques. Voy. ÉTAMINE.

CONNECTICUT, fleuve des États-Unis, prend sa source sur les hauts plateaux qui séparent le Canada des États-Unis, traverse l'État de Massachusetts du N. au S., entre dans l'État de Connecticut et va se jeter dans le canal de Long-Island, après un parcours de 650 kil.

CONNÉTABLE. s. m. [Pr. *ko-nétable*] (lat. *comes stabuli*, comte de l'étable). T. Hist. Premier officier de la maison du roi. ‖ Titre du commandant général des armées de 1218 à 1627 ‖ Titre du 5ᵉ des grands dignitaires de l'Empire dans la Constitution du 18 floréal an XII. ‖ Titre qui se donnait aux gouverneurs de places fortes. ‖ Titre de certains officiers paroissiaux électifs dans les îles de Jersey, Guernesey, Aurigny et Serk. = s. f. Femme d'un connétable. *Madame la connétable.*

Hist. — Le titre de c., ou mieux de *Comte de l'étable* (*Comes stabuli*) remonte à l'époque du Bas-Empire; mais alors le c. était simplement un officier du palais impérial, dont les fonctions correspondaient à peu près à celles du grand écuyer, c.-à-d. qu'il avait l'intendance des écuries de l'empereur. A l'armée, cependant, il était quelquefois chargé du commandement de la cavalerie. Les rois de France, qui imitaient autant qu'il leur était possible la cour de Byzance, voulurent aussi avoir leur c., mais, dans le principe, cette charge ne différa pas de celle d'un grand écuyer. Sous Charlemagne un nommé *Geillon* fut *Comte de l'étable*. Les ducs de Bourgogne, de Champagne, de Normandie, eurent aussi leurs connétables qui remplissaient à la cour de ces princes les mêmes fonctions. C'est au roi Henri Iᵉʳ que plusieurs auteurs attribuent l'érection de la charge de c. en grand office de la couronne, lorsque ce prince en investit Albéric de Montmorency, en 1060. Suivant d'autres, ce fut seulement en 1191 ou 1193 que le commandement des armées fut attribué au c., qui était alors Dreux de Mello. Enfin, suivant l'opinion généralement admise, c'est le c. Mathieu II le Grand, seigneur de Montmorency, qui reçut le premier le commandement général et souverain des armées. Mathieu II avait été investi de cette dignité, en 1219, par le roi Philippe-Auguste. La puissance de ces grands officiers porta ombrage à plusieurs de nos rois, qui, pour ce motif, laissèrent plus d'une fois cette dignité vacante. Enfin, après la mort de François de Bonne, duc de Lesdiguières,

nommé c. de France en 1609, et décédé en 1626, Louis XIII supprima cette charge par un édit du mois de janvier 1627, avec défense de la rétablir « pour quelques causes, occasions, et en faveur et considération de quelque personne que ce puisse être ».

Depuis le commencement du XIIIᵉ siècle jusqu'à celui du XVIIᵉ, *Connétable* a été le titre du premier officier de la couronne et du premier dignitaire du royaume. Il était, après le roi, le chef souverain des armées; il en avait le commandement, la marche des troupes, la reddition des places, le partage du butin, et tout ce qui était relatif à l'administration militaire. Dans une ville prise d'assaut, tout revenaient au roi, à l'exception de l'or et des prisonniers, qui revenaient au roi, et de l'artillerie, qui était dévolue au grand maître des arbalétriers. « Le c., dit une ordonnance, malheureusement sans date, conservée dans les archives de la Cour des comptes, a droit à la paye d'un jour de tous les gens de guerre, depuis le premier maréchal jusqu'au dernier soudoyer. » Cependant, sous Philippe de Valois, les princes du sang et leurs officiers furent exemptés de ce droit, non pas parce qu'ils étaient princes, mais simplement parce qu'ils faisaient la guerre à leurs dépens et ne recevaient point de gages du roi. A la cour, comme à l'armée, le c. tenait le premier rang après le roi. Quand une ville était prise d'assaut ou avait capitulé, le c. présent, on arborait son étendard sur les tours. Lorsque le roi se trouvait au siège en personne, on arborait d'abord l'étendard royal, mais on le remplaçait immédiatement par celui du c. Au sacre du roi, le c. se tenait à sa droite, l'épée nue à la main. Quand le roi faisait son entrée dans une ville de parlement, le c. marchait devant lui l'épée en main, et vêtu d'un habit de velours bleu, enrichi de fleurs de lys d'or. Enfin, lorsque le roi siégeait aux États généraux ou dans les lits de justice, le c. était assis à sa droite, toujours l'épée nue à la main. La charge de c. était inamovible. Il avait le droit de faire justice des plus hauts dignitaires de l'État, et en même temps il était lui-même inviolable. L'attentat contre sa personne était puni comme un crime de lèse-majesté, ainsi que le montre le jugement rendu contre Pierre de Craon, en 1392, pour avoir attenté à la personne du c. Olivier de Clisson. Le c. possédait en outre le droit de justice, et avait immédiatement sous ses ordres un prévôt de la *Connétablie* qui jugeait toutes les fautes commises par les soldats. Il avait encore sa justice ordinaire à la table de marbre de la grande salle du Palais. — Un cérémonial des plus imposants présidait à l'investiture d'un c. Le roi lui-même lui remettait l'épée nue, marque de sa dignité, et les premiers princes du sang lui ceignaient le baudrier. — La marque de la dignité du c. était une épée d'armes, ayant le manche d'or émaillé de fleurs de lis. Quant à ses insignes héraldiques, ils consistaient en deux épées nues placées de chaque côté de l'écu de ses armoiries, la pointe haute, et soutenues par un dextrochère armé de gantelets, mouvant d'un nuage (Fig. ci-contre).

Depuis Mathieu II de Montmorency jusqu'à Lesdiguières, on compte 30 connétables. Nonobstant la suppression de l'office de c., l'un des maréchaux de France en remplissait les fonctions au sacre des successeurs de Louis XIII. Ainsi, aux sacres de Louis XIV et de Louis XV, ce furent les maréchaux d'Estrées et de Villars qui représentaient le personnage du c. La juridiction de l'ancienne connétablie, qui s'étendait sur tous les gens de guerre et sur tout ce qui concernait la guerre, tant au civil qu'au criminel, ne disparut point avec le titre de c. lui-même. Elle fut exercée par le corps des maréchaux de France, et présidée par leur doyen. Ce fut même ce tribunal qui plus tard fut chargé de connaître de toutes les affaires relatives au point d'honneur.

Il y avait près de deux siècles que le nom de c. avait disparu de notre histoire, lorsque Napoléon, par un décret du 28 floréal an XII (18 mai 1804), essaya de le faire revivre. Il conféra à son frère, Louis-Napoléon, depuis roi de Hollande, le titre de *Grand C.*, et donna au maréchal Berthier, prince de Neufchâtel, celui de *Vice-Connétable*. Ces titres, au reste, n'étaient et ne pouvaient être que purement honorifiques. Toutefois le c. assistait, avec l'empereur, au travail annuel du ministre de la guerre et du directeur de l'administration militaire. Il était, en outre, spécialement chargé d'installer les maréchaux et de les présenter au serment.

Naguère encore, l'Espagne avait des connétables. Ce titre était conféré aux gouverneurs de certaines provinces : ainsi il y avait un c. de Castille, un c. de Navarre, etc. L'Angleterre a eu des connétables sous quelques règnes. Enfin, à Rome, l'aîné de la maison Colonne s'appelle le Connétable, comme étant c. héréditaire du royaume de Naples.

CONNÉTABLIE. s. f. [Pr. *ko-nétablî*]. Juridiction d'un connétable. Voy. CONNÉTABLE. ‖ Par ext. Personnel de la connétablie.

CONNEXE. adj. 2 g. [Pr. *konn-nexe*] (lat. *connexus*. m. s.; de *cum*, ensemble, et de *nexus*, lié). T. Droit. Se dit des affaires qui ont entre elles un rapport intime et qui doivent être décidées par un seul et même jugement. *Délits connexes. Cette affaire est c. à telle autre.* ‖ Se dit aussi en parlant des sciences qui se touchent par un grand nombre de points. *La physique et la chimie sont deux sciences connexes.*

CONNEXION. s. f. [Pr. *konn-nek-sion*] (lat. *connexio*, m. s.). Liaison que certaines choses ont les unes avec les autres. *Il n'existe aucune c. entre ce principe et les conséquences que vous en tirez. Il y a une c. évidente entre ces deux sciences, entre ces phénomènes.*

CONNEXITÉ. s. f. [Pr. *konn-nek-sité*] (R. *connexe*). Rapport que certaines choses ont entre elles; disposition réciproque qu'elles ont à être unies. *Il existe une grande c. entre toutes les sciences morales. Il n'y a aucune c. entre ces deux causes.*

CONNIVENCE. s. f. [Pr. *konn-nivanse* (lat. *conniventia*, de *connivere*, cligneter). Complaisance coupable que l'on a pour une action mauvaise que l'on devrait empêcher et qu'on laisse commettre en feignant de ne pas s'en apercevoir. *Sans la c. des chefs, les subalternes n'auraient pas osé se conduire ainsi.* ‖ Par ext. Accord secret, complicité. *Ces deux fripons étaient de c.* On dit de même, *Agir de c.*

CONNIVENT, ENTE. adj. [Pr. *konn-nivan*] (lat. *connivere*, cligneter). Tendant à se rapprocher. ‖ T. Bot. et Zool. Se dit des organes qui, étant rapprochés par la base, s'écartent d'abord, puis se rapprochent de nouveau les uns vers les autres. ‖ T. Anat. *Valvules conniventes,* Replis circulaires sur la surface antérieure du canal intestinal de l'homme. Voy. INTESTIN.

CONNIVER. v. n.[Pr. *konn-niver*] (lat. *connivere*, cligneter, de *cum* avec, et *nivere*, cligner). Feindre de ne pas voir une action mauvaise que l'on devrait empêcher; s'en rendre complice en l'empêchant pas. *L'inspecteur et le receveur des douanes connivaient ensemble depuis longtemps. Le père connive aux débauches du fils.*

CONNOR (O'). Voy. O'CONNOR.

CONNOTATIF, IVE. adj. [Pr. *konn-no-tatif*] (lat. *cum*, avec ; *notare*, noter). T. Gramm. Indiquant à la fois l'idée secondaire et l'idée principale. *Termes connotatifs.*

CONNOTATION. s. f. [Pr. *konn-no-ta-sion*] (R. *con,* préf., et *notation*). T. Gram. Sens appliqué à un terme abstrait plus général que celui qui lui est propre.

CONOCARPE. adj. 2 g. (gr. *κῶνος,* cône ; *καρπὸς,* fruit). T. Bot. Qui a des fruits de forme conique.

CONOCARPE. s. m. (gr. *κῶνος,* cône; *καρπὸς,* fruit). T. Bot. Genre de plantes (*Conocarpus*) de la famille des Combrétacées. Voy. ce mot.

CONOCÉPHALE. s. m. (gr. *κῶνος,* cône ; *κεφαλὴ,* tête). T. Bot. Genre de plantes (*Conocephalus*) de la famille des Urticacées. Voy. ce mot.

CONOCÉPHALÉES. s. f. pl. T. Bot. Tribu de végétaux de la famille des Urticacées. Voy. ce mot.

CONOCÉPHALITES. s. m. pl. (gr. *κῶνος,* cône; *κεφαλὴ,* tête). T. Paléont. Zool. Genre de crustacés Trilobites. Voy. ce mot. L'animal est plus ou moins allongé, à contour ovi-

forme, à tête semi-circulaire. La glabelle est rétrécie en avant et présente 3 ou 4 sillons latéraux. Les yeux existent d'ordinaire, mais peuvent manquer. Les segments thoraciques varient de 4 à 13. Le pygidium est petit et les plèvres offrent des facettes. Ces trilobites qui pouvaient s'enrouler ne se rencontrent que dans l'étage primordial. Voy. TRILOBITES.

CONOCLINIUM. s. m. [Pr. *konoclini-ome*] (gr. *κῶνος,* cône ; *κλίνη,* lit). T. Bot. Genre de plantes de la famille des Composées.

CONOHORIA. s. f. T. Bot. Genre de plantes de la famille des Violariées. Voy. ce mot.

CONOÏDAL, ALE. adj. Qui a la forme d'un cône ou qui en approche.

CONOÏDE. s. m. (gr. *κῶνος,* cône ; *εἶδος,* apparence). Qui a la forme d'un cône. ‖ T. Géom. On trouve quelquefois ce mot employé par certains auteurs pour désigner les surfaces du second degré de révolution. Voy. QUADRIQUE. — Aujourd'hui le mot *conoïde* désigne une surface réglée engendrée par une droite qui se meut en restant parallèle à un plan fixe nommé *plan directeur,* et en s'appuyant sur un *axe* fixe. Le mouvement de la génératrice peut être défini d'une infinité de manières; la plus simple consiste à donner une *directrice* sur laquelle elle doit s'appuyer, ou une surface à laquelle elle doit rester tangente. Il y a un conoïde du second degré, celui dont la direction est rectiligne : c'est le *paraboloïde hyperbolique.* Voy. PARABOLOÏDE. Un c. est dit droit quand l'axe est perpendiculaire au plan directeur. Le c. droit dont la directrice est une hélice tracée sur un cylindre de révolution autour de l'axe est la surface bien connue sous le nom d'*hélicoïde droit,* ou *surface de vis à filet carré.*

CONOMINATION. s. f. [Pr. *...sion*] (lat. *cum,* avec; *nominare,* nommer). Indication simultanée de plusieurs êtres ayant quelque chose de commun.

CONON, général athénien, fut vaincu à Ægos-Potamos (405 av. J.-C.); mais, avec l'aide des Perses, il se releva de sa défaite et rebâtit les murs d'Athènes, en 392.

CONON, astronome et géomètre grec du IIIᵉ siècle av. J.-C. C'est lui qui nomma la *Chevelure de Bérénice.* Contemporain et ami d'Archimède.

CONOPHTALME. adj. 2 g. (gr. *κῶνος,* cône; *ὀφθαλμός,* œil). T. Zool. Dont les yeux sont en forme de cône.

CONOPS. s. m. (gr. *κώνωψ,* cousin, moucheron à trompe, de *κῶνος,* cône, et *ὤψ,* œil). T. Entom. Genre d'insectes diptères du sous-ordre des *Brachycères.* Voy. MUSCIENS.

CONORHAMPHE. adj. 2 g. (gr. *κῶνος,* cône; *ῥάμφος,* bec). T. Zool. Qui a le bec conique. = s. m. pl. Famille de Passereaux.

CONOSTYLE. s. m. (R. *cône* et *style*). T. Bot. Genre de plantes de la famille des *Hémodoracées.* Voy. ce mot.

CONOSTYLÉES. s. f. pl. T. Bot. Tribu de plantes de la famille des *Hémodoracées.* Voy. ce mot.

CONQUASSANT, ANTE. adj. (lat. *conquassare,* briser, de *cum,* avec, et *quassare,* briser). T. Méd. Qui brise, qui abat. *Douleurs conquassantes.*

CONQUASSATION. s. f. [Pr. *...sion*] (lat. *conquassare,* briser). Réduction en petits fragments.

CONQUE. s. f. (lat. *concha,* m. s.). Nom donné anciennement à la plupart des coquilles bivalves, et à certaines coquilles univalves, telles que les grands Tritons. *On voyait dans ce tableau Vénus portée sur une c.* ‖ Par ext. Objet ayant la forme d'une conque. ‖ T. Anat. *C. de l'oreille,* Cavité du pavillon de l'oreille où commence le conduit auditif. Voy. OREILLE. ‖ T. Métrol. Mesure de l'ancienne Rome qui valait la moitié du cyathus, c.-à-d 0ˡ,025. — Poids de Bayonne pour le sel, valant 38 kil. 5. ‖ Sorte de vase de verre. ‖ T. Mus. Instrument en usage dans les armées chinoises.

CONQUÉRANT. s. m. Celui qui fait ou a fait des conquêtes, qui a pris des pays par les armes. *Les grands conquérants sont de grands ambitieux. Les conquérants ressemblent à ces fleuves débordés qui paraissent majestueux, mais qui ravagent toutes les fertiles campagnes qu'ils devraient arroser.* (FÉNELON.) *Pour se dégoûter des conquérants il faudrait savoir tous les maux qu'ils causent.* (CHATEAUBRIAND.)

CONQUÉRIR. v. a. (lat. *conquirere*, amasser, de *cum*, avec, et *quærere*, chercher, quérir). Prendre par les armes. *C. une ville*, avec, et *acquérere*, acquérir). *Alexandre conquit l'Asie dans l'espace de dix années.* || Fig., Gagner, soumettre, s'attacher. *Il avait conquis l'estime de tout le monde. C. l'amitié, les bonnes grâces de quelqu'un.* = Conquis, ise. part. *Le pays c. Les villes conquises.* = Conj. Voy. Acquérir.

CONQUES, ch.-l. de c. (Aude), arr. de Carcassonne; 1,500 h.

CONQUES, ch.-l. de c. (Aveyron), arr. de Rodez; 1,200 hab.

CONQUÊT. s. m. (lat. *conquisitum*, ce qui est conquis, de *cum*, avec, et *acquirere*, acquérir). T. Dr. On désigne ainsi les immeubles acquis pendant le mariage et qui entrent en communauté (1408 C. civ.). On donne également à ces biens le nom d'acquêts. Voy. COMMUNAUTÉ.

CONQUÊTE. s. f. (lat. *conquisita*, les choses conquises). L'action de conquérir ; la chose conquise. *Faire une c., des conquêtes. Belle, grande, glorieuse c. Marcher de c. en c. Le droit de c. n'a d'autre fondement que la loi du plus fort.* (J.-J. ROUSSEAU.) *La gloire des conquêtes est toujours souillée de sang.* (MASSILLON.) *Parmi les Espagnols qui allèrent à la conquête des Indes, il en est qui firent vœu de massacrer douze Indiens par jour en l'honneur des douze apôtres.* (RAYNAL.) — *Vivre comme dans un pays de c., Vivre à discrétion.* || Fig., *La science fait tous les jours de nouvelles conquêtes.*

CONQUISITEUR. s. m. (lat. *conquisitor*, m. s., de *conquirere*, dans le sens de : rechercher). T. Antiq. rom. Officier chargé de rechercher ceux qui tentaient de se soustraire au service militaire et de leur faire prêter serment.

CONRAD Ier, duc de Franconie, roi de Germanie (911-919). || CONRAD II *le Salique*, emp. d'Allemagne (1024-1039). || CONRAD III, fils de Frédéric de Hohenstaufen, empereur (1138-1152), perdit son armée dans la 2ᵉ croisade. || CONRAD IV, dernier empereur de la maison de Hohenstaufen (1250-1254).

CONRAD dit le *Pacifique*, roi d'Arles de 937 à 994.

CONRADIN, fils de Conrad IV, appelé en Italie par les Gibelins pour combattre Charles d'Anjou, fut vaincu et pris à Tagliacozzo, puis condamné et décapité à Naples, en 1269, à l'âge de dix-sept ans.

CONRART (VALENTIN), littérateur médiocre, conseiller et secrétaire du roi, né en 1603, mort en 1675, réunissait chez lui une société de gens de lettres, qui fut l'origine de l'Académie française (1635) ; il en fut le premier secrétaire perpétuel. Conrart a publié fort peu de chose, ce dont s'est moqué Boileau dans le vers devenu célèbre :

> J'imite de Conrart le silence prudent.

L'épigramme suivante courait à son propos :

> Conrart, comment as-tu pu faire
> Pour acquérir tant de renom,
> Toi qui n'as, pauvre secrétaire,
> Jamais imprimé que ton nom.

CONSACRANT. adj. m. Qui consacre. *L'évêque c.* || Subst. *Le consacrant,* Évêque qui en consacre un autre.

CONSACRER. v. a. (lat. *consecrare*, m. s., de *cum*, avec, et *sacrare*, rendre sacré). Dédier à Dieu, à une divinité, avec certaines cérémonies. *C. une personne à Dieu, au service des autels. Les anciens consacraient à leurs dieux des temples, des autels, des bois.* || Rendre sacré, saint, vénérable. *Ce lieu est consacré par le sang des martyrs.* || Par anal., Perpétuer, rendre durable. *On consacra cet événement par plusieurs monuments. Il fit élever un arc*

de triomphe afin de c. le souvenir de sa victoire. — Sanctionner. En parlant du temps, on dit : *Il est difficile de faire disparaître les erreurs, les préjugés que les siècles ont consacrés.* Se dit particulièrement des locutions, des mots que l'usage a adoptés. *C'est un mot consacré par l'usage. L'usage consacre parfois des locutions très vicieuses.* || Dévouer, destiner, employer à un certain usage. *C. sa jeunesse, sa vie, ses veilles, etc., à l'étude, à la guerre, au barreau, à l'art, à la science. Il consacra sa fortune à soulager les pauvres.* — *C. à quelqu'un son temps, ses veilles, ses soins, etc. Lui dévouer son temps, etc.* || T. Théol. Se dit, dans un sens tout particulier, de ce que fait le prêtre lorsqu'il prononce les paroles sacramentelles en vertu desquelles le pain et le vin deviennent le corps et le sang de Jésus-Christ. *Le prêtre venait de c. l'hostie.* = SE CONSACRER. v. pron. *Se c. à Dieu. Se c. à l'étude des langues, des sciences.* = CONSACRÉ, ÉE, part. *Un temple c. à Minerve. Des fonds consacrés à une dépense déterminée. Une locution consacrée par l'usage. Dans le langage théologique, transsubstantiation est un terme c.*

CONSALVI, cardinal (1757-1824), fut le négociateur du Concordat de 1801.

CONSANGUIN, INE. adj. [Pr. *konsan-ghin*] (lat. *consanguineus*, m. s., de *cum*, ensemble, et *sanguis*, sang). Parent du côté paternel. Il n'est guère usité que dans ces loc. : *Frère c., sœur consanguine,* Frère, sœur de père seulement ; par oppos. à *Frère utérin, sœur utérine,* Frère, sœur de mère seulement ; et à *Frère germain, sœur germaine,* Frère, sœur de père et de mère. || T. Jurisp. Subst. et au pl., *Les utérins et les consanguins.*

CONSANGUINITÉ. s. f. [Pr. *konsan-gui-nité,* en faisant sentir l'u, d'après l'Académie. Il serait préférable de dire *kon-san-ghinité,* puisqu'on dit *consan-ghin*]. T. Dr. rom. Parenté du côté du père. *Droit de c.* || T. Dr. can. En matière de mariage, se dit de toute parenté, soit du côté du père, soit du côté de la mère.

CONSCIENCE. s. f. [Pr. *kon-siance*] (lat. *conscientia*, m. s., de *cum*, avec, et *scientia*, science). Sentiment que l'homme a de lui-même et qui l'avertit de ce qui se passe en lui. *L'âme a c. d'elle-même. C. intime. Un profond sommeil nous fait perdre la c. de nous-mêmes.* — Par ext., *Avoir la c. de sa force, de son génie.* || Sentiment intérieur par lequel l'homme juge de la moralité de ses actions, se rend témoignage du bien et du mal qu'il fait. *Suivre les inspirations de sa c. Agir, parler contre sa c., selon sa c. Capituler, transiger avec sa c. Faire une chose pour l'acquit de sa c. Cela peut se faire en sûreté de c., en toute sûreté de c. Remords de c.* — *Faire c. d'une chose, se faire c. d'une chose,* S'abstenir, se faire scrupule d'une action parce qu'on la juge blâmable, contraire aux bonnes mœurs, etc. *Je ferais c., je me ferais c. d'avoir des relations avec un homme tel que vous.* — *Avoir de la c., être homme de c.,* se dit d'un homme qui a de la probité et auquel on peut se fier. On dit au contraire d'un homme sans probité, qu'*Il est sans c., qu'Il n'a pas de c.* — Fam., *Avoir la c. large,* N'être pas très scrupuleux. *Avoir la c. nette,* N'avoir rien à se reprocher.* || Fig., *Mettre la main sur la c.,* Consulter sa c. Se dit en parlant à quelqu'un qu'on presse d'avouer ses torts, de parler franchement, de dire ce qu'il pense. *Mettez la main sur la c., et dites-nous ce que vous avez fait.* — *La main sur la c.,* En prenant la c. à témoin. *La main sur la c., je vous déclare...* — Fam., *Dire tout ce qu'on a sur la c., sur sa c.,* Ne rien cacher des sentiments qu'on éprouve, faire connaître ses chagrins, ses douleurs, dire franchement les griefs dont on se plaint. — *En c., de c., en bonne c., sur ma c.,* Franchement, loyalement, selon les règles dictées par la c. *Je vous le dis en c. Ce marchand me dira en c. En bonne c., pouvez-vous me demander ce prix ?* || Dans le langage religieux, se dit de la manière dont les fidèles doivent penser et se conduire. *Diriger, alarmer, troubler les consciences.* — *Examen de c.,* Examen commandé par l'Église afin de voir ce en quoi on a pu manquer aux devoirs prescrits par la morale ou la religion. — *Cas de c.,* Difficulté ou question à résoudre sur ce que permet ou défend la religion. *Proposer, résoudre un cas de c.* — Par ext., *Se faire un cas de c. d'une chose,* Répugner à faire une chose parce qu'on la croit mauvaise, contraire à l'honneur ou à la délicatesse. — *Liberté de c.,* Le droit de se décider pour telle ou telle croyance religieuse.* || T. Imprim. Travail payé à l'heure ou à la journée, pour lequel on s'en rapporte à la c. de l'ouvrier. *Une journée de c. Mettre un compositeur en c.* — La réunion des ouvriers qui travaillent de cette manière, et le lieu où ils travaillent. *Portez cette épreuve à la c. Ce compositeur travaille à la c.* ‖ Plaque d'acier en forme de violon que l'on applique sur la poitrine et qui est percée de trous dans lesquels on porte la tête du foret quand on fore à l'archet.

Philos. — Tous les hommes attachent au mot *Conscience* deux acceptions différentes, quoique intimement liées l'une à l'autre.

I. *Conscience psychologique.* — Nous nommons ainsi, comme l'indique l'étymologie même du mot (*cum*, avec, et *scire*, savoir), le sentiment que nous avons de notre existence individuelle, c.-à-d. de l'activité et des énergies de notre âme.

— Lorsque nous éprouvons une sensation, nous nous distinguons aussitôt, non seulement de cette sensation elle-même, mais encore de la chose extérieure qui l'a produite; en d'autres termes, nous avons c. de nous-mêmes, nous distinguons ce qui est nous de ce qui n'est pas nous, ou comme on dit, notre *moi* du *non-moi*, et nous affirmons notre vie individuelle, notre *personnalité*. Si nous éprouvons une série de sensations différentes, nous affirmons aussitôt *l'unité* et la *simplicité* de notre *moi*, en même temps la diversité du non-moi ou du monde extérieur. Nous pensons, et notre pensée, nous la distinguons du sujet pensant, comme nous avons distingué le sujet sentant d'avec la sensation. Si nous nous rappelons avoir éprouvé certaines sensations ou accompli certaines actions, nous avons en même temps le sentiment d'être le *même* à l'époque présente et à l'époque qu'évoque notre souvenir. Si nous étendons le bras pour repousser ou pour saisir un objet, non seulement par la c. nous nous distinguons et de l'objet auquel nous tendons, et du bras auquel nous imprimons le mouvement, et du corps auquel ce bras appartient, non seulement nous nous sentons comme *voulant* ce mouvement et comme le produisant en vertu de notre activité propre, mais encore nous distinguons notre moi du désir spontané qu'il forme, de la détermination qu'il a prise et de la faculté qu'il possède de se déterminer. Ainsi par la c. nous nous connaissons comme un être *simple, sensible, intelligent, actif* et *libre*. Par la c., nous avons le sentiment de notre *existence* et de notre *identité* à diverses époques, ainsi que de notre *activité spontanée* et *volontaire*, de notre *libre arbitre*.

La c. est l'élément essentiel de notre existence en tant que personne: elle accompagne nécessairement l'exercice de toutes nos facultés à tel point que sans la c. ces facultés elles-mêmes cesseraient d'exister. Il est impossible de concevoir un être qui sentirait et qui ignorerait qu'il sent, un être pensant et ignorant qu'il pense, un être libre et ne sachant pas qu'il est libre, etc. Cependant, la connaissance intime de l'état de notre âme fournie par la c., n'est pas nécessairement présente à notre pensée. Plus l'âme est occupée par la sensation, la pensée ou l'énergie volontaire, plus la notion de la c. paraît s'affaiblir et se voiler pour ainsi dire; mais il suffit de la moindre circonstance extérieure pour réveiller cette notion. Dans une souffrance vive, nous ne pensons pas à chaque instant que nous souffrons, parce que notre attention distraite par la souffrance ne se replie pas incessamment sur nous-mêmes; cependant, nous sommes bien sûrs que nous souffrons et nous n'avons aucun doute à cet égard. Si, de même, nous sommes absorbés par la recherche d'un problème difficile, nous ne pensons pas à chaque instant que nous cherchons un problème. « Il n'est pas possible, a dit Leibnitz, que nous réfléchissions toujours expressément sur toutes nos propres pensées; autrement l'esprit ferait réflexion sur chaque réflexion à l'infini sans pouvoir passer à une autre pensée. Par exemple, en m'apercevant de quelque sentiment présent, je devrais toujours penser que j'y pense et penser encore que je pense d'y penser, et ainsi à l'infini. » Mais cette remarque n'empêche pas la conscience d'accompagner nécessairement l'exercice de nos facultés; elle dépend d'un simple phénomène d'attention : la notion fournie par la c. est incessamment présente, mais nous n'y faisons pas attention, de même que quand nous avons l'esprit absorbé par un travail, nous ne faisons pas attention aux bruits du dehors, quoique nous les entendions réellement, en ce sens que la sensation qu'ils produisent en nous, quoique non perçue explicitement, est cependant à la disposition de notre attention.

La c. est encore le fondement de la connaissance que nous pouvons avoir du monde extérieur. D'abord c'est la c. qui, en nous révélant l'existence du *moi*, nous apprend à le distinguer du *non-moi*. Mais il y a plus. L'existence même du *non-moi* ne saurait être révélée par la simple sensation, qui n'est à tout prendre qu'une modification, un état particulier du *moi*. Pour arriver à la notion du *non-moi*, à la certitude qu'il existe des objets étrangers au *moi* et capables cependant de l'influencer, il faut que la sensation s'accompagne de ce sentiment invincible, qu'elle est *causée* par quelque chose d'extérieur. La sensation éveille donc en nous l'idée de *causalité*, que nous ne pouvons nous empêcher de transporter de nous-mêmes au monde extérieur, de sorte que nous acquérons ainsi l'idée du *principe général de causalité* qui est la base de l'induction et de toutes nos connaissances. Voy. CAUSE, INDUCTION. Cependant, il n'y a rien de commun entre la sensation pure et ce principe général d'après lequel nous rattachons invinciblement à une cause toutes les modifications que nous observons en nous et hors de nous. L'acquisition du principe est donc un phénomène tout intérieur, qui s'accomplit en nous-mêmes dès que nous attachons notre attention à la connaissance que nous donne la c. de nos propres sensations. Ce principe fait donc partie de notre être au même titre que la connaissance que nous avons de nous-mêmes, de notre sensibilité, de notre intelligence et de notre liberté, et comme tel il dépend de la c., puisque nous l'acquérons en nous connaissant nous-mêmes. La notion de bien et de mal *moral* dérive de ce que nous sentons *obligés* à faire le bien et à ne pas faire le mal. A ce titre, elle diffère essentiellement de la notion de bien et de mal physique, ou d'*utilité* et de *nuisance*, laquelle dérive de la connaissance ou du souvenir des sensations agréables ou pénibles, mais toutes deux ont ainsi leur origine dans la c. Enfin le principe de contradiction lui-même, qui est la base du raisonnement déductif, et d'après lequel une même chose ne peut pas être et n'être pas en même temps, peut aussi se rattacher à la c., car il est la condition essentielle de tout raisonnement, c.-à-d. de toute activité de notre pensée. Si nous l'admettons sans hésitation, c'est que nous *sentons* immédiatement que sans lui nous ne pourrions formuler le plus simple jugement, il nous serait impossible de penser. Ainsi, connaissance de nous-mêmes, connaissance du monde extérieur, connaissance de la loi morale, jugement déductif, tout ce que nous pensons, tout ce que nous croyons, tout ce que nous savons, toute connaissance et toute certitude a son origine première dans la c.

Toutes ces révélations de la c. sont absolument spontanées, nécessaires, et s'imposent invinciblement à notre croyance. Cependant, leur origine essentiellement subjective est la cause pour certains philosophes les ont mises en doute, sinon toutes, au moins quelques-unes, et de là vient la diversité des systèmes philosophiques. Cependant, comme il est impossible de trouver d'autre base à la certitude que la c., les raisons sur lesquelles on s'appuie pour nier l'une de ces révélations peuvent aussi bien s'appliquer aux autres, ce qui conduit à la négation universelle, au scepticisme absolu. Sans doute, il est impossible de prouver que la c. ne nous induit pas en erreur, ce que nous ne sommes pas le jouet d'une illusion perpétuelle; mais il est encore plus impossible de s'arrêter à cette dernière alternative, et les hommes qui nient systématiquement l'une des révélations de la c. se conduisent néanmoins dans la vie comme s'ils y donnaient l'adhésion la plus formelle. Voy. CERTITUDE, SCEPTICISME.

II. *Conscience morale.* — Nous venons de dire que les notions d'obligation morale, du bien et du mal dérivent de la c. au même titre que celles de notre existence et de notre liberté. Le mot c. s'emploie également pour désigner cette fonction particulière de la c. psychologique, ce sentiment intime qui est la base des jugements que nous portons sur la moralité de nos actions, et qui nous permet de discerner le bien du mal. La nature particulière de la c. morale est une *obligation* d'une nature spéciale et indéfinissable. Nous nous sentons *obligés* d'accomplir telle action plutôt que telle autre, tout en nous sentant parfaitement libres d'obéir ou de résister à cette obligation : ce qui nous apparaît comme ordonné est le *bien*, ce qui nous apparaît comme défendu est le *mal*. En général, l'obéissance à cet ordre tout intime, même et surtout dans le cas où elle a pour effet de nuire à nos intérêts d'un autre ordre, s'accompagne d'un sentiment agréable particulier qu'on appelle la *satisfaction de la c.* La résistance est au contraire suivie d'un sentiment pénible et douloureux qu'on appelle le *remords* et qui est de nature toute différente des regrets que peut éveiller dans notre cœur le souvenir d'une maladresse ou d'une occasion favorable à nos intérêts dont nous n'aurions pas su profiter. La c. morale nous apparaît ainsi comme devant être la règle souveraine de nos actions. On en conclut que la moralité des actions humaines ne dépend que de l'intention, et qu'un acte quelconque, si répréhensible et si dangereux qu'il nous paraisse, ne saurait être moralement reproché à son auteur, si celui-ci en l'accomplissant a réellement cru obéir aux prescriptions de sa c. Cette proposition nous apparait comme indiscutable parce que nous n'admettons pas pour nous-mêmes d'autre juge de la moralité de nos actions que notre propre c.; mais elle implique nécessairement la reconnaissance de la variabilité de la c. d'un individu à un autre et même chez le même individu, suivant le temps et les circonstances. Tel acte qui nous paraît bon aujourd'hui, peut paraître mauvais à un autre, et nous paraître à nous-mêmes mauvais dans d'autres circonstances de temps et de lieu.

Cette variabilité de la c., révélée par l'expérience de la vie sociale et de nos propres souvenirs, donne lieu à d'assez graves difficultés. Pour éclaircir la question, il convient de distinguer la c. elle-même et le jugement d'ordre moral que nous portons sur les actions. La c. est assurément la base de ces sortes de jugements, mais elle ne nous les fournit pas tout formés. Ces jugements ne peuvent être formulés que par la raison : ils sont le résultat d'un travail de comparaison et de déduction d'autant plus difficile que la proposition fondamentale qui doit servir à l'échafaudage des raisonnements, repose elle-même sur une appréciation sentimentale et personnelle. La c. nous oblige seulement à rechercher avec toutes les lumières de la raison, et sans nous laisser influencer par la considération de nos intérêts, où est le bien et où est le mal, et quand cette première question est résolue, à agir conformément à ce que nous avons reconnu être le bien. Ainsi délimité, le rôle de la c. nous apparaît comme invariable chez tous les hommes, en tous lieux et en tous temps, et la variabilité ne réside que dans les jugements : elle dépend de la raison humaine qui est sujette à errer, et qui est toujours plus ou moins influencée par les préjugés, les habitudes, l'éducation, etc. La c. reste la règle de nos actions individuelles, mais cette règle est subordonnée à la *Science du Bien et du Mal* qui constitue ce qu'on a appelé la *Science de la Morale*.

Cette variabilité des jugements moraux suivant les individus, les temps, les lieux, les circonstances, etc., a conduit plusieurs philosophes à nier la réalité des notions de bien et de mal, telles que nous les comprenons vulgairement, et à ne voir dans cette révélation de la c. qu'une pure illusion, provenant de l'habitude et de l'éducation, en un mot, un préjugé. Comment peut-on croire, disent-ils, qu'il y a des actions bonnes ou mauvaises en elles-mêmes quand on voit la même action ici honorée et récompensée, là qualifiée de crime et sévèrement punie ? Le vol si universellement condamné chez nous était un titre de gloire chez les anciens Spartiates. Certains peuples sauvages croient être agréables à leurs dieux en tuant leurs vieux parents et même en se nourrissant de leurs corps. Le fait et la diversité des jugements est incontestable; mais il n'a pas les conséquences qu'on lui prête. De ce que les hommes ne savent pas discerner le bien et le mal, de ce qu'ils ne connaissent pas de règle fixe pour faire cette distinction, il ne s'ensuit pas que la distinction ne puisse jamais être faite, et l'on a tort d'en conclure qu'il n'y a ni bien ni mal. C'est à peu près comme si l'on disait que, parce que les astronomes ne s'entendent pas exactement sur les dimensions du soleil, cet astre n'a aucune dimension, ou même aucune existence. Cependant, il faut bien reconnaître que si l'argument est sans valeur, la difficulté n'en existe pas moins, mais elle a une autre origine. Comme toutes les données de la c. psychologique, comme toutes les propositions fondamentales qui servent de base à notre vie intellectuelle et à nos sciences physiques ou rationnelles, l'existence de l'obligation morale n'est pas susceptible de démonstration. *Logiquement parlant*, il est donc permis de la nier, comme il est permis de nier la liberté humaine, le principe de causalité, la réalité du monde extérieur et même le principe de contradiction. Seulement, si on la nie, il faut en nier aussi toutes les conséquences et expliquer l'origine de cette illusion de l'humanité ! A première vue, l'explication paraît simple : On a dit que les notions de bien et de mal dérivaient expressément des notions d'utile et de nuisible, appliquées d'abord à l'individu, puis à la société. Dès lors, l'obligation morale telle que nous la comprenons, devient un simple préjugé; nous sommes obligés d'agir sur un principe supérieur et mystérieux, mais par nos semblables. Il n'y a que l'obligation du gendarme sous peine de prison. Il est déjà difficile, au moins pour beaucoup d'esprits, d'admettre cette identification et de supprimer de leur c. l'obligation morale; mais si l'on réfléchit aux conséquences, la difficulté se change en impossibilité. Nier l'obligation morale, c'est nier les idées de droit et de devoir. Sans doute, on trouvera des gens tout disposés à faire bon marché du leur devoir; on en trouvera moins qui voudront renoncer à leurs droits. C'est nier aussi le remords, qui n'est plus qu'une faiblesse. Enfin, c'est nier les sentiments d'*estime* et de *mépris* qui jouent un si grand rôle dans toute notre vie sociale et qu'on retrouve chez les êtres les plus dégradés, jusque dans le personnel des prisons et des bagnes, tant il est vrai qu'il n'est pas aussi aisé qu'on veut bien le dire d'étouffer dans l'humanité la voix de la c. En réalité, les partisans de la philosophie sans morale obligatoire se conduisent et pensent comme s'ils croyaient à l'obligation morale. Ce sentiment et tout le domaine des idées qui en dérivent nous apparaît comme aussi indispensable à la vie intellectuelle de l'homme que la croyance au principe de contradiction ou à la réalité du monde extérieur. Il n'y a pas plus de raisons pour nier celui-là que ceux-ci. Si l'homme consent à amoindrir son être par cette suppression, il restera sans défense contre ceux qui voudront l'amoindrir encore par une autre suppression, et de suppression en suppression, il tombera dans la négation de toutes les données de la c. psychologique, c.-à-d. dans le scepticisme absolu, ainsi que nous essayerons de le montrer au mot MORALE, où nous analyserons les différents systèmes qui ont été proposés pour expliquer l'origine des idées de *Bien* et de *Mal* et fournir une règle pratique de conduite. Voy. MORALE, PHILOSOPHIE.

CONSCIENCE (HENRI), romancier flamand populaire, né à Anvers (1813-1883.

CONSCIENCIEUSEMENT. adv. [Pr. *kon-sian..*]. D'une manière consciencieuse, en conscience, avec conscience. *Agir, travailler c. Nous avons partagé consciencieusement.*

CONSCIENCIEUX, EUSE. adj. [Pr. *kon-sian...*] Qui a la conscience délicate. *C'est un homme c. jusqu'au scrupule.* || *Travail c.*, Travail fait avec tout le soin possible. *Agir d'une manière consciencieuse*, Agir de manière à ne mériter aucun reproche ni de soi-même ni des autres.

CONSCIENT, ENTE. adj. [Pr. *kon-sian*] (lat. *consciens*, m. s., de *cum*, avec, et *sciens*, qui sait). T. Métaph. Qui a la conscience d'un fait qui se passe en lui. Peu us.

CONSCRIPTIBLE. adj. [Pr. *kons-krip-tible*] T. Admin. Susceptible d'être appelé par la conscription.

CONSCRIPTION. s. f. [Pr. *kons-krip-tion*] (lat. *conscriptio*, inscription simultanée, de *cum*, avec, et *scribere*, sup. *scriptum*, écrire; d'où *conscribere*, faire la liste des hommes appelés au service militaire). Appel au service militaire, par voie du tirage au sort, des jeunes gens qui ont atteint un âge fixé par la loi. *La c. a disparu en France quand le service militaire est devenu obligatoire pour tous les Français.* Voy. RECRUTEMENT. — *C. des chevaux.* Voy. RÉQUISITIONS MILITAIRES.

CONSCRIPTIONNAIRE. s. m. [Pr. *kons-crip-sio-nère*]. Celui qui est soumis à la conscription.

CONSCRIPTIONNEL, ELLE. adj. [Pr. *kons-scrip-sio-nel*]. T. Admin. Qui concerne la conscription.

CONSCRIT. adj. m. (lat. *conscriptus*, inscrit avec). T. Hist. romaine. *Pères conscrits*, Titre des sénateurs romains. Voy. SÉNAT. || Subst. Celui qui est appelé au service militaire. *Une levée de cent mille conscrits. La loi n'admet plus la conscription de c.* — Se dit quelquefois ironiq. et pop. pour désigner un novice dans une profession quelconque. *Est-ce que tu me prends pour un c. ?* || En Bourgogne, nom des grappes de la vigne sorties des bourgeons adventices qui poussent après la gelée.

CONSÉCRATEUR. s. m. Syn. de *Consacrant*. Voy. ce mot.

CONSÉCRATION. s. f. [Pr. *...sion*] (lat. *consecratio*, m. s.). Action de consacrer. *La c. d'un temple, d'une église, d'un calice.* || Absol., L'action par laquelle le prêtre consacre quand il célèbre la messe. *Les paroles de la c. Après la c.*

CONSECTION. s. f. [Pr. *kon-sek-sion*] (lat. *cum*, avec, et fr. *section*). Mise en pièces.

CONSÉCUTIF, IVE. adj. (lat. *consequi*, suivre, de *cum*, avec, et *sequi*, suivre). Qui se suit. Ne se dit guère qu'au pl. et en parlant des choses qui se suivent immédiatement dans l'ordre du temps. *On doit publier les bans par trois dimanches consécutifs. Il m'a servi trois années consécutives.* || Qui suit comme résultat. *La ruine est c. à l'imprévoyance.* || T. Méd. *Phénomènes consécutifs des maladies,*

Phénomènes qui persistent quelque temps après qu'une maladie a cessé, ou qui se montrent vers son déclin.

CONSÉCUTIVEMENT. adv. (R. *consécutif*). Tout de suite, immédiatement après, selon l'ordre du temps. *Il a exercé c. trois grandes charges.*

CONSEIGLE. s. m. (R. *con*, préf., et *seigle*). T. Agric. Mélange de seigle et de froment dont on fait un semis.

CONSEIL. s. m. [Pr. *kon-sel, l* mouillé] (lat. *consilium*. m. s.). Avis que l'on donne à quelqu'un sur ce qu'il doit faire, *C. prudent, intéressé, désintéressé. Bon, sage, mauvais, dangereux c. Suivre un c. Se ranger à un c. Agir contre les conseils de quelqu'un. C'est un c. à lui donner. C'est un homme de bon c. Il m'a aidé de ses conseils. Il a rejeté tous les conseils.* — *Prendre c. de quelqu'un,* Consulter quelqu'un pour se déterminer d'après ses avis. *Ne prendre c. que de soi-même,* N'écouter, ne vouloir écouter que soi-même. — Fig., *Prendre c. des événements,* Se déterminer d'après les événements. *Ne prendre c. que de son ambition, de son amour, de sa fureur, de son avarice,* etc., Ne se laisser conduire que par son ambition, etc. On dit dans le même sens, *N'écouter que les conseils de l'intérêt, de la vengeance.* || Proverb., *La nuit porte c.,* Il ne faut pas se décider à la hâte, il faut prendre le temps de réfléchir. *A nouvelles affaires, nouveaux conseils,* Il faut régler ses résolutions selon les diverses occurrences qui peuvent se présenter. *A parti pris, point de c.,* Il est inutile de donner des conseils à un homme qui a pris son parti. || Dans le langage religieux, *Conseil* se dit souvent par opposition à précepte, pour exprimer qu'une chose est simplement recommandée comme bonne pour arriver à une perfection plus grande, mais n'est pas ordonnée. *L'Évangile contient des préceptes et des conseils. Ce n'est pas un précepte, ce n'est qu'un c.* || Se dit quelquefois pour résolution, parti. *Le c. en est pris, il n'en faut plus parler.* || Dans le style élevé, *C.* s'emploie aussi, mais au pl., en parlant des vues, des principes qui dirigent les souverains et des déterminations qu'ils prennent. *La justice préside à tous ses conseils. Il n'y eut dès lors en ses conseils qu'irrésolution et faiblesse.* || T. Mar. *Les vents sont au c.* Il fait un calme plat. || La personne dont on prend c. Est surtout usité au Palais. *On tel est son c. J'ai pris maître un tel pour c. Tout accusé a le droit de se choisir un c.* — *C. judiciaire.* Voy. INTERDICTION. || Toute assemblée ayant pour mission de donner son avis ou de statuer sur certaines affaires. *Assembler, convoquer le c. Le président, les secrétaires, les membres d'un c. Pendant que le c. délibérait. Le c. n'a pas encore statué.* — Fig. et prov., *Cet homme a bientôt assemblé son c.,* Il n'est pas long à se décider, il ne consulte personne. — *Tenir c.,* dit-on en général, des gens qui délibèrent, qui se concertent ensemble. *Les conjurés furent surpris au moment où ils tenaient c. Le lion tint c.* (LA FONTAINE.) || Par ext., *Les séances d'un c., et* le lieu où siège un c. *Assister au c. Le c. s'est prolongé jusqu'à cinq heures. Le roi a présidé lui-même le c. Il allait au c.* — *Chambre du c.,* La chambre où les juges se retirent pour délibérer et où ils prononcent sur certaines affaires. *Une ordonnance de la chambre du c.* — *Avocat aux conseils,* Avocat au C. d'État et à la Cour de cassation. || *Le c. d'un grand seigneur, d'une communauté,* se disait autrefois la réunion d'hommes de loi choisis pour diriger les affaires d'un grand seigneur, etc. — Syn. Voy. AVERTISSEMENT.

Droit admin. — Le mot *Conseil* a servi et sert encore à désigner un grand nombre de corps de nature fort diverse. Nous allons les passer successivement en revue en suivant l'ordre alphabétique. — *C. académique.* Voy. INSTRUCTION PUBLIQUE.

CONSEIL D'ADMINISTRATION. — Assemblée permanente ou temporaire, instituée auprès de chaque ministère, particulièrement aux ministères de la guerre et de la marine, pour éclairer les ministres. On donne le même nom à l'assemblée d'officiers qui, dans chaque corps d'armée, est chargée d'arrêter les comptes. Il y a aussi un c. de ce genre dans chaque régiment, et dans les bataillons, escadrons ou compagnies, qui forment des corps isolés. Enfin, dans les grandes sociétés industrielles, telles que les compagnies d'assurance et de chemins de fer, on appelle également c. d'administration la réunion des personnes chargées de donner leur avis sur tout ce qui concerne les intérêts de la société; et de rédiger le rapport fait aux actionnaires.

CONSEIL D'AMIRAUTÉ. Voy. AMIRAUTÉ. — *C. des Anciens.*

Voy. ANCIEN. — *C. d'arrondissement.* Voy DÉPARTEMENT. — *C. aulique.* Voy. AULIQUE.

CONSEIL SUPÉRIEUR DES BEAUX-ARTS. — La composition et les attributions de ce conseil, créé par décret du 22 mars 1875, sont aujourd'hui réglées par les décrets des 15 novembre 1880, 15 et 30 juillet 1884. Il se compose de 52 membres dont 14 membres de droit et 38 nommés annuellement par le ministre. Il est présidé par le ministre, et, en son absence, par le directeur des Beaux-Arts. Un certain nombre de membres doivent être choisis par le ministre parmi les membres de l'Institut, du Conseil supérieur de l'instruction publique, du Parlement, du Conseil d'État, etc. Le Conseil supérieur des Beaux-Arts donne simplement des avis; il peut être consulté sur les questions relatives aux expositions, aux concours, aux manufactures nationales, aux souscriptions, aux missions, etc. Il s'assemble une fois tous les trois mois. En dehors de ses réunions ordinaires, il peut toujours être convoqué par le directeur des Beaux-Arts.

CONSEIL DE CABINET. Voy. MINISTRE. — *C. des Cinq-Cents.* Voy. ANCIEN. — *C. de la Chancellerie, C.* autrefois établi auprès du chancelier de France pour lui faire des rapports sur certaines affaires, et particulièrement sur celles de l'imprimerie et de la librairie.

CONSEIL SUPÉRIEUR DES COLONIES. — Institué par le décret du 19 octobre 1883 et réorganisé par les décrets des 29 mai et 22 juillet 1890, le *C.* supérieur des colonies se compose de membres du Parlement, sénateurs ou députés coloniaux, de délégués des colonies (Tahiti, Nouvelle-Calédonie, Saint-Pierre-et-Miquelon, Mayotte, Nossi-Bé), d'un certain nombre de hauts fonctionnaires et des présidents des Chambres de commerce de Paris, Bordeaux, le Havre et Marseille. Ce C. est présidé par le ministre, assisté de deux vice-présidents. Le rôle du *C.* supérieur des colonies est purement consultatif : il est appelé à donner son avis sur toutes les questions coloniales que le ministre juge à propos de lui soumettre, et notamment sur les projets de loi ou règlements d'administration publique ou décrets qui intéressent les colonies. Ses travaux sont, chaque année, résumés dans un rapport d'ensemble.

Conseil supérieur du commerce et de l'industrie. Voy. COMMERCE. — *C. de conscience, C.* que, par ordonnance du 15 sept. 1715, Louis XV, ou plutôt le régent Philippe d'Orléans, avait institué pour l'assister dans l'administration du royaume; il avait, dans ses attributions, les affaires ecclésiastiques. — *C. départemental de l'enseignement primaire.* Voy. INSTRUCTION PUBLIQUE. — *C. de discipline.* Voy. BARREAU, AVOUÉ, NOTAIRE. — *C. des Dix,* Tribunal secret de l'ancienne République de Venise, qui était chargé de veiller à la sûreté de l'État, ainsi que de poursuivre et de punir tous les ennemis secrets du gouvernement. Ce c. fut créé en 1310, après la conspiration de Bedmond Tiépolo. Il ne devait durer que très peu de temps, mais il fut prorogé d'année en année, et, enfin, déclaré perpétuel en 1325. — *C. d'en haut, C.* particulier des rois de France, sous l'ancienne monarchie, surtout au XVIIe siècle. Il ne faut pas le confondre avec le *C.* d'État. Il se composait d'un très petit nombre de ministres ou de princes, et répondait à peu près à ce que sont les ministres d'aujourd'hui, mais avec cette différence qu'il avait un droit de juridiction et jugeait les appels du *C.* d'État.

CONSEIL D'ÉTAT. — I. *Historique.* — L'origine du Conseil d'État remonte au règne de Philippe le Bel. Lorsque ce prince eut rendu le parlement sédentaire et fixé son siège à Paris (Ord. du 23 mars 1302), il voulut le remplacer auprès de sa personne par un conseil qui le suivrait partout et qui l'assisterait dans l'expédition des affaires. Ce conseil, qui est désigné par les anciens auteurs sous les noms divers de *Conseil du roi, de Grand conseil, de Conseil étroit, de Conseil secret,* avait surtout des attributions politiques et administratives; parfois cependant il rendait des décisions judiciaires, et alors le roi était censé juger personnellement. Mais, dans le cours du XIVe siècle et du XVe, les conseillers qui étaient appelés à faire partie de cette assemblée ne formaient point une classe distincte de fonctionnaires : ils siégeaient au parlement ou à la Chambre des comptes, en même temps qu'au Conseil du roi : quelques-uns appartenaient au clergé et à la noblesse. En 1497, la multiplicité des affaires judiciaires qui avaient portées à ce conseil détermina Guy de Rochefort, chancelier de Charles VIII, à instituer un tribunal permanent, distinct du Conseil du roi. Ce tribunal, qui conserva exclusivement le titre de *Grand conseil,* reçut des attributions fort nombreuses. Parmi les causes qui lui furent spécialement dévolues, nous citerons les évocations du parlement de Paris et d'autres parlements; les conflits entre les parlements et les présidiaux compris dans le même ressort ; les atteintes portées à la juridiction de ces derniers ; les règlements de juges entre les lieutenants criminels des baillis, etc. ; les arrêts contradictoires rendus par les parlements, et les affaires civiles et criminelles renvoyées devant lui par arrêt du Conseil du roi. — Sous Louis XIII, un règlement rédigé par le garde des sceaux, Michel de Marillac (18 janvier 1630), détermina plus exactement qu'on ne l'avait fait jusqu'alors les attributions du Conseil du roi, et le partagea en quatre conseils distincts, en conférant à chacun d'eux des fonctions spéciales. Diverses ordonnances postérieures, telles que celles de 1644, 1654 et 1673, introduisirent dans cette organisation quelques améliorations de détail. Le *Conseil d'État*, ou *d'en haut*, proprement dit s'occupait des affaires de la guerre, des secrètes instructions du roi, de l'emploi des finances, des traités, etc. ; le *C. des dépêches* avait le contrôle de l'administration des intendants des finances et des secrétaires d'État, ainsi que des décisions de certaines juridictions spéciales ; le *C. des finances*, appelé aussi *C. de direction*, s'occupait des affaires du domaine royal et du fisc ; le *C. des parties* était chargé des règlements de juges, de l'exécution des édits, et de la cassation des arrêts des cours souveraines. D'après le règlement de 1673, le Conseil fut ainsi composé : le chancelier ou garde des sceaux, président ; 21 conseillers ordinaires ; le contrôleur général des finances et 12 conseillers servants par semestre. En 1737 et 1738, deux ordonnances de d'Aguesseau déterminèrent les évocations et les règlements de juges ; c'est en vertu de ces ordonnances que le C. d'État évoqua les procès de Calas et de Sirven, et proclama l'innocence de ces deux victimes des erreurs judiciaires. — La formule des arrêts du C. d'État variait suivant que le roi avait ou non assisté à la délibération. Dans le premier cas, les arrêts se terminaient par ces mots : « Fait au Conseil du Roi, S. M. y étant » ; dans le second, ils finissaient ainsi : « Fait au Conseil d'État du Roi. » Enfin, les ordonnances rendues par le roi après avoir consulté le Conseil, portaient : « De l'avis de notre Conseil. » — Le 9 août 1789, Louis XVI créa un *comité contentieux* des départements ministériels ; mais la loi du 25 mai 1791 supprima le C. d'État, dont elle transporta les attributions au Conseil des ministres présidé par le roi. Elle vota, en outre, un fonds de 80,000 fr. pour les personnes que le roi jugerait à propos d'appeler près de lui afin de s'aider de leurs lumières.

La constitution de l'an VIII rétablit le C. d'État et le chargea de rédiger les projets de loi et les règlements d'administration publique, ainsi que de résoudre les difficultés qui s'élèvent en matière administrative. Napoléon Ier, désirant établir dans le sein du C. d'État une école pratique de gouvernement, institua les *Auditeurs* par un arrêté du 19 germinal an XI (9 avr. 1803). Le nombre de ces auditeurs, qui dans le principe était de 12 seulement, fut successivement porté à 400. Les *Conseillers* furent répartis en conseillers en *service ordinaire* et en conseillers en *service extraordinaire*. Les *Maîtres des requêtes*, distribués de même, eurent voix consultative dans toutes les affaires, et voix délibérative dans celles seulement dont ils présentaient le rapport. Sous l'Empire, le C. d'État était l'égal du Sénat et du Corps législatif. Il était souvent présidé par l'empereur et, à son défaut, par l'archichancelier : il préparait les projets de loi portés au Corps législatif. Ses avis, lorsqu'ils étaient approuvés par l'empereur et insérés au *Bulletin des lois*, avaient force de loi.

Par une ord. du 29 juin 1814, Louis XVIII essaya de donner au C. d'État une nouvelle organisation, mais avec si peu de succès que le conseil ne s'assembla pas une seule fois avant les Cent-Jours ; il n'y eut que des séances de travail. Les auditeurs étaient supprimés. Une ord. du 23 août 1815 plaça dans la section du contentieux des vice-président et des conseillers, tandis que, sous l'Empire, elle n'était composée que de maîtres des requêtes, et lui donna quelques affaires administratives du ressort du ministère de la justice. Cette partie de ses attributions a été détachée depuis lors, pour former la section de législation. Une ord. du 26 août 1824 créa 30 conseillers, 40 maîtres des requêtes, 30 auditeurs, et imposa aux candidats des conditions d'âge, de fortune personnelle et d'aptitude. Les ordonnances des 2 février et 12 mars 1831 établirent la publicité des séances en matière contentieuse et le droit de plaidoirie. Un ministère public, composé de trois maîtres des requêtes, fut l'organe et le défenseur de l'administration. D'après la loi du 19 juillet 1845, le C. d'État se composait des ministres, d'un vice-président, de 30 conseillers en service ordinaire et de 30 conseillers en service extraordinaire, dont 20 seulement pouvaient prendre part aux délibérations, de 30 maîtres des requêtes et de 48 auditeurs. Les maîtres des requêtes, excepté le rapporteur, n'avaient pas voix délibérative dans

l'intérieur du comité du contentieux. Le garde des sceaux avait la présidence, comme étant le plus souvent étranger à l'objet des contestations. Si l'ord. adoptée par le gouvernement n'était pas conforme à la délibération du C. d'État, elle ne pouvait être rendue que de l'avis du conseil des ministres ; elle devait être motivée et insérée au *Moniteur* et au *Bulletin des lois*.

Sous la république de 1848, le C. d'État fut érigé en pouvoir politique, afin de suppléer, autant que possible, à l'absence d'une seconde chambre. D'après la loi du 3 mars 1849, il était toujours consulté sur les projets de loi et sur les règlements d'administration ; il examinait les recours en grâce, les dissolutions des conseils généraux et des conseils municipaux, et les révocations de maires. Les conseillers étaient élus temporairement par l'Assemblée législative. Les maîtres des requêtes, qui n'avaient pas voix délibérative, étaient seuls nommés par le président de la République. Le C. était divisé en trois sections : législation, administration et contentieux. Les présidents étaient élus par les conseillers.

Le second Empire réorganisa le C. d'État sur les bases de la Constitution de l'an VIII. Désormais, cette assemblée ne fut plus appelée qu'à donner des avis, même pour les affaires contentieuses ; le tribunal des conflits étant supprimé, le jugement de ces matières fut attribué au C. d'État. C'était encore cette assemblée qui préparait, rédigeait les projets de loi et en soutenait la discussion devant le Corps législatif.

Quand ces projets avaient été adoptés et convertis en loi, elle arrêtait les dispositions secondaires qui devaient en préparer et en faciliter l'exécution. Le C. d'État était encore appelé à proposer des décrets sur les affaires administratives, sur le contentieux administratif, sur les demandes de poursuites relatives aux fonctionnaires publics, sur les changements ou additions de noms et sur les naturalisations. Enfin, il donnait son avis sur toutes les questions qui lui étaient soumises par le gouvernement. — Le Conseil était composé, outre l'Empereur et les membres de sa famille par lui désignés, d'un président, d'un vice-président, des présidents de sections au nombre de 6, de 40 à 50 conseillers en service ordinaire, de 15 conseillers en service ordinaire hors sections, et de 20 conseillers en service extraordinaire ; il comprenait, en outre, 40 maîtres des requêtes et 40 auditeurs divisés en deux classes, et enfin un secrétaire général ayant titre et rang de maître des requêtes. — L'Empereur nommait et révoquait tous les membres du Conseil ; les ministres y pouvaient siéger avec voix délibérative. Le Conseil était divisé en six sections : 1° de législation, justice et affaires étrangères ; 2° du contentieux ; 3° de l'intérieur, de l'instruction publique et des cultes ; 4° des travaux publics, de l'agriculture et du commerce ; 5° de la guerre et de la marine ; 6° des finances.

Par décrets des 15 septembre et 3 octobre 1870, le Gouvernement de la Défense nationale institua, pour remplacer le Conseil d'État, une commission provisoire, composée de 8 conseillers d'État, 10 maîtres des requêtes et 12 auditeurs élus par les 8 commissaires. Cette commission fonctionna pendant près de deux ans.

II. *Législation actuelle.* — Le Conseil d'État actuel a été créé par la loi du 24 mai 1872, complétée plus tard par celle du 13 juillet 1879, et par le décret du 2 août 1879

1° *Composition.* — Le Conseil d'État se compose : 1° de 32 conseillers d'État *en service ordinaire* ; 2° de 18 conseillers d'État *en service extraordinaire*. On désigne par ces mots les hauts fonctionnaires des administrations publiques, chargés d'apporter au Conseil d'État le concours de leurs lumières et de leurs connaissances pratiques ; 3° de 30 *maîtres des requêtes*, chargés de faire des rapports ; 4° de 36 *auditeurs*, dont 12 de *première classe* et 24 de *deuxième classe*, chargés de la préparation des affaires. Les ministres ont rang et séance à l'assemblée générale du Conseil d'État. Le Conseil d'État est présidé par le garde des sceaux, ministre de la justice, en son absence par le *vice-président*, et à défaut, par le plus ancien des présidents de section. Les bureaux du Conseil d'État sont sous la direction d'un *secrétaire général*, ayant rang de maître des requêtes.

Les conseillers d'État en service ordinaire sont nommés par décrets rendus en conseil des ministres ; ils ne peuvent être révoqués que de la même façon ; ils touchent un traitement de 16,000 francs par an.

Les conseillers d'État en service extraordinaire sont nommés par simples décrets ; ils perdent de plein droit leur titre de conseillers d'État quand ils quittent leurs fonctions administratives. Ils ne touchent d'ailleurs aucun traitement en tant que conseillers d'État. — Les maîtres des requêtes ainsi que les auditeurs de la 1re classe sont nommés par décrets, sur la présentation du vice-président et des présidents de section.

— Les auditeurs de 1re classe sont choisis parmi ceux de 2e classe, qui eux-mêmes se recrutent par la voie du concours. — Le traitement des maîtres des requêtes est de 8.000 francs, celui des auditeurs de 1re classe, 4.000 francs, et celui des auditeurs de 2e classe, comptant au moins une année de services, de 2.800 francs. — Le tiers au moins des places de maîtres des requêtes est réservé aux auditeurs de 1re classe. — Le programme, les règles et les conditions du concours pour l'auditorat de 2e classe ont été déterminés par le décret des 14-15 octobre 1872, modifié par les décrets des 19 février 1878 et 14 août 1879.

2° *Fonctions.* — Le Conseil d'État a trois sortes d'attributions : 1° *Législatives.* Il donne son avis ; 1° sur les projets d'initiative parlementaire que les Chambres jugent à propos de lui renvoyer ; 2° sur les projets de loi préparés par le gouvernement et qui, en vertu d'un décret spécial, doivent être soumis au Conseil d'État ; — 2° *Administratives.* Il est appelé à émettre des *avis facultatifs* : 1° sur les projets de décrets ; 2° sur toutes les questions qui lui sont soumises par le président de la République, ou les ministres, et des *avis nécessaires*, sur les règlements d'administration publique et sur tous les décrets qui doivent être rendus dans cette forme ; — 3° *Contentieuses.* Il statue *souverainement* sur les recours en matière contentieuse administrative et sur les demandes d'annulation des actes administratifs pour excès de pouvoir.

3° *Organisation et procédure.* — Le Conseil d'État comprend 5 sections dont chacune a son président ; leurs attributions sont les suivantes : 1re section : législation, justice et affaires étrangères ; 2e section : intérieur, instruction publique, beaux-arts et cultes ; 3e section : finances, postes et télégraphes, guerre, marine, colonies ; 4e section : travaux publics, agriculture, commerce, industrie ; 5e section : contentieux.

Quand un particulier veut former un recours au Conseil d'État, il doit adresser une requête par l'intermédiaire d'un *avocat au Conseil;* cette requête est déposée au secrétariat de la section du contentieux et enregistrée à sa date. Le président désigne un rapporteur et rend une ordonnance de *soit communiqué* en vertu de laquelle la requête doit être communiquée dans un certain délai par le demandeur au défendeur pour qu'il puisse y répondre. Dans la quinzaine qui suit cette réponse, le demandeur peut produire une seconde requête à laquelle peut encore répondre le défendeur ; on ne peut d'ailleurs former plus de deux requêtes. — La constitution d'avocat au Conseil n'est pas nécessaire pour les recours concernant les impôts directs, pour ceux qui sont formés pour excès de pouvoir, ou contre les décisions portant refus de liquidation de pension. L'instruction préparatoire de chaque affaire est faite par la section du contentieux, qui prépare le rapport destiné à être lu en audience publique devant l'assemblée du contentieux. Les avocats des parties présentent après la lecture du rapport leurs observations orales, puis le commissaire du Gouvernement donne ses conclusions. L'assemblée délibère ensuite ; sa décision est lue en séance publique ; elle doit être signée par le président de l'assemblée, le rapporteur et le secrétaire, et les expéditions qu'on en délivre sont revêtues de la formule exécutoire, et portent en tête la mention suivante : « *Au nom du peuple français, le Conseil d'État délibérant au contentieux entendu.* »

Depuis la loi du 24 mai 1872, le Conseil d'État n'a plus dans ses attributions le règlement des *conflits*, qui est confié au tribunal spécial organisé par le titre IV de ladite loi. Voy. au mot Conflit.

Conseil de famille. — Assemblée de parents, convoquée et présidée par le juge de paix pour délibérer sur ce qui concerne les intérêts d'un mineur, ou pour donner son avis sur l'état d'une personne dont l'interdiction est demandée. Voy. Tutelle. ▼ *C. général.* Voy. Département. — *C. de guerre.* On nomme ainsi, dans l'administration militaire : 1° une assemblée que tiennent les officiers généraux d'une armée, ou les officiers supérieurs d'un détachement, d'une place de guerre, etc., pour délibérer sur le parti qu'il convient de prendre dans certaines circonstances ; 2° un tribunal particulier chargé de juger les militaires, et dont la juridiction, en temps d'état de siège, s'étend sur tous les citoyens sans exception. Voy. *Organisation* militaire. — *C. supérieur de la guerre.* Voy. aux mêmes mots. — *C. d'hygiène et de salubrité.* Voy. Salubrité. — *C. supérieur de l'instruction publique.* Voy. Instruction publique. — *C. supérieur de la magistrature.* Voy. Magistrature. — *C. des manufactures.* Voy. Manufacture. — *C. des ministres.* Voy. Ministre. — *C. municipal.* Voy. Municipal. — *C. général des ponts et chaussées.* Voy. Ponts et Chaussées.—

C. de préfecture. Voy. Département. — *C. des prises,* Commission extraordinaire que, avant 1789, les rois de France établissaient, en temps de guerre, près de l'amiral, pour juger, en première instance, la validité des prises faites en mer par la marine royale ou la marine particulière. — *C. supérieur des prisons.* Voy. Prisons. — *C. presbytéral.* Voy. Cultes. — *C. de prud'hommes.* Voy. Prud'homme. — *C. de révision.* Dans l'administration militaire, on nomme ainsi : 1° un tribunal spécialement chargé de reviser les jugements des conseils de guerre ; 2° la commission qui est formée, tous les ans, dans chaque département pour prononcer sur les dispenses du service militaire. Elle est aussi appelée *C. de recrutement.* Voy. Recrutement.

Conseil supérieur d'agriculture. — Institué par le décret du 11 janvier 1882, modifié le 25 juillet de la même année, ce c. a pour but de donner un avis éclairé aux pouvoirs publics sur les questions intéressant l'agriculture nationale, les voies de communication, la révision de certains tarifs de chemins de fer, la répression des fraudes commises dans le commerce des engrais, etc. Il se compose de cent membres, sénateurs, députés, membres de l'Institut, grands propriétaires fonciers, inspecteurs des services spéciaux, membres des commissions techniques. Le ministre de l'agriculture en est président de droit. Les nombreux services que le C. supérieur d'agriculture a déjà été appelé à rendre aux intérêts nationaux suffisent à justifier l'existence de cette institution.

CONSEILLABLE. adj. 2 g. [Pr. les *ll* mouillées]. Qui peut être conseillé, donné comme avis.

CONSEILLER. v. a.. [Pr. les *ll* mouillées]. Donner conseil. *Il m'a bien conseillé, mal conseillé. On a eu tort de lui c. cela. Je vous le conseille en ami. C. quelqu'un,* Lui donner habituellement des conseils. || Servir de motif pour. *La faiblesse conseille la prudence.* = se Conseiller. v. pron. *De semblables choses ne se conseillent pas,* Ne doivent pas être conseillées. — *Se c. à quelqu'un,* Prendre conseil de quelqu'un. Vx = Conseillé, ée. part.

CONSEILLER, ÈRE. s. [Pr. les *ll* mouillées]. Celui, celle, qui donne conseil. *Sage, bon, mauvais c. C'est lui qui a été le c. de cette entreprise.* — Fig., *Le désespoir est un mauvais c. La faim est une mauvaise conseillère.* — Prov., *Ici les conseillers n'ont point de gages,* se dit à ceux qui s'ingèrent de donner des conseils, pour leur faire entendre qu'ils ne doivent point en donner ou qu'ils ont tort d'en donner. || Se dit particul. des membres de certains conseils. *C. d'État, C. de préfecture, C. aulique, référendaire,* etc. || Autrefois, se disait le plus souvent des juges établis pour rendre la justice dans une compagnie réglée. *C. au parlement, à la grand'chambre, aux enquêtes, aux requêtes. C. lai. C. clerc. C. à la cour des aides, au présidial de...,* etc. On appelait *Conseillers-nés,* Ceux qui avaient droit de séance au Parlement en raison de leur titre. *L'archevêque de Paris, l'abbé de Cluny et l'abbé de Saint-Denis étaient conseillers-nés du parlement de Paris.* — *C. du roi,* Titre d'honneur attaché à certains officiers et que prenaient aussi les évêques. — *Conseillers d'honneur,* Conseillers qui avaient séance et voix délibérative dans certaines compagnies, quoiqu'ils n'eussent point de charge. || Se dit aujourd'hui des membres de la Cour de cassation, des cours d'appel et de la Cour des comptes. — *C. honoraire, C. hors de fonction,* mais qui jouit des titres et des honneurs. Autrefois, après vingt ans d'exercice, un c. pouvait vendre sa charge, et obtenir des lettres de vétérance avec le titre de c. honoraire. — *Conseillère,* La femme d'un c. *Madame la conseillère.* Vx et peu usité.

CONSEILLEUR, EUSE. s. 2 g. [Pr. les *ll* mouillées]. Celui qui donne des conseils. — Prov. *Les conseilleurs ne sont pas les payeurs,* Il est bien facile de donner des conseils à la légère que de peser toutes les conséquences de ce que l'on conseille — ou, ce qui revient au même, il est facile de donner des conseils dont on n'a pas à subir les conséquences ; — ou enfin, il faut se méfier des donneurs de conseils qui n'ont pas dans l'affaire les mêmes intérêts que la personne conseillée.

CONSENSUEL, ELLE. adj. (lat. *consensus,* consentement). T. Droit. *Contrat consensuel,* celui qui est formé par le seul consentement des deux parties.

CONSENTANT, ANTE. adj. Qui consent, qui donne son

adhésion. *Parties consentantes.* || T. Pratique. *Le mari est c. La femme présente est consentante.*

CONSENTEMENT. s. m. Acte de la volonté par lequel on permet quelque chose, ou l'on adhère à une chose qui est proposée. *Donner, refuser son c. Demander le c. de quelqu'un. Il l'a fait contre mon c. Cela ne s'est pas fait de mon c. C. verbal. Un c. donné par erreur, extorqué par violence, ou surpris par dol, n'est pas valable. C. unanime.* — T. Jurisp. *C. exprès,* Celui qui est exprimé verbalement. — *C. tacite,* Celui qui est supposé par la loi dans le cas où la volonté contraire n'est pas exprimée. — Syn. Voy. Accord.

CONSENTIR. v. n. (lat. *consentire,* de *cum,* avec, *sentire,* sentir). Adhérer à quelque chose; trouver bon, vouloir bien qu'une chose se fasse, donner son consentement à quelque chose. *Les parents ont consenti à ce mariage. Je consens que vous le fassiez, à ce que vous le fassiez.* — *Il consent d'être gouverné par ses amis.* — Absol., *Qui ne dit mot consent,* En certains cas, se taire, c'est c. || T. Mar. Se dit d'une pièce de bois qui plie ou se courbe soit sous l'effort du vent, soit par toute autre cause. *Ce mât a fortement consenti, il faut ménager la voiture.* = Consentir. v. a. T. Prat. et Diplomatic. *C. une vente, une hypothèque. C. un traité.* = Consentir, ie. part. *Ajournement consenti par les parties. L'alliance consentie par ce prince.* — Conj. Voy. Sentir.

CONSÉQUEMMENT. adv. [Pr. konsé-kaman] (R. *conséquent*). D'une manière conforme aux principes qui ont été posés. *Raisonner c.* — *Agir c., Parler c.,* Agir ou parler d'une manière conforme à ses vues, à ses principes. || Signifie aussi, par une suite raisonnable et naturelle, par conséquent. *On a découvert que cet individu était un espion, et c. on l'a arrêté.*

CONSÉQUENCE. s. f. (R. *conséquent*). Ce qui dérive, ce que l'on déduit d'un fait, d'un principe; conclusion. *Tirer, déduire une c. Les conséquences qui découlent, qui résultent nécessairement de votre doctrine, mènent tout droit à l'absurde. Quelle c. voulez-vous en tirer?* — *Cela tire à c.,* Cela constituerait un précédent dont on pourrait se prévaloir à l'avenir. *Je n'y consentirai qu'autant que cela ne tirera pas à c. Je vous le permettrai, mais sans que cela tire à c., ou sans tirer à c.* || Se dit aussi des suites qu'une action ou toute autre chose peut avoir. *Cette affaire a eu de tristes conséquences. C'est la c. nécessaire de ce que vous avez fait. Il en supportera les conséquences. Je suis prêt à en subir toutes les conséquences.* || Importance. *Un homme de c. de peu de c. Cela est sans c. Une affaire sans c., de nulle c. Une terre, une charge, un emploi de c.* Peu us. — *Ce qu'il dit, ce qu'il fait est sans c.,* On ne doit pas y faire attention, parce que c'est un enfant, un homme léger, etc. = En conséquence. loc. adv. Conséquemment. *Je vous remercie de votre avis, j'agirai en c.* || Loc. prépos. Conformément à. *En c. de vos ordres, de vos instructions,* etc. || T. Astr. Mouvement réel ou apparent d'une planète d'orient en occident. = Syn. Voy. Conclusion.

CONSÉQUENT, ENTE. adj. (lat. *consequens,* part. prés. de *consequi,* de *cum,* avec, et *sequi,* suivre). Qui est d'accord avec lui-même. *Il faut être c. à soi-même. Il est c. à ses principes.* — Par ext., Avoir une conduite conséquente à ses principes, une conduite conséquente. || T. Phys. Se dit d'un pôle non situé à l'extrémité d'un barreau aimanté. *Points conséquents,* Pôles intermédiaires existant entre les deux pôles principaux d'un certain aimants. Voy. Aimant.

CONSÉQUENT. s. m. (même mot que le précédent). T. Gramm., Math. et Philos. On donne le nom de *C.* au second terme d'une proposition, d'un rapport, d'un enthymème, par oppos. à *Antécédent,* qui se dit du premier terme. Voy. Rapport, Syllogisme, II. par conséquent. loc. conjonct. Donc, en conséquence, *Il fait jour, par c. le soleil est levé. C'est votre père, par c. vous devez le respecter.* — S'emploie quelquefois absol., par ellipse de la proposition conclusive de la phrase. *Vous m'avez donné votre parole, et par c., pour dire:* Et par c. vous êtes obligé de la tenir. = Obs. gram. Voy. Ainsi.

CONSÉQUENTIEL, ELLE. adj. [Pr. konsékan-siel] Qui est la conséquence.

CONSERANS ou **COUSERANS**, anc. pays de France (Ariège).

CONSERVATAIRE. s. m. T. Droit. Se dit des personnes qui conservent un droit de possession.

CONSERVATEUR, TRICE. s. Celui ou celle qui conserve. *Dieu est le créateur et le c. de toutes choses.* || Titre attribué à certains fonctionnaires et employés, à raison de la nature de leur charge ou de leur emploi. *C. des hypothèques. C. des eaux et forêts. C. du cabinet des médailles, du cabinet des antiques,* etc. || T. Polit. Se dit de ceux qui tiennent à conserver sans changement les institutions anciennes. = Adject. Qui conserve, qui aide à conserver. *La puissance conservatrice du froid.* || T. Polit. *Pouvoir c. Le parti c. Les lois conservatrices de nos libertés.* — Sénat c. Voy. Sénat.

CONSERVATIF, IVE. adj. Qui a la faculté de conserver. *Liquide conservatif.*

CONSERVATION. s. f. [Pr. ...sion]. Action de conserver; résultat de cette action; état de ce qui est conservé. *Ayez soin de la c. de ces fruits. La c. d'un édifice. La c. de l'espèce. Il veille à la c. de ses droits, de sa réputation,* etc. *C. des bois.* Voy. Bois. *C. des boissons.* Voy. Vin, Brasserie, etc. *C. des matières alimentaires.* Voy. Conserve. || T. Admin. Fonctions d'un conservateur. *C. forestière.* Voy. Forêt. *C. des hypothèques.* Voy. Hypothèque. || T. Polit. Action de ceux qui s'efforcent de maintenir sans changement les institutions que nous a léguées le passé.

CONSERVATOIRE. adj. 2 g. T. Prat. Qui conserve. *Une opposition est un acte conservatoire.*

CONSERVATOIRE. s. m. (R. *conserver*). Se disait autrefois d'une maison où l'on recueillait des orphelines, des filles et des femmes, pour les préserver de la débauche.

1. — Le nom de *Conservatoire* a été donné aux écoles publiques de musique, parce qu'elles sont destinées à conserver les bonnes traditions de l'art musical. Cette institution a pris naissance en Italie; mais dans le principe un c. était une fondation pieuse, entretenue par les riches citoyens, et la musique religieuse était l'objet principal de l'enseignement. Aujourd'hui, les conservatoires de l'Italie, tout comme ceux qui ont été créés dans la plupart des capitales de l'Europe, sont entretenus par les gouvernements, et ne songent guère qu'à former des compositeurs et des chanteurs pour le théâtre. Les conservatoires italiens les plus célèbres sont ceux de Naples, de Venise et de Milan; la création de ce dernier cependant date seulement de 1810. La première école publique de musique que nous ayons eue en France, fut fondée en 1768, sous le nom d'*École royale de Chant et de Déclamation,* par le baron de Breteuil, qui la plaça aux Menus-Plaisirs. La Révolution la détruisit. Cependant peu d'années après, le 18 brumaire an II (8 nov. 1793), la Convention décréta l'établissement d'une nouvelle école musicale sous le titre d'*Institut national de Musique.* Son organisation fut réglée par la loi du 16 thermidor an III (3 août 1795), qui en même temps lui imposa un nouveau nom, celui de *C. national de Musique et de Déclamation.* Cette loi fixa le nombre des professeurs à 115, celui des élèves à 600, et le chiffre total de la dépense à 240,000 francs. Depuis cette époque, le C. a subi un assez grand nombre de modifications, particulièrement en 1802 et 1808; il a même, de 1815 à 1830, quitté son nom pour prendre celui d'*École royale de musique;* mais il n'a jamais cessé de rendre d'éminents services à l'art musical, soit en formant des compositeurs, des chanteurs et des instrumentistes d'un grand mérite, soit en publiant un corps d'ouvrages élémentaires composés par les maîtres les plus habiles dans chaque partie de l'art, soit encore en initiant le public, par ses concerts annuels, à la connaissance des œuvres des grands maîtres de tous les temps et de tous les pays. — Plusieurs de nos villes de province possèdent aussi des écoles de musique, qui ont été érigées par diverses ordonnances royales en succursales du C. de Paris : ce sont Avignon, Chambéry, le Havre, Lille, Lyon, Nancy, Nantes, Rennes et Toulouse.

— Le *C. des Arts et Métiers* est encore une création de la Convention. D'après le décret en date du 19 vendémiaire an III (10 oct. 1794) qui l'institua, cet établissement devait être une sorte de muséum industriel, où l'on aurait déposé les machines et les outils-modèles, les livres et les dessins relatifs à tous les genres d'arts et métiers, et où des professeurs spéciaux auraient expliqué la construction et l'emploi des appareils en usage dans les diverses industries. On devait, en outre, y déposer l'original de toute machine d'invention nouvelle ou simplement perfectionnée. Cette grande pensée ne put être immédiatement exécutée, faute d'un local convenable, et le C. ne commença à devenir de quelque utilité qu'à partir de 1795, lorsqu'on le transporta dans les bâtiments de l'ancienne abbaye de Saint-Martin des Champs, où il se trouve encore aujourd'hui. Toutefois, on s'habitua beaucoup trop à le considérer comme un magasin de curiosités relatives à l'industrie, et la partie de l'enseignement fut presque entièrement négligée. Mais, sous la Restauration, les choses changèrent de face. Une ordonnance de Louis XVIII, en date du 16 avril 1817, réorganisa le C. et créa un *Conseil de perfectionnement*, chargé de faire des propositions sur « tout ce qui paraîtrait propre à étendre et à multiplier les avantages que le C. des Arts et Métiers est susceptible de procurer à l'industrie nationale, et sur les moyens d'assurer à toutes les parties de son service le degré de perfection auquel elles peuvent parvenir ». D'autres ordonnances postérieures (25 nov. 1819, 4 oct. 1828, etc.) ont successivement complété cette belle institution, et en ont fait un établissement unique au monde. Aujourd'hui, le C. renferme un portefeuille industriel de la plus grande richesse, un musée technologique qui n'a pas de rival, une bibliothèque technologique qui compte une nombreuse collection d'ouvrages relatifs à toutes les branches de l'industrie, et par-dessus tout il possède plusieurs chaires d'enseignement supérieur qui en font une véritable Faculté industrielle. Ces chaires sont actuellement au nombre de 15 et ont pour objet : la géométrie, la physique, la chimie, la mécanique appliquée aux arts, la chimie appliquée à l'industrie, la chimie agricole, l'économie industrielle, l'agriculture, la filature et le tissage, la teinture, l'apprêt et l'impression des tissus, la construction civile, la géométrie descriptive, la législation industrielle, le droit commercial, les arts céramiques, la zoologie agricole, enfin l'administration et la statistique industrielles.

CONSERVATOIREMENT. adv. T. Jurisp. D'une façon conservatoire.

CONSERVE. s. f. (R. *conserver*). Espèce de confiture sèche faite de substances végétales et de sucre. *C. de framboises*, *C. de violettes. C. de Provins* ou *de roses de Provins. Cette c. est excellente pour la poitrine.* || Se dit de toute espèce de substance alimentaire préparée de façon à se conserver longtemps. || T. Mari. Bâtiment qui fait route avec un autre pour le secourir ou en être secouru au besoin. *Notre vaisseau avait perdu sa c. — Aller de c., être de c., naviguer de c.,* se dit de deux ou plusieurs bâtiments qui vont de compagnie ou font route ensemble. Se dit de même de plusieurs êtres ou choses qui se déplacent ensemble. || T. Pharm. Préparation de consistance molle, fléchissant sous la moindre pression. || T. Opticien. *Conserves,* au pl. Voy. LUNETTE.

I. — Aussitôt que la matière organisée est soustraite aux lois de la vie, elle cesse de pouvoir résister à l'action des agents extérieurs, et elle éprouve plus ou moins promptement cette espèce d'altération particulière qu'on désigne sous les noms de *fermentation,* de *pourriture,* de *putréfaction.* Les agents de la putréfaction sont des êtres organisés de très petite taille, visibles seulement au microscope, et nommés *Microbes.* Voy. ce mot. Il y en a de nombreuses espèces, mais tous vivent aux dépens de la substance dans laquelle ils pullulent, et en transforment peu à peu, par leur action vitale, la composition chimique. Le résultat définitif de cette transformation est une oxydation progressive qui ramène peu à peu les composés organiques des formes les plus compliquées aux formes les plus simples, les premiers stades de cette oxydation s'accompagnant presque toujours de la formation de corps infects et toxiques. V. PUTRÉFACTION. Les agents physiques et chimiques ordinaires, air, eau, température, variant dans les limites habituelles, sont sans action sur les matières organisées qui, en l'absence des microbes de la putréfaction ou microbes *septiques,* se conservent indéfiniment sans aucune altération. Le problème de la conservation des matières alimentaires consiste donc à soustraire ces matières à l'action des microbes. On y peut arriver de deux manières, soit en empêchant le développement des germes microbiens, soit en détruisant par la chaleur ceux qui peuvent exister et en enfermant la matière dans un vase clos pour la mettre à l'abri des germes atmosphériques. A la première méthode se rapporte l'emploi du froid ; seulement le froid ne tue pas les germes des microbes ; il s'oppose seulement à leur éclosion. Les germes microbiens sont doués, sous ce rapport, d'une vitalité extraordinaire ; ils résistent sans périr à des températures extrêmement basses et longtemps prolongées, et restent tout

prêts à se développer dès qu'ils retrouvent une température favorable. La dessiccation agit d'une manière analogue. Certaines substances dites *antiseptiques* s'opposent d'une manière absolue au développement des germes, et détruisent tous les organismes inférieurs. Elles constituent de précieux agents de conservation des matières organiques.

L'action préventive du froid est connue depuis longtemps. Le géographe Balbi décrit ainsi le *Marché d'hiver (Zimnoï rinok)* de Saint-Pétersbourg : « L'Européen du Midi est frappé d'étonnement en voyant s'élever, sur une vaste place, d'énormes pyramides formées de corps d'animaux entassés les uns sur les autres. Ce sont des bœufs, des moutons, des cochons, des poules ; ensuite du beurre, des œufs, des poissons ; enfin toutes sortes de provisions : le froid a rendu ces objets durs comme des pierres. Les poissons conservent encore toute leur fraîcheur et leurs couleurs naturelles ; on serait presque tenté de les croire vivants. Mais les autres animaux offrent un spectacle, pour ainsi dire, effrayant. On en voit des milliers, tout écorchés, rangés les uns à côté des autres. Leur dureté est extrême ; on emploie la hache pour les couper par morceaux, et les éclats volent au loin comme si l'on coupait du bois. Les provisions amassées dans ce marché y sont apportées des parties les plus éloignées de l'empire, au moyen de traîneaux. Tout s'y vend à meilleur marché à cause de la facilité des transports et du grand nombre de vendeurs, et chacun se hâte de faire ses provisions. Elles se conservent d'ailleurs pendant longtemps lorsqu'on a la précaution de les mettre dans des caves garnies de glace. » On sait également qu'Adams et Pallas ont découvert en Sibérie, sur les bords de l'Océan Arctique, des cadavres de mammouths qui, enfoncés dans une couche de terre congelée, avaient parfaitement conservé toutes leurs parties molles, ainsi que la peau et le poil dont ils étaient recouverts, malgré les milliers d'années qui s'étaient écoulés depuis l'époque où cette race d'animaux a disparu de la surface du globe. Mais aussitôt qu'ils se trouvèrent exposés à une température plus élevée, ces cadavres tombèrent immédiatement en putréfaction. En ce qui concerne la dessiccation comme agent conservateur, il suffit de rappeler que l'herbe desséchée demeure plusieurs années, sous forme de foin, à l'abri de toute altération.

II. *Conservation des viandes.* — On conserve les viandes : 1° en abaissant leur température ; 2° en les débarrassant par la dessiccation de l'eau qu'elles renferment ; 3° en les mettant à l'abri des germes atmosphériques après cuisson ; 4° en les soumettant à l'influence de substances antiseptiques.

1° *Froid.* — Il suffit, pour conserver la viande indéfiniment, de la maintenir constamment à une température un peu au-dessous de zéro : c'est ce que prouvent les faits que nous avons déjà rapportés. Ce procédé est assez usité par les marchands de comestibles, qui, dans l'été, entourent de glace des pièces de gibier, du poisson, etc., afin d'empêcher leur putréfaction. Il a été employé en grand pour importer en Europe les viandes d'Australie ou d'Amérique. On a vu quelque temps, vers 1878, à Paris, un petit navire nommé le *Frigorifique,* qui a fait plusieurs fois le voyage de Buenos-Ayres à Paris, en traversant l'Atlantique et remontant la Seine. A l'intérieur du navire étaient aménagées plusieurs chambres où la température était maintenue au-dessous de −10° centigrades par la vaporisation de l'acide sulfureux liquide suivant le procédé de M. Pictet. Les viandes étaient déposées dans ces chambres et arrivaient en Europe sans aucune altération. L'entreprise n'a pas réussi sous le rapport financier. De nouveaux essais ont été toutes depuis avec des succès variables, sans pourtant que le procédé soit définitivement entré dans la pratique de l'industrie. On peut le regretter, car la viande ainsi conservée garde toutes les propriétés de la viande fraîche et est bien supérieure aux conserves en boîtes.

2° *Dessiccation.* — Quand on l'expose à un courant d'air sec et chaud, la viande de boucherie perd rapidement la plus grande partie (94 à 96 centièmes) de l'eau qu'elle contient. Dans cet état, elle se conserve fort longtemps. Ce procédé a été connu de très bonne heure. Xiphilin rapporte que les Gaulois de l'Armorique se nourrissaient, pendant la guerre, de chair desséchée et réduite en poudre, et Dion Cassius, qui vivait au II° siècle de notre ère, nous apprend que cette même coutume existait chez la plupart des tribus guerrières de l'Asie Mineure. Aujourd'hui même ce procédé est encore en usage à la Chine, en Tartarie, et chez plusieurs peuplades de l'Amérique du Nord. C'est également par la dessiccation que se prépare le *Tasajo* du Paraguay et du Rio de la Plata. On nomme ainsi les lanières de viande sèche qui constituent la base de l'alimentation des indigènes de cette partie de l'Amérique du Sud. Pour préparer le tasajo, on découpe les quartiers de bœuf en bandes très minces et aussi longues que possible; on saupoudre ces bandes de farine de maïs, afin d'absorber les sucs épanchés à leur surface; on les expose au soleil sur des claies de bambou jusqu'à ce que leur dessiccation soit à peu près complète; on profite alors du peu de flexibilité qui leur reste pour les rouler en paquets cylindroïdes. C'est sous cette forme qu'on les livre au commerce. Ainsi disposées, les lanières de tasajo sont beaucoup moins accessibles à l'action de l'humidité et se conservent très longtemps, surtout si l'on a soin de les tenir dans un lieu sec. Quand on veut en faire usage, on coupe une lanière en morceaux qu'on fait gonfler dans l'eau, et qu'on soumet ensuite à une cuisson très lente. On obtient ainsi un bouillon d'excellente qualité, mais le bouilli est beaucoup moins tendre que celui de viande fraîche. Le tasajo, dit Payen, offre sur les extraits de viande proposés autrefois par Proust et recommandés ensuite par Liebig, l'avantage de retenir les principes aromatiques propres à la chair musculaire, lesquels sont entraînés en grande partie par la vapeur d'eau dans la préparation des extraits.

3° *Conserves en vases clos.* — On a mis en avant un assez grand nombre de procédés pour soustraire à l'action de l'air et, par conséquent, à celle des microbes atmosphériques, non seulement les viandes, mais encore tous les produits alimentaires en général. Le plus simple, et en même temps le plus sûr, est celui qui fut imaginé par Appert, vers 1809. Cet industriel renfermait les substances à conserver dans des vases de verre ou de grès, on les remplissait autant que possible, puis il les fermait hermétiquement à l'aide de bouchons assouplis ou d'une soudure à l'étain. Après cela, il introduisait les vases dans une chaudière pleine d'eau dont il élevait graduellement la température jusqu'à 100°, et il maintenait le liquide en ébullition pendant une demi-heure, une heure, ou deux heures, suivant le volume des matières. Avant les remarquables travaux de Pasteur qui ont définitivement établi la théorie microbienne de la putréfaction, on croyait que le succès de ce procédé tenait uniquement à ce que les matières enfermées dans les vases clos se trouvaient soustraites à l'action oxydante de l'air; mais alors on s'expliquait fort mal la nécessité de la cuisson au bain-marie, dont l'expérience avait cependant démontré la nécessité. On sait aujourd'hui que cette cuisson a pour effet de tuer les germes qui existent dans les matières à conserver, de sorte qu'après l'opération il ne reste plus aucun germe vivant dans les vases fermés, ce qui assure à leur contenu une conservation indéfinie.

Le procédé Appert a reçu diverses améliorations. Aux vases de verre et de poterie on a substitué des boîtes de fer-blanc, dont le couvercle se soude à l'étain après qu'on les a remplies exactement. — Afin de mieux assurer le succès de l'opération Fartier eut l'idée, vers 1839, d'élever au-dessus de 100° la température du bain dans lequel on immerge les boîtes, en faisant chauffer ce bain sous pression. De cette manière, l'ébullition se propage dans l'intérieur de celles-ci et la vapeur, qu'on laisse échapper par une issue étroite ménagée dans le couvercle, entraîne presque tout l'air avec elle. On ferme ensuite l'ouverture avec un grain de soudure, en retirant la boîte du bain à moitié seulement. L'avantage qui résulte de cette amélioration consiste uniquement dans la plus haute température à laquelle sont soumises les matières à conserver; mais elle a réalisé un important progrès, car certains germes ne sont détruits qu'à une température supérieure à 100°, température qu'on n'atteignait pas avec le procédé Appert.

Quant à la durée du chauffage, elle dépend du volume des boîtes, car il faut que la température de destruction des germes ait pénétré dans l'intérieur des boîtes, et que toute la masse ait été soumise au moins pendant quelques minutes.

Dans le procédé Appert, il est indispensable que les produits à conserver soient préalablement cuits ou mi-cuits. Il n'en est pas ainsi quand on fait usage des perfectionnements imaginés par Martin de Lignac. Ces perfectionnements sont au nombre de deux. Le premier a pour but de conserver le bœuf cru en fragments assez volumineux. Pour cela, on introduit, dans des boîtes cylindriques de fer-blanc, un bloc de chair musculaire pesant 10 kilogr., et l'on remplit les intervalles avec un bouillon à demi concentré. On soude alors le couvercle des boîtes et on les plonge dans une marmite autoclave pleine d'eau, dont on élève la température à 108°. Au bout de deux heures, on retire les boîtes, on fait un trou sur le fond supérieur de chacune d'elles, ce qui permet à la vapeur en excès qu'elles renferment de s'échapper en entraînant l'air et les gaz avec elle. Enfin, on achève l'opération en fermant cette ouverture avec un peu de soudure.

La viande ainsi préparée n'a éprouvé qu'une très faible cuisson, et n'est aucunement désagrégée. Soumise à la coction avec 4 ou 5 volumes d'eau, elle donne un excellent bouillon et un très bon bouilli. Le second perfectionnement dû à Martin de Lignac est, en quelque sorte, une combinaison du procédé Appert et du procédé par dessiccation. On découpe la viande en lanières de 2 à 3 centim. d'épaisseur; on étend ces lanières sur des châssis garnis de filets, et on les porte, ainsi disposées, dans une étuve, où un courant d'air chauffé à 30° ou 35° leur enlève graduellement une partie de leur eau. Lorsqu'elles ont perdu la moitié environ de leur poids, on les introduit dans des boîtes cylindriques, et on les y comprime jusqu'à ce que la capacité d'un litre renferme environ 2,400 gram. de viande fraîche. Cela fait, on remplit exactement les boîtes avec du bouillon à demi concentré; on les ferme, et on les soumet, dans une chaudière autoclave, à une température d'environ 108°. On laisse alors refroidir jusqu'à 100°, et l'on retire les boîtes. Le bœuf préparé par ce procédé peut être mangé tel qu'il sort des boîtes, ou bien servir à faire du bouillon. Les procédés que nous venons de décrire sont exploités en France et en Angleterre, et surtout en Amérique et en Australie, sur la plus vaste échelle. Ils sont employés à préparer des conserves de viandes diverses, de poissons, de homards, etc.

Certaines matières, principalement des poissons, et surtout des sardines, sont conservées dans l'*huile*. Les sardines sont étêtées, quelquefois désossées, puis séchées au soleil ou à l'étuve. On les immerge alors deux ou trois minutes dans un bain d'huile d'olive chauffée à 250°, après quoi elles sont égouttées, séchées et empilées dans des boîtes de fer-blanc que l'on remplit ensuite d'huile. Les boîtes sont alors soudées et plongées dans un bain-marie à 100° pendant une ou deux heures, suivant leur volume. Le thon, le saumon, etc., sont conservés par des procédés analogues.

4° *Agents antiseptiques.* — Parmi ces substances, on doit placer en première ligne le sel, l'acide pyroligneux et la créosote. — L'emploi du sel est aussi ancien qu'il est répandu. On frotte la viande avec du sel marin, ou la saupoudre encore de sel, puis on la dispose par lits dans un vase de grandeur suffisante, où on la soumet à une certaine pression. Au bout de quelques jours, on la retire, on renouvelle le sel, et on l'arrose avec la saumure que la pression a fait écouler. Quelquefois au sel marin on substitue le salpêtre (nitrate de potasse); mais comme ce dernier donne un goût très fort aux produits conservés, il convient de ne l'employer qu'avec sobriété. — La conservation par le sel s'applique aussi bien aux poissons qu'aux viandes. Les harengs et les morues salés sont l'objet d'un commerce considérable. — Pour préparer la viande avec l'acide pyroligneux, on l'immerge pendant quelque temps dans ce liquide, et on la fait ensuite sécher à l'air libre. La viande se conserve bien, mais elle acquiert un goût désagréable. La propriété conservatrice de l'acide pyroligneux paraît due à la présence de la créosote. — C'est également à cette substance qu'on doit attribuer l'action de la fumée sur les produits animaux. Pour *fumer* ou *boucaner* les viandes, il suffit de les frotter avec du sel, puis de les suspendre, pendant 4 ou 5 semaines, dans une chambre disposée *ad hoc*, où l'on brûle des copeaux de chêne très secs. La règle à suivre pour que l'opération réussisse bien, est de ne produire que peu de fumée à la fois, ce qui augmente d'autant la durée de la préparation. On donne ainsi au principe antiseptique le temps de s'introduire parfaitement dans toutes les parties de la matière organique. Les viandes boucanées constituent une précieuse ressource pour les voyages maritimes. — Les meilleures viennent de Hambourg, où leur préparation est devenue une industrie importante. — Le *Saurage* se pratique absolument comme le boucanage; seulement on suspend les poissons, préalablement salés, dans une cheminée faite exprès appelée *Roussable*, et où l'on fait un feu de menu bois, qu'on ménage de façon à obtenir peu de flamme et beaucoup de fumée. L'opération ne dure en général que 24 heures, et l'on peut *saurer* 10 à 12,000 harengs à la fois. Les harengs préparés de cette manière portent les noms de harengs *saurs* ou *saures*, *fumés*, *rouges* ou *saurés*, tandis qu'on appelle harengs *blancs* ou *salés* ceux qui n'ont pas subi cette opération, et qui ont été simplement conservés dans le sel.

III. *Conservation des légumes.* — De tout temps, la dessiccation a été employée empiriquement pour conserver les substances végétales; mais elle ne suffit pas à elle seule pour atteindre le but désiré. La méthode Appert avait résolu le problème au point de vue de la conservation; mais le volume et le poids considérables que présentaient les légumes ainsi préparés étaient des inconvénients graves; enfin, le prix de ces conserves était beaucoup trop élevé : aussi n'avaient-elles pu entrer dans la consommation générale; ce n'était même que par exception, et uniquement pour les malades et la table des officiers, qu'elles figuraient dans les approvisionnements maritimes. Le problème avait donc besoin d'être étudié à nouveau. Il fut abordé en 1845 par Masson, jardinier du Luxembourg, et dès 1850 il ne restait presque plus rien à découvrir. Le procédé Masson consiste à dessécher les légumes, préalablement épluchés, par des courants d'air chaud, puis à les comprimer énergiquement au moyen de la presse hydraulique. La dessiccation réduit leur poids de 100 parties à 15, à 11 et à 9, pour les végétaux herbacés, et à 22 ou 20 pour les pommes de terre. Quant à leur volume, il est réduit des quatre cinquièmes environ. Les premières conserves obtenues par cette méthode avaient le défaut d'exhaler une odeur de foin très marquée ; elles exigeaient, en outre, une immersion de 4 heures au moins dans l'eau, avant de pouvoir être soumises à la coction. Ces défauts n'existent plus depuis que Dolfus, Verdeil et Gannal ont eu l'idée de soumettre les matières végétales à une température de 100° à 105°, avant de les dessécher. Cette opération a pour effet de coaguler l'albumine végétale. Les légumes ainsi traités n'ont besoin, pour être accommodés, que d'une immersion d'une heure ou deux dans l'eau froide, ou seulement de 45 minutes dans l'eau tiède. Ce temps suffit pour leur faire reprendre leur volume, leur forme et même leur couleur. — Les légumes préparés comme nous venons de le dire, sont mis dans le commerce sous forme de tablettes rectangulaires, de dimensions fixes et correspondant à un certain nombre de rations. Ils servent surtout aux approvisionnements maritimes. Pendant la guerre de Crimée, une seule maison a fourni à l'armée française 120,000 rations par jour en hiver, et 40,000 en été. Pour les usages domestiques ces sortes de conserves ne sont guère employées que dans les restaurants à bas prix ; les ménages préfèrent les conserves Appert, malgré leur prix plus élevé, parce qu'elles sont d'une qualité bien supérieure. Grâce à la facilité des communications, les marchés ne sont jamais privés de légumes frais : il est vrai que les espèces varient suivant la saison ; mais comme ils ne font jamais complètement défaut, on aime mieux se priver de ceux qui manquent que de consommer des produits inférieurs. La conservation fait perdre aux légumes leur couleur verte et les fabricants ont cherché à les *reverdir* en ajoutant un peu de sulfate de cuivre à l'eau de cuisson. Cette pratique peut présenter des inconvénients au point de vue de l'hygiène, quoique la dose de sulfate de cuivre soit trop minime pour être dangereuse. En tous cas, il vaut mieux consommer les conserves non reverdies, d'autant plus que l'addition de sulfate de cuivre ne modifie en rien le goût des légumes. D'autres procédés de reverdissage ont été essayés, mais sans succès.

IV. *Conservation du lait.* — On a indiqué à cet effet un grand nombre de procédés ; mais tous laissent à désirer sous quelque rapport. La question de la conservation du lait se lie à celle de la *stérilisation* qui a pour but de détruire, non seulement les germes capables d'altérer le lait par leur développement, mais aussi les microbes pathogènes dans le lait provenant.

1° *Lait concentré* par le procédé Martin de Lignac. On évapore au bain-marie le lait additionné de 60 p. 100 de sucre jusqu'à ce qu'il soit réduit au cinquième de son volume primitif. La substance pâteuse ainsi obtenue est mise dans des bouteilles de fer-blanc qu'on soude et qu'on immerge pendant 30 minutes dans un bain-marie. On a amélioré ce procédé en faisant évaporer le lait dans le vide, au lieu d'employer la chaleur. Le lait concentré ainsi préparé fait l'objet d'un commerce important. Il peut se garder des années. Pour l'utiliser, on le délaie dans cinq fois son volume d'eau tiède ; malheureusement son goût et son odeur sont très différents de ceux du lait frais. Beaucoup de personnes ne peuvent s'y habituer.

2° *Lait conservé par le froid.* On fait tomber le lait en nappe sur une surface métallique ondulée, baignée du côté opposé par un courant d'eau à 10° environ, circulant en sens inverse (*Réfrigérateur Lawrence et Chapelier*). Ce procédé n'assure qu'une c. très limitée. — Pour exploitation en grand, il faut refroidir le lait à 3° ou 4°, température qui arrête le développement des germes, lequel ne recommence qu'à 10° environ. A cet effet, on filtre le lait, puis on le fait couler dans des gouttières en cuivre refroidies par un bain constamment renouvelé d'une solution froide de chlorure de magnésium. Le refroidissement est obtenu par une machine à glace. Le lait est ensuite placé dans des bidons qu'on doit protéger contre le réchauffement pendant le transport. Le lait ainsi préparé se conserve bien tant qu'il est maintenu à une température notablement inférieure à 10° ; mais ni les germes ni les microbes pathogènes ne sont détruits.

3° *Pasteurisation* par le procédé Thiel. Le lait coule en nappe sur des surfaces chauffées par la vapeur de 70° à 75° ; une température supérieure lui ferait perdre le goût du lait cru. Le lait est ensuite refroidi brusquement dans un réfrigérant entouré de glace jusqu'à 10° ou 12°. Il se conserve alors de deux à 4 jours ; mais les microbes pathogènes ne sont pas détruits.

4° *Stérilisation partielle*, obtenue en chauffant le lait pendant 30 minutes dans un bain-marie placé dans l'eau bouillante. La température atteint ainsi 95 ou 96°. Il faut conserver le lait dans le vase dans lequel il a été chauffé. Le lait ainsi traité se conserve plusieurs jours ; puis il a le goût de cuit et est, paraît-il, moins facile à digérer que le lait cru.

5° *Stérilisation* par le procédé Soxlet. Le lait est chauffé à des températures variant de 150° à 250°, dans des bouteilles portant un bouchon en caoutchouc qui laisse passer les gaz dilatés pendant l'échauffement et s'applique au contraire hermétiquement pendant le refroidissement. La stérilisation n'est pas complète. Cependant le *bacterium acidilactus*, dangereux pour les enfants, a disparu complètement, ainsi que le microbe de la tuberculose. Le lait a un goût spécial qui n'est pas désagréable quand l'opération a été bien conduite ; mais la conservation est assez restreinte. Au bout d'un certain temps, la crème se condense en caillots flotteurs, et il se développe un goût de rance insupportable.

6° *Stérilisation complète*. On l'obtient en chauffant le lait *dans des récipients clos* à 100° pendant trois à quatre heures, ou à 110° ou 120° pendant un temps beaucoup plus court. Les bouteilles ainsi traitées à l'autoclave ne sont pas complètement pleines, à cause de la dilatation du liquide. Si l'opération a été bien conduite, la conservation est indéfinie ; mais ce procédé est très coûteux et n'est pas entré dans la pratique industrielle.

7° *Stérilisation par l'oxygène* (procédé Villon). Immédiatement après la traite, le lait est placé dans un récipient en tôle étamée d'une contenance d'environ 500 litres et l'on y comprime de l'oxygène pur à la pression de 5 à 6 atmosphères. Au bout de plusieurs heures, la pression est ramenée à 2 atmosphères, et l'on est soutiré dans des bidons de 100 litres pour le transport. Dans ces bidons, il est encore sous une pression de 2 atmosphères d'oxygène pur. Pour la consommation, on laisse échapper l'oxygène, et on soutire le lait. D'après l'auteur, tous les germes et tous les microbes sont détruits par l'oxygène. Du lait ainsi traité a été expédié de Paris à Londres et renvoyé à Paris, au retour, il avait conservé toutes les propriétés du lait frais. L'avenir fera juger de la valeur du nouveau procédé.

V. *Conservation des œufs.* — Pour conserver les œufs, il suffit de mettre leur contenance à l'abri du contact de l'air, c.-à-d. d'enduire leur coquille d'une substance imperméable quelconque. On emploie le plus souvent un mélange d'huile d'olive et de suif, ou mieux d'huile d'olive et de cire. On peut également se servir d'une solution visqueuse de gomme, d'un vernis à l'esprit-de-vin, au collodion, à la gutta-percha, et même d'une solution chaude de gélatine légèrement sirupeuse. Mais un procédé beaucoup plus économique et non moins efficace consiste à immerger les œufs dans de l'eau saturée de chaux, et à garder les vases qui contiennent le bain dans un lieu où la température soit peu variable. La conservation est encore mieux assurée par l'addition de 2 centièmes de sucre au lait de chaux. Enfin, on peut plonger les œufs dans de l'eau où l'on a fait dissoudre 10 pour 100 de sel marin. Ce dernier procédé a un avantage sur le précédent, c'est qu'on n'est pas obligé de laisser les œufs dans le bain. On peut, en effet, les en retirer au bout de quelques heures, les parties salines qui se sont introduites dans les pores de la coquille suffisant pour former tout passage à l'air, et, par suite, pour assurer la conservation du produit animal.

VI. — Nous ne dirons rien des fruits conservés dans le sucre ni des légumes conservés dans le vinaigre ; nous avons parlé des premiers au mot CONFITURE ; les seconds constituent un aliment, mais un simple condiment sur lequel il n'y a rien de bien intéressant à dire. On sait aussi que l'on conserve des fruits dans l'eau-de-vie. — Cons. L'excellent ouvrage de PAYEN, intitulé *Des substances alimentaires, et des moyens de les améliorer, de les conserver et d'en reconnaître les altérations.*

CONSERVER. v. a. (lat. *conservare*, m. s. de *cum*, avec, et *servare*, garder). Garder une chose ; ne pas s'en défaire ; ne pas y renoncer. Se dit des choses physiques et des choses morales. *Il a vendu ses tableaux, mais il a conservé ses livres. Ils ont toujours conservé leurs anciens usages. C. tout son amour, toute sa haine. C. son bien, ses amis. Ce* *prince n'a pas su c. ses conquêtes. C'est à lui que je dois d'avoir conservé la vie. C. sa place, son emploi, son rang. C. son innocence, son honneur, sa réputation.* — *C. sa tête, toute sa tête,* se dit, soit d'un vieillard dont les facultés intellectuelles ne sont point affaiblies, soit d'un homme qui, dans des circonstances critiques, n'a pas perdu sa présence d'esprit. — Absol., *Le plus difficile n'est pas d'acquérir, mais de c.* || Laisser subsister une chose. *On va démolir tout le quartier, mais on devrait c. cette vieille tour. Dans chaque régiment on ne conservera que quatre compagnies d'élite.* || Empêcher qu'une personne ou une chose ne périsse ; la sauver de la destruction. *Cette femme n'a conservé aucun de ses enfants. Tous les secours de l'art n'ont pu le c. à ses amis, lui c. la vie. L'histoire conserve le nom des grands hommes.* || Maintenir une chose en bon état ; empêcher qu'elle ne se gâte, qu'elle ne dépérisse. *C. des fruits, des meubles, des habits. C. sa voix* — Par ext., se dit des choses qui servent à en c. d'autres. *Cette pommade conserve bien le teint. Ces lunettes m'ont conservé la vue.* Sign. quelquefois simplement maintenir dans un certain état : le régime du verbe est alors accompagné d'un adj. qui exprime cet état. *Le dépositaire doit c. intact le dépôt qui lui a été confié. C. son honneur intact.* || T. Typogr. *C. une forme,* La mettre en réserve après le tirage. = se CONSERVER v. pron. Être conservé, subsister. *Chez les peuples primitifs, les traditions se conservent très longtemps. Le souvenir de cette grande action se conservera toujours.* || Veiller à la conservation de sa santé, de sa vie. *Un père doit se c. pour ses enfants, un général pour ses soldats.* || Rester, se maintenir en bon état. *Ces fruits ne se conservent pas. Les cerises se conservent dans l'eau-de-vie.* || Fig. et absol., *Il lui est bien difficile de se c. au milieu de cette lutte des partis,* se dit d'une personne qui se maintient entre deux partis ou entre des gens qui sont en querelle, sans prendre parti ni pour l'un ni pour l'autre. Peu us. — CONSERVÉ, ÉE. part. *Un tableau bien c., une médaille bien conservée,* Un tableau, etc., qui a encore toute sa beauté, toute sa fraîcheur, — On dit dans le même sens d'une personne avancée en âge, qu'*Elle est bien conservée.*

CONSIDENCE. s. f. (lat. *cum,* avec ; *sidere,* asseoir.) Affaissement de choses posées les unes sur les autres.

CONSIDÉRABLE. adj. 2 g. Qui doit être considéré, qui mérite considération. || Puissant, éminent, important. *Mécène, bien que simple chevalier, était à Rome un personnage c. Il s'est rendu c. à force d'intrigue.* || Se dit des choses qui dépassent les proportions ordinaires. *Une ville c. Il s'est écoulé un temps c. Un volume c. Une fortune c. Ce général a remporté un avantage c.*

Rem. — Le langage contemporain fait souvent c. syn. de *grand.* Il y a là un abus. Il convient de n'employer le mot c. que lorsque ce sens pourra se confondre avec le sens étymologique : *qui mérite considération.*

CONSIDÉRABLEMENT. adv. Beaucoup. *Il a c. gagné dans cette affaire. Ma santé s'est c. améliorée.*

Rem. — Il y aurait lieu de faire sur l'emploi de ce mot la même remarque que pour le précédent ; cependant, elle ne serait pas justifiée par les textes des meilleurs auteurs. Madame de Sévigné a écrit : *Notre bon abbé va considérablement mieux.*

CONSIDÉRANT. s. m. (R. *considérer.*) Se dit de chacune et de l'ensemble des remarques, des réflexions, qui précédent le dispositif d'une ordonnance, d'un arrêt ou d'un jugement, et en exposent les motifs. *Avez-vous lu le c. de l'ordonnance de police ? Le premier c. de ce jugement est en contradiction avec le troisième.*

CONSIDÉRANT (VICTOR), socialiste phalanstérien (1805-1894).

CONSIDÉRATIF, IVE. adj. Qui considère, qui réfléchit.

CONSIDÉRATION. s. f. (Pr. ...*sion*)(R. *considérer*). Examen attentif que l'on fait d'une chose avant de se décider, de prendre un parti. *Cela est digne de c., demande une longue c., beaucoup de c.* — En parlant d'un homme léger qui agit et qui parle étourdiment, sans réflexion, sans circonspection, on dit : *Il agit toujours sans c. ; Il n'apporte aucune c. ni dans ce qu'il dit, ni dans ce qu'il fait.* — Par ext., *Cela est de peu de c., ne mérite aucune c.,* Cela a peu ou point d'importance. — *Mettre, faire entrer, prendre quelque*

chose en c., Avoir égard à une chose, en tenir compte. *On prendra vos services en c.* — En c. de, À cause de. *On lui accorda une pension en c. des services qu'il avait rendus.* || Se dit des motifs, des raisons qui nous engagent à prendre tel ou tel parti, à adopter telle ou telle opinion. *C'est cette c. qui l'a décidé. Des considérations d'honneur, d'intérêt, l'ont porté à prendre ce parti. C'est une c. qu'il ne faut pas négliger* || *Considérations,* au pl., se dit aussi d'un ensemble de réflexions que suggère l'étude sérieuse que l'on a faite d'une chose. *Considérations sur l'Histoire romaine, sur le Commerce,* etc. || Se dit de la déférence, des égards que l'on a pour quelqu'un. *C'est par c. pour vous que je me suis abstenu. C'est en votre c. qu'il l'a fait.* — Par ext. *Je vis avec c., avec une parfaite c., avec une c. distinguée, avec une haute c.* etc., Formules de politesse par lesquelles on termine quelquefois les lettres. || Se dit de l'estime, du respect, de l'importance dont jouit quelqu'un. *Il s'est acquis une grande c. dans sa profession. Il ne jouit d'aucune c. On n'a nulle c. pour lui. Donner des marques de c. à quelqu'un.*

Syn. — *Égards, Respect, Déférence.* — Ces termes désignent, en général, l'attention et la retenue dont on doit user dans ses procédés à l'égard de quelqu'un. On a du *respect* pour l'autorité, des *égards* pour la faiblesse, de la *considération* pour le rang et la position, de la *déférence* pour la sagesse. On doit du *respect* à soi-même, des *égards* à ses égaux, de la *considération* à ses supérieurs, de la *déférence* à ses amis. Le malheur mérite du *respect* ; le repentir, des *égards* ; les grandes places, de la *considération* ; les prières, de la *déférence.* Enfin, on dit : J'ai du *respect,* des *égards,* de la *déférence* pour M. un tel ; mais on dit de soi-même : M. un tel a de la *considération* pour moi. — Voy. aussi RÉPUTATION.

CONSIDÉRÉMENT. adv. (R. *considérer.*) Avec circonspection.

CONSIDÉRER. v. a. (latin, *considerare,* m. s., de *cum,* avec, et *sidus, sideris,* astre). Regarder, examiner attentivement. *C. un monument, un tableau.* — Après l'avoir considéré un instant, il s'écria... *Il le considéra longtemps avec intérêt.* || Examiner attentivement, apprécier. *On doit c. cette affaire sous toutes ses faces. Considérez un peu le travail que cela m'a coûté.* || Faire attention, avoir égard à. *C'est son seul mérite que je considère. Un juge intègre ne doit c. que les principes du droit et de la justice.* || Estimer, faire cas. *Il était fort considéré dans son pays. C'est un homme que je considère beaucoup.* || Juger, réputer ; dans ce sens, il se joint avec *Comme. Je le considère comme le meilleur peintre de notre époque. Il faut c. cette chute comme la cause de sa maladie.* = se CONSIDÉRER. v. pron. Se regarder. *Il se considérait comme un habile artiste.* = CONSIDÉRÉE, ÉE. part. *Tout bien c.,* Tout étant bien examiné. — T. Prat. *Ce c., il vous plaise...*

Un jour, dans une loge de théâtre, une jolie femme du demi-monde était attentivement regardée par un écrivain qui n'ôtachait pas les yeux. « Qu'avez-vous donc, s'écria-t-elle, à me considérer ainsi ? — Mais, madame, je ne vous considère pas ; je vous regarde. »

CONSIGNATAIRE. s. m. T. Droit. Le tiers entre les mains duquel une consignation est faite || T. Comm. Le négociant ou commissionnaire auquel on adresse soit un navire pour qu'il en opère le désarmement et le réarmement, soit les marchandises chargées sur un bâtiment, pour qu'il les reçoive en dépôt ou se charge de les vendre.

CONSIGNATEUR. s. m. T. Comm. Celui qui fait une consignation de marchandises dans une maison de commission.

CONSIGNATION. s. f. (Pr. ...*sion*). Dépôt d'une somme ou d'un objet entre les mains d'une tierce personne. *C. judiciaire. C. préalable de l'amende, des frais.* — Caisse des dépôts et consignations. Voy DÉPÔT || La somme ou l'objet déposé. *Retirer sa c.* || T. Comm. *Ces marc andises sont à la c. d'un tel,* Un tel est chargé de les recevoir comme consignataire.

CONSIGNE. s. f. (R. *consigner*). Ordre sous forme d'instruction que l'on donne à une sentinelle, à une vedette, à un chef de poste sur ce qu'il doit faire ou empêcher, et sur ce qui doit être l'obj t de sa surveillance. *Donner, observer, violer, changer, lever la c.* Faire respecter sa c. — Se dit aussi de la punition militaire qui consiste dans la défense faite à un soldat de sortir de la caserne. *Il peut sortir, sa c. est levée.* || Par anal. Privation de sortie dans les collèges. || Par ext., se dit des ordres, des instructions données à tout individu préposé à la surveillance d'un lieu public, ou chargé d'en garder l'entrée. *La c. est de ne laisser entrer personne avec des paquets. Forcer la c.* || Dans les villes de guerre, l'individu placé aux portes pour tenir un registre exact de tous les étrangers qui entrent dans la ville. — On dit dans le même sens, *Portier-consigne.* || T. Mar. Endroit où se place le fanal destiné au service du bord. || T. Chemin de fer. Endroit de la gare où l'on met des bagages en dépôt.

CONSIGNER. v. a. (lat. *consignare*, m. s., de *cum*, avec, et *signare*, marquer). Déposer une somme ou un objet déterminé entre les mains d'un tiers pour le délivrer ensuite à qui de droit. *Lorsque le créancier refuse de recevoir la somme qui lui est due, le débiteur peut la c. en se conformant aux prescriptions de la loi. La partie civile doit préalablement c. les frais présumés du procès. C. en papier,* Déposer, au lieu d'argent, un billet portant obligation de la somme que l'on doit c.* || T. Comm. Adresser à un consignataire. *J'ai consigné pour dix mille francs de marchandises à un tel.* || Fig., Mettre par écrit. *Cela a été consigné au procès-verbal, Ce fait est consigné dans les chroniques du temps.* || *C. quelqu'un,* Donner des ordres pour empêcher que quelqu'un n'entre ou ne sorte. *Je l'ai consigné à ma porte. Les soldats furent tous consignés dans leurs casernes.* — Par ext., Punir quelqu'un en le privant de sortie. *Il a été consigné pour huit jours.* = CONSIGNEU. v. n. Donner pour consigne. *On lui a consigné de ne laisser entrer personne.* = CONSIGNÉ, ÉE. part.

CONSIMILITUDE. s. f. (R. *con*, préf., et *similitude*.) Égalité, convenance mutuelle.

CONSISTANCE. s. f. (lat. *consistere*, être ferme, de *cum* avec, et *sistere*, fixer). État particulier de solidité. *Cette pâte n'a pas assez de c. La cire a moins de c. que la résine. Faire évaporer un liquide jusqu'à c. de sirop.* — Par ext., on dit d'un corps solide qui n'offre pas une résistance suffisante, qu'*il est sans c. Ce terrain n'a point de c.; il est fangeux, sablonneux. Ce bois n'a pas assez de c.* — Fig., On dit d'un homme qui n'a ni fortune, ni crédit, ni considération, qu'*il est sans c. dans le monde,* ou simplement, *sans c.* || Fig., Stabilité, fixité, permanence. *Cet établissement commence à prendre de la c., acquiert de la c. C'est un esprit sans c., qui n'a point de c.,* C'est une personne qui n'a point de fixité dans ses opinions, etc. — *Ce bruit, cette nouvelle prend de la c.,* Devient de plus en plus probable, commence à se confirmer. || Fig., *État de c., âge de c.,* se dit de l'état définitif qu'a atteint une chose qui a dépassé sa période de développement, et dans lequel elle persiste plus ou moins longtemps. *Toutes les choses du monde ont leur état d'accroissement, de c. et de décroissement. Les affaires sont dans un état de c.,* Elles sont dans une situation à ne pas devoir changer de sitôt. || T. Droit. Ce en quoi consiste une succession, un domaine, etc. *La c. d'une succession. Donner un état de la c. d'un domaine.*

CONSISTANT, ANTE. adj. T. Pr. Qui consiste en. *Propriété consistante en bois, prairies, vignes, etc.* — Dans le langage ordinaire, c. pris dans ce sens serait un part. prés. invariable et l'on écrirait : *une propriété consistant en bois, etc.* || T. Phys. Qui a un certain degré de solidité. *Les corps consistants et les corps fluides.*

CONSISTER. v. n. (lat. *consistere*, se fixer, de *cum*, avec, et *sistere*, fixer). Se dit d'une chose qu'on envisage en elle-même, dans ses qualités essentielles. *La beauté consiste dans la proportion des parties. Le premier devoir d'un juge consiste à être impartial. — Le tout consiste à savoir... Le point important est de savoir...* || Être composé, formé de, Son revenu consiste en rentes sur l'État. Cette propriété consistait en une maison avec cour et jardin.* Par anal., *Le commerce de ce pays consiste en coton, sucre, cacao,* etc.

CONSISTOIRE. s. m. (lat. *consistorium*, m. s., de *consistere*, s'arrêter, se tenir). Réunion du conseil des cardinaux sous la convocation du pape. || Fam. Réunion, assemblée quelconque.

Hist. — A Constantinople, sous le Bas-Empire, le mot Con-

sistoire (*consistorium*) servait à désigner l'antichambre qui précédait les appartements de l'empereur, la salle où il réunissait son conseil particulier, et enfin ce conseil lui-même. — Pendant le moyen âge, on appliqua la même dénomination aux synodes, aux assemblées des échevins, et, généralement, à toute espèce de réunion. Aujourd'hui, à Rome, ce terme s'emploie exclusivement pour désigner la congrégation ou assemblée des cardinaux, convoquée et présidée par le pape. On distingue le *C. public* et le *C. secret.*

En France, on donne encore le nom de c. aux conseils chargés de l'administration des églises protestantes, ainsi qu'à celui qui est chargé de diriger les affaires relatives au culte israélite. — Voy. CULTE.

CONSISTORIAL, ALE. adj. Qui appartient au consistoire. *Matières consistoriales, Jugement c. Officiers consistoriaux.* || *Bénéfices consistoriaux,* Bénéfices dont les bulles sont expédiées par voie de consistoire. || *Écoles consistoriales,* Celles qui appartiennent à un consistoire protestant ou israélite. = s. m. pl. *Les consistoriaux,* Les députés des consistoires protestants.

CONSISTORIALEMENT. adv. En consistoire, selon les formes du consistoire. *Cela fut jugé c.*

CONSISTORIALITÉ. s. f. Qualité de ce qui est consistorial. || Forme observée dans les expéditions du consistoire.

CONSŒUR. s. f. (R. *con*, préf., et *sœur*). Se dit des femmes associées à une même confrérie.

CONSOLABLE. adj. 2 g. Qui peut être consolé. *Sa perte est si grande qu'il n'est pas consolable.*

CONSOLANT, ANTE. adj. Qui console, qui est propre à consoler. *Le c. témoignage de ma conscience. Une nouvelle consolante.* — Famil., *Cet homme-là n'est guère c.,* Ce qu'il dit n'est guère fait pour rassurer.

CONSOLATEUR, TRICE. s. Celui ou celle qui console. *Dieu est le c. des pauvres et des affligés. Elle fut toute sa vie la consolatrice des malades. Il fut mon c.* || Se dit adjectiv., soit des personnes qui consolent, soit des choses qui sont propres à consoler. *Ange c. Espoir c.* — *L'Esprit c.,* ou le Saint-Esprit.

CONSOLATIF, IVE. adj. Propre à consoler. *Cet homme n'est pas c. C'est une nouvelle peu consolative.* Fam. et peu us.

CONSOLATION. s. f. [Pr. *...sion*]. Action de consoler. Soulagement à la douleur, à l'affliction. *Cela a été pour moi une triste, une douce, une grande c. Un grand sujet de c. Donner, apporter, recevoir de la c.* — Par ext., se dit d'un véritable sujet de satisfaction et de joie. *C'est une grande c. pour une mère de voir le bonheur de ses enfants.* || Se dit des discours et des raisons qu'on emploie pour consoler quelqu'un; dans ce sens il s'emploie ordinairement au pl. *Adresser des consolations à quelqu'un. Recevoir, repousser les consolations de ses amis. Consolations spirituelles. Écrire une lettre de c.* || La personne ou la chose même qui console. *Vous êtes ma seule c. Sa fille fut le soutien et la c. de sa vieillesse. La science est sa c.* || T. Jeu de cartes. Tribut qu'à certains jeux doit payer le joueur qui, après avoir demandé à jouer, a perdu. *Je dois tant de c. Une fiche de c.* — Fig. et fam., *Fiche de c.,* Dédommagement d'une perte, adoucissement de quelque disgrâce. *Son tableau a été fort critiqué; mais il l'a bien vendu: c'est une fiche de c.*

CONSOLATOIRE. adj. Dont le but est de consoler. *Discours c.*

CONSOLE. s. f. (lat. *consolidare*, assembler, de *cum*, avec, et *solidus*, solide). Pièce d'architecture saillante. || Petit meuble destiné à porter des objets d'art. || Morceaux de bois carrés enchâssés sur le lisoir de devant d'une voiture pour en supporter la coquille. || Pièce de fer servant à arc-bouter la rampe d'un escalier. || T. Min. Partie du rocher laissée en saillie dans un des angles d'une ardoisière. || T. Mus. Partie d'une harpe renfermant les chevilles. || T. Télég. Planchette de bois appliquée à un mur, sur laquelle on fixe l'isolateur devant supporter un fil.

Archit. — On définit la *Console* une pièce d'architecture saillante et ornée, destinée à porter une statue, un vase, etc., ou à soutenir la saillie d'une corniche, d'un balcon, etc. Le *Corbeau* est défini une pièce saillante destinée à supporter quelque chose, ou encore une grosse console qui a plus de saillie que de hauteur. Il est donc assez difficile de trouver une différence essentielle entre les deux mots, et nous pensons qu'on peut les regarder comme synonymes, à cette seule différence près que la console est un corbeau que l'on a pris soin de décorer d'une façon quelconque. Quelques auteurs ont proposé de réserver l'emploi du mot *console* pour l'architecture classique et celui de *corbeau* pour l'architecture du moyen âge. — Les consoles étaient en usage dans l'architecture grecque et dans la romaine : elles affectaient constamment la forme d'une S renversée. Ainsi, la porte ionique du temple de Minerve Poliade présente une c. de ce genre au-dessus de chacun de ses jambages. La Fig. 1 représente une c. prise du palais de Dioclétien à Spalatro ; elle est faite, il est vrai, pour

donner une assez triste idée du goût de l'architecte. Mais c'est dans l'architecture du moyen âge, et surtout dans les édifices religieux, que les consoles sont multipliées. Tantôt elles servent à porter des époux, tantôt elles supportent la retombée des arcs-doubleaux et des nervures des voûtes, tantôt elles soutiennent des espèces de corniches, etc. Au reste, ces consoles affectent les formes et les dispositions les plus variées, tout en participant cependant au caractère général que présente l'architecture de l'édifice, selon l'époque de la construction de ce dernier. Les Fig. 2 et 3 appartiennent au XIVᵉ siècle, et la 4ᵉ est de la fin du XIIIᵉ. — C'est par analogie que le mot de C. a pris les acceptions mentionnées plus haut. Voy. MODILLON.

CONSOLER. v. a. (lat. *consolari*, de *cum*, avec, et *solus*, dans le sens d'*entier*). Adoucir, diminuer, par des soins, des égards, des paroles, etc., la douleur, l'affliction de quelqu'un. *C. les affligés, les malades. C. la douleur, l'affliction de quelqu'un. La pieuse reine consolait la captivité des fidèles.* (BOSSUET.)

Envoyé par le roi pour consoler un père.
                                        CORNEILLE.

— Absol., *Cet homme ne sait pas c. Le temps ne peut c.* || *C. de des choses mêmes qui adoucissent, diminuent la douleur, l'affliction. Rien ne pouvait c. sa douleur. Cet espoir me console. Ses soins consolaient ma vieillesse.* — Fig., *Les sciences et les arts ont éclairé et consolé la terre, pendant que les guerres la désolaient.* = SE CONSOLER. v. pron. *Elle s'est bientôt consolée. Calypso ne pouvait se consoler du départ d'Ulysse.* (FÉNELON.) = CONSOLÉ, ÉE. part.

CONSOLIDANT, ANTE. adj. (R. *consolider*). T. Chir anc. Se dit autrefois des remèdes que l'on croyait propres à favoriser la réunion des parties divisées et à raffermir les cicatrices. *Remèdes consolidants..* — Subst. *On employa les consolidants.*

CONSOLIDATION. s. f. [Pr. ...*sion*]. Action de consolider. || T. Chir. L'action physiologique par laquelle des os fracturés se réunissent, une plaie se cicatrise, et le résultat de cette action. *La c. de sa fracture n'est point encore opérée.* || T. Droit. *La c. de l'usufruit à la propriété,* La réunion de l'usufruit à la propriété. || T. Finances. Conversion d'une dette à échéance en dette perpétuelle. Voy. DETTE.

CONSOLIDÉ. s. m. Voy. CONSOLIDER.

CONSOLIDER. v. a. (lat. *consolidare*, m. s., de *cum*, avec, et *solidus*, solide). Affermir, rendre solide. *C. un édifice, une charpente.* — Fig., *C. sa puissance. C. un traité, une alliance.* || T. Chir. Se dit des plaies, des fractures. *Il faut beaucoup de temps pour c. une fracture de cette espèce. La cicatrice n'est pas encore consolidée.* || T. Droit. *C. l'usufruit à la propriété,* Réunir l'usufruit, etc. || T. Fin. Convertir une dette exigible en dette perpétuelle, c.-à-d. dont les créanciers ne peuvent demander le remboursement. *On a consolidé la moitié de la dette flottante.* = SE CONSOLIDER. v. pron. Se raffermir, devenir solide. *Ces terres se sont consolidées. Sa puissance se consolida par la paix.* — *La fracture commence à se c.* = CONSOLIDÉ, ÉE. part. *Le tiers c.,* Fonds de la rente française réduit au tiers de sa valeur en 1797 et qui est devenu pour une grande partie la rente 3 p. 100. || Subst., *Les consolidés,* Les fonds publics non remboursables, et dont le gouvernement ne paye que l'intérêt. Ne se dit plus que des *Consolidés anglais,* fonds de rente du gouvernement anglais. = Syn. Voy. AFFERMIR.

CONSOMMABLE. adj. [Pr. *konso-mable*]. Qui peut être consommé. *Produit c.*

CONSOMMATEUR. s. m. [Pr. *konso-mateur*]. T. Théol. Celui qui consomme, qui accomplit. Ne s'emploie que dans certaines phrases consacrées. *J.-C. est l'auteur et le c. de la foi.* = CONSOMMATEUR, TRICE. s. m. et f. Celui qui achète un produit pour le consommer ; celui qui détruit un produit par l'usage qu'il en fait. *C'est un grand c. de vin, de tabac,* etc. *La concurrence des producteurs profite aux consommateurs, c.-à-d. à tout le monde.* || Personne qui boit ou mange dans un établissement public.

CONSOMMATION. s. f. [Pr. *konso-ma-sion*]. Action de consommer, achèvement, accomplissement. *La c. d'une affaire, d'un ouvrage, d'un sacrifice. La C. des prophéties.* — Par ext., *La c. du mariage,* L'union charnelle des époux après la cérémonie nuptiale. *La c. des siècles, des temps,* La fin des siècles, la fin du monde. || L'usage que l'on fait de certains produits dont on ne peut se servir qu'en les détruisant. *La c. du blé, du vin,* etc. *Il a fait une grande c. de linge.* — Absol., *Cette maison fait une grande c. J'ai dans ma cave tout le vin nécessaire à ma c. de l'année.* — *Prêt de c.,* Prêt des choses destinées à être consommées. V. PRÊT. || Par ext., *Les choses elles-mêmes que l'on détruit par l'usage. Impôts sur les consommations. Impôts, taxes de c.* — Pop., *Les consommations sont excellentes dans ce café.* || T. Droit can. L'action par laquelle un patron, laïque ou ecclésiastique, épuisait le droit qu'il avait de nommer à un bénéfice. *Les provisions d'un bénéfice font pour cette fois la c. du droit de collation.*

Écon. pol. — I. *Définition et nature de la consommation.* — La c. est l'accomplissement, la perfection de l'évolution économique, car elle n'est autre chose que la satisfaction des besoins de l'homme. Tous les efforts que nous faisons, soit lorsque nous travaillons à l'œuvre de la production, soit lorsque nous épargnons une partie des produits obtenus par notre travail, soit enfin lorsque nous échangeons les uns avec les autres ces mêmes produits, ont la c. pour but unique et pour terme suprême. Mais, sauf de très rares exceptions, toutes les fois que nous appliquons un produit quelconque à la satisfaction de nos besoins, il y a destruction totale, quoique plus ou moins rapide, de ce produit, ou, pour parler plus exactement, de l'*utilité* que le travail humain y a incorporée. Ce n'est pas en effet la matière de l'objet consommé qui disparaît, car l'homme est incapable de créer et d'anéantir la matière : il ne produit et ne détruit que de l'utilité; en d'autres termes, l'objet dont on a fait usage est devenu, par cela seul, impropre à ce même usage.

II. *Division de la consommation.* — J.-B. Say a distingué la c. en c. *reproductive* et en c. *improductive.* Il définit la c. reproductive, celle qui détruit une valeur pour la remplacer par une autre, et il donne le nom d'improductive à celle qui détruit la valeur consommée sans remplacement. — Comme ex. de c. du premier genre, nous citerons la laine filée qui a servi à fabriquer du drap. Cette laine n'existe plus comme fil, car elle a été transformée en un produit nouveau, lequel a une valeur plus grande que celle du fil lui-même. Nous citerons encore l'indigo qui a servi à teindre le drap. Cet indigo a été incorporé dans le drap ; il n'a plus aucune sorte d'utilité en tant qu'indigo ; mais le drap a acquis en plus une valeur égale ou supérieure à celle que possédait la matière tinctoriale. Comme exemple de c. improductive, on peut citer celle des aliments, des vêtements, des meubles, des objets de luxe qui satisfont nos goûts et nos caprices, celle surtout des services qui n'ont pour but que de nous récréer ou de nous amuser, comme ceux des acteurs, des chanteurs, etc. Il convient cependant de remarquer que certaines c. qui paraissent au premier abord improductives doivent être classées au contraire parmi les consommations reproductives. Tel est par ex. l'entretien d'un ouvrier. Les objets qu'il consomme après se les être procurés par l'échange du salaire que lui paye le patron qui l'emploie, constituent pour celui-ci une c. reproductive, car le travail de l'ouvrier représente une valeur supérieure à son salaire. Pour l'ouvrier lui-même, les consommations d'aliments, de vêtements, de logement, destinées à entretenir ses forces, à ménager sa santé, à assurer son repos, c.-à-d. à maintenir au même degré sa puissance de production, ne peuvent être classées que parmi les consommations reproductives. Et l'on en peut dire autant de tout ce qui sert à l'entretien, au repos et même à la distraction honnête d'un homme qui travaille. Il n'y a de réellement improductives que les consommations qui sont au delà des besoins essentiels de l'homme et celles qui sont faites par des oisifs. On a blâmé le terme d'*improductives* appliqué aux consommations qui ont pour but la satisfaction immédiate de nos besoins. Ce reproche est de peu d'importance, car J.-B. Say ne l'employait que faute d'un meilleur, et il reconnaît lui-même que ces consommations ne sont, à rigoureusement parler, ni improductives ni stériles, puisqu'elles produisent des satisfactions qui sont assurément quelque chose de réel. Au reste, on peut, ainsi que l'a fait J. Garnier, substituer à l'expression de c. improductive celle de c. *non reproductive*, qui prête moins à une fausse interprétation. — On a fait observer qu'il n'est pas toujours aisé de distinguer entre la c. reproductive et la c. improductive de la c. n'est pas suffisante pour cela ; ce sont les résultats mêmes de la c. qu'il faut envisager. « Évidemment, remarque Mac Culloch à ce sujet, il ne suffit pas, pour prouver qu'on a employé productivement une certaine quantité de richesse, de dire qu'elle a été dépensée pour l'amélioration du sol, pour creuser un canal, ou pour toute autre entreprise semblable ; car cette richesse peut avoir été appliquée sans discernement ou de telle façon qu'elle ne puisse être reproduite. » La c. n'est reproductive, ajoute cet économiste, que lorsqu'elle donne lieu à la reproduction d'articles d'une valeur égale ou supérieure ; dans le cas contraire, elle n'est pas productive.

Les consommations se divisent encore en consommations *publiques* et en consommations *privées*. Les premières sont celles qui sont faites par le public ou pour le service du public. Les secondes sont celles qui sont faites par les particuliers ou par les familles. Les unes et les autres sont absolument de même nature ; car elles ne peuvent avoir d'autre but qu'une reproduction de valeurs, ou bien une jouissance pour le consommateur et les consommateurs.

L'étude de ces questions relatives à la c. constitue une des plus chas importantes de l'Économie politique. Rossi a prétendu que ce qui concerne les consommations improductives était étranger à la science économique et appartenait seulement à l'hygiène et à la morale. Cependant il rentre complètement dans le cadre de la science des richesses d'étudier l'influence plus ou moins directe que peut avoir ce genre de c. sur la production et la distribution des richesses. Cette influence se fait sentir de bien des manières différentes ; directement, parce que beaucoup de ces consommations ne sont improductives qu'en apparence et augmentent la capacité de travail de l'homme en lui rendant la vie plus agréable et en élargissant son sens intellectuel et esthétique, tandis que d'autres qui sont non seulement improductives, mais nuisibles à sa santé physique et morale, doivent être condamnées au seul point de vue de l'économie ; indirectement parce que l'exemple, l'habitude, les goûts, les modes, font rechercher certains objets de c. de préférence à d'autres et déterminent ainsi les voies où s'engage le travail national. Si, à la suite de cette étude, les préceptes de l'économie politique se trouvent d'accord avec ceux de la morale et de l'hygiène, et c'est ce qui a lieu en réalité, la science y puisera une autorité nouvelle.

III. *Rapports de la consommation avec la production.* — A. l'art. CONCURRENCE, nous avons déjà établi que s'il y a antagonisme entre les intérêts particuliers des hommes comme producteurs, il y a accord unanime et parfait entre eux en tant que consommateurs. Cela tient à ce que la c. est la cause finale de tous les travaux humains. Sur le terrain de la c., tous les producteurs pensent, parlent et agissent avec le concert le plus admirable : jamais on ne voit apparaître la plus légère dissidence entre eux. A ce double titre, c'est donc la consommation de la c. qui doit dominer la science de la richesse : en d'autres termes, c'est au point de vue du consommateur qu'il faut se placer pour apprécier les divers phénomènes économiques, et particulièrement les applications pratiques de la science. Bastiat est l'écrivain qui a le plus insisté, et avec raison, sur l'importance de ce point de vue, dans ses deux écrits principaux, les *Harmonies économiques* et les *Sophismes économiques*. Voici un passage de ce dernier ouvrage : « Prenons un producteur quel qu'il soit ; quel est son intérêt immédiat ? Il consiste en deux choses : 1° que le plus petit nombre possible de personnes se livrent au même travail que lui ; 2° que le plus grand nombre possible de personnes recherchent le produit de ce genre de travail ; ce que l'économie politique exprime plus succinctement en ces termes : que l'offre soit très restreinte et la demande très étendue ; en d'autres termes encore : Concurrence limitée ; débouchés illimités. — Quel est l'intérêt immédiat du consommateur ? Que l'offre du produit dont il s'agit soit étendue et la demande restreinte. — Puisque ces deux intérêts se contredisent, l'un d'eux doit nécessairement coïncider avec l'intérêt social ou général, et l'autre lui être antipathique. — Mais quel est celui que la législation doit favoriser comme étant l'expression du bien public, si tant est qu'elle en doive favoriser aucun ? Pour le savoir, il suffit de rechercher ce qui arriverait si les désirs secrets des hommes étaient accomplis. — En tant que producteurs, il faut bien en convenir, chacun de nous fait des vœux antisociaux. Sommes-nous vignerons : nous ne serions pas fâchés qu'il gelât sur toutes les vignes du monde, excepté la nôtre. Sommes-nous propriétaires de forges : nous désirons qu'il n'y ait sur le marché d'autre fer que celui que nous y apportons, quel que soit le besoin que le public en ait, et précisément pour que ce besoin, vivement senti et imparfaitement satisfait, détermine à nous en donner un haut prix. Sommes-nous laboureurs : nous disons : Que le pain soit cher, c.-à-d. rare, et les agriculteurs feront leurs affaires, etc. Il suit de là que, si les vœux secrets de chaque producteur étaient réalisés, le monde rétrograderait rapidement vers la barbarie. La voile proscrirait la vapeur ; la rame proscrirait la voile, et devrait bientôt céder les transports au chariot, celui-ci au mulet, et le mulet au porte-balle. La laine exclurait le coton, le coton exclurait la laine, et ainsi de suite, jusqu'à ce que la disette de toutes choses eût fait disparaître l'homme même de dessus la surface du globe.

« Si nous venons maintenant à considérer l'intérêt immédiat du consommateur, nous trouverons qu'il est en parfaite harmonie avec l'intérêt général, avec ce que réclame le bien-être de l'humanité. Quand l'acheteur se présente sur le marché, il désire le trouver abondamment pourvu. Que les saisons soient propices à toutes les récoltes ; que des inventions de plus en plus merveilleuses mettent à sa portée un plus grand nombre de produits et de satisfactions ; que le temps et le travail soient épargnés ; que les distances s'effacent ; que l'esprit de paix et de justice permette de diminuer le poids des taxes ; que les barrières de toute nature tombent : en tout cela, l'intérêt immédiat du consommateur suit parallèlement la même ligne que l'intérêt public bien entendu. Il peut pousser ses vœux secrets jusqu'à la chimère, jusqu'à l'absurde, sans que ses vœux cessent d'être humanitaires. Il peut désirer que le vivre et le vêtement, le toit et le foyer, l'instruction et la moralité, la sécurité et la paix, la force et la santé, s'obtiennent sans efforts, sans travail et sans mesure, comme la poussière des chemins, l'eau du torrent, l'air qui nous environne, la lumière qui nous baigne, sans que la réalisation de tels désirs soit en contradiction avec le bien de la société. — On dira peut-être que, si ces vœux étaient exaucés, l'œuvre du producteur se restreindrait de plus en plus, et finirait par s'arrêter faute d'aliment. Mais pourquoi ? Parce que, dans cette supposition extrême, tous les besoins et tous les désirs imaginables seraient complètement satisfaits. L'homme, comme la toute puissance, créerait toutes choses par le seul acte de sa volonté. Veut-on bien me dire, dans cette hypothèse, en quoi la production laborieuse serait regrettable ? »

Ces conclusions ont été vivement critiquées par plusieurs écrivains, entre autres par Proud'hon, qui a reproché à Bastiat de partager l'humanité en deux catégories, les consommateurs et les producteurs ; c'était mal comprendre la pensée de l'illustre économiste : il ne fait pas deux catégories de citoyens, il distingue les deux fonctions de chacun, chacun le nous agissant à la fois comme producteur et comme consommateur ; mais il est bien certain que le but final que nous nous proposons c'est la c. immédiate ou différée ; nous ne produisons et nous n'épargnons que pour nous procurer aujourd'hui ou demain des objets de c.

C'est la division du travail et la nécessité de l'échange qui ont créé cet antagonisme entre le consommateur et le producteur et qui sont la source des illusions et des erreurs si répandues en ce qui touche le rôle du travail. Habitué à ne fabriquer qu'une seule catégorie d'objets, et voyant ses revenus augmenter avec la cherté de cet objet, l'homme se persuade aisément que l'intérêt de la société réside comme le sien dans le haut prix de ce qu'il fabrique. Il raisonne comme pourrait le faire un médecin qui chercherait à nous persuader que l'intérêt social veut qu'il y ait beaucoup de malades.

IV. *Statistique de la consommation.* — Il est superflu de démontrer que la somme des consommations que peut faire un individu ou des satisfactions qu'il peut se donner, est exactement en raison des moyens qu'il a de se les procurer. Ce qui est vrai de l'individu est également vrai d'un peuple et de l'espèce humaine tout entière. Il est donc évident, d'une part, que la somme des satisfactions que l'homme peut obtenir est limitée par celle de sa production actuelle ou épargnée, prise à chaque instant de la durée. Mais, d'autre part, nos désirs et nos besoins étant essentiellement progressifs et indéfinis, il s'ensuit que des deux termes correspondants de l'équation économique, la production et la c., le premier est nécessairement limité, tandis que le second est virtuellement illimité ; dans la réalité, c'est la quantité exprimée par le premier terme qui détermine la quantité que peut représenter le second. Cette vérité, malgré son apparence de *truisme*, est d'une haute importance. En effet, si l'on tire la conséquence légitime qu'elle contient, on voit aisément que la production ne peut jamais excéder la c., mais encore qu'elle doit nécessairement et toujours rester beaucoup au-dessous des désirs de la c. Cette simple observation suffit donc pour ruiner la théorie de certains auteurs et pour dissiper les craintes de certaines personnes au sujet de la réalité ou même de la possibilité d'un excès général de production, ou, comme on dit, d'un *encombrement* universel. Mais nous n'insisterons pas davantage sur ce point qui sera discuté plus amplement au mot DÉBOUCHÉS.

L'expérience de tous les jours, ainsi que nous venons de le dire, démontre ce fait que notre c. est uniquement limitée par les moyens de satisfaire nos besoins. Un travailleur quelconque est limité dans ses achats de tout genre par son salaire, un manufacturier par ses profits, un propriétaire par ses revenus. Mais ce salaire, ce profit et ce revenu restant les mêmes, la c. des uns et des autres peut s'accroître, et s'accroît en effet incessamment par suite des perfectionnements graduels qui s'introduisent dans les divers genres de production, et qui tous ont pour effet d'abaisser le prix des produits. C'est ce que nous avons déjà établi en parlant de la CONCURRENCE. Le même phénomène s'observe encore lorsque les gouvernements assez intelligents pour réduire les droits élevés qui grèvent certains articles. L'histoire financière de l'Angleterre, depuis les réformes d'Huskisson jusqu'à celles de Rob. Peel, abonde en faits de ce genre.

V. *Prodigalité, Avarice, Économie.* — Relativement à la c. il y a deux excès à éviter, la *Prodigalité* et l'*Avarice*. « L'une et l'autre, dit J.-B. Say, sont des avantages que procurent les richesses : la prodigalité en épuisant ses moyens, l'avarice en se défendant d'y toucher. La prodigalité est plus aimable et s'allie à plusieurs qualités sociales. Elle obtient grâce plus aisément, parce qu'elle invite à partager ses plaisirs ; toutefois, elle est, plus que l'avarice, fatale à la société. Elle dissipe, elle ôte à l'industrie les capitaux qui la maintiennent ; en détruisant un des grands agents de la production, elle met les autres dans l'impossibilité de se développer. Ceux qui disent que l'argent n'est bon qu'à être dépensé, et que les produits sont faits pour être consommés, se trompent beaucoup, s'ils entendent seulement la dépense et la consommation consacrées à nos plaisirs. L'argent est bon encore à être occupé reproductivement : il ne s'est jamais sans qu'il en résulte un très grand bien ; et, toutes les fois qu'un fonds placé se dissipe, il y a dans quelque coin du monde une quantité équivalente d'industrie qui s'éteint.

Le prodigue qui mange une partie de son fonds, prive en même temps un travailleur de son salaire. — L'avare qui ne fait pas valoir son trésor dans la crainte de l'exposer, à la vérité, ne favorise pas l'industrie, mais du moins il ne lui ravit aucun de ses moyens ; ce trésor amassé l'a été aux dépens de ses propres jouissances, et non, comme le vulgaire est porté à l'imaginer, aux dépens du public ; il n'a pas été retiré d'un emploi productif, et, à la mort de l'avare, du moins, il se place et court animer l'industrie s'il n'est pas dissipé par ses successeurs. — L'*Économie* est le jugement appliqué aux consommations. Elle connaît ses ressources et le meilleur emploi qu'on en peut faire. Elle s'éloigne autant de l'avarice que de la prodigalité. L'avarice entasse non pour consommer, non pour reproduire, mais pour entasser ; c'est un instinct, un besoin machinal et honteux. L'économie est fille de la sagesse et d'une raison éclairée ; elle sait se refuser le superflu pour se ménager le nécessaire, tandis que l'avare se refuse le nécessaire afin de se procurer le superflu dans un avenir qui n'arrive jamais. On peut porter l'économie dans une fête somptueuse, et l'économie fournit les moyens de la rendre plus belle encore : l'avarice ne peut se montrer nulle part sans tout gâter. On a fait de l'économie une vertu, et ce n'est pas sans raison : elle suppose la force et l'empire de soi-même, comme les autres vertus, et nulle n'est plus féconde en heureuses conséquences. C'est elle qui, dans les familles, prépare la bonne éducation physique et morale des enfants, de même que le soin des vieillards ; c'est elle qui assure à l'âge mûr cette sérénité d'esprit nécessaire pour se bien conduire, et cette indépendance qui met un homme au-dessus des bassesses. »

VI. *Lois somptuaires.* — Quoique la dissipation des capitaux doive être considérée comme un mal grave, puisqu'étant consacrés à la production, ils se trouvent perdus par l'impéritie de l'entrepreneur d'industrie, soit que leur possesseur les détourne de la fonction productive à laquelle ils étaient d'abord appliqués pour les employer à des dépenses futiles, à des satisfactions sensuelles ou de pure ostentation, il ne s'ensuit point que les gouvernements aient le droit ou le pouvoir d'intervenir pour la réprimer ; car un gouvernement, quel qu'il soit, est aussi incapable de déterminer quels sont les actes qui constituent la dissipation directe que de dire vers quelle espèce d'industrie les capitaux d'un pays doivent être dirigés de préférence. Cela n'empêche pas qu'à diverses époques plusieurs gouvernements n'aient décrété des *lois somptuaires*, c.-à-d. des lois ayant pour objet de réprimer les dépenses exagérées des citoyens. Ces lois ont été longtemps populaires à Rome, et elles ont encore été imitées dans différents États modernes, tels que la France, l'Angleterre, etc. Mais, outre que ces lois sont une violation manifeste du droit de propriété, on peut affirmer qu'elles sont incapables de produire aucun effet utile. Loin de là, elles ne peuvent qu'être nuisibles, en ce que, si elles ne sont pas éludées, elles paralysent nécessairement l'activité et les efforts des habitants. Qu'y a-t-il de moins nécessaire ou qui se rattache moins à l'entretien de la vie humaine que les soieries, les dentelles, les bijoux, etc. ? Que peut-on imaginer de plus bizarre que la passion pour le tabac à priser ou à fumer ? Cependant, si, d'une part, on remarque qu'une multitude d'individus se travaillent que dans le but de se procurer ces jouissances, et, si, de l'autre, on considère le nombre immense d'autres travailleurs qu'occupe la production de ces articles et de ces denrées réputées inutiles, on reconnaîtra que les lois somptuaires devaient produire un effet opposé à celui qu'en espéraient leurs auteurs, c.-à-d. entraver la production de la richesse et la formation des capitaux elle-même. En outre, il est clair que des lois de ce genre doivent inévitablement, dans la pratique, agir d'une façon partiale et vexatoire. Ce qui est prodigalité et folie ridicule pour un individu, peut pour un autre n'être qu'une dépense modérée et régulière. Il faut donc, sous peine d'absurdité, que le législateur établisse parmi les citoyens différentes catégories, et pour ce faire, il est obligé de recourir à des enquêtes aussi odieuses que peu efficaces. Les gouvernements, dit un économiste, n'ont point pour mission de tenir les comptes de leurs sujets et de faire la balance de leurs grands-livres. Si l'État n'est pas ruiné par sa propre extravagance, il ne le sera jamais par celle de ses sujets.

VII. *Du luxe.* — Il est peu de questions qui aient donné lieu à un aussi grand nombre de controverses que celle du luxe. La raison en est simple. Cette expression ne désigne pas une chose déterminée : elle a au contraire un sens mobile et relatif, et s'applique, selon les temps et selon les lieux, à des objets toujours différents. Au début du XIXe siècle, brûler de l'huile épurée avec une lampe perfectionnée, était regardé comme un grand luxe : aujourd'hui, cette dépense est devenue une chose habituelle à la portée des bourses les plus modestes. Ainsi que l'observe Mac Culloch : « Il n'existe guère un seul article parmi ceux qui sont regardés aujourd'hui comme indispensables à l'existence, une seule amélioration d'une nature quelconque, qui n'ait été dénoncé, à son apparition, comme une superfluité inutile ou comme étant en quelque sorte nuisible. Il est peu d'articles de vêtement considérés aujourd'hui comme plus essentiels que les chemises ; cependant la tradition nous a conservé des exemples d'individus mis au pilori pour avoir osé se servir d'un objet de luxe si coûteux et si inutile ! L'usage habituel des chemises n'existait pas en Angleterre jusqu'au milieu du XVIe siècle, et dans le discours d'introduction qui précède les Chroniques de Hollinshed, publiées en 1577, on se plaint amèrement du nombre considérable de cheminées élevées nouvellement, de la substitution de matelas ou de literie de laine aux paillasses et de la vaisselle de terre ou d'étain à la vaisselle de bois. Dans un autre endroit, l'auteur se plaint qu'on n'emploie plus que le chêne pour les constructions, au lieu du saule comme on le faisait jadis, et il ajoute : « Autrefois, nos maisons étaient de saule, mais nos hommes étaient de chêne ; tandis qu'aujourd'hui nos maisons sont de chêne, et nos hommes sont de saule ; quelques-uns même sont tout à fait de paille, ce qui est un triste changement. » — On voit donc que rien n'est pas variable que les objets qualifiés, selon les temps, d'objets de luxe, et condamnés comme des superfluités ruineuses.

On peut dire en général, avec J.-B. Say, que le *luxe* est l'usage des choses chères ; ce mot *cher*, dont le sens est relatif, convient fort bien à la définition d'un terme dont le sens est relatif aussi. Cela étant, l'économie politique ne peut critiquer ces sortes de dépenses, bien qu'en général tout à fait improductives, qu'autant qu'elles dépassent ou même absorbent entièrement les revenus des citoyens, de telle sorte qu'elles entament le capital déjà formé ou empêchent son accroissement normal. — Les admirateurs de la simplicité, ou plutôt de la rusticité antique, allégueront peut-être que le bonheur de l'espèce humaine n'est pas augmenté par cette poursuite incessante des choses dites de luxe et même de celles qui constituent aujourd'hui le confortable ou le bien-être ; que l'habitude réconcilie les individus avec l'état dans lequel ils sont nés et continuent de vivre ; que le Groënlandais, lorsqu'il a une ample provision de poisson, est aussi satisfait et aussi heureux que le riche propriétaire ou l'opulent banquier du faubourg Saint-Germain et de la Chaussée-d'Antin. C'est là une erreur grossière. En effet, nous remarquons que les peuples riches et civilisés sont seuls constamment assurés contre les ravages de la famine qui souvent détruit presque entièrement les populations semi-barbares ; que ces mêmes pays sont les seuls où les lettres, les sciences et les beaux-arts se développent et peuvent se développer. Nous savons en outre que les goûts plus relevés sont incompatibles avec cette grosièreté de mœurs, cette férocité innée, ce mépris de la vie de l'homme qui caractérisent les peuples restés au bas de l'échelle sociale.

Ces remarques n'ont nullement pour objet de défendre les dépenses extravagantes, mais seulement de montrer que, pour apprécier sainement la question du luxe, il faut l'envisager sous toutes ses faces et considérer ses résultats éloignés et indirects aussi bien que ses résultats directs et immédiats. Loin de là, la science économique, nous le répétons, proclame que l'homme doit régler ses consommations, ou, en d'autres termes, ses satisfactions, de manière à laisser toujours un excédent pour accroître son capital ; elle déclare absurdes les consommations qui n'ont pour objet que de satisfaire des goûts d'ostentation et une vanité ridicule. Elle porte le même jugement sur les dépenses qui ont pour objet les recherches d'une sensualité extrême. — « La c. improductive, dit Say, embrasse .a satisfaction de besoins très réels. Sous ce rapport, elle n'a pu balancer le mal qui résulte toujours d'une destruction de valeurs ; mais qui balancera le mal d'une c. qui ne satisfait aucun besoin réel ? d'une dépense qui n'a pour objet que cette dépense même ? d'une destruction de valeurs qui ne se propose d'autre but que cette destruction ? *Elle procure*, dites-vous, *des bénéfices aux producteurs des objets consommés* ? Mais la dépense qui ne se fait pas pour de vaines consommations, se fait toujours ; car l'argent qu'on refuse de répandre pour des objets de luxe, on ne le jette pas dans la rivière. Il s'emploie soit à des consommations mieux entendues, soit à la reproduction. De toutes manières, à moins de l'enfouir, on consomme et l'on fait consommer tout son revenu ; de toutes manières,

l'encouragement donné aux producteurs par la c. est égal à la somme des revenus. D'où il suit : 1° Que l'encouragement donné à un genre de production par les dépenses fastueuses est nécessairement ravi à un autre genre de production ; 2° Que l'encouragement qui résulte de cette dépense ne peut s'accroître que dans le cas seulement où le revenu des consommateurs s'augmente ; or, on sait qu'il ne s'augmente pas par des dépenses de luxe, mais par des dépenses reproductives. — Dans quelle erreur ne sont donc pas tombés ceux qui, voyant en gros que la production égale toujours la c., car il faut bien que ce qui se consomme ait été produit, ont pris l'effet pour la cause, ont posé en principe que la seule c. improductive provoquait la reproduction, que l'épargne était directement contraire à la prospérité publique, et que le plus utile citoyen était celui qui dépensait le plus ! Les manufacturiers, les marchands, qui n'ont en vue que la seule vente actuelle de leurs produits, sans rechercher les causes qui leur en auraient fait vendre davantage, ont appuyé une maxime en apparence si conforme à leurs intérêts ; les poètes, toujours un peu séduits par les apparences, et ne se croyant pas obligés d'être plus savants que les hommes d'État, ont célébré le luxe sur tous les tons ; les riches se sont empressés d'adopter un système qui représente leur ostentation comme une vertu, et leurs jouissances comme des bienfaits ! » Cette maxime absurde est cependant l'un des préjugés les plus enracinés dans l'esprit des masses : les prodigalités, les gaspillages les plus insensés passent pour œuvre utile, parce que, dit-on, « cela fait aller le commerce ». L'illusion vient de ce qu'on voit la dépense du prodigue, tandis que celle de l'homme économe qui emploie ses épargnes à soutenir quelque industrie sérieuse et utile, passe inaperçue ; et il faudra sans doute bien des années encore avant que l'erreur se dissipe, tant les principes les plus élémentaires de la science économique sont ignorés ou méconnus.

VIII. — Les règles que peut poser l'économie politique au sujet des consommations, sont en fort petit nombre : 1° La plus importante est celle qui est relative à cette portion du revenu annuel qui, toutes les fois que la chose est possible, doit être épargnée pour accroître le capital. — 2° J.-B. Say recommande les consommations qui satisfont des besoins réels. « Le luxe d'ostentation, dit-il, ne procure qu'une satisfaction creuse ; le luxe de commodité procure une satisfaction réelle ; ce dernier est moins cher, et, par conséquent, il consomme moins. En effet, satisfaction pour satisfaction, la société considérée en masse, trouve mieux son compte à celle qui pourvoit à des besoins réels qu'à celle qui contente des besoins factices. — 3° Ad. Smith, J.-B. Say et la plupart des économistes recommandent encore les consommations lentes de préférence aux consommations rapides. Le motif en est facile à concevoir. Par la même raison, Say conseille de choisir pour l'objet de sa c. les produits de la meilleure qualité, car ils durent plus longtemps et reviennent d'ailleurs en réalité à meilleur marché. — 4° Enfin, J.-B. Say, Florez-Estrada et quelques autres auteurs signalent les avantages que présentent, dans certains cas, les consommations faites en commun. — 5° John Stuart Mill condamne avec raison les consommations à crédit. Cette manière de subvenir à ses besoins ne peut être justifiée par l'absolue nécessité. Les choses achetées à crédit sont toujours plus chères que celles qui se paient comptant, car il faut que le marchand s'indemnise et du retard qu'il éprouve pour son paiement et du risque qu'il courra peut-être de n'être pas payé. Elle met le consommateur à la discrétion du vendeur, et présente, enfin, cet autre grave inconvénient, que l'acheteur à crédit ne proportionne aucunement ses consommations à ses ressources réelles, soit qu'il compte trop sur l'avenir, soit qu'il se laisse démoraliser par l'état de gêne où il se trouve et ne s'inquiète pas de l'heure du payement. Cette facilité de crédit que certains marchands offrent, comme à l'envi les uns des autres, aux consommateurs, n'est guère moins préjudiciable à la prospérité de leur propre commerce. Qu'un boulanger fasse crédit, pendant une période de chômage, à un ouvrier qu'il sait être laborieux et rangé, c'est bien ; mais qu'un marchand de futilités ne se lasse pas de fournir à crédit à des personnes qui lui sont presque inconnues, cela est complètement absurde. Il est clair que cette condamnation du crédit ne s'applique pas aux consommations reproductives. Bien au contraire, le crédit est l'âme de l'industrie ; mais alors le capital emprunté soit sous forme de numéraire, soit sous forme de marchandises, de machines, etc., n'est pas consommé en pure perte ; mais, au contraire, entièrement employé à la production. La même remarque peut aussi s'appliquer quelquefois aux dépenses privées ; tel serait le cas d'un médecin ou d'un avocat qui, n'ayant pas d'argent devant lui, achèterait à crédit le mobilier de son cabinet et tous les objets nécessaires à l'exercice de sa profession. Voy. CRÉDIT. — 6° Enfin, J.-B. Say et Joseph Garnier font ressortir les inconvénients des gros approvisionnements. « C'est là, dit ce dernier, une manie de province, née à des époques où le commerce était imparfait, et que perpétuent la vanité et un faux calcul. Partout où l'on peut se procurer en tout temps les choses dont on a besoin, les meilleures provisions, les plus complètes, celles qui coûtent le moins à garder et que l'on court le moins le risque de perdre, se trouvent chez le marchand.

IX. *Des dépenses publiques.* — Les dépenses publiques ont peu de droit à figurer dans cette division de l'économie politique qui traite de la c. ou de la satisfaction. Dans un État bien ordonné, toutes ces dépenses doivent avoir l'utilité publique pour objet; aucune ne doit se faire pour des futilités stériles. Par conséquent, l'étude des consommations publiques appartient à la grande division de la Production. — Quant aux moyens par lesquels les gouvernements subviennent à ces dépenses, et dont les principaux sont l'impôt et l'emprunt, cette considération appartient à la grande division de la Distribution de la richesse. Enfin, les consommations privées que font les fonctionnaires et employés publics de tout ordre, étant absolument de même nature que celles que font les propriétaires, les entrepreneurs d'industrie et les simples salariés, il n'y a rien à dire de particulier à leur sujet. En conséquence, les questions rangées par plusieurs économistes sous la rubrique *Consommations publiques*, seront traitées par nous sous ces trois chefs: IMPÔT, DETTE et DÉPENSES *publiques*.

Bibliogr. — J.-B. SAY, *Cours complet d'économie politique pratique*; BASTIAT, *Harmonies économiques*; ÉMILE DE LAVELEYE, *Le Luxe* (Bibliothèque Gillon); LÉON SAY, *Nouveau Dictionnaire d'économie politique*.

CONSOMMÉ. s. m. [Pr. *konso-mé*] (R. *consommer*). Bouillon succulent produit par de la viande dont on a épuisé tout le suc au moyen de la cuisson. *Prendre un c. Vivre de consommés. Un c. de perdreaux.*

CONSOMMER. v. a. [Pr. *konso-mer*] (lat. *consummare*, de *cum*, avec, et *summa*, somme). Achever, accomplir. *L'affaire est consommée. Elle a consommé son sacrifice. C. un crime.* — Fig., *Sa prospérité a consommé son orgueil.* || Se servir des choses qui se détruisent par l'usage. *C. du blé, de la viande, du vin*, etc. *L'armée consomme beaucoup de drap.* — Absol., *On consomme beaucoup dans cette maison.* || Fig., se dit des choses qui, pour leur préparation, exigent une certaine quantité d'autres choses. *Ce sirop consomme beaucoup de sucre.* || T. Jurisp. *C. son droit*, Épuiser son droit par l'usage que l'on en fait. || T. Cuis. *Faire c. de la viande*, La faire cuire de façon que tout son suc passe dans le bouillon. = CONSOMMÉ, ÉE. part. *Un potage bien c.*, Qui a cuit longtemps. || adj. Parfait. *Sagesse, prudence, vertu, science, habileté consommée. Méchanceté consommée.* — En parlant des personnes, très savant, très expérimenté, accompli. *Un homme c. en science. Il est c. dans son art. Un ouvrier c. C'est un courtisan c.*

CONSOMPTIBLE. adj. 2 g. [Pr. *konson-ptible*] (R. *consommer*). Qui peut être consommé. *Produit c.*

CONSOMPTIF, IVE. adj. [Pr. *konson-ptif*] (R. *consomption*). T. Méd. Se disait autrefois des substances caustiques auxquelles on donne aujourd'hui le nom de *Cathérétiques*. || On appelle aussi quelquefois *Maladies consomptives*, les maladies qui s'accompagnent de consomption,

CONSOMPTION. s. f. [Pr. *konson-psion*] (R. *consumer*). Action de se consumer. *La victime fut brûlée jusqu'à entière c.* || T. Méd. Diminution lente et progressive des forces et du volume de toutes les parties du corps. *Le phénomène de la c. s'observe dans la plupart des maladies organiques. Tomber en c. C. dorsale. C. pulmonaire*, Phthisie pulmonaire. — Vulgair., *Être malade de c.*, Être atteint de phthisie pulmonaire.

CONSONNANCE ou **CONSONANCE.** s. f. [Pr. *konsonance*] (R. *consonant*). T. Musiq. Réunion de deux sons qui forment un accord agréable à l'oreille. || T. Gram. Ressemblance de son dans la terminaison de deux ou de plusieurs mots. *Il y a là une c. choquante. Les rimes sont des consonnances.* || T. Littér. Pièce de vers sur une seule rime.

Obs. gram. — L'Académie écrivait autrefois *consonnance* avec deux *n* et *assonance*, *dissonance*, avec une seule *n*.

DICTIONNAIRE ENCYCLOPÉDIQUE. — T II.

Dans la dernière édition du Dictionnaire, *consonance* n'a plus qu'une *n*. C'est là de la réforme orthographique à rebours. Il fallait faire le contraire et mettre deux *n* à tous les dérivés du mot *Son*. C'est l'orthographe la plus ancienne et la *seule correcte*.

CONSONNANT. ANTE ou **CONSONANT, ANTE.** adj. [Pr. *konso-nan*] (R. *con*, préf., et *sonant*). T. Mus. Qui est formé par des consonances. *Accord c.* || T. Gram. *Mots consonants*, Qui ont une terminaison semblable. On dit de même, *Terminaisons consonantes*.

CONSONNER ou **CONSONER.** v. a. [Pr. *konso-ner*] (R. *con*, préf., et *sonner*). T. Mus. Former une consonance. || Fig. S'harmoniser.

CONSONNANTIQUE. adj. [Pr. *konso-nantike*]. Qui a le caractère de consonne.

CONSONNANTISME. s. m. [Pr. *konso-nantisme*]. Système des consonnes d'une langue.

CONSONNE. adj. et s. f. (lat. *cum*, avec; *sonus*, son). T. Physiol. et Gram.

Les grammairiens s'accordent à définir les consonnes : « les lettres de l'alphabet qui n'ont point de son par elles-mêmes, et ne peuvent se prononcer qu'étant jointes à des voyelles ». Cette définition ne saurait être admise comme exacte par la physiologie. Ce qui caractérise essentiellement les consonnes, c'est que le larynx ne contribue en rien à leur formation, car plusieurs d'entre elles se prononcent fort bien sans le secours d'aucune voyelle. Les physiologistes rejettent également les catégories que les grammairiens ont essayé d'établir parmi les consonnes, d'après les organes qui sont censés les produire. Toutefois, comme dans l'exposition d'un système vraiment physiologique des sons de la voix parlée, nous ne pouvons séparer l'étude des consonnes de celle des voyelles, nous traiterons cette question au mot PAROLE, et nous nous contenterons d'indiquer ici les classifications généralement admises.

Les grammairiens appellent *labiales* les consonnes à la formation desquelles les lèvres (*labia*) sont particulièrement employées (*m, b, p, f, v*); *dentales*, celles qui demandent, pour se former, que la langue vienne s'appuyer sur les dents supérieures (*n, d, t, z, s*); *palatales*, celles qui exigent que le milieu de la langue se rapproche du palais (*gn, g, k, j, ch*); *linguales*, celles dans la production desquelles la langue joue le principal rôle (*l, r, l* mouillée); *gutturales*, celles qui se prononcent par un mouvement du fond de la gorge (*h, r* grasseyée telle qu'on la prononce généralement, à tort, à Paris); *nasales*, celles qui pour être bien prononcées exigent que le canal nasal soit parfaitement libre : ces dernières sont la labiale *m*, la dentale *n*, et la palatale *gn*. — On distingue aussi les consonnes *b, d, g*, de leurs modifications *p, t, k*; on désigne les premières par l'épithète de *faibles*, et les secondes par celle de *fortes*. On distingue également les consonnes *muettes* ou *closes*, et les consonnes *sifflantes*. Les premières sont ainsi nommées parce qu'elles ne laissent pas échapper d'air avant l'explosion définitive (*b, p, g*, etc.), tandis que, le contraire arrivant pour les secondes, il se produit une sorte de petit sifflement (*s, z, f*, etc.). Enfin, on donne le nom de *liquides* aux consonnes qui se joignent aux autres avec une très grande facilité : telles sont, dans notre langue, *l* et *r*. L'affinité naturelle qui existe entre les consonnes d'un même groupe, fait qu'elles se substituent quelquefois les unes aux autres. Ces substitutions que l'on nomme *Permutations*, sont très fréquentes dans certaines langues, les langues sémitiques en particulier. Moins communes dans les langues indo-germaniques, elles sont surtout rares en français. Toutefois, on en trouve chez nous des exemples dans la dérivation et dans la flexion des mots (*dix, dizaine; bref, brève*, etc.). Dans quelques cas même, une c., sans qu'il y ait permutation proprement dite, se substitue dans la prononciation à une c., analogue : ainsi; par ex., *d* se prononce comme *t* dans l'expression *grand homme*. Enfin, dans quelques-uns de nos départements méridionaux, on écrit et on prononce indifféremment *b* pour *v*, et *v* pour *b*. De là, le jeu de mots fait sur les Gascons, lorsqu'on dit que pour eux, *bibere* et *vivere* sont la même chose. — Voy. PAROLE, DIPHTONGUE et VOYELLE.

CONSORT. s. m. (lat. *cum*, avec; *sors*, sort). Communauté de bien. || Terrain vague sur les confins de deux pays. Peu us.

CONSORTIAL, ALE. adj. [Pr. *konsor-sial*] (R. *consorts*). Qui appartient à une société de commerce.

207

CONSORTIUM. s. m. [Pr. *konsorciome*] (lat. *consortium*, ménage). T. Bot. Nom donné à des associations de plantes de natures différentes et dont l'exemple le plus remarquable est formé par les lichens qui résultent de l'association d'un champignon, plante sans chlorophylle, incapable par conséquent d'assimiler l'acide carbonique de l'air, avec une algue à chlorophylle qui, réalisant cette assimilation, nourrit pour ainsi dire le champignon. Voy LICHEN.

CONSORTS. s. m pl. [Pr. *kon-sor*] (lat. *consors*, m. s., de *cum*, avec, et *sors*, sort). T. Prat. Ceux qui sont engagés dans la même affaire et y ont le même intérêt. *On l'a condamné, lui et ses c., à payer solidairement.* || Fig. et famil., Ceux qui sont engagés avec quelqu'un dans quelque méchante affaire. *Un tel est c.*

CONSOUDE. s. f. (lat. *consolida*). T. Bot. Genre de plantes Dicotylédones (*Symphytum*) de la famille des *Borraginées*. Voy. ce mot. Le type de ce genre est la *grande Consoude* (*S. officinale*) ou *Consolida major* des officines, ainsi appelée parce qu'elle était réputée capable de *consolider* les chairs et d'activer la guérison des blessures. Un certain nombre de plantes ont reçu des Anciens le même nom en raison de leurs propriétés analogues, prétendues ou réelles. Ainsi la *petite C.* (*Consolida minor*) désignait la Pâquerette (*Bellis perennis*), la *C. moyenne* (*C. media*), la Bugle (*Ajuga reptans*), la *C. royale* (*C. regalis*), le Pied-d'Alouette (*Delphinium Consolida*).

CONSPECTUS. s. m. [Pr. *kon-spek-tuss*] (mot lat., de *conspicere*, de *cum*, avec, et *spicere*, voir). Tableau destiné à donner une idée générale, une vue d'ensemble.

CONSPIRANCE. s. f. État de ce qui conspire et concourt.

CONSPIRANT, ANTE. adj. T Mécan. *Puissances conspirantes*, Celles qui agissent sous la même direction, et qui concourent à produire un même effet.

CONSPIRATEUR, TRICE. s. m. et f. Celui ou celle qui conspire. Ne s'emploie guère qu'en parlant d'un attentat. *C'est un complot de conspirateurs.*

CONSPIRATION. s. f. [Pr. ...*sion*] (R. *conspirer*). Dessein formé secrètement par plusieurs personnes contre l'État, ou le souverain, ou l'ordre social. *Ourdir, tramer, machiner, former, faire, révéler, découvrir une c. Tremper dans une c. Il est le chef, l'auteur, l'âme de la c.* || Se dit quelquefois d'une trame ourdie contre un simple particulier. *Il existe une c. contre vous.* — Fig., *L'indulgence pour le vice est une c. contre la vertu.*

CONSPIRER. v. n. (lat. *conspirare*, m. s., de *cum*, avec, et *spirare*, souffler). Être unis d'intention et travailler dans un même but, bon ou mauvais, sans s'être concertés. *Ils conspirent au bien public, au malheur de la patrie. Ils conspirent tous à même fin.* || Se concerter pour l'exécution d'un même dessein, bon ou mauvais. *Nous avons tous conspiré pour rétablir l'ordre. Ils ont conspiré contre l'État. Ils conspiraient contre lui.* — S'emploie absolument, et dans ce cas signifie toujours, Faire une conspiration contre l'État ou le souverain. *On conspirait à Belfort, à Saumur, etc.* || Fig., se dit des choses qui concourent au même effet, tendent au même but. *Tous les événements de cette année ont conspiré au bonheur de l'empire. Mes désirs conspiraient avec les vôtres. Tout conspire à mon bonheur. Tout conspire pour lui, en sa faveur.* = CONSPIRER, v. a. *C. la ruine de l'État. Ils conspirent votre perte.* = CONSPIRÉ, ÉE, part.

CONSPUER. v. a (lat. *conspuere*, m. s., de *cum*, avec, et *spuere*, cracher.) Au prop., Cracher sur. — Ne s'emploie que fig. et fam., et sign. traiter avec le plus grand mépris. *On le conspua partout où il osa se montrer. Cet ouvrage a été honni et conspué.* = CONSPUÉ, ÉE. part.

CONSTABLE. s. m. (Contr. de *connétable*). En Angleterre, Titre donné à certains officiers de police spécialement chargés de maintenir la paix publique. *Les constables ont pour insigne un bâton blanc surmonté d'une couronne.* || Art milit. Nom des artilleurs dans l'armée autrichienne.

CONSTABULAIRE. adj. Qui est relatif aux constables.

CONSTAMMENT. adv. [Pr. *konsta-man*] (R. *constant*). Invariablement, toujours. *Les mêmes causes produisent c. les mêmes effets. La fortune lui a été c. favorable.* || Avec persévérance, avec fermeté. *Aimer c. Suivre c. un dessein. Souffrir c. Soutenir c. ce qu'on a avancé.* || Certainement, assurément. *Cette nouvelle est c. vraie.* Vx et inusité.

CONSTANCE s. f. (lat. *constantia*, m. s., de *cum*, avec, et *stare*, se tenir debout.) Persévérance, persistance. *Avoir de la c. dans ses attachements, dans ses goûts. La c. d'un amant. La c. de son amitié. Aimer avec c. Poursuivre un dessein avec c.* || Absol., Persévérance dans l'attachement qu'on a pour une femme. *Il n'a pas de c.* || Fam., Patience. *Il a eu la c. d'attendre pendant dix ans. Il faut bien de la c. pour supporter ses boutades.* || Fermeté d'âme, courage. Se dit de la puissance que l'âme a sur elle-même et qui lui permet de supporter, sans se laisser abattre, l'adversité et la douleur. *Grande, belle, rare, inébranlable c. Montrer, témoigner, faire paraître sa c., de la c. Souffrir avec c. Jamais sa c. ne s'est démentie un instant. Le malheur a fini par ébranler, par lasser, par épuiser sa c.*
Syn. — *Fidélité.* — La c. ne suppose point d'engagement, la *fidélité* en suppose un. On dit *constant* dans ses goûts et *fidèle* à sa parole. Par la même raison, on dit plus communément *fidèle* en amour, et *constant* en amitié. On dit aussi un amant heureux et *fidèle*, un amant malheureux et *constant*, car le premier est engagé, et le second ne l'est pas. La *fidélité* suppose une espèce de dépendance : un sujet *fidèle*, un domestique *fidèle*, un chien *fidèle*. La c. exprime une sorte d'opiniâtreté et du courage. On dit *constant* dans le travail, dans les malheurs. = *Fermeté.* — La *fermeté* est le courage de suivre ses desseins et sa raison, et la c. est une persévérance dans ses goûts, ses sentiments. L'homme *ferme* résiste à la séduction, aux forces étrangères, à lui-même; l'homme *constant* n'est point ému par de nouveaux objets : il suit le même penchant qui l'entraîne toujours également.

CONSTANCE, v. ch.-l. de district du grand-duché de Bade, sur la rive gauche du lac de même nom; 14,600 hab. || Concile (1414-1418) qui condamna Jean Huss et Jérôme de Prague et mit fin au schisme d'Occident. = LAC DE CONSTANCE ou *Bodensee*, lac formé par le Rhin qui le traverse, entre la Suisse, l'Autriche, la Bavière, le Wurtemberg et le grand-duché de Bade.

CONSTANCE, v. du Cap (Afrique méridionale); vins.

CONSTANCE, nom de trois empereurs romains. || CONSTANCE CHLORE, c.-à-d. le *Pâle*, nommé césar en 292, devint empereur à l'abdication de Maximien (305-306). Il fut le père de Constantin. || CONSTANCE II, 3e fils de Constantin, empereur d'Orient (337-361). || CONSTANCE III, général d'Honorius, dont il épousa la sœur Placidie, fut empereur d'Occident pendant sept mois (411); il fut le père de Valentinien III.

CONSTANCE DE TOULOUSE, reine de France, femme du roi Robert qu'elle épousa en 1006; morte en 1032.

CONSTANT, le plus jeune des fils de Constantin, empereur d'Occident (337-350). || CONSTANT II, empereur d'Orient (641-668).

CONSTANT (BENJAMIN), homme politique et publiciste, né à Lausanne en 1767, fut éliminé du Tribunat en 1802, à cause de son opposition, et exilé en 1803. Rentré en France en 1814, il fut député de 1819 à 1830, et mourut président du Conseil d'État, en 1830.

CONSTANT (ADOLPHE-LOUIS, abbé), écrivain cabaliste, plus connu sous le nom d'Éliphas Lévy (1816-1875).

CONSTANT, ANTE. adj. (lat. *constans*, m. s., de *cum*, avec, et *stare*, se tenir debout). Qui a de la constance. *Il se montra ferme et c. dans l'adversité, dans les tourments. Une âme constante.* || Persévérant, qui ne change pas. *Il est c. dans ses desseins. C. en amour. C. dans sa foi. Un cœur c. Une ferme et constante résolution.* — Partic., Persévérant dans son amour. *C'est un amant c. Une femme constante.* || Fig., se dit des choses qui demeurent toujours ou longtemps dans le même état. *Je vous souhaite une santé constante. Fortune fixe et constante. Un bonheur c. Une constante prospérité. Il n'y a rien de c. ici-bas.* || Non interrompu, suivi. *Une étude constante de cette question* *m'a fait voir... La tradition constante de l'Église.* || Certain, indubitable. *Il est c. que... C'est un fait c;* || T. Mar. *Vents c.,* Ceux dont la direction est invariable.

CONSTANTE. s. f. T. Math. et Phys. On appelle *c.* une quantité qui reste invariable ou est supposée telle pendant toute la durée d'un raisonnement. Ce mot s'emploie par opposition à *variable*. En phys. une *c.* est une quantité qui reste invariable dans toutes les modifications résultant d'un même phénomène ou de plusieurs phénomènes analogues, et dont la valeur doit être déterminée par l'expérience. Par exemple, on a reconnu que si V_0 désigne le volume d'une masse de gaz à $0°$, le volume de la même masse de gaz, sous la même pression, à la température de $t°$, sera donné par la formule $V = V_0 (1+at)$; α est une *c.* qu'on appelle le coefficient de dilatation des gaz sous pression constante, qui est à très peu près la même pour tous les gaz et dont la valeur est d'environ 1/273. On voit par cet exemple que le mot *c.* est en physique à peu près synonyme de *coefficient*. Voy. COEFFICIENT, DIFFÉRENTIEL, INTÉGRAL.

CONSTANTIN, pape de 708 à 715.

CONSTANTIN LE GRAND (*Caius Flavius*), fils de Constance Chlore et d'Hélène, fut proclamé césar à la mort de son père (306), vainquit le tyran de Rome Maxence (312), puis Licinius, qui régnait en Orient (324), permit, par l'édit de Milan (313), l'exercice du christianisme, qui devint bientôt la religion officielle de l'empire; transporta le siège de l'empire à Byzance, où il fit construire une ville nouvelle qu'il nomma *Constantinople* (en grec, Κωνσταντινόπολις, ville de Constantin), et mourut en 337. C'est au moment de sa lutte contre Maxence que la légende chrétienne place l'apparition miraculeuse d'une croix lumineuse qu'il aperçut dans le ciel avec l'inscription : *In hoc signo vinces :* Tu vaincras par ce signe.

CONSTANTIN, nom de treize empereurs de Rome et d'Orient dont le premier fut le précédent, et le deuxième son fils, empereur d'Occident; tous les autres furent empereurs d'Orient. || CONSTANTIN V, dit *Copronyme* (l'Ordurier), parce qu'au moment de son baptême il souilla les fonts baptismaux (718-775). Couronné en 741, il remporta quelques avantages sur les Bulgares. || CONSTANTIN VII *Porphyrogénète*, c.-à-d. né dans la pourpre (911-959), a laissé de nombreux écrits d'histoire et de philosophie. || CONSTANTIN XIII *Paléologue* (1448-1453), dernier empereur d'Orient, succomba en défendant Constantinople contre Mahomet II.

CONSTANTIN PAULOWITZ, 2° fils de Paul Ier, grand-duc de Russie (1779-1831), gouverneur de la Pologne, renonça à ses droits à la couronne en faveur de son frère Nicolas, en 1822.

CONSTANTINE (anc. *Cirta*), ch.-l. de dép. en Algérie, à 439 k. d'Alger, 87 k. de Philippeville, fut prise par le général Valée, en 1837; 46,600 hab. = DÉP. DE CONSTANTINE, comprenant 7 arr. *Constantine, Batna, Bône, Bougie, Guelma, Philippeville, Sétif;* 1,714,500 hab. ; 4 subdivisions de Territoire militaire : Batna, Bône, Constantine, Sétif.

CONSTANTINOPLE. anc. Byzance, appelée Stamboul par les Turcs, cap. de l'Empire Ottoman, sur la rive européenne du Bosphore à 2.650 k. de Paris; fondée par Constantin vers 330; elle fut la capitale de l'Empire d'Orient; elle fut prise par les croisés en 1204, reprise en 1261 par les Grecs révoltés, qui chassèrent les Français et mirent sur le trône Michel Paléologue, dont la postérité régna jusqu'à la prise de la ville par les Turcs, et la ruine définitive de l'Empire en 1453; 874,000 h. = Nom des hab. : CONSTANTINOPOLITAIN, TAINE.

Liste chronologique des empereurs d'Orient:

Les dates sont celles du début du règne. Les empereurs du nom de Constant et Constantin ne sont pas numérotés à partir de 1 parce que Constantin I et II, et Constant Ier, furent empereurs de Rome, et ne figurent pas dans cette liste.

Valens, 364. — Gratien, 375. — Théodose le Grand, 379. — Arcadius, 395. — Théodose II, 408. — Pulchérie seule, 450; Pulchérie et Marcien, 450. — Marcien seul, 453. — Léon Ier, le Thrace, 457. — Léon II, 454. — Zénon l'Isaurien, 474. — Basiliscus, 475, remplacé par Zénon en 476. — Anastase Ier, 491. — Justinien, 527. — Justin II, 565. — Tibère II, 578. — Maurice, 582. — Phocas, 602. — Héraclius, 610. — Héraclius-Constantin III, 641. — Héracléonas, 641. — Constant II, 641. — Constantin IV, Pogonat, 668. — Justinien II, 685. — Léonce,

695. — Absimare Tibère, 698. — Justinien II de nouveau, 705. — Philippique surnommé Bardanc, 711. — Anastase II ou Artémius, 713. — Théodose III, 716. — Léon III, l'Isaurien ou l'Iconoclaste, 717. — Constantin V Copronyme, 741. — Léon IV, Chazare, 775. — Constantin VI, avec sa mère Irène, 780. — Irène, seule, 797. — Nicéphore, 802. — Stauracc, 811. — Michel Curopalate, 811. — Léon V, l'Arménien, 813. — Michel II, le Bègue, 820. — Théophile, 829. — Michel III, l'Ivrogne, 842. — Basile Ier, le Macédonien, 867. — Basile, 868. — Léon VI, le Philosophe, 886. — Constantin VII, Porphyrogénète, d'abord seul, 912; puis avec Romain Ier, Lecapène, et ses trois fils, Christophe, Étienne et Constantin VIII; seul de nouveau, 945. — Romain II, 959. — Nicéphore Phocas, 963. — Jean Zimiscès, associé à Basile II, et Constantin IX, 969. — Romain III, Argyre, 1028. — Michel IV, Paphlagonien, 1034. — Michel V, Calafate, 1041. — Zoé avec sa sœur Théodora, 1042. — Constantin X, Monomaque, 1042. — Théodora seule, 1054. — Michel VI, Stratiotique, 1056. — Isaac Comnène, 1057. — Constantin XI, Ducas, 1059. — Eudoxie avec Michel VII Parapinace, Andronic et Constantin XII Ducas, 1067. — Romain IV, Diogène, 1068. — Michel VII, seul, 1071. — Nicéphore Potoniate et Nicéphore Brienne, compétiteurs, 1078. — Alexis Ier Comnène, 1081. — Jean Comnène, 1118. — Manuel Comnène, 1143. — Alexis II Comnène, 1180. — Andronic Ier Comnène, 1183. — Isaac l'Ange, 1185. — Alexis III, l'Ange, 1195. — Alexis IV, 1203. — Alexis Ducas, dit Murzuphle, 1204. — La prise de Constantinople par les croisés amène la division de l'empire :

1° *Empereurs français de Constantinople ;* Baudoin Ier, 1204. — Henri son frère, 1206. — Pierre de Courtenai, leur beau-frère, 1216. — Robert de Courtenai, 1219. — Baudoin II, 1228 à 1261. — Jean de Brienne, tuteur de Baudoin II, 1231 à 1237.

2° *Empereurs grecs de Nicée :* Théodore Lascaris I, 1204. — Jean Ducas Vatace, 1222. — Théodore Lascaris II, 1255. — Jean Lascaris, 1259.

Michel VIII Paléologue reprend Constantinople et rétablit *l'empire grec d'Orient,* 1261. — Andronic II Paléologue, 1282. — Andronic III Paléologue, 1328. — Jean Ier Paléologue, 1341. — Jean Cantacuzène, 1347. — Mathieu, 1355. — Manuel Paléologue, 1391. — Jean II Paléologue, 1425. — Constantin XIII Paléologue, dit Dragasès, 1448, périt en combattant, le 29 mai 1453, jour de la prise de Constantinople par les Turcs.

CONSTANTINOPLE (CANAL DE), anc. Bosphore de Thrace, détroit long de 27 k., qui unit la mer Noire à la mer de Marmara.

CONSTATATION. s. f. [Pr. ...*sion*] L'action de constater; la chose constatée. *Les constatations de l'esprit. C. d'usage.*

CONSTATER. v. a. (mot qui ne date que du XVIII° siècle, et qui paraît forgé du lat. *cum*, avec, et *status*, état). Remarquer, s'apercevoir. *Les voisins et tous ceux qui passèrent devant la maison purent c. que la porte était brisée.* || Vérifier la réalité d'un fait, s'en assurer. *Je veux d'abord c. le fait, nous aviserons ensuite. Faire c. par témoins,* Faire vérifier une chose par des tiers qui en déposeront au besoin. *Faire c. par écrit,* Faire dresser un écrit destiné à prouver la réalité d'un fait. || Se dit de l'individu témoin d'un fait qui le consigne par écrit ou le déclare. *Je constatai par écrit sa déclaration. C. par un procès-verbal.* || Établir la réalité d'un fait, montrer, prouver. *Le procès-verbal du médecin constate que... Il est constaté par une foule de témoignages. Ces expériences constatent l'exactitude de notre théorie.* = SE CONSTATER. v. pron. Être établi, être prouvé. *Les naissances, les mariages, les décès se constatent au moyen des actes de l'état civil.* = CONSTATÉ, ÉE. part. *C'est un fait bien constaté.*

CONSTELLATION. s. f. [Pr. *konstel-la-sion*]. (lat. *cum*, ensemble; *stella*, étoile). T. Astron. Groupe formé par plusieurs étoiles, auquel on a donné un nom d'homme, d'animal, etc. || Fig. Groupe d'objets épars sur un petit espace. Cet arrangement formait une *c. de clous.* (THÉOPHILE GAUTIER.) — Réunion d'hommes illustres. *La place qu'il occupait parmi les constellations aristocratiques du département.* (H. DE BALZAC.)

Astr. — On sait que les astres visibles au ciel peuvent se répartir en deux catégories. La première, qui comprend la presque totalité des astres du ciel, contient ceux dont les positions relatives restent invariables avec le temps ou du moins ne se modifient qu'avec une extrême lenteur : on leur a donné le nom d'*étoiles fixes.* L'autre, qui ne comprend

Fig. 1. — Constellations de l'hémisphère austral.

qu'un très petit nombre d'astres, se compose de ceux dont les positions relatives par rapport aux astres de la même catégorie et aux étoiles fixes se modifient rapidement : on leur a donné le nom d'*astres errants* : ce sont le *Soleil*, la *Lune*, les *planètes* (parmi lesquelles il convient de ranger la *Terre*) les *Comètes* et les *Étoiles filantes*. En vertu du mouvement de rotation de la Terre, tous les astres paraissent tourner autour de nous dans l'espace d'un jour environ, à peu près comme s'ils étaient fixés à la surface concave d'une sphère solide tournant autour de nous, et autour d'un axe qui percerait cette sphère en deux points appelés *pôles*, lesquels paraissent immobiles. L'un de ces pôles reste constamment au-dessus de l'horizon, tandis que l'autre est constamment au-dessous. Voy. MOUVEMENT DIURNE. D'ailleurs, comme à première vue on ne possède aucun moyen d'apprécier les distances réellement très différentes qui nous séparent des étoiles, l'esprit est invinciblement porté à rapporter toutes leurs positions sur une sphère qui aurait son centre dans l'œil de l'ob-

servateur, c.-à-d. que, pour l'observateur, tout se passe à peu de chose près comme si tous les astres étaient fixés sur cette sphère. Voy. MOUVEMENT DIURNE et SPHÈRE CÉLESTE. Mais, tandis que les étoiles fixes conservent des positions invariables sur cette sphère, malgré le mouvement apparent de celle-ci, les astres errants, au contraire, paraissent se déplacer sur la sphère céleste. Il en résulte que les étoiles fixes forment dans le ciel des figures invariables et bien caractérisées qu'il est facile de reconnaître, quoique les positions de ces figures par rapport à l'horizon varient avec l'heure de la nuit et la saison de l'année. On a réparti les étoiles en groupes arbitraires, du reste, et l'on appelle c. les figures formées par chaque groupe.

Le nombre des étoiles visibles à l'œil nu ne dépasse pas 6,000 ; on les trouvera toutes deux sur deux cartes spéciales au mot ÉTOILES ; l'hémisphère boréal en renferme 2478 et l'hémisphère austral 3307 ; total 5785. Les vues très perçantes en aperçoivent un peu plus. Lorsqu'on s'aide d'une lunette ou d'un télescope, ce nombre s'accroît d'une manière prodi-

Fig. 2. — Constellations de l'hémisphère boréal.

gieuse, et pour ainsi dire indéfiniment. Toutefois, les astronomes n'en ont guère catalogué qu'une centaine de mille, afin de servir de points de repère pour les mouvements des planètes et des comètes, et pour établir les bases de la constitution générale des cieux. Pour distinguer chaque étoile en particulier, on peut lui donner un nom arbitraire qui empêche de la confondre avec les autres ; c'est ce qu'on a fait pour quelques-unes des plus brillantes, telles qu'Aldébaran, Sirius, Rigel, etc. ; mais ce système deviendrait rapidement d'une application impossible. Les premiers observateurs imaginèrent de diviser les étoiles visibles à l'œil nu, ou, pour mieux dire, les aspects offerts par les plus brillantes, en un certain nombre de groupes contigus, qui reçurent des Grecs le nom d'ἀστερισμοι, et des Romains celui de *Constellationes*, d'où sont venus nos mots *Astérisme* et *C.* Malheureusement, es anciens établirent ces groupes d'une façon tout à fait arbitraire. En outre, en prétendant faire de ces groupes des représentations d'hommes, de monstres, d'animaux et d'objets inanimés, ils ont couvert le ciel de figures bizarres, qui, en général, paraissent n'avoir aucun rapport avec les choses dont elles portent les noms. Cependant, ils se servaient de ces figures d'une manière assez commode pour désigner les étoiles. Ainsi, ayant dessiné un Taureau à la place de la c. du même nom, ils appelaient l'œil du Taureau l'étoile qui occupait la place de l'œil. Il serait bien difficile de chasser aujourd'hui du ciel ces êtres fantastiques, car l'astronomie moderne les a en quelque sorte consacrés, en consentant à en faire usage, et même en créant de nouvelles constellations qui présentent absolument les mêmes défauts. Encore aujourd'hui, on dessine des cartes et des globes célestes où ces figures d'hommes et d'animaux sont représentées quelquefois sous une forme très élégante. Quoi qu'il en soit, l'indication de la c. à laquelle appartient une étoile, fait connaître approximativement la partie du ciel où se trouve cet astre ; mais cela ne suffit pas, car il faut encore distinguer les unes des autres les diverses étoiles qui composent chacune des constellations. En 1603, un astronome allemand, Bayer, imagina de désigner les étoiles de chaque c. d'après l'ordre de leur éclat, ou, comme disent les astronomes, de leur grandeur, et d'après leurs positions en se servant d'abord des lettres de l'alphabet grec, puis de celles de l'alphabet latin, et enfin de chiffres. D'après cette méthode, qui a été universellement adoptée à cause de sa simplicité, l'étoile la plus brillante de chaque c. porte la lettre α (*alpha*); celle qui lui est immédiatement inférieure, la lettre β (*bêta*), et ainsi des autres, en tenant compte en même temps de la position, pour plus de simplicité. C'est ainsi qu'on dit α du Grand Chien, γ du Cygne, θ du Cocher, etc.— Les étoiles qui brillent dans le ciel du plus vif éclat, sont appelées étoiles de 1re grandeur; celles qui viennent ensuite, étoiles de 2e grandeur, étoiles de 3e grandeur, etc. Les dernières étoiles visibles à l'œil nu sont celles de la 6e grandeur. Les étoiles inférieures ne peuvent s'apercevoir sans l'assistance d'instruments d'optique, et, en conséquence, on les appelle *télescopiques*. Les astronomes comptent 19 étoiles de 1re grandeur, 60 de 2e, environ 190 du 3e, 530 de 4e, 1.600 de 5e et 4.000 de 6e. Les étoiles de 1re grandeur sont par ordre d'éclat : *Sirius* ou α du Grand Chien ; *Canopus* ou α du Navire ; α du Centaure ; *Arcturus*, ou α du Bouvier ; *Véga*, ou α de la Lyre, *Rigel*, ou β d'Orion ; *Capella*, ou la *Chèvre*, ou α du Cocher ; *Procyon*, ou α du Petit Chien ; *Bételgeuse* ou α d'Orion ; β du Centaure ; *Achernar* ou α de l'Éridan ; *Aldébaran*, ou *l'œil du Taureau*, ou α du Taureau ; *Antarès*, ou α du Scorpion ; α de la Croix du Sud ; *Altaïr*, ou α de l'Aigle ; *l'Épi*, ou α de la Vierge ; *Fomalhaut*, ou α du Poisson austral ; β de la Croix du Sud ; *Régulus* ou le *Cœur du Lion*, ou α du Lion.

L'origine des constellations est enveloppée d'une obscurité impénétrable. Tout ce qu'on peut assurer, c'est que l'idée de diviser les étoiles en groupes ou catégories remonte à la plus haute antiquité et qu'on la rencontre chez les plus anciens peuples de la Terre, les Chinois, les Égyptiens, les Hindous, etc. Cette idée semble d'ailleurs « si simple qu'elle se trouve, dit Arago, à peu près sur tous les points, chez les Péruviens, chez les peuplades erratiques, chez les nations les moins civilisées ». Dans le livre de Job, que l'on croit remonter au XVIIIe siècle avant notre ère, il est question de l'Ourse, d'Orion, des Hyades et des Pléiades. Les deux premières constellations sont encore mentionnées dans la prophétie d'Amos, qui vivait vers le IXe siècle. Vers la même époque, Hésiode parle des Pléiades, de la Grande Ourse, de Sirius et du Bouvier ; et Homère, qui était sans doute antérieur à lui, désigne la seconde par ces mots : le Chariot, qui n'a pas sa part des bains de l'Océan. » Aratus de Tarse, qui vivait 277 ans av. J. C., nous a laissé un traité des constellations connues de son temps, pour la rédaction duquel il a largement puisé dans les travaux des astronomes ses prédécesseurs, particulièrement dans ceux d'Eudoxe de Cnide, plus ancien que lui de près d'un siècle. La plupart des auteurs attribuent une origine égyptienne aux constellations grecques: mais quoique très probable, le fait n'est pas prouvé. Aristille et Timocharis, astronomes de l'école d'Alexandrie, ajoutèrent, par leurs observations, aux premiers essais des astronomes grecs ; mais c'est à Hipparque, qui florissait dans le IIe siècle avant notre ère, et qui fit ses principales observations à Rhodes en 128 et 127, que l'on doit les premiers efforts pour ramener le dénombrement des étoiles à une méthode régulière. Après l'apparition subite et la disparition subséquente d'une belle étoile, phénomène dont on a plusieurs exemples et qui s'était produit de son temps, cet astronome se proposa de donner à la postérité des moyens de constater les changements semblables qui pourraient avoir lieu ultérieurement. Pour cela il détermina la longitude et la latitude des principales étoiles visibles à l'œil nu, et inscrivit le résultat de ses calculs en un catalogue qui nous a été conservé dans l'Almageste de Ptolémée. Ce catalogue renferme 1.029 ou plutôt 1.026 étoiles (car il y a trois doubles emplois), qui sont distribuées en 48 constellations, dont 21 au nord, 15 au midi et 12 dans la région intermédiaire, près de l'équateur, ou plutôt dans cette zone du ciel que parcourt le soleil dans sa course apparente annuelle, et qu'on appelle l'*écliptique*. Mais, comme les figures des constellations ne peuvent pas s'emboîter exactement les unes dans les autres, il y avait dans le ciel de Ptolémée beaucoup d'étoiles qui n'appartenaient à aucune des constellations entre lesquelles on les voyait briller. Ces étoiles étaient dites *informes*, parce qu'elles ne faisaient partie d'aucune figure (*forma*). Les astronomes modernes se sont emparés de ces étoiles informes pour en faire de nouveaux groupes. En outre, à mesure que les progrès de la géographie ont permis de pénétrer dans l'hémisphère austral, il a été aussi créé dans cette partie du ciel de nouveaux astérismes. Ces diverses créations ont élevé à 109 le nombre des constellations qui partagent le ciel étoilé. Mais quelques-unes, créées sans nécessité, pour flatter un souverain, sont tombées en désuétude, et les étoiles qui les composaient reportées aux constellations voisines. Aujourd'hui, les astronomes ne se servent plus de constellations dans leurs travaux de précision ; ils distinguent les étoiles par leurs positions ou *Coordonnées*. Voy. ce mot. Aussi les ouvrages imprimés et les cartes célestes présentent-ils quelques divergences, relativement aux nombres et aux limites des constellations. En général, on ne reconnaît plus que 84 constellations.

La liste suivante présente les noms de ces 84 constellations divisées en 3 catégories : zodiacales, boréales et australes. Celles qui sont comprises dans le cercle de perpétuelle apparition, c.-à-d. qui sont toujours visibles au-dessus de l'horizon de Paris, au moins dans leur plus grande partie, sont marquées de la lettre P ; celles, au contraire, qui, étant situées entre le cercle de perpétuelle apparition et de perpétuelle occultation, ne sont visibles que pendant une partie de leur cours, sont désignées par la lettre A ; enfin, celles qui ne sont jamais visibles à Paris sont marquées de la lettre R.

Constellations Zodiacales : 1 le *Bélier*, A ; 2 le *Taureau* A ; 3 les *Gémeaux*, A ; 4 l'*Écrevisse* ou le *Cancer*, A ; 5 le *Lion*, A ; 6 la *Vierge*, A ; 7 la *Balance*, A ; 8 le *Scorpion*, A ; 9 le *Sagittaire* ou *Chiron*, A ; 10 le *Capricorne* ou le *Bouc*, A ; 11 le *Verseau* ou l'*Homme qui porte une urne*, A ; 12 les *Poissons*, A. Ces constellations ont été établies par les anciens et sont décrites par Ptolémée.

Constellations boréales ou situées au nord du Zodiaque : 1 la *Petite Ourse* ou le *Petit Chariot*, P ; 2 le *Dragon*, P ; 3 *Céphée*, P ; 4 *Cassiopée* ou la *Chaise*, P ; 5 la *Grande Ourse*, ou le *Grand Chariot* ou le *Chariot de David*, P ; 6 le *Bouvier* ou le *Gardien de l'Ourse*, A ; 7 la *Couronne Boréale*, A ; 8 *Hercule* ou l'*Homme agenouillé*, A ; 9 la *Lyre* ou le *Vautour tombant*, A ; 10 le *Cygne*, ou l'*Oiseau*, ou la *Croix*, A ; 11 *Andromède*, A ; 12 le *Triangle*, A ; 13 *Persée*, P ; 14 le *Cocher*, A ; 15 le *Serpent*, A ; 16 *Ophiuchus* ou le *Serpentaire*, A ; 17 l'*Aigle*, A ; 18 la *Flèche et son Arc* ou le *Dard*, A ; 19 le *Dauphin*, A ; 20 le *Petit Cheval*, A ; 21 *Pégase* ou le *Cheval ailé*, A. Ces 21 constellations sont décrites par Ptolémée. — 22 la *Chevelure de Bérénice*, A ; (constellation dont l'astronome grec Conon) ; 23 la *Girafe* ou le *Caméléopard*, P ; 24 les *Lévriers*, ou les *Chiens de Chasse*, A ; 25 le *Lézard* ou le *Sceptre et la Main de justice*, P ; 26 le *Lynx*, P ; 27 le *Petit Lion*, A ; 28 le *Renard et l'Oie*, A. Ces 6 constellations sont d'Hévélius.

Const. australes ou situées au sud du Zodiaque : 1 la *Baleine*, A ; 2 *Orion*, A ; 3 l'*Éridan* ou le *Fleuve*, A ; 4 le *Lièvre*, A ; 5 le *Grand Chien*, A ; 6 le *Petit Chien* ou le *Chien Précurseur*, A ; 7 le *Navire* ou *Argo*, A ; 8 l'*Hydre femelle*, A ; 9 la *Coupe*, A ; 10 le *Corbeau*, A ; 11 l'*Autel*, R ; 12 le *Centaure*, A ; 13 la *Bête*, ou le *Loup*, R ; 14 la *Couronne australe*, A ; 15 le *Poisson austral*, A. Ces 15 constellations sont décrites par Ptolémée ; celles qui suivent sont toutes modernes. — Ce sont : 16 le *Sextant d'Uranie*, R ; 17 la *Licorne* ou le *Monocéros*, A (toutes deux d'Hévélius) ; 18 le *Caméléon*, R ; 19 l'*Abeille* ou la *Mouche australe*, R ; 20 l'*Oiseau de Paradis*, R ; 21 le *Paon*, R ; 22 l'*Indien*, R ; 23 le *Toucan*, R ; 24 l'*Hydre mâle* ou le *Serpent austral*, R ; 25 la *Dorade* ou *Xiphéas*, R ; 26 le *Poisson volant*, R ; 27 le *Triangle austral*, R ; 28 le *Phénix*, R ; 29 la *Grue*, R (ces 14 constellations sont de Bayer) ; 30 la *Croix du Sud* ou le *Trône de César*, R ; 31 la *Colombe de Noé*, A (ces 2 constellations sont d'Aug. Royer) ; 32 l'*Octant*, A ; 33 le *Réticule rhomboïde*, R ; 34 le *Chevalet du peintre*, R ; 35 l'*Équerre et la Règle*, R ; 36 le *Télescope*, R ; 37 le *Microscope*, A ; 38 l'*Horloge*, R ; 39 le *Burin du graveur* ou les *Burins*, A ; 40 la *Boussole* ou le *Compas de mer*, R ; 41 la *Machine pneumatique*, A ; 42 l'*Atelier du sculpteur*, A ; 43 le *Fourneau chimique*, A ; 44 le *Mont Ménale*, R (ces 15 dernières constellations sont de Lacaille).

Indépendamment de ces 84 constellations, les astronomes sont encore dans l'habitude de distinguer la *Tête de Méduse*, près de Persée ; les *Pléiades* ou la *Poussinière*, sur le dos du Taureau ; les *Hyades*, sur le front de la même figure ; la *Massue d'Hercule* ; le *Baudrier d'Orion*, nommé quelquefois le *Râteau*, ou les *Trois Rois*, ou le *Bâton de saint Jacques* ; l'*Épée d'Orion* ; les *Deux Anes* dans le Cancer, ayant entre eux un amas stellaire appelé la *Crèche*, l'*Étable* ou *Præsepe* ; et enfin, les *Chevreaux*, placés tout près de la Chèvre, dans la c. du Cocher. Dans la c. du Navire Argo, on distingue aussi la *Poupe*, la *Carène*, les *Voiles* et le *Mât*.

Les deux cartes ci-dessus (p. 796 et 797) reproduisent toutes ces figures des constellations. On voit combien elles emplissaient le ciel de formes inutiles et embarrassantes. Les astronomes modernes ne se servent plus de ces dessins compliqués et ne désignent plus les étoiles sous des noms tels que le *Pied droit de la Grande Ourse*, ou l'*Aile gauche de la Vierge*, ou la *Queue du Grand Chien*, ou la *Chaise de Cassiopée*. On indique aujourd'hui les étoiles par leur nom, leur lettre, leur position précise dans le ciel, et les constellations modernes ne se composent que d'étoiles.

Prenons comme exemple la région du ciel la plus facile à observer à toute époque de l'année par les habitants de notre hémisphère, la *Grande Ourse*; elle se compose essentiellement de 7 étoiles, α, β, γ, δ, ε, ζ, η, qui sont fort brillantes, de 2ᵉ grandeur, à l'exception de δ qui est de 3ᵉ. Mais il y en a beaucoup d'autres, notamment au-dessous et en avant, qui marquent les places des pieds et de la tête. La Fig. 3 montre ces étoiles et leurs positions en coordonnées (ascension droite et déclinaison). On voit que c'est beaucoup plus clair que les anciennes figures.

Cette c. de la *Grande Ourse* peut nous servir de point de départ pour trouver les autres à l'aide d'alignements appropriés. Quelles que soient la nuit et l'heure, elle est toujours visible, soit dans les hauteurs du ciel, soit en bas vers l'horizon, soit à l'est, soit à l'ouest, changeant de direction suivant les heures et les saisons.

Elle ne se couche jamais. Nuit et jour elle veille au-dessus de l'horizon du nord, tournant lentement, en vingt-quatre h., autour d'une étoile dont nous allons parler tout à l'heure. Dans la figure de la Grande Ourse, les trois étoiles de l'extrémité forment la queue, et les quatre étoiles du quadrilatère se trouvent dans le corps. Dans le Chariot, les quatre étoiles forment les roues, et les trois le timon. Au-dessus de la seconde d'entre ces dernières (ζ) nommée aussi Mizar, les bonnes vues

l'extrémité d'une figure pareille à la Grande Ourse, mais plus petite et dirigée en sens contraire (Fig. 4). C'est la *Petite Ourse* ou le *Petit Chariot;* elle est formée également de sept astres. L'étoile à laquelle notre ligne nous mène, celle qui est à l'extrémité de la queue de la Petite Ourse ou au bout du timon du Petit Chariot, c'est l'*étoile polaire.*

L'étoile polaire jouit d'une certaine renommée, comme tous les personnages qui se distinguent du commun, parce que, seule parmi tous les astres qui scintillent dans nos nuits étoilées, elle reste immobile dans les cieux. A quelque moment de l'année, du jour ou de la nuit que vous observiez le ciel au lieu permanent qu'elle occupe, vous la rencontrerez toujours. Toutes les étoiles, au contraire, tournent en vingt-quatre heures autour d'elle, prise pour centre de cette immense rotation. La Polaire demeure immobile sur un pôle du monde, d'où elle sert de point fixe aux navigateurs de l'Océan sans routes, comme aux voyageurs du désert inexploré.

En regardant l'étoile polaire, immobile, comme nous l'avons

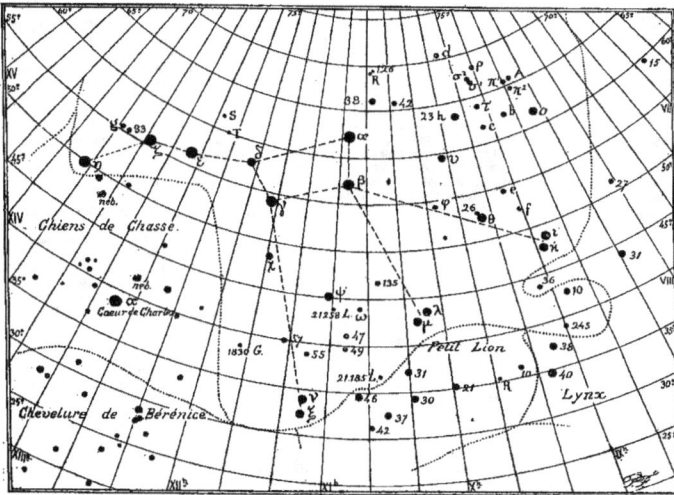

Fig. 3. — La constellation de la Grande Ourse.

distinguent une toute petite étoile nommée Alcor, que l'on appelle aussi le Cavalier. Les Arabes l'appellent Saïdak, c'est-à-dire l'épreuve, parce qu'ils s'en servent pour éprouver la portée de la vue.

Si l'on mène une ligne droite par les deux étoiles marquées α et β qui forment l'extrémité du carré, et qu'on la prolonge au delà de α d'une quantité égale à cinq fois la distance

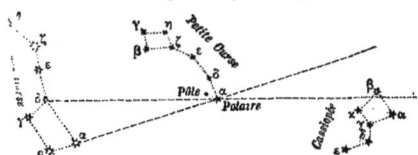

Fig. 4.

de β à α, ou, si l'on veut, d'une quantité égale à la distance de α à l'extrémité de la queue, η, on trouve une étoile un peu moins brillante que les précédentes, qui forme

vu, au milieu de la région septentrionale du ciel, on a le *nord* en face, le *sud* derrière soi, l'*est* à droite, l'*ouest* à gauche. Toutes les étoiles tournant autour de la Polaire doivent être reconnues selon leurs rapports mutuels plutôt que rapportées aux points cardinaux.

De l'autre côté de la Polaire, par rapport à la Grande Ourse, se trouve une autre constellation facile à reconnaître. Si de l'étoile du milieu (δ) on mène une ligne au pôle, en prolongeant cette ligne d'une égale quantité (Fig. 4), on traverse la figure de *Cassiopée*, formée de cinq étoiles principales, disposées un peu comme les jambages écartés de la lettre **M**. La petite étoile x (kappa), qui termine le carré, lui donne aussi la forme d'une *chaise*. Ce groupe prend toutes les situations possibles en tournant autour du pôle, se trouvant tantôt au-dessus, tantôt au-dessous, tantôt à gauche, tantôt à droite; mais il est toujours facile à trouver, attendu que, comme les précédents, il ne se couche jamais, et qu'il est toujours à l'opposé de la Grande Ourse. L'étoile polaire représente le point autour duquel tournent ces deux constellations.

Si nous tirons maintenant, des étoiles α et δ de la Grande Ourse, deux lignes se joignant au pôle, et que nous prolongions ces lignes au delà de Cassiopée, elles aboutiront au carré de *Pégase* (Fig. 5), qui se termine d'un côté par un prolongement de trois étoiles rappelant un peu celles de la Grande

Ourse. Ces trois étoiles appartiennent à *Andromède*, et aboutissent elles-mêmes à une constellation, à *Persée*. La dernière étoile du carré de Pégase est, comme on le voit, la première, α, d'Andromède. Au nord de β d'Andromède se

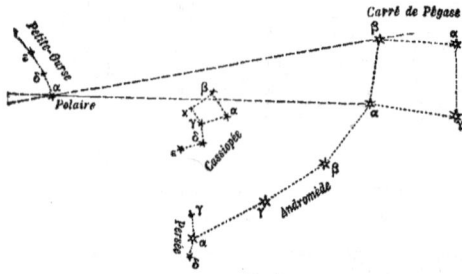

Fig. 5.

trouve, près d'une petite étoile, une nébuleuse oblongue que l'on comparait autrefois à la lumière d'une chandelle vue à travers une feuille de corne : c'est la première nébuleuse dont il soit fait mention dans les annales de l'astronomie. Dans Persée, α, la brillante, sur le prolongement des trois principales d'Andromède, se trouve entre deux autres moins éclatantes, qui forment avec elle un arc concave très facile à reconnaître. Cet arc va nous servir pour une nouvelle orientation. En le prolongeant du côté δ (Fig. 6), on trouve une étoile très brillante, de première grandeur : c'est la *Chèvre*

Fig. 6.

ou *Capella*, ou α du *Cocher*. En formant un angle droit à cette prolongation du côté du midi, on arrive aux *Pléiades*, brillant amas d'étoiles. A côté est une étoile variable, Algol ou la *Tête de Méduse*.

Cette étoile Algol, ou β de Persée, que l'on voit non loin de α, appartient à la classe si remarquable des étoiles variables. Au lieu de garder un éclat fixe, comme les autres astres, elle est tantôt très brillante et tantôt très pâle : elle passe de la seconde grandeur à la quatrième. C'est à la fin du XVIIe siècle que l'on s'est aperçu de cette variabilité pour la première fois. Les observations faites depuis cette époque ont montré qu'elle est périodique et régulière, et que cette période est d'une étonnante rapidité : le minimum a lieu tous les 2 jours 20 heures 48 minutes.

En prolongeant au delà du carré de Pégase la ligne courbe d'Andromède, on atteint la Voie lactée et on rencontre dans ces parages : le Cygne, pareil à une croix, la Lyre, où brille Véga, l'Aigle (Altaïr entre deux étoiles plus pâles) et Hercule, constellation vers laquelle le mouvement du Soleil dans l'espace nous emporte tous.

Tels sont les principaux personnages qui habitent les régions circompolaires.

Voici maintenant le côté opposé à celui dont nous venons de parler, toujours auprès du pôle. Revenons à la Grande Ourse. Prolongeant la queue dans sa courbe (Fig. 7), nous trouverons à quelque distance de là une étoile de première grandeur, *Arcturus* ou α du *Bouvier*. Un petit cercle d'étoiles que l'on voit à gauche du Bouvier, constitue la *Couronne boréale*.

La constellation du Bouvier est tracée en forme de pentagone. Les étoiles qui la composent sont de troisième grandeur, à l'exception d'*Arcturus*, qui est de première. Celle-ci est l'une des plus proches de la Terre, car elle fait partie du

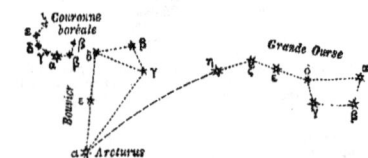

Fig. 7.

petit nombre de celles dont la distance a pu être mesurée. Elle est à 324 trillions de kilomètres d'ici. Elle brille d'une belle couleur jaune d'or.

En menant une ligne de l'étoile polaire à Arcturus, et en élevant une perpendiculaire sur le milieu de cette ligne, à l'opposé de la Grande Ourse, on retrouve l'une des plus brillantes étoiles du ciel, Véga, ou alpha de la Lyre, voisine de la Voie lactée. Elle forme avec les deux que je viens de nommer un triangle équilatéral. La ligne d'Arcturus à Véga coupe la constellation d'Hercule. Entre la Grande Ourse et la Petite Ourse, on remarque une longue suite de petites étoiles s'enroulant un anneaux et se dirigeant vers Véga : ce sont les étoiles du Dragon.

Les étoiles qui avoisinent le pôle, et qui ont reçu pour cela le nom de circompolaires, sont distribuées dans les groupes qui viennent d'être indiqués. Il est facile et agréable de profiter de quelques belles soirées pour s'exercer à trouver ces constellations dans le ciel. Le meilleur moyen est de s'aider des indications précédentes et d'une carte céleste. (Pour plus de détails, consulter *les Étoiles et les Curiosités du Ciel*, Supplément de l'*Astronomie populaire*, où l'on trouve la description complète du ciel étoilé par étoile, et prendre en mains une carte céleste.)

Toutes ces constellations tournent autour de l'étoile du nord, ou plutôt autour de l'axe du monde, dont l'inclinaison sur l'horizon d'un lieu donné est invariable.

Il résulte de cette invariabilité que ce sont toujours les mêmes étoiles qui s'élèvent au-dessus de l'horizon d'un même lieu, quelle que soit l'époque de l'année. Seulement, parmi celles qui se lèvent et se couchent, les unes sont au-dessus de l'horizon pendant la nuit, et alors elles sont visibles, tandis que les autres se lèvent et se couchent pendant la journée, et l'éclat du jour ne permet pas de les apercevoir.

Les étoiles circompolaires, au contraire, ne s'abaissant jamais au-dessous de l'horizon, restent en vue pendant toutes les nuits de l'année.

Enfin, d'autres étoiles, décrivant leurs circonférences diurnes au-dessous de l'horizon, ne sont jamais visibles dans le lieu considéré, à moins que l'on n'habite justement l'équateur.

On voit donc que la sphère céleste peut se diviser en trois zones : 1° la zone des étoiles circompolaires et des étoiles perpétuellement visibles; 2° celle des étoiles qui se lèvent et se couchent, et dont la visibilité pendant la nuit dépend de l'époque de l'année où l'on se trouve; 3° enfin la zone des étoiles qui ne s'élèvent jamais au-dessus de l'horizon.

Le ciel entier tournant en vingt-quatre heures autour de l'axe du monde, toutes les étoiles passent une fois par jour au méridien.

On sait que, dans sa marche apparente au-dessus de nos têtes, le Soleil suit une voie régulière et permanente, car chaque année, aux mêmes époques, il passe à la même hauteur dans le ciel, et que, s'il est moins élevé au mois de décembre qu'au mois de juin, la route qu'il suit n'en est pas moins régulière pour cela, puisque cette variation dépend simplement des saisons terrestres, et qu'aux mêmes époques il revient toujours aux mêmes points du ciel.

On sait aussi que les étoiles restent perpétuellement autour de la Terre, et que, si elles disparaissent le matin pour se rallumer le soir, c'est uniquement parce qu'elles sont effacées par la lumière du jour. Or on a donné le nom de Zodiaque à la zone d'étoiles que le Soleil traverse pendant le cours entier de l'année. Ce mot vient du mot grec ζώδιον, animal, étymologie que l'on doit au genre de figures tracées sur cette bande d'étoiles. Ce sont, en effet, les animaux qui dominent dans ces figures.

On a tracé dans le Zodiaque douze constellations; nos pères les appelaient « les maisons du Soleil », parce que le Soleil en visite une chaque mois et revient à chaque printemps à l'origine de la cité zodiacale. Deux mémorables vers latins nous les présentent dans l'ordre où le Soleil les parcourt :

Sunt : Aries, Taurus, Gemini, Cancer, Leo, Virgo,
Libraque, Scorpius, Arcitenens, Caper, Amphora, Pisces.

Ou bien en français : le Bélier ♈, le Taureau ♉, les Gémeaux ♊, le Cancer ♋, le Lion ♌, la Vierge ♍, la Balance ♎, le Scorpion ♏, le Sagittaire ♐, le Capricorne ♑, le Verseau ♒, et les Poissons ♓. Les signes placés à côté de ces noms sont les indications primitives qui les rappellent : ♈ représente les cornes du Bélier; ♉ la tête du taureau; ♒ est un courant d'eau, etc.

Si nous connaissons maintenant notre ciel boréal, si ses

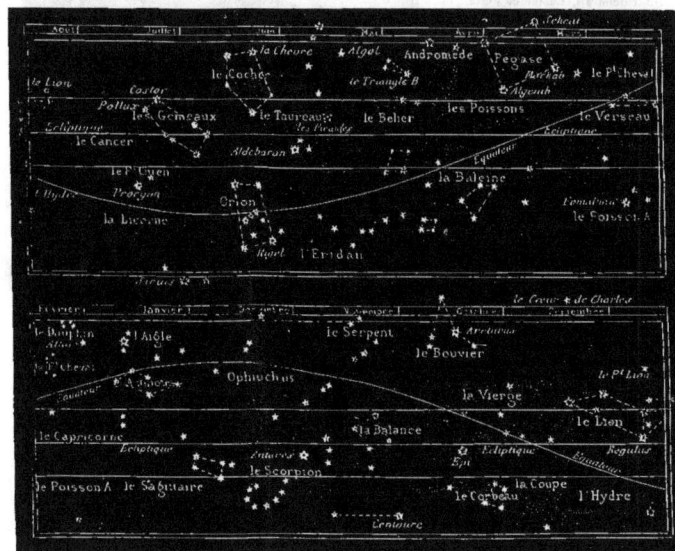

Fig. 8. — Étoiles et constellations du Zodiaque.

étoiles les plus importantes sont suffisamment marquées dans notre esprit avec les rapports réciproques qu'elles gardent entre elles, nous n'avons plus de confusion à craindre, et il nous sera facile de reconnaître les constellations zodiacales.

Ces indications sommaires une fois données, les premiers signes seront très faciles à trouver. Pour faire avec eux une connaissance complète et durable, il est nécessaire de suivre sur la carte (Fig. 8) les descriptions qui vont être données et ensuite de s'exercer le soir à reconnaître directement les étoiles dans le ciel.

Le Bélier est situé entre Andromède et les Pléiades, que nous connaissons déjà. En menant une ligne d'Andromède à ce groupe d'étoiles, on traverse la tête du Bélier, formée par deux étoiles de troisième grandeur. Le Bélier est le premier signe du Zodiaque, parce qu'à l'époque où cette partie principale de la sphère céleste fut établie, le Soleil entrait dans ce signe à l'équinoxe du printemps et que l'équateur y croisait l'écliptique.

Le Taureau vient ensuite. — Nous marchons de l'ouest à l'est. Vous le reconnaîtrez facilement par le groupe des

Pléiades qui scintillent sur son épaule, par celui des Hyades qui tremblent sur son front, et par l'étoile magnifique qui marque son œil droit, l'étoile Aldébaran, α, de première grandeur. Il est du reste situé tout au-dessus de la splendide constellation d'Orion, que nous rencontrerons et que nous saluerons bientôt; Aldébaran resplendit sur le prolongement nord de la ligne des Trois Rois (suivre sur la Fig. 8).

Les Pléiades, qui paraissent trembler au nord-ouest d'Aldébaran, sont formées par un amas d'étoiles dans lequel on en compte six assez facilement à l'œil nu, mais où le télescope en montre plusieurs centaines.

Les Gémeaux sont faciles à reconnaître à l'est des précédents, parce que leurs têtes sont formées des deux belles étoiles Castor et Pollux. Nous les atteindrions également par une diagonale traversant la Grande Ourse dans le sens du timon. D'un autre côté, Castor forme un beau triangle avec la Chèvre et Aldébaran. Ainsi rien n'est plus facile à trouver. Descendant vers le Taureau, huit ou dix étoiles terminent la constellation, et plus bas on rencontre Procyon, étoile de première grandeur.

Cette région, marquée par Orion, Sirius, les Gémeaux, la Chèvre, Aldébaran, les Pléiades, est la plus magnifique région de la sphère céleste. C'est vers la fin de l'automne et dans les plus belles nuits d'hiver qu'elle resplendit le soir sur notre hémisphère. Les Gémeaux sont, dans la Fable, Castor et Pollux, fils de Jupiter, célèbres par leur amitié indissoluble, dont ils furent récompensés par le partage de l'immortalité.

Le Cancer ou l'Écrevisse se distingue au bas de la ligne de Castor et Pollux, dans cinq étoiles de 4e ou 5e grandeur. C'est le personnage le moins important du Zodiaque.

Le Lion est un grand trapèze de quatre belles étoiles, situées à l'est des Gémeaux. On peut également le trouver en prolongeant en sens opposé la ligne de α, β de la Grande Ourse, qui nous a servi à trouver la Polaire. La plus brillante de ces étoiles, α, se nomme Régulus : c'est le cœur du Lion.

La Vierge vient après le Lion, toujours du côté de l'est, comme on le voit sur la carte. Si nous nous servions encore de la très complaisante constellation qui nous a si bien servi jusqu'ici, nous prolongerions vers le midi la grande diagonale α-γ du carré de la Grande Ourse, et nous ferions la rencontre d'une belle étoile de première grandeur, placée justement dans la main gauche de notre figure : c'est l'Épi de la Vierge, astre connu de toute l'antiquité. Maintenant que nous connaissons Arcturus, α du Bouvier et α du Lion, nous pouvons encore remarquer que ces deux étoiles et l'Épi font ensemble un triangle équilatéral.

La Balance est la septième c. du Zodiaque. A l'est de l'Épi de la Vierge, on voit deux étoiles de deuxième grandeur : ce sont α et β de la Balance, marquant les deux plateaux. Avec deux autres étoiles moins brillantes, elles forment un carré oblique sur l'écliptique. Il y a deux mille ans, le Soleil passait là à l'équinoxe d'automne, et l'on a vu dans cette circonstance l'origine du nom de cette c. qui « égale au jour la nuit, le travail au sommeil ».

Le *Scorpion*, dont le cœur est marqué par l'étoile rouge Antarès, astre de première grandeur, est facile à reconnaître. Son dard recourbé fait distinguer sa forme. Antarès, α du Scorpion, se trouve sur le prolongement de la ligne qui joindrait Régulus (α du Lion) à l'Épi; ce sont trois étoiles brillantes placées en ligne droite dans la direction ouest-est. Antarès forme encore avec la Lyre et Arcturus un grand triangle isocèle dont cette dernière étoile est le sommet.

Le *Sagittaire*, formant un trapèze oblique, se tient un peu à l'orient d'Antarès en suivant toujours la direction de l'écliptique. Il ne possède que des astres de troisième grandeur et au-dessous Cette constellation ne s'élève jamais beaucoup au-dessus de l'horizon de Paris.

Le *Capricorne*, n'est pas plus riche en étoiles brillantes. Celles qui scintillent à son front, α et β, sont les seules qui se laissent admirer à l'œil nu. Elles se trouvent sur le prolongement de la ligne qui va de la Lyre à l'Aigle. La région du Zodiaque que nous visitons présentement est la plus pauvre du ciel; elle présente un contraste frappant avec la région opposée, où nous avons admiré Aldébaran, Castor et Pollux, la Chèvre, etc.

Au-dessus du Capricorne brille Altaïr, ou α de l'Aigle.

Le *Verseau* forme par ses trois étoiles tertiaires un triangle très aplati. La base se prolonge en une file d'étoiles du côté du Capricorne, et vers la gauche se porte sur l'Urne.

Les *Poissons*, dernier signe du Zodiaque, se trouvent au sud d'Andromède et de Pégase. Ils sont liés l'un à l'autre par un ruban. Peu apparente, comme les précédentes, cette constellation est composée de deux rangs d'étoiles très faibles qui partent de α, de troisième grandeur, nœud du ruban, et vont en divergeant, l'un vers z d'Andromède, l'autre vers α du Verseau.

Notre description générale du ciel étoilé doit maintenant être complétée par les astres du ciel austral.

À tout seigneur tout honneur. Orion est la plus belle des constellations : le meilleur moyen de rendre hommage aux personnages de valeur, c'est d'apprendre à les bien connaître.

Observez notre carte zodiacale : au-dessous du Taureau et des Gémeaux, au sud du Zodiaque, vous remarquerez ce géant qui lève sa massue vers le front du Taureau. Sept étoiles brillantes se distinguent; deux d'entre elles, α et β, sont de première grandeur; les cinq autres sont de second ordre. α et γ marquent les épaules, x le genou droit, β le genou gauche; δ, ε, ζ, marquent le Baudrier ou la Ceinture; au-dessous de cette ligne est une traînée lumineuse de trois étoiles très rapprochées : c'est l'Épée. Entre l'épaule occidentale et le Taureau, se voit le Bouclier, composé d'une file de petites étoiles en ligne courbe. La tête est marquée par une petite étoile, de quatrième grandeur.

Par une belle soirée d'hiver, tournez-vous vers le sud, et vous reconnaîtrez immédiatement cette constellation géante (Fig. 9).

La ligne du Baudrier, prolongée des deux côtés, passe au nord-ouest par l'étoile *Aldébaran* ou l'œil du Taureau, que nous connaissons déjà, et au sud-est par *Sirius*, la plus brillante étoile du ciel, dont nous nous occuperons bientôt.

C'est pendant les belles nuits d'hiver que cette constellation brille le soir sur nos têtes. Nulle autre saison n'est aussi magnifiquement constellée que les mois d'hiver. Tandis que la nature nous prive de certaines jouissances d'un côté, elle nous en offre en échange de non moins précieuses. Les merveilles des cieux s'offrent aux amateurs, depuis le Taureau et Orion à l'est, jusqu'à la Vierge et au Bouvier à l'ouest : sur dix-neuf étoiles de première grandeur que l'on compte dans toute l'étendue du firmament, une douzaine sont visibles de neuf heures à minuit, sans préjudice des belles étoiles de second ordre, des nébuleuses remarquables et d'objets célestes très dignes de l'attention des mortels. Ces principales étoiles sont Sirius, Procyon, la Chèvre, Aldébaran, l'Épi, le cœur de l'Hydre, Rigel, Bételgeuse, Castor et Pollux, Régulus, et β du Lion.

Au sud-est d'Orion, sur la ligne des Trois Rois, resplendit la plus magnifique de toutes les étoiles, *Sirius*, ou α de la constellation du *Grand Chien*. Cet astre de première grandeur marque l'angle supérieur oriental d'un grand quadrilatère dont la base, voisine de l'horizon à Paris, est adjacente à un triangle. Les étoiles du quadrilatère et du triangle sont toutes de seconde grandeur. Cette constellation se lève, le

soir, à la fin de novembre, passe au méridien à la fin de janvier, et se couche à la fin de mars.

Le *Petit Chien*, ou Procyon, se trouve au-dessus de son aîné et au-dessous des Gémeaux Castor et Pollux, à l'est d'Orion.

L'*Hydre* est une longue constellation qui occupe le quart de l'horizon, sous le Cancer, le Lion et la Vierge. La tête, formée de quatre étoiles de quatrième grandeur, est à gauche de Procyon, sur le prolongement d'une ligne menée par cette étoile et par Bételgeuse. Le côté occidental du grand trapèze du Lion, comme la ligne de Castor et Pollux, se dirige sur α, de seconde grandeur : c'est le cœur de l'Hydre; on

Fig. 9. — Orion, Sirius, Aldébaran.

remarque des astérismes de second ordre, le Corbeau, la Coupe.

L'*Éridan*, la *Baleine*, le *Poisson austral* et le *Centaure* sont les seules constellations importantes qu'il nous reste à décrire. On les trouvera dans l'ordre que nous venons d'indiquer, à la droite d'Orion. L'Éridan est un fleuve composé d'une suite d'étoiles de troisième et de quatrième grandeur, descendant et serpentant du pied gauche d'Orion, Rigel, et se perdant sous l'horizon. Après avoir suivi de longues sinuosités, il se termine par une belle étoile de première grandeur, Achernar, invisible pour nos latitudes.

Pour trouver la Baleine, on peut remarquer au-dessous du Bélier (Fig. 8) une étoile de seconde grandeur qui forme un triangle équilatéral avec le Bélier et les Pléiades : c'est α de la Baleine, ou la Mâchoire.

Enfin, la constellation du Centaure est située au-dessous de l'Épi de la Vierge. Le Centaure renferme l'étoile *la plus rapprochée* de la Terre, α, de première grandeur, dont la distance est de 40 *trillions* de kilomètres environ.

Mais nous sommes ici dans les constellations australes, invisibles de nos latitudes. Pratiquement, elles ne nous intéressent pas, et nous devions surtout décrire celles que nous avons au-dessus de nos têtes et trouver le moyen de les reconnaître facilement. Tous ceux qui voudront mettre à profit les indications qui viennent d'être données se convaincront que rien n'est plus facile que d'apprendre à nommer les principales étoiles du ciel. Elles sont moins nombreuses — et plus intéressantes — que les habitants d'une petite ville.

Bibliogr. — Lalande, *Astronomie;* Arago, *Astronomie populaire;* Flammarion, *Astronomie populaire; Les Étoiles et les Curiosités du ciel;* R. Proctor, *Nouvel atlas céleste* (avec notice, traduit par P. Gérigny); Dien et Flammarion, *Atlas céleste.*

CONSTELLÉ, ÉE. adj. [Pr. *konstel-lé*]. T. Astrol. Qui est fait sous l'influence supposée d'une certaine constellation. *Anneau c. Pierre constellée.* || Qui est formé d'étoiles; qui est parsemé de points ou de petits ornements qu'on compare à des étoiles. *Une broche c. de diamants, Un mouchoir c. de grains de tabac.*

CONSTELLER. v. a. [Pr. *konstel-ler*] (lat. *cum,* avec; *stella,* étoile). Parsemer d'étoiles.

CONSTER. v. n. impers. (lat. *constare,* m. s. de *cum,* avec, et *stare,* être debout). Être certain, être évident. N'est usité qu'au Palais et s'emploie seulement à l'infinitif présent, ainsi qu'au présent et au prétérit de l'indicatif. *Il paraît c. que... Il conste de cela. Il consta par ses registres que...*

CONSTERNATION. s. f. [Pr. ...*sion*] (R. *consterner*). Trouble, stupeur, surprise douloureuse, à la nouvelle subite du malheur arrivé à autrui; accablement d'esprit, épouvante, quand il s'agit du malheur qui nous est arrivé ou d'une calamité qui nous menace. *A la nouvelle de cette catastrophe, la c. fut générale. La perte de cette bataille répandit la c. dans le pays.*

CONSTERNER. v. a. (lat. *consternare,* m. s., de *cum,* avec, et *sternere,* renverser). Troubler, jeter dans l'accablement, épouvanter. *Cette nouvelle consterna tous les esprits. Les familles étaient consternées. Il en fut tellement consterné que...* = Consterné, ée. part. *Vous me voyez c. Il avait l'air consterné.*

CONSTIPANT, ANTE adj. Qui constipe. Le *coing est c.* On dit plus ordinairement *astringent.* Voy. ce mot.

CONSTIPATION. s. f. [Pr. ...*-sion*] (lat. *constipatio,* m. s., de *constipare,* resserrer). T. Méd.
Méd. — La *Constipation* est l'état d'une personne qui ne peut aller librement à la selle. — Habituellement, les excréments, à la suite d'un séjour prolongé dans le gros intestin, acquièrent une dureté plus ou moins considérable, d'où résulte la nécessité de faire certains efforts ou de recourir à certains moyens artificiels pour évacuer ces matières. — La c. reconnaît des causes fort diverses. Il est rare qu'elle soit causée par quelque obstacle mécanique direct; mais elle résulte assez souvent d'un obstacle mécanique indirect, comme dans le cas de hernie, ou lorsqu'il y a compression exercée sur l'intestin, soit par quelque tumeur, soit par l'utérus durant la grossesse. En général, la c. est le résultat tantôt d'une plus grande activité du système absorbant de l'intestin, tantôt d'une diminution de la sécrétion biliaire, pancréatique ou muqueuse, tantôt enfin d'un affaiblissement de l'influence nerveuse. — La c. n'est le plus souvent qu'un simple dérangement local qui n'altère pas la santé générale; d'autres fois, elle est le symptôme d'une maladie, mais jamais elle ne constitue une maladie par elle-même. L'abondance de la transpiration, l'usage d'aliments secs et de boissons alcooliques, l'abus des médicaments astringents, la vie sédentaire, etc., l'occasionne assez fréquemment. Au reste, c'est la considération de la cause qui détermine le choix des moyens à diriger contre cette incommodité, et c'est à l'hygiène plutôt qu'à la médecine qu'il faut les demander. Elle cède ordinairement aux lavements simples, aux bains tièdes, aux boissons délayantes, à l'usage d'un régime rafraîchissant. On est parfois, notamment chez les vieillards, obligé de recourir aux purgatifs; mais il est important de ne pas faire abus de ces derniers. Certaines personnes sont sujettes à des constipations opiniâtres, parce qu'elles ont fait des lavements un usage immodéré qui a diminué la tonicité de l'intestin : dans ce cas, il vaut mieux employer les suppositoires. — Quand la c. est constitutionnelle, il importe de

discipliner l'intestin par des habitudes régulières et par un régime végétal composé de légumes verts, de compotes, de miel, de pain d'épice ou de pain de son. On évitera les aliments échauffants, l'abus des viandes fortes, des salaisons, la position assise prolongée.
Méd. vét. — Sauf chez les chiens, la c. est rare chez nos animaux domestiques. Chez le chien, elle est causée par des aliments indigestes (pain, os, féculents, etc.), l'immobilisation (chiens d'appartement), les obstacles au cours des matières (tumeurs, hypertrophie prostatique, etc.), et les maladies de l'intestin, du système nerveux. Les chiens n'arrivent qu'après bien des efforts à expulser quelques excréments, petits, secs, fétides; l'appétit diminue, le ventre est douloureux, il peut y avoir des débâcles et des vomissements; le chien porte la queue droite et de façon que l'on fait souvent le diagnostic à distance. La c. peut durer plusieurs semaines; la plupart du temps, elle cède à un changement de régime et d'habitude, à quelques lavements d'eau froide, ou à l'huile de ricin. Chez les autres mammifères domestiques, les soupes et les barbotages mêlés à des herbes fraîches, et quand cela est nécessaire, des lavements ou des boissons laxatives, font cesser cette c. chez les adultes. La c. des petits à la mamelle est combattue par le régime rafraîchissant de la mère.

CONSTIPER. v. a. (lat. *constipare,* resserrer, de *cum,* avec, et *stipare,* condenser). Déterminer la constipation. *Les préparations ferrugineuses constipent ceux qui en font usage,* ou absol., *constipent.* = Constipé, ée. part. || Adject. *Il a toujours l'air c.*

CONSTITUANT, ANTE. adj. Qui constitue. Se dit des choses qui en constituent d'autres, qui entrent dans leur composition. *Les parties constituantes d'un corps.* || T. Prat. La personne qui donne une procuration; celle qui établit une rente, etc. *Ledit sieur c.. Ladite dame constituante.* || subst., *Le c. déclare...*
Hist. — Dans l'histoire de France, on désigne habituellement sous le nom d'*Assemblée constituante,* deux assemblées politiques qui, à près de soixante années d'intervalle, ont donné chacune à notre pays une constitution également éphémère.
La première de ces deux assemblées est celle des États généraux de 1789. Un édit de Louis XVI, en date du 24 janv. 1789, ayant convoqué les États des trois ordres de la nation, ceux-ci tinrent leur séance d'ouverture le 4 mai de la même année. Mais la principe s'étant mise, dès le principe, entre les députés de la Noblesse, du Clergé, et du Tiers État, ces derniers se considérant comme les représentants de la nation, se constituèrent indépendamment des autres ordres, et, par un décret du 17 juin 1790, prirent le nom d'*Assemblée nationale.* Cependant, les députés du Clergé et de la Noblesse ayant fini par se réunir à leurs collègues du Tiers, l'Assemblée nationale s'occupa immédiatement des réformes pour l'accomplissement desquelles elle avait été convoquée. Elle tint d'abord ses séances à Versailles; mais, après les journées du 5 et du 6 oct., elle se transféra à Paris, et s'y réunit, pour la première fois, le 19 octobre. Enfin, elle se sépara le 30 sept. 1791, après avoir duré deux ans cinq mois, et rendu près de 2,500 lois ou décrets. — L'œuvre la plus célèbre de cette assemblée est la Constitution dite de 1791. Si cette œuvre n'eut qu'une courte durée, il n'en est pas de même des décrets qu'elle rendit sur une foule de sujets. Nous citerons surtout ceux par lesquels elle proclama l'égalité des impôts, l'abolition des droits féodaux, des privilèges, des justices seigneuriales et de la vénalité des offices (4 août 1789); des dîmes ecclésiastiques (12 août); la liberté de la presse (24 août); la réunion de la Corse à la France (30 nov.); la division de la France en départements (15 janv. 1790); l'égalité des citoyens devant la loi, et la suppression de la confiscation (21 janv.); l'égalité des partages dans les successions (24 févr.); l'institution du jury (30 avril); l'établissement de l'uniformité des poids et mesures (8 mai); la création des juges de paix et des tribunaux de conciliation (5 août); de la cour de cassation (20 nov.), et des tribunaux de commerce (4 janv. 1791); l'abolition des jurandes, maîtrises et corporations, et la création des patentes (13 févr.); l'abolition de la torture (31 mai); la réunion d'Avignon et du Comtat Venaissin à la France (23 sept.), etc.
La seconde Assemblée, généralement connue sous la dénomination d'*Assemblée constituante* avait pris, comme la précédente, le nom d'*Assemblée nationale.* Convoquée à la suite de la révolution de Février par le gouvernement provisoire, elle ouvrit ses séances, à Paris, le 4 mai 1848. Sa dernière séance eut lieu le 28 mai 1849; par conséquent, son existence

no dépassa guère une année. Son œuvre principale fut la Constitution dite de 1848, qui fut votée le 4 nov., et promulguée le 12 du même mois. Mais la seule loi vraiment importante que nous lui devions, est celle du 3 oct. 1848, qui a organisé l'enseignement professionnel agricole.

CONSTITUER. v. a. (lat. *constituere*, m. s., de *cum*, avec, et *statuere*, établir). Former. Se dit de deux ou plusieurs choses qui, par leur réunion, forment une chose nouvelle. *L'âme et le corps constituent l'homme. La matière et la forme constituent le corps physique.* || *Ce qui constitue une chose,* L'élément essentiel d'une chose. *Ce qui constitue le crime, c'est l'intention.* — Par ext., Être, avoir en soi les éléments essentiels d'une chose ; équivaloir à. *Cet acte constitue ou ne constitue pas un crime. Des observations isolées ne constituent pas une science.* || Établir, mettre. *C. un homme en dignité. C'est le prince qui m'a constitué juge. Cette résistance les constitue en état de rébellion.* — *C. quelqu'un en frais, en dépenses,* Mettre quelqu'un en frais, etc., être cause qu'il fait de la dépense. *C. quelqu'un prisonnier,* Le déposer dans la prison. || **T. Dr.** *C. avoué.* Voy. AVOUÉ. — *C. une rente à quelqu'un,* Créer une rente en sa faveur. *C. une pension,* S'engager à payer une pension. — *C. une dot ; C. une telle somme, un tel immeuble en dot,* Donner une dot, une telle somme, etc., en dot. Voy. DOT. || Fig., Faire consister en. *Les stoïciens constituaient le souverain bien dans la vertu.* Vx. — SE CONSTITUER. v. pron. Se c. juge dans sa propre cause. Se c. partie civile. Se c. prisonnier, Se rendre en prison. Se c. en dot, Apporter en dot. — CONSTITUÉ, ÉE. part. *Un empire c. d'une foule de peuples différents doit finir par se diviser. Rentes constituées.* — *Les autorités constituées, les corps constitués,* Établis par la constitution. || *Être bien ou mal c. ; Avoir une bonne ou mal c.,* Être de bonne ou de mauvaise complexion. — Fig., *État, gouvernement bien c.,* Établi sur de bonnes lois.

CONSTITUT. s. m. (lat. *constitutum*, ce qui est constitué). Contrat de droit romain qui obligeait au paiement d'une somme d'argent.

CONSTITUTIF, IVE. adj. Ce qui constitue essentiellement une chose. *La divisibilité est une propriété constitutive de l'étendue.* || **T.** Jurisp. *Titre c.,* Qui établit un droit. *Titre c. de propriété.*

CONSTITUTION. s. f. [Pr. ...sion]. Composition. *La forme et la matière entrent essentiellement dans la c. des corps.* || L'ordre et l'arrangement des parties d'un tout. *La c. de l'univers. La c. des diverses parties du corps humain.* — Se dit partic., de la complexion du corps humain. *Une bonne c. Une c. robuste, débile, délicate. Il jouit d'une excellente c. Je voudrais avoir une c. comme la vôtre.* || **T.** Droit. *C. d'avoué,* Déclaration que tel avoué occupera pour telle partie, dans un procès. — *C. de rente.* Voy. DOT et RENTE. = Syn. Voy. COMPLEXION.

Hist. — I. — Dans le langage politique, le terme de *Constitution* s'applique soit à la forme particulière que présente le gouvernement d'une société civile indépendante, c.-à-d. d'un État, soit à la loi ou au corps de lois fondamentales qui déterminent la forme de cet État et règlent les droits politiques des citoyens. C'est dans ce dernier sens que ce terme est surtout usité, car la plupart des États de l'Europe sont aujourd'hui régis par des chartes tantôt votées par les représentants de la nation, tantôt accordées par le souverain. — En moins d'un siècle, nous avons eu en France neuf constitutions ou chartes. — 1° La première fut celle de l'Assemblée nationale de 1789 ; elle fut votée le 3 sept. et promulguée le 14 sept. 1791. — 2° La seconde fut votée par la Convention nationale le 24 juin 1793, mais elle ne fut jamais appliquée. — 3° Le 5 fructidor an III (22 août 1795), la Convention vota une nouvelle c. qui porte dans notre histoire le nom de *C. de l'an III :* c'est elle qui établit le gouvernement directorial. — 4° Après le coup d'État du 18 brumaire, une commission choisie par Bonaparte et par ses collègues, les consuls provisoires, dans le Conseil des Anciens et dans celui des Cinq-Cents, rédigea une quatrième c., dite *C. de l'an VIII,* qui organisa le gouvernement consulaire. Elle fut promulguée le 22 frimaire an VIII (13 déc. 1799). Cette c. fut profondément modifiée par le sénatus-consulte organique du 16 thermidor an X (4 août 1802), qui décréta le Consulat à vie, et surtout par celui du 28 floréal an XII (18 mai 1804), qui établit l'Empire français. — 5° La *Charte constitution-*

nelle du 4 juin 1814, octroyée par Louis XVIII, a régi la France pendant 16 années. — 6° La *Charte constitutionnelle* du 14 août 1830 a duré jusqu'au 24 février 1848, c.-à-d. 18 ans. — 7° La *C. de 1848,* votée le 4 nov. de cette même année par l'Assemblée nationale convoquée *ad hoc,* n'a guère vécu plus de trois ans, c.-à-d. jusqu'au 2 déc. 1851. — 8° La *C.* du 14 janv. 1852 modifiée par les sénatus-consultes des 7 nov. et 25 déc. de la même année, qui établirent le second Empire. — 9° Enfin la *C.* de 1875, qui nous régit actuellement, et qui se composait à l'origine de quatre lois : 1° celle du 24 fév. sur l'organisation du Sénat ; 2° celle du 25 fév. sur l'organisation des pouvoirs publics ; 3° celle du 16 juil. sur les rapports des pouvoirs publics ; 4° celle du 2 août 1875 sur les élections des sénateurs. Deux révisions de cette c. ont été opérées, l'une en 1879, l'autre en 1884 : de la deuxième, il résulte que les articles 1 à 7 de la loi du du 24 fév. 1875 sur l'organisation du Sénat n'ont plus le caractère constitutionnel, et peuvent être modifiés par une loi ordinaire. Sous réserve de cette observation, nous donnons ci-après *in extenso* le texte des lois constitutionnelles de 1875 ainsi que celles de 1879 et de 1884.

Loi du 25-28 fév. 1875, relative à l'organisation des pouvoirs publics.

ART. 1er. Le pouvoir législatif s'exerce par deux assemblées : la Chambre des députés et le Sénat. La Chambre des députés est nommée par le suffrage universel, dans les conditions déterminées par la loi électorale. La composition, le mode de nomination et les attributions du Sénat seront réglés par une loi spéciale.

2. Le Président de la République est élu à la majorité absolue des suffrages par le Sénat et par la Chambre des députés réunis en Assemblée nationale. Il est nommé pour sept ans, il est rééligible.

3. Le Président de la République a l'initiative des lois, concurremment avec les membres des deux Chambres ; il promulgue les lois lorsqu'elles ont été votées par les deux Chambres ; il en surveille et en assure l'exécution. Il a le droit de faire grâce ; les amnisties ne peuvent être accordées que par une loi. Il dispose de la force armée. Il nomme à tous les emplois civils et militaires. Il préside aux solennités nationales ; les envoyés et les ambassadeurs des puissances étrangères sont accrédités auprès de lui. Chacun des actes du Président de la République doit être contresigné par un ministre.

4. À mesure que les vacances qui se produiront à partir de la promulgation de la présente loi, le Président de la République nomme, en conseil des ministres, les conseillers d'État en service ordinaire. Les conseillers d'État ainsi nommés ne pourront être révoqués que par décret rendu en conseil des ministres. Les conseillers d'État nommés en vertu de la loi du 25 mai 1872 ne pourront, jusqu'à l'expiration de leurs pouvoirs, être révoqués que dans la forme déterminée par cette loi. Après la séparation de l'Assemblée nationale, la révocation ne pourra être prononcée que par une résolution du Sénat.

5. Le Président de la République peut, sur l'avis conforme du Sénat, dissoudre la Chambre des députés avant l'expiration légale de son mandat. En ce cas, les collèges électoraux sont convoqués pour de nouvelles élections dans le délai de trois mois. (*Cet article a été modifié par la loi du 14 août 1884.*)

6. Les ministres sont solidairement responsables devant les Chambres de la politique générale du gouvernement, et individuellement de leurs actes personnels. Le Président de la République n'est responsable que dans le cas de haute trahison.

7. En cas de vacance par décès ou pour toute autre cause, les deux Chambres réunies procèdent immédiatement à l'élection d'un nouveau Président. Dans l'intervalle, le conseil des ministres est investi du pouvoir exécutif.

8. Les Chambres auront le droit, par délibérations séparées, prises dans chacune la majorité absolue des voix, soit spontanément, soit sur la demande du Président de la République, de déclarer qu'il y a lieu à reviser les lois constitutionnelles. Après que chacune des deux Chambres aura pris cette résolution, elles se réuniront en Assemblée nationale pour procéder à la revision. Les délibérations portant revision des lois constitutionnelles en tout ou en partie, devront être prises à la majorité absolue des membres composant l'Assemblée nationale. Toutefois, pendant la durée des pouvoirs conférés par la loi du 20 nov. 1873 à M. le maréchal de Mac-Mahon, cette revision ne peut avoir lieu que sur la proposition du Président de la République.

9. Le siège du pouvoir exécutif et des deux Chambres est à Versailles. (*Article abrogé par la loi du 21 juin 1879.*)

Loi du 24-28 février 1875, relative à l'organisation du Sénat.

Art. 1er. Le Sénat se compose de 300 membres : 225 élus par les départements et les colonies, et 75 élus par l'Assemblée nationale.

2. Les départements de la Seine et du Nord éliront chacun 5 sénateurs. Les départements de la Seine-Inférieure, Pas-de-Calais, Gironde, Rhône, Finistère, Côtes-du-Nord, chacun 4 sénateurs. Les départements de la Loire-Inférieure, Saône-et-Loire, Ille-et-Vilaine, Seine-et-Oise, Isère, Puy-de-Dôme, Somme, Bouches-du-Rhône, Aisne, Loire, Manche, Maine-et-Loire, Morbihan, Dordogne, Haute-Garonne, Charente-Inférieure, Calvados, Sarthe, Hérault, Basses-Pyrénées, Gard, Aveyron, Vendée, Orne, Oise, Vosges, Allier, chacun 3 sénateurs. Tous les autres départements, chacun 2 sénateurs. Le territoire de Belfort, les 3 départements de l'Algérie, les 4 colonies de la Martinique, de la Guadeloupe, de la Réunion et des Indes françaises éliront chacun un sénateur.

3. Nul ne peut être sénateur s'il n'est Français, âgé de quarante ans au moins, et s'il ne jouit de ses droits civils et politiques.

4. Les sénateurs des départements et des colonies sont élus à la majorité absolue, et quand il y a lieu, au scrutin de liste, par un collège réuni au chef-lieu du département ou de la colonie et composé : 1° des députés; 2° des conseillers généraux; 3° des conseillers d'arrondissement; 4° des délégués élus, un par chaque conseil municipal, parmi les électeurs de la commune. — Dans l'Inde française, les membres du conseil colonial ou des conseils locaux sont substitués aux conseillers généraux, aux conseillers d'arrondissement et aux délégués des conseils municipaux. — Ils votent au chef-lieu de chaque établissement.

5. Les sénateurs nommés par l'Assemblée sont élus au scrutin de liste et à la majorité absolue des suffrages.

6. Les sénateurs des départements sont élus pour neuf années et renouvelables par tiers, tous les trois ans. — Au début de la première session, les départements seront divisés en trois séries, contenant chacune un égal nombre de sénateurs; il sera procédé par la voie du tirage au sort à la désignation des séries qui devront être renouvelées à l'expiration de la première et de la seconde période triennale.

7. Les sénateurs élus par l'Assemblée sont inamovibles. — En cas de vacance par décès, démission ou autre cause, il sera, dans les deux mois, pourvu au remplacement par le Sénat lui-même.

8. Le Sénat a, concurremment avec la Chambre des députés, l'initiative et la confection des lois. — Toutes les lois de finances doivent être, en premier lieu, présentées à la Chambre des députés et votées par elle. — Le Sénat peut être constitué en cour de justice pour juger soit le Président de la République, soit les ministres, et pour connaître des attentats commis contre la sûreté de l'État. (*Les articles 9 à 19 ont été abrogés ou modifiés profondément par les revisions de 1879 et 1884.*)

20. Il sera procédé à l'élection du Sénat un mois avant l'époque fixée par l'Assemblée nationale pour sa séparation. Le Sénat entrera en fonctions et se constituera le jour même où l'Assemblée nationale se séparera.

Loi du 16-18 juillet 1875 sur les rapports des pouvoirs publics.

Art. 1er. Le Sénat et la Chambre des députés se réunissent chaque année, le second mardi de janvier, à moins d'une convocation antérieure faite par le Président de la République. — Les deux Chambres doivent être réunies en session cinq mois au moins chaque année. La session de l'une commence et finit en même temps que celle de l'autre. — Le dimanche qui suivra la rentrée, des prières publiques seront adressées à Dieu dans les églises et dans les temples pour appeler son secours sur les travaux des Assemblées.

2. Le Président de la République prononce la clôture de la session. Il a le droit de convoquer extraordinairement les Chambres. Il devra les convoquer, si la demande en est faite, dans l'intervalle des sessions, par la majorité absolue des membres composant chaque Chambre. — Le Président peut ajourner les Chambres. Toutefois l'ajournement ne peut excéder le terme d'un mois, ni avoir lieu plus de deux fois dans la même session.

3. Un mois au moins avant le terme légal des pouvoirs du Président de la République, les Chambres devront être réunies en Assemblée nationale pour procéder à l'élection du nouveau Président. — A défaut de convocation, cette réunion aura lieu de plein droit le quinzième jour avant l'expiration de ces pouvoirs. — En cas de décès ou de démission du Président de la République, les deux Chambres se réunissent immédiatement et de plein droit. — Dans le cas où, par application de l'art. 5 de la loi du 25 février 1875, la Chambre des députés se trouverait dissoute au moment où la Présidence de la République deviendrait vacante, les collèges électoraux seraient aussitôt convoqués, et le Sénat se réunirait de plein droit.

4. Toute assemblée de l'une des deux Chambres qui serait tenue hors du temps de la session commune est illicite et nulle de plein droit, sauf le cas prévu par l'article précédent et celui où le Sénat est réuni comme cour de justice; et, dans ce dernier cas, il ne peut exercer que des fonctions judiciaires.

5. Les séances du Sénat et celles de la Chambre des députés sont publiques. Néanmoins, chaque Chambre peut se former en comité secret sur la demande d'un certain nombre de ses membres, fixé par le règlement. — Elle décide ensuite à la majorité absolue si la séance doit être reprise en public sur le même sujet.

6. Le Président de la République communique avec les Chambres par des messages qui sont lus à la tribune par un ministre. — Les ministres ont leur entrée dans les deux Chambres et doivent être entendus quand ils le demandent. Ils peuvent se faire assister par des commissaires désignés, pour la discussion d'un projet de loi déterminé, par décret du Président de la République.

7. Le Président de la République promulgue les lois dans le mois qui suit la transmission au Gouvernement de la loi définitivement adoptée. Il doit promulguer dans les trois jours les lois dont la promulgation, par un vote exprès dans l'une et l'autre Chambre, aura été déclarée urgente. — Dans le délai fixé pour la promulgation, le Président de la République peut, par un message motivé, demander aux deux Chambres une nouvelle délibération qui ne peut être refusée.

8. Le Président de la République négocie et ratifie les traités. Il en donne connaissance aux Chambres aussitôt que l'intérêt et la sûreté de l'État le permettent. — Les traités de paix, de commerce, les traités qui engagent les finances de l'État, ceux qui sont relatifs à l'état des personnes et au droit de propriété des Français à l'étranger, ne sont définitifs qu'après avoir été votés par les deux Chambres. Nulle cession, nul échange, nulle adjonction de territoire ne peut avoir lieu qu'en vertu d'une loi.

9. Le Président de la République ne peut déclarer la guerre sans l'assentiment préalable des deux Chambres.

10. Chacune des Chambres est juge de l'éligibilité de ses membres et de la régularité de leur élection; elle peut seule recevoir leur démission.

11. Le bureau de chacune des deux Chambres est élu chaque année pour la durée de la session, et pour toute session extraordinaire qui aurait lieu avant la session ordinaire de l'année suivante. — Lorsque les deux Chambres se réunissent en Assemblée nationale, leur bureau se compose du président, vice-présidents et secrétaires du Sénat.

12. Le Président de la République ne peut être mis en accusation que par la Chambre des députés et ne peut être jugé que par le Sénat. — Les ministres peuvent être mis en accusation par la Chambre des députés pour crime commis dans l'exercice de leurs fonctions. En ce cas, ils sont jugés par le Sénat. — Le Sénat peut être constitué en cour de justice par un décret du Président de la République, rendu en conseil des ministres, pour juger toute personne prévenue d'attentat commis contre la sûreté de l'État. — Si l'instruction est commencée par la justice ordinaire, le décret de convocation du Sénat peut être rendu jusqu'à l'arrêt de renvoi. — Une loi déterminera le mode de procéder pour l'accusation, l'instruction et le jugement.

13. Aucun membre de l'une ou de l'autre Chambre ne peut être poursuivi ou recherché à l'occasion des opinions ou votes émis par lui dans l'exercice de ses fonctions.

14. Aucun membre de l'une ou de l'autre Chambre ne peut, pendant la durée de la session, être poursuivi ou arrêté en matière criminelle ou correctionnelle qu'avec l'autorisation de la Chambre dont il fait partie, sauf le cas de flagrant délit. — La détention ou la poursuite d'un membre de l'une ou de l'autre Chambre est suspendue pendant la session, et pour toute sa durée, si la Chambre le requiert.

Loi du 21-22 juin 1879, portant abrogation de l'art. 9 de la loi constitutionnelle du 25 février 1875.

Voy. *Bulletin des lois*, XIIe série, n° 449, p. 789.

Loi du 22-23 juillet 1879, relative au siège du pouvoir exécutif et des Chambres à Paris.

Art. 1er. Le siège du pouvoir exécutif et des deux Chambres est à Paris.

2. Le Palais du Luxembourg et le Palais-Bourbon sont affectés : le premier, au service du Sénat; le second, à celui de la Chambre des députés. — Néanmoins, chacune des deux Chambres demeure maîtresse de désigner, dans la ville de Paris, le palais qu'elle veut occuper.

3. Les divers locaux du palais de Versailles actuellement occupés par le Sénat et la Chambre des députés, conservent leur affectation. — Dans le cas où, conformément aux art. 7 et 8 de la loi du 25 fév. 1875, relative à l'organisation des pouvoirs publics, il y aura lieu à la réunion de l'Assemblée nationale, elle siégera à Versailles, dans la salle actuelle de la Chambre des députés. — Dans le cas où, conformément à l'art. 9 de la loi du 24 fév. 1875 sur l'organisation du Sénat et à l'art. 12 de la loi constitutionnelle du 16 juillet 1875 sur les rapports des pouvoirs publics, le Sénat sera appelé à se constituer en cour de justice, il désignera la ville et le local où il entend tenir ses séances.

4. Le Sénat et la Chambre des députés siégeront à Paris, à partir du 3 novembre prochain.

5. Les présidents du Sénat et de la Chambre des députés sont chargés de veiller à la sûreté intérieure et extérieure de l'Assemblée qu'ils président. — A cet effet, ils ont le droit de requérir la force armée et toutes les autorités dont ils jugent le concours nécessaire. — Les réquisitions peuvent être adressées directement à tous officiers, commandants ou fonctionnaires, qui sont tenus d'y obtempérer immédiatement, sous les peines portées par les lois. — Les présidents du Sénat et de la Chambre des députés peuvent déléguer leur droit de réquisition aux questeurs ou à l'un d'eux.

6. Toute pétition à l'une ou l'autre des Chambres ne peut être faite et présentée que par écrit. Il est interdit d'en apporter en personne ou à la barre.

7. Toute infraction à l'article précédent, toute provocation par des discours proférés publiquement ou par des écrits ou imprimés, affichés ou distribués, dans l'assemblement sur la voie publique ayant pour objet la discussion, la rédaction ou l'apport aux Chambres, ou à l'une d'elles, de pétitions, déclarations ou adresses — que la provocation ait été ou non suivie d'effet — sera punie des peines édictées par le paragraphe 1er de l'art. 5 de la loi du 7 juin 1848.

8. Il n'est en rien dérogé, par les précédentes dispositions, à la loi du 7 juin 1848 sur les attroupements.

9. L'art. 463 du Code pénal est applicable aux délits prévus par la présente loi.

Loi du 14 août 1884 portant revision partielle des lois constitutionnelles.

Art. 1er. Le paragraphe 2 de l'art. 5 de la loi constitutionnelle du 25 février 1875, relative à l'organisation des pouvoirs publics, est modifié ainsi qu'il suit : « En ce cas, les collèges électoraux sont réunis pour une nouvelles élections dans le délai de deux mois et la Chambre dans les dix jours qui suivront la clôture des opérations électorales. »

2. Le paragraphe 3 de l'art. 8 de la même loi du 25 février 1875 est complété ainsi qu'il suit : « La forme républicaine du gouvernement ne peut faire l'objet d'une proposition de revision. — Les membres des familles ayant régné sur la France sont inéligibles à la présidence de la République. »

3. Les articles 1 à 7 de la loi constitutionnelle du 24 février 1875, relative à l'organisation du Sénat, n'auront plus le caractère constitutionnel.

4. Le paragraphe 3 de l'art. 1er de la loi constitutionnelle du 16 juillet 1875, sur les rapports des pouvoirs publics, est abrogé.

Après la revision de 1884, une loi portant la date du 9 décembre de la même année, supprima pour l'avenir les sénateurs inamovibles, en décidant, dans son article premier, que tous les membres du Sénat, sans distinction, seraient désormais choisis par voie d'élection. La même loi maintenait l'inamovibilité en faveur de ceux qui en jouissaient à l'époque de sa promulgation. Voy. DÉPUTÉS, SÉNATEURS, PRÉSIDENT DE LA RÉPUBLIQUE, etc.

II. — Dans notre histoire, on donne le nom de *C. civile* du clergé à un décret, voté, le 12 juillet 1790, par l'Assemblée nationale, à l'effet d'établir une nouvelle organisation ecclésiastique de la France. Ce décret changeait les circonscriptions diocésaines, divisait le territoire en dix arrondissements métropolitains, et érénit un siège épiscopal par département. Il attribuait en outre aux fidèles l'élection des évêques et des curés, supprimait tous les bénéfices ainsi que le casuel, mettait les frais du culte à la charge de l'État et consacrait pour y faire face une somme annuelle de 77 millions. Un traitement, basé sur le chiffre de la population, était accordé à chaque ecclésiastique régulièrement institué. Celui de l'évêque de Paris était de 50,000 livres. Les évêques des villes de 50,000 âmes et au-dessus devaient recevoir 20,000 livres, et ceux des sièges moins importants, 12,000. Le traitement des curés était de 6,000 livres à Paris; dans les départements, il variait de 4,000 à 1,200 livres, suivant les localités. — Ce décret fut, on peut le dire, une des plus grandes erreurs commises par l'Assemblée constituante. Sans doute, il y avait lieu de faire disparaître l'inégalité choquante qui existait entre les divers diocèses relativement à leur étendue, puisqu'on en connaît qui avaient seulement 80, 60, 50, 30, 20 et même 17 paroisses, tandis que d'autres en comprenaient jusqu'à 500, 600, 800 et même 1,800. Mais une réforme de ce genre ne pouvait être régulièrement accompli que par un accord avec l'autorité ecclésiastique, ou du moins avec son libre concours, ainsi que cela se fit quelques années après par l'établissement du Concordat de 1801. En complétant de la Constituante eut les conséquences les plus funestes. La grande majorité du clergé ayant refusé de sanctionner cet excès de pouvoir, il y eut scission dans le clergé lui-même, qui se divisa en prêtres dits *assermentés* et en prêtres dits *non assermentés* ou *insermentés*, selon qu'ils avaient consenti ou non à prêter serment à la C. civile. Les premiers furent mis, par le pouvoir temporel, en possession des édifices religieux; mais les seconds, se considérant comme les pasteurs légitimes que l'autorité civile ne pouvait déposséder, continuèrent à exercer leur ministère, mais dans des maisons particulières et en secret. De là naquirent des désordres qui portèrent le trouble parmi les fidèles, et qui ne cessèrent qu'à l'époque du Concordat de 1801.

III. — On donne aussi le nom de *Constitutions* aux ordonnances des empereurs romains et grecs, et à certaines décisions émanées des souverains pontifes.

« Une C., dit Gaïus, est tout ce qu'ordonne le prince soit par décret, soit par édit, soit par rescrit. » Ainsi donc, dans son sens le plus large, le mot *C.*, s'appliquait à toute prescription ou décision émanée de l'autorité impériale, tandis que *Décret* signifiait une sentence rendue par l'empereur dans une affaire litigieuse, soit en première instance, soit en appel; *Édit* se disait exclusivement des lois qui obligeaient tous les sujets de l'empire; et *Rescrit* servait à désigner les lettres ou les réponses (*epistolæ*, *subscriptiones*, *responsiones*) adressées par l'empereur à ceux qui le consultaient, soit comme fonctionnaires publics, soit comme simples particuliers. Il est évident, d'après ces définitions, que les décrets et les rescrits ne pouvaient avoir la même force que les lois générales, puisqu'ils n'étaient le plus souvent rendus que pour décider dans un cas particulier. Néanmoins, comme ils faisaient autorité pour les cas semblables, les jurisconsultes de l'époque impériale les rangeaient parmi les lois.

Les décisions des papes désignées sous le même nom de *C.* ont toujours pour objet des questions de foi. Elles peuvent être rendues, soit sous forme de brefs, ce qui rappelle les rescrits des empereurs, soit sous forme de bulles, ce qui rappelle les édits. Nous citerons comme ex. de cette dernière forme la *C. Unigenitus*, rendue, en 1713, par Clément XI, contre les Jansénistes.

Par extension, on appelle quelquefois *C.* les règles ou l'ensemble des règles auxquelles sont soumis certains ordres religieux ou certaines congrégations. C'est dans ce sens qu'on dit les *Constitutions de la Compagnie de Jésus*.

Méd. — Les termes de *C. atmosphérique*, *C. épidémique* et *C. médicale* jouent un grand rôle dans certains ouvrages de médecine. Nous ne prétendons pas discuter ici les points délicats de doctrine que soulève l'emploi de ces expressions; nous nous contenterons de les définir aussi rigoureusement que possible. Le terme de *C. épidémique* est celui qui présente le sens le plus clair, et la chose qu'il désigne n'est contestée par aucun auteur. On entend par là cette cause, longtemps inconnue, qui détermine à certaines époques, lesquelles n'ont rien de régulier, l'explosion de la même maladie chez une foule de personnes placées dans les conditions les plus diverses. Il est à peu près, sinon complètement, prouvé aujourd'hui que la cause des maladies épidémiques réside dans la dissémination des germes des microbes capables de produire telle ou telle maladie. — Les *Constitutions atmosphériques*, au contraire, ont quelque chose de régulier. Chaque saison, en effet, a sa c. atmosphérique particulière, qu'on appelle aussi *C. saisonnière*. Pendant la durée de chacune de ces constitutions, il y a prédominance non d'une maladie exclusive, mais de maladies du même genre. Ce phénomène, d'ailleurs, s'explique aisément. Le changement météorologique qui s'opère à chaque renouvellement de saison dans un même pays, équivaut pour les habitants à un véritable changement de climat. Les états météorologiques amenés par les révolutions annuelles donnent lieu à des causes morbifiques particulières qui font que tel ou tel genre de maladies est plus fréquent dans telle ou telle saison, et que ces maladies présentent des modifications ou des complications auxquelles on doit avoir égard dans le traitement. — Enfin, un certain nombre de médecins prétendent avoir observé que, pendant certaines périodes de temps plus ou moins longues, parfois même d'une vingtaine d'années, toutes les maladies, quelles qu'elles soient, et bien qu'elles diffèrent par leurs caractères spéciaux, présentent un caractère commun qu'elles n'ont pas constamment, par exemple, un caractère inflammatoire, bilieux, muqueux, etc. Les conditions absolument inconnues qui auraient pour effet de déterminer ce caractère commun, sont désignées par eux sous le nom de *C. médicale*. En conséquence, ils distinguent une *C. inflammatoire*, une *C. bilieuse*, etc. Suivant ces auteurs encore, on observe des périodes où certains agents thérapeutiques produisent, dans des maladies identiques en apparence, de meilleurs effets qu'à d'autres périodes. Les constitutions médicales sont encore appelées constitutions *stationnaires*, par opposition aux constitutions saisonnières. — Beaucoup d'auteurs révoquent en doute toute la théorie de constitutions médicales ou stationnaires, et n'admettent, comme bien prouvée par l'expérience, que l'existence des constitutions saisonnières ou atmosphériques. Quoi qu'il en soit, il ne faut pas confondre avec une c. médicale proprement dite l'influence qu'exerce une c. épidémique sur les maladies qui se développent pendant la durée d'une épidémie : celle-ci est admise par tous les hommes de l'art, et ne saurait d'ailleurs être révoquée en doute. C'est ainsi, par ex., que, pendant une épidémie de grippe, on voit la plupart des maladies régnantes se compliquer de symptômes catarrhaux. Voy. ÉPIDÉMIE.

CONSTITUTIONNAIRE. s. m. [Pr. *konstitu-sio-nère*]. Celui qui reconnaît la bulle. || Officier chargé de publier les constitutions des empereurs romains.

CONSTITUTIONNALISME. s. m. [Pr. *konstitu-sio-nalisme*]. Opinion de ceux qui pensent que le pouvoir souverain doit être régi par une constitution.

CONSTITUTIONNALITÉ. s. f. [Pr. *konstitu-sio-nalité*]. Conformité à la constitution de l'État. *Je n'attaque pas la c. de la loi, mais celle de l'ordonnance rendue pour l'exécution de la loi.*

CONSTITUTIONNEL, ELLE. adj. [Pr. *konstitu-sio-nel*]. Qui est régi par une constitution, soumis à une constitution. *Gouvernement c. Monarchie constitutionnelle. Roi c.* || Qui est propre, qui est conforme au gouvernement c. *Les formes constitutionnelles. Cet acte n'est pas c.* || Qui est partisan du gouvernement c. *Le parti c.* — Subst., *Tous les constitutionnels votèrent pour lui.* || T. Méd. *Maladie constitutionnelle.* Celle qui est inhérente à la constitution de l'individu, ou qui a envahi l'organisme tout entier, ou encore qui tient à la constitution atmosphérique. Voy. MALADIE. — *Syphilis constitutionnelle.* Voy. SYPHILIS. — *Hémorragie constitutionnelle.* Voy. HÉMORRAGIE.

CONSTITUTIONNELLEMENT. adv. [Pr. *konstitu-sio-nè-leman*]. D'une manière constitutionnelle. *Agir c. Un tel acte est c. interdit.*

CONSTRICTEUR. adj. et s. m. (lat. *constrictor*, qui resserre, de *cum*, ensemble, et *stringere*, serrer). T. Anat. Se dit des muscles qui resserrent quelque partie en agissant circulairement. *Les muscles constricteurs ou les constricteurs du pharynx.*

CONSTRICTIF, IVE. adj. Qui a la propriété de resserrer.

CONSTRICTION. s. f. [Pr. ...*sion*]. T. Physiol. Resserrement.

CONSTRICTOR. s. m. T. Herpét. *Boa c.* Voy. BOA.

CONSTRINGENT, ENTE. adj. (lat. *constringens.* part. prés. de *constringere*, resserrer). Qui resserre. Peu us.

CONSTRUCTEUR. s. m. Celui qui construit, qui connaît l'art de construire. *C. de vaisseaux, de machines. C'est un excellent c.*

CONSTRUCTIBILITÉ. s. f. Qualité de ce qui est constructible.

CONSTRUCTIBLE. adj. 2 g. Qui peut être construit.

CONSTRUCTIF, IVE. adj. Qui a la force de construire. *Propriétés constructives du germe.*

CONSTRUCTION. s. f. [Pr. ...*sion*]. Action de construire. *On a interrompu la c. de ce bâtiment. Navire en c. Navire de c. hollandaise. Cet architecte dirige bien la c. de ce monument. La c. d'une machine, d'un baromètre*, etc. || L'édifice ou le navire lui-même. *On a entrepris un grand nombre de constructions nouvelles. Toute la c. est en bois. Voilà une belle c. Les constructions en fer sont aujourd'hui très répandues.* || L'arrangement, la disposition des parties d'un bâtiment, d'un navire, d'une machine, etc. *Une bonne c. Une c. solide. La c. de cette machine est fort ingénieuse. Ce pont est d'une très belle c.* || Absol., l'art de construire appliqué soit aux édifices, soit aux navires, soit aux machines. *Cet architecte n'entend absolument rien à la c. C. mécanique. C. navale.* Voy. VAISSEAU. || Fig., se dit quelquefois en parlant des compositions littéraires. *La c. de cette tragédie, de ce poème, n'est pas régulière.* || T. Gram. Se dit au fig., de l'arrangement des mots suivant les règles et l'usage de la langue. *Défaut, vice de c. La c. de cette phrase n'est pas française. C. régulière, elliptique, vicieuse.* — *Faire la c. d'une phrase*, ou simplement, *Faire la c.*, Disposer, suivant l'ordre analytique, les différents mots d'une phrase qui renferme une inversion. || T. Géom. La figure qu'on décrit et les lignes qu'on trace pour aider à la démonstration d'un théorème ou à la solution d'un problème.

Gram. — « Pour parler, dit Sylvestre de Sacy, il ne suffit pas de connaître les différentes formes dont un mot est susceptible ; il faut encore savoir quel usage on doit faire de ces différentes formes pour lier ensemble les diverses parties qui composent le discours, et dans quel ordre on doit disposer ces diverses parties. Les règles que l'on doit suivre pour ces deux objets sont ce que l'on appelle *Syntaxe*. Cependant on emploie plus ordinairement ce terme pour désigner la première de ces deux parties de la grammaire, et on donne à la seconde le nom de *C*., quoique ces deux mots, dont l'un est grec et l'autre latin, signifient proprement la même chose, *l'art de disposer et de coordonner les différentes parties du discours.* » Les langues qui, comme le grec et le latin, ont des inflexions très variées, sont seules susceptibles de constructions variées et arbitraires qui permettent de placer les mots à peu près dans un ordre quelconque. La phrase latine : *Cæsar petiit Gallias summa diligentia* (César gagna les Gaules en toute hâte) peut s'écrire de 120 manières différentes, toutes correctes et très claires, l'ordre des cinq mots étant absolument indifférent. Au contraire, les langues qui n'ont presque pas d'inflexions, sont obligées de suivre à peu près constamment le même ordre de c. D'après cela, il est facile de comprendre pourquoi il n'existe, relativement à la c., aucune règle commune aux différentes langues. Dans toutes néanmoins, on peut ramener le discours à une c. qui semble conforme à la marche ordinaire des opérations de l'esprit, c.-à-d. à l'ordre analytique.

Dans cette c. naturelle, qui est en général celle de notre langue, le sujet se présente toujours le premier ; vient ensuite le verbe, puis l'attribut. — Dans le sujet et dans l'attribut, l'article précède immédiatement le nom ; l'adjectif ou la proposition conjonctive qui modifie le nom, vient après ce dernier. Le complément d'un nom, d'un verbe, d'un adjectif ou d'une préposition suit, sans intervalle, le mot auquel il sort de complément, et la préposition se place invariablement entre les deux mots qui forment les termes du rapport auquel elle sert d'exposant. Enfin, les adverbes suivent immédiatement le mot qu'ils modifient. Quant aux différents compléments d'un même mot, leur disposition n'est pas aussi rigoureusement déterminée : elle dépend en grande partie du goût de l'écrivain. Ces phrases, *Dieu est bon ; Cette maison a été détruite par le feu du ciel*, présentent des exemples de ce que nous venons de dire. On y voit, en effet, le sujet, le verbe, l'attribut, l'article, la préposition et le complément de celle-ci placés dans l'ordre analytique. La phrase suivante de Bossuet nous fournit, au contraire, un ex. de c. où l'ordre des idées est interverti, dans le but de faire image. « Déjà prenait l'essor, pour se sauver vers les montagnes, cet aigle dont le vol hardi avait d'abord effrayé nos provinces. » Construite analytiquement, cette phrase devrait être ainsi disposée : « Cet aigle dont le vol hardi avait d'abord effrayé nos provinces, prenait déjà l'essor pour se sauver vers les montagnes ; » mais alors elle serait infiniment moins expressive et raconterait simplement un fait, tandis qu'elle parle à notre imagination et forme un véritable tableau.

La c. dont nous venons d'exposer les principes est appelée par les grammairiens *naturelle, analytique, rationnelle, simple, directe*, ou *grammaticale*, et ils nomment *c. usuelle* la c. particulière que suit chaque langue dans l'arrangement de ses mots et de ses phrases. Notre langue est soumise à l'ordre analytique pour deux raisons principales : 1° parce que les substantifs régis n'ayant pas de formes particulières qui les distinguent des substantifs régissants, c'est uniquement par la place qu'ils occupent dans le discours qu'on peut les reconnaître ; 2° parce qu'elle est hérissée d'une foule de petits mots, auxiliaires ou autres, qui servent à exprimer les divers rapports indiqués dans les langues classiques par des inflexions particulières.

Quoique la c. analytique soit la plus générale en français, il y a cependant des cas qui exigent ou permettent une c. différente. Ainsi, dans la phrase interrogative, le sujet se met après le verbe ou entre le verbe et le participe, à moins que ce sujet ne soit le pronom interrogatif *Qui. Voulez-vous venir ? Avez-vous vu ce spectacle ?* Le complément dans ce cas se met aussi avant le verbe si c'est lui qui porte l'interrogation : *Que prétendez-vous faire ?* Dans les petites phrases incidentes, le sujet se met aussi après le verbe et le complément avant. *Il faudrait*, disait Henri IV, *que toutes les routes de France fussent bordées d'arbres fruitiers. La dépense*, lui répondit Sully, *serait considérable.* Dans les propositions incidentes, le complément exprimé par un pronom relatif se met toujours au début de la proposition pour suivre immédiatement le mot auquel il se rapporte. *L'homme dont vous avez vu le portrait.* Dans bien des cas, surtout en ce qui concerne l'ordre des divers compléments d'un même sujet, la c. est indifférente : *Il a fait en peu de temps une grande fortune ; En peu de temps il a fait une grande fortune ; Il a fait une grande fortune en peu de temps.* Enfin, dans la poésie et dans le style soutenu, on se permet, pour donner plus de vigueur à son style, de s'écarter de l'ordre qu'exigerait la grammaire : c'est ce qu'on nomme l'*inversion*. C'est ainsi que Racine a dit :

Du temple, orné partout de festons magnifiques,
Le peuple saint en foule inondait les portiques.

Qu'on rétablisse l'ordre grammatical en permutant les deux vers, et l'on verra combien la phrase perd de vigueur et de pittoresque. L'inversion qui n'a pour but que la facilité de la c. du vers et qui n'est pas justifiée par les qualités nouvelles qu'elle donne à la phrase doit être sévèrement condamnée.

Il y a des langues où la c. est imposée par la grammaire, sans que cette c. présente l'ordre analytique qu'elle affecte en français. C'est ainsi qu'en anglais et en allemand l'adjectif précède invariablement le mot auquel il se rapporte. En allemand les règles de c. ont un caractère qui paraît bizarre à nos habitudes françaises. Le participe et l'infinitif se mettent invariablement à la fin de la phrase. *J'ai vu ma mère* se dira *J'ai ma mère vue : Ich habe meinen Mutter gesehen.* Dans les propositions incidentes, le verbe se met toujours à la fin. *Je vous envoie la lettre que vous avez vue*, se dira dans l'ordre suivant : *J'envoie à vous la lettre que vous vue avez.* De là résulte, dans les phrases un peu compliquées, une accumulation vers la fin de participes, d'infinitifs et de verbes qui rendent la c. lourde et obscure, et le sens difficile à saisir, parce qu'on est obligé d'attendre la fin de la période pour en comprendre le mot auquel se rapportent les différentes parties. On a dit avec raison que la langue était l'image de la manière de penser. Cela est particulièrement vrai pour la langue allemande, et cette habitude qui nous paraît si singulière d'intercaler toutes les idées incidentes entre le sujet et le verbe est absolument conforme à l'esprit germanique. On la retrouve dans les dé-

loppements étendus des auteurs allemands concernant les sciences et la philosophie. On peut dire que le génie du peuple allemand et sa langue ont mutuellement réagi l'un sur l'autre, la langue s'étant formée d'après le génie de la race, et ayant à son tour perpétué le mode particulier de présenter les idées. Cette double influence n'a pas peu contribué à conserver à la littérature allemande ce caractère nébuleux et diffus qui lui est propre. Il convient cependant d'ajouter que les progrès des sciences exigeant de plus en plus de clarté et surtout de précision, les habitudes allemandes s'en sont trouvées quelque peu modifiées, et les règles grammaticales de la c. sont aujourd'hui moins absolues qu'elles l'étaient autrefois. Il est actuellement permis d'y déroger dans une certaine mesure quand la clarté du discours l'exige.

Techn. — CONSTRUCTIONS MÉTALLIQUES.

Considérations générales. — Des causes multiples ont conduit l'industrie à supprimer autant que faire se peut, l'emploi du bois dans les constructions d'une importance considérable et à le remplacer par la fonte, le fer et l'acier. Parmi les principales, nous devons signaler l'augmentation du prix des bois, l'élévation toujours croissante des frais de main-d'œuvre, la durée relativement limitée de cette matière, les chances qu'elle offre à l'incendie de la détruire et aussi la nécessité de franchir de grands espaces, d'avoir des appuis élevés et peu encombrants. Les progrès dans la fabrication de la fonte, du fer et de l'acier, ainsi que dans leur mise en œuvre, expliquent la substitution graduellement accomplie de ces métaux au bois, non seulement dans les gros œuvres de constructions, mais aussi dans les ouvrages de faibles dimensions.

L'emploi des métaux dans les diverses constructions, charpentes, ponts, constructions navales, date de fort loin. Cependant, il n'y a guère plus d'un siècle que pour la première fois on a substitué d'une manière complète ces métaux au bois. C'est surtout depuis une quarantaine d'années que leur usage a pris une extension considérable. Cela a permis d'exécuter des œuvres d'art de dimensions telles qu'on aurait dû renoncer à leur construction, si le bois avait continué à s'employer couramment.

Ce sont les Anglais qui les premiers, dès 1779, eurent l'audace de substituer entièrement la fonte de fer au bois, dans la c. des ponts. A Paris, les premières applications de la fonte de fer dans ce genre de construction datent de 1803. Le pont des Arts, d'une légèreté si remarquable et d'une élasticité si grande, en est le plus important exemple. Quelques années plus tard, en 1809, les usines du Creusot fondaient la charpente métallique de l'ancienne halle aux blés. Mais il faut le reconnaître, pendant de nombreuses années les Anglais nous ont toujours devancés dans ces applications. L'illustre Watt, en 1801, avait, à Selford, fait usage de poutres de fonte. Il leur donnait la forme d'un ⊥ ou T renversé. Le calcul lui avait démontré que cette forme, bien plus rationnelle que la section cubique des poutres en bois, offrait une résistance beaucoup plus considérable à la flexion et à la rupture.

Par suite de surcharges exagérées données à quelques-unes de ces constructions en fonte de fer, plusieurs accidents de rupture se produisirent, notamment en Angleterre, malgré les prévisions des ingénieurs et des architectes de l'époque. Tout le monde se mit à l'œuvre et chercha le moyen de remédier par l'emploi d'un métal plus résistant aux inconvénients que l'on signalait. Tout naturellement on songea au fer, qui sous un moindre volume a une résistance bien plus considérable que la fonte. Pendant longtemps, l'industrie métallurgique chercha à donner au fer les formes permettant d'assembler les diverses parties, comme on le faisait si facilement pour la fonte de fer. Enfin, vers 1845, on commença, à Paris, à employer le fer laminé dans les constructions, d'abord à l'état de fer plat posé de champ, puis avec une section rappelant la forme d'un double T avec branches égales.

Aussi, malgré les progrès incessants réalisés dans la fabrication de la fonte, parvient-on ou ne tarda pas à abandonner entièrement l'usage de ce métal auquel on substitua définitivement les *fers spéciaux*.

A cause des facilités multiples que possède le bois de s'altérer à l'air, les ingénieurs et architectes qui l'employaient dans leurs constructions, s'attachaient peu à en déterminer les dimensions exactes que le calcul indiquait. Ils préféraient donner aux poutres et autres pièces entrant dans la structure des ouvrages qu'ils exécutaient, des épaisseurs plus considérables que cela n'était nécessaire. Ces conditions changèrent du tout au tout, lorsqu'ils remplacèrent cette substance par le fer. Du reste, une science nouvelle venait de surgir, grâce au mathématicien Navier qui, vers 1820, en posa les principes. Il s'agissait de la *résistance des matériaux*.

jetant un jour tout nouveau, à l'aide du calcul, sur les conditions que devaient remplir la fonte et surtout le fer, pour résister aux efforts de toute nature auxquels on les soumettait. On pouvait ainsi déterminer très exactement les dimensions à donner aux diverses pièces métalliques entrant dans une c. quelconque, tout en tenant compte des altérations, peu sensibles il est vrai, qu'éprouvait le fer exposé aux intempéries. La peinture dont on le recouvrait les annulait presque.

Bientôt le fer lui-même ne suffit plus ; les exigences croissaient sans cesse et ce métal, malgré tous les avantages qu'il offrait, ne tarda pas à son tour à se voir remplacé par l'acier. Grâce à l'énorme résistance de ce dernier métal, on réduisit encore les dimensions et, malgré cela, on franchit des espaces plus grands que ceux auxquels se limite l'emploi du fer. Dès lors, l'art de la c. métallique ne connut plus d'obstacles insurmontables. Dans l'ancien et dans le nouveau monde surgirent de toutes parts des œuvres colossales, dont l'exécution aurait certainement fait reculer les ingénieurs et les architectes les plus hardis, s'ils n'avaient eu à leur disposition que la fonte ou le fer.

Charpentes métalliques. — Dans les constructions métalliques actuelles la fonte ne s'emploie plus guère que pour résister à la compression, aux efforts de laquelle elle offre toutes les garanties désirables. Le fer et l'acier seuls entrent dans la composition des pièces chargées de vaincre les efforts de tension et autres auxquels on les soumet. Selon le mode de fabrication, on range l'acier et le fer en *acier fondu* et *acier et fer laminés* ou *forgés*. Des parties spéciales, désignées sous le nom d'*oreilles*, viennent de fonte dans le premier cas et rendent très facile l'assemblage des pièces entre elles. Cet assemblage s'opère à l'aide de boulons traversant simultanément les oreilles des deux tronçons qu'il s'agit de réunir. Les trous affaiblissant naturellement ces parties, on remédie à cet inconvénient de deux manières, à l'aide de *nervures* venues de fonte entre deux trous d'une même oreille, et aussi de *portées* ou ce n'est autres qu'un renflement donné au métal autour de chaque trou et terminé par une surface plane circulaire, sur laquelle vient s'appuyer la tête ou l'écrou du boulon.

En règle générale, il faut soigneusement éviter, avec des pièces fondues ou coulées, d'exercer un effort oblique sur ces assemblages, ce qui nuirait à la solidité de l'ensemble. En effet, outre les craintes de rupture qui pourraient se produire à la jonction des oreilles avec le corps principal de la pièce fondue, les boulons, eux aussi, supporteraient d'une façon inégale les efforts de tension ou de flexion et ne tarderaient pas à se cisailler. Il faut donc qu'à chaque moment un contact absolu ne cesse d'exister sur la superficie totale de l'assemblage. On augmente cette adhérence en *rabotant* et *dressant* la surface extérieure de chaque oreille, ainsi que la partie plane de chaque portée. On obtient un résultat identique, tout en se dispensant de cette main-d'œuvre délicate et coûteuse, en interposant entre les surfaces brutes venues de fonte une feuille de métal facilement compressible, comme le plomb par ex. Enfin, pour avoir un maximum de résistance, on doit éviter toutes variations brusques dans les épaisseurs que possèdent les pièces fondues, et autant que possible supprimer les angles vifs rentrants ou saillants, en les remplaçant par des surfaces courbes.

L'industrie métallurgique offre au commerce le fer et l'acier laminés sous diverses formes : tôles, cornières, fers spéciaux à simple ou double T, fers en U, en V, etc., etc.(Fig. 2 à 5). Du reste, les albums des usines renferment un grand nombre de

Couvre-joints
1

modèles des plus variés afin de répondre à tous les besoins. Les fers et aciers ronds ou carrés s'emploient plus spécialement pour les pièces ayant une forme déterminée et particulière.

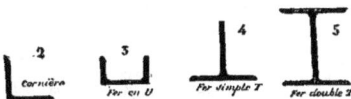

2 *Cornière* — 3 *Fer en U* — 4 *Fer simple T* — 5 *Fer double T*

Les *tôles*, ou feuilles plates, ont des épaisseurs variant depuis quelques millimètres jusqu'à plusieurs centimètres et des longueurs de 1ᵐ à 1ᵐ50 ; leur largeur atteint 5 à 7 mètres. Les *cornières* à branches égales ou inégales, de longueurs oscil-

lant entre 25 millimètres et 10 centimètres, ont des épaisseurs très variables. La longueur des barres ne dépasse guère 10 m. Les autres formes de fers et d'aciers possèdent des dimensions diverses et très nombreuses entre 10 et 30 centimètres de hauteur. L'épaisseur de ces fers et aussi celle des ailes varient presque à l'infini, suivant les types adoptés par les usines.

Lorsqu'il s'agit, dans les constructions métalliques, de réunir bout à bout des tôles de fer ou d'acier, on fait usage de *couvre-joints* et de *rivets*. Les couvre-joints (Fig. 1) sont des plaques ayant une épaisseur égale à la moitié de celle des tôles à assembler. Ils s'étendent de chaque côté du *joint* des tôles d'une quantité suffisante pour permettre de réunir le tout à l'aide de rivets. On emploie généralement des fers de premier choix pour la fabrication de ces rivets, que l'on pose à chaud ou à froid selon les circonstances. Il faut tout d'abord, connaissant les dimensions des pièces à réunir et la charge qu'elles doivent supporter, déterminer le nombre des rivets ainsi que celui de leurs lignes. On obtient ces indications précises soit par le calcul direct, soit à l'aide de tables spéciales dressées dans ce but.

Lorsqu'il y a nécessité d'obtenir des épaisseurs de tôle plus considérables que celles qui sont fabriquées couramment par l'industrie métallurgique et qui n'excèdent pas 15 à 20 millimètres, on se borne à superposer plusieurs de ces feuilles, on les rivant sur toute leur surface et en prenant soin de faire chevaucher les joints (Fig. 6). On dispose ces derniers de manière que le même couvre-joint puisse servir à deux tôles séparées par une feuille intermédiaire. On agit de même pour les joints des cornières en employant des couvre-joints de forme et de dimensions particulières. En outre, à l'aide de tôles et de cornières rivées ensemble, on obtient des poutres à simple ou

Assemblage de 3 tôles avec couvre-joints
6

à double T de très grande dimension (Fig. 7), comme cela se présente le plus souvent dans la c. des ponts métalliques. Souvent aussi, afin de donner à l'ensemble de la c. un aspect plus élé-

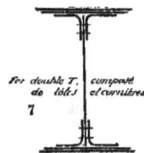

Fer double T, composé de tôles et cornières
7

gant et plus léger, on substitue à l'*âme* de la poutre formée d'une tôle verticale une sorte de treillis se composant de barres symétriquement inclinées et rivées à leurs points de rencontre. Des cornières les réunissent aux deux semelles, à l'aide d'une double rivure.

Constructions navales. — Depuis 1828, on a fait usage en Angleterre du fer et de pièces métalliques pour la c. des navires. Cependant les Chinois revendiquent pour eux la connaissance des métaux dans cette application, et cela depuis une époque remontant à environ 200 ans avant l'ère chrétienne. C'est surtout à cause des progrès incessants accomplis par l'artillerie qu'on a dû définitivement abandonner l'emploi du bois dans les constructions navales. Le fer d'abord, puis l'acier, l'ont remplacé partout, notamment à partir de 1875, époque à laquelle ce dernier métal a prévalu. Sa plus grande résistance permet en effet d'obtenir sous des épaisseurs relativement faibles des navires de guerre ayant des dimensions inusitées jusqu'alors. Tout dernièrement enfin, la science a permis de combiner des mélanges d'acier avec certains métaux donnant des alliages d'une résistance incomparable : tels sont les alliages d'acier chromé, d'acier au molybdène et autres. En résumé les constructions métalliques de toute nature ont pris et prennent une importance de plus en plus considérable. Nous en avons eu de nombreux exemples lors de l'Exposition universelle de 1889, avec l'érection de la *Tour Eiffel*, de la *Galerie des Machines* et de tant d'œuvres d'art. Qui pourrait prévoir à l'heure actuelle ce que l'avenir nous réserve, et les merveilles que nous aurons à admirer ?

Législ. — « Toutes constructions, plantations et ouvrages sur un terrain, » dit l'art. 553 du Code civil, « sont présumés faits par le propriétaire à ses frais et lui appartenir, si le contraire n'est prouvé... » Le Code civil, dans les articles suivants, règle minutieusement les droits du constructeur sur le terrain d'autrui et les obligations du propriétaire qui construit sur son propre terrain avec des matériaux ne lui appartenant pas. Voy. les articles 553, 554, 555 du C. civ.

En ce qui touche l'alignement des constructions au bord des routes, chemins publics et rues des villes, voy. VOIRIE.

CONSTRUCTIVITÉ. s. f. Qualité constructive.

CONSTRUIRE. v. a. (lat. *construere*, m. s., de *cum*, avec, et *struere*, bâtir). Disposer, assembler les parties d'une chose de manière à en former un tout, et plus spécialement bâtir. *C. une maison, un pont. C. un navire. C. un machine, un baromètre. Ce navire est construit en fer. Cette maison est construite avec de bons matériaux, en pierres de taille.* || Fig., et Fig., En arranger, en combiner toutes les parties. *Ce poème a été construit avec beaucoup d'art.* || T. Gram. et Fig., Arranger les mots d'une phrase suivant les règles et l'usage de la langue. *C. une phrase. Cette période est bien construite.* || T. Géom. *C. une figure*, la tracer, la décrire. — Par anal., *C. une carte de géographie.* = SE CONSTRUIRE. v. pron. Être construit. *Les maisons se construisent ici avec une rapidité merveilleuse.* || Être disposé. *Les membres de la phrase se construisent différemment, suivant qu'on emploie la forme expositive ou l'interrogative.* = CONSTRUIT, ITE. part.

CONSUBSTANTIALISTE. s. m. [Pr. ...sia...]. Celui qui soutient la consubstantialité.

CONSUBSTANTIALITÉ. s. f. [Pr. ... sia...] (lat. *cum*, avec ; *substantia*, substance). T. Théol. Unité et identité de substance entre les trois personnes de la Trinité. *Les ariens niaient la c. du Père et du Fils.* Voy TRINITÉ.

CONSUBSTANTIATEUR, TRICE. s. [Pr. ...sia...]. T. Théol. Celui ou celle qui croit le Verbe consubstantiel à son Père.

CONSUBSTANTIATION s. f. [Pr. ...sia-sion]. T. Théol. Opinion des luthériens d'après laquelle la présence de Jésus-Christ dans l'Eucharistie laisserait subsister la substance du pain et du vin, tandis qu'il n'en reste que les apparences selon le dogme catholique.

CONSUBSTANTIEL, ELLE. adj. 2 g. [Pr. ...siel]. T. Théol. Qui est de la même substance; se dit des trois personnes de la Trinité. Voy. TRINITÉ.

CONSUBSTANTIELLEMENT. adv. [Pr. ...siè-leman]. T. Théol. D'une manière consubstantielle. *Le Fils est c. un avec le Père.*

CONSUÉTUDINAIRE. s. m. (lat. *consuetudo*, coutume). T. Théol. Celui qui a coutume de faire quelque chose.

CONSUL. s. m. (lat. *consul*, m. s., de même rad. que *consilium*, conseil). Chacun des deux magistrats qui se partageaient à Rome le pouvoir exécutif. || Titre donné autrefois, dans certaines villes de France, particulièrement dans le Midi, aux magistrats municipaux. || Anciennement, à Paris et dans quelques autres villes, on donnait encore ce nom aux juges choisis parmi les marchands pour connaître de certaines contestations en matière de commerce. *Les consuls des marchands. Par sentence des juges-consuls.*

Hist. — I. HISTOIRE ROMAINE. — On appelait ainsi, à Rome, les deux premiers magistrats qui étaient mis chaque année à la tête de la République. L'institution des consuls paraît liée aux premiers principes du système politique romain. La vieille tradition relative aux deux rois semble indiquer quelque chose de semblable, et l'on prétend que Servius Tullius, dans sa constitution, voulait rétablir l'ancienne division du souverain pouvoir entre deux fonctionnaires. Cependant le nom de c. ne paraît, dans l'histoire romaine, qu'après l'expulsion de Tarquin le Superbe, lorsque L. Junius Brutus et L. Tarquinius Collatinus (ou M. Horatius, selon Polybe) furent placés à la tête du gouvernement comme chefs du pouvoir exécutif.

À l'origine, les consuls furent les seuls magistrats qui possédassent à Rome une grande autorité, car ils réunissaient tous les pouvoirs des rois, dont ils étaient les successeurs. Cicéron

dit qu'ils étaient véritablement investis de la puissance royale. Leur costume, d'ailleurs, était celui des rois, à l'exception de la couronne d'or, qu'ils ne portaient jamais, et de la *trabée*, qu'ils ne revêtaient qu'à l'occasion d'un triomphe. Ils portaient des sceptres d'ivoire surmontés d'aigles; dans les assemblées publiques, ils s'asseyaient sur un trône (*sella curulis*); ils présidaient le sénat et y occupaient un siège plus élevé que ceux des simples membres de cette assemblée; ils nommaient les trésoriers publics; ils faisaient la paix et contractaient les alliances avec les étrangers; ils avaient la juridiction, c.-à-d. qu'ils étaient les juges suprêmes dans toutes les causes judiciaires; de là vient que nous les voyons aussi nommés *Préteurs*; enfin, ils avaient l'*imperium*, c.-à-d. le suprême commandement des armées de l'État. Le symbole le plus remarquable de leur autorité, c'étaient les *faisceaux* (*fasces*) : on nommait ainsi des paquets de baguettes au milieu desquelles était une hache. Dans le principe, chacun des consuls avait 12 licteurs qui marchaient devant lui avec leurs faisceaux ; mais P. Valerius, surnommé Publicola, à cause du soin qu'il prenait de ne pas déplaire aux citoyens (*populus*), retira la hache des faisceaux et ordonna que, lorsque les deux consuls seraient ensemble à Rome, un seul d'entre eux serait précédé par des licteurs. L'autre était simplement accompagné d'un officier appelé *Accensus*. Chacun des consuls jouissait alternativement, pendant un mois, de ces distinctions honorifiques. Le plus âgé avait des faisceaux pendant le premier mois. Cet usage resta en vigueur jusqu'au règne d'Auguste, où il fut ordonné, par les lois *Julia* et *Papia Poppæa*, que la présésance appartiendrait au c. qui aurait le plus grand nombre d'enfants. Lorsque les consuls étaient hors de Rome, et à la tête de l'armée, les haches étaient replacées dans les faisceaux, et chacun d'eux avait ses 12 licteurs comme avant l'époque de Valerius Publicola.

Pendant longtemps les consuls furent exclusivement choisis parmi les patriciens, et par conséquent ils prirent toujours parti avec leur ordre dans la longue lutte qui eut lieu entre les patriciens et les plébéiens. L'établissement des *tribuns du peuple* fut la première atteinte portée au pouvoir exorbitant des consuls. Ces nouveaux magistrats présidaient les comices par tribus, de même que les consuls présidaient les autres comices. Ils avaient encore le droit d'arrêter par leur *veto* toute mesure prise soit par les consuls, soit par le sénat. L'office de c. fut suspendu l'an 452 av. J.-C. et le gouvernement de la République confié à une magistrature composée de 10 magistrats, appelés *Décemvirs*, qui furent, en outre, spécialement chargés de rédiger un code de lois. Lors du rétablissement du consulat, l'an 444 avant notre ère, les tribuns proposèrent de choisir un des consuls parmi les plébéiens. Cette proposition donna naissance à une lutte sérieuse et prolongée entre les deux ordres, pendant laquelle l'office de c. fut encore suspendu. Durant cette suspension, les fonctions attribuées aux consuls furent remplies par un conseil de *tribuns militaires*. Enfin, l'an 366 av. J.-C., les plébéiens obtinrent que l'un des consuls serait choisi dans leur ordre; par la suite, on vit même à plusieurs reprises deux consuls plébéiens à la fois.

Les prérogatives et les fonctions qui étaient originairement cumulées par les consuls, furent ensuite partagées entre eux et différents magistrats qu'on créa à mesure que la multiplication des affaires résultant de l'extension de la République devint un fardeau trop considérable pour deux individus. Les *Censeurs*, nommés l'an 442 av. J.-C., reçurent une partie de leurs attributions; et les *Préteurs*, dont l'origine remonte à l'an 365, furent chargés presque exclusivement des fonctions judiciaires auparavant remplies par les consuls. Quand un c. était nommé à quelque commandement ou à quelque gouvernement hors de Rome, il était dit *recevoir une province* (*provinciam accipere*), et quand, après l'expiration de son office de consulat, on le chargeait de quelque commandement à l'étranger, on lui attribuait les pouvoirs consulaires, on lui donnait le titre de *Proconsul*. Les consuls pouvaient aussi être remplacés par un *Dictateur*, qui possédait des pouvoirs encore plus considérables, mais qu'on ne nommait guère que dans des circonstances difficiles. Quelquefois, cependant, les consuls eux-mêmes étaient investis de l'autorité dictatoriale par un décret du sénat. La formule consacrée dans ce cas était : *Caveant consules ne quid respublica detrimenti capiat*, c.-à-d. « Que les consuls veillent au salut de la République. »

La dignité de c. survécut à la chute de la République ; mais nous n'avons pas besoin de dire combien alors l'autorité consulaire se trouva diminuée. Cependant le sombre Tibère enleva au peuple l'élection de ces magistrats et l'attribua au sénat. Plus tard, on multiplia leur nombre, et même on ne les nomma que pour une partie de l'année. Enfin, le titre de c. finit par n'être plus qu'une distinction purement honorifique. Les consuls furent même divisés en plusieurs classes : les consuls *ordinaires* (*ordinarii*), qui étaient les plus proches représentants des anciens consuls; les consuls *suppléants* (*suffecti*), nommés par les empereurs pour le reste de l'année; et les consuls *honoraires* (*honorarii*), qui portaient seulement le nom de c. sans avoir à remplir aucune espèce de fonction. — Les consuls, comme l'archonte éponyme à Athènes, donnaient leur nom à l'année. A cet effet, on conservait des calendriers ou registres annuels nommés *Fastes consulaires*. Le dernier c. qui ait donné son nom à l'année fut Basilius le Jeune, sous le règne de Justinien, l'an 1294 de Rome, et 541 de notre ère. Voy. Préteur, Censeur, etc.

II. Histoire de France. — Après le coup d'État du 18 brumaire an VIII (9 nov. 1799) qui renversa le gouvernement directorial, le pouvoir exécutif fut remis à une *commission consulaire* provisoire, composée du général Bonaparte, de Sieyès et de Roger-Ducos. Trente-cinq jours après, on promulguait la Constitution de l'an VIII, qui conférait le pouvoir exécutif à trois consuls définitifs. Bonaparte était nommé premier c., Cambacérès deuxième c. et Lebrun troisième c. Mais le premier c. était le véritable souverain, car ses collègues n'avaient que voix consultative. En outre, la Constitution lui attribuait la nomination des ministres, des conseillers d'État, des agents diplomatiques de terre et de mer, des fonctionnaires appelés plus tard préfets et sous-préfets, des membres des conseils départementaux et municipaux, des juges civils et criminels autres que les juges de paix et les membres du tribunal de cassation. Enfin, il avait encore la direction absolue de la guerre et de la diplomatie; c'est lui qui négociait et signait les traités, sauf leur adoption par le Corps législatif. Le premier c. jouissait d'un traitement de 500,000 fr.; ses deux collègues en avaient seulement 150,000 chacun. Tous trois devaient être logés aux Tuileries, et une garde consulaire était attachée à leurs personnes. Le premier c. fut nommé pour 10 ans, et le troisième pour 5. Néanmoins cet état de choses ne dura pas 3 ans : le 14 thermidor an X (2 août 1802), un premier sénatus-consulte proclama Bonaparte c. à vie, et un autre sénatus-consulte du 16 thermidor (5 août suivant) lui attribua le droit de ratifier les traités, la nomination des sénateurs, le droit de grâce et la faculté de désigner son successeur. Enfin, moins d'une année après, un troisième sénatus-consulte, en date du 28 floréal an XII (18 mai 1804), supprima le consulat, et proclama l'Empire héréditaire.

III. Diplomatie. — C. est le titre qu'on donne à un agent diplomatique envoyé d'un gouvernement dans une place étrangère, pour y protéger, non seulement la personne des nationaux en résidence ou en voyage, mais encore les opérations commerciales auxquelles ils se livrent.

L'institution des consuls, ou du moins des fonctionnaires remplissant un rôle analogue, remonte à une époque très reculée. Dès l'année 526 av. J.-C., les Grecs avaient, en Égypte, des magistrats spéciaux chargés de juger leurs nationaux. En outre, dans les divers États de la Grèce, les *Proxènes* exerçaient certaines fonctions aujourd'hui attribuées aux consuls. A Rome, elles étaient remplies par le préteur des étrangers (*prætor peregrinus*). La loi des Wisigoths parle aussi d'une magistrature particulière qui avait pour mission de protéger les marchands étrangers. Enfin, pendant le moyen âge, les places de commerce de l'Italie et de la France méridionale avaient, dans les villes étrangères où leurs relations étaient le plus actives, des magistrats spéciaux chargés de protéger leurs intérêts. Ces magistrats portaient différents noms; mais on leur donna, de bonne heure, à Marseille, le titre de *Consuls*, qui devint ensuite d'un usage général. — Plusieurs historiens attribuent à saint Louis l'institution des *Consuls à l'étranger* ou *Consuls d'outre-mer*, comme on disait alors, et assignent à cette création la date de 1251, époque à laquelle ils rapportent un traité conclu par ce prince avec le sultan d'Égypte pour établir des consuls à Alexandrie. Mais cette opinion n'est pas exacte, attendu que Montpellier entretenait déjà un c. à Constantinople et un autre en Palestine dès 1243, et que Marseille en avait également un à Tunis en 1250.

Les premiers consuls furent nommés par les villes ou par les marchands et les armateurs dont ils devaient défendre les intérêts. Ils ne furent institués par le roi qu'au temps des capitulations signées entre la France et la Turquie, c.-à-d. sous le règne de François Ier. Leur nomination appartint dès lors à la couronne et ils durent à cette circonstance un très

grand accroissement d'importance au point de vue commercial et politique. Néanmoins, l'institution des consulats ne fut véritablement régularisée, et les attributions des consuls ne furent nettement déterminées que sous le ministère de Colbert, qui conféra définitivement à ces agents le caractère d'agents de l'État.

Aujourd'hui, le corps des consuls se compose de *Consuls généraux*, de *Consuls ordinaires* divisés en consuls de 1re et de 2e classe, de *Consuls suppléants*, autrefois désignés sous le titre d'*Élèves consuls*, enfin de *Vice-consuls*, divisés en deux classes par le décret du 18 septembre 1880. Quant aux postes consulaires, ils ne se divisent qu'en deux catégories, les *Consulats généraux* et les simples *Consulats*, parce que, pour les consuls, la classe est attachée à la personne et non à la résidence. Les consuls généraux sont choisis parmi les consuls de 1re classe, les premiers secrétaires d'ambassade ou de légation et les employés d'un rang supérieur au ministère des affaires étrangères. Les consuls de 1re classe se recrutent parmi ceux de 2e, les chefs de bureau et les rédacteurs au ministère des affaires étrangères, les secrétaires de légation et les seconds secrétaires d'ambassade. Le personnel des consuls de 2e classe est alimenté par diverses catégories de fonctionnaires, notamment par les consuls suppléants et les chanceliers. Enfin, pour être nommé c. suppléant, il faut être licencié en droit, âgé de 20 ans au moins et 25 au plus, et posséder, en outre, une instruction spéciale déterminée par les règlements. Les consuls suppléants sont nommés par le ministre, après examen, et attachés aux consulats généraux désignés à cet effet. Les consuls généraux français ont rang de contre-amiral; ceux de 1re et de 2e classe sont assimilés aux capitaines de vaisseaux et de frégate.

Les devoirs des consuls sont multiples et importants. Ces fonctionnaires, en effet, appartiennent, pour ainsi dire, à la fois à l'ordre administratif, à l'ordre municipal et à l'ordre judiciaire. Le c. doit veiller à la stricte exécution des conventions de commerce, ainsi qu'aux intérêts commerciaux de ses nationaux. Il doit assister ces derniers de ses conseils dans les occasions douteuses ou difficiles; empêcher qu'on ne leur impose des conditions onéreuses ou des exigences illégales; transmettre et appuyer leurs réclamations aux autorités locales, ou, selon les circonstances, à l'ambassadeur ou au gouvernement français; tenir celui-ci au courant de tout ce qui peut intéresser les Français résidant dans sa circonscription; enfin, s'attacher sans relâche à rendre la position et les transactions des sujets de sa nation aussi sûres et aussi avantageuses que possible. Le c. tient encore lieu d'officier de l'état civil, et reçoit, à ce titre, les déclarations de décès et celles de naissance. De plus, il fait contracter mariage conformément aux lois qui régissent la matière en France, les expéditions qu'il délivre à ce sujet font la même foi que celles qui émanent des autorités ordinaires. C'est encore lui qui délivre et vise les passeports, les patentes de santé et les certificats de vie, qui reçoit les rapports des capitaines de navire à leur arrivée; qui les assiste en cas de bris ou de naufrage; qui défend, au besoin, les intérêts des absents, qui ordonne, s'il y a lieu, la visite des navires, rapatrie les marins naufragés, etc. Enfin, il est revêtu du caractère de magistrat pour la solution amiable des différends qui naissent entre ses nationaux, négociants, navigateurs ou autres. — Il importe qu'un c. possède parfaitement la langue du pays où il réside. Il n'est pas moins nécessaire qu'il connaisse à fond les lois, les tarifs douaniers et les usages de ce même pays, afin de pouvoir, à l'occasion, réclamer sans retard, ou aviser ceux de ses nationaux qui, par ignorance ou légèreté, voudraient se livrer ou se livreraient à des opérations défendues ou susceptibles d'une répression quelconque.

La loi française défend absolument aux consuls et aux chanceliers de prendre part, soit directement, soit indirectement, à aucune opération commerciale. Cette interdiction est conforme aux véritables intérêts du pays qu'ils représentent, et c'est avec raison que Mac-Culloch voudrait la voir adopter par tous les gouvernements. « Les consuls, dit cet économiste, doivent fournir, sur les matières commerciales, les informations les plus entières et les plus promptes, non seulement au gouvernement qu'ils servent, mais encore aux sujets de ce même gouvernement qui recourent à leur avis et à leur assistance. Mais, quelque avantageuses que soient pour ces derniers de telles informations, elles peuvent parfois être en opposition directe avec les intérêts du c. dans son état de négociant. Or, si l'intérêt privé de celui-ci se trouve en opposition avec ses devoirs publics, on doit raisonnablement présumer qu'il profitera, s'il le peut, des renseignements particuliers que sa situation le met à même d'acquérir, plutôt que de les communiquer à d'autres. Et quand même on croirait à tort que ses intérêts sont opposés à ceux de ses nationaux, qu'il doit protéger, ses actes, quelque loyaux qu'ils soient en réalité, se trouveront toujours entachés du soupçon de partialité. En outre, il est certain qu'un c. négociant éprouve mille difficultés pour obtenir des informations, parce qu'on le soupçonne de vues intéressées et personnelles. Aussi, est-il inévitablement l'objet de méfiances perpétuelles, tant de ses compatriotes que des étrangers au milieu desquels il réside. »

Nous venons de dire sommairement en quoi consistent les attributions des consuls, mais il y a, sous ce rapport, une observation à faire. Les attributions judiciaires des consuls ont été étendues dans certains pays musulmans, notamment dans les échelles du Levant et de Barbarie, par les capitulations, par l'édit de 1778, les traités et les lois des 28 mai 1836, 5 juillet 1842 et 8 juillet 1852. Dans ces pays, en effet, les consuls français sont appelés à juger non seulement les différends entre Français, ou entre Français et indigènes, mais même ceux qui surviennent entre étrangers et indigènes, quand la nation à laquelle appartiennent ces étrangers n'a pas de représentant spécial dans la région. Les motifs de ces règles spéciales sont faciles à comprendre. Outre le respect dont il fallait entourer nos agents dans les villes musulmanes, il était indispensable de ne pas abandonner au caprice de la législation orientale et des agents absolus d'un gouvernement despotique ceux de nos nationaux que la curiosité ou des spéculations commerciales attirent dans ces contrées. En conséquence, les conventions avec la Porte assurent aux sujets chrétiens qui résident ou qui voyagent dans ses possessions des privilèges garants de leur existence et de la libre jouissance de leurs propriétés; mais, en retour de cette protection exceptionnelle, les chrétiens sont impérieusement tenus à une obéissance entière aux consuls, afin qu'ils ne puissent compromettre, par des actes blâmables, l'influence et la considération de ces derniers. Afin de donner une sanction à cette partie de l'autorité consulaire, nos consuls sont investis du droit de juridiction civile et même criminelle jusqu'à peine afflictive exclusivement. Les consuls, en pays de chrétienté, n'ont pas besoin de pouvoirs aussi étendus. D'ailleurs, des nations civilisées, dont les mœurs et les lois reposent généralement sur les mêmes principes d'équité que les nôtres, ne souffriraient pas chez elles une juridiction rivale qui combattrait la leur et pourrait parfois la paralyser. Dans ces pays, les consuls ne sont, pour les parties, que des agents conciliateurs : ils ne doivent interposer leur autorité qu'autant que celle du pays n'est point appelée à prononcer.

On ne doit pas confondre avec les consuls les *Agents consulaires* proprement dits. Ces derniers sont choisis parmi les Français notables établis dans les localités trop peu importantes pour exiger la présence d'un c. A défaut de Français, on confie ces fonctions à l'un des négociants les plus recommandables du pays. Dans tous les cas, leurs services sont gratuits, mais ils peuvent obtenir, après de longs et bons travaux, le titre honorifique de *Vice-consul*, ce qui leur donne droit à concourir aux emplois de 2° classe. — Les agents consulaires sont à la nomination et sous la surveillance absolue du c. de leur circonscription. Ils n'ont aucune juridiction, et leurs attributions consistent à rendre aux Français tous les bons offices qui dépendent d'eux, à viser les pièces de bord, et à veiller, dans les limites tracées par les règlements qui les concernent, à l'exécution des conventions internationales conclues par les deux pays.

Indépendamment des consuls et des agents consulaires, il existe encore dans les consulats des employés d'une classe particulière, qui ne font pas partie du corps des consuls, et qu'on désigne sous le nom générique d'*Officiers consulaires* : ce sont les *Chanceliers* et les *Drogmans*. — 1° Les *Chanceliers* sont des officiers publics placés près des consuls pour les assister dans leurs fonctions. Ils remplissent, suivant les cas, l'office de secrétaire, de greffier, d'archiviste et de trésorier. De plus, ils exercent, sous le contrôle des consuls, les fonctions de notaire. — 2° Les *Secrétaires-interprètes* ou *Drogmans*, ainsi que l'indique leur nom, qui est une corruption du mot turc *lordjiman*, interprète, sont des interprètes attachés aux consulats établis dans les villes du Levant et des États barbaresques. Ils se divisent en *Secrétaires-interprètes*, *Drogmans* proprement dits et *Élèves-Drogmans*. Ces derniers sont choisis parmi les élèves de l'*École des Langues orientales*, située à Paris.

Aucun c. ne peut exercer ses fonctions en pays étranger avant que le gouvernement auprès duquel il est accrédité n'ait consenti à le reconnaître en cette qualité. On appelle *Exe-*

quatur l'acte en vertu duquel un gouvernement constate les pouvoirs d'un c. étranger et lui donne l'autorisation d'exercer ses fonctions. En France, l'*Exequatur* est délivré par le ministre des affaires étrangères. Aussitôt qu'il a obtenu l'accomplissement de cette formalité, le c. a droit à la protection du gouvernement et à l'assistance des autorités locales pour le libre exercice de sa mission. Il peut arborer le pavillon national sur son habitation, et placer au-dessus de sa porte un panonceau aux armes de sa nation. Néanmoins, cette marque extérieure ne peut jamais être considérée comme donnant droit d'asile, ni comme pouvant soustraire la maison et ceux qui l'habitent aux poursuites de la justice territoriale. Les archives et les documents relatifs au consulat doivent seuls être à l'abri de toute recherche, sous quelque prétexte que ce soit. Enfin, les traités garantissent aux consuls la liberté de leur personne, tout en déterminant les cas dans lesquels ils peuvent être l'objet de poursuites judiciaires.

Aujourd'hui, le nombre de nos postes consulaires à l'étranger est de 110, sur lesquels on compte 25 consulats généraux et 85 consulats simples.

Voici la liste des consulats généraux par ordre alphabétique : Alexandrie, Amsterdam, Anvers, Bagdad, Bucharest, Caracas, Chuquisaca, Gênes, Guatémala, la Havane, Lima, Livourne, Londres, Manille, Milan, Montévidéo, New-York, Port-au-Prince, Quito, Santiago du Chili, Smyrne, Tanger, Tripoli de Barbarie, Tunis, Venise.

CONSULAIRE. adj. 2 g. (lat. *consularis*, m. s.). Qui est propre, qui appartient aux consuls romains. *Dignité c. Pouvoir c. Faisceaux consulaires.* — *Homme c.*, *Personnage* c., ou simplement, *Consulaire*, celui qui avait été consul. *Famille c.*, celle où il y avait eu un ou plusieurs consuls. *Provinces consulaires*, celles où l'on n'envoyait pour gouverneurs que des personnages de dignité c. *Année c.*, Période de temps qui s'écoulait entre deux installations successives des consuls. || Qui a rapport aux consuls de la République française. *La garde c. Gouvernement c.*, Le gouvernement établi en France par la Constitution de l'an VIII. || Autrefois, se disait aussi de ce qui concernait la juridiction des consuls. *La justice c.* || Ant. rom. *Fastes consulaires*, Tables de marbre trouvées à Rome contenant le nom des hauts dignitaires jusqu'à l'an de Rome 754. — *Médailles consulaires*, celles qui ont été frappées du temps de Marius et Sylla, et de César pour célébrer un fait illustre dans une famille. — *Monnaies consulaires*, celles qui ont été frappées avant l'Empire.

CONSULAIREMENT. adv. A la manière des juges-consuls. *Demande jugée c.* || En histoire, se dit de ce qui a été fait en qualité de consul de Rome.

CONSULARITÉ. s. f. Dignité des consuls honoraires.

CONSULAT. s. m. (lat. *consulatus*, m. s.). T. Hist. rom. La dignité de consul. *Demander, briguer, obtenir le c.* — Le temps pendant lequel un consul exerçait sa charge. *Sous le c.*, *pendant le c. de Cicéron.* Son c. fut remarquable par... || Absol., se dit du gouvernement consulaire en France, et du temps pendant lequel ce gouvernement a existé (18 brumaire an VIII [9 nov. 1799] au 28 floréal an XIII [18 mai 1804], proclamation de l'empire). *L'établissement du c. A l'époque du c.* || Autrefois, la magistrature exercée par les officiers municipaux qui, dans certaines villes, prenaient le nom de consuls. || La charge de consul dans une ville étrangère. *Il a obtenu le c. de Smyrne.* — Par ext., le lieu où demeure un consul et où il a ses bureaux. *Allez au c. de Russie. La chancellerie d'un c.* || On désigne encore sous ce nom les rapports de mer et autres déclarations que les capitaines sont obligés de faire par-devant les consuls à leur arrivée dans un port étranger.

CONSULTABLE. adj. Que l'on peut consulter; qu'il est utile de consulter.

CONSULTANT, ANTE. s. (R. *consulter*). Celui, celle qui donne avis et conseil. Se dit principalement des avocats et des médecins. — *Avocat c.*, Avocat qui ne plaide pas, et qui donne seulement son avis, ordinairement par écrit, sur les affaires qu'on lui soumet. — *Médecin c.*, Celui qui donne des conseils aux malades sans les suivre habituellement dans le cours de leurs maladies. *Médecin c. du roi.* || Se dit quelquefois encore d'une personne qui demande conseil à un avocat, à un médecin. *La maladie dont se plaint le c.* Il serait avantageux pour les consultants de se porter parties civiles.

CONSULTATIF, IVE. adj. (R. consulter). Qui est constitué pour donner son avis sur certaines matières spéciales. Comité c. d'artillerie. Chambres consultatives de commerce. — Voix consultatives. Voy. Voix.

CONSULTATION. s. f. [Pr. ...sion] (R. consulter). Conférence que l'on tient pour examiner ensemble une affaire ou une maladie. Faire une c. Entrer en c. Ils furent longtemps en c. — Au palais, Le banc, la chambre, le pilier des consultations, Se disait autrefois des lieux où se tenaient les avocats consultants et où l'on devait aller pour avoir leur avis. || L'avis par écrit que les avocats ou les médecins donnent relativement à l'affaire, à la maladie sur laquelle on les consulte. J'ai produit la c. de mon avocat. Il a fait voir la c. du médecin. — Par ext., se dit quelquefois de la demande d'avis elle-même. Cet avocat n'a répondu qu'hier à ma c.

CONSULTE. s. f. (ital. consulta, de même origine que consulter). Nom donné en Italie à certains conseils soit permanents, soit temporaires. La c. des finances de Rome. La c. cisalpine.

CONSULTER. v. a. (lat. consultare, fréq. de consulere, prendre conseil). Prendre avis, conseil de quelqu'un. C. les avocats, les médecins, les docteurs, les experts. Il a consulté les casuistes sur ce point. C. son ami. || Se dit des choses que l'on examine pour y chercher des renseignements, des éclaircissements. C. les faits, les livres, l'histoire, les auteurs, les traditions. — C. son miroir, Se regarder, s'ajuster au miroir. — C. les yeux de quelqu'un, Chercher à deviner la pensée de quelqu'un. — Famil. C. son chevet, Passer la nuit avant que de se déterminer, se donner le temps de délibérer sur une chose. || Fig., Prendre conseil de. C. sa conscience, son devoir, ses forces, Examiner si la conscience, le devoir, les forces permettent de faire ce qu'on se propose. Il ne consulte que ses intérêts, son goût, ses passions, Il ne se laisse guider que par ses intérêts, etc. C. les intérêts des autres, En tenir compte, y avoir égard. — Sans c., Sans tenir compte, sans faire attention. Sans c. le péril qui le menace, il s'élance. || Se dit aussi de la chose sur laquelle on prend conseil. C. une affaire, une maladie. Vx; on dit maintenant, C. sur une affaire. Il a été consulté sur cette affaire. || Absol., Conférer, délibérer. Ils consultent ensemble. Il en veut c. avec ses amis. Les médecins ont consulté sur sa maladie. — Donner des consultations. Cet avocat plaide et consulte. — Demander des conseils, délibérer, réfléchir sur une chose. Il consulta très longtemps avant de se décider. = SE CONSULTER. v. pron. Délibérer avec soi, peser mûrement les motifs de la détermination que l'on a à prendre. Consultez-vous bien avant de vous décider. Je n'ai rien à vous dire là-dessus, c'est à vous à vous c. = CONSULTÉ, ÉE, p.

CONSULTEUR, TRICE. s. Personne qui consulte, qui demande des conseils; personne qui donne des consultations. || Hist. ecclés. Docteur commis par le Pape pour donner son avis sur certaines matières qui regardent la foi ou la discipline. C. du saint-office.

CONSUMABLE. adj. Qui peut être consumé.

CONSUMANT, ANTE. adj. Qui consume. Un feu c.

CONSUMER. v. a. (lat. consumere, m. s., de cum, avec, et sumere, consumer). Détruire, réduire à rien; user. Le feu consuma tout ce grand édifice. La rouille consume le fer. Le temps consume toutes choses. Cette maladie le consume. || Détruire une chose en en faisant un mauvais usage, perdre inutilement. C. son patrimoine. Il consuma tout son bien en débauches. Le dernier rejeton de tant de rois consumait sa jeunesse auprès de son père retiré à Rome. || Employer sans réserve. J'ai consumé tout mon temps à cet ouvrage. Ils consument leur vie dans ces pénibles travaux. || Dans un sens partie., se dit des passions, des chagrins, qui à la longue font tomber dans le dépérissement. La douleur le consume. Être consumé de regrets. Le feu qui me consume ne s'éteindra qu'au tombeau. = SE CONSUMER. v. pron. Être consumé. Ce bois se consume promptement. || Dissiper son bien, détruire sa santé, épuiser ses

forces, perdre son temps, etc. Se c. en procès, en dépense. Se c. d'ennui et de tristesse. Se c. sur un ouvrage. Se c. en regrets inutiles, en efforts insensés, etc. — Absol., Cet homme se consume, Il dépérit soit par le travail, soit par le chagrin, soit par toute autre cause intérieure. == CONSUMÉ, ÉE. part. C. de vieillesse, de travaux, d'austérités, de débauches, etc.

CONSUMPTIBILITÉ. s. f. [Pr. kon-son-ptibilité]. Qualité de ce qui est consumptible.

CONSUMPTIBLE. adj. [Pr. kon-son-ptible]. Qui peut être consumé. Matière c.

CONTABESCENCE. s. f. [Pr. kon-ta-bès-sance] (lat. contabescere, se consumer). T. Méd. Consomption.

CONTABESCENT, ENTE. adj. [Pr. kon-ta-bès-san]. T. Méd. Qui est atteint de consomption, de marasme.

CONTACT. s. m. [Pr. kon-takt] (lat. contactus, de cum, avec, et tactus, part. pass. de tangere, toucher). État de deux corps qui se touchent; action par laquelle deux corps se touchent. Le c. de deux sphères n'est qu'un point. Le point de c. — C. médiat, Attouchement qui se fait non directement, mais par l'intermédiaire d'un objet quelconque ayant touché les deux choses. Se dit surtout en médecine dans le cas d'une personne qui touche un objet ayant touché un malade. C. immédiat, Attouchement direct d'une personne par le malade. || Fig., Liaison, relation. C'est le commerce qui a mis les peuples sauvages en c. avec les nations civilisées. Fuyez le c. des méchants. || T. Phys. et Chim. Action, Phénomène de c. Phénomène qui se produit au c. de deux corps. || T. Géom. Propriété de deux courbes qui ont en un point la même tangente. Voy. TANGENTE.

Géom. — On doit à Lagrange la théorie des contacts de divers ordres. Si deux courbes ont un point commun A, prenons à partir de ce point sur les deux courbes des arcs égaux infiniment petits ds qui se terminent aux points B et B'. La distance BB' sera une fonction de l'arc ds. S'il arrive que cette longueur soit un infiniment petit d'ordre $n+1$, ds étant de premier ordre, on dira que les deux courbes ont un contact d'ordre n. Si l'on suppose les ordonnées y, y_1 des deux courbes exprimées en fonction de l'abscisse x, la tangente commune au point A n'étant pas parallèle à l'axe des y, le contact de l'ordre n est caractérisé par ce fait que les deux fonctions y et y_1 qui représentent les ordonnées des deux courbes sont égales et ont leurs n premières dérivées égales pour la valeur de x qui correspond au point A. On peut encore caractériser le contact de l'ordre n par ce fait que l'équation qui détermine les points d'intersection des deux courbes a $n+1$ racines égales donnant le point A. Deux courbes qui ont un contact d'ordre supérieur au premier sont dites osculatrices. Voy. OSCULATEUR.

CONTADES (Marquis de), maréchal de France, servit dans les guerres de la Succession d'Autriche et de Sept ans (1704-1793).

CONTAGE. s. m. (R. contagion). T. Méd. Substance organique altérée, provenant des animaux malades de maladies parasitaires (microbienne ou autre) capables d'infecter de la même façon un autre animal, par la voie externe ou interne. — On dit aussi Contagium.

CONTAGIER. v. a. T. Méd. Communiquer une contagion.

CONTAGIEUX, EUSE. adj. (R. contagion). Qui se prend et se communique par contact. Un mal c. La peste passe généralement pour contagieuse. || Qui transmet la contagion. Principe c. Air c. || Fig., se dit des vices, des erreurs, et, en général, de toutes les choses moralement mauvaises, qui se communiquent par l'exemple ou la fréquentation. Un exemple, un vice c. Cette erreur fut contagieuse. La manie du suicide est quelquefois contagieuse. Tout le monde le fuit, on dirait que son malheur est c. || Se dit quelquefois des choses qui n'ont rien de pernicieux. Le rire et le bâillement semblent être contagieux.

CONTAGIFÈRE. adj. (R. contage, et lat. fero, je porte). T. Méd. Qui porte le virus ou la contagion.

CONTAGION. s. f. (lat. cum, avec, tangere, toucher).

Communication d'une maladie par le contact médiat ou immédiat. Voy CONTACT. *Ce mal se prend par c.* — Se dit de la maladie elle-même. *Grande c. La c. a fait de grands ravages Pendant la c.* || Fig., se dit de toutes les choses moralement mauvaises ou pernicieuses qui se communiquent par l'exemple ou la fréquentation. *La c. des mauvaises mœurs, des mauvais exemples.*

Pathol. — Le terme de *Contagion*, ainsi que l'indique son étymologie, s'applique à toute maladie qui se transmet d'un individu malade à un individu sain par le moyen du contact.

La définition du terme *Contage* fait voir que pour la transmission par contact d'une maladie d'un être vivant (*animal ou végétal*) malade à un autre être vivant sain, l'existence d'un parasite végétal ou animal apte à pulluler dans le second comme dans le premier est nécessaire. Telle est du moins la doctrine qui paraît s'imposer de plus en plus à la médecine contemporaine.

Les maladies contagieuses sont donc toujours causées par un parasite ce parasite, pouvant être un végétal : microbes, champignons, moisissures, ou même un végétal supérieur comme le gui ; ou un animal : amibe, protozoaire, vers, acariens, etc. Cela montre que le terme *Contagieux*, réservé plus spécialement dans le langage courant aux maladies causées par certains parasites — microbes surtout — n'est pas valable.

Le parasite transmis d'un être malade à un autre sain peut l'être par contagion *directe immédiate*, c'est-à-dire par contact, attouchements plus ou moins répétés ou prolongés de tout ou partie du malade. La contagion *médiate* ou *indirecte* a lieu par le contact d'objets ayant été contaminés par le malade (vêtements, ustensiles, instruments, locaux d'habitation, etc.), ou encore par l'intermédiaire de l'air infecté par les germes provenant du malade ; la contagion se dit alors *miasmatique*.

On voit donc que les moyens de contagion sont innombrables, car *le malade et tout ce qui l'entoure sont contagifères.*

Les voies de contagion, c.-à-d. les voies par lesquelles le parasite pénètre dans l'organisme, sont : la peau, les muqueuses digestives, respiratoires, etc.

La *contagiosité* des maladies est différente pour chacune d'elles, et aussi pour chacune d'entre elles suivant des causes nombreuses dont nous commençons à connaître quelques-unes. Par ex. : 1° *l'âge des individus* : la *rougeole* atteint surtout les enfants dans nos pays, tandis qu'elle sévit sur les individus de tout âge dans les régions (Océanie, etc.) où elle règne depuis peu de temps ; 2° la *race* : la *fièvre jaune* répandue dans l'Amérique du Sud, au Mexique et aussi parfois en Afrique occidentale atteint surtout les blancs et épargne les nègres ; 3° l'*espèce animale* : la *syphilis* ne se transmet que d'homme à homme, tandis que la *rage* se transmet à un grand nombre d'espèces ; 4° la *nature du parasite* : la *lèpre* est très difficilement contagieuse, la *tuberculose* l'est au contraire très facilement ; 5° la *nature du pays* ou *du parasite* : la *peste*, transmissible en Égypte, Cyrénaïque, Chine, Russie, peu ou pas en Europe Occidentale et en Amérique ; la *fièvre récurrente* répandue surtout en Irlande, etc. ; 6° l'*état social* : le *typhus exanthématique*, maladie des gens miséreux, malpropres, maladifs ; la *lèpre* répandue presque partout au moyen âge, relativement rare aujourd'hui ; 7° l'*état de santé* : la tuberculose apanage particulier des débiles ; 8° le *mode de contagion* : le *choléra*, qui semble être transmissible surtout par l'eau ; la *grippe*, surtout par l'air ; 9° la *vitalité du parasite ou de ses germes*, qui dépend d'une foule de circonstances ; ainsi le microbe cholérique périt rapidement par dessiccation, tandis que le bacille de la diphtérie peut vivre (lui ou ses germes) très longtemps dans des substances organiques desséchées. Aussi le malade mort, la contagiosité de la maladie n'en persiste-t-elle pas moins, du moins pour un certain nombre de maladies et un certain temps. D'une façon générale, tout ce qui favorise la virulence du parasite et affaiblit l'organisme des individus susceptibles de contracter la maladie, augmente la contagiosité, la crée même au point que certaines maladies contagieuses peuvent devenir épidémiques ; ce qui ne veut pas dire que toute maladie épidémique est contagieuse et qu'une maladie purement individuelle peut devenir contagieuse, comme par ex. le simple panaris déterminant par contagion l'infection puerpérale.

Le nombre des maladies contagieuses atteignant les animaux seulement est très grand et la classification en a faite des maladies *contagieuses, miasmatiques* (*miasmatico-contagieuses*) ne signifie rien, car la plupart des maladies peuvent être désignées suivant les circonstances par l'un de ces qualificatifs : la tuberculose humaine par ex. ; on a aussi tendance à désigner plus spécialement par maladies contagieuses les maladies microbiennes, c'est là un tort. Actuellement il semble préférable de classer les maladies contagieuses d'après l'espèce de parasite qui les cause, en indiquant le mode de contagion le plus habituel ; de cette façon on saisit nettement le nombre de maladies dues à un même microbe.

Les maladies contagieuses de l'homme dues à des microbes sont : la fièvre *typhoïde* transmise surtout par l'eau ; le *choléra* partout par l'eau ; la *diphtérie*, par contact direct des fausses membranes ou contact médiat des objets souillés par un diphtérique ; l'*infection purulente*, transmise par contact direct, ou par des objets (linges, etc.) contaminés, ou par l'intermédiaire d'un individu non malade lui-même. D'autres maladies probablement dues à des microbes sont : la *rougeole*, la *variole*, la *scarlatine* par contact et par l'air ; la *syphilis* par contact direct, etc.

Les maladies microbiennes transmissibles des animaux à l'homme ou inversement sont : la *morve* et le *farcin* par contact direct, médiat et peut-être par l'air ; le *charbon* par contact direct (lésion cutanée) ou ingestion de viande contaminée, la *tuberculose*, par presque tous les modes de contagion, etc.

Les maladies contagieuses microbiennes des animaux sont : le *rouget du porc*, le *choléra des poules*, etc. Leurs maladies contagieuses probablement microbiennes sont : les *varioles* des divers animaux, la *fièvre aphteuse*, etc.

Les maladies contagieuses dues à des moisissures et champignons sont : la *teigne*, le *favus*, la *pelade*, le *muguet*, etc., transmissibles surtout par contact direct ou contact d'objets contaminés, etc.

Les maladies contagieuses dues à des grégarines sont : la *coccidiose* des lapins, par l'eau et les aliments, la *diphtérie* coccidienne des oiseaux, etc.

Les maladies contagieuses dues à des vers sont : la *ladrerie* du porc, transmissible à l'homme par ingestion, etc. Celles des arachnides sont : la *gale*, les *poux*, etc.

On pourrait ainsi cataloguer le nombre énorme des maladies contagieuses parasitaires de l'homme, des animaux et des végétaux.

La *lutte* contre la contagion des maladies est facilitée considérablement par la connaissance des conditions dans lesquelles elles se développent, de la biologie du parasite, etc. Certains préceptes généraux s'appliquent à la lutte contre la contagion de la plupart des maladies. Ils s'adressent au malade, au parasite, et aux individus susceptibles d'être contaminés. Pour le *malade*, c'est surtout l'*isolement*, c.-à-d. qu'on le sépare des autres individus sains, afin qu'il n'infecte pas son entourage. La quarantaine, l'isolement individuel à domicile ou à l'hôpital relèvent de ce principe, et il est absolu ou mitigé suivant le degré de contagiosité de la maladie. Pour le *parasite* qu'il s'agit de ne pas laisser se transmettre ni aux individus qui soignent le malade, ni au dehors, il y a la *désinfection* des gens qui soignent, des locaux, des linges, des ustensiles, des instruments, des déjections, des aliments contaminés, à l'aide de désinfectants appropriés : feu, étuve à vapeur, substances chimiques, etc. Pour les individus sains, c'est la *prophylaxie* sous toutes ses formes hygiéniques ou préventives : la propreté, le bon état de santé, eau filtrée, lait bouilli, viande bien cuite, etc. et les *vaccinations* qui confèrent l'immunité plus ou moins prolongée contre la maladie contagieuse.

Voir les mots DÉSINFECTION, MALADIE, MICROBE, ÉPIDÉMIE, ÉPIZOOTIE.

CONTAGIONNAIRE. s. m. [Pr. *konta-jio-nère*]. Voy. CONTAGIONNISTE.

CONTAGIONNER. v. a. [Pr. *konta-jio-ner*]. Infecter par contagion.

CONTAGIONNISME. s. m. [Pr. *konta-jio-nisme*]. Doctrine médicale qui admet certaines maladies comme contagieuses.

CONTAGIONNISTE. s. m. [Pr. *konta-jio-niste*]. Médecin soutenant la contagion de certaines maladies et recommandant les quarantaines et autres précautions. On dit aussi *Contagionnaire*.

CONTAGIOSITÉ. s. f. T. Méd. Qualité de ce qui est contagieux. *C. d'une maladie.*

CONTAGIUM. s. m. [Pr. *konta-jiome*].T. Méd.Voy. Contage.

CONTAILLE. adj. f. [Pr. les *ll* mouillées] T. Comm. *Soie c.*, Sorte de soie de basse qualité.

CONTAMINABLE. adj. Qui peut être contaminé. Vx. mot.

CONTAMINATION. s. f. [Pr. ...*sion*]. Souillure. *Les contaminations légales de la loi de Moïse.* Vx. || T. Méd. Action par laquelle les aliments, les vêtements, etc., sont souillés de germes infectieux.

CONTAMINER. v. a. (lat. *contaminare*). Souiller. *D'après la loi de Moïse, ceux qui touchaient les morts, ou qui mangeaient des animaux qu'elle avait déclarés immondes étaient contaminés.* || T. Méd. Introduire des germes infectieux dans les aliments, les vêtements, les organes, etc. = Contaminé. Ée. part. *Il faut désinfecter les vases contaminés par les déjections des cholériques.*

CONTANT ou **CONTAUR.** s. m. T. Mar. Partie du vaisseau au-dessus de l'enceinte appelée cordon.

CONTARINI, illustre famille de Venise, a fourni sept doges à la République.

CONTAT (Louise), célèbre actrice française, née à Paris, (1760-1813).

CONTE. s. m. (R. *conter*). Récit. *Faites-nous le c. de ce qui s'est passé hier au foyer du théâtre.* || Narration, récit d'aventures imaginaires, soit qu'elles aient de la vraisemblance, soit qu'il s'y mêle du merveilleux. *Un c. de fées. Contes arabes. Les contes de Boccace. Dire, faire, réciter un c. Contes en prose, en vers.* — Pop. *C. gras, C. licencieux.* || Se dit des choses qui ne méritent pas d'être crues ou auxquelles on se refuse d'ajouter foi. *Ce sont des contes que vous nous faites là. Il nous amuse ici avec ses contes. C'est un c. fait à plaisir, un c. en l'air,* etc. — *C'est un homme qui fait bien un c., Qui en fait facilement accroire.* — Ironiq., *Voilà un beau c., de beaux contes.* || Famil., *C. de vieille, de bonne femme, de la Mère l'Oie, de la Cigogne, de Peau d'âne. C. à dormir debout, C. bleu, C. borgne,* se dit des fables dépourvues de toute vraisemblance, comme celles avec lesquelles on amuse les enfants. || Fam., *Histoire vraie ou fausse faite sur quelqu'un et que l'on colporte soit par désœuvrement, soit par méchanceté. C'est un bon c. Il embellit, il enrichit, il envolive, il brode un peu le c. Vous ajoutez au c. Vous oubliez telle circonstance, elle est encore du c. On fait d'étranges contes sur cet homme-là.* = Syn. Voy. Conter

CONTÉ (Nicolas-Jacques), chimiste et mécanicien français, fit instituer le Conservatoire des arts et métiers, créa le corps des aérostiers militaires, et, la plombagine n'arrivant plus en France par suite de la guerre avec les Anglais, inventa une nouvelle sorte de crayons, et organisa une célèbre manufacture pour les fabriquer (1755-1805).

CONTEMPÉRATION. s. f. [Pr. ...*sion*] (Vx fr. *contempérer*, de *com*, préf., et *tempérer*). T. Théol. Exact tempérament de la grâce.

CONTEMPLATEUR, TRICE. s. Celui, celle qui contemple, qui médite. *C. des merveilles de Dieu, des secrets de la nature.* Le féminin est peu usité.

CONTEMPLATIF, IVE. adj. Qui se livre à la contemplation, à la méditation. *Homme, esprit c.* — *Vie contemplative,* Vie consacrée à la méditation. || Subst., se dit de ceux qui se vouent à la vie d'oraison et de méditation.

CONTEMPLATION. s. f. [Pr. ...*sion*]. Action de contempler. *Profonde, grande, perpétuelle, dévote c. Être en c. S'adonner à la c. La c. du ciel étoilé élève l'âme au-dessus des vulgarités de la terre.* — *Être, rester en c. devant quelqu'un ou quelque chose,* Regarder avec admiration. *Il resta en c. devant elle.* || En *c. de,* se disait autrefois dans les contrats, etc., pour en considération de.

CONTEMPLATIVEMENT. adv. D'une manière contemplative.

CONTEMPLER. v. a. (lat. *contemplari*, m. s.). Considé- rer avec attention, avec admiration ; méditer sur. *C. un édifice, un tableau,* etc. *C. les astres, le ciel. C. la grandeur et les perfections de Dieu. Je restai quelque temps à la c.* — Fig. *L'univers vous contemple. Du haut de ces Pyramides quarante siècles vous contemplent.* (Allocution du général Bonaparte à l'armée d'Égypte.) || Absol., Méditer. *C'est un homme qui passe sa vie à c.* = Se Contempler. v. pron. Se considérer soi-même avec attention ; admirer sa propre personne. *Lorsque l'homme se contemple, il reconnaît à la fois et sa grandeur et sa bassesse. Elle est toujours à se c.* = Contemplé, Ée. part.

CONTEMPORAIN, AINE. adj. (lat. *contemporaneus*, m. s., de *cum*, avec et *tempus*, temps.) Qui est du même temps. S'emploie subst. dans le même sens. *Le Dante était c. de Pétrarque. Nous sommes contemporains. Il rendit de nombreux services à ses contemporains.* — *Historiens contemporains,* Ceux qui ont écrit sur les événements qui se sont passés de leur temps. On dit dans le même sens, *Histoire contemporaine ; Raconter les événements cantemporains,* etc.

CONTEMPORANÉITÉ. s. f. (R. *contemporain*). Existence de deux ou plusieurs personnes à la même époque. *La c. de ces deux écrivains a été contestée.* Peu us.

CONTEMPTEUR, TRICE. s. [Pr. *kontan-pteur*] (lat. *contemptor*, m. s., de *contemnere*, mépriser, supin *contemptum*). Qui méprise. *C. des dieux, de la vertu,* etc. Ne s'emploie que dans le style soutenu.

CONTEMPTIBLE. adj. 2 g. [Pr. *kontan-ptible*] (lat. *contemptibilis*, m. s., de *contemnere*, mépriser). Qui est digne de mépris. Se dit des personnes et des choses. *C'est un homme vil et c. Les biens contemptibles de la terre.* Vx.

CONTENANCE. s. f. (R. *contenir*). Capacité, étendue. *Ce navire est de la c. de huit cents tonneaux. Ce champ est de la c. de deux hectares et en tiers.* || Le maintien, la posture, la manière de se tenir. *Bonne, mauvaise, c. Grave, sérieuse, gauche, embarrassée, forcée, ridicule, modeste, fière, assurée. Ne savoir quelle c. faire, quelle c. tenir.* — *Être embarrassé de sa c., n'avoir point de c.,* Ne savoir de quelle manière se tenir. — *Porter quelque chose par c.,* Pour se donner un maintien. *Il porte une canne par c.* — *Servir de c.,* se dit des choses que l'on porte pour se donner un maintien. *Son éventail lui servait de c.* — *Perdre c.,* Perdre son maintien ordinaire par suite de l'embarras qu'on éprouve. *L'obstination avec laquelle il le regardait, leur fit perdre c.* || Fig., *Faire bonne c.,* Témoigner de la fermeté, de la résolution. *Quoique moins nombreux que l'ennemi, nous fîmes bonne c.*

CONTENANT, ANTE. adj. Qui contient, qui renferme en soi. *Cette bouteille est la partie contenante, et le vin la partie contenue.* — Substantiv., *Le c. est plus grand que le contenu.*

CONTENDANT, ANTE. adj. (lat. *contendere*, s'efforcer, de *cum,* avec, et *tendere,* tendre). Concurrent, compétiteur, qui dispute quelque chose avec un autre. N'est guère usité dans ces loc. : *Les parties contendantes; Les princes contendants.* || Substantiv., *Il y avait plusieurs contendants. Les contendants qui aspiraient au prix de la course.* Se dit plus ordinairement au plur. et au masc. qu'au sing. et au fém.

CONTENIR. v. a. (latin, *continere*, m. s., de *cum,* avec, et *tenere,* tenir). Comprendre, renfermer. Se dit des choses qui ont de la capacité ou de l'étendue. — 1° Relativement à cette capacité ou à cette étendue. *Cette cuve contient trois cents hectolitres. Cette salle de spectacle peut c. deux mille personnes. Ce flacon ne contient presque rien, a une très petite capacité.* — 2° Relativement aux choses qui y sont comprises ou renfermées. *Ce flacon ne contient plus que quelques bouteilles de vin. La forêt contient une grande quantité de gibier. Ce flacon ne contient presque rien, Il est presque vide.* — Par anal., *Ce volume contient la Bible tout entière.* || Fig., se dit en parlant des doctrines et autres choses abstraites. *Ce livre contient toute la doctrine de Platon. Sa lettre contenait les expressions les plus touchantes. Ce précepte contient tous les autres. La charité contient toutes les vertus.* || Être composé de. *Ce volume contient six cents pages. Cette loi contient douze articles.* || Retenir, maintenir. *Les digues ont été faites pour c. les rivières dans leur lit. Les gardes avaient peine à c. la foule.* || Figur., *C. quelqu'un dans le devoir, dans l'obéissance,* ou simpl. *C. quelqu'un. Il est impossible de c. ce jeune homme. C des provinces qui menacent de se soulever. — C. ses passions,* Les réprimer. *C. son indignation, sa fureur, ses transports,* etc. — SE CONTENIR. v. pron. Se retenir, s'empêcher de faire paraître quelque sentiment vif, et particulièrement sa colère. *Quand je l'entendis parler de la sorte, j'eus quelque peine à me c. Tâchez de vous c.* || Se modérer sur les choses qui peuvent être préjudiciables à la santé. *Tout le monde n'a pas la force de se c. Il est plus facile de s'abstenir que de se c.* = CONTENU, UE. part. = Conj. Voy. TENIR.

CONTENT, ENTE. adj. (lat. *contentus,* part. pas. de *continere,* contenir). Celui ou celle dont le cœur est satisfait soit parce qu'il a ce qu'il désire, soit parce qu'il s'accommode de ce qu'il a. *Un homme c. Je ne l'ai jamais vue si contente. Avoir le cœur, l'esprit c. Il vécut pauvre et c. Je ne serai c. que lorsque je serai au milieu de mes enfants. — Avoir l'air c.,* Faire paraître sa satisfaction sur son visage. || *Être c. de quelqu'un,* Être satisfait de la conduite de quelqu'un, de ses procédés, de son travail. *Son père a été très c. de lui. Il est très c. de vous.* — On dit que *l'on est c. de soi,* lorsqu'on a fait tout ce que l'on voulait ou pouvait faire. Ironiq., *Il est c. de lui-même, de sa personne, de sa petite personne,* Il a trop bonne opinion de lui-même. || *Être c. de quelque chose,* Éprouver de la satisfaction de quelque chose; trouver une chose juste, convenable, etc. *Ce père doit être c. de la conduite de son fils. Que je suis content de vous voir! Je suis fort c. que vous ayez réussi. Le public a paru assez c. de cette comédie.* — *Être content de quelque chose,* signifie aussi ne rien demander de plus ou de mieux. *Être c. de son sort, de sa fortune, de sa position. Il est c. de peu.* — *Non c. de l'avoir volé, vous l'avez encore maltraité.* || *Être c. de,* Agréer, consentir volontiers. *Je suis c. de vous rendre ce service. Je suis c. de vous céder cette terre. Non c. de,* Qui ne se contente pas de.

    Son front, au Caucase pareil,
    Non content d'arrêter les rayons du soleil,
    Brave l'effort de la tempête.   LA FONTAINE.

= CONTENT. s. m. *Avoir son c.,* Avoir tout ce qu'on désirait, être complètement satisfait. || Iron. Être accablé de quelque chose de pénible. *Il a eu son c. de coups de bâton.* || T. Jeux. Sorte de trente et un, ainsi nommé parce que le joueur qui ne prend plus de carte se déclare *c.*

CONTENTEMENT. s. m. (R. *contenter*). État d'une personne contente, satisfaction, plaisir. *Un homme inquiet n'a jamais de c. C'est un grand c. pour un père de voir ses enfants prospérer. Vivre dans le c. Recevoir, donner du c.*

    Le ciel défend, de vrai, certains contentements;
    Mais on trouve avec lui des accommodements.
                  MOLIÈRE.

|| Prov., *C. passe richesse,* Celui dont le cœur est satisfait est plus heureux que l'homme le plus riche. — *Ce n'est pas c.,* Cela ne suffit pas, je n'en suis pas satisfait. *Vous ne m'offrez que cela, ce n'est pas c.* — Syn. Voy. AISE.

CONTENTER. v. a. Rendre content. *Il faut peu de chose pour le c. C'est un homme que rien ne contente. Personne ne saurait le c.* || Donner de la satisfaction. *Ce jeune homme contente bien ses parents, ses maîtres,* etc. *Cela m'a fort contenté.* || Fig., se dit des choses perçues par nos sens ou par notre raison, et auxquelles nous n'avons rien à reprendre. *C. les oreilles, les yeux. Cet opéra ne contente que les yeux. Ces raisons ne sauraient me c.* — Dans le même sens, *Personne n'a jamais pu me c. sur ce sujet,* Me donner des explications convenables. || Fig. Se dit des passions, etc. *C. ses désirs, ses appétits, ses vices, ses passions. C. sa curiosité. Les grandeurs irritent plus les passions qu'elles ne les contentent. Cette place a contenté son ambition. Rien ne saurait c. son avarice.* || Faire ce que quelqu'un désire de nous, le satisfaire. *Si l'on veut c. ses ouvriers, il faut les payer exactement. C. ses créanciers.*

    Parbleu, dit le meunier, est bien fou du cerveau
    Qui prétend contenter tout le monde et son père.
                  LA FONTAINE.

|| Apaiser quelqu'un en lui donnant quelque chose. *Cet homme ira se plaindre partout si on ne le contente.* = SE CONTENTER. v. pron. S'accommoder d'une chose, en être satisfait. *Se c. des apparences. Se c. de son sort, d'une position modeste. Je ne me contente pas de vos raisons.* — Absol., *Il faut savoir se contenter. Il y a longtemps que je désire ce livre, il faut que je me contente.* || Se borner à. *Contentez-vous de la démarche que vous avez faite. Vous devriez vous c. de l'avoir trahi, sans en vouloir encore à sa réputation.* = CONTENTÉ, ÉE, part.

CONTENTIEUSEMENT. adv. [Pr. *kontan-ti-euzeman*] (R. *contentieux*). Avec débat, avec dispute. Peu us.

CONTENTIEUX, EUSE. adj. [Pr. *kontan-si-eu*] (lat. *contendere,* disputer). Qui est contesté ou qui peut l'être. *Droit c. Affaire contentieuse.* || Qui se plaît dans la dispute. *Esprit c. Humeur contentieuse.* || T. Droit adm. *Juridiction contentieuse,* Juridiction où le juge administratif décide selon les règles du droit, par opposition à *Juridiction gracieuse,* où le juge prononce suivant l'équité. — *Contentieux* se dit encore subst. et collect., de l'ensemble des affaires contentieuses soit d'une administration publique, soit d'une administration privée. *Le c. du ministère des finances. Il était chargé du c. du chemin de fer de l'Est. Bureau du c. La section du c. au conseil d'État.*

CONTENTIF, IVE. adj. Qui contient. || T. Chir. Qui sert à maintenir en place. *Bandage c. Appareil c.*

CONTENTION. s. f. [Pr. *...sion*] (lat. *contentio,* de *contendere,* bander, de *cum,* avec, et *tendere,* tendre). Grande application de l'esprit à un objet de méditation. *Une trop forte c. fatigue promptement.* On dit aussi *C. d'esprit. Ce problème exige une grande c. d'esprit, une grande c.* — Se dit quelquefois en parlant de certains organes des sens. *Il faut une grande c. de l'oreille pour saisir des sons aussi peu distincts.* || Dispute, débat. *C'est une source de c. éternelle. Il est ennemi de toute c. Il y a matière à c. Il s'éleva entre eux une vive c.* — Chaleur, véhémence dans la dispute. *Ils disputèrent de part et d'autre avec beaucoup de c.* Vx. || T. Chir. L'ensemble des moyens qu'on emploie pour maintenir une partie quelconque dans la position voulue.

CONTENU. s. m. (part. passé de *contenir*). Ce qui est renfermé dans quelque chose. *Le contenant est plus grand que le c.* || Fig., ce qui contient un écrit. *Le c. de sa lettre, d'un livre, d'un arrêt. Je vous en dirai le c.*

CONTER. v. a. (lat. *computare,* compter?) Narrer, faire le récit d'une chose. *Contez-nous cette histoire. Il nous a conté tout ce qui s'était passé, comment la chose s'était passée. — Fam., C. ses raisons, ses affaires, ses chagrins,* etc., à quelqu'un, L'entretenir de ses intérêts, des motifs de sa conduite, etc. || Se dit surtout de récits imaginaires, vraisemblables ou invraisemblables. *Tous les jours, à la veillée, il nous contait une histoire nouvelle. Il aimait à entendre c. des aventures extraordinaires. Elle conte à ravir les histoires de fées. J'ai ouï c. à ma grand'mère.* || Fam., *En c. de belles,* Conter des choses difficiles à croire, ou c. des choses scandaleuses. *Il vient de nous en c. de belles. Quand vous êtes entré, il m'en contait de belles sur vous.* — Par antiphrase, *C'est une histoire que vous me contez là,* C'est un conte fait à plaisir, etc. — *En c. à quelqu'un,* lui donner comme vraies des choses fausses ou sans vraisemblance. *Il veut nous en c. Croyez-vous pouvoir m'en c.?* Croyez-vous pouvoir m'abuser par vos mensonges? — *En c. à une femme,* Lui dire des douceurs, des galanteries. *Il en conte à toutes les femmes. Elle s'en laisse c. Elle aime à s'en faire c.* On dit aussi, dans le même sens, *C. fleurettes à une femme.* || Absol., Faire des récits. *Les vieillards aiment à c. — C'est homme conte bien,* Il narre bien, il fait agréablement un récit. || Poétiq., se dit des discours que le poète adresse aux objets inanimés. *J'irai c. ma peine aux rochers de ces bords.* = CONTÉ, ÉE, part.
    Syn. — *Narrer, Raconter.* — *Narrer* et *raconter* se rapportent à l'exposition d'un fait, d'un événement qui s'est passé; c. se dit de choses qui souvent n'ont pas existé. *Narrer* se dit dans le style soutenu; c. est du style familier; *raconter* appartient à tous deux. On *narre* avec étude ou avec art, pour attacher, pour intéresser son auditoire. On *raconte* avec exactitude, pour rendre compte, pour expliquer les faits. On *conte* avec agrément, pour amuser, pour plaire, pour récréer ceux

qui vous écoutent. — En conséquence, le *récit* doit être simple fidèle et circonstancié. Le *conte* doit être familier, court, piquant et curieux. La *narration* doit être claire, élégante et plus ou moins ornée suivant le sujet.

CONTERIE. s. f. T. Comm. Grosse verroterie de Venise dont on se sert pour commercer avec les nègres.

CONTES, ch.-l. de c. (Alpes-Maritimes), arr. de Nice ; 1.600 h.

CONTESTABILITÉ. s. f. Qualité de ce qui est contestable.

CONTESTABLE. adj. 2 g. Qui peut être contesté, révoqué en doute. *Cette maxime est fort c. Ce fait n'est pas c.*

CONTESTABLEMENT. adv. D'une manière contestable. Peu us.

CONTESTANT, ANTE. adj. Qui conteste ; qui aime à disputer, à contester. || T. Jurispr. Qui conteste en justice. *Les parties contestantes.* || Substantiv. et au masc. *Les contestants.*

CONTESTATION. s. f. [Pr. ...*sion*] (R. *contester*). Débat entre deux ou plusieurs personnes qui ont des prétentions à une même chose, ou qui soutiennent des opinions contraires. *Cela devint le sujet d'une c. Être en c. sur quelque chose. C. en justice. Cet article est l'objet d'une grande c., ne peut être l'objet d'aucune c. Cet acte donnera lieu à beaucoup de contestations. — Une terre qui est en c., Qui est l'objet d'une c.* = Syn. Voy. ALTERCATION.

CONTESTE. s. f. Contestation. *Ils sont en c. Sans c.*

CONTESTER. v. a. (lat. *contestari*, m. s., de *cum*, avec, et *testis*, témoin). Refuser de reconnaître le droit qu'une personne prétend avoir à quelque chose. *On lui contesta son nom, sa qualité d'héritier, d'enfant légitime. Vous pouvez très bien lui c. la propriété de cette maison. Il est impossible de lui c. ce droit. — Par ext. C. l'autorité des lois.* || Nier la justesse d'un principe, d'une maxime, etc., la vérité d'un fait, etc. *C. la justesse d'une proposition. C. un fait. C. le mérite de quelqu'un. C. l'authenticité d'un livre. Il est impossible de c. la vérité de ce qu'il dit.* || Absol., Débattre, disputer. *Il se plaît à c. C'est un point sur lequel on contestera longtemps. Je ne veux pas c. avec vous.* = CONTESTÉ, ÉE. part. *Des droits contestés. Un fait c. C'est un point fort c.*

CONTESTEUR. s. m. Celui qui conteste.

CONTEUR, EUSE. s. Celui, celle qui fait un récit. *On interrompit le c. au milieu de son récit.* — Partic., Celui, celle qui fait habituellement des récits. *C'est un c. agréable, un c. ennuyeux.* || Absol. et fam., Celui, celle qui débite des faussetés ou des choses frivoles. *Ne l'écoutez pas, c'est un c., c'est une conteuse.* — On dit de même, *Une conteuse de sornettes, de fagots, de fleurettes,* etc. || Adject., *La conteuse vieillesse,* Qui aime à faire des récits.

CONTEXTE. s. m. (lat. *contextus*, m. s., de *cum*, avec, et *textus*, texte). Le texte d'un acte envisagé comme formant un tout complet. *Les actes notariés doivent être écrits en un seul et même c.* || L'ensemble des clauses et dispositions d'un acte considérées relativement au sens qui en résulte. *Il résulte du c. de l'acte que... On dit de même, Il résulte du c. de cet article, De la manière même dont cet article est rédigé.* || Les parties d'un livre qui précèdent et suivent immédiatement une citation de ce livre et font comprendre le vrai sens du texte cité. *Les citations séparées de leur c. présentent souvent un sens très différent de celui que l'auteur a voulu leur donner, ce qui donne beau jeu aux critiques de mauvaise foi. Dans Esther, par ex., Racine a dit :*

Songez-y bien : ce Dieu ne vous a pas choisie
Pour être un vrai spectacle aux peuples de l'Asie,
Ni pour charmer les yeux des profanes humains.
Pour un plus noble usage il réserve ses saints.
S'immoler pour son nom et pour son héritage,
D'un enfant d'Israël voilà le vrai partage.

Quel sens ridicule prendraient les deux derniers vers si on les séparait des précédents !

CONTEXTURE. s. f. (lat. *cum*, avec, et fr. *texture*). La manière dont les parties d'un corps sont liées entre elles. *La c. des os, du rein, du foie, du poumon.* || Par ext. La liaison des différentes parties d'une composition littéraire. *La c. d'un poème, d'une tragédie, d'un roman.*
Syn. — *Texture.* — Ces deux mots signifient « état de ce qui est tissu » ; mais *contexture* annonce une complication plus grande, un entrelacement de fils qui se croisent dans tous les sens. Au figuré, on dit la *texture* d'une scène et la *contexture* d'une pièce dramatique. Pour être orateur, il ne suffit pas de se distinguer par l'habile *texture* des périodes, il faut encore se montrer habile dans la *contexture* du discours.

CONTI, branche cadette de la maison de Condé, dont le chef, frère du grand Condé, entra dans le parti de la Fronde (1629-1666).

CONTIGNATION. s. f. [Pr. *kontig-na-sion*] (lat. *contignatio*, m. s., de *cum*, avec, et *tignum*, bois de charpente). Assemblage de pièces de bois servant à rendre quelque chose stable. || T. Astron. Bâti, sorte de charpente qui supporte un instrument astronomique.

CONTIGU, UË. adj. (lat. *contiguus*, m. s., de *cum*, avec, et le rad. *tig*, qu'on retrouve dans le parfait de *tangere*, toucher : *te-tig-i*). Qui touche une chose sans qu'il y ait rien entre deux. *Maisons contiguës. Appartements contigus. La Normandie est contiguë à la Bretagne. Mon jardin est c. au vôtre.* || T. Bot. Se dit des organes qu'on peut séparer du végétal sans déchirer les tissus.

CONTIGUÏTÉ. s. f. [Pr. *contigu-ïté*]. État de deux choses qui sont contiguës. *La c. de ces deux maisons, de ces deux provinces.* || T. Hist. nat. Voisinage de deux organes qui se touchent, mais que l'on peut séparer sans déchirement. || T. Anat. *Diarthroses de contiguïté,* Articulations mobiles. || T. Chir. *Amputation dans la c.,* Désarticulation qui se fait sans couper les os.

CONTINENCE. s. f. (lat. *continentia*, m. s., de *continere*, contenir). Capacité, étendue. *La c. d'un vase, d'un champ.* Vx ; on dit aujourd'hui *Contenance.*

CONTINENCE. s. f. (Même mot que le précédent avec un sens figuré). Abstention volontaire des plaisirs charnels. *La c. est une vertu. Le don de la c. Vivre dans la c. Garder la c. C. perpétuelle. Observer la c. dans le mariage. Jusqu'à vingt ans le corps croît, il a besoin de toute sa substance ; la c. est alors dans l'ordre de la nature.* (J.-J. ROUSSEAU.) = Syn. Voy. CHASTETÉ.

CONTINENT, ENTE. adj. Qui vit dans la continence. *Il est très c.* || T. Méd. *Fièvre continente.* Voy. FIÈVRE. Substantiv. Personne qui fait preuve de continence, qui observe la continence.

CONTINENT. s. m. (lat. *continens*, sous-ent. *terra*, terre qui se tient ensemble, de *continere*, de *cum*, avec, et *tenere*, tenir). T. Géog. Grand espace de terre que la mer n'entoure pas de tous côtés. *La Morée est jointe au c. européen par un isthme. La Sicile est séparée du c. de l'Italie par le détroit de Messine.* — Se dit aussi des deux plus vastes espaces de terre ferme que la mer entoure de tous côtés. *L'Ancien c. comprend l'Europe, l'Asie et l'Afrique. Le Nouveau c. comprend les deux Amériques.* || Absol., Le c. européen par rapport à l'Angleterre et à quelques autres îles. *Visiter le c. Voyager sur le c. Les peuples du c.* || Fig. Pays intimement unis dont les habitants ne forment pour ainsi dire qu'un seul peuple.

Géogr. — I. — À la fin de la période tertiaire, notre globe présentait, à peu de chose près, le même aspect qu'il nous offre aujourd'hui relativement à la distribution de la terre et de l'eau. On divise la totalité des terres en quatre continents ; 1° L'Ancien C., le plus étendu, comprenant l'Europe, l'Asie et l'Afrique ; 2° le Nouveau C., comprenant l'Amérique entière depuis les régions boréales jusqu'au cap Horn ; 3° le C. Australien, ou Nouvelle-Hollande ; 4° Le C. Polaire austral, comprenant une vaste étendue de terres situées dans le voisinage du pôle austral. Le reste des terres est formé par les îles.

L'Océan couvre près des 3/4 de la surface du globe ; il occupe une superficie d'environ 374 millions de kilomètres carrés. Mais sa distribution est très inégale, soit qu'on la considère dans les hémisphères boréal et austral, soit qu'on l'examine dans les hémisphères oriental et occidental. En faisant abstraction de la Terre de Victoria, dont nous ne connaissons pas l'étendue, on trouve que l'hémisphère boréal renferme 3 fois plus de terre que l'hémisphère austral. Dans ce dernier, la terre n'occupe qu'un 16e de l'espace compris entre le cercle antarctique et le 13e degré de latitude sud, tandis qu'entre les parallèles correspondants de l'hémisphère nord les étendues respectives occupées par la terre et l'Océan sont à peu près égaux. Lorsqu'on partage le globe en deux hémisphères par un méridien coupant l'île de Ténériffe, on observe en outre que la terre a une prépondérance considérable sur la mer dans l'hémisphère oriental, et que le contraire a lieu dans l'occidental. En conséquence de cette inégale répartition de la terre et des eaux à la surface du globe, la France se trouve presque au centre de la plus grande masse de terre, et la partie sud de la Nouvelle-Zélande, qui est à peu près notre antipode, se trouve au centre de la plus grande masse d'eau. En réalité, il n'y a que 1/27e de la terre qui corresponde également à de la terre dans l'hémisphère directement opposé, et sous l'équateur les 5/6es de la circonférence du globe sont occupés par les eaux. Néanmoins, il faut observer qu'il existe encore entre le cercle antarctique et le pôle austral un espace inexploré deux fois plus grand que l'Europe, et que nous ne savons presque rien du bassin polaire boréal. Relativement à la terre seule, l'Ancien C. occupe une superficie d'environ 83 millions de kil. carrés, tandis que l'Amérique n'en a que 42 millions et que l'Australie avec toutes les îles de l'Océanie et de l'Archipel Indien n'en a au plus 11 millions. L'Afrique a plus de 3 fois et l'Asie plus de 4 fois la superficie de notre Europe. Enfin, l'étendue des continents est 23 fois plus grande que celle de toutes les îles prises ensemble. — Nous ne savons presque rien des terres polaires; cependant, la découverte, faite vers le milieu du siècle, d'une grande masse de terre volcanique près du pôle austral, est un fait important dans l'histoire de la géographie physique, quoique la sévérité du climat la rende incapable d'être habitée par des êtres animés, même d'entretenir la vie végétale; mais elle semble former un contrepoids à la prépondérance de terre que présente l'hémisphère boréal.

II. — La tendance de la terre à prendre la forme péninsulaire est un fait très remarquable en lui-même; mais il l'est encore davantage par cette circonstance que presque toutes les péninsules sont dirigées vers le sud. Ce phénomène doit évidemment résulter de quelque cause inconnue qui a agi avec une énergie extraordinaire. Les immenses péninsules continentales de l'Afrique, de l'Amérique méridionale et du Groënland, les péninsules asiatiques de l'Inde, de l'Indo-Chine, de la Corée, du Kamtschatka, les péninsules américaines de la Floride, de la Californie et d'Alaska, aussi bien que les péninsules européennes de la Scandinavie, de l'Ibérie, de l'Italie et de la Grèce, sont toutes dirigées vers le sud. Parmi ces nombreuses péninsules, les unes sont arrondies, comme la Scandinavie et l'Espagne; d'autres ont la forme d'un coin, comme l'Amérique méridionale, l'Inde et le Groënland; plusieurs sont longues et étroites, comme Malacca, la Californie et Alaska. La plupart de ces péninsules présentent, à leur extrémité, une île ou un groupe d'îles : telles sont l'Amérique du Sud, le Groënland, Alaska, Kamtschatka, l'Inde, Malacca, la Corée, la Sicile, etc. L'extrémité sud de l'Australie est également formée par la Terre de Van Diémen. On a observé encore une autre particularité dans la structure des péninsules : c'est qu'elles se terminent en général d'une manière abrupte par des promontoires, c.-à-d. par des caps en forme de montagnes, qui sont souvent la dernière partie des chaînes continentales. Nous citerons comme exemples le cap Horn qui est le dernier chaînon des Andes; le cap Comorin, qui termine les Gattes; le cap de Bonne-Espérance avec la montagne de la Table; le cap Farewell qui forme l'extrémité du Groënland, etc.

Il existe une analogie frappante entre l'Amérique du Sud et l'Afrique, sous le rapport de leur figure et de la masse non interrompue qu'elles présentent, tandis que l'Amérique du Nord ressemble à l'Europe en ce que, comme celle-ci, elle est profondément coupée par des golfes, des baies et des mers intérieures. Quant à l'Australie, aux îles de la côte orientale de l'Asie, de l'Archipel indien et de l'Océanie, elles constituent évidemment les plateaux et les sommets des chaînes de montagnes du c. sous-marin qui unit l'Asie à la côte ouest de l'Amérique. Les deux grands continents se terminent au nord par une ligne en général très brisée, et comme les terres de cette zone s'abaissent graduellement au-dessous de l'Océan glacial, la côte est parsemée d'îles et de rochers innombra-

bles toujours couverts de neige, qui ne sont autre chose que les sommets des plateaux et des montagnes de cette vaste région. Le 70e parallèle forme la latitude moyenne de ces rivages septentrionaux qui, des deux côtés du détroit de Behring, offrent la plus grande analogie sous le rapport de la forme, de la direction et des îles adjacentes.

III. — La forme péninsulaire des continents augmente considérablement l'étendue de leurs côtes, ce qui est d'une haute importance pour la civilisation et le commerce. Toutes les côtes de l'Europe sont profondément découpées par l'Océan Atlantique, qui y a formé des mers intérieures considérables, de telle sorte que cette partie du monde, relativement à sa surface, est celle qui possède la plus grande étendue de côtes. En effet, on l'évalue à environ 31,500 kil., à partir du détroit de Waigatz, dans l'Océan Glacial, jusqu'à celui de Caffa, à l'entrée de la mer d'Azof. — La côte de l'Asie a été fort travaillée par les courants. A l'est et au sud particulièrement, elle nous offre des mers, des golfes et des baies extrêmement vastes, et ses bords orientaux sont escarpés et semés de chaînes d'îles qui y rendent la navigation dangereuse. L'étendue des côtes maritimes de l'Asie est estimée à environ 61,000 kil. — La côte d'Afrique n'a guère plus de 29,000 kil.; car, à l'exception du golfe de Guinée dans l'Atlantique, et du golfe des Syrtes, dans la Méditerranée, elle ne présente aucune découpure. — Les côtes de l'Amérique du Nord ont vraisemblablement été considérablement modifiées par le courant équatorial et le Gulf-Stream. Il y a tout lieu de croire que ce sont ces courants, combinés avec l'action volcanique, qui ont creusé le golfe du Mexique et séparé du c. les Antilles et les îles Bahama. La côte occidentale est moins brisée; mais celle qui est baignée par l'Océan Glacial présente un véritable labyrinthe de golfes, de baies et d'îles. Les côtes, soit orientales, soit occidentales, de l'Amérique méridionale sont très entières, excepté dans la partie méridionale du Chili et vers le cap Horn; car la violence effrayante des vagues et des courants dans ces hautes latitudes a rongé les terres autour des montagnes et a produit une multitude de détroits et de canaux qui pénètrent fort avant dans les terres. Le c. tout entier de l'Amérique possède une étendue de côtes évaluée à 57,000 kil. environ. Ainsi donc, si l'on compare la superficie respective de chacune de ces grandes parties du monde avec l'étendue linéaire de leurs côtes, on trouve que 1 kil. de côtes répond à 160 kil. de superficie pour l'Europe, à 359 pour l'Amérique, à 369 pour l'Asie, et à 534 pour l'Afrique.

IV. — Les continents ont été élevés par un puissant effort des forces agissant à l'intérieur du globe sous la pression duquel la croûte stratifiée de la terre tantôt est demeurée de niveau, tantôt s'est ondulée, tantôt s'est creusée en cavités, suivant l'intensité de ces forces. Une portion plus mince et plus faible de la surface du globe, cédant à la pression de ces mêmes forces, a formé de profondes fissures qui ont livré passage aux massifs qui constituent les divers systèmes de montagnes. Les centres où ce soulèvement s'est produit avec le maximum d'énergie sont caractérisés par la présence de roches plutoniques (on nomme ainsi le granit et les autres roches dont l'origine est ignée) qui forment généralement l'axe ou le noyau des montagnes, et sur les flancs desquelles sont superposées les roches stratifiées, lesquelles présentent toutes les inclinaisons possibles relativement à l'horizon, s'enfoncent à des profondeurs variables, qui s'étendent plus ou moins loin dans les plaines. Quelque énormes que nous paraissent les chaînes de montagnes et les plateaux, ils ne constituent qu'une masse peu considérable comparativement à la superficie de rapport les parties planes des continents. Néanmoins c'est de ces chaînes et de ces plateaux que dépendent l'étendue et la figure de ces derniers.

Au reste, les continents et les chaînes de montagnes ont été, en beaucoup de lieux, modifiés par des changements géologiques postérieurs, tels que les fentes et les cavités formées par simple érosion, ainsi que le démontre la correspondance des couches. Les falaises calcaires qui bordent les rivages opposés de la Manche, prouvent que la Grande-Bretagne faisait jadis partie du C. européen; la formation géologique des Orcades et de l'Irlande est la même que celle des Highlands d'Écosse; la formation géologique est également identique des deux côtés du détroit de Gibraltar; celle de la Turquie d'Europe se continue dans l'Asie Mineure, et celle de la Crimée dans le Caucase; les deux rivages du détroit de Bab-el-Mandeb appartiennent à la même région volcanique; enfin les couches géologiques observées des deux côtés du détroit de Behring sont identiques et appartiennent à la même époque. Au reste, ceci est le cas général pour toutes les îles voisines des côtes continentales.

La forme du grand C. a été déterminée par une immense zone de montagnes et de plateaux situés entre le 30e et le 40e ou 45e parallèle de latitude nord, et qui s'étend, dans la direction de l'ouest-sud-ouest à l'est-nord-est, depuis les côtes de la Barbarie et du Portugal sur l'Océan Atlantique, jusqu'à l'extrémité la plus reculée de l'Asie, c.-à-d. jusqu'au détroit de Behring, dans l'Océan Pacifique. Au nord de cette chaîne, se trouve une vaste plaine qui s'étend presque depuis les Pyrénées jusqu'à l'extrémité de l'Asie. La plus grande partie de cette plaine immense ne présente que de légères ondulations et, en faisant abstraction des deux systèmes de montagnes Britannique et Scandinave, n'offre d'autre interruption que celle de la chaîne de l'Oural, qui d'ailleurs est fort peu élevée. Les basses terres au sud de cette zone montagneuse sont singulièrement découpées par l'Océan, et présentent l'aspect le plus varié. La plus grande partie de celles qui sont situées entre la mer de Chine et l'Indus est d'une fertilité merveilleuse, tandis que celle qui s'étend de l'Indus au pied de l'Atlas, est, à quelques exceptions près, l'une des régions les plus arides que présente la surface du globe. En outre, la continuité de ces basses terres est interrompue par un certain nombre de chaînes très étendues et fort élevées. L'Atlas et les montagnes de la péninsule Ibérique constituent l'extrémité occidentale de la grande zone montagneuse qui traverse l'Ancien C. L'identité de leur structure montre qu'elles ont été jadis unies, et leur parallélisme qu'elles sont le résultat du même soulèvement. Aujourd'hui, cependant, elles sont séparées par une grande fissure qui constitue le détroit de Gibraltar. D'après les sondages du capitaine Smith, la profondeur du détroit varie de 292 à 914 mètres dans sa partie la plus étroite; mais elle atteint 1,755 mètres entre Gibraltar et Ceuta.

V. — Ainsi que nous l'avons déjà vu, l'Europe forme la moindre partie de l'Ancien C.; mais, grâce à sa constitution climatologique, à sa configuration géographique et à la disposition de ses bassins hydrographiques, elle est incontestablement beaucoup mieux partagée qu'aucune autre grande région du globe pour progresser rapidement dans les voies de l'industrie et de la civilisation. La plus grande longueur de l'Europe se prend du cap Saint-Vincent, en Portugal, jusqu'à la chaîne de l'Oural, dans le gouvernement de Perm, un peu à l'ouest d'Iékatérinbourg, en Russie: elle est d'environ 5,449 kil. Sa plus grande largeur absolue se trouve entre le cap Noskünn, dans le Finmark, et le cap Matapan, en Morée; elle monte à 3,890 kil. Quant à sa superficie, elle est évaluée à 10 millions de kil. carrés.

La plus grande longueur de l'Asie, prise du cap Oriental, sur le détroit de Behring, jusqu'au cap Itas-Bad, près de Djedddah, en Arabie, est de 10,778 kil., et sa plus grande largeur est de 7,000 kil.; celle-ci se compte depuis l'Oural, à 64e de latitude nord, jusqu'à l'embouchure du May-Kaoung ou Cambodge. En ne tenant pas compte des bras de mer qu'il faudrait traverser, on trouverait même 5,800 kil. Pour sa plus grande largeur, à partir du cap Sacré ou Swerovostotchnoï, en Sibérie, et le cap Tamdjong-Bourou, extrémité de la péninsule de Malacca. Enfin, nous estimons sa surface totale à 42¹ millions de kil. carrés.

La plus grande longueur de l'Afrique se prend du cap Buragoni, dans l'Algérie, jusqu'au cap des Aiguilles, au sud-est du cap de Bonne-Espérance; elle est de 8,112 kil. On compte en général sa largeur du cap Vert jusqu'au cap Calmez sur la mer Rouge, ce qui donne 5.871 kil.; mais la plus grande largeur absolue du C. africain est entre le cap Vert et le cap d'Orfui : car, dans cette partie, elle s'élève à 7,471 kil. Sa superficie est évaluée à environ 30 millions et demi de kil. carrés.

Tout le monde sait que le Nouveau C. est formé par deux grandes péninsules qu'unit un isthme long et étroit: aussi le divise-t-on en Amérique du Nord, Amérique du Sud et Amérique centrale. Quoique la direction générale de cette partie du monde soit du nord au sud, il est à remarquer que l'Amérique méridionale se trouve presque tout entière située à l'est de l'Amérique septentrionale. La forme de ce C. est essentiellement déterminée par la puissante chaîne des Andes qui la traverse depuis le cap Horn jusqu'aux bords de l'Océan Arctique. Dans sa longue course, cette immense chaîne change de caractère, et ces changements correspondent à peu près aux trois divisions du C. américain. Ainsi, les Andes de l'Amérique du Sud différent matériellement de celles de l'Amérique Centrale et du Mexique, et toutes deux différent également des montagnes Rocheuses, appelées aussi monts Chippeways, qui forment le prolongement septentrional de cette grande cordillère. — Quant aux dimensions exactes du C. américain,

il est indispensable, pour les apprécier, de considérer isolément chacune de ses grandes divisions. La plus grande longueur de l'Amérique du Sud, en comptant de la pointe Gallinas, voisine du cap Vela, dans la Nouvelle-Grenade, jusqu'au cap Horn (car la Terre de Feu ne saurait être séparée du C.) est de 7,722 kil., et sa plus grande largeur, prise entre le cap Blanc, au Pérou, et le cap Saint-Augustin, au Brésil, est de 5,093 kil. Sa superficie totale est de 18 millions 1/2 de kil. carrés. — La plus grande longueur de l'Amérique du Nord, prise seulement dans sa partie continentale, c.-à-d. depuis le cap Lisburn, sur l'Océan Glacial arctique, jusqu'au golfe de Tehuantepec, est d'environ 7,519 kil. Sa plus grande largeur absolue, prise du cap Romanzof, dans la mer de Behring, à la côte de la Nouvelle-Écosse, sur l'Atlantique, dépasse 6,500 kil. Quant à sa superficie, on la porte à environ 23 millions et demi de kil. carrés. — L'Amérique Centrale consiste en une bande tortueuse, dont la direction générale est du nord-ouest au sud-est. Mesurée entre le rétrécissement de Tehuantepec et celui de Darien, elle a une longueur d'environ 2,222 kil.; mais sa largeur varie de 48 à 800 kil. Sa superficie est évaluée à environ un demi-million ou 500,000 kil. carrés. Mais il est vraisemblable que cette partie de l'Amérique n'a pas toujours été réduite à une aussi faible étendue. L'identité des restes fossiles de quadrupèdes éteints donne lieu de croire que l'Archipel des Antilles a fait jadis partie du C. Ainsi, l'isthme si tortueux et si tourmenté qui forme l'Amérique Centrale, et la chaîne sinueuse d'îles qui court de Cumana à la péninsule de la Floride, ne seraient que les débris dispersés d'un c. non interrompu. Dans cette hypothèse, l'affaissement de cette vaste masse de terre aurait été considérable, attendu que l'Océan offre une très grande profondeur entre les îles. Il doit avoir eu lieu après la destruction des grandes races de mammifères, et par conséquent à une époque géologique très récente. Le soulèvement du Mexique est vraisemblablement contemporain de cet affaissement.

L'Australie ou la Nouvelle-Hollande, qui est située comme une île au milieu de l'Océan Pacifique oriental, à 4.445 kil. de l'est à l'ouest, et 3.148 kil. du nord au sud; sa superficie peut être évaluée à 9 millions et demi de kil. carrés. Mais évidemment on doit y rapporter encore la Nouvelle-Guinée au nord, et la terre de Van-Diémen au sud. Ces deux îles, d'ailleurs très peu distantes du C. australien, sont traversées par la même chaîne de montagnes, et présentent une complète similitude de structure avec celui-ci. Il est très probable qu'elles en ont été séparées à une époque fort récente, géologiquement parlant. Le célèbre géologue Léopold de Buch pense même que l'immense circuit qui commence à la Nouvelle-Zélande et passe par l'île Norfolk, la Nouvelle-Calédonie, les Nouvelles-Hébrides, les îles Salomon, la Nouvelle-Bretagne, le Nouveau-Hanovre, la Nouvelle-Irlande, la Louisiade et la Nouvelle-Guinée, formait jadis la limite orientale et septentrionale du C. australien.

VI. — La hauteur moyenne des continents au-dessus du niveau de la mer est la moyenne entre l'élévation de toutes les terres hautes et basses prises ensemble. Les plateaux avec leurs terrasses exercent sur le résultat total une influence beaucoup plus grande que les chaînes de montagnes. En effet, si l'on suppose la masse des Pyrénées réduite en poudre et étendue également sur toute la surface de l'Europe, l'exhaussement produit serait seulement de 1m82. Les Alpes qui occupent une superficie quatre fois plus grande que celle des Pyrénées, ne produiraient qu'un exhaussement de 6m70. Le plateau de l'Espagne, au contraire, quoique sa hauteur moyenne ne dépasse pas 585 mètres, élèverait de 23 mètres le sol de l'Europe. Ainsi, le seul plateau de la Péninsule Ibérique produirait un effet près de 4 fois plus grand que le système des Alpes tout entier. — L'élévation moyenne de la France, en y comprenant les Pyrénées, le Jura, les Vosges, et les autres montagnes de l'intérieur, est de 265 mètres.

La terre ferme, enfin, si l'on s'était uniformément sur sa surface la masse de toutes les montagnes, se présenterait comme un plateau dominant partout la mer par des falaises d'environ 700 mètres de hauteur.

Si nous admettons que la superficie totale des continents et des îles soit de 145 millions de kilomètres carrés, il en résultera que le volume de la masse continentale émergée peut être évalué à 145,000,000 × 0,7 ou 101,500,000, soit, en nombre rond, cent millions de kilomètres cubes.

Cette masse continentale est sans cesse rongée par les pluies et les vents d'une part, et par les vagues de la mer d'autre part. Tous les fleuves ensemble peuvent être considérés comme amenant chaque année à la mer 23,000 kilomètres cubes d'eau (autrement dit 23,000 fois un milliard de mètres cubes). Un tel débit, pour le rapport établi de 38 parties sur 100,000 donnerait un volume de matières solides égal à 10 *kilomètres cubes et 43 centièmes.* Ce chiffre est à celui du volume total des continents comme 1 est à 9,730,000 : si la terre ferme était un plateau uniforme de 700 mètres d'altitude, elle perdrait, de ce seul chef, *une tranche d'à peu près sept centièmes de millimètre* par an, soit un millimètre en quatorze ans ou *sept millimètres par siècle.*

En appliquant cette érosion continentale à l'ensemble des continents, on trouve qu'elle détruirait *en moins de dix millions d'années* la masse entière des terres émergées.

Mais la pluie et les cours d'eau ne sont pas seuls à l'œuvre sur le globe, et il y a d'autres facteurs qui contribuent à la destruction progressive de la terre ferme. Le premier est l'érosion marine.

Il est difficile de choisir un meilleur type d'érosion que celui des côtes britanniques ; car leur situation les expose à l'assaut des flots atlantiques, poussées par les vents dominants du sud-ouest, et dont la violence n'a été amortie par aucun obstacle. Or, le recul moyen de l'ensemble des côtes anglaises est certainement *inférieur à trois mètres par siècle.* Étendons ce taux à tous les rivages maritimes, et voyons ce qui en résultera.

On peut procéder à cette recherche de deux manières. La première consiste à évaluer la perte de volume que représente, pour la totalité des rivages, un recul de 3 centimètres par an. Il faut pour cela connaître leur développement, ainsi que leur hauteur moyenne. Ce développement, pour tout le globe, est d'environ 200,000 kilomètres. Quant à la hauteur des côtes au-dessus de la mer, c'est l'exagérer que de la fixer, en moyenne, à cent mètres. Dès lors, un recul de 3 centimètres correspond à une perte annuelle de 3 mètres cubes par mètre courant, soit, pour 200,000 mètres de côtes, 600 millions de mètres cubes, ce qui fait seulement *six dixième de kilomètre cube.* En d'autres termes, l'érosion marine ne représenterait que la *dix-septième* partie du travail des eaux météoriques !

On objectera peut-être à ce mode de procéder que, l'altitude allant en croissant des rivages à la partie centrale des continents, un même recul devrait, au même temps, correspondre à une plus grande perte en volume. Cette objection serait-elle bien fondée ? Non ; car le travail des pluies et des cours d'eau, tendant de lui-même, comme nous l'avons dit, vers l'aplanissement complet des surfaces, continuerait à marcher de pair avec l'action des vagues.

D'autre part, la surface de la terre ferme étant de 145 millions de kilomètres carrés, un cercle d'égale superficie devrait avoir à peu près 6,800 kilomètres de rayon. Mais la circonférence de ce cercle n'aurait que 40,000 kilomètres, c.-à-d. que la mer aurait, sur le pourtour, cinq fois moins de prise qu'elle n'en a actuellement, grâce aux découpures qui portent à 200,000 kilomètres la longueur des côtes. On peut donc admettre que le travail de l'érosion marine marche *cinq fois plus vite* que sur un cercle équivalent. A coup sûr, cette évaluation représente un maximum : car les péninsules étroites une fois rongées par la mer, le rapport du périmètre à la surface diminuerait de plus en plus, ce qui rendrait l'action des vagues moins efficace. En tout cas, puisque, à raison de 3 centimètres par an, un rayon de 6,800 kilomètres est condamné à disparaître en 226,600.000 ans, le cinquième de ce chiffre, soit environ 45 millions d'années, représenterait le minimum du temps nécessaire pour la destruction de la terre ferme par les vagues marines ; ce serait la peine supérieur, comme intensité, à la *cinquième partie* de l'action continentale.

L'ensemble des actions mécaniques paraît donc faire perdre chaque année, à la terre ferme, un volume de 12 kilomètres cubes, ce qui, pour un total de 100 millions, amènerait la destruction complète en un peu plus de *huit millions d'années.*

Seulement il s'en faut de beaucoup que nous ayons épuisé l'analyse des phénomènes destructeurs de la masse continentale. L'eau n'est pas seulement un agent mécanique ; c'est aussi un instrument de dissolution, instrument beaucoup plus actif qu'on ne le croit généralement, en raison de la proportion assez notable d'acide carbonique que contiennent toutes les eaux, soit qu'elles l'empruntent à l'atmosphère, soit qu'elles en trouvent la source dans la décomposition des matières organiques du sol. Ces eaux, qui circulent à travers tous les terrains, s'y chargent de substances qu'elles enlèvent, par une véritable attaque chimique, aux minéraux des roches traversées.

L'eau des fleuves contient, par kilomètre cube, environ 182 tonnes de substances dissoutes. L'ensemble des fleuves apporte chaque année à la mer *près de cinq kilomètres cubes* de substances dissoutes. Ce ne seraient donc plus douze, mais bien *dix-sept* kilomètres cubes que perdrait chaque année la terre ferme, sous les diverses influences qui travaillent à sa

destruction. Dès lors, le total de 100 millions disparaîtrait, non plus en huit, mais en *un peu moins de six millions d'années.*

Encore ce chiffre doit-il subir une atténuation notable. En effet, il ne faut pas oublier que les sédiments introduits dans la mer y prennent la place d'une certaine quantité d'eau et qu'ainsi, de ce chef, le niveau de l'Océan doit s'élever, allant à la rencontre de la plate-forme continentale qui s'abaisse, et dont la disparition finale se trouve accélérée d'autant.

La mesure de ce mouvement est facile à préciser. En effet, pour une tranche donnée que perd le plateau supposé uniforme, il faut que la mer s'élève d'une quantité telle que le volume de la couche marine correspondante soit justement égal au volume de sédiments introduit, c.-à-d. à celui de la tranche détruite. Le calcul montre que la perte en volume s'élève, en chiffres ronds, à *vingt-quatre kilomètres cubes.*

Donc nous pouvons conclure, puisque ce chiffre de 24 kilomètres cubes est contenu 4,166,666 fois dans celui de 100 millions, qui représente le volume continental, que *la seule action des forces actuellement à l'œuvre,* si elle se continuait sans autres mouvements du sol, *suffirait pour entraîner, dans* QUATRE MILLIONS *d'années d'ici environ, la disparition totale de la terre ferme.*

Il y a un autre facteur important signalé par M. Faye. C'est que le refroidissement du globe marche plus vite sous les mers que sous les continents. Il en résulte que le fond des mers s'affaisse et que les continents s'élèvent progressivement. Cela entraîne une diminution de la surface totale des mers, et est de nature à prolonger considérablement la durée dont il vient d'être question.

Mais la quantité d'eau diminue elle-même de siècle en siècle. Voy. MER, ÎLE, MONTAGNE, etc.

CONTINENTAL, ALE. adj. Qui appartient, qui a rapport aux continents. *Les puissances continentales.* Se dit particulièrement de ce qui a rapport au continent de l'Europe. || *Blocus c.* Voy. COMMERCE. || Subst. Nom donné parfois aux peuples qui habitent le continent européen. *Les continentaux.*

CONTINGEMMENT. adv. [Pr. *kontin-ja-man*]. T. Philos. D'une manière contingente.

CONTINGENCE. s. f. (R. *contingent*). T. Philos. La possibilité qu'une chose arrive ou n'arrive pas ; se dit par oppos. à *Nécessité.* — Se dit de la tournure que peuvent prendre les affaires, et ne s'emploie guère que dans ces loc. peu usitées : *Selon la c. des affaires, selon la c. des cas,* Selon que les affaires tourneront, selon ce qui arrivera. || T. Géom. *Angle de c.,* Angle formé par les tangentes ou les normales en deux points infiniment voisins d'une courbe. Voy. COURBURE. || T. Gnomon. *Ligne de c.,* Ligne qui coupe à angle droit la ligne sous-stylaire.

CONTINGENT, ENTE. adj. (lat. *contingere,* arriver, de *cum,* avec, et *tangere,* toucher). Qui peut arriver ou n'arriver pas. *C'est une chose contingente, sur laquelle il ne faut pas compter. Futur c.,* Ce qui peut arriver ou n'arriver pas. *Propositions contingentes,* Celles qui énoncent une chose qui peut être ou n'être pas. — *Portion contingente,* La part qui peut revenir à quelqu'un dans un partage ; ou la part des frais communs d'une société pour laquelle chacun doit contribuer à proportion de l'intérêt qu'il y a. — En Philos. voy. NÉCESSAIRE. = CONTINGENT. s. m. La part que chacun doit recevoir, ou la part que chacun doit fournir. *Il a reçu son c. dans la succession de son père. Nous devons payer chacun tant pour notre c. Fournir son c. en hommes et en argent.* — *Le c. de 18...,* Le nombre de jeunes gens que la France a fourni ou doit fournir en 18... || T. Milit. *C. monétaire,* Proportion des diverses natures de pièces de monnaie qui doivent être fabriquées.

CONTINU. s. m. T. Techn. Métier à tisser dans lequel les opérations de l'étirage, de la torsion et du renvidage ont lieu simultanément.

CONTINU, UE. adj. (lat. *continuus,* m.s., de *cum,* avec, et *tenere,* tenir). Dont les parties ne sont séparées les unes des autres et s'entretiennent. *Étendue continue. Parties continues. Machine à papier c.,* Machine qui fabrique le papier sous forme d'une bande continue et indéfinie. || Qui n'est pas interrompu dans sa durée. *Dix jours continus de beau temps, de pluie, de froid. Travail c. Éprouver des souffrances continues. Vingt ans de guerre continue. Mouvement c. Jet c.* — Fig., *Élégance, pureté continue* *du style*, Style constamment élégant et pur. || T. Archit. *Piédestal c.*, Piédestal unique sur lequel repose une file de colonnes. Voy. PIÉDESTAL. || T. Mus. *Basse continue*, Partie la plus basse d'un morceau de musique et qui se fait entendre pendant toute la durée du morceau. Voy. BASSE. || T. Jurispr. *Servitude c.*, Celle dont le droit s'exerce sans une reproduction d'actes volontaires. || T. Pathol. *Fièvre c.*, Fièvre non interrompue jusqu'à sa suppression complète. || T. Filature. *Fil c.*, Celui qui est produit sans discontinuité. || T. Math. *Grandeur continue*, Grandeur qui peut varier par degrés insensibles comme les longueurs, surfaces, etc. Voy. GRANDEUR. — *Fonction continue*. Voy. CONTINUITÉ et FONCTION. — *Fraction continue*. Voy. FRACTION. || T. Minér. Se dit des corps dont les cristaux ont à leur signe quatre exposants en proportion continue. || T. Bot. Se dit des organes qui ne peuvent être séparés du végétal qu'en déchirant les tissus. || T. Tech. *Métier c.*, Machine à filer dont les diverses fonctions s'accomplissent sans interruption. = S'emploie quelquefois subst., dans le langage didactique. *Les parties du c. Le c. est divisible à l'infini.*

Syn. — *Continuel.* — *Continu* se dit de l'étendue et de la durée; *continuel* ne se dit que de cette dernière. Dans les deux cas, une chose *continue* ne souffre aucune division; une chose *continuelle* présente des interruptions. Une pluie *continue* ne cesse point; une pluie *continuelle* revient depuis longtemps. Le cliquet d'un moulin ne fait pas un bruit *c.*, mais simplement un bruit *continuel*, car ce bruit se compose de chocs successifs. En un mot, ce qui est *c.* dure sans interruption, et ce qui est *continuel* ne dure que parce qu'il revient toujours.

CONTINUATEUR, TRICE. s. Celui ou celle qui continue. Ne se dit que d'un auteur qui continue l'ouvrage d'un autre. *Lacépède a été le c. de Buffon.*

CONTINUATION. s. f. [Pr. ...*sion*]. L'action par laquelle on continue une chose, par laquelle une chose se continue; et la durée de la chose continuée. *Se charger de la c. d'un ouvrage. Il a rencontré les plus grandes difficultés dans la c. de cette histoire. La c. de la guerre.* || La chose qui est ajoutée à une autre pour la continuer, pour la prolonger. *La c. des Annales de Baronius. La c. d'un mur, d'une allée*, etc.

Syn. — *Continuité, Suite.* — *Continuation* est relatif à la durée, et *continuité* à l'étendue. On dit la *continuation* d'un travail et d'une action, la *continuité* d'un espace et d'une grandeur; la *continuation* d'une même conduite, et la *continuité* d'un édifice. — *Continuation* et *suite* marquent la liaison d'une chose avec ce qui la précède. *Continuation* se dit d'une chose non achevée, et *suite* se dit d'une addition à ce qui est fini. On dit la *continuation* d'une vente, et la *suite* d'un procès.

CONTINUE. s. f. T. Techn. Appareil employé dans les filatures pour diviser la nappe de laine en fils tordus.

CONTINUE (A LA). loc. adv. || A la longue, à la fin. *On peut être patient, mais à la c. on se lasse.* Vx et famil.

CONTINUEL, ELLE. adj. (R. *continu*). Qui dure sans interruption. *Travail c. Attention continuelle. Soins continuels. Inquiétudes continuelles. Faire de continuels efforts. Une suite continuelle de malheurs.* = Syn. V. CONTINU.

CONTINUELLEMENT. adv. [Pr. *kontinu-è-leman*] (R. *continuel*). Sans cesse, sans relâche, toujours. *Il travaille c. Il joue c. Il est c. à méditer. Ils se disputent c.*

CONTINUER. v. a. (lat. *continuus*, continu). Poursuivre ce que l'on a commencé; donner une suite à ce qui est commencé. *C. sa lecture, son discours, son récit. C. son voyage, sa route, ses démarches. C. ses études. C. un travail, un livre, un poème.* || S'emploie absol., par ellipse du mot *discours, récit. La mémoire lui a manqué au milieu de son discours, et il ne put c. Si vous voulez connaître la fin de mon histoire, laissez-moi donc c. Continuez. je vous prie. Messieurs, continua l'orateur...* — S'emploie aussi dans le sens de c. à agir de même. *Vous avez bien travaillé : continuez.* || Prolonger. *C. une ligne, une allée, une muraille.* || Maintenir, conserver à qu'un un la possession de quelque chose. *C. un bail. On lui a continué sa pension. C. ses bienfaits, ses bontés à quelqu'un. On lui continua ses privilèges.* || Maintenir quelqu'un dans un emploi. *C. un préfet. On le continua dans son gouverne-*

ment. = CONTINUER. v. n. Durer, ne pas cesser. *La pluie, le vent, le beau temps continue. Il faut espérer que la guerre ne continuera pas. Si le mal continue, on appellera un médecin.* || S'étendre, se prolonger. *Cette chaîne de montagnes continue jusqu'à tel endroit.* — SE CONTINUER. v. pron. Être continué. *Cette publication se continuera.* || Se prolonger. *Ces montagnes se continuent depuis tel endroit jusqu'à la mer.* = CONTINUÉ, ÉE, part.

Obs. gram. *Continuer de, continuer à.* — Littré fait remarquer que les distinctions que certains grammairiens ont cherché à établir entre ces deux locutions ne répondent en général ni à la logique ni à l'usage des bons auteurs.

Syn. — *Persévérer, Persister, Poursuivre.* — *Continuer*, c'est simplement faire comme on a fait jusque-là; *persévérer*, c'est *continuer* sans vouloir changer; *persister*, c'est *persévérer* avec constance ou opiniâtreté. On *continue* par habitude; on *persévère* par réflexion; on *persiste* par attachement. — *Continuer* marque la suite du premier travail, *poursuivre* marque également la suite, mais il montre une volonté déterminée et persistante d'arriver à la fin. On *continue* son voyage, après avoir séjourné dans une ville; on le *poursuit*, nonobstant les dangers de la route, les difficultés du chemin et les incommodités de la saison.

CONTINUITÉ. s. f. [Pr. *kontinu-ité*] (R. *continu*). Liaison non interrompue des parties d'un tout. *La c. des parties.* — *Solution de c.*, Division de parties auparavant continues. *Le coup qu'il a reçu n'est qu'une simple contusion, il n'y a point de solution de c.* || Par anal., Durée continue. *La c. de ce bruit est intolérable. La c. des maux finit par accabler.* || T. Chir. *Amputation dans la c.*, Celle dans laquelle on scie l'os après la section des chairs. || T. Anat. *Diarthroses de c.*, Articulations mobiles dans lesquelles les os articulés ne sont pas en contact immédiat. || T. Mathém. *Propriété des fonctions continues.* Voy. plus loin. || T. Philos. *Loi de c.*, La loi suivant laquelle aucun changement ne s'exécute dans la nature que par degrés insensibles. = Syn. Voy. CONTINUATION.

Philos. — Pour la plupart des philosophes, la c. est une loi fondamentale de la nature. *Natura non facit saltus :* La nature ne fait pas de sauts, disait-on au moyen âge dans un aphorisme énergiquement soutenu par Leibnitz. Et de fait, l'idée de c. appliquée aux phénomènes et aux lois de la nature se retrouve à la base de toutes les sciences dans lesquelles elle domine tous les raisonnements et toutes les inductions, presque au même titre que l'idée de causalité. Peu à peu, les choses supposées discontinues disparaissent progressivement de la science ; c'est ainsi que les forces dites *instantanées* qu'on supposait autrefois se produire dans le choc de deux corps, ont été remplacées par des forces agissant dans un temps très court depuis 0 jusqu'à un maximum, et décroissant ensuite depuis ce maximum jusqu'à 0. C'est ainsi que la physique moderne admet des états intermédiaires entre l'état solide et l'état liquide, entre l'état liquide et l'état gazeux ; seulement ces états sont très instables et ne peuvent subsister qu'un temps très court. Dans la réfraction de la lumière, le rayon lumineux ne se plie pas suivant un angle ; il s'infléchit de telle sorte que les deux directions sont raccordées par une courbe trop petite pour être observée ; la surface libre d'un liquide n'est pas une surface géométrique sans épaisseur ; il y a une zone de très faible épaisseur où la densité varie d'une manière continue depuis la valeur qu'elle a dans le liquide jusqu'à celle qu'elle a dans l'atmosphère, etc. Tel est du moins la manière de voir d'un grand nombre de physiciens et de philosophes. Cependant l'une des théories scientifiques les plus répandues, la *théorie atomique* de la matière, nous représente la matière comme constituée d'atomes indivisibles absolument distincts du milieu dans lequel ils sont plongés : c'est le contraire de la c. ; mais la théorie atomique est-elle bien l'expression de la vérité, ou n'est-elle qu'une manière commode de grouper et de représenter les phénomènes ? et dans tous les cas l'atome, dont nous ignorons absolument l'essence, est-il aussi distinct qu'on veut bien le dire du milieu qui l'entoure, et ses limites sont-elles géométriquement définies ? Ne se peut-il pas que l'atome, s'il est étendu, se fonde pour ainsi dire avec le milieu ambiant, de telle sorte que, tout en conservant son individualité, il ne puisse être rigoureusement délimité ? Ou encore l'atome n'est-il pas sans étendue, comme le voulait Leibnitz ? Ce sont là autant de questions qui paraissent au-dessus de la portée de la science moderne.

Un philosophe contemporain, d'un esprit très pénétrant

d'ailleurs, M. Renouvier, a vivement critiqué l'idée de c. dans la nature ; il l'a même qualifiée de contradictoire. Son argumentation se réduit à ceci : Toute étendue limitée ou non est divisible à l'infini par la pensée ; donc elle se compose d'un nombre infini de parties, et comme le nombre infini n'existe pas, l'étendue continue, matérielle ou non, n'existe pas. C'est là un singulier paralogisme qu'on ne s'attendait pas à rencontrer chez un penseur de cette valeur et qui repose entièrement sur une fausse analyse de l'idée de nombre. L'idée du nombre est une idée abstraite qui naît en nous de la répétition d'un même fait, soit que ce fait se produise extérieurement à nous, soit que nous le produisions nous-mêmes en comptant des objets. Le nombre infini n'existe pas parce que, si grand que soit un nombre, on peut toujours lui ajouter une unité pour en former un nombre plus grand. Mais prétendre tirer des conclusions relatives au concret en raisonnant sur la nature des idées abstraites, c'est chercher les propriétés objectives des choses naturelles dans les qualités et les imperfections des signes que notre esprit imagine pour les représenter. C'est le procédé métaphysique par lequel les anciens philosophes grecs croyaient pouvoir étudier la nature sans l'observer attentivement, et qui les a conduits à tant d'erreurs, procédé si vivement combattu, et avec tant de raison, par les créateurs de la science expérimentale. Quand nous divisons par la pensée une étendue en parties plus petites et que nous comptons ces parties, nous créons nous-mêmes les objets qu'il s'agit de compter, et l'impossibilité du nombre infini prouve seulement l'impossibilité très réelle où nous sommes de réaliser, même par la pensée, la division en une infinité de parties. Tout ce que nous pouvons faire, c'est la division indéfinie, c.-à-d. qu'après avoir divisé l'étendue en un nombre déterminé de parties, nous pouvons la diviser encore en un plus grand nombre de parties ; mais jamais nous n'atteignons la division infinie. Du reste le raisonnement de M. Renouvier prouverait également l'impossibilité de la c. de l'étendue abstraite ou géométrique, sans laquelle toute la science géométrique, regardée par les plus profonds penseurs de tous les siècles comme un modèle de rigoureuse logique, ne serait plus qu'un immense sophisme. De même, rien ne s'oppose, en logique pure, à ce que l'univers contienne une infinité d'étoiles ou d'atomes. S'il en est ainsi, l'impossibilité du nombre infini prouvera seulement notre impossibilité de les compter. Là où il y a infinité il n'y a plus de nombre, et la question de l'infinité ou de la non-infinité des atomes pourrait être ainsi posée : La totalité des atomes forme-t-elle ou ne forme-t-elle pas un nombre ? C'est, comme la c., une question de fait à laquelle il ne paraît pas qu'on puisse répondre autrement que par l'expérience, quelque difficile du reste que puisse sembler cette expérience.

Mathém. — La c. est envisagée en mathématiques relativement aux grandeurs, aux quantités qui dépendent d'une ou plusieurs variables, et aux diverses dispositions que peut présenter une figure de géométrie suivant que les lignes ou les surfaces qui la composent se coupent d'un côté ou de l'autre, ou cessent de se couper, ou encore cessent même d'exister.

I. — En ce qui concerne les grandeurs, il convient de distinguer les grandeurs qui peuvent varier par degrés insensibles telles que les longueurs, les surfaces, les temps, etc., et celles qui sont composées d'objets indivisibles, telles que les réunions d'hommes ou d'animaux, les agglomérations d'objets distincts, etc. Les premières sont dites continues, les secondes discontinues ou discrètes. A cet égard, la c. est une notion simple qui n'est pas susceptible de définition. Du reste cette définition serait inutile. Il suffit de remarquer qu'il existe sous ce rapport une différence capitale entre les grandeurs continues et les nombres qui servent à les représenter et qui constituent leur mesure. L'idée de nombre, qui dérive primitivement de la répétition d'un même fait, est essentiellement discontinue. Pour représenter les grandeurs ou portions de grandeurs plus petites que l'unité, on a été conduit à imaginer les nombres fractionnaires ; mais on n'a pas tardé à reconnaître que cette extension de l'idée de nombre était elle-même insuffisante. Toute grandeur qui n'est pas commensurable avec la grandeur de même espèce prise pour unité, ne peut être représentée par un nombre fractionnaire. Ainsi, il n'existe aucune fraction qui puisse donner la mesure de la diagonale du carré construit sur l'unité de longueur ou de la longueur de la circonférence qui aurait cette unité pour rayon. C'est pour introduire dans l'idée de nombre une c. analogue à celle que nous rencontrons dans les grandeurs qu'on a été conduit à imaginer les nombres incommensurables ; mais c'est aussi cette espèce de contradiction entre la c. essentielle aux grandeurs et la discontinuité essentielle

aux nombres qui a été l'origine des difficultés inextricables dans lesquelles les mathématiciens se sont si longtemps débattus en vain à propos des nombres incommensurables, difficultés qui n'ont été définitivement aplanies que vers la fin de ce siècle, à la suite d'une analyse plus correcte et plus profonde des idées de nombre, de grandeur et de limite. Voy Grandeur, Incommensurable, Limite.

II. — Lorsqu'une quantité dépend d'une ou plusieurs autres, elle est dite fonction de celles-là qui prennent alors le nom de variables. Dans les applications aux sciences naturelles, une fonction représente la loi numérique des variations d'un phénomène. Par exemple, la pression d'une certaine quantité de gaz est fonction de son poids, de son volume et de sa température, et cette fonction peut être représentée par les signes de l'algèbre, de telle sorte que l'on puisse calculer la pression quand on connaît le poids, le volume et la température du gaz. La formule qui permet d'effectuer ce calcul constitue une fonction de trois variables : poids, volume, température. Or, les phénomènes naturels présentent un caractère de c. très marqué, d'après lequel la quantité variable ne peut passer d'une valeur à une autre sans prendre toutes les valeurs intermédiaires. Ce caractère de c. doit nécessairement se retrouver dans les fonctions mathématiques qui représentent les phénomènes ; mais il faut le définir avec une précision suffisante pour que la c. puisse servir de base à des raisonnements logiquement inattaquables. On y est arrivé de la manière suivante : d'abord, on a introduit la c. dans l'idée de nombre par l'invention des nombres fractionnaires et incommensurables. Voy. ces mots. Ensuite, on a pris l'idée de fonction suivantes : On dit qu'une fonction y d'une variable x est continue pour une valeur particulière x = a de la variable lorsqu'on peut trouver un nombre positif h assez petit pour que pour toutes les valeurs de la variable comprises entre a — h et a + h la fonction prenne des valeurs qui diffèrent entre elles de valeurs moindres qu'un nombre ε donné à l'avance, si petit qu'il soit. Dans un langage plus rapide, mais moins précis, cela veut dire qu'on peut toujours trouver de part et d'autre de la valeur a un intervalle de variation tel que la variable ne sortant pas de cet intervalle, la fonction varie aussi peu qu'on voudra. Cette définition équivaut encore à dire qu'une fonction est continue pour x = a si, A étant la valeur de la fonction pour x = a, la fonction tend vers A quand x tend vers a. Voy. Limite.

On passe alors à la c. dans un intervalle en disant que : une fonction est continue dans l'intervalle de variation de x = a à x = b, si elle est continue pour toute valeur de x comprise dans cet intervalle. Enfin, on démontre qu'une fonction continue dans l'intervalle de x = a à x = b ne peut passer d'une valeur à une autre sans passer par toutes les valeurs intermédiaires, c.-à-d. que si pour x = a et x = b la fonction prend respectivement les valeurs A et B, et si γ est compris entre A et B, il existe au moins une valeur X comprise entre a et b telle que pour x = X, y devient égal à γ. En partant de ces définitions, on peut établir une théorie complète de la c. qui présente la plus parfaite analogie avec la théorie des limites et démontrer des théorèmes tels que ceux-ci : La somme et le produit de plusieurs fonctions continues d'une même variable sont des fonctions continues de la même variable. — Le quotient de deux fonctions continues d'une même variable est une fonction continue de la même variable, excepté pour les valeurs de la variable qui annulent le diviseur, etc. Cette manière de présenter la question lève entièrement toutes les objections et les difficultés qui ont été soulevées à propos de la c. mathématique. La notion de c. s'étend facilement aux fonctions de plusieurs variables à l'aide de définitions qu'il est aisé de reconstituer, et, par conséquent, inutile de reproduire ici. Enfin, la notion de c. a dû être étendue aux fonctions de variables imaginaires. Nous nous bornerons à une seule définition qui suffira à faire comprendre l'esprit de cette extension : on dit qu'une fonction Z d'une variable imaginaire z est continue pour une valeur a de la variable, si l'on peut trouver un nombre positif h tel que pour toutes les valeurs de la variable comprises dans la formule z = a + ρ(cos θ + i sin θ), ρ étant plus petit que h, et θ représentant un angle arbitraire, la fonction prenne des valeurs dont les différences aient des modules plus petits qu'un nombre donné à l'avance ε, aussi petit qu'on voudra. Si l'on a égard à la représentation géométrique des imaginaires, cette définition exprime qu'ayant tracé autour du point C qui représente la valeur de la fonction par z = a un cercle aussi petit qu'on veut ayant ce point pour centre, on peut tracer autour du point A qui représente la valeur a de la variable un autre cercle tel que tant que le point représentatif de la variable z restera à l'intérieur de ce cercle A, le point qui représente la fonction ne sortira pas du cercle C.

III. — Le *principe de c.* en géométrie a été posé pour la première fois par Monge. Poncelet en a fait ensuite un grand usage dans sa théorie des propriétés projectives des figures. Voici en quoi il consiste : *si un théorème a été démontré pour une certaine disposition de la figure, il reste vrai, quelles que soient les modifications que puisse subir cette disposition, alors même que certains éléments, points ou lignes qui ont servi à la démonstration cessent d'exister.* Par exemple, on a démontré un théorème relatif à un triangle et un point du plan, en supposant le point à l'intérieur du triangle : le théorème reste vrai si le point est à l'extérieur du triangle, moyennant peut-être une légère modification de l'énoncé ; ou encore : pour démontrer que si un point M parcourt une droite AB, la polaire de ce point par rapport à un cercle O passe par un point fixe P qui est le pôle de AB, on a joint un point quelconque M de AB au pôle P de cette droite ; on a supposé que cette droite MP coupait le cercle en deux points C et D, et l'on a remarqué que les quatre points M P C D formaient une division harmonique ; d'où il suit que la polaire de M doit passer en P. Le raisonnement tombe évidemment en défaut si la droite MP ne coupe plus le cercle. Cependant, d'après le *principe de c.,* on considère encore le théorème comme démontré. Monge et Poncelet ont admis ce principe de c. sans démonstration, comme une sorte de vérité d'intuition. Cette manière de faire a été vivement critiquée et avec raison par Cauchy, qui ne reconnaissait à ce fameux principe qu'une valeur d'*induction* propre à faire découvrir des propositions qu'il fallait ensuite établir par un raisonnement rigoureux. Cependant le principe est exact ; mais il faut le présenter autrement. Pour l'établir en toute rigueur, il faut remarquer que les raisonnements géométriques pourraient être remplacés, traduits par des équations algébriques. Lorsque certains éléments de la figure disparaissent, c'est que certaines racines de ces équations deviennent imaginaires ; mais dans les raisonnements algébriques on ne raisonne jamais sur les racines elles-mêmes, mais bien sur les coefficients des équations, lesquels restent réels de sorte que les raisonnements conservent leur valeur dans tous les cas. Il suffit donc d'établir la vérité du résultat pour le cas où les racines sont réelles, parce que cette vérité subsiste encore quand certaines racines deviennent imaginaires. Mais, si l'on adopte cette manière de voir, il faut que les raisonnements géométriques soient à leur tour susceptibles d'une traduction algébrique, et ceci n'est pas pour satisfaire les partisans de la méthode géométrique pure : car, ainsi présentée, la démonstration est une véritable démonstration algébrique déguisée, pour ainsi dire, sous un accoutrement géométrique. Pour que les raisonnements géométriques conservent à la fois toute leur valeur logique et tout leur caractère géométrique, il faut raisonner non sur des éléments susceptibles de disparaître dans certaines dispositions de la figure, mais sur des éléments qui se conservent dans tous les cas et qui sont géométriquement l'analogue des coefficients d'une équation. C'est ce qu'a fait Chasles, qui a repris dans son *Traité des sections coniques* toutes les questions traitées par Poncelet, et qui a ainsi complètement élucidé toutes les difficultés qu'avait soulevées le principe de c. ; seulement, il faut bien reconnaître que la méthode de Chasles le principe de c. tel que le comprenaient Monge et Poncelet n'a plus de raison d'être appliqué, si ce n'est comme moyen inductif de découverte, ainsi que le voulait Cauchy, ou comme un artifice de langage propre à exposer rapidement de véritables raisonnements algébriques.

CONTINÛMENT. adv. (R. *continu*). Sans interruption. *Il faut y travailler c.*

CONTO. s. m. Monnaie de compte portugaise qui vaut 6 fr. 03. Voy. MONNAIE.

CONTONDANT, ANTE. adj. (lat. *contundere*, broyer, de *cum*, avec, et *tundere*, battre). T. Chir. On appelle *Corps* ou *Instruments contondants*, tous les corps ou instruments ronds, obtus et non tranchants, qui meurtrissent et déchirent les parties sans les piquer ni les couper Voy. CONTUSION.

CONTONDRE. v. a. (lat. *contundere*, broyer). T. Chir. Blesser, contusionner, meurtrir sans percer ni couper.

CONTORNIATE. adj. et s. f. (lat. *cum*, avec ; *tornus*, tour). T. Numismat. On appelle *Médailles contorniates,* ou simplement *Contorniates,* de grandes pièces de bronze qui présentent près de leur bord un cercle creux (en italien *contorno*), d'où est venu leur nom. La face ou l'avers de ces pièces représente toujours l'empereur ou d'un personnage célèbre, tandis que leur revers offre des scènes, tantôt mythologiques, tantôt et le plus souvent relatives aux jeux du cirque. On remarque, en outre, dans le champ, des monogrammes formés des lettres E, P, ou R renversé, et diverses petites figures (un arc avec son carquois, un astre, une Victoire, qui semblent avoir été ajoutées après coup. La c. ci-contre porte la tête d'Alexandre le Grand coiffée de la dépouille d'un lion, et entourée de la légende ALEXANDER ; dans le champ, on remarque un monogramme formé d'un E et d'un P ; et le revers représente Ulysse aux prises avec le monstre Scylla. — Les contorniates sont assez rares. Elles semblent avoir été frappées à Constantinople, depuis le règne de Constantin Ier jusqu'à celui de Valentinien III, mais on ne sait absolument rien de précis sur leur destination. Toutefois, on croit communément qu'elles avaient quelque rapport avec les jeux du cirque, et qu'on les donnait à certains spectateurs qui avaient droit à des places réservées.

CONTORSILE. adj. 2 g. (R. *contorsion*). T. Bot. *Feuille c.,* Celle dont le pétiole est susceptible de torsion.

CONTORSION. s. f. (lat. *contorsio*, m. s., de *cum*, avec, et *torsio*, torsion). Altitude forcée des membres, déformation des traits du visage, par suite d'un mal intérieur. *Cet épileptique faisait des contorsions épouvantables. La c. des bras, des muscles du visage,* etc. || Par ext., se dit des grimaces ou gestes exagérés que font involontairement certaines personnes. *L'orateur se démenait et faisait des contorsions continuelles. Ce pianiste croit par ses contorsions donner plus d'expression à son jeu. Elle serait jolie sans ses contorsions ridicules.* || T. Beaux-Arts. Altitude outrée.

CONTORSIONNER. v. a. [Pr. *kon-tor-sio-ner*]. Tordre, livrer à des contorsions. = SE CONTORSIONNER. v. pron. Faire des gestes, des mouvements exagérés.

CONTORSIONNISTE. s. m. [Pr. *kon-tor-sio-niste*]. Celui qui fait des contorsions.

CONTOUR. s. m. (R. *con*, préf., et *tour*). Ligne ou surface qui termine extérieurement un corps ou les parties d'un corps. — Ne se dit guère qu'en parlant des objets dont les formes sont arrondies. *Tracer le c. d'une figure. Le c. d'une colonne, d'un dôme. Les contours d'un beau corps. Des contours purs, hardis, moelleux, élégants. Des contours bien accusés, dessinés avec art.* — *Les contours d'une draperie, Les tours qu'elle fait aux endroits où elle est relevée.* || Se dit aussi d'une enceinte quelconque. *Le c. d'une ville, d'une forêt, d'une contrée.*

CONTOURNABLE. adj. Qui peut être contourné.

CONTOURNEMENT. s. m. Action de contourner, manière dont une chose est contournée.

CONTOURNER. v. a. (R. con, préf., et *tourner*). Dans les arts du dessin, donner à un meilleur les contours qu'il doit avoir. *C. des volutes. Il aurait fallu c. ce bras autrement.* || Déformer, dévier. *Cette position finit à la longue par c. les jambes. La chaleur a contourné ce morceau de bois.* || T. Anat. Se dit quelquefois d'une chose qui fait le tour d'une autre. = SE CONTOURNER. v. pron. Se dévier. *Sa taille se contourne Ses jambes s'étaient contournées. Cet arbre se contourne.* = CONTOURNÉ, ÉE. part. *Le fût de cette colonne est c. en forme de vis. Taille contournée. Jambes contournées.*

CONTRA. s. m. T. Mus. S'employait avec un nom de partie pour désigner une autre partie servant pour ainsi dire à doubler la première. *C.-ténor. C.-soprano.* On dit encore, *Haute contre* et contralto par contraction de *C.-alto.*

CONTRACTABLE. adj. Qui peut être contracté, que l'on doit contracter.

CONTRACTANT, ANTE. adj. Celui, celle qui contracte. Ne se dit que dans cette loc., *Les parties contractantes.* || Subst. et au m. pl. *Les contractants. L'un des contractants.*

CONTRACTATION. s. f. [Pr. ...*sion*]. T. Droit. Action de contracter. *C. du mariage.*

CONTRACTE. adj. 2 g. T. Gram. grecque. Se dit des déclinaisons et des verbes où il y a contraction. *Déclinaison c. Verbes contractes.*

CONTRACTER. v. a. (lat. *contrahere*, resserrer, de *cum*, avec, et *trahere*, tirer). Faire une convention. Se dit surtout de certaines conventions d'une nature spéciale. *C. mariage, un mariage. C. alliance. C. un engagement, une obligation. C. des dettes,* Faire des dettes. — Fig., *C. des obligations envers quelqu'un,* En accepter des services qui engagent à la reconnaissance. || Absol., Faire une convention, passer un contrat, s'obliger. *C. avec quelqu'un par-devant notaire. Le mineur est incapable de c.* || Se dit des liaisons qui se forment entre deux personnes par une continuelle fréquentation. *C. amitié. C. des liaisons.* — Se dit aussi des habitudes qui s'acquièrent par la répétition fréquente des mêmes actes. *C. de bonnes, de mauvaises habitudes. C. un vice.* || Prendre, acquérir ; se dit de l'état, des qualités accidentelles de certaines choses. *Ces deux corps ont contracté une telle adhérence qu'on ne peut les séparer. Ce vin a contracté un goût désagréable.* — Se dit encore des maladies que détermine la répétition de certains actes, l'influence des milieux, un principe contagieux, etc. *Les gens de cette profession sont sujets à c. telle maladie. C'est une maladie qu'il a contractée à l'armée.* || Resserrer, diminuer le volume d'un corps par le rapprochement de ses parties. *Le froid contracte les corps.* || T. Physiol. Se dit du raccourcissement des muscles. *Le courant électrique contracte les muscles. La fureur contractait les muscles de son visage, contractait ses traits.* || T. Gram. Réunir deux voyelles ou deux syllabes pour n'en former qu'une seule. *Dans notre langue, on contracte* A le en Au, De le en Du. = SE CONTRACTER. v. pron. *Le mariage s'est contracté solennellement qui doit se c. publiquement.* — *C'est un défaut qui se contracte aisément.* — *Les corps se contractent par l'action du froid. L'eau se contracte par le froid jusqu'à + 4° et se dilate ensuite quand la température s'abaisse de 4° à 0°.* — *Dans les verbes grecs en εω, εε se con-*
tracte en ει. — CONTRACTÉ, ÉE. part. *Il avait les traits contractés par la fureur.*

CONTRACTIF, IVE. adj. Qui détermine une contraction. *Force contractive.*

CONTRACTILE. adj. 2 g. T. Physiol. Qui est doué de contractilité. *Les tissus contractiles.*

CONTRACTILITÉ. s. f. T. Physiol. Faculté de se contracter. Voy. IRRITABILITÉ.

CONTRACTION. s. f. [Pr. ...*sion*]. T. Phys. Resserrement, rapprochement des molécules d'un corps sous l'action du froid ou d'une combinaison chimique, d'où résulte la diminution de son volume et l'accroissement de sa densité. *La c. est un effet de l'abaissement de température. On observe une c. quand on mélange de l'eau et de l'alcool.* || T. Physiol. Raccourcissement. Se dit surtout en parlant des tissus musculaires. *C. volontaire. C. involontaire. On apercevait les contractions de l'intestin. La systole du cœur consiste dans la c. de cet organe.* || T. Agric. Resserrement produit par la sécheresse ou d'autres causes sur les plantes. || T. Phys. *C. de la veine fluide,* Étranglement que l'on observe sur une veine liquide ou gazeuse qui s'échappe par un orifice percé dans une paroi mince.
Gram. — La réunion de deux voyelles, de deux syllabes en une seule, a reçu le nom de *Contraction.* Toutefois on distingue deux sortes de contractions, la *Crase* (du grec κρᾶσις, mélange) et la *Synérèse* (du grec συναίρεσις, réduction). Dans la première, il y a suppression de l'une des voyelles ou des syllabes. Tels sont, en latin, le mot *mi* pour *mihi,* et en grec ἀληθῆ pour ἀληθέα. C'est également par crase que nous prononçons et que la Fontaine a écrit *Oût* au lieu de *Août.* Dans la *Synérèse,* au contraire, il n'y a aucune suppression, aucun changement dans l'écriture. Ainsi, c'est par synérèse que les poètes latins font quelquefois de deux syllabes les mots trisyllabiques *Orpheus, deerant,* etc. La *Diérèse* (du grec διαίρεσις, division) est l'opposé de la synérèse : d'une diphtongue, elle fait deux syllabes, comme lorsque les Latins écrivent *aulaï* pour *aulæ.*

CONTRACTUEL, ELLE. adj. T. Jurisp. Qui est stipulé par contrat. *Institution contractuelle,* Qui fait l'objet d'un contrat, qui y a rapport.

CONTRACTUELLEMENT. adv. [Pr. *kon-tractu-è-leman*]. Par contrat.

CONTRACTURE. s. f. (lat. *contractura,* de *contractum,* supin de *contrahere,* resserrer). || T. Archit. Le rétrécissement que présente la partie supérieure d'une colonne. V. ORDRE.
Méd. — On donne le nom de C. ou *Spasme musculaire* au raccourcissement avec rigidité des muscles destinés à mouvoir les articulations. Les muscles des membres supérieurs, et, en particulier, les fléchisseurs, sont ceux qui sont le plus souvent affectés de c. Ce phénomène morbide résulte ordinairement d'une lésion des centres nerveux. Lorsque la c. persiste longtemps, le tissu musculaire éprouve une sorte de transformation ; les fibres deviennent tendineuses, et forment des espèces de cordes dures qui se dessinent sous la peau. — Les types cliniques les plus réussis de contractures se rencontrent dans le tétanos et dans les anciennes paralysies.

CONTRACTURER. v. a. (R. *contracture*). T. Archit. Opérer un resserrement dans les parties supérieures des colonnes. || T. Méd. Déterminer la contracture d'un muscle.

FIN DU TOME DEUXIÈME

CAMILLE FLAMMARION

DICTIONNAIRE

ENCYCLOPEDIQUE

UNIVERSEL

ILLUSTRÉ DE
20000 FIGURES

SCIENCES
ARTS
LETTRES
INDUSTRIE
HISTOIRE
GRAMMAIRE
GÉOGRAPHIE
DÉCOUVERTES

PARIS
E. FLAMMARION
LIBRAIRE-ÉDITEUR
26, RUE RACINE, PRÈS L'ODÉON

25me Série

Prix : 50 centimes

CAMILLE FLAMMARION

DICTIONNAIRE ENCYCLOPEDIQUE

UNIVERSEL

ILLUSTRÉ DE 20000 FIGURES

DÉPOT LÉGAL
Seine N° 45
1894

SCIENCES
ARTS
LETTRES
INDUSTRIE
HISTOIRE
GRAMMAIRE
GÉOGRAPHIE
DÉCOUVERTES

PARIS

E. FLAMMARION

LIBRAIRE-ÉDITEUR

26, RUE RACINE, PRÈS L'ODÉON

Boudier

me Série

Prix : 50 centimes

CAMILLE FLAMMARION

DICTIONNAIRE
Encyclopedique
UNIVERSEL

ILLUSTRÉ DE
20000 FIGURES

DÉPOT LÉGAL
Seine N° 46
1894

SCIENCES
ARTS
LETTRES
INDUSTRIE
HISTOIRE
GRAMMAIRE
GÉOGRAPHIE
DÉCOUVERTES

PARIS
E. FLAMMARION
LIBRAIRE-ÉDITEUR
26, RUE RACINE, PRÈS L'ODÉON

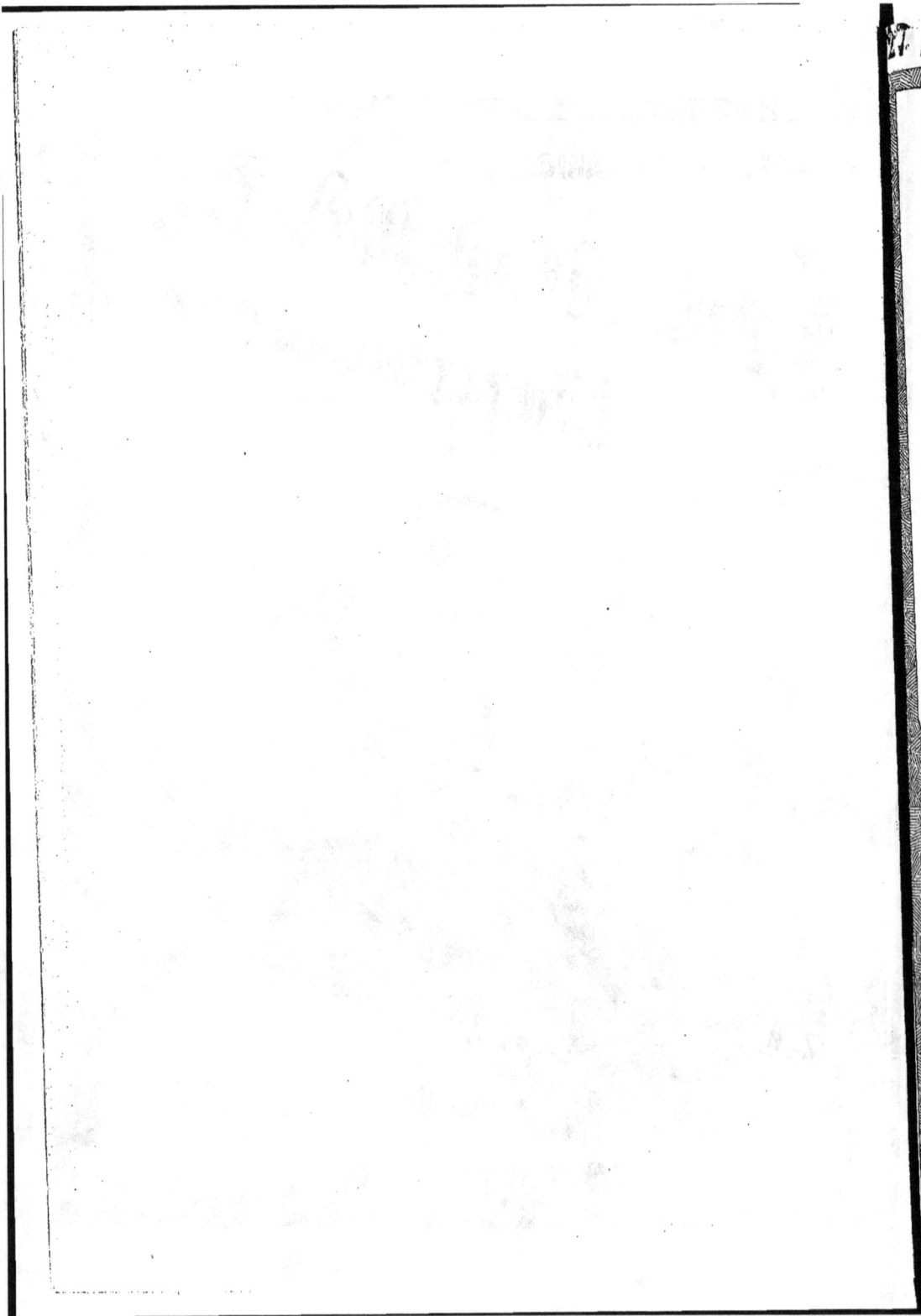

1ʳᵉ Série

Prix : 50 centimes

Camille Flammarion

Dictionnaire

Encyclopedique

Universel

Illustré de
20000 Figures

DÉPOT LÉGAL
Seine
1894

SCIENCES
ARTS
LETTRES
INDUSTRIE
HISTOIRE
GRAMMAIRE
GEOGRAPHIE
DÉCOUVERTES

PARIS
E. FLAMMARION
LIBRAIRE-ÉDITEUR
26, RUE RACINE, PRÈS L'ODÉON

Bourdin

5me Série

Prix : 50 centimes

CAMILLE FLAMMARION

DICTIONNAIRE
ENCYCLOPEDIQUE
UNIVERSEL

ILLUSTRÉ DE
20000 FIGURES

DÉPOT LEGAL
seine 48
1894

SCIENCES
ARTS
LETTRES
INDUSTRIE
HISTOIRE
GRAMMAIRE
GÉOGRAPHIE
DÉCOUVERTES

Bourdin

PARIS
E. FLAMMARION
LIBRAIRE-ÉDITEUR
26, RUE RACINE, PRÈS L'ODÉON

Camille Flammarion

Dictionnaire Encyclopedique Universel

ILLUSTRÉ DE
20000 FIGURES

DÉPOT LÉGAL
Seine
N°

SCIENCES
ARTS
LETTRES
INDUSTRIE
HISTOIRE
GRAMMAIRE
GEOGRAPHIE
DÉCOUVERTES

Bourdin

PARIS
E. FLAMMARION
LIBRAIRE-ÉDITEUR
26, RUE RACINE, PRÈS L'ODÉON

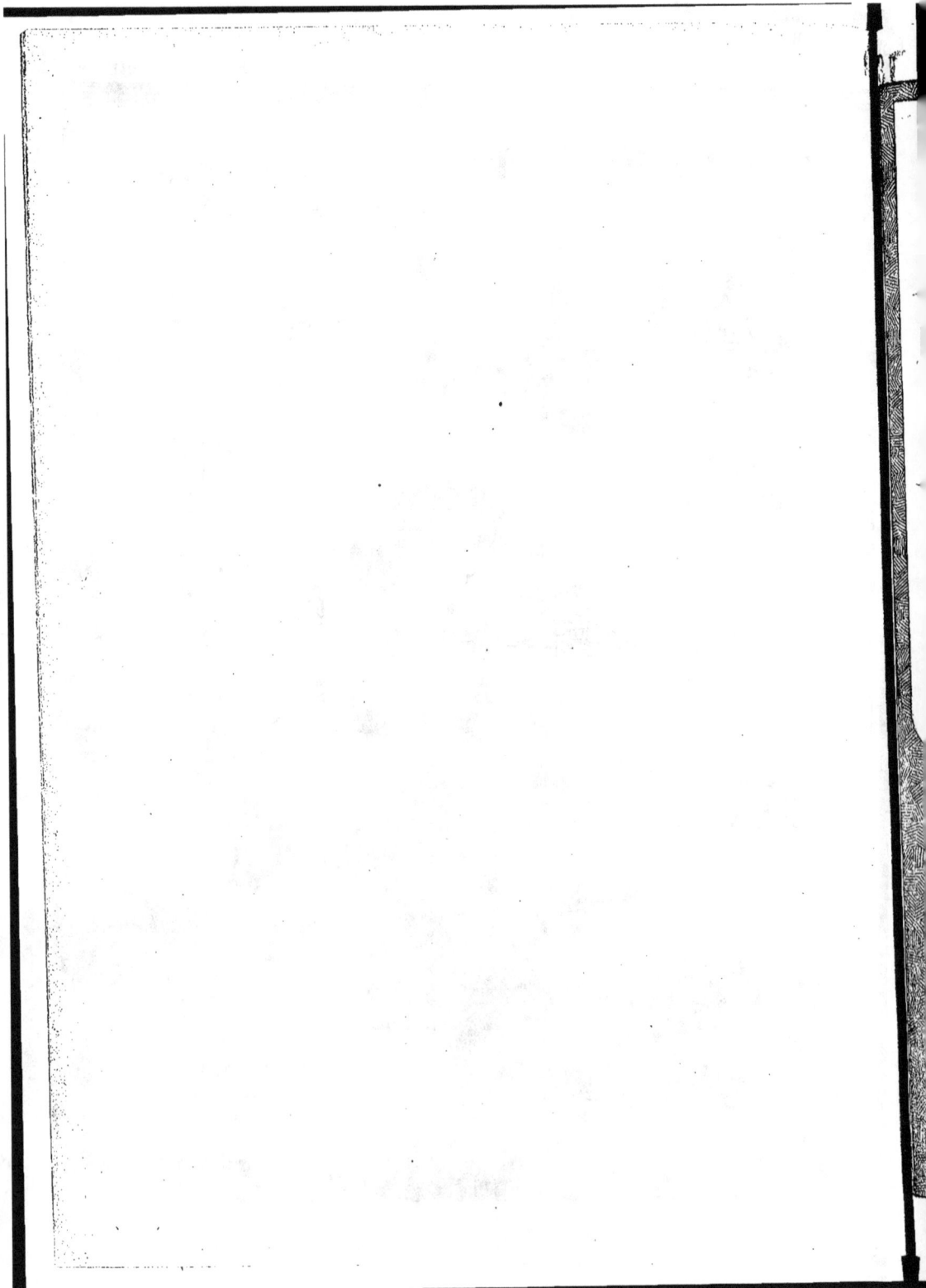

Série

Prix : 50 centimes

CAMILLE FLAMMARION

DICTIONNAIRE ENCYCLOPÉDIQUE UNIVERSEL

ILLUSTRÉ DE 20000 FIGURES

DÉPÔT LÉGAL
Seine
N°
1894

SCIENCES
ARTS
LETTRES
INDUSTRIE
HISTOIRE
GRAMMAIRE
GÉOGRAPHIE
DÉCOUVERTES

PARIS

E. FLAMMARION

LIBRAIRE-ÉDITEUR

26, RUE RACINE, PRÈS L'ODÉON

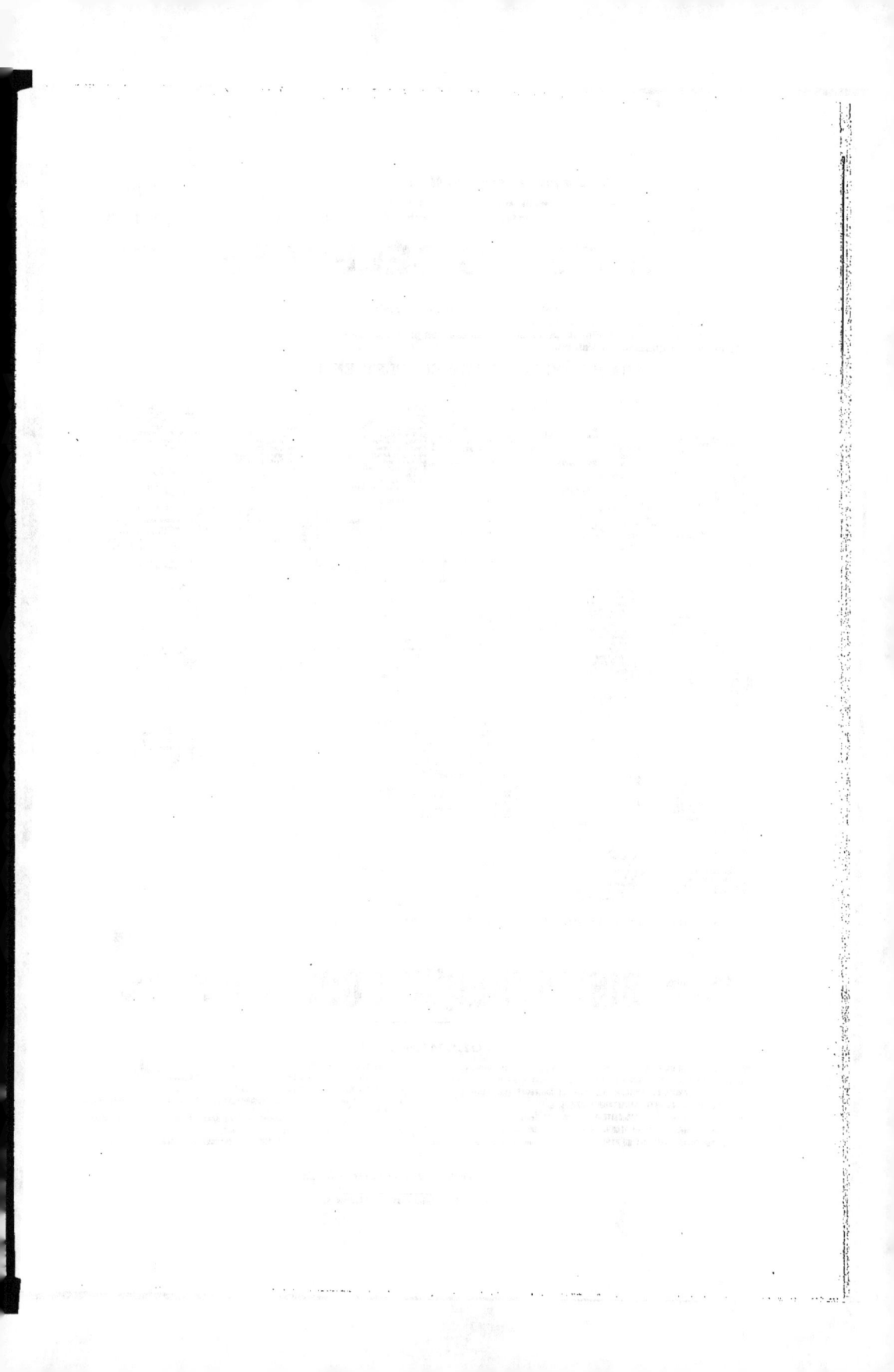

2ᵐᵉ Série

Prix : 50 centimes

CAMILLE FLAMMARION

DICTIONNAIRE ENCYCLOPEDIQUE UNIVERSEL

ILLUSTRÉ DE 20000 FIGURES

SCIENCES
ARTS
LETTRES
INDUSTRIE
HISTOIRE
GRAMMAIRE
GÉOGRAPHIE
ÉTYMOLOGIES

PARIS

E. FLAMMARION

LIBRAIRE-ÉDITEUR

26, RUE RACINE, PRÈS L'ODÉON

Boudois

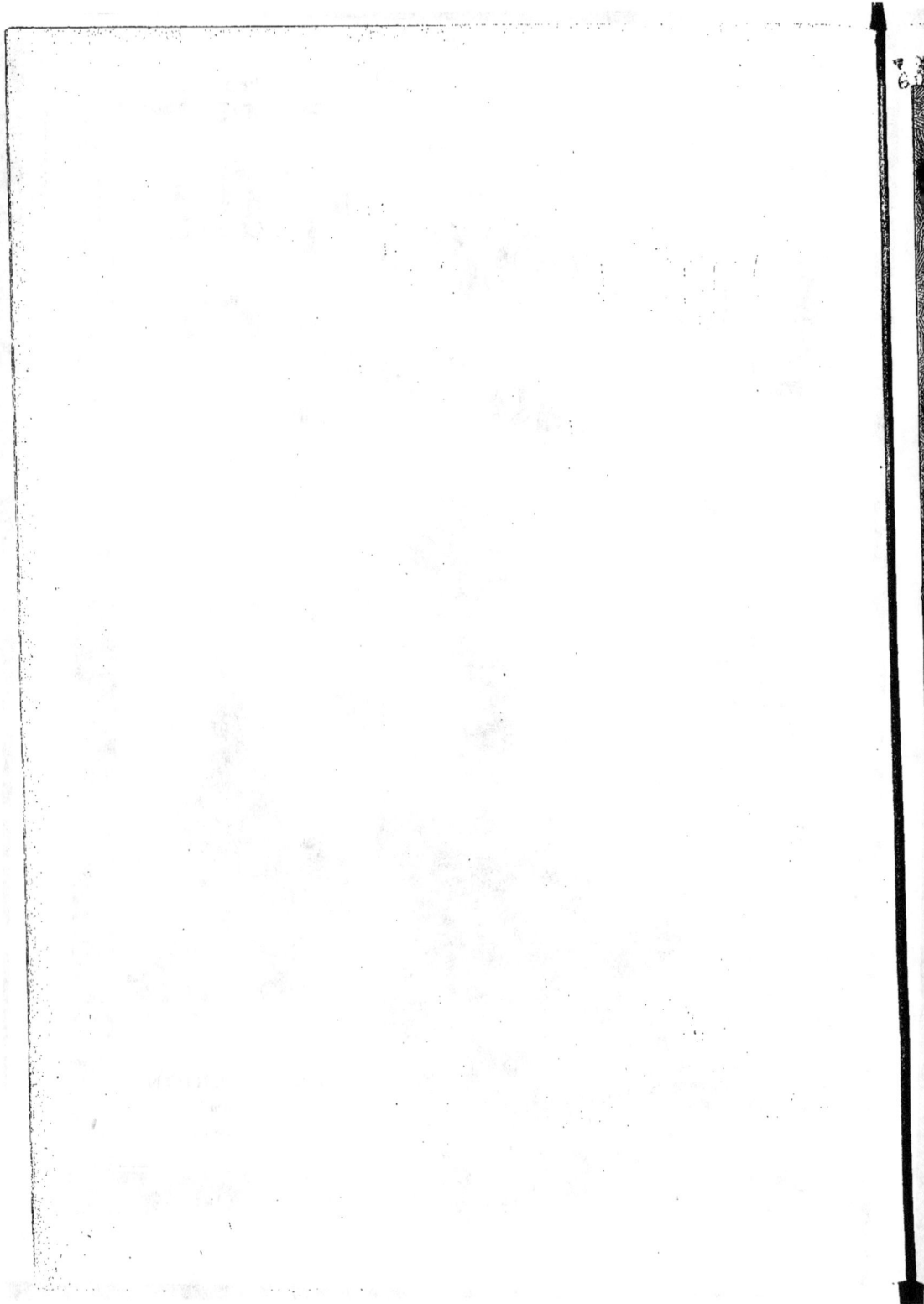

me Série   Prix : 50 centimes

Camille Flammarion

DICTIONNAIRE

Encyclopédique

Universel

ILLUSTRÉ DE
20000 FIGURES

DÉPOT LEG
Seine

SCIENCES
ARTS
LETTRES
INDUSTRIE
HISTOIRE
GRAMMAIRE
GÉOGRAPHIE
DÉCOUVERTES

PARIS

E. FLAMMARION

LIBRAIRE-ÉDITEUR

26, RUE RACINE, PRÈS L'ODÉON

Bourdin

me Série   Prix : 50 centimes

CAMILLE FLAMMARION

me Série
1893

DICTIONNAIRE
ENCYCLOPÉDIQUE
UNIVERSEL

ILLUSTRÉ DE
20000 FIGURES

SCIENCES
ARTS
LETTRES
INDUSTRIE
HISTOIRE
GRAMMAIRE
GÉOGRAPHIE
DÉCOUVERTES

Bourdin

PARIS
E. FLAMMARION
LIBRAIRE-ÉDITEUR
26, RUE RACINE, PRÈS L'ODÉON

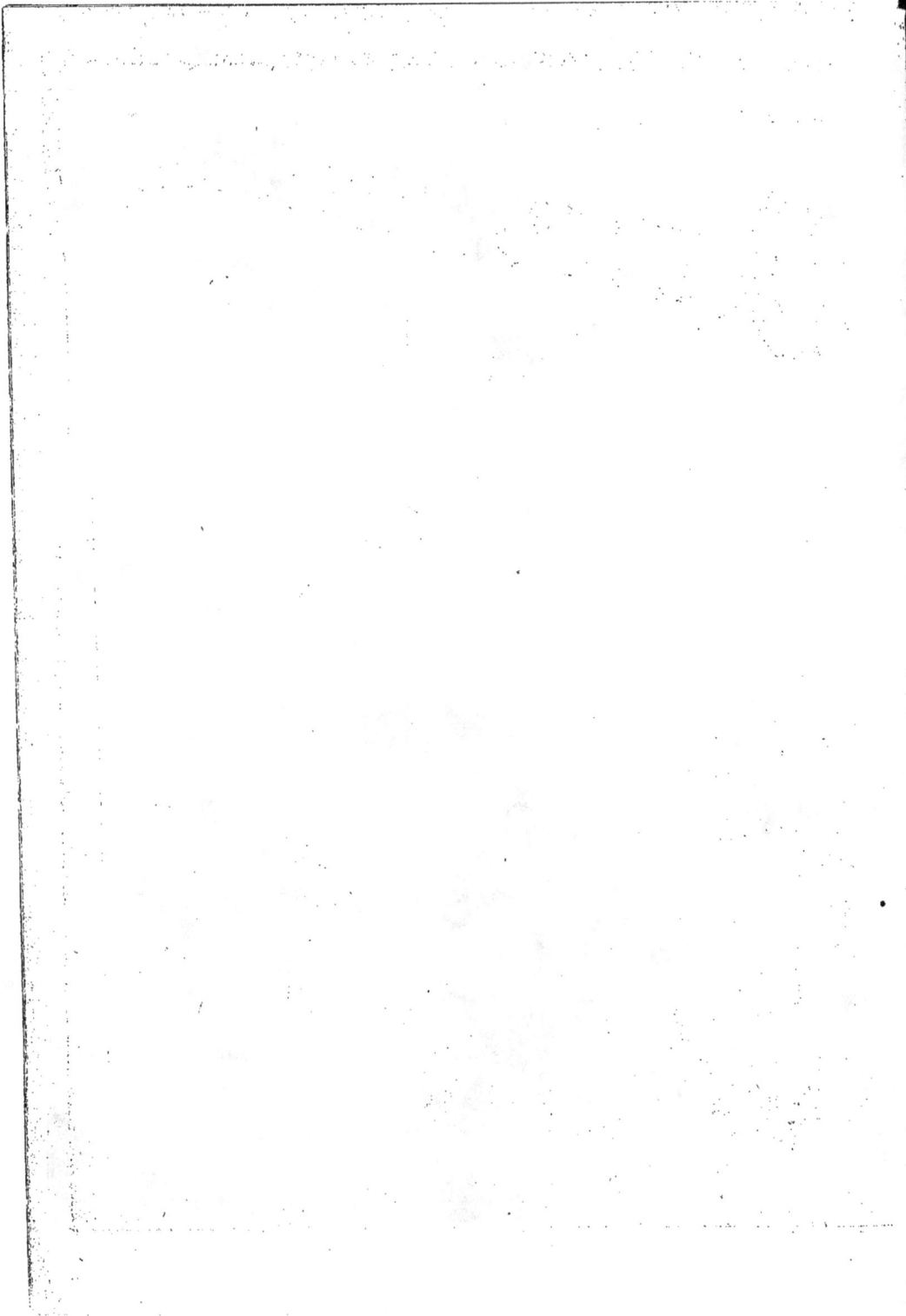

CAMILLE FLAMMARION

DICTIONNAIRE ENCYCLOPÉDIQUE

UNIVERSEL

ILLUSTRÉ DE 20000 FIGURES

DÉPOT LEGAL
Seine 5 3
1894

SCIENCES
ARTS
LETTRES
INDUSTRIE
HISTOIRE
GRAMMAIRE
GÉOGRAPHIE
DÉCOUVERTES

Bourdin

PARIS

E. FLAMMARION

LIBRAIRE-ÉDITEUR

26, RUE RACINE, PRÈS L'ODÉON

35me Série

Prix : 50 centimes

CAMILLE FLAMMARION

DICTIONNAIRE

ENCYCLOPEDIQUE

UNIVERSEL

ILLUSTRÉ DE
20000 FIGURES

DÉPOT LÉGAL
Seine
N°
1894

SCIENCES
ARTS
LETTRES
INDUSTRIE
HISTOIRE
GRAMMAIRE
GÉOGRAPHIE
DÉCOUVERTES

PARIS
E. FLAMMARION
LIBRAIRE-ÉDITEUR
26, RUE RACINE, PRÈS L'ODÉON

3ᵐᵉ Série

Prix : 50 centimes

CAMILLE FLAMMARION

DICTIONNAIRE

ENCYCLOPEDIQUE

UNIVERSEL

ILLUSTRÉ DE
20000 FIGURES

SCIENCES
ARTS
LETTRES
INDUSTRIE
HISTOIRE
GRAMMAIRE
GÉOGRAPHIE
DÉCOUVERTES

Boudier

PARIS

E. FLAMMARION

LIBRAIRE-ÉDITEUR

26, RUE RACINE, PRÈS L'ODÉON

35me Série   Prix : 50 centimes

CAMILLE FLAMMARION

DICTIONNAIRE
ENCYCLOPEDIQUE
UNIVERSEL

ILLUSTRÉ DE
20000 FIGURES

DÉPOT LÉGAL
Seine
4
1895

SCIENCES
ARTS
LETTRES
INDUSTRIE
HISTOIRE
GRAMMAIRE
GÉOGRAPHIE
DÉCOUVERTES

Boudier

PARIS

E. FLAMMARION

LIBRAIRE-ÉDITEUR

26, RUE RACINE, PRÈS L'ODÉON

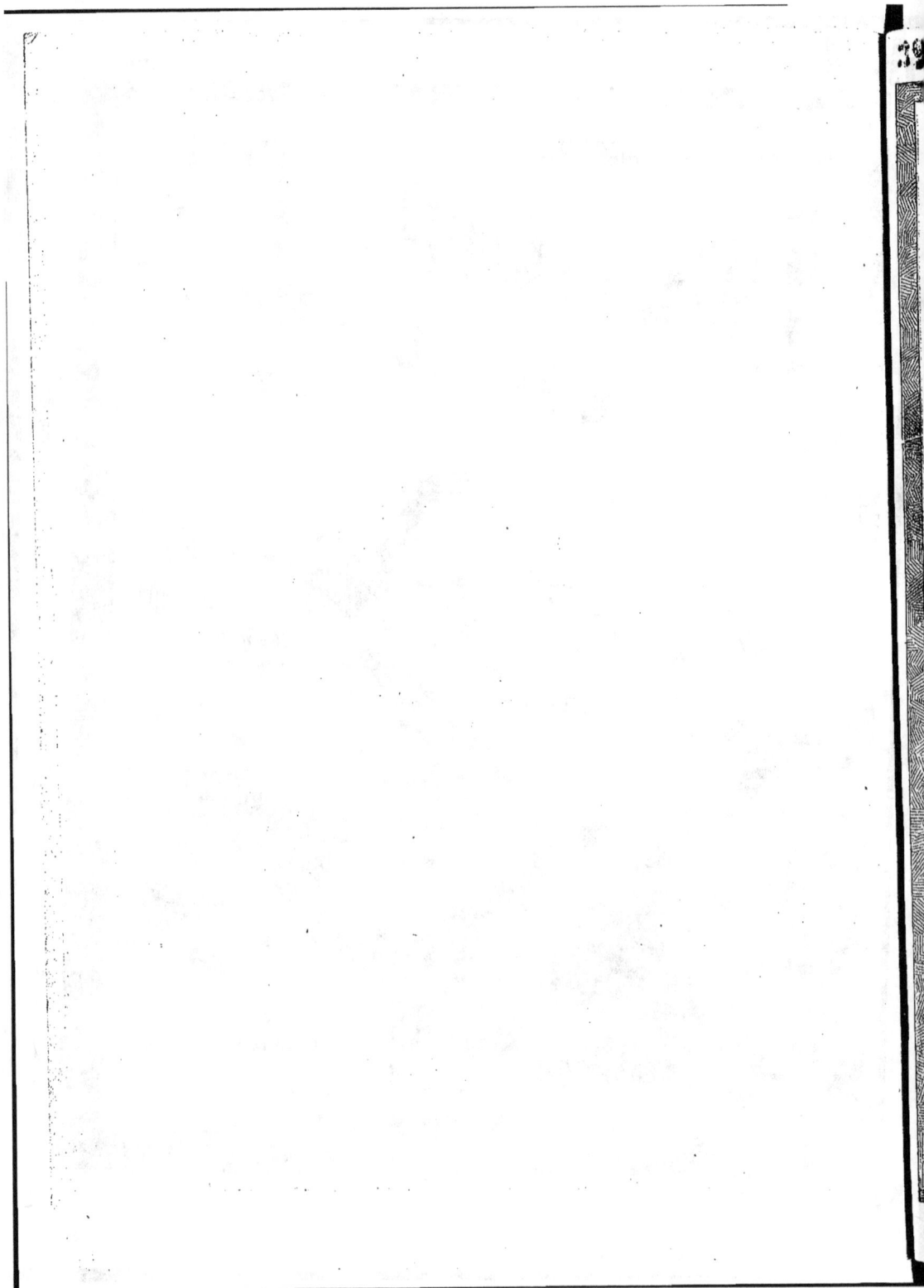

CAMILLE FLAMMARION

DICTIONNAIRE ENCYCLOPÉDIQUE UNIVERSEL

ILLUSTRÉ DE
20000 FIGURES

DÉPÔT LÉGAL
Seine
1895

SCIENCES
ARTS
LETTRES
INDUSTRIE
HISTOIRE
GRAMMAIRE
GÉOGRAPHIE
DÉCOUVERTES

Bourdin

PARIS
E. FLAMMARION
LIBRAIRE-ÉDITEUR
26, RUE RACINE, PRÈS L'ODÉON

En jolie reliure spéciale à la collection 1 fr. le volume. — Envoi franco contre mandat ou timbres-poste.

En jolie reliure spéciale : Prix, 1 fr. 25

Paris. — Imp. Lahure, rue de Fleurus, 9.

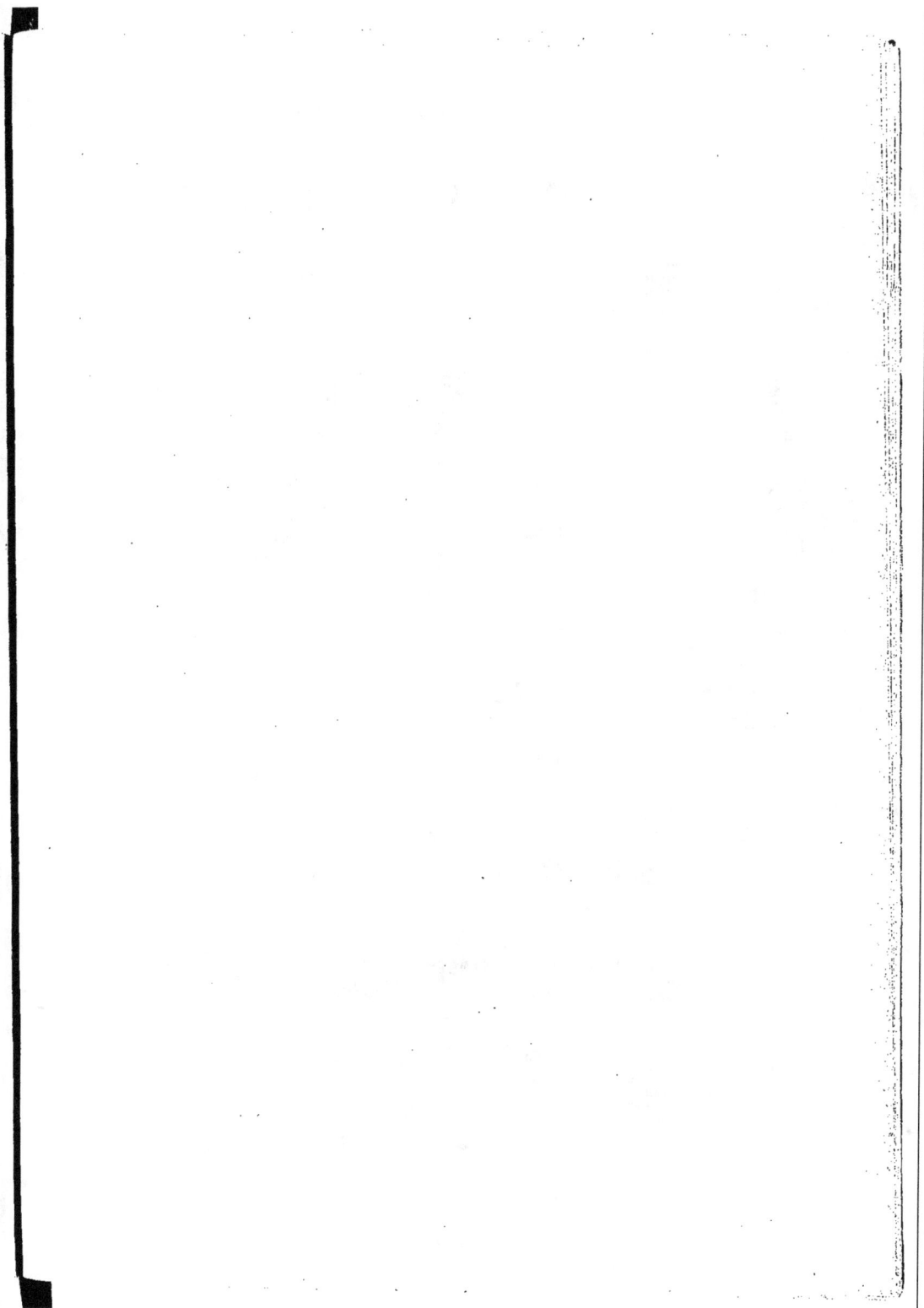

En jolie reliure spéciale à la collection 1 fr. le volume. — Envoi franco contre mandat ou timbres-poste.

75 centimes
le volume.

BIBLIOTHÈQUE POUR TOUS

75 centimes
le volume.

VOLUMES PARUS

En jolie reliure spéciale : Prix, 1 fr. 25

Paris — Imp. Lahure, rue de Fleurus, 9

Prix : 50 centimes

CAMILLE FLAMMARION

DICTIONNAIRE ENCYCLOPÉDIQUE UNIVERSEL

ILLUSTRÉ DE 20000 FIGURES

SCIENCES
ARTS
LETTRES
INDUSTRIE
HISTOIRE
GRAMMAIRE
GÉOGRAPHIE
DÉCOUVERTES

1895

PARIS

E. FLAMMARION

LIBRAIRE-ÉDITEUR

26, RUE RACINE, PRÈS L'ODÉON

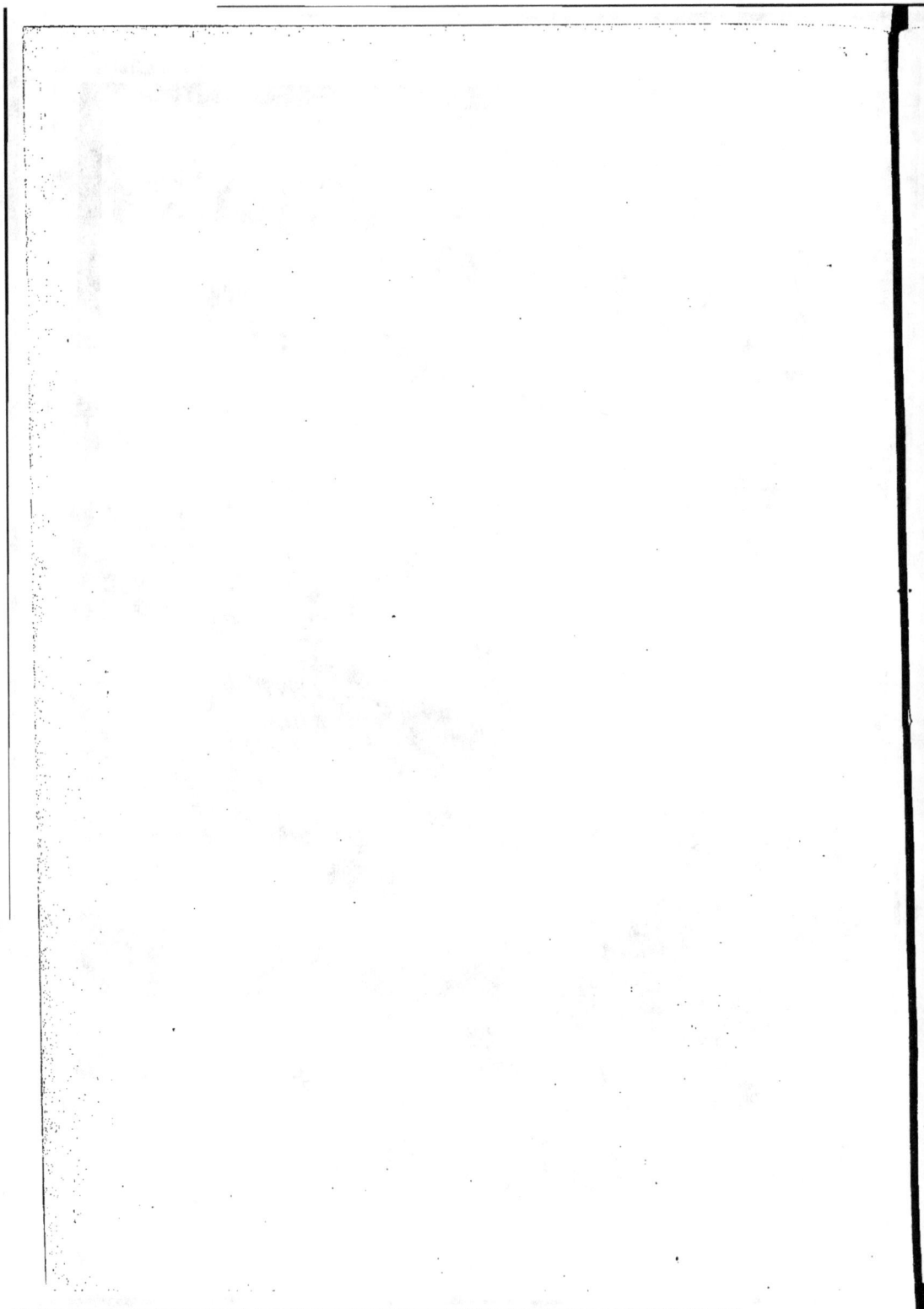

CAMILLE FLAMMARION

DICTIONNAIRE
ENCYCLOPEDIQUE
UNIVERSEL

ILLUSTRÉ DE
20000 FIGURES

SCIENCES
ARTS
LETTRES
INDUSTRIE
HISTOIRE
GRAMMAIRE
GÉOGRAPHIE
DÉCOUVERTES

PARIS
E. FLAMMARION
LIBRAIRE-ÉDITEUR
26, RUE RACINE, PRÈS L'ODÉON

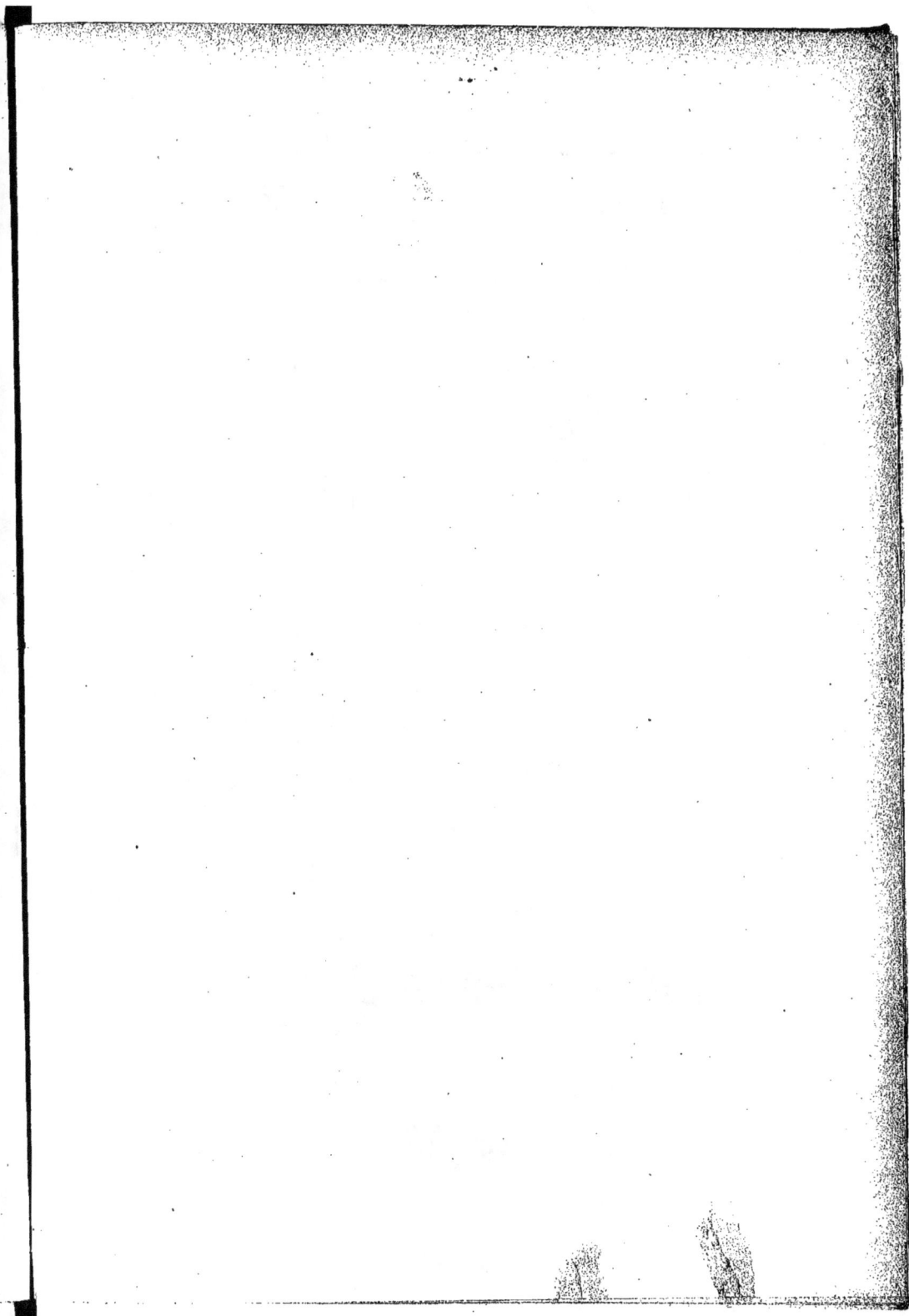

VICTOR HUGO. La Légende des beaux Pécopin et de la belle Bauldour.

En jolie reliure spéciale à la collection 1 fr. le volume. — Envoi franco contre mandat ou timbres-poste.

75 centimes
le volume.

BIBLIOTHÈQUE POUR TOUS

75 centimes
le volume.

VOLUMES PARUS

En jolie reliure spéciale : Prix, 1 fr. 25

Paris. — Imp. Lahure, rue de Fleurus, 9

ŒUVRES DE CAMILLE FLAMMARION

OUVRAGES PHILOSOPHIQUES

ASTRONOMIE PRATIQUE

ENSEIGNEMENT DE L'ASTRONOMIE

SCIENCES GÉNÉRALES

VARIÉTÉS LITTÉRAIRES

PARIS. — IMP. G. MARPON ET E. FLAMMARION, RUE RACINE, 26.